国家出版基金项目
NATIONAL PUBLICATION FOUNDATION
2013—2025年国家辞书编纂出版规划项目

韩中双解
韩国语学习词典

韩中双解韩国语学习词典编委会 / 编

北京大学出版社
PEKING UNIVERSITY PRESS

目　录

序

中韩两国是一衣带水的友好邻邦，有着悠久的人文交流历史。自1992年中韩邦交正常化以来，两国文化、经济等各方面的交流都取得长足进展。

国家间的交流最重要的工具是语言和文字，而词典正是同时承载此二者的载体。迄今中韩两国已经出版了多种词典，发挥着助力两国文化交流的作用，但我们还是深切地感到：有必要编写一部形式、体例、内容等更适合中国老师和学生使用的韩国语词典。因此，自2015年起，韩中双解韩国语学习词典编委会开始编写本词典。

本词典具有以下几个方面的特点：

其一，词典底本品质高，编者阵容权威。本词典以韩国主管语文政策和研究的韩国国立国语院发行的《标准韩国语大词典》《韩国语之泉》及《基础韩国语词典》为主要底本，由韩国EDU-WORLD的编者团队与北京大学朝鲜·韩国语言文化系教师团队合作编纂，品质和权威性得到保证。

其二，本词典兼具新颖性和实用性。本词典收录了韩国语中基础、常用词汇3万余条，释义准确、简明，例句选用新颖、常用的日常生活实用语句，兼备新颖性和实用性。

其三，这是一部范式系统、科学的词典。本词典采用“双解（Bilingual System，双语言释义）”方式，即“韩语词条＋韩语释义＋汉语释义”体系。通过这种系统、科学的体系，可使读者在认知过程中将两种语言的语义关系有机地联系起来。

其四，这是秉持高度责任心和使命感完成的国家出版基金规划项目的坚实成果。在编纂工作的攻坚阶段，《韩中双解韩国语学习词典》有幸被遴选为国家出版基金规划项目。全体编者和编辑怀着强烈的使命感，通力合作，全力以赴，推动项目顺利完成。

经过中韩两国学者数年的共同努力，本词典终于要面世了。在此，谨向呕心沥血参与编纂工作的两国学者们，以及北京大学出版社相关编辑人员致以深深的谢意，感谢你们一直以来的忘我工作。我们还要特别感谢将毕生心血奉献于韩国语教学和研究的北京大学朝鲜·韩国语言文化系安炳浩教授。安先生已于2019年3月辞世，先生未能在生前看到本词典的出版，实为一件憾事。

“语言是有生命的”。语言不断地产生新词新语，语义也在不断地拓展变迭，语用亦会更加灵活多样。我们郑重承诺，今后将持续对这种语言的演变进行忠实的反映和补充，坚持不懈地对词典进行修订和完善，力争不负读者，不负时代！

总主编　李景远　谨识

2020年3月1日

서 문

한중 양국은 유구한 세월 동안 인적 문화적 교류를 이어온 오랜 이웃 국가이다. 1992년 국교 정상화 이후 문화와 경제 등 각 방면의 교류에서 장족의 발전을 이룩하였다.

양국 교류에 가장 중요한 도구가 언어와 문자이며, 이 둘을 함께 담고 있는 것이 바로 사전이다. 현재 한중 양국에 이미 다양한 사전이 출판되어 각기 나름의 역할을 수행하고 있지만, 우리는 중국인의 한국어 학습에 최적화된 형식과 체계를 갖춘 선진적인 사전의 필요성을 절감하게 되었다. 이에 2015년에 '항중쌍해 한국어 사전 편집위원회' 가 본 사전을 편찬하게 되었다.

본 사전은 아래와 같은 다방면의 특장점을 지니고 있다.

첫째, 저본과 편찬진 방면에서 품질과 권위를 자랑한다. 본 사전은 한국의 어문 정책과 연구를 주관하는 국립국어원에서 발행한 《표준국어대사전》·《우리말 샘》과《기초한국어사전》을 주요 저본으로 삼아, 한국의 EDU-WORLD《中中韓辭典》, 《韓韓中辭典》의 필진과 북경대학교 조선·한국 언어 문화학과 교수들의 협업으로 편찬된 품질과 권위를 자랑한다.

둘째, 실용성과 참신성을 겸비하였다. 본 사전은 한국에서 가장 기초적으로 사용하는 어휘 3만여개를 수록하고. 뜻풀이의 적확·간명함과 참신한 일상 생활 예문의 적용 등으로 실용성과 참신성을 동시에 구비하였다.

셋째, 새로운 패러다임의 사전이다. 본 사전은 한국어 학습에 이상적인 시스템인 "한국어표제어 + 한국어뜻풀이 + 중국어뜻풀이"를 구현한『쌍해(雙解, Bilingual System, 다중 언어 풀이)』방식을 취하였다. 이런 체계적·과학적인 시스템을 적용하여 독자들로 하여금 한중 언어 간 의미의 연계성을 유기적으로 인지하게끔 설계하였다.

넷째, 중국의 국가출판프로젝트를 충실히 완수하였다. 본 사전 편찬의 마지막 단계에서 영광스럽게도 중국의 국가출판프로젝트에 선정되었다. 이에 모든 편찬진과 편집진들은 남다른 사명감으로 똘똘 뭉쳐 국가와 사회의 요구에 충실히 부응하고자 온 힘을 쏟아 부었다.

이제 수 년 동안 한중 양국 학자들이 공동 편찬한 본 사전이 드디어 세상에 나오게 되었다. 그간 심혈을 기울여 편찬에 동참한 한중학자들과 북경대학교출판사 관계자의 헌신에 재삼 감사를 드린다. 특히 한국어 교육과 연구에 평생을 바치신 북경대학교 조선·한국 언어 문화학과 안병호 교수님께 감사의 말씀을 드린다. 안타깝게도 안교수님은 이 사전의 출판을 못보시고 2019년 3월에 세상을 하직하였으니 참으로 유감스런 일이다.

"언어는 생물이다".

따라서 부단히 신조어가 생겨나고 의미와 쓰임새 또한 다양하게 변화한다. 향후 이에 대한 독자들의 요구와 시대적 변화를 충실히 반영하여 쉼 없는 수정보완을 약속 드린다.

2020년 3월 1일

총주편 이경원 삼가 쓰다

凡 例

◈本词典的特点

1. 本词典的底本：

本词典以韩国国立国语院发行的《标准韩国语大词典》《韩国语之泉》和《基础韩国语词典》为底本，而韩国国立国语院为韩国主管语文政策和研究的机构。

2. 本词典的编纂阵容

本词典由韩国延世大学出版社版的《中韩双解汉语词典》(15.5 万词汇),《韩中双解韩国语词典》(8.5 万词汇) 的编者团队与北京大学朝鲜 • 韩国语言文化系教师团队等合作编纂，词典拥有良好的品质和品位。

3. 本词典的内容

本词典收录最新词汇及生活例句，体现了创新性和实用性，释义力求准确和多样。同时，为了提高词典的品质，引用了文学作品中的句子做例句。

4. 本词典的体系

本词典形式上采用了韩国语学习的“双解 (Bilingual System，多重语言解析，在本词典中，即‘韩语词条→韩语释义→汉语释义’的二重语言释义)”体系。通过这种系统性、科学性体系，读者可以有效地认知韩中语言之间的关联性。

◈本词典的形式和符号：

1. 词条

1）收录范围及数量

（1）收录了韩国语的基础常用词汇 3 万余个。

（2）追加收录了从词条中衍生出的词汇和词性不同的词汇 4658 个，放在相应词条的最后，用 ● 标示。

例)

강조 (强調)【 명사 】어떤 것을 특히 두드러지게 하거나 강하게 주장하는 것 .◆ 名强调，突出。¶일의 중요성을 강조하다 .= 强调事情的重要性。● 강조되다 (强調 --)，강조하다 (强調 --) ●

감사하다 (感謝 --)【형용사】 고마운 마음이 있다 .◆ 形感谢，感激。 ¶무례를 용서해 주시면 감사하겠습니다 .= 如果您能原谅我的无礼，我将非常感激。● 감사히 (感謝 -) ●

2）排列顺序

词条按字母顺序排列，字母顺序如下：

①初声：ㄱ ㄲ ㄴ ㄷ ㄸ ㄹ ㅁ ㅃ ㅅ ㅆ ㅇ ㅈ ㅉ ㅊ ㅋ ㅌ ㅍ ㅎ

②中声：ㅏ ㅐ ㅑ ㅒ ㅓ ㅔ ㅕ ㅖ ㅗ ㅘ ㅙ ㅚ ㅛ ㅜ ㅝ ㅞ ㅟ ㅠ ㅡ ㅢ ㅣ

③终声：ㄱ ㄲ ㄳ ㄴ ㄵ ㄶ ㄷ ㄹ ㄺ ㄻ ㄼ ㄽ ㄾ ㄿ ㅀ ㅁ ㅂ ㅄ ㅅ ㅆ ㅇ ㅈ ㅊ ㅋ ㅌ ㅍ ㅎ

2. 释义形式

◎本词典在释义形式上采用韩国版《韩中双解韩国语词典》的"双解释义体系"，试图构现"双重语言学习系统"。
◎本词典的"双解释义体系"设计，使学习者有机地、系统地掌握词义，认知并将其韩、中文语义进行联系记忆。
例)
힘차다【형용사】 힘이 있고 씩씩하다.◆形矫健，充满力量，朝气蓬勃。¶힘찬 발걸음.=矫健的步伐。

3. 语源信息

◎汉字词和外来词大部分在词条之后标出了其源语。如果是与固有词合成的词条，则使用"-"表示固有音节数。
例)
가격(價格)　　카메라(camera)　　쾌적하다(快適--)
◎源语为除英语以外的其他语种时，则标注来自何语种。
例)
카페<法>　　조끼<日>

4. 词性

◎词性分为名词，动词，形容词，代词，数词，冠形词，数词，副词，感叹词，助词，并附上词缀（含前缀和后缀），依存名词，补助动词，补助形容词，词尾。词性的韩语和中文标注对应表如下。
例)

명사	名	관형사	冠	의존 명사	依名
대명사	代	조사	助	보조 동사	补动
수사	数	부사	副	보조 형용사	补形
동사	动	감탄사	叹	어미	词尾
형용사	形	접사	前缀或后缀	관용어	惯

◎如词条只有一个义项，在韩语释义前面标示韩语词性，在中文释义前面标示汉语词性。
例)
가로수(街路樹)【명사】 거리의 미관과 국민보건 따위를 위하여 길을 따라 줄지어 심은 나무.◆名行道树，绿化树。¶녹음이 짙은 거리의 가로수.=街旁绿荫浓郁的行道树。

◎如词条有两个及以上义项，在韩语释义前面同时用韩语和汉语标注该词条词性。
例)
가로맡다【동사】 动❶ 남의 할 일을 가로채서 맡거나 대신해서 맡다.◆代办，包办，包揽。¶책임을 가로맡다.=包揽责任。❷ 남의 일에 참견하다.◆干涉，干预，指手画脚。

◎冠形词/名词，名词/依存名词，依存名词/名词等具有两种词性的词条，同时标记两个词性。
例)
달【명사】【의존명사】일 년을 열 둘로 나눈 것 가운데 하나의 기간을 세는 단위.◆名依名月，月份。¶두 달.=两个月。

◎相同词条具有两种词性，则分立词条。

例）

격[1] **(格)**【명사】주위 환경이나 형편에 자연스럽게 어울리는 분수나 품위 .◆图(与环境、场合、条件、身份等相称的)格调，风格……

격[2] **(格)**【의존 명사】'셈''식''격'의 뜻을 나타내는 말 .◆依名 (用于词尾"-은"和"-는"之后)这正是，这就叫，这真是。¶❶ 쇠귀에 경 읽는 격 .= 这真是对牛弹琴。❷ '자격'의 뜻을 나타내는 말 .◆(用于部分名词后)身份，资格。¶이 회사의 대표이사격 .= 这家公司的代表董事。

◎其他语法意义。如比喻→〈喻〉，俗称→〈俗〉，俚语→㊝，贬义词→〈贬〉

5. 例句

◎以韩国国立国语院发行的《标准韩国语大词典》的例句为主，同时采用大量日常生活例句。

◎为了提高词典的品格，引用了文学作品中的句子做例句。

例）

앞서다【동사】动❶ 앞에 서다 .◆走在前面，站在前面。¶행상이 고개를 숙이고 묵묵히게 앞서서 걸었다 .= 行脚商人低着头默默走在前面。……

6. 符号说明

【 】：适用以下三种情况。

1）表示词性，如名词则用【명사】表示。

2）标示发音，为了方便搜索词条，在词典正文的最顶端用【 】标记了该页面词条首字母的发音。如"ㄱ【g】"表示该页为以"ㄱ"开头的词条。

3）特殊字母的发音。"ㅇ"为首字母时表示该字的首音为元音，在文字论方面，它起到了填空的作用。因此本词典将"ㅇ"部分用【 】表示，明确表明该类字的首字母ㅇ发音实际上没有音值。（"ㅇ"在词尾时是有音值的，其音为【ŋ】）。

●：表示以词条为词根衍生出来的词语，或由该词条变化词性而成的词语。

ㄱ【g】

가[1](可)【명사】㊔❶ 회의 따위에서, 어떤 안건에 대하여 표결을 할 때 찬성하는 의사 표시. ◆赞成，赞同，可行。¶안건이 가결(可決)되었다. =议案通过了。❷ 성적이나 등급을 '수, 우, 미, 양, 가'의 성적 등급 중 가장 낮은 단계. ◆可，及格，合格。¶다른 과목들은 성적이 괜찮은 편인데, 체육만 가를 받았다.=其他课的成绩还可以，只有体育成绩是刚及格。❸어떤 행위가 허용되거나 가능함 또는 좋음을 이르는 말. ◆可以，能够。¶이 영화는 연소자 관람가 등급이다. =未成年人也可以观看这部电影。

가[2]【명사】❶ 경계에 가까운 바깥쪽 부분. ◆㊔边，旁。¶난로가. =炉子边。❷ '주변'의 뜻을 나타냄. ◆㊔畔，边。¶강가에서 물놀이하다. =在河边玩水。

-가[3](哥)【접사】'그 성씨 자체' 또는 '그 성씨를 가진 사람'을 나타내는 접미사. ◆后缀……姓，姓……的人。比"씨"的尊敬程度稍弱。¶위원장 선거에 이가 성을 가진 사람이 출마했다. =一位姓李的人参加了委员长选举。

가[4]【조사】㊉❶ 어떤 상태나 상황에 놓인 대상, 또는 상태나 상황을 겪거나 일정한 동작을 하는 주체를 나타내는 격 조사. 문법적으로는 앞말이 서술어와 호응하는 주어임을 나타낸다. ◆ 格助词，表示处于或经历某种状况、进行某种动作的主体，是语法上主语的标志。¶우리가 먼저 득점했다. =我方先得分了。❷ 바뀌게 되는 대상임을 나타냄. ◆ 用于"~되다"的前面，表示变化的对象。¶올챙이가 개구리가 되었다. =小蝌蚪变成了青蛙。❸앞말을 지정하여 강조하는 뜻을 나타내는 보조사. 연결 어미 '-지' 뒤에 오는 '가'는 '를'이나 'ㄹ'로 바뀔 수 있으며, 흔히 뒤에는 부정적인 표현이 온다. ◆ 表示强调的辅助助词。用于连接语尾"-지"后的"가"也可以用"를"或"ㄹ"来代替，后面多跟否定形式。¶아름답지가 않다. =并不漂亮。

-가[5](家)【접사】后缀❶ '그것을 전문적으로 하는 사람' 또는 '그것을 직업으로 하는 사람'의 뜻을 더하는 접미사. ◆ 家(表示从事某种专门职业的人)。¶예술가. =艺术家。❷ '그것에 능한 사람'의 뜻을 더하는 접미사. ◆ 家(表示具有某种专长的人)。¶이론가. =理论家。❸ '그것을 많이 가진 사람'의 뜻을 더하는 접미사. ◆ 家(表示大量拥有某物的人)。¶재력가. =富豪。❹'그 특성을 지닌 사람'의 뜻을 더하는 접미사. ◆ 家，派。(表示具有某种特别的性格、能力或技能的人)。¶그는 애처가로 소문이 자자하다. =他疼老婆是出了名的。

-가[6](家)【접사】'가문'의 뜻을 더하는 접미사. ◆ 后缀家，家族(主要用于外国人名后)。¶ 케네디가는 유명한 정치인이 많다. =肯尼迪家族出了很多有名的政治家。

-가[7](街)【접사】'거리' 또는 '특별한 지역'을 나타내는 접미사. ◆ 后缀街，街道，区。¶주택가. =居民区。

-가[8](價)【접사】'값'의 뜻을 더하는 접미사. ◆ 后缀价，价格。¶소매가. =零售价。

-가[9](歌)【접사】'노래'의 뜻을 나타내는 접미사. ◆后缀歌。¶애국가. =《爱国歌》(韩国国歌)。

가[10]-(假)【접사】'가짜', '거짓' 또는 '임시적인'의 뜻을 더하는 접두사. ◆ 前缀假的，临时性的，草签的。¶그들은 가계약을 했다. =他们签了草签合同。

가가호호(家家戶戶)【명사】모든 집. 집집이. 한 집 한 집. ◆㊔家家户户，每家每户，每一家。

가감(加減)【명사】더하거나 빼는 일. 또는 그렇게 하여 알맞게 맞추는 일. ◆㊔增减，增删，调整。¶월급은 능력에 따라 가감이 있을 수 있어요. =会根据能力调整薪水。

가감승제(加減乘除)【명사】덧셈, 뺄셈, 곱셈, 나눗셈을 아울러 이르는 말. ◆ ㊔加减乘除。¶이러한 일은 가감승제만 할 수 있으면 가능하다. =这种事只要会加减乘除就能做。

가감하다(加減--)【동사】더하거나 빼다. 또는 더하거나 빼서 알맞게 맞추다. ◆ 动增减，增删，加减，调整。¶더 이상 가감하는 것은 무리이다. =再要进行增减就很困难了。

가객(歌客)【명사】예전에, 시조 따위를 잘 짓거나 창(唱)을 잘하는 사람을 이르던 말. ◆ ㊔诗人，歌手。¶그는 조선 후기의 유명한 가객이다. =他是朝鲜朝后期著名的诗人。

가건물(假建物)【명사】임시로 지은 건물. ◆ ㊔临时建筑，简易建筑，简易房。¶가건물창고. =简易仓库。

가게【명사】작은 규모로 물건을 파는 집. ◆ ㊔小商店，小铺。¶ 가게를 차리다. =开小店。

가겟집【명사】가게를 벌이고 장사를 하는 집. ◆ ㊔小(商)店，小铺。开小店的人家。¶퇴근길에 가겟집에 들러 라면을 샀다. =下班的路上，在小店买了方便面。

가격[1](價格)【명사】물건이 지니고 있는 가치를 돈으로 나타내는 것. ◆ ㊔价格，价钱。¶가격인상. =涨价。

가격[2](加擊)【명사】손, 주먹, 몽둥이 따위로 때리거나 침. ◆㊔打，攻击。¶ 한번 가격당한 상대방은 전의(戰意)를 상실했다. =对方挨了一下打后失去了斗志。● 가격하다(加擊--) ●

가격표(價格表)【명사】㊔❶ 판매할 상품들의 가격을 적어 놓은 일람표. ◆ 价格表，价目表。❷ 상품에 붙이거나 달아 놓은 가격 표시. ◆ 商品价格标签。

가결(可決)【명사】회의에서, 제출된 의안을 합당하다고 결정함. ◆ ㊔通过(议案等)。¶이 의안의 가결을 선포합니다. =宣布此议案通过。 ● 가결되다(可決--), 가결하다(可決--) ●

가계[1](家系)【명사】대대로 이어 내려온 한 집안의 계통. ◆图家(世)，谱系，世系。¶그의 가계는 대대로 내려오는 선비의 집안이다. =他家是书香门第。

가계[2](家計)【명사】图 ❶ 한 가족이 생활하는 집. ◆家庭。¶가계의 부채가 늘고 있다.=家庭的负债在增加。❷ 집안 살림을 꾸려 나가는 방도나 형편. ◆家道，家境。¶가계가 쪼들리다. =家境困难。❸한 집안 살림의 수입과 지출의 상태. ◆家庭财政(收支)，家庭经济状况。¶거듭되는 지출로 가계는 적자가 되었다. =不断的支出导致家庭财政出现赤字。

가계부(家計簿)【명사】집안 살림의 수입과 지출을 적는 장부. ◆图家庭账簿，家用账本，(收支)账。¶가계부를 쓰다. =记账。

가곡(歌曲)【명사】图 ❶ 한국의 전통 성악곡의 하나. 시조(时调)의 시를 관현악 반주에 맞추어 부른다. ◆韩国声乐(以管弦乐伴奏演唱时调的一种韩国传统声乐)。❷ 서양 음악에서, 시에 곡을 붙인 성악곡. 보통 피아노 반주에 맞추어 부르며, 독창곡·중창곡·합창곡이 있다. ◆西洋声乐(西洋音乐中给诗歌加上曲调演唱的声乐曲)，歌曲。¶성악가가 가곡을 부른다. =声乐家演唱歌曲。

가공(加工)【명사】원자재나 반제품을 인공적으로 처리하여 새로운 제품을 만들거나 제품의 질을 높임. ◆图加工。¶식품가공. =食品加工。● 가공되다(加工--), 가공하다(加工--) ●

가공무역(加工貿易)【명사】외국에서 수입한 원료를 가공하여 다시 수출하는 무역. ◆图加工贸易。

가공식품(加工食品)【명사】농산물, 축산물, 수산물 따위를 인공적으로 처리하여 만든 식품. 보존과 조리가 간편하다. ◆图加工食品。

가공하다(可恐-)【형용사】엄청나게 두려운. ◆形恐怖的，骇人的，令人恐惧的。¶핵무기의 가공할 위력. =核武器的恐怖威力。

가관(可觀)【명사】图 ❶ 꼴이 볼만하다는 뜻으로, 남의 언행이나 어떤 상태를 비웃는 뜻으로 이르는 말. ◆ 俚真行，厉害，好样的。(讽刺的话)。¶그런 짓을 하다니 참 가관이다! =竟然干出那种事来，可真行啊！❷ 경치 따위가 꽤 볼 만함. ◆壮观，值得一看。¶내장산의 단풍은 참으로 가관이다. =内藏山的红叶非常壮观。

가교[1](架橋)【명사】图 ❶ 다리를 놓음. 또는 그런 일. ◆ 架桥，修桥。¶가교 공사. =架桥工程。❷ 서로 떨어져 있는 것을 이어 주는 사물이나 사실. ◆桥梁，纽带。¶사랑의 가교. =爱的纽带。

가교[2](假橋)【명사】임시다리. ◆图简易桥，便桥。¶홍수로 끊어진 다리를 가교로 연결하였다. =用便桥把被洪水冲断的桥接通了。

가구[1](家口)【명사】현실적으로 주거 및 생계를 같이하는 사람의 집단을 세는 단위. ◆图家，户。¶이 골목에는 다섯 가구가 산다. =这条胡同里住着五户人家。

가구[2](家具)【명사】옷장, 책상, 침대 등과 같은 집안 살림에 쓰이는 도구. ◆图家具，家什。¶신혼집에 새 가구가 들어왔다. =给新房置办了新家具。

가구재(家具材)【명사】가구를 만드는데 쓰는 재료. ◆图家具用材，家具材料。¶좋은 가구를 만들기 위해서는 질 좋은 가구재가 있어야 한다. =制作好家具需要高品质的家具材料。

가구점(家具店)【명사】가구를 파는 상점. ◆图家具店。¶가구점에서 지금 50% 가격절하 판매한다. =家具店正在五折销售。

가극(歌劇)【명사】대사를 음악 연주에 맞추어 노래로 부르는 서양식 연극. ◆图歌剧。

가급적(可及的)【명사】【부사】할 수 있는 대로. 또는 형편이 닿는 대로. ◆副尽可能地，尽量。¶가급적 운동은 오전에 하는 것이 좋다. =尽量在上午做运动。

가까스로【부사】副 ❶ 애를 써서 매우 힘들게. ◆好不容易。¶가까스로 웃음을 참았다. =好不容易忍住了笑。❷ 겨우 빠듯하게. ◆勉强，总算。¶시험을 가까스로 통과했다. =勉强通过了考试。

가까이【부사】副 ❶ 한 지점에서 거리가 조금 떨어져 있는 상태로. ◆靠近，挨近，在附近。¶이쪽으로 가까이 오너라. =靠近点。❷ 일정한 때를 기준으로 그때에 약간 못 미치는 상태로. ◆(将)近，快到。¶그는 마흔 가까이 되어서야 철이 들었다. =他年近四十才懂事。❸ 사람과 사람의 사이가 친밀한 상태로. ◆亲密地，亲近地。¶나는 그와 가까이 지낸다. =我和他关系很亲密。

가까이하다【동사】动 ❶ 사람과 사람 사이의 관계를 친밀하게 하다. ◆亲近，相处亲密。¶이웃과 가까이하여 지내다. =跟邻居相处亲密。❷ 좋아하거나 즐기다. ◆喜爱，喜欢。¶나는 우연한 기회에 문학을 가까이하게 되었다. =机缘巧合下，我喜欢上了文学。

가깝다【형용사】形 ❶ 어느 한 곳에서 다른 곳까지의 거리가 짧다. ◆(距离)近，不远。¶우리 집은 학교에서 가깝다. =我家离学校很近。❷ 서로의 사이가 다정하고 친하다. ◆ (关系)近，亲密。¶나는 그와 친형제처럼 가깝다. =我和他像亲兄弟一样亲密。❸ 어떤 수치에 근접하다. ◆ 近，接近，靠近(某数值)。¶천여 명에 가까운 관객이 모였다. =聚集了近千名观众。❹ 성질이나 특성이 기준이 되는 것과 비슷하다. ◆(性质)像，相似，相近，接近。¶다 큰 녀석이 하는 짓은 어린애에 가깝다. =这么大了还像个小孩子。❺ 시간적으로 오래지 않다. ◆ (时间)近，不远，不久。¶둘은 가까운 장래에 결혼할 사이이다. =两人不久就要结婚了。❻ 촌수가 멀지 않다. ◆(血缘关系)近。¶그는 가까운 친척이 없다. =他没有什么近亲。

가꾸다【동사】动 ❶ 식물이나 그것을 기르는 장소 따위를 손질하고 보살피다. ◆养，栽培，种植。¶화초를 가꾸다. =养花。❷ 몸을 잘 매만지거나 꾸미다. ◆ 打扮，妆扮，修饰。¶늙을수록 몸을 잘 가꿔야 한다. =岁数越大越应当好好打扮。❸ 좋은 상태로 만들려고 보살피고 꾸려 가다. ◆装饰，修饰，培养。¶색종이로 아이 방을 가꾸었다. =用彩纸装饰了孩子的房间。

가끔【부사】시간적·공간적 간격이 얼마쯤씩 있게.

◆ 副偶尔，有时。¶그는 요즘도 가끔 술을 마신다. =他最近也偶尔喝酒。

가나(Ghana)【명사】서아프리카에 있는 나라. 주요 생산물로는 금, 카카오 등이 있다. 주요 언어는 영어이고 수도는 아크라이다. ◆名(国家)加纳。

가나다순(---順)【명사】한글의 '가, 나, 다…' 차례로 매기는 순서. ◆名 (韩文的)字母顺序。¶가나다순으로 자료를 정리하시오. =请按韩文字母顺序把资料整理一下。

가난【명사】살림살이가 넉넉하지 못하여 몸과 마음이 괴로움. 또는 그런 상태. ◆名穷，贫穷，贫困。¶그는 가난에서 벗어나려고 열심히 일했다. =为了摆脱贫穷，他很努力地工作。● 가난하다 ●

가난뱅이【명사】'가난한 사람'을 낮잡아 이르는 말. ◆名〈贬〉穷光蛋，穷小子。"가난한 사람(穷人)"的贬义词。¶게으름을 부리면 가난뱅이를 면하지 못한다. =偷懒难免要受穷。

가내(家內)【명사】집안. 집의 안. ◆名家里，家中。¶가내가 평안하신지요? =家里都好吗?

가내공업(家內工業)【명사】집안에서 이루어지는 소규모의 수공업. 집 안에서 단순한 기술과 도구로 어떤 물건을 만들어 내는 규모가 작은 수공업. ◆名家庭手工业。

가냘프다【형용사】形❶ 몸이나 팔다리 따위가 몹시 가늘고 연약하다. ◆纤细，瘦弱，柔弱。¶그녀는 가냘픈 몸매임에도 불구하고 억척스럽게 일한다. =她不顾自己瘦弱的身体，拼命地工作。❷ 소리가 가늘고 약하다. ◆ (声音)纤细，细微，微弱。¶신음 소리만 가냘프게 들려온다. =只有微弱的呻吟声传来。

가녀리다【형용사】形❶ 물건이나 사람의 신체 부위 따위가 몹시 가늘고 연약하다. ◆纤细，瘦弱，柔弱。¶가녀린 팔. =纤细的胳膊。❷ 소리가 몹시 가늘고 힘이 없다. ◆ (声音)纤细，细微。¶어둠 속에서 가녀린 목소리가 간간이 들린다. =黑暗中不时传来细微的说话声。

가누다【동사】动❶ 몸을 바른 자세로 가지다. ◆直起，稳住，挺住。¶술에 취하면 몸을 가눌 수가 없다. =喝醉了酒就会站不稳。❷ 기운이나 정신, 숨결 따위를 가다듬어 차리다. ◆振作，打起，稳住。¶거친 숨을 가누다. =止住喘息。❸ 일을 돌보아 잘 처리하다. ◆处理，料理，操持。¶집안일을 잘 가누다. =把家务打理得很好。❹ 말이나 행동, 감정 따위를 가다듬어 바로잡다. ◆抑制住，忍住。¶그녀는 분을 가누지 못하고 주저앉아 울기 시작했다. =她气得忍不住一下子坐到地上哭了起来。

가느다랗다【형용사】아주 가늘다. ◆形很细，纤细，细长。¶가느다란 눈썹. =细眉。

가느스름하다【형용사】조금 가늘다. ◆形较细，细眯眯。¶그는 눈을 가느스름하게 뜨고 나를 바라보았다. =他眯起眼睛望向我。

가는귀【명사】작은 소리까지 듣는 귀. 또는 그런 귀의 능력. ◆名灵敏的耳朵，灵敏的听力。¶노인은 가는귀가 먹어 부르는 소리를 듣지 못했다. =老人耳背，没听到有人叫他。

가늘다【형용사】形❶ 긴 물체의 굵기나 너비가 보통에 미치지 못하고 얇거나 좁다. ◆细，纤细。¶실이 머리칼보다도 가늘다. =线比头发丝还细。❷ 소리의 울림이 보통에 미치지 못하고 약하다. ◆ (声音)细，细微，微弱。¶모깃소리같이 가는 목소리. =像蚊子叫声一样细小的嗓音。❸ 물체의 굵기가 보통에 미치지 못하고 잘다. ◆细小，细碎。¶가는 모래. =细沙。❹ [숨, 바람, 불빛 등이] 약하다. ◆ (气息、风、光线等)微弱，轻微。¶환자는 가는 숨을 내쉬고 있었다. =患者发出微弱的呼吸声。❺ [규모가 작고] 촘촘하다. ◆细密，致密。¶가는 모시발. =纹理细密的苎麻布帘。❻ [흔들림이] 아주 작다. ◆轻微，微微(颤动)。¶가늘게 떨리는 입술. =微微颤抖的嘴唇。

가늠하다【동사】动❶ 목표나 기준에 맞고 안 맞음을 헤아려 보다. ◆估量。¶능력을 가늠해 보다. =估量一下能力。❷ 사물을 어림잡아 헤아리다. ◆估摸，斟酌。¶자금을 가늠하고 결정하자. =评估一下资金再做决定吧。

가능성(可能性)【명사】앞으로 실현될 수 있는 성질. ◆名可能性。¶오늘 밤에는 비가 올 가능성이 높은 편이다. =今晚下雨的可能性很大。

가능하다(可能--)【형용사】할 수 있거나 될 수 있다. ◆形可能，可行。¶가능한 방법을 다 동원하다. =运用一切可行的办法。

가다【동사】动❶ 한 곳에서 다른 곳으로 장소를 이동하다. ◆去，上。¶지금 어디 가십니까? =您这是去哪儿? ❷ 수레, 배, 자동차, 비행기 따위가 운행하거나 다니다. ◆ (车)开往。¶이 버스는 서울에서 강릉까지 간다. =这趟车从首尔开往江陵。❸ 일정한 목적을 가진 모임에 참석하기 위하여 이동하다. ◆去(做某事)。¶내일 시사회에 갈거니? =明天你去参加首映式吗? ❹ 목적하는 일의 방향이나 움직임. ◆走向，发展。¶논쟁이 어떤 쪽으로 갈까? =争论将走向何方? ❺ 직업이나 학업, 복무 따위로 해서 다른 곳으로 옮기다. ◆去，进入(职位、学业、服务等)。¶이번 인사 발령으로 총무과로 가게 되었다. =根据这次人事任命去了总务处。❻ 물건이나 권리 따위가 누구에게 옮겨지다. ◆ (物品、权力等)转到，落到。¶모든 재산은 맏아들에게 갔다. =所有财产都落到了大儿子手里。❼ 관심이나 눈길 따위가 쏠리다. ◆ (目光、关注等)投向，朝向。¶좋은 물건 쪽으로 눈이 간다. =眼睛只盯着好东西。❽ 말이나 소식 따위가 알려지거나 전하여지다. ◆ (话、消息等被)传到，发出。¶연락이 갔다. =信息发出去了。❾ 가치나 값, 순위 따위를 나타내는 말과 결합하여 어떤 대상을 기준으로 해서 어느 정도까지 이르다. ◆到，达，达到(某种程度)。¶그녀의 머리카락은 허리쯤에 간다. =她的头发长达腰际。❿ 어떤 때가 되거나 일정한 지경{곳}에 이르다. ◆到了(某时刻或境地)。¶그도 이제 갈 때까지 다 갔다. =他现在算是彻底完了。⓫ 어떤 현상이나 상태가 유지되다. ◆维持，保持。¶내일까지 갈 수 있을까? =能维持到明天吗? ⓬ 어떤 경로를 통하여 움직이다. ◆ (沿着)走，走

上，踏上。¶교육자의 길을 간다. =走上教学之路。⑬ 어떤 일을 하기 위하여 다른 곳으로 이동하다. ◆ 去(做某事)。¶문병을 간다. =去探病。⑭ 한쪽으로 흘러가다. ◆ 倾向，走向，转向(某一方)。¶이야기가 이상한 쪽으로 갔다. =交谈转向了奇怪的方向。⑮ 다른 곳으로 이동하여 사라지다. ◆ 走，离开。¶그는 방금 갔어. =他刚走。⑯ 그러한 상태가 생기거나 일어나다. ◆ 遭受(损失或灾害)。¶피해가 가지 않도록 하십시오. =请注意避免遭受损失。⑰ 건강에 해가 되다. ◆ 造成(健康损害)。¶무리가 가는 운동은 하지 마세요. =请不要做有害健康的运动。⑱ 어떤 일을 하는 데 수고가 많이 들다. ◆ 做某事花费大量精力。⑲ 금, 줄, 주름살, 흠집 따위가 생기다. ◆ (裂纹、皱纹、褶痕等)产生，出现。¶도자기에 금이 갔다. =瓷器上出现了裂纹。⑳ 어떤 일에 대하여 납득이나 이해, 짐작이나 판단 따위가 가다. ◆ 可以，能够。¶이해가 간다. =能够理解。㉑ 일정한 대상에 미치어 작용하다. ◆ 动(手)，插(手)。¶그의 손이 가야 일이 제대로 진행된다. =只有他参与进来，工作才能顺利进行。㉒ 지나거나 흐르다. ◆ (时光等)过去，流逝。¶날이 가고 달이 간다. =一天又一天，一月又一月。㉓ 기계 따위가 제대로 작동하다. ◆ (机器)走，工作，运转。¶시계가 간다. =表在走。㉔ 원래의 상태를 잃고 상하거나 변질되다. ◆ 变，走，跑(味儿等)。¶김치가 맛이 갔다. =泡菜变味了。㉕ 때나 얼룩이 잘 빠지다. ◆ (污垢等)容易去掉，去除，消除。¶이 천은 때가 잘 간다. =这布料易于去污。㉖ 외부의 충격이나 영향으로 정신을 제대로 차리지 못하는 혼미한 상태가 되다. ◆ (外部原因导致)晕，昏迷。¶첫눈에 가서 결혼했단 말이지? =你是一见钟情结的婚吧? ㉗ 어떤 현상이나 상태가 유지되다. ◆ 持续，维持，坚持(时间)。¶그는 결심이 삼일을 가지 못한다. =他的决心坚持不到三天。㉘ (완곡하게) 사람이 죽다. ◆ 死，死掉。¶비명에 가다. =死于非命。

가다가【부사】어떤 일을 계속하는 동안에 어쩌다가 이따금. ◆ 副偶尔，有时。¶가끔 가다가 엉뚱한 짓을 한다. =偶尔会做些出格的事。

가다듬다【동사】动 ❶ 정신, 생각, 마음 따위를 바로 차리거나 다잡다. ◆ 振作，打起，提起。¶정신을 가다듬다. =振作精神。❷ 태도나 매무새 따위를 바르게 하다. ◆ 端正，整理(态度、衣着等)。¶옷매무새를 가다듬다. =整理衣着。❸ 목청을 고르다. ◆ 清(嗓子)。¶목청을 가다듬고 노래를 시작했다. =清了清嗓子开始唱歌。❹ 흐트러진 조직이나 대열을 바로 다스리고 꾸리다. ◆ 整理好，整编(组织或队列)。¶대열을 가다듬다. =整理好队列。

가닥【명사】名 ❶ 한군데서 갈려 나온 낱낱의 줄. ◆ 杈，片断。¶수많은 기억의 가닥에서 헤매다. =徘徊于无数的回忆之中。❷ [수량을 나타내는 말 뒤에 쓰여] 한군데서 갈려 나온 낱낱의 줄이나 줄기 따위를 세는 단위. ◆ 丝，缕，道，叉。¶한 가닥의 희망. =一丝希望。❸ 빛이나 물 따위의 줄기. 또는 아주 약간. ◆ 缕，线。¶한 가닥 희망의 빛이 보였다. =出现了一丝希望的曙光。

가닥가닥【부사】여러 가닥으로 갈라진 모양. ◆ 副一根根，一缕缕，一股股。¶가닥가닥 꼰 새끼줄. =多股的草绳。

가담(加擔)【명사】같은 편이 되어 일을 함께 하거나 도움. ◆ 名参与，加入，参加。¶시위에 가담하여 가두시위(街頭示威)를 했다. =加入示威队伍进行了街头示威活动。● 가담하다(加擔--) ●

가당찮다(可當--)【형용사】도무지 사리에 맞지 않다. '당찮다'로 순화. ◆ 形不妥当，不恰当，不合理，欠妥。¶가당찮은 변명을 하지 마시오. =请不要找不恰当的借口。

가도(街道)【명사】名 ❶ 큰 길거리. 도시와 도시 사이를 잇는 큰길. ◆ 街道，大路，公路。❷ 막힘이 없이 탄탄한 진로를 비유적으로 이르는 말. ◆ 阳关大道，坦途。¶출세 가도를 달리다. =飞黄腾达。

가동(稼動)【명사】사람이나 기계 따위가 움직여 일함. 또는 기계 따위를 움직여 일하게 함. ◆ 名工作，运转。¶폐업으로 가동을 멈춘 기계. =由于歇业而停止运转的机器。● 가동되다(稼動--), 가동하다(稼動--) ●

가두(街頭)【명사】도시의 길거리. ◆ 名街头，街上。

가두다【동사】动 ❶ 사람이나 동물을 벽으로 둘러싸거나 울타리가 있는 일정한 장소에 넣고 밖으로 나오지 못하게 하다. ◆ 关，圈，关押，囚禁。¶돼지를 우리에 가두다. =把猪关在猪圈里。❷ 물 따위를 일정한 곳에 괴어 있게 하다. ◆ 蓄，贮。¶저수지에 물을 가두다. =在水库中蓄水。

가득【부사】副 ❶ 분량이나 수효 따위가 어떤 범위나 한도에 꽉 찬 모양. ◆ (分量或数量)多，满，满满的。¶물을 그릇에 가득 채웠다. =往碗里倒满了水。❷ 빈 데가 없을 만큼 사람이나 물건 따위가 많은 모양. ◆ 挤满，装满。¶운동장을 가득 메운 관중. =挤满运动场的观众。❸ 냄새나 빛 따위가 공간에 널리 퍼져 있는 상태. ◆ (气味或光线等)弥漫，充满。¶연기가 가득 찬 방. =烟气弥漫的房间。❹ 감정이나 정서, 생각 따위가 많거나 강한 모양. ◆ (感情、情绪、想法等)多，强烈。¶노기가 가득 찬 눈. =充满怒气的眼睛。● 가득하다 ●

가뜩【부사】'가득'보다 센 느낌을 준다. ◆ 副 "가득" 的强势词。多，满，满满地。¶밥을 그릇에 가뜩 담다. =往碗里盛满了饭。

가뜬하다【형용사】形 ❶ 다루기에 가볍고 간편하거나 손쉽다. ◆ 轻便，简便。¶복장이 가뜬하다. =服装很轻便。❷ 마음이 가볍고 상쾌하다. ◆ (心情)轻快，轻松。¶몸과 마음이 가뜬하다. =身心轻松。

가라앉다【동사】动 ❶ 물 따위에 떠 있거나 섞여 있는 것이 밑바닥으로 내려앉다. ◆ 下沉，沉没，沉淀。¶찌꺼기가 가라앉다. =渣子沉淀下去。❷ 바람이나 물결이 잠잠해지다. ◆ (风或波浪)停，住，停息。¶바람이 고요히 가라앉다. =风无声无息地停了。❸ 흥분이나 아픔, 괴로움 따위가 수그러들거나 사라지다. ◆ (兴奋、疼痛、烦恼等)消失，平复，

按捺住。¶흥분이 가라앉다. =激动的心情平静了下来。❹ 숨결이나 기침 따위가 순하게 되다. ◆(咳嗽等)止住，平息，平稳下来。¶숨결이 가라앉다. =呼吸平稳下来。❺ 떠들썩하던 것이 조용해지다. ◆(喧闹)平息，安静下来。¶분위기가 가라앉다. =气氛安静下来。

가라앉히다【동사】'가라앉다'의 사동사. ◆ 动 "가라앉다"的使动形态。¶마음을 가라앉히다. =按捺心情。

가락[1]【명사】量가늘고 길게 토막이 난 물건을 세는 단위. ◆名根，条，段，枝。¶엿 두 가락. =两根麦芽糖。

가락[2]【명사】名 ❶ 목소리의 높낮이나 길이를 통해 느껴지는 말의 기운. ◆ 语调，声调，嗓门。¶조용한 분위기에 갑자기 가락을 높여 불러 놀라게 했다. =在安静的气氛中忽然提高嗓门唱歌，吓了别人一大跳。❷ 노래의 수를 세는 단위. ◆ 首，曲。¶한가락 해봐. =唱一首吧。❸ 소리의 높낮이가 길이나 리듬과 어울려 나타나는 음의 흐름. ◆ 歌，歌曲。¶노래나 한 가락 해보지 뭐. =就唱首歌嘛!

가락국수【명사】가락을 굵게 뽑은 국수의 하나. 또는 그것을 삶아서 맑은장국에 요리한 음식. ◆名粗面条，汤面。¶가락국수 한 그릇. =一碗面条。

가랑비【명사】가늘게 내리는 비. 이슬비보다는 좀 굵다. ◆名小雨，细雨。

가랑이【명사】名 ❶ 하나의 몸에서 끝이 갈라져 두 갈래로 벌어진 부분. ◆ (物体下方的)叉，分叉。¶무우가랑이. =萝卜的分叉。❷ 바지 따위에서 다리가 들어가도록 된 부분. ◆ (裤子的)裆，开衩处。¶바지 가랑이. =裤裆。

가랑잎【명사】활엽수의 마른 잎. ◆ 名枯叶，干树叶。¶가랑잎은 불이 잘 붙는다. =干树叶易燃。

가래[1]【명사】名 ❶ 떡이나 엿 따위를 둥글고 길게 늘여 만든 토막. ◆ (糕或麦芽糖等的)条。❷ [수량을 나타내는 말 뒤에 쓰여] 토막 낸 떡이나 엿 따위를 세는 단위. ◆ 条，根。¶떡 두 가래. =两条糕。

가래[2]【명사】흙을 파헤치거나 떠서 던지는 기구. ◆名铁锹，铁锨。

가래떡【명사】가는 원통형으로 길게 뽑아 일정한 길이로 자른 흰떡. ◆名条糕，条形糕。¶떡국은 가래떡으로 만든다. =年糕汤是用条形糕做的。

-가량(假量)【접사】어떤 일에 대하여 확실한 계산은 아니나 얼마쯤이나 정도가 되리라고 짐작하다. ◆ 后缀大约，上下，左右。¶40세가량 되어 보인다. =看上去大约有四十岁左右。

가려내다【동사】动 ❶ 여럿 가운데서 일정한 것을 골라내다. ◆ 挑出，分辨出。¶불량품을 가려내다. =挑出残次品。❷ 진리나 가치 따위를 밝혀내다. ◆ 阐明，明辨。¶시비를 가려내다. =明辨是非。

가련하다(可憐--)【형용사】가엾고 불쌍하다. ◆ 形可怜，令人怜悯。¶가련한 신세가 되었다. =陷入可怜的境地。

가렵다【형용사】피부에 긁고 싶은 느낌이 있다. ◆形痒，发痒。¶가려운 데가 많다. =很多地方都痒。

가령(假令)【부사】가정하여 말하여. ◆ 副假如，若是，假使，比方说。¶가령 너에게 그런 행운이 온다면 너는 어떻게 하겠니? =假如好运来临，你将会做些什么?

가로【명사】왼쪽에서 오른쪽으로 나 있는 방향. 또는 그 길이. ◆名横，横向，横长。¶가로선. =横线。

가로놓다【동사】가로질러 놓다.◆ 动横放，横摆，横搁，横跨，横贯。¶다들 포도주는 가로놓아야 한다고 알고 있는데, 사실 병 아가리쪽을 위로 15도 정도 기울여도 상관없다.=大家都知道葡萄酒要横放，其实，瓶口向上倾斜15度也是可以的。

가로놓이다【동사】动 ❶ '가로놓다'의 피동사. 가로질러 놓이다. ◆ "가로놓다"的被动词。❷ 일의 진행이나 해결을 어렵게 하는 장애가 앞에 버티고 있다. ◆ (困难、障碍)横有，摆着。¶우리의 앞길에는 많은 장애물이 가로놓여 있다. =我们前进的道路上还存在很多障碍。

가로눕다【동사】动 ❶ 가로로 또는 옆쪽으로 눕다. ◆ 横躺，横卧，侧卧。¶침대에 가로눕다. =横躺在床上。❷ 바닥에 기다랗게 눕다. 또는 누운 것처럼 놓이다. ◆ 横躺，横放，横倒着。¶길 위에 가로누운 가로수 때문에 통행이 불편하다. =绿化树横倒在路上，通行很不方便。

가로등(街路燈)【명사】거리의 조명이나 교통의 안전, 또는 미관(美觀) 따위를 위하여 길가를 따라 설치해 놓은 등. ◆ 名路灯，街灯。¶가로등이 환하게 거리를 밝힌다. =路灯把街道照得很亮。

가로막다【동사】动 ❶ 앞을 가로질러 막다. ◆ 横挡，截断，拦截。¶계곡을 가로막아 만든 댐. =截断峡谷修筑的堤坝。❷ 말이나 행동, 일 따위를 제대로 하지 못하도록 방해하거나 막다. ◆ 打断，阻挠，妨碍，干扰。¶말을 가로막지 마시오. =不要打断别人说话。❸앞이 보이지 않도록 가리다. ◆ 挡住，遮住。¶짙은 연기가 그의 시야를 가로막다. =浓烟挡住了他的视野。● 가로막히다 ●

가로맡다【동사】动 ❶ 남의 할 일을 가로채서 맡거나 대신해서 맡다. ◆ 代办，包办，包揽。¶책임을 가로맡다. =包揽责任。❷ 남의 일에 참견하다. ◆ 干涉，干预，指手画脚。

가로수(街路樹)【명사】거리의 미관(美觀)과 국민 보건 따위를 위하여 길을 따라 줄지어 심은 나무. ◆名行道树，绿化树，路边树。¶녹음이 짙은 거리의 가로수. =街旁绿荫浓郁的行道树。

가로쓰기【명사】글씨를 가로로 쓰는 일. 또는 그런 방식. ◆名横写，横向书写。

가로줄【명사】좌우 방향으로 그은 줄. ◆名横线。

가로지르다【동사】动 ❶ 양쪽 사이에 기다란 막대나 줄 따위를 가로로 놓거나 꽂다. ◆ 横插，横闩。¶문에 빗장을 가로지르다. =横插上门闩。❷ 어떤 곳을 가로 등의 방향으로 질러서 지나다. ◆ 横穿，横贯，横跨。¶개 한 마리가 운동장을 가로질러 뛰어온다. =一只狗横穿操场跑过来。

가로채다【동사】动 ❶ 남의 것을 옳지 않은 방법으로 빼앗다. ◆ 霸占，掠夺，诈取。¶사기꾼이 남의 땅을 가로챘다. =那个骗子诈取了别人的土地。❷ 남이 말하는 중간에 끼어 들어 말을 못하게 하다. ◆打断(别人说话)。¶남의 말을 가로채다. =打断别人的话。

가로축(--軸)【명사】좌표 평면에서 가로로 그은 수직선. ◆图横轴。

가로획(--劃)【명사】글자에서 가로로 긋는 획. ◆图横划。

가루【명사】딱딱한 물건을 보드라울 정도로 잘게 부수거나 갈아서 만든 것. ◆图粉，粉末。¶고추를 빻아 가루로 만들었다. =把辣椒磨成粉末。

가루비누【명사】가루 상태로 만든 비누. 图◆洗衣粉，皂粉。¶가루비누를 넣고 빨래를 했다. =放入洗衣粉洗衣服。

가루약(--藥)【명사】가루로 된 약. ◆图药粉，粉剂。¶감기에 가루약을 복용하다. =得了感冒，服用药粉。

가르다[1]【동사】动❶ 쪼개거나 나누어 따로따로 되게 하다. ◆分，划分，分开。¶편을 셋으로 가르다. =分成三组。❷ 옳고 그름을 따져서 구분하다. ◆区分，辨别，分辨。¶흑백을 가르다. =明辨是非。❸물체가 공기나 물을 양옆으로 열며 움직이다. ◆穿过，划破。¶비행기가 허공을 가르며 날아올랐다. =飞机腾空而起。

가르마[2]【명사】이마에서 정수리까지의 머리카락을 양쪽으로 갈랐을 때 생기는 금. ◆动发缝，发线，头发的分线。¶보통 왼쪽에 가르마를 탄다. =一般把发缝分在左边。

가르치다【동사】动❶ 지식이나 기능, 이치 따위를 깨닫거나 익히게 하다. ◆教，传授，指导。¶그가 그녀에게 운전을 가르치다. =他教她开车。❷ [주로 '버릇', '버르장머리'와 함께 쓰여] 그릇된 버릇 따위를 고치어 바로잡다. ◆教导，训戒，管教。¶아이의 버릇을 제대로 가르치다. =严格教导孩子要讲礼貌。❸ 교육 기관에 보내 교육을 받게 하다. ◆使受教育，使上学。¶그 부부는 아들에게 대학 교육을 가르쳤다. =那对夫妇供孩子上了大学。❹ 상대편이 아직 모르는 일을 알도록 일러주다. ◆告诉，指出。¶너에게만 비밀을 가르쳐 주마. =只告诉你一个秘密。❺ 사람의 도리나 바른길을 일깨우다. ◆教导，教育。¶선생님께서는 우리에게 정직하게 살라고 가르치셨다. =老师教导我们要正直地生活。

가르침【명사】도리나 지식, 사상, 기술 따위를 알게 함. 또는 그 내용. ◆图教导，教诲。¶스승의 가르침. =导师的教诲。

가리개【명사】어떤 공간 따위를 가리기 위하여 세우는 가구. ◆图罩子，屏障。

가리다[1]【동사】보이거나 통하지 못하도록 막히다. ◆动(被)遮住，挡住。¶안개에 가려서 앞이 잘 안 보인다. =前方大雾，看不清楚。

가리다[2]【동사】보이거나 통하지 못하도록 막거나 감추다. ◆动遮，挡，捂，蒙，掩。¶손으로 얼굴을 가린다. =用手捂住脸。

가리다[3]【동사】动❶ 여럿 가운데서 하나를 구별하여 고르다. ◆选，挑选。¶우승팀을 가리다. =选出优胜队。❷ 낯선 사람을 대하기 싫어하다. ◆认生，怕生。¶그녀는 수줍어하면서 낯을 가렸다. =她忸忸怩怩地很认生。❸ 잘잘못이나 좋은 것과 나쁜 것 따위를 따져서 분간하다. ◆明辨，分辨，辨别。¶옥석을 가리다. =辨别玉石。❹ 똥오줌을 눌 곳에 누다. ◆(懂得)不随地大小便，大小便自理。¶대소변을 못 가린다. =大小便不能自理。❺ 음식을 골라서 먹다. ◆挑食，偏食，忌口。¶음식을 가리지 말고 먹어라. =吃饭不要挑食。❻ 자기 일을 알아서 스스로 처리하다. ◆自理。¶자기 앞도 못 가리는 사람과 만나지 마시오. =不要跟不能自理的人交往。

가리키다【동사】动❶ 손가락 따위로 어떤 방향이나 대상을 집어서 보이거나 말하거나 알리다. ◆指，指着。¶손가락으로 달을 가리켰다. =伸手指了指月亮。❷ 어떤 사실이나 내용을 의미하다. ◆暗示，影射。❸ 어떤 대상을 특별히 집어서 두드러지게 나타내다. ◆称……为…… ¶모두들 그 아이를 가리켜 신동(神童)이라 했다. =人们称那个孩子为神童。

가마[1]【명사】(옛날에) 안에 사람을 태우고 둘 또는 넷이 들고 이동하는 작은 집 모양의 탈것. ◆图轿，轿子。¶누나는 가마를 타고 시집갔다. =姐姐坐着花轿出嫁了。

가마[2]【명사】图❶ 곡식이나 소금, 비료 등을 담기 위하여 짚으로 만든 큰 주머니. ◆袋，麻袋，草袋。¶한섬(石)은 두 가마이다. =一石是两麻袋。❷ 곡식이나 소금, 비료 등이 담긴 가마의 수를 세는 단위. ◆袋，草袋，麻袋，编织袋。"가마니"的略语。¶가마니에 담으니 한 가마가 넘는다. =用麻袋装了一袋多。

가마[3]【명사】소용돌이 모양으로 머리털이 자라는 방향을 나타내는 머리통의 한 부분. ◆图旋儿，头发旋儿。¶우리 애는 머리에 가마가 있는 자리조차 아빠를 쏙 빼닮았다. =我家孩子连头上的旋儿都像他爸。

가마[4]【명사】도자기, 기와, 벽돌, 숯 등을 굽는 시설. ◆图窑，炉。

가마[5]【명사】가마솥의 준말. ◆图锅，大锅，大铁锅。¶가마에 물을 끓여 놓았다. =在大铁锅里烧好了水。

가마니【명사】图❶ 곡식이나 소금, 비료 등을 담기 위하여 짚으로 만든 큰 주머니. ◆袋，麻袋，编织袋。¶ 이 쌀을 다 담으려면 가마니가 열 장은 있어야 되겠다. =需要十个麻袋才能装下这些大米。❷ 곡식이나 소금 따위를 가마니에 담아 그 분량을 세는 단위. ◆(计量单位)袋，麻袋，编织袋。 ¶쌀 한 가마니는 열 되이다. =一袋大米是十升。

가마솥【명사】아주 크고 우묵한 솥. ◆图锅，大铁锅。¶가마솥에 쇠죽을 끓인다. =用大铁锅煮牛饲料。

가만【부사】副❶ 움직이지 않거나 아무 말 없이. ◆不作声地，不动地。¶그 곳에 가만 서 있으세요. =请站在那儿别动。❷ 어떤 대책을 세우거나 손을 쓰지 않고 그냥 그대로. ◆ 听任，任凭，随他去。¶당신은 이러한 상황을 가만 보고 있겠소. =难道你就对这种情况听之任之吗? ❸ 마음을 가다듬어 곰곰이. ◆ 冷静地，好好儿。¶가만 생각해 보니까 기억이 난다. =好好想了想，终于想起来了。● 가만가만 ●

가만있다【동사】动 ❶ 몸을 움직이거나 활동하지 않고 조용히 있다. ◆ 老实待着，安静待着。¶돌아다니지 말고 방안에 가만있도록 하시오. =别转悠了，在房间里老实待着吧。❷ 어떤 대책을 세우거나 손을 쓰지 않고 잠자코 있다. ◆ 不管，不过问，听任。¶아무것도 모르면 가만있어. =什么都不知道就别问。 ❸ 갑자기 떠오르지 않는 기억이나 생각을 더듬을 때에 별 뜻 없이 하는 말. ◆ 等等，别急。¶가만있어 봐, 그 사람 몇 살이지? =等等，那人多大来着?

가망(可望)【명사】될 만하거나 가능성이 있는 희망. ◆ 名希望，指望，可能。¶차기회장에 당선될 가망이 있습니까? =有没有希望当选下一任会长?

가맹(加盟)【명사】동맹이나 연맹, 단체에 가입함. ◆ 名加盟，入盟。¶가맹 국가. =加盟国家。 ● 가맹하다(加盟--) ●

가면(假面)【명사】탈, 얼굴을 감추거나 달리 꾸미기 위하여 나무, 종이, 흙 따위로 만들어 얼굴에 쓰는 물건. ◆ 名面具，假面具。¶가면을 쓰고 탈춤을 추는 민속극은 역사가 오래 되었다. =跳假面舞的民俗戏由来已久。

가면극(假面劇)【명사】탈을 쓰고 하는 연극. ◆ 名假面戏，假面舞。¶산대놀음은 한국의 고유한 가면극이다. =山台戏是韩国传统的假面戏。

가명(假名)【명사】실제의 자기 이름이 아닌 이름. '가짜 이름'으로 순화. ◆ 名假名字，化名。¶인터넷 사용 시 가명을 쓰지 마시오. =请不要使用假名字上网。

가무(歌舞)【명사】노래와 춤을 아울러 이르는 말. ◆ 名歌舞，歌与舞。¶가무에 능한 기생. =能歌善舞的艺伎。

가무잡잡하다【형용사】약간 짙게 가무스름하다. ◆ 形黝黑，黑黝黝，黑不溜秋。¶야외에서 일하는 사람들은 얼굴이 가무잡잡하다. =在野外工作的人们肤色都黑黝黝的。

가문(家門)【명사】가족 또는 가까운 일가로 이루어진 공동체. 또는 그 사회적 지위. ◆ 名家门，家族，门第。¶가문의 명예. =家族荣誉。

가물가물【부사】副 ❶ 작고 약한 불빛 따위가 사라질 듯 말 듯 움직이는 모양. ◆ (灯火等)闪烁不定，忽明忽暗。¶가물가물 흔들리는 등불. =忽闪个不停的灯火。❷ 물체가 보일 듯 말 듯 자꾸 희미하게 움직이는 모양. ◆ (远处的物体)隐隐约约，忽隐忽现。¶수평선 위에 가물가물 움직이는 작은 배. =海平线上忽隐忽现的小船。❸ 의식이나 기억이 조금 희미해져서 정신이 자꾸 있는 둥 없는 둥 하는 모양. ◆ (意识、记忆等)恍恍惚惚，模模糊糊。¶가물가물 기억이 나지 않는다. =模模糊糊地想不起来。● 가물가물하다 ●

가물거리다【동사】动 ❶ 작고 약한 불빛 따위가 사라질 듯 말 듯 움직이다. ◆ (灯、火光等)忽闪，闪烁不定，忽明忽暗。¶바람 앞에서 가물거리다가 호롱불이 꺼졌다. =油灯在风中忽闪了几下就灭了。❷ 물체가 보일 듯 말 듯 희미하게 움직이다. ◆ (远处的物体)隐隐约约，忽隐忽现。¶수평선 넘어 가물거리는 작은 섬. =海平线上时隐时现的小岛。❸ 의식이나 기억이 조금 희미해져서 정신이 있는 둥 없는 둥 하다. ◆ (意识、记忆等)恍恍惚惚，模模糊糊。¶가물거리는 과거의 기억. =模模糊糊的往日回忆。● 가물대다 ●

가물다【동사】땅의 물기가 바싹 마를 정도로 오랫동안 계속하여 비가 오지 않다. ◆ 动干旱，旱。¶가물어 메마른 토지. =久旱干涸的土地。

가물치【명사】몸이 둥글고 길며 등에 검푸른 무늬가 있는 민물고기. ◆ 名乌鳢，〈俗称〉黑鱼。

가뭄【명사】오랫동안 계속하여 비가 내리지 않아 메마른 날씨. ◆ 名旱灾，旱情。¶가뭄이 들어 전국이 아우성이다. =由于闹旱灾，全国都在叫苦连天。

가발(假髮)【명사】진짜 머리카락처럼 만들어 머리에 쓰거나 붙이는 가짜 머리카락. ◆ 名假发，假发套。¶친구가가발을 쓰고 분장을 하니 몰라보겠다. =朋友戴着假发又化了妆，差点没认出来。

가방【명사】물건을 넣어 들거나 메고 다닐 수 있게 만든 용구. 가죽이나 천, 비닐 따위로 만든다. ◆ 名包，背包。¶공항에서 여행 가방을 분실했다. =在机场丢了旅行包。

가볍다【형용사】形 ❶ 무게가 일반적이거나 기준이 되는 대상의 것보다 적다. ◆ (重量)轻。¶가벼운 옷. =轻便的衣服。❷ 비중이나 가치, 책임 따위가 낮거나 적다. ◆ 轻松，容易，简单。¶이번 임무는 가벼운 일이 아니다. =这次任务不轻松。❸ 죄과나 실수, 손해 따위가 그다지 심하지 않다. ◆ (程度)轻，不严重。¶죄질이 가벼운 죄수. =罪行很轻的罪犯。 ❹ 병세나 상처 따위가 그다지 심하지 않다. ◆ (伤病等)轻，不重。¶부상이 가볍다. =轻微受伤。❺ 생각이나 언어, 행동이 침착하지 못하거나 진득하지 못하다. ◆ (言行等)草率，贱，轻浮。그렇게 입이 가벼운 놈은 처음이다. =说话这么轻浮的人我还是头一次见到。❻ 몸이나 손발 따위의 움직임이 날쌔고 재다. ◆ 轻快，轻巧，轻盈。¶가벼운 발걸음으로 그에게 다가갔다. =踏着轻快的脚步朝他走去。❼ 노력이나 부담 따위가 적다. ◆ 简单，轻松。¶가벼운 운동을 먼저 하십시오. =请先做些轻松的运动。❽ 다루기에 힘이 들지 않고 수월하다. ◆ 很平常，微微。¶고개를 숙여 가볍게 목례를 한다. =微微点头致意。❾ 바람이나 물결 따위의 이는 정도가 약하다. ◆ 轻，轻微，轻轻。¶물결이 가볍게 치다. =浪花轻拍。❿ 닿는 정도가 약하다. ◆ (碰触)轻，轻轻，轻微。¶가볍게 문을 두드리다. =轻轻敲门。⓫ 소리나 색깔 따위가 밝고 경쾌하다. ◆ (声音)细，细弱，纤细。¶가벼운 목소리. =细弱的嗓音。⓬ 옷차림이나 화장이 요란하지 않고 산뜻하거나 활동하기에 편하다. ◆ 轻便，淡。¶가벼운 옷차림. =轻便的

着装。⓭ 마음이 홀가분하고 경쾌하다. ◆ 轻松，轻快，愉快。¶가벼운 기분. =轻松的心情。

가보(家寶)【명사】한 집안에서 대를 물려 전해 오거나 전해질 보배로운 물건. ◆名传家宝，家珍。¶우리 집 가보는 도자기이다. =我家的传家宝是瓷器。

가봉(Gabon)【명사】서아프리카에 있는 나라. 주요 생산물로는 마호가니, 코코아, 석유, 우라늄 등이 있다. 주요 언어는 프랑스 어이고 수도는 리브르빌이다. ◆名（国家）加蓬。

가부(可否)【명사】名 ❶ 옳고 그름. ◆ 对与错，是与非，正确与否，可否。¶가부를 가리기 위해 모였습니다. =为了分辨对错聚到一起。❷ 찬성과 반대를 아울러 이르는 말. ◆ 可否，行与不行，赞成与否，赞成与反对。¶투표로 가부를 결정하다. =投票决定行不行。

가부좌(跏趺坐)【명사】부처의 좌법(坐法)으로 좌선할 때 앉는 방법의 하나. 왼쪽 발을 오른쪽 넓적다리 위에 놓고 오른쪽 발을 왼쪽 넓적다리 위에 놓고 앉는 것을 길상좌라고 하고 그 반대를 항마좌라고 한다. 손은 왼 손바닥을 오른 손바닥 위에 겹쳐 배꼽 밑에 편안히 놓는다. ◆名盘腿坐。¶가부좌를 틀다. =盘膝而坐。

가분수(假分數)【명사】名 분자가 분모와 같거나 분모보다 큰 분수. 3/2, 7/5 따위이다. ◆ 假分数。

가뿐하다【형용사】들기 좋을 정도로 가볍다. '가분하다'보다 센 느낌을 준다. ◆ 形 (很)轻，轻松，轻盈。¶몸과 마음이 가뿐하다. =身心两轻。

가쁘다【형용사】숨이 몹시 차다. ◆形气喘吁吁，(呼吸)喘，急促。¶가쁜 숨을 몰아 쉬었다. =大喘了几口气。

가사[1](歌詞)【명사】가곡, 가요, 오페라 따위로 불려질 것을 전제로 하여 쓰여진 글. ◆名歌词。¶행진곡에 가사를 붙이다. =给进行曲填上歌词。

가사[2](家事)【명사】살림살이에 관한 일. ◆ 名家务，家务事。¶가사 분담. =分担家务。

가사[3](假死)【명사】호흡과 맥박 같은 생명 활동이 멈추어 마치 죽은 것과 같은 것. ◆名假死，濒死。¶응급조치를 받아 가사 직전에 소생하였다. =经过急救，在濒死之际又活了过来。

가산[1](加算)【명사】더하여 셈함. ◆ 名加，算上。¶가산금리. =附加利率。● 가산되다(加算--), 가산하다(加算--) ●

가산[2](家産)【명사】한 집안의 재산. ◆名家产，家业，家当。¶가산을 탕진하다. =倾家荡产。

가상(假想)【명사】사실이 아니거나 사실 여부가 분명하지 않은 것을 사실이라고 가정하여 생각함. ◆名假想，虚构，编造。¶모의 전투에서 가상공격을 통하여 전술을 연마한다. =在模拟战中，通过假想攻击来锤炼战术。● 가상하다(假想--) ●

가상하다(嘉尙--)【형용사】갸륵하다. ◆名了不起，可嘉。¶정성이 가상하다. =精神可嘉。

가설[1](架設)【명사】전깃줄이나 전화선, 교량 따위를 공중에 건너질러 설치함. ◆ 名架，架设，安装。¶홍수로 유실된 다리를 임시로 가설하였다. =被洪水冲走的桥又临时架好了。● 가설되다(架設--), 가설하다(架設--) ●

가설[2](假設)【명사】임시로 설치함. ◆ 名临时搭建，临时设置。¶가설무대. =临时舞台。● 가설되다(假設--), 가설하다(假設--) ●

가설[3](假說)【명사】연구에서 어떤 내용을 설명하려고 예상한 것으로 아직 증명되지 않은 가정. ◆ 名假说。¶가설을 세우다. =提出假说。

가세[1](加勢)【명사】힘을 보태거나 거듦. ◆ 名支持，加入。¶시민들의 가세로 시위가 확대되었다. =由于市民的加入，示威规模扩大了。● 가세하다(加勢--) ●

가세(家勢)[2]【명사】집안의 운수나 살림살이 따위의 형세. ◆ 名家道，家境。¶자기 회사가 부도로 가세가 기울었다. =由于自己经营的公司倒闭，家道中落了。

가소롭다(可笑--)【형용사】같잖아서 우스운 데가 있다. ◆ 形可笑，好笑。¶상대하기가 가소롭지만 결투를 받아주겠다. =虽然跟你对阵有点可笑，不过我接受你的挑战。

가속(加速)【명사】점점 속도를 더함. 또는 그 속도. ◆ 形加速。¶고속도로에서 가속페달을 힘차게 밟았다. =在高速公路上用力踩下了油门。● 가속되다(加速--), 가속하다(加速--) ●

가속도(加速度)【명사】일의 진행에 따라 점점 더해지는 속도. 또는 그렇게 변하는 속도. ◆ 名加速。¶ 인원을 보충하자 일에 가속도가 붙었다. =人手增加，办事的速度也加快了。

가솔린(gasoline)【명사】석유에서 뽑아낸, 자동차나 비행기 등의 연료. ◆名汽油。

가수(歌手)【명사】노래 부르는 것이 직업인 사람. ◆ 名歌手，歌星。¶가수지망생들이 운집한 가운데 심사가 시작되었다. =怀揣歌手梦的考生聚集在一起，选拔开始了。

가십(gossip)【명사】신문, 잡지 등에서 개인의 사생활에 대하여 소문이나 험담 따위를 흥미 본위로 다룬 기사. ◆名传闻，轶闻，轶事，趣闻，闲话，闲谈，花絮，漫谈，八卦。¶가십란.=八卦栏。/그 사건은 한낱 가십임이 드러났다.=那个事件原来只是个传闻而已。

가스(gas)【명사】名 ❶ 기체 물질을 통틀어 이르는 말. ◆ 气，气体。¶질소가스. =氮气。❷ 연료로 사용되는 기체. ◆ 燃气，瓦斯，煤气。¶가스누출 탐지기. =瓦斯泄漏探测器。 ❸ 살상 무기로 사용되는 유독한 기체. ◆ 毒气，毒瓦斯。¶살상용 유독가스를 살포하다. =释放杀伤性毒气。❹ 소화 기관 내에서 내용물이 부패·발효하여 생긴 기체. ◆ (腹内的)气儿，胀气。¶뱃속에 가스가 찼다. =肚子里胀满了气。

가스레인지(gas range)【명사】가스를 연료로 사용하여 음식을 조리하는 기구. ◆ 名煤气灶，燃气灶。¶가스레인지 밸브를 잠그다. =关闭煤气灶的开关。

가슴【명사】名 ❶ 배와 목 사이의 앞부분. ◆ 胸部，胸口。❷ 마음 또는 생각. ◆ 内心，心情，心胸，胸襟。¶가슴이 떨리다. =心情紧张。❸ 가슴안. ◆ 心

口。¶가슴을 앓다. =心口疼。❹ 젖가슴. ◆ 乳房，胸。¶가슴이 풍만하다. =胸很丰满。

가슴둘레【명사】가슴의 가장 굵은 부분을 둘러 잰 길이. ◆ 图胸围。¶가슴둘레를 재다. =量胸围。

가슴앓이【명사】图 ❶ 안타까워 마음속으로만 애달파하는 일. ◆ 心痛。¶보고 싶어 가슴앓이를 하다. =想他想得心痛。❷ 가슴쓰림. ◆ 心口痛。

가시【명사】图 ❶ 어떤 물체 표면에 돋아난, 끝이 뾰족하고 빳빳하게 생긴 물건. ◆ (物体表面的)刺，毛刺，尖刺。¶철조망가시. =铁丝网的刺。❷ 물고기의 잔뼈. ◆ 鱼刺。¶가시가 많은 물고기. =多刺的鱼。❸ 살에 박힌 나무 따위의 가늘고 뾰족한 거스러미. ◆ (扎进肉中的)刺。¶손에 박힌 가시를 뺐다. =拔出了手上的刺。❹ 남을 공격하거나 불평불만의 뜻을 담은 표현을 비유적으로 이르는 말. ◆ 话中带刺。¶가시 돋친 말. =话中带刺。❺ 식물의 줄기나 잎, 열매의 겉면에 바늘처럼 가늘고 뾰족하게 돋아난 것. ◆ (植物的)刺，毛刺。¶가시에 찔리다. =被刺扎了。

가시다【동사】动 ❶ 어떤 상태가 없어지거나 달라지다. ◆ 消失，失去。¶웃음기가 가신 얼굴. =失去笑容的脸。❷ 물 따위로 깨끗이 씻다. ◆ 洗，漱。¶입을 소금물로 가시다. =用盐水漱口。

가식(假飾)【명사】말이나 행동 따위를 거짓으로 꾸밈. ◆ 图做作，矫揉造作，掩饰。¶언행에 가식이 없다. =言行毫不做作。

가야금(伽倻琴)【명사】열두 줄의 현을 손가락으로 뜯어 소리를 내는 한국의 전통 현악기 중 하나. ◆ 图伽倻琴(韩国传统乐器)。¶가야금을 타다. =弹伽倻琴。

가업(家業)【명사】대대로 물려받는 집안의 생업. 图 ◆ 家业，祖业，家族产业。¶가업을 잇다. =继承家族产业。

가없다【형용사】끝이 없다. ◆ 形无垠，无限，无边无际，一望无际。¶가없는 어머니의 은혜. =母亲的无限恩情。● 가없이 ●

가연성(可燃性)【명사】불에 잘 탈 수 있거나 타기 쉬운 성질. ◆ 图可燃性，易燃性。¶이 건물은 가연성 건축재를 사용하지 않았다. =这座建筑没有使用易燃材料。

가열(加熱)【명사】图 ❶ 어떤 물질에 열을 가함. ◆ 加热。¶가열살균. =加热杀菌。❷ 어떤 사건에 열기를 더함. ◆ 升温，高涨，白热化。¶선거에 대한 열기가 가열되었다. =选举热情高涨。● 가열되다(加熱--), 가열하다(加熱--) ●

가엽다【형용사】가엾다. ◆ 形可怜，令人怜惜，令人心疼。¶어린 나이에 부모를 잃었다니 참으로 가엽다. =这么小就失去了父母，真是可怜。

가엾다【형용사】마음이 아플 만큼 안되고 처연하다. ◆ 形可怜，令人怜惜，令人心疼。¶가엾게도 강아지는 묶여 있었다. =可怜的小狗被拴着。● 가엾이 ●

가오리【명사】몸이 넓적한 마름모꼴이고 꼬리가 가늘고 긴 바닷물고기. ◆ 图鳐鱼。

가옥(家屋)【명사】사람이 사는 집. ◆ 图住房，民居，房屋。¶민속촌에는 전통 가옥이 즐비하게 있다. =民俗村中，传统民居鳞次栉比。

가외(加外)【명사】일정한 기준이나 정도의 밖. ◆ 图额外。¶가외로 물건을 더 받았다. =额外拿了点东西。

가요(歌謠)【명사】널리 대중이 즐겨 부르는 노래. ◆ 图大众歌谣。¶가요를 부르다. =唱大众歌谣。

가운[1](家運)【명사】집안의 운수. ◆ 图家运。¶가운이 기울다. =家运衰落。

가운[2](gown)【명사】图 ❶ 판검사들의 법복(法服)이나 졸업식, 종교의식 따위의 의례적인 행사 때에 입는 긴 망토 모양의 옷. ◆ 法官袍，学位服，宗教礼服。¶학사모에 가운을 입은 졸업생. =头戴学士帽、身穿学位服的毕业生。❷ 의사 또는 과학자들이 진찰이나 수술 또는 실험, 작업 따위를 할 때 겉에 입는 흰색 상의. ◆ 白大褂。❸ 실내에서 겉에 입는 헐렁하고 긴 상의. ◆ (长而宽松的)家居服。

가운데【명사】图 ❶ 일정한 공간이나 길이를 갖는 사물에서, 한쪽으로 치우치지 않고 양끝에서 거의 같은 거리가 떨어져 있는 부분. ◆ 中间，中央。¶호수 가운데 오리가 떠 있다. =鸭子浮在湖中央。❷ 양쪽의 사이. ◆ (空间的)里，中，内。¶동네 가운데 우체국이 있다. =村子里有邮局。❸ 여럿으로 이루어진 일정한 범위의 안. ◆ (一定范围的)当中，之中，中间，内。¶여러 꽃 가운데 장미가 제일 아름답다. =在各种花中，玫瑰最美丽。❹ 어떤 일이나 상태가 이루어지는 범위의 안. ◆ (用于定语形"-ㄴ, -는"之后)中，当中，当口。¶그는 어려운 가운데서도 남을 돕는다. =他在最困难的时候还帮助别人。

가운뎃손가락【명사】다섯 손가락 가운데 셋째 손가락. 한가운데에 있으며 가장 길다. ◆ 图中指。

가위【명사】图 ❶ 종이나 천, 머리카락 등을 자르는 도구. ◆ 剪刀，剪子。¶가위로 종이를 오리다. =用剪刀裁纸。❷ 가위바위보에서, 집게손가락과 가운뎃손가락 또는 엄지손가락을 벌려 내미는 동작. 또는 그런 손. ◆ ("石头剪刀布"游戏中的)剪刀，剪子。¶가위를 내다. =出剪刀。

가위눌리다【동사】자다가 무서운 꿈에 질려 몸을 마음대로 움직이지 못하고 답답함을 느끼다. ◆ 动魇，魇住。¶심한 스트레스는 흉한 꿈과 함께 가위눌리게 한다. =过重的心理压力会使人被噩梦魇住。

가위바위보(----褓)【명사】서로 손을 내밀어 그 손 모양으로 순위나 승부 등을 정하는 것. ◆ 图石头剪刀布，划拳(一种游戏)。¶가위바위보로 편을 가르다. =通过划拳来分组。

가위질【명사】图 ❶ 가위로 자르거나 오리는 일. ◆ 剪，裁，裁剪，动剪刀(的事)。¶능숙한 가위질로 머리를 자른 다. =熟练地操着剪刀理发。❷ 언론 기사나 영화 작품 따위를 검열하여 그 일부분을 삭제하는 일을 비유적으로 이르는 말. ◆ 剪，删，删减(报道、电影等的部分内容)。¶이 영화는 가위질을 많이 당해 내용을 이해할 수가 없다. =这部电影的内容被剪掉了太多，无法看懂。● 가위질하다 ●

가위표(--標)【명사】틀린 것을 나타내거나 문장에서 알면서도 고의로 드러내지 않음을 나타낸다. ◆ 图

叉号。

가을【명사】네 계절 중의 하나로 여름과 겨울 사이의 계절. ◆ 图秋，秋天，秋季。¶높디높은 가을하늘. =高远的秋空。

가을걷이【명사】추수. 가을에 익은 곡식을 거두어들임. ◆ 图秋收，秋忙。¶가을걷이가 끝난 논. =秋收后的农田。

가을철【명사】계절이 가을인 때. ◆ 图秋季，秋天，秋令时分。¶가을철은 일교차가 심하다. =秋季昼夜温差很大。

가입(加入)【명사】조직이나 단체 따위에 들어감. ◆ 图入，加入，参加。¶그 단체는 가입절차가 까다롭기로 유명하다. =加入那个团体的手续繁琐是出了名的。● 가입되다(加入--), 가입하다(加入--) ●

가자미【명사】몸이 납작하고 타원형이며 두 눈이 모두 오른쪽에 모여 있는 바닷물고기. ◆ 图鲽，鲽鱼，鳒，老板鱼。¶비목어{광어·넙치}는 가자미과와 넙칫과의 통칭이다. =比目鱼(偏口鱼)是鳒科和鲆科两类鱼的统称。

가작(佳作)【명사】图 ❶ 매우 뛰어난 작품. ◆ 佳作。¶무수한 가작을 남긴 시인이 어제 타계했다. =留下无数佳作的诗人昨天去世了。❷ 예술 작품 따위의 대회에서, 당선 작품에 버금가는 작품. ◆ (头奖之外的)获奖作品。¶이 그림은 가작으로 당선된 그림이다. =这幅画是获奖作品。

가장[1]【부사】여럿 가운데 어느 것보다 정도가 높거나 세게. ◆ 副最，极，头等。¶가장 빨리 한 사람에게 상을 주겠습니다. =对做得最快的人将给予奖励。

가장[2](家長)【명사】한 가정을 이끌어 나가는 사람. 图 ◆ 家长，一家之主，当家人。¶우리 집 가장은 할아버지이시다. =我家的当家人是爷爷。

가장[3](假裝)【명사】얼굴이나 몸차림 따위를 알아보지 못하게 바꾸어 꾸밈. ◆ 图假装，化装，假扮。¶가장무도회. =化装舞会。● 가장하다(假裝--) ●

가장무도회(假裝舞蹈會)【명사】사람들이 갖가지로 외모를 가장하고 춤을 추는 모임. ◆ 图化妆舞会，假面舞会。¶가장무도회를 열었다. =举办了化妆舞会。

가장자리【명사】둘레나 끝에 해당되는 부분. ◆ 图边，角，边缘，周围。¶눈 가장자리가 충혈되었다. =眼角充血了。

가재【명사】게와 새우의 중간 모양으로 껍질이 단단하고 큰 집게발을 포함한 다섯 쌍의 발이 있으며, 맑은 물에 사는 동물. ◆ 图小龙虾。¶개울의 돌더미 밑에는 가재가 많았다. =河沟的石堆底下有很多小龙虾。

가재도구(家財道具)【명사】집 안 살림에 쓰이는 여러 물건. ◆ 图家什，家当。¶필요한 가재도구만 사시오. =只买些必需的家当就行了。

가전제품(家電製品)【명사】가정에서 사용하는 세탁기, 냉장고, 텔레비전 따위의 전기 기기 제품 ◆ 图家电。¶가전제품의 소비 성향이 많이 바뀌었다. =家电的消费倾向变化很大。

가정[1](假定)【명사】图 ❶ 사실이 아니거나 또는 사실인지 아닌지 분명하지 않은 것을 임시로 인정함. ◆ 假定，认定，认为。¶전쟁이 발발할 것이라는 가정하에 늘 경계를 늦추지 않는다. =认定战争即将爆发，时刻不敢放松警惕。❷ 결론에 앞서 논리의 근거로 어떤 조건이나 전제를 내세움. 또는 그 조건이나 전제. ◆ 假说，假设。¶과학자들은 가정을 세우고 실험을 한다. =科学家们提出假说并进行实验。● 가정하다(假定--) ●

가정[2](家庭)【명사】한 가족이 생활하는 집. 가까운 혈연 관계에 있는 사람들의 생활 공동체. ◆ 图家，家庭。¶부유한 가정이라고 해서 다 행복한 것은 아니다. =并不是富有的家庭就都幸福。

가정교사(家庭敎師)【명사】남의 집에서 보수를 받고 그 집의 가족 구성원을 개별적으로 가르치는 사람. ◆ 图家庭教师，家教。¶구인지에 가정교사를 구하는 내용을 실었다. =在招聘小报上登了招聘家庭教师的广告。

가정교육(家庭敎育)【명사】가정의 일상생활 가운데 집안 어른들이 자녀들에게 주는 영향이나 가르침. ◆ 图家庭教育，家教。¶그는 훌륭한 가정교육을 받으며 성장했다. =他在成长中受到了良好的家庭教育。

가정법원(家庭法院)【명사】집안의 다툼이나 소년 범죄들에 관한 사건을 맡아 처리하는 법원. ◆ 图家庭法院(处理家庭纠纷或少年犯罪事件的法院)。¶이혼, 상속 따위의 가정에 관한 사건과 소년에 관한 사건은 가정법원에서 처리한다. =离婚、继承等家庭问题和少年问题都由家庭法院来处理。

가정부(家政婦)【명사】일정한 보수를 받고 집안일을 해 주는 여자. ◆ 图家政工作人员。¶가정부를 고용하다. =雇用家政人员。

가제【명사】상처를 치료하는 데에 쓰이는 소독이 된 헝겊. ◆ 图医用纱布。

가져가다【동사】动 ❶ 무엇을 한 지점에서 다른 지점으로 옮겨 가다. ◆ 拿走，拿去。¶집으로 가져가다. =拿回家去。❷ 어떤 결과나 상태로 끌고 가다. ◆ 引向，转向。¶화제를 사냥 이야기로 가져갔다. =把话题转到打猎上。

가져오다【동사】动 ❶ (무엇을) 한 지점에서 다른 한 지점으로 옮겨 오다. ◆ 带来，拿来，取来。¶동생이 일터로 도시락을 가져오다. =妹妹带了盒饭到单位。❷ 어떤 결과나 상태를 생기게 하다. ◆ 带来，招致，导致。¶나태는 결국 실패를 가져온다. =懒惰最终会招致失败。

가족(家族)【명사】부부와 같이 혼인으로 맺어지거나 부모, 자식과 같이 혈연으로 이루어지는 집단 또는 그 구성원. ◆ 图家庭，家族；家人。¶가족을 부양하다. =养家。

가족계획(家族計劃)【명사】행복한 가정생활을 위해 부부의 생활 능력에 따라 자녀의 수나 출산의 간격을 계획적으로 조절하는 일. ◆ 图生育计划。

가족회의(家族會議)【명사】가족끼리 하는 회의. ◆ 图家庭会议。

가죽【명사】图 ❶ 동물의 몸을 감싸고 있는 질긴 껍질. ◆ 皮。¶짐승의 가죽을 벗기다. =剥兽皮。❷ 동물의 몸에서 벗겨 낸 껍질을 가공해서 만든 물건. ◆ 皮，皮革。¶가죽 가방. =皮包。

가중(加重)【명사】名 ❶ 책임이나 부담 따위를 더 무겁게 함. ◆ 加重，加大，增加。¶원화 절상 압력 가중. =韩元的升值压力加重。❷ 여러 번 죄를 저지르거나 같은 죄를 거듭하여 저지를 때, 형벌을 더 무겁게 하는 일. ◆ 加重(处罚)。¶집행유예 기간에 다시 경범죄에 걸려 형량이 가중되었다. =缓刑期间又犯了轻罪，因而加重了量刑。● 가중되다(加重--), 가중하다(加重--) ●

가증스럽다(可憎---)【형용사】몹시 괘씸하고 얄밉다. ◆ 形可恶，讨厌。¶아첨을 하는 모습이 가증스럽다. =谄媚的样子很讨厌。

가지[1]【명사】名 ❶ 나무나 풀의 원줄기에서 뻗어 나온 줄기. ◆ 树枝。❷ 근본에서 다시 갈라져 나간 것. ◆ 分支。¶음운학은 언어학의 한 가지이다. =音韵学是语言学的一个分支。

가지[2]【명사】검은 자주색의 긴 원통 모양이며 익혀서 반찬으로 먹는 열매, 또는 그 열매가 열리는 풀. ◆ 名茄子。¶밭에 고추와 가지가 자란다. =地里长着辣椒和茄子。

가지[3]【의존 명사】사물을 그 성질이나 특징에 따라 종류별로 낱낱이 헤아리는 말. ◆ 依名种，类，个。¶한 가지씩 해결해 나갑시다. =一个一个地解决吧。

가지가지【명사】여러 종류. ◆ 多种多样，各种各样，各式各样。¶가지가지의 색상. =各种色调。

가지각색(--各色)【명사】모양이나 성질 따위가 서로 다른 여러 가지. ◆ 名各种各样，多种多样。¶가지각색의 옷차림. =各式各样的着装。

가지다【동사】动 ❶ 손이나 몸 따위에 있게 하다. ◆ 拿，带，携带。¶돈을 많이 가지고 떠났다. =带着很多钱走了。❷ 자기 것으로 되게 하다. ◆ 拥有，具有。¶좋은 친구를 가지고 있는 것은 행복이다. =拥有好朋友是一种幸福。❸ [모임을 나타내는 말과 함께 쓰여] 모임을 치르다. ◆ 开，举行。¶발표회를 가지다. =举行发布会。❹ 아이나 새끼, 알을 배 속에 지니다. ◆ 怀，怀上，有(孩子，身孕)。¶고양이가 새끼를 가졌다. =猫怀上小猫了。❺ 앞에 오는 말이 수단이나 방법이 됨을 강조하여 나타낸다. ◆ 用，利用(用作"~를(을) 가지고"的形式，表示手段、工具等)。¶옛날에는 나무를 가지고 활자를 만들었다. =以前曾用木头做活字。❻ 앞에 오는 말이 대상이 됨을 강조하여 나타낸다. ◆ 就，拿(表示对象)。¶그 조건을 가지고 말한다면 우리가 유리하다. =就这个条件来说，是对我们有利。

가지런하다【형용사】여럿이 층이 나지 않고 고르게 되어 있다. ◆ 形整齐，整整齐齐。¶치열이 가지런하다. =牙齿整整齐齐。● 가지런히 ●

가지치기【명사】식물이 잘 자라게 하고 열매가 많이 나게 하거나 모양을 좋게 하기 위하여 가지를 자르고 다듬는 일. ◆ 名剪枝，整枝。¶과일나무는 겨울에 가지치기를 한다. =果树是冬天剪枝。

가짓수(--數)【명사】종류의 수효. ◆ 名种类，品种。¶가짓수가 많아 선택하기 어렵다. =种类繁多，难以选择。

가짜(假-)【명사】거짓을 참인 것처럼 꾸민 것. ◆ 名假，冒牌。¶중개인은 가짜 꿀을 진짜 꿀로 팔다 적발되었다. =中介被举报把假蜂蜜当成真蜂蜜卖。

가차없이(假借--)【부사】조금도 사정을 보아주거나 주저함이 없이. ◆ 副毫不留情，严惩不贷。¶명령에 따르지 아니하는 군인은 가차없이 처벌한다. =对不服从命令的军人严惩不贷。

가책(呵責)【명사】자기나 남의 잘못에 대하여 꾸짖어 책망함. ◆ 名呵斥，斥责，责备，谴责。¶양심의 가책을 느끼다. =受到良心的谴责。

가축(家畜)【명사】집에서 기르는 짐승. 소, 말, 돼지, 닭, 개 따위를 통틀어 이른다. ◆ 名家畜，牲畜。¶농가는 가축을 사육하여 소득을 올린다. =农户通过饲养家畜提高收入。

가출(家出)【명사】가정을 버리고 집을 나감. ◆ 名出走，离家出走。¶매년 청소년 가출이 늘고 있다. =青少年离家出走事件逐年增加。 ● 가출하다(家出--) ●

가치(價値)【명사】名 ❶ 사물이 지니고 있는 쓸모. ◆ (商品的)价值。¶보잘것없어 보이나 그 물건의 가치는 어마어마했다. =虽然看上去不起眼，但那个东西的价值却大得惊人。❷ 대상이 인간과의 관계에 의하여 지니게 되는 중요성. ◆ 价值，意义。¶가치 있는 인생을 살아야 한다. =要活出有价值的人生。

가치관(價値觀)【명사】가치에 대한 관점. 인간이 자기를 포함한 세계나 그 속의 사상에 대하여 가지는 평가의 근본적 태도이다. ◆ 名价值观。¶청소년은 자신의 가치관 정립이 필요하다. =青少年需要树立自己的价值观。

가칭(假稱)【명사】어떤 이름을 임시로 정하여 부름. 또는 그 이름. ◆ 名暂称，临时名称。¶가칭 '상록수'라는 단체를 조직하였다. =组织了一个暂称为"常青树"的团体。

가타부타(可-否-)【명사】어떤 일에 대하여 옳다느니 그르다느니 함. ◆ 名 (评论)好坏，对错，可否，是非。¶왜 가타부타 말이 없습니까? =为什么不置可否?

가택(家宅)【명사】사람이 살고 있는 집. 또는 살림하는 집. ◆ 名住宅，宅院。¶가택을 수색하였으나 단서가 나오지 않았다. =搜查了住宅，但还是毫无线索。

가톨릭(Catholic)【명사】가톨릭교회나 가톨릭교도를 이르는 말. ◆ 名天主教。

가파르다【형용사】산이나 길이 몹시 비탈지다. ◆ 形陡，陡峭，险峻。¶산이 가파르고 험하다. =山势陡峭险峻。

가풍(家風)【명사】한 집안에 대대로 이어 오는 풍습이나 범절. ◆ 名家风，门风。¶우리 집은 가풍이 엄격하다. =我家家风严谨。

가필(加筆)【명사】글이나 그림 따위에 붓을 대어 보태거나 지워서 고침. ◆ 名 (对文章、画作等的)涂改，修改，删改。¶이 그림은 가필된 부분이 너무

많다. =这幅画有很多涂改过的部分。● 가필되다(加筆--), 가필하다(加筆--) ●

가하다(加--)【동사】더하여 주거나 끼치다. ◆ 动加，加以，给予。¶망언을 일삼는 단체에 비판을 가했다. =对总是妄言的团体进行了批判。

가호(加護)【명사】신 또는 부처가 힘을 베풀어 보호하고 도와줌. ◆ 名保佑，佑护。

가혹하다(苛酷--)【형용사】몹시 모질고 혹독하다. ◆ 形残酷，苛刻，冷酷，残忍。¶우리는 가혹한 운명과 싸워야 했다. =我们得与残酷的命运作斗争。

가훈(家訓)【명사】한 집안의 조상이나 어른이 자손들에게 일러 주는 가르침. 한 집안의 전통적 도덕관으로 삼기도 한다. ◆ 名家训，家规。¶엄한 가훈 아래 훈육되었다. =在严格的家规下成长。

가히(可-)【부사】副 ❶ 어지간히. 또는 넉넉히. ◆ 可以，能够，足以。¶참상은 가히 짐작하고도 남는다. =可以充分估计到其惨状。❷ '과연', '전혀', '결코', '마땅히'의 뜻을 나타낸다. ◆ 能，可以，应当。¶즐거운 모임에 가히 술과 노래가 없으랴? =欢乐的聚会上怎么能没有酒和歌呢?

각[1](角)【명사】名 ❶ 면과 면이 만나 이루어지는 모서리. ◆ 角，棱角。¶각진 얼굴. =棱角分明的脸。❷ 한 점에서 갈리어 나간 두 직선의 벌어진 정도. 원의 중심에서 원의 둘레를 360으로 등분한 것을 1도로 나타내고 이를 단위로 측정한다. ◆ 角，角度。¶삼각형의 세 각의 합은 180도이다. =三角形的内角之和是180度。

각[2](各)【관형사】낱낱의. ◆ 冠各，每，各个，每个。¶각 단과별로 모임을 가졌다. =各个学院分别举行了聚会。

각가지(各--)【명사】각기 다른 여러 가지. ◆ 名各种，各色，各样。

각각(各各)【부사】사람이나 물건의 하나하나마다. ◆ 副各自，分别。¶네 사람은 각각 자기 의견을 제시했다. =四人分别提出了自己的意见。

각개(各個)【명사】[주로 일부 명사 앞에 쓰여] 하나하나의 낱낱. ◆ 名单个，单独。¶각개 동작. =单个动作。

각계(各界)【명사】사회의 각 분야. ◆ 名各界，各方面。¶각계의 저명한 인사. =各界名流。

각계각층(各界各層)【명사】사회 각 분야의 여러 계층. ◆ 名各个阶层。¶각계각층을 만족시키기란 어렵다. =要满足各个阶层的要求是很困难的。

각고(刻苦)【명사】어떤 일을 이루기 위하여 어려움을 견디며 몸과 마음을 다하여 무척 애를 씀. ◆ 名刻苦。¶각고의 노력 끝에 성공하였다. =经过刻苦努力获得了成功。

각광(脚光)【명사】名 ❶ 무대의 앞 쪽 아래에 장치하여 배우를 비추는 광선. ◆ 脚灯光。❷ 사회적인 관심이나 흥미. ◆〈喻〉注目，瞩目，关注，青睐。

각국(各國)【명사】각 나라, 또는 여러 나라. ◆ 名各国。¶각국 선수단이 자국의 국기를 앞세우고 입장했다. =各国选手团高举本国国旗入场。

각급(各級)【명사】여러 급으로 되어 있는 조직체 안에서의 각각의 급. 또는 여러 급. ◆ 名各级。¶각급 학교에서는 자체적으로 급식을 한다. =各级学校自行供餐。

각기(各其)【부사】각각 저마다. ◆ 名各自，分别。¶각기 다른 생각. =各自不同的想法。

각기둥(角--)【명사】옆면은 한 직선에 평행하는 세 개 이상의 평면으로, 밑면은 이 직선과 만나는 두 개의 평행한 평면으로 둘러싸인 다면체. ◆ 名棱柱，角柱体。

각도(角度)【명사】名 ❶ 한 점에서 갈리어 나간 두 직선의 벌어진 정도. 원의 중심에서 원의 둘레를 360으로 등분한 것을 1도로 나타내고 이를 단위로 측정한다. ◆ 角度。¶각도를 재다. =测量角的度数。❷ 생각의 방향이나 관점. ◆ 角度，视角，方面。¶새로운 각도로 문제를 풀어 나갔다. =从崭新的角度出发解决了问题。

각도기(角度器)【명사】각도를 재는 도구. 투명한 반원형의 플라스틱판에 각도를 눈금으로 표시하였다. ◆ 名量角器，角度器。

각막(角膜)【명사】눈알의 앞쪽 바깥쪽을 이루는 투명한 막. 이 막을 통하여 빛이 눈으로 들어간다. ◆ 名角膜。¶대기오염으로 각막질환 환자가 늘고 있다. =由于大气污染，角膜炎患者日渐增加。

각목(角木)【명사】모서리를 모가 나게 깎은 나무. ◆ 名方形木材，方木。¶손에 각목과 파이프를 들고 싸운다. =手持方木和管子斗殴。

각박하다(刻薄--)【형용사】形 ❶ 인정이 없고 삭막하다. ◆ 刻薄，凉薄。¶세상인심(世上人心)이 각박하다. =人情凉薄。❷ 땅이 거칠고 기름지지 아니하다. ◆ (土地)贫瘠。¶자갈이 섞인 각박한 땅이라 농사를 지을 수가 없다. =地里全是石子，太贫瘠了，无法耕种。

각별하다(各別--)【형용사】어떤 일에 대한 마음가짐이나 자세 따위가 유달리 특별하다. ◆ 形特别，特殊。¶대우가 각별하다. =特殊待遇。● 각별히(各別-) ●

각본(脚本)【명사】名 ❶ 연극이나 영화를 만들기 위하여 쓴 글. 배우의 동작이나 대사, 무대 장치 따위가 구체적으로 적혀 있다. ◆ 剧本，戏本。¶각본을 가지고 오디션 준비를 했다. =拿着剧本准备试演。❷ 계획을 비유적으로 이르는 말. ◆ (事先的)谋划，计划。¶우리가 만든 각본대로만 해봐. =你只能照我们的计划来。

각뿔(角-)【명사】다각형의 각 변을 밑변으로 하고, 다각형의 평면 밖의 한 점을 공통의 꼭짓점으로 하는 여러 개의 삼각형으로 둘러싸인 다면체. ◆ 名角锥，棱锥。

각색[1](各色)【명사】名 ❶ 갖가지의 빛깔. ◆ 各色，各种颜色。¶각색 무늬의 옷감. =各色花色的衣料。❷ 각종(各種). ◆ 各种，各式各样。¶살면서 각양각색의 일을 다 해보았다. =一生中做过各种各样的事。

각색[2](脚色)【명사】서사시나 소설 따위의 문학 작품을 희곡이나 시나리오로 고쳐 쓰는 일. ◆ 名改编，

改写(为剧本)。¶춘향전을 각색하여 영화로 만들었다. =把《春香传》改编成了电影。● 각색하다(脚色--) ●

각서(覺書)【명사】图 약속을 지키겠다는 내용을 적은 문서. '다짐 글'. ◆ 保证书。¶그는 다시는 술을 안 마시겠다는 각서를 쓰고 겨우 용서를 받았다. =他写下保证再也不喝酒的保证书，才勉强得到原谅。

각선미(脚線美)【명사】주로 여자의 다리에서 느끼는 아름다움. ◆图腿形美，美腿。¶그녀는 각선미가 끝내준다. =她的腿形棒极了。

각설탕(角雪糖)【명사】직육면체 모양으로 만든 설탕. ◆ 图方糖。¶커피에 각설탕을 넣어 먹는다. =喝咖啡要加方糖。

각성(覺醒)【명사】깨어 정신을 차림. ◆图觉醒，觉悟，醒悟。● 각성하다(覺醒--) ●

각성제(覺醒劑)【명사】중추신경계를 흥분시켜 잠이 오는 것을 막는 약제. ◆ 图清醒剂，催醒剂。¶각성제복용은 의사와 상의하여야 한다. =服用清醒剂要咨询医生。

각양각색(各樣各色)【명사】각각 다른 여러 모양과 빛깔. ◆ 图各种各样，形形色色。¶도시는 각양각색의 사람들이 섞여 산다. =形形色色的人在城市中混杂而居。

각오(覺悟)【명사】앞으로 해야 할 일이나 겪을 일에 대한 마음의 준비. ◆图思想准备，心理准备。¶각오를 단단히 하여라. =要做好充分的思想准备。● 각오하다(覺悟--) ●

각자(各自)【부사】각각의 사람이 따로 따로. ◆副各自，各人，每个人。¶각자 맡은 바 책임을 다 하자. =让我们在各自的岗位上尽职尽责吧。

각종(各種)【명사】온갖 종류. 또는 여러 종류. ◆ 图各种，各类。¶우리 매장은 각종 운동기구를 판매합니다. =我们商场销售各种运动器材。

각지(各地)【명사】각 지방. 또는 여러 곳. ◆ 图各地，各处。¶여행 안내서에 한국 각지의 관광지가 소개되어 있다. =旅游指南中介绍了韩国各地的旅游胜地。

각질(角質)【명사】딱딱하게 굳은 피부. ◆图角质，皮屑。¶가을에는 각질이 잘 일어난다. =秋天很容易起皮屑。

각처(各處)【명사】각각의 곳. 또는 여러 곳. ◆ 图各处，各地。¶각처에 있는 자료를 모았다. =收集了各处的资料。

각축(角逐)【명사】서로 이기려고 다투어 덤벼듦. ◆ 图角逐，较量，竞争。¶양 팀은 우승을 위하여 각축을 벌였다. =两队为夺冠展开了角逐。

각층(各層)【명사】각각의 계층. 또는 여러 계층. ◆ 图各层，每层。¶각층마다 비상탈출용 로프가 있습니다. =每层都有紧急逃生用的绳索。

간[1]【명사】음식물에 짠맛을 내는 물질. 소금, 간장, 된장 따위를 통틀어 이른다. ◆ 图咸淡，味道。¶간을 보다. =尝尝咸淡。

간[2](肝)【명사】가로막 바로 밑의 오른쪽에 있는 기관. 탄수화물을 저장하고, 단백질이나 당의 대사를 조절하며, 해독 작용을 한다. ◆图肝，肝脏。

간[3](間)【의존 명사】依名 ❶ 간격을 나타냄. ◆ 间，之间(表示间隔或场所)。¶대륙간 유도 미사일을 개발하고 있다. =正在开发洲际导弹。❷ '관계(둘 이상의 사람, 사물, 현상 따위가 서로 관련을 맺거나 관련이 있음. 또는 그런 관련)'의 뜻을 나타내는 말. ◆ 间，之间(表示关系)。¶형제간임에도 닮지 않았다. =虽然是兄弟俩，却一点也不像。❸ '따지지 않고'를 나타냄. ◆ 强调表示"不管，无论"的意思。¶누구든지 간에 용서할 수 없다. =无论是谁，都不能原谅。

-간[4](間)【접사】后缀 ❶ 동안. ◆ 间，期间。¶그간 안녕하셨습니까? =别来无恙? ❷ 곳을{장소를} 나타냄. ◆ 表示场所。¶마굿간. =马厩。

간간이(間間-)【부사】副 ❶ 이따금씩. ◆ 间或，不时。¶그녀의 목소리가 간간이 들린다. =不时传来她的声音。❷ 공간적인 거리를 두고 듬성듬성. ◆ 칸칸이의 뜻。◆ 每间，一间间。¶삼층을 간간이 막아 2개의 사무실이 되었다. =给三楼加上隔断，就成了两个办公室。

간간하다【형용사】맛이 약간 짜다. ◆ 形略咸，咸滋滋的。¶국이 간간하다. =汤咸滋滋的。

간격(間隔)【명사】图 ❶ 공간적으로 벌어진 사이. 시간적으로 벌어진 사이. ◆ (空间上的)间隔，距离。(时间上的)间隔，间隙。¶그 버스는 10분 간격으로 온다. =那趟公交车每隔10分钟一辆。❷ 사람들의 관계가 벌어진 정도. ◆ (关系的)隔阂，隔膜。¶그와 나는 간격을 두고 지낸다. =我和他比较疏远。

간결하다(簡潔--)【형용사】말이나 글이 군더더기가 없이 짧아 깔끔하다. ◆ 形简洁，凝练。¶그 소설은 표현이 간결하다. =那篇小说的表达很凝练。

간계(奸計)【명사】간사한 꾀. ◆ 图奸计，诡计，阴谋诡计。¶간계를 꾸미다. =谋划诡计。

간곡하다(懇曲--)【형용사】태도나 자세 따위가 간절하고 정성스럽다. ◆ 形恳切，诚恳，诚挚。¶간곡한 부탁을 뿌리칠 수 없었다. =无法拒绝他的恳求。● 간곡히(懇曲-) ●

간교하다(奸巧--)【형용사】간사하고 교활하다. ◆ 形奸猾，狡诈。¶뇌물을 받은 고위관리는 간교하게도 자신의 지위를 이용해 변호사를 매수하였다. =收受贿赂的高官奸猾地利用自己的职权买通了律师。

간단명료하다(簡單明瞭--)【형용사】간단하고 분명하다. ◆ 形简单明了，简要，言简意赅。¶그는 자신의 견해를 간단명료하게 말했다. =他简要地说明了自己的见解。

간단하다(簡單--)【형용사】形 ❶ 간편하고 단출하다. ◆ 简便，轻便。¶차림이 간단하다. =衣着简便。❷ 단순하고 간략하다. ◆ 简单，简要。¶간단한 구조. =简单的构造。❸ 단순하고 손쉽다. ◆ 简单，容易。¶이 문제는 그렇게 간단한 문제가 아니다. =这个问题不是那么简单的。● 간단히(簡單-) ●

간담(肝膽)【명사】속마음을 비유적으로 이르는 말. ◆ 图肝胆，内心。¶간담상조. =肝胆相照。

간드러지다【형용사】목소리나 맵시 따위가 마음을

녹일 듯이 예쁘고 애교가 있으며, 멋들어지게 보드랍고 가늘다. ◆ 形娇媚, 娇滴滴。¶그녀는 간드러지게 웃었다. =她娇媚地笑了。

간들간들【부사】작은 물체가 이리저리 자꾸 가볍게 흔들리는 모양. ◆ 副轻轻地, 摇摇晃晃地, 颤悠悠地。¶잎새가 간들간들 바람에 나부낀다. =树叶随风轻轻颤动。● 간들간들하다 ●

간략하다(簡略--)【형용사】간단하고 짤막하다. ◆ 形简略, 简单。¶사용법의 설명이 너무 간략하다. =使用说明过于简略。● 간략히(簡略-) ●

간만(干滿)【명사】간조(干潮)와 만조(滿潮)를 아울러 이르는 말. ◆ 名 潮涨潮落。¶해안은 조석간만의 차가 심하다. =海潮涨落的潮位差别很大。

간밤【명사】지난 밤. ◆ 名昨晚, 昨夜。¶간밤에 도둑이 들었다. =昨晚遭贼了。

간병(看病)【명사】앓는 사람이나 다친 사람의 곁에서 돌보고 시중을 듦. ◆ 名看护, 护理, 照料。¶어머니가 아프셔서 간병을 했다. =我照料生病的母亲。● 간병하다(看病--) ●

간부(幹部)【명사】기관이나 조직체 따위의 중심이 되는 자리에서 책임을 맡거나 지도하는 사람. ◆ 名干部。¶그 회사 간부는 경영부실을 이유로 간부직을 사임했다. =那位公司干部因管理不力, 辞去了干部职务。

간사스럽다(奸詐---)【형용사】나쁜 꾀를 부리며 거짓으로 남의 비위를 맞추는 태도가 있다. ◆ 形奸邪, 狡猾, 阴险。¶현명한 통치자는 간사스러운 사람을 멀리할 줄 안다. =贤明的统治者懂得远离阴险的人。

간사하다(奸詐--)【형용사】形 ❶ 나쁜 꾀가 있어 거짓으로 남의 비위를 맞추는 태도가 있다. ◆ 奸诈, 狡诈。❷ 지나치게 붙임성이 있고 아양을 떠는 면이 있다. ◆ 谄媚, 阿谀奉承。¶그 사람은 간사하게도 면전에서는 늘 웃지만 뒤에서 험담만 한다. =那人阴险得很, 当面总是笑呵呵的, 背后却光说人坏话。

간석지(干潟地)【명사】밀물과 썰물이 드나드는 개펄. ◆ 名海涂, 滩涂。¶환경단체의 저지로 간석지를 막는 공사가 중단되었다. =由于环境保护组织的阻止, 海涂围垦工程被迫中断。

간선(幹線)【명사】도로, 수로, 전신, 철도 따위에서 줄기가 되는 주요한 선. ◆ 名干线, 主干线。¶간선회로. =干线回路。

간섭(干涉)【명사】직접 관계가 없는 남의 일에 부당하게 참견함. ◆ 名干涉, 干预, 插手。¶10대는 부모의 간섭에서 벗어나고 싶어한다. =十几岁的人都希望摆脱父母的干涉。● 간섭하다(干涉--) ●

간소하다(簡素--)【형용사】간략하고 소박하다. ◆ 形简朴, 朴素。¶그의 회갑연은 간소하다 못해 초라해 보였다. =他的六十寿宴想要俭朴一些, 结果俭朴的过头了, 倒显得有些寒酸。

간수¹【명사】물건 따위를 잘 거두어 보호하거나 보관함. ◆ 名收, 保管。¶물건 간수를 잘 하여야 잃어버리지 않는다. =物品要保管好才不会丢失。● 간수하다 ●

간수²(-水)【명사】습기가 찬 소금에서 저절로 녹아 흐르는 짜고 쓴 물. 두부를 만들 때 쓴다. ◆ 名卤水。¶두부를 만들 때는 간수가 필요하다. =做豆腐需要用卤水。

간수³(看守)【명사】名 ❶ 보살피고 지킴. ◆ 看守, 守卫。❷ (旧) '교도관(矯導官)'의 전 용어. ◆ (监狱、劳教所的)管教人员, 看守("교도관(矯導官)"的旧称)。¶유치장 간수가 내 몸을 뒤졌다. =拘留所的管教人员搜了我的身。

간식(間食)【명사】끼니와 끼니 사이에 음식을 먹음. 또는 그 음식. ◆ 名零食; 加餐。¶오늘 점심 간식은 뭐니? =今天午餐的点心是什么?

간신히(艱辛-)【부사】겨우 또는 가까스로. ◆ 副勉强, 好不容易。¶그 시험에 간신히 합격했다. =考试勉强及格了。

간악하다(奸惡--)【형용사】간사하고 악독하다. ◆ 形奸恶, 阴险。¶그 사람의 간악함이 밝혀졌다. =那人的奸恶面目被揭穿了。

간암(肝癌)【명사】간에 생기는 암. ◆ 名肝癌。

간여(干與)【명사】관계하여 참여함. ◆ 名干预, 干涉, 插手, 管。¶내 일에 간여를 말아라. =不要管我的事。● 간여하다(干與--) ●

간염(肝炎)【명사】간에 생기는 염증을 통틀어 이르는 말. ◆ 名肝炎。¶급성 간염으로 응급실에 갔다. =患了急性肝炎, 进了急诊室。

간이(簡易)【명사】기본적인 것만을 갖추어 간단하고 편리함. ◆ 名简易。¶간이 화장실. =简易厕所。

간장¹(肝腸)【명사】名 ❶ 간과 창자. ◆ 肝和肠。❷ (비유적으로) 마음. ◆ 心。¶그런 말로 어미의 간장을 녹이느냐. =怎么能说这种话让你妈伤心呢?

간장²(-醬)【명사】음식의 간을 맞추는 데 쓰는 짠맛이 나는 흑갈색 액체. ◆ 名酱油。¶간장은 대표적인 간을 맞추는 조미료이다. =酱油是代表性的调料。

간장³(肝臟)【명사】간. 가로막 바로 밑의 오른쪽에 있는 기관. 탄수화물을 저장하고, 단백질이나 당의 대사를 조절하며, 해독 작용을 한다. ◆ 名肝, 肝脏。¶그는 과다한 음주로 간장이 약해졌다. =由于饮酒过度, 他肝脏衰竭了。

간절하다(懇切--)【형용사】정성이나 마음 씀씀이가 더없이 정성스럽고 지극하다. ◆ 形恳切, 殷切, 心切。¶오늘따라 그의 생각이 간절하다. =今天格外地思念他。● 간절히(懇切-) ●

간접(間接)【명사】중간에 매개가 되는 사람이나 사물 따위를 통하여 맺어지는 관계. ◆ 名间接。¶간접흡연이 더 위험하다. =间接吸烟更危险。

간접 경험(間接經驗)【명사】실제로 사물에 부딪혀 직접 체험하여 얻는 것이 아닌, 언어나 문자 따위를 매개로 하여 얻는 경험. ◆ 名间接经验。

간조(干潮)【명사】바다에서 바닷물이 빠져나가 바닷물의 높이가 가장 낮아진 상태. ◆ 名退潮, 最低潮。¶간조로 물이 빠져나간 개펄에서 조개잡이가 한창이다. =在退潮后的海滩上, 人们正忙着捡贝

売。

간주[1](間奏)【명사】주로 곡의 일 절이 끝나고 이 절이 시작되기 전에 가사는 나오지 않고 연주만 나오는 부분. ◆图间奏，间奏曲。¶이 관현악곡은 간주가 유명하다. =这首管弦乐间奏曲很有名。

간주[2](看做)【명사】상태, 모양, 성질 따위가 그와 같다고 봄. 또는 그렇다고 여김. ◆图看作，看成，当作，当成，视为。¶유죄라고 선고가 될 때까지 무죄로 간주 된다. =在被宣判有罪之前应当视为无罪。● 간주되다(看做--), 간주하다(看做--) ●

간주곡(間奏曲)【명사】图❶ 극이나 오페라의 막간(幕間)에 연주하는 가벼운 음악. 또는 그 곡과 비슷한 분위기를 가지는 독립된 소곡. ◆间奏曲，插曲。❷ 악곡이나 오페라, 시의 낭독 사이에 삽입되는 기악 소곡. ◆间奏曲，插曲。¶간주곡이 연주되다. =演奏间奏曲。

간지럽다【형용사】形❶ 무엇이 살에 닿아 가볍게 스칠 때처럼 견디기 어렵게 자리자리한 느낌이 있다. ◆痒，发痒。¶발바닥이 간지럽다. =脚底发痒。❷ 몹시 어색하거나 거북하거나 더럽고 치사하여 마음에 자리자리한 느낌이 있다. ◆(让人)脸红，起鸡皮疙瘩。¶그들의 닭살스런 행동에 간지러웠다. =看到他们肉麻的行为，不禁起了鸡皮疙瘩。

간직【명사】图❶ 물건 따위를 어떤 장소에 잘 간수하여 둠. ◆收藏，珍藏。¶안주머니에 깊이 간직해 두다. =藏在内口袋里。❷ 생각이나 기억 따위를 마음속에 깊이 새겨 둠. ◆珍藏，藏，深藏。¶마음속에 깊이 간직되다. =深藏在心中。● 간직되다, 간직하다 ●

간질(癎疾)【명사】갑자기 신경 계통의 일시적 고장으로 의식을 잃어 몸이 굳어지고 손발을 떠는 병.순화어로 뇌전증(腦電症). ◆图癫痫，羊癫风。¶간질이 있는 사람은 늘 조심해야 한다. =患有癫痫症的人要时刻小心。

간질이다【동사】간지럽게 하다. ◆动挠(某人的痒痒)，呵痒。¶엄마가 아이 발바닥을 간질이자 아기가 웃었다. =妈妈一挠孩子的脚底板，孩子就笑。

간척(干拓)【명사】바닷가에 둑을 쌓고 그 안의 물을 빼내어 농경지 등으로 만드는 일. ◆图围海造田，围湖造田。

간첩(間諜)【명사】한 국가나 단체의 비밀이나 상황을 몰래 알아내어 경쟁 또는 대립관계에 있는 국가나 단체에 제공하는 사람. ◆图间谍，特务。¶해안으로 간첩이 침투하였다. =间谍通过海岸线入境。

간청(懇請)【명사】간절히 청함, 또는 그런 청. ◆图恳求，央求。¶그는 노파의 간청을 매몰차게 거절했다. =他无情地拒绝了那个老婆婆的恳求。● 간청하다(懇請--) ●

간추리다【동사】动❶ 흐트러진 것을 가지런히 바로잡다. ◆整理。❷ 글 따위에서 중요한 점만을 골라 간략하게 정리하다. ◆整理，摘选。¶이 문서를 중요한 것만 간추려 오너라. =把这个文件的重要内容整理出来。

간택하다(揀擇--)【동사】임금의 아내나 며느리나 사윗감을 고르다. ◆动(王室)选，挑选(配偶)。¶세자빈을 간택하였다. =挑选世子嫔。

간파하다(看破--)【동사】속내를 꿰뚫어 알아차리다. ◆动看破，看透，看穿。¶나는 그의 속내를 간파하였다. =我看穿了他的心思。

간판(看板)【명사】图❶ 기관, 상점, 영업소 따위에서 이름이나 판매 상품, 업종 따위를 써서 사람들의 눈에 잘 뜨이게 걸거나 붙이는 표지(標識). ◆招牌，牌子。¶상점 간판. =商店招牌。❷ 대표하여 내세울 만한 사람이나 사물을 비유적으로 이르는 말. ◆〈喻〉招牌，脸面，王牌。¶후보 선수가 갑자기 국가 대표의 간판으로 떠올랐다. =替补选手忽然一跃成为国家队的王牌选手。❸ 겉으로 내세우는 외모, 학벌, 경력, 명분 따위를 속되게 이르는 말. ◆(值得炫耀的)招牌，条件，出身。¶명문대 출신이라는 간판을 자랑스럽게 여겼다. =为自己出身于名牌大学而感到自豪。

간편하다(簡便--)【형용사】간단하고 편리하다. ◆形简便，轻便。¶옷을 간편히 입고 바다로 떠났다. =穿着轻便的服装去了海边。

간하다【동사】음식의 맛을 내기 위하여 음식물에 간을 치다. ◆动调味，调咸淡。¶소금으로 국을 간한다. =给汤调味。

간행(刊行)【명사】책 따위를 인쇄하여 발행함. ◆动出版，发行。¶이 번 학회지 간행에 자금의 어려움이 많았다. =此次学会刊物的出版遇到了很多资金困难。● 간행되다(刊行--), 간행하다(刊行--) ●

간호(看護)【명사】다쳤거나 앓고 있는 환자나 노약자를 보살피고 돌봄. ◆图看护，护理，照料。¶그녀의 간호로 어머니는 금방 병세가 회복되었다. =在她的护理下，母亲的病情很快有了好转。● 간호하다(看護--) ●

간호사(看護師)【명사】의사의 진료를 돕고 환자를 돌보는 사람. 법으로 그 자격을 정하고 있다. ◆图护士。¶그녀는 백의의 천사인 간호사가 되었다. =她成了一名白衣天使。

간혹(間或)【부사】어쩌다가 띄엄띄엄. ◆副有时，偶尔。¶졸업 후 간혹 연락을 하는 친구가 있다. =有一个毕业后偶尔联系的朋友。

갇히다【동사】'가두다'의 피동사. 사람이나 동물이 벽으로 둘러싸거나 울타리가 있는 일정한 장소에서 밖으로 나오지 못하게 되다. ◆动(被)关，关("가두다"的被动形态)。¶그는 소매치기로 감방에 갇혔다. =他因偷盗被关进了牢房。

갈가리【부사】'가리가리'의 준말. 여러 가닥으로 갈라지거나 찢어진 모양. ◆副(撕得)一条条的，粉碎，(撕成)碎片。¶갈가리 찢겨진 누더기를 걸친 사람이 누구인지 몰랐다. =不知道那个穿着破破烂烂的补丁衣服的人是谁。

갈고리【명사】갈고랑이. 끝이 뾰족하고 꼬부라진 물건. 흔히 쇠로 만들어 물건을 걸고 끌어당기는 데 쓴다. ◆图钩子，挂钩。¶고장난 어선을 갈고리로 걸어 예인하였다. =用钩子把发生故障的渔船拖了回来。

갈기【명사】말이나 사자 따위의 목덜미에 난 긴 털. ◆图鬃，鬃毛。¶말갈기. =马鬃。

갈기갈기【부사】여러 가닥으로 찢어진 모양. ◆副(撕得)一条条的，粉碎，(撕成)碎片。¶그가 내 마음을 갈기갈기 찢어 놓았다. =他把我的心伤得粉碎。

갈기다【동사】动 ❶ 힘차게 때리거나 치다. ◆抽打，抽，扇。¶따귀를 한 대 갈겼다. =扇了一记耳光。❷ 글씨를 아무렇게나 급 하게 마구 쓰다. ◆涂写，胡乱写，潦草地写。¶되는 대로 갈긴 편지. =胡乱地写的、非常潦草的信。❸ 총, 대포 따위를 냅다 쏘다. ◆(用枪炮等)猛扫，扫射。¶따발총을 갈기는 소리가 들려왔다. =传来机关枪扫射的声音。❹ 똥, 오줌, 침 따위를 함부로 아무데나 싸거나 뱉다. ◆(乱)撒(尿)，拉(屎)，吐(口水)。❺말 따위를 되는 대로 마구 지껄이다. ◆ 大声嚷嚷，破口大骂，胡说八道。¶이웃집에 악담을 갈기다. =朝邻居破口大骂。

갈다[1]【동사】이미 있는 사물을 다른 것으로 바꾸다. ◆动换，更换。¶이불 천을 새 것으로 갈았다. =换了新被面。

갈다[2]【동사】动 ❶ 쟁기나 트랙터 따위의 농기구나 농기계로 땅을 파서 뒤집다. ◆耕，翻，犁。¶밭을 갈아 배추를 심었다. =把地翻好，种上了白菜。❷ 주로 밭작물의 씨앗을 심어 가꾸다. ◆种，耕种。¶가세가 겨우 배추를 가는 정도로 산다. =靠种白菜勉强过日子。

갈다[3]【동사】动 ❶ 날카롭게 날을 세우거나 표면을 매끄럽게 하기 위하여 다른 물건에 대고 문지르다. ◆磨，打磨，锉。¶칼을 숫돌에 갈았다. =在磨刀石上磨刀。❷ 잘게 부수기 위하여 단단한 물건에 대고 문지르거나 단단한 물건 사이에 넣어 으깨다. ◆磨，研，碾，轧，榨。¶딸기를 갈아서 주스로 마신다. =把草莓榨成汁喝。❸ 먹을 풀기 위하여 벼루에 대고 문지르다. ◆研，磨(墨)。¶먹을 갈아서 글씨를 쓴다. =研墨写字。❹ 윗니와 아랫니를 맞대고 문질러 소리를 내다. ◆咬，磨(牙)。¶그는 이를 갈면서 잔다. =他睡觉时会磨牙。

갈대【명사】습지나 물가에서 숲을 이루어 자라는, 줄기가 가늘고 키가 큰 풀. ◆图芦苇。

갈등(葛藤)【명사】칡과 등나무가 서로 얽히는 것과 같이, 개인이나 집단 사이에 목표나 이해관계가 달라 서로 적대시하거나 충돌함. 또는 그런 상태. ◆图纠葛，矛盾，分歧。¶심리적 갈등. =心理纠葛。

갈라서다【동사】动 ❶ 갈라서 따로 서다. ◆ 分开，分成，分为。¶한 단체가 두 편으로 갈라서다. =一个团体分成了两派。❷ 관계를 끊고 각각 따로 되다. ◆ 分手，分道扬镳。¶성격 차이로 갈라섰다. =由于性格不同而分手了。❸서로 다른 방향으로 나뉘어 헤어지다. ◆分岔，分开，分别，分手。¶마을 어귀에서 갈라섰다. =在村口分开了。

갈라지다【동사】动 ❶ 쪼개거나 금이 가다. ◆ 裂开，龟裂。¶가뭄이 심하여 논이 갈라졌다. =由于旱情严重，稻田都龟裂了。❷ 몹시 거칠게 되거나 날카롭게 되다. ◆ (嗓音)嘶哑，沙哑。¶목을 혹사시켜 가수의 목소리가 갈라졌다. =歌手用嗓过度，嗓音都嘶哑了。❸ 둘 이상으로 나누어지다. ◆ 分开，分裂，分离。❹ 헤어지거나 긴밀한 관계가 끊어지다. ◆(关系)疏远，绝交，决裂。

갈래【명사】갈라진 낱낱을 세는 단위. ◆图支，条，片，股，叉。¶세 갈래 길. =三岔路。

갈리다[1]【동사】'가르다(쪼개거나 나누어 따로따로 되게 하다)'의 피동사. ◆ 动 (被)分开，分成，分为。¶청군과 백군으로 갈린다. =分成青军和白军。

갈리다[2]【동사】거칠고 쉰 소리가 나다. ◆ 动 (嗓音)嘶哑，沙哑，声嘶力竭。¶목이 갈리도록 소리를 지르다. =声嘶力竭地喊。

갈림길【명사】图 ❶ 여러 갈래로 갈린 길. ◆ 岔路，岔道。¶그들은 갈림길에서 헤어졌다. =他们在岔路口分手了。❷ 어느 한쪽을 선택해야 할 상황을 비유적으로 이르는 말. ◆ (人生的)岔路口，十字路口。¶이과와 문과, 진로 선택의 갈림길에 놓여 있다. =学理还是学文，这个问题摆在了选择前途的十字路口。

갈망(渴望)【명사】간절히 바람. ◆ 图 渴望，渴求，盼望。¶참된 현대화에 대한 갈망이 드디어 결실을 맺었다. =对真正的现代化的渴求终于有了结果。● 갈망하다(渴望--) ●

갈매기【명사】배는 흰색이고 날개와 등은 회색이며 물고기를 잡아 먹는, 바닷가에 사는 물새. ◆图海鸥。

갈무리【명사】图 ❶ 물건 따위를 잘 정리하거나 간수함. ◆ 收藏，珍藏，保管。❷ 일을 잘 처리하여 마무리함. ◆ 收拾，善后。¶먹다 남은 음식은 갈무리를 잘 하여 버리시오. =把吃剩的饭菜好好收拾一下扔掉吧。● 갈무리하다 ●

갈비【명사】图 ❶ 소나 돼지, 닭 따위의 가슴통을 이루는 좌우 열두 개의 굽은 뼈와 살을 식용으로 이르는 말. ◆ 肋排，排骨。¶갈비 굽는 냄새가 집 안에 가득했다. =屋里飘满了烤排骨的香味。❷ 가슴을 구성하는 뼈. 좌우 열두 쌍이 있다. ◆ 肋骨。

갈비뼈【명사】'늑골(肋骨)'을 일상적으로 이르는 말. ◆图肋骨。¶갈비뼈가 부러지다. =断了肋骨。

갈빗대【명사】하나하나의 늑골. ◆ 图肋条骨，肋条。

갈색(褐色)【명사】검은빛을 띤 주홍색. ◆图褐色，栗色。¶갈색으로 머리를 염색했다. =头发染成了栗色。

갈아입다【동사】입고 있는 옷을 벗고 다른 옷으로 바꾸어 입다. ◆动换。¶젖은 옷을 벗고 새 내의로 갈아입었다. =脱下湿透的衣服，换上了新内衣。

갈아타다【동사】动 ❶ 타고 가던 것에서 내려 다른 것으로 바꾸어 타다. ◆ 换乘，换，倒(车)。¶버스를 갈아타다. =换乘公共汽车。❷ 진행하던 일을 다른 방법으로 바꾸다.◆ 换，变换。¶하던 일 계속해야지 갈아타 보아야 손해만 본다.= 正在做的事情应该一直做下去，中间改主意的话只会遭受损失。

갈증(渴症)【명사】목이 말라 물을 마시고 싶은 느낌. ◆ 图口渴，口干。¶갈증이 나니 물 좀 주시오. =口渴了，给我拿杯水吧。

갈채(喝采)【명사】외침이나 박수 따위로 찬양이

나 환영의 뜻을 나타냄. ◆ 名喝彩，叫好。¶뛰어난 가창력으로 노래를 부른 가수에게 갈채를 보냈다. =歌手的唱功非常出色，观众纷纷喝彩。

갈치【명사】길고 납작한 모양의 은백색의 바닷물고기. ◆ 名带鱼。¶갈치조림. =烧带鱼。

갈퀴【명사】검불이나 곡식 따위를 긁어모으는 데 쓰는 기구. 한쪽 끝이 우그러진 대쪽이나 철사를 부챗살 모양으로 엮어 만든다. ◆ 名耙，耙子。¶손이 갈퀴처럼 거칠다. =手粗糙得像耙子一样。

갈팡질팡하다【동사】갈피를 잡지 못하고 이리저리 헤매다. ◆ 动徘徊，彷徨。¶사거리에서 어디로 가야 할지 몰라 갈팡질팡하였다. =徘徊在十字路口，不知去哪里。

갈피【명사】名 ❶ 겹치거나 포갠 물건의 하나하나의 사이. 또는 그 틈. ◆ (层与层)中间，夹层。¶책 갈피에 낙엽을 끼웠다. =把落叶夹到书页中间。❷ 일이나 사물의 갈래가 구별되는 어름. ◆ 头绪，线索。¶어떻게 해야 하는지 갈피를 못 잡았다. =理不清头绪，不知道该怎么做。

갉다【동사】动 ❶ 날카로운 이빨로 조금씩 뜯다. ◆ 啃，咬。¶벌레가 나뭇잎을 갉았다. =昆虫啃了树叶。❷ 남을 좀스럽게 헐뜯다. ◆ 诋毁，中伤。¶그는 다른 사람을 갉는 것이 취미인가 보다. =他似乎以诋毁别人为乐趣。❸ 남의 재물을 좀스럽고 비열한 방법으로 빼앗아 들이다. ◆ 搜刮，榨取，侵吞。

갉아먹다【동사】动 ❶ 남의 재물을 좀스럽고 비열한 방법으로 빼앗아 가지다. ◆ 搜刮，榨取，侵吞。¶그는 그의 부모 돈을 갉아먹고만 산다. =他光靠搜刮父母的钱过日子。❷ 조금씩 없애거나 손상시키다. ◆ (一点点地)用掉，蚕食。¶남아 있는 돈을 갉아먹기만 하고 벌지는 않을 것이냐? =难道就光坐着吃老本，不打算挣钱了?

감[1](感)【명사】名 ❶ 느낌이나 생각. ◆ 感觉。¶오늘은 감이 좋아 일이 잘 풀릴 것 같다. =今天感觉很好，似乎事情会顺利解决。❷ 감도(感度). ◆ 灵敏度，感应度。¶전화기가 감이 좋지 않아 들리지 않는다. =电话的灵敏度不好，听不到声音。

감[2]【명사】名 ❶ 옷이나 이불 따위를 만드는 바탕이 되는 피륙. 주로 옷감의 뜻으로 쓴다. ◆ 料子，面料，布料。¶이 옷감은 감이 부드럽다. =这个料子很柔软。❷ '옷을 만드는 재료'의 뜻을 나타내는 말. ◆ (做某种服装的)面料，布料。¶한복감. =韩服面料。❸ 어떤 일을 하거나 무엇을 만드는 데 바탕이 되는 재료의 수량을 헤아리는 데 쓰는 단위. ◆ 量件，套，块(做单件衣物所需的面料)。¶저고리 한 감. =一块上衣料子。❹ '자격을 갖춘 사람'의 뜻을 나타내는 말. ◆ (有资格做……的)料，人选。¶신랑감. =新郎人选。❺ 대상이 되는 도구, 사물, 사람, 재료의 뜻을 나타내는 말. ◆ 表示前面名词所涉及的对象。¶구경감. =可看的(热闹事)。

감[3]【명사】둥글거나 둥글넓적하며 익기 전에는 떫지만 익으면 단맛이 나는 주황색 과일. ◆ 名柿子。¶감 두 접. =两盘柿子。

감각(感覺)【명사】名 ❶ 눈, 코, 귀, 혀, 살갗을 통하여 바깥의 어떤 자극을 알아차림. ◆ 感觉。¶감각이 둔하다. =感觉迟钝。❷ 사물에서 받는 인상이나 느낌. ◆ (对事物的)感觉，感受。¶서구적인 감각. =西欧风格。

감각 기관(感覺器官)【명사】동물의 몸에서 외부의 자극을 느끼는 기관. ◆ 名感觉器官。¶개는 감각기관 중 청각과 후각이 발달되었다. =在狗的感官中，听觉和嗅觉非常发达。

감각적(感覺的)【명사】名 ❶ 감각을 자극하는 것. ◆ 感觉的，感性的。¶그는 글을 감각적으로 표현하는 능력을 가지고 있다. =他拥有非常感性的写作表达能力。❷ 감각이나 자극에 예민한 것. ◆敏感的。¶사춘기는 감각적이기 때문에 신경질적이다. =青春期比较敏感，因此会有点神经质。

감감무소식(--無消息)【명사】감감 소식. ◆ 名杳无音信。¶전쟁이 끝났는데도 아들의 소식은 감감무소식이다. =尽管战争结束了，儿子却还是杳无音信。

감감하다【형용사】形 ❶ 멀어서 아득하다. ◆ 渺茫，遥远。¶감감한 수평선. =遥远的海平线。❷ 어떤 사실을 전혀 모르거나 잊은 상태이다. '깜깜하다'보다 여린 느낌을 준다. ◆ 全然，完全，根本(不知，忘却)。¶그가 이민간지 감감하게 몰랐다. =全然不知他是否移民了。❸ 소식이나 연락이 전혀 없다. ◆ 沉寂，音信全无。¶총성이 한 발 울리고 쥐죽은 듯이 감감하다. =一声枪响过后，四下一片沉寂。

감개무량하다(感慨無量--)【형용사】마음속에서 느끼는 감동이나 느낌이 끝이 없다. ◆ 形感慨万千，无限感慨。

감격(感激)【명사】마음에 깊이 느끼어 크게 감동함. 또는 그 감동. ◆ 名激动，感动。¶그 팀은 처음으로 우승의 감격을 맛보았다. =那支球队第一次感受到了胜利的激动。● 감격하다(感激--) ●

감귤(柑橘)【명사】귤과 밀감을 통틀어 이르는 말. ◆ 名橘子，桔子，柑橘。¶이건 제주 감귤 아닙니까? =这不是济州岛产的柑橘吗?

감금(監禁)【명사】드나들지 못하도록 일정한 곳에 가둠. ◆ 名囚禁，关，监禁。● 감금되다(監禁--), 감금하다(監禁--) ●

감기(感氣)【명사】주로 바이러스로 말미암아 걸리는 호흡 계통의 병. 보통 코가 막히고 열이 나며 머리가 아프다. ◆ 名感冒，伤风。¶감기약. =感冒药。

감기다[1]【동사】눈이 저절로 감아지다. ◆ 动 (眼睛)合上，闭上。¶눈꺼풀이 감기다. =合上了眼皮。

감기다[2]【동사】动 ❶ 실 같은 것이 감아지다. ◆ (被)缠，缠绕，缠住。¶연줄이 나뭇가지에 감겼다. =风筝线缠在了树枝上。❷ 옷 따위가 몸을 친친 감듯 달라붙다. ◆ (衣服)贴，紧贴。¶비를 맞았더니 청바지가 다리에 감긴다. =淋了雨，牛仔裤紧贴在腿上。❸ 사람이나 동물이 달라붙어 떨나지 아니하다. ◆ 缠住，抱住。¶아기가 할머니 다리에 감겨 재롱을 떤다. =小孩抱着奶奶的腿撒娇。❹ 음식을 너무 먹어 몸을 가누지 못하다. ◆ (饮食)过饱，过多，暴(饮，食)。¶그는 술에 감겨 정신을 못 차렸다. =酒喝

得太多，他晕头转向的。

감기다[3] 【동사】 몸이나 머리를 물에 씻게 하다. ◆ 动 (给某人)洗。¶어머니가 아이의 머리를 감겨주었다. =妈妈给孩子洗了头。

감나무 【명사】 감이 열리는 나무. ◆ 名柿树，柿子树。

감다[1] 【동사】 머리나 몸을 물로 씻다. ◆ 动洗(澡或头)。¶아침마다 꼭 머리를 감는다. =每天早上都要洗头。

감다[2] 【동사】 눈꺼풀을 내려 눈동자를 덮다. ◆ 动闭，合。¶눈을 감고 생각에 잠겼다. =闭目沉思。

감다[3] 【동사】 动 ❶ 실이나 끈 따위를 다른 물체에 빙 두르다. ◆ 缠，绕，卷。¶실을 실패에 감다. =把线缠在线轴上。❷ 옷을 입다. ◆ 穿，裹着(衣服)。¶비싼 옷만 감고 있다고 하여 성품이 좋은 것은 아니다. =人并不是说只要穿着一身昂贵的衣服，品性就一定好。

감당(堪當) 【명사】 일 따위를 맡아서 능히 해냄. ◆ 名胜任，担当得起。¶그 일은 혼자 감당 못 합니다. =那项工作一个人无法胜任。● 감당하다(堪當--) ●

감독(監督) 【명사】 名 ❶ 일이나 사람 따위가 잘못되지 아니하도록 살피어 단속함. 또는 일의 전체를 지휘함. ◆ 监督，监考官。¶시험 감독. =监考。 ❷ 영화나 연극, 운동 경기 따위에서 일의 전체를 지휘하며 실질적으로 책임을 맡은 사람. ◆ 导演，教练。¶감독을 교체하다. =替换教练。

감돌다 【동사】 动 ❶ 어떤 둘레를 여러 번 빙빙 돌다. ◆ 盘绕，缭绕。¶안개가 감도는 언덕을 둘러보았다. =环视雾气缭绕的山坡。❷ 길이나 물굽이 따위가 모퉁이를 따라 돌다. ◆ (路、溪流等)绕着，环绕。¶굽이굽이 산길을 감돌아 나갔다. =循着弯弯曲曲的山路走了出去。

감동(感動) 【명사】 크게 느끼어 마음이 움직임. ◆ 名感动。¶감동을 자아낸다. =激发感动之情。● 감동하다(感動--) ●

감량(減量) 【명사】 수량이나 무게를 줄임. ◆ 名减少，减轻。¶구조 조정으로 생산량의 감량이 불가피하다. =结构调整不可避免地会导致产量减少。● 감량하다(減量--) ●

감면(減免) 【명사】 매겨야 할 부담 따위를 덜어 주거나 면제함. ◆ 名减免。¶학부형들은 학비 감면을 탄원하였다. =家长们恳求减免学费。● 감면하다(減免--) ●

감명(感銘) 【명사】 감격하여 마음에 깊이 새김. 또는 그 새겨진 느낌. ◆ 名感触，感动，触动。¶그의 행동은 모든 사람들에게 감명을 주었다. =他的行为让所有人都深受触动。

감미롭다(甘味--) 【형용사】 形 ❶ 맛이 달거나 달콤하다. ◆ 甜，甘甜，香甜。¶입에서 살살 녹는 솜사탕이 감미롭다. =口中慢慢融化的棉花糖很甜。❷ 달콤한 느낌이 있다. ◆ 甜美，柔美。¶감미로운 음악. =柔美的音乐。

감방(監房) 【명사】 교도소에서, 죄수를 가두어 두는 방. ◆ 名监狱，牢房。¶그는 죄를 지어 감방에 갇혔다. =他因犯罪被关进了监狱。

감별(鑑別) 【명사】 보고 식별함. ◆ 名鉴别，鉴定。¶병아리 감별. =鉴别雏鸡雌雄。● 감별하다(鑑別--) ●

감복(感服) 【명사】 감동하여 충심으로 탄복함. ◆ 名叹服，赞叹。¶그녀의 표정을 보니 선물에 감복이라도 한 듯 하다. =看她的表情，似乎对礼物赞不绝口。● 감복하다(感服--) ●

감사(感謝) 【명사】 고마움을 나타내는 인사. ◆ 名感谢，感激。¶감사의 눈물을 흘리다. =流下了感激的泪水。● 감사하다(感謝--) ●

감사[3]**(監事)** 【명사】 법인의 재산이나 업무를 감사하는 상설 기관. 또는 그런 사람. ◆ 名监事，监察人员。

감사하다(感謝--) 【형용사】 고마운 마음이 있다. ◆ 形感谢，感激。¶무례를 용서해 주시면 감사하겠습니다. =如果您能原谅我的无礼，我将非常感激。● 감사히(感謝-) ●

감상[1]**(鑑賞)** 【명사】 주로 예술 작품을 이해하여 즐기고 평가함. 예술 작품 따위의 아름다움을 즐기며 평가함. ◆ 名鉴赏，欣赏。¶음악 감상. =音乐鉴赏。● 감상하다(鑑賞--) ●

감상[2]**(感傷)** 【명사】 하찮은 일에도 쓸쓸하고 슬퍼져서 마음이 상함. 또는 그런 마음. ◆ 名感伤，伤感。¶감상에 젖다. =沉浸在感伤之中。

감상[3]**(感想)** 【명사】 마음속에서 일어나는 느낌이나 생각. ◆ 名感想，感受。¶이 소설을 읽고 감상을 적어 오너라. =读一下这篇小说，再写一篇感想。

감소(減少) 【명사】 양이나 수치가 줆. 또는 양이나 수치를 줄임. ◆ 名减少，减轻，减损。¶자연재해로 과일 수확량의 감소가 예상된다. =由于自然灾害，预计水果产量会有所减少。● 감소되다(減少--), 감소하다(減少--) ●

감속(減速) 【명사】 속도를 줄임. 또는 그 속도. ◆ 名减速。¶이 지역은 감속 구간이다. =这里是减速区域。● 감속하다(減速--) ●

감수[1]**(甘受)** 【명사】 책망이나 괴로움 따위를 달갑게 받아들임. ◆ 名甘愿承受，甘心接受。¶자신의 잘못은 자신이 감수해야 한다. =自作自受。● 감수하다(甘受--) ●

감수[2]**(監修)** 【명사】 책의 저술이나 편찬 따위를 지도하고 감독함. ◆ 名编校，编审。¶이 책을 감수한 사람은 저명한 학자이다. =编校此书的人是知名学者。● 감수하다(監修--) ●

감수성(感受性) 【명사】 외부 세계의 자극을 받아들이고 느끼는 성질. ◆ 名感受性，感觉。¶감수성이 예민하다. =敏感。

감시(監視) 【명사】 단속하기 위하여 주의 깊게 살핌. ◆ 名监视，盯梢。¶감시를 피하여 탈출을 기도했다. =避开监视，企图逃走。● 감시하다(監視--) ●

감싸다 【동사】 动 ❶ 전체를 둘러서 싸다. ◆ 裹，包，包裹，捂，掩，环围。¶상처를 붕대로 감쌌다. =用绷带包扎伤口。❷ 흉이나 허물을 덮어 주다. ◆ 包庇，庇护，掩饰。¶실수를 감싸다. =包庇失误。❸ 편을 들어 두둔하다. ◆ 偏袒，袒护，偏向，向

着。¶부모들은 큰아들만 감쌌다. =父母们只偏袒大儿子。

감안(勘案)【명사】여러 사정을 참고하여 생각함. ◆图考虑，斟酌。● 감안하다(勘案--) ●

감언이설(甘言利說)【명사】귀가 솔깃하도록 남의 비위를 맞추거나 이로운 조건을 내세워 꾀는 말. '꿤말'. ◆图甜言蜜语，花言巧语。

감염(感染)【명사】图❶ 나쁜 풍습이나 버릇 따위가 미치어 물이 듦. ◆沾染（坏影响）。¶그 아이는 나쁜 친구들의 감염으로 담배를 일찍 피우기 시작했다. =那孩子受到坏朋友的影响，很早就开始吸烟了。❷ 병원체인 미생물이 동물이나 식물의 몸 안에 들어가 증식하는 일. ◆感染，传染，染上。¶감기가 나에게 감염되었다. =我被传染上了感冒。● 감염되다(感染--) ●

감옥(監獄)【명사】죄인을 가두어 두는 곳. 한때 형무소라고 부르다가 현재 '교도소'로 고쳤다. ◆图监狱，牢房。¶감옥 생활. =狱中生活。

감옥살이(監獄--)【명사】图❶ 감옥에 갇히어 지내는 생활. ◆牢狱生活，囹圄生活。¶그는 감옥살이를 하면서도 민주화의 의지를 굽히지 않았다. =就算是身陷囹圄，他也没有改变追求民主化的意志。❷ 행동의 자유를 구속당하는 생활을 비유적으로 이르는 말. ◆坐牢，蹲监狱，〈喻〉没有自由的生活。¶집에 있는 것은 감옥살이와 같다. =待在家里就像是在蹲监狱。

감원(減員)【명사】사람 수를 줄임. 또는 그 사람 수. ◆图裁员，减员。¶이번 구조조정에서 그는 감원 대상이다. =在这次结构调整中，他是裁员的对象。● 감원되다(減員--), 감원하다(減員--) ●

감자【명사】껍질은 연한 갈색이며 속은 연한 노란색인, 땅속에서 자라는 둥근 덩이 모양의 줄기. ◆图马铃薯，〈俗〉土豆。¶저녁에 감자를 삶아 먹었다. =晚饭吃了煮土豆。

감전(感電)【명사】전기가 통하고 있는 물체가 몸에 닿아 충격을 받음. ◆图触电，被电击。¶전봇대에 올라가면 감전된다. =爬上电线杆会触电的。● 감전되다(感電--) ●

감점(減點)【명사】점수가 깎임. 또는 그 점수. ◆图减分，扣分。¶지각하여 감점을 받았다. =因为迟到被扣了分。● 감점되다(減點--), 감점하다(減點--) ●

감정[1](鑑定)【명사】사물의 특성이나 참과 거짓, 좋고 나쁨을 분별하여 판정함. ◆图鉴定，鉴别。¶골동품 감정 전문가. =古董鉴定专家。● 감정하다(鑑定--) ●

감정[2](感情)【명사】어떤 현상이나 일에 대하여 일어나는 마음이나 느끼는 기분. ◆图感情，情感。¶감정이 풍부하다. =感情丰富。

감정적(感情的)【명사】마음이나 기분에 의한. 또는 그런 것. ◆图感情用事的，意气用事的。¶감정적으로 일을 처리해서는 안 된다. =处理问题不能感情用事。

감주(甘酒)【명사】엿기름을 우린 물에 밥알을 넣어 식혜처럼 삭혀서 끓인 음식. ◆图甜酒，〈又称〉甜酒酿。

감지(感知)【명사】느끼어 앎. ◆图觉察，察觉。¶사이버 범죄는 범행 감지가 어렵다. =网络犯罪是很难觉察的。● 감지되다(感知--), 감지하다(感知--) ●

감지덕지(感之德之)【부사】몹시 고맙게 여김. ◆图感恩戴德，感激不尽。¶도와주신 은혜 감지덕지입니다. =您出手相助的恩情，我们感激不尽。● 감지덕지하다(感之德之--) ●

감쪽같다【형용사】꾸미거나 고친 것이 전혀 알아챌 수 없을 정도로 티가 나지 아니하다. ◆形不露痕迹，天衣无缝，丝毫看不出来。¶가발이 감쪽같다. =丝毫看不出来是假发。● 감쪽같이 ●

감찰(監察)【명사】단체의 규율과 구성원의 행동을 감독하여 살핌. 또는 그런 직무. ◆图监视，监督。● 감찰하다(監察--) ●

감초(甘草)【명사】콩과의 여러해살이풀. 붉은 갈색의 뿌리는 단맛이 나는데 먹거나 약으로 쓴다. 중국의 동북부, 몽골이 원산지로 세계 각지에서 약초로 재배한다. ◆图甘草。

감촉(感觸)【명사】외부의 자극이 피부 감각을 통하여 전해지는 느낌. ◆图触觉，感觉。¶감촉을 느끼다. =有感觉。

감추다【동사】动❶ 남이 보거나 찾아내지 못하도록 가리거나 숨기다. ◆藏，隐藏，藏匿(人或物)。¶돈을 벽장 안에 감추었다. =把钱藏到壁柜里。❷ 어떤 사실이나 감정따위를 남이 모르게 하다. ◆隐瞒，掩饰，掩盖(事实或情感)。¶친구에게 눈물을 감추었다. =在朋友面前忍住了眼泪。

감치다【동사】바느질감의 가장자리나 솔기를 실올이 풀리지 않게 용수철이 감긴 모양으로 감아 꿰매다. ◆动锁边。¶바느질의 감치는 솜씨가 아주 좋다. =针线锁边的手艺真棒。

감칠맛【명사】图❶ 음식물이 입에 당기는 맛. ◆美味，香甜，可口的滋味。¶감칠맛이 나다. =滋味无穷。❷ 마음을 끌어당기는 힘. ◆诱惑力，吸引力，魅力。¶목소리가 감칠맛이 있어 좋다. =嗓音很有魅力，很动听。

감탄(感歎/感嘆)【명사】마음속 깊이 느끼어 탄복함. ◆图感叹，赞叹，惊叹。¶감탄이 나오다. =发出感叹。● 감탄하다(感歎--/感嘆--) ●

감퇴(減退)【명사】기운이나 세력 따위가 줄어 쇠퇴함. ◆图减退，衰退。¶식욕감퇴는 일시적인 증세이다. =食欲减退是一时的症状。● 감퇴하다(減退--) ●

감투【명사】图❶ 예전에, 머리에 쓰던 의관(衣冠)의 하나. 말총, 가죽, 헝겊 따위로 탕건과 비슷하나 턱이 없이 밋밋하게 만들었다. ◆纱帽(古代衣冠之一，用马鬃、皮革、布等所制，无宽沿)。¶옛날에는 남자들이 모두 감투를 썼다. =古代的男子都戴纱帽。❷ 벼슬이나 직위를 속되게 이르는 말. ◆〈俗称〉乌纱，乌纱帽，〈喻〉官位。¶감투싸움이 치열하다. =官位之争很激烈。

감행(敢行)【명사】과감하게 실행함. ◆图果断进

行，毅然去做。¶주위의 만류에도 불구하고 독자적으로 일을 감행했다. =不顾周围人的劝阻，毅然独自承担起了那项工作。● 감행되다(敢行--), 감행하다(敢行--) ●

감화(感化)【명사】좋은 영향으로 생각과 감정이 좋게 변화함. ◆ 名感化，感染。¶그의 연설에 감화를 받았다. =被他的演说感染。● 감화되다(感化--) ●

감회(感懷)【명사】지난 일을 돌이켜 볼 때 느껴지는 회포. ◆ 名感怀，缅怀，感触，感念，怀念，怀旧。¶감회가 깊다. =感触很深。

감흥(感興)【명사】마음속 깊이 감동받아 일어나는 흥취. ◆ 名兴致，兴趣。¶감흥을 느끼다. =产生兴致。

감히(敢-)【부사】副 ❶ 두려움이나 송구함을 무릅쓰고. ◆ 斗胆，冒昧，贸然。¶감히 말씀드립니다. =斗胆进言。❷ 말이나 행동이 주제넘게. ◆ 胆敢，竟敢。¶감히 네가 그런 말을 하다니! =你竟敢说出那样的话！

갑(匣)【명사】[수량사] 名 量 ❶ 물건을 담는 작은 상자. ◆ 匣子，盒子。¶빈 담배 갑. =空香烟盒。❷ 작은 물건을 담아 그 분량을 세는 단위. ◆ 匣，盒。¶담배 한 갑에 20개비의 담배가 들어 있다. =一盒香烟有20支。

갑갑하다【동사】动 ❶ 옷 따위가 여유 없이 달라붙거나 압박하여 유쾌하지 못한 상태에 있다. ◆ (由于衣服小而觉得)紧，紧绷绷的。¶옷이 작아 갑갑하다. =衣服太小，紧绷绷的。❷ 좁고 닫힌 공간 속에 있어 꽉 막힌 느낌이 있다. ◆ (场所或空间)拥挤，狭小。¶좁은 방에 물건이 잔뜩 있으니 갑갑하다. =狭小的房间里放满了东西，拥挤得很。❸ 너무 더디거나 지루하여 견디기에 진력이 나다. ◆ 烦，腻烦，烦闷。¶갑갑하여 더 이상 기다릴 수 없다. =烦得再也等不下去了。❹ 가슴이나 배 속이 꽉 막힌 듯이 불편하다 ◆ (胸腹)发闷，发胀。¶소화가 안 되어서 속이 갑갑하다. =消化不良，肚子发胀。❺ 일이 뜻대로 되지 않아 답답하다. ◆ 着急，焦急。¶부진한 매출 때문에 마음이 갑갑하다. =销售情况不好，心里很着急。

갑론을박(甲論乙駁)【명사】여러 사람이 서로 자신의 주장을 내세우며 상대편의 주장을 반박함. ◆ 动争论，论辩。

갑부(甲富)【명사】첫째가는 큰 부자. ◆ 名首富。

갑옷(甲-)【명사】예전에, 싸움을 할 때 적의 창검이나 화살을 막기 위하여 입던 옷. 동양에서는 쇠나 가죽으로 된 미늘을 붙여 만들기도 하였다. ◆ 名铠甲。

갑자기【부사】미처 생각할 겨를도 없이 급히. ◆ 副突然，忽然，骤然，陡然。¶갑자기 날씨가 영하로 내려갔다. =气温骤降到了零下。

갑작스럽다【형용사】미처 생각할 겨를이 없이 급하게 일어난 데가 있다. ◆ 形突然，猝然，意外。¶갑작스러운 죽음. =猝死。● 갑작스레 ●

갑절【명사】배(倍). ◆ 名加倍，成倍；倍。¶평소보다 갑절이나 비싼 채소. =比平时贵一倍的蔬菜。

갑판(甲板)【명사】군함과 같은 큰 배 위에 나무나 철판으로 깔아 놓은 넓고 평평한 바닥. ◆ 名甲板。¶갑판에 나가 바람을 쐬었다. =到甲板上吹了吹风。

값【명사】名 ❶ 사고파는 물건에 일정하게 매겨진 액수. ◆ 价钱，价格。¶값이 비싸다. =价格贵。❷ 물건을 사고 팔 때 주고받는 돈. ◆ (买卖时付或收的)钱，款，账。¶값을 치르다. =付钱。❸ 노력이나 희생에 따른 대가. ◆ 价值，回报；代价。¶그 동안 수고한 값으로 내가 목돈을 만질 수 있었다. =作为对这段时间辛苦的回报，我拿到了一大笔钱。❹ 하나의 글자나 식이 취하는 수. 또는 그런 수치. ◆ 数值，值。¶이 문제의 값을 구하시오. =求出这道题的数值。❺ 어떤 사물의 중요성이나 의의. ◆ 价值，意义。¶값없는 일. =毫无意义的行为。❻ 어떤 것에 합당한 노릇이나 구실. ◆ (与某事物相称的)言行。¶나잇값 좀 해라.=这么大了，懂点事吧！

값나가다【동사】값이 많은 액수에 이르다. ◆ 动值钱，贵重。¶값나가는 도자기. =贵重的瓷器。

값비싸다【형용사】물건 따위의 값이 높다. ◆ 形贵，昂贵，贵重。¶값비싼 옷. =昂贵的衣服。

값싸다【형용사】形 ❶ 물건 따위의 값이 낮다. ◆ 便宜，廉价。¶좋은 물건을 값싸게 샀다. =低价买了个好东西。❷ 가치나 보람이 적고 보잘것없다. ◆ 廉价，不值钱。¶값싼 동정을 필요 없다고 거절했다. =拒绝了廉价的同情。

값어치【명사】일정한 값에 해당하는 분량이나 가치. ◆ 名 (相应的)值，价值。¶비싼 냉장고가 제 값어치를 하지 못하고 있다. =昂贵的冰箱没有物尽其值。

값있다【형용사】形 ❶ 물건 따위가 상당히 가치가 있다. ◆ 有价值，有意义。¶이 도자기는 상당히 값있어 보인다. =这个瓷器看起来价值不菲。❷ 보람이나 의의 따위가 있다. ◆ 有价值，有意义。¶이웃을 돕는 것은 값있는 행동이다. =帮助邻居是有意义的行为。

값지다【형용사】形 ❶ 물건 따위가 값이 많이 나갈 만한 가치가 있다. ◆ 值钱，贵重，昂贵。¶값진 보석. =贵重的宝石。❷ 큰 보람이나 의의 따위가 있다. ◆ 有价值，有意义。¶값진 희생. =有价值的牺牲。

갓[1]【부사】이제 막. ◆ 副刚，刚刚。¶이제 갓 시집온 새색시. =新嫁娘。

갓[2]【명사】(옛날에) 어른이 된 남자가 머리에 쓰던 테가 넓고 둥근 모자. ◆ 名纱帽(朝鲜朝成年男子戴的一种帽子，用马鬃织成，高顶宽沿)。

갓길【명사】큰 도로나 고속도로의 양쪽 가장자리에, 고장난 차나 급히 가야 하는 차를 위해 만든 길. ◆ 名应急车道，紧急停车道。¶고속도로에서 갓길로 가면 벌금을 내야한다. =在高速公路上走应急车道会被罚款。

갓끈【명사】갓에 다는 끈. 헝겊을 접거나 나무, 대, 대모(玳瑁), 금패(錦貝), 구슬 따위를 꿰어서 만든다. ◆ 名纱帽带。

갓난아이【명사】태어난 지 얼마 되지 아니한 아이.

◆名新生儿，初生婴儿。

갓난애【명사】'갓난아이'의 준말. 태어난 지 얼마 되지 아니한 아이. ◆名新生儿，初生婴儿。

강[1](江)【명사】넓고 길게 흐르는 큰 물줄기. ◆名江，河。¶강이 범람했다. =河水泛滥。

강[2]-(強)【접사】'매우 센' 또는 '호된'의 뜻을 더하는 접두사. ◆前缀强，酷，严。¶강추위. =严寒。

강가(江-)【명사】강의 가장자리에 잇닿아 있는 땅. 또는 그 부근. ◆名江边，河边。¶이른 아침인데도 강가에 낚시꾼이 많이 모여 있었다. =一大早，江边就聚集了许多钓客。

강건하다(強健--)【형용사】몸이나 기력이 실하고 굳세다. ◆形强壮，强健，刚健，健壮。¶그는 강건한 체력을 가지고 있다. =他体力强壮。

강경하다(強硬--)【형용사】굳세게 버티어 굽히지 않다. ◆形强硬，强有力的。¶강경한 입장을 고수하다. =坚持强硬态度。

강구(講究)【명사】좋은 방책을 찾아내도록 연구함. ◆名寻求，谋求，研究。¶실업난 타개의 방법을 강구하도록 지시하였다. =下达了指示，要求找出解决失业问题的方法。

강구되다(講究--)【동사】좋은 대책과 방법이 찾아지거나 세워지다. ◆动 (被)寻求，研究出。¶태풍 피해를 예방할 대책이 강구되어야 한다. =必须研究出预防台风灾害的对策。● 강구하다(講究--) ●

강국(強國)【명사】군사력과 경제력이 뛰어나 국제 사회에서 그 세력을 인정하는 나라. ◆名强国。¶세계의 질서는 강국의 입김에 달려 있는 듯 했다. =世界秩序似乎要仰强国之鼻息。

강남(江南)【명사】名 ❶ 강의 남쪽 지역. ◆江的南面，河的南边。❷ 한강 이남 지역. ◆江南，汉江以南。¶강남의 땅값은 최고가(最高價)이다. =首尔汉江以南的地价最贵。

강낭콩【명사】긴 껍질에 흰색이나 분홍색, 또는 갈색의 길쭉하고 큰 콩이 들어 있는 식물. 또는 그 콩. ◆名青豆。¶강낭콩을 넣고 밥을 지어라. =蒸饭时放点青豆吧。

강냉이【명사】옥수수. ◆名玉米。¶어머니는 어려운 시절에 먹었던 강냉이 죽을 드시고 싶어하신다. =妈妈想喝贫困时期吃过的玉米粥。

강당(講堂)【명사】강연이나 강의, 의식 따위를 할 때에 쓰는 건물이나 큰 방. ◆名礼堂。¶졸업식은 강당에서 개최되었다. =毕业典礼是在礼堂举行的。

강대(強大)【명사】나라나 조직 따위의 역량이 강하고 큼. ◆名强大。● 강대하다(強大--) ●

강대국(強大國)【명사】병력이 강하고 영토가 넓어 힘이 센 나라. ◆名强国。

강도[1](強度)【명사】센 정도. ◆名强度，硬度。¶빛의 강도. =光的强度。

강도[2](強盜)【명사】폭행이나 협박 따위로 남의 재물을 빼앗는 도둑. 또는 그런 행위. ◆名强盗，盗贼；抢劫。¶강도 사건. =抢劫案。

강둑(江-)【명사】강물이 넘치지 않게 하려고 쌓은 둑. ◆名河坝，河堤。¶폭우로 강둑이 유실되었다. =由于暴雨侵袭，河坝决口了。

강등(降等)【명사】등급이나 계급 따위가 낮아짐. 또는 등급이나 계급 따위를 낮춤. ◆名降级，降职。¶그는 부하의 실수로 강등당했다. =他由于部下的过错而被降职了。● 강등되다(降等--), 강등하다(降等--) ●

강력하다(強力--)【형용사】힘이나 영향이 강하다. ◆形强有力，强劲。¶개혁정책을 강력하게 추진한다. =强有力地推进改革政策。● 강력히(強力-) ●

강렬하다(強烈--)【형용사】강하고 세차다. ◆形强烈，强有力。¶나는 그녀의 강렬한 눈빛에 매료되었다. =我为她那强有力的目光而倾倒。

강론(講論)【명사】학술이나 도의(道義)의 뜻을 해설하며 토론함. ◆名论述，分析讨论。¶교리 강론시간은 긴장감이 돈다. =教义讨论课上气氛紧张。● 강론하다(講論--) ●

강매(強賣)【명사】남에게 물건을 강제로 떠맡겨 팖. ◆名强卖。¶강연회에서 물건을 강매했다. =在演讲会上强卖东西。● 강매하다(強賣--) ●

강물(江-)【명사】강에 흐르는 물. ◆名江水，河水。¶강물에 종이배가 떠내려간다. =纸船顺着江水漂流而下。

강바람(江--)【명사】강물 위에서나 강가에서 부는 바람. ◆名江风。¶시원한 강바람이 더위를 잊게 해 주었다. =凉爽的江风使人忘记了炎热。

강박 관념(強迫 觀念)【명사】마음속에서 떨쳐 버리려 해도 떠나지 아니하는 억눌린 생각. ◆名强迫观念。¶그는 꼭 성공해야 한다는 강박 관념에 사로 잡혀 있다. =他被必须成功的强迫观念所困扰着。

강변(江邊)【명사】강가. ◆名江边，河边。¶강변에서 조깅하는 사람들이 많다. =在江边慢跑的人很多。

강보(襁褓)【명사】포대기. 어린아이의 작은 이불. 덮고 깔거나 어린아이를 업을 때 쓴다. ◆名襁褓。¶그녀는 강보에 아기를 쌌다. =她把孩子包在襁褓之中。

강사(講師)【명사】학교나 학원 따위에서 위촉을 받아 강의를 하는 사람. 시간 강사와 전임 강사가 있다. ◆名 (大学或专业技校中聘用的)讲师。¶대학 시간 강사. =大学时薪制讲师。

강산(江山)【명사】名 ❶ 강과 산이라는 뜻으로, 자연의 경치를 이르는 말. ◆江山，河山，山河(指自然景致)。¶아름다운 금수강산. =锦绣山河。❷ 나라의 영토를 이르는 말. ◆江山，河山，山河(指国土)。¶강산은 변해도 인심은 변하지 않는다. =江山易改，本性难移。

강설량(降雪量)【명사】일정한 기간 동안 일정한 곳에 내린 눈의 양. ◆名降雪量，积雪量。¶올 겨울은 예년에 비하여 강설량이 적다. =今年冬天的降雪量少于往年。

강성하다(強盛--)【형용사】힘이 강하고 번성하다. ◆形强盛，强大，旺盛。¶강성한 나라. =强大的国家。

강세(強勢)【명사】名 ❶ 강한 세력이나 기세. ◆强

势，优势。¶그 나라는 구기 종목에서 강세를 보이고 있다. =那个国家在球类运动项目中具有优势。❷ 연속된 음성에서 어떤 부분을 강하게 발음하는 일. ◆重音。

강수량(降水量)【명사】일정한 기간 동안 일정한 곳에 비나 눈 등이 내려 생기는 물의 양. ◆图降水量。¶연평균 강수량. =年均降水量。

강습(講習)【명사】일정 기간 동안 학문, 기예, 실무 따위를 배우고 익히도록 지도함. ◆图培训，学习。¶지역자치단체에서 무료로 취업을 위한 요리 강습을 실시했다. =地方自治团体无偿提供厨师就业培训。

강습소(講習所)【명사】강습을 하는 곳. ◆图培训中心。¶요리강습소. =厨艺培训中心。

강아지【명사】图 ❶ 개의 새끼. ◆小狗，小狗崽。❷ 주로 어린 자식이나 손자를 귀엽게 이르는 말. ◆小宝贝(主要用作祖母昵称小孙子)。¶내 강아지, 예쁘기도 하지. =我的小宝贝，你可真漂亮!

강아지풀【명사】볏과의 한해살이풀. 줄기는 높이가 20~70㎝이며, 뭉쳐난다. 대침 모양이고 여름에 강아지 꼬리 모양의 연한 녹색 또는 자주색 꽃이 줄기 끝에 핀다. ◆图〈俗〉狗尾巴草。

강약(强弱)【명사】강하고 약함. 또는 그런 정도. ◆图强弱。¶소리의 강약. =声音的强弱。

강어귀(江--)【명사】강물이 바다로 흘러가는 어귀. ◆图江口，河口。¶강어귀에 배들이 보이기 시작했다. =河口开始有船舶出现。

강연(講演)【명사】일정한 주제에 대하여 청중 앞에서 강의 형식으로 말함. ◆图演讲，演说，报告。¶유명한 연사의 강연을 듣다. =听著名演讲家的演讲。● 강연하다(講演--) ●

강요(强要)【명사】억지로 또는 강제로 요구함. ◆图强迫，逼迫。¶참가자들에게 기부금을 내도록 강요하다. =强迫参加者捐款。● 강요되다(强要--), 강요하다(强要--) ●

강우량(降雨量)【명사】일정한 기간 동안 일정한 곳에 내린 비의 분량. ◆图降雨量。¶금년은예년에 비해 강우량이 많다. =今年降雨量比往年多。

강의(講義)【명사】대학 등에서, 교수가 학문·연구의 일단을 강설함. 또는 대학 수업 전반을 일컬음. ◆图授课，讲授；课。¶철학 개론을 강의하다. =讲授哲学概论。● 강의하다(講義--) ●

강의실(講義室)【명사】강의하는 데 쓰이는 방. ◆图教室。¶강의실 내에서는 음식물 섭취와 잡담을 삼갑니다. =请勿在教室内进食和闲谈。

강인하다(强韌--)【형용사】억세고 질기다. ◆形坚韧，坚韧不拔。¶그는 강인한 의지로 정상을 정복하였다. =他以坚韧不拔的意志征服了顶峰。

강자(强者)【명사】힘이나 세력이 강한 사람이나 생물 및 그 집단. ◆图强者。¶유통업계의 새 강자로 떠오르다. =崛起为流通业界的新强者。

강적(强敵)【명사】강한 적수. 또는 만만찮은 상대. ◆图强敌，劲敌。¶강적과 싸우다. =和强敌交战。

강점[1](强點)【명사】남보다 우세하거나 더 뛰어난 점. ◆图长处，优点。¶자기를 소개할 때에는 강점을 살리시오. =自我介绍时请突出自己的优点。

강점[2](强占)【명사】남의 물건, 영토, 권리 따위를 강제로 차지함. ◆图强占，侵占，霸占。● 강점되다(强占--), 강점하다(强占--) ●

강정【명사】图 ❶ 쌀가루로 만든 과자의 하나. 한자를 빌려 '羌飣'으로 적기도 한다. ◆(韩式)江米条，沙琪玛。❷ 깨나 콩 따위를 되직한 물엿에 버무려 만든 과자. ◆(韩式)琥珀豆。

강제(强制)【명사】권력이나 위력(威力)으로 남의 자유의사를 억눌러 원하지 않는 일을 억지로 시킴. ◆图强制，强迫，逼迫。¶고용주는 어린이들에게 강제로 일을 시켰다. =雇主强迫孩子们做事。● 강제하다(强制--) ●

강조(强調)【명사】어떤 부분을 특별히 강하게 주장하거나 두드러지게 함. ◆图强调，突出。¶일의 중요성을 강조하다. =强调事情的重要性。● 강조되다(强調--), 강조하다(强調--) ●

강좌(講座)【명사】图 ❶ 대학의 강좌 형식을 따른 강습회나 강의록 또는 방송 프로. ◆讲座。¶일반인에게 교양 강좌가 다양하게 제공된다. =提供面向普通人的多种教养讲座。❷ 대학에서 교수가 맡아 강의하는 학과목. ◆课，讲座。¶형법 강좌. =刑法课。

강줄기(江--)【명사】강물이 뻗어 흐르는 선. ◆图河流，河道。¶평야를 가로질러 강줄기가 뻗어있다. =一条河流横贯原野。

강직하다(剛直--)【형용사】마음이 꼿꼿하고 곧다. ◆形刚正不阿，耿直，正直。¶강직한 성품. =耿直的性情。≒항직하다.

강진(强震)【명사】진도 5의 지진. 벽이 갈라지고 비석 따위가 넘어지며 굴뚝과 토담이 무너질 정도이다. ◆图强震，强烈地震。¶갑작스런 강진으로 집이 무너졌다. =强震突发致使房屋倒塌。

강철(鋼鐵)【명사】图 ❶ 탄소의 함유량이 0.035~1.7%인 철. 열처리에 따라 성질을 크게 변화시킬 수 있어 여러 가지 기계, 기구의 재료로 쓴다. ◆钢铁，钢。❷ 아주 단단하고 굳셈을 비유하는 말. ◆铁打的，钢铁般的。¶강철 같은 의지. =钢铁般的意志。

강촌(江村)【명사】강가에 있는 마을. ◆图江村，江边村庄。¶전원생활을 꿈꾸는 사람들이 강촌생활을 동경한다. =向往田园生活的人们总是憧憬着江村生活。

강추위(强--)【명사】눈이 안 오고 매운바람이 부는 심한 추위. ◆图严寒，酷寒。¶강추위에 나무도 얼어 죽었다. =严寒之下，树木都冻死了。

강타(强打)【명사】图 ❶ 세게 침. ◆猛击，席卷。❷ 태풍 따위가 거세게 들이침을 비유적으로 이르는 말. ● 강타하다(强打--) ●

강타자(强打者)【명사】야구에서, 타격이 강한 타자. ◆图强打者(能很好地有力击球的选手)。¶그 투수는 강타자를 삼진으로 제압했다. =那个投手迫使强打者三振出局。

강탈(强奪)【명사】남의 물건이나 권리를 강제로 빼앗음. ◆图强抢，抢劫，掠夺。¶'현금수송차 강탈'이

라는 신문의 머리기사가 크게 보였다. =占据报纸头条位置的“运钞车被抢”十分醒目。● 강탈하다(强夺--) ●

강태공(姜太公)【명사】图❶ 중국 주나라 초엽의 조신(朝臣)인 '태공망(太公望)'을 그의 성(姓)인 강(姜)과 함께 이르는 말. ◆姜太公❷ 낚시꾼을 비유적으로 이르는 말. ◆〈喻〉钓客，垂钓者。¶강둑에 강태공들이 자리를 잡고 낚시를 하고 있다. =河堤上，钓客们正安坐垂钓。

강판[1](降板)【명사】야구에서, 투수가 상대 타자들에게 맹타를 당하거나 해서 투수를 경기 도중에 마운드에서 내려오는 일. ◆图撤板(指投手走下投手板)。¶그 투수는 5회에 5점을 내주고 강판을 당했다. =那个投手五局之后便失掉了五分，撤板。● 강판되다(降板--), 강판하다(降板--) ●

강판[2](鋼板)【명사】강철판에 조각한 요판(凹版). ◆图钢板。

강풍(强風)【명사】세차게 부는 바람. ◆图大风，狂风。¶강풍으로 가옥이 파손되었다. =房屋被狂风摧毁了。

강하(降下)【명사】图❶ 높은 곳에서 아래로 향하여 내려옴. ◆下降，降落。❷ 온도나 혈압, 기압 따위가 낮아짐. ◆(温度，血压，气温等)下降。¶기온의 강하. =气温下降。● 강하되다(降下--), 강하하다(降下--) ●

강하다(强--)【형용사】形❶ 물리적인 힘이 세다. ◆(力量)强劲，有力。¶아이의 종아리를 강하게 때렸다. =用力抽打孩子的小腿肚。❷ 수준이나 정도가 높다. ◆强，强大。¶우리 가족은 결속력이 강하다. =我们家庭的凝聚力很强。❸ 정신적으로 굳세고 단단하다. ◆(精神)强，强大。¶국민성이 강하다. =国民精神很强大。❹ 무엇에 견디는 힘이 크거나 어떤 것에 대처하는 능력이 뛰어나다. ◆耐，抗。¶추위에 강한 품종. =耐寒品种。

강행(强行)【명사】图❶ 어려운 점을 무릅쓰고 행함. ◆强行，毅然进行，果断进行。¶악천후에도 행군은 강행되었다. =尽管天气恶劣，还是毅然进行了行军拉练。❷ 강제로 시행함. ◆强行，一意孤行。¶화폐 개혁을 강행하다. =强行推行货币改革。● 강행되다(强行--), 강행하다(强行--) ●

강호[1](强豪)【명사】실력이나 힘이 뛰어나고 강한 사람. 또는 그런 집단. ◆图高手，劲旅。¶그는 모래판의 새로운 강호로 등장했다. =他成为了跤坛新锐。

강호[2](江湖)【명사】图❶ 강과 호수를 아울러 이르는 말. ◆江和湖。❷ 서울에서 멀리 떨어진 곳. 속세를 떠난 선비가 사는 곳. ◆江湖，乡野。¶은퇴 후에 노부부는 강호에 묻혀 살았다. =退隐之后，老两口隐居于乡野之中。

강화(强化)【명사】图❶ 세력이나 힘을 더 강하고 튼튼하게 함. ◆强化，加强，增强(力量或势力)。¶근육강화. =肌肉锻炼。❷ 수준이나 정도를 더 높임. ◆提高，增强(程度或水平)。¶고객 서비스 강화. =提高客服水平。● 강화되다(强化--), 강화하다(强化--) ●

강화(講和)【명사】싸우던 두 편이 싸움을 그치고 평화로운 상태가 됨. ◆图讲和，议和，和解。¶강화협상. =和谈。

갖가지【명사】'가지가지'의 준말. ◆图种种，各种。¶갖가지의 상념에 잠기다. =沉浸于种种思绪之中。

갖다【동사】'가지다'의 준말. ◆动怀着，具有，拥有(“가지다”的略语)。¶관심을 갖다. =关注。

갖은【관형사】골고루 다 갖춘. 가지가지의. ◆冠各种各样，各种。¶갖은양념. =各种调料。

갖추다【동사】动❶ 쓰임에 따라 여러 가지를 미리 골고루 준비하거나 차리다. ◆准备，打点，置备，具备。¶여장(旅裝)을 갖추다. =打点行装。❷ 필요한 자세나 태도 따위를 취하다. ◆端正，整理。¶선수들은 출발할 자세를 갖추었다. =选手们做好了出发的准备。

같다【형용사】形❶ 크기, 생김새 따위가 서로 다르지 않고 한 모양이다. ◆相同，同样，一样。¶같은 말. =同样的话。❷ 닮아서 비슷하다. 또는 …답다. ◆像……那样的，……一样的，……般的。¶샛별 같은 눈. =星星般的眼睛。❸ '…라면'의 뜻으로 가정하여 비교함을 나타내는 말. ◆如果，假如，若是，要是(……的话)。¶당신 같으면 그 일을 하겠소. =如果是你，难道你会做那种事吗？❹ '지금의 마음이나 형편에 따르자면'의 뜻으로 쓰여 실제로는 그렇지 못함을 나타내는 말. ◆直想，恨不得。¶마음 같아서는 물에 뛰어들고 싶다. =直想跳进水中。❺ '기준에 합당한'의 뜻을 나타내는 말. ◆像样的。¶말 같은 말을 하시오. =请说点像样的话吧。❻ 혼잣말로 남을 욕할 때, 그 말과 다름없다는 뜻을 나타내는 말. ◆十足的，真是(骂语)。¶나쁜 놈 같으니. =真是坏蛋。❼ 추측이나 불확실한 단정을 나타내는 말. ◆好像，似乎。¶비가 올 것 같다. =好像要下雨。

같이[1]【조사】助❶ '앞말이 보이는 전형적인 어떤 특징처럼'의 뜻을 나타내는 격 조사. ◆像……一样，……一样。¶눈같이 희다. =雪一样白。❷ 앞말이 나타내는 그때를 강조하는 격 조사. ◆(用于部分表示时间的名词后表示强调)都，就。¶새벽같이 출발하다. =一大早就出发了。

같이[2]【부사】副❶ 둘 이상의 사람이나 사물이 함께. ◆一起，一同，一块儿。¶나와 같이 가자. =和我一块儿去吧。❷ 어떤 상황이나 행동 따위와 다름이 없이. ◆与……相同，与……一样。¶예상한 바와 같이 사태는 심각하다. =与料想的一样，事态非常严重。

같이하다【동사】动❶ 경험이나 생활 따위를 얼마 동안 더불어 하다. ◆一起，共。¶ 나와 일생을 같이할 사람. =将与我共度一生的人。❷ 같은 사정에 처하거나, 같은 조건으로 삼다. ◆一起，共。¶운명을 같이하다. =共命运。

같잖다【형용사】形❶ 하는 짓이나 꼴이 제격에 맞지 않고 눈꼴사납다. ◆不怎么样，不像样，不三不四。¶같잖은 놈. =不三不四的家伙。❷ 말하거나 생각할 거리도 못 되다. ◆ 那么点。¶이런 같잖은 일을 가지고 뭘 그러나. =就为这么点事，值得那样吗?

갚다【동사】动 ❶ 남에게 빌리거나 꾼 것을 도로 돌려주다. ◆ 还，偿还。¶빚을 갚다. =还债。❷ 남에게 진 신세나 품게 된 원한 따위에 대하여 그에 상당하게 돌려주다. ◆ 报答，报，还。¶원수를 갚다. =报仇。

개[1](個/箇/介)【의존 명사】낱으로 된 물건을 세는 단위. ◆ 依名 个，块，只，颗，张。¶사탕 한 개. =一块糖。

개[2]-【접사】前缀 ❶ '야생 상태의' 또는 '질이 떨어지는', '흡사하지만 다른'의 뜻을 더하는 접두사. ◆ 野生的；粗制的。¶개떡. =粗饼子。❷ '헛된', '쓸데없는'의 뜻을 더하는 접두사. ◆ 无意义的，没用的，毫无价值的。¶개꿈. =乱七八糟的梦。❸ '정도가 심한'의 뜻을 더하는 접두사. ◆ 真，太，很，非常。¶개망신. =丢死人了。

-개[3]【접사】'사람' 또는 간단한 '도구'의 뜻을 더하고 명사를 만드는 접미사. ◆ 后缀 附于部分动词后构成名词，表示某种人或具有某种用途的物品。¶오줌싸개. =尿床精。

개[4]【명사】名 ❶ 갯과의 포유류. 가축으로 사람을 잘 따르고 영리하다. 일반적으로 늑대 따위와 비슷하게 생겼으며 날카로운 이빨이 있다. ◆ 狗，犬。¶사냥개. =猎狗，猎犬。❷ 행실이 형편없는 사람을 비속하게 이르는 말. ◆ 狗东西，混账东西。¶그는 술만 먹으면 개가 된다. =他一喝酒就变得很混账。

개가(改嫁)【명사】결혼하였던 여자가 남편과 사별하거나 이혼하여 다른 남자와 결혼함. ◆ 名 改嫁，再嫁。¶조선 때에는 과부의 개가를 금지했다. =朝鲜朝时期禁止寡妇改嫁。● 개가하다(改嫁--) ●

개가(凱歌)【명사】이기거나 큰 성과가 있을 때의 환성. ◆ 名 凯歌。¶개가를 올리다. =奏响凯歌。

개각(改閣)【명사】내각(內閣)을 개편함. ◆ 名 内阁改组。¶개각 발표. =宣布内阁改组名单。● 개각하다(改閣--) ●

개간(開墾)【명사】거친 땅이나 버려 둔 땅을 일구어 논밭이나 쓸모 있는 땅으로 만듦. ◆ 名 开垦，开拓。¶황무지 개간. =开荒。● 개간하다(開墾--) ●

개강(開講)【명사】강의나 강습 따위를 시작함. ◆ 名 开学，开课。¶개강일. =开学日期。● 개강하다(開講--) ●

개개인(個個人)【명사】한 사람 한 사람. ◆ 名 每人，每个人，人人。¶학생 개개인의 능력을 발전시키다. =提高每个学生的能力。

개과천선(改過遷善)【명사】지난날의 잘못이나 허물을 고쳐 올바르고 착하게 됨. ◆ 名 改过自新，洗心革面。¶그는 형량을 마치고 출소한 후 개과천선한 모습을 보여주었다. =刑满出狱后，他开始洗心革面、重新做人。● 개과천선하다(改過遷善--) ●

개관[1](開館)【명사】도서관, 영화관, 박물관, 회관 따위의 기관이 설비를 차려 놓고 처음으로 문을 엶. ◆ 名 开馆。● 개관하다(開館--) ●

개관[2](概觀)【명사】전체를 대강 살펴봄. ◆ 名 概况。¶근대사 개관. =近代史概况。● 개관하다(概觀--) ●

개교(開校)【명사】학교를 새로 세워 처음으로 운영을 시작함. ◆ 名 建校。¶개교기념일. =建校纪念日。● 개교하다(開校--) ●

개구리【명사】양서강 개구리목의 동물을 통틀어 이르는 말. ◆ 名 青蛙，蛙。¶밤이면 논에서 개구리가 연방 울어댄다. =一到晚上，水田里就蛙声不断。

개구리밥【명사】개구리밥과의 여러해살이 수초(水草). ◆ 名 浮萍。

개구리헤엄【명사】'평영(平泳), 개구리처럼 물과 수평을 이루며, 두 발과 양팔을 오므렸다가 펴는 수영법)'을 일상적으로 이르는 말. ◆ 名 蛙泳。¶수영을 제대로 배우지 못해 개구리헤엄 치는 모습이 우습다. =没学好游泳，蛙泳姿势十分好笑。

개구쟁이【명사】심하고 짓궂게 장난을 하는 아이. ◆ 名 调皮鬼，捣蛋鬼。¶철이 없으니까 개구쟁이짓을 하지. =因为不懂事，所以才调皮捣蛋。

개국[1](開國)【명사】名 ❶ 새로 나라를 세움. ◆ 开国，建国。¶개국한 사람들에게는 대개 태(太)자 시호가 쓰인다. =一般都以"太"字作为开国之人的谥号。❷ 외국과 국교를 처음으로 시작함. ◆ 开放，建交。¶러시아와의 개국이 언제입니까? =与俄罗斯是什么时候建交的? ● 개국하다(開國--) ●

개국[2](開局)【명사】방송국이나 우체국 따위가 사무소를 설치하여 처음으로 업무를 시작함. ◆ 名 (邮局、广播电视局等)建立，成立，开播。¶방송국 개국기념식을 시작하겠습니다. =广播电视局开播纪念典礼现在开始。●개국하다(開局--) ●

개굴개굴【부사】개구리가 잇따라 우는 소리. ◆ 副 呱呱，咕呱咕呱(青蛙叫声)。

개그(gag)【명사】연극, 영화, 텔레비전 프로그램 따위에서 관객을 웃게 하기 위하여 하는 대사나 몸짓. ◆ 名 (主要指电视节目中)插科打诨，搞笑。¶개그 프로의 개편이 단행되었다. =果断地对搞笑节目进行了改编。

개그맨(gagman)【명사】익살이나 우스갯소리를 하여 일반 대중을 즐겁게 하는 일을 직업으로 삼는 사람. ◆ 名 笑星，喜剧演员，小丑。¶예전과는 달리 개그맨에 대한 사회적 인식이 달라졌다. =社会上对笑星的看法变得跟以往不同了。

개근(皆勤)【명사】학교나 직장 따위에 일정한 기간 동안 하루도 빠짐없이 출석하거나 출근함. ◆ 名 全勤，满勤。¶그는 일찍 출근할 뿐만 아니라 개근하여 모범사원으로 뽑혔다. =他不仅上班早，而且全勤，因而被选为了模范职员。

개근상(皆勤賞)【명사】학교나 직장 따위에 일정한 기간 동안 하루도 빠짐없이 출석하거나 출근한 사람에게 주는 상. ◆ 名 全勤奖。¶초등학교를 졸업할 때 6년 개근상을 받았다. =小学毕业时获得了六年全勤奖。

개기 월식(皆既月蝕)【명사】달이 지구의 그림자에 완전히 가려 태양 빛을 받지 못하고 어둡게 보이는 현상. ◆ 名 月全食。

개기 일식(皆旣日蝕)【명사】태양이 달에 완전히 가려 보이지 않는 현상. 이때, 코로나와 채층(彩層)을 볼 수 있다. ◆ 名日全食。

개나리【명사】물푸레나뭇과의 낙엽 활엽 관목. 높이는 2~3미터이며, 잎은 마주난다. 이른 봄에 잎보다 먼저 노란 꽃이 피고 9월에 삭과(蒴果)인 열매를 맺는다. ◆ 名连翘。¶개나리는 봄의 전령사이다. =连翘是春天的使者。

개념(槪念)【명사】어떤 사물 현상에 대한 일반적인 지식. ◆ 名概念，认识。¶그는 돈에 대한 개념이 없다. =他对钱没什么概念。

개다[1]【동사】흐리거나 궂은 날씨가 맑아지다. ◆ 动晴，转晴，放晴。¶날이 개다. =天晴了。

개다[2]【동사】옷이나 이부자리 따위를 겹치거나 접어서 단정하게 포개다. ◆ 动叠，折叠。¶담요를 개다. =叠毛毯。

개다[3]【동사】가루나 덩이진 것에 물이나 기름 따위를 쳐서 서로 섞이거나 풀어지도록 으깨거나 이기다. ◆ 动调开。¶그림물감을 기름에 개다. =用油调开颜料。

개떡【명사】노깨, 나깨, 보릿겨 따위를 반죽하여 아무렇게나 반대기를 지어 찐 떡. ◆ 名粗饼子，〈喻〉废物，一文不值。¶개떡보다도 못하다. =一文不值。

개똥【명사】名 ❶ 개의 똥. ◆ 狗粪，狗屎。❷ 俚 보잘것없거나 천하거나 엉터리인 것을 비유적으로 이르는 말. ◆ 废物，一钱不值。¶넌 언제나 개똥같은 소리만 하는구나. =你怎么总说废话！

개똥벌레【명사】반딧불이. ◆ 名萤火虫。

개량(改良)【명사】나쁜 점을 보완하여 더 좋게 고침. ◆ 名改良，改进，改善。¶품종 개량. =品种改良。● 개량되다(改良--), 개량하다(改良--) ●

개량종(改良種)【명사】교배나 접목 따위를 하여 독특하거나 우수한 형질을 갖도록 길러 낸 동식물의 새 품종. ◆ 名 改良种。¶개량종의 경우 일반 품종보다 소출이 3배 이상은 됩니다. =改良种的产量是普通种的三倍以上。

개막(開幕)【명사】名 ❶ 연극이나 음악회, 행사 따위를 시작함. ◆ 开幕。¶체육대회 개막. =运动会开幕。❷ 어떤 시대나 상황의 시작을 비유적으로 이르는 말. ◆ (时代、状况等)到来，开始。¶새 시대의 개막. =新时代的开始。 ● 개막되다(開幕--), 개막하다(開幕--) ●

개막식(開幕式)【명사】일정 기간 동안 계속되는 행사를 처음 시작할 때 행하는 의식. ◆ 名开幕式。¶올림픽 개막식이 성대하게 치러졌다. =奥运会开幕式隆重举行。

개명[1](改名)【명사】이름을 고침. 또는 그 이름. ◆ 名改名。¶개명하면 좋을 것이라는 충고를 들었다. =有人劝我最好改名。● 개명하다(改名--) ●

개명[2](開明)【명사】지혜가 계발되고 문화가 발달하여 새로운 사상, 문물 따위를 가지게 됨. ◆ 名开明，开化，文明。¶개명의 물결. =文明开化的浪潮。● 개명하다(開明--) ●

개미【명사】개밋과의 곤충을 통틀어 이르는 말. 몸은 머리, 가슴, 배로 뚜렷이 구분되는데 허리가 가늘다. ◆ 名蚁，蚂蚁。

개발(開發)【명사】名 ❶ 토지나 천연자원 따위를 개척하여 유용하게 만듦. ◆ 开发，开采(资源等)。¶유전 개발. =油田开发。❷ 지식이나 재능 따위를 발달하게 함. ◆ 开发，启发(智力、才能等)。¶지력 개발. =智力开发。❸ 산업이나 경제 따위를 발전하게 함. ◆ 开发，发展(产业、经济等)。¶산업 개발. =产业开发。❹ 새로운 물건을 만들거나 새로운 생각을 내어놓음. ◆ 开发，研制(新产品、新想法等)。¶신제품 개발. =新产品开发。● 개발되다(開發--), 개발하다(開發--) ●

개발 도상국(開發途上國)【명사】산업의 근대화와 경제 개발이 선진국에 비하여 뒤떨어진 나라. ◆ 名发展中国家。

개발비(開發費)【명사】새 기술의 도입, 경영 조직의 개선, 시장의 개척 따위를 위하여 지출하는 돈. ◆ 名开发经费，研发经费。¶신차는 개발비를 많이 투자하여 만들어졌다. =新车是投入大量研发经费研制成的。

개방(開放)【명사】名 ❶ 문이나 어떠한 공간 따위를 열어 자유롭게 드나들고 이용하게 함. ◆ 开放，开门。¶등산로 개방. =开放登山路。 ❷ 금하거나 경계하던 것을 풀고 자유롭게 드나들거나 교류하게 함. ◆ 开放，放开。¶수입개방. =开放进口。● 개방되다(開放--), 개방하다(開放--) ●

개벽(開闢)【명사】名 ❶ 세상이 처음으로 생겨 열림. ◆ 开辟，开天辟地。¶천지가 개벽을 하다. =开天辟地。❷ 천지가 어지럽게 뒤집혀짐. ◆ 天翻地覆。❸ '새로운 사태가 열림'을 비유해 이르는 말. ◆ 改头换面。¶그 사람이 변하다니 개벽이 될라나 보다. =他竟然变了，大概是要改头换面了吧。● 개벽하다(開闢--) ●

개별(個別)【명사】여럿 중에서 하나씩 따로 나뉘어 있는 상태. 하나하나. ◆ 名个别，单独。¶개별 행동. =单独行动。

개봉(開封)【명사】名 ❶ 봉하여 두었던 것을 떼거나 엶. ◆ 名拆封，拆开，打开。¶아직 개봉도 하지 않은 선물이 많이 있다. =有许多还没拆封的礼物。❷ 새 영화를 처음으로 상영함. ◆ 首映，上映。¶개봉 박두. =临近首映。● 개봉되다(開封--), 개봉하다(開封--) ●

개비【명사】❶ 가늘게 쪼갠 나무토막이나 기름한 토막의 낱개. ◆ 名棍，杆。¶성냥갑을 잡고 성냥개비를 하나 뽑았다. =拿起火柴盒，抽出一根火柴。❷ 가늘고 짤막하게 쪼갠 토막을 세는 단위. ◆ 量支，根，杆。¶담배 다섯 개비. =五支烟。

개살구【명사】개살구나무의 열매. 살구보다 맛이 시고 떫다. ◆ 名野杏，山杏。

개새끼【명사】하는 짓이 매우 더럽고 됨됨이가 좋지 아니한 남자를 비속하게 이르는 말. ◆ 名俗狗崽子，狗娘养的。¶야! 이 개새끼들아 뭐 하는 거야. =喂！你们这帮狗崽子干什么呢?

개선[1](改善) 【명사】 잘못된 것이나 부족한 것, 나쁜 것 따위를 고쳐 더 좋게 만듦. ◆ 图改善，改进，改良。¶생활을 개선하다. =改善生活。● 개선되다(改善--), 개선하다(改善--) ●

개선[2](凱旋) 【명사】 싸움을 이기고 돌아옴. ◆ 图凯旋。¶개선 장군. =凯旋的将军。● 개선하다(凱旋--) ●

개설[3](開設) 【명사】 图 ❶ 설비나 제도 따위를 새로 마련하고 그에 관한 일을 시작함. ◆ 开，开设。¶강좌 개설. =开设讲座。❷ 은행에서, 새로운 계좌를 마련하는 일. ◆ 开卡、存折，办卡、存折。¶새 통장을 개설하러 은행에 들렀다. =去银行办了新存折。● 개설되다(開設--), 개설하다(開設--) ●

개성(個性) 【명사】 다른 사람이나 개체와 구별되는 고유의 특성. ◆ 图个性。¶개성 있는 옷차림. =个性十足的衣着打扮。

개수[1](個數) 【명사】 한 개씩 낱으로 셀 수 있는 물건의 수효. ◆ 图数量。¶우리가 예상했던 것보다 개수가 많다. =数量比我们预计的要多。

개수[2](改修) 【명사】 图 ❶ 고쳐서 바로잡거나 다시 만듦. ◆ 修改。❷ 길·건축물·제방 등을 고쳐 닦거나 지음. ◆ 改造，改建。¶이 건물은 개수 공사 중이다. =这栋建筑正在进行施工改造。● 개수하다(改修--) ●

개수대(--臺) 【명사】 부엌에서 물을 받거나 흘려보내며 그릇이나 음식물을 닦고 씻을 수 있도록 한 대(臺). ◆ 图洗碗台，清洁台。

개숫물 【명사】 음식 그릇을 씻을 때 쓰는 물. ◆ 图泔水，洗碗水。¶개숫물은 청소용 물로 활용된다. =把洗碗水作为清扫用水再利用。

개시(開始) 【명사】 행동이나 일 따위를 시작함. ◆ 图开始，着手。¶수업 개시. =开始上课。● 개시되다(開始--), 개시하다(開始--) ●

개신교(改新教) 【명사】 프로테스탄트. 신교(新教). ◆ 图新教，基督教流派之一。

개악(改惡) 【명사】 고치어 도리어 나빠지게 함. ◆ 图越改越坏，越改越糟。¶이번 개헌은 개악이라는 여론이 거세다. =舆论强烈批评说此次改宪越改越糟。● 개악하다(改惡--) ●

개암나무 【명사】 가장자리가 톱니 모양으로 생긴 타원형의 잎이 나고, 동그랗고 단단한 갈색의 식용 열매가 열리는 나무. ◆ 图榛树。

개업(開業) 【명사】 图 ❶ 영업을 처음 시작함. ◆ 开业，开张。¶식당 개업. =餐厅开业。❷ 영업을 하고 있음. ◆ 正在营业。¶한식당이 개업 중이다. =韩式餐厅正在营业。❸ 그 날의 영업을 시작함. ◆ 开门，开始营业。¶매일 8시 개업합니다. =每天8点开始营业。● 개업하다(開業--) ●

개요(概要) 【명사】 간결하게 추려 낸 주요 내용. ◆ 图纲要，提要。¶개요 작성. =制定纲要。

개운하다 【형용사】 形 ❶ 기분이나 몸이 상쾌하고 가뜬하다. ◆ 清爽，舒爽。¶목욕을 하고 나니 몸이 개운하다. =洗完澡身体很舒爽。❷ 음식의 맛이 산뜻하고 시원하다. ◆ 爽口，开胃。¶개운한 국물. =鲜汤。

개울 【명사】 골짜기나 들에 흐르는 작은 물줄기. ◆ 图小溪。¶맑게 흐르는 개울을 따라 산보를 했다. =沿着清澈的小溪散步。

개울물 【명사】 개울에 흐르는 물. ◆ 图溪水。¶시원한 개울물에 발을 담그다. =把脚浸在清凉的溪水里。

개월(個月) 【의존 명사】 달을 세는 단위. ◆ 依名 (用在汉字数词后)……个月。¶삼 개월이 지났다. =过了三个月。

개의하다(介意--) 【동사】 [주로 부정어와 함께 쓰여] 어떤 일 따위를 마음에 두고 생각하거나 신경을 쓰다. ◆ 动介意，在乎。¶그는 조금도 개의하지 않는 표정이었다. =他一副满不在乎的表情。

개인(個人) 【명사】 국가나 사회, 단체 등을 구성하는 낱낱의 사람. ◆ 图个人，私人，个体。¶국제학술대회에 개인자격으로 참가하다. =以个人身份参加国际学术会议。

개인기(個人技) 【명사】 개인의 기술. 특히 단체 경기를 하는 운동에서의 개인의 기량을 이른다. ◆ 图个人技术，个人技巧。¶이번 축구경기는 개인기에 의존하는 경향이 짙다. =这场足球赛更多的是依赖于个人技术。

개인적(個人的) 【명사】 개인에 속하거나 관계되는 것. ◆ 图个人的，私人的。¶그건 저의 개인적인 문제입니다. =这是我的私人问题。

개인주의(個人主義) 【명사】 图 ❶ 개인의 자유 활동의 영역이 개인 사이에 침범되지 않음을 이상으로 삼는 주의. ◆ 个人主义。❷ 이기주의(利己主義). ◆ 利己主义，自我主义。¶요즈음 사회전반에 개인주의가 만연되어 있다. =当前，整个社会都弥漫着利己主义思想。

개입(介入) 【명사】 자신과 직접적인 관계가 없는 일에 끼어듦. ◆ 图介入，插手，干预。¶분쟁에 깊이 개입하지 마시오. =不要过于介入争端。● 개입되다(介入--), 개입하다(介入--) ●

개작(改作) 【명사】 작품이나 원고 따위를 고쳐 다시 지음. 또는 그렇게 한 작품. ◆ 图改写，改编，修改。¶원작자의 사전 동의가 없으면 개작할 수 없다. =未经原作者同意，不得改编。● 개작하다(改作--) ●

개장(開場) 【명사】 극장이나 시장, 해수욕장 따위의 영업을 시작함. ◆ 图开场，开放，开门。¶놀이공원을 개장하다. =游乐园开门。● 개장되다(開場--), 개장하다(開場--) ●

개점(開店) 【명사】 图 ❶ 새로 가게를 내어 처음으로 영업을 시작함. ◆ 开店。❷ 가게 문을 열고 하루의 영업을 시작함. ◆ 店铺开门，开始营业。¶저희 가게는 10시에 개점합니다. =本店10点开始营业。● 개점하다(開店--) ●

개정[1](改定) 【명사】 이미 정하였던 것을 고쳐 다시 정함. ◆ 图修改，修订。¶맞춤법이 개정되다. =重新修订了拼写法方案。● 개정하다(改定--) ●

개정[2](改正) 【명사】 주로 문서의 내용 따위를 고쳐 바르게 함. ◆ 图改正，修改。¶헌법이 개정되다. =修

改宪法。● 개정되다(改正--) ●

개정[3](開廷)【명사】법정을 열어 재판을 시작하는 일. 재판은 법정에서 하는 것이 원칙이지만 필요할 때 법원장의 권한으로 법원 외의 장소에서 행할 수 있다. ◆ 图开庭。¶재판장이 개정을 선포하다. =审判长宣布开庭。● 개정하다(開廷--) ●

개조(改造)【명사】좋아지게 고쳐 만들거나 바꿈. ◆ 图改造，改建。¶정신 개조. =思想改造。● 개조되다(改造--), 개조하다(改造--) ●

개종(改宗)【명사】믿던 종교를 바꾸어 다른 종교를 믿음. ◆ 图改信。¶그는 불교에서 기독교로 개종하였다. =他由佛教改信了基督教。● 개종하다(改宗--) ●

개죽음【명사】아무런 보람이나 가치가 없는 죽음을 비유적으로 이르는 말. ◆ 图白死。¶그렇게 죽으면 개죽음 밖에 안 된다. =那样死只是白死。

개중(個中)【명사】여럿이 있는 그 가운데. ◆ 图其中，当中。¶많은 남녀가 있는데, 개중에는 부부도 있었다. =有不少男男女女，其中也有夫妻。

개집【명사】개가 들어 사는 작은 집. ◆ 图狗窝。¶그의 집은 마치 개집처럼 작았다. =他家的房子小得跟狗窝一样。

개찰(改札)【명사】승차권이나 입장권 따위를 들어가는 어귀에서 확인함. ◆ 图检票。¶역무원은 입구에서 개찰을 막 시작했다. =站务员在入口处开始检票。

개척(開拓)【명사】图 ❶ 거친 땅을 일구어 논이나 밭과 같이 쓸모 있는 땅으로 만듦. ◆ 开垦，开拓，开辟。¶불모지 개척. =开垦不毛之地。❷ 새로운 영역, 운명, 진로 따위를 처음으로 열어 나감. ◆ 开辟，开拓，拓展(新领域)。¶신학문 개척은 고난의 길이었다. =开拓学习新领域是一条艰辛的路。● 개척되다(開拓-), 개척하다(開拓--) ●

개척자(開拓者)【명사】图 ❶ 거친 땅을 일구어 쓸모 있는 땅으로 만드는 사람. ◆拓荒者，开荒者。❷ 새로운 영역, 운명, 진로 따위를 처음으로 열어 나가는 사람. ◆ 开拓者，开创者，开山鼻祖。¶신학문의 개척자. =新知识的开拓者。

개천(-川)【명사】개골창 물이 흘러 나가도록 골이 지게 길게 판 도랑. ◆ 图水沟，沟渠。¶장마가 오기 전에 개천을 정비하다. =在雨季到来之前修整沟渠。

개천절(開天節)【명사】한국의 건국을 기념하기 위하여 제정한 국경일. ◆ 图开天节。

개체(個體)【명사】图 ❶ 전체나 집단에 상대하여 하나하나의 낱개를 이르는 말. ◆ 个体。¶개체변이. =个体变异。❷ 하나의 독립된 생물체. 살아가는 데에 필요한 독립적인 기능을 갖고 있다. ◆ 个体。

개최(開催)【명사】모임이나 회의 따위를 주최하여 엶. ◆ 图举办，举行，召开。¶2002년 월드컵 개최로 인하여 온 한국 국민이 축구에 관심이 높아졌다. =由于2002年世界杯足球赛的举办，全体韩国国民更加关注足球。● 개최되다(開催--), 개최하다(開催--) ●

개탄(慨歎/慨嘆)【명사】분하거나 못마땅하게 여겨 한탄함. ◆ 图感叹。¶아버지는 요즘 뉴스를 보면 개탄이 절로 나온다. =近来，父亲一看到新闻就不由自主地感叹。● 개탄하다(慨歎--/慨嘆--) ●

개통(開通)【명사】길, 다리, 철로, 전화, 전신 따위를 완성하거나 이어 통하게 함. ◆ 图 (道路、桥梁、铁路、电话、电信等)开通。¶지하철 개통으로 교통난이 해결되었다. =地铁开通后，交通难题得到了解决。● 개통되다(開通--), 개통하다(開通--) ●

개펄【명사】갯가의 개흙이 깔린 벌판. 간조(干潮)와 만조(滿潮)의 차가 큰 해안 지형에 발달한다. ◆ 图 (江河边的)海滩，滩涂。¶개펄에서 조개와 낙지를 잡았다. =在海滩上捡贝壳、抓八爪鱼。

개편(改編)【명사】조직 따위를 고쳐 편성함. ◆ 图改编，整编。● 개편되다(改編--), 개편하다(改編--) ●

개폐(開閉)【명사】열고 닫음. ◆ 图开关，开门关门。¶오늘 우리 상점의 개폐 시간은 오전 10시와 오후 10시입니다. =本店今天的开关门时间分别是上午10点和晚上10点。● 개폐되다(開閉--), 개폐하다(開閉--) ●

개표[1](改票)【명사】차표 또는 입장권 따위를 들어가는 입구에서 검사함. ◆ 图检票。¶극장에 들어갈 때는 개표를 해야 입장이 가능하다. =进剧院时，检完票才能入场。● 개표하다(改票--) ●

개표[2](開票)【명사】투표함을 열고 투표의 결과를 검사함. ◆ 图开票。¶개표 현장. =开票现场。● 개표하다(開票--) ●

개학(開學)【명사】학교에서 방학, 휴교 따위로 한동안 쉬었다가 다시 수업을 시작함. ◆ 图开学。¶개학일. =开学日期。● 개학하다(開學--) ●

개항(開港)【명사】외국과 통상을 할 수 있게 항구를 개방하여 외국 선박의 출입을 허가함. 또는 그 항구. ◆ 图开埠，开放港口。 ● 개항하다(開港--) ●

개헌(改憲)【명사】헌법을 고침. ◆ 图修改宪法，改宪。● 개헌되다(改憲--), 개헌하다(改憲--) ●

개혁(改革)【명사】제도나 기구 따위를 새롭게 뜯어고침. ◆ 图改革，变革，革新。¶화폐 개혁. =货币改革。● 개혁하다(改革--) ●

개화[1](開花)【명사】图 ❶ 풀이나 나무의 꽃이 핌. ◆ 开花。¶이 꽃의 개화는 좀처럼 보기 어렵다. =很难见到这种花开花。❷ 문화나 예술 따위가 한창 번영함을 비유적으로 이르는 말. ◆〈喻〉发展，繁荣。 ● 개화하다(開花--) ●

개화[2](開化)【명사】사람의 지혜가 열려 새로운 사상, 문물, 제도 따위를 가지게 됨. ◆ 图开化，文明，进步。¶그는 그 당시 사람들과는 다른 개화 청년이었다. =与当时的人们不同，他是个开明青年。● 개화되다(開化--), 개화하다(開化--) ●

개화기(開化期)【명사】새로운 사상이나 문화를 받아 들여 사람들의 생각이 열리는 시기. ◆ 图开化时期，开化期。

개회(開會)【명사】회의나 회합 따위를 시작함. 또는 의회, 전람회, 박람회 따위를 엶. ◆ 图开会，开幕。¶개회 직전의 회의장은 사람들로 만원이었다. =开幕前的会场上挤满了人。● 개회하다(開會--) ●

개회사(開會辭) 【명사】 집회나 회합 따위를 시작할 때 인사로 하는 말. 그 모임의 목적, 성격, 취지를 덧붙이기도 한다. ◆ 图开幕词。

개회식(開會式) 【명사】 집회나 회합 따위를 시작할 때 행하는 의식. ◆ 图 (会议)开幕式。¶곧 개회식을 시작하오니 자리에 앉아 주십시오. =开幕式马上要开始了，请大家坐好。

객[1](客) 【명사】 찾아오는 사람. 또는 손님. ◆ 图客，客人。¶한밤중에 객이 찾아와 당황했다. =半夜里来了客人，一时慌了手脚。

-객[2](客) 【접사】 [일부 명사 뒤에 붙어] '손님' 또는 '사람'의 뜻을 더하는 접미사. ◆ 后缀客，者，……的人。¶방문객. =访客。

객관식(客觀式) 【명사】 '선택형'을 일상적으로 이르는 말. 필기시험 문제 형식의 하나. 미리 제시된 답 가운데에서 정답을 고르게 하는 방식으로, 진위형(眞僞型)·선다형(選多型)·배합형(配合型)이 있다. ◆ 图客观式，客观型(考试法)。¶그는 주관식보다는 객관식 문제가 더 쉽다고 했다. =他说客观题比主观题更容易些。

객관적(客觀的) 【명사】 자기와의 관계에서 벗어나 제 삼자의 입장에서 사물을 보거나 생각하는 것. ◆ 图客观的，客观性的。¶객관적인 사고. =客观的思考。

객사(客死) 【명사】 객지에서 죽음. ◆ 图客死他乡。¶아버지가 객사를 하셔서 원통한 마음이다. =父亲客死他乡，我的心情十分悲痛。● 객사하다(客死--) ●

객석(客席) 【명사】 극장 따위에서 손님이 앉는 자리. ◆ 图来宾席，观众席。¶객석이 부족하여 보조의자를 활용하였다. =由于观众席位不足，临时加了椅子。

객실(客室) 【명사】 图 ❶ 손님을 거처하게 하거나 접대할 수 있도록 정해 놓은 방. ◆ 客厅，会客室。¶그 집은 손님을 묵게 하는 객실을 여러 개 준비해 놓았다. =他家准备了很多客房供客人留宿。❷ 열차, 배, 여관 따위에서 손님이 드는 칸이나 방. 여관, 기차, 배에서 손님이 이용하는 방. ◆ (旅馆、火车、船等的)包厢，客舱。¶기차 안 객실에서 잠이 들었다. =在火车包厢里睡着了。

객지(客地) 【명사】 본인 고향이 아닌 다른 곳. ◆ 图客地，异乡，他乡。¶객지의 설움. =乡愁。

객차(客車) 【명사】 여객을 태우는 찻간. ◆ 图 (火车)旅客车厢。¶객차 네 칸이 탈선하였다. =四节旅客车厢脱轨了。

객혈(喀血) 【명사】 각혈. 혈액이나 혈액이 섞인 가래를 토함. 또는 그런 증상. 결핵, 암 따위로 인해 발생한다. ◆ 图咯血，咳血。● 객혈하다(咯血--) ●

갤러리(gallery) 【명사】 图 ❶ 미술품을 진열·전시하고 판매하는 장소. ◆ 画廊，美术馆。¶유명한 화가의 그림이 그녀의 갤러리에서 전시되었다. =她的画廊里展出了著名画家的作品。❷ 골프 경기장에서 경기를 구경하는 사람. ◆ (高尔夫球的)观众。¶그녀의 골프 실력에 갤러리들이 환호했다. =观众们为她的高尔夫球技而欢呼。

갭(gap) 【명사】 사람과 사람, 집단과 집단, 현상과 현상 사이에 존재하는 의견, 능력, 속성 따위의 차이. ◆ 图鸿沟，隔阂，差异。¶세대 간의 갭. =代沟。

갯버들 【명사】 버드나뭇과의 낙엽 활엽 관목. 높이는 1~2미터 정도이며, 잎은 피침 모양이고 톱니가 있다. 꽃은 이른 봄에 잎보다 먼저 미상(尾狀) 화서로 핀다. ◆ 图蒲柳，水杨。

갯벌 【명사】 바닷물이 드나드는 모래톱. 또는 그 주변의 넓은 땅. ◆ 图沙滩，海滩。¶갯벌을 관광자원으로 활용하는 어촌이 늘고 있다. =开发海滩旅游资源的渔村越来越多。

갱(坑) 【명사】 광물을 파내기 위하여 땅속을 파 들어간 굴. ◆ 图矿坑。¶폐광의 갱을 관광자원으로 활용한다. =将废弃的矿坑开发为旅游资源。

갱(gang) 【명사】 범죄를 목적으로 조직적으로 움직이는 무리. ◆ 图黑帮。¶갱 두목.=黑帮老大。

갱년기(更年期) 【명사】 마흔 살에서 쉰 살 사이에 신체의 기능이 떨어지면서 변화가 생기는 노년기로 접어드는 시기. ◆ 图更年期。¶엄마는 갱년기에 접어들었다며 슬퍼하신다. =妈妈伤心地说自己到了更年期。

갱도(坑道) 【명사】 구덩이에 뚫은 길. ◆ 图坑道，巷道。¶갱도가 무너져 광부가 매몰되는 사고가 났다. =发生了坑道崩塌、掩埋矿工的事故。

갱생(更生) 【명사】 图 ❶ 죽을 경지에서 다시 살아남. ◆ 死而复生。¶그는 갱생의 기쁨에 뜨거운 눈물을 흘렸다. =在死而复生的喜悦中，他流下了热泪。❷ 잘못된 마음이나 생활을 고쳐서 바른 모습으로 돌아가거나 더 나아짐. ◆ 自新，重生。¶구치소 사람들은 갱생의 길로 접어들기 시작했다. =拘留所里的人开始走上自新之路。● 갱생하다(更生--) ●

갱신(更新) 【명사】 图 ❶ 경신(更新). 이미 있던 것을 고쳐 새롭게 함. ◆ 更新，改进。¶자기 갱신. =自我更新。❷ 법률관계의 존속 기간이 끝났을 때 그 기간을 연장하는 일. 계약으로 기간을 연장하는 명시적 갱신과 계약 없이도 인정되는 묵시적 갱신이 있다. ◆ 续签，延长(合同等法律关系的期限)。¶비자 갱신. =延长签证。● 갱신하다(更新--) ●

갱지(更紙) 【명사】 지면이 좀 거칠고 품질이 낮은 종이. 주로 신문지나 시험지로 쓴다. ◆ 图劣质纸，(发黄、劣质的)新闻纸。¶갱지 시험지는 잘 찢어진다. =试卷的纸质不好，很容易撕坏。

갸륵하다 【형용사】 성품이 착하고 장하다. ◆ 形高尚，可嘉，难能可贵。¶뜻이 갸륵하다. =志向可嘉。

갸름하다 【형용사】 보기 좋을 정도로 조금 가늘고 긴 듯하다. ◆ 形修，略长。¶그녀의 갸름한 얼굴이 자꾸 아른거린다. =她那鹅蛋形的脸庞总是浮现在眼前。

갸우뚱거리다 【동사】 물체가 자꾸 이쪽저쪽으로 갸울어지며 흔들리다. 또는 그렇게 하다. ◆ 动(微微)倾斜，晃动。¶그녀는 고개를 자꾸 갸우뚱거렸다. =她老是晃动着脑袋。● 갸우뚱대다 ●

갸우뚱하다[1]【형용사】물체가 한쪽으로 약간 갸울어져 있다. ◆ 形倾斜。¶부서진 철탑의 일부가 아직도 갸우뚱하게 서 있다. =毁坏的铁塔有一部分还倾斜地立在那里。

갸우뚱하다[2]【동사】물체가 한쪽으로 약간 갸울어지다. 또는 그렇게 하다. ◆ 动 (微微)倾斜，歪。¶그가 돌아온 것이 믿어지지 않아 고개만 갸우뚱한 채로 있었다. =不敢相信是他回来了，时愣住，歪着头不动。

갸웃거리다【동사】고개나 몸 따위를 이쪽저쪽으로 자꾸 조금씩 갸울이다. ◆ 动扭来扭去，晃动。¶그녀는 누구를 기다리는지 고개를 갸웃거리며 막 도착하는 열차를 응시한다. =她好像在等谁似的，不停地晃动着脑袋盯着刚刚进站的火车。● 갸웃대다 ●

갸웃하다【동사】고개나 몸 따위를 한쪽으로 조금 갸울이다. ◆ 动歪斜，歪着。¶그는 갸웃한 채로 서 있었다. =他歪歪斜斜地站在那里。

갹출(醵出)【명사】같은 목적을 위하여 여러 사람이 돈을 나누어 냄. ◆ 名凑份子，集资。¶결혼 비용은 남녀의 갹출로 마련했다. =结婚费用由男女双方凑齐了。● 갹출하다(醵出--) ●

걔【대명사】'그 아이'의 준말. ◆ 代 那孩子，他。¶걔는 소문이 안 좋더라. =他的名声不太好。

거【대명사】'거기'를 구어적으로 이르는 말. 처소격 조사 '에'가 붙을 때에는 '게'로 형태가 바뀐다. ◆代"거기"的略语。¶거 누구 왔나? =那边是谁来了?

거구(巨軀)【명사】거대한 몸집. ◆ 名庞大的身躯。¶씨름선수들은 거구가 많다. =很多摔跤运动员都有着庞大的身躯。

거국(擧國)【명사】온 나라. 국민 전체. ◆ 名举国，全国。¶거국적으로 탄핵반대운동이 일어났다. =举国上下掀起了反对弹劾运动。

거국적(擧國的)【명사】온 나라에서 국민이 모두 하는 것. ◆ 名举国的，全国性的。¶그의 방문은 거국적으로 환영을 받았다. =他的访问受到举国欢迎。

거금(巨金)【명사】많은 돈. ◆ 名巨款，重金，巨资。¶이 옷은 거금을 들여 사 입은 것이다. =这件衣服是花巨款买来的。

거기【대명사】代 ❶ 듣는 이에게 가까운 곳을 가리키는 지시 대명사. ◆ 那儿，那边，那里。¶거기서 만나요. =在那儿见吧。❷ 앞에서 이미 이야기한 곳을 가리키는 지시 대명사. ◆ 那个(用于复指前面提到的事物)。¶네가 참석하지 못한 것, 거기에 대한 설명을 해봐. =说说你没参加的理由吧。

거꾸러지다【동사】사람이나 동물 따위가 죽다. ◆ 动死亡。

거꾸로【부사】차례나 방향, 또는 형편 따위가 반대로 되게. ◆ 副颠倒，倒过来。¶일의 순서가 거꾸로 되었다. =事情的顺序颠倒了。

-거나【어미】词尾 ❶ 앞에 오는 말과 뒤에 오는 말 중에서 하나가 선택될 수 있음을 나타내는 연결 어미. ◆ (表示在罗列的多种情况中任选一个，用作"-거나 -거나"的形式时，后多跟"하다")或，或者，或是。¶울거나 웃거나 둘 중에 하나는 보여 주겠지. =他或哭或笑，两样中总会有一样。❷ 여러 가지 중에서 어떤 것이 일어나도 뒤의 내용과는 상관이 없음을 나타내는 연결 어미. ◆ (常用"-거나 -거나"的形式连接两个意思相反的词，表示前面的几个事实中，无论发生哪个，后面的事实都丝毫不会受其影响，后面还可跟"간에""상관없이"等，使意思更加明确)不管，无论，不论。¶그가 꽃을 좋아했거나 좋아하지 않았거나 간에 나는 꽃을 선물했다. =不管他喜不喜欢花，我已经送花给他当礼物了。

거나하다【형용사】술 따위에 어지간히 취한 상태에 있다. ◆形喝醉，有了醉意。¶그는 거나하게 술에 취했는지 걷지도 못한다. =他可能是喝醉了，路都走不了。

거느리다【동사】动 ❶ 부양해야 할 손아랫사람을 데리고 있다. ◆ 领着，带着，带领。¶식솔을 거느리다. =带领家人。❷ 부하나 군대 따위를 통솔하여 이끌다. ◆ 带领，领导。¶그 회장은 유능한 인재들을 많이 거느리고 있다. =那个老总手下有很多能干的人才。❸ 누구를 데리고 함께 행동하다. ◆ (主要用作"거느리고"的形式)带着，带领，率领。¶주치의는 수련의를 거느리고 회진을 한다. =主治医师带着实习医生巡诊。

거닐다【동사】가까운 거리를 이리저리 한가로이 걷다. ◆ 动散步，溜达。¶강가를 거닐다가 아주 귀엽게 생긴 조약돌을 주웠다. =在江边散步时，捡了一块样子很好看的鹅卵石。

거대(巨大)【명사】엄청나게 큼. ◆ 名巨大，浩大。¶거대 기업에 이길 수 있는 중소기업이 많이 있어야 한다. =需要出现很多能够跟大企业抗衡的中小企业。● 거대하다(巨大--) ●

거덜나다【동사】动 ❶ 일이 잘 못되어 가진 것을 모두 잃다. ◆ 破产，倾家荡产，完蛋，倒闭，花光，袋底朝天，见底。¶그는 자금이 거덜이 나는 것을 느끼지 못했다. =他没有意识到资金已经花光了。❷ 옷이나 신이 다 해지거나 닳아 떨어지다. ◆ (衣物等)磨破，穿破。¶신이 거덜이 났다. =鞋子磨破了。

거동(擧動)【명사】몸을 움직임. 또는 그런 짓이나 태도. ◆ 名行动，活动。¶교통사고 후유증으로 거동이 불편하다. =由于交通事故后遗症的影响，行动不便。● 거동하다(擧動--) ●

거두다【동사】动 ❶ 곡식이나 열매 따위를 수확하다. ◆ 收获，收割。¶곡식을 거두다. =收获粮食。❷ 흩어져 있는 물건 따위를 한데 모으다. ◆ 收缴。¶노획물을 거두다. =收缴战利品。❸ 좋은 결과나 성과 따위를 얻다. ◆ 获得，取得，赢得。¶승리를 거두다. =取得胜利。❹ 시체, 유해 따위를 수습하다. ◆ 收殓，殓收(尸体、遗骸等)。¶시체를 거두다. =收殓尸体。❺ 자식, 고아 따위를 보살피거나 기르다. ◆ 收养，养育。¶그는 고아들을 거두어 잘 길러냈다. =他收养了孤儿们，把他们抚育成人。❻ 벌여놓거나 차려 놓은 일을 정리하다. ◆ 收拾，整理。¶이부자리를 거두다. =收拾被褥。❼ 여러 사람에게서 돈이나 물건 따위를 받아들이다. ◆ 收取，征收。¶기부금을 거두다. =收取捐款。

거두어들이다【동사】动 ❶ 곡식이나 열매 따위를 한데 모으거나 수확하다. ◆ 收获，收割。¶봄에 씨 뿌린 것을 가을에 거두어들이다. =春天播种，秋天收获。❷ 돈이나 물건을 받다. ◆ 收缴，征收(钱物)。¶거두어들인 세금을 개인 돈 인양 마구 쓰고 있다. =把收缴的税款当成自己的钱乱花。❸ 자식, 고아 따위를 받아들여 보살피거나 보호하다.◆ 收养，抚养。¶양자를 거두어들여 훌륭한 사람으로 키워냈다. =收了个养子，把他培养成了一个优秀的人。❹ 하던 일을 멈추거나 끝내다. ◆ 收回，打消(话语、念头)。¶실용성이 없는 그의 말을 거두어들였다. =他收回了那些不切实际的话。❺ 관심, 시선 따위를 보내기를 그만두다. ◆ 收回，中断(关注、视线等)。¶그는 영희에 대한 관심을 거두어들이고 순희에게 다가갔다. =他把心思从英姬身上收回来，转向了顺姬。

거두절미하다(去頭截尾--)【동사】[주로 '거두절미하고' 꼴로 쓰여] 어떤 일의 요점만 간단히 말하다. ◆ 动简明扼要，开门见山。¶거두절미하고 다시 말해서 그는 안 된다는 것이다. =简单地说，他不行。

거드럭거리다【동사】거만스럽게 잘난 체하며 자꾸 버릇없이 굴다. ◆ 动傲慢，趾高气扬。¶그가 거드럭거리다가 선생님께 혼이 났다. =趾高气扬的他被老师狠狠训了一顿。● 거드럭대다 ●

거드름【명사】거만스러운 태도. ◆ 名傲慢，摆架子。¶거드름피우지 마. =不要摆架子。

거들다【동사】动 ❶ 남이 하는 일을 함께 하면서 돕다. ◆ 帮忙，帮助，协助。¶일을 거들다. =帮忙做事。❷ 남의 말이나 행동에 끼어들어 참견하다. ◆ 动帮腔，插嘴，干预。¶싸움을 거들다. =帮着打架。

거들떠보다【동사】[흔히 부정어 앞에 쓰여] 아는 체를 하거나 관심 있게 보다. ◆ 动瞟，白。¶사나운 눈으로 힐끗 거들떠봤다. =用恶狠狠的目光瞟了一眼。

거들먹거리다【동사】신이 나서 잘난 체하며 자꾸 함부로 거만하게 행동하다. ◆ 动趾高气扬，傲慢，得意忘形。¶그는 거들먹거리다가 선배를 능멸하는 실수를 저질렀다. =他一时得意忘形，结果不小心冒犯了学长。● 거들먹대다 ●

거듭【부사】어떤 일이 되풀이하여. ◆ 副重复，再次，反复。¶거듭 강조합니다만 시간을 꼭 지켜 주시기 바랍니다. =再强调一次，请务必遵守时间。

거듭되다【동사】어떤 일이나 상황이 계속 생겨나거나 되풀이되다. ◆ 动重复，反复，一再。¶거듭되는 사업의 실패로 집안이 몰락했다. =由于经营一再失败，家道逐渐败落了。

거듭하다【동사】어떤 일을 자꾸 되풀이하다. ◆ 动重复，反复。¶악순환을 거듭하다. =重复恶性循环。

거뜬하다【형용사】形 ❶ 다루기에 거볍고 간편하거나 손쉽다. ◆ 轻巧，轻易。¶물 한 잔을 거뜬하게 들이켰다. =一口气喝下一杯水。❷ 마음이 후련하고 상쾌하다. ◆ 轻松，轻快。¶과제를 마치고 나니 마음이 거뜬했다. =做完了课题，心情变得轻松起来。● 거뜬히 ●

거래(去來)【명사】주고받음. 또는 사고팖. ◆ 名交易，买卖。¶거래가 이루어진다. =买卖成交。● 거래되다(去來--), 거래하다(去來--) ●

거래소(去來所)【명사】상품이나 유가 증권 등을 대량으로 사고파는 장소. ◆ 名交易所，交易站。¶증권거래소. =证券交易所。

거론(擧論)【명사】어떤 사항을 논제로 삼아 제기하거나 논의함. ◆ 名列题讨论，拿出来讨论。¶거론된 안건은 많았으나 가결된 건은 별로 없었다. =列题讨论的方案很多，可是通过表决的却没有多少。● 거론되다(擧論--), 거론하다(擧論--) ●

거룩하다【형용사】뜻이 매우 높고 위대하다. ◆ 形神圣，圣洁。¶거룩하신 하나님. =神圣的上帝。

거룻배【명사】돛이 없는 작은 배. ◆ 名扁舟，小舢板。¶거룻배는 운치가 있어 좋았다. =一叶扁舟的感觉很风雅，我很喜欢。

거르다¹【동사】차례대로 나아가다가 중간에 어느 순서나 자리를 빼고 넘기다. ◆ 动隔，间隔，跳过。¶끼니를 거르다. =饿了一顿。

거르다²【동사】찌꺼기나 건더기가 있는 액체를 체나 거름종이 따위에 밭쳐서 액체만 받아 내다. ◆ 动滤，过滤。¶불순물을 걸러 낸 순수한 물질. =滤掉杂质后的纯净物质。

거름【명사】식물이 잘 자라도록 땅을 기름지게 하기 위하여 주는 물질. 똥, 오줌, 썩은 동식물, 광물질 따위가 있다. ◆ 名肥料，农肥。¶나무에 거름을 주었더니 잎이 짙어졌다. =施过肥料后，树叶更绿了。

거름종이【명사】액체 속에 들어 있는 침전물이나 불순물을 걸러 내는 다공성 종이. ◆ 名过滤纸，滤纸。¶시료를 거름종이로 걸러 내었다. =用滤纸过滤了试验材料。

거리¹【명사】길거리. ◆ 街，街道，街市。¶네온사인이 호화찬란한 거리. =霓虹灯闪烁的街市。

거리²(距離)【명사】名 ❶ 두 개의 물건이나 장소따위가 공간적으로 떨어진 길이. ◆ 距离，间距，间隔。¶거리가 멀다. =距离远。❷ 일정한 시간 동안에 이동할 만한 공간적 간격. ◆ 距离，路程。¶집에서 학교까지는 20분 거리이다. =从家到学校是二十分钟的路程。❸ 사람과 사람 사이에 느껴지는 간격. 보통 서로 마음을 트고 지낼 수 없다고 느끼는 감정을 이른다. ◆ 隔阂，隔膜。¶나는 그와는 거리가 느껴진다. =我感到和他之间存在隔阂。❹ 비교하는 두 대상 사이의 차이. ◆ 差距，距离。¶꿈과 현실과는 거리가 있다. =梦和现实之间是有差距的。

거리³【의존 명사】依名 ❶ 내용이 될 만한 재료. ◆ (用于名词或冠词之后)材料，原料。¶반찬거리. =做菜的原料。❷ 제시한 시간 동안 해낼 만한 일. ◆ (在一定时间内能做好的)，工作量。¶두 시간 거리도 안 되는 일. =不到两小时的工作量。

-거리⁴【접사】어떠한 현상이 주기적으로 나타남. ◆ 后缀 间隔，每。¶달거리. =每月一次；月经。

-거리⁵【접사】어떠한 말에 붙어 그 말을 속되게 하

는 말. ◆ 后缀附于部分名词后，表示俚俗的语气。¶짓거리. =勾当。

거리감(距離感)【명사】图❶ 어떤 대상과 일정한 거리가 떨어져 있다고 느끼는 느낌. ◆ 距离感。¶그 일은 현실과는 거리감이 있다. =感觉那件事离现实有点远。❷ 사람과 사람 사이에서 간격이 있다는 느낌. 보통 친숙하지 않아 서로 마음을 트고 지낼 수 없는 서먹서먹한 느낌을 이른다. ◆ 隔阂感，疏远感。¶나는 그에게 거리감을 느꼈다. =我感到他疏远了我。

거리끼다【동사】动❶ 일이나 행동 따위를 하는 데에 걸려서 방해가 되다. ◆ 妨碍，阻碍。¶작업을 하는 데에 거리끼는 것들을 치우도록 하시오. =请清除妨碍工作的东西。❷ 일이 마음에 걸려서 꺼림칙하게 생각되다. ◆ 顾忌，顾虑。¶마음이 거리끼다. =心存顾忌。

거리낌【명사】图❶ 일이나 행동 따위를 하는 데에 걸려서 방해가 됨. ◆ 妨碍，阻碍，障碍。¶그는 투자하는데 아무 거리낌이 없다. =他没有遇到任何投资障碍。❷ 마음에 걸려서 꺼림칙하게 생각됨. ◆ 顾虑，不安。¶양심에 거리낌을 느꼈다. =感到良心不安。

거만(倨慢)【명사】잘난 체하며 남을 업신여기는 데가 있음. ◆ 图傲慢，倨傲。¶그의 거만에 사람들은 싫증을 내기 시작했다. =人们开始厌烦他的倨傲。● 거만하다(倨慢--) ●

거머리【명사】图❶ 거머리강의 동물을 통틀어 이르는 말. ◆ 水蛭，〈又称〉蚂蟥。❷ 착 달라붙는 상태가 매우 끈덕진 것을 비유적으로 이르는 말. ◆ 缠人的家伙，纠缠不休的人。¶거머리 같은 놈, 떨어질 때도 되었건 만 여전히 귀찮게 구네. =这个烦人的家伙，已经够麻烦我了，却还是这样纠缠不休。

거머쥐다【동사】틀어잡거나 휘감아 쥐다. ◆ 动一把揪住，紧抓，紧握，紧攥。¶그녀는 그의 멱살을 거머쥐었다. =她一把揪住他的领口。

거목(巨木)【명사】图❶ 굵고 큰 나무. ◆ 参天大树。¶심은 지 10년이 되었는데 거목이 되었다. =栽下有十年了，长成了参天大树。❷ 큰 인물을 비유적으로 이르는 말. ◆ 栋梁，栋梁之材。¶그는 민족의 거목이었다. =他是民族栋梁。

거무스름하다【형용사】빛깔이 조금 검은 듯하다. ◆ 形黑黝黝。¶어제 아팠다더니 얼굴이 거무스름하구나. =昨天这一病，你脸色都变黑了啊。● 거무스레하다 ●

거무죽죽하다【형용사】칙칙하고 고르지 않게 거무스름하다. ◆ 形乌黑，漆黑，黑乎乎。¶그의 거무죽죽한 양복이 촌스럽다. =他那套黑乎乎的西装很老土。

거문고【명사】한국의 현악기의 하나. 오동나무와 밤나무를 붙여 만든 장방형의 통 위에 명주실을 꼬아 만든 여섯 개의 줄이 걸쳐 있다. ◆ 图玄琴，玄鹤琴(由中国古琴发展而来的一种韩国六弦古琴)。¶다른 악기보다 거문고 소리는 구슬프다. =跟其他乐器相比，玄鹤琴的音色很凄怆。

거물(巨物)【명사】세력이나 학문 따위가 뛰어나 사회적으로 영향력이 큰 인물. ◆ 图巨头，大人物。¶그녀는 금융업계의 거물로 통한다. =她是众所周知的金融界巨头。

거뭇거뭇하다【형용사】군데군데 거무스름하다. ◆ 形斑斑点点。¶몇 달 만에 돌아온 그는 얼굴이 거뭇거뭇하였다. =几个月后，他回来了，脸上斑斑点点的。

거미【명사】절지동물문 거미강 거미목의 동물을 통틀어 이르는 말. ◆ 图蜘蛛。

거미줄【명사】거미가 뽑아낸 줄. 또는 그 줄로 된 그물. ◆ 图蜘蛛网。¶곤충이 거미줄에 한번 걸리면 살아나기 어렵다. =昆虫一旦被蜘蛛网粘住，就很难逃脱。

거부(拒否)【명사】요구나 제의 따위를 받아들이지 않고 물리침. ◆ 图拒绝，反对。¶그 의견에 대한 거부는 한 명뿐이었다. =只有一个人反对他的意见。● 거부되다(拒否--), 거부하다(拒否--) ●

거부감(拒否感)【명사】어떤 것에 대해 받아들이고 싶지 않거나 물리치고 싶은 느낌. ◆ 图反感，抗拒心理。¶일을 처음에 시작할 때는 거부감이 있었으나 지금은 단련되었다. =刚开始工作的时候有些抗拒，但现在已经锻炼出来了。

거부권(拒否權)【명사】거부할 수 있는 권리. ◆ 图否决权。

거북【명사】파충강 거북목의 동물을 통틀어 이르는 말. ◆ 图龟，乌龟。¶거북은 십장생 중의 하나이다. =龟是十种长寿动物之一。

거북선(--船)【명사】조선 시대에 이순신 장군이 왜적의 침입을 물리치기 위해 철판으로 거죽을 싸서 만든 거북 모양의 배. ◆ 图龟船。¶이순신 장군이 거북선을 만들었다. =李舜臣将军制造了龟船。

거북하다【형용사】形❶ 몸이 찌뿌드드하고 괴로워 움직임이 자연스럽지 못하거나 자유롭지 못하다. ◆ 不舒服，不好受。¶속이 거북하다. =肚子不舒服。❷ 마음이 어색하고 겸연쩍어 편하지 못하다. ◆ 尴尬，难堪。¶입장이 매우 거북하다. =立场十分尴尬。

거사(擧事)【명사】큰일을 일으킴. ◆ 图举事，起事。¶그의 얼굴은 거사 직전의 결의에 찬 표정이었다. =起事前夜，他一脸的决绝。● 거사하다(擧事--) ●

거상(巨商)【명사】밑천을 많이 가지고 크게 하는 장사. 또는 그런 장수. ◆ 图巨商，大商人。¶그는 한국에서 알아주는 거상이다. =他在韩国是知名的巨商。

거세다【형용사】形❶ 사물의 기세 따위가 몹시 거칠고 세차다. ◆ 猛烈，强烈。¶파도가 거세다. =波涛汹涌。❷ 성격 따위가 거칠고 억세다. ◆ 犟，粗鲁，暴躁。¶거센 말투가 여러 차례 오고갔다. =你一言我一语地吵了半天。

거센소리【명사】숨이 거세게 나오는 파열음. 한국어의 'ㅊ', 'ㅋ', 'ㅌ', 'ㅍ' 따위가 있다. ◆ 图送气音。

거수(擧手)【명사】손을 위로 들어 올림. 찬성과 반대, 경례 따위의 의사를 나타내는 경우에 쓰인다. ◆图举手。¶회의에서 거수로 찬반을 가렸다. =会议上进行了举手表决。● 거수하다(擧手--) ●

거스르다¹【동사】动 ❶ 일이 돌아가는 상황이나 흐름과 반대되거나 어긋나는 태도를 취하다. ◆违逆，违背，违抗，逆。¶지시를 거스르다. =违抗命令。❷ 남의 마음을 언짢게 하거나 기분을 상하게 하다. ◆烦，烦扰，使……心烦。¶신경을 거스르다. =烦扰。

거스르다²【동사】셈할 돈을 빼고 나머지 돈을 도로 주거나 받다. ◆动找，找回(钱)。¶지폐를 내고 잔돈을 거슬러 받았다. =付了张钞票，找回了零钱。

거스름돈【명사】거슬러 주거나 받는 돈. ◆图找零。

거슬리다【동사】순순히 받아들여지지 않고 언짢은 느낌이 들며 기분이 상하다. ◆动反感，碍眼，看不上眼。¶그의 말이 귀에 거슬렸다. =他的话很不中听。

거실(居室)【명사】가족이 일상 모여서 생활하는 공간. ◆图客厅，起居室。¶우리 가족은 거실에서 텔레비전을 보거나 담화를 나눈다. =我们一家人在客厅看电视或聊天。

거액(巨額)【명사】아주 많은 액수의 돈. ◆图巨额，巨款。¶고속도로공사는 거액의 돈이 든다. =修建高速公路耗资巨大。

거역(拒逆)【명사】윗사람의 뜻이나 지시 따위를 따르지 않고 거스름. ◆图违抗，违逆。● 거역하다(拒逆--) ●

거울【명사】图 ❶ 빛의 반사를 이용하여 물체의 모양을 비추어 보는 물건. ◆镜子。¶개업하는 친구에게 거울을 선물하였다. =给开业的朋友送了一面镜子。❷ 어떤 사실을 그대로 드러내거나 보여주는 것을 비유적으로 이르는 말. ◆镜子，反映，写照。¶글씨는 마음의 거울이다. =书法是心灵的镜子。❸ 모범이나 교훈이 될 만한 것. ◆榜样，典范。¶그는 모든 사람의 거울과 같은 존재이다. =他几乎可以说是所有人的典范。

거위【명사】털은 하얗고 부리는 노란색이며 목이 긴, 오리처럼 생긴 새. ◆图鹅。¶거위알. =鹅蛋。

거의【부사】어느 한도에 매우 가까운 정도로. ◆副几乎，差不多，快要。¶그 일이 거의 되어 간다. =那件事差不多要成了。

거인(巨人)【명사】图 ❶ 몸이 아주 큰 사람. ◆巨人，大块头。¶그는 씨름 선수 중에서는 거인이 아니다. =他在摔跤选手中还算不上是大块头。❷ 어떤 분야에서 뛰어난 업적을 쌓은 사람. ◆巨匠，大师，泰斗。¶그는 한국어 학계의 거인이다. =他是韩国语界的大师。

거장(巨匠)【명사】예술, 과학 따위의 어느 일정 분야에서 특히 뛰어난 사람. ◆图巨匠，大师，泰斗。¶그는 음악계의 거장이다. =他是音乐大师。

거저【부사】副 ❶ 아무것도 가지지 않고 빈손으로. ◆空手。¶병문안을 갈때 거저로 갈 수 없다. =看病的时候不能空手去呀。❷ 아무런 노력이나 대가 없이. ◆白，白白地，无条件地。¶거저 가져라. =白给你的，拿走吧。

거적【명사】짚을 두툼하게 엮거나, 새끼로 날을 하여 짚으로 쳐서 자리처럼 만든 물건. 허드레로 자리처럼 쓰기도 하며, 한데에 쌓은 물건을 덮기도 한다. ◆图草帘，草苫子，草席。¶집 앞에서 거적을 쓴 사람이 밥을 달라고 했다. =门外有个披着草苫子的人来要饭。

거적때기【명사】헌 거적 조각. ◆图草席，草苫子，草垫子。¶그는 거적때기를 깔고 누었다. =他铺上草席躺下了。

거절(拒絶)【명사】상대편의 요구, 제안, 선물, 부탁 따위를 받아들이지 않고 물리침. ◆图拒绝，谢绝。¶거절당할 것을 알면서도 그는 다시 한 번 그녀를 설득했다. =明知道会被拒绝，但他还是又一次试图说服她。● 거절되다(拒絶--), 거절하다(拒絶--) ●

거절당하다(拒絶當--)【동사】받아들여지지 아니하다. ◆动被拒绝，碰钉子。¶사업상 어려움으로 그에게 부탁을 했으나 거절당했다. =生意上遇到困难，去找他帮忙，结果却碰了钉子。

거점(據點)【명사】어떤 활동의 근거가 되는 중요한 지점. ◆图据点，根据地。¶공격의 승패는 거점을 어디에 정하느냐에 달려있다. =进攻的成败取决于将据点设在何处。

거주(居住)【명사】주거(住居). 일정한 곳에 머물러 삶. 또는 그런 집. ◆图居住，住，生活。¶그녀는 태어나서 줄곧 거주 지역을 벗어난 적이 없다. =她从出生就一直生活在那里，从未离开过。● 거주하다(居住--) ●

거주민(居住民)【명사】일정한 지역에 거주하는 사람들. ◆图居民，住户。¶그 지역 거주민들은 쓰레기 소각장이 들어서는 것을 반대하였다. =该地区的居民反对在那里修建垃圾焚化场。

거죽【명사】물체의 겉 부분. ◆图表皮，皮。¶그는 너무 말라서 거죽만 남았다. =他瘦得只剩皮包骨了。

거즈(gauze)【명사】가볍고 부드러운 무명베. 흔히 붕대로 사용한다. ◆图(医用)纱布，薄纱。

거지【명사】남에게 빌어먹고 사는 사람. ◆图乞丐，叫花子。

거지반(居之半)【부사】거의 절반. ◆副大部分，一大半。¶올해도 거지반 지나갔다. =今年又过去了大半。

거짓【명사】사실과 어긋난 것. 또는 사실이 아닌 것을 사실처럼 꾸민 것. ◆图假，虚假。¶그의 말은 거짓과 참을 구분하기 힘들다. =他的话真假难辨。● 거짓되다 ●

거짓말【명사】사실이 아닌 것을 사실인 것처럼 꾸며 대어 말을 함. 또는 그런 말. ◆图谎，谎言，谎话，假话，瞎话。¶새빨간 거짓말. =弥天大谎。● 거짓말하다 ●

거짓말쟁이【명사】거짓말을 잘 하는 사람. ◆图说谎精，骗人精。¶나는 그가 거짓말쟁이라고 선생님께 고자질했다. =我向老师告发他是个说谎精。

거참【감탄사】'그것참'의 준말. ◆ 叹"그것참"的略语。那可真是…… ¶거참, 이상하다. =这可真是奇怪。

거창하다(巨創--)【형용사】일의 규모나 형태가 엄청나게 크다. ◆形宏伟，宏大。¶거창한 사업. =宏图伟业。

거처(居處)【명사】일정하게 자리를 잡고 사는 일. 또는 그 장소. ◆名居住，住处。¶먼저 거처할 곳을 정하고 관광을 하자. =先找好住处再去游览吧。● 거처하다(居處--) ●

거추장스럽다【형용사】形 ❶ 물건 따위가 크거나 무겁거나 하여 다루기가 거북하고 주체스럽다. ◆ 笨重，累赘，碍事。¶두터운{두꺼운} 옷이 거추장스럽다. =厚衣服很笨重。❷ 일 따위가 성가시고 귀찮다. ◆ 麻烦，烦人。¶그런 일은 거추장스러우니 나에게 시키지 말아 줘. =那种事太麻烦了，别让我干。

거치다【동사】动 ❶ 무엇에 걸리거나 막히다. ◆ 绊住，妨碍。¶칡덩굴이 발에 거치다. =藤蔓绊住了脚。❷ 마음에 거리끼거나 꺼리다. ◆ 顾忌，顾虑，忌讳。¶이제 특별히 거칠 문제는 없다. =现在没有什么要特别顾虑的问题了。❸ 오가는 도중에 어디를 지나거나 들르다. ◆ 路过，经由。¶그는 목포를 거쳐 제주도로 떠났다. =他经由木浦前往济州岛。❹ 어떤 과정이나 단계를 겪거나 밟다. ◆ 经过，通过。¶그는 수습사원을 거쳐 정식사원이 되었다. =他通过实习期成为了正式职员。

거치적거리다【동사】거추장스럽게 자꾸 여기저기 걸리거나 닿다. ◆ 动累赘，碍事，妨碍，碍手碍脚，绊手绊脚。¶귀걸이가 너무 거치적거려 그냥 빼버렸다. =耳环太碍事，就摘掉了。

거칠거칠하다【형용사】여러 군데가 몹시 윤기가 없고 거칠다. ◆形粗糙，粗涩。

거칠다【형용사】形 ❶ 나무나 살결 따위가 곱지 않고 험하다. ◆ (表面)粗，粗糙。¶그녀는 손이 거칠다. =她的手很粗糙。❷ 일을 찬찬하게 야무지게 못하고 대충대충 함부로 하다. ◆ 粗劣。¶그는 솜씨가 거칠다. =他的手艺很粗劣。❸ 땅이 손질이 제대로 되지 않아 농사짓기에 부적당하고 지저분하다. ◆ 荒芜，贫瘠。¶거친 땅을 일군다. =开垦荒地。❹ 행동이나 성격이 사납고 공격적인 면이 있다. ◆ 粗鲁，粗暴，暴躁。¶그는 거친 성격으로 남과 자주 다툰다. =他性格暴躁，经常和别人争吵。❺ 파도나 바람 따위의 기세가 험하고 거세다. ◆ 凶险，猛烈。¶거친 바다. =汹涌的大海。❻ 인정이 메마르고 살기에 험악하다. ◆ 险恶，沧桑，炎凉。¶그는 거친 세파를 견디어 냈다. =他历尽世事沧桑。❼ 가루나 알갱이가 고르지 못하다. ◆ (粉或颗粒)粗。¶고춧가루가 거칠다. =辣椒面很粗。❽ 말하는 투가 세련되지 못하고 그 내용이 점잖지 못하며 막되다. ◆ 粗野，粗俗。¶거친 욕설을 퍼붓다. =破口大骂。❾ 숨소리나 기침 따위가 고르지 않고 세다. ◆ (气息、咳嗽等)粗重，不均匀。¶거친 숨을 내쉬다. =喘着粗气。

거침없다【형용사】일이나 행동 따위가 중간에 걸리거나 막힘이 없다. ◆ 形顺畅，畅通无阻。¶그는 말이나 행동에 거침없다. =他敢说敢做。● 거침없이 ●

거푸【부사】잇따라 거듭. ◆ 副连续，接连不断。¶그는 목이 탔는지 냉수를 거푸 마셔 댄다. =他大概是渴得嗓子冒烟了，不停地狂喝凉水。

거푸집【명사】만들려는 물건의 모양대로 속이 비어 있어 거기에 쇠붙이를 녹여 붓도록 되어 있는 틀. ◆名模子，模具。

거품【명사】名 ❶ 액체가 기체를 머금고 부풀어서 생긴, 속이 빈 방울. ◆ 泡儿，气泡，泡沫。¶비누 거품. =肥皂泡。❷ 현상 따위가 일시적으로 생겨 겉데기만 있고 실질적인 내용이 없는 상태를 비유적으로 이르는 말. ◆ 泡沫现象，一时的热潮。¶명품에 대한 선호는 일시적인 거품이다. =追求名牌只是一时的热潮。

거행(擧行)【명사】名 ❶ 명령을 실행함. ◆ 执行。¶규칙에 따라 법령을 거행하겠다. =将根据规定来执行法令。❷ 의식이나 행사 따위를 치름. ◆ 举行。¶기념식 거행. =举行纪念仪式。● 거행되다(擧行--), 거행하다(擧行--) ●

걱정【명사】名 ❶ 안심이 되지 않아 속을 태움. ◆ 担心，担忧。¶걱정을 끼치다. =让人担心。❷ 아랫사람의 잘못을 꾸짖어 나무람. ◆ 责备，责骂。¶귀가가 늦어서 부모님께 걱정을 들었다. =回家晚了，挨了父母的骂。● 걱정되다, 걱정하다 ●

걱정거리【명사】걱정이 되는 조건이나 일. ◆ 名操心事，烦心事。¶그는 언제나 걱정거리가 많다. =他总有操不完的心。

걱정스럽다【형용사】걱정이 되어 마음이 편하지 않은 데가 있다. ◆ 形令人担心，令人担忧。¶할아버지가 연로하셔서 건강이 걱정스럽다. =爷爷年纪大了，健康状况令人担忧。

-건[1]【어미】여러 가지 중에서 어떤 것이 일어나도 뒤의 내용과는 상관이 없음을 나타내는 연결 어미. ◆ 词尾 "-거나"的略语。表示前面的几个事实中无论哪个事实发生，后面的事实丝毫不会受其影响，后面还可跟"간에""상관없이"等，从而使意思更加明确。¶그가 오건 말건 나는 별 관심 없다. =他来还是不来，我都不感兴趣。

건[2](件)【의존 명사】문제가 되는 일이나 서류 등을 세는 단위. ◆ 依名 (事件、文件、条目、物品等的)件，项，份，起。¶교통사고 세 건. =三起交通事故。

건강(健康)【명사】정신적으로나 육체적으로 아무 탈이 없고 튼튼함. 또는 그런 상태. ◆名健康。¶건강 상태. =健康状态。

건강미(健康美)【명사】건강한 몸에 나타나는 육체의 아름다움. ◆名健康美，健美。¶그는 건강미가 넘친다.=他浑身散发着健康美。

건기(乾期)【명사】기후가 건조한 시기. ◆ 名旱季。¶지구 반대쪽은 우기이지만 이곳은 건기이다. =另一半球正值雨季，但这里是旱季。

건너【명사】일정한 공간 너머의 맞은편. ◆ 图对面，对过。¶길 건너에 슈퍼가 있다. =路对面有超市。

건너가다【동사】이쪽에서 저쪽으로 가다. ◆ 动渡过去，跨过去。¶일본에 건너가 공부할 예정입니다. =打算远渡日本求学。

건너다【동사】动 ❶ 무엇을 사이에 두고 한편에서 맞은편으로 가다. ◆ 过，渡过，跨过。¶강을 건너다. =渡江。❷ 한쪽에서 다른 쪽으로 옮겨가다. ◆ 传，传播。¶소문이 이 사람 저 사람을 건너서 퍼졌다. =消息一传十、十传百地传开了。❸ 끼니, 당번, 차례 따위를 거르다. ◆ 隔，跳过。¶복통이 심해서 두 끼를 건넜다. =肚子痛得厉害，两顿饭都没吃。

건너다보다【동사】건너편에 있는 것을 쳐다보다. ◆ 动眺望，遥望(对面)。¶그는 강둑 넘어 맞은편을 건너다보며 소리쳤다. =他跨上江堤，朝着江对面大声呼喊。

건너뛰다【동사】动 ❶ 일정한 공간을 사이에 두고 건너편으로 뛰다. ◆ 跳过，跨过。¶도랑을 건너뛰어 달려가다. =跳过水沟，飞奔而去。❷ 차례를 거치지 않고 거르다. ◆ 隔，跳过(一定顺序)。¶순번을 무시하고 건너뛰다. =无视顺序，随便跳过。

건너오다【동사】저쪽에서 이쪽으로 옮아오다. ◆ 动穿过来，越过来。¶그들이 강을 건너온 이유가 무엇인가? =他们渡江而来的理由是什么?

건너편(--便)【명사】마주 대하고 있는 저편. ◆ 图对面。¶강 건너편에 불이 났다. =江对面起火了。

건넌방(--房)【명사】안방에서 대청을 건너 맞은편에 있는 방. ◆ 图 (内室的)外屋。¶건넌방은 남자들이 거처한다. =外屋是男人们住的。

건널목【명사】图 ❶ 철로와 도로가 교차하는 곳. ◆ 铁路闸口。¶철도 건널목. =铁路闸口。❷ 강, 길, 내 따위에서 건너다니게 된 일정한 곳. ◆ 路口，斑马线。¶건널목에서 자주 차 사고가 난다. =斑马线上经常发生车祸。

건넛마을【명사】건너편에 있는 마을. ◆ 图对面村庄。¶건넛마을에 잔치가 있어 시끌벅적하다. =对面村里摆酒席，闹哄哄的。

건네다【동사】动 ❶ 돈이나 물건 따위를 남에게 옮기다. ◆ 交付，转交，移交。¶잔돈을 건넸다. =找给了零钱。❷ 남에게 말을 붙이다. ◆ 搭话，搭讪。¶처녀에게 말을 건네 보았다. =跟姑娘搭讪。

건네주다【동사】돈, 물건 따위를 남에게 옮기어 주다. ◆ 动交付，转交，移交。¶원금은 제외하고 이자만 건넸다. =本金没付，只付了利息。

건달(乾達)【명사】하는 일없이 빈둥빈둥 놀거나 게으름을 부리는 짓. 또는 그런 사람. ◆ 图混混，游手好闲的人。¶상건달. =彻头彻尾的混混。

-건대【어미】뒤 절의 내용이 화자가 보거나 듣거나 바라거나 생각하는 따위의 내용임을 미리 밝히는 연결 어미. ◆ 词尾 (用于部分动词词干后的连接语尾)表示后面的内容是话者看到、听到、希望或认为的内容。¶내가 보건대 저놈은 장차 크게 될 아이야. =依我看，这孩子将来肯定会有出息的。

건더기【명사】图 ❶ 국이나 찌개 따위의 국물이 있는 음식 속에 들어 있는 국물 이외의 것. ◆ (汤中的)菜，干的。¶국물만 먹지 말고 건더기도 먹이. =别光喝汤，也捞点干的吃。❷ 내세울 만한 일의 내용이나 근거를 속되게 이르는 말. ◆ (值得一提的)内容，实在的东西。¶거론할 건더기가 없다. =没什么值得讨论的东西。

건드리다【동사】动 ❶ 조금 움직일 만큼 손으로 만지거나 무엇으로 대다. ◆ 触，碰，摸，动。¶남의 물건을 건드리지 마시오. =不要碰别人的东西。❷ 상대를 자극하는 말이나 행동으로 마음을 상하게 하거나 기분을 나쁘게 만들다. ◆ 惹，招惹，惹恼。¶자존심을 건드리지 마시오. =不要伤人家的自尊心。❸ 부녀자를 꾀어 육체적인 관계를 맺다. ◆ 诱奸。❹ 일에 손을 대다. ◆ 插手，搅和。¶그가 건드린 일마다 손해를 보았다. =每次只要他一插手就会办砸了。

건들거리다【동사】动 ❶ 물체가 천천히 가볍게 흔들리다. 또는 그렇게 되게 하다. ◆ 摇曳，晃动。¶국기가 바람에 건들거리다. =国旗迎风飘扬。❷ 사람이 다소 건방지게 행동하다. ◆ 吊儿郎当，大大咧咧。¶건들거리며 인사하는 모습이 보기 좋으냐? =这么吊儿郎当打招呼的样子很好看吗? ❸ 일에 없거나 착실하지 않고 빈둥거리다. ◆ 游手好闲。¶건들거리며 거리만 헤맸다. =整天游手好闲地在街上逛荡。

건들건들【부사】副 ❶ 바람이 부드럽게 살랑살랑 부는 모양. ◆ (风)习习，轻拂，轻轻拂动。¶가을바람이 건들건들 불기 시작했다. =秋风开始轻轻吹拂。❷ 사람이 건드러진 태도로 되바라지게 행동하는 모양. ◆ 吊儿郎当，大大咧咧。¶건들건들 걸어가는 모양이 건달 같다. =像个痞子似的大大咧咧走路。❸ 물체가 이리저리 가볍고 크게 자꾸 흔들리는 모양. ◆ 摇摇晃晃，摇摇摆摆。¶건들건들 흔들리는 벼이삭. =摇摇摆摆的稻穗。● 건들건들하다 ●

건립(建立)【명사】图 ❶ 건물, 기념비, 동상, 탑 따위를 만들어 세움. ◆ 建，修建。¶쓰레기 소각장 건립을 반대하였다. =反对修建垃圾焚化场。❷ 기관, 조직체 따위를 새로 조직함. ◆ 设立，建立，成立。¶농민회 건립에 찬조금을 내놓다. =为农会的成立提供赞助费。● 건립되다(建立--), 건립하다(建立--) ●

건망증(健忘症)【명사】경험한 일을 전혀 기억하지 못하거나 어느 시기 동안의 일을 전혀 기억하지 못하거나 또는 드문드문 기억하기도 하는 기억 장애. ◆ 图健忘症，健忘。¶그녀는 건망증이 심해 물건을 자주 잃어버린다. =她特别健忘，经常丢东西。

건물(建物)【명사】사람이 들어 살거나, 일을 하거나, 또는 물건을 넣어 두기 위하여 지은 집을 통틀어 이르는 말. ◆ 图建筑，建筑物。¶콘크리트 건물. =混凝土建筑。

건반(鍵盤)【명사】피아노, 오르간 따위에서 손가락으로 치도록 된 부분을 늘어놓은 면. ◆ 图键盘。¶건반악기. =键盘乐器。

건방지다【형용사】젠체하며 지나치게 주제넘다. ◆ 形 傲慢，狂妄。¶건방지게 굴지 마라. =别太狂了。

건배(乾杯)【명사】술좌석에서 서로 잔을 들어 축하하거나 건강 또는 행운을 비는 일. ◆ 名干杯。¶우리의 발전을 위하여 건배! =为了我们的发展，干杯! ● 건배하다(乾杯--) ●

건빵(乾-)【명사】수분과 당분을 적게 하여 딱딱하게 구운 마른과자의 하나. 보존과 휴대가 편하여 흔히 군대의 야전 식량으로 쓴다. ◆ 名干粮，干面包。¶오늘 점심으로는 일인당 건빵이 한 봉지씩 나왔다. =发给每人一包干粮作为今天的午饭。

건살포(乾--)【명사】일은 하지 않으면서 논일할 때 쓰는 네모진 삽만 들고 다니는 사람. ◆ 名指拿着铁锹不干活的人，干活偷懒的人。¶저 사람은 건살포처럼 왔다갔다만 한다. =那个人只是走来走去，不干活。

건설(建設)【명사】名 ❶ 건물, 설비, 시설 따위를 새로 만들어 세움. ◆ 修建，修筑。¶건설 현장. =建筑现场。❷ 조직체 따위를 새로 이룩함. ◆ 建设，设立，建立。¶이제 새 사회의 건설을 위한 노력을 할 때이다. =如今正是为建设新社会而努力的时候。● 건설되다(建設--), 건설하다(建設--) ●

건설적(建設的)【명사】어떤 일을 좋은 방향으로 이끌어 가려는 것. ◆ 名建设性的。¶우리는 건설적인 방안을 마련하였다. =我们拟定了建设性的方案。

건성【명사】名 ❶ 어떤 일을 성의 없이 대충 겉으로만 함. ◆ 敷衍，敷衍了事。¶그는 매사에 건성이다. =他事事敷衍。❷ 진지한 자세나 성의 없이 대충 하는 태도. ◆ (态度上)敷衍，应付。¶건성으로 대답하다. =敷衍地回答。

건수(件數)【명사】사물이나 사건의 가짓수. ◆ 名件数，次数，数量。¶화재 건수. =火灾数量。

건실하다(健實--)【형용사】形 ❶ 생각, 태도 따위가 건전하고 착실하다. ◆ 踏实，诚实，实在。¶그는 건실한 사람이다. =他是个踏实的人。❷ 몸이 건강하다. ◆ 结实，健康。❸ 기업의 경영상태가 좋고 성장 가능성이 높다. ◆ 稳定，坚实。

건아(健兒)【명사】건강하고 씩씩한 사나이. ◆ 名健儿。¶당당한 체육계의 건아들. =堂堂的体育健儿们。

건어물(乾魚物)【명사】생선, 조개류 따위를 말린 식품. ◆ 名海鲜干货，干海鲜。¶건어물 판매상에는 항상 파리들이 들끓는다. =卖干海鲜的货摊上总是飞满了苍蝇。

건의(建議)【명사】개인이나 단체가 의견이나 희망을 내놓음. 또는 그 의견이나 희망. ◆ 名建议，提议。¶건의를 받아들여 처리하는 데 시간이 많이 걸린다. =接受建议并进行处理需要花很长时间。● 건의하다(建議--) ●

건의서(建議書)【명사】개인이나 단체가 내놓은, 의견이나 희망을 적은 문서. ◆ 名建议书，提议书，提案。¶건의서를 내다. =提交建议书。

건장하다(健壯--)【형용사】몸이 튼튼하고 기운이 세다. ◆ 形健壮，壮实。¶건장한 여자들은 남자들처럼 무거운 것도 잘 든다. =健壮的女人也能像男人那样提重物。

건재(建材)【명사】'건축 용재'를 줄여 이르는 말. ◆ 名建筑材料，建材("건축 용재"的略语)。¶요즘 건설 경기가 회복되어서 건재의 주문이 밀리는 상황이다. =最近建筑业形势好转，建材定单都积压起来了。

건재하다(健在--)【형용사】힘이나 능력이 줄어들지 않고 여전히 그대로 있다. ◆ 形健在，活着。¶큰 죄를 지은 놈이 아직도 건재하다니 말이 됩니까? =罪恶滔天的家伙至今还活着，这像话吗?

건전지(乾電池)【명사】카메라, 라디오, 손전등 등에 쓰는, 전기를 일으키는 작은 물건. ◆ 名干电池。

건전하다(健全--)【형용사】사상이나 사물 따위의 상태가 한쪽으로 치우치지 않고 정상적이며 위태롭지 아니하다. ◆ 形 (思想、事物等)健全，健康。¶건전한 여가 선용. =健康的业余活动。

건조[1](建造)【명사】건물이나 배 따위를 설계하여 만듦. ◆ 名造，建造，制造。¶유조선의 건조가 경제를 일으키는 도화선이 되었다. =油船建造是刺激经济发展的助推器。● 건조되다(建造--), 건조하다(建造--) ●

건조[2](乾燥)【명사】물기나 습기가 말라서 없어짐. 또는 물기나 습기를 말려서 없앰. ◆ 名干，干燥，脱水。¶건조가 덜 된 목재. =没有干透的木材。● 건조되다(乾燥--) ●

건조하다(乾燥--)【형용사】形 ❶ 말라서 습기가 없다. ◆ 干，干燥。¶피부가 건조하다. =皮肤干燥。❷ 분위기, 정신, 표현, 환경 따위가 여유나 윤기 없이 딱딱하다. ◆ 枯燥，乏味。¶건조한 문체. =枯燥的文体。

건지다【동사】动 ❶ 물속에 들어 있거나 떠 있는 것을 집어내거나 끌어내다. ◆ 捞，捞取，打捞。¶물에 떠 있는 건더기를 건져 쓰레기통에 버렸다. =把水上浮着的东西捞出来扔到了垃圾箱里。❷ 어려운 형편에 처해 있던 상황에서 벗어나다. 또는 그리되게 하다. ◆ 捡回；救出。¶위기 상황에서 가까스로 목숨을 건졌다. =危急之下，好不容易捡回了一条命。❸ 손해 본 것이나 투자한 밑천 따위를 도로 찾다. ◆ 捞回，挽回(本钱或损失)。¶결국 얼마 건지지도 못하고 장사를 그만두었다. =最后，本都没捞回多少就关门大吉了。

건초(乾草)【명사】베어서 말린 풀. 주로 사료나 퇴비로 쓴다. ◆ 名干草。¶건초더미가 쌓여 있다. =干草堆成一堆。

건축(建築)【명사】집이나 건물, 다리 등을 설계하여 짓는 일. ◆ 名建筑，建造，修建。¶건축 시공(施工). =建筑施工。

건축가(建築家)【명사】전문적인 지식과 기술을 가지고 건축에 관련된 일을 하는 사람. ◆ 名建筑师，建筑工程师。¶그는 건축가를 지망해서 건축과에 원서를 냈다. =他立志要当一名建筑师，所以报考了建筑专业。

건축물(建築物)【명사】땅 위에 지은 건물이나 시설. ◆ 名建筑物，建筑。¶허허벌판이던 곳에 높은 건축물이 들어서기 시작했다. =曾经一望无际的原野上开始耸立起高楼大厦。

건투(健鬪)【명사】의지를 굽히지 않고 씩씩하게 잘 싸움. ◆ 图奋斗，奋发图强。¶너의 앞날에 건투를 빈다. =愿你奋发图强，将来有所成就。● 건투하다(健鬪--) ●

건평(建坪)【명사】건물이 차지한 밑바닥의 평수. ◆ 图占地面积。¶이 집의 건평은 얼마인가요? =这套房子的总建筑面积是多少?

건포도(乾葡萄)【명사】건조시킨 포도. ◆ 图葡萄干。¶포도를 오래 보관하기 위해 건포도로 만들었다. =为了长期保存，把葡萄制成了葡萄干。

걷다[1]【동사】励 ❶ '거두다'의 준말. 흩어져 있는 물건 따위를 한데 모으다. ◆ "거두다"的略语。¶곡식을 걷다. =收割庄稼。❷ 흩어져 있는 물건 따위를 한데 모으다. 받을 돈을 받아 모으다. ◆ 收，收缴，收取。¶회비를 걷다. =收会费。

걷다[2]【동사】励 ❶ 늘어진 것을 말아 올리거나 가려진 것을 치우다. ◆ 挽，卷。¶소매를 걷다. =挽起袖子。❷ 깔려 있는 것을 접거나 개키다. ◆ 卷，叠，收。¶돗자리를 걷다. =卷起席子。❸ 일이나 일손을 끝내거나 멈추다. ◆ 做完，收起，收工。¶하던 일을 걷어놓고 쉬시오. =干完手中的活，休息一会儿吧。

걷다[3]【동사】励 ❶ 다리를 움직여 바닥에서 발을 번갈아 떼어 옮기다. ◆ 走，行走，走路。¶아기가 걷기 시작했다. =小孩开始走路了。❷ 어떠한 방향으로 나아가다. ◆ 走，经历。¶한국 경제가 걸어야 할 길. =韩国经济要走的路。❸ 전문직에 종사하다. ◆ 走上，踏上。¶교육자의 길을 걷다. =走上教书育人之路。

걷다[4]【동사】励 ❶ 구름이나 안개 따위가 흩어져 없어지다. ◆ (云雾)消散，散去。¶오후가 되니 안개가 걷혀 앞길이 보였다. =到了下午，雾散了，前方的路看得见了。❷ 비가 그치고 맑게 개다. ◆ 放晴，雨过天晴。

걷어차다【동사】励 ❶ 발로 몹시 세게 차다. ◆ (用力)踢，蹬，踹。¶이불을 걷어차고 자서 감기에 걸렸다. =睡觉时蹬了被子，着凉感冒了。❷ 저버리어 내치다. ◆ 甩，抛弃，背叛。¶출세를 위하여 친구들을 모두 걷어차 버렸다. =为了出人头地，抛弃了所有的朋友。

걷어치우다【동사】励 ❶ 흩어진 것을 거두어 치우다. ◆ 收拾，整理。¶이불을 걷어치우다. =整理被子。❷ 하던 일을 거두어서 그만두다. ◆ 停止，放弃，关张。¶사업을 걷어치우다. =生意不好，关张了。

걷잡다【동사】励 ❶ 한 방향으로 치우쳐 흘러가는 형세 따위를 붙들어 잡다. ◆ 挽救，挽回。¶그 기업이 기울기 시작하더니 걷잡을 수 없이 쓰러져 버렸다. =那个企业显出颓势，而后无可挽回地垮掉了。❷ 마음을 진정하거나 억제하다. ◆ 抑制，忍住。¶북받치는 눈물을 걷잡지 못하다. =无法忍住涌出的泪水。

걷히다[1]【동사】구름이나 안개 따위가 흩어져 없어지다. ◆ 励 (云雾)散开，散去。¶안개가 걷히다. =雾散了。

걷히다[2]【동사】늘어진 것을 말아 올리거나 가려진 것이 치워지다. ◆ 励 (障碍等)消失，消除。¶장벽이 걷히다. =消除障碍。

걸【명사】윷놀이에서, 윷짝의 세 개는 잦혀지고 한 개는 엎어진 경우를 이르는 말. 끗수는 세 끗으로 친다. ◆ 图 3分(尤茨游戏中，将四根半圆形木棍投出三仰一俯的情况)。¶우리 팀이 걸만 나오면 이기는 판이었다. =我们组只要投出个3分就会取胜。

걸걸하다【형용사】목소리가 좀 쉰 듯하면서 우렁차고 힘이 있다. ◆ 形声嘶力竭。¶걸걸한 목소리. =声嘶力竭的嗓音。

걸다[1]【동사】励 ❶ 벽이나 못 따위에 어떤 물체를 떨어지지 않도록 매달아 올려놓다. ◆ 搭，挂。¶모자를 못에 걸다. =把帽子挂在钉子上。❷ 자물쇠, 문고리를 채우거나 빗장을 지르다. ◆ 闩，锁，扣，插，别上(门)。¶대문을 걸다. =锁上大门。❸ 솥이나 냄비 따위를 이용할 수 있도록 준비하여 놓다. ◆ 架，支，安装。¶솥을 걸다. =架锅。❹ 기계 장치가 작동되도록 하다. ◆ 发动，起动。¶자동차의 시동을 걸다. =发动汽车。❺ 돈 따위를 계약이나 내기의 담보로 삼다. ◆ 给，下，付，支付(定金等)。¶계약금을 걸다. =给定金。❻ 어떤 상태에 빠지도록 하다. ◆ 加以，进行(使限入某种状态)。¶최면을 걸어 잠들게 하다. =进行催眠使人入睡。❼ 앞으로의 일에 대한 희망 따위를 품거나 기대하다. ◆ 寄予，寄托(希望)。¶희망을 걸다. =寄予希望。❽ 목숨, 명예 따위를 담보로 삼거나 희생할 각오를 하다. ◆ 冒，拼，豁出(生命)。¶목숨을 걸고 덤비다. =拼命猛扑。❾ 다른 사람을 향해 먼저 어떤 행동을 하다. 말이나 시비, 싸움, 수작 따위를 붙이다. ◆ (主动)搭，招惹。¶말을 걸다. =搭话。❿ 전화를 하다. ◆ 打，挂，拨(电话)。¶집에 전화를 걸다. =给家里打电话。⓫다리나 발 또는 도구 따위를 이용하여 상대편을 넘어뜨리려는 동작을 하다. ◆ 绊，钩住。¶발을 걸어 넘어뜨리다. =伸腿绊倒。

걸다[2]【형용사】形 ❶ 흙이나 거름 따위가 기름지고 양분이 많다. ◆ (土地)肥，肥沃。¶밭이 걸다. =土地肥沃。❷ 액체 따위가 내용물이 많고 진하다. ◆ (液体)稠，浓。¶풀을 걸게 쑤다. =浆糊打得很稠。❸ 말씨나 솜씨가 거리낌이 없고 푸지다. ◆ (说话)嘴脏，说话脏。¶입이 걸다. =嘴巴不干净。❹ 푸짐하고 배부르다. 닥치는 대로 마구 먹을 만큼 식성이 좋다. ◆ 不挑食，不挑嘴。¶잔칫집에서 걸게 먹고 왔다. =宴会上美美地吃了一顿。

걸레【명사】图 ❶ 더러운 곳을 닦거나 훔쳐 내는 데 쓰는 헝겊. ◆ 抹布。¶걸레로 마루를 닦았다. =用抹布擦地板。❷ 걸레처럼 너절하고 허름한 물건이나 사람을 비유적으로 이르는 말. ◆ 脏东西，肮脏的家伙。¶걸레 같은 자식. =肮脏的东西。

걸레질【명사】더러움이나 때를 걸레로 닦거나 훔치는 일. ◆ 图擦，擦拭。¶걸레질을 여러 번 하다. =擦了很多遍。

걸리다¹【동사】걷게 하다. ◆ 动 “걷다”的使动形态。 ¶어머니는 동생을 등에 업고 형을 걸리며 피란길을 떠났다. =妈妈背着弟弟、拉着哥哥踏上了逃难的路。

걸리다² [동사] '걸다'의 피동형. ◆ 动 “걸다”的被动形态。¶문에 빗장이 굳게 걸렸다. =门闩得紧紧的。

걸림돌【명사】일을 해 나가는 데에 걸리거나 막히는 장애물을 비유적으로 이르는 말. ◆ 名障碍，阻碍。¶가부장제는 근대화의 걸림돌이다. =家长制是近代化的障碍。

걸맞다【형용사】두 편을 견주어 볼 때 서로 어울릴 만큼 비슷하다. ◆ 形相称，相配，般配。¶그녀에게 걸맞은 신랑감을 구하기가 어렵다. =要找一个跟她般配的对象很难。

걸머지다【동사】动 ❶ 짐바에 걸거나 하여 등에 걸치어 들다. ◆ (拴上肩绳)背，挂。¶가방을 걸머지고 학교에 갔다. =背着书包去上学。❷ 책임이나 임무 따위를 떠맡다. ◆ 肩负，背负，担负。

걸상(-床)【명사】사람이 앉기 위해 만든 기구. ◆ 名凳子，椅子。¶나무 걸상. =木凳。

걸식(乞食)【명사】음식 따위를 빌어먹음. 또는 먹을 것을 빎. ◆ 名要饭，乞讨，讨饭。¶그는 걸식을 다닌다. =他以乞讨为生。● 걸식하다(乞食--) ●

걸신들리다(乞神---)【동사】굶주리어 음식을 탐하는 마음이 몹시 나다. ◆ 动馋嘴，馋鬼，饿死鬼。¶그는 음식만 보면 걸신들린 듯 이성을 잃는다. =他只要一见到食物，就像饿死鬼一样失去理智。

걸어가다【동사】动 ❶ 목적지를 향하여 걸어서 나아가다. ◆ 走着去，步行去。¶학교에 걸어가다. =步行去学校。❷ 어떤 분야의 일을 계속해 나가다. ◆走下去。¶그는 오직 과학자의 길만을 걸어갔다. =他心无旁骛地走出了一条科学家的路。

걸어오다【동사】动 ❶ 목적지를 향해서 발로 걸어서 이동하여 오다. ◆ 走来，走过来。¶집에 걸어오다. =向家里走来。❷ 목적지에 이르기 위해 어떤 길을 지나오다. ◆ 走。¶소식을 전하기 위해 새벽길을 걸어왔다. =为了送消息，一大早赶来的。❸ 지내 오거나 발전하여 오다. ◆ 走过，经过。¶한국문학이 걸어온 길. =韩国文学经过的发展历程。

걸음【명사】名 ❶ 두 발을 옮겨 걷는 동작. ◆ 迈步，脚步。¶걸음을 재촉하다. =加快步伐。❷ 나아가는 기회. ◆ 顺便，顺路。¶우체국에 가는 걸음에 편지 좀 부치고 와. =去邮局的时候顺便把信寄了。❸ 행동이나 활동 또는 결정을 비유적으로 이르는 말. ◆ 脚步，步调。¶보다 나은 미래를 위해 새로운 걸음을 내딛도록 합시다. =为了更加美好的未来，让我们迈出新的步伐。❹ 두 발을 번갈아 옮겨 놓는 횟수를 세는 단위. ◆ [数量单位]步。¶다섯 걸음. =五步。

걸음걸이【명사】名 ❶ 걸음을 걷는 모양새. ◆ 脚步，步伐。¶경쾌한 걸음걸이. =轻快的步伐。❷ 일이 되어 나가거나 일을 해 나가는 본새를 비유하는 말. ◆ 步调，进度。¶이러한 걸음걸이로 계속 나간다면 이 일이 더딜 수밖에 없다. =再以这种进度继续干下去的话，工作必然会被延误。

걸음마【명사】名 ❶ 어린아이가 걸음을 익힐 때 발을 떼어놓는 걸음걸이. ◆ 蹒跚学步。¶아이가 갓 걸음마를 배우기 시작했다. =小孩刚开始蹒跚学步。❷ 어떠한 사업을 막 시작하는 단계. ◆ 起步，开始。¶한국의 정보화는 아직도 걸음마 단계이다. =韩国的信息化还处于起步阶段。

걸인(乞人)【명사】거지. 남에게 빌어먹고 사는 사람. ◆ 名乞丐，叫花子，要饭的。¶그는 걸인에게 돈을 주었다. =他给了要饭的一点钱。

걸작(傑作)【명사】名 ❶ 매우 훌륭한 작품. ◆ 杰作，名作。¶이번 전시회는 그의 작품 중 걸작만을 모았다. =此次展会只展示了他作品中的名作。❷ 우스꽝스럽거나 유별나서 남의 주목을 끄는 사물이나 사람. ◆ 俚可笑的人，滑稽的事物。¶소위 배웠다는 사람들이 걸작으로 노는군. =这些所谓有知识的人原来如此可笑。

걸쭉하다【형용사】形 ❶ 액체가 묽지 않고 꽤 걸다. ◆ 浓，醇厚。¶막걸리가 걸쭉하다. =马格利酒很浓。❷ 말 따위가 매우 푸지고 외설스럽다. ◆ (说话)粗，难听，猥琐，满口脏话。❸ 음식 따위가 매우 푸지다. ◆ (食物)多，丰盛。¶술상이 걸쭉하다. =酒菜丰盛。❹ 노래 따위가 매우 구성지고 분위기에 어울리는 데가 있다. ◆ (歌声等)悠扬，悦耳，动听。¶노인이 걸쭉하게 노래를 뽑아냈다. =老人放声唱起动听的歌。

걸치다【동사】动 ❶ 지는 해나 달이 산이나 고개 따위에 얹히다. ◆ (太阳或月亮)挂，悬挂。¶달이 고개에 걸쳐 있다. =月亮挂在山岗上。❷ 일정한 횟수나 시간, 공간을 거쳐 이어지다. ◆ 经由，历经，通过。¶전국에 걸쳐 폭우가 내렸다. =全国普降暴雨。❸ 어떤 물체가 다른 물체에 얹히다. ◆ 搭着，架着。¶계곡사이에 구름다리가 걸쳐 있다. =峡谷上架着一座吊桥。❹ 어떤 물체를 다른 물체에 얹어 놓다. ◆ 搭，架。¶어깨에 수건을 걸치다. =把毛巾搭在肩上。❺옷이나 착용구를 또는 이불 따위를 아무렇게나 입거나 덮다. ◆ (胡乱)穿，披，搭。¶누더기를 걸친 걸인이 구걸을 한다. =身穿破烂衣服的叫花子在乞讨。❻ 음식을 아무렇게나 대충 먹다. ◆ (胡乱)吃，填，塞。¶점심을 대충 걸쳤다. =将就地吃了午饭。

걸터앉다【동사】어떤 물체에 온몸의 무게를 실어 걸치고 앉다. ◆ 动骑，骑坐，跨坐。¶이 난간에 걸터앉으면 추락의 위험이 있습니다. =骑坐在这个栏杆上会有掉下来的危险。

걸핏하면【부사】조금이라도 일이 있기만 하면 곧. ◆ 副动不动就，动辄。¶그는 걸핏하면 나에게 화를 낸다. =他动不动就朝我发脾气。

검(劍)【명사】무기로 쓰는 크고 긴 칼. 주로 칼날이 양쪽에 있는 것을 이른다. ◆ 名剑。¶그는 검을 잘 다룬다. =他剑法很好。

검객(劍客)【명사】칼 쓰기 기술에 능한 사람. ◆ 名剑客，剑士。¶이 영화는 비운의 검객을 주인공으로 하였다. =这部电影的主人公是一位命运悲惨的

剑客。

검다【형용사】形 ❶ 숯이나 먹의 빛깔이 어둡고 질다. ◆黑，黑色的。¶햇볕에 검게 탄 얼굴. =被太阳晒黑的脸庞。❷ 침울하고 암담하다. ◆黑暗。¶얼굴에 드리운 검은 그늘이 그가 건강치 못함을 말해 준다. =脸色发黑说明他身体不好。

검댕【명사】그을음이나 연기가 엉겨 생기는, 검은 물질. ◆名黑灰，烟灰。¶아궁이에는 검댕이 잔뜩 끼어 있었다. =灶孔里满是烟灰。

검도(劍道)【명사】名죽도(竹刀)로 상대편을 치거나 찔러서 얻은 점수로 승패를 겨루는 운동 경기. ◆剑道比赛，击剑比赛。

검둥이【명사】名 ❶ '흑인'을 낮잡아 이르는 말. ◆俚黑人，黑种人。❷ '검둥개'를 귀엽게 이르는 말. ◆小黑狗。

검문(檢問)【명사】검사하기 위하여 따져 물음. ◆名审问，审讯，盘查。¶운전하고 가다가 검문에 걸렸다. =行驶途中遭到盘查。● 검문하다(檢問--) ●

검버섯【명사】주로 노인의 살갗에 생기는 거무스름한 얼룩. ◆名 (老人长的)老年斑。¶할아버지 얼굴에 검버섯이 피었다. =爷爷的脸上长出了老年斑。

검불【명사】가느다란 마른 나뭇가지, 마른 풀, 낙엽 따위를 통틀어 이르는 말. ◆名干草，干草料。¶그가 풀밭에 앉았다 일어나니 엉덩이에 검불이 잔뜩 붙어 있었다. =他在草地上坐了一会儿后站起身来，屁股上沾满了干草叶。

검붉다【형용사】검은 빛을 띠면서 붉다. ◆形暗红，绯红，紫红。¶그는 검붉은 노을을 보며 눈물을 흘렸다. =他望着绯红的彩霞，流下了泪水。

검사[1](檢査)【명사】사실이나 일의 상태 또는 물질의 구성 성분 따위를 조사하여 옳고 그름과 낫고 못함을 판단하는 일. ◆名检查，检验。¶오늘은 숙제 검사를 하는 날이다. =今天是检查作业的日子。● 검사하다(檢査--) ●

검사[2](檢事)【명사】검찰권을 행사하는 사법관. 범죄를 수사하고 공소를 제기하며 재판을 집행한다. ◆名检察官，检察员。¶그 용의자의 담당 검사는 완벽주의자로 유명하다. =负责那个疑犯的检察官是有名的完美主义者。

검산(檢算)【명사】계산의 결과가 맞는지를 다시 조사하는 일. 또는 그러기 위한 별도의 계산. ◆名验算。¶검산 결과 계산이 틀렸다. =验算结果表明计算有误。● 검산하다(檢算--) ●

검색(檢索)【명사】名 ❶ 범죄나 사건을 밝히기 위한 단서나 증거를 찾기 위하여 살펴 조사함. ◆搜查，取证。¶검색을 당하다. =被搜查。❷ 책이나 컴퓨터에서, 안에 들어 있는 자료 가운데 목적에 따라 필요한 자료들을 찾아내는 일. ◆检索。¶자료를 검색하다가 실수로 자료를 삭제했다. =检索资料时，不小心把资料误删了。● 검색하다(檢索--) ●

검소하다(儉素--)【형용사】사치하지 않고 꾸밈없이 수수하다. ◆形朴素，俭朴。¶검소한 옷차림. =朴素的衣着。

검술(劍術)【명사】검을 가지고 싸우는 기술. ◆名剑法，剑术。¶검술의 달인. =剑术高手。

검약(儉約)【명사】돈이나 물건, 자원을 낭비하지 않고 아껴 씀. 또는 그런 데가 있음. ◆名节俭，节约，节省。¶검약으로 경제 위기를 이겨냈다. =依靠节俭战胜了经济危机。● 검약하다(儉約--) ●

검역(檢疫)【명사】해외에서 전염병이나 해충이 들어오는 것을 막기 위하여 공항과 항구에서 하는 일들을 통틀어 이르는 말. ◆名检疫。¶수입 농산물의 검역. =进口农产品检疫。● 검역하다(檢疫--) ●

검열(檢閱)【명사】名 ❶ 어떤 행위나 사업 따위를 살펴 조사하는 일. ◆检查，审查。¶식품위생 검열을 받다. =接受食品卫生检查。❷ 언론, 출판, 보도, 연극, 영화, 우편물 따위의 내용을 사전에 심사하여 그 발표를 통제하는 일. ◆审查，审阅(言论、出版物、报告、剧作、电影、邮件等)。¶우편물 검열. =审查邮件。● 검열하다(檢閱--) ●

검은색(--色)【명사】숯이나 먹의 빛깔과 같이 어둡고 짙은 색. ◆名黑色。

검은콩【명사】껍질 색이 검은 콩. ◆名黑豆。● 검정콩 ●

검인(檢印)【명사】서류나 물건을 검토한 표시로 도장을 찍는 일. 또는 그 도장. ◆名检印，查讫章。¶검인을 받다. =盖上查讫章。

검정【명사】검은 빛깔이나 물감. ◆名黑，黑色。¶검정 고무신. =黑色胶鞋。

검정고시(檢定考試)【명사】어떤 자격에 필요한 지식, 학력, 기술 따위가 있는지 검정하기 위하여 실시하는 시험. ◆名资格考试，认证考试。¶대학입시 검정고시. =大学入学考试。

검지(-指)【명사】집게손가락. ◆名食指。

검진(檢診)【명사】건강 상태와 질병의 유무를 알아보기 위하여 증상이나 상태를 살피는 일. ◆名体检，健康检查。¶그 병원은 암 예방 검진을 실시하였다. =那家医院实行了预防癌症体检。

검찰(檢察)【명사】범죄를 수사하고 그 증거를 모으는 일. 주로 검사나 군 검찰관이 이 직무를 수행한다. ◆名调查取证。¶검찰에 이어 취조가 시작되었다. =调查取证之后，开始了审讯。

검찰청(檢察廳)【명사】중앙 행정 기관의 하나. 법무부 소속으로 검사의 검찰 사무를 맡아본다. 대검찰청, 고등 검찰청, 지방 검찰청이 있다. ◆名检察厅，检察院。

검출(檢出)【명사】화학 분석에서, 시료(试料) 속에 어떤 원소나 이온 화합물의 유무를 알아내는 일. ◆名 (化学分析中)检测出，检验出。¶환경청은 산업폐기물에서 나오는 유해물질의 검출 작업을 시작하였다. =环境厅开始对工业废弃物中的有害物质进行检测。● 검출되다(檢出--), 검출하다(檢出--) ●

검침(檢針)【명사】전기, 수도, 가스 따위의 사용량을 알기 위하여 계량기의 숫자를 검사함. ◆名 (电表、水表、煤气表等)查表，抄表。¶이번 주에 전기 검침이 있다. =本周要查电表。● 검침하다(檢針--) ●

검토(檢討)【명사】어떤 사실이나 내용을 분석하여 따짐. ◆名研究，探讨，研讨。¶이 사안은 많은 검토

가 필요하다. =本方案需要多加研究。● 검토되다(檢討--), 검토하다(檢討--) ●

검푸르다【형용사】검은 빛을 띠면서 푸르다. ◆ 形墨蓝，深蓝。¶바다는 파랗다 못해 검푸른 색이었다. =海水蓝得有些发黑。

겁【명사】무서워하는 마음. 또는 그런 심리적 경향. ◆ 名害怕，恐惧。¶주위가 너무 어두워 겁이 났다. =四周太黑了，有点害怕。

겁나다(怯--)【동사】무섭거나 두려운 마음이 생기다. ◆ 动害怕，胆怯。

겁내다(怯--)【동사】무섭거나 두려운 마음을 나타내다. ◆ 动怕，害怕，畏惧。¶그는 그의 아내를 무척이나 겁낸다. =他非常怕老婆。

겁먹다(怯--)【동사】무섭거나 두려워하는 마음을 가지다. ◆ 动害怕，畏惧。¶소년은 아버지의 표정을 보고 잔뜩 겁먹었다. =男孩看到父亲的表情，心中怕得要死。

겁쟁이(怯--)【명사】겁이 많은 사람을 낮잡아 이르는 말. ◆ 名胆小鬼，懦夫。¶겁쟁이라고 친구들이 놀렸지만 그는 개의하지 않았다. =尽管朋友们都取笑他是胆小鬼，但他并不介意。

것【의존 명사】依名 ❶ 사물, 일, 현상 따위를 추상적으로 이르는 말. ◆ ……的，……的东西(代指事物、现象等)。¶먹을 것. =吃的。❷ 사람을 낮추어 이르거나 동물을 이르는 말. ◆ 东西，家伙，小子(代指人或动物，指人时含贬义)。¶머리에 피도 안 마른 것이 어른한테 대든다. =乳臭未干的小子竟敢顶撞长辈。❸ 그 사람의 소유물임을 나타내는 말. ◆ (表示属于某人的)物品，东西。¶이것은 우리 부모님 것이다. =这是我父母的东西。❹ 말하는 이의 확신, 결정, 결심 따위를 나타내는 말. ◆ 是……的(表示说话人的确信、决定、决心等)。¶술은 건강에 도움이 되는 것보다 해롭다. =酒对健康的害处大于好处。❺ 말하는 이의 전망이나 추측, 또는 주관적 소신 따위를 나타내는 말. ◆ 会，一定(表示说话人的推测、判断等)。¶내일은 분명히 따뜻해 질 것이다. =明天一定会暖和起来的。❻ 명령이나 시킴의 뜻을 나타내면서 문장을 끝맺는 말. ◆ 要……(表示命令、指使，起到结束句子的作用)。¶매일 아침 9시까지 출근할 것. =要在每天早上9点之前上班。

겉【명사】名 ❶ 물체의 바깥 부분. ◆ 表面，外表。¶책 겉면에 이름을 크게 썼다. =在书的封面上醒目地写下了名字。❷ 밖으로 드러난 모습이나 현상. ◆ 外表，外貌，表面。¶사람은 겉만 보고 판단해서는 안 된다. =不能以貌取人。

겉감【명사】옷이나 이불 따위의 겉에 대는 감. ◆ 名面料。¶이 옷은 겉감이 면으로 되어 있다. =这件衣服的面料是棉的。

겉껍질【명사】겉으로 드러난 껍질. ◆ 名外壳，外皮，表皮。¶밤의 겉껍질을 벗기면 보늬가 있다. =剥开栗子壳可以看到内皮。

겉늙다【동사】나이보다 더 늙은 티가 나다. ◆ 动显老，老相。¶그는 고생을 하도 많이 해서 겉늙어 보인다. =他吃了很多苦，显得很老相。

겉돌다【동사】动 ❶ 사물이 한데 섞이지 않고 따로따로 되다. ◆ 分离，不相溶。¶물과 기름이 겉돈다. =水和油不相溶。❷ 대화의 요점이 서로 잘 맞지 않다. ◆ 话不投机，谈不来。¶두 사람의 이야기가 겉돌고 있다. =两人话不投机。❸ 다른 사람과 잘 어울리지 못하고 따로 지내다. ◆ 不合群。¶그는 자꾸 겉돌아 다른 사람하고는 어울리지 못한다. =他老是不合群，和别人处不来。❹ 바퀴나 나사 따위가 헛돌다. ◆ 空转。¶자동차의 바퀴가 빙판에서 겉돌기만 한다. =车轮在冰上空转。

겉멋【명사】실속 없이 겉으로만 부리는 멋. ◆ 名花架子，徒有其表。¶그는 겉멋만 번지르르하다. =他是金玉其外、败絮其中。

겉모습【명사】겉으로 드러나 보이는 모습. ◆ 名外表，外貌，外观。¶그는 겉모습이 학자풍이다. =他的长相带着一股书卷气。

겉모양(-模様)【명사】겉으로 보이는 모양. ◆ 名外表，外观。¶겉모양은 멀쩡하나 속은 썩었다. =外表看起来好好的，但里面已经烂了。

겉보기【명사】겉으로 드러나 보이는 모양새. ◆ 名看起来，看上去。¶겉보기에는 쉬어 보이나 막상 일이 닥치자 감당하기 어려웠다. =这件事看起来简单，但真正做起来却很难。

겉봉(-封)【명사】편지나 잡지 따위를 싸서 봉하는 종이. ◆ 名信封，封套。¶겉봉을 뜯으니 사진과 편지가 나왔다. =拆开信封，照片和信滑了出来。

겉옷【명사】겉에 입는 옷. ◆ 名外衣，外套。¶겨울에는 겉옷으로 가죽옷이 많이 팔린다. =皮衣外套在冬天很好卖。

겉장(-張)【명사】名 ❶ 여러 장으로 겹쳐 있는 종이 가운데서 맨 겉에 있는 종이. ◆ 最上面的一张，最外面的一张。❷ 책의 표지. ◆ 封面，书皮。¶헌 책인데도 겉장은 깨끗했다. =尽管是旧书，但封面很干净。

겉절이【명사】배추, 상추, 무 따위를 절여서 곧바로 무쳐 먹는 반찬. ◆ 名拌青菜，生拌凉菜。¶무겉절이. =凉拌萝卜。

겉치레【명사】겉만 보기 좋게 꾸미어 드러냄. ◆ 名虚架子，虚有其表。¶겉치레만 요란하고 실속이 없다. =虚有其表，没有什么实际内容。

겉핥기【명사】내용을 제대로 알아보지 않고 대충 훑어보는 것. ◆ 名囫囵吞枣，不求甚解，敷衍了事。¶그는 늘 수박 겉핥기식으로만 문제를 해결하려 한다. =他总想敷衍了事地解决问题。

게[1]【명사】십각목의 갑각류를 통틀어 이르는 말. 가슴은 등 쪽은 한 장의 등딱지로 덮여 있고 일곱 마디의 복부가 붙어 있다. ◆ 名蟹，螃蟹。

-게[2]【어미】(예사 낮춤으로) 명령함을 나타내는 종결 어미. ◆ 词尾 准平阶("하게"体)命令式终结词尾。¶이것 좀 도와주게. =帮我一下。

-게[3]【어미】앞의 말이 뒤에서 가리키는 일의 목적이나 결과, 방식, 정도 등이 됨을 나타내는 연결 어미. ◆ 词尾 用于谓词词干或"으시"之后的连接语尾，表示前面内容是后面内容的目的、方式、程度等。

后面可跟“는”“도”“까지”等补助词。¶행복하게 살아라. =祝你幸福。

게⁴ 【조사】 助 ❶ 일정하게 제한된 범위를 나타내는 격 조사. 어떤 물건의 소속이나 위치를 나타낸다. ◆ 表示限定的范围的格助词，表示事物的所属或位置。¶네게는 아무 잘못도 없다. =你什么错都没有。 ❷ 어떤 행동이 미치는 대상을 나타내는 격 조사. ◆ 表示行为对象的格助词。¶너희들 내게 걸리면 그냥 두지 않겠어. =你们要是被我抓住，我是不会放过你们的。 ❸ 어떤 행동을 일으키는 대상임을 나타내는 격 조사. ◆ 表示实施行为的对象。¶왜 내가 네게 잔소리를 들어야 하지? =我为什么要听你的唠叨?

게걸스럽다 【형용사】 몹시 먹고 싶거나 하고 싶은 욕심에 사로잡힌 듯하다. 보기에 게걸들린 태도가 있다. ◆ 形贪吃，贪婪。¶넌 밥을 게걸스럽게 먹는구나. =你吃饭真是狼吞虎咽。

-게끔 【어미】 앞의 내용이 뒤에서 가리키는 사태의 목적이나 결과, 방식, 정도 따위가 됨을 나타내는 연결 어미. ◆ 词尾 表示前句的内容是后句的目的、结果、方式和程度的连接语尾。¶추위에 떨지 않게끔 두둑이 껴입어라. =多穿点，别冻得打哆嗦。

-게나 【어미】 '-게'을 좀 친밀히 쓰는 종결 어미. ◆ 词尾 准平阶(“하게”体)命令式终结语尾。¶놀러 오게나. =来玩吧。

게다¹ 【품사 없음】 '게다가'의 준말. ◆ “게다가”的略语。¶꽃병은 게다 놓으면 좋겠다. =花瓶放在那儿比较好。

게다² 【부사】 그러한 데다가. ◆ 副加之，再加上。

게다가¹ 【부사】 '거기에다가'가 줄어든 말. ◆ 副 “거기에다가”的略语。¶항아리를 게다가 놓아라. =坛子放在那边。

게다가² 【부사】 그런 데다가. ◆ 副加之，再加上。¶추운 날씨에 게다가 눈까지 온다. =天很冷，还下着雪。

게딱지 【명사】 名 ❶ 게의 등딱지. ◆ 蟹壳。¶게딱지에 밥을 비벼 먹기도 하였다. =用蟹壳当碗拌饭吃。 ❷ 집이 작고 허술함을 비유하는 말. ◆ 蜗居(比喻极为狭小简陋的居室)。¶게딱지만한 초가집이 옹기종기 모여 있다. =简陋的草房散落在周围。

게슈타포<독> 【명사】 독일 나치스 정권 때의 비밀 국가 경찰. ◆ 名盖世太保。

게서¹ 【조사】 '에게서'의 준말 ◆ 助 (主要用于人称代名词“내”“네”“제”之后，古语体中，也可用于“너희”“저희”“우리”“뉘”之后)“에게서”的略语。¶내게서 가지고 간 책, 이제는 돌려줘. =现在把从我这里拿走的书还给我吧。

게서² 【조사】 '거기에서'의 준말. ◆ 助 “거기에서”的略语。¶게서 혼자 뭐 하고 있니? =一个人在那里做什么?

게스트(guest) 【명사】 라디오나 텔레비전의 프로그램에서 특별히 초대한 사람. ◆ 名客人，来宾，嘉宾。¶오늘의 게스트는 요즈음 인기 있는 가수입니다. =今天的嘉宾是近来的当红歌手。

게슴츠레하다 【형용사】 눈이 졸리거나 정기가 풀리고 감길 듯하다. ◆ 形 (眼睛)朦胧，惺忪。¶게슴츠레하게 뜬 눈이 무섭게 보였다. =睁着朦胧的双眼，看起来有些吓人。

게시(揭示) 【명사】 여러 사람에게 알리기 위해 내어 걸거나 붙여 놓아 보게 함. 또는 그런 물건. ◆ 名告示，公告，公布。¶게시물을 보고 구비서류를 준비하시오. =请参照公告，准备所需文件。● 게시되다(揭示--), 게시하다(揭示--) ●

게시판(揭示板) 【명사】 여러 사람에게 알릴 내용을 내붙이거나 내걸어 두루 보게 붙이는 판(板). ◆ 名公告栏，留言板。

게양(揭揚) 【명사】 기(旗) 따위를 높이 걺. ◆ 名高挂，高悬，悬挂。¶만국기가 게양되다. =各国国旗高高飘扬。● 게양되다(揭揚--), 게양하다(揭揚--) ●

게양대(揭揚臺) 【명사】 기(旗) 따위를 높이 걸기 위하여 만들어 놓은 대. ◆ 名升旗台。¶국기 게양대. =国旗升旗台。

게우다 【동사】 动 ❶ 먹은 것을 삭이지 못하고 도로 입 밖으로 내어놓다. ◆ 吐，呕吐，吐出。 ❷ 부당하게 차지하였던 남의 재물을 도로 내어놓다. ◆ 退回，退还(赃物)。¶가로챈 공금을 게워냈다. =退回了据为己有的公款。

게으르다 【형용사】 행동이 느리고 움직이기 싫어하는 성미와 그런 버릇이 있다. ◆ 形懒，懒惰。¶게으른 사람은 성공하지 못한다. =懒惰的人是不可能成功的。

게으름 【명사】 행동이 느리고 움직이거나 일하기를 싫어하는 태도나 버릇. ◆ 名懒惰，偷懒。¶숙제를 미루어 놓고 게으름을 부리다. =偷懒拖欠作业。

게으름뱅이 【명사】 '게으름쟁이'를 낮잡아 이르는 말. ◆ 名懒虫，懒鬼。

게으름쟁이 【명사】 게으른 사람. '게으름뱅이'의 본말. ◆ 名懒惰的人。“게으름뱅이”的原形。

게을리 【부사】 움직이거나 일하기를 몹시 싫어하는 모양. ◆ 副懒懒散散地，懈怠地。¶그는 게을리 일해서 해고되었다. =他工作懒散，被解雇了。

게이머(gamer) 【명사】 게임자. 컴퓨터 게임을 전문으로 하는 사람. ◆ 名职业电竞玩家，职业游戏玩家。¶요즘 아이들의 장래희망 중 프로 게이머가 인기이다. =近来，孩子们未来的志向中，职业游戏玩家很受欢迎。

게이지(gauge) 【명사】 名 ❶ 공작물을 재거나 검사할 때에, 길이·각도·모양 따위의 기준이 되는 것을 통틀어 이르는 말. ◆ 计量器，仪表。 ❷ 뜨개질에서, 일정한 면적 안에 들어가는 코와 단의 수. ◆ 格距，密度。

게이트(gate) 【명사】 名 ❶ 비행장에서, 승객의 출입을 체크하는 곳. ◆ 登机口。 ❷ 정치적 비리 의혹. 특히 권력형 비리를 둘러 싼 추문을 가리킴. ◆ (用于部分名词后)……门事件，丑闻。

게임(game) 【명사】 名 ❶ 규칙을 정해 놓고 승부를 겨루는 놀이. ◆ 比赛项目，竞赛项目。¶이번 게임은 백 팀이 이겼다. =白队赢得了本次比赛。 ❷ 운동 경기나 시합. ◆ 赛事，比赛。¶매 게임마다 손에 땀을 쥐게 한다. =每场比赛都令人手心冒汗。❸ 경기의 횟수를 세는 단위. ◆ 局，盘，场。¶우리는 축구 한 게임 했다. =我们踢了一场足球赛。

게재(揭載)【명사】글이나 그림 따위를 신문이나 잡지 따위에 실음. ◆ 名登载，刊登，发表。¶학술지에 논문을 게재하다. =在学术刊物上发表论文。● 게재되다(揭載--), 게재하다(揭載--) ●

겨【명사】벼, 보리, 조 따위의 곡식을 찧어 벗겨 낸 껍질을 통틀어 이르는 말. ◆ 名糠，谷糠。¶겨 묻은 개가 똥 묻은 개를 나무란다. =五十步笑百步。

겨냥【명사】목표물을 겨눔. ◆ 名瞄，瞄准。¶겨냥이 빗나가다. =瞄偏了。● 겨냥하다 ●

겨누다【동사】动 ❶ 활이나 총 따위를 쏠 때 목표물을 향해 방향과 거리를 잡다. ◆ 瞄准，照准。¶과녁을 향하여 총을 겨누다. =用枪瞄准靶子。❷ 한 물체의 길이나 넓이 따위를 대중이 될 만한 다른 물체와 견주어 헤아리다. ◆ 照着，比照。¶옷을 대충 체격에 겨누어 샀더니 좀 헐렁하다. =大致比照着身材买了件衣服，结果有点肥。

겨드랑이【명사】名 ❶ 양편 팔 밑의 오목한 곳. ◆ 腋窝，腋下。¶그녀가 살며시 그의 겨드랑이에 두 팔을 넣어 감싸안았다. =女孩轻轻伸开双臂，从腋下抱住了他。❷ 겨드랑이에 닿는 옷의 부분을 이르는 말. ◆ 袖笼。¶한 벌뿐인 양복 겨드랑이가 터졌다. =唯一的一套西服，袖笼开线了。

겨레【명사】같은 핏줄을 이어받은 민족. ◆ 名同胞，民族。

겨루다【동사】서로 버티고 승부를 다투다. ◆ 动较量，比试，角逐。¶자웅을 겨루다. =一决雌雄。

겨를【의존 명사】[어미 '-을' 뒤에 쓰여] 어떤 일을 하다가 생각 따위를 다른 데로 돌릴 수 있는 시간적인 여유. ◆ 依名空闲，空儿，工夫。¶숨 돌릴 겨를도 없다. =连喘口气的工夫都没有。

겨우【부사】副 ❶ 어렵게 힘들여. ◆ 好不容易，勉强。¶이제야 겨우 졸업 작품을 완성했다. =到现在才勉强完成毕业作品。❷ 기껏해야 고작. ◆ 才，仅仅，只。¶네 실력이 겨우 이 정도밖에 안 되니? =你才这点本事吗?

겨우내【부사】한겨울 동안 계속해서. ◆ 副整个冬天。¶겨우내 산 속 절에서 지냈다. =在山中的寺院度过了整个冬天。

겨우살이【명사】名 ❶ 겨울 동안 먹고 입고 지낼 옷가지나 양식 따위를 통틀어 이르는 말. ◆ 过冬生活用品。¶날씨가 서늘해지면 우리는 겨우살이 준비에 여념이 없었다. =天一凉，我们就开始专心准备过冬用品。❷ 겨울을 남. ◆ 过冬。¶겨우살이 뒤에 남은 것은 빚밖에 없었다. =过完冬什么都没了，只欠了一屁股债。

겨우살이【명사】겨우살잇과에 속한 식물을 총칭하는 말. 겨우살이, 꼬리겨우살이, 동백겨우살이, 참나무겨우살이 등이 있다. ◆ 名忍冬。

겨울【명사】한 해의 네 계절 중 가장 추운, 가을과 봄 사이에 있는 계절. ◆ 名冬天，冬季。¶벌써 겨울로 접어들었다. =已经是冬天了。

겨울 방학(--放學)【명사】겨울에 한창 추울 때에 학교에서 일정 기간 수업을 쉬는 일. ◆ 名寒假。

겨울새【명사】한국에서 겨울을 지내는 철새. ◆ 名冬候鸟。

겨울잠【명사】동물이 겨울을 나기 위해 활동을 멈추고 겨울철 동안 자는 잠. ◆ 名冬眠。

겨울철【명사】계절로 겨울인 때. ◆ 名冬天，冬季。¶겨울철이라 그런지 바닷가가 한산하다. =也许是因为正值冬天，海边很冷清。

겨자【명사】名 ❶ 십자화과의 한해살이풀 또는 두해살이풀. 씨는 누런 갈색으로 익는데 양념과 약재로 쓰고 잎과 줄기는 식용한다. ◆ 芥菜。❷ 겨자씨로 만든 양념. ◆ 芥末。

격[1](格)【명사】名 ❶ 주위 환경이나 형편에 자연스럽게 어울리는 분수나 품위. ◆ (与环境、场合、条件、身份等相称的)格调，风格。¶격에 맞는 행동. =得体的举止。❷ 문법에서 체언이나 체언과 비슷한 말이 문장 내에서 서술어에 대하여 가지는 자격. ◆ (体词以及体词短语在句中的)格。

격[2](格)【의존 명사】依名 ❶ '셈''식'의 뜻을 나타내는 말. ◆ (用于词尾"-은"和"-는"之后)这正是，这就叫，这真是。¶쇠귀에 경 읽는 격. =这真是对牛弹琴。❷ '자격'의 뜻을 나타내는 말. ◆ (用于部分名词后)身份，资格。¶이 회사의 대표이사 격. =这家公司的代表董事。

격납고(格納庫)【명사】비행기 등을 넣어 두거나 정비하는 건물. ◆ 名飞机库。¶그는 격납고에서 비행기가 없어지는 마술을 펼쳤다. =他在飞机库里表演了让飞机消失的魔术。

격노(激怒)【명사】몹시 분하고 노여운 감정이 북받쳐 오름. ◆ 名愤怒，大怒，盛怒。¶선생님의 격노에 모두 아무 말 못 했다. =老师大怒，大伙都不敢吱声。● 격노하다(激怒--) ●

격돌(激突)【명사】세차게 부딪침. ◆ 名激烈冲突，剧烈碰撞。¶앙숙이던 두 팀은 예선부터 격돌이 시작되었다. =两支宿敌球队从预赛就开始了激烈的较量。● 격돌하다(激突--) ●

격동(激動)【명사】정세 따위가 급격하게 움직임. ◆ 名剧变，剧烈变动。¶격동기. =剧变期。● 격동하다(激動--) ●

격려(激勵)【명사】용기나 의욕이 솟아나도록 북돋워 줌. ◆ 名激励，鼓励，鼓舞。¶선생님께서 보내신 격려의 편지를 받았다. =收到了老师的鼓励信。

격렬하다(激烈--)【형용사】말이나 행동이 몹시 세차고 사납다. ◆ 形激烈，猛烈，剧烈。¶격렬한 논쟁. =激烈的争论。● 격렬히(激烈-) ●

격리(隔離)【명사】名 ❶ 다른 것과 통하지 못하도록 사이를 막거나 떼어놓음. ◆ 隔离，隔断。¶담으로 격리된 곳. =用围墙隔起来的地方。❷ 전염병 환자나 면역성이 없는 환자를 다른 곳으로 떼어 놓음. ◆ 隔离(传染病患者等)。¶격리 수용. =隔离收容。● 격리되다(隔離--), 격리하다(隔離--) ●

격변(激變)【명사】상황 따위가 갑자기 심하게 변

함. ◆ 图激变，剧变，突变。¶정세의 격변. =形势的剧变。● 격변하다(激變--) ●

격분(激忿)【명사】몹시 분하고 노여운 감정이 북받쳐 오름. ◆ 图愤怒，愤慨，义愤填膺。¶천인공노한 그들의 만행에 우리 모두는 격분을 금치 못했다. =面对他们人神共愤的暴行，我们个个义愤填膺，忍不住拍案而起。● 격분하다(激忿--) ●

격심하다(激甚--)【형용사】매우 심하다. ◆ 形严重，沉重。¶격심한 타격. =沉重的打击。

격앙(激昂)【명사】기운이나 감정 따위가 격렬히 일어나 높아짐. ◆ 图激昂，高昂。● 격앙되다(激昂--) ●

격언(格言)【명사】오랜 역사적 생활 체험을 통하여 이루어진 인생에 대한 교훈이나 경계 따위를 간결하게 표현한 짧은 글. ◆ 图格言，警句。

격일(隔日)【명사】하루를 거름. 또는 하루씩 거름. ◆ 图隔日。

격자(格子)【명사】바둑판처럼 가로세로를 일정한 간격으로 직각이 되게 짠 구조나 물건. 또는 그런 형식. ◆ 图格子，方格。¶격자무늬. =格子纹。

격전지(激戰地)【명사】격렬한 싸움이 벌어진 곳. ◆ 图激战战场，战地。¶격전지 순례행군. =战地巡礼。

격차(隔差)【명사】빈부, 임금, 기술 따위가 서로 벌어져 다른 정도. ◆ 图差距，差异，差别。¶소득 격차. =收入差距。

격찬(激讚)【명사】매우 칭찬함. ◆ 图极口称赞，大加赞扬。¶격찬을 아끼지 않다. =极口称赞。● 격찬하다(激讚--) ●

격추(擊墜)【명사】비행기나 비행선 따위를 쏘아 떨어뜨림. ◆ 图击落。¶지휘관은 적기 격추를 명령하였다. =指挥官下令击落敌机。● 격추되다(擊墜--), 격추하다(擊墜--) ●

격침(擊沈)【명사】배를 공격하여 가라앉힘. ◆ 图击沉。¶적함을 격침시키지 말고 예인하라는 명령이 떨어졌다. =接到命令说不要击沉敌舰，而是将其拖回。● 격침되다(擊沈--), 격침하다(擊沈--) ●

격퇴(擊退)【명사】적을 쳐서 물리침. ◆ 图击退，打退，击溃。¶적 격퇴로 그는 훈장을 받았다. =他因击退敌人有功而获得了勋章。● 격퇴되다(擊退--), 격퇴하다(擊退--) ●

격투(格鬪)【명사】서로 맞붙어 치고받으며 싸움. ◆ 格斗，搏斗。¶격투를 벌이다. =展开搏斗。● 격투하다(格鬪--) ●

격투기(格鬪技)【명사】두 사람이 맞서 격투를 벌여 승패를 가리는 경기. 유도, 씨름, 권투, 레슬링 따위가 있다. ◆ 图格斗竞技。

격파(擊破)【명사】图 ❶ 단단한 물체를 손이나 발 따위로 쳐서 깨뜨림. ◆ (跆拳道、气功等中，用头、空手或赤脚)击碎，劈断。¶체육관 사범이 격파 시범을 보였다. =体育馆教练表演了空手碎砖。❷ 어떠한 세력이나 함선, 비행기 따위를 공격하여 무찌름. ◆ 击毁，击破，击溃。¶적진이 격파되다. =敌军阵地被击破了。● 격파되다(擊破--), 격파하다(擊破--) ●

격하다(激--)【형용사】기세나 감정 따위가 급하고 거세다. ◆ 形激烈，激动，冲动。¶격한 어조. =激动的语调。

겪다【동사】动 ❶ 어렵거나 경험될 만한 일을 당하여 치르다. ◆ 经历，历，经受。¶갖은 고초를 겪다. =历尽艰辛。❷ 사람을 사귀어 지내다. ◆ 交往，接触。¶많은 사람을 겪어 보았다. =阅人无数。

견고하다(堅固--)【형용사】形 ❶ 굳고 단단하다. ◆ 坚固，牢固，结实。¶견고한 수비. =牢固的防守。❷ 사상이나 의지 따위가 동요됨이 없이 확고하다. ◆ 坚定。¶그는 어떠한 유혹에도 굴하지 않을 견고한 신념을 지니고 있다. =他信念坚定，不为任何诱惑所动。● 견고히(堅固-) ●

견디다【동사】动 ❶ 사람이나 생물이 일정한 기간 동안 어려운 환경에 굴복하거나 죽지 않고 계속해서 버티면서 살아 나가는 상태가 되다. ◆ 坚持，维持，挺过。¶그럭저럭 몇 달을 견뎠다. =不知不觉地熬了几个月。❷ 물건이 열이나 압력 따위와 같은 외부의 작용을 받으면서도 일정 기간 동안 원래의 상태나 형태를 유지하다. ◆ 结实，耐，耐得住，耐穿，耐用。¶고물차가 얼마나 견딜까? =旧车能用多久呢?

견문(見聞)【명사】보고 들어서 깨닫고 얻은 지식. ◆ 图见闻，见识。¶견문을 넓히다. =广增见闻。

견물생심(見物生心)【명사】물건을 보고 욕심이 생김. ◆ 图见物生心，见财起意。¶누구나 다 마음에 드는 물건을 보면 견물생심, 가지고 싶은 거야. =谁看到自己喜欢的东西都会动心的。

견본(見本)【명사】전체 상품의 품질이나 상태 따위를 알아볼 수 있도록 본보기로 보이는 물건. ◆ 图样本，样品。¶견본만 보아서는 좋아 보이나 그 기능이 좀 문제이다. =光看样品还不错，但产品的功能有点问题。

견습(見習)【명사】학업이나 실무 따위를 배워 익힘. 또는 그런 일. ◆ 图实习；实习生。¶견습 기간이 3개월이다. =实习期为三个月。● 견습하다(見習--) ●

견식(見識)【명사】견문과 학식. ◆ 图见识。¶풍부한 견식. =广博的见识。

견실하다(堅實--)【형용사】하는 일이나 생각, 태도 따위가 믿음직스럽게 굳고 착실하다. ◆ 形可靠，稳妥。¶이 회사는 영업 방침이 견실하다. =该公司的经营方针明确可靠。

견우성(牽牛星)【명사】독수리자리에서 가장 밝은 별. 실시 등급 1등급의 별로, 은하수를 경계로 직녀성과 마주하고 있다. ◆ 图牵牛星。

견원지간(犬猿之間)【명사】개와 원숭이의 사이라는 뜻으로, 사이가 매우 나쁜 두 관계를 비유적으로 이르는 말. ◆ 图仇敌，仇人。¶유산상속 문제로 의좋던 형제가 견원지간이 되었다. =由于遗产继承问题，原本感情很好的兄弟俩反目成仇。

견인(牽引)【명사】끌어서 당김. ◆ 图牵引，拉，拖。¶그는 우승의 견인 역할을 했다. =他是获胜的主力。● 견인하다(牽引--) ●

견인차(牽引車)【명사】图 ❶ 레커차. ◆ 拖吊车。¶견인차의 작업은 반드시 교통경찰의 지휘 아래 실시되어야 한다. =拖吊车工作必须在交通民警的指挥下进行。❷ 무거운 물건이나 수레 따위를 뒤에 달고 끄는 차. 주로 짐을 실은 여러 개의 차량을 끄는 기관차를 이른다. ◆ 牵引车。❸ 선두에 서서 여러 사람을 이끌어 가는 사람을 비유적으로 이르는 말. ◆ 火车头，带头人。¶그는 유전공학 연구 개발에 견인차 역할을 한 사람이다. =他是遗传工程研发领域的带头人。

견적(見積)【명사】어떤 일을 하는 데 필요한 비용 따위를 미리 어림잡아 계산함. 또는 그런 계산. ◆ 名 预算，推算。¶견적을 내다. =做预算。

견제(牽制)【명사】일정한 작용을 가함으로써 상대편이 지나치게 세력을 펴거나 자유롭게 행동하지 못하게 억누름. ◆ 名 牵制，牵掣。¶견제 세력. =牵制势力。● 견제하다(牽制--) ●

견주다【동사】둘 이상의 사물을 질이나 양 따위를 어떠한 차이가 있는지 알기 위하여 서로 대어 보다. ◆ 动 (放到一起)比，比较。¶두 아이의 키를 견주어 보다. =比较两个孩子的身高。

견학(見學)【명사】실지로 보고 그 일에 관한 구체적인 지식을 넓힘. ◆ 名 见学，参观学习。¶방송국 견학. =参观电视台。● 견학하다(見學--) ●

견해(見解)【명사】어떤 사물이나 현상에 대한 자기 의견과 해석. ◆ 名 见解，观点，看法。¶견해를 피력하다. =发表见解。

결[1]【의존 명사】依名 ❶ '때''사이''짬'의 뜻을 나타내는 말. ◆ 时候，那会儿。¶지나는 결에 들렀다. =路过时进去了一下。❷ '겨를'의 준말. 어떤 일을 하다가 생각 따위를 다른 데로 돌릴 수 있는 시간적인 여유. ◆ "겨를"的略语。¶쉴 결이 없이 바쁘다. =忙得不可开交。

-결[2]【접사】'지나가는 사이', '도중'의 뜻을 더하는 접미사. ◆ 后缀 时候(表示很短的时间)。¶꿈결. =梦中。

결과(結果)【명사】어떤 원인으로 결말이 생김. 또는 그런 결말의 상태. ◆ 名 结果，成果。¶오랜 실험 끝에 좋은 결과가 나왔다. =经过长期的实验，最后取得了好结果。

결국[1](結局)【부사】副 ❶ 일의 마무리에 이르러서. 또는 일의 결과가 그렇게 돌아가게. ◆ 最终，终于。¶거듭된 실패 끝에 결국 성공했다. =反复失败之后，终于成功了。❷ 따지고 보면. ◆ 最终，说到底，归根到底。¶환경오염은 결국 인류 전체의 재앙으로 다가올 것이다. =环境污染最终会成为全人类的灾难。

결국[2](結局)【명사】일이 마무리되는 마당이나 일의 결과가 그렇게 돌아감을 이르는 말. ◆ 名 结局，结果。¶결국은 같은 것이다. =结局相同。

결근(缺勤)【명사】근무해야 할 날에 출근하지 않고 빠짐. ◆ 名 缺勤，旷工。¶독감으로 결근하다. =得了重感冒，缺勤了。● 결근하다(缺勤--) ●

결단(決斷)【명사】결정적인 판단을 하거나 단정을 내림. 또는 결정이나 단정. ◆ 名 决断，决定。¶결단을 내리다. =做决定。● 결단하다(決斷--) ●

결단력(決斷力)【명사】결정적인 판단을 하거나 단정을 내릴 수 있는 능력. ◆ 名 魄力，决断力。¶우리는 경제를 회생시킬 결단력 있는 지도자가 필요하다. =我们需要一位能够重振经济的有魄力的领导人。

결단코(決斷-)【부사】副 ❶ 마음먹은 대로 반드시. ◆ 一定，必定，坚决。¶우리는 그 일을 결단코 해낼 것이다. =我们一定会完成那件事。❷ 어떤 경우에도 절대로. ◆ (多用于否定)绝对，断然。¶결단코 그런 일은 없다. =绝对没有那种事情。

결딴나다【동사】动 ❶ 어떤 일이나 물건 따위가 아주 망가져서 도무지 손을 쓸 수 없는 상태가 되다. ◆ 糟糕，完蛋。¶시계가 떨어져 결딴났다. =糟糕，手表掉在地上了。❷ 살림이 망하여 거덜나다. ◆ (家)破产，倾家荡产。¶자식이 이혼 후 가장이 쓰러지고 부도까지 나는 바람에 집안이 결딴났다. =孩子离婚后，家长病倒了，再加上破产，这个家算是完了。

결렬(決裂)【명사】교섭이나 회의 따위에서 의견이 합쳐지지 않아 각각 갈라서게 됨. ◆ 名 决裂，破裂。¶예상 밖으로 협상이 결렬되었다. =协商出人意料地破裂了。● 결렬되다(決裂--), 결렬하다(決裂--) ●

결례(缺禮)【명사】예의범절에 벗어나는 짓을 함. 또는 예의를 갖추지 못함. ◆ 名 失礼，无礼。¶지난번의 결례를 용서해 주십시오. =请原谅我上次的失礼。

결론(結論)【명사】名 ❶ 말이나 글의 끝맺는 부분. ◆ 结尾，结语。¶결론을 맺다. =下结论。❷ 최종적으로 판단을 내림. 또는 그 판단. ◆ 结论。¶결론을 내리다. =下结论。

결론짓다(結論--)【동사】최종적으로 판단을 내리다. 말이나 글을 끝맺다. ◆ 动 下结论，作结论。¶그것이 옳다고 결론지을 수밖에 없다. =结论只能说明那是正确的。

결리다【동사】숨을 크게 쉬거나 몸을 움직일 때에, 몸의 어떤 부분이 당기어서 딱딱 부딪치는 것처럼 뜨끔하게 아프다. ◆ 动 (呼吸或活动时)牵痛，抽痛。¶옆구리가 결리다. =两肋抽痛。

결막(結膜)【명사】눈알과 눈꺼풀 안쪽을 덮고 있는 끈끈한 막. ◆ 名 结膜。

결막염(結膜炎)【명사】결막에 염증이 생겨 눈이 빨갛게 되고 눈곱이 끼는 병. ◆ 名 结膜炎，〈俗〉红眼病。¶실내 수영장을 다녀오고 나서 눈이 가려워 안과에 갔더니 유행성 결막염이라는 진단을 받았다. =从室内游泳馆回来后眼睛发痒，去眼科看了一下，诊断说得了流行性结膜炎。

결말(結末)【명사】어떤 일이 마무리되는 끝. ◆ 名 结尾，结局。¶영화의 결말을 알고 보니 재미가 없다. =知道电影的结局后，觉得没什么意思。

결박(結縛)【명사】몸이나 손 따위를 움직이지 못하도록 동이어 묶음. ◆ 名 捆绑，绑，捆。¶범인은 결박이 되어 수송차량에 태워졌다. =罪犯被绑着押上了运送车。● 결박되다(結縛--), 결박하다(結縛--) ●

결백(潔白)【명사】행동이나 마음씨가 깨끗하고 조촐하여 아무런 허물이 없음. ◆ 名 清白，纯洁，干

净。¶그는 그의 결백을 주장하였다. =他声称他是清白的。● 결백하다(潔白--) ●

결벽(潔癖)【명사】유난스럽게 깨끗한 것을 좋아하는 성벽(性癖). ◆ 图洁癖。¶결벽이 심한 그는 하루에도 몇 번씩 머리를 감고 자주 손발을 씻는다. =他有严重的洁癖，一天要洗好几次头发，还经常洗手洗脚。

결별(訣別)【명사】관계나 교제를 영원히 끊음. ◆ 图绝交，一刀两断。¶친구를 배신한 그를 모든 사람들이 단호히 결별을 선언하다. =他背叛了朋友，所有人都果断跟他绝交。● 결별하다(訣別--) ●

결부(結付)【명사】일정한 사물이나 현상을 서로 연관시킴. ◆ 图结合，联系。● 결부되다(結付--), 결부하다(結付--) ●

결빙(結氷)【명사】물이 얾. ◆ 图结冰，上冻。¶이 도로는 결빙시에는 차량통행을 금합니다. =这条路结冰时禁止车辆通行。● 결빙되다(結氷--), 결빙하다(結氷--) ●

결사반대(決死反對)【명사】죽기를 각오하고 있는 힘을 다하여 반대함. ◆ 图誓死反对。

결사적(決死的)【명사】죽기를 각오하고 힘을 다할 것을 결심한 것. ◆ 图拼命，拼死，冒死。¶그들은 결사적으로 덤벼들었다. =他们冒死进攻。

결산(決算)【명사】图 ❶ 일정한 기간 동안의 수입과 지출을 마감하여 계산함. 또는 그렇게 산출한 계산. ◆ 结算，清算。¶1년간의 결산을 내서 보고하시오. =请统计年度结算后上报。❷ 일정한 동안의 활동이나 업적을 모아 정리하거나 마무리함. 또는 그런 활동이나 업적. ◆ 总结。¶금년도 문화계의 사업 결산을 보고하였다. =总结报告了本年度文化界的活动。● 결산하다(決算--) ●

결석¹(結石)【명사】몸 안의 장기(臟器) 속에 생기는 돌 같은 단단한 물질. 쓸갯돌, 콩팥돌, 이자돌 따위가 있다. ◆ 图 结石。¶갑작스럽게 복통을 호소하더니만 결석으로 인한 통증임이 밝혀졌다. =突然肚子疼，结果查明是结石引起的。

결석²(缺席)【명사】나가야 할 자리에 나가지 않음. ◆ 图缺席，逃课。¶그는 초등학교 다닐 때 결석 한 번 하지 않았다. =他上小学时从来没有缺过席。● 결석하다(缺席--) ●

결선(決選)【명사】图 ❶ 일이나 또는 우승자를 가리기 위하여 행하는 마지막 겨룸. ◆ 决赛。¶결선에 진출하다. =进入决赛。❷ 선거의 결과 당선자가 없을 때 많은 표를 얻은 두 사람 이상을 대상으로 당선자를 결정함. 또는 그런 선거. ◆ 最后一轮选举。

결성(結成)【명사】조직이나 단체 따위를 짜서 만듦. ◆ 图成立，建立，组建。¶노조를 결성하다. =成立工会。● 결성되다(結成--), 결성하다(結成--) ●

결속(結束)【명사】뜻이 같은 사람끼리 서로 결합함. ◆ 图团结，联合。¶결속을 강화하다. =加强团结。● 결속되다(結束--), 결속하다(結束--) ●

결손(缺損)【명사】图 ❶ 어느 부분이 없거나 잘못되어서 불완전함. ◆ 欠缺，不健全。¶결손 가정. =不健全家庭。❷ 수입보다 지출이 많아서 생기는 계산상의 손실. ◆ 亏损，亏空，亏本，蚀本，赔钱。¶결손을 메우다. =弥补亏空。

결손 가정(缺損家庭)【명사】부모의 한쪽 또는 양쪽이 죽거나 이혼하거나 따로 살아서 미성년인 자녀를 제대로 돌보지 못하는 가정. ◆ 图不完整家庭，残破家庭。¶결손 가정 자녀의 교육 문제가 새로운 사회 문제로 부각되었다. =残破家庭子女的教育问题成为了一个新的社会问题。

결승(決勝)【명사】图 ❶ 운동 경기 따위에서, 마지막 승자를 결정함. ◆ 决胜。❷ '결승전(決勝戰)'의 준말. ◆ 决赛("결승전"的缩略语)。¶그는각고의 노력으로 결승에 진출했다. =他经过刻苦努力，终于进入决赛。

결승선(決勝線)【명사】달리기 따위에서, 결승을 판가름하는 장소에 가로로 치거나 그은 선. ◆ 图终点线。¶결승선을 바로 앞에 두고 경기 도우미의 도움을 받은 마라토너가 실격으로 처리되었다. =一个马拉松选手眼看就要到达终点，却接受了别人的帮助，被判取消资格。

결승전(決勝戰)【명사】운동 경기 따위에서, 마지막으로 승부를 가리는 시합. ◆ 图决赛。¶결승전은 시청률이 가장 많은 시간대로 잡았다고 관계자는 말했다. =相关人士称，决赛将在收视率最高的黄金时段直播。

결승점(決勝點)【명사】图 ❶ 육상·수영 따위에서, 승부가 결정되는 지점. ◆ 终点。❷ 승부를 결정하는 점수. ◆ 决胜分。¶선취득점을 지키지 못하고 결승점을 내주어 지고 말았다. =没能保住领先优势，让出了决胜分，最终输掉了比赛。

결식(缺食)【명사】끼니를 거름. ◆ 图缺粮，缺吃的。¶결식 아동. =饥饿儿童。

결실(結實)【명사】图 ❶ 식물이 열매를 맺거나 맺은 열매가 여묾. 또는 그런 열매. ◆ 结果，长果实。¶가을은 결실의 계절이다. =秋天是收获的季节。❷ 일의 결과가 잘 맺어짐. 또는 그런 결과. ◆ 取得成果；成果，结晶。¶성실한 노력의 결실. =踏实努力的成果。

결심(決心)【명사】할 일에 대하여 어떻게 하기로 마음을 굳게 정함. 또는 그런 마음. ◆ 图决心，决意。¶굳은 결심. =坚定不移的决心。● 결심하다(決心--) ●

결여(缺如)【명사】마땅히 있어야 할 것이 빠져서 없거나 모자람. ◆ 图缺，缺乏，缺少。¶예술성이 결여되었다는 평을 들었다. =被评价为缺乏艺术性。● 결여되다(缺如--), 결여하다(缺如--) ●

결연(結緣)【명사】인연을 맺음. 또는 그런 관계. ◆ 图结缘，建立关系。¶자매(姉妹)결연. =结成姊妹。● 결연하다(決然--) ●

결원(缺員)【명사】사람이 빠져 정원에 차지 않고 빔. 또는 그런 인원. ◆ 图缺员，缺额。¶정년으로 인한 결원을 보충하지 않기로 했다. =决定不填补因有人退休而出现的空位。

결의(決議)【명사】의논하여 결정함. 또는 그런 결정. ◆ 图决议。¶그 조례안은 만장일치로 결의되었다. =全体一致决议，通过该条例案。● 결의되다(決議--), 결의하다(決議--) ●

결의(決意)【명사】뜻을 정하여 굳게 먹음. 또는 그런 마음. ◆ 图决意，决心。¶우리는 필승의 결의를 다졌다. =我们下了必胜的决心。● 결의하다(決意--) ●

결재(決裁)【명사】결정할 권한이 있는 상관이 부하가 제출한 안건을 검토하여 허가하거나 승인함. ◆ 图批准，裁决。¶사장의 결재를 받다. =得到总经理的批准。● 결재하다(決裁--) ●

결전(決戰)【명사】승부를 결정짓는 싸움. ◆ 图决战，决赛。¶드디어 결전의 날이 다가왔다. =决战的日子终于来临了。

결점(缺點)【명사】잘못되거나 부족하여 완전하지 못한 점. ◆ 图缺点，短处，不足之处。¶결점을 들춰내다. =揭短。

결정[1](結晶)【명사】图 ❶ 원자, 이온, 분자 따위가 규칙적으로 일정한 법칙에 따라 배열되고, 외형도 대칭 관계에 있는 몇 개의 평면으로 둘러싸여 규칙 바른 형체를 이룸. 또는 그런 물질. ◆ 晶体，结晶体，结晶。¶탄소의 팔면체 결정이 다이아몬드이다. =碳的八面体结晶就是钻石。❷ 애써 노력하여 보람 있는 결과를 이루는 것을 비유적으로 이르는 말. ◆ 结晶，成果，结果。¶그의 성공은 노력의 결정이다. =他的成功是努力的结果。

결정[2](決定)【명사】행동이나 태도를 결단하여 정함. 또는 그렇게 정해진 내용. ◆ 图决定。¶결정을 내리다. =做决定。● 결정되다(決定--), 결정하다(決定--) ●

결정권(決定權)【명사】결정할 수 있는 권리. ◆ 图决定权。¶결정권자(決定權者). =掌权者。

결정적(決定的)【명사】图 ❶ 일이 되어 가는 형편이 바뀔 수 없을 만큼 확실한 것. ◆ 决定性的，关键性的。¶결정적인 기회. =决定性的机会。❷ 일의 결과를 결정지을 만큼 중요한 것. ◆ 确定的，已成定局的。¶이번 경기에서 우리의 승리는 결정적이다. =此次比赛，我方的胜利已成定局。

결정짓다(決定--)【동사】어떤 일이 결정되도록 만들다. ◆ 动决定，做决定。¶추진되었던 사업계획을 결정짓다. =一直积极推行的经营计划获得了批准。

결정체(結晶體)【명사】图 ❶ 결정이 성장하여 일정한 형상을 이룬 물체. ◆ 结晶体，晶体。❷ 노력의 결과로 얻은 보람을 비유적으로 이르는 말. ◆ 结晶，成果。¶이 책은 그의 평생의 노력이 담겨 있는 결정체이다. =这书饱含他毕生的心血。

결제(決濟)【명사】증권 또는 대금을 주고받아 매매 당사자 사이의 거래 관계를 끝맺음. ◆ 图结算，清算，结账。¶요금이 자동으로 결제되다. =手续费自动结算。● 결제되다(決濟--), 결제하다(決濟--) ●

결코(決-)【부사】어떤 경우에도 절대로. ◆ 副决，绝对(不)。¶이번에는 결코 물러서지 않겠다. =这次绝不后退。

결탁(結託)【명사】주로 나쁜 일을 꾸미려고 서로 한통속이 됨. ◆ 图勾结，串通一气，狼狈为奸。¶그 사람이 밀수 조직과의 결탁으로 구속되었다.=他因与走私集团勾结而被逮捕了。● 결탁하다(結託--) ●

결투(決鬪)【명사】승패를 결정하기 위하여 벌이는 싸움. ◆ 图决斗。¶악당과 결투를 벌이다. =与暴徒展开决斗。● 결투하다(決鬪--) ●

결판(決判)【명사】옳고 그름이나 이기고 짐에 대한 최후 판정을 내림. 또는 그 일. ◆ 图决出，分出。¶그는 씨름으로 결판을 내고 싶어한다. =他希望通过摔跤来决出胜负。

결핍(缺乏)【명사】있어야 할 것이 없어지거나 모자람. ◆ 图缺乏，缺少，欠缺。¶비타민 씨(C)의 결핍. =缺乏维生素C。● 결핍되다(缺乏--), 결핍하다(缺乏--) ●

결핍증(缺乏症)【명사】무엇이 모자라 나타나는 증세. ◆ 图缺乏症，匮乏症。¶애정결핍증. =爱情缺乏症。

결하다(缺--)【동사】갖추어야 할 것을 갖추지 못하다. ◆ 动缺，缺少，缺乏。

결함(缺陷)【명사】부족하고 완전하지 못하여 흠이 되는 부분. ◆ 图缺陷，缺点，毛病。¶기계결함으로 비행기가 회항하는 사고가 났다. =机械故障导致飞机返航。

결합(結合)【명사】둘 이상의 사물이나 사람이 서로 관계를 맺어 하나가 됨. ◆ 图结合，合并。¶여러 원인이 결합된 사건이어서 실마리를 잡지 못했다. =由于事件起因众多，没能找出头绪。● 결합되다(結合--), 결합하다(結合--) ●

결항(缺航)【명사】정기적으로 운항(運航)하는 배나 비행기가 출항을 거름. ◆ 图 (某个班次临时)停航，停运。¶태풍으로 배가 결항되다. =受台风影响，轮船停航了。● 결항되다(缺航--), 결항하다(缺航--) ●

결핵(結核)【명사】결핵균에 감염되어 일어나는 만성 전염병. ◆ 图结核。

결행하다(決行--)【동사】어떤 일이 있더라도 변함이 없을 듯한 기세로 결단하여 실행하다. ◆ 动断然实行，断然进行。¶주민들의 반대로 재건축을 결행하기란 어려웠다. =由于居民反对，很难断然进行重建。

결혼(結婚)【명사】남녀가 정식으로 부부 관계를 맺음. ◆ 图结婚。¶결혼 생활. =结婚生活。● 결혼하다(結婚--) ●

결혼식(結婚式)【명사】부부 관계를 맺는 서약을 하는 의식. ◆ 图婚礼，结婚典礼。

결혼식장(結婚式場)【명사】결혼 예식을 치르는 장소. ◆ 图结婚礼堂。¶전번 주말에는 두 군데의 결혼식장을 다녀오느라 좀 바빴다. =上周末参加了两场婚礼，有点忙。

겸(兼)【의존 명사】依名 ❶ 둘 이상의 명사 사이에 쓰여 그 명사들이 나타내는 의미를 아울러 지니고 있음을 나타내는 말. ◆ 兼。¶오늘은 휴일이라 아침 겸 점심을 먹었다. =今天是休息日，早午饭合在一起吃了。❷ 두 가지 이상의 동작이나 행위를 아울러 함을 나타내는 말. ◆ 兼，兼顾，顺便。¶산책도 할 겸 오후에 외출을 했다. =下午出去了一趟，顺便散了散步。

겸비하다(兼備--)【동사】두 가지 이상을 아울러 갖추다. ◆ 动兼备，双全。¶그의 약혼녀는 재능과 미모를 겸비한 여자이다. =他的未婚妻是位才貌双全的女性。

겸사겸사(兼事兼事)【부사】한 번에 여러 가지 일을 하려고, 이 일도 하고 저 일도 할 겸 해서. ◆ 副顺便，顺带。¶병원에 간 김에 겸사겸사 다른 검사도 해 보았다. =去了医院，顺便也做了做别的检查。

겸상(兼床)【명사】둘 또는 그 이상의 사람이 함께 음식을 먹을 수 있도록 차린 상. 또는 그렇게 차려 먹음. ◆ 图同桌进餐，同桌而食。¶아버지와 겸상을 할 수 있는 사람은 오빠뿐이었다. =能与父亲同桌进餐的只有哥哥。● 겸상하다(兼床--) ●

겸손(謙遜/謙巽)【명사】남을 존중하고 자기를 내세우지 않는 태도가 있음. ◆ 图谦虚，谦逊。¶겸손도 지나치면 과례(過禮)이다. =过分谦虚就显得太客气了。

겸손하다(謙遜--/謙巽--)【형용사】남을 존중하고 자기를 내세우지 않는 태도가 있다. ◆ 形谦虚，谦逊。¶벼는 익을수록 고개를 숙이고 사람은 성숙할수록 겸손하게 된다. =稻穗越熟头越低，人越成熟越谦虚。● 겸손히(謙遜-/謙巽-) ●

겸양(謙讓)【명사】겸손한 태도로 남에게 양보하거나 사양함. ◆ 图谦让。¶선생님은 겸양의 미덕을 늘 강조하셨다. =老师经常强调谦让的美德。

겸연쩍다(慊然--)【형용사】쑥스럽거나 미안하여 어색하다. ◆ 形不好意思，难为情。¶그녀에게 고백한 후 그는 겸연쩍은 듯 머리를 긁었다. =向她告白后，他不好意思地挠了挠头。

겸용(兼用)【명사】한 가지를 여러 가지 목적으로 씀. ◆ 图兼用，兼容。¶요즈음 전자 제품은 대부분이 110볼트와 220볼트 겸용이다. =最近的电子产品大部分都能兼用110伏和220伏电压。● 겸용하다(兼用--) ●

겸임(兼任)【명사】여러 가지 직무를 겸함. ◆ 图兼，兼任，兼职。¶겸임 교수. =兼职教授。● 겸임하다(兼任--) ●

겸하다(兼--)【동사】动 ❶ 한 사람이 본무(本务) 외에 다른 직무를 더 맡아 하다. ◆ 兼，兼任，兼做。¶종종 코치가 선수를 겸하는 경우가 있다. =经常出现教练兼做运动员的情况。❷ 두 가지 이상의 기능을 함께 지니다. ◆ 兼备，双全。¶그는 보기 드문 문무를 겸한 인재이다. =他是个少见的文武双全的人才。

겸허하다(謙虛--)【형용사】스스로 자신을 낮추고 비우는 태도가 있다. ◆ 形谦虚，谦逊，虚心。¶겸허한 성품. =谦虚的品格。

겹【명사】图 ❶ 물체의 면과 면 선과 선이 포개진 상태. 또는 그러한 상태로 된 것. ◆ (物体的面或线)重叠，多层，双股。¶겹으로 꼰 실. =双股线。❷ 비슷한 사물이나 일이 거듭됨. ◆ (事物)重叠，纷纷。¶불행한 일이 겹으로 닥쳤다. =祸不单行。❸ 면과 면 또는 선과 선이 그 수만큼 거듭됨을 나타내는 말. ◆ 量层。¶여러 겹으로 접은 종이. =多层折纸。

겹겹이【부사】여러 겹으로. ◆ 副层层，重重，一层又一层。¶겹겹이 옷을 껴입다. =套了好几层衣服。

겹다【형용사】形 ❶ 정도나 양이 지나쳐서 참거나 견뎌 내기 어렵다. ◆ 难以胜任，不胜，不堪承受。¶힘에 겨운 일. =费劲的事。❷ 감정이나 정서가 거세게 일어나 누를 수 없다. ◆ 充满，满怀。¶흥에 겨운 가락. =欢快的旋律。❸ 때가 지나거나 기울어서 늦다. ◆ 迟，晚，过时。¶그들은 한낮이 겨워서 돌아왔다. =他们过了晌午才回来。

겹받침【명사】서로 다른 두 개의 자음으로 이루어진 받침. 'ㄳ', 'ㄵ', 'ㄺ', 'ㄻ', 'ㄼ', 'ㄾ', 'ㅄ' 따위가 있다. ◆ 图双收音。

겹치다【동사】动 ❶ 여러 사물이나 내용 따위가 서로 덧놓이거나 포개어지다. ◆ 重叠，叠在一起。¶전기선이 겹치면 합선의 위험이 있습니다. =电线重叠会有短路的危险。❷ 여러 가지 일이나 현상이 한꺼번에 일어나다. ◆ (事情)同时发生，赶在一块儿，碰在一起。¶공휴일이 일요일과 겹쳤다. =公休日和星期天赶在一天了。❸ 둘 이상을 서로 덧놓거나 포개다. ◆ 摞，叠，堆。¶신문을 겹쳐 놓다. =把报纸叠放在一起。

경[1](京)【수사】조(兆)의 만 배가 되는 수. ◆ 数京。

경[2](卿) 图 ❶ [명사] 영국에서, 귀족의 작위를 받은 이를 높여 이르는 말. ◆ 爵士(英国对获得爵位的人的敬称)。¶처칠 경. =丘吉尔爵士。❷ [대명사] 임금이 2품 이상의 신하를 가리키던 이인칭 대명사. ◆ 代卿，爱卿(国王对二品以上官员的称谓)。¶경들은 짐의 말을 어길 셈이요. =看来众爱卿是要违逆朕的话了。

경각(頃刻)【명사】눈 깜박하는 사이. 또는 짧은 시간. ◆ 图顷刻，瞬间，分秒。¶경각을 다투다. =争分夺秒。

경각(警覺)【명사】잘못을 하지 않도록 정신을 차리고 깨어 있음. ◆ 图警觉，警惕。¶그 사진은 교통사고에 대한 경각을 불러일으키기 충분했다. =那张照片足以唤起人们对交通事故的警惕。

경각심(警覺心)【명사】정신을 차리고 주의 깊게 살피어 경계하는 마음. ◆ 图警惕，警觉。¶경각심을 불러일으키다. =引起警惕。

경거망동(輕擧妄動)【명사】경솔하여 생각 없이 망령되게 행동함. 또는 그런 행동. ◆ 图轻举妄动。¶경거망동을 삼가다. =不要轻举妄动。● 경거망동하다(輕擧妄動--) ●

경건하다(敬虔--)【형용사】공경하며 삼가고 엄숙하다. ◆ 形虔敬，恭敬，虔诚，虔心，肃然起敬。¶경건한 마음으로 기도를 했다. =以虔诚的心祈祷。● 경건히(敬虔-) ●

경계[1](警戒)【명사】图 ❶ 뜻밖의 사고가 생기지 않도록 조심하여 단속함. ◆ 警戒，警惕，戒备。¶수상한 사람을 경계의 눈초리로 지켜보았다. =用戒备的目光盯着可疑的人。❷ 옳지 않은 일이나 잘못된 일들을 하지 않도록 타일러서 주의하게 함.

◆ 告诫，训诫，提醒，警惕。¶자신의 이익만을 생각하는 이기주의를 경계해야 한다. =要警惕只考虑自身利益的利己主义。 ● 경계하다(警戒--) ●

경계[2](境界)【명사】 사물이 어떠한 기준에 의하여 분간되는 한계. ◆ 名界线，分界。¶경계 측량. =测量界线。

경계선(境界線)【명사】 경계(境界)가 되는 선. ◆ 名分界线，界线。¶이 강이 도와 도를 구분하는 경계선이다. =这条河是道与道之间的分界线。

경고(警告)【명사】 조심하거나 삼가도록 미리 주의를 줌. 또는 그 주의. ◆ 名警告。¶컨닝을 하지 말라는 경고를 받았다. =受到不许作弊的警告。 ● 경고하다(警告--) ●

경공업(輕工業)【명사】 부피에 비하여 무게가 가벼운 물자를 생산하는 공업. 섬유공업·식품공업·고무공업 따위의 소비재의 산업이 중심이며, 소자본으로도 가능하다. ◆ 名轻工业。¶지금은 경공업의 개발보다는 첨단기술의 개발에 주력하고 있다. =现在，与轻工业相比，更注重尖端技术的开发。

경과(經過)【명사】 名 ❶ 시간이 지나감. ◆ (时间)过，过去。¶3분 경과. =3分钟过去了。 ❷ 어떤 단계나 시기, 장소를 거침. ◆ 经过，经历，历经(阶段，时期，空间等)。¶그 동안의 경과를 보고하다. =汇报这段时间的经过。 ❸ 일이 되어 가는 과정. ◆ (事情的)经过，原委，过程。¶수술의 경과가 좋다. =手术过程顺利。 ● 경과되다(經過--), 경과하다(經過--) ●

경관(景觀)【명사】 산이나 들, 강, 바다 따위의 자연이나 지역의 풍경. ◆ 名风景，景色，景致。¶이곳은 경관이 참 좋다. =这里的风景真美。

경기[1](景氣)【명사】 매매나 거래에 나타나는 호황·불황 따위의 경제 활동 상태. ◆ 名经济状况。¶지난 달 보다는 경기가 좋다. =经济状况比上个月好。

경기[2](驚氣)【명사】 어린아이에게 나타나는 증상의 하나. 풍(風)으로 인해 갑자기 의식을 잃고 경련하는 병증으로 급경풍과 만경풍의 두 가지로 나뉜다. ◆ 名(小儿)惊风，抽风。¶어릴 때 경기도 참 많이 하더니 이제는 장성하였으니 기특하다. =小时候经常惊风，能长这么大真不容易。

경기[3](競技)【명사】 일정한 규칙 아래 기량과 기술을 겨룸. 또는 그런 일. ◆ 名竞赛，比赛。¶야구 경기. =棒球比赛。

경기도(京畿道)【명사】 서울을 중심으로 한 가까운 주위의 지방. ◆ 名京畿道。

경기장(競技場)【명사】 경기를 할 수 있는 설비와 관람석 따위를 갖춘 곳. ◆ 名赛场，体育场，运动场。¶실내 경기장. =室内赛场。

경내(境內)【명사】 일정한 지역의 안. ◆ 名(一定区域)境内，内，内部。¶절의 경내로 들어서다. =进入寺院内。

경대(鏡臺)【명사】 거울을 버티어 세우고 그 아래에 화장품 따위를 넣는 서랍을 갖추어 만든 가구. ◆ 名梳妆台。¶혼수로 경대를 마련하였다. =买了个梳妆台准备结婚用。

경도(經度)【명사】 지구 위의 위치를 세로로 나타내는 것. ◆ 名经度。

경력(經歷)【명사】 겪어 지내 온 여러 가지 일. ◆ 名(个人)履历，资历，阅历。¶그는 아직 경력이 짧다. =他的资历还很浅。

경련(痙攣)【명사】 근육이 갑자기 움츠러들거나 떨리는 증상. ◆ 名痉挛，抽搐，抽筋。¶얼굴에 경련이 일어났다. =面部痉挛。

경례(敬禮)【명사】 공경의 뜻을 나타내기 위하여 인사하는 일. ◆ 名敬礼，行礼。¶경례를 받다. =受礼。 ● 경례하다(敬禮--) ●

경로[1](經路)【명사】 名 ❶ 지나는 길. ◆ 路线，线路。¶침투 경로. =偷偷进入的路线。 ❷ 일이 진행되는 방법이나 순서. ◆ (事情的)经过，途径，历程。¶외교경로. =外交途径。

경로[2](敬老)【명사】 노인을 공경함. ◆ 名敬老，尊老，尊敬老人。¶경로 잔치. =敬老宴。

경로당(敬老堂)【명사】 노인을 공경하는 뜻에서, 노인들이 모여 어울릴 수 있도록 마련한 집이나 방. ◆ 名敬老院，养老院。¶경로당에서 노인 위안 잔치를 열었다. =在敬老院为老人们摆了筵席。

경로석(敬老席)【명사】 대중교통에서 노인을 공경하는 뜻으로 노인들만 앉도록 마련한 좌석. ◆ 名(公交车、地铁等的)老年人专座。¶지하철에는 경로석과 여성전용석이 마련되어 있다. =地铁上设有老年人专座和女性专座。

경륜(經綸)【명사】 名 ❶ 일정한 포부를 가지고 일을 조직적으로 계획함. 또는 그 계획이나 포부. ◆ 经纶，经略。¶경륜이 있는 사람. =满腹经纶的人。 ❷ 천하를 다스림. ◆ 治理天下，经世。¶그는 막중한 국사의 경륜에 가장 적임인 인물이었다. =他是处理国家大事的最佳人选。

경리(經理)【명사】 어떤 기관이나 단체에서 물자의 관리나 금전의 출납 따위를 맡아보는 사무. 또는 그 부서나 사람. ◆ 名财务，会计。¶경리과. =财务部门。

경마(競馬)【명사】 名 ❶ 일정한 거리를 말을 타고 달려 빠르기를 겨루는 경기. ◆ 赛马。¶경마 대회. =赛马大会。 ❷ [경마장에서] 가장 빨리 달릴 것이라고 예상하는 말에 돈을 걸어 내기를 하는 오락. ◆ 赌马。

경마장(競馬場)【명사】 경마를 할 수 있는 시설을 해 놓은 경기장. 말이 달리는 길과 관람석 따위가 있다. ◆ 名赛马场，跑马场。¶요즘 들어 경마장을 찾는 사람들이 부쩍 늘었다. =最近去赛马场的人数剧增。

경망스럽다(輕妄---)【형용사】 행동이나 말이 가볍고 조심성 없는 데가 있다. ◆ 形轻狂，轻妄，轻佻，轻率，冒失。¶경망스러운 태도. =轻狂的态度。

경매(競賣)【명사】 물건을 사려는 사람이 여럿일 때 값을 가장 높이 부르는 사람에게 파는 일. ◆ 名拍卖，标卖，标售。¶유명화가의 말기 작품이 최고가로 경매되었다. =一位著名画家的晚期作品拍出了最高价。 ● 경매되다(競賣--), 경매하다(競賣--) ●

경멸(輕蔑)【명사】 깔보아 업신여김. ◆ 名轻蔑，蔑

视。¶경멸에 찬 눈초리. =充满轻蔑的眼神。● 경멸하다(輕蔑--) ●

경박하다(輕薄--)【형용사】언행이 신중하지 못하고 가볍다. ◆ 形轻薄，轻浮，轻佻。¶경박한 말투. =轻佻的语气。

경배(敬拜)【명사】존경하여 공손히 절함. ◆ 名拜，参拜，膜拜。● 경배하다(敬拜--) ●

경범죄(輕犯罪)【명사】일상생활에서 일어날 수 있는 가벼운 위법 행위. ◆ 名轻罪，轻微犯罪。¶길에다 침을 뱉으면 경범죄에 해당한다. =随地吐痰属于轻微犯罪。

경보[1](競步)【명사】한 쪽 발이 땅에서 떨어지기 전에 다른 쪽 발이 땅에 닿게 하여 빨리 걷는 것을 겨루는 경기. ◆ 名竞走。

경보[2](警報)【명사】태풍이나 공습 따위의 위험이 닥쳐올 때 경계하도록 미리 알리는 일. 또는 그 보도나 신호. ◆ 名警报。¶폭설 경보. =暴雪警报。

경비[1](警備)【명사】도난, 재난, 침략 따위를 염려하여 사고가 나지 않도록 미리 살피고 지키는 일. ◆ 名警戒，警备，戒备。¶경비를 강화하다. =加强警戒。● 경비하다(警備--) ●

경비[2](經費)【명사】어떤 일을 하는데 드는 비용. ◆ 名 (某件事的)费用，开支，花销。¶여행 경비를 마련하다. =准备旅费。

경비대(警備隊)【명사】경비 임무를 맡은 부대. ◆ 名警备队，警卫队。¶수도경비대. =首都警备队。

경비원(警備員)【명사】경비의 임무를 맡은 사람. ◆ 名警卫，警卫员，保安，门卫。¶경비원을 채용하다. =录用警卫员。

경비행기(輕飛行機)【명사】단발 또는 쌍발을 가진 프로펠러 비행기. 2~8명이 앉을 수 있으며, 선전·광고·보도 취재·사무 연락용 따위에 쓰인다. ◆ 名轻型飞机。

경사[1](傾斜)【명사】비스듬히 기울어짐. 또는 그런 상태나 정도. ◆ 名倾斜度，坡度。¶가파른 경사. =陡峭的坡度。

경사[2](慶事)【명사】축하할 만한 기쁜 일. ◆ 名喜事，喜庆事。¶이 지역에서 대통령이 나와 경사가 났다. =这个地区出了个总统，真是件大喜事。

경사면(傾斜面)【명사】비스듬히 기울어진 면. ◆ 名倾斜面，斜面，斜坡。¶경사면을 깎아 내고 도로를 내는 공사가 한창이다. =开山铺路的工程正如火如荼地进行。

경사스럽다(慶事---)【형용사】경사로 여겨 기뻐하고 즐거워할 만하다. ◆ 形值得庆贺，可喜可贺。¶결혼이란 참으로 경사스러운 일이다. =结婚真是一件可喜可贺的事。

경상(輕傷)【명사】조금 다침. 또는 그 상처. ◆ 名轻伤。¶그저 경상을 입었을 뿐이다. =只是受了点儿轻伤。

경상비(經常費)【명사】매 회계 연도마다 연속적으로 반복하여 지출되는 일정한 종류의 경비. ◆ 名日常开支。

경상 수지(經常收支)【명사】업이나 정부에서 국제적인 거래를 통해 벌어들인 돈과 나간 돈. ◆ 名经常性收支，固定收支。¶경상수지 비율. =经常性收支比率。

경서(經書)【명사】옛 성현들이 유교의 사상과 교리를 써 놓은 책. ◆ 名 (儒教的)经书，典籍，经典。

경솔하다(輕率--)【형용사】말이나 행동이 조심성이 없이 가볍다. ◆ 形轻率，草率，冒失。¶경솔한 말과 행동. =轻率的言行。● 경솔히(輕率-) ●

경시(輕視)【명사】대수롭지 않게 보거나 업신여김. ◆ 名轻视，小看，藐视，鄙视。¶약자 경시 풍조는 사라져야 한다. =应该消除轻视弱者的不良风气。● 경시되다(輕視--), 경시하다(輕視--) ●

경신(更新)【명사】名 ❶ 이미 있던 것을 고쳐 새롭게 함. ◆ 更新，更改，修改。❷ 기록경기 따위에서, 종전의 기록을 깨뜨림. ◆ 刷新，改写，打破(记录)。¶주가가 사상 최고치를 경신했다. =股价刷新了历史记录。● 경신되다(更新--), 경신하다(更新--) ●

경악(驚愕)【명사】소스라치게 깜짝 놀람. ◆ 名惊愕，震惊，吃惊。¶뜻밖의 사고에 경악을 금치 못하다. =对这件意外事故感到惊愕不已。● 경악하다(驚愕--) ●

경애(敬愛)【명사】공경하고 사랑함. ◆ 名敬爱。¶경애와 신의. =敬爱与信义。● 경애하다(敬愛--) ●

경어(敬語)【명사】상대를 공경하는 뜻의 말. ◆ 名敬语，尊敬的语气。¶그 부부는 말을 할 때 경어를 사용하여 서로를 존중한다. =那对夫妇使用敬语说话，以示相互尊重。

경연(競演)【명사】개인이나 단체가 모여 예술, 기능 따위의 실력을 겨룸. ◆ 名演出比赛，表演比赛。¶연극경연 대회. =舞台剧大赛。

경영(經營)【명사】기업이나 사업 따위를 관리하고 운영함. ◆ 名经营，管理(企业、事业)。¶경영이 부실하다. =经营不善。● 경영되다(經營--), 경영하다(經營--) ●

경외(敬畏)【명사】공경하고 두려워함. ◆ 名敬畏。● 경외하다(敬畏--) ●

경우(境遇)【명사】名 ❶ 사리나 도리. ◆ 是非，道理。¶경우에 어긋나는 행동은 하지 마라. =不要干不讲理的事儿。❷ 놓여 있는 조건이나 놓이게 된 형편이나 사정. ◆ 境况，情况。¶만일의 경우. =万一的情况，意外的情况。

경운기(耕耘機)【명사】동력을 이용하여, 논밭을 갈아 일구어 흙덩이를 부수는 기계. ◆ 名耕地机，犁地机。¶경운기로 밭을 갈다. =用耕地机耕地。

경원(敬遠)【명사】겉으로는 공경하는 체하면서 실제로는 꺼리어 멀리함. ◆ 名敬而远之。¶엄한 선배를 경원하며 피해 다닌다. =对严厉的学长敬而远之，见面躲着走。● 경원하다(敬遠--) ●

경위(涇渭)【명사】일의 이치에 대한 옳고 그름의 구별이나 판단. ◆ 名泾渭。¶경위가 분명하다.=泾渭分明。

경유[1](經由)【명사】名 ❶ 어떤 곳을 거쳐 지나감. ◆ 经由，经过，途经。❷ 사무 절차에서 어떤 부서를 거쳐 지남. ◆ 经，经过(某种手续)。¶간부 회

의를 경유하다. =经干部会议讨论。● 경유하다(經由--) ●

경유²(輕油)【명사】석유의 원유를 증류할 때, 등유 다음으로 250~350℃ 사이에서 얻는 기름. 내연 기관의 연료로 쓰인다. ◆图柴油。

경음(硬音)【명사】후두(喉頭) 근육을 긴장하거나 성문(聲門)을 폐쇄하여 내는 음. 'ㄲ', 'ㄸ', 'ㅃ', 'ㅆ', 'ㅉ' 따위의 소리이다. ◆图喉塞音。

경음악(輕音樂)【명사】작은 규모의 형식으로 연주하는, 대중성을 띤 가벼운 음악. 재즈, 샹송, 팝송 따위가 있다. ◆图轻音乐。

경의(敬意)【명사】존경하는 뜻. ◆图敬意，尊敬。¶삼가 경의를 표합니다. =深表敬意。

경이(驚異)【명사】놀랍고 신기하게 여김. 또는 그럴 만한 일. ◆图惊异，惊讶。¶그를 낯선 우주인을 대한 양 경이의 눈으로 바라보다. =他像看见了外星人一样，用惊异的目光望着他。

경이롭다(驚異--)【형용사】놀랍고 신기한 데가 있다. ◆形令人惊奇，令人惊讶。¶그의 경이로운 기록에 모두들 놀랐다. =他的惊人记录令大家大吃一惊。

경작(耕作)【명사】땅을 갈아서 농사를 지음. ◆图耕作，耕种。¶경작 방법. =耕作方法。● 경작하다(耕作--) ●

경작지(耕作地)【명사】경작하는 토지. ◆图耕地，农田。¶경작지를 신도시로 개발하려는 움직임이 있다. =有将耕地开发成新市区的动向。

경쟁(競爭)【명사】같은 목적에 대하여 이기거나 앞서려고 서로 겨룸. ◆图竞争，角逐。¶과열 경쟁. =竞争过热。● 경쟁하다(競爭-) ●

경쟁력(競爭力)【명사】경쟁할 만한 힘. 또는 그런 능력. ◆图竞争力。¶경쟁력을 높이다. =提高竞争力。

경쟁률(競爭率)【명사】경쟁의 비율. ◆图竞争率。¶경쟁률이 높다. =竞争很激烈。

경쟁심(競爭心)【명사】남과 겨루어 이기거나 앞서려는 마음. ◆图好胜心，竞争意识。¶경쟁심이 강한 사람. =好胜心强的人。

경쟁의식(競爭意識)【명사】경쟁하여 이기려는 마음. ◆图竞争意识，好胜心。¶학습단계에서 적절한 경쟁의식은 학습자에게 도움이 됩니다. =在学习阶段，适当的竞争意识有益于学习者。

경쟁자(競爭者)【명사】어떤 목적을 두고 이기거나 앞서려고 서로 다투는 상대자. ◆图竞争对手。¶어렵게 경쟁자를 물리쳤다. =艰难取胜。

경적(警笛)【명사】주의나 경계를 하도록 소리를 울리는 장치. 또는 그 소리. 주로 탈것에 장치한다. ◆图警笛；警笛声。

경전(經典)【명사】图 성현이 지은, 또는 성현의 말이나 행실을 적은 책. ◆经典，圣贤书。

경제(經濟)【명사】图❶ 인간의 생활에 필요한 재화나 용역을 생산·분배·소비하는 모든 활동. 또는 그것을 통하여 이루어지는 사회적 관계. ◆经济。❷ '경제학(經濟學)'의 준말. 경제 현상을 분석하고 연구하는 학문. ◆经济学。❸ 돈이나 시간, 노력을 적게 들임. ◆经济，节约。¶이 방법이 더 경제적이다. =这种方法更经济。

경제난(經濟難)【명사】경제상의 어려움이나 큰 문제. ◆图经济困难。¶심각한 경제난을 극복했다. =克服了严重的经济困难。

경제적(經濟的)【명사】图❶ 인간의 생활에 필요한 재화나 용역을 생산·분배·소비하는 모든 활동에 관한. 또는 그런 것. ◆经济的，经济上的。¶그의 경제적인 도움이 없었다면 나는 성공하지 못했을 것이다. =如果没有他经济上的支持，我不可能取得成功。❷ 돈이나 시간, 노력을 적게 들이는. 또는 그런 것. ◆节约型，经济型。¶경제적이고 실용적인 물건. =经济实用的物品。

경조사(慶弔事)【명사】경사스러운 일과 불행한 일. ◆图红白事，喜事和丧事。¶그는 집안이나 친분이 있는 사람들의 모든 경조사에 빠짐없이 참석한다. =所有亲朋好友的红白事他都悉数参加，无一遗漏。

경종(警鐘)【명사】图❶ 위급한 일이나 비상사태를 알리는, 종이나 사이렌 따위의 신호. ◆警钟。¶경종을 두드리다. =敲警钟。❷ 잘못된 일이나 위험한 일에 대하여 경계하여 주는 주의나 충고를 비유적으로 이르는 말. ◆警钟，〈喻〉警告，警报。¶온도 상승은 자연 파괴의 심각성에 대한 경종으로 보면 된다. =气温上升可以被视为自然遭到严重破坏的一种警告。

경주¹(競走)【명사】사람, 동물, 차량 따위가 일정한 거리를 달려 빠르기를 겨루는 일. 또는 그런 경기. ◆图 (人、动物、车等)赛跑。¶토끼와 거북의 경주. =龟兔赛跑。● 경주하다(競走--) ●

경주²(慶州)【명사】경상북도의 동남부에 있는 시. 신라 천 년의 고도(古都)로 명승고적이 많아 관광 명소이다. 면적은 1,324.08㎢. ◆图庆州。

경주하다(傾注--)【동사】힘이나 정신을 한곳에만 기울이다. ◆动倾注，竭尽(心血、精力等)。¶그는 학위논문을 쓰기 위해 경주하였다. =他为完成学位论文倾注了全部精力。

경중(輕重)【명사】图❶ 가벼움과 무거움. 또는 가볍고 무거운 정도. ◆轻重。¶병세의 경중을 가리다. =区分病情轻重。❷ 중요함과 중요하지 않음. ◆轻重，轻重缓急，主次。¶사안의 경중을 따져서 처리하다. =分清事情的轻重缓急再处理。

경지(境地)【명사】图❶ 학문, 예술, 인품 따위에서 일정한 특성과 체계를 갖춘 독자적인 범주나 부분. ◆领域，天地，境界。¶그는 이 분야의 최고 경지에 다다랐다. =他达到了该领域的最高境界。❷ 몸이나 마음, 기술 따위가 어떤 단계에 도달해 있는 상태. ◆境界，境地。¶그는 기계설계의 최고의 경지에 올랐다. =他达到了机械设计的最高境界。

경직(硬直)【명사】图❶ 몸 따위가 굳어서 뻣뻣하게 됨. ◆僵硬，僵直。¶운동 후 경직된 근육을 풀어 주다. =运动结束后放松一下紧张的肌肉。❷ 사고방식, 태도, 분위기 따위가 부드럽지 못하여 융통성이 없고 엄격하게 됨. ◆僵化，死板。¶그의 농담은 경직된 분위기를 완화시키다. =他的玩笑缓和了僵化的气

氛。● 경직되다(硬直--) ●

경질(更迭/更佚) 【명사】 어떤 직위에 있는 사람을 다른 사람으로 바꿈. ◆ 名更迭，更替，更换。¶총리 경질. =更换总理。● 경질되다(更迭/更佚--), 경질하다(更迭/更佚--) ●

경찰(警察) 【명사】 名 ❶ 사회의 질서를 지키고 국민의 안전과 재산을 보호하는 임무, 또는 그러한 임무를 맡은 국가 기관. ◆ 警察，公安；警务。❷ 경찰관(‘경찰 공무원’을 일상적으로 이르는 말). ◆ 警官，警察。¶낯선 길에서 경찰에게 길을 묻는다. =路况不熟，向警察问路。

경찰관(警察官) 【명사】 ‘경찰 공무원(警察公務員)’을 일상적으로 이르는 말. ◆ 名警官，警察(统称)。

경청(傾聽) 【명사】 귀를 기울여 들음. ◆ 名倾听，聆听。¶그의 연설은 경청할 만하다. =他的演讲值得认真倾听。● 경청하다(傾聽--) ●

경축(慶祝) 【명사】 경사스러운 일을 축하함. ◆ 名庆祝，庆贺，祝贺。¶경축 행사. =庆祝活动。● 경축하다(慶祝--) ●

경치(景致) 【명사】 산이나 들, 강, 바다 따위의 자연이나 지역의 모습. ◆ 名 (自然的)景色，景致，风景，景观。¶경치가 장관이다. =景色蔚为壮观。

경치다(黥--) 【동사】 혹독하게 벌을 받다. ◆ 动受酷刑，受拷打。¶경칠 놈의 자식 같으니라고. =真是个欠揍的家伙。

경칩(驚蟄) 【명사】 이십사절기의 하나. 우수(雨水)와 춘분(春分) 사이에 들며, 양력 3월 5일경이다. 겨울잠을 자던 벌레, 개구리 따위가 깨어 꿈틀거리기 시작한다는 시기이다. ◆ 名惊蛰(24节气之一)。

경칭(敬稱) 【명사】 공경하는 뜻으로 부르는 칭호. 각하(閣下), 선생, 귀하 따위가 있다. ◆ 名敬称，尊称。¶경칭을 붙이다. =使用敬称。

경쾌하다(輕快--) 【형용사】 움직임이나 모습, 기분 따위가 가볍고 상쾌하다. ◆ 形轻快，轻松，轻盈。¶경쾌한 발걸음. =轻快的脚步。

경탄(驚歎/驚嘆) 【명사】 몹시 놀라며 감탄함. ◆ 名惊叹，赞叹。¶뛰어난 솜씨에 경탄을 금치 못하다. =对他超群的手艺惊叹不已。● 경탄하다(驚歎/驚嘆--) ●

경품(景品) 【명사】 名 ❶ 특정한 기간 동안 많은 상품을 팔고 손님의 호감을 얻기 위해, 일정한 액수 이상의 상품을 사는 손님에게 곁들여 주는 물품. ◆ 赠品，礼品。¶경품 증정. =赠送礼品。❷ 어떤 모임에서 제비를 뽑아 선물로 주는 물품. ◆ 抽奖奖品。¶경품을 타다. =领取奖品。

경하하다(慶賀--) 【동사】 경사스러운 일을 치하하다. ◆ 动庆贺，祝贺，庆祝。¶대통령 취임을 경하하다. =庆贺总统就职。

경합(競合) 【명사】 서로 맞서 겨룸. ◆ 名比赛，竞赛，竞争。¶3명의 후보자들이 치열한 경합을 벌이다. =三名候选人展开了激烈的竞争。● 경합하다(競合--) ●

경향(傾向) 【명사】 현상이나 사상, 행동 따위가 어떤 방향으로 기울어짐. ◆ 名倾向，趋势。¶일반적인 경향. =一般性倾向。

경험(經驗) 【명사】 자신이 실제로 해 보거나 겪어 봄. 또는 거기서 얻은 지식이나 기능. ◆ 名经验，阅历。¶좋은 경험을 쌓다. =积累好的经验。

경험담(經驗談) 【명사】 자신이 실제로 해 보거나 겪어 본 일에 대한 이야기. ◆ 名亲身经历。¶아버지는 군대의 경험담 이야기를 하는 걸 좋아하신다. =父亲喜欢讲他在部队的经历。

경호(警護) 【명사】 위험한 일이 일어나지 않도록 미리 조심하고 보호함. ◆ 名警卫，保护。¶대통령을 경호하다. =护卫总统。● 경호하다(警護--) ●

경화(硬化) 【명사】 名 ❶ 물건이나 몸의 조직 따위가 단단하게 굳어짐. ◆ 硬化。¶동맥 경화. =动脉硬化。❷ 주장이나 의견, 태도, 사고방식 따위가 강경해짐. ◆ (变得)强硬，僵化，教条。● 경화되다(硬化--), 경화하다(硬化--) ●

경황(景況) 【명사】 정신적 시간적인 여유나 형편. ◆ 名心思，心情，兴致。¶일이 너무 많아 제대로 인사할 경황이 없었습니다. =事情太多了，连好好打个招呼的心思都没有。

곁 【명사】 名 ❶ 어떤 대상의 옆. 또는 공간적·심리적으로 가까운 데. ◆ 旁边，身边，左右。¶책상 곁에 책장을 놓다. =把书柜放到书桌旁边。❷ 가까이에서 보살펴 주거나 도와줄 만한 사람. ◆ 亲朋好友。¶고아는 가까운 곁이 많지 않다. =孤儿没有什么亲朋好友。

곁가지 【명사】 원가지에서 돋아난 작은 가지. ◆ 名枝杈，分枝，旁枝末节。¶곁가지를 치다. =打杈子。

곁눈 【명사】 얼굴은 돌리지 않고 눈알만 옆으로 굴려서 보는 눈. ◆ 名斜视，瞟，瞥。

곁눈질 【명사】 名 ❶ 곁눈으로 보는 일. ◆ 斜视，瞟，瞥一眼。¶그 청년은 옆의 아가씨를 힐끔힐끔 곁눈질했다. =那个小伙子不停地偷瞥旁边的姑娘。❷ 곁눈으로 무슨 뜻을 알리는 일. ◆ 使眼色，挤眉弄眼。¶곁눈질로 무엇인가 말하는 데 도대체 알 수가 없다. =怎么也搞不清楚他使眼色是要说什么。● 곁눈질하다 ●

곁들이다 【동사】 动 ❶ 주된 음식에 다른 음식을 서로 어울리게 내어놓다. ◆ 配，搭配(饭菜)。¶고기에는 상추를 곁들여야 제 맛이다. =肉要配上生菜才好吃。❷ 주로 하는 일 외에 다른 일을 겸하여 하다. ◆ 兼做。¶노래에 춤을 곁들이다. =又唱又跳。

계(計) 【명사】 한데 합하여 계산함. 또는 그런 수효. ◆ 名计，合计，总计。¶계를 내다.=计算出总金额。

계간(季刊) 【명사】 계절에 따라 한 해에 네 번씩 정해 놓고 책 따위를 발행하는 일. ◆ 名季刊。

계곡(溪谷) 【명사】 물이 흐르는 골짜기. ◆ 名溪谷，山涧。

계교(計巧) 【명사】 요리조리 헤아려 보고 생각해 낸 꾀. ◆ 名妙计，计策。¶계교를 부리다. =施展妙计。

계급(階級) 【명사】 名 ❶ 사회나 일정한 조직 내에서의 지위, 관직 따위의 단계. ◆ (地位、官职的)级别，品级。❷ 일정한 사회에서 신분, 재산, 직업 따위가 비슷한 사람들로 형성되는 집단. 또는 그렇게 나뉜 사회적 지위. ◆ 阶级，阶层。¶아직도 한국 사회에는 계급이 존재한다. =韩国的社会仍然存在着阶级差异。

계급장(階級章)【명사】군대 따위의 조직에서 서열이나 직급을 나타내기 위하여 옷이나 모자에 다는 표장(標章). ◆ 名衔章(表明衔级的各种佩章)。¶그는 군인의 계급장을 자랑스럽게 생각한다. =他对自己的军人身份引以为豪。

계기[1](計器)【명사】길이, 면적, 무게, 양 따위나 온도, 시간, 강도 따위를 재는 기구를 통틀어 이르는 말. ◆ 名计量器，仪表。¶비행기가 계기의 고장으로 항로를 이탈하여 실종되었다. =飞机因仪器故障偏离航线，失去了踪迹。

계기[2](契機)【명사】어떤 일이 일어나거나 변화하도록 만드는 결정적인 원인이나 기회. ◆名契机，机会，动因。¶사건의 계기. =事件的起因。

계단(階段)【명사】名 ❶ 사람이 오르내리기 위하여 건물이나 비탈에 만든 층층대. ◆ 阶，级(楼梯、台阶的级数单位)。¶2층에서 3층은 15계단이다. =二楼到三楼共15级台阶。 ❷ 어떤 일을 이루는 데에 밟아 거쳐야 할 차례나 순서. ◆ 阶段，步骤，道，步。¶제품의 생산은 다섯 계단의 공정을 거친다. =产品生产要经过五道工序。

계란(鷄卵)【명사】닭이 낳은 알. 알껍데기, 노른자, 흰자 따위로 이루어져 있다. ◆名鸡蛋。

계략(計略)【명사】어떤 일을 이루기 위한 꾀나 수단. ◆名计谋，圈套。¶계략을 꾸미다. =设圈套。

계량(計量)【명사】名 ❶ 수량을 헤아림. ◆ 计量，计数。❷ 부피 무게 따위를 잼. ◆ 测量，过秤，过磅。

계량기(計量器)【명사】名 ❶ 수량을 헤아리는 데 쓰는 기구. ◆ 计量器，计数器，表(计算数量的仪器)。¶수도 계량기. =水表。❷ 부피, 무게 따위를 재는 데 쓰는 기구. ◆ 计量仪器，秤(测量重量、体积等的仪器)。

계류장(繫留場)【명사】배를 대고 매어 놓는 장소. ◆ 名停船场，停泊处。¶어민들이 계류장을 만들어 달라는 탄원서를 접수시켰다. =渔民们递交了要求建造停船场的请愿书。

계면쩍다【형용사】쑥스럽거나 미안하여 어색하다. ◆ 形不好意思，难为情。¶그녀에게 고백한 후 그는 계면쩍은 듯 머리를 긁었다. =向她告白后，他不好意思地挠了挠头。

계모(繼母)【명사】아버지가 재혼함으로써 생긴 어머니. ◆名继母，后妈。¶그는 어머니를 여의고 계모 밑에서 자랐다. =他自幼丧母，是跟着继母长大的。

계몽(啓蒙)【명사】지식수준이 낮거나 인습에 젖은 사람을 가르쳐서 깨우침. ◆名启蒙，启蒙教育。¶농촌 계몽. =农村启蒙(运动)。● 계몽되다(啓蒙--), 계몽하다(啓蒙--) ●

계발(啓發)【명사】슬기나 재능, 사상 따위를 일깨워 줌. ◆名启发，启示，开发。¶창의성이 계발되다. =创造性得到开发。● 계발되다(啓發--), 계발하다(啓發--)●

계산(計算)【명사】名 ❶ 수를 헤아림. ◆ 计算，算。¶계산이 맞다. =计算正确。❷ 어떤 일을 예상하거나 고려함. ◆ 计算，考虑，估算。¶소요 시간을 계산에 넣고 계획하다. =制订计划时将所需时间考虑在内。❸ 값을 치름. ◆ 付款，结账，付账。¶계산을 마치고 떠나다. =结完账离开了。❹ 어떤 일이 자기에게 이해득실이 있는지 따짐. ◆ 盘算，计划。¶의도적으로 계산된 발언. =精心准备的发言。● 계산되다(計算--), 계산하다(計算--) ●

계산기(計算器/計算機)【명사】여러 가지 계산을 빠르고 정확하게 하기 위하여 사용하는 기기(機器). 수판, 계산자, 면적계, 전자계산기 따위를 통틀어 이른다. ◆ 名计算器。

계산서(計算書)【명사】물건값의 청구서. ◆ 名付款单。¶계산대에서 값을 치르고 계산서를 받다. =在收银台付完账后拿收据。

계속(繼續)【명사】名 ❶ 끊이지 않고 이어 나감. ◆ 连续，持续，不断。¶계속 쏟아지는 폭우. =连绵不断的暴雨。❷ 끊어졌던 행위나 상태를 다시 이어 나감. ◆ 继续，接着进行，延续。¶중단된 사업을 다시 계속하다. =一度中断的工程又重启继续了。● 계속되다(繼續--), 계속하다(繼續--) ●

계수나무(桂樹--)【명사】계수나뭇과의 낙엽 활엽 교목. 높이는 7~10미터이며, 잎은 마주 난다. ◆ 名桂树，桂花树。

계승(繼承)【명사】名 ❶ 조상의 전통이나 문화유산, 업적 따위를 물려받아 이어 나감. ◆ 传承，传。¶전통 문화가 대대로 계승되고 있다. =传统文化代代相传。❷ 선임자의 뒤를 이어받음. ◆继承，承袭。¶왕위 계승. =王位继承。● 계승되다(繼承--), 계승하다(繼承--) ●

계시(啓示)【명사】사람의 지혜로서는 알 수 없는 진리를 신(神)이 가르쳐 알게 함. ◆ 名 (神的)启示，默示。¶신의 계시를 받다. =得到神的启示。● 계시하다(啓示--) ●

계시다【보조 동사】❶ 윗사람이 무엇을 진행하고 있음을 나타내는 높임말. ◆ (敬语，用在"-고"后，表示动作持续进行)在，正在。¶어머니는 집에서 청소를 하고 계세요. =妈妈正在家里打扫卫生。❷ 补动 윗사람의 지속적인 상태를 나타내는 높임말. ◆ (敬语，用在"-아/-어"后，表示静态的持续)在，正在。¶선생님께서 교실 앞에 서 계신다. =老师站在教室前面。

계약(契約)【명사】名 ❶ 관련되는 사람이나 조직체 사이에서 서로 지켜야 할 의무에 대하여 글이나 말로 정하여 둠. 또는 그런 약속. ◆ 契约，合约，协议，协定。¶계약결혼을 하다. =契约婚姻。❷ 일정한 법률 효과의 발생을 목적으로 두 사람의 의사를 표시함. 청약과 승낙이 합치해야만 성립하는 법률 행위로서, 매매, 고용, 임대차 등의 채권 관계를 성립시킨다. ◆ 合同，合约。¶계약 체결. =签订合同。● 계약하다(契約--) ●

계약금(契約金)【명사】"계약 보증금(契約保證金)"의 준말. 계약의 이행을 보장받기 위하여 계약 당사자 가운데 한쪽이 상대편에게 미리 제공하는 금액.

◆ 图定金，合同押金("계약 보증금(契約保證金)"的略语)。¶계약금을 치르다. =支付定金。

계약서(契約書)【명사】계약이 성립되었음을 증명하기 위하여 작성하는 서류. ◆图合同，合约。¶임대 계약서. =租房合同。

계엄(戒嚴)【명사】국가에 비상사태가 일어났을 때, 군대가 임시로 정부의 권한을 대신 함. ◆图戒严。¶정부는 비상계엄을 선포했다. =政府宣布实行紧急戒严。

계엄령(戒嚴令)【명사】대통령이 계엄의 실시를 선포하는 명령. ◆图戒严令。¶계엄령이 내리다. =戒严令下来了。

계열(系列)【명사】서로 관련이 있거나 유사한 점이 있어서 한 갈래로 이어지는 계통이나 조직. ◆图系列，派。

계율(戒律)【명사】종교를 가지고 있는 사람들이 그에 맞게 지켜야 하는 규율. ◆图戒律，戒条。¶불교의 어느 종파든 엄격하게 계율을 지켜야 한다고 강조한다. =佛教的各个教派都强调要严守戒律。

계절(季節)【명사】규칙적으로 되풀이되는 자연현상에 따라서 일년을 구분한 것. ◆图季，季节。¶벌써 계절이 바뀌어 봄이 되었다. =季节交替，现在已经是春天了。

계절풍(季節風)【명사】계절에 따라 주기적으로 일정한 방향으로 부는 바람. ◆图季风。

계제(階梯)【명사】图 ❶ 사다리라는 뜻으로, 일이 되어 가는 순서나 절차를 비유적으로 이르는 말. ◆ 顺序，步骤。¶계제를 밟다. =按部就班。❷ 어떤 일을 할 수 있게 된 형편이나 기회. ◆ 机会，时机。¶실수에 대해 변명할 계제가 없었다. =没有机会为自己的失误辩解。

계좌(計座)【명사】계정계좌. 예금 계좌. 금융 기관에 예금하려고 설정한 개인명이나 법인명의 계좌. ◆ 图账户，户头。¶돈을 입금할 계좌번호를 알려주세요. =请告诉我收款人的账户号码。

계주(繼走)【명사】일정한 구간을 나누어 4명이 한 조가 되어 차례로 배턴을 주고받으면서 달리는 육상 경기. 400미터, 800미터, 1600미터와 메들리 릴레이가 있다. ◆图接力，接力赛。¶400미터 계주에서 우리가 일등을 하였다. =我们在四百米接力赛中得了第一名。

계집【명사】图 ❶ '여자'를 낮잡아 이르는 말. ◆ 闺女，丫头。¶술 파는 계집. =卖酒女郎。❷ '아내(혼인하여 남자의 짝이 된 여자)'를 낮잡아 이르는 말. ◆ 老婆，媳妇。¶계집과 자식. =老婆、孩子。

계집아이【명사】시집가지 않은 어린 여자아이를 낮잡아 이르는 말. ◆图 (未婚的)丫头，闺女，小姑娘，小女孩。

계집애【명사】'계집아이'의 준말. ◆图 (未婚的)丫头，闺女，小丫头，小姑娘，小女孩("계집아이"的略语)。

계책(計策)【명사】어떤 일을 이루기 위하여 꾀나 방법을 생각해 냄. 또는 그 꾀나 방법. ◆图设计，设圈套，计谋，圈套。¶나는 그의 계책에 말려들었다. =我中了他的圈套。

계측(計測)【명사】시간이나 물건의 양 따위를 헤아리거나 잼. ◆ 图测量，计量。¶정밀한 계측이 어렵다. =难以精密测量。● 계측하다(計測--) ●

계층(階層)【명사】사회적 지위가 비슷한 사람들의 층. ◆图阶层。

계통(系統)【명사】图 ❶ 일정한 체계에 따라 서로 관련되어 있는 부분들의 통일적 조직. ◆ 系统，体系。¶소화기 계통. =消化系统。❷ 일의 체계나 순서. ◆ 顺序，步骤，流程。¶일의 계통을 밟다. =按程序办事。❸ 일정한 분야나 부문. ◆ 部门，领域。¶이 사람은 어학 계통의 일을 합니다. =这个人从事语言学领域的工作。❹ 하나의 공통적인 것에서 갈려 나온 갈래. ◆ 系统，派。¶독일어는 영어와 같은 계통이다. =德语和英语属于同一语系。

계피(桂皮)【명사】육계나무 껍질을 한방에서 이르는 말. 감기 해열제로 쓰며 지절통이나 복통에도 쓴다. ◆图桂皮。

계획(計劃/計畫)【명사】앞으로 할 일의 절차, 방법, 규모를 미리 헤아려 작정함. 또는 그 내용. ◆图计划，规划，筹划。¶그 일은 계획대로 추진되었다. =事情正在按计划进行。● 계획되다(計劃/計畫--), 계획하다(計劃/計畫--) ●

계획성(計劃性)【명사】모든 일을 계획을 짜서 처리하려고 하는 성질. ◆ 图计划性。¶그는 계획성이 있다. =他做事很有计划性。

계획표(計劃表)【명사】앞으로 할 일의 절차나 방법 따위를 미리 헤아려 적은 표. ◆图计划表。¶그의 머릿속에는 사업에 관한 구체적인 계획표가 마련되어 있었다. =他脑子里已经有了具体的经营计划表。

곗돈(契-)【명사】图 ❶ 계에 들어서 내는 돈. ◆ (交给互助会的)会费。¶매달 곗돈을 붓는다. =每月交会费。❷ 계를 부어 찾는 목돈. ◆ (轮流从互助会领取的)互助金。¶오늘 곗돈을 탔다. =今天领到了会费。

고[1]【조사】둘 이상의 사물을 같은 자격으로 이어 주는 접속 조사. 나열되는 사물이 똑같이 선택됨을 나타낸다. 바로 뒤에 '간에'가 오기도 한다. ◆ 助 (用于开音节体词或助词"에, 에게, 서, 에서, 께, 께서"之后，后面可加"간에")连接两个或两个以上具有相同资格事物的接续助词，表示罗列。¶그 일에는 학벌이고 뭐고 간에 다 소용없다. =在这项工作上，学历什么的都没用。

고[2]【조사】앞말이 간접 인용되는 말임을 나타내는 격 조사. ◆ 助 (用在终结词尾"다, 냐, 라, 자, 마"之后的格助词)表示间接引用。¶나는 그가 잘했다고 생각한다. =我觉得他做得不错。

-고[3]【어미】词尾 ❶ 두 가지 이상의 사실을 대등하게 벌여 놓는 연결 어미. ◆ 连接词尾，表示并列。¶예술은 짧고, 인생은 길다. =艺术生命短暂，人生漫长。❷ 앞뒤 절의 두 사실 간에 계기적인 관계가 있음을 나타내는 연결 어미. ◆ 连接词尾，表示原因、理由、契机。¶그가 상한 음식을 먹고는 배탈이 났다. =他吃了变质食物，结果拉肚子了。❸ 앞 절의 동작이 이루어진 그대로 지속되는 가운데 뒤 절의

동작이 일어남을 나타내는 연결 어미. ◆ 连接词尾，表示基于前面的事实进行后面的行为。¶나는 새 옷을 입고 출근했다. =我穿着新衣服去上班。❹ 서로 뜻이 대립되는 말을 벌여 놓는 연결 어미. '하다'의 선행 형식이 되게 하거나 명사적으로 쓰이도록 한다. ◆ 连接词尾，表示列举相互对立的事实，用作"하다"的先行结构或相当于名词的成分。¶좋고 나쁘고를 어떻게 아느냐? =你怎么知道是好是坏? ❺ 형용사 어간을 반복하여 그 뜻을 강조하는 연결 어미. 흔히 '-고 -은' 구성으로 쓴다. ◆ (用于一部分形容词词干后)连接词尾，重复形容词的词干，表示强调。¶길고 긴 세월. =漫长的岁月。❻ 본용언에 붙는 연결 어미. ◆ 用于本谓词之后的连接词尾，构成"고 있다/고 싶다/고 지고/고 나다/고 보다/고 보니/고 보면/고 말다/고 들다"等辅助谓词结构。¶너 아직도 울고 있구나. =你还在哭呀。

고⁴(故)【관형사】이미 세상을 떠난. ◆ 冠故，已故的。¶고 김선생의 유언을 받들어 그의 퇴직금으로 장학회를 만들었다. =遵循已故金先生的遗嘱，用他的退休金设立了奖学金。

고⁵(高)-【접사】'높은' 또는 '훌륭한'의 뜻을 더하는 접두사. ◆ 前缀高，好。¶고품질. =高品质。

고가(高價)【명사】비싼 가격. 또는 값이 비싼 것. ◆ 名高价，重金，高档。¶고가의 물품. =高价物品。

고가 도로(高架道路)【명사】기둥 따위를 세워 땅 위로 높이 설치한 도로. 교차로나 험한 지형에 가로질러 만든다. ◆ 名高架公路，高架路。

고갈(枯渴)【명사】名 ❶ 물이 말라서 없어짐. ◆ (水)枯竭，干枯，干涸。¶식수 고갈로 어려움을 겪다. =经历因饮用水枯竭而造成的困境。❷ 어떤 일의 바탕이 되는 돈이나 물자, 소재, 인력 따위가 다하여 없어짐. ◆ (钱、物)枯竭，紧缺，匮乏。¶자원의 고갈 현상. =资源枯竭现象。❸ 느낌이나 생각 따위가 다 없어짐. ◆ (情绪、感情)缺乏，贫乏，缺少。¶정서의 고갈로 사회는 더욱 각박하게 되었다. =缺乏人情味，这个社会将变得更加凉薄。● 고갈되다(枯渴--) ●

고개¹【명사】목의 뒷등이 되는 부분. ◆ 名后颈。¶고개가 뻣뻣하다. =后颈发硬。

고개²【명사】名 ❶ 산이나 언덕을 넘어 다니도록 길이 나 있는 비탈진 곳. ◆ 坡，山岗。¶고개를 넘다. =过山冈。❷ 일의 중요한 고비나 절정을 비유적으로 이르는 말. ◆ 难关，坎儿。¶어려운 고개를 넘겼다. =度过了难关。❸ 중년 이후 열 단위만큼의 나이를 비유적으로 이르는 말. ◆ [数量单位] (每十岁年龄的)大关，坎儿。¶이미 오십고개를 넘어섰다. =已经过了五十岁大关。

고객(顧客)【명사】상점 따위에 물건을 사러 오는 손님. ◆ 名顾客，客户，客人。¶그 백화점은 '고객이 왕이다'라는 표어를 내걸었다. =那家百货商店打出了"顾客就是上帝"的标语。

고갯길【명사】고개를 넘나들도록 나 있는 길. ◆ 名山路，山间小道。¶그들은 가파른 고갯길에 접어들었다. =他们进入了陡峭的山路。

고갯마루【명사】고개에서 가장 높은 자리. ◆ 名山头，山顶。¶고갯마루에 오르다. =爬上山顶。

고갯짓【명사】고개를 흔들거나 끄덕이는 짓. ◆ 名摇头，点头，晃脑袋。¶그는 고갯짓으로 길을 알려 주었다. =他晃晃脑袋，给我们指了路。● 고갯짓하다 ●

고갱이【명사】名 ❶ 풀이나 나무의 줄기 한가운데에 있는 연한 심. ◆ (植物的)茎芯，茎髓。¶배추 고갱이. =白菜心。❷ 사물의 중심이 되는 부분을 비유적으로 이르는 말. ◆〈喻〉核心，精髓。¶그의 삶 속에는 민족자존이라는 고갱이가 자리 잡고 있었다. =在他的一生中，民族自尊占据着核心地位。

고것【대명사】代 ❶ '그것'을 낮잡아 이르거나 귀엽게 이르는 말. ◆ 那个东西，那个，那("그것"的俚语，表示蔑视或亲昵)。¶그녀가 아기를 낳았다고 하던데 고것이 사실이냐? =听说她生孩子了，是真的吗? ❷ '고 사람'을 낮잡아 이르는 삼인칭 대명사. ◆ 那家伙，那东西，那小子("고 사람"的贬称)。¶고것이 말을 잘 안 듣는다. =那小子不听话。❸ '고 아이'를 귀엽게 이르는 삼인칭 대명사. ◆ 那孩子，那小家伙("고 아이"的亲昵称呼)。¶고것 참 예쁘게 생겼구나! =那小家伙长得真漂亮!

고견(高見)【명사】名 ❶ 뛰어난 의견이나 생각. ◆ 高见，远见卓识。¶그 사람의 정치적 판단은 당시의 고견이었다. =他的政治判断在当时可谓是远见卓识。❷ 남의 의견을 높여 이르는 말. ◆ 高见。¶이번 안건에 대한 선생님의 고견을 듣고 싶습니다. =想听一下先生对此案的高见。

고결하다(高潔--)【형용사】성품이 고상하고 순결하다. ◆ 形圣洁，高尚。¶그 분은 고결한 성품을 지니신 학자이다. =他是一位品格高尚的学者。

고고하다(孤高--)【형용사】세상일에 초연하여 홀로 고상하다. ◆ 形孤傲，清高。¶그의 모습이 고고하다. =他看上去很清高。

고고학(考古學)【명사】유물과 유적을 통하여 옛 인류의 생활, 문화 따위를 연구하는 학문. ◆ 名考古学。¶우리 교수님의 전공은 고고학이다. =我们教授的专业是考古学。

고공(高空)【명사】높은 공중. 높이 1,500~2,000미터 위의 하늘. ◆ 名高空。¶고공비행. =高空飞行。

고관(高官)【명사】지위가 높은 벼슬이나 관리. ◆ 名高官，高级官员。¶그는 정부 고관을 초청하여 행사를 치렀다. =他邀请政府高官参加了活动。

고구마【명사】메꽃과의 여러해살이풀. 땅속뿌리는 식용하거나 공업용으로 쓰고 잎과 줄기도 나물로 식용한다. ◆ 名红薯，地瓜。

고국(故國)【명사】주로 남의 나라에 있는 사람이 자신의 조상 때부터 살던 나라를 이르는 말. ◆ 名故国，祖国，故土。¶고국을 향한 그리움. =对祖国的思念。

고군분투(孤軍奮鬪)【명사】남의 도움을 받지 아니하고 힘에 벅찬 일을 잘해 나가는 것을 비유적으로 이르는 말. ◆ 名孤军奋战，独自奋斗。¶자금난으로 어려운 기업을 지키기 위해 고군분투하여 투자자를 찾고 있다. =为了挽救陷入资金困境的企业，他孤军奋战，四处寻找投资者。● 고군분투하다(孤軍奮鬪

--) ●

고궁(古宮)【명사】옛 궁궐. ◆ 名古代宫殿。¶고궁을 산책하다. =在古代宫阙中散步。

고귀하다(高貴--)【형용사】훌륭하고 귀중하다. ◆ 形宝贵，珍贵。¶그의 고귀한 희생정신. =他那宝贵的牺牲精神。

고금(古今)【명사】예전과 지금을 아울러 이르는 말. ◆ 名古今，古往今来。

고급(高級)【명사】名 ❶ 물건이나 시설 따위의 품질이 뛰어나고 값이 비쌈. ◆ 高级，高档，上等。¶고급 음식점. =高档餐馆。❷ 지위나 신분 또는 수준 따위가 높음. ◆ 高级，上级，上位。¶고급 과정. =高级课程。

고기[1]【명사】名 ❶ 식용하는 온갖 동물의 살. ◆ 荤，肉，肉类(泛指)。¶고기 반찬. =荤菜。❷ 물고기. 어류의 척추동물을 통틀어 이르는 말. ◆ 鱼。¶물고기를 낚다. =钓鱼。

고기[2]【대명사】듣는 이에게 가까운 곳을 가리키는 지시 대명사. ◆ 代那儿。¶고기 차옆에 서봐. =站在那辆车旁边。

고기압(高氣壓)【명사】대기 중에서 높이가 같은 주위보다 기압이 높은 영역. 하강 기류가 생겨 날씨가 맑다. ◆ 名高气压。¶이동성 고기압. =移动性高气压。

고기잡이【명사】名 ❶ 낚시나 그물 따위로 물고기를 잡음. ◆ 打鱼，捕鱼，钓鱼。¶바다로 고기잡이를 나갔다. =去海里捕鱼。❷ 물고기 잡는 일이 직업인 사람. ◆ 渔夫，渔民。¶그는 고기잡이가 천직이라는 말을 자주 했다. =他常常说自己生来就是当渔夫的料。● 고기잡이하다 ●

고깃국【명사】고기를 넣어 끓인 국. ◆ 名肉汤。¶고깃국 한 그릇. =一碗肉汤。

고깃덩어리【명사】名 ❶ 덩어리로 된 짐승의 고기. ◆ 肉块，大块肉。¶정육점에 매달린 고깃덩어리. =瘦肉店里挂着的肉块。❷ 俚 사람의 몸을 속되게 이르는 말. ◆ 俚(人的)肉体，身体，身子。¶너는 비단으로 고깃덩어리만 감추면 다냐. =你穿上绫罗绸缎就了不起啦?

고깃배【명사】어선(漁船)(고기잡이를 하는 배). ◆ 名渔船，捕鱼船。¶저 멀리 수평선 위에 고깃배의 돛이 보인다. =遥远的海平线上出现了渔船的船帆。

고깔【명사】승려나 무당 또는 농악대들이 머리에 쓰는, 위 끝이 뾰족하게 생긴 모자. ◆ 名 (僧人、跳大神的以及农乐队戴的)三角帽，尖顶帽。¶고깔을 쓴 농악대가 지나간다. =头戴三角帽的农乐队走过去了。

고깝다【형용사】섭섭하고 야속하여 마음이 언짢다. ◆ 形烦，反感，见怪。¶행여 나를 고깝게 여기지 말아라. =你别烦我。

고꾸라지다【동사】动 ❶ 앞으로 고부라져 쓰러지다. ◆ 栽倒，摔倒。¶발을 헛디뎌 고꾸라질 뻔하다. =一脚踩空，差一点栽倒。❷ '죽다'를 속되게 이르는 말. ◆ 〈俗〉死去，咽气。

고난(苦難)【명사】괴로움과 어려움을 아울러 이르는 말. ◆ 名苦难，艰辛。¶고난에 빠지다. =陷入苦难。

고놈【대명사】代 ❶ '그놈'을 낮잡아 이르거나 귀엽게 이르는 말. ◆ 那个家伙，那个东西(贬称或昵称)。¶고놈 참 똘똘하게도 생겼다. =那家伙真机灵。❷ '고것'을 속되게 이르는 말. ◆ 那个，那玩意儿。

고뇌(苦惱)【명사】괴로워하고 번뇌함. ◆ 名苦恼，苦闷，烦恼。¶고뇌에서 벗어나다. =摆脱苦恼。● 고뇌하다(苦惱--) ●

고니【명사】오릿과의 물새. 몸이 크고 온몸은 순백색이며, 눈 앞쪽에는 노란 피부가 드러나 있고 다리는 검다. ◆ 名白天鹅。

고다【동사】动 ❶ 고기나 뼈 따위를 무르거나 진액이 빠지도록 끓는 물에 푹 삶다. ◆ 煮，熬，炖，煨(肉、骨头等)。¶소뼈를 푹 고다. =把牛骨炖透。❷ 졸아서 진하게 엉기도록 끓이다. ◆ 熬。¶엿을 고아 강정을 만들다. =熬麦芽糖做琥珀豆。

고단하다【형용사】形 ❶ 몸이 지쳐서 느른하다. ◆ 累，疲倦，疲惫不堪。¶몸이 고단하다. =身体疲倦。❷ 일이 몹시 피곤할 정도로 힘들다. ◆ 累。¶ 일이 조금 고단해도 고향에 갈 수 있다는 생각에 마냥 즐거웠다. =虽然工作有点累，但是一想到可以回家就很高兴。❸ 일이 꼬여서 사정이 딱하다. ◆ 麻烦，棘手，难办。¶고단하게 되던 일이 차츰 풀리다. =一点点地解决了麻烦事。

고달프다【형용사】몸이나 처지가 몹시 고단하다. ◆ 形 (身体或处境)累，麻烦，棘手，难办。¶하는 일이 무척 고달픈가 보죠? =看来你的工作一定很累吧?

고대(古代)【명사】名 ❶ 원시 시대와 중세 사이의 아주 옛 시대. ◆ 中古时代。❷ 옛 시대. ◆ 古代。¶고대와 현대. =古代与现代。

고대하다(苦待--)【동사】몹시 기다리다. ◆ 动苦等，苦盼，苦苦等待。¶아이들은 소풍날만을 고대하고 있다. =孩子们苦盼着郊游的日子。

고도[1](孤島)【명사】육지에서 멀리 떨어진 작은 섬. ◆ 名孤岛。¶절해의 고도. =远海孤岛。

고도[2](古都)【명사】옛 도읍. ◆ 名古都，故都，旧都。¶경주는 신라의 고도이다. =庆州是新罗古都。

고독(孤獨)【명사】세상에 홀로 떨어져 있는 듯이 매우 외롭고 쓸쓸함. ◆ 名孤独，孤单。¶고독을 느끼다. =感到孤独。● 고독하다(孤獨--) ●

고동[1](鼓動)【명사】피의 순환을 위하여 뛰는 심장의 운동. ◆ 名 (心脏)跳动，搏动，心跳。¶긴장하고 있는 아이의 심장 고동 소리가 또렷이 들렸다. =能清楚地听到那孩子紧张的心跳声。

고동[2]【명사】신호를 위하여 비교적 길게 내는 기적 따위의 소리. ◆ 名汽笛。¶멀리서 배의 고동 소리가 아련히 들려온다. =远处隐约传来轮船的汽笛声。

고동색(古銅色)【명사】어두운 갈색. ◆ 名棕红色，棕色，赤褐色。¶어머니는 고동색치마가 잘 어울린다. =妈妈很适合穿棕色裙子。

고동치다【동사】动 ❶ 심장이 심하게 뛰다. ◆ (心脏)猛跳，急速跳动。¶급히 뛰어왔더니 심장이 고동친다. =一路急跑，心跳变得急促起来。❷ 희망이나 이상이 가득 차 마음이 약동하다. ◆ (心)欢快地跳动，

〈喻〉激动，兴奋。¶내 가슴은 비밀스러운 즐거움으로 높다랗게 고동치기 시작한다. =隐秘的喜悦使我的心咚咚地猛跳起来。

고되다【형용사】하는 일이 힘에 겨워 고단하다. ◆ 形苦，艰苦，辛苦。¶훈련이 고되다. =训练很艰苦。

고두밥【명사】아주 되게 지어져 고들고들한 밥. ◆名硬米饭。

고둥【명사】연체동물문 복족강의 동물을 통틀어 이르는 말. 소라, 소라고둥, 총알고둥 따위처럼 대개 말려 있는 껍데기를 가지는 종류이다. ◆名螺，螺类。¶어렸을 적에 개울에서 고둥을 잡으며 놀았던 때가 그립다. =很怀念小时候在小溪里抓田螺玩的日子。

고드름【명사】낙숫물 따위가 밑으로 흐르다가 얼어 붙어 공중에 길게 매달려 있는 얼음. ◆名冰柱，冰凌。¶고드름을 따다. =摘冰凌。

고들빼기【명사】줄기는 자주색이고 노란색의 꽃이 피며, 잎과 뿌리로 김치를 담그거나 나물을 만들어 먹는 식물. ◆名苦菜。

고등(高等)【명사】등급이나 수준, 정도가 높음. 또는 그런 정도. ◆名高等，高级。¶고등 기술. =高级技术。

고등 법원(高等法院)【명사】법원 조직법에 의하여 설치한 하급 법원 가운데 최상위의 법원. ◆名高等法院。

고등어【명사】등이 푸르고 검은 물결무늬가 있으며 배는 흰, 살이 많은 바닷물고기. ◆名鲭鱼，〈又称〉青花鱼。

고등학교【명사】중학교를 졸업한 수준의 학력을 갖추거나 중학교를 졸업하면 갈 수 있는 학교. ◆名高中。¶고등학교에 다니다. =上高中。

고딕(Gothic)【명사】名 ❶ 고딕체. 획이 굵은 활자체. ◆ (出版业)黑体，哥特体(字体)。❷ 고딕 건축. 12세기 중엽에 유럽에서 생긴 건축 양식. ◆ 哥特式建筑，尖拱式建筑。

고딕체(Gothic體)【명사】획이 굵은 활자체. ◆名哥特体，笔划黑体字形。

고락(苦樂)【명사】괴로움과 즐거움을 아울러 이르는 말. ◆名苦乐，甘苦，悲喜，喜怒哀乐。¶인생의 고락을 다 겪다. =饱尝人生甘苦。

고란초(皐蘭草)【명사】고란초과의 상록 여러해살이풀. 뿌리줄기는 높이가 10~30cm이며, 줄꼴의 붉은 갈색 비늘로 덮여 있다. 둥근 홀씨주머니가 잎 뒤쪽에 두 줄로 붙어 있다. ◆名鸭脚草。

고랑【의존 명사】밭 따위를 세는 단위. ◆依名垄，沟；畦，块。¶한 고랑. =一垄。

고래[1]【명사】몸집이 매우 크며 물고기처럼 생긴, 바다에 사는 동물. ◆名鲸，鲸鱼。

고래[2]【명사】방고래를 이름. ◆名炕洞。¶고래를 잘 놓아야 연기가 잘 빠진다. =好好搭建炕洞，烟道才能通畅。

고래고래【부사】몹시 화가 나서 남을 꾸짖거나 욕을 할 때 목소리를 한껏 높여 시끄럽게 외치거나 지르는 모양. ◆ 副 (生气时)大声，哇哇，嗷嗷。¶고래고래 소리를 지르다. =哇哇大叫。

고래로(古來-)【부사】자고이래로. ◆副自古以来，自古。¶고래로 내려오는 관습은 하루아침에 바꾸기는 어렵다. =自古流传下来的习俗很难在一朝一夕间改变。

고랭지(高冷地)【명사】저위도에 위치하고 표고가 600미터 이상으로 높고 한랭한 곳. ◆名高寒地，高寒地区。¶고랭지채소. =高寒地蔬菜。

고렇다【형용사】상태, 모양, 성질 따위가 그와 같다. ◆形那样，那样的，是那样。¶고렇고 조렇고 간에 우리 이 점만은 분명히 해 두자. =不管怎么样，我们先把这一点弄清楚吧。

고려[1](高麗)【명사】918년에 왕건이 궁예를 내쫓고 개성에 도읍하여 세운 나라. ◆名高丽。

고려[2](考慮)【명사】생각하고 헤아려 봄. ◆名考虑，思量，斟酌。¶그 문제는 아직 고려 중이다. =那个问题还在考虑中。● 고려되다(考慮--), 고려하다(考慮--) ●

고려자기(高麗瓷器)【명사】고려 시대에 만든 자기. 태토(胎土), 유약과 소량의 철분을 섞어 조각과 상감으로 꾸며 만들었다. ◆名高丽瓷器。

고려청자(高麗青瓷)【명사】고려 시대에 만들어진 푸른빛의 자기를 통틀어 이르는 말. 상감 청자가 특히 유명하다. ◆名高丽青瓷。¶경매장에 나온 경매물 중 고려청자가 가장 높은 가격에 낙찰되었다. =拍卖会上所有的拍卖物品中，高丽青瓷拍出了最高价。

고령(高齡)【명사】늙은이로서 썩 많은 나이. 또는 그런 나이가 된 사람. ◆名高龄，老龄，老年人。¶우리 할아버지는 90세의 고령이시지만 아직도 정정하시다. =我爷爷虽然已是年过九旬的高龄老人，但身板依然很硬朗。

고령토(高嶺土)【명사】바위 속의 장석(長石)이 풍화 작용을 받아 이루어진 흰색 또는 회색의 진흙. 도자기나 시멘트 따위의 원료로 쓴다. ◆名高岭土，瓷土。

고루【부사】副 ❶ 차이가 없이 엇비슷하거나 같게. ◆ 平均地，均匀地，均衡地。¶전국적으로 비가 고루 내렸다. =全国普遍降雨。❷ 두루 빼놓지 않고. ◆ 平均地，同等地。¶물건을 고루 갖추다. =平均分配物品。● 고루고루 ●

고루하다(固陋--)【형용사】낡은 관념이나 습관에 젖어 고집이 세고 새로운 것을 잘 받아들이지 아니하다. ◆ 形陈旧，因循守旧。¶고루한 사고방식. =陈旧的思考方式。

고르다[1]【동사】여럿 중에서 가려내거나 뽑다. ◆动挑，选，挑选。¶물건을 고르다. =挑选物品。

고르다[2]【형용사】形 ❶ 여럿이 다 높낮이, 크기, 양 따위의 차이가 없이 한결같다. ◆ 平均，均衡。¶이익을 고르게 분배하다. =平均分配利润。❷ 상태가 정상적으로 순조롭다. ◆ 均匀，稳定。¶숨결이 고르다. =呼吸均匀。

고르다[3]【동사】动 ❶ 울퉁불퉁한 것을 평평하게 하거나 들쭉날쭉한 것을 가지런하게 하다. ◆ 铲平，填平。¶땅을 고르고 씨앗을 뿌렸다. =耕平了地，播下

了种子。❷ 붓이나 악기의 줄 따위가 제 기능을 발휘하도록 다듬거나 손질하다. ◆ 修理，调(毛笔、琴弦等)。¶붓을 고르다. =修理毛笔。

고름[1] 【명사】 옷고름. ◆ 图衣带。¶고름을 달다. =缝上衣带。

고름[2] 【명사】 몸 안에 병균이 들어가 염증을 일으켰을 때에 피부나 조직이 썩어 생긴 물질이나, 파괴된 백혈구, 세균 따위가 들어 있는 걸쭉한 액체. 희고 누르무레하며 고약한 냄새가 난다. ◆ 图脓，脓水。¶고름을 짜다. =挤脓水。

고리 【명사】 图 ❶ 긴 쇠붙이나 줄, 끈 따위를 구부리고 양끝을 맞붙여 둥글거나 모나게 만든 물건. ◆ 环，把手。¶방문 고리. =房门把手。❷ 어떤 조직이나 현상을 서로 연관되게 하는 하나하나의 구성 부분. 또는 그 이음매를 비유적으로 이르는 말. ◆ 环节，接口。¶연결 고리. =连接环节。

고리대금(高利貸金) 【명사】 图 ❶ 이자가 비싼 돈. ◆ 高利贷。¶사정이 워낙 다급하여 어쩔 수 없이 고리대금을 얻었다. =事情紧急，只好借了高利贷。❷ 부당하게 비싼 이자를 받는 돈놀이. ◆ 高利贷。¶고리대금을 놓다. =放高利贷。

고리타분하다 【형용사】 形 ❶ 냄새가 신선하지 못하고 역겹게 고리다. ◆ 腐臭，腐烂，发霉。❷ 하는 짓이나 성미, 분위기 따위가 새롭지 못하고 답답하다. ◆ (行为或性情等)迂腐，陈腐。¶젊은 사람이 어떻게 그만한 융통성도 없이 고리타분하냐. =年纪轻轻的怎么这么迂腐，一点都不灵活?

고린내 【명사】 썩은 풀이나 썩은 달걀 따위에서 나는 냄새와 같이 고약한 냄새. ◆ 图臭味，腐臭。¶씻지 않았는지 고린내가 난다. =不知道是不是没洗，有股臭味。

고릴라(gorilla) 【명사】 성성잇과의 고릴라류에 속하는 동물을 통틀어 이르는 말. 아프리카의 숲에 사는데 서부고릴라와 동부고릴라 두 종이 있다. ◆ 图大猩猩。

고립(孤立) 【명사】 다른 사람과 어울리어 사귀지 아니하거나 도움을 받지 못하여 외톨이로 됨. ◆ 图孤立，孤立无援。¶고립 상태에 빠지다. =陷入孤立状态。● 고립되다(孤立--) ●

고마움 【명사】 고맙게 여기는 마음이나 느낌. ◆ 图感激，谢意。¶고마움을 느끼다. =很感激。

고막(鼓膜) 【명사】 귓구멍 안쪽에 있는 막. 타원형의 반투명한 막으로, 공기의 진동을 속귀 쪽으로 전달하여 들을 수 있게 하여 준다. ◆ 图鼓膜，耳膜。¶고막이 울리다. =耳鸣。

고만[1] 【부사】 副 ❶ 고 정도까지만. ◆ 到此为止，不再。¶이제 고만 놀고 숙제를 해라. =别再玩了，做作业吧。❷ 고대로 곧. ◆ 就，立即。¶잔소리를 조금 했더니 몇 마디도 듣지 않고 고만 가 버렸다. =稍微唠叨了一下，结果他没听两句就走了。❸ 고 정도로 하고. ◆ 到此为止。¶이제 고만 그치고 눈물이나 좀 닦아라. =别再哭了，擦擦眼泪吧。❹ 자신도 모르는 사이에. ◆ 不知不觉就，不由地。¶너무나 슬퍼서 고만 울고 말았다. =实在是太伤心了，不由地哭了起来。❺ 달리 해 볼 도리가 없이. ◆ 就，只好，没办法。¶계속 무리한 요구를 해서 고만 회담장을 나와 버렸다. =（对方）老是提过分的要求，我就离开了会场。❻ 고것으로 끝임을 나타내는 말. ◆ (与叙述格助词"이다"连用)就行了，就完了，就没事了。¶서로 조금씩 양보하면 고만인데 굳이 제 주장을 내세우니까 탈이 생긴다. =互相各让一步就没事了，都是因为固执己见才会出问题。❼ 더할 나위 없이 좋음을 나타내는 말. ◆ (与叙述格助词"이다"连用)真棒，棒极了，太好了。¶'월색이 그저 고만이구먼'하고 감탄해 마지않았다. =不禁赞叹："月色真美呀！"

고만[2] 【관형사】 상태, 모양, 성질 따위의 정도가 고만한. ◆ 冠那么点儿，那么小的。¶고만 높이면 나도 뛸 수 있다. =要是就那么点儿高度，我也能跳过去。

[-고말고 【어미】 상대편의 물음에 대하여 긍정의 뜻을 강조하여 나타낼 때 쓰는 종결 어미. ◆ 尾 (对对方的疑问表示肯定的终结词尾，有强调的感觉)当然，自然。¶기쁜 일이고말고. =当然是高兴的事了。

고맙다 【형용사】 남이 베풀어 준 호의나 도움 따위에 대하여 마음이 흐뭇하고 즐겁다. ◆ 形感谢，感激。¶나는 무엇보다 자네의 그 따뜻한 배려가 고맙다. =最让我感激的是你处处为我考虑。

고매하다(高邁--) 【형용사】 인격이나 품성, 학식, 재질 따위가 높고 빼어나다. ◆ 形高尚，崇高。¶고매한 품성. =高尚的品性。

고명 【명사】 음식의 맛이나 모양을 더 좋게 하려고 손질하여 음식 위에 뿌리거나 얹는 재료. ◆ 图 配料。¶떡국에 고명을 얹다. =往年糕汤里放配料。

고명딸 【명사】 아들 많은 집의 외딸. ◆ 图 (多子家庭中的)独女。¶그 집 막내는 고명딸로 태어나 귀여움을 독차지하며 자랐다. =那家的老幺是唯一的女儿，一直备受宠爱。

고명하다(高名--) 【형용사】 이름이나 평판이 높다. ◆ 形知名，著名，有名。¶우리 할아버지는 고명한 한학자이셨다. =我爷爷是著名的汉学家。

고모(姑母) 【명사】 아버지의 누이. ◆ 图姑姑，姑母，姑妈。

고모부(姑母夫) 【명사】 고모의 남편. ◆ 图姑夫，姑父。

고목[1]**(古木)** 【명사】 주로 키가 큰 나무로, 여러 해 자라 더 크지 않을 정도로 오래된 나무. ◆ 图古木，古树，老树。

고목[2]**(枯木)** 【명사】 말라서 죽어 버린 나무. ◆ 图枯木，枯树。

고무 【명사】 고무나무에서 나오는 액체를 굳혀서 만든 탄력이 강한 물질. ◆ 图橡胶。

고무관(--管) 【명사】 고무로 만든 관(管). ◆ 图胶皮管，橡胶管。

고무나무 【명사】 고무의 원료가 나오는 열대 지방의 식물. ◆ 图橡胶树。

고무래 【명사】 곡식을 그러모으고 펴거나, 밭의 흙을 고르거나 아궁이의 재를 긁어모으는 데에 쓰는 '丁'자 모양의 기구. ◆ 图耙子，推耙。¶고무래로 밭의 흙을 고르게 만들다. =用平耙把地里的土推平。

고무 밴드(--)【명사】고리 모양으로 만든 가는 고무줄. ◆ 名橡皮圈儿。

고무보트(--)【명사】속에 공기를 넣어서 물 위에 뜨도록 한, 고무로 만든 작은 배. ◆ 名橡皮艇。

고무신【명사】탄성 고무로 만든 신. ◆ 名胶鞋。¶고무신 한 켤레. =一双胶鞋。

고무장갑(--掌匣)【명사】고무로 만든 장갑. 의료용, 전기 절연용, 취사용이나 잔일용 따위로 쓴다. ◆ 名橡皮手套。

고무줄【명사】名 ❶ 고무로 만들어 신축성이 좋은 줄. ◆ 橡皮筋。¶고무줄로 머리를 묶다. =用橡皮筋扎头发。❷ 수량이나 모양 따위를 제멋대로 바꿀 수 있는 것을 비유적으로 이르는 말 ◆〈喻〉(数字统计等)存在伸缩性，虚假性。¶고무줄 통계. =虚假统计。

고무줄놀이【명사】주로 여자 아이들이 노래를 부르며 팽팽하게 당긴 고무줄을 다리로 뛰어넘는 놀이. ◆ 名 跳皮筋儿。

고무판(--板)【명사】고무를 널빤지처럼 판판하게 만든 것. ◆ 名胶板，橡胶板。

고무풍선(--風船)【명사】얇은 고무주머니 속에 공기나 수소 가스를 넣어 공중으로 뜨게 만든 물건. ◆ 名气球。

고문[1](拷問)【명사】숨기고 있는 사실을 강제로 알아내기 위하여 육체적 고통을 주며 신문함. ◆ 名拷问，严刑逼供。¶전기 고문. =电刑拷问。● 고문하다(拷問--) ●

고문[2](顧問)【명사】어떤 분야에 대하여 전문적인 지식과 풍부한 경험을 가지고 자문에 응하여 의견을 제시하고 조언을 하는 직책. 또는 그런 직책에 있는 사람. ◆ 名顾问。¶고문 변호사. =法律顾问。

고물(古物/故物)【명사】名 ❶ 옛날 물건. ◆ 古物，古董。❷ 헐거나 낡은 물건. ◆ 旧货，破烂儿。¶고물 자동차. =破车。❸ 쓸모없이 된 사람을 비유적으로 이르는 말. ◆ 老古董，老废物。¶컴퓨터의 컴자도 모르니 그 사람도 이젠 고물이 다 됐다. =连电脑都不知道，他如今成了老废物。

고물상(古物商)【명사】名 ❶ 고물을 사고파는 장사. 또는 그런 장수. ◆ 废品买卖; 旧货商， 收废品的。¶깨진 시계를 고물상에게 주었다. =把摔坏的钟表给了收废品的。❷ 고물가게. ◆ 旧货商店，废品站。¶책과 노트를 한 수레에 싣고 고물상에 가서 헐값에 팔아 버렸다. =把书和本子装到手推车里，推到废品站以低价卖掉了。

고민(苦悶)【명사】마음속으로 괴로워하고 애를 태움. ◆ 名苦恼，烦恼。¶이성문제로 고민이 많다. =因为异性问题而有很多苦恼。● 고민하다(苦悶--) ●

고발(告發)【명사】名 ❶ 세상에 잘 알려지지 않은 잘못이나 비리 따위를 드러내어 알림. ◆ 揭露，揭发，曝光。¶우리 사회의 부조리 고발을 앞장서서 하는 사람이 있다. =有人带头揭露社会的不合理现象。❷ 피해자나 고소권자가 아닌 제삼자가 수사 기관에 범죄 사실을 신고하여 수사 및 범인의 기소를 요구하는 일. ◆ 举报，检举，揭发。¶검찰에 고발을 당하다. =被举报到检察机关。● 고발되다(告發--), 고발하다(告發--) ●

고배(苦杯)【명사】쓰라린 경험을 비유적으로 이르는 말. ◆ 名苦酒(比喻失败的经历)。¶그는 운전면허 시험에서 두 번이나 고배를 마셨다. =在驾照考试中，他遭遇了两次失败。

고백(告白)【명사】마음속에 생각하고 있는 것이나 감추어 둔 것을 사실대로 숨김없이 말함. ◆ 名告白，表白。¶솔직한 고백. =坦率的告白。● 고백하다(告白--) ●

고별(告別)【명사】名 ❶ 같이 있던 사람과 헤어지면서 작별을 알림. 전임하거나 퇴직할 때에 같이 있던 사람들과 헤어지면서 작별을 알림. ◆ (调离或退休时向旧同事)告别，辞别。❷ 장례 때에 죽은 사람에게 이별을 알림. ◆ (送葬时向死者)辞灵。

고봉(高捧)【명사】곡식을 되질하거나 그릇에 밥 등을 담을 때에, 그릇의 전 위로 수북하게 담는 방법. ◆ 名 (粮食或饭盛得)冒尖，满满的。¶어머니는 밥을 늘 고봉으로 담아낸다. =妈妈总是把饭碗盛得满满的。

고부간(姑婦間)【명사】시어머니와 며느리 사이. ◆ 名婆媳间，婆媳之间。¶고부간이 꼭 언니 동생 같다. =婆媳之间就像姐妹一样。

고분(古墳)【명사】고대에 만들어진 무덤. ◆ 名古坟，古墓。¶고분을 발굴하다. =发掘古墓。

고분고분【부사】말이나 행동이 공손하고 부드러운 모양. ◆ 副温顺地，顺从地，乖乖地。¶그 아이는 시키는 대로 고분고분 말을 잘 듣는다. =那孩子叫干什么就干什么，非常听话。● 고분고분하다 ●

고비【명사】일이 되어 가는 과정에서 가장 중요한 단계나 대목. 또는 막다른 절정. ◆ 名关键时刻，关口。¶어려운 고비를 넘기다. =度过艰难关口。

고삐【명사】말이나 소를 몰거나 부리려고 재갈이나 코뚜레, 굴레에 잡아매는 줄. ◆ 名缰绳。¶고삐를 당기다. =拽缰绳。

고사[1](故事)【명사】유래가 있는 옛날의 일. 또는 그런 일을 표현한 어구. ◆ 名旧事，陈年旧事。¶이미 고사가 되어 버린 그 일을 다시 꺼내는 이유가 뭡니까? =都已经是陈年旧事了，翻出来干什么?

고사[2](考査)【명사】학생들의 학업 성적을 평가하는 시험. ◆ 名 (学生的)考试，考核。¶월말 고사. =月末考试。

고사[3](固辭)【명사】제의나 권유 따위를 굳이 사양함. ◆ 名坚决推辞，坚决拒绝。¶수 차례의 고사 끝에 결국에는 그 제의를 받아들이게 되었다. =坚决拒绝了几次，可最终还是接受了那个提议。● 고사하다(固辭--) ●

고사[4](告祀)【명사】액운(厄運)은 없어지고 풍요와 행운이 오도록 집안에서 섬기는 신(神)에게 음식을 차려 놓고 비는 제사. ◆ 名祭祀，祈福。¶고사를 지내다. =举行祈福仪式。

고사[5](枯死)【명사】나무나 풀 따위가 말라 죽음. ◆ 名枯死，干死。¶환경오염에 따른 나무의 고사가

심해지고 있다. =环境污染带来的树木枯死问题日益严重。● 고사하다(枯死--) ●

고사리 【명사】 양치식물 고사릿과의 여러해살이풀. ◆图蕨菜。

고상하다(高尚--) 【형용사】 품위나 몸가짐이 속되지 아니하고 훌륭하다. ◆形高尚，崇高，高雅。¶말씨가 고상하다. =言辞高雅。

고색창연하다(古色蒼然--) 【형용사】 오래되어 예스러운 풍치나 모습이 그윽하다. ◆形古色苍然，古意盎然。¶그 성벽은 고색창연한 푸른 이끼로 덮여 있었다. =那座城墙被古色苍然的青苔所覆盖。

고생(苦生) 【명사】 어렵고 고된 일을 겪음. 또는 그런 일이나 생활. ◆图受苦，吃苦；辛苦。¶고생 끝에 누리는 기쁨. =苦尽甘来的喜悦。● 고생하다(苦生--) ●

고생대(古生代) 【명사】 지질 시대의 구분에서 원생대와 중생대 사이의 시기. ◆图古生代。

고생물(古生物) 【명사】 지질 시대에 살았던 생물. 주로 화석으로 발견되며 노목, 봉인목, 삼엽충, 매머드 따위가 있다. ◆图古生物。¶고생물에 관심이 많던 그는 생물학과를 선택하였다. =对古生物很感兴趣的他选择了生物学专业。

고생스럽다(苦生---) 【형용사】 보기에 일이나 생활 따위가 어렵고 고된 데가 있다. ◆形苦，累，辛苦。¶하루 벌어 하루 먹고살기가 고생스럽다. =挣一天花一天的日子真是苦。

고서(古書) 【명사】 아주 오래 전에 간행된 책. ◆图旧书，古本。

고성(高聲) 【명사】 크고 높은 목소리. ◆图高声，大声，吵嚷声。¶결국 중재가 되지 않고 고성이 오갔다. =最终调解未成，双方开始大吵大闹。

고성능(高性能) 【명사】 매우 뛰어난 성질과 기능. ◆图高性能。

고성방가(高聲放歌) 【명사】 술에 취하여 거리에서 큰 소리를 지르거나 노래를 부르는 짓. ◆图放声高歌。

고소(告訴) 【명사】 범죄의 피해자나 다른 고소권자가 범죄 사실을 수사 기관에 신고하여 그 수사와 범인의 기소를 요구하는 일. ◆图起诉，控告，指控。¶그 사건은 가해자와 피해자가 맞고소하여 법원에 계류 중에 있다. =那个案件的加害人和受害人各自上诉，案子提交到了法院。● 고소하다(告訴--) ●

고소 공포증(高所恐怖症) 【명사】 높은 곳에 오르면 유난히 무서워하는 증세. ◆图恐高症。

고소장(告訴狀) 【명사】 범죄의 피해자나 다른 고소권자가 범죄 사실을 고소하기 위하여 수사 기관에 제출하는 서류. ◆图诉讼状，起诉书。¶피해자가 검찰에 고소장을 제출했다. =受害人向检察机关递交了起诉书。

고소하다 【형용사】 形❶ 볶은 깨, 참기름 따위에서 나는 맛이나 냄새와 같다. ◆ 香，香喷喷。¶어디서 깨를 볶는지 고소한 냄새가 풍겨 온다. =不知是哪里在炒芝麻，传来阵阵香味。❷ 미운 사람이 잘못되는 것을 보고 속이 시원하고 재미있다. ◆ (心中)称快，痛快，高兴，幸灾乐祸。¶넌 내가 골탕 먹는 것이 그렇게 고소하냐? =看到我倒霉，你就那么高兴?

고속(高速) 【명사】 매우 빠른 속도. ◆图高速，快速。¶고속 주행하는 자동차. =高速行驶的汽车。

고속 도로(高速道路) 【명사】 차의 빠른 통행을 위하여 만든 차 전용의 도로. ◆图高速公路。¶공사중인 고속 도로가 개통되면 그곳까지 한 시간에 갈 수 있다. =建设中的高速公路一旦通车，一个小时就能到达那里。

고속버스(高速) 【명사】 고속도로를 이용하여 빠른 속도로 운행하는 버스. ◆图 跑高速路的大巴。¶서울에서 부산까지는 고속버스로 가면 5시간 정도 걸린다. =从首尔到釜山，乘高速路大巴大约需要五个小时。

고속철(高速鐵) 【명사】 고속 철도를 이르는 말. ◆图高铁。¶고속철, 버스, 택시 등 교통요금이 이번 분기부터 오를 예정이다. =计划从本季度开始上调高铁、公共汽车、出租车等公共交通的出行费用。

고속철도(高速鐵道) 【명사】 시속 약 200킬로미터 이상의 빠른 속도로 달릴 수 있도록 개발된 철도. 또는 그 철도 위를 달리는 열차. ◆图高速铁路，高铁；高铁列车。

고수[1](高手) 【명사】 바둑이나 장기 따위에서 수가 높음. 또는 그런 사람. ◆图技艺高超；高手。¶바둑계의 고수로 알려진 사람이 이번 기전에서 우승을 하였다. =那个以围棋界高手著称的选手在此次棋赛中获胜。

고수[2](固守) 【명사】 차지한 물건이나 형세 따위를 굳게 지킴. ◆图固守，墨守，坚守。¶전통을 고수하다. =固守传统。● 고수하다(固守--) ●

고수레 【명사】 민간 신앙에서, 산이나 들에서 음식을 먹을 때나 무당이 굿을 할 때, 귀신에게 먼저 바친다는 뜻으로 음식을 조금 떼어 던지는 일. ◆图犒神，敬神(跳大神或在野外用餐时，先往地上撒下少许饮食，以示先敬神明)。

고수부지(高水敷地) 【명사】 큰물이 날 때만 물에 잠기는 하천 언저리의 터. ◆图江滩，岸边，河畔。¶한강 고수부지에 주말이면 야외공연장을 설치하고 공연을 한다. =每逢周末，汉江江边就会布置起露天场地举行演出。

고스란히 【부사】 건드리지 아니하여 조금도 축이 나거나 변하지 아니하고 그대로 온전한 상태로. ◆副原封不动地，全部。¶고스란히 남다. =原封不动地留下。

고슴도치 【명사】 고슴도칫과의 하나. 몸의 길이는 20~30cm, 꼬리의 길이는 3~4cm이며, 주둥이는 거의 돼지처럼 뾰족하고 다리가 짧다. ◆图刺猬。

고승(高僧) 【명사】 图❶ 덕이 높은 승려. ◆ 高僧，有道高僧。❷ 계위(階位)가 높은 승려. ◆ 高僧，高等僧人(指地位高)。¶이 절의 주지는 한국에서 유명한 고승이다. =这个寺院的住持是韩国知名高僧。

고시[1](告示) 【명사】 글로 써서 게시하여 널리 알림. 주로 행정 기관에서 일반 국민들을 대상으로 어떤 내용을 알리는 경우를 이른다. ◆图公告，通告，告示。● 고시되다(告示--), 고시하다(告示--) ●

고시²(考試)【명사】어떤 자격이나 면허를 주기 위하여 시행하는 여러 가지 시험. 주로 공무원의 임용 자격을 결정하는 시험을 이른다. ◆图 (获取公务员等资格的)考试。¶국가고시. =国家考试。

고심(苦心)【명사】몹시 애를 태우며 마음을 씀. ◆图煞费苦心，费心，伤脑筋。¶취직 문제로 고심하다. =为就业问题伤透了脑筋。● 고심하다(苦心--) ●

고아(孤兒)【명사】부모를 여의거나 부모에게 버림받아 몸 붙일 곳이 없는 아이. ◆图孤儿。¶전쟁고아. =战争孤儿。

고아원(孤兒院)【명사】고아를 거두어 기르는 사회사업 기관. ◆图孤儿院("보육원(保育院)"的旧称)。

고안(考案)【명사】연구하여 새로운 안을 생각해 냄. 또는 그 안. ◆图研究出，研发出。¶새로 고안한 전기 기구. =新研发的电器。● 고안되다(考案--), 고안하다(考案--) ●

고압선(高壓線)【명사】고압 전선(고압 전기를 보내는 전선). ◆图高压线。¶고압선 철탑에 까치가 집을 지어 자주 단전사고가 발생한다. =喜鹊在高压线铁塔上搭了窝，致使断电事故时常发生。

고액(高額)【명사】많은 액수. ◆图高额，高价。¶고액 소득자. =高额收入者。

고액권(高額券)【명사】큰 액수의 지폐. ◆图大面值纸币，大额钞票。

고약하다【형용사】形 ❶ 맛, 냄새 따위가 비위에 거슬리게 나쁘다. ◆ (味道、气味等)恶臭，难闻。¶생선이 썩는 고약한 냄새. =鱼变质后的臭味。❷ 얼굴 생김새가 흉하거나 험상궂다. ◆ (长相)丑恶，凶狠，狰狞。¶고약한 인상. =凶狠的长相。❸ 성미, 언행 따위가 사납다. ◆ (性格、言行等)恶劣，可憎。¶버릇이 고약하다. =习惯很恶劣。❹ 날씨, 바람 따위가 거칠고 사납다. ◆ (天气，风等)恶劣，糟糕。¶날씨 한번 고약하군. =天气可真糟糕。❺ 일이 꼬여 난처하다. ◆ (事情)难办，糟糕。¶형편이 고약하게 틀어지다. =情况变得糟糕起来。

고양이【명사】고양잇과의 하나. 원래 아프리카의 리비아살쾡이를 길들인 것으로, 턱과 송곳니가 특히 발달해서 육식을 주로 한다. ◆图猫。

고어(古語)【명사】옛말. 즉 오늘날은 쓰지 아니하는 옛날의 말. ◆图古语，古代语言。¶고어사전. =古语词典。

고역(苦役)【명사】몹시 힘들고 고되어 견디기 어려운 일. ◆图苦差事，苦头。¶고역을 당하다. =吃苦头。

고열(高熱)【명사】图 ❶ 높은 열. ◆ 高热，高温。¶고열을 내는 보일러를 설치했다. =安装了高温锅炉。❷ 몸의 높은 열. 섭씨 39.6도에서 40.5도 사이의 열을 이른다. ◆ 高烧。¶고열로 신음하다. =因高烧发出呻吟声。

고온(高溫)【명사】높은 온도. ◆图高温。¶고온 다습한 지역. =高温潮湿地区。

고요【명사】조용하고 잠잠한 상태. ◆图寂静，静谧。¶깊은 고요에 잠긴 산골 마을. =沉浸在幽远静谧中的小山村。● 고요하다, 고요히 ●

고용(雇用)【명사】삯을 주고 사람을 부림. ◆图雇用，聘用。¶중소기업에 고용된 외국인 이주노동자. =被中小企业雇用的外籍工人。● 고용되다(雇用--), 고용하다(雇用--) ●

고원(高原)【명사】보통 해발 고도 600미터 이상에 있는 넓은 벌판. ◆图高原。¶이 곳은 고원 지대 특유의 기후를 보이고 있는 곳입니다. =这里呈现出高原地带特有的气候特征。

고위(高位)【명사】높고 귀한 지위. ◆图高位，尊贵地位。¶고위 공직자들의 소유재산을 공개했다. =公开了高级公职人员的个人财产状况。

고위도(高緯度)【명사】남극과 북극에 가까운 위도. ◆图高纬度。¶고위도 지방. =高纬度地区。

고유(固有)【명사】본래부터 가지고 있는 특유한 것. ◆图固有，传统，特有。¶고유 의상. =传统服装。● 고유하다(固有--) ●

고을【명사】조선 시대에, 주(州)·부(府)·군(郡)·현(縣) 등을 두루 이르던 말. ◆图郡县，地区(州、部、郡、县的总称，或用作数量单位)。¶이번 장마에 다섯 고을이 물에 잠겼다. =此次暴雨淹没了五个地区。

고음(高音)【명사】높은 소리로 읊음. ◆图高音。

고의(故意)【명사】일부러 하는 생각이나 태도. ◆图故意，有意。

고이【부사】副 ❶ 겉모양 따위가 보기에 산뜻하고 아름답게. ◆ 好看地，漂亮地，美丽地。❷ 정성을 다하여. ◆ 精心地。¶고이 간직하다. =精心保存。❸ 편안하고 순탄하게. ◆ 安然无恙地，安详地，舒适地。¶고이 잠드소서. =安息吧。❹ 온전하게 고스란히. ◆ 完整，完好，完好无缺。¶유괴범들은 아이를 고이 돌려보냈다. =拐骗犯把孩子毫发无伤地送回来了。

고이다【동사】动 ❶ 괴다(물 따위의 액체나 가스, 냄새 따위가 우묵한 곳에 모이다). ◆ (水等)积，汪。¶웅덩이에 물이 고이다. =坑里积着水。❷ 괴다(입에 침이 모이거나 눈에 눈물이 어리거나 하다). ◆ 噙，汪，含。¶눈물이 가득 고인 눈. =噙满泪水的眼睛。

고인(故人)【명사】죽은 사람. ◆图死者，已故之人。¶고인의 무덤. =去世者的坟墓。

고인돌【명사】큰 돌을 몇 개 둘러 세우고 그 위에 넓적한 돌을 덮어 놓은 선사 시대의 무덤. 북방식과 남방식이 있다. ◆图支石墓，巨石墓，巨石坟，石棚墓。

고자세(高姿勢)【명사】거만하게 버티는 자세. ◆图高傲的姿态，傲慢的态度，目中无人。¶고자세로 나오다. =持傲慢的态度。

고자질(告者-)【명사】남의 잘못이나 비밀을 일러바치는 짓. ◆图告密，打小报告。¶고자질은 친구를 잃는 행위이다. =告密行为会令人失去朋友。● 고자질하다(告者---) ●

고작【명사】기껏 따져 보거나 헤아려 보아야. 아무리 좋고 크게 평가하려 하여도 별것 아니라는 뜻을 나타낼 때 쓴다. ◆图充其量，最多，顶多。¶이제 고작 십 리 걸었다. =现在顶多走了十里路。

고장[1](故障)【명사】图 ❶ 기구나 기계가 제대로 움직이지 못하게 되는 기능상의 장애. ◆ 故障，毛病，问题。¶자동차가 고장 나다. =汽车出了故障。❷ 俚사람의 몸에 생긴 탈을 속되게 이르는 말. ◆ (身体)毛病，问题。¶소화 기관이 고장 나다. =消化器官出毛病了。● 고장나다(故障--) ●

고장[2]【명사】图 ❶ 사람이 많이 사는 지방이나 지역. ◆ 地方，地区，家乡。¶낯선 고장. =陌生的地方。❷ 어떤 물건이 특히 많이 나거나 있는 곳. ◆ 乡，产地。

고저(高低)【명사】높낮이. ◆ 图高低。¶음(音)의 고저. =音的高低。

고적(古跡/古蹟)【명사】图 ❶ 남아 있는 옛적 물건이나 건물. ◆ 古迹。¶명승고적. =名胜古迹。❷ 옛 문화를 보여 주는 건물이나 물건이 있던 터. ◆ 遗迹，遗址，旧迹。¶고적을 답사하다. =考察古迹。

고적대(鼓笛隊)【명사】피리와 북으로 짜인 의식및 행진용 음악대. ◆ 图鼓乐队，鼓笛乐队。¶고적대를 앞세우고 가장행렬이 뒤를 이었다. =鼓乐队在前，化装表演队伍跟在后面。

고전[1](古典)【명사】오랫동안 많은 사람에게 널리 읽히고 모범이 될 만한 문학이나 예술 작품. ◆ 图经典，古典。¶그 책은 철학의 고전으로 불리는 책이다. =那本书被称为哲学经典著作。

고전[2](苦戰)【명사】전쟁이나 운동 경기 따위에서, 몹시 힘들고 어렵게 싸움. 또는 그 싸움. ◆ 图苦战，奋斗。¶자금난으로 고전을 면치 못했다. =由于资金不足，少不了一番艰苦奋斗。● 고전하다(苦戰--) ●

고전문학(古典文學)【명사】예로부터 전하여 내려오는 가치 있고 훌륭한 문학. ◆ 图古典文学。

고전음악(古典音樂)【명사】서양의 전통적 작곡 기법이나 연주법에 의한 음악. 흔히 대중음악에 상대되는 말로 쓴다. ◆ 图古典音乐。

고정(固定)【명사】图 ❶ 한번 정한 대로 변경하지 아니함. ◆ 固定，稳定，不变。¶고정된 수입. =固定收入。❷ 한곳에 꼭 붙어 있거나 붙어 있게 함. ◆ 固定，钉住，不动。¶액자를 벽에 고정시켰다. =把相框钉到墙上。● 고정되다(固定--)，고정하다(固定--) ●

고정 관념(固定觀念)【명사】잘 변하지 아니하는, 행동을 주로 결정하는 확고한 의식이나 관념. ◆ 图固定观念，固有观念，成见。

고조(高調)【명사】图 ❶ 음의 가락을 높임. 또는 그 높은 가락. ◆ 高音调。❷ 사상이나 감정, 세력 따위가 한창 무르익거나 높아짐. 또는 그런 상태. ◆ (感情、气势、气氛等)高潮，高涨，振奋。¶사기를 고조시키다. =鼓舞士气。● 고조되다(高調--) ●

고조모(高祖母)【명사】고조할머니(할아버지의 할머니를 이르는 말). ◆ 图高祖母。

고조부(高祖父)【명사】고조할아버지(할아버지의 할아버지를 이르는 말). ◆ 图高祖父。

고조할머니(高祖---)【명사】할아버지의 할머니를 이르는 말. ◆ 图高祖母。

고조할아버지(高祖----)【명사】할아버지의 할아버지를 이르는 말. ◆ 图高祖父。

고졸(高卒)【명사】'고등학교 졸업(高等學校卒業)'이 줄어든 말. ◆ 图高中毕业("고등학교 졸업(高等學校卒業)" 的略语)。¶대부분의 고졸 학력 노동자는 저임금에 불만이 많다. =大部分高中学历的工人都对低收入感到不满。

고종사촌(姑從四寸)【명사】고모의 자녀를 이르는 말. ◆ 图姑表兄弟，姑表姐妹。

고주망태【명사】술에 몹시 취하여 정신을 가누지 못하는 상태. 또는 그런 사람. ◆ 图烂醉如泥，酩酊大醉；酒鬼。¶간밤에 고주망태가 되어 늦게 들어왔다. =昨晚喝得酩酊大醉，很晚才回家。

고즈넉하다【형용사】❶ 고요하고 아늑하다. ◆ 形静谧，幽静，寂静。¶고즈넉한 산사. =幽静的山寺。❷ 말없이 다소곳하거나 잠잠하다. ◆ 形默不作声，默默无言，一言不发。¶고즈넉하게 앉아 무언가 깊은 사념에 잠겨 있곤 했다. =经常默不作声地坐着沉思。● 고즈넉이 ●

고지[1](告知)【명사】게시나 글을 통하여 알림. ◆ 图告知，通知，通告。¶단수와 정전 일을 방송으로 고지하다. =广播通知停水停电。● 고지하다(告知--) ●

고지[2](高地)【명사】❶ 지대가 높은 땅. ◆ 图高地，高原地带，高山地带。¶한랭한 고지에서도 이 식물은 잘 자란다. =这种植物在寒冷的山区也能长得很好。❷ 이루어야 할 목표. 또는 그 수준에 이른 단계. ◆ 图目标，指标，有利形势。¶10년 만에 100억의 수출 고지를 점령하였다. =经过10年的努力，完成了100亿韩元的出口指标。❸ 전략적으로 유리한 지대가 되는 높은 진지. ◆ 图高地。¶적의 고지를 탈환하다. =夺回被敌人占领的高地。

고지대(高地帶)【명사】높은 지대. ◆ 图高地，地势较高的地带。¶고지대의 식수난. =高地存在吃水难问题。

고지서(告知書)【명사】국가나 공공 기관 따위가 일정한 금액을 부과하는 문서. ◆ 图通知，通知书，通知单。¶세금 고지서. =缴税通知单。

고지식하다【형용사】성질이 외곬으로 곧아 융통성이 없다. ◆ 形顽固，死心眼，认死理；憨直，耿直。¶그의 고지식한 성격은 바뀌지 않았다. =他爱认死理的性格一点没变。

고진감래(苦盡甘來)【명사】쓴 것이 다하면 단 것이 온다는 뜻으로, 고생 끝에 즐거움이 옴을 이르는 말. ◆ 图苦尽甘来。

고질(痼疾)【명사】图 ❶ 오랫동안 앓고 있어 고치기 어려운 병. ◆ 痼疾，顽疾，老毛病。¶고질이 된 두통을 치료하기 위해 병원에 장기간 입원하였다. =为了治疗头痛这个老毛病，在医院住了很长时间。❷ 오래되어 바로잡기 어려운 나쁜 버릇. ◆ 痼癖，老毛病。¶고질이 된 도박. =嗜赌成癖。

고집(固執)【명사】자기의 의견을 바꾸거나 고치지 않고 굳게 버팀. 또는 그렇게 버티는 성미. ◆ 图固

执，执拗，犟。¶고집을 버리다. =不再固执。● 고집하다(固執--) ●

고집쟁이(固執--)【명사】고집이 센 사람. ◆ 名犟驴，倔牛，老顽固。¶언제나 일을 하다보면 고집을 부리는 고집쟁이들이 있다. =不管什么时候做事，总有些固执己见的倔牛。

고찰(考察)【명사】어떤 것을 깊이 생각하고 연구함. ◆ 名考察。¶역사적으로 고찰되어야 할 문제. =应从历史角度考察的问题。● 고찰되다(考察--), 고찰하다(考察--) ●

고참(古參)【명사】오래 전부터 한 직장이나 직위에 머물러 있는 사람. ◆ 名元老。¶고참 사원. =老职员。

고철(古鐵)【명사】아주 낡고 오래된 쇠. 또는 그 조각. ◆ 名废铁。¶고철 수집. =收废铁。

고체(固體)【명사】일정한 모양과 부피가 있으며 쉽게 변형되지 않는 물질의 상태. 나무, 돌, 쇠, 얼음 따위의 상태이다. ◆ 名固体，固态。¶기후가 더운 지방에서는 물이 고체로 변한다는 이치를 깨닫기 어렵다. =在气候炎热的地区，（人们）不易明白水会变成固态的道理。

고초(苦楚)【명사】괴로움과 어려움을 아울러 이르는 말. ◆ 名苦痛，苦难，风霜。¶갖은 고초를 겪다. =饱经风霜。

고추【명사】名 고추식물의 열매. ◆ 辣椒，辣子。¶작은 고추가 맵다. =小辣椒更辣。

고추잠자리【명사】잠자릿과의 곤충. 수컷은 몸이 붉으며 암컷은 노르스름하여 '메밀잠자리'라고도 한다. ◆ 名红蜻蜓。

고추장(--醬)【명사】쌀·보리 따위로 질게 지은 밥이나 떡가루 또는 되게 쑨 죽에, 메줏가루·고춧가루·소금을 넣어 섞어서 만든 붉은 빛깔의 매운 장. ◆ 名辣酱，辣椒酱。¶풋고추를 고추장에 찍어 먹다. =蘸着辣酱吃青辣椒。

고춧가루【명사】붉게 익은 고추를 말려 빻은 가루. ◆ 名辣椒面，辣椒粉。

고충(苦衷)【명사】괴로운 심정이나 사정. ◆ 名苦衷，难处。¶고충을 헤아리다. =体谅苦衷。

고취(鼓吹)【명사】힘을 내도록 격려하여 용기를 북돋움. ◆ 名鼓舞，鼓励。¶사기를 고취하다. =鼓舞士气。● 고취하다(鼓吹--) ●

고층(高層)【명사】名 ❶ 여러 층으로 된 것의 높은 층. ◆ 高层，高空。¶고층 아파트. =高层公寓。❷ 건물의 층수가 많은 것. ◆ 高层。¶고층 기류. =高层气流。

고치【명사】누에가 번데기로 변할 때에 실을 토하여 제 몸을 둘러싸서 만든 둥글고 길쭉한 모양의 집. 명주실을 뽑아 내는 원료가 된다. ◆ 名茧，蚕茧。¶뽕나무 재배면적의 축소로 고치생산에 어려움을 겪고 있다. =由于桑树栽培面积的缩减，蚕茧生产正面临难关。

고치다【동사】动 ❶ 고장이 나거나 못 쓰게 된 물건을 손질하여 제대로 되게 하다. ◆ 修，修理。¶기계를 고치다. =修机器。❷ 병 따위를 낫게 하다. ◆ 治，医治，治疗。¶위장병을 고치다. =治胃病。❸ 잘못되거나 틀린 것을 바로잡다. ◆ 纠正，矫正，改正，改。

고통(苦痛)【명사】몸이나 마음의 괴로움과 아픔. ◆ 名苦痛，痛苦，煎熬。¶고통을 겪다. =经历苦痛。

고통스럽다(苦痛---)【형용사】몸이나 마음이 괴롭고 아픈 느낌이 있다. ◆ 形痛苦，难过，难受。¶그는 말하는 것조차도 고통스러웠다. =他连说话都感到痛苦。

고프다【형용사】배 속이 비어 음식을 먹고 싶다. ◆ 形饿，饥饿。¶배가 고파 더 이상 걸을 수 없다. =饿得再也走不动了。

고하다(告--)【동사】动 ❶ 어떤 사실을 알리거나 말하다. ◆ 宣告，告诉，告知。¶작별을 고할 시간이 되었다. =告别的时刻到了。❷ 주로 웃어른이나 신령에게 어떤 사실을 알리다. ◆ (向上级或长辈)禀告，汇报。¶웃어른께 자초지종을 고하다. =向长辈从头到尾汇报一遍。

고학(苦學)【명사】학비를 스스로 벌어서 고생하며 배움. ◆ 名勤工俭学，半工半读。¶그는 고학으로 대학까지 졸업했다. =他靠勤工俭学一直读到大学毕业。

고학년(高學年)【명사】높은 학년. 흔히 초등학교 5~6학년을 이른다. ◆ 名高年级。¶고학년이 되면서 이성문제에 고민하는 학생이 많아졌다. =到了高年级，为异性问题苦恼的学生多起来了。

고학생(苦學生)【명사】학비를 스스로 벌어서 고생하며 공부하는 학생. ◆ 名工读生，勤工俭学生。¶그는 낮에는 회사에서 일하고 밤에는 야간 학교에 다니는 고학생이었다. =他过去是个工读生，白天在公司上班，晚上去夜校上课。

고함(高喊)【명사】크게 부르짖거나 외치는 소리. ◆ 名大叫，呐喊，呼喊。

고함치다(高喊--)【동사】크게 세차게 소리치다. ◆ 动大喊大叫，呐喊。¶아무리 고함을 쳐봐야 소용이 없음을 알게 되었다. =这种情况下不管怎么大喊大叫都没用。

고해[1](告解)【명사】고해 성사(세례 받은 신자가 지은 죄를 뉘우치고 신부를 통하여 하느님에게 고백하여 용서받는 일). ◆ 名忏悔。

고해[2](苦海)【명사】고통의 세계라는 뜻으로, 괴로움이 끝이 없는 인간 세상을 이르는 말. ◆ 名苦海。¶인간은 고해에 버려진 피조물이다. =人是被抛在苦海中的造物。

고해 성사(告解 聖事)【명사】세례 받은 신자가 지은 죄를 뉘우치고 신부를 통하여 하느님에게 고백하여 용서받는 일. ◆ 名忏悔。

고향(故鄕)【명사】名 ❶ 자기가 태어나서 자라난 곳. ◆ 故乡，家乡。¶내가 살던 고향. =我生活过的故乡。❷ 마음속에 깊이 간직한 그립고 정든 곳. ◆ 故乡，家园。¶섬에서 태어나 자란 그에게는 바다는 언제나 고향같은 존재였다. =对于在岛上出生长大的他来说，大海在任何时候都是故乡般的存在。❸ 어떤 사물이나 현상이 처음 생기거나 시작된 곳.

◆乡，故乡。¶명작의 고향. =名著之乡。

고혈압(高血壓)【명사】혈압이 정상 수치보다 높은 증상. ◆图血压高，高血压。¶고혈압환자들은 합병증으로 고생하는 경우가 많다. =高血压患者经常会因为并发症而受尽折磨。

고형(固形)【명사】어떤 물체 따위의 질이 단단하고 굳은 일정한 형체. ◆图固体，固态。¶고형 연료. =固体燃料。

고환(睾丸)【명사】포유류의 음낭 속에 있는 공 모양의 기관. 좌우 한 쌍이 있으며, 정자를 만들고 남성 호르몬을 분비한다. ◆图睾丸。

고희(古稀)【명사】고래(古來)로 드문 나이란 뜻으로, 일흔 살을 이르는 말. 두보의 〈곡강시(曲江詩)〉에 나오는 말이다. ◆图古稀，七十。

곡[1](哭)【명사】图❶ 제사나 장례를 지낼 때에 일정한 소리를 내며 욺. 또는 그런 울음. ◆哭灵，哭丧。❷ 크게 소리 내며 욺. 또는 그런 울음. ◆痛哭，号啕大哭。¶아이는 자기 뜻대로 되지 않자 곡을 하며 운다. =一不顺心，小孩就号啕大哭。

곡[2](曲)【명사】图❶ '곡조(曲調)', '악곡(樂曲)'의 준말. ◆曲子，乐曲，音乐("곡조(曲调)、악곡(乐曲)"的略语)。¶바이올린곡. =小提琴曲。❷ 악곡이나 노래를 세는 단위. ◆曲，首，支。

곡괭이【명사】쇠로 황새의 부리처럼 양쪽으로 길게 날을 내고 가운데 구멍에 긴 자루를 박은 괭이. 주로 단단한 땅을 파는 데 쓴다. ◆图镐，镐头，十字镐。

곡기(穀氣)【명사】낟알기(곡식으로 만든 적은 분량의 음식). ◆图 (极少量的)饭，饭食。¶곡기를 끊다. =绝食。

곡류(曲流)【명사】물이 굽이쳐 흘러감. 또는 그 흐름이나 물. ◆图蜿蜒流动；蜿蜒的河流。¶계곡에 빠진 조난자는 곡류를 간신히 빠져나왔다. =掉落山涧的遇险者好不容易才从蜿蜒的河流中逃出来。

곡류(穀類)【명사】쌀, 보리, 밀 따위의 곡식을 통틀어 이르는 말. ◆图谷物，谷类，粮食。

곡마단(曲馬團)【명사】곡마와 기술(奇術), 요술 따위를 보이는 흥행 단체. ◆图马戏团。¶곡마단의 묘기에 아이들이 탄성을 지른다. =马戏团的绝妙表演引起孩子们的阵阵赞叹。

곡면(曲面)【명사】이차원 공간으로, 공간 내의 어떤 점의 근방(近傍)도 평면의 일부분과 동일시할 수 있는 것. ◆图曲面。

곡명(曲名)【명사】악곡의 이름. ◆图曲名，乐曲名，曲目名。¶음악회에서 곡명이 적힌 팜플렛을 나눠주었다. =音乐会分发了印有曲目名称的小册子。

곡목(曲目)【명사】악곡의 이름. ◆图曲目，曲名，曲目名。¶곡목 중에는 애창곡도 들어 있다. =曲目中也有流行歌曲。

곡물(穀物)【명사】사람의 식량이 되는 쌀, 보리, 콩, 조, 기장, 수수, 밀, 옥수수 따위를 통틀어 이르는 말. ◆图谷物，谷类，粮食。¶곡물로 술을 빚다. =用粮食酿酒。

곡사포(曲射砲)【명사】포탄이 곡선을 그리며 나가게 쏘는 포. 장애물 뒤에 있는 목표물을 맞히기 위하여 쓴다. ◆图曲射炮。

곡선(曲線)【명사】모나지 아니하고 부드럽게 굽은 선. ◆图曲线。

곡선미(曲線美)【명사】곡선에 나타나는 아름다움. 또는 곡선으로 표현되는 아름다움. ◆图线条美，曲线美。¶그녀는 자신의 곡선미에 대한 자부심이 대단하다. =她对自己的身材非常自信。

곡식(穀食)【명사】사람의 식량이 되는 쌀, 보리, 콩, 조, 기장, 수수, 밀, 옥수수 따위를 통틀어 이르는 말. ◆图粮食，庄稼。¶곡식농사나 자식농사나 매일반이여. =不管是种庄稼还是养子女，道理都是一样的。

곡예(曲藝)【명사】图❶ 줄타기, 곡마, 요술, 재주넘기, 공 타기 따위의 연예를 통틀어 이르는 말. ◆马戏，杂技。¶공중 곡예. =空中杂技。❷ 아슬아슬할 정도로 위태로운 동작이나 상태. ◆危险动作，危险状态。

곡우(穀雨)【명사】이십사절기의 하나. ◆图谷雨(二十四节气之一)。

곡절(曲折)【명사】순조롭지 아니하게 얽힌 이런저런 복잡한 사정이나 까닭. ◆图曲折，隐情，波折。

곡조(曲調)【명사】图❶ 음악적 통일을 이루는 음의 연속. ◆曲调，旋律。¶슬픈 곡조. =悲伤的曲调。❷ 음악적 통일을 이루는 음의 연속이나 노랫가락을 세는 단위. ◆曲，首。¶노래 한 곡조 부르다. =唱一首歌。

곡창(穀倉)【명사】图❶ 곡식을 쌓아 두는 창고. ◆谷仓，粮库，粮仓。❷ 곡식이 많이 생산되는 지방을 비유적으로 이르는 말. ◆粮仓。¶한국의 곡창 호남평야. =韩国的粮仓"湖南平野"。

곡하다(哭--)【동사】动❶ 제사나 장례를 지낼 때에 일정한 소리를 내며 울다. ◆号哭，哭丧。❷ 크게 소리 내며 울다. ◆大哭。

곡해(曲解)【명사】사실을 옳지 아니하게 해석함. 또는 그런 해석. ◆图曲解，误解，误会。¶곡해가 생기다. =产生误会。● 곡해되다(曲解--), 곡해하다(曲解--) ●

-곤【어미】'-고는'의 준말. ◆词尾 "-고는"的略语。¶일요일이면 나를 찾아오곤 하였다. =他每个星期日都来找我。

곤경(困境)【명사】어려운 형편이나 처지. ◆图困境，窘境。¶곤경을 겪다. =遭遇困境。

곤궁(困窮)【명사】图❶ 가난하여 살림이 구차함. ◆穷困，贫困，困窘。¶곤궁에서 헤어나지 못하다. =无法摆脱贫困。❷ 처지가 이러지도 저러지도 못하게 난처하고 딱함. ◆尴尬，为难，窘迫。¶곤궁에 처하다. =身处窘境。● 곤궁하다(困窮——) ●

곤돌라〈이〉【명사】고층 건물의 옥상에 설치하여 아래로 늘어뜨려 짐을 오르내리는 시설. ◆图 (高层建筑顶上的)吊舱，吊篮，吊升装置。

곤두박질【명사】图❶ 몸을 번드쳐 갑자기 거꾸로 내리박히는 일. ◆倒栽葱，倒栽下来，栽跟头。¶비행기가 곤두박질하여 추락하다. =飞机像倒栽葱一样坠落下来。❷ 좋지 않은 상태로 급히 떨어짐을 비유적으로 이르는 말. ◆ 暴跌，狂跌，猛跌。¶주가가 곤두박질을 거듭하다. =股价一路暴跌。● 곤두박질치다, 곤두박질하다 ●

곤두서다【동사】 动 ❶ 거꾸로 꼿꼿이 서다. ◆ 倒立，倒竖。¶무서워서 머리털이 곤두서는 것 같다. =吓得寒毛倒竖。❷ 신경 따위가 날카롭게 긴장하다. ◆ 紧张，悚然。¶신경이 곤두서다. =神经紧张。

곤드레만드레【부사】 술이나 잠에 몹시 취하여 정신을 차리지 못하고 몸을 못 가누는 모양. ◆ 副酩酊大醉，烂醉如泥。¶곤드레만드레가 되도록 취하다. =酩酊大醉。

곤란(困難)【명사】 사정이 몹시 딱하고 어려움. 또는 그런 일. ◆ 名难，困难，难处，难关。¶곤란한 문제에 직면해 있다. =面对难题。● 곤란하다(困難--) ●

곤봉(棍棒)【명사】 名 ❶ 나무 따위로 짤막하게 만든 몽둥이. 주로 상대를 타격하는 무기로 쓰인다. ◆ 杵，棒槌。❷ 체조에 쓰이는 짤막한 몽둥이 모양의 운동 기구 또는 그것으로 하는 운동. ◆ 体操棒。¶곤봉체조. =棒操。

곤욕(困辱)【명사】 심한 모욕. 또는 참기 힘든 일. ◆ 名侮辱，凌辱，奇耻大辱。¶곤욕을 당하다. =受到侮辱。

곤장(棍杖)【명사】 예전에, 죄인의 볼기를 치던 형구. 또는 그 형벌. 버드나무로 넓적하고 길게 만들었다. ◆ 名板子，棍杖(刑具的一种)。¶모함을 당한 그 대신은 곤장을 맞았다. =替遭到陷害的他挨了板子。

곤죽(-粥)【명사】 名 ❶ 몹시 질어서 질퍽질퍽한 밥. ◆ 烂粥。¶밥이 곤죽이 되었다. =饭焖成了粥。❷ 일이 엉망진창이 되어서 갈피를 잡기 어렵게 된 상태. ◆ (事情)一团糟。¶일을 곤죽으로 만들다. =把事情弄得一团糟。❸ 몸이 지치거나 주색에 빠져서 늘어진 모습을 비유적으로 이르는 말. ◆〈喻〉一团烂泥。¶곤죽이 되도록 술을 마셨다. =喝得烂醉如泥。

곤지【명사】 전통 혼례에서 신부가 단장할 때 이마 가운데 연지로 찍는 붉은 점. ◆ 名 (韩式传统婚礼中新娘额头上点的)红点，吉祥点。

곤충(昆蟲)【명사】 곤충강에 속한 동물을 통틀어 이르는 말. ◆ 名虫子，虫，昆虫。¶새가 곤충을 잡아먹는다. =鸟捉虫吃。

곤하다【형용사】 形 ❶ 기운이 없이 나른하다. ◆ 累，疲惫，疲倦。¶연일의 피로가 쌓여 몹시 곤하다. =连日来疲劳累积，非常疲倦。❷ 몹시 고단하여 잠든 상태가 깊다. ◆ (睡眠)酣，沉。¶곤한 잠에 빠지다. =酣然大睡。● 곤히(困-) ●

곤혹스럽다(困惑---)【형용사】 곤혹을 느끼게 하는 점이 있다. ◆ 形令人苦恼的，令人不知所措的。¶뜻밖의 손님을 맞아 몹시 곤혹스럽다. =来了不速之客，令人不知所措。

곧【부사】 副 ❶ 때를 넘기지 아니하고 지체 없이. ◆ 立刻，立即，马上。¶곧 떠나라. =马上动身。❷ 시간적으로 머지않아. ◆ 马上，很快，立刻。¶곧 갖다 드리겠습니다. =马上拿给您。❸ 바꾸어 말하면. ◆ 也就是说，换句话说。❹ 다름 아닌 바로. ◆ 就是，即。¶이것이 곧 문명의 이기(利器)이다. =这就是文明的利器。

곧다【형용사】 形 ❶ 굽거나 비뚤어지지 아니하고 똑바르다. ◆ 直，笔直，端正。¶곧게 뻗은 도로. =笔直的公路。❷ 마음이나 뜻이 흔들림 없이 바르다. ◆ (为人)正直，正，刚正。¶대쪽같이 곧은 절개. =如竹子般刚正不阿的气节。

곧바로【부사】 副 ❶ 바로 그 즉시에. ◆ 立刻，立即，马上。¶서울에 가거든 곧바로 편지해라. =到了首尔马上写信。❷ 굽거나 기울지 아니하고 곧은 방향으로. ◆ 一直，径直，直。¶곧바로 내뻗은 길을 따라가면 우체국이 나온다. =顺着这条路一直走就是邮局。❸ 다른 곳을 거치거나 들르지 아니하고. ◆ 直接。¶학교가 끝나면 곧바로 집으로 오너라. =放学后直接回家。❹ 멀지 아니한 바로 가까이에. ◆ (附近，近处，不远)就，正。¶모퉁이를 돌면 곧바로 가게가 있다. =过了转角就有一家小铺。

곧이곧대로【부사】 조금도 거짓이 없이 나타나거나 있는 그대로. ◆ 副如实，从实，照实。¶사실을 곧이곧대로 말하다. =如实交待情况。

곧이듣다【동사】 남의 말을 듣고 그대로 믿다. ◆ 动听信，当真，信以为真。¶농담을 곧이듣다. =把玩笑话当真。

곧이어【부사】 바로 뒤따라. ◆ 副紧接着，接下来就。¶곧이어 9시 뉴스가 방송됩니다. =接下来播出的是9点新闻。

곧잘【부사】 副 ❶ 제법 잘. ◆ 相当好，很好，很善于。¶그는 컴퓨터를 곧잘 다룬다. =他玩电脑玩得相当好。❷ 가끔가다 잘. ◆ 经常，常常。¶곧잘 넘어지곤 한다. =经常摔倒。

곧장【부사】 副 ❶ 옆길로 빠지지 아니하고 곧바로. ◆ 直，一直，照直。¶이 길로 곧장 가시오. =请沿着这条路一直走。❷ 곧이어 바로. ◆ 马上，立刻，直接。¶소식을 듣고 곧장 달려왔다. =一听到消息就直接跑来了。

곧추서다【동사】 꼿꼿이 서다. ◆ 动直立，竖立。¶곧추선 가로수가 열병식을 하는 군인 같다. =笔直的行道树就像正在接受检阅的军人。

곧추세우다【동사】 '곧추서다'의 사동사. ◆ 动竖，立，使直立。¶눈썹을 곧추세우다. =竖起眉毛。

골[1]【명사】 비위에 거슬리거나 언짢은 일을 당하여 벌컥 내는 화. ◆ 名火气，火，恼怒。¶그는 끄떡하면 골을 낸다. =他动不动就发火。

골[2]**(goal)**【명사】 名 ❶ 축구나 농구, 핸드볼, 하키 따위에서 공을 넣으면 득점하게 되는 문이나 바구니 모양의 표적. ◆ 球门，球篮。❷ 축구나 농구, 핸드볼, 하키 따위에서, 문이나 바구니에 공을 넣어 득점하는 일. 또는 그 득점. ◆ (球赛中)进球，得分；(得的)分，球。¶두 골 차로 이겼다. =进了两个球。

골[3]【명사】 名 ❶ 골수(骨髓)(뼈의 중심부인 골수 공간(骨髓空間)에 가득 차 있는 결체질(結締質)의 물질). ◆ 骨髓。❷ 뇌(腦)(중추 신경 계통 가운데 머리뼈 안에 있는 부분). ◆ 脑袋，头。¶골이 아프다. =头疼。

골격(骨格/骨骼)【명사】图 ❶ 동물의 체형을 이루고 몸을 지탱하는 뼈. ◆骨骼，骨架。❷ 어떤 사물이나 일에서 계획의 기본이 되는 틀이나 줄거리. ◆骨架，框架，格局。¶골격을 짜다. =搭起框架。

골고루【부사】副 ❶ '고루고루(여럿이 다 차이가 없이 엇비슷하거나 같게)'의 준말. ◆"고루고루"的略语。平均，均匀。¶골고루 나누다. =平均分。❷ '고루고루(두루두루 빼놓지 아니하고)'의 준말. ◆"고루고루"的略语。¶음식을 골고루 먹어야 한다. =不要偏食。

골나다【동사】비위에 거슬리거나 마음이 언짢아서 성이 나다. ◆动生气，发脾气，发怒，发火。

골다【동사】잠잘 때 거친 숨결이 콧구멍을 울려 드르렁거리는 소리를 내다. ◆动打呼噜，打鼾。¶코를 골다. =打呼噜。

골대(goal-)【명사】축구, 핸드볼, 럭비 따위의 구기 경기에 쓰는 골문의 양쪽 기둥. ◆图球门柱，门柱。¶중거리 슛이 골대를 맞고 튀어나오다. =中距离射门，球撞在球门柱上弹了出去。

골동품(骨董品)【명사】图 ❶ 오래되었거나 희귀한 옛 물품. ◆古董，古玩。¶골동품 가게. =古董店。❷ 시대감각을 잃은 무딘 사람이나 그런 물건을 비유적으로 이르는 말. ◆老古董，老废物。¶그는 이제 은퇴해서 쉬어야 할 나이, 즉 골동품이 되었다고 자학한다. =他自我打趣说已经到了该退休的年纪，成了个老废物了。

골똘하다【형용사】한 가지 일에 온 정신을 쏟아 딴 생각이 없다. ◆形专心，专注，入神。¶그는 무엇인가 골똘하게 생각하더니 벌떡 일어났다. =他不知入神地想着什么，猛地站了起来。● 골똘히 ●

골라내다【동사】여럿 가운데서 어떤 것을 골라서 따로 집어내다. ◆动挑出，捡出。¶생선에서 살을 발라내고 가시를 골라내다. =剔下鱼肉，挑出鱼刺。

골라잡다【동사】여럿 가운데서 골라서 가지다. ◆动挑，挑选，选取。¶마음대로 골라잡다. =随便挑选。

골리다【동사】상대편을 놀리어 약을 올리거나 골이 나게 하다. ◆动逗。

골목【명사】큰길에서 들어가 동네 안을 이리저리 통하는 좁은 길. ◆图胡同，巷子，弄堂。¶막다른 골목. =死胡同。

골목길【명사】골목. 즉 큰길에서 들어가 동네 안을 이리저리 통하는 좁은 길. ◆图小胡同。

골목대장(--大將)【명사】동네에서 노는 아이들 가운데 우두머리 노릇을 하는 아이. ◆图孩子王。

골몰하다(汩沒--)【동사】다른 생각을 할 여유도 없이 한 가지 일에만 파묻힌다. ◆动沉浸，潜心，专心致志。¶생각에 골몰하다. =潜心思考。

골무【명사】바느질할 때 바늘귀를 밀기 위하여 손가락에 끼는 도구. ◆图顶针。

골문(goal門)【명사】축구나 하키 따위에서, 공을 넣어 득점하게 되어 있는 문. ◆图球门。¶골문을 향해 강슛을 날렸다. =向球门强射球。

골반(骨盤)【명사】몸통의 아래쪽 부분을 이루는 뼈. 양쪽 볼기뼈와 척추뼈 가운데 엉치뼈와 꼬리뼈로 구성된다. ◆图骨盆。

골방(-房)【명사】큰방의 뒤쪽에 딸린 작은방. ◆图后屋，里间(指正屋后面的小房间)。

골백번(-百番)【명사】'여러 번(여러 차례)'을 강조하거나 속되게 이르는 말. ◆图"여러 번(여러 차례)"的强调或其俗语。几百遍，无数次。¶골백번도 넘게 말하다. =说了几百遍。

골병(-病)【명사】겉으로 나타나지 않고 속으로 깊이 든 병. ◆图内伤，内疾。¶골병이 들만큼 얻어맞다. =被打成内伤。

골수(骨髓)【명사】图 ❶ 뼈의 중심부인 골수 공간(骨髓空間)에 가득 차 있는 결체질(結締質)의 물질. 적색수(赤色髓)와 황색수(黃色髓)가 있는데, 적색수는 적혈구와 백혈구를 만들고, 황색수는 양분의 저장을 맡는다. ◆骨髓。❷ 마음속 깊은 곳을 비유적으로 이르는 말. ◆〈喻〉内心深处。¶원한이 골수에 사무쳤다. =恨之入骨。❸ 요점이나 골자를 비유적으로 이르는 말. ◆精髓，核心，要点。¶이 이론의 골수를 찾아야 한다. =要找到这一理论的核心。❹ 어떤 사상이나 종교, 또는 어떤 일에 철저하거나 골몰한 사람을 비유적으로 이르는 말. ◆狂热，中坚，核心；狂热分子。¶골수 보수파. =狂热的保守派。

골육상잔(骨肉相殘)【명사】가까운 혈족끼리 서로 해치고 죽임. ◆图 骨肉相残，骨肉相争。● 골육상쟁(骨肉相爭)●

골인(goal in)【명사】图 ❶ 골이나 바스켓 안에 공이 들어가는 것. ◆进球。❷ 경주에서, 결승점에 도착하는 일. ◆(赛跑)到达终点线。● 골인되다, 골인하다 ●

골자(骨子)【명사】말이나 일의 내용에서 중심이 되는 줄기를 이루는 것. ◆图重点，核心，要害，关键。¶그의 말은 도대체 골자가 없다. =他的话毫无重点。

골재(骨材)【명사】콘크리트나 모르타르를 만드는 데 쓰는 모래나 자갈 따위의 재료. ◆图骨料，骨材。¶천연 골재. =天然骨料。

골절(骨折)【명사】뼈가 부러짐. ◆图骨折。하산 길에 넘어져 다리가 골절되는 중상을 입었다. =下山的路上摔了一跤，受了重伤，腿骨骨折了。

골조(骨組)【명사】건물 따위의 뼈대. ◆图 (建筑物的)骨架，框架。¶골조 공사. =框架工程。

골짜기【명사】산과 산 사이에 움푹 패어 들어간 곳. 곡지(谷地). ◆图山沟，山谷，山坳。¶골짜기에 들어서니 서늘한 기운이 감지된다. =走进山谷，感到一股凉意。● 골짝 ●

골치【명사】'머리' 또는 '머릿골'을 속되게 이르는 말. ◆图脑袋，头。¶골치가 쑤시다. =头痛。

골키퍼(goalkeeper)【명사】축구나 하키 따위에서, 골을 지키는 선수. ◆图守门员，门将。

골탕【명사】한꺼번에 되게 당하는 손해나 곤란. ◆图苦头，大亏。¶나보고 골탕 먹어보란 속셈이지. =是算计着想要我吃苦头吧。

골판지(-板紙)【명사】판지의 한쪽 또는 두 장의 판지 사이에 물결 모양으로 골이 진 종이를 붙인 판지. 물품의 포장에 쓴다. ◆ 图瓦楞纸。¶골판지로 만든 상자. =瓦楞纸箱。

골프(golf)【명사】일정한 장소에서 골프채로 공을 쳐서 가장 적은 타수로 홀에 넣는 경기. 9홀 또는 18홀을 돈다. ◆ 图高尔夫，高尔夫球。

골프장(golf場)【명사】골프를 칠 수 있도록 설치한 경기장. ◆ 图高尔夫球场。¶실내 골프장. =室内高尔夫球场。

곪다【동사】动 ❶ 상처에 염증이 생겨 고름이 들게 되다. ◆ 化脓，感染。¶상처가 곪다. =伤口化脓。❷ 내부에 부패나 모순이 쌓이고 쌓여 터질 정도에 이르다. ◆〈喻〉腐败，腐朽，腐化。¶곪을 대로 곪은 사회. =腐败至极的社会。

곯다【동사】动 ❶ 속이 물크러져 상하다. ◆ 烂，腐烂，坏，变质。¶홍시가 곯아서 먹을 수가 없다. =柿子烂了，不能吃了。❷ 은근히 해를 입어 골병이 들다. ◆〈喻〉暗中伤身，内心受伤。¶객지 생활을 오래 해서 몸이 많이 곯았다. =由于久居异乡，身体变差了很多。

곯리다【동사】动 ❶ 속이 물크러져 상하게 하다. ◆ 使腐烂，使变质，使变坏。¶이 더위에 채소를 밖에 두다니, 다 곯리려고 그러니? =这么热的天还把菜放在外面，是想让它们都坏了吗? ❷ 은근히 해를 입혀 골병이 들게 하다. ◆ (暗中)伤，伤害。¶아들이 부모님 속을 곯릴 대로 곯렸다. =儿子让父母伤透了心。

곯아떨어지다【동사】몹시 곤하거나 술에 취하여 정신을 잃고 자다. ◆ 动 (困或醉得)不省人事，倒头大睡。¶술에 곯아떨어지다. =醉得不省人事。

곰【명사】图 ❶ 포유강 식육목 곰과의 동물을 통틀어 이르는 말. 몸이 비대하며 다리가 굵고 짧다. ◆ 熊，狗熊。❷ 미련하거나 행동이 느린 사람을 놀림조로 이르는 말. ◆ 大狗熊。¶그는 일 처리가 느릿느릿한 곰 같은 사람이다. =他这人办起事来就像狗熊一样慢吞吞的。

곰곰이【부사】여러모로 깊이 생각하는 모양. ◆ 副仔细，细细。¶곰곰이 생각해 보니 내가 잘못했구나. =细细一想，原来是我错了。

곰국【명사】소의 뼈나 양(䑋), 곱창, 양지머리 따위의 국거리를 넣고 진하게 푹 고아서 끓인 국. ◆ 图 (炖的)牛骨汤，肉汤。¶곰국을 끓이다. =炖牛骨汤。

곰방대【명사】살담배를 피우는 데에 쓰는 짧은 담뱃대. ◆ 图 (较短的)烟斗。¶곰방대를 뻑뻑 빨다. =吧嗒吧嗒地抽着烟斗。

곰보【명사】얼굴이 얽은 사람을 낮잡아 이르는 말. ◆ 图麻子，麻脸。

곰삭다【동사】动 ❶ 옷 따위가 오래되어서 올이 삭고 질이 약해지다. ◆ (衣物因存放时间过久而)破旧，破烂。¶곰삭아 너덜너덜해진 옷. =破旧的衣衫。❷ 젓갈 따위가 오래되어서 푹 삭다. ◆ (腌制的海鲜等)腌好，腌透。¶조개젓은 곰삭아야 제 맛이 난다. =蛤蜊酱要腌透了才好吃。

곰살궂다【형용사】形 ❶ 태도나 성질이 부드럽고 친절하다. ◆ 和善，和气，和蔼可亲，平易近人。¶그는 누구에게나 곰살궂게 굴어 사랑을 받는다. =他对谁都和蔼可亲，大家都喜欢他。❷ 꼼꼼하고 자세하다. ◆ 用心，上心，细心。

곰탕【명사】곰국(소의 뼈나 양(䑋), 곱창, 양지머리 따위의 국거리를 넣고 진하게 푹 고아서 끓인 국). ◆ 图 (炖的)牛骨汤，肉汤。¶곰탕 한 그릇. =一碗牛骨汤。

곰팡이【명사】몸의 구조가 간단한 하등 균류를 통틀어 이르는 말. ◆ 图霉，毛。¶곰팡이가 끼다. =长毛儿。

곱【명사】❶ 어떤 수나 양을 두 번 합한 만큼. ◆ 动倍。❷ [수학] 둘 이상의 수 또는 식을 두 번이나 그 이상 몇 번 되짚어 합쳐 얻어진 결과. ◆ 图乘积。

곱다[1]【형용사】손가락이나 발가락이 얼어서 감각이 없고 놀리기가 어렵다. ◆ 形 (手指或脚趾)冻僵，冻麻。¶손이 곱아서 글씨를 잘 쓸 수가 없다. =手冻僵了，写不好字。

곱다[2]【형용사】形 ❶ 모양, 생김새, 행동거지 따위가 산뜻하고 아름답다. ◆ 美，美丽，漂亮。¶고운 손. =美丽的手。❷ 색깔이 밝고 산뜻하여 보기 좋은 상태에 있다. ◆ (颜色)鲜艳，艳丽。¶고운 색깔. =鲜艳的色彩。❸ 소리가 듣기에 맑고 부드럽다. ◆ (声音)清脆，悦耳，动听，好听。¶고운 목소리. =悦耳的嗓音。❹ 만져 보는 느낌이 거칠지 아니하고 보드랍다. ◆ (触感)细腻，细滑，细嫩。¶살결이 곱다. =皮肤细腻。❺ 가루나 알갱이 따위가 아주 잘다. ◆ (粉末或颗粒)细。¶고운 소금. =精盐。❻ 상냥하고 순하다. ◆ 善良，温柔，和善。¶마음씨 고운 처녀. =心地善良的女孩。❼ 편안하고 순탄하다. ◆ 顺利，平安无事，安然无恙。¶곱게 기르다. =平安无事地养大。❽ 그대로 온전하다. ◆ 完好无损，完整。¶사진을 곱게 간직하다. =照片保存得完好无损。❾ 모조리 흔적을 없애다. ◆ (把痕迹除得)一干二净，干干净净。¶쓴 것을 지우개로 곱게 지우다. =用橡皮把写下的东西擦干净。

곱빼기【명사】图 ❶ 음식에서, 두 그릇의 몫을 한 그릇에 담은 분량. ◆ 双份，两份的量。¶그들은 모두 배가 고팠던 터라 자장면을 곱빼기로 시켜 먹었다. =他们都饿坏了，点了双份炸酱面。❷ 계속하여 두 번 거듭하는 일. ◆ 一连两次，接连两次。¶곱빼기로 욕을 먹다. =一连挨了两次骂。

곱셈【명사】몇 개의 수나 식 따위를 곱하여 계산함. 또는 그런 셈. ◆ 图乘，相乘，乘法。

곱슬곱슬하다【형용사】털이나 실 따위가 고불고불하게 말려 있는 모양. ◆ 形 (毛发或线等)鬈曲，卷曲，鬈。¶그녀의 곱슬곱슬한 머릿결이 인상적이다. =她那一头鬈发给人留下深刻印象。

곱슬머리【명사】고불고불하게 말려 있는 머리털. 또는 그런 머리털을 가진 사람. ◆ 图自来卷；天生鬈发的人。¶그의 머리는 볶아 놓은 것 같은 곱슬머리이다. =他那一头自来卷的头发就像烫出来的一样。

곱씹다【동사】动 ❶ 거듭하여 씹다. ◆ 咀嚼，细

嚼。¶칡은 곱씹을수록 단맛이 난다. =葛根是越嚼越甜。❷ 말이나 생각 따위를 곰곰이 되풀이하다. ◆ 翻来覆去，再三重复(话或想法等)。¶곱씹어 말하다. =翻来覆去地说。

곱자【명사】나무나 쇠를 이용하여 90도 각도로 만든 'ㄱ'자 모양의 자. ◆图曲尺。

곱절【명사】图 배(倍). ◆ 翻倍，翻番。¶생산량이 작년보다 곱절이나 늘었다. =产量比去年翻了一番。

곱하다【동사】둘 이상의 수 또는 식을 두 번이나 그 이상 몇 번 되짚어 합치다. ◆励乘，乘以，相乘。¶7에 3을 곱하면 21이 된다. =七乘三等于二十一。

곳【명사】图 ❶ 공간적인 또는 추상적인 일정한 자리나 지역. ◆ 地方，地点。¶조용한 곳에 머물다. =停留在安静的地方。❷ 일정한 자리나 지역을 세는 단위. ◆ 处，所，个(地方)。¶오늘 두 곳에서 저녁 초대를 받았다. =今天收到两个地方的晚餐邀请。

곳간(庫間)【명사】물건을 간직하여 두는 곳. ◆图储藏室，仓库，库房。¶곳간 열쇠. =库房钥匙。

곳곳【명사】여러 곳 또는 이곳저곳. ◆图到处，处处，遍地。

공[1]【명사】가죽이나 고무, 플라스틱 따위로 둥글게 만들어 던지거나 치거나 차거나 굴릴 수 있도록 만든 운동 기구. ◆图球，皮球。¶공을 차다. =踢球。

공[2](空)【명사】图 ❶ 영(零)(값이 없는 수). ◆ 零，空。❷ 아라비아 숫자 '0'의 이름. ◆ 零(阿拉伯数字)。❸ 속이 텅 빈 것. 또는 사실이 아닌 것. ◆ 空，虚假。

공[3](公)【명사】여러 사람에 관계되는 국가나 사회의 일. ◆图公，公共，公家。¶공직자는 언제나 공과 사를 명확히 구분해야 한다. =公职人员在任何时候都要做到公私分明。

공[4](空)-【접사】前缀 ❶ '힘이나 돈이 들지 않은'의 뜻을 더하는 접두사. ◆ 免费的，白给的。¶공돈. =白给的钱。❷ '빈' 또는 '효과가 없는'의 뜻을 더하는 접두사. ◆ 空的，空白的。¶공 테이프. =空白磁带。❸ '쓸모없이'의 뜻을 더하는 접두사. ◆ 白，没用。¶공치다. =白费工夫。

-공[5](工)【접사】'기술직 노동자'의 뜻을 더하는 접미사. ◆ 后缀工，工人。¶인쇄공. =印刷工。

-공[6](公)【접사】'높임'의 뜻을 더하는 접미사. ◆ 后缀公(古代敬称，用于姓或谥号、官爵之后)。¶충무(忠武)공. =忠武公。

공간(空間)【명사】图 ❶ 아무것도 없는 빈 곳. ◆ 空间，空隙。¶좁은 공간. =狭小空间。❷ 물리적으로나 심리적으로 널리 퍼져 있는 범위. ◆ (物质或心理)空间，场所。¶생활 공간. =生活空间。

공갈(恐喝)【명사】图 ❶ 공포를 느끼도록 을박지르며 을러댐. ◆ 恐吓，吓唬。¶공갈과 협박으로 금품을 뜯어내다. =以恐吓和威胁的手段抢夺钱财。❷ 俚 거짓말을 속되게 이르는 말. ◆ 谎话，谎言。¶그런 어설픈 공갈로 날 속일 생각은 하지 마. =别想拿这种拙劣的谎话来蒙我。

공감(共感)【명사】남의 감정, 의견, 주장 따위에 대하여 자기도 그렇다고 느낌. 또는 그렇게 느끼는 기분. ◆ 图共鸣，同感。¶그 책은 특히 여성 독자들에게 많은 공감을 불러일으켰다. =那本书引起了读者的强烈共鸣尤其是女性读者。● 공감하다(共感--) ●

공감대(共感帶)【명사】서로 공감하는 부분. ◆图共识。¶공감대를 이루다. =有共识。

공개(公開)【명사】어떤 사실이나 사물, 내용 따위를 여러 사람에게 널리 터놓음. ◆ 图公开，披露。¶공개 모집. =公开征集。● 공개되다(公開--), 공개하다(公開--) ●

공것(空-)【명사】힘이나 돈을 들이지 않고 얻은 물건. ◆ 图白得的东西，不劳而获的东西。¶공것을 바라다. =期望不劳而获。

공격(攻擊)【명사】图 ❶ 나아가 적을 침. ◆ 攻击，进攻 。¶적에게 공격을 가하다. =对敌人展开进攻。❷ 남을 비난하거나 반대하여 나섬. ◆ 攻击，抨击，指责。¶동료들에게 집중 공격을 받다. =受到同事们的集体指责。❸ 운동 경기나 오락 따위에서 상대편을 이기기 위한 적극적인 행동. ◆ (体育比赛或娱乐中)进攻。¶우리 팀은 계속적인 공격 끝에 결국 한 점을 얻었다. =我队持续进攻，最后终于拿下了一分。● 공격하다(攻擊--) ●

공격수(攻擊手)【명사】단체 경기에서, 공격을 기본적인 임무로 하는 선수. ◆图攻击手，前锋。

공경(恭敬)【명사】공손히 받들어 모심. ◆图恭敬，恭谨，敬重，尊敬，敬爱，敬仰，毕恭毕敬。¶공경을 받다. =受敬重。● 공경하다(恭敬--) ●

공고(公告)【명사】국가 기관이나 공공 단체에서 일정한 사항을 일반 대중에게 광고, 게시, 또는 다른 공개적 방법으로 널리 알림. ◆图 (国家机关或公共团体)公告，通告，告示。¶헌법 개정안 공고. =宪法修正案公告。● 공고되다(公告--), 공고하다(公告--) ●

공고하다(鞏固--)【형용사】단단하고 튼튼하다. ◆形坚固，牢固，稳固。¶공고한 진지. =坚固的阵地。● 공고히(鞏固-) ●

공공(公共)【명사】국가나 사회의 구성원에게 두루 관계되는 것. ◆图公共。¶공공 기관. =公共机关。

공공 단체(公共團體)【명사】국가로부터 사무를 위임받아 국가의 감독 아래 공공의 행정을 맡아보는 기관. ◆ 图公共团体。¶공공단체는 지방 자치 단체·공공 조합·영조물 법인의 세 가지를 지칭한다. =公共团体包括地方自治团体、公共组织、公共设施法人等三类。

공공사업(公共事業)【명사】공공의 이익을 위한 사업. 또는 국가나 지방 자치 단체가 공공의 경제적 목적을 위하여 벌이는 사업. ◆ 图公共事业。¶정부는 올 상반기에 일자리 창출과 공공사업을 확대하기로 하였다. =政府计划今年上半年加大就业岗位的提供力度，扩大公共事业规模。

공공시설(公共施設)【명사】국가나 공공 단체가 공공의 편의나 복지를 위하여 설치한 시설. ◆ 图公共设施。

공공연하다(公公然--)【형용사】숨김이나 거리낌이 없이 그대로 드러나 있다. ◆形公开，明显，显而易见。¶공공연한 비밀. =显而易见的秘密。● 공공

연히(公公然-) ●

공공요금(公共料金)【명사】철도, 우편, 전신, 전화, 수도, 전기 따위의 공익사업에 대한 요금. 재정에 관하여서는 행정 기관의 규제를 받는다. ◆ 名公共事业费。

공과(功過)【명사】공로와 과실을 아울러 이르는 말. ◆名功过, 功与过。¶공과를 논하다. =论功过。

공과금(公課金)【명사】국가나 공공 단체가 국민에게 부과하는 금전적인 부담. 지방세인 재산세, 자동차세, 전기료, 전화료, 상하수도 요금과 국세인 종합소득세, 증여세, 갑근세 따위가 있다. ◆ 名 (水费、电费等)公共事业费用, 税收。¶공과금을 내다. =缴税。

공교롭다(工巧--)【형용사】생각지 않았거나 뜻하지 않았던 사실이나 사건과 우연히 마주치게 된 것이 기이하다고 할 만하다. ◆ 形恰巧, 正巧, 刚巧。¶공교롭게도 아들과 아버지의 생일이 같다. =儿子和父亲的生日恰巧是同一天。

공구(工具)【명사】물건을 만들거나 고치는 데에 쓰는 기구나 도구를 통틀어 이르는 말. ◆名工具, 器具。¶목재를 가공할 때에는 여러 가지 공구가 쓰인다. =加工木材时要用到多种工具。

공군(空軍)【명사】주로 공중에서 공격과 방어의 임무를 수행하는 군대. ◆ 名空军。¶공군의 폭격으로 도시가 파괴되었다. =空袭对城市造成了破坏。

공권력(公權力)【명사】국가나 공공 단체가 우월한 의사의 주체로서 국민에게 명령하고 강제할 수 있는 권력. ◆ 名国家权力。¶공권력을 투입하다. =动用国家权力。

공금(公金)【명사】국가나 공공 단체가 소유하는 돈. ◆ 名 (国家、集体的)公款。¶공금을 횡령하다. =侵吞公款。

공급(供給)【명사】요구나 필요에 따라 물품 따위를 제공함. ◆名供给, 供应。¶공급을 끊다. =切断供应。● 공급되다(供給--), 공급하다(供給--) ●

공급원(供給源)【명사】공급이 이루어지는 본바탕. ◆名供应来源, 货源。¶영양의 공급원. =营养的供应来源。

공기¹【명사】밤톨만 한 돌 다섯 개 또는 여러 개를 땅바닥에 놓고, 일정한 규칙에 따라 집고 받는 아이들의 놀이. 또는 그 돌들. ◆名抓石子, 抓棋子。

공기²(空氣)【명사】名 ❶ 지구를 둘러싼 대기의 하층부를 구성하는 무색, 무취의 투명한 기체. ◆ 空气 ¶공기의 오염이 심각하다. =空气污染严重。❷ 그 자리에 감도는 기분이나 분위기. ◆ 气氛, 氛围。¶공기가 험악하다. =气氛紧张。

공기³(空器)【명사】名 ❶ 위가 넓고 밑이 좁은 작은 그릇. 주로 밥을 담아 먹는 데에 쓴다. ◆ 碗, 饭碗。❷ 밥 따위를 공기에 담아 그 분량을 세는 단위. ◆量碗。¶그는 배가 몹시 고팠는지 밥 두 공기를 단숨에 먹어 치웠다. =他可能是饿坏了, 一口气吃了两碗饭。

공기놀이【명사】공기를 가지고 노는 아이들 놀이. ◆名抓石子, 抓棋子。

공기총(空氣銃)【명사】압축 공기의 힘을 이용하여 탄알이 발사되도록 만든 총. ◆ 名气枪, 风枪。¶사냥꾼이 꿩을 겨누고 공기총을 쏘았다. =猎人瞄准野鸡, 然后扣动了汽枪扳机。

공납금(公納金)【명사】名 ❶ 관공서에 의무적으로 내는 돈. ◆ 国税。¶공납금을 내다. =缴税。❷ 학생이 학교에 정기적으로 내는 돈. 수업료, 육성회비 따위를 이른다. ◆ 学费, 学杂费。¶공납금 통지서. =学杂费缴纳通知。

공놀이【명사】공을 가지고 노는 놀이. ◆名玩球。

공단(工團)【명사】'공업 단지(工業團地)'를 줄여 이르는 말. ◆名 工业园。

공덕(功德)【명사】名 착한 일을 하여 쌓은 업적과 어진 덕. ◆ 功德。¶공덕을 쌓다. =积功德。

공동(共同)【명사】둘 이상의 사람이나 단체가 함께 일을 하거나, 같은 자격으로 관계를 가짐. ◆名共同, 联合; 并列。¶공동 개최. =共同召开。

공동묘지(共同墓地)【명사】여러 사람이 공동으로 쓸 수 있게 일정한 곳에 마련하여 둔 묘지. ◆名公墓。

공동체(共同體)【명사】생활이나 행동 또는 목적 따위를 같이 하는 집단. ◆名共同体。¶운명 공동체. =命运共同体。

공들이다(功---)【동사】어떤 일을 이루는 데 정성과 노력을 많이 들이다. ◆动用心, 倾心, 倾注心血, 费尽心思。¶작품에 공들이다. =在作品上倾注心血。

공략(攻略)【명사】군대의 힘으로 적의 영토나 진지를 공격하여 빼앗음. ◆名攻占, 占领, 攻克, 攻破。● 공략되다(攻略--), 공략하다(攻略--) ●

공로(功勞)【명사】일을 마치거나 목적을 이루는 데 들인 노력과 수고. 또는 일을 마치거나 그 목적을 이룬 결과로서의 공적. ◆名功劳, 功, 功勋。¶공로가 크다. =功劳大。

공론¹(公論)【명사】名 ❶ 여럿이 의논함. 또는 그런 의논. ◆ 公论, 众议。¶공론에 붙이다. =交付公论。❷ 공정하게 의논함. 또는 그런 의논. ◆ 公正的评论。¶공론에 따라 일을 처리하다. =按照公正的评论来处理事情。

공론²(空論)【명사】실속이 없는 빈 논의를 함. 또는 그 이론이나 논의. ◆名空谈, 空话。¶우리의 논의는 공론에 불과하다. =我们的讨论不过是空谈而已。

공룡(恐龍)【명사】名 ❶ 중생대 쥐라기와 백악기에 걸쳐 번성하였던 거대한 파충류를 통틀어 이르는 말. ◆ 恐龙。❷ 규모가 매우 큰 것을 비유적으로 이르는 말. ◆ 恐龙级, 超级, 巨型。¶전기 먹는 공룡 건물은 절전 지도를 해야 한다. =应该对耗电量巨大的"恐龙"级大型建筑进行节电指导。

공리¹(功利)【명사】名 ❶ 공명(功名)과 이욕(利慾)을 아울러 이르는 말. ◆ 功利, 功名利禄, 名利。¶공리를 좇다. =追名逐利。❷ 공로(功勞)와 이익(利益)을 아울러 이르는 말. ◆ 功利。

공리²(公利)【명사】공중(公众)이나 공공 단체의 이익. ◆名公益, 公共利益。¶공리 단체. =公益团体。

공리공론(空理空論)【명사】실천이 따르지 아니하는, 헛된 이론이나 논의. ◆图空谈。

공립(公立)【명사】지방 자치 단체가 세워서 운영함. 또는 그 시설. ◆图公立，公办。¶공립 병원. =公立医院。

공명(共鳴)【명사】떨림수가 많은 소리굽쇠 두 개를 놓고 하나를 울릴 때 옆에 놓인 다른 하나도 함께 울리는 현상. ◆图共鸣，共振。● 공명하다(共鳴--) ●

공명(功名)【명사】공을 세워 자기의 이름을 널리 떨침. 또는, 그 이름. ◆图功名。

공명심(功名心)【명사】공을 세워 자기의 이름을 널리 드러내려는 마음. ◆图立功扬名的欲望，名利心。¶공명심에 불타다. =名利熏心。

공명정대하다(公明正大--)【형용사】하는 일이나 태도가 사사로움이나 그릇됨이 없이 아주 정당하고 떳떳하다. ◆形公正，光明正大。

공명하다(公明--)【형용사】사사로움이나 한쪽으로 치우침이 없이 공정하고 명백하다. ◆形公正，公平，公道。¶공명한 처사. =公正的处事态度。

공모[1](公募)【명사】일반에게 널리 공개하여 모집함. ◆图公开招募，公开招聘，公开征集。¶공모로 선발하다. =公开招聘选拔。● 공모하다(公募--) ●

공모[2](共謀)【명사】'공동 모의(영미법에서, 두 사람 이상이 어떤 불법적인 행위를 하기로 합의하는 일)'를 줄여 이르는 말. ◆图合谋，串通，共同策划。¶공모에 가담하다. =参与合谋。● 공모하다(共謀--) ●

공모전(公募展)【명사】공개 모집한 작품의 전시회. ◆图大展赛，大奖赛。¶미술 공모전. =美术大展赛。

공무(公務)【명사】图 ❶ 여러 사람에 관련된 일. ◆公，公务，公事。¶공무로 출장을 가다. =因公出差。❷ 국가나 공공 단체의 일. ◆公务，公干。¶공무 수행. =执行公务。

공무원(公務員)【명사】국가 또는 지방 공공 단체의 사무를 맡아보는 사람. 사무 범위에 따라 국가 공무원과 지방 공무원으로 나누며, 선임 및 근무 방법에 따라 일반직과 별정직으로 나눈다. ◆图公务员。¶고위 공무원. =高级公务员。

공문(公文)【명사】공문서(公文書). ◆图公函，公文。¶공문을 발송하다. =发函。

공문서(公文書)【명사】공공 기관이나 단체에서 공식으로 작성한 서류. ◆图公函，公文。¶공문서 위조. =伪造公函。

공물(貢物)【명사】중앙 관서와 궁중의 수요를 충당하기 위하여 여러 군현에 부과 상납하게 한 특산물. ◆图贡，贡品。¶공물을 바치다. =纳贡。

공박(攻駁)【명사】남의 잘못을 몹시 따지고 공격함. ◆图攻击，责难，谴责。¶공박을 당하다. =遭到责难。 ● 공박하다(攻駁--) ●

공배수(公倍數)【명사】둘 이상의 정수 또는 정식에 공통되는 배수. ◆图公倍数。

공백(空白)【명사】图 ❶ 종이나 책 따위에서 글씨나 그림이 없는 빈 곳. ◆(书页等的)空白处，余白。¶의문 나는 점은 책의 공백에 기록해 두었다. =有疑问的地方记在了书页空白处。❷ 아무것도 없이 비어 있음. ◆空白，真空。¶공백 상태. =空白状态。❸ 특정한 활동이나 업적이 없이 비어 있음. ◆空白，空，虚。¶일 년을 공백으로 보내다. =空度一年。❹ 어떤 일의 빈구석이나 빈틈. ◆空白点，死角，盲点。¶이 사업에는 여러 가지 공백이 발견된다. =在这项工作中发现了很多盲点。

공범(共犯)【명사】'공동 정범(共同正犯)'을 줄여 이르는 말. ◆图共犯，同谋犯。¶공범 관계. =共犯关系。

공병(工兵)【명사】군에서, 축성(築城)·가교(架橋)·건설·측량·폭파 따위의 임무를 맡고 있는 병과. 또는 그에 속한 군인. 건설 공병과 야전 공병이 있다. ◆图工兵，工程兵。¶건축과 출신들은 공병으로 배속된다. =建筑专业出身的人被分配为工兵。

공병대(工兵隊)【명사】군에서, 축성(築城)·가교(架橋)·건설·측량·폭파 따위의 임무를 맡고 있는 부대. ◆图 工兵部队，工程兵部队。

공복(公僕)【명사】국가나 사회의 심부름꾼이라는 뜻으로, '공무원(公務員)'을 달리 이르는 말. ◆图公仆(公务员的别称)。¶국민의 공복. =国民公仆。

공복(空腹)【명사】배 속이 비어 있는 상태. ◆图空腹，空着肚子，饿着肚子。¶이 약은 공복에 드시오. =请空腹服用这种药。

공부(工夫)【명사】학문이나 기술을 배우고 익힘. ◆图学习，学业。¶외국어 공부. =外语学习。● 공부하다(工夫--) ●

공부방(工夫房)【명사】공부하기 위하여 따로 마련한 방. ◆图书房，书斋。¶아이가 학교를 다니면 공부방도 하나 있어야 한다. =孩子上了学，就得有一个书房。

공사[1](公使)【명사】국가를 대표하여 파견되는 외교 사절. 외교 통상부 장관의 감독과 훈령을 받아 조약국에 상주하는 외교 사절로, 대사에 버금가는 계급이다. ◆图公使。

공사[2](工事)【명사】토목이나 건축 따위의 일. ◆图 (土建)工程。¶공사를 따내다. =招揽工程。● 공사하다(工事--) ●

공사[3](公私)【명사】공공의 일과 사사로운 일을 아울러 이르는 말. ◆图公私，公事和私事。¶공사를 엄격히 구분하다. =公私分明。

공사비(工事費)【명사】공사에 드는 비용. ◆图工程费，工程款。¶공사비가 예상보다 훨씬 많이 들 것 같습니다. =工程款恐怕会远超预算。

공사장(工事場)【명사】공사를 하는 곳. ◆图工地，施工现场。¶공사장에서 일어날 수 있는 안전사고를 예방합시다. =我们要预防工地上可能发生的安全事故。

공산(公算)【명사】어떤 상태가 되거나 어떤 일이 일어날 수 있는 확실성의 정도. ◆图 (某种状况实现的)胜算，把握。¶이길 공산이 크다. =胜算很大。

공산품(工産品)【명사】원료를 인력이나 기계력으로 가공하여 만들어 내는 물품. ◆图工业品。¶원유가의 상승으로 공산품 가격도 급상승하였다. =由于原油价格上涨，工业品的价格也出现猛增势头。

공상(空想)【명사】현실적이지 못하거나 실현될 가망이 없는 것을 막연히 그리어 봄. 또는 그런 생각. ◆名空想，幻想。¶공상에 빠지다. =陷入空想。

공생(共生)【명사】名❶ 서로 도우며 함께 삶. ◆共生，相依为命。¶경제적 공생. =经济上的共生。❷ 종류가 다른 생물이 같은 곳에서 살며 서로에게 이익을 주며 함께 사는 일. 악어와 악어새, 충매화와 곤충, 콩과식물과 뿌리혹박테리아 따위가 있다. ◆共生。¶개미와 진디는 공생한다. =蚂蚁和蚜虫是共生关系。● 공생하다(共生--) ●

공석[1](公席)【명사】名❶ 공적인 모임의 자리. ¶공석에서는 사담을 하지 맙시다. =别在公务场合谈论私事了。❷ 공적인 업무를 맡아보는 직위. ◆公职，公务职位。¶공석에 앉은 몸으로 함부로 처신할 수 없다. =身负公职不能恣意妄为。

공석[2](空席)【명사】名❶ 사람이 앉지 아니하여 비어 있는 자리. ◆空座，空位，虚席。¶공석이 생기거든 앉으시오. =有了空位就请坐下。❷ 결원으로 비어 있는 직위. ◆职位空缺。¶부회장은 공석 중이다. =副会长的职位空缺着。

공세(攻勢)【명사】공격하는 태세. 또는 그런 세력. ◆名攻势。¶질문 공세. =群起发问。

공소[1](控訴)【명사】'항소(抗訴)'의 전 용어. 소송에서, 제일심의 종국 판결에 대하여 불복하여 상소함. ◆名抗诉("항소(抗訴)"的旧称)。● 공소하다(控訴--) ●

공소[2](公訴)【명사】검사가 법원에 특정 형사 사건의 재판을 청구함. 또는 그런 일. ◆名公诉。¶공소를 기각하다. =驳回公诉。● 공소하다(公訴--) ●

공손하다(恭遜-)【형용사】말이나 행동이 겸손하고 예의 바르다. ◆形谦逊，恭敬。¶공손한 말씨. =恭敬的口吻。● 공손히(恭遜-) ●

공수[1](攻守)【명사】공격과 수비를 아울러 이르는 말. ◆名攻守，攻防。

공수[2](空輸)【명사】'항공수송(航空輸送)'을 줄여 이르는 말. 항공기를 이용하여 사람이나 우편물, 짐 따위를 옮기는 일. ◆名空运，航空运输("항공수송(航空輸送)"的略语)。¶재해 지역에 생필품을 공수하다. =把生活必需品空运到灾区。● 공수하다(空輸--) ●

공수표(空手票)【명사】名❶ 당좌 거래를 하는 사람이 발행한 수표로서, 은행에 지급을 받기 위하여 제시한 경우 잔액이 없어 거절당한 수표. ◆空头支票。❷ 실행이 없는 약속을 비유적으로 이르는 말. ◆空头支票。

공습(空襲)【명사】'공중 습격'을 줄여 이르는 말. ◆名空袭。¶공습을 받다. =遭到空袭。

공시(公示)【명사】공공 기관이 권리의 발생, 변경, 소멸 따위의 내용을 공개적으로 게시하여 일반에게 널리 알림. 또는 그렇게 알리는 글. ◆名 (公共机关)公布，公告。¶선거 기일을 공시하다. =公布选举日期。● 공시하다(公示--) ●

공식(公式)【명사】名❶ 국가적이나 사회적으로 인정된 공적인 방식. ◆正式，官方。¶공식 회담. =正式会谈。❷ 틀에 박힌 형식이나 방식. ◆套路，框框。¶그 영화는 진부한 애정 영화의 공식을 따르고 있었다. =那部电影落入了爱情片的陈俗旧套。❸ 계산의 법칙 따위를 문자와 기호로 나타낸 식. ◆公式。¶인수 분해 공식. =因式分解公式。

공신(功臣)【명사】나라를 위하여 특별한 공을 세운 신하. ◆名功臣，有功之臣。

공신력(公信力)【명사】권리 관계를 추측할 수 있는 등기나 점유 따위의 외형적 요건이 있을 경우에, 그것을 믿고 행한 법률 행위를 유효한 것으로 인정하는 법률적인 효력. ◆名公信力。

공약[1](公約)【명사】정부, 정당, 입후보자 등이 어떤 일에 대하여 국민에게 실행할 것을 약속함. 또는 그런 약속. ◆名 (对公众的)承诺，许诺，诺言。¶선거 공약. =选举承诺。● 공약하다(公約--) ●

공약[2](空約)【명사】헛되게 약속함. 또는 그런 약속. ◆名开空头支票；空头支票。¶공약(公約)이 공약이 되지 않도록 해야 한다. =不能使承诺变成"空头支票"。

공약수(公約數)【명사】둘 이상의 정수 또는 정식에 공통되는 약수. ◆名公约数。

공양(供養)【명사】名❶ 웃어른을 모시어 음식 이바지를 함. ◆赡养，供养，奉养。¶부모 공양. =赡养父母。❷ 불(佛), 법(法), 승(僧)의 삼보(三寶)에게 음식, 꽃 따위를 바치는 일. 또는 그 음식. ◆(对菩萨)供奉，上供。¶공양을 올리다. =上供。❸ 절에서, 음식을 먹는 일. ◆吃斋饭，用斋。¶아침 공양은 하셨습니까? =用过早斋了吗? ● 공양하다(供養--) ●

공양미(供養米)【명사】공양에 쓰는 쌀. ◆名供米，布施的大米。¶공양미 삼백석. =供米三百石。

공언(公言)【명사】여러 사람 앞에 명백하게 공개하여 말함. 또는 그렇게 하는 말. ◆名公开说，宣称，明言。¶정계 은퇴는 공언이었다. =曾公开说要退出政界。● 공언하다(公言--) ●

공업(工業)【명사】원료를 인력이나 기계력으로 가공하여 유용한 물자를 만드는 산업. ◆名工业。

공업국(工業國)【명사】공업이 발달하여 산업의 주를 이루는 나라. ◆名工业国，工业国家。

공업 단지(工業團地)【명사】국가나 지방 자치 단체가 미리 공장용 부지를 조성하고, 배후 시설이나 진입 도로 등을 정비하여 많은 공장을 유치한 단지. ◆名工业区，工业园，工业园区。¶황무지를 개간해 공업단지를 조성하였다. =开垦荒地，建造工业园区。

공업용수(工業用水)【명사】공업 제품의 생산 과정에서 냉각, 제품 처리 따위에 쓰는 물. ◆名工业用水。

공업화(工業化)【명사】산업 구성의 중점이 농업, 광업 따위의 원시산업에서 가공산업으로 옮아감. 또는 그렇게 함. ◆名工业化。¶공업화 정책. =工业化政策。● 공업화되다(工業化--), 공업화하다(工業化--) ●

공연(公演)【명사】음악, 무용, 연극 따위를 많은 사람 앞에서 보이는 일. ◆名演出，表演。¶공연이 시

작되다. =演出开始。● 공연되다(公演--), 공연하다(公演--) ●

공연장(公演場) 【명사】 극장, 음악당 따위의 공연을 하는 장소. ◆ 名剧场, 演出大厅。¶공연장을 가득 메운 관객들. =剧场里观众爆满, 座无虚席。

공연하다(空然--) 【형용사】 아무 까닭이나 실속이 없다. ◆ 形无故的, 平白无故的, 无缘无故的。¶공연한 시비. =无事生非。● 공연히(空然-) ●

공영[1](公營) 【명사】 주로 공적인 기관에서 공공의 이익을 위하여 경영하거나 관리함. 또는 그렇게 하는 사업. ◆ 名国营, 国有。¶공영 기업체. =国营企业。

공영[2](共榮) 【명사】 함께 번영함. ◆ 名共同繁荣。¶인류 공영에 이바지할 때다. =正是为人类的共同繁荣贡献力量的时候。

공예(工藝) 【명사】 名 ❶ 물건을 만드는 기술에 관한 재주. ◆ 工艺。¶도자기 공예. =陶瓷工艺。❷ 기능과 장식의 양면을 조화시켜 직물, 염직, 칠기, 도자기 따위의 일상생활에 필요한 물건을 만드는 일. ◆ 工艺, 工艺美术。

공예품(工藝品) 【명사】 실용적이면서 예술적 가치가 있게 만든 공작품. ◆ 名工艺品。¶민속 공예품. =民俗工艺品。

공용[1](共用) 【명사】 함께 씀. 또는 그런 물건. ◆ 名共用, 合用。¶공용 물건. =共用物品。

공용[2](公用) 【명사】 공공의 목적으로 씀. 또는 그런 물건. ◆ 名公用; 公用物品。¶공용 물품. =公用物品。

공용어(公用語) 【명사】 名 ❶ 한 나라 안에서 공식적으로 쓰는 언어. ◆ (国家)通用语, 官方语言。❷ 국제회의나 기구에서 공식적으로 쓰는 언어. ◆ (国际)通用语, 官方语言。¶영어는 세계 공용어이다. =英语是世界通用语。

공원(公園) 【명사】 국가나 지방 공공 단체가 공중의 보건 휴양 놀이 따위를 위하여 마련한 정원, 유원지, 동산 등의 사회 시설. ◆ 名公园。¶국립공원. =国立公园。

공유[1](公有) 【명사】 국가나 지방 자치 단체의 소유. ◆ 名公有。

공유[2](共有) 【명사】 두 사람 이상이 한 가지 것을 공동으로 가짐. ◆ 名共有, 共享。● 공유하다(共有--) ●

공이 【명사】 名 절구나 돌확에 든 물건을 찧거나 빻는 기구. ◆ 杵, 棒槌。¶공이를 내리치다. =打杵, 捣。

공익(公益) 【명사】 사회 전체의 이익. ◆ 名公益, 公共利益。¶헌법은 국민의 기본권을 보장하면서도 공익을 위해서는 제한하기도 한다. =宪法保障国民的基本权利, 同时为了公共利益, 也对其加以一定的限制。

공익사업(公益事業) 【명사】 공공의 이익을 위하여 하는 사업. 철도·전신·전기·가스·수도 사업 따위가 있다. ◆ 名公益事业。¶정부는 공익사업에 대한 전망을 낙관적으로 보고 있다. =政府对公益事业的前景持乐观态度。

공인[1](公人) 【명사】 名 ❶ 공적인 일에 종사하는 사람. ◆ 公职人员。¶공무원은 공인으로서 자기의 책임을 다해야 한다. =作为公职人员, 公务员应尽到自己的责任。❷ 국가 사회에 영향을 끼치는 사람. ◆ 公众人物, 名人, 名流。¶연예인은 공인이므로 도덕성을 가져야 한다. =演艺界人士是公众人物, 应当遵守道德规范。

공인[2](公認) 【명사】 국가나 공공 단체 또는 사회단체 등이 어느 행위나 물건에 대하여 인정함. ◆ 名公认, 认可, 承认。¶공인 단체. =公认团体。● 공인되다(公認--), 공인하다(公認--) ●

공자(孔子) 【명사】 유교를 처음으로 만든 중국의 사상가이자 학자(기원전 551~기원전479). 노나라 사람으로 윤리와 도덕을 중요시했다. ◆ 名孔子。

공작(工作) 【명사】 名 ❶ 물건을 만듦. ◆ 制作, 制造, 做手工。¶공작 시간에 가위로 색종이를 잘랐다. =手工课上用剪刀剪彩纸了。❷ 어떤 목적을 위하여 미리 일을 꾸밈. ◆ 为特定目的暗箱操作, 谋划。¶공작 정치. =暗箱政治。● 공작하다(工作--) ●

공작[1](孔雀) 【명사】 긴 꼬리 깃을 부채 모양으로 펴면 매우 화려하고 아름다운 무늬가 있는, 열대 지방의 큰 새. ◆ 名孔雀。

공작[2](公爵) 【명사】 다섯 등급으로 나눈 귀족의 등급 가운데 첫째 작위. 후작의 위이다. 오등작(五等爵)은 공작, 후작, 백작, 자작, 남작 순이다. ◆ 名公爵。

공장(工場) 【명사】 원료나 재료를 가공하여 물건을 만들어 내는 설비를 갖춘 곳. ◆ 名工厂, 厂。¶자동차 공장. =汽车工厂。

공장장(工場長) 【명사】 공장의 우두머리. 공장 노동자들의 근무 상태, 작업 상황 따위를 지휘 감독한다. ◆ 名厂长。

공장 폐수(工場廢水) 【명사】 공장에서 산업 활동을 한 결과 배출되는 폐수. 납이나 수은 따위의 해로운 물질을 함유하는 일이 많으므로 폐기물 관리법 따위로 규제한다. ◆ 名工业废水, 工厂污水。¶공장폐수는 반드시 정화장치를 통하여 정화를 하여야 한다. =工业废水必须经过净化设备进行净化。

공저(共著) 【명사】 책을 둘 이상의 사람이 함께 지음. 또는 그렇게 지은 책. ◆ 名共著, 合著。¶두 사람이 공저를 내다. =两人推出了合著作品。

공적[1](公的) 【명사】 국가나 사회에 관계되는. 또는 그런 것. ◆ 名公共的, 公家的, 官方的。¶공적인 일. =公事。

공적[2](功績) 【명사】 노력과 수고를 들여 이루어 낸 일의 결과. ◆ 名功, 功绩, 功勋。¶공적을 쌓다. =立功。

공전[1](空前) 【명사】 비교할 만한 것이 이전에는 없음. ◆ 名空前, 前所未有。¶공전의 대성공. =前所未有的巨大成功。

공전[2](公轉) 【명사】 한 천체(天體)가 다른 천체의 둘레를 주기적으로 도는 일. 행성이 태양의 둘레를 돌거나 위성이 행성의 둘레를 도는 따위를 이른다. ◆ 名公转。¶달은 유일하게 지구를 공전하는 위성이

다. =月亮是唯一围绕地球公转的卫星。 ● 공전하다(公轉--) ●

공전[3](空轉)【명사】 图 ❶ 기계나 바퀴 따위가 헛돎. ◆ (机器等)空转。¶바퀴가 구덩이에 빠져 공전만 하고 있다. =轮子陷进了坑里，一个劲儿地空转。❷ 일이나 행동이 헛되이 진행됨. ◆ 徒劳，劳而无功，落空。¶수사는 공전을 거듭하며 결정적인 단서도 못 찾았다. =没理出决定性的头绪，致使搜查行动一再落空。● 공전되다(空轉--), 공전하다(空轉--) ●

공정[1](工程)【명사】 일이 진척되는 과정이나 정도. ◆ 图进度，进程。¶공사가 90%의 공정을 보이고 있다. =工程进度已完成90%。

공정[2](公正)【명사】 공평하고 올바름. ◆ 图公正，公道，公平。¶뉴스는 공정 보도가 생명이다. =新闻的生命在于报道的公正性。● 공정하다(公正--) ●

공제(控除)【명사】 받을 몫에서 일정한 금액이나 수량을 뺌. ◆ 图扣除，扣掉。¶기초 공제. =(计税时)基础扣除。● 공제되다(控除--), 공제하다(控除--) ●

공존(共存)【명사】 图 ❶ 두 가지 이상의 사물이나 현상이 함께 존재함. ◆ 共存，并存。❷ 서로 도와서 함께 존재함. ◆ 共处，共生。¶평화 공존의 시대. =和平共处的时代。 ● 공존하다(共存--) ●

공주(公主)【명사】 정실 왕비가 낳은 임금의 딸. ◆ 图公主。¶공주를 미워하는 왕비는 공주를 죽이기로 마음먹었다. =王妃讨厌公主，决定杀死公主。

공주병(公主病)【명사】 젊은 여성이 마치 자기 자신이 공주처럼 예쁘고 고귀하다고 착각하는 일을 속되게 이르는 말. ◆ 图公主病。¶그녀는 공주병에 걸렸어. =她得了公主病。

공중[1](空中)【명사】 하늘과 땅 사이의 빈 곳. ◆ 图空中，天空。¶새는 공중을 마음껏 날아다닌다. =鸟儿在空中尽情飞翔。

공중[2](公衆)【명사】 사회의 대부분의 사람들. 일반 사람들. 일반인. ◆ 图公众，大众，民众。¶국가의 정책 결정에는 소수보다는 다수가, 특권층보다는 공중이 먼저 고려되어야 한다. =制定国家政策应当首先考虑多数人、公众，而不是少数人和特权阶层。

공중도덕(公衆道德)【명사】 공중의 복리를 위하여 여러 사람이 지켜야 할 도덕. ◆ 图公共道德，公德。

공중전화(公衆電話)【명사】 여러 사람들이 사용할 수 있도록 길거리나 일정한 장소에 설치한 전화. ◆ 图公用电话。¶공중전화를 설치하여 어디에서든 전화를 할 수 있다. =公用电话大大普及，不论在哪都能打电话。

공중제비(空中--)【명사】 두 손을 땅에 짚고 두 다리를 공중으로 쳐들어서 반대 방향으로 넘는 재주. ◆ 图跟斗。¶공중제비를 돌다. =翻跟头。

공지 사항(公知事項)【명사】 사람들에게 널리 알리는 사항. ◆ 图公告，通告。¶오늘은 공지 사항이 없습니다. =今天没有公告。

공직(公職)【명사】 국가 기관이나 공공 단체의 일을 맡아보는 직책이나 직무. ◆ 图公职。¶공직에 나서다. =出任公职。

공짜(空-)【명사】 힘이나 돈을 들이지 않고 거저 얻은 물건. ◆ 图免费，不花钱(的东西)。¶공짜 구경. =免费观光。

공차기【명사】 공을 차면서 노는 아이들의 놀이. ◆ 图踢球。

공책【명사】 글씨를 쓰거나 그림을 그리도록 백지로 매어 놓은 책. ◆ 图本子，笔记本。¶공책 열 권. =十本笔记本。

공처가【명사】 아내에게 눌려 지내는 남편. ◆ 图妻管严。¶아내가 무서워서 집에 일찍 들어가는 것을 보니 그는 영락없는 공처가이다. =看他怕挨老婆骂而早早回家的样子，就知道他肯定是个妻管严。

공청회(公聽會)【명사】 국회나 행정 기관에서 일의 관련자에게 의견을 들어보는 공개적인 모임. ◆ 图听证会。¶공청회를 열다. =召开听证会。

공출(供出)【명사】 국민이 국가의 수요에 따라 농업 생산물이나 기물 따위를 의무적으로 정부에 내어놓음. ◆ 图缴纳，交，提供。¶강제 공출. =强制缴纳。● 공출하다(供出--) ●

공치사(功致辭)【명사】 图 ❶ 남을 위하여 수고한 것을 생색내며 스스로 자랑함. ◆ 表功，自夸，自表功劳，自表功绩。¶그는 장황하게 자기 공치사를 늘어놓았다. =他啰啰嗦嗦地表了半天自己的功劳。❷ 남의 공을 칭찬함. ◆ 称赞，表扬。¶공치사를 받다. =受到表扬。 ● 공치사하다(功致辭--) ●

공터(空-)【명사】 집이나 밭 따위가 없는 비어있는 땅. ◆ 图空地，闲置土地。¶아이들은 공터에서 축구를 하면서 시간을 보낸다. =孩子们在空地上踢足球打发时间。

공통(共通)【명사】 둘 또는 그 이상의 여럿 사이에 두루 통하고 관계됨. ◆ 图共同，相通，通用。¶공통 과제. =共同课题。● 공통되다(共通--) ●

공통분모(共通分母)【명사】 수학에서, 서로 다른 분수의 분모를 같게 만들었을 때 갖는 분모. ◆ 图公分母。

공통점(共通點)【명사】 둘 또는 그 이상의 여럿 사이에 두루 통하는 점. ◆ 图共同点，相通之处。¶예술과 철학의 공통점. =艺术和哲学的相通之处。

공판(公判)【명사】 기소된 형사 사건을 법원이 심리하는 일. 또는 그런 절차. ◆ 图 (刑事案件的)公判，公审。¶사건의 공판 날짜가 얼마 남지 않았다. =离案件的公审日期没几天了。

공평하다(公平--)【형용사】 어느 쪽으로도 치우치지 않고 고르다. ◆ 形公平，公正，公道。¶공평한 분배. =公平的分配。

공포[1](公布)【명사】 이미 확정된 법률, 조약, 명령 따위를 일반 국민에게 널리 알리는 일. 관보(官報) 따위의 정부의 정기 간행물에 게재하여 알린다. ◆ 图颁布，公布，通告(法律、法规、命令等)。¶음식물 쓰레기 분리배출에 따른 제반 내용이 구지(區誌)에 공포되었다. =关于食物垃圾分类排放的诸多规定都公布在了区志上。● 공포되다(公布--), 공포하다(公布--) ●

공포[2](恐怖)【명사】 두렵고 무서움. ◆ 图恐怖，恐惧。¶공포에 떨다. =因恐惧而瑟瑟发抖。

공포감(恐怖感) 【명사】 두렵고 무서운 느낌이나 기분. ◆ 图恐怖感，恐惧感。¶공포감에 휩싸이다. =被恐惧感攫住。

공포심(恐怖心) 【명사】 두려워하고 무서워하는 마음. ◆ 图恐惧，恐惧心理。¶개에게 물린 아이는 개만 보면 공포심이 일어난다. =被狗咬过的小孩，一看到狗就会感到恐惧。

공포탄(空砲彈) 【명사】 탄알이 없이 화약만 들어 있어 소리만 크게 나는 탄환. ◆ 图空包弹，练习弹。¶경찰은 달아나는 강도를 향해 공포탄을 쏘았다. =警察朝逃跑的强盗开枪，打出了空包弹。

공표(公表) 【명사】 여러 사람에게 널리 드러내어 알림. ◆ 图公开发布，公开发表。¶학회는 결정적 증거가 나오기 전까지 새 학설의 공표를 미루기로 결정하였다. =学会决定在决定性证据出现之前推迟新学说的公开发表。● 공표되다(公表--), 공표하다(公表--) ●

공학(工學) 【명사】 공업의 이론, 기술, 생산 따위를 체계적으로 연구하는 학문. 전자, 전기, 기계, 항공, 토목, 컴퓨터 따위의 여러 분야가 있다. ◆ 图工学。¶첨단 공학. =尖端工学。

공항(空港) 【명사】 항공 수송을 위하여 사용하는 공공용 비행장. ◆ 图 (民用)机场，飞机场。¶공항에 마중 나가다. =去机场迎接。

공항버스(空港--) 【명사】 공항과 도심, 공항과 역 따위를 왕복하며 승객을 실어 나르는 버스. ◆ 图机场巴士。

공해¹(公海) 【명사】 어느 나라의 주권에도 속하지 않으며, 모든 나라가 공통으로 사용할 수 있는 바다. ◆ 图公海。¶공해상에서 조업하던 어선이 나포 당했다. =在公海作业的渔船遭到了抓捕。

공해²(公害) 【명사】 산업이나 교통의 발달에 따라 사람이나 생물이 입게 되는 여러 가지 피해. ◆ 图公害，污染。¶공해 추방 운동. =消除公害运动。

공허하다(空虛--) 【형용사】 形 ❶ 아무것도 없이 텅 비다. ◆ 空荡荡，空落落。¶공허한 들판. =空荡荡的田野。❷ 실속이 없이 헛되다. ◆ 空洞。¶공허한 이론. =空洞的理论。

공헌(貢獻) 【명사】 힘을 써 이바지함. ◆ 图贡献，奉献。¶사회에 대한 공헌. =对社会的贡献。● 공헌하다(貢獻--) ●

공화국(共和國) 【명사】 공화 정치를 하는 나라. ◆ 图共和国，共和制国家。

공활하다(空豁--) 【형용사】 텅 비고 매우 넓다. ◆ 形空旷，辽阔。¶공활한 가을 하늘. =辽阔的秋空。

공황¹(恐惶) 【명사】 근거 없는 두려움이나 공포로 갑자기 생기는 심리적 불안 상태. ◆ 图恐慌，恐惧惊慌。¶공황 장애. =恐慌障碍。

공황²(恐慌) 【명사】 경제 순환 과정에서 나타나는 경제 혼란의 현상. ◆ 图经济恐慌，经济危机。¶공황이 밀어닥쳐 산업은 내리막길을 걷기 시작했다. =经济危机袭来，工业开始走下坡路。

공훈(功勳) 【명사】 나라나 회사를 위하여 두드러지게 세운 공로. ◆ 图功勋，功劳，功绩。¶공훈을 세우다. =建立功勋。

공휴일(公休日) 【명사】 국경일, 경축일, 일요일 같이 국가나 사회에서 정하여 다 함께 쉬는 날. ◆ 图公休日，法定假日。¶10월은 다른 달보다 공휴일이 많다. =10月份的公休日比其他月份要多。

공히(共--) 【부사】 모두. ◆ 副都，全都，共同，一起。¶두 사람 공히 해당되는 일이다. =两个人都与这件事有关系。

곶(串) 【명사】 바다 쪽으로, 부리 모양으로 뾰족하게 뻗은 육지. ◆ 图岬，岬角。

곶감 【명사】 껍질을 벗기고 꼬챙이에 꿰어서 말린 감. ◆ 图柿饼。¶곶감 한 접. =一百个柿饼。

과¹ 【조사】 助 ❶ 다른 것과 비교하거나 기준으로 삼는 대상임을 나타내는 격 조사. ◆ 格助词，表示比较或作为基准的参照对象。¶이 책은 내가 갖고 있는 것과 같다. =这本书与我那本一样。❷ 상대로 하는 대상임을 나타내는 격 조사. ◆ 格助词，表示作为对手的对象。¶한 시민이 도둑과 싸워 그 도둑을 잡았다. =一位市民与小偷搏斗并成功将其制服。❸ 일 따위를 함께 함을 나타내는 격 조사. ◆ 格助词，表示共同行动的对象。¶친구들과 어울려 늦게까지 놀았다. =和朋友们一起玩到很晚。❹ 둘 이상의 사물을 같은 자격으로 이어 주는 접속 조사. ◆ 接续助词，表示并列的对象。¶대륙과 해양은 기후가 다르다. =陆地和海洋的气候不同。

과²(科) 【명사】 图 ❶ 학과나 전문 분야를 나타내는 말. ◆ (医院)科，系，(大学)专业。¶소아과. =小儿科。❷ 생물 분류학상의 단위. 속(屬)의 위, 목(目)의 아래이다. ◆ 科(生物学分类单位，位于"属"之上、"目"之下)。¶고양잇과. =猫科。

과³(課) 【명사】 图 ❶ 업무 조직에서, 부서의 하나. 일반적으로 부(部)나 실(室)의 아래이다.◆ 处，科(韩国部、厅、局之下的机构编制)。¶총무과. =总务处。❷ 교과서나 강의록 따위에서 내용에 따라 차례로 구분하여 놓은 제목의 단위. ◆ 量 (教材中的)课。¶이 교과서는 20과로 구성되었다.=这本教科书由20课组成。

과감하다(果敢--) 【형용사】 과단성이 있고 용감하다. ◆形勇敢。¶우리는 새로운 변화를 받아들이는데 과감해야 한다. =我们应当勇敢地接受新变化。● 과감히(果敢-) ●

과객(過客) 【명사】 지나가는 나그네. ◆ 图过客，过路人，旅客。¶지나가는 과객인데 하룻밤 자고 갈 수 있을까요? =我是个过路人，请问能否让我借宿一晚?

과거(過去) 【명사】 图 ❶ 이미 지나간 때. ◆ 过去，以前。¶과거의 습관. =过去的习惯。❷ 지나간 일이나 생활. ◆ 过去，过往，往事。¶과거를 속이다. =隐瞒过去。❸ 시제의 하나. 현재보다 앞선 시간 속의 사건임을 나타낸다. 활용하는 단어의 어간에 어미 'ㄴ/은/는'이나 '았/었', '더' 따위를 붙여 나타낸다. ◆ 过去时，过去时制。¶과거분사(分詞).=过去分词。

과거(科擧) 【명사】 한국과 중국에서 관리를 뽑을 때 실시하던 시험. ◆ 名科举，科举考试。¶과거를 준비하다. =准备科举考试。

과격하다(過激--)【형용사】 정도가 지나치게 격렬하다. ◆ 形过激，偏激。¶과격한 성미. =过激的性格。

과녁【명사】 名 ❶ 활이나 총 따위를 쏠 때 표적으로 만들어 놓은 물건. ◆ 靶子，靶。¶과녁을 맞히다. =中靶。❷ 어떤 일의 목표물을 통틀어 이르는 말. ◆ 目标。

과년하다(過年--)【형용사】 주로 여자의 나이가 보통 혼인할 시기를 지난 상태에 있다. ◆ 形 (女子)过了婚龄，过了适婚年龄，大龄。¶과년한 처녀. =大龄女性。

과다(過多)【명사】 너무 많음. ◆ 名过多，过度，过分，过于。¶과다 분비. =分泌过多。● 과다하다(過多--) ●

과단성(果斷性)【명사】 일을 딱 잘라서 결정하는 성질. ◆ 名果断性，决断。¶그 사람은 과단성이 없어서 탈이다. =他的缺点是没有决断性。

과대(誇大)【명사】 작은 것을 큰 것처럼 과장함. ◆ 名夸大，夸张，浮夸。¶과대 포장. =过度包装 ● 과대하다(誇大--) ●

과대(過大)【명사】 정도가 지나치게 큼. ◆ 名 (程度)过大，过高。● 과대하다(過大--) ●

과대망상(過大妄想)【명사】 名 자기의 능력, 용모, 지위 등을 과대하게 평가하여 사실인 것처럼 믿는 일, 또는 그런 생각. ◆ 狂妄自大，妄自尊大，自不量力。¶과대망상이 아니고서야 어찌 감당치 못할 일을 저지를까? =要不是狂妄自大，怎么会招来这种自不量力的事呢?

과대평가(過大評價)【명사】 실제보다 지나치게 높이 평가함. ◆ 名过高评价。● 과대평가하다(過大評價--) ●

과도(果刀)【명사】 과일칼. ◆ 名水果刀。¶과도가 잘 들도록 갈다. =把水果刀磨锋利。

과도기(過渡期)【명사】 한 상태에서 새로운 상태로 옮아가는 도중의 시기. ◆ 名过渡期，过渡时期。¶전후의 과도기. =战后的过渡期。

과도하다(過度--)【형용사】 정도에 지나치다. ◆ 形过度，过分。¶과도한 요구. =过分的要求。

과로(過勞)【명사】 몸이 고달플 정도로 지나치게 일함. 또는 그로 말미암은 지나친 피로. ◆ 名疲劳过度，劳累过度。¶과로로 쓰러지다. =累倒了。

과목(科目)【명사】 가르치거나 배워야 할 지식 및 경험의 체계를 세분하여 계통을 세운 영역. ◆ 名科目，课程，科，门。¶전공과목. =专业课。

과묵하다(寡默--)【형용사】 말이 적고 침착하다. ◆ 形沉默寡言，寡言少语。¶그 아이는 몸집도 좋은 데다가 과묵해서 나이보다 어른스럽게 보였다. =那孩子身材高大，又寡言少语，显得比实际年龄要成熟。

과민하다(過敏--)【형용사】 감각이나 감정이 지나치게 예민하다. ◆ 形 (感觉或感情)过敏，过于敏感。¶조그마한 소리에도 신경이 과민한 사람. =对微小声音都神经过敏的人。

과밀(過密)【명사】 인구나 건물, 산업 따위가 한곳에 지나치게 집중되어 있음. ◆ 名过度密集。¶과밀 학급. =学生人数过多的班级。

과반수(過半數)【명사】 절반이 넘는 수. ◆ 名过半数。¶정족수의 과반수에 못 미치다. =不足法定最低人数的半数。

과보호(過保護)【명사】 과잉보호. ◆ 名过度保护，溺爱。¶부모의 과보호 속에서 자란 아이들은 이기적이기 마련이다. =在父母的溺爱中长大的孩子总是十分自私。● 과보호하다(過保護--) ●

과부(寡婦)【명사】 홀어미(남편을 잃고 혼자 사는 여자). ◆ 名寡妇。¶그녀는 나이 삼십에 남편을 잃고 과부가 되었다. =她三十岁时失去了丈夫，成了一名寡妇。

과분하다(過分--)【형용사】 분수에 넘쳐 있다. ◆ 形过分，过度。¶과분한 말씀. =过分的话。

과세(課稅)【명사】 세금을 정하여 그것을 내도록 의무를 지움. ◆ 名征税，收税。¶과세 기준. =征税标准。● 과세하다(課稅--) ●

과소비(過消費)【명사】 돈이나 물품 따위를 지나치게 많이 써서 없애는 일. ◆ 名过度消费。¶과소비 근절. =杜绝过度消费。

과소평가(過小評價)【명사】 사실보다 작거나 약하게 평가함. ◆ 名低估，小看，小瞧，轻视。¶상대에 대한 과소평가가 상황을 더욱 어렵게 만들었다. =轻视对手导致情况更加严重。● 과소평가하다(過小評價--) ●

과속(過速)【명사】 자동차 따위의 주행 속도를 너무 빠르게 함. 또는 그 속도. ◆ 名超速。¶과속 운행. =超速行驶。● 과속하다(過速--) ●

과수(果樹)【명사】 과실나무(열매를 얻기 위하여 가꾸는 나무를 통틀어 이르는 말). ◆ 名果树。

과수원(果樹園)【명사】 과실나무를 심은 밭. 흔히 먹을 수 있는 열매를 얻기 위하여 배나무, 감나무, 밤나무, 대추나무 따위를 가꾼다. ◆ 名果园，果树园。

과시(誇示)【명사】 名 ❶ 자랑하여 보임. ◆ 夸耀，炫耀，展示。¶예술적 재능의 과시. =艺术才能的展示。❷ 사실보다 크게 나타내어 보임. ◆ 夸大，夸张。● 과시하다(誇示--) ●

과식(過食)【명사】 지나치게 많이 먹음. ◆ 名暴饮暴食。¶과식으로 배탈이 났다. =因暴饮暴食，导致腹泻。● 과식하다(過食--) ●

과신(過信)【명사】 지나치게 믿음. ◆ 名过于相信，过分信任，太相信。¶체력에 대한 과신은 무리한 운동으로 이어지고 건강을 해칠 위험이 있다. =因过于相信自己的体力，导致运动过量，危害健康。● 과신하다(過信--) ●

과실(過失)【명사】 名 ❶ 부주의나 태만 따위에서 비롯된 잘못이나 허물. ◆ 过失，过错，错误。¶자기의 과실을 인정하다. =承认自己的过错。❷ 부주의로 인하여, 어떤 결과의 발생을 미리 내다보지 못한 일. ◆ [法律]过失。¶과실치상. =过失伤人。

과실(果實) 【명사】 과일(나무 따위를 가꾸어 얻는, 사람이 먹을 수 있는 열매). ◆图果实。

과실나무(果實--) 【명사】 열매를 얻기 위하여 가꾸는 나무를 통틀어 이르는 말. ◆图果树。

과언(過言) 【명사】 지나치게 말을 함. 또는 그 말. ◆图过分的话，言过其实。¶과언을 일삼다. =尽说些言过其实的话。

과업(課業) 【명사】 图 ❶ 꼭 하여야 할 일이나 임무. ◆ 任务，工作，课题。¶민족적 과업. =民族的重任。❷ 일과(日課)를 정하여 학업을 닦음. 또는 그 학업. ◆ 学业，功课。

과연(果然) 【부사】 副 ❶ 아닌 게 아니라 정말로. 주로 생각과 실제가 같음을 확인할 때에 쓴다. ◆ 果然，确实，的确(表示确认)。¶작품을 보니 소문에 듣던 대로 이 사람은 과연 훌륭한 예술가로구나. =看作品，这个人果然如传闻所说，是个优秀的艺术家。❷ 결과에 있어서도 참으로. ◆ 究竟，到底(一般用于疑问句，表示怀疑)。¶그 실력으로 과연 취직 시험에 합격할 수 있을까? =凭那样的实力究竟能否通过就业考试呢?

과열(過熱) 【명사】 图 ❶ 지나치게 뜨거워짐. 또는 그런 열. ◆ (温度)过热。¶기계의 과열을 막기 위해 냉각수가 필요하다. =为防止机器过热，必须配有冷却水。 ❷ 지나치게 활기를 띰. ◆ (某种现象)过热，激烈，白热化。¶과열 경쟁. =白热化竞争。● 과열되다(過熱--), 과열하다(過熱--) ●

과오(過誤) 【명사】 과실(過失). ◆图过失，过错，错误。¶과오를 범하다. =犯错。

과외(課外) 【명사】 图❶ 정해진 학과 과정이나 근무 시간 이외. ◆ 课外，课余。¶과외 공부. =课外学习。❷ 학교의 정해진 교과 과정 이외에 비공식적으로 하는 수업. ◆ 课外辅导，课外补习，家教。¶과외 열풍. =补习热潮。

과외수업(課外受業) 【명사】 정해진 학습 과정 외의 수업. ◆ 图课外辅导，课外补习，家教。

과욕(過慾) 【명사】 욕심이 지나침. 또는 그 욕심. ◆图贪得无厌；贪婪。¶과욕을 부리다. =贪得无厌。

과용(過用) 【명사】 정도에 지나치게 씀. 또는 그런 비용. ◆图滥用，使用过量。¶그의 사인은 수면제 과용이었다. =他的死因是服用了过量的安眠药。● 과용하다(過用--) ●

과음(過飮) 【명사】 술 따위를 지나치게 마심. ◆ 图暴饮，喝多。¶어젯밤 과음으로 머리가 아프고 속이 쓰리다. =昨晚喝得太多了，头疼，胃也不舒服。● 과음하다(過飮--) ●

과인(寡人) 【대명사】 덕이 적은 사람이라는 뜻으로, 임금이 자기를 낮추어 이르던 일인칭 대명사. ◆ 代寡人(古代国王自称的谦词)。¶과인이 잘못을 깨달았소. =寡人知错了。

과일 【명사】 사과, 배, 포도, 밤 등과 같이 나뭇가지나 줄기에 열리는 먹을 수 있는 열매. ◆ 图水果，果实。¶과일로 술을 빚다. =用水果酿酒。

과잉(過剩) 【명사】 예정하거나 필요한 수량보다 많이 남음. ◆图过剩，过多，剩余。¶과잉 친절. =过分亲切。● 과잉되다(過剩--) ●

과자(菓子) 【명사】 밀가루나 쌀가루에 설탕, 우유 따위를 섞어 굽거나 기름에 튀겨서 만든 음식. 주로 간식으로 먹는다. ◆ 图 (烘烤或炸的)点心，饼干，膨化食品。¶과자 한 봉지. =一包点心。

과장[1](課長) 【명사】 관청이나 회사 따위에서, 한 과(課)의 업무나 직원을 감독하는 직책. 또는 그 직책을 맡고 있는 책임자. ◆图处长，科长，主任。¶외국어학과 과장. =外语系系主任。

과장[2](誇張) 【명사】 사실보다 지나치게 불려서 나타냄. ◆图夸张，虚夸，浮夸。¶과장 광고. =虚夸广告。● 과장되다(誇張--), 과장하다(誇張--) ●

과정(過程) 【명사】 일이 되어 가는 경로. ◆ 图过程，经过。¶모든 일은 결과만큼 과정도 중요하다. =对于所有事情而言，过程和结果一样重要。

과제(課題) 【명사】 图 ❶ 처리하거나 해결해야 할 문제. ◆ 课题，任务。¶당면한 과제. =面临的课题。❷ 교사가 학생들에게 수업시간 외에 집에서 공부할 수 있도록 내주는 문제. ◆ 作业。¶학교 과제. =学校作业。

과제물(課題物) 【명사】 과제의 내용을 담고 있는 것. ◆ 图作业，课题。¶여름 방학 과제물. =暑假作业。

과중하다(過重--) 【형용사】 形 ❶ 지나치게 무겁다. ◆ (重量)过重，超重。¶짐을 과중하게 실어 일어난 사고가 발생했다. =发生了一起因载货超重而引发的事故。❷ 부담이 지나쳐 힘에 벅차다. ◆ (负担)超重，繁重。¶업무가 과중하다. =业务繁重。

과즙(果汁) 【명사】 과일에서 짜낸 즙. 또는 거기에 설탕을 가하여 농축시킨 것. ◆ 图果汁。¶과즙 음료. =果汁饮料。

과태료(過怠料) 【명사】 해야 할 일을 하지 않거나 가벼운 질서를 위반한 사람에게 국가에서 납부하게 하는 돈. ◆ 图滞纳金。¶과태료를 부과하다. =征收滞纳金。

과테말라(Guatemala) 【명사】 중앙아메리카의 북부에 있는 공화국. 국토가 거의 산지이고 높은 산이 많다. 1839년에 에스파냐로부터 독립하였다. 수도는 과테말라, 면적은 10만 8889㎢. ◆ 图危地马拉。

과하다(過--) 【형용사】 정도가 지나치다. ◆ 形(程度)过分，过度，太。¶씀씀이가 과하다. =花销太大。

과학(科學) 【명사】 보편적인 진리나 법칙의 발견을 목적으로 한 체계적인 지식. ◆ 图科学。

과학적(科學的) 【명사】 과학의 바탕에서 본 정확성이나 타당성이 있는 것. ◆ 图科学的。¶과학적인 탐구. =科学探索。

과히(過-) 【부사】 정도가 지나치게. ◆ 副过分，过度，过于，太。¶일이 쉽게 해결될 테니 과히 걱정 마세요. =事情会轻松解决的，不要太担心。

관[1](貫) 【의존 명사】 무게의 단위. 한 관은 한 근의 열 배로 3.75kg에 해당한다. ◆ 依名贯(相当于3.75公斤)。

관[2](冠) 【명사】 검은 머리카락이나 말총으로 엮어 만든 머리쓰개. 신분과 격식에 따라 여러 가지가 있었다. ◆ 名冠，礼帽。¶관을 쓰다. =戴冠帽；加冠。

관[3](管)【명사】 몸 둘레가 둥글고 속이 비어 있는 물건을 통틀어 이르는 말. ◆ 名管子，空管。

관[4](棺)【명사】 시체를 담는 궤. ◆ 名棺材，棺柩。¶관을 짜다. =做棺材。

관가(官家)【명사】 벼슬아치들이 나랏일을 보던 집. ◆ 名官府，衙门。¶옳고 그름은 관가에서 따져보자. =是对是错，咱们到衙门里说去。

관개(灌漑)【명사】 농사를 짓는 데에 필요한 물을 논밭에 댐. ◆ 名灌溉，浇。¶관개 시설. =灌溉设施。● 관개하다(灌漑--) ●

관객(觀客)【명사】 운동 경기, 공연, 영화 따위를 보거나 듣는 사람. ◆ 名观众，看客。¶관객의 갈채. =观众的喝彩。

관건(關鍵)【명사】 어떤 사물이나 문제 해결의 가장 중요한 부분. ◆ 名关键，要害。¶문제 해결의 관건을 쥐다. =抓住解决问题的关键。

관계[1](官界)【명사】 국가의 각 기관이나 그 관리들의 활동 분야. ◆ 名政界，官场。¶관계에 진출하다. =进入政界。

관계[2](關係)【명사】 名 ❶ 둘 이상의 사람, 사물, 현상 따위가 서로 관련을 맺거나 관련이 있음. 또는 그런 관련. ◆ 关系，联系，关联。¶남녀 관계. =男女关系。❷ 어떤 방면이나 영역에 관련이 있음. 또는 그 방면이나 영역. ◆ 相关，有关。¶관계 법규의 정비. =相关法规的制定与完备。❸ 남녀 간에 성교(性交)를 맺음을 완곡하게 이르는 말. ◆ (男女)有染，私通。¶관계를 가지다. =有染。❹ '까닭', '때문'의 뜻을 나타낸다. ◆ 由于……的关系(表示原因)。¶사업 관계로 자주 출장을 가다. =由于生意的关系，经常出差。● 관계되다(關係--), 관계하다(關係--) ●

관계없다(關係--)【형용사】 形 ❶ 서로 아무런 관련이 없다. ◆ 无关，没有关系，不相干。¶그는 책이란 실생활과는 관계없는 고리타분한 것이라고 생각했다. =他认为书是与现实生活无关的十分陈腐的东西。❷ 문제 될 것이 없다. ◆ 没关系，没问题，无所谓。¶물건만 좋다면 돈은 얼마가 들어도 관계없다. =只要东西好，花多少钱都无所谓。● 관계없이(關係--) ●

관계자(關係者)【명사】 어떤 일에 관련이 있는 사람. ◆ 名有关人员，相关人员。¶관계자 외 출입 금지. =无关人员禁止出入。

관공서(官公署)【명사】 관서와 공서를 아울러 이르는 말. ◆ 名公共行政机关。¶여기에 관공서가 들어설 예정이다. =计划在这里设立公共行政机关。

관광(觀光)【명사】 다른 지방이나 다른 나라에 가서 그곳의 풍경, 풍습, 문물 따위를 구경함. ◆ 名观光，旅游，游览。¶관광 수입. =旅游收入。● 관광하다(觀光--) ●

관광객(觀光客)【명사】 관광하러 다니는 사람. ◆ 名游客，旅客。¶여가 시간의 증가로 관광객이 늘고 있다. =由于人们闲暇时间增多，旅客数量正在增长。

관광버스(觀光)【명사】 관광객을 위하여 운행하는 버스. ◆ 名旅游巴士，观光巴士。¶관광버스를 타고 명승지를 돌았다. =坐着旅游巴士环游了景点。

관광 자원(觀光資源)【명사】 관광객을 끌어 모을 수 있는 관광 대상물. 자연이나 고적, 문화 시설 따위를 이른다. ◆ 名旅游资源，观光资源。¶관광자원을 개발하다. =开发旅游资源。

관광지(觀光地)【명사】 경치가 뛰어나거나 사적(史蹟), 온천 따위가 있어 관광할 만한 곳. ◆ 名旅游区，旅游胜地，景区。¶국제 관광지로 개발되고 있는 제주도. =正在被开发成国际旅游区的济州岛。

관군(官軍)【명사】 예전에, 국가에 소속되어 있던 정규 군대. ◆ 名政府军，正规军。¶반군이 관군의 포위를 뚫고 달아났다. =叛军冲出政府军的包围逃跑了。

관권(官權)【명사】 국가 기관 또는 관리의 권력. ◆ 名国家权力。¶관권을 발동하다. =动用国家权力。

관념(觀念)【명사】 名 ❶ 어떤 일에 대한 견해나 생각. ◆ (对某事的)观念，意识。¶낡은 관념을 극복하다. =转变陈旧观念。❷ 현실에 의하지 않는 추상적이고 공상적인 생각. ◆ 观念，想法，念头。¶관념에 빠지다. =陷入(某种)观念。

관대하다(寬大--)【형용사】 마음이 너그럽고 크다. ◆ 形宽大，宽容，宽厚。¶사랑하는 마음이 있으면 다른 사람의 단점에 관대해진다. =如果有爱心，就会宽容别人的缺点。● 관대히(寬大-) ●

관두다【동사】 动 ❶ 하던 일을 안 하고 그치다. ◆ (事情中途)中止，停止。¶제발, 그 시시한 얘기 관둬라. =拜托，不要再讲那些无聊的事了。❷ 할 일이나 하려고 하던 일을 안 하다. ◆ (计划)放弃，取消，打消念头。¶그에게 연락을 하려다 귀찮아서 관두었다. =本想和他联系，又觉得麻烦，就打消了念头。

관등회(觀燈會)【명사】 관등절 행사를 위한 모임. 석가모니가 태어난 날인 음력 4월 8일에 하는 행사이다. ◆ 名灯会。

관람(觀覽)【명사】 연극, 영화, 운동 경기, 미술품을 구경함. ◆ 名观看，观赏，参观(舞台剧、电影、比赛、美术品等)。¶단체 관람. =集体观看。● 관람하다(觀覽--) ●

관람객(觀覽客)【명사】 연극, 영화, 운동 경기, 미술품 따위를 구경하는 손님. ◆ 名观众，看客。¶관람객을 안내하다. =引导观众。

관람석(觀覽席)【명사】 연극, 영화, 운동 경기, 미술품 따위를 구경할 수 있도록 마련한 좌석. ◆ 名观众席，看台。

관련(關聯/關連)【명사】 둘 이상의 사람, 사물, 현상 따위가 서로 관계를 맺어 매여 있음. 또는 그 관계. ◆ 名关联，关系；相关，有关。¶관련 기사. =有关报道。● 관련되다(關聯--), 관련하다(關聯--) ●

관례[1](慣例)【명사】 전부터 해 내려오던 전례(前例)가 관습으로 굳어진 것. ◆ 名惯例，常规。¶관례에 따르다. =依照惯例。

관례[2](冠禮)【명사】 예전에, 남자가 성년에 이르면 어른이 된다는 의미로 상투를 틀고 갓을 쓰게 하던 의례(儀禮). ◆ 图冠礼(古代男子二十岁时的成人仪式)。¶관례를 치르다. =行冠礼。

관록(貫祿)【명사】어떤 일에 대하여 쌓은 상당한 경력과 그에 따라 갖추어진 위엄이나 권위. ◆ 图威望，威信，权威。¶관록 있는 정치가. =有威望的政治家。

관료(官僚)【명사】직업적인 관리. 또는 그들의 집단. 특히, 정치에 영향력이 있는 고급 관리를 이른다. ◆ 图官僚，官吏，高官。¶관료 사회. =官僚社会。

관리[1](官吏)【명사】관직에 있는 사람. ◆ 图官吏，官员。¶고급 관리. =高级官员。

관리[2](管理)【명사】图 ❶ 어떤 일의 사무를 맡아 처리함. ◆ 管理，经管(事务)。¶선거 관리. =选举管理。❷ 시설이나 물건의 유지, 개량 따위의 일을 맡아 함. ◆ 管理，掌管，维护(物品、设施等)。¶건물 관리. =维护建筑。❸ 사람을 통제하고 지휘 감독함. ◆ 管理(人员)。¶직원 관리. =管理员工。❹ 사람의 몸이나 동식물 따위를 보살펴 돌봄. ◆ 护理，照管，照看，照顾(人体健康、动植物等)。¶가축 관리. =照管家畜。● 관리되다(管理--), 관리하다(管理--) ●

관리비(管理費)【명사】시설이나 물건을 관리하는 데 드는 비용. ◆ 图管理费。¶아파트 관리비. =公寓管理费。

관리실(管理室)【명사】아파트나 건물을 관리하기 위해 마련한 곳. 또는 그런 목적의 공간. ◆ 图管理室。

관리자(管理者)【명사】사람이나 일을 관리하는 사람. ◆ 图 (业主委托管理物业的)管理人，监管人。¶농장 관리인. =农场管理人。

관리직(管理職)【명사】기업, 관공서 따위에서 관리 또는 감독의 직무를 맡아보는 직위. ◆ 图管理职位，管理职务。¶직업은 크게 관리직, 사무직, 판매직, 생산직 따위로 나눌 수 있다. =职业大致可分为管理职位、事务职位、销售职位和生产职位等。

관망(觀望)【명사】图 ❶ 한 발 물러나서 어떤 일이 되어 가는 형편을 바라봄. ◆ 观望，静观，旁观(形势、事态)。¶사태의 관망. =观望事态发展。❷ 풍경 따위를 멀리서 바라봄. ◆ 眺望，远眺(风景等)。¶이 정자는 휴식과 관망을 위한 것이다. =这座亭子是用来休息和眺望风景的。● 관망하다(觀望--) ●

관목(灌木)【명사】키가 작고 원줄기와 가지의 구별이 분명하지 않으며 밑동에서 가지를 많이 치는 나무. 무궁화, 진달래, 앵두나무 따위이다. ◆ 图灌木。

관문(關門)【명사】어떤 일을 하기 위하여 반드시 거쳐야 하는 대목. ◆ 图关，关口，关头。¶입학시험이라는 관문을 거쳐야만 한다. =必须通过入学考试这一关。

관복(官服)【명사】벼슬아치가 입던 정복(正服). ◆ 图传统官服，官袍，官衣。

관비(官費)【명사】관청에서 내는 비용. ◆ 图官费，公费。¶관비 유학생. =公费留学生。

관상[1](觀賞)【명사】취미에 맞는 동식물 보면서 즐김. ◆ 图观赏，赏，欣赏。¶관상식물. =观赏植物。● 관상하다(觀賞--) ●

관상[2](觀相)【명사】수명이나 운명 따위와 관련이 있다고 믿는 사람의 생김새, 얼굴 모습. 또는 사람의 얼굴을 보고 그의 운명, 성격, 수명 따위를 판단하는 일. ◆ 图看相，相面；面相。¶그는 관상이 좋다라는 말을 많이 듣는다. =经常有人说他面相好。

관상어(觀賞魚)【명사】보면서 즐기기 위하여 기르는 물고기. 금붕어, 열대어, 비단잉어 따위가 있다. ◆ 图观赏鱼。

관상쟁이(觀相--)【명사】'관상가'를 낮잡아 이르는 말. ◆ 图相面的，看相的，相士。¶관상쟁이 말은 믿을 게 못 된다. =相面的说话，不能信。

관성(慣性)【명사】물체가 다른 힘을 받지 않는 한 그 상태로 머물러 있거나 계속 움직이려는 성질. ◆ 图惯性。¶관성의 법칙. =惯性定律。

관세(關稅)【명사】세관을 통과하여 들어오는 해외 상품에 부과되는 세금. ◆ 图关税。¶관세 인하. =降低关税。

관습(慣習)【명사】어떤 사회에서 오랫동안 지켜 내려와 그 사회 성원들이 널리 인정하는 질서나 풍습. ◆ 图习俗，习惯，风俗，传统。¶오랜 관습을 따르다. =遵循旧习俗。

관심(關心)【명사】어떤 것에 마음이 끌려 주의를 기울임. 또는 그런 마음이나 주의. ◆ 图关心，关注，兴趣。¶관심을 끌다. =引起关注。

관심사(關心事)【명사】관심을 끄는 일. ◆ 图关心的事，关注的事。¶공동의 관심사. =共同关心的问题。

관악(管樂)【명사】관악기로 연주하는 음악. ◆ 图管乐。¶관악 연주. =管乐演奏。

관악기(管樂器)【명사】입으로 불어서 관 안의 공기를 진동시켜 소리를 내는 악기. 목관 악기와 금관 악기의 두 가지가 있다. ◆ 图管乐器。

관여(關與)【명사】어떤 일에 관계하여 참여함. ◆ 图参预，干预，干涉，插手。¶저희에 관한 문제에는 관여를 마십시오. =请您不要插手我们的事情。● 관여하다(關與--) ●

관용(寬容)【명사】남의 잘못을 너그럽게 받아들이거나 용서함. ◆ 图宽容，宽恕。¶관용을 베풀다. =给予宽容。● 관용하다(寬容--) ●

관자놀이(貫子--)【명사】귀와 눈 사이의 맥박이 뛰는 곳. 그곳에서 맥박이 뛸 때 관자가 움직인다는 데서 나온 말이다. ◆ 图太阳穴。¶머리가 아파 관자놀이를 지긋이 눌렀다. =头很痛，于是轻轻地揉揉太阳穴。

관장(管掌)【명사】일을 맡아서 주관함. ◆ 图掌管，负责，管理。¶업무 관장 능력으로 평가를 내린다. =根据业务管理能力进行评价。● 관장하다(管掌--) ●

관저(官邸)【명사】정부에서 장관급 이상의 고관(高官)들이 살도록 마련한 집. ◆ 图官邸，府邸(韩国政府为部长以上的高官配备的住宅)。¶국무총리 관저. =国务总理官邸。

관전(觀戰)【명사】운동 경기나 바둑 대국(對局) 따위를 구경함. ◆ 图观战，观看(围棋赛等比赛)。

¶볼링 경기의 관전 요령. =保龄球比赛的观战要领。 ● 관전하다(觀戰--) ●

관절(關節)【명사】뼈와 뼈가 서로 맞닿아 연결되어 있는 곳. 움직일 수 없는 관절과 움직일 수 있는 관절이 있다. ◆图关节。¶관절에 염증이 생겨 쑤신다. =关节发炎，觉得刺痛。

관절염(關節炎)【명사】관절에 생기는 염증. ◆图关节炎。¶심한 육체노동은 관절염을 일으키기 쉽다. =重体力劳动容易引起关节炎。

관점(觀點)【명사】사물이나 현상을 관찰할 때, 그 사람이 보고 생각하는 태도나 방향 또는 처지. ◆图观点，看法。¶너와는 관점이 다르다. =我跟你的观点不同。

관제(管制)【명사】관리하여 통제함. 특히 국가나 공항 따위에서 필요에 따라 강제적으로 관리하여 통제하는 일을 이른다. ◆图管制，管控。¶관제 시스템. =管控系统。

관제탑(管制塔)【명사】비행장에서 비행기가 뜨고 내리는 것을 지시하고 비행장 안을 통제하는, 탑처럼 생긴 높은 건물. ◆图 (机场)管制塔，塔台。¶모든 항공기는 관제탑의 지시 사항을 따라야 한다. =所有飞机都应服从塔台的指挥。

관중(觀衆)【명사】운동 경기 따위를 구경하기 위하여 모인 사람들. ◆图观众。¶야구 관중. =棒球观众。

관중석(觀衆席)【명사】운동 경기 따위를 구경하기 위하여 모인 사람들이 앉는 자리. ◆图观众席。¶경기가 시작되기도 전에 관중석이 꽉 찼다. =比赛还未开始，观众席便挤满了人。

관직(官職)【명사】공무원 또는 관리가 국가로부터 위임받은 일정한 직무나 직책. ◆图职位，职务。

관찰(觀察)【명사】사물이나 현상을 주의하여 자세히 살펴봄. ◆图观察，察看。¶관찰 결과를 빠짐없이 기록하다. =将观察结果毫无遗漏地记录下来。 ● 관찰되다(觀察--), 관찰하다(觀察--) ●

관철(貫徹)【명사】어려움을 뚫고 나아가 목적을 기어이 이룸. ◆图贯彻，彻底实现。¶노동자들은 그들의 요구 사항 관철을 위해 장외 집회를 열었다. =工人们为彻底实现自己的要求举行了场外集会。 ● 관철되다(貫徹--), 관철하다(貫徹--) ●

관측(觀測)【명사】图❶ 육안이나 기계로 자연현상 특히 천체나 기상의 상태, 추이, 변화 따위를 관찰하여 측정하는 일. ◆ 观测，观察。¶천문 관측. =天文观测。❷ 어떤 사정이나 형편 따위를 잘 살펴보고 그 장래를 헤아림. ◆ 预测，推测。¶올해를 고비로 내년부터는 한국의 경기가 회복기에 접어들 것이라는 희망적인 관측이 나왔다. =有人乐观地预测，过了今年这个坎儿，明年韩国的经济形势就会进入恢复期。 ● 관측되다(觀測--), 관측하다(觀測--) ●

관측소(觀測所)【명사】기상이나 천체를 관측하는 곳. 또는 그런 기관. 천문대, 기상대 따위가 있다. ◆图 (气象、天体)观测站。

관통(貫通)【명사】图❶ 꿰뚫어서 통함. ◆ 贯通，贯穿，穿透。¶흉부 관통상. =胸部贯通伤。❷ 처음부터 끝까지 일관함. ◆ 贯穿(始终)。 ● 관통되다(貫通--), 관통하다(貫通--) ●

관하다(關--)【동사】말하거나 생각하는 대상으로 하다. ◆ 励关于，对于，就。¶그 점에 관해서 토의한다. =就那一点进行讨论。

관할(管轄)【명사】일정한 권한에 의하여 통제하거나 지배함. 또는 그런 지배가 미치는 범위. ◆图管辖，统辖；辖区。¶관할 경찰서. =管辖警署。 ● 관할하다(管轄--) ●

관행(慣行)【명사】오래 전부터 해 오는 대로 함. 또는 관례에 따라서 함. ◆图老习惯，惯例。¶기업마다 관행이 다소 다르다. =每个企业的惯例都略有差异。

관헌(官憲)【명사】图❶ 예전에, '관청(官廳)'을 이르던 말. ◆ (旧时指)官府，政府。❷ 예전에, 관직에 있는 사람을 이르던 말. ◆ (旧时指)官员，官吏。¶지방 관헌. =地方官员。

관현악(管絃樂)【명사】관악기, 타악기, 현악기 따위로 함께 연주하는 음악. ◆图管弦乐。¶관현악 반주곡. =管弦乐伴奏曲。

관현악단(管絃樂團)【명사】관현악을 연주하는 단체. ◆图管弦乐团，管弦乐队。

관혼상제(冠婚喪祭)【명사】관례, 혼례, 상례, 제례를 아울러 이르는 말. ◆图 冠婚丧祭(冠礼、婚礼、丧礼、祭礼的统称)。¶관혼상제의 간소화. =冠婚丧祭诸礼的简化。

괄목하다(刮目--)【동사】눈을 비비고 볼 정도로 매우 놀라다. ◆ 励令人刮目，令人刮目相看，令人瞩目。¶그 나라의 경제는 그 동안 세계에 유례가 없을 정도로 괄목할 만한 성장을 이루었다. =那个国家的经济获得了全世界史无前例的惊人增长。

괄시(恝視)【명사】업신여겨 하찮게 대함. ◆图轻视，蔑视，藐视。¶나이 먹은 것만도 서러운데 이런 괄시를 받다니. =年龄大已经够让人伤心的了，竟然还要受到如此蔑视。 ● 괄시하다(恝視--) ●

괄호(括弧)【명사】묶음표(문장 부호의 하나. 소괄호( ), 중괄호({ }), 대괄호([ ])가 있다). ◆图括号，括弧。¶괄호를 치다. =加上括号。

광[1](光)【명사】图❶ 빛(시각 신경을 자극하여 물체를 볼 수 있게 하는 일종의 전자기파. 태양이나 고온의 물질에서 발한다). ◆ 光，光线。❷ 물체의 표면에 빛이 반사되어 매끈거리고 어른어른 비치는 촉촉한 기운. ◆ 光泽，光亮。¶헌 구두를 광이 나도록 닦았다. =把旧皮鞋擦得锃亮。

광[2]【명사】세간이나 그 밖의 여러 가지 물건을 넣어 두는 곳. ◆图仓库，库房，贮藏室。¶쌀을 광에 가득히 쌓아놓다. =用大米把仓库堆满。

광견병(狂犬病)【명사】미친개에게서 볼 수 있는 바이러스성 질환. ◆图狂犬病。

광경(光景)【명사】벌어진 일의 형편과 모양. ◆图光景，情景。¶멋진 광경은 오랫동안 기억된다. =美好的情景总让人久久难忘。

광고(廣告)【명사】图❶ 세상에 널리 알림. 또는 그런 일. ◆ 广而告之。❷ 상품이나 서비스에 대한 정보를 여러 가지 매체를 통하여 소비자에게 널리 알

리는 의도적인 활동. ◆ (商业)广告，宣传。¶광고 효과. =广告效果。● 광고하다(廣告--) ●

광고문(廣告文)【명사】광고하기 위하여 쓴 글. ◆ 名广告词，广告文字。¶자세한 사항은 광고문을 참조하시기 바랍니다. =详情请参考广告。

광고주(廣告主)【명사】광고를 내는 사람. ◆ 名广告客户。¶광고주는 제품의 이미지와 회사의 이미지가 드러나도록 광고를 만들라고 지시했다. =客户指出，广告制作要突出产品形象和公司形象。

광고지(廣告紙)【명사】광고하는 글이나 그림 따위가 실린 종이. ◆ 名广告彩页，传单。¶집집마다 광고지를 돌리다. =挨家挨户发放传单。

광고탑(廣告塔)【명사】광고를 위하여 탑처럼 높이 만들어 세운 구조물. ◆ 名广告塔。¶건물 옥상에 광고탑을 세우다. =在楼顶上竖起了广告塔。

광고판(廣告板)【명사】광고하는 글이나 그림을 붙이기 위하여 만든 판. ◆ 名广告板。¶지하철역의 광고판에는 영화 포스터가 죽 걸려 있다. =地铁站的广告板上贴满了电影海报。

광기(狂氣)【명사】名 ❶ 미친 듯한 기미. ◆ 疯狂之气，疯狂迹象。¶광기를 띠다. =面带疯狂。❷ 미친 듯이 날뛰는 기질을 속되게 이르는 말. ◆ 疯狂，发疯，发狂。¶이성을 잃고 광기를 부리다 곧 잠들었다. =失去理智发了一阵疯，很快就睡着了。

광년(光年)【의존 명사】빛이 일 년 동안 나아가는 거리로 우주에 있는 물체 사이의 거리를 나타내는 단위. ◆ 依名光年。

광대(廣大)【명사】가면극, 인형극, 줄타기, 땅재주, 판소리 따위를 하던 직업적 예능인을 통틀어 이르던 말. 한자를 빌려 '廣大'로 적기도 한다. ◆ 名 (旧时的)民间艺人，戏子。

광대뼈【명사】뺨의 튀어나온 부분을 이루는 네모꼴의 뼈. 눈구멍 아래쪽 모서리를 이룬다. ◆ 名颧骨，双颊骨。¶광대뼈가 나오다. =颧骨突出。

광대하다(廣大--)【형용사】크고 넓다. ◆ 形广阔，广袤，辽阔。¶광대한 평원이 펼쳐져 있다. =辽阔的平原伸展开去。

광도(光度)【명사】일정한 방향에서 물체 전체의 밝기를 나타내는 양. 단위는 칸델라. ◆ 名光度，亮度。

광란(狂亂)【명사】미친 듯이 어지럽게 날뜀. ◆ 名狂乱，疯狂。¶광란의 도가니. =乱得炸开了锅。● 광란하다(狂亂--) ●

광맥(鑛脈)【명사】암석의 갈라진 틈에 유용한 광물이 많이 묻혀 있는 부분. ◆ 名矿脉。¶광맥을 찾다. =寻找矿脉。

광명(光明)【명사】名 ❶ 밝고 환함. 또는 밝은 미래나 희망을 상징하는 밝고 환한 빛. ◆ 光明。¶광명천지. =光明世界。❷ 부처와 보살 등의 몸에서 나는 빛. ◆ 佛之光明，佛光。¶광명의 새 세상. =光明的新世界。● 광명하다(光明--) ●

광물(鑛物)【명사】금, 은, 철 등과 같은 금속을 포함하는 자연에서 생기는 무기 물질. ◆ 名矿物。

광물질(鑛物質)【명사】광물로 된 물질. 또는 광물성의 물질. ◆ 名矿物质。

광범위(廣範圍)【명사】범위가 넓음. 또는 넓은 범위. ◆ 名广泛，大范围。¶광범위한 자료 수집. =广泛收集资料。● 광범위하다(廣範圍--) ●

광부(鑛夫)【명사】광산에서 광물을 캐는 일을 직업으로 하는 사람. ◆ 名矿工。¶광부가 갱 속에서 석탄을 캐다. =矿工在矿井中挖煤。

광산(鑛山)【명사】광물을 캐내는 곳. 캐내는 광물에 따라 금산(金山), 은산(銀山), 동산(銅山), 철산(鐵山), 탄산(炭山) 따위로 나뉜다. ◆ 名矿山。¶광산을 개발하다. =开发矿山。

광석(鑛石)【명사】경제적 가치가 있고 채광할 수 있는 광물. 또는 그런 광물의 집합체. ◆ 名矿石。¶광석을 채굴하다. =采掘矿石。

광선(光線)【명사】빛의 줄기. ◆ 名光线，光。¶태양 광선. =太阳光线。

광섬유(光纖維)【명사】빛을 이용하여 정보를 전달할 때 쓰는, 빛을 전파하는 가는 유리 섬유. 실리콘 따위로 만든다. ◆ 名光导纤维，光学纤维，光纤。

광속(光速)【명사】광속도(光速度)(진공 속에서 빛이 나아가는 속도. 초속 299,792,458미터 즉, 1초에 약 30만km이다). ◆ 名光速。● 광속도(光速度) ●

광야(曠野/廣野)【명사】텅 비고 아득히 넓은 들. ◆ 名旷野，原野，荒野。¶끝없는 광야. =无垠的旷野。

광어(廣魚)【명사】넙치(넙칫과의 바닷물고기). ◆ 名比目鱼，偏口鱼。

광업(鑛業)【명사】광물의 채굴(採掘), 선광(選鑛), 제련(製鍊) 따위의 작업을 행하는 산업. ◆ 名矿业，矿产业。

광역(廣域)【명사】넓은 구역이나 범위. ◆ 名大面积，大范围。¶광역 개발 권역. =大面积开发区。

광역시(廣域市)【명사】한국의 상급 지방 자치 단체의 하나. 1995년 1월에 '직할시'를 고친 것으로, 현재의 광주, 대구, 대전, 부산, 울산, 인천이 이에 해당한다. ◆ 名(韩国的)广域市，直辖市。

광원(光源)【명사】제 스스로 빛을 내는 물체. 태양, 별 따위가 있다. ◆ 名光源，发光体。

광음(光陰)【명사】햇빛과 그늘, 즉 낮과 밤이라는 뜻으로, 시간이나 세월을 이르는 말. ◆ 名光阴，岁月。¶화살같이 빠른 광음. =光阴似箭。

광장(廣場)【명사】名 ❶ 많은 사람이 모일 수 있게 거리에 만들어 놓은, 넓은 빈 터. ◆ 广场。¶역 광장. =车站广场。❷ 여러 사람이 뜻을 같이하여 만나거나 모일 수 있는 자리를 비유적으로 이르는 말. ◆ (多人会面的)广场，场合，场所。

광주리【명사】名 대, 싸리, 버들 따위로 바닥은 둥글고 촘촘하게, 위쪽 가장자리는 성기게 결어 만든 큰 그릇. 일반적으로 바닥보다 위쪽이 더 벌어졌다. ◆ 箩筐。

광채(光彩)【명사】名 ❶ 아름답고 찬란한 빛. ◆ 光彩，光芒，光辉。¶광채를 띠다. =带着光彩。❷ 정기 있는 밝은 빛. ◆ 光彩，神采。¶두 눈에 광채가 돌다. =两眼闪烁着光彩。

광천수(鑛泉水)【명사】광천의 특성을 지닌 물. ◆图矿泉水。¶광천수의 판매가 급증하고 있다. =矿泉水销量猛增。

광케이블(光)【명사】다량의 정보를 신속히 보내기 위하여 광섬유로 만든 케이블. ◆图光缆，光纤电缆。¶한창 광케이블가설공사가 진행되고 있다. =光缆铺设工程进行得如火如荼。

광택(光澤)【명사】빛의 반사로 물체의 표면에서 반짝거리는 빛. ◆图光泽，光亮。¶광택이 없다. =没有光泽。

광통신(光通信)【명사】영상, 음성, 데이터 따위의 전기 신호를 빛의 신호로 바꾸어 보내는 통신. ◆图光通信。¶광통신업계의 눈부신 발전으로 통신의 일대 혁신을 가져왔다. =光通信行业的辉煌发展带来了通信领域的一大革新。

광풍(狂風)【명사】미친 듯이 사납게 휘몰아치는 거센 바람. ◆图狂风。¶한 차례의 광풍이 불었다. =刮起一阵狂风。

광학(光學)【명사】물리학의 한 분야. 빛의 성질과 현상을 연구하는 학문. ◆图光学。

광합성(光合成)【명사】녹색 식물이 빛 에너지를 이용하여 이산화탄소와 수분으로 유기물을 합성하는 과정. 명반응과 암반응으로 구분된다. ◆图光合作用。

광활하다(廣闊--)【형용사】막힌 데가 없이 트이고 넓다. ◆形广阔，辽阔。¶광활한 평원. =广阔的平原。

괘(卦)【명사】图 ❶ 동양 철학에서 음과 양을 상징하는 줄을 어울리게 놓아 만든 예순네 가지의 글자. ◆卦。❷ 점괘(占卦)(점을 쳐서 나오는 괘). ◆卜卦，占卜，算卦。

괘씸하다【형용사】남에게 예절이나 신의에 어긋난 짓을 당하여 분하고 밉살스럽다. ◆形讨厌，厌恶。¶나는 그날어친구의 소행이 무척 괘씸하였다. =我非常讨厌朋友那天的所作所为。

괘종시계(掛鐘時計)【명사】시간마다 종이 울리는 시계. 보통 벽에 걸어 둔다. ◆图挂钟，壁钟。

괜스레【부사】공연스레(까닭이나 실속이 없는 데가 있게). ◆副无端地，无故地，无缘无故地。¶낙엽이 질 때면 괜스레 가슴이 울렁거린다. =每到叶落时节，都会无端地心潮荡漾。

괜찮다【형용사】形 ❶ 별로 나쁘지 않고 보통 이상이다. ◆还不错，还行。¶얼굴은 괜찮게 생겼다. =长得还不错。❷ 탈이나 문제, 걱정되거나 꺼릴 것이 없다. ◆ 可以，不要紧，没关系。¶창문 좀 열어도 괜찮겠습니까? =可以开一下窗吗?

괜하다【형용사】공연하다(空然--)(아무 까닭이나 실속이 없다). ◆形无缘无故，无谓，不必要。¶괜한 일로 시간만 보내다. =白白浪费时间做无谓的事。● 괜히 ●

괭이【명사】긴 나무 자루 끝에 'ㄱ' 자 모양의 날을 붙여 땅을 파거나 흙을 고를 때 쓰는 농기구. ◆图镐头，镐。

괴구멍【명사】자루를 사용하는 창, 삽, 괭이, 쇠스랑 등에서 자루를 박는 구멍. ◆图锹、镐、耙等安把的洞。

괴기하다(怪奇--)【형용사】괴상하고 기이하다. ◆形怪异，奇怪。¶조용하고 불이 꺼져 있는 것이 좀 괴기하다. =灯关着，寂静无声，有点奇怪。

괴나리봇짐(---褓-)【명사】걸어서 먼 길을 떠날 때에 보자기에 싸서 어깨에 메는 작은 짐. ◆图(随身背的)包袱，包裹。¶그들은 괴나리봇짐을 지고 언덕을 힘겹게 오르고 있었다. =他们背着包袱，正吃力地爬着高坡。

괴다[1]【동사】动 ❶ 기울어지거나 쓰러지지 않도록 아래를 받쳐 안정시키다. ◆支，支撑，撑，托。¶턱을 괴다. =托腮，支着下巴。❷ 의식에 쓰는 음식이나 장작, 꼴 따위를 차곡차곡 쌓아 올리다. ◆堆，垒，码。¶제기(祭器)에 과일을 괴다. =往祭器中码水果。

괴다[2]【동사】动 ❶ 물 따위의 액체나 가스, 냄새 따위가 우묵한 곳에 모이다. ◆积，汪。¶마당 여기저기에 빗물이 괴어 있다. =院子里到处都积满了雨水。❷ 입에 침이 모이거나 눈에 눈물이 어리거나 하다. ◆盈，噙，含，汪(口水、眼泪等)。¶눈에 눈물이 괴다. =眼里噙着泪水。

괴로움【명사】몸이나 마음이 편하지 않고 고통스러운 상태. 또는 그런 느낌. ◆图痛苦，难受，苦恼。¶괴로움을 술로 달래다. =借酒浇愁。

괴로워하다【동사】괴로움을 느끼다. ◆动难受，痛苦，苦恼，烦恼，受折磨，受煎熬，头疼，愁苦，苦闷。¶죄책감으로 괴로워하다. =由于负罪感而备受煎熬。

괴롭다【형용사】심신이 힘들다. 몸이나 마음이 편하지 않고 고통스럽다. ◆形难受，痛苦，苦恼，烦，烦恼。¶거짓말을 하려니 마음이 괴로웠다. =想要说谎，但心里很难受。

괴롭히다【동사】'괴롭다'의 사동사. ◆动折磨，为难，刁难("괴롭다"的使动形态)。¶날 좀 그만 괴롭히고 가만 내버려 둬. =别折磨我了，让我自己待一会儿吧。

괴물(怪物)【명사】图 ❶ 괴상하게 생긴 물체. ◆怪物，鬼怪，妖怪。¶이번 주에 개봉할 영화는 괴물이 나오는 공포물이다. =本周上映的电影是一部以怪物为主的恐怖片。❷ 괴상한 사람을 비유적으로 이르는 말. ◆〈喻〉怪人，怪物。¶그렇게 먹고도 배가 고프다니. 그 녀석, 정말 괴물이다. =吃了那么多还说饿，那小子真是个怪物。

괴변(怪變)【명사】예상하지 못한 괴상한 재난이나 사고. ◆图异变，突然变故。¶갑자기 몰려온 쓰나미는 괴변이라 할 수밖에 없다. =突如其来的海啸只能说是一场异变。

괴상망측하다(怪常罔測--)【형용사】말할 수 없이 괴이하고 이상하다. ◆形怪诞，怪异，荒诞不经。¶괴상망측한 말. =荒诞不经的言语。

괴상하다(怪常--)【형용사】보통과 달리 괴이하고 이상하다. ◆ 形怪，怪异，诡异。¶괴상한 병. =怪病。

괴성(怪聲)【명사】괴상한 소리. ◆ 名怪声。¶갑자기 괴성을 지르는 바람에 모두 놀랐다. =突然一声怪叫，所有人都吃了一惊。

괴수(魁首)【명사】못된 짓을 하는 무리의 우두머리. ◆ 名头领，头目。¶해적의 괴수는 애꾸눈이었다. =海盗头领是个独眼龙。

괴이하다(怪異--)【형용사】이상야릇하다(정상적이지 않고 별나며 괴상하다). ◆ 形怪异，奇怪，诡异。¶갑자기 어디선가 괴이한 신음 소리가 들렸다. =忽然间，不知从哪里传来了一阵奇怪的呻吟声。

괴질(怪疾)【명사】원인을 알 수 없는 이상한 병. ◆ 名怪病。¶괴질이 돌다. =怪病流行。

괴짜(怪-)【명사】괴상한 짓을 잘하는 사람을 속되게 이르는 말. ◆ 名怪人，怪物。¶겨울에도 반소매 옷을 입는 괴짜 노인이 있었다. =有一个怪老头，冬天还穿着短袖。

괴팍하다【형용사】붙임성이 없이 까다롭고 별나다. ◆ 形孤僻，乖僻，乖张，乖戾。¶괴팍한 성격. =乖僻的性格。

괴한(怪漢)【명사】거동이나 차림새가 수상한 사내. ◆ 名怪汉，怪人，怪家伙。¶괴한이 침입하다. =一个怪汉闯了进来。

괴혈병(壞血病)【명사】비타민 시가 부족하여 잇몸이나 피부에서 피가 나며 기운이 없고 빈혈이 나는 병. ◆ 名坏血病。

굉음(轟音)【명사】몹시 요란하게 울리는 소리. ◆ 名巨响，轰鸣。¶천지를 뒤흔드는 굉음. =惊天动地的巨响。

굉장하다【형용사】形 ❶ 아주 크고 훌륭하다. ◆ 宏伟，壮观，盛大。¶잔치가 굉장하다. =宴会规模盛大。❷ 보통 이상으로 대단하다. ◆ 非同一般，非常。¶굉장한 능력. =非同一般的能力。● 굉장히(宏壯-) ●

교가(校歌)【명사】학교를 상징하는 노래. 학교의 교육 정신, 이상, 특성 따위를 담고 있다. ◆ 名校歌。

교각(橋脚)【명사】다리를 받치는 기둥. ◆ 名桥墩，桥桩。¶교각을 세우다. =立桥墩。

교감(校監)【명사】학교장을 도와서 학교의 일을 관리하거나 수행하는 직책. 또는 그런 사람. ◆ 名教导主任，教务主任。

교과(教科)【명사】학교에서 교육의 목적에 맞게 가르쳐야 할 내용을 계통적으로 짜 놓은 일정한 분야. ◆ 名教学科目。

교과목(教科目)【명사】학교에서 가르쳐야 할 지식이나 경험의 체계를 세분하여 계통을 세운 영역. ◆ 名课程，教学科目。

교과서(教科書)【명사】名 ❶ 학교에서 교육 과정에 따라 주된 교재로 사용하기 위하여 편찬한 책. ◆ 教科书，课本。❷ 해당 분야에서 모범이 될 만한 사실을 비유적으로 이르는 말. ◆ 教科书，〈喻〉范本。¶그 영화는 영화 학도들의 교과서로 일컬어지는 작품이다. =他的电影作品被称为电影专业学员的教科书。

교내(校內)【명사】학교의 안. ◆ 名校内，校园内，学校里。¶교내 방송. =校内广播。

교단(教壇)【명사】名 ❶ 교실에서 교사가 강의할 때 올라서는 단. ◆ 讲台。¶수업이 끝나자 선생님께서 교단을 내려오셨다. =下课了，老师走下讲台。❷ 교육 기관. 교육에 관한 일을 맡아보는 곳. 좁게는 학교를 이르며, 넓게는 교육 행정 기관도 포함한다. ◆ 教育界，教育机构。¶교단에 계신 지가 몇 년 되셨습니까? =您执教多少年了?

교대[1](教大)【명사】'교육 대학'을 줄여 이르는 말. ◆ 名教育学院，师范学院。¶그는 교대를 마치고 초등교사를 시작하였다. =从师范学院毕业后，他当了小学教师。

교대[2](交代)【명사】어떤 일을 여럿이 나누어서 차례에 따라 맡아서 하는 것. ◆ 名倒班，替换，轮换。¶엄마와 교대로 할머니 병실에서 간호를 하였다. =跟妈妈轮流在奶奶病房陪护。● 교대하다(交代--) ●

교도[1](教徒)【명사】종교를 믿는 사람이나 그 무리. ◆ 名教徒，信徒。¶불교 교도. =佛教徒。

교도[2](矯導)【명사】바로잡아 인도함. ◆ 名矫正，教化。● 교도하다(矯導--) ●

교도관(矯導官)【명사】교도소에서 수용자의 교정과 수용 전반의 업무를 담당하는 공무원. ◆ 名 (监狱)教导员；狱警，看守。

교도소(矯導所)【명사】행형(行刑) 사무를 맡아보는 기관. 징역형이나 금고형, 노역장 유치나 구류 처분을 받은 사람, 재판 중에 있는 사람 등을 수용하는 시설이다. ◆ 名监狱，教导所。

교두보(橋頭堡)【명사】名 ❶ 다리를 엄호하기 위하여 쌓은 보루(堡壘). ◆ 桥头堡。

교란(攪亂)【명사】마음이나 상황을 뒤흔들어서 어지럽고 혼란하게 함. ◆ 名扰乱，干扰。● 교란되다(攪亂--), 교란하다(攪亂--) ●

교량(橋梁)【명사】시내나 강을 사람이나 차량이 건널 수 있게 만든 다리. ◆ 名桥梁，桥。

교련(教鍊)【명사】名 ❶ 가르쳐 단련시킴. ◆ 教练，训练。❷ 군사 훈련. ◆ 军训，军事训练。

교류(交流)【명사】名 ❶ 근원이 다른 물줄기가 서로 섞이어 흐름. 또는 그런 줄기. ◆ (两河)交汇，汇流。❷ 문화나 사상 따위가 서로 통함. ◆ 交流。❸ 시간에 따라 크기와 방향이 주기적으로 바뀌어 흐름. 또는 그런 전류. ◆ 交流；交流电。● 교류하다(交流--) ●

교만(驕慢)【명사】잘난 체하며 뽐내고 건방짐. ◆ 名骄傲，傲慢。¶교만을 부리다. =耍傲慢。● 교만하다(驕慢--) ●

교목(喬木)【명사】줄기가 곧고 굵으며 높이가 8미터를 넘는 나무. ◆ 名乔木。

교묘하다(巧妙--)【형용사】名 ❶ 솜씨나 재주 따위가 재치 있게 약삭빠르고 묘하다. ◆ 巧，巧妙。¶교묘한 반칙. =巧妙的犯规。❷ 짜임새나 생김새 따위가 아기자기하게 묘하다. ◆ 巧妙，精巧。¶교묘한 공예품. =精巧的工艺品。● 교묘히(巧妙-) ●

교무실(教務室)【명사】교사가 교재를 준비하는 등 여러 가지 일을 맡아보는 곳. ◆ 名教务室。¶수업시간에 장난치다 걸려서 교무실에 불려갔다. =被抓住在课堂上捣乱，给叫到了教务室。

교문(校門)【명사】학교의 문. ◆ 名校门。

교미(交尾)【명사】생식을 하기 위하여 동물의 암컷과 수컷이 성적(性的)인 관계를 맺는 일. ◆ 名交尾，交配。● 교미하다(交尾--) ●

교민(僑民)【명사】다른 나라에 살고 있는 동포. 아예 정착하여 살고 있는 교포나 일시적으로 머무르는 유학생, 주재원 등을 모두 이를 수 있다. ◆ 名侨民，侨胞。

교배(交配)【명사】생물의 암수를 인위적으로 수정 또는 수분시켜 다음 세대를 얻는 일. ◆ 名 (人工)交配，配种。¶식물학자들은 더 좋은 품종을 얻기 위해 다른 종(種) 사이의 교배를 시험한다. =为得到更好的品种，植物学家们进行了不同品种之间的配种试验。● 교배하다(交配--) ●

교복(校服)【명사】학교에서 학생들이 입도록 정한 제복. ◆ 名校服。

교사[1](教師)【명사】주로 초등학교·중학교·고등학교 따위에서, 일정한 자격을 가지고 학생을 가르치는 사람. ◆ 名 (主要指中小学)教师，老师，教员。

교사[2](校舍)【명사】학교의 건물. ◆ 名校舍。¶교사를 신축하여 이전하다. =搬迁到建好的新校舍。

교섭(交涉)【명사】어떤 일을 이루기 위하여 서로 의논하고 절충함. ◆ 名交涉，谈判，洽谈。¶교섭이 결렬되다. =谈判破裂。● 교섭하다(交涉--) ●

교성(嬌聲)【명사】여자의 간드러지는 소리. ◆ 名娇声娇气。

교세(教勢)【명사】종교의 형세. 또는 그 세력. ◆ 名宗教势力。¶교세 확장. =宗教势力扩张。

교수(教授)【명사】名 ❶ 학생들에게 학문이나 기예(技藝)를 가르침. ◆ 讲授，教。❷ 대학에서, 전문 학술을 가르치고 연구하는 사람. 부교수, 조교수, 전임강사가 있는데 흔히 이들을 통틀어 이르는 말이다. ◆ (大学)教师。¶무엇보다도 교수는 연구와 강의에 충실해야 한다. =教师首先应当忠实于教学和研究。

교수형(絞首刑)【명사】사형수의 목을 옭아매어 죽이는 형벌. ◆ 名绞刑。¶교수형에 처하다. =处以绞刑。

교습(教習)【명사】가르쳐서 익히게 함. ◆ 名教学，培训。¶운전 교습을 받다. =上驾驶培训课。● 교습하다(教習--) ●

교시[1](教示)【명사】가르쳐서 보임. ◆ 名教导，指教。¶교시를 바라옵니다. =敬请指教。

교시[2](校時)【의존 명사】학교에서 수업 상 정한 시간의 차례. 또는 그 수를 세는 단위. 흔히 40분 또는 45분, 50분 따위로 정한다. ◆ 依名课时，课。¶4 교시는 한국어 시간이다. =第四堂课是韩国语。

교신(交信)【명사】통신을 주고받음. 우편, 전신, 전화 따위로 정보나 의견을 주고받음. ◆ 名通信，通讯。¶무전 교신. =无线通信。● 교신하다(交信--) ●

교실(教室)【명사】名 ❶ 유치원, 초등학교, 중 · 고등학교에서 학습 활동이 이루어지는 방. ◆ 教室。¶아이들의 떠드는 소리가 교실 밖으로 흘러나왔다. =孩子们的喧闹声传到了教室外面。❷ 어떤 것을 배우는 모임. ◆ 教室，辅导班，培训班。¶서예 교실. =书法教室。

교양(教養)【명사】학문, 지식, 사회생활을 바탕으로 이루어지는 품위. 또는 문화에 대한 폭넓은 지식. ◆ 名教养，素质。¶교양 서적. =教养书籍。

교양인(教養人)【명사】교양이 있는 사람. ◆ 名有教养的人，文化人，文明人。¶말씨가 교양인 답지 않다. =说话不像个文明人。

교역(交易)【명사】주로 나라와 나라 사이에서 서로 팔고 사는 행위를 통해 재화(財貨)를 바꿈. ◆ 名 (国际)交易，贸易。¶국제 교역. =国际贸易。● 교역하다(交易--) ●

교열(校閱)【명사】문서나 원고의 내용 가운데 잘못된 것을 바로잡아 고치며 검열함. ◆ 名审阅，审校。¶잡지 교열. =杂志审校。● 교열하다(校閱--) ●

교외(郊外)【명사】시가에 인접한, 들이나 논밭이 비교적 많은 곳. 도시의 주변 지역. ◆ 名郊外，城郊。¶연휴를 맞아 교외로 나들이를 가다. =趁着放小长假去郊外游玩。

교우[1](交友)【명사】벗을 사귐. 또는 그 사귀는 벗. ◆ 名交友，交往；朋友，好友。¶교우 관계. =朋友关系。

교우[2](校友)【명사】名 ❶ 같은 학교를 다니는 벗. ◆ (同时在读的)校友，同学。❷ 같은 학교의 직원과 졸업생과 재학생들을 통틀어 이르는 말. ◆ (同所学校在职、在读或毕业的)校友。

교원(教員)【명사】각급 학교에서 학생을 가르치는 사람을 통틀어 이르는 말. 교사, 교감, 교장, 교수, 총장, 학장, 전임 강사 등이 있다. ◆ 名教员，教师。¶교원 양성. =教员的培养。

교육(教育)【명사】지식과 기술 따위를 가르치며 인격을 길러 줌. ◆ 名教育，指导。¶의무 교육. =义务教育。● 교육되다(教育--), 교육하다(教育--) ●

교육비(教育費)【명사】名 ❶ 교육에 드는 경비. ◆ 教育费，教育支出。¶가계비에서 교육비의 부담이 너무 크다. =对供养家庭的父母来说，教育费的负担太重。❷ 교육의 비용으로 교육 재정에 의해서 정부가 지출하는 경비. ◆ (政府)教育经费，教育拨款。¶교육계에서는 교육비의 확충을 요구했다. =教育界要求增加教育拨款。

교육자(教育者)【명사】교원으로서 교육에 종사하는 사람. ◆ 名教育工作者，教师。¶그는 교육자 집안에서 자라왔기 때문에 예절이 바르다. =他成长于教师家庭，因此知书达礼。

교육청(教育廳)【명사】시나 군을 단위로 하여 학교 교육이나 그 지방 자치 단체의 교육, 학예에 관한 사무를 맡아보는 관청. ◆ 名韩国市、郡级别的教育局。

교인(教人)【명사】종교를 가지고 있는 사람. ◆ 名信徒，教徒。¶기독교 교인. =基督教信徒。

교장(校長)【명사】대학이나 학원을 제외한 각급 학교의 으뜸 직위. 또는 그 직위에 있는 사람. ◆ 名校长。¶교장 선생님은 학교에서 가장 어른이시다. =校

长是学校里地位最高的领导。

교재(教材)【명사】학문이나 기예 따위를 가르치거나 배우는 데 필요한 여러 가지 재료. ◆ 图教材。¶교재 연구. =教材研究。

교전(交戰)【명사】서로 병력을 가지고 전쟁을 함. ◆ 图交战，交火。¶교전 상태. =交战状态。● 교전하다(交戰--) ●

교정[1](校正)【명사】교정쇄와 원고를 대조하여 오자, 오식, 배열, 색 따위를 바르게 고침. ◆ 图校对，校正。¶원고 교정. =校对原稿。

교정[2](校訂)【명사】남의 문장 또는 출판물의 잘못된 글자나 글귀 따위를 바르게 고침. ◆ 图校订，校勘。¶인쇄 교정. =印刷校订。

교정[3](校庭)【명사】학교의 뜰이나 운동장. ◆ 图校园。¶교정에는 개나리가 만발했다. =校园里，迎春花盛开了。

교정[4](矯正)【명사】틀어지거나 잘못된 것을 바로잡음. ◆ 图矫正，纠正，改正，修正。¶치아 교정. =牙齿矫正。● 교정되다(矯正--), 교정하다(矯正--) ●

교제(交際)【명사】서로 사귀어 가까이 지냄. ◆ 图交际，社交。¶교제가 넓다. =交际广泛。● 교제하다(交際--) ●

교직(教職)【명사】학생을 가르치는 직업이나 직무. ◆ 图教学职务，教学岗位。¶교직에 몸담고 있다. =现从事教学工作。

교집합(交集合)【명사】두 집합 A와 B가 있을 때 집합 A, B에 공통으로 속하는 원소 전체로 이루어진 집합. '∩'로 나타낸다. ◆ 图交集。

교차(交叉)【명사】서로 엇갈리거나 마주침. ◆ 图交叉，交会，交汇。¶교차 지점. =交会地点。● 교차되다(交叉--), 교차하다(交叉--) ●

교차로(交叉路)【명사】두 길이 서로 엇갈린 곳. 또는 서로 엇갈린 길. ◆ 图交叉路口，十字路口。¶교차로에서는 차의 속도를 줄여야 한다. =行车至交叉路口应当减速。

교차점(交叉點)【명사】서로 엇갈리거나 마주친 곳. ◆ 图交叉点，交会点。¶문학작품에서 교차점은 운명의 갈림길로 비유되는 경우가 많다. =在文学作品中，交叉点经常被比作命运的十字路口。

교체(交替/交遞)【명사】사람이나 사물을 다른 사람이나 사물로 대신함. ◆ 图交替，更替，替换，换。¶선수 교체. =替换运动员。● 교체되다(交替/交遞--), 교체하다(交替/交遞--) ●

교칙(校則)【명사】학생이 지켜야 할 학교의 규칙. ◆ 图校规，校纪。¶교칙을 준수하다. =遵守校规。

교탁(教卓)【명사】수업이나 강의를 할 때에 책 따위를 올려놓기 위하여 교단 앞이나 위에 놓은 탁자. ◆ 图讲台。

교통(交通)【명사】图 ❶ 자동차·기차·배·비행기 따위를 이용하여 사람이 오고 가거나, 짐을 실어 나르는 일. ◆ 交通。¶교통의 중심지. =交通中心。❷ 서로 오고 감. 또는 소식이나 정보를 주고받음. ◆ 交流，沟通，通。¶서신의 교통이라도 이루어졌으면 좋겠다. =哪怕能通通书信也好呀。

교통난(交通難)【명사】교통 기관의 부족이나 교통의 혼잡으로 소통이 원활하게 이루어지지 않는 어려움. 또는 그런 상태. ◆ 图交通堵塞。¶자동차홍수로 교통난이 심각하다. =车流如潮，交通拥堵非常严重。

교통 법규(交通法規)【명사】사람이나 차가 길을 오갈 때 지켜야 할 사항을 정한 법령 및 규칙. ◆ 图交通法规。¶교통법규를 지키다. =遵守交通法规。

교통비(交通費)【명사】탈것을 타고 다니는 데 드는 비용. ◆ 图交通费。¶교통비가 많이 든다. =交通费开销很大。

교통사고(交通事故)【명사】운행 중이던 자동차나 기차 따위가 사람을 치거나 다른 교통 기관과 충돌하는 따위 교통상의 사고. ◆ 图交通事故。

교통수단(交通手段)【명사】사람이 이동하거나 짐을 옮기는 데 쓰는 수단. ◆ 图交通工具。

교통 신호(交通信號)【명사】교차로나 횡단보도, 건널목 따위에서 사람이나 차량이 질서 있게 길을 가도록 기호나 등화(燈火) 따위로 진행·정지·방향 전환·주의 따위를 나타내는 신호. ◆ 图交通信号，红绿灯。¶교통신호를 지키다. =遵守交通信号。

교통지옥(交通地獄)【명사】차량과 사람으로 길거리가 몹시 붐비어 교통 기관을 이용하기가 지극히 곤란한 상태를 비유적으로 이르는 말. ◆ 图交通地狱。¶사람들은 흔히 현재의 사회상을 교통지옥, 입시지옥 등 극단적인 지옥을 붙여 표현한다. =人们经常使用"地狱"这个极端的词语来形容目前的社会现象，比如"交通地狱""高考地狱"等。

교통 체증(交通滯症)【명사】심한 교통난을 비유적으로 이르는 말. ◆ 图交通堵塞。¶교통체증의 요인으로는 열악한 도로 조건과 차량 증가를 들 수 있다. =交通拥堵的主要原因有恶劣的道路条件和车辆的增加等。

교통편(交通便)【명사】한 장소에서 다른 장소로 오고 가는 데 이용하는 자동차, 기차, 선박, 항공기 등의 교통수단. ◆ 图交通工具，交通手段。¶통학할 때 편리한 교통편은 학교버스이다. =走读生来校最方便的交通工具是学校班车。

교편(教鞭)【명사】교사가 수업이나 강의를 할 때 필요한 사항을 가리키기 위하여 사용하는 가느다란 막대기. ◆ 图教鞭。

교포(僑胞)【명사】다른 나라에 아예 정착하여 그 나라 국민으로 살고 있는 동포. ◆ 图侨胞，侨民，海外同胞。¶재일 교포. =在日侨胞。

교향곡(交響曲)【명사】관현악을 위하여 만든 규모가 큰 곡. ◆ 图交响曲。¶미완성 교향곡. =未完成的交响曲。

교향악(交響樂)【명사】큰 규모의 관현악을 위하여 만든 음악. ◆ 图交响乐。¶교향악의 웅장(雄壯)함에 매료(魅了)되었다. =被交响乐的雄壮之美迷住了。

교향악단(交響樂團)【명사】교향악을 연주하는 대규모의 관현악단. ◆ 图交响乐团。¶서울시립(市立) 교향악단. =首尔市立交响乐团。

교화(教化)【명사】가르치고 이끌어서 좋은 방향으로 나아가게 함. ◆ 图教化。¶불량소년을 교화하다. =教化不良少年。● 교화하다(教化--) ●

교환(交換)【명사】❶ 서로 바꿈. ◆ 图交换, 换, 互换。¶교환 조건. =交换条件。❷ 서로 주고받고 함. ◆ 图交换, 互换。¶선물 교환. =交换礼物。● 교환하다(交換--) ●

교활하다(狡猾--)【형용사】간사하고 꾀가 많다. ◆ 形狡猾, 狡诈, 狡黠。¶교활한 웃음. =狡黠的笑。

교회【명사】예수 그리스도를 주(主)로 고백하고 따르는 신자들의 공동체. 또는 그 장소. ◆ 图教会, 教堂。

교훈[1](教訓)【명사】앞으로의 행동이나 생활에 지침이 될 만한 것을 가르침. 또는 그런 가르침. ◆ 图教训, 训导。¶역사의 교훈. =历史教训。

교훈[2](校訓)【명사】학교의 이념이나 목표를 간명하게 나타낸 표어. ◆ 图校训。¶우리 학교의 교훈은 성실, 근면이다. =我们学校的校训是诚实、勤勉。

구[1](區)【명사】图 ❶ 특별시, 광역시 및 인구 50만 이상의 대도시에 두는, 동(洞) 위의 행정 구역 단위. ◆ (城市的)区。¶도시개발로 새로운 구가 생겼다. =随着城市开发, 新区不断成立。❷ '법령 집행을 위하여 정한 구획'의 뜻을 나타내는 말. ◆ 区, 政区。

구[2](九)【관형사】❶ 그 수량이 아홉임을 나타내는 말. ◆ 冠九。¶구 년. =九年。❷ 그 순서가 아홉 번째임을 나타내는 말. ◆九, 第九。

구[3](句)【명사】图 ❶ 둘 이상의 단어가 모여 절이나 문장의 일부분을 이루는 토막. 종류에 따라 명사구, 동사구, 형용사구, 관형사구, 부사구 따위로 구분한다. ◆ 词组, 短语。❷ 시조나 사설(辭說)의 짧은 토막. ◆ 诗句。

구[4](具)【의존 명사】시체 따위를 세는 단위. ◆ 依名 具。¶시체 다섯 구. =五具尸体。

구[5](球)【명사】공처럼 둥글게 생긴 물체. 또는 그 모양. ◆ 图球, 球状。

-구[6](口)【접사】后缀 ❶ [일부 명사 뒤에 붙어] '구멍' 또는 '구멍이 나 있는 장소'의 뜻을 더하는 접미사. ◆ 用于一部分名词后的后缀, 口。¶하수구. =下水口。❷ '출입구'의 뜻을 더하는 접미사. ◆ 口, 出口。¶비상구. =安全门, 紧急出口。❸ '창구'의 뜻을 더하는 접미사. ◆ 口, 窗, 窗口。¶매표구. =售票口。

-구[7]-【접사】사동접미사. ◆ 后缀 构成动词使动形态的后缀。¶달구다. =煅烧。

-구[8](具)【접사】'용구' 또는 '도구'의 뜻을 더하는 접미사. ◆ 后缀 用于一部分名词后, 用具, 工具, 具。¶문방구. =文具。

구가하다(謳歌--)【동사】动 여러 사람이 입을 모아 칭송하여 노래하다. ◆ 讴歌, 歌颂。¶백성들이 태평성대를 구가하다. =百姓们歌颂太平盛世。

구간(區間)【명사】어떤 지점과 다른 지점과의 사이. ◆ 图区间, 区段。¶공사 구간. =工程区段。

구강(口腔)【명사】입안(입에서 목구멍에 이르는 빈 곳. 음식물을 섭취・소화하며, 발음 기관의 일부분이 된다). ◆ 图口腔。¶정기적인 구강 검진을 받아야 충치를 예방할 수 있다. =只有定期接受口腔检查, 才能预防龋齿。

구걸(求乞)【명사】돈이나 곡식, 물건 따위를 거저 달라고 빎. ◆ 图乞讨, 讨。¶양식 구걸. =乞讨粮食。● 구걸하다(求乞--) ●

구겨지다【동사】动 ❶ 구김살이 잡히다. ◆ 皱, 起皱。¶이 옷은 잘 구겨진다. =这衣服容易起皱。❷ 俚 마음이 언짢게 되다. ◆ 俚不快, 不舒服, 受伤。¶내 자존심은 구겨졌다. =我的自尊心受到了伤害。

구경【명사】图 ❶ 흥미나 관심을 가지고 봄. ◆ 参观, 游玩。¶서울 구경. =首尔游。❷ 흥미나 관심을 일으키게 하는 대상. ◆ 景观, 热闹。¶큰 구경이 벌어졌었지. =可是出了一场大热闹。❸ 직접 당하거나 맛봄. ◆ 见到, 看见。¶한 번도 구경 못 한 괴물 이야기. =一次都没见过的志怪故事。● 구경하다 ●

구경거리【명사】구경할 만한 것. ◆ 图值得看的事, 热闹。¶텔레비전이 없던 시절에는 서커스는 가장 큰 구경거리였다. =在没有电视的年代, 马戏是最值得看的东西。

구경꾼【명사】구경하는 사람. ◆ 图观众, 旁观者, 看客。¶구경꾼이 떼를 지어 모여 있다. =观众们三五成群地聚在一起。

구관조(九官鳥)【명사】찌르레깃과의 새. 잡식성으로 사람의 말을 잘 흉내 내어 애완용으로 사육된다. 인도, 말레이시아, 중국 남부 등지에 분포한다. ◆ 图八哥。

구구단(九九段)【명사】'구구법'을 일상적으로 이르는 말. ◆ 图九九乘法口诀。

구국(救國)【명사】위태로운 나라를 구함. ◆ 图救国。¶구국의 영웅. =救国英雄。

구근(球根)【명사】알뿌리(지하에 있는 식물체의 일부인 뿌리나 줄기 또는 잎 따위가 달걀 모양으로 비대하여 양분을 저장한 것). ◆ 图球茎, 球根。

구금(拘禁)【명사】유죄를 선고 받았거나 죄가 있다고 의심되는 사람을 교도소나 구치소에 가두는 것. ◆ 图拘押, 监禁, 关押。¶구금된 사람이 풀려나다. =被关押人员获释。● 구금되다(拘禁--), 구금하다(拘禁--) ●

구급(救急)【명사】图 ❶ 위급한 상황에서 구해 냄. ◆ 救急, 解救危难。¶구급 방안. =救急方案。❷ 병이 위급할 때 우선 목숨을 구하기 위한 처치를 함. ◆ 急救。

구급차(救急車)【명사】위급한 환자나 부상자를 신속하게 병원으로 실어 나르는 자동차. ◆ 图救护车, 急救车。¶구급차를 부르다. =叫救护车。

구기(球技)【명사】공을 사용하는 운동 경기. 야구, 축구, 배구, 탁구 따위가 있다. ◆ 图球类运动。¶한국은 구기 종목에서 강세를 보인다. =韩国在球类运动项目上呈现出优势。

구기다【동사】动 ❶ 종이나 천 따위의 엷은 물체가 비벼지거나 접혀져서 잔금이 생기다. 또는 그렇게 하다. ◆ 皱, 起皱。¶이 옷은 감이 좋아서 구기지도 않는다. =这衣服料子好, 不起皱。❷ 俚 일의 진행이나 살림이 순조롭게 되지 아니하고 꼬이고 막히다. 또는 그렇게 하다. ◆ 俚 (事情、生计等)波折，曲折，砸，横生枝节。¶이 일이 구기면 큰일입니다. =这件事要是搞砸了可不得了。

구김【명사】名 ❶ 구김살(구겨져서 생긴 잔금). ◆ 皱，皱痕，褶皱。¶구김이 가지 않게 취급하시오. =请注意不要弄皱了。❷ 구김살(표정이나 성격에 서려 있는 그늘지고 뒤틀린 모습). ◆ (表情或心理的)阴影，愁苦。

구김살【명사】名 ❶ 구겨져서 생긴 잔금. ◆ 皱，皱痕，褶皱。¶종이의 구김살을 펴다. =把揉皱的纸展平。 ❷ (주로 '없다'라는 부정의 표현과 함께 쓰여) 표정이나 성격에 서려 있는 그늘지고 뒤틀린 모습. ◆ (表情或心理的)阴影，愁苦。¶구김살(이) 없이 자라는 아이가 인성이 좋다. =没有心理阴影的孩子品性好。❸ 일 따위가 순조롭지 못하고 지장이 있는 상태. ◆ (事情的)波折，曲折，阴影。

-구나【어미】해라할 자리나 혼잣말에 쓰여, 화자가 새롭게 알게 된 사실에 주목함을 나타내는 종결 어미. 흔히 감탄의 뜻이 수반된다. ◆ 词尾 (基本阶("해라"体)终结语尾，表示话者对新发现的事实的感叹)啊，呀。¶달이 참 밝구나! =月光真亮啊!

구내(構內)【명사】큰 건물이나 시설 또는 부지(敷地)의 안. ◆ 名 (小区、单位、机构等大型建筑或设施的)内部，区内。¶구내 매점. =内部商店。

구단(球團)【명사】야구, 축구, 농구 따위를 사업으로 하는 단체. ◆ 名职业球队，球队俱乐部。¶프로 농구가 시작되면서 각 구단은 외국인 선수를 기용하였다. =随着职业篮球的出现，各球队都引进了外援。

구더기【명사】파리의 애벌레. 차차 자라 꼬리가 생기고 번데기가 되었다가 파리가 된다. ◆ 名蛆，蛆虫(苍蝇的幼虫)。¶구더기가 생기다. =生蛆。

구덩이【명사】땅이 움푹하게 팬 곳. 땅을 우묵하게 파낸 곳. ◆ 名坑，穴，窖。¶구덩이를 파다. =挖坑。

구도(構圖)【명사】그림에서 모양, 색깔, 위치 따위의 짜임새. ◆ 名构图，构思。¶구도를 잡다. =构图。

구도(求道)【명사】진리나 종교적인 깨달음의 경지를 구함. ◆ 名求道。¶구도를 위한 고난의 수련 과정. =求道修炼的艰辛过程。● 구도하다(求道--) ●

구독(購讀)【명사】책이나 신문·잡지 등을 사서 읽음. ◆ 名订阅，购阅。¶구독 신청. =订阅申请。● 구독하다(購讀--) ●

구독료(購讀料)【명사】책이나 신문, 잡지 따위를 정기적으로 받아 보기 위하여 지급하는 돈. ◆ 名订阅费，订报费。¶잡지 구독료. =杂志订阅费。

구두[1](口頭)【명사】마주 대하여 입으로 하는 말. ◆ 名口头。¶구두로 약속하다. =口头约定。

구두[2]【명사】주로 가죽을 재료로 하여 만든 서양식 신. ◆ 名皮鞋。¶구두 두 켤레. =两双皮鞋。

구두닦이【명사】구두를 닦는 일. 또는 그 일을 업으로 하는 사람. ◆ 名擦鞋匠，擦鞋的。¶구두닦이 소년. =擦鞋少年。

구두쇠【명사】돈이나 재물 따위를 쓰는 데에 몹시 인색한 사람. ◆ 名小气鬼，铁公鸡。¶소문난 구두쇠. =出了名的铁公鸡。

구두점(句讀點)【명사】글을 마치거나 쉴 때 찍는 마침표와 쉼표. ◆ 名标点，标点符号。¶구두점을 제대로 넣어야만 의미가 선명합니다. =只有正确运用标点符号，才能使意义明确。

구들【명사】고래를 켜고 구들장을 덮어 흙을 발라서 방바닥을 만들고 불을 때어 난방을 하는 구조물. ◆ 名炕，火炕。¶구들을 놓다. =盘炕。

구렁【명사】名 ❶ 움쑥하게 파인 땅. ◆ 坑，洼地。¶깊은 구렁. =深坑。 ❷ 빠지면 헤어나기가 힘든 어려운 환경을 비유하는 말. ◆ 深渊，泥潭。¶절망의 구렁에 빠지다. =陷入绝望的深渊。

구렁이【명사】名 ❶ 뱀과의 하나. 등은 녹색을 띤 황갈색으로, 가운데에서부터 흑갈색의 가로무늬가 발달하여 뒤쪽으로 갈수록 뚜렷해진다. 배는 황색이며 검은색 점무늬가 퍼져 있다. 독이 없고, 쥐나 개구리 등을 먹는다. ◆ 蟒蛇，蟒。❷ 속이 음흉하거나 능글맞은 사람을 비유한 말. ◆ 〈喻〉阴险的人，恶毒的人。¶구렁이 같은 놈, 자기의 공치사만 늘어놓다니. =这个阴险的家伙，竟然只给自己邀功。

구렁텅이【명사】名 ❶ 몹시 험하고 깊은 구렁. ◆ 深坑，烂泥坑。¶발을 잘못 디디어 구렁텅이에 빠졌다. =一脚踩空，陷进了深坑里。❷ 빠지면 헤어나기 어려운 환경을 비유적으로 이르는 말. ◆ 深渊，泥潭。¶파멸의 구렁텅이. =毁灭的深渊。

구레나룻【명사】귀밑에서 턱까지 잇따라 난 수염. ◆ 名络腮胡。¶그 남자는 구레나룻이 멋있다. =那个男人的络腮胡很有型。

구령(口令)【명사】여러 사람이 일정한 동작을 일제히 취하도록 하기 위하여 지휘자가 말로 내리는 간단한 명령. 주로 단체 행동에서 사용한다. ◆ 名口令。¶구령을 내리다. =下口令。● 구령하다(口令--) ●

구류(拘留)【명사】죄인을 1일 이상 30일 미만의 기간 동안 교도소나 경찰서 유치장에 가두어 자유를 속박하는 일. 또는 그런 형벌. 자유형의 하나이다. ◆ 名拘留。¶폭행 혐의로 20일간 구류를 살다. =因涉嫌使用暴力，被拘留了二十天。

구르다【동사】动 ❶ 바퀴처럼 돌면서 옮겨 가다. ◆ 滚，滚动。¶바퀴가 구르다. =轮子滚动。❷ 어떤 대상이 하찮게 내버려지거나 널려 있다. ◆ 散落，丢置。¶길가에 구르는 낙엽. =路边散落的树叶。

구름【명사】공기 중의 수분이 팽창한 결과 물방울이나 얼음 결정이 되어 떠 있는 것. ◆ 名云，云彩。

구름다리【명사】도로나 계곡 따위를 건너질러 공중에 걸쳐 놓은 다리. ◆ 名天桥，高架桥。¶계곡에는 구름다리가 놓여 있다. =山谷间有一座高架桥。

구름판(--板)【명사】멀리뛰기 뜀틀 운동 따위에서, 뛰기 직전에 발을 구르는 판. ◆ 名 (跳远、跳箱等运动中)踏板，跳板，弹跳板。¶구름판을 효과적으로 이용해야 더욱 멀리 뛸 수 있다. =有效地利用跳板，才能跳得更远。

구릉(丘陵)【명사】언덕(땅이 비탈지고 조금 높은 곳). ◆ 名山崖，丘陵。

구리【명사】잘 펴지고 잘 늘어나며 전기와 열을 잘 전달하는 붉은 금속. ◆ 图铜。

구리다【형용사】形 ❶ 똥이나 방귀 냄새와 같다. ◆ 臭，恶臭。¶냄새가 지독하게 구리다. =臭气熏天。❷ 하는 짓이 더럽고 지저분하다. ◆ 龌龊，肮脏。¶구리게 놀다. =行为龌龊。❸ 행동이 떳떳하지 못하고 의심스럽다. ◆ 可疑，有鬼，鬼鬼祟祟。¶그는 구린데가 있는지 꽁무니를 뺀다. =不知道是不是心里有鬼，他夹着尾巴逃跑了。

구린내【명사】똥이나 방귀 냄새와 같이 고약한 냄새. ◆ 图臭气，臭味，恶臭。¶구린내를 피우다. =散发着臭气。

구릿빛【명사】구리의 빛깔과 같이 붉은빛을 많이 띤 갈색빛. ◆ 图古铜色，赤褐色。¶구릿빛으로 그은 얼굴. =染成古铜色的脸庞。

-구만【어미】비로소 인식된 사실에 대한 감탄을 나타냄. '-구나'의 뜻. ◆ 尾对新认识到的事实表示感叹。¶여전하구만. =还是老样子啊。

구매(購買)【명사】물건 따위를 사들임. ◆ 图购买，购物，采购。¶충동 구매. =冲动消费。● 구매하다(購買--) ●

-구먼【어미】비로소 인식된 사실에 대한 감탄을 나타냄. '-구나'의 뜻. ◆ 尾对新认识到的事实表示感叹。¶자네가 고기를 싫어할 때도 있구먼. =你也有不想吃肉的时候啊。

구멍【명사】图 ❶ 뚫어지거나 파낸 자리. ◆ 孔，洞，窟窿。¶바늘 구멍. =针眼。❷ 어려움을 헤쳐 나갈 길을 비유적으로 이르는 말. ◆ (逃走的)缝，缝隙，出路。¶빠져나갈 구멍이 없다. =无路可逃。❸ 허점이나 약점을 비유적으로 이르는 말. ◆ 漏洞，纰漏，缺口。¶사건 수사에 구멍이 뚫렸다. =案件的调查出现了漏洞。

구멍가게【명사】조그맣게 차린 가게. ◆ 图小店，小铺子。¶시골마을의 구멍가게는 그 마을 사람들의 인심처럼 소탈한 느낌을 준다. =乡村的小店就像村民们一样给人以洒脱的感觉。

구면(舊面)【명사】예전부터 알고 있는 처지. 또는 그런 사람. ◆ 图老相识，旧相识。¶우리는 서로 구면이다. =我们是旧相识。

구명(究明)【명사】사물의 본질, 원인 따위를 깊이 연구하여 밝힘. ◆ 图查明，探明。¶수사 팀은 사건의 원인 구명을 위해 노력했다. =调查组为查明事件原因而努力。● 구명되다(究明--), 구명하다(究明--) ●

구명정(救命艇)【명사】본선(本船)에 실어 본선이 조난한 경우에 인명을 구조하기 위하여 쓰는 작은 배. ◆ 图救生艇。

구명조끼(救命--)<일>【명사】물에 빠져도 몸이 뜰 수 있도록 만든 조끼. ◆ 图救生背心。

구미(口味)【명사】图 ❶ 입맛. ◆ 口味，胃口。¶한국 사람의 구미에 맞는 음식은 고추와 마늘이 들어간다. =符合韩国人口味的饭菜中放有辣椒和大蒜。❷ 요구나 취향(趣向). ◆ 口味，喜好。¶수요자의 구미에 맞도록 고안하다. =依照需求者的喜好来设计。

구민(區民)【명사】그 구에 사는 사람. ◆ 图区内居民，区内住户。¶구민들의 의견도 수렴하지 않고 일을 추진하였다가 빈축을 샀다. =不听取区内居民的意见就蛮干，结果招来了非议。

구박(驅迫)【명사】못 견디게 괴롭힘. ◆ 图折磨，欺负，虐待。¶며느리 구박은 어느 시대나 있었다. =每个时代都有虐待儿媳的事情。● 구박하다(驅迫--) ●

구별(區別)【명사】성질이나 종류에 따라 차이가 남. 또는 성질이나 종류에 따라 갈라놓음. ◆ 图区分，区别，分辨，辨别。¶진짜와 가짜가 구별되다. =分辨真假。 ● 구별되다(區別--), 구별하다(區別--) ●

구보(驅步)【명사】달리어 감. 또는 그런 걸음걸이. ◆ 图跑步。¶구보로 행군하다. =跑步行军。

구부러지다【동사】한쪽으로 구붓하게 휘어지다. ◆ 动弯，弯曲，蜿蜒。¶구불구불 구부러진 산길. =蜿蜒曲折的山路。

구부리다【동사】한쪽으로 구붓하게 굽히다. ◆ 动弯，折，曲，弓。¶등을 구부리다. =弓背。

구부정하다【형용사】조금 구부러져 있다. ◆ 形微弯，微驼。¶구부정한 자세. =后背微弯的姿势。

구분(區分)【명사】일정한 기준에 따라 전체를 몇 개로 갈라 나눔. ◆ 图划分，区分。¶지역 구분. =区划。 ● 구분되다(區分--), 구분하다(區分--) ●

구불구불【부사】이리로 저리로 구부러지는 모양. ◆ 副弯弯曲曲地，曲曲折折地，蜿蜒地。¶구불구불 굽은 오솔길. =弯弯曲曲的羊肠小道。

구불구불하다【형용사】이리로 저리로 구부러지다. ◆ 形弯弯曲曲，曲曲折折，蜿蜒，蜿蜒曲折。¶그 길은 뱀이 기어간 형상으로 구불구불하다. =那条路弯弯曲曲，状如蛇行。

구비(具備)【명사】있어야 할 것을 빠짐없이 다 갖춤. ◆ 图具备，完备，齐全。¶서류(書類)를 구비하다. =备齐文件。● 구비되다(具備--), 구비하다(具備--) ●

구사일생(九死一生)【명사】아홉 번 죽을 뻔하다 한 번 살아난다는 뜻으로, 죽을 고비를 여러 차례 넘기고 겨우 살아남을 이르는 말. ◆ 图九死一生，死里逃生。¶구사일생으로 목숨을 건지다. =死里逃生捡回一条命。

구상(構想)【명사】图 ❶ 앞으로 이루려는 일에 대하여 그 일의 내용이나 규모, 실현 방법 따위를 어떻게 정할 것인지 이리저리 생각함. 또는 그 생각. ◆ 构想，构思，设想。¶비현실적인 구상. =不现实的构想。❷ 예술 작품을 창작할 때, 작품의 골자가 될 내용이나 표현 형식 따위에 대하여 생각을 정리함. 또는 그 생각. ◆ 构思，立意。¶작품 구상. =作品构思。 ● 구상하다(構想--) ●

구색(具色)【명사】여러 가지 물건들을 고루 갖춤. 또는 그런 모양새. ◆ 图齐备，齐全，成套。¶구색을 갖추다. =配备齐全。

구석【명사】图 ❶ 모퉁이의 안쪽. ◆ 角，角落，旮旯儿。¶마당 구석. =院子角落。❷ 잘 드러나지 않는 치우친 곳을 속되게 이르는 말. ◆ 角落，旮旯。

¶좋은 날씨에 방구석에만 처박혀 있을래? =这么好的天你非要窝在屋里吗? ❸ 마음이나 사물의 한 부분. ◆ (心或事物的)一角，一隅。¶마음 한 구석. =心的一角。

구석구석 【명사】 이 구석 저 구석. ◆ 名角角落落，每个角落，犄角旮旯。¶구석구석 샅샅이 뒤지다. =一一翻遍每个角落。

구석기 시대(舊石器時代) 【명사】 돌을 깨뜨려서 도구를 만들어 쓰던 가장 오래 전의 석기 시대. ◆ 名旧石器时代。

구석지다 【형용사】 위치가 한쪽으로 치우쳐 으슥하거나 중앙에서 멀리 떨어져 외지다. ◆ 形偏僻，隐僻。¶구석진 방. =隐蔽的房间。

구설수(口舌數) 【명사】 남과 시비하거나 남에게서 헐뜯는 말을 듣게 될 운수. ◆ 名口舌运，是非运。¶구설수에 오르다. =遭受非议。

구성(構成) 【명사】 名 ❶ 몇 가지 부분이나 요소들을 모아서 일정한 전체를 짜 이룸. 또는 그 이룬 결과. ◆ 构成，组成；结构，组织，格局。¶구성 성분. =构成成分。❷ 문학 작품에서 형상화를 위한 여러 요소들을 유기적으로 배열하거나 서술하는 일. ◆ (文学作品)结构，构思。¶이 소설은 구성이 탄탄하다. =这篇小说的结构很严谨。● 구성되다(構成--), 구성하다(構成--) ●

구성원(構成員) 【명사】 어떤 조직이나 단체를 이루고 있는 사람들. ◆ 名成员。¶가족 구성원. =家庭成员。

구성지다 【형용사】 천연덕스럽고 구수하며 멋지다. ◆ 形悦耳，动听，婉转。¶구성진 노랫소리. =悦耳的歌声。

구세주(救世主) 【명사】 名 ❶ 세상을 구제하는 이. ◆ 救世者。❷ 어려움이나 고통에서 구해 주는 사람을 비유적으로 이르는 말. ◆ 救世主，救星。¶배고플 때 돈보다는 음식이 구세주이다. =饿肚子时，比起金钱，食物才是救星。

구속(拘束) 【명사】 名 ❶ 생각이나 행동의 자유를 제한하거나 속박함. ◆ 限制，制约，约束。¶행동에 구속을 받는다. =行动受到限制。❷ 행동이나 의사의 자유를 제한하거나 속박함. ◆ 拘留，拘押，关押。¶현행범으로 구속하다. =作为现行犯关押。● 구속되다(拘束--), 구속하다(拘束--) ●

구수하다 【형용사】 形 ❶ 맛이나 냄새 따위가 입맛이 당기도록 좋다. ◆ 香喷喷。¶구수한 보리차 냄새. =香喷喷的大麦茶气味。❷ 말이나 이야기 따위가 마음을 잡아끄는 은근한 맛이 있다. ◆ 有趣，饶有风趣，有意思。¶구수한 말솜씨. =饶有风趣的谈吐。

구술(口述) 【명사】 입으로 말함. ◆ 名口述，口供。¶필답 고사와 구술 고사. =笔试和口试。● 구술하다(口述--) ●

구슬 【명사】 名 ❶ 보석이나 진주 따위로 둥글게 만든 물건. 흔히 장신구로 쓴다. ◆ 珠子，珍珠。¶구슬 같은 이슬방울. =珍珠般的露珠。❷ 유리나 사기 따위로 둥글게 만든 놀이 기구. ◆ 弹珠(瓷、玻璃等做的玩具)。¶구슬을 치고 놀다. =玩弹珠。

구슬프다 【형용사】 처량하고 슬프다. ◆ 形悲凉，凄凉，哀伤。¶구슬픈 노래. =悲凉的歌曲。

구슬피 【부사】 처량하고 슬프게. ◆ 副悲凉地，凄凉地。¶하루 종일 구슬피 내리는 비. =终日不停的凄凄细雨。

구습(舊習) 【명사】 예전부터 내려오는 낡은 풍습. 名旧习，旧俗，陋习。¶구습을 타파하다. =破除旧习。

구식(舊式) 【명사】 名 ❶ 예전의 양식이나 방식. ◆ 旧式，老式，旧款。¶구식 장비로 인명구조에는 한계가 있다. =使用老式装备进行救援很受限制。❷ 케케묵어 시대에 뒤떨어짐. 또는 그런 것. ◆ 陈旧，陈腐。¶구식 사고방식에 젖어 있다. =囿于陈旧的思考方式。

구실[1](口實) 【명사】 핑계를 삼을 만한 재료. ◆ 名口实，借口，藉口，托辞。¶구실을 삼다. =找借口。

구실[2] 【명사】 자기가 마땅히 해야 할 맡은 바 책임. ◆ 名 (应有的)本分，职责，责任。¶사람 구실을 못하다. =没尽到做人的本分。

구심력(求心力) 【명사】 원운동을 하는 물체나 입자에 작용하는, 원의 중심으로 나아가려는 힘. ◆ 名向心力。

구십(九十) 【수사】 십의 아홉 배가 되는 수. ◆ 数九十。¶구십 년. =九十年。

구애(拘礙) 【명사】 거리끼거나 얽매임. ◆ 名拘束，拘泥，束缚。¶작은 일에 구애되지 않다. =不拘泥于细枝末节。● 구애되다(拘礙--) ●

구어(口語) 【명사】 문장에서만 쓰는 특별한 말이 아닌, 일상적인 대화에서 쓰는 말. ◆ 名口语。

구역(區域) 【명사】 갈라놓은 지역. ◆ 名区域，地段，区间。¶출입 금지 구역. =禁止出入区域。

구역질(嘔逆-) 【명사】 속이 메스꺼워 자꾸 토하려고 하는 짓. ◆ 名作呕，恶心，反胃。¶그의 행동에 구역질이 나다. =他的行为让人恶心。● 구역질하다 ●

구연(口演) 【명사】 동화, 야담, 만담 따위를 여러 사람 앞에서 말로써 재미있게 이야기함. ◆ 名 (津津有味地)讲，讲故事，口头表演。¶동화 구연 대회. =童话故事演讲大赛。

구원(救援) 【명사】 名 어려움이나 위험에 빠진 사람을 구하여 줌. ◆ 救援，救助，拯救。¶구원 요청. =救援请求。● 구원되다(救援--), 구원하다(救援--) ●

구월(九月) 【명사】 한 해 열두 달 가운데 아홉째 달. ◆ 名九月。

구유 【명사】 가축의 먹이를 담는 통. ◆ 名 (喂牲口的)食槽，槽。

구이 【명사】 고기나 생선에 양념을 하여 구운 음식. ◆ 名烧烤。¶갈비 구이가 맛있어 보인다. =烤排骨看上去很好吃。

구인(求人) 【명사】 일할 사람을 구함. ◆ 名招聘，招人，招募。¶구인 광고. =招聘广告。

구입(購入) 【명사】 물건을 사들임. ◆ 名购入，买进。¶구입 원가. =进价。● 구입하다(購入--) ●

구장(球場) 【명사】 축구, 야구 따위의 시합을 하는 운동장. 특히 야구장을 가리키는 경우가 많다. ◆ 图球场。

구저분하다【형용사】더럽고 지저분하다. ◆ 形肮脏，邋遢，脏兮兮。¶구저분한 복장. =邋遢的衣着。

구전(口傳)【명사】말로 전하여 내려옴. 또는 말로 전함. ◆ 图口传，口头传承，口口相传。¶구전문학. =口传文学。● 구전되다(口傳--) ●

구절(句節)【명사】한 토막의 말이나 글. ◆ 图词句，片断，段落。¶시의 한 구절. =诗的一节。

구정(舊正)【명사】'음력설'을 신정(新正)에 상대하여 이르는 말. ◆ 图春节，阴历年。¶구정을 쇠다. =过春节。

구정물【명사】무엇을 씻거나 빨거나 하여 더러워진 물. ◆ 图脏水，污水。¶수채에 구정물을 쏟아 버리다. =把脏水倒进下水沟。

구제(救濟)【명사】자연적인 재해나 사회적인 피해를 당하여 어려운 처지에 있는 사람을 도와줌. ◆ 图救济，救助。¶난민 구제. =难民救助。● 구제되다(救濟--), 구제하다(救濟--) ●

구제(驅除)【명사】해충 따위를 몰아내어 없앰. ◆ 图驱除，消灭，杀(害虫)。¶해충 구제 사업. =除害虫工作。● 구제하다(驅除--) ●

구조[1](救助)【명사】재난 따위를 당하여 어려운 처지에 빠진 사람을 구하여 줌. ◆ 图救助，救援，营救。¶구조 신호를 보내다. =发出救援信号。● 구조되다(救助--), 구조하다(救助--) ●

구조[2](構造)【명사】图 ❶ 부분이나 요소가 어떤 전체를 짜 이룸. 또는 그렇게 이루어진 얼개. ◆ 构成，组成。❷ 각 부분을 모아 짜 이룬 뼈대. ◆ 构造，结构。¶건물의 구조. =建筑结构。

구조대(救助隊)【명사】일정한 장비를 갖추고 위험에 빠진 사람이나 물건을 구하는 사람들로 조직된 무리. ◆ 图救援队。

구조물(構造物)【명사】일정한 설계에 따라 여러 가지 재료를 얽어서 만든 물건. 건물, 다리, 축대, 터널 따위가 있다. ◆ 图建筑物。¶콘크리트 구조물. =混凝土建筑物。

구좌(口座)【명사】예금 계좌. '계좌(금융 기관에 예금하려고 설정한 개인명이나 법인명의 계좌)'로 순화. ◆ 图户头，账户。¶우리 구좌에 거금이 입금되었다. =我们的户头里有一笔巨款汇入。

구주(救主)【명사】구세주(救世主)(인류를 죄악과 파멸의 상태에서 구원하는 하나님을 이르는 말). ◆ 图救世主。

구직(求職)【명사】일정한 직업을 찾음. ◆ 图求职，找工作。¶경제 불황으로 구직하기가 정말 힘들다. =经济不景气，找工作真难。

구질(球質)【명사】야구·탁구·테니스 따위에서, 선수가 던지거나 친 공의 성질. ◆ 图 (击出或投出的)球路。¶그는 구질이 높다. =他打球的球路多变。

구질구질하다【형용사】形 ❶ 상태나 하는 짓이 깨끗하지 못하고 구저분하다. ◆ 肮脏，污秽，脏兮兮。¶구질구질한 빨랫감이 여기저기 놓여있다. =要洗的脏衣服扔得到处都是。❷ 날씨가 맑게 개지 못하고 비나 눈이 내려서 구저분하다. ◆ (雨雪天气)连绵不断，淅淅沥沥。¶구질구질하게 비만 내리는구나. =这雨淅淅沥沥地下个没完。

구차하다(苟且--)【형용사】形 ❶ 살림이 몹시 가난하다. ◆ 穷困，贫困。¶구차한 살림. =贫困的生活。❷ 말이나 행동이 떳떳하거나 버젓하지 못하다. ◆ 寒碜，丢人，拙劣。¶구차한 변명은 듣기 싫다. =我不想听拙劣的辩解。

구청(區廳)【명사】구(區)의 행정 사무를 맡아보는 관청. ◆ 图区政府。¶우리 형은 구청에서 일하고 있다. =我哥哥在区政府工作。

구체적(具體的)【관형사】冠 ❶ 사물이 직접 경험하거나 지각할 수 있도록 일정한 형태와 성질을 갖추고 있는. ◆ 具体的。¶구체적 표현. =具体的表达。❷ 실제적이고 세밀한 부분까지 담고 있는. ◆ 具体的。

구축(構築)【명사】图 ❶ 어떤 시설물을 쌓아 올려 만듦. ◆ 修筑，建造。¶방공호 구축. =建造防空洞。❷ 체제, 체계 따위의 기초를 닦아 세움. 체제 체계 등의 기초를 닦아 세움. ◆ 构筑，构建，建立(体制、体系等)。¶신뢰 구축. =建立信任。● 구축되다(構築--), 구축하다(構築--) ●

구출(救出)【명사】위험한 상태에서 구하여 냄. ◆ 图救出，解救，营救。¶인질 구출. =解救人质。● 구출되다(救出--), 구출하다(救出--) ●

구충제 (驅蟲劑)【명사】图 ❶ 몸 안의 기생충을 없애는 데 쓰는 약. 피페라진, 메벤다졸 따위가 있다. ◆ 驱虫剂，驱虫药。❷ 농작물 따위의 해충을 없애는 약제. ◆ 杀虫剂。

구타(毆打)【명사】사람이나 짐승을 함부로 치고 때림. ◆ 图殴打，打。¶구타 사건. =殴打案件。● 구타하다(毆打--) ●

구태여【부사】일부러 애써. ◆ 副 (与否定搭配或用于反问句)一定，非得，非要。¶구태여 그렇게까지는 할 필요는 없다. =没必要非得那样。

구태의연하다(舊態依然--)【형용사】조금도 변하거나 발전한 데 없이 예전 모습 그대로이다. ◆ 形死性不改，不知悔改。¶구태의연한 태도. =不知悔改的态度。

구토(嘔吐)【명사】먹은 음식물을 토함. ◆ 图吐，呕吐。¶구토가 일어나다. =出现呕吐症状。

구하다[1](求--)【동사】动 ❶ 필요한 것을 찾다. 또는 그렇게 하여 얻다. ◆ 寻求，寻找。¶해답을 구하다. =寻找答案。❷ 바라다. ◆ 求，寻求，谋求。¶양해를 구하다. =寻求谅解。

구하다[2](救--)【동사】动 ❶ 위태롭거나 어려운 지경에서 벗어나게 하다. ◆ 救，援救，解救。¶죽음에서 구하다. =救活。❷ 물건 따위를 주어 어려운 생활 형편을 돕다. ◆ 救济，救助。¶극빈자를 구하다. =救济赤贫者。

구현(具現/具顯)【명사】구체적으로 나타냄. ◆ 图具体体现，具体实现。¶현대화의 구현. =现代化的实现。● 구현되다(具現--/具顯--), 구현하다(具現

--/具顯--) ●

구형(求刑)【명사】형사 재판에서, 피고인에게 어떤 형벌을 줄 것을 검사가 판사에게 요구하는 일. ◆图(检察官的)量刑建议，量刑要求。¶구형 공판. =量刑公审。● 구형되다(求刑--), 구형하다(求刑--) ●

구형(球形)【명사】공같이 둥근 형태. ◆图球形。¶지구는 구형이다. =地球是球形的。

구호[1](口號)【명사】집회나 시위 따위에서 어떤 요구나 주장 따위를 간결한 형식으로 표현한 문구. ◆图口号。¶구호를 외치다. =喊口号。

구호[2](救護)【명사】图 ❶ 재해나 재난 따위로 어려움에 처한 사람을 도와 보호함. ◆ 救护，救助，救援。¶구호 대책. =救助对策。❷ 병자·부상자를 간호하거나 치료함. ◆ 救护，救治。¶정성 어린 구호로 의식을 찾았다. =经过精心救治，他醒了过来。● 구호하다(救護--) ●

구호품(救護品)【명사】재해나 재난 따위로 어려움에 처한 사람을 도와주기 위하여 보내는 물건. ◆ 图救援物资。¶구호품이 부족하다. =救援物资匮乏。

구혼(求婚)【명사】결혼할 상대자를 구함. ◆ 图征婚，找对象。¶공개 구혼. =公开征婚。● 구혼하다(求婚--) ●

구황 작물(救荒作物)【명사】농사가 잘되지 않아 먹을 것이 부족할 때 쌀이나 밀 대신 먹을 수 있는 농작물. ◆图救荒作物。

구획(區劃)【명사】토지 따위를 경계를 지어 가름. 또는 그런 구역. ◆图划分，划定；区划。¶구획을 짓다. =编制区划。● 구획되다(區劃--), 구획하다(區劃--) ●

국【명사】图 ❶ 고기, 생선, 채소 따위에 물을 많이 붓고 간을 맞추어 끓인 음식. ◆ 汤，汤水。¶국을 끓이다. =熬汤。❷ 국물(국, 찌개 따위의 음식에서 건더기를 제외한 물). ◆ 汤，汤汁。¶국을 후루룩 마시다. =呼噜噜地喝汤。

국가[1](國歌)【명사】나라를 대표하고 상징하는 노래. ◆图国歌。

국가[2](國家)【명사】일정한 땅이 있어, 거기에 사는 사람들로 구성되며, 주권에 의한 하나의 통치 조직을 이루는 집단. ◆图国家，国。

국거리【명사】국을 끓이는 데 넣는 고기, 생선, 채소 따위의 재료를 통틀어 이르는 말. ◆图(菜、肉等)做汤的材料。¶쌀을 일고 국거리를 장만하다. =淘完米后准备好做汤的材料。

국경(國境)【명사】나라와 나라의 영역을 가르는 경계. ◆ 图国境，国界。¶국경없는 의사회. =没有国界的医师会。

국경선(國境線)【명사】나라와 나라 사이의 경계선. ◆图国境线，边境线。

국경일(國慶日)【명사】나라의 경사를 기념하기 위하여, 국가에서 법률로 정한 경축일. 한국에서는 삼일절, 제헌절, 광복절, 개천절, 한글날이 있다. ◆图国家节日，法定节日。

국고(國庫)【명사】국가의 재정적 활동에 따른 현금의 수입과 지출을 담당하기 위하여 설치한 예금 계정. 또는 그 예금. ◆图国库；国库资金。¶국고 낭비. =浪费国库资金。

국교(國交)【명사】나라와 나라 사이에 맺는 외교 관계. ◆图国交，外交，邦交。¶국교를 맺다. =建交。

국군(國軍)【명사】나라 안팎의 적으로부터 나라를 보존하기 위하여 조직한 군대. ◆图国家军队。

국권(國權)【명사】국가가 행사하는 권력. 주권과 통치권을 이른다. ◆图国家权力，国家主权。

국그릇【명사】국을 담는 그릇. ◆图汤碗。

국기(國旗)【명사】한 나라를 상징하는 깃발. ◆图国旗。

국난(國難)【명사】나라가 존립하기 어려울 정도로 위태로운 나라 전체의 어려움. ◆图国难。¶국난을 타개하다. =克服国难。

국내(國內)【명사】나라의 안. ◆图国内。¶국내 여행. =国内旅游。

국도(國道)【명사】나라에서 직접 관리하는 도로. 고속 국도와 일반 국도가 있다. ◆图国道。¶7번 국도를 따라 올라갔다. =沿7号国道前行。

국력(國力)【명사】한 나라가 지닌 정치, 경제, 문화, 군사 따위의 모든 방면에서의 힘. ◆ 图国力，国势。¶국력이 막강하다. =国力强盛。

국립(國立)【명사】나라에서 세운 것. ◆图国立，公立，公办。¶국립 학교. =国立学校。

국립공원(國立公園)【명사】자연 경치가 뛰어난 지역의 자연과 문화적 가치를 보호하기 위하여 나라에서 지정하여 관리하는 공원. ◆图国立公园，国家公园。

국립묘지(國立墓地)【명사】군인 · 군무원 또는 국가 유공자의 유해를 안치하고, 국가에서 설립하여 관리하는 묘지. 한국에는 서울특별시 동작구에 있으며 이전의 국군묘지를 개칭한 것이다. ◆图国家公墓。

국면(局面)【명사】어떤 일이 벌어진 장면이나 형편. ◆图局面，形势，局势。¶어려운 국면에 부닥치다. =遭遇困难局面。

국명(國名)【명사】나라의 이름. ◆图国家名称，国号。

국물【명사】图 ❶ 국, 찌개 따위의 음식에서 건더기를 제외한 물. ◆ 汤，汤汁。¶찌개 국물.=炖菜里的汤。❷ 俚어떤 일의 대가로 다소나마 생기는 이득이나 부수입을 속되게 이르는 말. ◆ 油水，好处，外快。¶그는 이번 일로 무슨 국물이나 있을까 기대한다. =他期待着借这件事捞点油水。

국민(國民)【명사】국가를 구성하는 사람. 또는 그 나라의 국적을 가진 사람. ◆图国民，公民，百姓。¶국민은 국가를 이루는 요소이다. =国民是国家的构成要素。

국민 소득(國民所得)【명사】일정 기간 동안 한 나라의 국민이 생산 활동을 통해 얻은 소득. ◆图国民收入。

국민학교(國民學校)【명사】'초등학교(初等學校)'의 전 용어. ◆图 "초등학교"的旧称。小学。

국밥 【명사】 끓인 국에 밥을 만 음식. 또는 국에 미리 밥을 말아 끓인 음식. ◆ 名泡饭。¶국밥 한 그릇 먹었더니 배가 부르다. =吃了一碗泡饭，肚子饱了。

국방(國防) 【명사】 외국의 침략에 대비 태세를 갖추고 국토를 방위하는 일. ◆ 名国防。¶국방을 강화하다. =强化国防建设。

국법(國法) 【명사】 나라의 법률이나 법규. ◆ 名国法(一个国家的所有法律)。

국보(國寶) 【명사】 나라에서 지정하여 법률로 보호하는 문화재. ◆ 名国宝(在韩国指由国家指定并编号、受法律保护的文物)。

국비(國費) 【명사】 나라의 재정으로 부담하는 비용. ◆ 名公费。¶국비 유학생. =公费留学生。

국빈(國賓) 【명사】 나라에서 정식으로 초대한 외국 손님. 주로 외국의 국가 원수가 이 대우를 받는다. ◆ 名国宾。

국사[1](國事) 【명사】 나라에 관한 일. 또는 나라의 정치에 관한 일. ◆ 名国事，国家大事。 ¶국사를 논하다. =议论国事。

국사[2](國史) 【명사】 名 나라의 역사. ◆ 国史，国家历史。

국산(國産) 【명사】 자기 나라에서 생산함. 또는 그 물건. ◆ 名国产。¶국산 기계. =国产机械。

국산품(國産品) 【명사】 자기 나라에서 생산한 물품. ◆ 名国货，本国产品。

국세(國稅) 【명사】 국가가 국민들로부터 거두어들이는 세금. ◆ 名国税。

국수 【명사】 밀가루・메밀가루・감자 가루 따위를 반죽한 다음, 반죽을 얇게 밀어 가늘게 썰거나 틀에 눌러 가늘게 뽑아낸 식품. 또는 그것을 삶아 만든 음식. ◆ 名面条，面。

국악(國樂) 【명사】 한국 고유의 음악. 서양 음악에 상대하여 한국의 전통 음악을 이르는 말이다. 한국의 고전 음악. ◆ 名 (韩国的)国乐。

국어(國語) 【명사】 名 ❶ 한 나라의 국민이 쓰는 말. ◆ 国语。❷ 한국의 언어. '한국어'를 한국인이 이르는 말이다. ◆ (韩国人所称的)韩国语。

국어사전(國語辭典) 【명사】 한국어를 모아 일정한 순서로 배열하여 의미, 주석, 어원, 품사, 다른 말과의 관계 따위를 밝히고 풀이한 책. ◆ 名韩国语词典。

국영(國營) 【명사】 나라에서 경영함. 또는 그런 방식. ◆ 名国营。¶국영 농장. =国营农场。

국왕(國王) 【명사】 나라의 임금. ◆ 名国王。

국외(國外) 【명사】 한 나라의 영토 밖. ◆ 名国外，境外，海外。

국위(國威) 【명사】 나라의 권위나 위력. ◆ 名国威，国家威望。¶국위를 선양하다. =弘扬国威。

국유(國有) 【명사】 나라의 소유로 되어 있는 토지. ◆ 名国有，国家所有。¶국유 산업. =国有产业。

국유지(國有地) 【명사】 나라 소유의 토지. ◆ 名国有土地。

국익(國益) 【명사】 나라의 이익. ◆ 名国家利益。¶국익에 반하다. =违背国家利益。

국자 【명사】 ❶ 국이나 액체 따위를 뜨는 데 쓰는 기구. 옴폭 들어간 바닥에 긴 자루가 달렸다. ◆ 名汤勺，勺子。 ❷ 국이나 액체 따위를 국자에 담아 그 분량을 세는 단위. ◆ 量勺。 ¶국물 두 국자. =两勺汤。

국장(國葬) 【명사】 나라에 큰공이 있는 사람이 죽었을 때 국비로 장례를 치르는 일. 또는 그 장례. ◆ 名国葬。

국적(國籍) 【명사】 名 ❶ 한 나라의 구성원이 되는 자격. ◆ 国籍。 ❷ 배나 비행기 따위가 소속되어 있는 나라. ◆ (船舶或飞机的)国籍。¶국적 불명의 비행기가 영공을 침입했다. =一架不明国籍的飞机侵入了领空。

국제(國際) 【명사】 나라 사이에 관계됨. ◆ 名国际，国家之间。

국제법(國際法) 【명사】 공존공영의 생활을 도모하기 위하여, 국가간의 협의에 따라 국가간의 권리 의무에 대하여 규정한 국제 사회의 법률. ◆ 名国际法。

국제선(國際線) 【명사】 국가 사이의 통신 교환이나 항공, 선박, 철도 따위의 교통편에 이용하는 항로. ◆ 名国际线，国际线路。

국제 연합(國際聯合) 【명사】 제이 차 세계 대전 후 국가 간의 평화와 안전의 유지, 우호 관계 증진 및 협력을 위해 만든 국제 평화 기구. ◆ 名联合国。

국제 전화(國際電話) 【명사】 나라 밖의 사람들과 유선 또는 무선으로 주고받는 전화. ◆ 名国际电话。

국졸(國卒) 【품사 없음】 '국민학교졸업(國民學校卒業)'이 줄어든 말. ◆ ("국민학교졸업(國民學校卒業)" 的略语)，小学毕业，小学文化。

국채(國債) 【명사】 名 ❶ 나라가 지고 있는 빚. ◆ 国家债务，国债。 ❷ 국가가 재정상의 필요에 따라 국가의 신용으로 설정하는 금전상의 채무. 또는 그것을 표시하는 채권. 내국채와 외국채가 있는데, 지방채와 함께 공채라 불러 사채와 구별하기도 한다. ◆ 国债；国家债券。¶정부는 재정보충을 위해 국채 발행을 단행했다. =为了弥补财政赤字，政府果断发行了国债。

국토(國土) 【명사】 나라의 땅. 한 나라의 통치권이 미치는 지역을 이른다. ◆ 名国土，疆土，领土。

국한(局限) 【명사】 범위를 일정한 부분에 한정함. ◆ 名局限，限制，限定。 ¶공채에 나이를 국한하면 안 된다. =在公开招聘中限定年龄是不行的。● 국한되다(局限--), 국한하다(局限--) ●

국호(國號) 【명사】 국명. ◆ 名国号，国名。

국화[1](菊花) 【명사】 꽃잎은 주로 희거나 노랗고 대가 긴, 향기가 좋은 가을 꽃. ◆ 名菊花，菊。

국화[2](國花) 【명사】 한 나라를 상징하는 꽃. 한국은 무궁화, 영국은 장미, 프랑스는 백합이다. ◆ 名国花。¶한국 국화는 무궁화이다. =韩国的国花是木槿花。

군[1](郡) 【명사】 名 ❶ 한국 행정 구역의 하나. 도(道)의 아래, 읍(邑), 면(面)의 위에 위치한다. ◆ 郡(韩国行政区划单位之一，位于 "道" 之下)。¶군 대항 체육 대회가 개최되었다. =举办了郡际对抗运动会。

❷ 군청(郡廳). ◆郡政府。¶아버지는 아침 일찍 군에 가셨다. =父亲一大早就去郡政府了。

군²(君) 【의존 명사】 친구나 아랫사람을 친근하게 부르거나 이르는 말. ◆依名君(对朋友或晚辈的亲切称呼)。¶김명수 군. =金明洙君。

군³(軍) 【명사】 名 ❶ 군대(軍隊)(일정한 규율과 질서를 가지고 조직된 군인의 집단). ◆军，军队，部队。¶군에 입대하다. =参军。❷ '군대'의 뜻을 나타내는 말. ◆(附用于部分名词后)军。¶시민군. =市民军。

군가(軍歌) 【명사】 군대의 사기를 북돋우기 위하여 부르는 노래. 주로 군대 생활과 전투 활동을 담은 가사에 행진곡풍의 선율을 붙인다. ◆名军歌。

군것질 【명사】 끼니 외에 과일이나 과자 따위의 군음식을 먹는 일. ◆名吃零食。¶아이들의 군것질 습관은 고치기 어렵다. =孩子们吃零食的习惯很难改。
● 군것질하다 ●

군경(軍警) 【명사】 군대와 경찰을 아울러 이르는 말. ◆名军警。¶군경 합동으로 해적 토벌 작전을 펼쳤다. =军警协同展开了海盗搜捕行动。

군고구마 【명사】 불에 구워 익힌 고구마. ◆名烤红薯，烤地瓜。¶겨울철 간식은 군고구마가 최고야. =在冬天，最好的零食就是烤红薯。

군기(軍紀) 【명사】 군대의 기강. ◆名军纪，军队纪律。¶군기 확립. =指定军纪。

군대(軍隊) 【명사】 일정한 규율과 질서를 가지고 조직된 군인의 집단. ◆名军队，部队。

군더더기 【명사】 쓸데없이 덧붙은 것. ◆名累赘。¶군더더기를 붙이다. =画蛇添足。

군데 【의존 명사】 낱낱의 곳을 세는 단위. ◆依名处，地方。¶휴일에 몇 군데에서 산불이 났다. =公休日里，有几处地方发生了山火。

군데군데 【부사】 여러 군데에. 또는 곳곳마다. ◆副处处，到处。¶꽃밭에 군데군데 채송화가 피어 있다. =花圃里，半支莲处处盛开。

군량(軍糧) 【명사】 군대의 양식. ◆名军粮。¶군량을 조달하다. =调拨军粮。

군량미(軍糧米) 【명사】 군대의 양식으로 쓰는 쌀. ◆名军用大米，军粮。

군말 【명사】 하지 않아도 좋을 쓸데없는 군더더기 말. ◆名废话，闲话。¶이번에 지면 깨끗이 군말 없기로 합시다. =这次我们要保持纸面整洁，不写废话。 ● 군말하다 ●

군무(群舞) 【명사】 여러 사람이 무리를 지어 춤을 춤. 또는 그 춤. ◆名群舞。

군민¹(軍民) 【명사】 군인과 민간인을 아울러 이르는 말. ◆名军民。

군민²(郡民) 【명사】 그 군(郡)에 사는 사람. ◆名郡民，郡内居民。

군밤 【명사】 불에 구워 익힌 밤. ◆名炒栗子，糖炒栗子。

군법(軍法) 【명사】 군 내부에 적용하는 형법. ◆名军法。¶탈영병이 군법에 회부되었다. =按军法处置逃兵。

군복(軍服) 【명사】 군인의 제복. ◆名军服，军装。¶군복을 벗고 사복으로 갈아입다. =脱下军服，换上便装。

군불 【명사】 음식을 하기 위해서가 아니라 방을 덥게 하기 위하여 때는 불. ◆名可用来取暖的炉火。¶군불을 지피다. =烧火取暖。

군비¹(軍費) 【명사】 군사비. ◆名军费。

군비²(軍備) 【명사】 전쟁을 수행하기 위하여 갖춘 군사 시설이나 장비. ◆名军备，军事装备。¶군비 증강. =增强军备。

군사¹(軍事) 【명사】 군대, 군비, 전쟁 따위와 같은 군에 관한 일. ◆名军事，军务。¶군사 요충지. =军事要塞。

군사력(軍事力) 【명사】 병력 군비 경제력 따위를 종합한, 전쟁을 수행할 수 있는 능력. ◆名军力，军事力量，战斗力。

군살 【명사】 영양 과잉이나 운동 부족 따위 때문에 찐 군더더기 살. ◆名赘肉，多余的肉。¶건강을 유지하려면 운동을 해서 군살을 빼야 한다. =要想保持健康，就得通过运动减掉赘肉。

군소리 【명사】 하지 아니하여도 좋을 쓸데없는 말. ◆名废话，多余的话。¶시키면 시키는 대로 할 것이지 웬 군소리가 그렇게 많아? =叫你做你就做，哪儿来那么多话? ● 군소리하다 ●

군수(郡守) 【명사】 군(郡)의 행정을 맡아보는 으뜸 직위에 있는 사람. 또는 그 직위. ◆名郡行政长官，郡守。

군수품(軍需品) 【명사】 군대 유지와 전쟁 수행에 필요한 물품. ◆名军需品，军需物资。

군영(軍營) 【명사】 군대가 주둔하는 곳. ◆名军营，兵营，营。¶군영을 설치하다. =扎营。

군용(軍用) 【명사】 군사적 목적에 씀. 또는 그 목적에 쓰는 돈이나 물건. ◆名军用。¶군용 비행장. =军用机场。

군의관(軍醫官) 【명사】 군대에서 의사의 임무를 맡고 있는 장교. ◆名军医。¶그는 수련의를 마치고 군의관으로 군복무를 하고 있다. =实习结束了，他正以军医身份在部队服役。

군인(軍人) 【명사】 군대에서 복무하는 사람. 육해공군의 장교, 부사관, 사병을 통틀어 이르는 말이다. ◆名军人，当兵的。

군자(君子) 【명사】 행실이 점잖고 어질며 덕과 학식이 높은 사람. ◆名君子。¶군자는 덕을 지닌 사람이다. =君子是有德之人。

군주(君主) 【명사】 세습적으로 나라를 다스리는 최고 지위에 있는 사람. ◆名君主，国王。

군중(群衆) 【명사】 한곳에 모인 많은 사람. ◆名人群。¶시위 군중. =示威人群。

군집(群集) 【명사】 名 ❶ 사람이나 건물 따위가 한곳에 모임. ◆群居，聚居。¶군집 생활. =群居生活。❷ 여러 종류의 생물이 자연계의 한 지역에 살면서 유기적인 관계를 가지고 생활하는 개체군의 모임. ◆生物群落。

군청(郡廳) 【명사】 군(郡)의 행정 사무를 맡아보는 기관. 또는 그 청사. ◆ 图郡政府。

군청색(群青色)【명사】고운 광택이 나는 짙은 남색. ◆ 图藏青色，深蓝色。¶파도가 일렁이는 군청색 바다. =波涛汹涌的深蓝色大海。

군침【명사】공연히 입안에 도는 침. ◆ 图口水。¶김이 나는 호빵을 보자 입안에 군침이 돌았다. =一看到热气腾腾的糖包子，就不由得流口水。

군함(軍艦)【명사】해군에 소속되어 있는 배. 흔히 전투에 참여하는 모든 배를 이르며, 전함, 순양함, 항공 모함, 구축함 따위가 있다. ◆ 图军舰，战舰。

군화(軍靴)【명사】전투하는 데에 편리하게 만든 군인용 구두. ◆ 图军靴。

굳건하다【형용사】뜻이나 의지가 굳세고 건실하다. ◆ 形坚强，坚韧，坚定。¶굳건한 신념. =坚定的信念。● 굳건히 ●

굳다[1]【형용사】形 ❶ 누르는 자국이 나지 아니할 만큼 단단하다. ◆ 硬，坚硬，坚实。¶굳은 땅과 진 땅. =坚硬的地和松软的地。❷ 흔들리거나 바뀌지 아니할 만큼 힘이나 뜻이 강하다. ◆ 坚定，坚强，顽强。¶굳은 결심. =坚定的决心。

굳다[2]【동사】动 ❶ 무른 물질이 단단하게 되다. ◆ 变硬，干，凝固。¶시멘트가 굳다. =水泥干了。❷ 근육이나 뼈마디가 뻣뻣하게 되다. ◆ (肌肉或关节)僵硬，发硬，变硬。¶혀가 굳어 말이 잘 나오지 않는다. =舌头僵硬，说不出话来。❸ 표정이나 태도 따위가 부드럽지 못하고 딱딱하여지다. ◆ (表情、态度等)变僵，凝固，僵硬。¶그의 표정은 돌처럼 굳어 있었다. =他的表情像石头一样僵硬。❹ 몸에 배어 버릇이 되다. ◆ (习惯)定型，形成。¶한번 말버릇이 굳어 버리면 여간해서 고치기 어렵다. =一旦养成特定的讲话习惯，就很难改变。❺ 돈이나 쌀 따위가 헤프게 없어지지 아니하고 자기의 것으로 계속 남게 되다. ◆ (钱财等)省下，留下。¶친구가 빌려주어서 책 살 돈이 굳었다. =朋友借钱给我，所以省下了书费。● 굳히다 ●

굳세다【형용사】形 ❶ 뜻한 바를 굽히지 않고 밀고 나아가는 힘이 있다. ◆ 坚强，坚韧不拔，顽强。¶굳센 의지. =坚强的意志。❷ 힘차고 튼튼하다. ◆ 结实，强壮，有力。¶굳센 주먹. =结实有力的拳头。

굳어지다【동사】动 ❶ 누르는 자국이 나지 아니할 만큼 단단하게 되다. ◆ 变硬，变干。¶비 온 후에 땅이 굳어지다. =雨停之后，地慢慢地干了。❷ 흔들리거나 바뀌지 아니할 만큼 힘이나 뜻이 강하게 되다. ◆ 坚强起来，变得顽强。¶결심이 굳어지다. =坚定决心。❸ 표정이나 태도 따위가 긴장으로 딱딱하게 되다. ◆ (表情、态度等)变僵，僵化，凝固。¶내가 함께 가기를 거절하자 그의 표정이 곧 굳어졌다. =我拒绝同他一起去，他的表情立刻变得僵硬起来。❹ 근육이나 뼈마디가 점점 뻣뻣하게 되다. ◆ (肌肉或关节)变硬，变得僵硬。¶두려움에 그의 몸이 돌같이 굳어졌다. =由于恐惧，他的身体变得像石头一样僵硬。❺ 점점 몸에 배어 아주 자리를 잡게 되다. ◆ (习惯)定型，形成。¶관습으로 굳어지다. =形成习惯。

굳은살【명사】잦은 마찰로 손바닥이나 발바닥에 생긴 두껍고 단단한 살. ◆ 图老茧。¶굳은살이 박히다. =长了老茧。

굳이【부사】副 ❶ 단단한 마음으로 굳게. ◆ 坚决地，坚定地。¶현재 자신이 가고 있는 길은 그분이 굳이 만류했던 길이었다. =如今的自己正走在他曾经坚决劝阻过的路。❷ 고집을 부려 구태여. ◆ 执意，一定，非要，硬要。¶굳이 따라가겠다면 할 수 없지. =他非要跟着去的话，那也没办法。

굳히다【동사】动 ❶ 무르던 것을 단단하거나 딱딱하게 만들다. ◆ 使变硬，使凝固("굳다"的使动形态)。¶콘크리트를 굳히다. =使混凝土凝固。❷ 표정이나 태도 등을 어둡거나 딱딱하게 하다. ◆ 板起，拉下，沉下("굳다"的使动形态)。¶얼굴을 굳히며 정색하다. =板起面孔，一脸严肃。❸ 흔들리거나 바뀌지 아니할 만큼 힘이나 뜻을 강하게 하다. ◆ 坚定，稳固，强化。¶마음을 굳히다. =坚定决心。

굴[1]【명사】굴과의 연체동물을 통틀어 이르는 말. 갓굴, 가시굴, 토굴 따위가 있다. ◆ 图牡蛎。

굴[2](窟)【명사】图 ❶ 자연적으로 땅이나 바위가 안으로 깊숙이 패어 들어간 곳. ◆洞穴，洞窟。¶선사인들은 주로 굴에서 살았다. =史前人类主要居住在洞穴中。❷ 산이나 땅 밑을 뚫어 만든 길. ◆ 隧道。¶기차가 굴로 들어가다. =火车进入隧道。❸ 짐승들이 만들어 놓은 구멍. ◆ (动物的)穴，窝，巢。¶토끼굴. =兔子窝。

굴곡(屈曲)【명사】图 ❶ 이리저리 굽어 꺾여 있음. 또는 그런 굽이. ◆ 曲折，蜿蜒。¶굴곡이 심한 해안선. =格外曲折的海岸线。❷ 사람이 살아가면서 잘되거나 잘 안되거나 하는 일이 번갈아 나타나는 변동. ◆ (人生的)曲折，坎坷。¶굴곡을 겪다. =经历坎坷。

굴다【동사】그러하게 행동하거나 대하다. ◆ 动纠缠，惹，讨。¶버릇없이 굴다. =无礼地纠缠。

굴다리(窟--)【명사】길이 교차하는 곳에서, 밑에 굴을 만들고 그 위로 다닐 수 있게 만든 다리. ◆ 图地下通道桥，隧道桥。

굴뚝【명사】불을 땔 때에, 연기가 밖으로 빠져나가도록 만든 구조물. 주로 철판, 토관, 벽돌 따위로 만든다. ◆ 图烟囱。

굴러다니다【동사】动 ❶ 물건 따위가 일정한 자리에 있지 아니하고 데굴데굴 구르며 이리저리 왔다 갔다 하다. ◆ 滚来滚去。¶길가에 굴러다니는 돌. =路边滚来滚去的石头。❷ 사람이 정한 곳 없이 여기저기 자리를 옮겨 다니다. ◆ 漂泊，流浪。

굴렁쇠【명사】어린아이 장난감의 하나. 쇠붙이나 대나무 따위로 만든 둥근 테로서, 굴렁대로 굴리며 논다. ◆ 图铁圈，铁环(一种儿童游戏用的玩具)。¶굴렁쇠를 굴리다. =滚铁圈。

굴레【명사】图 ❶ 말이나 소 따위를 부리기 위하여 머리와 목에서 고삐에 걸쳐 얽어매는 줄. ◆ 笼头，辔头，马络头。¶말에 굴레를 씌우다. =给马套上笼头。❷ 부자연스럽게 얽매이는 일을 비유적으로 이르는 말. ◆羁绊，枷锁。¶삶의 굴레. =生活的枷锁。

굴리다【동사】动 ❶ '구르다'의 사동사. ◆滚，滚动。¶공을 굴리다. =滚球。❷ 물건을 잘 간수하지 아니하고 아무렇게나 함부로 내버려두다. ◆乱扔，乱丢，乱放。¶귀중한 보물을 함부로 굴리다. =四处乱放贵重的宝物。❸ 차를 운행하다. ◆开车，驾驶。¶그의 집은 아무것도 없으면서 자가용은 잘도 굴린다. =他家里一贫如洗，却还总是开着私家车。❹ 좋은 방법을 찾기 위해 생각을 이리저리 하다.◆动脑筋，绞尽脑汁。¶아무리 머리를 굴려 보아도 별 묘안이 떠오르지 않는다. =绞尽脑汁也想不出什么妙计。

굴복(屈服)【명사】힘이 모자라서 복종함. ◆名屈服，投降，认输。¶굴복은 우리 사전에 없다. =我们的词典中没有"认输"这两个字。● 굴복하다(屈服--) ●

굴비【명사】소금에 약간 절여서 통으로 말린 조기. ◆名干黄鱼。¶굴비 한 두름. =二十条干黄鱼。

굴삭기(掘削機)【명사】땅이나 암석 따위를 파거나, 파낸 것을 처리하는 기계를 통틀어 이르는 말. ◆名挖土机，掘土机。

굴욕(屈辱)【명사】남에게 억눌리어 업신여김을 받음. ◆名屈辱，侮辱，羞辱。¶굴욕을 당하다. =遭受侮辱。

굴절(屈折)【명사】名 ❶ 휘어서 꺾임. ◆弯，弯曲，曲折。❷ 생각이나 말 따위가 어떤 것에 영향을 받아 본래의 모습과 달라짐. ◆(想法、说法等)扭曲，歪曲。❸ 광파, 음파, 수파 따위가 한 매질에서 다른 매질로 들어갈 때 경계면에서 그 진행 방향이 바뀌는 현상. ◆(光波、声波、水波等)折射。¶빛의 굴절. =光的折射。● 굴절되다(屈折--) ●

굴지(屈指)【명사】매우 뛰어나 수많은 가운데서 손꼽힘. ◆名首屈一指，数一数二。¶국내 굴지의 대학. =国内数一数二的大学。

굴착기(掘鑿機)【명사】땅이나 암석 따위를 파거나 파낸 것을 처리하는 기계를 통틀어 이르는 말. ◆名挖土机，掘土机。

굴하다(屈--)【동사】어떤 세력이나 어려움에 뜻을 굽히다. ◆动屈服，折腰，屈膝。¶어떤 역경에도 굴하지 않다. =不屈服于任何逆境。

굵다【형용사】形 ❶ 길쭉한 물체의 둘레나 너비가 넓다. ◆粗，粗大。¶손가락이 굵다. =手指头很粗。❷ 밤, 대추, 알 따위가 보통의 것보다 부피가 크다. ◆(栗子、大枣等)粒大，饱满。¶굵은 감자. =大个儿土豆。❸ 빗방울 따위의 부피가 크다. ◆(雨点等)大，大颗。¶굵은 땀방울. =大颗的汗珠。❹ 글씨의 획이 더 뚜렷하고 크다. ◆(字的笔画)粗，清晰。¶글씨가 굵고 시원시원한 게 보기 좋다. =笔画清晰明快的字体很好看。❺ 생각, 행동 따위의 폭이 넓고 크다. ◆(举止、想法等)豪爽，豪放，大胆。❻ 소리의 울림이 크다. ◆(嗓音)粗，浑厚，低沉。¶굵은 목소리. =粗重的嗓音。❼ 가늘지 아니한 실 따위로 짜서 천의 바탕이 거칠고 투박하다. ◆(布料)粗，粗糙。¶굵은 삼베옷. =粗麻布衣服。❽ 사이가 넓고 성기다. ◆(间隙)大，粗。¶어레미는 체보다 구멍이 굵다. =筛子的眼儿要比箩的粗。

굵다랗다【형용사】形 ❶ 길쭉한 물건의 둘레가 꽤 크다. ◆粗粗的，很粗。¶굵다란 나뭇가지. =很粗的树枝。❷ 밤, 대추, 알 따위가 보통의 것보다 꽤 크다. ◆(栗子、大枣等)粒大，个儿大，饱满。¶올해는 대추알이 아주 굵다랗다. =今年的枣个儿很大。❸ 빗방울 따위의 부피가 꽤 크다. ◆(雨点等)大，粗大，大颗，大粒。¶굵다란 빗방울. =粗大的雨点。❹ 글씨의 획이 뚜렷하게 꽤 크다. ◆(笔画)粗，粗大。¶원고지 둘째 줄쯤에 굵다랗게 제목을 썼다. =在稿纸的第二行用粗大的字写下了题目。❺ 목소리가 저음으로 우렁우렁 울리는 힘이 꽤 크다. ◆(嗓音)粗，浑厚，低沉。¶가녀린 인상과는 달리 그의 목소리는 굵다랗다. =与瘦弱的外形相反，他的嗓音很浑厚。

굵직하다【형용사】形 ❶ 길쭉한 물건의 둘레가 꽤 크다. ◆粗，很粗，粗粗的。¶굵직하게 새끼를 꼬다. =搓粗草绳。❷ 밤, 대추, 알 따위의 부피가 꽤 크다. ◆(栗子、枣等)粒大，饱满。¶굵직한 대추알. =大颗的枣。❸ 빗방울 따위의 부피가 꽤 크다. ◆(雨点等)大，大颗。¶빗방울도 굵직하지만 바람이 더욱 심하게 분다. =雨大风疾。❹ 글씨의 획이 꽤 뚜렷하고 크다. ◆(笔画)粗，很粗，粗大。¶그의 글씨는 한 획 한 획이 굵직하고 힘이 있어 보였다. =他的字笔画粗壮，显得苍劲有力。❺ 생각, 행동 따위의 폭이 꽤 넓고 크다. ◆(举止、想法等)豪爽，豪放，落落大方。¶모름지기 남자라면 행동이 굵직해야지. =男人嘛，理应举止豪爽一些。❻ 어떤 인물이나 일, 사건 따위가 다른 사람이나 일, 사건에 비하여 꽤 중요하고 비중이 있다. ◆大，重大，要紧。¶그는 이름만 들으면 누구나 아는 굵직한 기업의 사장이다. =他是一家知名大企业的总经理。❼ 목소리가 저음으로 우렁우렁 울리는 힘이 꽤 크다. ◆(嗓音)粗，浑厚，低沉。¶굵직한 목소리. =粗嗓音。❽ 가늘지 아니한 실 따위로 짜서 천의 바탕이 꽤 거칠고 투박하다. ◆(布)粗，粗糙。¶굵직한 삼베로 옷을 해 입다. =用粗麻布做衣服穿。

굶기다【동사】'굶다(끼니를 거르다)'의 사동형. ◆动饿，不让……吃("굶다"的使动形态)。¶아이가 배탈이 나서 한 끼를 굶겼다. =孩子拉肚子，就让他饿了一顿。

굶다【동사】끼니를 거르다. ◆动饿肚子，不吃，没吃。¶밥을 굶다. =空着肚子。

굶주리다【동사】动 ❶ 먹을 것이 없어서 배를 곯다. ◆饿，饿肚子。¶굶주린 배를 채우다. =填饱肚子。❷ 마음속으로 간절히 원하는 것을 얻지 못하거나 마음대로 하지 못하여 몹시 안타깝게 여기다. ◆渴望，饥渴。¶사랑에 굶주리다. =渴望爱情。

굶주림【명사】먹을 것이 없어 배를 곯는 것. ◆名饥饿。¶굶주림에 시달리다. =被饥饿折磨。

굼뜨다【형용사】동작, 진행 과정 따위가 답답할 만큼 매우 느리다. ◆形磨蹭，迟缓，慢吞吞。¶살이 많이 쪄서 동작이 굼뜨다. =长得太胖了，动作很迟

缓。

굼벵이【명사】图❶ 매미, 풍뎅이, 하늘소와 같은 딱정벌레목의 애벌레. 누에와 비슷하게 생겼으나 몸의 길이가 짧고 뚱뚱하다. ◆ 蝉的幼虫。❷ 俚 동작이 굼뜨고 느린 사물이나 사람을 비유적으로 이르는 말. ◆ 俚蜗牛，乌龟(比喻慢性子的人，磨磨蹭蹭的人)。¶굼벵이같이 게으른 사람도 바쁜 계절이 봄이다. =春天是一个连慢性子的人都会忙起来的季节。

굽【명사】图❶ 말, 소, 양 따위 짐승의 발끝에 있는 두껍고 단단한 발톱. ◆ 蹄，蹄子。¶굽으로 땅을 차며 달리는 말. =以蹄踏地飞跑的马。❷ 구두나 운동화 따위의 밑바닥에 붙은 발. ◆ (皮鞋)跟，后跟。¶굽이 높은 구두. =高跟皮鞋。❸ 그릇 따위의 밑바닥에 붙은 나지막한 받침. ◆ (器皿等的)底，底座，垫。

굽다[1]【동사】한쪽으로 휘다. ◆ 动弯，弯曲。¶은수저는 조금만 힘을 주어도 쉽게 굽는다. =银匙和银筷子稍一用力就很容易弯。

굽다[2]【형용사】한쪽으로 휘어져 있다. ◆ 形弯，弯曲。¶활처럼 굽은 길. =像弓一样弯的路。

굽다[3]【동사】动❶ 불에 익히다. ◆ 烤，烧烤。¶화롯불에 구운 고구마. =炉火烤的地瓜。❷ 나무를 태워 숯을 만들다. ◆ 烧(炭)。❸ 벽돌, 도자기, 옹기 따위의 흙으로 빚은 것이 굳도록 열을 가하다. ◆ 烧，烧制(砖、陶瓷器等)。¶옹기를 굽다. =烧制陶器。❹ 바닷물에 햇볕을 쬐어 소금만 남게 하다. ◆ 晒，晒制(海盐)。¶그는 염전에서 소금을 구워 생계를 유지한다. =他靠在盐场晒盐为生。❺ 비어 있는 콤팩트디스크에 음악이나 영상 따위의 정보를 기록하다. ◆ (往光盘上)刻录，刻，拷贝。¶콤팩트디스크를 굽다. =刻光盘。

굽신거리다【동사】动❶ 머리나 허리를 자꾸 구푸렸다 펴다. ◆ 点头哈腰。❷ 남의 비위에 맞추어 꽤 비굴하게 행동하다. ◆ 卑躬屈膝，奴颜卑膝，低声下气。

굽실거리다【동사】动❶ 고개나 허리를 자꾸 가볍게 구부렸다 펴다. ◆ 点头哈腰。❷ 남의 비위를 맞추느라고 자꾸 비굴하게 행동하다. ◆ 卑躬屈膝，奴颜卑膝，低声下气。¶주인에게 굽실거리다. =对主人卑躬屈膝。● 굽실대다 ●

굽실굽실【부사】副❶ 고개나 허리를 가볍게 자꾸 구푸렸다 펴는 모양. ◆ 连连弯腰。❷ 남의 비위를 맞추느라고 비굴하게 자꾸 행동하는 모양. ◆ 点头哈腰地，卑躬屈膝地。● 굽실굽실하다 ●

굽이【명사】휘어서 굽은 곳. 또는 구부러진 곳의 수를 세는 단위. ◆ 图弯儿，拐弯，转弯。¶열 두 굽이 고갯길. =十二道弯的山路。● 굽이굽이 ●

굽이치다【동사】물이 힘차게 흘러 굽이가 나게 되다. ◆ 动 (水流)蜿蜒奔涌，湍急。¶굽이치는 물결. =湍流。

굽히다【동사】动❶ '굽다'의 사동형. ◆ 弯，屈("굽다"的使动形态)。¶허리를 굽히다. =弯腰。❷ 뜻, 주장, 지조 따위를 꺾고 남을 따르다. ◆ 屈服，放弃(主张、意志、志向、信念等)。¶주장을 굽히다. =放弃主张。

굿【명사】图❶ 무속의 종교 제의. 무당이 음식을 차려 놓고 노래를 하고 춤을 추며 귀신에게 인간의 길흉화복을 조절하여 달라고 비는 의식. ◆ 跳大神。¶무당은 남자무당과 함께 굿을 하러 다닌다. =神婆和神汉一起四处跳大神。❷ 여러 사람이 모여 떠들썩하거나 신명나는 구경거리. ◆ 热闹，盛事。¶풍어제의 하이라이트로 한바탕 굿이 벌어졌다. =丰渔祭的高潮时刻好不热闹。

굿하다【동사】무당이 노래와 춤 따위로 의식을 행하다. ◆ 动跳大神。¶그 굿당에서는 매월 초하루에 굿하는 것이 상례였다. =那个巫庙每月初一例行跳大神。

궁(宮)【명사】궁궐(宮闕). 임금이 거처하는 집. ◆ 图宫，王宫，皇宫。

궁궐(宮闕)【명사】임금이 거처하는 집. ◆ 图宫，宫殿，宫廷。

궁극적(窮極的)【관형사】더할 나위 없는 지경에 도달하는. ◆ 冠终极的，最终的，最后的。¶궁극적 목적. =最终目的。

궁금증【명사】무엇이 알고 싶어 몹시 답답하고 안타까운 마음. ◆ 图好奇心，疑惑，疑问，悬念，纳闷。¶궁금증을 풀다. =解开疑惑。

궁금하다【형용사】무엇이 알고 싶어 마음이 몹시 답답하고 안타깝다. ◆ 形好奇，纳闷，想知道。¶나는 바깥소식이 궁금하다. =我想知道外面的情况。● 궁금히 ●

궁녀(宮女)【명사】나인(고려·조선 시대에, 궁궐 안에서 왕과 왕비를 가까이 모시는 내명부를 통틀어 이르던 말). ◆ 图宫女。

궁둥이【명사】볼기의 아랫부분. 앉으면 바닥에 닿는, 근육이 많은 부분. ◆ 图臀部，屁股。

궁리(窮理)【명사】마음속으로 이리저리 따져 깊이 생각함. 또는 그런 생각. ◆ 图琢磨，思考，深思熟虑；想法，主意。¶궁리를 짜내다. =深思熟虑。● 궁리하다(窮理--) ●

궁상(窮狀)【명사】어렵고 궁한 상태. ◆ 图穷相，寒酸相。¶그는 지지리도 궁상이다. =他真是一副寒酸相。

궁상맞다(窮狀--)【형용사】꾀죄죄하고 초라하다. ◆ 形寒酸，落魄，穷困潦倒。¶궁상맞은 꼴. =寒酸的样子。

궁색하다(窮塞--)【형용사】形❶ 아주 가난하다. ◆ 贫困，穷苦。¶그는 궁색한 집안에서 태어났다. =他出生于穷苦人家。❷ 말이나 태도, 행동의 이유나 근거 따위가 부족하다. ◆ (话语)理屈词穷。¶궁색한 변명. =苍白的辩解。

궁여지책(窮餘之策)【명사】궁한 나머지 생각다 못하여 짜낸 계책. ◆ 图权宜之计。¶궁여지책으로 위기를 모면하다. =迫不得已用权宜之计来摆脱危机。

궁전(宮殿)【명사】궁궐(宮闕)(임금이 거처하는 집). ◆ 图宫，宫殿，王宫。

궁중(宮中)【명사】대궐 안. ◆ 图宫中。

궁지(窮地)【명사】매우 곤란하고 어려운 일을 당한 처지. ◆ 图困境，绝境。¶궁지에 몰리다. =被逼入困

境。

궁체(宮體)【명사】조선시대에, 궁녀들이 쓰던 한글 글씨체. 선이 맑고 곧으며 단정하고 아담한 점이 특징이다. ◆图(朝鲜朝时代)宫女字体。

궁핍하다(窮乏--)【형용사】몹시 가난하다. ◆形穷困，贫穷，穷苦。¶궁핍한 생활. =贫穷的生活。

궁하다(窮--)【형용사】形❶ 가난하고 어렵다. ◆穷，贫穷。¶궁한 살림에 자식은 낳아서 어쩌자는 건지. =日子这么穷，生了孩子可怎么养活啊。❷ 일이나 물건 따위가 다하여 없다. ◆缺乏，缺少，紧缺。¶요즘은 일거리가 궁하다. =最近活儿很少。❸ 일이 난처하거나 막혀 피하거나 변통할 도리가 없다. ◆窘迫，为难。

궂다【형용사】形❶ 비나 눈이 내려 날씨가 나쁘다. ◆(天气)糟糕，坏，恶劣。¶궂은 날씨. =恶劣的天气。❷ 언짢고 나쁘다. ◆不好，棘手。¶그는 궂은 일을 도맡아 한다. =他揽下了棘手的活儿。

궂은비【명사】끄느름하게 오랫동안 내리는 비. ◆图霪雨。

권(卷)【의존 명사】책의 권수를 세는 단위. ◆[依存名词]本，卷，册(书的单位)。¶전질 20권의 소설책. =全套共二十本的小说。

권고(勸告)【명사】어떤 일을 하도록 권함. 또는 그런 말. ◆图劝告，规劝。¶권고를 받다. =接受劝告。● 권고하다(勸告--) ●

권력(權力)【명사】남을 복종시키거나 지배할 수 있는 공인된 권리와 힘. 특히 국가나 정부가 국민에 대하여 가지고 있는 강제력을 이른다. ◆图权力，权势。¶권력 강화. =加强权力。

권리(權利)【명사】어떤 일을 행하거나 타인에 대하여 당연히 요구할 수 있는 힘이나 자격. 공권, 사권, 사회권이 있다. ◆图权利，权限。¶권리를 누리다. =享受权利。

권리금(權利金)【명사】토지 또는 건물의 임대차에 부수해서 그 부동산이 가지는 특수한 장소적 이익의 대가로서 임차인이 임대인에게 지급하는 금전. ◆图附加使用费，额外租金(指不动产租赁中，除向业主缴纳的租金之外，为获得不动产原有的装修、设施、声誉、客源、地理位置等可能带来特殊利益的因素的使用权而支付的附加费用)。¶이 가게는 권리금이 비싸다. =这家店铺的额外租金很贵。

권모술수(權謀術數)【명사】목적 달성을 위해서는 인정이나 도덕을 가리지 않고 권세와 모략, 중상 등 갖은 방법과 수단을 쓰는 술책. ◆图权谋，权术。

권선징악(勸善懲惡)【명사】착한 행실을 권장하고 악한 행실을 징계함. ◆图惩恶扬善。

권세(權勢)【명사】권력과 세력을 아울러 이르는 말. ◆图权势。¶권세 있는 집안. =权门。

권위(權威)【명사】图❶ 남을 지휘하거나 통솔하여 따르게 하는 힘. ◆权威，威严。¶권위가 있다. =有权威。❷ 일정한 분야에서 사회적으로 인정을 받고 영향력을 끼칠 수 있는 위신. ◆权威，威信。¶권위 있는 논문. =权威性论文。

권유(勸誘)【명사】어떤 일 따위를 하도록 권함. ◆图劝诱，劝说，规劝。¶간곡한 권유를 뿌리치다. =拒绝诚恳的规劝。● 권유하다(勸誘--) ●

권익(權益)【명사】권리와 그에 따르는 이익. ◆图权益。¶권익 옹호. =维护权益。

권장(勸獎)【명사】권하여 장려함. ◆图奖励，鼓励。¶권장 사항. =鼓励事项。● 권장하다(勸獎--) ●

권총(拳銃)【명사】한 손으로 다룰 수 있는 짧고 작은 총. 군용 또는 호신용으로 널리 쓴다. ◆图手枪。

권태(倦怠)【명사】어떤 일이나 상태에 시들해져서 생기는 게으름이나 싫증. ◆图倦怠，厌倦，厌烦。¶권태를 느끼다. =感到厌倦。

권태롭다(倦怠--)【형용사】어떤 일에 싫증이 나거나 심신이 나른해져서 게으른 데가 있다. ◆形倦怠，厌倦，厌烦。¶그는 권태로운 일상에서 벗어나고 싶어 한다. =他想从令人厌倦的日常生活中摆脱出来。

권하다(勸--)【동사】어떤 일을 하도록 부추기다. ◆动劝，规劝，敬。¶술을 권하다. =敬酒。

권한(權限)【명사】어떤 사람이나 기관의 권리나 권력이 미치는 범위. ◆图权限，权。¶권한을 부여하다. =授权。

궐기(蹶起)【명사】어떤 목적을 이루기 위하여 마음을 돋우고 기운을 내서 힘차게 일어남. ◆图(为某种目的而)奋起，奋身。¶궐기대회. =奋起大会，誓师大会。● 궐기하다(蹶起--) ●

궤(櫃)【명사】图❶ 물건을 넣도록 나무로 네모나게 만든 그릇. ◆箱，柜，匣。❷ 쌀이나 돈 따위의 물건을 '궤'에 담아 그 분량을 세는 단위. ◆箱，柜。

궤도(軌道)【명사】일이 발전하는 정상적이며 본격적인 방향과 단계. ◆图(事情发展的方向和阶段)轨道，轨迹。¶궤도를 벗어나다. =脱离轨道。

궤멸되다(潰滅--)【동사】무너지거나 흩어져 없어지다. 또는 무너지거나 흩어져 없게 하다. ◆动毁灭，溃败，打垮。¶내부 분란으로 스스로 궤멸되었다. =由于内讧而自取灭亡。

궤변(詭辯)【명사】상대편을 이론으로 이기기 위하여 상대편의 사고(思考)를 혼란시키거나 감정을 격앙시켜 거짓을 참인 것처럼 꾸며대는 논법. ◆图诡辩，狡辩。

궤양(潰瘍)【명사】피부 또는 점막에 상처가 생기고 헐어서 출혈하기 쉬운 상태. 치유되어도 대부분 흉터가 남는다. ◆图溃疡。¶위궤양. =胃溃疡。

궤짝(櫃-)【명사】'궤(櫃)'를 속되게 이르는 말. ◆图〈俗〉箱，柜，匣。¶사과 궤짝. =苹果箱。

귀【명사】图❶ 사람이나 동물의 머리 양옆에서 듣는 기능을 하는 감각 기관. 바깥귀, 가운데귀, 속귀의 세 부분으로 나뉜다. ◆耳，耳朵。¶두 손가락으로 귀를 막다. =用两个手指堵住耳朵。❷ 귓바퀴(겉귀의 드러난 가장자리 부분. 연골(軟骨)로 되어 쭈그러져 있으며, 밖에서 들려오는 소리를 귓구멍으로 들어가기 쉽게 한다). ◆耳廓，耳朵。¶귀가 잘생기다. =耳朵长得好看。❸ 모가 난 물건의 모서리. ◆(有棱角的物品的)角，棱角。¶거울의 한 귀가 깨지다. =镜子破了个角。❹ 두루마기나 저고리의 섶 끝부분. ◆(长袍或上衣的)襟，下摆，衣角。❺ 주머니의 양쪽 끝 부분. ◆ 口袋角, 衣兜口。¶주머니의 귀가 닳다. =口袋角磨破了。❻ 바늘귀(실을 꿰기 위하여 바늘의 위쪽에 뚫은 구멍). ◆ (针)眼, 孔。¶바느질을 하려고 바늘귀에 실을 꿰었다. =想做针线活, 把线穿进了针眼里。

귀가(歸家)【명사】집으로 돌아가거나 돌아옴. ◆ 图回家。¶귀가 시간이 늦다. =回家时间晚。●【귀가하다(歸家--) ●

귀감(龜鑑)【명사】거울로 삼아 본받을 만한 모범. ◆ 图榜样, 表率, 模范, 典范。¶귀감이 되다. =成为榜样。

귀걸이【명사】귓불에 다는 장식품. ◆ 图耳环, 耳坠。¶그녀는 금빛 귀걸이 한 쌍을 걸고 다닌다. =她总是戴着一对金灿灿的耳环。

귀결(歸結)【명사】어떤 결말이나 결과에 이름. 또는 그 결말이나 결과. ◆ 图结局, 结果, 终结。¶당연한 귀결. =自然的结局。● 귀결되다(歸結--) ●

귀고리【명사】귓불에 다는 장식품. ◆ 图耳环, 耳坠。¶귀고리를 끼다. =戴耳环。

귀공자(貴公子)【명사】图 ❶ 귀한 집 아들. 또는 귀한 집 젊은 남자를 이르는 말. ◆ 贵公子, 富家子弟。¶그는 생김새가 부잣집 귀공자처럼 생겼다. =他长得像有钱人家的贵公子。❷ 생김새나 몸가짐이 의젓하고 고상한 남자. ◆ 贵公子, 翩翩公子。

귀국(歸國)【명사】외국에 나가 있던 사람이 자기 나라로 돌아오거나 돌아감. ◆ 图归国, 回国。¶귀국 독주회. =回国独奏会。● 귀국하다(歸國--) ●

귀금속(貴金屬)【명사】산출량이 적어 값이 비싼 금속. 금, 은, 백금 따위를 이르며, 화학 반응을 거의 일으키지 않고 아름다운 광택을 지닌다. ◆ 图贵金属。

귀담아듣다【동사】주의하여 잘 듣다. ◆ 动注意听, 认真听, 聆听, 倾听。¶그 소년은 조심하라는 엄마의 말을 귀담아듣지 않고 까불다가 다쳤다. =妈妈叫那个男孩小心, 他却当成耳旁风, 光顾着淘气, 结果受了伤。

귀동냥【명사】어떤 지식 따위를 체계적으로 배우거나 학습하지 않고 남들이 하는 말 따위를 얻어들어서 앎. ◆ 图耳濡目染。¶그는 학교에 다니지 않았지만 귀동냥으로 한글을 깨쳤다. =他没有上过学, 但也靠耳濡目染学会了韩字。

귀뚜라미【명사】메뚜기목, 귀뚜라밋과의 곤충을 통틀어 이르는 말. ◆ 图蟋蟀。

귀띔【명사】상대편이 눈치로 알아차릴 수 있도록 미리 슬그머니 일깨워 줌. ◆ 图递眼色, 示意, 暗示。¶그는 나에게 빨리 자리를 피하라고 귀띔해 주었다. =他递了个眼色, 示意我赶紧躲开。● 귀띔하다 ●

귀로(歸路)【명사】돌아오는 길. ◆ 图归途, 归程。¶귀로에 오르다. =踏上归途。

귀리【명사】주로 과자의 원료나 가축의 사료로 쓰이거나 오트밀을 만드는 데 쓰이는 곡물. ◆ 图燕麦。

귀머거리【명사】'청각 장애인(선천적이거나 후천적인 요인으로 청각에 이상이 생겨 소리를 듣지 못하는 사람)'을 낮잡아 이르는 말. ◆ 图聋子。

귀먹다【동사】动 ❶ 귀가 어두워져 소리가 잘 들리지 아니하게 되다. ◆ 耳背。¶우리 할아버지는 귀먹었다. =我爷爷耳背了。❷ 남의 말을 이해하지 못하다. ◆ 反应迟钝, 理解力差。¶아무리 일러도 말뜻을 모르는 것을 보면 귀먹은 사람보다 심하다. =无论怎么说都听不懂, 还不如聋子。

귀부인(貴婦人)【명사】신분이 높거나 재산이 많은 집안의 부인. ◆ 图贵妇, 贵妇人。

귀빈(貴賓)【명사】귀한 손님. ◆ 图贵宾, 嘉宾。

귀성(歸省)【명사】부모를 뵙기 위하여 객지에서 고향으로 돌아가거나 돌아옴. ◆ 图省亲, 回家探亲。¶많은 사람들이 명절을 맞이하여 귀성 길에 오르다. =很多人在节日前夕踏上回家探亲的路。

귀성객(歸省客)【명사】부모를 뵙기 위하여 객지에서 고향집으로 돌아가거나 돌아오는 여객. ◆ 图归乡客。

귀속(歸屬)【명사】재산이나 영토, 권리 따위가 특정 주체에 붙거나 딸림. ◆ 图归属, 收归。¶찾아가시지 않으시면 6개월 이후에 국고로 귀속됩니다. =如果不去领取的话, 六个月后将收归国库。● 귀속되다(歸屬--), 귀속하다(歸屬--) ●

귀순(歸順)【명사】적이었던 사람이 반항심을 버리고 스스로 돌아서서 복종하거나 순종함. ◆ 图归顺, 投诚, 归降。●

귀신(鬼神)【명사】图 ❶ 사람이 죽은 뒤에 남는다는 넋. ◆ 鬼, 鬼魂。¶귀신에게 홀리다. =被鬼迷惑住。❷ 사람에게 화(禍)와 복(福)을 내려 준다는 신령(神靈). ◆ 神, 神灵。¶정성껏 빌면 귀신도 감복할 것이다. =只要诚心祈求, 神灵也会感动。❸ 어떤 일에 남보다 뛰어난 재주가 있는 사람을 비유적으로 이르는 말. ◆ 神人, 奇才。¶그는 자동차를 다루는 데는 귀신이다. =他开起车来真是神人。

귀양【명사】(옛날에) 죄인을 먼 시골이나 섬 등으로 보내 일정 기간 동안 제한된 지역 안에만 살게 하던 형벌. ◆ 图流配, 流放, 发配, 充军。¶귀양을 보내다. =发配。

귀양살이【명사】귀양의 형벌을 받고 정해진 곳에서 부자유스럽게 지내는 생활. ◆ 图流放生活, 流配生活, 充军生活。¶그는 귀양살이 동안 방대한 저술뿐만 아니라 인재를 육성한 것으로 유명하다. =他因在流放期间写了大量的著作和培养了数量众多的人才而著名。● 귀양살이하다 ●

귀엣말【명사】남의 귀 가까이에 입을 대고 소곤거리는 말. ◆ 图耳语, 悄悄话。¶그녀는 나에게 귀엣말로 속삭였다. =她跟我说悄悄话。

귀여워하다【동사】귀엽게 여기다. ◆ 动疼爱, 宠爱。¶부모는 자식을 귀여워한다. =父母疼爱孩子。

귀염【명사】图 ❶ 예쁘거나 애교가 있어 사랑스러움. ◆ 可爱, 娇。¶귀염을 부리다. =撒娇。❷ 윗사람이 아랫사람을 아끼고 사랑스러워하는 마음. ◆ 疼爱, 宠爱。¶귀염을 받다. =受宠。

귀염둥이【명사】아주 사랑스러운 아이. 또는 매우 사랑을 받는 아이. ◆ 图小宝贝, 小乖乖。¶얘는 우리 집 귀염둥이 막내랍니다. =他是我们家的宝贝老小。

귀염성(--性)【명사】귀염을 받을 만한 바탕이나 성질. ◆ 图可爱，可爱劲儿。 ¶귀염성 있는 얼굴. =可爱的脸蛋。

귀엽다【형용사】예쁘고 곱거나 또는 애교가 있어서 사랑스럽다. ◆ 形可爱，乖。¶아기의 우는 모습조차도 귀여웠다. =宝宝连哭的样子都那么可爱。

귀울림【명사】몸 밖에 음원(音源)이 없는데도 잡음이 들리는 병적인 상태. 귓병, 알코올 의존증, 고혈압 따위가 그 원인이다. ◆ 图 "귀울림(耳鸣)"的旧称。

귀의(歸依)【명사】图 ❶ 돌아가거나 돌아와 몸을 의지함. ◆ 归附，投靠。❷ 몰아의 경지에서 종교적 절대자나 종교적 진리를 깊이 믿고 의지하는 일. ◆ 皈依，信奉。● 귀의하다(歸依--) ●

귀이개【명사】귀지를 파내는 기구. 나무나 쇠붙이로 숟가락 모양으로 가늘고 작게 만든다. ◆ 图挖耳勺，耳挖子。

귀인(貴人)【명사】사회적 지위가 높고 귀한 사람. ◆ 图贵人。

귀재(鬼才)【명사】세상에서 보기 드물게 뛰어난 재능. 또는 그런 재능을 가진 사람. ◆ 图奇才，鬼才。¶그는 분야의 귀재로 인정받았다. =他被公认为该领域的奇才。

귀족(貴族)【명사】가문이나 신분 따위가 좋아 정치적 사회적 특권을 가진 계층. 또는 그런 사람. ◆ 图贵族。

귀중품(貴重品)【명사】귀중한 물건. ◆ 图贵重品，贵重物品。¶귀중품을 보관하다. =保管贵重物品。

귀중하다(貴重--)【형용사】귀하고 중요하다. ◆ 形贵重，珍贵，宝贵。¶인간에게 믿음은 무엇과도 바꿀 수 없을 만큼 귀중합니다. =对人来说，信任是非常宝贵的，任何东西都换不来。

귀지【명사】귓구멍 속에 낀 때. ◆ 图耳屎。¶귀지를 파다. =掏耳屎。

귀착(歸着)【명사】图 ❶ 다른 곳에서 어떤 곳으로 돌아오거나 돌아가 닿음. ◆ 回归，抵达。¶부산에서 화물을 싣고 출발한 열차가 정시에 서울역에 귀착했다. =由釜山装货起程的火车正点抵达首尔车站。❷ 의논이나 의견 따위가 여러 경로(經路)를 거쳐 어떤 결론에 다다름. ◆ 归于，归结。● 귀착되다(歸着--), 귀착하다(歸着--) ●

귀찮다【형용사】마음에 들지 아니하고 괴롭거나 성가시다. ◆ 形厌烦，麻烦，死缠。¶아이가 장난감을 사 달라고 떼를 쓰며 귀찮게 군다. =小孩死缠着让父母给他买玩具。

귀천(貴賤)【명사】신분이나 일 따위의 귀함과 천함. ◆ 图贵贱，高低。¶직업에는 귀천이 없다. =职业没有贵贱之分。

귀청【명사】고막(귓구멍 안쪽에 있는 막. 타원형의 반투명한 막으로, 공기의 진동을 속귀 쪽으로 전달하여 들을 수 있게 하여 준다). ◆ 图耳膜。¶어찌나 소리가 큰지 귀청이 터지는 줄 알았다. =声音大得差点震破耳膜。

귀퉁이【명사】图 ❶ 사물이나 마음의 한구석이나 부분. ◆ 角，角落。¶가슴 한 귀퉁이에 왠지 모를 슬픔이 밀려왔다. =内心深处涌起一种无法名状的痛苦。❷ 물건의 모퉁이나 삐죽 나온 부분. ◆ 角，棱，边角。¶네 귀퉁이가 다 닳은 책. =四个角都磨破了的书。

귀티(貴-)【명사】귀하게 보이는 모습이나 태도. ◆ 图贵气，富贵样。¶귀티가 나다. =显得贵气。

귀하[1](貴下)【대명사】【명사】❶ 편지글에서, 상대편을 높여 이름 다음에 붙여 쓰는 말. ◆ 代足下，台，阁下(写信时附在姓名之后表示尊敬对方)。¶○○○ 귀하. =○○○足下。❷ 듣는 이를 높여 이르는 이인칭 대명사. ◆ 图您，阁下，足下(第二人称敬称)。¶귀하의 작품. =您的作品。

귀하다(貴--)【형용사】形 ❶ 신분, 지위 따위가 높다. ◆ (身份地位)高贵，尊贵，显贵。¶그는 정승 여섯 분이 배출된 귀한 집안에서 태어났다. =他生在一个出过六位丞相的显贵之家。❷ 존중할 만하다. ◆ 尊贵，高贵。¶귀한 손님. =尊贵的客人。❸ 아주 보배롭고 소중하다. ◆ 宝贵，珍贵。¶사람의 생명보다 더 귀한 것이 또 있을까? =还有比人的生命更宝贵的东西吗? ❹ 구하거나 얻기가 아주 힘든 만큼 드물다. ◆ 珍稀，珍贵，稀缺，难求。¶대대로 손이 귀한 집안. =家里世代单传。

귀항(歸港)【명사】배가 출발하였던 항구로 다시 돌아가거나 돌아옴. ◆ 图回港。● 귀항하다(歸港--) ●

귀항(歸航)【명사】배나 비행기가 출발하였던 곳으로 다시 돌아가거나 돌아오는 항해. ◆ 图归航，返航。● 귀항하다(歸航--) ●

귀향(歸鄕)【명사】고향으로 돌아가거나 돌아옴. ◆ 归乡，返乡，回乡。● 귀향하다(歸鄕--) ●

귀화(歸化)【명사】다른 나라의 국적을 얻어 그 나라의 국민이 되는 일. ◆ 图入籍，入国籍。● 귀화하다(歸化--) ●

귀환(歸還)【명사】다른 곳으로 떠나 있던 사람이 본래 있던 곳으로 돌아오거나 돌아감. ◆ 图回来，回归，返回。● 귀환하다(歸還--) ●

귓가【명사】귀의 가장자리. ◆ 图耳边，耳际，耳旁。

귓구멍【명사】귀의 바깥쪽에서부터 고막까지 사이의 구멍. ◆ 图外听道，外耳门。

귓바퀴【명사】겉귀의 드러난 가장자리 부분. 연골(軟骨)로 되어 쭈그러져 있으며, 밖에서 들려오는 소리를 귓구멍으로 들어가기 쉽게 한다. ◆ 图耳轮，耳廓。

귓밥【명사】귓불(귓바퀴의 아래쪽에 붙어 있는 살). ◆ 图耳垂，耳唇。

귓불【명사】귓바퀴의 아래쪽에 붙어 있는 살. ◆ 图耳垂，耳唇。

귓속【명사】귀의 안쪽. ◆ 图耳内，耳朵里。

귓속말【명사】귀엣말. ◆ 图耳语，悄悄话。¶귓속말로 소곤거리다. =窃窃私语。

귓전【명사】귓바퀴의 가장자리. ◆ 图耳边，耳际，耳旁。¶귓전을 스치는 바람. =耳边风。

규격(規格)【명사】제품이나 재료의 품질, 모양, 크기, 성능 따위의 일정한 표준. ◆ 图 (产品的)规格，标

准。¶규격 봉투. =标准信封。
규격품(規格品)【명사】품질, 모양, 크기, 성능 따위를 통일된 규격에 맞추어 만든 물품. ◆图标准件，规格产品。
규명(糾明)【명사】어떤 사실을 자세히 따져서 바로 밝힘. ◆图查明，察明，查清。¶원인 규명. =查明原因。● 규명되다(糾明--), 규명하다(糾明--) ●
규모(規模)【명사】图 ❶ 사물이나 현상의 크기나 범위. ◆ 规模，大小，范围。¶규모가 크다. =规模大。❷ 씀씀이의 계획성이나 일정한 한도. ◆ 规模，限度。¶예산 규모. =预算规模。
규범(規範)【명사】인간이 행동하거나 판단할 때에 마땅히 따르고 지켜야 할 가치 판단의 기준. ◆图规范，标准，准则。¶규범에 따르다. =按规定。
규수(閨秀)【명사】남의 집 처녀를 정중하게 이르는 말. ◆图姑娘，闺女。¶양갓집 규수. =好人家的闺女。
규약(規約)【명사】조직체 안에서, 서로 지키도록 협의하여 정하여 놓은 규칙. ◆图规章，规定。
규율(規律)【명사】질서나 제도를 유지하기 위하여 정하여 놓은, 행동의 준칙이 되는 본보기. ◆图纪律，规定，纲纪。
규장각(奎章閣)【명사】조선 정조 즉위년(1776)에 설치한 왕실 도서관. ◆ 图奎章阁(朝鲜朝时期的王室图书馆)。
규정(規定)【명사】图 ❶ 규칙으로 정함. 또는 그 정하여 놓은 것. ◆ 规定，规则。¶한글 맞춤법 규정. =韩文拼写法规则。❷ 내용이나 성격, 의미 따위를 밝혀 정함. 또는 그 정하여 놓은 것. ◆ 规定，评定，判定(性质、内容、意义等)。¶먼저 이 사건에 대하여 명확한 규정을 내려 봅시다. =先对这个事件作个明确的定性吧。● 규정되다(規定--), 규정하다(規定--) ●
규제(規制)【명사】규칙이나 규정에 의하여 일정한 한도를 정하거나 정한 한도를 넘지 못하게 막음. ◆ 图管制，限制，控制，制约。¶수입에 대한 규제. =关于进口的管制。● 규제되다(規制--), 규제하다(規制--) ●
규칙(規則)【명사】여러 사람이 다 같이 지키기로 작정한 법칙. 또는 제정된 질서. ◆ 图规则，规定。¶경기 규칙. =比赛规则。
규탄(糾彈)【명사】잘못이나 옳지 못한 일을 잡아내어 따지고 나무람. ◆图谴责，弹劾，声讨。¶규탄대회. =声讨大会。● 규탄하다(糾彈--) ●
규합(糾合)【명사】어떤 일을 꾸미려고 세력이나 사람을 모음. ◆图聚集，集合，联合。¶청년 단체의 규합. =青年团体联合。● 규합되다(糾合--), 규합하다(糾合--) ●
균(菌)【명사】동식물에 기생하여 발효나 부패, 병 따위를 일으키는 단세포의 미생물. ◆图菌。
균등(均等)【명사】고르고 가지런하여 차별이 없음. ◆ 图平等，平均。¶균등 배분. =平均分配。● 균등하다(均等--) ●
균열(龜裂)【명사】图 ❶ 거북의 등에 있는 무늬처럼 갈라져 터짐. ◆ 龟裂，裂开，裂痕。¶벽에 균열이 생기다. =墙体产生龟裂。❷ 친하게 지내는 사이에 틈이 남. ◆ (关系)裂痕，裂缝。¶돈 문제로 두 사람 간에 균열이 생겼다. =由于钱的问题，两人的关系产生了裂痕。
균일하다(均一---)【형용사】한결같이 고르다. ◆形平均，均匀。¶균일한 분배. =平均分配。
균형(均衡)【명사】어느 한쪽으로 기울거나 치우치지 아니하고 고른 상태. ◆ 图均衡，平衡。¶균형 있는 발전. =均衡发展。
귤(橘)【명사】귤나무의 열매. 모양은 둥글 납작하고 빛깔은 붉은 색이다. 물이 많고 맛은 새콤달콤하며, 껍질은 말려서 약재로 쓴다. ◆图橘子，桔子。
그[1]【대명사】代 ❶ 말하는 사람과 듣는 사람이 아닌 사람을 가리키는 말. ◆ 他。¶그는 참으로 좋은 사람이다. =他真是个好人。❷ 앞에서 이미 이야기하였거나 듣는 이가 생각하고 있는 대상을 가리키는 지시 대명사. ◆ 那，那个。¶그와 같은 사실. =那样的事实。
그[2]【관형사】冠 ❶ 듣는 이에게 가까이 있거나 듣는 이가 생각하고 있는 대상을 가리킬 때 쓰는 말. ◆ 那，那个。¶그 책 이리 좀 줘 봐. =把那本书给我。❷ 앞에서 이미 이야기한 대상을 가리킬 때 쓰는 말. ◆ 那，那个(复指前面提到过的事物)。¶그 이야기의 전말은 다음과 같다. =那个故事的始末是这样的。❸ 확실하지 아니하거나 밝히고 싶지 아니한 일을 가리킬 때 쓰는 말. ◆ 那，那个(指称不确定或不想说的事物)。¶그 무엇인가를 알아내고자 했지만 못했다. =虽然想要弄清楚那是什么，但未能如愿。
그간(-間)【명사】그사이. ◆ 图在此期间，那段时间。¶그간의 연구 실적. =在此期间的研究成果。
그것【대명사】代 ❶ 듣는 이에게 가까이 있거나 듣는 이가 생각하고 있는 사물을 가리키는 지시 대명사. ◆ 那，那个，那个东西。¶그것은 거기다 놓고 이리와. =把那个东西放好后过来吧。❷ 앞에서 이미 이야기한 대상을 가리키는 지시 대명사. ◆ 那，那个，那件事(复指前面提到过的事物)。¶그것을 또 거론했다는 이야기지. =据说又对那件事进行了讨论。❸ '그 사람'을 낮잡아 이르는 삼인칭 대명사. ◆ 那个家伙，那个东西("그 사람"的贬称)。¶이번 기회에 단단히 혼을 내 주지 않고 그것을 그냥 내버려 두었단 말이야? =还不借此机会好好收拾那家伙一顿，就这么放过他了?
그까짓【관형사】겨우 그만한 정도의. ◆ 冠那么点，那点。¶그까짓 일로 울다니 바보 아냐? =就为那么点事哭，你是傻瓜呀?
그깟【관형사】'그까짓'의 준말. ◆ 冠 "그까짓"的略语。¶그깟 돈 몇 푼 때문에 나한테 이러는 거냐? =为了那么点钱，就这样对我吗?
그끄저께【부사】그저께의 전날에. ◆副大前天。
그끄제【명사】'그끄저께(그저께의 전날)'의 준말. ◆图大前天("그끄저께"的略语)。
그나마【부사】副 ❶ 좋지 않거나 모자라기는 하지만 그것이나마. ◆ (尽管不够好，但是)那也还，就那

样也(算好)。¶그나마 조금이라도 벌 수 있어서 다행이다. =幸好，那也还能赚一点点钱。❷ 좋지 않거나 모자라는데 그것마저도. ◆ (本来就糟糕)连那也，而且还。¶그나마 월급도 못 받게 되었다. =而且连工资都没拿到。

그나저나【부사】'그러나저러나'의 준말. ◆副不管怎样，对了("그러나저러나"的略语，表示转换话题)。¶그나저나 네 아버진 어딜 가셨니? =对了，你爸爸去哪儿了?

그날그날【부사】각각 해당한 그 날짜. ◆副一天天，一天又一天。¶막노동으로 겨우 그날그날 먹고 산다. =靠卖苦力勉强度日。

그냥【부사】副❶ 더 이상의 변화 없이 그 상태 그대로. ◆ 就那样，就那么。¶그냥 놔두다. =放任自流。❷ 그런 모양으로 줄곧. ◆ 就那样，就那么，一直，一路。¶그들은 뒤도 안 보고 그냥 도망쳤다. =他们头也不回地一路逃走了。❸ 아무런 대가나 조건 또는 의미 따위가 없이. ◆ 白，白白地，无条件地。¶그냥 주는 거니? =白给的吗?

그네【명사】길게 늘어뜨린 두 줄에 발판이나 앉을 자리를 달아 거기에 타서 몸을 앞뒤로 왔다 갔다 흔들게 하는 놀이 기구. ◆名秋千。

그네뛰기【명사】혼자 또는 둘이서 그네 위에 올라타 두 손으로 두 줄을 각각 잡고 몸을 날려 앞뒤로 왔다 갔다 하는 놀이 ◆名荡秋千，打秋千。

그녀(-女)【대명사】주로 글에서, 앞에서 이미 이야기한 여자를 가리키는 삼인칭 대명사. ◆ 代她。¶그녀는 참 좋은 여자이다. =她真是个好女孩。

그놈【대명사】듣는 이에게 가까이 있거나 듣는 이가 생각하고 있는 남자를 비속하게 이르는 삼인칭 대명사. ◆ 代那个家伙，那小子，那个浑蛋(对男性的贬称)。¶우리가 말했던 그놈이 한 짓이지. =就是我们说过的那个浑蛋干的事。

그늘【명사】名❶ 어두운 부분. ◆ 树荫，背阴处。¶나무 그늘 아래에서 쉬었다 가자. =在树荫下休息一会儿再走吧。❷ 의지할 만한 대상의 보호나 혜택. ◆ 荫庇，呵护。¶이제는 부모의 그늘에서 벗어나야 한다. =如今该脱离父母的呵护了。❸ 밖으로 드러나지 아니한 처지나 환경. ◆ 阴影，暗处，隐蔽处。¶그는 언제나 형의 그늘에 묻혀 지냈다. =他一直生活在哥哥的阴影下。❹ 심리적으로 불안하거나 불행한 상태. 또는 그로 인하여 나타나는 어두운 표정. ◆ 名 (心理的)阴影，忧愁。¶얼굴에 그늘이 서리다. =愁容满面。

그늘지다【동사】动❶ 그늘이 생기다. ◆ 背阴，阴凉。¶나무 그늘진 곳에서 동네 아저씨들이 쉬고 있었다. =村里的大叔们正在树荫下休息。❷ 불행이나 근심이 있어 마음이나 표정이 흐려지다. ◆ (心情或表情)阴沉，忧郁。¶그는 늘 그늘진 얼굴을 하고 있었다. =他总是阴沉着一张脸。

그다지【부사】副❶ [뒤에 오는 '않다, 못하다' 따위의 부정어와 호응하여] 그러한 정도로는. 또는 그렇게까지는. ◆ (与否定词搭配)并不那么，并不怎么。¶그녀는 그다지 예쁘지는 않다. =她并不怎么漂亮。❷ 그러한 정도로. 또는 그렇게까지. ◆ (与反问语气搭配)那样，那么。¶그 사람은 무슨 걱정이 그다지도 많은가? =他哪来的那么多担心?

그대【대명사】代❶ 듣는 이가 친구나 아랫사람인 경우, 그 사람을 높여 이르는 이인칭 대명사.'하오' 할 자리에 쓴다. ◆ 你(第二人称代词，对朋友或晚辈的尊重称呼)。¶그대는 언제든 나에게 오시오. =欢迎你随时来找我。❷ 주로 글에서, 상대편을 친근하게 이르는 이인칭 대명사. ◆ (第二人称代词，书信中的亲切称呼)你。¶그대가 보낸 편지는 잘 받았소. =收到你的来信了。

그대로【부사】副❶ 변함없이 그 모양으로. ◆ 就那么，就那样。¶그대로 꼼짝 말고 있어라. =就那样待着别动。❷ 그것과 똑같이. ◆ 原原本本地，原封不动地。¶그대로 되풀이하다. =原原本本地重复。

그동안【명사】앞에서 이미 이야기한 만큼의 시간적 길이. 또는 다시 만나거나 연락하기 이전의 일정한 기간 동안. ◆名那段时间，这段时间，在此期间。¶그동안 안녕하셨어요? =这段时间您好吗?

그득【부사】副❶ 분량이나 수효 따위가 어떤 범위나 한도에 아주 꽉 찬 모양. ◆ (份量或数量)满满地，足足地。¶그릇에 그득 담다. =满满地盛一碗。❷ 빈 데가 없을 만큼 사람이나 물건 따위가 아주 많은 모양. ◆ (人或物)满，满满地。¶마당에는 사람들이 발 디딜 틈이 없을 정도로 그득 서 있었다. =院子里站满了人，连下脚的地方都没有。❸ 냄새나 빛 따위가 넓은 공간에 널리 퍼져 있는 상태. ◆ (气味、光线等)充满，弥漫。¶방안에는 은은한 묵향이 그득 배어 있었다. =房间里隐隐弥漫着一股墨香。❹ 감정이나 정서, 생각 따위가 아주 많거나 강한 모양. ◆ (想法、感情、情绪等)满满地，满腔。¶머릿속은 온통 취직에 대한 생각으로 그득 차 있다. =满脑子都是关于就业的想法。

그득하다【형용사】形❶ 분량이나 수효 따위가 어떤 범위가 한도에 아주 꽉 찬 상태에 있다. ◆ (份量或数量)满，充满，满满的。¶쌀독에 쌀이 그득하다. =米缸里装满了米。❷ 빈 데가 없을 만큼 사람이나 물건 따위가 아주 많다. ◆ (人或物)满，多，挤满。¶강당에 청중이 그득하다. =礼堂里挤满了听众。❸ 냄새나 빛 따위가 넓은 공간에 널리 퍼져 있다. ◆ (气味、光线等)充满，弥漫。 ¶방안에 매화향기가 그득했다. =房间里充满了梅花的香气。❹ 감정이나 정서, 생각 따위가 아주 많거나 강하다. ◆ (想法、感情、情绪等)充满，满怀。¶군대 간 아들 보고픈 마음에 그득하다. =对入伍的儿子满心思念。❺ 먹은 것이 소화되지 아니하여 배속이 꽉 찬 느낌이 있다. ◆ (肚子)胀，撑。¶점심 때 먹은 음식이 소화가 되지 않았는지 속이 그득하여 밥 생각이 없다. =可能是中午吃的东西还没消化，肚子很胀，不想吃饭。● 그득히 ●

그따위【대명사】그러한 부류의 대상을 낮잡아 이르는 지시 대명사. ◆代那种人，那些东西。¶그따위를 상대하다니? =怎么跟那种人来往?

그랑프리<프>【명사】가요제나 영화제 따위에서 최우수자에게 주는 상. 주로 베니스의 국제 영화제에서의 최고상을 이른다. ◆ 图大奖，头奖，最高奖。¶그가 영예의 그랑프리를 차지했다. =他获得了荣誉大奖。

그래[1] 【부사】 '그리하여'가 줄어든 말. ◆ 副 "그리하여"的略语。¶형이 그래 봐야 난 안 따라 갈 거야. =哥哥，就算你那样做，我也不会跟着去的。

그래[2] 【조사】 청자에게 문장의 내용을 강조함을 나타내는 보조사. ◆ 助表示强调的补助词，用于"구먼、군、지"等一部分不定阶("해"体)终结语尾之后。¶자네 오늘은 기분이 좋아 보이는구먼그래. =你今天好像心情不错呀。

그래[3] 【감탄사】 叹 ❶ 긍정하는 뜻으로 대답할 때 쓰는 말. '해라'할 자리에 쓴다. ◆ 好，嗯，对。¶그래, 알아들었으니까 그만 가 봐. =好，听明白了，你去吧。❷ 상대편의 말에 대한 감탄이나 가벼운 놀라움을 나타낼 때 쓰는 말. '해라' 할 자리에 쓴다. ◆ 是吗，是真的吗(表示惊讶)。¶그래? 그것 참 잘됐다. =是吗? 太好了。❸ 다잡아 묻거나 강조할 때 쓰는 말. 주로 의문문에서 삽입어로 쓴다. ◆ 难道，怎么，难道……不成? ¶이 상황에서, 그래, 놀러 가자는 말이 나오니? =这种情况下，你怎么还说得出口要去玩?

그래도 【부사】 앞의 내용이 뒤의 내용의 원인이거나 앞의 내용이 발전하여 뒤의 내용이 전개될 때 쓰는 접속 부사.◆ 但还是，可还是，即使那样也，尽管……还是……¶소리를 높여 다시 불렀다. 그는 그래도 대답이 없었다. =提高声音又叫了一遍，但他还是没有回答。

그래서 【부사】 ❶ '그리하여서'가 줄어든 말. ◆ 那样做。¶그래서는 안 되겠다는 생각이 들어 급히 집으로 돌아왔다. =觉得不能那样做，就赶紧回家了。❷ '그러하여서'가 줄어든 말. ◆ 因此，因而，所以。¶사정이 그래서 못 왔습니다. =因为情况不允许，所以才没能来。

그래프(graph) 【명사】 여러 가지 자료를 분석하여 그 변화를 한눈에 알아볼 수 있도록 나타내는 직선이나 곡선. ◆ 图 (统计上的)图表，曲线图。¶막대그래프. =柱形图表。

그램(gram) 【의존 명사】 무게의 단위. ◆ [依存名词]克。

그러나[1] 【부사】 ❶ '그리하나'가 줄어든 말.◆ "그리하나"的略语。那样做……却……¶동료들은 그러나 나는 따라 하지 않았다. =同事们都那样做了，我却没跟着他们那样做。❷ '그러하나'가 줄어든 말. ◆ 虽然如此，尽管如此，可是，但是，但。¶내 생각도 그러나 그녀는 자신의 생각대로 행동했다. =虽然我也是那样想的，但她还是按自己的想法去做了。

그러나[2] 【부사】 앞의 내용과 뒤의 내용이 상반될 때 쓰는 접속 부사. ◆ 副可是，但是，但。¶우리는 열심히 손을 흔들었다. 그러나 선수 중 아무도 돌아보는 사람이 없었다. =我们热情地挥手，可是没有一个选手回头看。

그러나저러나 【부사】 그것은 그렇다 치고. 어떻든간에. 지금까지의 화제를 다른 데로 돌릴 때 쓴다. ◆ 副无论如何，不管怎样(表示转换话题)。¶그러나저러나 내 일은 걱정하지 마세요. =无论如何，我的事你不用担心。

그러니 【부사】 '그러하니'의 준말. 일의 형편이 앞에서 말한 것과 같으니. ◆ 所以，因此，因为这样("그러하니"的略语)。¶그러니 매일 혼나지. =所以才每天都挨骂呀。

그러니까 【부사】 앞의 내용이 뒤의 내용의 이유나 근거 따위가 될 때 쓰는 접속 부사. ◆ 副因此，所以。¶오늘도 늦게 일어났구나. 그러니까 늘 지각이지. =今天又起晚了啊! 所以你才总迟到。

그러면 【부사】 副 ❶ 앞의 내용이 뒤의 내용의 조건이 될 때 쓰는 접속 부사. ◆ 那就，那样就。¶이 길을 따라 가라. 그러면 목적지가 나올 거다. =沿着这条路走，就能达到目的地。❷ 앞의 내용을 받아들이거나 그것을 전제로 새로운 주장을 할 때 쓰는 접속 부사. ◆ 那么，那，那就。¶그러면 이제 그 일은 일단락된 거지? =那现在那件事就算告一段落了?

그러므로 【부사】 앞의 내용이 뒤의 내용의 이유나 원인, 근거가 될 때 쓰는 접속 부사. ◆ 副因此，因而，所以。¶인간은 말을 한다. 그러므로 동물과 구별된다. =人类拥有语言，所以不同于动物。

그러하다 【형용사】 形 ❶ '그렇다(상태, 모양, 성질 따위가 그와 같다)'의 본말. ◆ 是那样，如此。¶너의 마음이 그러하다면 그와 함께 떠나거라. =如果你心意如此，就跟他一起走吧。❷ '그렇다(특별한 변화가 없다)'의 본말. ◆ 就是那样，如此。¶누구나 그러하겠지만 결혼에 대한 환상은 가지고 있다. =人人都是如此，对结婚总是怀着幻想。¶교황의 미소는 평화를 가져다주는 그러한 미소를 가지고 있다. =教皇的微笑是那种能带来和平的微笑。❸ '그렇다(만족스럽지 아니하다)'의 본말. ◆ 那种，那样的。

그럭저럭 【부사】 副 ❶ 충분하지는 않지만 어느 정도로. ◆ 就那么，就那样。¶그럭저럭 잘 지내다. =平平淡淡地过着。❷ 그렇게 저렇게 하는 사이에 어느덧. ◆ 稀里糊涂地，漫不经心地。¶그럭저럭 시간을 보내다. =稀里糊涂地打发时间。

그런 【관형사】 상태, 모양, 성질 따위가 그러한. ◆ 副那样的，那种。¶그런 상황. =那种情况。

그런대로 【부사】 만족스럽지는 아니하지만 그러한 정도로. ◆ 副尚可，尚能，还算。¶그런대로 입에 풀칠은 합니다. =尚可糊口。

그런데 【부사】 副 ❶ 화제를 앞의 내용과 관련시키면서 다른 방향으로 이끌어 나갈 때 쓰는 접속 부사. 그러한데. ◆ 可是，可，不过。¶아 그렇군요. 그런데 왜 그때는 말씀을 안 하셨습니까? =啊，是这样啊，可是您那时候为什么不说呢? ❷ 앞의 내용과 상반된 내용을 이끌 때 쓰는 접속 부사. ◆ 可是，可，不过，但是。¶동생은 벌써 숙제를 하고 나갔어요. 그런데 저는 아직도 숙제가 많이 남아서 놀 수가 없어요. =弟弟已经做完作业出去了，可我还剩下很多作业没做完，不能出去玩儿。

그럴듯하다 【형용사】 形 ❶ 제법 그렇다고 여길 만하다. ◆ 煞有介事, 煞有其事。¶그럴듯하게 둘러대다. =煞有介事地胡诌。❷ 제법 훌륭하다. ◆ 像个样子, 挺不错。¶그럴듯하게 꾸미다. =收拾得还挺像回事。

그럴싸하다【형용사】形 ❶ 그럴듯하다(제법 그렇다고 여길 만하다). ◆ 好像还不错, 好像挺不错, 似乎是那么回事, 似乎有道理。¶그럴싸한 변명. =辩解似乎挺有道理的。❷ 그럴듯하다(제법 훌륭하다). ◆ 像个样子, 挺不错。

그럼[1]【부사】副 ❶ '그러면(앞의 내용이 뒤의 내용의 조건이 될 때 쓰는 접속 부사)'의 준말. ◆ 那样就。¶그 길로 계속 가. 그럼 그 집이 보일 거야. =沿着那条路一直走, 就能看到那座房子了。❷ '그러면(앞의 내용을 받아들이거나 그것을 전제로 새로운 주장을 할 때 쓰는 접속 부사)'의 준말. ◆ 那么, 那。¶그럼 어떻게 하지? =那该怎么办?

그럼[2]【부사】'그러면('그리하면'이 줄어든 말)'이 줄어든 말. ◆ 副那样, 那样做。¶거기서 그럼 안 된다. =在那儿可不能那样做。

그럼[3]【감탄사】말할 것도 없이 당연하다는 뜻으로 대답할 때 쓰는 말. ◆ 叹当然, 是啊。¶그럼, 당연하지. =是啊, 当然了。

그렁그렁【부사】副 ❶ 액체가 많이 담기거나 괴어서 가장자리까지 거의 찰 듯한 모양. ◆ (液体)满满地。¶가뭄으로 메말랐던 옹달샘이 밤새 내린 비로 그렁그렁 차 있다. =一夜雨后, 因干旱而干涸的小泉眼汪满了水。❷ 눈에 눈물이 넘칠 듯이 그득 괸 모양. ◆ (眼泪)汪汪地, 盈盈欲滴地。¶그녀의 눈에 눈물이 그렁그렁 돌았다. =她的眼里含着两颗盈盈欲滴的泪珠。

그렇게【부사】'그러하게'가 줄어든 말. ◆ 那么, 那样。¶왜 그렇게 성을 내니? =为什么那么生气?

그렇다【형용사】形 ❶ 상태, 모양, 성질 따위가 그와 같다. ◆ 是那样, 是那样的。¶그렇다라고 할 수는 있습니다만 저는 그런 일은 모릅니다. =话虽如此, 但我不知道那些事。❷ 특별한 변화가 없다. ◆ 还是那样, 仍是那样。¶요새는 그저 그렇습니다. =最近情况还是那样。❸ 만족스럽지 아니하다. ◆ 有点那样, 有点那个。¶이 물건은 좀 그렇다. =这东西有点那个吧?

그렇듯【부사】'그러하듯'이 줄어든 말. ◆ 副那么, 那样。¶그렇듯 아름다운 여자가 또 있을까? =还会有那么漂亮的女人吗?

그렇듯이【부사】'그러하듯이'가 줄어든 말. ◆ 副像那样。¶다들 그렇듯이 우리도 산전수전 다 겪으며 살아왔다. =我们也像别人那样, 是历经千山万水才过来的。

그렇지만【부사】앞의 내용을 인정하면서 앞의 내용과 뒤의 내용이 대립될 때 쓰는 접속 부사. 그러하지마는. ◆ 副但, 可, 但是, 可是, 然而, 却。¶네 말도 일리는 있다. 그렇지만 우리는 다른 사람들의 의견에 따라야만 한다. =你的话也有一定道理, 但我们只能服从其他人的意见。

그루【의존 명사】식물의 포기 수를 세는 단위. ◆ 依名株, 棵。¶소나무 2천 그루. =两千棵松树。

그루터기【명사】名 ❶ 풀이나 나무 따위의 아랫동아리. 또는 그것들을 베고 남은 아랫동아리. ◆ (树、草、庄稼等的)桩, 桩子。¶소나무 그루터기에 걸터앉다. =坐在松树桩上。❷ 물체의 아랫동아리를 비유적으로 이르는 말. ◆ 脚。¶산 그루터기. =山脚。❸ 밑바탕이나 기초가 될 수 있는 사물을 비유적으로 이르는 말. ◆ 底子, 基础。

그룹(group)【명사】名 ❶ 함께 행동하거나 공통점이 있어 한데 묶일 수 있는 사람들의 무리. ◆ 组, 小组, 群体。¶선두 그룹. =领头小组。❷ 음악 활동을 하는 무리. ◆ 名乐队, 组合。❸ 계열을 이루는 기업체의 무리. ◆ 名 (企业)集团, 团体。¶재벌 그룹. =财阀集团。

그르다【형용사】어떤 일이 사리에 맞지 아니한 면이 있다. ◆ 形不正, 不好。¶행실이 그르다. =行为不端。

그르치다【동사】어떤 일이나 형편이 좋지 않게 하거나 잘못되게 하다. ◆ 动办坏, 办错, 办砸。¶작은 일에 구애되어 큰일을 그르치지 않도록 하십시오. =不要因小失大。

그릇【명사】名 ❶ 물건을 담는 기구의 총칭. ◆ 器皿, 碗。¶유리그릇. =玻璃器皿。❷ 어떤 일을 해 나갈 만한 능력이나 도량 또는 그런 능력이나 도량을 가진 사람을 비유적으로 이르는 말. ◆ 气量, 肚量, 气度, 能耐; 有度量的人。¶그릇이 큰 인물. =气量恢宏的人物。❸ 음식이나 물건을 담아 그 분량을 세는 단위. ◆ 量碗。¶국수 열 그릇. =十碗面条。

그리[1]【부사】副 ❶ 상태, 모양, 성질 따위가 그러한 모양. ◆ 那样, 那么。¶너는 뭐가 그리 바쁘니? =什么事把你忙成那样? ❷ 그다지(그러한 정도로는). ◆ (与否定搭配)不太, 不那么, 并不怎么。¶그리 넉넉하지 않다. =不那么宽裕。

그리[2]【부사】그곳으로. 또는 그쪽으로. ◆ 副那边, 那儿, 往那边, 朝那儿。¶그리 갈께. =我要去那儿了。

그리고【부사】단어, 구, 절, 문장 따위를 병렬적으로 연결할 때 쓰는 접속 부사. ◆ 副并且, 还有; 然后, 接着。¶너 그리고 나. =你还有我。

그리다[1]【동사】사랑하는 마음으로 간절히 생각하다. ◆ 动怀念, 思念, 想念。¶고향을 그리다. =思乡。

그리다[2]【동사】动 ❶ 연필, 붓 따위로 어떤 사물의 모양을 그와 닮게 선이나 색으로 나타내다. ◆ 画。¶그림을 그리다. =画画。❷ 생각, 현상 따위를 말이나 글, 음악 등으로 나타내다. ◆ 描写, 刻画。¶이 소설은 서민 생활의 애환을 그리고 있다. =这部小说描写了老百姓生活中的悲欢离合。❸ 어떤 모양을 일정하게 나타내거나 어떤 표정을 짓다. ◆ 画出(某种形状), 做出(某种表情)。¶화살이 포물선을 그리며 날아간다. =箭飞了出去, 在空中画出一道抛物线。❹ 상상하거나 회상하다. ◆ 想念, 向往, 憧憬。¶그는 아내와 아이들의 얼굴을 그리며 선물을 준비했다. =他想念着妻儿的脸庞准备了礼物。

그리스(Greece)【명사】유럽 남동쪽에 있는 나라. 서양 고대 문명의 발상지로 주산업은 농업이다. 공용어는 그리스어이고 수도는 아테네이다. ◆ 名希腊。

그리움【명사】보고 싶어 애타는 마음. ◆ 名想念, 怀念。¶그리움이 사무치다. =思念深入骨髓。

그리워하다【동사】사랑하여 몹시 보고 싶어 하다. ◆ 动思念, 想念, 怀念。¶고향을 그리워하다. =怀念故乡。

그리하여【부사】앞의 내용이 뒤의 내용의 원인이거나 앞의 내용이 발전하여 뒤의 내용이 전개될 때 쓰는 접속 부사. ◆ 副就这样, 于是。¶그리하여 두 사람은 부부가 되었다. =就这样, 两人结为了夫妻。

그린벨트(greenbelt)【명사】개발 제한 구역. ◆ 名城市绿化带。¶여기는 그린벨트로 묶여 건물을 지을 수 없다. =这里被划为绿化带, 不能搞建筑。

그림【명사】선이나 색채를 써서 사물의 형상이나 이미지를 평면 위에 나타낸 것. ◆ 名画, 图画, 图。

그림물감【명사】그림을 그리는 데에 쓰는 물감. 색소와 고착제를 섞어서 만들며, 그림의 색을 표현하는 데에 쓴다. ◆ 名 (绘画的)颜料, 水彩。

그림엽서(--葉書)【명사】한쪽 면에 그림이나 사진이 있는 엽서. ◆ 名美术明信片。

그림자【명사】名 ❶ 물체가 빛을 가려서 그 물체의 뒷면에 드리워지는 검은 그늘. ◆ 影, 影子, 黑影。¶그림자가 지다. =有黑影。❷ 물에 비쳐 나타나는 물체의 모습. ◆倒影。¶호수에 비친 달의 그림자. =月亮在湖水中的倒影。❸ 사람의 자취. ◆ 踪影, 人影, 踪迹。¶어두워지자 그 자리에는 사람의 그림자도 볼 수 없었다. =天一黑, 那里连个人影儿也看不到了。❹ 얼굴에 나타나는 불행, 우울, 근심 따위의 괴로운 감정 상태. ◆ (脸上的)阴影。¶얼굴에 수심의 그림자가 드리워지다. =脸上罩着一层愁容。❺ 어떤 사람이나 대상에 밀접한 관계를 가지고 항상 따라다니는 것을 비유적으로 이르는 말. ◆ 影子。¶경호원이 늘 그림자처럼 따라다닌다. =保镖们总是像影子一样跟在身边。

그림책(--冊)【명사】名 ❶ 어린이를 위하여 주로 그림으로 꾸민 책. ◆ 图画书。¶아이들은 글자가 많은 책보다 그림책을 좋아한다. =与侧重文字的书相比, 孩子们更喜欢图画书。❷ 그림을 모아 놓은 책. ◆ 画册, 画报。

그립다【형용사】形 ❶ 보고 싶거나 만나고 싶은 마음이 간절하다. ◆ 思念, 想念, 怀念。¶고향에 계신 부모님이 그립다. =想念家乡的父母。❷ 어떤 것이 매우 필요하거나 아쉽다. ◆ 渴望, 希望得到。¶장애인에 대한 일반인들의 사랑과 배려가 그립습니다. =残疾人渴望受到普通人的关心和爱护。

그만【부사】副 ❶ 그 정도까지만. ◆ 到此为止, 就到这, 不再。¶그만 먹어라. =别再吃了。❷ 그대로 곧. ◆ 就, 立刻, 立即, 马上。¶그는 내 말을 듣더니 그만 바로 가 버렸다. =他一听完我的话马上就走了。❸ 그 정도로 하고. ◆ 就, 这就, 就这样。¶이제 그만 갑시다. =现在就走吧。❹ 자신도 모르는 사이에. ◆ 不由得, 不禁。¶너무 놀라서 그만 소리를 지르고 말았다. =吓了一大跳, 不由得大叫起来。❺ 달리 해 볼 도리가 없이. ◆ 没办法, 只得, 就。¶길이 막혀서 그만 늦었습니다. =路上堵车, 只能迟到了。

그만그만하다【형용사】그만한 정도로 여럿이 다 비슷비슷하다. ◆ 形差不多, 相似, 相当。¶실력이 그만그만하다. =实力相当。

그만두다【동사】动 ❶ 하던 일을 그치고 안 하다. ◆ (中途)停止, 中止, 放弃。¶학업을 그만두다. = 放弃学业。❷ 할 일이나 하려고 하던 일을 안 하다. ◆ 放弃, 取消, 作罢。¶책을 읽으려다가 그만두었다. =想要看书, 又作罢了。

그만큼【부사】그만한 정도로. ◆ 副那样, 那么。¶그만큼 공부하면 틀림없이 성공할 것이다. =像那样努力学习的话, 一定会成功的。

그만하다【형용사】상태, 모양, 성질 따위의 정도가 그러하다. ◆ 形那点, 那么。¶부상이 그만해서 천만다행이다. =就这么点伤, 真是万幸。

그물【명사】名 ❶ 노끈이나 실, 쇠줄 따위로 여러 코의 구멍이 나게 얽은 물건. 날짐승이나 물고기 따위를 잡는 데 쓴다. ◆ 网。¶그물을 치다. =撒网。❷ 그물코처럼 엮어 만든 물건을 통틀어 이르는 말. ◆ 网。¶배구공이 그물에 걸리다. =把排球打在网上。❸ 남을 꾀거나 붙잡기 위하여 베풀어 놓은 교묘한 수단과 방법을 비유적으로 이르는 말. ◆ 网, 罗网, 圈套。¶형사들이 쳐 놓은 그물에 범인이 걸려들었다. =犯人落入便衣刑警布下的网中。

그물코【명사】그물에 뚫려 있는 구멍. ◆ 名网眼, 网孔。¶그물코가 촘촘하다. =网眼很密。

그믐【명사】그믐날(음력으로 그 달의 마지막 날). ◆ 名晦日, 阴历三十。¶섣달 그믐. =除夕。

그믐날【명사】음력으로 그 달의 마지막 날. ◆ 名晦日, 阴历每月最后一日。

그믐달【명사】음력으로 매월 마지막 날에 뜨는 달. ◆ 名月末那天的残月。

그분【대명사】'그 사람'을 아주 높여 이르는 삼인칭 대명사. ◆ 代他, 那位("그 사람"的敬称)。¶그분을 찾아뵙고 인사를 드렸다. =礼节性地拜访了他。

그사이【명사】조금 멀어진 어느 때부터 다른 어느 때까지의 비교적 짧은 동안. ◆ 名那一小会儿, 那期间。¶그사이를 못 기다리고 그냥 가 버리다니. =那么一小会儿都等不了, 竟然走了?

그새【명사】'그사이'의 준말. ◆ 名 "그사이"的略语。¶곧 저녁 시간이었지만 그새를 못 참아 빵으로 요기했다. =虽然马上就到晚饭时间了, 但实在是一刻也忍不了, 就先吃了一点面包。

그슬리다[1]【동사】'그슬다'의 피동사. ◆ 动烧焦, 烤焦, 烤糊。

그슬리다[2]【동사】'그슬다'의 사동사. ◆ 动烧焦, 烤焦, 烤糊("그슬다"的使动形态)。¶고기 그슬리는 냄새가 난다. =发出一股肉烤焦了的味道。

그야【부사】副 ❶ 바로 앞서서 한 말을 받아 동의나 인정 따위를 나타내는 말. ◆ 那个嘛。¶그야 그럴 수밖에. =那个嘛，只能是那样。❷ 앞서 한 말의 이유를 뜻하는 말. ◆ 那个，那，那是。¶그는 재산을 탕진했다. 그야 노름으로 하루하루를 보냈으니 당연한 일이다. =财产被他挥霍殆尽了。他成天赌博，那也是当然的事。

그야말로【부사】전달하고자 하는 사실을 강조할 때 쓰는 말. ◆ 副的确是，确实是，可真是。¶병원의 응급실은 그야말로 생사를 다투는 곳이다. =医院的急诊室的确是生死搏斗的地方。

그윽하다【형용사】形 ❶ 깊숙하여 아늑하고 고요하다. ◆ 幽静，寂静。¶아무도 찾지 않는 산사의 겨울밤은 그윽하기만 하다. =没有任何人打扰的山寺的冬夜非常寂静。❷ 뜻이나 생각 따위가 깊거나 간절하다. ◆ (志向或思想)深刻，深邃。¶나이도 어린 사람이 생각도 그윽하지. =年纪不大，想得可真深刻。❸ 느낌이 은근하다. ◆ 幽深，幽幽，深沉。¶눈길이 그윽하다. =幽深的目光。

그을다【동사】햇볕이나 연기 따위를 오래 쬐어 검게 되다. ◆ 动晒黑，熏黑。¶햇볕에 얼굴이 검게 그을었다. =脸在阳光下晒黑了。

그을리다【동사】'그을다'의 피동형. ◆ 动 (被)熏黑，晒黑("그을다"的被动形态)。¶그는 해수욕장에 다녀왔는지 얼굴이 새까맣게 그을렸다. =他可能是去了趟海水浴场，脸被晒得黑黝黝的。

그을음【명사】어떤 물질이 불에 탈 때에 연기에 섞여 나오는 먼지 모양의 검은 가루. ◆ 名烟炱，烟子，黑灰。

그이【대명사】代 ❶ '그 사람'을 조금 높여 이르는 삼인칭 대명사. ◆ 他，那位("그 사람"的敬称)。¶그이는 어디서 온 사람입니까? =那位是从哪儿来的? ❷ 여자가 다른 사람을 상대하여 그 자리에 없는 자기 남편이나 애인을 가리키는 삼인칭 대명사. ◆ 我丈夫。¶그이가 제 생일 선물로 준 반지랍니다. =这枚戒指是丈夫送给我的生日礼物。

그저【부사】副 ❶ 변함없이 이제까지. ◆ 一直，还，照旧。¶비가 그저 내리고 있다. =雨一直下。❷ 다른 일은 하지 않고 그냥. ◆ 只是，光是。¶그는 그저 웃기만 했다. =他只是笑。❸ 어쨌든지 무조건. ◆ 只能，只有。¶그저 감사할 뿐입니다. =只有感谢而已。❹ 특별한 목적이나 이유 없이. ◆ 随便，随意，无心地，无意地。¶그저 한번 해 본 말이다. =只是随便说了一句。❺ 별로 신기할 것 없이. ◆ 就是，只是。¶우리들은 모두 그저 그런 보통 사람들입니다. =我们都只是普通人。

그저께【명사】어제의 전날. ◆ 名前天。

그전(--前)【명사】지나간 지 꽤 되는 과거의 어느 시점을 막연하게 이르는 말. ◆ 名以前，从前，此前。¶여기가 그전에 아버지께서 근무하시던 곳이다. =这里是爸爸以前工作过的地方。

그제【명사】'그저께'의 준말. ◆ 名 "그저께(前天)"的略语。

그제야【부사】앞에서 이미 이야기한 바로 그때에 이르러서야 비로소. ◆ 副那时才，这时才，这才。¶초인종을 한참 누르니까 그제야 사람이 나왔다. =按了好一会儿门铃，这才有人出来。

그지없다【형용사】끝이나 한량이 없다. ◆ 形无止境，无尽，没有尽头。¶자식에 대한 부모의 사랑은 그지없다. =父母对子女的爱没有尽头。● 그지없이 ●

그치다【동사】动 ❶ 계속되던 일이나 움직임이 멈추거나 끝나다. 또는 그렇게 하다. ◆ 暂停，停止。¶비가 그치다. =雨停了。❷ 더 이상의 진전이 없이 어떤 상태에 머무르다. ◆ 停留，保持。¶형식적인 조사에 그치다. =调查只是走了走形式。

그토록【부사】그러한 정도로까지. 또는 그렇게까지. ◆ 副那样，那么，那个程度。¶그토록 말렸으나 소용이 없었다. =那样挽留都没用。

극[1](極)【명사】名 ❶ 어떤 정도가 더할 수 없을 만큼 막다른 지경. ◆ 极，无比，极度，极其。¶횡포가 극에 달하다. =横行霸道至极。❷ 전지에서 전류가 드나드는 양쪽 끝. 양극과 음극이 있다. ◆ 极，电极。❸ 자석에서 자력이 가장 센 양쪽의 끝. 남극과 북극이 있다. ◆ 极，磁极。❹ 지축(地軸)의 양쪽 끝. 곧, 북극과 남극을 이른다. ◆ 极，地极。

극[2]-(極)【접사】'더할 나위 없는' 또는 '정도가 심한'의 뜻을 더하는 접두사. ◆ 前缀极，极其(附用于部分名词词根前)。¶극소수. =极少数。

극구(極口)【부사】온갖 말을 다하여. ◆ 副极力。¶극구 칭찬하다. =极力称赞。

극기(克己)【명사】자기의 감정이나 욕심, 충동 따위를 이성적 의지로 눌러 이김. ◆ 名克己，自我克制。¶극기 훈련. =自我克制的训练。● 극기하다(克己--) ●

극단[1](極端)【명사】名 ❶ 맨 끝. ◆ 尽头，顶点。❷ 길이나 일의 진행이 끝까지 미쳐 더 나아갈 데가 없는 지경. ◆ 极端，极点，极限。

극단[2](劇團)【명사】연극을 전문으로 공연하는 단체. ◆ 名剧团，戏班。¶유랑 극단. =流动剧团。

극도(極度)【명사】더할 수 없는 정도. ◆ 名极度，极端。¶극도로 긴장하다. =极度紧张。

극락(極樂)【명사】名 ❶ 아미타불이 살고 있는 정토(淨土)로, 괴로움이 없으며 지극히 안락하고 자유로운 세상. 인간 세계에서 서쪽으로 10만억 불토(佛土)를 지난 곳에 있다. ◆极乐，极乐世界。¶죽어서 극락에 가다. =死后进入极乐世界。❷ 더없이 안락해서 아무 걱정이 없는 경우와 처지. 또는 그런 장소. ◆ 快乐至极；极乐世界，天堂。¶내 집이 바로 극락이다. =我的家就是天堂。

극력(極力)【명사】있는 힘을 아끼지 않고 다함. 또는 그 힘. ◆ 名极力，全力，竭力，竭尽全力。¶극력으로 반대하다. =极力反对。

극렬하다(極烈/劇烈--)【형용사】매우 열렬하거나 맹렬하다. ◆ 形剧烈，激烈，极端。

극복(克服)【명사】악조건이나 고생 따위를 이겨 냄. ◆ 名克服，战胜。¶가뭄 극복. =战胜干旱。● 극복되다(克服--), 극복하다(克服--) ●

극본(劇本)【명사】연극의 꾸밈새·무대 모양·배우의 대사 따위를 적은 글. ◆ 名剧本，脚本。

극비(極祕)【명사】'극비밀(極祕密)'의 준말. 굳게 지켜야 할 비밀. ◆ 图绝密("극비밀(極祕密)"的略语)。¶극비 문서. =绝密文件。

극비리(極祕裡)【명사】극비밀리(다른 사람들에게는 전혀 알려지지 않은 가운데). ◆ 图绝密中，极度机密中。¶극비리에 논의하다. =极其秘密地讨论。

극빈하다(極貧--)【형용사】몹시 가난하다. ◆ 形赤贫，特困。¶생활이 극빈하다. =生活极其贫困。

극성(極盛)【명사】图 ❶ 성질이나 행동이 몹시 드세거나 지나치게 적극적임. ◆ 狂热，过激，猖獗。¶극성을 떠는 축구팬들. =狂热的足球迷们。❷ 몹시 왕성함. ◆ 极盛，鼎盛，全盛。¶극성에 이르다. =达到鼎盛。

극성스럽다(極盛---)【형용사】성질이나 행동이 몹시 드세거나 지나치게 적극적인 데가 있다. ◆ 形狂热，过激，猖獗。¶극성스러운 성미. =狂热的性格。

극소수(極少數)【명사】아주 작은 수효. ◆ 图极少数。¶극소수의 견해. =极少数的见解。

극심하다(極甚/劇甚--)【형용사】매우 심하다. ◆ 形极其严重，极其厉害。¶극심한 인력난. =极其严重的人员短缺。

극악무도하다(極惡無道--)【형용사】더할 나위 없이 악하고 도리에 완전히 어긋나 있다. ◆ 形惨无人道，罪大恶极。¶극악무도한 범인. =罪大恶极的罪犯。

극악하다(極惡--)【형용사】마음씨나 행동이 더할 나위 없이 악하다. ◆ 形最坏，穷凶极恶，凶残。¶극악한 상황. =最坏的情况。

극약(劇藥)【명사】图 ❶ 독약보다는 약하나 적은 분량으로 사람이나 동물에게 위험을 줄 수 있는 약품. 산토닌, 카페인 따위가 있다. ◆ 烈性药。❷ 극단적인 해결 방법을 비유적으로 이르는 말. ◆ 猛药。¶정부는 부동산 투기를 막기 위해서 극약 처방을 내렸다. =政府为遏制房地产投机现象下了一剂猛药。

극언(極言)【명사】图 ❶ 극단적으로 말함. 또는 그런 말. ◆ 极端的话，过激的言辞。¶극언을 퍼붓다. =破口而出，说了很多过激的言辞。❷ 있는 힘을 다해서 간하여 말함. 또는 그런 말. ◆ 极言，极力劝说。¶극언을 올리다. =极言进谏。● 극언하다(極言--) ●

극작가(劇作家)【명사】연극의 각본을 쓰는 것을 업으로 하는 사람. ◆ 图剧作家，编剧。

극장(劇場)【명사】연극이나 음악, 무용 따위를 공연하거나 영화를 상영하기 위하여 무대와 객석 등을 설치한 건물이나 시설. ◆ 图影剧院，电影院。¶영화를 보러 극장에 가다. =去电影院看电影。

극적(劇的)【명사】图 ❶ 극의 특성을 띤 것. ◆ 戏剧性的，戏剧般的。¶극적으로 탈출하다. =戏剧性地逃脱。❷ 극을 보는 것처럼 큰 긴장이나 감동을 불러일으키는 것. ◆ 戏剧性的，戏剧般的。

극지방(極地方)【명사】남극과 북극의 주변 지역. ◆ 图极地，极圈。

극진하다(極盡--)【형용사】마음과 힘을 다하여 애를 쓰는 것이 매우 지극하다. ◆ 形竭尽全力，无微不至，竭诚。¶극진한 간호. =无微不至的护理。● 극진히(極盡-) ●

극찬(極讚)【명사】매우 칭찬함. 또는 그런 칭찬. ◆ 图极口称赞，高度赞赏，盛赞。¶극찬을 아끼지 않다. =不吝盛赞。● 극찬하다(極讚--) ●

극치(極致)【명사】도달할 수 있는 최고의 경취나 경지. ◆ 图极致，顶峰。¶자연미의 극치. =自然美的极致。

극한(極限)【명사】궁극의 한계. 사물이 진행하여 도달할 수 있는 최후의 단계나 지점을 이른다. ◆ 图极限，顶点，极端。¶극한 대립. =极端对立。

극형(極刑)【명사】가장 무거운 형벌이라는 뜻으로, '사형(死刑)'을 이르는 말. ◆ 图极刑，死刑。¶극형에 처하다. =处以极刑。

극히(極-)【부사】더할 수 없는 정도로. ◆ 副非常，极其，万分。¶극히 어려운 일. =极其困难的事。

근[1](斤)【의존 명사】무게의 단위. ◆ 依名斤。

근[2](近)【관형사】그 수량에 거의 가까움을 나타내는 말. ◆ 冠近，将近，差不多。¶근 한 달 동안. =将近一个月的时间。

근간[1](近刊)【명사】최근에 출판함. 또는 그런 간행물. ◆ 图新近刊物，新近出版的刊物。¶근간 서적. =新近出版的书籍。

근간[2](近間)【명사】요사이. ◆ 图近来，最近，近期。¶근간의 물가 시세. =近期的物价行情。

근간[3](根幹)【명사】图 ❶ 뿌리와 줄기를 아울러 이르는 말. ◆ 根干，根茎。❷ 사물의 바탕이나 중심이 되는 중요한 것. ◆ 根本，主流。¶사상의 근간을 이루다. =形成思想主流。

근거(根據)【명사】图 ❶ 근본이 되는 거점. ◆ 基础，根本。¶활동의 근거로 삼다. =作为活动基础。❷ 어떤 일이나 의논, 의견에 그 근본이 됨. 또는 그런 까닭. ◆ 根据，凭据。¶근거 없는 낭설. =无凭无据的传闻。● 근거하다(根據--) ●

근거리(近距離)【명사】어느 한 곳에서 다른 곳까지의 짧은 거리. ◆ 图近距离，附近。¶훈련 도중 포탄이 근거리에 있던 마을에 떨어졌다. =训练中，炮弹落到了附近的村庄。

근거지(根據地)【명사】활동의 근거로 삼는 곳. ◆ 图根据地，大本营，基地，据点。¶활동의 근거지. =活动的大本营。

근검(勤儉)【명사】부지런하고 검소함. ◆ 图勤俭，勤劳俭朴。¶우리 가족은 근검을 생활신조로 하고 있습니다. =我们一家人把勤俭作为生活信条。● 근검하다(勤儉--) ●

근교(近郊)【명사】도시의 가까운 변두리에 있는 마을이나 들. ◆ 图近郊，郊区，市郊。¶어렸을 때 서울 근교에서 살았다. =小时候住在首尔近郊。

근근이(僅僅-)【부사】가까스로 겨우. ◆ 副勉强，将就，凑合。¶어려운 살림을 근근이 꾸려 가다. =勉强维持艰苦的生活。

근년(近年)【명사】요 몇 해 사이. ◆ 图近年，近几年。¶근년에 보기 드문 풍작. =近年来罕见的丰收。

근대(近代)【명사】图❶ 얼마 지나가지 않은 가까운 시대. ◆ 近年，近些年。❷ 역사의 시대 구분의 하나로, 중세와 현대 사이의 시대. ◆ (历史)近代。¶근대에 대한 시대구분은 여러 학설이 있다. =关于近代的划分存在多种学说。

근대화(近代化)【명사】근대적인 상태가 됨. 또는 그렇게 함. ◆图近代化，现化代。¶생산 설비의 근대화. =生产设备的现代化。● 근대화되다(近代化--), 근대화하다(近代化--) ●

근래(近來)【명사】가까운 요즈음. ◆ 图近来，近日，最近。¶근래에 보기 드문 일. =近来罕见的事。

근력(筋力)【명사】图❶ 근육의 힘. 또는 그 힘의 지속성. ◆ 力气，劲儿。¶근력이 세다. =力气大。❷ 일을 능히 감당하여 내는 힘. ◆ 精力，劲头。¶근력이 좋으신 할아버지. =精力充沛的爷爷。

근로(勤勞)【명사】부지런히 일함. ◆图辛勤劳动，辛勤工作。¶근로의 권리. =辛勤劳动的权利。

근로자(勤勞者)【명사】근로에 의한 소득으로 생활을 하는 사람. ◆图劳动者，工人。

근면(勤勉)【명사】부지런히 일하며 힘씀. ◆ 图勤奋，勤劳。¶근면과 협동. =勤奋与协作。● 근면하다(勤勉--) ●

근무(勤務)【명사】직장에 적(籍)을 두고 직무에 종사함. ◆ 图工作，上班。¶근무 태도. =工作态度。● 근무하다 ●

근방(近方)【명사】근처(가까운 곳). ◆ 图附近。¶학교 근방. =学校附近。

근본(根本)【명사】图❶ 사물의 본질이나 본바탕. ◆ 根本，本质。¶근본 문제. =根本问题。❷ 자라 온 환경이나 혈통. ◆ 出身，成长背景。¶근본이 괜찮은 사람을 쓴다. =出身清白的人。

근본적(根本的)【명사】근본을 이루거나 근본이 되는 것. ◆ 图根本的，本质性的。¶근본적으로 문제가 있다. =有根本性的问题。

근사치(近似値)【명사】근삿값(근사계산에 의하여 얻어진 수치로 참값에 가까운 값). ◆图近似值。

근사하다(近似--)【형용사】❶ 거의 같다. ◆ 形 类似，近似，相近，相似，相仿。¶근사한 차이. =微小的差别。❷ 俚 그럴듯하게 괜찮다. ◆ 形 俚不错，很好，精彩。¶근사한 옷차림. =不错的衣着。

근삿값(近似-)【명사】근사계산에 의하여 얻어진 수치로 참값에 가까운 값. ◆图近似值。

근성(根性)【명사】图❶ 곤란·고통을 견디어 내고자 하는 끈질긴 성질. ◆ 韧劲，韧性，毅力，顽强精神。¶프로 근성. =职业精神。❷ 뿌리가 깊게 박힌 성질. ◆ 本性。¶아부근성. =阿谀逢迎的劣根性。

근소하다(僅少--)【형용사】얼마 되지 않을 만큼 아주 적다. ◆形极少，微小。¶근소한 차이. =微小的差异。

근속(勤續)【명사】한 일자리에서 계속 근무함. ◆图连续工作，持续工作。¶근속 기간. =连续工作期间。● 근속하다(勤續--) ●

근시(近視)【명사】가까운 데 있는 것은 잘 보아도, 먼 데 있는 것은 잘 보지 못하는 시력. 또는, 그런 사람. ◆图近视。

근신(謹愼)【명사】图❶ 말이나 행동을 삼가고 조심함. ◆ 谨慎，小心翼翼。¶근신의 뜻을 나타내다. =表示出谨慎之态。❷ 벌로 일정 기간 동안 출근이나 등교, 집무 따위의 활동을 하지 아니하고 말이나 행동을 삼감. ◆ 停职反省。¶근신 처분을 내리다. =作出停职反省的处分。● 근신하다(謹愼--) ●

근심【명사】해결되지 않은 일 때문에 속을 태우거나 우울해함. ◆ 图担心，担忧，忧虑，顾虑。¶근심이 태산 같다. =顾虑很多。● 근심하다 ●

근심스럽다【형용사】보기에 마음이 놓이지 않아 속을 태우는 데가 있다. ◆ 形担心的，担忧的，忧虑的。¶근심스러운 얼굴빛. =忧虑的神色。

근엄하다(謹嚴--)【형용사】점잖고 엄숙하다. ◆形严谨。¶선생의 근엄한 태도. =老师严谨的态度。

근원(根源)【명사】图❶ 물줄기가 나오기 시작하는 곳. ◆ 源头，发源地。❷ 사물이 비롯되는 근본이나 원인. ◆ 起源，来源，根源。¶생명의 근원. =生命的起源。

근위대(近衛隊)【명사】임금을 가까이에서 호위하던 부대. ◆图近卫队。

근육(筋肉)【명사】힘줄과 살을 통틀어 이르는 말. 동물의 운동을 맡은 기관으로, 단백질 · 지방 · 탄수화물 · 무기 염류를 포함하고 있는데, 수분이 70%를 차지한다. ◆ 图肌肉。¶근육이 잘 발달한 선수. =肌肉发达的运动员。

근절(根絶)【명사】다시 살아날 수 없도록 아주 뿌리째 없애 버림. ◆ 图根除，铲除，根治，杜绝。¶회악 근절. =根除社会丑恶现象。● 근절되다(根絶--), 근절하다(根絶--) ●

근접(近接)【명사】가까이 접근함. ◆ 图接近，靠近；邻近，接壤。¶근접 사격. =近距离射击。● 근접하다(近接--) ●

근지럽다【형용사】形❶ 무엇이 살에 닿아 가볍게 스칠 때처럼 가려운 느낌이 있다. ◆ 痒，痒痒，发痒。¶등이 근지럽다. =背上发痒。❷ 어떤 일을 몹시 하고 싶어 참고 견디기 어렵다. ◆ 手痒，心痒，痒痒的。¶그는 말을 하고 싶어서 입이 근지러웠다. =他觉得嘴痒，想说话。

근질거리다【동사】动❶ 근지러운 느낌이 자꾸 들다. ◆ 痒，发痒，痒痒。¶몸에 두드러기가 나서 몹시 근질거린다. =身上起了疹子，特别痒。❷ 참기 어려울 정도로 어떤 일을 자꾸 몹시 하고 싶어 하다. ◆ 手痒，心痒，痒痒的。¶싸우고 싶어서 몸이 근질거리다. =觉得浑身发痒，想打架。

근질근질하다【형용사】자꾸 또는 매우 근지럽다. ◆ 形发痒，痒痒的。¶가을이 되니 피부가 건조해서 몸이 근질근질하다. =到秋天了，皮肤干燥，浑身发痒。

근처(近處)【명사】가까운 곳. ◆ 图附近。¶우리 집 근처에는 서점이 많다. =我家附近有很多书店。

근해(近海)【명사】앞바다. ◆ 图近海，沿海。¶근해 항로. =近海航线。

근황(近況)【명사】요즈음의 상황. ◆图近况。¶근황을 묻다. =询问近况。

글【명사】图❶ 어떤 생각이나 말 따위의 내용을 글자로 나타낸 기록. ◆文，文章。¶글을 쓰다. =写文章。❷ 학문이나 학식을 비유적으로 이르는 말. ◆学识，学问。¶글이 짧다. =学识浅薄。❸ '글자'의 준말. ◆字，文字("글자"的略语)。

글감【명사】글의 내용이 되는 재료. ◆图写作素材，写作题材。¶생활과 직접 관련된 글감을 고르다. =挑选和生活直接相关的写作素材。

글귀(-句)【명사】글의 구나 절. ◆图字句，句子。¶글귀를 외다. =背诵句子。

글꼴【명사】서체(자형의 양식). ◆图字体。

글라이더(glider)【명사】엔진 없이 바람만을 이용하여 나는, 날개가 달린 비행기. ◆图滑翔机。

글래머(glamour)【명사】육체가 풍만하여 성적 매력이 있는 여성. ◆图性感美女。¶여배우는 글래머에 가까운 성숙한 몸매를 자랑한다. =女演员对自己有一副性感成熟的身材感到很骄傲。

글러브(glove)【명사】권투, 야구, 하키, 펜싱 따위를 할 때 손에 끼는 장갑. ◆图(体育用)手套。¶야구 글러브. =棒球手套。

글방(-房)【명사】예전에, 한문을 사사로이 가르치던 곳. ◆图学堂，书塾。

글썽거리다【동사】눈에 눈물이 자꾸 넘칠 듯이 그득하게 고이다. 또는 그렇게 하다. ◆动(眼泪)汪汪，噙满，满含。¶너무 애처로워 눈물이 글썽거렸다. =太可怜了，不由得噙满泪水。

글썽글썽【부사】눈에 눈물이 넘칠 듯이 자꾸 그득하게 고이는 모양. ◆副(眼泪)汪汪地，盈盈欲滴地。¶눈물이 글썽글썽 고이다. =眼泪汪汪。● 글썽글썽하다 ●

글썽이다【동사】눈에 눈물이 넘칠 듯이 그득하게 고이다. 또는 그렇게 하다. ◆动(眼泪)汪汪，噙满，满含。¶그녀의 눈에는 눈물마저 글썽였다. =她眼里噙满了泪水。

글쎄【감탄사】叹❶ 남의 물음이나 요구에 대하여 분명하지 않은 태도를 나타낼 때 쓰는 말. 해할 자리에 쓴다. ◆这个嘛，这个呀。¶글쎄, 잘 모르겠는데요. =这个呀，我不太清楚。❷ 자기의 의견을 다시 고집하거나 강조할 때에 쓰는 말. ◆哎呀，对呀。¶글쎄, 그렇다니까. =哎呀，我都说了是那样嘛。

글쓴이【명사】글을 쓴 사람. ◆图作者，著者。

글씨【명사】图❶ 쓴 글자의 모양. ◆字，字体，字形。❷ 글자. ◆字，文字。¶잘못 쓴 글씨를 지우다. =擦掉写错的字。❸ 글자를 쓰는 법이나 글자를 쓰는 일. ◆书法，书写。¶글씨 연습. =书写练习。

글자(-字)【명사】말을 적는 일정한 체계의 부호. ◆图字，文字。

글재주【명사】글을 쉽게 깨우치거나 잘 짓는 재주. ◆图文采，写作能力。¶글재주가 있다. =有文采。

글짓기【명사】글을 짓는 일. ◆图作文，写作。¶글짓기 대회. =作文竞赛。

글피【명사】모레의 다음 날. ◆图大后天。¶내일, 모레, 글피 사흘 동안 쉬겠습니다. =明天、后天和大后天休息三天。

긁다【동사】动❶ 손톱이나 뾰족한 기구 따위로 바닥이나 거죽을 문지르다. ◆抓，挠，搔，刮。¶가려운 데를 긁다. =搔痒。❷ 갈퀴 따위로 빗질하듯이 끌어 들이다. ◆拢。¶검불을 긁어모으다. =把枯叶拢到一起。❸남의 재물을 악독한 짓으로 빼앗아 들이다. ◆搜刮，剥削。¶그 나쁜 놈들이 마지막 남은 보리쌀 한 되까지 모두 긁어 갔다. =那些坏蛋把仅剩的一升大麦米也搜刮走了。❹ 남의 감정·기분 따위를 상하게 하거나 자극하다. ◆刺，伤(人的心情、情绪等)。¶비위를 긁다. =伤人的心。

긁어모으다【동사】动❶ 물건을 긁어서 한데 모으다. ◆拢到一起。¶낙엽을 긁어모으다. =拢落叶。❷ 수단과 방법을 이리저리 써서 재물을 모아들이다. ◆搜刮，聚敛，敛。¶탐관오리가 재물을 긁어모았다. =贪官污吏搜刮了财物。

긁적거리다【동사】动❶ 손톱이나 뾰족한 기구 따위로 바닥이나 거죽을 자꾸 문지르다. ◆一个劲地挠，不住地挠，挠个不停。¶머리를 긁적거리다. =不住地挠头。❷ 되는대로 글이나 그림 따위를 자꾸 마구 쓰거나 그리다. ◆乱画，乱涂，乱写。¶아무렇게나 글을 긁적거려 보았다. =胡乱写了篇文章。● 긁적대다 ●

긁적긁적【부사】副❶ 손톱이나 뾰족한 기구 따위로 자꾸 바닥이나 거죽을 문지르는 모양. ◆抓抓挠挠地，挠个不停地。¶머리를 긁적긁적 긁다. =不住地挠头。❷ 되는대로 자꾸 글이나 그림 따위를 마구 쓰거나 그리는 모양. ◆涂涂画画地，涂涂写写地。¶무슨 생각을 하고 있는지 공책에 긁적긁적 무언가를 쓴다. =不知在想什么，在本子上涂涂画画的。● 긁적긁적하다 ●

긁적이다【동사】动❶ 손톱이나 뾰족한 기구 따위로 바닥이나 거죽을 문지르다. ◆一个劲地挠，不住地挠，挠个不停。¶머리를 긁적이며 멋쩍은 웃음을 짓었다. =挠着头，难为情地笑了。❷ 되는대로 글이나 그림 따위를 자꾸 마구 쓰거나 그리다. ◆涂涂画画，涂涂写写。

긁히다【동사】'긁다'의 피동형. ◆动被抓("긁다"的被动形态)。¶긁힌 자국. =被抓过的痕迹。

금[1]【명사】图❶ 접거나 긋거나 한 자국. ◆痕，纹，线。¶연필로 금을 긋다. =用铅笔画线。❷ 갈라지지 않고 터지기만 한 흔적. ◆裂痕，裂纹，裂缝。¶금이 나다. =出现裂痕。

금[2](金)【명사】图❶ 황색의 광택이 있는 금속 원소. 금속 가운데 펴지는 성질과 늘어나는 성질이 가장 크다. 화학적으로 매우 안정되고, 공기 중에서도 산화되지 않는다. ◆黄金，金子。❷ 금메달. ◆金牌。¶그는 마라톤에서 또 금을 땄다. =他在马拉松比赛中再次获得了金牌。

-금[3](金)【접사】'돈'을 나타내는 말. ◆后缀金，款。¶계약금. =合同保证金。

금강석(金剛石)【명사】순수한 탄소로 이루어진 탄소 동소체의 하나. ◆图金刚石，金刚钻。

금고(金庫)【명사】图❶ 화재나 도난을 막기 위하여 돈, 귀중한 서류, 귀중품 따위를 간수하여 보관하는 데 쓰는 궤. 또는 창고. ◆ 保险柜，保险箱。❷ [法律] 국가 정책, 사회 공익 따위의 공공 목적을 가지는 특수 금융 기관. ◆ 金库。

금과옥조(金科玉條) 【명사】 금이나 옥처럼 귀중히 여겨 꼭 지켜야 할 법칙이나 규정. ◆ 图金科玉律。¶옛날에는 주자가례를 금과옥조처럼 지켰다. =过去，人们把《朱子家礼》奉为金科玉律。

금관(金冠) 【명사】 예전에, 주로 임금이 쓰던 황금으로 만든 관. ◆ 图金冠，王冠。

금광(金鑛) 【명사】 图 ❶ 금을 캐내는 광산. ◆ 金矿。❷ 금광석. ◆ 金矿石。

금괴(金塊) 【명사】 황금의 덩이. 금덩이(金--). ◆ 图金块，金条。¶금괴를 밀수하다. =走私黄金。

금기(禁忌) 【명사】 图 ❶ 마음에 꺼려서 하지 않거나 피함. ◆ 忌讳，禁忌。¶금기 사항. =禁忌事项。❷ 어떤 약이나 치료법이 특정 환자에게 나쁜 영향이 있는 경우에 그 사용을 금지하는 일. ◆ (用药或治疗时的)禁忌。● 금기하다(禁忌--) ●

금년(今年) 【명사】 올해(지금 지나가고 있는 이 해). ◆ 图今年。¶금년 농사는 대풍이다. =今年庄稼大丰收。

금덩이(金--) 【명사】 황금의 덩이. ◆ 图金块，金条。

금동(金銅) 【명사】 금으로 도금하거나 금박을 입힌 구리. 주로 불상, 등롱, 꽃병 따위에 사용된다. ◆ 图镀金铜，包金铜。

금리(金利) 【명사】 빌려 준 돈이나 예금 따위에 붙는 이자. 또는 그 비율. ◆ 图利息；利率。¶금리인상. =提高利息。

금메달(金) 【명사】 금으로 만들거나 금으로 도금한 메달. 주로 운동 경기나 그 밖의 각종 대회에서 우승한 사람에게 준다. ◆ 图金牌。¶금메달을 따다. =摘取金牌。

금명간(今明間) 【명사】 오늘이나 내일 사이. ◆ 图今明两天内。¶금명간 사실이 밝혀질 것이다. =今明两天内就会揭晓事实。

금물(禁物) 【명사】 해서는 안 되는 일. ◆ 图忌讳，禁忌。¶작업 중의 방심은 금물이다. =疏忽大意是工作中的大忌。

금박(金箔) 【명사】 금이나 금빛 나는 물건을 두드리거나 압연하여 종이처럼 아주 얇게 눌러서 만든 것. ◆ 图金箔。¶금박을 박다. =贴金箔。

금반지(金半指) 【명사】 금으로 만든 반지. ◆ 图金戒指。¶새끼손가락에 낀 반 돈짜리 금반지. =戴在小指上的，半钱重的金戒指。

금발(金髮) 【명사】 금빛 나는 머리털. ◆ 图金发。¶금발 미인. =金发美女。

금방(今方) 【부사】 副 ❶ 방금(이제 곧). ◆ 刚，刚刚。¶금방 구워 낸 빵. =刚烤好的面包。❷ 방금(조금 뒤에 곧). ◆ 马上，立即，立刻。¶그는 금방 올 것이다. =他马上就会来的。

금붕어(金--) 【명사】 잉엇과의 민물고기. 붕어를 관상용(觀賞用)으로 개량한 사육종으로 모양과 빛깔이 다른 많은 품종이 있다. ◆ 图金鱼。

금붙이(金--) 【명사】 금으로 만든 물건을 통틀어 이르는 말. ◆ 图金器，金首饰。¶금목걸이, 팔찌 등의 금붙이를 도난당했다. =金项链、手镯等金首饰被盗走了。

금빛(金-) 【명사】 황금과 같이 광택이 나는 누런빛. ◆ 图金光。¶금빛 찬란한 왕관. =金光闪闪的王冠。

금상(金賞) 【명사】 상의 등급을 금, 은, 동으로 나누었을 때에 일등에 해당하는 상. ◆ 图金奖。¶그는 노래 경연 대회에서 당당히 금상을 탔다. =他在歌曲大赛中获得了金奖。

금상첨화(錦上添花) 【명사】 비단 위에 꽃을 더한다는 뜻으로, 좋은 일 위에 또 좋은 일이 더하여짐을 비유적으로 이르는 말. 왕안석의 글에서 유래한다. ◆ 图锦上添花。

금색(金色) 【명사】 황금과 같이 광택이 나는 누런색. ◆ 图金色，金黄色。¶금색 단추. =金色钮扣。

금성(金星) 【명사】 태양에서 둘째로 가까운 행성. 지구에 가장 가까이 있는 별로서 수성(水星)과 지구 사이에 있으며, 크기는 지구와 비슷하다. ◆ 图金星。

금세 【부사】 지금 바로. '금시에'가 줄어든 말로 구어체에서 많이 사용된다. ◆ 副立刻，立即，马上("금시에"的略语，多用于口语)。¶금세 다 먹었다. =立刻全吃光了。

금속(金屬) 【명사】 열이나 전기를 잘 전도하고, 펴지고 늘어나는 성질이 풍부하며, 특수한 광택을 가진 물질을 통틀어 이르는 말. ◆ 图金属。

금수(禽獸) 【명사】 图 ❶ 날짐승과 길짐승이라는 뜻으로, 모든 짐승을 이르는 말. ◆ 鸟兽，飞禽走兽。¶금수 중 으뜸은 호랑이이다. =虎为百兽之王。❷ 행실이 아주 더럽고 나쁜 사람을 비유하는 말. ◆ 俚禽兽，畜生。

금수강산(錦繡江山) 【명사】 비단에 수를 놓은 것처럼 아름다운 산천이라는 뜻으로, 조선반도의 산천을 비유적으로 이르는 말. ◆ 图锦绣江山。

금시초문(今始初聞/今時初聞) 【명사】 이제야 비로소 처음으로 들음. ◆ 图初次听说，头回听说。¶그런 소문은 금시초문이다. =这种传闻我是头回听说。

금식(禁食) 【명사】 치료나 종교, 또는 그 밖의 이유로 일정 기간 동안 음식을 먹지 못하게 금해짐. 또는 먹지 않음. ◆ 图禁食，绝食。¶환자에게 며칠 금식을 시키다. =让患者禁食几天。● 금식하다(禁食--) ●

금실(琴瑟) 【명사】 부부간의 사랑. ◆ 图琴瑟之好，夫妻恩爱。¶금실 좋은 부부. =琴瑟和谐的夫妇。

금싸라기(金---) 【명사】 아주 드물고 귀중한 것을 비유적으로 이르는 말. ◆ 图黄金，〈喻〉金贵，珍贵，贵重。¶금싸라기 땅. =黄金地带。

금액(金額) 【명사】 돈의 액수. ◆ 图金额。

금언(金言) 【명사】 삶에 본보기가 될 만한 귀중한 내용을 담고 있는 짤막한 어구. ◆ 图格言，警句，至理名言。

금연(禁煙) 【명사】 图 ❶ 담배를 피우는 것을 금함. ◆ 禁烟。¶금연 구역. =禁烟区。❷ 담배를 피우던 사람이 의식적으로 피우지 않음. ◆ 戒烟。¶금주

보다 금연이 더 어려운 법이다. =戒烟比戒酒更难。 ● 금연하다(禁煙--) ●

금연석(禁煙席)【명사】담배를 피울 수 없는 좌석. ◆ 名禁烟席。¶식당에서는 금연석과 흡연석을 구분하여 놓았다. =饭店里分禁烟席和可吸烟席。

금요일(金曜日)【명사】월요일을 기준으로 한 주의 다섯째 날. ◆ 名星期五，周五。

금융(金融)【명사】금전을 융통하는 일. 특히 이자를 붙여서 자금을 대차하는 일과 그 수급 관계를 이른다. ◆ 名金融。

금융 기관(金融機關)【명사】예금에서 자금을 조달하여 기업이나 개인에 대부하거나 증권 투자 따위를 하는 기관을 통틀어 이르는 말. 은행, 신탁 회사, 보험 회사, 농협, 수협, 증권 회사, 상호 신용 금고 따위가 있다. ◆ 名金融机构。

금은방(金銀房)【명사】금은을 가공하거나, 사고파는 가게. ◆ 名珠宝店。

금은보화(金銀寶貨)【명사】금, 은, 옥, 진주 따위의 매우 귀중한 물건. ◆ 名金银财宝。

금일(今日)【명사】名 ❶ 오늘(지금 지나가고 있는 이날). ◆ 今日，今天。¶금일 휴업. =今日停业。❷ 요사이(이제까지의 매우 짧은 동안). ◆ 现在，当今，现今。¶금일의 사회. =当今社会。

금일봉(金一封)【명사】금액을 밝히지 않고 종이에 싸서 봉하여 주는 상금, 격려금, 기부금 따위를 이르는 말. ◆ 名红包。¶고아원에 금일봉을 전달하다. =赠给孤儿院红包。

금자탑(金字塔)【명사】길이 후세에 남을 뛰어난 업적을 비유적으로 이르는 말. ◆ 名金字塔，〈喻〉不朽的业绩，丰功伟绩。¶금자탑을 세우다. =建立丰功伟绩。

금잔디(金--)【명사】잡풀이 없이 탐스럽게 자란 잔디. ◆ 名优质草坪，高级草坪。

금전(金錢)【명사】名 ❶ 금화(金貨)(금으로 만든 돈). ◆ 金币。❷ 화폐(貨幣)(상품 교환 가치의 척도가 되며 그것의 교환을 매개하는 일반화된 수단). ◆ 金钱，货币。

금전 출납부(金錢出納簿)【명사】돈이 나가고 들어옴을 적는 장부. ◆ 名现金账簿。

금제(金製)【명사】금으로 만듦. 또는 그런 물건. ◆ 名金制，黄金制作。¶금제 귀고리. =金耳环。

금주[1](禁酒)【명사】名 ❶ 술을 마시지 못하게 함. ◆ 禁酒，禁止饮酒。¶금주를 법으로 정하다. =把禁酒立为法律。❷ 술을 마시던 사람이 술을 먹지 않고 끊음. ◆ 戒酒。¶금주를 시작하다. =开始戒酒。● 금주하다(禁酒--) ●

금주[2](今週)【명사】이번 주일. ◆ 名本周，本星期。¶금주의 계획. =本周计划。

금줄(金-)【명사】名 ❶ 금으로 만든 줄. ◆ (黄金做的)金线，金带。¶금줄로 된 시계를 선물로 받았다. =收到一块作为礼物的带有金链的表。❷ 금실을 꼬아서 만든 줄. ◆ (金线织成的)金绳，金带，金边。¶금줄을 두른 모자. =金线镶边的帽子。

금지(禁止)【명사】법이나 규칙이나 명령 따위로 어떤 행위를 하지 못하도록 함. ◆ 名禁止，严禁。¶통행 금지. =禁止通行。● 금지되다(禁止--), 금지하다(禁止--) ●

금지령(禁止令)【명사】금지하는 법령이나 명령. ◆ 名禁令，禁止令。¶출국 금지령. =出国禁令。

금지옥엽(金枝玉葉)【명사】귀한 자손을 이르는 말. ◆ 名金枝玉叶，掌上明珠。¶금지옥엽 기른 외아들이 이민을 간다는 말에 부모는 충격을 받았다. =听说宝贝儿子要移民，父母备受打击。

금테(金-)【명사】금이나 금빛 나는 재료로 만든 테. ◆ 名金边，金箍。¶금테 안경. =金边眼镜。

금품(金品)【명사】돈과 물품을 아울러 이르는 말. ◆ 名钱物，财物，钱财。¶금품을 요구하다. =索要钱物。

금하다(禁--)【동사】动 ❶ 어떤 일을 하지 못하게 말리다. ◆ 禁止，不允许。¶일반인의 출입을 금하다. =禁止普通人员出入。❷ 감정 따위를 억누르거나 참다. ◆ 忍住，抑制，压抑。¶놀라움을 금하지 못하다. =忍不住惊讶。

금화(金貨)【명사】금으로 만든 돈. ◆ 名金币。¶금화 한 닢. =一枚金币。

급[1](級)【명사】名 ❶ 등급이나 수준. ◆ 级别，等级。¶급이 높다. =级别高。❷ 주산, 태권도, 바둑 따위의 등급. 단(段)보다 아래 단위이다. ◆ 级。¶그는 아마 3급의 실력은 된다. =他的实力大概是3级水平。

급[2](急)-【접사】前缀 ❶ '갑작스러운'의 뜻을 더하는 접두사. ◆ 急。¶급회전. =急转弯。❷ '매우 급한' 또는 '매우 심한'의 뜻을 더하는 접두사. ◆ 急，猛，陡。¶급경사. =陡坡。

급격하다(急激--)【형용사】변화의 움직임 따위가 급하고 격렬하다. ◆ 形急剧。¶급격하게 변하고 있는 국제 정세. =急剧变化的国际形势。 ● 급격히(急激-) ●

급기야(及其也)【부사】마지막에 가서는. ◆ 副最终，终于。¶급기야 일이 내가 감당하기 어려운 지경에 이르렀다. =事情最终到了我无法承受的地步。

급등(急騰)【명사】물가나 시세 따위가 갑자기 오름. ◆ 名飞涨，暴涨，剧增。¶주가의 급등. =股价飞涨。● 급등하다(急騰--) ●

급락(急落)【명사】물가나 시세 따위가 갑자기 떨어짐. ◆ 名陡降，暴跌。¶주가 급락. =股价暴跌。● 급락하다(急落--) ●

급료(給料)【명사】일에 대한 대가로 고용주가 지급하는 돈. 월급이나 일급 따위가 있다. ◆ 名工钱，工资，薪水。¶급료 인상. =涨工资。

급류(急流)【명사】名 ❶ 물이 빠른 속도로 흐름. 또는 그 물. ◆ 急流，激流，湍流。¶급류에 휩쓸리다. =卷入急流。❷ 어떤 현상이나 사회의 급작스러운 변화를 비유적으로 이르는 말. ◆ 激流，急流。¶시대의 급류를 타다. =顺应时代的激流。

급박하다(急迫--)【형용사】사태가 조금도 여유가 없이 매우 급하다. ◆ 形急迫，紧迫，紧急。¶상황이 급박하게 돌아간다. =局面迅速扭转。

급변(急變) 【명사】 상황이나 상태가 갑자기 달라짐. ◆ 图突变，骤变。¶국제 정세의 급변. =国际形势突变。 ● 급변하다(急變--) ●

급사(急死) 【명사】 갑자기 죽음. ◆ 图猝死，暴毙，暴亡。 ¶급사를 당하다. =猝死。 ● 급사하다(急死--) ●

급선무(急先務) 【명사】 무엇보다도 먼저 서둘러 해야 할 일. ◆ 图当务之急，燃眉之急。

급성(急性) 【명사】 병 따위의 증세가 갑자기 나타나고 빠르게 진행되는 성질. ◆ 图急性。¶급성 맹장염. =急性盲肠炎。

급속도(急速度) 【명사】 매우 빠른 속도. ◆ 图急速，飞速，迅速，快速。¶급속도로 발전하다. =飞速发展。

급속하다(急速--) 【형용사】 급하고 빠르다. ◆ 形急速的，快速的，迅速的，飞速的。¶급속하게 발전. =迅速发展。 ● 급속히(急速-) ●

급수[1](級數) 【명사】 기술 따위를 우열에 따라 매긴 등급. ◆ 图级别，段位，等级。 ¶그는 나보다 바둑 급수가 낮다. =他的围棋段位比我低。

급수[2](給水) 【명사】 음료수 따위의 물을 대어 줌. 또는 그 물. ◆ 图给水，供水。¶급수차. =供水车。 ● 급수하다(給水--) ●

급습(急襲) 【명사】 갑자기 공격함. 또는 그런 공격. ◆ 图急袭，奇袭，突袭，突然袭击。 ¶졸지에 급습을 당하다. =突遭奇袭。 ● 급습하다(急襲--) ●

급식(給食) 【명사】 식사를 공급함. 또는 그 식사. ◆ 图供餐。¶급식 시간. =供餐时间。 ● 급식하다(給食--) ●

급우(級友) 【명사】 같은 학급에서 함께 공부하는 친구. ◆ 图同学，同窗好友。¶급우와 싸우지 말고 친하게 지내라. =不要和同学打架，要和睦相处。

급작스럽다 【형용사】 미처 생각할 겨를이 없이 매우 급하게 일어난 데가 있다. ◆ 形突如其来的，猝不及防的，突发的。¶급작스러운 사고. =突发事故。 ● 급작스레 ●

급정거(急停車) 【명사】 급정차(자동차, 기차 따위가 갑자기 섬. 또는 그러한 것을 갑자기 세움). ◆ 图紧急停车。 ● 급정거하다(急停車--) ●

급정차(急停車) 【명사】 자동차, 기차 따위가 갑자기 섬. 또는 그러한 것을 갑자기 세움 ◆ 图紧急停车。 ● 급정차하다(急停車--) ●

급조(急造) 【명사】 급히 만듦. ◆ 图赶制，匆忙组建，仓促建立。¶급조된 팀이라 얕보았는데 4강에 들었다. =以为是支仓促组建起来的球队而没放在眼里，结果竟闯入了四强。 ● 급조되다(急造--), 급조하다(急造--) ●

급증(急增) 【명사】 갑작스럽게 늘어남. ◆ 图剧增，激增。¶인구의 급증으로 환경 파괴가 심하다. =人口的激增对环境造成了严重的破坏。 ● 급증하다(急增--) ●

급진적(急進的) 【명사】 图 ❶ 변화나 발전의 속도가 급하게 이루어지는. ◆ 突飞猛进的，迅猛的。¶급진적인 발전. =突飞猛进的发展。 ❷ 목적이나 이상 따위를 급히 실현하고자 하는. ◆ 急于求成的。¶급진적인 성향을 띠다. =带有急于求成的倾向。

급진주의(急進主義) 【명사】 사회적 이상을 실현하기 위하여 현재의 사회 제도나 정치 체제 관행 따위를 급격하게 변혁하려는 주의. ◆ 图激进主义。

급하다(急--) 【형용사】 形 ❶사정이나 형편이 조금도 지체할 겨를이 없이 빨리 처리하여야 할 상태에 있다. ◆ 紧急，紧迫，急迫。¶한시가 급하다. =刻不容缓。 ❷ 시간의 여유가 없어 일을 서두르거나 다그쳐 매우 빠르다. ◆ 急忙，匆忙，仓促，急促。¶급하게 서두르다. =赶紧。 ❸ 마음이 참고 기다릴 수 없을 만큼 조바심을 내는 상태에 있다. ◆ (心情)急躁，着急。¶그는 마음만 급하지 일이 눈에 들어오지 않았다. =他光是心里着急，却不把事情放在眼里。 ❹ 병이 위독하다. ◆(病情)危急。¶병세가 급하다. =病情危急。 ❺ 성격이 팔팔하여 참을성이 없다. ◆ (性子)急，急躁。¶그는 성격이 급해서 사소한 일에도 화를 잘 낸다. =他性格急躁，经常为一点小事发火。 ❻ 기울기나 경사가 가파르다. ◆ (坡)陡，陡峭。¶경사가 급하다. =坡很陡。 ❼ 물결 따위의 흐름이나 진행 속도가 매우 빠르다. ◆ (水流)急，湍急。¶그 개울은 물살이 급해서 건널 수가 없다. =那条河水流湍急，无法渡过。 ● 급히(急-) ●

급행열차(急行列車) 【명사】 큰 역에만 정차하는, 운행 속도가 빠른 열차. ◆ 图快车。

긋다[1] 【동사】 动 ❶ 비가 잠시 그치다. ◆ 暂停，稍停。¶비가 잠깐 긋더니만 곧이어 빗줄기가 다시 쏟아지기 시작했다. =雨稍停了一会儿，随即又开始倾盆而下。 ❷ 비를 잠시 피하여 그치기를 기다리다. ◆ 暂避，避雨。¶처마 밑에서 비를 긋다. =躲在屋檐下避雨。

긋다[2] 【동사】 动 ❶ 어떤 일정한 부분을 강조하거나 나타내기 위하여 금이나 줄을 그리다. ◆划，画。¶바닥에 금을 긋다. =在地上划线。 ❷ 성냥이나 끝이 뾰족한 물건을 평면에 댄 채로 어느 방향으로 약간 힘을 주어 움직이다. ◆ 划，擦(火柴等)。¶친구 하나가 그의 뺨에 색연필을 그어 놓았다. =一个朋友用彩色铅笔在他脸上划了一道。 ❸ 물건 값이나 밥값, 술값 따위를 바로 내지 않고 외상으로 처리하다. ◆ 记账，赊账。¶내일 드릴 테니 오늘 밥값은 장부에 그어 두세요. =今天的饭钱先记在账上吧，明天再付。 ❹ 일의 경계나 한계 따위를 분명하게 짓다. ◆ 界定，划定，划分。¶이번 일에 책임을 분명히 그어야지 그냥 넘겨서는 안 된다. =这次事情要明确划分责任，不能就这么过去了。 ❺ 시험 채점에서 빗금을 표시하여 답이 틀림을 나타내다. ◆ (阅卷时在错误答案上)划斜线，划掉。¶맞춤법이 틀린 답에는 줄을 그어 버려라. =在拼写错误的答案上划一道斜线。 ❻ 손이나 손가락으로 허공에 어떤 것을 그리는 동작을 하다. ◆ 划，画。¶성호를 긋다. =划十字。 ❼ 명단에서 이름을 빼거나 문장이나 글의 일부분을 삭제하다. ◆ 划掉，删除。¶그는 초청자 명단에서 그녀의 이름을 그어 버렸다. =他把她的名字从邀请名单上划掉了。

긍정(肯定)【명사】그러하다고 생각하여 옳다고 인정함. ◆图肯定，认同，赞同。¶내 의견을 듣고 친구는 긍정의 뜻으로 고개를 끄덕였다. =听完我的意见后，朋友点头表示认同。● 긍정하다(肯定--) ●

긍지(矜持)【명사】자신의 능력을 믿음으로써 가지는 당당함. ◆图骄傲，自豪。¶긍지가 높다. =非常自豪。

기¹(旗)【명사】헝겊이나 종이 따위에 글자나 그림, 색깔 따위를 넣어 어떤 뜻을 나타내거나 특정한 단체를 나타내는 데 쓰는 물건. ◆图旗，旗帜。

-기²(機)【접사】'그런 기능을 하는 기계 장비'의 뜻을 더하는 접미사. ◆后缀机，机器。¶비행기. =飞机。

-기³(氣)【접사】'기운', '느낌', '성분'의 뜻을 더하는 접미사. ◆后缀气，味，感。¶시장기. =饥饿感。

-기⁴-【접사】后缀 ❶ '피동'의 뜻을 더하는 접미사. ◆构成被动词的后缀。¶안기다. =被抱。❷ '사동'의 뜻을 더하는 접미사. ◆ 构成使动词的后缀。¶남기다. =留下。

기가(giga)【명사】데이터의 양을 나타내는 단위. ◆图千兆字节。

기가바이트(gigabyte)【의존 명사】데이터의 양을 나타내는 단위. ◆依名千兆字节。

기각(棄却)【명사】소송을 수리한 법원이 소송이 이유가 없거나 적법하지 않다고 판단하여 무효를 선고하는 일. ◆图驳回，不予受理。¶법원은 기각 이유를 조목조목 명백히 밝혔다. =法院逐条阐明了驳回理由。● 기각되다(棄却--), 기각하다(棄却--) ●

기간(期間)【명사】어느 일정한 시기부터 다른 어느 일정한 시기까지의 사이. ◆图期间，时期。¶단속 기간. =管制期间。

기간(基幹)【명사】어떤 분야나 부문에서 가장 으뜸이 되거나 중심이 되는 부분. ◆ 图骨干，核心。¶기간 조직. =骨干组织。

기간산업(基幹産業)【명사】한 나라 산업의 기초가 되는 산업. 주로 중요 생산재를 생산하는 산업을 이르는데, 전력, 철강, 가스, 석유 산업 따위가 있다. ◆图支柱产业，核心产业。

기강(紀綱)【명사】규율과 법도를 아울러 이르는 말. ◆ 图纲纪，法纪，纪律。¶기강을 바로잡다. =纠正纲纪。

기개(氣槪)【명사】씩씩한 기상과 굳은 절개. ◆图气概，气节。¶기개가 높다. =高风亮节。

기겁(氣怯)【명사】숨이 막힐 듯이 갑작스럽게 겁을 내며 놀람. ◆图受惊，受惊吓。¶그녀는 기겁해서 얼른 뒤로 물러선다. =她受到惊吓，立刻向后退去。● 기겁하다(氣怯--) ●

기계(機械)【명사】图 ❶ 동력을 써서 움직이거나 일을 하는 장치. 단위로 대, 조, 틀 따위가 있다. ◆ 机器，机械。❷ 생각, 행동, 생활 방식 따위가 정확하거나 판에 박은 듯한 사람을 비유적으로 이르는 말. ◆ 机器，机械，〈喻〉(动作像机器一样)精确，精准。¶그 사람은 사과 깎는 데는 기계야. =那个人削苹果的时候简直就跟机器一样。

기계적(機械的)【명사】图 ❶ 기계를 사용하여 하는. 또는 그런 것. ◆ 机械化的。¶요즘은 제품의 포장이나 운반 등을 기계적으로 처리할 수 있게 되었다. =近来，产品的包装和搬运等都实现了机械化。❷ 기계와 관계된. 또는 그런 것. ◆ 机器上的，机器方面的。¶기계적인 문제가 있는 경우에는 교환해 드리겠습니다. =如果出现机器方面的问题，可以为您调换。❸ 정확하고 규칙적인 점이 기계와 비슷한. 또는 그런 것. ◆ 机器般的，机器一样的。¶그 문제는 기계적인 정확성을 요구한다. =那项工作要求有机器般的精确性。❹ 인간적인 감정이나 창의성이 없이 맹목적 수동적으로 하는 것. ◆ 机械的，僵化的。¶기계적 교육 방식. =机械的教育方式。

기계화(機械化)【명사】图 ❶ 사람이나 동물이 하는 노동을 기계가 대신함. 또는 그렇게 함. ◆ 机械化。¶사무의 기계화. =办公机械化。❷ 사람의 언행이 자주성, 창조성을 잃고 기계적으로 됨. 또는 그렇게 함. ◆ (人变得)机械化，教条化，僵化。¶행동 방식의 기계화. =行为方式的僵化。● 기계화되다(機械化--), 기계화하다(機械化--) ●

기고(寄稿)【명사】신문, 잡지 따위에 싣기 위하여 원고를 써서 보냄. 또는 그 원고. ◆图投稿，来稿。¶그 글은 기고 원고로는 너무 긴 것이었다. =那篇文章太长了，不适合投稿。● 기고하다(寄稿--) ●

기고만장(氣高萬丈)【명사】일이 뜻대로 잘될 때, 우쭐하여 뽐내는 기세가 대단함. ◆图趾高气扬，盛气凌人。¶저자는 도대체 뭘 믿기에 저렇게 기고만장이야? =那家伙到底凭什么啊，那么趾高气扬的? ● 기고만장하다(氣高萬丈--) ●

기공(起工)【명사】공사를 착수함. ◆ 图开工，动工。¶기공을 축하하는 잔치를 베풀었다. =摆宴庆祝动工。● 기공하다(起工--) ●

기관(機關)【명사】图 ❶ 화력, 수력, 전력 따위의 에너지를 기계적 에너지로 바꾸는 기계 장치. 이에는 증기 기관, 내연 기관, 수력 기관 따위가 있다. ◆ (把其他能量转换为机械能的)机械，机器。❷ 사회생활의 영역에서 일정한 역할과 목적을 위하여 설치한 기구나 조직. ◆ 机关，机构，部门。¶작은 도시일수록 각급 기관의 우두머리의 영향력이 크다. =城市越小，各级机关领导的影响力越大。

기관지(氣管支)【명사】숨을 쉴 때 공기가 가슴 위쪽에서 갈라져서 허파로 통하는 부분. ◆图支气管。¶기관지가 약한 사람. =支气管虚弱的人。

기관지염(氣管支炎)【명사】기관지에 염증이 생겨 기침, 가래, 고열, 호흡 곤란 등의 증세가 나타나는 병. ◆图支气管炎，气管炎。¶기관지염은 가끔 감기로 착각하게 한다. =支气管炎有时会被误认为是感冒。

기관차(機關車)【명사】객차나 화차를 끌고 다니는 철도 차량. 증기 기관차, 디젤 기관차, 전기 기관차 따위가 있다. ◆图机车，火车头。¶디젤 기관차. =柴油机车。

기관총(機關銃) 【명사】 탄알이 자동적으로 재어져서 연속적으로 쏠 수 있게 만든 총. ◆ 名机关枪，机枪。¶기관총을 난사하다. =用机枪扫射。

기괴하다(奇怪--) 【형용사】 외관이나 분위기가 괴상하고 기이하다. ◆ 形奇怪，怪异，诡异。¶기괴한 사건. =奇怪的事件。

기교(技巧) 【명사】 기술이나 솜씨가 아주 교묘함. 또는 그런 기술이나 솜씨. ◆ 名技巧，妙招。¶기교를 부리다. =运用技巧。

기구[1](器具) 【명사】 세간, 도구, 기계 따위를 통틀어 이르는 말. ◆ 名器具，器皿。¶실험 기구. =试验用具。

기구[2](氣球) 【명사】 밀폐된 커다란 주머니에 수소나 헬륨 따위의 공기보다 가벼운 기체를 넣어, 그 부양력으로 공중에 높이 올라가도록 만든 물건. 기상 관측이나 광고 따위에 쓴다. ◆ 名气球，氢气球，热气球。¶기구를 타다. =乘坐氢气球。

기구[3](機構) 【명사】 많은 사람이 모여 어떤 목적을 위하여 구성한 조직이나 기관의 구성 체계. ◆ 名机构，组织，机关。¶정부 기구. =政府机构。

기구하다(崎嶇--) 【형용사】 세상살이가 순탄하지 못하고 가탈이 많다. ◆ 形 (人生)崎岖，坎坷，曲折。¶기구한 운명. =坎坷的命运。

기권(棄權) 【명사】 투표, 의결, 경기 따위에 참가할 수 있는 권리를 스스로 포기하고 행사하지 아니함. ◆ 名弃权。¶우리 팀은 주전 선수들의 부상으로 이번 경기에 기권을 하였다. =由于主力队员受伤，这次比赛我队弃权了。● 기권하다(棄權--) ●

기근(飢饉/饑饉) 【명사】 名 ❶ 흉년으로 먹을 양식이 모자라 굶주림. ◆ 饥荒，饥馑。¶기근이 들다. =闹饥荒。❷ 최소한의 수요도 채우지 못할 만큼 심히 모자라는 상태를 비유적으로 이르는 말. ◆ 匮乏，缺乏，不足。¶생필품 기근 현상이 생기다. =生活必需品出现了匮乏。

기금(基金) 【명사】 어떤 목적이나 사업, 행사 따위에 쓸 기본적인 자금. 또는 기초가 되는 자금. ◆ 名基金。¶기금을 모으다. =筹措基金。

기기(機器/器機) 【명사】 기구(器具), 기계(機械), 기계(器械) 따위를 통틀어 이르는 말. ◆ 名机器，器械，设备。¶음향 기기. =音响设备。

기기묘묘하다(奇奇妙妙--) 【형용사】 몹시 기이하고 묘하다. ◆ 形非常奇妙，神奇，妙不可言。¶기기묘묘한 재주. =非常神奇的本领。

기꺼이 【부사】 마음속으로 은근히 기쁘게. ◆ 副欣然地，欣喜地。¶기꺼이 받아들이다. =欣然接受。

기껏 【부사】 힘이나 정도가 미치는 데까지. ◆ 副尽力，竭尽全力，好不容易。¶기껏 승낙을 받았는데 행사가 무산되다니 아쉽다. =好不容易申请下来的活动竟然泡汤了，真是可惜。

기껏해야 【부사】 副 ❶ 아무리 한다고 해야. ◆ 充其量，顶多，最多。¶네가 하는 일이 기껏해야 그 정도겠지. =你办事顶多也就那样。❷ 아무리 높거나 많게 잡아도. 또는 최대한도로 하여도. ◆ 顶多，最多。¶회의에 참석할 인원은 기껏해야 다섯 명에 불과하다. =参会人员顶多五名。

기나길다 【형용사】 몹시 길다. ◆ 形漫长，悠久。¶겨울이 기나길다. =冬季漫长。

기념(紀念/記念) 【명사】 어떤 뜻 깊은 일이나 훌륭한 인물 등을 오래도록 잊지 아니하고 마음에 간직함. ◆ 形纪念，缅怀。¶결혼 기념. =结婚纪念。● 기념하다(紀念--/記念--) ●

기념관(紀念館) 【명사】 어떤 사람이나 역사적 일을 기념하기 위해 세운 건물. ◆ 名纪念馆。¶기념관을 건립하다. =建造纪念馆。

기념비(紀念碑) 【명사】 名 ❶ 어떤 뜻 깊은 일이나 훌륭한 인물 등을 오래도록 잊지 아니하고 마음에 간직하기 위하여 세운 비. ◆ 纪念碑。❷ 오래도록 기념하면서 후대에 전할 만한 사실이나 인물, 또는 그 업적을 비유적으로 이르는 말. ◆ 里程碑，丰碑。¶이곳에 새로 건설되는 공업 단지는 한국 산업 발전의 기념비가 될 것이다. =这里新建的工业园区将成为韩国产业发展的里程碑。

기념식(記念式) 【명사】 어떤 일을 기념하기 위하여 행하는 공식적인 의식. ◆ 名纪念典礼，纪念仪式。¶한글날 기념식. =韩字节纪念仪式。

기념일(紀念日) 【명사】 축하하거나 기릴 만한 일이 있을 때, 해마다 그 일이 있었던 날을 기억하는 날. ◆ 名纪念日。¶창립 기념일. =创立纪念日。

기념탑(紀念塔) 【명사】 ❶ 어떤 뜻 깊은 일을 오래도록 잊지 아니하고 마음에 간직하기 위하여 세운 탑. ◆ 名纪念塔。

기념품(紀念品) 【명사】 기념으로 주고받는 물품. ◆ 名纪念品。¶관광 기념품. =观光纪念品。

기능[1](技能) 【명사】 육체적, 정신적 작업을 정확하고 손쉽게 해 주는 기술상의 재능. ◆ 名技能，技术。¶기능을 연마하다. =钻研技术。

기능[2](機能) 【명사】 名 ❶ 하는 구실이나 작용을 한 것. ◆ 功能，作用。¶언어의 사회적 기능. =语言的社会功能。 ❷ 권한이나 직책, 능력 따위에 따라 일정한 분야에서 하는 역할과 작용. ◆ (在某领域中的)职能，作用。¶기능을 축소하다. =缩减职能。

기능공(技能工) 【명사】 생산 분야에서 기술상의 재능을 가진 숙련된 노동자. ◆ 名技工，技术工。¶그는 단순한 잡역부가 아니라 10년도 넘게 경험을 쌓은 기능공이다. =他不是单纯的杂工，而是一名拥有十多年经验的技术工。

기다 【동사】 动 ❶ 가슴과 배를 바닥으로 향하고 손이나 팔다리 따위를 놀려 앞으로 나아가다. ◆ 爬，爬行，匍匐前进。¶그는 낮은 포복으로 땅을 기었다. =他低身匍匐前进。❷ 몹시 느리게 가거나 행동하다. ◆ 爬(形容速度慢)。¶걷는 거냐 기는 거냐? =你这是走还是爬呀? ❸남에게 눌리어 비굴할 정도로 꼼짝 못하다. ◆ 唯命是从。¶그는 상사에게는 설설 기지만 하급자에게는 엄하다. =他对上司唯命是从，对下级却非常刻薄。

기다랗다 【형용사】 매우 길거나 생각보다 길다. ◆ 形长长的，很长，相当长。¶기다란 몽둥이. =长长的棍子。

기다리다【동사】어떤 사람이나 때가 오기를 바라다. ◆ 动等，等待，等候，期盼。¶봄을 기다리는 마음. =期盼春天的心情。

기단[1](基壇)【명사】[建筑] 건축물의 터를 반듯하게 다듬은 다음에 터보다 한 층 높게 쌓은 단. ◆ 名基坛，台基。¶첨성대의 기단은 정사각형이다. =瞻星台的基坛是正方形的。

기단[2](氣團)【명사】넓은 지역에 걸쳐 있는, 수평 방향으로 거의 같은 성질을 가진 공기 덩어리. 발원지에 따라 적도 기단, 열대 기단, 한대 기단, 북극 기단 따위가 있다. ◆ 名气团。

기대(期待/企待)【명사】어떤 일이 이루어지기를 바라고 기다림. ◆ 名期待，期望，希望。¶기대를 걸다. =寄托希望。● 기대되다(期待/企待--), 기대하다(期待/企待--) ●

기대감(期待感)【명사】어떤 일이 이루어지기를 바라고 기다리는 심정. ◆ 名期待，期望，期盼。¶기대감을 갖다. =怀着期待。

기대다[1]【동사】动 ❶ 몸이나 물건을 무엇에 의지하면서 비스듬히 대다. ◆ 靠，倚，倚靠。¶난간에 몸을 기대는 것은 위험하다. =把身体倚在栏杆上是很危险的。❷ 남의 힘에 의지하다. ◆ 靠，依靠，依赖，倚靠。¶남의 도움에 기대지 말고 스스로 살아야 한다. =不要老是靠着别人的帮助，要自力更生。

기대다[2]【동사】근거로 하다. ◆ 动依据，根据，照，按照。¶이 전보에 기대면, 그는 벌써 서울역에 도착했어야 했다. =照这份电报，他早就该到首尔站了。

기대치(期待値)【명사】이루어지리라 기대하였던 목표의 정도를 비유적으로 이르는 말. ◆ 名期望值，预期值。¶이번 성적은내 기대치에 훨씬 못 미치는 것이다. =这次成绩远远没有达到我的期望值。

기도[1](氣道)【명사】호흡할 때 공기가 지나가는 길. 구강, 콧구멍, 콧속, 인두, 후두, 기관, 기관지로 이루어져 있다. ◆ 名呼吸道，气管。¶연기로 기도가 막혀서 숨을 쉴 수가 없다. =烟呛住了呼吸道，因而无法呼吸。

기도[2](祈禱)【명사】인간보다 능력이 뛰어나다고 생각하는 어떠한 절대적 존재에게 빎. 또는 그런 의식. ◆ 名祈祷，祷告。¶간절한 기도. =诚心祷告。● 기도하다(祈禱--) ●

기도[3](企圖)【명사】어떤 일을 이루려고 꾀함. 또는 그런 계획이나 행동. ◆ 名企图，图谋。¶암살 기도가 사전에 누설되었다. =暗杀的企图事前败露了。● 기도하다(企圖--) ●

기독교(基督教)【명사】예수 그리스도의 인격과 교훈을 중심으로 하는 종교. ◆ 名基督教。

기동(起動)【명사】몸을 일으켜 움직임. ◆ 名起身，活动，行动。¶기동이 불편하다. =行动不便。● 기동하다(起動--) ●

기동대(機動隊)【명사】기동 부대. ◆ 名机动队，机动部队，机动小组。

기동력(機動力)【명사】상황에 따라 재빠르게 움직이거나 대처하는 능력. ◆ 名机动能力，快速反应能力。¶기동력이 강하다. =机动能力强。

기둥【명사】名 ❶ 건축물에서, 주춧돌 위에 세워 보나 도리 따위를 받치는 나무. 또는 돌, 쇠, 벽돌, 콘크리트 따위로 모나거나 둥글게 만들어 곧추 높이 세운 것. ◆ 柱子，支柱。¶건물의 기둥을 세우다. =把建筑物的柱子立起来。❷ 어떤 물건을 밑에서 위로 곧게 받치거나 버티는 나무. 또는 그런 형상으로 보이는 것. ◆ 柱子，支柱，撑杆。¶천막 기둥. =帐篷支住。❸ 집안이나 단체, 나라 따위에서 의지가 될 만한 중요한 사람이나 중심이 되는 것을 비유적으로 이르는 말. ◆ 支柱，顶梁柱，主心骨。¶맏아들인 그는 집안의 기둥이다. =身为长子，他是家里的顶梁柱。

기똥차다【형용사】'기막히다'를 속되게 이르는 말. ◆ 形很好，很棒，非常好。¶차가 정말 기똥차게 좋다. =这汽车真的很好。

기라성(綺羅星)【명사】(비유적으로) 어떤 분야에서 권력이나 명성이 있는 사람이 모여 있는 것. ◆ 名群星，众多明星。¶기라성 같은 선배 연예인을 제치고 신인이 상을 받았다. =超越了群星般璀璨的前辈艺人，一个新人获了奖。

기량(技倆/伎倆)【명사】기술상의 재주. ◆ 名技艺，本领。¶기량을 연마하다. =苦练技艺。

기러기【명사】겨울에 북쪽에서 남쪽으로 떼지어 날아와 강, 호수, 바다에서 살다 가는 큰 새. ◆ 名雁，大雁，鸿雁。

기력(氣力)【명사】사람의 몸으로 활동할 수 있는 정신과 육체의 힘. ◆ 名劲，力气，精气神儿。¶기력을 잃다. =无精打采。

기로[1](岐路)【명사】갈림길. ◆名岔路，十字路口。¶기로에 서다. =站在十字路口。

-기로[2]【어미】词尾 ❶ 까닭이나 조건을 나타내는 연결 어미. ◆ 因为，由于(表示原因或条件的连接词尾)。¶행동이 타의 모범이 되기로 이에 표창을 함. =他的行为堪作他人楷模，所以予以表彰。❷ '아무리 그렇다 하더라도'의 뜻을 나타내는 연결 어미. ◆ 即使，即便是，就算(表示让步的连接词尾)。¶아무리 바쁘기로 네 생일을 잊겠니. =即使再忙，也不会忘了你的生日呀。

-기로서니【어미】'-기로서'를 강조하여 이르는 말. ◆ 尾 "-기로서"的强调用法。¶한 번 약속을 어겼기로서니 절연까지 할 것은 뭐 있나? =虽说是失约了一次，但也没必要断绝关系吧?

기록(記錄)【명사】名 ❶ 주로 후에까지 남길 목적으로 어떤 사실을 적음. 또는 그런 글. ◆ 记录，记载。¶기록을 남기다. =留下记录。❷ 운동 경기 따위에서 세운 성적이나 결과를 수치로 나타냄. 특히, 그 성적이나 결과의 가장 높은 수준을 이른다. ◆ 纪录，成绩。¶기록을 경신하다. =刷新纪录。● 기록되다(記錄--), 기록하다(記錄--) ●

기류(氣流)【명사】名 ❶ 온도나 지형의 차이로 말미암아 일어나는 공기의 흐름. ◆ 气流。❷ 어떤 일이 진행되는 추세나 분위기를 비유적으로 이르는 말. ◆ 气氛，趋势。¶검찰 내부에서는 수사 주체를 놓고 미묘한 기류가 형성되었다. =检方内部由于调查重点

的问题形成了微妙的气氛。

기르다【동사】动❶ 동식물을 보살펴 자라게 하다. ◆养，喂，饲养。¶새를 기르다. =养鸟。❷ 아이를 보살펴 키우다. ◆抚养，培养，养育。¶그녀는 아이도 잘 기르고 살림도 잘했다. =她既教子有方，又精于持家。❸ 사람을 가르쳐 키우다. ◆培养，栽培，造就。¶인재를 기르다. =培养人才。❹육체나 정신을 단련하여 더 강하게 만들다. ◆培养，锻炼。¶인내심을 기르다. =培养忍耐力。❺ 습관 따위를 몸에 익게 하다. ◆养成。¶아침에 일찍 일어나는 버릇을 길러라. =要养成早起的习惯。❻ 머리카락이나 수염 따위를 깎지 않고 길게 자라도록 하다. ◆蓄，留。¶수염을 기르다. =留胡子。

기름【명사】名❶ 물보다 가볍고 불을 붙이면 잘 타는 액체. ◆油，油脂。¶식물성 기름. =植物油。❷ '석유'를 달리 이르는 말. ◆油，石油，汽油。¶차에 기름을 넣다. =给车加油。❸ 기계나 도구의 움직임이 부드럽게 되도록 마찰 부분에 치는 미끈미끈한 액체. ◆油，机油，润滑油。¶기계가 빡빡하고 잘 돌아가질 않아 기름을 쳤다. =机器摩擦太大转不动，于是就上了点油。❹ 얼굴이나 살갗에서 나오는 끈기 있는 물질. ◆(脸上出的)油，油光，油脂。¶기름이 번지르르한 얼굴. =油光满面的脸。

기름기(--氣)【명사】名❶ 어떤 것에 묻거나 섞여 있는 기름 기운이나 기름 덩이. ◆油水，油腻。¶기름기가 많은 고기. =肥腻的肉。❷ 윤택한 기운을 비유적으로 이르는 말. ◆油光，滑腻。¶기름기가 좌르르 흐르는 얼굴. =油光满面的脸。

기름때【명사】옷 따위에 기름이 묻고 그 위에 먼지가 앉아 된 때. ◆名油污，油垢。¶기름때 묻은 작업복. =沾满油污的工作服。

기름종이【명사】名❶ 기름을 먹인 종이. ◆油纸。❷ 얼굴 따위의 기름기를 제거하기 위해 만든 종이. 주로 여자들이 화장을 고칠 때 쓴다. ◆吸油纸。

기름지다【형용사】形❶ 음식물 따위에 기름기가 많다. ◆(食物)油腻。¶기름진 음식. =油腻食物。❷ 사람이나 동물 따위가 살지고 기름기가 많다. ◆(人或动物)肥，膘肥体壮。¶기름진 말과 여윈 말. =肥马和瘦马。❸ 영양 상태가 좋아서 식물의 잎이나 줄기가 싱싱하고 윤기가 있다. ◆(植物)饱满。¶기름진 곡식을 거두다. =收割饱满的粮食。❹땅이 매우 걸다. ◆(土地)肥沃，丰腴。¶기름진 논과 밭. =肥沃的水田和菜地。

기리다【동사】뛰어난 업적이나 바람직한 정신, 위대한 사람 따위를 추어서 말하다. ◆动称赞，称颂，赞美。¶선열의 뜻을 기리다. =称颂先烈的志向。

기린(麒麟)【명사】名❶ 기린과의 포유류. 키는 6미터 정도로 포유류 가운데 가장 크며, 누런 흰색에 갈색의 얼룩점이 있다. ◆长颈鹿。❷ 성인(聖人)이 이 세상에 나올 징조로 나타난다고 하는 상상 속의 짐승. ◆麒麟(传说中的祥瑞神兽)。

기립(起立)【명사】일어나서 섬. ◆名起立，起身，站起。¶기립 표결. =起立表决。● 기립하다(起立--) ●

기마(騎馬)【명사】名❶ 말을 탐. ◆骑马。¶기마 자세. =骑马姿势。❷ 타고 다니는 데 쓰는 말. ◆坐骑，马。

기막히다(氣---)【형용사】形❶ 어떠한 일이 놀랍거나 언짢아서 어이없다. ◆瞠目结舌，令人哭笑不得。¶나는 그의 제안이 너무 기막혀 아무 말도 못했다. =他的提案令我瞠目结舌，一句话也说不出来。❷ 어떻다고 말할 수 없을 만큼 좋거나 정도가 높다. ◆了不起，不得了。¶그녀의 음식 솜씨는 기막히다. =她的厨艺真是高得不得了。

기만(欺瞞)【명사】남을 속여 넘김. ◆名欺瞒，欺骗。¶기만 행위. =欺骗行为。● 기만하다(欺瞞--) ●

기묘하다(奇妙--)【형용사】생김새 따위가 이상하고 묘하다. ◆形奇妙，奇特。¶기묘한 옷차림. =奇特的装束。

기물(器物)【명사】살림살이에 쓰는 그릇. ◆名器皿，器具。¶기물을 파손하다. =损坏器皿。

기미[1]【명사】병이나 심한 괴로움 따위로 얼굴에 끼는 거뭇한 얼룩점. ◆名(脸上的)斑，黑斑，黄褐斑。¶새까맣게 기미가 앉은 얼굴. =长着黑斑的脸。

기미[2](幾微/機微)【명사】낌새. 어떤 일을 알아차릴 수 있는 눈치. 또는 일이 되어 가는 야릇한 분위기. ◆名征兆，迹象，苗头，蛛丝马迹。¶기미를 느끼다. =察觉到苗头。

기민하다(機敏--)【형용사】눈치가 빠르고 동작이 날쌔다. ◆名机警，敏锐，敏捷。¶기민한 동작. =敏捷的动作。

기밀(機密)【명사】외부에 드러내서는 안 될 중요한 비밀. ◆名机密。¶기밀 자료. =机密资料。

기반(基盤)【명사】기초가 되는 바탕. 또는 사물의 토대. ◆名基础，根基。¶기반을 다지다. =打牢基础。

기발하다(奇拔--)【형용사】유달리 재치가 뛰어나다. ◆形奇特，出众。¶그의 발상은 기발하고 참신했다. =他的想法奇特而新颖。

기백(氣魄)【명사】씩씩하고 굳센 기상과 진취적인 정신. ◆名气魄，气概，魄力。¶기백이 넘치다. =很有气魄。

기법(技法)【명사】기교와 방법을 아울러 이르는 말. 또는 기교를 나타내는 방법. ◆名手法，技巧，手段。¶경영의 새로운 기법이 요구된다. =需要新的经营手段。

기별(奇別)【명사】다른 곳에 있는 사람에게 소식을 전함. 또는 소식을 적은 종이. ◆名消息，音信，信。¶급히 오라는 기별을 받고 고향으로 내려갔다. =接到"速回！"的信，就回家乡了。● 기별하다(奇別--) ●

기병(騎兵)【명사】말을 타고 싸우는 병사. ◆名骑兵。

기복(起伏)【명사】名❶ 지세(地勢)가 높아졌다 낮아졌다 함. ◆(地势)起伏。❷ 세력이나 기세 따위가 성하였다 쇠하였다 함. ◆波动，起伏，兴衰，盛衰。¶그녀는 감정의 기복이 심하다. =她的情绪波动非常大。

기본(基本)【명사】 사물이나 현상, 이론, 시설 따위의 기초와 근본. ◆ 图基础，根本。¶기본을 익히다. =打好基础。

기본권(基本權)【명사】 기본적 인권. ◆ 图基本权利。¶국민의 기본권을 보장하다. =保障国民的基本权利。

기본기(基本技)【명사】 악기 따위를 다룰 때나 어떤 운동을 할 때 가장 기초가 되는 기술. ◆ 图基本功，基础技术。¶기본기를 닦다. =苦练基本功。

기본적(基本的)【명사】 사물의 근본이나 기초가 되는 것. ◆ 图基本的，基础的。¶기본적인 개념. =基本概念。

기본형(基本形)【명사】 图 ❶ 기본이 되는 꼴이나 형식. ◆ 基本形态，基本形式。❷ 활용하는 단어에서 활용형의 기본이 되는 형태. 한국어에서는 어간에 어미 '다'를 붙인다. ◆ (词语的)原形，基本形，基本形态。

기부(寄附)【명사】 자선 사업이나 공공사업을 돕기 위하여 돈이나 물건 따위를 대가 없이 내놓음. ◆ 图捐献，捐赠，捐助。¶그가 장학금 기부를 약속하다니 믿을 수 없는 일이다. =他竟然承诺要捐赠财产用来设立奖学金，真是令人难以置信。● 기부하다(寄附--) ●

기부금(寄附金)【명사】 자선 사업이나 공공사업을 돕기 위하여 대가 없이 내놓은 돈. ◆ 图捐款，赠款。

기분(氣分)【명사】 图 ❶ 대상 환경 따위에 따라 마음에 절로 생기며 한동안 지속되는, 유쾌함이나 불쾌함 따위의 감정. ◆ 情绪，心情。¶기분이 좋다. =心情好，高兴。❷ 주위를 둘러싸고 있는 상황이나 분위기. ◆ 气氛，氛围。¶거리는 온통 연말 기분에 휩싸여 북적거렸다. =街上熙熙攘攘，一派迎接新年的气氛。

기뻐하다【동사】 기쁘게 여기다. ◆ 动高兴，欢喜。¶선물을 받은 아이가 뛸 듯이 기뻐했다. =孩子收到礼物，高兴得要蹦起来了。

기쁘다【형용사】 마음에 즐거운 느낌이 있다. ◆ 形高兴，开心，快乐。¶다시 만나게 되어 정말 기쁘다. =再次见到你真高兴。

기쁨【명사】 욕구가 충족되었을 때의 즐거운 마음이나 느낌. ◆ 图高兴，喜悦，快乐。¶기쁨과 슬픔. =快乐和痛苦。

기사[1](技士)【명사】 图 ❶ 운전기사('운전사'를 높여 이르는 말). ◆ "司机"的尊称。¶시내버스 기사. =市区公交司机。❷ 기술계 기술 자격 등급의 하나. 1급과 2급의 두 등급이 있다. ◆ 助理工程师。¶기사 자격증. =助理工程师资格证。

기사[2](棋士/碁士)【명사】 바둑이나 장기를 잘 두는 사람. 또는 직업으로 하여 전문적으로 두는 사람. ◆ 图棋手。¶바둑기사. =围棋手。

기사[3](記事)【명사】 신문이나 잡지 따위에서, 어떠한 사실을 알리는 글. ◆ 图报道，新闻报道。¶기사를 쓰다. =编写报道。

기사화(記事化)【명사】 어떤 사건, 사실 따위가 기사의 형태를 갖추게 됨. 또는 그렇게 함. ◆ 图报道，写成报道。¶일부 연예인들은 사생화하는 것으로 자신을 홍보한다. =有的明星靠曝光隐私来炒作自己。● 기사화되다(記事化--), 기사화하다(記事化--) ●

기상[1](起牀)【명사】 잠자리에서 일어남. ◆ 图起床。¶기상 시간. =起床时间。● 기상하다(起牀--) ●

기상[2](氣像)【명사】 사람이 타고난 기개나 마음씨. 또는 그것이 겉으로 드러난 모양. ◆ 图气魄，气概。¶어린이는 씩씩한 기상을 지니고 있어야 합니다. =小孩子要有朝气。

기상[3](氣象)【명사】 대기 중에서 일어나는 물리적인 현상을 통틀어 이르는 말. 바람, 구름, 비, 눈, 더위, 추위 따위를 이른다. ◆ 图气象，天气。¶기상 조건. =气象条件。

기색(氣色)【명사】 图 ❶ 마음의 작용으로 얼굴에 드러나는 빛. ◆ 气色，神色，神情，神态。¶싫은 기색. =不情愿的神情。❷ 어떠한 행동이나 현상 따위가 일어날 것을 예측할 수 있게 하여 주는 눈치나 낌새. ◆ 迹象，征兆，苗头。¶날이 밝았는데 일어날 기색을 보이지 않는다. =天已经亮了，但是不见他有要起床的意思。

기생[1](妓生)【명사】 잔치나 술자리에서 노래나 춤 또는 풍류로 흥을 돋우는 것을 직업으로 하는 여자. ◆ 图陪酒女。¶기생이 나오는 술집. =有陪酒女的酒馆。

기생[2](寄生)【명사】 图 ❶ 서로 다른 종류의 생물이 함께 생활하며, 한쪽이 이익을 얻고 다른 쪽이 해를 입고 있는 일. 또는 그런 생활 형태. ◆ 寄生。❷ 스스로 생활하지 못하고 다른 사람을 의지하여 생활함. ◆ 寄人篱下，依赖别人生活。● 기생하다(寄生--) ●

기생충(寄生蟲)【명사】 图 ❶ 다른 동물체에 붙어서 양분을 빨아먹고 사는 벌레. ◆ 寄生虫。¶기생충을 박멸하다. =消灭寄生虫。❷ 스스로 노력하지 않고 남에게 덧붙어서 살아가는 사람을 낮잡아 이르는 말. ◆ 寄生虫。¶저놈은 양아치도 아녀, 기생충이지. =那家伙连要饭的都不如，是个地地道道的寄生虫。

기선[1](汽船)【명사】 증기 기관의 동력으로 움직이는 배를 통틀어 이르는 말. 증기선, 화륜선 따위가 있다. ◆ 图汽船，轮船。

기선[2](機先)【명사】 운동 경기나 싸움 따위에서 상대편의 세력이나 기세를 억누르기 위하여 먼저 행동하는 것. ◆ 图先机，主动。¶기선을 빼앗기다. =被抢走先机。

기성복(既成服)【명사】 특정한 사람을 위해 맞춘 것이 아니라, 일정한 기준 치수에 따라 미리 여러 벌을 지어 놓고 파는 옷. ◆ 图成衣，成品服装。

기성세대(既成世代)【명사】 현재 사회를 이끌어 가는 나이가 든 세대. ◆ 图成年人。¶기성세대의 향수를 자극하는 옛 노래들이 다시 유행한다. =勾起成年人乡愁的老歌又流行起来了。

기세(氣勢)【명사】 图 ❶ 기운차게 뻗치는 형세. ◆ 气势，声势，势头。¶당당한 기세. =威风凛凛的气势。❷ 남에게 영향을 끼칠 기운이나 태도. ◆ 气势，势头，架势(多用于定语形态之后)。¶금방이라

도 달려들 기세다. =一副马上就要扑上去的架势。

기세등등하다(氣勢騰騰--)【형용사】기세가 매우 높고 힘차다. ◆ 形气势汹汹，气焰冲天，排山倒海。¶그들은 기세등등하게 적군을 향해 쳐들어갔다. =他们以排山倒海之势冲向敌军。

기소(起訴)【명사】검사가 특정한 형사 사건에 대하여 법원에 심판을 요구하는 일. ◆ 名起诉，控告，指控。¶기소 대상. =起诉对象。● 기소되다(起訴--), 기소하다(起訴--) ●

기수[1](機首)【명사】비행기의 앞부분. ◆ 名机首，机头。¶기수를 남으로 향하다. =使机头向南。

기수[2](旗手)【명사】名 ❶ 행사 때 대열의 앞에 서서 기를 드는 일을 맡은 사람. ◆ 旗手。¶한국 선수단의 기수. =韩国选手代表团的旗手。❷ 사회 활동에서 앞장서서 이끄는 사람을 비유적으로 이르는 말. ◆ 旗手，先锋，领导人。¶개혁의 기수. =改革的旗手。

기숙사(寄宿舍)【명사】학교나 회사 따위에 딸려 있어 학생이나 사원에게 싼값으로 숙식을 제공하는 시설. ◆ 名宿舍，寝室。¶기숙사에 들어가다. =住进宿舍。

기술(技術)【명사】名 ❶ 과학 이론을 실제로 적용하여 자연의 사물을 인간 생활에 유용하도록 가공하는 수단. ◆ 科学技术。❷ 사물을 잘 다룰 수 있는 방법이나 능력. ◆ 技术，本领。¶운전 기술. =驾驶技术。

기술자(技術者)【명사】어떤 분야에 전문적 기술을 가진 사람. ◆ 名技术员，技工，技师。¶기계 기술자. =机械师。

기슭【명사】名 ❶ 산이나 처마 따위에서 비탈진 곳의 아랫부분. ◆ 山脚，底。¶뒷산 기슭에 있는 바위. =后山脚下的岩石。❷ 바다나 강 따위의 물과 닿아 있는 땅. ◆ (海、河等的)边，畔，岸。¶배가 강기슭에 닿다. =船抵达江岸。

기습(奇襲)【명사】名 ❶ 적이 생각지 않았던 때에 갑자기 들이쳐 공격함. 또는 그 공격. ◆ 奇袭，突袭，偷袭。¶기습 공격. =奇袭攻击。❷ 남이 알아차리기 전에 갑자기 행하는 것. ◆ 突如其来。¶기습 시위. =突如其来的示威。● 기습하다(奇襲--) ●

기승(氣勝)【명사】名 ❶ 성미가 억척스럽고 굳세어 좀처럼 굽히지 않음. 또는 그 성미. ◆ 气盛，好强；好胜心。❷ 기운이나 기세 및 힘 따위가 누그러들지 않음. 또는 그 기운이나 힘. ◆ 逞凶，肆虐；威风，势头。¶비가 내려서 무더위의 기승을 누그러뜨렸다. =下雨了，暑热的势头有所减弱。

기아(飢餓/饑餓)【명사】굶주림. ◆ 名饥饿。

기악(器樂)【명사】악기로 연주하는 음악. ◆ 名器乐。

기악곡(器樂曲)【명사】기악을 위하여 작곡한 곡. ◆ 名器乐曲。

기암괴석(奇巖怪石)【명사】기이하게 생긴 바위와 괴상하게 생긴 돌. ◆ 名奇岩怪石。

기압(氣壓)【명사】공기의 무게로 인해 생기는 압력. ◆ 名气压。

기압골(氣壓-)【명사】일기도에서, 여러 개의 등압선이 모여 골짜기를 이룬, 기압이 낮은 부분. 이 부분의 동쪽은 일반적으로 날씨가 좋지 않다. ◆ 名低压槽。¶기압골이 형성되다. =形成低压槽。

기약(期約)【명사】때를 정하여 약속함. 또는 그런 약속. ◆ 名约定，承诺。¶아들이 아온다는 기약도 없이 떠났다. =儿子没有承诺是否会回来就离开了。● 기약하다(期約--) ●

기어(gear)【명사】톱니바퀴의 조합에 따라 속도나 방향을 바꾸는 장치. 주로 자동차 따위에서 엔진으로부터 발생한 출력의 회전수를 바꾸는 데 쓴다. ◆ 名 (汽车)变速器，变速箱。¶기어 변속. =换档。

기어가다【동사】动 ❶ 어떤 곳을 기어서 가다. ◆ 爬，爬过去。¶어린애가 엄마 쪽으로 기어간다. =小孩向妈妈爬过去。❷ 자동차 따위가 매우 천천히 가다. ◆ (汽车等)缓慢爬行，挪动，往前挪。¶길이 막혀서 차가 기어간다. =车堵得厉害，只能一点一点地往前挪。

기어들다【동사】动 ❶ 기어서 또는 기는 듯한 모습으로 들어가거나 들어오다. ◆ 爬进，爬进去。¶구멍으로 기어드는 벌레. =爬进洞里的昆虫。❷ 남이 모르도록 슬금슬금 안쪽으로 들어가거나 들어오다. ◆ (偷偷)溜进，潜入，混进，钻进。¶사람들의 눈을 피해 안으로 기어들었다. =避开人们的视线溜进里面。❸ 다가들거나 파고들다. ◆ 钻进，扎进。¶목덜미에 기어드는 찬바람. =钻进脖子里的冷风。❹ 움츠리며 들어가다. ◆ 蜷起，缩起，缩回。¶기가 죽어 목소리가 기어들다. =由于沮丧，说话声音很小。

기어오르다【동사】动 ❶ 기는 듯한 모습으로 높은 곳을 올라가거나 올라오다. ◆ 爬上，攀爬。¶나무에 기어오르다. =爬上树。❷ 오르막을 힘겹게 올라가다. ◆ 爬，爬坡。¶가파른 골목길을 기어오르다. =爬上小路的斜坡。❸ 윗사람에게 예의를 저버리고 버릇없이 굴다. ◆ 放肆，蹬鼻子上脸。¶버릇없이 어른에게 기어오르고 있다. =在长辈面前放肆无礼。

기어이(期於-)【부사】副 ❶ 기어코(어떠한 일이 있더라도 반드시). ◆ 一定，定要，坚决要，非要。¶기어이 해내고야 말겠다는 결심. =坚决要完成的决心。❷ 기어코(결국에 가서는). ◆ 最终还是，终究还是。¶울먹이던 아이는 기어이 울음을 터뜨렸다. =一直忍着眼泪的小孩最终还是放声大哭。

기어코(期於-)【부사】副 ❶ 어떠한 일이 있더라도 반드시. ◆ 一定，定要，坚决要，非要。❷ 결국에 가서는. ◆ 最终还是，终究还是。

기억(記憶)【명사】이전의 인상이나 경험을 의식 속에 간직하거나 도로 생각해 냄. ◆ 名记忆，回忆，回想。¶기억을 불러일으키다. =唤起回忆。● 기억되다(記憶--), 기억하다(記憶--) ●

기억력(記憶力)【명사】이전의 인상이나 경험을 의식 속에 간직해 두는 능력. ◆ 名记性，记忆力。

기억 상실(記憶喪失)【명사】머리 부분에 타박상과 같은 충격을 받거나 약물 중독 따위로 이전의 어느 기간 동안의 기억이 사라져 버리는 일 ◆ 名丧失记忆，失忆症。

기억 장치(記憶裝置)【명사】데이터나 명령을 비롯하여 컴퓨터 내부에서 계산 처리한 결과를 기억하는 장치. 주 기억 장치와 보조 기억 장치로 나눈다. ◆名存储装置，存储器。

기업(企業)【명사】영리(營利)를 얻기 위하여 재화나 용역을 생산하고 판매하는 조직체. ◆名企业，公司。

기업가(企業家)【명사】기업에 자본을 대고 기업의 경영을 담당하는 사람. ◆名企业家。¶기업가의 운영 자세. =企业家的经营姿态。

기여(寄與)【명사】도움이 되도록 이바지함. ◆名贡献。¶그는 팀 승리에 결정적인 기여를 한 선수이다. =他是为球队胜利做出决定性贡献的球员。● 기여하다(寄與--) ●

기염(氣焰)【명사】불꽃처럼 대단한 기세. ◆名气势，威风，气焰。¶기염을 내뿜다. =散发出气势。

기예(技藝)【명사】예술로 승화될 정도로 갈고 닦은 기술이나 재주. ◆名 (主要指表演类的)技艺，才艺。¶기예를 익히다. =练习技艺。

기온(氣溫)【명사】대기(大氣)의 온도. 보통 지면으로부터 1.5미터 높이의 백엽상 속에 놓인 온도계로 잰 온도를 이른다. ◆名气温。

기와【명사】지붕을 이는 데에 쓰기 위하여 흙이나 시멘트 따위를 구워 만든 건축 자재. ◆名瓦。

기와집【명사】기와로 지붕을 인 집. ◆名瓦房。

기왓장(--張)【명사】기와의 낱장. ◆名瓦片。

기왕[1](既往)【부사】기왕에(이미 그렇게 된 바에). ◆副既然，已经。¶기왕 말이 나왔으니까 하는 얘기다. =话既然说到这儿了，那我就来说一说。

기왕[2](既往)【명사】이미 지나간 이전. ◆名以往，以前，过去，往日。¶기왕의 잘잘못은 따지지 않기로 하겠다. =以前的对错就不再追究了。

기왕에(既往-)【부사】이미 그렇게 된 바에. ◆副既然，已经。¶기왕에 탄로 난 사실. =已经暴露的事实。

기왕지사(既往之事)【명사】이왕에 지나간 일. ◆名往事，过去的事。¶기왕지사 그렇게 된 일을 어쩌겠나. =过去的事已经那样了，还能怎样?

기용(起用)【명사】인재를 높은 자리에 올려 씀. ◆名起用，任用，提拔。¶그의 대표팀 감독 기용을 두고 말들이 무성하다. =对于他即将出任国家队教练一事，众说纷纭。● 기용되다(起用--), 기용하다(起用--) ●

기우(杞憂)【명사】미래의 일에 대해 불필요한 걱정을 함. 또는 그 걱정. ◆名杞人忧天。¶기우에 그치다. =不过是杞人忧天。

기우뚱거리다【동사】물체가 자꾸 이쪽저쪽으로 기울어지며 흔들리다. 또는 그렇게 하다. ◆动摇晃，摇摆。¶파도에 배가 기우뚱거리다. =浪头打得船直晃。● 기우뚱대다 ●

기우뚱하다【동사】물체가 한쪽으로 약간 기울어지다. 또는 그렇게 하다. ◆动倾斜，歪斜。¶파도에 배가 기우뚱하고 기울었다. =浪头打得船向一侧倾斜过去。

기우제(祈雨祭)【명사】오랫동안 비가 오지 않을 때 비가 내리기를 기원하면서 지내는 제사. ◆名祈雨祭，求雨祭祀。

기운(氣運)【명사】名 ❶ 생물이 살아 움직이는 힘. ◆力气，精神，劲。¶기운이 세다. =有劲。❷ 눈에는 보이지 않으나 오관(五官)으로 느껴지는 현상. ◆意，气息，味道。¶이제는 봄의 따스한 기운이 완연하다. =现在已经是春意盎然。❸ 감기나 몸살 따위가 걸린 것을 알 수 있게 하는 초기 증상. ◆苗头，预兆，征兆。¶어제부터 감기 기운이 있는지 자꾸만 으슬으슬 춥다. =从昨天开始似乎有点感冒的苗头，总是觉得发冷。

기울다【동사】动 ❶ 비스듬하게 한쪽이 낮아지거나 비뚤어지다. ◆歪，歪斜，倾斜。¶한쪽으로 기운 배. =歪向一侧的船。❷ 마음이나 생각 따위가 어느 한쪽으로 쏠리다. ◆倾向于，倒向。¶대세가 기울다. =大势已去。❸ 해나 달 따위가 저물다. ◆(日月)西斜，落。¶해가 기울기 시작했다. =太阳开始西斜。❹ 형세가 이전보다 못하여지다. ◆衰落，衰败，没落。¶가세가 기울다. =家道衰落。❺ 다른 것과 비교하여 그것보다 못하다. ◆不如，比不上，配不上。¶신랑 집안이 신부 집안보다 좀 기울어 보인다. =新郎的家世比不上新娘。

기울어지다【동사】动 ❶ 비스듬하게 한쪽이 낮아지거나 비뚤어지게 되다. ◆歪，歪斜，倾斜，偏。¶원두막이 한쪽으로 기울어진다. =瓜棚歪向一侧。❷ 마음이나 생각 따위가 어느 한쪽으로 쏠리게 되다. ◆倾向，倒向。¶영이에게 마음이 기울어져 일이 손에 잡히지 않는다. =倾心于英伊而无心做事。❸ 해나 달 따위가 저물어 지다. ◆(日月)西斜，落。❹ 세력이 약화되어 허물어지다. ◆(势力)衰落，衰败，衰退。¶나라가 기울어지다. =国道衰败。

기울이다【동사】动 ❶ '기울다(비스듬하게 한쪽이 낮아지거나 비뚤어지다)'의 사동사. ◆使倾斜，使朝向。¶몸을 앞으로 기울이다. =身体前倾。❷ 정성이나 노력 따위를 한곳으로 모으다. ◆倾注，花费。¶어떤 일보다 심혈을 기울이다. =比其他任何事情都倾注了更多的心血。

기웃【부사】무엇을 보려고 고개나 몸 따위를 한쪽으로 조금 기울이는 모양. ◆副歪着脖子。¶낯선 사람이 기웃 집안을 들여다 보았다. =陌生人歪着脖子朝屋里看。

기웃거리다【동사】무엇을 보려고 고개나 몸 따위를 이쪽저쪽으로 자꾸 기울이다. ◆动探头探脑，东张西望。¶방안을 기웃거리며 살펴보다. =探头探脑地察看着屋内的动静。● 기웃대다 ●

기웃기웃【부사】무엇을 보려고 고개나 몸 따위를 이쪽저쪽으로 자꾸 조금씩 기울이는 모양. ◆副探头探脑地，东张西望地。¶이웃 주민들도 이쪽을 호기심 어린 눈초리로 기웃기웃 넘겨다보았다. =邻居们也用好奇的眼光向这边张望。● 기웃기웃하다 ●

기웃하다【형용사】한쪽으로 조금 기울어져 있다. ◆形斜，歪斜。¶고개를 기웃하게 숙이고 있다. =斜耷拉着脑袋。● 기웃이 ●

기원[1](起源/起原)【명사】사물이 처음으로 생김. 또

는 그런 근원. ◆ 名起源; 源头, 来源。¶생명의 기원. =生命的起源。● 기원하다(起源--/起原--) ●

기원²(祈願) 【명사】 바라는 일이 이루어지기를 빎. ◆ 名祈愿, 祈求, 祈祷。¶간절한 기원. =恳切地祈求。● 기원하다(祈願--) ●

기원³(紀元) 【명사】 名 ❶ 연대를 계산하는 데에 기준이 되는 해. ◆ 纪元, 时代。❷ 새로운 출발이 되는 시대나 시기. ◆ 新纪元, 新时代。¶새로운 기원을 긋는 획기적인 사업. =开创新纪元的划时代事业。

기원전(紀元前) 【명사】 기원 원년 이전. 주로 예수가 태어난 해를 원년으로 하는 서력기원을 기준으로 하여 이른다. ◆ 名公元前。¶고대 올림픽이 처음 시작된 것은 기원전 8세기쯤이라고 한다. =据说古代奥运会始于公元前八世纪前后。

기이하다(奇異--) 【형용사】 기묘하고 이상하다. ◆ 形奇异, 奇特, 特异。¶기이한 생김새. =奇特的相貌。

기인¹(奇人) 【명사】 성격이나 말, 행동 따위가 보통 사람과 다른 별난 사람. ◆ 名奇人, 怪人。¶그는 일세를 풍미했던 기인이었다. =他是一位有着传奇一生的奇人。

기인²(起因) 【명사】 名 ❶ 일이 일어나게 된 까닭. ◆ 起因, 缘由。❷ 어떠한 것에 원인을 둠. ◆ 缘于, 缘自。● 기인되다(起因--), 기인하다(起因--) ●

기일¹(忌日) 【명사】 해마다 돌아오는 제삿날. ◆ 名忌日, 死忌。¶아버지 기일이라 식구가 한자리에 모였다. =由于是父亲的忌日, 全家人都聚在了一起。

기일²(期日) 【명사】 정해진 날짜. ◆ 名期限, 日期。¶무슨 일이 있더라도 기일 내에 이 일을 끝마쳐라. =不管有什么事, 都要按期完成这项工作。

기입(記入) 【명사】 수첩이나 문서 따위에 적어 넣음. ◆ 名记, 写。¶가계부 기입. =家庭记账。● 기입되다(記入--), 기입하다(記入--) ●

기자(記者) 【명사】 신문, 잡지, 방송 따위에 실을 기사를 취재하여 쓰거나 편집하는 사람. ◆ 名记者。

기자 회견(記者會見) 【명사】 기자들을 모아 놓고 어떤 사건에 대하여 공식적으로 발표하거나 해명하는 일. ◆ 名记者招待会, 新闻发布会。

기장¹(機長) 【명사】 민간 항공기에서 승무원 가운데 최고 책임자. 흔히 정조종사가 기장이 된다. ◆ 名 (民航飞机的)机长。

기장² 【명사】 볏과의 한해살이풀. 여름에 작은 수상화가 원추(圓錐) 화서로 피고 이삭은 9~10월에 익는다. 열매는 '황실(黃實)'이라고도 하는데 엷은 누런색으로 떡, 술, 엿, 빵 따위의 원료나 가축의 사료로 쓰인다. ◆ 名黍。

기재(記載) 【명사】 문서 따위에 기록하여 올림. ◆ 名记载, 记录, 填写。¶기재할 사항을 빠짐없이 적으시오. =请把需要填写的事项全部填好。● 기재되다(記載--), 기재하다(記載--) ●

기저귀 【명사】 어린아이의 똥오줌을 받아 내기 위하여 다리 사이에 채우는 물건. 천이나 종이로 만든다. ◆ 名尿布, 尿片。¶일회용 종이 기저귀. =一次性纸尿片。

기적¹(奇跡/奇迹) 【명사】 名 사람의 생각이나 힘으로는 할 수 없는 기이한 일. ◆ 奇迹; 特异功能。¶기적을 바라다. =渴望奇迹。

기적²(汽笛) 【명사】 기차나 배 따위에서 증기를 내뿜는 힘으로 경적 소리를 내는 장치. 또는 그 소리. ◆ 名汽笛, 汽笛声。

기절(氣絶) 【명사】 두려움, 놀람, 충격 따위로 한동안 정신을 잃음. ◆ 名昏厥, 休克, 晕过去。¶기절 상태에 빠지다. =陷入休克状态。● 기절하다(氣絶--) ●

기점(起點) 【명사】 어떠한 것이 처음으로 일어나거나 시작되는 곳. ◆ 名起点, 出发点。¶이 철도의 기점은 서울역이다. =这条地铁线路的起点是首尔站。

기정사실(旣定事實) 【명사】 이미 결정되어 있는 사실. ◆ 名既成事实, 既定事实。¶노모의 죽음을 기정사실로 받아들이다. =接受了老母去世的事实。

기존(旣存) 【명사】 이미 존재함. ◆ 名既成, 现有。¶기존 사실. =既成事实。

기죽다(氣--) 【동사】 기세가 꺾이어 약해지다. ◆ 动泄气, 丧气, 沮丧, 消沉, 畏缩。¶무엇에 겁먹어 기죽은 얼굴. =被什么东西吓到的畏缩表情。

기준(基準) 【명사】 기본이 되는 표준. ◆ 名标准, 准绳, 准则。¶기준을 세우다. =树立标准。

기준점(基準點) 【명사】 계산하거나 측정할 때 기준이 되는 점. ◆ 名基准点。

기중기(起重機) 【명사】 물건을 들어 올리거나 수평으로 옮기기도 하는 기계. ◆ 名起重机, 吊车。

기증(寄贈) 【명사】 선물이나 기념으로 남에게 물품을 거저 줌. ◆ 名捐赠, 捐献, 赠送, 赠予。¶도서 기증. =捐赠图书。● 기증하다(寄贈--) ●

기지¹(機智) 【명사】 경우에 따라 재치 있게 대응하는 지혜. ◆ 名机智, 机灵。¶순간적으로 기지를 발휘하다. =急中生智。

기지²(基地) 【명사】 군대, 탐험대 따위의 활동의 기점이 되는 근거지. ◆ 名基地, 根据地。¶보급 기지. =推广基地。

기지개 【명사】 피곤할 때에 몸을 쭉 펴고 팔다리를 뻗는 일. ◆ 名伸懒腰。¶기지개를 켜다. =伸懒腰。

기지국(基地局) 【명사】 전파를 주고받는 기능을 하는 작은 통신 기관. ◆ 名基地局, 基地站。¶이동통신 기지국. =移动通信基地站。

기진맥진하다(氣盡脈盡--) 【동사】 기운과 의지력이 다하여 스스로 가누지 못할 지경이 되다. ◆ 动筋疲力尽。¶오랜 행군에 모두들 기진맥진하여 길가에 주저앉았다. =长时间的行军累得大家全都筋疲力竭地瘫坐在路旁。

기질(氣質) 【명사】 자극에 대한 민감성이나 특정한 유형의 정서적 반응을 보여 주는 개인의 성격적 소질. ◆ 名气质, 性格。¶낙천적인 기질. =乐观的性格。

기차(汽車) 【명사】 기관차에 객차나 화물차를 연결하여 궤도 위를 운행하는 차량. 사람이나 화물을 실어 나른다. ◆ 名火车。

기차역(汽車驛) 【명사】 기차가 도착하거나 떠나는 역. ◆ 名火车站。

기차표(汽車票)【명사】기차를 타기 위하여 돈을 주고 사는 표. ◆ 图火车票。¶부산행 기차표를 샀다. =买了去釜山的火车票。

기착(寄着)【명사】목적지로 가는 도중에 어떤 곳에 잠깐 들름. ◆图中途停留，中途停靠。● 기착하다(寄着--) ●

기찻길(汽車-)【명사】기차가 다니는 길. ◆ 图铁道，铁路。¶기찻길 보행은 참으로 위험하다. =在铁路上行走十分危险。

기척【명사】누가 있는 줄을 짐작하여 알 만한 소리나 기색. ◆ 图动静，声响。¶기척을 하다. =发出声响。

기체(氣體)【명사】일정한 모양이나 부피가 없고 널리 퍼지려는 성질이 있어 자유롭게 떠서 돌아다니는 물질. ◆图气体。

기초(基礎)【명사】图 ❶ 사물이나 일 따위의 기본이 되는 토대. ◆ 基础。¶기초 조사. =基础调查。❷ 건물, 다리 따위와 같은 구조물의 무게를 받치기 위하여 만든 밑받침. ◆ (建筑物等的)地基，根基。¶이곳은 기초를 튼튼히 하고 공사해야 한다. =这个地方必须先打牢地基再开始施工。

기치(旗幟)【명사】일정한 목적을 위하여 내세우는 태도나 주장. ◆图旗帜，大旗。

기침【명사】图 ❶ 기도의 점막이 자극을 받아 갑자기 숨소리를 터트려 내는 일. 목감기의 주된 증상 가운데 하나로, 건성 기침과 습성 기침의 두 가지가 있다. ◆ 咳嗽，咳。¶심한 기침. =严重咳嗽。❷ 목소리를 가다듬거나 목구멍에 걸린 가래를 떼기 위하여 일부러 숨을 터트려 나오게 하는 일. 또는 그런 숨소리. ◆ (为清嗓子而)咳嗽，清嗓子。¶노래하기 전에 기침으로 목청을 가다듬다. =唱歌之前清了清嗓子。● 기침하다 ●

기타(其他)【명사】그 밖의 또 다른 것. ◆ 图其他，其余，别的。

기타(guitar)【명사】앞뒤가 편평하며 가운데가 홀쭉하고 긴 통에 여섯 개의 줄을 매어 손가락으로 퉁겨 연주하는 악기. ◆图吉他，六弦琴。

기탁(寄託)【명사】图 ❶ 어떤 일을 부탁하여 맡겨 둠. ◆ 寄托，委托。❷ 임치(任置). ◆ 委托，托管，托管协议。● 기탁하다(寄託--) ●

기탄없다(忌憚--)【형용사】어려움이나 거리낌이 없다. ◆ 形毫无顾忌，肆无忌惮。¶기탄없는 이야기. =毫无顾忌的话。● 기탄없이(忌憚--) ●

기특하다(奇特--)【형용사】말하는 것이나 행동하는 것이 신통하여 귀염성이 있다. ◆ 形极其乖巧，特别懂事，非常可爱。¶어린아이가 하는 짓이 기특하다. =小孩子做的事真是可爱。

기틀【명사】어떤 일의 가장 중요한 계기나 조건. ◆图基础，根基。¶기틀을 닦다. =打基础。

기포(氣泡)【명사】액체나 고체 속에 기체가 들어가 거품처럼 둥그렇게 부풀어 있는 것. ◆图气泡，泡沫。¶기포가 생기다. =出现泡沫。

기표(記票)【명사】투표용지에 써넣거나 표시를 함. ◆图写票，填票。¶기표가 끝난 후 바로 개표가 시작되었다. =填好票之后立即开始计票。● 기표하다(記票--) ●

기표소(記票所)【명사】투표용지에 써넣거나 표시할 수 있도록 투표장 안에 마련한 곳. ◆ 图写票间，填票室。¶투표용지를 받아서 기표소 안으로 들어가다. =领取投票纸后走进写票间。

기품(氣品)【명사】인격이나 작품 따위에서 드러나는 고상한 품격. ◆ 图气质，风度。¶기품이 있는 귀부인. =有气质的贵妇人。

기풍(氣風)【명사】图 ❶ 어떤 집단이나 지역 사람들의 공통적인 기질. ◆ 风气，作风。¶보수적인 기풍. =保守的作风。❷ 기상(氣象)과 풍채를 아울러 이르는 말. ◆ 风格。

기피(忌避)【명사】꺼리거나 싫어하여 피함. ◆ 图忌讳，避讳。● 기피하다(忌避--) ●

기필코(期必-)【부사】반드시. ◆ 副一定，必须。¶이번 계약은 기필코 성사시켜야 한다. =这次签约一定要成功。

기하(幾何)【명사】图 ❶ 얼마(잘 모르는 수량이나 정도). ◆ 多少。❷ [数学] 기하학(도형 및 공간의 성질에 대하여 연구하는 학문). ◆ 几何，几何学。

기하학(幾何學)【명사】도형 및 공간의 성질에 대하여 연구하는 학문. ◆图几何学，几何。

기한(期限)【명사】미리 한정하여 놓은 시기. ◆图期限。¶유통 기한. =保质期。

기합(氣合)【명사】图 ❶ 어떤 특별한 힘을 내기 위한 정신과 힘의 집중. 또는 그런 집중을 위해 내는 소리. ◆ 运气，使劲；(运气发力时的)呼喊声，喊叫声。¶기합을 넣다. =运气。❷ 군대나 학교 따위의 단체 생활을 하는 곳에서 잘못한 사람을 단련한다는 뜻에서 정신적·육체적 고통을 가하는 것. ◆ 体罚，惩戒。¶기합을 받다. =接受体罚。

기행(奇行)【명사】기이한 행동. ◆ 图奇行怪举。¶그의 일생은 기행의 연속이었다. =他的一生充满了奇行怪举。

기행문(紀行文)【명사】여행하면서 보고, 듣고, 느끼고, 겪은 것을 적은 글. 대체로 일기체, 편지 형식, 수필, 보고 형식 따위로 쓴다. ◆图游记。¶여행을 다녀온 뒤 기행문을 쓰다. =旅行归来后撰写游记。

기형(畸形)【명사】사물의 구조, 생김새 따위가 정상과는 다른 모양. ◆图畸形，奇形怪状。

기형아(畸形兒)【명사】신체의 발육이나 기능에 장애가 있어 정상과는 다른 모습으로 태어난 아이. ◆图畸形儿。

기호[1](記號)【명사】어떠한 뜻을 나타내기 위하여 쓰이는 부호, 문자, 표지 따위를 통틀어 이르는 말. ◆图记号，标记。¶기호를 붙이다. =加上标记。

기호[2](嗜好)【명사】즐기고 좋아함. ◆ 图嗜好，癖好，爱好，口味。¶각자 기호에 맞는 음식을 고르다. =挑选符合各自口味的食品。

기호품(嗜好品)【명사】图 ❶ 술, 담배, 커피 따위와 같이, 영양소는 아니지만 독특한 향기나 맛이 있어 즐기고 좋아하는 음식물. ◆ (食品中的)嗜好品，嗜好物。¶담배는 기호품의 하나이다. =香烟是嗜好物的

一种。❷ 장난감, 보석, 골동품 따위와 같이 사람들이 취미로 즐기거나 좋아하는 물품. ◆ 特别喜爱的东西。

기혼(既婚)【명사】이미 결혼함. ◆ 名已婚。¶우리 회사는 기혼, 미혼을 가리지 않고 직원을 채용한다. =我们公司招聘员工不分已婚、未婚。

기화(氣化)【명사】액체가 기체로 변함. 또는 그런 현상. ◆ 名汽化，蒸发。● 기화하다(氣化--) ●

기회(機會)【명사】名 ❶ 어떠한 일을 하는 데 적절한 시기나 경우. ◆ 机会，时机。¶절호의 기회. =绝好机会。❷ 겨를이나 짬. ◆ 功夫。¶만날 기회가 없다. =没空见面。

기획(企劃)【명사】일을 꾀하여 계획함. ◆ 名企划，策划。¶기획 상품. =企划商品。● 기획되다(企劃--), 기획하다(企劃--) ●

기후(氣候)【명사】名 ❶ 기온, 비, 눈, 바람 따위의 대기(大氣) 상태. ◆ 气象，天气。¶서늘한 기후. =寒冷的天气。❷ 일정한 지역에서 여러 해에 걸쳐 나타난 기온, 비, 눈, 바람 따위의 평균 상태. ◆ 气候。¶고온 다습한 기후. =高温潮湿的气候。

기후대(氣候帶)【명사】공통적인 기후 특성에 따라 구분한 지대. 일반적으로 기온에 따라 크게 열대, 온대, 한대로 나누며 대체로 위도에 평행하게 나타난다. ◆ 名气候带。

긴가민가하다【형용사】그런지 그렇지 않은지 분명하지 않다. ◆ 形拿不准，恍然不知。¶꿈인지 생신지 그것이 긴가민가하다. =恍然不知是梦是醒。

긴급(緊急)【명사】긴요하고 급함. ◆ 名紧急，紧迫。¶긴급 구조. =紧急救援。● 긴급하다(緊急--), 긴급히(緊急-) ●

긴밀하다(緊密--)【형용사】서로의 관계가 매우 가까워 빈틈이 없다. ◆ 形紧密，密切，亲密。¶둘 사이는 친형제처럼 긴밀하다. =两个人像亲兄弟一样亲密。● 긴밀히(緊密-) ●

긴박감(緊迫感)【명사】매우 다급하고 절박한 느낌. ◆ 名紧迫感，急迫感。¶긴박감이 감돌다. =充满紧迫感。

긴박하다(緊迫--)【형용사】매우 다급하고 절박하다. ◆ 形紧迫，急迫，紧急。¶사정이 긴박하다. =情况紧迫。

긴요하다(緊要--)【형용사】꼭 필요하고 중요하다. ◆ 形要紧，重要。¶생명을 유지하는 데 가장 긴요한 것은 물이다. =维持生命最要紧的是水。

긴장(緊張)【명사】名 ❶ 마음을 조이고 정신을 바짝 차림. ◆ (情绪或精神)紧张，精力集中。¶긴장의 연속. =持续紧张。❷ 정세나 분위기가 평온하지 않은 상태. ◆ (局势或气氛)紧张。¶긴장이 고조되다. =紧张到极点。❸ 근육이나 신경 중추의 지속적인 수축, 흥분 상태. 강직과는 달리 하나의 자극에 의하여 일어나며, 에너지의 소모가 거의 없다. ◆ (肌肉或神经)紧张，绷紧。● 긴장되다(緊張--), 긴장하다(緊張--) ●

긴장감(緊張感)【명사】긴장한 느낌. ◆ 名紧张气氛，紧张氛围。¶전쟁터는 늘 긴장감이 감돌았다. =战场上总是笼罩着紧张的气氛。

긴축(緊縮)【명사】재정의 기초를 다지기 위하여 지출을 줄임. ◆ 名紧缩，收紧。¶긴축 완화. =缓解紧缩状况。● 긴축하다(緊縮--) ●

긴하다(緊--)【형용사】形 ❶ 꼭 필요하다. ◆ 要紧，必须，必要。¶생활에 긴하게 쓰다. =用在生活中的必须之处。❷ 매우 간절하다. ◆ 恳切，迫切。¶긴한 부탁이 있습니다. =有个恳切的请求。● 긴히(緊-) ●

긷다【동사】우물이나 샘 따위에서 두레박이나 바가지 따위로 물을 떠내다. ◆ 动 (在井边或泉边)打，舀(水)。¶물을 긷다가 바가지를 놓쳤다. =打水的时候把瓢弄丢了。

길¹【명사】名 ❶ 사람이나 동물 또는 자동차 따위가 지나갈 수 있게 땅 위에 낸 일정한 너비의 공간. ◆ 路，道，道路。¶길이 막히다. =堵车。❷ 물위나 공중에서 일정하게 다니는 곳. ◆ 航路，航线，航道。¶배가 다니는 길. =船行航道。❸ 걷거나 탈것을 타고 어느 곳으로 가는 노정(路程). ◆ 路途，旅途，行程。¶고향으로 가는 길. =回乡的旅途。❹ 시간의 흐름에 따라 개인의 삶이나 사회적 역사적 발전 따위가 전개되는 과정. ◆ 历程，过程。¶인류 문명이 발전해 온 길을 돌아본다. =回顾人类文明的发展历程。❺ 사람이 삶을 살아가거나 사회가 발전해 가는 데에 지향하는 방향, 지침, 목적이나 전문 분야. ◆ (通向某个方向、目标或领域的)路，道，道路。¶배움의 길. =学习之路。❻ 어떤 자격이나 신분으로서 주어진 도리나 임무. ◆ 道理。¶어머니의 길. =做母亲的道理。❼ 방법이나 수단. ◆ 方法，办法，手段，途径。¶그를 설득하는 길. =说服他的方法。❽ 어떤 행동이 끝나자마자 즉시. ◆ 立即，立刻，马上。¶그는 그렇게 소리를 친 후 그 길로 도망갔다. =他那样大喊一通之后立即逃走了。❾ 어떠한 일을 하는 도중이나 기회. ◆ 途中，路上，顺便。¶그는 출장 가는 길에 고향에 들렀다. =他出差时顺便回了趟家乡。

길²【명사】名 ❶ 물건에 손질을 잘하여 생기는 윤기. ◆ 光泽，润泽。¶이 가구는 길이 잘 나 있다. =这家具光泽很好。❷ 짐승 따위를 잘 가르쳐서 부리기 좋게 된 버릇. ◆ (牲畜等)温驯。¶길이 잘 든 말. =温驯的马。

길가【명사】길의 양쪽 가장자리. ◆ 名路边，路旁。¶길가에 핀 꽃. =路边开的花。

길거리【명사】사람이나 차가 많이 다니는 길. ◆ 名大街，街头。¶길거리에 나와 노는 아이들. =来到大街上玩耍的孩子们。

길길이【부사】성이 나서 펄펄 뛰는 모양. ◆ 副 (因生气而)暴跳如雷。¶자기의 잘못이 아니라고 길길이 날 뛰었다. =他暴跳如雷地说不是自己的错。

길다¹【동사】머리카락, 수염 따위가 자라다. ◆ 动 (须发)长，长长。¶그녀는 머리가 잘 기는 편이다. =她的头发长得很快。

길다²【형용사】形 ❶ 잇닿아 있는 물체의 두 끝이 서로 멀다. ◆ 长。¶해안선이 길다. =海岸线很长。

❷ 이어지는 시간상의 한 때에서 다른 때까지의 동안이 오래다. ◆ (时间)长，久，漫长。¶수명이 길다. =长寿。❸ 글이나 말 따위의 분량이 많다. ◆ (文章、话)长，冗长。¶그 설명을 하자면 얘기가 복잡하고 길어. =这个说来话长。❹ 소리, 한숨 따위가 오래 계속되다. ◆ (叹气)长，长长。¶길게 한숨을 내쉬다. =长长地叹了口气。

길동무【명사】길을 함께 가는 동무. 또는 같은 길을 가는 사람. ◆ 名旅伴，同路人，同行者。¶길동무가 되다. =成为旅伴。

길들다【동사】动 ❶ 짐승을 잘 가르쳐서 부리기 좋게 되다. ◆ 驯服，温驯。¶길든 개. =被驯服的狗。❷ 물건이나 세간에 손질을 잘하여 윤이 나거나 쓰기 좋게 되다. ◆ 有光泽，锃亮；好使，好用。¶잘 길든 장판. =擦得发亮的炕纸。

길들이다【동사】어떤 일에 익숙하게 만들다. ◆ 动适应，习惯。¶그 나라에 살려면 그 나라 음식에 입맛을 길들여야 한다. =要想在一个国家长期生活下去，就得适应那个国家的饮食。

길라잡이【명사】길잡이(길을 인도해 주는 사람이나 사물). ◆ 名向导，路标，路牌。¶길라잡이를 세우다. =竖路标。

-길래【어미】'-기에(원인이나 근거를 나타내는 연결 어미)'를 구어적으로 이르는 말. ◆ 尾即"기에"，古语体，表示原因或根据的连接词尾。¶맛있어 보이길래 너 주려고 사 왔다. =看着味道不错的样子，就想买来送你。

길모퉁이【명사】길이 구부러지거나 꺾여 돌아가는 자리. ◆ 名拐弯处，拐角。¶길모퉁이를 돌다. =转过拐角。

길목【명사】名 ❶ 큰길에서 좁은 길로 들어가는 어귀. ◆ (从大路拐向小路的)路口，岔路口。¶세 갈래 길목. =三岔路口。❷ 길의 중요한 통로가 되는 어귀. ◆ 路口，关口，隘口。¶길목을 막다. =挡住了路。❸ 어떤 시기에서 다른 시기로 넘어가는 때를 비유적으로 이르는 말. ◆ (时代、时期的)路口，关口。¶혁명의 길목. =革命道路的关口。

길섶【명사】길의 가장자리. ◆ 名路边，路旁。¶길섶에 핀 코스모스. =路边绽放的波斯菊。

길손【명사】먼 길을 가는 나그네. ◆ 名旅客，过路人。¶길손이 주막에 머물렀다. =旅客在客栈住下。

길쌈【명사】실을 내어 옷감을 짜는 모든 일을 통틀어 이르는 말. ◆ 名织布，手工纺织。¶외할머니는 고령의 나이에도 길쌈 솜씨는 여전하시다. =外祖母尽管年事已高，织布手艺依然很棒。

길이[1]【부사】오랜 세월이 지나도록. ◆ 副长久，长时间，长期。¶길이 보전하다. =长期保存。

길이[2]【명사】名 ❶ 한끝에서 다른 한끝까지의 거리. ◆ 长度，长短。¶치마의 길이. =裙子的长度。❷ 어느 때로부터 다른 때까지의 동안. ◆ (时间的)长短。¶밤과 낮의 길이가 같은 춘분. =昼夜等长的春分。

길일(吉日)【명사】운이 좋거나 상서로운 날. ◆ 名吉日，黄道吉日，好日子。¶길일을 택하다. =择吉日。

길잡이【명사】名 ❶ 길을 인도해 주는 사람이나 사물. ◆ 向导，路标，路牌。¶산행의 길잡이. =进山的向导。❷ 나아갈 방향이나 목적을 실현하도록 이끌어 주는 지침을 비유적으로 이르는 말. ◆ 指南，指南针，参考。¶문학의 길잡이. =文学指南。

길조[1](吉兆)【명사】좋은 일이 있을 조짐. ◆ 名吉兆，好兆头。¶돈을 많이 벌게 될 길조. =挣大钱的吉兆。

길조[2](吉鳥)【명사】까치나 황새 따위와 같이 좋은 일이 생길 것을 미리 알려 주는 새. ◆ 名瑞鸟，吉祥鸟。¶한국에서는 까치를 길조로 여기고 있다. =韩国把喜鹊当作瑞鸟。

길짐승【명사】기어 다니는 짐승을 이르는 말. ◆ 名走兽，兽类。¶길짐승도 짝이 있다는데 하물며 인간으로서 짝이 없겠습니까? =走兽尚且有伴，人怎能无伴?

길쭉하다【형용사】조금 길다. ◆ 形长长的，修长，颀长。¶그의 다리는 길쭉하니 늘씬하다. =他双腿修长。

길하다(吉--)【형용사】운이 좋거나 일이 상서롭다. ◆ 形吉利，吉祥。¶이사하기에 길한 날짜를 정하다. =定下搬家的吉日。

길흉(吉凶)【명사】운이 좋고 나쁨. ◆ 名吉凶，祸福。

길흉화복(吉凶禍福)【명사】길흉과 화복을 아울러 이르는 말. ◆ 名吉凶祸福。¶길흉화복을 점치다. =占卜吉凶祸福。

김[1]【명사】名 ❶ 액체가 열을 받아서 기체로 변한 것. ◆ 汽，蒸汽，热气。¶김이 나다. =冒热气。❷ 수증기가 찬 기운을 받아서 엉긴 아주 작은 물방울의 집합체. ◆ 水汽，水蒸汽。¶김이 서리다. =水汽凝结。❸ 입에서 나오는 더운 기운. ◆ (嘴里哈出的)热气，哈气。¶그는 훅훅 더운 김을 내뿜으면서 말을 이었다. =他嘴里呼呼地冒着热气，接着说了下去。❹ 맥주나 청량음료 속에 들어 있는 이산화탄소. ◆ (啤酒或饮料中的)汽。¶김이 빠진 사이다. =跑光了汽的汽水。

김[2]【명사】따뜻하고 깨끗한 바다에서 나는 해초의 일종으로 네모나게 얇게 펴서 말린 검은색의 음식. ◆ 名紫菜。¶밥을 김에 싸서 먹다. =用紫菜包饭吃。

김[3]【의존 명사】어떤 일의 기회나 계기. ◆ 依名顺便，趁机，就便。¶일을 하기로 마음을 먹은 김에 당장 합시다. =既然决定做了，那就马上开始吧。

김[4]【명사】논밭에 난 잡풀. ◆ 名 (田间的)杂草，草。¶김을 매다. =锄草。

김매기【명사】논밭의 잡초를 뽑는 일. ◆ 名除草，锄草，拔草。¶김매기가 끝나다. =锄完了草。

김매다【동사】논밭의 잡풀을 뽑아내다. ◆ 动除草，锄草，拔草。¶밭을 김매다. =锄田里的草。

김발【명사】名 ❶ 김을 양식할 때, 김의 홀씨가 붙어 자라도록 설치하는 발. 대, 섶, 싸리 따위로 엮어 만든다. ◆ 紫菜种植网帘。¶김발을 엮다. =编织种植紫菜用的帘子。❷ 김밥을 말 때 쓰는 발. ◆ (做紫菜包饭用的)卷帘，帘子。¶그녀는 김발 없이도 능숙하게 김밥을 만든다. =她不用工具也能把紫菜包饭卷得很好。

김밥【명사】김 위에 밥을 펴놓고 여러 가지 반찬으로 소를 박아 둘둘 말아 싸서 썰어 먹는 음식. ◆图紫菜包饭，紫菜饭团。¶김밥을 말다. =卷紫菜饭团。

김빠지다【동사】动 ❶ 음료 따위의 본래 맛이나 향이 없어져서 맛없게 되다. ◆ 跑气，漏气，跑味。¶마개를 닫지 않아 맥주가 김빠졌다. =没盖盖子，啤酒的汽都跑了。❷ 의욕이나 흥미가 사라져서 재미없게 되다. ◆ 泄气，丧气，沮丧。¶막판에 가서 실점하고 나니 김빠져서 더 이상 뛰지 못하겠다. =比赛快结束时丢了分，沮丧得再也跑不动了。

김새다【동사】흥이 깨지거나 맥이 빠져 싱겁게 되다. ◆动泄气，丧气，扫兴。

김장【명사】겨우내 먹기 위하여 김치를 한꺼번에 많이 담그는 일. 또는 그렇게 담근 김치. ◆图 (为过冬而)腌泡菜；泡菜。¶어제는 온 가족이 모여 올 겨울에 먹을 김장을 담갔다. =昨天全家人一起腌了冬天吃的泡菜。● 김장하다 ●

김치【명사】소금에 절인 배추나 무 따위를 고춧가루, 파, 마늘 따위의 양념에 버무린 뒤 발효를 시킨 음식. 재료와 조리 방법에 따라 많은 종류가 있다. ◆图泡菜。¶김치를 담그다. =腌泡菜。

김치찌개【명사】김치를 넣고 끓인 찌개. ◆图泡菜汤。¶오늘 저녁 반찬은 김치찌개 였다. =晚上的菜是炖泡菜汤。

김칫국【명사】图 ❶ 김치의 국물. ◆ 泡菜汤。¶나는 느끼한 음식을 먹었을 때 항상 시원한 김칫국 생각이 난다. =我吃完油腻的食物，总是会想起爽口的泡菜汤。❷ 김치를 넣어 끓인 국. ◆泡菜汤，泡菜做的汤。¶떡 줄 사람은 생각하지도 않는데 김칫국 먼저 마신다. =未捉到熊，倒先卖皮。

깁다【동사】떨어지거나 해어진 곳에 다른 조각을 대거나 또는 그대로 꿰매다. ◆动补，缝补。¶구멍 난 양말을 깁다. =把破了洞的袜子补好。

깁스<독>【명사】석고 붕대(석고 가루를 굳혀서 단단하게 만든 붕대). ◆图石膏绷带。¶깁스를 풀려면 최소한 한 달은 기다려야 한다. =拆除石膏绷带至少要等一个月。

깃[1]【명사】图 ❶ 깃털. ◆ 羽毛。¶깃을 갈다. =换羽毛。❷ 새의 날개. ◆ 翅，翅膀。¶깃을 접다. =合上翅膀。

깃[2]【명사】저고리나 두루마기의 목에 둘러대어 앞에서 여밀 수 있도록 된 부분. ◆图衣领，领子。¶그는 항상 웃옷의 단추를 다 채우고 깃과 소매를 반듯하게 해서 입었다. =他穿衣时总是扣好所有的衣扣，理平衣领和袖子。

깃대(旗-)【명사】깃발을 달아매는 장대. ◆图旗杆。

깃들다【동사】图 ❶ 아늑하게 서려 들다. ◆ 陷入，沉浸。¶침묵이 깃들다. =陷入沉默。❷ 감정, 생각, 노력 따위가 어리거나 스미다. ◆ 蕴含，包含，凝聚。¶고귀한 땀이 깃든 성과. =凝聚着宝贵汗水的成果。

깃들이다【동사】动 ❶ 짐승이 보금자리를 만들어 그 속에 들어 살다. ◆ (鸟兽)筑巢，安家。¶까마귀가 버드나무에 깃들였다. =乌鸦在柳树上筑了巢。❷ 사람이나 건물 따위가 어디에 살거나 그곳에 자리 잡다. ◆ 定居，坐落。

깃발(旗-)【명사】图 ❶ 깃대에 달린 천이나 종이로 된 부분. ◆ 旗帜。¶깃발이 바람에 나부끼다. =旗帜在风中飘扬。❷ 어떤 사상, 목적 따위를 뚜렷하게 내세우는 태도나 주장을 비유적으로 이르는 말. ◆旗帜，大旗。¶정의의 깃발 아래 뭉치다. =在正义的旗帜下，我们团结一心。

깃털【명사】조류의 몸 표면을 덮고 있는 털. ◆图羽毛。

깊다【형용사】形 ❶ 겉에서 속까지의 거리가 멀다. ◆ 深。¶깊은 산속. =深山中。❷ 생각이 듬쑥하고 신중하다. ◆ (想法)深刻，深远。¶사려가 깊다. =考虑很深。❸ 수준이 높거나 정도가 심하다. ◆ (水平或程度)深，高深，精深。¶학문이 깊다. =学问精深。❹ 시간이 오래다. ◆悠久，久远。¶역사가 깊다. =历史悠久。❺ 어둠이나 안개 따위가 자욱하고 빽빽하다. ◆ (黑暗或雾等)深，浓。¶안개 깊은 새벽. =浓雾笼罩的清晨。

깊숙하다【형용사】위에서 밑바닥까지, 또는 겉에서 속까지의 거리가 멀고 으슥하다. ◆ 形幽深，深邃。¶깊숙한 산골짜기. =幽深的山谷。● 깊숙이 ●

깊이【명사】图 ❶ 위에서 밑바닥까지, 또는 겉에서 속까지의 거리. ◆ 深浅，深度。¶바다의 깊이. =大海的深度。❷ 생각이나 사고 따위가 듬쑥하고 신중함. ◆ 深度，内涵。¶그렇게 깊이가 있는 사람인 줄 몰랐다. =没想到他那么有深度。❸ 어떤 내용이 지니고 있는 충실성이나 무게. ◆ 深度，分量。¶예술의 깊이에 감탄하다. =惊叹于艺术的精深。

깊이【부사】副 ❶ 겉에서 속까지의 거리가 멀게. ◆ 深，深深地。¶땅속 깊이 묻다. =深埋在地下。❷ 생각이 듬쑥하고 신중하게. ◆ 深，深深地，深入地。¶깊이 생각하다. =深思。❸ 수준이 높게. 또는 정도가 심하게. ◆ (水平或程度)深，深深地。¶깊이 사랑하다. =深爱。

까까머리【명사】빡빡 깎은 머리. 또는 그런 머리 모양을 한 사람. ◆图光头。¶까까머리 고등학생. =留光头的高中生。

까놓다【동사】마음속의 생각이나 비밀을 숨김없이 털어놓다. ◆ 动耍嘴皮子，嚷嚷。¶까놓는다고 모두 말이 되는 줄 알아? =你以为什么话都能瞎嚷嚷啊?

까다【동사】动 ❶ 껍질 따위를 벗기다. ◆ 剥，扒，嗑(皮等)。¶밤송이를 까다. =剥毛栗子。❷ 알을 품어 새끼가 껍질을 깨고 나오게 하다. ◆孵，抱。❸ 치거나 때려서 상처를 내다. ◆ 打，揍，砸，敲，锤。¶돌로 머리를 깠다. =用石头砸了脑袋。❹ 남의 결함을 들추어 비난하다. ◆ 嚼舌头，说三道四。¶친구의 결점을 그렇게 까면 되느냐. =怎么能那样拿着朋友的缺点嚼舌头? ❺ 술병 따위의 마개를 따고 마시다. ◆ 灌，喝。¶소주 몇 병을 깠다. =喝了几瓶烧酒。

까다롭다【형용사】形 ❶ 조건 따위가 복잡하거나 엄격하여 다루기에 순탄하지 않다. ◆(条件等)烦琐，苛刻。¶조건이 까다롭다. =条件苛刻。❷ 성미나 취향 따위가 원만하지 않고 별스럽게 까탈이 많다. ◆(性格、脾气等)怪僻，怪异，乖张。¶성격이 까다롭다. =性格乖张。

까닥까닥【부사】고개 따위를 자꾸 아래위로 가볍게 움직이는 모양. ◆副轻晃，轻摇，轻摆(头、手等)。¶까닥까닥 손짓을 하다. =轻轻打了几下手势。

까닥이다【동사】고개 따위를 아래위로 가볍게 움직이다. ◆动(轻微地)晃，摇，摆，招，点(头、手等)。¶그는 고개만 까딱일 뿐이었다. =他只微微点了点头。

까닭【명사】일이 생기게 된 원인이나 조건. ◆名原因，缘故，来由。¶까닭이 없다 =平白无故。

까딱까딱【부사】고개 따위를 아래위로 가볍게 자꾸 움직이는 모양. ◆副轻晃，轻摇，频频点(头、手等)。¶사장은 직원들에게 까딱까딱 인사를 한다. =社长连连向员工点头致意。

까딱없다【형용사】아무런 변동이나 탈이 없이 온전하다. ◆形安然无恙，万无一失。¶이 축대는 홍수에도 까딱없다. =即使发大水，这座护堤也是万无一失的。

까딱이다【동사】动 ❶ 고개 따위를 아래위로 가볍게 움직이다. ◆(轻微地)晃，摇，摆，招，点(头、手等)。¶소가 머리를 까딱이며 달려온다. =牛晃着脑袋跑过来。❷ 작은 물체가 이리저리 조금씩 쏠리어 움직이다. ◆(轻小物体)左摇右晃，左右摇摆。

까딱하면【부사】조금이라도 실수하면 또는 자칫하면. ◆副一不小心，动不动就。¶어머니는 요즘 까딱하면 화를 낸다. =母亲最近动不动就发火。

까르르【부사】주로 여자나 아이들이 한꺼번에 자지러지게 웃는 소리. 또는 그 모양. ◆副咯咯(女子和孩子的笑声)。¶아기의 까르르 웃는 모양이 너무 행복해 보여. =小孩咯咯笑的样子看起来太幸福了。

까마귀【명사】까마귓과의 새를 통틀어 이르는 말. 몸은 대개 검은색이며, 번식기는 3~5월이다. 어미새에게 먹이를 물어다 준다고 하여 '반포조' 또는 '효조'라고도 한다. ◆名乌鸦。¶까마귀날자 배 떨어진다. =乌飞梨落(比喻纯属偶然)。

까마득하다【형용사】形 ❶ 거리가 매우 멀어 보이는 것이나 들리는 것이 희미하다. ◆模糊，依稀，隐约。¶까마득한 낭떠러지. =远处隐约可见的峭壁。❷ 시간이 아주 오래되어 기억이 희미하다. ◆久远，遥远。¶얼마 전 일인데 까마득하게 여겨진다. =这是不久前的事，却感觉已经很遥远了。❸ 앞으로 어떻게 해야 할지 막막하다. ◆茫然，不知所措，无从解决。¶그는 회사에서 해고되자 당장 먹고살 일이 까마득했다. =一被公司解雇，他连吃饭问题都无从解决。❹ 전혀 알지 못하거나 기억이 안 나 막막하다. ◆(记忆)模糊，淡忘。¶그녀에 대한 기억이 까마득하게 될 줄은 생각도 못했다. =实在没想到，我渐渐淡忘了关于她的事情。● 까마득히 ●

까막눈【명사】名 ❶ 글을 읽을 줄 모르는 무식한 사람의 눈. 또는 그런 사람. ◆文盲，目不识丁。¶야학에서는 까막눈인 노인들에게도 한글을 가르쳤다. =夜校还教不识字的老人们认字。❷ 어떤 일에 대하여 아무 것도 모르는 사람의 눈. 또는 그런 사람을 비유적으로 이르는 말. ◆(对某方面)门外汉，外行。¶형은 기계에 대해서 까막눈이다. =哥哥在机械方面是个门外汉。

까맣다【형용사】形 ❶ 불빛이 전혀 없는 밤하늘과 같이 밝고 짙게 검다. ◆乌黑，漆黑，黝黑。¶까만 머리카락. =乌黑的头发。❷ 거리나 시간이 아득하게 멀다. ◆(时间、距离)遥远，久远，模糊。¶옛날의 일이 까맣다. =以前的事情模糊不清了。❸ 기억이나 아는 바가 전혀 없다. ◆全然，丝毫(忘记或不知)。¶까맣게 모르다. =一无所知。❹ 헤아릴 수 없이 많다. ◆黑压压。¶사람들이 까맣게 그 회관 앞에 몰려 있었다. =会馆前面黑压压地挤满了人。❺ 놀라거나 아파서 살색이 짙어지다. ◆(面色)铁青，阴沉。¶까맣게 질린 얼굴로 그가 서 있었다. =他铁青着脸站在那里。

까먹다【동사】动 ❶ 껍질이나 껍데기 따위에 싸여 있는 것을 내어 먹다. ◆剥着吃。❷ 실속 없이 써 버리다. ◆动吃光，吃老本(儿)。❸ 俚 어떤 사실이나 내용 따위를 잊어버리다. ◆俚忘掉，忘记。¶나이를 먹었는지 물건을 놓은 곳을 까먹기 일쑤다. =也许是上了年纪的缘故，经常会忘记把东西放在了什么地方。❹ 군것질을 하는 데 돈을 쓰다. ◆花掉，花光。¶꼬마는 용돈을 백 원씩 받아 까먹었다. =小家伙每次得到少量的零钱，立马就花掉了。

까무러치다【동사】얼마 동안 정신을 잃고 죽은 사람처럼 되다. ◆动昏过去，昏死过去，昏厥，晕倒。¶가만히 가서 놀라게 하니 까무러치게 놀라는 모습이 재미있다. =悄悄走过去吓了她一下，看着她吓得快昏过去的样子，觉得很有趣。

까무잡잡하다【형용사】약간 짙게 까무스름하다. ◆形黝黑，乌黑，黑黝黝。¶피서를 갔다 오더니 얼굴이 까무잡잡하게 탔다. =暑假结束，脸晒得黝黑。

까발리다【동사】动 ❶ 껍데기를 벌려 젖히고 속의 것을 드러나게 하다. ◆剥开。❷ 비밀 따위를 속속들이 들추어내다. ◆泄露，揭穿(秘密等)。¶그는 남의 말을 까발리는 경향이 있다. =他喜欢泄露别人的秘密。

까부르다【동사】动 ❶ 키를 위아래로 흔들어 곡식의 티나 검불 따위를 날려 버리다. ◆簸，簸扬。¶쌀을 까부르다. =簸米。❷ 키질하듯이 위아래로 흔들다. ◆上下摇动，颠动，簸动。¶키질을 하듯이 위아래로 흔들다. =像簸谷一样上下颠动。

까불다【동사】건방지고 주제넘게 굴다. ◆动张狂，放肆，撒野。¶여기가 어디라고 함부로 까불어. =你以为这是什么地方，竟敢如此放肆?

까지【조사】助 ❶ 어떤 일이나 상태 따위에 관련되는 범위의 끝임을 나타내는 보조사. 흔히 앞에는 시작을 나타내는 '부터'나 출발을 나타내는 '에서'가 와서 짝을 이룬다. ◆到，到……为止(补助词，用于体词或副词后，表示时间、场所或顺序的终点，前面

多与表示开始的“부터”和表示出发的“에서”连用)。¶내일은 8시까지 회사에 도착해야 한다. =明天要在8点之前到公司。❷ 이미 어떤 것이 포함되고 그 위에 더함의 뜻을 나타내는 보조사. ◆ 还(补助词，表示强调)。¶밤도 늦었고 비까지 내리니 하루 더 묵고 가거라. =夜深了，还下起了雨，住一天再走吧。❸ 그것이 극단적인 경우임을 나타내는 보조사. ◆ 到，一直到(补助词，表示极端的程度)。¶우리가 할 수 있는 데까지 해 봅시다. =让我们尽力而为吧。

까치【명사】까마귓과의 새. 이 새가 울면 반가운 손님이 온다 하여 길조(吉鳥)로 여긴다. ◆ 图喜鹊。¶요즘 농촌에 까치가 과실(果實)농가(農家)에 많은 피해를 주고 있다. =近来，喜鹊给果农造成了很大的损失。

까칠까칠하다【형용사】야위거나 메말라 살갗이나 털이 여기저기 또는 매우 윤기가 없고 거칠다. ◆ 形(皮肤、毛发等)粗糙，粗，毛糙糙。¶아침에 면도를 하지 않아 턱이 까칠까칠하다. =早晨没刮胡子，下巴上胡子茬毛糙糙的。

까칠하다【형용사】야위거나 메말라 살갗이나 털이 윤기가 없고 조금 거칠다. ◆ 形 (皮肤、毛发)粗糙，无光泽。¶거친 바닷바람에 그의 얼굴이 까칠하게 말랐다. =强烈的海风把他的脸吹得很粗糙。

까탈스럽다【형용사】形 ❶ 조건 따위가 복잡하거나 엄격하여 다루기에 순탄하지 않다. ◆ (条件等)复杂，繁琐，苛刻。¶조건이 까탈스럽다. =条件苛刻。❷ 성미나 취향 따위가 원만하지 않고 별스럽게 까탈이 많다. ◆ (性格、脾气等)怪僻，乖张，挑剔。¶성격이 까탈스럽다. =性格乖张。

까투리【명사】암꿩. ◆ 图母山鸡，母野鸡，雌雉。

깍깍【부사】까마귀나 까치 따위가 자꾸 우는 소리. ◆ 副嘎嘎，呱呱，喳喳(乌鸦、喜鹊等的叫声)。¶아침부터 까치들이 깍깍 울어댄다. =喜鹊一早就开始喳喳地叫个不停。

깍두기【명사】무를 작고 네모나게 썰어서 소금에 절인 후 고춧가루 따위의 양념과 함께 버무려 만든 김치. ◆ 图 (韩式)泡萝卜块。¶깍두기를 담그다. =腌萝卜泡菜。

깍듯하다【형용사】예의범절을 갖추는 태도가 분명하다. ◆ 形毕恭毕敬，恭敬。¶손님을 깍듯하게 대하다. =对客人很恭敬。● 깍듯이 ●

깍쟁이【명사】图 ❶ 이기적이고 인색한 사람. ◆ 精明鬼，小气鬼，吝啬鬼。¶그는 이 동네에서 깍쟁이로 알려져 있다. =他是这个街区有名的小气鬼。❷ 아주 약빠른 사람. ◆ 狡黠，油滑。

깍지[1]【명사】열 손가락을 서로 엇갈리게 바짝 맞추어 잡은 상태. ◆ 图十指交叉，十指相扣。¶그는 깍지를 끼고 간절하게 기도하였다. =他十指相扣，虔诚地做了祈祷。

깍지[2]【명사】콩 따위의 꼬투리에서 알맹이를 까낸 껍질. ◆ 图壳，外壳 。¶저런 사람과 결혼하다니 그때 콩깍지가 씌었나봐. =竟然跟那种人结了婚，我当时一定是脑袋进水了。

깎다【동사】动 ❶ 칼 따위로 물건의 가죽이나 표면을 얇게 벗겨 내다. ◆ 削，剥(表皮)。¶사과를 깎다. =削苹果。❷ 풀이나 털 따위를 잘라 내다. ◆ 剪，修剪，理，剃，刮(草或毛发等)。¶머리를 깎다. =理发。❸ 값이나 금액을 낮추어서 줄이다. ◆ 杀，砍，降，减(价钱)。¶물건값을 만 원이나 깎았다. =把价钱砍下来一万韩元。❹ 체면이나 명예를 상하게 하다. ◆ 伤，扫，损，打击(面子或名誉等)。¶남의 위신을 깎다. =打击别人的威信。

깎아지르다【형용사】벼랑 따위가 반듯하게 깎아 세운 듯 가파르다. ◆ 形 (悬崖等)陡峭，刀削一般。¶과히 크지 않은 소나무 한 그루가 깎아지른 듯한 벼랑에 서 있다. =一棵不高的松树屹立在刀削一般的悬崖上。

깐깐하다【형용사】행동이나 성격 따위가 까다로울 만큼 빈틈이 없고 착실하다. ◆ 形仔细，认真。¶깐깐하게 따지다. =较真。

깔깔【부사】되바라진 목소리로 못 참을 듯이 웃는 소리. ◆ 副嘎嘎，哈哈，咯咯。¶나는 깔깔 비웃는 소리에 매우 마음이 상했다. =听到他们嘎嘎的讥笑声，我感到很受伤。

깔깔거리다【동사】되바라진 목소리로 못 참을 듯이 계속 웃다.◆ 动嘎嘎，哈哈，咯咯。¶그녀는 텔레비전을 보면서 깔깔거리며 웃어 댔다. =她一边看电视，一边咯咯地笑个不停。● 깔깔대다 ●

깔깔하다【형용사】감촉이 보드랍지 못하고 까칠까칠하다. ◆ 形粗糙，粗，毛糙。¶깔깔한 옷감. =粗糙的衣料。

깔끔하다【형용사】形 ❶ 생김새 따위가 매끈하고 깨끗하다. ◆ 清爽， 干净。¶옷차림새가 깔끔하다. =打扮得很清爽。❷ 솜씨가 야물고 알뜰하다. ◆ 利索，利落，干净利落。¶그녀는 일을 깔끔하게 처리한다. =她办事干净利落。

깔다【동사】动 ❶ 바닥에 펴 놓다. ◆ 铺。¶돗자리를 잔디 위에 깔다. =把席子铺在草地上。❷ 돈이나 물건 따위를 여기저기 빌려주거나 팔려고 내놓다. ◆ 借，赊，卖(钱物)。¶외상을 깔다 =乱赊账。❸ 무엇을 밑에 두고 누르다. ◆ 垫。¶과일 상자를 깔고 앉다. =坐在水果箱上。❹ 꼼짝 못하게 남을 억누르다. ◆ 压制，踩压，欺压。¶사람을 너무 깔고 뭉개면 안 되는 거야. =过分打压别人是不行的。

깔때기【명사】병 따위에 꽂아 놓고 액체를 붓는 데 쓰는 나팔 모양의 기구. ◆ 图漏斗。

깔리다【동사】动 ❶ 바닥에 펴 놓아지다. ◆ 散落，遍地，满地。¶공원에 낙엽이 깔리다. =公园里满地落叶。❷ 무엇을 밑에 두고 눌리다. ◆ (被)铺，铺开。¶돗자리가 깔려 있는 마루. =铺着席子的地板。❸ 널리 퍼져 있다. 또는 많이 퍼져 있다. ◆ (某种现象)扩散，笼罩。¶어둠이 깔리다. =夜色笼罩。❹ 사상이나 감정, 생각 따위가 겉으로 드러나지 않고 묻혀 있다. ◆ 隐藏，蕴含，包含。¶그 작품 속에 민족사의 어두운 한이 깊게 깔렸다. =那部作品中埋藏着本民族深深的历史屈辱。

깔보다【동사】얕잡아 보다. ◆ 动轻视，小看，鄙视。¶어리다고 그 아이를 무시하고 깔보다가는 큰

코다친다. =如果因为他年纪小就轻视他，那你会吃大亏的。

깔아뭉개다【동사】动 ❶ 무엇을 밑에 두고 세게 누르거나 지나면서 누르다. ◆压，踩，碾。¶어미돼지가 새끼 한 마리를 깔아뭉개었다. =母猪压死了一只小猪崽。❷ 어떤 일이나 사실을 숨기고 알리지 않거나 처리하지 않고 질질 끌다. ◆压，压下，拖延。¶새 법안을 국회에서 깔아뭉개고 있다. =在国会上，新法案被压了下来。

깜깜하다【형용사】形 ❶ 아주 까맣게 어둡다. ◆漆黑，乌黑，墨黑，黑乎乎，黑漆漆，乌漆巴黑。¶깜깜한 밤. =漆黑的夜。❷ 희망이 없는 상태에 있다. ◆(前途、希望)黯淡，渺茫。¶그녀는 남편도 없이 아이를 키울 생각을 하니 앞날이 깜깜하였다. =想到没了丈夫要独自抚养孩子，她觉得前途一片黯淡。❸ 어떤 사실을 전혀 모르거나 잊은 상태이다. ◆全然不知，一无所知。¶나는 음악에 깜깜하다. =我对音乐一无所知。

깜박거리다【동사】动 ❶ 불빛이나 별빛 따위가 자꾸 어두워졌다 밝아졌다 하다. 또는 그렇게 되게 하다. ◆(灯火、星光等)忽闪，闪烁。¶비상등이 깜박거리는 자동차로 다가갔다. =向打着双闪（紧急信号灯）的车靠了过去。❷ 눈이 자꾸 감겼다 뜨였다 하다. 또는 그렇게 되게 하다. ◆(眼睛)眨，眨巴。¶헤드라이트를 얼굴을 향해 비추는 순간 그의 눈이 깜박거렸다. =车前灯照到脸上时，他的眼睛眨巴了几下。❸ 기억이나 의식 따위가 자꾸 잠깐씩 흐려지다. ◆(记忆、意识等)恍惚，模糊。¶그의 의식이 조금씩 깜박거리는 기색이다. =他看起来有点精神恍惚。

깜박이다【동사】动 ❶ 불빛이나 별빛 따위가 어두워졌다 밝아졌다 하다. 또는 그렇게 되게 하다. ◆(灯火、星光等)忽闪，闪烁。¶비상등을 깜박이며 앞차를 추월하다. =闪着红灯超过了前面的车。❷ 눈이 감겼다 뜨였다 하다. 또는 그렇게 되게 하다. ◆(眼睛)眨，眨巴。¶그의 눈이 아무도 모르게 깜박였다. =没有人注意到他的眼睛眨了几下。

깜빡【부사】副 ❶ 불빛이나 별빛 따위가 잠깐 어두워졌다 밝아지는 모양. 또는 밝아졌다 어두워지는 모양. ◆(灯火、星光)忽闪，闪烁。¶퓨즈가 나갔는지 전등이 깜빡 켜졌다가 금방 꺼져 버렸다. =可能是保险丝烧断了，电灯忽闪了一下就灭了。❷ 눈이 잠깐 감겼다 뜨이는 모양. ◆(眼睛)眨，眨巴。❸ 기억이나 의식 따위가 잠깐 흐려지는 모양. ◆(记忆或意识一时间)恍惚，模糊。¶깜빡 잊다. =一下子忘了。● 깜빡하다, 깜빡거리다, 깜빡이다 ●

깜빡깜빡【부사】副 ❶ 불빛이나 별빛 따위가 자꾸 어두워졌다 밝아졌다 하는 모양. ◆(灯火、星光等)忽闪，闪烁。❷ 눈이 자꾸 감겼다 뜨였다 하는 모양. ◆(眼睛)眨，眨巴。❸기억이나 의식 따위가 자꾸 잠깐씩 흐려지는 모양. ◆(记忆、意识)恍惚，模糊。¶의자에 앉아 깜빡깜빡 졸고 있었다. =正坐在椅子上迷迷糊糊地打盹。● 깜빡깜빡하다 ●

깜짝[1]【부사】갑자기 놀라는 모양. ◆副大大地(吃惊)，(吓)一跳。¶느닷없는 광경에 모두 깜짝 놀랐다. =突如其来的光景让所有人都大吃了一惊。

깜짝[2]【부사】눈이 살짝 감겼다 뜨이는 모양. ◆副(眼睛)眨，眨巴。

깜짝거리다【동사】눈이 자꾸 살짝 감겼다 뜨였다 하다. 또는 그렇게 되게 하다. ◆动(眼睛)眨，眨巴。¶그의 눈이 깜짝거리며 칠판을 응시하고 있었다. =他眨着眼睛凝视着黑板。● 깜짝대다 ●

깜짝깜짝【부사】눈이 자꾸 살짝 감겼다 뜨였다 하는 모양. ◆副(眼睛不停地)眨，眨巴。

깜짝깜짝【부사】자꾸 놀라는 모양. ◆副惊讶不已，大惊小怪。¶아무렇지도 않은 일에 깜짝깜짝 놀라기까지 했다. =一点小事都大惊小怪。

깜찍하다【형용사】形 ❶ 몸집이나 생김새가 작고 귀엽다. ◆小巧，小巧玲珑。¶깜찍한 용모. =小巧玲珑的样貌。❷ 생각보다 태도나 행동이 영악하다. ◆(比料想的)机灵，鬼，精。¶깜찍한 계집 같으니라고, 어디서 거짓말 해. =你这个鬼丫头，想骗谁呀。

깡그리【부사】하나도 남김없이. ◆副全部，全都。¶그들은 냉장고의 음식을 깡그리 먹어치웠다. =他们把冰箱里的食物全部吃光了。

깡다구【명사】악착같이 버티어 나가는 오기를 속되게 이르는 말. ◆名倔强劲，执拗劲。¶그는 체구는 작지만 깡다구만큼은 친구들 중에 제일이었다. =别看他个头小，但他的执拗劲是朋友中最厉害的。

깡마르다【형용사】形 ❶ 물기가 없이 바싹 메마르다. ◆干瘪，干巴，干瘦。❷ 살이 없이 몹시 수척하다. ◆干巴，精瘦。¶깡마른 체구. =干瘦的身材。

깡충깡충【부사】짧은 다리를 모으고 힘있게 자꾸 솟구쳐 뛰는 모양. ◆副(小短腿)一蹦一跳地，蹦蹦跳跳地。¶토끼가 깡충깡충 뛰어가고 있다. =兔子蹦蹦跳跳地往前跑着。

깡통(-筒)【명사】名 ❶ 양철을 써서 둥근기둥 꼴로 만든 통조림통 따위의 통. ◆罐头，罐头盒。❷ 아는 것이 없이 머리가 텅 빈 사람을 속되게 이르는 말. ◆饭桶，白痴。¶어렸을 때부터 깡통이라는 별명을 달고 살았다. =从小就顶着个"饭桶"的外号。

깡패(-牌)【명사】폭력을 쓰면서 행패를 부리고 못된 짓을 일삼는 무리를 속되게 이르는 말. ◆名黑社会，流氓，地痞。¶뒷골목 깡패. =小巷流氓。

깨【명사】참깨, 들깨 따위를 통틀어 이르는 말. ◆名芝麻。¶깨소금 맛이다. =芝麻盐味的。

깨끗하다【형용사】形 ❶ 사물이 더럽지 않다. ◆干净，洁净。¶그릇을 깨끗하게 씻다. =把器皿洗干净。❷ 빛깔 따위가 흐리지 않고 맑다. ◆干净，纯净，清澈。¶하늘이 구름 한 점 없이 깨끗하다. =天空很纯净，没有一丝云彩。❸ 가지런히 잘 정돈되어 말끔하다. ◆整洁，整齐。¶방안이 깨끗하다. =房间很整洁。❹ 맛이 개운하다. ◆形(味道)爽口，清新。¶입맛이 깨끗하다. =口味清新。❺ 남은 것이나 자취가 전혀 없다. ◆干干净净，完全，彻底。¶밥그릇을 깨끗하게 비우다. =把饭盆倒干净。❻ 마음에 구구함이나 연연함이 없다. ◆干脆，毫不犹豫。¶승부의 결과에 깨끗하게 승복하다. =毫不犹豫

地承认输赢结果。❼ 후유증이 없이 말짱하다. ◆ 完全，彻底，利落。¶상처가 깨끗하게 아물다. =伤口完全愈合了。❽ 마음씨나 행동 따위가 허물이 없이 떳떳하고 올바르다. ◆ 纯洁，纯净。¶마음이 깨끗하다. =心地纯洁。❾ 마음이나 표정 따위에 구김살이 없다. ◆ 纯洁，无瑕。¶맑고 깨끗한 동심의 세계. =纯真无瑕的童心世界。 ● 깨끗이 ●

깨다[1] 【동사】 动 ❶ 단단한 물체를 쳐서 조각이 나게 하다. ◆ 打碎，打破，摔碎，摔破。¶그릇을 깨다. =打破了碗。 ❷ 일이나 상태 따위를 중간에서 어그러뜨리다. ◆ 破坏，搞坏，搞砸(事情、情况)。¶약속을 깨다. =破坏约定。❸ 머리나 무릎 따위를 부딪치거나 맞거나 하여 상처가 나게 하다. ◆ 弄伤，弄破，摔破。¶계단에서 굴러 무릎을 깨다. =从台阶上滚了下来，摔伤了膝盖。❹ 어려운 장벽이나 기록 따위를 넘다. ◆ 打破，破(壁垒或记录等)。¶세계 기록을 깨다. =打破世界记录。

깨다[2] 【동사】 알을 품어 새끼가 껍질을 깨고 나오게 하다. ◆ 动孵化，孵出来。¶병아리가 깨다. =小鸡孵出来了。

깨다[3] 【동사】 动 ❶ 술기운 따위가 사라지고 온전한 정신 상태로 돌아오다. ◆ (从醉态中)醒来，清醒。¶마취에서 깨다. =从麻醉中苏醒过来。❷ 생각이나 지혜 따위가 사리를 가릴 수 있게 되다. ◆ 清醒，觉醒。¶늘 의식이 깬 사람이 되어야 한다. =应该做一个时刻保持清醒的人。❸ 잠, 꿈 따위에서 벗어나다. 또는 벗어나게 하다. ◆ 睡醒，醒来。¶잠을 너무 오래 자면 잠에서 깨는 시간도 오래 걸린다. =睡得越久，醒来需要的时间也就越长。

깨닫다 【동사】 动 ❶ 사물의 본질이나 이치 따위를 생각하거나 궁리하여 알게 되다. ◆ 认识到，意识到，领会；(佛教)悟，悟道。¶잘못을 깨닫다. =认识到错误。❷ 감각 따위를 느끼거나 알게 되다. ◆ 意识到，感觉到。¶그녀는 닥쳐오는 위기를 본능적으로 깨달았다. =她本能地意识到了正在逼近的危险。

깨달음 【명사】 생각하고 궁리하다 알게 되는 것. ◆ 图觉悟，了悟，领悟。¶깨달음을 구하다. =追求了悟的境界。

깨물다 【동사】 动 ❶ 아랫니와 윗니가 맞닿을 정도로 세게 물다. ◆ (用力)咬。¶입술을 깨물다. =咬紧嘴唇。❷ 밖으로 나타나려는 감정이나 말 따위를 꾹 눌러 참다. ◆ 紧咬，强忍，硬忍。¶그는 입술을 깨물며 화를 참았다. =他紧咬嘴唇忍住了怒火。

깨부수다 【동사】 动 ❶ 단단한 것을 쳐서 조각이 나게 하다. ◆ 打破，打碎，砸碎。¶얼음을 깨부수다. =把冰块砸碎。❷ 잘못된 생각이나 대상 따위를 없애거나 무슨 일이 이루어지지 않도록 막다. ◆ 打破，破坏(思想、事情等)。¶고정관념을 깨부수다. =打破成见。

깨소금 【명사】 볶은 참깨를 빻아 소금을 약간 넣은 양념. 고소한 맛과 냄새가 난다. ◆ 图〈本〉芝麻盐，〈喻〉美滋滋的生活。¶신혼이라고요. 요즈음 깨소금 같겠네요. =新婚燕尔，小日子一定过得美滋滋的。

깨어나다 【동사】 动 ❶ 잠이나 술기운 따위로 잃었던 의식을 되찾아 가다. ◆ 醒来，睡醒，清醒。¶꿈에서 깨어나다. =从梦中醒来。❷ 어떤 생각에 깊이 빠졌다가 제정신을 차리다. ◆ 清醒，醒悟。❸ 사회나 생활 따위가 정신적·물질적으로 발달한 상태로 바뀌다. ◆ (社会或生活)开化，觉醒。¶무지와 가난에서 깨어나다. =从无知和贫困中觉醒。

깨우다 【동사】 술기운 따위가 사라지고 온전한 정신 상태로 돌아오게 하다. ◆ 动 (从醉态中)醒，醒来，清醒。¶잠을 깨우다. =弄醒。

깨우치다 【동사】 깨달아 알게 하다. ◆ 动启发，开导，提醒。

깨지다 【동사】 动 ❶ 단단한 물건이 여러 조각이 나다. ◆ 碎，破，打碎，打破。¶그릇이 깨지다. =盆碎了。❷ 일 따위가 틀어져 성사가 안되다. ◆ (事情)泡汤，搞砸，完蛋。¶약속이 깨지다. =约定泡汤了。❸ 얻어맞거나 부딪혀 상처가 나다. ◆ 弄伤，受伤。¶무릎이 깨지다. =膝盖弄伤了。❹ 어려운 관문이나 기록 따위가 돌파되다. ◆ 被打破，被突破，被刷新。¶기록이 깨지다. =记录被打破了。❺ 지속되던 분위기 따위가 일순간에 바뀌어 새로운 상태가 되다. ◆ (气氛等)被打破，被破坏。¶엄숙한 분위기가 깨지다. =严肃的气氛被打破了。❻경기 따위에서 지다. ◆ (比赛中)被打败，输。¶우리 팀이 라이벌에게 깨졌다. =我们队被对手打败了。

깨치다 【동사】 일의 이치 따위를 깨달아 알다. ◆ 动领悟，领会，明白。

깻묵 【명사】 기름을 짜고 남은 깨의 찌꺼기. 흔히 낚시의 밑밥이나 논밭의 밑거름으로 쓴다. ◆ 图芝麻油渣，油饼。

깻잎 【명사】 들깻잎과 참깻잎을 통틀어 이르는 말. 반찬감이나 한약재로 쓰인다. ◆ 图芝麻叶，苏子叶。¶도시락 반찬으로 깻잎 장아찌를 싸갔다. =带了芝麻叶酱菜用作便当的配菜。

깽깽 【부사】 副 ❶ 몹시 아프거나 힘에 겨워 조금 괴롭게 자꾸 내는 소리. ◆ (非常疼或吃力时)哼哼唧唧，哎哟哎哟。❷ 강아지 따위가 놀라거나 아파서 애달프게 자꾸 짖는 소리. ◆ 嗷嗷，呜呜(小狗的惨叫声)。

꺼꾸러지다 【동사】 거꾸로 넘어지거나 엎어지다. ◆ 动栽倒，倒栽葱，栽跟头。¶발을 헛디뎌 꺼꾸러졌다. =一脚踩空，栽倒了。

꺼내다 【동사】 动 ❶ 속이나 안에 들어 있는 물건 따위를 손이나 도구를 이용하여 밖으로 나오게 하다. ◆ 掏出，拿出。¶가방에서 책을 꺼내다. =从包里掏出书。 ❷ 마음속의 생각 따위를 말로 드러내 놓기 시작하다. ◆ 吐露，袒露(心声)。¶그는 자신의 속마음을 꺼내기 시작하였다. =他开始吐露心声。

꺼뜨리다 【동사】 动 ❶ 실수나 부주의 따위로 불을 꺼지게 하다. ◆ (不小心)弄灭，弄熄。¶촛불을 꺼뜨리다. =弄熄了蜡烛。❷ 실수나 잘못 따위로 동력이 통하는 길을 끊어지게 하다. ◆ (不小心把动力)弄熄，熄火。¶시동을 꺼뜨리다. =让发动机熄火。● 꺼트리다 ●

꺼리다 【동사】 动 ❶ 사물이나 일 따위가 자신에게 해가 될까 하여 피하거나 싫어하다. ◆ 忌讳，讨厌，反感。¶남 앞에 나서서 말하는 것을 꺼리다. =讨厌在别人面前讲话。❷ 개운치 않거나 언짢은 데가 있어 마음에 걸리다. ◆ 歉疚，不安。¶양심에 꺼릴 만한 일은 하지 않았다. =没有做让良心不安的事。

꺼림칙하다【형용사】매우 꺼림하다. ◆ 形反感，不喜欢，心里不舒服，不安。¶꺼림칙하면 당신은 빠지시오. =心里不舒服的话就请回吧。

꺼멓다【형용사】물체의 빛깔이 조금 지나치게 검다. ◆ 形黝黑，乌黑，漆黑。¶얼굴이 꺼멓게 그을리다. =脸晒得黝黑。

꺼지다【동사】动 ❶ 불 따위가 사라져 없어지거나 걸렸던 시동이 도로 죽다. ◆ 灭，熄，熄灭。¶시동(始動)이 꺼지다. =发动机熄火。❷ 거품 따위가 가라앉아 사라지다. ◆ (泡沫等)破灭，消失。¶거품이 꺼지다. =泡沫消失了。❸ 분노 따위의 심리적 현상이 사라지거나 풀어지다. ◆ (愤怒等)消，消除，消失。¶분이 꺼지다. =气消了。❹ 목숨이 끊어지다. ◆ 死掉。¶그 범인은 모두 꺼져버렸으면 좋겠다고 진술했다. =罪犯供述说希望所有人都死掉。❺ 눈앞에 보이지 않도록 사라지다. ◆ 消失，滚开，滚蛋。¶당장 꺼져! =马上给我滚!

꺼칠꺼칠하다【형용사】여위거나 메말라 살갗이나 털의 여러 군데가 몹시 윤기가 없고 거칠다. ◆ 形粗糙，毛糙。¶며칠 밤을 샜더니 피부가 꺼칠꺼칠하다. =连熬了几天夜，皮肤变得很粗糙。

꺼칠하다【형용사】여위거나 메말라 살갗이나 털이 윤기가 없고 거칠다. ◆ 形粗糙，毛糙。¶꺼칠한 얼굴. =粗糙的脸。

꺼풀【명사】名 ❶ 여러 겹으로 된 껍질이나 껍데기의 층. ◆ 皮，层。¶한 꺼풀 두 꺼풀 벗겨내자 알맹이가 드러났다. =剥开一两层后就露出了仁。❷ 여러 겹으로 된 껍질이나 껍데기의 층을 세는 단위. ◆ 层。

꺾꽂이【명사】식물의 가지, 줄기, 잎 따위를 자르거나 꺾어 흙 속에 꽂아 뿌리내리게 하는 일. ◆ 名插枝，插条。¶버드나무는 꺾꽂이식물이다. =柳树是插条繁殖的植物。● 꺾꽂이하다 ●

꺾다【동사】动 ❶ 길고 탄력이 있거나 단단한 물체를 구부려 다시 펴지지 않게 하거나 아주 끊어지게 하다. ◆ 掐，折，折断。¶꽃을 꺾다. =折花。❷ 얇은 물체를 구부리거나 굽히다. ◆ 弄弯，折弯。❸ 몸의 한 부분을 구부리거나 굽히다. ◆ 屈，弯(身体的一部分)。¶팔을 꺾다. =屈臂。❹ 생각이나 기운 따위를 제대로 펴지 못하게 억누르다. ◆ 挫，煞，杀，灭(想法、锐气等)。¶고집을 꺾다. =挫挫他的倔劲。❺ 목청이나 곡조 따위를 한껏 높였다가 갑자기 낮추다. ◆ (嗓音、曲调升到最高后)突然降低。¶그 가수는 목청을 꺾는 것이 일품이다. =那位歌手控制嗓音是一绝。❻ 경기나 싸움 따위에서 상대를 이기다. ◆ 打败，挫败。¶우리 팀은 결승에서 상대를 2대 1로 꺾었다. =我们队在决赛中以2：1挫败了对手。❼ 방향을 바꾸어 돌리다. ◆ 转，转弯，拐。¶핸들을 꺾다. =转动方向盘。

껄껄【부사】매우 시원스럽고 우렁찬 목소리로 못 참을 듯이 웃는 소리. ◆ 副哈哈，咯咯(忍不住开怀大笑的声音)。¶아버지는 껄껄 웃고만 계셨다. =父亲哈哈地笑个不停。

껄껄거리다【동사】매우 시원스럽고 우렁찬 목소리로 못 참을 듯이 계속 웃다. ◆ 动 (忍不住)哈哈大笑，开怀大笑。¶껄껄거리며 웃다. =哈哈大笑。● 껄껄대다 ●

껄껄하다【동사】매우 시원스럽고 우렁찬 목소리로 못 참을 듯이 웃는 소리가 나다. ◆ 动哈哈大笑。

껄끄럽다【형용사】形 ❶ 빳빳한 털 따위가 살에 닿아서 뜨끔거리는 느낌이 있다. ◆ 刺痒，扎得慌。¶티끌이 들어갔는지 눈이 껄끄럽다. =可能是进灰尘了，眼睛刺痒。❷ 미끄럽지 못하고 꺼칠꺼칠하다. ◆ 粗糙，毛糙。❸ 무난하거나 원만하지 못하고 매우 거북한 데가 있다. ◆ 别扭，僵。¶요즘 들어 친구와의 사이가 껄끄럽게 되었다. =最近和朋友的关系搞得很僵。

껄렁하다【형용사】말이나 행동이 들떠 미덥지 아니하고 허황되다. ◆ 形吊儿郎当。¶그의 껄렁한 태도는 보기에 좋지 않다. =他吊儿郎当的态度看着很不好。

껌【명사】씹을 수 있도록 고무에 설탕과 박하 따위의 향료를 섞어서 만든 먹을거리. 입에 넣고 오래 씹으면서 단물을 빼어 먹는다. ◆ 名口香糖。¶껌 한 통. =一盒口香糖。

껌껌하다【형용사】아주 어둡다. ◆ 形漆黑，乌黑，黑漆漆。¶껌껌한 밤. =漆黑的夜晚。

껌벅거리다【동사】动 ❶ 큰 불빛이나 별빛 따위가 자꾸 어두워졌다 밝아졌다 하다. 또는 그렇게 되게 하다. ◆ 忽闪，闪烁，忽明忽暗。¶자동차의 방향 지시등을 껌벅거리다. =打开汽车方向灯。❷ 큰 눈이 자꾸 감겼다 뜨였다 하다. 또는 그렇게 되게 하다. ◆ 动(大眼睛)直眨，眨个不停。¶갑자기 그의 눈이 껌벅거렸다. =他的眼睛突然开始眨个不停。● 껌벅대다 ●

껌벅껌벅하다【동사】动 ❶ 큰 불빛이나 별빛 따위가 자꾸 어두워졌다 밝아졌다 하다. 또는 그렇게 되게 하다. ◆ 忽闪，闪烁，忽明忽暗。❷ 큰 눈이 계속 감겼다 뜨였다 하다. 또는 그렇게 되게 하다. ◆ (大眼睛)直眨，眨个不停。¶그는 잠이 덜 깬 것처럼 눈만 껌벅껌벅하며 쳐다보고 있었다. =他好像还没有睡醒，只是不停地眨着眼发呆。

껌벅하다【동사】动 ❶ 큰 불빛이나 별빛 따위가 자꾸 어두워졌다 밝아졌다 하다. 또는 그렇게 되게 하다. ◆ 忽闪，闪烁，忽明忽暗。❷ 큰 눈이 계속 감겼다 뜨였다 하다. 또는 그렇게 되게 하다. ◆ (大眼睛)直眨，眨个不停。

껍데기【명사】名 ❶ 달걀이나 조개 따위의 겉을 싸고 있는 단단한 물질. ◆ 壳，外壳。¶달걀 껍데기를 깨뜨리고 병아리가 나왔다. =小鸡破壳而出。❷ 알맹이를 빼내고 겉에 남은 물건. ◆ 皮，壳，套。¶베개 껍데기를 벗겼다. =去掉枕套。

껍질【명사】물체의 겉을 싸고 있는 단단하지 않은 물질. ◆ 名皮，壳。¶귤의 껍질을 까다. =剥桔子皮。

껑충【부사】副 ❶ 긴 다리를 모으고 힘있게 높이 솟구쳐 뛰는 모양. ◆ (大长腿使劲地)蹦，跳。❷ 어떠한 단계나 순서를 단번에 많이 건너뛰는 모양. ◆ 噌地，噌噌地，嗖嗖地(飞跃多个阶段或顺序)。

껑충거리다【동사】힘있게 자꾸 솟구쳐 뛰다. ◆ 动 蹦跳，连蹦带跳。¶껑충거리며 뛰어가다. =连蹦带跳地跑去。● 껑충대다 ●

껑충껑충【부사】副 ❶ 힘있게 자꾸 솟구쳐 뛰는 모양. ◆ 蹦蹦跳跳地，连蹦带跳地，一蹦一跳地。❷ 어떠한 단계나 순서를 잇따라 건너뛰는 모양. ◆ 噌地，噌噌地，嗖嗖地(飞跃多个阶段或顺序)。¶새해 들어 물가가 껑충껑충 뛰어올랐다. =新年以来，物价噌噌地往上涨。

-께[1]【접사】'그때 또는 장소에서 가까운 범위'의 뜻을 더하는 접미사. ◆ 后缀 (后缀，用于一部分表示时间或空间的名词后)左右，前后，附近。¶이달 말께 가겠습니다. =这个月底左右去。

께[2]【조사】'에게'의 높임말. ◆ 助 "에게"的敬语。¶형님께 무슨 일이 생겼나요? =嫂子出什么事了吗?

께름칙하다【형용사】매우 꺼림하다. ◆ 形 忌讳，反感。

께름하다【형용사】꺼림하다. ◆ 形 忌讳，反感。¶께름한 것이 썩 마음에 들지 않는다. =心里犯膈应，这让我很不喜欢。

께서【조사】(높임말로) 가/이의 존경형. 어떤 동작의 주체가 높여야 할 대상임을 나타내는 조사. ◆ 助 格助词，用于表示人的体词后面，表示尊敬的对象，并提示该对象是句子的主语，是主格助词"가/이"的尊敬形式，께서句子中的谓语要与语尾"-시-"一起用。¶선생님께서 숙제를 내주셨다. =老师留了作业。

껴안다【동사】动 ❶ 두 팔로 감싸서 품에 안다. ◆ 搂，抱，拥抱。¶아기를 꼭 껴안고 자다. =紧紧地搂着孩子睡觉。❷ 혼자서 여러 가지 일을 떠맡다. ◆ 包揽，揽。¶껴안은 일이 많아서 이 일은 좀 어렵겠습니다. =揽的事情太多，这件事恐怕不能接了。

껴입다【동사】动 ❶ 옷을 입은 위에 겹쳐서 또 입다. ◆ 套上，添衣。¶추워서 내복을 껴입다. =天冷，套了件内衣。❷ 몸에 맞지 않는 옷을 억지로 입다. ◆ 硬穿上，勉强穿上(不合身的衣服)。¶옷이 작긴 하지만 하나밖에 없는 양복이니 억지로라도 껴입고 나가거라. =衣服是小了点，但只有这一件西装，就勉强套上穿着去吧。

꼬까【명사】어린아이의 말로, 알록달록하게 곱게 만든 아이의 옷이나 신발 따위를 이르는 말 ◆ 名 (儿童用语)花衣服，花鞋。¶꼬까 입고 할머니 댁에 가자. =穿上花衣服去奶奶家吧。

꼬꼬【부사】암탉이 우는 소리. ◆ 咕咕，咯咯(母鸡的叫声)。

꼬꾸라지다【동사】动 ❶ 앞으로 고부라져 쓰러지다. ◆ 栽倒，跌倒，栽跟头。¶총을 맞고 꼬꾸라지다. =中弹倒地。❷ (속된 말로)죽다. ◆ 死。¶꼬꾸라진 놈들은 어쩔 수 없다. =那些死去的人无可奈何。

꼬끼오【부사】수탉의 우는 소리. ◆ 副 喔喔(公鸡叫声)。

꼬다【동사】动 ❶ 가는 줄 따위의 여러 가닥을 비비면서 엇감아 한 줄로 만들다. ◆ 搓，编，拧(绳子)。¶새끼를 꼬다. =编草绳。❷ 몸의 일부분을 이리저리 뒤틀다. ◆ 扭，扭动(身子)。¶주체하기 어려운 듯 몸을 이리저리 꼬고 있다. =身子扭来扭去，似乎很为难的样子。❸ 비꼬다. ◆ 挖苦，讽刺，嘲笑。¶남의 말을 꼬지 마시오. =不要嘲笑别人说的话。

꼬드기다【동사】어떠한 일을 하도록 남의 마음을 꾀어 부추기다. ◆ 动 鼓动，怂恿，煽动，唆使。¶친구를 꼬드기다. =怂恿朋友。

꼬락서니【명사】사물의 모양새나 됨됨이. ◆ 名 (人的)模样，德行。

꼬르륵【부사】副 ❶ 뱃속이나 대통의 진 따위가 끓는 소리. ◆ 咕咕，咕噜噜，咕噜咕噜。¶꼬르륵 소리가 나는 것을 보니 식사 때가 되었나 보다. =肚子咕噜咕噜响，看来到吃饭时间了。❷ 가래가 목구멍에 걸리어 숨을 쉴 때 거칠게 나는 소리. ◆ 咕噜咕噜，呼噜呼噜(嗓子里有痰时粗重的呼吸声)。❸ 물속에서 기체의 작은 방울이 물 위로 떠오를 때 나는 소리. ◆ 咕噜咕噜(冒水泡的声音)。● 꼬르륵하다 ●

꼬르륵거리다【동사】动 ❶ 배 속이나 대통의 진 따위가 끓는 소리가 잇따라 나다. ◆ 咕咕，咕噜噜，咕噜咕噜。❷ 가래가 목구멍에 걸리어 숨을 쉴 때 거친 소리가 잇따라 나다. ◆ 咕噜咕噜，呼噜呼噜(嗓子里有痰时粗重的呼吸声)。❸ 물속에서 기체의 작은 방울이 물 위로 떠오르는 소리가 잇따라 나다. ◆ 咕噜咕噜(冒水泡的声音)。● 꼬르륵대다 ●

꼬리【명사】名 ❶ 동물의 꽁무니나 몸뚱이의 뒤에 붙어서 조금 나와 있는 부분. ◆ 尾，尾巴。¶사슴 작은 꼬리는 매우 귀엽다. =鹿的小尾巴很可爱。❷ 사물의 한쪽 끝에 길게 내민 부분을 비유적으로 이르는 말. ◆〈喻〉尾，尾部。¶비행기 꼬리. =飞机尾部。❸ 사람을 찾거나 쫓아갈 수 있을 만한 흔적. ◆ 尾巴，痕迹，线索。¶꼬리가 길면 잡힌다. =尾巴长了就会被抓住。❹ 어떤 무리의 끝. ◆ 末尾，尽头，后面。¶행렬의 꼬리에 붙어서 행진을 하다. =跟在队伍末尾游行。

꼬리표(--票)【명사】名 ❶ 화물을 운송 수단이나 우편으로 부칠 때, 보내는 사람과 받을 사람의 주소·이름 따위를 적어 그 물건에 달아매는 표. ◆ 行李标签，货物标签。¶화물에 꼬리표를 붙이다. =在货物上贴上标签儿。❷ 어떤 사람에게 늘 따라다니는 떳떳하지 않은 평판이나 좋지 않은 평가. ◆ 标签，〈喻〉(不好的)评价，名声。¶그에게는 늘 바람둥이라는 꼬리표가 붙는다. =他经常被贴上"花花公子"的标签。

꼬마【명사】名 ❶ 어린아이를 귀엽게 이르는 말. ◆ 小家伙，小鬼，小朋友，小孩。¶꼬마야 너 어디 사니? =小家伙，你家住在哪儿啊? ❷ 조그마한 사물을 귀엽게 이르는 말. ◆ 小，小小的，小型。

꼬맹이【명사】'꼬마'를 낮잡아 이르는 말. ◆ 名 小家伙，小鬼，小朋友，小孩。

꼬물거리다【동사】动 ❶ 매우 좀스럽고 느리게 자꾸 움직이다. ◆ 蠕动。❷ 조금 게으르고 굼뜨게 행동하다. ◆ 磨蹭，慢腾腾。¶꼬물거리지 말고 빨리빨리 준비해 나오너라. =别磨蹭了，快点准备好出来吧。❸ 신체 일부를 좀스럽고 느리게 자꾸 움직이다. ◆ 动弹，动(身体的一部分)。¶발가락을 꼬물거리다. =慢慢地动了动脚趾头。● 꼬물대다 ●

꼬물꼬물【부사】副 ❶ 매우 좀스럽고 느리게 자꾸 움직이는 모양. ◆ 蠕动貌。❷ 조금 굼뜨고 게으르게 행동하는 모양. ◆ 慢腾腾，磨磨蹭蹭。❸ 신체 일부를 조금 자꾸 느리게 움직이는 모양. ◆ 动弹，动(身体的一部分)。● 꼬물꼬물하다 ●

꼬박【부사】어떤 상태를 고스란히 그대로. ◆ 副整整，足足(等待、熬夜等)。¶날을 꼬박 샜다. =熬了整整一夜。

꼬부리다【동사】한쪽으로 꼬붓하게 곱히다. ◆ 动弄弯，弯，折。¶철사를 꼬부리다. =把铁丝折弯。

꼬불꼬불【부사】이리로 저리로 고부라지는 모양. ◆ 副弯弯曲曲。¶꼬불꼬불 휘어진 길. =弯弯曲曲的路。● 꼬불꼬불하다 ●

꼬이다[1]【동사】动 ❶ 하는 일 따위가 순순히 되지 않고 얽히거나 뒤틀리다. ◆ 复杂，难办。¶일이 복잡하게 꼬이다. =事情很复杂。❷ 비위에 거슬려 마음이 뒤틀리다. ◆ (心中)不满，反感。¶심사가 꼬이다. =审查让人很不满。

꼬이다[2]【동사】'꼬다'의 피동형. ◆ 动 (被)搓，编，拧("꼬다"的被动形态)。¶실이 꼬이다. =拧绳子。

꼬장꼬장하다【형용사】形 ❶ 늙은이의 허리가 굽지 아니하고 꼿꼿하며 건장하다. ◆ (老人)硬朗。¶할머니의 허리는 아직도 꼬장꼬장하다. =奶奶的身子骨还很硬朗。❷ 성미가 곧고 결백하여 남의 말을 좀처럼 듣지 않는 경향이 있다. ◆ 耿直。¶그 노인은 꼬장꼬장한 성품으로 유명하다. =那位老人是出了名的性情耿直。

꼬질꼬질【부사】옷이나 몸에 때가 많아 매우 지저분한 모양. ◆ 副脏兮兮，邋里邋遢。¶그는 며칠 동안 씻지 않았는지 꼬질꼬질한 때가 묻어 있었다. =他似乎好几天没洗澡了，身上脏兮兮地沾满泥垢。● 꼬질꼬질하다 ●

꼬집다【동사】动 ❶ 손가락이나 손톱으로 살을 집어서 뜯듯이 당기거나 비틀다. ◆ 掐，捏，拧，扭。¶볼을 꼬집다. =捏了一下脸。❷ 분명하게 집어서 드러내다. ◆ 揭露，指出，指谪，指责。¶남의 약점을 딱 꼬집어서 말할 때는 마음이 상하지 않도록 주의해야 한다. =指出别人的弱点时，要注意不伤人自尊。

꼬챙이【명사】가늘고 길면서 끝이 뾰족한 쇠나 나무 따위의 물건. ◆ 名签，签子。¶꼬챙이로 쑤시다. =用签子刺。

꼬치【명사】꼬챙이에 꿴 음식물. ◆ 名串。¶곶감 여섯 꼬치. =六串柿饼。

꼬치꼬치【부사】낱낱이 따지고 캐어묻는 모양. ◆ 副刨根问底，问长问短，追根究底。¶꼬치꼬치 따지다. =刨根问底。

꼬투리【명사】名 ❶ 어떤 이야기나 사건의 실마리. ◆ 起因，缘由，证据。¶정학(停學)을 몇 번 당하긴 했지만 결정적인 꼬투리를 잡지 못해 퇴학(退學)을 시키지는 못했다. =虽然曾被多次停学，但因找不到决定性的证据，没能让他退学。❷ 콩과 식물의 열매를 싸고 있는 껍질. ◆ 荚，个(豆荚的单位)。¶콩 세 꼬투리. =三个豆荚。

꼭[1]【부사】副 ❶ 야무지게 힘을 주어 누르거나 죄는 모양. ◆ 紧紧，牢牢。¶꼭 다문 입술. =紧闭的嘴唇。❷ 힘들여 참거나 견디는 모양. ◆ 强，硬，拼命。¶눈물을 꼭 참다. =强忍泪水。❸ 드러나지 않게 단단히 숨거나 들어박히는 모양. ◆ 死死，紧紧，严严实实。¶방에 꼭 틀어박혀 있다. =老老实实地窝在屋里不出门。

꼭[2]【부사】副 ❶ 어떤 일이 있어도 틀림없이. ◆ 一定，肯定，必定，务必。¶꼭 참석해라. =一定要参加啊。❷ 조금도 어김없이. ◆ 刚好，正好，正。¶이 옷이 몸에 꼭 맞는다. =这衣服正合身。❸ 아주 비슷하게. ◆ 活脱脱，活像，酷似。¶누이의 모습과 행동은 꼭 어머니 같다. =姐姐的音容举止酷似妈妈。

꼭꼭[1]【부사】어떤 일이 있어도 언제나 틀림없이. ◆ 副一定，肯定，必定，务必。¶집에 돌아오면 꼭꼭 손을 씻어라. =回了家一定要洗手。

꼭꼭[2]【부사】副 ❶ 잇따라 또는 매우 야무지게 힘을 주어 누르거나 죄는 모양. ◆ 紧紧，牢牢，使劲儿，用力。¶음식을 꼭꼭 씹어 먹어라. =吃东西要细嚼慢咽。❷ 잇따라 또는 매우 힘들여 참거나 견디는 모양. ◆ 强，硬，拼命。¶꼭꼭 참아라. =要拼命忍住。❸ 드러나지 않게 아주 단단히 숨거나 들어박히는 모양. ◆ 死死，紧紧，严严实实。¶꼭꼭 숨다. =藏得严严实实。

꼭대기【명사】名 ❶ 높이가 있는 사물의 맨 위쪽. ◆ 顶，最高处。¶건물 꼭대기. =大楼顶上。❷ 단체나 기관 따위의 높은 지위나 그런 지위에 있는 사람을 속되게 이르는 말. ◆ 最高层，领导层，首脑。¶꼭대기에 앉아 부하 직원에게 큰 소리만 치는 사람은 우리 회사에 필요치 않습니다. =我们公司不需要高高在上、只会对下属耍威风的人。❸ 머리 위의 숫구멍이 있는 자리. ◆ 囟门，脑门。¶그의 말에 머리 꼭대기까지 화가 치밀었다. =听到他的话，不由得怒气冲天。

꼭두각시【명사】名 ❶ 꼭두각시놀음에 나오는 여러 가지 인형. ◆ 木偶，玩偶。❷ 俚남의 조종에 따라 움직이는 사람이나 조직을 비유적으로 이르는 말. ◆ 俚傀儡。¶그는 순전히 남의 꼭두각시이다. =他完全是别人的傀儡。

꼭두각시놀음【명사】名 ❶ 한국의 민속 인형극. ◆ 木偶戏。❷ 앞잡이를 내세우고 뒤에서 조종하는 일을 비유적으로 이르는 말. ◆ 傀儡戏；充当傀儡。

꼭두새벽【명사】아주 이른 새벽. ◆ 名一大早，大清早。¶밤 기차를 타고 꼭두새벽에 도착했다. =坐夜车一大早就到了。

꼭지【명사】名 ❶ 그릇의 뚜껑이나 기구 따위에 붙은 볼록한 부분. ◆ 把，柄。¶냄비 꼭지. =锅把手。❷ 잎이나 열매가 가지에 달려 있게 하는 짧은 줄기. ◆ (花叶果实的)蒂，柄，把儿。¶꼭지가 달려있어야 상품가치가 있다. =要带着瓜蒂才值钱。

꼭짓점(--點)【명사】각을 이루고 있는 두 변이 만나는 점. ◆ 图顶点，最高点。

꼴[1]【명사】말이나 소에게 먹이는 풀. ◆ 图草料。¶꼴을 베다. =割草料。

꼴[2]【명사】图 ❶ 사물의 모양새나 됨됨이. ◆ 样子，长相。¶내 꼴이 말이 아니다. =我的样子狼狈不堪。❷ 사물의 모양새나 됨됨이를 낮잡아 이르는 말. ◆〈贬〉样子。¶꼴도 보기 싫으니 당장 집에서 나가! =我不想再看见你这副样子，立刻给我出去！❸ 어떤 형편이나 처지 따위를 낮잡아 이르는 말. ◆ 样子，惨状。¶나라 망하는 꼴 보지 않으려고 이민 갔다. =不想看到亡国的惨状，于是就移民了。

-꼴[3]【접사】'그 수량만큼 해당함'의 뜻을 더하는 접미사. ◆ 后缀 (用于表示数量的名词后) 表示平均后的单价。¶한 개에 백 원 꼴이다. =平均下来一个一百块。

꼴값【명사】图 ❶ '얼굴값'을 속되게 이르는 말. ◆〈俗〉(常与"하다""못하다"合用，指言行)对得起这张脸。❷ 격에 맞지 아니하는 아니꼬운 행동. ◆ 死撑面子，装腔作势，装模作样。¶꼴값을 떨고 있네! =还死撑面子呢！● 꼴값하다 ●

꼴딱【부사】副 ❶ 적은 양의 액체나 음식물 따위가 목구멍이나 좁은 구멍으로 한꺼번에 넘어가는 소리. 또는 그 모양. ◆ 咕噜，呼噜。¶떡을 꼴딱 삼켰다. =咕噜一声咽下了糕。❷ 일정한 시간을 완전히 넘긴 모양. ◆ 整整，足足。¶밤을 꼴딱 새웠다. =熬了一整夜。❸ 해가 완전히 지는 모양. ◆(太阳)完全，整个(落下)。¶해가 서산으로 꼴딱 넘어갔다. =太阳完全落下了西山。● 꼴딱하다 ●

꼴뚜기【명사】꼴뚜깃과의 귀꼴뚜기, 좀귀꼴뚜기, 잘록귀꼴뚜기, 투구귀꼴뚜기를 통틀어 이르는 말. ◆ 图望潮，〈又称〉短蛸。¶한국의 가정에서는 간장에 조린 꼴뚜기를 반찬으로 만들어 먹는다. =韩国家庭喜欢用酱油炖短蛸做小菜吃。

꼴불견(-不見)【명사】하는 짓이나 겉모습이 차마 볼 수 없을 정도로 우습고 거슬림. ◆ 图看不下去，不像样，不像话。¶부모덕으로 잘난 체하는 저 자식 정말 꼴불견이다. =那小子仗着父母趾高气扬，真让人看不下去。

꼴사납다【형용사】하는 짓이나 겉모습이 아주 흉하다. ◆ 形丑，丑陋，难看。¶그 사람 하는 짓이 꼴사나워 못 보겠다. =那家伙行为丑陋，简直让人看不下去。

꼴찌【명사】차례의 맨 끝. ◆ 图倒数第一，最后一名。¶달리기에서 꼴찌로 들어왔다. =在赛跑中得了倒数第一。

꼼꼼하다【형용사】빈틈이 없이 차분하고 조심스럽다. ◆ 形细致，仔细，严谨。¶그는 매사를 꼼꼼하게 처리한다. =他对待每件事都十分严谨。● 꼼꼼히 ●

꼼지락거리다【동사】몸이 천천히 좀스럽게 계속 움직이다. 또는 몸을 천천히 좀스럽게 계속 움직이다. ◆ 动慢吞吞，磨蹭。¶그렇게 꼼지락거리다가는 약속 시간에 늦겠다. =照这样磨蹭下去，赴约要迟到了。● 꼼지락대다 ●

꼼짝【부사】몸을 둔하고 느리게 조금 움직이는 모양. ◆ 副微微动弹，稍稍一动，动。¶내가 갈 때까지 꼼짝 말고 거기 그대로 있어라. =我走之前你不许动，给我老老实实呆在那儿。

꼼짝없이【부사】현재의 상태를 벗어날 방법이나 여지가 전혀 없이. ◆ 副一动不动，纹丝不动，毫不反抗。¶꼼짝없이 당하다. =丝毫不能反抗。

꼽다【동사】动 ❶ 수나 날짜를 세려고 손가락을 하나씩 헤아리다. ◆ 掰，扳，掐，屈(指头)。¶그는 믿을 만한 사람을 손가락으로 꼽아 보았다. =他掰着指头数了数可以信任的人。❷ 골라서 지목하다. ◆ 数得上，算得上。¶그는 우리나라에서 제일로 꼽는 축구 선수이다. =他是我国首屈一指的足球选手。

꼽추【명사】'척추 장애인'을 낮잡아 이르는 말. ◆ 图驼背，罗锅，佝偻。¶프랑스의 노틀담의 꼽추란 영화는 세계인들에게 감동을 주었다. =法国电影《巴黎圣母院》中的驼背人感动了全世界。

꼿꼿하다【형용사】形 ❶ 물건이 휘거나 구부러지지 아니하고 단단하다. ◆ 笔直，直，挺直，直挺挺。¶고개를 꼿꼿하게 쳐들다. =伸直了脖子。❷ 사람의 기개, 의지, 태도나 마음가짐 따위가 굳세다. ◆ 耿直，刚正。¶그는 꼿꼿하게 인생을 산 선비였다. =他是一个一生耿直的儒生。● 꼿꼿이 ●

꽁꽁【부사】副 ❶ 물체가 매우 단단히 언 모양. ◆ (冻得)硬梆梆，僵硬。¶강물이 꽁꽁 얼어붙었다. =江面冻得硬梆梆的。❷ 힘주어 단단하게 죄어 묶거나 꾸리는 모양. ◆ 紧紧，牢牢，结结实实。¶짐을 꽁꽁 묶다. =把行李捆得牢牢的。

꽁무니【명사】엉덩이를 중심으로 한, 몸의 뒷부분. ◆ 图屁股，臀部，尾部。

꽁보리밥【명사】보리쌀로만 지은 밥. ◆ 图大麦饭。¶그동안 감옥에서 식은 꽁보리밥만 먹었다. =那段在监狱的日子里只能吃到凉透了的大麦饭。

꽁생원【명사】마음이 너그럽지 못하고 소견이 좁은 사람을 놀림조로 이르는 말. ◆ 图小心眼，心胸狭窄的人，小肚鸡肠的人。¶그는 꽁생원으로 소문이 자자하다. =他是出了名的小心眼。

꽁지【명사】图 ❶ 새의 꽁무니에 붙은 깃. ◆ 尾羽，尾翎。¶공작이 꽁지를 폈다. =孔雀开了屏。❷ '꼬리'를 낮잡아 이르는 말. ◆〈贬〉尾巴。¶강아지가 어미 꽁지에만 붙어 다닌다. =小狗整天跟在狗妈妈尾巴后面跑。

꽁초【명사】피우다가 남은 작은 담배 도막 ◆ 图烟头，烟蒂，烟屁股。¶꽁초를 아무 데나 버리다. =乱扔烟头。

꽁치【명사】꽁칫과의 바닷물고기. 몸의 길이는 30cm 정도이고 옆으로 약간 납작한 원통형이며, 등은 검은 청색, 배는 은빛 백색이다. 한국, 일본 등지에 분포한다. ◆ 图秋刀鱼。¶꽁치통조림. =秋刀鱼罐头。

꽁하다【형용사】마음이 좁아 너그럽지 못하고 말이 없다. ◆ 形心胸狭窄，小肚鸡肠，小心眼。¶네가 이렇게 꽁한 사람인 줄 몰랐다. =没想到你是这样一个

小肚鸡肠的人。

꽂다【동사】动 ❶ 쓰러지거나 빠지지 아니하게 박아 세우거나 끼우다. ◆插，插入。¶꽃을 병에 꽂다. =把花插到花瓶中。❷ 내던져서 거꾸로 박히게 하다. ◆倒栽，倒插。¶그 녀석을 길바닥에 꽂았다. =把那家伙倒插在地上。

꽃【명사】名 ❶ 꽃이 피는 식물을 통틀어 이르는 말. ◆花，花朵。¶꽃을 가꾸다. =养花。❷ 인기가 많거나 아름다운 여자를 비유적으로 이르는 말. ◆花，如花美女。¶이번에 입사한 여직원은 우리 부서의 꽃이다. =这次新来的女职员是我们部的部花。❸ 아름답고 화려하게 번영하는 일을 비유적으로 이르는 말. ◆如花，花一样，花一般。¶꽃 같은 나이. =花样年华。❹ 홍역 따위를 앓을 때 살갗에 좁쌀처럼 발갛게 돋아나는 것. ◆疹子，痘。¶홍역에 걸려 열꽃이 피었다. =患上麻疹，身上出了疹子。

꽃가루【명사】종자식물의 수술의 화분낭 속에 들어 있는 꽃의 가루. 바람, 물, 곤충 따위를 매개로 암술머리에 운반된다. ◆名花粉。¶봄에는 노란 소나무 꽃가루가 많이 날린다. =春天里到处飘着黄色的松树花粉。

꽃게【명사】꽃겟과의 하나. 몸은 검은 자주색에 푸른 무늬가 있으며 등딱지는 마름모꼴이다. 집게발이 크고 길며 나머지 발은 모두 넓적하다. ◆名花蟹，〈俗〉梭子蟹。

꽃꽂이【명사】꽃이나 나뭇가지를 물이 담긴 꽃병이나 수반에 꽂아 자연미를 나타내며 꾸미는 일. 또는 그런 기법. ◆名插花，花道。¶그녀의 취미는 꽃꽂이이다. =她的爱好是插花。● 꽃꽂이하다 ●

꽃나무【명사】꽃이 피는 나무. ◆名花木，花树。¶꽃나무를 심다. =种花木。

꽃다발【명사】꽃으로 만든 다발. ◆名花束，花环。¶꽃다발 한 아름. =一束花。

꽃답다【형용사】꽃과 같은 아름다움이 있다. ◆形如花的，花一样的，花一般的。¶꽃다운 나이. =花季。

꽃동산【명사】꽃이 많이 피어 있는 동산. ◆名花园。¶진달래, 유채꽃이 핀 꽃동산에 가서 놀자. =我们去开满杜鹃花和油菜花的花园玩吧!

꽃말【명사】꽃의 특징에 따라 상징적인 의미를 부여한 말. 국가나 시대에 따라 조금씩 다르나 영국에서 사용하는 꽃말이 대표적이다. ◆名花语。¶장미의 꽃말은 사랑이나 아름다움, 백합은 순결, 월계수는 영광, 클로버는 행운을 나타낸다. =玫瑰的花语是爱情或美丽，百合的花语是纯洁，月桂树的花语是光荣，三叶草的花语是幸运。

꽃망울【명사】아직 피지 아니한 어린 꽃봉오리. ◆名花蕾，花苞。¶꽃망울을 맺다. =结花蕾。

꽃무늬【명사】꽃 모양의 무늬. ◆名花纹。¶꽃무늬 커튼. =花纹窗帘。

꽃물【명사】꽃을 물감으로 하여 들이는 물. ◆名用花染色。¶봉숭아로 손톱에 꽃물을 들이다. =用桃花给指甲染色。

꽃바구니【명사】화초나 꽃가지 따위를 담아서 꾸민 바구니. ◆名花篮。¶결혼기념일에 아내에게 꽃바구니를 선물했다. =在结婚纪念日送给妻子一个花篮。

꽃받침【명사】꽃의 구성 요소 중에서 가장 바깥쪽에 꽃잎을 받치고 있는 꽃의 보호 기관의 하나. 흔히 녹색이나 갈색이다. ◆名花萼，花托。

꽃밭【명사】名 ❶ 꽃을 심어 가꾼 밭. ◆花圃，花田。¶아침저녁으로 꽃밭에 물을 주다. =早晚给花圃浇水。❷ 꽃이 많이 피어 있는 곳. ◆名花园，花海。¶장미가 흐드러지게 피어 꽃밭을 이루었다. =玫瑰怒放，一片花的海洋。❸ 俚 미인 또는 여자가 많이 모인 곳을 비유적으로 이르는 말. ◆俚花海，〈喻〉女人堆。¶봄단장을 한 젊은 여인들로 꽃밭을 이루었다. =身着春装的年轻女人们汇成了一片花海。

꽃병(-瓶)【명사】꽃을 꽂는 병. ◆名花瓶。¶꽃병에 물을 갈아주다. =给花瓶换水。

꽃봉오리【명사】망울만 맺히고 아직 피지 아니한 꽃. ◆名花蕾，花骨朵儿，花苞。¶꽃봉오리가 맺히다. =结花蕾。

꽃사슴【명사】일본사슴을 일상적으로 이르는 말. ◆名梅花鹿。¶꽃사슴은 민화(民畵)에서 즐겨 쓰는 소재이다. =梅花鹿是民间绘画中常见的题材。

꽃삽【명사】화초나 꽃나무 따위를 옮기거나 매만져 가꾸는 데 쓰는 작은 삽. ◆名花铲。

꽃상여(-喪輿)【명사】꽃으로 꾸민 상여. ◆名鲜花灵车，花柩。¶꽃상여에 실려 가다. =用鲜花灵车送行。

꽃샘추위【명사】이른 봄, 꽃이 필 무렵의 추위. ◆名春寒。¶봄인데도 꽃샘추위로 아직 쌀쌀하다. =虽然已是春天，却依然春寒料峭。

꽃송이【명사】꽃자루 위의 꽃 전체를 이르는 말. ◆名花朵，花。

꽃술【명사】꽃의 수술과 암술을 아울러 이르는 말. 꽃의 생식 기관으로서 꽃의 중심을 이룬다. ◆名花蕊。

꽃신【명사】꽃 모양이나 여러 가지 빛깔로 곱게 꾸민 신발. 주로 어린아이나 여자들이 신는다. ◆名花鞋，绣花鞋。

꽃씨【명사】화초의 씨앗. ◆名花籽，花种。

꽃잎【명사】꽃을 이루고 있는 낱낱의 조각 잎. ◆名花瓣。

꽃집【명사】주로 생화나 조화 따위의 꽃을 파는 가게. ◆名花店，花铺。¶졸업 철이 되면 꽃집은 북새통을 이룬다. =每到毕业时节，花店都异常热闹。

꽈리【명사】가짓과의 여러해살이풀. 여름에 노르스름한 꽃이 잎겨드랑이에 하나씩 피고 열매는 둥근 모양의 붉은 장과(漿果)를 맺는다. 어린잎은 식용하고 뿌리는 약용한다. ◆名灯笼草。

꽈배기【명사】名 ❶ 밀가루나 찹쌀가루 따위를 반죽하여 엿가락처럼 가늘고 길게 늘여 두 가닥으로 꽈서 기름에 튀겨 낸 과자. ◆麻花。❷ 사물을 비꼬아서 말하기 좋아하는 사람을 비유적으로 이르는 말. ◆〈喻〉指桑骂槐，含沙射影。

꽉【부사】副 ❶ 힘을 주어 누르거나 당기거나 묶는 모양. ◆牢牢，紧紧，使劲，拼命。¶꽉 누르다. =使

劲压。❷ 가득 차거나 막힌 모양. ◆ 副 (挤或堵得)满满，死死。¶가방에 옷을 꽉 채우다. =在包里塞满衣服。

꽉꽉【부사】副 ❶ 자꾸 힘을 주어 누르거나 잡거나 묶는 모양. ◆ 牢牢，紧紧，使劲，拼命。¶공기에 밥을 꽉꽉 눌러 담았다. =把盛到碗里的饭压得紧紧的。❷ 빈틈없이 가득 차거나 막힌 모양. ◆ (挤或堵得)满满，死死。¶상자마다 과일이 꽉꽉 들어차 있었다. =每个箱子里都装满了水果。

꽝【명사】名 ❶ 제비뽑기 따위에서 배당이 없는 것을 속되게 이르는 말. ◆ (抽奖、抓阄时)没中，没抽中。¶그 사람은 이번 뽑기에서도 꽝이 나왔다. =他这次抓阄又没中。❷ 俚 바라던 바가 아닌 것을 이르는 말. ◆ 大失所望，失望，落空。¶어제 맞선을 보았는데, 그 사람도 꽝이야. =昨天去相亲了，那人又很令我失望。

꽝【부사】副 ❶ 무겁고 단단한 물체가 바닥에 떨어지거나 다른 물체와 부딪쳐 울리는 소리. ◆ 咣，咣当，哐啷。¶꽝 대문이 닫히는 소리. = "咣" 的一声，大门关上的声音。❷ 총이나 대포를 쏘거나 폭발물이 터져서 울리는 소리. ◆ 轰，轰隆(枪炮声)。¶수류탄이 꽝 소리를 내며 터졌다. =手榴弹 "轰" 的一声爆炸了。

꽝꽝【부사】副 ❶ 무겁고 단단한 물체가 잇따라 바닥에 떨어지거나 다른 물체와 부딪쳐 울리는 소리. ◆ 咣，咣当，哐啷。¶쇠망치로 땅을 꽝꽝 다진다. =用铁锤咣咣地砸地。❷ 잇따라 총이나 대포를 쏘거나 폭발물이 터져서 울리는 소리. ◆ 咣咣，轰隆轰隆。¶대포 소리가 꽝꽝 난다. =大炮发出轰隆轰隆的声音。❸ 매우 단단하게 굳어지는 꼴. ◆ (凝固得)硬梆梆，僵硬。¶물이 꽝꽝 얼어붙었다. =水冻得硬梆梆的。

꽝꽝거리다【동사】잇따라 총이나 대포를 쏘거나 폭발물이 터져서 울리는 소리. ◆ 动咣咣，轰隆轰隆。● 꽝꽝대다 ●

꽤【부사】보통보다 조금 더한 정도로. ◆ 副颇，挺，相当，很，远。¶생각보다 꽤 많다. =远比预期的要多。

꽥【부사】갑자기 목청을 높여 지르는 소리. 또는 그 모양. ◆ 副啊，呀，哎呀(突然大叫声)。¶소리를 꽥 지르다. = "啊" 地叫了一声。

꽹과리【명사】놋쇠로 둥글게 만든, 한 손에 들고 채로 쳐서 소리를 내는 한국 악기. ◆ 名小锣，锣。¶꽹과리를 치다. =敲小锣。

꾀【명사】일을 잘 꾸며 내거나 해결해 내거나 하는, 묘한 생각이나 수단. ◆ 名计谋，智谋，计策，计，点子。¶꾀가 많은 사람. =足智多谋的人。

꾀꼬리【명사】名 ❶ 까마귓과의 새. 몸의 길이는 약 25cm 정도이며 노랗다. 눈에서 뒷머리에 걸쳐 검은 띠가 있으며 꽁지와 날개 끝은 검다. ◆ 黄莺。❷ 목소리가 고운 사람을 비유적으로 이르는 말. ◆ 黄莺，夜莺(指声音甜美的人)。¶그녀는 꾀꼬리 같이 아름다운 목소리를 자랑한다. =她有一副如夜莺般美妙的傲人嗓音。

꾀꼴꾀꼴【부사】꾀꼬리가 잇따라 우는 소리. ◆ 副 (黄莺的连叫声) 唧哩唧哩 。

꾀다【동사】动 ❶ 벌레 따위가 한곳에 많이 모여들어 뒤끓다. ◆ (虫子等)成堆，爬满，长满。¶음식물에 구더기가 꾀다. =食物上爬满了蛆。❷ 사람들이 한곳에 많이 모여들다. ◆ (人)挤满，成群，云集。¶구경꾼이 꾀다. =游客成群。

꾀다【동사】그럴듯한 말이나 행동으로 남을 속이거나 부추겨서 자기 생각대로 끌다. ◆ 动骗，哄骗，引诱，勾引。¶부잣집 딸을 꾀어 결혼하다. =勾搭了个富家女结婚。

꾀병(-病)【명사】거짓으로 병을 앓는 체하는 짓. ◆ 名装病。¶꾀병을 부리다. =装病。

꾀죄죄하다【형용사】옷차림이나 모양새가 매우 지저분하고 궁상스럽다. ◆ 形脏兮兮，邋里邋遢。¶꾀죄죄한 옷차림. =脏兮兮的打扮。

꾀하다【동사】어떤 일을 이루려고 뜻을 두거나 힘을 쓰다. ◆ 动谋划，策划，设计，规划。¶나라의 발전을 꾀하다. =规划国家的发展。

꾐【명사】어떠한 일을 할 기분이 생기도록 남을 꾀어 속이거나 부추기는 일. ◆ 名骗局，圈套，陷阱。¶꾐에 빠지다. =掉入圈套。

꾸기다【동사】종이나 천 따위의 엷은 것이 비벼지거나 접혀져서 잔금이 생기다. ◆ 动摺，皱。¶옷을 꾸기지 않게 걸어 놓아라. =把衣服挂好，别弄皱了。

꾸다[1]【동사】뒤에 도로 갚기로 하고 남의 것을 얼마 동안 빌려 쓰다. ◆ 动借，贷。¶돈을 꾸다. =借钱。

꾸다[2]【동사】꿈을 보다. ◆ 动做梦，梦见。¶꿈을 꾸다. =做梦。

-꾸러기【접사】'그것이 심하거나 많은 사람'의 뜻을 더하는 접미사. ◆ 后缀 (用于部分名词后，后缀，贬称具有某类特征的人)鬼，虫，包，精，王。¶잠꾸러기. =瞌睡虫。

꾸러미【명사】❶ 꾸리어 싼 물건. ◆ 名 包，捆，串，扣，链。¶열쇠 꾸러미. =钥匙扣。❷ 꾸리어 싼 물건을 세는 단위. ◆ 量包，捆，串。

꾸리다【동사】动 ❶ 짐이나 물건 따위를 싸서 묶다. ◆ 包，捆，绑，打，收拾。¶이삿짐을 꾸리다. =捆搬家行李。❷ 일을 추진하여 처리해 나가거나, 생활을 규모 있게 이끌어 나가다. ◆ 操持，经营。¶가정을 꾸리다. =操持家务。

꾸물거리다【동사】动 ❶ 매우 느리게 자꾸 움직이다. ◆ 蠕动。¶애벌레가 꾸물거리다. =幼虫在蠕动。❷ 게으르고 굼뜨게 행동하다. ◆ 磨蹭，磨磨蹭蹭，慢吞吞。¶꾸물거리지 말고 얼른 나오너라. =别磨蹭了，赶紧出来吧！❸ 신체 일부를 느리게 자꾸 움직이다. ◆ 抖动，蠕动(身体的一部分)。¶발가락을 꾸물거리다. =抖动着脚趾头。● 꾸물대다 ●

꾸물꾸물【부사】매우 자꾸 느리게 움직이는 모양. ◆ 副磨磨蹭蹭。¶꾸물꾸물 기어 다니다. =磨磨蹭蹭地爬来爬去。● 꾸물꾸물하다 ●

꾸미다【동사】动 ❶ 모양이 나게 매만져 차리거나 손질하다. ◆ 收拾，整理，装饰，布置。¶머리를 꾸미다. =整理头发。❷ 거짓이나 없는 것을 사실인 것처럼 지어내다. ◆ 捏造，编造，伪造。¶꾸며 낸 이야기. =编出来的故事。❸글 따위를 지어서 만들다. ◆ 编写，编，写。¶서류를 꾸미다. =编写文件。❹ 살림 따위를 차리고 갖추거나 마련하다. ◆ 营造，打造。¶신혼살림을 아담하게 꾸미다. =营造雅致的新婚生活。❺ 어떤 일을 짜고 만들다. ◆ 策划，谋划。¶음모를 꾸미다. =策划阴谋。

꾸밈【명사】꾸민 상태나 모양. 또는 꾸민 것. ◆ 图修饰，点缀，掩饰，伪装。¶솔직하고 꾸밈이 없는 태도. =直率而不加掩饰的态度。

꾸밈새【명사】꾸민 모양새. ◆ 图装修，装潢，装饰。¶집의 꾸밈새가 분수에 지나치다. =房子装修得太过了。

꾸밈없다【형용사】가식이 없이 참되고 순수하다. ◆ 形不加掩饰地，直白地。● 꾸밈없이 ●

꾸벅【부사】副 ❶ 머리나 몸을 앞으로 많이 숙였다가 드는 모양. ◆ 深，深深(点头或鞠躬)。¶선생님께 꾸벅 인사를 하다. =向老师深鞠躬行礼。❷ 모르는 사이에 순간적으로 잠이 드는 모양. ◆ 头一歪，头一点(睡着)。¶공부를 하다가 꾸벅 잠이 들다. =正学习着，头一歪就睡着了。

꾸벅꾸벅【부사】남이 시키는 대로 그저 따르는 모양. ◆ 副乖乖地，听话地，顺从地。¶군말 없이 꾸벅꾸벅 일만 해 왔다. =不说废话，只是乖乖地干活。

꾸벅꾸벅【부사】머리나 몸을 자꾸 앞으로 많이 숙였다가 드는 모양. ◆ 副连连，不停。¶책을 읽다가 꾸벅꾸벅 졸고 있다. =看了会儿书就开始不停地打盹。

꾸부러지다【동사】한쪽으로 구붓하게 휘어지다. ◆ 动弯，弯曲，蜷曲。¶길이 꾸불꾸불 꾸부러지다. =道路弯弯曲曲。

꾸부리다【동사】한쪽으로 구붓하게 굽히다. ◆ 动弯，折。¶허리를 꾸부리다. =弯腰。

꾸부정하다【형용사】매우 구부러져 있다. ◆ 形弯弯曲曲，歪歪扭扭。¶꾸부정한 자세. =歪歪扭扭的姿势。

꾸불꾸불【부사】이리로 저리로 구부러진 모양. ◆ 副弯弯曲曲，曲曲折折，歪歪扭扭。¶꾸불꾸불 휘어진 내리막길. =弯弯曲曲的下坡路。● 꾸불꾸불하다 ●

꾸역꾸역【부사】副 ❶ 음식 따위를 한꺼번에 많이 넣고 잇따라 씹는 모양. ◆ 大口大口，狼吞虎咽。¶그는 배가 안 고프면서 밥을 꾸역꾸역 먹는다. =他明明肚子不饿，却还是狼吞虎咽地吃着。❷ 한군데로 많은 것이 잇달아 들어오거나 몰려나오는 모양. ◆ 蜂拥，潮水般地。¶사람들이 꾸역꾸역 모여든다. =人们蜂拥而至。

꾸준하다【형용사】한결같이 부지런하고 끈기가 있다. ◆ 形坚持不懈，持之以恒，孜孜不倦。¶꾸준한 노력. =坚持不懈的努力。● 꾸준히 ●

꾸중【명사】아랫사람의 잘못을 꾸짖는 말. ◆ 图责备，斥责，批评，训斥。¶선생님께 꾸중을 듣다. =被老师批评。● 꾸중하다 ●

꾸지람【명사】아랫사람의 잘못을 꾸짖는 말. ◆ 图(上对下的)责备，斥责，批评，训斥。¶꾸지람을 듣다. =挨批评。● 꾸지람하다 ●

꾸짖다【동사】주로 아랫사람의 잘못에 대하여 엄격하게 나무라다. ◆ 动责备，斥责，批评，训斥。¶그는 잘못을 저지른 아이를 엄하게 꾸짖었다. =他严厉地批评了做错事的孩子。

꾹【부사】副 ❶ 여무지게 힘을 주어 누르거나 죄는 모양. ◆ 使劲，用力，紧紧，牢牢。¶입을 꾹 다물다. =紧闭嘴唇。❷ 아주 힘들여 참거나 견디는 모양. ◆ 强，硬，拼命，狠命(忍或坚持)。¶치미는 분노를 꾹 참았다. =强忍涌上来的怒火。❸ 조금도 드러나지 않게 단단히 숨거나 들어박히는 모양. ◆ 严严实实地，死死地，死活(藏进或待在某处)。¶그는 집안에만 꾹 틀어박혀 있었다. =他整天窝在家里死活不出门。

꾹꾹【부사】副 ❶ 잇따라 또는 매우 여무지게 힘을 주어 누르거나 죄는 모양. ◆ 使劲，用力，紧紧，牢牢。¶밥을 꾹꾹 눌러 담다. =使劲压着往碗里盛饭。❷ 잇따라 또는 몹시 힘들여 참거나 견디는 모양. ◆ 强，硬，拼命(忍或坚持)。¶화를 꾹꾹 참다. =强忍怒火。

-꾼[1]【접사】后缀 ❶ '어떤 일을 습관적으로 하는 사람' 또는 '어떤 일을 즐겨 하는 사람'의 뜻을 더하는 접미사. ◆ 夫，徒，匠(贬称从事某种工作的人)。¶노름꾼. =赌徒。❷ '어떤 일 때문에 모인 사람'의 뜻을 더하는 접미사. ◆ 客，……的人(指聚集在某种场合或活动中的人)。¶구경꾼. =看客。

꾼[2]【명사】어떤 일, 특히 즐기는 방면의 일에 능숙한 사람을 낮잡아 이르는 말. ◆ 图高手，玩家，超级玩家。¶이 사람 꾼이 다 됐군. =这人都成高手了啊。

꿀【명사】꿀벌이 꽃에서 빨아들여 벌집 속에 모아 두는, 맛이 달고 끈끈한 액체. 그 성분은 대부분 당분(糖分)이며 식용하거나 약으로 쓴다. ◆ 图蜂蜜，蜜。¶벌통에서 꿀을 따다. =从蜂箱里采蜂蜜。

꿀꺽【부사】副 ❶ 액체나 음식물 따위가 목구멍이나 좁은 구멍으로 한꺼번에 많이 넘어가는 소리. 또는 그 모양. ◆ 咕嘟。¶침을 꿀꺽 삼키다. =咕嘟一声咽了口口水。❷ 분한 마음이나 할 말, 터져 나오려는 울음 따위를 억지로 참는 모양. ◆ 强，硬，竭力。¶노여움을 꿀꺽 삼키다. =硬吞下一口怒气。

꿀꺽꿀꺽【부사】副 ❶ 액체나 음식물 따위가 목구멍이나 좁은 구멍으로 한꺼번에 많이 넘어가는 소리. 또는 그 모양. ◆ 咕嘟咕嘟。¶그들은 맥주를 꿀꺽꿀꺽 마셨다. =他们咕嘟咕嘟地喝啤酒。❷ 분한 마음이나 할 말, 터져 나오려는 울음 따위를 억지로 참는 모양. ◆ 强，硬。¶꿀꺽꿀꺽 눈물을 머금고 참는 모습이 귀엽다. =强忍泪水的样子看上去十分可爱。

꿀꿀【부사】돼지가 내는 소리. ◆ 副(猪叫声)哼哼。

꿀꿀거리다【동사】돼지가 자꾸 소리를 내다. ◆ 动(猪)哼哼地叫。● 꿀꿀대다 ●

꿀떡[1]【부사】음식물 따위를 목구멍으로 한꺼번에 삼키는 소리. 또는 그 모양. ◆ 副咕嘟，咕噜。¶침을 꿀떡 삼키다. =咕嘟咽下一口唾沫。● 꿀떡하다 ●

꿀떡²【명사】꿀이나 설탕을 섞어서 만든 떡. ◆ 图甜糕。

꿀맛【명사】图❶ 꿀의 단맛. ◆蜂蜜味。❷ 꿀처럼 달거나 입맛이 당기는 맛. ◆ 甜蜜，香甜。¶배가 고파서인지 밥맛이 꿀맛이다. =不知是不是饿了的缘故，饭吃起来特别香甜。❸ 매우 재미있거나 잇속이 있음을 비유적으로 이르는 말. ◆〈喻〉甜蜜，甜美。¶신혼 생활이 여간 꿀맛이 아니다. =新婚生活非常甜蜜。

꿀물【명사】꿀을 탄 물. ◆ 图蜂蜜水。¶술을 많이 먹어 속을 달래려고 꿀물을 마시다. =酒喝多了，就喝了点蜂蜜水来舒舒胃。

꿀밤【명사】주먹 끝으로 가볍게 머리를 때리는 짓. ◆ 图弹脑门。¶숙제를 못해서 꿀밤을 먹었다. =因为没完成作业被弹了脑门。

꿀벌【명사】몸은 어두운 갈색이고 투명한 날개가 달렸으며 꽃에서 꿀을 가져다가 모으는 벌. ◆ 图蜜蜂。

꿇다【동사】动 ❶ 무릎을 구부려 바닥에 대다. ◆ 跪，下跪，屈膝。¶무릎을 꿇고 빌었다. =下跪求饶。❷ 자기가 마땅히 할 차례에 못하다. ◆ (该升而)没能升，留，错过。¶그는 한 학년을 꿇었다. =他留了一级。

꿇어앉다【동사】무릎을 구부려 바닥에 대고 앉다. ◆ 动跪坐，跪。¶그는 꿇어앉아 할아버지의 말씀을 들었다. =他跪坐着听爷爷讲话。

꿈【명사】图❶ 잠자는 동안에 깨어 있을 때와 마찬가지로 여러 가지 사물을 보고 듣는 정신 현상. ◆ 梦，梦境。¶밤마다 꿈을 꾸다. =每天晚上都做梦。❷ 실현하고 싶은 희망이나 이상. ◆ 梦想，理想。¶너의 꿈은 무엇이냐? =你的梦想是什么? ❸ 실현될 가능성이 아주 적거나 전혀 없는 헛된 기대나 생각. ◆ 白日梦，空想，幻想。¶부질없는 꿈. =毫无意义的空想。

꿈결【명사】图❶ 꿈을 꾸는 어렴풋한 동안. ◆ 梦中，梦里，梦境。¶꿈결에 본 듯하다. =好像在梦里见过。❷ 덧없이 빠르게 지나가는 동안. ◆ 转眼间，一晃，一眨眼，转瞬。¶또 한 해가 꿈결에 지나갔다. =转眼间又是一年。

꿈꾸다【동사】动 ❶ 꿈을 꾸는 상태에 있다. ◆ 做梦。¶아이는 꿈꾸고 있는지 자면서 웃고 있다. =孩子好像在做梦，睡着了还在笑。❷ 속으로 어떤 일이 이루어지기를 은근히 바라거나 뜻을 세우다. ◆ 梦想，希望，憧憬。¶우리는 미래를 꿈꾸며 열심히 일하고 있다. =我们怀着对未来的憧憬努力工作。

꿈나라【명사】图❶ 꿈속의 세계. ◆ 梦境，梦乡，梦中。¶꿈나라로 가다. =进入梦乡。❷ 실현될 수 없는 환상의 세계. ◆ 幻境。¶이러한 일은 꿈나라에서나 있을 수 있는 일이다. =这种事只有在幻境里才会出现。

꿈나무【명사】학문, 운동 따위에 소질이나 재능이 있는 아이를 비유적으로 이르는 말. ◆ 图好苗子，希望之星。¶어린이는 모두 꿈나무이다. =儿童都是希望之星。

꿈자리【명사】꿈에 나타난 일이나 내용. 앞일의 길흉을 판단할 수 있는 조짐이 된다. ◆ 图梦兆。¶꿈자리가 나쁘다. =梦兆不祥。

꿈지럭거리다【동사】몸을 천천히 굼뜨게 계속 움직이다. 또는 몸을 천천히 굼뜨게 계속 움직이다. ◆ 动磨磨蹭蹭，慢腾腾。¶꿈지럭거리며 빨래를 하고 있다. =慢腾腾地洗着衣服。● 꿈지럭대다 ●

꿈쩍【부사】몸을 둔하고 느리게 움직이는 모양. '굼적'보다 아주 센 느낌을 준다. ◆ 副动弹，动。¶꿈쩍 말고 여기 가만히 있어. =不要动，老老实实地待在这儿。

꿈틀【부사】몸의 한 부분을 구부리거나 비틀며 움직이는 모양. ◆ 副蠕动(的样子)。¶그가 화를 내자 그녀는 몸을 꿈틀 움츠렸다. =他一发火，她就瑟缩成一团。● 꿈틀하다 ●

꿈틀거리다【동사】몸의 한 부분이 구부러지거나 비틀어지며 자꾸 움직이다. 또는 그렇게 되게 하다. ◆ 动蠕动。¶지렁이가 꿈틀거리다. =蚯蚓在蠕动。● 꿈틀대다 ●

꿈틀꿈틀【부사】몸을 구부리거나 비틀며 자꾸 움직이는 모양. ◆ 副蠕蠕，扭来扭去。¶굼벵이는 꿈틀꿈틀 기어 다닌다. =蝉蛹蠕蠕地爬来爬去。● 꿈틀꿈틀하다 ●

꿋꿋하다【형용사】形 ❶ 물건이 휘거나 구부러지지 아니하고 썩 단단하다. ◆ 坚硬，结实，挺拔。¶꿋꿋한 소나무. =挺拔的松树。❷ 사람의 기개, 의지, 태도나 마음가짐 따위가 매우 굳세다. ◆ 坚强，顽强，坚韧。¶꿋꿋한 성격. =坚强的性格。● 꿋꿋이 ●

꿍꿍이【명사】꿍꿍이셈의 약어. ◆ 图 "꿍꿍이셈"的略语。

꿍꿍이셈【명사】남에게 드러내 보이지 아니하고 속으로만 어떤 일을 꾸며 우물쭈물하는 속셈. ◆ 图鬼心眼，小算盘，鬼主意，诡计。¶무슨 꿍꿍이셈이 있는지 모르겠다. =不知道葫芦里卖的什么药。

꿍꿍이속【명사】남에게 드러내 보이지 아니하고 어떤 일을 꾸며 도무지 모를 셈속. ◆ 图鬼心眼，小算盘，鬼主意，诡计。¶그런 말을 하다니 무슨 꿍꿍이속인지 알 수 없다. =他竟然说那种话，真不知道他打的什么算盘。

꿩【명사】꿩과의 새. 닭과 비슷한 크기인데, 수컷은 목이 푸른색이고 그 위에 흰줄이 있으며 암컷보다 크게 운다. 수컷은 장끼, 암컷은 까투리라 한다. ◆ 图山鸡，〈又〉野鸡，雉。

꿰다【동사】动 ❶ 실이나 끈 따위를 구멍이나 틈의 한쪽에 넣어 다른 쪽으로 내다. ◆ 穿，纫。¶구슬에 실을 꿰다. =给珠子穿上线。❷ 어떤 물건을 꼬챙이 따위에 맞뚫려 꽂히게 꽂다. ◆ 串，穿。¶꼬챙이로 고기를 꿰었다. =用签子把肉串起来。❸ 옷이나 신 따위를 입거나 신다. ◆ 套上(衣服、鞋子等)。¶팔소매를 꿰다. =套上袖子。❹ 어떤 일의 내용이나 사정을 자세하게 다 알고 있다. ◆ 熟悉，熟知，了如指掌。¶그는 동네 사정을 환히 꿰고 있다. =他对村里的情况了如指掌。

꿰뚫다【동사】动 ❶ 이쪽에서 저쪽까지 꿰어서 뚫다. ◆ 穿透，打透，贯通。¶적의 총탄이 방호벽을 꿰뚫었다. =敌人的枪炮穿透了防护墙。❷ 어떤 일의 내용이나 본질을 잘 알다. ◆ 看穿，看透，洞悉，洞察。¶그는 내 마음을 꿰뚫고 있다. =他看穿了我的心思。

꿰매다【동사】옷 따위의 해지거나 뚫어진 데를 바늘로 깁거나 얽어매다. ◆ 动补，缝补。¶해진 양말을 꿰매다. =补破袜子。

꿰미【명사】끈 따위로 꿰어서 다루는 물건을 세는 단위. ◆ 名串，吊。¶엽전 두 꿰미. =两吊铜钱。

뀌다【동사】방귀를 몸밖으로 내어 보내다. ◆ 动放(屁)。¶방귀를 뀌다. =放屁。

끄나풀【명사】名 길지 않은 끈의 나부랭이. ◆ 短绳。¶끄나풀로 묶었다. =拿根短绳捆上了。

끄다【동사】动 ❶ 타는 불을 못 타게 하다. ◆ 熄，灭，熄灭，扑灭。¶물로 불을 끄다. =用水灭火。❷ 전기나 동력이 통하는 길을 끊어 전기 제품 따위를 작동하지 않게 하다. ◆ 关，关闭，熄，熄灭，灭。¶전등을 끄다. =关电灯。❸ 빚이나 급한 일 따위를 해결하다. ◆ 解决，偿还(急事、债务等)。¶우선 이 일부터 끄고 보자. =先来解决这件事吧。

끄덕거리다【동사】고개 따위를 아래위로 거볍게 자꾸 움직이다. ◆ 动连连点头，直点头。¶그는 알아들었다는 듯 고개를 끄덕거렸다. =他连连点头，似乎听懂了。● 끄덕대다 ●

끄덕끄덕【부사】고개 따위를 아래위로 거볍게 계속 움직이는 모양. ◆ 副 (头)连连点，一个劲儿地点，一顿一顿。¶피곤한지 앉아서 끄덕끄덕 졸고 있다. =可能是累了，坐在那儿一顿一顿地打盹。

끄떡없다【형용사】아무런 변동이나 탈이 없이 매우 온전하다. ◆ 形稳如泰山，毫不动摇。¶그는 어떠한 어려움에도 끄떡없다. =他在任何困难面前都毫不动摇。● 끄떡없이 ●

끄떡하다【동사】고개 따위를 아래위로 거볍게 한 번 움직이다. '끄덕하다'보다 센 느낌을 준다. ◆ 动微微一动，稍稍一动。¶그는 대답 대신 고개를 끄떡했다. =他没有回答，只是微微点了点头。

끄르다【동사】动 ❶ 맨 것이나 맺은 것을 풀다. ◆ 解开，打开，松开。¶허리띠를 끄르다. =解开腰带。❷ 잠긴 것이나 채워져 있는 것을 열다. ◆ 解开，打开，开。¶자물쇠를 끄르다. =开锁。

끄집어내다【동사】动 ❶ 속에 있는 것을 끄집어서 밖으로 내다. ◆ 抽出，掏出，拿出。¶주머니에서 돈을 끄집어냈다. =从钱包中抽出钞票。❷ 이야깃거리를 일부러 꺼내다. ◆ (故意)提起，提到，说起。¶다 지난 이야기를 끄집어내어 문제를 일으킨다. =故意提起往事制造事端。❸ 어떤 판단이나 결론을 찾아내다. ◆ 找出，得出。¶아직까지 결론을 끄집어내지 못했다. =还没有得出结论。

끄트머리【명사】맨 끝이 되는 부분. ◆ 名末端，末稍，末尾。¶이야기의 끄트머리. =故事的末尾。

끈【명사】名 ❶ 물건을 묶거나 꿰거나 매거나 하는 데 쓰는 가늘고 긴 물건. 노, 줄, 실, 헝겊 오리, 가죽 오리 따위가 있다. ◆ 带子，绳索。¶끈을 풀다. =解开绳索。❷ 물건에 붙어서 잡아매거나 손잡이로 쓰는 물건. ◆ (衣物、包袱等的)绳，带。¶운동화 끈을 매다. =系上运动鞋的鞋带。❸ 벌이를 할 수 있는 방도. ◆ 谋生之路，活路。¶끈이 없이 살아가려니 앞날이 암담하다. =谋生无路，只觉得前途黯淡。❹ 의지할 만한 힘이나 연줄. ◆ 关系，门路，后台，靠山。¶그 회사에 끈이 닿아 입사했다. =因为在那家公司有熟人，所以能够进去。

끈기(-氣)【명사】名 ❶ 물건의 끈끈한 기운. ◆ 筋道，嚼劲，黏性。¶끈기 있는 밥. =筋道的米饭。❷ 쉽게 단념하지 아니하고 끈질기게 견디어 나가는 기운. ◆ 韧性，毅力，恒心。¶끈기 있는 노력. =持之以恒的努力。

끈끈하다【형용사】形 ❶ 끈기가 많아 끈적끈적하다. ◆ 黏，粘，黏糊。¶끈끈한 접착제. =很粘的黏合剂。❷ 몸에 땀이 배거나 때가 끼어 기분이 산뜻하지 못하다. ◆ (身体)黏糊糊。¶땀이 나서 끈끈하다. =因为出汗，身上黏糊糊的。❸ 관계가 매우 친밀하다. ◆ (关系)密切，亲密。¶동료들의 끈끈한 유대감. =同事之间的亲密感。

끈덕지다【형용사】끈기가 있고 꾸준하다. ◆ 形执着，固执。¶그녀는 오랜 세월을 끈덕지게 기다렸다. =漫长岁月里，她执着地等待，从未放弃。

끈적거리다【동사】动 ❶ 끈끈하여 자꾸 척척 들러붙다. ◆ 黏，黏糊，黏糊糊。¶엉덩이에 땀이 흘러 끈적거린다. =屁股上出了许多汗，黏糊糊的。❷ 성질이 끈끈하여 자꾸 검질하게 굴다. ◆ 固执，顽固，执拗。¶너무 끈적거리는 성격은 안 좋다. =性格太执拗了不好。● 끈적대다 ●

끈적끈적【부사】자꾸 척척 들러붙을 만큼 끈끈한 모양. ◆ 副黏，黏糊，黏糊糊。¶떡을 손으로 먹으니 끈적끈적 붙는다. =用手拿着糕吃了一块，结果弄得黏糊糊的。● 끈적끈적하다 ●

끈질기다【형용사】끈기 있게 검질기다. ◆ 形执着，坚韧不拔。¶끈질긴 인내력. =坚韧不拔的忍耐力。

끊기다【동사】动 ❶ 실, 줄, 끈 따위의 이어진 것을 잘라 따로 떨어지게 하다 ◆ 被切断，被掐断，被截断。¶실을 끊기다. =把线掐断。❷ 관계를 이어지지 않게 하다 ◆ (联系、关系等)被断绝，被停止，被终止。¶연락이 끊기다. =联系被断绝。❸ 하던 일을 하지 않거나 멈추게 하다. ◆ 被切断，被掐断，被截断。¶밥줄이 끊기다. =丢掉工作。❹공급하던 것을 중단하다. ◆ (供应)被中止，被中断，被停止。¶전기가 끊기다. =供电被中断。❺ 말을 잠시 중단하다. ◆(对话、通话等)被打断，被中止。¶대화가 끊기다. =对话被打断。❻ 숨이 멈춰서 죽다. ◆ 断，绝。¶숨이 끊기다. =气绝了。❼ 통화를 하는 중에 연결이 멈추다. ◆ (对话、通话等)挂断；中断，中止。¶전화가 끊기다. =电话被挂断了。

끊다【동사】动 ❶ 실, 줄, 끈 따위의 이어진 것을 잘라 따로 떨어지게 하다. ◆ 切断，掐断，剪断，弄断，截断。¶실을 끊다. =把线掐断。❷ 관계를 이어지지 않게 하다. ◆ 断绝，停止，终止(联系、关系等)。¶인연을 끊다. =断绝缘分。❸ 습관처럼 하던 것을 더 이상 하지 않다. ◆ 戒，禁。¶술을 끊다. =戒酒。❹ 공급하던 것을 중단하다. ◆ 停，断(供应)。¶수도를 끊다. =停水。❺ 옷감이나 표 따위를 사다. ◆ 买(布料、车票等)。¶역에 가서 기차표를 끊어 와라. =去车站买张火车票回来。❻ 수표나 어음 따위를 발행하다. ◆ 开，开具(支票、票据等)。¶100만 원 짜리 수표를 끊다. =开一张100万韩元的支票。❼ 목숨을 이어지지 않게 하다. ◆ 割断，结束。¶목숨을 스스로 끊다. =自杀。❽ 대화, 통화 따위를 마치거나 잠깐 쉬다. ◆ 挂断，停止；中断，中止(对话、通话等)。¶그는 하던 이야기를 잠시 끊고 담배를 물었다. =他停住话头，叼起一根烟。

끊어지다【동사】 動 ❶ 실, 줄, 끈 따위의 이어진 것이 잘라져 따로 떨어지게 되다. ◆ 断，断开。¶끈이 끊어져 있다. =绳子是断的。❷ 관계가 이어지지 아니하게 되다. ◆ (关系或联系)断绝，断，中断。¶왕래가 끊어지다. =联系断了。❸ 공급되던 것이 중단되다. ◆ 断，中断，停，停止(供应)。¶수돗물 공급이 끊어지다. =供水中断。❹ 길 따위 통로가 막히게 되다. ◆ 断，中断。¶다리가 끊어지다. =桥断了。❺ 목숨이 이어지지 아니하게 되다. ◆ 断，停。¶숨이 끊어지다. =断气。❻ 전화 통화의 송수신이 멈춰지게 되다. ◆中断，断绝。¶소식이 끊어졌다. =失去音讯。

끊임없다【형용사】 계속하거나 이어져 있던 것이 끊이지 아니하다. ◆ 形不断，持续不断，不懈。¶끊임없는 노력. =不懈的努力。● 끊임없이 ●

끌【명사】 망치로 한쪽 끝을 때려서 나무에 구멍을 뚫거나 겉면을 깎고 다듬는 데 쓰는 연장. ◆ 名凿子，钎子。¶끌로 구멍을 내다. =用凿子凿个洞。

끌끌【부사】 마음에 마땅하여 혀를 차는 소리. ◆ 副啧啧(咂舌声)。¶기가 막혀 혀를 끌끌 찼다. =气得啧啧咂舌。

끌다【동사】 動 ❶ 바닥에 댄 채 잡아당기다. ◆ 拖，拉，拽，扯。¶신을 끌며 걸어가다. =趿拉着鞋子走路。❷ 바퀴 달린 것을 움직이게 하다. ◆ 开，驾驶，驾，驱。¶그녀는 자가용을 끌고 다닌다. =她开着车乱逛。❸ 짐승을 부리다. ◆ 拉，牵(牲畜)。¶소를 끌고 논갈이를 나갔다. =牵着牛耕地去了。❹ 남의 관심 따위를 쏠리게 하다. ◆ 吸引，引起。¶인기를 끌다. =吸引人气。❺ 시간이나 일을 늦추거나 미루다. ◆ 拖，拖延，耗(时间或事情)。¶득점한 팀은 공을 자기 진영으로 돌리며 시간을 끌고 있다. =得分的球队把球传向己方阵营，借以拖延时间。❻ 선(線) 관(管) 따위를 더 이어 연결하다. ◆ 引，接，拉。¶수도를 끌어 논에 물을 대었다. =接入水管浇灌稻田。

끌려가다【동사】 남이 시키는 대로 억지로 딸려 가다. ◆ 動被拖走，被拉走，被抓去，被带走。¶강제로 끌려가서 노동을 하였다. =被强行拉去劳动。

끌어내다【동사】 動 ❶ 당겨서 밖으로 내다. ◆ 拖出，拉出，拽出。¶장롱에서 묵은 빨랫감을 끌어냈다. =把塞在衣柜里的脏衣服拽了出来。❷ 사람이나 짐승을 억지로 나오게 하다. ◆ 拖出，拉出，拽出。¶범인을 끌어내어 체포했다. =犯人被拖出来逮捕了。

끌어당기다【동사】 動 ❶ 끌어서 가까이 오게 하다. ◆ 拉过来，拖过来。¶의자를 끌어당겨 앉았다. =拖过一把椅子坐了下来。❷ 어떤 쪽으로 남의 마음을 기울게 하다. ◆ 吸引，拉拢，笼络，凝聚。¶그는 사람의 마음을 끌어당기는 힘이 있다. =他有一种能够凝聚人心的力量。

끌어들이다【동사】 動 ❶ 끌어서 안으로 들이다. ◆ 拉进，拉入，接进，接入，引进，引入。¶전기를 끌어들이다. =接通了电。❷ 남에게 권하거나 꾀어서 자기편이 되게 하다. ◆ 拉，拉拢，笼络(自己一方)。

끌어안다【동사】 動 ❶ 끌어당기어 안다. ◆ 拥抱，搂抱，拥入怀中。¶어머니는 아이를 보자 꼭 끌어안았다. =妈妈一看到孩子，立刻把他紧紧拥入怀中。❷ 일이나 책임을 떠맡다. ◆ 揽下，承担。¶그는 많은 일을 혼자서 끌어안았다. =他一个人揽下了很多事。

끌어올리다【동사】 動 ❶ 끌어서 위로 올리다. ◆ 提升，提高，拉升。¶시청률을 끌어올리다. =提高收视率。❷ 높은 지위로 올려 주다. ◆ 提升，提拔，提高。¶성적을 끌어올리다. =提高成绩。

끓다【동사】 動 ❶ 액체가 몹시 뜨거워져서 소리를 내면서 거품이 솟아오르다. ◆ 开，滚，沸，沸腾。¶물이 끓다. =水开了。❷ 지나치게 뜨거워지다. ◆ 滚烫，过热，发烧。¶몸살감기에 걸려 이마가 펄펄 끓는 것 같구나. =患了感冒，额头滚烫滚烫的。❸ 소화가 안 되거나 아파 배 속에서 소리가 나다. ◆ (腹内由于不适而)咕噜咕噜响。¶뱃속이 끓더니 설사를 하기 시작했다. =肚子咕噜咕噜直响，接着就开始拉肚子了。❹가래가 목구멍 속에 붙어서 숨 쉬는 대로 소리가 나다. ◆ (由于喉咙有痰而)呼噜呼噜响。¶담배를 많이 피웠더니 가래가 끓는다. =抽烟太多，嗓子里呼噜呼噜的有痰声。❺ 어떠한 감정이 강하게 솟아나다. ◆ (感情、热情等)沸腾，洋溢。¶젊은 피가 끓는다. =热血沸腾。❻ 많이 모여 우글거리다. ◆ 闹哄哄，熙熙攘攘，成群。¶쓰레기통에 파리가 끓고 있다. =垃圾桶上苍蝇成群。

끓어오르다【동사】 動 ❶ 그릇에 물이 끓어서 넘으려고 올라오다. ◆ 沸腾，滚沸。¶끓어오르는 물에 고기를 넣고 끓이다. =把鱼放到沸水中煮。❷ 어떠한 감정이 강하게 솟구치다. ◆ (热情、激情等)沸腾，洋溢。¶울분이 끓어오르다. =义愤填膺。

끓이다【동사】'끓다(액체가 몹시 뜨거워져서 소리를 내면서 거품이 솟아오르다)'의 사동사. ◆ 動煮沸，煮开，烧开。¶물을 끓이다. =烧水。

끔벅거리다【동사】 動 ❶ 큰 불빛이나 별빛 따위가 자꾸 갑자기 어두워졌다 밝아졌다 하다. 또는 그렇게 되게 하다. ◆ 闪烁，一闪一闪，忽明忽暗。¶끔벅거리는 희미한 불빛을 보았다. =看到了忽明忽暗的微弱火光。❷ 큰 눈이 잠깐씩 감겼다 뜨였다 하다. 또는 그렇게 되게 하다. ◆ (大眼睛)眨巴，一眨一眨，眨。¶그가 눈을 끔벅거리는 것은 바보 같다. =他不

停地眨眼，样子像个傻瓜。

끔벅끔벅하다【동사】큰 불빛이나 별빛 따위가 갑자기 자꾸 어두워졌다 밝아졌다 하다. 또는 그렇게 되게 하다. ◆ 動闪烁，一闪一闪，忽明忽暗；一眨一眨，眨，眨巴。

끔벅이다【동사】動 ❶ 큰 불빛이나 별빛 따위가 자꾸 갑자기 어두워졌다 밝아졌다 하다. ◆ 闪烁，一闪一闪，忽明忽暗。¶컴컴한 바다 저편에는 등대가 이따금씩 끔벅일 뿐…… =在漆黑的大海对面，只有灯塔不时在闪烁…… ❷ 큰 눈이 잠깐씩 감겼다 뜨였다 하다. ◆ (眼睛)眨巴，一眨一眨，眨。¶잠이 덜 깬 듯 그는 연심 끔벅인다. =他好像还没有睡醒，不停地眨着眼睛。

끔찍스럽다【형용사】形 ❶ 보기에 정도가 지나쳐 놀랄 만한 데가 있다. ◆ (大或多得)惊人，出奇，非比寻常。¶끔찍스럽게 많이 내린 눈. =惊人的大雪。❷ 보기에 정성이나 성의가 몹시 대단하고 극진한 데가 있다. ◆ (精诚或诚意)非常，特别。¶어미개가 제 새끼를 위하는 것이 끔찍스러웠다. =狗妈妈对自己的孩子爱护至极。

끔찍하다【형용사】形 ❶ 정도가 지나쳐 놀랍다. ◆ (大或多得)惊人，非常，特别。¶그녀는 살이 끔찍하게 많이 쪘다. =她胖了很多，简直有点吓人。❷ 정성이나 성의가 몹시 대단하고 극진하다. ◆ 非常，特别。¶어머니는 자식을 끔찍하게 여기신다. =妈妈极其疼爱子女。● 끔찍이 ●

끙【부사】몹시 앓거나 힘에 겨운 일에 부대껴서 내는 소리. ◆ 副哼，吭哧(十分疼痛或用力时发出的声音)。¶우리 아기는 똥을 쌀 때 끙 하고 소리를 낸다. =我家孩子大便时会发出哼哼声。

끙끙【부사】몹시 앓거나 힘에 겨운 일에 부대껴서 자꾸 내는 소리. ◆ 副哼哼，哼哼唧唧，(十分疼痛或用力时发出的声音)。¶끙끙 앓다. =痛得连声哼哼。

끙끙거리다【동사】몹시 앓거나 힘에 겨운 일에 부대껴서 소리를 자꾸 내다. ◆ 動 (十分疼痛或用力时)哼哼，哼哼唧唧，吭哧吭哧。¶그녀는 끙끙거리며 이삿짐을 혼자 날랐다. =她一个人吭哧吭哧地搬完了行李。● 끙끙대다 ●

끝【명사】名❶ 시간, 공간, 사물 따위에서 마지막 한계가 되는 곳. ◆ 边，际，边际，边缘。¶끝이 없는 바다. =无边无际的大海。❷ 긴 물건에서 가느다란 쪽의 맨 마지막 부분. ◆ 尖，头，末。¶송곳 끝이 무디다. =锥尖钝了。❸ 순서의 마지막. ◆ 末位，末尾。¶끝 번호. =末位号码。❹ 행동이나 일이 있은 다음의 결과. ◆ (事情的)结果，终了，末尾。¶시작이 있으면 끝이 있는 법이다. =有始就有终。

끝끝내【부사】'끝내'를 강조하여 이르는 말. ◆ 副一直，始终；终于，终究，最终("끝내"的强势词)。¶그들의 결혼을 끝끝내 반대한다. =始终反对他们结婚。

끝나다【동사】動 ❶ 일이 다 이루어지다. ◆ 结束，完成。¶공사가 끝나다. =工程完成了。❷ 시간적·공간적으로 이어져 있던 것이 없어지다. ◆ (时间、空间上)结束，到期。¶방학이 끝나다. =假期结束了。❸ 끝장나다(본래의 상태가 결딴이 나서 무너지거나 없어지다). ◆ 结束，完。¶우리 관계가 끝났다. =我们之间完了。

끝내【부사】副 ❶ 끝까지 내내. ◆ 一直，始终。¶범인은 끝내 입을 열지 않았다. =犯人始终没有开口。❷ 끝에 가서 드디어. ◆ 终于，最终，终究。¶끝내 성공하고 말았다. =最终成功了。

끝내다【동사】'끝나다'의 사동형. ◆ 動结束，完成("끝나다"的使动形态)。

끝마치다【동사】일을 끝내어 마치다. ◆ 動结束，完成，做完。¶숙제를 끝마치다. =做完作业。

끝맺다【동사】일을 마무리하여 맺다. ◆ 動结束，完。¶그녀는 이야기를 끝맺고 나서 울기 시작했다. =她说完后开始哭了起来。

끝머리【명사】어떤 일이나 사물 따위의 끝이 되는 부분. ◆ 名末尾，结尾。¶편지 끝머리에 추신을 썼다. =信末又及。

끝물【명사】과일, 푸성귀, 해산물 따위에서 그 해의 맨 나중에 나는 것. ◆ 名末茬，末季(出产或上市的果实、水产品等)。¶끝물이라 고추가 좋지 않다. =辣椒是末茬的，所以不是很好。

끝소리【명사】종성(終聲)(음절의 구성에서 마지막 소리인 자음. '감', '공'에서 'ㅁ', 'ㅇ' 따위이다). ◆ 名终声，收音，末音。

끝없다【형용사】끝나는 데가 없거나 제한이 없다. ◆ 形无穷无尽，无边无际。¶끝없는 바다. =无边无际的大海。● 끝없이 ●

끝장【명사】名 ❶ 일의 마지막. ◆ 结局，结尾。¶일을 시작했으면 끝장을 봐야 한다. =做事要有始有终。❷ 본래의 상태가 결딴이 나서 돌이킬 수 없는 상태. ◆ 完蛋，完了。● 끝장나다 ●

끼[1]【명사】名 ❶ 끼니(아침, 점심, 저녁과 같이 날마다 일정한 시간에 먹는 밥). ◆ 饭，餐；顿。❷ 밥을 먹는 횟수를 세는 단위. ◆ 顿。¶하루 한 끼도 못 먹는 사람들이 지구상에 많다. =世界上有很多人一天连一顿饭都吃不上。

끼[2]【명사】연예에 대한 재능이나 소질을 속되게 이르는 말. ◆ 名 (演艺方面的)才能，本领，天分。¶그는 타고난 끼를 감추지 못한다. =他无法隐藏与生俱来的演艺才能。

끼니【명사】아침, 점심, 저녁과 같이 날마다 일정한 시간에 먹는 밥. 또는 그렇게 먹는 일. ◆ 名饭，餐；顿。¶끼니를 거르다. =隔了一顿饭。

끼다[1]【동사】動 ❶ 벌어진 사이에 무엇을 넣고 죄어서 빠지지 않게 하다 ◆ 插，塞，夹。¶손가락에 연필을 끼다. =手指头间夹着铅笔。❷ 무엇에 걸려 있도록 꿰거나 꽂다 ◆ 穿，插，别。¶장갑을 끼다. =戴手套。❸ 팔이나 손을 서로 걸다. ◆ 挽，叉。¶팔짱을 끼다. =叉手。❹곁에 두거나 가까이 하다. ◆ 沿，傍，靠，顺。¶강을 끼고 가다. =沿着河走。❺ 다른 것을 덧붙이거나 겹치다. ◆ 套上，加上。¶옷을 끼어 입다. =套上衣服。❻ 남의 힘을 빌리거나 이용하다. ◆ 借助，依靠，勾结。¶기관원을 끼고 부정을 행하다. =勾结机关工作人员行不正之事。

끼다² 【동사】 动 ❶ 안개나 연기 같은 것이 가리다. ◆ 笼罩，弥漫，密布。¶하늘에 구름이 끼다. =天空中乌云密布。❷ 때나 먼지 따위가 엉겨 붙다. ◆ 沾，积，附(灰尘、污垢等)。¶옷에 때가 끼다. =衣服上沾了污垢。❸ 이끼나 녹 따위가 물체를 덮다. ◆ 动 (苔藓、锈等)长，生。¶이끼 낀 바위. =长了苔藓的岩石。❹얼굴이나 목소리에 어떤 기미가 어리어 돌다. ◆ 布满，笼罩。¶얼굴에 수심이 가득히 끼다. =脸上愁云满布。

-끼리 【접사】 '그 부류만이 서로 함께'의 뜻을 더하는 접미사. ◆ 后缀 (用于复数名词后，后缀)……们一起，……们之间。¶여자들끼리 모여서 의논하자. =女人们聚在一起讨论吧。

끼리끼리 【부사】 여럿이 무리를 지어 따로따로. ◆ 副成群结队地，三五成群地。

끼어들다 【동사】 자기 순서나 자리가 아닌 틈 사이를 비집고 들어서다. ◆ 动插进，插入，夹进，挤进。

끼얹다 【동사】 액체나 가루 따위를 다른 것 위에 흩어지게 내던지듯 뿌리다. ◆ 动泼，浇，洒，淋。¶몸에 물을 끼얹다. =往身上浇水。

끼우다 【동사】 动 ❶ 벌어진 사이에 무엇을 넣고 죄어서 빠지지 않게 하다. ◆ 插，塞，夹。¶자물쇠에 열쇠를 끼우고 문을 열다. =把钥匙插进锁眼里开门。❷ 무엇에 걸려 있도록 꿰거나 꽂다. ◆ 穿，插，别。¶나는 조개껍질을 실에 끼웠다. =我用线穿起贝壳。❸ 한 무리에 섞거나 덧붙여 들게 하다. ◆ 夹进，混进，搭。¶잡지에 만화를 끼워 팔다. =杂志搭上漫画打包出售。

끼이다 【동사】 动 ❶ '끼다('끼우다'의 준말)'의 피동사. ◆ 沾，积，附(灰尘、污垢等)。¶발톱에 때가 끼이다. =脚趾甲里有泥垢。❷ 틈새에 박히다. ◆ (被)夹住，夹进，塞进。¶책갈피에 끼여 있는 사진.=被夹进书页里的照片。❸무리 가운데 섞이다. ◆ 挤进，夹，跻身。¶구경꾼들 틈에 끼이다. =夹在观众中。

끼치다¹ 【동사】 动 ❶ 영향, 해, 은혜 따위를 당하거나 입게 하다. ◆ 添，带来，造成(影响、损害等)。¶부모님께 걱정을 끼치다. =让父母担心。❷ 어떠한 일을 후세에 남기다. ◆ 遗，留，留下。

끼치다² 【동사】 소름이 한꺼번에 돋아나다. ◆ 动起，冒起(鸡皮疙瘩)。¶온몸에 소름이 쫙 끼쳤다. =起了一身鸡皮疙瘩。

낌소리 【명사】 아주 조금이라도 떠들거나 반항하려는 말이나 태도. ◆ 名吱声，吭气，吭声(与否定意义搭配)。¶그는 기가 죽어 낌소리도 못한다. =他勇气全失，一声都不敢吭。

낄낄 【부사】 웃음을 억지로 참으면서 입 속으로 웃는 소리. 또는 그 모양. ◆ 副嗤嗤，哧哧。¶그는 얼굴을 가리고 낄낄 웃었다. =他掩着嘴哧哧地笑了。

낄낄거리다 【동사】 웃음을 억지로 참으면서 입 속으로 웃는 소리를 자꾸 내다. ◆ 动嗤嗤笑，哧哧地笑。● 낄낄대다 ●

낌새 【명사】 어떤 일을 알아차릴 수 있는 눈치. 또는 일이 되어 가는 야릇한 분위기. ◆ 名苗头，征兆，迹象。¶범인이 낌새를 알아차리고 이미 도망을 갔다. =罪犯看出了苗头，已经逃走了。

낑낑 【부사】 몹시 아프거나 힘에 겨워 괴롭게 자꾸 내는 소리. ◆ 副哎哟哎哟，哼哧哼哧(疼痛或吃力时发出的声音)。¶무거운 짐을 낑낑 짊어지고 갔다. =背着沉重的行李哼哧哼哧地走了。

낑낑거리다 【동사】 몹시 아프거나 힘에 겨워 괴롭게 자꾸 소리를 내다. ◆ 动哎哟哎哟，哼哧哼哧(疼痛或吃力时发出的声音)。¶낑낑거리며 겨우 일을 다했다. =哼哧哼哧地勉强做完了工作。● 낑낑대다 ●

ㄴ【n】

나[1]【대명사】말하는 사람이 친구나 아랫사람에게 자기를 가리키는 말. ◆ 代我(平等或对下的第一人称代词)。¶나는 학생이다. =我是学生。

나[2]【조사】助 ❶ 마음에 차지 아니하는 선택, 또는 최소한 허용되어야 할 선택이라는 뜻을 나타내는 보조사. 때로는 가장 좋은 것을 선택하면서 마치 그것이 마음에 차지 않는 선택인 것처럼 표현하는 데 쓰기도 한다. ◆ 表示举例或选择。¶맛이 어떤가 먹어나 봅시다. =尝尝看味道怎么样吧。❷ 비교의 뜻을 나타내는 보조사. 뒤 절에는 결국 같다는 뜻을 가진 말이 온다. ◆ 表示强调、附加条件或让步。¶어머니나 만난 듯이 기뻐한다. =像见到妈妈一样高兴。❸ 수량이 크거나 많음, 또는 정도가 높음을 강조하는 보조사. 흔히 놀람의 뜻이 수반된다. ◆ 表示数量多、程度高或达到限度。¶두 개나 사서 무엇하나? =买两个干什么? ❹ 많지는 아니하나 어느 정도는 됨을 나타내는 보조사. ◆ 有那么几个，有那么几……(表示虽然不多却有)。¶밭마지기나 부친다. =种着够撒那么几斗种子的地。❺ 여러 가지 중에서 어느 것을 선택하여도 상관없음을 나타내는 보조사. 맨 뒤에 나열되는 말에는 붙지 않을 때도 있다. ◆ 不管是，无论是(表示罗列、比较或无条件包括)。¶너나 나나 마찬가지다. =你我都一样。❻ 화자가 인용하는 사람이 되는 간접 인용절에서 인용되는 내용에 스스로 가벼운 의문을 가진다든가 인용하는 사람은 그 내용에 별 관심이 없다는 뜻을 나타내는 보조사. 흔히 빈정거리는 태도나 가벼운 불만을 나타낸다. 인용자와 인용 동사는 생략될 때가 많다. ◆ 附于基本阶("해라"体)终结词尾"-다"之后的补助词，表示引用或轻微的讥讽、不满口气。¶노름으로 날밤을 샜다나봐. =看来是赌了个通宵。

-나[3]【어미】词尾 ❶ 하게할 자리에 쓰여, 물음을 나타내는 종결 어미. ◆ 表示疑问的准平阶("하게"体)终结词尾，用于动词词干之后，通用于开闭音节。¶자네 언제 떠나나? =你什么时候动身? ❷ 자기 스스로에게 묻는 물음이나 추측을 나타내는 종결 어미. ◆ 表示自问或推测的终结词尾。¶그 애가 많이 아팠나 싶었다. =那孩子好像病得很厉害。❸ 해할 자리에 쓰여, 물음을 나타내는 종결 어미. 군대처럼 상하 관계가 분명하고 격식이 중요한 사회에서 많이 쓴다. ◆ 表示疑问的不定阶("해"体)终结词尾，多用于等级森严、重视规矩的环境中。¶뭐 하나? =干什么呢? ❹ 자기 스스로에게 묻는 물음을 나타내는 종결 어미. ◆ 表示自问的终结词尾。¶이 일을 어떡하나? =这事该怎么办?

-나[4]【어미】词尾 ❶ 앞 절의 내용과 뒤 절의 내용이 서로 다름을 나타내는 연결 어미. ◆ 虽然……但是，虽然……却(用于开音节谓词词干之后，表示对立或转折关系的连接词尾)。¶그는 키는 크나 힘은 약하다. =他虽然个子高，但是力气很小。❷ 여러 가지 중에서 어느 것을 선택해도 상관없음을 나타내는 연결 어미. ◆ 不管，无论(表示无条件包括的连接语尾)。¶눈이 오나 비가 오나 그는 한번도 결석한 적이 없다. =不管是下雪还是下雨，他没有缺过一次席。❸ 형용사 어간을 반복하여 그러한 상태를 강조하는 연결 어미. ◆ ……而又……，非常……(连接在重复出现的同一形容词词干后，表示强调该状态的连接词尾)。¶머나 먼 길. =路途遥远。

나가다【동사】动 ❶ 안에서 밖으로 이동하다. ◆ 出去，离开。¶조용히 있고 싶으니 모두 밖에 나가서 놀아라. =我想静一静，你们都出去玩吧。❷ 앞쪽으로 움직이다. ◆ 前移，前进。❸ 생산되거나 만들어져 사회에 퍼지다. ◆上市，问世，面世。¶신제품이 시장에 나간 후의 시장 조사는 필수적이다. =新产品上市后的市场调查必不可少。❹ 말이나 사실, 소문 따위가 널리 알려지다. ◆ 传开，传出。¶광고가 방송에 나가다. =广告播出了。❺ 사회적인 활동을 시작하다. ◆ 步入，登上。¶그는 이번에 문단에 나가게 되었다. =他这次登上了文坛。❻ 모임에 참여하거나, 운동 경기에 출전하거나, 선거 따위에 입후보하다. ◆ 参与，参加。¶그는 올림픽에 대표로 나갔다. =他作为代表参加了奥运会。❼ 어떤 행동이나 태도를 취하다. ◆ 采取(某种行为或态度)。¶배짱으로 밀고 나가면 일을 그르칠 수 있으니 조심해라. =固执己见会把事情搞砸，要小心。❽ 값이나 무게 따위가 어느 정도에 이르다. ◆ (价格或重量)达到，高达。¶이 그림은 값이 무려 천만 원이나 나간다. =这幅画价值高达1千万韩元。❾ 월급이나 비용 따위가 지급되거나 지출되다. ◆ 支出，花，花费。¶물가가 너무 올라서 생활비가 너무 많이 나간다. =物价涨得太厉害了，生活费多花了不少。❿ 옷이나 신, 양말 따위가 해지거나 찢어지다. ◆ 破，坏。¶못에 걸려 바지가 나갔다. =裤子被钉子刮破了。⓫ 사고나 충격으로 사물 따위가 부서지거나 신체의 일부를 다치다. ◆ 折，断(身体的一部分)。¶갈비뼈가 두 대나 나갔다. =断了两根肋骨。⓬ 의식이나 정신이 없어지다. ◆ 失去，没了(意识或精神)。¶그녀는 정신이 나갔다. =她傻了。⓭ 팔거나 세를 주려고 내놓은 집이나 방이 계약이 이루어지다. ◆ (房子)售出，出手。¶그 방은 위치가 좋아서 잘 나간다. =那房子位置好，非常好卖。⓮ 전기 공급이 끊어지거나 전깃불이 꺼지다. ◆ (电或电灯)停，灭，关。¶고장이 났는지 형광등이 자꾸 나간다. =荧光灯可能坏了，总是灭。⓯ 물건이 잘 팔리거나 유행하다. ◆ 好卖，流行。¶요즘은 패션잡지가 많이 나간다. =最近时装杂志很好卖。

나가다【보조 동사】앞말이 뜻하는 행동을 계속 진행함을 나타내는 말. ◆ 补动 下去。¶비용을 점차 줄여 나가다. =逐渐减少费用。

나가떨어지다【동사】动 ❶ 뒤로 물러나면서 세게

넘어지다. ◆摔了个四脚朝天，摔了个仰面朝天。¶제법 힘을 쓰던 그는 영수의 허리띠를 꼭 틀어쥔 채 모래 위에 나가떨어졌다. =他使足了劲，紧紧抓着英洙的腰带，仰面朝天摔在了沙子上。❷ 너무 피로하거나 술 따위에 취하여 힘없이 늘어져 눕다. 심신이 녹초가 되다. ◆累垮，拖垮，瘫软。¶친구는 일을 마친 후 나가떨어졌다. =干完活后，那家伙累垮了。❸ 어떤 일에 실패하거나 관계가 끊어지는 따위로 물러서거나 떨어져 나가다. 어떤 일에 크게 실패하다. ◆失败，认栽。¶그는 여러 번 그 일에 도전했지만 끝내 나가떨어졌다. =他多次挑战那项工作，最终还是认栽了。

나귀【명사】당나귀. ◆图驴，毛驴，驴子。

나그네【명사】자기 고장을 떠나 다른 곳에 잠시 머물거나 떠도는 사람. ◆图游子，旅客，过客。

나긋나긋하다【형용사】形 ❶ 매우 보드랍고 연하다. ◆柔软，软和。❷ 사람을 대하는 태도가 매우 상냥하고 부드럽다. ◆(态度)温和，和蔼，软。¶그들의 태도가 갑자기 나긋나긋하다. =他们的态度突然软了下来。● 나긋나긋 ●

나날【명사】계속 이어지는 하루하루의 날들. ◆图一天天，每一天。¶바쁜 나날. =忙碌的日子。

나날이【부사】매일매일. 매일매일 조금씩. ◆副天天，每天；日益，一天天地。¶그는 나날이 병세가 악화되었다. =他的病情一天天恶化。

나누다【동사】动 ❶ 하나를 둘 이상으로 가르다. ◆(把一个整体)分成，分为。¶이 떡을 세 조각으로 나누다. =把这块糕分成三块。❷ 여러 가지가 섞인 것을 구분하여 분류하다. ◆(把一堆物品)分开，区分开。¶과일을 크기별로 나누다. =把水果按大小分开。❸ 나눗셈을 하다. ◆除。¶20을 5로 나누면 4가 된다. =20除以5等于4。❹ 몫을 분배하다. ◆分配，分。¶이익금을 모두에게 공정하게 나누어야 불만이 생기지 않는다. =只有把利润公平地分给大家才不会有不满。❺ 음식 따위를 함께 먹거나 갈라 먹다. ◆一起吃，分享。¶친구와 술을 한잔 나누면서 여러 가지 이야기를 했다. =和朋友喝着酒聊了很多。❻말이나 이야기, 인사 따위를 주고받다. ◆互相打招呼。¶길에서 옆집 아저씨와 인사를 나누다. =路上和邻居家的叔叔互相打了个招呼。❼ 즐거움이나 고통, 고생 따위를 함께 하다. ◆同享，一起分担。¶부부는 슬픔도 기쁨도 함께 나눈다. =夫妻应该同甘苦，共患难。❽ 같은 핏줄을 타고나다. ◆共有(同一血统)¶나는 그와 피를 나눈 형제이다. =我和他是同胞兄弟。

나누이다【동사】'나누다'의 피동사. ◆动 "나누다"的被动形态。

나눗셈【명사】몇 개의 수나 식 따위를 나누어 계산함. 또는 그런 셈. ◆图除法。

나뉘다【동사】'나누다'의 피동형. '나누이다'의 준말. 하나가 둘이나 그 이상으로 분리(分離)되다. ◆动被分开，被分割("나누다"的被动形态，"나누이다"的略语)。¶이 글은 두 문단으로 나뉜다. =这篇文章分为两段。

나다【동사】动 ❶ 신체 표면이나 땅 위에 솟아나다. ◆长，出，起。¶이마에 여드름이 나다. =额头上长了粉刺。❷ 길, 통로, 창문 따위가 생기다 ◆出现，修了(路、通路、窗等)。¶학교 정문 앞에 길이 나다. =学校正门前修了条路。❸ 어떤 사물에 구멍, 자국 따위의 형체 변화가 생기거나 작용에 이상이 일어나다. ◆出现，有了(洞、痕迹等)。¶양말에 구멍이 나다. =袜子破了个洞。❹ 신문, 잡지 따위에 어떤 내용이 실리다. ◆发表，刊登。¶기사가 잡지에 나다. =报道刊登在杂志上。❺ 홍수, 장마 따위의 자연재해(自然災害)가 일어나다. ◆发，发生(自然灾害等)。¶홍수가 나다. =发洪水。❻ 어떤 현상이나 사건이 일어나다. ◆出，发生(某种现象或事件)。¶축대가 무너져 온 동네에 난리가 나다. =护坡倒塌，整个村子乱成一团。❼ 농산물이나 광물 따위가 산출되다. ◆出产，出，产。¶이 지역에는 금이 난다. =这一带出产黄金。❽ 인물이 배출되다. ◆出，出了(人物)。¶우리 마을에서 장관이 나다. =我们村出了个部长。❾ 이름이나 소문 따위가 알려지다. ◆(名单、消息等)出来，传出。¶신문에 합격자 발표가 나다. =报纸上公布了合格者名单。❿ 문제 따위가 출제되다. ◆出(试题)。¶시험에 어려운 문제가 나다. =考试中出现了难题。⓫ 흥미·짜증·용기 따위의 감정이 일어나다. ◆(兴趣、厌恶、勇气等)产生，鼓起，有了。¶어려운 일이지만 용기가 나다. =虽然这件事很难，但要鼓起勇气去完成。⓬ 구하던 대상이 나타나다. ◆(想要的对象)出现，有了。¶가고 싶었던 회사에 자리가 나다. =想去的公司有了空缺的职位。⓭ 돈, 물건 따위가 생기다. ◆(钱、物)来，弄来，得来。¶이 돈 어디에서 났니? =这钱哪儿来的? ⓮ 생명체가 태어나다. ◆出生，诞生，生。¶나는 대전에서 나서 서울에서 자랐다. =我生在大田，长在首尔。⓯ 소리, 냄새 따위가 밖으로 드러나다. ◆出，发出，散发。¶좋은 향기가 나다. =散发出芳香。⓰ 신체에서 땀·피·눈물 따위의 액체 성분이 흐르다. ◆动流出，出，流(汗、血等)。¶손에서 피가 나다. =手出血了。⓱ 병 따위가 발생하다. ◆生(病)。¶병이 나다. =生病。⓲ 생각, 기억 따위가 일다. ◆动 (想法、记忆等)有了，想起。¶좋은 생각이 나다. =有了好想法。⓳ 시간적 여유가 생기다 ◆有(时间、空闲)。¶나는 금요일이면 시간이 난다. =我星期五有时间。⓴ 어떤 작용에 따른 효과, 결과 따위의 현상이 이루어져 나타나다. ◆得出，形成(结果、效果等)。¶결론이 나다. =得出结论。㉑ 속도·열·빛 따위의 속성이 드러나다. ◆出现，有，发，发出。¶열이 나다. =发烧。

나다니다【동사】밖으로 나가 여기저기 다니다. ◆动出去转，出去转悠。¶늦은 시간에 밤길에 나다니는 것은 위험하다. =这么晚了还出去转悠是很危险的。

나돌다【동사】动 ❶ 바깥이나 주변에서 맴돌다. ◆出去转悠。¶밖으로 나돌다. =出去转悠。❷ 소문이나 어떤 물건 따위가 여기저기 퍼지거나 나타나다. ◆(传闻等)满天飞，四起。¶요즘 그에 대한 좋지 못한 소문이 나돌다. =最近，对他不利的传闻满天

飞。

나동그라지다【동사】'나가동그라지다'의 준말. 뒤로 아무렇게나 넘어져 구르다. ◆ 动仰翻，仰面摔倒("나가동그라지다"的略语)。¶계단에서 하마터면 나동그라질 뻔했다. =差点从台阶上仰面下去。

나뒹굴다【동사】动 ❶ 뒤로 물러나면서 넘어져 뒹굴다. ◆ 向后翻滚。¶그는 발길에 걷어차여 바닥에 나뒹굴었다. =他被一脚踢翻在地上。❷ 이리저리 마구 뒹굴다. ◆ 滚来滚去，打滚儿。¶개와 닭이 함께 마당에서 나뒹굴다. =狗和鸡一起在院子里打滚儿。❸ 여기저기 어지럽게 널리어 있다. ◆ 乱放，散落。¶쓰레기가 여기저기 나뒹굴다. =垃圾散落得到处都是。

나들이【명사】집을 떠나 가까운 곳에 잠시 다녀오는 일. ◆ 名串门，去一趟。¶친정 나들이. =去一趟娘家。● 나들이하다 ●

나라【명사】名 ❶ 일정한 영토와 거기에 사는 사람들로 구성되고, 주권(主權)에 의한 하나의 통치 조직을 가지고 있는 사회 집단. ◆ 国家，国度。❷ 그 단어가 나타내는 사물의 세상이나 세계를 이르는 말. ◆ (某种特殊事物的)世界，境，乡。¶동화 나라. =童话世界。

나라님【명사】나라의 임자라는 뜻으로, '임금'을 이르는 말. ◆ 名国王，君主。

나란하다【형용사】形 ❶ 여럿이 줄지어 늘어선 모양이 가지런하다. ◆ 整整齐齐，一字排开。¶길가에 가로수가 나란하다. =路边的行道树整整齐齐。❷ 여러 줄이 평행하다. ◆ 并排，并列，平行。¶토성의 표면에는 적도와 나란한 줄무늬가 보인다. =土星表面有与赤道平行的条纹。

나랏일【명사】국사(國事). 나라에 관한 일. 또는 나라의 정치에 관한 일. ◆ 名国事，国家大事。

나루【명사】강이나 내, 또는 좁은 바닷목에서 배가 건너다니는 일정한 곳. ◆ 名渡口，码头。 사람들이 나루에서 기다리고 있었다.¶=人们在渡口等着。

나루터【명사】나룻배가 닿고 떠나는 일정한 곳. ◆ 名渡口，码头。¶나루터에서는 강을 건너려는 사람들이 사공을 기다리고 있었다. =码头上，要过江的人们正在等着艄工。

나룻배【명사】나루와 나루 사이를 오가며 사람이나 짐 따위를 실어 나르는 작은 배. ◆ 名渡船。¶나룻배를 타고 강을 건너다. =坐渡船过河。

나르다【동사】물건을 한 곳에서 다른 곳으로 옮기다. ◆ 动搬，搬运。¶이삿짐을 나르다. =搬运行李。

나른하다【형용사】맥이 풀리거나 고단하여 기운이 없다. ◆ 形没劲，乏力，懒洋洋。¶봄이라서 그런지 몸이 나른하다. =可能因为是春天，整个人懒洋洋的。

나름【의존 명사】依名 ❶ 그 됨됨이나 하기에 달림을 나타내는 말. ◆ 要看，取决于(用于名词以及动词体词形或"-ㄹ(을)"形定语之后，表示决定性因素)。¶성공하고 못하고는 네가 열심히 하기 나름이다. =能否成功要看你怎么努力了。❷ 각자가 가지고 있는 방식이나 깜냥을 이르는 말. ◆ 自个儿的，自己的，各自的，各有各的(用于"제""네""내""그"等代词之后，表示各自的特点或方式)。¶나는 내 나름으로 일을 하는 방법이 있다. =我有自己做事的方法。

나리【명사】지체가 높거나 권세가 있는 사람을 높여 부르는 말. ◆ 名老爷，爷，大人。¶나리, 부르셨습니까? =大人，您叫我?

나마【조사】어떤 상황이 이루어지거나 어떻다고 말하기에는 부족한 조건이지만 아쉬운 대로 인정됨을 나타내는 보조사. ◆ 助哪怕是，哪怕(用于开音节体词之后，表示让步、退一步说)。¶너나마 와 주어서 다행이다. =有你来也算是万幸了。

-나마나【어미】어떤 상황이 이루어지거나 어떻다고 말하기가 부족한 조건에 쓰는 연결어미. ◆ 词尾无论……都……¶너는 보나마나 합격이다. =无论你看不看都能及格。

나막신【명사】신의 하나. 나무를 파서 만든 것으로 앞뒤에 높은 굽이 있어 비가 오는 날이나 땅이 진 곳에서 신었다. ◆ 名木屐。

나머지【명사】名 ❶ 어떤 한도에 차고 남은 부분. ◆ 剩下的，余下的。¶이 돈으로 먼저 세금을 내고 나머지로는 책을 사라. =这些钱先交税，剩下的用来买书吧。❷ 어떤 일을 하다가 마치지 못한 부분. ◆ 没做完的，剩下的(事情)。¶오늘 못한 나머지는 내일 하도록 하자. =今天没做完的部分明天再做吧。❸ 어떤 일의 결과. ◆ 之余，之后(用于限定词尾"-ㄴ, -은, -던"之后)。¶그는 술이 취한 나머지 여러 사람들에게 비밀을 이야기했다. =他喝醉了之后把秘密告诉了许多人。❹ 나누어 똑 떨어지지 아니하고 남는 수. ◆ 余数。¶9를 2로 나누면 몫이 4이고 나머지가 1이다. =9除以2，得4余1。

나무【명사】名 ❶ 줄기나 가지가 목질로 된 여러해살이 식물. ◆ 树，树木。¶나무 세 그루. =三棵树。❷ 집을 짓거나 가구, 그릇 따위를 만들 때 재료로 사용하는 재목. ◆ 木头，木材。¶나무 의자. =木椅。❸ 땔나무. ◆ 柴，木柴。¶나무 한 단. =一捆柴。

나무꾼【명사】땔나무를 하는 사람. ◆ 名樵夫。

나무라다【동사】动 ❶ 잘못을 꾸짖어 알아듣도록 말하다. ◆ 责备，责怪，批评，指责。¶아이의 잘못을 호되게 나무라다. =严厉地批评了孩子的错误。❷ 흠을 지적하여 말하다. ◆ 挑剔，指摘。¶그는 학자로서 나무랄 데 없는 사람이다. =作为学者，他无可挑剔。

나무하다【동사】땔감으로 쓸 나무를 베거나 주워 모으다. ◆ 动打柴，砍柴。¶나무하다가 꿩알을 발견하였다. =砍柴的时候发现了野鸡的蛋。

나물【명사】名 ❶ 사람이 먹을 수 있는 풀이나 나뭇잎 따위를 통틀어 이르는 말. 고사리·도라지·두릅·냉이 따위가 있다. ◆ 蔬菜，野菜。¶나물을 캐러 산을 오르다. =上山挖野菜。❷ 사람이 먹을 수 있는 풀이나 나뭇잎 따위를 삶거나 볶거나 또는 날것으로 양념하여 무친 음식. ◆ 凉菜，素菜。¶나물을 무치다. =拌凉菜。

나뭇가지【명사】나무의 줄기에서 뻗어나는 가지. ◆ 名树枝。¶나뭇가지를 꺾다. =折树枝。

나뭇결【명사】세로로 켠 나무의 면에 나타나는 무늬. 주로 나이테 때문에 생기는데, 켜는 각도에 따라 평행선 모양으로, 또는 물결무늬로 나타나기도 한다. ◆ 图树纹，木纹。¶나뭇결을 매끄럽게 다듬다. =把木纹打磨得很光滑。

나뭇등걸【명사】나무를 베어 내고 남은 밑동. ◆ 图树桩，树墩。¶나뭇등걸에 걸터앉다. =坐在树桩上。

나뭇잎【명사】나무의 잎. ◆ 图树叶，叶子。¶나뭇잎이 떨어지다. =树叶落了。

나뭇조각【명사】나무를 작게 쪼갠 조각. ◆ 图小木块。

나박김치【명사】김치의 하나. 무를 얄팍하고 네모지게 썰어 절인 다음, 고추, 파, 마늘, 미나리 따위를 넣고 국물을 부어 담근다. ◆ 图(切成小方片的)萝卜片泡菜。

나발(喇叭)【명사】图 ❶ 옛 관악기의 하나. 놋쇠로 긴 대롱같이 만드는데, 위는 가늘고 끝은 퍼진 모양이다. 군중(军中)에서 호령하거나 신호하는 데 썼다. ◆ 喇叭，号。¶나발 소리가 울리자 군인들은 모두 지휘관의 얼굴을 바라보았다. =号声一响，军人们全都看向指挥官。❷ 앞의 체언을 하찮은 것으로 낮추면서 뒤에 오는 서술어의 부정적 요소를 강하게 만드는 말. ◆ 管他什么……(表示辱骂，主要以"…(이)고 나발이고"的形式出现)。¶선생이고 나발이고 간에 아무 말도 하지 마라. =管他什么老师不老师的，什么也别说。

나방【명사】나방아목의 곤충을 통틀어 이르는 말. ◆ 图蛾子，飞蛾。¶나방은 나비와 다르게 날개를 펴고 앉는 습성이 있다. =蛾子的习性不同于蝴蝶，它停下来时会展开翅膀。

나병(癩病)【명사】눈썹이 빠지고 살이 썩어 손발이나 얼굴이 변형되며 눈이 잘 보이지 않게 되는 전염병. ◆ 图麻风病。

나부끼다【동사】천, 종이, 머리카락 따위의 가벼운 물체가 바람을 받아서 가볍게 흔들리다. 또는 그렇게 하다. ◆ 动飘扬，招展。¶깃발이 나부끼다. =旗帜飘扬。

나부대다【동사】얌전히 있지 못하고 철없이 촐랑거리다. ◆ 动淘气，折腾。¶세상 모르고 나부대는 풋내기. =不谙世事敢于折腾的初生牛犊。

나부랭이【명사】图 ❶ 쓰고 남은 헝겊이나 종이 등의 작은 조각. ◆ 碎片，碎块。¶헝겊 나부랭이. =碎布片。❷ 어떤 부류의 사람이나 물건을 낮잡아 이르는 말. ◆ 小人物。¶그는 고작 잡문이나 쓰는 나부랭이에 불과했다. =他充其量不过是个写些豆腐块文章的小人物。

나비【명사】나비목의 곤충 가운데 낮에 활동하는 무리를 통틀어 이르는 말. ◆ 图蝴蝶。¶환경오염으로 인해 많은 수의 나비가 멸종(滅種)된다는 보고를 들었다. =据报道，由于环境污染，多种蝴蝶已经灭绝了。

나비넥타이(--)【명사】날개를 편 나비 모양으로 고를 내어 접은 넥타이. ◆ 图蝴蝶领结。

나빠지다【동사】나쁘게 되다. ◆ 动变差，变糟。¶기상 사정이 더욱 나빠지다. =天气变得更差了。

나쁘다【형용사】形 ❶ 좋지 아니하다. ◆ 坏，不好。¶머리가 나쁘다. =头脑不好使。❷ 옳지 아니하다. ◆ 不对，恶劣。¶그런 짓은 나쁘다. =那种行为很恶劣。❸ 건강 따위에 해롭다. ◆ (对健康等)有害，不好。¶담배는 건강에 나쁘다. =吸烟有害健康。❹ 어떤 일을 하기에 시기나 상황이 적절치 아니하다. ◆ 不适合，不适于。¶날씨가 등산을 하기에 나쁘다. =这种天气不适合登山。❺ 어떤 일을 하기에 쉽지 아니하다. ◆ 不适合，不宜，不适于。¶이 방은 빛이 들지 않아 생활하기에 나쁘다. =这个房间背光，不宜居住。

나사(螺絲)【명사】소라의 껍데기처럼 빙빙 비틀리어 고랑이 진 물건. 물건을 고정시키는 데에 쓴다. ◆ 图螺丝。

나사못(螺絲-)【명사】몸의 표면에는 나사 모양으로 홈이 나 있고, 머리에는 드라이버로 돌릴 수 있도록 홈이 나 있는 못. ◆ 图螺丝钉，螺丝。

나서다【동사】动 ❶ 앞이나 밖으로 나와 서다. ◆ 站出来，到前面。¶마라톤에서 선두로 나서다. =在马拉松比赛中跑到了前面。❷ 어떠한 일을 적극적으로 또는 직업적으로 시작하다. ◆ 投入，开始。¶반격에 나서다. =开始反击。❸ 어떠한 일을 가로맡거나 간섭하다. ◆ 干涉，干预，插手。¶자네가 감히 그 일에 함부로 나서려고 하나? =你敢随便插手那件事? ❹ 어디를 가기 위하여 있던 곳을 나오다. ◆ 出发，动身，上路。¶우리는 새벽에 길을 나섰다. =我们凌晨就出发了。❺ 구하던 사람, 물건 따위가 나타나다. ◆ (要找的人或物)出现，产生。¶구매자가 나서다. =买主出现了。

나선(螺旋)【명사】물체의 겉모양이 소라 껍데기처럼 빙빙 비틀린 것. ◆ 图螺旋。¶우리는 나선 모양으로 된 계단을 따라서 탑 꼭대기까지 올라갔다. =我们顺着螺旋梯一直走到塔顶。

나선형(螺旋形)【명사】소라의 껍데기처럼 빙빙 비틀려 돌아간 모양. ◆ 图螺旋式。¶나선형 계단. =螺旋式阶梯。

나아가다【동사】动 ❶ 앞으로 향하여 가다. 또는 앞을 향하여 가다. ◆ 往前走，向前走，前进。¶그는 누군가를 만날 때까지 앞으로 나아가기로 하였다. =他决定一直往前走，直到碰到人为止。❷ 목적하는 방향을 향하여 가다. ◆ (朝目标)前进，迈进，努力。¶이것이 앞으로 우리가 나아갈 방향입니다. =这是我们今后努力的方向。❸ 일이 점점 되어 가다. ◆ (事情)进展，进行下去。¶계획대로 나아가다. =按计划进行下去。

나아지다【동사】어떤 일이나 상태가 좋아지다. ◆ 动好转，有起色。¶매일 꼴찌를 하던 아들의 성적이 나아졌다. =回回都考倒数第一的儿子成绩有所好转。

나앉다【동사】动 ❶ 안에서 밖으로 또는 앞쪽에서 뒤쪽으로 자리를 옮겨 앉다 ◆ 上前坐下，往前坐。¶간신히 몸을 일으켜 밥상머리에 나앉았다. =艰难地起身上前坐到了饭桌旁。❷ 살 집을 잃고 쫓겨나거나 어떤 곳으로 물러나서 자리를 잡다. ◆ 流落。¶사업이 파산하여 처자식이 거리에 나앉았다. =由于创业公司破产，妻儿流落街头。❸ 하던 일을 그만두거나 직책에서 물러나다. ◆ 辞职，下台。¶일이 잘못 되어 직장에서 나앉았다. =事情搞砸了，因此辞了职。

나약하다(懦弱--/愞弱--)【형용사】形 ❶ 의지가 굳세지 못하다. ◆ 懦弱，脆弱。¶나약한 마음. =懦弱的心。❷ 몸이 가냘프고 약하다. ◆ (身体)弱，娇弱。

나열(羅列)【명사】名 ❶ 죽 벌여 놓음. 또는 죽 벌여 있음. ◆ 罗列，陈列。¶동일한 의미로 된 단어의 나열. =同义词的罗列。❷ 나란히 줄을 지음. ◆ 排成一排，一字排开。¶군인들의 나열. =军人的队列。● 나열되다(羅列--), 나열하다(羅列--) ●

나오다【동사】动 ❶ 안에서 밖으로 오다. ◆ 出来，走出来。¶집에서 사람이 나오다. =有人从房子里走出来。❷ 속에서 바깥으로 솟아나다. ◆ 出，冒出。¶나무의 새싹이 나오다. =树长出了新芽。❸ 일정한 목적으로 어떠한 곳에 오다. ◆ 来到，到，来。¶그가 사거리에 5시까지 나오기로 하였다. =他决定5点钟到十字路口。❹ 책, 신문 따위에 글, 그림 따위가 실리다. ◆ 刊登，发表。¶논문이 학회지에 나오다. =论文在学会刊物上发表了。❺ 어떠한 분야에 투신하다. ◆ 登上，投身，加入。¶그가 대통령직에 나왔다. =他登上了总统的宝座。❻ 새 상품이 시장에 나타나다. ◆ 新产品上市。¶새 모델의 에어컨이 나오다. =新型空调上市了。❼ 소속된 단체나 직장 따위에 일하러 오다. ◆ 上班。¶아침 8시면 회사에 나오다. =早上8点到公司上班。❽ 어떠한 곳에 모습이 나타나다. ◆ 出现，露面。¶스캔들로 물의를 일으킨 가수가 공식석상에 나오다. =绯闻闹得沸沸扬扬的歌手出现在公共场合。❾ 액체나 기체 따위가 밖으로 흐르다. ◆ 流出，涌出。¶수도에서 녹물이 나오다. =水管里流出锈水。❿ 어떠한 물건이 발견되다. ◆ 出现，被发现。¶잃어버렸던 핸드폰이 세탁기에서 나왔다. =一度丢失的手机出现在洗衣机里。⓫ 상품이나 인물 따위가 산출되다. ◆ 生产，问世。¶이 공장에서 나오는 제품은 믿을 만하다. =这家工厂生产的产品值得信赖。⓬ 어떠한 근원에서 발생하다. ◆ 出自，源于。¶미움이 사랑에서 나오다. =恨由爱生。⓭ 어떤 곳을 벗어나다. ◆ 离开，走出，从……出来。¶그는 책을 들고 방에서 나왔다. =他拿着书从房间里走了出来。⓮ 소속된 단체나 직장 따위에서 물러나다. ◆ 辞职，离开，退出。¶개인 사업을 하기 위해 회사에서 나오다. =为了开拓个人事业，他离开了公司。⓯ 어떠한 태도를 취하여 겉으로 드러내다. ◆ 采取，表现出(某种态度)。¶그가 적극적인 태도로 나오다. =他态度积极。⓰ 처리나 결과로 이루어지거나 생기다. ◆ 产生，出来。¶실험 결과가 나오다. =实验结果出来了。⓱ 교육 기관의 일정한 과정을 끝내고 졸업하다. ◆ 毕业，结业。¶대학을 나오다. =大学毕业。⓲ 어떠한 목적으로 오다. ◆ 来(做某事)。¶마중을 나오다. =来迎接。

나위【의존 명사】더 할 수 있는 여유나 더 해야 할 필요. ◆ 依名(用于定语形词尾"ㄹ"之后)余地，二话，必要。¶음식이 더할 나위 없이 좋다. =饭菜好得没话说。

나이【명사】사람이나 동식물 따위가 세상에 나서 살아온 햇수. ◆ 名年龄，年纪；(牲畜)岁口。¶나이가 젊다. =年纪小。

나이테【명사】나무의 줄기나 가지 따위를 가로로 자른 면에 나타나는 둥근 테. 1년마다 하나씩 생기므로 그 나무의 나이를 알 수 있다. ◆ 名年轮。

나일론(nylon)【명사】폴리아마이드 계열의 합성 섬유. 가볍고 부드럽고 탄력성이 강하나 습기를 빨아들이는 힘이 약하다. 의류, 어망, 낙하산, 밧줄 따위에 쓰이며, 상표명에서 나온 말이다. ◆ 名尼龙，锦纶。

나자빠지다【동사】动 ❶ 뒤로 물러나면서 넘어지다. ◆ 摔倒，摔了个四脚朝天，跌倒。¶아이가 돌부리에 걸려 나자빠졌다. =孩子被石头尖绊倒了。❷ 하던 일이나 하기로 한 일을 하지 아니하고 물러나며 배짱을 부리다. ◆ 甩手不干，撒手不管。¶동업자가 나자빠지는 바람에 일이 곤란하게 되었다. =合伙人甩手不干了，事情变得很难办。

나전칠기(螺鈿漆器)【명사】광채가 나는 자개 조각을 여러 가지 모양으로 박아 넣거나 붙인 칠기. ◆ 名螺钿漆器。¶경상남도 통영은 나전칠기로 유명하다. =庆尚南道的统营市以螺钿漆器著称于世。

나절【의존 명사】하루 낮의 절반쯤 되는 동안. 또는 그 시간을 헤아리는 데 쓰는 말. ◆ [依存名词]半天；(白天的某个)时候。¶한 나절 동안 논을 갈았다. =耕了大半天的水田。

나졸(邏卒)【명사】조선시대에, 포도청(捕盜廳)에 속하여 관할 구역의 순찰과 죄인을 잡아들이는 일을 맡아 하던 하급 병졸. ◆ 名巡逻兵(朝鲜王朝时代"捕盗厅"下属的巡逻兵)。

나중【명사】名 ❶ 얼마의 시간이 지난 뒤. ◆ 以后，回头。¶나중에 만납시다. =以后再见面吧。❷ 다른 일을 먼저 한 뒤의 차례. ◆ 然后，之后。¶이 일은 다른 일 다 하고 나중에 하겠습니다. =等其他事都做完以后再做这件事。❸ 순서상이나 시간상의 맨 끝. ◆ 最后，后。¶발표를 먼저 하겠다 나중 하겠다 싸우더니만 결국은 모두 하지 못했다. =谁先发言谁后发言，双方争执不下结果谁都没讲成。

나지막하다【형용사】形 ❶ 위치가 꽤 나직하다. ◆ 矮，低矮。¶이 동네 건물은 나지막하다. =这个街区的建筑很低矮。❷ 소리가 꽤 나직하다. ◆ (声音)低沉。¶나지막한 목소리. =低沉的声音。

나직하다【형용사】形 ❶ 위치가 꽤 낮다. ◆ 矮，低，低低的。¶구름이 나직하다. =云层很低。❷ 소리가 꽤 낮다. ◆ (声音)低沉。¶그의 음성은 나직하다. =他的声音很低沉。

나체(裸體)【명사】아무 것도 입지 않은 몸. ◆ 名赤身裸体，光着身子。¶그사람은옷을 모두 벗고 나체가 되다. =那人脱光了衣服，一丝不挂。

나침반(羅針盤)【명사】항공, 항해 따위에 쓰는 지리적인 방향 지시 계기. 자침(磁針)이 남북을 가리키는 특성을 이용하여 만든다. ◆名罗盘，指南针。

나타나다【동사】动 ❶ 보이지 아니하던 어떤 대상의 모습이 드러나다. ◆ 出现，露面，现身。¶뜻밖에 목격자가 우리 앞에 나타나다. =令人意外的是，目击者出现在我们面前。❷ 어떤 일의 결과나 징후가 겉으로 드러나다. ◆ (效果、征兆等)反映，呈现。¶열심히 공부한 결과가 성적에 나타나다. =努力学习的效果会反映在成绩上。❸ 생각이나 느낌 따위가 글·그림·음악 따위로 드러나다. ◆ (想法、感受等)表现，表达，反映。¶그의 이론은 이 논문에 잘 나타나 있다. =他的理论在这篇论文中得都了很好的反映。❹ 내면적인 심리 현상이 얼굴·몸·행동 따위로 드러나다. ◆ (心理活动)露出，表现出。¶그의 얼굴에서 굳은 의지가 나타났다. =他的脸上露出坚毅的神色。❺ 어떤 새로운 현상이나 사물이 발생하거나 생겨나다. ◆ (新的事物或现象)产生，出现。¶약을 먹었더니 효과가 나타났다. =吃过药后就见效了。

나타내다【동사】动 ❶ 보이지 아니하던 어떤 대상이 모습을 드러내다. ◆ 出现，露出。¶모델로 활약하던 그녀가 브라운관에 모습을 나타내다. =一直活跃在舞台上的她出现在荧屏上。❷ 내면적인 심리 현상을T얼굴·몸·행동 따위로 드러내다. ◆ 露出，表现出(某种心理现象)。¶반가운 기색을 나타내다. =脸上露出喜悦的神色。❸ 어떤 일의 결과나 징후를 겉으로 드러내다. ◆ 显出，反映出(效果、征兆等)。¶우리가 지난해 추진했던 사업이 서서히 그 결실을 나타내고 있다. =我们去年开展的事业正在慢慢显出成效。❹ 생각이나 느낌 따위를 글·그림·음악 따위로 드러내다. ◆ 表现，表达，反映(想法、感受等)。¶작가가 자신의 인생관을 작품에 나타낸다. =作家把自己的人生观反映到作品中。

나태하다(懶怠--)【형용사】행동, 성격이 느리고 게으르다. ◆ 形 (行为或性格) 懒惰，懒散。¶그는 성격이 너무 나태하다. =他生性懒散。

나트륨<독>【명사】열을 가하여 녹인 수산화나트륨을 전기 분해를 하여 얻는 알칼리 금속 원소. ◆名钠。

나팔(喇叭)【명사】끝이 나팔꽃 모양으로 된 금관 악기를 통틀어 이르는 말. ◆名号(喇叭状管乐器的统称)。

나팔꽃(喇叭-)【명사】메꽃과의 한해살이풀. ◆名喇叭花，牵牛花。

나팔수(喇叭手)【명사】나팔 부는 일을 맡은 사람. ◆名喇叭手，号手。

나풀거리다【동사】얇은 물체가 바람에 날리어 가볍게 자꾸 움직이다. 또는 그렇게 하다. 나불거리다보다 거센 느낌을 준다. ◆动摇曳，飘扬，飘舞。¶바람에 치마가 나풀거리다. =裙摆在风中飘舞。● 나풀대다 ●

나프탈렌(naphthalene)【명사】주로 옷을 갉아 먹는 벌레를 막기 위해 쓰는 화학 약품. ◆名樟脑球。

나환자(癩患者)【명사】나병을 앓고 있는 사람. ◆名麻风病人。

나흘【명사】名❶ 네 날. ◆ 四天，四日。¶나는 여름 휴가 중 나흘을 고향에서 보냈다. =暑假的时候，我在老家待了四天。❷ 초나흗날. ◆ (阴历)初四。

낙(樂)【명사】살아가는 데서 느끼는 즐거움이나 재미. ◆名乐趣。¶먹는 낙으로 살다. =为了吃的乐趣而活着。

낙관(樂觀)【명사】名 ❶ 인생이나 사물을 밝고 희망적인 것으로 봄. ◆ (对人生或事物)乐观。❷ 앞으로의 일 따위가 잘되어 갈 것으로 여김. ◆ (对事情发展)感到乐观，持乐观态度。¶올 경제성장은 예상치 못한 일들이 많아 낙관만 하고 있을 수 없다. =由于发生了很多出乎意料的情况，今年的经济增长形势不容乐观。● 낙관하다(樂觀--) ●

낙관(落款)【명사】글씨나 그림 따위에 작가가 자신의 이름이나 호(號)를 쓰고 도장을 찍는 일. 또는 그 도장이나 그 도장이 찍힌 것. ◆名落款，题款，题字。¶그림에 낙관을 찍으면 완성이 된다. =给画加上题款就完成了。

낙농업(酪農業)【명사】젖소나 염소 따위를 기르고 그 젖을 이용하는 산업. ◆名制酪业。¶이 고장은 목초지가 많아서 낙농업이 발달하였다. =这里牧场资源丰富，制酪业发达。

낙담(落膽)【명사】바라던 일이 뜻대로 되지 않아 마음이 몹시 상함. ◆名灰心，丧气。¶낙담과 실의의 나날을 보내다. =每天都过着灰心失意的日子。● 낙담하다(落膽--) ●

낙동강(洛東江)【명사】강원도의 태백산에서 시작하여 경상남도, 경상북도를 지나 남해로 흘러드는 강. 한국에서 세 번째로 긴 강으로 강 하류에는 기름진 평야가 발달하였다. ◆名洛东江。

낙망(落望)【명사】희망을 잃음. ◆名失望。● 낙망하다(落望--) ●

낙방(落榜)【명사】시험·모집·선거 따위에 응하였다가 떨어짐. ◆名落榜，落选。● 낙방하다(落榜--) ●

낙상(落傷)【명사】떨어지거나 넘어져서 다침. 또는 그런 상처. ◆名摔伤，跌伤。● 낙상하다(落傷--) ●

낙서(落書)【명사】글자, 그림 따위를 장난으로 아무 데나 함부로 씀. 또는 그 글자나 그림. ◆名乱写乱画，涂鸦。¶화장실 벽에 있는 낙서. =洗手间墙上的涂鸦。● 낙서하다(落書--) ●

낙선(落選)【명사】名 ❶ 선거에서 떨어짐. ◆ (选举)落选。¶선거에서 낙선의 고배를 마시다. =喝下落选的苦酒。❷ 심사나 선발에서 떨어짐. ◆ (选拔)落选。¶낙선 작품. =落选作品。● 낙선되다(落選--), 낙선하다(落選--) ●

낙숫물(落水-)【명사】처마 끝에서 떨어지는 물. ◆名檐霤。¶낙숫물을 받아 허드렛물로 썼다. =接檐霤当作杂用水。

낙심(落心)【명사】바라던 일이 이루어지지 아니하여 마음이 상함. ◆名灰心，失望，沮丧。¶낙심에 빠지다. =陷入沮丧之中。● 낙심하다(落心--) ●

낙엽(落葉)【명사】图 ❶ 나뭇잎이 떨어짐. 대개 고등 식물의 잎이 말라서 떨어지는 현상인데 한기나 건조기 등의 환경에 대한 적응으로 일어난다. ◆ 树叶凋零。❷ 말라서 떨어진 나뭇잎. ◆ 落叶。¶가을 바람에 낙엽이 지다. =秋风扫落叶。

낙엽수(落葉樹)【명사】가을이나 겨울에 잎이 떨어졌다가 봄에 새잎이 나는 나무를 통틀어 이르는 말. 오리나무, 참나무 따위이다. ◆图落叶树。

낙오(落伍)【명사】图 ❶ 대오에서 처져 뒤떨어짐. ◆ 图掉队。¶우리에겐 낙오란 없다. 오직 전진만이 있다. =对我们来说，没有掉队，只有前进。❷ 사회나 시대의 진보에 뒤떨어짐. ◆ 落伍。¶출세와 낙오. =出人头地和落伍。● 낙오되다(落伍--), 낙오하다(落伍--) ●

낙오자(落伍者)【명사】图 ❶ 대오(隊伍)에서 처져 뒤떨어진 사람. ◆ 掉队的人。❷ 사회나 시대의 진보에 뒤떨어진 사람. ◆ 落伍者。¶인생의 낙오자가 되지 맙시다. =不要成为人生的落伍者。

낙원(樂園)【명사】아무런 괴로움이나 고통이 없이 안락하게 살 수 있는 즐거운 곳. ◆图乐园，乐土。¶낙원을 건설하다. =建设乐园。

낙인(烙印)【명사】图 ❶ 쇠붙이로 만들어 불에 달구어 찍는 도장. 목재나 기구, 가축 따위에 주로 찍고 예전에는 형벌로 죄인의 몸에 찍는 일도 있었다. ◆ 烙印，烙痕。 ❷ 다시 씻기 어려운 불명예스럽고 욕된 판정이나 평판을 이르는 말. ◆ (不好的)烙印，标签。¶그에게는 구두쇠라는 낙인이 붙어 다녔다. =他被贴上了吝啬鬼的标签。

낙제(落第)[명사] 图 ❶ 진학 또는 진급을 못함. ◆ 落选，留级。¶낙제를 면하다. =免于落选。 ❷ 시험이나 검사 따위에 떨어짐. ◆ 落榜，没考上。❸ 일정한 기준에 미치지 못함을 비유적으로 이르는 말. ◆〈喻〉不合格，不及格。● 낙제하다(落第--) ●

낙조(落照)【명사】저녁에 지는 햇빛. ◆图夕阳，落日。¶낙조가 붉게 타오르고 있다. =夕阳红艳艳的。

낙지【명사】문어과의 하나. ◆图八爪鱼。

낙천적(樂天的)【명사】세상과 인생을 즐겁고 좋은 것으로 여기 것. ◆ 图乐观的。¶그 사람처럼 낙천적인 사람은 처음 본다. =第一次见到像他这样乐观的人。

낙타(駱駝/駱驝)【명사】낙타과 낙타속의 짐승을 통틀어 이르는 말. ◆ 图骆驼。¶사막에서는 낙타를 배에 비유한다. =骆驼被喻为沙漠之舟。

낙태(落胎)【명사】자연 분만 시기 이전에 태아를 모체에서 분리하는 일. 또는 그 태아. ◆图堕胎。¶낙태를 반대하는 시민운동이 활발하다. =反对堕胎的市民运动十分活跃。● 낙태하다(落胎--) ●

낙하(落下)【명사】높은 데서 낮은 데로 떨어짐. ◆ 图下降，降落。¶낙하 비행. =降落飞行。● 낙하하다(落下--) ●

낙하산(落下傘)【명사】图 ❶ 하늘에서 사람이나 물건이 천천히 떨어지게 하는 데 쓰이는, 펼친 우산과 같은 모양의 장치. ◆ 降落伞。❷ 채용이나 승진 따위의 인사에서, 배후의 높은 사람의 은밀한 지원이나 힘을 비유적으로 이르는 말. ◆ 保护伞，〈喻〉靠山，后台。¶그는 낙하산 사장이다. =他是靠后台当上的社长。

낙후(落後)【명사】기술이나 문화, 생활 따위의 수준이 일정한 기준에 미치지 못하고 뒤떨어짐. ◆图落后。¶이곳은 전기나 수도, 의료 등 모든 면에서 낙후를 면치 못하는 오지이다. =这里是电力、供水、医疗等各方面都处于落后状态的偏僻地区。● 낙후되다(落後--), 낙후하다(落後--) ●

낚다【동사】图 ❶ 낚시로 물고기를 잡다. ◆ 钓，垂钓，钓鱼。¶월척을 낚다. =钓到一尺多长的鱼。❷ 꾀나 수단을 부려 사람을 꾀거나 명예, 이익 따위를 제 것으로 하다. ◆ 钓，谋取，招来。¶거액 투자자를 낚다. =招来巨额投资者。❸ ㊥ 이성(異性)을 꾀다. ◆ ㊥钓，勾引，诱骗。❹ 무엇을 갑자기 붙들거나 잡아채다. ◆ 揪住，猛揪。¶멱살을 낚다. =猛揪领口。

낚시【명사】图 ❶ 미끼를 꿰어 물고기를 잡는 데 쓰는 작은 쇠갈고리. 흔히 끝이 뾰족하고 꼬부라져 있다. 줄낚시와 대낚시가 있다. ◆ 鱼钩，钓钩。¶낚시에 물고기가 걸리다. =鱼咬钩了。❷ 낚싯대, 낚싯줄, 낚싯바늘, 낚싯봉, 낚시찌 등이 갖추어진 한 벌의 고기잡이 도구. ◆ 渔具，钓具，钓鱼竿，钓竿。¶낚시를 물에 드리우다. =把渔具垂放到水里。❸ 이득을 얻기 위하여 다른 이를 꾀는 데 쓰는 수단을 비유적으로 이르는 말. ◆ 钩，〈喻〉圈套。● 낚시하다 ●

낚시꾼【명사】취미로 낚시를 가지고 고기잡이를 하는 사람. ◆图钓鱼人，垂钓者。

낚시질【명사】여러 가지 낚시 도구로 물고기를 낚는 일. 손낚시, 끌낚시, 흘림낚시, 줄낚시 따위가 있다. ◆ 图钓鱼，垂钓。¶낚시질을 즐기다. =喜欢钓鱼。● 낚시질하다 ●

낚시터【명사】낚시질하는 곳. ◆图钓鱼处，钓台。

낚싯대【명사】물고기를 잡는 도구의 하나. 가늘고 긴 대에 낚싯줄을 매어 쓴다. ◆ 图鱼竿，钓竿。¶강물에 낚싯대를 드리우다. =把钓竿垂放到河里。

낚싯줄【명사】낚싯대에 낚싯바늘을 매어 달기 위하여 쓰는 가늘고 질긴 끈. 삼실, 명주실, 나일론, 말총, 인조 힘줄 따위로 만든다. ◆图钓鱼线，鱼线。

낚아채다【동사】动 ❶ 무엇을 갑자기 세차게 잡아당기다. ◆ 用力拽，用力扯。¶머리채를 낚아채다. =用力扯头发。❷ 남의 물건을 재빨리 빼앗거나 가로채다. ◆ 抢，夺取。¶소매치기가 가방을 낚아채다. =小偷抢包。❸ 사람을 꾀거나 가로채서 자기편에 두다. ◆ 拉过来，拉拢。❹ 남의 말이 끝나자마자 받아서 말하다. ◆ 接，抢(话头)。¶다른 사람의 말꼬리를 낚아채다. =接过别人的话头。

난[1](欄)【명사】책, 신문, 잡지 따위의 지면에 글이나 그림 따위를 싣기 위하여 마련한 자리. ◆ 图栏，栏目。¶빈 난을 채우시오. =把空栏填上。

난[2](蘭)【명사】난초(蘭草). ◆ 图兰花。¶은은한 난의 향기. =淡淡的兰花香气。

난[3](難)-【접사】'어려운'의 뜻을 더하는 접두사.

◆ 前缀难的，困难的，难办的。¶난문제. =难题。

-난[4](難)【접사】'어려움' 또는 '모자람'의 뜻을 더하는 접미사. ◆ 后缀难，难题。¶취업난. =就业难。

난간(欄干/欄杆)【명사】층계, 다리, 마루 따위의 가장자리에 일정한 높이로 막아 세우는 구조물. 사람이 떨어지는 것을 막거나 장식으로 설치한다. ◆名栏杆。¶난간에 걸터앉다. =跨坐在栏杆上。

난감하다(難堪--)【형용사】形 ❶ 이렇게 하기도 저렇게 하기도 어려워 처지가 매우 딱하다. ◆ 难堪，尴尬。¶처지가 난감하다. =处境尴尬。❷ 맞부딪쳐 견디어 내거나 해결하기가 어렵다. ◆ 难以解决，难办。¶앞으로 살아갈 일이 난감하다. =今后的生计问题难以解决。

난관(難關)【명사】일을 하여 나가면서 부딪치는 어려운 고비. ◆ 名难关。¶난관에 부딪치다. =遇到难关。

난데없다【형용사】갑자기 불쑥 나타나 어디서 왔는지 알 수 없다. ◆形来历不明，空穴来风。¶난데없는 소문에 고통을 당하다. =被空穴来风的传言所困扰。● 난데없이 ●

난도질(亂刀-)【명사】名 ❶ 칼로 사람이나 물건을 함부로 마구 베는 짓. ◆ 乱砍，乱刀砍。¶난도질을 당하다. =被人乱刀砍。❷ 어떤 대상을 함부로 대함을 비유적으로 이르는 말. ◆〈喻〉随意诛伐，胡乱声讨。¶작가의 의도와는 무관하게 작품이 난도질을 당했다. =作品遭到了与作家意图毫不相干的胡乱声讨。● 난도질하다(亂刀---) ●

난동(亂動)【명사】질서를 어지럽히며 마구 행동함. 또는 그런 행동. ◆名胡闹，胡来，骚乱。¶난동을 부리다. =胡来。

난로(暖爐/煖爐)【명사】난방 장치의 하나. 나무, 석탄, 석유, 가스 따위의 연료를 때거나 전기를 이용하여 열을 내어 방 안의 온도를 올리는 기구이다. ◆ 名暖炉，火炉。¶효율이 높은 난로. =高功率暖炉。

난롯가(暖爐-)【명사】난로의 주변. ◆ 名暖炉边，火炉边。¶주인은 한가롭게 난롯가에서 졸고 있다. =主人在火炉边悠闲地打着瞌睡。

난류(暖流/煖流)【명사】적도 부근의 저위도 지역에서 고위도 지역으로 흐르는 따뜻한 해류. 남색을 띠며, 투명하고 소금기가 많다. ◆ 名暖流。¶난류가 흐르다. =暖流涌动。

난리(亂離)【명사】名 ❶ 전쟁이나 병란(兵亂). ◆ 战乱，兵荒马乱。¶난리가 일어나다. =发生战乱。❷ 분쟁, 재해 따위로 세상이 소란하고 질서가 어지러워진 상태. ◆ 混乱局面。❸ 작은 소동을 비유적으로 이르는 말. ◆〈喻〉骚乱。¶난리를 피우다. =发生骚乱。

난립(亂立)【명사】질서 없이 여기저기서 나섬. ◆ 名乱立，乱设。¶변두리 지역의 판자촌 난립이 미관을 해친다는 민원이 많다. =市民经常抱怨乱设在边角地区的棚户区影响市容。● 난립하다(亂立--) ●

난무(亂舞)【명사】名 ❶ 엉킨 듯이 어지럽게 추는 춤. 또는 그렇게 춤을 춤. ◆ 乱舞，狂舞。¶나비들의 난무. =蝴蝶乱舞。❷ 함부로 나서서 마구 날뜀을 비유적으로 이르는 말. ◆〈喻〉猖獗，泛滥。¶무책임한 보도 난무. =不负责任的报道泛滥。● 난무하다(亂舞--) ●

난민(難民)【명사】名 ❶ 전쟁이나 재난 따위를 당하여 곤경에 빠진 백성. ◆ 难民。¶난민 수용소. =难民收容所。❷ 가난하여 생활이 어려운 사람. ◆ 灾民，受灾民众。

난방(暖房/煖房)【명사】실내의 온도를 높여 따뜻하게 하는 일. ◆ 名供暖，取暖。¶난방 공사. =供暖工程。

난사(亂射)【명사】활, 대포, 총 따위를 제대로 겨냥하지 아니하고 아무 곳에나 마구 쏨. ◆名扫射。¶적군의 난사를 뚫고 적진을 향해 진격했다. =冒着枪林弹雨向敌军阵地冲锋。● 난사하다(亂射--) ●

난산(難産)【명사】名 ❶ 순조롭지 아니하게 아이를 낳음. 또는 그런 해산. ◆ 难产。❷ 해결하기 어려운 일을 가까스로 이룸을 비유적으로 이르는 말. ◆ 难产，〈喻〉历尽艰辛。¶합의를 이루어 내는데 난산을 겪었다. =达成协议的过程中历尽艰辛。● 난산하다(難産--) ●

난색(難色)【명사】名 ❶ 꺼리거나 어려워하는 기색. ◆ 难色，为难神色。¶나의 부탁에 그녀는 난색을 보였다. =听到我的请求，她面露难色。❷ 비난하려는 낯빛. ◆名责备神色，斥责神色。

난생(-生)【부사】세상에 태어나서 이제까지. ◆ 副有生以来，从来。¶그는 난생 한 번도 부모의 사랑을 받지 못했다. =他有生以来从没有得到过父母的疼爱。

난생처음(-生--)【명사】세상에 태어나서 첫 번째. ◆ 名平生第一次，生来第一次。¶이 나라에 난생처음 와 보았다. =平生第一次来到这个国家。

난센스(nonsense)【명사】이치에 맞지 아니하거나 평범하지 아니한 말 또는 일. ◆名无意义，荒唐，荒诞。¶난센스 퀴즈. =脑筋急转弯。

난소(卵巢)【명사】동물의 암컷의 생식 기관으로 난자를 만들어 여성 호르몬을 분비하는 부분. ◆ 名卵巢。

난수표(亂數表)【명사】0에서 9까지의 숫자를 무질서하게 배열하여 통계나 암호 작업에 쓰는 표. ◆名随机数表。

난시(亂視)【명사】눈의 각막 면이 평평하지 않아 사물을 명확하게 볼 수 없는 상태. 또는 그런 상태의 눈. ◆名散光。¶난시교정. =散光校正。

난이도(難易度)【명사】어려움과 쉬움의 정도. ◆名难度。¶올해 수학능력평가시험은 난이도가 높아 학생들의 불만이 많았다. =今年的高考试题难度很大，学生们颇多抱怨。

난입(亂入)【명사】어지럽게 함부로 들어오거나 들어감. ◆ 名乱闯，闯入。¶폭도의 난입에 놀라다. =因暴徒闯入而大吃一惊。● 난입하다(亂入--) ●

난자(卵子)【명사】암컷의 생식 세포. 유성 생식을 하는 생물에서 볼 수 있는 것으로 감수 분열에 의하여 생기며, 수정 후 발달하여 배(胚)를 형성한다. ◆ 图卵子，卵细胞。

난잡하다(亂雜--)【형용사】 形 ❶ 행동이 막되고 문란하다.◆ (行为或动作)乱来，胡来，不端。¶그녀의 행동은 난잡하다. =她行为不端。 ❷ 사물의 배치나 사람의 차림새 따위가 어수선하고 너저분하다. ◆ 杂乱，散乱，乱糟糟。¶사무실의 집기가 난잡하다. =办公室物品杂乱。

난장판(亂場-)【명사】 여러 사람이 어지러이 뒤섞여 떠들어 대거나 뒤엉켜 뒤죽박죽이 된 곳. 또는 그런 상태. ◆ 图乱摊子，乱七八糟。¶상인들의 싸움으로 시장은 난장판이 되었다. =互相竞争的商人们把市场搞得乱七八糟。

난쟁이【명사】 图 ❶ 기형적으로 키가 작은 사람을 낮잡아 이르는 말. ◆ 侏儒，矮人。¶백설 공주와 일곱 난쟁이. =白雪公主和七个小矮人。 ❷ 보통의 높이나 키보다 아주 작은 사물을 비유적으로 이르는 말. ◆〈喻〉小，微型。¶난쟁이 책상. =小书桌。

난점(難點)【명사】 곤란한 점. ◆ 图难点，难关，难题。¶난점을 해결하다. =解决难点。

난제(難題)【명사】 해결하기 어려운 일이나 사건. ◆ 图难题，难关，难点。¶해결해야 할 난제가 쌓여 있다. =要解决的难题成堆。

난조(亂調)【명사】 정상에서 벗어나거나 조화를 잃은 상태. ◆ 图乱套，混乱。¶사업이 난조를 보이다. =生意乱了套。

난중일기(亂中日記)【명사】 임진왜란 때 충무공 이순신이 진중(陣中)에서 쓴 일기. ◆ 图李舜臣的《乱中日记》。

난처하다(難處--)【형용사】 이럴 수도 없고 저럴 수도 없어 처신하기 곤란하다. ◆ 形为难，难堪，尴尬。¶그녀가 응급실에 실려 갔을 때 아무 것도 할 수 없어 난처했다. =她被送进急诊室时，手足无措的我什么都做不了。

난청(難聽)【명사】 图 ❶ 방송 전파가 라디오 따위에 잘 잡히지 않아 잘 들을 수 없는 상태. ◆ 信号不良，收听不清楚。¶난청 지역. =信号接收盲区。 ❷ 청력이 저하 또는 손실된 상태. 청각 기관의 장애로 생긴다.◆ 耳背，听力差，失聪。¶난청 수술. =复聪手术。

난초(蘭草)【명사】 잎이 길고 가늘며 향기로운 꽃이 피는 식물. ◆ 图兰花。

난치병(難治病)【명사】 고치기 어려운 병. ◆ 图疑难杂症。¶여자 주인공이 난치병을 앓아서 시청자들이 안타까워했다. =女主角患上了疑难杂症，观众们都很着急。

난타(亂打)【명사】 마구 때림. ◆ 图乱揍，毒打。¶그들은 한차례 난타당하고 기가 꺾였다. =遭到一顿毒打之后，他们变得消沉了。● 난타하다(亂打--) ●

난투극(亂鬪劇)【명사】 한데 엉켜 치고받으며 싸우는 소동. ◆ 图混战。¶집단 난투극. =混战。

난파(難破)【명사】 배가 항해 중에 폭풍우 따위를 만나 부서지거나 뒤집힘. ◆ 图(船只)失事，遇险。¶기상 악화로 난파를 우려해 오늘 출항은 하지 않습니다. =由于气象条件恶化担心遇险，所以今天不出港。● 난파되다(難破--), 난파하다(難破--) ●

난파선(難破船)【명사】 항해 중에 폭풍우 따위를 만나 부서지거나 뒤집힌 배. ◆ 图失事船只，遇难船只。¶난파선의 잔해. =失事船只的残骸。

난폭(亂暴)【명사】 행동이 몹시 거칠고 사나움. ◆ 图粗暴，粗鲁。● 난폭하다(亂暴--) ●

난항(難航)【명사】 图 ❶ 폭풍우와 같은 나쁜 조건으로 배나 항공기가 몹시 어렵게 항행함. ◆ 航行艰难，难以航行。¶악천후로 난항이 예상된다. =由于天气恶劣，预计航行会很艰难。 ❷ 여러 가지 장애 때문에 일이 순조롭게 진행되지 않음을 비유적으로 이르는 말. ◆ (事情)艰难，困难，举步维艰。¶6자 회담이 각 나라의 입장차이로 난항을 거듭하고 있다. =六方会谈由于各国立场不同而举步维艰。

난해하다(難解--)【형용사】 形 ❶ 뜻을 이해하기 어렵다. ◆ 费解，难以理解。¶그의 시는 난해하다. =他的诗让人难以理解。 ❷ 풀거나 해결하기 어렵다. ◆ 难以解决。¶이번 문제는 무척 난해하다. =这次的问题很难解决。

난형난제(難兄難弟)【명사】 누구를 형이라 하고 누구를 아우라 하기 어렵다는 뜻으로, 두 사물이 비슷하여 낫고 못함을 정하기 어려움을 이르는 말. ◆ 图半斤八两，不分上下。

낟알【명사】 껍질을 벗기지 아니한 곡식의 알. ◆ 图带皮谷粒。¶논에 떨어진 낟알 하나하나를 주워 모았다. =把掉在田里的谷粒一粒一粒地拾起来。

날[1]【의존 명사】 지구가 한 번 자전하는 동안을 세는 단위. ◆ 依名天，日。¶스무날 동안 기다렸다. =等了二十天。

날[2]【명사】 图 ❶ 지구가 한 번 자전하는 동안. 자정에서 다음 자정까지의 동안으로 24시간이다. ◆ 天，日。¶우리는 어느 날 떠나야 합니까? =我们哪一天离开? ❷ 하루 중 환한 동안. ◆ 白天，白昼。¶날이 환한 동안 일을 다 끝내야 한다. =得趁着白天把活都干完。 ❸ 그날그날의 비, 구름, 바람, 기온 따위가 나타나는 기상 상태. ◆ 天气。¶날이 너무 더워 에어컨을 틀어야겠다. =天气太热，得开空调了。 ❹ 어느 날이라고 정한 날. ◆ 图日子，日期。¶다음 달로 결혼날을 잡았다. =婚期定在下个月。 ❺ 어떠한 시절이나 때. ◆ 时候，时节。¶그는 젊은 날에 술로 살았다. =他年轻的时候以酒度日。 ❻ '경우'의 뜻을 나타내는 말. ◆ 情况，境况，事情。¶이 날이 들통 나면 큰 벌을 받게 될 것이다. =这事要是露馅了，我们准会受到重罚。

날[3]【명사】 연장의 가장 얇고 날카로운 부분. 베거나 찍거나 깎거나 파거나 뚫을 수 있도록 되어 있다. ◆ 图刃，锋。¶이 칼은 날이 날카로워 조심스럽게 다루어야 한다. =这把刀很锋利，要小心使用。

날-[4]【접사】 前缀 ❶ '말리거나 익히거나 가공하지 않은'의 뜻을 더하는 접두사. ◆ 生的，青的，未加工的。¶날고기. =生肉。 ❷ '다른 것이 없는'의 뜻을 더하는 접두사. ◆ 空，闲，白白的。¶날바늘. =空针。 ❸ '장례를 다 치르지 않은'의 뜻을 더하는 접두사.

◆ 丧中的，丧事未完的。¶날송장. =尚未入敛的尸体。❹ '지독한'의 뜻을 더하는 접두사. ◆ 凶狠的，狠毒的，凶恶的。¶날강도. =凶恶的强盗。

날강도(-强盗)【명사】㊣아주 악독한 강도. ◆ 图㊣强盗，土匪。¶그는 순 날강도 같은 놈이다. =他简直就是个地道的土匪。

날개【명사】图 ❶ 새나 곤충의 몸 양쪽에 붙어서 날아다니는 데 쓰는 기관. ◆ 翅膀。¶까치가 날개를 펄럭이며 날아간다. =喜鹊扇动着翅膀飞走了。❷ 공중에 잘 뜨게 하기 위하여 비행기의 양쪽 옆에 단 부분. ◆ 机翼。❸ 선풍기 따위와 같이 바람을 일으키는 물건의 몸통에 달려 바람을 일으키도록 만들어 놓은 부분. ◆ (电扇等的)叶片。¶시내에 가면 선풍기 날개 좀 사오렴. =如果去市里的话，买一套电扇叶片回来。

날갯죽지【명사】날개가 몸에 붙어 있는 부분. ◆ 图翅膀根。¶목이 긴 철새는 날갯죽지에 머리를 묻고 잠을 잔다. =长颈候鸟把头埋到翅膀下睡觉。

날갯짓【명사】날개를 치는 짓. ◆ 图展翅。¶백조의 날갯짓은 우아하다. =天鹅展翅的动作很优雅。

날것】【명사】말리거나 익히거나 가공하지 아니한 먹을거리. ◆ 图生东西，生食。¶여름에 날것을 많이 먹으면 배탈이 날 수도 있다. =夏天吃太多生食的话会腹泻。

날고기【명사】말리거나 익히거나 가공하지 아니한 고기. ◆ 图生肉。¶소의 신선한 날고기로 만든 음식을 육회(肉膾)라고 한다. =用新鲜的生牛肉做的食物叫"生牛肉片"。

날다【동사】动 ❶ 공중에 떠서 어떤 위치에서 다른 위치로 움직이다. ◆ 飞翔，飞行。¶비행기가 하늘을 날다. =飞机在空中飞行。❷ 어떤 물체가 매우 빨리 움직이다. ◆ 飞驰，飞跑。¶얼마 남지 않은 시간 때문에 약속장소까지 차로 날았다. =没剩多少时间了，开车奔向约定地点。❸ ㊣달아나다. ◆ ㊣逃，逃跑。¶지금 이곳에서 날지 않으면 경찰에게 잡힐 것이다. =如果现在不从这里逃跑，就会被警察抓住。

날뛰다【동사】动 ❶ 날듯이 껑충껑충 뛰다. ◆ 欢蹦乱跳，又蹦又跳。¶밖에서 사람소리가 났는지 우리 집 강아지가 계속 날뛴다. =可能听到外面有人声，我家的小狗一个劲儿地又蹦又跳。❷ 함부로 덤비거나 거칠게 행동하다. ◆ 恣意妄为，轻举妄动。¶그는 아무 것도 모른 채 날뛰다가 큰 코 다쳤다. =他什么都不知道，轻举妄动，结果栽了大跟头。❸ 그런 상태가 되어 어쩔 줄 모르고 함부로 행동하다. ◆ 又蹦又跳，手舞足蹈。¶합격소식을 듣고 기뻐 날뛰다. =听到考上学校的消息，高兴得又蹦又跳。

날래다【형용사】사람이나 동물의 움직임이 나는 듯이 빠르다. ◆ 形 敏捷，麻利。¶그는 몸이 날래다. =他身手敏捷。

날렵하다【형용사】形 ❶ 재빠르고 날래다. ◆ 敏捷，麻利，手快。¶그의 움직임이 날렵하다. =他动作敏捷。❷ 매끈하게 맵시가 있다. ◆ 漂亮，轻俏。

날로[1]【부사】날이 갈수록. ◆ 副日渐，日益。¶교통 체증이 날로 심해졌다. =交通拥堵日益严重。

날로[2]【부사】익거나 마르거나 삶지 아니한 날것 그대로. ◆ 副生，生的。¶생선을 날로 먹었더니 배가 아프다. =吃完生海鲜肚子疼。

날름【부사】副 ❶ 혀, 손 따위를 날쌔게 내밀었다 들이는 모양. ◆ 飞快地，快速地，倏地(舌、手等伸缩貌)。¶그 아이가 혀를 날름 내밀었다. =那个孩子倏地吐了一下舌头。❷ 무엇을 날쌔게 받아 가지는 모양. ◆ 飞快地，迅速地，倏地，一下子(收起某物)。¶그는 탁자 위에 있는 돈을 날름 가져갔다. =他迅速地把放在桌上的钱一扫而光。❸ 불길이 밖으로 날쌔게 나왔다 들어가는 모양. ◆ 倏地，飞快地(火舌吞吐貌)。

날름거리다【동사】혀, 손 따위를 자꾸 날쌔게 내밀었다 들였다 하다. ◆ 动一伸一缩，迅速地吞吐。¶뱀이 혀를 날름거리다. =蛇一伸一缩地吐着蛇信。

날름날름【부사】副 ❶ 혀, 손 따위를 날쌔게 자꾸 내밀었다 들였다 하는 모양. ◆ 一伸一缩地。¶그는 회를 보자 날름날름 입맛을 다셨다. =他一见到生鱼片就不由得直咽口水。❷ 무엇을 자꾸 날쌔게 받아 가지는 모양. ◆ 飞快地，迅速地(收起某物)。¶강아지는 날름날름 던지는 먹이를 받아먹었다. =小狗迅速地接住扔来的食物吃了下去。❸ 남의 것을 탐내어 고개를 조금 내밀고 자꾸 엿보는 모양. ◆ 探头探脑地。¶그는 날름날름 우리의 행동을 엿보고 있다. =他探头探脑地窥视着我们的行动。● 날름날름하다 ●

날리다【동사】动 ❶ '날다(공중에 떠서 어떤 위치에서 다른 위치로 움직이다)'의 사동사. ◆ 飞出，挥出。¶그에게 주먹을 날리다. =向他挥出一拳。❷ 명성을 떨치다. ◆ 出名，有名。¶한때 그는 이 시장에서 날렸다. =他曾经在这个市场很出名。❸ 가지고 있던 재산이나 자료 따위를 잘못하여 모두 잃거나 없애다. ◆ 花光，败光，挥霍殆尽。¶도박으로 어렵게 모은 재산을 다 날리다. =由于赌博，败光了辛苦积攒起来的财产。

날림【명사】정성을 들이지 아니하고 대강대강 아무렇게나 만든 물건. ◆ 图劣质品，粗制滥造的东西。¶날림으로 만든 것이 얼마나 가겠냐? =这种劣质品还能走多远呢?

날밤【명사】부질없이 새우는 밤. ◆ 图白熬夜，白开夜车，白熬通宵，毫无收获的熬夜。

날벼락【명사】图 ❶ 느닷없이 치는 벼락. ◆ 晴天霹雳。❷ 뜻밖에 당하는 불행이나 재앙 따위를 비유적으로 이르는 말. ◆ 〈喻〉突如其来的灾难，意外之灾。¶태풍으로 이 지역은 날벼락을 맞았다. =由于台风到来，这个地区遭受了意外之灾。❸ 호된 꾸지람이나 나무람. ◆ 痛斥，斥责。¶자칫 잘못이 있으면 크게 날벼락이 떨어집니다. =稍有差池就会遭到痛斥。

날수(-數)【명사】날의 개수. ◆ 图天数，日数。¶날수가 모자라다. =天数不足。

날숨【명사】내쉬는 숨. ◆ 图呼气，吐气。¶인간은 날숨으로 말을 한다. =人说话的时候需要呼气。

날쌔다【형용사】동작이 날래고 재빠르다. ◆ 形敏捷，灵活，麻利。¶행동이 날쌔다. =行动敏捷。

날씨【명사】그날그날의 비, 구름, 바람, 기온 따위가 나타나는 기상 상태. ◆图天气，天，天色。¶봄 날씨가 변덕스럽다. =春天的天气变化无常。

날씬하다【형용사】图 ❶ 몸이 가늘고 키가 좀 커서 맵시가 있다. ◆(身材)苗条，修长。¶그녀의 몸은 날씬하다. =她身材苗条。❷ 매끈하게 길다. ◆(物品)修长，细，细长。¶이 옷은 허리가 날씬하다. =这衣服腰身很瘦。

날아가다【동사】动 ❶ 공중으로 날면서 가다. ◆飞走，飘走。¶새가 날아가다. =鸟飞走了。❷ 몹시 빠르게 움직여 가다. ◆飞奔而去。¶학교에 지각을 할 것 같아서 택시를 타고 날아갔다. =上学要迟到了，于是就打了个车飞奔过去。❸ 가지고 있거나 붙어 있던 것이 허망하게 없어지거나 떨어지다. ◆〈喻〉花光，败光，失去。¶사업실패로 그나마 있던 재산도 날아가게 생겼다. =由于经营失败，连仅有的那点财产也要失去了。

날아다니다【동사】날아서 이리저리 다니다. ◆动飞来飞去。¶파리가 이리저리 날아다니다. =苍蝇飞来飞去。

날아들다【동사】날아서 안으로 들다. ◆动飞入，飞进。¶집 안으로 나방이 날아들다. =飞蛾飞进屋里。

날아오다【동사】动 ❶ 공중으로 날면서 오다. ◆飞来，飘来。¶공이 날아오다. =球飞了过来。❷ 몹시 빠르게 움직여 오다. ◆飞过来。¶상대방의 주먹이 날아오다. =对方的拳头飞了过来。❸ [비유적으로] 뜻하지 아니하게 나타나거나 우연히 들어오다. ◆〈喻〉突然传来。¶전보가 날아오다. =突然来了电报。

날아오르다【동사】날아서 공중으로 오르다. ◆动起飞，升空。¶비행기가 활주로에서 날아오르다. =飞机从跑道上起飞。

날인(捺印)【명사】도장을 찍음. ◆图盖章，盖图章。¶이 곳에 서명하고 날인하시면 됩니다. =在这个地方签名盖章就可以了。● 날인하다(捺印--) ●

날조(捏造)【명사】사실이 아닌 것을 사실인 것처럼 거짓으로 꾸밈. ◆图捏造，编造，伪造。¶그 보고서는 날조로 만들어진 것이다. =那个报告是编造出来的。● 날조되다(捏造--), 날조하다(捏造--) ●

날짐승【명사】날아다니는 짐승을 통틀어 이르는 말. ◆图飞禽。

날짜【명사】图 ❶ 일정한 일을 하는 데 걸리는 날의 수. ◆时间，时日。¶그 일을 하기에 11월까지는 날짜가 이르다. =那项工作到11月底截止，太早了。❷ 어느 날이라고 정한 날. ◆(定好的)日期，日子。¶월급 날짜. =发薪日。❸ 어느 해의 어느 달 며칠에 해당하는 그 날. ◆(某一)日，天。¶원서는 그 날짜의 소인으로 찍힌 것만 접수합니다. =只接收盖有当日邮戳的申请书。

날치【명사】날칫과의 바닷물고기. ◆图飞鱼。

날치기【명사】图 ❶ 남의 물건을 잽싸게 채어 달아나는 짓. ◆(迅速地一把)抢走。¶돈 가방을 날치기를 당하다. =钱包被抢走。❷ 남의 물건을 잽싸게 채어 달아나는 도둑. ◆扒手，小偷。¶그는 악명 높은 날치기로 수배된 상태였다. =他是个恶名远扬的小偷，正在被通缉。❸ 법안을 가결할 수 있는 의원 정족수 이상을 확보한 당에서 법안을 자기들끼리 일방적으로 통과시키는 일. ◆(议会)强行。¶날치기 통과. =强行通过。● 날치기하다 ●

날카롭다【형용사】形 ❶ 끝이 뾰족하거나 날이 서 있다. ◆锋利。¶칼이 날카롭다. =刀刃锋利。❷ 생각하는 힘이 빠르고 정확하다. ◆(思想)敏锐。¶그는 어떠한 일에 대해 파악하는 능력이 매우 날카롭다. =他对某些事有着敏锐的把握能力。❸ 모양이나 형세가 매섭다. ◆(长相等)凶，凶狠。¶그 범인은 인상이 날카롭다. =那个犯人的样子很凶。❹ 소리나 냄새 따위가 감각에 거슬릴 만큼 강하다. ◆(声音或气味等)刺激，刺耳，尖锐。¶비명소리가 날카롭다. =惨叫声很刺耳。❺ 자극에 대한 반응이 지나치게 민감하다. ◆(反应)过于敏感，过激。¶신경이 날카롭다. =神经敏感。

날품팔이【명사】图 ❶ 날삯을 받고 파는 품. ◆零工，短工。¶그는 날품팔이로 겨우겨우 살아가다. =他靠每天打短工来维持生计。● 날일 날삯일 날품일공(日工) ● ❷ 날품팔이꾼(날삯을 받고 품팔이를 하는 사람). ◆打零工的人。

낡다【형용사】形 ❶ 물건 따위가 오래되어 헐고 너절하다. ◆旧，破旧。¶새로 이사간 집은 너무 낡았다. =新搬入的房子很旧。❷ 생각이나 제도, 문물 따위가 시대에 뒤떨어져 새롭지 못하다. ◆(想法、制度等)迂腐，陈旧。¶그의 낡은 사고방식은 젊은이들과 화합하기 힘들다. =他那陈旧的思考方式很难和年轻人契合。

-남[1](男)【접사】'남자'의 뜻을 더하는 접미사. ◆后缀男，男子，男人。¶동정남. =处男。

남[2]【명사】图 ❶ 자기 이외의 다른 사람. ◆别人，他人。¶그는 남의 일에 참견을 잘 해서 피곤하다. =他总是干涉别人的事，让人厌烦。❷ 아무런 관계가 없거나 관계를 끊은 사람. ◆外人，陌路人。¶저 부부는 사이가 남보다 더 안 좋다. =那对夫妇的关系连陌路人都不如。

남[3](男)【명사】남자(남성(男性)으로 태어난 사람). ◆图男性。

남[4](南)【명사】네 방위의 하나. 나침반의 에스(S)극이 가리키는 방위이다. ◆图[地理]南边，南方。

남[5]-(男)【접사】(前) [일부 명사 앞에 붙어] '남자'의 뜻을 더하는 접두사. ◆[前缀]男，男的。¶남학생. =男学生。

-남[6]【어미】(아주 낮춤으로) 어떠한 사실에 대해 스스로에게 묻거나 불평함을 나타내는 종결 어미. ◆词尾难道，难道说(疑问式终结词尾，表示自问或不悦的语气。)。¶그렇게 그 자리가 탐이 나남? =难道就那么眼红那个位置?

남국(南國)【명사】남쪽에 있는 나라. ◆图南国。¶그 지역은 남국의 정취가 물씬 느껴지는 곳이다. =那个地方让人充分感受到南国情调。

남극(南極)【명사】지구의 자전축을 연장할 때, 천구와 마주치는 남쪽 점. ◆图南极。

남극 대륙(南極大陸)【명사】남극점을 중심으로 펼쳐져 있는 고원 대륙. ◆ 名南极大陆。¶많은 탐험가들이 남극대륙 횡단에 나섰다. =许多探险家前去横跨南极大陆。

남기다【동사】动 ❶ 다 쓰지 않거나 정해진 수준에 이르지 않아 나머지가 있게 되다. ◆ 留, 留下(某物)。¶음식을 남기다. =留下食物。❷ 다른 사람과 함께 떠나지 않고 있던 그대로 있다. ◆ 留, 留下, 留在(某地)。¶고향에 처자를 남기다. =把妻儿留在故乡。❸ 들인 밑천이나 제 값어치보다 얻는 것이 많다. 또는 이익을 보다. ◆ 赚, 挣。❹ 잊히지 않거나 뒤에까지 전하다. ◆ 留下, 遗留。¶유산을 남기다. =留下遗产。

남김없이【부사】하나도 빼지 아니하고 모두 다. ◆ 副一点不剩地。¶그는 그 많은 음식을 남김없이 다 먹어 치웠다. =那么多的食物, 他一点不剩地全都吃光了。

남남【명사】서로 아무런 관계가 없는 남과 남. ◆ 名陌生人, 陌路, 毫无关系的人。¶부부는 헤어지면 남남이 된다. =夫妇分了手就成了陌路人。

남녀(男女)【명사】남자와 여자를 아울러 이르는 말. ◆ 名男女。

남녀노소(男女老少)【명사】남자와 여자, 늙은이와 젊은이이란 뜻으로, 모든 사람을 이르는 말. ◆ 名男女老少。¶그는 신세대 가수임에도 남녀노소 모두에게나 사랑을 받는다. =他虽然是个新潮歌手, 却受到男女老少所有人的喜爱。

남다【동사】动 ❶ 다 쓰지 않거나 정해진 수준에 이르지 않아 나머지가 있게 되다. ◆ 剩下。¶돈이 남다. =钱剩下了。❷ 들인 밑천이나 제 값어치보다 얻는 것이 많다. 또는 이익을 보다. ◆ 盈余, 赚钱。¶순수익이 많이 남다. =盈利很多。❸ 나눗셈에서, 나누어 떨어지지 않고 나머지가 얼마 있게 되다. ◆ 余。¶7을 2로 나누면 몫이 3이 되고 1이 남는다. =7除以2, 得3余1。❹ 다른 사람과 함께 떠나지 않고 있던 그대로 있다. ◆ 留下来。¶구조대원들은 살아남아 있는 사람들을 구조하러 떠났다. =救助队员们动身去营救幸存人员。❺ 잊히지 않거나 뒤에까지 전하다. ◆ 保留, 保存。¶첫사랑이 기억에 남다. =初恋保留在记忆中。❻ 어떤 상황의 결과로 생긴 사물이나 상태 따위가 다른 사람이나 장소에 있다. ◆ (事情结束后)留下。¶경기가 끝난 후 남아 있는 쓰레기를 치우는 그는 사람들에게 감명을 주었다. =比赛结束后, 清理场上残留垃圾的他令人感动。

남다르다【형용사】보통의 사람과 유난히 다르다. ◆ 形与众不同, 非常出色。¶그는 공부는 못하지만 축구만큼은 남다르다. =他学习不好, 足球却踢得非常出色。

남달리【부사】보통의 사람과 다르게. ◆ 副与众不同地, 格外, 特别地。¶그는 남달리 마음이 여렸다. =他的感情格外脆弱。

남대문(南大門))【명사】'숭례문(崇禮門)'의 다른 이름. 서울 도성(都城)의 남쪽 정문이라는 뜻이다. ◆ 名南大门(崇礼门的别称)。

남동(南東)【명사】남쪽을 기준으로 남쪽과 동쪽 사이의 방위. ◆ 名东南。

남동생(男--)【명사】남자 동생. ◆ 名弟弟。

남동쪽(南東-)【명사】남쪽을 기준으로 남쪽과 동쪽 사이의 방위. ◆ 名东南方, 东南边。

남동풍(南東風)【명사】동남쪽에서 서북쪽으로 부는 바람. 남동쪽에서 북서쪽으로 부는 바람. ◆ 名东南风。

남루하다(襤褸--)【형용사】옷 따위가 낡아 해지고 차림새가 너저분하다. ◆ 形褴褛, 破烂, 破旧。¶그는 남루한 옷차림이었지만 말을 올바르게 하는 사람이다. =他虽然衣衫褴褛, 但言谈举止风度十足。

남매(男妹)【명사】名 ❶ 오빠와 누이를 아울러 이르는 말. ◆ 兄妹。❷ 한 부모가 낳은 남녀 동기. ◆ 兄弟姐妹。¶그 집 남매는 우애가 돈독하다. =那一家子兄弟姐妹间感情很深。

남몰래【부사】어떤 행위를 남이 모르게 하는 모양. ◆ 副偷偷地, 暗地里, 暗中。¶그는 남몰래 불법적인 일을 하여 구속되었다. =他因暗中进行违法勾当而被拘留。

남문(南門)【명사】名 ❶ 남쪽으로 난 문. ◆ 南门。❷ 성곽의 남쪽에 있는 문. ◆ 南城门。

남반구(南半球)【명사】적도를 경계로 지구를 둘로 나누었을 때의 남쪽 부분. 바다와 육지의 비율은 80.9대 19.1로 북반구에 비하여 바다 면적이 훨씬 넓다. ◆ 名南半球。

남발(濫發)【명사】名 ❶ 법령이나 지폐, 증서 따위를 마구 공포하거나 발행함. ◆ 滥发, 乱发行, 随便发行。¶그는 신용카드(信用) 사용을 남발하여 결국 신용불량자가 되었다. =他乱用信用卡, 结果成了信用不良者。❷ 어떤 말이나 행동 따위를 자꾸 함부로 함. ◆ 乱说, 胡乱发表(言辞、行为等)。● 남발되다(濫發--), 남발하다(濫發--) ●

남방(南方)【명사】名 ❶ 남쪽. 네 방위의 하나. 나침반의 에스(S) 극이 가리키는 방위이다. ◆ 南方, 南边。❷ 남쪽 지방. ◆ 南方, 南部。

남방셔츠(南方)【명사】여름에 양복저고리 대신으로 입는 얇은 옷. ◆ 名短袖衬衫。

남부(南部)【명사】어떤 지역의 남쪽 부분. ◆ 名南部。¶남부 지방은 지금 집중호우가 쏟아지고 있습니다. =南部地区现在正下着暴雨。

남부끄럽다【형용사】창피하여 남을 대하기가 부끄럽다. ◆ 形羞愧, 惭愧。¶남부끄러워서 길을 다닐 수가 없다. =羞愧得不敢在大街上走路。

남북(南北)【명사】남쪽과 북쪽을 아울러 이르는 말. ◆ 名南北。¶남북으로 길게 뻗은 대로. =南北延伸的大路。

남빛(藍-)【명사】짙은 푸른빛. ◆ 名蓝, 蓝色。

남사스럽다【형용사】남우세스럽다(남에게 놀림과 비웃음을 받을 듯하다). ◆ 形招人耻笑。

남산(南山)【명사】한국에는 서울특별시 중구와 용산구 사이에 있는 산. ◆ 名南山(位于首尔中区和龙山

区之间的山名)。¶남산은 서울을 감싸고 있다. =南山环绕着首尔。

남색(藍色)【명사】푸른빛을 띤 자주색. 또는 그런 색의 물감. 기본색의 하나. ◆名蓝，蓝色。

남생이【명사】남생잇과의 하나. 거북과 비슷하나 작으며, 등은 진한 갈색의 딱지로 되어 있고 네 발에는 각각 다섯 개의 발가락이 있는데 발가락 사이에는 물갈퀴가 있다. ◆名金龟。

남서(南西)【명사】남쪽을 기준으로 남쪽과 서쪽 사이의 방위. ◆名西南。

남서풍(南西風)【명사】서남풍(서남쪽에서 동북쪽으로 부는 바람). ◆名西南风。

남성(男性)【명사】성(性)의 측면에서 남자를 이르는 말. 특히, 성년(成年)이 된 남자를 이른다. ◆名男性，男子。

남아(男兒)【명사】名 ❶ 남자인 아이. ◆ 男孩，男婴。❷ 남자다운 남자. ◆ 男子汉。¶언제나 남아의 기상이 있어야 한다. =无论何时都要有男子汉气概。

남아돌다【동사】아주 넉넉하여 나머지가 많이 있게 되다. ◆动多的是，绰绰有余。¶자재가 남아돈다. =材料绰绰有余。

남아메리카(南)【명사】아메리카 대륙의 남부. ◆名南美洲，南美。

남용(濫用)【명사】名 ❶ 일정한 기준이나 한도를 넘어서 함부로 씀. ◆ 滥用，乱用。¶그는 약물 남용으로 약에 중독되었다. =他因滥用药物导致药物中毒。❷ 권리나 권한 따위를 본래의 목적이나 범위를 벗어나 함부로 행사함. ◆ 滥用(权力等)。¶권력의 남용. =权力的滥用。● 남용되다(濫用--), 남용하다(濫用--) ●

남우(男優)【명사】남자 배우. ◆名男演员。

남위(南緯)【명사】적도로부터 남극에 이르기까지의 위도. 적도를 0도로 하여 남극의 90도에 이른다. ◆名南纬。

남자(男子)【명사】名 ❶ 남성(男性)으로 태어난 사람. ◆ 男人，男性。❷ 사내다운 사내. ◆ 男子汉。❸ 한 여자의 남편이나 애인을 이르는 말. ◆ 丈夫;男朋友。

남자 친구(男子親舊)【명사】❶ 여성의 남자 애인. ◆名男朋友，男友。❷ 남자가 남성과 여성친구를 구분해서 말할 때 남성 친구를 지칭함. ◆ 男性朋友。

남장(男裝)【명사】여자가 남자처럼 차림. 또는 그런 차림새. ◆名男装，女扮男装。¶그녀는 남장을 했으나 얼굴은 여자의 모습이 역력하다. =她虽然是男装打扮，但脸庞却明显是女人模样。

남존여비(男尊女卑)【명사】사회적 지위나 권리에 있어 남자를 여자보다 우대하고 존중하는 일. ◆名[社会]男尊女卑，重男轻女。

남짓【의존 명사】크기, 수효, 부피 따위가 어느 한도에 차고 조금 남는 정도임을 나타내는 말. ◆依名多，余。¶그 행사에 천 명 남짓한 사람들이 모였다. =一千多人参加了那个活动。

남짓하다【형용사】크기, 수효, 부피 따위가 어느 한도에 차고 조금 남는 정도이다. ◆形多，余 。¶모인 인원이 백 명 남짓하다. =聚集的人员有一百多个。

남촌(南村)【명사】남쪽에 있는 마을. ◆名南边的村子。

남편(男便)【명사】혼인을 하여 여자의 짝이 된 남자를 그 여자에 상대하여 이르는 말. ◆名丈夫，老公。

남풍(南風)【명사】남쪽에서 불어오는 바람. ◆名南风。

남하(南下)【명사】남쪽으로 내려감. ◆名南下，南进。¶장마전선이 남하하여 중부지방은 맑은 날씨를 보이겠습니다. =由于梅雨南下，中部地区将会出现晴朗天气。● 남하하다(南下--) ●

남학교(男學校)【명사】남학생만을 가르치는 학교를 통틀어 이르는 말. ◆名男子学校。

남학생(男學生)【명사】남자 학생. ◆名男生，男学生。

남향(南向)【명사】남쪽으로 향함. 또는 그 방향. ◆名朝南，向阳。¶남향 집은 햇볕도 잘 들고 시원하다. =向阳房暖和，采光也好。

남향집(南向-)【명사】남향을 향하도록 지은 집. ◆名向阳房，朝南的房子。

납【명사】名 ❶ 푸르스름한 잿빛의 금속 원소. ◆ 铅。❷ 주로 땜질에 쓰는 것으로 납과 주석을 섞은 것. ◆ 蜡。

납골당(納骨堂)【명사】시신을 화장한 후 유골을 모셔 두는 곳. ◆名骨灰堂。¶장제(葬制)로 화장을 권장하여 납골당을 이용하는 가족이 많아졌다. =由于鼓励实行火葬，使用骨灰堂的家庭越来越多。

납기(納期)【명사】세금이나 공과금 따위를 내는 시기나 기한. ◆名缴纳期限，缴费期限。

납기일(納期日)【명사】세금이나 공과금 따위를 내도록 미리 한정한 날. ◆名缴费日。¶자동차세 납기일을 지키지 않아 미납금과 연체료가 나왔다. =没有按期缴纳车税，结果收到了拖欠款和滞纳金通知单。

납덩이【명사】납으로 된 덩이. ◆名铅块。

납득(納得)【명사】다른 사람의 말이나 행동, 형편 따위를 잘 알아서 긍정하고 이해함. ◆名理解，接受。¶그는 간혹 납득이 안가는 행동을 한다. =他经常做出一些令人无法理解的举动。● 납득되다(納得--), 납득하다(納得--) ●

납득시키다(納得---)【동사】다른 사람의 말이나 행동, 형편 따위를 잘 알아서 긍정하고 이해하게 하다. ◆动使理解，使接受，说服。¶그녀를 납득시키는 일은 정말 어려운 일이다. =说服她真是不容易。

납땜【명사】땜납을 녹여 금속과 금속을 이어 붙이거나 금속에 난 구멍을 때움. ◆名锡焊。¶부러진 손잡이를 납땜으로 붙였다. =用锡焊把断掉的把手接上了。

납량(納凉)【명사】여름철에 더위를 피하여 서늘한 기운을 느낌. ◆名乘凉，纳凉。¶납량 특집 영화. =纳凉电影特辑。

납부(納付/納附)【명사】세금이나 공과금 따위를 관계 기관에 냄. ◆名缴纳，交。¶등록금 납부. =缴

纳注册费。● 납부되다(納付/納附--), 납부하다(納付/納附--) ●

납세(納稅)【명사】세금을 냄. ◆ 图缴税，纳税。

납입(納入)【명사】세금이나 공과금 따위를 내는 것. ◆ 图缴纳。¶납입 기한(期限). =缴纳期限。● 납입되다(納入--), 납입하다(納入--) ●

납작코【명사】콧날이 서지 않고 납작하게 가로로 퍼진 코. 또는 그런 코를 가진 사람. ◆ 图塌鼻子，塌鼻梁。¶친구들이 그를 납작코라고 놀린다. =朋友们给他起了个外号"塌鼻梁"。

납작하다【형용사】판판하고 얇으면서 좀 넓다. ◆ 形扁扁的，扁平的。

납치(拉致)【명사】강제 수단을 써서 억지로 데리고 감. ◆ 图绑架，劫持。● 납치되다(拉致--), 납치하다(拉致--) ●

납품(納品)【명사】계약한 곳에 주문 받은 물품을 가져다 줌. 또는 그 물품. ◆ 图交货；交的货物。● 납품하다(納品--) ●

낫【명사】곡식, 나무, 풀 따위를 베는 데 쓰는 농기구. 시우쇠로 'ㄱ' 자 모양으로 만들어 안쪽으로 날을 내고, 뒤 끝 슴베에 나무 자루를 박아 만든다. ◆ 图镰刀。

낫다[1]【동사】병이나 상처 따위가 고쳐져 본래대로 되다. ◆ 动 (伤、病等)好，痊愈。¶그는 감기가 나아 수영을 할 수 있게 되었다. =他感冒好了，能游泳了。

낫다[2]【형용사】보다 더 좋거나 앞서 있다. ◆ 形更好，更强，更优秀。

낭군(郎君)【명사】예전에, 젊은 아내가 자기 남편이나 연인을 부르던 말. ◆ 图郎君，夫君。¶낭군을 애타게 기다리는 여자의 마음. =苦苦等待郎君的女人的心情。

낭독(朗讀)【명사】글을 소리 내어 읽음. ◆ 图朗读，朗诵。¶시(詩) 낭독. =诗朗诵。● 낭독되다(朗讀--), 낭독하다(朗讀--) ●

낭떠러지【명사】깎아지른 듯한 언덕. ◆ 图悬崖，峭壁。

낭랑하다(朗朗--)【형용사】소리가 맑고 또랑또랑하다. ◆ 形 (声音)清亮，清脆。¶그는 목소리가 낭랑하다. =他嗓音清亮。

낭만(浪漫)【명사】실현성이 적고 매우 정서적이며 이상적으로 사물을 파악하는 심리 상태. 또는 그런 심리 상태로 인한 감미로운 분위기. ◆ 图浪漫。

낭보(朗報)【명사】기쁜 기별이나 소식. ◆ 图喜讯，佳音，好消息。¶전자산업이 세계 1위를 했다는 낭보가 전해졌다. =传来了电子产业高居世界首位的好消息。

낭비(浪費)【명사】시간이나 재물 따위를 헛되이 헤프게 씀. ◆ 图浪费，荒废。¶시간의 낭비가 없도록 잘 활용하여 써야 한다. =要充分利用时间，不要浪费时间。● 낭비되다(浪費--), 낭비하다(浪費--) ●

낭비벽(浪費癖)【명사】시간이나 재물 따위를 헛되이 헤프게 쓰는 버릇. ◆ 图浪费癖，浪费嗜好。¶그는 낭비벽이 아주 심하다. =他有非常严重的浪费癖。

낭설(浪說)【명사】터무니없는 헛소문. ◆ 图谣言，谣传。¶그 연예인에 관한 소문은 낭설이었다. =关于那个艺人的传闻都是谣言。

낭송(朗誦)【명사】크게 소리를 내어 글을 읽거나 욈. ◆ 图朗诵，朗读。¶그는 시 낭송을 시작하였다. =他开始诗朗诵。● 낭송하다(朗誦--) ●

낭자(娘子)【명사】예전에, '처녀(處女)'를 높여 이르던 말. 결혼하지 아니한 성년 여자. ◆ 图姑娘(古代对姑娘的敬称)。

낭자하다(狼藉--)【형용사】形 ❶ 여기저기 흩어져 어지럽다. ◆ 一片狼藉，乱糟糟，斑斑。¶그 사건 현장에는 유혈이 낭자하다. =那个案件的现场血迹斑斑。❷ 왁자지껄하고 시끄럽다. ◆ 喧嚣，嘈杂，乱哄哄。¶낭자한 웃음소리. =乱哄哄的笑声。

낭패(狼狽)【명사】계획한 일이 실패로 돌아가거나 기대에 어긋나 매우 딱하게 됨. ◆ 图狼狈，尴尬。¶약속을 못 지키다니 참 낭패다. =竟然没能守约，真是没面子。● 낭패하다(狼狽--) ●

낭패스럽다(狼狽---)【형용사】계획한 일이 실패하거나 잘못될 듯한 상태에 있다. ◆ 形狼狈，尴尬。¶야심작으로 만들었는데 입선도 못해 낭패스럽다. =原本寄以厚望的作品居然未能入围，真是尴尬。

낮【명사】해가 뜰 때부터 질 때까지의 동안. ◆ 图白天，白昼。¶여름은 밤이 짧고 낮이 길다. =夏季昼长夜短。

낮다【형용사】形 ❶ 아래에서 위까지의 높이가 기준이 되는 대상이나 보통 정도에 미치지 못하는 상태에 있다. ◆ (高度)低，矮。¶이 구두는 굽이 낮다. =这双皮鞋的鞋跟很低。❷ 높낮이로 잴 수 있는 수치나 정도가 기준이 되는 대상이나 보통 정도에 미치지 못하는 상태에 있다. ◆ (数值或程度)低。¶봄에는 습도가 낮다. =春天湿度低。❸ 품위·능력·품질 따위가 바라는 기준보다 못하거나 보통 정도에 미치지 못하는 상태에 있다. ◆ (品质、能力等)低劣，劣质，差。¶이 종이는 질이 낮다. =这种纸质量很差。❹ 지위나 계급 따위가 기준이 되는 대상이나 보통 정도에 미치지 못하는 상태에 있다. ◆ (地位、品级等)低微，卑微。❺ 소리가 음계에서 아래쪽이거나 진동수가 작은 상태에 있다. ◆ (声音)低，低沉。¶남자의 음역(音域)은 여자의 음역보다 낮다. =男性的音域比女性低。

낮잠【명사】낮에 자는 잠. ◆ 图午睡，午觉，午休。¶더위에 지친 일꾼들이 그늘에서 낮잠을 자고 있었다. =热得精疲力尽的民工们正在树阴下睡午觉。

낮추다【동사】动 ❶ '낮다'의 사동사. 아래에서 위까지의 높이가 기준이 되는 대상이나 보통 정도에 미치지 못하는 상태에 있다. ◆ 放低，降低，压低("낮다"的使动形态)。¶음성을 낮추다. =压低声音。❷ 낮게 대접하는 말을 쓰다. ◆ (说话时)不用敬辞。¶말씀을 낮추십시오. =请您不要对我用敬语。❸ 남에게 자기 또는 자기에게 딸린 사람이나 사물을 겸손한 처지에 있게 하다. ◆ 动自谦，谦称。¶자기 작품을 '졸작'으로 낮추다. =把自己的作品谦称为"拙作"。

낮춤말【명사】상대를 높이는 뜻에서 자기와 자기가 속한 무리를 낮추어 이르는 말. '나'를 '저', '우리'를 '저희'라고 하는 따위이다. ◆名谦称，谦语。¶'나'의 낮춤말은 '저'입니다. ="나"的谦词是"저"。

낯【명사】名 ❶ 눈, 코, 입 따위가 있는 얼굴의 바닥. ◆脸，面孔。❷ 남을 대할 만한 체면. ◆脸，脸面。¶그를 대할 낯이 없다. =没脸见他。

낯가림【명사】名 ❶ 갓난아이가 낯선 사람 대하기를 싫어함. ◆认生，怕生。¶낯가림이 심한지 아이는 우리를 보자마자 울기 시작했다. =可能是认生，孩子一看见我们就哭了起来。❷ 적은 금전이나 선물 따위로 남에게 겨우 체면을 세움. ◆保住脸面。

낯간지럽다【형용사】너무 보잘것없거나 염치없는 짓이 되어 남 보기에 부끄럽다. ◆形难为情，不好意思；肉麻。

낯뜨겁다【형용사】무안하거나 부끄러워 얼굴이 몹시 화끈하다. ◆形脸红，不好意思，难为情。

낯모르다【동사】누구인 줄 모르다. ◆动陌生，面生。¶웬 낯모를 남자가 찾아왔다. =有个陌生男人来了。

낯빛【명사】얼굴의 빛깔이나 기색. ◆名脸色，神色，神情。¶낯빛 하나 변하지 않고 태연자약(泰然自若)하다. =面不改色，泰然自若。

낯설다【형용사】形 ❶ 전에 본 기억이 없어 익숙하지 아니하다. ◆面生，陌生。¶10년 만에 만난 친구가 낯설다. =有十年没见朋友了，有些陌生。❷ 사물이 눈에 익지 아니하다. ◆(事物)陌生，生疏。¶도시가 낯설다. =城市很陌生。

낯익다【형용사】여러 번 보아서 눈에 익거나 친숙하다. ◆形面熟，眼熟。¶낯익은 얼굴인데 기억이 나질 않는다. =看着面熟，可就是想不起来是谁。

낱【명사】여럿 가운데 따로따로인, 아주 작거나 가늘거나 얇은 물건을 하나하나 세는 단위. ◆名个，单个。¶아버지께서 사과 다섯 낱을 사 가지고 오셨다. =父亲买回来五个苹果。

낱개【명사】여럿 가운데 따로따로인 한 개 한 개. ◆名单，零。¶이 상품은 낱개도 판매합니다. =这种商品也单卖。

낱낱이【부사】하나하나 빠짐없이 모두. ◆副一一地，一个个地。¶그의 죄가 낱낱이 밝혀졌다. =他的罪行被一一查明。

낱말【명사】분리하여 자립적으로 쓸 수 있는 말이나 이에 준하는 말. 또는 그 말의 뒤에 붙어서 문법적 기능을 나타내는 말. ◆名词，单词，词语。¶틀린 낱말을 찾으시오. =请找出错误的单词。

낱알【명사】하나하나 따로따로인 알. ◆名一颗，一粒。¶예전에는 낱알도 버리지 않았다. =以前吃饭的时候，一粒粮食都不浪费。

낱장(-張)【명사】종이 따위가 따로따로인 한장 한장. ◆名单张。¶낱장으로 계산하지 말고 묶음으로 계산하시오. =别单张算了，论捆算吧。

낳다【동사】动 ❶ 배 속의 아이, 새끼, 알을 몸 밖으로 내놓다. ◆生，产，下。¶아이를 낳다. =生孩子。❷ 어떤 결과를 이루거나 가져오다. ◆带来，形成。¶그의 끊임없는 노력은 좋은 결과를 낳았다. =他的不懈努力为他带来了好结果。❸ 어떤 환경이나 상황의 영향으로 어떤 인물이 나타나도록 한다. ◆培育，培养。¶그는 우리나라가 낳은 천재적인 학자이다. =他是我国培养出来的天才学者。

내[1]【명사】시내보다는 크지만 강보다는 작은 물줄기. ◆名溪流，小河。¶우리 집 앞에는 내가 흐른다. =我家门前流淌着一条小河。

내[2]【명사】코로 맡을 수 있는 온갖 기운. ◆名气，味，气味。¶고소한 내가 코를 찌른다. =一阵香气扑鼻而来。

내[3]【대명사】'나'에 주격 조사 '가'나 보격 조사 '가' 앞에 쓰일 때의 형태. ◆代我(用于"-가"前的形态)。¶그 글은 내가 쓴 글이다. =那篇文章是我写的。

내[4](内)【의존 명사】일정한 범위의 안. ◆依名(与部分表示时间或空间范围的名词结合使用)里，内，之内。¶보고서를 오늘 내로 제출해 주세요. =请于今天内提交报告书。

내[5](缩) '나'에 관형격 조사 '의'가 결합하여 줄어든 말. ◆我的("나의"的略语)。¶내 것. =我的东西。

내[6](内)-【접사】일정한 범위의 안. ◆前缀(与部分表示时间或空间范围的名词结合使用)里，内，之内。¶보고서를 오늘 내로 제출해 주세요. =请于今天内提交报告。

내각[1](内角)【명사】한 직선이 두 직선과 각각 서로 다른 점에서 만날 때 두 직선의 안쪽에 생기는 각 ◆名内角，夹角。

내각[2](内閣)【명사】한국에는 국무 위원들로 구성된 국가의 행정을 담당하는 행정 중심 기관. ◆名韩国内阁。

내걸다【동사】动 ❶ 밖이나 앞쪽에 내다가 걸다. ◆打出，挂出。¶간판을 내걸다. =挂出招牌。❷ ('…에' 대신에 '…을 위하여'가 쓰이기도 한다) 목숨, 재산, 명예 따위의 희생을 무릅쓰다. ◆不惜，豁出。❸ 목표·주제·조건 따위를 앞세우거나 내세우다. ◆提出，制定出。

내과(内科)【명사】내장의 기관에 생긴 병을 외과적 수술에 의하지 않고, 물리 요법이나 약으로 치료하는 의학. 또는 병원의 그 부서. ◆名内科。¶이 병원은 내과 전문병원이다. =这家医院是专门的内科医院。

내구성(耐久性)【명사】물질이 원래의 상태에서 변질되거나 변형됨이 없이 오래 견디는 성질. ◆名持久性，耐用性。¶이 재료는 내구성이 뛰어나다. =这种材料的持久性出众。

내기【명사】금품을 거는 등 일정한 약속 아래에서 승부를 다툼. 이긴 사람이 걸어 놓은 물품이나 돈을 차지한다. ◆名打赌，赌博。¶그는 내기만 하면 다 이긴다. =他逢赌必赢。

내기하다【동사】이긴 사람이 걸어 놓은 물품이나 돈을 차지하기로 미리 약속을 하고 그 약속 아래에서 승부를 다투다. ◆动赌，打赌，赌钱。¶나는 이번 경기결과에 내기하여 이겼다. =这场比赛的结果，我

赌赢了。

내내【부사】처음부터 끝까지 계속해서. ◆ 副始终，终，整个。¶이 지역은 일년 내내 따뜻한 기후다. =这一带终年气候温暖。

내년(來年)【명사】올해의 바로 다음 해. ◆ 名来年，明年。¶경치가 너무 좋아 내년 휴가에도 오고 싶다. =景色实在是太迷人了，明年休假还想来。

내년도(來年度)【명사】내년의 한 해. ◆ 名下一年度。¶내년도 예산안에 대한 심의가 있었다. =对下一年度预算案进行了审议。

내놓다【동사】动 ❶ 물건을 밖으로 옮기거나 꺼내 놓다. ◆ 拿出。¶빨래를 내놓다. =拿出要洗的衣服。❷ 집이나 물건 따위를 매매나 임대를 목적으로 사람들에게 선보이다. ◆ 空出，腾出(房屋、建筑等)。¶그 집을 전세로 내놓다. =把那套房子租出去。❸ 붙잡아 두었던 사람이나 짐승 따위를 자유롭게 활동할 수 있도록 해 주다. ◆ 放，放出，放开。¶그는 소를 내놓고 키운다. =他把牛赶到山里进行放养。❹ 음식 따위를 대접하다. ◆ 拿出，招待(饮食等)。¶손님에게 차와 과일을 내놓았다. =用茶果招待客人。❺ 작품이나 보고서 및 상품 따위를 발표하거나 선보이다. ◆ 推出，发布(作品、报告等)。¶신곡을 내놓다. =推出新曲。❻ 생각이나 의견을 제시하다. ◆ 提出，拿出。¶의견을 내놓다. =提出意见。❼ 가지고 있거나 차지하고 있던 돈이나 자리 따위를 내주다. ◆ 拿出，捐出。¶기부금을 내놓다. =拿出捐款。❽ 신체나 신체의 일부를 바깥으로 드러나게 하다. ◆ 露出，袒露。¶의사에게 배를 내놓다. =露出腹部让医生看。❾ 목숨, 명예 따위의 희생을 무릅쓰다. ◆ 动豁出，拼上。¶그는 목숨을 내놓고 비리를 폭로했다. =豁出性命检举/揭发不正之风。❿ 일정한 범위에서 제외하거나 버리다. ◆ 扔掉，抛弃。¶그는 내놓은 자식이다. =他是被抛弃的孩子。

내다[1]【동사】动 ❶ 길을 새로 만들다. ◆ 铺，修，开(路)。¶길을 내다. =铺路。❷ 구멍이나 자국 따위를 만들다. ◆ 钻，凿。¶송곳으로 구멍을 내다. =用锥子钻孔。❸ 출판물에 기사를 싣다. 또 책·신문 따위를 출판 발행하다. ◆ 刊登，发行。¶특종 기사를 내다. =刊登特别报道。❹ 살림·영업 따위를 하게 만들다. ◆ 开，开办。¶다방을 내다. =开茶馆。❺ 모종을 옮겨 심다. ◆ 插(稻秧)。¶모를 내다. =插秧。❻ 제출·출품·지급하거나 바치다. ◆ 交，提交。¶세금을 내다. =交税。❼ 안에 있는 것을 밖으로 나오게 하다. ◆ 搬出，放出，发出。¶책상을 밖으로 내다. =把桌子搬出去。❽ 편지 따위를 보내다. ◆ 发出，寄出。¶독촉장을 내다. =发出催单。❾ 곡식을 팔다. ◆ 卖(粮食)。¶쌀을 내서 광목을 사다. =卖点大米买棉布。❿ 음식 따위를 먹게 하다. ◆ 请客，做东。¶저녁을 내다. =请吃晚饭。⓫ 일어나게 하다. ◆ 掀起，扬起。¶먼지를 내다. =扬起灰尘。⓬ 틈을 나게 하다. ◆ 抽出，挤出(时间、空闲)。¶시간을 내다. =抽出时间。⓭ 어떤 상태로 만들거나 그렇게 되게 하다. ◆ 造成，使之……，使其…… ¶박살을 내다. =捣毁。⓮ 빚·허가 따위를 얻다. ◆ 借，贷，租。¶빚을 내어 병을 고치다. =借钱治病。

내다[2]【보조 동사】앞말이 뜻하는 행동이 스스로의 힘으로 끝내 이루어짐을 나타내는 말. 주로 그 행동이 힘든 과정임을 보일 때 쓴다. ◆ 补动(艰难的事情)完成，成功。¶공격을 막아내다. =顶住攻击。

내다버리다【동사】밖으로 가져다 버리다. ◆ 动扔出去，拿出去扔掉。¶쓸모 없는 물건을 내다버리다. =把没用的东西拿出去扔掉。

내다보다【동사】❶ 안에서 밖을 보다. ◆ 向外看，朝外看。¶문틈으로 밖을 내다보다. =从门缝里向外看。❷ 먼 곳을 보다. ◆ 远眺，眺望。¶그는 앞을 내다보지 못해 교통사고를 당했다. =他看不到前面的路况，结果出了交通事故。❸ 앞일을 미리 헤아리다. ◆ 预料，估计。¶의사는 그의 팔이 곧 나아질 것이라고 내다보았다. =医生估计他的胳膊很快就会痊愈。● 내다보이다 ●

내다팔다【동사】밖으로 가지고 가서 팔다. ◆ 动拿去卖掉，拿出去卖。¶안 쓰는 운동기구를 내다팔다. =把不用的运动器具拿出去卖掉。

내닫다【동사】动 ❶ 갑자기 밖이나 앞쪽으로 힘차게 뛰어나가다. ◆ 冲出去，奔出去。¶전속력으로 내닫다. =全速冲出去。❷ 감히 어떤 일을 하려고 덤벼들다. ◆ 挑战，出面做。¶그는 아무도 내닫지 못한 일을 해냈다. =他成功的完成了别人都不敢挑战的事。

내달리다【동사】힘차게 달리다. ◆ 动飞奔，奔跑，奔驰。¶말을 타고 드넓은 들판을 내달리다. =在旷野上骑马奔驰。

내던지다【동사】动 ❶ 아무렇게나 힘차게 던지다. ◆(用力)掷，抛，投，甩。¶그는 방으로 들어서며 가방을 한쪽 구석에 내던졌다. =他一进屋就把书包扔到一旁。❷ 아무렇게나 말하다. ◆ 撂下，丢下(话)。¶그가 내던지는 말에 나는 상처를 받았다. =他撂下狠话让我很受伤。❸ 관계를 끊고 돌보지 아니하다. ◆ 抛下，丢下，弃置不顾。¶그는 가족을 내던지고 돈 벌러 타국으로 갔다. =他抛下家人出国挣钱去了。❹ 일정한 목적을 위하여 희생하다. ◆ 不顾，豁出。

내동댕이치다【동사】❶ 아무렇게나 힘껏 마구 내던지다. ◆ (用力)乱摔，乱抛，乱砸。¶그는 화가 나면 잡히는 물건을 전부 내동댕이치다. =他一生气，就会拿来手边的东西乱摔。❷ 어떤 것을 버리거나 포기하다. ◆ 抛弃，扔掉。¶그는 자존심도 내동댕이쳤다. =他连自尊都抛弃了。

내두르다【동사】动 ❶ 이리저리 휘휘 흔들다. ◆ 晃，晃来晃去。¶그는 고개를 설레설레 내두르다. =他脑袋晃个不停。❷ 사람을 자기 마음대로 움직이다. ◆ 随意摆布，随意指使。¶며느리가 시어머니를 내두른다. =儿媳随意指使婆婆。

내디디다【동사】动 ❶ 밖이나 앞쪽으로 발을 옮겨 현재의 위치에서 다른 장소로 이동하다. ◆ 迈出，踏出。¶걸음을 내디디다. =迈开脚步。❷ 무엇을 시작하거나, 새로운 범위 안에 처음 들어서다. ◆ 迈出，开始。¶그는 사회에 첫발을 내디뎠다. =他迈出了走

向社会的第一步。● (준) 내딛다 ●

내란(內亂)【명사】나라 안에서 정권을 차지할 목적으로 벌어지는 큰 싸움. ◆ 图内乱，内战。¶내란이 발생하다. =发生内乱。

내려가다【동사】动 ❶ 높은 곳에서 낮은 곳으로 또는 위에서 아래로 가다. ◆ 下，下去。¶지하실에 내려가다. =下到地下室。❷ 지방으로 가다. ◆ 下，回，返(家乡或地方)。¶그는 사업을 다 접고 고향으로 내려갔다. =他结束了所有的生意回到了家乡。❸ 북쪽에서 남쪽으로 가다. ◆ 南下。¶겨울이 되자 제비가 남쪽으로 내려갔다. =一到冬天，燕子就飞到南方去了。❹ 뒷날로 전하여 가다. ◆ 传下去，延续下去。❺ 음식물이 소화되다. ◆ (食物)消化。¶점심으로 먹은 떡이 아직도 내려가지 않고 있다. =中午吃的糕还没消化。❻ 값이나 통계 수치, 온도, 물가 따위가 낮아지거나 떨어지다. ◆ 下降，下跌。¶물가가 내려가다. =物价下跌。❼ 중앙 부서에서 지방 부서로 또는 상급 기관에서 하급 기관으로 자리를 옮기다. ◆ 下，下到(地方部门或下级机关)。¶그는 발령을 받아 지방으로 내려가다. =他接到调令下调到了地方。❽ 어떤 물체를 높은 곳에서 낮은 곳으로 옮겨가다. ◆ 拿下去；流向。¶물이 상류에서 하류로 내려간다. =水从上游流向下游。

내려놓다【동사】动 ❶ 위에 있는 것이나 들고 있는 것을 아래로 놓다. ◆ 放下，取下。¶가방을 탁자에 내려놓다. =把包放到桌子上。❷ 기차나 택시 따위가 사람을 어떤 지점에 옮겨다 주다. ◆ (从车上)让……下车。¶운전기사가 어린아이를 집 앞에 내려놓다. =司机让小孩在家门口下了车。

내려다보다【동사】动 ❶ 위에서 아래를 향하여 보다. ◆ 向下看，俯视，鸟瞰 。¶누워 있는 어머니를 내려다보다. =俯视躺着的母亲。❷ 자기보다 한층 낮추어 보다. ◆ 轻视，小看，小瞧，看不起。¶사람을 내려다보다. =小看人。● 내려다보이다 ●

내려서다【동사】动 ❶ 높은 곳에서 낮은 곳으로 옮아서 서다. ◆ 往下站，下去，下来。¶계단에서 내려서다. =从台阶上下来。❷ 등급이나 지위 따위가 높은 곳에서 낮은 곳으로 옮아가다. ◆ 下降，降低。¶그는 이번 시험에서 2등으로 내려섰다. =这次考试他降到了第二名。

내려앉다【동사】动 ❶ 먼지·새·비행기 따위가 아래로 내려와 앉다. ◆ 飞落。¶새가 밭에 내려앉다. =小鸟飞落在田里。❷ 건물·지반·다리·틀 따위가 무너져 내리거나 평평하던 곳이 꺼지다. ◆ 塌陷，坍塌。¶도로의 지반이 내려앉다. =公路路基塌陷。❸ 안개나 어둠 따위가 깔리다. ◆ (雾气、夜幕等)降临，弥漫。¶어둠이 내려앉다. =夜幕降临。❹ 몹시 놀라 걱정되거나 마음이 무거워지다. ◆ 动 (心)下沉，下坠。¶그의 사고 소식에 그녀는 심장이 내려앉는 느낌을 받았다. =听到他出事的消息，她感到自己的心在下坠。❺ 낮은 지위의 자리로 옮겨 앉다. ◆ 动 (职、级)降，下降。¶사업 실패로 사장에서 부장으로 내려앉다. =由于经营失败，从社长降为了部长。

내려오다【동사】动 ❶ 높은 곳에서 낮은 곳으로 또는 위에서 아래로 가다. ◆ 下来，降下。¶위층에 살다가 아래층으로 내려오다. =在楼上住了一阵，搬到了楼下。❷ 서울 따위의 중앙에서 지방으로 오다. ◆ 下，回，返(地方、家乡等)。¶자식들은 방학 때는 시골에 내려온다. =孩子们放假时都会回到家乡。❸ 상급 기관에서 하급 기관으로 또는 높은 자리에서 낮은 자리로 옮겨오다. ◆ (从高位或上级机关)降下来。❹ 북쪽에서 남쪽으로 오다. ◆ 南下，来南方。❺ 계통을 따라 차례대로 전해 오다. ◆ (依次)向下传达。¶상부의 명령이 내려오다. =上头来了命令。❻ 기준이 되는 시점으로 가까이 다가오다. ◆ 下来，走来。¶강을 따라 쭉 내려오다. =沿着河流一直走来。❼ 과거로부터 지금까지 전해 오다. ◆ 流传，传承，传下来。¶요리법이 조상 대대로 내려온다. =烹饪方法从祖先那里一代代传下来。❽ 어떤 장소를 높은 곳에서 낮은 곳으로 옮겨오다. ◆ 走下，下来。¶언덕길을 조심조심 내려오다. =小心翼翼地走下山坡。

내려치다【동사】动 ❶ 사람이 어떤 대상을 위에서 아래로 힘껏 때리거나 치다. ◆ 捶，捶打。¶책상을 내려치다. =捶桌子。❷ 어떤 물체가 어떤 대상을 위에서 아래로 힘껏 부딪거나 치다. ◆ 捶，捣，砸。¶바닥을 내려치다. =捶地。

내력(來歷)【명사】图 ❶ 지금까지 지내온 경로나 경력. ◆ 来历，来龙去脉。¶그는 사건의 내력을 적어 상부에 보고했다. =他把案件的来龙去脉记录下来，汇报给上级。❷ 일정한 과정을 거치면서 이루어진 까닭. ◆ 原因，缘由。¶그가 그렇게 행동하는 내력을 아무도 모른다. =谁也不知道他这么做的原因。❸ 부모나 조상으로부터 내려오는 유전적인 특성. ◆ 家传，遗传。¶그의 게으름은 집안 내력이다. =他的懒惰来自家传。

내륙(內陸)【명사】바다에서 멀리 떨어져 있는 육지. ◆ 图内陆。¶내륙지방. =内陆地方。

내리꽂다【동사】어떤 대상을 위에서 아래로 힘차게 꽂다. ◆ 动 (猛地)下插，扣。¶그 선수는 강한 스파이크로 공을 코트에 내리꽂았다. =那个选手一记猛扣，把球扣在了界内。● 내리꽂히다 ●

내리누르다【동사】动 ❶ 위에서 아래로 힘껏 누르다. ◆ (用力)下压，下按。¶유도경기에서 상대선수를 내리누르기 30초 이상이면 유효를 얻는다. =在柔道比赛中，压住对手30秒钟以上就算有效。❷ 무거운 분위기나 감정, 피로 따위가 심한 압박감을 주다. ◆ (气氛、感情、疲劳等)压，压制，笼罩。¶피로가 온몸을 내리누르다. =浑身疲劳。

내리다【동사】动 ❶ 눈, 비, 서리, 이슬 따위가 오다. ◆ 下，降，落。¶완연한 봄인데도 아침에 서리가 내렸다. =虽然春意已浓，早晨还是下了霜。❷ 어둠, 안개 따위가 짙어지거나 덮여 오다. ◆ 下，降临。¶어둠이 내린 거리를 그와 함께 걸었다. =和他一起走在暮色降临的街上。❸ 쪘거나 부었던 살이 빠지다. ◆ 瘦，消瘦；消(肿)。¶출산 1달 후 부기가 내리다. =产后一个月浮肿消下去了。❹ 타고 있던 물체에서 밖으로 나와 어떤 지점에 이르다. ◆ 下，下

车。¶택시에서 내리다. =下出租车。❺ 비행기 따위가 지상에 도달하여 멈추다. ◆ 降落，着陆。¶활주로에 비행기가 내리다. =飞机降落在跑道上。❻ 탈것에서 밖이나 땅으로 옮아가다. ◆ 下(车、船、飞机等)。¶그녀는 뱃멀미가 심해 배에서 서둘러 내렸다. =她晕得厉害，就匆匆忙忙地下了船。❼ 위에 있는 것을 낮은 곳 또는 아래로 끌어당기거나 늘어뜨리다. ◆ 放下，拉下，垂下。¶너무 더워 창문을 내리다. =天太热，就把升降窗放了下来(한국어예문이 좀 이상해서 중국어번역도 이상해요.)。❽ 판단, 결정을 하거나 결말을 짓다. ◆ 下，做，做出(结论)。¶심사위원들이 논문심사에 대한 결론을 내렸다. =答辩委员们对论文答辩情况下了结论。❾ 위에 올려져 있는 물건을 아래로 옮기다. ◆ 搬下，拿下，取下。¶선반 위의 그릇을 내리다. =把搁板上的器皿取下来。❿ 가루 따위를 체에 치다. ◆ 过箩，筛。¶밀가루를 내리다. =面粉过箩。⓫ 값이나 수치·온도·성적 따위가 이전보다 떨어지거나 낮아지다. 또는 그렇게 하다. ◆ 下跌；降低。¶가격을 내리다. =降低价格。⓬ 먹은 음식물 따위가 소화되다. 또는 그렇게 하다. ◆ 使消化，消除。¶주체(酒滯)를 내렸다. =消除酒后胃胀。⓭ 막, 휘장, 커튼 따위가 위에서 아래로 옮겨가다. 또는 그렇게 하다. ◆ (幕布、窗帘、帷幕等)落下；拉下。¶막이 내리고 사람들이 자리에서 일어났다. =幕布落下，人们从座位上站了起来。⓮ 뿌리가 땅속으로 들어가다 ◆ 扎，扎下(根)。¶씨가 뿌리를 내렸다. =种子扎根于泥土。⓯ 윗사람으로부터 아랫사람에게 상이나 벌 따위가 주어지다. 또는 그렇게 하다. ◆ 授予，加以(奖惩等)。¶학교는 그에게 공로상을 내렸다. =学校授予他功勋奖。⓰ 명령이나 지시 따위를 선포하거나 알려 주다. 또는 그렇게 하다. ◆ 下达，宣布(命令或指示等)。¶상관이 부하에게 출동 명령을 내렸다. =上司对下属下达了出动命令。

내리뜨다【동사】눈을 아래쪽으로 뜨다. ◆ 动向下看，俯视。

내리막【명사】图 ❶ 높은 곳에서 낮은 곳으로 이어지는 비탈진 곳. ◆ 下坡。¶이 고개만 넘으면 내리막이 있어 걷기 힘들지 않을 것이다. =翻过这个山就是下坡路，应该不难走。❷ 기운이나 기세가 한창때가 지나서 약해지는 상황. ◆ 下坡路，衰退期。¶오르막이 있으면 내리막도 있는 법이다. =有上坡路，就会有下坡路。

내리막길【명사】图 ❶ 높은 곳에서 낮은 곳으로 이어지는 비탈진 길. ◆ 下坡路。¶내리막길을 따라 걸으니 걷기가 훨씬 수월하다. =下坡路走起来非常省劲。❷ 기운이나 기세가 한창때를 지나 약해지는 시기나 단계. ◆ 下坡路，衰退期，低潮。¶내리막길 인생. =处于衰退期的人生。

내리사랑【명사】손윗사람이 손아랫사람을 사랑함. 또는 그런 사랑. 특히 자식에 대한 부모의 사랑을 이른다. ◆ 图父母对子女的爱；长辈对小辈的爱。¶내리사랑은 있어도 치사랑은 없습니다. =父母再疼爱子女，也不见子女关心父母。

내리쬐다【동사】볕 따위가 세차게 아래로 비치다. ◆ 动(阳光)直射，暴晒。¶햇빛이 내리쬐다. =阳光直射。

내리치다【동사】动 ❶ 위에서 아래로 힘껏 치다. ◆ (向下用力)捶，打，砸。¶화가 나 벽을 내리치다. =气得一拳砸在墙上。❷ 비바람, 번개 따위가 세차게 몰아치다. ◆ (风雨雷电等)劈，击。¶비가 내리치다. =大雨滂沱。

내림세【명사】물가나 시세 따위가 떨어지거나 낮아지는 형세. ◆ 图(物价或行情的)下跌趋势，跌势。¶주가의 내림세가 지속되면서 사람들의 불안은 커지지 시작했다. =股价持续下跌，人们的不安情绪开始扩散。

내림차순【명사】데이터를 정렬할 때, 큰 것부터 작은 것의 차례로 정렬하는 것. 알파벳의 경우는 Z부터 A로, 한글의 경우는 ㅎ부터 ㄱ으로 정렬한다. ◆ 图(数据的)降序，降序排列。

내막(內幕)【명사】겉으로 드러나지 아니한 일의 내용. ◆ 图内幕，内情，底细。¶그 비리의 내막을 밝히기 위해 검찰이 나섰다. =为了查明内幕，检察部门介入该腐败事件。

내면【명사】밖으로 드러나지 아니하는 사람의 속마음. 사람의 정신적, 심리적 측면을 이른다. ◆ 图内心，内在。¶사람의 내면을 알기란 쉽지 않다. =人的内心是很难看透的。

내몰다【동사】动 ❶ 일정한 지역 밖으로 몰아 쫓아내다. ◆ 赶走，轰走，驱逐。¶집주인은 세입자들을 길거리로 내몰다. =房东把房客们赶到了大街上。❷ 급하게 앞으로 달려가도록 몰다. ◆ 向前驱赶，迫使前行。¶적군 앞으로 군인들을 내몰다. =命令士兵们疾行到敌军跟前。❸ 단체나 조직으로부터 쫓아내다. ◆ 赶走，赶下，驱逐。❹ 일이나 상황을 급하게 다그치다. ◆ 逼，紧逼，逼迫。¶순한 사람도 자꾸 내몰면 무섭게 변할 수 있다. =兔子被逼急了也会咬人。

내밀다【동사】动 ❶ 신체나 물체의 일부분이 밖이나 앞으로 나가게 하다. ◆ 伸出，探出。¶그는 열차 밖으로 손을 내밀었다. =他把手伸出火车外。❷ 힘껏 밀어서 어떤 공간에서 밖으로 나가게 하다. ◆ 赶出，轰出。¶불청객을 집 밖으로 내밀다. =把不速之客赶出家门。❸ 돈이나 물건을 받으라고 내어 주다. ◆ 递出，递给。¶그녀에게 반지를 내밀다. =把戒指递到她面前。❹ 자기가 할 것을 남에게 미루다. ◆ 往外推，推卸。¶부하에게 업무를 내밀다. =把责任推给部下。❺ 의견, 주장 따위를 계속 내세우다. ◆ 一力坚持，一力推行。¶주장을 굽히지 않고 내밀다. =毫不退缩地一力推行自己的主张。

내방(來訪)【명사】만나기 위하여 찾아옴. ◆ 图来访，访问。¶각국의 정상들 한국 내방. =各国首脑访问韩国。● 내방하다(來訪--) ●

내뱉다【동사】动 ❶ 입안에 있던 것을 입 밖으로 뱉어 내보내다. ◆ 吐，吐出。¶침을 내뱉다. =吐唾沫。❷ 마음에 내키지 아니하거나 못마땅한 어조로 불쑥 말하다. ◆ 愤愤地说，愤然说出。¶그가 정나미가 뚝 떨어지도록 말을 내뱉다. =他愤然说出绝情的话。

내버리다【동사】动 ❶ 더 이상 쓰지 아니하는 물건이나 못 쓰게 된 물건 따위를 아주 버리다. ◆ 扔掉，丢掉。¶쓰지 않는 의자를 내버리다. =把不用的椅子扔掉。❷ 관심을 가지지 아니하고 돌보지 아니하다. ◆ 抛弃，舍弃。¶군인들은 조국을 위하여 목숨을 내버릴 각오를 가져야 한다. =军人应该有舍身报国的觉悟。

내보내다【동사】动 ❶ 밖으로 나가게 하다. ◆ 送出，派出，排出。¶그는 자녀와 아내를 외국으로 내보냈다. =他把子女和妻子送到了国外。❷ 일하던 곳에서 그만두게 하거나 살던 곳에서 나가게 하다. ◆ 除名，开除。¶그 회사는 아버지를 내보내서 우리 집은 고민에 쌓여 있다. =那家公司把父亲开除了，我们全家都愁坏了。❸ 신문이나 방송 따위를 통해 사람들에게 드러내 보이다. ◆ 披露，登出，刊出。¶그 회사는 스타모델을 기용하여 신문에 광고를 내보냈다. =那家公司借用名模在报纸上登了广告。❹ 가둔 상태에서 자유롭게 풀어 주다. ◆ 释放，放出。¶형기를 다 마친 복역자(服役者)를 내보내다. =释放刑满人员。

내보이다【동사】动 ❶ '내보다(안이나 속에 넣어 두었던 것을 꺼내서 보다)'의 사동사. ◆ "내보다"的使动形态。拿出来给……看，亮出，展示。¶그녀는 여간해서 그녀의 일기장을 내보인 적이 없다. =她从不轻易拿出自己的日记本给别人看。❷ 생각이나 감정 따위를 겉으로 드러나게 하다. ◆ 表露，吐露，袒露。¶그는 그녀에게 자신의 속마음을 내보이며 청혼했다. =他向她表白，并向她求婚。

내복(內服)【명사】겉옷의 안쪽에 몸에 직접 닿게 입는 옷. ◆ 名秋衣。¶지금은 겨울에 내복을 입는 것을 촌스럽게 여긴다. =如今的人们觉得冬天穿秋衣很土气。

내부(內部)【명사】名 ❶ 안쪽의 부분. ◆ 内部，里面。¶내부 공사 중이오니 양해 바랍니다. =内部施工，敬请谅解。❷ 어떤 조직에 속하는 범위의 안. ◆ (组织的)内部。¶우리 회사의 내부 방침은 쉬는 날 없이 일하는 것이다. =我们公司的内部规定是没有休假。

내분(內紛)【명사】특정 조직이나 단체의 내부에서 자기편끼리 일으킨 분쟁. ◆ 名内讧，内乱。¶그 조직은 내분에 시달렸다. =那个组织陷入了内讧。

내비치다【동사】动 ❶ 빛 따위가 앞이나 밖으로 비치다. ◆ (光线)照射。¶비 개인 후 햇살이 내비치다. =雨过天晴，太阳出来了。❷ 속의 것이 겉으로 드러나 보이다. ◆ 显露，暴露。¶그녀의 옷에서 속살이 훤히 내비치다. =她的穿着很暴露。❸ 어떤 모습이나 행동 따위를 밖으로, 또는 사람들 앞에 드러내다. ◆ 露出，露(面孔、行为等)。¶얼굴만 빼꼼 내비치다. =只稍微露了个脸。❹ 감정이나 생각, 의도 따위를 밖으로 나타내다. ◆ 表露，流露，表达(感情、想法、意图等)。¶그는 은연중에 자기의 주장을 내비쳤다. =他隐隐表露了自己的主张。

내빈(來賓)【명사】모임에 공식적으로 초대를 받고 온 사람. ◆ 名来宾，宾客。

내빼다【동사】俚[속되게]피하여 달아나다. ◆ 动俚逃，溜。¶그는 아버지가 부르자 어디론가 내빼 버렸다. =一听到父亲叫他，他就不知道溜到哪儿去了。

내뻗다【동사】动 ❶ 뻗어 나가다. ◆ 延伸。¶읍내로 곧게 내뻗은 신작로. =笔直的新修公路向邑内延伸开去。❷ 앞이나 밖으로 뻗다. ◆ 伸展开来，伸开。¶팔을 힘껏 내뻗다. =使劲伸展胳膊。

내뿜다【동사】动 ❶ 물이나 술 따위의 액체를 밖으로 뿜다. ◆ 猛喷，喷出。¶소방호수가 물을 내뿜다. =消防水带喷吐着水龙。❷ 공기나 냄새 따위의 기체를 입이나 코로 뿜다. ◆ 喷出，吐，冒出。¶그는 담배 연기를 내뿜으며 지난날을 회상했다. =他吐着烟圈，回忆起过去的时光。

내색(-色)【명사】마음속에 느낀 것을 얼굴에 드러냄. 또는 그 낯빛. ◆ 名露出，流露(神色、神情等)；神色，神情。¶싫은 내색을 보이다. =露出厌烦的神情。● 내색하다(-色--) ●

내선(內線)【명사】관청이나 회사 따위의 구내에서만 통하는 전화선. ◆ 名内线，内线电话。

내성(耐性)【명사】❶ 환경 조건의 변화에 견딜 수 있는 생물의 성질. 내열성(耐熱性), 내한성(耐寒性) 따위가 있다. ◆ 耐性。❷ 세균 따위의 병원체(病原體)가 화학 요법제(化學療法劑)나 항생 물질의 계속 사용에 대하여 나타내는 저항성. ◆ 抗性，抗药性。¶내성이 강한 감기 바이러스. =抗药性很强的感冒病毒。

내세우다【동사】动 ❶ 나와 서게 하다. ◆ 使……站出来，让……站出来。¶전교회장과 임원들을 맨 앞줄에 내세우다. =让学生会主席和委员站在最前列。❷ 대표, 후보 따위의 역할을 하도록 나서게 하다. ◆ 推举，推选。¶그 학회는 젊은 사람을 회장으로 내세웠다. =那个学会推举了年轻人当会长。❸ 주장이나 의견 따위를 내놓고 주장하거나 지지하다. ◆ 提出，坚持。¶그는 자신의 주장을 내세우는데 아무런 거리낌도 없었다. =他毫不动摇地坚持自己的主张。❹ 내놓고 자랑하거나 높이 평가하다. ◆ 宣扬，夸耀。¶공적을 내세우다. =宣扬功绩。

내숭【동사】겉으로는 순해 보이나 속으로는 엉큼함. ◆ 动装模作样，阴险。¶그녀의 내숭은 세상이 다 안다. =她的装模作样尽人皆知。

내쉬다【동사】숨을 밖으로 내보내다. ◆ 动呼气，吐气。¶가쁜 숨을 내쉬다. =呼吸急促。

내습(來襲)【명사】습격하여 옴. ◆ 名来袭，袭击。¶적의 내습을 받다. =遭到敌人的袭击。

내시(內侍)【명사】조선 시대에, 내시부에 속하여 임금의 시중을 들거나 숙직 따위의 일을 맡아보던 남자. 모두 거세된 사람이었다. ◆ 名(朝鲜朝时期的)内侍，〈又称〉宦官，太监。

내시경(內視鏡)【명사】몸의 내부를 관찰하는 데 쓰는 의료 기구. ◆ 名内窥镜，内视镜。

내심(內心)【명사】겉으로 드러나지 아니한 실제의 마음. ◆ 名内心，心里，心底，心眼里。¶나는그가 꾸중을 듣는 모습을 보고 내심 쾌재를 불렀다. =我看到他挨骂的样子，打心眼里感到痛快。

내야(內野)【명사】야구장에서, 본루・일루・이루・삼루를 연결한 선의 구역 안. ◆ 图(棒球)内场。¶내야땅볼 아웃. =内场滚地球出局。

내야수(內野手)【명사】야구에서, 일루수・이루수・삼루수・유격수를 통틀어 이르는 말. ◆ 图内场球手，内场手。

내역(內譯)【명사】물품이나 금액 따위의 내용. ◆ 图明细，详细条目。¶입찰된 물품의 내역을 공개해라! =把招标物品的明细予以公开!

내오다【동사】안에서 밖으로 가져오다. ◆ 动拿出来，端上来。¶차(茶)를 내오다. =端上茶来。

내왕(來往)【명사】图 ❶ 오고 감. ◆ 来往，往来 。¶그 집에는 사람들의 내왕이 뚝 끊겼다. =人们突然和那家人断了来往。❷ ('…과'가 나타나지 않을 때는 여럿임을 뜻하는 말이 주어로 온다) 서로 사귀어 오고 가고 함. ◆ 来往，往来，交往，走动。● 내왕하다(來往--) ●

내외(內外) 명사】图 ❶ 안과 밖을 아울러 이르는 말. ◆ 内外，里外。❷ 약간 덜하거나 넘음. ◆ 左右，上下。¶원고지 200자 내외로 글을 써 오시오. =请用二百字左右的稿纸写文章。

내외(內外)【명사】图 ❶ 남의 남녀 사이에 서로 얼굴을 마주 대하지 않고 피함. ◆ (陌生男女间)相互回避。¶옛날에는 모르는 사이의 남녀는 반드시 내외하였다. =以前，陌生男女之间必须相互回避。❷ 부부(夫婦)(남편과 아내를 아울러 이르는 말). ◆ 夫妇。¶김씨 내외가 나란히 걸어간다. =金氏夫妇并肩而行。● 내외하다(內外--) ●

내용(內容)【명사】图 ❶ 그릇이나 포장 따위의 안에 든 것. ◆ 里面的东西。¶소포의 내용이 궁금하다. =很想知道包裹里是什么东西。 ❷ 사물의 속내를 이루는 것. ◆ 实际内容，本质。❸ 말·글·그림·연출 따위의 모든 표현 매체 속에 들어 있는 것. 또는 그런 것들로 전하고자 하는 것. ◆ (话、文章、图画等的)内容。¶그가 그녀에 보낸 편지의 내용은 아무도 모른다. =谁也不清楚他写给她的信里有些什么内容。

내용물(內容物)【명사】속에 든 물건이나 물질. ◆ 图内含物，里面的物品。

내의(內衣)【명사】속옷. ◆ 图内衣，秋衣。¶그는 한겨울에도 내의를 입지 않는다. =他大冬天都不穿内衣。

내일(來日)【명사】图 ❶ 오늘의 바로 다음날. ◆ 明天。¶그와 결혼하기로 한 날이 바로 내일이다. =和他结婚的日子就定在明天。❷ 불특정 미래를 의미함. ◆ 将来，未来，明天。¶그들에겐 내일이 없다. =他们是没有明天的。

내장(內藏)【명사】밖으로 드러나지 않게 안에 간직함. ◆ 图装有，内含。¶자동 응답 기능이 내장된 전화기. =带有自动应答功能的电话机。● 내장되다(內藏--), 내장하다(內藏--) ●

내적(內的)【명사】图 ❶ 내부적인 것. ◆ 内在的，内部的。¶내적 원인. =内在原因。❷ 정신이나 마음의 작용에 관한 것. ◆ 内在的，内心的，精神的。¶그 사건의 내적 동기가 무엇인지 알 수가 없다. =无从得知那个事件的内在动机。

내전(內戰)【명사】한 나라 안에서 일어나는 싸움. ◆ 图内战。¶그 나라는 근 10년 동안의 내전으로 국민이 고통을 받고 있다. =该国近十年的内战使国民饱受苦难。

내젓다【동사】动 ❶ 손이나 손에 든 물건 따위를 앞이나 밖으로 내어 휘두르다. ◆ 摆，摇。¶그녀는 손을 내저으며 자신이 아니라고 말했다. =她摆着手说不是自己。❷ 고개를 좌우로 흔들다. ◆ 摆，摇(头)。❸ 물에서 팔이나 노 따위를 젓다. ◆ 摇，划(橹等)。¶사공이 노를 내젓다. =艄公摇橹。

내정(內定)【명사】图 ❶ 드러내지 않고 속으로 정함. ◆ 暗自决定。❷ 정식 발표가 나기 전에 이미 내부적으로 인사를 정함. ◆ 内定，内部决定。¶그는 위원장에 출마하였으나 내정에 의한 인사로 일관하는 주최 측에 불만을 토로했다. =他虽然出任了委员长一职，但还是对主办方一贯起用内定人员的做法表示了不满。● 내정되다(內定--), 내정하다(內定--) ●

내정(內政)【명사】국내의 정치. ◆ 图内政。

내조(內助)【명사】아내가 남편을 도움. ◆ 图内助，妻子的帮助。¶그 국회위원은 아내의 내조가 크다. =那位国会议员的妻子是个贤内助。● 내조하다(內助--) ●

내주(來週)【명사】이 주의 바로 다음 주. ◆ 图下周，下星期。¶내주로 약속이 연기되었다. =约会推到了下周。

내주다【동사】动 ❶ 넣어 두었던 물건 따위를 꺼내어 주다. ◆ 拿给，发给。¶곳간에서 쌀을 내주다. =从仓库里拿出大米发放给大家。❷ 가지고 있던 것을 남에게 넘겨주다. ◆ 转让，出让。¶돈을 받고 물건을 내주다. =收下钱出让了物品。❸ 차지하고 있던 자리를 남에게 넘겨주다. ◆ (把位置)让给，腾给。¶좋은 자리는 아들 내외에게 내준다. =把好位置让给儿子和儿媳妇。

내지(乃至)【부사】副 ❶ '얼마에서 얼마까지'의 뜻을 나타내는 말. ◆ 到，至。¶열 명 내지 스무 명이 필요합니다. =需要十到二十人。❷ 또는. 혹은. ◆ 乃至，还有，甚至。¶이 상품은 서울 내지 부산에서 많이 소비된다. =这种商品在首尔乃至釜山的消费量都很大。

내쫓다【동사】动 ❶ 밖으로 몰아내다. ◆ 赶出去，赶走，逐出。¶부모가 아들을 내쫓다. =父母把儿子赶出了家门。❷ 있던 자리에서 강제로 나가게 하다. ◆ 赶走，赶跑，撵走。

내치다【동사】动 ❶ 손에 든 것을 뿌리치거나 던지다. ◆ 甩，丢，扔，摔。¶그는 밥상을 내치고는 집을 나가 버렸다. =他放下饭碗就出了家门。❷ 강제로 밖으로 내쫓다. ◆ 赶走，轰走，撵走。¶집에서 하인을 내치다. =把下人从家里赶出去。

내키다【동사】하고 싶은 마음이 생기다. ◆ 动乐意，愿意，心甘情愿。¶그는 마음이 내켜야 무슨 일이든 하는 성격이다. =他的性子是不管什么事都得心里乐

意了才会去做。

내통(內通)【명사】图❶ 외부의 조직이나 사람과 남몰래 관계를 가지고 통함. ◆ 串通，里应外合。❷ 남녀가 몰래 정을 통함. ◆ 私通，通奸。¶두 사람은 여러 해 동안 내통했다고 실토했다. =两人招认说已经私通很多年了。● 내통하다(內通--) ●

내팽개치다【동사】动❶ 냅다 던져 버리다. ◆ (用力)摔，砸，甩，丢，抛，扔。¶물건을 내팽개치다. =乱摔东西。❷ 돌보지 않고 버려두다. ◆ 抛弃，抛下。¶자식을 내팽개치다. =抛弃子女。

내포(內包)【명사】어떤 성질이나 뜻 따위를 속에 품음. ◆ 图包含，内含，蕴含。● 내포되다(內包--), 내포하다(內包--) ●

내핍(耐乏)【명사】물자가 없는 것을 참고 견딤. ◆ 图忍饥挨饿。¶수재민(水災民)은 내핍을 참고 견뎌야만 했다. =遭受水灾的民众只得忍饥挨饿。

내항(內港)【명사】항만의 안쪽 깊숙이 있는 항구. 배가 머무르면서 짐을 싣고 내리기에 편리한 항구이다. ◆ 图内港。

내향(內向)【명사】图❶ 안쪽으로 향함. ◆ 朝里，向里，向内。❷ 마음의 작용이 자신에게만 향함. ◆ 内向，自闭。

내후년(來後年)【명사】후년의 바로 다음 해. ◆ 图大后年。¶이 사업은 내후년까지 해야 완료된다. =这项工作到大后年才能结束。

냄비【명사】음식을 끓이거나 삶는 데 쓰는 용구의 하나. 보통 솥보다는 운두가 낮고 뚜껑과 손잡이가 있다. ◆ 图(有盖和柄的)汤锅，浅底锅。¶양은 냄비는 라면을 삶아 먹기에 제격이다. =白铜锅煮方便面特别好。

냄새【명사】图❶ 코로 맡을 수 있는 온갖 기운. ◆ 气味，味，味道，香味。¶구수한 냄새. =香喷喷的气味。❷ 어떤 사물이나 분위기 따위에서 느껴지는 특이한 성질이나 낌새. ◆ (特别的)气息，味道。¶그에게서 왠지 수상한 냄새가 난다. =不知为何觉得他有点奇怪。

냅다【부사】몹시 빠르고 세찬 모양. ◆ 副猛地，狠狠地，使劲地。¶그는 강아지를 냅다 걷어찼다. =他使劲地踢了小狗一脚。

냅킨(napkin)【명사】주로 양식을 먹을 때, 무릎 위에 펴 놓거나 손이나 입을 닦는 데 쓰는 천이나 종이. ◆ 图餐巾纸，纸巾。

냇가【명사】냇물의 가장자리. ◆ 图溪边，小河边。

냇물【명사】내에 흐르는 물. ◆ 图溪水，河水。¶냇물이 말라 버렸다. =溪水干涸了。

냉가슴(冷--)【명사】겉으로 드러내지 않고 혼자서 속으로만 끙끙대고 걱정하는 것. ◆ 图暗然心伤，郁闷。¶그는 그녀에 대한 사랑 때문에 홀로 냉가슴을 앓아야 했다. =由于暗恋她，他只能独自黯然心伤。

냉각(冷却)【명사】图❶ 식어서 차게 됨. 또는 그렇게 함. ◆ 冷却，制冷。¶냉각 처리. =冷却处理。❷ 애정, 정열, 흥분 따위의 기분이 가라앉음. 또는 가라앉힘. ◆ (关系、气氛等)冷淡，疏远。¶정치권에 냉각 기류가 흐르고 있었다. =政界寒流涌动。● 냉각되다(冷却--), 냉각하다(冷却--) ●

냉국【명사】찬물에 간장과 초를 쳐서 만든 국물. 또는 끓인 맑은장국을 차게 식힌 국물. ◆ 图(冷水中加入黄瓜丝、裙带菜等并用酱油、醋调味的)冷汤，凉汤。¶무더위에 지쳐 식욕이 없을 때 냉국은 별미로 식욕을 돋군다. =酷热难耐没有食欲的时候，冷汤就成了增进食欲的美味。

냉기(冷氣)【명사】图❶ 찬 기운. ◆ 寒气。¶방에 냉기가 올라와 매우 추웠다. =房间里寒气逼人，非常冷。❷ 딱딱하거나 차가운 분위기를 비유적으로 이르는 말. ◆ 阴森的气氛，杀气。¶교실에 살벌한 냉기가 흐른다. =教室里一股杀气。

냉담하다(冷淡--)【형용사】태도나 마음씨가 동정심 없이 차갑다. ◆ 形冷淡，无情。¶그의 물음에 내가 냉담한 반응을 보였더니 더 이상 말이 없었다. =看到我对他的问题反应冷淡，他就没再说什么。

냉대[1](冷待)【명사】정성을 들이지 않고 아무렇게나 하는 대접. ◆ 图冷遇，冷落，怠慢。¶냉대를 받다. =受冷遇。● 냉대하다(冷待--) ●

냉대[2](冷帶))【명사】아한대. ◆ 亚寒带。

냉동(冷凍)【명사】생선이나 육류 따위를 신선하게 보관하기 위해 얼림. ◆ 图冷冻，冰冻。● 냉동되다(冷凍--), 냉동하다(冷凍--) ●

냉동실(冷凍室)【명사】식품 따위를 얼려서 보관하는 곳. ◆ 图冰库，冷藏室。

냉랭하다(冷冷--)【형용사】形❶ 온도가 몹시 낮아서 차다. ◆ 冷，冰冷。¶봄인데도 날씨는 냉랭하다. =虽然是春天了，但天气还是很冷。❷ 태도가 정답지 않고 매우 차다. ◆ 冷冰冰的，冷淡。¶태도가 냉랭하다. =态度冷淡。

냉매(冷媒)【명사】냉동기 따위에서, 저온 물체로부터 고온 물체로 열을 끌어가는 매체. 프레온, 암모니아, 이산화황, 염화메틸 따위가 있다. ◆ 图制冷剂。¶지구 온난화의 주범인 냉매를 쓰지 말자는 목소리가 크다. =人们大声呼吁不要使用导致全球变暖的主犯——制冷剂。

냉면(冷麵)【명사】차게 해서 먹는 국수.◆ 图冷面，凉面。

냉방(冷房)【명사】图❶ 실내의 온도를 낮춰 차게 하는 일. ◆ 冷气设备，空调。¶이 건물은 냉방 시설이 잘되어 있다. =这栋建筑的冷气设备很好。❷ 불을 피우지 않아 차게 된 방. ◆ 冷屋子，没有烧火的房间。

냉소(冷笑)【명사】쌀쌀한 태도로 비웃음. 또는 그런 웃음. ◆ 图冷笑。¶냉소를 하다. =冷笑。● 냉소하다(冷笑--) ●

냉수(冷水)【명사】차가운 물. ◆ 图冷水，冰水。¶그는 화가 났는지 냉수를 한 번에 들이켰다. =他可能是生气了，一口气把冰水都喝光了。

냉엄하다(冷嚴--)【형용사】태도나 행동이 냉정하고 엄하다. ◆ 形严肃，严厉。¶말을 할 때마다 그의 태도는 냉엄하다. =每当说话的时候，他的态度都很严厉。

냉이【명사】십자화과의 두해살이풀. 어린잎과 뿌리는 식용하며 들이나 밭에 자라는데 전 세계에 널리 분포한다. ◆图荠菜。

냉장(冷藏)【명사】식품이나 약품 따위를 신선하게 보관하거나 차게 하기 위하여 냉장고나 냉각 설비가 되어 있는 기구에 저장함. ◆图冷藏。

냉장고(冷藏庫)【명사】식품이나 약품 따위를 차게 하거나 부패하지 않도록 저온에서 보관하기 위한 상자 모양의 장치. ◆图冰箱，冷柜，冰库。

냉장실(冷藏室)【명사】식품 따위를 낮은 온도에서 저장하는 곳. ◆图冷藏室。

냉전(冷戰)【명사】나라 사이에 직접 무력을 써서 싸우지는 않지만 경제, 외교 등에서 서로 적으로 여기며 대립하는 상태. ◆图冷战。

냉정(冷靜)【명사】생각이나 행동이 감정에 좌우되지 않고 침착함. ◆图冷静，镇定。¶그는 냉정을 잃고 미친 듯이 날뛰기 시작했다. =他不再冷静，开始发疯似的乱蹿。● 냉정하다(冷靜--), 냉정히(冷靜-) ●

냉정하다(冷情--)【형용사】태도가 정다운 맛이 없고 차갑다. ◆ 形冷冰冰，无情，冷漠。¶태도가 냉정하다. =态度冷漠。● 냉정히(冷情-) ●

냉철하다(冷徹--)【형용사】생각이나 판단 따위가 감정에 치우치지 않고 침착하며 사리에 밝다. ◆形冷静睿智的。¶냉철한 사고. =冷静睿智的思考。● 냉철히(冷徹-) ●

냉큼【부사】머뭇거리지 않고 가볍게 빨리. ◆副迅速地，一下子；立刻，马上。¶동생은 돈을 보자마자 냉큼 뺏어 버렸다. =弟弟一看到钱，就立刻抢了过去。

냉해(冷害)【명사】여름철의 이상 저온이나 일조량 부족으로 농작물이 자라는 도중에 입는 피해. ◆图寒灾，冻灾。¶냉해 주의보. =寒灾警报。

냉혈(冷血)【명사】图 ❶ 체온이 외부의 온도보다 낮은 상태. ◆(动物)冷血。❷ 사람의 성품이 인정이 없고 냉정함을 비유적으로 이르는 말. ◆冷血，冷酷，无情。¶그는 조금도 빈틈없는 냉혈인간이다. =他是个十足的冷血之人。

냉혹하다(冷酷--)【형용사】차갑고 혹독하다. ◆形冷酷，无情；酷寒，严寒。¶추위가 냉혹하다. =天气严寒。

-냐【어미】해라할 자리에 쓰여, 물음을 나타내는 종결어미. ◆词尾表示疑问的终结词尾。¶너는 누구냐? =你是谁?

-냐고【어미】간접 인용절에 쓰여, 어미 '-냐'에 인용을 나타내는 격 조사 '고'가 결합한 말. ◆词尾引用句中使用的词尾。¶누구냐고 묻다. =问是谁。

냠냠【부사】어린아이 등이 음식을 맛있게 먹는 소리. 또는 그 모양. ◆副吧唧吧唧地。¶배가 고팠는지 냠냠 거리며 밥을 먹었다. =可能是饿了，吧唧吧唧地吃得很香甜。

냥(兩)【의존 명사】❶ 예전에, 엽전을 세던 단위. 한 냥은 한 돈의 열 배이다. ◆依名两(旧时铜钱的单位)。¶돈 천 냥. =金钱千两。❷ 귀금속이나 한약의 무게를 재는 단위. ◆两。

너[1]【대명사】듣는 이가 친구나 아랫사람일 때, 그 사람을 가리키는 이인칭 대명사. 주격 조사 '가'나 보격 조사 '가'가 붙으면 '네'가 된다. ◆代你(对晚辈或朋友的第二人称代词)。¶너 누구냐? =你是谁呀?

너[2]【관형사】그 수량이 넷임을 나타내는 말. ◆冠四(用于'돈, 말, 발, 푼'等量词前)。¶쌀 너 말. =四斗米。

너구리【명사】图 ❶ 몸이 굵고 다리와 꼬리가 짧으며 몸은 누렇고 목, 가슴, 다리는 검은 색을 띠는 야행성 포유류 동물. ◆ 貉，〈俗〉狸。❷ 매우 능청스럽고 음흉한 사람을 비유적으로 이르는 말. ◆〈喻〉老狐狸。¶그 사람의 속에는 너구리가 들었다. =那人是个老狐狸。

너그럽다【형용사】마음이 넓고 아량이 있다. ◆形宽厚，宽广，厚道。¶마음이 너그럽다. =心胸宽广。● 너그러이 ●

너끈하다【형용사】무엇을 하는 데에 모자람이 없이 넉넉하다. ◆形足够，绰绰有余。¶이 돈이면 우리 둘이 살기에 너끈하다. =这钱足够我们两个人生活了。● 너끈히 ●

너나없이【부사】너나 나나 가릴 것 없이 다 마찬가지로. ◆副不分彼此，全都。¶우리 부부는 너나없이 너무 바쁘다. =我们夫妻二人都很忙。

너덜거리다【동사】여러 가닥이 어지럽게 늘어져 자꾸 흔들리다. ◆动丝丝缕缕，零乱。

너덜너덜【부사】여러 가닥이 자꾸 어지럽게 늘어져 흔들리는 모양. ◆副(很多缕)零乱地，丝丝缕缕地。¶그는 옷이 너덜너덜 해져서 돌아왔다. =他衣衫褴褛地回来了。● 너덜너덜하다 ●

-너라【어미】명령의 뜻을 나타내는 종결 어미. ◆词尾表示命令的基本阶("해라"体)终结词尾。¶이리 오너라. =到这儿来。

너르다【형용사】形 ❶ 공간이 두루 다 넓다. ◆(都很)宽，宽敞，肥，肥大，开阔。¶우리 집은 거실이 너르다. =我家的房间很宽敞。❷ 마음을 쓰는 것이나 생각하는 것이 너그럽고 크다. ◆(心胸)宽广，远大，开阔。¶마음이 너르다. =心胸宽广。

너머【명사】높이나 경계로 가로막은 사물의 저쪽. 또는 그 공간. ◆图(岭、山、墙等的)那边，另一边。¶저 너머에 우리 집이 있다. =我家在那边。

너무【부사】일정한 정도나 한계에 지나치게. ◆副太，过于，忒。¶너무 바쁘다.=太忙了。● 너무나 ●

너무하다【형용사】비위에 거슬리는 말이나 행동을 도에 지나치게 하다. ◆形过分，过头。¶그녀의 행동이 너무하다. =她的行为太过分了。

너부죽하다【형용사】조금 넓고 평평한 듯하다. ◆形扁平，宽宽的。¶너부죽한 그릇. =碗口扁平的碗。

너비【명사】평면이나 넓은 물체의 가로로 건너지른 거리. ◆图宽度，幅面。

너스레【명사】수다스럽게 떠벌려 늘어놓는 말이나 짓. ◆图胡诌，胡扯八扯。¶그는 실수를 하면 너스레를 떤다. =他一做错事就会胡扯。

너와집【명사】너새로 지붕을 올린 집. ◆图木瓦房。

너울거리다【동사】动 ❶ 물결이나 늘어진 천, 나뭇잎 따위가 부드럽고 느릿하게 자꾸 굽이져 움직이다. 또는 그렇게 되게 하다. ◆ 起伏，摇曳，荡漾。¶파도가 너울거리다. =波涛起伏。❷ 팔이나 날개 따위를 활짝 펴고 위아래로 부드럽게 자꾸 움직이다. 또는 그렇게 되게 하다. ◆ 扇动，翩翩起舞。● 너울대다 ●

너울너울【부사】副 ❶ 물결이나 늘어진 천, 나뭇잎 따위가 부드럽고 느릿하게 굽이져 자꾸 움직이는 모양. ◆ 起伏不定地，摇曳着，荡漾着。¶물결이 너울너울 부드럽게 발에 닿았다. =波涛轻轻荡漾着向脚下涌来。❷ 팔이나 날개 따위를 활짝 펴고 자꾸 위아래로 부드럽게 움직이는 모양. ◆ 翩翩，呼扇呼扇地。

너절하다【형용사】形 ❶ 허름하고 지저분하다. ◆ 脏兮兮，肮脏，邋遢。¶모습이 너절하다. =样子邋遢。❷ 하찮고 시시하다. ◆ 无聊，粗俗。

너털웃음【명사】크게 소리를 내어 시원하고 당당하게 웃는 웃음. ◆ 图狂笑，哈哈大笑。¶너털웃음을 치다. =哈哈大笑。

너트(nut)【명사】쇠붙이로 만들어 볼트에 끼워서 기계 부품 따위를 고정하는 데에 쓰는 공구(工具). 일반적으로 육각형 또는 사각형으로 되어 있다. ◆ 图螺丝帽。

너풀거리다【동사】엷은 물체가 바람에 날리어 거볍게 자꾸 움직이다. 또는 그렇게 하다. '너불거리다'보다 거센 느낌을 준다. ◆ 动飘动，飘扬。¶만국기가 바람에 너풀거리다. 各国国旗迎风飘扬。● 너풀대다 ●

너풀너풀【부사】엷은 물체가 바람에 날리어 거볍게 계속 움직이는 모양. ◆ 副哗啦啦地(飘)。¶너풀너풀 휘날리는 국기. =飘扬的国旗。

너희【대명사】代 ❶ 듣는 이가 친구나 아랫사람들일 때, 그 사람들을 가리키는 이인칭 대명사. ◆ 你们。¶너희는 다 나의 친구다. =你们都是我的朋友。❷ 듣는 이가 친구나 아랫사람일 때, 그 듣는 이를 포함한 여러 사람들을 이르는 이인칭 대명사. ◆ 你们，诸位。

넉【관형사】그 수량이 넷임을 나타내는 말. ◆ 冠四。¶넉 냥. =四两。

넉넉잡다【동사】시간이나 수량 따위를 넉넉할 만큼 여유를 두다. ◆ 动最多，顶多，至多。¶넉넉잡고 사흘이면 갈 수 있는 길. =最多有三天的路程。

넉넉하다【형용사】形 ❶ 크기나 수량 따위가 기준에 차고도 남음이 있다. ◆ 充足，充分，绰绰有余。¶오늘은 시간이 넉넉하다. =今天时间充足。❷ 살림살이가 모자라지 않고 여유가 있다. ◆ (日子过得)宽裕，富裕，富足。¶그 집은 넉넉한 생활을 하고 있다. =那家过着富裕的生活。❸ 마음이 넓고 여유가 있다. ◆ (心胸)宽广，宽厚。¶사람됨이 넉넉하다. =为人宽厚。● 넉넉히 ●

넋【명사】图 ❶ 사람의 몸에 있으면서 몸을 거느리고 정신을 다스리는 비물질적인 것. 몸이 죽어도 영원히 남아 있다고 생각하는 초자연적인 것이다. ◆ 魂，灵，魄。¶애국지사의 넋을 달래다. =告慰爱国志士的在天之灵。❷ 정신이나 마음. ◆ 魂，神志。¶그는 여자에게 넋이 팔려 아무 것도 하지 못한다. =他被女人勾去了魂，什么也干不了。

넋두리【명사】불만을 길게 늘어놓으며 하소연하는 말. ◆ 图牢骚，抱怨。¶그의 넋두리를 다 들어주었다. =听完了他的抱怨。● 넋두리하다 ●

넌더리【명사】지긋지긋하게 몹시 싫은 생각. ◆ 图(极度)厌恶，厌烦，烦。¶그는 술이라면 넌더리를 친다. =一提起喝酒他就烦。

넌지시【부사】드러나지 않게 가만히. ◆ 副悄悄地，偷偷地。¶그녀의 마음을 넌지시 떠보았다. =悄悄地探了探她的心思。

널【명사】图 ❶ 판판하고 넓게 켠 나뭇조각. ◆ 板子，木板。❷ 널뛰기할 때에 쓰는 널빤지. 단단하면서 탄력이 좋은 나무를 사용한다. ◆ 跷跷板。¶널을 뛰다. =玩跷跷板。

널다【동사】볕을 쬐거나 바람을 쐬기 위하여 펼쳐 놓다. ◆ 动晾，晒，搭。¶빨래를 널다. =晾衣服。

널따랗다【형용사】꽤 넓다. ◆ 形宽敞，宽阔。¶마당이 널따랗다. =院子很宽敞。

널뛰기【명사】긴 널빤지의 중간을 받쳐 놓고 양쪽 끝에 한 사람씩 올라서서 번갈아 뛰어 오르는 한국의 전통 놀이. ◆ 图跷跷板。

널름【부사】副 ❶ 혀, 손 따위를 빠르게 내밀었다 들이는 모양. ◆ (舌、手等)倏地一伸，飞快地一伸。❷ 무엇을 빠르게 받아 가지는 모양. ◆ 一下子，飞快地，倏地(拿)。❸ 불길이 밖으로 빠르게 나왔다 들어가는 모양. ◆ (火苗)闪烁，忽闪。

널름거리다【동사】动 ❶ 불길이 밖으로 빠르게 나왔다 들어갔다 하다. ◆ (火苗、火焰)闪烁，忽闪。¶불길이 널름거리다. =火焰飞舞。❷ 혀, 손 따위를 자꾸 빠르게 내밀었다 들였다 하다. ◆ (舌、手等不停地)一伸一缩，飞快地伸缩。¶뱀이 혀를 널름거리다. =蛇不停地吐着芯子。

널리【부사】副 ❶ 범위가 넓게. ◆ 广泛，到处。¶그에 대한 좋지 못한 소문이 널리 퍼졌다. =一些关于他的负面消息到处流传。❷ 너그럽게. ◆ 宽宏大量。¶나를 널리 용서해 주십시오. =请宽宏大量，饶恕我吧。

널리다【동사】动 ❶ '널다'의 피동사. 볕을 쬐거나 바람을 쐬기 위하여 펼쳐 놓이다. ◆ (被)晾，晒，摊开("널다"的被动形态)。¶빨랫줄에 이불이 널리다. =被子晾在晾衣绳上。❷ 여기저기 많이 흩어져 놓이다. ◆ 遍布，散落。¶책들이 어지럽게 널려 있다. =书乱七八糟地散落着。

널브러지다【동사】动 ❶ 너저분하게 흐트러지거나 흩어지다. ◆ (乱七八糟地)散开，散落。¶편지가 널브러진 책들 사이에 있었다. =信就埋在散落的书本之间。❷ 몸에 힘이 빠져 몸을 추스르지 못하고 축 늘어지다. ◆ 直挺挺地躺着，瘫软在地。¶널브러진 몸을 간신히 일으켰다. =好不容易直起了瘫软在地的身体。

널빤지【명사】판판하고 넓게 켠 나뭇조각. ◆ 图板子，木板。¶다리 아래 있는 널빤지 집들은 난민촌(難民村)을 연상케 했다. =桥下的木板房让人联想到难民营。

널찍하다【형용사】 꽤 너르다. ◆ 形宽敞，空阔。¶마당이 널찍하다. =院子很宽敞。

널판자(-板子)【명사】 판판하고 넓게 켠 나무판자. ◆ 图板子，木板。

넓다【형용사】 形 ❶ 면이나 바닥 따위의 면적이 크다. ◆ 宽广，广阔，辽阔。¶들판이 넓다. =原野辽阔。❷ 너비가 크다. ◆ 宽，肥。¶바지의 통이 넓다. =裤筒肥。❸ 마음 쓰는 것이 크고 너그럽다. ◆ (心胸)宽广，宽厚，豁达。¶그는 마음이 넓다. =他心胸开阔。❹ 내용이나 범위 따위가 널리 미치다. ◆ 渊博，广博。¶그는 지식이 두루두루 넓다. =他知识渊博。

넓이【명사】 일정한 평면에 걸쳐 있는 공간이나 범위의 크기. ◆ 图大小，面积。

넓적다리【명사】 다리에서 무릎 관절 위의 부분. ◆ 图大腿。

넓적하다【형용사】 편편하고 얇으면서 꽤 넓다. ◆ 形宽宽大大的。¶어머니가 만든 부침개는 매우 넓적하다. =母亲煎的饼宽宽大大的。

넓히다【동사】 动 ❶ 면이나 바닥 따위의 면적을 크게 하다. ◆ (把面积)扩大，拓宽。¶그는 집을 넓혀 이사했다. =他把房子扩建了一下搬过去了。❷ 내용이나 범위 따위를 널리 미치게 하다. ◆ 开阔，广增，增长(内容或范围等)。¶세계 각 국을 돌아다니면서 견문을 넓히다. =周游世界，广增见闻。❸ 마음 쓰는 것을 크고 너그럽게 하다. ◆ 开阔，放宽(考虑等)。

넘기다【동사】 动 ❶ 일정한 시간, 시기, 범위 따위에서 벗어나 지나게 하다. ◆ 超过，过(期限)。¶나는 레포트 제출 기한을 넘겼다. =我超过了交论文的期限。❷ 어려움이나 고비 따위를 겪어 지나가게 하다. ◆ 度过，闯过，熬过。¶추운 겨울을 넘기다. =度过寒冬。❸ 종이, 책장 따위를 젖히다. ◆ 翻(页)。¶책장을 넘기다. =翻页。❹ 서 있는 것을 넘어지게 하다. ◆ 推倒，弄翻。¶나무를 베어 넘기다. =把树砍倒。❺ 음식물, 침 따위를 목구멍으로 넘어가게 하다. ◆ 咽下，吞下。¶밥을 목구멍으로 넘기다. =把饭咽下去。❻ 물건, 권리, 책임, 일 따위를 맡기다. ◆ 移交，转交，推(权利、责任等)。¶네가 할 일은 남에게 넘기지 마라. =你该做的事情不要推给别人。❼ 지나쳐 보내다. ◆ 忽视，忽略，不当回事。¶그는 남의 말을 쉽게 넘기는 안 좋은 버릇이 있다. =他有一个不好的习惯，很容易不把别人的话当回事。

넘나들다【동사】 动 ❶ 경계, 기준 따위를 넘어갔다 넘어왔다 하다. ◆ 出入，往来。¶국경을 넘나들다. =出入国境。❷ 어떤 특정 장소 혹은 이곳저곳을 왔다 갔다 하다. ◆来回走动，走来走去。¶안방과 건넌방을 넘나들며 소란을 떨고 있다. =在里屋和外屋之间走来走去，闹个不停。❸ 둘 이상의 사람 혹은 영역이 서로 왔다 갔다 하며 드나들다. ◆ 往来，来往，交往。

넘다【동사】 动 ❶ 일정한 시간, 시기, 범위 따위에서 벗어나 지나다. ◆ 超过，过。¶아버지 연세가 쉰을 넘었다. =父亲年过半百。❷ 높은 부분의 위를 지나가다. ◆ 越过，翻过。¶골짜기를 넘다. =翻过山谷。❸ 경계를 건너 지나다. ◆ 越过，跨过。¶경계를 넘다. =越境。❹ 일정한 기준이나 한계 따위를 벗어나 지나다. ◆ 超出(标准或程度)。❺ 어려움이나 고비 따위를 겪어 지나다. ◆ 渡过，挺过(难关等)。¶어려운 고비를 넘다. =渡过难关。❻ 일정한 공간을 사이에 두고 건너편으로 뛰다. ◆ 越过，跨越，跨过。¶도랑을 넘다. =跨过水沟。❼ 일정한 곳에 가득 차고 나머지가 밖으로 나오다. ◆ 溢出，流出，漫出来。¶국이 끓어 넘다. =汤溢出来了。

넘버(number)【명사】 사물을 구별하기 위하여 붙인 숫자나 차례를 나타내는 번호. ◆ 图号码，号，数字。¶뺑소니 차 넘버를 외워서 경찰서에 넘겼다. =记下了肇事逃逸车辆的车牌号，向警察局举报了。

넘보다【동사】 动 ❶ 어떤 것을 욕심내어 마음에 두다. ◆ 觊觎，起贪心。¶우승을 넘보다. =觊觎胜利。❷ 남의 능력 따위를 업신여겨 얕보다. ◆ 看不起，轻视。¶그는 낮은 직급의 사람들을 넘보는 나쁜 습관이 있다. =他有轻视下级的坏习惯。

넘실거리다【동사】 动 ❶ 물결 따위가 자꾸 부드럽게 굽이쳐 움직이다 ◆ (波浪等)起伏，翻涌，澎湃。¶파도가 넘실거리다. =波涛翻涌。❷ 액체가 그득 차서 자꾸 넘칠 듯 말 듯 하다. ◆ 充溢。❸ 어떤 기운이 넘쳐 날 듯이 그득 어리다. ◆ 充满，充盈。● 넘실대다●

넘어가다【동사】 动 ❶ 바로 있던 것이 저쪽으로 기울어지거나 쓰러지다. ◆ 倒，摔倒，跌倒。¶태풍에 전봇대가 넘어가다. =电线杆被台风刮倒了。❷ 사람·물건·권리·책임·일 따위가 한쪽에서 다른 쪽으로 옮아가다. ◆ 转移，移交，转交。¶재산이 법원에 넘어가다. =财产移交到法院。❸ 다음 순서나 시기, 또는 다른 경우로 옮아가다. ◆ 转入，转向，进入(下一个步骤、时期或情况)。¶다음 장에 넘어가서 살펴보자. =让我们来看下一章。❹ 해나 달이 지다. ◆ (太阳、月亮等)落下，落山。¶해가 산을 넘어가다. =月亮落山了。❺ 종이나 책장 따위가 젖혀지다. ◆ (书页等)翻过，掀过。¶책장이 넘어가다. =书页翻过去了。❻ 숨이 멎다. ◆ 背过气去。¶숨이 넘어가다. =背过气去。❼ 속임수에 빠지거나 마음을 뺏기다. ◆ 上当，受骗，中计(骗局等)。¶감언이설에 넘어가다. =被花言巧语所欺骗。❽ 음식물이나 침이 목구멍을 지나가다. ◆ 咽下，吞下。¶목이 부어 물도 넘어가지 않는다. =嗓子肿得连水都咽不下。❾ 어떤 상황이 별일 없이 지나가다. ◆ (平安)结束，过去，度过。¶학생들의 데모가 다친 사람 없이 넘어갔다. =学生示威平安结束了，没有人受伤。❿ 노래나 목소리가 막힘 없이 잘 진행되다. ◆ (声音)流畅，顺畅。¶노래가 잘 넘어간다. =歌曲唱得很流畅。⓫ 일정한 시간, 시기, 범위 따위를 넘어서 지나다. ◆ 过，超过，超出，逾。¶이미 제출 기한이 넘어갔다. =已经过了交稿期限。⓬ 높은 부분의 위를 지나서 가다. ◆ 越过，翻过。¶도둑이 담을 넘어가다. =小偷翻墙而过。⓭ 경계를 건너서 가다. ◆ 越，越

过(边界)。⑭ 어떤 일이나 문제를 소홀히 여겨 그냥 지나치다. ◆ 处理，办事。¶그는 너무 꼼꼼해서 작은 것도 그냥 넘어간 적이 없다. =他非常细心，即使是小事也从不敷衍了事。

넘어다보다【동사】动 ❶ 고개를 들어 가리어진 물건 위로 건너 쪽을 보다. ◆ (从高墙等上面)望过去，探头张望。¶이웃집 담을 넘어다보다. =探头朝邻居家的围墙里张望。❷ 어떤 것을 탐내어 마음에 두다. ◆ 觊觎，眼红，眼馋。¶아이들이 참외밭의 참외를 힐끗 넘어다보았다. =孩子们眼馋地瞟着甜瓜地里的甜瓜。

넘어뜨리다【동사】动 ❶ 바로 선 것을 넘어지게 하다. ◆ 推倒，放倒，撂倒。¶천하장사를 넘어뜨린 젊은이. =打倒了天下第一勇士的年轻人。❷ 남이 차지한 지위나 권세를 꺾다. ◆ 推翻，打倒。

넘어지다【동사】动 ❶ 사람이나 물체가 한쪽으로 기울어지며 쓰러지다. ◆ 跌倒，摔倒，绊倒。¶돌에 걸려 넘어지다. =被石头绊倒了。❷ 어떤 일에 실패하거나 망하다. ◆ 失败，破产，垮了。¶사업이 넘어지다. =生意垮了。

넘치다【동사】动 ❶ 가득 차서 밖으로 흘러나오거나 밀려나다. ◆ 溢出，漫出，泛滥。¶강물이 넘치다. =江水泛滥。❷ 일정한 정도를 훨씬 넘을 만큼 많다. ◆ 挤满，满是。¶이 백화점은 사람으로 넘쳤다. =百货商店里挤满了人。 ❸ 느낌이나 기운이 정도를 벗어나도록 강하게 일어나다. ◆ 充满，充斥，弥漫。¶그 경기는 박진감이 넘쳤다. =比赛充满了紧张气氛。❹ 어떤 기준을 벗어나 지나다. ◆ 过分，过于。❺ 기준이나 목표를 넘어서다. ◆ 过，超过，超出。

넙치【명사】몸길이가 60센티미터 정도되고 아주 납작하여 한 쪽은 희고 한 쪽은 검은 갈색이며 눈은 두 개가 모두 몸의 검은 쪽에 있는 바닷물고기. ◆ 名牙鲆，〈俗〉比目鱼。

넝쿨【명사】길게 뻗어 나가면서 다른 물건을 감기도 하고 땅바닥에 퍼지기도 하는 식물의 줄기. ◆ 名藤，藤蔓。¶나팔꽃 넝쿨이 나무줄기를 타고 오른다. =喇叭花藤顺着树干往上爬。

넣다【동사】动 ❶ 한정된 공간 속으로 들게 하다. ◆ 放进，装进，投入。¶주머니에 손을 넣다. =把手放进了口袋。 ❷ 다른 것에 섞거나 타다. ◆ 放，加。¶국에 소금을 넣다. =在汤里加盐。❸ 어떤 범위 안에 들어 있게 하다. ◆ 列入，算进。¶토의에 안건을 넣다. =把方案列入讨论议题。❹ 어떤 단체나 학교, 직장 따위에 구성원으로 들어가게 하다. ◆ 送进(团体、学校等)。¶아이를 학교에 넣다. =把孩子送进学校。❺ 기계 따위가 작동하도록 조작하다. ◆ 启动，打开，开(机)。¶컴퓨터에 전원을 넣다. =打开电脑电源。❻ 은행에 입금하다. ◆ 存(钱)。¶은행에 돈을 넣다. =把钱存进银行。

-네[1]【접사】❶ '같은 처지의 사람'의 뜻을 더하는 접미사. ◆ 后缀们(表示复数)。¶여인네. =女人们。❷ '그 사람이 속한 무리'라는 뜻을 더하는 접미사. ◆ ……他们，……他们的(表示所属的集群)。¶일요일에 삼촌네 집에 갈 것입니다. =星期天要去叔叔家。

네[2]【관형사】그 수량이 넷임을 나타내는 말. ◆ 冠四，四个。¶책 네 권. =四本书。

네[3]【감탄사】叹 ❶ 윗사람의 부름에 대답하거나 묻는 말에 긍정하여 대답할 때 쓰는 말. ◆哎，是，是的(对上位者的提问表示答应或肯定)。¶네, 그렇습니다. =是的。❷ 윗사람이 부탁하거나 명령하는 말에 동의하여 대답할 때 쓰는 말. ◆ 是，好，是的(对位尊者的命令或托付表示同意)。¶네, 알았습니다. =是，明白了。❸ 윗사람의 말을 재우쳐 물을 때 쓰는 말. ◆ 叹 啊(对上位者的话表示疑问或反问)。¶네? 무슨 말씀이신지요. =啊? 您的意思是?

네[4]【대명사】'너'에 주격 조사 '가'나 보격 조사 '가'가 붙을 때의 형태. ◆代你("너"用于"가"前的变体)。¶네가 다 해라. =你来做吧!

-네[5]【어미】词尾 ❶ 하게할 자리에 쓰여, 단순한 서술의 뜻을 나타내는 종결 어미. ◆ 准平阶("하게" 体)陈述式终结词尾。¶비가 오네. =下雨啦。❷ 해할 자리나 혼잣말에 쓰여, 지금 깨달은 일을 서술하는 데 쓰이는 종결 어미. 흔히 감탄의 뜻이 드러난다. ◆ 不定阶("해"体)陈述式终结词尾，常用于对新发现的事物表示感叹。¶그 아이가 참 예쁘네. =那个小孩真漂亮。

네거리【명사】한 지점에서 길이 네 방향으로 갈라져 나간 곳. ◆名十字路口。

네까짓【관형사】'겨우 너만 한 정도의'라는 뜻으로, 상대편을 낮잡아 이를 때 쓰는 말. ◆冠就你这样的，就你这种。¶네까짓 게 나를 건드려? =就你这样的人还敢惹我?

네덜란드(Netherlands)【명사】유럽의 북서부에 있는 나라. 수도는 암스테르담. ◆名荷兰。

네모【명사】名 ❶ 네 개의 모. ◆ 四角，四方。❷ 네 개의 선분으로 둘러싸인 평면 도형. ◆名四边形。

네모나다【형용사】모양이 네모꼴로 되어 있다. ◆形呈四方形。¶그 탤런트는 얼굴이 네모나다. =那个演员是四方脸。

네모지다【형용사】모양이 네모꼴로 이루어져 있다. ◆形呈方形，呈四方形。¶도시락이 네모지다. =饭盒呈四方形。

네온사인(neon sign)【명사】네온 가스를 넣은 유리관에 전기를 통하게 해 여러 가지 빛을 내게 하는 장치. ◆名霓虹灯。

-네요【품사 없음】❶ 말하는 이의 생각이나 느낌을 듣는 이에게 확인시키려는 의도로 쓰임. ◆ 表示话者希望听者对自己的想法或感受进行确认。¶이 생선 물 좋네요. =鱼很新鲜啊。❷ 말하는 이의 생각이나 느낌을 듣는 이에게 동의를 구하여 물으려는 의도로 쓰임. ◆ 表示说话者就自己的想法或感受向听者征求同意。¶아저씨는 이 마을에 대하여 잘 아시겠네요? =大叔您对这个村子一定非常了解吧?

네트(net)【명사】名 ❶ 배구·탁구·테니스·배드민턴 따위에서, 코트 중앙에 수직으로 가로질러, 양쪽 편을 구분하는 그물. ◆ (排球、乒乓球、网球、羽毛球等的)球网。 ❷ 축구·핸드볼·아이스 하키 따위에서, 골문 뒤쪽에 치는 그물. ◆ (足球、手球、冰球等的)球

网。

네트워크(network)【명사】图❶ 랜(LAN)이나 모뎀 따위의 통신 설비를 갖춘 컴퓨터를 이용하여 서로 연결시켜 주는 조직이나 체계. ◆ 计算机网络。❷ 라디오나 텔레비전의 방송에서, 각 방송국을 연결하여 동시에 같은 프로그램을 방송하는 체제. ◆ 广播电视。

네팔(Nepal)【명사】아시아의 히말라야 산맥 남쪽에 있는 나라. 수도는 카트만두. ◆图尼泊尔。

넥타이(necktie)【명사】양복을 입을 때 와이셔츠 깃 밑으로 둘러 매듭을 지어 앞으로 늘어뜨리거나 나비 모양으로 매듭을 만드는 천. ◆图领带，领结。¶오늘 넥타이 색깔이 보기 좋다. =今天的领带颜色很好看。

넷【수사】셋에 하나를 더한 수. ◆数 四。¶그 사람의 가족은 넷이다. =他家有四口人。

넷째【수사】순서가 네 번째인 차례. ◆数第四，第四个。¶당신은 넷째로 입장하시오. =请您第四个入场。

녀석【의존 명사】❶ 남자를 낮추어 이르는 말. 자립 명사처럼 쓰이는 일도 있다. ◆依名〈贬〉小子，家伙，兔崽子。¶녀석, 까불고 있네. =小子，还挺得意。❷ 사내아이를 귀엽게 이르는 말. ◆依名小家伙，小子(爱称)。¶우리 아들 녀석. =我们家小子。

년[1]【의존 명사】해를 세는 단위. 1년은 약 365.25일이다. ◆依名 年，载，年头。¶고향을 떠난 지 벌써 3년 지났다. =离开家乡已经三年了。

-년[2](年)【접사】'해'의 뜻을 더하는 접미사. 后缀 ◆ 年。¶금년도 절반이 지났다. =今年又过去一半了。

년[3]【명사】俚 '여자'를 낮잡아 이르는 말. ◆图〈贬〉臭婆娘，臭丫头。¶두 년이 덤비는데 당해낼 수가 있어야지. =俩臭婆娘一起冲我叫喊，我没法抵挡。

녘【의존 명사】어떤 때의 무렵. ◆依名时候，时分(指时间)；一带(指地点)。¶아침 녘. =上午时分。

노(櫓)【명사】물을 헤쳐 배를 나아가게 하는 기구. 나무나 합성수지로 만드는데 물속에 들어가는 부분은 납작하고 손잡이 부분은 가늘다. ◆ 图橹，桨。¶노를 젓다. =划桨。

노고(勞苦)【명사】힘들여 수고하고 애씀. ◆图劳苦，辛苦，辛劳。¶이 일에 수고하신 여러분의 노고를 치하합니다. =对各位在本项工作中所付出的辛苦表示感谢。

노곤하다(勞困--)【형용사】나른하고 피로하다. ◆ 形疲劳，疲倦，疲惫，困乏。¶샤워를 하고 나니 몸이 노곤하여 금새 잠이 들었다. =洗完澡后浑身疲惫，很快就睡着了。

노골적(露骨的)【명사】숨김없이 모두를 있는 그대로 드러내는 것. ◆图露骨的，毫不掩饰的，公开的。¶그는 그녀에 대한 마음을 노골적으로 드러냈다. =他把对那个女孩的心意公开地表达了出来。

노기(怒氣)【명사】성난 얼굴빛. 또는 그런 기색이나 기세. ◆图怒气，怒火。¶노기가 역력하다. =一脸怒气。

노끈【명사】실·삼·종이 따위를 가늘게 비비거나 꼬아서 만든 끈. ◆图绳子。¶이 짐을 노끈으로 단단히 묶어라. =用绳子把行李捆结实！

노년(老年)【명사】나이가 들어 늙은 때. 또는 늙은 나이. ◆图老年，晚年。¶그 과부는 노년의 외로움을 달래기 위해 운동을 시작했다. =为了排解晚年的孤独，那个寡妇开始健身。

노닐다【동사】한가하게 이리저리 왔다 갔다 하면서 놀다. ◆ 动徜徉，闲逛，游荡。¶나비가 꽃밭을 노닐다. =蝴蝶在花丛中徜徉。

노다지【명사】图❶ 캐내려 하는 광물이 많이 묻혀 있는 광맥. ◆ 储量丰富的矿脉。¶계곡에서 금 노다지를 발견하다. =溪谷中发现了储量丰富的金矿。❷ 俚손쉽게 많은 이익을 얻을 수 있는 일감을 비유적으로 이르는 말. ◆ 俚〈喻〉发横财，天上掉馅饼。¶그는 복권을 통해 노다지를 꿈꾸고 있다. =他梦想着通过买彩票发横财。

노닥거리다【동사】('…과'가 나타나지 않을 때는 여럿임을 뜻하는 말이 주어로 온다) 조금 수다스럽게 재미있는 말을 자꾸 늘어놓다. ◆ 动侃大山，神侃，聊个没完。¶오후 내내 친구와 노닥거리다. =和朋友整整侃了一下午。

노동(勞動)【명사】图❶ 사람이 생활에 필요한 물자를 얻기 위하여 육체적 노력이나 정신적 노력을 들이는 행위. ◆ 劳动，劳作。❷ 몸을 움직여 일을 함. ◆劳动，工作，干活。¶그는 하루하루를 노동으로 살아간다. =他日复一日地不停劳作。

노동력(勞動力)【명사】생산품을 만드는 데에 소요되는 인간의 정신적·육체적인 모든 능력. ◆ 图劳动力。¶그 회사는 아이디어는 많으나 노동력이 부족하다. =那家公司虽然创意很丰富，但是劳动力不足。

노동요(勞動謠)【명사】일을 즐겁게 하고 공동체 의식을 높여서 일의 능률을 높이기 위하여 부르는 노래. ◆图劳动号子。¶노동요를 부르다. =喊号子。

노동자(勞動者)【명사】노동력을 제공하고 얻은 임금으로 생활을 유지하는 사람. ◆图工人，劳动者。

노동조합(勞動組合)【명사】노동 조건의 개선(改善) 및 노동자의 사회적·경제적인 지위 향상을 목적으로 노동자가 조직한 단체. 기업별, 산업별, 지역별 따위의 다양한 형태가 있다. ◆图工会。¶노동조합결성. =组建工会。

노란색【명사】병아리나 개나리꽃의 빛깔과 같이 매우 밝고 선명한 색. ◆图黄色，明黄色。¶그녀의 노란색 블라우스가 치마와 잘 어울린다. =她的明黄色短袖衫和裙子很配。

노랑【명사】기본색의 하나. 빨강, 파랑과 더불어 천연색 사진이나 그림물감 따위의 감산 혼합으로 색을 표현할 때에 삼원색을 이룬다. ◆图黄色(三原色之一)。

노랑이【명사】俚속이 좁고 마음 씀씀이가 아주 인색한 사람을 낮잡아 이르는 말. ◆图俚小气鬼，守财奴，铁公鸡。¶우리 회사 사장님은 노랑이로 소문이 자자하다. =人们都说我们公司老总是个小气鬼。

노랗다【형용사】㊄❶ 병아리나 개나리꽃과 같이 밝고 선명하게 노르다. ◆黄色的，黄灿灿的。❷ 영양 부족이나 병으로 얼굴에 핏기가 없고 노르께하다. ◆(脸色)发黄，腊黄。¶그녀는 얼굴이 갑자기 노랗게 되면서 숨을 쉬지 못했다. =她突然脸色发黄，喘不上气来。

노래【명사】㊔❶ 가사에 곡조를 붙여 목소리로 부를 수 있게 만든 음악. 또는 그 음악을 목소리로 부름. ◆歌。¶노래를 부르다. =唱歌。❷ 새 따위가 지저귐. 또는 그런 소리. ◆(鸟儿等)鸣唱。¶꾀꼬리의 노래. =黄莺的鸣唱。❸ 가곡, 가사, 시조 따위와 같이 운율이 있는 언어로 사상과 감정을 표현함. 또는 그런 예술 작품. ◆歌咏，吟咏，吟唱。❹ 같은 말을 자꾸 되풀이하여 졸라 댐. ◆缠着要，一个劲儿地要。¶그녀는 가방을 사달라고 노래를 한다. =她一个劲儿地缠着让人给她买包。

노래지다【동사】노랗게 되다. ◆㊍发黄，变黄。¶얼굴이 노래지다. =脸色变黄了。

노래하다【동사】㊍❶ 가사에 곡조를 붙여 목소리로 부를 수 있게 만든 음악을 사람이 부르다. ◆唱歌。¶그녀는 노래하는 것을 좋아한다. =她喜欢唱歌。❷ 새 따위가 지저귀다. ◆(鸟儿等)鸣唱，鸣叫。¶나무 위에서 새가 노래하다. =鸟儿在树上鸣叫。❸ 가곡, 가사, 시조 따위와 같이 운율이 있는 언어로 사상과 감정을 표현하다. ◆吟诵，吟咏，歌颂。¶그 시인은 인간의 아름다움을 노래했다. =诗人歌颂了人间的美好。❹ 같은 말을 자꾸 되풀이하여 졸라대다. ◆缠着要，一个劲儿地要。¶딸년이 옷을 사달라고 줄기차게 노래한다. =丫头一个劲儿地缠着让人给她买衣服。

노랫가락【명사】노래의 곡조. ◆㊔曲调。¶노랫가락이 구수하다. =曲调优美。

노랫말【명사】가곡, 가요, 오페라 따위로 불릴 것을 전제로 하여 쓰인 글. ◆㊔歌词。¶이 노래는 노랫말이 너무 슬퍼 눈물이 다 나온다. =这首歌的歌词太悲伤了，催人泪下。

노랫소리【명사】노래를 부르는 소리. ◆㊔歌声。¶잔잔한 노랫소리. =低沉的歌声。

노략질(擄掠-)【명사】떼를 지어 돌아다니며 사람을 해치거나 재물을 강제로 빼앗는 짓. ◆㊔抢劫，掳掠。¶해적이 노략질을 일삼다. =海盗以抢劫为业。● 노략질하다(擄掠---) ●

노려보다【동사】㊍❶ 미운 감정으로 어떠한 대상을 매섭게 계속 바라보다. ◆怒视，怒目而视，盯着。¶무섭게 노려보다. =狠狠地盯着。❷ 탐이 나서 눈독 들여 겨누어 보다. ◆虎视眈眈，盯着。¶고양이가 새장의 십자매를 노려본다. =猫虎视眈眈地盯着鸟笼里的十姐妹鸟。

노력(努力)【명사】목적을 이루기 위하여 몸과 마음을 다하여 애를 씀. ◆㊔努力。¶노력을 기울이다. =倾注了努力。● 노력하다(努力--) ●

노련하다(老鍊--)【형용사】많은 경험으로 익숙하고 능란하다. ◆㊄老练。¶이 팀의 주장은 노련하다. =该队的主将很老练。

노령(老齡)【명사】늙은 나이. ◆㊔老龄，老年。¶젊었던 아버지께서 노령이 다 되셨다. =曾经年轻的父亲已经老了。

노루【명사】사슴과의 포유류. ◆㊔狍子；獐子。¶동물원에서 탈출한 노루가 마을에 나타났다. =从动物园里跑出来的狍子出现在村子里。

노르스름하다【형용사】조금 노르다. ◆㊄浅黄，淡黄。¶참외가 노르스름하니 잘 익었다. =甜瓜黄了，已经熟透了。

노르웨이(Norway)【명사】유럽의 북부에 있는 나라. 수도는 오슬로. ◆㊔挪威。

노른자【명사】❶ 알의 중앙부분. ◆㊔蛋黄。¶찐 계란의 노른자는 매우 퍽퍽하다. =蒸鸡蛋的蛋黄非常干硬难咽。❷ 사물이나 일의 중요한 부분. ◆㊔核心，中心。¶이 도시의 노른자 땅은 모두 외지인 소유이다. =这个城市中心的地产都为外地人所有。

노른자위【명사】㊔❶ 알의 흰자위에 둘러싸인 동글고 노란 부분. ◆卵黄，蛋黄。¶계란의 노른자위. =鸡蛋黄，蛋黄。❷ 어떤 사물의 가장 중요한 부분을 비유적으로 이르는 말. ◆(事物的)核心，关键，黄金部位，最好的部分。¶그는 도심에 노른자위 땅을 가지고 있는 부자이다. =他是个有钱人，在市中心的黄金地段拥有地产。● 노른자 ●

노름【명사】돈이나 재물 따위를 걸고 주사위, 골패, 마작, 화투, 트럼프 따위를 써서 서로 내기를 하는 일. ◆㊔赌，赌博，赌钱。¶노름으로 돈을 잃다. =把钱赌输了。● 노름하다 ●

노릇【명사】㊔❶ 그 직업, 직책을 낮잡아 이르는 말. ◆活儿，工作，职业(贬义)。¶요즘 선생 노릇하기 힘들다. =最近老师这工作很难干。❷ 맡은 바 구실. ◆做，当(恰当的言行)。¶사람 노릇하기 힘들다. =做人很难。❸ 일의 됨됨이나 형편. ◆(事情的)境地，情况。¶이 노릇을 어찌할까? =这情况该怎么办呢?

노릇노릇하다【형용사】군데군데 노르스름하다. ◆㊄黄黄的。¶막 부쳐낸 녹두전이 노릇노릇하다. =刚煎好的绿豆饼黄黄的。

노릇하다【형용사】조금 노르다. ◆㊄发黄。¶들에는 벌써 벼 이삭이 노릇하다. =田野里的稻穗已经发黄了。

노리개【명사】㊔❶ 여자 한복 저고리에에 길게 느려뜨려 다는 장신구. ◆(女性衣物上佩戴的)饰品，挂件。¶그녀는 옷에 노리개를 달고 다니는 것이 취미다. =在衣服上佩戴饰品是她的爱好。❷ 심심풀이로 가지고 노는 물건. ◆玩物，玩偶。¶왜 나를 노리개 취급하니? =为什么把我当玩偶? ❸ ㊑장난삼아 데리고 노는 여자를 낮잡아 이르는 말. ◆㊑玩物。

노리다【동사】㊍❶ 눈에 독기를 품고 모질게 쏘아보다. ◆瞪，怒视，盯着。¶그는 나를 노리며 말했다. =他瞪着我说。❷ 무엇을 이루려고 모든 마음을 쏟아서 눈여겨보다. ◆伺机。기회를 노리다. =伺机而动。❸ 음흉한 목적을 가지고 남의 것을 빼앗으려고 벼르다. ◆觊觎，图谋。¶그는 재산을 노리고 우리 집에 들어왔다. =他觊觎着钱财，来到了我们家。

노린내【명사】노린 냄새. ◆ 图膻味，臊臭。¶목욕을 안 해서 몸에서 노린내가 난다. =没有洗澡，身上一股臊臭味。

노망(老妄)【명사】늙어서 망령이 듦. 또는 그 망령. ◆ 图老糊涂。¶할머니는 치매가 깊어지자 노망을 부리기 시작했다. =奶奶的老年痴呆症越来越厉害，她开始犯糊涂了。● 노망하다(老妄--) ●

노면(路面)【명사】길의 바닥 표면. ◆ 图路面。¶노면이 매끄럽지 못해 운전하기 힘들다. =路面不平整，开车很费劲。

노모(老母)【명사】늙은 어머니. ◆ 图老母亲，年迈的母亲。¶그 부부는 노모를 모시며 살고 있다. =那对夫妇和老母亲一起生活。

노발대발하다(怒發大發--)【동사】몹시 노하여 펄펄 뛰며 성을 내다. ◆ 动大发雷霆，火冒三丈。¶아버지가 자식의 무례함을 보고 노발대발하다. =看到孩子们的无礼，爸爸大发雷霆。

노변(路邊)【명사】길의 양쪽 가장자리. ◆ 图路边，路旁。¶노변에 쓰레기를 버리지 맙시다. =不要把垃圾扔在路边。

노병(老兵)【명사】图 ❶ 늙은 병사. ◆ 年老的士兵，老兵。¶우리 부대는 신참보다 노병이 더 많다. =我们部队中老兵比新兵多。❷ 경험이 많아 노련한 병사. ◆ 老兵，经验丰富的士兵。

노부모(老父母)【명사】늙은 어버이. ◆ 图老父老母，年迈的双亲。¶나의 노부모는 시골에 사신다. =我年迈的双亲生活在乡下。

노부부(老夫婦)【명사】늙은 부부. ◆ 图老两口，老夫妻。¶현대사회는 노부부만 사는 가정이 많다. =现代社会中，很多家庭都只有老两口生活。

노비(奴婢)【명사】사내종과 계집종을 아울러 이르는 말. ◆ 图奴婢。¶신분적으로는 노비가 사라졌지만 현대판 노비는 아직도 있다고 할 수 있다. =虽然从身份角度来说奴婢已经消失，但是可以说现代版奴婢依然存在。

노상【부사】언제나 변함없이 한 모양으로 줄곧. ◆ 副总是，常常。¶그의 얼굴은 노상 웃는 얼굴이다. =他的脸上总是挂着笑容。

노상(路上)【명사】길거리나 길의 위. ◆ 图路上，街上。¶노상 방뇨. =随地小便。

노새【명사】말과의 포유류. 암말과 수나귀 사이에서 난 잡종. ◆ 图骡子。¶늙은 노새 한 마리가 무거운 짐을 나르고 있다. =一匹老骡子驮着沉重的货物。

노선(路線)【명사】图 ❶ 자동차 선로, 철도 선로 따위와 같이 일정한 두 지점을 정기적으로 오가는 교통선. ◆ 路线，线路。¶항공 노선. =航线。❷ 개인이나 조직 따위가 일정한 목표를 실현하기 위하여 지향하여 나가는 견해의 방향이나 행동 방침. ◆ 图路线，方向。¶정치 노선. =政治路线。

노소(老少)【명사】늙은이와 젊은이를 아울러 이르는 말. ◆ 图老少，童叟。¶남녀노소 입장 가능한 영화. =男女老少皆宜的电影。

노송(老松)【명사】늙은 소나무. ◆ 图古松。¶이 산에는 노송이 많다. =这座山上有许多古松。

노쇠(老衰)【명사】늙어서 쇠약하고 기운이 별로 없음. ◆ 图衰老，老迈。¶노쇠한 몸. =老迈之身。● 노쇠하다(老衰--) ●

노숙(露宿)【명사】한데에서 자는 잠. ◆ 图露宿，露宿街头。● 노숙하다(露宿--) ●

노숙하다(老熟--)【형용사】오랜 경험으로 익숙하다. ◆ 形老练。¶노숙한 솜씨. =老练的手艺。

노스탤지어(nostalgia)【명사】고향을 몹시 그리워하는 마음. 또는 지난 시절에 대한 그리움. ◆ 图思乡之情，乡愁，思乡病。¶이 작품에는 노스탤지어로 인한 슬픔이 담겨있다. =作品中饱含着思乡之情。

노심초사하다(勞心焦思--)【동사】몹시 마음을 쓰며 애를 태우다. ◆ 动费尽心思，忧心忡忡，牵肠挂肚。¶그녀는 그에게 거짓말이 들킬까 노심초사했다. =女孩忧心忡忡，生怕谎言被他发现。

노약자(老弱者)【명사】늙거나 약한 사람. ◆ 图老弱。¶노약자 좌석. =老弱专座。

노여움【명사】분하고 섭섭하여 화가 치미는 감정. ◆ 图怒气，怒火，恼怒，愤怒。¶어른에게 노여움을 사다. =惹大人生气。

노여워하다【동사】화가 치밀 만큼 분해하거나 섭섭해하다. ◆ 动生气，恼怒，恼火。¶아버지께서는 내가 거짓말을 했다는 사실을 알고는 노여워하셨다. =得知我撒了谎，父亲很恼火。

노염【명사】'노여움(분하고 섭섭하여 화가 치미는 감정)'의 준말. ◆ 图怒气，怒火。

노엽다【형용사】화가 날 만큼 분하고 섭섭하다. ◆ 形恼火，恼怒，生气。

노예(奴隸)【명사】图 ❶ (옛날에) 남의 소유물이 되어 시키는 일을 하던, 물건처럼 사고팔리던 사람. ◆ 奴隶。¶그는 회사에서 노예 취급을 받았었다. =他在公司里受到了奴隶般的待遇。❷ 인간으로서 기본적인 권리나 자유를 빼앗겨 자기 의사나 행동을 주장하지 못하고 남에게 사역(使役)되는 사람. ◆ 奴隶。❸ 인격의 존엄성마저 저버리면서까지 어떤 목적에 얽매인 사람. ◆ 奴隶。¶돈의 노예가 된 사람. =成为金钱奴隶的人。

노옹(老翁)【명사】늙은 남자. ◆ 图老翁，老大爷。¶노옹께서는 아직도 건강하시다. =老翁依然健康。

노을【명사】해가 뜨거나 질 무렵에, 하늘이 햇빛에 물들어 벌겋게 보이는 현상. ◆ 图彩霞，云霞。¶저녁 노을이 아름답다. =晚霞很美。

노이로제(<독>)【명사】'신경증'의 전 용어. ◆ 图神经质，神经过敏。¶그는 전화 노이로제에 걸렸다. =他患上了电话过敏症。

노익장(老益壯)【명사】늙었지만 의욕이나 기력은 점점 좋아짐. 또는 그런 상태. ◆ 图老当益壮。¶노익장을 과시하다. =显得老当益壮。

노인(老人)【명사】나이가 들어 늙은 사람. ◆ 图老年人。¶노인의 증가는 고령화로 가고 있음을 말해준다. =老年人的增加意味着逐渐进入老龄化社会。

노인정(老人亭)【명사】노인들이 모여 쉴 수 있도록 마련해 놓은 정자나 집, 방 따위. ◆ 图老人亭。¶우리 마을에는 아직 노인들이 쉴 수 있는 노인정이 없다. =我们村里还没有供老人们休息的老人亭。

노임(勞賃) 【명사】 '노동 임금(노동에 대한 보수.)'을 줄여 이르는 말. ◆ 名工资。¶노조위원회는 회사측에 노임 인상을 요구했다. =工会方面要求公司涨工资。

노자(路資) 【명사】 먼 길을 떠나 오가는 데 드는 비용. ◆ 名路费，旅费。¶어머니는 길을 떠나는 나에게 노자를 넉넉히 주셨다. =出门前，妈妈给了我充足的路费。

노장(老將) 【명사】 名 ❶ 늙은 장수. ◆ 年老的将领。❷ 많은 경험을 쌓아 일에 노련한 사람. ◆ 老将，老手(比喻经验丰富的人)。¶우리 팀은 노장 선수가 필요하다. =我们队需要一名老将。

노점(露店) 【명사】 길가의 한데에 물건을 벌여 놓고 장사하는 곳. ◆ 名地摊。¶거리에 노점이 즐비하다. =街边的地摊比比皆是。

노점상(露店商) 【명사】 길가의 한데에 물건을 벌여 놓고 하는 장사. 또는 그런 장수. ◆ 名摆地摊；地摊小贩。¶회사를 퇴직하고 그는 노점상을 차렸다. =从公司离职后，他摆起了地摊。

노정(路程) 【명사】 名 ❶ 목적지까지의 거리. 또는 목적지까지 걸리는 시간. ◆ 路程。¶2시간 정도의 노정이면 여행을 해도 좋습니다. =如果是两小时的路程，去旅游一下也不错。❷ 거쳐 지나가는 길이나 과정. ◆ 行程。¶험난한 노정. =艰苦的行程。

노조(勞組) 【명사】 노동조합(노동 조건의 개선(改善) 및 노동자의 사회적·경제적인 지위 향상을 목적으로 노동자가 조직한 단체). ◆ 名工会。¶출판 노조. =出版工会。

노천(露天) 【명사】 사방, 상하를 덮거나 가리지 아니한 곳. 곧 집채의 바깥을 이른다. ◆ 名露天。¶이번 공연은 노천극장에서 열린다. =这次演出在露天剧场举行。

노총각(老總角) 【명사】 혼인할 시기를 넘긴 나이 많은 남자. ◆ 名老光棍儿，〈网〉剩男。

노출(露出) 【명사】 名 ❶ 겉으로 드러나거나 드러냄. ◆ 暴露，袒露，泄露。❷ 사진기에서, 렌즈로 들어오는 빛을 셔터가 열려 있는 시간만큼 필름이나 건판에 비추는 일. ◆ 曝光(摄影用语)。● 노출되다(露出--), 노출하다(露出--) ●

노친(老親) 【명사】 늙은 부모. ◆ 名年迈的双亲。¶노친께서는 건강하십니까? =年迈的双亲身体还好吧?

노크(knock) 【명사】 방에 들어가기에 앞서 문을 가볍게 두드려서 인기척을 내는 일. ◆ 名敲门。¶노크없이 출입금지. =禁止不敲门直接进入。● 노크하다(knock--) ●

노트(note) 【명사】 名 ❶ 글씨를 쓰거나 그림을 그리도록 백지로 매어 놓은 책. ◆ 笔记本，小本子。¶강의 내용을 노트에 기록하다. =把讲课内容记到本子上。❷ 어떤 내용을 기억해 두기 위하여 적음. ◆ 做笔记，记录。

노트(knot)】 【의존 명사】 배의 속도를 나타내는 단위. 1노트는 한 시간에 1해리, 곧 1,852미터를 달리는 속도이다. ◆ 依名(航速或流速单位)节。¶이 배의 최고속도는 5노트이다. =这船的最快速度为5节。

노트북(notebook) 【명사】 일상적으로 휴대하여 사용하기 편하도록 공책 크기로 만든 경량 컴퓨터. ◆ 名俚笔记本电脑。¶내 노트북은 구형이다. =我的笔记本电脑是老款的。

노파(老婆) 【명사】 늙은 여자. ◆ 名老太太。¶길거리에 한 노파가 앉아 있었다. =街边坐着一个老太太。

노파심(老婆心) 【명사】 필요 이상으로 남의 일을 걱정하고 염려하는 마음. ◆ 名苦口婆心。¶먼길은 떠나는 나에게 어머니는 노파심에 몇 번이고 차조심을 당부하셨다. =妈妈苦口婆心地再三叮嘱出远门的我要小心车辆。

노폐물(老廢物) 【명사】 생체 내에서 생성된 대사산물 중 생체에서 필요 없는 것. 날숨, 오줌, 땀, 대변 따위에 섞여 몸 밖으로 배출되거나 배설된다. ◆ 名废物，排泄物。¶장속에 있는 노폐물을 제거하는 것이 건강에 좋다고 한다. =据说清除肠内废物有利于健康。

노하다(怒--) 【동사】 '화내다' 또는 '화나다'를 점잖게 이르는 말. ◆ 动怒，发怒，发火("성내다"的敬语)。¶내 말에 아버지께서는 상당히 노하셨다. =听了我的话，父亲大怒。

노하우(knowhow) 【명사】 名 ❶ 산업에서 기술적으로 활용할 수 있는 특별한 방법. ◆ 秘方，秘诀。❷ 어떤 일을 오래 함에 따라 자연스럽게 터득한 방법이나 요령. ◆ 诀窍，秘诀。¶나만의 노하우. =我自己的诀窍。

노화(老化) 【명사】 名 ❶ 나이가 들며 신체의 구조나 기능이 쇠퇴하는 현상. ◆ 老，衰老。¶그녀도 나이가 들어가니 노화 현상이 일어난다. =她也上了年纪，现出了老相。❷ 물질이 시간이 지나며 원래의 성질이 달라지는 현상. ◆ (橡胶、胶质等)老化。● 노화되다(老化--), 노화하다(老化--) ●

노환(老患) 【명사】 '노병(老病)(늙고 쇠약해지면서 생기는 병.)'의 높임말. ◆ 名老年病("노병(老病)"的敬语)。¶그 분은 노환으로 지난해에 돌아 가셨다. =那位老人去年患老年病去世了。

노후[1](老後) 【명사】 늙어진 뒤. ◆ 名晚年。¶노후의 생활 설계. =晚年的生活计划。

노후[2](老朽) 【명사】 오래되고 낡아 제구실을 하지 못함. ◆ 名陈旧，废旧。¶노후시설에 대한 점검이 필요하다. =有必要对陈旧设施逐一检查。● 노후하다(老朽--) ●

녹[1](祿) 【명사】 (옛날에) 나라에서 관리들에게 봉급으로 주던 곡식이나 옷감 또는 돈. ◆ 名俸禄，禄。¶그는 나라의 녹을 먹고산다. =他吃着国家的俸禄。

녹[2](綠) 【명사】 산화 작용으로 쇠붙이의 표면에 생기는 물질. 색깔은 붉거나 검거나 푸르다. ◆ 名锈。¶녹이 슬다. =生锈。

녹다 【동사】 动 ❶ 얼음이나 얼음같이 매우 차가운 것이 열을 받아 액체가 되다. ◆ 溶化，融化。¶봄볕에 얼음이 녹다. =冰在春光下融化了。❷ 고체가 열기나 습기로 말미암아 제 모습을 갖고 있지 못하고 물러지거나 물처럼 되다. ◆ 熔化。¶한여름 햇빛에 아스팔트(asphalt)가 녹는다. =在炎夏的烈日下，柏油路都熔化了。 ❸ 추워서 굳어진 몸이나 신체 부위가 풀리다. ◆ (冻僵的身体)暖过来，暖和起来。¶꽁꽁 얼었던 발이 녹다. =冻僵的脚暖和过来了。❹ 감정이 누그러지다. ◆ (感情)化解，消除。¶아버지의 말 한마디에 나는 서운한 것들이 모조리 녹았다. =爸爸的一句话化解了我心中所有的遗憾。❺ 음식의 맛이 부드럽고 맛있다. ◆ (食物)香软，化。¶그 음식은 입안에서 살살 녹는다. =那种食物入口即化。❻ 결정체(結晶體) 따위가 액체 속에서 풀어져 섞이다. ◆ 溶，化。¶소금이 물에 녹다. =盐溶于水。❼ 어떤 물체나 현상 따위에 스며들거나 동화되다. ◆ 溶入，溶进。¶오랜 외국생활에 그의 행동에는 외국의 문화가 녹아있다. =在外国生活久了，他的言行举止也融入了外国文化的味道。❽ 어떤 대상에 몹시 반하거나 홀리다. ◆ 迷住，沉迷。¶그는 그녀에게 녹아버렸다. =他被她迷住了。● 녹이다 ●

녹두(綠豆)【명사】묵, 숙주나물, 빈대떡 등의 재료가 되는 녹색의 작고 동그란 콩. ◆ 名绿豆。¶녹두를 갈다. =磨绿豆。

녹말(綠末)【명사】名 ❶ 감자, 고구마, 물에 불린 녹두 따위를 갈아서 가라앉힌 앙금을 말린 가루. ◆ 淀粉，〈又称〉生粉。❷ 녹색 식물의 엽록체 안에서 광합성으로 만들어져 뿌리, 줄기, 씨앗 따위에 저장되는 탄수화물. ◆ 淀粉。

녹색(綠色)【명사】파랑과 노랑의 중간색. 또는 그런 색의 물감. ◆ 绿色。

녹슬다(綠--)【동사】动 ❶ 쇠붙이가 산화하여 빛이 변하다. ◆ 生锈，上锈。¶못이 녹슬다. =钉子锈了。❷ [비유적으로] 오랫동안 쓰지 않고 버려두어 낡거나 무디어지다. ◆ 生锈，迟钝。¶나이를 먹었는지 운동신경이 녹슬다. =可能是因为年纪大了，运动神经迟钝了。

녹용(鹿茸)【명사】새로 돋은 사슴의 연한 뿔. 양기(陽氣)를 보하며 근골(筋骨)을 강하게 하는 보약으로 쓰인다. ◆ 名鹿茸，茸。¶녹용은 건강보조식품으로 인기가 있다. =鹿茸作为保健食品很受欢迎。

녹음[1](綠陰)【명사】푸른 잎이 우거진 나무나 수풀. 또는 그 나무의 그늘. ◆ 名绿阴，树阴。¶여름이 되니 녹음이 우거지고 매미가 울기 시작했다. =夏天到了，绿树成阴，蝉也开始鸣叫。

녹음[2](錄音)【명사】테이프나 판 또는 영화 필름 따위에 소리를 기록함. 또는 그렇게 기록한 소리. ◆ 名录音。¶녹음을 듣다. =听录音。● 녹음되다(錄音--), 녹음하다(錄音--) ●

녹음기(錄音器)【명사】소리를 담아 두거나 담아 둔 소리를 다시 들을 수 있게 만든 기계. ◆ 名录音机。¶도청에 쓰였던 녹음기를 증거로 제시하였다. =提供了用来窃听的录音机作为证据。

녹음테이프(錄音)【명사】소리를 기록하는 테이프. 종이나 플라스틱으로 된 얇고 긴 띠 위에 자성을 띤 가루를 입혀 만든다. ◆ 名录音带，磁带。¶녹음테이프는 재생이 가능하다. =磁带可以重放。

녹즙기(綠汁機)【명사】모터 따위로 야채를 갈아 즙을 내어 먹을 수 있도록 만든 기구. ◆ 名榨汁机。¶녹즙기로 야채를 갈아 마시다. =用榨汁机榨蔬菜汁喝。

녹지(綠地)【명사】名 ❶ 천연적으로 풀이나 나무가 우거진 곳. ◆ (天然)绿地，草坪。¶이곳은 천연적으로 녹지가 잘 이루어져 있다. =这里是优质的天然绿地。❷ 도시의 자연환경 보전과 공해 방지를 위하여 풀이나 나무를 일부러 심은 곳. ◆ 草地，草坪。¶아파트를 지을 때 녹지 공간을 효율적으로 꾸미는 것이 관건이다. =建造公寓楼时，关键是要高效地规划、建造绿地空间。

녹지대(綠地帶)【명사】자연환경을 보전하거나 공해를 방지하기 위하여 도시의 안이나 그 주변에 일부러 조성한 녹지. ◆ 名绿化带。¶이 도시는 녹지대가 잘 구성되어 있다. =这座城市的绿化带修得很好。

녹차(綠茶)【명사】푸른빛이 그대로 나도록 말린 부드러운 찻잎. 또는 그 찻잎을 우린 물. ◆ 名绿茶。¶우리 몸에 녹차가 좋다. =绿茶对身体有益。

녹초【명사】맥이 풀어져 힘을 못 쓰는 상태. ◆ 名瘫软，散架，精疲力竭。¶밤을 세웠더니 녹초가 되어 버렸다. =熬了一宿，累得精疲力竭了。

녹화[1](綠化)【명사】산이나 들 따위에 나무나 화초를 심어 푸르게 함. ◆ 名绿化。¶산림 녹화사업. =山林绿化工作。

녹화[2](錄畫)【명사】제 모습이나 동작을 나중에 다시 보기 위해서 기계 장치에 그대로 옮겨 두다. ◆ 名录像，摄像，拍摄。¶지금 방영되는 축구 경기는 녹화 중계입니다. =现在正在播出的足球赛是录像转播的。● 녹화되다(錄畫--), 녹화하다(錄畫--) ●

논【명사】물을 대어 주로 벼를 심어 가꾸는 땅. ◆ 名水田，稻田。

논거(論據)【명사】어떤 이론이나 논리, 논설 따위의 근거. ◆ 名论据，证据。

논고(論告)【명사】名 ❶ 자기의 주장이나 믿는 바를 논술하여 알림. ◆ 阐述。❷ 형사 재판에서, 증거 조사를 마치고 검사가 피고의 범죄 사실과, 그에 대한 법률 적용에 관한 의견을 진술하는 일. ◆ 公诉，发表公诉词。¶검사의 준엄한 논고가 있었다. =检察官发表了严厉的公诉词。

논길【명사】논 사이로 난 좁은 길. ◆ 名(水田的)田间小路。¶논길을 따라 걸으며 그와 많은 이야기를 나누었다. =在田间小路上边走边和他聊了很多事。

논농사【명사】논에 짓는 농사. ◆ 名种植水稻。¶우리 마을은 주로 논농사를 짓는다. =我们村主要种植水稻。

논두렁【명사】물이 괴어 있도록 논의 가장자리를 흙으로 둘러막은 두둑. ◆ 名田埂。¶시골에서는 논두렁에 콩을 심는다. =农民在田埂上种豆子。

논둑【명사】논의 가장자리에 높고 길게 쌓아 올린 방죽. ◆ 名(水田)田埂。

논란(論難)【명사】여럿이 서로 다른 주장을 내며 다툼. ◆ 图论辩，辩论，争论。¶핵폐기장(核廢棄場) 건립에 관한 논란이 가열되고 있다. =关于修建核废料处理场的争论正在不断升温。● 논란하다(論難--) ●

논리(論理) 【명사】 图 ❶ 말이나 글에서 사고나 추리 따위를 이치에 맞게 이끌어 가는 과정이나 원리. ◆ 逻辑，法则。¶수학의 논리를 찾아라. =找出数学逻辑。❷ 사물 속에 있는 이치. 또는 사물끼리의 법칙적인 연관. ◆ 逻辑，法则，规律。¶동물학은 동물 생태의 논리를 연구하는 학문이다. =动物学是一门研究动物生态规律的学问。

논문(論文) 【명사】 어떤 문제에 대한 학술적인 연구 결과를 체계적으로 적은 글. ◆ 图论文。

논바닥 【명사】 논의 바닥. ◆ 图水田的地面。¶가뭄으로 논바닥이 갈라졌다. =由于干旱，水田都龟裂了。

논박(論駁) 【명사】 어떤 주장이나 의견에 대하여 그 잘못된 점을 조리 있게 공격하여 말함. ◆ 图批驳，反驳。¶상대방의 주장에 그는 논박을 했다. =他批驳了对方的主张。● 논박하다(論駁--) ●

논밭 【명사】 논과 밭을 아울러 이르는 말. ◆ 图水田和旱地。

논설(論說) 【명사】 어떤 주제에 관하여 자기의 의견이나 주장을 조리 있게 설명함. ◆ 图评论。

논설문(論說文) 【명사】 어떤 주제에 관하여 자기의 생각이나 주장을 체계적으로 밝혀 쓴 글. ◆ 图议论文。¶이 논설문은 환경문제를 잘 다루고 있다. =这篇议论文很好地讨论了环境问题。

논설위원(論說委員) 【명사】 언론 기관에서 정치, 경제, 사회 등의 문제에 관해 전문적 지식을 가지고 논하거나 기관의 입장을 밝히는 사람. ◆ 图评论员。¶그는 방송국에서 논설위원으로 일하고 있다. =他在广播局当评论员。

논술(論述) 【명사】 어떤 것에 관하여 의견을 논리적으로 서술함. 또는 그런 서술. ◆ 图论述。¶대학의 마지막 관문은 논술 시험이다. =大学毕业的最后一关是论述考试。● 논술하다(論術--) ●

논스톱(nonstop) 【명사】 图 ❶ 자동차나 기차, 비행기 따위의 탈것이 중간에 서는 곳 없이 목적지까지 감. ◆ 直达，直飞。¶이 비행기는 논스톱으로 미국까지 간다. =这架飞机直飞美国。❷ 어떤 행위나 동작을 멈추지 아니하고 계속함. ◆ 不停，不休息。¶한 번도 쉬지도 않고 논스톱으로 달렸다. =一刻不停地跑。

논의(論議) 【명사】 어떤 문제에 대하여 서로 의견을 내어 토의함. 또는 그런 토의. ◆ 图议论，谈论。¶오늘은 환경문제가 논의의 대상이다. =今天的议题是环境问题。● 논의되다(論議--), 논의하다(論議--) ●

논일 【명사】 논에서 하는 농사일. ◆ 图农活。¶논일로 얼굴이 검게 그을린 아버지. =长期干农活被晒黑的父亲。

논쟁(論爭) 【명사】 서로 다른 의견을 가진 사람들이 각각 자기의 주장을 말이나 글로 논하여 다툼. ◆ 图争论，争辩。¶아버지와 진학문제로 논쟁을 벌이다. =和爸爸就升学问题展开争论。● 논쟁하다(論爭--) ●

논제(論題) 【명사】 논설이나 논문, 토론 따위의 주제나 제목. ◆ 图论题，议题。¶토론의 논제를 제시하다. =提出讨论的议题。

논증(論證) 【명사】 옳고 그름을 이유를 들어 밝힘. 또는 그 근거나 이유. ◆ 图论证；论据。¶논증이 불가능한 일을 근거로 내세울 수는 없다. =不能将无法论证的事当作根据。● 논증하다(論證--) ●

논평(論評) 【명사】 어떤 글이나 말 또는 사건 따위의 내용에 대하여 논하여 비평함. 또는 그런 비평. ◆ 图评论。¶오늘의 논평은 환경문제입니다. =今天的评论是环境问题。● 논평하다(論評--) ●

논픽션(nonfiction) 【명사】 상상으로 꾸민 이야기가 아닌, 사실에 근거하여 쓴 작품. 수기, 자서전, 기행문 따위가 있다. ◆ 图纪实文学，纪实类作品。¶이 드라마는 논픽션이다. =这部剧作是纪录片。

논하다(論--) 【동사】 옳고 그름 따위를 따져 말하다. ◆ 动议论，评论。¶정부의 업적을 논하다. =评论政府的业绩。

놀 【명사】 '노을(해가 뜨거나 질 무렵에, 하늘이 햇빛에 물들어 벌겋게 보이는 현상)'의 준말. ◆ 图云霞，彩霞("노을"的略语)。¶놀이 지다. =出彩霞。

놀다 【동사】 动 ❶ 놀이나 재미있는 일을 하며 즐겁게 지내다. ◆ 玩。¶장난감을 가지고 놀다. =玩玩具。❷ 직업이나 일정히 하는 일이 없이 지내다. ◆ 赋闲，闲着。¶그는 직장을 그만두고 놀고 있다. =他辞了职，闲在家里。❸ 어떤 일을 하다가 일정한 동안을 쉬다. ◆ 休息，歇。¶노는 시간에 잠 좀 그만 자고 소설책이라도 읽어라. =休息时间别睡了，看点小说什么的吧。❹ 물자나 시설 따위를 쓰지 않다. ◆ 闲置。¶공장마다 노는 기계가 없다. =每个工厂都没有闲置的机器。❺ 고정되어 있던 것이 헐거워 이리저리 움직이다. ◆ 松，松动。¶나사가 놀다. =螺丝松了。❻ 주색을 일삼아 방탕하게 지내다. ◆ 耽于酒色，放荡。❼ 불량한 무리들이 나쁜 짓을 일삼으며 지내다. ◆ 游手好闲，不务正业。❽ 남을 조롱하거나 자기 뜻대로 좌지우지하다. ◆ 捉弄，涮，耍。¶날 아주 가지고 놀아라. =你就拿我涮着玩吧！❾ 마음에 들지 않게 행동함을 비꼬는 말. ◆ 惯胡闹，瞎闹。¶놀고 자빠졌네. =瞎胡闹呢。

놀라다 【동사】 动 ❶ 뜻밖의 일이나 무서움에 가슴이 두근거리다. ◆ 吃惊，吓一跳。¶고함 소리에 화들짝 놀라다. =听到大喊声吃了一惊。❷ 뛰어나거나 신기한 것을 보고 매우 감동하다. ◆ 惊讶，惊叹。¶엄청난 규모에 놀라다. =为这巨大的规模惊叹。❸ 어처구니가 없거나 기가 막히다. ◆ 惊呆，目瞪口呆。¶미국에서 5년 동안이나 살았는데도 영어 한마디 못 한다는 사실에 모두가 놀랐다. =对于他在美国生活了5年还一句英语都不会讲的事实，所有人都目瞪口呆。❹ 평소와 다르게 심한 반응을 보이다. ◆ 反应过度，承受不了。¶오랜만에 고기를 실컷 먹었더니 창자가 놀랐는지 배가 아프다. =好久没吃肉了，一下吃了个饱，估计胃肠受不了，肚子疼。

놀라움 【명사】 놀라운 느낌. ◆ 图惊讶，惊慌。

놀람 【명사】 '놀라움'의 준말("놀라움"的略语)。◆ 图惊讶，惊慌。

놀랍다【형용사】形 ❶ 감동을 일으킬 만큼 훌륭하거나 굉장하다. ◆ 惊人，出人意料。¶놀라운 발전상. =惊人的发展现状。❷ 갑작스러워 두렵거나 흥분 상태에 있다. ◆ 令人震惊。¶비보를 듣고는 모두들 놀라워 입을 열지 못했다. =听完密报，所有人都震惊得无言以对。❸ 어처구니없을 만큼 괴이하다. ◆ (怪异得)惊讶，令人惊奇。¶도대체 일이 어떻게 되어 가는지 난 그저 놀랍기만 할 뿐이다. =事情到底会发展成什么样，我只有惊讶的份了。

놀래다【동사】놀라게 하다. ◆ 动使惊讶，使惊恐。

놀리다[1]【동사】动 ❶ '놀다(놀이나 재미있는 일을 하며 즐겁게 지내다)'의 사동사. ◆ 让……玩("놀다"的使动形态)。¶아이들을 그만큼 잡아 놓고 공부시켰으면 이젠 좀 놀려라. =都管着孩子学了那么长时间了，现在让他们玩一会儿吧。❷ '놀다(물자나 시설 따위를 쓰지 않다)'의 사동사. ◆ 闲置。("놀다"的使动形态)。¶놀리는 기계. =闲置的机器。❸ 기구나 도구를 사용하다. ◆ 操作，使用，用。¶붓을 놀려 글씨를 쓰다. =用毛笔写字。❹ 함부로 말을 하다. ◆ 乱说，胡说八道。¶감히 어디에서 함부로 입을 놀리느냐? =你在谁面前胡说八道?

놀리다[2]【동사】짓궂게 굴거나 흉을 보거나 웃음거리로 만들다. ◆ 动捉弄，取笑。

놀림【명사】남을 흉보거나 비웃는 짓. ◆ 动戏弄，捉弄，取笑。¶놀림을 받다. =受捉弄。

놀부【명사】名 ❶ 〈흥부전〉에 나오는 주인공의 한 사람. 흥부의 형으로 마음씨가 나쁘고 심술궂다. ◆ 孬夫，小说《兴夫传》中的人物之一，也译为游夫、玩夫等。❷ 심술궂고 욕심 많은 사람을 비유적으로 이르는 말. ◆〈喻〉孬种，坏蛋。¶저런 놀부 같은 사람! =那种坏蛋！

놀아나다【동사】动 ❶ 俚이득이 없이 헛된 행동만 하다. ◆ 俚轻举妄动，瞎胡闹。¶남의 선동에 놀아나지 말고, 자기 주관대로 행동을 하여라. =不要被别人煽动着瞎胡闹，要有自己的主见。❷ 이성과 건전하지 못한 관계를 가지다. ◆ 胡搞，鬼混。❸ 자주 또는 정도가 심하게 놀러 다니다. ◆ 到处玩，游手好闲。¶조카는 요즘 들어 공부는 않고 계속 놀아나고 있었다. =侄子最近也不学习，成天到处玩。❹ 이리저리 움직이다. ◆ 晃动，摇晃。¶기둥이 거센 바람에 금방이라도 빠질 듯이 흔들흔들 놀아난다. =柱子摇摇晃晃，好像立刻就要被大风吹倒了似的。

놀이【명사】일정한 규칙 또는 방법에 따라 노는 일. ◆ 名游戏，把戏。¶주사위 놀이. =掷骰子游戏。● 놀이하다 ●

놀이마당【명사】여러 사람이 모여 노래하거나 춤추며 노는 자리. 또는 그런 일. ◆ 名游乐场；娱乐活动。¶풍물 놀이마당. =农乐游乐场。

놀이터【명사】名 ❶ 주로 아이들이 놀이를 하는 곳. ◆ 游乐园，游乐场。¶유치원 놀이터. =幼儿园游乐场。❷ 어떤 집단이나 개인의 활동 장소를 비유적으로 이르는 말. ◆〈喻〉活动场所，地方。¶날이 어두워지면서부터는 역 앞은 주먹패들의 놀이터가 되었다. =天一黑，火车站前就成了打架斗殴的场所。

놀잇감【명사】'장난감(아이들이 가지고 노는 여러 가지 물건)'의 잘못. ◆ 名 '장난감(玩具)' 之误。

놈[1]【의존 명사】名 ❶ '남자'를 낮잡아 이르는 말. ◆ 依存 俚 家伙，混蛋("남자"的贬称)。¶저 짐승만도 못한 놈. =那个连畜牲都不如的家伙。❷ '남자아이'를 귀엽게 이르는 말. ◆ 小家伙，小子("남자아이"的爱称)。¶저기 운동장에서 놀고 있는 놈이 제 아들입니다. =在那边运动场上玩的小家伙是我儿子。❸ 사물이나 동물을 홀하게 이르는 말. ◆ 俚东西，家伙(指物品或动物)。¶김 씨네 돼지처럼 큰 놈은 처음 본다. =头次见到金家那么大个头的猪。❹ 그 사람을 친근하게 혹은 낮추어 이르는 말. ◆ 对人的昵称或贬称。¶손자 놈이 벌써 학교에 들어갔네. =孙子已经上学了。❺ '사람'을 홀하게 이르는 말. ◆〈贬〉家伙，混蛋。¶그런 나쁜 놈들하고는 상종하지 마라. =别和那些混蛋来往。❻ 그 뒤에 나오는 말이 가리키는 대상을 주로 비관적으로 이르는 말. ◆ 鬼，破，烂。¶망할 놈의 집구석. =破房子。

놈[2]【명사】적대 관계에 있는 사람이나 그 무리를 이르는 말. ◆ 名混蛋，坏蛋。¶우리는 목을 지키고 있다가 놈들을 덮쳤다. =我们守住要道，袭击了那些坏蛋。

놋【명사】'놋쇠'의 준말. ◆ 名 "黄铜" 的略语。

놋그릇【명사】놋쇠로 만든 그릇. ◆ 名铜碗，铜盆。

놋쇠【명사】구리에 아연을 10~45% 넣어 만든 합금. 가공하기 쉽고 녹슬지 않아 공업 재료로 널리 쓴다. ◆ 名黄铜。¶놋쇠 그릇. =黄铜器皿。

농[1]**(籠)**【명사】버들채나 싸리채 따위로 함같이 만들어 종이로 바른 상자. 옷이나 물건을 넣어 두는 데 쓰인다. ◆ 名藤柜，藤箱。

농[2]**(弄)**【명사】농담. 실없이 놀리거나 장난으로 하는 말. ◆ 名开玩笑，调侃。¶농이 심하다. =玩笑开过头了。

-농[3]**(農)**[접사] '농사', '농민'의 뜻을 더하는 접미사. ◆[后缀]农，农业，农民。¶소작농. =佃农。

농[4]**-(濃)**[접사] 前缀 ❶ '진한'의 뜻을 더하는 접두사. ◆ (用于部分名词前)浓。¶농황산. =浓硫酸。❷ '짙은'의 뜻을 더하는 접두사. ◆ 前缀(放在部分颜色名词前)深，浓，酽。¶농갈색. =深褐色。❸ '푹'의 뜻을 더하는 접두사. ◆ (用于部分动词前)透了。¶복숭아가 농익다. =桃子熟透了。

농가(農家)【명사】농사를 본업으로 하는 사람의 집. 또는 그런 가정. ◆ 名农户；农舍。¶농가 소득(所得). =农户收入。

농간(弄奸)【명사】남을 속이거나 남의 일을 그르치게 하려는 간사한 꾀. ◆ 名把戏，诡计，欺骗。¶그의 농간에 넘어가다. =被他骗了。● 농간하다(弄奸--) ●

농경(農耕)【명사】논밭을 갈아 농사를 지음. ◆ 名农耕，耕作。

농경지(農耕地)【명사】농지. 농사짓는 데 쓰는 땅. ◆ 名耕地，农田。

농구【명사】다섯 사람씩 두 편으로 나뉘어, 상대편의 바스켓에 공을 던져 넣어 얻은 점수의 많음을 겨루는 경기. ◆ 名篮球。¶겨울철에는 농구경기가 인기가 많다. =冬季篮球比赛很受欢迎。

농기계(農機械)【명사】농사짓는 데 쓰는 기계. 경운기, 탈곡기, 농약 살포기 따위가 있다. ◆图农业机械。

농기구(農器具)【명사】농구. 농사를 짓는 데 쓰는 기구. ◆图农具。

농담[1](弄談)【명사】실없이 놀리거나 장난으로 하는 말. ◆图玩笑，戏言。¶농담 반 진담 반. =半真半假。● 농담하다(弄談--) ●

농담[2](濃淡)【명사】图 ❶ 색깔이나 명암 따위의 짙음과 옅음. 또는 그런 정도. ◆ 浓淡，明暗。¶수묵화의 멋은 먹의 농담을 자유롭게 구사하는 데 달려 있다. =水墨画的意境取决于对墨的浓淡的自由运用。❷ 용액 따위의 진함과 묽음. 또는 그런 정도. ◆ 浓淡。¶소금물은 소금의 농담에 따라 밀도가 다르다. =随着盐的咸淡不同，盐水的密度也不同。❸ 생각이나 표현의 강함과 약함. 또는 그런 정도. ◆ 强弱，深浅。¶말 할 때 뿐 아니라, 글을 쓸 때도 표현의 농담이 필요한 법이다. =不仅是说话，书面表达也需要有强有弱。

농담조(弄談調)【명사】실없이 놀리거나 장난으로 하는 말투. ◆图开玩笑的口吻。¶그가 농담조로 말을 건넸다. =他用开玩笑的口吻搭起话来。

농도(濃度)【명사】图 ❶ 용액 따위의 진함과 묽음의 정도. ◆ 浓度。¶농도 짙은 액체. =浓稠的液体。❷ 어떤 성질이나 성분이 깃들어 있는 정도. ◆图浓度，深浅程度。¶농도 짙은 농담. =黄段子。

농땡이【명사】일을 하지 않으려고 꾀를 부리며 게으름을 피우는 짓. 또는 그런 사람을 속되게 이르는 말. ◆图 ㊥偷懒；懒鬼。¶농땡이를 치다. =偷懒。

농락(籠絡)【명사】새장과 고삐라는 뜻으로, 남을 교묘한 꾀로 휘잡아서 제 마음대로 놀리거나 이용함. ◆ 图笼络利用，耍弄。¶그의 농락에 놀아나다. =被他耍了。● 농락하다(籠絡--) ●

농민(農民)【명사】농사짓는 일을 생업으로 삼는 사람. ◆图农民，庄稼人。

농번기(農繁期)【명사】농사일이 매우 바쁜 시기. 모낼 때, 논맬 때, 추수할 때 따위가 이에 속한다. ◆图农忙期，农忙季节。

농부(農夫)【명사】농사짓는 일을 직업으로 하는 사람. ◆图农夫，农民。

농사(農事)【명사】图 ❶ 곡류, 과채류 따위의 씨나 모종을 심어 기르고 거두는 따위의 일. ◆ 农活。❷ 자녀를 낳아 기르는 일을 비유적으로 이르는 말. ◆〈喻〉生孩子。¶자식 농사 또한 풍년이다. =子女也生了好几个。

농사꾼(農事-)【명사】농사짓는 일꾼이라는 뜻으로, '농부(農夫)'를 달리 이르는 말. 농사짓는 일을 직업으로 하는 사람. ◆图 ㊥农民。¶우리 집은 대대로 농사꾼 집안이다. =我们家世代都是农民。

농사일(農事-)【명사】농사짓는 일. 또는 농사와 관계되는 일. ◆图农活。

농사짓다(農事--)【동사】땅에 씨를 뿌려 기르고 거두는 따위의 일을 하다. ◆ 动耕种，种庄稼。¶땀 흘려 농사짓는 농부. =流着汗耕田的农民。

농사철(農事-)【명사】농사짓는 시기. ◆图农时，农忙季节。¶농사철이 되면 농부들의 손이 바빠진다. =农时一到，农民就开始忙活。

농산물(農産物)【명사】농업에 의하여 생산된 물자. 곡식, 채소, 과일, 달걀, 특용 작물, 화훼 따위가 있다. ◆图农产品。

농성(籠城)【명사】어떤 목적을 이루기 위하여 한자리를 떠나지 않고 시위함. ◆图静坐示威，静坐。¶철야 농성. =彻夜静坐示威。● 농성하다(籠城--) ●

농수산물(農水産物)【명사】농산물과 수산물을 아울러 이르는 말. ◆图农产品和水产品。

농아(聾啞)【명사】청각 장애인과 언어 장애인을 아울러 이르는 말. ◆图聋哑人。¶농아들을 위한 특수학교가 필요하다. =需要为聋哑人创办特殊学校。

농악(農樂)【명사】주로 농촌에서 함께 일을 할 때나 명절에 연주하는 한국 전통 민속 음악. ◆图农乐(韩国农村在节庆时演奏的一种传统音乐)。

농악대(農樂隊)【명사】풍물놀이를 하는 사람들의 조직적인 무리. ◆ 图农乐队。¶농악대는 징, 꽹과리를 치며 동네를 한 바퀴 돌았다. =农乐队敲锣打鼓地绕村子转了一圈。

농약(農藥)【명사】농작물에 해로운 벌레, 잡초 등을 없애는 약품. ◆图农药。

농어【명사】농엇과의 바닷물고기. ◆图鲈鱼。

농어민(農漁民)【명사】농민과 어민을 아울러 이르는 말. ◆ 图农民和渔民。¶수입 농수산물로 인해 농어민의 근심이 늘어만 가고 있다. =进口农产品、水产品使得农民和渔民的担忧与日俱增。

농어촌(農漁村)【명사】농촌과 어촌을 아울러 이르는 말. ◆图农村和渔村。

농업(農業)【명사】농사를 짓는 일. 또는 농사를 짓는 직업. ◆图农业。

농업국(農業國)【명사】모든 경제 분야에서 농업이 기본이 되고 농업을 주요 산업으로 하는 나라. ◆图农业国，农业国家。¶미국은 세계 최대의 농업국이다. =美国是世界上最大的农业国。

농업용수(農業用水)【명사】관개용수. 농사에 필요하여 논밭에 대는 데 드는 물. ◆图农业用水，灌溉用水。

농작물(農作物)【명사】논밭에 심어 가꾸는 곡식이나 채소. ◆图农作物，庄稼。

농장(農場)【명사】농사지을 땅과 농기구, 가축, 노동력 따위를 갖추고 농업을 경영하는 곳. ◆图农场。

농지(農地)【명사】농사짓는 데 쓰는 땅. ◆ 图农地，耕地。

농지거리(弄---)【명사】점잖지 아니하게 함부로 하는 장난이나 농담을 낮잡아 이르는 말. ◆图玩笑，俏皮话。¶킬킬대며 농지거리를 주고받다. =嘻嘻哈哈地互开玩笑。● 농지거리하다(弄----) ●

농촌(農村)【명사】주민의 대부분이 농업에 종사하는 마을이나 지역. ◆图农村，乡村。

농축(濃縮)【명사】액체를 진하게 또는 바짝 졸임. ◆图浓缩。● 농축되다(濃縮--), 농축하다(濃縮--) ●

농토(農土)【명사】농사짓는 땅. ◆ 名耕地，农田。

농한기(農閑期)【명사】농사일이 바쁘지 아니하여 겨를이 많은 때. 대개 벼농사 중심의 영농에서 추수 후부터 다음 모내기까지의 기간을 이른다. ◆ 名农闲期。

농후하다(濃厚--)【형용사】形 ❶ 맛, 빛깔, 성분 따위가 매우 짙다. ◆ (味道、颜色)浓，重。¶단백질이 농후한 사료. =富含蛋白质的饮料。❷ 어떤 경향이나 기색 따위가 뚜렷하다. ◆ (某种倾向或想法)浓厚、明显。¶향토색이 농후한 작품. =乡土色彩浓厚的作品。

높낮이【명사】높음과 낮음. 또는 높고 낮은 정도. ◆ 名高低，高矮，高度。

높다【형용사】形 ❶ 아래에서 위까지의 길이가 길다. ◆ (个子)高。¶산이 높다. =山很高。❷ 아래에서부터 위까지 벌어진 사이가 크다. ◆ (距离)高。¶천장이 높다. =天花板很高。❸ 수치로 나타낼 수 있는 온도, 습도, 압력 따위가 기준치보다 위에 있다. ◆ (数值)高，大。¶압력이 높다. =压力大。❹ 품질, 수준, 능력, 가치 따위가 보통보다 위에 있다. ◆ (品质、水平、能力、价值等)高，杰出，优秀。¶품질이 높은 가구. =高品质的家具。❺ 값이나 비율 따위가 보통보다 위에 있다. ◆ (价格、比率等)高，贵。¶높은 이자율. =高利率。❻ 지위나 신분 따위가 보통보다 위에 있다. ◆ (地位、身份等)高，高贵，尊贵。¶지위가 높을수록 책임도 커진다. =地位越高，责任也越大。❼ 소리가 음계에서 위쪽에 있거나 진동수가 많은 상태에 있다. ◆ (声音的高度)高。¶음성이 높은 소프라노 가수. =嗓音很高的女高音歌手。❽ 이름이나 명성 따위가 널리 알려진 상태에 있다. ◆ (名气等)高，大。¶명성이 높은 학자. =名望很高的学者。❾ 기세 따위가 힘차고 대단한 상태에 있다. ◆ (气势等)高昂，昂扬，旺盛。¶그는 투지가 높다. =他斗志昂扬。❿ 어떤 의견이 다른 의견보다 많고 우세하다. ◆ (意见、呼声等)高，占上风，占优势。¶비난의 소리가 높다. =指责的声音很大。⓫ 꿈이나 이상 따위가 크고 원대하다. ◆ (理想等)崇高，远大。¶젊은이여, 높은 이상을 가져라. =年轻人，树立远大的理想吧！⓬ 소리의 강도가 세다. ◆ (声音的强弱)高，强，大。¶언성이 높다. =说话的音调很高。⓭ 일어날 확률이 다른 것보다 많다. ◆ (可能性等)大。¶그 회사는 성장 가능성이 높다고 평가되었다. =那家公司被认为增长潜力很大。

높다랗다【형용사】썩 높다. ◆ 形很高，高高的。¶높다란 나무 꼭대기. =高高的树梢。

높은음자리표(--音--標)【명사】노래나 음악의 높은 음을 적는 악보임을 나타내는 기호. ◆ 名高音谱号。

높이【명사】높은 정도. ◆ 名高度，高。¶산의 높이. =山的高度。

높이【부사】副 ❶ 아래에서 위까지의 길이가 길게. ◆ (个子)高。¶높이 솟은 빌딩. =高耸的建筑物。❷ 수치로 나타낼 수 있는 온도·습도·압력 따위가 기준치보다 위에 있게. ◆ (数值)高。¶기온이 높이 상승하다. =气温上升。❸ 품질, 수준, 능력, 가치 따위가 보통보다 위에 있게. ◆ (品质、水平、能力、价值等)高，高度。¶작품을 높이 평가하다. =高度评价作品。❹ 값이나 비율 따위가 보통보다 위에 있게. ◆ (价格、比率等)高，大幅。¶금리가 높이 오르다. =利息上升。❺ 지위나 신분 따위가 보통보다 위에 있게. ◆ (地位、身份等)高。¶높이 대우하다. =高待。❻ 소리가 음계에서 위쪽에 있거나 진동수가 많은 상태에 있게. ◆ (音高)高。¶그 여가수의 목소리는 매우 높이 올라간다. =那位女歌手的嗓音吊得很高。❼ 이름이나 명성 따위가 널리 알려지게. ◆ (名气等)高，大。¶명성이 높이 알려진 작가. =声名远扬的作家。❽ 기세 따위가 힘차고 대단하게. ◆ (气势等)高昂地，昂扬地。¶사기가 높이 오르다. =士气高昂。❾ 어떠한 의견이 다른 의견보다 많고 우세하게. ◆ (意见、呼声等)高，占优势地。¶시민의 의견을 높이 수렴하다. =重点征集市民的意见。

높이다【동사】动 ❶ '높다(아래에서 위까지의 길이가 길다)'의 사동사. ◆ 升高，提高，提升。¶온도를 높이다. =升高温度。❷ 존경하는 마음으로 받들다. 또는 그런 태도로 말하다. ◆ 敬重，用敬语。¶어른께는 말을 높여야 한다. =对长辈说话应使用敬语。

높이뛰기【명사】공중에 가로질러 놓은 막대를 뛰어넘어 그 막대의 높이로 승부를 겨루는 육상 경기. ◆ 名跳高。

높임말【명사】사람이나 사물을 높여서 이르는 말. ◆ 名尊称，敬语。¶한국어에서 높임말을 배우는 것이 매우 어렵다. =韩国语中的敬语是很难学的。

높직하다【형용사】위치가 꽤 높다. ◆ 形较高，稍高，挺高，高高。¶높직한 가설무대. =高高的临时舞台。

놓다【보조 동사】❶ 앞말이 뜻하는 행동을 끝내고 그 결과를 유지함을 나타내는 말. ◆ 补动表示前面的动作完成后结果或状态的持续。¶더우니 문을 열어 놓아라. =太热了，把门打开吧。❷ 앞말이 뜻하는 상태의 지속을 강조하는 말. 주로 뒷말의 내용에 대한 이유나 원인을 말할 때 쓰인다. ◆ 强调前面状态的持续，主要表示该状态是后面情况产生的原因。¶그는 워낙 약해 놓아서 겨울이면 꼭 감기가 든다. =他身体很弱，一到冬天准会感冒。

놓다【동사】动 ❶ 손으로 무엇을 쥐거나 잡거나 누르고 있는 상태에서 손을 펴거나 힘을 빼서 잡고 있던 물건이 손 밖으로 빠져나가게 하다. ◆ 松，松开，放开。¶위험하니까 손을 놓지 말고 꼭 잡아. =很危险，一定要抓紧，不能松手。❷ 계속해 오던 일을 그만두고 하지 아니하다. ◆ 放手，停止，不再做。¶건강이 좋지 않아 일을 놓고 있다. =因为身体不好，没有再工作。❸ 걱정이나 근심, 긴장 따위를 잊거나 풀어 없애다. ◆ 放松，放下(担心、紧张等)。¶한시름 놓다. =放下一桩心事。❹ 노름이나 내기에서 돈을 걸다. ◆ 下注，押注。¶돈 놓고 돈 먹기. =押注赚钱。❺ 논의의 대상으로 삼다. ◆ 就，对，针对，围绕。¶그 한 사람만 놓고 보면 인물이나 성격이나 나무랄 데 없는 훌륭한 청년이다. =仅就他个

人而言，无论人品还是性格，都是一个无可挑剔的优秀青年。❻ 수판(數板)이나 주판(珠板) 따위를 이용하여 셈을 하다. ◆ 打(算盘)。¶수판을 놓다. =打算盘。❼ 빨리 가도록 힘을 더하다. ◆ 用力，使劲，撒腿(飞奔)。¶외국으로 줄행랑을 놓다. =逃到了国外。❽ 병을 가시게 하다. ◆ 治愈，治好。¶그의 병을 놓게 한 것은 환자에 대한 정성 때문이었다. =能治好他的病，全靠医生的爱心。❾ 잡거나 쥐고 있던 물체를 일정한 곳에 두다. ◆ 放，搁，放下。¶식탁에 컵을 놓다. =把杯子放在餐桌上。❿ 일정한 곳에 기계나 장치, 구조물 따위를 설치하다. ◆ 安装，架设，铺设。¶개울에 다리를 놓다. =在河上架桥。⓫ 짐승이나 물고기를 잡기 위하여 일정한 곳에 무엇을 장치하다. ◆ 下(套)，撒(网)，设。¶강에 그물을 놓다. =在江中撒网。⓬ 무늬나 수를 새기다. ◆ 刺，绣，雕，刻，镶。¶비단에 꽃무늬를 놓다. =在绸缎上绣花纹。

놓아두다【동사】 动 ❶ 들었던 것을 내려서 어떤 곳에 두다. ◆ 放，搁。¶책을 책상에 놓아두다. =把书放在书桌上。❷ 건드리지 않고 그대로 두다. ◆ 放任，不管，放纵。¶도망친 도둑은 놓아두고 문단속 잘못한 집주인만 나무라는 격이다. =这真是放任逃走的小偷，反而责怪没锁好门的失主。❸ 제 마음대로 하도록 내어 맡기다. ◆ 不管，不插手，不干涉。¶제발 좀 간섭하지 말고 하고 싶은 대로 하도록 나를 놓아두어라. =恳求您不要干涉，放手让我做自己想做的事吧！

놓아주다【동사】 억압받던 상태에 있던 것을 자유로운 상태가 되도록 풀어 주다. ◆ 动放开，放手，释放。¶잡은 고기를 놓아주다. =放了抓住的鱼。

놓이다【동사】 动 ❶ '놓다(걱정이나 근심, 긴장 따위를 잊거나 풀어 없애다)'의 피동사. ◆ (被)放下，安下("놓다"的被动形态)。¶무사하다는 소식을 들으니 나는 이제서야 마음이 놓인다. =听到平安无事的消息，我这才安下心来。❷ '놓다(잡거나 쥐고 있던 물체를 일정한 곳에 두다)'의 피동사. ◆ (被)放，搁，放下("놓다"的被动形态)。¶연필이 책상 위에 놓여 있다. =铅笔放在桌子上。❸ '놓다(일정한 곳에 기계나 장치, 구조물 따위를 설치하다)'의 피동사. ◆ (被)安装，搭，架，铺设("놓다"的被动形态)。¶개울에 다리가 놓이다. =河上架了桥。❹ '놓다(무늬나 수를 새기다)'의 피동사. ◆ (被)刺，绣，雕，刻，镶("놓다"的被动形态)。¶우리 집 장롱에는 꽃무늬 자개가 놓였다. =我家衣柜上嵌有花色螺钿。

놓치다【동사】 动 ❶ 잡거나 쥐고 있던 것을 떨어뜨리거나 빠뜨리다. ◆ 放跑，放走，松开。¶잡고 있던 밧줄을 놓치다. =紧抓着的绳子松开了。❷ 얻거나 가졌던 것을 도로 잃다. ◆ 放跑，放走。¶잡았던 토끼를 놓치다. =不小心放跑了抓住的兔子。❸ 목적하였던 것이나 할 수 있었던 일을 잘못하여 이루지 못하다. ◆ 错过，错失。¶다 이긴 경기를 놓치다. =眼看要赢的比赛输掉了。❹ 일을 하기에 적절한 시간이나 시기, 때를 그냥 보내어 할 일을 하지 못하다. ◆ 错过，错失，误(时机、机会等)。¶기차를 놓치다. =误了火车。

뇌(腦)【명사】 느끼고 생각하고 행동하고 기억하는 기능을 관리하는 머리 뼈 안쪽의 기관. ◆ 图脑，脑子，脑髓。

뇌관(雷管)【명사】 포탄이나 탄환 따위의 화약을 점화하는 데 쓰는 발화용(發火用) 금속관. 충격에 의해서 발화된다. ◆ 图雷管。¶뇌관이 터지다. =雷管爆炸。

뇌까리다【동사】 아무렇게나 되는대로 마구 지껄이다. ◆ 动瞎吵吵，唠叨。¶그는 아내에게 몸보신이라도 시켜야겠다고 수없이 뇌까린다. =他跟老婆唠叨了无数次要补身体。

뇌리(腦裏)【명사】 사람의 의식이나 기억, 생각 따위가 들어 있는 영역. ◆ 图脑子里，脑海里，脑中。¶뇌리를 스치다. =闪过脑海。

뇌물(賂物)【명사】 어떤 직위에 있는 사람을 매수하여 사사로운 일에 이용하기 위하여 넌지시 건네는 부정한 돈이나 물건. ◆ 图贿赂。¶뇌물을 쓰다. =行贿。

뇌성 마비(腦性麻痹)【명사】 뇌가 손상되어 몸의 운동 기능이 마비된 상태. ◆ 图脑源性麻痹，大脑麻痹。¶아이가 뇌성마비에 걸려 입원중이다. =小孩因患大脑麻痹而住院了。

뇌세포(腦細胞)【명사】 뇌를 이루는 세포. ◆ 图脑细胞。

뇌염(腦炎)【명사】 뇌가 손상되어 몸의 운동 기능이 마비된 상태. ◆ 图脑炎。

뇌졸중(腦卒症)【명사】 뇌중풍. ◆ 图脑中风。

뇌진탕(腦震蕩)【명사】 머리에 큰 충격이 가해져 의식을 잃었으나 뇌가 손상되지 않아 금방 정상 상태로 회복될 수 있는 가벼운 머리의 상처. ◆ 图脑震荡。

누(累)【명사】 남의 잘못으로 말미암아 받게 되는 정신적인 괴로움이나 물질적인 손해. ◆ 图累，麻烦。¶남에게 누를 끼치다. =给别人添麻烦。

누각(樓閣)【명사】 사방을 바라볼 수 있도록 문과 벽이 없이 다락처럼 높이 지은 집. ◆ 图楼阁。

누계(累計)【명사】 소계(小計)를 계속하여 덧붙여 합산함. 또는 그런 합계. ◆ 图累计，总计，共计。¶누계를 내다. =累计。

누구【대명사】 代 ❶ 잘 모르는 사람을 가리키는 인칭 대명사. ◆ 谁。¶저 사람이 누구입니까? =那个人是谁? ❷ 특정한 사람이 아닌 막연한 사람을 가리키는 인칭 대명사. ◆ 任何人，无论是谁。¶누구든지 할 수 있다. =任何人都会做。❸ 가리키는 대상을 굳이 밝혀서 말하지 않을 때 쓰는 인칭 대명사. ◆ 某人，谁(不定指称)。¶누구를 만나느라고 좀 늦었어. =去见了个人，所以晚了一些。

누구누구【대명사】 代 ❶ 어느 한 사람을 꼭 집어 말하지 않고 여러 사람을 두루 가리키는 인칭 대명사. ◆ 谁谁，谁和谁。¶누구누구 할 것 없이 다 산에 가는 거야. =不论是谁，都要去山里。❷ 잘 모르는 여러 사람의 이름이나 정체를 물을 때 쓰는 인칭 대명사. ◆ 谁。¶집에 누구누구 있지? =家里都有谁?

누그러뜨리다【동사】딱딱한 성질이나 태도를 부드러워지거나 약해지게 하다. ◆ 动按捺，抑制，缓解，放低。¶자세를 누그러뜨리다. =放低姿态。● 누그러트리다 ●

누그러지다【동사】动 ❶ 딱딱한 성질이 부드러워지거나 약하여지다. ◆ 平静下来，缓和，缓解，消。¶화가 누그러지다. =火气消了。❷ 추위, 질병, 물가 따위의 정도가 내려 덜하여지다. ◆ 缓解，缓和。¶날씨가 누그러지다. =气候好转。

누나【명사】名 ❶ 같은 부모에게서 태어난 사이거나 일가친척 가운데 항렬이 같은 사이에서, 남자가 손위 여자를 이르거나 부르는 말. ◆ (家人和亲戚中男称)姐，姐姐。¶누나는 나보다 세 살이 많다. =姐姐比我大三岁。❷ 남남끼리 나이가 적은 남자가 손위 여자를 정답게 이르거나 부르는 말. ◆ (非亲戚关系中男称)姐，姐姐。

누누이(屢屢-/累累-)【부사】여러 번 자꾸. ◆ 副屡次，多次，三番五次，再三。¶누누이 당부하다. =再三嘱咐。

누님【명사】'누나'의 높임말. ◆ 名姐，姐姐("누나"的敬称)。

누다【동사】배설물을 몸 밖으로 내보내다. ◆ 动撒，拉。¶오줌을 누다. =撒尿。

누더기【명사】누덕누덕 기운 헌 옷. ◆ 名破衣服，烂衣服。¶거지가 누더기를 걸치다. =乞丐穿着破衣服。

누덕누덕【부사】해지고 찢어진 곳을 여기저기 너저분하게 깁거나 덧붙인 모양. ◆ 副补了又补。¶무릎을 누덕누덕 기운 바지. =膝盖处补了又补的裤子。

누드(nude)【명사】회화, 조각, 사진, 쇼 따위에서 사람의 벌거벗은 모습. ◆ 名裸体。¶누드모델. =裸体模特。

누락(漏落)【명사】기입되어야 할 것이 기록에서 빠짐. 또는 그렇게 되게 함. ◆ 名遗漏，漏掉。¶명부에 누락이 생기다. =名单出现遗漏。● 누락되다(漏落--), 누락하다(漏落--) ●

누렁이【명사】빛깔이 누런 물건이나 짐승. ◆ 名 俚 黄色的东西。

누렇다【형용사】形 ❶ 익은 벼와 같이 다소 탁하고 어둡게 누르다. ◆ 黄，暗黄，金灿灿。¶누런 황토 먼지. =暗黄色的黄土尘。❷ 영양 부족이나 병으로 얼굴에 핏기가 없고 누르께하다. ◆ (脸色)黄，蜡黄。¶얼굴이 누렇게 되다. =脸色变得蜡黄。

누룩【명사】술을 빚는 데 쓰는 발효제. 밀이나 찐 콩 따위를 굵게 갈아 반죽하여 덩이를 만들어 띄워서 누룩곰팡이를 번식시켜 만든다. ◆ 名酵母。

누룽지【명사】솥바닥에 눌어붙은 밥. ◆ 名锅巴。¶아이들은 누룽지를 간식으로 먹었다. =孩子们把锅巴当零食吃。

누르다[1]【동사】动 ❶ 물체의 전체 면이나 부분에 대하여 힘이나 무게를 가하다. ◆ 压，按，摁。¶초인종을 누르다. =按门铃。❷ 마음대로 행동하지 못하도록 힘이나 규제를 가하다. ◆ 压制，打压。¶윗사람이라고 아랫사람을 힘으로 눌러서는 함께 일을 하기가 어렵다. =如果自以为是上级就用权力打压下属，那很难与大家一起共事。❸ 자신의 감정이나 생각을 밖으로 드러내지 않고 참다. ◆ 忍，按捺，克制。¶분노를 누르다. =按捺愤怒。❹ 경기나 경선 따위에서, 상대를 제압하여 이기다. ◆ 压倒，击败，战胜。❺ 계속 머물다. ◆ (一直)待，留，住。¶그는 고향에 눌러 있기로 했다. =他决定待在老家。

누르다[2]【형용사】황금이나 놋쇠의 빛깔과 같이 다소 밝고 탁하다. ◆ 形黄，金黄。¶누른 잎. =金黄色的树叶。

누르스름하다【형용사】조금 누르다. ◆ 形浅黄，微黄。¶누르스름하게 뜬 종이. =泛黄的纸张。

누릇누릇하다【형용사】군데군데 누르스름하다. ◆ 形到处一片黄色，黄遍。¶제법 단풍이 들어 주위가 누릇누릇하다. =树叶黄了，周围到处一片黄色。

누리다【동사】생활 속에서 마음껏 즐기거나 맛보다. ◆ 动享，享受。¶행복을 누리다. =享福。● 누름누름하다 ●

누린내【명사】짐승의 고기에서 나는 기름기의 냄새. ◆ 名膻味，腥味。¶누린내가 나는 고기가 먹기 거북했다. =有膻味的肉令人难以下咽。

누명(陋名)【명사】사실이 아닌 일로 이름을 더럽히는 억울한 평판. ◆ 名冤屈，冤情，不白之冤。¶억울한 누명을 쓰다. =蒙受不白之冤。

누비다【동사】动 ❶ 두 겹의 천 사이에 솜을 넣고 줄이 죽죽 지게 박다. ◆ 绗，绗缝。¶이불을 누비다. =绗被子。❷ 이리저리 거리낌 없이 다니다. ◆ 穿行，来往，走遍。¶전국을 누비다. =走遍全国。

누설(漏泄/漏洩)【명사】名 ❶ 기체나 액체 따위가 밖으로 새어 나감. 또는 그렇게 함. ◆ (气体、液体等)泄，漏，泄漏。¶방사능의 누설로 일대가 크게 오염되었다. =由于放射能的泄漏，该地区受到严重污染。❷ 비밀이 새어 나감. 또는 그렇게 함. ◆ (秘密)泄，泄露，走漏。¶기밀 누설. =泄密。● 누설되다(漏泄/漏洩--), 누설하다(漏泄/漏洩--) ●

누수(漏水)【명사】물이 샘. 또는 새어 나오는 물. ◆ 名漏水；漏出的水。¶제방의 누수 방지를 위하여 제방 뒷면에 흙을 쌓았다. =为防止堤坝漏水，在堤坝后面堆上了土。

누에【명사】누에나방의 애벌레. 네 번 잠잘 때마다 꺼풀을 벗고 25여 일 동안 8 정도 자란 다음 실을 토하여 고치를 짓는다. ◆ 名蚕。

누에고치【명사】고치. 누에가 번데기로 변할 때에 실을 토하여 제 몸을 둘러싸서 만든 둥글고 길쭉한 모양의 집. 명주실을 뽑아내는 원료가 된다. ◆ 名蚕茧，茧。

누에치기【명사】양잠. 누에를 기름. 또는 그 일. ◆ 名养蚕。

누이【명사】같은 부모에게서 태어난 사이나 일가친척 가운데 남자가 여자 형제를 이르는 말. ◆ 名(男称)妹妹，姐姐 (多指妹妹)。¶나는 누이가 있다. =我有妹妹。

누이다[1]【동사】'눕다(몸을 바닥 따위에 대고 수평

상태가 되게 하다)'의 사동사. ◆ 动使躺下，平放("눕다"的使动形态，"눕히다"的变形词)。¶아기를 담요 위에 누이다. =让孩子躺在毯子上。

누이다²【동사】'누다(배설물을 몸 밖으로 내보내다)'의 사동사. ◆ 动把("누다"的使动形态)。¶아이의 옷을 내려 오줌을 누이다. =给孩子脱下衣服把尿。

누이동생【명사】같은 부모에게서 태어난 사이이거나 일가친척 가운데 항렬이 같은 사이에서, 남자의 나이 어린 여자 형제. ◆ 名(男称)妹妹，妹。

누적(累積)【명사】포개어 여러 번 쌓음. 또는 포개져 여러 번 쌓임. ◆ 名积累，蓄积，沉淀。● 누적되다(累積--), 누적하다(累積--) ●

누적하다(漏籍--)【동사】병적(兵籍), 학적(學籍) 따위의 기록에서 빠뜨리다. ◆ 动 (户籍、军籍、学籍等)漏记，没有登记。¶만일 그 사안을 보고서에 누적한다면 징계를 받게 될 것이다. =万一该案件在报告中被漏记了，就将受到惩罚。

누전(漏電)【명사】절연(絶緣)이 불완전하거나 시설이 손상되어 전기가 전깃줄 밖으로 새어 흐름. 또는 그 전류. ◆ 名漏电。¶누전으로 화재가 발생하다. =漏电引发火灾。● 누전되다(漏電--) ●

누차(屢次/累次)【명사】여러 차례. ◆ 名屡次，三番五次，一再，再三。¶누차에 걸쳐 부탁하다. =再三托付。

누추하다(陋醜--)【형용사】지저분하고 더럽다. ◆ 形简陋，寒碜。¶누추한 집. =简陋的房子。

누출(漏出)【명사】名 ❶ 액체나 기체 따위가 밖으로 새어 나옴. 또는 그렇게 함. ◆ (气体、液体等)漏出，泄漏，外泄。¶가스 누출. =煤气泄漏。❷ 비밀이나 정보 따위가 밖으로 새어 나감. ◆ (秘密等)泄露，走漏。¶개인 정보 누출. =泄露个人信息。● 누출되다(漏出--), 누출하다(漏出--) ●

눅눅하다【형용사】形 ❶ 축축한 기운이 약간 있다. 또는 습기가 있다. ◆ 发潮，潮湿。¶눅눅한 바람. =潮湿的风。❷ 물기나 기름기가 있어 딱딱하지 않고 무르며 부드럽다. ◆ 湿软，发软。¶과자가 눅눅하다. =饼干湿软。

눅진하다【형용사】물기가 약간 있어 눅눅하면서 끈끈하다. ◆ 形黏糊。¶손바닥에 땀이 배어 눅진하다. =手出汗了，黏糊糊的。

눈¹【명사】눈금(자·저울·온도계 따위에 표시하여 길이·양(量)·도수(度數) 따위를 나타내는 금). ◆ 名刻度("눈금"的略语)。¶이 자는 눈이 지워져 사용하기 불편하다. =这把尺子的刻度被擦掉了，用起来很不方便。

눈²【명사】대기 중의 수증기가 찬 기운을 만나 얼어서 땅 위로 떨어지는 얼음의 결정체. ◆ 名雪。

눈³【명사】名 ❶ 빛의 자극을 받아 물체를 볼 수 있는 사람이나 동물의 감각 기관. ◆ 眼睛。❷ 시력(視力)(물체의 존재나 형상을 인식하는 눈의 능력). ◆ 视力，眼力。¶눈이 좋다. =视力好。❸ 사물을 보고 판단하는 힘. ◆ 眼光，洞察力，判断力。¶그는 보는 눈이 정확하다. =他眼光很准。❹ 무엇을 보는 표정이나 태도. ◆ 目光，眼神。¶동경의 눈으로 바라보다. =以憧憬的目光凝望。❺ 사람들의 눈길. ◆ 眼光，看法。¶다른 사람의 눈을 의식하다. =在意别人的看法。❻ 태풍에서, 중심을 이루는 부분. ◆ (台风的)风眼，中心。¶태풍의 눈은 오히려 적막하다. =台风的中心反而很平静。

눈⁴【명사】名 ❶ 그물 따위에서 코와 코를 이어 이룬 구멍. ◆ 网眼。¶그물눈이 너무 나가 고기가 잡히겠어? =网眼那么大，能抓到鱼吗? ❷ 바둑판에서 가로줄과 세로줄이 만나는 점. ◆ (围棋中的)目。¶바둑알은 선에 놓는 것이 아니라 눈에 놓는 거야. =围棋棋子应放在目上，而非线上。

눈⁵【명사】새로 막 터져 돋아나려는 초목의 싹. 꽃눈, 잎눈 따위이다. ◆ 名芽，新芽，胚芽。¶눈이 트다. =发芽。

눈가【명사】눈의 가장자리나 주변. ◆ 名眼角，眼圈，眼眶。¶눈가의 주름. =眼角的皱纹。

눈가리개【명사】눈을 가리는 물건. 잠잘 때나 눈병이 났을 때에 쓰며, 천이나 가죽 따위로 만든다. ◆ 名眼罩。¶숙면을 위해 눈가리개를 했다. =为了睡个好觉，戴上了眼罩。

눈가림【명사】겉만 꾸며 남의 눈을 속이는 짓. ◆ 名掩饰，障眼法，掩人耳目。¶그 마술은 모두 눈가림이었다. =那些魔术全都是障眼法。● 눈가림하다 ●

눈감다【동사】动 ❶ 사람의 목숨이 끊어지다. ◆〈喻〉死，去世。¶그는 병원을 가 보지도 못하고 집에서 눈감았다. =他连医院都没去就在家里去世了。❷ 남의 잘못을 알고도 모르는 체하다. ◆ 睁只眼闭只眼，视而不见。¶비리를 눈감다. =对腐败视而不见。

눈곱【명사】名 ❶ 눈에서 나오는 진득진득한 액. 또는 그것이 말라붙은 것. ◆〈俗〉眼屎。❷ 아주 적거나 작은 것을 비유적으로 이르는 말. ◆〈喻〉一丁点，丝毫。¶나는 이 집에 눈곱만큼의 미련도 없다. =我对这个家没有一丁点留恋。

눈금【명사】名 ❶ 자·저울·온도계 따위에 표시하여 길이·양(量)·도수(度數) 따위를 나타내는 금. ◆ (秤、尺等的)星，刻度，读数。¶눈금을 속이다. =缺斤少两。❷ 눈으로 짐작하여 긋는 금. ◆ 目测估量着划线。¶아이들이 땅에 눈금을 그어 놓고 놀고 있었다. =孩子们目测估量着在地上画好线玩。

눈길【명사】名 ❶ 눈이 가는 곳. 또는 눈으로 보는 방향. ◆ 视线，目光。¶그와 눈길이 마주치다. =和他视线相遇。❷ 주의나 관심을 비유적으로 이르는 말. ◆〈喻〉注目，关注。¶소외된 사람들에게 눈길을 주다. =对弱势群体给予关注。

눈길【명사】눈에 덮인 길. ◆ 名积雪覆盖的路。

눈깔【명사】'눈알'을 속되게 이르는 말. ◆ 名俚眼珠子("눈알"的俗称)。¶눈깔이 삐었냐. =没长眼睛吗?

눈꺼풀【명사】눈알을 덮는, 위아래로 움직이는 살갗. ◆ 名眼皮。

눈꼬리【명사】'눈초리(눈이 가는 길. 또는 눈의 방향.)'의 잘못. ◆ 名眼梢("눈초리"之误)。

눈꼴사납다【형용사】보기에 아니꼬워 비위에 거슬리게 밉다. ◆ 形 俚看不惯，讨厌。¶그들의 애정표현은 눈꼴사납다. =他们卿卿我我，真让人看不惯。

눈꽃【명사】나뭇가지 따위에 꽃이 핀 것처럼 얹힌 눈. ◆图压枝的雪花，树挂。

눈대중【명사】눈으로 보아 어림잡아 헤아림. ◆图目测，用眼估量。¶그는 눈대중이 정확하다. =他目测很准。

눈독【명사】욕심을 내어 눈여겨보는 기운. ◆图眼红，眼馋。¶물건에 눈독을 들이다. =对东西眼红。

눈동자(-瞳子)【명사】눈알의 한가운데에 있는, 빛이 들어가는 부분. 검게 보이며, 빛의 세기에 따라 그 주위를 둘러싸고 있는 홍채로 크기가 조절된다. ◆图瞳孔；(代指)眼睛，眼珠。¶까만 눈동자. =黑眼珠。

눈두덩【명사】눈언저리의 두두룩한 곳. ◆图上眼皮。

눈뜨다【동사】动 ❶ 잠을 깨다. ◆醒，醒过来。¶지금쯤이면 눈뜰 시간이다. =这时候该醒了。❷ 잘 알지 못했던 사물의 이치나 원리 따위를 깨달아 알게 되다. ◆领悟到，认识到，认清。¶현실에 눈뜨다. =认清了现实。

눈망울【명사】눈알. 척추동물의 시각 기관인 눈구멍 안에 박혀 있는 공 모양의 기관. ◆图眼珠。

눈매【명사】눈이 생긴 모양새. ◆图眼神，目光。¶눈매가 날카롭다. =目光锐利。

눈물【명사】사람이나 동물의 눈에서 흘러나오는 맑은 액체. ◆图泪水，眼泪。

눈물겹다【형용사】눈물이 날 만큼 가엾고 애처롭다. ◆形催人泪下的，辛酸的。¶어린 그가 겪었던 학대와 수모는 듣기에도 눈물겨운 것이었다. =年幼的他所经受的那些虐待和侮辱听起来催人泪下。

눈물샘【명사】눈물을 분비하는 샘. 눈알이 박혀 움푹 들어간 눈구멍의 바깥 위쪽 구석에 있다. ◆图泪腺。¶그녀는 어머니의 병환으로 눈물샘이 마를 날이 없다. =因为母亲的病，她终日以泪洗面。

눈발【명사】눈이 힘차게 내려 줄이 죽죽 져 보이는 상태. ◆图大雪。¶눈발이 마구 날린다. =大雪纷飞。

눈병(-病)【명사】눈에 생기는 병. ◆图眼病，眼疾。¶눈에 눈병이 나서 그 는며칠째 학교에 가지 못했다. =因患眼病，她好几天没能上学。

눈보라【명사】바람에 불리어 휘몰아쳐 날리는 눈. ◆图暴风雪，风雪。

눈부시다【형용사】形 ❶ 빛이 아주 아름답고 황홀하다. ◆炫目，光彩照人，光彩夺目。¶눈부시게 차려입은 여자. =打扮得光彩照人的女子。❷ 활약이나 업적이 뛰어나다. ◆辉煌，令人瞩目。¶눈부신 성과. =辉煌的成果。

눈비【명사】눈과 비를 함께 이르는 말. ◆图雨雪。

눈빛【명사】图 ❶ 눈에 나타나는 기색. ◆眼神，目光。❷ 눈에서 비치는 빛. 또는 그런 기운. ◆眼睛的颜色。¶눈빛이 파란 고양이. =绿眼睛的猫。

눈사람【명사】눈을 뭉쳐서 사람 모양으로 만든 것. ◆图雪人。

눈사태【명사】많이 쌓였던 눈이 갑자기 무너지거나 빠른 속도로 미끄러져 내리는 현상. 또는 그 눈. ◆图雪崩。¶눈사태가 나다. =发生雪崩。

눈살【명사】두 눈썹 사이에 잡히는 주름. ◆图眉间皱纹。¶눈살을 펴다. =展眉。

눈속임【명사】남의 눈을 속이는 짓. ◆图障眼法，骗术。¶눈속임으로 사기 치다. =用障眼法行骗。

눈송이【명사】한데 엉겨 꽃송이처럼 내리는 눈. ◆图雪花，雪片。¶눈송이가 펄펄 내리다. =雪花纷纷飘落。

눈시울【명사】눈언저리의 속눈썹이 난 곳. ◆图眼眶，眼圈。¶눈시울을 적시다. =润湿眼眶。

눈싸움【명사】뭉친 눈을 서로 던져 상대편을 맞히는 놀이. ◆图打雪仗。● 눈싸움하다 ●

눈싸움【명사】서로 눈을 마주하여 깜박이지 않고 오래 견디기를 겨루는 일. ◆图干瞪眼比赛。¶눈싸움에 이기다. =在干瞪眼比赛中获胜。● 눈싸움하다 ●

눈썰매【명사】눈 위에서 타는 썰매. ◆图雪橇。¶오늘 우리는 눈썰매장에서 눈썰매를 타기로 하였다. =我们决定今天去滑雪场坐雪橇。

눈썰미【명사】한 번 보고 곧 그대로 해내는 재주. ◆图悟性。¶그는 눈썰미가 있어서 무슨 일이든 금방 배운다. =他悟性很高，什么都是一学就会。

눈썹【명사】두 눈두덩 위나 눈시울에 가로로 모여 난 짧은 털. ◆图眉，眉毛。

눈알【명사】척추동물의 시각 기관인 눈구멍 안에 박혀 있는 공 모양의 기관. 망막에 물체의 영상을 비치게 하는 구실을 한다. ◆图眼珠，眼球。¶눈알을 굴리다. =转动眼珠。

눈앞【명사】图 ❶ 눈으로 볼 수 있는 아주 가까운 곳. ◆眼前，眼皮底下。¶바로 눈앞에 두고도 못 찾는다. =就在眼皮底下都找不到。❷ 가까운 장래. ◆眼前，不久。¶위험이 눈앞에 닥치다. =危险就在眼前。

눈어림【명사】눈으로 보아 헤아려 보는 어림. ◆图目测，用眼估量。¶대강의 눈어림으로 짐작하다. =目测着大概估计一下。

눈엣가시【명사】몹시 밉거나 싫어 늘 눈에 거슬리는 사람. ◆图眼中钉，肉中刺。¶눈엣가시 같은 존재. =被视作眼中钉的存在。

눈여겨보다【동사】주의 깊게 잘 살펴보다. ◆动留意，细看。¶나는 그의 행동 하나하나를 눈여겨보았다. =我留意着他的一举一动。

눈요기(-療飢)【명사】눈으로 보기만 하면서 어느 정도 만족을 느끼는 일. ◆图饱眼福，解眼馋。¶눈요기로만 즐기다. =只是解解眼馋。● 눈요기하다 ●

눈웃음【명사】소리 없이 눈으로만 가만히 웃는 웃음. ◆图眼角含笑，目光含笑。¶눈웃음을 띠다. =目光含笑。

눈인사(-人事)【명사】눈짓으로 가볍게 하는 인사. ◆图用目光致意，注目礼。¶눈인사를 나누다. =互相用目光致意。

눈자위【명사】눈알의 언저리. ◆图眼眶，眼窝。¶눈자위가 풀리다. =眼睛失神。

눈짐작【명사】눈으로 보아 헤아려 보는 짐작. ◆图

目测。¶어머니는 눈짐작으로 옷을 만드셨다. =妈妈目测估量着做衣服。

눈짓【명사】눈을 움직여서 상대편에게 어떤 뜻을 전달하거나 암시하는 동작. ◆名使眼色，递眼色，以目示意。¶눈짓을 주고받다. =交换眼色。● 눈짓하다 ●

눈초리【명사】名 ❶ 눈의 귀 쪽으로 째진 부분. ◆外眼角，外眦。¶눈초리가 올라갔다. =外眼角上吊。❷ 시선. 눈이 가는 길. 또는 눈의 방향. ◆目光，眼神。¶사나운 눈초리. =凶狠的眼光。

눈총【명사】눈에 독기를 띠며 쏘아보는 시선. ◆名愤怒的目光，盯。¶눈총을 받다. =被人盯着。

눈치【명사】名 ❶ 남의 마음을 그때그때 상황을 미루어 알아내는 것. ◆眼力见。¶눈치가 없다. =没眼力见，没眼色。❷ 속으로 생각하는 바가 겉으로 드러나는 어떤 태도. ◆眼色。¶눈치를 주다. =使眼色。

눈치코치【명사】'눈치(남의 마음을 그때그때 상황을 미루어 알아내는 것.)'를 강조하여 속되게 이르는 말. ◆名俚眼色，察言观色("눈치" 的强势词)。¶눈치코치 보다가는 일하기 어려워. =老看别人眼色就很难工作了。

눈칫밥【명사】남의 눈치를 보아 가며 얻어먹는 밥. ◆名看别人眼色吃饭，寄人篱下。¶친구 집에서 눈칫밥을 먹으며 지내다. =在朋友家过着寄人篱下的生活。

눋다【동사】누런빛이 나도록 조금 타다. ◆动(稍微)烧焦，烤焦。¶밥이 눋는 냄새가 구수하게 났다. =米饭微焦的气味香喷喷的。

눌러앉다【동사】动 ❶ 같은 장소에 계속 머무르다. ◆一直停留，一直待着。¶그는 내 방에 계속 눌러앉아 가질 않는다. =他一直待在我房里不肯走。❷ 같은 직위나 직무에 계속 머무르다. ◆一直坐在，一直呆在(某职位)。¶그는 직장에서 만년 과장으로 눌러앉아 있다. =他长年停留在科长的位置上。

눌리다【동사】动 ❶ '누르다(물체의 전체 면이나 부분에 대하여 힘이나 무게를 가하다)'의 피동사. ◆被压住，被摁住("누르다"的被动形态)。¶아이가 짐짝에 눌리다. =孩子被行李卷压住了。❷ '누르다(자신의 감정이나 생각을 밖으로 드러내지 않고 참다)'의 피동사. ◆(感情、想法等)被压抑，被克制("누르다"的被动形态)。¶그는 눌려 있던 분노를 참지 못하고 큰 소리로 화를 냈다. =他无法克制压抑已久的愤怒，爆发了出来。

눌변(訥辯)【명사】더듬거리는 서툰 말솜씨. ◆名口讷，嘴巴笨；结巴，口吃。¶우리 선생님은 비록 눌변이시지만 열성적인 강의로 우리를 감동시키곤 하셨다. =我们的老师虽说有些口讷，但那份上课的热情常常感动我们。

눌은밥【명사】솥 바닥에 눌어붙은 밥에 물을 부어 불려서 긁은 밥. ◆名锅巴米饭。

눕다【동사】动 ❶ 몸을 바닥 따위에 대고 수평 상태가 되게 하다. ◆躺，卧。¶침대에 눕다. =躺在床上。❷ 병 따위로 앓거나 하여 자리에서 일어나지 못하다. ◆病倒，卧病(在床)。¶그는 감기로 사흘 동안을 누워 있었다. =由于感冒他躺了四天。

눕히다【동사】누이다('눕다'의 사동사). ◆动使躺下，平放(누이다("눕다"的使动形态))。¶아이를 침대에 눕히다. =把孩子平放在床上。

뉘다[1]【동사】'누이다'의 준말. ◆动使躺下，仰面放下，平放("누이다"的略语)。¶환자를 자리에 뉘다. =把患者放在床上。

뉘다[2]【동사】'누이다'의 준말. ◆动把(大小便)。¶아이가 칭얼대자 할머니는 오줌을 뉘었다. =孩子哭闹，奶奶给孩子把了尿。

뉘앙스<프>【명사】음색, 명도, 채도, 색상, 어감 따위의 미묘한 차이. 또는 그런 차이에서 오는 느낌이나 인상. '느낌', '말맛', '어감'으로 순화. ◆名语感，韵味。¶시에서 시어의 선택은 뉘앙스의 차이까지 고려하여 신중하게 이루어진다. =诗歌中的用词非常慎重，连语感的细微差别都要考虑在内。

뉘엿뉘엿【부사】副 ❶ 해가 곧 지려고 산이나 지평선 너머로 조금씩 차츰 넘어가는 모양. ◆慢慢，徐徐(夕阳西下的样子)。¶해가 뉘엿뉘엿 넘어가다. =太阳徐徐西落。❷ 속이 메스꺼워 자꾸 토할 듯한 상태.◆恶心，反胃。

뉘우치다【동사】스스로 제 잘못을 깨닫고 마음속으로 가책을 느끼다. ◆动悔悟，后悔，反省，忏悔。¶잘못을 뉘우치다. =悔过。

뉴스(news)【명사】名 ❶ 새로운 소식을 전하여 주는 방송의 프로그램. ◆新闻。¶텔레비전 뉴스. =电视新闻。❷ 일반에게 잘 알려지지 아니한 새로운 소식. ◆新闻，消息。¶제가 좋은 뉴스 하나 전해 드리겠습니다. =告诉您一个好消息。

뉴질랜드(New Zealand)【명사】남태평양의 중부, 오스트레일리아의 남동쪽에 있는 섬나라. 수도는 웰링턴. ◆名新西兰。

느긋하다【형용사】마음에 흡족하여 여유가 있고 넉넉하다. ◆形悠闲，轻松。¶남들은 다 바쁜데 그만 늘 느긋하다. =别人都很忙，只有他总是很悠闲。

느끼다[1]【동사】动 ❶ 서럽거나 감격에 겨워 울다. ◆哽咽，呜咽，抽泣。¶그녀는 서럽게 느끼다가 잠이 들었다. =她悲伤地抽泣了一会儿睡着了。❷ 가쁘게 숨을 쉬다. ◆气喘，喘息。¶그는 숨이 찬 듯 느끼면서도 계속 뛰었다. =尽管有些气喘，他还是继续跑了下去。

느끼다[2]【동사】动 ❶ 감각 기관을 통하여 어떤 자극을 깨닫다. ◆感到，觉得(某种刺激)。¶그는 비가 오면 무릎에 통증을 느꼈다. =只要下雨，他就能感到膝盖疼痛。❷ 마음속으로 어떤 감정 따위를 체험하고 맛보다. ◆感觉，感受(情绪等)。¶다큐멘터리 영화를 보고 감동을 느꼈다. =看了纪录片很是感动。❸ 어떤 사실, 책임, 필요성 따위를 체험하여 깨닫다. ◆体会到，意识到，觉察到(某种事实、责任、重要性等)。¶이 일에 그의 필요성을 절실히 느꼈다. =在这件事上深切地体会到了他的重要性。❹ 특정한 대상이나 상황에 대하여 어떠하다고 생각하거나 인식하다. ◆感到，觉得(想法或认识)。¶그의 고백에 그녀는 그가 너무 부담스럽게 느껴졌다. =听了他的告白，她感到很有负担。

느끼하다【형용사】㊍ ❶ 비위에 맞지 아니할 만큼 음식에 기름기가 많다. ◆ (食物)腻，油腻。¶양고기 요리는 너무 느끼하다. =羊肉做的菜太腻。❷ 기름기 많은 음식을 많이 먹어서 비위에 거슬리는 느낌이 있다. ◆ (觉得)腻，反胃。¶기름기가 많은 소고기국을 먹었더니 속이 느끼하다. =喝了油水太大的牛肉汤，感到腻得慌。❸ 맛이나 냄새 따위가 비위에 맞지 아니하다. ◆ 恶心。¶그녀는 입덧 때문에 음식냄새가 느끼하다고 구역질을 한다. =由于怀有身孕，她闻到食物的味道就恶心呕吐。❹ 말이나 행동 따위가 느물거려 비위에 맞지 아니하다. ◆ (言行)腻味，腻歪。¶그 예비역 선배는 말투가 느끼한데도 사람들이 좋아한다. =虽然那个预备役前辈说话的语气很腻歪，但大家还是很喜欢他。

느낌【명사】몸의 감각이나 마음으로 깨달아 아는 기운이나 감정. ◆ ㊔感觉，感受。¶습기가 있는 날씨에는 더 덥다는 느낌이 든다. =潮湿的天气让人感到更加闷热。

느낌표(--標)【명사】마침표의 하나. 문장 부호 '!'의 이름이다. 감탄이나 놀람, 부르짖음, 명령 등 강한 느낌을 나타낼 때에 쓴다. ◆ ㊔感叹号，叹号。¶자, 감탄문 뒤에는 느낌표를 넣으세요. =注意，要在感叹句的后面加上感叹号。

-느냐【어미】물음을 나타내는 종결 어미. ◆ 词尾基本阶疑问式终结词尾。¶너 지금 무엇이라고 했느냐? =你在说什么?

-느냐고【어미】词尾 ❶ 거듭 물음을 나타내는 종결 어미. ◆ 表示重复提问的终结词尾。¶너 뭐 해? 뭐 하느냐고? =你做什么呢? 问你做什么呢? ❷ '너의 물음이 이런 것이냐?'는 뜻으로 반문함을 나타내는 종결 어미. ◆ 表示反问的终结词尾。¶아, 알았어. 무슨 일로 왔느냐고? =啊，知道了。你说来这儿有什么事?

-느냐니까【어미】'-느냐고 하니까'가 줄어든 말. ◆ 词尾对方对问话没反应时再次追问。¶당신은 어디서 왔느냐니까. =问你从哪儿来呢。

-느니【어미】앞 절을 선택하기보다는 뒤 절의 사태를 선택함을 나타내는 연결 어미. 조사 '보다'가 붙을 수 있다. ◆ 词尾与其……不如……¶타향에서 고생하느니 고향으로 돌아가자. =与其在他乡受苦，不如我们回家乡吧。

-느니라【어미】해라할 자리에 쓰여, 진리나 으레 있는 사실을 가르쳐 줌을 나타내는 종결 어미. ◆ 词尾表示郑重陈述真理或常情的终结词尾。¶말이 많으면 실수가 있느니라. =言多必失。

-느니만큼【어미】앞말이 뒷말의 원인이나 근거가 됨을 나타내는 연결 어미. ◆ 词尾连接词尾，表示前者是后者的原因或根据。¶열심히 일하느니만큼 좋은 성과가 기대된다. =只要认真工作，就可以期待会有好的结果。

느닷없다【형용사】나타나는 모양이 아주 뜻밖이고 갑작스럽다. ◆ ㊍突然，忽然，出乎意料。● 느닷없이 ●

느리다【형용사】㊍ ❶ 어떤 동작을 하는 데 걸리는 시간이 길다. ◆ (动作)慢，迟缓，慢吞吞。¶그는 몸집이 커서 행동이 느리다. =他身材魁梧，动作迟缓。❷ 어떤 일이 이루어지는 과정이나 기간이 길다. ◆ (进度)慢，缓慢。¶행사가 너무 느리게 진행되어 지루했다. =活动进行得太缓慢，让人感到厌烦。❸ 기세나 형세가 약하거나 밋밋하다. ◆ (气势或形势)弱，平平。¶군기가 느리다는 상급부대장의 지시가 내려왔다. =上级部队首长指示说士气太弱。❹ 성질이 누그러져 야무지지 못하다. ◆ (性格)慢性子。¶그는 성미가 느리다. =他是个慢性子。❺ 소리가 높지 아니하면서 늘어져 길다. ◆ 慢，缓慢，舒缓。¶느린 가락이 나와 춤도 추지 못했다. =节奏太慢，舞都没法跳了。

느림보【명사】느림뱅이. 행동이 느리거나 게으른 사람을 낮잡아 이르는 말. ◆ ㊔慢性子。¶그는 행동이 너무 굼떠 느림보라는 별명을 얻었다. =他动作过于慢条斯理，所以得了个"老磨"的外号。

느릿느릿【부사】㊖ ❶ 동작이 재지 못하고 매우 느린 모양. ◆ 慢吞吞地，缓慢地。¶차가 막혀 차들이 느릿느릿 움직인다. =由于塞车，车流移动缓慢。❷ 짜임새나 꼬임새가 매우 느슨하거나 성긴 모양. ◆ 疏松。¶느릿느릿 짠 옷감. =质地疏松的衣料。● 느릿느릿하다 ●

느릿하다【형용사】동작이 재지 못하고 느린 듯하다. ◆ ㊍慢悠悠，慢条斯理。¶그 노인은 느릿하게 걸어갔다. =那个老人慢悠悠地走了。

느물거리다【동사】말이나 행동을 자꾸 능글맞게 하다. ◆ ㊓装模作样。¶느물거리는 태도. =装模作样的态度。● 느물대다 ●

느물느물【부사】행동이나 말을 자꾸 능글맞게 하는 모양. ◆ ㊖装模作样地。¶그는 모든 것이 느물느물하다. =他的一切都是装模作样。● 느물느물하다 ●

느슨하다【형용사】㊍ ❶ 잡아맨 끈이나 줄 따위가 늘어져 헐겁다. ◆ 松，宽松，松松垮垮。¶허리띠를 느슨하게 묶었더니 바지가 내려갔다. =腰带系得太松，裤子掉了下来。❷ 나사 따위가 헐겁게 죄어져 있다. ◆ (螺丝等)松。¶이쪽 나사가 느슨하니 꼭 잠가라. =这边的螺丝太松了，拧紧点。❸ 마음이 풀어져 긴장됨이 없다. ◆ 放松，轻松。¶마음을 느슨하게 가져라. =心情放松。

느지막하다【형용사】시간이나 기한이 매우 늦다. ◆ ㊍很晚，很迟。¶그는 느지막해서야 사무실에 출근했다. =他很晚才到办公室上班。●【느지막이】●

느타리버섯【명사】갈색 또는 흰색을 띠며 조개껍데기와 비슷하게 생긴 버섯. ◆ ㊔平菇。¶고기를 느타리버섯과 함께 먹으면 더욱 좋다. =肉和平菇一起食用会更好。

느티나무【명사】느릅나뭇과의 낙엽 활엽 교목. ◆ ㊔榉树。

늑골(肋骨)【명사】가슴을 구성하는 뼈. ◆ ㊔肋骨。¶그는 교통사고로 늑골이 두 개나 부러졌다. =他由于交通事故断了两根肋骨。

늑대【명사】图 ❶ 갯과의 포유류. 개와 비슷한데 머리가 가늘고 길며 앞다리가 짧고 뒷다리가 길다. ◆ 狼。¶이제는 야생 늑대를 찾아보기 어렵다. =现在很难见到野生狼。❷ 여자에게 음흉한 마음을 품은 남자를 비유적으로 이르는 말. ◆ 俚狼，男人。¶여자들은 남자를 늑대라고 하면서 따라다니는 이유를 모르겠어. =真不明白女人一边说男人是狼，一边却又跟着男人跑。

늑막염(肋膜炎)【명사】'가슴막염'의 전 용어. ◆ 图胸膜炎。¶그는 늑막염으로 병원에 입원했다. =他患胸膜炎住院了。

늑장【명사】느릿느릿 꾸물거리는 태도. ◆ 图拖拉，拖延。¶정부의 늑장 대처로 사망자가 더 늘었다는 보도가 있었다. =有报道指责政府的拖延导致死亡人数增加。

는[1]【조사】助 ❶ 어떤 대상이 다른 것과 대조됨을 나타내는 보조사. ◆ 用于开音节后的补助词，表示区别对照或指定。¶오늘은 어제보다 비가 많이는 오지 않는다. =今天雨下得没有昨天大。❷ 문장 속에서 어떤 대상이 화제임을 나타내는 보조사. ◆ 表示句子的主题。¶나는 선생님이다. =我是老师。❸ 강조의 뜻을 나타내는 보조사. ◆ 表示强调。¶이번에는 반드시 성공하는 거야. =这次一定要成功。

-는[2]-【어미】어떤 동작이나 상태가 현재 진행 중임을 나타내는 어미. ◆ 词尾现在进行时定语词尾，表示动作或状态正在进行。¶흘러가는 강물. =奔流的河水。

-는[3]【어미】앞말이 관형어 구실을 하게 하고 이야기하는 시점에서 볼 때 사건이나 행위가 현재 일어남을 나타내는 어미. ◆ 词尾表示现在时制的词尾，用于动词词干之后、"-나"和"-다오"前。¶그는 잘 웃는다. =他爱笑。

-는가【어미】词尾 ❶ 현재의 사실에 대한 물음을 나타내는 종결 어미. ◆ 对现在的事实表示疑问的终结词尾。¶지금 뭐하는가? =现在在做什么? ❷ 자기 스스로에게 묻는 물음이나 추측을 나타내는 종결 어미. ◆ 表示自我提问或推测的终结词尾。¶과연 이 땅에도 봄은 오는가? =这块土地上果真也会有春天吗?

-는걸【어미】현재의 사실이 이미 알고 있는 바나 기대와는 다른 것임을 나타내는 종결 어미. 가벼운 반박이나 감탄의 뜻을 나타낸다. ◆ 词尾用于自言自语的终结词尾，表示现在的事实与已知的或期待的情况不同，具有轻微的反驳或感叹意义。¶이 영화 생각보다 재미있는걸? =这个电影要比想象的有趣呢。

-는고【어미】词尾 ❶ 현재의 사실에 대한 물음을 나타내는 종결 어미. 주로 '누구', '무엇', '언제', '어디' 따위의 의문사가 있는 문장에 쓰이며 근엄한 말투를 만든다. ◆ 对现在事实表示提问的基本阶("해라"体)终结词尾，有古语色彩。¶무엇을 바라는고? =你希望什么? ❷ 자기 스스로에게 묻는 물음이나 추측을 나타내는 종결 어미. 주로 '누구', '무엇', '언제', '어디' 따위의 의문사가 있는 문장에 쓰이며 근엄하거나 감탄적인 어감을 띠기도 한다. ◆ 表示自问或推测的基本阶('해라'体)终结词尾。¶내가 왜 그런 말을 했는고. =我怎么会说出那样的话?

-는구려【어미】화자가 새롭게 알게 된 사실에 주목함을 나타내는 종결 어미. 흔히 감탄의 뜻이 수반된다. ◆ 词尾表示感叹的终结词尾。¶참 빨리도 오는구려. =来得真快呀!

-는데【어미】词尾 ❶ 뒤 절에서 어떤 일을 설명하거나 묻거나 시키거나 제안하기 위하여 그 대상과 상관되는 상황을 미리 말할 때에 쓰는 연결 어미. ◆ 表示先提供关于某事的背景情况，后面再做详细说明的连接词尾。¶내가 텔레비전을 보고 있는데 아버지가 오셨다. =我正在看电视，爸爸来了。❷ 어떤 일을 감탄하는 뜻을 넣어 서술함으로써 그에 대한 청자의 반응을 기다리는 태도를 나타내는 종결 어미. ◆ 表示用感叹的口气叙述某事，并期待对方反应的不定阶("해"体)终结词尾。¶성적이 많이 올랐는데? =成绩提高了很多啊?

-는데도【어미】앞의 사실에 거리끼지 않고 뒤의 사실로 전개시키는 연결어미. ◆ 词尾尽管……还是(表示转折的连接词尾)。¶결혼 십년이 되었는데도 그들은 아이가 없다. =尽管结婚十年了，他们还是没有孩子。

-는바【어미】뒤 절에서 어떤 사실을 말하기 위하여 그 사실이 있게 된 것과 관련된 상황을 제시하는 데 쓰는 연결 어미. ◆ 词尾表示为了在后节中说明某种事实，先在前节中提示有关情况的连接词尾。¶시험은 잠시 후 실시되는바 모두 자리에 앉을 것. =考试马上就要开始了，大家都回到座位上。

-는지【어미】词尾 ❶ 막연한 의문이 있는 채로 그것을 뒤 절의 사실이나 판단과 관련시키는 데 쓰는 연결 어미. ◆ 表示将某种疑问与后节的事实或判断相关联的连接词尾。¶무엇이 틀렸는지 답을 맞춰 보자. =我们对一下答案，看看哪里错了。❷ 막연한 의문을 나타내는 종결 어미. 뒤에 보조사 '요'가 오기도 한다. ◆ 表示茫然的疑问的终结词尾，用于不定阶("해"体)或间接引用句。¶왜 이렇게 처리 되었는지 알 수가 없다. =真不知道为什么这样处理。

는커녕【조사】앞의 말을 강조하여 부정하는 뜻을 나타내는 조사. ◆ 助不要说……就连……都……不但不……反而……(表示强调对某事实进行否定的补助词，后节与否定意义搭配使用)。¶그는 노래는커녕 박수도 치지 않는다. =别说唱歌了，他连掌都不鼓。

늘【부사】계속하여 언제나. ◆ 副经常，常常。¶그는 아침이면 늘 신문을 본다. =他早上经常看报纸。

늘그막【명사】늙어 가는 무렵. 또는 늙은 나이. ◆ 图晚年，老年。¶그는 늘그막에 얻은 막둥이라 사랑을 독차지한다. =他是父母晚年才得来的小儿子，所以受尽宠爱。

늘다【동사】动 ❶ 물체의 길이나 넓이, 부피 따위가 본디보다 커지다. ◆ (长度、面积、体积等)增加，增多，加长，扩大。¶시간이 지날수록 관람객의 줄이 늘다. =观众队伍越来越长。❷ 수나 분량, 시간 따위가 본디보다 많아지다. ◆ (数目、份量)增加，增多。¶몸매 관리를 잘 안 했더니 몸무게가 늘었다. =由于没注意保持身材，体重增加了。❸ 힘이나 기운, 세력 따위가 이전보다 큰 상태가 되다. ◆(力量、势力、精神等)增长，发展，进步。¶주기적인 운동으로 기운이 늘다. =通过定期运动，精神好多了。❹ 재주나 능력 따위가 나아지다. ◆(才能、能力等)提高，进步。¶그녀의 요리 솜씨가 많이 늘었다. =她的料理水平提高了很多。❺ 살림이 넉넉해지다. ◆(生活)改善，提高。¶살림살이가 늘다. =生活水平提高了。❻ 시간이나 기간이 길어지다. ◆(时间或时段)增加，延长。¶영어공부시간이 늘다. =英语学习时间增加。

늘리다【동사】动 ❶ '늘다(물체의 길이나 넓이, 부피 따위가 본디보다 커지다)'의 사동사. ◆增加，增多，加长，扩大("늘다"的使动形态)。¶길이가 짧아 줄을 늘리다. =长度不够，把绳子加长。❷ '늘다(수나 분량, 시간 따위가 본디보다 많아지다)'의 사동사. ◆增加，增多("늘다"的使动形态)。¶그녀는 연기를 위해 몸무게를 일부러 더 늘렸다. =她为了演戏特意增加体重。❸ '늘다(힘이나 기운, 세력 따위가 이전보다 큰 상태가 되다)'의 사동사. ◆增长，增加("늘다"的使动形态)。¶적군의 기습에 대비해 세력을 늘렸다. =为防止敌军偷袭，增加了兵力。❹ '늘다(재주나 능력 따위가 나아지다)'의 사동사. ◆增强，提高("늘다"的使动形态)。¶실력을 늘려서 다음에 도전하리라. =增强实力，下次再来挑战。❺ '늘다(살림이 넉넉해지다)'의 사동사. ◆改善，改进，提高("늘다"的使动形态)。¶살림을 늘리다. =改善生活。❻ '늘다(시간이나 기간이 길어지다)'의 사동사. ◆增加，延长("늘다"的使动形态)。¶쉬는 시간을 늘리다. =延长休息时间。

늘씬하다【형용사】形 ❶ 몸이 가늘고 키가 커서 맵시가 있다. ◆修长，颀长，苗条。¶그녀는 몸매가 늘씬하여 남자들에게 인기가 많다. =她身材苗条，很受男人们喜爱。❷ 미끈하게 길다. ◆细长，修长。

늘어나다【동사】부피나 분량 따위가 본디보다 커지거나 길어지거나 많아지다. ◆动增加，增多，拉长。¶고무줄이 늘어나다. =橡皮筋拉长了。

늘어놓다【동사】动 ❶ 줄을 지어 벌여 놓다. ◆摆成一排，罗列。¶상점에 물건을 늘어놓다. =把物品摆放在商店里。❷ 여기저기에 어수선하게 두다. ◆随手乱丢，到处乱丢。¶그녀는 입었던 옷을 늘어놓는다. =她随手乱丢脱下的衣服。❸ 수다스럽게 말을 많이 하다. ◆啰嗦，唠叨。¶그는 약속시간에 늦으면 변명만 늘어놓기 일쑤다. =他总是一迟到就啰哩啰嗦地辩解。

늘어뜨리다【동사】사물의 한쪽 끝을 아래로 처지게 하다. ◆动 (使)垂下，搭拉，披下。¶그녀는 머리를 길게 늘어뜨리고 다닌다. =她披着长发。● 늘어트리다 ●

늘어서다【동사】길게 줄지어 서다. ◆动排列，成行。¶가로수가 늘어선 길가를 산책했다. =在树木成行的路边散步。

늘어지다【동사】动 ❶ 물체의 끝이 아래로 처지다. ◆◆ 下垂，搭拉。¶휘휘 늘어진 수양버들. =依依下垂的垂杨柳。❷ 기운이 풀리어 몸을 가누지 못하다. ◆瘫软，无力，乏力。¶몸이 늘어지다. =身体瘫软。❸ 공간이나, 시간이 더 나가다. ◆(空间或时间)拖延，延迟，推迟。¶도착시간이 늘어지다. =抵达时间推迟了。❹ 근심이나 걱정이 없이 편하게 되다. ◆转运，变好。¶형편이 좀 늘어지다. =情况有所好转。

늘이다【동사】动 ❶ 본디보다 더 길게 하다. ◆拉长，加长，放长。¶아래 사람이 잡을 수 있도록 끈을 길게 늘이다. =把绳子加长，让下面的人能够抓得到。❷ 넓게 벌여 놓다. ◆增加，扩充，扩大。¶전깃줄을 늘이다. =将电线加长。

늘푸른나무【명사】상록수. ◆图常青树。

늙다【동사】动 ❶ 사람이나 동물, 식물 따위가 나이를 많이 먹다. 사람의 경우에는 흔히 중년이 지난 상태가 됨을 이른다. ◆老，年老。¶사람은 늙거나 병들면 죽는다. =人老或得病就会死亡。❷ 식물 따위가 지나치게 익은 상태가 되다. ◆(植物等)老。¶오이가 늙어서 그냥 먹지는 못하겠다. =黄瓜老了，不能生吃了。❸ 어떤 신분이나 자격에 맞는 시기가 지나다. ◆老，晚，迟。¶그 일을 하기에는 이미 늙다. =做那件事已经迟了。

늙수그레하다【형용사】꽤 늙어 보이다. ◆形显老。¶그는 나이보다 늙수그레하다. =他看起来比实际年龄显老。

늙은이【명사】나이가 많아 중년이 지난 사람. ◆图 俚老人，老年人。¶매일 늙은이끼리 경로당에 모여 무엇 하는지. =老人们天天聚在敬老院里，不知都做些什么。

늠름하다(凜凜--)【형용사】생김새나 태도가 의젓하고 당당하다. ◆形威风凛凛，凛然。¶군인은 씩씩하고 늠름하다. =军人英姿飒爽、威风凛凛。

능(陵)【명사】임금이나 왕후의 무덤. ◆图陵，陵墓，陵园。¶능을 도굴하다. =盗墓。

능가하다(凌駕--)【동사】능력이나 수준 따위가 비교 대상을 훨씬 넘어서다. ◆动凌驾，超越，超过。¶그 팀은 상대팀을 능가하는 실력으로 경기를 주도했다. =那个团队以超越对方的实力控制了比赛。

능구렁이【명사】图 ❶ 등은 붉은 갈색, 배는 누런 갈색이고 온몸에 검은 세로띠가 있으며, 독이 없고 느리게 움직이는 굵고 큰 뱀. ◆赤链蛇。❷ 음흉하고 능청스러운 사람을 비유적으로 이르는 말. ◆〈喻〉阴险的人，狡猾，狡黠。¶이 능구렁이 같은 작자가 있나? =竟会有这么狡猾的家伙?

능글능글【부사】음흉하고 능청스러운 모양. ◆副阴险地，狡猾地。¶그 여자의 말에 그는 능글능글 웃었다. =听了她的话，他阴险地笑了。● 능글능글하다 ●

능글맞다【형용사】태도가 음흉하고 능청스러운 데가 있다. ◆形阴险，狡猾。¶그가 능글맞게 웃으면 징그럽다. =他那阴险的笑令人厌恶。

능금【명사】능금나무의 열매. 사과와 비슷한 모양이지만 훨씬 작다. ◆图沙果。¶능금이 사과보다 작지만 맛은 좋다. =沙果虽说比苹果小，味道却不错。

능동적(能動的)【명사】다른 것에 이끌리지 아니하고 스스로 일으키거나 움직이는 것. ◆名能动，主动。¶그는 무슨 일이든지 능동적인 자세로 참여한다. =他不管什么事都主动参加。

능동태(能動態)【명사】주어가 어떤 동작이나 작용을 스스로 하였을 때, 서술어가 취하는 형식. ◆名主动态。

능란하다(能爛--)【형용사】익숙하고 솜씨가 있다. ◆形有才能，擅长，在行。¶그 학생은 공부뿐만 아니라 예체능도 능란하다. =那个学生不仅学习好，艺术和体育方面也很有才能。

능력【명사】일을 감당해 낼 수 있는 힘. ◆名能力，才能。¶그는 이 일을 하는 데 능력이 모자르다. =他做这件事能力不足。

능률(能率)【명사】일정한 시간에 할 수 있는 일의 비율. ◆名效率。¶능률을 올리다. =提高效率。

능멸(凌蔑/陵蔑)【명사】업신여기어 깔봄. ◆名凌辱，欺侮。¶능멸을 당하다. =被凌辱。● 능멸하다(凌蔑/陵蔑--) ●

능사(能事)【명사】名 ❶ 자기에게 알맞아 잘해 낼 수 있는 일. ◆ 擅长的事，拿手好戏。❷ 잘하는 일. ◆ 好事，好办法(与'아니다'搭配使用)。¶불우이웃에게 도움으로 돈을 주는 것만이 능사가 아니다. =要帮助困难的人，并不是只有给钱才是好办法。

능선(稜線)【명사】산등성이를 따라 죽 이어진 선. ◆名山脊。¶능선을 넘었더니 기운이 하나도 없다. =翻过山脊后，一点力气也没有了。

능숙하다(能熟--)【형용사】능하고 익숙하다. ◆形精通。¶그는 중국어에 능숙하다. =他精通汉语。

능욕(凌辱/陵辱)【명사】名 ❶ 남을 업신여겨 욕보임. ◆ 凌辱，侮辱，欺侮。❷ 여자를 강간하여 욕보임. ◆ 凌辱，欺侮，糟蹋。● 능욕하다(凌辱/陵辱--) ●

능지처참(陵遲處斬)【명사】(옛날에) 대역죄를 진 죄인을 머리, 몸통, 팔, 다리를 찢어 죽이는 형벌. ◆名凌迟，凌迟处死。

능청【명사】속으로는 엉큼한 마음을 숨기고 겉으로는 천연스럽게 행동하는 태도. ◆名不露声色，若无其事。

능청맞다【형용사】속으로는 엉큼한 마음을 숨기고 겉으로는 천연스럽게 행동하는 태도가 있다. ◆形装作，若无其事。¶그는 아무 일도 없다는 듯이 능청맞게 굴었다. =他若无其事，装作什么事也没有发生过。

능청스럽다【형용사】속으로는 엉큼한 마음을 숨기고 겉으로는 천연스럽게 행동하는 데가 있다. ◆形装假，装相，假惺惺，装模作样，若无其事。¶그는 잘못을 했음에도 능청스럽게 아니라고 말한다. =他明明犯了错，却若无其事地说没有。● 능청스레 ●

능통하다(能通--)【형용사】사물의 이치에 훤히 통달하다. ◆形精通，通晓。¶그는 전자기계에 능통하다. =他精通电子机械。

능하다(能--)【형용사】어떤 일 따위에 뛰어나다. ◆形精通，擅长，善于。¶임기응변에 능하다. =善于临机应变。

능히(能-)【부사】능력이 있어서 쉽게. ◆副能，能够，够。¶이 돈이면 능히 3년은 가겠다. =这些钱够用三年了。

늦가을【명사】늦은 가을. 주로 음력 9월을 이른다. ◆名晚秋，深秋 。¶벌써 늦가을에 접어들었다. =已经进入晚秋了。

늦겨울【명사】늦은 겨울. 주로 음력 12월을 이른다. ◆名晚冬，残冬。¶늦겨울인데도 포근한 날씨가 계속되고 있다. =尽管是晚冬时节，天气却一直很暖和。

늦다[1]【동사】정해진 때보다 지나다. ◆动迟，晚，迟到。¶버스가 늦어 수업에 또 지각했다. =由于公交车晚点，上课又迟到了。

늦다[2]【형용사】形 ❶ 기준이 되는 때보다 뒤져 있다. ◆ 迟，晚。¶예정보다 늦게 도착하다. =比预定时间到得晚。❷ 시간이 알맞을 때를 지나 있다. 또는 시기가 한창인 때를 지나 있다. ◆ 晚，迟，深。¶늦은 점심. =迟来的午餐。❸ 곡조, 동작 따위의 속도가 느리다. ◆ 缓慢，迟缓。¶박자가 늦다. =节拍缓慢。

늦더위【명사】여름이 다 가도록 가시지 않는 더위. ◆名秋老虎。¶늦더위가 기승을 부린다. =秋老虎肆虐。

늦둥이【명사】나이가 많이 들어서 낳은 자식. ◆名晚生的孩子，老来得子。¶나이 들어 낳은 우리 늦둥이는 사랑을 독차지한다. =年纪大一些我们生下的孩子非常得宠。

늦봄【명사】늦은 봄. 주로 음력 3월을 이른다. ◆名晚春。¶늦봄에는 장가를 갈 계획이다. =计划晚春结婚。

늦여름【명사】늦은 여름. 주로 음력 6월을 이른다. ◆名晚夏，夏末。¶한국은 늦여름에 집중호우가 기승을 부린다. =韩国的夏末暴雨肆虐。

늦잠【명사】아침에 늦게까지 자는 잠. ◆名懒觉。

늦장【명사】늑장. 느릿느릿 꾸물거리는 태도. ◆名拖拖拉拉，磨磨蹭蹭。¶오늘따라 그녀가 늦장을 부리다. =她今天磨磨蹭蹭的。

늦추다【동사】动 ❶ '늦다(정해진 때보다 지나다)'의 사동사. ◆ 推迟，延迟，延期("늦다"的使动形态)。¶출발시간을 늦추다. =推迟出发时间。❷ '늦다(곡조, 동작 따위의 속도가 느리다)'의 사동사. ◆ (拍子，动作)放慢，放低。¶차의 속력을 늦추다. =放慢车的速度。❸ 바싹 하지 아니하고 느슨하게 하다. ◆ 松开，解开。¶허리띠를 늦추다. =松开腰带。❹ 긴장을 조금 풀다. ◆ 放松，松懈，松弛。¶적에 대한 경계심을 늦추어서는 안 된다. =对敌人不能放松警惕。

늦추위【명사】제철보다 늦게 드는 추위. 또는 겨울이 다 가도록 가시지 아니하는 추위. ◆名春寒，倒春寒。¶늦추위가 기승을 부리다. =春寒料峭。

늪【명사】名 ❶ 땅바닥이 우묵하게 뭉떵 빠지고 늘 물이 괴어 있는 곳. 진흙 바닥이고 침수 식물이 많이 자란다. ◆ 沼泽，泥沼。❷ 빠져나오기 힘든 상태나 상황을 비유적으로 이르는 말. ◆ 泥沼，沼泽，

泥潭。¶그는 고통의 늪에서 빠져 나오기 위해 발버둥을 쳤다. =他努力挣扎，想从痛苦的泥沼中摆脱出来。

닐리리【부사】퉁소, 나발, 피리 따위 관악기의 소리를 흉내 낸 소리. ◆ 副啊哩哩，呜哩哩(洞箫、喇叭、笛子等的声音)。

니[1]【조사】둘 이상의 사물을 같은 자격으로 이어주는 접속 조사. ◆ 助表示罗列两个以上同类事物的连接助词。¶빨래니 청소니 쉬지 않고 일했다. =又是洗衣服又是打扫，不停地干活。

-니[2]【어미】词尾 ❶ 앞말이 뒷말의 원인이나 근거, 전제 따위가 됨을 나타내는 연결 어미. ◆ 表示前节是后节的原因、根据、前提的连接词尾。¶봄이 오니 꽃이 핀다. =春暖花开。❷ 어떤 사실을 먼저 진술하고 이와 관련된 다른 사실을 이어서 설명할 때 쓰는 연결 어미. ◆ 表示做完前面的事，结果发现后面的情况。¶정신을 차리고 보니 내 방이었다. =打起精神一看，是我的房间。

-니[3]【어미】진리나 으레 있는 사실을 일러 줌을 나타내는 종결 어미. ◆ 词尾表示提点对方真理或常理的准平阶("하게"体)终结词尾。¶웃어른을 알아 모시는 것이 사람의 도리이니. =待奉长辈是人的本分。

-니[4]【어미】물음의 뜻을 나타내는 종결 어미. '-냐'에 비하여 좀 더 친밀하고 부드럽게 이르는 느낌을 준다. ◆ 词尾基本阶("해라"体)疑问式终结词尾，口气比"-냐"稍亲近、柔和。¶아버님은 어디 갔다 오시니? =爸爸去哪儿了?

-니[5]【어미】'이러하기도 하고 저러하기도 하다'의 뜻을 나타내는 연결 어미. ◆ 词尾又是……又是……，……啦……啦。(表示罗列情况的连接词尾)¶아프니 슬프니 하면서 능청을 떤다. =假惺惺地说什么心疼呀，难过呀。

-니라【어미】(예스러운 표현으로) 진리나 으레 있는 사실을 일러 줄 때에 예스럽게 쓰이는 종결 어미. ◆ 词尾表示提点对方真理或常理的准平阶("하게"体)终结词尾，有古语色彩。¶모든 일을 다 잊어버려라. 잊는 것이 제일이니라. =把所有的事都忘了吧，因为遗忘是最好的良药。

니켈(nickel)【명사】은백색 금속 원소의 하나. ◆ 名镍。

니코틴(nicotine)【명사】담배에 들어 있는 알칼로이드의 하나. ◆ 名尼古丁。¶담배에는 니코틴이 많아 건강에 해롭다. =烟草中含有大量尼古丁，有害健康。

니트(knit)【명사】뜨개질하여 만든 옷이나 옷감. ◆ 名织物，针织衫。¶그녀는 니트가 잘 어울린다. =她很适合穿针织衫。

님[1]【의존 명사】'임'의 시적 표현, 또는 예스런 표현. ◆ 依名"임"在诗歌中的表达或旧称。

-님[2]【접사】后缀 ❶ '높임'의 뜻을 더하는 접미사. ◆ 用于表示职业或身份的部分名词后，表示尊称。¶선생님. =老师。기사님. =司机先生。❷ '그 대상을 인격화하여 높임'의 뜻을 더하는 접미사. ◆ 表示拟人化尊称。¶달님. =月亮婆婆。

닢[1]【의존 명사】依名 ❶ 납작한 물건을 세는 단위. 흔히 돈이나 가마니, 멍석 따위를 셀 때 쓴다. ◆ 个，枚，张(扁平物品的单位)。¶동전 한 닢. =一枚铜钱。❷ 예전에 시(詩)나 노래의 수를 세는 데 쓰는 말. ◆〈旧〉首(诗或歌曲)。❸ 연잎 따위 나뭇잎의 수를 셀 때 쓰이었다. ◆ 片，张(叶片的单位)。

닢[2]【명사】'잎'의 옛말. ◆ 名"잎"的旧语。叶子。

ㄷ【d】

다[1] 【부사】 副❶ 남거나 빠진 것이 없이 모두. ◆ 副都，全。¶낙엽이 다 떨어졌다. =树叶都落了。❷ 행동이나 상태의 정도가 한도에 이르렀음을 나타내는 말. ◆ 完全，彻底，完了。¶돈이 다 떨어졌다. =钱用完了。❸ 일이 뜻밖의 지경에 미침을 나타내는 말. 가벼운 놀람·감탄·비꼼 따위의 뜻을 나타낸다. ◆ 都，连……都。¶원, 별일을 다 보겠군. =哎，真是什么事都有呀。❹ 실현할 수 없게 된 앞일을 이미 이루어진 것처럼 반어적으로 나타내는 말. ◆ 没的做了，泡汤了(用过去时表示反语)。¶숙제를 하자면 잠은 다 잤다. =因为要写作业，睡不成觉了。

다[2] 【명사】 남거나 빠짐없는 모든 것. 생각할 수 있는 한도의 끝. ◆ 图全部，所有，一切。¶삶에서 돈이 다가 아니다. =钱并不是生活的全部。

다[3] 【조사】 의미를 더 뚜렷하게 하는 보조사. ◆ 助强调某种手段或行为的补助词。¶책상을 어디다 둘까요? =书桌放在哪儿?

다[4] 【조사】 둘 이상의 사물을 같은 자격으로 이어 주는 접속 조사. ◆ 助用于开音节体词后表示罗列的连接助词。¶어머니께서는 나에게 햄버거다 핫도그 다 맛있는 것을 많이 사 주셨다. =妈妈给我买了很多汉堡包、热狗之类的好吃的。

-다[5] 【어미】 词尾❶ 현재 사건이나 사실을 서술하는 뜻을 나타내는 종결 어미. ◆ 用于形容词词干后，表示现在状态的终结词尾。¶물이 맑다. =水很清。❷ 간접적으로 청자나 독자를 상정한 상황인 일기문이나 신문 기사의 제목 따위에서 과거의 동작을 간략하게 진술하는 데 쓰는 종결 어미. ◆ 用于报纸的题目，表示过去状态的终结词尾。❸ '이다'나 용언의 활용형 중에서 기본형을 나타내는 종결 어미. ◆ 表示谓词基本形态的终结词尾。¶잡다. =抓。

-다[6] 【어미】 词尾❶ 어떤 동작이나 상태 따위가 중단되고 다른 동작이나 상태로 바뀜을 나타내는 연결 어미. ◆ 连接词尾，表示某一动作或状态中途中断，转入别的动作或状态。¶밥을 먹다 잠들다. =吃着饭睡着了。❷ 어떤 일을 하는 과정이 다른 일이 이루어지는 원인이나 근거 따위가 됨을 나타내는 연결 어미. ◆ 连接词尾，表示前者是后者的原因或根据。¶돈이 없다 기죽지 마라. =不要因为没钱就灰心丧气。❸ 두 가지 이상의 사실이 번갈아 일어남을 나타내는 연결 어미. ◆ 连接词尾，表示两种以上的事实反复出现或罗列。

-다가[1] 【어미】 词尾❶ 어떤 동작이나 상태 따위가 중단되고 다른 동작이나 상태로 바뀜을 나타내는 연결 어미. ◆ 连接词尾，表示某一动作或状态中途中断，转入别的动作或状态。¶그는 꾸벅꾸벅 졸다가 아예 책상에 엎드려 잠을 잤다. =他头一顿一顿地打了会儿盹，后来就干脆趴在桌子上睡着了。❷ 어떤 일을 하는 과정이 다른 일이 이루어지는 원인이나 근거 따위가 됨을 나타내는 연결 어미. ◆ 连接词尾，表示前者是后者的原因或根据。¶밥을 먹다가 돌을 씹었다. =吃米饭吃出了石子。❸ 두 가지 이상의 사실이 번갈아 일어남을 나타내는 연결 어미. ◆ 连接词尾，表示两种以上的事实反复出现或罗列。¶책을 보다가 음악을 듣다가 하면서 하루를 보냈다. =看看书，听听音乐，就这样度过了一天。

다가[2] 【조사】 의미를 더 뚜렷하게 하는 보조사. ◆ 助强调某种手段或行为的补助词。¶거기에다가 두어라. =放在那里吧。

다가가다 【동사】 动❶ 어떤 대상 쪽으로 가까이 가다. ◆ 靠近，接近，走近。¶떠나려고 자동차로 다가가다. =走近汽车，准备离开。❷ 어떤 사람과 친해지고자 하는 마음이 생기다. ◆ 接近，靠近，走近(某人)。¶그녀의 마음으로 다가가다. =接近她的心。

-다가는 【어미】 词尾❶ 어떤 동작이나 상태 따위가 중단되고 다른 동작이나 상태로 바뀜을 나타내는 연결 어미. ◆ 表示某一动作或状态停止，转入别的动作或状态。¶산불이 잡히다가는 다시 살아났다. =山火被扑灭后，又死灰复燃了。❷ 앞선 행동이나 상태가 계속되면 부정적인 상황이나 의외의 결과가 생기게 될 것임을 나타내는 연결 어미. ◆ 表示根据、依据、原因。¶졸다가는 대형 사고를 낼 수 있습니다. =打瞌睡可能会引起重大事故。

다가서다 【동사】 어떤 대상이 있는 쪽으로 더 가까이 옮기어 서다. ◆ 动靠近，接近。¶위험물에 다가서지 마시오. =不要靠近危险物。

다가오다 【동사】 动❶ 어떤 대상이 있는 쪽으로 더 가까이 옮겨오다. ◆ 走近，接近，靠近。¶그녀는 환한 얼굴로 나에게 다가왔다. =她满脸笑容地走近我。❷ 일정한 때가 가까이 닥쳐오다. ◆ 来临，迫近，在即。¶겨울이 다가오다. =冬天就要来临了。

다각도(多角度) 【명사】 여러 각도. 또는 여러 방면(모로). ◆ 图多角度，全方位。¶이 문제는 다각도로 생각해 보아야 한다. =这个问题应该从多个角度来考虑。

-다간 【어미】 词尾❶ '-다가는(어떤 동작이나 상태 따위가 중단되고 다른 동작이나 상태로 바뀜을 나타내는 연결 어미)'의 준말. ◆ -다가는的略语。表示某一动作或状态结束，转入下一动作或状态。¶이러다간 큰일 나겠다. =照这么下去会出大事的。❷ 앞선 행동이나 상태가 계속되면 부정적인 상황이나 의외의 결과가 생기게 될 것임을 나타내는 연결 어미. ◆ 词尾"-다가는"的略语。表示根据。¶이렇게 굶다간 죽을지도 몰라요. =这么饿下去说不定会死的。

-다거나 【어미】 두 가지 이상의 명제적 사실들을 나열할 때 사용됨. ◆ 词尾连接词尾，表示罗列两种以上事实。¶살을 빼기 위해서는 운동을 한다거나 덜 먹는 것이 좋다. =要想减肥，最好是多做运动或者少吃东西。

-다고[1] 【어미】 词尾❶ 말하는 사람의 생각이나 주장

을 강조함을 나타내는 종결 어미. ◆终结词尾，强调将自己的想法和意见告诉听者。❷ 들은 사실을 되물으면서 확인함을 나타내는 종결 어미. ◆终结词尾，表示间接反问。¶그 사람이 병원에 입원했다고? =什么，他住院了? ❸ 어떠한 사실이 예상했던 것과 다름을 확인하고 깨닫는 듯이 말함을 나타내는 종결 어미. ◆终结词尾，表示以为。

-다고² 【어미】 词尾 ❶ 앞 절의 일을 뒤 절 일의 까닭이나 근거로 듦을 나타내는 연결 어미. ◆连接词尾，表示前者是后者的原因、根据。¶얼굴이 예쁘다고 최고인가? =长得漂亮就了不起吗? ❷ 흔히 속담과 같은 관용구를 인용하면서 '그 말처럼'의 뜻을 나타내는 연결 어미. ◆表示引用的连接词尾，常用于引用俗语、惯用语等。¶고생 끝에 낙이 온다고 부모님께서는 늘 말씀하셨지. =父母常说苦尽甘来。

-다고요 【어미】 词尾 ❶ 되물어 확인하듯이 말함. ◆表示再次发问以便进行确认。¶벌써 이 책 보았다고요. =你已经读过这本书了? ❷ 확인하거나 미심쩍어 다시 물음. ◆表示为了确认或因不确定而再次发问。¶지금 만날 수 없다고요? =是说现在不能见面吗? ❸ 매우 그러함을 강조함. ◆表示强调该内容。¶이 기회를 얼마나 기다렸다고요? =等这个机会等了多久啊?

다공성(多孔性) 【명사】 물질을구성하는 분자 사이에 틈이 있는 성질. ◆名多孔性，有孔性(分子之间排列松散的性质)。¶이 거름종이는 다공성이어서 실험하기에 안성맞춤이다.=这个滤纸是多孔性的，很适合做实验。

다과¹(茶菓) 【명사】 차와 과자를 아울러 이르는 말. ◆名茶点。¶다과를 준비하다. =准备茶点。

다과²(多寡) 【명사】 수량의 많고 적음. ◆名多寡，多少。¶인원의 다과를 따질 게 아니오. =不是计较人员多少。

다과회(茶菓會) 【명사】 차와 과자 따위를 베푸는 간단한 모임. ◆名茶话会。¶발표회가 끝나고 다과회를 가졌다. =发布会结束后，开了茶话会。

다국적 기업(多國籍企業) 【명사】 여러 나라에 계열 회사를 거느리고 세계적 규모로 생산·판매하는 대기업. ◆名跨国公司，跨国企业。¶요즘 기업은 다국적 기업으로 변화되고 있다. =最近企业正在向跨国公司转变。

다그치다 【동사】 ❶ 일이나 행동 따위를 빨리 끝내려고 몰아치다. ◆动赶，抓紧，推进。¶일손을 다그치다. =赶活。❷ 지친 몸을 다시 추스르다. ◆稳住。¶아픈 몸을 다그쳐 다시 산을 오르기 시작했다. =刚稳住病情就又开始爬山。❸ 일이나 행동 따위를 요구하며 몰아붙이다. ◆追究，敦促。¶담당자에게 책임을 다그치다. =追究负责人的责任。

다급하다(多急--) 【형용사】 일이나 상황이 바싹 닥쳐서 매우 급하다. ◆形紧急，急迫，急促。¶이번 일은 매우 다급하다. =这次的事情非常急迫。● 다급히(多急-) ●

다기(茶器) 【명사】 차를 달여 마시는 데에 쓰는 여러 기물. ◆名茶器，茶具。¶다기에 차를 담아라. =用茶具泡茶。

-다나 【어미】 어떤 일을 무관심하게 확실성이 없이 말함. ◆词尾以 "-다나 보다" 的形式表示漠不关心、不确定地讲述某事。¶옛날에는 잘 살았다나 봐. =过去日子似乎过得很好。

-다남 【어미】 가볍게 반박하는 뜻을 나타내는 종결 어미. ◆词尾表示轻微反驳的终结词尾。¶누가 하겠다남. =谁说要干了!

-다네¹ 【어미】 어떤 사실을 가볍게 감탄하는 종결어미. ◆词尾表示对某事轻微感叹的终结词尾。¶갈매기도 울었다네, 나도 울었다네. =海鸥在悲鸣，我也在哭泣。

-다네² 【어미】 화자가 알고 있는 것을 객관화하여 청자에게 일러줌을 나타내는 종결 어미. 친근감이나 감탄, 자랑의 뜻을 나타낼 때도 있다. ◆词尾表示告知对方某事的终结词尾，有时带有亲切、感叹、自豪等口气。

다녀가다 【동사】 어느 곳에 왔다가 가다. ◆动来过，到过，去过。¶틈나는 대로 우리 집에 다녀가게. =一有空就来我家。

다녀오다 【동사】 어느 곳에 갔다가 돌아오다. ◆动去一下，去一趟。¶고향에 다녀오다. =去一趟故乡。

다년간(多年間) 【명사】 여러 해. 여러 해 동안. ◆名多年，多年来。¶다년간의 노력으로 시험에 합격했다. =经过多年的不懈努力，终于通过了考试。

다년생(多年生) 【명사】 식물이 2년 이상 생존하는 일. ◆名多年生。¶선인장은 다년생이다. =仙人掌是多年生的。

-다느냐 【어미】 '-다고 하느냐'가 줄어든 말. ◆词尾 "-다고 하느냐"的略语。

-다느니 【어미】 이렇다고도 하고 저렇다고도 함을 나타내는 연결 어미. ◆词尾用于形容词词干和时制词尾后，表示罗列说话内容的连接词尾。¶그들은 크다느니 작다느니 의견이 분분하다. =他们有说大的，有说小的，议论纷纷。

-다는 【어미】 '-다고 하는'이 줄어든 말. ◆词尾 "-다고 하는"的略语。

-다는구나 【어미】 들어서 안 사실을 전달하여 서술하는 종결어미. ◆词尾表示转述的终结词尾。¶그가 거짓으로 진술했다는구나. =听说他的陈述有假。

-다는군 【어미】 들어서 안 사실을 전달하여 서술하는 종결어미. ◆词尾表示转述的终结词尾。¶감기에는 유자차가 좋다는군. =听说柚子茶对治感冒有效。

-다니¹ 【어미】 주어진 어떤 사실을 깨달으면서 놀람, 감탄, 분개 따위의 감정을 나타내는 종결 어미. ◆词尾对新了解到的事实表示惊讶、感叹、愤慨等感情的终结词尾。¶입춘이 지났는데 왜 이렇게 춥다니? =都过了立春了，怎么还这么冷?

-다니² 【어미】 '-다고 하니'가 줄어든 말. ◆词尾 "-다고 하니"的略语。

-다니³ 【어미】 어떤 사실을 주어진 것으로 치고 그에 대한 의문을 나타내는 종결 어미. 놀라거나 못마땅하게 여기는 뜻이 섞여 있다. ◆词尾终结词尾，表

示惊叹、不满。

-다니까[1]【어미】앞서 말한 내용을 다시 확인하여 말할 때에 쓰는 종결 어미. ◆ 词尾表示对已有定评再次确认的终结词尾。¶그는 술만 마시면 저렇다니까. =他只要喝了酒就是那个样子。

-다니까[2]【어미】'-다고 하니까'가 줄어든 말. ◆ 词尾 "-다고 하니까"的略语。¶밥을 먹고 왔다니까 어머니께서 섭섭해 하시더라. =因为说是吃过饭来的，所以母亲心里很不好受。

-다니까요【어미】앞서 말한 것을 재확인시키는 종결어미. ◆ 词尾表示对前面的话再次确认的终结词尾。¶나도 이제는 참지 못한다니까요. =现在我也忍不下去了。

다니다【동사】动 ❶ 어떤 볼일이 있어 일정한 곳을 정하여 놓고 드나들다. ◆ 进出，出入，常去。¶도서관을 다니다. =常去图书馆。❷ 볼일이 있어 어떠한 곳에 들르다. ◆ 顺便去，去一趟，走一趟。¶오는 길에 시장에 다녀서 오너라. =来的路上顺便去一趟市场吧。❸ 직장이나 학교 따위의 기관을 정기적으로 늘 갔다 오다. ◆ 上，去。¶직장에 다니다. =去单位上班。❹ 이리저리 오고 가고 하다. ◆ 往返，来往，来回。❺ 어떤 곳을 지나가고 지나오고 하다. ◆ 来往，往返，来回。¶같은 길로만 다니다. =来来回回只走同一条路。❻ 어떤 교통수단이 운행하다. ◆ 通行，开通，往返。¶그 버스는 서울과 인천 사이를 다닌다. =那辆客车往返于首尔和仁川之间。❼ 어떤 목적을 가지고 움직이다. ◆ 去，去一趟，走一趟(做某事)。¶사냥을 다니다. =去打猎。

-다니요【어미】의심 내지는 놀라서 반문하는 뜻을 나타냄. ◆ 词尾表示因怀疑或惊讶而反问的终结词尾。¶말도 없이 가다니요. =怎么能一声不吭就走了?

다다르다【동사】动 ❶ 목적한 곳에 이르다. ◆ 到达，抵达。¶마을에 다다르다. =到达村子。❷ 어떤 수준이나 한계에 미치다. ◆ 达到(某种水平或界限)。¶절정에 다다르다. =达到最高潮。

다다익선(多多益善)【명사】많으면 많을수록 좋음. ◆ 名多多益善，越多越好。¶군사는 많으면 많을수록 좋으니 다다익선이라 할 수 있다. =士兵越多越好，正所谓多多益善。

다닥다닥【부사】副 ❶ 자그마한 것들이 한곳에 많이 붙어 있는 모양. ◆ (细小的东西)密密麻麻。¶벌레가 나무에 다닥다닥 붙어 있다. =虫子密密麻麻地趴在树上。❷ 보기 흉할 정도로 지저분하게 여기저기 기운 모양. ◆ (补丁)密密麻麻。¶형은 양말 여기저기를 다닥다닥 기워 신었다. =哥哥穿的袜子上补丁摞补丁。

다단계판매(多段階販賣)【명사】판매원이 차례로 다른 사람을 판매 조직에 가입시켜 피라미드식으로 판매 조직을 확대하여 가는 특수 판매 방식. ◆ 名传销。

다달이【부사】달마다. ◆ 副月月，每个月。¶다달이 적금을 넣다. =月月存钱。

-다더라【어미】화자가 들은 것을 청자에게 일러 주는 종결 어미. ◆ 词尾终结词尾，表示听说。¶금강산이 그렇게 아름답다더라. =听说金刚山非常美。

-다던【어미】강한 주장을 나타내는 종결어미. ◆ 词尾表示强烈主张的终结词尾。¶돈을 안 주면 누가 그런 일을 한다던. =要不是给钱，谁干这种活?

-다던가【어미】词尾 ❶ 질문형식으로 자신의 의견을 폄을 뜻함. ◆ 以疑问的形式表达自己的意见。¶그들이 남의 일에 관심을 보인다던가. =他们好像很关心别人的事。❷ 회상하는 형식으로 자기 스스로에게 물어보는 뜻을 나타냄. ◆ 以回忆的形式进行自问。¶누가 말한다던가, 인생은 짧고 예술은 길다고. =人言，人生短暂，艺术永恒。

다도(茶道)【명사】차를 달이거나 마실 때의 방식이나 예의범절. ◆ 名茶道，茶艺。¶나라마다 다도가 다르다. =每个国家的茶道都不同。

다독(多讀)【명사】많이 읽음. ◆ 名大量阅读，广泛阅读。¶다독은 좋은 글을 쓰기 위한 밑거름이 된다. =大量的阅读是写出好文章的基础。

다독거리다【동사】动 ❶ 흩어지기 쉬운 물건을 모아 잇따라 가볍게 두드려 누르다. ◆ 不断轻拍，轻轻压实。¶고추 모를 심고 흙을 다독거리다. =栽上辣椒秧，然后把土轻轻压实。❷ 아기를 재우거나 달래거나 귀여워할 때 몸을 가만가만 잇따라 두드리다. ◆ 轻轻拍打。¶어머니가 아기의 등을 다독거리다. =母亲轻轻拍着孩子的背。❸ 남의 약한 점을 거듭 따뜻이 어루만져 감싸고 달래다. ◆ (不断地)轻轻抚摸，轻拍。¶어깨를 다독거리다. =轻拍肩膀。● 다독대다, 다독이다 ●

다독다독【부사】副 ❶ 흩어지기 쉬운 물건을 모아 자꾸 가볍게 두드려 누르는 모양. ◆ 轻轻地(拍压的样子)。¶메주를 다독다독 두드려 보기 좋게 만들었다. =轻轻地拍打酱坯，做出好看的形状。❷ 아기를 재우거나 달래거나 귀여워할 때 몸을 가만가만 잇따라 두드리는 모양. ◆ 不断地，轻轻地(拍打的样子)。¶아기가 다독다독 두드리자 울음을 그치고 잠이 들었다. =轻轻拍了拍，孩子就停止哭泣睡着了。❸ 남의 약한 점을 따뜻이 어루만져 거듭 감싸고 달래는 모양. ◆ 轻轻地，轻柔地(抚慰的样子)。¶게으른 아이는 다독다독 훈계를 해야지 체벌로 다스려서는 안 된다. =对懒惰的孩子应该循循善诱，而不能用体罚的方式来管教。● 다독다독하다 ●

-다든가【어미】여러 내용 중 어떠한 것도 상관없음을 나타내는 연결어미. ◆ 词尾表任意选择的连接词尾。¶옳다든가 그르다든가 결정을 내려주시오. =对也好错也罢，请做决定吧。

-다든지【어미】여러 내용 중 어떠한 것도 상관없음을 나타내는 연결어미. ◆ 词尾表任意选择的连接词尾。¶재산이 많다든지 없다든지 가리지 않습니다. =不论财产多寡。

다듬다【동사】动 ❶ 필요 없는 부분을 떼고 깎아 쓸모 있게 만들다. ◆ 剪，收拾。¶나는 이발소에 가서 머리를 다듬었다. =我去理发店剪头发。❷ 맵시를 내거나 고르게 손질하거나 매만지다. ◆ 整理，梳理，打扮。¶옷을 다듬다. =整理衣服。

❸ 글 따위를 매끄럽고 짜임새 있게 고치다. ◆ 修改，推敲，润色(文章)。 ¶논문의 내용을 다듬다. =修改论文内容。 ❹ 고르지 아니한 소리를 바로 다잡다. ◆ 清，润，调整(声音)。 ¶음정을 다듬다. =调整音程。 ❺ 거친 바닥이나 거죽 따위를 고르고 곱게 하다. ◆ 修整。 ¶아버지가 나무를 다듬다. =父亲修整树木。

다듬이질【명사】옷이나 옷감 따위를 방망이로 두드려 반드럽게 하는 일. ◆ 名捣平衣物，捶平衣物。 ¶이 옷감은 다듬이질을 하지 않으면 입을 수가 없다. =这种衣料如果不捶平的话，就不好穿。

다듬잇돌【명사】다듬이질을 할 때 밑에 받치는 돌. ◆ 名砧石，捶板石。 ¶다듬잇돌이 좋아야 옷이 잘 다듬어진다. =砧石好了，衣服才能捶得平整。

다듬질【명사】名 ❶ 새기거나 만든 물건을 마지막으로 매만져 손질하는 일. ◆ (最后的)修整，打磨，修饰。 ¶이제 다듬질만 끝나면 이 조각은 하나의 예술품으로서 빛을 보게 된다. =现在只要再打磨一下，这座雕像就可以成为一件光彩夺目的艺术品了。 ❷ 다듬이질(옷이나 옷감 따위를 방망이로 두드려 반드럽게 하는 일). ◆ 捶布，捣衣("다듬이질"的略语)。 ● 다듬질하다 ●

-다디【어미】지난 일을 회상하여 묻는 뜻을 나타냄. ◆ 词尾表示回忆、疑问。 ¶제깟 놈은 뭐 별 수 있다디. =那种家伙能有什么特别的办法啊。

다락【명사】주로 부엌 위에 이 층처럼 만들어서 물건을 넣어 두는 곳. 보통 출입구는 방 쪽에 있다. ◆ 名阁楼。 ¶어머니께서는 늘 다락에 간식거리를 숨겨 놓으셨다. =母亲常常把点心藏在阁楼上。

다락방(--房)【명사】名 ❶ 다락(주로 부엌 위에 이 층처럼 만들어서 물건을 넣어 두는 곳. 보통 출입구는 방 쪽에 있다). ◆ 阁楼。 ¶어려서는 늘 다락방에서 놀았다. =小时侯总是在阁楼里玩。 ❷ 다락처럼 높은 곳에 만들어 꾸민 방. ◆ 亭子间，暗楼子。

다람쥐【명사】쥐목의 다람쥐류를 통틀어 이르는 말. ◆ 名松鼠。

-다랗다【접사】'그 정도가 꽤 뚜렷함'의 뜻을 더하는 접미사. ◆ 后缀用于表示大小的形容词词干之后，表示其状态或程度较大。 ¶기다랗다.=长长的。

다래【명사】❶ [植物] 다랫과의 낙엽 활엽 덩굴나무. ◆ 名 软枣猕猴桃。 ❷ 다래나무의 열매. ◆ 软枣猕猴桃。

다래끼【명사】속눈썹의 뿌리에 균이 들어가 눈시울이 발갛게 붓고 곪아서 생기는 작은 부스럼. ◆ 名针眼，〈又称〉麦粒肿。

다량(多量)【명사】많은 분량. ◆ 名大量。 ¶다량생산. =大量生产。

다루다【동사】动 ❶ 일을 처리하다. ◆ 办，处理。 ¶골치 아픈 일을 다루다. =处理棘手的事情。 ❷ 어떤 물건을 사고파는 일을 하다. ◆ 经营，买卖。 ¶이 가게는 전자제품을 다룬다. =这家商店经营电子产品。 ❸ 기계나 기구 따위를 사용하다. ◆ 操作，使用。 ¶농기계를 다루다. =操作农用机械。 ❹ 가죽 따위를 매만져서 부드럽게 하다. ◆ 硝。 ¶쇠가죽을 다루다. =硝牛皮。 ❺ 어떤 물건이나 일거리 따위를 어떤 성격을 가진 대상 혹은 어떤 방법으로 취급하다. ◆ 经管，负责。 ¶그는 외과(산부인과) 수술을 전문으로 다룬다. =他专门负责外科(妇产科)手术。 ❻ 사람이나 짐승 따위를 부리거나 상대하다. ◆ 使唤，看待。 ¶그는 종업원을 노예처럼 다룬다. =他把员工当奴隶使唤。 ❼ 어떤 것을 소재나 대상으로 삼다. ◆ 受理，处理。 ¶국회에서 쌀 개방 문제를 다루다. =国会受理大米开放问题。

다르다【형용사】形 ❶ 비교가 되는 두 대상이 서로 같지 아니하다. ◆ 不同，不一样，不一致。 ¶입장이 서로 다르다. =立场不同。 ❷ 보통의 것보다 두드러진 데가 있다. ◆ 与众不同。 ¶형은 대학생이라 생각하는 게 다르다. =哥哥是大学生，想法就是与众不同。

다른【관형사】당장 문제되거나 해당되는 것 이외의. ◆ 冠别的，其他的，另外的，另。 ¶다른 모습. =另一副面孔。

다름없다【형용사】견주어 보아 같거나 비슷하다. ◆ 形无异，没有区别。 ¶사람에게 이성이 없으면 동물과 다름없다. =人若失去理性，则与禽兽无异。

다름없이【부사】견주어 보아 같거나 비슷하게. ◆ 副如同，一样，照样。 ¶전과 다름없이 가깝게 지냅시다. =要和从前一样走得近一些。

다리[1]【명사】名 ❶ 물을 건너거나 또는 한편의 높은 곳에서 다른 편의 높은 곳으로 건너다닐 수 있도록 만든 시설물. ◆ 桥，桥梁。 ¶다리를 건너다. =过桥。 ❷ 중간에 거쳐야 할 단계나 과정. ◆ 环节，阶段，步骤。 ¶몇 다리를 거쳐서 수중에 들어온 물건이다. =这是过了好几道手才到手的东西。 ❸두 사물이나 사람 사이를 이어 주는 역할을 하는 것. ◆ 桥梁，纽带，媒介。 ¶다른 사람으로 다리를 놓아 화해를 했다. =经由别人搭线和解了。

다리[2]【명사】名 ❶ 사람이나 동물의 몸통 아래 붙어 있는 신체의 부분. 서고 걷고 뛰는 일 따위를 맡아 한다. ◆ 腿，下肢。 ¶다리가 몹시 아프다. =腿疼得厉害。 ❷ 물체의 아래쪽에 붙어서 그 물체를 받치거나 직접 땅에 닿지 아니하게 하거나 높이 있도록 버티어 놓은 부분. ◆ 腿，脚。 ¶의자 다리. =椅子腿。 ❸ 오징어나 문어 따위의 동물의 머리에 여러 개 달려 있어, 헤엄을 치거나 먹이를 잡거나 촉각을 가지는 기관. 名 ◆ (乌贼等的)腿，足。 ¶오징어의 다리는 10개다. =鱿鱼有十条腿。 ❹ 안경의 테에 붙어서 귀에 걸게 된 부분. ◆ (眼镜)腿。 ¶아버지는 다리가 부러진 안경을 쓰고 있다. =爸爸戴着断腿的眼镜。

다리다【동사】옷이나 천 따위의 주름이나 구김을 펴고 줄을 세우기 위하여 다리미나 인두로 문지르다. ◆ 动熨，烫。 ¶바지를 다리다. =熨裤子。

다리미【명사】옷이나 천 따위의 주름이나 구김을 펴고 줄을 세우는 데 쓰는 도구. ◆ 名熨斗。 ¶다리미가 뜨겁다. =熨斗很烫。

다리미질【명사】다리미로 옷이나 천 따위를 다리는 일. ◆ 名熨衣服，烫衣服。 ¶다리미질이 서툰 새색시. =不太会熨衣服的新媳妇。 ● 다리미질하다 ●

다리미판(---板)【명사】다리미질을 할 때 밑에 받치거나 까는 판. ◆ 名烫衣板, 熨衣板。

다리뼈【명사】다리를 이루는 뼈. 넙다리뼈·정강이뼈·종아리뼈가 있다. ◆ 名腿骨。 ¶그는 교통사고로 다리뼈를 다쳤다. =他因为交通事故伤了腿骨。

다림질【명사】'다리미질'의 준말. ◆ 名熨衣服, 烫衣服("다리미질"的略语)。● 다림질하다 ●

-다마는【어미】어떤 사실이나 내용을 인정하면서 그에 반대되는 내용을 덧붙여 말할 때 쓰는 연결 어미. ◆ 词尾但是, 可是, 然而, 不过, 却(表示转折的连接词尾)。 ¶물건은 좋다마는 너무 비싸다. =商品的质量还不错, 但是价格昂贵。

-다마다【어미】상대편의 물음에 대하여 긍정의 뜻을 강조하여 나타낼 때 쓰는 종결 어미. ◆ 词尾终结词尾, 强调肯定的语气。

-다마다요【어미】상대편의 물음에 대하여 긍정의 뜻을 강조하여 나타낼 때 쓰는 종결 어미. ◆ 词尾终结词尾, 强调肯定的语气。

-다만[1]【어미】'-다마는'의 준말. ◆ 词尾但是, 可是, 然而, 不过("-다마는"的略语)。 ¶연락은 다 했다만 반응이 좋지 않다. =都联系过了, 但是结果不好。

다만[2]【부사】❶ 다른 것이 아니라 오로지. ◆ 副只, 仅。 ¶내게 있는 것은 다만 작은 아파트뿐이다. =我只有一套小公寓。 ❷ 그 이상은 아니지만 그 정도는. ◆ 至少, 起码。 ¶기술자를 부르려면 다만 얼마라도 돈이 필요했다. =如果找技术人员的话, 至少得花点钱。 ❸ 앞의 말을 받아 예외적인 사항이나 조건을 덧붙일 때 그 말머리에 쓰는 말. ◆ (用于句首)但是, 可是, 只是, 不过。 ¶약은 건강에 좋은 것이다. 다만 그 남용은 피해야 한다. =补药有助于健康, 但是要避免滥用。

다매체(多媒體)【명사】여러 가지의 전달 매개체. ◆ 名多媒体。

-다며【어미】들은 사실에 대하여 되묻거나 빈정거림을 나타내는 종결어미. ◆ 词尾对听到的情况表示反问或讽刺的终结词尾。 ¶나가 사니까 좋다며. =听说搬出去住很舒服啊。

-다면[1](多面)【어미】어떠한 사실을 가정하여 조건으로 삼는 뜻을 나타내는 연결 어미. ◆ 词尾假如, 如果, 要是……的话(表示假定条件的连接词尾)。 ¶내가 너처럼 돈이 많다면 좋겠다. =我如果像你那么有钱就好了。

-다면[2]【어미】'-다고 하면'이 줄어든 말. ◆ 词尾"-다(고) 하면"的略语。 ¶젊은이를 보고 늙었다면 말이 되오? =把年轻人看作老人太不像话了吧?

다면[3]【명사】❶ 면이 많음. ◆ 名 多面, 多个面。 ¶다면으로 이루어진 물체. =由多个面组成的物体。 ❷ 여러 방면. ◆ 很多方面, 多个方面。 ¶그의 재주는 다면에 걸쳐 있다. =他的才能涉及多个方面。

-다면서[1]【어미】❶ '-다고 했으면서'가 줄어든 말. 그렇게 말한 데 대하여 따져 묻는 뜻이 들어 있다. ◆ 词尾 既然说, 明明说("-다고 했으면서"的略语, 常对前面的话带有诘问的意味)。 ¶그 사람이 좋다면서 왜 자꾸 싸우니? =既然说那个人是好人, 那为什么还经常打架呢? ❷ '-다고 하면서'가 줄어든 말. 화자의 말한 내용을 인용하면서, 그 말이 화자의 행위와 관련성을 지니고 행해질 때 사용함. ◆ 说, 说是("-다고 하면서"的略语, 表示前者与后面的行为有一定关联)。 ¶과일이 싸다면서 여러 상자를 사 가는 사람도 봤어. =也见到有说水果便宜, 买走了很多箱的人。

-다면서[2]【어미】들어서 아는 사실을 재차 확인하여 물을 때 쓰는 종결 어미. 흔히 다짐을 받거나 빈정거리는 뜻이 섞여 있다. ◆ 词尾听说, 据说(对听到的事实再次进行确认的疑问式终结词尾, 经常带有求得保证或嘲讽的意味)。 ¶요즘 사업이 안 좋으시다면서? =听说最近生意不太顺利?

다면체(多面體)【명사】평면 다각형으로 둘러싸인 입체 도형. 평면의 수효에 따라 사면체, 오면체 따위가 있다. ◆ 名多面体。 ¶이 도형은 다면체로 이루어졌다. =这个图形是由多面体组成的。

다목적(多目的)【명사】여러 가지 목적. ◆ 名多功能。 ¶이 댐은 다목적으로 설계되었다. =这座大堤被设计成了多功能水坝。

다물다【동사】입술이나 그처럼 두 쪽으로 마주 보는 물건을 꼭 맞대다. ◆ 动闭, 合, 缄(口)。 ¶입을 꼭 다물다. =闭紧嘴巴。

다민족(多民族)【명사】여러 민족. ◆ 名多民族。 ¶미국은 다민족으로 구성된 국가이다. =美国是多民族国家。

다반사(茶飯事)【명사】차를 마시고 밥을 먹는 일이라는 뜻으로, 보통 있는 예사로운 일을 이르는 말. ◆ 名家常便饭。 ¶월말은 월말정산으로 며칠씩 집에 늦게 들어가는 일이 다반사이다. =月底由于要对账, 总有几天晚回家, 这已是家常便饭了。

다발【명사】❶ 꽃이나 푸성귀, 돈 따위의 묶음. ◆ 名 束, 扎, 把, 捆。 ¶풀 한다발을 소에게 주었다. =给了牛一把草。 ❷ 꽃, 푸성귀, 돈 따위의 묶음을 세는 단위. ◆ 束, 扎, 把, 捆。 ¶장미 두 다발. =两束玫瑰。

다발(多發)【명사】많이 발생함. ◆ 名多发。 ¶사고 다발 지역. =事故多发地带。

다방(茶房)【명사】사람들이 이야기를 나누거나 쉴 수 있도록 꾸며 놓고, 차(茶)나 음료 따위를 판매하는 곳. ◆ 名茶馆, 茶室。 ¶우연히 다방 앞을 지나가 친구를 만났다. =偶然经过茶馆门前, 遇到了朋友。

다방면(多方面)【명사】여러 방면. ◆ 名多方面, 各方面。 ¶그는 다방면에 재능이 있다. =他具有多方面的才能。

다변화(多邊化)【명사】일의 방법이나 모양이 다양하고 복잡해짐. 또는 그렇게 만듦. ◆ 名多样化, 多元化。 ¶현대 사회는 다변화시대이다. =现代社会是一个多元化社会。● 다변화되다(多邊化--), 다변화하다(多邊化--) ●

다보탑(多寶塔)【명사】다보여래(多寶如來)의 사리를 모신 탑. ◆ 名多宝塔。 ¶불국사에는 다보탑과 석가탑이 있다. =佛国寺中有多宝塔和释迦塔。

다복하다(多福--)【형용사】복이 많다. ◆ 形有福气。¶우리 집은 그 어떤 집보다도 다복한 가정이다. =我们家比谁家都有福气。

다부지다【형용사】形 ❶ 벅찬 일을 견디어 낼만큼 굳세고 야무지다. ◆ 精干，精明强干。¶하는 일이 다부지다. =办事精干。❷ 생김새가 옹골차다. ◆ 健壮，结实，壮实。¶키는 작지만 그의 몸은 다부지다. =他虽然个子矮，但身体很壮实。

다분하다(多分--)【형용사】그 비율이 어느 정도 많다. ◆ 形很多，很强，很重。¶그는 무슨 말을 하더라도 정치성이 다분하다. =他不管说什么话都带有很强的政治性。● 다분히(多分-) ●

다사다난하다(多事多難--)【형용사】여러 가지 일도 많고 어려움이나 탈도 많다. ◆ 形多灾多难。¶정말 올해는 내 생에 있어서 다사다난한 해였다. =今年真是我一生中多灾多难的一年。

다산(多産)【명사】아이 또는 새끼를 많이 낳는 것을 말함. ◆ 名 (人、畜)多生，多产。¶국가 정책은 다산을 장려하고 있다. =国家实行政策鼓励多生。● 다산하다(多産--) ●

다섯【수사】 넷에 하나를 더한 수. ◆ 数五。¶셋에 둘을 더하면 다섯이다. =三加二等于五。

다섯째【수사】 순서가 다섯 번째가 되는 차례. ◆ 数第五，第五个。

다세대 주택(多世帶住宅)【명사】여러 가구가 들어 사는 공동 주택의 하나. ◆ 名多户型住宅。¶이 건물은 다세대주택이다. =这栋楼是多户型住宅。

다소(多少)【부사】어느 정도로. ◆ 副多少，稍微。¶집에서 학교가 다소 멀기 때문에 일찍 일어난다. =因为学校离家稍微有点远，所以很早就起床了。

다소간[1](多少間)【부사】많든 적든 얼마간에. ◆ 副多多少少，多少。¶다소간 챙겨오너라. =多少准备一点来。

다소간[2](多少間)【명사】많든 적든 얼마간. ◆ 名多多少少，多少。¶다소간의 의견 차이. =意见多少有些分歧。

다소곳하다【형용사】온순한 마음으로 따르는 태도가 있다. ◆ 形温顺，顺从。¶아버지의 꾸지람에 딸아이는 다소곳하게 듣고 있었다. =女儿顺从地听着父亲的数落。● 다소곳이 ●

다수(多數)【명사】수효가 많음. ◆ 名多数。¶다수의 의견. =多数意见。

다수결(多數決)【명사】회의에서 많은 사람의 의견에 따라 안건의 가부(可否)를 결정하는 일. ◆ 名多数表决，多数通过。¶이번 안건은 다수결로 처리합시다. =此次议案以多数表决的方式处理吧。

다스<일>【의존 명사】물건 열두 개를 묶어 세는 단위. ◆ 依存打(12个)。¶문구점에 가서 연필 한 다스를 사오너라. =去文具店买一打铅笔来。

다스리다【동사】动 ❶ 국가나 사회, 단체, 집안의 일을 보살펴 관리하고 통제하다. ◆ 治理，管理，统治。¶국가를 다스리다. =治理国家。❷ 죄의 사실을 밝혀 벌을 주다. ◆ 惩治，惩处，整治。¶살인죄를 중벌로 다스리다. =用重刑来惩治杀人犯。❸ 음식물을 먹어서 배고픔 따위를 없애다. ◆ 填饱，缓解(饥饿、胃痛等)。¶과음 후 해장국으로 속을 다스리다. =喝多了酒之后，用解酒汤缓解不适。❹ 병을 낫게 하다. ◆ 治，治疗。¶한약으로 아픈 속을 다스리다. =用中药治肚子疼。❺ 몸이나 마음을 가다듬거나 노력을 들여서 바로잡다. ◆ 调整，控制，平息(身体、心态等)。¶마음의 분노를 참선으로 다스리다. =通过参禅来平息胸中的怒火。

다슬기【명사】다슬깃과의 연체동물. ◆ 名川蜷。

다습하다(多濕--)【형용사】습기가 많다. ◆ 形潮湿。

다시【부사】副 ❶ 하던 것을 되풀이해서. ◆ 再，又。¶다시 이야기를 해 보려무나. =再讲一遍吧。❷ 방법이나 방향을 고쳐서 새로이. ◆ 重，重新。¶이 글을 다시 짓도록 해라. =把这篇文章重写一遍。❸ 하다가 그친 것을 계속해서. ◆ 又(接着做)。¶오늘부터 다시 일을 계속하게 되었다. =从今天起又继续开始工作了。❹ 다음에 또. ◆ (下一次)再。¶그런 소린 다시 하지마. =不要再讲这种话了。❺ 원래상태로 또. ◆ 又。¶다시 사업이 좋아져서 다행이다. =生意又有了起色，真是万幸。

다시금【부사】'다시'를 강조하여 이르는 말. ◆ 副又，再次，再度("다시"的强势词)。¶낙엽이 지니 다시금 그녀가 보고 싶다. =落叶时节又想起了她。

다시다【동사】음식을 먹을 때처럼 침을 삼키며 입을 놀리다. ◆ 动咂嘴，舔嘴。¶입맛을 다시다. =咂嘴品味。

다시마【명사】갈조류 다시맛과의 하나. ◆ 名海带。¶전라도 해남의 다시마는 맛이 좋기로 유명하다. =全罗南道海南郡的海带以味美而闻名。

-다시피【어미】词尾 ❶ '-는 바와 같이'나 '그와 다름없이' 등의 뜻을 나타내는 연결 어미. ◆ 正如，诚如。¶보다시피 완전하다. =正如所看到的那样，很完整。❷ '-는 것과 거의 같이' 처럼 어떤 동작에 가까움을 나타내는 연결 어미. ◆ 几乎，差不多(连接词尾)。¶시간이 없어서 나는 거의 뛰다시피 급히 걸어갔다. =由于没时间了，我几乎是跑着赶过去的。

다식(茶食)【명사】한국 고유 과자의 하나. 녹말·송화·신감채·검은깨 따위의 가루를 꿀이나 조청에 반죽하여 다식판에 박아 만들며, 흰색·노란색·검은색 따위의 여러 색깔로 구색을 맞춘다. ◆ 名 茶点，点心，糕点以蜂蜜或糖水(将绿豆粉、松花粉、大齿山芹粉、黑芝麻粉等和好面，再用模子做成的各色点心)。¶다식은 한국 고유의 음식이다. =茶点是韩国的传统食品。

다식판(茶食-)【명사】다식을 박아 내는 틀. ◆ 名茶点模具，点心模子。

다양성(多樣性)【명사】모양, 빛깔, 형태, 양식 따위가 여러 가지로 많은 특성. ◆ 名多样性，多元性。¶문학의 다양성. =文学的多样性。

다양하다(多樣--)【형용사】모양, 빛깔, 형태, 양식 따위가 여러 가지로 많다. ◆ 形多种多样，各种各样，各式各样。¶한국의 자동차는 다양하다. =韩国

的汽车多种多样。
다양화(多樣化)【명사】모양, 빛깔, 형태, 양식 따위가 여러 가지로 많아짐. 또는 그렇게 만듦. ◆ 名多样化，多元化。¶상품의 다양화. =商品多元化。● 다양화되다(多樣化--), 다양화하다(多樣化--) ●
-다오¹【어미】'-다고 하오'가 줄어든 말. ◆ 词尾"-다고 하오"的略语。¶너무 힘들어서 오늘은 쉬겠다오. =说是太累了，今天要休息。
-다오²【어미】화자가 이미 알고 있는 것을 객관화하여 청자에게 일러 줌을 나타내는 종결 어미. ◆ 词尾表示把自己知道的客观事实告知对方的终结词尾，有时带有亲切或自豪的语气。¶홍삼은 몸에 좋다오. =红参对身体好。
다용도(多用途)【명사】여러 가지 쓰임새. ◆ 名多用途，多功能。¶다용도 가구. =多功能家具。
다원론(多元論)【명사】우주를 구성하고 있는 근본적 실체는 하나가 아니고 여럿으로, 모든 존재자는 그런 실체의 결합으로 이루어져 있다고 설명하는 형이상학적 이론. ◆ 名多元论。
다원화(多元化)【명사】사물을 형성하는 근원이 많아짐. ◆ 名多元化。¶현대 사회는 다원화 사회이다. =现代社会是一个多元化的社会。● 다원화되다(多元化--), 다원화하다(多元化--) ●
다음【명사】名 ❶ 어떤 차례의 바로 뒤. ◆ 下面，后面，之后。¶너는 나 다음이다. =你在我后面。❷ 이번 차례의 바로 뒤. ◆ 下，下一个。❸ 나란히 있는 사물의 바로 인접한 것. ◆ 旁边，挨着。¶우리 사무실 다음은 주택이다. =我们办公室旁边是住宅。❹ 어떤 일이나 과정이 끝난 뒤. ◆ 后，之后，以后。¶친구는 한참을 싸운 다음 화해를 했다. =和朋友打了半天架之后，又和好了。❺ 어떤 시일이나 시간이 지난 뒤. ◆ 回头，改日。¶우리 다음에 만납시다. =我们回头见。❻ 아닌 사실을 힘주어 나타냄. ◆ 又(不是)。¶바보가 아닌 다음에야 그 말을 누가 믿겠어? =又不是傻子，谁会相信这种话? ❼ 뒤따르는 것. ◆ 后面的，下面的。¶다음을 소리나는 대로 읽어보자. =大声朗读下面的内容吧。❽ 뒤따르는 결과. ◆ 后果。¶나는 다음도 준비하고 있습니다. =我对其后果也正在做应对的准备。
다음가다【동사】표준으로 삼는 등급이나 차례의 바로 뒤에 가다. ◆ 动仅次于，次于。
다음날【명사】정하여지지 아니한 미래의 어떤 날. ◆ 名改日，改天。¶다음날에 만나면 술 한 잔 합시다. =改天见面喝一杯吧。
다의어(多義語)【명사】두 가지 이상의 뜻을 가진 단어. ◆ 名多义词。
다잡다【동사】动 ❶ 다그쳐 단단히 잡다. ◆ 抓紧，握紧。¶어부가 그물을 다잡다. =渔夫抓紧鱼网。❷들뜨거나 어지러운 마음을 가라앉혀 바로잡다. ◆ 镇定，镇静，稳定(心情)。¶마음가짐을 굳게 다잡다. =做好思想准备。❸ 단단히 다스리거나 잡도리하다. ◆ 严加管束，管教。¶떠드는 아이들을 다잡다. =严加管束吵闹的孩子们。❹ 어떤 사실을 꼭 집어내거나 다지다. ◆ 点明，说清楚。¶이번 일은 한 마디로 다잡아서 말하기는 어렵다. =这件事很难用一两句话说清楚。
다재다능하다(多才多能--)【형용사】재주와 능력이 여러 가지로 많다. ◆ 形多才多艺，全能。¶형의 능력은 다재다능하다. =大哥真是全能啊。
다정(多情)【명사】정이 많음. 또는 정분이 두터움. ◆ 名感情丰富，深情，亲密。¶그는 나의 둘도 없는 다정한 친구다. =他是我唯一的亲密朋友。● 다정스럽다(多情---), 다정스레(多情--), 다정하다(多情--), 다정히(多情-) ●
다정다감하다(多情多感--)【형용사】정이 많고 감정이 풍부하다. ◆ 形感情丰富，感情细腻。¶누나는 어머니처럼 다정다감하다. =姐姐像妈妈一样感情细腻。
-다지¹【어미】'-다고 하지'가 줄어든 말. ◆ 词尾"-다고 하지"的略语。¶다들 잘 지낸다지? =听说大家都过得很好，是吧?
-다지²【어미】들어서 알고 있거나 이미 전제되어 있는 어떤 사실에 대하여 다시 확인하여 서술하거나 묻는 뜻을 나타내는 종결 어미. ◆ 词尾对已知或已有的事实表示确认或提问的终结词尾。¶내일은 날씨가 덥다지. =明天天气很热，是吧?
다지다¹【동사】고기·채소·양념감 따위를 여러 번 칼질하여 잘게 만들다. ◆ 动剁，剁碎，切碎。¶그녀는 고기를 다진 후 양념을 준비하였다. =她把肉剁碎后，又准备了佐料。● 다지기 ●
다지다²【동사】动 ❶ 누르거나 밟거나 쳐서 단단하게 하다. ◆ 压实，夯实。¶아버지가 둑이 패이지 않게 흙을 다지다. =父亲将土压实，以防堤坝被冲塌。❷ 마음이나 뜻을 굳게 가다듬다. ◆ 下，立，下定，拿定，坚定，保证，下决心，立意。¶독립에 대한 의지를 다지다. =坚定了独立意志。❸ 기초나 터전 따위를 굳고 튼튼하게 하다. ◆ 巩固，奠定。¶기초를 다지다. =奠定基础。❹ 뒷말이 없도록 단단히 강조하거나 확인하다. ◆ 叮嘱，叮咛。¶그에게 약속 시간을 꼭 지켜야 한다고 몇 번을 다졌다. =叮嘱了他好几遍一定要遵守约定的时间。● 다지기 ●
-다지요【어미】말하는 이가 듣는 이에 대해서 이미 알고 있는 사실을 확인하듯 말함을 나타냄. ◆ 词尾表示向听者就已知事实进行确认。¶어제 다녀 가셨다지요. =昨天来过是吧?
다짐【명사】名 ❶ 이미 한 일이나 앞으로 할 일에 틀림이 없음을 단단히 강조하거나 확인함. ◆ 保证，承诺。¶다짐을 얻어내다. =得到保证。❷ 마음이나 뜻을 굳게 가다듬어 정함. ◆ 决心，保证。¶그에게 꼭 돌아오겠다는 다짐을 받았다. =得到他一定会回来的承诺。● 다짐하다 ●
다짜고짜【부사】일의 앞뒤 상황이나 사정 따위를 미리 알아보지 아니하고 단박에 들이덤벼서. ◆ 副不由分说，不管三七二十一。¶건달들은 나이 많은 수위 아저씨에게 다짜고짜 반말을 했다. =混混们不管三七二十一，对上了年纪的门卫大叔很粗鲁。● 다짜고짜로 ●
다채롭다(多彩--)【형용사】여러 가지 색채나 형태, 종류 따위가 한데 어울리어 호화스럽다. ◆ 形五彩缤纷，多彩多姿。¶다양한 꽃들이 다채롭게 피어 있다. =百花盛开，五彩缤纷。● 다채로이(多彩--) ●

다층(多層)【명사】여러 층. ◆ 名多层，高层。¶요즈음은 다층 건물이 많이 지어지고 있다. =最近正在兴建很多高层建筑。

다치다【동사】动 ❶ 부딪치거나 맞거나 하여 신체에 상처를 입다. 또는 입히게 하다. ◆ 受伤。¶교통사고로 많은 사람이 다쳤다. =交通事故中有很多人受伤。❷ 남의 마음이나 체면, 명예에 손상을 끼치다. 또는 끼치게 하다. ◆ (心灵、面子、名誉等)伤，伤害。¶친구의 말 한 마디에 마음을 다쳤다. =朋友的一句话伤了我的心。❸ 남의 재산에 손해를 끼치다. 또는 끼치게 하다. ◆ (财产)损失，损害。¶국가정책으로 인해 기업의 재정이 크게 다치는 경우가 있다. =企业的财政状况有时会因国家政策而遭受巨大损失。

다큐멘터리(documentary)【명사】실제로 있었던 어떤 사건을 극적인 허구성이 없이 그 전개에 따라 사실적으로 그린 것. ◆ 名纪录片。

다크호스(dark horse)【명사】名 ❶ 경마에서, 뜻밖의 결과를 가져올지도 모를, 아직 실력이 확인되지 아니한 말. ◆ (赛马中)黑马。¶이번 경마에서는 5번 말이 다크호스입니다. =此次赛马比赛中，五号马是一匹黑马。❷ 정계·선거나 경기 따위에서, 아직 잘 알려지지 아니하였으나 뜻밖의 변수로 작용할 수 있는 유력한 경쟁자. ◆〈喻〉黑马。¶그는 이번 선거에서 다크호스로 떠오르며 많은 관심을 얻었다. =他是这次选举中杀出的一匹黑马，受到了很大的关注。

다투다【동사】动 ❶ 서로 의견이나 이해의 대립으로 따지며 싸우다. ◆ 争吵，争执，吵架。¶아이들이 장난감을 놓고 자주 다투다. =孩子们经常为抢玩具吵架。❷ 어떤 일을 남보다 먼저 하거나 잘하려고 경쟁적으로 서두르다. ◆ 争，抢。¶선생님의 질문에 아이들은 앞을 다투어 발표했다. =听到老师提问，孩子们争先恐后地发言。❸ 사태가 매우 급하다. ◆ (以时间词作宾语)危在旦夕，迫在眉睫。¶환자의 생명이 촌각(寸刻)을 다투다. =患者的生命危在旦夕。

다툼【명사】서로 의견이나 이해의 대립으로 따지며 싸우는 일. ◆ 名争吵，争执，争辩，争论。¶권력 다툼. =权力之争。

다하다【동사】动 ❶ 어떤 것이 끝나거나 남아 있지 아니하다. ◆ 用尽，用完，用光。¶연료가 다하다. =燃料用尽。❷ 어떤 현상이 끝나다. ◆ 动结束，完了。¶벌써 한 학기가 다하다. =一个学期已经结束了。❸ 부여받은 수명 따위가 끝나거나 또는 일생을 마치다. ◆ (生命等)尽，结束。¶명이 다하다. =命数已尽。❹ 어떤 일을 위하여 힘, 마음 따위를 모두 들이다. ◆ 竭尽，用尽。¶전력을 다하다. =竭尽全力。❺ 어떤 일을 완수하다. ◆ 尽到，完成。¶자신의 책임을 다하다. =尽到自己的责任。

다한증(多汗症)【명사】땀이 지나치게 많이 나는 증상. ◆ 名多汗症。

다행(多幸)【명사】뜻밖에 일이 잘되어 운이 좋음. ◆ 名万幸，幸亏，幸好。¶참, 천만 다행이군요. =真是万幸呀。● 다행하다(多幸--), 다행히(多幸-) ●

다행스럽다(多幸---)【형용사】뜻밖에 일이 잘되어 운이 좋은 듯하다. ◆ 形万幸，庆幸，幸亏，幸好。¶이번 시험에 낙제를 하지 않은 것만도 다행스러운 일이다. =这次考试没有不及格就算是万幸了。● 다행스레(多幸--) ●

다혈질(多血質)【명사】감정의 움직임이 빨라서 자극에 민감하고 곧 흥분되나 오래가지 아니하며, 성급하고 인내력이 부족한 기질. ◆ 名多血质。¶그는 성격이 다혈질이라 주위사람들과 자주 말다툼을 한다. =他是多血质性格，所以经常和周围的人吵架。

다홍(-紅)【명사】짙고 산뜻한 붉은색. ◆ 名大红，深红。

다홍색(-紅色)【명사】짙고 산뜻한 붉은색. ◆ 名大红色，深红色。¶어머니는 다홍색 치마를 좋아하신다. =母亲喜欢大红色的裙子。

다홍치마(-紅--)【명사】짙고 산뜻한 붉은빛 치마. ◆ 名大红裙子，深红色裙子。¶결혼하지 않은 여자는 노랑 저고리에 다홍치마를 입었고, 결혼한 젊은 여자는 연두색 회장저고리에 다홍치마를 입었다. =未婚女子身穿黄色上衣和大红裙子，已婚年轻女子身穿豆绿色贴边上衣和大红裙子。

닥지닥지【부사】❶ 때나 먼지 따위가 많이 끼어 있는 모양. ◆ 副 (积满灰尘或污渍的样子)厚厚地。❷ 작은 것들이 빽빽이 있는 모양. ◆ 密密实实。

닥쳐오다【동사】어떤 일이나 대상 따위가 가까이 다다라오다. ◆ 动临近，临头，到来。¶불행이 닥쳐오다. =大难临头了。

닥치다[1]【동사】입을 다물다. ◆ 动住口，闭嘴，住嘴。¶입 닥쳐라. =闭嘴!

닥치다[2]【동사】어떤 일이나 대상 따위가 가까이 다다르다. ◆ 动降临，来临。¶고난이 닥치다. =苦难来临。

닦다【동사】动 ❶ 때, 먼지, 녹 따위의 더러운 것을 없애거나 윤기를 내려고 거죽을 문지르다. ◆ 擦，拭。¶유리를 닦다. =擦玻璃。❷ 거죽의 물기를 훔치다. ◆ 擦，抹(水汽)。¶물을 닦다. =把水擦掉。❸ 길 따위를 내다. ◆ 修，铺设。¶길을 닦다. =修路。❹ 학문이나 기술을 배우고 익히다. ◆ 钻研，攻读(学问)。¶학문을 닦다. =钻研学问。❺ 품행이나 도덕을 바르게 다스려 기르다. ◆ 修炼，砺炼(品行)。¶심신을 닦다. =砺炼身心。❻ 어떤 일을 하기 위한 기초를 마련하다. ◆ 打，打下，奠定(基础)。¶사업의 기반을 닦다. =打下了事业的基础。

닦달【명사】남을 단단히 윽박질러서 혼을 냄. ◆ 名训斥，责骂。¶어머니는 형을 매일 닦달하셨다. =妈妈天天训斥哥哥。● 닦달하다 ●

닦아세우다【동사】꼼짝 못하게 휘몰아 나무라다. ◆ 动训，训斥，责骂。¶부하를 닦아세우다. =训斥手下。

닦이다【동사】'닦다'의 피동형. 닦아지다. ◆ 动"닦다"的被动形态。¶바닥에 물기가 닦이다. =地面上的

水汽被擦掉了。

단¹【명사】옷자락 끝의 가장자리를 안으로 접어 붙이거나 감친 부분. ◆ 图 (衣服的)贴边。 ¶치마가 길어 단을 줄였다. =裙子长，就把贴边改短了。

단²(單)【관형사】오직 그것뿐임을 나타내는 말. ◆ 冠单单，仅仅，只有，唯。 ¶단 하나밖에 없는 아들. =唯一的儿子。

단³(單)-【접사】'하나로 된' 또는 '혼자인'의 뜻을 더하는 접두사. ◆ 前缀单。 ¶단벌. =单套。

단⁴(但)【부사】앞의 말을 받아 예외적인 사항이나 조항을 덧붙일 때, 그 말머리에 쓰는 접속 부사. ◆ 副但，但是，不过，可是。 ¶영업시간은 오후 10시까지이다. 단, 토요일은 12시까지로 한다. =平时营业到晚上10点，但星期六营业至12点。

단⁵(段)【의존 명사】자동차 따위의 변속 단계를 나타내는 단위. ◆ 依名(变速器的)档。 ¶출발은 언제나 1단으로 합니다. =启动时总要挂1档。

-단⁶(團)【접사】'단체(團體)'를 뜻함. ◆ 后缀团，团体。 ¶청년단. =青年团。

-단⁷【어미】词尾 ❶ '-다는'이 줄어든 말. ◆ "-다는"的略语。 ¶아버지께서 편찮으시단 말을 들었다. =听说父亲生病了。 ❷ '-다고 한'이 줄어든 말. ◆ "-다고 한"的略语。 ¶가겠단 사람이 아직 다 안 갔어요. =说要走的人还没有走完。

단⁸【명사】图 ❶ 인쇄물의 지면을 가로나 세로로 나눈 구획. ◆ (版面的)栏，块，条。 ¶이 책은 단을 나누지 말자. =这本书不要分栏。 ❷ 수량을 나타내는 말 뒤에 쓰여 인쇄물의 지면을 나눈 구획을 세는 단위. ◆ (版面的)栏，块，条。 ¶신문 제1면 제1단에는 반드시 정치기사를 넣으시오. =报纸的头版头条请一定要放政治报道。 ❸ 바둑, 장기, 태권도, 유도, 검도 따위의 실력에 따라서 매기는 등급. '급(級)'보다 위이며, 초단부터 9단까지 있다. ◆ (围棋、跆拳道、柔道的)段，段位。 ¶그의 가족은 모두 단이상의 태권도 유단자이다. =他家人的跆拳道水平都在段位以上。 ❹ 사다리, 계단 따위의 하나하나의 층(層). ◆ (梯子、台阶的)阶，级，层。 ¶단이 낮다. =台阶很矮。

단가(單價)【명사】물건 한 단위(單位)의 가격. ◆ 图单价。 ¶단가가 비싸다. =单价很贵。

단감【명사】단감나무의 열매. 단단하고 맛이 달다. ◆ 图甜柿子。 ¶집 앞마당에 단감이 주렁주렁 열렸다. =前院的甜柿子树上果实累累。

단거리(短距離)【명사】图 ❶ 짧은 거리. ◆ 短距离，短途。 ¶단거리 선수. =短距离选手。 ❷ '단거리달리기(短距離---)'의 준말. ◆ 短跑。 ¶단거리 경주가 시작되었다.=短跑比赛开始了。

단검(短劍)【명사】길이가 짧은 칼. ◆ 图短刀，短剑。 ¶단검으로 장검에 맞서다. =用短剑与长剑抗衡。

단것【명사】설탕류, 과자류 따위의 맛이 단 음식물. ◆ 图甜食。 ¶요즘은 단것이 먹고 싶다. =最近想吃甜食。

단결(團結)【명사】여러 사람이 마음과 힘을 한데 뭉침. ◆ 图团结，联合。 ¶인화단결. =和睦团结。 ● 단결되다(團結--), 단결하다(團結--) ●

단결력(團結力)【명사】많은 사람이 한데 뭉치는 힘. ◆ 图凝聚力。 ¶이 학교는 단결력이 강하다. =这所学校的凝聚力很强。

단결심(團結心)【명사】많은 사람이 한데 뭉치는 마음. ◆ 图团队意识。 ¶그들은 단결심을 기르기 위하여 야영에 참가했다. =为了培养团队意识，他们参加了野营。

단계(段階)【명사】일의 차례를 따라 나아가는 과정. ◆ 图阶段。 ¶완성 단계. =完成阶段。

단골【명사】图 ❶ 늘 정하여 놓고 거래를 하는 곳. ◆ 常去的，常光顾的。 ¶이 가게가 나의 단골 가게야. =这家店是我常来的老店。 ❷ '단골손님'의 준말. ◆ 老主顾，常客。 ¶이 분은 우리 가게의 단골이시다. =这位是我们店的老主顾。

단골집【명사】늘 정하여 놓고 거래를 하는 곳. ◆ 图常去的店。 ¶그는 늘 술을 먹을 때면 단골집을 찾았다. =他每次都去常去的店喝酒。

단과 대학(單科大學)【명사】한 가지 계통의 학부로만 구성된 대학. ◆ 图专科大学，学院。 ¶나는 단과대학보다는 종합대학을 가고 싶다. =比起专科大学来，他更想去综合性大学。

단교(斷交)【명사】图 ❶ 교제를 끊음. ◆ 断交，绝交。 ¶이제 너와는 단교야. =从今天起我和你绝交。 ❷ 나라와 나라 사이의 외교 관계를 끊음. ◆ 断交。

단군(檀君)【명사】고조선을 세운 왕이자 한민족의 시조. 신화에 따르면 하늘에서 내려온 환웅과 곰이 사람으로 변한 웅녀 사이에서 태어났다고 한다. ◆ 图檀君。

단기(短期)【명사】짧은 기간. ◆ 图短期，短时间。 ¶단기 과정. =短期课程。

단기간(短期間)【명사】짧은 기간. ◆ 图短期，短时间。 ¶그 친구는 단기간에 성적을 올렸다. =他在短期内提高了成绩。

단김에【부사】副 ❶ 열기가 아직 식지 아니하였을 적에. ◆ 一口气，趁热。 ¶단김에 결판을 내다. =一口气决出胜负。 ❷ 좋은 기회가 지나기 전에. ◆ 趁机，借机。 ¶단김에 처리하다. =趁机处理。

단꿈【명사】달콤한 꿈. ◆ 图美梦，好梦。 ¶어젯밤에 단꿈을 꾸었다. =昨晚做了个好梦。

단내¹【명사】달콤한 냄새. ◆ 图甜味。 ¶사탕을 입안에 넣자 곧 단내가 돌았다. =糖果一放进嘴里，便感觉到一股甜味。

단내²【명사】图 ❶ 높은 열에 눋거나 달아서 나는 냄새. ◆ 糊味，焦味。 ¶냄비에서 단내가 난다. =锅里冒出了糊味。 ❷ 몸의 열이 몹시 높을 때 입이나 코 안에서 나는 냄새. ◆ (高烧时呼出的)热气，火气。 ¶코에서 단내가 난다. =鼻子里呼出热气。

단념(斷念)【명사】품었던 생각을 아주 끊어 버림. ◆ 图打消念头，放弃想法。 ¶그는 모든 일들을 쉽게 단념해 버린다. =他干什么事情都很容易放弃。 ● 단념하다(斷念--) ●

-단다¹【어미】화자가 이미 알고 있는 것을 객관화

하여 청자에게 일러주는 데 쓰는 종결 어미. 친근하게 가르쳐 주거나 자랑하는 뜻이 비칠 때가 있다. ◆ 词尾用于形容词词干或时制词尾之后的终结词尾，表示告知对方自己已知的某一事实，有时带有亲切或炫耀的口气。¶나도 너만큼 어렵단다. =我跟你一样困难。

-단다²【어미】'-다고 한다'가 줄어든 말. ◆ 词尾 "-다고 한다"的略语。¶영희도 우리와 함께 출발하겠단다. =英姬也说要和我们一起出发。

단단하다【형용사】形 ❶ 어떤 힘을 받아도 쉽게 그 모양이 변하거나 부서지지 아니하는 상태에 있다. ◆ 硬，坚硬。¶벽이 단단하다. =墙壁很硬。❷ 연하거나 무르지 않고 야무지고 튼튼하다. ◆ 强壮，结实。¶몸이 단단하다. =身强体壮。❸ 속이 차서 야무지고 실속이 있다. ◆ 殷实，饱满。¶집안이 단단하다. =家境殷实。❹ 헐겁거나 느슨하지 아니하고 튼튼하다. ◆ 紧，结实，牢。¶묶은 줄이 단단하다. =绳子绑得很结实。❺ 뜻이나 생각이 흔들림 없이 강하다. ◆ (意志、想法)坚定，坚定不移。¶각오가 단단하다. =觉悟坚定。❻ 정도가 보통보다 심하다. ◆ 厉害，严重。¶이번에는 몸살감기가 아주 단단하다. =这次感冒非常严重。❼ 틀림이 없고 미덥다. ◆ 确定，坚定，一定。¶그녀는 오늘까지는 일을 끝내겠다고 단단하게 약속하다. =她承诺一定在今天之前把事情做完。❽ 학문이나 사업 따위의 기반이 튼튼하다. ◆ (基础)坚实，扎实，雄厚。¶사업 자금이 단단하다. =经营资金雄厚。❾ 사람이 야무지고 의지가 강하다. ◆ 坚强，能干。¶이 아이는 보기보다는 단단하다. =这个孩子比看起来更能干。● 단단히 ●

단답형(單答型)【명사】필기시험 문제 형식의 하나. 간단한 단어·구·절(節)·문장 등으로 답을 적도록 하는 형식이다. ◆ 图简答型。¶이번 시험에는 단답형과 완성형으로 출제했습니다. =本次考试出了简答题和完形填空题两种题型。

단도(短刀)【명사】날이 한쪽에만 서 있는 짧은 칼. ◆ 图短刀。¶이 단도가 살인에 사용된 것이다. =这把短刀就是凶器。

단도직입적(單刀直入的)【부사】여러 말을 늘어놓지 아니하고 바로 요점이나 본문제에 들어가 것. ◆ 图开门见山地，直截了当地。¶그는 잠시 숨을 고르고 단도직입적으로 가부를 물었다. =他稍微喘了口气，便开门见山地问行不行。

단독(單獨)【명사】图 ❶ 단 한 사람. ◆ 单独，独自。¶단독 회담. =单独会谈。❷ 단 하나. ◆ 单独，独立。¶단독 주택. =独立住宅，独门独院。

단독범(單獨犯)【명사】범죄 구성 요건에 해당하는 행위를 혼자서 실행한 사람. 또는 그 행위. ◆ 图单独罪犯。

단돈【명사】돈의 액수 앞에 붙어 아주 적은 돈임을 강조하여 이르는 말. ◆ 图小钱，区区小钱，零钱。¶단돈 100원으로 집을 살 수 있다는 것은 과장광고이다. =用区区100韩元就能买到房子，这是虚假广告。

단두대(斷頭臺)【명사】사형수의 목을 자르는 대. ◆ 图断头台。¶단두대 앞에서 두려워하지 않을 사람은 없다. =没有人在断头台前不害怕。

단둘【명사】단 두 사람. ◆ 图就两个人，只有两人。¶단둘이서만 남아서 청소를 했다. =就留下两个人打扫了卫生。

단락(段落)【명사】图 ❶ 일이 어느 정도 다 된 끝. ◆ (事情告一)段落。¶이번 일은 여기까지 단락을 짓자. =这件事情到此告一段落。❷ 긴 글을 내용에 따라 나눌 때, 하나하나의 짧은 이야기 토막. ◆ (文章)段落，段。¶이 글은 몇 개의 단락으로 나눌 수 있다. =这篇文章可以分成几段。

단란주점(團欒酒店)【명사】여러 사람이 술을 마시며 노래도 부를 수 있는 술집이나 그런 곳. ◆ 图音乐酒吧，音乐茶座。¶우리 집 앞에도 단란주점이 여러 개 있다. =我们家前面也有几家音乐酒吧。

단란하다(團欒--)【형용사】한 가족의 생활이 원만하고 즐겁다. ◆ 形美满，圆满，团圆，和睦。¶우리 집은 그 어떤 가정보다도 단란하다. =我们家比谁家都美满。

단련(鍛鍊)【명사】图 ❶ 쇠붙이를 불에 달군 후 두드려서 단단하게 함. ◆ 炼，打(铁)。¶대장간에서는 쇠붙이의 단련을 위해 하루 종일 뚱땅거린다. =铁匠铺里整天响着叮叮当当的打铁声。❷ 몸과 마음을 굳세게 함. ◆ 锻炼，磨炼，训练(身心)。¶체력 단련. =体能训练。❸ 어떤 일을 반복하여 익숙하게 됨. 또는 그렇게 함. ◆ 锻炼，练习(技艺等)。● 단련되다(鍛鍊--), 단련하다(鍛鍊--) ●

단막극(短幕劇)【명사】하나의 막으로써 극적인 사건을 진행하는 연극. ◆ 图独幕剧。¶어제 본 단막극은 재미가 없었다. =昨天看的独幕剧很没劲。

단말기(端末機)【명사】컴퓨터의 중앙 처리 장치와 연결되어 자료를 입력하거나 출력하는 기기. ◆ 图终端机。¶담당 형사는 범인을 잡기 위해 휴대전화 단말기로 위치를 추적했다. =刑警为了抓住犯人，通过移动电话终端机对方位进行了追踪。

단맛【명사】图 ❶ 설탕, 꿀 따위의 당분이 있는 것에서 느끼는 맛. ◆ 甜味。¶이 과일은 단맛이 난다. =这种水果有甜味。❷ 감칠맛 있게 입에 맞는 좋은 맛. ◆ 好味道。

단면(斷面)【명사】图 ❶ 물체의 잘라 낸 면. ◆ 截面，切面，剖面。¶나무의 잘라진 단면을 보면 그 나무의 나이를 알 수 있다. =从树木的切面可以看出树龄。❷ 사물이나 사건의 여러 현상 가운데 한 부분적인 측면. ◆ (事物、事件的)侧面。¶삶의 단면. =生活的侧面。

단면도(斷面圖)【명사】물체를 평면으로 잘랐다고 가정하여 그 내부 구조를 나타낸 그림. ◆ 图截面图，剖面图。¶집의 단면도를 보자 사람들은 모두 놀랐다. =看到房子的剖面图，所有人都吃了一惊。

단면적(斷面的)【명사】여러 현상 가운데 부분적인 측면만을 나타내는 것. ◆ 图侧面的，片面的。

단무지【명사】무를 시들시들하게 말려 소금에 절여서, 쌀의 속겨로 격지를 지어 담가 만드는 일본식 짠지. ◆ 图日式萝卜条。¶김밥에 단무지가 없으면 맛이 나지 않는다. =紫菜包饭里如果没有日式萝卜条，

就不好吃。

단물【명사】图 ❶ 강이나 호수 따위와 같이 염분이 없는 물. ◆ 淡水。 ❷ 단맛이 나는 물. ◆ 甜水，甜汁。 ¶너무 삶으면 나물의 단물이 다 빠진다. =煮太长时间的话，蔬菜里的甜汁就会跑光。 ❸ 알짜나 실속이 있는 부분을 비유적으로 이르는 말. ◆〈喻〉精髓，精华，好东西。 ¶그 남자는 쓴물 단물 다 빨아 먹고 도망가 버렸다. =那个男的把所有的好东西席卷一空后逃走了。 ❹ 칼슘 및 마그네슘과 같은 미네랄 이온이 들어 있지 않은 물. ◆ 软水。

단박【명사】그 자리에서 바로를 이르는 말. ◆ 图立刻，立即，马上，当场。 ¶그는 문제를 듣자마자 단박에 답을 말했다. =他一听到问题，就当场说出了答案。

단발(單發)【명사】图 ❶ 총알이나 대포의 한 발. ◆ (枪炮等)单发，一发。 ¶단발로는 그 많은 적군을 물릴 칠 수 없다. =单发一炮打不退那么多敌军。 ❷ 엔진이 하나인 것. ◆ 单发动机。 ¶단발 프로펠러. =单推进器。

단발(斷髮)【명사】머리털을 짧게 깎거나 자름. ◆ 图剃发，落发，削发。 ¶야구선수들은 단발로 우승의 결의를 다졌다. =棒球选手们剃发表达必胜的决心。 ● 단발하다(斷髮--) ●

단발령(斷髮令)【명사】조선 고종 32년(1895) 11월에 을미개혁(乙未改革)의 일환으로 상투 풍속을 없애고 머리를 짧게 깎도록 한 명령. ◆ 图断发令，剪发令。

단발머리(斷髮--)【명사】귀밑이나 목덜미 언저리에서 머리털을 가지런히 자른 머리 모양. ◆ 图短发。 ¶그녀의 찰랑거리는 단발머리는 나를 유혹했다. =她那飞扬的短发吸引了我。

단백질(蛋白質)【명사】아미노산이 펩타이드 결합을 하여 생긴 여러 개의 아미노산으로 이루어진 고분자 화합물. ◆ 图蛋白质。 ¶머리카락은 단백질을 포함하고 있다. =头发含有蛋白质。

단번에(單番-)【부사】단 한 번에. ◆ 副一次，一下子。 ¶이번 일은 미루지 말고 단번에 처리해라. =这件事不要拖延，要一次性处理完。

단벌(單-)【명사】오직 한 벌의 옷. ◆ 图一套。 ¶그는 늘 같은 옷을 입는 것을 보니 단벌 신사인 것 같다. =他经常穿着同一套衣服，看来似乎是只有这一套像样的衣服。

단복(團服)【명사】단체의 제복. 그 단체의 특성을 나타내기 위하여 동일한 모양과 색깔로 만든다. ◆ 图团服，队服。 ¶단복을 입은 선수단이 입장한다. =身着队服的运动员代表队入场了。

단비【명사】꼭 필요한 때 알맞게 내리는 비. ◆ 图及时雨，甘霖。 ¶드디어 기다리던 단비가 내렸다. =终于下起了人们盼望已久的甘霖。

단상(壇上)【명사】교단이나 강단 따위의 위. ◆ 图台上，讲台上。 ¶교장 선생님은 훈화를 위해 단상에 오르신다. =校长走到台上训话。

단상(斷想)【명사】생각나는 대로의 단편적인 생각. ◆ 图随想，点滴感想，片断。 ¶가끔 시골길을 가면 지난 추억의 단상들이 생각난다. =偶尔踏上乡间小路，过去的记忆片断便会浮现在脑海里。

단색(單色)【명사】한 가지 빛깔. ◆ 图单色。 ¶이 책의 표지는 단색이 더 좋을 것 같다. =这本书的封面似乎用单色更好一些。

단서(端緖)【명사】图 ❶ 어떤 문제를 해결하는 방향으로 이끌어 가는 일의 첫 부분. ◆ 头绪，线索，端倪。 ¶이번 사건의 결정적 단서는 자동차였다. =本次事件的决定性线索是汽车。 ❷ 어떤 일의 시초. ◆ 眉目，头绪。 ¶이번 연구는 생명을 연장시키는 단서를 마련한 쾌거였다. =本项研究是一次为延长寿命提供了线索的壮举。

단세포(單細胞)【명사】하나의 개체가 한 개의 세포로 이루어진 생물. ◆ 图单细胞。 ¶이 생물체는 단세포 식물이다. =这种生物是单细胞植物。

단소(短簫)【명사】한국의 전통 관악기의 하나. ◆ 图短箫。 ¶내 취미는 단소를 부는 것이다. =我的爱好是吹短箫。

단속(團束)【명사】图 ❶ 주의를 기울여 다잡거나 보살핌. ◆ 管束，约束，管教，看管。 ¶이 곳은 아이들에게 위험하므로 특별히 단속하라고 지시했다. =这里对孩子来说很危险，所以指示标明要特别注意看管。 ❷ 규칙이나 법령, 명령 따위를 지키도록 통제함. ◆ 管制，盘查，稽查。 ¶과적차량단속. =超载车辆管制。 ● 단속하다(團束--), 단속되다(團束--) ●

단속반(團束班)【명사】규칙, 법령, 명령 따위를 지키도록 통제하기 위하여 조직한 반. ◆ 图稽查组，检查组。 ¶범인이 도주한 후 범인을 쫓던 단속반이 나타났다. =犯人逃走后，一直在追踪犯人的稽查组出现了。

단수[1](單數)【명사】문법에서 단일한 사람 또는 사물을 나타내는 명사, 또는 그 명사를 받는 동사, 형용사, 관형사 따위의 형식을 이르는 말. ◆ 图单数。 ¶명사는 대부분 단수와 복수를 나타내는 표시가 있다. =大部分名词都有表示单数和复数的标志。

단수[2](段數)【명사】图 ❶ 바둑이나 태권도 등 단(段)으로 등급을 매기는 기능, 운동 따위의 단의 수. ◆ 段数，段位。 ¶그 사람 태권도 단수가 상당히 높아 보인다. =他的跆拳道段数看起来相当高。 ❷ 수단이나 술수를 쓰는 재간의 정도. ◆ (手段、计谋的)水平，本事。 ¶그는 우리보다 단수가 높다. =他比我们水平高。

단수[3](斷水)【명사】수도의 급수가 끊어짐. ◆ 图断水，停水。 ¶오늘 갑자기 단수되었다. =今天突然停水了。 ● 단수되다(斷水--), 단수하다(斷水--) ●

단순하다(單純--)【형용사】形 ❶ 복잡하지 않고 간단하다. ◆ 简单。 ¶이 기계는 구조가 단순하다. =这台机器的结构很简单。 ❷ 외곬으로 순진하고 어수룩하다. ◆ 单纯，天真，纯真。 ¶그녀는 어린아이처럼 단순하다. =她像小孩一样单纯。 ● 단순히(單純-) ●

단순화(單純化)【명사】단순하게 됨. 또는 그렇게 되게 함. ◆ 图简单化，单一化。 ¶생산공정의 단순화. =生产工艺的简化。 ● 단순화되다(單純化--), 단

순화하다(單純化--) ●

단술【명사】엿기름을 우린 물에 밥알을 넣어 식혜처럼 삭혀서 끓인 음식. ◆图甜酒，〈又称〉酒酿。

단숨에(單--)【부사】쉬지 아니하고 곧장. ◆副一口气，一下子。¶그는 목이 말랐는지 단숨에 물을 마셔 버렸다. =他可能是口渴了，一口气把水喝光了。

단시간(短時間)【명사】짧은 시간. ◆图短时间，短期。¶부장님은 단시간에 일을 끝내라고 지시하셨다. =部长指示要在短时间内完成工作。

단시일(短時日)【명사】짧은 시일. ◆图短时间，短期。¶이번 일을 단시일에 끝내야만 한다. =这件事情必须在短期内解决。

단식[1](單式)【명사】테니스, 탁구, 배드민턴 따위에서, 일대일로 행하는 경기◆图单打。¶탁구 여자 단식 결승 진출. =闯入女子乒乓球单打决赛。

단식[2](斷食)【명사】일정 기간 동안 의식적으로 음식을 먹지 아니함. ◆图禁食，绝食，(宗教)戒斋。¶그는 일주일째 단식 중이다. =他已经绝食一周了。● 단식하다(斷食--) ●

단신[1](單身)【명사】혼자의 몸. ◆图只身，孤身，独自。

단신[2](短信)【명사】짤막하게 전하는 뉴스. ◆图简报，简讯。¶연예계 단신. =演艺界简讯。

단아하다(端雅--)【형용사】단정하고 아담하다. ◆形端庄文雅。¶그녀의 모습은 언제나 단아하다. =她的样子总是很端庄文雅。

단어(單語)【명사】가장 작은 말의 단위. 분리하여 자립적으로 쓸 수 있는 말이나 이에 준하는 말. 또는 그 말의 뒤에 붙여서 문법적 기능을 나타내는 말. ◆图单词，词，词语。

단언(斷言)【명사】주저하지 아니하고 딱 잘라 말함. ◆图断言，断定，打包票。¶그는 그 말을 듣자마자 단언을 내렸다. =听到那话，他立刻不再打包票。● 단언하다(斷言--) ●

단역(端役)【명사】연극이나 영화 따위에서, 비중이 크지 아니한 역. 또는 그 역을 맡은 사람. ◆图配角，小角色。¶그는 이번 영화에서 단역을 맡았다. =他在这部影片里演配角。

단연(斷然)【부사】확실히 단정할 만하게. ◆副绝对，明显。● 단연히(斷然-), 단연코(斷然-) ●

단열재(斷熱材)【명사】보온을 하거나 열을 차단할 목적으로 쓰는 재료. 열이 전도되기 어려운 석면, 유리 섬유, 코르크, 발포 플라스틱 따위를 쓴다. ◆图隔热材料，绝热材料。¶단열재가 많이 들어간 집은 겨울에도 춥지가 않다. =使用很多绝热材料的屋子冬天也不会冷。

단원[1](團員)【명사】어떤 단체에 속한 사람. ◆图团员。¶연극 단원. =话剧团团员。

단원[2](單元)【명사】어떤 주제나 내용을 중심으로 묶은 학습 단위. 내용에 따라 교재 단원·경험 단원·문제 단원·작업 단원 따위로 나눈다. ◆图单元。¶이번 시간은 3단원의 마무리 시간이다. =这一课是第三单元的最后一课。

단위(單位)【명사】图 ❶ 길이·무게·수효·시간 따위의 수량을 수치로 나타낼 때 기초가 되는 일정한 기준. 근·되·자·그램·리터·미터·초 따위가 있다. ◆(计量的)单位。¶부피 단위. =体积单位。❷ 하나의 조직 따위를 구성하는 기본적인 한 덩어리. ◆单位。¶이번 행사의 조는 열 명 단위로 구성했다. =本次活动的小组以十人为单位组成。

단음(短音)【명사】짧은 소리. ◆图短音。

단일(單一)【명사】❶ 단 하나로 되어 있음. 图◆单一，唯一。¶단일 제품. =单一产品。❷ 다른 것이 섞여 있지 않음. ◆单一。¶단일 품종으로 이루어진 삼림. =由单一树种构成的山林。● 단일하다(單一--) ●

단일 민족(單一民族)【명사】한 나라의 주민이 단일한 인종으로 구성되어 있는 민족. ◆图单一民族。

단일어(單一語)【명사】하나의 실질 형태소로 된 말. '하늘', '땅', '밥' 따위이다. ◆图单纯词。

단일화(單一化)【명사】하나로 됨. 또는 그렇게 만듦. ◆图单一化。¶후보 단일화. =候选人单一化。● 단일화하다(單一化--) ●

단자(端子)【명사】전기 기계나 기구 따위에서, 전력을 끌어들이거나 보내는 데 쓰는 회로의 끝 부분. ◆图终端，接头。¶입력 단자. =输入终端。

단잠【명사】아주 달게 곤히 자는 잠. ◆图酣睡，熟睡。¶단잠을 깨우다. =从酣睡中醒来。

단장[1](丹粧)【명사】图 ❶ 얼굴·머리·옷차림 따위를 곱게 꾸밈. ◆化妆打扮，修饰。¶곱게 단장을 한 신부. =打扮得很漂亮的新娘。❷ 건물, 거리 따위를 손질하여 꾸밈. ◆装饰，装修(建筑、街道等)。¶며느리를 맞아들이느라 집 안을 새로 단장했다. =为了迎娶儿媳妇，新装修了房子。● 단장되다(丹粧--), 단장하다(丹粧--) ●

단장[2](短杖)【명사】짧은 지팡이. ◆图短杖。¶중절모를 쓰고 단장을 짚은 노인. =头戴布礼帽、手拄短杖的老人。

단장[3](團長)【명사】'단(團)' 자가 붙은 단체의 우두머리. ◆图团长。¶대표단 단장. =代表团团长。

단적(端的)【명사】간단하고 분명한 것. ◆图清楚的，简明的。¶이 별명은 그의 성격을 단적으로 잘 표현한 것이다. =这个绰号清楚地反映了他的性格。

단전(斷電)【명사】전기의 공급이 중단됨. 또는 그렇게 함. ◆图断电，停电。¶단전 조치. =断电措施。● 단전되다(斷電--), 단전하다(斷電--) ●

단전(丹田)【명사】삼단전의 하나. 도가(道家)에서 배꼽 아래를 이르는 말이다. ◆图丹田。¶단전호흡을 하다. =进行丹田呼吸。

단전 호흡(丹田呼吸)【명사】단전으로 숨을 쉬는 정신 수련법의 하나. ◆图腹式呼吸。¶단전호흡으로 건강을 유지하다. =通过腹式呼吸法来保持健康。

단절(斷絶)【명사】图 ❶ 유대나 연관 관계를 끊음. ◆断绝，中断(关系等)。¶국교 단절. =断绝外交关系。❷ 흐름이 연속되지 아니함. ◆中断，停止。¶공업용수 단절. =工业用水中断。● 단절되다(斷絶--), 단절하다(斷絶--) ●

단점(短點)【명사】잘못되고 모자라는 점. ◆ 名短处，缺点，不足。¶단점을 보완하다. =改进不足。

단정(斷定)【명사】딱 잘라서 판단하고 결정함. ◆ 名断定，判断。¶단정을 내리다. =断定。● 단정하다(斷定--) ●

단정하다(端正--)【형용사】옷차림새나 몸가짐 따위가 얌전하고 바르다. ◆ 形 (衣着、仪态)端正，端庄，整齐。¶태도가 단정하다. =仪态端庄。● 단정히(端正-) ●

단조(短調)【명사】단음계로 된 곡조. ◆ 名小调，小音阶。

단조롭다(單調--)【형용사】단순하고 변화가 없어 새로운 느낌이 없다. ◆ 形单调，呆板。¶매일 반복되는 단조로운 일상. =日复一日的单调生活。● 단조로이(單調--) ●

단죄(斷罪)【명사】죄를 처단함 ◆ 名定罪，判刑。¶단죄의 대상. =判刑对象。● 단죄되다(斷罪--), 단죄하다(斷罪--) ●

단지(團地)【명사】주택, 공장, 작물 재배지 따위가 집단을 이루고 있는 일정 구역. ◆ 名区，小区，园区。¶아파트 단지. =公寓区。

단지[1]【명사】목이 짧고 배가 부른 작은 항아리. ◆ 名坛子，罐子。¶꿀단지. =蜂蜜罐。

단지[2](但只)【부사】다른 것이 아니라 오로지. ◆ 副仅仅，不过是。¶그것은 단지 소문에 불과하다. =那仅仅是传闻。

단짝(單-)【명사】서로 뜻이 맞거나 매우 친하여 늘 함께 어울리는 사이. 또는 그런 친구. ◆ 名挚友，密友，死党。¶우리는 어릴 때부터 단짝이었다. =我们从小时候起就是死党。

단체(團體)【명사】名❶ 같은 목적을 달성하기 위하여 모인 사람들의 일정한 조직체. ◆ 团体，团队，集体，集团。¶이익 단체. =利益集团。❷ 여러 사람이 모여서 이루어진 집단. ◆ 名集体。¶단체 사진. =集体照。

단체전(團體戰)【명사】단체 사이에 행해지는 경기. ◆ 名团体赛。¶우리 팀은 개인전(個人戰)보다 단체전에 기대를 걸고 있다. =比起个人赛来，我们队在团体赛中获胜更有希望。

단초(端初)【명사】일이나 사건을 풀어 나갈 수 있는 첫머리. ◆ 名线索，头绪。¶범죄수사(犯罪搜查)의 단초. =犯罪调查的线索。

단추【명사】名❶ 옷 따위의 두 폭이나 두 짝을 한데 붙였다 떼었다 하는, 옷고름이나 끈 대신으로 쓰는 물건. ◆ 扣子，纽扣。¶단추를 끼우다. =扣上扣子。❷ '누름단추(눌러서 신호나 전종(電鐘) 따위를 울리거나 기계를 작동하게 하는 둥근 모양의 장치)'의 준말. ◆ 按钮，按键("누름단추"的略语)。

단축(短縮)【명사】시간이나 거리 따위가 짧게 줄어듦. 또는 그렇게 줄임. ◆ 名 (时间、距离等)缩短，减少，压缩。¶단축 수업. =缩短授课(时间)。● 단축되다(短縮--), 단축하다(短縮--) ●

단출하다【형용사】❶ 식구나 구성원이 많지 않아서 홀가분하다. ◆ 形 (成员)少，稀少。¶식구나 단출하다. =家庭成员少。❷ 일이나 차림차림이 간편하다. ◆ (事情、衣着等)简单，简便。¶식단이 단출하다. =菜单简单。● 단출히 ●

단춧구멍【명사】名❶ 단추를 끼우기 위해 옷 따위에 뚫은 구멍. ◆ 扣眼，纽扣洞。¶단춧구멍이 작아서 단추가 안 들어간다. =扣眼太小，扣不上扣子。❷ 옷 따위에 실을 꿰어 달기 위하여 단추에 뚫은 구멍. ◆ 扣子上的小孔。

단층(單層)【명사】하나로만 이루어진 층. 또는 그런 층으로 된 것. ◆ 名单层。

단층집(單層-)【명사】한 층으로만 된 집. ◆ 名单层房。¶한국의 전통가옥은 대부분 단층집이다. =韩国的传统房屋大部分为单层房。

단칸방(單-房)【명사】한 칸으로 된 방. ◆ 名单间房。¶옆집 부부는 단칸방에서 살다 큰집을 사서 이사했다. =邻家夫妇住了一阵单间房之后，买了大房子搬走了。

단칼(單-)【명사】名❶ 단 한번 쓰는 칼. ◆ 一刀。¶단칼로 베다. =一刀劏开。❷ 단 한 번을 비유적으로 이르는 말. ◆〈喻〉一举，一次，一下。¶적을 단칼에 무찌르다. =一举破敌。

단팥죽(--粥)【명사】삶은 팥을 으깨고 거기에 설탕을 넣어 달게 만든 음식. 찹쌀로 만든 새알심 따위를 넣기도 한다. ◆ 名红豆粥。¶단팥죽을 쑤어 먹다. =熬红豆粥喝。

단편(短篇)【명사】名❶ 단편 소설. ◆ 短篇，短篇小说。¶단편을 발표하다. =发表短篇小说。❷ 짤막하게 지은 글. ◆ 短文。

단편 소설(短篇小說)【명사】길이가 짧은 형태의 소설. ◆ 名短篇，短篇小说。¶작가 김유정은 주로 단편소설을 썼다. =作家金裕贞主要从事短篇小说创作。

단풍(丹楓)【명사】名❶ 기후 변화로 식물의 잎이 붉은빛이나 누런빛으로 변하는 현상. 또는 그렇게 변한 잎. ◆ 红叶。¶단풍이 지다. =树叶红了。❷ 단풍나뭇과의 낙엽 활엽 교목. ◆ 枫树。

단풍나무(丹楓--)【명사】단풍나뭇과의 낙엽 활엽 교목. ◆ 名枫树。

단풍놀이(丹楓--)【명사】단풍이 든 산이나 계곡의 아름다운 경치를 바라보며 즐김. 또는 그런 일. ◆ 名赏红叶。

단합(團合)【명사】많은 사람이 마음과 힘을 한데 뭉침. ◆ 名团结。¶우리 팀은 단합이 잘된다. =我们队队员很团结。● 단합되다(團合--), 단합하다(團合--) ●

단행(斷行)【명사】결단하여 실행함. ◆ 名断然进行，果断实行。¶개각 단행. =果断实行内阁改组。● 단행되다(斷行--), 단행하다(斷行--) ●

단행본(單行本)【명사】지속적으로 발행되는 잡지 따위와 달리 한 번의 발행으로 출판이 완료된 책. ◆ 名单行本。¶신문에 연재되었던 소설이 단행본으로 출간되었다. =在报纸上连载的小说出版了单行本。

단호하다(斷乎--)【형용사】결심이나 태도, 입장

따위가 과단성 있고 엄격하다. ◆ 形果断，坚决。¶태도가 단호하다. =态度坚决。● 단호히(斷乎-) ●

닫다[1]【동사】빨리 뛰어가다. ◆ 动飞跑，飞奔，飞驰。¶말이 땅을 차면서 닫기 시작했다. =马使劲一蹬地面开始飞奔起来。

닫다[2]【동사】动 ❶ 열린 문짝·뚜껑·서랍 따위를 도로 제자리로 가게 하여 막다. ◆ 关，盖，合。¶뚜껑을 닫다. =盖上盖子。❷ 하루의 영업을 마치다. ◆ 关(门)。¶은행이 문을 닫다. =银行关门了。❸ 회의나 모임 따위를 끝내다. ◆ 结束(会议、聚会等)。¶오늘 모임은 이만 닫고, 내일 다시 열기로 하겠습니다. =今天的聚会到此结束，明天继续举行。❹ 굳게 다물다. ◆ 闭，缄(口)。¶그는 이 문제에 대해서는 입을 닫고 아무런 말을 하지 않았다. =他对这个问题缄口不语。● 닫히다 ●

닫아걸다【동사】문이나 창 따위를 닫고 잠그다. ◆ 动关，锁(门窗等)。¶문을 닫아걸다. =把门锁上。

닫치다【동사】열린 문짝·뚜껑·서랍 따위를 꼭꼭 또는 세게 닫다. ◆ 动 (用力)关上，盖上，合上。¶그는 화가 나서 문을 탁 닫치고 나갔다. =他生气了，"哐"地一声关上门出去了。

달【명사】名 ❶ 지구의 위성(衛星). 햇빛을 반사하여 밤에 밝은 빛을 낸다. ◆ 月亮，月球。¶달이 뜨다. =月亮升起来。❷ 한 해를 열둘로 나눈 것 가운데 하나의 기간. ◆ 月，月份。¶그 문제에 대해서는 다음 달 말까지 확답을 하겠다. =那个问题将在下个月底前给出明确答复。

달가워하다【동사】마음이 흡족하다. ◆ 动甘心，情愿，乐意(主要用于否定)。¶그는 나와 함께 일하는 것을 별로 달가워하지 않았다. =他并不乐意和我一起工作。

달갑다【형용사】거리낌이나 불만이 없어 마음이 흡족하다. ◆ 形甘心，情愿，乐意，满意(主要用于否定)。¶나는 그의 장난스런 행동이 그다지 달갑지 않다. =我对于他那玩笑般的举动并不满意。

달걀【명사】닭이 낳은 알. 알껍데기, 노른자, 흰자 따위로 이루어져 있다. ◆ 名鸡蛋。¶달걀 꾸러미. =鸡蛋串。

달관(達觀)【명사】사소한 사물이나 일에 얽매이지 않고 세속(世俗)을 벗어난 활달한 식견(識見)이나 인생관(人生觀)에 이름. 또는 그 식견이나 인생관. ◆ 名豁达，看破，看透。¶달관의 경지에 이르다. =达到看破的境界。● 달관하다(達觀--) ●

달구다【동사】动 ❶ 타지 않는 고체인 쇠나 돌 따위를 불에 대어 뜨겁게 하다. ◆ 烧热，弄热。¶무쇠를 달구다. =把铁烧热。❷ 방 따위에 불을 때어 몹시 덥게 하다. ◆ 烧，烤(房间等)。¶뜨끈뜨끈하게 방을 달구다. =把屋子烧得热乎乎的。❸ 분위기·사상·감정 따위를 고조시키다. ◆ (使气氛、思想、感情等)升温。¶가슴을 뜨겁게 달구다. =让我心里热烘烘的。

달구지【명사】소나 말이 끄는 짐수레. ◆ 名 (牛或马拉的)车，牛车，马车。¶달구지 한 대. =一架大车。

달그락【부사】단단하고 작은 물건이 부딪치거나 흔들리면서 서로 스쳐 내는 소리. ◆ 副 (小硬物碰撞、晃动时)稀里哗啦，劈里啪啦。¶부엌에서 나는 달그락 소리에 잠이 깼다. =被厨房劈里啪啦的声音吵醒了。● 달그락달그락, 달그락거리다, 달그락달그락하다, 달그락하다, 달그락대다 ●

달나라【명사】달을 지구와 같은 하나의 세계로 여기어 이르는 말. ◆ 名月宫。¶어렸을 적에는 달나라에 토끼가 사는 줄 알았다. =小时候以为月宫里住着小兔子。

달님【명사】'달'을 의인화하여 높여 이르는 말. ◆ 名月亮婆婆，月神(拟人化敬称)。¶달님! 제 소원을 들어주세요. =月神啊！请倾听我的愿望。

달다[1]【동사】动 ❶ 타지 않은 단단한 물체가 열로 몹시 뜨거워지다. ◆ 烧，热，烫。¶쇠가 벌겋게 달다. =铁烧得红红的。❷ 열이 나거나 부끄러워서 몸이나 몸의 일부가 뜨거워지다. ◆ (因发烧或害羞)发热，发烧，发烫。¶술 한 잔에도 얼굴이 벌겋게 달다. =只要一杯酒，脸就烧得红红的。❸ 안타깝거나 조마조마하여 마음이 몹시 조급해지다. ◆〈喻〉心急如焚，焦急。¶마음이 달다. =心急如焚。

달다[2]【동사】말하는 이가 듣는 이에게 어떤 것을 주도록 요구하는 말. ◆ 动要，索要。¶아이가 아침부터 돈을 달라고 졸랐다. =孩子一大早就开始缠着要钱。

달다[3]【형용사】形 ❶ 꿀이나 설탕의 맛과 같다. ◆ 甜，甘甜。¶수박이 달다. =西瓜很甜。❷ 입맛이 당기도록 맛이 있다. ◆ 香，香甜。¶밥이 달다. =饭很香。❸ 흡족하여 기분이 좋다. ◆ (睡得)香，甜，香甜。¶잠이 달다. =睡得很香。❹ 마땅하여 기껍다. ◆ (主要以"달게"的形式)甘心，愿意，乐意。¶상대의 비난을 달게 여기다. =甘愿接受对方的指责。

달다[4]【동사】动 ❶ 물건을 걸거나 매어놓다. ◆ 挂，悬，吊。¶국경일에 국기를 달다. =国庆节时悬挂国旗。❷ 어떤 기기를 설치하다. ◆ 安装，装，安(机器等)。¶벽에 선풍기를 달다. =把风扇装在墙上。❸ 글이나 말에 설명을 덧붙이다. ◆ 加上，附上(说明等)。¶본문에 각주를 달다. =给正文加脚注。❹ 이름이나 제목을 붙이다. ◆ 命名，拟定(名字、标题等)。¶작품에 제목을 달다. =给作品拟定一个题目。❺ 장부에 적다. ◆ (在账簿上)记，写。¶외상장부에 달아두세요. =请记在赊账簿上。❻ 물건을 잇대다. ◆ 挂，连上。¶기관차에 객차를 달다. =把客车车厢挂在车头上。❼ 가거나 오는데 사람을 함께 보내다. ◆ 领，领着，带，带着(人员)。¶아버지는 아들을 달고 부산으로 돌아왔다. =父亲带着儿子回釜山来了。

달다[5]【보조 동사】말하는 이가 듣는 이에게 앞말이 뜻하는 행동을 해 줄 것을 요구하는 말. ◆ 补动 请求(表示委婉的请求或命令)。¶책을 빌려 달라고 간청하다. =请求把书借给自己。

달다[6]【동사】저울로 무게를 헤아리다. ◆ 动称。

달달[1]【부사】副 ❶ 춥거나 무서워서 몸을 떠는 모양. ◆ 瑟瑟，哆嗦(发抖)。¶추워서 몸을 달달 떨다.

=冻得全身瑟瑟发抖。 ❷ 작은 바퀴가 단단한 바닥을 구르며 흔들리는 소리. 또는 그 모양. ◆ 吱吱嘎嘎(小车轮在硬地上的转动声)。 ¶세 발 자전거가 달달 굴러간다. =三轮自行车吱吱嘎嘎地向前走。 ❸ 완전하게 외우는 모양. ◆ (背得)流畅地，滚瓜烂熟地。 ¶어린아이가 천자문을 달달 외운다. =小孩背《千字文》背得滚瓜烂熟。

달달² 【부사】 副 ❶ 콩이나 깨 따위를 휘저으며 볶거나 맷돌에 가는 모양. ◆ (炒或磨豆子、芝麻时)哔哔剥剥。 ¶콩을 달달 볶다. =哔哔剥剥地炒豆子。 ❷ 남을 몹시 못살게 구는 모양. ◆ 烦人地，没完没了地(折磨别人)。 ¶식구들을 달달 들볶다. =没完没了地折腾家里人。

달달거리다 【동사】 动 ❶ 춥거나 무서워서 몸이 자꾸 떨리다. 또는 그렇게 하다. ◆ 哆哆嗦嗦地(发抖)。 ❷ 작은 바퀴 따위가 단단한 바닥을 구르며 흔들리는 소리가 자꾸 나다. 또는 그런 소리를 자꾸 내다. ◆ 吱吱嘎嘎响。 ● 달달대다, 달달하다 ●

달라붙다 【동사】 动 ❶ 끈기 있게 찰싹 붙다. ◆ 粘，贴。 ¶종이가 달라붙다. =纸粘住了。 ❷ 한곳에 머물러 자리를 뜨지 않다. ◆ 粘住，久坐，不离(某处)。 ¶하루 종일 책상 앞에 달라붙어 있다. =整天坐在书桌前。 ❸ 어떤 일에 매우 열중하다. ◆ 埋头，专心从事，投身于。 ¶그는 어떤 일이든 한번 달라붙으면 끝장을 보는 사람이다. =他是那种不管什么事，只要干了就一定会专心投入的人。 ❹ 물체 따위에 아주 가까이 다가가다. ◆ 贴近，靠近。 ❺ 입맛에 아주 딱 맞다. ◆ 合口味。 ❻ 사람이나 동물이 끈기 있게 붙어 따르다. ◆ 粘人。 ❼ 가까이 덤벼 대들다. ◆ 缠着，纠缠，缠人。 ¶내기를 하자고 달라붙다. =缠着要打赌。

달라지다 【동사】 변하여 전과는 다르게 되다. ◆ 动 变，变样，变化。 ¶시대가 달라지다. =时代变了。

달랑¹ 【부사】 딸린 것이 적거나 하나만 있는 모양. ◆ 副 孤零零，只有一个。

달랑² 【부사】 副 ❶ 작은 방울이나 매달린 물체 따위가 한 번 흔들리는 소리. 또는 그 모양. ◆ 叮当；来回，忽悠，晃悠。 ¶방울이 달랑 울렸다. =铃儿响叮当。 ❷ 침착하지 못하고 가볍게 행동하는 모양. ◆ 吊儿郎当地，鲁莽地，轻率地。 ¶한 달 용돈을 이틀만에 달랑 다 썼다. =两天就把一个月的零用钱花了个精光。 ● 달랑거리다, 달랑달랑, 달랑달랑하다, 달랑대다, 달랑이다 ●

달래 【명사】 백합과의 여러해살이풀. ◆ 名 野蒜。

달래다 【동사】 动 ❶ 슬퍼하거나 고통스러워하거나 흥분한 사람을 어르거나 타일러 기분을 가라앉히다. ◆ 安慰，抚慰，哄。 ¶우는 아이를 달래다. =哄啼哭的孩子。 ❷ 슬프거나 고통스럽거나 흥분한 감정 따위를 가라앉게 하다. ◆ 排遣，排解，驱散。 ¶향수를 달래다. =排遣乡愁。

달러 【의존 명사】 미국의 화폐 단위. 1달러는 1센트의 100배이다. 기호는 $. ◆ 依名 美元。

달려가다 【동사】 달음질하여 빨리 가다. ◆ 动 奔赴，赶赴。 ¶험한 길을 달려가다. =奔赴险途。

달려들다 【동사】 动 ❶ 사나운 기세로 무섭게 다가들다. ◆ 扑上去，扑过去。 ¶사냥개가 곰에게 달려들다. =猎犬向熊扑了过去。 ❷ 갑자기 달려와 안기거나 매달리다. ◆ 扑进，投入(怀里)。 ¶아이는 엄마 품으로 달려들다. =孩子扑进了妈妈的怀抱。 ❸ 어떠한 일에 적극적으로 다가가 임하다. ◆ 投入，加紧，抓紧(工作)。 ¶모두 일에 달려들다. =全部投入工作。

달려오다 【동사】 动 ❶ 달음질하여 빨리 오다. ◆ 跑过来，跑来，赶来。 ¶한걸음에 부모님께 달려오다. =一口气跑到父母身边。 ❷ 마음이나 생각 따위가 빨리 미쳐 올 때를 비유함. ◆ (心情、想法等)涌来，涌起。 ¶조국에 대한 염원(念願)이 바다 건너 이국(異國)땅에서 뜨겁게 달려온다. =怀着对祖国的眷恋，跨越大洋而来。

달력(-曆) 【명사】 1년 가운데 달,날,요일,이십사절기,행사일 따위의 사항을 날짜에 따라 적어 놓은 것. ◆ 名 月历，日历，挂历。 ¶사업(事業)을 위해 달력을 홍보용(弘報用)으로 사용한다. =为了做大生意，用挂历来做宣传。

달리 【부사】 사정이나 조건 따위가 서로 같지 않게. ◆ 副 不同，不一样。 ¶지난번과 달리 말하다. =和上次说的不一样。

달리기 【명사】 달음질하는 일. ◆ 名 跑，跑步，赛跑。 ¶아침 달리기는 건강에 상당한 도움을 준다. =晨跑对健康相当有益。 ● 달리기하다 ●

달리다¹ 【동사】 动 ❶ 달음질쳐 빨리 가거나 오다. ◆ 跑，奔跑。 ¶새벽길을 달리다. =清晨在路上晨跑。 ❷ 차, 배 따위가 빨리 움직이다. ◆ (车、船等)疾驶，奔驰。 ¶버스가 종점으로 달리다. =公交车向终点站疾速驶去。

달리다² 【동사】 动 ❶ 물건이 걸리다. ◆ 挂，悬挂(달다的被动形)。 ¶벽에 액자가 달리다. =墙上挂着相框。 ❷ 물건을 일정한 곳에 붙이다. ◆ 钉，缝，挂，戴(달다的被动形)。 ¶저고리에 동정이 새로 달리다. =短袄领子上新缝了贴边。 ❸ 어떤 기기가 놓이다. ◆ 安装，装，安(달다的被动形)。 ¶신혼 방에 전화가 달리다. =新房装上了电话。 ❹ 이름이나 제목이 적히다. ◆ 命名，拟，定(달다的被动形)。 ¶책에 제목이 달리다. =书名定下了。 ❺ 글이나 말에 설명을 덧붙이다. ◆ 注上，加上，附上(달다的被动形)。 ¶논문에 각주가 꼼꼼히 달리다. =认真地给论文加了脚注。 ❻ 장부에 적히다. ◆ 记下，写下，记账(달다的被动形)。 ¶그가 먹은 술값이 장부에 달리다. =他的酒钱记在了账簿上。 ❼ 물건이 연결되다. ◆ 挂，挂上，拖(달다的被动形)。 ¶기관차에 객차가 달리다. =火车头上挂着客车厢。 ❽ 열매가 맺히다. ◆ 结，挂(果实)。 ¶나무에 사과가 많이 달리다. =树上结了很多苹果。 ❾ 어떤 일이나 상태 따위가 무엇에 의존하다. ◆ 在于，取决于。 ¶일의 성패가 그들에게 달리다. =事情的成败取决于他们。

달리다³ 【동사】 재물이나 기술, 힘 따위가 모자라다. ◆ 动 不足，吃力，不够。

달리하다 【동사】 어떠한 사정이나 조건 따위를 서로 다르게 가지다. ◆ 动不同，不一样。 ¶생각을 달리하다. =有不同想法。

달맞이 【명사】 음력 정월 대보름날 저녁에 산이나 들에 나가 달이 뜨기를 기다려 맞이하는 일. ◆ 名 (正月十五夜)赏月。 ¶정월 대보름날 동네 아이들은 횃불을 들고 달맞이를 하며 소원을 빌었다. =正月十五晚上，村子里的孩子们拿着火把赏月许愿。

달무리 【명사】 달 언저리에 둥그렇게 생기는 구름 같은 허연 테. ◆ 名月晕。 ¶달무리가 서다. =有月晕。

달밤 【명사】 달이 떠서 밝은 밤. ◆ 名月夜。 ¶전기가 나갔지만 밝은 달밤이라 집이 훤하다. =虽然停电了，但是个明亮的月夜，屋子里很亮。

달변(達辯) 【명사】 능숙하여 막힘이 없는 말. ◆ 名能言善辩，伶牙俐齿。 ¶그는 달변으로 나를 설득하였다. =他能言善辩，说服了我。

달빛 【명사】 달에서 비쳐 오는 빛. ◆ 名月光，月色。 ¶달빛이 밝다. =月光明亮。

달성(達成) 【명사】 목적한 것을 이룸. ◆ 名达成，实现，完成。 ¶목표 달성을 위해 노력하다. =为实现目标而努力。 ● 달성되다(達成--), 달성하다(達成--) ●

달싹 【부사】 副 ❶ 붙어 있던 가벼운 물건이 쉽게 떠들리는 모양. ◆ (贴着的东西)翘，鼓起来。 ❷ 어깨나 엉덩이, 입술 따위가 가볍게 한 번 들리는 모양. ◆ 一掀一掀，一耸一耸。 ● 달싹거리다, 달싹달싹, 달싹대다, 달싹이다 ●

달아나다 【동사】 动 ❶ 빨리 내닫다. ◆ 快跑，飞跑，飞奔。 ¶강아지가 길로 달아나다. =小狗飞快地向路上跑去。 ❷ 위험을 피하여 도망가다. ◆ 逃跑，溜走。 ¶산으로 범인이 달아나다. =犯人往山上逃跑。 ❸ 있던 것이 없어지거나 붙어 있던 것이 떨어져 나가다. ◆ 掉了，丢了，失去。 ¶목이 달아나다. =丢了脑袋。 ❹ 어떤 의욕이나 느낌 따위가 사라지다. ◆ (欲望或感受)没有了，消失，无。 ¶입맛이 달아나다. =胃口全无。 ❺ 시간이 빨리 지나가다. ◆ (时间)消逝，流逝，过去。 ¶도서관에서 책을 찾느라고 몇 시간이 그냥 달아났다. =在图书馆里找书，几个小时就这样过去了。

달아매다 【동사】 아래로 처지도록 높이 잡아매다. ◆ 动悬挂。 ¶등을 처마에 달아매다. =把灯悬挂在屋檐上。

달아오르다 【동사】 动 ❶ 어떤 물체가 몹시 뜨거워지다. ◆ 烧热，烧红。 ¶쇠붙이가 달아오르다. =铁烧红了。 ❷ 얼굴이 뜨거워 발그레해지다. ◆ (脸)发热，发烧，发烫。 ¶얼굴이 달아오르다. =脸发烧。 ❸ 몸이나 마음이 화끈해지다. ◆ (身、心)热乎乎，热辣辣。 ¶그 사람의 농담 섞인 말에 그녀는 가슴이 후끈 달아올랐다. =听到那个人带着些玩笑的话，她心里热乎乎的。 ❹ 분위기나 상태가 몹시 고조되다. ◆ (气氛或状态)热起来，热烈，高涨。 ¶공연장 분위기가 점점 달아오르다. =演出现场的气氛渐渐高涨。

달음박질 【명사】 급히 뛰어 달려감. ◆ 名 快跑，小跑。 ¶그는 나에게 손을 흔들더니 달음박질로 언덕을 넘어갔다. =他向我挥了挥手，一路小跑着翻过了山坡。 ● 달음박질치다, 달음박질하다 ●

달음질 【명사】 급히 뛰어 달려감. ◆ 名跑，跑步。 ¶녀석의 달음질은 도저히 따를 수가 없다. =那小子跑起来我们怎么也跟不上。 ● 달음질치다, 달음질하다 ●

달이다 【동사】 动 ❶ 액체 따위를 끓여서 진하게 만들다. ◆ 熬，熬稠(液体等)。 ¶간장을 달이다. =熬酱油。 ❷ 약재 따위에 물을 부어 우러나도록 끓이다. ◆ 煎，熬(药)。 ¶보약을 달이다. =煎补药。

달인(達人) 【명사】 학문이나 기예에 통달하여 남달리 뛰어난 역량을 가진 사람. ◆ 名名人，杰出人物，高人。 ¶이 도자기는 달인의 솜씨를 잘 보여 준다. =这件瓷器很好地展示出了杰出匠人的手艺。

달집 【명사】 음력 정월 대보름날 저녁에 달맞이할 때에, 불을 질러 밝게 하려고 생소나무 가지 따위를 묶어 쌓아 올린 무더기. ◆ 名 (农历正月十五赏月时点燃的)松枝堆。

달짝지근하다 【형용사】 약간 달콤한 맛이 있다. ◆ 形甜津津，甜丝丝。 ¶곶감이 달짝지근하다. =柿饼甜津津的。

달콤하다 【형용사】 形 ❶ 감칠맛이 있게 달다. ◆ (味道)甜，香甜。 ¶사탕이 달콤하다. =砂糖很甜。 ❷ 흥미가 나게 아기자기하거나 간드러진 느낌이 있다. ◆ 甜蜜。 ¶달콤한 속삭임. =甜蜜的悄悄话。 ❸ 편안하고 포근하다. ◆ 甜美，香甜。 ¶달콤한 잠에 빠지다. =陷入了甜美的梦乡。

달팽이 【명사】 연체동물 달팽잇과의 동물을 통틀어 이르는 말. ◆ 名蜗牛。

달팽이관(---管) 【명사】 포유류의 속귀에 있는 달팽이 모양의 관(管). ◆ 名耳蜗。

달포 【명사】 한 달이 조금 넘는 기간. ◆ 名 一个多月。 ¶그가 떠난 지 달포 가량 지났다. =他走了有一个多月了。

달필(達筆) 【명사】 능숙하게 잘 쓰는 글씨. 또는 그런 글씨를 쓰는 사람. ◆ 名字写得漂亮，书法家。 ¶그 사람은 달필이다. =他的字写得很漂亮。

달하다(達--) 【동사】 ❶ 일정한 표준·수량·정도 따위에 이르다. ◆ 动 达，达到(一定的标准、数量、程度)。 ¶절정에 달하다. =达到顶峰。 ❷ 목적 따위를 이루다. ◆ 达成，完成，实现(目的等)。 ¶사명을 달하다. =完成使命。

닭 【명사】 꿩과의 새.◆ 名鸡。 ¶뒤뜰에서 닭 몇 마리가 모이를 쪼아먹고 있었다. =后院有几只鸡在吃饲料。

닭고기 【명사】 닭의 살코기. ◆ 名鸡肉。 ¶닭고기 튀김. =香酥鸡。

닭띠 【명사】 닭의 해에 태어난 사람의 띠. ◆ 名属鸡。

닭발 【명사】 닭의 발. ◆ 名鸡爪。

닭살 【명사】 名 ❶ 털을 뽑은 닭의 껍질같이 오톨도톨한 사람의 살갗. ◆ 鸡皮。 ❷ '소름'을 속되게 이르는 말. ◆ 俚鸡皮疙瘩。 ¶차가운 바람이 목덜미를 스치자 팔에 닭살이 돋았다. =冷风吹过脖子，起了一层

鸡皮疙瘩。

닭싸움【명사】图 ❶ 닭을 싸우게 하여 승부를 겨룸. ◆ 斗鸡。 ❷ 한쪽 다리를 손으로 잡고 외다리로 뛰면서 상대를 밀어 넘어뜨림. 또는 그런 놀이. ◆ 斗鸡，单腿撞(小孩的一种游戏)。

닭장(-欌)【명사】닭을 가두어 두는 장. ◆ 图鸡窝，鸡舍。 ¶병충해 예방을 위해 닭장을 소독했다. =给鸡窝消毒，以防病虫害。

닮다【동사】动 ❶ 사람 또는 사물이 서로 비슷한 생김새나 성질을 지니다. ◆ 像，随。 ¶아들이 아버지를 닮다. =儿子长得像爸爸。 ❷ 어떠한 것을 본떠 그와 같아지다. ◆ 仿效，模仿。 ¶부모를 닮아서 예의 바르다. =仿效父母，做到礼仪周全。

닮은꼴【명사】크기만 다르고 모양이 같은 둘 이상의 도형. ◆ 图相似形。

닳다【동사】动 ❶ 갈리거나 오래 쓰여서 어떤 물건이 낡아지거나, 그 물건의 길이·두께·크기 따위가 줄어들다. ◆ 磨损，磨坏，磨破。 ¶바지가 닳다. =裤子磨破了。 ❷ 액체 따위가 졸아들다. ◆ (液体)蒸发。 ¶찌개가 닳아서 짜다. =菜干了，咸了。 ❸ 기름 따위가 쓰여 줄다. ◆ 用，耗。 ¶그 차는 기름이 많이 닳는다. =那辆车非常耗油。

담[1](膽)【명사】图 ❶ '담력(膽力)'의 준말. ◆ "담력(膽力)"的略语。 ❷ 쓸개. 담낭(膽囊). ◆ 胆，胆囊。 ¶담이 크다. =胆囊大。

담[2]【명사】집의 둘레나 일정한 공간을 둘러막기 위하여 흙·돌·벽돌 따위로 쌓아 올린 것. ◆ 图墙，围墙。 ¶담이 무너지다. =墙塌了。

-담[3](談)【접사】'이야기'의 뜻을 더하는 접미사. ◆ 后缀 (用于部分名词之后)故事，谈。 ¶경험담. =经验之谈。

담[4](痰)【명사】图 ❶ 허파에서 후두에 이르는 사이에서 생기는 끈끈한 분비물. ◆ 痰。 ¶담를 뱉다. =吐痰。 ❷ 몸의 분비액이 순환하다가 어느 부분이 삐거나 접질린 때 거기에 응결되어 결리고 아픈 증상. ◆ 肿块。 ¶담이 들다. =起肿块。

-담[5]【어미】스스로에게 물음을 나타내거나 언짢음을 나타내는 종결 어미. ◆ 词尾用于形容词词干和时制词尾之后的基本阶直说法疑问式终结词尾，带有反问的语气，表示"自言自语地感叹"或"轻微的责备或不以为然"。 ¶무슨 신이 이렇게 크담? =什么鞋这么大?

담그다【동사】动 ❶ 액체 속에 넣다. ◆ 浸，泡，浸泡。 ¶시냇물에 발을 담그다. =在溪水中泡脚。 ❷김치·술·장·젓갈 따위를 만드는 재료를 버무리거나 물을 부어서, 익거나 삭도록 그릇에 넣어 두다. ◆ 腌，泡，酿。 ¶김치를 담그다. =腌制泡菜。

담금질【명사】图 ❶ 고온으로 열처리한 금속 재료를 물이나 기름 속에 담가 식히는 일. ◆ 淬火，蘸火。 ❷ 부단하게 훈련을 시킴을 비유적으로 이르는 말. ◆ 〈喻〉训练，磨砺，锻炼。 ¶대표팀은 본격적으로 담금질에 돌입했다. =代表队投入了正式训练。 ● 담금질하다 ●

담다【동사】动 ❶ 물건이나 물질을 그릇 안에 넣다. ◆ 盛，放。 ¶반찬을 접시에 담다. =把菜盛在碟子里。 ❷ 생각이나 감정이 들어 있다. ◆ 包含，含，内含。 ¶농촌 풍경을 화폭에 담다. =画里有农村的风景。 ● 담기다 ●

담담하다(淡淡--)【형용사】形 ❶ 차분하고 평온하다. ◆ 平静，平心静气，心平气和。 ¶목소리가 담담하다. =声音很平静。 ❷ 사사롭지 않고 객관적이다. ◆ 客观，公允。 ¶필치가 담담하다. =笔调公允。 ❸ 물의 흐름 따위가 그윽하고 평온하다. ◆ (光线、水流等)淡淡，静静，幽幽。 ¶강의 흐름이 담담하다. =河水静静地流淌。 ❹ 아무 맛이 없이 싱겁다. 음식이 느끼하지 않고 산뜻하다. ◆ (饮食)清淡，不油腻。 ¶국에 간을 안 했는지 담담하다. =可能是因为汤里没放盐，有点淡。 ❺ 어떤 것에 마음을 두지 않고 무관심하다. ◆ 淡泊。 ¶그는 사업에는 열정적이지만 정치에는 담담하다. =他热衷于实业，却对政治漠不关心。 ● 담담히(淡淡-) ●

담당(擔當)【명사】图 ❶ 어떤 일을 맡음. ◆ 担任，负责。 ¶담당 검사. =负责检察官。 ❷ 어떤 일을 맡은 사람. ◆ 负责人。 ¶제가 이 일의 담당입니다. =我是这件事的负责人。 ● 담당하다(擔當--) ●

담대하다(膽大--)【형용사】겁이 없고 배짱이 두둑하다. ◆ 形胆子大，有胆量。 ¶담대한 사람. =胆子大的人。

담력(膽力)【명사】겁이 없고 용감한 기운. ◆ 图胆量，胆略。 ¶담력을 기르다. =培养胆量。

담배【명사】图 ❶ 가짓과의 한해살이 식물. ◆ 烟草，烟叶。 ❷ 담뱃잎을 말려서 가공한 기호품. ◆ 香烟，烟。 ¶담배 한 대. =一支烟。

담배꽁초【명사】피우다가 남은 작은 담배 도막. ◆ 图烟头。 ¶담배꽁초를 주워 피우다. =捡烟头抽。

담배쌈지【명사】살담배나 잎담배를 넣고 다니는 주머니. 종이,헝겊,가죽 따위로 만든다. ◆ 图烟袋。 ¶담배쌈지에서 담배 가루를 꺼내다. =从烟袋里掏出烟丝。

담백하다(淡白--)【형용사】形 ❶ 욕심이 없고 마음이 깨끗하다. ◆ 坦白，坦率。 ¶성격이 솔직하고 담백하다. =性格直率、坦白。 ❷ 음식이 느끼하지 않고 산뜻하다. ◆ 清淡，素淡。 ¶음식이 담백하다. =饮食清淡。 ❸ 빛깔이 진하지 않고 산뜻하다. ◆ 淡。 ¶옷 색이 담백하다. =衣服的颜色很淡。

담뱃대【명사】담배를 피우는 데 쓰는 기구. ◆ 图烟袋，烟斗。 ¶그는 담뱃대를 입에 문 채 이야기를 계속하였다. =他嘴里叼着烟袋继续说。

담뱃재【명사】담배가 타고 남은 재. ◆ 图烟灰。 ¶담뱃재를 떨다. =掸烟灰。

담벼락【명사】담이나 벽 따위를 통틀어 이르는 말. ◆ 图墙壁。 ¶담벼락이 무너지다. =墙壁倒塌。

담보(擔保)【명사】图 ❶ 채무 불이행 때 채무의 변제를 확보하는 수단으로 채권자에게 제공하는 것. ◆ 抵押。 ¶담보로 잡히다. =被抵押。 ❷ 맡아서 보증함. ◆ 担保，保证。 ● 담보하다(擔保--) ●

담뿍【부사】副 ❶ 넘칠 정도로 가득한 모양. ◆ 满，饱。 ¶사랑이 담뿍 담긴 편지. =饱含爱意的书信。

❷ 많거나 넉넉한 모양. ◆ 满满地，足足地。¶그릇에 밥을 담뿍 퍼 담다. =盛了满满一碗饭。

담소(談笑)【명사】웃고 즐기면서 이야기함. 또는 그런 이야기. ◆ 图谈笑，谈天说地。 ¶담소를 나누다. =与人谈笑。● 담소하다(談笑--) ●

담수(淡水)【명사】민물. 강이나 호수 따위와 같이 염분이 없는 물. ◆图淡水。

담수어(淡水魚)【명사】민물에서 사는 고기. ◆ 图淡水鱼。

담쌓다【동사】관계나 인연을 끊다. ◆ 动断绝关系，断交，绝交。¶그녀는 이웃과 담쌓고 지낸다. =她和邻居断绝了来往。

담아내다【동사】动 ❶ 용기나 그릇 따위에 담아서 내놓다. ◆ 盛，装。❷ 글, 말 따위에 어떤 내용을 나타내다. ◆ 反映，表现。

담요(毯-)【명사】순수한 털이나 털에 솜을 섞은 것을 굵게 짜든가 두껍게 눌러서 만든 요. ◆ 图毯子，毯。¶담요를 덮다. =盖毯子。

담임(擔任)【명사】어떤 학급이나 학년 따위를 책임지고 맡아봄. 또는 그런 사람. ◆图担任，负责人；班主任，年级主任。¶1학년 담임을 맡다. =任一年级的年级主任。● 담임하다(擔任--) ●

담임 선생(擔任先生)【명사】초등학교, 중학교, 고등학교 따위에서 한 반의 학생을 전적으로 책임지고 맡아 지도하는 교사. ◆图班主任。

담장(-牆)【명사】집의 둘레나 일정한 공간을 막기 위하여 흙돌, 벽돌 등으로 쌓아 올린 것. ◆ 图墙，围墙。

담쟁이덩굴【명사】포도과의 낙엽 활엽 덩굴나무. ◆图常青藤，爬山虎。

담판(談判)【명사】서로 맞선 관계에 있는 쌍방이 의논하여 옳고 그름을 판단함. ◆ 图谈判。¶담판을 내다. =进行谈判。● 담판하다(談判--) ●

담합(談合)【명사】图 ❶ 서로 의논하여 합의함. ◆ 磋商，协商。 ¶담합하여 해결하다. =协商解决。❷경쟁 입찰을 할 때에 입찰 참가자가 서로 의논하여 미리 입찰 가격이나 낙찰자 따위를 정하는 일. ◆ 投标协商。¶업체 사이에 이미 모종의 담합이 있는 게 아닌가 생각되었다. =我想，企业间可能已经进行了某种投标协商。● 담합하다(談合--) ●

담화(談話)【명사】图 ❶ 서로 이야기를 주고받음. ◆ 谈话，交谈，聊天。 ¶담화를 나누다. =交谈。❷ 한 단체나 공적인 자리에 있는 사람이 어떤 문제에 대한 견해나 태도를 밝히는 말. ◆ 讲话。 ¶특별 담화. =特别讲话。 ❸ 둘 이상의 문장이 연속되어 이루어지는 말의 단위. ◆ 句群。● 담화하다(談話--) ●

담화문(談話文)【명사】공적인 자리에 있는 사람이 어떤 문제에 대한 견해나 태도를 밝히기 위하여 공식적으로 발표하는 글. ◆ 图讲话。 ¶대통령이 담화문을 발표하다. =总统发表了讲话。

답(答)【명사】图 ❶ 상대가 묻거나 요구하는 것에 대하여 해답이나 제 뜻을 말함. ◆答，回答，答复。¶그는 내가 묻는 말에 아무 답도 없이 창밖만 바라보고 있었다. =对我的问题他一句也不答，只是望着窗外。❷ 질문이나 의문을 풀이함. ◆ 解答，答案。¶답이 맞다. =回答正确。❸ 물음이나 편지 따위에 반응함. ◆ 回应，回复。¶답도 없는 편지. =没有回复的信。

-답니까[1]【어미】'-다고 합니까'의 준말. ◆ 词尾 "-다고 합니까"的略语。¶뭘 먹겠답니까? =想吃什么?

-답니까[2]【어미】어떤 사실이 주어졌다고 치고 그 사실에 대한 의문을 나타내는 종결 어미. ◆ 词尾表示疑问的尊敬阶陈述式终结词尾。¶왜 이렇게 일찍 갔답니까? =怎么这么早就走了?

-답니다[1]【어미】화자가 이미 알고 있는 것을 객관화하여 청자에게 일러줌을 나타내는 종결 어미. ◆ 词尾用于形容词词干和语尾으시、었、겠后的尊敬阶终结词尾，含有"亲切地讲授"或"显示"的意思。¶저는 아주 건강하답니다. =我很健康。

-답니다[2]【어미】'다고 합니다'가 줄어든 말. ◆ 词尾 '-다고 합니다'的略语。¶영수가 떠나겠답니다. =听说永洙要走了。

-답다【접사】'성질이나 특성이 있음'의 뜻을 더하고 형용사를 만드는 접미사. ◆ 后缀主要接在名词后，构成形容词，表示"具有某种特性"或"比喻"。像样，像。¶주장답다. =像个主管。

답답하다【형용사】形 ❶ 숨이 막힐 듯이 갑갑하다. ◆ 烦闷，堵得慌。 ¶가슴이 답답하다. =心里烦闷。❷ 애가 타고 갑갑하다. ◆ 焦急，着急，心焦。 ¶마음이 답답하다. =心焦。❸ 융통성이 없이 고지식하다. ◆ 死脑筋，死心眼，顽固。 ¶그는 너무 답답해서 융통성이라고는 전혀 없다. =他太死脑筋了，一点儿也不灵活。❹ 공간 따위가 비좁아 마음에 여유가 없다. ◆ 憋闷，闷得慌。 ¶방이 좁아서 답답하다. =屋子太小了，闷得慌。

답례(答禮)【명사】말, 동작, 물건 따위로 남에게서 받은 예(禮)를 도로 갚음. 또는 그 예. ◆ 图答谢，回礼。¶답례로 드리는 선물. =回礼。● 답례하다(答禮--) ●

답례품(答禮品)【명사】감사의 표시로 주는 물건. ◆图答谢品。

답방(答訪)【명사】다른 사람의 방문에 대한 답례로 방문함. 또는 그런 방문. ◆图回访。● 답방하다(答訪--) ●

답변(答辯)【명사】물음에 대하여 밝혀 대답함. 또는 그런 대답. ◆ 图答复，答辩。 ¶공식적인 답변. =正式答复。● 답변하다(答辯--) ●

답보(踏步)【명사】상태가 나아가지 못하고 한 자리에 머무르는 일. 또는 그런 상태. ◆图停滞不前，原地踏步。 ¶교육 정책은 아직도 답보 상태이다. =教育政策仍处在原地踏步的状态。● 답보하다(踏步--) ●

답사[1]**(踏査)**【명사】현장에 가서 직접 보고 조사함. ◆图勘查，考察。 ¶현장 답사. =现场勘查。● 답사하다(踏査--) ●

답사[2]**(答辭)**【명사】식장에서 환영사나 환송사 따위에 답함. 또는 그런 말. ◆图答辞，答词。 ¶재학생

대표의 송사에 이어 졸업생 대표의 답사가 있겠습니다. =在校生代表致送别词后，毕业生代表致答词。● 답사하다(答辭--) ●

답습(踏襲)【명사】예로부터 해 오던 방식이나 수법을 좇아 그대로 행함. ◆ 图沿袭，因循守旧，抄袭。¶전통의 계승(繼承)과 답습을 혼동해서는 안 된다. =不能把对继承传统混同于因循守旧。● 답습하다(踏襲--) ●

-답시고【어미】주어는 앞절을 뒷절의 마땅한 까닭이나 근거로 내세우지만, 화자는 이를 못마땅해하거나 얕잡아 봄을 나타내는 연결 어미. ◆ 词尾用于形容词词干或时制词尾之后的连接词尾，表示"讽刺、嘲讽或不以为然"的语气。¶남보다 조금 더 안답시고 뻐기고 있다. =自以为比别人懂得多，傲慢得不得了。

답안(答案)【명사】문제의 해답. 또는 그 해답을 쓴 것. ◆ 图答案。¶답안을 쓰다. =写答案。

답안지【명사】문제의 해답을 쓰는 종이. ◆ 图答题纸。¶답안지를 돌리다. =发答题纸。

답장(答狀)【명사】회답하는 편지를 보냄. 또는 그 편지. ◆ 图回信。¶답장을 보내다. =寄回信。● 답장하다(答狀--) ●

답하다(答--)【동사】动 ❶ 상대가 묻거나 요구하는 것에 대하여 해답이나 제 뜻을 말하다. ◆ 回答，答复。¶친구는 내 물음에 답하지도 않고 떠났다. =朋友没有回答我的问题就走了。❷ 질문이나 의문을 풀이하다. ◆ 回答，解答。¶다음의 물음에 답하시오. =请回答下面的问题。❸ 물음이나 편지 따위에 반응하다. ◆ 回应，回复。¶성원에 답하다. =对声援的回应。

닷【관형사】그 수량이 다섯임을 나타내는 말. ◆ 冠(用于部分量词前)五。¶닷 되. =五升。

닷새【명사】图 ❶ 다섯 날. ◆ 五天，五日。¶닷새 동안 교육을 받다. =接受了五天的教育。❷ '초닷샛날'의 준말. ◆ "초닷샛날"的略语。¶오월 닷새가 어머님 생신이시다. =五月初五是妈妈的生日。

-당(當)【접사】'마다'의 뜻을 더하는 접미사. ◆ 后缀每。¶두 사람 당 하나씩 가져가시오. =每两个人拿一个。

당구(撞球)【명사】우단을 깐 대(臺) 위에서 상아나 플라스틱으로 만든 몇 개의 공을 긴 막대기 끝으로 쳐서 승부를 가리는 실내 오락. ◆ 图台球。¶그는 당구를 꽤 잘 친다. =他台球打得相当不错。

당근【명사】산형과의 두해살이풀. ◆ 图胡萝卜。

당기다【동사】动 ❶ 좋아하는 마음이 일어나 저절로 끌리다. ◆ 被吸引。❷ 입맛이 돋우어지다. ◆ 引起，唤起。¶햇나물이 입맛을 당기다. =新鲜野菜唤起了食欲。❸ 물건 따위를 힘을 주어 자기 쪽이나 일정한 방향으로 가까이 오게 하다. ◆ 拉，扯，拖，曳。¶밧줄을 힘껏 당기다. =用力拉着绳索。❹정한 시간이나 기일을 앞으로 옮기거나 줄이다. ◆ (日期)提前。¶약속 날짜를 당기다. =把约定的日期提前。

당나귀(唐--)【명사】말과의 포유류. ◆ 图驴子，毛驴。

당년(當年)【명사】图 ❶ 일이 있는 바로 그 해. 또는 올해. ◆ 当年，今年。¶그는 당년 오십일 세이다. =他今年50岁。❷ 그 수에 해당하는 나이나 연대(年代)를 이르는 말. ◆ 当年，那年，那个年代。¶당년 구십이건만 정정하시다. =虽然已经90岁了，但身体还很硬朗。

당뇨병(糖尿病)【명사】소변에 당분이 많이 섞여 나오는 병. ◆ 图糖尿病。¶당뇨병에 걸리다. =得了糖尿病。

당당(堂堂)【부사】남 앞에서 내세울 만큼 떳떳한 모습이나 태도. ◆ 副堂堂正正，光明正大，光明磊落。¶당당 1위에 입상하다. =堂堂正正地获得第一名。

당당하다(堂堂--)【형용사】形 ❶ 매우 의젓하고 번듯한 모습이나 태도를 가지다. ◆ 轩昂，伟岸，端正。¶그의 앉은 모습이 당당하다. =他坐姿端正。❷ 형세나 위세가 대단한 모양. ◆ 威武，壮观，雄壮。¶산의 형세가 당당하다. =山势壮观。● 당당히(堂堂-) ●

당대(當代)【명사】图 ❶ 일이 있는 바로 그 시대. ◆ 该时代，一代。¶신라 당대 최고의 문장가. =新罗时代最优秀的文笔大家。❷ 지금 이 시대. ◆ 当代，当今，现代。❸ 사람의 한평생. ◆ 一生，一世，一辈子。¶내 당대에 모은 재산. =我一辈子攒的财产。

당도하다(當到--)【동사】어떠한 곳에 다다르다. ◆ 动到达，抵达。¶그들은 다른 일행보다 산 정상에 먼저 당도했다. =他们比其他人先到达了山顶。

당돌하다(唐突--)【형용사】形 ❶ 꺼리거나 어려워하는 마음이 조금도 없이 올차고 다부지다. ◆ 精明强干，成熟干练。¶당돌한 모습. =精明强干的态度。❷ 윗사람에게 대하는 것이 버릇이 없고 주제넘다. ◆ 唐突，莽撞，冒失。¶당돌하고 무례하게 어른에게 대들다. =莽撞无礼地顶撞大人。● 당돌히(唐突-) ●

당면(唐麵)【명사】감자나 고구마 따위에 들어 있는 녹말을 가려 가루로 내어 그것으로 만든 마른 국수. ◆ 图粉条。¶당면을 삶다. =煮粉条。

당면(當面)【명사】바로 눈앞에 당함. ◆ 图当前，目前，面临。¶당면 과제. =当前的课题。● 당면하다(當面--) ●

당번(當番)【명사】어떤 일을 책임지고 돌보는 차례가 됨. 또는 그 차례가 된 사람. ◆ 图值班，值勤，值日。¶당번을 짜다. =排值班表。

당부(當付)【명사】말로 단단히 부탁함. 또는 그런 부탁. ◆ 图嘱咐，叮嘱，嘱托。¶당부를 듣다. =听嘱托。● 당부하다(當付--) ●

당분간(當分間)【명사】앞으로 얼마간. 또는 잠시 동안. ◆ 图眼下，目前，暂时。¶그 집에서 당분간만 살기로 했다. =决定暂时住在那间房子里。

당사자(當事者)【명사】어떤 일이나 사건에 직접 관계가 있거나 관계한 사람. ◆ 图当事人。¶당사자 이외 출입 금지. =除当事人外，其他人禁止出入。

당선(當選)【명사】图 ❶ 선거에서 뽑힘. ◆ 当选，中选。¶당선 가능성이 높은 후보를 내세우다. =推

出了当选可能性很高的候选人。❷ 심사나 선발에서 뽑힘. ◆ 入选。¶문학상 당선 작가. =文学奖获奖作家。● 당선되다(當選--), 당선하다(當選--) ●

당선권(當選圈)【명사】선거나 심사 또는 선발에서 당선될 가능성이 있는 범위 안. ◆图入围。

당선작(當選作)【명사】대회나 공개 모집 따위에서 여러 작품 가운데 우수하여 뽑힌 작품. 입선작. ◆图入选作品，当选作品。¶그의 작품이 이번 미술 대전에서 당선작으로 뽑혔다. =他的作品在本次美术大展中获奖了。

당숙(堂叔)【명사】아버지의 사촌 형제로 오촌이 되는 관계. ◆图堂叔。¶이분이 제 당숙 되시는 분입니다. =这位是我的堂叔。

당시(當時)【명사】일이 있었던 바로 그때. 또는 이야기하고 있는 그 시기. ◆图当时，那时。¶그 당시를 회상하다. =回想起了当时的情形。

당신(當身)【대명사】代 ❶ 듣는 이를 가리키는 이인칭 대명사. ◆ 你(第二人称)。¶당신은 왜 이리도 내 마음을 몰라주나요?=你怎么这么不了解我的心呢? ❷ 부부 사이에서, 상대편을 높여 이르는 이인칭 대명사. ◆ 你(第二人称)。¶여보, 내가 어제 당신에게 한 말 기억하지? =老婆，你还记得昨天我跟你讲的话吧? ❸ 맞서 싸울 때 상대편을 낮잡아 이르는 이인칭 대명사. ◆ 你(第二人称，吵架时使用，表示贬低对方)。¶당신이 뭔데 참견이야? =你算什么，在这里多管闲事? ❹ 앞에서 이미 말하였거나 나온 바 있는 사람을 도로 가리키는 삼인칭 대명사. 그분 자신. ◆ 他，他自己(第三人称，用于尊敬阶)。¶외할아버지는 당신 잡수시고 싶은 것은 당신께서 손수 만드셨지. =外公想吃什么，就自己亲手做。

당연시하다(當然視--)【동사】당연한 것으로 여기다. ◆ 动视为当然，视为理所当然。¶젊은이의 실수를 당연시하다. =年轻人的失误被视为理所当然。

당연지사(當然之事)【명사】일의 앞뒤 사정을 놓고 판단할 때에 마땅히 그렇게 하여야 하거나 되리라고 여겨지는 일. ◆图当然的事，理所当然的事。¶생활 속에서나 업무 중에 타인에게 도움을 청하는 것은 당연지사이다. =在生活或工作中，请别人帮忙是理所当然的事。

당연하다(當然--)【형용사】일의 앞뒤 사정을 놓고 볼 때 마땅히 그러하다. ◆形当然，应该，应当。¶잘못을 저지르고 욕 얻어먹는 것은 당연하다. =做错了被骂是应该的。● 당연히(當然-) ●

당위성(當爲性)【명사】마땅히 그렇게 하거나 되어야 할 성질. ◆图正当性。

당일(當日)【명사】일이 있는 바로 그 날. ◆图当日，当天。¶개회식 당일에는 복잡할 것이다. =开幕式当天会很拥挤。

당일치기(當日--)【명사】일이 있는 바로 그 날 하루에 일을 서둘러 끝냄. ◆图当天结束，当天干完，当天完成。¶당일치기로 고향에 다녀오다. =回了趟家，当天就回来了。

당장(當場)【명사】图 ❶ 일이 일어난 바로 그 자리. ◆ 当场，就地。❷ 일이 일어난 바로 직후의 빠른 시간. ◆ 立刻，马上。¶효과는 당장에 나타났다. =立刻就产生效果了。❸눈앞에 닥친 현재의 이 시간. ◆ 立刻，马上。¶당장 여기를 떠나라. =立刻离开这里!

당쟁(黨爭)【명사】당파를 이루어 서로 싸우던 일. ◆图党争，党派斗争。

당직(當直)【명사】근무하는 곳에서 숙직이나 일직 따위의 당번이 됨. 또는 그런 차례가 된 사람. ◆图值班，值勤，值日。¶오늘 내가 당직이라 일찍 들어갈 수가 없다. =今天我值班，不能早回家。

당차다【형용사】나이나 몸집에 비하여 마음가짐이나 하는 짓이 야무지고 올차다. ◆ 形精干，干练。¶당찬 얼굴. =成熟干练的脸。

당찮다(當--)【형용사】말이나 행동이 이치에 마땅하거나 적당하지 아니하다. ◆形不妥，荒唐，不像话。¶어린아이가 혼자 가겠다니 그 무슨 당찮은 소리냐. =小孩说想一个人去，真不像话。

당첨(當籤)【명사】추첨에서 뽑힘. ◆ 图中奖，中标。¶복권 당첨 발표하다. =宣布彩票中奖。● 당첨되다(當籤--) ●

당초(當初)【명사】일이 생기기 시작한 처음. ◆图当初，起初，开始。¶그의 본심이 어디 있는지는 당초부터 알 만한 것이었다. =从一开始就能知道他的本意是什么。

당하다(當--)【동사】动 ❶ 어떤 때나 형편에 이르거나 처하다. ◆ 当……时候。¶선수들은 시합 날에 당하여 마음을 더욱 단단히 먹었다. =比赛那天，选手们更加坚定了信心。❷ 맞서 이겨 내다. ◆ 比得上，比得过。¶사람을 부리는 수완에 있어서는 그에게 당할 사람이 없다. =在操纵人方面，没有人比得过他。❸ 어떤 사람에게 부당하거나 원하지 않는 일을 겪거나 입다. ◆ 遭到，蒙受，遭受。¶사람들에게 조롱을 당하다. =遭到人们的嘲弄。❹좋지 않은 일 따위를 직접 겪거나 입다. ◆ 遭到，碰到，遇到。¶사고를 당하다. =出事了。❺ 일이나 책임 따위를 능히 해내거나 감당하다. ◆ 承担，承受。¶혼자 큰일을 당하다. =独自承担大事。❻ 다른 것에 해당하거나 맞먹다. ◆ 相当于。¶공감각적(共感覺的) 교육은 둘 중에 하나만을 하는 단순 교육에 비해 그 효과가 3배에 당한다는 보고가 있다. =有报告指出，双向教育的效果是二选一的单向教育的三倍。

-당하다(當--)【접사】'피동'의 뜻을 더하고 동사를 만드는 접미사. ◆ 后缀用在部分表示行动的名词后，共同组成被动词。¶거절당하다. =遭到拒绝。

당혹(當惑)【명사】무슨 일을 당하여 정신이 헷갈리거나 생각이 막혀 어찌할 바를 몰라 함. 또는 그런 감정. ◆ 图困惑，慌乱，慌张，惊惶，着慌，不知所措。¶당혹을 금치 못하다. =掩饰不住惊慌。● 당혹스럽다(當惑---), 당혹하다(當惑--) ●

당혹감(當惑感)【명사】무슨 일을 당하여 어찌할 바를 모르는 감정. ◆图困惑感，不知所措感。

당황(唐慌/唐惶)【명사】놀라거나 다급하여 어찌할 바를 모름. ◆ 图惊慌，慌张，慌乱。 ¶사고 소식을 듣고 어머니는 당황과 불안에 떨고 계셨다. =听到出事的消息后，母亲感到惊慌和不安。● 당황스럽다(唐慌---), 당황하다(唐慌--/唐惶--) ●

닻【명사】배를 한곳에 멈추어 있게 하기 위하여 줄에 매어 물 밑바닥으로 가라앉히는, 갈고리가 달린 기구. ◆ 图锚，碇。 ¶닻을 내리다. =抛锚。

닻줄【명사】닻을 매다는 줄. 밧줄이나 쇠줄로 되어 있다. ◆ 图锚链。 ¶닻줄을 길게 늘어뜨리다. =把锚链放得很长。

닿다【동사】动 ❶ 어떤 물체가 다른 물체에 맞붙어 사이에 빈틈이 없게 되다. ◆ 触及，沾，够到。 ¶머라가 천장에 닿다. =头碰到天花板。 ❷ 어떤 곳에 이르다. ◆ 到达，到，抵达(目的地)。 ¶배가 이미 항구에 닿았다. =船已经到港了。 ❸ 소식이 전달되다. ◆ (消息)传达。 ¶그에게 기별이 닿도록 조치를 취해야 한다. =应采取措施让他收到消息。 ❹ 기회, 운 따위가 긍정적인 범위에 도달하다. ◆ (机会、运气等)到来。 ¶기회가 닿다. =机会来了。 ❺ 정확히 맞다. ◆ 符合。 ¶그의 말이 이치에 닿다. =他的话有理。 ❻ 글의 의미가 자연스럽게 통하다. ◆ 通顺。 ¶그 글은 뜻이 잘 닿지 않는다. =他的文章不通顺。 ❼ 서로 관련이 맺어지다. ◆ 联系，关联。 ¶그 사람은 경제인 단체에 줄이 닿아 있다. =他和经济界团体有联系。

닿소리【명사】목, 입, 혀 따위의 발음 기관에 의해 구강 통로가 좁아지거나 완전히 막히는 따위의 장애를 받으며 나는 소리. ◆ 图辅音。

대¹【명사】图 ❶ 초본 식물의 줄기. ◆ 茎，秆，秸。 ¶밀대. =麦秆。 ❷ 가늘고 긴 막대. ◆ 杆，棍。 ¶대가 꺾이다. =杆子折断了。 ❸ 마음 씀씀이나 굳은 의지. ◆ 主见，主意。 ¶아내가 대가 세어서 남편이 기를 못 편다. =妻子很有主见，丈夫只好忍气吞声。

대²【명사】볏과의 대나무 속(屬) 식물을 통틀어 이르는 말. ◆ 图竹子。 ¶짙푸른 대숲이 바람에 흔들거린다. =一片青葱葱的竹林在风中摇摆。

대³(大)【명사】규모나 크기에 따라 큰 것, 중간 것, 작은 것으로 구분하였을 때에 가장 큰 것을 이르는 말. ◆ 图大号。 ¶나는 키가 커서 대를 입어야 한다. =我个子高，应该穿大号的。

대⁴(代)【명사】图 ❶ 한 집안에 이어 내려오는 혈통과 계보. ◆ 代。 ¶대를 잇다. =传宗接代。 ❷ 세대나 지위가 이어지고 있는 동안. ◆ 年间，年代。 ¶청대에 고증학이 발달하였다. =清代考据学很发达。 ❸ 이어져 내려오는 종족의 한 단계. ◆ 一代，一辈。 ❹세대(世代). ◆ 代，世代。 ¶10대조 묘. =第十代祖先的坟墓。

대⁵(臺)【명사】받침이 되는 시설이나 이용물의 뜻을 나타내는 말. ◆ 图台，托子。 ¶계산대. =收银台。

대⁶(臺)【의존 명사】차나 기계, 악기 따위를 세는 단위. ◆ 依名台，架，辆。 ¶녹음기 한 대. =一台录音机。

대⁷【의존 명사】依名 ❶ 화살 따위와 같이 가늘고 긴 물건을 세는 단위. ◆ 支，枝。 ❷ 치아나 갈비를 세는 단위. ◆ (牙齿，肋骨，排骨)颗，根，块。 ¶늑골 한 대가 끊어졌다. =被打断了一根肋骨。 ❸ 담배통에 채워 넣는 담배의 분량이나 담배를 피우는 횟수를 세는 단위. ◆ 袋(烟)，支(烟)。 ¶담배나 한 대 더 피우고 들어가라. =抽支烟再进去吧。 ❹ 때리는 횟수를 세는 단위. ◆ 挨打的次数。 ¶너 몇 대 맞고 싶니? =你想挨几顿揍啊? ❺ 주사를 놓는 횟수를 세는 단위. ◆ (注射)针。 ¶간호사는 엉덩이에 주사를 한 대 놓았다. =护士在屁股上扎了一针。

대⁸(對)【의존 명사】사물과 사물의 대비나 대립을 나타내는 말. ◆ 依名对，比。

-대⁹(帶)【접사】后缀 ❶ '띠 모양의 공간' 또는 '일정한 범위의 부분'의 뜻을 더하는 접미사. ◆ 带，地带。 ¶화산대. =火山带。 ❷ '띠 모양의 물건'의 뜻을 더하는 접미사. ◆ 带。 ¶혁대. =皮带。

-대¹⁰(帶)【접사】'그 값 또는 수를 넘어선 대강의 범위'의 뜻을 더하는 접미사. ◆ 后缀左右，达。 ¶수십 억대의 재산. =多达数十亿元的财产。

-대¹¹(對)【접사】'그것을 상대로 한' 또는 '그것에 대항하는'의 뜻을 더하는 접두사. ◆ 后缀对。

-대¹²(代)【접사】'물건 값으로 치르는 돈'의 뜻을 더하는 접미사. ◆ 后缀费用，款。 ¶식대. =饭钱。

-대¹³【어미】어떤 사실을 주어진 것으로 치고 그 사실에 대한 의문을 나타내는 종결 어미. ◆ 词尾终结词尾，表示疑问，含有吃惊或者不满的语气。 ¶최근에 그 사람 뭐가 그리 바쁘대? =最近他干什么那么忙?

대가¹(大家)【명사】图 ❶ 어떤 분야에서 뛰어나 권위를 인정받는 사람. ◆ 名家，大师，泰斗。 ¶고고학의 대가. =考古学泰斗。 ❷ 대대로 부귀를 누리며 번창하는 집안. ◆ 大户人家，名门望族。 ¶그는 대가의 후손이다. =他是名门之后。 ❸ 규모가 큰 집. ◆ 大房子。

대가²(代價)【명사】图 ❶ 물건의 값으로 치르는 돈. ◆ 价钱。 ¶대가를 치루다. =付钱。 ❷ 일에 대한 노력이나 수고에 대한 값으로 받는 보수. ◆ 报酬，补偿。 ❸ 노력이나 희생을 통하여 얻게 되는 결과. ◆ 代价。 ¶꿈을 이루기 위해서는 많은 대가를 치러야 한다. =实现梦想需要付出许多代价。

대가리【명사】图 ❶ 동물의 머리. ◆ (动物的)脑袋，头，头部。 ¶닭대가리. =鸡头。 ❷ '사람의 머리'를 속되게 부르는 말. ◆ (俗称)脑袋，脑袋瓜。 ¶너는 대가리에 뭐가 들었니? =你脑袋里装了什么? ❸ 길쭉하게 생긴 물건의 앞이나 윗부분. ◆ (器物的)头，帽。 ¶콩나물 대가리. =豆芽头。

대가족(大家族)【명사】图 ❶ 식구 수가 많은 가족. ◆ 大家庭。 ¶우리 집은 가족이 10여 명인 대가족이다. =我家是一个有十几口人的大家庭。 ❷직계나 방계의 친족 및 노비 따위로 이루어진 가족. 가장권에 의하여 통제되며, 전근대 사회에서 일반적으로 볼 수 있는 가족 형태이다. ◆ 大家族，大家庭。 ¶나씨 집안은 가족이 10여 명인 대가족이다. =罗家是一个有十几口人的大家族。

대각선(對角線)【명사】다각형에서 서로 이웃하지

않는 두 꼭지점을 잇는 선분. ◆ 图对角线。

대감(大監)【명사】조선 시대에, 정이품 이상의 벼슬아치를 높여 부르던 말. 벼슬이나 지명에 붙여서 불렀다. ◆ 图大监(朝鲜王朝时对正二品以上官员的尊称)。¶이번 일을 대감께서는 어떻게 생각하십니까? =不知大监大人如何看待本次事件?

대갓집(大家-)【명사】대대로 세력이 있고 번창한 집안. ◆ 图权贵之家。¶그 선비는 형편이 어려워지자 대갓집에 찾아가 의탁하게 되었다. =那个书生的境况变得窘迫起来，于是便依附到权贵门下。

대강[1](大綱)【명사】자세하지 않은, 기본적인 부분만을 따 낸 줄거리. ◆ 图大纲，要点，提纲。¶나는 시간이 없어 대강을 설명해 주고 나왔다. =由于没有时间，我介绍了要点之后就出来啦。

대강[2](大綱)【부사】자세하지 않게 기본적인 부분만 들어 보이는 정도로. ◆ 副大概，大致。¶몸이 좋지 않아 강의를 대강 마무리하고 나왔다. =由于身体不舒服，笼统地讲完课就出来了。● 대강대강(大綱大綱) ●

대개(大概)【부사】일반적인 경우에. ◆ 副大体上，一般。¶대개 범인들은 자신의 범행 장소에 다시 나타난다. =一般来说，罪犯会再次出现在犯罪现场。

대걸레【명사】긴 막대 자루가 달린 걸레. 바닥을 닦는 데 쓴다. ◆ 图拖把。¶대걸레로 바닥을 닦다. =用拖把拖地板。

대검(大劍)【명사】큰 칼. ◆ 图长剑，长刀。¶그는 본격적인 싸움이 시작되자 대검을 뽑아 휘둘렀다. =战斗刚正式打响，他就抽出长剑挥舞起来。

대게【명사】물맞이겟과의 하나. ◆ 图竹蟹。

대견하다【형용사】흐뭇하고 자랑스럽다. 소중하거나 대단하다. ◆ 形令人满意，令人心满意足。¶애를 써서 공부를 하며 항상 깊은 밤까지 책상에 기대어 책을 보는 아들이 아빠는 대견했다. =儿子学习很刻苦，常常深夜伏案看书，爸爸心里很满意。● 대견스럽다 ●

대결(對決)【명사】양자(兩者)가 맞서서 우열이나 승패를 가림. ◆ 图较量，较劲，对抗。● 대결하다(對決--) ●

대경실색(大驚失色)【명사】몹시 놀라서 얼굴빛이 하얗게 질리는 것. ◆ 图 惊慌失措。¶그는 어머니가 돌아가셨다는 소식을 듣자 대경실색하였다. =听到母亲去世的消息，他惊慌失措。● 대경실색하다(大驚失色--) ●

대공(對空)【명사】지상에서 공중에 있는 목표물을 상대로 함. ◆ 图防空。¶정부는 대공 무기를 구입했다. =政府购买了防空武器。

대공원(大公園)【명사】규모가 큰 공원. ◆ 图大公园。¶서울대공원에는 동물원 외에 식물을 주제로 한 정원이 있다. =首尔大公园除了动物园区，还有一处以植物为主题的花园。

대관식(戴冠式)【명사】유럽에서, 임금이 즉위한 뒤 처음으로 왕관을 써서 왕위에 올랐음을 일반에게 널리 알리는 의식. ◆ 图加冕典礼，加冕仪式。¶이곳은 대관식에 사용될 왕관을 만들었던 곳이다. =这里曾经是制做加冕典礼所使用的王冠的地方。

대관절(大關節)【부사】여러 말 할 것 없이 핵심만 말하건대. ◆ 副到底，究竟。¶대관절 어떻게 된 일입니까? =这到底是怎么回事?

대괄호(大括弧)【명사】묶음표의 하나. 문장 부호 '[ ]'의 이름이다. ◆ 图中括号，中括弧。¶이 음은 대괄호로 표시하시오. =请用中括号来标注这个音。

대구(大邱)【명사】영남 지방의 중앙부에 있는 광역시. ◆ 图大邱。

대국(對局)【명사】图 ❶ 바둑이나 장기를 마주 대하여 둠. ◆ 对局，对弈，杀一盘。¶그들은 만나기만 하면 대국을 벌렸다. =只要一见面，他们就要杀一盘。❷ 일의 어떤 국면에 마주함. ◆ (面对的)局势，局面。

대굴대굴【부사】副 ❶ 작은 물건이 계속 구르는 모양. ◆ 咕噜(滚动貌)。¶축구공이 대굴대굴 굴러가다. =足球咕噜滚下去了。❷ 하는 일 없이 뒹구는 모양. ◆ 游手好闲。¶그는 직장을 그만 두고 난 후 온종일 집에서 대굴대굴 뒹굴고 있다. =他辞职后整天在家里游手好闲。

대궐(大闕)【명사】임금이 거처하는 집. ◆ 图宫阙，宫廷。¶대궐 같은 집. =像宫殿一样的房子。

대규모(大規模)【명사】넓고 큰 범위나 크기. ◆ 图大规模，大型。¶지금 이곳은 대규모 행사가 열리고 있다. =现在这里正在举行大型活动。

대금[1](代金)【명사】물건의 값으로 치르는 돈. ◆ 图价钱，价格，费用。¶어제 우유 대금을 치렀다. =昨天交了牛奶钱。

대금[2](大笒)【명사】대나무에 13개의 구멍을 뚫어서 만든, 입술에 가로로 대고 부는 한국의 전통 악기. ◆ 图大笒(韩国的一种传统乐器，类似于中国的笛子)。¶대금은 대나무로 만드는 전통악기이다. =大笒是用竹子制作的韩国传统乐器。

대기[1](大氣)【명사】지구를 둘러싼 대기의 하층부를 구성하는 무색, 무취의 투명한 기체. ◆ 图空气。¶아침에 운동을 하면 신선한 대기를 마실 수 있어서 좋다. =早晨运动时，可以呼吸新鲜空气，很不错。

대기[2](待機)【명사】图 ❶ 때나 기회를 기다리는 것. ◆ 等待，伺机。¶그는 지금 상사의 전화를 받기 위해 대기중이다. =他正在等领导的电话。❷ 공무원의 대명(待命) 처분. ◆ (对公务员的)待命处分。¶대기 발령. =待命处分。❸ 부대가 전투 준비를 마치고 출동 명령을 기다림. ◆ 待命。¶대기 병력. =待命兵力。● 대기하다(待機--) ●

대기권(大氣圈)【명사】지구를 둘러싸고 있는 대기의 범위. ◆ 图大气圈，大气层。¶지금 막 우주왕복선이 대기권을 벗어나고 있습니다. =宇宙飞船现在正在脱离大气层。

대기만성(大器晩成)【명사】큰 그릇을 만드는 데는 시간이 오래 걸린다는 뜻으로, 크게 될 사람은 늦게 이루어짐을 이르는 말. ◆ 图 大器晚成。¶이 사람은 어려서는 철부지더니 이제야 성공한 걸 보니 대기만성이군. =他小时候很不懂事，现在成功了，看来真是大器晚成啊。

대기실(待機室)【명사】대기하는 사람이 기다리도록 마련된 방. ◆ 名等候室，候车室。

대꾸【명사】'말대꾸'의 준말. 남의 말을 듣고 그대로 받아들이지 아니하고 그 자리에서 제 의사를 나타냄. 또는 그 말. ◆ 名顶嘴，还嘴，辨白，反驳(말대꾸的略语)。¶그는 나의 말에 대꾸도 없이 나가 버렸다. =他对我的话毫无回应，就那么走了。● 대꾸하다 ●

대나무【명사】볏과의 대나무 속(屬) 식물을 통틀어 이르는 말. ◆ 名竹子。¶대나무숲. =竹林。

대납(代納)【명사】名 ❶ 남을 대신하여 조세 따위를 바침. ◆ (替别人)代缴，代付。¶세금 대납. =代缴税金。❷ 다른 물건으로 대신 바침. ◆ (拿别的东西)代交，替代缴纳。¶현물 대납. =用实物代缴。● 대납하다(代納--) ●

대낮【명사】환히 밝은 낮. ◆ 名白天，白昼，大白天，光天化日，大清白日。¶그는 오늘 무슨 일이 있었는지 대낮부터 술에 취해 있었다. =不知道他今天有什么事情，大白天就喝醉了。

대내(對內)【명사】내부 또는 나라 안에 대함. ◆ 名对内。¶이 학교는 대내 문제로 어수선하다. =这个学校由于内部问题乱作一团。

대뇌(大腦)【명사】뇌의 대부분을 차지하는 부분. ◆ 名大脑。¶그는 교통사고로 대뇌가 손상되어 기억을 잃어버렸다. =他的大脑在交通事故中受到损伤，失去了记忆。

대님【명사】한복에서, 남자들이 바지를 입은 뒤에 그 가랑이의 끝 쪽을 접어서 발목을 졸라매는 끈. ◆ 名 绑腿绳。¶요즘 젊은이들은 대님을 묶을 줄을 모른다. =如今的年轻人不知道如何扎绑腿绳。

-대다[1]【접사】'그런 상태가 잇따라 계속됨'의 뜻을 더하고 동사를 만드는 접미사. ◆ 后缀附在拟声拟态词的词根后组成动词，表示动作或者声音的持续。¶이 친구는 어디를 가든 까불댄다. =这个人不管到哪里都很轻浮。

대다[2]【동사】动 ❶ 시간을 어기지 않고 정한 목적에 이르게 하다. ◆ 准时到达，赶上。¶간신히 버스 시간에 대다. =好不容易赶上了火车。❷ 어떤 것을 목표로 삼거나 향하다. ◆ (主要以대고的形式)朝着，向着，对着。¶하늘에 대고 침뱉기. =朝天吐唾沫。❸ 무엇을 어디에 닿게 하다. ◆ 贴上，贴近，靠上。¶전화를 귀에 대다. =把电话贴到耳朵上。❹어떤 도구나 물건을 써서 일을 하다. ◆ 下，动(某物)。¶한지에 붓을 대다. =在韩纸上下笔。❺ 차, 배 따위의 탈것을 멈추어 서게 하다. ◆ 停，靠，停放(车、船等)。¶마을 입구에 관광버스를 대다. =把旅游大巴停在村口。❻ 돈이나 물건 따위를 마련하여 주다. ◆ 提供，供给(钱物等)。¶남몰래 가난한 이웃에게 쌀을댄다. =悄悄地给贫穷的邻居提供大米。❼ 무엇을 덧대거나 뒤에 받치다. ◆ 衬，垫，靠，倚。¶공책에 책받침을 대다. =笔记本下垫着垫板。❽ 어떤 것을 목표로 하여 총, 호스(hose) 따위를 겨냥하다. ◆ 把……对准，用……对着。¶적군에게 총부리를 대다. =把枪口对准敌军。❾ 노름, 내기 따위에서 돈이나 물건을 걸다. ◆ 押，押上，下注，赌上。¶그들은 한 판에 만 원씩을 대고 노름을 시작하였다. =他们开始赌钱，每局押1万韩元。❿ 사람을 구해서 소개해 주다. ◆ 找，请，雇，配。¶아들에게 경호원을 대다. =给儿子雇保镖。⓫ 어떤 곳에 물을 끌어들이다. ◆ 引，灌，浇(水)。¶논에 물을 대다. =给水田灌水。⓬ 잇닿게 하거나 관계를 맺다. ◆ 连接，接。¶전화를 사장실로 대다. =把电话接到总经理办公室。⓭ 다른 사람과 신체의 일부분을 닿게 하다. ◆ 挨，靠，依偎。¶어깨를 대다. =肩并肩。⓮ 서로 견주어 비교하다. ◆ 比，对比，比较。¶나는 내 실력을 그의 솜씨에 대 볼 자신이 없었다. =我没有信心和他比手艺。⓯ 이유나 구실을 들어 보이다. ◆ 找，拿出(理由或借口)。¶아버지께 변명할 구실을 대다. =找个向父亲解释的借口。⓰ 어떤 사실을 드러내어 말하다. ◆ 供出，交代，坦白。¶경찰에게 어제 한 일을 대다. =向警察交代了昨天干的事情。

대다[3] [보조 동사] 앞말이 뜻하는 행동을 반복하거나 그 행동의 정도가 심함을 나타내는 말. ◆ 补动用于动词的"-어"形之后，表示动作的重复或者程度强。¶내 말에 아이는 깔깔 웃어대기 시작했다. =听了我的话，孩子开始哈哈大笑。

대다수(大多數)【명사】거의 모두 다. ◆ 名大多数，多数。¶대다수가 찬성이다. =多数赞成。

대단원(大團圓)【명사】名 ❶ 어떤 일의 맨 마지막. ◆ 结局，结果。¶결국 대단원은 비극으로 끝났다. =结果以悲剧收场。❷ 연극이나 소설의 구성단계상 맨 끝으로, 모든 사건을 해결하고 끝을 내는 마지막 장면. ◆ (小说、戏剧的)最后一场，结局。¶드디어 대단원의 막이 내렸다. =最后一场终于落下了帷幕。

대단하다【형용사】形 ❶ 매우 심하다. ◆ 很，非常，厉害。¶더위가 대단하다. =非常热。❷ 몹시 크거나 많다. ◆ 很多，很大。¶공사 규모가 대단하다. =工程规模很大。❸ 출중하게 뛰어나다. ◆ 了不起，出色，出众。¶영어실력이 대단하다. =英语水平很出色。❹ 아주 중요하다. ◆ 很重要，很重大。¶감사원장은 대단한 직책이다. =监察院长是一个十分重要的职位。● 대단히 ●

대담[1](對談)【명사】마주 대하고 말함. 또는 그런 말. ◆ 名面谈，访谈，交谈。¶시사 대담. =时事访谈。● 대담하다(對談--) ●

대담[2](大膽)【명사】담력이 크고 용감함. ◆ 名大胆。¶대담한 행동. =大胆的行为。● 대담하다(大膽--), 대담히(大膽-) ●

대담성(大膽性)【명사】일을 대하는 데 담력이 크고 용감한 질. ◆ 名勇敢品质。¶어려운 업을 갖기 위해서는 대담성이 필수 경로이다. =从事困难职业，具备勇敢品质是首要条件。

대답(對答)【명사】名 ❶ 부르는 말에 응하여 어떤 말을 함. 또는 그 말. ◆ 回答，应声。¶그는 내가 불러도 대답이 없다. =我叫他，但是他没有应声。❷ 상대가 묻거나 요구하는 것에 대하여 해답이나 제 뜻을 말함. 또는 그런 말. ◆ 解答，回答。¶나는 그의 침묵을 부정의 대답으로 생각했다. =我把他的沉默当成否定回答。 ❸ 어떤 문제나 현상을 해명하거나 해결하는 방안. ◆ 答案，解答。 ¶이번 사건에 대답을 찾기가 쉽지 않다. =很难找到本次事件的解决方案。 ● 대답하다(對答--) ●

대대[1](代代) 【부사】 여러 대를 이어서 계속하여. ◆ 副代代，世世代代，一代一代。

대대[2](代代) 【명사】 거듭된 여러 대. ◆ 名代代，世世代代。 ● 대대로(代代-) ●

대대손손(代代孫孫) 【명사】 오래도록 내려오는 여러 대. ◆ 名世世代代。 ¶그의 위대한 공적은 천추에 길이 빛나며 대대손손 이어질 것이다. =他的丰功伟绩将永垂不朽。

대대적(大大的) 【명사】 범위나 규모가 매우 큰 것. ◆ 名盛大的，大规模的，很大的。 ¶가요계의 이 신예는 이미 대대적인 취재의 초점이 되었다. =这位歌坛新秀已成为炒作的焦点。

-대도 【어미】 '-다고 하여도'가 줄어든 말. ◆ 词尾 -다고 하여도的略语。

대도시(大都市) 【명사】 지역이 넓고 인구가 많은 도시. ◆ 名大都市，大城市。 ¶대도시는 교통난이 가장 큰 골칫거리다. =大城市最头疼的问题便是交通问题。

대동강(大同江) 【명사】 평안남도에 있는 강. ◆ 名大同江。

대동맥(大動脈) 【명사】 名 ❶ 심장의 왼심실에서 나와 온몸에 피를 보내는 동맥의 본줄기. ◆ 大动脉。 ¶그는 대동맥이 막혀 수술을 받았다. =他的大动脉堵塞了，做了手术。 ❷ 교통의 중요한 간선로(幹線路) 따위를 비유적으로 이르는 말. ◆ 大动脉，交通干线。 ¶국가의 대동맥이라 할 수 있는 고속도로가 휴가철이면 꽉 막혀 오도 가도 못한다. =高速公路可以说是国家的大动脉，每到休假期间，高速公路总是堵得严严实实的，车辆寸步难行。

대동소이하다(大同小異--) 【형용사】 큰 차이 없이 거의 같다. ◆ 形大同小异，相差无几。 ¶오늘 발표한 계획안은 지난번에 발표한 것과 대동소이하다. =今天宣布的计划案与上次的大同小异。

대두[1](擡頭) 【명사】 머리를 쳐든다는 뜻으로, 어떤 세력이나 현상이 새롭게 나타남을 이르는 말. ◆ 名抬头，兴起。 ¶신흥세력 대두. =新兴势力抬头。 ● 대두되다(擡頭--), 대두하다(擡頭--) ●

대두[2](大豆) 【명사】 콩. 콩과의 한해살이풀. ◆ 名大豆。

대들다 【동사】 요구하거나 반항하느라고 맞서서 달려들다. ◆ 名顶撞，抗争。 ¶부모에게 대들다. =顶撞父母。

대들보(大--) 【명사】 ❶ 작은 들보의 하중을 받기 위하여 기둥과 기둥 사이에 건너지른 큰 들보. ◆ 名大梁，横梁。 ❷ 한 나라나 집안의 운명을 지고 나갈 만큼 중요한 사람을 비유적으로 이르는 말. ◆ 顶梁柱，栋梁。 ¶넌 우리 집안의 대들보가 되어야 해. =你应该成为我们家的顶梁柱。

대등(對等) 【명사】 서로 견주어 높고 낮음이나 낫고 못함이 없이 비슷함. ◆ 名对等，平等。 ¶대등의 관계. =对等关系。 ● 대등하다(對等--) ●

대뜸 【부사】 이것저것 생각할 것 없이 그 자리에서 곧. ◆ 副立刻，当场。 ¶그는 설명을 듣던 중 대뜸 손을 들고 질문을 했다. =他在听取说明的过程中当场举手提问。

대란(大亂) 【명사】 크게 어지러움. ◆ 名大乱，大混乱。 ¶교통 대란. =交通大混乱。

대략[1](大略) 【명사】 대강의 줄거리. ◆ 名梗概。 ¶이번 발표를 대략 정리해서 발표하면 다음과 같습니다. =本次发言的梗概整理汇报如下。

대략[2](大略) 【부사】 대충 어림잡아서. ◆ 副大概，大约。 ¶수해의 피해액이 대략 10억이 넘었다. =水灾造成的损失大约超过了10亿。

대략적(大略的) 【명사】 대강의 줄거리로 이루어진 것. ◆ 名大略的，大概的，大致的。 ¶이번 발표의 대략적인 개요를 말씀드리겠습니다. =我将汇报一下本次主题陈述的大概内容。

대량(大量) 【명사】 아주 많은 분량이나 수량. ◆ 名大量, 大批, 批量。

대량 생산(大量生産) 【명사】 기계를 이용하여 동일한 제품을 대량으로 만들어 내는 일. ◆ 名大规模生产。

대령(大領) 【명사】 영관 계급의 하나. ◆ 名上校。 ¶오 대령은 우리 사단에 유능한 지휘관이다. =吴上校是我们师出色的指挥官。

대령(待令) 【명사】 名 ❶ 윗사람의 지시나 명령을 기다림. 또는 그렇게 함. ◆ 待命，候命。 ❷ 미리 준비하고 기다림. ◆ 待命，待机。 ¶혹시 있을지 모르는 사고에 대비하여 우리는 아침부터 대령을 하고 있었다. =为应对可能发生的事故，我们从早上就开始待命。 ● 대령하다(待令--) ●

대로[1] 【조사】 助 ❶ 앞에 오는 말에 근거하거나 달라짐이 없음을 나타내는 보조사. ◆ 按照，依照，依。 ¶나를 처벌하려면 법대로 해라. =如果想处罚我，就请依法办事吧。 ❷ 따로따로 구별됨을 나타내는 보조사. ◆ 另外，分别。 ¶이 과일은 큰 것은 큰 것대로 따로 모아 두어라. =把这种水果里的大的单独放在一起。

대로[2] 【의존 명사】 依名 ❶ 어떤 모양이나 상태와 같이. ◆ 按照，照样，依照。 ¶그는 들은 대로 이야기했다. =他照实说出了听到的一切。 ❷ 어떤 상태나 행동이 나타나는 그 즉시. ◆ 立即，马上，立刻。 ¶그곳에 도착하는 대로 꼭 전화해라. =到那儿后马上打电话。 ❸ 어떤 상태나 행동이 나타나는 족족. ◆ 只要……就，一……就。 ¶나는 기회 있는대로 메모하는 습관이 있다. =我习惯一有空就做记录。 ❹ 어떤 상태가 매우 심하다는 뜻을 나타내는 말. ◆ 表示某种状态相当严重。 ¶그는 지칠 대로 지쳐 아무 말도 하지 못했다. =他累极了，什么话也说不出来。 ❺ 할 수 있는 만큼 최대한. ◆ 表示程度达到极限，尽可能，尽快。 ¶이번 사건은 될 수 있는대로 빨리 처리할 수 있길 바란다. =希望能尽快解决这件事。

대로³(大路)【명사】图 ❶ 큰길. ◆ 大路，大道。¶좁은 길로 가지 말고 대 로로 가거라. =不要走小路，要走大路。❷ 어떤 목적을 향하여 나아가는 활동의 큰 방향. ◆ 坦途，大道，道路。¶부정부패 척결은 경제발전으로 가는 대로이다. =铲除腐败是经济发展的必经之路。

대롱【부사】작은 물건이 깜찍하게 매달려 있는 모양. ◆ 副摇摇晃晃，晃晃悠悠。¶내가 도착하자 가방은 절벽 아래 대롱 매달려 있었다. =我赶到时，看见书包正在悬崖边上? 晃晃悠悠地挂着。● 대롱거리다, 대롱대다, 대롱대롱, 대롱대롱하다 ●

대롱【명사】가느스름한 통대의 토막. ◆ 图竹筒，竹管。¶낙수가 대롱을 타고 물통으로 흘러내렸다. =房檐滴水沿着竹管流到了水桶里。

대류(對流)【명사】기체나 액체에서, 물질이 이동함으로써 열이 전달되는 현상. ◆ 图对流。¶가열하자 냄비 안에 있는 물의 대류가 더 심해졌다. =加热后，锅里的水加速对流。

대륙(大陸)【명사】넓은 면적을 가지고 해양의 영향이 내륙부에까지 직접적으로 미치지 않는 육지. ◆ 陆地。¶대륙에서 천하무적이다. =在陆地上天下无敌。

대륙붕(大陸棚)【명사】대륙 주위에 분포하는 극히 완만한 경사의 해저. ◆ 图 大陆架。¶대륙붕에는 해저자원이 풍부하다. =大陆架海底资源丰富。

대륙성기후(大陸性氣候)【명사】대륙의 영향을 강하게 받는 기후. ◆ 图大陆性气候。¶내일은 대륙성기후의 영향으로 강한 추위가 예상됩니다. =由于受大陆性气候的影响，明天将会有强冷气流。

대리(代理)【명사】图 ❶ 남을 대신하여 일을 처리함. 또는 그런 사람. ◆ 代，代替，代办。¶이번 입시에서 대리 시험이 있었다. =这次入学考试中有替考的。❷ 회사나 은행 따위의 집단에서 부장·지점장·과장 등의 직무를 대신하는 직위. 또는 그 직위에 있는 사람. ◆ 代理。¶이번 진급에서 대리로 승진하다. =在此次职务晋升中被提拔为代理。● 대리하다(代理--) ●

대리석(大理石)【명사】석회암이 높은 온도와 센 압력을 받아 변질된 돌. ◆ 图大理石。¶이 박물관은 바닥을 대리석으로 깔았다. =这家博物馆地面铺着大理石。

대리인(代理人)【명사】다른 사람을 대신하는 사람. ◆ 图替身，代理人。¶그는 급한 일이 있어 대리인을 시켜 가게 했다. =他由于有急事，所以派人替自己去。

대리점(代理店)【명사】일정한 회사 따위의 위탁을 받아 거래를 대리하거나 매개하는 일을 하는 가게. ◆ 图代理店，代销商。¶컴퓨터 대리점. =计算机代销商。

대립(對立)【명사】의견이나 처지, 속성 따위가 서로 반대되거나 모순됨. 또는 그런 관계. ◆ 图对立，对峙。● 대립되다(對立--), 대립하다(對立--) ●

대마초(大麻草)【명사】환각제로 쓰는 대마의 이삭이나 잎. ◆ 图大麻，大麻草。¶대부분 국가에서 대마초를 반입하는 것은 불법이다. =在韩国，将大麻运到境内是违法的。

대망¹(大望)【명사】큰 희망. ◆ 图大志，宏愿，弘愿。¶그는 대망을 품고 서울에 올라 왔다. =他胸怀大志来到首尔。

대망²(待望)【명사】기다리고 바람. ◆ 图期待，期盼，盼望。¶대망의 21세기가 밝아 왔다. =盼望已久的21世纪来临了。

대머리【명사】머리털이 많이 빠져서 벗어진 머리. 또는 그런 사람. ◆ 图秃头。¶그는 젊은 나이에 대머리가 되었다. =他年纪轻轻就成了秃头。

대면(對面)【명사】직접 얼굴을 마주 보고 대함. ◆ 图见面，打照面。¶어제 그와 첫 대면을 했다. =昨天和他第一次见面。● 대면하다(對面--) ●

대명사(大名辭)【명사】图 ❶ 사람이나 사물의 이름을 대신 나타내는 말. 또는 그런 말들을 지칭하는 품사. ◆ 代词。¶대명사의 사용은 문장의 반복을 피해준다. =使用代词避免句子重复。❷ 어떤 속성을 대표적으로 나타내는 것을 비유적으로 이르는 말. ◆ 代词，代名词，象征。¶황금은 부를 상징하는 대명사이다. =黄金是富贵的代名词。

대명천지(大明天地)【명사】매우 환하고 밝은 세상. ◆ 图光天化日。¶대명천지에 이런 일이 벌어질 줄이야? =光天化日之下，怎么会发生这样的事情?

대목【명사】图 ❶ 설이나 추석 따위의 명절을 앞두고 경기(景氣)가 가장 활발한 시기. ◆ 销售旺季，畅销期。¶명절 대목은 장사가 잘 된다. =节前是生意旺季。❷ 일의 어떤 특정한 부분이나 대상. ◆ 关键，重要部分。¶이것은 유의해야 할 대목이다. =这是需要注意的关键问题。❸ 이야기나 글 따위의 특정한 부분. ◆ (文章或文艺作品的)段落，章节，选段。¶춘향가 한 대목을 부르다. =唱一段《春香歌》选段。

대못(大-)【명사】큰 못. ◆ 图大钉。¶그는 대들보에 대못을 쳤다. =他在房梁上钉大钉。

대문(大門)【명사】큰 문. 주로, 한 집의 주가 되는 출입문을 이른다. ◆ 图大门，正门。¶이 집은 늘 대문이 굳게 잠겨 있었다. =这家常常大门紧闭。

대문자(大文字)【명사】서양 글자에서, 큰 체로 된 글자. 영어에서 글의 첫머리나 고유 명사의 첫 자 따위에 쓰는 글자체이다. ◆ 图大写，大写的字。¶영어 문장의 첫머리 글자는 왜 대문자로 해야 하나요? =为什么英语句子的首字母要大写?

대문짝(大門-)【명사】대문의 문짝. ◆ 图门扇，大门扇。¶발로 차자 대문짝이 떨어졌다. =用脚一踹，大门就掉了下来。

대문짝만하다(大門----)【형용사】매우 크다. ◆ 图 (字、标志等大得)醒目，突出，显眼。

대물리다(代---)【동사】사물이나 가업 따위를 후대의 자손에게 남겨 주어 자손이 그것을 이어 나가다. ◆ 动传。¶그는 사업을 아들에게 대물리다. =他把企业传给了儿子。

대물림(代--)【명사】사물이나 가업 따위를 후대의 자손에게 남겨 주어 자손이 그것을 이어 나감. ◆ 图继承。¶그는 부채 만드는 가업을 대물림했다. =他

继承了做扇子的家业。● 대물림하다(代---) ●

대미(大尾)【명사】어떤 일의 맨 마지막. ◆ 图结尾, 结局。 ¶불꽃놀이가 축제의 대미를 장식했다. =盛会在礼花中落幕。

대바구니【명사】대로 엮어 만든 바구니. ◆ 图竹篮, 竹篓, 竹筐。 ¶한밤에 봄비가 소리 없이 대지를 적셔 들과 야산에 냉이, 쑥갓, 민들레가 사방에 가득 자라 엄마와 나는 대바구니에 봄을 가득 담았다. =一夜春雨的无声滋润，田野里、小山上，到处长满了荠菜、茼蒿、蒲公英。母亲和我的竹篮里装满了春天。

대바늘【명사】대로 만든 바늘. 끝이 곧고 뾰족한 뜨개질용 바늘이다. ◆ 图竹针。

대발【명사】대를 엮어서 만든 발. ◆ 图竹帘。 ¶문 앞에 대발을 치다. =门前挂着竹帘。

대번에【부사】서슴지 않고 한숨에. 또는 그 자리에서 당장. ◆ 副一下子，立即，马上。 ¶나는 대번에 그의 목소리를 알아들었다. =我一下子就听出了他的声音。

대범하다(大汎--/大泛--)【형용사】성격이나 태도가 사소한 것에 얽매이지 않으며 너그럽다. ◆ 形宽宏大度，豁达，开朗。 ¶성격이 대범하다. =性格豁达。

대변인(代辯人)【명사】어떤 사람이나 단체를 대신하여 의견이나 태도를 발표하는 일을 맡은 사람. ◆ 图代言人，发言人，辩护人。

대변하다(代辯--)【동사】动 ❶ 어떤 사람이나 단체를 대신하여 그의 의견이나 태도를 표하다. ◆ 代言，代表，辩护。 ¶친구의 억울함을 대변하다. =代朋友申冤。 ❷ 어떤 사실이나 의미를 대표적으로 나타내다. ◆ 代表，说明。

대별하다(大別--)【동사】크게 구별하여 나누다. ◆ 动大致划分。 ¶내용을 주제에 따라 둘로 대별하다. =将内容按主题大致划分为两部分。● 대별되다 ●

대보다【동사】서로 견주어 보다. ◆ 动比较，比。 ¶새 옷을 딸에게 대보니 너무 컸다. =给女儿比了一下新衣服，觉得太大。

대보름(大--)【명사】음력 정월 보름날을 명절로 이르는 말. ◆ 图正月十五。 ¶아침에 어머니는 대보름날이라며 귀밝이술을 주셨다. =早上，妈妈说今天是正月十五，给我们喝耳明酒。

대본(臺本)【명사】图 ❶ 연극의 상연이나 영화 제작에 있어서 기본이 되는 글. ◆ 台词，剧本，脚本。 ¶그 연기자는 드라마 대본을 아침부터 외우기 시작했다. =那个演员从早晨就开始背剧本。 ❷ 어떤 일을 하는 데 토대가 되는 책. ◆ 蓝本。 ¶영문판을 대본으로 하여 번역하다. =以英文版为蓝本进行翻译。

대부(貸付)【명사】주로 은행 따위의 금융 기관에서 이자와 기한을 정하고 돈을 빌려 줌. ◆ 图贷款。 ¶그는 어제 은행으로부터 대부를 받았다. =他昨天从银行贷了款。● 대부하다(貸付--) ●

대부분(大部分)【부사】거의 모두. ◆ 副大部分，大多，大都。 ¶대부분 반대했다. =大多数反对。

대분수(帶分數)【명사】정수와 진분수의 합으로 이루어진 수. ◆ 图带分数。

대비[1](對比)【명사】두 가지의 차이를 밝히기 위하여 서로 맞대어 비교함. 또는 그런 비교. ◆ 图对比，比较。 ¶현대차와 기아차의 대비를 통해 장단점을 찾는다. =将现代牌汽车和起亚牌汽车进行比较后找出优缺点。● 대비되다(對比--), 대비하다(對比--) ●

대비[2](對備)【명사】앞으로 일어날지도 모르는 어떠한 일에 대응하기 위하여 미리 준비함. 또는 그런 준비. ◆ 图为对付……而做准备，应对。 ¶앞으로 일어날지 모를 폭우에 대비를 해야 할 것이다. =要应对今后可能出现的暴雨。● 대비하다(對備--) ●

대비책(對備策)【명사】앞으로 일어날지도 모르는 어떤 일에 대응하기 위한 방책. ◆ 图对策，防范措施。 ¶겨울철 폭설에 대한 대비책을 세워야 할 것이다. =冬天应当制定应对暴风雪的防范措施。

대사[1](臺詞)【명사】연극이나 영화에서 배우가 하는 말. 대화·독백·방백 등이 있다. ◆ 图台词，剧本，对白。 ¶이번 연극은 대사가 많다. =这部剧有很多台词。

대사[2](大使)【명사】나라를 대표하여 다른 나라에 파견되어 외교를 맡아보는 최고 직급. 또는 그런 사람. ◆ 图大使。

대사[3](大事)【명사】图 ❶ 다루는 데 힘이 많이 들고 범위가 넓은 일. 또는 중대한 일. ◆ 大事。 ¶그는 갑자기 대사를 치렀다. =他突然出了大事。 ❷ 결혼, 회갑, 초상 따위의 큰 잔치나 예식을 치르는 일. ◆ 婚事，喜事，婚礼。 ¶나는 오늘 드디어 대사를 치렀다. =我今天终于举行了婚礼。

대사관(大使館)【명사】대사가 주재국에서 공무를 처리하는 기관. 또는 그런 청사. ◆ 图大使馆。 ¶주한 중국대사관. =中国驻韩国大使馆。

대사전(大辭典)【명사】수록한 단어가 많고 내용이 풍부하여 부피가 큰 사전. ◆ 图大辞典，大词典。 ¶경제학 대사전. =经济学大辞典。

대상(對象)【명사】어떤 일의 상대 또는 목표나 목적이 되는 것. ◆ 图对象。 ¶이 집은 과세 대상에 포함된다. =这家也包括在纳税对象之内。

대서[1](大暑)【명사】24절기의 하나. ◆ 图大暑。 ¶오늘이 제일 덥다는 대서이다. =今天是大暑中最热的一天。

-대서[2]【어미】'-다고 하여서'가 줄어든 말. ◆ 词尾 "-다고 하여서"的略语。 ¶네가 온대서 기뻤다. =听说你要来，我打心眼里高兴。

대서양(大西洋)【명사】유럽·아프리카 대륙과 남·북아메리카 대륙을 분리하는 대양. ◆ 图大西洋。 ¶아버지는 원양어선을 타고 대서양으로 나갔다. =爸爸乘远洋渔船去大西洋了。

대설(大雪)【명사】❶ 아주 많이 오는 눈. ◆ 图 大雪，暴雪。 ¶대설로 전기가 끊겼다. =由于暴雪，供电中断。 ❷ 24절기의 하나. ◆ 大雪（二十四节气之一）。 ¶오늘이 대설이라더니 정말 눈이 많이 오는 군. =今天是大雪节气，还真下起了大雪。

대성(大成)【명사】크게 이룸. 또는 그런 성과. ◆图大有作为，大功告成。¶어머니는 내가 대성하길 바라며 매일 기도하셨다. =妈妈每天祈祷，希望我能大有作为。

대성공(大成功)【명사】크게 성공함. 또는 그런 성공. ◆图 巨大成功，巨大成就。¶이번 일에 대성공을 거두다. =这件事获得巨大成功。● 대성공하다(大成功--) ●

대성통곡(大聲痛哭)【명사】큰 소리로 몹시 슬프게 곡을 함. ◆图放声大哭，号啕恸哭。¶그는 모친의 부음을 듣자마자 대성통곡을 터뜨렸다. =听到母亲去世的消息，他放声大哭。● 대성통곡하다(大聲痛哭--) ●

대성하다(大成--)【동사】크게 이루다. ◆动获得巨大成功。¶고생 끝에 대성하다. =历尽艰辛获得巨大成功。

대성황(大盛況)【명사】매우 큰 성황. 또는 행사의 규모, 인원, 기세 따위가 몹시 성대한 판. ◆图隆重，盛况空前。¶이번 아파트 분양은 대성황을 이루었다. =此次公寓开盘盛况空前。

대세(大勢)【명사】일이 진행되어 가는 결정적인 형세. ◆图大势，大趋势，大局。¶이번 전쟁에서 대세를 뒤집기는 어려울 것이다. =在这次战争中，很难挽回大局。

대소(大小)【명사】크고 작음. ◆图大小。¶대소사. =大事小事。

대소변(大小便)【명사】대변과 소변을 아울러 이르는 말. ◆图大小便。¶우리 큰아이가 이제야 대소변을 가리게 되었다. =我家老大现在才能自理大小便。

대소사(大小事)【명사】크고 작은 일을 통틀어 이르는 말. ◆图大事小事。¶어머니께서는 집안의 대소사를 모두 맡아 하신다. =妈妈把家里的大事小事都包了下来。

대수[1](臺數)【명사】'대(臺)'로 세는 차, 기계 따위 등의 물건 수. ◆图台数。¶주차장에 있는 차 대수를 세다. =统计停车场的车辆台数。

대수[2]【명사】대단한 것. ◆图重要的事，大事。

대수롭다【형용사】중요하게 여길 만하다. ◆形了不起，了不得，重要。¶이 일은 대수롭지 않은 일이야. =这件事没什么了不起。● 대수로이 ●

대승(大勝)【명사】싸움이나 경기에서 크게 이김. ◆图完胜，大捷。¶체육 대회에서 대승을 거두다. =在运动会上取得完胜。● 대승하다(大勝--) ●

대시(dash)【명사】图 ❶ 문장 가운데 똑바로 그은 짧은 금. ◆破折号。❷ 구기 경기 또는 권투에서, 상대 진영이나 상대 선수를 향해 저돌적으로 공격해 들어가는 일. ◆冲刺，突然进攻。❸ 일을 저돌적으로 추진함. ◆大力推进，奋猛进行。¶그녀가 마음에 들면 대시해 봐. =如果喜欢她，那就猛追试试。● 대시하다(dash--) ●

대식가(大食家)【명사】음식을 보통 사람보다 많이 먹는 사람. ◆图大胃王。¶우리 집에서는 막내가 대식가이다. =我家的小家伙是个大胃王。

대신(代身)【명사】图 ❶ 어떤 대상의 자리나 구실을 바꾸어서 새로 맡음. 또는 그렇게 새로 맡은 대상. ◆代替，替；替身。¶나 대신 네가 가서 만나 봐. =你替我去看看吧。❷ 앞말이 나타내는 행동이나 상태와 다르거나 그와 반대임을 나타내는 말. ◆反而，而是。¶그는 대답 대신에 고개를 끄덕였다. =他没有回答，只是点了点头。● 대신하다(代身--) ●

대안(對案)【명사】어떤 일에 대처하기 위한 방안. ◆图对策，应对方案。¶새로운 대안을 발표하다. =公布了新的应对方案。

대야[1]【명사】물을 담아서 무엇을 씻을 때 쓰는 둥글넓적한 그릇. ◆图盆。¶세수할 수 있게 대야를 가져오너라. =拿个盆来洗脸。

-대야[2]【어미】'다고 해야'가 줄어든 말. ◆词尾다고 해야的略语。

대양(大洋)【명사】세계의 해양 가운데에서 특히 넓은 해역을 차지하는 대규모의 바다. ◆图大洋。

대여(貸與)【명사】빌려 줌. ◆图借给，出租。¶도서 대여. =出租图书。● 대여하다(貸與--) ●

대여료(貸與料)【명사】빌려쓰는 물건에 대하여 무는 요금. 땅세, 집세 따위가 대표적이다. ◆图租金。¶장소 대여료. =场地租金。

대여섯【수사】 다섯이나 여섯쯤 되는 수. ◆数五六。¶대여섯 명이 함께 식사하기에 적당한 곳이 어디 있나요? =哪里有适合五六个人一起吃饭的地方?

대여점(貸與店)【명사】돈을 받고 일정 기간 동안 특정한 물품을 빌려주는 가게. ◆图出租店。¶비디오 대여점. =音像出租店。

대역(代役)【명사】돈을 주고 사람을 사서 본인의 역(役)을 대신하게 하던 일. ◆图替身。¶그는 예전에 대역배우를 맡은 적이 있다. =他曾担任过替身演员。

대역(對譯)【명사】원문의 단어, 구절, 문장 따위와 맞대어서 번역함. 또는 그런 번역. ◆图对译。¶영한대역. =英汉对译。● 대역하다(對譯--) ●

대열(隊列)【명사】图 ❶ 줄을 지어 늘어선 행렬. ◆队列，队。¶뒤늦게 온 군사들은 대열의 후미에 합류했다. =晚来的士兵们站到了队尾。❷ 어떤 활동을 목적으로 모인 무리. ◆行列。¶우리 대학은 드디어 명문 대열에 들어갔다. =我们大学终于跻身名校行列了。

대엿【수사】'대여섯'의 준말. ◆数五六。¶교실 안에 고작해야 학생 대엿이 있다. =教室里顶多有五六名学生。

대엿새【명사】닷새나 엿새 정도. ◆图五六天。¶이번 사건은 대엿새의 시간만 준다면 충분히 해결할 수 있을 것이다. =这件事只要五六天就可以完全解决。

대오(隊伍)【명사】편성된 대열. ◆图队伍，队列。¶대오를 벗어나다. =离队。

대외(對外)【명사】외부 또는 나라 밖에 대함. ◆图对外。¶대외 무역. =对外贸易。

-대요[1]【어미】❶ 듣거나 본 사실을 인용하여 말함.

◆ 词尾 表示引用所见所闻("-다고 해요"的略语)。¶잘 생각나지 않는대요. =说是没有想起来。 ❷ 듣거나 본 사실을 인용하여 그것이 사실인지 아닌지를 묻는 것을 뜻함. ◆ 表示询问并证实所见所闻("-다고 해요"的略语)。¶그럼, 왜 그런 말을 했대요. =那么，为什么要说那样的话呢?

-대요[2] 【어미】 알고 있는 것을 일러바침을 나타내는 종결 어미. 주로 어린이의 말에 쓰인다. ◆ 词尾表示转告某事实的终结词尾。¶영희는 숙제도 안하고 하루 종일 잠만 잤대요. =听说英熙不做作业整天睡觉。

대용(代用) 【명사】 어떤 것을 대신하여 다른 것을 씀. 또는 그런 물건. ◆ 图代用，代替。¶대용품. =替代用品。● 대용되다(代用--), 대용하다(代用--) ●

대용량(大容量) 【명사】 아주 큰 용량. ◆ 图大容量。

대용품(代用品) 【명사】 어떤 물품을 대신하여 쓰는 물품. ◆ 图替代品。

대우(待遇) 【명사】 图 ❶ 어떤 사회적 관계나 태도로 대하는 일. ◆ 待遇。¶부당한 대우. =不公平的待遇。 ❷ 직장에서의 지위나 급료 따위의 근로 조건. ◆ 待遇。¶이 회사는 대우가 나쁘다. =这家公司待遇很差。 ❸ 예의를 갖추어 대하는 일. ◆ 接待，礼遇。¶국빈 대우. =接待国宾。 ❹ 그것에 준하는 취급을 받는 직위임을 나타내는 말. ◆ 待遇。¶과장 대우. =科长待遇。● 대우하다(待遇--) ●

대웅전(大雄殿) 【명사】 불교 선종 계통의 절에서, 본존 불상(本尊佛像)을 모신 법당. ◆ 图大雄宝殿。¶불국사 대웅전. =佛国寺大雄宝殿。

대원(隊員) 【명사】 부대나 집단을 이루고 있는 사람. ◆ 图队员。¶북극 탐험대 대원. =北极探险队队员。

대원칙(大原則) 【명사】 근본이 되는 중요한 원칙. ◆ 图大原则。¶대원칙을 세우다. =制定大原则。

대위(大尉) 【명사】 위관 계급의 하나. 소령의 아래, 중위의 위로 위관 계급에서 가장 높은 계급이다. ◆ 图上尉。¶그는 단지 3년 만에 대위에서 소령으로 진급하였다. =他只花了三年时间就从大尉晋升为了少校。

대유행(大流行) 【명사】 한때 사회에 널리 유행함. 또는 그런 것. ◆ 图十分流行，盛行。● 대유행하다(大流行--) ●

대응(對應) 【명사】 图 ❶ 어떤 일이나 사태에 맞추어 태도나 행동을 정하는 것. ◆ 应对，应付，对付。¶법적 대응. =依法应对。 ❷ 어떤 두 대상이 주어진 어떤 관계에 의하여 서로 짝을 이루는 일. ◆ 对应，相对。¶봄과 가을은 계절의 순환으로 볼 때 대응이 된다. =从季节循环来看，春、秋是相对的。● 대응되다(對應--), 대응하다(對應--) ●

대응책(對應策) 【명사】 어떤 일이나 사태에 맞추어 취하는 방책. ◆ 图对策，应对措施。¶당황하지 말고 대응책을 찾아라. =不要惊慌，要想对策。

대의(大意) 【명사】 글이나 말의 대략적인 뜻. ◆ 图大意，大致内容，梗概。¶그는 벌써 작품의 내용을 쉽게 알 수 있도록 대의를 정리해 놓았다. =他已经整理好大意，以便人们轻松掌握作品的内容。

대의(大義) 【명사】 사람으로서 마땅히 지키고 행하여야 할 큰 도리. ◆ 图大义，道义。

대의명분(大義名分) 【명사】 图 ❶ 사람으로서 마땅히 지키고 행하여야 할 도리나 본분. ◆ 道义和名分。¶국가의 정책은 대의명분을 잊어서는 안 된다. =国家政策不能不讲道义和名分。 ❷ 어떤 일을 꾀하는 데 내세우는 마땅한 구실이나 이유. ◆ 正当理由。¶대의명분을 내세우다. =讲出正当理由。

대의원(代議員) 【명사】 정당이나 단체의 대표로 뽑혀, 회의에 참석하여 토의나 의결 따위를 행하는 사람. ◆ 图代表。¶노동조합 대의원. =工会代表。

대입[1]**(代入)** 【명사】 다른 것을 대신하여 넣는 것. ◆ 图代替，取代。● 대입되다(代入--), 대입하다(代入--) ●

대입[2]**(大入)** 【명사】 '대학교 입학(大學校 入學)'을 줄여 이르는 말. ◆ 图 "升大学考试" 的略语。¶대입 시험. =高考。

대자대비(大慈大悲) 【명사】 넓고 커서 끝이 없는 부처와 보살의 자비. ◆ 图大慈大悲。

대자보(大字報) 【명사】 사람들에게 널리 알리기 위해 큰 종이에 큰 글씨로 써서 벽에 붙인 글. ◆ 图大字报。¶대자보를 붙다. =贴大字报。

대자연(大自然) 【명사】 크고 넓은 위대한 자연. ◆ 图大自然。¶대자연의 이치. =大自然的法则。

대작[1]**(大作)** 【명사】 图 ❶ 뛰어난 작품. ◆ 代表作，杰作。¶그 드라마는 올해의 대작으로 선정되었다. =该电视剧被评为今年的代表作。 ❷ 규모나 내용이 큰 작품이나 제작물. ◆ 巨作，巨著。¶그 감독은 전쟁을 소재로 대작을 제작하였다. =那位导演以战争为题材完成了一部巨作。

대작[2]**(對酌)** 【명사】 마주 대하고 술을 마심. ◆ 图对酌，对饮。¶그는 대작할 사람이 없어 혼자 술을 마셨다. =无人对酌，他只能一个人喝闷酒。● 대작하다(對酌--) ●

대장(大腸) 【명사】 소장의 끝에서 항문에 이르는 소화 기관. ◆ 图大肠。¶그는 대장이 좋지 않아 병원에 입원하였다. =他因大肠不舒服住进了医院。

대장간(--間) 【명사】 쇠를 달구어 여러 가지 연장을 만드는 곳. ◆ 图铁匠铺，打铁铺。¶서울에서 대장간을 찾아볼 수 있나요? 전통 공예가 모두 대가 끊긴 것 같아요. =首尔哪里找得到铁匠铺? 感觉传统工艺都失传了。

대장경(大藏經) 【명사】 불경을 집대성한 경전. ◆ 图大藏经。¶고려대장경 완성에는 많은 인력과 시간이 소요됐다. =高丽大藏经的完成耗费了许多人力和时间。

대장균(大腸菌) 【명사】 포유류의 장(腸) 속에서 포도당을 분해하여 산(酸)을 생산하는 막대기 모양의 세균. ◆ 图大肠菌。¶이 음식은 대장균이 많다. =这种食品有许多大肠菌。

대장부(大丈夫) 【명사】 건장하고 튼튼한 사내. ◆ 图大丈夫，男子汉，男人。¶그는 진정한 사내대장부이다. =他是真正的大丈夫。

대장장이 【명사】 대장일을 하는 기술직 노동자. ◆ 图铁匠，打铁的。 ¶이 칼을 만들기 위해 여러 명의 대장장이들이 고생을 했다. =为打造这把刀，多名铁匠吃尽了苦头。

대장정(大長程) 【명사】 멀고 먼 길. 또는 그런 노정. ◆ 图大长征，长途跋涉。 ¶우리는6개월 간 남극 탐험의 대장정에 들어가다. =我们开始了为期六个月的南极探险大长征。

대적(對敵) 【명사】 적이나 어떤 세력, 힘 따위와 맞서 겨룸. 또는 그 상대. ◆ 图对抗，交战。 ¶적과 대적 상황이 곧 끝날 것 같지 않았다. =和敌人的交战状态似乎不会在短期内结束。● 대적하다(對敵--) ●

대전(大田) 【명사】 충청도의 중앙에 있는 광역시. ◆ 图大田。

대전제(大前提) 【명사】 삼단 논법에서, 대개념을 포함한 전제. ◆ 图大前提。

대접[1](待接) 【명사】 图 ❶ 마땅한 예로써 대함. ◆ 接待，对待。 ¶그는 언제나 손님 대접에 지극하다. =无论何时他都会款待客人。 ❷ 음식을 차려 접대함. ◆ (以饮食)招待，款待，接待。 ¶대접은 언제나 배려하는 마음에서 비롯한다. =接待工作需要时刻心怀体贴。

대접[2] 【명사】 图 ❶ 위가 넓적하고 운두가 낮으며 뚜껑이 없는 그릇. 국이나 물 따위를 담는 데 쓴다. ◆ 大碗，海碗，钵。 ¶국 담게 대접 좀 가져오너라. =去拿个大碗过来盛粥。 ❷ 국이나 물 따위를 '대접'에 담아 그 분량을 세는 단위. ◆ 大碗，碗。 ¶물 한 대접. =一大碗水。● 대접하다(待接--) ●

대조(對照) 【명사】 图 ❶ 둘 이상의 것을 맞대어 같고 다름을 검토함. ◆ 对照，对比，核对。 ¶이 복사본은 원본과의 대조가 필요하다. =这个复印件有必要与原件进行核对。 ❷ 서로 달라서 차이가 남. ◆ 反差，不同，对立。 ¶두 차의 기능이 대조가 된다. =两辆车存在性能反差。● 대조되다(對照--), 대조하다(對照--) ●

대졸(大卒) 【명사】 '대학교 졸업(大學校 卒業)'을 줄여 이르는 말. ◆ 图大学毕业(대학교 졸업的略语)。 ¶대졸 학력. =大学学历。

대주주(大株主) 【명사】 한 회사의 주식 가운데 많은 몫을 가지고 있는 주주. ◆ 图大股东。 ¶이것은 어떤 회사의 대주주가 되는 필요조건이다. =这是成为某公司大股东的必要条件。

대중(大衆) 【명사】 图 ❶ 수많은 사람의 무리. ◆ 大众，公众。 ¶그 가수는 오늘 처음으로 대중 앞에 섰다. =那个歌手今天是首次在公众面前演出。 ❷ 대량생산, 대량 소비를 특징으로 하는 현대 사회를 구성하는 대다수의 사람. ◆ 群众，大众(与"精英"相对的概念)。

대중가요(大衆歌謠) 【명사】 대중이 널리 즐겨 부르는 노래. ◆ 图通俗歌曲，流行歌曲。 ¶요즘 대중가요는 거의 10대 중심의 음악이 주류가 되었다. =在近来的流行歌曲中，以十几岁的青少年为中心的音乐基本上成为主流。

대중교통(大衆交通) 【명사】 여러 사람이 이용하는 버스, 지하철 따위의 교통. 또는 그러한 교통수단. ◆ 图公共交通。

대중 매체(大衆媒體) 【명사】 신문·잡지·영화·텔레비전(television) 따위와 같이 많은 사람에게 대량으로 정보와 사상을 전달하는 매체. ◆ 图大众媒体，新闻媒体。 ¶이 사건은 대중매체를 통해 세상에 알려졌다. =该事件经由新闻媒体报道而为世人所知。

대중목욕탕(大衆沐浴湯) 【명사】 일반 사람들이 요금을 내고 목욕을 할 수 있게 설비를 갖춘 곳. ◆ 图公共浴池。 ¶그는 주말이면 대중목욕탕에 가서 목욕을 한다. =他每到周末就去公共浴池洗澡。

대중문화(大衆文化) 【명사】 대중이 형성하는 문화. ◆ 图大众文化。

대중없다 【형용사】 形 ❶ 짐작을 할 수가 없다. ◆ 无法预测，无法估计。 ¶그녀의 돌발적인 행동은 대중없다. =无法预测她的突然举动。 ❷ 어떤 표준을 잡을 수가 없다. ◆ 没个准，不靠谱。 ¶예기치 못한 일이 많아 집에 돌아오는 시간이 대중없다. =意料不到的事太多了，所以回家的时间还没个准。● 대중없이 ●

대중음악(大衆音樂) 【명사】 대중을 대상으로 하는 음악. ◆ 图大众音乐。

대중화(大衆化) 【명사】 대중 사이에 널리 퍼져 친숙해짐. 또는 그렇게 되게 함. ◆ 图大众化，普及化。 ¶휴대전화의 대중화. =手机的大众化。● 대중화되다(大衆化--), 대중화하다(大衆化--) ●

대지[1](垈地) 【명사】 집터로서의 땅. ◆ 图宅基地，房基地，地皮，占地面积。 ¶이 건물은 대지만 600평방미터이 넘는다. =这幢楼仅地皮就超过200平方米。

대지[2](大地) 【명사】 대자연의 넓고 큰 땅. ◆ 图大地。 ¶대지가 봄비에 촉촉이 젖는다. =大地在春雨的滋润下变得湿漉漉的。

대질(對質) 【명사】 소송법에서, 법원이 소송 사건의 관계자 양쪽을 대면시켜 심문하는 일. ◆ 图对质。 ¶대질을 통해 진실을 가려내다. =通过对质，找出真相。● 대질하다(對質--) ●

대쪽 【명사】 图 ❶ 댓조각. ◆ 竹片。 ¶아주 옛날엔 대쪽에 글씨를 써서 남겼다. =很久很久以前，人们在竹片上写字保存。 ❷ 성미, 절개 따위가 곧은 것을 비유적으로 이르는 말. ◆〈喻〉刚直，正直。 ¶대쪽 같은 절개. =正直的情操。

대차다 【형용사】 성미가 꿋꿋하며 세차다. ◆ 形刚直，刚正。

대책(對策) 【명사】 어떤 일에 대처할 계획이나 수단. ◆ 图对策，办法，措施。 ¶대책 회의. =对策会议。

대처 【명사】 어떤 정세나 사건에 대하여 알맞은 조치를 취함. ◆ 图应付，应对，处理。 ¶행정당국의 미온적 대처로 사고를 크게 만들었다. =由于当局处理不当，导致事故进一步扩大。● 대처하다(對處--) ●

대청소(大淸掃) 【명사】 대규모로 하는 청소. ◆ 图大扫除。 ¶매주 한 차례 우리는 대청소를 실시한다.

=我们每周进行一次大扫除。● 대청소하다(大清掃--) ●

대체¹(代替)【명사】다른 것으로 대신함. ◆ 图代替, 替代, 替换。¶대체 인력. =替换人员。● 대체되다(代替--), 대체하다(代替--) ●

대체²(大體)【부사】도대체. 다른 말은 그만두고 요점만 말하자면. ◆ 副到底, 究竟。¶대체 어찌 된 일이냐?=到底是怎么回事?

대체로(大體-)【명사】图 ❶ 요점만 말해서. ◆ 大体上, 大致上, 主要是。¶그 작품은 대체로 부조리한 사회를 비판하고 있다고 할 수 있습니다. =那部作品主要是在批判不合理的社会现实。❷ 전체로 보아서. 또는 일반적으로. ◆ 大体上, 大致上, 基本上。¶설명문의 구성은 대체로 처음·중간·끝의 세 부분으로 이루어진다. =说明文的结构大体上可分为开篇、主体和结语三部分。

대추【명사】대추나무의 열매. 모양이 새알 같으며 속에 단단한 씨가 들어 있다. 익으면 껍질이 붉어지며 맛이 달다. ◆ 图大枣, 红枣。¶제사 때 빠져서는 안 되는 것이 대추이다. =祭祀时必不可少的东西就是红枣。

대추나무【명사】갈매나뭇과의 낙엽 활엽 교목. ◆ 图枣树。¶우리 집에는 대추나무가 몇 그루 있다. =我家有几棵枣树。

대출(貸出)【명사】돈이나 물건 따위를 빌려주거나 빌림. ◆ 图出借, 外借, 放贷。¶도서 대출. =图书外借。● 대출하다(貸出--) ●

대출금(貸出金)【명사】금융 기관에서 빌려 준 돈. 또는 금융 기관에서 빌린 돈. ◆ 图贷款。¶대출금을 아직 갚지 못했다. =仍然不能偿还贷款。

대충【부사】대강을 추리는 정도로. ◆ 图大致, 大略, 基本。¶이번 사건이 대충 정리되었다. =这个案子大致处理完了。● 대충대충 ●

대치¹(對峙)【명사】서로 맞서서 버팀. ◆ 图对峙, 僵持。

대치²(代置)【명사】다른 것으로 바꾸어 놓음. ◆ 图替换, 置换。● 대치되다(代置--), 대치하다(代置--) ●

대칭(對稱)【명사】균형을 위하여 중심선의 상하 또는 좌우를 같게 배치한 화면 구성. ◆ 图对称, 匀称。● 대칭되다(對稱--), 대칭하다(對稱--) ●

대타(代打)【명사】图 ❶ 야구에서, 순번으로 정해져 있던 타자를 대신하여 공을 치는 일. ◆ (棒球中的)替补击球; 替补击球员。¶대타로 나온 선수가 홈런(homeroom)를 쳐서 팀(team)을 승리로 이끌었다. =作为替补击球员上场的选手打出了一个本垒打, 帮助本队取得了胜利。❷ 어떤 일을 원래 하던 사람을 대신하여 하는 사람을 비유적으로 이르는 말. ◆ 替身。

대통령(大統領)【명사】외국에 대하여 국가를 대표하는 국가의 원수. ◆ 图总统。

대파¹(大-)【명사】파의 하나. 잎의 수가 많은 계통의 것을 연화법으로 재배한 것이다. ◆ 图大葱。¶해장국에 대파를 넣다. =在醒酒汤中放入大葱。

대파²(大破)【명사】图 ❶ 크게 부서짐. ◆ (严重)破损, 破坏, 受损。¶풍랑으로 배가 대파하다. =船舶因风浪受损严重。❷ 크게 부숨. ◆ 大破, 大败, 大胜。¶적군을 대파하다. =大破敌军。● 대파하다(大破--) ●

대판(大-)【부사】행사나 싸움 따위를 크게 한 판. ◆ 副大, 大规模, 隆重, 盛大。¶그는 아내와 대판 다투었다. =他和妻子大吵了一架。

대패¹【명사】나무를 곱게 밀어 깎는 연장. ◆ 图刨子。¶목재를 대패로 깎다. =用刨子刨木材。

대패²(大敗)【명사】싸움이나 경기에서 크게 짐. ◆ 图 (战斗或比赛)大败, 惨败, 一败涂地。¶월드컵에서 한국축구는 유럽(Europe)축구에 연일 대패를 당했다. =在世界杯足球比赛中, 韩国对对战欧洲对连遭惨败。● 대패하다(大敗--) ●

대패질【명사】대패로 나무를 깎는 일. ◆ 图刨。¶그는 이른 아침부터 나무를 다듬기 위해 대패질을 하고 있었다. =为把木头处理得好看点, 他从一大早刨到了现在。

대평원(大平原)【명사】넓고 큰 평평한 들이나 초원. ◆ 图大平原, 大草原。

대포(大砲)【명사】화약의 힘으로 포탄을 멀리 내쏘는 무기. ◆ 图大炮, 炮。¶갑자기 몰려오는 적들을 향해 대포를 쏘기 시작했다. =开始向突然袭来的敌人开炮。

대폭(大幅)【부사】썩 많이. ◆ 副大幅, 大幅度地。¶이번 논문은 내용을 대폭 수정했다. =此次对论文内容进行了大幅修改。

대표(代表)【명사】图 ❶ 전체의 상태나 성질을 어느 하나로 잘 나타냄. 또는 그런 것. ◆ 代表。¶한복은 한국을 대표하는 의상이다. =韩服是代表韩国的服装。❷ 전체를 대표하는 사람. ◆ 代表。¶노동자 대표. =劳动者代表。● 대표되다(代表--), 대표하다(代表--) ●

대표단(代表團)【명사】대표하는 사람들로 이루어진 집단. ◆ 图代表团。¶이번 협상을 위해 대표단을 파견하다. =为此次磋商派遣代表团。

대표자(代表者)【명사】전체를 대표하는 사람. ◆ 图代表。¶국민이 선출한 대표자. =国民选出的代表。

대표작(代表作)【명사】개인, 집단 또는 일정한 시기의 여러 작품을 대표할 만한 전형적인 작품. ◆ 图代表作, 代表作品, 代表性作品。¶고전 소설의 대표작. =古典小说的代表作。

대풍(大豐)【명사】대풍년. 농사가 아주 잘된 풍년. ◆ 图大丰收, 丰收年。¶올해는 비가 자주 와서 대풍이 될 것 같다. =今年雨水充沛, 可能会是个丰收年。

대피(待避)【명사】위험이나 피해를 입지 않도록 일시적으로 피함. ◆ 图躲避, 隐蔽; 避让(列车等), 让。¶대피 시설. =隐蔽设施。● 대피하다(待避--) ●

대피소(待避所)【명사】비상시에 대피할 수 있도록 만들어 놓은 곳. ◆ 图防空洞, 避风港。¶지하 대피소. =地下防空洞。

대필(代筆)【명사】남을 대신하여 글씨나 글을 씀. 또는 그 글씨나 글. ◆图代笔，代写。¶논문 대필은 불법이다. =代写论文是违法的。● 대필하다(代筆--) ●

대하다(對--)【동사】动 ❶ 마주 향하여 있다. ◆ 对，朝，面。¶서로 얼굴을 대하다. =面对面。❷ 어떤 태도로 상대하다. ◆ 对待，接待。¶손님을 친절하게 대하다. =亲切地接待客人。❸ 대상이나 상대로 삼다. ◆ 对，针对。¶전통 문화에 대한 관심. =对传统文化的关注。

대하드라마(大河drama)【명사】내용의 전개 과정이나 길이가 길고 규모가 매우 큰 방송 드라마. ◆图长篇连续剧。

대하소설(大河小說)【명사】사람들의 생애나 가족의 역사 따위를 사회적 배경 속에서 시대의 흐름에 따라 포괄적으로 다루는 소설 유형. ◆图长篇小说，长篇历史小说。¶최근 한국에서는 대하소설이 출판 시장의 많은 부분을 차지하고 있다. =近年来长篇历史小说占据了韩国大部分的出版市场。

대학(大學)【명사】图 ❶ 고등 교육을 베푸는 교육 기관. ◆ 大学。¶종합(綜合) 대학. =综合大学。❷ 단과대학. 한 가지 계통의 학부로만 구성된 대학. ◆ 专科大学。

대학교(大學校)【명사】고등교육 교육기관. ◆图大学。

대학생(大學生)【명사】대학교에 다니는 학생. ◆图大学生。

대학 수학 능력 시험(大學修學能力試驗)【명사】대학에서 수학할 수 있는 적격자를 선발하기 위하여 교육부에서 해마다 실시하는 시험. 한국에서1994년부터 실시되었다. ◆图（韩国的）高考。

대학원(大學院)【명사】대학을 졸업한 사람이 보다 전문적으로 학술·기예를 연구하는 과정. ◆图研究生院。

대학촌(大學村)【명사】대학 주변에 형성되어 있는 마을. ◆图大学村，大学社区。¶대학촌은 항상 활기로 가득하다. =大学村总是充满活力。

대한(大寒)【명사】이십사절기의 하나. ◆ 图大寒(二十四节气之一)。

대합(大蛤)【명사】백합과의 바닷물 조개. ◆ 图文蛤。

대합실(待合室)【명사】공공시설에서 손님이 기다리며 머물 수 있도록 마련한 곳. ◆ 图候车室，候机室，候船室。¶공항 대합실. =机场候机室。

대항(對抗)【명사】굽히거나 지지 않으려고 맞서서 버티거나 항거함. ◆图对抗，抵抗。¶대항 세력. =抵抗势力。● 대항하다(對抗--) ●

대항전(對抗戰)【명사】주로 운동 경기에서 서로 대항하여 승부를 겨루는 일. ◆ 图对抗赛，争霸赛。¶대학 대항전 축구 경기. =大学足球对抗赛。

대해(大海)【명사】넓고 큰 바다. ◆ 图大海。¶망망한 대해를 항해하다. =在茫茫大海上航行。

대행(代行)【명사】图 ❶ 남을 대신하여 행함. ◆ 代理，代办。¶심부름 대행. =代办杂事。❷ 남을 대신하여 어떤 권한이나 직무를 행하는 사람. ◆ 代行人，代理人。¶대통령 권한 대행. =总统权力代行人。● 대행하다(代行--) ●

대행업체(代行業體)【명사】어떤 일을 대신 하는 업체. ◆图代理企业，代办企业。

대형[1](隊形)【명사】여러 사람이 줄지어 정렬한 형태. ◆图队形，队列。¶전투 대형. =战斗队形。

대형[2](大型)【명사】같은 종류의 사물 가운데 큰 규격이나 규모. ◆图 (规格或规模)大，大型。¶대형 트럭. =大型拖拉机。

대형화(大型化)【명사】사물의 형체나 규모가 커짐. 또는 크게 함. ◆图 (形体或规模)大型化，巨型化，规模化，扩大化。¶은행의 대형화. =银行的大型化。● 대형화되다(大型化--), 대형화하다(大型化--) ●

대화(對話)【명사】마주 대하여 이야기를 주고받음. 또는 그 이야기. ◆图对话，谈话。¶저자와의 대화. =和作者对话。● 대화하다(對話--) ●

대화방(對話房)【명사】컴퓨터 통신망에서 여러 사용자가 모니터 화면을 통하여 대화를 나누는 곳. ◆图 (电脑)聊天室。

대화재(大火災)【명사】큰불이 나는 재앙. 또는 큰불로 인한 재난. ◆图特大火灾，大火。

대환영(大歡迎)【명사】성대하게 환영함. 또는 그런 환영. ◆图热烈欢迎。¶대환영을 받다. =受到热烈欢迎。● 대환영하다(大歡迎--) ●

대회(大會)【명사】큰 모임이나 회의. 기술이나 재주를 겨루는 큰 모임. ◆图大会，盛会，大赛。¶교내 체육 대회. =全校体育大会。

-댁(宅)【접사】'아내'의 뜻을 더하는 접미사. ◆后缀(用于部分名词后，表示某某的)妻子，老婆，(某某)家的，夫人。¶처남댁. =内弟的妻子。

댁(宅)【명사】图 ❶ 남의 집이나 가정을 높여 이르는 말. ◆〈敬〉府上。¶선생님댁. =老师的府上。❷남의 아내를 대접하여 이르는 말. ◆〈敬〉夫人，太太。

댐(dam)【명사】발전(發電), 수리(水利) 따위의 목적으로 강이나 바닷물을 막아 두기 위하여 쌓은 둑. ◆图堤坝，水坝，水库。¶다목적댐. =多功能水坝。

댓【수사】 다섯쯤 되는 수. ◆数五个左右。¶댓이 모여서 의논하다. =五个人左右聚在一起商量。

댓돌(臺-)【명사】오르내릴 수 있게 놓은 돌층계. ◆图檐下石阶。¶댓돌에 신발을 벗고 마루에 오르다. =把鞋脱在檐下石阶上，然后走上地板。

댓바람【명사】图 ❶ 일이나 때를 당하여 서슴지 않고 당장. ◆ 立刻，立即。¶만나기만 하면 댓바람에 멱살을 잡고 혼을 내 주고 싶다. =只要遇见就立刻想抓住他的脖子好好收拾他一顿。❷ 일이나 때를 당하여 단 한 번에. ◆一下子。¶놈을 댓바람에 때려눕혔다. =一下子就把那家伙打倒了。

-댔자【어미】'-다고 했자'가 줄어든 말. ◆ 词尾 -다고 했자的略语。¶철수는 있댔자 시끄럽기만 하지 아무 도움이 안 된다. =哲洙光在这儿嚷嚷了，什么忙也帮不上。

댕강【부사】작은 물체가 단번에 잘려 나가거나 가볍게 떨어지는 모양. ◆ 副叮当，当啷。 ¶적의 머리가 댕강 잘려 나가다. =当啷一声，敌人的首级被砍了下来。

댕그랗다 【형용사】 形 ❶ 외따로 떨어져 있거나 홀로 남아 있다. ◆ 孤单，孤零零，孤孤单单。 ❷ 눈 따위가 퀭하고 동그랗다. ◆ 滚圆，圆圆的。

댕기 【명사】 길게 땋은 머리끝에 드리는 장식용 헝겊이나 끈. ◆ 名头绳，发带，蝴蝶结。 ¶머리에 댕기를 드리다. =扎头绳。

댕기다 【동사】 불이 옮아 붙게 하다. ◆ 动点火，点燃。 ¶담배에 불을 댕기다. =点燃香烟。

더[1] 【부사】 副 ❶ 계속하여. 또는 그 위에 보태어. ◆ 再，还，多，更加。 ¶배가 고파 보통 보다 더 먹다. =肚子饿了，所以比平时吃得多。 ❷ 어떤 기준보다 정도가 심하게. 또는 그 이상으로. ◆ 更，还。 ¶더 높이 더 멀리. =更高更远。

-더[2]**-** 【어미】 과거 어느 때에 직접 경험하여 알게 된 사실을 현재의 말하는 장면에 그대로 옮겨 와서 전달한다는 뜻을 나타내는 어미. ◆ 词尾表示回忆的终结词尾。 ¶선생님은 기분이 좋으시더라. =老师的心情很好啊。

더구나[1] 【부사】 더군다나. ◆ 副再加上，而且，加之。 ¶비가 오는데 더구나 정전까지 되어 추운 밤을 보냈다. =下雨了，再加上停电，就这样度过了寒冷的夜晚。

-더구나[2] 【어미】 직접 경험하여 새롭게 알게 된 사실을 알릴 때 쓰는 종결 어미. ◆ 词尾表回忆、感叹的终结词尾。 ¶그 선인장은 밤에 꽃이 피더구나. =那个仙人掌在晚上开花。

더군다나 【부사】 이미 있는 사실에 한층 더. 또는, 앞의 사실도 그러한데 하물며. ◆ 副何况，再加上，而且。 ¶그는 고아이며 더군다나 몸마저 불구이라 삶이 어렵다. =他是个孤儿，再加上身体也有残疾，生活很艰难。

-더구려 【어미】 과거에 경험하여 알게 된 사실을 듣는 사람에게 이야기하면서 그 사실에 대해 감탄함을 나타내는 종결 어미. ◆ 词尾表回忆、感叹的终结词尾。 ¶그 꼬마 참 예쁘더구려. =那个小不点儿真漂亮啊。

-더구먼 【어미】 과거에 직접 경험하여 새롭게 알게 된 사실을 전하며 그 사실에 주목하거나 감탄함을 나타내는 종결 어미. ◆ 词尾表回忆、感叹的终结词尾。 ¶내게 빨리도 말하더구먼. =这么快就告诉我了啊! ● -더구만 ●

-더군 【어미】 词尾 ❶ 과거에 직접 경험하여 새롭게 알게 된 사실을 전하며 그 사실에 주목하거나 감탄함을 나타내는 종결 어미. ◆ 表回忆、感叹的终结词尾。 ¶그대 남편이 그 동안에 많이 말랐더군. =您丈夫这段时间消瘦了许多啊! ❷ '더구나'의 준말. ◆ 더구나的略语。 ¶너희 과장 참 좋은 사람이더군. =你们科长真是个好人啊!

-더냐 【어미】 과거에 직접 경험하여 새로이 알게 된 사실에 대한 물음을 나타내는 종결 어미. ◆ 词尾表回忆、疑问的终结词尾。 ¶고향집에는 별 일이 없더냐? =老家没什么事吧?

-더니[1] 【어미】 词尾 ❶ 과거의 사태나 행동에 뒤이어 일어난 상황을 이어 주는 연결 어미. 주로 앞 절의 내용이 뒤 절의 원인이 된다. ◆ 表原因、根据的连接词尾。 ¶오랜만에 운동을 했더니 온몸이 쑤신다. =好长时间没运动了，一运动就浑身酸疼。 ❷지금의 사실이 과거의 경험으로 알았던 사실과 다름을 나타내는 연결 어미. ◆ 表对立的连接词尾。 ¶어제는 기운이 없더니 오늘은 기운이 넘치는구나. =昨天没劲，今天精力过剩。 ❸ 과거 어떤 사실에 대하여 그와 관련된 또 다른 사실이 있음을 뜻하는 연결 어미. ◆ 表连续发生的连接词尾。 ¶전에 거짓말을 하더니 이젠 도둑질까지 하는구나. =以前说谎，现在竟开始偷东西了。

-더니[2] 【어미】 과거에 경험하여 새로이 알게 된 사실에 대해 묻는 종결 어미. 예스러운 느낌을 준다. ◆ 词尾表回忆、疑问的终结词尾。 ¶그 일이 참말이더니? =那件事是真的吗?

-더니마는 【어미】 词尾 ❶ 과거의 사태나 행동에 뒤이어 일어난 상황을 이어 주는 연결 어미. ◆ 表原因、根据的连接词尾。 ¶찬바람을 쐬었더니마는 감기에 걸렸다. =被凉风吹着了，就感冒了。 ❷ 지금의 사실이 과거의 경험으로 알았던 사실과 다름을 나타내는 연결 어미. ◆ 表对立的连接词尾。 ¶어제는 날씨가 꽤 쌀쌀하더니마는 오늘은 포근하다. =昨天凉飕飕的，今天又暖和了。 ❸ 과거 어떤 사실에 대하여 그와 관련된 또 다른 사실이 있음을 뜻하는 연결 어미. ◆ 表连续发生的连接词尾。 ¶그는그렇게 노력하더니마는 드디어 꿈을 이루었구나. =经过不懈的努力，他终于实现了梦想。 ● -더니만 ●

더더구나 【부사】 '더구나'를 강조하여 이르는 말. ◆ 副 더구나的强调说法。 ¶불이 났는데 경보음이나 안내 방송도 없었다. 더더구나 소화기는 눈에 띄지도 않았다. =起火了，可是没有警报声，而且连灭火器都没见着。

더더군다나 【부사】 '더군다나'를 강조하여 이르는 말. ◆ 副 더군다나的强调说法。 ¶아무한테도 얘기하지 마. 더더군다나 아버지한테는 절대로 안 돼. =不要对任何人讲，尤其是绝对不能对父亲讲。

더더욱 【부사】 '더욱'을 강조하여 이르는 말. ◆ 副更加，越来越，益发(더욱的强调说法)。 ¶날이 갈수록 그의 술주정은 더더욱 심해졌다. =他的酒疯变得越来越严重。

더덕 【명사】 초롱꽃과의 여러해살이풀. ◆ 名党参，沙参。

더덕더덕 【부사】 副 ❶자그마한 것들이 곳곳에 많이 붙어 있는 모양. ◆ 累累，簇簇。 ¶얼굴에 밥풀이 더덕더덕 붙어 있다. =脸上沾满了饭粒。 ❷보기 흉할 정도로 몹시 지저분하게 여기저기 기운 모양. ◆ 补丁摞补丁。 ¶옷을 기운 자국이 더덕더덕 나 있다. =衣服上补丁摞补丁。 ● 더덕더덕하다 ●

더듬다 【동사】 动 ❶ 잘 보이지 않는 것을 손으로 이리저리 만져 보며 찾다. ◆ 摸索。 ¶성냥을 찾기 위해 방구석을 더듬다. =在房屋的角落里摸索着找火

柴。❷ 똑똑히 알지 못하는 것을 짐작하여 찾다. ◆ 摸索，寻找。 ¶흔적을 더듬다. =寻找痕迹。 ❸ 어렴풋한 생각이나 기억을 마음으로 짐작하여 헤아리다. ◆ 追忆，回忆。 ¶기억을 더듬다. =回忆。 ❹ 말을 하거나 글을 읽을 때 순조롭게 나오지 않고 자꾸 막히다. ◆ 结巴，口吃，吞吞吐吐。 ¶말을 더듬다. =说得结结巴巴。 ● 더듬거리다, 더듬대다, 더듬더듬, 더듬더듬하다 ●

더듬이【명사】 절지동물의 머리 부분에 있는 감각 기관. 후각, 촉각 따위를 맡아보고 먹이를 찾고 적을 막는 역할을 한다. ◆ 图触角。

더디【부사】 움직임이 느리고 시간이 걸리는 모양. ◆ 副缓，慢，迟缓。 ¶불이 약한지 물이 더디 끓는다. =火很小，所以水烧得慢。

더디다【형용사】 어떤 움직임이나 일에 걸리는 시간이 오래다. ◆ 形慢，缓慢，迟钝，迟缓。 ¶발걸음이 더디다. =脚步迟缓。

-더라【어미】 화자가 과거에 직접 경험하여 새로이 알게 된 사실을 그대로 옮겨 와 전달한다는 뜻을 나타내는 종결 어미. ◆ 词尾表回忆的终结词尾。 ¶철수가 노래를 잘 부르더라. =哲洙歌唱得很好。

-더라고【어미】 어미 '-더라'에 인용을 나타내는 격 조사 '고'가 결합한 말. ◆ 词尾表引用的连接词尾。 ¶그녀는 그와 같이 가더라고 하던데. =她说是和他一起去的。

-더라나【어미】 간접 인용절에 쓰여, 인용되는 내용이 못마땅하거나 귀찮거나 함을 나타내는 종결 어미. ◆ 词尾用于间接引语，表示所引用的内容不恰当或令人讨厌的终结词尾。

-더라느니【어미】 회상하여 생각한 것을 나열함을 뜻하거나 이러고 저러고 이야기함을 나타냄. ◆ 词尾表并列的连接词尾(将回想的事实进行罗列)。

-더라는구나【어미】 들어서 안 사실에 대해 책임을 전가하듯이 전달하여 서술함을 나타냄. ◆ 词尾表转述的终结词尾(对听说的事实进行转述)。

-더라니【어미】 词尾 ❶ 과거의 행동에 대한 놀람, 감탄, 분개 따위의 감정을 나타내는 종결 어미. ◆ 表示对已经发生的事实的惊讶、感叹、愤慨等感情的终结词尾。 ❷ '더라고 하니'가 줄어든 말. ◆ 더라고 하니的略语。 ❸ '더라고 하다니'가 줄어든 말. ◆ 더라고 하다니的略语。

-더라니까【어미】 이미 굳어진 평판을 다시 확인하여 말할 때 쓰이는 종결 어미. ◆ 词尾表确认预料事实的终结词尾。

-더라도【어미】 가정이나 양보의 뜻을 나타내는 연결 어미. ◆ 词尾表假定、让步的连接词尾。 ¶무슨 일이 있더라도 일주일 안으로 일을 마쳐야 한다. =不管有什么情况，一个星期之内必须完工。

-더라마는【어미】 연결 어미. 회상한 앞의 내용을 시인하되 그것이 뒤의 내용에 영향을 미치지 아니함을 나타냄. ◆ 词尾表转折的连接词尾。

-더라만【어미】 연결어미. '-더라마는'의 준말. ◆ 词尾 -더라마는的略语。 ¶그 사람 정직하다고 하더라만, 지금은 많이 변했어. =说是那个人很正直，可是现在变了很多。

-더라며【어미】 '-더라면서'의 준말. ◆ 词尾 -더라면서的略语。表疑问的终结词尾。(对听说的事实进行确认，常带有嘲讽的味道。) ¶자네가 말하지 않으니까 그가 질문을 철회하더라며? =你不说话，他就收回疑问了?

-더라면【어미】 과거의 사실을 실제와 다르게 가정해 보는 뜻을 나타내는 연결 어미. ◆ 词尾表假定的终结词尾。 ¶너도 그 사람을 만났더라면 좋았을 텐데. =要是你也能碰见那个人就好了。

-더란다【어미】 다른 사람이 경험한 일이거나 들어서 안 사실을 말하는 이가 생동감 있게 표현하고자 할 때 쓰임. ◆ 词尾表转述的终结词尾(是一种富有生动感的表现方式)。

더러【조사】 어떤 행동이 미치는 대상을 나타내는 격 조사. ◆ 助表示叫、让、向的助词。 ¶형이 동생더러 금덩이를 가지라고 말했습니다. =哥哥让弟弟拿金块。

더러움【명사】 더러운 것. 또는 더러워지는 것. ◆ 图污点，脏，脏活。 ¶이 천은 더러움이 잘 탄다. =这块布很容易脏。

더러워지다【동사】 动 ❶ 때가 생겨 지저분해지다. ◆ 污，脏，肮脏。 ¶옷이 더러워지다. =衣服脏。 ❷ 옳지 않은 것들이 생겨 추악해지다. ◆ 龌龊，肮脏，卑鄙，无耻。 ¶마음이 더러워지다. =心里龌龊。 ❸ 명예나 정조 따위를 잃다. ◆ 玷辱，辱没，败坏。

더럭【부사】 어떤 생각이나 감정 따위가 갑자기 생기는 모양. ◆ 副突然，猛然。 ¶겁이 더럭 나다. =突然吓了一跳。

더럽다【형용사】 形 ❶ 때나 찌꺼기 따위가 있어 지저분하다. ◆ 脏，肮脏，污浊。 ¶손이 더럽다. =手脏。 ❷ 언행이 순수하지 못하거나 인색하다. ◆ 龌龊，卑鄙，肮脏，无耻。 ¶더러운 행실. =卑鄙的行为。 ❸ 못마땅하거나 불쾌하다. ◆ 不满意，不顺心。 ¶더럽고 치사해서 이 일을 그만두겠네. =因为不满意，所以此事作罢。 ❹ 순조롭지 않거나 고약하다. ◆ 坏，变糟。 ¶일이 잘 풀리지 않고 더럽게 되어 간다. =事情没有得到解决，反而变糟了。 ❺ 어떤 정도가 심하거나 지나치다. ◆ 非常，十分。 ¶날씨 한번 더럽게 덥네. =天气真够热的。 ● 더럽히다 ●

더미【명사】 많은 물건이 한데 모여 쌓인 큰 덩어리. ◆ 图堆，垛。 ¶쓰레기 더미. =垃圾堆。

더벅머리【명사】 图 ❶ 더부룩하게 난 머리털. ◆ 蓬乱的头发。 ¶더벅머리를 손으로 쓸어 넘기다. =用手梳理蓬乱的头发。 ❷ 터부룩한 머리털을 가진 사람. ◆ 头发蓬乱的人。

더부룩하다【형용사】 ❶ 소화가 잘 안되어 배 속이 거북하다. ◆ 形胀，胀满，消化不良。 ¶소화가 안 되어 뱃속이 더부룩하다. =消化不良，肚子胀。 ❷ 풀이나 나무 따위가 거칠게 수북하다. ◆ 茂盛，茂密。 ¶집 앞의 밭에는 잡초만 더부룩하게 자라 있다. =屋前的地里杂草丛生。 ❸ 수염이나 머리털 따위가 좀 길고 촘촘하게 많이 나서 어지럽다. ◆ 蓬松，乱蓬

蓬。¶머리가 더부룩하게 자라다. =头发乱蓬蓬。

더부살이【명사】남에게 얹혀사는 일. ◆ 名寄生，寄宿。¶삼촌댁에서 더부살이로 지내는 것도 한 두 달이지 더 이상은 못 있겠어요. =已经在叔叔家寄宿了一两个月了，不能再住下去了。

더불다【동사】动 ❶ 둘 이상의 사람이 함께 하다. ◆ 同，跟，和。¶이웃과 더불어 사는 세상. =与邻里共同生活的时代。❷ 무엇과 같이하다. ◆ 一起，一同。¶여동생과 더불어 드라마를 보다. =和妹妹一起看电视剧。

더블 베이스(double bass)【명사】바이올린류(類)의 현악기 가운데 가장 크면서, 가장 낮은 음역의 악기. 보통 4~5현(絃)으로 음색이 중후하고 여운이 길다. ◆ 名低音提琴。

더빙(dubbing)【명사】외국어로 된 영화의 대사를 해당 언어로 바꾸어 다시 녹음하는 일. ◆ 名配音录制。

더없다【형용사】더할 나위가 없다. ◆ 形无比。¶더없는 감동. =无比感动。● 더없이 ●

더욱【부사】정도나 수준 따위가 한층 심하거나 높게. ◆ 副更，更加，越来越。¶더욱 붉어지는 노을. =变得更红的彩霞。● 더욱더욱, 더욱이 ●

더욱더【부사】'더욱'을 강조하여 이르는 말. ◆ 副更，更加，越来越(더욱的强调说法)。¶더욱더 풍성해진 가을걷이. =更为丰富的秋收。

더운물【명사】따뜻하게 데워진 물. ◆ 名热水，开水。¶더운물을 받아 놓다. =接好热水。

더워지다【동사】动 ❶ 기온이 높거나 기타의 이유로 몸에 뜨거운 기운을 느끼다. ◆ 暖和起来，变热。❷ 사물의 온도가 올라가다. ◆ 热起来。

더위【명사】여름철의 더운 기운. ◆ 名热，暑热。¶찌는 듯한 더위. =蒸笼般闷热。

더이상(-以上)【부사】더 많이. ◆ 副再，更加，更多。¶나는 너무 바빠서 더이상 기다릴 수가 없다. =我太忙了，再也等不了了。

더치페이(Dutch pay)【명사】비용을 각자 부담하는 일. ◆ 名AA制，各自付费。

더하기【명사】덧셈을 함. ◆ 名加，加法。

더하다[1]【형용사】어떤 기준보다 정도가 심하다. ◆ 形更重，更深，更严重。¶추위는 작년보다 올해가 더하다. =今年比去年更冷。

더하다[2]【동사】动 ❶ 더 보태어 늘리거나 많게 하다. ◆ 加。¶둘에 셋을 더하면 다섯이다. =2加3等于5。❷ 어떤 요소가 더 있게 하다. ◆ 增加，增添。¶동구 밖의 실버들이 푸른빛을 더한다. =村口的垂柳绿意更浓了。❸ 정도나 상태가 더 크거나 심하게 되다. ◆ 更重，更深，更严重。¶병세가 점점 더하다. =病情逐渐加重。

더한층(--層)【부사】이전보다 상태나 정도가 더하게. ◆ 副更，愈，更加。¶녹차는 더한층 부드럽고 은근한 맛이 있다. =绿茶更加柔和，口感更佳。

덕(德)【명사】名 ❶ 공정하고 남을 넓게 이해하고 받아들이는 마음이나 행동. ◆ 包容，宽容。¶덕을 베풀다. =包容。❷ 베풀어 준 은혜나 도움. ◆ 托福，荫泽。¶자네 덕에 일이 잘되었네. =托您的福，事情才如此顺利。❸ 착한 일을 하여 쌓은 업적과 어진 덕. ◆ 善事，慈善事业。¶그가 이 지방에 베푼 덕은 후대까지 그 영향을 미쳤다. =他为此地做的善事对后世都产生了影响。

덕담(德談)【명사】남이 잘되기를 비는 말. 주로 새해에 많이 나누는 말. ◆ 名祝愿，祝福，祝词。¶설날에는 세배를 드리고 덕담을 나눈다. =春节的时候，大家相互拜年祝福。

덕망(德望)【명사】덕행으로 얻은 명망. ◆ 名德高望重。¶덕망이 높은 스승. =德高望重的老师。

덕망가(德望家)【명사】덕망이 높은 사람. ◆ 名德高望重之人。

덕목(德目)【명사】충(忠)·효(孝)·인(仁)·의(義) 따위의 덕을 분류하는 명목. ◆ 名五德。¶사람이 덕목을 갖추는 일은 매우 중요하다. =人具备五德是非常重要的。

덕분(德分)【명사】베풀어 준 은혜나 도움. ◆ 名托福，荫泽。¶덕분에 좋은 구경했습니다. =托您的福，看得很不错。

덕성(德性)【명사】어질고 너그러운 성질. ◆ 名品德，德行，德性。¶덕성을 갖추다. =有德性。● 덕성스럽다(德性---), 덕스럽다(德---) ●

덕수궁(德壽宮)【명사】서울특별시 중구 정동에 있는 조선 시대의 궁궐. ◆ 名德寿宫。

덕지덕지【부사】副 ❶ 때나 먼지 따위가 아주 많이 끼어 있는 모양. ◆ 又厚又脏。❷ 어지럽게 덧붙거나 겹쳐 있는 모양. ◆ 厚厚地。¶광고 전단이 어지럽게 덕지덕지 붙어 있는 전봇대. =电线杆上乱七八糟地贴着厚厚的广告传单。● 덕지덕지하다 ●

덕택(德澤)【명사】베풀어 준 은혜나 도움. 名恩惠，关心，关怀。¶그는 아내의 정성 어린 간호 덕택에 병세가 호전되었다. =在妻子无微不至的照顾下，他的病情有了好转。

덕행(德行)【명사】어질고 너그러운 행실. ◆ 名德行，道德品行。¶덕행을 닦다. =修身养性。

-던[1]【어미】앞말이 관형어 구실을 하게 하고 어떤 일이 과거에 완료되지 않고 중단되었다는 미완(未完)의 의미를 나타내는 어미. ◆ 词尾 表示过去的某事没做完，中断了。

-던[2]【어미】과거에 직접 경험하여 새로이 알게 된 사실에 대한 물음을 나타내는 종결 어미. ◆ 词尾 表疑问的终结词尾。（对过去所经历的事实表示询问，语气比-더냐更亲近。）¶그는 잘 있던? =他还好吗?

-던가【어미】词尾 ❶ 과거의 사실에 대한 물음을 나타내는 종결 어미. ◆ 表疑问的终结词尾。（对过去的事实进行询问。）¶철수가 많이 아프던가? =哲洙病得厉害吗? ❷ 과거의 사실에 대하여 자기 스스로에게 묻는 물음이나 추측을 나타내는 종결 어미. ◆ 表自问、估计的终结词尾。（对过去的事实进行自我询问或推测。）¶내가 그런 말을 했던가? =我说过那种话吗?

-던감【어미】주로 혼잣말에 쓰여, 물음의 형식을 취

하여 과거의 어떤 사실에 대하여 가볍게 반박하는 뜻을 나타내는 종결 어미. ◆ 词尾 表回忆、疑问的终结词尾。（主要用于自言自语的情况，表示对过去事实的轻微的反驳，语气较-냠更有方言的感觉。）¶성깔 깨나 있다는 여자가 설분할 생각도 없던감. = 脾气如此暴躁的女子就没想过要报仇雪恨吗?

-던걸【어미】화자가 과거에 경험하여 알게 된 사실이 상대편이 이미 알고 있는 바나 기대와는 다른 것임을 나타내는 종결 어미. ◆ 词尾 表感叹、惋惜的终结词尾。¶그만하면 미인이던걸 뭐. = 还算是美女吧!

-던고【어미】词尾 ❶ 과거 사실에 대한 물음을 나타내는 종결 어미. ◆ 词尾 表回忆、疑问的终结词尾。¶용궁은 얼마나 멀던고? =龙宫有多远呀? ❷ 과거의 사실에 대하여 자기 스스로에게 묻는 물음이나 추측을 나타내는 종결 어미. ◆ 表感叹的终结词尾。¶고향 산천, 얼마나 그리웠던고! =故乡的山川多么美丽呀!

-던데【어미】词尾 ❶ 뒤 절에서 어떤 일을 설명하거나 묻거나 시키거나 제안하기 위하여, 그와 상관있는 과거 사실을 회상하여 미리 말할 때에 쓰는 연결 어미. ◆ 表对立、提示的连接词尾。¶너 고향에 자주 가던데 집에 무슨 일 있니? =你经常回老家，家里有什么事情吗? ❷ 과거의 어떤 일을 감탄하는 뜻을 넣어 서술함으로써 그에 대한 청자의 반응을 기다리는 태도를 나타내는 종결 어미. ◆ 表提出主张的终结词尾。¶그 사람은 집에 있던데. =那个人在家。

-던들【어미】'-었으면'의 뜻을 나타내는 현재의 결과와 반대되는 어떤 사실을 가정하여 이것을 희망할 때 쓰는 연결 어미. ◆ 词尾 表示假定的连接词尾。¶더 공부 했던들 합격했을걸. =要是再多学点，就能考上了。

-던만큼【어미】연결 어미. 과거 지속의 어떠한 사실을 인정하면서 그것을 뒤에 오는 사실의 원인이나 근거로 삼음을 다지어 나타냄. ◆ 词尾 表理由、原因的连接词尾。

-던바【어미】뒤 절에서 어떤 사실을 말하기 위하여, 그 사실이 있게 된 것과 관련된 과거의 어떤 상황을 미리 제시하는 데 쓰는 연결 어미. ◆ 词尾 表提示的连接词尾。¶인부들을 휘몰아 공사 기간 단축을 강요하였던바 자연히 인부들이 불만을 가지게 되었다. =强迫民工拼命工作来缩短工期，自然会引起民工们的不满。

던져두다【동사】动 ❶ 물건을 던진 채 그대로 두고 돌아보지 아니하다. ◆ 扔在那儿，放任不管，置之不理。¶그는 집에 오자마자 가방을 마루에 던져두고 나가 버렸다. =他一回家就把书包扔在地上，然后出去了。❷ 하던 일 따위를 그만두고 손을 대지 아니하다. ◆ 扔掉，丢开。¶일이 안 풀릴 땐 하던 일을 일단 던져두고 휴식을 취하는 게 좋다. =在事情还没有得到解决的时候，暂时先丢开手中的工作，休息一下比较好。

-던지【어미】막연한 의문이 있는 채로 그것을 뒤 절의 사실이나 판단과 관련시키는 데 쓰는 연결 어미. ◆ 词尾 表示不确定性疑问的连接词尾，后面分句的内容是在前面内容基础上的判断 。¶얼마나 춥던지 손이 곱아 펴지지 않았다. =实在是太冷了，冻得手都伸不开了。

던지기【명사】图 ❶ 육상 경기에서, 필드(field) 경기의 한 종목. 원반·포환·창 따위를 멀리 가도록 던져 그 거리를 잰다. ◆ 投掷。❷ 씨름에서, 상대편을 들어 앞으로 던지는 기술. ◆ 抱摔。

던지다【동사】动 ❶ 손에 든 물건을 다른 곳에 떨어지게 팔과 손목을 움직여 공중으로 내보내다. ◆ 扔，投，掷，抛。¶연못에 돌을 던지다. =向莲花池里扔石头。❷ 자기 몸을 떨어지게 하거나 뛰어들다. ◆ 投进，扑向。¶피로에 지친 몸을 침대 위에 던지다. =疲惫不堪的身躯倒在床上。❸ 어떤 행동을 상대편에게 하다. ◆ 提出，抛出 。¶발표자에게 질문을 던지다. =向发言者提问。❹ 어떤 것을 향하여 보다. ◆ 投射，送。¶추파를 던지다.=暗送秋波。❺ 어떤 것을 향하여 비추다. ◆ 照射，投射。¶고요한 밤하늘에 달과 별들만이 빛을 던지고 있다. =寂静的夜空中，只有月亮和星星闪着光。❻ 어떤 화제나 파문 따위를 일으키다. ◆ 引起关注，成为话题。¶그는 새로운 의약품의 발견으로 전 세계에 화제를 던졌다. =他发现的新药，成为了全世界关注的话题。❼ 어떤 문제 따위를 제기하다. ◆ 提出。¶의문을 던지다. =提出疑问。❽ 내버리다. ◆ 扔下，丢开，撇开。¶너는 그 동안 쌓아 온 우리 사이의 신의를 헌신짝같이 던지고 나를 배반하려 하느냐? =你怎么能像扔破鞋一样丢掉我们长期建立起来的信义，去背叛我呀? ❾ 재물이나 목숨을 아낌없이 내놓다. ◆ 献出，抛却，豁上。¶조국을 위하여 자신의 재물과 목숨을 던진다. =为了祖国献出自己的财产和生命。❿ 일 따위를 중도에 그만두다. ◆ 放下，扔下，丢开，撇开。¶그 소식을 들은 사람들은 일거리를 던지고 거리로 뛰어나와 독립 만세를 외쳤다. =听到那个消息之后，人们就放下手中的活，跑到大街上高呼独立万岁。⓫ 투표하다(投票--). ◆ 投票。¶법안에 찬성표를 던지다. =对法案投赞成票。

-던지요【어미】지난 일을 회상하여 막연한 의심이나 추측, 가정의 뜻을 나타냄. ◆ 词尾表回忆、疑问或估计的终结词尾。

덜【부사】어떤 기준이나 정도가 약하게. 또는 그 이하로. ◆ 副半，不太，不够。¶고구마가 덜 익다. =地瓜不太熟。

덜그럭【부사】크고 단단한 물건이 맞부딪치는 소리. ◆ 副咣当。¶창문이 덜거덕 열린다. =窗户咣当一声开了。● 덜그럭거리다, 덜그럭대다, 덜그럭덜그럭, 덜그럭하다, 덜그럭덜그럭하다 ●

덜다【동사】动 ❶ 일정한 수량이나 정도에서 얼마를 떼어 줄이거나 적게 하다. ◆ 减，减少，削减。¶다섯에서 둘을 덜다. =5减2。❷ 그러한 행위나 상태를 적게 하다. ◆ 缓和，减轻。¶고통을 덜다. =减轻痛苦。

덜덜【부사】副 ❶ 춥거나 무서워서 몸을 몹시 떠는 모양. ◆ 哆嗦。¶사람들은 추운 날씨에 턱을 덜덜 떨었다. =在寒冷的天气里，人们被冻得下巴直打哆嗦。❷ 큰 바퀴 따위가 단단한 바닥을 구르며 흔들리는 소리. 또는 그 모양. ◆ 吱吱嘎嘎。¶노면이 고르지 못해 차가 덜덜 흔들린다. =路面不平，车子吱吱嘎嘎地晃动。● 덜덜거리다，덜덜대다, 덜덜하다 ●

덜되다【형용사】말이나 하는 짓이 일정한 수준에 이르지 못하거나 바르지 못하다. ◆ 形不成器，没出息。¶덜된 녀석. =没出息的东西。

덜떨어지다【형용사】쇠딱지가 아직 채 떨어지지 않았다는 뜻으로, 어린아이의 수준을 벗어나지 못하여 나이에 비하여 어리고 미련함을 이르는 말. ◆ 形傻乎乎，傻里傻气。

덜렁¹【부사】딸린 것이 아주 적거나 단 하나만 있는 모양. ◆ 副孤零零。¶다른 사람은 모두 가고 혼자만 덜렁 남았다. =其他人都走了，只剩下孤零零的一个人。

덜렁²【부사】副 ❶ 큰 방울이나 매달린 물체 따위가 한 번 흔들리는 소리. 또는 그 모양. ◆ 当啷当啷，叮叮当当。❷ 갑자기 놀라거나 겁이 나서 가슴이 뜨끔하게 울리는 모양. ◆ 扑腾，咯噔。¶가슴이 덜렁 내려앉다. =心里咯噔一下沉了下去。● 덜렁거리다, 덜렁대다, 덜렁덜렁, 덜렁덜렁하다, 덜렁이다 ●

덜렁이【명사】침착하지 못하고 몹시 덤벙거리는 사람. ◆ 名冒失鬼，愣小子，愣头青。¶내 아들 녀석은 워낙 덜렁이라서 계속 주의를 주지 않으면 안 된단 말이야. =我是说我那个臭小子原本就是个愣头青，要是再不注意可真不行了。

덜미【명사】목의 뒤쪽 부분과 그 아래 근처. ◆ 名脖颈，脖子。¶뒷머리를 짧게 잘랐더니 덜미가 시리다. =因为后脑勺的头发剪得比较短，所以感觉脖颈凉飕飕的。

덜커덕【부사】크고 단단한 물건이 맞부딪치는 소리. ◆ 副哐当。¶문이 덜커덕 열리다. =门哐当一声打开了。● 덜커덕거리다, 덜커덕대다, 덜커덕덜커덕, 덜커덕덜커덕하다, 덜커덕하다 ●

덜커덩【부사】크고 단단한 물건이 부딪쳐 울리는 소리. ◆ 副哐当。¶덜커덩 대문을 닫아 잠가 버렸다. =哐当一声大门关上了。● 덜커덩거리다, 덜커덩대다, 덜커덩덜커덩】【덜커덩덜커덩하다, 덜커덩하다 ●

덜컥¹【부사】'덜커덕'의 준말. 크고 단단한 물건이 맞부딪치는 소리. ◆ 副 ("덜커덕"的略语)哐当。¶문이 덜컥 닫히다. =门哐当一下关上了。● 덜컥이다 ●

덜컥²【부사】副 ❶ 갑자기 놀라거나 겁에 질려 가슴이 내려앉는 모양. ◆ 咯噔。¶겁이 덜컥 나다. =咯噔吓了一大跳。❷ 어떤 일이 매우 갑작스럽게 진행되는 모양. ◆ 忽地，一下子。¶집안 사정이 어려운 중에 어머니마저 덜컥 돌아가셨다. =家里正处在困境之中，母亲又突然去世了。● 덜컥거리다, 덜컥거리다, 덜컥대다, 덜컥덜컥, 덜컥덜컥하다, 덜컥하다 ●

덜컹¹【부사】단단하고 속이 빈 큰 물건이 부딪쳐 울리는 소리. ◆ 副哐当("덜커덩"的略语)。¶바람에 창문이 덜컹 닫히다. =窗户被风吹得哐当一下关上了。● 덜컹거리다, 덜컹대다, 덜컹이다 ●

덜컹²【부사】갑자기 놀라거나 겁에 질려서 가슴이 몹시 울렁거리는 모양. ◆ 副咯噔。¶겁이 덜컹 나다. =咯噔吓了一大跳。● 덜컹거리다, 덜컹대다, 덜컹덜컹, 덜컹덜컹하다, 덜컹하다 ●

덜하다【형용사】어떤 기준이나 정도가 약하다. ◆ 形减轻，减少。¶더위가 작년보다 덜하다. =没有去年那么热。

덤【명사】제 값어치 외에 조금 더 얹어 주는 일. 또는 그런 물건. ◆ 名饶头，折扣。¶덤을 주다. =给折扣。

덤덤하다【형용사】形 ❶ 특별한 감정의 동요 없이 그저 예사롭다. ◆ 沉默，冷淡，沉默不语。¶오랜만에 만난 친구를 보고도 표정이 덤덤하다. =见到久别重逢的朋友，表情还是那么冷淡。❷ 말할 자리에서 어떤 말이나 반응이 없이 조용하고 무표정하다. ◆ 冷淡，冷漠。¶열띤 토론이 진행되는 중에도 그는 덤덤하게 앉아 있기만 했다. =讨论进行得很激烈，但是他却冷漠地坐在那儿。❸ 음식의 맛이 잘 안 나고 몹시 싱겁다. ◆ 淡，寡淡，没味。¶맛이 덤덤하다. =淡而无味。● 덤덤히 ●

덤벙거리다【동사】들뜬 행동으로 아무 일에나 자꾸 함부로 서둘러 뛰어들다. ◆ 动轻率，冒失。¶덤벙거리지 말고 자세히 말해 보아라. =不要慌，说仔细点。● 덤벙대다, 덤벙이다 ●

덤벼들다【동사】动 ❶ 함부로 대들거나 달려들다. ◆ 冒犯，侵犯。¶어린놈이 어른한테 버릇없이 덤벼들다. =小家伙没大没小地冒犯大人。❷ 무엇을 이루어 보려고 적극적으로 뛰어들다. ◆ (贸然、冒险)进入，涉入。¶그들은 이익이 되기만 하면 무슨 일에든 덤벼들 사람들이다. =他们是一群为了利益敢冒任何风险的人。

덤불【명사】어수선하게 엉클어진 수풀. ◆ 名树丛，草丛。¶나무 덤불사이를 헤치고 나아가다. =在树丛中穿行。

덤비다【동사】动 ❶ 마구 대들거나 달려들다. ◆ 冒犯，进犯。¶버릇없이 어른에게 덤벼서는 안 된다. =不许这么没规矩地冒犯大人。❷ 무엇을 이루어 보려고 적극적으로 뛰어들다. ◆ (贸然)进入，涉入。¶사전 준비도 없이 그런 사업에 덤비면 망하기 십상이다. =事先一点准备都不做，就这么贸然涉入的话，很有可能会失败的。❸ 침착하지 못하고 서두르다. ◆ 慌张，惊慌。¶덤비지 말고 문제를 천천히 풀어라. =不要惊慌，慢慢地解决问题。

덤터기【명사】남에게 넘겨씌우거나 남에게서 넘겨받은 허물이나 걱정거리. ◆ 名连累，牵连，株连。¶너 말야 저기 해결하지 못한 일들 있지? 그 덤터기를 좀 맡아 줘야겠어. =你还有一些解决不了的问题吧? 那你得受些牵连。

덤프트럭(dump truck)【명사】화물자동차의 하나. ◆ 名翻斗车，自卸卡车。¶공사 현장에서 덤프트럭의 쓰임이 대단하다. =在工地，翻斗车的作用是非常大的。

덤핑(dumping)【명사】채산을 무시한 싼 가격으로 상품을 파는 일. ◆ 名甩卖，抛售。¶덤핑 판매.

=抛售。● 덤핑하다(dumping--) ●

덥다【형용사】形 ❶ 기온이 높거나 기타의 이유로 몸에 느끼는 기운이 뜨겁다. ◆热。¶날씨가 덥다. =天气热。❷ 사물의 온도가 높다. ◆热，烫，热乎乎。¶아내는 더운 점심을 차리느라 고생이다. =妻子为了准备热腾腾的午饭很辛苦。

덥석【부사】왈칵 달려들어 닁큼 물거나 움켜잡는 모양. ◆副猛然，猛地。¶손을 덥석 잡다. =猛地抓住手。● 덥석덥석 ●

덥수룩하다【형용사】더부룩하게 많이 난 수염이나 머리털이 어수선하게 덮여 있다. ◆形厚实，密实。¶머리털이 덥수룩하다. =头发浓密。● 덥수룩이 ●

덥히다【동사】动 ❶ 기온을 높이거나 몸에 뜨거운 기운을 느끼도록 하다. ◆烫，热，温(덥다的使动形态)。¶물을 덥히다. =烧热水。❷ 마음이나 감정 따위를 푸근하고 흐뭇하게 하다. ◆热乎，温暖。¶마음을 덥혀 주는 훈훈한 미담. =暖心话。

덧[1]【명사】빌미나 탈. ◆名病因，病根，祸因，祸根。¶그 말이 덧이 되어 싸우게 되었다. =那句话成了打架的祸因。

덧-[2]【접사】前缀 ❶ '거듭된' 또는 '겹쳐 신거나 입는'의 뜻을 더하는 접두사. ◆添加，重叠。¶덧니. =重牙。❷ '거듭' 또는 '겹쳐'의 뜻을 더하는 접두사. ◆表示重复的意思。¶덧대다. =再加一层。

덧나다【동사】动 ❶ 병이나 상처 따위를 잘못 다루어 상태가 더 나빠지다. ◆加重，恶化。¶환부가 덧나다. =伤口恶化。❷ 이미 나 있는 위에 덧붙어 나다. ◆长重。¶그 아이는 이 위에 새 이가 덧나는 바람에 덧니박이가 되어 버렸다. =那孩子的牙上又长了颗新牙，所以就成了长重牙的人了。❸ 노염이 일어나다. ◆发怒，被激怒。¶말 한마디 실수한 것이 그의 마음을 덧나게 하여 서먹한 사이가 되었다. =一言不慎将其激怒，结果就形同路人了。

덧니【명사】배냇니 곁에 포개어 난 이. 배냇니를 갈 때 제때에 뽑지 않으면 생긴다. ◆名重牙。¶덧니가 드러나게 웃다. =笑的时候露出了重牙。

덧대다【동사】대어 놓은 것 위에 겹쳐 대다. ◆动再加一层，帮上。¶문에 널빤지를 덧대다. =在门上再加一层木板。

덧문(-門)【명사】문짝 바깥쪽에 덧다는 문. ◆名门板，风门。¶덧문을 열어 시원한 공기를 들이마셨다. =打开风门，呼吸到了新鲜空气。

덧바르다【동사】바른 위에 겹쳐 바르다. ◆动再糊，再抹，再涂。¶방문에 새 창호지를 덧바르다. =给房门再糊上新窗户纸。

덧버선【명사】名버선 위에 겹쳐 신는 큰버선.◆袜套，袜罩。¶덧버선을 신다. =穿袜套。

덧보태다【동사】보탠 것 위에 겹쳐 보태다. ◆动添加，贴补，补助。

덧붙다【동사】붙은 위에 겹쳐 붙다. ◆动添加，重叠，附带。¶전단지 위에 광고지가 덧붙어 있다. =传单上附带着广告纸。

덧붙이다【동사】动 ❶ 있는 위에 더 붙게 하다. ◆附加，附带(덧붙다的使动形态)。¶제품에 설명서를 덧붙이다. =给产品附带上说明书。❷ 군더더기로 붙이다. ◆添加，补充。¶집에 군식구를 덧붙이다. =家里又添了吃闲饭的。

덧셈【명사】몇 개의 수나 식 따위를 합하여 계산함. 또는 그런 셈. ◆名加法。

덧신【명사】실내에서 구두 위에 덧신는 신. ◆名鞋套。¶교실에서는 실내화를 신거나 덧신을 신어야 한다. =在教室里必须穿拖鞋或鞋套。

덧쓰다【동사】动 ❶ 쓴 위에 겹쳐 쓰다. ◆再戴。¶모자 위에 머플러를 덧썼다. =戴完帽子，又围上了围巾。❷ 가리어 덮은 위에 겹쳐 덮다. ◆再加，再盖，再套。¶날씨가 추워 담요 위에 이불을 덧썼다. =天凉，在毯子上再加层被子。● 덧씌우다 ●

덧없다【형용사】形 ❶ 알지 못하는 가운데 지나가는 시간이 매우 빠르다. ◆蹉跎，白驹过隙。¶세월이 덧없다. =岁月蹉跎。❷ 보람이나 쓸모가 없어 헛되고 허전하다. ◆虚无，虚幻无常。¶인생이 덧없다. =人生无常。● 덧없이 ●

덧입다【동사】옷을 입은 위에 겹쳐 입다. ◆动罩，再加，再添。¶양복 위에 외투를 덧입다. =在西服外面再加件大衣。

덧저고리【명사】저고리 위에 겹쳐 입는 저고리. ◆名罩衫。¶방한(防寒)을 위해 덧저고리를 입는다. =为了御寒穿上罩衫。

덧칠(-漆)【명사】칠한 데에 겹쳐 칠하는 칠. ◆名上两遍漆。● 덧칠하다(-漆--) ●

덩굴【명사】길게 뻗어 나가면서 다른 물건을 감기도 하고 땅바닥에 퍼지기도 하는 식물의 줄기. ◆名藤，蔓。¶수박 덩굴. =西瓜藤。

덩굴손【명사】가지나 잎이 실처럼 변하여 다른 물체를 감아 줄기를 지탱하는 가는 덩굴의 끝. ◆名 藤，蔓草。

덩그렇다【형용사】形 ❶ 홀로 우뚝 드러나 있다. ◆高耸，耸立。¶정상에 덩그렇게 놓인 정자. =山顶上耸立的亭子。❷ 넓은 공간이 텅 비어 쓸쓸하다. ◆空旷，空荡荡。¶방학이라 교실이 덩그렇다. =放学后的教室空荡荡的。

덩달다【동사】실속도 모르고 남이 하는 대로 좇아서 하다. ◆动跟着，盲从，随大流。¶영문도 모르고 덩달아서 웃다. =虽然不懂英语，但也跟着笑。● 덩달아 ●

덩더꿍【부사】북이나 장구를 흥겹게 두드리는 소리. ◆副咚咚。¶얼쑤 절쑤 덩더꿍 북소리에 맞춰 사람들이 춤을 췄다. =人们随着铿锵有力、咚咚作响的鼓声跳起了舞。

덩실【부사】신이 나서 팔다리를 흥겹게 놀리며 춤을 추는 모양. ◆副翩翩，手舞足蹈。¶춤을 덩실 추다. =手舞足蹈。● 덩실거리다, 덩실대다, 덩실덩실, 덩실덩실하다 ●

덩실하다【형용사】건물 따위가 웅장하고 시원스럽게 높다. ◆形高耸，巍然。¶기와집이 덩실하다. =大瓦房高高耸立。

덩어리【명사】名 ❶ 크게 뭉쳐서 이루어진 것. ◆块，疙瘩。¶진흙 덩어리. =泥巴块。❷ 부피가 큰 것이나 크게 뭉쳐서 이루어진 것을 세는 단위. ◆块，疙瘩。¶얼음 한 덩어리. =一块冰。❸ 그러한 성질을 가지거나 그런 일을 일으키는 사람이나 사물을 나타내는 말. ◆(接在名词词根后表示某种性质)人。¶골칫덩어리. =让人讨厌的人。

덩어리지다【동사】한데 뭉쳐 덩어리가 되다. ◆动结块，成团，成块，成疙瘩。¶흙이 덩어리지다. =土结成块。

덩이【명사】图 ❶ 작게 뭉쳐서 이루어진 것. ◆团，块，丁，小疙瘩，小块。¶덩이 모양. =块状。❷ 작게 뭉쳐서 이루어진 것을 세는 단위. ◆丁，小疙瘩，小块。¶떡 다섯 덩이. =五小块糕。❸ 그러한 성질을 가지거나 그런 일을 일으키는 사람이나 사물을 나타내는 말. ◆(名词词根后表某种性质)人。¶골칫덩이. =让人讨厌的人。

덩치【명사】몸집. ◆图块头，身材。¶덩치가 우람한 사내. =身材魁梧的壮汉。

덩크 슛(dunk shoot)【명사】농구에서, 공에서 손을 떼지 아니한 채 점프하여 링 위에서 내리꽂듯이 하는 슛. ◆图(篮球)扣篮，灌篮。¶링이 부러질 듯한 파워 덩크슛. =连球篮都要砸破似的用力扣篮。

덫【명사】图 ❶ 짐승을 꾀어 잡는 기구. ◆捕兽器，夹。¶덫에 걸리다. =被捕兽器套住。❷ 남을 헐뜯고 모함하기 위한 교활한 꾀를 비유적으로 이르는 말. ◆圈套，陷阱。¶덫에 걸려들다. =中圈套。

덮개【명사】图 ❶ 덮는 물건. ◆盖的东西，被子。¶자동차 덮개를 씌우다. =给汽车罩上罩。❷ 뚜껑. ◆盖子，篷。¶덮개를 씌운 마차. =拉着带篷的马车。

덮다【동사】动 ❶ 물건 따위가 드러나거나 보이지 않도록 넓은 천 따위를 얹어서 씌우다. ◆蒙，盖，遮，罩。¶책상보를 책상에 덮다. =用桌布盖住书桌。❷ 그릇 같은 것의 아가리를 뚜껑 따위로 막다. ◆盖，盖上(盖子)。¶솥에 뚜껑을 덮다. =给锅盖上盖。❸ 일정한 범위나 공간을 빈틈없이 휩싸다. ◆覆盖，弥漫，笼罩。¶어둠이 산과 들을 덮다. =黑暗笼罩着小山和田野。❹ 펼쳐져 있는 책 따위를 닫다. ◆合上(书)。¶책을 덮고 생각에 잠기다. =合上书陷入沉思。❺ 어떤 사실이나 내용 따위를 따져 드러내지 않고 그대로 두거나 숨기다. ◆掩盖，掩饰，遮盖。¶지난 일을 덮다. =掩盖过去的事。❻ 기세, 능력 따위에서 앞서거나 누르다. ◆压制，超过，领先。¶그 장사의 힘을 덮을 자가 있을는지 모르지. =很难说是否会有力气超过那个大力士的人。

덮밥【명사】반찬이 될 만한 요리를 밥 위에 얹어 먹는 음식을 통틀어 이르는 말. ◆图盖浇饭。¶소고기 덮밥. =牛肉盖浇饭。

덮이다【동사】动 ❶ 물건 따위가 드러나거나 보이지 않도록 넓은 천 따위가 씌워지다. ◆被覆盖，被盖，被蒙，被罩上(덮다的被动形态)。¶책상에 책상보가 덮이다. =书桌上盖着桌布。❷ 일정한 범위나 공간이 빈틈없이 가려지다. ◆覆盖，弥漫，笼罩。¶산과 들이 어둠에 덮이다. =山和田野笼罩在黑暗中。❸ 어떤 사실이나 내용 따위가 드러나지 않고 숨겨지다. ◆被掩盖，被掩饰，被遮盖。¶시간에 의해 과거의 잘못이 덮이다. =随着时间的流逝，过去的错误被掩盖了。

덮치다【동사】动 ❶ 좋지 아니한 여러 가지 일이 한꺼번에 닥쳐오다. ◆(事情)雪上加霜，祸不单行。¶온갖 불행이 덮치다. =祸不单行。❷ (뜻밖에 일이) 들이닥쳐 위에서 내리누르다. ◆突袭，从天而降。¶해일이 덮치다. =海啸突然袭来。❸ 무엇을 잡아내려고 휩싸서 들이닥치다. ◆猛扑，扑向。¶경찰이 범행 현장을 덮쳐 범인들을 체포하였다. =警察迅速扑向犯罪现场逮捕了罪犯。

데[1]【의존 명사】依名 ❶ '곳'이나 '처소'의 뜻을 나타내는 말. ◆表示地方或处所。¶그는 오갈 데 없는 불쌍한 사람이다. =他是个走投无路的可怜虫。❷ '일'이나 '것'의 뜻을 나타내는 말. ◆表示方面、事情或问题。¶그 책을 다 읽는 데 삼 일이 걸렸다. =花了三天读完了那本书。❸ '경우'나 '처지'의 뜻을 나타내는 말. ◆表示情况、处境。¶머리 아픈 데 먹는 약. =头痛时吃的药。

-데[2]【어미】과거 어느 때에 직접 경험하여 알게 된 사실을 현재의 말하는 장면에 그대로 옮겨와서 말함을 나타내는 종결 어미. ◆词尾用于谓词词干、体词谓词形和词尾으시、었、겠之后的准平阶回述法终结词尾，表示回忆叙述、回顾提问或转达。¶그이가 말을 아주 잘 하데. =他特别会说话。

데구루루【부사】약간 크고 단단한 물건이 단단한 바닥에서 구르는 소리. 또는 그 모양. ◆副咕噜噜。

데굴데굴【부사】큰 물건이나 사람이 계속 구르는 모양. ◆副骨碌碌。¶높이 떴던 야구공이 데굴데굴 굴러갔다. =飞得高高的棒球骨碌碌地滚了过去。

-데기【접사】'그와 관련된 일을 하거나 그런 성질을 가진 사람'의 뜻을 더하는 접미사. ◆后缀用在部分名词之后，表示对"某种职业或性格的人"的蔑称。¶부엌데기. =厨娘。

데다【동사】动 ❶ 뜨거운 기운으로 말미암아 살이 상하다. 또는 그렇게 하다. ◆烫伤，烧伤。¶팔이 불에 데다. =胳膊被火烫伤。❷ 몹시 놀라거나 고통을 겪어 진저리가 나다. ◆伤了，怕了。¶술에 데다. =喝酒喝伤了。

데데하다【형용사】변변하지 못하여 보잘것없다. ◆形小小的，不值钱。¶데데한 선물. =小小的礼物。

데려가다【동사】함께 거느리고 가다. ◆动带走，领走。¶어머니가 아이를 고모에게 데려가다. =妈妈带着孩子去找姑姑。

데려오다【동사】함께 거느리고 오다. ◆动带来，领来。¶친구를 집에 데려오다. =把朋友带到家里来。

데리다【동사】아랫사람이나 동물 따위를 자기 몸 가까이 있게 하다. ◆动带领，带，领。¶아이를 데리러 가다. =领孩子去。

데릴사위【명사】처가에서 데리고 사는 사위. ◆图上门女婿，赘婿。¶데릴사위를 삼다. =招作赘婿。

데면데면하다【형용사】形 ❶ 사람을 대하는 태도가 친밀감이 없이 예사롭게 행동하다. ◆(待人态度)

不热情，怠慢，冷淡。¶그들의 시선은 서로 전혀 모르는 사이처럼 데면데면하다. =他们的目光很冷淡，就像互相完全不认识似的。❷ 성질이 꼼꼼하지 않아 행동이 신중하거나 조심스럽지 않다. ◆ 粗心，马虎，粗心大意。¶그는 데면데면하여 자주 실수를 저지른다. =他粗心大意，经常出错。

데모(demo)【명사】图 ❶ 많은 사람이 공공연하게 의사를 표시하여 집회나 행진을 하며 위력을 나타내는 일. ◆ 游行。¶데모를 벌이다. =举行示威游行。❷ 컴퓨터에서 프로그램이나 하드웨어의 성능을 보여 주기 위한 시범. ◆ 电脑 演示。● 데모하다(demo--) ●

데뷔(début)<프>【명사】일정한 활동 분야에 처음으로 등장함. ◆ 图出道，初出茅庐，崭露头角。¶가요계 데뷔 2년 만에 정상에 오르다. =在流行歌坛出道两年后，登上天王(天后)宝座。● 데뷔하다(début --) ●

데뷔작(début作)【명사】문단이나 연예계 따위의 일정한 분야에 등장하면서 처음으로 내놓은 작품. ◆ 图处女作。¶짝사랑은 수애의 데뷔작이다. =≪单恋≫是秀爱的处女作。

데생(dessin)<프>【명사】주로 선에 의하여 어떤 이미지를 그려내는 기술. ◆ 图素描。¶데생은 회화의 기초이다. =素描是绘画的基础。

데스크(desk)【명사】图 ❶ 신문사나 방송국의 편집부에서 기사의 취재와 편집을 지휘하는 직위. 또는 그런 사람. ◆ (报纸、广播等)编辑部或其负责人，编辑人员。¶데스크에서 기사 작성을 지시하다. =编辑部指示写报道。❷ 호텔이나 병원 등의 접수처. ◆ (宾馆、医院等)服务台。¶계산은 데스크에서 하십시오. =请到服务台结账。

데스크톱 컴퓨터(desktop computer)【명사】개인의 책상 위에 설치할 수 있는 크기의 소형 컴퓨터. ◆ 图台式电脑。

데시리터(deciliter)【의존 명사】미터법(meter法)에 의한 부피의 단위. ◆ 依名十分之一公升。

데시벨(decibel)【의존 명사】소리의 세기를 나타내는 단위. ◆ 依名分贝。

데우다【동사】식었거나 찬 것을 덥게 하다. ◆ 动热，烫。¶물을 데우다. =把水热一热。

데이타(data)【명사】图 ❶ 이론을 세우는 데 기초가 되는 사실. 또는 바탕이 되는 자료. ◆ 论据，事实，资料。¶고용 실태에 관한 데이타. =关于雇佣现状的资料。❷ 컴퓨터가 처리할 수 있는 문자, 숫자, 소리, 그림 따위의 형태로 된 정보. ◆ 数据。¶이 컴퓨터 데이타 처리 속도가 얼마입니까? =这台计算机处理数据的速度是多少?

데이타베이스(database)【명사】여러 가지 업무에 공동으로 필요한 데이터를 유기적으로 결합하여 저장한 집합체. ◆ 图数据库，资料库。¶연구에 필요한 데이타베이스를 구축하다. =建立研究所需的数据库。

데이트(date)【명사】이성(異性)끼리 교제를 위하여 만나는 일. 또는 그렇게 하기로 한 약속. ◆ 图约会，交往(尤指男女间的)。

데치다【동사】끓는 물에 넣어 살짝 익히다. ◆ 动(在开水中)焯，烫一烫。¶미나리를 데치다. =焯芹菜。

덴마크(Denmark)【명사】유럽 서북부 에 있는다라. ◆ 图丹麦。

도¹(道)【명사】한국의 지방 행정 구역의 하나. 시(市)와 군(郡) 따위를 관할한다. ◆ 图道(韩国中央之下的行政区)。

도²(道)【명사】图 ❶ 마땅히 지켜야 할 도리. ◆ 道理，道义，道德。¶도를 지키다. =信守道义。❷종교적으로 깊이 깨우친 이치. 또는 그런 경지. ◆ 道。¶서예에 도가 트이다. =对书法茅塞顿开。

도³【명사】윷놀이에서, 윷짝의 세 개는 엎어지고 한 개만 젖혀진 경우를 이르는 말. 끗수는 한 끗으로 친다. ◆ 图 (尤茨游戏的)一分(三扑一翻)。¶도가 나오다. =翻出了一分。

도⁴(度)【명사】어떠한 정도나 한도. ◆ 图程度，限度。¶도가 지나친 농담. =过头的笑话。

도⁵(度)【의존 명사】依名 ❶ 섭씨 또는 화씨 온도의 단위. ◆ 摄氏度。¶영하 십 도. =零下10度。❷ 1도는 직각의 90분의 1이다. 보통 숫자 뒤 어깨에 '。'를 두어 나타낸다. ◆ 度数，角度。❸ 보표 위에서 같은 선이나 같은 칸이다. ◆ 音程单位。❹ 위도나 경도를 나타내는 단위. ◆ 度，经纬度。¶비행기가 동경 40도를 지나고 있다. =飞机正飞过东经40度。❺ 술에 들어있는 알코올의 백분율을 나타내는 데 쓰는 말. ◆ 酒的度数。¶그는 오십 도가 넘는 독주에도 취하지 않는다. =喝50度以上的烈酒他也不会醉。

도⁶(do)<이>【명사】서양 음악의 7음 체계에서, 첫 번째 계이름. 음이름 '다'와 같다. ◆ 图哆(七个音阶之一)。

도⁷【조사】助 ❶ 이미 어떤 것이 포함되고 그 위에 더함의 뜻을 나타내는 보조사. ◆ 也(表示包括)。¶나도 이제 늙었나 보다. =我现在好像也老了。❷ 주로 둘 이상의 대상이나 사태를 똑같이 아우름을 나타내는 보조사. ◆ 用于同时举出两个以上的事物时。¶아기가 눈도 코도 다 예쁘다. =孩子的眼睛和鼻子都很漂亮。❸ 양보하여도 마찬가지로 허용됨을 나타내는 보조사. ◆ 也还(表示补充、添加)。¶찬밥도 좋으니 빨리만 먹게 해 주세요. =凉饭也行，快给准备点饭吃吧。❹ 극단적인 경우까지 양보하여, 다른 경우는 더 말할 필요도 없이 그러하다는 뜻을 나타내는 보조사. ◆ 表示让步。¶개미 새끼 한 마리도 얼씬거리지 못하게 해라. =加强警戒，连只苍蝇也别放过。❺ 보통이 아니거나 의외의 경우에, 예외성이나 의외성을 강조하는 데 쓰이는 보조사. ◆ 表示出乎意料。¶집 앞까지 갔다가도 그냥 왔지요. =都到家门口了，结果又回来了。❻ 놀라움이나 감탄, 실망 따위의 감정을 강조하는 데 쓰이는 보조사. ◆ 表示强调、感叹。¶오늘은 달도 밝다! =今天的月亮真亮!

-도⁸(度)【접사】'그 해에 해당하는 기간'의 뜻을 더하는 접미사. ◆ 后缀年度。¶1999년도. =1999年。

-도[9](島) 【접사】 '섬'의 뜻을 더하는 접미사. ◆ 后缀岛。 ¶제주도. =济州岛。

-도[10](圖) 【접사】 '그림' 또는 '도면(圖面)'의 뜻을 더하는 접미사. ◆ 后缀图，画。 ¶설계도. =设计图。

-도[11](徒) 【접사】 '사람', '무리'의 뜻을 더하는 접미사. ◆ 后缀用于部分名词后，表示"人，人群"。 ¶과학도. =科学工作者。

도가니 【명사】 名 ❶ 쇠붙이를 녹이는 그릇. 단단한 흙이나 흑연 따위로 우묵하게 만든다. ◆ 坩埚，熔炉。 ¶도가니에서 뜨거운 쇳물이 출렁인다. =滚烫的铁水在坩埚中冒着泡泡。 ❷ 흥분이나 감격 따위로 들끓는 상태를 비유적으로 이르는 말. ◆ (兴奋和激动的)热潮，沸腾。 ¶흥분의 도가니에 빠지다. =兴奋得沸腾起来。

도감(圖鑑) 【명사】 그림이나 사진을 모아 실물 대신 볼 수 있도록 엮은 책. ◆ 名图鉴，图谱。 ¶뒷산에서 본 새를 조류도감에서 찾아보았다. =在鸟类图谱中寻找在后山见到的鸟。

도공(陶工) 【명사】 옹기를 만드는 사람. ◆ 名陶器工匠，陶工。

도교(道教) 【명사】 무위자연설을 근간으로 하는 중국의 다신 종교. ◆ 名道教。

도구(道具) 【명사】 名 ❶ 일을 할 때 쓰는 연장을 통틀어 이르는 말. ◆ 工具，器具；(演戏用的)道具。 ¶세면 도구. =洗脸用具。 ❷ 어떤 목적을 이루기 위한 수단이나 방법. ◆ 工具，手段。 ¶언어는 사람의 생각과 감정을 표현하는 도구이다. =语言是人表达思想和感情的工具。

도굴(盜掘) 【명사】 법적 수속이나 관리자의 승낙을 받지 않고 고분 따위를 파거나 광물을 캐냄. ◆ 名盗墓；非法开采(矿产)。 ¶도굴로 인해 많은 문화재가 파괴되었다. =盗墓使得很多文化遗产遭到了破坏。

도굴꾼(盜掘-) 【명사】 고분 따위를 도굴하여 매장물을 파내는 것을 전문적으로 하는 사람. ◆ 名盗墓人，盗墓者。 ¶도굴꾼이 거쳐 간 흔적이 있는 무덤 대부분이 텅 비어 있었다. =留有盗墓痕迹的墓穴大部分空空如也。

도금(鍍金) 【명사】 금속이나 비금속의 겉에 금이나 은 등의 얇은 금속 막을 다른 쇠붙이에 입히는 일. ◆ 名镀，镀层。 ¶도금 반지. =镀金戒指。 ● 도금하다(鍍金--) ●

도급(都給) 【명사】 일정한 기간이나 시간 안에 끝내야 할 일의 양을 도거리로 맡거나 맡김. 또는 그렇게 맡거나 맡긴 일. ◆ 名承包(工程)，包工。

도깨비 【명사】 동물이나 사람의 형상을 한 잡된 귀신의 하나. ◆ 名鬼，魍魉。 ¶뿔 달린 도깨비. =长角的鬼。

도끼 【명사】 나무를 찍거나 패는 연장의 하나. ◆ 名斧子，斧头。 ¶도끼로 나무를 찍다. =用斧子砍树。

도끼눈 【명사】 분하거나 미워서 매섭게 쏘아 노려보는 눈을 비유적으로 이르는 말. ◆ 名怒目。

도끼질 【명사】 도끼로 나무 따위를 찍거나 패는 일. ◆ 名用斧子。 ¶도끼질이 서툴다. =不太会用斧子。

도난(盜難) 【명사】 도둑을 맞는 재난. ◆ 名失窃，被盗。 ¶도난 경보기. =防盗报警器。 ● 도난당하다(盜難當--) ●

도넛(doughnut) 【명사】 밀가루에 베이킹파우더, 설탕, 달걀 따위를 섞어 이겨서 경단이나 고리 모양으로 만들어 기름에 튀긴 과자. ◆ 名甜甜圈。

-도다 【어미】 감탄을 나타내는 종결 어미. 장중한 어조를 띤다. ◆ 词尾用于谓词词干或体词的谓词形之后的基本阶陈述式终结词尾，具有"庄重、感叹"的色彩。 ¶훌륭하도다, 우리 학생들. =多么优秀啊！我们的学生。

도닥거리다 【동사】 잘 울리지 않는 물체를 가볍게 두드리는 소리를 잇따라 내다. ◆ 动轻轻地拍，敲打。 ¶선생님께서 학생의 어깨를 도닥거리다. =老师轻轻地拍拍学生的肩膀。 ● 도닥대다, 도닥도닥, 도닥도닥하다, 도닥이다 ●

도달(到達) 【명사】 목적한 곳이나 수준에 다다름. ◆ 名到达；达到。 ¶도달 가능한 합의점을 찾아봅시다. =咱们来找找能够达成一致的地方吧。 ● 도달되다(到達--), 도달하다(到達--) ●

도대체(都大體) 【부사】 副 ❶ 다른 말은 그만두고 요점만 말하자면. ◆ 到底，究竟(主要与表示疑问的用语搭配使用)。 ¶도대체 그는 누구였을까? =他究竟是谁？ ❷ 유감스럽게도 전혀. ◆ 根本，完全，怎么也(主要与表示否定的谓语搭配使用)。 ¶우리 아이는 도대체 공부를 안 해 걱정이다. =我们家孩子根本就不学习，真让人担心。

도덕(道德) 【명사】 사회의 구성원들이 양심, 사회적 여론, 관습 따위에 비추어 스스로 마땅히 지켜야 할 행동 준칙이나 규범의 총체. ◆ 名道德。 ¶도덕을 지키다. =遵守道德。

도도하다[1] 【형용사】 잘난 체하여 주제넘게 거만하다. ◆ 形高傲，傲慢，趾高气扬。 ¶표정이 도도하다. =表情高傲。 ● 도도히 ●

도도하다[2](滔滔--) 【형용사】 形 ❶ 물이 그득 퍼져 흐르는 모양이 막힘이 없고 기운차다. ◆ 滔滔，浩浩，滚滚。 ¶흐르는 강물의 현상이 도도하다. =奔涌的滔滔江水。 ❷ 말하는 모양이 거침없다. ◆ (言语)滔滔不绝。 ¶목청이 도도하다. =滔滔不绝。 ❸ 유행이나 사조, 세력 따위가 바짝 성행하여 걷잡을 수가 없다. ◆ 澎湃，势不可挡。 ❹ 벅찬 감정이나 주흥 따위를 막을 길이 없다. ◆ 正浓。 ¶그는 취흥이 도도하여 밤을 새워 술잔을 기울였다. =他酒兴大发，喝了个通宵。 ● 도도히(滔滔-) ●

도둑 【명사】 남의 것을 훔치거나 빼앗는 따위의 나쁜 짓. 또는 그런 짓을 하는 사람. ◆ 名盗贼，贼，小偷，扒手。 ¶도둑을 잡다. =抓小偷。

도둑고양이 【명사】 주인 없이 아무 데나 돌아다니며 몰래 음식을 훔쳐 먹는 고양이. ◆ 名野猫，流浪猫。

도둑맞다 【동사】 물건 따위를 잃어버리거나 빼앗기다. ◆ 动被偷，被盗，失窃。 ¶지갑을 도둑맞다. =钱包被偷了。

도둑질 【명사】 남의 것을 훔치거나 빼앗는 짓. ◆ 名偷，盗窃，做贼。 ¶나는 도둑질 말고는 다 해 보았다. =除了偷，我什么都干过。 ● 도둑질하다 ●

도드라지다[1]【형용사】形 ❶ 가운데가 볼록하게 쏙 나오다. ◆ 鼓起，隆起，翘起。 ¶이마가 도드라지다. =前额突出。 ❷ 겉으로 드러나서 또렷하다. ◆ 突出，显著，明显。 ¶동창생 중 그가 가장 도드라지게 외양이 바뀌었다. =在同学中，他的外貌变化最明显。

도드라지다[2]【동사】动 ❶ 가운데가 볼록하게 쏙 내밀다. ◆ 翘起，撅，鼓起。 ¶그는 화가 났는지 입술이 도드라져 있다. =他可能是生气了，噘着嘴。 ❷겉으로 또렷하게 드러나다. ◆ 突出，显得突出，显眼，明显。 ¶사람들과 섞여 있어도 그는 항상 도드라지다. =就算是混在人群中，他也总是非常显眼。

도라지【명사】초롱꽃과의 여러해살이풀. ◆ 名桔梗。

도란거리다【동사】여럿이 나직한 목소리로 정답게 서로 이야기하다. ◆ 动窃窃私语，耳语。 ¶오랜만에 만난 친구와 밤새도록 도란거렸지만 피곤한 줄을 몰랐다. =和久未见面的朋友窃窃私语聊了个通宵，但一点儿不觉得累。 ● 도란대다, 도란도란, 도란도란하다 ●

도랑【명사】폭이 좁은 작은 개울. ◆ 名水沟，水渠，沟渠。 ¶도랑을 건너다. =过水沟。

도래[1]**(到來)**【명사】어떤 시기나 기회가 닥쳐옴. ◆ 名到来，来临，降临。 ¶민주주의의 도래. =民主主义的到来。 ● 도래하다(到來--) ●

도래[2]**(渡來)**【명사】물을 건너옴. 또는 외부에서 전해져 들어옴. ◆ 名渡海而来。 ● 도래하다(渡來--) ●

도량(度量)【명사】名 ❶ 사물을 너그럽게 용납하여 처리할 수 있는 넓은 마음과 깊은 생각. ◆ 度量，心胸，气量。 ¶도량이 넓다. =心胸开阔。 ❷ 재거나 되거나 하여 사물의 양을 헤아림. ◆ 计量，计算。 ¶과학적 영농은 수확량의 정확한 도량에서부터 시작되는 것이다. =科学务农从正确计算收获量开始。

도량형(度量衡)【명사】길이와 부피, 무게 따위의 단위를 재는 저울의 총칭. ◆ 名度量衡。 ¶도량형을 통일하다. =统一度量衡。

도려내다【동사】빙 돌려서 베거나 파내다. ◆ 动剜，剜去，挖。 ¶과일의 썩은 부분을 도려내다. =剜去水果坏掉的地方。

도련님【명사】名 ❶ '도령'의 존칭. ◆ 公子，少爷(도령的敬称)。 ¶부잣집 도련님처럼 곱상하게 생긴 사람. =长得像富家少爷一样俊俏可爱的人。 ❷ 결혼하지 않은 시동생의 존칭. ◆ 嫂子对未婚小叔子的尊称。 ¶도련님! 사랑에서 형님이 찾으십니다. =小叔子！到厢房去找找你哥。

도령【명사】총각을 대접하여 일컫는 말. ◆ 名相公，公子，少爷。 ¶앞에 가는 도령은 어디에 사는 뉘신가? =走在前面的那位公子，您住哪儿，叫什么名字?

도로[1]**(道路)**【명사】사람, 차가 잘 다닐 수 있도록 만들어 놓은 비교적 넓은 길. ◆ 名路，道路，公路，马路。 ¶도로를 내다. =开路。

도로[2]【부사】副 ❶ 향하던 쪽에서 되돌아서. ◆ 返回，调头。 ¶학교에 가다가 도로 집으로 왔다. =去学校的半路上又回家了。 ❷ 먼저와 다름없이. 또는 본래의 상태대로. ◆ 原样。 ¶책을 보고 도로 갖다 놓았다. =看完书又把它原样放回去了。

도로망(道路網)【명사】그물과 같이 이리저리 얽힌 도로의 체계. ◆ 名公路交通网。 ¶자동차 도로망. =汽车公路交通网。

도로변(道路邊)【명사】도로의 변두리. ◆ 名沿街，路边。 ¶도로변의 상업 지역. =沿街商业区。

-도록【어미】词尾 ❶ 앞의 내용이 뒤에서 가리키는 사태의 목적이나 결과, 방식, 정도 따위가 됨을 나타내는 연결 어미. ◆ 用于动词、部分形容词词干和语尾으시之后的连接词尾，表示"达到……程度"和"目标，方向"。 ¶나무가 잘 자라도록 거름을 주었다. =给树施了肥，让它好好长。 ❷ 명령의 뜻을 나타내는 종결 어미. ◆ 用于动词词干之后表示命令的终结词尾。 ¶해산했다가 열두 시까지 이 자리에 다시 모이도록. =先解散，然后12点再在这儿集合。

도롱뇽【명사】도롱뇽과의 동물. ◆ 鲵鱼。

도루(盜壘)【명사】야구에서, 주자가 수비수의 허술한 틈을 타서 다음 루까지 가는 일. ◆ 名 (垒球)偷垒，盗垒。 ¶도루를 견제하다. =牵制盗垒。

도루묵【명사】도루묵과의 바닷물고기. 名◆ 银鱼。

도륙(屠戮)【명사】사람이나 짐승을 함부로 참혹하게 마구 죽임. ◆ 名屠杀，杀戮，屠戮。 ¶도륙을 내다. =屠杀。

도르래【명사】홈을 판 바퀴에 줄을 걸어서 돌려 물건을 움직이는 장치. ◆ 名滑轮。 ¶도르래로 무거운 물건을 들어 올리다. =用滑轮把重物吊上来。

도르르[1]【부사】작고 동그스름한 것이 가볍게 구르는 소리. 또는 그 모양. ◆ 副骨碌碌(滚动貌)。

도르르[2]【부사】폭이 좁은 종이 따위가 탄력 있게 말리는 모양. ◆ 副 哗啦啦(卷动的样子)。 ¶리본이 도르르 말리다. =带子哗啦啦地卷了起来。

도리(道理)【명사】名 ❶ 사람이 마땅히 행하여야 할 바른 길. ◆ 道理，本分，道义，情理，理。 ¶도리를 지키다. =守本分。 ❷ 어떤 일을 해 나갈 방도(方道). ◆ 方法，办法。 ¶알 도리가 없다. =没法知道。

도리깨【명사】곡식의 낟알을 떠는 데 쓰는 농구. ◆ 名连枷，枷。

도리어【부사】예상이나 기대 또는 일반적인 생각과는 반대되거나 다르게. 오히려. 거꾸로. 반대로. ◆ 副反而，反倒。 ¶이 번일은이익을 주기보다는 도리어 해만 주었다. =这件事没带来一点儿好处，反而只带来害处。

도리질【명사】名 ❶ 말귀를 겨우 알아듣는 어린아이가 어른이 시키는 대로 머리를 흔드는 짓. ◆ (大人让婴儿展示本领时婴儿)摇头。 ¶도리질을 치다. =婴儿摇头。 ❷ 머리를 좌우로 흔들어 싫다거나 아니라는 뜻을 표시하는 짓. ◆ 摇头(表示不愿意或否定)。 ¶그는 싫다고 손을 내저으며 도리질을 친다. =他边说不行边摇头摆手地拒绝。 ● 도리질하다 ●

도마【명사】칼로 음식의 재료를 썰거나 다질 때에 밑에 받치는 것. ◆ 名菜板，砧板，案板。 ¶도마와

칼. =菜板和刀。● 도마질하다 ●

도마뱀【명사】도마뱀과와 장지뱀과의 동물. ◆ 图蜥蜴。

도막【명사】图 ❶ 짧고 작은 동강. ◆ 段，块，片，丁。 ¶도막을 내다. =分成段。 ❷ 짧고 작은 동강을 세는 단위. ◆ 段，块，片(用于表示数量的词后)。 ¶나무 세 도막. =三段木头。

도망(逃亡)【명사】피하거나 쫓기어 달아남. ◆ 图逃跑，逃走，溜走。¶도망을 다니다. =逃跑。● 도망하다(逃亡--), 도망가다(逃亡--) ●

도망치다(逃亡--)【동사】피하거나 쫓기어 달아나다. ◆ 动逃亡，逃，逃跑，溜走。 ¶그사람이외국으로 도망치다. =那人逃往国外。

도맡다【동사】혼자서 책임을 지고 몰아서 모든 것을 돌보거나 해내다. ◆ 动承办，包揽，一手承担。¶중책을 도맡다. =一手承担重任。● 도맡기다 ●

도매(都賣)【명사】생산자로부터 상품을 받아 소매상을 상대로 하여 도거리로 파는 일. ◆ 图批发。 ¶그는 시장에 채소를 도매로 넘겼다. =他在市场上对外批发蔬菜。

도매상(都賣商)【명사】물건을 도매로 파는 장사. 또는 그런 가게나 장수. ◆ 图批发商；批发商店。¶과일 도매상. =果品批发商。

도메인(domain)【명사】인터넷상에서 개인이 소유하고 있는 인터넷 주소. ◆ 图域名。

도면(圖面)【명사】토목·건축·기계 따위의 구조나 설계 또는 토지, 임야 따위를 제도기를 써서 기하학적으로 나타낸 그림. ◆ 图图纸，图，图样。¶도면을 작성한다. =制图。

도모(圖謀)【명사】어떤 일을 이루려고 수단과 방법을 꾀함. ◆ 图图谋，谋求，策划。 ¶부원들 간의 친목 도모를 위해 부장님이 주말에 야유회를 가기로 했다. =为了谋求部内人员的亲密和睦，部门老板决定周末参加郊游会。● 도모하다(圖謀--) ●

도무지【부사】副 ❶ 아무리 해도. ◆ 怎么也……，一点儿也……(与表示否定的谓语搭配)。 ¶왜 그런 일을 했는지 도무지 속셈을 모르겠다. =怎么会干出那种事，真不知道心里怎么想的。 ❷ 이러니저러니 할 것 없이 아주. ◆ 根本，完全，全然。 ¶그는 도무지 예의라곤 없는 사람이다. =他是个根本不懂礼仪的人。

도미[1]【명사】도밋과의 바닷물고기를 통틀어 이르는 말. ◆ 图鲷鱼。

도미[2](渡美)【명사】미국으로 건너감. ◆ 图赴美，去美国。 ¶도미 유학. =赴美留学。● 도미하다(渡美--) ●

도민(道民)【명사】그 도(道) 안에 사는 사람. ◆ 图道民，道内居民。¶경기도 도민. =京畿道居民。

도박(賭博)【명사】图 ❶ 돈이나 재물 따위를 걸고 주사위, 골패, 마작, 화투, 트럼프 따위를 써서 서로 내기를 하는 일. ◆ 赌博，赌钱。 ¶도박이 성행하다. =赌博盛行。 ❷ 요행수를 바라고 불가능하거나 위험한 일에 손을 댐. ◆ 冒险，赌博。 ¶이 사업은 도박이라 잘못되면 완전히 망할 수 있다. =这项事业就是一场赌博，一旦出错就全完了。● 도박하다(賭博--) ●

도박꾼(賭博-)【명사】도박을 상습적으로 하는 사람. ◆ 图赌徒，赌鬼。 ¶대여섯 명의 도박꾼들이 거액의 판돈을 걸고 노름을 하다가 경찰에 붙잡혔다. =五六个赌徒拿出巨额赌资进行赌博，被警察抓住了。

도박사(賭博師)【명사】노름을 직업으로 하는 사람. ◆ 图职业赌徒。

도발(挑發)【명사】남을 집적거려 일을 일으킴. ◆ 图挑衅，挑拨，挑起。 ¶전쟁 도발. =挑起战争。● 도발하다(挑發--) ●

도배(塗褙)【명사】图 ❶ 종이로 벽이나 반자, 장지 따위를 바르는 일. ◆ 裱，糊。 ¶도배를 새로 하다. =新裱糊。 ❷ (비유적으로) 어떤 공간을 같은 종류의 사물이나 글 등으로 가득 채우는 것. ◆〈喻〉刷屏。¶이 게시판은 누리꾼들의 불만으로 도배가 되었다. =网友们的不满使这个留言板被刷屏。● 도배하다(塗褙--) ●

도벽(盜癖)【명사】습관적으로 물건을 훔치는 버릇. ◆ 图偷盗癖，盗窃癖。 ¶도벽이 있다. =有偷窃癖。

도보(徒步)【명사】탈것을 타지 않고 걸어감. ◆ 图徒步。 ¶도보 여행. =徒步旅行。

도복(道服)【명사】유도나 태권도 따위를 할 때 입는 운동복. ◆ 图道服(武术训练时穿的衣服)。 ¶태권도 도복. =跆拳道服。

도사(道士)【명사】图 ❶ 도를 갈고 닦는 사람. ◆ 道士，道人。❷ 도교를 믿고 수행하는 사람. ◆ 修道的人，方士。❸ 무슨 일에 도가 트여서 능숙하게 해내는 사람을 비유적으로 이르는 말. ◆ 俚能手，行家。¶자취 생활 10년이라 반찬 만드는 일에는 도사가 다 되었다. =因为自己做了十年饭，所以成了做菜的能手。

도사리다【동사】动 ❶ 팔다리를 함께 모으고 몸을 웅크리다. ◆ 蜷缩。¶그녀는 몸을 잔뜩 도사리고 앉아서 불안한 표정으로 주변을 둘러보았다. =她蜷缩着身体坐在那儿，表情不安地打量着周围。❷ 마음을 죄어 다잡다. ◆ 下决心。¶마음을 도사려 먹다. =下定决心。 ❸ 마음이나 생각 따위가 깊숙이 자리 잡다. ◆ 怀有。¶가슴속에 증오심이 도사리다. =怀恨在心。❹ 장차 일어날 일의 기미가 다른 사물 속에 숨어 있다. ◆ 暗藏，隐藏。 ¶아직도 세계 곳곳에는 평화와 안정을 위협하는 요인들이 도사리고 있다. =世界各处仍然存在着威胁和平与安定的因素。 ❺ 어떤 곳에 자리 잡고서 기회를 엿보며 꼼짝 않고 있다. ◆ 埋伏。 ¶숲 속 어딘가에 복병이 도사리고 있다. =林中某处有伏兵。

도산(倒産)【명사】재산을 모두 잃고 망함. ◆ 图破产，倒闭。 ¶속출하는 기업의 도산이 대량 실업을 유발했다. =企业频频破产导致了大量失业。● 도산하다(倒産--) ●

도살(屠殺)【명사】图 ❶ 사람이나 짐승을 함부로 참혹하게 마구 죽임. ◆ 屠杀，屠戮，杀戮。¶전쟁 영화에서 자주 도살 장면을 보게 된다. =在战争电影中经常能看到杀戮的场面。❷ 짐승을 잡아 죽임. ◆宰杀，屠宰。● 도살되다(屠殺--), 도살하다(屠殺--) ●

도색(塗色)【명사】색칠. ◆图涂漆，涂色。¶도색 재료. =涂料。● 도색하다(塗色--) ●

도서[1](島嶼)【명사】크고 작은 온갖 섬들. ◆图岛屿，岛。¶도서 지방. =岛屿之地。

도서[2](圖書)【명사】책(冊)을 이르는 말. ◆图图书，书籍，读物。¶ 도서 출판. =图书出版。

도서관(圖書館)【명사】많은 종류의 도서·문서·기록·출판물 따위의 자료를 모아 두고 일반이 볼 수 있도록 한 시설. ◆图图书馆。¶공공 도서관. =公共图书馆。

도서실(圖書室)【명사】도서를 모아 두고, 그것을 일반인들이 볼 수 있도록 만든 방. ◆图图书室。¶공공 도서실. =公共图书室。

도성(都城)【명사】임금이나 황제가 있던 도읍지가 성으로 이루어져 있었다는 데서, '서울'을 이르던 말. ◆图 国都，〈古〉都城。¶도성을 옮기다. =迁都。

도수(度數)【명사】图 ❶ 각도·온도·광도 따위의 크기를 나타내는 수. ◆度数，度。¶도수가 높은 안경. =度数高的眼镜。❷ 거듭하는 횟수. ◆次数，回数。

도술(道術)【명사】도를 닦아 여러 가지 조화를 부리는 요술이나 술법. ◆图妖术，魔术，幻术，戏法。¶도술을 부리다. =变魔术。

도시(都市)【명사】일정한 지역의 정치·경제·문화의 중추를 이루며, 사람이 많이 모여 사는 지역. ◆图都市，城市，城镇。¶도시를 건설하다. =建设城市。

도시락【명사】图 ❶ 밥을 담는 작은 그릇. ◆饭盒，餐盒。¶도시락에는 먹음직스러운 김밥이 담겨 있었다. =饭盒里装着令人胃口大开的紫菜包饭。❷ 밥을 담는 작은 그릇에 반찬을 곁들여 담는 밥. ◆盒饭，便当，快餐。¶점심시간에 도시락을 먹었다. =中午吃了盒饭。

도심지(都心地)【명사】도시의 중심이 되는 지역. ◆图市中心，闹市区。¶도심지의 주거 인구가 도시 외곽으로 이전하다. =居住在市中心的居民搬迁到城市外围。

도안(圖案)【명사】미술 작품을 만들 때의 형상, 모양, 색채, 배치, 조명 따위에 관하여 생각하고 연구하여 그것을 그림으로 설계하여 나타낸 것. ◆图图案，图样。¶상표 도안. =商标图案。● 도안하다(圖案--) ●

도야(陶冶)【명사】훌륭한 사람이 되도록 몸과 마음을 닦아 기름을 비유적으로 이르는 말. ◆图陶冶，熏陶，熏染。¶품성의 도야. =陶冶情操。● 도야하다(陶冶--) ●

도약(跳躍)【명사】图 ❶ 몸을 위로 솟구쳐 뛰는 일. ◆跳跃，弹跳，起跳。❷ 더 높은 단계로 발전하는 것을 비유적으로 이르는 말. ◆〈喻〉跃进，迈进。¶개발도상국에서 선진국으로의 도약은 쉽지 않은 일이다. =由发展中国家迈向发达国家不是件容易的事。● 도약하다(跳躍--) ●

도예(陶藝)【명사】'도자기 공예(陶瓷器 工藝)'를 줄여 이르는 말. ◆图陶艺，陶瓷艺术(도자기 공예(陶瓷器工藝)的略语)。¶도예 작품. =陶艺作品。

도와주다【동사】남을 위하여 애써 주다. ◆动帮助，援助，接济。¶여러 가지로 도와주다. =从多方面给予帮助。

도외시(度外視)【명사】상관하지 아니하거나 무시함. ◆图无视，忽视，置之不理。¶본질을 도외시하고 부수적인 것에만 관심을 갖고 있다. =忽视事物的本质，只重视表面现象。● 도외시되다(度外視--), 도외시하다(度外視--) ●

도용(盜用)【명사】남의 물건이나 명의를 몰래 씀. ◆图盗用，假冒，剽窃。¶명의 도용. =盗用名义。● 도용되다(盜用--), 도용하다(盜用--) ●

도우미【명사】행사 안내를 맡거나, 남에게 봉사하는 요원. 1993년 대전 엑스포에서 처음 쓴 말이다. ◆图礼仪小姐。¶회사는 효율적인 홍보를 위해 도우미를 적극 활용하기로 했다. =为有效地进行宣传，公司决定积极聘用礼仪小姐。

도움【명사】남을 돕는 일. ◆图帮助，援助。¶도움을 주다. =给予帮助。

도움말【명사】조언. ◆图建议，提醒，忠告。¶그의 도움말은 항상 나에게 힘을 준다. =他的建议常常带给我力量。

도읍(都邑)【명사】图 ❶ 수도. ◆首都，京城。❷좀 작은 도시. ◆城市，城镇。

도의(道義)【명사】사람이 마땅히 지키고 행해야 할 도덕상의 의리. ◆图道义。¶도의에 어긋나다. =违背道义。

도입(導入)【명사】图 ❶ 기술, 방법, 물자, 문화 따위를 끌어들임. ◆引进，吸引。¶차관 도입. =引进贷款。❷ 단원 학습이나 소설 등이 본격적으로 시작하기 전의 첫 단계. ◆导引，导入。¶도입부(導入部). =导引。● 도입되다(導入--), 도입하다(導入--) ●

도입부(導入部)【명사】서주부(序奏部). 악곡의 주요 부분에 들어가기 전에 도입적 역할로서 마련한 부분. ◆图引子，序曲，导言。¶글에서 도입부 쓰기가 제일 어렵게 느껴진다. =我觉得文章中最难写的就是导言部分。

도자기(陶瓷器)【명사】도기(陶器), 자기(瓷器), 사기(沙器), 질그릇 따위를 통틀어 이르는 말. ◆图陶瓷。¶도자기 공장. =陶瓷工厂。

도장[1](圖章)【명사】일정한 표적으로 삼기 위하여 개인, 단체, 관직 따위의 이름을 나무, 뼈, 뿔, 수정, 돌, 금 따위에 새겨 문서에 찍도록 만든 물건. ◆图印，章，印章，图章。¶도장을 새기다. =刻章。

도장[2](道場)【명사】무예를 닦는 곳. ◆图练武场，道场。¶태권도 도장. =跆拳道道场。

도저히(到底-)【부사】아무리 하여도. ◆副无论如何，怎么也，绝，根本，完全(与谓语否定形搭配使用)。¶도저히 용서하지 못한다. =绝不宽恕。

도적(盜賊)【명사】남의 재물을 몰래 훔치거나 위협하여 빼앗는 사람. ◆图盗贼，贼，小偷，扒手，窃贼。¶ 도적을 물리치다. =赶走窃贼。

도적질(盜賊-)【명사】도둑질. ◆ 名偷盗，盗窃，扒窃。● 도적질하다(盜賊---) ●

도전(挑戰)【명사】名 ❶ 정면으로 맞서 싸움을 걺. ◆ 挑战，挑衅，摆擂台。¶도전에 응하다. =应战。❷ 어려운 사업이나 기록 경신 따위에 맞섬을 비유적으로 이르는 말. ◆ 挑战。¶신기록 도전. =挑战新记录。● 도전하다(挑戰--) ●

도정(搗精)【명사】곡식을 찧거나 쓿음. ◆ 名捣米，碾米。● 도정하다(搗精--) ●

도주(逃走)【명사】피하거나 쫓기어 달아남. ◆ 名逃走，逃跑，逃亡。¶그 피의자는 도주의 우려가 없어 보석금을 내고 석방되었다. =那个嫌犯没有逃跑的嫌疑，交纳了保释金后就被释放了。● 도주하다(逃走--) ●

도중(途中)【명사】名 ❶ 길을 가는 중간. ◆ 途中，路上，半路上。¶나는 학교를 가는 도중에 친구를 만났다. =我在去学校的路上遇见了朋友。❷ 일이 계속되고 있는 과정이나 일의 중간. ◆ 过程中。¶강의 도중. =上课过程中。

도중하차(途中下車)【명사】名 ❶ 목적지에 이르기 전에 차에서 내림. ◆ 中途下车。❷ 시작한 일을 끝내지 않고 도중에 그만 둠. ◆ 半途而废，有始无终。¶그는 그 계획을 야심차게 시작했으나 결국 도중하차 하고 말았다. =他雄心勃勃地开始了那项计划，但最终半途而废。● 도중하차하다(途中下車--) ●

도지다【동사】动 ❶ 나아지거나 나았던 병이 도로 심해지다. ◆ (快好的病或已痊愈的病)复发。¶고질병이 도지다. =老病复发。❷ 가라앉았던 노염이 다시 살아나다. ◆ 来劲。¶화가 도지다. =火气又上来。❸ 없어졌던 것이 되살아나거나 다시 퍼지다. ◆ 又犯，恢复，卷土重来。¶술버릇이 도지다. =喝酒的毛病又犯了。

도지사(道知事)【명사】한 도(道)의 행정 사무를 총괄하는 광역 자치 단체장. ◆ 名道知事。

도착(到着)【명사】목적한 곳에 다다름. ◆ 名到达，抵达。¶도착 시간. =到达的时间。● 도착하다(到着--) ●

도착순(到着順)【명사】목적한 곳에 다다른 순서. ◆ 名到达顺序，先来后到。

도착지(到着地)【명사】어떤 곳에 이르러 닿는 곳. ◆ 名到达地点。

도처(到處)【명사】이르는 곳. ◆ 名到处，处处，四处，遍地。¶도처에 위험이 도사리고 있다. =到处都潜伏着危险。

도청(盜聽)【명사】남의 이야기, 회의의 내용, 전화 통화 따위를 몰래 엿듣거나 녹음하는 일. ◆ 名窃听，偷听。¶도청 장치. =窃听装置。● 도청하다(盜聽--) ●

도체(導體)【명사】열 또는 전기의 전도율이 비교적 큰 물체를 통틀어 이르는 말. ◆ 名导体。

도출(導出)【명사】판단이나 결론 따위를 이끌어 냄. ◆ 名导出，找出(结论、判断等)。¶국민적 합의의 도출. =达成国民的共识。● 도출되다(導出--), 도출하다(導出--) ●

도취(陶醉)【명사】名 ❶ 술이 거나하게 취함. ◆ 醉酒。❷ 어떠한 것에 마음이 끌려 취하다시피 됨. ◆ 陶醉，沉醉，痴迷。¶아름다움에 대한 도취는 인간의 자연스러운 감정이다. =对美的痴迷是人类的自然感情。● 도취되다(陶醉--), 도취하다(陶醉--) ●

도치(倒置)【명사】名 ❶차례나 위치 따위를 서로 뒤바꿈. ◆ 倒置，颠倒。❷ 문장 안에서 정상적인 어순이 뒤바뀌는 일. ◆ 倒装。● 도치되다(倒置--), 도치하다(倒置--) ●

도탄(塗炭)【명사】진구렁에 빠지고 숯불에 탄다는 뜻으로, 몹시 곤궁하여 고통스러운 지경을 이르는 말. ◆ 名水深火热。¶도탄에 들다. =陷入水深火热之中。

도탑다【형용사】서로의 관계에 사랑이나 인정이 많고 깊다. ◆ 形 (感情)深厚。¶우정이 도탑다. =交情深。

도태(淘汰/陶汰)【명사】名 ❶ 여럿 중에서 불필요하거나 부적당한 것을 줄여 없앰. ◆ 淘汰。¶도태가 일어나다. =出现淘汰。❷ 적자생존의 법칙에 따라 환경이나 조건에 적응하지 못한 생물이 멸망함. ◆ 淘汰。● 도태되다(淘汰/陶汰--), 도태하다(淘汰/陶汰--) ●

도토리【명사】갈참나무, 졸참나무, 물참나무, 떡갈나무의 열매를 통틀어 이르는 말. ◆ 名橡子。¶우리는 도토리로 묵을 만들어 먹기도 한다. =我们也用橡子做凉粉吃。

도토리묵【명사】도토리로 만든 묵. ◆ 名橡子凉粉。

도톰하다【형용사】보기 좋을 정도로 알맞게 두껍다. ◆ 形厚，厚实。¶도톰한 입술. =厚厚的嘴唇。● 도톰히 ●

도통(都統)【부사】副 ❶ 도무지. 아무리 해도. ◆ 无论如何，怎么也，一点儿也。¶그의 말을 도통 알아들을 수가 없다. =一点儿也听不懂他在说些什么。❷ 도무지. 아무리 해도. ◆ 根本，完全，全然。¶그 사람은 도통 말이 없다. =那个人根本不说话。

도통하다(道通--)【동사】动 ❶ 사물의 이치를 깨달아 통하다. ◆ 得道，深明事理，通达。¶도통한 고승. =得道高僧。❷ 어떤 일을 잘 알거나 잘하다. ◆ 动精通，通晓。

도포(道袍)【명사】예전에, 통상 예복으로 입던 남자의 겉옷. 소매가 넓고 등 뒤에는 딴 폭을 댄다. ◆ 名长衫，长袍。¶도포 차림. =长袍装扮。

도표(圖表)【명사】여러 가지 자료를 분석하여 그 관계를 일정한 양식의 그림으로 나타낸 표. ◆ 名图表，表格，图解。¶도표로 나타내다. =用图表显示。

도피(逃避)【명사】名 ❶ 도망하여 몸을 피함. ◆ 逃遁，外逃，逃窜。¶도피할 수 있는 길은 모두 차단되었다. =外逃的路全被切断了。❷ 적극적으로 나서야 할 일에서 몸을 사려 빠져나감. ◆ 逃避，回避。¶도피 의식. =逃避意识。● 도피하다(逃避--) ●

도합(都合)【명사】모두 한데 합한 셈. ◆ 名总共，一共，共。¶도합 일곱이다. =共有七个。

도해(圖解)【명사】글의 내용을 그림으로 풀이함.

또는 그렇게 한 풀이나 책자. ◆图图解，图示。 ¶이 책에서는 복잡한 내용은 도해를 곁들였다. =这本书中的复杂内容都辅有图示。

도형(圖形)【명사】图 ❶ 그림의 모양이나 형태. ◆图形。 ❷ 점·선·면 또는 그것들의 집합을 통틀어 이르는 말. 사각형, 원, 구 따위를 이른다. ◆图，图形。

도화선(導火線)【명사】图 ❶ 화약이 터지도록 불을 붙이는 심지. ◆导火索。 ¶도화선에 불을 댕기다. =拉导火索。 ❷ 사건이 발생하게 된 직접적인 원인. ◆喻导火索，起因，原因。 ¶사소한 오해가 싸움의 도화선이 되었다. =小小的误会成了争斗的导火线。

도화지(圖畫紙)【명사】그림을 그리는 데 쓰는 종이의 총칭. ◆图图画纸。 ¶도화지와 크레파스. =图画纸和蜡笔。

도회지(都會地)【명사】사람이 많이 살고 상공업이 발달한 번잡한 지역. ◆图城市，都市。 ¶화려한 도회지 생활. =五光十色的都市生活。 ● 도회 ●

독[1]【명사】간장, 술, 김치 따위를 담가 두는 데에 쓰는 큰 오지그릇이나 질그릇. 운두가 높고 중배가 조금 부르며 전이 달려 있다. ◆图缸。 ¶독에서 김치를 꺼내다. =从缸里拿出泡菜。

독[2](毒)【명사】图 ❶ 건강이나 생명을 해치는 성분. ◆毒。 ¶독사. =毒蛇。 ❷ 독약. ◆毒，毒药。 ¶음식에 독을 타다. =在食物里下毒。 ❸ 독기(毒氣). ◆狠毒，歹毒；狠心。 ¶그는 실패한 이후로 독을 뿜고 사업에 집착했다. =他失败后，下狠心投入了事业中。

독[3](獨)-【접사】'한 사람의' 또는 '혼자 사용하는'의 뜻을 더하는 접두사. ◆前缀独，独自。 ¶독차지. =独占。

독감(毒感)【명사】지독한 감기. ◆图重感冒，流感。 ¶독감에 걸리다. =得了重感冒。

독거미(毒--)【명사】독을 지닌 거미를 통틀어 이르는 말. 세계의 3만여 종의 거미 가운데 30여 종으로 이끼거미, 검은과부거미 따위가 있다. ◆图毒蜘蛛。

독극물(毒劇物)【명사】독성을 가지고 있는 매우 해로운 물질. ◆图剧毒物质。 ¶일반인은 독극물 취급이 허가되지 않는다. =不允许普通人销售剧毒物质。

독기(毒氣)【명사】图 ❶ 독이 있는 기운. ◆病毒，毒。 ¶독기가 온몸에 퍼졌다. =病毒扩散到全身。 ❷ 사납고 모진 기운이나 기색. ◆怒气，歹毒，狠毒。 ¶여태껏 맹하던 언니의 얼굴에 이글이글한 독기가 서리며 나를 때릴 듯이 노려보았다. =愣了半天的姐姐脸上显出了熊熊怒火，像要打人一样恶狠狠地瞪着我。

독단(獨斷)【명사】남과 상의하지도 않고 혼자서 판단하거나 결정함. ◆图独断，任意，擅自。 ¶그녀는 다른 사람과 상의 없이 독단으로 일을 처리하곤 한다. =她总是不与别人商量，擅自处理事情。

독대(獨對)【명사】벼슬아치가 다른 사람 없이 혼자 임금을 대하여 정치에 관한 의견을 아뢰던 일. 윗사람과 단둘이 만나는 일. ◆图独自觐见(国君)。 ● 독대하다(獨對--) ●

독려(督勵)【명사】감독하며 격려함. ◆图勉励，激励，鞭策。 ¶그는아내의 독려 덕분에 작업을 마칠 수 있었다. =他在妻子的勉励下完成了工作。 ● 독려하다(督勵--) ●

독무대(獨舞臺)【명사】독차지하는 판. 또는 독장치는 판. ◆图一个人的舞台，一个人的天下。 ¶시장은 그의 독무대였다. =市场是他一个人的舞台。

독물(毒物)【명사】독이 있는 물질. ◆图有毒物质。 ¶은(銀)으로 만든 수저는 독물을 가려낼 수 있다. =银筷能够鉴别出有毒物质。

독방(獨房)【명사】图 ❶ 혼자서 쓰는 방. ◆单间。 ¶큰 집으로 이사한 후 우리 형제는 각각 독방을 쓰게 되었다. =搬到大房子之后，我们兄弟俩都有了自己的单间。 ❷ '독거 감방(獨居監房)'을 줄여 이르는 말. ◆单人牢房。 ¶그는 10년이 넘는 세월을 독방에 갇혀 있었다. =他被关在单身牢房里十多年。

독배(毒杯)【명사】독약이나 독주(毒酒)가 든 그릇. ◆图毒杯。 ¶소크라테스의 독배. =苏格拉底的毒杯。

독백(獨白)【명사】图 ❶ 혼자서 중얼거림. ◆自言自语，喃喃自语。 ¶나는 그의 독백을 들었다. =我听到了他的喃喃自语。 ❷ 배우가 상대역 없이 혼자 말하는 대사. 또는 그런 대사. 관객에게 인물의 심리 상태를 전달하는 데 효과적이다. ◆独白。 ¶독백은 오히려 관객의 마음을 흔들었다. =独白反而震撼了观众的心。 ● 독백하다(獨白--) ●

독뱀(毒-)【명사】독이 있는 뱀. ◆图毒蛇。

독버섯(毒--)【명사】독이 들어 있는 버섯. ◆图毒蘑菇。

독보적(獨步的)【관형사】남이 따를 수 없을 만큼 홀로 뛰어난. ◆冠独一无二，无与伦比，独占鳌头。 ¶그 사람은 이 분야에서 독보적인 존재로 알려진 인물이다. =他在这一领域独占鳌头，是无人不知、无人不晓的人物。

독불장군(獨不將軍)【명사】무슨 일이든 자기 생각대로 혼자서 처리하는 사람. ◆图独断专行者。 ¶그는 독불장군이라서 충고해 줘 봐야 소용없다. =他独断专行，忠告对于他毫无作用。

독사(毒蛇)【명사】이빨에 독이 있어 독액을 분비하는 뱀. ◆图毒蛇。

독사진(獨寫眞)【명사】혼자 찍은 사진. ◆图单人照。

독살(毒殺)【명사】독약을 먹이거나 독을 써서 사람을 죽임. ◆图毒死，毒杀。 ¶독살을 당하다. =被毒死。 ● 독살하다(毒殺--), 독살되다(毒殺--) ●

독상(獨床)【명사】혼자서 먹게 차린 음식상. ◆图独桌，单桌(进餐)。 ¶독상을 차리다. =单开一桌。

독서(讀書)【명사】책을 읽음. ◆图读书，念书。 ¶가을은 독서의 계절이다. =秋季是读书的好季节。 ● 독서하다(讀書--) ●

독서광(讀書狂)【명사】책에 미친 듯이 책을 많이 읽는 사람. ◆图书呆子，书痴。 ¶그는 언제나 어디서나 책을 열심히 읽는 독서광이다. =他是个不分时间、场合都专心读书的书痴。

독서삼매(讀書三昧)【명사】다른 생각은 전혀 아니하고 오직 책 읽기에만 골몰하는 경지. ◆ 图专心读书。 ¶그는 아침부터 독서삼매에 빠져있었다. =他从早晨就开始专心读书。

독서실(讀書室)【명사】책을 읽거나 공부를 할 수 있도록 따로 차려 놓은 방. ◆ 图读书室。 ¶그는 밤늦게까지 독서실에서 공부한다. =他在读书室里学习到很晚。

독선(獨善)【명사】자기 혼자만이 옳다고 믿고 행동하는 일. ◆ 图独善其身；自以为是。 ¶독선에 빠지다. =掉入自以为是的圈子里。

독설(毒舌)【명사】남을 해치거나 비방하는 모질고 악독스러운 말. ◆ 图挖苦的话，刻薄的话，恶言，恶语。 ¶그가 내뱉은 독설을 용납할 수 없다. =无法容忍他恶毒的语言。

독성(毒性)【명사】독이 있는 성분. ◆ 图毒性，毒。 ¶독성이 강한 물질. =毒性强的物质。

독소(毒素)【명사】해로운 요소. ◆ 图毒素，毒瘤。 ¶독소를 제거하다. =去除毒素。

독수리(禿--)【명사】수릿과의 새. ◆ 图秃鹫。

독식(獨食)【명사】성과나 이익 따위를 혼자서 다 차지함을 비유적으로 이르는 말. ◆ 图独占，独吞，吃独食。 ¶독식은 도덕적이지 못하다. =独占是不道德的。● 독식하다(獨食--) ●

독신(獨身)【명사】배우자가 없는 사람. ◆ 图独身，单身。 ¶독신 여성. =单身女性。

독실하다(篤實--)【형용사】믿음이 두텁고 성실하다. ◆ 形笃实，实在，忠厚老实。 ¶그는 생김새보다는 독실하다. =他比看上去要实在。

독약(毒藥)【명사】독성분이 들어 있는 액체. ◆ 图毒药。 ¶술은 마시기에 따라서 때로는 보약이 될 수도 있고 독약이 될 수도 있다. =适当饮酒如进补，不当如服毒。

독일(獨逸)【명사】유럽 중부에 있는 나라. ◆ 图德国。

독일어(獨逸語)【명사】인도 유럽 어족의 게르만어파 가운데 서(西)게르만 어군에 속한 언어. ◆ 图德语。

독자¹(讀者)【명사】책, 신문, 잡지 따위의 글을 읽는 사람. ◆ 图读者。 ¶저 소설가는 고정적인 독자만 해도 십만이 넘어. =那个小说家光固定读者就超过十万人。

독자²(獨子)【명사】하나뿐인 아들. ◆ 图独子，独生子。 ¶그는 독자로 자라서 형제간의 우애가 무엇인지 잘 모른다. =他是独生子，不太理解手足之情为何物。

독자란(讀者欄)【명사】신문이나 잡지 따위에서 독자의 글을 싣는 난. ◆ 图(报刊上的)读者栏。

독자적(獨自的)【명사】图 ❶ 남에게 기대지 아니하고 혼자서 하는 것. ◆ 独立的，单独的。 ¶독자적인 노선. =独立路线。 ❷ 다른 것과 구별되는 혼자만의 특유한 것. ◆ 独家的，特有的。 ¶그는 외국과는 다른 음악을 개발하는 데 일생을 바쳤다. =为了创作出不同于其他国家的音乐，他奉献出了一生。

독재(獨裁)【명사】특정한 개인, 단체, 계급, 당파 따위가 어떤 분야에서 모든 권력을 차지하여 모든 일을 독단으로 처리함. ◆ 图独裁，专制。

독점(獨占)【명사】图 ❶ 독차지. ◆ 独占，包揽。 ❷ 개인이나 하나의 단체가 다른 경쟁자를 배제하고 생산과 시장을 지배하여 이익을 독차지함. 또는 그런 경제 현상. ◆ 垄断。 ¶경제 행위에 대한 지나친 간섭과 규제가 많을 때 독점이 나타나기 쉽다. =对竞争行为的过度干涉和限制很容易产生垄断。● 독점되다(獨占--), 독점하다(獨占--) ●

독점욕(獨占慾)【명사】독차지하려는 욕망. ◆ 图独占欲。

독종(毒種)【명사】성질이 매우 독한 사람. ◆ 图恶汉，恶毒之人。

독주¹(獨奏)【명사】한 사람이 주체가 되어 악기를 연주하는 것. 반주가 있을 때도 있고 없을 때도 있다. ◆ 图独奏。 ¶피아노 독주. =钢琴独奏。● 독주하다(獨奏--) ●

독주²(毒酒)【명사】图 ❶ 매우 독한 술. ◆ 烈酒。 ¶빈속에 독주를 마셔 대니 몸이 견딜 수가 있나. =空腹喝烈酒身体能承受得了吗? ❷ 독약을 탄 술. ◆ 毒酒。 ¶그는 독주를 마신 후 피를 토하며 쓰러졌다. =他喝了毒酒后，吐血身亡。

독주³(獨走)【명사】图 ❶ 혼자서 뜀. ◆ 一个人跑。 ¶마라톤은 처음부터 끝까지 외로운 독주를 계속해야 한다. =马拉松必须自始至终孤独地一个人跑。 ❷ 승부를 다투는 일에서 다른 경쟁 상대를 뒤로 떼어놓고 혼자서 앞서 나감. ◆ 领先。 ❸ 남을 아랑곳하지 아니하고 혼자서 행동함. ◆ 单独行动。 ● 독주하다(獨走--) ●

독주곡(獨奏曲)【명사】독주를 위하여 지은 곡. ◆ 图独奏曲。

독주회(獨奏會)【명사】한 사람이 연주하는 음악회. ◆ 图独奏会。 ¶피아노 독주회. =钢琴独奏会。

독지(篤志)【명사】도탑고 친절한 마음. ◆ 图慈善，善行。 ¶억대의 토지를 기부하여 독지를 베풀다. =大发善心捐出数以亿计的土地。

독지가(篤志家)【명사】남을 위한 자선 사업이나 사회사업에 물심양면으로 참여하여 지원하는 사람. ◆ 图慈善家。 ¶뜻 있는 독지가의 도움으로 그는 학업을 계속할 수 있었다. =靠着慈善家的帮助，他得以继续学业。

독차지(獨--)【명사】혼자서 모두 차지하는 것. ◆ 图独占，独霸。 ¶두 개의 사무실을 독차지하다. =独占两间办公室。

독차지하다(獨----)【동사】혼자서 모두 차지하다. ◆ 动独占，独霸。 ¶막내는 부모님의 사랑을 독차지하였다. =老幺独占了父母的宠爱。

독창(獨唱)【명사】성악에서, 혼자서 노래를 부름. 또는 그 노래. ◆ 图独唱。 ¶아마 처음 배우는 아이들을 위해 그녀가 먼저 독창을 들려주는 모양이다. =可能是为了照顾初学的孩子们，她像是先要来个独

唱。

독창성(獨創性)【명사】독창적인 성향이나 성질. ◆图独创性，创造性。¶이 작품을 통해 작자의 탁월한 독창성을 엿볼 수 있다. =从这个作品中可以看到作者卓越的创造性。

독창적(獨創的)【명사】다른 것을 모방함이 없이 새로운 것을 처음으로 만들어 내거나 생각해 내는 것. ◆图独创性的，创造性的。¶그는 생산비용을 절반으로 줄일 수 있는 독창적인 방법을 제안했다. =他提出了可以削减一半生产费用的独创性方法。

독창회(獨唱會)【명사】한 사람이 노래하는 음악회. ◆图个人演唱会。¶세계적인 성악가가 서울에서 독창회를 가졌다. =世界级的声乐大师在首尔举办了个人演唱会。

독채(獨-)【명사】다른 세대와 함께 쓰지 아니하고 한 세대가 전체를 사용하는 집채. ◆图单独住宅。¶혼자서 이 집을 독채로 쓰기에는 너무 넓다. =这所房子用作一个人的单独住宅非常宽敞。

독촉(督促)【명사】일이나 행동을 빨리 하도록 재촉함. ◆图催，催促，敦促。¶빚 독촉에 시달리다. =身受逼债之苦。● 독촉하다(督促--) ●

독충(毒蟲)【명사】독을 가진 벌레. 모기, 벼룩, 빈대 따위가 있다. ◆图毒虫。¶여름은 독충이 빈번하게 활동하는 계절이다. =夏季正是毒虫频繁活动的季节。

독침(毒針)【명사】图 ❶ 독을 묻힌 바늘이나 침. ◆毒针。❷ 벌, 전갈 따위의 복부 끝에 있는, 독물을 내는 바늘 같은 기관. ◆毒刺，毒钩。¶모기의 독침은 얼마나 깁니까? =蚊子的毒刺有多长?

독특하다(獨特--)【형용사】특별하게 다르다. ◆形独特，特殊，特别，特异，别致，鲜明。¶그는 개성이 독특하다. =他个性鲜明。

독파하다(讀破--)【동사】많은 양의 책이나 글을 끝까지 다 읽어 내다. ◆动读完，读通。

독하다(毒--)【형용사】形 ❶ 독기가 있다. ◆ 有毒。❷ 맛, 냄새 따위의 정도가 지나치게 심하고 자극적이다. ◆ 浓烈；刺鼻。¶플라스틱 타는 냄새가 독하다. =塑料燃烧的气味刺鼻。❸ 마음이나 성격 따위가 모질다. ◆ 狠毒，歹毒，恶毒。❹ 의지가 강하다. ◆ 狠，坚强。¶이번엔 독하게 마음을 먹고 시작해라. =这次要狠下决心，开始做吧。

독학(獨學)【명사】스승이 없이, 또는 학교에 다니지 아니하고 혼자 공부함. ◆图自学，自修。¶그는 독학으로도 세계에서 인정받는 학자가 되었다. =他通过自学成为世界公认的大学者。● 독학하다(獨學--) ●

독해(讀解)【명사】글을 읽어 뜻을 이해함. ◆图阅读理解，读懂。¶이 글은 독해가 어렵다. =这篇文章很难读懂。● 독해하다(讀解--) ●

독후감(讀後感)【명사】책을 읽고 난 뒤의 느낌. 또는 그런 느낌을 적은 글. ◆图读后感。¶독후감을 쓰다. =写读后感。

돈[1]【명사】图 ❶ 사물의 가치를 나타내며, 상품의 교환을 매개하고, 재산 축적의 대상으로도 사용하는 물건. ◆钱，货币。¶돈을 벌다. =赚钱。❷ 물건의 값. ◆ 价格，价钱。¶물건을 사고 돈을 치르다. =付钱买东西。❸ 재물이나 재산을 이르는 말. ◆ 钱财，财物，财产，资产。¶돈이 많은 집안. =财产很多的人家。

돈[2]【의존 명사】무게의 단위. 귀금속이나 한약재 따위의 무게를 잴 때 쓴다. 한 돈은 한 냥의 10분의 1, 한 푼의 열 배로 3.75그램에 해당한다. ◆ 依名钱。¶금 두 냥 서 돈. =二两三钱的金子。

돈내기【명사】돈을 걸고 하는 내기. ◆图赌博，赌钱。¶돈내기 경기. =赌赛。

돈놀이【명사】남에게 돈을 빌려 주고 이자를 받는 것을 업으로 하는 일. ◆图放债。¶그는 돈놀이로 먹고사는 사람이다. =他是个以放债为生的人。

돈독하다(敦篤--)【형용사】도탑고 성실하다. ◆形敦厚，笃厚，深厚。¶우애가 돈독하다. =情谊深厚。● 돈독히(敦篤-) ●

돈방석(-方席)【명사】돈을 많이 가지고 있음을 비유적으로 이르는 말. ◆图钱堆。¶신도시 개발로 그는 하루아침에 돈방석에 앉게 되었다. =新城市开发让他一夜暴富。

돈벌이【명사】돈을 버는 일. ◆图挣钱，赚钱。¶돈벌이에 뛰어들다. =积极赚钱。

돈세탁(-洗濯)【명사】기업의 비자금이나 뇌물, 범죄 등에 관련된 돈을 정당한 돈처럼 바꾸어 돈이 나온 곳을 알아내기 어렵게 하는 일. ◆图洗钱。¶기업의 비자금은 돈세탁을 거쳐 정치 자금으로 흘러 들어갔다. =企业的秘密资金在洗钱后成为了政治资金。

돈줄【명사】돈을 변통하여 쓸 수 있는 연줄. ◆图财路。¶돈줄이 끊기다. =断了财路。

돋다【동사】动 ❶ 해나 달이 하늘에 솟아오르다. ◆ 升起。¶해가 돋다. =太阳升起。❷ 입맛이 당기다. ◆（胃口）开。¶밥맛이 돋아 밥을 두 그릇이나 먹었다. =胃口大开，吃了两碗米饭。❸ 속에서 겉으로 나오거나 나타나다. ◆ 发，冒，长出。¶나뭇가지에 싹이 돋다. =树枝发芽。❹ 살갗에 어떤 것이 우툴두툴하게 내밀다. ◆（皮肤上）起，长，生。¶온몸에 소름이 돋다. =浑身起鸡皮疙瘩。❺ 감정이나 기색 따위가 생겨나다. ◆ 显现，显露，显出。¶얼굴에 생기가 돋다. =显得生气勃勃。

돋보기【명사】图 ❶ 작은 것을 크게 보기 위해 볼록하게 만든 안경. ◆ 老花镜。¶영감은 돋보기를 끼고 신문을 집어 들었다. =老汉戴上老花镜拿起了报纸。❷ 물체가 크게 보이는 볼록 렌즈. 빛을 한곳으로 모으는 특성이 있다. ◆ 放大镜。¶돋보기로 물체를 관찰하다. =使用放大镜观察物体。

돋보이다【동사】动 무리 중에서 훌륭하거나 뛰어나 도드라져 보이다. ◆ 显眼。¶평범한 사람들 속에서 그는 단연 돋보였다. =在普通人之中，他确实很突出。

돋아나다【동사】动 ❶해나 별 따위가 하늘에 또렷이 솟아오르다. ◆（日、月等）出，升。¶하늘에는 별이 하나 둘 돋아나고 있었다. =天空中的星星一颗颗地升起。❷ 속에 생긴 것이 겉으로 또렷이 나오거나 나타나다. ◆ 发出，冒出，长出。 ¶양지에 파릇파릇한 새싹이 돋아나기 시작했다. =向阳的地方开始冒出嫩嫩的绿芽。 ❸ 살갗에 속으로부터 어떤 것이 우툴두툴하게 내밀어 오르다. ◆ 起，生，产生，出现。 ¶얼굴에 여드름이 돋아나다. =脸上起青春痘。

돋우다 【동사】 动 ❶ 위로 끌어 올려 도드라지거나 높아지게 하다. ◆ 捻高(灯芯); 掂起。 ¶호롱불의 심지를 돋우다. =捻高煤油灯的灯芯。 ❷ 밑을 괴거나 쌓아 올려 도드라지거나 높아지게 하다. ◆ 培(土)，垫高，加高。 ¶벽돌을 돋우다. =垫砖头。 ❸ '돋다'의 사동형. 의욕이나 감정을 부추기거나 일으키다. ◆ 情绪高涨。 ¶신바람을 돋우다. =兴高采烈。 ❹ 정도를 더 높이다. ◆ 提高，增强，增加。 ¶목청을 돋우다. =提高嗓门。 ❺ 입맛이 당기다. ◆ 动 (胃口)开。 ¶싱그러운 봄나물이 입맛을 돋우었다. =清香的春野菜让人胃口大开。

돋을새김 【명사】 조각에서, 평평한 면에 글자나 그림 따위를 도드라지게 새기는 일. ◆ 名 浮刻，浮雕。

돋치다 【동사】 돋아서 내밀다. ◆ 动长出，生出，冒出。 ¶날개가 돋치다. =长出翅膀。

돌[1] 【명사】 어린아이가 태어난 날로부터 한 해가 되는 날. ◆ 名单指一周岁。 ¶내일이 조카 돌이다. =明天是侄子一周岁的生日。

돌[2] 【의존 명사】 依名 ❶ 생일이 돌아온 횟수를 세는 단위. 주로 두세 살의 어린아이에게 쓴다. ◆ 每年的周岁。 ¶우리 아이는 이제 겨우 두 돌이 넘었다. =我的孩子现在才刚满两周岁。 ❷ 특정한 날이 해마다 돌아올 때, 그 횟수를 세는 단위. ◆ 某事满多少周年。

돌[3]**-** 【접사】 '품질이 떨어지는' 또는 저절로 난 야생물임을 나타내는 말. ◆ 前缀(用在表示动植物的名词词根前)质量差的; 野生的。 ¶돌배. =野梨。

돌[4] 【명사】 名 ❶ 흙 따위가 굳어서 된 광물질의 단단한 덩어리. 바위보다는 작고 모래보다는 큰 것을 이른다. ◆ 石子，石块。 ¶돌을 던지다. =扔石子。 ❷석재(石材). ◆ 石头，石材。 ¶돌로 만든 집. =用石头建的房子。 ❸ 바둑돌. ◆ 棋子。 ¶돌을 나누다. =分棋子。 ❹ 두뇌 회전이 잘되지 않아 둔하거나 나쁜 머리. 또는 그런 사람. ◆ 笨蛋。 ¶이렇게 쉬운 것도 못 풀다니 그는 정말 돌인가 봐. =这么简单的问题都不会，他真是个笨蛋。

돌개바람 【명사】 회오리바람. ◆ 名旋风。 ¶돌개바람이 휘몰아치다. =旋风肆虐。

돌격(突擊) 【명사】 냅다 덤벼 침. ◆ 名袭击，突然袭击。 ¶그의 느닷없는 돌격에 나는 그만 중심을 잃고 쓰러졌다. =遭到他的突然袭击，我失去重心倒在地上。 ● 돌격하다(突擊--) ●

돌격대(突擊隊) 【명사】 육상 전투에서, 앞장서서 재빠르게 적진으로 쳐들어가는 부대. 또는 그런 구성원. ◆ 名冲锋队，突击队。 ¶돌격대가 적진(敵陣)을 공격하다. =突击队攻击敌阵。

돌계단(-階段) 【명사】 돌로 쌓아 만든 층계. ◆ 名石阶，石级。 ¶돌계단을 오르다. =爬上石阶。

돌고래 【명사】 치아가 있는 돌고랫과의 작은 고래를 통틀어 이르는 말. ◆ 名海豚。

돌기둥 【명사】 돌을 다듬어서 만든 기둥. ◆ 名石柱。 ¶신전의 대리석 돌기둥. =神殿的大理石柱。

돌다 【동사】 动 ❶ 물체가 일정한 축을 중심으로 원을 그리면서 움직이다. ◆ 转动，旋转。 ¶바퀴가 돌다. =轮子转动。 ❷ 일정한 범위 안에서 차례로 거쳐 가며 전전하다. ◆ 轮，循环。 ❸ 기능이나 체제가 제대로 작용하다. ◆ 开动，运转。 ¶기계가 잘 돌다. =机器运转良好。 ❹ 돈이나 물자 따위가 유통되다. ◆ 周转，流通。 ¶불경기로 돈이 안 돌다. =由于经济不景气，资金周转不灵。 ❺ 기억이나 생각이 얼른 떠오르지 아니하다. ◆ 闪现，打转。 ¶정답이 머릿속에서 뱅뱅 돌 뿐 입이 떨어지지 않는다. =答案直在脑子里打转，就是想不起来。 ❻ 눈이나 머리 따위가 정신을 차릴 수 없도록 아찔하여지다. ◆ 发晕，打转。 ¶눈이 핑핑 돌다. =眼珠子直打转。 ❼ (속되게) 정신에 이상이 생기다. ◆ 疯，失常。 ¶머리가 돌았는지 헛소리만 한다. =一个劲地说胡话，不知道是不是精神失常了。 ❽ 어떤 기운이나 빛이 겉으로 나타나다. ◆ 泛起，浮现，呈现。 ¶입가에 웃음이 돌다. =嘴角泛起笑容。 ❾ 눈물이나 침 따위가 생기다. ◆ 充满，盈满。 ¶입 안에 군침이 돌다. =垂涎欲滴。 ❿ 술이나 약의 기운이 몸 속에 퍼지다. ◆ (酒力或药力)扩散，上涌。 ¶온몸에 술기운이 돌다. =浑身酒意。 ⓫ 소문이나 돌림병 따위가 퍼지다. ◆ 传，流传，流行。 ¶그가 아직도 살아 있다는 소문이 온 동네에 돌다. =他还活着的消息传遍了整个村子。 ⓬ 방향을 바꾸다. ◆ 转，转向。 ¶앞으로 계속 가서 저 사거리에서 우측으로 돌아서 2분만 가면 도착합니다. =一直往前走，到那个十字路口往右转，走两分钟就到了。 ⓭ 생각이나 노선을 바꾸다. ◆ 转变，转向(想法或路线)。 ⓮ 근무지나 직책 따위를 옮겨 다니다. ◆ 调动，转走。 ¶아버지는 지점으로 도는 바람에 가족들과 떨어져 생활하는 기간이 길었다. =父亲调到分店工作，有很长一段时间和家人分居而住。 ⓯ 무엇의 주위를 원을 그리면서 움직이다. ◆ 围绕，转圈，绕圈。 ¶달이 지구 주위를 돌다. =月亮绕着地球转。 ⓰ 어떤 장소의 가장자리를 따라 움직이다. ◆ 绕着转。 ¶운동장을 한 바퀴 돌다. =绕着操场转了一圈。 ⓱ 가까운 길을 두고 멀리 에돌다. ◆ 绕路，绕远。 ¶이 길로 가면 먼 길을 돌게 되니 지름길로 가자. =走这条路的话会绕远，还是抄近道吧。 ⓲ 어떤 곳을 거쳐 지나가다. ◆ 经过。 ¶우리는 그가 사는 곳을 돌아 목적지에 가기로 했다. =我们决定经过他住的地方前往目的地。 ⓳ 길을 끼고 방향을 바꾸다. ◆ 转，拐弯。 ¶모퉁이를 돌다. =转过拐角。 ⓴ 일정한 범위 안을 이리저리 왔다 갔다 하다. ◆ 巡察，来回转。 ¶시장을 돌다. =在市场上来回转。 ㉑ 볼일로 이곳저곳을 다니다. ◆ 转悠。 ¶그는 이곳저곳을 돌면서 물건을 팔았다. =他走街串巷地叫卖。 ㉒ 차례차례 다니다. ◆ 挨着转。 ¶세배를 돌다. =挨家拜年。 ● 돌리다 ●

돌다리 【명사】 名 ❶ 도랑에 놓은 작은 다리. ◆ (搭在

小沟上的)小桥。 ¶버스가 작은 돌다리를 건너 어느 한적한 마을로 들어섰다. =公共汽车驶过小桥进入了安静的村庄。 ❷ 돌로 만든 다리. ◆ 石桥。

돌담【명사】돌로 쌓은 담. ◆ 图石墙。 ¶덕수궁 돌담길. =德寿宫石墙路。

돌대가리【명사】몹시 어리석은 사람의 머리를 낮잡아 이르는 말. ◆ 图笨脑袋, 榆木脑袋。 ¶이 돌대가리야, 이렇게 쉬운 문제도 못 푸니? =这个笨脑袋, 这么简单的题也不会做吗?

돌덩이【명사】돌멩이보다 크고 바위보다 작은 돌. ◆ 图石块。 ¶냇물 위에는 건너갈 수 있도록 돌덩이 몇 개가 놓여 있었다. =溪水里放置了几块巨石, 以方便行人通过。

돌돌【부사】副 ❶ 작고 둥근 물건이 가볍고 빠르게 구르거나 돌아가는 소리. 또는 그 모양. ◆ 骨碌骨碌。 ¶구슬이 마룻바닥을 돌돌 굴러간다. =珠子骨碌骨碌在地板上滚过。 ❷ 작은 물건이 여러 겹으로 동글하게 말리는 모양. ◆ 团貌, 卷貌。 ¶종이를 돌돌 말다. =把纸卷成筒。 ❸ 많지 아니한 도랑물이나 시냇물이 좁은 목으로 부딪치며 흐르는 소리. ◆ (溪水流动的声音)潺潺。 ¶맑은 시냇물이 돌돌 흘러내리고 있다. =清澈的溪水潺潺流动。

돌려받다【동사】빌려 주거나 빼앗겼거나 주었던 것을 도로 갖게 되다. ◆ 动重获, 收回。 ¶빌려 준 소설책을 돌려받다. =收回了借出去的小说。

돌려보내다【동사】사람이나 물건을 본래 있던 곳으로 도로 보내다. ◆ 动还, 归还, 送还。 ¶배달된 물품을 회사에 돌려보내다. =把送来的物品还给公司。

돌려보다【동사】돌아가며 보다. ◆ 动传阅, 传看。

돌려주다【동사】动 ❶ 빌리거나 뺏거나 받거나 한 것을 주인에게 도로 주거나 갚다. ◆ 归还, 还给。 ¶친구에게 빌린 책을 돌려주다. =把从朋友那里借的书还给朋友。 ❷ 돈이나 물건을 융통하여 주다. ◆ 暂借, 垫上。 ¶남의 논에 물을 돌려주다. =从别人的稻田借点水。

돌림 노래【명사】같은 노래를 일정한 마디의 사이를 두고, 일부가 먼저 부르고 나머지가 뒤따라 부르는 합창. ◆ 图轮唱。

돌림병(--病)【명사】유행병. 어떤 지역에 널리 퍼져 여러 사람이 잇따라 돌아가며 옮아 앓는 병. ◆ 图传染病。 ¶돌림병이 돌다. =传染病流行。

돌림자【명사】항렬을 나타내기 위하여 이름자 속에 넣어 쓰는 글자. 성의 본관, 파에 따라 일정하다. ◆ 图 (名字中的)辈分字。

돌머리【명사】몹시 어리석은 사람의 머리를 낮잡아 이르는 말. ◆ 图笨脑袋, 榆木脑袋。

돌멩이【명사】돌덩이보다 작고 자갈보다 큰 돌. ◆ 图小石头, 石子。 ¶그는 참새를 향해 돌맹이를 던졌다. =他朝麻雀扔石子。

돌멩이질【명사】돌멩이를 던지는 짓. ◆ 图抛石头, 扔石头。 ● 돌멩이질하다 ●

돌무덤【명사】돌을 쌓아 올려 만든 높은 무덤. ◆ 图石墓, 石冢。

돌발(突發)【명사】뜻밖의 일이 갑자기 일어남. ◆ 图突发, 偶发。 ¶돌발 사고. =突发事故。 ● 돌발하다(突發--) ●

돌변하다(突變--)【동사】갑작스럽게 달라지다. ◆ 动突变, 突然变化。 ¶우정이 적의로 돌변하다. =突然间化友为敌。

돌보다【동사】관심을 가지고 보살피다. ◆ 动照顾, 照料, 照应, 照看。 ¶아기를 돌보다. =照看孩子。

돌부리【명사】땅 위로 내민 돌멩이의 뾰족한 부분. ◆ 图 (地上露出的)石头尖。 ¶돌부리에 걸려 넘어지다. =被石头尖绊倒。

돌부처【명사】图 ❶ 돌로 만든 부처. ◆ 石佛。 ¶돌부처의 미소. =石佛的微笑。 ❷ 감각이 둔하고 고집이 세며 감정에 좀처럼 흔들리지 않는 사람을 비유적으로 이르는 말. ◆ 不动感情的人; 愚顽的人。 ¶그 사람 고집은 꼭 돌부처로군. =那个人固执得可真像个石佛。 ❸ 지나칠 만큼 무던하고 착한 사람을 비유적으로 이르는 말. ◆ 〈喻〉老实人。 ¶그는 돌부처보다 더 믿음이 간다. =他是个老实人, 比石佛还要可信。

돌산(-山)【명사】돌이나 바위가 많은 산. ◆ 图石山。 ¶마을 뒷산은 돌산이라 개간하기가 어렵다. =村子后是座石山, 所以很难开垦。

돌상(-床)【명사】돌날에 돌잡이할 때 차려 놓는 상. ◆ 图周岁生日席。 ¶돌상 위에는 아기가 집으라고 연필이며 국수며 돈 따위를 올려놓는다. =把孩子抓周用的铅笔、面条和钱币等放在周岁生日席上。

돌아가다【동사】动 ❶ 물체가 일정한 축을 중심으로 원을 그리면서 움직여 가다. ◆ 转, 转动, 旋转。 ¶바퀴가 돌아가다. =轮子转动。 ❷ 일이나 형편이 어떤 상태로 진행되어 가다. ◆ (事情、局势、形势的)变化, 发展。 ¶일이 너무 바쁘게 돌아가서 정신을 차릴 수가 없다. =事情发展太快, 让人措手不及。 ❸ 어떤 것이 차례로 전달되다. ◆ 轮流, 轮番。 ¶술자리가 무르익자 술잔이 돌아가기 시작했다. =酒桌上气氛一热, 就开始轮流敬酒了。 ❹ 기능이 제대로 작동하다. ◆ 运转, 开动。 ¶기계가 잘 돌아가다. =机器正常运转。 ❺ 돈이나 물건 따위의 유통이 원활하다. ◆ 流通, 周转。 ¶요즘은 자금이 잘 돌아간다. =近来资金周转顺畅。 ❻ 정신을 차릴 수 없게 아찔하다. ◆ 头晕。 ¶머리가 핑핑 돌아가다. =头晕。 ❼ '죽다'의 높임말. ◆ 去世, 逝世(敬称)。 ¶할아버지께서 돌아가셨다. =爷爷去世了。 ❽ 원래의 있던 곳으로 다시 가거나 다시 그 상태가 되다. ◆ 返回, 重返。 ¶아버지는 고향에 돌아가시는 게 꿈이다. =父亲的愿望是重返家乡。 ❾차례나 몫, 승리, 비난 따위가 개인의 차지가 되다. ◆ 分得, 归于。 ¶사과가 한 사람 앞에 두 개씩 돌아간다. =每人面前分得两个苹果。 ❿ 일이나 형편이 어떤 상태로 끝을 맺다. ◆ 变成, 变为, 化为。 ¶지금까지의 노력이 수포로 돌아가다. =此前的努力都化为了泡影。 ⓫ 원래의 방향에서 다른 곳을 향한 상태가 되다. ◆ 歪, 撇。 ¶입이 왼쪽으로 돌아가다. =嘴向左边撇。 ⓬ 먼 쪽으로 둘러서 가다. ◆ 绕行, 绕道, 迂回, 走弯路。 ¶그는 검문을 피해 일부러 옆길로 돌아갔다. =为了躲避盘查，他故意绕道走。 ⓭ 어떤 장소를 끼고 원을 그리듯이 방향을 바꿔 움직여 가다. ◆ 拐弯，转弯。 ¶모퉁이를 돌아가면 우리 집이 보인다. =拐个弯就能看到我家。 ⓮일정한 구역 안을 이리저리 왔다 갔다 하다. ◆ 转来转去，打转。 ¶고삐를 뗀 소가 마당을 돌아가며 길길이 날뛰고 있다. =脱缰的牛一边围着院子打转，一边暴跳不已。

돌아눕다 【동사】 누운 채로 몸을 돌려 반대쪽으로 향하다. ◆ 动翻转身子。 ¶나는 눈물이 나와서 얼른 벽 쪽으로 돌아누웠다. =我流下眼泪，赶紧翻身面朝墙壁。

돌아다니다 【동사】 动 ❶ 여기저기 여러 곳으로 다니다. ◆ 转悠，转来转去，奔波。 ¶밤늦게 돌아다니지 말고 집에 일찍 들어가거라. =不要在外面转到太晚，早点回家。 ❷ 병이나 소문 따위가 널리 퍼지다. ◆ 流行，传开。

돌아다보다 【동사】 动 ❶ 뒤돌아보다. ◆ 回头看。 ¶뒤도 안 돌아다보고 달려간다. =头也不回地往前跑。 ❷ 돌이켜 생각하다. ◆ 回想，回顾，回忆，回首。

돌아보다 【동사】 动 ❶ 고개를 돌려 보다. ◆ 回头看。 ¶힐끗 뒤를 돌아보다. =瞟了后面一眼。 ❷ 지난 일을 살피다. ◆ 回想，回顾，回忆，回首。 ¶학창시절을 돌아보다. =回想学生时代。 ❸ 돌아다니면서 두루 살피다. ◆ 巡视，环顾。 ¶사장은 새로 지은 공장을 샅샅이 돌아보곤 하였다. =社长仔细巡视了新建的工厂。 ❹ 돌보다. ◆ 关照，照顾。 ¶그는 가정을 돌아보지도 않는다. =他根本不顾家。

돌아서다 【동사】 动 ❶ 향하고 있던 쪽에서 반대 방향으로 방향을 바꾸어 서다. ◆ 转向，转身。 ¶누가 부르는 소리가 나자 그는 가던 길을 멈추고 뒤로 돌아섰다. =一听到有人喊他，他就停下脚步转过身。 ❷ 생각이나 태도가 다른 쪽으로 바뀌다. ◆ 改变，转变。 ❸ 일이나 형편이 다른 상태로 바뀌다. ◆ 改变，变化。 ¶주가가 오름세로 돌아서다. =股价反转拉升。 ❹ 병세가 나아지다. ◆ 恢复，好转。 ¶고비를 넘기자 병세가 차차 돌아서다. =度过危险期之后，病情逐渐好转。 ❺ 생각이나 의견의 차이로 말미암아 다른 사람과 등지게 되다. ◆ 背叛，反目。 ¶그는 말다툼 끝에 친한 친구와 돌아섰다. =他因一场争吵与好友反目。

돌아앉다 【동사】 방향을 바꾸어 앉다. ◆ 动转过身来坐，背过身去坐。 ¶그녀는 돌아앉아서 아빠를 한번 쳐다봤지만 아빠는 여전히 창이 긴 모자를 얼굴에 덮어쓰고 잠을 주무셨다. =她转过身来坐好，看了一眼爸爸，爸爸还是用那大檐帽遮住脸睡觉。

돌아오다 【동사】 动 ❶ 본래의 상태로 회복하다. ◆ 恢复，还原；清醒。 ¶이제야 정신이 돌아온 모양이군. =看样子现在才清醒过来呀。 ❷ 무엇을 할 차례나 순서가 닥치다. ◆ 轮，轮到。 ¶내 차례가 돌아오다. =轮到我了。 ❸ 먼 쪽으로 둘러서 오다. ◆ 绕行，绕道。 ¶지름길을 두고 돌아오는 까닭이 뭐냐? =为什么有捷径不走，偏要绕远路? ❹ 일정한 간격으로 되풀이되는 것이 다시 닥치다. ◆ 来到。 ¶드디어 원수를 갚을 날이 돌아오다. =报仇的日子终于来到了。 ❺ 갔던 길을 되짚어서 오다. ◆ 回，返回。 ¶십 년 만에 고향에 돌아오다. =有十年没有回老家了。

돌연(突然) 【부사】 예기치 못한 사이에 급히. ◆ 副突然，忽然。 ¶그때 나는 예상 못했던 일과 돌연 마주치게 되었다. =那时我突然遇到了出人意料的事情。

돌연변이(突然變異) 【명사】 생물체에서 어버이의 계통에 없던 새로운 형질이 나타나 유전하는 일. ◆ 名突变，突然变异。 ¶이 지역의 환경이 변화함에 따라 식물 가운데 돌연변이가 나타나고 있다. =随着该地区的环境不断变化，植物当中出现了突然变异现象。

돌연하다(突然--) 【형용사】 어떤 일이 예기치 못한 사이에 갑자기 일어나다. ◆ 形突然，冷不防。 ¶삼촌의 죽음은 돌연한 것이었다. =叔叔死得非常突然。 ● 돌연히(突然-) ●

돌이키다 【동사】 动 ❶ 원래 향하고 있던 방향에서 반대쪽으로 돌리다. ◆ 调头，转身，调转。 ¶발길을 돌이키다. =回身。 ❷ 지난 일을 다시 생각하다. ◆ 回想，回忆，回顾，回首。 ¶돌이키고 싶지 않은 과거. =不愿回想的过去。 ❸ 자기가 한 말이나 행동에 대하여 잘못이 없는지 생각하다. ◆ 反省，检讨。 ¶나는 언제나 잠자리에 들기 전에 하루 일을 돌이켜 본다. =我睡觉之前总是要反省一下当天的事情。 ❹ 먹었던 마음을 바꾸어 달리 생각하다. ◆ 改变，转变。 ¶생각을 돌이켜서 용서를 구하기로 했다. =改变想法，决定去请求宽恕。 ❺ 원래의 상태로 돌아가게 하다. ◆ 恢复，挽回。 ¶돌이킬 수 없는 실수. =无法挽救的失误。

돌잔치 【명사】 첫돌이 되는 날에 베푸는 잔치. ◆ 名周岁宴。 ¶돌잔치를 열다. =摆周岁宴。

돌잡이 【명사】 첫 번째 생일에 상 위에 여러 가지 물건을 올려 놓고 아이에게 고르게 하여 아이의 미래를 미리 예측해 보는 일. ◆ 名抓周。

돌진(突進) 【동사】 세찬 기세로 거침없이 곧장 나아감. ◆ 动突进，猛冲。 ¶대장은 적진을 향해서 돌진 명령을 내렸다. =队长下达了向敌人阵地发动猛攻的命令。 ● 돌진하다(突進--) ●

돌쩌귀 【명사】 문짝을 문설주에 달아 여닫는 데 쓰는 두 개의 쇠붙이. 암짝은 문설주에, 수짝은 문짝에 박아 맞추어 꽂는다. ◆ 名合页，铰链。 ¶돌쩌귀가 낡아서인지 문이 여닫힐 때마다 소리가 난다. =不知道是不是因为合页旧了，关门时总是会发出声音。

돌출(突出) 【명사】 名 ❶ 예기치 못하게 갑자기 쑥 나오거나 불거짐. ◆ 突然发生，出人意料。 ¶돌출 발언. =突然发言。 ❷ 쑥 내밀거나 불거져 있음. ◆ 突出，突起。 ¶돌출 고지. =突起的高地。 ● 돌출되다(突出--), 돌출하다(突出--) ●

돌층계(-層階) 【명사】 돌로 쌓아 만든 층계. ◆ 名石阶，石级。 ¶돌층계가 정상까지 이어져 있다. =石阶一直通到山顶。

돌탑(-塔) 【명사】 돌로 쌓은 탑. ◆ 名石塔。 ¶사

람들은 안전을 빌며 돌을 하나씩 쌓아 돌탑을 만들었다. =人们为了祈求平安，堆起一块块石头搭建石塔。

돌파(突破)【명사】图 ❶ 쳐서 깨뜨려 뚫고 나아감. ◆ 突破，冲破。¶돌파 작전을 세우다. =制订突破作战计划。 ❷ 일정한 기준이나 기록 따위를 지나서 넘어섬. ◆ 突破，打破。 ¶목표 생산량 돌파. =突破目标产量。 ❸ 장애나 어려움 따위를 이겨 냄. ◆ 闯过，战胜。 ¶난관(難關) 돌파. =闯过难关。● 돌파되다(突破--), 돌파하다(突破--) ●

돌파구(突破口)【명사】图 ❶ 가로막은 것을 쳐서 깨뜨려 통과할 수 있도록 뚫은 통로나 목. ◆ 缺口。¶돌파구를 찾다. =寻找缺口。 ❷ 부닥친 장애나 어려운 문제 따위를 해결하는 실마리. ◆ 突破口。 ¶돌파구가 열리다. =打开突破口。

돌파력(突破力)【명사】쳐서 깨뜨려 뚫고 나아가는 힘. ◆ 图爆发力。 ¶저 선수는 문전 돌파력이 뛰어난 선수다. =那名球员具有突出的门前爆发力。

돌팔매【명사】무엇을 맞히려고 던지는 돌멩이. ◆图(扔的)石头。 ¶돌팔매를 던지다. =扔石头。

돌팔매질【명사】무엇을 맞히려고 돌멩이를 던지는 짓. ◆ 图扔石头。 ¶돌팔매질에 놀란 참새가 푸드덕 날아갔다. =麻雀被扔来的石头吓得扑棱棱地飞走了。● 돌팔매질하다 ●

돌팔이【명사】제대로 된 자격이나 실력이 없이 전문적인 일을 하는 사람을 속되게 이르는 말. ◆ 图本领不强的，蹩脚的。

돌풍(突風)【명사】图 ❶ 갑자기 세게 부는 바람. ◆ 飑风。 ¶돌풍이 일다. =起飑风。 ❷ 갑작스럽게 사회적으로 많은 관심을 모으거나 많은 영향을 끼치는 현상을 이르는 말. ◆〈喻〉忽然引起社会关注的现象。¶돌풍을 일으키다. =形成了一阵风潮。

돌하르방【명사】돌로 만든 할아버지라는 뜻으로, 제주도에서 안녕과 질서를 수호하여 준다고 믿는 수호 석신. ◆图石老人。

돔(dome)【명사】반구형으로 된 지붕. ◆ 图拱形圆顶，圆屋顶。

돕다【동사】动 ❶ 남이 하는 일이 잘되도록 거들거나 힘을 보태다. ◆ 帮，帮助，帮忙。 ¶식사 준비를 돕다. =帮忙准备饭菜。 ❷ 위험한 처지나 어려운 상황에서 벗어나게 하다. ◆ 救助，救济，接济，援助。 ¶불우 이웃을 돕다. =接济可怜的邻居。 ❸ 어떤 상태를 증진시키거나 촉진시키다. ◆ 增进，促进。 ¶입맛을 돕다. =增进食欲。 ❹ 어떤 일이 잘되게 서로 거들거나 힘을 보태다. ◆ 互助，互相帮助。 ¶나는 그와 서로 과제물 작성을 도왔다. =我跟他在学习上互相帮助。

돗자리【명사】왕골이나 골풀의 줄기를 재료로 하여 만든 자리. 줄기를 잘게 쪼개서 만들기 때문에 발이 가늘다. 영남 호남 지방이 주산지로 용문석과 별문석 따위가 유명하다. ◆ 图凉席，席子，草席。 ¶돗자리를 펴다. =铺凉席。

동[1](洞)【명사】학국의지방 행정 구역의 하나. 또는 동의 일을 보는 곳. 시, 구, 읍의 아래에 두며 그 아래에는 통(統)과 반(班)이 있다. ◆ 图洞(韩国的行政单位之一，在市、区、邑之下)。 ¶오늘 동에서 통장회의가 있으니 참석해 주시기 바랍니다. =今天洞里要召开统长会议，希望大家能参加。

동[2](棟)【의존 명사】'채'의 뜻으로, 집채를 세거나 차례를 나타내는 단위. ◆ 依名栋，幢；单元。 ¶두 동짜리 아파트. =有两个单元的公寓。

동[3](同)【관형사】앞에서 말한 것과 같은. ◆ 冠(用于汉字词名词之前)同(一个)，该。 ¶1986년 섬유 회사에 입사, 동 회사에서 3년 간 근무했음. =1986年进入纺织公司，在该公司工作了3年。

동[4](銅)【명사】잘 펴지고 잘 늘어나며 전기와 열을 잘 전달하는 붉은 금속. ◆图铜。

-동[5](洞)【접사】'동굴'이나 '굴'의 뜻을 더하는 접미사. ◆ 后缀洞，穴，窟。 ¶석회동. =石灰洞。

동[6](東)【명사】 ❶ 동쪽. 네 방위의 하나. 해가 떠오르는 쪽이다. ◆ 图东。 ❷ '동쪽'의 뜻을 나타내는 말. ◆ 东边。

동감(同感)【명사】어떤 견해나 의견에 같은 생각을 가짐. 또는 그 생각. ◆ 图同感，赞同，同意。 ¶동감을 구하다. =征求同意。● 동감하다(同感--) ●

동갑(同甲)【명사】图 ❶ 육십갑자가 같다는 뜻으로, 같은 나이를 이르는 말. 또는 나이가 같은 사람. ◆ 同年，同岁。 ¶돼지띠면 나랑 동갑이네. =如果属猪的话，就和我是同岁。 ❷ 동갑계(同甲契). ◆ 同龄会，同庚会。

동갑내기(同甲--)【명사】나이가 같은 사람. ◆ 图同龄人。¶그들은 열여덟의 동갑내기로 만나자마자 친구가 되었다. =他们都是十八岁，一见面就成为了朋友。

동강【부사】긴 물체가 작은 토막으로 잘라지거나 끊어지는 모양. ◆ 副一截一截地，一段一段地。 ¶선생님께서 교단을 힘있게 치자 교탁 위의 분필이 떨어져 동강 부러졌다. =老师用力敲讲桌，桌上的粉笔掉到地上摔成几段。

동강이【명사】일정한 부피를 가진 긴 물건의 짤막하게 잘라진 부분이나 쓰고 남아 짤막하게 된 부분. ◆ 图截，段，节。 ¶연필 동강이를 볼펜 깍지에 끼워서 썼다. =把粉笔头塞在圆珠笔帽里写字。● 동강 ●

동거(同居)【명사】图 ❶ 한집이나 한방에서 같이 삶. ◆ 同住。 ¶친구와 동거 기간이 길어지자 싸움도 잦아졌다. =和朋友同住久了，吵架也多了起来。 ❷ 부부가 아닌 남녀가 부부 관계를 가지며 한집에서 삶. ◆ 同居。 ¶결혼 전 동거. =婚前同居。 ● 동거하다(同居--) ●

동격(同格)【명사】같은 자격이나 지위. ◆ 图同等资格，同等地位。 ¶나를 그와 동격으로 대하지 말라. =不要把我和他相提并论。

동결(凍結)【명사】图 ❶ 추위나 냉각으로 얼어붙음. 또는 그렇게 함. ◆ 冷冻。 ¶동결 식품. =冷冻食品。 ❷ 사업, 계획, 활동 따위가 중단됨. 또는 그렇게 함. ◆ 中断。 ¶핵 개발 동결. =中断核开发。 ❸자산이나 자금 따위의 사용이나 이동이 금지됨. 또는 그렇게 함. ◆ 冻结。 ¶예산 동결. =冻结预算。● 동결되다

(凍結--), 동결하다(凍結--) ●

동경(憧憬)【명사】어떤 것을 간절히 그리워하여 그것만을 생각함. ◆ 名憧憬，向往，神往。¶동경의 대상. =向往的对象。● 동경하다(憧憬--) ●

동경심(憧憬心)【명사】어떤 것을 간절히 그리워하여 그것만을 생각하는 마음. ◆ 名憧憬心，向往之心。¶도시 생활에 대한 동경심. =对城市生活的向往之心。

동계(冬季)【명사】겨울철. ◆ 名冬季。¶동계 훈련. =冬季训练。

동고동락(同苦同樂)【명사】괴로움도 즐거움도 함께함. ◆ 名同甘共苦。¶동고동락한 친구. =同甘共苦的朋友。● 동고동락하다(同苦同樂--) ●

동공(瞳孔)【명사】눈동자(눈알의 한가운데에 있는, 빛이 들어가는 부분). ◆ 名瞳孔。¶어두운 곳에 들어서자 동공이 커졌다. =一走进暗处瞳孔就变大了。

동구권(東歐圈)【명사】동부 유럽 지역. 폴란드, 루마니아, 헝가리, 알바니아, 불가리아 등 지역을 이른다. ◆ 名东欧地区。

동굴(洞窟)【명사】자연적으로 생긴 깊고 넓은 굴. ◆ 名洞窟。¶동굴 속에 숨다. =藏到洞窟里。

동그라미【명사】名 ❶ 동그랗게 생긴 모양. ◆ 圆，圆圈，圆形。¶연필로 종이 위에 동그라미, 세모, 네모 따위를 그리다. =用铅笔在纸上画圆、三角形和四边形之类的图形。❷ 동그랗게 생긴 물체. ◆ 圆形物体。❸ '돈'을 속되게 이르는 말. ◆ 钱的俗称。

동그랗다【형용사】또렷하게 동글다. ◆ 形圆圆的。¶아이의 얼굴이 동그랗다. =孩子的脸圆圆的。

동그래지다【동사】동그랗게 되다. ◆ 动变圆。¶눈이 동그래지다. =眼睛变圆了。

동그맣다【형용사】외따로 오뚝하다. ◆ 形孤零零，突兀。

동그스름하다【형용사】약간 동글다. ◆ 形略圆。¶얼굴이 동그스름하다. =脸形略圆。

동글납작하다【형용사】생김새가 동글면서 납작하다. ◆ 形扁圆。¶서양인에 비해 동양인의 얼굴은 동글납작하다. =和西方人相比，东方人的脸形略圆。

동글다[1]【동사】작은 것이 원이나 공과 모양이 같거나 비슷하게 되다. ◆ 动变圆。

동글다[2]【형용사】작은 것이 원이나 공과 모양이 같거나 비슷하다. ◆ 形圆。¶동근 눈. =圆眼睛。

동글동글【부사】여럿이 다 또는 매우 동근 모양. ◆ 副圆圆地。¶물수제비를 뜨니 동글동글 동그라미가 퍼져나간다. =一个水漂打过去，圆圆的水纹散了开来。● 동글동글하다 ●

동급(同級)【명사】名 ❶ 같은 등급. ◆ 同类级别，同等。¶그 차는 동급 국내 차종 가운데 최대의 실내 공간을 갖추었다. =这车是国内同级别的车中，车内空间最大的。❷ 같은 학급이나 학년. ◆ 同级，同届 ¶사건이 터지자 그의 동급인 삼학년 학생들이 중심이 되어 진상 규명을 요구하고 나섰다. =出事后，与他同年级的三年级学生出面要求查明真相。❸ 같은 계급. ◆ 同阶层。

동급생(同級生)【명사】같은 학급이나 같은 학년의 학생. ◆ 名同届学生。¶그는 동급생이지만 나이가 많아 존대를 했다. =虽说是同届学生，但他却因为年龄大受到尊敬。

동기[1](冬期)【명사】겨울의 시기. ◆ 名冬季。¶동기 훈련. =冬季训练。

동기[2](同期)【명사】名 ❶ 같은 시기. 또는 같은 기간. ◆ 同期。¶6월 중 수출 실적은 전년 동기 대비 30%가 증가했다. =6月份出口量比去年同期增加了30%。❷ 학교나 훈련소 따위에서의 같은 기(期). ◆ 同期，同届，同年级。¶입사 동기. =同期入职的同事。

동기[3](動機)【명사】어떤 일이나 행동을 일으키게 하는 계기. ◆ 名动机。¶범행의 동기. =犯罪动机。

동기[4](同氣)【명사】형제 자매, 남매를 통틀어 이르는 말. ◆ 名兄弟姐妹。¶동기끼리 사이좋게 지내다. =兄弟姐妹之间关系融洽。

동기간(同氣間)【명사】형제자매 사이. ◆ 名兄弟姐妹之间。¶동기간의 우애. =兄弟姐妹间的友谊。

동기생(同期生)【명사】같은 시기에 같은 곳에서 교육이나 강습을 함께 받은 사람. ◆ 名同期生，同届学生，同级生。¶나와 남편은 미술 대학 동기생이다. =我和丈夫是美术学院的同届同学。

동나다【동사】물건 따위가 다 떨어져서 남아 있는 것이 없게 되다. ◆ 动中断，脱销，售罄。¶생필품이 동나다. =生活必需品售罄。

동남(東南)【명사】동쪽과 남쪽을 아울러 이르는 말. ◆ 名东南。¶동남으로 양쪽이 트인 방. =朝向东南的房间。

동냥【명사】名 ❶ 거지나 동냥아치가 돌아다니며 돈이나 물건 따위를 거저 달라고 비는 일. 또는 그렇게 얻은 돈이나 물건. ◆ 乞讨，要饭，讨饭。¶동냥을 주다. =施舍。❷ 승려가 시주(施主)를 얻으려고 돌아다니는 일. 또는 그렇게 얻은 곡식. ◆ 化缘。● 동냥하다 ●

동네(洞-)【명사】자기가 사는 집의 근처. ◆ 名村庄，社区。¶동네 사람들. =村民们。

동네방네(洞-坊-)【명사】온 동네. 이 동네 저 동네. ◆ 名全村，整个社区；各村。¶동네방네 떠들고 다니다. =在各村游荡。

동네북(洞--)【명사】여러 사람이 두루 건드리거나 만만하게 보는 사람을 비유적으로 이르는 말. ◆ 名受气包，出气筒。¶왜 모두 저를 나무라세요? 제가 동네북입니까? =为什么都说我呀? 当我是出气筒呀，谁想敲谁敲?

동년배(同年輩)【명사】나이가 같은 또래인 사람. ◆ 名同辈，平辈。¶그는 동년배 아이들보다 서너 살은 더 먹어 보인다. =和同龄孩子们相比，他看起来显得大三四岁。

동녘(東-)【명사】동쪽. ◆ 名东边，东方。¶동녘이 밝아 오다. =东方破晓。

동대문(東大門)【명사】'흥인지문(興仁之門)'의 다른 이름. 서울 도성(都城)의 동쪽 정문이라는 뜻이다. ◆ 名(韩国首尔的)东大门。

동댕이치다【동사】动 ❶ 들어서 힘껏 내던지다.

◆ 摔，抛，扔掉。¶그는 편지를 휴지통에 동댕이쳤다. =他把信扔到废纸篓里。❷ 하던 일을 딱 잘라 그만두다. ◆ 中断，停止，甩手不管。¶이렇게 일을 중도에서 동댕이치는 이유가 뭐냐? =这样中途放弃的理由是什么?

동동[1]【부사】작은 물체가 떠서 움직이는 모양. ◆ 副一浮一浮地。¶식혜에 밥알이 동동 떠있다. =米粒浮在米酒上面。

동동[2]【부사】매우 안타깝거나 추워서 발을 가볍게 자꾸 구르는 모양. ◆ 副噔噔，咚咚(跺脚的样子)。¶사람들이 언 발을 동동 구르며 버스를 기다리고 있다. =人们咚咚地跺着冻僵的脚，站在那里等车。

동동[3]【부사】작은북 따위를 잇따라 두드리는 소리. ◆ 副咚咚。¶먼저 작은북이 동동 울리더니 이어서 꽹과리 소리가 울렸다. =先是响起咚咚的小鼓声，接着响起了小锣声。

동동거리다【동사】매우 안타깝거나 추워서 발을 가볍게 자꾸 구르다. ◆ 动跺脚。¶그는 분이 덜 풀렸는지 아직도 발을 동동거리면서 고함을 질러 대고 있다. =他好像还不解气，还在跺着脚不停地高喊。● 동동대다 ●

동등(同等)【명사】등급이나 정도가 같음. 또는 그런 등급이나 정도. ◆ 名同等，平等。¶고졸 또는 동등의 학력. =高中毕业或同等学历。● 동등하다(同等--) ●

동떨어지다【형용사】形 ❶ 서로 거리가 멀리 떨어지다. ◆ 远离，拉开距离。¶마을과 동떨어진 집. =远离村庄的房子。❷ 둘 사이에 관련성이 거의 없다. ◆ 脱离。¶현실과 동떨어진 이론. =脱离现实的理论。

동란(動亂)【명사】폭동, 반란, 전쟁 따위가 일어나 사회가 질서를 잃고 소란해지는 일. ◆ 名动乱，战乱，动荡。¶그녀는 어린 시절에 동란으로 인하여 부모와 헤어졌다. =她小时候由于战乱和父母失散了。

동력(動力)【명사】名 ❶ 전기 또는 자연에 있는 에너지를 쓰기 위하여 기계적인 에너지로 바꾼 것. 전력, 수력, 풍력 따위가 주요 동력원(動力源)이 된다. ◆ 动力，能源。¶동력을 공급하다. =提供动力。❷ 어떤 일을 발전시키고 밀고 나가는 힘. ◆〈喻〉发展动力。¶인민의 성실과 근면은 경제 발전의 동력이다. =人民的诚实与勤勉是经济发展的动力。

동료(同僚)【명사】같은 직장이나 같은 부문에서 함께 일하는 사람. ◆ 名同事。¶직장 동료. =单位同事。

동률(同率)【명사】같은 비율. 또는 같은 비례. ◆ 名相同比率。¶두 팀의 승률은 동률이다. =两个队的胜率是相同的。

동리(洞里)【명사】마을. ◆ 名村庄。¶얼어붙은 개울물에서 동리 꼬마들이 썰매를 타고 있었다. =村庄的孩子们在结冰的河上坐雪橇。

동맥(動脈)【명사】심장에서 혈액을 몸 각 부분에 보내는 혈관. ◆ 名动脉。¶동맥경화(硬化). =动脉硬化。

동맹(同盟)【명사】둘 이상의 개인이나 단체, 또는 국가가 서로의 이익이나 목적을 위하여 동일하게 행동하기로 맹세하여 맺는 약속이나 조직체. 또는 그런 관계를 맺음. ◆ 名同盟，联盟。● 동맹하다(同盟--) ●

동맹국(同盟國)【명사】서로 동맹 조약을 체결한 당사국. ◆ 名同盟国，盟国。

동메달(銅)【명사】구리로 만든 메달. 각종 경기나 경연에서 금메달, 은메달에 이어 흔히 삼등 입상자에게 주어진다. ◆ 名铜牌。¶아쉽게도 우리 팀은 동메달에 머물렀다. =我们队非常遗憾地仅获得了铜牌。

동면(冬眠)【명사】겨울이 되면 동물이 활동을 중단하고 땅속 따위에서 겨울을 보내는 일. ◆ 名冬眠，蛰伏。● 동면하다(冬眠--) ●

동명이인(同名異人)【명사】같은 이름을 가진 서로 다른 사람. ◆ 名同名的人。

동무【명사】늘 친하게 어울리는 사람. ◆ 名朋友，伙伴。¶그는 나와 어릴 때 동무로 지냈다. =他和我是儿时的伙伴。

동문[1](東門)【명사】동쪽으로 난 문. ◆ 名东门。¶동문을 열어 아침의 기운을 받다. =打开东门，迎接清晨气息。

동문[2](同門)【명사】같은 학교나 같은 스승 밑에서 배운 사람. ◆ 名同窗，校友，同学。¶대학 발전 기금 모집에 동문들의 성원이 이어지고 있다. =校友们不断地参与大学发展资金募捐活动。

동문서답(東問西答)【명사】물음과는 전혀 상관없는 엉뚱한 대답. ◆ 名答非所问。● 동문서답하다(東問西答--) ●

동문수학(同門受學)【명사】한 스승 밑에서 함께 학문을 배우거나 수업을 받음. ◆ 名同窗共读。¶우리는 동문수학한 사이이다. =我们师出同门。● 동문수학하다(同門受學--) ●

동물(動物)【명사】名 ❶ 생물계의 두 갈래 가운데 하나. ◆ 动物。❷ 사람을 제외한 길짐승·날짐승·물짐승 따위를 통틀어 이르는 말. ◆ 动物。¶동물 병원. =动物医院。

동물성(動物性)【명사】동물에서만 볼 수 있는 고유한 성질. 또는 그런 성질의 것. ◆ 名动物性。¶동물성 지방. =动物脂肪。

동물원(動物園)【명사】일정한 시설을 갖추어 각지의 동물을 관람시키는 곳. ◆ 名动物园。¶온 가족이 동물원으로 나들이를 갔다. =全家人去动物园游玩。

동물적(動物的)【명사】이성적이지 못하고 본능에 치우쳐 행동하는 것. ◆ 名本能的，兽性的。¶인간의 전쟁에 대한 욕구는 동물적이라 말할 수 있다. =人类对战争的欲望可以说是出于本能。

동반(同伴)【명사】名 ❶ 일을 하거나 길을 가는 따위의 행동을 할 때 함께 짝을 함. 또는 그 짝. ◆ 一起，偕同，同行。¶형님과 나는 여름 휴가철마다 가족 동반으로 여행을 하곤 한다. =每到夏季休假，我和哥哥常跟家人一起去旅行。❷ 어떤 사물이나 현상이 함께 생김. ◆ 伴随，伴有。● 동반되다(同伴

--), 동반하다(同伴--) ●
동방(東方) 【명사】 동쪽. ◆ 名东边，东方。
동백기름(冬柏--) 【명사】 동백나무의 씨에서 짠 기름. 머릿기름, 등잔 기름 따위로 쓴다. ◆ 名山茶油。 ¶색시의 머리에서 향긋한 동백기름 냄새가 났다. =姑娘的头发散发出山茶油的味道。
동백나무(冬柏--) 【명사】 차나뭇과의 상록 활엽 교목. ◆ 名 山茶，山茶树。
동병상련(同病相憐) 【명사】 같은 처지에 있는 사람들끼리 서로 가엾게 여김. ◆ 名同病相怜。 ¶그와 나는 타향살이라는 동병상련의 아픔을 느끼고 있다. =他和我同病相怜，深感他乡生活的痛苦。
동복(冬服) 【명사】 겨울철에 입는 옷. ◆ 名冬装。 ¶날씨가 쌀쌀해져 춘추복에서 동복으로 바꿔 입었다. =天气变冷，将秋装换成了冬装。
동봉(同封) 【명사】 두 가지 이상을 같은 곳에 넣거나 싸서 봉함. ◆ 名附寄。 ¶동봉 서류. =附件。● 동봉하다(同封--) ●
동부(東部) 【명사】 어떤 지역의 동쪽 부분. ◆ 名东部。 ¶동부 지방. =东部地区。
동북(東北) 【명사】 동북쪽(동쪽과 북쪽을 아울러 이르는 말). ◆ 名东边和北边，东北方。
동분서주(東奔西走) 【명사】 동쪽으로 뛰고 서쪽으로 뛴다는 뜻으로, 사방으로 이리저리 몹시 바쁘게 돌아다님을 이르는 말. ◆ 名东奔西走，奔波。● 동분서주하다(東奔西走--) ●
동사[1](凍死) 【명사】 얼어 죽음. ◆ 名冻死。 ¶겨울 산행은 동사의 위험이 있다. =冬季登山有冻死的危险。● 동사하다(凍死--) ●
동사[2](動詞) 【명사】 사물의 동작이나 작용을 나타내는 품사. ◆ 名动词。
동사무소(洞事務所) 【명사】 동(洞)의 행정 사무를 맡아보는 곳. ◆ 名街道办事处。 ¶주민등록등본(住民登錄謄本)을 떼러 동사무소에 다녀왔다. =去街道办事处领取居民登记册。
동산[1] 【명사】 名 ❶ 집이나 마을 부근에 있는 작은 산이나 언덕. ◆ 村边小山。 ¶아버지는 아침마다 동산에 올라 휘파람을 불었다. =爸爸每天早晨到村边小山上吹口哨。 ❷ 큰집의 정원에 만들어 놓은 작은 산이나 숲. ◆ 小花园。 ¶정원 안의 동산에는 갖가지 야생화가 곱게 피어 있었다. =院内的小花园开着各种美丽的野花。
동산[2](動産) 【명사】 형상, 성질 따위를 바꾸지 아니하고 옮길 수 있는 재산. ◆ 名动产。 ¶그는 동산이래야 세간밖에 없는 처지에 사치가 심하다. =他的动产只剩下家具，但生活却十分奢侈。
동상[1](銅賞) 【명사】 상(賞)의 등급을 금·은·동으로 나누었을 때 3등에 해당하는 상. ◆ 名铜奖。 ¶과학 경시 대회에서 동상을 받다. =在科学竞赛中获得铜奖。
동상[2](銅像) 【명사】 구리로 사람이나 동물의 형상을 만들거나 그런 형상에 구릿빛을 입혀서 만들어 놓은 기념물. ◆ 名铜像。 ¶이순신 장군의 동상. =李舜臣将军的铜像。
동상[3](凍傷) 【명사】 추위 때문에 살갗이 얼어서 조직이 상하는 일. ◆ 名冻伤。 ¶동상에 걸리다. =被冻伤。
동상이몽(同床異夢) 【명사】 같은 자리에 자면서 다른 꿈을 꾼다는 뜻으로, 겉으로는 같이 행동하면서도 속으로는 각각 다른 생각을 하고 있음을 이르는 말. ◆ 名同床异梦。
동생 【명사】 같은 부모에게서 태어난 사이거나 일가친척 가운데 손아랫사람을 이르는 말. ◆ 名弟弟，妹妹。
동서[1](同壻) 【명사】 名 ❶ 시아주버니의 아내를 이르는 말. ◆ 妯娌。 ¶그녀는 남편으로부터 시어머니와 동서가 내일 상경할 것이라는 소식을 들었다. =她听丈夫说明天婆婆和妯娌要去首都。 ❷ 처형이나 처제의 남편. ◆ 连襟。 ¶동서들은 처가에서 같은 처지이기 때문에 대부분 금새 친해진다. =连襟们由于在丈母娘家处于同样的地位，所以大部分很快就变得亲近起来。
동서[2](東西) 【명사】 名 ❶ 동서쪽. ◆ 东边和西边。 ❷ 동쪽에서 서쪽으로 향하는 방향. ◆ 名东西方向，东西向。 ¶동서로 난 길. =东西向道路。 ❸ 동양과 서양을 아울러 이르는 말. ◆ 名东西方。 ¶동서 문화의 교류. =东西文化交流。
동서남북(東西南北) 【명사】 동쪽·서쪽·남쪽·북쪽이라는 뜻으로, 모든 방향을 이르는 말. ◆ 名东西南北。 ¶동서남북 다 돌아다녀 봐도 내 고향만한 데가 없다. =走遍东西南北，没有一个地方比得上我的故乡。
동석(同席) 【명사】 자리를 같이함. 또는 같은 자리. ◆ 名同席。 ¶그들은 동석을 꺼린다. =他们不愿意坐在一起。● 동석하다(同席--) ●
동선(動線) 【명사】 건축물의 내외부에서, 사람이나 물건이 어떤 목적이나 작업을 위하여 움직이는 자취나 방향을 나타내는 선. ◆ 名动线。 ¶주방의 동선은 부부의 견해를 고려해서 만든다. =厨房动线按照夫妇的意见进行设计。
동성[1](同性) 【명사】 성(性)이 같은 것. 남성 쪽에선 남성을, 여성 쪽에선 여성을 가리킨다. ◆ 名同性。 ¶동성 친구. =同性朋友。
동성[2](同姓) 【명사】 같은 성(姓). ◆ 名同姓。 ¶우리는 동성으로 조상이 같다. =我们同姓同祖。
동성동본(同姓同本) 【명사】 성(姓)과 본관이 모두 같음. ◆ 名同姓同籍。
동성애(同性愛) 【명사】 동성 간의 사랑. 또는 동성에 대한 사랑. ◆ 名同性恋。
동승(同乘) 【명사】 차·배·비행기 따위를 같이 탐. ◆ 名同乘，共乘。 ¶그와 나는 기차에 동승한 이후로 더욱 친해졌다. =他和我同乘火车后关系更加亲密了。● 동승하다(同乘--) ●
동시[1](同時) 【명사】 名 ❶ 같은 때나 시기. ◆ 同时。 ¶동시파업. =同时罢工。 ❷ 어떤 사실을 겸함. ◆ 同时。 ¶그 사람은 농부인 동시에 시인이었다. =他是农夫，同时还是诗人。
동시[2](童詩) 【명사】 名 ❶ 어린이가 지은 시. ◆ 儿童

写的诗。❷ 주로 어린이를 독자로 예상하고 어린이의 정서를 읊은 시. ◆ 童诗。¶동시는 순진무구한 세계를 담고 있다. =童诗蕴含着纯真无邪的世界。

동시통역(同時通譯)【명사】외국어로 말하는 것을 동시에 통역함. ◆ 名同声传译。¶정상 회담을 동시통역으로 진행하다. =在首脑会谈中采用同声传译。

동식물(動植物)【명사】동물과 식물을 아울러 이르는 말. ◆名动植物。¶아마존에는 많은 종류의 동식물이 서식하고 있다. =亚马逊栖息着种类繁多的动植物。

동심(童心)【명사】어린아이의 마음. ◆ 名童心。¶동심의 세계. =童心世界。

동아리【명사】같은 뜻을 가지고 모여서 한패를 이룬 무리. ◆ 名社团，团体。¶대학생 동아리 연합. =大学生团体联合。

동아줄【명사】굵고 튼튼하게 꼰 줄. ◆名粗绳。¶동아줄로 옭아맨 죄수. =被粗绳绑缚的罪犯。

동안[1]【명사】어느 한때에서 다른 한때까지 시간의 길이. ◆名期间，时间。¶3시간 동안. =三小时时间。

동안[2](童顔)【명사】名 ❶ 어린아이의 얼굴. ◆ 童颜。¶저 천진스러운 동안 앞에서 누가 거짓을 말할 수 있겠는가? =在那天真的童颜面前谁会说谎? ❷ 나이 든 사람이 지니고 있는 어린아이 같은 얼굴. ◆ (成人的)童颜。¶학발(鶴髮)에 동안을 지닌 노인. =鹤发童颜的老人。

동양(東洋)【명사】유라시아 대륙의 동부 지역. ◆名东亚，东方，东洋。

동양화(東洋畫)【명사】한국, 중국, 일본 등 동양에서 비단이나 화선지에 붓과 먹 등을 사용하여 전통 방식으로 그리는 그림. ◆ 名水墨画。¶동양화의 특징은 여백의 미이다. =水墨画的特征是讲究留白之美。

동업(同業)【명사】名 ❶ 같은 종류의 직업이나 영업. ◆ 同行。¶나와 동업에 종사하는 사람들. =和我从事同一行业的人们。❷ 같이 사업을 함. 또는 그 사업. ◆ 合伙，共同经营。¶친구와의 동업은 피하는 게 좋다. =最好避免和朋友合伙做生意。● 동업하다(同業--) ●

동여매다【동사】끈이나 새끼, 실 따위로 두르거나 감거나 하여 묶다. ◆ 动捆，绑，系，勒。¶상자를 노끈으로 꼭꼭 동여매다. =用绳子将箱子紧紧捆住。

동영상(動映像)【명사】컴퓨터 모니터의 화상이 텔레비전의 화상처럼 움직이는 것. ◆名视频。

동요[1](動搖)【명사】名 ❶ 물체 따위가 흔들리고 움직임. ◆ 晃动，摆动，摇摆。¶지진으로 인한 건물의 동요. =地震引起的建筑晃动。❷ 생각이나 처지가 확고하지 못하고 흔들림. ◆ 动摇，摇摆。¶마음의 동요. =内心的动摇。❸ 어떤 체제나 상황이 혼란스럽고 술렁임. ◆ 动摇，波动。¶민심의 동요. =民心动摇。● 동요되다(動搖--), 동요하다(動搖--) ●

동요[2](童謠)【명사】어린이를 위하여 동심(童心)을 바탕으로 지은 노래. ◆名童谣。¶그는 동요 열 곡을 작곡했다. =他为十首童谣作了曲。

동우회(同友會)【명사】일정한 목적 아래 뜻과 취미가 같은 사람끼리 모여서 만든 모임. ◆名爱好者协会。¶바둑 동우회. =围棋爱好者会。

동원(動員)【명사】名 ❶ 전쟁 따위의 비상사태에 대처할 수 있도록 군의 편제를 평시 편제에서 전시 편제로 옮기는 일. ◆ 动员。❷ 어떤 목적을 달성하기 위하여 사람이나 물건을 집중함. ◆ 调动，动用，调用。¶자금 동원 능력. =资金调用能力。● 동원되다(動員--), 동원하다(動員--) ●

동원령(動員令)【명사】전쟁 따위의 비상사태가 발생하였을 때 병력이나 군수 물자 따위를 동원하기 위하여 내리는 명령. ◆ 名动员令。¶동원령을 내리다. =下达动员令。

동의[1](同意)【명사】名 ❶ 같은 의미. ◆ 含义相同。¶결론적으로 두 내용은 동의이다. =结论是两者的内容含义相同。❷ 의사나 의견을 같이함. ◆ 同意，赞同。¶그런 결론이라면 나의 동의를 바라지 마라. =如果是那样的结论，就不要指望我会同意。❸ 다른 사람의 행위를 승인하거나 시인함. ◆ 同意，承认，认可。¶동의를 구하다. =征求同意。● 동의하다(同意--) ●

동의[2](動議)【명사】회의 중에 토의할 안건을 제기함. 또는 그 안건. ◆ 名动议。¶긴급 동의. =紧急动议。

동의보감(東醫寶鑑)【명사】조선 시대에, 의관(醫官)인 허준이 선조의 명에 따라 편찬한 의서(醫書). ◆名《东医宝鉴》。

동이【명사】질그릇의 하나. 흔히 물을 긷는 데 쓰는 것으로써 보통 둥글고 배가 부르고 아가리가 넓으며 양옆으로 손잡이가 달려 있다. ◆名水罐，罐子。¶동이에 가득 물을 담았다. =罐子里盛满了水。

동이다【동사】끈이나 실 따위로 감거나 둘러 묶다. ◆ 动捆，扎，绑。¶헝겊을 머리에 질끈 동이다. =用布条紧紧地扎头发。

동일(同一)【명사】名 ❶ 어떤 것과 비교하여 똑같음. ◆ 同样，同等，相同。¶동일 규격. =相同规格。❷ 각각 다른 것이 아니라 하나임. ◆ 一样，同一，一致。¶동일 인물. =同一人物。● 동일하다(同一--) ●

동일시(同一視)【명사】둘 이상의 것을 똑같은 것으로 봄. ◆ 名一视同仁，同等对待。¶생과 사의 동일시. =对生死一视同仁。● 동일시되다(同一視--), 동일시하다(同一視--) ●

동작(動作)【명사】名 ❶ 몸이나 손발 따위를 움직임. 또는 그 모양. ◆ 动作，举动。¶자연스러운 동작. =自然的举动。❷ 기계 따위가 작용을 받아 움직임. 또는 기계 따위를 움직이게 함. ◆ (机器等)工作，开动。● 동작하다(動作--) ●

동전(銅錢)【명사】구리로 만든 돈. 실제로는 구리와 주석의 합금으로 되어 있다. ◆名铜币，铜钱。¶동전을 주조하다. =铸造铜币。

동절기(冬節期)【명사】겨울철 기간. ◆ 名冬季时节。¶동절기 건강체크. =冬季体检。

동점(同點)【명사】점수가 같음. 또는 같은 점수.

◆ 图分数相同，同分，得分相同，平局，和局。¶동점을 이루다. =打成平局。

동정[1](童貞)【명사】이성과 한 번도 성교(性交)를 하지 아니하고 그대로 지키고 있는 순결. 또는 그런 사람. ◆图童贞；处女。¶동정을 잃다. =失去童贞。

동정[2](動靜)【명사】일이나 현상이 벌어지고 있는 낌새. ◆图动静，动向，情况。¶동정을 엿보다. =暗中观察情况。

동정[3](同情)【명사】图 ❶ 남의 어려운 처지를 자기 일처럼 딱하고 가엾게 여김. ◆ 同情，可怜，怜悯。¶동정을 느끼다. =感到同情。❷ 남의 어려운 사정을 이해하고 정신적으로나 물질적으로 도움을 베풂. ◆ 同情，怜恤，帮助。¶동정을 구하다. =求得同情。● 동정하다(同情--) ●

동정[4]【명사】한복의 저고리 깃 위에 조붓하게 덧대어 꾸미는 하얀 헝겊 오리. ◆ 图 (韩服)领子，衣领。¶동정을 달다. =上衣领。

동정심(同情心)【명사】남의 어려운 처지를 안타깝게 여기는 마음. ◆图同情心。¶동정심이 많다. =富有同情心。

동조(同調)【명사】남의 주장에 자기의 의견을 일치시키거나 보조를 맞춤. ◆图赞同，步调一致，认同。¶동조를 얻다. =得到赞同。● 동조하다(同調--) ●

동지[1](同志)【명사】목적이나 뜻이 서로 같음. 또는 그런 사람. ◆图志同道合的人，同道中人。¶동지가 되다. =成了同道中人。

동지[2](冬至)【명사】이십사절기의 하나. 대설(大雪)과 소한(小寒) 사이에 들며 태양이 동지점을 통과하는 때인 12월 22일이나 23일경이다. ◆图冬至(24节气之一)。¶동지 전에 일 년 동안에 진 빚을 다 갚는 법이다. =通常在冬至前把一年欠的账都还上。

동질화(同質化)【명사】같은 성질이 됨. 또는 그렇게 함. ◆图融合。¶두 나라의 서로 다른 문화가 동질화되기는 어렵다. =把两个国家不同的文化融合到一起是很难的。● 동질화되다(同質化--), 동질화하다(同質化--) ●

동짓날(冬至-)【명사】동지(冬至)가 되는 날. ◆图冬至。¶동짓날 긴긴밤. =冬至漫漫长夜。

동짓달(冬至-)【명사】음력으로 열한 번째 달. ◆图冬月，农历十一月。¶동짓달 초하룻날. =冬月初一。

동쪽(東-)【명사】네 방위의 하나. 해가 떠오르는 쪽이다. ◆图东，东边，东方。¶동쪽 하늘. =东方天空。

동참(同參)【명사】어떤 모임이나 일에 같이 참가함. ◆ 图共同参加，一起参加。¶시민들의 동참으로 모금 운동은 성공적으로 끝났다. =市民的共同参与使募捐活动取得了圆满成功。● 동참하다(同參--) ●

동창(同窓)【명사】图 ❶ 한 학교에서 공부를 한 사이. ◆ 同学，同窗，校友。❷ 동창생(한 학교를 같은 해에 나온 사람.) ◆ 同届同学。¶오랜만에 초등학교 동창끼리 모여 이야기를 나누었다. =隔了好长时间，才能跟小学同学聚在一起聊天。

동창생(同窓生)【명사】图 ❶ 같은 학교를 나온 사람. ◆ 同学，同窗，校友。¶알고 보니 그 선배는 나와 같은 중학교를 나온 동창생이다. =原来那位前辈和我是同一个中学毕业的。❷ 한 학교를 같은 해에 나온 사람. ◆ 同届同学。¶더군다나 동창생 중에서도 아주 단짝으로 지내던 동무를 만났다. =尤其是在一起毕业的同学中遇到了特别要好的朋友。

동창회(同窓會)【명사】한 학교를 졸업한 사람들이 모여 서로 친목을 도모하고 모교와의 연락을 하기 위하여 조직한 모임. ◆图校友会，同学会。¶동창회에서 마련한 장학금을 모교에 전달했다. =在校友会上向母校转交了准备好的奖学金。

동체(胴體)【명사】图 ❶ 물체의 중심을 이루는 부분. ◆ 船体，车身。¶자동차의 동체. =汽车车身。❷사람이나 동물의 몸에서, 목 팔 다리 날개 꼬리 따위를 제외한 가운데 부분. ◆ 胴体，躯干。❸ 항공기의 날개와 꼬리를 제외한 중심 부분. 승무원·여객·화물 따위를 실으며 발동기나 각종 탱크가 장치되어 있다. ◆ 机身，机舱。¶비행기의 동체. =机身。

동치미【명사】무김치의 하나. 흔히 겨울철에 담그는 것으로 소금에 절인 통무에 끓인 소금물을 식혀서 붓고 심심하게 담근다. ◆ 图 (冬天用整个萝卜腌的)萝卜泡菜。¶동치미 국물. =萝卜泡菜汤。

동침(同寢)【명사】남녀가 잠자리를 같이함. ◆ 图(男女)同房。● 동침하다(同寢--) ●

동태[1](凍太)【명사】얼린 명태. ◆图冻明太鱼。¶동태 찌개. =炖冻明太鱼。

동태[2](動態)【명사】움직이거나 변하는 모습. ◆图动态，动静。¶적의 동태를 살피다. =观察敌人的动态。

동트다【동사】동쪽 하늘이 훤하게 밝아 오다. ◆ 动拂晓，黎明，天亮。¶동틀 무렵. =黎明时分。

동파(凍破)【명사】얼어서 터짐. ◆图冻破，冻裂。¶한파로 수도관 동파가 잇따르고 있다. =水管接二连三地被寒流冻裂了。● 동파되다(凍破--), 동파하다(凍破--) ●

동판화(銅版畫)【명사】동판에 새긴 그림. 또는 동판으로 찍은 그림. ◆图铜版画。

동편(東便)【명사】동쪽 편. ◆图东边，东。¶동편으로 뻗은 가지. =向东伸展的枝干。

동풍(東風)【명사】图 ❶ 동쪽에서 부는 바람. ◆ 东风。❷ 봄바람(봄철에 불어오는 바람). ◆ 春风。¶겨울이 지나고 동풍이 불어오니 만물이 소생한다. =冬天过去了，春风来了，万物复苏了。

동학[1](同學)【명사】한 학교나 한 스승 아래서 같이 공부함. 또는 그런 사람. ◆图同学，同门，校友。¶그와 나는 동학 사이이다. =他和我是同学。

동학[2](東學)【명사】19세기 중엽에 탐관오리의 수탈과 외세의 침입에 저항하여 수운 최제우가 세상과 백성을 구제하려는 뜻으로 창시한 민족 종교. ◆图东学。¶동학은 민중을 하늘에 비유한다. =东学以天来比喻民众。

동행(同行)【명사】图 ❶ 같이 길을 감. ◆ 同行，陪同，随行。¶동행을 청하다. =请求随行。❷ 같이 길을 가는 사람. ◆ 同路人，同行者，同伴。¶동행들

뒤를 따라가다. =跟在同伴的后面。● 동행하다(同行--) ●

동향(動向)【명사】[名] ❶ 사람들의 사고, 사상, 활동이나 일의 형세 따위가 움직여 가는 방향. ◆ 动向, 动态, 趋势。¶학계의 연구 동향. =学界的研究动向。❷ 어떤 특정한 사람이나 사물의 낱낱의 움직임. ◆ 举动, 表现, 倾向。¶그 사람의 동향을 낱낱이 파악하여 수시로 보고하도록 하라. =详细掌握他的一举一动, 随时报告。

동향(同鄕)【명사】고향이 같음. 또는 같은 고향. ◆[名]同乡, 老乡。¶동향 친구. =老乡。

동향인(同鄕人)【명사】같은 고향 사람. ◆[名]老乡。¶동향인끼리 모여 향우회를 조직했다. =老乡们聚在一起组织了老乡会。

동형(同形)【명사】사물의 성질, 모양, 형식 따위가 서로 같음. ◆[名]同样形状, 相同形式。¶동형의 구조물. =相同形状、相同结构的东西。

동호인(同好人)【명사】같은 취미를 갖고 함께 즐기는 사람. ◆[名]爱好相同的人。¶축구 동호인. =足球同好。

동호회(同好會)【명사】같은 취미를 가지고 함께 즐기는 사람의 모임. ◆[名]爱好者协会, 兴趣组。¶낚시 동호회. =钓鱼爱好者协会。

동화[1](同化)【명사】성질, 양식(樣式), 사상 따위가 다르던 것이 서로 같게 됨. ◆[名]同化。¶감정의 동화가 일어나다. =感情上发生了同化。● 동화되다(同化--), 동화하다(同化--) ●

동화[2](童話)【명사】어린이를 위하여 동심(童心)을 바탕으로 지은 이야기. ◆[名]童话。¶동화작가. =童话作家。

동화집(童話集)【명사】동화를 모아 엮은 책. ◆[名]童话集。¶전래 동화집. =传统童话集。

동화책(童話冊)【명사】동화를 쓴 책. ◆[名]童话书。¶동화책을 돌려보다. =传阅童话书。

돛【명사】배 바닥에 세운 기둥에 매어 펴 올리고 내리고 할 수 있도록 만든 넓은 천. 바람을 받아 배를 가게 한다. ◆[名]帆, 篷, 船帆。¶순풍에 돛을 달다. =顺风扬帆。

돛단배【명사】돛을 단 배. ◆[名]帆船。¶물 위를 미끄러져 가는 돛단배 한 척. =一艘滑行在水面上的帆船。

돛대【명사】돛을 달기 위하여 배 바닥에 세운 기둥. ◆[名]桅, 樯。¶높은 돛대 끝에 힘차게 펄럭거리는 깃발. =在高高的桅杆顶端呼啦啦飘扬的旗帜。

돼지【명사】멧돼짓과의 포유류. ◆[名]猪。

돼지꿈【명사】꿈속에서 돼지를 보는 꿈. 이 꿈을 꾸면 재물이 생긴다고 한다. ◆[名]吉祥的梦。

-되[1]【어미】[词尾] ❶ 대립적인 사실을 잇는 데 쓰는 연결 어미. ◆ 用于谓词词干之后的连接词尾, 表示"对立"。¶그는 키는 작되 마음은 크다. =他虽然个子矮, 但胸怀宽广。❷ 어떤 사실을 서술하면서 그와 관련된 조건이나 세부 사항을 뒤에 덧붙이는 뜻을 나타내는 연결 어미. ◆ 连接词尾, 表示"进一步说明"。¶이 말을 소리대로 적되 어법에 맞게 적으시오. =把这话听写下来, 要符合语法。❸ 뒤에 오는 말이 인용하는 말임을 미리 나타내어 보일 때 인용 동사에 붙여 쓰는 연결 어미. ◆ 连接词尾, 表示"传达, 引用, 提示"。¶제자들이 대답하되 "모르나이다."=弟子们回答说: "不知道"。

되-[2]【접사】[前缀] ❶ '도로'의 뜻을 더하는 접두사. ◆ 反, 返。¶되돌아가다. =重返。❷ '도리어', '다시', '도로', '반대로'의 뜻을 더하는 접두사. ◆ 又, 再。¶되잡히다. =再次被抓。

되[3]【의존 명사】부피의 단위. 곡식·가루·액체 따위의 부피를 잴 때 쓴다. ◆[依名]升。¶쌀 한 되. =一升米。

되[4]【명사】곡식·가루·액체 따위를 담아 분량을 헤아리는 데 쓰는 그릇. 주로 사각형 모양의 나무로 되어 있다. ◆[名](古代容器)升。¶되로 쌀을 되다. =用升量大米。

되감다【동사】도로 감거나 다시 감다. ◆[动]倒卷。

되게【부사】아주 몹시. ◆[副]非常, 十分, 很。¶사람이 되게 좋다. =人非常好。

되넘기다【동사】[动] ❶ 물건을 사서 곧바로 다른 곳으로 넘겨 팔다. ◆ 转卖, 转让。¶ ❷ 넘어온 것을 도로 넘기다. ◆ 再转交, 再交给。

되뇌다【동사】같은 말을 되풀이하여 말하다. ◆[动]反复说, 重复说。¶그는 같은 말을 버릇처럼 늘 되뇐다. =他总是习惯性地重复同样的话。

되는대로【부사】[副] ❶ 아무렇게나 함부로. ◆ 随便, 胡乱。¶되는대로 사는 놈치고 잘되는 놈 보질 못했다. =没见过一个混日子的人能过得好。❷ 사정이나 형편에 따라. ◆ 胡乱, 马马虎虎, 随便。❸ 가능한 한 최대로. ◆ 尽量。¶되는대로 빨리 오시오. =请尽快过来吧。

되다[1]【동사】[动] ❶ 새로운 신분이나 지위를 가지다. ◆ 当, 做, 成为。¶커서 의사가 되고 싶다. =长大了想当医生。❷ 다른 것으로 바뀌거나 변하다. ◆ 成, 为, 成为, 变成。¶얼음이 물이 되다. =冰化成水。❸ 어떤 때나 시기, 상태에 이르다. ◆ 到。¶이제는 계절이 봄이 되었다. =现在到春天了。❹ 일정한 수량에 차거나 이르다. ◆ 达, 达到。¶이 안에 찬성하는 사람이 50명이 되었다. =赞成这个议案的达到了50人。❺ 어떤 대상의 수량, 요금 따위가 얼마이거나 장소가 어디이다. ◆ 是, 为(表示数量、费用及场所)。¶요금이 만 원이 되겠습니다. =费用是1万韩元。❻ 사람으로서의 품격과 덕을 갖추다. ◆ 不错。¶그는 제대로 된 사람이다. =他是个不错的人。❼ 어떤 사람과 어떤 관계를 맺고 있다. ◆ 是。¶이 사람은 제 아우가 됩니다. =这人是我弟弟。❽ 어떤 재료나 성분으로 이루어지다. ◆ 组成, 构成, 用……做。¶나무로 된 책상. =用木头做的桌子。❾ 어떤 형태나 구조로 이루어지다. ◆ 构成, 组成。¶타원형으로 된 탁자. =椭圆形的桌子。❿ 문서나 서류에 어떤 사람이나 조직의 이름이 쓰이다. ◆ 用, 以。⓫ 어떤 사물이나 현상이 생겨나거나 만들어지다. ◆ 做好, 完成。¶밥이 맛있게 되다. =饭做得很好。 ⑫ 일이 잘 이루어지다. ◆ 做好，完成。 ¶일이 깔끔하게 되다. =事办得干净利落。 ⑬작물 따위가 잘 자라다. ◆ 生长，发育。 ¶곡식이 알차게 되다. =庄稼长得颗粒饱满。 ⑭ 어떤 사물이 제 기능을 다 하거나 수명이 다하다. ◆ 到(期)。 ¶기계가 못 쓰게 되다. =机器不能用了。 ⑮ 어떤 상황이나 사태에 이르다. ◆ 表示出现某种情况或事态。 ¶오늘부터 여러분에게 한국어를 가르치게 되었어요. =从今天开始教各位韩国语。 ⑯ 운명으로 결정되거나 규칙, 절차 따위로 정해지다. ◆ 必定，一定，定。 ¶그 사람은 필연적으로 그 여자를 만나게 되어 있었다. =那个人一定会遇到她的。 ⑰ 어떤 일이 이루어져야 하다. ◆ 一定，必须。 ¶나의 신부는 예뻐야 된다. =我的新娘要长得漂亮。 ⑱ 괜찮거나 바람직하다. ◆ 行，可以。 ¶사람만 착하면 된다. =只要人好就行。 ⑲ 어떤 일이 허락될 수 없음을 나타낸다. ◆ 行，可以。 ¶형인 네가 동생에게 그렇게 해서 되겠니? =你是当哥哥的，能那样对弟弟吗? ⑳ 어떤 일이 가능하거나 허락될 수 있음을 나타낸다. ◆ 能，可能，行。 ¶이제 너는 가도 된다. =现在你也能走了。 ㉑ 누구에게 어떤 일을 당하다. ◆ 被，由。 ¶저 아이는 그 사람에게 양육이 되었다. =那个孩子由他抚养。 ㉒ 어떤 특별한 뜻을 가지는 상태에 놓이다. ◆ 表示处于某种具有特别意义的状态。 ¶그런 행동은 우리에게 해가 된다. =那种行为对我们不利。

되다² 【형용사】 形 ❶ 반죽이나 밥 따위가 물기가 적어 빡빡하다. ◆ (因水少而)稠，硬。 ¶밥이 너무 되다. =米饭太硬。 ❷ 줄 따위가 단단하고 팽팽하다. ◆ 形紧，紧绷绷。 ¶새끼줄로 되게 묶어라. =用草绳绑得紧紧的。 ❸ 일이 힘에 벅차다. ◆ 吃力，费劲。 ¶일이 되면 쉬어 가면서 해라. =工作太累的话，歇会儿再干。 ❹ 몹시 심하거나 모질다. ◆ 严厉，厉害，严重。 ¶집안 어른한테 된 꾸중을 들었다. =被家里的人严厉地批评了。

되도록 【부사】 될 수 있는 대로. ◆ 副尽量，尽可能，尽力。 ¶되도록 빨리 일을 시작합시다. =请尽快开始工作吧。

되돌다 【동사】 향하던 곳에서 반대쪽으로 방향을 바꾸다. ◆ 动重返，返回。 ¶그는 나를 보더니 어둠 속으로 되돌아 달아났다. =他一看见我，就跑回了黑暗中。

되돌리다 【동사】 动 ❶ 바퀴나 공 따위를 돌던 방향을 바꾸어 반대로 돌리다. ◆ 让……反过来转动，掉转。 ¶왼쪽으로 돌던 회전판을 오른쪽으로 되돌리다. =把转向左边的转板向右转了过去。 ❷ 어떤 대상이나 현상을 본디의 상태가 되게 하다. ◆ 找回，恢复。 ¶마음을 되돌리다. =找回失落的心。 ❸ 도로 돌려주다. ◆ 退回，送回，退还，交还。 ¶사건을 하급 법원으로 되돌려 보내다. =把案件退回下级法院。

되돌아가다 【동사】 动 ❶ 원래 있던 곳이나 원래 상태로 도로 돌아가다. ◆ 返回，重返。 ¶옛 애인에게 되돌아가다. =重返旧情人的怀抱。 ❷ 지나간 날을 떠올리거나 그때의 생활을 다시 하게 되다. ◆ 重回，重返，恢复。 ¶꿈속에서 어린 시절로 되돌아가다. =在梦里又重回到童年。 ❸ 다시 본디의 상태로 되다. ◆ 重回，重返，恢复。 ¶오염된 바다가 본래의 모습으로 되돌아가는 데에는 막대한 시간과 노력과 경비가 필요하다. =被污染的大海要恢复本来的面貌需要很多时间、努力和金钱。

되돌아보다 【동사】 动 ❶ 가던 방향에서 몸이나 얼굴을 돌려 다시 바라보다. ◆ 回头看。 ¶가던 길을 멈추고 힐끗 뒤를 되돌아보니 많은 사람들이 나를 이상한 눈초리로 바라보고 있었다. =走着走着停了下来往后一瞟，很多人都用奇怪的眼神看着我。 ❷ 지나온 과정을 다시 돌아보다. ◆ 回顾，回首，反顾，追忆，追溯。 ¶과거를 되돌아보다. =回首过往。

되돌아서다 【동사】 动 ❶ (…으로) 향하고 있던 쪽에서 원래 있던 쪽으로 다시 돌아서다. ◆ 返回，折回。 ❷ 생각이나 태도를 바꾸다. ◆ 改变，转变(想法、态度)。 ❸ 일이나 형편이 원래 상태로 바뀌다. ◆ 重回，重返，恢复。

되돌아오다 【동사】 动 ❶ 원래 있던 곳으로 다시 돌아오다. ◆ 返回来，折回来。 ¶가던 길을 되돌아오다. =中途返回来了。 ❷ 본디의 상태로 되다. ◆ 重回，重返，恢复。 ¶이 사건의 수사는 많은 노력에도 불구하고 다시 원점으로 되돌아왔다. =尽管为这件案子付出了很多努力，但是案件的搜查还是重新回到了原点。

되레 【부사】 예상이나 기대 또는 일반적인 생각과는 반대되거나 다르게. ◆ 副反倒，反而。 ¶벌기는커녕 되레 손해만 봤다. =别说赚钱了，反倒赔了。

되묻다 【동사】 动 ❶ 동일한 질문을 다시 하다. ◆ 再次问，重问。 ❷ 물음에 대답하지 아니하고 도리어 묻다. ◆ 反问。 ¶영문도 모르고 되묻다. =莫名其妙地反问。

되바라지다 【형용사】 形 ❶ 사람됨이 남을 너그럽게 감싸 주지 아니하고 적대적으로 대하다. ◆ 小气，狭隘，尖刻。 ¶그는 실수로 당황해하는 부하 직원을 보고 되바라지게 비웃었다. =他尖刻地讥笑因失误而惊慌的下属。 ❷ 차림이 얌전하지 않아 남의 눈에 잘 띄다. ◆ 骄傲自大，自以为是，妄自尊大。 ¶약간 되바라진 행동이 오해를 불러일으켰다. =有点自以为是的行为引起了误解。 ❸ 어린 나이에 어수룩한 데가 없고 얄밉도록 지나치게 똑똑하다. ◆ 过于聪明，滑头。 ¶아직 삼십도 안 됐을 텐데? 젊은 놈이 어지간히 되바라졌군. =还不到三十岁的年轻家伙真是滑头。

되받다 【동사】 动 ❶ 도로 받다. ◆ 要回。 ¶친구에게서 빌려 준 것을 되받다. =要回借给朋友的东西。 ❷ 상대편의 말의 일부나 전부를 되풀이하여 말하다. ◆ 重复，复述。 ¶그의 구령을 청중들이 되받아 따라 하였다. =听众们跟着重复他的口令。 ❸ 잘못을 지적받거나 꾸중을 듣고 도리어 말대답을 하며 반항하다. ◆ 反驳，顶撞，反抗。 ¶남의 말을 되받다. =顶撞别人。

되받아치다 【동사】 남의 행동이나 말에 엇서며 대들다.◆动反驳，顶撞，反抗。

되살리다【동사】'되살다'의 사동사.◆动"되살다"的使动形。弄活，救活，恢复。¶죽어 가는 꽃나무를 되살리다.=救活了快要死掉的花木。

되살아나다【동사】动❶ 죽거나 없어졌던 것이 다시 살게 되다.◆苏醒。¶봄이 되어 파릇파릇 새싹이 되살아나다.=春天一到，幼芽开始破土而出。❷ 세력이나 활력 따위를 다시 찾게 되다.◆复活，恢复，死灰复燃。¶건설 경기가 되살아나다.=建筑业恢复了生气。❸ 잊었던 감정이나 기억, 기분 따위가 다시 생기게 되다.◆记起来，又出现，重现。¶지난날의 악몽이 되살아나지 않도록 애쓰고 있다.=努力地使过去的噩梦不再重现。

되새기다【동사】动❶ 입 안의 음식을 자꾸 내씹다.◆反复咀嚼。¶밥맛이 없어 한 술 뜬 밥을 되새기기만 하다가 그만 일어서고 말았다.=没有胃口，勉强嚼了几口饭就站起来了。❷ 소나 양 따위의 동물이 먹은 것을 되내어 씹다.◆反刍。¶여물을 되새기고 있는 소.=反刍着的牛。❸ 지난 일을 다시 떠올려 골똘히 생각하다.◆回味，反复琢磨。¶쓰라린 과거를 되새기다.=回味痛苦的过去。

되새김질【명사】한 번 삼킨 먹이를 다시 게워 내어 씹는 짓.◆名反刍，倒嚼。● 되새김질하다 ●

되씹다【동사】动❶ 씹었던 것을 다시 씹다.◆反复咀嚼，(动物)反刍。¶한참을 생각하더니 껌을 되씹으며 지껄이기 시작했다.=想了一会儿，嚼着口香糖开始闲聊起来了。❷ 들었던 말이나 글을 되풀이하여 말하거나 생각하다.◆重复，反复思索，回味。¶나는 고개를 숙이고 멍하니 그 노래를 속으로 되씹었다.=我低着头呆呆地在心里回味着那首歌。❸ 지난 일을 다시 떠올려 곰곰이 생각한다.◆回想，回味，回忆，回顾。¶과거의 치욕을 되씹다.=回想过去的耻辱。

되작이다【동사】물건들을 요리조리 들추며 뒤지다.◆动翻找。● 되작거리다, 되작대다, 되작되작, 되작되작하다 ●

되잡다【동사】动❶ 다시 잡거나 도로 잡다.◆再次抓住。¶형사는 공범을 잡기 위하여 범인을 일단 풀어 주었다가 되잡았다.=刑警为了捉拿共犯，把犯人暂时放了后再次抓了回来。❷ 잡으려는 사람에게 잡히지 않고 도리어 이쪽에서 잡다.◆反过来抓。

되지못하다【형용사】옳지 못하거나 보잘것없다.◆形人品不佳。¶되지못한 녀석.=人品不佳的家伙。

되찾다【동사】다시 찾거나 도로 찾다.◆动找回，收复，收回。¶기억을 되찾다.=找回记忆。

되팔다【동사】산 물건을 도로 팔다.◆动转卖。¶차를 중고 시장에 되팔다.=到旧货市场上把车转卖了。

되풀이【명사】같은 말이나 일을 자꾸 반복함. 또는 같은 사태가 자꾸 일어남.◆名重复，反复。¶되풀이해서 이야기하다.=反复说。● 되풀이되다, 되풀이하다 ●

된밥【명사】물기가 적게 지은 밥.◆名硬饭。¶배가 고픈 마당에 된밥 진밥 가려서 먹겠나?=肚子饿了，还挑什么硬饭、软饭?

된서리【명사】名❶ 늦가을에 아주 되게 내린 서리.◆(气象)寒霜。¶된서리가 내리다.=寒霜降。❷모진 재앙이나 타격을 비유적으로 이르는 말.◆〈喻〉沉重的打击，严重的挫折。

된소리【명사】후두(喉頭) 근육을 긴장하거나 성문(聲門)을 폐쇄하여 내는 음.'ㄲ','ㄸ','ㅃ', 'ㅆ', 'ㅉ' 따위의 소리이다.◆名紧音。

된장(-醬)【명사】메주로 간장을 담근 뒤에 장물을 떠내고 남은 건더기.◆名大酱。¶된장 한 숟.=一匙大酱。

된장국(-醬-)【명사】된장을 풀어서 끓인 국.◆名大酱汤，酱汤。¶된장국 한 사발.=一碗酱汤。

된장찌개(-醬--)【명사】된장을 넣고 끓인 찌개.◆名大酱汤。

된통【부사】되게. 아주 몹시.◆副非常，很。¶갑자기 들이닥친 손님 때문에 땀을 된통 흘렸다.=因为不期而至的客人流了很多汗。

됨됨이【명사】사람이나 물건의 생긴 품.◆名人品，品质，(东西的)样式，样子。¶사람은 됨됨이가 무엇보다 중요하다.=人品比什么都重要。

두【관형사】그 수량이 둘임을 나타내는 말.◆冠两，二。¶두 사람.=两个人。

두각(頭角)【명사】뛰어난 학식이나 재능 등을 비유적으로 이르는 말.◆名〈喻〉才华过人。¶그 학생은 학업에도 남다른 두각을 나타냈다.=那个学生在学业上表现出了过人的才华。

두개골(頭蓋骨)【명사】머리뼈. 척추동물의 머리를 이루는 뼈를 통틀어 이르는 말.◆名头盖骨，头骨。

두견새(杜鵑-)【명사】두견. 두견과의 새.◆名杜鹃。

두고두고【부사】여러 번에 걸쳐 오랫동안.◆副永远，长时间地。¶두고두고 간직하다.=永远珍藏。

두고 보다【동사】어떤 결과가 될지를 일정 기간 동안 살펴보다.◆动走着瞧，等着瞧。¶어디 한 번 더 두고 보자.=好，咱们走着瞧。

두근거리다【동사】몹시 놀라거나 불안하여 가슴이 자꾸 뛰다. 또는 그렇게 하다.◆动怦怦跳，忐忑不安，七上八下。¶가슴이 두근거리다.=心里七上八下的。● 두근대다, 두근두근, 두근두근하다 ●

두꺼비【명사】두꺼빗과의 양서류.◆名蟾蜍，〈俗〉癞蛤蟆。

두꺼비집【명사】일정 크기 이상의 전류가 흐르면 자동적으로 녹아서 전류를 차단하는 퓨즈가 내장된 안전장치.◆名保险盒。

두껍다【형용사】形❶ 두께가 보통의 정도보다 크다.◆厚。¶입술이 두껍다.=嘴唇厚。❷ 층을 이루는 사물의 높이나 집단의 규모가 보통의 정도보다 크다.◆厚实，深厚。

두께【명사】두꺼운 정도.◆名厚度，厚薄。¶두께와 너비.=厚度和宽度。

두뇌(頭腦)【명사】名❶ 뇌(중추 신경 계통 가운데 머리뼈안에 있는 부분).◆(解剖学)脑。¶왼쪽 두뇌를 다쳐 기억력이 떨어지고 말을 못하게 됐다. =左脑受伤后记忆力减退，话都说不了了。❷사물을 판단하는 슬기. ◆头脑。¶명석한 두뇌. =头脑清楚。❸ 지식 수준이 높은 사람을 비유적으로 이르는 말. ◆ <喻>头脑聪明的人，知识丰富的人。¶그는 한국 제일의 두뇌이다. =他是韩国最聪明的人。❹ 총체적으로 일을 지휘하거나 처리하는 명령을 내리는 기능. 또는 그런 기능을 갖는 사람이나 조직을 비유적으로 이르는 말. ◆核心。¶이 부서가 우리 회사의 두뇌이다. =这个部门是我们公司的核心。

두다[1]【동사】动❶ 어떤 곳에 놓다. ◆放，搁。¶연필을 책상 위에 두다. =把铅笔放在桌子上。❷ 어떤 상황이나 상태 속에 놓다. ◆在。¶승리를 눈앞에 두다. =胜利就在眼前。❸ 가져가거나 데려가지 않고 남기거나 버리다. ◆留，落。¶집에 두고 온 어린 자식을 생각하면 가슴이 미어진다. =一想到留在家里的年幼的孩子，心都碎了。❹ 기본이 되는 음식에 다른 재료를 섞어 넣다. ◆加，掺，放。¶쌀밥에 팥을 두다. =往米饭里掺小豆。❺ 이불, 옷 등에 솜이나 털을 넣다. ◆絮(棉花)。¶버선에 솜을 두다. =往布袜里絮棉花。❻ 사람을 머무르게 하다. ◆留。❼ 군대의 진영 등을 설치하다. ◆设置，部署，安排。¶산 밑에 본진(本陣)을 두다. =在山下部署大本营。❽ 직책, 조직, 기구 등을 설치하다. ◆设立，创办。¶세계 각지에 지사를 두다. =在世界各地设立分公司。❾ 어떤 것을 중요하거나 가치 있게 다루다. ◆放在。¶경제 문제에 초점을 두다. =把焦点集中在经济问题上。❿ 생각 등을 가지다. ◆记，铭记，牢记。¶이번 일을 염두에 두지 마라. =别再记着这次的事了。⓫ 인정, 사정 등을 헤아려 주다. ◆理解，谅解，体谅，原谅。¶우리는 그런 비열한 짓에는 인정을 두지 않는다. =我们不会原谅那种卑劣的行为。⓬ 공식적인 직장이나 소속으로 가지다. ◆入(籍)，加入。¶대학에 적을 두다. =上了大学。⓭ 어떤 행위의 목표나 근거 등을 만들어 정하다. ◆以……为…… ¶자연보호에 목적을 두다. =以保护大自然为目标。⓮ 어떤 것을 일정한 방향으로 향하게 하다. ◆朝，向。¶강을 앞에 두고 집을 지었다. =在面朝河流的地方盖房子。⓯ 쓰지 않고 보관하거나 간직하다. ◆保存，保藏。¶그것을 잘 두었다가 요긴할 때 써라. =把它保存好，等紧要关头再用。⓰ 어떤 일을 처리하지 않고 미루다. ◆放任，搁着。¶그 사건은 두었다가 나중에 처리합시다. =这件事先放着，以后再处理。⓱ 시간적으로 여유를 가지거나 공간적으로 간격을 주다. ◆间隔(一定的时间、空间)。¶틈을 두지 말고 따라잡아야 한다. =要紧紧跟上，不留一点间隔。⓲ 어떤 상황이 어떤 기간 동안 이어지다. ◆花费，用(时间)。¶세 시간을 두고 생각하다. =想了三个小时。⓳ 사람을 데리고 쓰다. ◆雇佣，招聘。¶비서를 두다. =招聘秘书。⓴ 어떤 사람을 가족이나 친척, 친구 등으로 가지다. ◆有。¶자식을 셋 두었다. =有三个子女。㉑ 어떤 것을 이야기, 논쟁 등의 대상으로 삼다. ◆就，对于。¶황소 한 마리를 두고 씨름판을 벌이다. =跟一头黄牛打了起来。㉒ 앞의 것을 부정하고 뒤의 것을 긍정하거나 선택하다. ◆撇下，丢下。¶큰길을 두고 샛길로 가다. =丢下大路不走，走小路。㉓ 바둑이나 장기 등의 놀이를 하다. 또는 그 알을 놓거나 말을 쓰다. ◆出，下(棋)，落(子)。¶악수(惡手)를 두다. =出败招。㉔ 세상이나 사람들과 가까운 관계를 갖지 않고 떨어져 있다. ◆保持。¶세상과 거리를 두고 지내다. =生活脱离社会。㉕ 어떤 대상을 일정한 상태로 있게 하다. ◆保持(某种状态)，放任。¶아이를 절대로 그 상태로 두어서는 안 됩니다. =绝对不能放任孩子保持那种状态。

두다[2]【보조 동사】앞말이 뜻하는 행동을 끝내고 그 결과를 유지함을 나타내는 말. 주로 그 행동이 어떤 다른 일에 미리 대비하기 위한 것임을 보일 때 쓴다. ◆补动动作结束后状态持续保持。¶기계는 세워 두면 녹이 슬어요. =机械停着不用就会生锈。

두더지【명사】두더짓과의 포유동물을 통틀어 이르는 말. ◆名田鼠。

두둑【명사】名❶ 밭과 밭 사이의 경계를 이루는 두두룩한 곳. ◆田埂。¶두둑에 콩을 심었다. =在田埂上种大豆。❷ 논이나 밭을 갈아 골을 타서 두두룩하게 흙을 쌓아 만든 곳 ◆田畦。

두둑하다【형용사】形❶ 매우 두껍다. ◆厚厚的，厚实。¶옷을 두둑하게 껴입었다. =衣服穿得厚厚的。❷ 넉넉하거나 풍부하다. ◆丰富，充足，丰厚，雄厚。¶배짱이 두둑하다. =胆识过人。● 두둑이 ●

두둔(斗頓)【명사】편들어 감싸 주거나 역성을 들어 줌. ◆名偏袒，袒护，庇护。¶두둔을 받는다. =受到庇护。● 두둔하다(斗頓--) ●

두둥실【부사】물 위나 공중으로 가볍게 떠오르거나 떠 있는 모양. ◆副漂浮，飘浮。¶하늘에 두둥실 떠가는 구름. =飘在空中的云朵。

두드러기【명사】약이나 음식을 잘못 먹거나 또는 환경의 변화로 인해 생기는 피부병의 하나. 피부가 붉게 부르트며 몹시 가렵다. ◆名荨麻疹，皮疹，风疹。¶두드러기가 나다. =出风疹。

두드러지다[1]【동사】动❶ 가운데가 불룩하게 쑥 나오다. ◆突起，凸出，凸起，隆起。¶얼굴에 살이 빠질수록 광대뼈가 점점 두드러진다. =脸越来越瘦，颧骨也越来越凸出。❷ 겉으로 뚜렷하게 드러나다. ◆显眼，出众，突出。¶그는 큰 키 때문에 두드러졌다. =他个子高，所以很显眼。

두드러지다[2]【형용사】形❶ 가운데가 쑥 나와서 불룩하다. ◆鼓，凸出，凸起，隆起。¶이마가 두드러진 얼굴. =前额凸出的脸。❷ 겉으로 드러나서 뚜렷하다. ◆突出，出众，显眼，显著。¶올해는 자연 과학 분야의 발전이 두드러졌던 한 해였다. =今年是自然科学领域取得显著发展的一年。

두드리다【동사】动❶ 소리가 나도록 잇따라 치거나 때리다. ◆敲，打，拍。¶어깨를 두드리다. =拍肩膀。❷ 때리거나 타격을 주다. ◆俚打，揍。¶그 녀석을 보면 두드려 놔야겠어. =见到那家伙一定好

好揍他一顿。❸ 감동을 주거나 격동시키다. ◆ (主要与"가슴""마음""심금""양심"等连用)振奋，动人心弦，打动，感动。¶연사의 절절한 호소는 청중들의 심금을 세차게 두드렸다. =演讲者的深情呼吁，深深打动了听众的心。❹ '대충'의 뜻을 나타낸다. ◆ 马马虎虎。¶그는 어떤 일을 하더라도 모두 두드려 맞춘다. =他做什么事都是马马虎虎的。

두들기다【동사】 动 ❶ 소리가 나도록 잇따라 세게 치거나 때리다. ◆ 狂敲。¶종을 두들기다. =狂敲钟。❷ 크게 감동을 주거나 격동시키다. ◆ (主要与"가슴""마음""심금""양심"等连用)振奋，打动，拨动。¶이 하루하루의 삶이 빗발처럼 가슴을 두들겨 왔다. =一天一天的生活像雨丝一样拨动我的心弦。

두런거리다【동사】 여럿이 나지막한 목소리로 조용히 서로 이야기하다. ◆ 动唧唧咕咕，窃窃私语。¶친구와 두런거리다. =和朋友窃窃私语。● 두런대다, 두런두런, 두런두런하다 ●

두렁【명사】 논이나 밭 가장자리에 경계를 이룰 수 있도록 두두룩하게 만든 것. ◆ 名田埂。¶두렁에 콩을 심었다. =在田埂上种了大豆。

두레【명사】 농민들이 농번기에 농사일을 공동으로 하기 위하여 부락이나 마을 단위로 만든 조직. ◆ 名(农业)互助组。¶두레는 농사일을 효과적으로 할 수 있는 방법이다. =组建农业互助组是一种可以有效处理农活的方法。

두레박【명사】 줄을 길게 달아 우물물을 퍼 올리는 데 쓰는 도구. 바가지나 판자 또는 양철 따위로 만든다. ◆ 名吊桶。¶두레박으로 물을 길어 동이에 붓다. =用吊桶打上水倒在水罐里。

두려움【명사】 두려운 느낌. ◆ 名恐惧，畏惧，害怕。¶두려움이 없다. =无所畏惧。

두려워하다【동사】 动 ❶ 꺼려하거나 무서워하는 마음을 갖다. ◆ 害怕，怕，畏惧。¶어둠을 두려워하다. =怕黑。❷ 상대를 공경하고 어려워하다. ◆ 敬畏，尊敬。¶버릇없이 자란 아이들이 어른을 두려워할 줄 모른다. =没有家教的孩子不懂得尊敬长辈。

두렵다【형용사】 形 ❶ 어떤 대상을 무서워하여 마음이 불안하다. ◆ 可怕，恐怖，畏惧，怕。¶나는 그 여자가 두렵다. =我怕那个女人。❷ 마음에 꺼리거나 염려스럽다. ◆ 担心，担忧。¶앞날이 두렵다. =担心未来。

두령(頭領)【명사】 여러 사람을 거느리는 우두머리. 또는 그를 부르는 칭호. ◆ 名头领，头目，头儿。¶두령, 분부만 내리십시오. =头儿，您就吩咐吧！

두루【부사】 빠짐없이 골고루. ◆ 副都，全，尽，一一，全部。¶위락 시설을 두루 갖춘 휴양지. =娱乐设施一应俱全的疗养胜地。● 두루두루 ●

두루마기[1]【명사】 한국 고유의 웃옷. 주로 외출할 때 입는다. 옷자락이 무릎까지 내려오며, 소매, 무, 섶, 깃 따위로 이루어져 있다. ◆ 名 韩式长袍。¶어른께 큰절을 올릴 때 두루마기를 입는 것이 예에 맞는다. =给长辈行大礼时脱长袍有违礼仪。

두루마리[2]【명사】 가로로 길게 이어 돌돌 둥글게 만 종이. 편지나 그 밖의 글을 쓸 때 쓴다. ◆ 名卷纸，卷。¶두루마리 편지. =信纸卷。

두루뭉술하다【형용사】 形 ❶ 말이나 행동 따위가 철저하거나 분명하지 아니하다. ◆ (话语或行动)笼统，含糊，模棱两可。¶말이 두루뭉술하여 의미가 분명치 않다. =话模棱两可，难辨其意。❷ 모나지도 둥글지도 아니하다. ◆ 圆鼓鼓的。

두루미【명사】 두루밋과의 새. ◆ 名鹤。

두르다【동사】 动 ❶ 띠나 수건, 치마 따위를 몸에 휘감다. ◆ 缠，围，绕，包，裹。¶머리에 흰 수건을 두르다. =头上裹条白毛巾。❷ 둘레에 선을 치거나 벽 따위를 쌓다. ◆ 圈，围，镶。¶모자에 금테를 두르다. =给帽子镶金边。❸ 손이나 팔로 감싸다. ◆ 环，围，包，抱，搂。¶어깨에 팔을 두르다. =用胳膊搂着肩。❹겉면에 기름을 고르게 바르거나 얹다. ◆ (均匀地)涂，抹，擦。❺ 둘레를 돌다. ◆ 围绕，环绕，包围。¶도시를 빙 두른 성곽. =紧紧围着城市的城墙。❻ 없는 것을 이리저리 구하거나 빌리거나 하다. ◆ 借，挪，筹措。¶그렇게 둘러 쓴 돈이 어느새 한 달치 월급을 내려다보곤 했다. =那样筹来的钱不知不觉差不多达到一个月的工资了。❼ 바로 가지 아니하고 멀리 돌다. ◆ 绕，绕行，绕道。¶겨울이라 늪을 둘러 가야 할 필요가 없었다. =已经是冬天了，没必要再绕着沼泽走了。❽ 간접적으로 표현하다. ◆ 绕弯子，兜圈子，拐弯抹角。¶둘러 얘기하다. =拐弯抹角地说。

두르르[1]【부사】 말렸던 것이 펴졌다가 탄력 있게 말리는 모양. ◆ 副卷，一圈圈地(打卷)。¶두루마리를 두르르 말다. =卷起卷轴。

두르르[2]【부사】 크고 둥그스름한 것이 구르는 소리. 또는 그 모양. ◆ 副一圈圈地(打转)。¶재봉틀이 두르르 돌아가고 있다. =缝纫机一圈圈地转。

두름【명사】 名 ❶ 물고기나 나물을 짚 따위로 길게 엮은 것. ◆ 用鱼或野菜编成的串。❷ 물고기를 한 줄에 10 마리씩 두 줄로 엮어 20나리씩 세는 단위를 나타내는 말. ◆ 捆，把。¶굴비 한 두름. =一捆黄鱼。

두리둥실【부사】 물 위나 공중에 가볍게 떠서 움직이는 모양. ◆ 副轻飘飘(浮着、飘着)。

두리번거리다【동사】 눈을 크게 뜨고 이쪽저쪽을 자꾸 휘둘러 살펴보다. ◆ 动左顾右盼，东张西望。¶방 안을 이리저리 두리번거리다. =在房间里东张西望。● 두리번대다,두리번두리번, 두리번두리번하다 ●

두말【명사】 名 ❶ 이랬다저랬다 하는 말. ◆ 改主意，反悔，不认账。¶간다고 하더니 이제 와서 두말을 하면 어떻게 해? =如果本来说好要去，现在又反悔，该怎么办？❷ 이러니저러니 불평을 하거나 덧붙이는 말. ◆ 二话(不说)，多说，多嘴。¶일은 이제 결정됐으니 두말 말게. =如今事情已经定下来了，不要再多嘴了。

두말없이【부사】 副 ❶ 이러니저러니 불평을 하거나 덧붙이는 말이 없이. ◆ 二话不说。¶그는 두말없이 돌아섰다. =他二话不说转过身去了。❷ 이러니저러니 말할 필요도 없이 확실하게. ◆ 无可争辩。

두말하다【동사】 动 ❶ 말을 이랬다저랬다 하다.

◆ 改主意，反悔，不认账，出尔反尔。¶그렇게 한 입으로 두말하면 못쓴다. =不可如此出尔反尔。❷ 이러니저러니 불평을 하거나 덧붙이는 말을 하다. ◆ 多说，多嘴，说三道四。¶끝난 일을 가지고 두말하지 마라. =不要对过去的事说三道四。

두메산골(--山-)【명사】도회에서 멀리 떨어져 사람이 많이 살지 않는 변두리나 깊은 곳. ◆ 名穷乡僻壤，偏远山区。

두목(頭目)【명사】패거리의 우두머리. ◆ 名头目，头儿，头子。¶도둑들의 두목. =盗贼头子。

두문불출(杜門不出)【명사】집에만 있고 바깥출입을 아니함. ◆ 名闭门不出，喜欢独处。¶두문불출을 일삼는 그는 동료들과 전혀 어울리지 못한다. =喜欢独处的他根本无法与同事和谐相处。● 두문불출하다(杜門不出--) ●

두발(頭髮)【명사】머리에 난 털. ◆ 名发，头发。¶두발이 허옇게 세다. =头发变得苍白。

두부(豆腐)【명사】콩으로 만든 식품의 하나. ◆ 名豆腐。¶두부 한 모. =一块豆腐。

두서(頭緖)【명사】일의 차례나 갈피. ◆ 名头绪，端倪。¶두서가 없다. =没有头绪。

두서넛【수사】둘이나 셋 또는 넷쯤 되는 수. ◆ 数两三(个)。¶아이 두서넛이 걸어온다. =两三个孩子走过来。

두서없이(頭緖--)【부사】일의 차례나 갈피를 잡을 수 없이. ◆ 副没有头绪，不着边际，没有条理，没头没脑。¶두서없이 말을 하다. =话说得不着边际。

두셋【수사】둘 혹은 셋쯤 되는 수. ◆ 数两三。¶두셋씩 패를 짓다. =两三人一伙。

두어【관형사】그 수량이 둘쯤임을 나타내는 말. ◆ 冠 (用于部分量词前)两三。¶사과 두어 개. =两三个苹果。

두엄【명사】풀, 짚 또는 가축의 배설물 따위를 썩힌 거름. ◆ 名堆肥。¶밭으로 두엄을 져 나르다. =把堆肥装运到地里去。

두엇【수사】둘쯤 되는 수. ◆ 数两三。¶멀리서 학생 두엇이 걸어오고 있다. =从远处走过来两三个学生。

두유(豆乳)【명사】물에 불린 콩을 간 다음, 물을 붓고 끓여 걸러서 만든 우유 같은 액체. ◆ 名豆奶，豆浆。

두절(杜絶)【명사】교통이나 통신 따위가 막히거나 끊어짐. ◆ 名 断绝，中断，切断。¶연락 두절. =联络中断。● 두절되다(杜絶--), 두절하다(杜絶--) ●

두텁다【형용사】신의·믿음·관계·인정 따위가 굳고 깊다. ◆ 形 深厚，笃厚。¶친분이 두텁다. =交情深厚。● 두터이 ●

두통(頭痛)【명사】머리가 아픈 증세. ◆ 名 头痛，头疼。¶두통이 심하다. =头疼得厉害。

두통거리(頭痛--)【명사】처리하기에 성가시고 매우 귀찮게 된 일. 또는 그런 사람. ◆ 名 叫人头疼的事，伤脑筋的事，麻烦事。¶공사장 소음이 여간 두통거리가 아니다. =施工现场的噪音是让人非常头疼的事。

두툼하다【형용사】形 ❶ 꽤 두껍다. ◆ 厚厚的。¶방석이 두툼하다. =垫子厚厚的。❷ 경제적으로 넉넉하다. ◆ (钱包)鼓鼓的，殷实，雄厚。¶오늘은 용돈을 받아 주머니가 두툼하다. =今天收到了零用钱，钱包鼓鼓的。● 두툼히 ●

두해살이【명사】그 해에 싹이 나서 자라다가 이듬해에 열매를 맺고 죽는 일. 또는 그런 식물. ◆ 名两年生；两年生植物。

둑【명사】名 ❶ 하천이나 호수의 물, 바닷물의 범람을 막기 위하여 설치하는, 흙이나 콘크리트 따위로 만든 구축물. ◆ 堤坝，堰；防护堤。¶저수지 둑. =水库堤坝。❷ 높은 길을 내려고 쌓은 언덕. ◆ 路基。¶둑 위를 걷다. =走在路基上。

둑길【명사】둑 위로 난 길. ◆ 名堤上的路。¶둑길을 걷다. =走堤上的路。

둔각(鈍角)【명사】90°보다 크고 180°보다 작은 각. ◆ 名钝角。

둔감(鈍感)【명사】무딘 감정이나 감각. ◆ 名 (感觉或反应)迟钝，不敏感。¶그런 둔감으로 무슨 운동선수를 한다고 그러냐? =对动作反应那么不敏感，还想做运动员?

둔감하다(鈍感--)【형용사】감정이나 감각이 무디다. ◆ 形 (感觉或反应)迟钝，不敏感。¶주변 환경에 둔감한 성격. =对周边环境不敏感的性格。

둔갑(遁甲)【명사】名 ❶ 술법을 써서 자기 몸을 감추거나 다른 것으로 바꿈. ◆ 摇身一变，化形。¶여우가 둔갑을 써서 새색시로 변장했다.=狐狸摇身一变成了新娘子。❷ 사물의 본디 형체나 성질이 바뀌거나 가리어짐을 비유적으로 이르는 말. ◆ 掩盖，粉饰。¶거짓이 둔갑한 진실. =被假象掩盖的事实。● 둔갑하다(遁甲--) ●

둔재(鈍才)【명사】둔한 재주. 또는 재주가 둔한 사람. ◆ 名迟钝，愚笨，蠢才。¶아무리 둔재라도 이 정도는 하겠지. =无论多么愚钝的人，这点事总归还是会做的吧。

둔치【명사】바다·호수·강 따위의 물결치는 가장자리. 물가의 언덕. ◆ 名 (海、湖、江等的)岸边，岸堤。¶둔치에 많은 꽃들이 피었다. =岸堤上开着许多花。

둔탁하다(鈍濁--)【형용사】形 ❶ 소리가 굵고 거칠며 깊다. ◆ (声音)粗重，沉重，沉闷，浑厚。¶발소리가 둔탁하다. =脚步声沉重。❷ 생김새가 거칠고 투박하다. ◆ (外表)粗糙，粗制滥造的，难看。¶둔탁한 토기(土器). =粗糙的陶器。

둔하다(鈍--)【형용사】形 ❶ 깨우침이 늦고 재주가 무디다. ◆ 粗笨，愚笨，笨拙，笨。¶머리가 둔하다. =脑筋笨。❷ 동작이 느리고 굼뜨다. ◆ (动作)笨拙，笨重。¶그는 걸음걸이도 느리고 행동도 둔하다. =他不仅走路慢，行动也笨拙。❸ 감각이나 느낌이 예리하지 못하다. ◆ (反应)迟钝，不敏感。¶그녀는 둔해서 그 사실을 눈치 채지 못했다. =她反应迟钝，没有看出这一点。❹ 생김새나 모습이 무겁고 투박하다. ◆ (外表)粗糙，粗制滥造的，难看。¶날씨가 추워서 옷을 껴입었더니 몸이 둔하다. =因

为天冷裹了很多衣服，所以身材臃肿很难看。❺ 기구나 날붙이 따위가 육중하고 무디다. ◆ 钝，不锋利。 ¶피해자의 머리에는 둔한 흉기로 얻어맞은 듯한 상처가 보였다. =能看到受害人头上疑为钝器造成的伤痕。❻ 소리가 무겁고 무디다. ◆ (声音)低沉，粗重，钝重，浑厚。 ¶멀리서 둔하게 들리는 대포 소리. =远远传来钝重的大炮声。❼ 빛이 산뜻하지 않고 컴컴하다. ◆ (光线)昏暗，暗淡。

둔화(鈍化)【명사】느리고 무디어짐. ◆ 图减缓，放慢；下滑。 ¶인구 증가율의 둔화.=人口增长率降低。● 둔화되다(鈍化--), 둔화하다(鈍化--) ●

둘【수사】 하나에 하나를 더한 수. ◆ 数二，两，俩，双。 ¶학생 둘이 함께 걸어간다. =两名学生一起走了过来。

둘둘【부사】副 ❶ 크고 둥근 물건이 가볍고 빠르게 구르거나 돌아가는 소리. 또는 그 모양. ◆ 轱辘轱辘，骨碌骨碌(东西滚动的声音或样子)。 ¶둘둘 돌아가는 물레방아. =轱辘轱辘转动的水碓。❷ 큰 물건이 여러 겹으로 둥글게 말리는 모양. ◆ 裹，卷。 ¶담요로 몸을 둘둘 감다. =用毯子把身体裹了起来。

둘러대다【동사】动 ❶ 돈이나 물건 따위를 다른 데서 꾸거나 얻어서 대다. ◆ 通融，挪借，拼凑，筹措。 ¶모자라는 돈을 이리저리 둘러대어 겨우 학비를 마련했다. =四处借钱，好不容易才把学费凑齐。❷ 그럴듯한 말로 꾸며 대다. ◆ 瞎编，胡诌，瞎说。 ¶말을 이리저리 둘러대다. =前言不搭后语地胡诌。❸ 둘레를 빙 둘러 가며 갖다 대다. ◆ 转动。

둘러매다【동사】한 바퀴 둘러서 양 끝을 마주 매다. ◆ 动捆，绑，系，扎。 ¶ 허리에 띠를 둘러매다. =扎腰带。

둘러메다【동사】들어 올려서 어깨에 메다. ◆ 动背，扛，搭，挑。 ¶배낭을 어깨에 둘러메다. =把背包背在肩膀上。

둘러보다【동사】주위를 이리저리 두루 살펴보다. ◆ 动环顾，扫视，张望。 ¶사방을 둘러보다. =环顾四周。

둘러서다【동사】여럿이 둥글게 늘어서다. ◆ 动排；围成圈站。 ¶반 아이들은 빙 둘러서서 놀이를 했다. =班里的孩子们围成一圈做游戏。

둘러싸다【동사】动 ❶ 둘러서 감싸다. ◆ 包，裹，缠。❷ 둥글게 에워싸다. ◆ 包围，围拢，环绕。 ¶경찰이 시위대를 둘러쌌다. =警察包围了示威队伍。❸ 어떤 것을 행동이나 관심의 중심으로 삼다. ◆ 围绕，就，对于，关于。 ¶이 문제를 둘러싸고 의견이 분분하다. =对于这个问题，存在各种意见。

둘러싸이다【동사】动 ❶ 둘러서 감싸이다. ◆ 包，裹，围。 ¶포대기에 둘러싸인 아기. =包在襁褓里的孩子。❷ 둥글게 에워싸이다. ◆ 包围，环绕，环抱。 ¶적에게 둘러싸이다. =被敌人包围。

둘러쓰다【동사】动 ❶ 모자나 수건 등을 머리에 쓰거나 온몸에 덮다. ◆ 包，裹，围，缠，蒙。 ¶머리에 수건을 둘러쓰다. =把毛巾蒙在头上。❷ 가루나 액체 등을 몸에 잔뜩 묻히다. ◆ 沾满，蒙，弄得满身(污物等)。 ¶온몸에 먼지를 둘러쓰다. =全身沾满了灰土。❸ 남의 잘못이나 책임을 대신하다. ◆ 被(误解)，背(黑锅)，蒙(冤)，蒙受。 ¶누명을 둘러쓰다. =背黑锅。

둘러앉다【동사】여럿이 둥그렇게 앉다. ◆ 动围坐。 ¶화롯가에 둘러앉다. =围坐在火炉边。

둘러치다【동사】动 ❶ 휘둘러서 세차게 내던지다. ◆ 用力扔，用力抛，用力掷，用力投。 ¶씨름 경기에서 도전자는 지난번 우승자를 힘껏 둘러쳤다. =在摔跤比赛中，挑战者用力把上次的冠军摔了出去。❷매나 몽둥이 등을 휘둘러 세게 내리치다. ◆ (抡着棍棒等)打，揍，抽，敲，击。 ¶떡메를 둘러치는 소리에 아이들 마음이 설렌다. =听到制作打糕的声音，孩子们的心情激动起来。

둘러치다【동사】둘레를 돌아가며 보이지 않게 막거나 가리다. ◆ 动围起来，围上。

둘레【명사】图 ❶ 물건의 테두리나 바깥 언저리. ◆ 周围，四周，周边。 ¶운동장 둘레에 나무를 심다. =在运动场周围种树。❷ 사물의 가를 한 바퀴 돈 길이. ◆ 周长，方圆。 ¶지구의 둘레. =地球的周长。

둘리다[1]【동사】둘러서 막히다. 둘러막히다. ◆ 动被围。

둘리다[2]【동사】그럴듯한 꾀에 속다. ◆ 动受骗，上(当)，中(圈套)。 ¶그런 잔꾀에 둘릴 내가 아니다. =我才不会中那种圈套呢!

둘째[1]【수사】 순서가 두 번째가 되는 차례. ◆ 数第二。 ¶첫째, 부모와 형들의 말을 잘 들어라. 둘째, 공부를 열심히 해라. =第一，要好好听父母和兄长们的话；第二，要好好学习。

둘째[2]【명사】맨 앞에서부터 세어 모두 두 개가 됨을 이르는 말. 두개째. ◆ 图第二。 ¶새치를 벌써 둘째 뽑는다. =第二根白头发也已经拔了。

둘째가다【동사】최고에 버금가다. ◆ 动名列第二。

둥【의존 명사】❶ 무슨 일을 하는 듯도 하고 하지 않는 듯도 함을 나타내는 말. ◆ 依名 (以"은·는·을 둥, 만·마는·말 둥"的形式)表示不确定性。 ¶그는 나를 본 둥 만 둥 그냥 지나간다. =对我似看非看，就那样走了过去。❷ 이렇다거니 저렇다거니 하며 말이 많음을 나타내는 말. ◆ (以"다는·냐는·라는·자는 둥, 다는·냐는·라는·자는 둥"的形式)表示意见不一。 ¶그는 방이 춥다는 둥 건조하다는 둥 불만이 많았다. =他一会儿说房间冷，一会儿说空气干，满腹牢骚。

둥그렇다【형용사】뚜렷하게 둥글다. ◆ 形圆圆的。 ¶눈을 둥그렇게 뜨다. =眼睛瞪得圆圆的。

둥그레지다【동사】둥그렇게 되다. ◆ 动变圆。 ¶놀라서 눈이 둥그레졌다. =惊讶得眼睛都变圆了。

둥그스름하다【형용사】약간 둥글다. ◆ 形圆圆的。 ¶그녀는 얼굴이 둥그스름하다. =她的脸圆圆的。

둥글납작하다【형용사】생김생김이 둥글고 납작하다. ◆ 形扁圆。

둥글넓적하다【형용사】생김새가 둥글면서 넓적하다. ◆ 形宽而圆的。 ¶둥글넓적한 얼굴. =宽而圆的脸形。

둥글다【형용사】形 ❶ 원이나 공과 모양이 같거나 비슷하다. ◆ 圆圆的。 ¶둥근 달. =圆圆的月亮。

❷성격이 모가 나지 않고 원만하다. ◆ (性格或为人)圆滑，世故。¶세상을 둥글게 산다. =为人圆滑。

둥글둥글【부사】副 ❶ 여럿이 다 또는 매우 둥근 모양. ◆ 圆溜溜，滴溜溜。¶눈을 둥글둥글 굴리다. =滴溜溜地转动眼珠。❷ 성격이 모가 나지 않고 매우 원만한 모양. ◆ 圆滑，世故。¶세상을 둥글둥글 살다. =为人圆滑。● 둥글둥글하다 ●

둥둥[1]【부사】물체가 떠서 움직이는 모양. ◆ 副漂浮，漂荡(둥실둥실的略语)。¶종이배가 개울에서 둥둥 떠내려간다. =纸船顺着溪水漂流而去。

둥둥[2]【부사】큰 북 따위를 잇따라 두드리는 소리. ◆ 副 (鼓等发出的声音)咚咚。¶북소리가 둥둥 울린다. =鼓声咚咚。

둥실【부사】물체가 공중이나 물 위에 가볍게 떠 있는 모양. ◆ 副飘浮，飘荡。¶하늘에 둥실 뜬 애드벌룬. =飘浮在空中的气球。

둥실둥실【부사】물체가 공중이나 물 위에 가볍게 떠서 잇따라 움직이는 모양. ◆ 副飘浮，飘荡，飘飘荡荡。¶둥실둥실 뜬 뭉게구름. =飘飘荡荡浮在空中的云团。

둥우리【명사】名 ❶ 기둥과 칸살 등을 나무로 세우고 이를 새끼로 얽어 만든 도구. 병아리 따위를 기르는 데 쓴다. ◆ (鸡)窝，草窝。¶나는 닭이 알을 낳을 때가 되어서 작은 둥우리를 만들어 주었다. =鸡快要下蛋了，我给它搭了个小草窝。❷ 새 따위가 알을 낳거나 깃들이기 위하여 둥글게 만든 집. ◆ (鸟)巢，窝。¶날이 저물면 새들도 둥우리로 찾아든다. =太阳下山了，鸟儿们也都飞回了鸟巢。

-둥이【접사】'그러한 성질이 있거나 그와 긴밀한 관련이 있는 사람'의 뜻을 더하는 접미사. ◆ 后缀 (用于部分名词后)表示对具有一定特征的人或动物的爱称或俗称。¶귀염둥이. =宝贝疙瘩。

둥지【명사】보금자리. ◆ 名窝，巢，窠，穴。¶제비는 지푸라기와 흙으로 부지런히 둥지를 꾸몄다. =燕子勤奋地用草屑和泥土筑巢。

둥치【명사】큰 나무의 밑동. ◆ 名 (大树的)根。¶폭풍우가 나무 둥치까지 뽑아 놓았다. =暴风雨把大树连根拔起。

뒤[1]**-**【접사】前缀 ❶ '몹시, 마구, 온통'의 뜻을 더하는 접두사. ◆ (用于部分动词前)很，乱，整个。¶뒤덮다. =整个盖上。❷ '반대로' 또는 '뒤집어'의 뜻을 더하는 접두사. ◆ 翻转，颠倒，扣。¶뒤바꾸다. =颠倒过来。

뒤[2]【명사】名 ❶ 향하고 있는 방향과 반대되는 쪽. ◆ (方向的)后面，背面。¶내 뒤에 앉아 있는 사람. =坐在我后面的人。❷ 시간이나 순서상으로 다음이나 나중. ◆ (时间或顺序上的)之后，以后，将来。¶하던 일을 뒤로 미룬다. =决定把手中的事推迟到以后再做。❸ 보이지 않는 배후나 겉으로 드러나지 않는 부분. ◆ (看不见的)背后，幕后；背景，内幕。¶사건 뒤에 숨겨진 비밀. =隐藏在事件背后的秘密。❹ 일의 끝이나 마지막이 되는 부분. ◆ (事情的)末尾，最后部分，后；以后，将来。¶그 영화는 뒤로 갈수록 재미가 없었다. =那部电影越往后越没意思。❺ 선행한 것의 다음을 잇는 것. ◆ 名之后。¶창가(唱歌)의 뒤를 이어 새로운 시가(詩歌)가 나타났다. =歌曲之后，是一段新诗朗诵。❻ 어떤 일을 할 수 있게 이바지하거나 도와주는 힘. ◆ 后台，靠山；后事。¶그 노인의 뒤를 봐줄 사람이 없었다. =没有人料理那个老人的后事。❼ 어떤 일이 진행된 다음에 나타난 자취나 흔적 또는 결과. ◆ 结果，后果。¶수술 뒤가 좋지 않다. =手术结果不好。❽ 좋지 않은 감정이 있은 다음에도 여전히 남아 있는 감정. ◆ 记仇，往心里去。¶그는 성격이 괄괄하지만 뒤는 없는 사람이다. =他这个人虽然性子急，但不记仇。❾ 사람의 똥을 완곡하게 이르는 말. ◆ 大便的婉转说法。¶뒤가 급하다. =急着大便。❿ '엉덩이'를 완곡하게 이르는 말. ◆ 臀部的婉转说法。¶의자에 털썩 뒤를 붙이고 앉았다. =一屁股重重地坐在椅子上。

뒤꼍【명사】집 뒤에 있는 뜰이나 마당. ◆ 名后院。¶집 뒤꼍에는 깊은 우물이 있다. =家后院有口很深的井。

뒤꿈치【명사】名 ❶ 발뒤꿈치. ◆ 脚后跟。¶새 구두를 신고 다녔더니 뒤꿈치가 다 까졌다. =穿着新皮鞋转了一圈，结果脚后跟都磨破了。❷ 신이나 양말 따위의 발뒤꿈치가 닿는 부분. ◆ 鞋子、袜子等与脚后跟接触的部分。

뒤끓다【동사】动 ❶ 한데 마구 섞여서 몹시 끓다. ◆ 翻滚，沸腾。¶쇳물이 뒤끓는 용광로. =铁水翻滚的熔炉。❷ 많은 사람이나 동물 따위가 한데 섞여서 마구 움직이다. ◆ (人或动物)攒动，挤满，拥挤。

뒤끝【명사】名 ❶ 일의 맨 나중이나 끝. ◆ 末尾，结尾，收尾，最后。¶그는 회의 뒤끝에 가서야 입을 열었다. =他直到会议收尾时才开了口。❷ 어떤 일이 있은 바로 그 뒤. ◆ 之后，刚过。¶장마 뒤끝이라 채소 값이 비싸다. =梅雨刚过，菜价比较贵。❸ 좋지 않은 감정이 있은 다음에도 여전히 남아 있는 감정. ◆ 记仇，往心里去。¶뒤끝이 없다. =不记仇。

뒤늦다【형용사】제때가 지나 아주 늦다. ◆ 形迟到的，迟来的，姗姗来迟。¶뒤늦은 후회. =迟来的悔悟。

뒤덮다【동사】动 ❶ 빈 데가 없이 온통 덮다. ◆ 覆盖，笼罩。¶비구름이 하늘을 뒤덮다. =乌云笼罩着天空。❷ (비유적으로)꽉 들어차게 하다. ◆ 密布，遍布，挤满。¶행락 인파가 관광지를 뒤덮다. =景点挤满了游客。

뒤덮이다【동사】动 ❶ 빈 데가 없이 온통 덮이다. ◆ 覆盖，笼罩。¶하늘이 먹구름으로 뒤덮이다. =天空被乌云笼罩。❷ (비유적으로)꽉 들어차게 되다. ◆ 密布，遍布，挤满，满。¶야구장은 관중들의 함성으로 뒤덮였다. =棒球场充斥着观众的喊声。

뒤돌다【동사】뒤로 돌다. ◆ 动转身，向后转。¶걸어오다가 뒤돌아 달려가다. =往过几步，又转身跑了。

뒤돌아보다【동사】动 ❶뒤쪽을 돌아보다. ◆ 向后看，回眸，回望。¶고향 마을을 뒤돌아보며 산마루를 넘어간다. =回望着故乡，越过了山顶。❷ 지난 일을 돌이켜 생각해 보다. ◆ 回顾，回想，回忆，回首。¶어린 시절을 뒤돌아보다. =回忆童年时光。

뒤돌아서다【동사】动 ❶ 뒤로 돌아서다. ◆ 转身，转过身。¶그는 뒤돌아서서 나오고 싶은 갈등이 불길처럼 솟아올랐다. =他内心纠结，想要转身而去的想法象火一样按捺不住。❷ 관계를 끊다. ◆ 继绝，中断，断(关系)。¶그는 여자가 헤어지자고 하면 깨끗하게 뒤돌아설 준비가 되어있었다. =他已经做好了在女人提出分手时就断得干干净净的准备。

뒤따르다【동사】动 ❶ 뒤를 따르다. ◆ 跟随，跟着，跟踪。❷ 어떤 일의 과정에 함께 따르거나 결과로서 생기다. ◆ 伴随，跟着。¶물가 인상에 뒤따른 가계의 부담. =伴随物价上涨而加重的家庭负担。

뒤떨어지다【동사】动 ❶ 어떤 것의 뒤에 떨어져 거리를 두다. ◆ 落，掉，掉队，落伍。¶다른 사람보다 뒤떨어져서 걸어갔다. =他落在别人后面走了。❷ 발전 속도가 느려 도달하여야 할 수준에 이르지 못하다. ◆ (发展速度等)低，逊，差，慢。¶그의 어학 실력은 다른 응시자들보다 약간 뒤떨어졌다. =他的外语实力略逊于其他应试者。❸ 시대나 사회에 맞지 않다. ◆ 落后，落伍，过时。

뒤뚱거리다【동사】크고 묵직한 물체나 몸이 중심을 잃고 이리저리 가볍게 기울어지며 자꾸 흔들리다. 또는 그것을 자꾸 흔들다. ◆ 动左右摇摆，一摇一摆，蹒跚。¶뒤뚱거리는 걸음걸이. =蹒跚的步伐。● 뒤뚱대다 ●

뒤뚱뒤뚱【부사】크고 묵직한 물체나 몸이 중심을 잃고 좌우로 가볍게 이리저리 기울어지며 자꾸 흔들리는 모양. ◆ 副左右摇摆，一摇一摆，蹒跚。¶강풍으로 배가 뒤뚱뒤뚱 흔들린다. =强风吹得船左右摇摆。● 뒤뚱뒤뚱하다, 뒤뚱이다, 뒤뚱하다 ●

뒤뜰【명사】집채의 뒤에 있는 뜰. ◆ 名后院。¶집 뒤뜰에 장독대가 있다. =后院有个酱缸台。

뒤룩뒤룩【부사】군살이 처지도록 살이 몹시 쪄서 뚱뚱한 모양. ◆ 副肥嘟嘟。● 뒤룩뒤룩하다 ●

뒤바꾸다【동사】动 ❶ 차례나 위치 따위를 서로 반대로 바꾸거나 마구 뒤섞이게 하다. ◆ 掉换，调换，颠倒。¶누군가가 내 자리를 그녀의 자리와 뒤바꾸어 놓았다. =不知道谁把我的位子和她的位子调换过来了。❷ 어떠한 상태를 정반대의 상태로 바꾸다. ◆ 颠倒，改变，转变。¶이 책 한 권이 나의 부정적인 세계관을 긍정적인 것으로 완전히 뒤바꾸어 놓았다. =这本书把我的世界观从消极完全转变成积极。

뒤바뀌다【동사】动 ❶ 차례나 위치 따위가 서로 반대로 바뀌거나 마구 뒤섞이다. ◆ 掉换，倒换，调换，颠倒。¶내 순서가 그와 뒤바뀌어 있었다. =我和他的顺序调换了过来。❷ 어떠한 상태가 정반대의 상태로 바뀌다. ◆ 颠倒，改变。¶어려운 시기를 넘기더니 그는 완전히 새사람으로 뒤바뀌어 있었다. =挺过困难时期以后，他完全改变了。

뒤범벅【명사】마구 뒤섞여서 하나하나가 구별이 되지 않는 상태. ◆ 名混乱，乱七八糟，一团糟。¶일을 뒤범벅으로 만들어 버리다. =把事情搞得一团糟。● 뒤범벅되다 ●

뒤섞다【동사】물건 따위를 한데 그러모아 마구 섞다. ◆ 动搅拌，混合，掺杂。¶시멘트를 모래와 뒤섞은 담. =混凝土结构的墙。

뒤섞이다【동사】물건 따위를 한데 그러모아 마구 섞이다. ◆ 动搅拌，混合，掺杂。¶찢긴 비닐 포장지들이 낙엽들과 한데 뒤섞여 길바닥에 뒹굴고 있었다. =破塑料包装纸和落叶混成一团，在路面上滚动。

뒤숭숭【부사】副 ❶ 느낌이나 마음이 어수선하고 불안한 모양. ◆ 心乱，心烦。¶꿈자리가 뒤숭숭 일이 손에 잡히지 않는다. =梦里心很乱，事情不上手。❷ 일이나 물건이 어수선하게 뒤섞이거나 흩어진 모양. ◆ 乱糟糟，乱。¶장난감이 뒤숭숭 흩어져 있다. =玩具散得乱糟糟的。● 뒤숭숭하다 ●

뒤안길【명사】名 ❶ 늘어선 집들의 뒤쪽으로 나 있는 길. ◆ 小胡同，小巷，小弄堂。❷ 다른 것에 가려서 관심을 끌지 못하는 쓸쓸한 생활이나 처지. ◆ 惨淡的生活，凄惨的处境，(人生的)低谷。¶화려했던 초년과는 달리 인생의 뒤안길이 초라했다. =与春分得意的早年生活相比，人生的低谷是非常凄惨的。

뒤얽다【동사】마구 얽다. ◆ 动乱捆，乱缠，乱绑。¶실을 뒤얽다. =把线乱缠在一起。● 뒤얽히다 ●

뒤엉키다【동사】마구 엉키다. ◆ 动交织，纠缠，交集。¶여러 가지 생각이 뒤엉키다. =百感交集。

뒤엎다【동사】动 ❶ 물건의 위와 아래가 뒤집히도록 엎어 놓다. ◆ 翻转，翻过来。❷ 물건을 엎어서 안에 담긴 것을 엎지르다. ◆ 打翻(器物)。❸ 일이나 상태를 전혀 딴 것으로 바꾸어 놓거나 틀어지게 하다. ◆ 扭转，颠倒。❹ 체제, 제도, 학설 따위를 없애거나 새것으로 바꾸다. ◆ 打倒，推翻，颠覆(体制、制度、学说等)。

뒤웅박【명사】박을 쪼개지 않고 꼭지 근처에 구멍만 뚫고 속을 파낸 바가지. 마른 그릇으로 쓴다. ◆ 名挖空的葫芦。¶뒤웅박에 갖가지 씨를 넣어 두었다. =往挖空的葫芦里放了许多种子。

뒤적거리다【동사】动 ❶ 물건들을 이리저리 들추며 자꾸 뒤지다. ◆ 翻找。❷ 물건이나 몸을 자꾸 이리저리 뒤집다. ◆ (身体或物品)翻腾，翻来覆去。● 뒤적대다 ●

뒤적뒤적【부사】副 ❶ 물건들을 이리저리 들추며 계속 뒤지는 모양. ◆ 翻找，翻来翻去。¶화롯불을 뒤적뒤적 헤치더니 군밤을 꺼낸다. =在炉火里翻来翻去，取出了烤栗子。❷ 물건이나 몸을 이리저리 자꾸 뒤집는 모양. ◆ (身体或物品)翻腾，翻来覆去。¶걱정 때문에 밤새 뒤적뒤적 잠을 이룰 수 없었다. =由于担心，整夜翻来覆去睡不着。● 뒤적뒤적하다 ●

뒤적이다【동사】动 ❶ 물건들을 이리저리 들추며 뒤지다. ◆ 翻找，翻来翻去。¶주머니를 뒤적이다. =把衣兜翻来翻去。❷ 물건이나 몸을 이리저리 뒤집다. ◆ (身体或物品)翻腾，翻来覆去，翻来翻去。¶몸부림치듯 온몸을 뒤적이다가 결국 일어나 앉고 말았다. =翻来翻去挣扎半天，最终起身坐了起来。

뒤좇다【동사】뒤를 따라 좇다. ◆ 动追赶，紧追。

¶앞서 가는 사람들을 뒤좇다. =追赶走在前面的人。

뒤주【명사】쌀 따위의 곡식을 담아 두는 세간의 하나. 나무로 궤짝같이 만드는데, 네 기둥과 짧은 발이 있으며 뚜껑의 절반 앞쪽이 문이 된다. ◆ 名米柜。¶쌀이 다 떨어져 뒤주는 벌써 바닥이 보였다. =大米快要吃完了，米柜都已经见底了。

뒤죽박죽【명사】여럿이 마구 뒤섞여 엉망이 된 모양. 또는 그 상태. ◆ 名紊乱，乱七八糟，杂乱无章，一团麻。¶머릿속이 뒤죽박죽이어서 생각이 도무지 떠오르지 않는다. =脑子乱成了一团麻，根本想不出办法。

뒤지다[1]【동사】动 ❶ 걸음이 남에게 뒤떨어지다. ◆ (步伐)落后，落伍。¶그는 선생님보다 서너 걸음 뒤져 걸었다. =他落后老师三四步。❷ 능력, 수준 등이 남보다 뒤떨어지거나 못하다. ◆ (能力、水平等)不及，不如，次于，落后。¶문화 수준이 뒤진 나라. =文化水平落后的国家。❸ 시간에 있어 남보다 늦다. ◆ (在时间上)晚，迟，慢。¶내 생일은 그보다 3일 뒤진다. =我的生日比他晚三天。

뒤지다[2]【동사】动 ❶ 무엇을 찾으려고 샅샅이 들추거나 헤치다. ◆ 东翻西找，翻找。¶가방을 뒤지다. =在包里东翻西找。❷ 책 따위를 한 장씩 들추어 넘기거나 한 권씩 살피다. ◆ 翻阅。¶사진첩을 뒤지다. =翻阅相册。

뒤집개【명사】프라이팬에 요리할 때 음식을 뒤집는 기구. ◆ 名锅铲。

뒤집다【동사】动 ❶ 안과 겉을 뒤바꾸다. ◆ (内外)翻，翻过来。¶버선목을 뒤집다. =把布袜筒翻过来。❷ 위가 밑으로 되고 밑이 위로 되게 하다. ◆(上下)倒，翻，倒过来，颠倒。¶손바닥을 뒤집다. =把手掌翻过来。❸ 일 따위의 차례나 승부를 바꾸다. ◆ (事情的顺序或胜负)颠倒，反。¶순서를 뒤집다. =颠倒顺序。❹ 체제, 제도, 학설 따위를 뒤엎다. ◆ (体制、制度、学说等)推翻，颠覆；改变。¶독재 정권을 뒤집다. =推翻独裁政权。❺ 조용하던 것을 소란하고 어지럽게 하다. ◆ 轰动，扰乱，骚扰。¶그 사건은 학교를 발칵 뒤집었다. =那个事件轰动了整个学校。❻ 눈을 크게 홉뜨다. ◆ 瞪眼，翻白眼。¶감히 누구 앞에서 눈을 뒤집고 대드니? =也不看看是在和谁讲话，居然敢瞪眼顶嘴?

뒤집어쓰다【동사】动 ❶ 모자, 수건 따위를 머리에 쓰다. ◆ 蒙，盖，扣。¶머리에 털모자를 깊이 뒤집어쓰다. =把毛皮帽子在头上扣得低低的。❷ 가루나 액체 따위를 온몸 또는 신체 일부에 덮어쓰다. ◆ 动涂，浇，淋。¶분가루를 뒤집어 쓴 뽀얀 얼굴. =涂满了粉的雪白的脸。❸ 온몸을 가려서 내리덮다. ◆ 裹，捂。¶너무 추워 이불을 머리끝까지 뒤집어쓰고 잤다. =天气太冷了，用被子蒙着头睡觉。❹ 남의 허물이나 책임을 넘겨 맡다. ◆ (替别人)背(黑锅)，蒙(冤)。¶누명을 뒤집어쓰다. =背黑锅。● 뒤집어씌우다 ●

뒤집어엎다【동사】动 ❶ 물건의 위와 아래가 뒤집히도록 엎어 놓다. ◆ 翻，翻转，翻过来。¶카드를 뒤집어엎다. =把纸牌翻过来。❷ 물건을 엎어서 안에 담긴 것을 엎지르다. ◆ 打翻(器物)。¶국그릇을 뒤집어엎다. =打翻汤碗。❸ 일이나 상태를 전혀 딴 것으로 바꾸어 놓거나 틀어지게 하다. ◆ 扭转，改变，颠倒。❹ 체제, 제도, 학설 따위를 없애거나 새것으로 바꾸다. ◆ 打倒，推翻，颠覆(体制、制度、学说等)。¶기존 이론을 뒤집어엎을 만한 새로운 발견. =足以推翻现有理论的新发现。❺ 요란하게 떠들고 볶아대다. ◆ 吵翻天，闹翻天。¶농악대 소리가 온 마을을 뒤집어엎었다. =农乐队的声音闹翻了天。

뒤집히다【동사】动 ❶ 안과 겉이 뒤바뀌다. ◆ (内外)翻，翻过来。¶우산이 뒤집히다. =雨伞翻过来了。❷ 위가 밑으로 되고 밑이 위로 되다. ◆ (上下)翻，颠倒。¶교통사고로 차가 뒤집혔다. =发生交通事故，车翻了。❸ 일 따위의 차례나 승부가 바뀌다. ◆ (事情的顺序或胜负) 颠倒，反。¶차례가 뒤집히다. =顺序颠倒。❹ 하던 일이나 계획된 일이 틀어져 이루어지지 못하게 되다. ◆ (事情)搞砸，弄糟。❺ 조용하던 것이 소란하고 어지럽게 되다. ◆ 轰动，扰乱，骚扰。❻ 눈이 크게 홉뜨이다. ◆ 瞪眼，翻白眼。

뒤쪽【명사】향하고 있는 방향의 반대되는 쪽. ◆ 名后面，后边，后头，后。¶뒤쪽 창문. =后窗。

뒤쫓다【동사】动 ❶ 뒤를 따라 쫓다. ◆ 追赶，紧追，追踪。❷ 마구 쫓다. ◆ 赶，轰。¶방 안으로 들어오려는 빚쟁이를 뒤쫓아 보내다. =轰走了企图闯进屋里的债主。

뒤처리(-處理)【명사】일이 벌어진 뒤나 끝난 뒤끝을 처리하는 일. ◆ 名善后工作，后期处理。¶뒤처리를 깨끗이 하다. =把善后工作做得干净利落。

뒤처지다【동사】어떤 수준이나 대열에 들지 못하고 뒤로 처지거나 남게 되다. ◆ 动落后，不及，不如，跟不上。¶성적이 남들보다 뒤처지다. =成绩不如别人。

뒤척거리다【동사】动 ❶ 물건들을 이리저리 들추며 자꾸 뒤지다. ◆ 东翻西找，翻找。¶친구는 한참 가방을 이리저리 뒤척거리다가 반짝이는 구슬을 꺼냈다. =朋友在包里翻了大半天，才找到闪闪发光的珍珠。❷ 물건이나 몸을 자꾸 이리저리 뒤집다. ◆ (身体)翻来覆去，辗转反侧。¶피곤한 몸을 뒤척거리다. =疲倦的身体翻来覆去。● 뒤척대다 ●

뒤축【명사】名 ❶ 신발이나 버선의 발뒤축이 닿는 부분. ◆ (鞋或袜子的)后跟。❷ 발뒤축. ◆ 脚后跟(발뒤축的略语)。¶새 구두를 신었더니 뒤축이 아프다. =穿了新鞋，脚后跟有点痛。

뒤치다꺼리【명사】名 ❶ 뒤에서 일을 보살펴서 도와주는 일. ◆ 照顾，照料，服侍。¶애들 뒤치다꺼리에 바쁘다. =忙着照顾小孩。❷ 뒷수쇄. 일이 끝난 후 남아서 정돈하는 일. ◆ 收尾，扫尾。¶회의가 끝난 뒤에 그들은 남은 뒤치다꺼리를 하려고 늦게까지 남아 있었다. =会议结束之后，他们留下来负责收尾，一直到很晚。● 뒤치다꺼리하다 ●

뒤치락거리다【동사】자빠진 것이나 엎어진 것을 자꾸 엎어 놓거나 젖혀 놓다. ◆ 动翻转过来。● 뒤치락대다 ●

뒤탈(-頉)【명사】어떤 일의 뒤에 생기는 탈. ◆名 后果，后患。¶뒤탈이 생기다. =留下后患。

뒤통수【명사】머리의 뒷부분. ◆名后脑勺。¶뒤통수가 납작하다. =后脑勺扁平。

뒤트임【명사】옷자락의 뒤를 트는 것. 또는 그 튼 부분. ◆名 (衣襟)后开。

뒤틀다【동사】动 ❶ 꼬는 것처럼 몹시 비틀다. ◆拧，扭。¶팔다리를 뒤틀다. =拧胳膊腿。❷ 일이 잘 안되도록 이러저러하게 반대하다. ◆搅黄，妨碍，妨害，捣乱。¶중개인은 다 된 흥정을 뒤틀고 나섰다. =中介把已经谈好的买卖给搅黄了。

뒤틀리다【동사】动 ❶ 꼬는 것처럼 몹시 비틀리다. ◆拧，扭。¶목이 뒤틀리다. =脖子扭了。❷ 일이 잘 안되도록 이러저러하게 반대하다. ◆受阻，妨碍，妨害，捣乱。¶계획이 중간에서 뒤틀렸다. =计划中途受阻。❸ 마음이나 감정의 움직임이 사납고 험하게 비틀어지다. ◆闹别扭，不舒服。¶심사가 뒤틀리다. =心里不舒服。

뒤틀어지다【동사】动 ❶ 휘거나 비뚤어지다. ◆拧，扭。¶뒤틀어진 재목. =弯曲的木材。❷ 일이나 계획 따위가 잘 안되다. ◆妨碍，妨害，捣乱。❸ 마음이나 감정의 움직임이 사납고 험하게 비틀어지다. ◆闹别扭，不舒服。¶심사가 뒤틀어지다. =心里不舒服。

뒤편(-便)【명사】뒤로 있는 쪽. ◆名后边，后头。¶마당 뒤편에 농기구가 있다. =农具在院子后头。

뒤표지(-表紙)【명사】책의 뒷면 표지. ◆名（书刊）封底。

뒤풀이【명사】어떤 일이나 모임을 끝낸 뒤에 모여 여흥을 즐김. 또는 그런 일. ◆名某件事或某活动结束以后的庆祝活动。¶배우들은 연극이 끝나고 뒤풀이를 하였다. =演员们在演出结束之后又举行了欢庆活动。

뒤흔들다【동사】动 ❶ 함부로 마구 흔들다. ◆摇动，震动。¶바람이 나무를 뒤흔들다. =风摇动着树木。❷ 큰 파문을 일으키다. ◆震撼，动摇，轰动。¶세상을 뒤흔든 사기 사건. =轰动整个社会的欺诈事件。❸ 거침없이 마음대로 하다. ◆肆虐，任意妄为，肆无忌惮。

뒷간(-間)【명사】'변소(便所)'를 완곡하게 이르는 말. ◆名厕所。¶시골에서 나는 밤에 뒷간 가기가 제일 무서웠다. =在乡下，我最害怕晚上去厕所。

뒷감당(-堪當)【명사】일의 뒤끝을 맡아서 처리함. ◆名善后。¶여기서 네가 그만두면 뒷감당은 누가 하냐? =如果你就此放手的话，谁来善后?

뒷거래(-去來)【명사】남의 눈을 피해 뒤에서 하는 정당하지 않은 거래. ◆名走后门，暗箱操作。¶뒷거래가 성행하다. =走后门之风盛行。

뒷걸음【명사】名 ❶ 발을 뒤로 떼어 놓으며 걷는 걸음. ◆倒退，后退。¶뒷걸음으로 걷다. =倒着走。❷ 일 따위에 관계되는 것을 피함. ◆开溜。❸ 본디보다 못하거나 뒤떨어짐. ◆退步，倒退，后退。¶지난 1년간 경제가 뒷걸음을 했다. =去年一年经济倒退了。

뒷걸음질【명사】名 ❶ 발을 뒤로 떼어 놓으며 걸음을 걷는 일. ◆倒退，后退。¶나는 너무 놀라 뒷걸음질로 달아났다. =我太害怕了，倒退着逃跑。❷ 본디보다 뒤지거나 뒤떨어짐. ◆退步，倒退，后退。¶수출 산업의 심각한 뒷걸음질. =出口产业严重倒退。● 뒷걸음질치다, 뒷걸음질하다 ●

뒷걸음치다【동사】动 ❶ 뒤로 물러서다. ◆倒退，后退，退缩。❷ 본디보다 뒤떨어지다. ◆退步，却步，退缩。

뒷골【명사】머리의 뒷부분. ◆名后脑勺。¶뒷골이 쑤시다. =后脑勺刺痛。

뒷골목【명사】名 ❶ 큰길 뒤에 있는 좁은 골목. ◆小胡同，窄巷子。¶우리는 으슥한 뒷골목만 돌아다녔다. =我们只在僻静的小胡同里转悠。❷ 폭력이나 매춘 따위의 사건이 많이 일어나는 범죄 세계를 비유적으로 이르는 말. ◆黑社会，黑道。¶뒷골목을 주름잡던 사나이. =在黑道上闯荡过的男人。

뒷구멍【명사】名 ❶ 뒤쪽에 있는 구멍. ◆后面的窟窿，后面的洞。¶개가 울타리 뒷구멍으로 드나든다. =狗通过篱笆后面的窟窿进出篱笆。❷ 드러내지 않고 넌지시 행동할 만한 방법. ◆后门。¶뒷구멍 입학이 문제가 되다. =靠走后门上学成了一个问题。

뒷굽【명사】구두 밑바닥의 뒷부분에 붙은 발. ◆名 皮鞋后跟。

뒷길【명사】名 ❶ 집채나 마을의 뒤에 있는 길. ◆后街。¶뒷길로 다니다. =上后街。❷ 뒷날을 기약하는 앞으로의 과정. ◆将来，未来。¶자식의 뒷길을 생각하면 걱정이 앞선다. =一想到子女的未来便忧心忡忡。❸ 떳떳하지 못하고 정상적이지 않은 수단이나 방법. ◆后门，空子。¶대학에 뒷길로 입학하다. =走后门上大学。

뒷날【명사】시간이 지나 뒤에 올 날. ◆名将来，日后，往后。¶뒷날을 기약하다. =寄望于未来。

뒷다리【명사】名 ❶ 네발짐승의 몸 뒤쪽에 있는 다리. ◆后肢，后腿。¶토끼는 뒷다리가 길다. =兔子的后腿长。❷ 두 다리를 앞뒤로 벌렸을 때 뒤쪽에 놓인 다리. ◆后边的腿。¶체조 선수가 뒷다리를 평균대 위에 길게 뻗으며 묘기를 보여 준다. =体操运动员在平衡木上把后边的腿伸得直直的，展示出超凡的技艺。❸ 책상이나 의자 따위의 뒤쪽 다리. ◆桌椅背面的腿。¶걸상 뒷다리가 흔들거리다. =凳子背面的腿晃荡着。

뒷덜미【명사】목덜미 아래의 양 어깻죽지 사이. ◆名后颈。¶뒷덜미를 낚아채다. =一把揪住后颈。

뒷돈【명사】名 ❶ 뒤에 잇따라 대서 쓰는 밑천. ◆资金。¶뒷돈이 사업의 성패를 가른 경우가 있다. =有时候事业的成败决定于资金的多少。❷ 장사판이나 노름판 따위에서 뒤를 대는 밑천. ◆本，本钱。¶뒷돈을 대어 주다. =提供本钱。❸ 은밀히 주고받는 돈. ◆秘密提供的资金。

뒷동산【명사】집이나 마을 뒤에 있는 동산. ◆名后山。¶아침마다 뒷동산에 올라 운동을 한다. =每天早上去后山运动。

뒷마당【명사】집채의 뒤에 있는 뜰. ◆名后院。

뒷마무리【명사】일의 뒤끝을 맺음. ◆ 图收尾。

뒷말【명사】图 ❶ 계속되는 이야기의 뒤를 이음. 또는 그런 말. ◆ 下面的话。¶뒷말을 잇다. =把话继续说下去。❷ 일이 끝난 뒤에 뒷공론으로 하는 말. ◆ 背后议论，背后乱说。¶뒷말이 나지 않게 조심하세요. =注意不要背后议论。

뒷맛【명사】图 음식을 먹고 난 뒤에 입에서 느끼는 맛. ◆ 余味。¶뒷맛이 좋다. =余味悠长。

뒷면(-面)【명사】图 ❶ 물체의 뒤쪽 면. ◆ 背面，后面。¶수표 뒷면에 이서하시오. =请在支票背面签字。❷ 직접적으로 나타나지 않는 일의 속내. ◆ 内幕。¶그 사건의 뒷면은 아직도 밝혀지지 않고 있다. =那个事件的内幕仍然没有被披露出来。

뒷모습【명사】뒤에서 본 모습. ◆ 图背影。¶낯익은 뒷모습. =熟悉的背影。

뒷모양(-模樣)【명사】图 ❶ 뒤로 드러난 모양. ◆ 背影。¶맵시 있는 뒷모양. =姿态优美的背影。❷ 일이 끝난 뒤의 모양. ◆ 后果，事后的情形。¶뒷모양을 그르치지 않게 조심하여라. =注意不要弄错事后的情形。

뒷무릎【명사】무릎의 구부러지는 오목한 안쪽 부분. ◆ 图膝窝，膝弯。

뒷문(-門)【명사】图 ❶ 뒤나 옆으로 난 문. ◆ 后门。¶학교 뒷문. =学校后门。❷ 어떤 문제를 정당하지 못한 방법이나 수단으로 해결하는 길을 비유적으로 이르는 말. ◆〈喻〉走后门。¶대학을 뒷문으로 입학하다. =靠走后门上大学。

뒷바라지【명사】뒤에서 보살피며 도와주는 일. ◆ 图照料，照顾。¶아들 뒷바라지에 바쁘다. =忙着照顾儿子。● 뒷바라지하다 ●

뒷받침【명사】뒤에서 지지하고 도와주는 일. 또는 그런 사람이나 물건. ◆ 图后援，后台，靠山。¶뒷받침을 받다. =有靠山。● 뒷받침되다, 뒷받침하다 ●

뒷발【명사】图 ❶ 네발짐승의 뒤에 달린 두 발. ◆ 动物后蹄。¶뒷발을 들다. =抬起后蹄。❷ 두 발을 앞뒤로 벌렸을 때 뒤쪽에 놓인 발. ◆ (人两脚前后站时)后脚。¶앞발이 미끄러우니, 뒷발도 바로 설 수가 없다. =前脚一滑，后脚也站不稳。

뒷부분(-部分)【명사】图 ❶ 물체의 뒤쪽에 있는 부분. ◆ 后面。¶가격은 상표 뒷부분에 적혀 있습니다. =写在价格表的后面。❷ 어떤 일이나 형식, 상황 따위의 뒤를 이루는 부분. ◆ 后面部分。¶그 곡의 3악장 뒷부분은 잘 알려져 있다. =对那首乐曲第三乐章的后面部分很清楚。

뒷북치다【동사】뒤늦게 쓸데없이 수선을 떨다. ◆ 动放马后炮，事后诸葛亮。¶사고가 터진 후에 뒷북치며 수습해 봤자 소용없다. =事故发生之后，再放马后炮去平息是没有用的。

뒷산(-山)【명사】图 마을이나 집 뒤쪽에 있는 산. ◆ 后山。¶우리는 매일 아침 동네 뒷산에 올라가 운동을 한다. =我们每天早上爬到后山上运动。

뒷소리【명사】图 ❶ 일이 끝난 뒤에 뒷공론으로 하는 말. ◆ 背后乱说。¶무슨 일이든 뒷소리가 많은 사람이 있다. =不管什么事情，都有很多人在背后乱说。❷ 뒤에서 응원하는 소리. ◆ 呐喊声。¶이번 체육 대회에서 뒷소리 치느라 목이 다 쉬었다. =在运动会上一直呐喊助威，嗓子都哑了。❸ 맞대 놓고는 말을 못 하고 뒤에서 치는 큰소리. ◆ 发牢骚。¶친구들끼리 모이면 다들 자기 마누라 뒷소리에 열을 냈다. =朋友们聚在一起就热衷于抱怨自己的老婆。

뒷수습(-收拾)【명사】일의 뒤끝을 거두어 마무리함. ◆ 图善后，收尾，扫尾。¶그는 사고의 뒷수습까지 다 끝냈다. =他把事故的善后工作都处理完了。

뒷심【명사】图 ❶ 남이 뒤에서 도와주는 힘. ◆ 后台，背后势力。¶그는 뒷심이 든든하다. =他的后台很硬。❷ 어떤 일을 끝까지 견디어 내거나 끌고 나가는 힘. ◆ 后劲。¶뒷심이 세다. =后劲十足。

뒷이야기【명사】图 ❶ 이어지는 이야기의 뒷부분. ◆ 故事的后半部分。¶뒷이야기를 마저 들어보자. =把故事的后半部分讲完。❷ 어떤 일이 있은 뒤에 나오는 이야기. ◆ 后话，后续。¶방송은 선거를 치른 후 그에 대한 뒷이야기를 계속 보도했다. =举结束后，电台对其进行了后续报道。

뒷일【명사】어떤 일이 있은 뒤에 생기거나 일어날 일. ◆ 图后事，以后的事情。¶자네에게 뒷일을 부탁하네. =以后的事情就拜托你了。

뒷자리【명사】图 ❶ 뒤쪽에 있는 자리. ◆ 后排座位，后面的座位。¶뒷자리에 앉다. =坐在后排座位。❷ 경쟁이나 학습에서 남에게 뒤떨어진 자리. ◆ 下游。¶그의 성적은 언제나 뒷자리를 맴돌았다. =他的成绩总是在下游徘徊。❸ 어떤 일을 한 뒤의 흔적. ◆ 痕迹。

뒷전【명사】图 ❶ 뒤쪽이 되는 부근. ◆ 后面。¶뒷전에 서서 구경하다. =站在后面观看。❷ 나중의 차례. ◆ 次要。¶그는 밀린 숙제를 하느라 먹는 것도 뒷전이다. =他忙着写积压的作业，连吃饭都成次要的了。❸ 겉으로 드러나지 않은 배후나 뒷면. ◆ 背后，暗地里，背地里。¶뒷전에서 남을 비방하다. =背地里诽谤别人。

뒷정리(-整理)【명사】복잡한 상태나 일의 끝을 바로잡음. 또는 그런 일. ◆ 图清理，收拾，拾掇。¶깔끔한 뒷정리. =收拾利落。● 뒷정리하다(-整理--) ●

뒷정리하다(-整理--)【동사】복잡한 상태나 일의 끝을 바로잡다. ◆ 动清理，收拾，拾掇。

뒷주머니【명사】图 ❶ 바지의 뒤쪽에 있는 주머니. ◆ 后兜。¶그는 청바지 뒷주머니에 양손을 찌르고 걸어갔다. =他把两手插在牛仔裤的后兜里走路。❷ 남모르게 뒤에 따로 마련하여 둔 것. ◆ 后备，后手。¶뒷주머니를 차다. =拒绝留后手。

뒷줄【명사】图 ❶ 뒤쪽의 줄. ◆ 后排。¶뒷줄에 가서다. =到后排站着。❷ 배후의 세력. ◆ 后台。¶뒷줄이 든든하다. =后台硬。

뒷짐【명사】두 손을 등뒤로 젖혀 마주 잡은 것. ◆ 图背着手。¶아이가 어른처럼 뒷짐을 지고 간다. =孩子学大人背着手走。

뒷집【명사】뒤쪽으로 이웃하여 있는 집. ◆ 图后面的房子。

뒹굴다 【동사】 动 ❶ 누워서 이리저리 구르다. ◆ 滚，打滚，滚动。 ¶아이들은 종일 풀밭에서 뒹굴며 놀았다. =孩子们整天在草地里打滚玩。 ❷ 하는 일 없이 빈둥빈둥 놀다. ◆ 游手好闲，无所事事。 ¶하루 종일 방 안에서 뒹굴며 지내다. =整天在房间里无所事事。 ❸ 여기저기 어지럽게 널려 구르다. ◆ 乱滚。 ¶이리저리 거리에 뒹구는 낙엽. =在大街上乱滚的落叶。

뒹굴뒹굴 【부사】 副 ❶ 누워서 자꾸 이리저리 구르는 모양. ◆ 滚来滚去。 ❷ 하는 일 없이 빈둥빈둥 노는 모양. ◆ 无所事事。

듀엣(duet) 【명사】 이중창 또는 이중주를 이르는 말. ◆ 名二重奏，二重唱。 ¶이 곡은 솔로보다 듀엣이 어울린다. =与独奏相比，该剧更适合采用二重奏。

드- 【접사】 '심하게' 또는 '높이'의 뜻을 더하는 접두사. ◆ 前缀表示"很、非常、十分"。 ¶드날리다. =远扬。

드나들다 【동사】 动 ❶ 일정한 곳에 자주 왔다 갔다 하다. ◆ 出入，来往。 ¶그는 워낙 약골이라 한동안 병원에 드나들었다. =他是个病秧子，一度经常出入医院。 ❷ 여러 곳에 자주 들어가고 나가고 하다. ◆ 跑来跑去。 ¶아이는 이 방 저 방에 드나들면서 수선을 떨었다. =小孩在房子里跑来跑去的，真烦人。 ❸ 고르지 못하고 들쭉날쭉하다. ◆ 参差不齐，坑洼不平，不均匀。 ¶그 상점의 매출액은 드나드는 정도가 심했다. =那家商店的销售额很不稳定。

드날리다 【동사】 손으로 들어서 날리다. ◆ 动放飞。

드넓다 【형용사】 활짝 트이고 아주 넓다. ◆ 形宽广。 ¶드넓은 평야. =宽广的原野。

드높다 【형용사】 매우 높다. ◆ 形昂扬，磅礴，高高。 ¶드높은 가을 하늘. =高高的秋空。 ● 드높이다 ●

드디어 【부사】 무엇으로 말미암아 그 결과로. ◆ 副到底，终于，总算。 ¶드디어 시험이 끝났다. =考试终于结束了。

드라마(drama) 【명사】 名 ❶ 텔레비전 따위에서 방송되는 극. ◆ 剧，电视剧。 ¶그 드라마는 시청률이 높다. =那部电视剧的收视率很高。 ❷ 극적인 사건이나 상황을 비유적으로 이르는 말. ◆ 戏剧性事件。 ¶소용돌이치는 역사의 드라마. =一团乱麻似的历史剧。

드라이(dry) 【명사】 名 ❶ 건조기 따위로 머리를 말리거나 다듬는 일. ◆ 吹风。 ❷ 드라이클리닝. ◆ 干洗。 ¶이 옷을 드라이하는데 얼마입니까? =干洗这件衣服需要多少钱?

드라이버(driver) 【명사】 名 ❶ 나사돌리개. ◆ 螺丝刀。 ❷ 골프에서, 먼 거리로 공을 치고자 할 때 쓰는 골프채. ◆ (高尔夫)一号木。

드라이브(drive) 【명사】 名 ❶ 기분 전환을 위하여 자동차를 타고 돌아다니는 일. ◆ 兜风。 ❷ 테니스, 탁구, 배드민턴, 골프 따위에서, 공을 깎아서 세게 치는 일. ◆ 抽球，发球。 ❸ 컴퓨터에서 디스크의 종류에 따라 나누어 놓은 공간. ◆ 磁盘驱动器。

드라이어(drier) 【명사】 名 ❶ 젖은 머리를 말리는 전기 기구. ◆ 吹风机。 ❷ 물체에 있는 물기를 말리는 장치. ◆ 干燥机。

드라이클리닝(dry cleaning) 【명사】 물 대신 유기 용제로 때를 빼는 세탁 방법. 물세탁을 할 수 없는 모직물, 실크 따위의 세탁에 쓴다. ◆ 名干洗。 ¶어제 양복을 세탁소에 드라이클리닝을 맡기다. =昨天把西装送到洗衣店干洗了。

드러나다 【동사】 动 ❶ 가려 있거나 보이지 않던 것이 보이게 되다. ◆ 露出，显出。 ¶구름이 걷히자 산봉우리가 드러났다. =云彩一散开，山顶就显露了出来。 ❷ 알려지지 않은 사실이 널리 밝혀지다. ◆ 暴露，披露。 ¶진실은 반드시 드러나다. =真相毕露。

드러내다 【동사】 动 ❶ 가려 있거나 보이지 않던 어떤 모습을 보이다. ◆ 袒露，袒。 ¶어깨를 드러내는 옷차림. =袒露肩膀的衣服。 ❷ 알려지지 않은 사실을 보이다. ◆ 露出，暴露，揭开，透露。 ¶본색을 드러내다. =露出本色。

드러눕다 【동사】 动 ❶ 편하게 눕다. ◆ 躺，卧倒。 ¶풀밭에 드러눕다. =躺在草地上。 ❷ 앓아서 자리에 눕다. ◆ 病倒，卧病。 ¶병석에 드러눕다. =躺在病床上。

드럼(drum) 【명사】 名 ❶ 드럼통. ◆ 油桶。 ❷ 서양 타악기의 하나. ◆ 洋鼓。

드럼통(drum桶) 【명사】 원기둥 모양의 큰 통. 두꺼운 철판으로 만든 것으로, 주로 기름 따위를 담는다. ◆ 名油桶。 ¶기름이 가득 찬 드럼통에 불이 붙어 창고가 폭발해 버렸다. =装满油的油桶失火，导致仓库爆炸。

드레스(dress) 【명사】 원피스로 된 여성용 겉옷. 주로 허리선을 강조한 원피스를 이른다. ◆ 名礼服，婚纱。 ¶신부의 하얀 드레스. =新娘的白色婚纱。

드르렁 【부사】 副 ❶ 매우 요란하게 울리는 소리. ◆ 轰隆轰隆地。 ❷ 매우 요란하게 코를 고는 소리. ◆ 呼噜呼噜。 ● 드르렁드르렁 ●

드르르 【부사】 副 ❶ 큰 물건이 단단한 바닥 위를 구르는 소리. 또는 그 모양. ◆ 吱扭吱扭。 ¶문을 드르르 열다. =门吱扭吱扭地开了。 ❷ 큰 물건이 흔들려 떨리는 소리. ◆ 簌簌。

드르륵 【부사】 큰 물건이 미끄러지는 소리. ◆ 副嗒嗒嗒嗒。 ¶기계가 드르륵 돌아가다. =机器嗒嗒嗒嗒地运转。

드르릉 【부사】 副 ❶ 크고 요란하게 울리는 소리. ◆ 轰隆轰隆地。 ❷ 크고 요란하게 코를 고는 소리. ◆ 呼噜呼噜。

드리다 【동사】 动 ❶ '주다'의 높임말. ◆ 奉，献，呈，孝敬。(주다的敬语)。 ¶아버님께 용돈을 드리다. =给父母零用钱。 ❷ 윗사람에게 그 사람을 높여 말이나 인사, 결의, 축하 따위를 하다. ◆ 上，呈，致，道。 ¶부모님께 문안을 드리다. =给父母请安。 ❸ 신에게 비는 일을 하다. ◆ 致，道。 ¶하느님께 기도를 드리다. =向上帝祈祷。

드리다[1] 【보조 동사】 윗사람을 위하여 동작하는 뜻을 보이는 보조 동사. ◆ 补动给，予。 ¶도와 드리다.

=给予帮助。

-드리다[2]【접사】'공손한 행위'의 뜻을 더하고 동사를 만드는 접미사. ◆ 后缀用于部分名词之后，表示恭敬的行为。¶불공드리다.=供佛。

드리블하다(dribble--)【동사】축구, 럭비풋볼, 농구, 수구, 아이스하키 등에서 발, 손, 채 따위를 이용하여 공을 몰아 나가다. ◆ 动运球，带球。¶드리블이 길면 공격의 흐름이 끊어진다. =如果带球过长，进攻的线路就被会封死。

드리우다【동사】动 ❶ 빛, 어둠, 그늘, 그림자 따위가 깃들거나 뒤덮이다. 또는 그렇게 되게 하다. ◆ (影子、阴影等)垂，拖，投下。¶땅에 그림자가 드리우다. =地上拖着条影子。 ❷ 이름이나 공적 따위를 널리 전하여 후세에 자취를 남기다. ◆ (名声)留传，垂。¶그는 후세에 이름을 길이 드리울 위인이다. =他是一位伟人，必将名垂千古。

드리워지다【동사】빛, 어둠, 그늘, 그림자 따위가 깃들거나 뒤덮여지다. ◆ 动 (影子、阴影等)垂，拖，投下。

드릴(drill)【명사】나무나 금속에 구멍을 뚫는 공구. ◆ 名钻子，钻空机。¶드릴로 구멍을 뚫다. =用钻打孔。

드링크(drink)【명사】술이나 음료수 따위의 마실 것. ◆ 名酒，饮料。

드문드문【부사】副 ❶ 시간적으로 잦지 않고 드문 모양. ◆ 有时，间或，偶尔。¶드문드문 찾아드는 손님. =偶尔来访的客人。 ❷ 공간적으로 배지 않고 사이가 드문 모양. ◆ 稀疏，零星，稀稀拉拉。¶드문드문 서 있는 나무. =稀疏的树木。

드물다【형용사】形 ❶ 어떤 일이 일어나는 일이 잦지 아니하다. ◆ 稀疏，罕。¶인적이 드물다. =人迹罕至。 ❷ 공간의 사이가 좁지 아니하고 어느 정도 떨어져 있다. ◆ 稀疏，零星，零散。¶이 식물은 드물게 심어야 잘 자란다. =这种植物必须种得稀疏，才能长好。 ❸ 흔하지 아니하다. ◆ 稀少，罕见，少有。¶보기 드문 절세 미인. =罕见的绝世美女。

드세다【형용사】形 ❶ 힘이나 기세가 몹시 강하고 사납다. ◆ 倔强，强有力。¶드세게 뻗은 나뭇가지. =树枝顽强地伸展。 ❷ 어떤 일 따위가 견디기에 힘들 정도로 거칠고 세차다. ◆ 艰辛，繁重。

득남(得男)【명사】아들을 낳음. ◆ 名得子，生儿子。¶득남을 축하합니다. =恭喜得子。● 득남하다(得男--) ●

득달같이【부사】잠시도 늦추지 아니하게. ◆ 副毫不迟疑地。¶득달같이 달려가다. =毫不迟疑地跑去。

득달하다(得達--)【동사】목적한 곳에 도달하다. 또는 목적을 이루다. ◆ 动抵达，到达，达成，完成。¶한해의 목표를 득달하다. =完成全年的目标。

득도하다(得道--)【동사】오묘한 이치나 도를 깨닫다. ◆ 动得道。¶그 스님은 수행 3년 만에 득도했다. =那个师父修行三年就得道了。

득득【부사】副 ❶ 세게 금이나 줄을 자꾸 그을 때 나는 소리. 또는 그 모양. ◆ (画线声)沙沙。 ❷ 작고 단단한 물건을 세게 자꾸 긁을 때 나는 소리. 또는 그 모양. ◆ (刮硬物的声貌)哧哧地。 ❸ 많은 양의 물이 자꾸 갑자기 얼 때 나는 소리. 또는 그 모양. ◆ (水速冻貌)硬邦邦地。

득세(得勢)【명사】세력을 얻음. ◆ 名得势，得意。● 득세하다(得勢--) ●

득시글거리다【동사】사람이나 동물 따위가 떼로 모여 자꾸 어수선하게 들끓다. ◆ 动熙熙攘攘。¶행사장에 사람들이 득시글거리다. =活动现场人群熙熙攘攘。● 득시글대다, 득시글득시글, 득시글득시글하다, 득시글하다 ●

득실(得失)【명사】名 ❶ 얻음과 잃음. ◆ 得失。¶승패가 같은 경우에는 골 득실 차로 본선 진출을 가린다. =在比分相同的情况下，以净剩球来决定决赛权的归属。 ❷ 이익과 손해를 아울러 이르는 말. ◆ 损益，得失利害。¶이해와 득실을 떠나서 생각해 보자. =请抛开利害得失来考虑吧。

득실득실【부사】사람이나 동물 등이 많이 모여 자꾸 어수선하게 움직이는 모양. ◆ 副熙熙攘攘地。● 득실대다, 득실거리다 ●

득의(得意)【명사】일이 뜻대로 이루어져 만족해하거나 뽐냄. ◆ 名得意。¶득의의 미소. =得意的微笑。

득의만만하다(得意滿滿--)【형용사】뜻한 것을 이루어 뽐내는 기색이 가득하다. ◆ 形洋洋自得，得意洋洋。

득의만면하다(得意滿面--)【형용사】일이 뜻대로 이루어져 기쁜 표정이 얼굴에 가득하다. ◆ 形满面春风。¶그는 성취감에 득의만면한 표정을 감추지 못했다. =他沉浸在成就感中，掩饰不住满面春风。

득점(得點)【명사】시험이나 경기 따위에서 점수를 얻음. 또는 그 점수. ◆ 名得分，比分。¶대량 득점. =大比分。● 득점하다(得點--) ●

득표(得票)【명사】투표에서 찬성표를 얻음. 또는 그 얻은 표. ◆ 名得票。¶과반수 득표. =得到超过半数的票。

득표율(得票率)【명사】전체 투표수에서 찬성표를 얻은 비율. ◆ 名得票率。¶선거(選擧) 예상 득표율. =选举预测的得票率。

득표자(得票者)【명사】선거 따위에서 찬성표를 얻은 사람. ◆ 名得票者。¶다수 득표자. =获得多数票。

득표하다(得票--)【동사】투표에서 찬성표를 얻다. ◆ 动得票。¶그는 과반수 이상을 득표하여 의장으로 재선되었다. =他获得了半数以上的选票，再次当选为议长。

-든[1]【어미】词尾 ❶ '든지'의 준말. 두 가지 사실 가운데 어느 하나를 선택함을 나타내는 연결 어미. ◆ 无论，不管(든지的略语)。¶노래를 부르든 춤을 추든 한 가지는 해야 한다. =不管唱歌还是跳舞，必须要选一种。 ❷ '든지'의 준말. 여러 사실 중에 어느 것을 선택해도 상관이 없음을 나타내는 연결 어미. ◆ 不管……还是，无论……还是(든지的略语)。

¶사과든 포도든 배든 다 좋다. =不管是苹果、葡萄还是梨，都行。

든[2] 【조사】 어느 것이 선택되어도 차이가 없는 둘 이상의 일을 나열함을 나타내는 보조사. ◆ 助表示无条件包括或选择。不是……就是。 ¶배추든가 무든가 아무것이나 사오너라. =白菜也好，萝卜也好，不管什么，买点回来。

든가[1] 【조사】 어느 것이 선택되어도 차이가 없는 둘 이상의 일을 나열함을 나타내는 보조사. ◆ 助辅助词，表示选择、列举。

-든가[2] 【어미】 词尾 ❶ 두 가지 사실 가운데 어느 하나를 선택함을 나타내는 연결 어미. ◆ 不是……就是。 ❷ 여러 사실 중에 어느 것을 선택해도 상관이 없음을 나타내는 연결 어미. ◆ 表示选择、列举。

든든하다 【형용사】 形 ❶ 어떤 것에 대한 믿음으로 마음이 허전하거나 두렵지 않고 굳세다. ◆ 踏实，放心。 ¶아이를 든든하게 키우다. =安心抚养孩子。 ❷ 물건이나 몸이 실하고 야무지다. ◆ 结实，壮实。 ¶든든한 밧줄로 묶어 두어라. =用结实的绳子捆。 ❸ 믿음직할 정도로 알차고 실하다. ◆ 坚实，牢固，牢靠。 ¶못을 든든하게 박아라. =把钉子钉牢固。 ❹ 뜻이나 생각이 흔들림 없이 강하고 야무지다. ◆ 下定决心，顽固。 ¶마음 든든하게 먹고 공부 열심히 해라. =下定决心用功学习。 ❺ 먹은 것이나 입은 것이 충분해서 허전하지 않다. ◆ 饱，厚厚的。 ¶아침 든든하게 먹고 출발해라. =早饭吃得饱饱的再出发。 ● 든든히 ●

든지[1] 【조사】 어느 것이 선택되어도 차이가 없는 둘 이상의 일을 나열함을 나타내는 보조사. ◆ 助表示选择、列举。 ¶사과든지 배든지 과일을 사오너라. =买点苹果、梨之类的水果回来。

-든지[2] 【어미】 词尾 ❶ 나열된 동작이나 상태, 대상들 중에서 어느 것이든 선택될 수 있음을 나타내는 연결 어미. ◆ 是……还是，要么……要么(表选择、列举的连接词尾)。 ¶집에 가든지 남든지 해라. =要么回家，要么留下。 ❷ 실제로 일어날 수 있는 여러 가지 중에서 어느 것이 일어나도 뒤 절의 내용이 성립하는 데 아무런 상관이 없음을 나타내는 연결 어미. ◆ 无论，不管。 ¶노래를 부르든지 춤을 추든지 간에 네 맘대로 해라. =不管是唱歌还是跳舞，随你的便。

듣기 【명사】 국어 학습에서, 남의 말을 올바르게 알아듣고 이해하는 일. 쓰기, 읽기, 말하기보다 초보적인 것이다. ◆ 名听，听力。

듣다[1] 【동사】 动 ❶ 사람이나 동물이 소리를 감각 기관을 통해 알아차리다. ◆ 听。 ¶음악을 듣다. =听音乐。 ❷ 다른 사람의 말이나 소리에 스스로 귀 기울이다. ◆ 听，聆听。 ¶라디오를 듣다. =听收音机。 ❸ 다른 사람의 말을 받아들여 그렇게 하다. ◆ 听，听从。 ¶아이가 말을 참 잘 듣는다. =孩子非常听话。 ❹ 다른 사람에게서 일정한 내용을 가진 말을 전달받다. ◆ 得知，听到。 ¶그렇게 해 가지고는 나한테서 좋은 소리 듣기는 어렵다. =那样继续干下去的话，很难从我这里听到什么好话。 ❺ 주로 윗사람에게 꾸지람이나 칭찬을 맞거나 듣다. ◆ 挨，受。 ¶선생님에게서 칭찬을 듣다. =受老师表扬。 ❻ 어떤 것을 무엇으로 이해하거나 받아들이다. ◆ 当作，当成。 ¶그는 선생님의 말씀을 잔소리쯤으로 듣는 성향이 있다. =他容易把老师的话当耳旁风。 ❼ 주로 약 따위가 효험을 나타내다. ◆ 有效，见效。 ¶두통에 잘 듣는 약. =对头痛很有效的药。

듣다[2] 【동사】 눈물, 빗물 따위의 액체가 방울져 떨어지다. ◆ 动 (雨水、眼泪)滴落。 ¶빗방울이 지붕에 듣다. =雨点落在屋顶上。

들[1] 【명사】 名 ❶ 편평하고 넓게 트인 땅. ◆ 平原，原野。 ¶ 들에 핀 꽃. =原野上盛开的花朵。 ❷ 논이나 밭으로 되어 있는 넓은 땅. ◆ 地里，田野。 ¶오곡이 무르익는 들. =五谷成熟的田地。

들[2] 【조사】 그 명사가 복수임을 나타내는 보조사. ◆ 助名词的复数，"们"。

들[3] 【의존 명사】 두 개 이상의 사물을 나열할 때, 그 열거한 사물 모두를 가리키거나, 그밖에 같은 종류의 사물이 더 있음을 나타내는 말. ◆ 依名等，等等。 ¶책상 위에 놓인 공책, 신문, 지갑 들을 가방에 넣었다. =把桌子上的笔记本、报纸和杂志等物品放进书包。

들[4]**-** 【접사】 '무리하게 힘을 들여', '마구', '몹시'의 뜻을 더하는 접두사. ◆前缀(用于动词前表强势)猛然，乱，胡乱。

-[5]**들** 【접사】 '복수(複數)'의 뜻을 더하는 접미사. ◆ 后缀们，辈(表多数的词尾)。 ¶사람들. =人们。

들[6]**-** 【접사】 '야생으로 자라는'의 뜻을 더하는 접두사. ◆ 前缀(用于植物名词前)野，野生。 ¶들개. =野狗。

들것 【명사】 환자나 물건을 실어 나르는 기구의 하나. 네모난 거적이나 천 따위의 양변에 막대기를 달아 앞뒤에서 맞들게 되어 있다. ◆ 名担架。 ¶환자를 들것으로 옮기다. =用担架移动病人。

들고나다 【동사】 남의 일에 참견하다. ◆ 动干涉，干预，管闲事。 ¶괜히 남의 싸움에 들고나다 얻어맞지나 마라. =别人打架的时候，不要乱管闲事，省得挨打。

들국화(-菊花) 【명사】 국화과의 여러해살이풀. ◆ 名野菊花。

들기름 【명사】 들깨로 짠 기름. 등잔에 쓰는 것과 물건을 결는 데에 쓰는 것은 볶지 않고 짜며, 먹는 데에 쓰는 것은 볶아서 짠다. ◆ 名苏子油。 ¶들기름을 짜다. =榨苏子油。

들길 【명사】 들에 난 길. ◆ 名田间小路。 ¶들길에 코스모스가 피다. =田间小路上盛开着大波斯菊。

들깨 【명사】 꿀풀과의 한해살이풀. ◆ 名苏子，野芝麻。 ¶밭에 들깨를 심다. =在地里种野芝麻。

들꽃 【명사】 들에 피는 꽃. ◆ 名野花。 ¶길가에는 이름 모를 들꽃이 피어 있다. =不知名的野花在路边开放。

들끓다 【동사】 动 ❶ 한곳에 여럿이 모여 수선스럽게 움직이다. ◆ 熙熙攘攘。 ❷ 기쁨, 감격, 증오 따위의 심리 현상이 고조되다. ◆ 澎湃，沸扬，哗然。 ¶여론이 들끓다. =舆论哗然。 ❸ 들끓다. ◆ 沸腾。

들녘【명사】들이 있는 쪽이나 지역. ◆ 名平原地带。 ¶어머니는 들녘을 바라보신다. =眺望平原。

들다[1] [보조 동사] 补动 ❶ 앞말이 뜻하는 행동을 애써서 적극적으로 하려고 함을 나타내는 말. ◆ 表示欲作。 ¶그는 얘기도 듣기 전에 신경질부터 내려고 든다. =在听对方的话之前就开始要动怒了。 ❷ 앞말이 뜻하는 행동을 거칠고 다그치듯이 함을 나타내는 말. ◆ 表示计较。 ¶별거 아닌 것 갖고 너무 따지고 들지 마라. =也没什么大不了的，不要太计较了。

들다[2]【동사】动 ❶ 손에 가지다. ◆ 拎，拿，提，持。 ¶꽃을 든 신부. =拿花的新娘。 ❷ 아래에 있는 것을 위로 올리다. ◆ 举，抬。 ¶역기를 번쩍 든 역도 선수. =举重运动员霍地把杠铃一下子举起来。 ❸ 설명하거나 증명하기 위하여 사실을 가져다 대다. ◆ 举，列举，引用。 ¶보기를 들다. =列举样本。 ❹ '먹다'의 높임말. ◆ 进餐，用餐。 ¶아침을 들다. =用早餐。

들다[3]【동사】날이 날카로워 물건이 잘 베어지다. ◆ 动快，锋利，锐利。 ¶칼이 잘 들다. =刀子很快。

들다[4]【동사】动 ❶ 밖에서 안으로 가거나 오다. ◆ 入，进，进入。 ¶사랑채에 들다. =进入厢房。 ❷ 빛, 물 등이 안으로 들어오다. ◆ 照射进来。 ¶이 방에는 볕이 잘 든다. =这个房间的采光很好。 ❸ 방이나 집 등의 있을 곳을 정해 머무르다. ◆ 搬进，入住。 ¶어제 호텔에 든 손님. =昨天入住酒店的客人。 ❹ 어떤 길로 들어서다. ◆ 择，选择。 ¶컴컴한 골목길에 들고부터 그녀의 발걸음이 빨라졌다. =一进到漆黑的胡同里，她便加快了步伐。 ❺ 잠을 잘 자리에 가거나 오다. ◆ 钻入，入睡，入眠。 ¶이불 속에 들다. =钻入被窝里。 ❻ 어떤 일에 돈, 시간, 노력 등이 쓰이다. ◆ 花，用，花费。 ¶잔치 음식에는 품이 많이 든다. =在酒席的饭菜上花了很多工夫。 ❼ 색깔, 맛, 물기 등이 스미거나 배다. ◆ 染，染上。 ¶설악산에 단풍이 들다. =雪岳山上丛林尽染。 ❽ 어떤 범위나 기준 안에 속하다. ◆ 列为，进入。 ¶반에서 5등 안에 들다. =在班里进入前五名。 ❾ 안에 담기거나 그 일부를 이루다. ◆ 含有，包含。 ¶빵 속에 든 단팥. =包在面包里面的红豆馅儿。 ❿ 어떤 처지에 놓이거나 어떤 상태가 되다. ◆ 中，陷入，沉浸。 ¶학문의 경지에 든 대학자. =沉浸在学海中的大学者。 ⓫ 어떤 것이 좋게 생각되다. ◆ 中意，看得上。 ¶마음에 드는 신랑감. =中意的新郎人选。 ⓬ 날씨로 인한 어떤 일이나 현상이 일어나다. ◆ 遇，逢，到来。 ¶남부 지방에 가뭄이 들다. =南方遇到干旱。 ⓭ 어떤 시기가 되다. ◆ 进，进入。 ¶4월에 들어서만 이익금이 두 배로 늘었다. =仅4月份以来，利润就增加了两倍。 ⓮ 어떤 단체에 가입하다. ◆ 入，加入。 ¶노조에 들다. =加入工会。 ⓯ 적금, 보험 등에 가입하다. ◆ 入，加入。 ¶보험에 들다. =入保险。 ⓰ 어떤 때나 철이 되거나 돌아오다. ◆ 到，轮到。 ¶밤이 들자 기온이 떨어졌다. =一到晚上，气温就下降了。 ⓱ 잠에 빠지다. ◆ 打盹儿。 ¶나는 기차에서 잠깐 풋잠이 들었다. =我在火车上打了一会儿盹。 ⓲ 나이가 많아지다. ◆ 上。 ¶아이는 나이가 들수록 병치레가 잦아졌다. =越是上了年纪，就越容易得病。 ⓳ 음식, 열매 등이 익어서 맛이 좋아지다. ◆ 入味。 ¶김치가 맛이 들다. =泡菜入味了。 ⓴ 몸에 병이나 증상이 생기다. ◆ 患，得，闹，染上。 ¶가축이 병이 들어 걱정이 크다. =因为家畜得病了，所以非常担心。 ㉑ 의식이 돌아오다. ◆ 有，怀有。 ¶그는 자꾸 잡념이 들어서 괴롭다고 한다. =他说，因为经常有杂念，所以很烦闷。 ㉒ 버릇이나 습관이 몸에 배다. ◆ 养成。 ¶그 아이는 거짓말을 하는 나쁜 버릇이 들었다. =那个孩子养成了撒谎的坏习惯。 ㉓ 아이나 새끼를 가지다. ◆ 怀。 ㉔ 뿌리나 열매가 속이 차서 단단해지다. ◆ 结，饱，成熟。 ¶무가 속이 들다. =萝卜成熟了。 ㉕ 남을 위해 어떤 일이나 행동을 하다. ◆ 伺候。 ¶아버님의 시중을 들다. =侍侯父亲。 ㉖ 장가를 가다. ◆ 娶妻，娶媳妇。 ¶그는 초등학교 동창생에게 장가를 들었다. =他娶了小学同学为妻。 ㉖ 셋집을 얻어 살다. ◆ 租住，租房。 ¶선배 집에 월세를 들다. =租住前辈的房子。

들들【부사】副 ❶ 콩이나 깨 따위를 휘저으며 볶거나 맷돌에 거칠게 가는 모양. ◆ 呼啦呼啦，呜噜呜噜。 ¶콩을 맷돌에 들들 갈다. =呜噜呜噜地磨豆子。 ❷ 남을 몹시 못살게 구는 모양. ◆ 纠缠。 ¶사람을 들들 못살게 굴지 좀 마라. =不要弄得人家鸡犬不宁。

들뜨다【동사】动 ❶ 마음이나 분위기가 가라앉지 아니하고 조금 흥분되다. ◆ 浮动，陶醉。 ¶축제 기분에 들뜨다. =陶醉在庆祝的气氛中。 ❷ 단단한 데에 붙은 얇은 것이 떨어져 틈이 벌어지며 일어나다. ◆ (粘着的东西)翘起来。 ¶비가 새서 벽지가 들떴다. =漏雨了，墙纸翘了起来。 ❸ 살빛이 누렇고 부석부석하게 되다. ◆ 浮肿。 ¶아파서 들뜬 얼굴. =因为生病而浮肿的脸。

들락거리다【동사】자꾸 들어왔다 나갔다 하다. ◆ 动进进出出。 ¶쓸데없이 사무실에 들락거리지 마시오. =不要在办公室里进进出出做无用功。

들락날락【부사】자꾸 들어왔다 나갔다 하는 모양. ◆ 副进进出出。 ● 들락날락하다, 들락대다, 들랑거리다 ●

들랑날랑【부사】자꾸 들어왔다 나갔다 하는 모양. ◆ 副进进出出地。 ● 들랑날랑하다 ●

들러리【명사】名 ❶ 서양식 결혼식에서 신랑이나 신부를 식장으로 인도하고 거들어 주는 사람. 신랑에게는 남자가, 신부에게는 여자가 선다. ◆ 伴娘，伴郎。 ¶친구의 결혼식에 들러리를 섰다. =在朋友的婚礼上当伴郎。 ❷ 어떤 일을 할 때 일의 주체가 아닌 곁따르는 노릇이나 사람을 비유적으로 이르는 말. ◆ 下手，跟班，随从。 ¶그는 아직은 진행이 미숙해 들러리 진행자 역할밖에 못하고 있다. =他现在的主持水平还不行，只能给司仪打个下手。

들러붙다【동사】动 ❶ 끈기 있게 철썩 붙다. ◆ 粘，粘着，附着。 ¶찰떡이 입에 들러붙다. =年糕粘在嘴上。 ❷ 한곳에 머물러 자리를 뜨지 않다. ◆ 待(在

一个地方)。¶책상에 꼭 들러붙어 공부만 한다. =一直伏在桌子上看书。❸ 어떤 일에 몹시 열중하다. ◆热衷，埋头。¶글쓰기에 들러붙다. =热衷写作。❹ 사람이나 동물이 끈기 있게 붙어 따르다. ◆依附，抱着。¶아기는 곰 인형에 들러붙어서 한시도 떨어지지 않았다. =小孩抱着玩具熊，一刻都不松手。

들려주다【동사】소리나 말을 듣게 해 주다. ◆ 动告诉，让……听，给……听。¶사람들에게 음악을 들려주다. =让人们听音乐。

들르다【동사】지나는 길에 잠깐 들어가 머무르다. ◆ 动暂住，顺便去。¶친구 집에 들르다. =顺便到朋友家。

들리다[1]【동사】'듣다'의 피동사. ◆ 动听见，听到("듣다"的被动形态)。¶어디서 음악 소리가 들린다. =听到附近什么地方有音乐声。

들리다[2]【동사】动 '들다'의 피동사. ◆ 被……提起。¶양손에 보따리가 들리다. =两手拎着包袱。

들리다[3]【동사】'듣다'의 사동사. ◆ 动让……听见("듣다"的使动形态)。¶아이들에게 재미있는 이야기를 들렸더니 너무 좋아한다. =孩子们听到有趣的故事都非常高兴。

들리다[4]【동사】动 병이 걸리다. ◆ 患病。¶그는 심한 폐렴에 들렸다. =他得了很严重的肺炎。

들먹거리다【동사】动 ❶ 무거운 물체 따위가 자꾸 들렸다 내려앉았다 하다. 또는 그렇게 되게 하다. ◆ 晃动，掀动。¶세찬 바람에 바위까지 들먹거린다. =飓风把岩石都掀起来了。❷ 마음이 자꾸 설레다. 또는 그렇게 되게 하다. ◆ 跳动，激荡。¶난리가 났다는 말에 있는 사람이나 없는 사람이나 다 들먹거렸다. =听到那边乱套了的消息，无论在不在场，人们都开始激动起来。❸ 말할 듯이 입술이 자꾸 열렸다 닫혔다 하다. 또는 그렇게 되게 하다. ◆ 翕动，嗫嚅。¶그는 할 말이 있는 듯 한참 동안 입술만 들먹거리시다가 끝내는 한숨만 내쉬는 것이었다. =他嗫嚅了一会儿，好像有话要说，但最终只是叹了一口气。❹ 자꾸 남에 대하여 들추어 말하다. ◆ 挑剔。¶그는 남의 단점을 아무렇지 않게 들먹거린다. =他不随意挑剔别人的缺点。❺ 가격이 오르려는 기세를 자꾸 보이다. ◆ 上涨，攀升。¶물가가 들먹거리다. =物价上涨。● 들먹대다 ●

들먹들먹【부사】副 ❶ 무거운 물체 따위가 자꾸 들렸다 내려앉았다 하는 모양. ◆ 晃动，掀动。❷ 어깨나 엉덩이 따위가 자꾸 들렸다 놓였다 하는 모양. ◆ 耸动，一抽一抽。❸ 마음이 자꾸 설레는 모양. ◆ 跳动，激荡起伏。¶결혼을 앞두고 마음이 들먹들먹 들뜬다. =婚礼日期临近，心潮澎湃。❹ 말할 듯이 입술이 자꾸 열렸다 닫혔다 하는 모양. ◆ 翕动，嗫嚅。¶그는 아직 결심이 서지 않은 듯 입술만 들먹들먹 움직였다. =他好像还没有下定决心，只是嘴唇在翕动着。❺ 가격이 오르려는 기세를 자꾸 보이다. ◆ 上扬，上涨，攀升。¶공공요금이 들먹들먹 오르려 하고 있다. =公共支出持续上涨。● 들먹들먹하다 ●

들먹이다【동사】动 ❶ 무거운 물체 따위가 자꾸 들렸다 내려앉았다 하다. 또는 그렇게 되게 하다. ◆ 晃动，掀动。¶집의 기초가 들먹이다. =地基晃动。❷ 어깨나 엉덩이 따위가 자꾸 들렸다 놓였다 하다. 또는 그렇게 되게 하다. ◆ (肩、臀等)耸动，抽动。¶어깨가 들먹이고 있는 것으로 보아 아직 살아 있는 것이 분명했다. =看他肩膀还在抽动，很明显还活着。❸ 마음이 자꾸 설레다. 또는 그렇게 되게 하다. ◆ 跳动，激荡。❹ 말할 듯이 입술이 자꾸 열렸다 닫혔다 하다. 또는 그렇게 되게 하다. ◆ 翕动，嗫嚅。¶무슨 말인가를 하려는 듯이 그녀의 입술이 들먹였다. =她的嘴唇翕动着，像是要说什么话似的。❺ 자꾸 남에 대하여 들추어 말하다. ◆ 挑剔。¶남의 실수를 들먹이다. =讽刺别人的错误。❻ 가격이 오르려는 기세를 보이다. ◆ (价格)上扬，上涨，攀升。¶요즘 호황으로 주가가 들먹이고 있다. =由于近期经济形势好转，股价正在上涨。

들볶다【동사】까다롭게 굴거나 잔소리를 하거나 하여 남을 못살게 굴다. ◆ 动折磨，折腾，纠缠。¶부하를 들볶다. =折腾下属。

들소【명사】야생의 소를 통틀어 이르는 말. ◆ 名野牛。

들숨【명사】들이쉬는 숨. ◆ 名吸气。

들썩【부사】붙어 있던 물건이 쉽게 떠들리는 모양. ◆ 副 (粘着的东西)翘起，鼓起。¶언덕을 넘으면서 차가 들썩 요동(搖動)쳤다. =越过山坡时，车身晃动了一下。

들썩거리다【동사】动 ❶ 묵직한 물건이 자꾸 떠들렸다 가라앉았다 하다. 또는 그렇게 되게 하다. ◆ 呼扇，掀动，跳动。¶처마가 들썩거릴 정도로 쩌렁쩌렁한 목소리. =震得屋檐直抖的洪亮嗓音。❷ 마음이 자꾸 들떠서 움직이다. 또는 그렇게 하다. ◆ (心神)不定，动心。¶그녀 때문에 마음이 자꾸 들썩거려 잠을 이룰 수 없다. =一想到她就心神不定，难以入眠。● 들썩대다 ●

들썩들썩【부사】副 ❶ 묵직한 물건이 자꾸 떠들렸다 가라앉았다 하는 모양. ◆ 晃动，跳动。¶아이들이 이리저리 뛰어다닐 때마다 구들바닥이 들썩들썩 움직였다. =每当孩子们在炕上乱蹦乱跳的时候，炕面总是会晃动。❷ 시끄럽고 부산하게 움직이는 모양. ◆ 喧闹，乱哄哄。¶괴괴(怪怪)하게 가라앉았던 집에 들썩들썩 활기가 넘쳤다. =原本安静的家里一下子喧闹了起来。● 들썩들썩하다, 들썩이다, 들썩하다 ●

들썽거리다【동사】가라앉지 않고 어수선하게 자꾸 들뜨다. ◆ 动荡漾，心神不定。¶풍문(風聞)으로 마을 사람들이 들썽거렸다. =村民们被传闻搞得心神不定。● 들썽대다 ●

들썽들썽【부사】가라앉지 않고 자꾸 어수선하게 들뜨는 모양. ◆ 副荡漾，心神不定。● 들썽들썽하다, 들썽하다 ●

들쑤시다【동사】动 ❶ 남을 성가시게 조르거나 가만히 있지 못하게 하다. ◆ 缠人，折腾人。¶분위기를 들쑤시다. =挑起事端。 ❷ 무엇을 찾으려고 샅샅이 헤치며 어지럽히다. ◆ 乱翻，乱捅。 ¶반지를 찾으려고 온 집안을 들쑤셔 놓았다. =为了找戒指，把家里翻了个底朝天。 ❸ 찌르듯이 아픈 느낌이 들다. ◆ 刺痛。 ¶어제는 머리가 들쑤셔 아무 일도 못했다. =昨天头刺痛得什么都干不了。

들쑥날쑥 【부사】 들어가기도 하고 나오기도 하여 가지런하지 않은 모양. ◆ 副高低不一，参差不齐，起伏不平。 ¶냇가에는 크고 작은 돌들이 들쑥날쑥 널려 있다. =小河边散布着大大小小、高低不一的石头。 ● 들쑥날쑥하다 ●

들어가다 【동사】 动 ❶ 밖에서 안으로 향하여 가다. ◆ 入，进。 ¶물속에 들어가다. =入水。 ❷ 전기, 수도 등의 시설이 설치되다. ◆ (电力、自来水等)接通。 ¶이 마을에 수도가 들어갈 계획이다. =计划给这个村子接通自来水。 ❸ 새로운 상태나 시기가 시작되다. ◆ 进入，转入，踏进。 ¶동면기에 들어가다. =进入冬眠期。 ❹ 어떤 일에 돈, 노력, 물자 등이 쓰이다. ◆ (钱，物资、劳力等)花费，投。 ¶결혼식에는 돈이 적잖이 들어갔다. =婚礼花了不少钱。 ❺ 어떤 것의 안에 끼워 넣어지다. ◆ 插入。 ¶그림이 많이 들어간 책. =插图众多的书。 ❻ 어떤 단체에 소속되다. ◆ 入，加入，参加。 ¶군대에 들어가다. =参军。 ❼ 어떤 범위나 기준 안에 포함되다. ◆ 列入，纳入。 ¶고전에 들어가는 작품. =列入经典的作品。 ❽ 말이나 글의 뜻이 머릿속에 남도록 이해되다. ◆ 易懂，理解。 ¶이 선생님은 머리에 쏙쏙 들어가게 설명을 하신다. =李老师的讲解简洁易懂。 ❾ 물체의 겉면이 안으로 우묵하게 되다. ◆ 塌陷，凹进去。 ¶움푹 들어간 볼. =深凹的面颊。 ❿ 분명하게 드러났던 현상이 사라지다. ◆ 减弱，消失。 ¶요즘은 행정 수도 이전 논의가 들어가 버렸다. =近来，关于行政首都迁移的讨论消声匿迹了。 ⓫ 학문, 지식 등을 알아 가다. ◆ (对知识、学问等)认识加深。 ¶이 분야는 깊이 들어가면 들어갈수록 점점 더 어려워진다. =这个领域越深入越困难。 ⓬ 옷, 신발 등이 몸에 맞다. ◆ (衣服、鞋等)合适，合身。 ¶살이 쪄서 바지가 안 들어간다. =长胖了，裤子不合身了。

들어내다 【동사】 물건을 들어서 밖으로 옮기다. ◆ 动拿出来，搬出来，掏出来。 ¶방에서 이삿짐을 들어내다. =把搬家的行李从房间里搬出来。

들어맞다 【동사】 정확히 맞다. ◆ 动合适，符合；说中，猜中，应验。 ¶예상이 그대로 들어맞다. =预料应验了。

들어붓다 【동사】 动 ❶ 비 따위가 퍼붓듯이 쏟아지다. ◆ 倾泻。 ¶들어붓던 비가 금세 멈췄다. =倾盆大雨刚刚停下。 ❷ 담긴 물건을 들어서 붓다. ◆ 倒，倾注。 ¶가마솥에 물통의 물을 들어붓다. =把水桶里的水倒进铁锅里。 ❸ 술을 퍼붓듯이 마시다. ◆ 狂喝，狂饮。 ¶그는 기분이 나빠서 독한 술을 마구 들어부었다. =他心情不好，狂喝烈酒。

들어붙다 【동사】 动 ❶ 끈기 있게 철썩 붙다. ◆ 粘着，附着。 ¶바짓가랑이에 진흙이 들어붙다. =裤腿上粘着黄泥。 ❷ 한곳에 머물러 자리를 뜨지 않다. ◆ 老待在一个地方。 ¶방안에 들어붙어 소설을 쓰다. =老待在屋里写小说。 ❸ 어떤 일에 몹시 열중하다. ◆ 埋头，热衷。 ¶원고 작성에 들어붙은 연구진들. =埋头写稿的研究小组。

들어서다 【동사】 动 ❶ 밖에서 안쪽으로 옮겨 서다. ◆ 走进，进入，踏进。 ¶마을 어귀에 들어서다. =走进村口。 ❷ 어떤 상태나 시기가 시작되다. ◆ 进入，跨进，走上。 ¶장마철에 들어서다. =进入雨季。 ❸ 어떤 곳에 자리 잡고 서다. ◆ 坐落。 ¶강변에 아파트가 들어서다. =公寓坐落在河边。 ❹ 정부나 왕조, 기관 따위가 처음으로 세워지다. ◆ 建立，成立。 ¶새 정부가 들어서다. =新政府成立。 ❺ 아이가 뱃속에 생기다. ◆ 怀(孩子)，有(孩子)。 ¶아무래도 며느리에게 아이가 들어선 것 같아요. =无论怎么看，儿媳都像是怀了孩子。

들어앉다 【동사】 动 ❶ 밖에서 안으로 또는 뒤에서 앞으로 옮겨 앉다. ◆ 进去坐。 ¶골목으로 좀 들어앉은 기와집. =坐落在小巷深处的瓦房。 ❷ 어떤 지위나 역할을 차지하다. ◆ 成为(占据某种位置)。 ¶회장은 자기 아들을 사장 자리에 들어앉혔다. ❸ 일정한 곳에 자리를 잡다. ◆ 坐落。 ❹ 바깥 활동을 그만두고 집에 있다. ◆ (不参加社会活动和工作)待在家里。 ¶그는 정년 퇴임 후 집에 들어앉았다. =他退休在家。

들어오다 【동사】 动 ❶ 일정한 지역이나 공간의 범위와 관련하여 그 밖에서 안으로 이동하다. ◆ 进来，走进来。 ¶배에 물이 들어오다. =船进水。 ❷ 수입 따위가 생기다. ◆ 收入，进账。 ¶들어오는 돈과 나가는 돈. =收入和开销。 ❸ 전기나 수도 따위의 시설이 설치되다. ◆ (电力、自来水等)接通。 ¶우리 마을에 수도가 들어왔다. =我们村通上自来水了。 ❹ 어떤 단체의 구성원이 되다. ◆ 加入，参加。 ¶극단에 새로 들어온 사람. =新加入剧团的人。 ❺ 일정한 범위나 기준 안에 소속되거나 포함되다. ◆ 进入，列入，纳入。 ¶21세기에 들어오다. =进入21世纪。 ❻ 말이나 글의 내용이 이해되어 기억에 남다. ◆ 易懂，理解，学进去。 ¶걱정이 되어 책을 읽어도 머리에 들어오지 않는다. =放心不下，书也看不进去。

들어주다 【동사】 부탁이나 요구 따위를 받아들이다. ◆ 动听取，答应。

들어차다 【동사】 많이 들어서 가득 차다. ◆ 动装满，挤满。 ¶욕조에 물이 가득 들어차다. =浴池里灌满了水。

들여가다 【동사】 动 ❶ 밖에서 안으로 가져가다. ◆ 拿进去，搬进去。 ¶밥상을 방에 들여가다. =把饭桌搬进屋。 ❷ 물건을 사서 집으로 가져가다. ◆ 买回，买来。 ¶쌀을 들여가다. =买回大米。

들여놓다 【동사】 动 ❶ 밖에서 안으로 갖다 놓다. ◆ 放进去，搬进去。 ¶날씨가 추워져 화분을 실내에 들여놓았다. =天气变冷了，把花盆搬进了屋。 ❷ 밖에서 안으로 들어오게 하다. ◆ 踏进，跨入。 ¶다시는 내 집에 발도 들여놓지 마라. =不要踏进我

家半步。 ❸ 물건을 사서 집에 가져다 놓다. ◆ 买回来。 ¶냉장고를 새로 들여놓다. =买了新冰箱。 ❹ 어떤 일에 관계하거나 진출하다. ◆ 步入，涉足。 ¶정치에 발을 들여놓다. =涉足政界。

들여다보다 【동사】 动 ❶ 밖에서 안을 보다. ◆ 窥视，往里看。 ¶방안을 들여다보다. =往屋里看。 ❷ 가까이서 자세히 살피다. ◆ 仔细看，端详。 ¶책상에 놓인 사진을 들여다보다. =仔细端详桌子上的照片。 ❸ 어디에 들러서 보다. ◆ 顺便看，探视。 ¶입원 중인 친구를 들여다보다. =顺道探望住院的朋友。● 들여다보이다, 들여다뵈다 ●

들여보내다 【동사】 动 ❶ 안이나 속으로 들어가게 하다. ◆ 送进，放进。 ¶술상을 방안에 들여보내다. =把酒桌送进屋里。 ❷ 어떤 단체나 조직 따위의 구성원이 되게 하다. ◆ 送进，送入。 ¶딸을 대학에 들여보내다. =供女儿上大学。

들여오다 【동사】 밖에서 안으로 가져오다. ◆ 动拿进来，带进来，端进来。 ¶그가 직접 밥상을 방안에 들여왔다. =他直接把饭桌端进了房里。

들이[1]- 【접사】 '몹시', '마구', '갑자기'의 뜻을 더하는 접두사. ◆ 前缀用力；乱，胡乱；突然，忽然。 ¶들이꽂다. =用力插。

-들이[2] 【접사】 '그만큼 담을 수 있는 용량'의 뜻을 더하는 접미사. ◆ 前缀(接在名词短语之后，表示能盛一定分量的)器皿。 ¶1리터들이. =能盛一公升的器皿。

들이닥치다 【동사】 가까이 바싹 다다르다. ◆ 动碰到，遇到；突然来到，不期而至。

들이대다[1] 【동사】 바싹 가져다 마주 대다. ◆ 动靠近，贴紧。 ¶코앞에 총을 들이대다. =把枪紧贴在鼻尖上。

들이대다[2] 【동사】 마구 대들다. ◆ 动反驳，顶撞。 ¶나는 그 사람에게 그런 법이 어디 있느냐고 들이대었다. =我反驳那人说，那怎么可能!

들이마시다 【동사】 动 ❶ 물이나 술 따위를 목구멍으로 마구 넘기다. ◆ 猛喝；吸入。 ¶물 한 사발을 쭉 들이마시고 나니 이제야 살 것 같다. =猛喝了一碗水之后好像才缓过劲儿来。 ❷ 공기나 냄새 따위를 입이나 코로 빨아들이다. ◆ 吸入。 ¶신선한 공기를 들이마시다. =吸入新鲜空气。

들이밀다 【동사】 动 ❶ 안으로 밀어 넣거나 들여보내다. ◆ 向里推。 ¶그는 김치를 찢어서 입 속에 들이밀고는 우걱우걱 씹었다. =他撕了点泡菜塞进嘴里，咯吱咯吱地嚼。 ❷ 바싹 갖다 대다. ◆ 送进，往里送，往里探。 ❸ 어떤 일에 돈이나 물건 따위를 제공하다. ◆ 投下，押。 ¶노름에 전 재산을 들이밀다. =把全部家产都押到赌博上。 ❹ 어떤 문제를 제기하다. ◆ 提出。 ¶이런 문제를 상부에 들이밀었다가 무슨 봉변을 당하려고 그래. =竟敢向上级提出这种问题，想惹什么祸哪!

들이박다 【동사】 动 ❶ 머리 따위를 세차게 부딪치다. ◆ (用头)顶，撞。 ❷ 마구 덤비거나 대들다. ◆ 顶撞。

들이받다 【동사】 动 ❶ 머리를 들이대어 받다. ◆ (用头)顶，撞。 ¶한눈팔다가 머리를 기둥에 들이받았다. =一不留神脑袋就撞到柱子上了。 ❷ 함부로 받거나 부딪다. ◆ 乱撞，乱碰。 ¶버스가 교각을 들이받는 사고가 있었다. =发生了公共汽车乱撞桥墩的事故。

들이붓다 【동사】 마구 붓다. ◆ 动倾泻。 ¶소나기가 양동이로 물을 들이붓듯이 쏟아졌다. =骤雨倾盆而下。

들이쉬다 【동사】 숨을 몸 안으로 들여보내다. ◆ 动吸气，呼吸。 ¶숨을 깊이 들이쉬다. =深呼吸。

들이치다[1] 【동사】 손이나 발로 마구 치다. 또는 들이닥치며 몹시 세차게 공격하다. ◆ 动猛打，猛攻，攻打。

들이치다[2] 【동사】 비나 눈 따위가 안쪽으로 뿌리다. ◆ 动 (风、雨、雪等)向里吹打。 ¶비바람이 유리창에 들이치다. =风雨吹打着玻璃窗。

들이켜다 【동사】 动 ❶ 물 따위를 세게 들이마시다. ◆ 痛饮，狂灌。 ¶막걸리를 죽 들이켜다. =一口气灌完了马格利酒。 ❷ 공기나 숨 따위를 몹시 세차게 들이마시다. ◆ (空气)吸入，大口地吸。

들일 【명사】 들에서 하는 일. ◆ 名农活。 ¶들일을 나가다. =出去干农活。

들입다 【부사】 세차게 마구. ◆ 副使劲。 ¶들입다 뛰다. =使劲跳。

들장미(-薔薇) 【명사】 장미과의 낙엽 활엽 관목. ◆ 名野蔷薇。

들쥐 【명사】 '멧밭쥐'를 일상적으로 이르는 말. ◆ 名田鼠。

들짐승 【명사】 들에서 사는 짐승. ◆ 名平原上的野兽。 ¶들짐승을 사냥하다. =捕猎平原上的野兽。

들쩍지근하다 【형용사】 조금 들큼한 맛이 있다. ◆ 形稍甜，微甜。 ¶시금털털하고 들쩍지근한 막걸리. =酸酸甜甜的马格利酒。● 들척지근하다 ●

들쭉날쭉 【부사】 들어가기도 하고 나오기도 하여 가지런하지 않은 모양. ◆ 副参差不齐，凹凸不平，高高低低。 ¶들쭉날쭉 솟은 봉우리. =高高低低的山峰。● 들쭉날쭉하다 ●

들추다 【동사】 动 ❶ 속이 드러나게 들어 올리다. ◆ 掀起，掀开。 ¶이불을 들추다. =掀起被子。 ❷ 무엇을 찾으려고 자꾸 뒤지다. ◆ 翻找，翻弄。 ¶요리책을 들춰 가며 만든 음식. =照着菜谱做出来的饭菜。 ❸ 지난 일이나 잊은 일 따위를 끄집어내어 드러나게 하다. ◆ 揭露，揭发，揭穿。 ¶남의 결점을 들추다. =揭别人的短。

들추어내다 【동사】 动 ❶ 속을 파헤쳐 모조리 끄집어내다. ◆ 翻找，查找，搜。 ¶병사들로 하여금 천막 속에 있는 군중들에게서 무기를 들추어내게 하였다. =命令士兵们搜出群众身上的武器。 ❷ 결함이나 잘못 따위를 따져서 드러나게 하다. ◆ 揭露，揭发，揭穿。 ¶회사의 비리를 들추어내다. =揭露公司的不正之风。 ❸ 숨은 일, 지난 일, 잊은 일 따위를 따져서 알아내다. ◆ 翻出(旧事、秘事、遗忘的事等)。 ¶과거의 기억들을 들추어내다. =翻出过去的旧事。● 들춰내다 ●

들키다【동사】动 ❶ 숨기려던 것을 남이 알아채다. ◆ 暴露，被发现，被察觉。¶그는 형사에게 자신의 정체를 들키고 말았다. =他终究被刑警发现了真实身份。❷ 숨기려던 것을 남이 알게 되다. ◆ 被发觉，被发现，被察觉。¶소년은 지갑을 훔치려다가 주인에게 들켰다. =少年想偷钱包，被钱包的主人察觉了。

들통【명사】비밀이나 잘못이 드러난 판국. ◆ 名露底，暴露。¶들통을 내다. =露底。

들판【명사】들을 이룬 벌판. ◆ 名田野，原野。¶끝없이 펼쳐진 들판. =一望无际的广阔田野。

들풀【명사】들에서 절로 나는 풀을 통틀어 이르는 말. ◆ 名野草。¶들풀은 작지만 아름답다. =野草虽小，却很美丽。

듬뿍【부사】副 ❶ 여럿이 다 또는 넘칠 정도로 매우 가득하거나 수북한 모양. ◆ 满满地，满满当当地。¶정이 듬뿍 담긴 위로의 말. =充满感情的宽心话。❷ 매우 수북한 모양. 먹이나 칠 따위를 매우 충분히 묻힌 모양. ◆ (墨、漆等)满满地。¶붓에 먹을 듬뿍 묻혀 글씨를 쓰다. =用毛笔蘸了浓墨写字。

듬성듬성【부사】드물고 성긴 모양. ◆ 副稀疏，疏疏落落。¶바위가 듬성듬성 박힌 산. =岩石稀疏散布的山脉。● 듬성듬성하다, 듬성하다 ●

듬직하다【형용사】形 ❶ 사람됨이 믿음성 있게 묵직하다. ◆ 稳重，沉着。¶어린 나이에도 듬직하고 의젓해 보였다. =小小年纪就显得成熟稳重。❷ 사물이 크고 묵직하여 굳건하다. ◆ 健壮，坚硬。¶그는 멋지게 보이는 군복에 듬직한 군화를 신었고… =他身穿帅气的军服，脚蹬坚硬的军靴……● 듬직이 ●

-듯【어미】'듯이'(뒤 절의 내용이 앞 절의 내용과 거의 같음을 나타내는 연결 어미)의 준말. ◆ 词尾 듯이的略语。¶땀이 비 오듯 쏟아졌다. =汗如雨下。

듯【의존 명사】依名 ❶ '듯이'의 준말. ◆ "듯이"的略语。¶아기는 아버지를 빼다 박은 듯 닮았다. =父子二人就像是一个模子刻出来的。❷ 그런 것 같기도 하고 그렇지 아니한 것 같기도 함을 나타내는 말. ◆ (以은 듯 만 듯, 는 듯 마는 듯, 을 듯 말 듯等结构出现，表示不确切性、模糊性或近似性)似……非。¶잠을 잔 듯 만 듯 정신이 하나도 없다. =似睡非睡，无精打采。

듯싶다 [보조 형용사] '것 같다'의 뜻으로 주관적 추측의 뜻을 나타내는 말. ◆ 补形 (用于-ㄴ, -은, -는, -ㄹ, -을等词尾之后)好像是，大概是，可能是。¶그녀는 아마 대학생인 듯싶다. =她好像是大学生。

-듯이[1]【어미】뒤 절의 내용이 앞 절의 내용과 거의 같음을 나타내는 연결 어미. ◆ 词尾 (接于이다的词干、谓词的词干或으시, 었, 겠之后，表示比喻或者情态)像，好像，就像，好似。¶거대한 파도가 일듯이 사람들의 가슴에 분노가 일었다. =人们心中的愤怒就像巨浪一样翻腾起来。

듯이[2]【의존 명사】짐작이나 추측의 뜻을 나타내는 말. ◆ 依名(表示推测、比喻或者情态)像，好像，好似。¶뛸 듯이 기뻐하다. =高兴得像要跳起来。

듯하다 [보조 형용사] 앞말이 뜻하는 사건이나 상태 따위를 짐작하거나 추측함을 나타내는 말. ◆ 补形(用于动词、形容词或者이다的冠词形之后，表示推测、比喻或者情态)像，好像，好似。¶지금 그 나라는 겉보기에는 발전하는 듯하지만 실상은 그렇지 않다. =现在那个国家表面看起来好像在发展，事实并非如此。

등[1]**(等)**【의존 명사】등급이나 석차를 나타내는 말. ◆ 依名等。¶일등. =一等，第一名。

등[2]**(燈)**【명사】불을 켜서 어두운 곳을 밝히거나 신호를 보내는 기구. ◆ 名灯。¶등을 달다. =挂灯。

등[3]**(等)-**【접사】'같은'의 뜻을 더하는 접두사. ◆ 前缀(用于部分名词之前)相同，相等。¶등거리. =等距离。

등[4]【명사】사람이나 동물의 몸통에서 가슴과 배의 반대쪽 부분. ◆ 名背，背部，脊背，脊梁。¶등을 긁다. =挠背。

등거리(等距離)【명사】같은 거리. ◆ 名等距离。¶등거리 사격. =等距离射击。

등고선(等高線)【명사】지도에서 해발 고도가 같은 지점을 연결한 곡선. 평면도에 땅의 높고 낮음을 표시하는 가장 좋은 방법이다. ◆ 名等高线。¶중대장은 지도의 등고선을 확인하고 보초병을 배치했다. =连长确定了地图的等高线后，安排了哨兵。

등골[1]【명사】등 한가운데로 고랑이 진 곳. ◆ 名脊梁沟。¶등골에 땀이 흘러내리다. =汗水滑过脊梁沟。

등골[2]【명사】척추동물의 척주(脊柱)를 이루는 여러 개의 추골. ◆ 名脊梁骨，脊椎；脊髓。¶등골이 휘게 일을 했다. =拼死拼活地做事。

등교(登校)【명사】학생이 학교에 감. ◆ 名上学。¶등교 시간. =上学时间。● 등교하다(登校--) ●

등극(登極)【명사】임금의 지위에 오름. ◆ 名登基，即位。● 등극하다(登極--) ●

등급(等級)【명사】높고 낮음이나 좋고 나쁨 따위의 차이를 여러 층으로 구분한 단계. ◆ 名等级，级别，档次。¶등급을 매기다. =划定等级。

등기(登記)【명사】국가 기관이 법정 절차에 따라 등기부에 부동산에 관한 일정한 권리관계를 적는 일. 또는 적어 놓은 것. 부동산에 관한 권리 변동의 요건이 된다. ◆ 名登记，注册。¶가옥 등기. =住宅登记。

등기부(登記簿)【명사】부동산에 관한 권리관계를 적어 두는 공적 장부(公的 帳簿). 토지 등기부와 건물 등기부의 두 가지가 있다. ◆ 名登记簿，注册簿。¶등기부 사본. =登记簿副本。

등기 우편(登記郵便)【명사】우편물 특수 취급의 하나. 우체국에서 우편물의 안전한 송달을 보증하기 위하여 우편물의 인수·배달 과정을 기록한다. ◆ 名挂号信。

등나무(藤--)【명사】콩과의 낙엽 관목. ◆ 名藤，山藤。

등단(登壇)【명사】名 ❶ 연단(演壇)이나 교단(敎壇) 같은 곳에 오름. ◆ 登台，上台。❷ 어떤 사회적 분야에 처음으로 등장함. 주로 문단(文壇)에 처음으로 등장하는 것을 이른다. ◆ 登上，步入。 ¶나는 소설가로 공식적인 등단을 한 그 이듬해인 1980년부터 직업 작가로 살아왔다. =从作为小说家正式步入文坛的第二年也就是1980年开始，我成为了一名职业作家。● 등단하다(登壇--) ●

등대(燈臺)【명사】 名 ❶ 항로 표지의 하나. ◆(海洋)灯塔。 ¶등대를 지키다. =守护灯塔。 ❷ '나아가야 할 길을 밝혀 줌'을 비유적으로 이르는 말. ◆〈喻〉灯塔，明灯。 ¶희망은 어두운 삶에 빛을 밝혀 주는 등대와 같다. =希望就如同照亮黑暗生活的明灯。

등대지기(燈臺--)【명사】 등대를 지키는 사람. ◆ 名灯塔看守。

등등(等等)【의존 명사】 그 밖의 것을 줄임을 나타내는 말. ◆ 依名等等。 ¶농산물 도매 시장에는 사과·배·귤 등등의 온갖 과일이 넘친다. =农产品批发市场里到处是苹果、梨、橘子等水果。

등등하다(騰騰--)【형용사】 기세가 무서울 만큼 높다. ◆ 形腾腾，汹汹。

등락(騰落)【명사】 물가의 오름과 내림. ◆ 名涨落，升跌，起伏。 ¶올해 들어 주가가 연일 등락을 거듭하고 있다. =今年以来，股票价格总是涨涨跌跌。 ● 등락하다(騰落--) ●

등록(登錄)【명사】 일정한 법률 사실이나 법률관계를 공증하기 위하여 행정관서나 공공 기관 따위에 비치한 법정(法定)의 공부(公簿)에 기재하는 일. ◆ 名登记，注册。 ● 등록되다(登錄--), 등록하다(登錄--) ●

등록금(登錄金)【명사】 학교나 학원 따위에 등록할 때 내는 납입금. ◆ 名注册费，学费。 ¶등록금 고지서. =学费通知单。

등반(登攀)【명사】 높은 곳의 정상에 이르기 위하여 오름. ◆ 名攀登，登山。 ¶설악산 등반 대회. =雪岳山登山大赛。● 등반하다(登攀--) ●

등받이【명사】 의자에 앉을 때 등이 닿는 부분. ◆ 名靠垫，靠背。 ¶등받이가 없는 의자. =没有靠背的椅子。

등본(謄本)【명사】 원본의 내용을 전부 베낌. 또는 그런 서류. ◆ 名复印件。 ¶등기부 등본. =登记簿复印件。

등분(等分)【명사】 名 ❶ 분량을 똑같이 나눔. 또는 그 분량. ◆ 平分，均分。 ¶모임에 나온 사람 수대로 떡을 등분하였다. =根据参加聚会的人数均分打糕。 ❷ 같은 분량으로 나뉜 몫을 세는 단위. ◆ 等份。 ¶사과를 네 등분으로 자르다. =把苹果切成四等份。 ● 등분되다(等分--), 등분하다(等分--) ●

등불(燈-)【명사】 名 ❶ 등에 켠 불. ◆ 灯火，灯光。 ¶등불을 켜다. =开灯。 ❷ 앞날에 희망을 주는 존재를 비유적으로 이르는 말. ◆〈喻〉灯光，明灯。 ¶그분은 겨레의 등불이었다. =他是民族的明灯。

등뼈【명사】 '척추뼈'의 전 용어. ◆ 名脊梁骨，脊椎。

등산(登山)【명사】 운동·놀이·취미·탐험 따위의 목적으로 산에 오름. ◆ 名登山，爬山。 ¶등산을 가다. =去登山。● 등산하다(登山--) ●

등산복(登山服)【명사】 등산할 때에 입는 옷. ◆ 名登山服。 ¶여름에는 땀을 잘 흡수하고 통풍이 잘 되는 등산복이 좋다. =夏天最好选择吸汗、透气的登山服。

등수(等數)【명사】 등급에 따라 정한 차례. 또는 그 차례에 붙인 번호. ◆ 名等级，名次。 ¶등수를 매기다. =划定等级。

등식(等式)【명사】 수나 문자, 식에 등호를 써서 나타내는 관계식. ◆ 名等式。 ¶등식을 풀다. =解等式。

등신(等神)【명사】 나무·돌·흙·쇠 따위로 만든 사람의 형상이라는 뜻으로, 몹시 어리석은 사람을 낮잡아 이르는 말. ◆ 名〈贬〉傻瓜，笨蛋，蠢货。 ¶등신 같은 녀석. =傻瓜。

등심【명사】 소나 돼지의 등뼈에 붙은 연한 고기. ◆ 名 (牛、猪等的)里脊肉。 ¶등심을 구워 먹다. =烤里脊肉吃。

등쌀 【명사】 몹시 귀찮게 구는 짓. ◆ 名折磨，纠缠。 ¶탐관오리(貪官汚吏)의 등쌀에 시달리는 백성들. =饱受贪官污吏折磨的百姓们。

등용(登用/登庸)【명사】 인재를 뽑아서 씀. ◆ 名录用，任用，提拔。 ¶학벌이나 배경이 등용의 기준이 되어서는 안 된다. =不能让学历或者背景成为任用人才的标准。● 등용되다(登用--/登庸--), 등용하다(登用--/登庸--) ●

등용문(登龍門)【명사】 용문(龍門)에 오른다는 뜻으로, 어려운 관문을 통과하여 크게 출세하게 됨. 또는 그 관문을 이르는 말. ◆ 名登龙门，发迹的阶梯。 ¶각 일간지의 신춘문예는 젊은 소설가들의 등용문이다. =各个日报的"新春文艺"栏目是年轻小说家进入文坛的阶梯。

등위(等位)【명사】 名 ❶ 높고 낮음이나 좋고 나쁨 따위의 차이를 여러 층으로 구분한 단계. ◆ 等级，名次。 ¶그는 열심히 노력한 끝에 기말고사 성적에서 등위가 올랐다. =他不断努力，终于在期末考试中提高了名次。 ❷ 같은 위치. ◆ 同等位置，相同位置。 ¶두 상품을 등위에 놓았다. =把两个产品放在同等位置。

등유(燈油)【명사】 名 ❶ 원유를 증류할 때 150℃에서 280℃ 사이에서 얻어지는 기름. ◆ 煤油。 ¶등유값 인상. =提高煤油价格。 ❷ 등(灯)에 쓰는 기름. ◆ 灯油。

등잔(燈盞)【명사】 기름을 담아 등불을 켜는 그릇. ◆ 名灯盏。

등잔불(燈盞-)【명사】 등잔에 켠 불. ◆ 名灯火。 ¶희미하게 흔들리는 등잔불. =明灭摇曳的灯火。

등장(登場)【명사】 名 ❶ 무대나 연단 따위에 나옴. ◆ 登台，上场，上台。 ¶연사(演士)의 등장에 학생들은 박수를 쳤다. =学生们鼓掌欢迎演讲者上台。 ❷ 어떤 사건이나 분야에서 새로운 제품이나 현상, 인물 등이 세상에 처음으로 나옴. ◆ 出现，问世，上

市。❸ 연극·영화·소설 따위에 어떤 인물이 나타남. ◆ 出场，亮相。 ¶등장인물. =出场人物。● 등장하다(登場---) ●

등장인물(登場人物)【명사】연극, 영화, 소설 따위에 나오는 인물. ◆ 名剧中人物。

등재(登載)【명사】名 ❶ 일정한 사항을 장부나 대장에 올림. ◆ 记载，记录。 ❷ 서적 또는 잡지 따위에 실음. ◆ 刊登，发表。● 등재되다(登載--), 등재하다(登載--)】●

등정(登頂)【명사】산 따위의 꼭대기에 오름. ◆ 名登顶，登上顶峰。● 등정하다(登頂--) ●

등줄기【명사】등마루의 두두룩하게 줄이 진 부분. ◆ 名脊背，脊梁。 ¶긴장을 한 나머지 등줄기에서 땀이 주르르 흘러내렸다. =紧张得脊背上呼呼冒汗。

등지(等地)【의존 명사】지명 뒤에 쓰여 그 밖의 곳들을 줄임을 나타내는 말. ◆ 依名等地。 ¶경주, 부산 등지로 돌아다니다. =在庆州、釜山等地转悠。

등지다【동사】动 ❶ 서로 사이가 나빠지다. ◆ 闹翻，反目，不和。 ¶그는 사소한 말다툼 끝에 친구와 등지게 되었다. =他因为一场小争吵与朋友闹翻了。 ❷ 등 뒤에 두다. ◆ 靠，背靠，依靠。 ¶벽을 등지고 서다. =靠墙站。 ❸ 관계를 끊고 멀리하거나 떠나다. ◆ 背向，远离。 ¶고향을 등지다. =背井离乡。

등짐【명사】등에 진 짐. ◆ 名背负的东西。 ¶등짐을 지다. =背东西。

등치다【동사】옳지 못한 방법으로 남의 재물을 빼앗다. ◆ 动敲诈勒索。 ¶선량한 사람들을 등치다. =敲诈勒索善良的人们。

등판【명사】등을 이룬 넓적한 부분. ◆ 名背，脊背，脊梁。 ¶아버지의 등판은 노동으로 단련되었다. =父亲的脊背因劳动而受到了锻炼。

등판(登板)【명사】야구에서, 투수가 마운드에 서는 일. ◆ 名 (棒球)投球手上场。 ¶첫 등판 경기. =首次上场。● 등판하다(登板--) ●

등한시(等閑視)【명사】소홀하게 보아 넘김. ◆ 名忽视，忽略，等闲视之。 ¶그것은 등한시할 문제가 아니다. =那个问题不能等闲视之。● 등한시되다(等閑視--), 등한시하다(等閑視--) ●

등한하다(等閑--)【형용사】무엇에 관심이 없거나 소홀하다. ◆ 形忽视，忽略，不重视，漠不关心。 ¶자식의 교육에 등한한 부모. =不重视子女教育的父母。● 등한히(等閑-) ●

등호(等號)【명사】두 식 또는 두 수가 같음을 나타내는 부호 '='를 이르는 말. ◆ 名等号。

-디[1]【어미】형용사의 뜻을 세게 나타내기 위해 어간을 겹쳐 쓸 때 그 첫 줄기에 붙이는 연결 어미. ◆ 词尾 (接于部分形容词词干之后的连接词尾)表示强调。 ¶차디찬 손. =冰凉冰凉的手。

-디[2]【어미】과거 어느 때에 경험한 일에 대하여 물을 때 쓰는 종결 어미. ◆ 词尾 (接于谓词词干后的基本阶回忆疑问式终结词尾)表示疑问(-더냐, -더니的略语)。 ¶배가 그렇게 고프디? =肚子那么痛吗?

디디다【동사】动 ❶ 발을 올려놓고 서거나 발로 내리 누르다. ◆ 踏，踩，蹬。 ¶가볍게 계단을 디뎌도 삐걱거리는 소리가 났다. =轻轻地踩楼梯也会发出嘎吱嘎吱的声音。 ❷ 누룩이나 메주 따위의 반죽을 보자기에 싸서 발로 밟아 덩어리를 짓다. ◆ 做。 ¶도자기의 재료로 쓸 흙을 디디다. =做瓷泥。 ❸ 어려운 상황 따위를 이겨내다. ◆ (多以"디디고" 形态出现)战胜，克服。 ¶좌절을 디디고 일어서다. =战胜挫折，振作起来。

디딜방아【명사】발로 디디어 곡식을 찧거나 빻게 된 방아. ◆ 名踏碓，碓臼。 ¶그는 벼를 훑고 디딜방아를 찧었다. =他用踏碓舂打脱下的稻粒。

디딤돌【명사】名 ❶ 디디고 다닐 수 있게 드문드문 놓은 평평한 돌. ◆ 铺路石。 ¶여울의 얕은 곳을 따라 디딤돌이 띄엄띄엄 놓여 있었다. =铺路石零零星星地铺在浅滩里较浅的地方。 ❷ 마루 아래 같은 데에 놓아서 디디고 오르내릴 수 있게 한 돌. ◆ 垫脚石。 ¶디딤돌을 밟고 올라서다. =踏着垫脚石上去。 ❸ 어떤 문제를 해결하는 데에 바탕이 되는 것을 비유적으로 이르는 말. ◆ 基石，基础。 ¶양국의 관계 개선에 디딤돌을 마련하다. =为改善两国关系打下基础。

디밀다【동사】动 ❶ 안으로 또는 한쪽으로 밀거나 들여보내다. ◆ 向里推。 ¶이불 속에 다리를 디밀다. =把腿伸进被窝里。 ❷ 함부로 마구 밀다. ◆ 探头。 ¶그가 얼굴을 디밀며 따지기 시작했다. =他探了探头开始争论起来。

딛다【동사】动 ❶ 발을 올려놓고 서다. 발을 대고 누르다. ◆ 踩，踏。 ¶땅을 딛다. =踩在地上。 ❷ 어려운 상황 따위를 이겨내다. ◆ 战胜，克服。 ¶아픔을 딛고 일어서다. =战胜疼痛站了起来。

따갑다【형용사】形 ❶ 살갗이 따끔거릴 만큼 열이 높다. ◆ 热辣辣，火辣辣，烫。 ¶모래가 따가워 발을 디딜 수가 없다. =沙子晒得滚烫，不敢在上面走。 ❷ 살을 찌르는 듯이 아픈 느낌이 있다. ◆ 火辣辣的。 ¶가시에 찔린 손가락이 따갑다. =被刺扎了的指头火辣辣的。 ❸ 눈길이나 충고 따위가 매섭고 날카롭다. ◆ 尖锐，严厉，逼人。 ¶눈초리가 따갑다. =目光逼人。

따귀【명사】'뺨따귀'의 준말. ◆ 名脸颊(뺨따귀的略语)。 ¶따귀를 갈기다. =抽耳光。

따끈따끈하다【형용사】매우 따뜻하고 더운 느낌이다. ◆ 形热乎乎的。 ¶불을 많이 때서 방이 따끈따끈하다. =火炉烧得很旺，屋子里热乎乎的。● 따끈따끈 ●

따끈하다【형용사】조금 따뜻하고 더운 느낌이 있다. ◆ 形热，暖。 ¶녹차가 따끈하다. =绿茶微热。● 따끈히 ●

따끔거리다【동사】动 ❶ 따가울 정도로 매우 더운 느낌이 자꾸 들다. ◆ 热辣辣，火辣辣，烫。 ❷ 마음에 큰 자극을 받아 따가운 느낌이 자꾸 들다. ◆ 尖锐，严厉，逼人。 ❸ 찔리거나 꼬집히는 것처럼 아픈 느낌이 자꾸 들다. ◆ 火辣辣的。

따끔따끔하다【동사】动 ❶ 따가울 정도로 몹시 더운 느낌이 들다. ◆ 热辣辣，火辣辣，烫。 ❷ 마음에 큰 자극을 받아 잇따라 따가운 느낌이 들다. ◆ 尖

锐，严厉，逼人。❸ 찔리거나 꼬집히는 것처럼 자꾸 아픈 느낌이 들다. ◆ 火辣辣的。● 따끔따끔 ●

따끔하다【형용사】形 ❶ 따가울 정도로 몹시 덥다. ◆ 热辣辣，火辣辣，烫。❷ 마음에 큰 자극을 받아 따가운 느낌이 있다. ◆ 尖锐，严厉，逼人。 ¶따끔한 충고. =严厉的忠告。 ❸ 찔리거나 꼬집히는 것처럼 아프다. ◆ 火辣辣的。 ¶가시에 찔린 손가락이 따끔하다. =手指被刺扎了，火辣辣地疼。● 따끔히 ●

따님【명사】남의 딸을 높여 이르는 말. ◆ 图令爱，令媛。 ¶선생님의 둘째 따님이 피아니스트라면서요? =听说您的二女儿是钢琴师，是吧?

따다【동사】动 ❶ 붙어 있는 것을 잡아떼다. ◆ 采，摘，掐，掰。 ¶사과나무에서 사과를 따다. =从苹果树上摘下苹果。 ❷ 글이나 말 따위에서 필요한 부분을 뽑아 취하다. ◆ 选取，摘录。 ¶선생님의 말씀에서 요점을 따서 적었다. =从老师的话里挑重点记下来。 ❸ 노름·내기·경기 따위에서 이겨 돈이나 상품 따위를 얻다. ◆ 赢，赢得。 ¶노름에서 돈을 따다. =赌博赢钱。 ❹ 꽉 봉한 것을 뜯다. ◆ 开，启，揭开。 ¶깡통을 따다. =起开罐头盒。❺ 점수나 자격 따위를 얻다. ◆ 获得，得到，取得。 ¶학점을 따다. =取得学分。 ❻ 이름이나 뜻을 취하여 그와 같게 하다. ◆ 用…… 的名字命名。 ¶건물의 명칭을 할아버지의 이름을 따다. =用爷爷的名字命名建筑。

따돌리다【동사】动 ❶ 밉거나 싫은 사람을 따로 떼어 멀리하다. ◆排挤，孤立，疏远。 ¶잘난 체하는 친구를 따돌리다. =孤立自以为是的朋友。 ❷ 뒤쫓는 사람이 따라잡지 못할 만큼 간격을 벌려 앞서 나가다. ◆ 甩掉，甩在后面。 ¶우리 학교 선수가 뒤쫓아 오는 선수를 따돌리고 1위로 결승점에 들어왔다. =我校选手甩开后面的选手，第一个到达终点。

따듯하다[1]【형용사】形 ❶ 덥지 않을 만큼 알맞게 온도가 높다. ◆ 温暖，热乎。 ❷ 감정, 태도, 분위기 따위가 정답고 포근하다. ◆ 热情，暖人心。● 따듯이 ●

따뜻하다[2]【형용사】形 ❶ 덥지 않을 정도로 온도가 알맞게 높다. ◆ 热乎，暖和，温暖。 ¶햇살이 따뜻하다. =阳光暖和。 ❷ 감정·태도·분위기 따위가 정답고 포근하다. ◆ 温暖，热情。 ¶어머니의 따뜻한 보살핌. =母亲温暖的关怀。● 따뜻이 ●

따라【조사】'특별한 이유 없이 그 경우에만 공교롭게'의 뜻을 나타내는 보조사. ◆ 助用于오늘、그날等一部分表示时间的词语后，表示特别、异乎寻常、偏巧与往常不同的意思。 ¶오늘 약속을 했는데 오늘따라 일이 많아 약속을 미루었다. =今天本来和人约好了，但偏巧事多，只好往后推了。

따라가다【동사】动 ❶ 다른 사람이나 동물의 뒤에서, 그가 가는 대로 가다. ◆ 跟随，追随，跟着。 ¶형의 뒤를 따라가다. =跟在哥哥后面。 ❷ 앞서 있는 것의 정도나 수준에 이를 만큼 가까이 가다. ◆ 赶得上，比得上。 ¶힘으로는 그를 따라갈 사람이 없다. =论力气，没有人比得上他。 ❸ 일정한 선 따위를 그대로 밟아 가다. ◆ 顺着，沿着。 ¶길을 따라가다. =沿路走。 ❹ 남의 행동이나 명령 따위를 그대로 실행하다. ◆ 服从，照办。 ¶다수의 의견을 따라가다. =服从多数人的意见。

따라나서다【동사】남이 가는 대로 같이 나서다. ◆ 动跟随。

따라다니다【동사】动 ❶ 남의 뒤를 좇아다니다. ◆ 动跟随，跟着。 ¶다 큰 녀석이 엄마 뒤만 졸졸 따라다니면 어떡하니. =这么大的孩子了，就知道跟在妈妈身后，怎么办呢? ❷ 어떤 느낌이나 생각, 현상 따위가 늘 붙어 다니다. ◆ 伴随，存在。 ¶이번 사건에는 여러 가지 풀리지 않는 의혹이 따라다닌다. =本次事件中存在许多没有解开的疑点。

따라붙다【동사】动 ❶ 앞선 것을 바짝 뒤따르다. ◆ 紧随，紧跟，紧贴。 ¶아이들이 농악대 뒤에 따라붙었다. =孩子们紧跟在农乐队后面。 ❷ 현상·물건·사람 따위가 늘 붙어 다니다. ◆ 附加，附着，伴随。 ¶그 계약에는 전제 조건이 여러 개 따라붙어 있다. =合同里附加了多个前提条件。

따라서【부사】앞에서 말한 일이 뒤에서 말할 일의 원인·이유·근거가 됨을 나타내는 접속 부사. ◆ 副因此，所以。

따라서다【동사】动 ❶ 뒤에서 좇아가서 나란히 되다. ◆ 紧随，紧跟。 ¶그는 내 뒤를 바짝 따라서더니 협박을 했다. =他紧跟在我后面威胁着我。 ❷ 본받아서 따라나서다. ◆ 学习，效仿。 ¶많은 후배 학자들이 그를 따라섰다. =后来的许多学者都向他学习。

따라오다【동사】动 ❶ 다른 사람이나 동물이 어떤 사람의 뒤에서 그가 가는 대로 가다. ◆ 跟随，追随，跟着。 ¶강아지가 뒤를 따라오다. =小狗跟在后面。 ❷ 앞서 있는 것의 정도나 수준에 이를 만큼 좇아오다. ◆ 追赶。 ¶옆 반은 뒤쳐져 있던 진도를 많이 따라왔다. =隔壁的班级很快就赶完了落后的进度。 ❸ 다른 사람이 어떤 사람의 행동이나 명령 따위를 그대로 실행하다. ◆ 学习，效仿。 ¶부모가 성실하고 올바르면 자식들은 저절로 따라오게 되어 있다. =如果父母诚实正直，子女自然就会效仿。

따라잡다【동사】앞선 것에 가까이 가서 나란히 되다. ◆ 动追上，赶上。 ¶앞서 달리는 선수를 따라잡다. =追上跑在前面的选手。

따라잡히다【동사】'따라잡다'의 피동사. ◆ 动"따라잡다"的被动态。

따로【부사】副 ❶ 한데 뒤섞이거나 함께 있지 아니하고 혼자 떨어져서. ◆ 分开，单独。 ¶따로 나가 살다. =出去单独住。 ❷ 예사의 것과 다르게 특별히. ◆ 另外，别的。 ¶나도 따로 계획이 있다. =我有别的计划。

따로따로【부사】한데 섞이거나 함께 있지 않고 여럿이 다 각각 떨어져서. ◆ 副分开，单独。 ¶식구들이 방을 따로따로 쓴다. =家人都有自己的房间。

따르다[1]【동사】动 ❶ 다른 사람이나 동물의 뒤에서, 그가 가는 대로 같이 가다. ◆ 跟上，跟随，跟着。 ¶경찰이 범인의 뒤를 따르다. =警察跟在罪犯后面。 ❷ 앞선 것을 좇아 같은 수준에 이르다. ◆ 赶上，比得上。 ¶아무도 어머니의 음식 솜씨를 따를 수 없다. =没有人能比得上母亲的厨艺。 ❸ 좋아하거나 존경하여 가까이 좇다. ◆ 依附，追随。 ¶나를 잘 따르는 후배. =和我很亲近的学弟(学妹)。 ❹ 관례·유행·명령·의견 따위를 그대로 실행하다. ◆ 遵照，服从，依照。 ¶관례를 따르다. =遵照惯例。 ❺ 일정한 선 따위를 그대로 밟아 움직이다. ◆ 沿着，顺着。 ¶강을 따라 내려가다. =沿江而下。 ❻ 어떤 일이 다른 일과 더불어 일어나다. ◆ 导致，产生。 ¶개발에 따른 공해 문제. =由开发造成的污染。 ❼ 어떤 경우, 사실이나 기준 따위에 의거하다. ◆ 依照，根据，按照。 ¶규칙에 따라 그 학생은 정학을 당했다. =根据规定，那个学生被退学了。

따르다[2] 【동사】 그릇을 기울여 안에 들어 있는 액체를 밖으로 조금씩 흐르게 하다. ◆ 動倒，斟。 ¶컵에 물을 따르다. =往杯子里倒水。

따르르 【부사】 副 ❶ 작은 물건이 단단한 바닥 위를 구르거나 흔들리는 소리나 모양. ◆ 骨碌碌。 ❷ 전화벨이나 자명종 등이 한 번 내는 소리. ◆ (电话铃声)丁零零。

따르릉 【부사】 전화벨(電話)이나 자명종 따위가 한 번 울리는 소리. ◆ 副 (电话铃声)丁零零。 ¶전화가 따르릉 울렸다. =电话丁零零地响了起来。

따름 【의존 명사】 오로지 그것뿐이고 그 이상은 아님을 나타내는 말. ◆ 依名以"-ㄹ을 따름이다"的形式表示局限性或者强调的语气。 ¶그저 당신을 만나러 왔을 따름입니다. =只是想过来看你。

따먹다 【동사】 動 ❶ 바둑·장기·돈치기 따위에서, 상대편의 말이나 돈 따위를 얻다. ◆ (下棋)吃子；(赌博)赢钱。 ¶상대편의 차(車)를 따먹다. =吃了对方的"车"。 ❷ 여자의 정조를 빼앗다. ◆ 玷污，奸污(女性)。 ¶여자를 따먹다. =奸污女性。

따발총(--銃) 【명사】 名 ❶ 탄창이 똬리 모양으로 둥글납작한 소련제 기관 단총. ◆ 机关枪。 ❷ 말을 빨리 하는 사람. ◆ 〈喻〉语速快的人。 ¶그녀는 말이 무척 빨라서 '따발총'이라는 별명으로 불렸다. =她语速非常快，人送绰号"机关枪"。

따분하다 【형용사】 形 ❶ 재미가 없어 지루하고 지겹다. ◆ 枯燥，乏味，单调，无聊。 ¶이야기가 따분하다. =话题很无聊。 ❷ 몹시 난처하거나 어색하다. ◆ 为难；凄惨，凄凉。 ¶아무 데도 갈 곳이 없는 그의 처지는 정말 따분하다. =他没有地方可去，处境实在凄惨。

따사롭다 【형용사】 따뜻한 기운이 조금 있다. ◆ 形暖和，温暖，暖洋洋。 ¶햇살이 따사롭다. =阳光温暖。 ● 따사로이 ●

따스하다 【형용사】 좀 다습다. ◆ 形温暖，暖和。

따오다 【동사】 남의 말이나 글 가운데서 필요한 부분을 끌어오다. ◆ 動引用，摘引。

따옴표(--標) 【명사】 문장 부호의 하나. 작은따옴표(' ')·큰따옴표(" ")·낫표(「 」)·겹낫표(『 』)가 있다. ◆ 名引号。 ¶글에서 다른 사람의 말을 인용할 때는 따옴표를 쓴다. =文章中引用别人的话时要加引号。

따위 【의존 명사】 依名 ❶ 앞에 나온 것과 같은 종류의 것들이 나열되었음을 나타내는 말. ◆ 类，一类。 ¶냉장고·텔레비전·세탁기 따위의 가전제품. =冰箱、电视、洗衣机一类的家电产品。 ❷ 앞에 나온 대상을 낮잡거나 부정적으로 이르는 말. ◆ 之类，之流。 ¶아버지가 겪은 고통에 비하면 내 괴로움 따위는 아무것도 아니었다. =比起父亲经历的痛苦，我这点苦闷不算什么。

따지다 【동사】 動 ❶ 문제가 되는 일을 상대에게 캐묻고 분명한 답을 요구하다. ◆ 追究，盘问。 ¶아이에게 잘잘못을 따지다. =盘问孩子是对还是错。 ❷ 옳고 그른 것을 밝혀 가리다. ◆ 查明，究明。 ❸ 계산·득실·관계 따위를 낱낱이 헤아리다. ◆ 计算，考虑。 ¶비용을 따지다. =考虑费用。 ❹ 계획을 세우거나 일을 하는 데에 어떤 것을 특히 중요하게 여겨 검토하다. ◆ 看重。 ¶출신 지역을 따지다. =看重出生地。 ❺ 어떤 것을 기준으로 순위, 수량 따위를 헤아리다. ◆ 从……来看。 ¶위아래를 나이로 따진다면 그는 내 조카뻘밖에 안 된다. =从辈分来看，他只是我的侄子辈。

딱[1] 【부사】 副 ❶ 계속되던 것이 그치거나 멎는 모양. ◆ 骤然，戛然(停止)。 ¶웃음소리가 딱 그치다. =笑声戛然停止。 ❷ 아주 단호하게 끊거나 과단성 있게 행동하는 모양. ◆ 断然，毅然。 ¶담배를 딱 끊다. =毅然戒烟。 ❸ 몹시 싫거나 언짢은 모양. ◆ 极其，非常。 ¶그런 여자는 딱 질색이다. =非常讨厌那种女人。

딱[2] 【부사】 副 ❶ 활짝 바라지거나 벌어진 모양. ◆ 大大地，敞开地。 ¶어깨가 딱 바라지다. =肩膀很宽。 ❷ 갑자기 마주치는 모양. ◆ 正好，一下子。 ¶시선이 딱 마주치다. =视线正好碰在了一起。 ❸ 굳세게 버티는 모양. ◆ 副严严地，紧紧地。 ¶그는 산처럼 내앞을 딱 가로막고 서 있다. =他像一座山似的，把我的前面挡得严严实实的。 ❹ 단단히 달라붙은 모양. ◆ 紧紧地。 ¶몸에 딱 붙는 옷. =紧贴在身上的衣服。

딱[3] 【부사】 단단한 물건이 마주치거나 부러질 때 나는 소리. 또는 그 모양. ◆ 副咔嚓，啪。 ¶작은 돌멩이가 날아들어 벽에 딱 부딪쳤다. =一块小石头飞了过来，啪地一声打在了墙上。

딱따구리 【명사】 딱따구릿과의 새를 통틀어 이르는 말. ◆ 名啄木鸟。

딱딱[1] 【부사】 副 ❶ 계속되던 것이 여럿이 다 또는 잇따라 그치거나 멎는 모양. ◆ 骤然，戛然(停止)。 ¶딱딱 멈추다. =戛然而止。 ❷ 잇따라 아주 단호하게 끊거나 과단성 있게 행동하는 모양. ◆ 断然，毅然，决然。 ¶딱딱 잘라 말하다. =斩钉截铁地说。

딱딱[2] 【부사】 단단한 물건이 자꾸 부러지거나 서로 부딪치는 소리. 또는 그 모양. ◆ 副啪啪；咔嚓。 ¶나뭇가지가 딱딱 부러지다. =树枝咔嚓咔嚓地断了。

딱딱[3] 【부사】 副 ❶ 입이 활짝 벌어지거나 크게 계속하여 벌리는 모양. ◆ 大大地。 ¶사람들은 그의 모습을 보고 어리둥절해 하면서 입을 딱딱 버리곤 했다. =看见他的模样，人们都惊愕得张大了嘴。 ❷ 여럿이 다 빈틈없이 맞닿거나 들어맞는 모양. ◆ 正好。

❸ 여럿이 다 갑자기 마주치는 모양. ◆ 正巧。 ❹ 여럿이 다 또는 잇따라 굳세게 버티는 모양. ◆ 硬硬地。 ❺ 여럿이 다 또는 잇따라 단단히 달라붙은 모양. ◆ 紧紧地。

딱딱거리다【동사】딱딱한 말씨로 자꾸 을러대다. ◆ 动说话生硬，出言不逊。● 딱딱대다 ●

딱딱하다【형용사】形 ❶ 몹시 굳고 단단하다. ◆ 坚硬，结实，硬。 ¶나무 의자가 딱딱하다. =木椅子很硬。 ❷ 태도·말씨·분위기 따위가 부드러운 맛이 없이 엄격하다. ◆ 生硬，死板，沉闷。 ¶사무실 분위기가 딱딱하다. =办公室气氛很沉闷。

딱지[1](-紙)【명사】名 ❶ 헌데나 상처에서 피·고름·진물 따위가 나와 말라붙어 생긴 껍질. ◆ 痂。 ¶딱지가 앉다. =结痂了。 ❷ 게·소라·거북 따위의 몸을 싸고 있는 단단한 껍데기. ◆ 蟹壳，螺壳。

-딱지[2]【접사】'비하'의 뜻을 더하는 접미사. ◆ 后缀 用于部分含有否定意义的名词之后，表示进一步否定。 ¶고물딱지. =破烂儿。

딱지[3]【명사】名 ❶ 우표·증지·상표 따위처럼 그림이나 글을 써넣어 어떤 표로 쓰는 종잇조각. ◆ 标签，印花。 ¶유명 회사의 딱지가 붙은 상품. =贴着有名公司商标的产品。 ❷ 아이들이 가지고 노는 장난감의 하나. 종이를 네모나게 접어 만들거나, 두꺼운 종이쪽에 그림을 그리거나 글을 쓴 것으로, 종류와 노는 법이 여러 가지가 있다. ◆ 画片。 ¶딱지를 치다. =打画片。 ❸ 어떤 사물에 대한 평가나 인정. ◆ 评价，〈喻〉帽子。 ¶열등생이라는 딱지. =差等生的"帽子"。 ❹ 교통순경이 교통 법규를 어긴 사람에게 주는 벌금형의 처벌 서류. ◆ 罚款单，罚单。 ¶교통순경이 딱지를 떼다. =交警开了罚单。 ❺ '퇴짜'를 속되게 이르는 말. ◆ 退回，拒收；拒绝。 ¶딱지를 놓다. =遭到拒收。

딱지치기(-紙--)【명사】놀이딱지 한 장을 땅바닥에 놓고, 다른 딱지로 쳐서 뒤집히면 따먹는 아이들 놀이. ◆ 名 (儿童)玩画片，扇画片。 ¶아이들은 딱지치기와 구슬치기로 시간 가는 줄 모르며 놀았다. =孩子们扇画片、弹玻璃球，玩得忘了时间。

딱총(-銃)【명사】名 ❶ 화약을 종이에 싸서 세게 치면 터지도록 만든 아이들의 장난감 총. ◆ (儿童玩具)打火枪。 ¶아이들이 딱총을 쏘며 전쟁놀이를 한다. =孩子们拿着打火枪玩战争游戏。 ❷ 화약을 종이나 통 속에 싸 넣고 그 끝에 심지를 달아 불을 붙이면 터지게 만든 놀이 기구. ◆ 爆竹。

딱하다【형용사】形 ❶ 사정이나 처지가 애처롭고 가엾다. ◆ 可怜，凄惨。 ¶집안 사정이 딱하다. =家里情况很凄惨。 ❷ 일을 처리하기가 난처하다. ◆ 为难，难堪，尴尬，别扭。 ¶두 사람 사이에서 그만 딱하게 되었다. =两人之间变得很别扭。● 딱히 ●

딱히【부사】정확하게 꼭 집어서. ◆ 副真的，确切地，明确地。 ¶딱히 갈 곳도 없다. =真的无处可去。

딴[1]【관형사】冠 ❶ 아무런 관계가 없는. ◆ 别的。 ¶딴 일. =其他事情。 ❷ 다른. ◆ 别的，另外的。 ¶딴 회사의 제품과 비교하다. =和别的公司的产品进行比较。

딴[2]【의존 명사】자기 나름대로의 생각이나 기준. ◆ 依名自认为，本想。 ¶내 딴은 최선을 다했다. =我自认为已经尽力了。

딴딴하다【형용사】形 ❶ 어떤 힘을 받아도 쉽게 그 모양이 변하거나 부서지지 않는 상태에 있다. ◆ 坚硬。 ¶공이 딴딴하다. =球很硬。 ❷ 연하거나 무르지 않고 야무지고 튼튼하다. ◆ 结实，健壮。 ¶근육이 딴딴하다. =肌肉结实。 ❸ 헐겁거나 느슨하지 않고 아주 튼튼하다. ◆ 结实。 ¶등산화의 끈을 딴딴하게 묶다. =把登山靴的鞋带系紧。

딴마음【명사】名 ❶ 주의를 기울이지 않고 다른 것을 생각하는 마음. ◆ 胡思乱想，走神，别的心思。 ❷ 처음에 마음먹은 것과 어긋나거나 배반하는 마음. ◆ 二心，异心。

딴말【명사】名 ❶ 주어진 상황과 아무런 관련이 없는 말. ◆ 废话，无关的话。 ¶그는 묻는 말에는 대답도 않고 엉뚱하게 딴말만 늘어놓았다. =他不回答问题，一个劲儿地说一些不着边际的废话。 ❷ 미리 정해진 것이나 본뜻에 어긋나는 말. ◆ 别的话，二话。 ¶나중에 가서 딴말이 없기로 약속하자. =说好以后就不说二话了。

딴살림【명사】본래 살던 집에서 떨어져 나와 따로 사는 살림. ◆ 名分开生活，单过。 ¶딴살림을 차리다. =单过。

딴생각【명사】名 ❶ 미리 정해진 것에 어긋나는 생각. ◆ 别的想法。 ❷ 주의를 기울이지 않고 다른 데로 쓰는 생각. ◆ 胡思乱想。● 딴생각하다 ●

딴소리【명사】名 ❶ 주어진 상황과 아무런 관련이 없는 말. ◆ 废话，胡说，无关的话。 ¶딴소리하지 마라. =不要胡说。 ❷ 미리 정해진 것이나 본뜻에 어긋나는 말. ◆ 别的话。

딴전【명사】어떤 일을 하는 데 그 일과는 전혀 관계없는 일. ◆ 名完全无关的(话或者事情)。 ¶딴전을 부리다. =做无关的事，说无关的话。

딴청【명사】어떤 일을 하는 데 그 일과는 전혀 관계없는 일이나 행동. ◆ 名无关的事，无关的话。 ¶딴청을 부리다. =做无关的事，说无关的话。

딴판【명사】名 ❶ 다른 판. ◆ 另外一局，另外一盘。 ¶하던 판 옆에 딴판을 벌이다. =在正进行着的一局旁边又开了一局。 ❷ 전혀 다른 모습이나 태도. ◆ 完全不同，截然不同。 ¶그는 어릴 적 모습과는 영 딴판이다. =他和小时候的样子完全不同。

딸【명사】여자로 태어난 자식. ◆ 名女儿，闺女。 ¶딸을 시집보내다. =把女儿嫁出去。

딸가닥【부사】작고 단단한 물건이 맞부딪치는 소리. ◆ 副咣当，叮当。 ¶부엌에서 딸가닥 소리가 났다. =厨房里发出叮当声。

딸각【부사】작고 단단한 물건이 부딪쳐 흔들리면서 맞닿는 소리. ◆ 副咣当，叮当。

딸기【명사】장미과 딸기속 및 나무딸기속의 일부를 포함하는 식물을 통틀어 이르는 말. ◆ 名草莓。 ¶빨갛게 잘 익은 딸기. =熟透了的草莓红红的。

딸기코【명사】코끝이 빨갛게 된 코. ◆ 名红鼻头。

¶밤새 추위에 떨었더니 딸기코가 되었다. =冻了一晚上，鼻尖都冻红了。

딸까닥【부사】작고 단단한 것이 맞부딪히는 소리. ◆ 副咔哒，咣当。● 딸깍 ●

딸꾹딸꾹【부사】잇따라 딸꾹질하는 소리. ◆ 副嗝嗝地。

딸꾹질【명사】가로막의 경련으로 들이쉬는 숨이 방해를 받아 목구멍에서 이상한 소리가 나는 증세. ◆ 名打嗝。¶뭘 훔쳐 먹었기에 딸꾹질을 그렇게 하니? =你偷吃什么了，那样打嗝? ● 딸꾹질하다 ●

딸랑【부사】副 ❶ 작은 방울이나 매달린 물체 따위가 한 번 흔들리는 소리. 또는 그 모양. ◆ 当啷当啷。¶종이 딸랑 울렸다. =钟当当地响起来。❷ 침착하지 못하고 가볍게 행동하는 모양. ◆ 毛手毛脚地，冒冒失失地。¶나한테 상의 한 마디 없이 딸랑 계약을 해 버리다니 실망이다. =没和我商议就冒冒失失地把合同签了，这让我很失望。

딸랑거리다【동사】动 ❶ 작은 방울이나 매달린 물체 따위가 흔들리는 소리가 자꾸 나다. 또는 그런 소리를 자꾸 내다. ◆ 当啷当啷。❷ 침착하지 못하고 자꾸 가볍게 행동하다. ◆ 毛手毛脚地，冒冒失失地。● 딸랑대다 ●

딸랑딸랑【부사】副 ❶ 작은 방울이나 매달린 물체 따위가 흔들리는 소리. ◆ 当啷当啷。¶딸랑딸랑 문 위에 걸린 종이 신경을 거슬렀다. =挂在门上的铃铛当啷当啷地响着，让人神经紧张。❷ 침착하지 못하고 자꾸 가볍게 행동하는 모양. ◆ 毛手毛脚地，冒冒失失地。¶그만 딸랑딸랑 돌아다니고 아버지 일 좀 돕지 그러니. =不要再毛手毛脚地乱跑了，帮父亲做点事吧。● 딸랑딸랑하다, 딸랑이다 ●

딸리다[1]【동사】누구를 따라가게 하다. ◆ 动让……跟着……(따르다的使动形态)。¶아이가 방학이라 시골에 가는 삼촌을 딸려 보냈다. =放假了，让小孩跟着叔叔回乡下。

딸리다[2]【동사】动 ❶ 어떤 것에 매이거나 붙어 있다. ◆ 带有，附有。¶그 집에는 비교적 넓은 앞마당이 딸려 있다. =那家有一个比较大的前院。❷ 어떤 부서나 종류에 속하다. ◆ 属于，从属。¶우리 과는 총무과에 딸린 과이지만 전혀 다른 일을 한다. =我们科虽然隶属于总务科，却干着完全不同的工作。

딸아이【명사】名 딸자식을 아들에 상대하여 이르는 말. ◆ 女儿。● 딸애 ●

땀[1]【명사】名 ❶ 사람의 피부나 동물의 살가죽에서 나오는 찝찔한 액체. ◆ 汗，汗水，汗液。¶땀이 나다. =出汗。❷ '노력'이나 '수고'를 비유적으로 이르는 말. ◆ 汗水，辛劳，努力。¶오늘의 성공은 땀으로 이루어진 결과입니다. =今天的成功是辛苦努力的结果。

땀[2]【명사】名 ❶ 바느질할 때 실을 꿴 바늘로 한 번 뜬 자국. ◆ 针脚。¶이 옷은 땀이 촘촘하다. =这件衣服的针脚很细密。❷ 실을 꿴 바늘로 한 번 뜬 자국을 세는 단위. ◆ 针。¶바느질을 한 땀 한 땀 정성 들여 하다. =一针一线地精心缝补。

땀내【명사】땀이 묻은 옷이나 몸에서 나는 냄새. ◆ 名汗臭，汗味。¶옷에서 땀내가 풍기다. =衣服上满是汗味。

땀띠【명사】땀 때문에 피부가 자극되어 빨갛게 생긴 작은 물집. ◆ 名痱子。¶땀띠가 돋다. =起了痱子。

땀방울【명사】물방울처럼 맺힌 땀의 덩이. ◆ 名汗珠，汗滴。¶그의 이마에 구슬 같은 땀방울이 송골송골 맺혔다. =他额头上满是汗珠。

땀투성이【명사】땀을 많이 흘려 온몸이나 옷이 흠뻑 젖은 상태. ◆ 名汗津津，汗流浃背。¶온몸이 땀투성이다. =汗流浃背。

땅【명사】名 ❶ 강이나 바다와 같이 물이 있는 곳을 제외한 지구의 겉면. ◆ 陆地，大陆。¶바다에서 사는 생물과 땅에서 사는 생물. =生活在海洋里的生物和生活在陆地上的生物。❷ 영토(領土) 또는 영지(領地). ◆ 领土，领地。❸ 그 지방. 또는 그곳. ◆ 地区，地方。❹ 집을 지을 곳. ◆ 地皮，宅基地。¶땅이 있어야 집을 짓지. =要有地皮才能盖房子啊。❺ 흙이나 토양. ◆ 土壤。¶땅이 부드럽다. =土壤松软。

땅값【명사】땅의 값. 주로 토지의 거래나 세금 책정 따위에서 매겨진다. ◆ 名地价。¶땅값이 떨어지다. =地价下跌。

땅거미【명사】해가 진 뒤 어스레한 상태. 또는 그런 때. ◆ 名 黄昏。¶땅거미가 지다. =到了黄昏。

땅굴(-窟)【명사】名 ❶ 땅속으로 뚫린 굴. ◆ 地道，隧道。❷ 땅을 파서 굴과 같이 만든 큰 구덩이. ◆ 地窖。¶땅굴을 파다. =挖地窖。

땅꾼【명사】뱀을 잡아 파는 것을 직업으로 하는 사람. ◆ 名捕蛇人。¶뱀은 땅꾼을 알아본다는 속설이 있다. =俗话说蛇能认出捕蛇人。

땅덩이【명사】땅의 덩이. 흔히 지구, 대륙, 국토 따위를 이른다. ◆ 名领土，地域，地块。

땅따먹기【명사】어린이 놀이의 하나. 정한 땅에 각자의 말을 퉁긴 대로 금을 그어서 땅을 빼앗아 간다. ◆ 名 (儿童)占地游戏。¶아이들은 땅따먹기 놀이에 정신이 팔려 저녁 먹는 것도 잊어버렸다. =孩子们一门心思地玩占地游戏，都忘了吃晚饭。

땅딸막하다【형용사】키가 짤막하고 몸집이 옆으로 딱 바라지다. ◆ 形矮胖，矮粗。

땅딸보【명사】키가 매우 작은 사람. 또는 키가 작고 옆으로 딱 바라진 사람을 놀림조로 이르는 말. ◆ 名矮胖子。¶키가 몽땅한 땅딸보. =矮胖子。

땅뙈기【명사】얼마 안 되는 자그마한 땅. 주로 논밭을 가리킨다. ◆ 名小块田地。¶그는 투전으로 마지막 남은 땅뙈기마저 다 날려 버렸다. =为了赌钱，他把最后一小块田地都押出去了。

땅마지기【명사】논밭 몇 마지기. ◆ 名几亩薄田。¶땅마지기를 마련하다. =置备了几亩薄田。

땅바닥【명사】아무것도 깔지 않은 땅의 맨바닥. ◆ 名地上，地面。¶가방을 땅바닥에 놓다. =把包放在地上。

땅콩【명사】콩과의 한해살이풀. ◆ 名花生，落花生。¶갓 볶은 땅콩에서 구수한 냄새가 풍겼다. =刚

炒的花生散发着香味。

땋다【동사】励❶ 머리털이나 실 따위를 둘 이상의 가닥으로 갈라서 어긋나게 엮어 한 가닥으로 하다. ◆ 编(绳子或辫子)。¶그녀는 지금 어린 딸의 머리를 땋아주고 있다. =她正在给小女儿编辫子。❷ 머리에 댕기를 끼워 드리다. ◆ 系辫带。¶머리를 곱게 빗질하고 댕기를 땋아 주었다. =把头发梳理得漂漂亮亮的，然后系上辫子结。

때[1]【명사】图❶ 시간의 어떤 순간이나 부분. ◆ 时候，时间。¶때를 알리다. =报时。❷ 끼니 또는 식사시간. ◆ 吃饭时间。¶때를 거르다. =饿了一顿。❸ 좋은 기회나 알맞은 시기. ◆ 机会，时机。¶때가 아니다. =时机未到。❹ 일정한 일이나 현상이 일어나는 시간. ◆ 时期，季节，时节。¶가물 때. =干旱季节。❺ 어떤 경우. ◆ 情况。¶가끔 현기증이 날 때가 있다. =偶尔会有头晕的情况。❻ 일정한 시기 동안. ◆ 期间。¶방학 때 아르바이트를 하다. =放假期间打工。❼ 계절. ◆ 季节。¶때는 바야흐로 여름이다. =正值夏季。

때[2]【명사】图❶ 옷이나 몸 따위에 묻은 더러운 먼지 따위의 물질. ◆ 灰尘，尘土，污垢。¶가구에 때가 끼다. =家具上洛满了灰尘。❷ 불순하고 속된 것. ◆ 坏习气。¶순박했던 그도 이제는 때가 많이 묻었다. =单纯的他现在也沾染上了许多坏习气。

때깔【명사】눈에 선뜻 드러나 비치는 맵시나 빛깔. ◆ 图颜色，表面色泽，光洁度。¶옷감의 때깔이 곱다. =布料的颜色很好看。

때다【동사】아궁이 따위에 불을 지피어 타게 하다. ◆ 励烧(火)，生(火)。¶아궁이에 장작을 때다. =在灶孔里烧柴。

때때로【부사】경우에 따라서 가끔. ◆ 副有时候，偶尔，有时。¶그는 때때로 나를 실망시키곤 했다. =他有时候让我失望。

때때옷【명사】어린아이의 말로, 알록달록하게 곱게 만든 아이의 옷을 이르는 말. ◆ 图花衣，花衣裳。¶예쁜 우리 아기, 때때옷 입고 세배하러 가자. =我们的漂亮宝宝，穿上花衣一起去拜年。

때려눕히다【동사】주먹이나 몽둥이 따위로 쳐서 쓰러지게 하다. ◆ 励打倒，击倒。¶그 청년은 순식간에 불량배 여러 명을 때려눕혔다. =转眼间，那个年轻人就把几个流氓给打倒了。● 때려누이다 ●

때려잡다【동사】励❶ 주먹이나 몽둥이 따위로 쳐서 잡다. ◆ 打倒。¶호랑이를 맨주먹으로 때려잡다. =赤手空拳打倒老虎。❷ 결정적인 타격으로 상대편이 다시는 일어나지 못하게 하다. ◆ 打垮，击溃。¶적을 때려잡다. =击溃敌人。❸ 대충 눈짐작으로 예측하다. ◆ ㊥估摸。¶키를 눈짐작으로 때려잡다. =用眼估摸一下个子有多高。

때려죽이다【동사】인정사정없이 무자비하게 죽이다. ◆ 励打死，揍死。¶그가 일을 이 지경으로 만든 것이 나라는 걸 알게 되면 나를 때려죽이려 할 것이다. =如果他知道是我把事情搞成这样的，会揍死我的。

때려치우다【동사】하던 일을 아주 그만두다. ◆ 励作罢，罢休，放弃。¶공부를 때려치우다. =放弃学习。

때로【부사】副❶ 경우에 따라서. ◆ 有时，偶尔。¶아무나 붙들고 이야기할 수 있고, 때로는 함께 술도 한잔할 수 있었으면 좋겠다. =要是能随便找个人聊聊天，偶尔一起喝一杯就好了。❷ 잦지 아니하게 이따금. ◆ 有时，偶尔，有时候。¶때로 지각을 하다. =偶尔迟到。

때리다【동사】励❶ 손이나 손에 든 물건 따위로 아프게 치다. ◆ 打，击，抽，抽打。¶회초리로 종아리를 때리다. =用树枝抽小腿。❷ 어떤 물체가 다른 물체에 세차게 부딪치다. ◆ 敲打，拍打。¶파도가 바위를 때리다. =波涛拍打着岩石。❸ 다른 사람의 잘못을 말이나 글로 비판하다. ◆ 批评，批判，抨击，指责。¶비리 정치인들의 잘못을 신문에서 때리다. =在报纸上抨击问题政客的过失。❹ 심한 충격을 주다. ◆ 刺激，震撼，震惊。¶그 소식은 갑자기 우리의 뒤통수를 때렸다. =那个消息让我们震惊。❺ 함부로 마구 하다. ◆ 胡乱，肆意。¶때려 마시다. =肆意挥霍。

때마침【부사】제때에 알맞게. 또는 바로 때맞춰. ◆ 副正好，刚好，正巧。¶외출을 하려는데 때마침 비가 멎었다. =正好要出去的时候雨停了。

때맞추다【동사】시기에 알맞도록 하다. ◆ 励适时，及时。¶때맞춰 비가 왔다. =雨下得很及时。

때문【의존 명사】어떤 일의 원인이나 까닭. ◆ 依名由于，因为，因。¶그는 빚 때문에 고생을 했다. =他因债务而受罪。

때우다【동사】励❶ 뚫리거나 깨진 곳을 다른 조각으로 대어 막다. ◆ 补，修补，焊。¶구멍을 때우다. =补窟窿。❷ 간단한 음식으로 끼니를 대신하다. ◆ 充饥，充当(主食)。¶점심을 대충 때우다. =午餐随便吃点充饥。❸ 다른 수단을 써서 어떤 일을 보충하거나 대충 해결하다. ◆ 抵消，消除。¶적자를 때우다. =消除赤字。❹ 큰 액운을 작은 괴로움으로 면하다. ◆ 避免，免除，消除。¶액운을 때우다. =消除厄运。❺ 남는 시간을 다른 일로 보내다. ◆ 打发，消耗。¶시간을 때우다. =打发时间。

땔감【명사】불을 때는 데 쓰는 재료. ◆ 图柴，柴禾，燃料。¶땔감을 장에 가서 팔다. =把柴禾拿到集市上去卖。

땔나무【명사】땔감이 되는 나무. ◆ 图柴禾。¶겨울이 오니 땔나무가 있을 리 만무하다. =冬天来了，不可能有柴禾。

땜【명사】图❶ 금이 가거나 뚫어진 데를 때우는 일. ◆ 焊。❷ 해진 옷을 깁는 일. ◆ 缝补。❸ 잘못된 일을 그때그때 필요에 따라 임시변통으로 고치는 일. ◆ 应付。

땜장이【명사】땜질을 직업으로 하는 사람. ◆ 图炉匠。¶구멍 난 솥을 땜장이에게 때우다. =让炉匠修补漏锅。

땜질【명사】图❶ 금이 가거나 뚫어진 데를 때우는 일. ◆ 修补，焊。❷ 잘못된 일을 그때그때 필요에 따라 임시변통으로 고치는 일. ◆ 修改，变通。

땜질하다【동사】 动 ❶ 금이 가거나 뚫어진 데를 때우다. ◆ 修补，焊。 ¶양은 냄비를 땜질하다. =修补钢精锅。 ❷ 해진 옷을 깁다. ◆ 缝补。 ¶양말 뒤축을 땜질하여 신다. =补好袜子接着穿。 ❸ 俚잘못된 일을 그때그때 필요에 따라 임시변통으로 고치다. ◆ 俚修改。

땟국【명사】 꾀죄죄하게 묻은 때. ◆ 名污渍，污垢。 ¶땟국이 흐르는 속옷. =沾有污渍的内衣。

땡【명사】 뜻밖에 생긴 좋은 수나 우연히 걸려든 복을 속되게 이르는 말. ◆ 名好运，幸运，走运。 ¶오늘 땡잡았다. =今天真走运。

땡땡【부사】 작은 종이나 그릇 따위의 쇠붙이를 두드리는 소리. ◆ 副当当，铛铛。 ¶땡땡 종을 쳐 수업 시작을 알렸다. =钟铛铛地响着，要上课了。

땡땡이【명사】 해야 할 일을 하지 않고 눈을 피하여 게으름을 피우는 짓, 또는 그런 사람을 속되게 이르는 말. ◆ 名 偷懒。 ¶땡땡이를 부리다. =偷懒。 ● 땡땡이치다 ●

땡땡이중【명사】 꽹과리를 치면서 동냥이나 다니는 중답지 못한 중. ◆ 名云游僧。

땡땡하다【형용사】 形 ❶ 살이 몹시 찌거나 붓거나 하여 팽팽하다. ◆ 紧绷绷的，胀鼓鼓的。 ¶배가 땡땡하다. =肚子胀得鼓鼓的。 ❷ 누를 수 없을 정도로 굳고 단단하다. ◆ 鼓，充实。

땡볕【명사】 따갑게 내리쬐는 뜨거운 볕. ◆ 名骄阳，烈日。 ¶땡볕에서 일하다. =在烈日下工作。

떠가다【동사】 물체 따위가 물 위나 공중에 떠서 저쪽으로 가다. ◆ 动漂浮，浮动。 ¶배가 바다에 떠가다. =船在海上漂浮。

떠나가다【동사】 动 ❶ 있던 곳에서 다른 곳으로 옮겨가다. ◆ 离开，前往。 ¶고향을 떠나가다. =离开故乡。 ❷ 주위가 떠서 나갈 듯이 소리가 요란하다. ◆ 震撼，响彻。 ¶아이들은 교실이 떠나가게 떠들어 댔다. =孩子们在教室里闹翻了天。

떠나다【동사】 动 ❶ 있던 곳에서 다른 곳으로 옮기다. ◆ 离开，前往。 ¶먼 곳으로 떠나다. =奔向远方。 ❷ 다른 곳이나 사람에게 옮겨 가려고 있던 곳이나 사람들한테서 벗어나다. ◆ 离开，脱离。 ¶고향에서 떠나다. =离开故乡。 ❸ 어떤 일이나 사람들과 관계를 끊거나 관련이 없는 상태가 되다. ◆ 离开，脱离，退。 ¶직장에서 떠나다. =辞职。 ❹ 어떤 일을 하러 나서다. ◆ 表示目的。 ¶여행을 떠나다. =去旅游。 ❺ 길을 나서다. ◆ 出发，动身。 ¶길을 떠나다. =动身。

떠나보내다【동사】 다른 곳으로 떠나게 하다. ◆ 动送走，打发走。 ¶아들을 먼 친척 집에 떠나보내다. =把儿子打发到远房亲戚家。

떠나오다【동사】 있던 데서 일정한 곳으로 옮겨 오다. ◆ 动动身来。 ¶고향에서 떠나오다. =从故乡来。

떠내다【동사】 动 ❶ 액체를 퍼서 밖으로 옮기다. ◆ 舀出，盛出。 ¶된장찌개에서 국물을 떠내다. =从锅里舀出大酱汤。 ❷ 물 위에 떠 있는 것을 건져 내다. ◆ 打出，打捞。 ¶거품을 떠내다. =捞出泡沫。 ❸ 작은 나무나 뗏장 따위를 흙과 함께 파내다. ◆ 带土挖出，连土挖出。 ¶뒷산에서 뗏장을 떠내다. =在后山上连土挖出小块草皮。 ❹ 포 따위를 만들기 위하여 생선이나 고기의 살을 얇고 넓적하게 도려내다. ◆ 剜，剔。 ¶대구포를 떠내다. =剔鳕鱼脯。

떠내려가다【동사】 물 위에 떠서 물결을 따라 옮겨가다. ◆ 动冲走，漂走。 ¶낙엽이 물 위에 떠내려가다. =落叶随波漂走了。

떠내려오다【동사】 물 위에 떠서 물결을 따라 옮겨오다. ◆ 动漂来。

떠넘기다【동사】 자기가 할 일이나 책임을 다른 사람에게 미루다. ◆ 动推，转嫁。 ¶자기의 일을 남에게 떠넘기다. =把自己的事推给别人。

떠다니다【동사】 动 ❶ 공중이나 물 위를 떠서 다니다. ◆ 漂流，飘舞，飘动。 ¶바람이 불자 낙엽이 공중에 떠다니다. =起风了，落叶随风在天空中飘舞。 ❷ 정처 없이 이리저리 오고 가다. ◆ 流浪，漂泊。 ¶여기저기 떠다니는 처량한 신세. =到处流浪的悲惨命运。

떠다밀다【동사】 动 ❶ 떠밀다. ◆ 用力推，猛推。 ¶누군가 그를 떠다밀었다. =有人用力推他。 ❷ 남에게 어떤 책임이나 임무를 억지로 넘기다. ◆ 推，推卸，转嫁。 ¶나한테 산더미 같은 일을 떠다밀고 선배는 휴가를 갔다. =学长把堆成山的活推给我，自己去休假了。

떠돌다【동사】 动 ❶ 정한 곳 없이 이곳저곳을 옮겨 다니다. ◆ 漂泊，流浪。 ¶배를 타고 바다를 떠돌다. =乘船在海上漂荡。 ❷ 공중이나 물 위에 떠서 이리저리 움직이다. ◆ 浮，飘浮。 ¶기름이 물 위에 떠돌다. =油浮在水面上。 ❸ 어떤 말이나 소문 따위가 여러 곳으로 퍼지다. ◆ 传播，传开，流传。 ¶세상이 어수선해지자 이상한 소문이 떠돌았다. =世界一变得混乱，就有奇怪的传言到处流传。

떠돌아다니다【동사】 动 ❶ 정처 없이 이곳저곳을 옮겨 다니다. ◆ 漂泊，流浪，游荡。 ¶전국 방방곡곡을 떠돌아다니다. =在全国各地流浪。 ❷ 공중이나 물 위에 떠서 이리저리 움직이다. ◆ 飘动，浮动。 ¶강을 떠돌아다니는 오염 물질을 제거하는 일이 시급하다. =清除漂浮在汉江水面上的污染物是当务之急。 ❸ 어떤 말이나 소문 따위가 여러 곳으로 계속 퍼져 다니다. ◆ 传播，传开，流传。 ¶그녀가 예전에 나쁜 일을 했다는 소문이 동네에 파다하게 떠돌아다닌다. =有关她从前做过坏事的流言在村里到处传播。

떠돌이【명사】 정한 곳 없이 이리저리 떠돌아다니는 사람. ◆ 名流浪汉。 ¶저는 어려서 고아가 되어 집도 절도 없이 떠돌이로 자랐습니다. =我很小就成了孤儿，过着无家可归四处流浪的日子。

떠들다[1]【동사】 动 ❶ 시끄럽게 큰 소리로 말하다. ◆ 喧哗，吵闹，喧闹。 ¶아이들이 시끄럽게 떠들다. =孩子们乱哄哄地吵闹。 ❷ 이야기나 말 따위를 큰 소리로 하다. ◆ 叫嚷，大声讲。 ¶다방에 들어온 사내는 자신이 방금 겪은 일을 다방 종업원들에게 떠들었다. =走进茶馆的男子大声地向服务员谈起自己刚才经历的事情。 ❸ 어떤 일 따위를 크게 문제 삼아 널리 퍼뜨리다. ◆ 散播，炒作，宣扬。 ¶언론은 아직 결정도 되지 않은 사안을 떠들었다. =舆论大肆炒作尚未决定的议案。 ❹ 선해, 입장 따위를 계속 주장하다. ◆ 宣扬，宣传。 ❺ 매우 술렁거리다. ◆ 乱，慌乱。 ¶온 동네가 땅을 파네 마네 하며 떠드는 모양이었다. =整个村子为挖不挖地乱成一团。

떠들다²【동사】가리거나 덮인 물건의 한 부분을 걷어 젖히거나 쳐들다. ◆ 动掀开，撩开，撬开。 ¶아이가 자고 난 이불을 떠들어 보니 요가 흥건히 젖어 있었다. =掀开孩子睡过的被子一看，褥子湿漉漉的。

떠들썩하다【형용사】形 ❶ 여러 사람이 큰 소리로 마구 떠들어 몹시 시끄럽다. ◆ 吵闹，喧哗，嘈杂。 ❷ 소문이나 사건 따위로 분위기가 수선스럽다. ◆ 沸沸扬扬，满城风雨。 ¶뇌물 사건으로 정계가 떠들썩하다. =政界由于贿赂事件而变得沸沸扬扬。

떠듬거리다【동사】말을 하거나 글을 읽을 때 순조롭게 하지 못하고 자꾸 막히다. 더듬거리다보다 센 느낌을 준다. ◆ 动结结巴巴，吞吞吐吐。 ¶말을 떠듬거리지 말고 천천히 해 보아라. =说话不要吞吞吐吐，试着慢慢说。 ● 떠듬대다 ●

떠듬떠듬【부사】말을 하거나 글을 읽을 때 순조롭게 하지 못하고 막히는 모양. ◆ 副结结巴巴地，吞吞吐吐地。 ¶떠듬떠듬 말하다. =吞吞吐吐地说。 ● 떠듬떠듬하다 ●

떠름하다【형용사】形 ❶ 맛이 조금 떫다. ◆ 发涩，稍涩。 ¶익은 감인 줄 알고 먹었는데 좀 떠름한 맛이 있다. =以为是熟柿子就吃了，但味道稍有点涩。 ❷ 마음이 썩 내키지 않다. ◆ 不情愿，不乐意，不痛快。 ¶나는 그 일이 괜히 떠름했다. =我极不情愿地去做那件事。

떠맡기다【동사】남에게 어떤 일이나 책임 등을 억지로 맡게 하다. ◆ 动交给，托付给。 ¶가족들의 생계를 사촌에게 떠맡기다. =把照顾家人生计的事托付给堂兄弟。 ● 떠맡다 ●

떠먹다【동사】수저 따위로 음식을 퍼서 먹다. ◆ 动舀……吃或喝。 ¶죽을 숟가락으로 떠먹다. =用汤匙舀粥喝。 ● 떠먹이다 ●

떠메다【동사】动 ❶ 무거운 짐 따위를 쳐들어서 어깨에 걸치거나 올려놓다. ◆ 扛。 ¶다친 동료를 떠메고 산을 내려왔다. =扛着负伤的同事走下山来。 ❷ 어떤 일이나 책임을 떠맡다. ◆ 承担，担负。 ¶아이를 돌보아 주는 일을 떠메다. =承担帮忙照顾孩子的责任。

떠밀다【동사】动 ❶ 힘껏 힘을 주어 앞으로 나아가게 하다. ◆ 用力推，猛推。 ¶등을 떠밀다. =用力推后背。 ❷ 어떤 일이나 책임을 남에게 넘기다. ◆ 推，转嫁。 ¶모든 집안 일을 아내에게 떠밀다. =把所有家务事都推给妻子。 ● 떠밀리다 ●

떠받다【동사】머리나 뿔로 세게 밀어 부딪치다. ◆ 动顶，撞。 ¶그 선수는 머리로 상대선수의 눈을 떠받았다. =那个运动员用头撞对方运动员的眼睛。

떠받들다【동사】动 ❶ 밑을 받치어 번쩍 들어 위로 올리다. ◆ 托起，举起，擎起。 ❷ 소중하게 다루다. ◆ 娇惯，珍惜。 ¶아이들을 오냐오냐하며 떠받들어 주면 영 버릇이 없어진다. =如果过于娇惯孩子们，（他们）就会变得没礼貌。 ❸ 존경할 만한 대상으로 높이 받들다. ◆ 推崇，拥戴。 ¶장군을 우상으로 떠받들다. =视将军为偶像。

떠받치다【동사】动 ❶ 주저앉거나 쓰러지지 않도록 밑에서 위로 받쳐 버티다. ◆ 撑，抵，托，支撑。 ¶버팀목으로 담을 떠받치다. =用撑木支撑墙壁。 ❷ 나라나 조직 따위를 튼튼하게 지탱하다. ◆ 支撑。 ¶그는 앞으로 우리 나라를 떠받칠 동량이 될 사람이다. =他以后会成为支撑我们国家的栋梁。

떠벌리다【동사】이야기를 과장하여 늘어놓다. ◆ 动夸夸其谈，夸耀。

떠보다【동사】남의 속뜻을 넌지시 알아보다. ◆ 动试探。 ¶넌지시 속마음을 떠보다. =悄悄地试探内心想法。

떠오르다【동사】动 ❶ 솟아서 위로 오르다. ◆ 浮上来，升上来，升起。 ¶동해에 태양이 떠오르다. =太阳从东海升起。 ❷ 기억이 되살아나거나 잘 구상되지 않던 생각이 나다. ◆ 浮现，想起。 ¶오전 내내 생각해 봐도 그 사람의 이름이 떠오르지 않는다. =想了整整一上午，还是想不起那人的名字。 ❸ 얼굴에 어떠한 표정이 나타나다. ◆ 浮现，露出。 ¶얼굴에 미소가 떠오르다. =脸上露出微笑。 ❹ 관심의 대상이 되어 나타나다. ◆ 成为(话题)，上升为。 ● 떠올리다 ●

떡¹【명사】名 ❶ 곡식 가루를 찌거나, 그 찐 것을 치거나 빚어서 만든 음식을 통틀어 이르는 말. ◆ 糕，打糕。 ¶떡을 찌다. =蒸糕。 ❷ 가지런해야 할 머리 따위가 한데 뭉쳐서 잘 펴지지 않는 것을 비유적으로 이르는 말. ◆ 乱鸡窝，乱草堆。

떡²-【접사】'작은', '어린'의 뜻을 더하는 접두사. ◆ 前缀小，幼小。 ¶떡잎. =子叶。

떡³【부사】副 ❶ 훨쩍 바라지거나 벌어진 모양. ◆ 大大地，宽宽地。 ¶떡 벌어진 밤송이. =裂口很大的栗子。 ❷ 갑자기 마주치는 모양. ◆ 一下子，戛然，猛地。 ¶눈길이 떡 마주치다. =目光猛地碰到一起。 ❸ 매우 굳세게 버티는 모양. ◆ 一动不动。 ¶떡 버티고 서서 누굴 기다리니? =一动不动地站着，在等谁呀? ❹ 단단히 들러붙은 모양. ◆ 紧贴。 ¶진흙 덩이가 담에 떡 들러붙었다. =泥块紧紧粘在墙上。

떡가루【명사】떡을 만들기 위하여 곡식을 빻은 가루. ◆ 名糕粉，米粉。 ¶고소한 떡가루. =香喷喷的糕粉。

떡값【명사】名 ❶ 설이나 추석 때 직장에서 직원에게 주는 특별수당을 비유적으로 이르는 말. ◆ 节日补助，节日补贴。 ¶떡값을 주다. =发节日补助。 ❷ 자신의 이익과 관련된 사람에게 잘 보이기 위하여 바치는 돈을 비유적으로 이르는 말. ◆ 贿赂，好处费。 ¶계장은 업자에게 떡값으로 받은 돈 때문에 해직됐다. =股长由于从业主那里收受贿赂而被解雇了。

떡고물【명사】名 ❶ 떡의 켜 사이에 깔거나 떡의 겉에 묻히는 고물. ◆ 藨料，豆蓉。 ❷ 어떤 일을 부정하게 보아주고 얻는 금품을 비유적으로 이르는 말. ◆ ㊥贿赂，好处费。 ¶떡고물을 나누어 주다. =瓜分贿赂。

떡국 【명사】 가래떡을 어슷썰기로 얇게 썰어 맑은 장국에 넣어 끓인 음식. ◆ 图年糕汤。 ¶설날 아침에 떡국을 끓이다. =正月初一早上煮年糕汤。

떡메 【명사】 인절미나 흰떡 따위를 만들기 위하여 찐 쌀을 치는 메. ◆ 图糕杵。 ¶마을 고샅길로 접어들자 여기저기서 쿵쿵 떡메 치는 소리가 들렸다. =一进村子的小巷，就听见到处传来咚咚的击打糕杵的声音。

떡밥 【명사】 图 ❶ 낚시 미끼의 하나. 쌀겨에 콩가루나 번데기 가루 따위를 섞어 반죽하여 조그마하게 뭉쳐서 만든다. ◆ 面鱼饵。 ¶떡밥이 좋아야 낚시가 잘된다. =面鱼饵好才能钓到好鱼。 ❷ 떡을 만들기 위하여 지은 밥. 흔히 시루에 쪄 낸다. ◆ 为做糕蒸的饭。

떡방아 【명사】 떡쌀을 방아로 빻는 일. 또는 그 방아. ◆ 图舂米；杵。 ¶떡방아를 찧다. =舂米。

떡볶이 【명사】 가래떡을 적당한 크기로 잘라 여러 가지 채소를 넣고 양념을 하여 볶은 음식. ◆ 图炒年糕。 ¶아이들은 학교 앞 가게에서 떡볶이를 자주 사 먹는다. =孩子们常去校门口的店里买炒年糕吃。

떡시루 【명사】 떡을 찌는 데 쓰는 둥근 질그릇. 자배기 모양인데 바닥에 구멍이 여러 개 뚫려 있다. ◆ 图(蒸糕用的)蒸笼。 ¶떡시루만 봐도 군침이 돈다. =只是见到蒸笼就直咽口水。

떡잎 【명사】 씨앗에서 움이 트면서 최초로 나오는 잎. ◆ 图子叶。

떨구다 【동사】 动 ❶ 시선을 아래로 향하다. ◆ 低头，低，垂下。 ❷ 위에 있던 것을 아래로 내려가게 하다. ◆ 打落。 ❸ 가지고 있던 것을 빠뜨려 흘리다. ◆ 失去，丢掉。 ❹ 뒤에 처지거나 남게 하다. ◆ 动甩掉，丢。 ❺ 값이나 금액을 낮추다. ◆ 降价。 ❻ 물건을 다 써서 없애다. ◆ 用光。 ❼ 가치, 품위 등을 잃게 하다. ◆ 降低，败坏，损伤，损害。 ❽ 좋지 않은 생각이나 마음을 버리다. ◆ 打消念头。 ❾ 시험이나 선발에서 떨어지게 하다. ◆ 淘汰。

떨기 【명사】 ❶ 식물의 한 뿌리에서 여러 개의 줄기가 나와 더부룩하게 된 무더기. ◆ 图 树丛，植物丛。 ¶떨기가 무성하다. =丛林茂密。 ❷ 수량을 나타내는 말 뒤에 쓰여 무더기가 된 꽃이나 풀 따위를 세는 단위. ◆ 量丛，簇。 ¶한 떨기 국화. =一簇菊花。

떨다[1] 【동사】 动 ❶ 달려 있거나 붙어 있는 것을 쳐서 떼어 내다. ◆ 掸掉，抖掉。 ¶옷의 먼지를 떨다. =掸掉衣服上的灰。 ❷ 돈이나 물건을 있는 대로 써서 없애다. ◆ 花光，挥霍光。 ¶그는 사업을 한 지 3년 만에 아버지의 재산을 다 떨어 없앴다. =他做生意三年，把父亲的财产全都挥霍光了。 ❸ 언짢은 생각 따위를 없애다. ◆ 消除，排遣。 ¶지난 일에 대한 생각을 다 떨고 이제 새 일을 구상하기로 하자. =不要再纠结往事，现在来想新的事情吧。 ❹ 팔다 남은 것을 모두 팔아 버리거나 사다. ◆ 卖光；包，买光。 ¶조금 남은 물건을 싸게 떨고 가려고 해요. =想用贱价把剩下的东西卖光。

떨다[2] 【동사】 动 ❶ 물체가 작은 폭으로 빠르게 반복하여 흔들리다. ◆ 颤悠，抖动，颤动。 ¶바람에 마른 잎이 떨고 있다. =枯叶在风中颤动。 ❷ 매우 인색하여 좀스럽게 행동하다. ◆ 斤斤计较，吝啬。 ¶단돈 몇 푼을 가지고 그렇게 벌벌 떨면서 무슨 큰 일을 하겠다는 거냐? =几个小钱都那么斤斤计较，还想做什么大事? ❸ 몹시 추워하거나 두려워하다. ◆ 打颤，战栗。 ¶추위에 떨다. =冻得打颤。 ❹ 몸이나 몸의 일부를 빠르고 잦게 자꾸 흔들다. ◆ 颤抖，发抖，抖动。 ¶손을 떨다. =手发抖。 ❺ 목청 따위가 순조롭지 않게 울림을 심하게 일으키다. ◆ (声音)发抖，颤抖。 ¶많은 청중 앞에서 그녀는 시종 목소리를 떨면서 연설을 하였다. =面对众多观众，她演讲的时候声音一直在颤抖。 ❻ 그런 행동을 경망스럽게 자꾸 하다. 또는 그런 성질을 겉으로 나타내다. ◆ 耍。 ¶능청을 떨다. =装模作样。

떨떠름하다 【형용사】 形 ❶ 조금 떫은 맛이 있다. ◆ 涩涩的，涩。 ¶이 감은 약간 덜 익어서 좀 떨떠름해요. =这柿子还没熟，稍微有点涩。 ❷ 마음이 내키지 않는 데가 있다. ◆ 不情愿，不称心。 ¶그곳에 가도 된다고 허락은 했지만 왠지 기분이 떨떠름하다. =虽说允许去那个地方了，但不知为什么心里很不情愿。

떨렁 【부사】 副 ❶ 큰 방울이나 매달린 물체 따위가 한 번 흔들리는 소리. 또는 그 모양. ◆ 当啷当啷。 ❷ 갑자기 놀라거나 겁이 나서 가슴이 뜨끔하게 울리는 모양. ◆ (心里)咯噔一下，扑通一声。

떨리다[1] 【동사】 달려 있거나 붙어 있는 것이 쳐서 떼어 지다. ◆ 动抖落，脱落。 ¶먼지가 다 떨리어 깨끗하다. =抖落灰尘后变得干净了。

떨리다[2] 【동사】 动 ❶ 몹시 추워하거나 두려워하다. ◆ 颤抖，发抖。 ¶감기로 몸이 떨리다. =患了感冒，身体发抖。 ❷ 목청 따위가 순조롭지 않게 울림을 심하게 일으키다. ◆ 发抖，颤抖。 ¶떨리는 목소리로 노래하다. =用颤抖的声音唱歌。

떨어뜨리다 【동사】 动 ❶ 위에 있던 것을 아래로 내려가게 하다. ◆ 使……掉下，打落。 ¶수저를 바닥에 떨어뜨리다. =把勺子掉到地上。 ❷ 지니고 있던 것을 흘리거나 빠뜨리다. ◆ 失去，丢，掉。 ❸ 뒤에 처지게 하거나 남게 하다. ◆ 甩掉，丢。 ¶목포에서 올라오다가 그녀를 광주에 떨어뜨리고 왔다. =从木浦来的路上，把她丢在了光州。 ❹ 시험이나 선거 등에 붙거나 뽑히지 못하게 하다. ◆ 淘汰。 ¶시험관은 다섯 명을 면접에서 떨어뜨렸다. =考官淘汰了五名面试者。 ❺ 무엇의 정도나 수준을 낮게 하다. ◆ 降低，压低。 ❻ 가격이나 기온 등의 수치를 낮아지게 하다. ◆ 降低，压低，降价。 ¶기업이 서로 경쟁을 하면 회사는 유사 품목의 가격을 떨어뜨리기도 한다. =企业间彼此竞争也会导致同类商品降价。 ❼ 옷이나 신발 등을 해어지게 하여 못 쓰게 만들다. ◆ 磨破，穿破。 ¶얼마 전에 사 준 신발을 벌써 떨어뜨렸니? =前不久买的鞋已经磨破了? ❽ 쓰던 물건을 다 써 다음에 쓸 것이 없게 하다. ◆ 用光。 ¶올겨울이 추워서 그런가 석유를 벌써 다 떨어뜨렸구나. =大概是因为今年冬天冷，石油都已经用光了。 ❾ 지위나 명예 등을 잃게 하다. ◆ 降低，减少，失去。 ¶위신을 떨어뜨리다. =失去威信。 ❿ 시선이나 몸의 한 부분을 아래를 향하게 하다. ◆ 低头，低，垂下。 ¶할미꽃은 항상 고개를 떨어뜨리고 있다. =白头翁总是低垂着花朵。 ⓫ 무엇과 거리가 떨어지게 만들다. ◆ 离开，远离。 ¶나는 내 그림을 일부러 그녀의 그림에서 떨어뜨려서 전시했다. =展示画作时，我故意把自己的画放在离她的画很远的地方。 ⓬ 헤어지거나 사이가 멀어지게 하다. ◆ 疏远，离间。 ¶나는 요즘 나의 가장 친한 친구를 나쁜 애들에게서 떨어뜨릴 좋은 방법을 찾고 있다. =近来我正想办法让我最好的朋友远离那些坏孩子。

떨어지다【동사】 動 ❶ 위에서 아래로 내려지다. ◆ 掉，落，掉落。 ¶굵은 빗방울이 머리에 한두 방울씩 떨어지다. =大雨珠一滴滴地落到头上。 ❷ 어떤 상태나 처지에 빠지다. ◆ 陷入。 ¶깊은 잠에 곯아 떨어지다. =沉沉入睡。 ❸ 아군의 지역이나 성 등이 적에게 넘어가게 되다. ◆ 沦陷，失陷。 ¶그 성이 적의 손에 떨어졌다는 전갈이 왔다. =据传来的口信说那座城已经落入敌人手里。 ❹ 정이 없어지거나 멀어지다. ◆ (情分、感情)疏远，淡漠。 ¶이미 그 일에 정이 떨어진 지 꽤 되었다. =已经对那件事漠不关心很久了。 ❺ 급한 일이나 임무가 맡겨지다. ◆ (急事或紧急任务)下达，下来，交给，交代。 ¶곧 너에게 중요한 임무가 떨어질 것이다. =马上就会给你下达重要任务。 ❻ 명령이나 허락 등이 내려지다. ◆ (命令或许可等)下达。 ¶드디어 우리에게도 출동 명령이 떨어졌다. =我们也终于接到了出动命令。 ❼ 다른 것보다 수준이 낮거나 못하다. ◆ (水平)下降，降低，落后。 ¶그는 인물이 비교적 남에게 떨어진다. =他的长相比别人稍差一些。 ❽ 시험이나 선거, 선발 등에 뽑히지 못하다. ◆ 落选，落榜。 ¶입학시험에 떨어지다. =在入学考试中落榜。 ❾ 함께 하거나 따르지 않고 뒤에 처지거나 남다. ◆ 掉，掉下，落下。 ¶대열에서 떨어졌다. =掉队。 ❿ 관계가 끊어지거나 헤어지다. ◆ (关系)断绝，分开，隔开。 ¶아이가 부모와 떨어져 지내는 것은 힘든 일이다. =让孩子和父母分开生活是一件很艰难的事。 ⓫ 일정한 거리를 두고 있다. ◆ 距离，相距。 ¶식당은 본관과 조금 떨어져 있는 별관에 있다. =餐厅位于距主楼稍远的副楼。 ⓬ 값, 기온, 수준 등이 낮아지거나 내려가다. ◆ (价格、气温、水平、形势等)减少，下降，下跌，降低。 ¶갈수록 봉급이 떨어져서 큰일이다. =工资越来越少了，真糟糕。 ⓭ 병이나 습관 등이 없어지다. ◆ 好，痊愈。 ¶감기가 떨어지지 않아 큰 고생을 하였다. =感冒还没好，非常难受。 ⓮ 해나 달이 서쪽으로 지다. ◆ 落，西沉，落下。 ¶해가 떨어지기 전에 이 일을 마치도록 하여라. =要在太阳落山之前把这事办完。 ⓯ 이익이 남다. ◆ 赚，盈利。 ¶과자 한 봉지를 팔면 10원이 떨어진다. =卖一包点心可以赚十元。 ⓰ 부족한 것을 보태어 채우지 않아 남아 있는 것이 없게 되다. ◆ 断，用尽，用光。 ¶쌀이 떨어져 두 끼를 라면을 먹었다. =米用光了，吃了两顿方便面。 ⓱ 입맛 등이 없어지다. ◆ 没胃口。 ¶피곤해서 그런지 입맛이 떨어졌다. =大概是累了，没胃口。 ⓲ 일이 끝나다. ◆ 完结，完工，完成。 ¶그 일이 언제 다 떨어질지 모르겠다. =不知道那件事什么时候才能完成。 ⓳ 옷이나 신발 등이 낡고 닳아서 못 쓰게 되다. ◆ 穿破，破，破烂。 ¶신발이 떨어지다. =鞋穿破了。 ⓴ 숨이 끊어지다. ◆ 断气。 ¶숨이 막 떨어졌다. =刚断气。 ㉑ 배 속의 아이가 죽다. ◆ 流产，打胎，堕胎。 ¶임신 초기엔 아이가 떨어질 위험이 있으니 조심하시오. =怀孕初期有流产的危险，要引起注意。 ㉒ 나눗셈에서 나머지가 없이 나누어지다. ◆ 整除，除尽。 ¶1과 자기 자신 외의 어떤 수로 나누어도 떨어지지 않는 수를 소수라 한다. =除了1和该数本身以外，不能被其他任何数整除的数叫作素数(质数)。 ㉓ 일정한 값이나 가격을 다 치르지 못하고 얼마가 남게 되다. ◆ (账没付完)欠下，剩下，余。 ¶지난번 물건을 사고 돈이 부족해서 떨어진 천 원을 아직도 갚지 못하였다. =上次买东西钱不够，欠下的一千韩元还没能还。 ㉔ 지정된 신호 등이 나타나다. ◆ 出现。 ¶파란 신호가 떨어지다. =出现蓝色信号。 ㉕ 있거나 생겼던 것이 없어지다. ◆ 丧失，消失，失去。 ¶소유권이 떨어지다. =丧失所有权。

떨어트리다【동사】 動 ❶ 위에 있던 것을 아래로 내려가게 하다. ◆ 使……掉下，使……落下。 ¶그는 너무 놀라 숟가락을 방바닥에 떨어트렸다. =他大吃一惊，把汤匙掉到了地上。 ❷ 가지고 있던 것을 흘리거나 빠뜨리다. ◆ 丢失，遗落，丢掉。 ❸ 뒤에 처지게 하거나 남게 하다. ◆ 甩掉，丢。 ¶그는 지친 사람들을 뒤에 떨어트리고 나머지 사람들만 데리고 길을 떠났다. =他丢下疲惫的人们，只带着其他人出发了。 ❹ 시선이나 몸의 한 부분을 아래를 향하게 하다. ◆ 低头，低，垂下。 ❺ 어떤 값이나 온도, 압력 등을 낮추다. ◆ 降低，压低。 ❻ 옷이나 신발 등을 해어지게 하여 못 쓰게 만들다. ◆ 磨破，穿破。 ❼ 쓰던 물건을 다 써 다음에 쓸 것이 없게 하다. ◆ 用光，用完。 ❽ 가치, 명성, 지위, 품질 등의 정도나 수준을 낮게 하거나 손상시키다. ◆ 降低，丢失，失去。 ¶가문의 체면을 떨어트리다. =丢尽了家族的脸面。 ❾ 고개를 아래로 향하게 하다. ◆ 低，低下，垂，垂下。 ¶그는 고개를 떨어트리고 어떤 말에도 대꾸하지 않았다. =他垂下头，一句话不回答。 ❿ 시험이나 선발에 붙지 않게 하다. ◆ 使……落选，淘汰。 ⓫ 무엇과 거리가 벌어지게 하다. ◆ 离开，远离。 ⓬ 어떤 사람들을 사이가 멀어지게 하다. ◆ 分离，离间。

떨이【명사】 팔다 조금 남은 물건을 다 떨어서 싸게 파는 일. 또는 그렇게 파는 물건. ◆ 名甩卖；甩卖商品。 ¶마지막 남은 물건을 떨이로 팔다. =将剩下的货物清仓甩卖。 ● 떨이하다 ●

떨치다[1] 【동사】 动 ❶ 세게 흔들어서 떨어지게 하다. ◆ 甩掉，甩。¶소매를 떨치고 일어서다. =甩袖子站了起来。❷ 불길한 생각이나 명예, 욕심 따위를 완강하게 버리다. ◆ 抛开，抛却，抛弃。¶걱정을 떨쳐 버리다. =抛却烦恼。

떨치다[2] 【동사】 위세나 명성 따위가 널리 알려지다. 또는 널리 드날리다. ◆ 动显赫，远扬，扬名。¶학교의 위상을 전국에 떨치다. =让学校在全国扬名。

떫다 【형용사】 形 ❶ 설익은 감의 맛처럼 거세고 텁텁한 맛이 있다. ◆ 涩，生涩。¶감이 덜 익어 떫다. =柿子还没熟，味道发涩。❷ 하는 짓이나 말이 덜되고 못마땅하다. ◆ 不成样子，不像样，不好。

떳떳하다 【형용사】 굽힐 것이 없이 당당하다. ◆ 形堂堂正正，光明正大。¶행동이 떳떳하다. =行为光明正大。● 떳떳이 ●

떵떵 【부사】 副 ❶ 헛된 장담을 아주 쉽게 하는 모양. ◆ 吹牛，说大话。¶그는 아내에게 큰소리를 떵떵 치며 지키지도 못할 약속을 했다. =他对妻子吹牛，作出了根本不可能实现的承诺。❷ 위세를 부리며 기세 좋게 몹시 으르대는 모양. ◆ 咄咄逼人，趾高气扬。¶돈 좀 있다고 아무에게나 떵떵 위세를 부리는 모양이 꼴사납다. =有点钱就对谁都趾高气扬的，那个样子十分难看。

떵떵거리다 【동사】 권력이나 재력을 뽐내면서 아주 호화롭게 거들먹거리며 살다. ◆ 动富裕地生活，有声有色地生活。¶대대로 떵떵거리던 집안. =代代享受富裕生活的家庭。● 떵떵대다 ●

떼[1] 【명사】 부당한 요구나 청을 들어 달라고 고집하는 짓. ◆ 名耍赖。¶장난감을 사달라고 아이가 떼를 썼다. =孩子闹着非要买玩具。

떼[2] 【명사】 목적이나 행동을 같이하는 무리. ◆ 名群，伙，帮。¶수많은 백성들이 떼를 지어 장안으로 몰려들었다. =无数百姓成群涌入京城。

떼굴떼굴 【부사】 큰 물건이 계속 구르는 모양. 데굴데굴보다 센 느낌을 준다. ◆ 副骨碌碌。¶축구공이 떼굴떼굴 굴러간다. =足球骨碌碌地滚动。

떼다 【동사】 动 ❶ 붙어 있거나 이어져 있는 것을 떨어지게 하다. ◆ 摘下，撕下，揭下（粘连着的东西）。¶벽에서 벽보를 떼다. =从墙上撕下墙报。❷ 전체에서 한 부분을 덜어 내다. ◆ 扣除，除去。¶월급에서 식대를 떼다. =从工资中扣除餐费。❸ 어떤 것에서 마음이 돌아서다. ◆ 断绝，分开（心思、感情等）。¶아이한테서 정을 떼기가 너무 어렵다. =要和孩子断绝关系太困难了。❹ 지켜보던 눈길을 거두다. ◆ 转移，移开，挪开（视线、关注等）。¶잠시도 아이에게서 눈을 떼지 않고 돌보았다. =一刻也不分心地照看孩子。❺ 장사를 하려고 한꺼번에 많은 물건을 사다. ◆（大量地）批发，进货。¶물건을 도매로 떼다. =批发进货。❻ 함께 있던 것을 홀로 남겨 놓다. ◆（单独）丢下，留下，撇下。¶친구를 떼고 혼자 오다. =丢下朋友一个人来了。❼ 걸음을 옮기어 놓다. ◆ 迈，迈开，抬（脚，脚步）。¶발걸음을 떼다. =迈步。❽ 말을 시작하다. ◆ 开，打开（话头，话匣子）。¶서두를 떼다. =打开话匣子。❾ 배우던 것을 끝내다. ◆ 结束课程，结业。¶수학을 떼다. =数学结业。❿ 수표나 어음, 증명서 등의 문서를 만들어 주거나 받다. ◆ 开，开具，出具(支票、票据、证明等)。¶수표를 떼다. =开支票。⓫ 젖을 먹던 아이가 더 이상 젖을 먹지 않게 되다. ◆ 断奶。

떼돈 【명사】 어마어마하게 많은 돈. ◆ 名大钱，巨款。¶그는 일은 안 하고 떼돈을 벌 궁리만 한다. =他不干活，只想赚大钱。

떼밀다 【동사】 남의 몸이나 어떤 물체 따위를 힘을 주어 밀다. ◆ 动用力推。¶바위를 떼밀다. =用力推石头。

떼쓰다 【동사】 부당한 일을 해 줄 것을 억지로 요구하거나 고집하다. ◆ 动耍赖。¶네가 아무리 떼써도 이번 일은 들어줄 수 없다. =不管你怎么耍赖，这事都不能听你的。

떼어먹다 【동사】 动 ❶ 남에게 갚아 주어야 할 것을 갚지 않다. ◆ 耍赖，赖账不还。¶외상값을 떼어먹다. =赖账不还。❷ 남의 몫으로 주어진 것을 중간에서 부당하게 가로채다. ◆ 克扣，侵吞。¶그는 종업원에게 돌아가야 할 월급을 모두 떼어먹고 도망갔다. =他侵吞了应当付给职员的所有薪金后逃跑了。● 떼먹다 ●

떼이다 【동사】 '떼다'의 피동형. 남에게서 빌려 온 돈 따위를 돌려주지 않다. ◆ 动 떼다的被动形态，被赖掉。¶돈을 떼이다. =钱被赖掉。

떼쟁이 【명사】 떼를 잘 쓰는 사람. ◆ 名赖皮鬼。

떼죽음 【명사】 한꺼번에 모조리 죽음. ◆ 名成群死亡。

뗏목(-木) 【명사】 통나무를 떼로 가지런히 엮어서 물에 띄워 사람이나 물건을 운반할 수 있도록 만든 것. ◆ 名木筏，木排。¶그 섬에는 변변한 운송 수단이 없어 뗏목을 이용해 육지로 이동했다. =那个岛没有像样的交通工具，只能用木筏与陆地相连通。

또 【부사】 副 ❶ 어떤 일이 거듭하여. ◆ 又，再。¶또 이기다. =又获胜了。❷ 그밖에 더. ◆ 还。¶무엇이 또 필요한가? =还要什么？❸ 그럼에도 불구하고. ◆ 还。¶그는 피곤한 얼굴을 하고 있었으나 그 얼굴은 또 활기에 넘쳐 보였다. =尽管脸色看起来很疲惫，但他还是充满了活力。❹ 그래도 혹시. ◆ 或者，又，还。¶누가 또 알아? 그 사람이 다시 올지. =又有谁知道？他又哭了。❺ 그뿐만 아니라 다시 더. ◆ 还。¶그는 변호사이며 또 국회의원이다. =他不仅是律师，还是国会议员。❻ 단어를 이어 줄 때 쓰는 말. ◆ 又。¶하루 또 하루가 흐른다. =一天又一天地过去。❼ 놀람이나 안도의 뜻을 나타내는 말. ◆ 还。¶난 또 무슨 일이라고. =我还以为是什么事呢。❽ 앞에 있는 말이 뜻하는 내용을 부정하거나 의아하게 여길 때 쓰는 말. ◆ 又。¶일은 또 무슨 일. =又有什么事呀。

또는 【부사】 그렇지 않으면. ◆ 副或，或者，还是。¶월요일 또는 화요일까지는 일을 처리할 수 있습니다. =周一或周二之前可以把事情办好。

또다시 【부사】 거듭하여 다시. ◆ 副再次。¶전에도 여러 번 말했지만 또다시 당부하겠습니다. =虽然以前说过多次，但还是要再三嘱咐。

또랑또랑【부사】조금도 흐리지 않고 아주 밝고 똑똑한 모양. ◆ 副清楚的，清亮。 ¶또랑또랑 빛나는 눈. =炯炯发亮的眼睛。● 또랑또랑하다 ●

또래【명사】나이나 수준이 서로 비슷한 무리. ◆ 名同辈，同龄人。 ¶같은 또래 끼리 놀다. =和同龄人一起玩。

또렷하다【형용사】엉클어지거나 흐리지 않고 분명하다. ◆ 形鲜明，明显，清楚。 ¶그녀의 얼굴이 또렷하게 기억난다. =清楚地记得她的面孔。● 또렷또렷하다, 또렷이 ●

또박또박[1]【부사】발자국 소리를 또렷이 내며 잇따라 걸어가는 소리. 또는 그 모양. ◆ 副一步一步地。 ¶그는 음악에 발을 맞춰 또박또박 걸어갔다. =他随着音乐的节奏踏着步走了。

또박또박[2]【부사】副 ❶ 말이나 글씨 따위가 흐리터분하지 않고 조리 있고 또렷한 모양. ◆ 清清楚楚。 ¶또박또박 말하다. =清清楚楚地说。 ❷ 차례나 규칙 따위를 한 번도 거르거나 어기지 않고 그대로 따르는 모양. ◆ 逐一地，逐个地，依次。 ¶세금을 또박또박 잘 내다. =逐项认真纳税。

또한【부사】副 ❶ 어떤 것을 전제로 하고 그것과. ◆ 同样，一样，也。 ¶나 또한 그렇다. =我也一样。 ❷ 그 위에 더. 또는 거기에다 더. ◆ 而且，又。 ¶그녀는 마음도 착하고 또한 건강하다. =她不仅心地善良，而且身体健康。

똑[1]【부사】副 ❶ 작은 물체나 물방울 따위가 아래로 떨어지는 소리. 또는 그 모양. ◆ 嘀嗒。 ¶물방울이 똑 떨어지다. =水珠嘀嗒地落下。 ❷ 작고 단단한 물체가 부러지거나 끊어지는 소리. 또는 그 모양. ◆ 咔嚓。 ¶연필이 똑 부러지다. =铅笔咔嚓折断。 ❸ 단단한 물체를 가볍게 한 번 두드리는 소리. ◆ 笃笃。 ¶똑, 똑, 똑, 문을 두드리는 소리. =笃笃的敲门声。 ❹ 거침없이 따거나 떼는 모양. ◆ 一把，一下，啪哒。 ¶감을 똑 따다. =摘下柿子。

똑[2]【부사】副 ❶ 계속되던 것이 갑자기 멈추는 모양. ◆ 突然，戛然。 ¶소식이 똑 끊어지다. =消息突然中断。 ❷ 말이나 행동 등을 단호하고 명확하게 하는 모양. ◆ 断然，毅然。 ❸ 다 쓰고 하나도 없는 모양. ◆ 光，尽。 ¶쌀이 똑 떨어지다. =米全吃光了。

똑같다【형용사】形 ❶ 모양, 성질, 양 등이 다른 데가 전혀 없이 같다. ◆ 完全相同，完全等同。 ¶정사각형은 네 변의 길이가 똑같다. =正方形的四条边长度完全相等。 ❷ 모양, 태도, 행동 등이 아주 비슷하다. ◆ 相似，相同。 ¶그분의 행동이나 말투는 그의 선친(先亲)과 똑같다. =他的表情和语气与他的父亲相似。 ❸ 새롭거나 특별한 것이 전혀 없다. ◆ 无异，一样，同样。 ¶배에서의 생활은 늘 똑같다. =船上的生活总是一样的。● 똑같이 ●

똑딱【부사】副 ❶ 단단한 물건을 가볍게 두드리는 소리. ◆ 丁丁当当。 ❷ 시계, 발동기 등이 돌아가는 소리. ◆ 嘀嗒嘀嗒。

똑딱똑딱【부사】副 ❶ 단단한 물건을 계속해서 가볍게 두드리는 소리. ◆ 丁丁当当。 ¶그가 똑딱똑딱 못을 박는다. =他丁丁当当地钉钉子。 ❷ 시계, 발동기 등이 계속해서 돌아가는 소리. ◆ 嘀嗒嘀嗒。 ¶시계가 똑딱똑딱 잘도 간다. =时钟嘀嗒嘀嗒地走着。

똑딱똑딱하다【동사】动 ❶ 단단한 물건을 계속해서 가볍게 두드리다. ◆ 一个劲梆梆响。 ❷ 시계, 발동기 등이 계속해서 돌아가다. ◆ 嘀嗒嘀嗒。

똑똑【부사】副 ❶ 작은 물건이나 물방울 등이 계속해서 아래로 떨어지는 소리 또는 모양. ◆ 嘀嗒嘀嗒。 ¶빗방울이 똑똑 떨어지다. =雨水嘀嗒嘀嗒地落下。 ❷ 작고 단단한 물건이 계속해서 부러지거나 끊어지는 소리 또는 모양. ◆ 啪嗒，咔嚓。 ¶연필심이 자꾸 똑똑 부러졌다. =铅笔芯经常咔嚓折断。 ❸ 단단한 물건을 계속해서 가볍게 두드리는 소리. ◆ 嘭嘭，笃笃。 ¶문을 똑똑 두드리다. =嘭嘭地敲门。 ❹ 어떤 것을 계속해서 거침없이 따거나 떼는 모양. ◆ 连连。

똑똑하다【형용사】形 ❶ 또렷하고 분명하다. ◆ 分明，清楚。 ¶발음이 똑똑하다. =发音清楚。 ❷ 사리에 밝고 총명하다. ◆ 聪明。 ¶똑똑한 사람. =聪明人。● 똑똑히 ●

똑바르다【형용사】形 ❶ 어느 쪽으로도 기울지 않고 곧다. ◆ 端正，径直。 ¶똑바르게 앉다. =端坐。 ❷ 올바르다. ◆ 正确，在理，毫无差错。 ¶그는 똑바른 정신을 가진 사람이다. =他是个讲理的人。 ● 똑바로 ●

똘똘【부사】副 ❶ 작고 둥근 물건이 가볍고 빠르게 구르거나 돌아가는 소리. 또는 그 모양. ◆ 骨碌碌。 ¶구슬이 똘똘 굴러갔다. =珠子骨碌碌地滚走了。 ❷ 작은 물건이 여러 겹으로 동글게 말리는 모양. ◆ 一层一层，一卷一卷。 ¶달력을 펼치자 다시 똘똘 말렸다. =挂历刚展开就唰地卷了起来。

똘똘하다【형용사】形 ❶ 매우 똑똑하고 영리하다. ◆ 聪明伶俐。 ¶똘똘한 아이. =聪明伶俐的孩子。 ❷ 단단하고 실하다. ◆ 饱满。 ¶잘 익고 똘똘한 사과 알을 따로 골라내다. =把成熟饱满的苹果单独挑出来。

똥【명사】名 ❶ 사람이나 동물이 먹은 음식물을 소화하여 항문으로 내보내는 찌꺼기. ◆ 粪，屎，大便。 ¶똥을 누다. =拉屎。 ❷ 쇠붙이가 녹았을 때 나오는 찌꺼기. ◆ 渣。 ¶구리 똥. =铜渣。 ❸ 화투 놀이에서, '오동'을 이르는 말. ◆ 梧桐(韩国纸牌花图中象征11月的牌面)。

똥개【명사】똥을 먹는 잡종 강아지. ◆ 名杂种狗。

똥구멍【명사】'항문'을 속되게 이르는 말. ◆ 名肛门。

똥똥하다【형용사】形 ❶ 키가 작고 살이 쪄 몸이 옆으로 퍼진 듯하다. ◆ 胖乎乎，臃肿。 ¶똥똥한 체구. =胖乎乎的身躯。 ❷ 물체의 한 부분이 붓거나 부풀어서 도드라져 있다. ◆ 圆鼓鼓，肿胀。 ¶똥똥한 항아리. =圆鼓鼓的坛子。

똥배【명사】똥똥하게 나온 배. ◆ 名大肚子，将军肚，啤酒肚。 ¶그는 나이가 들면서 똥배가 불룩하게 나왔다. =随着年纪的增长，他长出了将军肚。

똬리[1]【명사】图❶ 짐을 머리에 일 때 머리에 받치는 고리 모양의 물건. 짚이나 천을 틀어서 만든다. ◆ 垫圈。¶정수리에 똬리를 올려놓다. =在头顶上放垫圈。❷ 둥글게 빙빙 틀어 놓은 것. 또는 그런 모양. ◆ 环形圈，线圈。¶구렁이가 똬리를 틀고 있다. =蟒蛇一圈一圈地盘了起来。

뙈기[2]【명사】일정하게 경계를 지은 논밭의 구획을 세는 단위. ◆ 图块。¶그는 논 몇 뙈기를 소작하고 있다. =他租种了几块水田。

뙤약볕【명사】여름날에 강하게 내리쬐는 몹시 뜨거운 볕. ◆ 图骄阳，烈日。¶뙤약볕이 내리쬐다. =烈日暴晒。

뚜껑【명사】그릇이나 상자 따위의 아가리를 덮는 물건. ◆ 图盖子，盖。¶뚜껑을 닫다. =盖上盖子。

뚜드리다【동사】动❶ 소리가 나도록 잇따라 치거나 때리다. ◆ 敲，猛敲，敲打。¶문을 뚜드리다. =敲门。❷ 俚(속되게) 때리거나 타격을 주다. ◆ 俚敲，打，敲打。¶건방진 그놈을 언제 한번 뚜드려 줘야겠다. =什么时候有机会，要敲打一下那个放肆的家伙。❸ 감동을 주거나 격동시키다. ◆ 感动。¶그의 설교는 사람들의 마음을 뚜드리는 훌륭한 설교였다. =他的演讲非常精彩，能够打动人们的心灵。

뚜들기다【동사】动❶ 소리가 나도록 잇따라 세게 치거나 때리다. ◆ 敲，打，叩，拍。❷ 크게 감동을 주거나 격동시키다. ◆ 激动，振奋，扣人心弦。

뚜렷하다【형용사】엉클어지거나 흐리지 않고 아주 분명하다. ◆ 形清楚，明显。¶뚜렷한 모습. =清晰的面容。● 뚜렷이 ●

뚜벅거리다【동사】발자국 소리를 뚜렷이 내며 걸어가는 소리가 잇따라 나다. ◆ 动 (脚步声)嚓嚓响。¶갑자기 뚜벅거리는 발자국 소리가 가까워지더니 보트 곁에서 우뚝 멎었다. =突然出现越来越近的嚓嚓脚步声，最后停在小艇旁边。● 뚜벅대다 ●

뚜벅뚜벅【부사】발자국 소리를 뚜렷이 내며 잇따라 걸어가는 소리. 또는 그 모양. ◆ 副咯噔，嚓嚓。¶뚜벅뚜벅걷다. =咯噔咯噔地走。● 뚜벅뚜벅하다, 뚜벅이다 ●

뚝【부사】副❶ 계속되던 것이 갑자기 그치는 모양. ◆ 戛然，突然（停止）。¶울음을 뚝 그치다. =哭声戛然而止。❷ 말이나 행동을 매우 단호하게 하는 모양. ◆ 果断，断然（说或做）。¶뚝 잘라 말하다. =果断地说。❸ 어떤 물질을 다 쓰고 거의 없는 모양. ◆ 一点不剩（用光的样子）。¶월말이 되니 돈이 뚝 떨어졌다. =到月底了，钱都花光了。❹ 성적이나 순위 등이 눈에 띄게 떨어지거나 정도가 약해지는 모양. ◆ 一下子（成绩、排名等下降的样子）。¶성적이 뚝 떨어지다. =成绩一下子降了下来。❺ 거리가 꽤 떨어져 있는 모양. ◆ 远远地（分离开）。¶학교는 우리 집에서 뚝 떨어져 있다. =学校离我家很远。

뚝【부사】副❶ 큰 물체나 물방울 등이 아래로 떨어지는 소리나 모양. ◆ 吧嗒，喀，啪嗒，嘎巴。¶호박이 지붕에서 뚝 떨어졌다. =南瓜从屋顶啪嗒掉了下来。❷ 크고 단단한 물체가 부러지거나 끊어지는 소리나 모양. ◆ 咔嚓。¶나무가 뚝 부러지다. =树木咔嚓一下折断了。❸ 단단한 물체를 한 번 치는 소리나 모양. ◆ 啪。¶그는 친구의 어깨를 뚝 쳤다. =他啪地打了朋友肩膀一下。❹ 어디에 달린 것이나 하나로 붙은 것을 거침없이 따거나 떼는 모양. ◆ 啪啪。¶떡을 뚝 떼어 주다. =啪啪地做打糕。

뚝딱【부사】일을 거침없이 손쉽게 해치우는 모양. ◆ 副利落地，麻利地。¶일을 뚝딱 해치우다. =麻利地办完事情。

뚝딱거리다【동사】动❶ 갑자기 놀라거나 겁이 나서 가슴이 계속 뛰다. ◆ 心怦怦直跳，忐忑不安。❷ 단단한 물건을 조금 가볍게 두드리는 소리가 잇따라 나다. 또는 그런 소리를 잇따라 내다. ◆ 咚咚响，敲敲打打。● 뚝딱대다 ●

뚝딱뚝딱【부사】副❶ 갑자기 놀라거나 겁이 나서 계속 가슴이 뛰는 모양. ◆ 怦怦地，忐忑不安。❷ 단단한 물건을 잇따라 조금 가볍게 두드리는 소리. ◆ 敲敲打打。

뚝뚝【부사】副❶ 큰 물체나 물방울 따위가 잇따라 아래로 떨어지는 소리나 모양. ◆ 嘀嘀嗒嗒，扑通扑通(大的水珠或物体接连掉落的声音或样子)。¶사과가 뚝뚝 떨어지다. =苹果扑通扑通地往下掉。❷ 크고 단단한 물체가 잇따라 부러지거나 끊어지는 소리. 또는 그 모양. ◆ 嘎吱嘎吱，咔嚓咔嚓(物体接连断裂的声音或样子)。¶나무가 뚝뚝 부러지다. =树嘎吱嘎吱地断了。❸ 단단한 물체를 잇따라 두드리는 소리. ◆ 嘭嘭，笃笃(接连敲击声)。¶그는 뚝뚝 창문을 두드려 나를 불렀다. =他"笃笃"地敲着窗子叫我。❹ 아주 거침없이 잇따라 따거나 떼는 모양. ◆ 刷刷，噌噌(动作流畅地连续撕扯、采摘貌)。¶나뭇잎을 뚝뚝 따다. =刷刷地摘树叶。

뚝뚝【부사】副❶ 성적이나 순위 따위가 몹시 두드러지게 떨어지는 모양. ◆ 刷刷地，呼呼地(成绩或排名等急剧下降貌)。¶성적이 뚝뚝 떨어지다. =成绩刷刷地往下掉。❷ 여럿이 다 거리가 많이 떨어져 있는 모양. ◆ 稀疏地，稀稀落落。¶집들이 뚝뚝 떨어져 있다. =房屋稀稀落落离得很远。

뚝뚝하다【형용사】形❶ 바탕이 세고 단단하다. ◆ 硬。❷ 말이나 행동이나 표정 등이 부드럽거나 상냥하지 않아 정이 있지 않다. ◆ 生硬。

뚝배기【명사】찌개 따위를 끓이거나 설렁탕 따위를 담을 때 쓰는 오지그릇. ◆ 图砂锅。¶뚝배기에 된장찌개를 끓이다. =用砂锅煮大酱汤。

뚝심【명사】굳세게 버티거나 감당하여 내는 힘. ◆ 图耐力，韧劲。¶뚝심으로 버티어 나가다. =凭韧劲撑下去。

뚫다【동사】动❶ 구멍을 생기게 하다 ◆ 穿，凿，打，钻，挖(孔)。¶송곳으로 판자에 구멍을 뚫다. =用钻头在木板上打孔。❷ 막힌 것을 통하게 하다. ◆ 疏通，打通。¶막힌 하수도를 뚫다. =疏通堵住的下水道。❸ 장애물을 헤치다. ◆ 穿过，冲过，突破(障碍)。¶밀림을 뚫고 지나가다. =穿过密林。❹ 시련이나 어려움을 극복하다. ◆ 克服，闯过，冲过(难关等)。¶어려운 입시의 관문을 뚫다. =闯过入学考

试的难关。 ❺ 깊이 연구하여 그 분야의 이치나 진리를 깨닫다. ◆ 通晓，熟知。 ¶수학을 뚫고 있다. =通晓数学。 ❻ 사람의 마음이나 미래의 사실을 예측하다. ◆ 洞察，洞悉，看透。 ¶마음을 뚫어 보다. =洞察内心。 ❼ 무엇을 해결할 길이나 방법을 찾아내다. ◆ 打通，找到(去路、财路、方法等)。 ¶돈줄을 뚫다. =找到资金来源。 ● 뚫리다 ●

뚫어지다 【동사】 动 ❶ 구멍이나 틈이 생기다. ◆ 破，穿，透。 ¶양말에 구멍이 뚫어지다. =袜子破了个洞。 ❷ 길이 통하여지다. ◆ (路)通，开通，贯通。 ¶굴이 뚫어져 교통이 더욱 원활하게 되었다. =由于隧道的开通，交通更便利了。 ❸ '뚫어질 정도로 집중하여'의 뜻을 나타낸다. ◆ (主要以뚫어져라、뚫어지게、뚫어지도록的形式与"보다"类动词搭配使用)注视，凝视，死盯着。 ¶뚫어져라 쳐다보다. =死盯着看。

뚱기다 【동사】 动 ❶ 팽팽한 줄 따위를 퉁기어 움직이게 하다. ◆ 弹。 ❷ 눈치채도록 슬며시 일깨워 주다. ◆ 提醒。

뚱딴지 【명사】 행동이나 사고방식 따위가 너무 엉뚱한 사람을 놀림조로 이르는 말. ◆ 图〈戏称〉冒失鬼，冲动鬼。 ¶뚱딴지처럼 난데없이 무슨 소리야. =看你跟个冒失鬼似的，没头没脑地说什么蠢话。

뚱땅거리다 【동사】 여러 가지 악기나 단단한 물건 따위를 세게 쳐서 울리는 소리가 잇따라 나다. 또는 그런 소리를 잇따라 내다. ◆ 动叮叮咚咚地敲。 ● 뚱땅대다 ●

뚱땅뚱땅 【부사】 여러 가지 악기나 단단한 물건 따위를 잇따라 세게 쳐서 울리는 소리. ◆ 副叮叮咚咚。

뚱뚱하다 【형용사】 形 ❶ 살이 쪄서 몸이 옆으로 퍼진 듯하다. ◆ 胖，肥胖，胖乎乎。 ¶몸이 뚱뚱하다. =身体很胖。 ❷ 물체의 한 부분이 붓거나 부풀어서 두드러져 있다. ◆ (肿得)粗粗的，胀鼓鼓的。 ¶뚱뚱하게 부어오른 다리. =肿得粗粗的腿。

뚱보 【명사】 살이 쪄서 뚱뚱한 사람을 놀림조로 이르는 말. ◆ 图胖墩儿，胖子。

뚱하다 【형용사】 形 ❶ 말수가 적고 묵직하며 붙임성이 없다. ◆ 沉默寡言，不善交际，不合群。 ¶그 사람이 원래 뚱한 사람이라서 그렇지, 네가 싫어서 그런 건 아니야, 오해하지 마. =他本来就沉默寡言，不是因为讨厌你才那样的，你别误会。 ❷ 못마땅하여 시무룩하다. ◆ 闷闷不乐，阴沉着脸。 ¶동생은 선물이 마음에 안 들었는지 아까부터 혼자 뚱하고 있다. =不知道是不是礼物不称心，弟弟从刚才开始就一直闷闷不乐。

뛰놀다 【동사】 动 ❶ 이리저리 뛰어다니며 놀다. ◆ (到处)跑着玩。 ¶우리 동네에는 아이들이 뛰놀 만한 놀이터 하나 없다. =我们这个社区没有一个能让孩子们跑着玩的场地。 ❷ 맥박이나 심장 따위가 세게 뛰다. ◆ (心脏、脉搏等)扑通扑通地跳，心跳不已。 ¶부질없이 가슴만 뛰놀 뿐, 그를 기다리는 사람이 아무도 없었다. =心扑通扑通跳了半天，根本没有人在等他。

뛰다[1] 【동사】 动 ❶ 발을 재빠르게 움직여 빨리 나아가다. ◆ 跑，奔跑。 ¶그는 차에서 내리자마자 집으로 마구 뛰었다. =他一下车就匆匆往家跑。 ❷ 어떤 자격을 가지고 일하다. ◆ (以某种身份)工作，活动，奔走。 ¶그는 프로 야구 선수로 뛴 첫 해에 유명해졌다. =他成为职业棒球运动员的第一年就出名了。 ❸ (속된 말로) 달아나다. ◆ 逃跑，逃窜。 ¶경찰을 본 도둑은 냅다 뛰기 시작했다. =盗贼看到警察，慌慌张张拼命逃跑。 ❹ 적극적으로 활동하다. ◆ 奋斗，拼搏，奔走。 ¶나는 현장에서 발로 뛰는 외근 기자가 되고 싶다. =我想成为一名奔走在现场的外派记者。 ❺ 어떤 곳을 달려서 지나가다. ◆ 跑，跑过。 ¶100미터를 12초에 뛰었다. =跑100米用了12秒。 ❻ 일터를 바쁘게 돌아다니며 일하다. ◆ 奔走，赶场。 ¶그 가수는 하루에 밤무대를 네 군데를 뛴다. =那个歌手一天要赶四个晚场。

뛰다[2] 【동사】 动 ❶ 몸을 위로 높이 솟게 하다. ◆ 跳，蹦，跃。 ¶제자리에서 높이 뛰다. =原地高高跳起。 ❷ 심장이 벌떡벌떡 움직이다. ◆ (心脏)扑通扑通地跳，心跳不已。 ¶춘향이를 본 이몽룡의 가슴이 뛰었다. =李梦龙看到春香，心不由得扑通扑通跳了起来。 ❸ 값이 갑자기 많이 오르다. ◆ (价格等)暴涨，飞涨，猛涨。 ¶1년 만에 물가가 두 배로 뛰다. =才过了一年，物价就飞涨了两倍。 ❹ 몹시 화가 나거나 놀라서 세찬 기세를 나타내다. ◆ 跳脚，暴跳如雷，大发雷霆。 ¶그게 될 법이나 한 얘기냐고 펄쩍 뛰었다. =他暴跳如雷地说："怎么能那么说呢！" ❺ 어떤 힘을 받아 물방울, 흙, 파편 등이 세차게 솟아올랐다가 사방으로 흩어지다. ◆ 飞溅，飞迸。 ¶다이너마이트가 터지자 사방으로 파편이 뛰었다. =炸药一爆炸，碎片四处飞溅。 ❻ 공중으로 솟아올랐다가 다른 곳에 다시 내리다. ◆ 跳过，跃过。 ¶도랑을 뛰어 건너다. =跳过水沟。 ❼ 그네를 타고 발을 굴러 공중에서 앞뒤로 왔다 갔다 하다. ◆ 荡。 ¶그네를 뛰고 놀다. =荡秋千玩。 ❽ 널에 올라 발을 굴러서 공중으로 오르내리다. ◆ 玩跷跷板。 ¶설날에 널을 뛰고 놀았다. =春节玩跷跷板了。

뛰어가다 【동사】 动 ❶ 달음박질로 빨리 가다. ◆ 跑去，跑到。 ¶그는 급히 약국에 뛰어가서 응급 약을 샀다. =他急忙跑到药店买了应急药品。 ❷ 달음박질로 어떤 공간을 지나가다. ◆ 跑过，奔过。 ¶운동장 한복판을 급히 뛰어갔다. =飞奔过操场。

뛰어나가다 【동사】 动 ❶ 빨리 달려서 밖으로 나가다. ◆ 跑出去。 ¶무슨 소리가 나서 마당에 뛰어나가 봤는데 아무 것도 없었다. =听到有声音就跑到院子里看了看，结果什么也没有。 ❷ 빨리 달려서 어떤 곳에서 벗어나다. ◆ 跑出去，逃离，逃出去。 ¶그녀는 화가 난 듯 방에서 뛰어나갔다. =她好像生气了，从房间里跑了出去。

뛰어나다 【형용사】 남보다 월등히 훌륭하거나 앞서 있다. ◆ 形出众，出色，卓越，优秀。 ¶뛰어난 묘사. =出色的描写。

뛰어나오다 【동사】 动 ❶ 빨리 달려서 밖으로 나오다. ◆ 跑出来。 ¶운동장에 뛰어나오다. =跑到操场上。 ❷ 빨리 달려서 어떤 곳을 벗어나다. ◆ 跑出来，逃离，逃出来。 ¶불이 나자 사람들이 모두 건물에서 뛰어나왔다. =起火了，人们都从大楼里跑了出来。

뛰어내리다【동사】 动 ❶ 높은 데서 아래로 몸을 던져 내려오다. ◆ 跳下，往下跳。 ¶맨발로 바닥에 뛰어내리다. =光着脚跳到地上。 ❷ 몸을 던져 어떤 공간을 벗어나다. ◆ (从某处)跳下，跳离。 ¶달리는 열차에서 뛰어내리다. =从飞驰的列车上跳下来。 ❸ 어떤 공간을 뛰어서 빨리 내려가다. ◆ 跑下，往下跑。 ¶계단을 뛰어내리다. =跑下台阶。

뛰어넘다【동사】 动 ❶ 몸을 솟구쳐서 높거나 넓은 물건이나 장소를 넘다. ◆ 跳过，跃过。 ¶장애물을 뛰어넘다. =跃过障碍物。 ❷ 차례를 걸러서 나아가다. ◆ 跳级，越级。 ¶한 계급을 뛰어넘어 승진하는 일은 그리 흔한 일이 아니다. =越级升迁的情况并不多见。 ❸ 어려운 일 따위를 이겨내다. ◆ 克服，战胜，突破(困难等)。 ¶자기 능력의 한계를 뛰어넘으려는 노력은 값진 것이다. =努力突破自身能力的局限是难能可贵的。 ❹ 일정한 범위나 표준에서 벗어나다. ◆ 超越，超出(一定范围或标准)。 ¶그는 보통 사람의 상상을 뛰어넘어 일을 했다. =他做事超出了一般人的想象。

뛰어놀다【동사】 이리저리 뛰어다니며 놀다. ◆ 动跑着玩。 ¶운동장에서 뛰어노는 아이들의 모습을 보는 것만으로도 마냥 기뻤다. =只要看到孩子们在操场上跑着玩的样子就非常高兴。

뛰어다니다【동사】 动 ❶ 어떤 공간 안에서 여기저기로 뛰면서 돌아다니다. ◆ (在场地内)跑来跑去，来回跑。 ¶아이들은 운동장에서 신나게 뛰어다녔다. =孩子们兴高采烈地在操场上跑来跑去。 ❷ 이곳저곳으로 옮겨 다니면서 돌아다니다. ◆ (到处)跑来跑去，乱窜，奔波。 ¶아이들이 이 방 저 방으로 뛰어다니는 통에 정신이 없다. =孩子们在各个房间里跑来跑去，吵得无法集中精神。

뛰어들다【동사】 动 ❶ 빨리 달려서 갑자기 들어오다. ◆ 闯入，冲进。 ¶자동차가 인도에 뛰어들어 사람을 다치게 했다. =汽车闯进人行道撞伤了人。 ❷ 높은 곳에서 물속으로 몸을 던지다. ◆ 跳入，跳进(水中)。 ❸ 어떤 일이나 활동, 사건 등에 적극적으로 참여하다. ◆ 投身，跻身，介入。 ¶사업을 하던 사람이 갑자기 정치에 뛰어들었다. =搞企业的人突然跻身政界。

뛰어오다【동사】 动 ❶ 달음박질로 빨리 오다. ◆ 跑来，跑过来，飞奔过来。 ¶지각할까 봐 학교에 뛰어왔더니 숨이 차다. =担心会迟到，一路跑到了学校，跑得气喘吁吁的。 ❷ 달음박질로 어떤 공간을 지나서 오다. ◆ 跑，赶(路)。 ¶먼길을 뛰어오다. =赶了很远的路。

뛰어오르다【동사】 动 ❶ 몸을 날리어 높은 곳으로 단숨에 오르다. ◆ 跃起，跳上。 ¶달리는 기차에 뛰어오르지 마라. =不要跳上行驶中的火车。 ❷ 값이 갑자기 오르다. ◆ 暴涨，飞涨，猛涨，飞升。 ¶해마다 이사철이 되면 집 값이 뛰어오른다. =每年一到搬家旺季，房价都会飞涨。 ❸ 어떤 공간을 뛰어서 빨리 올라가다. ◆ 跑上，飞奔上去。 ¶경사진 길을 뛰어오르다. =跑上斜坡。

뛰쳐나가다【동사】 动 ❶ 힘 있게 밖으로 뛰어나가다. ◆ 冲出去，飞跑出去。 ¶"불이야!" 소리가 나자마자 그는 방에서 밖으로 뛰쳐나갔다. =听到有人喊"着火了！"，他立刻从房间里冲了出去。 ❷ 어느 곳에서 벗어나거나 갑자기 떠나 버리다. ◆ (从某处)跑出去，逃出去，逃离。 ¶그는 출발 신호와 함께 출발선을 뛰쳐나갔다. =出发信号一响，他就从起跑线上跑了出去。

뛰쳐나오다【동사】 动 ❶ 힘있게 밖으로 뛰어나오다. ◆ 跑出来，冲出来。 ¶불이 나자 사람들이 집 밖으로 뛰쳐나왔다. =火势一起，人们就跑到了房子外面。 ❷ 어느 곳에서 벗어나 나오거나 갑자기 떠나 버리다. ◆ (从某处)跑出来，逃出来。 ¶고아원에서 뛰쳐나온 그는 닥치는 대로 일을 하여 돈을 모으기 시작했다. =从孤儿院跑出来的他为了攒钱什么活都干。

뜀뛰기【명사】 도약경기(跳躍競技). 도약운동(跳躍運動). ◆ 图跳高、跳远比赛。

뜀뛰다【동사】 뜀을 뛰는 일. ◆ 动跳远，跳高。

뜀박질【명사】 뜀을 뛰는 일. ◆ 图跑步。 ● 뜀박질하다 ●

뜀틀【명사】 달려가다가 두 손으로 짚고 뛰어넘는 운동 틀이나 그 틀을 뛰어넘는 체조 운동. ◆ 图跳马，跳箱。

뜨개질【명사】 옷이나 장갑 따위를 실이나 털실로 떠서 만드는 일. ◆ 图织，编织。 ¶뜨개질에 능하다. =擅长编织。 ● 뜨개질하다 ●

뜨거워지다【동사】 动 ❶ 손이나 몸에 상당한 자극을 느낄 정도로 온도가 높아지다. ◆ 变烫，热起来。 ¶불에 올려 놓은 국이 뜨거워지면 먹어라. =火上的汤热了就喝吧。 ❷ 사람의 몸이 정상보다 열이 높아지다. ◆ (身体)发热，发烫，体温升高。 ¶운동을 했더니 몸이 뜨거워졌다. =做完运动，身上很热。 ❸ 무안하거나 부끄러워 얼굴이 몹시 화끈해지다. ◆ (脸羞得)发烫，脸红。 ¶그는 여자 앞에만 서면 얼굴이 뜨거워지는 버릇이 있다. =他有个毛病，一站在女生面前，脸就会发烫。 ❹ (비유적으로)감정이나 열정 따위가 격렬해지다. ◆ (感情或热情)热，激动，热烈。 ¶콧날이 시큰거리며 눈시울이 뜨거워지다. =鼻子一酸，眼眶就热了起来。

뜨겁다【형용사】 形 ❶ 손이나 몸에 상당한 자극을 느낄 정도로 온도가 높다. ◆ 滚烫，火辣辣，火热。 ¶뜨거운 햇볕. =火辣辣的阳光。 ❷ 사람의 몸이 정상보다 열이 높다. ◆ (身体)滚烫，发烧。 ¶온몸이 뜨겁다. =全身发烫。 ❸ 무안하거나 부끄러워 얼굴이 몹시 화끈하다. ◆ (脸羞得)发热，发烫。 ¶얼굴이 뜨거워 고개를 들 수 없었다. =羞得脸发烫，不敢抬头。 ❹ (비유적으로)감정이나 열정 따위가 격렬하다. ◆ (感情或热情)热，热情，热烈。 ¶진심으로 뜨거운 감사를 드립니다. =向您致以真诚的感谢。

뜨끈뜨끈하다【형용사】매우 뜨뜻하고 덥다. ◆ 形热乎，热乎乎。¶뜨끈뜨끈한 고구마를 호호 불며 먹었다. =边吹边吃热乎乎的红薯。

뜨끈하다【형용사】그다지 심하지 않게 조금 뜨겁거나 덥다. ◆ 形热乎，热乎乎。¶방바닥이 뜨끈하다. =地板热热的。

뜨끔하다【형용사】形 ❶ 갑자기 불에 닿은 것처럼 뜨겁다. ◆ 火辣辣，烫。❷ 마음에 큰 자극을 받아 뜨겁다. ◆ (心里)一震。

뜨내기【명사】名 ❶ 일정한 거처가 없이 떠돌아다니는 사람. ◆ 流浪汉，游子，漂泊的人。¶뜨내기 뱃사람. =流浪船工。❷ 어쩌다가 간혹 하는 일. ◆ 零工，零活。

뜨다[1]【동사】감았던 눈을 벌리다. ◆ 动睁，睁开，张开。¶그는 잠이 깨어 눈을 떴다. =他从睡梦中醒来睁开眼。

뜨다[2]【동사】动 ❶ 물 속이나 지면 따위에서 가라앉거나 내려앉지 않고 물 위나 공중에 있거나 위쪽으로 솟아오르다. ◆ 漂，浮，飘。¶종이배가 물에 뜨다. =纸船浮在水上。❷ 착 달라붙지 않아 틈이 생기다. ◆ 翘，产生缝隙。¶풀칠이 잘못되어 도배지가 떴다. =壁纸糊得不好，已经翘起来了。❸ 차분하지 못하고 어수선하게 들떠 가라앉지 않게 되다. ◆ 浮躁，兴奋，乱。¶교실 분위기가 다소 붕 떠 있는 것처럼 보였다. =教室里的气氛看上去有点混乱。❹ 연줄이 끊어져 연이 제멋대로 날아가다. ◆ (断了线的风筝)飘走，飞走。❺ 빌려 준 것을 돌려 받지 못하다. ◆ (借出的钱)打水漂，泡汤，飞了。¶그 돈 이미 뜬 거야. 받을 생각하지마. =那钱算是打水漂了，别想再要回来了。❻ 두려운 인물이 어떤 장소에 모습을 나타내다. ◆ (害怕的人物)出现，露面，来。¶경찰이 떴다. 도망가자. =警察来了，快跑啊! ❼ 인기를 얻게 되고 유명해지다. ◆ 走红，流行，火。¶그 가수의 앨범이 뒤늦게 뜨기 시작했다. =那个歌手的唱片过了很久才开始流行。

뜨다[3]【동사】动 ❶ 다른 곳으로 가기 위하여 있던 곳에서 다른 곳으로 떠나다. ◆ 离开。¶고향에서 뜨다. =离开家乡。❷ 세상을 더 이상 살지 못하고 죽어서 떠나다. 죽다를 완곡하게 이르는 말이다. ◆ 死，去世，辞世，离世。¶그는 병으로 이승을 뜨게 되었다. =他因病去世了。

뜨다[4]【형용사】形 ❶ 행동 따위가 느리고 더디다. ◆ 慢吞吞的，迟缓，磨蹭。¶동작이 뜨다. =动作迟缓。❷ 감수성이 둔하다. ◆ 迟钝，反应慢。¶그 사람은 감정이 뜰 뿐 아니라 눈치도 떠서 사람들을 곤란하게 할 때가 있다. =那人不仅反应迟钝，还没有眼力见儿，有时会让人很难堪。❸ 입이 무겁거나 하여 말수가 적다. ◆ 不爱说话，话少，沉默寡言。¶말이 뜨다. =话很少。❹ 날이 무디다. ◆ 钝，不锋利。¶칼이 떠서 잘 안 드니 갈아야겠다. =刀太钝不好用，得磨一下了。❺ 다리미, 인두 따위의 쇠붙이가 잘 달구어지지 않는다. ◆ (熨斗、烙铁等)热得慢。¶이 다리미는 쇠가 떠서 좋지 않다. =这熨斗的铁热得太慢，不好用。❻ 비탈진 정도가 둔하다. ◆ (倾斜度)缓，小，不陡。¶물매가 뜨다. =坡度很缓。❼ 공간적으로 거리가 꽤 멀다. ◆ (距离)离得远，隔得远。¶우리 집에서 학교까지는 사이가 떠서 걸어갈 만한 거리가 아니다. =我家和学校离得远，可不是能走着去的。❽ 시간적으로 동안이 오래다. ◆ (时间)隔得久，隔很长时间。¶이 변두리 동네는 버스가 떠서 겨울이면 차를 기다리는 일이 힘들다. =这个偏僻小区要隔很长时间才来一辆公交车，冬天等车很麻烦。❾ 흔하다. ◆ 常见，经常。

뜨다[5]【동사】상대편의 속마음을 알아보려고 어떤 말이나 행동을 넌지시 걸어 보다. ◆ 动试探，刺探，打探。¶상대편의 속마음을 슬쩍 뜨다. =偷偷试探对方的内心。

뜨다[6]【동사】병을 다스리기 위하여 약쑥을 비벼 혈에 놓고 불을 붙여 태우다. ◆ 动灸，灸治。

뜨다[7]【동사】动 ❶ 어떤 물체와 똑같은 모양으로 베껴서 만들거나 찍어 내다. ◆ 临摹，拓，拓印。¶창작가의 작업실에는 본을 뜨다 만 석고가 여기저기 널려 있었다. =创作家的工作室里到处摆放着拓印的石膏图案。❷ 녹화하거나 녹화물을 복사하다. ◆ 复制。

뜨다[8]【동사】动 ❶ 실 따위로 코를 얽어서 무엇을 만들다. ◆ 织，编织。¶털실로 장갑을 떠서 선물하였다. =用毛线织了副手套送人。❷ 한 땀 한 땀 바느질하다. ◆ 缝。¶옷의 단을 뜨다. =衣服锁边。❸ 살갗에 먹실을 꿰어 그림, 글자 따위를 그려 넣거나 자취를 내다. ◆ 纹，纹身，刺字。¶그들은 의형제의 표시로 팔에 같은 글씨를 떴다. =他们在胳膊上纹了相同的字，表示是两人结义兄弟。

뜨다[9]【동사】动 ❶ 큰 것에서 일부를 떼어 내다. ◆ (把整体上的一部分)扒，挖，起。¶우리는 저쪽 산 밑에서 떼를 떴다. =我们从那边的山下起了草皮。❷ 물 속에 있는 것을 건져 내다. ◆ 捞，打捞。¶양어장에서 그물로 물고기를 떴다. =在养鱼场用网捞鱼。❸ 어떤 곳에 담겨 있는 물건을 퍼내거나 덜어 내다. ◆ 舀，盛。¶어머니는 간장 항아리에서 간장을 뜨고 계셨다. =妈妈正从酱油缸中舀酱油。❹ 수저 따위로 음식을 조금 먹다. ◆ 夹，舀，盛，吃(了几口)。¶먼 길 가는데 아무리 바빠도 한술 뜨고 가거라. =要出远门了，再忙也要吃一口再走。❺ 고기 따위를 얇게 저미다. ◆ 切，削(鱼片或肉片)。¶생선회를 뜨다. =切生鱼片。❻ 종이나 김 따위를 틀에 펴서 낱장으로 만들어 내다. ◆ (用网帘)制，捞制(纸、紫菜片等片状物)。¶한지는 틀로 하나씩 떠서 말린다. =韩纸是用网帘一张张捞制晾干而成的。❼ 피륙에서 옷감이 될 만큼 끊어 내다. ◆ 扯，撕(衣料)。¶혼숫감으로 옷감을 뜨다. =扯了块衣料准备结婚用。

뜨다[10]【동사】动 ❶ 물기 있는 물체가 제 훈김으로 썩기 시작하다. ◆ 烂，腐烂，发霉。¶어두운 방에 들어서니 곰팡이 뜨는 냄새가 났다. =走进阴暗的房间，闻到一股霉味。❷ 누룩이나 메주 따위가 발효하다. ◆ 发酵。¶퇴비가 뜨다. =堆肥开始霉烂。

❸ 병 따위로 얼굴빛이 누르고 살갗이 부은 것처럼 되다. ◆ (脸)肿，黄肿，浮肿。

뜨뜻미지근하다【형용사】㊐❶ 온도가 아주 뜨겁지도 않고 차지도 않다. ◆ 温乎，温和，温暖。¶저녁 때 뜨뜻미지근하던 방바닥이 아침에는 한기를 느낄 정도로 식어 버렸다. =傍晚还温乎乎的地暖，到早晨已经凉得寒气袭人。❷ 하는 일이나 성격이 분명하지 못하다. ◆ (性格、行动)温吞吞的，不爽快，不干脆。¶나는 그렇게 뜨뜻미지근한 사람은 싫어. =我讨厌那种温吞吞的人。

뜨뜻하다【형용사】뜨겁지 않을 정도로 온도가 알맞게 높다. ◆ ㊐热乎乎，暖和，暖洋洋。¶뜨뜻한 방에서 몸을 녹이고 나니 잠이 솔솔 오기 시작했다. =在热乎乎的房间里捂暖了身子后开始犯困了。● 뜨뜻이 ●

뜨물【명사】곡식을 씻어 내 부옇게 된 물. ◆ ㊔淘米水。¶뜨물 한 바가지. =一瓢淘米水。

뜨이다【동사】㊍❶ 눈이 떠지다. ◆ 睁，睁开，张开。¶간밤에 늦게 잤더니 아침 늦게야 눈이 뜨였다. =昨夜睡得晚，早上很迟才睁开眼。❷ 눈에 잘 보이다. ◆ 映入(眼帘)，进入(视野)。¶사람들이 드문드문 눈에 뜨였다. =人们三三两两地映入眼帘。❸ 어떤 상태가 평소보다 더 두드러지게 보이다. ◆ (和눈에搭配使用)显眼，明显，突出，显著。¶지난 몇 년간 우리 사회는 눈에 뜨이는 발전을 이루었다. =在过去的几年间，我们的社会有了显著的发展。❹ 기대하지 않은 소식에 귀가 솔깃해지다. ◆ (耳朵)竖起，直起。¶그 말에 그는 귀가 번쩍 뜨였다. =听到那句话，他的耳朵竖了起来。

뜬구름【명사】㊔❶ 하늘에 떠다니는 구름. ◆ 流云，浮云。¶하늘에 떠다니는 한 조각의 뜬구름. =一片在天空中飘荡的浮云。❷ 덧없는 세상일을 비유적으로 이르는 말. ◆〈喻〉虚无的世事，虚幻的世事。¶세상사 뜬구름과 같다. =世事如浮云。

뜬금없다【형용사】갑작스럽고도 엉뚱하다. ◆ ㊐突然，出乎意料，不着边际。¶뜬금없는 소리. =不着边际的话。● 뜬금없이 ●

뜬눈【명사】밤에 잠을 이루지 못한 눈. ◆ ㊔(失眠时)睁着的眼，未合眼。¶뜬눈으로 밤을 새우다. =一夜未合眼。

뜬소문(-所聞)【명사】이 사람 저 사람 입에 오르내리며 근거 없이 떠도는 소문. ◆ ㊔谣言，流言蜚语。¶뜬소문은 믿을 게 못 된다. =流言蜚语是不可信的。

뜯다【동사】㊍❶ 붙어 있는 것을 떼거나 떨어지게 하다. ◆ 撕，拆，揭。¶편지 봉투를 뜯었다. =拆开信封。❷ 털이나 풀 등을 떼거나 뽑다. ◆ 摘，采，拔。¶쑥을 뜯다. =拔艾草。❸ 풀이나 질긴 음식을 입에 물고 떼어서 먹다. ◆ (用牙齿)啃吃，撕着吃。¶갈비를 뜯다. =啃排骨。❹ 하나의 덩어리에서 일부나 한 요소를 따로 떼서 떨어지게 하다. ◆ ㊍拆，拆卸，分解。¶문짝을 뜯다. =拆门板。❺ 벌레 등이 피를 빨아 먹다. ◆ 叮，咬，叮咬。¶밤새도록 모기가 온몸을 뜯는 통에 잠을 못 잤다. =蚊子一整晚都在满身乱叮乱咬，没睡好觉。❻ 현악기의 줄을 퉁겨서 소리를 내거나 연주하다. ◆ 弹，拨。¶기타를 뜯다. =弹吉他。❼ 남의 돈이나 물건을 억지로 빼앗다. ◆ (巧言或强行)索要，敲诈，勒索 。¶그 불량배들은 유흥업소를 돌아다니며 상습적으로 업주들에게서 돈을 뜯었다. =那些不良之徒惯于往来各个娱乐场所，向业主勒索钱财。

뜯어고치다【동사】잘못되거나 나쁜 점을 새롭게 고치다. ◆ ㊍翻改，翻修；改革，革新。¶부엌을 뜯어고치다. =翻修厨房。

뜯어내다【동사】㊍❶ 붙어 있는 것을 떼어 내다. ◆ 撕下，扯下，拆下，揭下。¶벽에서 벽보를 뜯어내다. =从墙上撕下墙报。❷ 전체에서 일부분을 조각조각 떼어 내다. ◆ 摘下，采下，拔下，拆下。¶방구들을 뜯어내 고쳤더니 이제 방이 좀 훈훈하다. =把火炕拆下来重修了一下，现在房间里暖和一些了。❸ 남의 재물 따위를 조르거나 위협하여 얻어내다. ◆ (巧言或强行)索要，敲诈，勒索。¶약점을 잡힌 사람에게 돈을 뜯어내다. =向被抓住把柄的人勒索钱财。

뜯어말리다【동사】마주 붙어 싸우는 것을 떼어서 못 하게 말리다. ◆ ㊍拉开，劝开。¶싸움을 뜯어말리다. =劝架。

뜯어보다【동사】㊍❶ 붙여 놓은 것을 헤치고 그 속을 살피다. ◆ 拆看，拆阅。¶남의 편지를 뜯어보면 안 된다. =不能拆看他人的信件。❷ ㊇이모저모로 자세히 살피다. ◆ ㊇打量，端详。¶얼굴을 하나하나 뜯어보다. =仔细端详一个个面孔。

뜰【명사】집 안의 앞뒤나 좌우로 가까이 딸려 있는 빈터. 화초나 나무를 가꾸기도 하고, 푸성귀 따위를 심기도 한다. ◆ ㊔院子。¶뜰을 거닐다. =在院子里闲逛。

뜸[1]【명사】음식을 찌거나 삶아 익힐 때에, 흠씬 열을 가한 뒤 한동안 뚜껑을 열지 않고 그대로 두어 속속들이 잘 익도록 하는 일. ◆ ㊔(米饭熟后不掀锅盖)焖。¶이 밥은 10분만 뜸 들여라. =把米饭焖十分钟吧。

뜸[2]【명사】병을 치료하는 방법의 하나. 약쑥을 비벼서 쌀알 크기로 빚어 살 위의 혈(穴)에 놓고 불을 붙여서 열기가 살 속으로 퍼지게 한다. ◆ ㊔灸。¶허리에 뜸을 뜨다. =灸腰。

뜸부기【명사】뜸부깃과의 새를 통틀어 이르는 말. ◆ ㊔董鸡(秧鸡科董鸡属鸟类的统称)。

뜸하다【형용사】자주 있던 왕래나 소식 따위가 한동안 없다. ◆ ㊐少有，稀少，稀疏。¶거리에 행인이 뜸하다. =街上行人稀少。

뜻【명사】㊔❶ 말이나 글, 행동이 나타내는 내용. ◆ 意思，含义，意义。¶모르는 낱말의 뜻을 알려면 사전을 찾아야 한다. =要知道生词的意思就得查字典。❷ 마음에 있는 생각이나 의견. ◆ 意愿，意向，想法。¶벼슬에 뜻이 없어 초야에 묻혀 살다. =无意仕途，隐居山野。❸ 일이나 행동이 갖는 가치나 중요성. ◆ 意义，价值，作用。¶누구든지 자기의 삶에서 뜻과 보람을 찾을 수 있어야 한다. =人人都应当找到自己人生的意义和价值。

뜻글자(--字)【명사】하나하나의 글자가 언어의 음과 상관없이 일정한 뜻을 나타내는 문자. ◆ 名表意文字。¶한국어는 소리글자이지만 중국어는 뜻글자이다. =韩语是表音文字，而汉语是表意文字。

뜻깊다【형용사】가치나 중요성이 크다. ◆ 形意义深远，意味深长。¶오늘은 우리가 열심히 노력하여 목표를 달성한 뜻깊은 날입니다. =今天是我们经过不懈努力，终于达成目标而具有深远意义的一天。

뜻대로【부사】마음먹은 대로. ◆ 副如愿，如意，称心。¶계획이 뜻대로 이루어지다. =计划如愿实现。

뜻밖【명사】전혀 생각이나 예상을 하지 못함. ◆ 名意外，没想到。¶뜻밖의 선물. =意外的礼物。

뜻밖에【부사】생각이나 기대 또는 예상과 달리. ◆ 副意外地，出乎意料地，没想到。¶아버지께 여행을 가겠다고 조심스럽게 말씀드렸는데 뜻밖에도 흔쾌히 허락하셨다. =我小心翼翼地对父亲说要去旅行，没想到父亲竟然爽快地答应了。

뜻있다【형용사】形 ❶ 일 따위를 하고 싶은 생각이 있다. ◆ 有意，有志向。¶언제든지 그 일에 뜻있으면 말해라. =你要是对那件事有意就随时说。❷ 겉으로 드러나지 않은 사정이나 실상이 있다. ◆ 有含义，意味深长。¶뜻있는 미소를 지으며 그녀를 바라보다. =带着意味深长的微笑望着她。❸ 가치나 보람이 있다. ◆ 有意义，有价值。¶오늘 하루도 뜻있게 보내라. =祝你今天也过得有意义。

뜻풀이【명사】글의 뜻을 풀이함. ◆ 名释义。● 뜻풀이하다 ●

뜻하다【동사】动 ❶ 무엇을 할 마음을 품다. ◆ 意图，想要，打算，企图。¶모든 일이 뜻하는 대로 되면 좋겠다. =如果所有事都能如愿就好了。❷ 미리 생각하거나 헤아리다. ◆ (主要和않다搭配使用)意外，没想到，出乎意料。¶그는 뜻하지 않게 이 사건에 휘말렸다. =他被意外地卷入这个事件当中。❸ 어떤 의미를 가지다. ◆ 表示，指，意思是。¶그들의 흰 깃발은 항복을 뜻한다. =他们的白旗表示投降。

띄다【동사】(…과가 나타나지 않을 때는 여럿임을 뜻하는 말이 목적어로 온다)띄우다의 준말. ◆ 动"띄우다"的略语。¶이 두 단어는 띄어야 한다. =这两个单词要分开写。

띄다【동사】动 ❶ 눈에 보이다. ◆ 映入(眼帘)，进入(视野)。¶눈에 띄다. =映入眼帘。❷ 남보다 훨씬 두드러지다. ◆ 显眼，突出，明显，显著。

띄어쓰기【명사】글을 쓸 때, 각 낱말을 띄어 쓰는 일. ◆ 名 (各词之间)隔写法。¶아직 저학년의 글이라 띄어쓰기가 미흡하다. =写这篇作文的是低年级学生，隔写法还比较差。

띄엄띄엄【부사】副 ❶ 붙어 있거나 가까이 있지 않고 조금 떨어져 있는 모양. ◆ 稀疏地，稀稀拉拉。¶글씨를 띄엄띄엄쓰다. =字写得稀稀拉拉的。❷ 거듭되는 간격이 짧지 않고 긴 모양. ◆ 断断续续，时断时续。¶띄엄띄엄 말하다. =断断续续地说。

띄우다[1]【동사】动 ❶ 거리를 멀어지게 하다. ◆ 隔开，分开，间隔。¶나무를 심을 때는 간격을 좀 띄워서 심어야 한다. =植树的时候应当留出一定的间隔。❷ 시간 간격을 벌어지게 하다. ◆ 留出时间，拉开距离。¶배차 시간을 띄우다. =把发车时间拉开距离。

띄우다[2]【동사】动 ❶ 어떤 물건을 물 위나 공중에 뜨게 하다. ◆ 使浮起，使漂浮，使升起。¶강물 위에 배를 띄우다. =泛舟江上。❷ 누군가를 지나치게 칭찬해서 우쭐하게 하다. ◆ 奉承，吹捧，逢迎。❸ 어떤 행동으로 분위기나 기분을 좋게 하다. ◆ 助兴。

띄우다[3]【동사】편지나 소포 따위를 부치거나 전하여 줄 사람을 보내다. ◆ 动寄，送，捎，传。¶친구에게 편지를 띄우다. =给朋友寄信。

띄우다[4]【동사】누룩이나 메주 따위가 발효하다. ◆ 动使发酵。¶누룩을 띄워 술을 담그다. =用酒曲发酵酿酒。

띠[1]【명사】名 ❶ 옷 위로 허리를 둘러매는 끈. ◆ 腰带，皮带。¶허리에 띠를 매다. =束上腰带。❷ 주로 아이를 업을 때 쓰는, 너비가 좁고 기다란 천. ◆ (把孩子背在背上时用的)背带。¶그녀는 업은 아이를 추켜 띠를 단단히 맸다. =她把孩子往上背了背，束紧了背带。❸ 너비가 좁고 기다랗게 생긴 물건을 통틀어 이르는 말. ◆ 带子，带状物(统称)。¶머리에 띠를 두르다. =头上缠着带子。

띠[2]【명사】사람이 태어난 해를 열두 지지(地支)를 상징하는 동물들의 이름으로 이르는 말. ◆ 名生肖，属相。

띠다【동사】动 ❶ 띠나 끈을 두르다. ◆ 扎，系，缠，绑。¶치마가 흘러내리지 않게 허리에 띠를 띠다. =在腰间系带子以防裙子滑落。❷ 물건을 몸에 지니다. ◆ 带着，揣着。¶추천서를 띠고 회사를 찾아가라. =带着推荐信去公司吧。❸ 용무나, 직책, 사명 따위를 지니다. ◆ 肩负，担负，身负(任务、职责、使命等)。¶중대한 임무를 띠다. =肩负重大使命。❹ 빛깔이나 색채 따위를 가지다. ◆ 呈现，泛(颜色)。¶붉은빛을 띤 장미. =泛红的玫瑰。❺ 감정이나 기운 따위를 나타내다. ◆ 带，含，挂(感情、气色等)。¶노기를 띤 얼굴. =带着怒气的脸。❻ 어떤 성질을 가지다. ◆ 具有(性质、性格等)。¶보수적 성격을 띠다. =具有保守的性格。

띵하다【형용사】울리듯 아프고 정신이 흐릿하다. ◆ 形嗡嗡地痛，头昏脑胀。¶관자놀이가 띵하면서 화끈거려 왔다. =太阳穴一紧，嗡嗡地痛了起来。

ㄹ【l】

-ㄹ【어미】词尾 ❶ 특정한 시제의 의미가 없이, 앞말이 관형어 구실을 하게 하는 어미. ◆ 与时态无关，定语词尾，表示前面的内容作定语。¶슬플 때는 실컷 울어라. =悲伤的时候就尽情地哭吧。❷ 앞말이 관형어 구실을 하게 하고 추측, 예정, 의지, 가능성 등 확정된 현실이 아님을 나타내는 어미. ◆ 定语词尾，用于表示可能、推测、意志和打算等。¶내가 이길 것이다. =我会赢。

-ㄹ걸【어미】词尾 ❶ (구어체로) 해할 자리나 혼잣말에 쓰여, 화자의 추측이 상대편이 이미 알고 있는 바나 기대와는 다른 것임을 나타내는 종결 어미. 가벼운 반박이나 감탄의 뜻을 나타낸다. ◆ (口语体)基本阶终结词尾，用于人自言自语时，表示话者的推测与对方所想或期待的不同，有轻微的反驳或者感叹的语气。¶그는 내일 미국으로 떠날걸. =他明天要去美国了。❷ (구어체로) 혼잣말에 쓰여, 그렇게 했으면 좋았을 것이나 하지 않은 어떤 일에 대해 가벼운 뉘우침이나 아쉬움을 나타내는 종결 어미. ◆ (口) 基本阶终结词尾，表示对自己没有去做的事情有些后悔或惋惜，有"(如果)……就好了"的意思。¶모른다고 할걸. =说不知道就好了。

-ㄹ게【어미】(구어체로) 해할 자리에 쓰여, 어떤 행동을 할 것을 약속하는 뜻을 나타내는 종결 어미. ◆ 词尾 (口)基本阶终结词尾，表示许诺，即向听者许诺做某事。¶다음에 갈게. =下次再去。

-ㄹ라고【어미】'그럴 가능성은 별로 없다'는 부정적인 의심의 뜻을 나타내는 종결 어미. 가벼운 물음의 뜻이 있다. ◆ 词尾表示怀疑的终结词尾，指"没有那样的可能性"，带有轻微的疑问。¶설마 가짜일라고? =该不会是假的吧?

-ㄹ락【어미】거의 그렇게 되려는 모양을 나타내는 연결 어미. ◆ 词尾连接词尾，表示事物达到了临界点程度，即"似是而非"。¶필락 말락 하는 개나리 꽃. =将开未开的迎春花。

-ㄹ래【어미】장차 어떤 일을 하려고 하는 스스로의 의사를 나타내거나 상대편의 의사를 묻는 데 쓰이는 종결 어미. ◆ 词尾不定阶终结词尾，表示自己的意愿或询问对方的意见。¶집에 갈래. =我要回家。

-ㄹ바에야【관용어】'어차피 그렇게 하기로 된 일이면야'의 뜻. ◆ 惯既然……就…… ¶이왕 도전 할 바에야 상대를 가릴 필요가 있나. =既然决定挑战，还有必要挑选对手吗?

-ㄹ밖에【어미】해할 자리에 쓰여, '-ㄹ 수밖에 다른 수가 없다'의 뜻을 나타내는 종결 어미. ◆ 词尾不定阶终结词尾，只能，只好。¶선생님이 시키는데 할밖에. =老师让做，所以只好去做了。

-ㄹ뿐더러【어미】어떤 일이 그것만으로 그치지 않고 나아가 다른 일이 더 있음을 나타내는 연결 어미. ◆ 词尾不但……而且……，不仅……而且…… ¶라일락은 꽃이 예쁠뿐더러 향기도 좋다. =紫丁香花不但漂亮，而且很香。

-ㄹ수록【어미】앞 절 일의 어떤 정도가 그렇게 더하여 가는 것이, 뒤 절 일의 어떤 정도가 더하거나 덜하게 되는 조건이 됨을 나타내는 연결 어미. ◆ 词尾连接词尾，表示程度的变化，前句行为程度的加深是后句行为程度加深或减弱的条件。¶높이 올라갈수록 기온은 떨어진다. =爬得越高，气温越低。

-ㄹ지라도【어미】앞 절의 사실을 인정하면서 그에 구애받지 않는 사실을 이어 말할 때에 쓰는 연결 어미. 어떤 미래의 일에 대하여 '그렇다고 가정하더라도'의 뜻을 나타낸다. ◆ 词尾连接词尾，表示假设性让步的连接词尾。¶경기에 질지라도 정당하게 싸워야 한다. =即使输了比赛，也要打得光明正大。

-ㄹ지언정【어미】뒤 절을 강하게 시인하기 위하여 뒤 절의 일과는 대립적인 앞 절의 일을 시인함을 나타내는 연결 어미. '비록 그러하지만 그러나' 혹은 '비록 그러하다 하여도 그러나'에 가까운 뜻을 나타낸다. '-ㄹ망정'보다 다소 강한 느낌이 있다. ◆ 词尾表示假设性让步，就算……也，宁愿……也，比"-ㄹ망정"的语气要强。¶그것은 무모한 행동일지언정 용감한 행동은 아니다. =那是轻率的行为，不是勇敢的行为。

라[1]【명사】서양 음악의 칠음 체계에서, 여섯 번째 계이름. 음이름 '가'와 같다. ◆ 名 拉(La).

-라[2]【어미】까닭이나 근거 따위를 나타내는 연결 어미. ◆ 词尾表示理由或根据的连接词尾。¶장마철이라 비가 자주 내린다. =因为是梅雨季节，所以经常下雨。

-라[3]【어미】词尾 ❶ 해라할 자리에 쓰여, 구체적으로 정해지지 않은 청자나 독자에게 책 따위의 매체를 통해 명령의 뜻을 나타내는 종결 어미. ◆ 表示通过书籍之类的媒介向读者或观众下命令的命令式终结词尾。¶너 자신을 알라. =认识你自己。❷ 해라할 자리에 쓰여, 명령의 뜻을 나타내는 종결 어미. 명령형 종결 어미 '-아라/어라'의 '아/어'가 떨어진 것이다. ◆ 表示命令的终结词尾。

라고[1]【조사】앞말이 직접 인용되는 말임을 나타내는 격 조사. 원래 말해진 그대로 인용됨을 나타낸다. ◆ 助表示直接引用的格助词。¶주인이 "많이 드세요"라고 권한다. =主人说:"您请慢用。"

-라고[2]【어미】词尾 ❶ '이다','아니다'가 활용한 형태인 어미 '이라', '아니라'의 '-라'에 격 조사 '고'가 결합한 말. 간접적으로 인용됨을 나타낸다. ◆ 表示间接引用。¶자기는 절대 범인이 아니라고 주장한다. =说自己绝不是罪犯。❷ 어미 '-라'에 인용을 나타내는 격조사 '고'가 결합한 말. ◆ 表示引用。¶할 일이 있다고 자네보고 먼저 가라고 했네. =说有事，让你先走。

-라고[3]【어미】词尾 ❶ '해'할 자리에 쓰여, 자신의 생각이나 주장을 청자에게 강조하여 일러주는 뜻을 나타내는 종결 어미. ◆ 表示强调自己的想法或主

张的不定阶终结词尾。¶그 선생님이 얼마나 무서운 분이라고. =那个老师别提是一个多么可怕的人了。❷ '해'할 자리에 쓰여, '너의 말이나 생각이 이런 것이냐?' 하는 뜻으로 묻는 데 쓰는 종결 어미. 빈정거리거나 부정하는 뜻을 띨 때도 있다. ◆ 表示疑问的不定阶疑问式终结词尾，有时有讽刺或否定的意义)。¶이런 일까지 내가 하라고? =难道这种事我也要做? ❸ '해'할 자리에 쓰여, 마음속에 가졌던 어떤 의문의 답이 의외로 별것이 아니었을 때에 그 의문을 그대로 보여 주는 데 쓰는 종결 어미. ◆ 以为，当是，表示自己对心中某个疑问的不合乎事实的本来看法。¶난 또 누구라고. =我还以为是谁呢。❹ '해'할 자리에 쓰여, 자신의 생각이나 주장을 청자에게 강조하여 일러주는 뜻을 나타내는 종결 어미. ◆ 表示强调自己的想法或主张的不定阶终结词尾)。¶바쁘면 어서 가 보라고. =如果忙的话就赶紧回去吧。● -ㄴ다고, -는다고, -다고 ●

-라고요【어미】词尾 ❶ 어떤 사실을 반문할 때, 앞서 말한 내용을 반복하여 말하거나 다시 확인할 때 쓰임. ◆（升调读）表示对前面说过的内容进行反问或再次确认。¶그 사람이 도둑이라고요? =你说那人是小偷? ❷ 앞의 말에 대한 놀라움이나 믿어지지 않음, 부정적인 견해 등을 나타냄. ◆（升调读）对前面说过的内容表示惊讶、难以置信或否定的意见。❸ 앞선 말을 반복하면서 그 말에 관심을 보이거나, 말하는 이가 잘못 알았음을 나타냄. ◆ 重复前面的话，表示关注或话者弄错了。¶그럼은요, 감히 누구의 부탁이시라고요. =(那)当然了，也不看是谁拜托的事。❹ 말하는 이가 알게 된 사실을 듣는 이에게 자기의 주장을 펴듯이 하는 말. ◆ 表示说话者把自己了解到的事实像阐述自己的观点一样告诉听者。¶그 분은 훌륭하신 선생님이라고요. =他是一位优秀的教师。

라곤【조사】'라고는'의 준말. ◆ 助 "라고는"的略语。¶그는 젊은이의 패기라곤 찾아 볼 수 없었다. =从他身上找不到年轻人的霸气。

-라나【어미】词尾 ❶ 간접 인용절에 쓰여, 인용되는 내용에 스스로 가벼운 의문을 가진다든가 그 내용에 별 관심이 없다는 뜻을 나타내는 종결 어미. 흔히 빈정거리는 태도나 가벼운 불만이 느껴지며, 인용문의 주어나 인용 동사는 생략되고 인용절만 남을 때가 많다. ◆ 用于间接引语，表示不关心或讥讽的终结词尾。¶약속에 늦은 것이 자기 잘못이 아니라나. =约会迟到难道不是自己的错? ❷ 간접 인용절에 쓰여, 인용되는 내용이 못마땅하거나 귀찮거나 함을 나타내는 종결 어미. 흔히 인용문의 주어나 인용 동사는 생략되고 인용절만 남을 때가 많다. ◆ 用于间接引语，表示所引用的内容不恰当或令人讨厌的终结词尾。¶나보고 남의 일에 신경 쓰지 말고 자기 일이나 신경 쓰라나. =对我说管好自己的事，不要管别人的事。

-라네[1]【어미】'하게'할 자리에 쓰여, 화자가 이미 알고 있는 것을 객관화하여 청자에게 일러줌을 나타내는 종결 어미. 친근감이나 감탄, 자랑의 뜻이 있다. ◆ 词尾表示主张的终结词尾，含有亲近或感叹、自豪的意思。¶이것은 내 탓이라네. =这是我的错。

-라네[2]【어미】词尾 ❶ '-라고 하네'의 준말. ◆ "-라고 하네"的略语。¶아무리 사정을 해도 자기가 할 일이 아니라네. =不管（我）怎样求情，（他）都说这不是自己该做的事。❷ '-라고 하네'가 줄어든 말. ◆ "-라고 하네"的略语。¶아버님께서 자네보고 한번 집에 들르라네. =爸爸说让你来一下家里。

-라느니【어미】이런다고도 하고 저런다고도 함을 나타내는 연결 어미. ◆ 词尾表示罗列的连接词尾。¶범인이 남자라느니 아니라느니 말들이 많다. =为犯人是男是女而争吵不休。

-라는구나【어미】들어서 안 내용을 책임 없이 전하는 말. ◆ 词尾表示转达。¶우리가 말했던 것은 루머라는구나. =我们说的那些全是传言。

-라는데【어미】词尾 ❶ 들은 사실에 근거하여 설명적 내용을 이끄는 데에 쓰임. ◆ 表示根据听闻的事实来引出说明性的内容。¶그 골프채는 자기 동생이 미국에서 사 온 거라는데 짝퉁이더랍니다. =听说那根高尔夫球杆是他弟弟从美国买回来的，结果说是假货。❷ 알고 있는 일반적 사실에 근거하여 설명적 내용을 이끄는데 쓰임. ◆ 表示根据一般已知事实来引出说明性的内容。¶부부 싸움은 칼로 물 베기라는데, 하룻밤만 자고 나면 확 풀리겠지요. =俗话说夫妻没有隔夜仇，过一夜气就全消了。❸ 뒤에 오는 사실과 대립되는 사실을 제시함을 나타냄. ◆ 提示与后面情况相对立的事实。¶개가 새끼를 낳아도 경사라는데, 내가 너무 무심해서 강아지 낳는 것도 모르고 있었으니. =狗生小狗也是喜事，我太大意了，连小狗出生了都不知道。

-라니[1]【어미】'해'할 자리나 혼잣말에 쓰여, 주어진 어떤 사실을 깨달으면서 놀람, 감탄, 분개 따위의 감정을 나타내는 종결 어미. 뒤에는 그에 대한 평가를 나타내는 문장이 올 때가 많다. ◆ 词尾表示醒悟、惊讶、感叹、愤慨等感情的终结词尾。¶저런 인물이 우리 대표자라니. =那种人竟然是我们的代表。

-라니[2]【어미】词尾 ❶ '-라고 하다니'가 줄어든 말. ◆ -라고 하다니的略语。¶처음 보는 사람에게 바보라니 그런 무례한 말이 어디 있니? =称初次见面的人为傻瓜，哪能那么粗鲁无礼? ❷ '-라고 하니'가 줄어든 말. ◆ -라고 하니的略语。¶자네가 사실이라니 한번 믿어 보겠네. =你说是真的，我就相信一次。

-라니[3]【어미】'해라'할 자리에 쓰여, 어떤 사실이 주어진 것으로 치고 그에 대한 의문을 나타내는 종결 어미. 놀라거나 못마땅하게 여기는 뜻이 섞여 있다. ◆ 词尾表示诧异的疑问型终结词尾。¶세상에 그런 짓을 하다니 그러고도 사람이라니? =竟然做出那种事，还算是人吗?

-라니까[1]【어미】词尾 ❶ 해라할 자리나 혼잣말에 쓰여, 앞서 말한 내용을 다시 확인하여 말할 때에 쓰이는 종결 어미. ◆ 表示对之前说过的内容进行再次确认的终结词尾。¶한 번만 믿어 봐. 이번에는 진짜라니까. =就相信这一次吧，这回是真的。❷ '해라' 할 자리에 쓰여, 가볍게 꾸짖으면서 거듭 명령하는

뜻을 나타내는 종결 어미. ◆ 表示略带责备并且反复命令的终结词尾。 ¶여기 서 있지 말고 어서 가라니까. =不要站在这儿，快走吧。

-라니까² 【어미】 '-라고 하니까'가 줄어든 말. ◆ 词尾 "-라고 하니까"的略语。 ¶사실이 아니라니까, 내말 못 믿어?. =说过了不是真的，不相信我的话?

-라니까요 【어미】 앞서 한 말을 재확인시키는 말. ◆ 词尾表示确认。 ¶내 말이 사실이라니까요. =我的话是真的。

-라니깐 【어미】 '-라고 하니까는'의 준말. '-라니까'의 의미를 강조함. ◆ 词尾 -라고 하니까는的略语。 ¶그게 아니라니깐. =都说过不是那样了。

-라니요 【어미】 어미 '-라니'와 존대의 '요'가 결합한 말로 의심스럽거나 뜻밖이거나 놀라서 반문하는 뜻을 나타낸다. ◆ 词尾表示怀疑或惊讶的反问。 ¶저런 것도 인간이라니요. =那样也算是人?

-라던 【어미】 그러한 사실이 못 마땅하거나 하여 불평하듯이 말함. ◆ 词尾 (用于修辞疑问句中)表示对某事实不以为然，不满的口气。 ¶그래 그 작자가 뭐라던? =那好，那个作家说什么了?

-라던가¹ 【어미】 词尾 ❶ 문장의 내용을 강조하는 뜻을 나타냄. ◆ 表示强调。 ❷ 정확하지는 않지만 그쯤일 것이라는 추측의 의미를 나타냄. ◆ 表示推测。 ¶스물 아홉이라던가, 서른이라던가. =大概是二十九，或是三十。

-라던가² 【어미】 '-라고 하던가'의 준말. 다른 사람에게 들은 사실을 상대방에게 확인하여 물어 봄을 나타냄. ◆ 词尾 -라고 하던가的略语，表示询问对方意见要求确认。 ¶돈을 줄 테니 허위진술 하라던가? =难道是给了钱就作伪证?

-라도¹ 【어미】 설사 그렇다고 가정하여도 다른 경우와 마찬가지로 상관없음을 나타내는 연결 어미. ◆ 词尾表示假设性让步。 ¶그것이 금덩이라도 나는 욕심 없다. =就是金块我也不稀罕。

라도² 【조사】 助 ❶ 그것이 썩 좋은 것은 아니나 그런 대로 괜찮음을 나타내는 보조사. ◆ 表示让步。 ¶라면이라도 좀 먹으렴. =就算是方便面，也吃一点吧。 ❷ 다른 경우들과 마찬가지임을 나타내는 보조사. ◆ 表示相同情况。 ¶단돈 백 원이라도 남의 돈을 훔치면 안 된다. =不能偷别人的钱，哪怕是一枚硬币。

라듐(radium) 【명사】 알칼리 토류 금속에 속하는 방사성 원소. 원소 기호는 Ra, 원자 번호는 88, 원자량은 226.0254. ◆ 图镭。

-라든가 【어미】 词尾 ❶ 두 가지 중 하나를 선택하는 의미를 나타냄. ◆ 表示选择。 ¶그가 분실한 반지가 사파이어라든가 진주라든가? =他丢的戒指是蓝宝石的，还是珍珠的? ❷ 어떤 일이든지 사태를 가리지 않는다는 의미를 나타냄. ◆ 表示包括。

-라든지¹ 【어미】 词尾 ❶ 두 가지의 사태 중에서 하나를 선택하는 의미를 나타냄. ◆ 表示选择。 ❷ 어떤 일이나 사태에 대하여 가리지 않음을 나타냄. ◆ 表示包括。

라든지² 【조사】 어느 것이 선택되어도 상관없는 사물들을 열거할 때 쓰는 조사. ◆ 助表示罗列。 ¶바닷가라든지 강가를 거닐다 보면 기분이 좋아진다. =去海边或河边散步，心情会变得舒畅。

라디오(radio) 【명사】 图 ❶ 방송국으로부터 일정한 시간 내에 음악·드라마·뉴스·강연 따위의 내용을 전파로 방송하여 수신 장치를 통하여 청취자들에게 듣게 하는 것. 또는 그런 방송 내용. ◆ 无线电广播。 ¶라디오 청취자. =广播听众。 ❷ 방송국에서 보낸 전파를 음성으로 바꿔 주는 수신을 주로 하는 기계 장치. ◆ 收音机。 ¶휴대용 라디오. =便携式收音机。

라면¹〈日〉 【명사】 국수를 증기로 익히고 기름에 튀겨서 말린 즉석식품. 가루 스프를 따로 넣는다. ◆ 图 方便面。 ¶라면을 끓인 후에 달걀을 넣고 드시면 좋습니다. =煮好方便面后，放个鸡蛋会很好吃。

-라면² 【어미】 어떠한 사실을 가정하여 조건으로 삼는 뜻을 나타내는 연결 어미. ◆ 词尾表示假设。 ¶내가 너라면 그런 일은 하지 않겠다. =如果我是你，就不会做那种事。

-라면³ 【어미】 '-라고 하면'이 줄어든 말. ◆ 词尾 "-라고 하면"的略语。 ¶모든 사람이 다 봤는데 네가 한 일이 아니라면 누가 믿겠니? =所有人都看到了，你说不是你干的谁会相信?

-라면서¹ 【어미】 '해'할 자리에 쓰여, 들어서 아는 사실을 확인하여 물을 때 쓰는 종결 어미. 흔히 다짐을 받거나 빈정거리는 뜻이 있다. ◆ 词尾表示对听说的事实进行确认的疑问型终结词尾，带有嘲讽和挖苦的语气。 ¶언제는 자기 잘못이 아니라면서? =什么时候说不是自己的错了? ● 라며 ●

-라면서² 【어미】 词尾 '-라고 했으면서'가 줄어든 말. 그렇게 말한 데 대하여 따져 묻는 뜻이 들어 있다. ◆ "-라고 했으면서"的略语，带有追问语气的连接词尾。 ¶아까는 내 말이 맞는 말이라면서 지금은 왜 딴소리니? =刚才还说我说的话对，现在怎么又说别的话?

라볶이 【명사】 라면과 떡, 채소, 어묵 따위를 넣고 양념을 하여 볶은 음식. ◆ 图方便面辣炒年糕。 ¶밤참으로 라볶이를 만들어 먹었다. =夜宵吃了方便面辣炒年糕。

-라서¹ 【어미】 ['이다', '아니다'의 어간에 붙어] 이유나 근거를 나타내는 연결 어미. ◆ 词尾表示原因或根据的连接词尾。 ¶새것이라서 더욱 좋아요. =新的更好。

라서² 【조사】 [받침 없는 체언 뒤에 붙어] 특별히 가리켜 강조하며 주어임을 나타내는 격 조사. '감히', '능히'의 뜻이 포함된다. ◆ 助对主语进行特别强调的格助词，含有 "胆敢" 的意思。 ¶내일 일을 뉘라서 알리오. =明天的事谁会知道?

-라야¹ 【어미】 앞 절의 일이 뒤 절 일의 조건임을 나타내는 연결 어미. ◆ 词尾表示条件的连接词尾。 ¶신호등이 초록색이라야 건널 수 있다. =只有在绿灯亮时，才能过马路。

-라야² 【조사】 어떤 일의 조건으로서 그것 이외에 다른 것은 불가능하며 그것이 꼭 필요함을 나타내는

보조사. ◆ 助补助词，表示必须的条件。¶이 일은 자네라야 감당할 수 있는 적임자네. =这件事只有你是能够担当重任的合适人选。

-라오【어미】 词尾 ❶ '하오'할 자리에 쓰여, 화자가 이미 알고 있는 것을 객관화하여 청자에게 일러줌을 나타내는 종결 어미. ◆ 表示客观陈述。¶나도 나쁜 사람이 아니라오. =我也不是坏人。❷ '-라고 하오'가 줄어든 말. ◆ "-라고 하오"的略语。¶모든 사람들이 말하기를 그가 범인이라오. =所有的人都说他是犯人。❸ '-라고 하오'가 줄어든 말. ◆ "-라고 하오"的略语。¶급한 일이면 어서 가 보라오. =如果急的话，就快去看看吧。

라우터(router)【명사】 정보를 주고받을 때 먼저 수신처의 주소를 읽은 후 그것에 가장 적절한 통신 통로로 전송하는 장치. ◆ 名 路由器。

라운드(round)【명사】 名 ❶ 권투에서, 경기의 한 회(回). ◆ 回合。¶이 경기는 모두 12라운드로 펼쳐진다. =比赛共进行十二回合。❷ 골프에서, 경기자가 각 홀을 한 바퀴 도는 일. ◆ 回合。¶폭풍우 때문에 오늘은 3라운드를 간신히 마쳤다. =因为下暴雨，今天只打了三个回合就匆匆结束了。

라이브(live)【명사】 미리 녹음하거나 녹화한 것이 아닌, 그 자리에서 행해지는 연주나 방송 따위. ◆ 名 现场演出。¶그 가수는 라이브에 강하다. =那个歌手擅长现场演出。

라이센스(license)【명사】 名 ❶ 행정상의 허가나 면허. 또는 그것을 증명하는 문서. ◆ 许可证，执照。❷ 수출입이나 그 밖의 대외 거래의 허가. 또는 그 허가증. ◆（外贸）许可证。❸ 외국에서 개발된 제품이나 제조 기술의 특허권. 또는 그것의 사용을 허가하는 일. ◆ 特许证，授权。

라이터(lighter)【명사】 주로 담배를 피울 때에 성냥 대신 쓰는 자동 점화 기구. ◆ 名 打火机，点火机。¶그 남자는 옆 사람에게 라이터를 빌려 담뱃불을 붙였다. =他向旁边的人借打火机点烟。

라이트[1](light)【명사】 광선. ◆ 名 光，光线。

라이트[2](light)【명사】 등(灯). ◆ 名 灯。¶자동차의 라이트를 켜다. =打开车灯。

라인(line)【명사】 名 ❶ 선(線). ◆ 线。❷ 경기장의 경계를 나타내기 위하여 그은 선. ◆ 界线。¶파울 라인. =电力线。❸ 기업에서, 구매·제조·운반·판매 따위의 활동을 나누어 수행하고 있는 부문. ◆ 线，部，过程。¶생산 라인. =生产线。

라일락(lilac)【명사】 물푸레나뭇과의 낙엽 활엽 소교목. 높이는 5미터 정도이며, 잎은 마주나고 달걀 모양 또는 심장 모양이다. ◆ 名 紫丁香。

-라죠【어미】 남의 말을 하듯 빈정거리며 하는 말. ◆ 词尾 表示嘲讽。¶갈 테면 가라죠 뭐. =想走就走呗。

-라지【어미】 '해'할 자리에 쓰여, 들어서 알고 있거나 이미 전제되어 있는 어떤 사실에 대하여 다시 확인하여 서술하거나 묻는 뜻을 나타내는 종결 어미. ◆ 词尾 不定阶终结词尾，用于이다、아니다的词干或 -으시-、 -더-、 -으리-等词尾之后，表示对已知的或前提的某项事实进行再次确认，可以是陈述或疑问。¶저분이 우리 학교에서 가장 무서운 선생님이시라지? =是说那一位是我们学校最可怕的老师吧?

라켓(racket)【명사】 테니스·배드민턴·탁구 따위에서 공 또는 셔틀콕을 치는 기구. ◆ 名 球拍，拍子。

라틴어(Latin語)【명사】 인도·유럽 어족의 하나인 이탤릭 어파에 속하는 언어. ◆ 名 拉丁语。

-락【어미】 뜻이 상대되는 그 두 동작이나 상태가 번갈아 되풀이됨을 나타내는 연결 어미. ◆ 词尾 表示两个动作或状态交替出现的连接词尾。¶정신이 오락가락 하다. =精神恍惚。

란[1]【조사】 '-라고 하는'이 줄어든 말. ◆ 助 -라고 하는的略语。¶나란 존재는 도대체 어디에서 왔을까? ="这个存在到底" 来自何方?

-란[2](栏)【접사】 '구분된 지면'의 뜻을 나타내는 말. ◆ 后缀 栏，栏目。¶광고란. =广告栏。

-란다[1]【어미】 '해라'할 자리에 쓰여, 화자가 이미 알고 있는 것을 객관화하여 청자에게 일러주는 데 쓰는 종결 어미. 친근하게 가르쳐 주거나 자랑하는 의미가 있다. ◆ 词尾 终结词尾，表示亲切地指出某事实。¶그렇게 하는 게 아니란다. =不是那样做的。

-란다[2]【어미】 '-라고 한다'가 줄어든 말. ◆ 词尾 "-라고 한다"的略语。表示转达某事实。¶절대로 자기가 한 일이 아니란다. =绝对不是自己做的事。

-랄【어미】 词尾 ❶ '-라고 할'의 준말. ◆ "-라고 할"的略语。¶그 사람에게 가랄 수는 없지. =不能赶他走。❷ '-라고 할'이 줄어든 말. ◆ "-라고 할"的略语。¶여기서 너보고 가랄 사람이 있겠니? =在这里有让你走的人吗?

-랍니다【어미】 '합쇼'할 자리에 쓰여, 화자가 이미 알고 있는 것을 객관화하여 청자에게 일러줌을 나타내는 종결 어미. 친근하게 가르쳐 주거나 자랑하는 따위의 뜻이 있다. ◆ 词尾 表示话者将自己已知的事实向听者客观陈述的终结词尾，带有亲切或自豪的含义。¶저 애가 이번 시험에 일등한 제 동생이랍니다. =我弟弟就是此次考试拿第一的那个孩子。

-랍디까【어미】 词尾 ❶ '-라고 합디까'의 준말. 남이 들은 과거 사실을 묻는 뜻을 나타냄. ◆ "-라고 합디까"的略语，表示询问过去的事实。¶찬성한 사람이 누구누구랍디까? =同意的人都有谁呀? ❷ 강한 긍정을 나타냄. ◆ 表示强烈的肯定。¶일전에 내가 무어랍디까? =前几天我说过什么? ❸ 명령형의 '-라고 합디까'의 준말. 남이 들은 명령적인 과거 사실을 묻는 뜻을 나타냄. ◆ 表示询问过去的命令内容。¶언제 나오랍디까? =说什么时候出来?

-랍디다【어미】 '-라고 합디다'가 줄어든 말. 말하는 이가 들어서 안 사실을 회상하여 전달함을 나타냄. ◆ 词尾 "-라고 합디다"的略语，表示转达所听说的事。¶젊어서 고생은 약이랍디다. =听说年轻时吃苦是良药。

-랍시고【어미】 주어는 앞 절을 뒤 절의 마땅한 까닭이나 근거로 내세우지만, 화자는 이를 못마땅해하거나 얕잡아 봄을 나타내는 연결 어미. ◆ 词尾 连

接词尾，表示对前句所提供的理由或根据持否定和轻视态度。¶그걸 그림이랍시고 그렸니? =那个能算是画?

랑[1] 【조사】 助 ❶ 어떤 행동을 함께 하거나 상대로 하는 대상임을 나타내는 격 조사. ◆ 表示一起行动的对象，格助词。和，与，同。 ¶나는 민희랑 함께 영화를 보러 갔다. =我和珉姬一起去看电影。 ❷ 비교의 기준이 되는 대상임을 나타내는 격 조사. ◆ 表示比较基准对象的格助词。和，与，同。 ¶같은 자매지만 저는 언니랑은 성격이 달라요. =虽说我们是姐妹，但我和姐姐的性格不一样。

랑[2] 【조사】 둘 이상의 사물을 같은 자격으로 이어 주는 접속 조사. ◆ 助表示两个或两个以上的事物具有相同资格的接续助词。 ¶백화점에 가서 구두랑 모자랑 원피스를 샀어요. =去百货店买了皮鞋、帽子和连衣裙之类的东西。

랑데부(rerdez-vou) 〈프〉 【명사】 名 ❶ 특정한 시각과 장소를 정해 하는 밀회. 특히 남녀의 만남을 이른다. ◆ 约会，幽会。 ❷ 인공위성이나 우주선이 우주 공간에서 만나는 일. ◆ (轨道)会合，接轨。 ¶우주선이 우주정거장과 랑데부했다. =宇宙飞船和太空站对接了。 ❸ 군대나 배가 집결하는 장소나 지점. ◆ 会合点，集结地。

-래 【어미】 词尾 ❶ 다른 사람의 말을 전하는 뜻을 나타냄. ◆ -라고 해的略语。表示转达别人的话。 ¶들어오래. =说让你进来。 ❷ 삼자의 이야기를 상대방에게 확인하기 위해 묻는 뜻을 나타냄. ◆ 表示就第三方的话向对方确认。 ¶그는 어느 부서 소속이래? =他是哪个部门的? ❸ 자신의 말을 강조하는 뜻을 나타냄. ◆ 表示强调自己的话。 ¶누가 아니래? =谁说不是了?

-래도 【어미】 '-라고 해도'의 준말. ◆ 词尾 -라고 해도的略语。 ¶누가 뭐래도 가야겠다. =不管谁说什么都要去。

-래서 【어미】 '-라고 해서'의 준말. ◆ 词尾 -라고 해서的略语。 ¶읽어 보래서 읽어는 본다만 무슨 말인지 모르겠다. =看了让读的书，但不知道是什么意思。

-래서야 【어미】 '-라고 해서야'의 준말. 그렇게 하여서는 도리가 아니라는 뜻을 나타냄. ◆ 词尾 "-라고 해서야" 的略语。表示那样做不符合道理。 ¶두 달도 못 돼서 그만두래서야 되겠소. =还不到两个月，放弃能行吗?

-래야 【어미】 '-라고 해야'의 준말. ◆ 词尾 -라고 해야的略语。 ¶집이래야 방 하나에 부엌이 있을 뿐이다. =这套房子仅有一间房间加一个厨房而已。

-래요 【어미】 '-라고 해요'가 줄어든 말. ◆ 词尾 -라고 해요的略语。表示对别人的话进行传达。 ¶선생님이 친구를 때리는 아이는 나쁜 아이래요. =老师说打朋友的孩子是坏孩子。

랜드마크(land mark) 【명사】 어떤 지역을 대표하거나 구별하게 하는 표지. ◆ 名地标，地标建筑。

램프(lamp) 【명사】 名 ❶ 기계의 작동 상태나 과정 따위를 나타내 보이는 등. ◆ 显示灯。 ❷ 남포등(--燈). ◆ 煤油灯。 ¶적에게 발각되지 않게 우리는 램프를 껐다. =为了不被敌人发现，我们熄了煤油灯。

랩(wrap) 【명사】 식품 포장에 쓰는 폴리에틸렌(polyethylene)의 얇은 막. ◆ 名保鲜膜。 ¶남은 야채는 랩에 싸서 냉장고에 넣어 두어라. =剩下的蔬菜用保鲜膜包好放到冰箱里。

랭킹(ranking) 【명사】 성적에 따른 순위. 또는 등급 정하기. ◆ 名排名，排序，排行。 ¶재계(財界) 랭킹 3위인 회사. =金融界排名第三的公司。

-랴[1] 【어미】 ❶ '이다'의 어간, 받침 없는 용언의 어간, 'ㄹ' 받침인 용언의 어간 또는 어미 '으시-' 뒤에 붙어, '해라' 할 자리에서 사리로 미루어 판단하건대 어찌 그러할 것이냐고 반문하는 뜻의 종결 어미. ◆ 以反问的形式表示肯定。 ¶어린 네가 돈을 번다면 얼마나 벌랴? =你这么小，要挣钱又能挣多少? ❷ '해라'할 자리에서 자기가 하려는 행동에 대하여 상대편의 의향을 묻는 종결 어미. ◆ 表示对于自己要做的行为征求对方意见。 ¶무얼 주랴? =给什么?

-랴[2] 【어미】 이 일 저 일을 두루 하고자 하는 뜻의 연결 어미. ◆ 词尾表示每件事都想做。 ¶공부하랴 돈 벌랴 정신이 없다. =既要学习又要赚钱，忙得不可开交。

-랴마는 【어미】 추측한 앞의 내용을 시인하되 그것이 뒤의 내용에 영향을 주지 않는 연결 어미. ◆ 词尾表示承认前面所推测的内容，但对后面的事实并无影响，"虽然说……"。 ¶합격하기만 하면 오죽 좋으랴마는 좀 어렵다더라. =虽说只要及格就行，但是听说那有点困难。 ● -랴만 ●

량[1](輛) 【의존 명사】 전철이나 열차의 차량을 세는 단위. ◆ 依名节，台，辆。 ¶객차를 다섯 량 단 기차. =挂有五节客车厢的火车。

-량[2](量) 【접사】 분량이나 수량의 뜻을 나타냄. ◆ 后缀量。 ¶어획량. =捕鱼量。

-러 【어미】 가거나 오거나 하는 동작의 목적을 나타내는 연결 어미. ◆ 词尾表示动作的目的。 ¶나물 캐러 가자. =去挖野菜吧。

러닝셔츠(running shirts) 【명사】 운동 경기할 때 선수들이 입는 소매 없는 셔츠. 또는 그런 모양의 속옷. ◆ 名运动背心。 ¶러닝셔츠 차림으로 돌아다니지 마라. =不要穿着运动背心到处跑。

러시아워(rush hour) 【명사】 출퇴근이나 통학 따위로 교통이 몹시 혼잡한 시간. ◆ 名交通拥堵时间，交通高峰期。 ¶러시아워에는 전철에 발 디딜 틈조차 없다. =交通高峰期时，电车内挤得连落脚的地方也没有。

럭비(Rugby) 【명사】 럭비풋볼(rugby football). ◆ 名 橄榄球。

럭스(lux) 【의존 명사】 빛의 밝기를 나타내는 단위. 1럭스는 1칸델라의 광원에서 1미터 떨어진 곳에 광원과 직각으로 놓인 면의 밝기이다. 기호는lx . 1럭스= 1 촉. ◆ 名 勒克司，勒，米烛光。

럼주(rum酒) 【명사】 당밀 또는 사탕수수를 발효하여 증류한 술. 생산지로 서인도 제도가 유명하다. ◆ 名朗姆酒。

레(Re) 〈이〉 【명사】 서양 음악의 7음 체계에서, 두 번째 계이름. 다장조에서 음이름 '라'와 같다. ◆ 图 "唻"。

레몬(lemon) 【명사】 운향과의 상록 소교목. 높이는 3미터 정도이며, 잎은 어긋나고 달걀 모양인데 끝이 뾰족하다. 5~10월에 향기가 나는 흰 꽃이 피고 열매는 타원형으로 노랗게 익는데 향기가 진하다. ◆ 图 柠檬。¶레몬쥬스. =柠檬汁。

레미콘(remicon) 【명사】 콘크리트 제조 공장에서 아직 굳지 않은 상태로 차에 실어 그 속에서 뒤섞으며 현장으로 배달하는 콘크리트. ◆ 图 混凝土。

레버(lever) 【명사】 무거운 물건을 움직이는 데에 쓰는 막대기. ◆ 图杠杆。

레벨(level) 【명사】 지위나 품질 따위의 일정한 표준이나 정도. ◆ 图水平, 标准。¶레벨이 높다. =水平高。

레스토랑 〈프〉 【명사】 서양 음식점. ◆ 图西餐馆, 西餐厅。

레슨(lesson) 【명사】 일정한 시간에 받는 개인 교습. 특히 음악이나 발레 따위를 개인적으로 배우는 일을 이른다. ◆ 图练习, 辅导。¶레슨을 받다. =参加辅导。

레슬링(wrestling) 【명사】 두 사람의 경기자가 매트 위에서 맨손으로 맞붙어 상대편의 두 어깨를 1초 동안 바닥에 닿게 함으로써 승부를 겨루는 격투기. ◆ 图摔跤。

레이더(radar) 【명사】 목표 물체를 향하여 마이크로파를 발사하고 그 반사파를 받아서 물체의 상태나 위치를 수상관에 비춤으로써 목표 물체를 찾아내는 장치. ◆ 图 雷达。

레이스(lace) 【명사】 서양식 수예 편물의 하나. 무명실이나 명주실 따위를 코바늘로 떠서 여러 가지 구멍 뚫린 무늬를 만든다. ◆ 图花边, 饰带。¶레이스를 짜다. =织花边。

레이싱걸(racing girl) 【명사】 자동차 경주 등에서 후원사의 선수차량을 홍보하거나 이를 구경 오는 사람들의 흥을 돋우기 위해 경기 시작 전 차량 옆에서 선수를 응원하거나 또는 기타 행사 진행도우미 등의 역할을 하는 여성. ◆ 图赛车女郎。

레이아웃(layout) 【명사】 图 ❶ 책이나 신문, 잡지 따위에서 글이나 그림 따위를 효과적으로 정리하고 배치하는 일. ◆ 版面设计。❷ 정원 따위의 설계를 이르는 말. ◆ 布局设计。❸ 양재에서, 패턴 종이를 배열하는 일. ◆ 剪裁。

레이저(laser) 【명사】 분자 안에 있는 전자 또는 분자 자체의 격렬한 상태를 이용하여 빛을 증폭하는 장치. ◆ 图激光。

레일(rail) 【명사】 图 ❶ 철도 차량이나 전차 등을 달리게 하기 위하여 땅 위에 까는 가늘고 긴 강철재(鋼鐵材). ◆ 轨, 铁轨。¶레일을 깔다. =铺铁轨。❷철도. ◆ 轨道, 铁路。¶어린 아이들이 위험하게 레일을 따라 달리고 있었다. =小孩们沿着铁路跑, 太危险了。

레저(leisure) 【명사】 일이나 공부 따위를 하지 않아도 되는 자유로운 휴식시간. 또는 그 시간을 이용하여 쉬거나 노는 일. ◆ 图 闲暇; 休闲, 娱乐。¶레저 시설. =休闲设施。

레코드(record) 【명사】 图 ❶ 음반. ◆ 唱片。❷ 필드의 집합으로 파일을 구성하는 기본 단위. ◆ 记录。

레코드사(record社) 【명사】 음반을 기획·제작·판매를 주로 하는 회사. ◆ 图 唱片公司, 音像公司。

레퍼토리(repertory) 【명사】 图 음악가나 극단 등이 무대 위에서 공연할 수 있도록 준비한 곡목이나 연극 제목의 목록. ◆ 节目单, 剧目。¶화려한 쇼와 연극 등 즐거운 레퍼토리가 여러분을 기다리고 있습니다. =观众喜闻乐见的许多节目, 如精彩的时装秀和话剧等, 正在等待诸位的观赏。

레포츠(leports) 【명사】 한가한 시간에 즐기면서 신체를 단련할 수 있는 운동. ◆ 图 休闲运动。¶레포츠를 즐기다. =享受休闲运动。

렌즈(lens) 【명사】 图 ❶ 빛을 모으거나 분산하기 위하여 수정이나 유리를 갈아서 만든 투명한 물체. 오목 렌즈(lens)와 볼록 렌즈(lens)가 있고, 안경이나 현미경·망원경·가정용 손전등 따위에 사용된다. ◆ 镜头。❷ 콘택트렌즈(contact lens). ◆ 隐形眼镜。¶렌즈를 착용하다. =戴隐形眼镜。

-려 【어미】 词尾 ❶ 어떤 행동을 할 의도나 욕망을 가지고 있음을 나타내는 연결 어미. ◆ 表示意图。¶그들은 내일 일찍 떠나려 한다. =他们想明天早早出发。❷ 곧 일어날 움직임이나 상태의 변화를 나타내는 연결 어미. ◆ 表示即将发生的动作或状态变化。¶하늘을 보니 곧 비가 쏟아지려 한다. =看这天气马上就要下暴雨了。

-려거든 【어미】 '-려고 하거든'의 준말. 주어의 의도를 나타내면서 뒷문장을 방임하는 조건이 됨을 나타낸다. ◆ 词尾表示意图和条件。¶가려거든 지금 떠나든지. =想走现在就走。

-려고[1] 【어미】 词尾 ❶ 어떤 행동을 할 의도나 욕망을 가지고 있음을 나타내는 연결 어미. ◆ 表示意图。¶내일은 일찍 일어나려고 한다. =明天想早点起床。❷ 곧 일어날 움직임이나 상태의 변화를 나타내는 연결 어미. ◆ 表示即将发生的动作或状态变化。¶차가 막 출발하려고 한다. =车这就出发。

-려고[2] 【어미】 '해'할 자리에 쓰여, 어떤 주어진 사태에 대하여 의심과 반문을 나타내는 종결 어미. ◆ 词尾表示对给定状态的怀疑或反问。¶설마 그렇게 좋은 것을 버리려고? =怎么可能放弃那么好的东西?

-려기에 【어미】 '-려고 하기에'의 준말. ◆ 词尾-려고 하기에的略语, 表示前句是后句的原因、理由或根据。¶슬쩍 달아나려기에 붙들어 놓았다. =看他想偷偷逃跑, 就把他抓住了。

-려나 【어미】 '해'할 자리나 혼잣말에 쓰여, 추측을 가볍게 묻는 데 쓰이는 종결 어미. ◆ 词尾表示轻微推测。¶날씨가 추워지려나? =天气是否会变冷呢?

-려는 【어미】 词尾 ❶ 주어의 의도를 나타냄. ◆ 表示主语的意图。¶떠나려는 사람. =要离开的人。

❷장차 어떤 일이 일어날 것 같음을 나타냄. ◆ 表示将来可能发生某事。¶그녀의 청순함은 아침이슬에 막 피려는 장미와 같다. =她清纯如沾满朝露、含苞欲放的玫瑰。

-려는데 【어미】 '-려고 하는데'의 준말. 의도를 나타냄. ◆ 词尾 -려고 하는데的略语，表示意图计划。¶집을 나서려는데 비가 왔다. =正要离家，却下起了雨。

-려는지 【어미】 词尾 ❶ 추측을 나타냄. ◆ 表示推测。¶비가 언제나 오려는지. =可能要下雨。 ❷ 막연한 의문을 나타냄. ◆ 表示疑问。¶그는 언제나 오려는지. =他想什么时候来呢? ❸ 뒷 절에 대한 근거나 원인의 추측을 나타냄. ◆ 表示构成后句的根据或原因的推测。¶눈이 오려는지 어두워지기 시작했다. =不知道是不是要下雪，天开始暗了下来。

-려니와 【어미】 词尾 ❶ 앞 절의 사실을 추측하여 인정하면서 관련된 다른 사실을 이어 주는 연결 어미. ◆ 表示推测并承认前一事实，并引出与之相关的其他事实。¶올해 여름은 덥기도 하려니와 비도 많이 내릴 것이라는 예보다. =天气预报说今年夏天炎热多雨。 ❷ 어떤 행동을 하려는 의사를 밝히면서 관련된 다른 사실을 이어 주는 연결 어미. ◆ 表明想采取某种行动并引出与之相关的其他事实。 ¶나는 이제 떠나려니와 앞으로의 사건에 대해서는 더 이상 개입하지 않겠다. =我现在就想走，对于今后的事，我再也不想管了。

-려다 【어미】 词尾 ❶ 말하려는 의도와 결과가 같지 않음을 나타냄. ◆ 表示想要表达的意图与结果不符。¶차를 타려다 놓쳤다. =想坐车却没坐上。 ❷하려던 동작을 하지 못하고 바뀜을 나타냄. ◆ 表示因无法完成当初的想法而改变行动。 ¶아이는 울려다 엄마를 보더니만 방긋 웃었다. =孩子本来要哭，看见妈妈后，却甜甜地笑了。 ❸ 사태나 상황이 이루어지려다 바뀜을 나타냄. ◆ 表示事态或情况在发展过程中出现改变。 ¶꽃이 막 피려다 한파에 주춤했다. =花将开未开之际，因为寒流而推迟了。

-려다가 【어미】 词尾 ❶ 말하려는 의도와 결과가 같지 않음을 나타냄. ◆ 表示想要表达的意图与结果不符。¶일찍 자려다가 말다. =本来想早点睡觉，却没睡成。 ❷ 하려던 동작을 하지 못하고 바뀜을 나타냄. ◆ 表示因无法完成当初的想法而改变行动。 ¶화를 내려다가 말았다. =本要发火，最终还是没发。 ❸ 사태나 상황이 이루어지려다 바뀜을 나타냄. ◆ 表示事态或情况在发展过程中出现改变。 ¶비가 오려다가 말았다. =看起来就要下雨了，却没下起来。

-려더니 【어미】 词尾 ❶ 어떤 일이 진행되다 중단되거나 덜 이루어짐을 나타냄. ◆ 表示事情中断或没有完成。 ¶그는 과일을 사려더니 그냥 가 버렸다. =他本来要买水果，结果没买就空着手走了。 ❷ 일이 일어날 듯하다가 반대의 상황이 이루어짐을 나타냄. ◆ 表示事情发展过程出现转折。 ¶비가 오려더니 다시금 화창해 졌다. =看起来就要下雨了，却又转晴了。

-려더라 【어미】 '-려고 하더라'의 준말. 과거에 장차 일어나려고 하던 일을 듣는이에게 전달함을 나타냄. ◆ 词尾 -려고 하더라的略语。表示向听者传达在过去将要发生的某事。 ¶화가 났는지 짐을 몽땅 가져가려더라. =不知道是不是生气了，他曾想把全部行李都拿走。

-려던 【어미】 词尾 ❶ 무엇을 하려다 중간에 바꿈을 나타냄. ◆ 表示在做某事的过程中改变行动。 ¶가려던 발길을 멈추고 한참 고민하는 눈치였다. =停住了即将离去的步伐，眼中布满愁云。 ❷ 장차 일이 일어나려다 중간에 바뀜을 나타냄. ◆ 表示就要发生的事发生变化。 ¶바람에 꺼지려던 촛불이 다시 타오르기 시작하였다. =眼看就要被风吹灭的烛火重新燃烧起来。

-려던가 【어미】 '-려고 하던가'의 준말. 삼자의 어떤 사실이나 행동을 확인하려는 뜻을 나타냄. ◆ 词尾 -려고 하던가的略语，表示想要确认跟第三方有关的事实或行为。 ¶무엇을 하려던가? =他打算做什么?

-려도 【어미】 '-려고 하여도'의 준말. ◆ 词尾 "-려고 하여도"的略语，表示 "即使想做，也……" ¶적어 두려도 종이가 없어. =即使想写下来，也没纸啊。

-려면 【어미】 词尾 ❶ '어떤 의사를 실현시키려고 한다면'의 뜻을 나타내는 연결 어미. ◆ 表示 "如果想做成某事……" ¶기차를 타려면 서둘러야 한다. =想坐火车，就得抓紧时间。 ❷ '어떤 가상의 일이 사실로 실현되기 위해서는'의 뜻을 나타내는 연결 어미. ◆ 表示 "为了将某种想法变为现实"。 ¶일이 잘되려면 계획을 잘 세워야 한다. =要想事情顺利，必须好好制订计划。 ❸ '미래의 어떤 일이 이미 실현되기 시작했거나 실현될 것이 확실하다면'의 뜻을 나타내는 연결 어미. ◆ 表示假设。 ¶눈이 내리려면 펑펑 쏟아졌으면 좋겠다. =要是下雪，干脆下场鹅毛大雪就好了。

-려야 【어미】 '-려고 하여야'의 준말. ◆ 词尾 -려고 하여야的略语。表示前句是后句的条件。 "就是想做也……"

-력(力) 【접사】 '능력' 또는 '힘'의 뜻을 더하는 접미사. ◆ 后缀 (用于部分名词后)表示 "力" 的意思。 ¶경제력. =经济力。

-련[1] 【어미】 '해라'할 자리에 쓰여, 화자가 상대편을 위하여 할 의사가 있는 어떤 행동에 대하여 상대편이 받아들일 것인지를 친근하게 묻는 종결 어미. ◆ 词尾 (用于无收音的动词词干或收音为ㄹ的动词词干后해라阶终结词尾)表示就自己要为对方做的事征询对方意见的终结词尾，带有亲切的语气。 ¶일이 많은 것 같은데 내가 도와주련? =你好像事情很多，要我帮忙吗?

-련[2] 【어미】 '려고 하느냐'가 줄어든 말. ◆ 词尾 "려고 하느냐"的略语。 ¶네가 가련? =你想走?

-련마는 【어미】 어떤 조건이 충족되면 이러이러한 결과가 기대되는데, 아쉽게도 그 조건이 충족되지 못하여 기대하는 결과도 이루어질 수 없음을 나타내는 연결 어미. 간혹 '조건'은 생략되기도 한다. ◆ 词尾 表示转折。 ¶누구나 노력하면 좋은 글을 쓰련마는 노력이 부족하다. =无论是谁，只要努力就能写

一手好字，但就是不够努力。

-련만【어미】'-련마는'의 준말. ◆ 词尾 -련마는的略语。¶돈이 있으면 장사라도 해 보련만 밑천이 있어야지. =如果有钱的话，我也想做做生意，但总得有本钱吧。

-렴【어미】'해라'할 자리에 쓰여, 부드러운 명령이나 허락을 나타내는 종결 어미. ◆ 词尾表示婉转的命令或许可的终结词尾。¶더 놀다 가렴. =再玩会儿再走嘛。

-렵니까【어미】'-려고 합니까'의 준말. 상대방의 의사를 물음을 나타냄. ◆ 词尾 -려고 합니까的略语，表示询问对方的意图。¶어디로 가렵니까? =你要去哪儿?

-렵니다【어미】'-려고 합니다'의 준말. 합쇼할 자리에 쓰여, 장차 어떤 행위를 할 화자 자신의 의사를 표현하는 데 쓰는 종결 어미. ◆ 词尾 "-려고 합니다"的略语，表示自己的意志。¶커서 중의사가 되렵니다. =长大后我想当一名中医师。

-령(令)【접사】'법령·명령'의 뜻. ◆ 后缀 (用于部分名词后)令，法令，命令。¶금지령. =禁止令。

-례(例)【접사】'본보기'의 뜻을 나타내는 말. ◆ 后缀例。¶판례. =判例。

로[1]【조사】 助 ❶ 어떤 일의 수단·도구를 나타내는 격 조사. ◆ 表示手段、方法或工具。¶주머니칼로 밤을 깎았다. =用小刀剥板栗。❷ 어떤 물건의 재료나 원료를 나타내는 격 조사. ◆ 表示材料。¶이 집은 수입 대리석으로 지었다. =这套房子是用进口大理石建造的。❸ 어떤 일의 원인이나 이유를 나타내는 격 조사. '말미암아', '인하여', '하여' 등이 뒤따르기도 때가 있다. ◆ 表示理由或原因。¶이 고장은 사과로 유명하다. =这个地方因为=盛产苹果而有名。❹ 움직임의 방향을 나타내는 격 조사. ◆ 表示场所或方向。¶그리로 가면 길이 없습니다. =往那儿走是条死路。❺ 지위나 신분 또는 자격을 나타내는 격 조사. ◆ 表示身份、地位或资格。¶팀원으로 가만히 보고 있을 수가 없어 달려들어 도왔다. =作为组员，无法袖手旁观，所以积极予以协助。❻ 그렇게 되는 대상임. ◆ 表示转变成的对象。¶친구의 딸을 우리집 며느리로 삼다. =朋友的女儿成了我家的儿媳。❼ 시간을 나타내는 격조사. ◆ 表示时间。¶모임은 내일로 정해졌다. =聚会定在明天举行。❽ 결과를 나타냄. ◆ 表示结果。¶뽕밭이 푸른 바다로 바뀐다더니. =沧海桑田。❾ 구성·비율 등을 나타냄. ◆ 表示构成或比率等。¶물은 산소와 수소로 이루어 졌다. =水由氧和氢构成。❿ 근거·표준·목표 등을 나타냄. ◆ 表示根据、标准或目标等。¶우리 회사는 친절과 봉사로 사훈을 정했다. =我们公司以亲善和奉献为社训。

-로[2](路)【접사】 后缀 ❶ '길' 또는 '도로'의 뜻을 더하는 접미사. ◆ 路，线。¶교차로. =十字路。❷ '큰 도로를 가운데 둔 동네'의 뜻을 더하는 접미사. ◆ 路(含有大道的城市社区名称)。¶퇴계로. =退溪路。

-로구나【어미】'해라'할 자리나 혼잣말에 쓰여, 화자가 새롭게 알게 된 사실에 주목함을 나타내는 종결 어미. 흔히 감탄의 뜻이 수반된다. 어미 '-구나'보다 더 예스러운 표현이며, 더 분명한 표현이다. ◆ 词尾表示说话人对新发现的事实进行感叹的终结词尾，也用于自言自语时。¶이 사람은 보통이 아니로구나. =此人非同一般。

-로구려【어미】'하오'할 자리에 쓰여, 화자가 새롭게 알게 된 사실에 주목함을 나타내는 종결 어미. 흔히 감탄의 뜻이 수반된다. 어미 '-구려'보다 더 예스러운 표현이며 더 분명하다. ◆ 词尾表示说话人对新发现的事实进行感叹的"하오"阶终结词尾，具有古语色彩。¶정말 영웅이로구려! =真是个英雄!

-로구료【어미】'-로구려'의 잘못. ◆ 词尾 "-로구려"之误。

-로구먼【어미】반말이나 혼잣말에 새삼스러운 감탄을 나타내는 종결 어미. ◆ 词尾表示感叹的해라阶终结词尾，也用于自言自语。¶벌써 한 시로구먼. =已经1点了。

-로군【어미】 词尾 ❶ '해'할 자리나 혼잣말에 쓰여, 화자가 새롭게 알게 된 사실에 주목함을 나타내는 종결 어미. 흔히 감탄의 뜻이 수반된다. ◆ 表示说话人对新发现的事实进行感叹的해라阶终结词尾或自言自语。¶자네가 벌써 대학생이로군. =你都已经是大学生啦! ❷ '-로구나'의 준말. ◆ "-로구나"的略语。¶바로 네가 그 사람이로군. =原来你就是那个人啊。

-로다【어미】'해라'할 자리에 쓰여, 감탄을 나타내는 종결 어미. ◆ 词尾表示感叹。¶당신은 평생을 조국을 위해 헌신하였으니 참으로 애국자로다. =您将毕生精力奉献给了祖国，是一个真正的爱国者。

-로되【어미】 词尾 ❶ 대립적인 사실을 잇는 데 쓰는 연결 어미. ◆ 表示对立。¶그는 학자는 아니로되 학자보다 더 현명했다. =他虽然不是学者，但比学者更聪明睿智。❷ 어떤 사실을 서술하면서 그와 관련된 세부 사항을 뒤에 덧붙인다는 뜻을 나타내는 연결 어미. ◆ 表示提示的连接词尾，后句是对前句更详细的描述。¶건물은 남향이로되 서쪽으로 약간 치우쳐 있어 햇볕은 잘 들었다. =建筑物朝南，而且略微偏西，所以采光很好。

로또(lotto)【명사】로또 복권. ◆ 名乐透彩票。¶연일 로또를 구입하려는 고객으로 이 가게는 장사진을 이룬다. =接连数天，想要购买乐透彩票的顾客在这家店铺前排起了长队。

로마(Roma)【명사】 名 ❶ 라티움 평원에 정착한 라틴인들이 팔라티스 언덕을 중심으로 건설한 도시 국가. ◆ 罗马，罗马帝国。❷ 로마 제국의 수도. ◆ 罗马，罗马帝国的首都。❸ 이탈리아의 수도. ◆ 意大利首都罗马。❹ 이탈리아 중서부에 있는 주. 면적은 8,438㎢. ◆ 意大利中西部地区的一个州罗马。¶로마문자. =拉丁字母。

로마숫자(Roma數字)【명사】고대 로마에서 만들어져 현재 세계적으로 쓰이는 숫자. 'Ⅰ, Ⅱ, Ⅲ, Ⅳ, Ⅴ, Ⅵ …… Ⅹ' 따위를 이른다. ◆ 名罗马数字。

로마자(Roma字)【명사】그리스(grease) 문자에서 유래한 음소 문자로 라틴어를 표기하는 문자. ◆ 名拉丁字母，拉丁文。

로봇(robot)【명사】 名 ❶ 인간과 비슷한 형태를 가지고 걷기도 하고 말도 하는 기계 장치. ◆ 机器人。 ❷ 어떤 작업이나 조작을 자동적으로 하는 기계 장치. ◆ 自动化仪器，自动化装备。 ¶다양한 산업용 로봇이 등장하면서 많은 노동자가 일자리를 잃게 되었다. =随着各种工业自动化装备的出现，工人失去了工作。

로부터 【조사】 어떤 행동의 출발점이나 비롯되는 대상임을 나타내는 격 조사. 격 조사 '로'와 보조사 '부터'가 결합한 말이다. ◆ 助 (用于无收音的体词或收音为ㄹ的体词后)表示行动的出发点或起始的对象。 ¶아버지로부터 편지가 왔다. =爸爸来信了。

로비(lobby) 【명사】 图 ❶ 호텔이나 극장 따위에서 응접실, 통로 등을 겸한 넓은 공간. ◆ 大厅，会客室。 ¶호텔 로비에서 만나자. =在酒店大堂见面吧。 ❷ 국회 의사당에서 의원들이 잠깐 동안 머물러 쉴 수 있도록 마련하여 놓은 방. ◆ (国会的)休息室，会客室。

로서 【조사】 助 ❶ 지위나 신분 또는 자격을 나타내는 격 조사. ◆ 表示某种资格、地位或身份的格助词。 ¶그것은 교사로서 할 일이 아니다. =那不是教师该做的事情。 ❷ 어떤 동작이 일어나거나 시작되는 곳을 나타내는 격 조사. ◆ 古语体，表示动作的起点。 ¶이 문제는 너로서 시작되었다. =这个问题是从你这儿开始的。

로서는 【조사】 助 ❶ '~의 신분이나 입장에서는'의 뜻을 나타냄. ◆ 表示从某人的身份或立场来看。 ¶이번 행사는 저 개인으로서는 무척 다행한 일이라고 생각합니다. =此次活动在我看来是一件非常幸运的事。 ❷ '그 시간을 기준으로 해서 말하면'의 뜻을 나타냄. ◆ 表示到该时间为止。 ❸ '-가 되는 것에는'의 뜻을 나타냄. ◆ 表示根据或原因。 ¶일이 이처럼 느려지는 이유로서는 여러 가지가 있지만 설비의 문제가 가장 크다. =导致工作进展如此缓慢的原因是多方面的，但最大的问题在于设备。

로서도 【조사】 助 ❶ '~의 입장이나 처지에서도'의 뜻을 나타냄. ◆ 表示"即使从某人的身份或立场来看也……" ¶그것은 나로서도 적극적으로 바라는 일이었다. =那也是我所热切盼望的。 ❷ '~의 형편에서도'의 뜻을 나타냄. ◆ 表示"即使从某种情况来看也……" ¶이 정도의 규모면 현재로서도 다시 짓기 어려운 건축물이다. =这种建筑物的规模，即使是现在也很难再建。

로서야 【조사】 '그러한 입장·신분·처지에서는'의 뜻을 나타냄. ◆ 助表示立场、身份或处境。

로서의 【조사】 助 ❶ '~의 신분, 입장인'의 뜻을 나타냄. ◆ 表示身份、立场。 ¶교수로서의 책임과 직분을 다 하다. =尽了作为教授的职责。 ❷ '~의 특성을 지닌', '~의 자격인'의 뜻을 나타냄. ◆ 表示资格、特征。 ¶사실 개념 규정으로서의 언어는 시대성을 결여하고 있을 때가 많다. =事实上，作为概念界定上的语言，经常缺乏时代性。

로션(lotion) 【명사】 피부에 수분을 주어 피부 표면을 다듬는 화장수(化粧水). 보봉알코올 성분이 많다. ◆ 图护肤乳液。 ¶로션을 몸에 바르다. =把护肤乳液涂在身上。

로써 【조사】 助 ❶ 어떤 물건의 재료나 원료를 나타내는 격 조사. '로'보다 뜻이 분명하다. ◆ 表示材料或原料的格助词，比"로"的意思更加明确。 ¶콩으로써 메주를 쑤다. =用大豆做豆酱饼。 ❷ 어떤 일의 수단이나 도구를 나타내는 격 조사. '로'보다 뜻이 분명하다. ◆ 表示手段或工具。 ¶말로써 천냥 빚을 갚는다고 한다. =俗话说，巧舌抵千金。 ❸ 시간을 셈할 때 셈에 넣는 한계를 나타내는 격조사. '로'보다 뜻이 분명하다. ◆ 表示计算时间的界限。 ¶고향을 떠난 지 올해로써 20년이 된다. =到今年为止，离开故乡已经20年了。

로열박스(royal-box) 【명사】 图 ❶ 극장이나 경기장 등의 귀빈이 자리하는 곳. ◆ 贵宾席，包厢。 ¶로열박스는 일반석 가격의 열 배가 넘는다. =贵宾席的价格超过普通席十倍。 ❷ 전망 좋고 위치가 좋은 아파트. ◆ ㊞黄金地产，投资房。 ¶로열박스를 구입하려는 사람은 많지만 매물이 좀처럼 나오지 않는다. =虽然想购买投资房的人很多，但房源却极为稀少。

로켓(rocket) 【명사】 고온 고압의 가스를 발생·분출시켜 그 반동으로 추진하는 장치. 또는 그런 힘을 이용한 비행물. 연료의 연소에 필요한 산소도 함께 가지고 있으며 기상 관측, 우주 개발, 무기 따위에 이용한다. ◆ 图火箭。 ¶로켓을 발사하다. =发射火箭。

로키산맥(Rocky山脈) 【명사】 북아메리카 대륙 서부에 있는 큰 산맥. 멕시코 중부에서 시작하여 미국, 캐나다를 가로질러 멀리 알래스카까지 이른다. ◆ 图洛基山脉。

로터리(rotary) 【명사】 교통이 복잡한 네거리 같은 곳에 교통정리를 위하여 원형으로 만들어 놓은 교차로. ◆ 图 环形交叉路。 ¶로터리는 차와 사람들로 항상 붐빈다. =环形交叉路总是因车辆和行人而拥挤。

로프(rope) 【명사】 굵은 밧줄. 강철로 만든 줄, 섬유 따위를 꼬아서 만든다. ◆ 图缆绳，粗绳。 ¶배가 멀리 가지 못하도록 로프로 언덕에 묶어 두었다. =用缆绳把船绑在了小山丘上，以防船漂走。

론 【조사】 '-로는'의 준말. ◆ 助 "-로는"的略语。 ¶하긴 진한 눈물도 때론 흘려야 합니다. =是呀，有时也会流下真诚的泪水。

롤러(roller) 【명사】 图 ❶ 금속재의 두께를 줄이거나 평평하게 하는 데 쓰는 기구. ◆ 轧辊，压延机，压路机。 ❷ 작업대와 심대 사이에 놓아 돌리면서 작업을 할 수 있는 둥근 회전판. ◆ 转盘。 ❸ 등사나 인쇄할 때 잉크 칠을 하는 방망이. 굴대처럼 구르게 되어 있다. ◆ 印色辊。 ❹ 무거운 물건을 옮길 때, 그 밑에 깔아서 굴리는 둥근 나무나 철제의 원통. ◆ 滚木，滚筒。

롤러스케이트(roller skate) 【명사】 바닥에 네 개의 작은 바퀴가 달린 스케이트. ◆ 图 四轮滑冰鞋。 ¶내가 마을에 들어서자 동네 아이들이 골목에서 롤러스케이트를 타면서 놀고 있었다. =我一进村子，就看见村里的孩子们穿着四轮滑冰鞋在巷子

里玩。

롤모델(role model)【명사】자기가 마땅히 해야 할 직책이나 임무 따위의 본보기가 되는 대상이나 모범. ◆图榜样，楷模，表率，模范。

-롭다【접사】'그러함' 또는 '그럴 만함'의 뜻을 더하고 형용사를 만드는 접미사. ◆(用于无收音的名词或词干后)具有生成形容词功能的后缀。¶평화롭다. =和平的。

롱슛(long shout)【명사】축구·핸드볼·농구 따위에서, 먼 거리에서 골(goal)이나 바스켓(basket)을 향하여 공을 던지거나 차는 일. ◆图(足球、手球、篮球中的)远距离投篮，远距离射门。

롱패스(long pass)【명사】축구·농구·핸드볼(handball) 따위에서, 공을 멀리 차거나 던져서 같은 편 선수에게 넘기는 일. ◆图(足球、篮球、手球中的)长传球，长传。

루머(rumor)【명사】뜬소문. 사람들 입에 오르내려 전하여 터무니없는 소문. ◆图谣言，谣传。¶루머를 퍼뜨리다. =传播谣言。

룰(rule)【명사】놀이나 운동 경기 따위에서 지키기로 정한 질서나 법칙. ◆图规则，规章。¶경기의 룰을 정하다. =制定比赛规则。

-류(類)【접사】[일부 명사 뒤에 붙어] '부류'의 뜻을 더하는 접미사. ◆后缀类，种类。¶금속류. =金属类。

류머티즘(rheumatism)【명사】뼈·관절·근육 따위가 단단하게 굳거나 아프며 운동하기가 곤란한 증상을 보이는 병을 통틀어 이르는 말. ◆图风湿病，痛风。

-률(律)【접사】'법칙'의 뜻을 더하는 접미사. ◆后缀表示法则的后缀。律，定律，法则。¶황금률. =黄金律。

르네상스 〈프〉【명사】14세기~16세기에 초에 걸쳐 이탈리아를 중심으로 하여 유럽 여러 나라에서 일어난 인간성 해방을 위한 문화혁신운동. ◆图文艺复兴。

를[1]【조사】助 ❶ 동작이 미친 직접적 대상을 나타내는 목적격 조사. ◆表示动作的直接对象的宾格助词。¶나무를 심다. =种树。❷ 행동의 간접적인 목적물이나 대상임을 나타내는 격 조사. ◆表示行动的间接对象的格助词。¶이 시계는 친구를 주려고 산 것이다. =这块表是想买来送给朋友的。❸ 어떤 재료나 수단이 되는 사물임을 나타내는 격 조사. ◆表示构成材料或手段的事物的格助词。❹ 동작이 이루어지는 장소를 나타내는 격 조사. ◆表示动作发生的场所的格助词。¶가게를 돌아다니며 선물을 샀다. =逛商店买东西。❺ 일정한 목적을 가지고 이동하고자 하는 곳을 나타내는 격 조사. '에'보다 강조하는 뜻이 있다. ◆表示移动的方向的格助词，与"에"相比，有强调的感觉。¶회사를 다니다. =上班。❻그 행동의 목적이 되는 일을 나타내는 격 조사. ◆表示行为目的的格助词。¶설악산으로 꽃놀이를 갔다. =去雪岳山赏花了。❼ 행동의 출발점을 나타내는 격조사. ◆表示行为出发点的格助词。¶이 버스는 대구를 출발해 서울로 간다. =这趟车从大邱始发开往首尔。❽ 어떤 행동이 비롯되는 곳. 또는 그 일을 나타내는 격조사. ◆表示行为的起始点的格助词。¶열두 시를 기준으로 작업을 마감한다. =以12点为准，结束业务。❾ 동작 대상의 수량이나 동작의 순서를 나타내는 격 조사. ◆表示动作对象的数量或动作顺序的格助词。¶사과 두 개를 먹었다. =吃了两个苹果。

를[2]【조사】강조하는 뜻을 나타내는 보조사. ◆助表示强调。¶너는 어쩌자고 혼자 시장에를 갔니? =你一个人去市场想干什么?

-를 두고【관용어】'그것을 대상으로 하여'의 뜻을 나타냄. ◆惯就，针对，为了。

-를 막론하고【관용어】'따지거나 묻지 않고'의 뜻을 나타냄. ◆惯不论，不管，无论。¶이유 여하를 막론하고{불문하고} 법에 따라 다스리겠다. =无论理由如何，均将依法惩处。

-를 비롯하여【관용어】'그것부터 시작해서 모두 가 다'의 뜻을 나타냄. ◆惯以……为代表，以……为首，包括……在内。¶이 안을 발의한 교사를 비롯한 교사와 학부형 대부분이 찬성하였다. =以该方案的发起人为首的大部分教师和家长均表示赞成。
● -를 비롯해/비롯한 ●

-를 통하여【관용어】'그것을 수단으로 하여'의 뜻을 나타냄. ◆惯通过。¶동물은 대부분 무리를 통하여 보호받는다. =大部分动物通过群居获得保护。
● -를 통해/통한 ●

리[1](理)【의존 명사】'까닭', '이치'의 뜻을 나타내는 말. 반드시 부정 또는 반문하는 말로 뒤가 이어짐. ◆依名理由，道理，可能，可能性。¶그럴 리가 없다. =不可能那样。

-리[2]【어미】词尾 ❶ 어떤 상황에 대한 화자의 추측을 나타내는 어미. 주로 어미 '-다', '-라', '-니', '-니라', '-만큼' 따위와 결합하여 확대된 어미 '-리다', '-리라', '-리니', '-리니라', '-리만큼' 따위를 만들기도 한다. ◆表示说话者对某种情况的推测，主要与词尾-다、-라、-니、-니라、-만큼等相结合，构成词尾-리다、-리라、-리니、-리니라和-리만큼等。¶그는 뭐든 열심히 일하니 꼭 성공하리라. =他不管做什么都很认真，所以肯定会成功的。❷ 주어가 어떤 일을 할 의향이나 의지를 나타내는 어미. 주로 어미 '-다', '-라', '-니', '-니라', '-만큼' 따위와 결합하여 확대된 어미 '-리다', '-리라', '-리니', '-리니라', '-리만큼' 따위를 만들기도 한다. ◆表示主语要做某事的意图，主要与词尾-다、-라、-니、-니라、-만큼等相结合，构成词尾-리다、-리라、-리니、-리니라和-리만큼等。¶우리는 선생님의 뒤를 따르리라. =我们将追随先生。

-리[3]【접사】后缀 ❶ '사동'의 뜻을 더하는 접미사. ◆用于部分动词后，使之变成使动词。¶날리다. =放飞。❷ '피동'의 뜻을 더하는 접미사. ◆用于部分动词后，使之变成被动词。¶팔리다. =被出售。

리그전(league戰)【명사】야구·축구·농구 따위에서, 경기를 벌이는 대전 방식의 하나. 경기에 참가한 모든 팀이 서로 한 번 이상 겨루어 가장 많이 이긴 팀이 우승하게 된다. ◆ 图 联赛，循环赛。

-리까 【어미】 词尾 ❶ 추측을 묻는 종결 어미. 주로 반문하는 데 쓰인다. ◆ 尊敬阶终结词尾，表示推测的终结词尾，主要用于反问句。 ¶많은 사람을 위해서 하는 일을 누가 그르다 하리까? =为多数人做的事，谁会说错呢? ❷ 자기가 하려는 행동에 대하여 상대편의 의향을 묻는 뜻을 나타내는 종결 어미. ◆ 表示就自己想采取的行动征求对方的意见。 ¶이 일을 어찌 하오리까? =这事该怎么办呢?

-리니 【어미】 词尾 ❶ 뒤 절이 나타내는 어떤 일이나 판단에 대한 화자의 추측을 나타내는 연결 어미. ◆ 表示推测、原因、根据。 ¶만나면 헤어지는 것은 정해진 운명이리니 이별을 서러워 마라. =有相遇就必有分离，这是天定的宿命，所以不要因为分离而伤心。 ❷ 상대편에게 그렇게 하겠다는 의향을 나타내는 연결 어미. ◆ 向对方表明自己的行动意向。 ¶내가 반드시 돌아오리니 꼭 기다려 다오. =我一定会回来的，你一定要等我。

-리니라 【어미】 해라할 자리에 쓰여, 진리나 으레 있는 사실을 추측하여 일러 줄 때에 쓰이는 종결 어미. ◆ 词尾古语体，基本阶终结词尾，表示对真理或常理的推测。 ¶봄이면 꽃도 피리니라. =到了春天，花也会开的。

-리다 【어미】 词尾 ❶ 상황에 대한 화자의 추측을 나타내는 종결 어미. 경고하는 의미를 나타낼 때도 있다. ◆ 表示话者的推测，有时还可表示警告的意思。 ¶필시 그 사람이 도둑이리다. =那人无疑是个贼。 ❷하오할 자리에 쓰여, 상대에게 그렇게 하겠다는 의향을 말해 주는 종결 어미. 약속하는 의미가 될 때도 있다. ◆ 表示说话者的意愿，有时还可表示许诺的意思。 ¶곧 돌아오리다. =我马上回来。

리더(leader) 【명사】 조직이나 단체 따위에서 전체를 이끌어 가는 위치에 있는 사람. ◆ 图领袖，领导，领队。 ¶이 팀의 리더가 누구냐? =这个队的领队是谁?

리더십(leadership) 【명사】 무리를 다스리거나 이끌어 가는 지도자로서의 능력. ◆ 图领导才能，统率力。 ¶리더십을 발휘하다. =发挥领导才能。

리드(lead) 【명사】 图 ❶ 앞장서서 이끎. ◆ 领导，指挥。 ❷ 운동 경기 따위에서, 상대보다 점수가 앞섬. 또는 우세한 상황이 됨. ◆ 领先，占优势。 ¶경기 중반에 한 골을 넣으면서부터 우리 팀은 서서히 리드를 잡기 시작했다. =比赛进行到一半时，我队先得一分，之后就开始逐步领先。 ● 리드하다(lead--) ●

리듬(rhythm) 【명사】 图 ❶ 음의 장단이나 강약 따위가 반복될 때의 그 규칙적인 음의 흐름. ◆ 旋律。 ❷ 일정한 규칙에 따라 반복되는 움직임을 이르는 말. ◆ 拍子。 ¶리듬이 깨지다. =节奏乱了。 ❸ 선(線)·형(形)·색(色)의 비슷한 반복을 통하여 이루는 통일된 율동감. 즉 농담이나 명암 따위가 규칙적으로 반복되거나 배열된 상태를 가리킨다. ◆ 调和，和谐，匀称。

리듬이 깨지다 【관용어】 규칙적으로 일정하게 반복되던 것이 불규칙하게 되다. ◆ 惯变得没有规律，失去规则。 ¶생활의 리듬이 깨지다. =生活变得没有规律。

리듬감(rhythm感) 【명사】 일정한 음악적 규칙에 따라 반복되며 움직이는 느낌. ◆ 图节奏感。 ¶음악에 맞춰서 좀 더 리듬감 있게 걸어 보세요. =跟着音乐，走得再有节奏感一点。

-리라고 【어미】 词尾 ❶ [받침이 없는 용언의 어간 뒤에서 쓰여] 추측의 뜻을 나타냄. ◆ 表推测。 ¶나는 그 일이 잘 성사되리라고 생각한다. =我认为那件事会成功的。 ❷ 의지의 뜻을 나타냄. ◆ 表意志。 ¶나는 일이 끝나면 떠나리라고 맹세했다. =我发誓事情一结束就离开。

-리라는 【어미】 词尾 ❶ [받침이 없는 용언의 어간 뒤에서 쓰여] 추측의 뜻을 나타냄. ◆ 表推测的连接词尾。 ¶태도를 봐서 그가 성실하지 않으리라는 것은 안 봐도 안다. =从态度上来看，他的不诚实是显而易见的。 ❷ 의지의 뜻을 나타냄. ◆ 表意志的连接词尾。 ¶우리는 죽어도 그것을 하리라는 각오로 뭉쳤다. =我们下定决心，团结一致努力完成那件事。

-리만치 【어미】 '-ㄹ 정도로'의 뜻을 나타내는 연결 어미. ◆ 词尾表示到达某种程度的连接词尾。 ¶꼼짝도 못하리만치 지쳐 있었다. =累得一点儿也动不了了。

-리만큼 【어미】 '-ㄹ 정도로'의 뜻을 나타내는 연결 어미. ◆ 词尾表示程度，相当于-ㄹ 정도로，同于-리만큼。 ¶한 걸음도 더 걷지 못하리만큼 지쳤었다. =累到一步都走不动了。

리모컨(remocon ; remote control) 【명사】 '리모트컨트롤(remote control)'의 준말. 멀리 떨어져 있는 기기나 기계류를 제어하는 장치. ◆ 图 遥控器。 ¶리모컨으로 선풍기를 끄다. =用遥控器关电风扇。

리바운드(rebound) 【명사】 图 ❶ 농구에서, 슈팅한 공이 골인 되지 아니하고 링이나 백보드에 맞고 튀어나오는 일. ◆ 篮板球。 ¶리바운드볼. =篮板球。 ❷ 배구에서, 상대편의 블로킹에 걸려 공이 되돌아오는 일. ◆ 拦回球。 ❸ 럭비에서, 공이 손·발·다리 이외의 곳에 맞고 상대편이 있는 방향으로 나아가는 일. ◆ 反弹球。

리본(ribbon) 【명사】 图 ❶ 끈이나 띠 모양의 물건을 통틀어 이르는 말. 머리·모자·선물·훈장 따위의 장식에 쓴다. ◆ 飘带，丝带。 ¶리본으로 선물을 묶다. =给礼物系上丝带。 ❷ 타자기, 워드프로세서 따위에 쓰는 띠 모양의 먹지. ◆ 色带。 ¶리본을 새 것으로 교체하다. =换成新色带。 ❸ 리듬체조(體操)에 쓰는 기구. 긴 띠 모양의 천으로 손잡이가 달려 있다. ◆ 舞带。

리셉션(reception) 【명사】 图 ❶ 어떤 사람을 환영하거나 어떤 일을 축하하기 위하여 베푸는 공식적인 모임. ◆ 欢迎会，招待会。 ¶리셉션에 참석하다. =参加招待会。 ❷ 접수 사무를 맡아보는 곳. ◆ 接待处。

리스(lease)【명사】기계·설비·기구 따위를 임대하는 제도. 일반적으로 장기간의 임대를 이른다. ◆ 名 租借，租赁。¶기계 리스를 신청하다. =申请租赁机械。

리스트(list)【명사】名 ❶ 물품이나 사람의 이름 따위를 일정한 순서로 적어 놓은 것. ◆ 目录，清单，名单。¶승진 리스트에 오르다. =上了晋升名单。❷검찰, 경찰, 또는 권력 기관이나 단체에서 바람직하지 않다고 판단되는 사람이나 조직을 적은 명단. ◆ 名单。 ¶경찰은 용의자 리스트를 통하여 범죄인을 검거하는데 성과를 올렸다. =警察通过列出嫌疑人名单来缉拿罪犯，收到成效。

리시브(receive)【명사】테니스·탁구·배구 따위에서, 서브한 공을 받아넘기는 일. ◆ 名 接发球。 ¶상대의 힘 있는 공격에 눌려 리시브 실수가 잦다. =被对方凶狠的攻击所压制，经常出现接发球失误。

리어카(rear car)【명사】자전거 뒤에 달거나 사람이 끄는, 바퀴가 둘 달린 작은 수레. ◆ 名 手推车，两轮拖车。¶리어카를 끌다. =拉手推车。

-리요【어미】결코 그럴 수가 없음을 강조하여 나타냄. ◆ 词尾 表反问的终结词尾。¶그 충성을 어찌 내가 모르리요. =我怎会不知那种忠诚呢?

-리이다【어미】词尾 ❶ '-ㄹ 것입니다'의 뜻. ◆ 表意愿的终结词尾。¶숨겨진 진실을 꼭 밝히리이다. =一定要将隐瞒的事实公之于众。 ❷ 추측을 나타냄. '-ㄹ 것입니다'의 뜻. ◆ 表推测的终结词尾，"-ㄹ 것입니다"的意思。 ¶부모님은 언제나 우리를 걱정하고 계시리이다. =父母无时无刻不在挂念我们。

리케차(rickettsia)【명사】발진 티푸스, 양충병, 큐 열 따위를 일으키는 병원 미생물. ◆ 名 立克次氏体。

리코더(recorder)【명사】세로로 부는 플루트(flute)의 한 종류인 목관악기(木管樂器). 부드럽고 밝은 음색을 지닌다. ◆ 名 (装有舌簧的小孔直笛)萧笛。

리터(liter)【의존 명사】미터법에 의한 부피의 단위. ◆ 依名 (米制容量单位)升。

리튬(lithium)【명사】은백색의 광택이 있는 알칼리 금속 원소의 하나. 원자 기호는 Li. 원자 번호는 3, 원자량은 6.941g/mol ◆ 名 锂。

리포트(report)【명사】名 ❶ 조사나 연구, 실험 따위의 결과에 관한 글이나 문서. ◆ 报告，报道。 ❷학생이 교수에게 제출하는 소논문(小論文). ◆ 小论文，开题报告。

리프트(lift)【명사】名 ❶ 스키장이나 관광지에서 낮은 곳에서 높은 곳으로 또는 높은 곳에서 낮은 곳으로 사람을 실어 나르는 의자식의 탈 것. ◆ 升降椅。 ¶리프트를 타다. =乘坐升降椅。 ❷승강기. ◆ 电梯，升降机。 ❸ 갱내에서 쓰는 양수(揚水) 펌프. ◆ 升水泵，提水泵。

리플(reply)【명사】인터넷상의 게시판에서 다른 사람의 의견이나 질문에 대해 쓴 글. ◆ 名 回复，回帖。 ¶리플을 달다. =跟帖。

리허설(rehearsal)【명사】연극, 음악, 방송 따위에서, 공연을 앞두고 실제처럼 하는 연습. ◆ 名 彩排，排练。 ¶리허설을 하다. =彩排。

린스(rinse)【명사】머리털을 헹구는 세제. 샴푸나 비누의 알칼리 성분을 중화하고 머리털에 적당한 기름기를 주어 윤기 있고 부드럽게 한다. ◆ 名 护发素。

릴레이(relay)【명사】名 ❶ '릴레이 경주(relay 競走)'의 준말. ◆ 接力赛。 ❷ 계전기. 검출된 정보를 갖고 있는 제어 전류의 유◆ 继电器。

-림(林)【접사】[일부 명사에 붙어] '숲'이나 '삼림'의 뜻을 나타냄. ◆ 后缀 (用于名词词根之后)表示"林"。 ¶보호림. =保护林。

림프(lymph)【명사】고등 동물의 조직 사이를 채우는 무색의 액체. 혈관과 조직을 연결하며 면역 항체를 수송하고, 장(腸)에서는 지방을 흡수하고 운반한다. ◆ 名 淋巴。

림프구(lymph球)【명사】백혈구의 하나로, 골수와 림프 조직에서 만드는 둥근 세포. 티(T) 림프구와 비(B) 림프구로 나누며, 면역 반응에 직접적으로 작용하고, 지라와 림프샘에서 분열 · 증식한다. ◆ 名 淋巴球，淋巴细胞。

림프샘(lymph-)【명사】포유류의 림프관에 있는 둥글거나 길쭉한 모양의 부푼 곳. 림프구 · 대식 세포 따위로 이루어져 있으며, 림프에 섞인 병원균이 옮겨 가는 것을 막는 역할을 한다. ◆ 名 淋巴结，淋巴腺。

림프액(lymph液)【명사】림프(lymph). ◆ 名 淋巴液。

립스틱(lipstick)【명사】여자들이 화장할 때 입술에 바르는 연지. 막대 모양이다. ◆ 名 口红，唇膏。 ¶립스틱을 바르다. =涂唇膏。

링(ring)【명사】名 ❶ 고리 모양의 물건. ◆ 环，戒指。 ❷ 권투나 프로 레슬링 경기의 경기장. ◆ 拳击场，摔跤场。 ❸ 링 운동에서, 늘어진 두 줄의 로프 끝에 매달아 손으로 잡게 된 쇠고리. ◆ 吊环。

링크(link)【명사】名 ❶ 두 개의 프로그램을 연결하는 일. 또는 그런 방법. ◆ 连接。 ❷ 인터넷 홈페이지에서, 지정하는 파일이나 문자열로 이동할 수 있도록 걸어 놓은 홈페이지 간의 관련. ◆ (可以建立和外部文件的)链接。 ❸ 아이스 스케이트나 롤러스케이트를 타는 실내 스케이트장. ◆ (室内)滑冰场，溜冰场，旱冰场，冰球场。 ¶동대문 실내 링크는 응원의 열기로 가득하다. =东大门室内冰球场中助威的气氛高涨。

ㅁ【m】

마¹(魔)【명사】 图 ❶ 일이 잘되지 아니하게 헤살을 부리는 요사스러운 장애물. ◆ 邪。¶마가 끼다. =邪门儿。❷ 궂은 일이 자주 일어나는 장소나 때를 이르는 말. ◆ 魔地，鬼地方。¶마의 삼각주. =魔鬼三角洲。❸ 극복해 내기 어려운 장벽. ◆ 魔鬼，超出常人的。¶마라톤에서 마의 2시간 5분 벽을 깰 날이 머지않았다. =在马拉松比赛中，离两小时五分钟的魔鬼记录被打破的日子已经不远了。❹ 악마). 마귀. ◆ 魔鬼，恶魔。¶그녀는 포주에게 진 빚 때문에 마의 소굴을 빠져나올 수 없었다. =由于欠老鸨的债，她无法摆脱魔窟。

-마²【어미】 상대편에게 약속하는 뜻을 나타내는 종결 어미. ◆ 词尾基本阶直接陈述式终结语尾，表示约定。¶도와주마. =我会帮忙的。

마가린(margarine)【명사】 천연 버터의 대용품으로 쓰는 식품의 하나. 우유에 여러 가지 동·식물성 유지를 넣어 식힌 후 식염, 색소, 비타민류를 넣고 반죽하여 굳혀서 만든다. ◆ 图人造黄油。¶빵에 마가린를 바르다. =在面包上抹上人造黄油。

마감【명사】 图 ❶ 하던 일을 마물러서 끝냄. 또는 그런 때. ◆ 关门，结束，终止。¶은행 마감 시간이 되었다. =到了银行关门时间。❷ 정해진 기한의 끝. ◆ 截止。¶이 일은 금요일까지 마감입니다. =这件事截止到星期五。● 마감되다, 마감하다 ●

마개【명사】 병의 아가리나 구멍 따위에 끼워서 막는 물건. ◆ 图盖子，塞子。¶그는 병마개를 따고 우유를 마셨다. =他打开瓶盖，喝了牛奶。

마고자【명사】 깃과 고름이 없고 단추가 달려 있는, 남자가 한복 저고리 위에 입는 웃옷. ◆ 图马褂。¶세뱃돈을 받자마자 마고자 주머니에 넣었다. =一接过压岁钱，就塞到了马褂口袋里。

마구【부사】 副 ❶ 몹시 세차게. 또는 아주 심하게. ◆ 大肆，厉害，狠狠地。¶그는 나를 보자 마구 때렸다. =他一看到我，就狠狠地打我。❷ 아무렇게나 함부로. ◆ 乱，胡乱，瞎。¶그는 백화점에 가면 마구 사는 버릇이 있다. =他有一进商店就乱买东西的习惯。

마구간(馬廏間)【명사】 말을 기르는 곳. ◆ 图马厩。¶마구간에는 말 두 마리가 있다. =马厩里有两匹马。

마구잡이【명사】 이것저것 생각하지 아니하고 닥치는 대로 마구 하는 짓. ◆ 图乱来，胡来。¶마구잡이로 일을 하다. =胡来。

마귀(魔鬼)【명사】 요사스럽고 못된 잡귀를 통틀어 이르는 말. ◆ 图魔鬼，恶魔。¶그녀의 직업은 마귀를 쫓는 퇴마사다. =她的职业是一个驱逐魔鬼的驱妖师。

마그마(magma)【명사】 땅속 깊은 곳에서 암석이 녹아서 만들어진 뜨거운 액체. ◆ 图岩浆。¶이곳은 마그마의 유출로 화성암이 많다. =由于岩浆外流，这里多火成岩。

마나님【명사】 나이가 많은 부인을 높여 이르는 말. ◆ 老夫人(对老年妇女的尊称)。¶이 여인은 부잣집 마나님처럼 생겼다. =这位女士长得像有钱人家的老夫人。

마냥¹【부사】 副 ❶ 언제까지나 줄곧. ◆ 一直，依然。¶아무 말 없이 마냥 걷기만 하였다. =一句话也不说，一直走着。❷ 부족함이 없이 실컷. ◆ 尽情地，足足地。¶우리는 집에 도착하자 마냥 먹어댔다. =一到家，我们就开始尽情地吃。❸ 보통의 정도를 넘어 몹시. ◆ 无限，非常。¶하늘은 마냥 푸르렀다. =天空湛蓝。

마냥²【조사】 모양이 서로 비슷하거나 같음을 나타내는 격 조사. ◆ 助像……一样。¶그의 달리는 모습은 말마냥 힘차다. =他跑步的姿态像骏马一样有力。

마네킹(mannequin)【명사】 의류를 파는 가게에서 선전하기 위하여 옷을 입혀 놓는 사람 모형. ◆ 图(商店里的)人体模特。¶그의 옷가게 진열창에는 원피스를 입고 있는 마네킹이 있다. =他的服装店橱窗里摆放着穿连衣裙的人体模特。

마녀(魔女)【명사】 유럽 등지의 민간 전설에 나오는 요녀. 주문과 마술을 써서 사람에게 불행이나 해악을 가져다준다고 한다. ◆ 图魔女，妖女。¶마녀의 저주로 공주는 돌로 변해 버렸다. =魔女的诅咒使公主变成了石头。

마누라【명사】 图 ❶ 중년이 넘은 아내를 허물없이 부르는 말. ◆ 妻子，老婆。¶그는 늘 마누라를 무시했다. =他总是轻视老婆。❷ 俚중년이 넘은 여자를 속되게 이르는 말. ◆ 俚老妪，老太太，老太婆。¶주인 마누라. =主人老太太。

마는【조사】 앞의 사실을 인정을 하면서도 그에 대한 의문이나 그와 어긋나는 상황 따위를 나타내는 보조사. ◆ 助辅助词，表示转折。¶저것을 갖고 싶다마는 돈이 없군. =尽管想买那个东西，但是没有钱。

마늘【명사】 맛이 맵고 양념이나 반찬으로 쓰이는 여러 쪽의 뿌리 줄기가 둥글게 뭉쳐 있는 채소. ◆ 图大蒜。¶양념으로 쓸 마늘을 다지다. =捣大蒜泥做调料。

마니아(mania)【명사】 어떤 한 가지 일에 열중하는 사람. 또는 그런 일. ◆ 图迷，狂热，酷爱。¶그는 음악 마니아이다. =他是音乐迷。

마님【명사】 图 ❶ 지체가 높은 집안의 부인을 높여서 이르는 말. ◆〈敬〉太太。¶마님은 하인에게 심부름을 시켰다. =太太吩咐下人跑腿。❷ 상전(上典)을 높여 이르는 말. ◆〈敬〉大人，老爷。¶대감마님께서는 무척 화가 나셨다. =大人异常生气。

마다【조사】 '낱낱이 모두'의 뜻을 나타내는 보조사. ◆ 助助词，表示"每"的意思。¶사람마다 성격이 다르다. =每个人的性格都不同。

마다하다【동사】 거절하거나 싫다고 말하다. ◆ 动拒绝，不愿意。¶어머니는 내가 여행을 보내 드린다고 해도 마다하셨다. =我要出钱请妈妈去旅游，但妈妈没有同意。

마당【명사】图❶ 집의 앞이나 뒤에 평평하게 닦아 놓은 땅. ◆院子，庭院。¶요즘 '마당 깊은 집'이라는 드라마가 인기이다. =最近，电视剧《庭院深深》很受欢迎。❷ 어떤 일이 이루어지고 있는 곳. ◆场，场子。¶씨름 마당. =摔跤场。❸ [의존 명사] 어떤 일이 이루어지는 판이나 상황. ◆依名情况，局面，场合。¶헤어지는 마당에 못 할 말이 없었다. =分手的情况下，没有不能说的话。

마당놀이【명사】마당에서 행하는 민속놀이. 특히 세시별(歲時別)로 행하는 여러 놀이를 이른다. ◆图场院演艺(韩国传统演艺的一种，包括歌剧和杂技)。¶우리는 마당극은 마당놀이라고도 불렀다. =我们也把场院剧称为场院演艺。

마당발【명사】图❶ 볼이 넓고 바닥이 평평하게 생긴 발. ◆扁平足。¶그는 마당발이라 군대를 면제받았다. =由于他是扁平足，所以被免除了兵役。❷ 인간관계가 넓어서 폭넓게 활동하는 사람. ◆〈喻〉社会关系广泛的人，交友广泛的人。¶그를 모르는 사람이 없을 정도로 마당발이었다. =他交友广泛，没有不认识的人。

마디【명사】图❶ 대, 갈대, 나무 따위의 줄기에서 가지나 잎이 나는 부분. 잘록하거나 도드라져 있다. ◆节。¶대나무 한 마디를 잘라 물총을 만들었다. =砍了一节竹子做成了水枪。❷ 뼈와 뼈가 맞닿은 곳. ◆关节。¶첫째 마디가 굵은 손가락. =第一个关节很粗的指头。❸ 실, 새끼, 줄 따위가 엉키거나 맺힌 부분. ◆结，股。¶새끼 10 마디를 잘라 오너라. =切过10股绳子来。❹ 말, 글, 노래 따위의 한 도막. ◆节，小节，段。¶한 마디 한 마디마다 그의 인생이 배어있었다. =每一节里面都写满了他的人生。❺ 곤충, 환형동물, 절지동물 따위의 몸을 이룬 낱낱의 부분. ◆节。❻ 악보에서, 세로줄과 세로줄로 구분된 부분. ◆小节。

마땅찮다【형용사】흡족하게 마음에 들지 아니하다. ◆形不合适，不满意。¶마땅찮은 처사. =不合适的处事方式。

마땅하다【형용사】形❶ 행동이나 대상 따위가 일정한 조건에 어울리게 알맞다. ◆合适，适合。¶마땅한 혼처. =合适的结婚对象。❷ 흡족하게 마음에 들다. ◆满意，中意。¶나는 그가 하는 짓이 영 마땅하지 않다. =我对他的所作所为很不满意。❸ 그렇게 하거나 되는 것이 이치로 보아 옳다. ◆应当，活该。¶벌 받아 마땅하다. =活该受罚。● 마땅히 ●

마라톤(marathon)【명사】육상 경기에서 한번에 42.195km를 달리는 경기. ◆图马拉松。¶올림픽에서 대미를 장식하는 것은 마라톤이다. =马拉松比赛是奥运会的收尾项目。

마력[1](魔力)【명사】사람을 현혹하는, 원인을 알 수 없는 이상한 힘. ◆图魔力，神力。¶그녀의 말은 무언가 마력이 있는 것 같았다. =她的话好像有种魔力似的。

마력[2](馬力)【의존 명사】동력이나 일의 양을 측정하는 단위. ◆依名马力。¶이 자동차는 100마력를 가지고 있다. =这辆汽车是100马力。

마련【명사】图❶ 헤아려서 갖춤. ◆准备，置办。¶내 집 마련에 10년이 걸렸다. =置办自己的家，我花了十年时间。❷ 어떤 일을 하기 위한 속셈이나 궁리. ◆准备，安排。● 마련되다, 마련하다 ●

마련이다【동사】어떤 일이 당연히 그렇게 되도록 되어 있다. ◆动总是要，免不了。¶겨울이 아무리 추워도 봄은 오기 마련이다. =不管冬天多么寒冷，春天总是要到来的。

마렵다【형용사】대소변을 누고 싶은 느낌이 있다. ◆形要大便，要小便。¶아이가 오줌이 마려운지 울기 시작했다. =小孩哭了起来，可能要小便。

마루【명사】등성이를 이루는 지붕이나 산 따위의 꼭대기. ◆图(山)脊。¶해가 서산 마루에 걸려 있다. =日沉西山。

마루【명사】집채 안에 바닥과 사이를 띄우고 깐 널빤지. 또는 그 널빤지를 깔아 놓은 곳. ◆图(韩式房屋的)地板；廊檐。¶그는 더위에 지쳤는지 마루에 대자로 누워있었다. =他似乎受不了酷热，在地板上躺成大字形。

마룻바닥【명사】마루의 바닥. ◆图地板。¶걸레로 마룻바닥을 훔치다. =用抹布擦地板。

마르다[1]【동사】옷감이나 재목 따위를 치수에 맞게 자르다. ◆动剪裁，裁。¶옷감을 마르다. =裁衣料。

마르다[2]【동사】动❶ 젖었던 것이 물기가 다 날아가서 없어지다. ◆干，干燥。¶더워서 그런지 빨래가 잘 마른다. =可能是天热，衣服干得很快。❷ 입이나 목구멍에 물기가 적어져 갈증이 나다. ◆渴，干渴。¶운동을 했더니 목이 말랐다. =运动之后，嗓子很干。❸ 살이 빠져 야위다. ◆瘦，消瘦。¶그는 요즘 다이어트를 하더니 많이 말랐다. =他最近减肥，瘦了许多。❹ 강이나 우물 따위의 물이 줄어 없어지다. ◆干涸，干枯。¶가뭄에 우물이 마르다. =天旱，水井都干了。❺ 돈이나 물건 따위가 다 쓰여 없어지다. ◆用光，没钱。¶주머니가 바싹 마르다. =钱包瘪瘪的。❻ 감정이나 열정 따위가 없어지다. ◆(感情等)消失。¶그녀는 점점 애정이 마르고 있었다. =她的爱情逐渐消失了。

마른안주(--按酒)【명사】포, 땅콩, 과자처럼 물기가 없는 안주. ◆图(干鱼、花生、饼干等)干下酒菜。

마른침【명사】애가 타거나 긴장하였을 때 입 안이 말라 무의식중에 힘들게 삼키는 아주 적은 양의 침. ◆图咽唾沫。¶놀랐는지 마른침을 꿀꺽 넘긴다. =也许是因为吃了一惊，咕咚一声咽了口唾沫。

마른하늘【명사】비나 눈이 오지 아니하는 맑게 갠 하늘. ◆图晴天。¶마른하늘에 날벼락. =晴天霹雳。

마름【명사】지주를 대신하여 소작권을 관리하는 사람. ◆图二东家，二地主。¶지주는 마름에게 소작료를 받아오라고 시켰다. =地主让二地主把地租收回来。

마름모【명사】네 변의 길이가 같고, 두 쌍의 마주 보는 변이 서로 평행하며, 두 대각선이 중점에서 서로 수직으로 만나는 사각형. ◆图菱形。¶이 건축물은 마름모로 건축되었다. =该建筑呈菱形。

마름질【명사】옷감이나 재목 따위를 치수에 맞도록 재거나 자르는 일. ◆图裁剪(衣服); 截断(木材)。¶그녀는 옷감을 펼쳐 놓고 마름질을 시작했다. =她展开衣料，开始裁剪。● 마름질하다 ●

마리【의존 명사】짐승이나 물고기, 벌레 따위를 세는 단위. ◆依名只，匹，头，条，尾。¶아버지는 장에 가서 소 한 마리를 사 오셨다. =父亲去集市上买了头牛回来。

마마(媽媽)【명사】图 ❶ '천연두(天然痘)'를 일상적으로 이르는 말. ◆天花，湿疹。¶우리 아이는 마마를 앓아 얼굴이 얽었다. =我家孩子得了天花，脸上留下了麻点。❷ '존대'의 뜻을 나타내는 말. ◆大人，爷，娘娘。¶이제 그만 대비 마마께서는 노여움을 푸십시오. =大妃娘娘请息怒。

마멸(磨滅)【명사】갈려서 닳아 없어짐. ◆图磨灭；磨损。¶기계가 망가진 이유는 부속의 마멸 때문이다. =部件磨损是导致机器报废的原因。● 마멸되다(磨滅--), 마멸하다(磨滅--) ●

마모(磨耗)【명사】마찰 부분이 닳아서 없어짐. ◆图磨损。¶타이어(tire)의 마모 방지를 위해 급제동, 급출발을 하지 말아야 한다. =为了防止轮胎磨损，不要紧急刹车或者急速发动。● 마모되다(磨耗--), 마모하다(磨耗--) ●

마무리【명사】图 ❶ 일의 끝맺음. ◆完成，结束，收尾。¶이 작업은 마무리 단계에 접어들었다. =这项工作进入了收尾阶段。❷ 논설문과 같은 글의 끝맺는 부분. ◆(论文等的)结尾，收尾，结论。¶그는 글의 마무리를 짓지 못해 며칠째 고민하고 있었다. =他因无法完成文章的结尾，郁闷了许多天。● 마무리되다, 마무리하다 ●

마법(魔法)【명사】마력(魔力)으로 불가사의한 일을 행하는 술법. ◆图魔法，法术。¶그는 마법에 걸려 움직일 수 없었다. =他中了魔法，动弹不得。

마법사(魔法師)【명사】마법을 부리는 사람. ◆图魔法师。

마부(馬夫)【명사】말을 부려 마차나 수레를 모는 사람. ◆图车夫。¶나는 마부에게 쉴 곳을 찾아보라고 했다. =我叫车夫找地方歇息。

마분지(馬糞紙)【명사】종이의 하나. 주로 짚을 원료로 하여 만드는데, 빛이 누렇고 질이 낮다. ◆图马粪纸，黄纸板。¶이 봉투는 마분지로 만든 것이다. =这个信封是马粪纸糊的。

마비(痲痹/麻痹)【명사】图 ❶ 신경이나 근육이 형태의 변화 없이 기능을 잃어버리는 일. 감각이 없어지고 힘을 제대로 쓰지 못하게 된다. ◆(身体)麻痹，麻木。¶뱀에 물려 온 몸이 마비가 되었다. =被蛇咬了，全身麻痹。❷ 본래의 기능이 둔하여지거나 정지되는 일을 비유적으로 이르는 말. ◆〈喻〉瘫痪，麻痹。¶직원들의 파업으로 업무가 마비 상태다. =由于员工罢工，业务陷入了瘫痪。● 마비되다(痲痹/麻痹-) ●

마비시키다(痲痹/麻痹---)【동사】动 ❶ 신경이나 근육이 잘못되어 몸의 일부나 전부가 감각이나 운동 기능을 잃게 하다. ◆使……麻痹，使……麻醉。¶마취제는 순식간에 환자를 마비시켰다. =麻醉药使患者在瞬间麻醉了。❷ 본래의 기능을 잃어 제 구실을 못하게 하다. ◆使……瘫痪。¶어제 내린 폭설은 시내 교통을 마비시켰다. =昨天下的暴雪使市内交通陷入瘫痪。

마사지(massage)【명사】图 손으로 몸을 두드리거나 주물러서 피의 순환을 도와주는 일. ◆按摩，推拿。¶할머니께 마사지를 해 드리다. =给奶奶按摩。● 마사지하다(massage--) ●

마소【명사】말과 소를 아울러 이르는 말. ◆图牛马。

마수(魔手)【명사】음험하고 흉악한 손길. ◆图魔爪，魔掌。¶그는 점점 마수를 뻗치기 시작했다. =他开始逐渐伸出了魔爪。

마수걸이【명사】맨 처음으로 물건을 파는 일. 또는 거기서 얻은 소득. ◆图开张，头笔生意。¶마수걸이도 못했다. =还没做成一笔生意。● 마수걸이하다 ●

마술[1](馬術)【명사】'승마술(乘馬術)'의 준말. 말을 타고 부리는 재주. ◆图马术。¶이번 시험에는 마술이 승부를 결정할 것 같다. =本次比赛中，马术将决定胜负。

마술[2](魔術)【명사】재빠른 손놀림이나 여러 가지 장치, 속임수 따위를 써서 불가사의한 일을 하여 보임. 또는 그런 술법이나 구경거리. ◆图魔术。¶마술을 부리다. =变魔术。

마술사(魔術師)【명사】마술을 부리는 것을 전문으로 하는 사람. ◆图魔术师。

마스코트(mascot)【명사】행운을 가져온다고 믿어 간직하는 물건. 또는, 어떤 단체나 행사의 상징이 되는 동물. ◆图吉祥物，幸运之神。¶그들 팀의 마스코트는 곰이다. =他们队的吉祥物是熊。

마스크(mask)【명사】图 ❶ 얼굴을 감추거나 달리 꾸미기 위하여 나무, 종이, 흙 따위로 만들어 얼굴에 쓰는 물건. ◆面具。¶마스크를 써서 처음에는 형을 알아보지 못했다. =哥哥戴着面具，刚开始没认出来。❷ 병균이나 먼지 따위를 막기 위하여 입과 코를 가리는 물건. ◆口罩。¶그는 감기를 옮기지 않으려고 약국에 가서 마스크를 샀다. =他不想把感冒传染给别人，就去药店买了口罩。❸ 얼굴 생김새. ◆面孔，面容。¶그 연기자는 마스크가 좋아 여자 팬들에게 인기가 많다. =那个演员相貌帅气，很受女性粉丝的喜爱。❹ 용접할 때 튀는 불꽃을 막기 위하여 얼굴에 쓰는 가리개. ◆电焊面罩。¶그는 용접을 할 때면 꼭 마스크를 쓰고 작업한다. =焊接时，他必定戴着面罩工作。

마스터하다(master--)【동사】어떤 기술이나 내용을 배워서 충분히 익히다. ◆动掌握，精通，熟练。¶그는 그 작업을 모두 마스터했다. =他掌握了该工作的全部。

마시다【동사】动 ❶ 물이나 술 따위의 액체를 목구멍으로 넘기다. ◆喝，饮。¶물을 마시다. =喝水。❷ 공기나 냄새 따위를 입이나 코로 들이쉬다. ◆吸，呼吸。¶정상에 올라 신선한 공기를 마셨다.

=爬到山顶，呼吸新鲜的空气。

마약(痲藥)【명사】마취 작용을 하며, 습관성이 있어서 장복(長服)하면 중독 증상을 나타내는 물질을 통틀어 이르는 말. 아편·모르핀·코카인·헤로인·코데인·페티딘·메타돈·엘에스디(LSD) 따위가 있다. ◆[名]麻醉剂；毒品。¶그는 마약 중독에 빠졌다. =他染上了毒瘾。

마왕(魔王)【명사】마귀의 우두머리. ◆[名]魔王。¶우리는 마왕을 잡기 위해 그 소굴로 들어갔다. =为了捉住魔王，我们进入它的巢穴。

마요네즈(mayonnaise)〈프〉【명사】샐러드용 소스의 하나. 달걀노른자·샐러드유(salad油), 식초, 소금, 설탕 따위를 섞어 만든다. ◆[名]蛋黄酱。¶아내는 마요네즈와 샐러드를 좋아한다. =老婆喜欢吃蛋黄酱和沙拉。

마우스(mouse)【명사】책상 위에 올려 두고 손으로 잡아 끌거나 눌러서 컴퓨터를 작동시키는 장치. ◆[名]鼠标。

마운드(mound)【명사】야구에서, 투수가 공을 던질 때 서는 약간 높은 곳. 중앙에 투수판(投手板)이 있다. ◆[名](棒球)投手土墩。¶투수는 만루 홈런을 맞고 마운드를 내려 왔다. =投手被轰出一记满贯全垒打，从投手土墩上倒了下来。

마을【명사】주로 시골에서, 여러 집이 모여 사는 곳. ◆[名]村，乡村。¶우리 마을은 경기도에 있다. =我们村位于京畿道。

마을문고(--文庫)【명사】마을 사람들을 위해 만든 작은 도서관. ◆[名]社区图书室。

마을버스(--bus)【명사】주민들의 편의를 위해 지역 내 가까운 거리를 다니는 버스. ◆[名]社区巴士。¶우리 아파트에서 지하철역까지는 마을버스로 10분 걸린다. =从我们公寓到地铁站坐社区巴士需要十分钟。

마음【명사】[名] ❶ 사람이 본래부터 지닌 성격이나 품성. ◆心，心地，心肠，心眼。¶그녀는 마음이 따뜻하다. =她有一副热心肠。❷ 사람이 다른 사람이나 사물에 대하여 감정이나 의지, 생각 따위를 느끼거나 일으키는 작용이나 태도. ◆内心。¶멀리 있어 가지는 못하지만 마음으로나마 입학을 축하한다. =尽管离得远不能过去，但是真心祝贺你们入学。❸ 사람의 생각이나 감정, 기억 따위가 생기거나 자리 잡는 공간이나 위치. ◆内心，心里。¶근심을 마음에 담아 두면 병이 된다. =如果内心忧虑过多，就会生病。❹ 사람이 어떤 일에 대하여 가지는 관심. ◆想法，念头。¶그의 마음을 떠보다. =试探一下他的想法。❺ 사람이 어떤 일을 생각하는 힘. ◆心思，意向。¶이제부터라도 마음을 집중해서 공부해라. =你要专心学习，哪怕是从现在开始也好。

마음가짐【명사】마음의 자세. ◆[名]思想准备，决心；心态。¶무엇을 하든 올바른 마음가짐을 가져라. =不管做什么，都要有一个正确的心态。

마음껏【부사】마음에 흡족하도록. ◆[副]尽情地；诚心诚意地。¶오늘은 걱정 말고 마음껏 마셔라. =今天不要担心，尽情地喝吧！

마음대로【부사】하고 싶은 대로. ◆[副]随心所欲，随便。¶네 마음대로 해. =你随便吧。

마음먹다【동사】무엇을 하겠다는 생각을 하다. ◆[动]决定，下决心。¶그녀는 큰 마음먹고 해외여행을 떠났다. =她下了很大的决心，去国外旅行。

마음보【명사】마음을 쓰는 속 바탕. ◆[名]心术。¶그는 마음보가 고약하다. =他心术不正。

마음속【명사】마음의 속. ◆[名]心里，心中。¶그 일이 마음속 깊이 사무치다. =那件事深深地记在了心里。

마음씨【명사】마음을 쓰는 태도. ◆[名]心地，心眼，心肠。¶그녀는 따뜻한 마음씨를 가지고 있다. =他有一副热心肠。

마이너스(minus)【명사】[名] ❶ 부족함이나 손실·적자·불이익 따위를 이르는 말. ◆负，负的，负数。¶올해는 우리나라 경제성장률이 마이너스로 예상된다. =有预测认为，今年我国经济将出现负增长。❷ 두 개의 전극 사이에 전류가 흐를 때, 전위가 낮은 쪽의 극. ◆负极。❸ 빼기(뺄셈을 함). ◆减，减去。¶7 마이너스 3은 4이다. =7减去3等于4。❹ 뺄셈 부호(뺄셈의 부호 '-'를 이르는 말). ◆负号；减号。

마이동풍(馬耳東風)【명사】동풍이 말의 귀를 스쳐 간다는 뜻으로, 남의 말을 귀담아듣지 아니하고 지나쳐 흘려버림을 이르는 말. ◆[名]耳边风，耳旁风。¶아무리 말해도 친구는 마이동풍이었다. =不管怎么说，朋友都当作耳边风。

마이크(mike)【명사】'마이크로폰(microphone)'을 일상적으로 이르는 말. ◆[名]话筒，麦克风，扩音器。¶교장 선생님은 마이크를 잡았다. =校长手里拿着话筒。

마일(mile)【의존 명사】거리의 단위. ◆[依名]英里。¶이곳에서 서울은 100마일정도 떨어져 있다. =这里距离首尔100英里左右。

마작(麻雀)【명사】중국의 실내 오락. 네 사람의 경기자가 글씨나 숫자가 새겨진 136개의 패를 가지고 짝을 맞추며 진행한다. ◆[名]麻将，麻将牌。

마저【조사】이미 어떤 것이 포함되고 그 위에 더함의 뜻을 나타내는 보조사. 하나 남은 마지막임을 나타낸다. ◆[助]连，甚至。¶그녀마저 나를 외면했다. =连她都不理我。

마주【부사】서로 똑바로 향하여. ◆[副]面对，迎面。¶우리 서로 마주 했다. =我们面对面。

마주치다【동사】[动] ❶ 서로 똑바로 부딪치다. ◆碰，相撞。¶좁은 길을 들어서자 반대쪽의 차와 마주치다. =一进入窄路便和相反方向的车撞在了一起。❷ 우연히 서로 만나다. ◆邂逅，偶遇。¶학교에 가던 중 친구와 마주쳤다. =在上学的路上与朋友偶遇。❸ 눈길이 서로 닿다. ◆与对面的人四目相撞。¶맞은편 사람과 눈이 마주치다. =目光与对面的人相遇。❹ 어떤 경우나 처지에 부닥치다. ◆碰上，遇上，撞上(某种情况)。¶예상하지 못한 시련과 마주치다. =遇到了意想不到的考验。

마주하다【동사】마주 대하다. 서로 눈길이 닿다.

◆ 动相对，见面。¶우리는 오랜만에 마주했다. =过了很长时间，我们又见面了。

마중【명사】오는 사람을 나가서 맞이함. ◆ 名迎接，接。¶공항으로 마중을 나갔다. =去机场迎接。● 마중하다 ●

마지막【명사】시간상이나 순서상의 맨 끝. ◆ 名最后，最终，末了。¶이 열차가 마지막 열차이다. =这是最后一班列车。

마지못해【형용사】마음이 내키지 않으나 하지 않을 수 없어. ◆ 形不得不，不得已，只好。¶나는 그의 요청을 마지못해 응했다. =我推脱不了，只好接受了他的邀请。

마지않다【보조 동사】앞말이 뜻하는 행동을 진심으로 함을 강조하여 나타내는 말. ◆ 补动无比，异常，十分。

마차(馬車)【명사】말이 끄는 수레. ◆ 名马车。¶그녀는 벌써 마차를 타고 갔다. =她早就坐着马车走了。

마찬가지【명사】사물의 모양이나 일의 형편이 서로 같음. ◆ 名一样，相同，一回事。¶어떻게 하든 결과는 마찬가지다. =不管怎么做，结果都一样。

마찰(摩擦)【명사】名 ❶ 두 물체가 서로 닿아 비벼짐. 또는 그렇게 함. ◆ 摩擦。¶두 물체의 마찰로 열이 생겼다. =两个物体摩擦产生了热量。❷ 이해나 의견이 서로 다른 사람이나 집단이 충돌함. ◆〈喻〉摩擦，矛盾。● 마찰되다(摩擦--), 마찰하다(摩擦--) ●

마천루(摩天樓)【명사】하늘을 찌를 듯이 솟은 아주 높은 고층 건물. ◆ 名摩天楼，摩天大厦。¶이 도시는 마천루가 즐비하다. =这座城市里的摩天大厦鳞次栉比。

마취(痲醉)【명사】名 ❶ 약물 따위를 이용하여 얼마 동안 의식이나 감각을 잃게 함. ◆ 麻醉。¶그녀는 오랜 마취에서 깨어났다. =过了从很长时间从麻醉中苏醒过来。❷ 사상이나 이념 따위에 의하여 판단력을 잃게 됨을 이르는 말. ◆ 麻木。¶탄압으로 마취된 정신. =被压迫得麻木了的精神。● 마취되다(痲醉--), 마취하다(痲醉--) ●

마치【부사】거의 비슷하게. ◆ 副好像，好似，仿佛。¶마치 봄 날씨 같다. =春天般的天气。

마치다【동사】어떤 일이나 과정, 절차 따위가 끝나다. 또는 그렇게 하다. ◆ 动结束，完成。¶대학원과정을 마치다. =完成了研究生课程。

마침【부사】어떤 경우나 기회에 알맞게. 또는 공교롭게. ◆ 副正好，恰好，刚好。¶보고 싶었는데 마침 잘 왔군. =正想你呢，刚好你就来了。

마침내【부사】드디어 마지막에는. ◆副终于；最后，最终。¶마침내 소원을 이루다. =终于实现了愿望。

마침표(--標)【명사】문장 부호의 하나. 주로 문장을 끝맺을 때 쓰는 것으로 온점(.)·고리점(。)·물음표(?)·느낌표(!)가 있다. ◆ 名句末点号(包括句号、问号、感叹号)。¶이 글에는 마침표가 빠졌다. =这句话没有句末点号。

마케팅(marketing)【명사】제품을 생산자로부터 소비자에게 원활하게 이전하기 위한 기획 활동. 시장 조사, 상품화 계획, 선전, 판매 촉진 따위가 있다. ◆ 名营销，市场营销。¶모든 기업은 마케팅에 상당한 투자와 지원을 하고 있다. =许多企业在市场营销部投入了相当多的资金和扶持。

마크(mark)【명사】名 ❶ 어떠한 뜻을 나타내기 위해 쓰는 부호나 문자. ◆ 标记，标志，记号。❷ 운동경기에서, 공격하는 상대에 접근해서 막아 냄. ◆ (足球、篮球中的)阻挡，盯防。¶골게터로 알려진 선수는 집중 마크를 당했다. =得分能力强的选手遭到了集中盯防。❸ 기록경기에서, 일정한 기록이나 점수를 얻음. ◆ (田径比赛中的)记录。

마크하다(mark--)【동사】动 ❶ 운동 경기에서, 공격하는 상대에 접근해서 막아 내다. ◆ (足球、篮球中的)阻挡，防守。¶그를 철저히 마크해라. =把他防死。❷ 기록 경기에서, 일정한 기록이나 점수를 얻다. ◆ 记录，位居。¶당당히 제1위를 마크하다. =堂堂正正位列第一。

마파람【명사】뱃사람들의 은어로, '남풍(南風)'을 이르는 말. ◆ 名南风(水手、船员用隐语)。¶마파람이 너무 거세 항해를 할 수가 없다. =南风太强，无法航行。

마흔【수사】열의 네 배가 되는 수. ◆ 数四十。¶나도 내년이면 마흔이다. =明年我也四十岁了。

막[1]【부사】副 ❶ 바로 지금. ◆ 刚。¶그녀는 서울역에 막 도착했다. =她刚到首尔火车站。❷ 바로 그때. ◆ 正。¶내가 정류장에 도착했을 때, 버스가 막 떠나고 있었다. =我到车站时，车正要开走。

막[2]【부사】副 ❶ '마구'의 준말. 몹시 세차게. ◆ 乱，胡乱。¶그녀는 괴로웠는지 막 울고 있었다. =她可能是烦闷，大哭不止。❷ '마구'의 준말. 아무렇게나 함부로. ◆ 胡乱，随意。¶그는 집에서만 막 입는 옷을 입고 나왔다. =他穿着家居便服出了门。

막[3]**(幕)**【명사】名 ❶ 겨우 비바람을 막을 정도로 임시로 지은 집. ◆ 草棚，窝棚。¶경계 초소 막은 겨우 두 사람이 들어 설 수 있었다. =警备哨所窝棚只能容下两个人。❷ 칸을 막거나 공간을 가리는 데 쓰이는 넓은 피륙 따위. ◆ 帐篷，帷幕。¶막을 둘러치다. =搭帐篷。❸ 연극의 단락을 세는 단위. 한 막은 무대의 막이 올랐다가 다시 내릴 때까지로 하위 단위인 장으로 구성된다. ◆ 依名(演出)幕。¶이 연극의 대단원의 막이 내려졌다. =这出话剧以大团圆落幕。

-막[4]【접사】그렇게 된 곳이라는 뜻을 더하고 명사를 만드는 접미사. ◆ 后缀附加于部分动词或形容词之后，组成名词。¶여기서부터는 내리막 입니다. =从这里开始是下坡。

막-[5]【접사】后缀 ❶ '거친', '품질이 낮은'의 뜻을 더하는 접두사. ◆ 劣质，破烂。¶막담배. =劣质烟。❷ '닥치는 대로 하는'의 뜻을 더하는 접두사. ◆ 零碎。¶막노동. =杂活。❸ '주저 없이', '함부로'의 뜻을 더하는 접두사. ◆ 胡乱。¶그는 밥상을 보자 막먹었다. =一见到饭桌，他就乱吃起来。

막-[6]【접사】'마지막'의 뜻을 더하는 접두사. ◆ 后缀 最后，末。¶막차. =末班车。

막간(幕間)【명사】名 ❶ 어떤 일의 한 단락이 끝나고 다음 단락이 시작될 동안. ◆ (事情)间隙。¶그들은 막간을 이용해 담배를 피우기 위해 휴게실로 갔다. =他们利用间隙时间去休息室抽烟。❷ 연극에서, 한 막이 끝났을 때부터 다음 막이 시작될 때까지의 시간. ◆ 幕间。¶1막이 끝나자 막간을 이용해 배우들은 분장을 고쳤다. =第一幕一结束，演员们便利用幕间换妆。

막강(莫强)【명사】더할 수 없이 셈. ◆ 名异常强大，十分强大，超强。¶막강팀. =强队。● 막강하다(莫强--) ●

막걸리【명사】한국 고유의 술. 맑은술을 떠내지 아니하고 그대로 걸러 짠 술로 빛깔이 흐리고 맛이 텁텁하다. ◆ 名马格利酒，米酒。¶형님은 막걸리 한 잔을 들이키셨다. =哥哥喝了一杯米酒。

막내【명사】여러 형제, 자매 중에서 맨 나중에 난 사람. ◆ 名最小的，老小，老幺。¶나는 우리 집안의 막내로 태어났다. =他是我们家的老小。

막내둥이【명사】'막내'를 다소 귀엽게 이르는 말. ◆ 名 (排行)最小的，老小(爱称)。¶그녀는 막내둥이로 온 가족의 사랑을 받았다. =她是老小，家人都宠爱她。

막내딸【명사】맨 나중에 낳은 딸. ◆ 名小女儿。¶아버지는 유난히 막내딸이 예쁘다고 하신다. =父亲尤其喜欢小女儿。

막내아들【명사】맨 나중에 낳은 아들. ◆ 名小儿子。¶노인은 막내아들을 가장 사랑했다. =老人最疼小儿子。

막노동(-勞動)【명사】막일. ◆ 名粗活，杂活。¶그의 가족은 막노동으로 근근히 연명하고 있었다. =他的家人靠干杂活儿维持生计。

막다【동사】动 ❶ 길, 통로, 구멍 등을 통하지 못하게 하다. ◆ 阻止，阻挡。¶경찰들은 대모대의 청사 진입을 막았다. =警察阻止示威队伍进入大楼。❷ 앞이 트이지 않게 가리거나 둘러싸다. ◆ 关上，堵住。¶창문을 막다. =把窗户关上。❸ 무엇을 안으로 들어오지 못하게 하다. ◆ 遮(阳)，挡(雨)，堵上(水坝)。¶댐을 막다. =堵上水坝。❹ 하는 일이나 행동을 중도에서 하지 못하게 하다. ◆ 阻止，制止。¶그의 노력으로 싸움을 막았다. =他努力制止争吵。❺ 어떠한 일이나 현상이 일어나거나 생기지 못하게 하다. ◆ 遏制，防止。¶소음을 막기 위해 방음벽을 쌓았다. =为了防止噪音，砌了隔音墙。❻ 적이나 상대편의 공격이나 침입에 맞서서 버티어 지키다. ◆ 抵抗，抵御。¶적의 침입을 막다. =抵御敌人的进攻。❼ 갚아야 할 돈을 구해 갚거나 결제하다. ◆ 防止。

막다르다【형용사】더 나아갈 수 없도록 앞이 막혀 있다. ◆ 形穷途末路，山穷水尽。¶그들은 이미 막다른 길에 이르렀다. =他们已是穷途末路。

막대【명사】'막대기'의 준말. 가늘고 기다란 나무나 대나무의 토막. ◆ 名 "막대기" 的缩略形，棍子，杆子，竿子。¶막대로 손바닥을 때리다. =用棍子打手心。

막대기【명사】가늘고 기다란 나무나 대나무의 토막. ◆ 名棍子，杆子，竿子。¶아버지께서 막대기로 동생의 손바닥을 때리셨다. =爸爸用棍子打了弟弟的手心。

막대하다(莫大--)【형용사】더할 수 없을 만큼 많거나 크다. ◆ 形莫大，巨大。¶막대한 손실. =巨大损失。

막되다【형용사】形 ❶ 말이나 행실이 버릇없고 난폭하다. ◆ 粗野，粗鲁，鲁莽。¶그는 우리를 막된 사람 취급했다. =他把我们当作鲁莽之人。❷ 거칠고 좋지 못하다. ◆ 脏、累。¶그는 회사에서 막된 일만 골라서 했다. =他在公司只挑脏活累活干。

막둥이【명사】'막내'을 귀엽게 이르는 말. ◆ 名老小，老幺。¶우리 집의 막둥이가 태어났다. =我们家的老小出生了。

막론하다(莫論--)【동사】이것저것 따지고 가려 말하지 아니하다. ◆ 动不管，不论，无论。¶뇌물을 받은 자는 지위 고하를 막론하고 엄중히 처벌하겠다. =对收受贿赂者，不论职务高低，将予以严惩。

막막하다[1]**(寞寞--)**【형용사】形 ❶ 쓸쓸하고 고요하다. ◆ 寂静，孤寂。¶우리는 산 속에서 길을 잃고 어둠이 깔리자 막막했다. =我们在山里迷了路，天一黑，觉得非常孤寂。❷ 의지할 데 없이 외롭고 답답하다. ◆ 寂寞，孤独。¶낯선 객지에서의 막막한 처지. =在异地的孤独处境。

막막하다[2]**(漠漠--)**【형용사】形 ❶ 아주 넓거나 멀어 아득하다. ◆ 茫茫，苍茫。¶막막한 사막에 혼자 남은 것 같은 기분이다. =感觉就像是一个人待在茫茫沙漠中似的。❷ 아득하고 막연하다. ◆ 渺茫，茫然。¶살아갈 길이 막막하다. =生活之路很茫然。

막말【명사】나오는 대로 함부로 하거나 속되게 말함. 또는 그렇게 하는 말. ◆ 名粗话，下流话。¶그는 화가 나자 막말을 하기 시작했다. =他一生气就开始说粗话。

막무가내(莫無可奈)【명사】도무지 융통성이 없고 고집이 세어 어찌할 수 없음. ◆ 名无可奈何；顽固，固执。¶의장은 아무리 말려도 막무가내로 회의를 진행시켰다. =不管如何劝阻，议长还是固执地继续开会。

막바지【명사】名 ❶ 어떤 일이나 현상 따위의 마지막 단계. ◆ 最后阶段，最后关节。¶임금협상이 막바지에 이르렀다. =工资协商进入了最后阶段。❷ 막다른 곳. ◆ 尽头。¶골짜기의 막바지에 집을 지었다. =在山谷的尽头盖了房子。

막사(幕舍)【명사】名 ❶ 판자나 천막 따위로 임시로 간단하게 지은 집. ◆ 板房，窝棚。¶우리 부대는 산비탈에 막사를 짓기로 결정했다. =我们部队决定在山坡上搭板房。❷ 군인들이 주둔할 수 있도록 만든 건물 또는 가건물. ◆ 营帐，军营。¶장교 막사. =军官营帐。

막상【부사】어떤 일에 실지로 이르러. ◆ 副真的，真要。¶그는 막상 집을 나오자 갈 곳이 없었다. =他真的出了门，却无处可去。

막상막하(莫上莫下)【명사】더 낫고 더 못함의 차이가 거의 없음. ◆ 图不相上下，旗鼓相当，难分上下。¶우리 팀이 쉽게 이길 것이라는 예상과는 달리 경기는 막상막하였다. =原以为能轻易获胜，但是和预想的不同，比赛双方难分上下。

막심하다(莫甚--)【형용사】더할 나위 없이 심하다. ◆ 形非常，极其。¶그 일을 한 것이 후회가 막심하다. =他非常后悔做这件事。

막아서다【동사】앞을 가로막고 서다. ◆ 动拦住，挡住。¶그는 길을 막아서며 못 가게 했다. =他挡住了路，不让通过。

막연하다(漠然--)【형용사】形 ❶ 갈피를 잡을 수 없게 아득하다. ◆ 茫然。¶남편이 죽자 아내는 앞으로 아이들과 살길이 막연하였다. =丈夫一死，妻子和孩子将来的生活就变得很无依无靠。❷ 뚜렷하지 못하고 어렴풋하다. ◆ 模糊，不清晰。● 막연히(漠然-) ●

막일【명사】图 ❶ 이것저것 가리지 아니하고 닥치는 대로 하는 노동. ◆ 零工，零活。¶막일로 살아가다. =靠打零工过活。❷ 중요하지 아니한 허드렛일. ◆ 杂活，小工。¶그는 회사의 막일을 도맡아 하고 있다. =他包揽了公司的杂活。

막중하다(莫重--)【형용사】더할 수 없이 중대하다. ◆ 形重要，重大。¶이 일은 너무도 막중한 일이다. =这是件非常重要的事情。

막차(-車)【명사】그 날 마지막으로 오거나 가는 차. ◆图末班车。¶막차로 떠나다. =坐末班车走。

막판【명사】图 ❶ 어떤 일의 끝이 되는 판. ◆ 最后时刻，最后一局。¶그는 막판에 승부수를 던졌다. =他在最后一局使出了关键招。❷ 일이 아무렇게나 마구 되는 판국. ◆ 乱摊子，残局。¶몇 잔의 술이 오가더니 아주 막판이 되어 버렸다. =几杯酒下肚，一片狼藉。

막히다【동사】动 ❶ 길, 통로, 구멍 등이 통하지 못하게 되다. ◆ 堵住，堵塞。¶하수구가 막혀 물이 빠지지 않는다. =下水道堵住了，水下不去。❷ 앞이 트이지 않게 가려지거나 둘러싸이게 되다. ◆ 不通，堵住。❸ 모르거나 어려운 것에 부딪혀 일이 잘 풀리지 않다. ◆ (事情)受阻。¶생각이 막히다. =思路受阻。❹ 어떤 것이 중단되게 되거나 하려던 것을 못하게 되다. ◆ 受阻，陷入僵局。¶혼사길이 막히다. =婚事受阻。❺ 길에 차가 많아 차가 제대로 가지 못하게 되다. ◆ 堵住，堵塞。¶교통이 막히다. =交通堵塞。

만[1](萬)【수사】천의 열 배가 되는 수. ◆ 数万。¶만에 하나라도 잘못이 있으면 안 된다. =不允许有万分之一的失误。

만[2](滿) [관형사] 날, 주, 달, 해 따위의 일정하게 정해진 기간이 꽉 참을 이르는 말. ◆ 冠整。¶이 일을 만 이틀 동안 다 끝냈다. =这项工作用了整整两天才做完。

만[3](灣)【명사】바다가 육지 속으로 파고들어 와 있는 곳. ◆图湾，海湾。

만[4]【의존 명사】동안이 얼마간 계속되었음을 나타내는 말. ◆ 依名用在表示时间、次数的体词后，表示经过的期间或者次数。¶그는 오랜 만에 고향에 내려왔다. =时隔很久，他回到了家乡。

만[5]【의존 명사】依名 ❶ 앞말이 뜻하는 동작이나 행동에 타당한 이유나 가치가 있음을 나타내는 말. ◆ 以ㄹ/을 만 하다的惯用形式表示“值得”。¶다시 볼 만한 영화. =值得再看的电影。❷ 앞말이 뜻하는 동작이나 행동이 가능함을 나타내는 말. ◆ 以“ㄹ/을 만 하다”的惯用形式表示达到某种程度或水平。¶한창 일할 만한 나이. =正值干事业的最佳年龄。

만[6]【조사】'마는'의 준말. ◆ 助用于终结词尾之后表示转折。¶먹고는 싶다만 돈이 없다. =尽管想吃，但是没有钱。

만[7]【조사】助 ❶ 다른 것으로부터 제한하여 어느 것을 한정함을 나타내는 보조사. '오로지, 단지, 오직'의 뜻을 나타냄. ◆ 表示限制、局限，只，光，只是。¶그녀는 울기만 할 뿐 아무 말이 없다. =她光笑不说话。❷ 무엇을 강조하는 뜻을 나타내는 보조사. ◆ 表示强调，只有，必须。¶그를 보내야만 모든 문제가 해결될 수 있다. =只有派他去，才能解决所有问题。❸ 화자가 기대하는 마지막 선을 나타내는 보조사. ◆ 只有，就。¶열 장의 복권 중에서 하나만 당첨되다. =十张彩票中只有一张中奖。❹ 앞말이 나타내는 대상이나 내용 정도에 달함을 나타내는 보조사. ◆ 直接附于体词后，表示程度的比较。¶집채만 한 파도가 몰려오고 있었다. =像小山那么高的波涛翻滚而至。❺ 어떤 것이 이루어지거나 어떤 상태가 되기 위한 조건을 나타내는 보조사. ◆ 表示强调，一……就…… ¶너무 피곤해서 눈만 감아도 잠이 올 것 같다. =太累了，好像一合眼就会睡着。

만개(滿開)【명사】꽃이 활짝 핌. ◆ 图盛开，齐放。¶배꽃이 만개시에는 장관이 아닐 수 없습니다. =梨花盛开时，非常壮观。● 만개하다(滿開--) ●

만경창파(萬頃蒼波)【명사】만 이랑의 푸른 물결이라는 뜻으로, 한없이 넓고 넓은 바다를 이르는 말. ◆图碧波万顷。¶절벽 아래는 검푸른 만경창파가 꿈틀거리고 있었다. =绝壁下面，碧蓝色的万顷波涛正在翻滚。

만고(萬古)【명사】图 ❶ 아주 오랜 세월 동안. ◆ 万古，千古。¶이 난은 만고에 없는 변란이었다. =这是万世不遇的叛乱。❷ 세상에 비길 데가 없음. ◆ 绝代，绝世。¶만고의 영웅. =绝世英雄。

만국기(萬國旗)【명사】세계 여러 나라의 국기. ◆图万国旗。¶운동회 날은 학교 운동장에 만국기가 휘날리고 있었다. =运动会那天，学校运动场上飘扬着万国旗。

만기(滿期)【명사】미리 정한 기한이 다 참. 또는 그 기한. ◆ 图期满，到期。¶적금이 만기되어 은행으로 찾으러 갔다. =零存整取到期了，去银行取钱。

만끽하다(滿喫--)【동사】욕망을 마음껏 충족하다. ◆动尽情享受。¶그녀는 삼림 속에서 맑은 공기를 만끽했다. =她尽情地呼吸着山林里的新鲜空气。

만나다【동사】动 ❶ 선이나 길, 강 등이 서로 마주 닿거나 연결되다. ◆ 交叉，相会。¶가로선과 세로

선이 만나는 곳. =横线和竖线相交处。❷ 누군가 가거나 와서 둘이 서로 마주 대하다. ◆ 见面，会面。¶친구와 만났다. =和朋友见面。❸ 어떤 사실이나 사물을 눈앞에 대하다. ◆ 面临，面对。¶운명과도 같은 사람을 만났다. =面对命中注定的人。❹ 어떤 일을 당하다. ◆ 遭到，遭受，遭遇，碰到。¶횡재를 만났다. =发横财。❺ 어디를 가는 도중에 비, 눈, 바람 등을 맞다. ◆ 遇到，碰到(雨、雪、风等)。¶유람선이 태풍을 만났다. =游船遇到了台风。❻ 어떤 때를 당하거나 어떤 기회를 얻다. ◆ 碰到，遇到，适逢(时期)。¶귤이 제철을 만났다. =赶上桔子上市。❼ 인연이 있어 어떤 관계를 맺다. ◆ 遇到，碰到。¶인연을 만났다. =结缘。

만날(萬-)【명사】매일같이 계속하여서. ◆ 图每天，总是。¶만날 그 모양 그 꼴이다. =总是那个样子。

만남【명사】만나는 일. ◆ 图见面，相逢，相遇。¶우리는 청춘남녀의 만남을 주선했다. =我们安排青年男女见面。

만년(萬年)【명사】언제나 변함없이 한결같은 상태. ◆ 图一直，千古不变。¶그는 입사 후 10년간 만년 과장으로 있었다. =他进入公司后，十年来一直担任科长。

만년설(萬年雪)【명사】아주 추운 지방이나 높은 산지에 언제나 녹지 아니하고 쌓여 있는 눈. 차차 얼음덩어리가 된다. ◆ 图终年不化的积雪。¶히말라야에 가면 만년설을 볼 수 있다. =去喜马拉雅山可以看到终年不化的积雪。

만년필(萬年筆)【명사】글씨를 쓰는 펜의 하나. 펜대 속에 넣은 잉크가 펜촉으로 흘러나와 오래 쓸 수 있다. ◆ 图钢笔。¶그는 주소를 적기 위해 안주머니에서 만년필을 꺼냈다. =他从内兜里掏出钢笔来写地址。

만능(萬能)【명사】모든 일에 다 능통하거나 모든 일을 다 할 수 있음. 또는 그런 것. ◆ 图万能，全能。¶현대사회는 물질만능에 빠져 있다. =现代社会沦为物质万能。

만담(漫談)【명사】재미있고 익살스럽게 세상이나 인정을 비판·풍자하는 이야기를 함. 또는 그 이야기. ◆ 图相声，单口相声。¶그의 만담에 웃지 않는 사람이 없다. =没有听了他的单口相声不笑的人。

만대(萬代)【명사】아주 오래 계속되는 세대. ◆ 图万代，万世。¶이 일은 후손만대에 물려줄 것이다. =这件工作将传给子孙万代。

만두(饅頭)【명사】밀가루 따위를 반죽하여 소를 넣어 빚은 음식. 삶거나 찌거나 기름에 튀겨 만드는데, 떡국에 넣기도 하고 국을 만들어 먹기도 한다. ◆ 图饺子。¶우리 가족은 둘러 앉아 저녁에 먹을 만두를 빚었다. =我们一家人围坐在一起包晚上要吃的饺子。

만들다【동사】动 ❶ 힘과 기술을 써서 없던 것을 생기게 하다. ◆ 制造，生产，制作。¶자동차를 만들다. =制造汽车。❷ 글을 쓰거나 정리하여 한 권으로 묶다. ◆ 编纂，编写。¶문집을 만들다. =编写文集。❸ 새로운 상태를 이루다. ◆ 造成。¶새 분위기를 만들다. =形成新的氛围。❹ 글이나 노래를 새로 짓다. ◆ 编纂，撰写。¶보고서를 만들다. =撰写报告书。❺ 법이나 규칙 등을 정하다. ◆ 制定，定。¶회칙을 만들다. =制定会章。❻ 기관이나 단체를 조직하다. ◆ 成立，设立。¶협회를 만들다. =成立协会。❼ 돈이나 일을 마련하다. ◆ 准备，筹措。¶등록금을 만들다. =筹措学费。❽ 말썽이나 일 등을 일으키거나 꾸미다. ◆ 引起，惹。¶너는 왜 쓸 때 없는 일을 만들어서 사람을 귀찮게 하니? =你为什么拿一些没有意义的事情折磨人?

만료(滿了)【명사】기한이 다 차서 끝남. ◆ 图结束，期满。¶임기 만료. =任期结束。● 만료되다(滿了--), 만료하다(滿了--) ●

만루(滿壘)【명사】야구에서, 일루, 이루, 삼루 모두에 주자가 있는 상태. ◆ 图满垒。¶지금은 만루 상황으로 여기서 안타 하나면 역전하게 된다. =现在是满垒，再有一次安打就会实现逆转。

만류(挽留)【명사】붙들고 못하게 말림. ◆ 图挽留。¶나의 만류에도 불구하고 그는 집을 나갔다. =他不顾我的挽留，出了家门。● 만류하다(挽留--) ●

만만찮다【형용사】形 ❶ 보통이 아니어서 손쉽게 다룰 수 없다. ◆ 不可小视，不好惹。¶그는 생각보다 만만찮은 상대가 될 것 같다. =他似乎是一个比预想的更不好惹的对手。❷ 양(量)이 적지 아니하다. ◆ (数量) 不少。¶인원수가 만만찮다. =人数不少。

만만하다[1](滿滿--)【형용사】자신이나 여유가 넘치다. ◆ 形充满，十足。¶그는 언제나 자신이 만만하다. =他总是充满自信。● 만만히(滿滿-) ●

만만하다[2]【형용사】부담스럽거나 무서울 것이 없어 쉽게 다루거나 대할 만하다. ◆ 形好惹，好欺负。¶그는 나를 만만하게 생각하는 것 같다. =他似乎觉得我好欺负。● 만만히 ●

만면(滿面)【명사】온 얼굴. 얼굴 전체. ◆图满脸，满面。

만면하다(滿面--)【형용사】얼굴에 가득하게 나타나 있다. ◆ 形满面，满脸。¶무슨 좋은 일이 있는 듯 동생은 얼굴에 웃음꽃이 만면해 있었다. =不知道有什么好事，弟弟脸上堆满了笑容。

만무하다(萬無--)【형용사】절대로 없다. ◆ 形绝不会。¶그가 나를 좋아한다는 것은 만무하다. =他绝不会喜欢我。

만물(萬物)【명사】세상에 있는 모든 것. ◆ 图万物。¶우주 만물의 이치를 깨닫다. =悟出了宇宙万物的道理。

만물박사(萬物博士)【명사】여러 방면에 모르는 것이 없는 매우 박식한 사람을 비유적으로 이르는 말. ◆ 图百事通。

만물상(萬物商)【명사】일상생활에 필요한 온갖 물건을 파는 가게. ◆ 图杂货商。

만반(萬般)【명사】마련할 수 있는 모든 것. ◆ 图一切，各种，所有。¶이번 경기에 만반의 준비가 되어 있다. =为本次比赛做好了一切准备。

만발하다(滿發--)【동사】꽃이 활짝 다 피다. ◆ 动

盛开，齐放。¶어느새 들판에는 꽃이 만발해 있었다. =不知什么时候，田野里的花已经盛开了。

만병(萬病)【명사】온갖 병. ◆图万病，百病。¶근심은 만병의 근원이다. =忧虑是万病之源。

만사(萬事)【명사】여러 가지 온갖 일. ◆图万事，事事。¶만사가 끝나다. =万事都结束了。

만사형통(萬事亨通)【명사】모든 것이 뜻대로 잘 됨. ◆图万事如意。¶당신이 하는 일이 만사형통하길 바랍니다. =祝你万事如意。● 만사형통하다(萬事亨通--) ●

만삭(滿朔)【명사】아이 낳을 달이 다 참. 또는 달이 차서 배가 몹시 부름. ◆图临盆，临产，(怀孕)足月。¶그녀는 벌써 만삭의 몸이 되었다. =她已经临产了。

만선(滿船)【명사】图 ❶ 사람이나 짐 따위를 가득히 실음. 또는 그런 배. ◆满船。¶여객선이 만선으로 출항하다. =客轮满载着乘客出发了。❷ 물고기 따위를 많이 잡아 가득히 실음. 또는 그런 배. ◆(鱼)满舱。¶만선을 기원하다. =祈愿鱼儿满舱。● 만선하다(滿船--) ●

만성(慢性)【명사】图 ❶ 버릇이 되다시피 하여 쉽게 고쳐지지 아니하는 상태나 성질. ◆固习。¶늦게 일어나는 게 만성이 돼서 그런지 일찍 일어나기가 힘들다. =可能是习惯了晚起，早起很痛苦。❷ 병이 급하거나 심하지도 아니하면서 쉽게 낫지도 아니하는 성질. ◆慢性(病)。

만수무강(萬壽無疆)【명사】아무런 탈 없이 아주 오래 삶. ◆图万寿无疆。¶할머니의 만수무강을 바랍니다. =祝愿奶奶万寿无疆。● 만수무강하다(萬壽無疆--) ●

만신창이(滿身瘡痍)【명사】图 ❶ 온몸이 상처투성이가 됨. ◆遍体鳞伤。¶그는 누구에게 맞았는지 만신창이가 되어 왔다. =他不知被谁打得遍体鳞伤。❷ 일이 아주 엉망이 됨을 비유적으로 이르는 말. ◆千疮百孔，一片狼藉。¶모든 계획이 만신창이가 되고 말았다. =所有计划都搞砸了。

만약(萬若)【명사】혹시 있을지도 모르는 뜻밖의 경우. ◆图万一，如果，假若，假使。¶만약, 이 일이 실패하면 우리 회사는 끝이다. =如果这件事情失败，我们公司就完蛋了。

만연(蔓延/蔓衍)【명사】식물의 줄기가 널리 뻗는다는 뜻으로, 전염병이나 나쁜 현상이 널리 퍼짐을 비유적으로 이르는 말. ◆图(根茎)蔓延。(传染病、坏现象等)蔓延，扩散，泛滥。¶사치 풍조 만연. =奢侈之风蔓延。● 만연하다(蔓延/蔓衍--) ●

만용(蠻勇)【명사】분별없이 함부로 날뛰는 용맹. ◆图匹夫之勇。¶이번 일은 만용을 부려서는 안 된다. =这事不能光靠匹夫之勇。

만우절(萬愚節)【명사】가벼운 거짓말로 서로 속이면서 즐거워하는 날. 4월 1일이다. ◆图愚人节。¶만우절에 친구의 거짓말에 깜빡 속았던 것이 지금도 생각난다. =现在还记得愚人节时被朋友的谎话骗了的事情。

만원(滿員)【명사】정한 인원이 다 참. ◆图满员，人员满额。¶만원 버스로 출퇴근하다. =坐着满员的公交车上下班。

만월(滿月)【명사】图 ❶ 보름달. ◆满月。¶우린 만월의 달빛을 가로등 삼아 걷기 시작했다. =我们把满月的光辉当作路灯，开始了步行。❷ 만삭(滿朔). ◆临盆，(怀孕)足月。

만유인력(萬有引力)【명사】질량을 가지고 있는 모든 물체가 서로 잡아당기는 힘. ◆图万有引力。¶뉴턴은 사과가 떨어지는 것을 보고 만유인력를 알아냈다. =由苹果掉落的现象，牛顿悟出了万有引力。

만인(萬人)【명사】모든 사람. ◆图所有人。¶만인의 칭송을 받다. =得到所有人的称赞。

만일(萬一)【명사】혹시 있을지도 모르는 뜻밖의 경우. ◆图万一，意外。¶만일을 걱정하다. =担心万一。

만장일치(滿場一致)【명사】모든 사람의 의견이 같음. ◆图全场一致。¶이 안건은 만장일치로 결의하다. =这件提案获得了一致通过。

만전(萬全)【명사】조금도 허술함이 없이 아주 완전함. ◆图圆满，万无一失。¶이 행사에 만전을 기하다. =保证活动万无一失。

만점(滿點)【명사】图 ❶ 규정한 점수에 꽉 찬 점수. ◆满分。¶백 점 만점에 칠십 점을 맞았다. =满分一百分，得了七十分。❷ 부족함이 없이 아주 만족할 만한 정도. ◆一流，上乘。¶서비스 만점. =服务一流。

만조(滿潮)【명사】밀물이 가장 높은 해면까지 꽉 차게 들어오는 현상. 또는 그런 때. ◆图满潮，高潮。¶만조가 되기 전에 벌에서 나와야 합니다. =满潮前要从滩涂中走出来。

만족(滿足)【명사】마음에 흡족함. ◆图满足，满意。¶가격 만족. =对价格感到满意。● 만족되다(滿足--), 만족하다(滿足--) ●

만지다【동사】动 ❶ 손을 대어 여기저기 주무르거나 쥐다. ◆触摸，抚摸。¶다리를 만지다. =摸腿。❷ 물건을 손질하다. ◆修理。¶머리를 만지다. =理发。❸ 물건을 다루어 쓰다. ◆使用。¶그는 만질 줄 아는 악기가 많다. =他会很多种乐器。❹ 어떤 물건이나 돈 따위를 가지다. ◆赚，拥有。¶한달 고생해서 그가 만지는 돈은 얼마 되지 않는다. =他辛苦了一个月赚到的钱也没有多少。

만찬(晚餐)【명사】손님을 초대하여 함께 먹는 저녁 식사. ◆图晚宴。¶식이 끝난 후에 만찬을 열다. =仪式结束后举行晚宴。

만천하(滿天下)【명사】온 천하. ◆图普天之下，全天下。¶이 번 일을 만천하에 공포하다. =将此事公告全天下。

만취(漫醉/滿醉)【명사】술에 잔뜩 취함. ◆图烂醉，酩酊大醉。¶어제는 내가만취하여 정신을 잃었다. =昨天我喝得酩酊大醉，没有了知觉。● 만취되다(漫醉/滿醉--), 만취하다(漫醉/滿醉--) ●

만치[1]【조사】앞말과 비슷한 정도나 한도임을 나타내는 격 조사. ◆助表示相似的程度或限度。

만치[2]【의존 명사】依名 ❶ 앞의 내용에 상당하는 수량이나 정도임을 나타내는 말. ◆ 表示程度和数量。¶일하는 시간이 많은 만치 보수가 많다. =多劳多得。❷ 뒤에 나오는 내용의 원인이나 근거가 됨을 나타내는 말. ◆ 表示原因或根据。

만큼[1] 【의존 명사】 依名 ❶ 앞의 내용에 상당하는 수량이나 정도임을 나타내는 말. ◆ 表示程度和数量。¶일한 만큼 대가를 얻다. =按劳取酬。❷ 뒤에 나오는 내용의 원인이나 근거가 됨을 나타내는 말. ◆ 表示原因或根据。¶내가 심하게 혼낸 만큼 그의 행동은 달라져 있었다. =我狠狠教训了他一顿，他的办事方式果然变好了。

만큼[2] 【조사】 앞말과 비슷한 정도나 한도임을 나타내는 격 조사. ◆ 助表示相似的程度或限度。¶집을 궁궐만큼 크게 짓다. =把房子盖得像宫殿。

만평(漫評) 【명사】 名 ❶ 일정한 주의나 체계 없이 생각나는 대로 비평함. 또는 그런 비평. ◆ 漫评。¶일일 만평. =每日漫评。❷ 만화를 그려서 인물이나 사회를 풍자적으로 비평함. ◆ 漫画评论。¶한 컷 짜리 만평이 독자들의 큰 호응을 얻었다. =一篇漫画评论受到了读者们的好评。

만하다 【보조 형용사】 补形 ❶ 어떤 대상이 앞말이 뜻하는 행동을 할 타당한 이유를 가질 정도로 가치가 있음을 나타내는 말. ◆ 值得。¶가 볼 만한 장소. =值得去看看的地方。❷ 앞말이 뜻하는 행동을 하는 것이 가능함을 나타내는 말. ◆ 能，可以。¶내겐 그를 저지할 만한 힘이 없다. =我没有力气阻止他。

만행(蠻行) 【명사】 야만스러운 행위. ◆ 名野蛮行为，暴行。¶천인공노할 만행을 저질렀다. =犯下了天人共怒的暴行。

만화(漫畫) 【명사】 이야기 따위를 간결하고 익살스럽게 그린 그림. 대화를 삽입하여 나타낸다. ◆ 名漫画。¶요즘은 소설들이 만화로 그려지고 있다. =近来，小说纷纷以漫画形式出现。

만화가(漫畫家) 【명사】 만화를 전문으로 그리는 사람. ◆ 名漫画家。¶그는 유명 만화가의 만화만 본다. =他只看著名漫画家的作品。

만화경(萬華鏡) 【명사】 원통 안에 긴 거울을 세모꼴로 붙이고 여러 개의 색종이 조각을 넣어 색채와 무늬가 대칭되게 나타나도록 만든 장난감. ◆ 名万花筒。

만화 영화(漫畫映畫) 【명사】 등장인물의 움직임을 분해하여 하나하나 그린 만화를 연속적으로 촬영하여 실제 활동하는 것같이 보이게 만든 영화. ◆ 名动画片。¶우리 아이는 만화영화에 푹 빠져 있다. =我家孩子完全被动画片迷住了。

만화책(漫畫冊) 【명사】 만화를 그려 엮은 책. ◆ 名漫画书，漫画册。¶동생은 소설책보다는 만화책 읽기를 더 좋아한다. =比起读小说，弟弟更喜欢看漫画书。

만회(挽回) 【명사】 바로잡아 회복함. ◆ 名挽回，扳回。¶인기 만회. =挽回人气。● 만회하다(挽回--) ●

많다 【형용사】 수효나 분량, 정도 따위가 일정한 기준을 넘다. ◆ 形多，大。¶일이 많다. =事情多。

많이 【부사】 수효나 분량, 정도 따위가 일정한 기준보다 넘게. ◆ 副多，很。¶오늘은 일을 많이 해서 피곤하다. =今天做了很多事，觉得很累。

맏- 【접사】 前缀 ❶ '맏이'의 뜻을 더하는 접두사. ◆ 长，大。¶맏며느리. =长媳。❷ '그 해에 처음 나온'의 뜻을 더하는 접두사. ◆ 新，头茬。¶맏나물. =头茬野菜。

맏딸 【명사】 둘 이상의 딸 가운데 맏이가 되는 딸을 이르는 말. ◆ 名大女儿，长女。

맏손자(-孫子) 【명사】 둘 이상의 손자 가운데 맏이가 되는 손자. ◆ 名长孙，大孙子。¶할머니는 맏손자에게는 관대하셨다. =奶奶对大孙子很宽容。

맏아들 【명사】 둘 이상의 아들 가운데 맏이가 되는 아들. ◆ 名长子，大儿子。¶어머니는 맏아들에게만은 큰소리를 치지 않으셨다. =母亲唯独从不对长子大声吼叫。

맏이 【명사】 여러 형제자매 가운데서 제일 손위인 사람. 名¶아버지도 안 계시면 맏이가 아버지 노릇을 해야한다. =父若不在，长兄如父。

맏형(-兄) 【명사】 둘 이상의 형 가운데 맏이가 되는 형. ◆ 名长兄，大哥。¶아버지께서 돌아가시자 맏형이 집안의 모든 일을 떠맡아 처리했다. =父亲去世后，大哥担负起所有家庭责任。

말[1] 【명사】 名 ❶ 생각이나 느낌을 표현하고 전달하는 사람의 소리. ◆ 语言，话语，话。¶우리 생활 속의 말과 글. =我们生活中的语言和文字。❷ 생각이나 느낌을 표현하고 전달하는 소리와 글자. ◆ 语言。¶지성인은 고운 말을 써야 한다. =知识分子应当使用文明用语。❸ 단어나 구나 문장. ◆ 话，语言。¶내가 한 말에 책임을 지다. =我对我说过的话负责。❹ 사건에 대한 이야기나 세상에 떠도는 소문. ◆ 传言。¶말이 퍼지다. =传言流播。❺ 다시 강조하거나 확인하는 뜻을 나타내는 말. ◆ 表示强调或确认。¶나보고 이런 일을 하란 말이냐? =是让我做这事吗?

말[2] 【명사】 곡식, 액체, 가루 따위의 분량을 되는 데 쓰는 그릇. 열 되가 들어가게 나무나 쇠붙이를 이용하여 원기둥 모양으로 만든다. ◆ 名斗。¶어머니는 쌀 두 말을 사오셨다. =妈妈买回来两斗米。

말[3] 【명사】 말과의 포유류. ◆ 名马。¶말 두 필. =两匹马。

말[4]**(末)** 【의존 명사】 어떤 기간의 끝이나 말기. ◆ 依名末，底。¶월말. =月末。

말[5]**-** 【접사】 '큰'의 뜻을 더하는 접두사. ◆ 前缀大。¶말벌. =马蜂。

말갛다 【형용사】 形 ❶ 산뜻하게 맑다. ◆ 清，清澈。¶물이 바닥까지 말갛다. =水清澈见底。❷ 국물 따위가 진하지 않고 묽다. ◆ 清淡，淡。¶국물이 말갛다. =汤味清淡。❸ 정신이나 의식 따위가 또렷하다. ◆ 神志清醒。¶시간이 지날수록 의식이 말갛게 개어왔다. =神志越来越清醒。

말괄량이 【명사】 말이나 행동이 얌전하지 못하고 덜렁거리는 여자. ◆ 名假小子，野丫头。¶어리광만 피우는 말괄량이인 줄 알았더니 이제 아가씨가 다 되었구나. =以为还是个淘气的假小子，没想到现在都

已经成了大姑娘了。

말굽【명사】말의 발톱. ◆ 图马蹄。¶마을을 울리는 말굽 소리. =惊动村庄的马蹄声。

말귀【명사】图 ❶ 말이 뜻하는 내용 ◆ 话意，语意。¶그 친구는 나의 말귀를 알아듣지 못했다. =他没有听明白我的意思。❷ 남이 하는 말의 뜻을 알아듣는 총기. ◆ 语言理解能力。¶말귀가 어둡다. =语言理解能力差。

말기(末期)【명사】정해진 기간이나 일의 끝이 되는 때나 시기. ◆ 图末期，晚期。

말꼬리【명사】한마디 말이나 한 차례 말의 맨 끝. ◆ 图话尾，结束语。¶그는 내 말에 말꼬리를 달았다. =他接过我的话收尾。

말꼬투리【명사】남을 해코지하거나 헐뜯을 만한 말거리. ◆ 图话柄。¶말꼬투리를 잡아 공연히 시비를 거는 것은 나쁜 짓이다. =抓住话柄公然进行挑衅是不好的行为。

말끄러미【부사】눈을 똑바로 뜨고 오도카니 한곳만 바라보는 모양. ◆ 副目不转睛地。¶그는 나를 말끄러미 바라보았다. =他目不转睛地注视着我。

말끔하다【형용사】티 없이 맑고 환하게 깨끗하다. ◆ 形干净，洁净。¶말끔한 옷차림으로 출근하다. =穿着干净的衣服上班。● 말끔히 ●

말끝【명사】한마디 말이나 한 차례 말의 맨 끝. ◆ 图话尾。¶말끝마다 화를 낸다. =每句话话尾都带着火气。

말년(末年)【명사】图 ❶ 일생의 마지막 무렵. ◆ 晚年，老年。¶말년을 어려운 이웃과 함께 보내다. =晚年生活与贫困的邻居互助度过。❷ 어떤 시기의 마지막 몇 해 동안. ◆ 末期，末年，后期。¶임기 말년. =任期末期。

말놀이【명사】말을 주고받으며 즐기는 놀이. 새말 짓기, 끝말잇기, 소리내기, 힘든 말 외우기 따위가 있다. ◆ 图语言游戏。¶우리는 지루함을 없애기 위해 말놀이를 했다. =我们玩语言游戏当消遣。

말다[1]【동사】밥이나 국수 따위를 물이나 국물에 넣어서 풀다. ◆ 动泡。¶밥을 국에 말다. =用汤泡饭。

말다[2]【보조 동사】补动 ❶ 앞말이 뜻하는 행동을 하지 못하게 함을 나타내는 말. ◆ 不要，别，不能。¶이곳에서 수영하지 마시오. =不要在这个地方游泳。❷ 앞말이 뜻하는 행동이 끝내 실현됨을 나타내는 말. 일을 이루어 낸 데 대하여 긍정적인 생각 또는 부정적이고 아쉬운 느낌이 있음을 나타낸다. ◆ 终于，最终，结果。

말다[3]【동사】动 ❶ 넓적한 물건을 돌돌 감아 원통형으로 겹치게 하다. ◆ 卷。¶돗자리를 말다. =把席子卷起来。❷ 종이나 김 따위의 얇고 넓적한 물건에 내용물을 넣고 돌돌 감아 싸다. ◆ 包，裹。

말다[4]【동사】动 ❶ 어떤 일이나 행동을 하지 않거나 그만두다. ◆ 停止，作罢。¶그가 불러내서 밥을 먹다 말고 나왔다. =饭只吃了一半就被他叫出去了。❷ '아니하다'의 뜻을 나타내다. ◆ 不。¶내가 무엇을 하든 말든 상관 마라. =我做什么不做什么与你不相干! ❸ '아니고'의 뜻을 나타내다. ◆ 不。¶이것 말고 저것을 가져다 주시오. =不是这个，请把那个拿来。

말다툼【명사】말로 옳고 그름을 가리는 다툼. ◆ 图吵架，吵嘴，斗嘴。¶주차 문제로 이웃과 몇 번 말다툼이 있었다. =由于停车问题和邻居吵过几次架。● 말다툼하다 ●

말단(末端)【명사】图 ❶ 맨 끄트머리. ◆ 末端，末尾。¶이 곳은 계룡산의 말단에 해당된다. =这里相当于是鸡笼山的尾巴。❷ 조직에서 제일 아랫자리에 해당하는 부분. ◆ 基层，下层。¶말단 사원. =基层职员。

말대꾸【명사】남의 말을 듣고 자기 의사를 나타냄. ◆ 图顶嘴，还嘴。¶어른에게 말대꾸하면 안 된다. =不能和长辈顶嘴。● 말대꾸하다 ●

말대답(-對答)【명사】图 ❶ 손윗사람의 말에 이유를 붙여 반대하는 뜻으로 말함. 또는 그런 대답. ◆ 顶嘴，还嘴。¶어디서 버릇없이 꼬박꼬박 말대답이냐. =哪里来的规矩，还敢顶嘴? ❷ 묻는 말을 맞받아서 대답함. 또는 그런 대답. ◆ 回答，答话。¶그녀는 수줍어서 말대답도 못하고 쳐다보고만 있었다. =她只是远远望着，害羞得连话也答不出来。● 말대답하다(-對答--) ●

말더듬이【명사】말을 더듬는 사람. ◆ 图结巴，口吃的人。¶그는 성격이 급해 이야기 할 때면 말더듬이처럼 말한다. =他性格急躁，说话时就像结巴似的。

말동무【명사】말벗. 더불어 이야기할 만한 친구. ◆ 图说话的对象。¶이 친구는 내가 어려울 때마다 말동무가 되어 주었다. =每当我遇到困难，这人就是我说话的伴儿。

말똥말똥【부사】副 ❶ 눈빛이나 정신 따위가 맑고 생기가 있는 모양. ◆ 滴溜溜。¶학생들의 눈동자가 말똥말똥 빛나고 있었다. =学生们的眼睛滴溜溜地闪着光。❷ 눈만 동그랗게 뜨고 다른 생각이 없이 말끄러미 쳐다보는 모양. ◆ 圆睁。¶그는 누워서도 눈을 말똥말똥 뜨고 있었다. =他躺下也圆睁着眼睛。

말똥말똥하다【동사】动 ❶ 눈만 동그랗게 뜨고 다른 생각이 없이 말끄러미 쳐다보다. ◆ 圆睁，瞪大眼睛。

말똥말똥하다【형용사】눈빛이나 정신 따위가 맑고 생기가 있다. ◆ 形清醒，眼睛发亮。¶정신이 들어 말똥말똥하다. =清醒。

말뚝【명사】땅에 두드려 박는 기둥이나 몽둥이. 아래쪽 끝이 뾰족하다. ◆ 图桩子，木桩。¶그는 울타리가 무너지지 않도록 말뚝을 박았다. =为防止篱笆倒下，他打了木桩。

말뜻【명사】말이 가지는 뜻이나 속내. ◆ 图语意。¶그는 내 말뜻을 이해하지 못하는 눈치다. =他一副不明白我的语意的眼神。

말라리아(malaria)【명사】말라리아 병원충을 가진 학질모기에게 물려서 감염되는 법정 전염병. ◆ 图疟疾。¶친구가 해외여행 중에 말라리아에 걸려 입원중이다. =朋友去国外旅游感染了疟疾，正在住院。

말라붙다【동사】액체 따위가 바싹 졸거나 말라서 물기가 아주 없어지다. ◆ 动干枯，干涸。¶가뭄으로 논이 바짝 말라붙다. =由于干旱，水田干透了。

말랑거리다【동사】매우 또는 여기저기가 야들야들하게 보드랍고 무른 느낌이 들다. ◆ 动松软，软和。¶말랑거리는 찰흙의 감촉은 부드럽기 그만이다. =松软的黏土摸起来很柔软。

말랑말랑하다【형용사】形 ❶ 매우 또는 여기저기가 야들야들하게 보드랍고 무르다. ◆ 松软，软和。¶베개가 말랑말랑하다. =枕头松软。❷ 사람의 몸이나 기질이 야무지지 못하고 약하다. ◆ 软弱，懦弱。¶그 사람이 참 줏대 없이 말랑말랑하기는. =那人真的软弱，毫无主见。

말려들다【동사】动 ❶ 종이, 천, 얇은 철판 따위가 감기어 안으로 들어가다. ◆ 卷进，卷入。¶기계에 옷자락이 말려들다. =衣角卷进机器里。❷ 본인이 원하지 않는 일에 관계되거나 끌려 들어가다. ◆ 扯进，卷入。¶간혹 원하지 않는 일에 말려들다. =偶尔，卷入不情愿的事件。

말로(末路)【명사】名 ❶ 사람의 일생 가운데에서 마지막 무렵. ◆ 晚年，暮年。¶그의 말로는 비참했다. =他晚景凄凉。❷ 망하여 가는 마지막 무렵의 모습. ◆ 末路，下场。

말리다[1]【동사】动 어떤 사건에 휩쓸려 들어가다. ◆ 卷入，卷进。¶엉뚱한 일에 말려 증언대에 서다. =卷入意外事件，站到证人席上。

말리다[2]【동사】물기를 다 날려서 없어지게 하다. ◆ 动 晾，晒。¶옷을 말리다. =晾衣服。

말리다[3]【동사】다른 사람이 하고자 하는 어떤 행동을 못하게 방해하다. ◆ 动劝阻，阻拦。¶전쟁을 말리다. =阻止战争。

말머리【명사】名 ❶ 이야기를 시작할 때의 말의 첫마디. ◆ 话头。¶말머리를 돌리다. =转移话头。❷ 이야기를 할 때에 끌고 가는 말의 방향. ◆ 话题。¶말머리를 바꾸다. =转移话题。

말문(-門)【명사】名 ❶ 말을 할 때에 여는 입. ◆ 嘴，口。¶말문을 떼다. =开口说话。❷ 말을 꺼내는 실마리. ◆ 话头。¶말문을 막다. =堵嘴。

말미[1]【명사】직업에 매인 사람이 사적인 일로 말미암아 얻는 겨를. 휴가(休暇). ◆ 名假，休假。¶말미를 받다. =获准休假。

말미[2](末尾)【명사】어떤 사물의 맨 끄트머리. ◆ 名结尾，末尾，后面。¶집행문은 판결 정본의 말미에 부기한다. =执行文书附在判决原件的后面。

말미암다【동사】动 ❶ 어떤 현상이나 사물 따위가 원인이나 이유가 되다. ◆ 原因或理由。¶그 일은 나의 부주의로 말미암은 사고였다. =那是由于我不注意而发生的事故。❷ 일정한 곳을 거쳐 오다. ◆ 经由，经过。

말미잘【명사】바닷가 바위에 붙어살며, 원기둥 모양의 몸 위쪽에 입이 있고 그 주변에 꽃처럼 보이는 촉수가 있어, 그 촉수로 먹이를 잡아먹는 동물. ◆ 名海葵。

말발【명사】듣는 이로 하여금 그 말을 따르게 할 수 있는 말의 힘. ◆ 话的作用，说话的分量。¶말발이 센 남자. =说话有分量的男人。

말발굽【명사】말의 발굽. ◆ 名马蹄。¶너무 오래 달려 말발굽이 떨어져 나갔다. =跑得太久，马蹄铁都跑掉了。

말버릇【명사】여러 번 거듭하는 사이에 몸에 배어 굳어 버린 말의 투. ◆ 名口头禅，语言习惯。¶말버릇이 고약하다. =语言习惯很不好。

말벌【명사】몸은 검은 갈색에 갈색이나 누런 갈색의 털이 나 있으며 작은 곤충을 잡아먹는 벌. ◆ 名马蜂。

말벗【명사】말동무. 서로 같이 이야기할 만한 친구. ◆ 名说话的伴儿。

말복(末伏)【명사】삼복(三伏) 가운데 마지막에 드는 복날. 입추가 지난 뒤의 첫 번째 경일(庚日)에 든다. ◆ 名末伏。¶말복이 지나자 날씨가 한결 시원해졌다. =过了末伏，天气更加凉快了。

말살(抹殺/抹撥)【명사】있는 사물을 뭉개어 아주 없애 버림. ◆ 名抹杀，灭绝。¶민족말살정책. =民族灭绝政策。● 말살되다(抹殺--/抹撥--), 말살하다(抹殺/抹撥--) ●

말세(末世)【명사】정치, 도덕, 풍속 따위가 아주 쇠퇴하여 끝판이 다 된 세상. ◆ 名末日。¶어찌 이런 일이 일어날 수 있단 말인가 세상이 말세야 말세. =怎么会发生这样的事? 真是到了世界末日了。

말소(抹消)【명사】기록되어 있는 사실 따위를 지워서 아주 없애 버림. ◆ 名抹掉；注销。¶주민등록 말소. =注销居民身份证。● 말소되다(抹消--), 말소하다(抹消--) ●

말소리【명사】말하는 소리. ◆ 名话音，嗓音，说话声。¶상냥한 말소리. =和蔼的话音。

말솜씨【명사】말하는 솜씨. ◆ 名口才。¶그는 말솜씨가 유창하다. =他口才很好。

말수(-數)【명사】사람이 입으로 하는 말의 수효. ◆ 名说话多少。¶말수가 적다. =说话少。

말썽【명사】일을 들추어내어 트집이나 문젯거리를 일으키는 말이나 행동. ◆ 名是非，麻烦，纠纷。¶말썽을 부리는 사람이 잡혀갔다. =惹起纠纷的人被抓走了。

말썽거리【명사】트집이나 시비가 될 만한 일이나 사물. ◆ 名祸端，是非。¶우리 집의 말썽거리는 바로 너야. =我家的是非都是因为你。

말썽꾸러기【명사】'말썽꾼'을 낮잡아 이르는 말. ◆ 名淘气鬼。¶말썽꾸러기가 이렇게 건실해졌구나. =淘气鬼变得这么结实了!

말쑥하다【형용사】지저분함이 없이 말끔하고 깨끗하다. ◆ 形整齐，干净利落。¶그는 언제나 말쑥한 옷차림이다. =他不论什么时候都衣着整齐。

말씀【명사】名 ❶ 남의 말을 높여 이르는 말. ◆ 话，教诲。¶선생님의 말씀대로 하겠습니다. =会按老师的教诲去做。❷ 자기의 말을 낮추어 이르는 말. ◆ 话(谦逊语气)。¶잠시 말씀을 올리겠습니다. =我有话希望向您禀报。

말씀하시다【동사】'말하다'의 높임말. ◆ 动说话。¶할아버지께서 말씀하셨다. =爷爷说话了。

말씨【명사】名 ❶ 말하는 태도나 버릇. ◆ 口吻，口

气，语气。¶언제나 공손한 말씨로 손님을 맞으십시오. =无论何时都请用恭敬的语气对待客人。❷ 주로 방언의 차이로 나타나는 말의 특징. ◆ 口音。¶경상도 말씨. =庆尚道口音。

말없이【부사】副 ❶ 아무런 말도 아니하고. ◆ 默默无言地，一声不吭地。¶그는 오늘 말없이 결석했다. =他今天一声不吭地就缺席了。❷ 아무 사고나 말썽이 없이. ◆ 顺利地。¶부모님들은 자식이 말없이 건강하게 자라 주기 바랄 따름이다. =父母们只希望子女能健康顺利地成长。

말엽(末葉)【명사】어떠한 시대를 처음, 가운데, 끝의 셋으로 나눌 때 그 마지막 부분을 이르는 말. ◆图末期，末叶。¶18세기 말엽. =18世纪末叶。

말일(末日)【명사】그 달의 마지막 날. ◆图每月的最后一天。

말장난【명사】실속 없는 말이나 쓸데없는 말재주를 일삼는 짓. ◆图玩笑话。

말재주【명사】말을 잘하는 슬기와 능력. ◆图口才。¶그는 말재주가 있다. =他口才好。

말조심(-操心)【명사】말이 잘못되지 아니하게 마음을 쓰는 일. ◆图慎言，说话谨慎。¶어른 앞에서는 말조심이 제일이다. =在长辈面前最好慎言。● 말조심하다(-操心--) ●

말주변【명사】말을 이리저리 척척 잘 둘러대는 재주. ◆图辩才，口才。¶말주변이 부족하다. =口才不好。

말짱하다【형용사】形 ❶ 흠이 없고 온전하다. ◆ 没毛病，好好的。¶아직도 말짱한 물건을 버리다니. =竟然把还是好好的东西扔掉。❷ 정신이 맑고 또렷하다. ◆ 清醒。¶형이 술에 취했어도 정신은 말짱하다. =哥尽管酒醉，但神志清醒。❸ 지저분하지 않고 깨끗하다. ◆ 干净，清洁，整洁。¶집안을 말짱하게 치우다. =把屋子打扫得很干净。● 말짱히 ●

말참견(-參見)【명사】남의 말에 끼어들어 말하는 짓. ◆图插话，插嘴。¶남의 집안 일에 말참견한다. =插嘴别人家里的事。

말참견하다(-參見--)【동사】남의 말에 끼어들어 말하다. ◆动插话，插嘴。

말초 신경(末梢神經)【명사】중추 신경 계통인 뇌와 척수의 바깥에 있는 신경을 통틀어 이르는 말. ◆ 图末梢神经。

말총【명사】말의 갈기나 꼬리의 털. ◆图马鬃，马尾。

말투(-套)【명사】말을 하는 버릇이나 본새. ◆图口气，语气，腔调。¶빈정거리는 말투. =嘲笑的语气。

말하다【동사】动 ❶ 어떤 사실이나 자신의 생각 또는 느낌을 말로 나타내다. ◆ 说，表达。¶느낌을 말하다. =表达感受。❷ 어떤 일을 부탁하다. ◆ 托付，委托。¶일자리 한 군데 말해 주게. =介绍一份工作。❸ 어떤 현상이 어떤 사실을 나타내 보이다. ◆ 表明，说明，代表。¶숭례문은 이 씨 조선 시대의 건축미를 말해 준다. =崇礼门代表了李氏朝鲜时代的建筑美。❹ 앞의 내용을 다른 쉬운 말로 바꾸거나 설명을 덧붙이는 뜻을 나타내는 말. ◆ 换言之；也就是说。¶말하자면 새장 속의 새와도 같다. =也就是说和笼中鸟一样。

말허리【명사】하고 있는 말의 중간. ◆ 图进行中的话。¶남의 말허리를 꺾다. =打断别人谈话。

맑다【형용사】形 ❶ 잡스럽고 탁한 것이 섞이지 아니하다. ◆ 明净，清澈。¶강물이 맑다. =河水清澈。❷ 구름이나 안개가 끼지 아니하여 햇빛이 밝다. ◆ 晴朗。¶맑은 하늘. =晴朗的天空。❸ 소리 따위가 가볍고 또랑또랑하여 듣기에 상쾌하다. ◆ 清脆，清亮。¶맑은 소리. =清脆之音。❹ 정신이 흐리지 아니하고 또렷하다. ◆ 清醒。¶정신이 맑다. =神清气爽。

맘【명사】图 ❶ 사람이 태어날 때부터 지닌 성질. ◆ 心肠，心地，心眼儿。¶그가 하는 행동을 보니 맘이 아주 좋은 사람이다. =从行为可以看出他是个心地善良的人。❷ 사람의 몸 안에서 느끼거나 생각하는 등의 정신적인 활동을 하는 곳. ◆ 心情。¶그가 떠나고 나서 나는 맘이 한동안 불편했다. =他走后，我心里难受了很久。❸ 기분이나 느낌. ◆ 心思。¶내가 한 말에 너무 맘 쓰지 마라. =我说的话不要太放在心上。❹ 좋아하는 마음이나 관심. ◆ 意向，心愿，心思。¶그녀는 대학에 갈 맘이 없다. =她没有上大学的心思。❺ 무엇을 하고자 하는 뜻이나 의지. ◆ 心思，心情。¶그와 사귀고 싶은 마음이 전혀 없다. =一点也没有和他交往的心思。

맘껏【부사】'마음껏'의 준말. ◆ 尽情。¶내일부터 방학이니 맘껏 놀아라. =从明天开始放假，尽情地玩吧。

맘대로【부사】'마음대로'의 준말. 하고 싶은 대로. ◆副 "마음대로"的略语。¶맘대로 해 보렴. =随便去做吧。

맘먹다【동사】'마음먹다'의 준말. ◆动下决心，拿定主意。¶형은 모처럼 맘먹고 여행을 떠났다. =哥哥终于下决心去旅游了。

맘보【명사】'마음보'의 준말. 마음을 쓰는 속 바탕. ◆图心地，心眼儿。¶우리는 당하고 나서야 그 사람의 맘보를 알았다. =我们在碰到事情之后才了解了他的心地。

맘씨【명사】'마음씨'의 준말. ◆ 图 心，心眼儿。¶그녀는 맘씨가 곱다. =她心地善良。

맙소사【감탄사】 어처구니없는 일을 보거나 당할 때 탄식조로 내는 소리. ◆ 叹 唉，呀，啊，天哪。¶세상에 맙소사. =唉，这个世界。

맛【명사】图 ❶ 음식 따위를 혀에 댈 때에 느끼는 감각. ◆ 味，味道，滋味。¶맛이 없다. =没味道。❷ 어떤 사물이나 현상에 대하여 느끼는 기분. ◆ 气息，气氛。¶청순한 맛. =清纯的气息。❸ 제격으로 느껴지는 만족스러운 기분. ◆ 趣味，兴趣，乐趣。¶낚시는 바로 이 맛에 하는 것 같다. =钓鱼好像就是这个趣味。

맛깔스럽다【형용사】形 ❶ 입에 당길 만큼 음식의 맛이 있다. ◆ 好吃，可口。¶어머니는 회무침을 맛깔스럽게 하신다. =妈妈做的鱼片很好吃。❷ 마음에 들다. ◆ 合意，如意。¶어린 아이가 판소리를 맛깔스럽게 한다. =小孩子唱“盘瑟俚”唱得令人很满意。● 맛깔스레 ●

맛나다【형용사】맛이 좋다. 맛있다. ◆ 形可口，好吃，味道好。¶음식이 참 맛나다. =食物味道真好。

맛보다【동사】动 ❶ 음식의 맛을 알기 위하여 먹어 보다. ◆ 尝，品尝。¶찌개를 맛보다. =品尝炖菜。❷ 몸소 겪어 보다. ◆ 体验，体会，尝试。¶온갖 고생을 다 맛보다. =尝尽艰辛。

맛없다【형용사】음식의 맛이 나지 아니하거나 좋지 아니하다. ◆ 形没滋味，不好吃。¶맛없는 국수. =没滋味的面条。

맛있다【형용사】음식의 맛이 좋다. ◆ 形可口，好吃，味美。¶맛있는 과자. =好吃的点心。

망[1](望)【명사】상대편의 동태를 알기 위하여 멀리서 동정을 살피는 일. ◆ 名放哨，守望，望风。¶내가 담을 넘는 동안 너는 망을 봐라. =在我翻墙时，你放哨。

망[2]【명사】名 ❶ 그물처럼 만들어 가려 두거나 치거나 하는 물건을 통틀어 이르는 말. ◆ 网，网状物。¶물고기를 잡기 위해 시냇물에 망을 쳐 놓았다. =在河里撒网抓鱼。❷ 그물처럼 얽혀 있는 조직이나 짜임새의 뜻을 나타내는 말. ◆ 网，网络。¶교통망. =交通网。

망가뜨리다【동사】부수거나 찌그러지게 하여 못 쓰게 만들다. ◆ 动弄坏。¶장난감을 망가뜨리다. =弄坏了玩具。● 망가트리다 ●

망가지다【동사】动 ❶ 부서지거나 찌그러져 못 쓰게 되다. ◆ 坏了，出故障。¶자동차가 망가지다. =车出故障。❷ 상황이나 상태 따위가 좋지 아니하게 되다. ◆ 坏了，糟糕。¶너로 인해 나의 모든 계획이 망가졌다. =因为你，我所有的计划都泡汤了。

망각(忘却)【명사】어떤 사실을 잊어버림. ◆ 名忘记，忘却。¶망각의 세월. =忘却的岁月。● 망각되다(忘却--), 망각하다(忘却--) ●

망고(mango)【명사】타원형에 과육이 노랗고 부드러우며 단맛이 나는 열대 과일. ◆ 名芒果。¶망고 주스. =芒果汁。

망극하다(罔極--)【형용사】임금이나 어버이의 은혜가 한이 없다. ◆ 形无限，极大。

망나니【명사】名 ❶ 언동이 몹시 막된 사람을 비난조로 이르는 말. ◆ 流氓，无赖，地痞。¶그는 여자만 보면 희롱하는 마을의 망나니였다. =他是村里调戏妇女的无赖。❷ 예전에, 사형을 집행할 때에 죄인의 목을 베던 사람. 주로 중죄인 가운데서 뽑아 썼다. ◆ 刽子手。¶죄수의 목을 망나니는 한 칼에 베어 버렸다. =刽子手一刀砍下了罪犯的头。

망년회(忘年會)【명사】연말에 그 해의 온갖 괴로움을 잊자는 뜻으로 베푸는 모임. ◆ 名辞旧迎新会，岁末聚会。¶한 해를 마무리하는 요즘 주변은 망년회, 연말 연휴 여행 계획으로 벌써부터 들떠있다. =在一年即将结束之际，周围的人们已经开始因为岁末聚会、年底长假旅游计划等兴奋起来。

망라되다(網羅--)【동사】물고기나 새를 잡는 그물이라는 뜻으로, 널리 받아들여 모두 포함되다. ◆ 动包罗，包括。¶시험범위는 정치, 경제, 사회, 문화 모든 분야가 망라되다. =考试范围包括政治、经济、社会、文化等所有领域。

망라하다(網羅--)【동사】널리 받아들여 모두 포함하다. ◆ 动包罗，包括。¶남녀노소를 망라하고 인구조사에는 모두 협조를 해야 합니다. =包括男女老少在内的所有人都应当协助进行人口调查。

망령(妄靈)【명사】늙거나 정신이 흐려서 말이나 행동이 정상을 벗어남. 또는 그런 상태. ◆ 名糊涂，老糊涂，神经错乱。¶저 나이에 벌써 망령이 나다니 안되었다. =那个年纪已经老糊涂了，真是没办法了。● 망령되다(妄靈--) ●

망루(望樓)【명사】적이나 주위의 동정을 살피기 위하여 높이 지은 다락집. ◆ 名瞭望台，楼台。¶망루에 올라가 사방을 바라보다. =登上瞭望台环眺四周。

망막(網膜)【명사】눈 안쪽에 있으며 빛을 받아들이는 중요한 기관으로 시각 신경이 퍼져 있는 막. ◆ 名网膜，视网膜。¶친구는 망막에 이상이 있어 안과에 갔다. =朋友视网膜出现异常，去眼科看病了。

망망대해(茫茫大海)【명사】한없이 크고 넓은 바다. ◆ 名茫茫大海。¶마치 망망대해에 혼자 떠 있는 배와 같다. =犹如在茫茫大海中漂泊的孤舟。

망망하다(茫茫--)【형용사】넓고 멀다. ◆ 形茫茫。¶망망한 바다. =茫茫大海。

망명(亡命)【명사】혁명 또는 그 밖의 정치적인 이유로 자기 나라에서 박해를 받고 있거나 박해를 받을 위험이 있는 사람이 이를 피하기 위하여 외국으로 몸을 옮김. ◆ 名逃亡，流亡。¶망명 길에 오르다. =踏上逃亡之路。● 망명하다(亡命--) ●

망발(妄發)【명사】망령이나 실수로 그릇된 말이나 행동을 함. 또는 그 말이나 행동. ◆ 名胡言乱语，胡说八道。¶어른에게 그 무슨 망발인가. =在长辈面前胡说什么?

망보다(望--)【동사】상대편의 동태를 알기 위하여 멀리서 동정을 살피다. ◆ 动放哨，望风。¶적이 우리 동태를 망보고 있을지도 모르니 잘 살피거라. =敌人可能在监视我们的动态，所以要好好放哨。

망상(妄想)【명사】이치에 맞지 아니한 망령된 생각을 함. 또는 그 생각. ◆ 名妄想，痴心妄想。¶망상에 잠기다. =沉浸在妄想中。

망설이다【동사】이리저리 생각만 하고 태도를 결정하지 못하다. ◆ 动犹豫，迟疑，举棋不定。¶대답을 망설이다. =举棋不定，难以回答。

망신(亡身)【명사】말이나 행동을 잘못하여 자기의 지위, 명예, 체면 따위를 손상함. ◆ 名丢脸，丢人。¶친구로부터 망신을 당하다. =在朋友面前丢脸。

망신살(亡身煞)【명사】몸을 망치거나 망신을 당할 운수. ◆ 名晦气，倒霉运。¶망신살이 끼다. =走霉运。

망신스럽다(亡身---)【형용사】망신을 당하는 느낌이 있다. ◆ 形丢人，丢脸。¶그 아버지는 아들놈 때문에 망신스러워 얼굴을 들고 다닐 수가 없다.

=那位父亲因为儿子而感到丢脸，抬不起头来。

망신시키다(亡身---)【동사】망신을 당하게 하다. ◆ 动使……丢脸，使……出丑。¶그는 그녀를 많은 사람 앞에서 망신시켰다. =他让她在众人面前丢脸。

망아지【명사】말의 새끼. ◆ 名马驹，小马。

망언(妄言)【명사】이치나 사리에 맞지 아니하고 망령되게 말함. 또는 그 말. ◆ 名妄言，妄谈。¶망언을 일삼다. =惯发妄言。

망연자실하다(茫然自失--)【동사】멍하니 정신을 잃다. ◆ 动茫然若失。¶그처럼 착실하던 사람이 사기꾼이었다니 우리는 망연자실할 수밖에 없었다. =他那样踏实的人竟然是个骗子，我们不由有些茫然若失的感觉。

망연하다(茫然--)【형용사】形 ❶ 넓고 멀어서 아득하다. ◆ 茫茫，茫然。¶끝없이 펼쳐진 사막을 간다는 것이 망연하다. =穿过无边的沙漠让人感到很茫然。❷ 아무 생각 없이 멍하다. ◆ 茫然，惘然。¶아버지가 돌아가시자 어머니는 언제나 망연하게 앉아 계셨다. =自从爸爸过世以后，妈妈总是呆呆地坐着。● 망연히(茫然-) ●

망울【명사】名 ❶ 우유나 풀 따위 속에 작고 동글게 엉겨 굳은 덩이. ◆ 小疙瘩。¶풀에 망울이 지다. =糨糊里有小疙瘩。❷ '꽃망울'의 준말. ◆ 花骨朵。❸ 눈망울. ◆ 眼球。

망원경(望遠鏡)【명사】두 개 이상의 볼록 렌즈를 맞추어서 멀리 있는 물체 따위를 크고 정확하게 보도록 만든 장치. ◆ 名望远镜。¶망원경으로 천체를 보다. =用望远镜看天体。

망원 렌즈(望遠)【명사】멀리 있는 물체 따위를 크고 정확하게 볼 수 있도록, 초점 거리를 비교적 길게 만든 렌즈. ◆ 名长焦镜头。¶실수로 망원렌즈를 깨뜨리다. =失手打碎了长焦镜头。

망정【의존 명사】괜찮거나 잘된 일이라는 뜻을 나타내는 말. ◆ 依名幸好，幸亏。¶엄마가 옆에서 봤기에 망정이지 그렇지 않으면 큰일 날 뻔했다. =幸好妈妈在旁边看着，不然非出事不可。

망종(芒種)【명사】24절기의 하나. ◆ 名芒种(二十四节气之一)。

망중한(忙中閑)【명사】바쁜 가운데 잠깐 얻어 낸 틈. ◆ 名忙里偷闲。¶짧은 점심시간을 이용해 취미생활을 통하여 망중한을 즐기는 사람들이 많다. =很多人都利用短暂的午休时间做些感兴趣的事，享受忙里偷闲的乐趣。

망측하다【형용사】정상적인 상태에서 어그러져 어이가 없거나 차마 보기가 어렵다. ◆ 形丢人现眼，丢人，难堪。¶아이구, 망측해라. =哎呀，真丢人。

망치【명사】단단한 물건이나 불에 달군 쇠를 두드리는 데 쓰는, 쇠로 만든 연장. 모양은 마치와 비슷하나 훨씬 크고 무거우며 자루도 길다. ◆ 名铁锤，锤子。¶망치로 못을 박다. =用锤子钉钉子。

망치다(亡--)【동사】잘못하여 그르치거나 아주 못 쓰게 만들다. ◆ 动弄坏，毁坏，搞坏。¶신세를 망치다. =身败名裂。

망태기(網--)【명사】물건을 담아 들거나 어깨에 메고 다닐 수 있도록 만든 그릇. 주로 가는 새끼나 노 따위로 엮거나 그물처럼 떠서 성기게 만든다. ◆ 名网兜，网袋。¶망태기에 고구마를 가득 담았다. =装了满满一网兜地瓜。

망토(manteau)〈프〉【명사】소매가 없이 어깨 위로 걸쳐 둘러 입도록 만든 외투. 남녀가 다 입으며, 손을 내놓는 아귀가 있다. ◆ 名披风，斗篷。¶그는 어깨 위에 망토를 걸쳤다. =他肩披斗篷。

망하다(亡--)【동사】动 개인, 가정, 단체 따위가 제 구실을 하지 못하고 끝장이 나다. ◆ 灭亡，破产，家破人亡。¶집안이 망하다. =家破人亡。

망향(望鄕)【명사】고향을 그리워하며 생각함. ◆ 名思乡，思念故乡。¶실향민인 그는 끝내 망향의 한을 풀지 못하고 죽었다. =他背井离乡，到死也没能一解思乡之愁。

맞다[1]【동사】动 ❶ 외부로부터 어떤 힘이 가해져 몸에 해를 입다. ◆ 挨打，打中。¶선생님께 손바닥을 맞았다. =被老师打了手板。❷ 침, 주사 따위로 치료를 받다. ◆ 打，扎(针)。¶팔에 주사를 맞다. =在胳膊上打针。❸ 쏘거나 던지거나 한 물체가 어떤 물체에 닿다. 또는 그런 물체에 닿음을 입다. ◆ 打中，命中。¶눈덩이를 얼굴에 맞다. =雪球打中了脸。

맞다[2]【동사】动 ❶ 오는 사람이나 물건을 예의로 받아들이다. ◆ 接，迎，迎接。¶문 앞에서 방문객을 맞다. =在门前迎接访客。❷ 적이나 어떤 세력에 대항하다. ◆ 对抗，对峙。¶그의 공격에 나는 최선을 다해 맞았다. =我竭尽全力对抗他的攻击。❸ 시간이 흐름에 따라 오는 어떤 때를 대하다. ◆ 迎来。¶방학을 맞다. =迎来假期。❹ 자연현상에 따라 내리는 눈, 비 따위의 닿음을 받다. ◆ 淋(雨)，受(风)。¶비를 맞다. =淋雨。❺ 점수를 받다. ◆ 得。¶백점을 맞다. =得一百分。❻ 어떤 좋지 아니한 일을 당하다. ◆ 遭，受，挨。¶선생님께 야단을 맞다. =挨老师的训。

맞다[3]【동사】动 ❶ 문제에 대한 답이 틀리지 아니하다. ◆ 正确，对。¶네 답이 맞다. =你答得对。❷ 어떤 행동, 의견, 상황 따위가 다른 것과 서로 어긋나지 아니하고 같거나 어울리다. ◆ 一致，一样，符合。¶만일 내 동작이 다른 사람들과 맞지 않으면 관중이 웃을 것이다. =如果我的动作和其他人不一样，观众就会笑话我。❸ 모습, 분위기, 취향 따위가 다른 것에 잘 어울리다. ◆ 合得来，适合，符合，合。¶그것은 나의 분위기와는 절대로 맞지 않는다. =那个绝对不适合我。

-맞다[4]【접사】'그것을 지니고 있음'의 뜻을 더하고 형용사를 만드는 접미사. ◆ 后缀相，样，劲儿。¶익살맞다. =诙谐相。

맞닥뜨리다【동사】갑자기 마주 대하거나 만나다 ◆ 动相遇，碰上。¶학교 앞 정문에서 친구를 맞닥뜨리다. =在学校大门口碰到朋友。

맞닿다【동사】마주 닿다. ◆ 动相连，相接。¶골목이 좁아서 지붕과 지붕이 맞닿다. =小巷窄得屋顶连着屋顶。

맞대결(-對決)【동사】서로 맞서서 대결함. ◆ 动较

量。¶랭킹 1위 팀과 2위 팀의 맞대결은 흥미 있는 경기다. =排名第一和排名第二的队之间的较量是一场非常有趣的比赛。

맞대다 【동사】 动 ❶ 서로 가깝게 마주 대하다. ◆ 相接，紧挨着。¶그녀와 어깨를 맞대고 앉아 있었다. =和她肩并肩坐着。❷ 같은 자격으로 서로 비교하다. ◆ 相比。¶나는 친구와 키를 맞대어 보았다. =我和朋友比了身高。❸ 서로 마주 닿게 하다. ◆ (放在一起)相比，对照。

맞돈 【명사】 물건을 사고팔 때, 그 자리에서 즉시 치르는 물건값. ◆ 名现金。¶그는 정말 돈이 많은지 승용차도 맞돈으로 구입했다. =他可能真有钱，买车都是用现金买的。

맞들다 【동사】 물건을 양쪽에서 마주 들다. ◆ 动两人抬。¶나와 동생은 여행 가방을 맞들었다. =我和弟弟一起抬着旅行包。

맞먹다 【동사】 거리, 시간, 분량, 키 따위가 엇비슷한 상태에 이르다. ◆ 动相当，相似。¶옷 한 벌 값이 내 월급과 맞먹다. =一套衣服的价格相当于我的工资。

맞물다 【동사】 动 ❶ 아래윗니나 입술, 주둥이, 부리 따위를 마주 물다. ◆ 咬。¶어금니를 맞물다. =咬紧牙关。❷ 끊어지지 아니하고 잇닿다. ◆ 衔接，首尾相连。¶자동차 행렬이 계속 뒤를 맞물다. =汽车队伍首尾相连。

맞물리다 【동사】 动 ❶ 서로 마주 대어지거나 연결되다. ◆ 被咬合。¶굳게 맞물린 입술. =闭得紧紧的嘴。❷ 서로 밀접한 관련을 맺으며 어우러지다. ◆ 啮合。¶작은 톱니바퀴가 큰 톱니바퀴와 맞물려서 돌아가고 있다. =小齿轮和大齿轮啮合在一起转动着。

맞바꾸다 【동사】 더 보태거나 빼지 아니하고 어떤 것을 주고 다른 것을 받다. ◆ 动以物易物，对换。¶시계와 핸드폰을 맞바꾸다. =手表和手机对换。

맞바람 【명사】 사람이나 물체의 진행 방향과 반대 방향으로 부는 바람. ◆ 名迎面风。¶맞바람이 불었다. =风迎面吹了过来。

맞받다 【동사】 动 ❶ 바람, 빛 따위를 정면으로 받아들이다. ◆ 迎着，面对。¶온실은 겨울에 햇볕을 맞받을 수 있어야 한다. =温室应该在冬天也能正面照到阳光。❷ 남의 말이나 노래 따위에 호응하여 그 자리에서 곧바로 뒤따라 하다. ◆ 对唱，对答。¶한 사람씩 노래를 맞받아 부르다. =一个一个地接着唱。

맞벌이 【명사】 부부가 모두 직업을 가지고 돈을 벎. 또는 그런 일. ◆ 名双职工。¶그들은 맞벌이 부부로 열심히 살아간다. =他们夫妇俩是双职工，努力生活着。● 맞벌이하다 ●

맞부딪다 【동사】 动 ❶ 서로 힘 있게 마주 닿다. ◆ 相碰，相撞。¶두 사람만 마주쳐도 어깨를 맞부딪게 될 만큼 좁은 골목이었다. =胡同非常窄，两个人对面走都能碰到肩膀。❷ 서로 대립하거나 맞서 싸우다. ◆ 对立，对打。

맞부딪치다 【동사】 서로 힘 있게 마주 닿다. ◆ 动相遇，相撞。

맞붙다 【동사】 动 ❶ 서로 마주 닿다. ◆ 相连，相接，相邻。¶하늘과 땅이 맞붙은 수평선. =天地相接的地平线。❷ 싸움이나 내기 따위에서 서로 상대하여 겨루다. ◆ 较量，交锋。¶강자끼리 맞붙어 싸우다. =强者之间较量。❸ 서로 떨어지지 아니하고 함께 하다. ◆ 黏在一起。¶그녀와 맞붙어 다니느라 친구들을 소홀히 했다. =总和她黏在一起，忽视了朋友。

맞상대(-相對) 【명사】 마주 상대함. 또는 그런 상대. ◆ 名较量，面对面，对手。¶나는 어려서부터 너와 꼭 한번 일 대 일로 맞상대가 하고 싶었다. =我从小就想和你一对一地较量一下。

맞서다 【동사】 动 ❶ 서로 마주 서다. ◆ 面对面站着。¶원수와 맞서다. =和仇人面对面地站着。❷ 서로 굽히지 아니하고 마주 겨루어 버티다. ◆ 相对，对峙，对抗，对立。¶양편의 의견이 맞서다. =两边的意见对立。❸ 어떤 상황에 부닥치거나 직면하다. ◆ 面临，面对，遭遇。¶죽음과 맞서 싸우다. =与死亡作斗争。

맞선 【명사】 결혼할 당사자들이 직접 만나서 보는 선. ◆ 名 (男方和女方)相亲。¶맞선을 보다. =相亲。

맞수(-手) 【명사】 힘, 재주, 기량 따위가 서로 비슷하여 우열을 가리기 어려운 상대. 맞적수. ◆ 名对手，敌手。¶그는 나의 맞수가 되지 못한다. =他不是我的对手。

맞아들이다 【동사】 动 ❶ 오는 사람을 맞아 안으로 인도하다. ◆ 迎，迎接，接。¶손님을 맞아들이다. =迎接客人。❷ 예의를 갖추어 가족의 일원으로 받아들이다. ◆ 娶，招。¶나는 친구의 여동생을 아내로 맞아들이다. =我娶了朋友的妹妹为妻。

맞아떨어지다 【동사】 动 ❶ 어떤 기준에 꼭 맞아 남거나 모자람이 없다. ◆ 正好，丝毫不差，完全吻合。¶예상이 실제와 꼭 맞아떨어지다. =预想与实际情况完全吻合。❷ 음악 따위에서, 가락이나 호흡이 잘 어울려 조화를 이루다. ◆ 和谐，谐调。¶배우들의 호흡이 딱딱 맞아떨어지다. =演员们配合得非常协调。

맞은편(--便) 【명사】 서로 마주 바라보이는 편. ◆ 名对过，对面，对门。¶우리 집은 병원 바로 맞은편에 있다. =我家就在医院正对面。

맞이하다 【동사】 动 ❶ 오는 것을 맞다. ◆ 迎，迎接，接。¶새해를 맞이하다. =迎接新年。❷ 남편, 아내, 며느리, 사위, 왕비 등을 예의를 갖추어 가족의 일원으로 되게 하다. ◆ 娶，迎娶，招。

맞잡다 【동사】 마주 잡다. ◆ 动握(手)，拉(手)。¶그와 손을 맞잡다. =和他握手。

맞장구치다 【동사】 남의 말에 덩달아 호응하거나 동의하다. ◆ 动迎合，附和，帮腔。

맞절 【명사】 서로 동등한 예를 갖추어 마주 하는 절. ◆ 名对拜，互相行礼。¶신랑 신부는 맞절로 서로에 대한 경의를 표시하였다. =新郎新娘用对拜表示对对方的尊重。● 맞절하다 ●

맞추다 【동사】 动 ❶ 떨어져 있는 여러 부분을 알맞은 자리에 대어 붙이다. ◆ 安装, 安, 装。¶현관문을 맞추다. =装玄关门。❷ 둘 이상의 대상을 같이 놓고 비교하여 살피다. ◆ 对。¶나는 가장 친한 친구와 정답을 맞추어 보았다. =我和最好的朋友一起对答案。❸ 서로 어긋남이 없이 조화를 이루다. ◆ 协调, 调整。¶다른 부서와 일정을 맞추다. =和其他部门协调日程。❹ 어떤 기준이나 정도에 맞게 하다. ◆ 对照, 比照。❺ 어떤 기준에 맞게 조정하다. ◆ 对, 拨准, 比。¶카메라의 초점을 맞추다. =相机对焦。❻ 일정한 수나 양이 되게 하다. ◆ 调, 调配。❼ 줄이나 차례 등에 똑바르게 하다. ◆ 对齐。¶대열을 맞추다. =对齐队列。❽ 다른 사람의 의도나 기분 등에 맞게 행동하다. ◆ 配合, 投合。¶기분을 맞추다. =迎合气氛。❾ 정해진 시간을 넘기지 않다. ◆ 遵守(时间)。¶사람들과의 약속 시간을 맞추려면 지금 길을 나서야 한다. =要想遵守与人约定的时间, 现在就得走了。❿ 조건에 맞는 어떤 물건을 만들도록 미리 주문하다. ◆ 定做。¶양복을 맞추다. =定做西装。

맞춤【명사】图 ❶ 서로 떨어져 있는 것을 제자리에 맞게 대어 붙임. ◆ 安装, 安。❷ 일정한 규격으로 물건을 만들도록 미리 주문하여 만듦. 또는 그렇게 만든 물건. ◆ 定制。¶맞춤 가구. =定制的家具。

맞춤법(--法)【명사】어떤 문자로써 한 언어를 표기하는 규칙. ◆ 图拼写法。¶맞춤법이 틀리다. =拼写法错误。

맞히다【동사】动 ❶ 눈이나 비 등을 맞게 하다. ◆ 被雨淋。¶화분에 눈을 맞히지 말고 안으로 들여놓아라. =别让花盆淋到雨, 都拿进来。❷ 주사나 침 등을 맞게 하다. ◆ (使)打 。¶아이의 엉덩이에 주사를 맞히다. =在孩子的屁股上打针。❸ 무엇을 목표 지점에 맞게 하다. ◆ 打中。¶화살을 적장의 어깨에 맞히다. =箭射中了敌将的肩膀。❹ 문제에 대한 답을 옳게 대다. ◆ 答对。¶답을 맞혔다. =答对了。

맡기다【동사】动 ❶ 맡게 하다. ◆ 委托, 交给, 存放。¶신분증을 안내실에 맡기고 들어가다. =把身份证交给服务台再进去。❷ 다른 이의 뜻에 따라 일을 처리하게 하다. ◆ 任凭, 听任。¶운명을 하늘에 맞기다. =听天由命。

맡다[1]【동사】动 ❶ 코로 냄새를 느끼다. ◆ 闻, 嗅。¶밥 냄새를 맡다. =闻到饭香。❷ 어떤 일의 낌새를 눈치 채다. ◆ 有所察觉, 察觉到。

맡다[2]【동사】动 ❶ 책임을 지고 어떤 일을 하다. ◆ 担负, 担任, 负责。¶맡은 일에 최선을 다하다. =竭尽全力做好负责的事。❷ 어떤 물건을 받아 보관하다. ◆ 代管, 寄存, 存放。¶가방을 맡아 두다. =代管书包。❸ 자리나 물건 등을 차지하다. ◆ 占。¶도서실에서 자리를 맡다. =在图书馆占位子。

매[1]【명사】사람이나 짐승을 때리는 막대기, 몽둥이, 회초리, 곤장, 방망이 따위를 통틀어 이르는 말. 또는 그것으로 때리는 일. ◆ 图 (打人的)鞭(子), 棍, 棒; (用鞭子、棍棒等)打。¶매를 맞다. =挨打。

매[2]**(枚)**【의존 명사】종이나 널빤지 따위를 세는 단위. 장. ◆ 依名张, 枚, (一)纸。¶원고지 10매. =十张稿纸。

매[3]【명사】맷과의 새. 부리와 발톱은 갈고리 모양이며, 작은 새를 잡아먹고 사냥용으로 사육하기도 한다. ◆ 图 鹰。

매[4]**(每)**【관형사】하나하나의 모든. 또는 각각의. ◆ 冠每, 每个。¶매 주일. =每周。

-매[5]【접사】'생김새' 또는 '맵시'의 뜻을 더하는 접미사. ◆ 后缀表示样子、姿态、神态等。¶눈매. =眼神儿。

매각(賣却)【명사】물건을 팔아 버림. ◆ 图卖掉, 变卖。¶부동산 매각. =卖掉不动产。● 매각되다(賣却--), 매각하다(賣却--) ●

매개(媒介)【명사】둘 사이에서 양편의 관계를 맺어 줌. ◆ 图桥梁, 中介。¶화폐는 물품 교환을 매개하는 역할을 한다. =货币在物品交换中起中介作用。● 매개하다(媒介--) ●

매개체(媒介體)【명사】둘 사이에서 어떤 일을 맺어 주는 것. ◆ 图媒介, 媒介物。¶극장은 예술가와 대중의 매개체 역할을 한다. =剧院起到了艺术家和大众的桥梁作用。

매국(賣國)【명사】사리를 위하여 국가의 주권이나 이권을 남의 나라에 팔아먹음. ◆ 图卖国。¶매국 행위. =卖国行为。

매국노(賣國奴)【명사】사사로운 이익을 위하여 나라의 주권이나 이권을 남의 나라에 팔아먹는 행위를 하는 사람. ◆ 图卖国贼, 叛徒。¶매국노를 처단하다. =处决卖国贼。

매기다【동사】일정한 기준에 따라 사물의 값이나 등수 따위를 정하다. ◆ 动定(价、级等), 标。¶번호를 매기다. =标上编号。

매끄럽다【형용사】形 ❶ 거침없이 저절로 밀리어 나갈 정도로 반드럽다. ◆ 滑, 光滑。¶매끄러운 피부. =光滑的皮肤。❷ 글이나 말에 조리가 있고 거침이 없다. ◆ 通顺。¶매끄러운 문장. =通顺的句子。

매끈하다【형용사】形 ❶ 흠이나 거친 데가 없이 부드럽고 반들하다. ◆ 光滑, 平滑。¶매끈한 살결. =光滑的皮肤。❷ 차림새나 꾸밈새가 환하고 깨끗하다. ◆ 干净, 利落。

매끌매끌하다【형용사】흠이나 거친 데가 없이 부드럽고 반들하다. ◆ 形光滑, 平滑。¶매끈매끈한 살결. =光滑的肌肤。

매너(manner)【명사】행동하는 방식이나 자세. ◆ 图态度, 风度, 举止。¶세련된 매너. =老练的举止。

매년(每年)【부사】해마다. ◆ 副每年, 年年。¶생산력이 낮은 상황에서 자연 환경은 매년의 작황을 결정하는 큰 변수이다. =在生产力水平低下的情况下, 自然环境是决定每年农作物收成的重要因素。

매니저(manager)【명사】图 ❶ 연예인이나 운동선수 등의 섭외나 교섭 또는 그 밖의 시중을 드는 사람. ◆ (演员、运动员等人的)经纪人。❷ 회사나 호텔 따위의 경영자나 책임자. ◆ 部门经理, 管理人员。

매니큐어(manicure)【명사】손톱이나 발톱에 색을 칠해 꾸밈. 또는 그런 화장품. ◆ 图美甲; 指甲

油。¶손톱에 진한 매니큐어를 바르다. =给指甲涂上浓艳的指甲油。

매다[1]【동사】动 ❶ 끈이나 줄 따위의 두 끝을 엇걸고 잡아당기어 풀어지지 아니하게 마디를 만들다. ◆ 扎，系，打，绑，束。¶허리띠를 단단히 매다. =系紧裤腰带。❷ 끈이나 줄 따위로 꿰매거나 동이거나 하여 무엇을 만들다. ◆ 装订，订，扎。¶붓을 매다. =扎毛笔。❸ 달아나지 못하도록 고정된 것에 끈이나 줄 따위로 잇대어 묶다. ◆ 扎，拴。¶소를 말뚝에 매다. =把牛拴在木桩上。

매다[2]【동사】논밭에 난 잡풀을 뽑다. ◆ 动拔，锄，铲。¶김을 매다. =锄草。

매달(每-)【부사】다달이. ◆ 副每月，月月，每个月。¶매달 기부금을 고아원에 보내다. =每月把捐款送到孤儿院。

매달다【동사】줄이나 끈, 실 따위로 잡아매어서 달려 있게 하다. ◆ 动吊，挂，悬挂。¶생선을 매달다. =挂鲜鱼。

매달리다【동사】动 ❶ '매달다'의 피동형. ◆ "매달다"的被动形态。¶처마 끝에 고드름이 매달리다. =檐端挂着冰棱。❷ 무엇을 붙잡고 늘어지다. ◆ 吊，挂，悬挂。¶아이들이 철봉에 매달려 논다. =孩子们吊在单杠上玩。❸ 중심이 되는 것에 딸리어 붙다. ◆ 纠缠，缠。¶장비 하나에 세 사람씩 매달려 있다. =每台装备需要三个人。❹ 어떤 것에만 몸과 마음이 쏠리다. ◆ 埋头，忙于，热衷。¶그는 집안일에만 매달리다. =他光忙于家务事。❺ 어떤 것에 의존하거나 의지하다. ◆ 依赖，依靠，依附，靠。¶정부에 매달리다. =靠政府。

매도(賣渡)【명사】값을 받고 물건의 소유권을 다른 사람에게 넘김. ◆ 名出售，出让，变卖。¶집을 매도하다. =出售房屋。● 매도하다 ●

매듭【명사】名 ❶ 노, 실, 끈 따위를 잡아매어 마디를 이룬 것. ◆ 结，布纽扣。¶매듭을 풀다. =解开布纽扣。❷ 어떤 일에서 순조롭지 못하게 맺히거나 막힌 부분. ◆ 难题，症结，疙瘩。❸ 일의 순서에 따른 결말. ◆ 结束，终结，了结，告终，一段落。❹ 끈이나 실 따위를 잡아매어 마디를 이루는 원리로 장식, 실용 따위에 응용하는 여러 가지 방법 및 그 공예(工藝). ◆ 结艺。¶취미로 매듭을 배우다. =出于兴趣学习结艺。

매력(魅力)【명사】사람의 마음을 사로잡아 끄는 힘. ◆ 名魅力，吸引力。¶그녀는 매력이 있다. =她很有魅力。

매료하다(魅了--)【동사】사람의 마음을 완전히 사로잡아 홀리다. ◆ 动迷惑，吸引。¶독자의 마음을 매료하다. =吸引读者。● 매료되다(魅了--) ●

매립(埋立)【명사】우묵한 땅이나 하천, 바다 등을 돌이나 흙 따위로 채움. ◆ 填，填平。¶하천 매립. =填江。● 매립하다(埋立--) ●

매만지다【동사】动 ❶ 잘 가다듬어 손질하다. ◆ 收拾，整理，拾掇。¶옷매무새를 매만지다. =整理服装。❷ 부드럽게 어루만지다. ◆ 抚弄，抚摸。¶강아지를 매만지다. =轻抚着狗。

매매(賣買)【명사】물건을 팔고 사는 일. ◆ 名买卖，交易，销售。¶매매계약서. =销售合同。● 매매되다(賣買--), 매매하다(賣買--) ●

매머드(mammoth)【명사】털로 덮인 커다란 몸에 코가 길고 코 옆에는 밖으로 굽은 어금니가 있는 화석 코끼리. ◆ 名猛犸象。

매몰(埋沒)【명사】보이지 아니하게 파묻거나 파묻힘. ◆ 名埋没，淹没，埋。¶이번 홍수로 농경지 매몰이 심각하다. =这次洪水中，农田被淹没的情况非常严重。● 매몰되다(埋沒--) ●

매몰차다【형용사】인정이나 싹싹한 맛이 없고 아주 쌀쌀맞다. ◆ 形无情，绝情，冷淡。¶그는 매몰차게 거절했다. =他无情地拒绝了。

매무새【명사】옷, 머리 따위를 수습하여 입거나 손질한 모양새. ◆ 名 仪表。¶한복 입은 매무새가 곱다. =穿着韩服的样子很漂亮。

매무시【명사】옷을 입을 때 매고 여미는 따위의 뒷단속. ◆ 名打扮，装束。¶매무시를 가다듬다. =整理仪容。

매물(賣物)【명사】팔려고 내놓은 물건. ◆ 名待售商品。¶갑자기 부동산 매물이 쏟아지다. =待售房产突然涌现出来。

매미【명사】매밋과 곤충의 총칭. 수컷은 배에 발성기와 공명기가 있어 맴맴 하고 욺. 보통 6~7년 걸려 성충이 됨. ◆ 名蝉，知了。¶매미 한 마리. =一只蝉。

매번(每番)【부사】번번이. ◆ 副每次，每回。¶그는 약속 시간보다 매번 일찍 왔다. =他每次都比约定的时间早来。

매복(埋伏)【명사】상대편의 동태를 살피거나 불시에 공격하려고 일정한 곳에 몰래 숨어 있음. ◆ 名埋伏。¶우리는 적이 올 것을 대비해 매복준비를 마치고 기다렸다. =为应对敌人的到来，我们埋伏好后等待着。● 매복하다(埋伏--) ●

매부(妹夫)【명사】손위 누이나 손아래 누이의 남편. ◆ 名姐夫；妹夫。¶이웃집 형이 매부가 되었다. =邻家大哥成了我姐夫。

매부리코【명사】매부리와 같이 코끝이 아래로 삐죽하게 숙은 코. 또는 그런 코를 가진 사람. ◆ 名鹰钩鼻。

매사[1]**(每事)**【명사】하나하나의 모든 일. ◆ 名每件事，事事。¶그는 매사를 꼼꼼하게 처리한다. =他每件事都仔细处理。

매사[2]**(每事)**【부사】하나하나의 일마다. ◆ 副每件事，事事。¶그는 매사 그런 식이다. =他事事如此。

매상(賣上)【명사】名 ❶ 상품을 파는 일. ◆ 销售。¶경기 불황으로 매상이 떨어졌다. =经济不景气，销售量也下跌了。❷ 판매액. 매상고. ◆ 营业额，销售额。¶하루 매상이 얼마나 됩니까? =每天的营业额是多少?

매설(埋設)【명사】지뢰, 수도관 따위를 땅속에 파묻어 설치함. ◆ 名埋，埋设。¶케이블 매설 공사. =埋电缆工程。● 매설되다(埋設--), 매설하다(埋設--) ●

매섭다【형용사】形 ❶ 남이 겁을 낼 만큼 성질이나 기세 따위가 매몰차고 날카롭다. ◆可怕，凶狠，凶。¶그 사내는 매섭게 쏘아보았다. =那个男人凶狠地盯着。❷ 정도가 매우 심하다. ◆严酷，严。¶매서운 바람. =寒风。

매수(買收)【명사】名 ❶ 물건을 사들임. ◆收购，购买。¶매수 가격. =收购价。❷ 금품이나 그 밖의 수단으로 남의 마음을 사서 자기편으로 만드는 일. ◆收买，买通。¶뇌물로 매수하다. =行贿并收买。● 매수되다(買收--), 매수하다(買收--) ●

매스껍다【형용사】形 ❶ 먹은 것이 되넘어 올 것같이 속이 울렁거리는 느낌이 있다. ◆作呕，恶心。¶차를 탔더니 멀미가 나서 속이 매스껍다. =晕车，感到恶心。❷ 태도나 행동 따위가 비위에 거슬리게 아니꼽다. ◆厌恶。

매스컴(mass communicution)【명사】신문, 영화, 잡지, 텔레비전 따위의 대중 매체를 통하여 대중에게 많은 정보를 전달하는 일. 또는 그 기관. ◆名 广泛传播；大众传播媒介。

매시간(每時間)【부사】한 시간 한 시간마다. 한 시간마다. ◆副每小时。¶매시간마다 혈압을 쟀다. =每小时量一次血压。

매실(梅實)【명사】매실나무의 열매. 맛은 달면서도 새콤하다. ◆名梅子。¶어머니는 매실로 술을 담그신다. =妈妈用梅子酿酒。

매양【부사】번번이. 늘. 언제든지. ◆副老是，总是。¶매양 놀기만 하고 공부할 생각을 안 한다. =总是玩，一点也不想着学习。

매연(煤煙)【명사】연료가 탈 때 나오는, 그을음이 섞인 연기. 특히 탄소 화합물의 불완전 연소로 생기는 오염 물질을 이른다. ◆名废气。¶매연과 소음으로 인한 공해가 심각하다. =废气和噪音污染非常严重。

매우【부사】보통 정도보다 훨씬 더. ◆副很，非常，太，十分。¶그는 매우 착하다. =他非常善良。

매운탕(--湯)【명사】생선, 고기, 채소, 두부 따위와 갖은 양념을 넣고 고추장을 풀어 얼큰하게 끓인 찌개. ◆名辣汤。¶조기매운탕. =黄鱼辣汤。

매월(每月)【명사】매달. ◆名每月，每个月。

매월(每月)【부사】다달이. 달마다. ◆副每月，每个月。¶우리는 매월 사회봉사 활동을 나간다. =我们每月都参加社会服务活动。

매이다【동사】动 ❶ '매다'의 피동형. ◆被拴，被绑，被系(매다的被动形态)。¶구두끈이 잘 매이다. =皮鞋带系好了。❷ 억제나 구속을 당하는 형편에 놓이다. ◆束缚。¶그는 너무 가난하여 돈에 매여 산다. =他太穷，被钱束缚了。

매일(每日)【부사】하루하루마다. ◆副每天，天天。¶그는 매일 밤잠을 설쳤다. =他每天晚上都睡不够。

매일반(--般)【명사】매한가지. 결국 같은 형편. ◆名同样，一样。¶이래 죽으나 저래 죽으나 죽는 것은 매일반이다. =人终有一死，殊途同归。

매입(買入)【명사】물품 따위를 사들임. ◆名买入，购买。¶매입시기를 가늠해 보다. =评估买入的时机。● 매입하다(買入--) ●

매장[1](賣場)【명사】물건을 파는 장소. ◆名商场，售货处。¶의류 매장. =服装售货柜台。

매장[2](埋藏)【명사】名 지하자원 따위가 땅속에 묻히어 있음. ◆埋藏，蕴藏。● 매장되다(埋藏--) ●

매장[3](埋葬)【명사】名 ❶ 시체나 유골 따위를 땅속에 묻음. ◆埋葬，掩埋。❷ 어떤 사람을 사회적으로 활동하지 못하게 하거나 용납하지 못하게 함을 비유적으로 이르는 말. ◆(被社会)埋没，排斥。● 매장되다(埋葬--), 매장하다(埋葬--) ●

매장량(埋藏量)【명사】지하자원 따위가 땅 속에 묻혀 있는 분량. ◆名储量。¶이 광산의 석탄 매장량은 약 20억 톤으로 예상된다. =估计这座矿山的煤炭储量约有20亿吨。

매점(賣店)【명사】어떤 기관이나 단체 안에서 물건을 파는 작은 상점. ◆名小铺，小卖店，小卖部。

매정하다【형용사】얄미울 정도로 쌀쌀맞고 인정이 없다. ◆形无情，冷漠无情。¶그토록 매정할 수가 있을까. =怎么能那么无情呢?

매제(妹弟)【명사】손아래 누이의 남편. ◆名妹夫。¶이 사람이 나에게는 매제가 된다. =这个人成了我妹夫。

매주(每週)【명사】각각의 주. ◆名每周，每星期。¶매주의 과제가 많다. =每周有很多课题。

매진(賣盡)【명사】하나도 남지 아니하고 모두 다 팔려 동이 남. ◆名卖光，售完，脱销，出售一空。¶영화표가 매진 사태를 빚다. =电影票出售一空。● 매진되다(賣盡--) ●

매진하다(邁進--)【동사】어떤 일을 전심전력을 다하여 해 나가다. ◆动全力以赴，努力。¶학업에 매진하다. =努力学习。

매질【명사】매로 때리는 일. ◆ 名打，揍。¶어머니는 거짓말하는 아이에게 매질을 가했다. =妈妈打了撒谎的孩子。● 매질하다 ●

매체(媒體)【명사】名 ❶ 어떤 작용을 한쪽에서 다른 쪽으로 전달하는 물체. 또는 그런 수단. ◆媒介；媒体。¶신문 매체. =报纸媒体。❷ 물질과 물질 사이에서 매질이 되는 물체. ◆介质，媒质。

매출(賣出)【명사】물건을 내다 파는 일. ◆名销售。¶매출이 늘다. =销售上涨。

매출액(賣出額)【명사】물건을 내다 팔아서 생긴 총액. ◆名销售额。¶매출액이 증가하다. =销售额增加。

매캐하다【형용사】연기나 곰팡이 따위의 냄새가 약간 맵고 싸하다. ◆形(烟气、霉味)呛人，呛嗓子，刺鼻。¶담배 연기 때문에 목구멍이 매캐하다. =烟呛嗓子。

매콤하다【형용사】냄새나 맛이 약간 맵다. ◆形稍辣，微辣。¶국물이 매콤하다. =汤稍有点辣。

매트(mat)【명사】名 ❶ 매트리스. 침대용의 두툼한 요. ◆垫子。¶침대에 새 매트를 깔다. =给床上铺上新垫子。❷ 체조·유도·레슬링 따위의 운동을 할 때, 위험을 방지하기 위하여 바닥에 까는 물건. ◆健

身垫。¶매트 위로 떨어지다. =从垫子上掉下来。❸ 신의 흙을 떨거나 물기 따위를 닦아 내기 위하여 현관이나 방 입구에 놓아두는 깔개. ◆ 蹭鞋脚垫。¶신발 바닥에 묻은 흙을 매트에 떨다. =在脚垫上蹭蹭鞋上沾的土。❹ 마루방 같은 데에 까는 것. ◆ 席子，垫子。¶여름에는 마루 위에 매트를 깔고 자면 시원하다. =夏天在地板上铺上席子睡，特别凉快。

매트리스(mattress)【명사】침대용의 두툼한 요. 보통 직사각형의 납작한 모양으로, 그 속에 스프링이나 스펀지 따위를 넣어 푹신하게 만든다. ◆ 名床垫。¶아이가 너무 뛰어 매트리스가 망가졌다. =孩子把床垫给蹦坏了。

매표구(賣票口)【명사】차표나 입장권 따위의 표를 파는 창구. ◆ 名售票窗口。¶매표구에 많은 사람들이 모여 있다. =很多人聚在售票窗口。

매표소(賣票所)【명사】차표나 입장권 따위의 표를 파는 곳. ◆ 名售票处。¶매표소로 달려가 표를 끊다. =我们跑去售票处买票。

매한가지【명사】결국 서로 같음. 매일반. ◆ 名一样，相同，没什么不同。¶자네가 나나 컴맹인 것은 피차 매한가지야. =你和我都是计算机盲，没什么不同。

매형(妹兄)【명사】손위 누이의 남편. ◆ 名姐夫。¶누나의 남편인 매형은 우리 가족에게 매우 잘한다. =姐夫对我们家人很好。

매혹(魅惑)【명사】남의 마음을 사로잡아 호림. ◆ 名迷惑，迷住。¶눈 덮인 설악산에 매혹되었다. =被白雪覆盖的雪岳山迷住了。● 매혹되다(魅惑--) ●

매회(每回)【부사】한 회 한 회마다. ◆ 副每回，回回。¶우리는 월드컵에 매회 출전했다. =我们每回都参加世界杯。

맥(脈)【명사】名 ❶ 기운이나 힘. ◆力气，劲儿。¶맥이 빠지다. =精疲力尽。❷ 서로 이어져 있는 관계나 연관된 흐름. ◆ 脉络，梗概。¶맥이 통하는 이야기. =梗概相同的故事。❸ 암석의 갈라진 틈에 쓸모 있는 광물이 많이 묻혀 있는 부분. ◆ 矿脉。¶금광이 있는 맥을 찾아내다. =寻找含有金矿的矿脉。❹ 심장 박동에 따라 나타나는 동맥의 주기적인 움직임. ◆ 脉搏。¶맥이 뛰기 시작했다. =脉搏开始跳动了。

맥락(脈絡)【명사】사물 따위가 서로 이어져 있는 관계나 연관. ◆ 名脉络，条理，头绪。¶맥락이 닿다. =脉络相连。

맥박(脈搏)【명사】심장 박동에 따라 나타나는 동맥의 주기적인 움직임. ◆ 名脉搏。¶맥박이 뛰다. =脉搏跳动。

맥없이(脈--)【부사】기운이 없이. ◆ 副无力地，无精打采。¶맥없이 쓰러지다. =无力地倒下。

맥주(麥酒)【명사】주로 발효시킨 보리에 물과 쓴맛과 탄산을 더하여 만든 거품이 나는 술. ◆ 名啤酒。¶우리는 삼겹살을 먹은 후 맥주를 먹으러 갔다. =我们吃过五花肉后，去喝了啤酒。

맨[1]【부사】다른 것은 섞이지 아니하고 온통. ◆ 副只，仅。¶시장에는 맨 장사꾼뿐이다. =市场里只有商贩。

맨-[2]【접사】다른 것은 섞이지 아니하고 온통. ◆ 前缀光着，赤着。¶맨발. =赤脚。

맨[3]【관형사】더 할 수 없을 정도나 경지에 있음을 나타내는 말. ◆ 冠最。¶맨 꼭대기. =最高峰。

맨눈【명사】안경이나 망원경, 현미경 따위를 이용하지 아니하고 직접 보는 눈. 名肉眼。¶너무 작아서 맨눈으로는 잘 안 보인다. =太小了，用肉眼无法识别。

맨땅【명사】名 ❶ 아무것도 깔지 아니한 땅바닥. ◆ 地面。¶맨땅에 앉다. =坐在地上。❷ 거름을 주지 아니한 생땅. ◆ 没施肥的地。¶우리는 화초를 맨땅에 심었다. =我们在没有施肥的地里种了花草。

맨몸【명사】名 ❶ 알몸. ◆ 光身，赤身，裸体。¶덥다고 맨몸으로 자다. =嫌热而裸睡。❷ 아무것도 지니지 아니한 상태나 형편을 비유적으로 이르는 말. ◆ 空手。¶아무런 준비도 없이 맨몸으로 길을 나섰다. =什么也没准备就空着手上路。● 맨몸뚱이 ●

맨발【명사】아무것도 신지 아니한 발. ◆ 名光脚，赤脚。¶맨발로 모래밭을 걷다. =光脚在沙滩上走。

맨밥【명사】반찬이 없는 밥. ◆ 名 (没菜的)白饭。¶아내는 화가 났는지 맨밥를 차려 주었다. =妻子大概生气了，只做了饭没做菜。

맨손【명사】名 ❶ 아무것도 끼거나 감지 아니한 손. ◆ 空手，徒手。¶맨손으로 가기가 좀 뭣하다. =空手去有些不好意思。❷ 아무것도 가지지 아니한 상태를 비유적으로 이르는 말. ◆ 空手，白手。

맨손 체조(--體操)【명사】도구나 기구 없이 하는 체조. ◆ 名徒手体操。¶그녀는 맨손체조에서 만점을 받았다. =她在徒手体操中得了满分。

맨송맨송【부사】副 ❶ 털이 날 곳에 털이 없어 반반한 모양. ◆ 没毛，光光的。¶머리털이 맨송맨송 다 빠졌다. =头发掉光光了。❷ 나무나 풀이 우거지지 않아 반반한 모양. ◆ 光秃秃。❸ 술을 마시고도 취하지 않아 정신이 멀쩡한 모양. ◆ 无醉意。¶많이 마셨는데도 왠지 맨송맨송하다. =虽说喝了很多酒，却不知为什么毫无醉意。❹ 일거리가 없거나 생기는 일이 없어 심심하고 어색한 모양. ◆ 无聊，乏味。¶실직 후 하는 일 없이 맨송맨송 날을 보내고 있습니다. =失业后无事可做，在无聊中打发时间。● 맨송맨송하다 ●

맨숭맨숭【부사】副 ❶ 털이 날 곳에 털이 없어 반반한 모양. ◆ 没毛，光光的。❷ 나무나 풀이 우거지지 않아 반반한 모양. ◆ 光秃秃。❸ 술을 마시고도 취하지 않아 정신이 멀쩡한 모양. ◆ 无醉意。❹ 일거리가 없거나 생기는 일이 없어 심심하고 어색한 모양. ◆ 无聊，乏味。● 맨숭맨숭하다 ●

맨입【명사】名 ❶ 아무것도 먹지 아니한 입. ◆ 空着嘴，饿肚子。¶맨입으로 하루를 보내다. =空着肚子过了一天。❷ 아무런 대가도 치르지 아니한 상태를 비유적으로 이르는 말. ◆ 空手。¶그 사람이 맨입으로 취직을 부탁했다. =空手求人找工作。

맨주먹【명사】名 ❶ 아무것도 가지지 아니한 빈주먹. ◆ 赤手空拳，手无寸铁。¶맨주먹으로 맞서 싸우다. =赤手空拳相迎。❷ 아무 준비도 갖추지 아니한 상태를 비유적으로 이르는 말. ◆ 毫无准备。¶맨주먹으로 출발해 사업을 이만큼 일으켰다. =由于毫无准备就开始做生意，结果就成了这样。

맴돌다【동사】动 ❶ 제자리에서 몸을 뱅뱅 돌다. ◆ 打转，盘旋。¶독수리가 하늘을 맴돈다. =秃鹫在空中盘旋。❷ 일정한 범위나 장소에서 되풀이하여 움직이다. ◆ 打转，转圈。¶탑 주위를 맴돌면서 자식의 수명장수를 빌다. =围着塔转，祈祷子孙长寿。❸ 어떤 대상의 주변을 원을 그리면서 빙빙 돌다. ◆ 笼罩，围绕，萦绕。¶장내에는 무거운 분위기가 맴돌았다. =场内笼罩在沉闷的气氛中。

맴맴【부사】매미가 우는 소리. ◆ 副 (蝉鸣声) 知了知了。

맵다【형용사】形 ❶ 고추나 겨자처럼 맛이 화끈하고 혀끝을 쏘는 느낌이 있다. ◆ 辣。¶국이 맵다. =汤辣。❷ 성격이 사납고 독하다. ◆ 凶狠，毒辣。❸ 날씨가 매우 춥다. ◆ 酷寒，严寒，寒冷。¶겨울바람이 맵고 쌀쌀하다. =冬天寒风凛冽。❹ 연기 등이 눈이나 코를 자극하여 시큰하고 따갑다. ◆ 刺激，呛鼻。¶매운 담배 연기. =呛鼻的烟气。

맵시【명사】아름답고 보기 좋은 모양새. ◆ 名风采，风姿。¶옷을 맵시 있게 잘 입다. =穿得有风采。

맵싸하다【형용사】맵고 싸하다. ◆ 形辣丝丝。¶맵싸한 고추. =辣丝丝的辣椒。

맷돌【명사】곡식을 가는 데 쓰는 기구. 둥글넓적한 돌 두 짝을 포개고 윗돌 아가리에 갈 곡식을 넣으면서 손잡이를 돌려서 간다. ◆ 名石磨。

맷집【명사】매를 견디어 내는 힘이나 정도. ◆ 名禁打程度。¶그는 맷집이 좋다. =他禁打。

맹¹-(猛)【접사】'정도가 매우 심한'의 뜻을 더하는 접두사. ◆ 前缀非常，猛烈。¶맹활약. =非常活跃。

맹²-【접사】'아무것도 섞지 않은'의 뜻. ◆ 前缀清，淡。¶맹물. =清水。

맹공격(猛攻擊)【명사】맹렬히 나아가 적을 침. ◆ 名猛攻。¶맹공격을 시작하다. =开始猛攻。

맹꽁이【명사】맹꽁잇과의 양서류. ◆ 名北方狭口蛙。¶우리 마을 저수지에 맹꽁이가 살고 있다. =我们村水库栖息着北方狭口蛙。

맹랑하다(孟浪--)【형용사】形 ❶ 하는 짓이 만만히 볼 수 없을 만큼 똘똘하고 깜찍하다. ◆ 不寻常，不简单。¶맹랑한 아이. =不寻常的孩子。❷ 처리하기가 매우 어렵고 묘하다. ◆ 难办，棘手。¶일이 점점 맹랑하게 되어 가는군. =事情变得棘手。❸ 생각하던 바와 달리 허망하다. ◆ 荒唐，荒诞，无稽。¶맹랑한 일. =荒唐的事情。

맹렬하다(猛烈--)【형용사】기세가 사납고 세차다. ◆ 形猛烈，气势汹汹。¶맹렬한 기세로 달려들다. =气势汹汹地冲进来。

맹목적(盲目的)【명사】주관이나 원칙이 없이 덮어놓고 행동하는 것. ◆ 名盲目的。¶그는 그녀의 맹목적인 사랑이 부담스러웠다. =她的盲目的爱让他感到有负担。

맹물【명사】名 ❶ 아무것도 타지 아니한 물. ◆ 清水，白水。¶맹물만 마시고 단식하다. =只喝清水，进行绝食。❷ 하는 짓이 야무지지 못하고 싱거운 사람을 비유적으로 이르는 말. ◆ 俚蠢人，庸人，不精明的人。¶어쩌면 그렇게도 맹물이냐. =怎么会有那么蠢的人?

맹세(盟誓)【명사】일정한 약속이나 목표를 꼭 실천하겠다고 다짐함. ◆ 名誓言。¶맹세를 저버리다. =违背誓言。● 맹세하다(盟誓--) ●

맹세코(盟誓-)【부사】다짐한 대로 꼭. ◆ 副发誓，绝对。¶맹세코 내가 한 일이 아니다. =我发誓不是我干的。

맹수(猛獸)【명사】주로 육식을 하는 사나운 짐승. 사자나 범 따위를 이른다. ◆ 名猛兽。¶맹수를 사육하다. =饲养猛兽。

맹신(盲信)【명사】옳고 그름을 가리지 않고 덮어놓고 믿는 일. ◆ 名迷信，盲目相信。¶종교에 대한 맹신. =对宗教的盲目相信。● 맹신하다(盲信--) ●

맹아¹(盲兒)【명사】눈먼 아이. ◆ 名盲童。¶맹아학교. =盲童学校。

맹아²(萌芽)【명사】名 ❶ 움. 식물에 새로 트는 싹. ◆ 萌芽。¶온실의 꽃나무에 맹아가 싹트기 시작했다. =温室里的花树开始发芽。❷ 사물의 시초가 되는 것. ◆ 萌芽。¶문명의 맹아. =文明的萌芽。

맹위(猛威)【명사】사나운 위세. ◆ 名肆虐。¶무더위가 맹위를 부리다. =酷暑肆虐。

맹인(盲人)【명사】'시각 장애인'을 달리 이르는 말. 눈먼 사람. ◆ 名盲人。¶맹인은 눈이 안 보일 뿐 정상적인 사람과 다를 것이 없다. =盲人只是眼睛看不见事物，其他方面与正常人没有什么不同。

맹장(盲腸)【명사】막창자. 척추동물의, 작은창자에서 큰창자로 넘어가는 부분에 있는 주머니 모양의 부분. ◆ 名盲肠。¶동생이 맹장으로 입원했다. =弟弟因盲肠的问题住院了。

맹장염(盲腸炎)【명사】막창자꼬리염. 막창자의 아래쪽에 있는 막창자꼬리에 생기는 염증. ◆ 名盲肠炎。¶어머니는 맹장염으로 오래 고생하셨다. =妈妈因患盲肠炎长期忍受病痛。

맹점(盲點)【명사】미처 생각이 미치지 못한, 모순되는 점이나 틈. ◆ 名空子，漏洞，可乘之机。¶맹점을 찾다. =寻找可乘之机。

맹종(盲從)【명사】옳고 그름을 가리지 않고 남이 시키는 대로 덮어놓고 따름. ◆ 无条件听从，盲从。¶부모님 말씀에는 무조건 맹종했다. =盲目听从父母的话。● 맹종하다(盲從--) ●

맹추【명사】똑똑하지 못하고 흐리멍덩한 사람을 낮잡아 이르는 말. ◆ 名傻瓜，糊涂虫。¶이런 맹추 같은 사람 봤나. =见过这样的糊涂虫吗?

맹탕¹(-湯)【명사】名 ❶ 맹물처럼 아주 싱거운 국물. ◆ 清汤，淡汤。❷ 옹골차지 못하고 싱거운 일이나 사람을 비유적으로 이르는 말. ◆ 无聊的人，没趣的人。

맹탕²(-湯)【부사】무턱대고 그냥. ◆ 副胡乱，无由地。¶그는 하라는 공부는 하지 않고 맹탕 놀기만 한다. =让他学习他不学，只顾玩。

맹활약(猛活躍)【명사】눈부실 정도로 뛰어난 활약. ◆ 图非常活跃。¶주전으로 맹활약을 하다. =作为主力非常活跃。● 맹활약하다(猛活躍--) ●

맺다【동사】动 ❶ 물방울이나 땀방울 등이 매달리다. ◆ 凝结。¶이마에 땀방울이 맺다. =额头汗珠凝结。❷ 열매나 꽃 등이 생겨나 매달리다. ◆ 结果实。¶사과나무에 사과가 맺기 시작했다. =苹果树上开始结果。❸ 실이나 끈으로 매듭을 만들다. ◆ 结，系。¶그물을 맺다. =结网，织网。❹ 이야기나 하던 일을 마무리하다. ◆ 结束，结尾，了结。¶일을 끝맺다. =办完事。❺ 사람들과 관계를 이루거나 약속 등을 하다. ◆ 缔结。¶거래처와 관계를 맺다. =与客户缔结关系。

맺음말【명사】말이나 글의 끝을 맺는 부분. ◆ 图结语，结束语。

맺히다【동사】动 ❶ '맺다 '의 피동형. ◆"맺다 "的被动形。¶눈물이 맺히다. =噙着泪水。❷ 마음속에 잊히지 않는 응어리가 되어 남아 있다. ◆ 郁结。¶가슴에 한이 맺히다. =仇恨郁结在心中。❸ 살 속에 피가 뭉치다. ◆ 起淤血。¶맞아서 피가 맺히다. =被打得起了淤血。❹ 사람의 됨됨이가 빈틈이 없다. ◆ 人品好，人品完美。¶워낙 야무지고 맺힌 데가 있어 칭찬을 많이 듣는다. =人品非常好，受到很多赞扬。

머금다【동사】动 ❶ 삼키지 않고 입 속에 넣고만 있다. ◆ 含，噙。¶입 안에 머금었던 피를 내뱉었다. =吐出含在嘴里的血。❷ 눈에 고인 눈물을 흘리지 않고 지니다. ◆ 含着，噙着。¶눈물을 머금고 떠나다. =眼含泪水离去。❸ 생각이나 감정을 표정이나 태도에 조금 드러내다. ◆ 带着。¶웃음을 머금다. =带着微笑。

머나먼【형용사】아주 먼. ◆ 形遥远。¶머나먼 옛날에 담배 피는 호랑이가 살았더랍니다. =很久很久以前，有一只抽烟的老虎。

머리【명사】图 ❶ 사람이나 동물의 몸에서 얼굴과 머리털이 있는 부분을 모두 포함한 목 위의 부분. ◆ 头，头部，脑袋。¶머리를 숙여 인사하다. =点头致意。❷ 생각하고 판단하는 능력. ◆ 头脑，思想。¶머리가 좋다. =头脑好。❸ 머리에 난 털. ◆ 头发。¶머리가 짧다. =头发短。❹ 단체에서 대표가 되는 사람. ◆ 头目，头领，首领。¶조직의 머리노릇을 하다. =成为组织的首领。❺ (비유적으로) 사물의 앞이나 윗부분. ◆ 前头，尖端。¶장도리 머리 부분. =锤尖部分。❻ (비유적으로) 일의 시작이나 처음. ◆ 头，开头，开端。¶머리도 끝도 없이 일이 뒤죽박죽이 되었다. =事情变得混乱，毫无头绪。❼ 음표에서 희거나 검은 둥근 부분. ◆ 符头 。

머리띠【명사】图 ❶ 머리에 매는 띠. ◆ 头绳。¶머리띠를 둘렀다. =扎上头绳。

머리말【명사】책이나 논문 따위의 첫머리에 내용이나 목적 따위를 간략하게 적은 글. ◆ 图序，序言，卷首语。¶머리말을 쓰다. =作序。

머리맡【명사】누웠을 때의 머리 부근. ◆ 图枕上，枕边。¶머리맡에 시계를 놓고 자다. =把钟表放在枕边睡觉。

머리숱【명사】머리털의 수량. ◆ 图头发的量，发量。¶머리숱이 적다. =头发稀少。

머리카락【명사】머리털의 낱개. ◆ 图头发，发丝。¶머리카락이 바람에 휘날리다. =头发随风飘动。

머리칼【명사】머리털의 한가닥 한가닥 올. ◆ 图头发。¶머리칼이 바람에 헝클어졌다. =头发被风吹乱了。

머리털【명사】머리에 난 털. ◆ 图头发，毛发。¶그녀의 머리털은 윤기가 흘러 보기 좋았다. =她的头发很有光泽，看起来很好看。

머리통【명사】图 ❶ 머리의 둘레. ◆ 头围。¶머리통이 크다. =头围大。❷ '머리'를 낮추어 이르는 말. ◆ 脑袋。¶돌에 맞아 머리통이 깨지다. =脑袋被石头击碎。

머리핀(--pin)【명사】머리털에 꽂는 핀. ◆ 图发夹，发卡。¶머리핀을 잃어버리다. =丢了发卡。

머릿돌【명사】정초식(定礎式) 때, 연월일 따위를 새겨서 일정한 자리에 앉히는 돌. ◆ 图奠基石。

머릿속【명사】상상이나 생각이 이루어지거나 지식 따위가 저장된다고 믿는 머리 안의 추상적인 공간. ◆ 图大脑，头脑。¶머릿속에 아무것도 남아 있지 않다. =头脑里什么也没剩下。

머무르다【동사】动 ❶ 도중에 멈추거나 일시적으로 어떤 곳에 묵다. ◆ 停，站住。¶기차가 정거장에 머물렀다. =火车停在站内。❷ 더 나아가지 못하고 일정한 수준이나 범위에 그치다. ◆ 停留，屈居。

머무적거리다【동사】'머뭇거리다'의 본말. ◆ 动踌躇，犹豫不决。¶결행에 앞서 머무적거리다. =在实施前犹豫不决。

머물다【동사】'머무르다'의 준말. ◆ 动"머무르다"的略语。¶그는 동생집에 머물다가 입대했다. =他先住在弟弟家，然后入伍了。

머뭇거리다【동사】말이나 행동 따위를 선뜻 결단하여 행하지 못하고 자꾸 망설이다. ◆ 动踌躇，犹豫不决。¶대문간에서 머뭇거리다. =在大门口犹豫不决。

머뭇머뭇【부사】말이나 행동 따위를 결정하여 선뜻 행하지 못하고 자꾸 망설이는 모양. ◆ 副踌躇，犹豫不决。¶그는 무슨 말을 해야 좋을지 모르고 머뭇머뭇 망설였다. =他犹犹豫豫，不知该说些什么好。● 머뭇머뭇하다 ●

머슴【명사】주로 농가에 고용되어 그 집의 농사일과 잡일을 해 주고 대가를 받는 사내. ◆ 图长工，雇工。¶머슴을 들이다. =雇长工。

머쓱하다【형용사】形 ❶ 어울리지 않게 키가 크다. ◆ 傻大个儿。¶키만 머쓱하게 크다. =傻大个。❷ 무안을 당하거나 흥이 꺾여 어색하고 열없다. 기가 죽어 있다. ◆ 泄气，扫兴。¶그는 면박을 받고는 머쓱하게 머리만 긁어 댔다. =他遭到了当面驳斥，有些扫兴，不住地挠头。

머저리【명사】말이나 행동이 다부지지 못하고 어리석은 사람을 낮잡아 이르는 말. ◆ 图傻瓜，蠢货，呆子。¶머저리 같은 녀석. =蠢家伙。

머지않아【형용사】오래 걸리지 않아. ◆ 形马上，很

快。¶머지않아 겨울이 올 것이다. =冬天很快就要来临。

머플러(muffler)【명사】图 ❶ 목도리. ◆ 围巾。¶그녀는 분홍색 머플러를 하고 있었다. =她戴着粉红色的围巾。❷ 소음기. ◆ 消音器。¶머플러가 고장 났는지 소리가 요란했다. =大概消音器出了故障，声音变得刺耳。

먹[1]【명사】图 ❶ 벼루에 물을 붓고 갈아서 글씨를 쓰거나 그림을 그릴 때 사용하는 검은 물감. 아교를 녹인 물에 그을음을 반죽하여 굳혀서 만든다. ◆ 墨。¶먹을 갈다. =研墨。❷ 먹물. ◆ 墨水，墨汁。¶먹으로 그린 그림. =水墨画。

먹[2]-【접사】검은 빛깔의 뜻을 나타내는 말. ◆ 前缀 墨黑，乌黑。¶먹구름이 끼다. =乌云密布。

먹구름【명사】图 ❶ 몹시 검은 구름. ◆ 乌云，黑云。¶먹구름이 하늘을 덮다. =乌云遮天。❷ 어떤 일의 좋지 않은 상태를 비유적으로 이르는 말. ◆ 乌云，阴云，阴霾。¶양국 관계에 먹구름이 끼다. =两国关系遮上了阴云。

먹다[1]【동사】귀나 코가 막혀서 제 기능을 하지 못하게 되다. ◆ 动聋，塞。¶귀가 먹어 잘 들리지 않는다. =耳背听不清楚。

먹다[2]【보조 동사】앞말이 뜻하는 행동을 강조하는 말. 주로 그 행동이나 그 행동과 관련된 상황이 마음에 들지 않을 때 쓴다. ◆ 补动表示强调。¶약속을 잊어 먹다. =完全忘记约定。

먹다[3]【동사】动 ❶ 날이 있는 도구가 소재를 깎거나 자르거나 갈거나 하는 작용을 하다. ◆ 快，锋利。¶대패가 잘 먹다. =刨子锋利。❷ 바르는 물질이 배어들거나 고루 퍼지다. ◆ 上，涂，抹。¶화장이 잘 먹다. =妆上得很均匀。❸ 벌레, 균 따위가 파 들어가거나 퍼지다. ◆ 吃，侵蚀。¶벌레가 배를 많이 먹었다. =虫子咬坏很多梨。

먹다[4]【동사】动 ❶ 음식 따위를 입을 통하여 배에 들여보내다. ◆ 吃，喝。¶밥을 먹다. =吃饭。❷ 담배나 아편 따위를 피우다. ◆ 吸食，抽。¶아편을 먹다. =吸食鸦片。❸ 연기나 가스 따위를 들이마시다. ◆ 吸入。¶연탄가스를 먹다. =吸入煤气。❹ 어떤 마음이나 감정을 품다. ◆ 怀着，怀有，抱着。¶독한 마음을 먹고 투서를 하다. =下狠心写举报信。❺ 일정한 나이에 이르거나 나이를 더하다. ◆ 年龄增长。¶나이를 먹다. =年龄增长。❻ 욕, 핀잔 따위를 듣거나 당하다. ◆ 挨，遭受。¶하루 종일 욕만 먹다. =整天挨骂。❼ 뇌물을 받아 가지다. ◆ 收受，受贿。¶뇌물을 먹다. =收取贿赂。❽ 수익이나 이문을 차지하여 가지다. ◆ 侵吞，贪污。¶이번 공사에서 이익을 남겨 먹다. =在这次工程中侵吞利益。❾ 물이나 습기 따위를 빨아들이다. ◆ 吸收，吸。¶솜이 물을 먹다. =棉花吸水。❿ 어떤 등급을 차지하거나 점수를 따다. ◆ 获得。¶우승을 먹다. =获得冠军。⓫ 구기 경기에서 점수를 잃다. ◆ 输分，丢分。¶상대편에게 먼저 한 골을 먹다. =先输给对方一球。

먹먹하다【형용사】귀가 갑자기 막힌 듯이 소리가 잘 들리지 아니하다. ◆ 形听不清，震耳欲聋。¶폭죽 소리에 귀가 먹먹하다. =爆竹声震耳欲聋。

먹물【명사】图 벼루에 먹을 갈아 만든 검은 물. ◆ 墨水，墨汁。¶먹물이 번지다. =墨水扩散。

먹보【명사】밥을 많이 먹는 사람을 놀림조로 이르는 말. ◆ 图大肚汉，食神。

먹성(-性)【명사】图 ❶ 음식의 종류에 따라 좋아하거나 싫어하는 성미. ◆ 口味，饮食习惯。¶먹성이 좋다. =能吃。❷ 음식을 먹는 분량. ◆ 食量。¶먹성이 크다. =食量大。

먹을거리【명사】사람이 먹고 살 수 있는 온갖 것. ◆ 图吃的，食物。¶먹을거리를 마련하다. =准备食物。

먹음직스럽다【형용사】보기에 먹음직한 데가 있다. ◆ 形看起来好吃、诱人。¶사과가 빨갛게 먹음직스럽게 열렸다. =苹果红红的，看起来很好吃。

먹음직하다【형용사】음식이 보기에 맛이 있을 듯하다. ◆ 形看起来好吃、诱人。¶광주리에 먹음직하게 보이는 과일들이 수북이 담겨 있다. =筐里装满了诱人的水果。

먹이【명사】동물이 살아가기 위하여 먹어야 할 거리. 또는 사육하는 가축에게 주는 먹을거리. ◆ 图饲料。¶소에게 먹이로 여물을 주다. =给牛喂饲料。

먹이다【동사】动 ❶ 음식을 먹게 하다. ◆ 喂。¶갓난아기에게 젖을 먹이다. =给刚出生的婴儿喂奶。❷ 액체나 풀 등이 스며들게 하다. ◆ 使渗入。¶장판지에 기름을 먹이다. =让油渗入炕纸里。❸ 뇌물을 주다. ◆ 行贿，贿赂。¶판사에게 뇌물을 먹이다. =贿赂法官。❹ 때리거나 차다. ◆ 打了一拳。¶한 대 먹이다. =打了一拳。❺ 가축을 기르다. ◆ 喂养。¶돼지를 먹이다. =喂猪。

먹이 사슬【명사】생태계에서 먹이를 중심으로 이어진 생물 간의 관계. ◆ 图食物链。¶변종들에 의해 먹이사슬이 달라지고 있다. =由于出现变种，食物链发生变化。

먹이 연쇄(--連鎖)【명사】생태계에서 먹이를 중심으로 이어진 생물 간의 관계. ◆ 图食物链。

먹자골목【명사】음식점과 술집 따위가 여럿 모여 있는 골목. ◆ 图美食街，小吃街。¶먹자골목에 들어서자 많은 음식점들이 즐비해 있었다. =走进美食街，美食店鳞次栉比。

먹자판【명사】여러 사람이 모여 마구 먹고 즐기는 자리. ◆ 图众人大吃大喝的场面。¶먹자판을 벌이다. =开始大吃大喝。

먹지(-紙)【명사】한쪽 또는 양쪽 면에 검은 칠을 한 얇은 종이. 종이 사이에 끼우고 골필이나 철필로 눌러써서 한꺼번에 여러 벌을 복사한다. ◆ 图复写纸。¶그는 먹지를 대고 영수증을 써 주었다. =他垫上复写纸开了收据。

먹칠(-漆)【명사】图 ❶ 먹으로 칠하는 일. ◆ 涂黑。¶아이들이 온벽을 검게 먹칠을 해 놓았다. =孩子们涂黑了整面墙。❷ 명예, 체면 따위를 더럽히는 짓을 비유적으로 이르는 말. ◆ 抹黑。¶더 이상 부모 얼굴에 먹칠을 하지 마라. =不要再给父母的脸上抹黑。

● 먹칠하다(-漆--) ●

먹히다【동사】 被 '먹다'의 피동형. ◆ 动 먹다 的被动形。¶토끼가 호랑이에게 잡혀 먹히다. =兔子被老虎抓到吃掉了。

먼동【명사】 날이 밝아 올 무렵의 동쪽. ◆ 名黎明时分的东方。¶먼동이 트다. =破晓。

먼발치【명사】 조금 멀리 떨어진 곳. ◆ 名稍远的地方。¶먼발치로 선을 보다. =去稍远的地方相亲。

먼저【부사】 시간적으로나 순서상으로 앞서서. ◆ 副先，首先。¶내가 먼저 나갈게. =我要先走了。

먼지【명사】 가늘고 보드라운 티끌. ◆ 名尘埃，灰尘，尘土。¶먼지가 날리다. =尘土飞扬。

먼지떨이【명사】 먼지를 떠는 기구. 말총이나 새털, 헝겊 조각 따위를 묶고 가는 자루를 대어서 만든다. ◆ 名拂尘，掸子。

멀거니【부사】 정신없이 물끄러미 보고 있는 모양. ◆ 副呆呆地，愣愣地，茫然地。¶혼자 멀거니 앉아 있다. =独自呆坐着。

멀겋다【형용사】 形 ❶ 깨끗하게 맑지 아니하고 약간 흐린 듯하다. ◆ 稍浑。¶개울물이 멀겋다. =溪水有点浑。❷ 국물 따위가 진하지 아니하고 매우 묽다. ◆ 稀薄，稀。¶죽이 멀겋게 되어 버렸다. =粥很稀。❸ 눈이 생기가 없이 게슴츠레하다. ◆ (眼睛)无神，茫然。¶그녀는 자다 일어났는지 눈이 멀겋다 못해 아예 잠겨있는 듯 했다. =她好像没睡醒似的，双眼茫然无神，都快闭上了。

멀다[1]【형용사】 形 ❶ 거리가 많이 떨어져 있다. ◆ 远，遥远。¶집에서 버스 정류장까지는 매우 멀다. =家离公交站很远。❷ 시간적으로 사이가 길거나 오래다. ◆ 久，还早。¶동이 트려면 아직도 멀었다. =天亮还早。❸ 어떤 기준점에 모자라다. ◆ 形 (水平)差得远。¶너의 그림 솜씨는 화가가 되기엔 아직도 멀었다. =你的绘画水平跟画家比还差得远呢。❹ 서로의 사이가 다정하지 않고 서먹서먹하다. ◆ 疏远，生疏，生分。¶그가 멀게 느껴진다. =觉得他很生疏。❺ 촌수가 매우 뜨다. ◆ 远房，远亲。¶먼 일가친척. =远亲。

멀다[2]【동사】 动 ❶ 시력이나 청력 따위를 잃다. ◆ 失明，耳聋。¶그가 사고로 눈이 멀다. =他因为事故失明了。❷ 어떤 생각에 빠져 판단력을 잃다. ◆ 被……蒙蔽，被……迷惑。¶그들은 돈에 눈이 멀어 이런 범죄를 저질렀던 것이다. =他们被金钱蒙蔽了双眼，以至于犯了罪。

멀뚱멀뚱【부사】 副 ❶ 눈빛이나 정신 따위가 멍청하고 생기가 없는 모양. ◆ 出神地，呆呆地。¶그는 말없이 멀뚱멀뚱 바라만 보고 있었다. =他不出声只是呆呆地看着。❷ 눈만 둥그렇게 뜨고 다른 생각이 없이 물끄러미 쳐다보는 모양. ◆ 直愣愣地。● 멀뚱멀뚱하다 ●

멀리【부사】 한 지점에서 거리가 몹시 떨어져 있는 상태로. ◆ 副远远地，遥远地。¶바다 건너 저 멀리가 버린 그 사람이 생각난다. =想起了远在大洋彼岸的他。

멀리뛰기【명사】 제자리에 서서 또는 일정한 지점까지 도움닫기를 하여 최대한 멀리 뛰어 그 거리를 겨루는 육상 경기. ◆ 名跳远。

멀리하다【동사】 动 ❶ 친근하게 사귀지 아니하고 피하거나 간격을 두다. ◆ 远离，避开。¶사람을 멀리하고 밀담(密談)하다. =避开他人进行密谈。❷ 어떤 사물을 삼가거나 기피하다. ◆ 疏远，远离。¶술을 멀리하다. =远离酒。

멀미【명사】 名 ❶ 차, 배, 비행기 따위의 흔들림을 받아 메스껍고 어지러워짐. 또는 그런 증세. ◆ 晕(车、船、飞机等)。¶배만 타면 멀미가 난다. =一坐船就晕。❷ 진저리가 나도록 싫어짐. 또는 그런 증세. ◆ 厌恶，烦。¶멀미를 내다. =生厌。

멀쩡하다【형용사】 形 ❶ 흠이 없고 아주 온전하다. ◆ 健全，完好，完整无缺。¶사지(四肢)가 멀쩡하다. =四肢健全。❷ 정신이 아주 맑고 또렷하다. ◆ 清醒。¶술에 취해 몸을 가누지 못하면서도 정신은 멀쩡하다고 한다. =醉得都不能维持身体平衡了还说自己很清醒。

멀찍이【부사】 멀찌감치. 사이가 꽤 떨어지게. ◆ 副远远地，相当远地。¶그들은 서먹해서 멀찍이 앉았다. =他们很拘谨，远远地坐着。

멀티미디어(multimedia)【명사】 컴퓨터를 매개로 하여 영상, 음성, 문자 따위와 같은 다양한 정보 매체를 복합적으로 만든 장치나 소프트웨어의 형태. ◆ 名多媒体。

멈추다【동사】 动 ❶ 비나 눈 따위가 그치다. ◆ (雨、雪等)停，停止。¶멈추었던 비가 다시 내리기 시작했다. =停止的雨又开始下了。❷ 사물의 움직임이나 동작이 그치다. ◆ 停，止住。¶시계가 멈추다. =表停了。❸ 사물의 움직임이나 동작을 그치게 하다. ◆ 刹住，关，停。¶기계를 멈추다. =关了机器。

멈칫【부사】 하던 일이나 동작을 갑자기 멈추는 모양. ◆ 副突然(停止)，顿。¶그는 멈칫 하던 일을 멈추고 갑자기 울기 시작했다. =他突然停下手头的活，哭了起来。● 멈칫하다, 멈칫거리다 ●

멈칫멈칫【부사】 하던 일이나 동작을 여럿이 다 갑자기 멈추거나 자꾸 멈추는 모양. ◆ 副犹豫不决地，走走停停地，踌躇不前地。¶자동차가 멈칫멈칫 하더니 이제는 완전히 서버렸다. =汽车走走停停，现在完全停了下来。● 멈칫멈칫하다 ●

멋【명사】 名 ❶ 차림새, 행동, 됨됨이 따위가 세련되고 아름다움. ◆ 姿态，风度，神采。¶멋을 내다. =展现风度。❷ 고상한 품격이나 운치. ◆ 风采，丰姿，韵味。¶한복이 가지고 있는 우아한 곡선의 멋은 한국의의 민족성을 잘 드러내는 듯하다. =韩服优雅曲线具有的韵味展现了韩国的民族性。

멋대로【부사】 아무렇게나 하고 싶은 대로. 또는 제 마음대로. ◆ 副任意，纵情，随心所欲。¶멋대로 생각하다. =随心所欲地想。

멋들어지다【형용사】 아주 멋있다. ◆ 形帅气，漂亮，优美。¶무녀들의 춤이 멋들어지다. =舞女们跳得真优美。

멋모르다【동사】 까닭이나 영문, 내막 따위를 잘 알지 못하다. ◆ 动不知原委，不知内情，稀里糊涂。¶그는 멋모르고 감을 먹었는데, 익지 않은 것이었다. =他稀里糊涂地吃了柿子，发现还没有熟。

멋없다【형용사】격에 어울리지 않아 싱겁다. ◆ 形没劲，乏味，无聊。¶멋없게 굴지 말고 자신 있게 굴어봐. =别那么没劲，要有信心。

멋있다【형용사】보기에 썩 좋거나 훌륭하다. ◆ 形有风度，优美。¶멋있는 사람. =有风度的人。

멋쟁이【명사】멋있거나 멋을 잘 부리는 사람. ◆ 图爱打扮的人，赶时髦的人。¶낭만적인 분위기를 즐기는 그는 멋쟁이로 소문나 있다. =传闻喜欢浪漫的他是个赶时髦的人。

멋지다【형용사】매우 멋이 있다. ◆ 形漂亮，优美。¶멋진 구두. =漂亮的皮鞋。

멋쩍다【형용사】形 ❶ 하는 짓이나 모양이 격에 어울리지 않다. ◆ 不得体，别扭。¶처음 서양식당에 온 그는 멋쩍게 행동했다. =初次来西餐厅的他行动不得体。❷ 어색하고 쑥스럽다. ◆ 不好意思，难为情，尴尬。¶그는 자신의 행동이 멋쩍은지 뒷머리를 긁적이며 웃어 보였다. =他觉得自己的行为很难为情，不好意思地挠了挠后脑勺，笑了一下。

멍【명사】심하게 맞거나 부딪쳐서 살갗 속에 퍼렇게 맺힌 피. ◆ 图淤血，青紫，青肿。¶맞은 자리가 시퍼렇게 멍이 들었다. =被打的地方起了淤血。

멍들다【동사】마음속에 쓰라린 고통의 흔적이 남다. ◆ 动 (心灵)受伤害，留下创伤。¶그는 실연의 충격으로 멍든 가슴을 술로 달래었다. =他用酒来抚慰自己因失恋而受伤的心。

멍멍【부사】개가 짖는 소리. ◆ 副汪汪(狗叫声)。¶집에 손님이 들어오자 개가 멍멍 짖어 댔다. =客人一进家门狗就开始汪汪狂叫。

멍멍하다【형용사】정신이 빠진 것같이 어리벙벙하다. ◆ 形发呆，恍惚。¶정신이 멍멍하다. =精神恍惚。

멍석【명사】짚으로 결어 네모지게 만든 큰 깔개. 흔히 곡식을 널어 말리는 데 쓰나, 시골에서는 큰일이 있을 때 마당에 깔아 놓고 손님을 모시기도 한다. ◆ 图席子。¶멍석을 깔다. =铺席子。

멍에【명사】图 ❶ 수레나 쟁기를 끌기 위하여 마소의 목에 얹는 구부러진 막대. ◆ 轭。¶소에 멍에를 메우다. =套牛轭。❷ 쉽게 벗어날 수 없는 구속이나 억압을 비유적으로 이르는 말. ◆ 〈喻〉枷锁，羁绊。¶그의 출생의 멍에는 무겁고도 가혹한 것이었다. =他的出生是个沉重又严酷的枷锁。

멍울【명사】图 ❶ 우유나 풀 따위 속에 작고 둥글게 엉겨 굳은 덩이. ◆ (牛奶、浆糊等中的)小疙瘩。¶찹쌀가루를 물에 풀어 넣고 멍울이 지지 않도록 묽게 끓였다. =把糯米面放到水里，煮得稀稀的，不结小疙瘩。❷ 어떤 충격으로 인해서 생긴 마음의 상처나 고충을 비유적으로 이르는 말. ◆ 〈喻〉创伤，苦衷。¶그는 죽은 자식에 대한 멍울을 가지고 평생을 살았다. =他怀着对死去孩子的伤感度过了一生。❸ 림프선이나 몸 안의 조직에 병적으로 생기는 둥글둥글한 덩이. ◆ 淋巴腺肿大，肿块。¶가슴 부위에 멍울이 있으면 정밀진단을 받아볼 필요가 있다. =胸部有肿块，需要接受精细检查。

멍청이【명사】아둔하고 어리석은 사람을 놀림조로 이르는 말. ◆ 图傻瓜，呆子。

멍청하다【형용사】形 ❶ 자극에 대한 반응이 무디고 어리벙벙하다. ◆ 发呆，发愣。¶멍청한 얼굴. =发呆的面孔。❷ 어리석고 정신이 흐릿하여, 일을 제대로 판단하고 처리하는 능력이 없다. ◆ 傻，糊涂，愚笨。¶아무리 멍청해도 그 정도는 알 거야. =就是再傻，这个也应该知道的。

멍텅구리【명사】멍청이. ◆ 图傻瓜，呆子。¶그런 일을 바른 대로 말하는 멍텅구리가 어디 있냐고요. =哪有照实说出那种事的傻瓜啊。

멍하다【형용사】정신이 나간 것처럼 자극에 대한 반응이 없다. ◆ 形发呆，发愣，发蒙。¶처음 당하는 일이라 정신이 멍하다. =第一次遇到这样的事，有点发蒙。

멎다【동사】动 ❶ (사물의 움직임이나 동작이) 멈추다. 그치다. ◆ (状态、动作等)停止，停下。¶기침이 멎는 약. =止咳药。❷ (내리던 비·눈 따위가) 멈추다. 그치다. ◆ (雨、雪等)停，停止。¶바람이 멎다. =风停了。

메가(mega)【의존 명사】依名 ❶ 데이터의 양을 나타내는 단위. ◆ 兆，兆字节。❷ 전자기파의 주파수나 진동수 등을 나타내는 단위. ◆ 兆周，兆赫(兹)。

메가바이트(megabyte)【의존 명사】데이터의 양을 나타내는 단위. ◆ 依名兆，兆字节。

메가헤르츠(megahertz)【의존 명사】전자기파의 주파수나 진동수 등을 나타내는 단위. ◆ 依名兆周，兆赫(兹)。

메뉴(menu)【명사】图 ❶ 메뉴판. 식당이나 음식점 따위에서 파는 음식의 종류와 가격을 적은 판. ◆ 菜单，菜谱，食谱。❷ 식사의 요리 종류. ◆ 菜，餐。¶세트 메뉴. =套餐。❸ 컴퓨터나 휴대전화 등의 기계에서 명령이나 기능을 선택할 수 있도록 한 조작 순서표. ◆ 菜单。

메다【동사】어깨에 걸치거나 올려놓다. ◆ 动背，抬，挑，扛，担。¶가마를 메다. =抬轿子。

메달(medal)【명사】표창이나 기념의 표지로 금·은·동 따위에 여러 가지 모양을 새겨 넣어 만든 둥근 패(牌). ◆ 图勋章，奖牌，纪念章。¶메달을 따다. =摘取奖牌。

메뚜기【명사】메뚜깃과의 곤충을 통틀어 이르는 말. 겹눈과 세 개의 홑눈이 있고 뒷다리가 발달하여 잘 뛴다. 불완전 변태를 하며 알로 겨울을 난다. ◆ 图蚱蜢。

메리야스(medias)〈에스파냐〉【명사】图 ❶ 면사나 모사로 신축성 있고 촘촘하게 짠 직물. 주로 내의(内衣)·장갑·양말 등을 만듦. ◆ 针织品。❷ 일반적으로 '겉옷의 안에 입는 옷'이란 뜻으로 사용됨. ◆ 内衣。

메마르다【형용사】形 ❶ 땅이 물기나 양분이 없어 기름지지 않다. ◆ 贫瘠，干旱。¶논바닥이 메말라 쩍쩍 갈라진다. =水田干得裂开了。❷ 살결이 윤기가 없고 거칠다. ◆ 干涩，粗糙。¶메마른 살결. =粗糙的皮肤。❸ 성격이나 분위기 등이 딱딱하고 감정이 거의 없거나 몹시 무디다. ◆ (性格、生活等)干巴，枯燥。¶메마른 삶. =枯燥的生活。❹ 목소리가 부드럽지 않고 거칠다. ◆ (声音)干涩，生硬。¶메마른 소리. =干涩的声音。❺ 공기가 몹시 건조하다. ◆ (空气)干燥。¶겨울철 메마른 기후로 인해 기관지염(氣管支炎) 환자가 늘고 있다. =冬季干燥的气候引起的支气管炎病人在不断增加。

메모(memo)【명사】다른 사람에게 말을 전하거나 자신의 기억을 돕기 위하여 짤막하게 글로 남김. 또는 그 글. ◆ 名备忘录，便条，摘要。¶메모를 남기다. =留便条。● 메모하다(memo--) ●

메모리(memory)【명사】名 ❶ 기억량. 기억용량. ◆存储，存储量。❷ 기억장치. ◆ 存储器。

메모지(memo紙)【명사】메모를 하기 위한 종이. 또는 메모를 한 종이. ◆ 名便签纸。¶메모지에 전화번호를 적어 두었다. =在便签纸上写下电话号码。

메밀【명사】메밀의 열매. 전분이 많아 가루를 내어 국수나 묵 따위를 만들어 먹는다. ◆ 名荞麦。

메스(mes〈네〉)【명사】名 ❶ 수술칼. ◆ 解剖刀，手术刀。❷ 잘못된 일이나 병폐를 없애기 위한 조처. ◆ 措施。¶정부는 사회 부조리를 척결하기 위해 각 분야에 메스를 대기 시작했다. =为了杜绝社会上的不合理现象，政府开始在各领域采取措施。

메스껍다【형용사】形 ❶ 먹은 것이 되넘어 올 것같이 속이 몹시 울렁거리는 느낌이 있다. ◆ 恶心。¶속이 메스껍다. =恶心。❷ 태도나 행동 따위가 비위에 거슬리게 몹시 아니꼽다. ◆ 令人作呕，恶心。¶집안이 부자라고 거들먹거리는 그의 태도가 몹시 메스껍다. =他觉得自己家有钱就趾高气扬的样子真让人恶心。

메슥거리다【동사】먹은 것이 되넘어 올 것같이 속이 자꾸 심하게 울렁거리다. ◆ 动恶心。¶속이 메슥거렸다. =感觉很恶心。● 메슥대다 ●

메슥메슥하다【동사】먹은 것이 되넘어 올 것같이 속이 자꾸 심하게 울렁거리다. ◆ 动恶心。¶음식을 잘 못 먹어 속이 메슥메슥하다. =吃错了东西，总犯恶心。

메시지(message)【명사】名 ❶ 어떤 사실을 알리거나 주장하거나 경고하기 위하여 보내는 전언(傳言). ◆ 通告，通知，消息。¶구원의 메시지. =救援的消息。❷ 문예 작품이 담고 있는 교훈이나 의도. ◆ 启示，教训，寓意。¶이 작품이 주는 메시지는 독자들을 감동시키기에 충분하다. =这部作品给人的启示足以感动读者。❸ 언어나 기호에 의하여 전달되는 정보 내용. ◆ 情报，信息。

메아리【명사】울려 퍼져 가던 소리가 산이나 절벽 같은 데에 부딪쳐 되울려오는 소리. ◆ 名回响，回声。¶메아리가 울리다. =响起回音。

메어치다【동사】어깨 너머로 둘러메어 힘껏 내리치다. ◆ 动摔，扔。¶화가 난 아버지는 손에 잡히는 물건들을 바닥에 메어쳤다. =生气的父亲将手中的东西摔在地上。

메이커(maker)【명사】名 ❶ 상품을 만든 사람. 또는 그 회사. ◆ 制造商，生产商。¶유명 메이커. =著名生产商。❷ 메이커품. ◆ 名牌，名品。¶그 애는 청바지를 하나 사도 꼭 메이커만 산다. =那孩子就是买条牛仔裤也一定要买名牌。

메일(mail)【명사】전자 우편. 컴퓨터의 단말기 이용자끼리 통신 회선을 이용하여 주고받는 글. ◆ 名电子邮件。¶메일을 보내다. =发电子邮件。

메주【명사】콩을 삶아서 찧은 다음, 덩이를 지어서 띄워 말린 것. 간장, 된장, 고추장 따위를 담그는 원료로 쓴다. ◆ 名豆酱饼，酱块。¶콩으로 메주를 쑤다. =用大豆熬酱。

메커니즘(mechanism)【명사】사물의 작용 원리나 구조. ◆ 名原理，结构。¶소화 과정의 메커니즘. =消化过程的原理。

메트로놈(metronome)【명사】악곡의 박절(拍節)을 측정하거나 템포를 나타내는 기구. 시계추의 원리를 응용한 것으로, 1812년에 발명되고 1816년에 지금의 형태로 개량되었다. ◆ 名节拍器。

멕시코(Mexico)【명사】국가 이름. ◆ 名墨西哥。

멜로디(melody)【명사】선율. 가락. 음의 높낮이의 변화가 리듬과 연결되어 하나의 음악적 통합으로 형성되는 음의 흐름. 또는 음향의 형태. ◆ 名旋律，曲调。

멜로디언(melodion)【명사】소형의 건반 악기. 입으로 바람을 불어 넣으며 건반을 눌러 소리를 낸다. ◆ 名簧风琴。

멜론(melon)【명사】박과의 덩굴성 한해살이 식물. ◆ 名甜瓜，香瓜。

멜빵【명사】名 ❶ 짐을 어깨에 걸어 메는 끈. ◆ 背东西的绳子，背东西的带子。¶봇짐에 멜빵을 걸어 짊어지다. =在包袱上绕上绳子背起来。❷ 바지, 치마 따위가 흘러내리지 않도록 어깨에 걸치는 끈. ◆ 背带。¶치마허리가 커서 멜빵을 달아 입었다. =裙子腰太肥，所以搭配了背带。

멤버(member)【명사】단체를 구성하는 일원 ◆ 名成员，会员。¶후반전에 들어와서 멤버 교체가 있었다. =下半场替换了队员。

멥쌀【명사】메벼를 찧은 쌀. ◆ 名粳米。

멧돼지【명사】돼지와 비슷하나 주둥이가 더 길고 송곳니가 위로 솟아 있으며, 검은 빛의 길고 뻣뻣한 털이 나 있는 산짐승. ◆ 名野猪。

멧새【명사】名 ❶ 참새와 비슷하나 등에 검은 갈색의 세로무늬가 있고, 배가 약간 붉은 새. ◆ 三道眉，山麻雀。❷ '산새(山-)'를 예스럽게 이르는 말. ◆ 山鸟。

-며[1]【어미】词尾 ❶ 두 가지 이상의 동작이나 상태, 사실을 나열함을 나타내는 연결 어미. ◆ 表示并列。¶이것은 감이며 저것은 사과이다. =这是柿子，那是苹果。❷ 두 가지 이상의 동작이나 상태가 함께 일어남을 나타내는 연결 어미. ◆ -면서的略语。¶음악을 들으며 공부를 하다. =边听音乐边学习。

며[2]【조사】둘 이상의 사물을 같은 자격으로 이어 주는 접속 조사. ◆ 助并列几个具有相同性质的事物的连接助词。¶잔칫상에는 배며 대추며 사과며 여러 가지 과일이 차려져 있었다. =筵席上摆着梨、大枣、

苹果等各种水果。

며느리【명사】아들의 아내. ◆ 名儿媳。¶며느리가 아들을 낳았다. =儿媳生了个小子。

며칠【명사】名 ❶ 그달의 몇째 되는 날. ◆ 几日，几号。¶오늘이 며칠이지? =今天是几号? ❷ 몇 날. ◆ 几天。¶그는 며칠 동안 도대체 아무 말이 없었다. =他好几天一句话也没说。

멱【명사】목의 앞쪽. ◆ 名前颈，喉咙。¶닭의 멱을 따는 일은 늘 그의 몫이었다. =割鸡脖子一直是他的活儿。

멱살【명사】사람의 멱이 닿는 부분의 옷깃. ◆ 名领口。¶멱살을 거머쥐다. =紧紧抓住领口。

면[1](麵/麪)【명사】국수. ◆ 名面条。

면[2](面)【명사】시(市)나 군(郡)에 속한 지방 행정 구역 단위의 하나. 몇 개의 이(里)로 구성된다. ◆ 名面(韩国的行政区划，在郡之下，里之上)。

면[3](面)【명사】名 ❶ 사물의 겉에 있는 평평한 부분. ◆ 表面。¶면이 고르지 않은 땅. =不平的地面。❷ 입체형을 구성하는 평면이나 표면. ◆ 平面。¶곱자의 양쪽 면에 새겨진 눈금. =曲尺两面的刻度。❸ 무엇을 향하고 있는 쪽. ◆ 面，边。¶삼 면이 바다로 둘러싸인 나라. =三面环海的国家。❹ 일의 어떤 측면이나 방면. ◆ 方面，角度。¶긍정적인 면과 부정적인 면. =肯定的一面和否定的一面。❺ (옛 말투로) 남을 대하기에 떳떳한 도리나 명예. ◆ 面子，脸面。¶면이 깎이다. =丢面子。❻ 책이나 신문에서 각각의 쪽. ◆ 面，页，版。¶그는 신문 한 면 한 면을 세세히 읽어 나갔다. =他一版一版地仔细读报纸。

면[4](綿)【명사】무명이나 목화솜 따위를 원료로 한 실. 또는 그 실로 짠 천. ◆ 名棉，棉线。

-면[5]【어미】词尾 ❶ 불확실한 사실을 가정하여 말할 때 쓰는 연결 어미. ◆ 假设不确定的事时使用的连接词尾。¶비가 오면 논을 갈자. =要下雨的话就耕地吧。❷ 뒤에 오는 내용에 대한 근거나 조건이 됨을 나타내는 연결 어미. ◆ 表示某特定事实是某事的条件时用的连接词尾。¶봄이 오면 꽃이 핀다. =春天一到就开花。❸ 희망하는 상태나 후회되는 상황 등과 같이 현실과 다른 사실을 가정하여 나타내는 연결 어미. ◆ 表示希望的条件或对未能实现事实的惋惜。¶눈이 오면 좋을 텐데. =要下雪就好了。❹ 습관적이고 반복적인 조건을 나타내는 연결 어미. ◆ 表示实现后一事实的条件或反复出现状况的条件时使用的连接词尾。¶꼬리가 길면 잡힌다. =纸包不住火，总有一天要露馅。

면담(面談)【명사】서로 만나서 이야기함. ◆ 名面谈。¶면담 시간. =面谈时间。● 면담하다(面談--) ●

면도(面刀)【명사】名 ❶ 얼굴이나 몸에 난 수염이나 잔털을 깎음. ◆ 剃须，刮脸。¶그는 매일 아침에 면도를 한다. =他每天早上刮脸。 ❷ 면도칼. ◆ 剃须刀，刮脸刀。¶면도가 무디다. =剃须刀太钝了。● 면도하다(面刀--) ●

면도기(面刀器)【명사】면도할 수 있도록 만든 기구. ◆ 剃须刀，刮脸刀。¶전기 면도기. =电动剃须刀。

면도칼(面刀-)【명사】면도하는 데에 쓰는 칼. ◆ 名剃须刀，刮脸刀。¶면도칼을 갈다. =换剃须刀片。

면면하다(綿綿--)【형용사】끊어지지 않고 죽 잇따라 있다. ◆ 形绵延，连绵不断。● 면면히(綿綿-) ●

면모(面貌)【명사】名 ❶ 얼굴의 모양. ◆ 面孔。¶그의 수려한 면모를 직접 본 사람이면 누구나 그에게 반하지 않을 수 없었다. =凡是当面见过他俊秀面孔的人无不因他着迷。❷ 사람이나 사물의 겉모습. 또는 그 됨됨이. ◆ 面貌，形象。¶면모를 일신하다. =面貌焕然一新。

면목(面目)【명사】名 ❶ 얼굴의 생김새. ◆ 相貌。❷ 낯. 남을 대할 만한 체면. ◆ 面子，脸面。¶면목을 세우다. =给面子。

면밀하다(綿密--)【형용사】자세하고 빈틈이 없다. ◆ 形周密，细致。¶이번 조사는 면밀하게 이루어졌다. =这次调查进行得很周密。● 면밀히(綿密-) ●

면박(面駁)【명사】면전에서 꾸짖거나 나무람. ◆ 名面斥，当面驳斥。¶면박을 주다. =当面训斥。

면사무소(面事務所)【명사】면의 행정 사무를 맡아보는 기관. ◆ 名面行政事务所。¶면사무소에서 호적 등본을 떼어 보다. =从面行政事务所取户口复印本。

면사포(面紗布)【명사】결혼식 때에 신부가 머리에 써서 뒤로 늘이는, 흰 사(紗)로 만든 장식품. ◆ 名面纱，头纱。¶면사포를 쓰다. =带着面纱。

-면서【어미】词尾 ❶ 둘 이상의 동작이나 상태가 동시에 나타날 때 쓰는 연결 어미. ◆ 表示两种以上动作或状态同时进行的连接语尾。¶신문을 보면서 밥을 먹는다. =边看报纸边吃饭。❷ 둘 이상의 움직임이나 사태가 상로 대립되는 관계에 있음을 나타내는 연결 어미. ◆ 表示两种以上对立的动作或状态同时进行。¶모르면서 아는 척한다. =不懂装懂。

면세(免稅)【명사】세금을 면제함. ◆ 名免税。

면세점(免稅店)【명사】외화 획득이나 외국인 여행자의 편의를 도모하기 위하여 공항 대합실이나 시중에 설치한 비과세 상점. ◆ 名免税店。¶입국하는 길에 면세점에서 부모님의 선물을 샀다. =回国时在免税店给父母买了礼物。

면역(免疫)【명사】名 ❶ 사람이나 동물의 몸 안에 들어온 균이나 바이러스에 대하여 항체가 만들어져, 같은 균이나 바이러스가 일으키는 병에 걸리지 않는 현상. ◆ 免疫。¶면역이 생기다. =产生免疫力。❷ (비유적으로) 자꾸 반복되는 자극에 익숙해져서 반응이 없이 무감각해지는 상태. ◆〈喻〉无反应，没有感觉。¶그는 선생님의 꾸지람에도 이미 면역이 되었다. =他已经对老师的训斥没有感觉了。

면적(面積)【명사】면이 이차원의 공간을 차지하는 넓이의 크기. ◆ 名面积。

면전(面前)【명사】보고 있는 앞. ◆ 名面前，当面。¶그런 일을 면전에서 말씀드리기는 쑥스럽습니다. =那种事不好意思当面说。

면접(面接)【명사】名 ❶ 서로 대면하여 만나 봄. ◆ 见面，会面。¶두 시간이나 기다린 보람도 없이 사장과는 면접도 못했다. =白白等了两个小时，连社

长的面都没见到。❷ 면접시험. ◆ 面试。¶면접을 보다. =面试。

면접시험(面接試驗)【명사】직접 만나서 인품(人品)이나 언행(言行) 따위를 시험하는 일. 흔히 필기시험 후에 최종적으로 심사하는 방법이다. ◆ 名面试。¶필기시험을 아무리 잘 보았다고 하더라도 면접시험에서 낙제 점수를 받으면 불합격이 된다. =不管笔试成绩多好，如果面试成绩不及格，还是不合格。

면제(免除)【명사】책임이나 의무 따위를 면하여 줌. ◆ 名免除，免去。¶세금 면제. =免税。● 면제되다(免除--), 면제하다(免除--) ●

면직물(綿織物)【명사】목화솜으로 짠 물건을 통틀어 이르는 말. ◆ 名棉织物，棉制品。

면책(免責)【명사】책임이나 책망을 면함. ◆ 名免去责任，免责。¶면책 사유. =免去责任的缘由。

면하다(免--)【동사】动 ❶ 책임이나 의무 따위를 지지 않게 되다. ◆ 免除，推卸。¶책임을 면하다. =推卸责任。❷ 어떤 일을 당하지 않게 되다. ◆ 避免。¶벌을 면하다. =避免处罚。❸ 어떤 상태나 처지에서 벗어나다. ◆ 摆脱，避免。¶낙제를 면하고 겨우 진급하다. =避免了不及格，勉强升级。

면허(免許)【명사】名 ❶ 일반인에게는 허가되지 않는 특수한 행위를 특정한 사람에게만 허가하는 행정 처분. ◆ 批准，许可，准许。¶총기 소지 면허. =允许持有枪支。❷ 특정한 일을 할 수 있는 공식적인 자격을 행정 기관이 허가함. 또는 그런 일. ◆ 执照，牌照。¶면허를 받다. =拿到执照。

면허증(免許證)【명사】면허의 내용과 사실을 기재한 증서. ◆ 名执照，牌照。

면회(面會)【명사】일반인의 출입이 제한되는 어떤 기관이나 집단생활을 하는 곳에 찾아가서 사람을 만나 봄. ◆ 名会面，会晤。¶면회 장소. =会面场所。● 면회하다(面會--) ●

멸균(滅菌)【명사】약품이나 높은 열로 세균 등 미생물을 죽여 무균(無菌) 상태로 하는 일. ◆ 名杀菌，灭菌。

멸망(滅亡)【명사】망하여 없어짐. ◆ 名灭亡，消亡。● 멸망되다(滅亡--), 멸망하다(滅亡--) ●

멸망시키다(滅亡---)【동사】어떤 존재의 행위나 집적물(集積物)을 망하여 사라지게 만들다. ◆ 动灭亡，消灭。

멸시(蔑視)【명사】업신여기거나 하찮게 여겨 깔봄. ◆ 名蔑视，藐视，鄙视。¶멸시의 눈초리. =鄙视的眼神。● 멸시하다(蔑視--) ●

멸시당하다(蔑視當--)【동사】업신여김이나 하찮게 여김을 받다. ◆ 动被鄙视，被蔑视，被藐视。¶이유 없이 멸시당하고는 살 수 없다. =不能在毫无理由的蔑视下生活。

멸종(滅種)【명사】생물의 한 종류가 아주 없어짐. 또는 아주 없애 버림. ◆ 名灭种，绝种，灭绝。¶밀렵으로 멸종의 위기에 놓인 야생 동물. =因偷猎而濒临灭绝的野生动物。● 멸종되다(滅種--), 멸종하다(滅種--) ●

멸치【명사】몸은 13 센티미터 정도에 등은 검푸르고 배는 은백색이며 주로 말리거나 젓을 담가 먹는 바닷물고기. ◆ 名鳀鱼，海蜒。

멸하다(滅--)【동사】망하여 죄다 없어지다. 또는 그렇게 하다. ◆ 动歼灭，消灭。¶잔당을 멸하다. =消灭残匪。

명[1](名)【명사】이름. ◆ 名名称，名字。¶식물명. =植物名。

명[2](命)【명사】名 목숨. ◆ 寿命，生命，性命。¶명이 길다. =寿命长。

명[3](命)【명사】'명령(命令)'의 준말. ◆ 名 命令。¶천자의 명을 받다. =接到天子的命令。

명[4]-(名)【접사】'이름난' 또는 '뛰어난'의 뜻을 더하는 접두사. ◆ 前缀名，著名。¶명가수. =名歌手。

명[5](名)【의존 명사】사람을 세는 단위. ◆ 依名名，个。¶한 명. =一个人。

명곡(名曲)【명사】이름난 악곡. 또는 뛰어나게 잘된 악곡. ◆ 名名曲。¶명곡을 감상하다. =欣赏名曲。

명구(名句)【명사】名 ❶ 뛰어나게 잘된 글귀. ◆ 名言。¶이 책은 성현이 지은 명구들만을 모은 책이다. =这本书收集了圣贤们的名言。❷ 유명한 문구. ◆ 名句。¶"죽느냐, 사느냐, 이것이 문제로다"는 구절은 셰익스피어의 ≪햄릿≫에 나오는 명구이다. = "生还是死，这是一个问题" 是莎士比亚《哈姆雷特》中的名句。

명궁(名弓)【명사】名 ❶ 이름난 활. 또는 좋은 활. ◆ 良弓。¶이 활은 천하의 명궁이다. =这把弓是世界上最好的。❷ 명궁수. 활 쏘기로 이름난 사람. ◆ 神箭手。¶주몽은 타고난 명궁이었다. =朱蒙是天生的神箭手。

명기(明記)【명사】분명히 밝히어 적음. ◆ 名注明，标明，明确记载。¶원작자의 이름을 명기하다. =明确记载原作者名。● 명기되다(明記--), 명기하다(明記--) ●

명년(明年)【명사】올해의 다음. ◆ 名明年，来年。¶그는 명년 새 학기에 어느 학교에 입학을 할 것인지 대략 결정하였다. =他基本确定了明年新学期去哪所学校。

명단(名單)【명사】어떤 일에 관련된 사람들의 이름을 적은 표. ◆ 名名单。¶합격자 명단. =合格人员名单。

명당(明堂)【명사】名 ❶ 풍수지리에서, 자손에게 장차 좋은 일이 많이 생기게 된다는 좋은 집이나 무덤의 자리. ◆ 风水宝地。¶부모님 산소를 명당에 쓰다. =把父母的墓地建在风水宝地。❷ 어떤 일을 하기에 아주 좋은 자리. ◆ 宝地，好地方。¶그 땅은 상가 건물을 짓기에 명당이라 할 수 있다. =那块地可以说是建商业建筑的宝地。

명도(明度)【명사】색의 밝고 어두운 정도. 색의 삼요소 가운데 하나이다. ◆ 名亮度。¶같은 색상이라도 명도에 따라 느낌이 완전히 달라진다. =即使是同样的颜色，亮度不同也会给人以完全不同的感觉。

명랑하다(明朗--)【형용사】유쾌하고 활발하다. ◆ 形开朗，爽朗，爽快。¶성격이 명랑하다. =性格开

朗。

명령(命令)【명사】图 ❶ 윗사람이 아랫사람에게 무엇을 시킴. 또는 그런 내용. ◆ 命令，指示。¶상사의 명령. =领导的命令。❷ 대통령이나 행정 기관이 법률을 시행하기 위하여 제정하는 규칙. ◆ 法令，政令。❸ 컴퓨터에 시동, 정지, 계속이나 입출력 등의 동작을 지정하는 것. ◆ (计算机)指令。● 명령하다(命令--) ●

명령문(命令文)【명사】图 ❶ 명령의 내용을 적은 글. ◆ 指令性公文，书面命令。¶드디어 명령문이 상부로부터 도달했다. =书面命令最终从上级传来了。❷ 화자가 청자에게 무엇을 시키거나 행동을 요구하는 문장. ◆ 祈使句，命令句。¶평서문을 명령문으로 고쳐라. =将陈述句转换为祈使句。

명령조(命令調)【명사】명령을 하는 듯한 말투. ◆ 图命令的口气。¶그는 명령조로 말했다. =他用命令的口气说话。

명료하다(明瞭--)【형용사】뚜렷하고 분명하다. ◆ 形明了，清楚。¶그의 발음은 명료하다. =他的发音很清楚。● 명료히(明瞭-) ●

명망(名望)【명사】명성(名聲)과 인망(人望)을 아울러 이르는 말. ◆ 图名望，威望。¶그는 이 시대의 큰 스승으로 명망이 높다. =他是这个时代的导师，有很高的威望。

명맥(命脈)【명사】어떤 일의 지속에 필요한 최소한의 중요한 부분. ◆ 图命脉，根本。

명멸(明滅)【명사】图 ❶ 불이 켜졌다 꺼졌다 함. ◆ 闪烁。¶텔레비전의 화면이 명멸을 반복하고 있다. =电视屏幕闪烁不定。❷ 나타났다 사라졌다 함. ◆ 出没。¶역사에서 위인은 명멸을 거듭하며, 인류에게 많은 유산을 물려주었다. =历史上不断有伟人出现，他们给人类留下了很多遗产。● 명멸하다(明滅--) ●

명명되다(命名--)【동사】사람, 사물, 사건 등의 대상에 이름이 지어져 붙여지다. ◆ 动被命名，被称为。¶그는 혁명가로 명명되었다. =他被称为革命家。

명명하다(命名--)【동사】사람, 사물, 사건 등의 대상에 이름을 지어 붙이다. ◆ 动命名，把……称为。

명목(名目)【명사】图 ❶ 겉으로 내세우는 이름. ◆ 名义，名目。¶명목뿐인 사장. =有名无实的社长。❷ 구실이나 이유. ◆ 理由，借口。

명문[1](名文)【명사】뛰어나게 잘 지은 글. ◆ 图名篇，美文。¶그의 글은 당대의 명문으로 이름나 있다. =他的文章是当代的名篇。

명문[2](名門)【명사】图 ❶ 이름 있는 문벌. 또는 훌륭한 집안. ◆ 名门望族，豪门。¶명문은 하루아침에 이루어지지 않는다. =豪门不是在一夜之间出现的。❷ 이름난 좋은 학교. ◆ 名校。¶그는 명문 대학 출신이다. =他毕业于名牌大学。

명물(名物)【명사】图 ❶ 어떤 지방의 이름난 사물. ◆ 风物，名胜。¶이 사찰은 이 지방의 명물이다. =这座寺庙是这里的名胜。❷ 한 지방의 특산물. ◆ 地方特产，特产。¶금산의 명물은 인삼이다. =锦山的特产是人参。❸ 남다른 특징이 있어 인기 있는 사람을 이르는 말. ◆ 风云人物，名人。¶그녀는 이 학교의 명물로 통한다. =她被认为是这所学校的风云人物。

명백하다(明白--)【형용사】의심할 바 없이 아주 뚜렷하다. ◆ 形确凿，明了，清楚。¶경찰은 명백한 증거를 찾았다. =警察找到了确凿的证据。● 명백히(明白-) ●

명복(冥福)【명사】죽은 뒤 저승에서 받는 복. ◆ 图冥福。¶삼가 고인의 명복을 빕니다. =为故人祈求冥福。

명분(名分)【명사】图 ❶ 각각의 이름이나 신분에 따라 마땅히 지켜야 할 도리. 군신, 부자, 부부 등 구별된 사이에 서로가 지켜야 할 도덕상의 일을 이른다. ◆ 名分，本分。¶명분을 지키다. =守本分。❷ 일을 꾀하는 데에 있어 내세우는 구실이나 이유 따위. ◆ 借口，理由。¶명분 없는 싸움. =无理由的战争。

명사(名士)【명사】세상에 널리 알려진 사람. ◆ 图著名人士，名人。¶각계의 명사. =各界名人。

명산(名山)【명사】이름난 산. ◆ 图名山。

명산지(名産地)【명사】좋은 산물로 이름이 난 지방. ◆ 图名产地，有名的特产地。¶울릉도는 오징어의 명산지이다. =郁陵岛是有名的墨斗鱼产地。

명상(冥想/瞑想)【명사】고요히 눈을 감고 깊이 생각함. 또는 그런 생각. ◆ 图冥想，沉思。¶명상에 잠기다. =陷入沉思。● 명상하다(冥想/瞑想--) ●

명석하다(明晳--)【형용사】생각이나 판단력이 분명하고 똑똑하다. ◆ 形明晰，清晰。¶두뇌가 명석하다. =头脑清晰。

명성(名聲)【명사】세상에 널리 퍼져 평판 높은 이름. ◆ 图名声，名望，名气。¶명성을 날리다. =名声远扬。

명세서(明細書)【명사】물품이나 금액 따위의 내용을 분명하고 자세하게 적은 문서. ◆ 图明细，清单。¶거래 명세서. =买卖清单。

명소(名所)【명사】경치나 고적, 산물 따위로 널리 알려진 곳. ◆ 图名胜，胜地。¶관광의 명소. =观光胜地。

명수(名手)【명사】기능이나 기술 따위에서 소질과 솜씨가 뛰어난 사람. ◆ 图高手，大家。¶바둑의 명수. =围棋高手。

명승(名勝)【명사】图 ❶ 훌륭하고 이름난 경치. ◆ 名胜。¶그 화가는 명승을 찾아 방방곡곡을 다닌다. =那位画家到处寻访名胜。❷ 명승지. ◆ 胜地。

명승지(名勝地)【명사】경치가 좋기로 이름난 곳. ◆ 图风景名胜区，胜地。¶설악산은 한국의 명승지이다. =雪岳山是韩国的风景名胜区。

명시(明示)【명사】분명하게 드러내 보임. ◆ 图明示，明确指出，表明。● 명시되다(明示--), 명시하다(明示--) ●

명실공히(名實共-)【부사】겉으로나 실제에 있어서나 다 같이. ◆ 副名副其实地。¶명실공히 그 작품은 훌륭한 작품이다. =那部作品是名副其实的优秀作品。

명실상부하다(名實相符--)【형용사】이름과 실상이 서로 꼭 맞는 데가 있다. ◆ 形名副其实。¶명실상부하게 그는 한국 최고의 야구선수이다. =他是韩国名副其实的最好的棒球运动员。

명심(銘心)【명사】잊지 않도록 마음에 깊이 새겨 둠. ◆ 名铭记，铭刻在心。● 명심하다(銘心--) ●

명암(明暗)【명사】名 ❶ 밝음과 어두움을 통틀어 이르는 말. ◆ 明暗。¶이 사진은 명암 조절에 실패해 인물이 뚜렷하지 않다. =这张照片的明暗度没有调好，所以人物不清楚。❷ 기쁜 일과 슬픈 일 또는 행복과 불행을 통틀어 이르는 말. ◆ 悲喜。¶명암이 교차하다. =悲喜交加。❸ 회화에서, 색의 농담이나 밝기의 정도를 이르는 말. ◆ 明暗度，亮度。¶이곳은 명암을 살려서 그려야 한다. =画这个地方需要提高亮度。

명약관화하다(明若觀火--)【형용사】불을 보듯 분명하고 뻔하다. ◆ 形显而易见，洞若观火。¶명약관화한 사실. =显而易见的事实。

명언(名言)【명사】사리에 맞는 훌륭한 말. 널리 알려진 말. ◆ 名名言，格言。¶'아는 것이 힘이다'는 베이컨이 한 명언이다. = "知识就是力量" 是培根的名言。

명예(名譽)【명사】名 ❶ 세상에서 훌륭하다고 인정되는 이름이나 자랑. 또는 그런 존엄이나 품위. ◆ 名誉，名声。¶명예를 높이다. =提升名声。❷ 어떤 사람의 공로나 권위를 높이 기리어 특별히 수여하는 칭호. ◆ 名誉。

명예롭다(名譽--)【형용사】명예로 여길 만하다. ◆ 形荣誉，光彩，光荣。¶명예로운 훈장. =荣誉勋章。

명예퇴직(名譽退職)【명사】정년이나 징계에 의하지 아니하고, 근로자가 스스로 신청하여 직장을 그만둠. 또는 그런 일. ◆ 名提前退休，光荣退休。¶아이엠에프(IMF)로 인해 많은 노동자들이 명예퇴직를 당했다. =由于金融危机，很多工人都提前退休了。

명예 훼손(名譽毁損)【명사】공공연하게 다른 사람의 사회적 평가를 떨어뜨리는 사실 또는 허위 사실을 지적하는 일. ◆ 名损害名誉。

명월(明月)【명사】밝은 달. ◆ 名明月。

명의[1](名醫)【명사】병을 잘 고쳐 이름난 의원이나 의사. ◆ 名名医。¶진정한 명의는 마음을 치료할 줄 아는 사람이다. =真正的名医是会治疗心灵的人。

명의[2](名義)【명사】名 ❶ 어떤 일이나 행동의 주체로서 공식적으로 알리는 개인 또는 기관의 이름. ◆ 名义。¶그는 아내의 명의로 모교에 장학금을 설립하였다. =他以妻子的名义在母校设立了奖学金。❷ 문서상의 권한과 책임이 있는 이름. ◆ 名义，名下。

명인(名人)【명사】어떤 분야에서 기예가 뛰어나 유명한 사람. ◆ 名名人，高手。¶바둑의 명인. =围棋高手。

명일(明日)【명사】내일. ◆ 名明天，明日。¶명일 오전 10시에 기념식이 거행되오니 참석해 주시기 바랍니다. =明天上午10点举行纪念仪式，敬请参加。

명작(名作)【명사】이름난 훌륭한 작품. ◆ 名名作，著作。

명장[1](名將)【명사】이름난 장수(將帥). ◆ 名名将。¶임진왜란의 명장 충무공 이순신. =壬辰倭乱时的名将忠武公李舜臣。

명장[2](名匠)【명사】기술이 뛰어나 이름난 장인. ◆ 名名匠。¶그는 도공 인생 30년에 명장 반열에 올랐다. =他做了30年陶瓷器工匠，进入了名匠行列。

명절(名節)【명사】해마다 일정하게 지키어 즐기거나 기념하는 때. 한국에서는 설날·대보름날·단옷날·한가윗날·동짓날 따위가 있다. ◆ 名节日，佳节。

명주(明紬)【명사】명주실로 무늬 없이 짠 피륙. ◆ 名丝绸。¶명주 서른 필. =丝绸三十匹。

명주실(明紬-)【명사】누에고치에서 뽑은 가늘고 고운 실. ◆ 名丝，蚕丝。

명중(命中)【명사】화살이나 총알 따위가 겨냥한 곳에 바로 맞음. ◆ 名命中，击中，打中。● 명중되다(命中--), 명중하다(命中--) ●

명중시키다(命中---)【동사】화살이나 총알 따위를 겨냥한 곳에 바로 맞히다. ◆ 名使命中，使击中，使打中。¶그는 과녁 중앙에 총알을 명중시켰다. =他用子弹击中了靶子的中央。

명찰(名札)【명사】성명, 소속 등을 적어서 달고 다니는 헝겊 또는 종이나 나무쪽을 이르는 말. ◆ 名胸牌，名字牌。

명창(名唱)【명사】노래를 뛰어나게 잘 부르는 사람. ◆ 名名歌手。¶명창에 명고수(名鼓手)다. =既是名歌手，又是名鼓手。

명철하다(明哲--)【형용사】총명하고 사리에 밝다. ◆ 形明智。¶명철한 두뇌와 풍부한 창의력을 갖춘 사람. =具有明智头脑和丰富创造力的人。

명치【명사】사람의 복장뼈 아래 한가운데의 오목하게 들어간 곳. 급소의 하나이다. ◆ 名贲门，心口。¶명치가 답답해 병원에 갔다. =因为心口闷得慌，就去了医院。

명칭(名稱)【명사】사람이나 사물 따위를 부르는 이름. ◆ 名名称。¶명칭을 붙이다. =取名，命名。

명쾌하다(明快--)【형용사】形 ❶ 말이나 글 따위의 내용이 명백하여 시원하다. ◆ (语言、文字等)明快，明白通畅。¶해답이 명쾌하다. =解答明白通畅。❷ 명랑하고 쾌활하다. ◆ 爽快，愉快，爽朗。¶명쾌한 기분. =愉快的心情。

명태(明太)【명사】팔뚝만 한 크기에 입과 눈이 크고 등은 푸른 갈색, 배는 은백색이며 말리면 북어가 되는 바닷물고기. ◆ 名明太鱼。¶명태 한 마리. =一条明太鱼。

명필(名筆)【명사】名 ❶ 매우 잘 쓴 글씨. ◆ 名笔，好字。¶정자의 현판에는 천하의 명필이 걸려 있다. =亭子的玄关上挂着天下一幅好字。❷ 명필가(名筆家). ◆ 著名书法家。¶왕희지는 중국 제일의 명필이다. =王羲之是中国最有名的书法家之一。

명하다(命--) 【동사】 动 ❶ 윗사람이 아랫사람에게 무엇을 하게 하다. ◆ 命令。¶양심이 명하는 바. =良心的命令。❷ 어떤 직위나 임무를 남에게 맡기다. ◆ 任命。¶수석대표에 명하다. =任命为首席代表。

명함(名銜) 【명사】 성명·주소·직업·신분 따위를 적은 네모난 종이쪽. 흔히 처음 만난 사람에게 자신의 신상을 알리기 위하여 건네준다. ◆ 名名片。¶두 사람은 통성명이 끝나자 명함 한 장씩을 주고받았다. =两人互通姓名后交换了一张名片。

명화(名畫) 【명사】 名 ❶ 아주 잘 그린 그림. 또는 유명한 그림. ◆ 名画。¶조선 명화 전람회. =朝鲜朝时期的名画展览会。❷ 잘 만들어진 유명한 영화. ◆ 经典影片，经典电影。¶명화를 방영하다. =播放经典影片。

명확하다(明確--) 【형용사】 명백하고 확실하다. ◆ 形明确，确定，清楚，肯定，分明。¶명확한 입장. =明确的立场。● 명확히(明確-) ●

몇 【수사】 数 ❶ 그다지 많지 않은 막연한 수. ◆ 若干，几，一些。¶몇 사람이 모였니? =聚了几个人? ❷ 잘 모르는 수를 물을 때 쓰는 말. ◆ 多少，几。

몇몇 【수사】 '몇'을 강조하여 이르는 말. ◆ [数]若干，一些，好几。¶몇몇 사람은 반대했다. =有些人反对。

모[1] 【명사】 名 ❶ 물건의 거죽으로 쑥 나온 귀퉁이. ◆ 角，棱角。¶모가 나다. =有角。❷ 공간의 구석이나 모퉁이. ◆ 角落。¶쓰레기를 한쪽 모로 쓸었다. =把垃圾扫到一角。❸ 사람이나 사물의 면면이나 측면. ◆ 层面，方面。¶여러 모로 생각 끝에 정했다. =经过多方思考，下定了决心。❹ 두부나 묵을 네모나게 지어 놓은 몸체. ◆ 块儿。¶두부 모. =豆腐块儿。

모[2](某) 【대명사】 '아무개'의 뜻을 나타내는 말. 누구인지 확실하지 않거나 굳이 밝히려고 하지 않을 때 쓴다. ◆ 代某。¶김(金) 모. =金某。

모[3] 【명사】 윷놀이에서, 윷가락의 네 짝이 다 엎어진 때의 일컬음. 끗수는 다섯 끗임. ◆ 名 (掷尤茨游戏中的)五分(四扑)。

모[4](毛) 【명사】 동물의 몸에서 깎아 낸 털로 만든 섬유. 특히 양모(羊毛)를 이르는 말이다. ◆ 名毛，羊毛。

모[5] 【명사】 名 ❶ 볏모. 옮겨심기 위하여 가꾸어 기른 어린 벼. ◆ 稻秧。¶모를 심다. =插秧。❷ 모종. 옮기어 심기 위해 가꾼, 벼 이외의 온갖 어린 식물. 또는 그것을 옮겨 심음. ◆ 秧，苗。¶종묘사에서 고추 모를 구했다. =从种苗公司买来辣椒苗。

-모[6](帽) 【접사】 '모자'의 뜻을 더하는 접미사. ◆ 后缀帽，帽子。¶등산모. =登山帽。

모가지 【명사】 名 ❶ '목'을 속되게 이르는 말. ◆ 脖子。¶모가지를 비틀다. =扭脖子。❷ '해고(解雇)'나 '면직(免職)'을 속되게 이르는 말. ◆ 俚解雇，罢免，免职。¶모가지 당하다. =被解雇。

모계(母系) 【명사】 어머니 쪽의 핏줄 계통. ◆ 名母系。¶원시사회는 대부분 모계사회였다. =原始社会大部分为母系社会。

모과(木瓜) 【명사】 향기가 좋아 설탕에 절여 먹거나 차를 달여 먹거나 한약의 재료로 쓰는 타원형의 노란 열매. ◆ 名木瓜。

모과나무(木瓜--) 【명사】 장미과의 낙엽 활엽 교목. 봄에 연 붉은 꽃이 피고 가을에 향기롭고 길고 둥근 열매가 노랗게 익는다. 목재는 단단하고 질이 좋아 가구재로, 열매는 기침의 약재로 쓰인다. 중국이 원산지로 한국, 일본 등지에도 분포한다. ◆ 名 木瓜树。

모교(母校) 【명사】 자기가 다니거나 졸업한 학교. ◆ 名母校。

모국(母國) 【명사】 자기가 태어난 나라. 흔히 외국에 나가 있는 사람이 자기 나라를 가리킬 때에 쓰는 말이다. ◆ 名祖国。

모국어(母國語) 【명사】 자기 나라의 말. 주로 외국에 나가 있는 사람이 고국의 말을 이를 때에 쓴다. ◆ 名本国语，母语。¶모국어 사랑. =热爱本国语。

모금[1] 【의존 명사】 액체나 기체를 입 안에 한 번 머금는 분량을 세는 단위. ◆ 依名 口(水、酒等)。¶물 한 모금. =一口水。

모금[2](募金) 【명사】 기부금이나 성금 따위를 모음. ◆ 名捐款，募捐。¶모금 운동에 참여하다. =参加募捐活动。● 모금되다(募金--), 모금하다(募金--) ●

모기 【명사】 모깃과의 곤충을 통틀어 이르는 말. ◆ 名蚊子。

모기장(--帳) 【명사】 모기를 막으려고 치는 장막. 생초나 망사 따위로 만든다. ◆ 名蚊帐。

모기향(--香) 【명사】 독한 연기로 모기를 잡거나 쫓기 위하여 피우는 향. 보통 제충국을 원료로 해서 봉상이나 나선상으로 만든다. ◆ 名蚊香，驱蚊香。¶모기향을 피우다. =点蚊香。

모깃불 【명사】 모기를 쫓기 위하여 풀 따위를 태워 연기를 내는 불. ◆ 名熏蚊烟火。¶모깃불을 피우다. =点火熏蚊子。

모나다 【형용사】 形 ❶ 사물의 모습이나 일에 드러난 표가 있다. ◆ 有棱角。¶한복의 선은 모나지 않은 특징을 가진다. =韩服的曲线具有无棱角、曲线柔和的特点。❷ 말이나 짓이 둥글지 못하고 까다롭다. 성질이 원만치 못하다. ◆ 有棱角，个性强。¶성격이 모나다. =个性强。❸ 물건이 쓰이는 데 유용한 구석이 있다. ◆ 很有作用。¶그는 적은 돈이지만 모나게 쓴다. =既使是小钱，他也用在刀刃上。

모내기 【명사】 모를 못자리에서 논으로 옮겨 심는 일. ◆ 名插秧。¶농촌에서는 지금 모내기가 한창이다. =农村里人们现在正忙着插秧。● 모내다 ●

모녀(母女) 【명사】 어머니와 딸을 아울러 이르는 말. ◆ 名母女。¶모녀가 닮았다. =母女相像。

모눈종이 【명사】 일정한 간격으로 여러 개의 세로줄과 가로줄을 그린 종이. ◆ 名方格纸，坐标纸。

모니터(monitor) 【명사】 名 ❶ '디스플레이 장치'를 일상적으로 이르는 말. ◆ 显示器，显示屏。❷ 방송이나 신문, 잡지 등을 보고 의견을 내놓거나 평가하는 일. 또는 그런 일을 하는 사람. ◆ (受广播电视公

司、报社委托对广播或者报纸内容提出意见的)监督员。¶방송 모니터 요원. =广播跟踪反馈人员。❸ 생산 업체의 의뢰를 받아 제품을 써 보고 의견을 내놓는 일. 또는 그런 일을 하는 사람. ◆(受制造商委托试用产品并提出意见的)产品反馈员。

모닥불【명사】잎나무나 검불 따위를 모아 놓고 피우는 불. ◆图篝火。¶모닥불을 쪼이다. =烤篝火。

모델(model)【명사】图 ❶ 작품을 만들기 전에 미리 만든 물건. 또는 완성된 작품을 보여주는 대표적인 보기. ◆模型，款式。¶이 차는 우리 회사에서 독자적으로 개발한 모델입니다. =这种车是我们公司独立研发的款式。❷ 본보기가 되는 대상이나 모범. ◆模范，典范，范本。¶우리 시는 지방 자치제의 모델이라 할 만하다. =我们市可以说是地方自治制度的典范。❸ 새로운 옷이나 최신 유행의 옷을 발표할 때, 그 옷을 입고 관객들에게 보이는 것을 직업으로 하는 사람. ◆(服装)模特。¶저 여성은 현재 의류업계에서 모델로 일을 한다. =那个女孩现在在服装行业做模特。❹ 사진, 그림, 조각 등에서 표현의 대상으로 삼는 인물이나 물건. ◆(泥塑)原型。

모독(冒瀆)【명사】말이나 행동으로 더럽혀 욕되게 함. ◆图亵渎，玷污。¶모독 행위. =亵渎行径。● 모독하다(冒瀆--) ●

모두【부사】일정한 수효나 양을 빠짐없이 다. ◆副全部，所有，总共，一共。¶모두 얼마냐. =一共多少钱?

모둠【명사】초·중등학교에서, 효율적인 학습을 위하여 학생들을 작은 규모로 묶은 모임. ◆图(小学、初中里的)学习小组。¶모둠 토의. =学习小组讨论。

모든【관형사】빠짐이나 남김없이 전부의. ◆冠所有，全体，一切。¶모든 사람. =所有的人。

모락모락【부사】副 ❶ 곱고 순조롭게 잘 자라는 모양. ◆茁壮，健壮，旺盛。¶강아지가 모락모락 크다. =小狗长得很健壮。❷ 연기나 냄새, 김 따위가 계속 조금씩 피어오르는 모양. ◆袅袅，冉冉。¶저 멀리 지평선에 아지랑이가 모락모락 피어오른다. =远方的地平线上水汽冉冉升起。

모래【명사】자연히 잘게 부스러진 돌 부스러기. ◆图沙子。¶강가에는 희고 깨끗한 모래가 깔려 있다. =江边覆盖着洁白干净的沙子。

모래밭【명사】图 ❶ 모래가 넓게 덮여 있는 곳. ◆沙滩。¶바닷가 모래밭을 걸었다. =走在海边的沙滩上。❷ 흙에 모래가 많이 섞인 밭. ◆沙地。¶땅콩은 모래밭에 심어야 잘된다. =花生在沙地里才能长得好。

모래사장(--沙場)【명사】강가나 바닷가에 있는 넓고 큰 모래벌판. ◆图沙滩。¶바닷가 모래사장에 많은 인파가 몰렸다. =海边的沙滩上聚集了很多人。

모래성(--城)【명사】图 ❶ 모래를 성처럼 쌓은 것. ◆用沙子堆的城堡。¶아이들은 강가에서 모래성을 쌓으며 논다. =孩子们在江边用沙子堆城堡玩。❷ 쉽게 허물어지는 것을 비유적으로 이르는 말. ◆海市蜃楼，〈喻〉容易破灭的东西。¶우리의 인생은 모래성이다. =我们的人生如海市蜃楼。

모래시계(--時計)【명사】가운데가 잘록한 호리병 모양의 유리그릇 위쪽에 모래를 넣고, 작은 구멍으로 모래를 떨어뜨려 시간을 재는 장치. ◆图沙漏。¶이 모래시계에서 모래가 다 떨어지려면 10분이 걸린다. =沙漏里的沙全部漏光需要10分钟。

모래알【명사】모래의 낱 알갱이. ◆图沙粒。¶현미경 속에서 모래알은 정교한 구조와 찬란한 빛을 띠고 있다. =在显微镜下，沙粒呈现出精巧的结构和斑斓的色彩。

모략(謀略)【명사】사실을 왜곡하거나 속임수를 써 남을 해롭게 함. 또는 그런 일. ◆图阴谋，坏主意。¶모략에 빠지다. =中了阴谋。● 모략하다(謀略--) ●

모레【명사】내일의 다음 날. ◆图后天。¶모레부터 방학이다. =从后天开始放假。

모로【부사】비껴서. 대각선으로. ◆副斜着，对角线方向。¶모로 자르다. =斜着切。❷ 옆쪽으로. ◆副横着。¶모로 눕다. =横躺着。

모로코(Morocco)【명사】아프리카 대륙의 북서부에 있는 나라. 목축업과 농업이 발달했다. 공용어는 아랍 어, 베르베르 어이고 수도는 라바트이다. ◆图摩洛哥。

모르다[1]【동사】动 ❶ 사람이나 사물 따위를 알거나 이해하지 못하다. ◆不知道，不懂，不认识。¶저는 그 사람을 모릅니다. =我不认识那个人。❷ 사실을 알지 못하다. ◆不知道。¶아무도 누가 범인인지를 모른다. =没有人知道谁是罪犯。❸ 어떤 지식이나 기능을 가지고 있지 못하다. ◆不会，不懂。¶나는 영어를 모른다. =我不懂英语。❹ 경험을 한 적이 없다. ◆未尝过。¶실패를 모르는 사람. =未尝过失败的人。❺ 어떤 것 외에 다른 것을 소중하게 여기지 않는다. ◆除了……都不在乎。¶그는 돈밖에 모른다. =他只认钱。

모르다[2]【동사】动 ❶ 어떤 대상이나 일에 대하여 무관심한 화자의 태도를 나타낸다. ◆没关系，无所谓。¶안 와도 나는 모른다. =不来也和我没关系。❷ '자신의 행위나 행동 또는 자신에게 직접 관련된 일을 의식하지 못하는 가운데 저절로'의 뜻을 나타낸다. ◆不自主，不由地。¶그는 자신도 모르게 큰 소리를 질렀다. =我不由地大叫了起来。

모르핀(morphine)【명사】아편의 주성분으로, 진통제나 마취제로 쓰며 중독성이 강한 물질. ◆图吗啡。

모름지기【부사】사리를 따져 보건대 마땅히. 또는 반드시. ◆副应该，必须。¶모름지기 학생은 공부를 열심히 해야 한다. =学生应该好好学习。

모면(謀免)【명사】어떤 일이나 책임을 꾀를 써서 벗어남. ◆图逃脱，逃避，摆脱。¶책임 모면. =逃避责任。● 모면하다(謀免--) ●

모멸(侮蔑)【명사】업신여기고 얕잡아 봄. ◆图侮蔑，轻蔑，蔑视。¶모멸에 찬 비난의 눈길. =充满蔑视的批评目光。

모멸감(侮蔑感)【명사】모멸스러운 느낌. ◆图被侮辱感。¶모멸감을 느끼다. =感到被侮辱。

모반(謀反)【명사】图 ❶ 배반을 꾀함. ◆谋反。

❷ 국가나 군주의 전복을 꾀함. ◆ 叛乱，政变，兵变。¶모반에 가담하다. =参与叛乱。● 모반하다(謀反--) ●

모발(毛髮) 【명사】 사람의 머리털. ◆ 名头发。¶모발이 빠지다. =掉头发。

모방(模倣/摸倣/摹倣) 【명사】 다른 것을 본뜨거나 본받음. ◆ 名模仿，仿效，效仿。¶외국 문물에 대한 분별없는 모방. =对外国文化不加分辨地模仿。● 모방하다(模倣/摸倣/摹倣--) ●

모범(模範) 【명사】 본받아 배울 만한 대상. ◆ 名模范，榜样，楷模。

모범생(模範生) 【명사】 학업이나 품행이 본받을 만한 학생. ◆ 名模范生。¶그는 삼 년 내내 지각 한 번 하지 않은 모범생이다. =他是模范生，三年未迟到过。

모빌(mobile) 【명사】 가느다란 철사나 실 등에 여러 가지 모양의 나뭇조각이나 금속 조각 등을 매달아 균형을 이루게 한 공예품. ◆ 名可动玩偶。

모색(摸索) 【명사】 일이나 사건 따위를 해결할 수 있는 방법이나 실마리를 더듬어 찾음. ◆ 名摸索，寻求，谋求。¶해결 방안의 모색. =寻求解决方案。● 모색하다(摸索--) ●

모서리 【명사】 名 ❶ 물체의 모가 진 가장자리. ◆ 棱子，角。¶팔각기둥의 여덟 모서리. =八角柱子的八条棱子。❷ 다면체에서 각 면의 경계를 이루고 있는 선분들. ◆ 棱。

모성애(母性愛) 【명사】 자식에 대한 어머니의 본능적인 사랑. ◆ 名母爱。¶슬픔에 찬 소년의 얼굴은 그녀의 모성애를 자극하였다. =少年充满悲伤的脸激起了她的母爱。

모세 혈관(毛細血管) 【명사】 온몸의 조직에 그물 모양으로 퍼져 있는 매우 가는 혈관. ◆ 名毛细血管。

모션(motion) 【명사】 名 ❶ 어떤 몸놀림이나 동작. ◆ 动作，举止，行为。¶내가 모션을 취할 테니 너는 나를 따라 해라. =我做动作，你跟着做。❷ 어떠한 행동을 하기 위하여 예비적으로 취하는 동작이나 몸짓. ◆ 姿势，手势，眼色。¶내가 금방이라도 자리에서 일어날 듯한 모션을 취하자 그녀는 다급한 표정으로 나를 붙잡았다. =看到我立马要起身的姿势，她急切地挽留了我。

모순 (矛盾) 【명사】 어떤 사실의 앞뒤, 또는 두 사실이 이치상 어긋나서 서로 맞지 않음을 이르는 말. ◆ 名矛盾。¶사회의 구조적 모순. =社会的结构矛盾。● 모순되다(矛盾--) ●

모습 【명사】 名 ❶ 사람의 생긴 모양. ◆ 容貌，模样，样子。¶웃는 모습. =笑起来的样子。❷ 자연이나 사물 따위의 겉으로 나타난 모양. ◆ 样子，状态，面貌。¶깨끗이 정돈된 화단의 모습은 방문자들에게 좋은 인상을 주었다. =花坛整理得干干净净，给游人的印象很好。❸ 자취나 흔적. ◆ 痕迹，踪迹，行踪，样子。¶모습이 사라지다. =销声匿迹。

모시 【명사】 모시풀 껍질의 섬유로 짠 피륙. 베보다 곱고 빛깔이 희며 여름 옷감으로 많이 쓴다. ◆ 名苎麻布。

모시다 【동사】 动 ❶ 윗사람이나 존경하는 사람 가까이에서 시중을 들거나 함께 살다. ◆ 侍奉，孝敬，赡养。¶손님을 잘 모시다. =好好照顾客人。❷ (높임말로) 데리다. ◆ 引导，陪同。¶관광 온 손님들을 모시고 여러 관광 명소를 다녔다. =陪同来观光的客人看了许多风景名胜。❸ 제사 등을 지내다. ◆ 祭祀。¶우리 집에서는 매년 시월이면 시제(时祭)를 모신다. =我们家每年十月都要进行时祭。❹ 윗사람이나 귀중하게 여기는 물건을 어디에 자리 잡게 하다. ◆ 供奉，请到。¶사당에 신주를 모시는 것이 옛 풍습이었다. =在祠堂里供奉灵位是旧习俗。

모양[1](模樣) 【의존 명사】 짐작이나 추측을 나타내는 말. ◆ 依名好像，像。¶그 사람 회사를 그만둔 모양이더군. =他好像从公司里辞职了。

모양[2](模樣) 【명사】 名 ❶ 겉으로 나타나는 생김새나 모습. ◆ 模样，样子。¶모양이 아주 좋다. =样子很好。❷ 어떤 형편이나 상태, 또는 일이 돌아가는 상황. ◆ 样子，状态。¶사는 모양이 말이 아니다. =过得不像样。❸ 남에게 보이거나 비추어지는 모습. ◆ 威信，颜面。¶너 때문에 내 모양이 엉망이 되었다. =因为你，我颜面扫地。❹ 무엇과 같거나 비슷한 모습. ◆ 像……一样。¶펭귄 모양으로 뒤뚱거리며 걷다. =走路像企鹅一样摇摇摆摆。

모양내다(模樣--) 【동사】 꾸미어 맵시를 내다. ◆ 动化妆，打扮。¶동생은 아침마다 모양내는 데 시간이 많이 걸린다. =妹妹每天早晨化妆要花很长时间。

모양새(模樣-) 【명사】 名 ❶ 모양의 됨됨이. ◆ 模样，形状，形态，样子。¶집집마다 지붕의 모양새가 조금씩 다르다. =各家屋顶的外形都稍有不同。❷ 체면이나 일이 되어 가는 꼴을 속되게 이르는 말. ◆ 面子，体面。

모여들다 【동사】 여럿이 어떤 범위 안을 향하여 오다. ◆ 动聚集，汇集。¶군중이 광장에 모여들다. =群众聚集到广场。

모욕(侮辱) 【명사】 깔보고 욕되게 함. ◆ 名侮辱，羞辱，凌辱。¶모욕을 받다. =遭到羞辱。● 모욕하다(侮辱--) ●

모욕당하다(侮辱當--) 【동사】 업신여김을 받다. ◆ 动受辱，受气，蒙羞。¶나는 의사의 반말에 모욕을 당하는 기분이 들었다. =医生对我说话很不客气，我感到受到了侮辱。

모으다 【동사】 动 ❶ 따로 있는 것을 한데 합치다. ◆ 合拢，并。¶두 손을 모으고 기도하다. =双手合十进行祈祷。❷ 특별한 물건을 구하여 갖추어 가지다. ◆ 收集，收藏。¶우표 모으는 취미. =集邮的爱好。❸ 돈이나 재물 등을 쓰지 않고 쌓아 두다. ◆ 积攒。¶형은 열심히 일을 하여 돈을 꽤 많이 모았다. =哥哥工作很努力，攒了很多钱。❹ 숨을 한꺼번에 잔뜩 들이마시다. ◆ 深吸(一口气)。¶숨을 모으다. =深吸一口气。❺ 정신, 의견 등을 한곳에 집중하다. ◆ (精神、意见)集中。¶기를 모으다. =集中精神。❻ 힘, 노력 등을 한곳에 집중하다. ◆ 集中(力量、努力)。¶힘을 모아 난국을 헤쳐 나가자. =集中力量度

过难关!

모음(母音)【명사】성대의 진동을 받은 소리가 목, 입, 코를 거쳐 나오면서, 그 통로가 좁아지거나 완전히 막히거나 하는 따위의 장애를 받지 않고 나는 소리. ◆图元音。

모의[1](謀議)【명사】어떤 일을 꾀하고 의논함. ◆图谋划，策划。● 모의하다(謀議--) ●

모의[2](模擬/摸擬)【명사】실제의 것을 흉내 내어 그대로 해 봄. 또는 그런 일. ◆图模拟。¶모의 작전. =模拟作战。● 모의하다(模擬/摸擬--) ●

모의고사(模擬考査)【명사】실제의 시험에 대비하여 그것을 본떠 실시하는 시험. ◆图模拟考试。

모의재판(模擬裁判)【명사】실제의 재판을 본떠서 논고·변론·심리·언도 따위를 하는 일. ◆图模拟审判。

모이【명사】닭이나 날짐승의 먹이. ◆图饲料。

모이다【동사】动 ❶ '모으다'의 피동형. 여러 사람을 한곳에 오게 하다. 한 단체에 들다. ◆聚集，聚会，汇集。¶우리 그룹은 한 달에 한 번씩 모인다. =我们组每月聚会一次。❷ '모으다'의 피동형. 돈이나 재물이 쌓이다. ◆积累，积攒(金钱等)。¶돈이 모이면 백과사전을 사겠다. =攒了钱想买本百科辞典。❸ '모으다'의 피동형. 정신, 의견 따위를 한곳에 집중되다. ◆(精神、心思、力量)集中。¶작은 힘이 모여 큰 힘이 된다. =小力量可以凝聚成大能量。

모임【명사】어떤 목적 아래 여러 사람이 모이는 일. ◆图集会，聚会。¶모임을 가지다. =举行集会。

모자[1](母子)【명사】어머니와 아들을 아울러 이르는 말. ◆图母子。¶오랜만에 만난 모자는 밤 깊은 줄도 모르고 이야기를 나누었다. =母子久别重逢，聊着天儿都忘记夜已经深了。

모자[2](帽子)【명사】머리에 쓰는 물건의 하나. 예의를 차리거나 추위, 더위, 먼지 따위를 막기 위한 것이다. ◆图帽子。

모자라다【동사】动 기준이 되는 양이나 정도에 미치지 못하다. ◆不够，不足，缺乏，缺少。¶일은 많은데 손이 모자란다. =活儿多，人手不够。

모자이크(mosaic)【명사】여러 가지 빛깔의 돌이나 유리, 금속, 조개껍데기, 타일 따위를 조각조각 붙여서 무늬나 회화를 만드는 기법. ◆图镶嵌细工，拼花工艺。¶이 성당의 한쪽 벽은 모자이크로 장식해 놓았다. =教堂墙壁的一侧采用的是镶嵌细工装饰。

모잠비크(Mozambique)【명사】아프리카 대륙의 남동부에 있는 나라. ◆图莫桑比克。

모조(模造)【명사】이미 있는 것을 그대로 따라하거나 본떠서 만듦. 또는 그런 것. ◆图仿造，仿制。¶모조 보석. =仿造宝石。

모조리【부사】하나도 빠짐없이 모두. ◆副全部，一并。¶죄인을 모조리 잡아들여라. =把罪犯全部抓起来!

모조지(模造紙)【명사】질이 강하고 질기며 윤택이 나는 서양식 종이. 주로 인쇄지로 쓴다. ◆图道林纸。

모조품(模造品)【명사】다른 물건을 본떠서 만든 물건. ◆图仿制品，赝品。¶경주에 가서 다보탑의 모조품을 샀다. =去庆州时买了多宝塔的模型制品。

모종(-種)【명사】옮겨 심으려고 가꾼, 벼 이외의 온갖 어린 식물. 또는 그것을 옮겨 심음. ◆图植物幼苗，苗，苗木。¶꽃 모종 가꾸기. =侍弄花苗。

모종삽(-種-)【명사】어린 식물을 옮겨 심을 때에 사용하는, 흙손만 한 작은 삽. ◆图花铲。

모지다【형용사】形 ❶ 모양이 둥글지 않고 모가 나 있다. ◆有棱角。¶저기 있는 모진 탁자에 책을 놓아라. =把书放在那边有棱角的桌子上。❷ 성격이 원만하지 못하다. ◆性格有棱角，性格古板。¶그는 모진 사람이라 친구가 별로 없다. =他是个性格古板的人，没有什么朋友。

모직(毛織)【명사】털실로 짠 피륙. ◆图毛料；毛织品。¶모직으로 짠 외투. =毛料外套。

모질다【형용사】形 ❶ 마음씨나 말씨나 행동이 몹시 쌀쌀맞고 독하다. ◆凶狠，厉害，残忍。¶성격이 모질다. =性格残忍。❷ 어렵고 힘든 일을 잘 이겨내거나 견디어 낼 만큼 강하고 끈질기다. ◆强，厉害，狠。¶겨울바람은 모질다. =寒风凛冽。❸ 어떤 기세가 거세거나 괴로움 또는 아픔의 정도가 지나치게 심하다. ◆坚强，顽强。¶아픔을 모질게 참다. =顽强地忍受痛苦。

모집(募集)【명사】사람이나 작품, 물품 따위를 일정한 조건 아래 널리 알려 뽑아 모음. ◆图招募，招聘，招集，招收。¶합창단원 모집. =招收合唱团团员。● 모집되다(募集--), 모집하다(募集--) ●

모쪼록【부사】될 수 있는 대로. ◆副千万，务必。¶모쪼록 몸조심하여라. =千万要保重身体。

모처럼【부사】副 ❶ 벼르고 별러서 처음으로. ◆好不容易，难得。¶모처럼 마음먹은 일이 잘돼야 할텐데. =好不容易下了决心，事情应该很顺利。❷ 일껏 오래간만에. ◆好不容易，难得。¶모처럼 맑게 갠 하늘. =难得晴朗的天空。

모체(母體)【명사】图 아이나 새끼를 밴 어미의 몸. ◆母体。¶태아의 건강은 모체의 건강에 달려 있다. =胎儿的健康依赖于母体健康。

모친(母親)【명사】'어머니'를 정중히 이르는 말. ◆图母亲。¶모친이 댁에 계신가? =母亲在家吗?

모태(母胎)【명사】图 ❶ 어미의 태 안. ◆母胎，娘胎。¶모태 신앙. =母胎信仰。❷ 사물의 발생·발전의 근거가 되는 토대를 비유적으로 이르는 말. ◆基础，源头。¶내 인격 형성의 모태가 되었던 고향. =成为我人格形成基础的故乡。

모터(motor)【명사】图 ❶ 내연 기관, 증기 기관, 수력 원동기 따위의 동력 발생기를 통틀어 이르는 말. ◆马达，引擎。❷ 전동기. 전기 에너지로부터 회전력을 얻는 기계. ◆电动机。

모터보트(motorboat)【명사】내연 기관의 모터를 추진기로 사용하는 보트. ◆图摩托艇，汽艇。

모텔(motel)【명사】자동차 여행자가 숙박하기에 편하도록 만들어 놓은 여관. ◆图汽车旅馆。

모토(motto)【명사】살아 나가거나 일을 하는 데 있어서 표어나 신조 따위로 삼는 말. ◆ 名标语，口号，座右铭。¶그는 정직을 평생 모토로 삼았다. =他将"正直"作为人生的座右铭。

모퉁이【명사】名 ❶ 구부러지거나 꺾어져 돌아간 자리. ◆ 拐角处。¶모퉁이를 돌다. =在拐角处转弯。❷ 변두리나 구석진 곳. ◆ 角落。¶방의 한쪽 모퉁이. =房间的一个角落。❸ 일정한 범위의 어느 부분. ◆ 部分，一面，领域。¶그는 방직산업 한 모퉁이에 끼여들어서 큰돈을 벌었다. =他在纺织产业的某个领域赚了大钱。

모티브(motive)【명사】예술 작품을 만들고 표현하는 데 동기가 된 작가의 중심 사상. ◆ 名主题，中心思想。

모포(毛布)【명사】털 따위로 짜서 깔거나 덮을 수 있도록 만든 요. ◆ 名毛毯，毯子。¶모포를 덮다. =盖上毯子。

모피(毛皮)【명사】털가죽. 털이 붙은 채로 벗긴 짐승의 가죽. ◆ 名毛皮，裘皮。

모함(謀陷)【명사】나쁜 꾀로 남을 어려운 처지에 빠지게 함. ◆ 名谋害，陷害，诬陷。¶모함을 당하다. =被陷害。● 모함하다(謀陷--) ●

모험(冒險)【명사】위험을 무릅쓰고 어떠한 일을 함. 또는 그 일. ◆ 名冒险。¶생사를 건 모험. =生死相搏的冒险。● 모험하다(冒險--) ●

모험심(冒險心)【명사】위험을 무릅쓰고 어떠한 일을 하려는 마음. ◆ 名冒险之心。¶모험심이 많은 아이. =充满冒险精神的孩子。

모형(模型/模形)【명사】名 ❶ 어떤 물체의 실제 모양을 본떠서 만든 것. ◆ 模型。¶이것은 신도시의 모형입니다. =这是新城市的模型。❷ 모양이 같은 물건을 만들거나 찍어 내는 틀. ◆ 模子。

모호하다(模糊--)【형용사】말이나 태도가 흐리터분하여 분명하지 못하다. ◆ 形模糊，暧昧，含糊。¶모호한 설명. =模糊的解释。

목【명사】名 ❶ 사람이나 동물의 머리와 몸통을 잇는 잘록한 부분. ◆ 颈，颈部，脖子。¶목을 움츠리다. =缩脖。❷ 목 안쪽에서 몸속으로 나 있는 깊숙한 구멍. ◆ 喉咙。¶목이 컬컬하다. =喉咙沙哑。❸ 목을 통해 나오는 소리. ◆ 嗓子，声音。¶목이 쉬도록 울다. =哭得嗓子都哑了。❹ 어떤 물건에서 동물의 목과 비슷한 부분. ◆ 颈部。¶목이 긴 양말. =长筒袜。❺ 길이나 통로에서 다른 곳으로는 빠져나갈 수 없는 중요하고 좁은 곳. ◆ 要道，关口，路口。¶그들이 도주하리라 예상되는 통로의 목을 지키다. =守在他们可能逃走的路口。

목각(木刻)【명사】나무에 그림이나 글자 따위를 새기는 일. 또는 거기에 새긴 그림이나 글자. ◆ 名木刻。¶목각 인형. =木刻玩具。

목걸이【명사】귀금속이나 보석 따위로 된 목에 거는 장신구. ◆ 名项链。¶진주 목걸이. =珍珠项链。

목격(目擊)【명사】눈으로 직접 봄. ◆ 名目击，目睹。¶목격 증언. =目击证词。● 목격되다(目擊--), 목격하다(目擊--) ●

목격담(目擊談)【명사】목격한 것에 대한 이야기. ◆ 名目击证词。¶그의 목격담을 듣다. =听他的目击证词。

목격자(目擊者)【명사】어떤 일을 눈으로 직접 본 사람. ◆ 名目击者，见证人。¶교통사고 목격자가 한 명도 없다. =一名交通事故的目击者也没有。

목공(木工)【명사】名 ❶ 나무를 다루어서 물건을 만드는 일. ◆ 木工。¶목공 기술. =木工技术。❷ 목수(木手). ◆ 木工，木匠。¶목공 한 명이 이 집의 기둥을 다 세웠다. =一名木匠就把这座房屋的梁柱竖了起来。

목공소(木工所)【명사】나무로 가구, 창틀 따위의 물건을 만드는 곳. ◆ 名木工厂，木器厂。¶목공소에 책장을 주문하다. =向木器厂订桌子。

목공예(木工藝)【명사】나무를 가공한 공예품. 또는 그런 가공 기술. ◆ 名木制品，木制工艺品。¶그의 집에는 목공예 작품이 많다. =他家有很多木制工艺品。

목관 악기(木管樂器)【명사】나무로 만든 관악기를 통틀어 이르는 말. ◆ 名木管乐器。

목구멍【명사】입안에서 식도와 기도로 통하는 입 속의 깊숙한 곳. ◆ 名咽喉，喉咙。¶목구멍이 막히다. =喉咙被堵住。

목기(木器)【명사】나무로 만든 그릇. ◆ 名木器，木制器皿。¶나무를 깎아 목기를 만들다. =砍树做木器。

목덜미【명사】목의 뒤쪽 부분과 그 아래 근처. ◆ 名后颈，脖颈。¶목덜미를 쓰다듬다. =抚摸脖颈。

목도리【명사】추위를 막거나 멋을 내기 위하여 목에 두르는 물건. ◆ 名围巾。¶목에 목도리를 하다. =围围巾。

목도하다(目睹--)【동사】목격하다. 눈으로 직접 보다. ◆ 动目击，目睹。

목돈【명사】한몫이 될 만한 비교적 많은 돈. ◆ 名重金，巨额款项。¶목돈이 들다. =花费重金。

목동(牧童)【명사】풀을 뜯기며 가축을 치는 아이. ◆ 名牧童。¶목동이 소를 몰고 오다. =牧童赶着牛走过来。

목례(目禮)【명사】눈인사. 눈짓으로 가볍게 하는 인사. ◆ 名注目礼。¶목례를 보내다. =行注目礼。● 목례하다(目禮--) ●

목록(目錄)【명사】어떤 물품의 이름이나 책 제목 따위를 일정한 순서로 적은 것. ◆ 名目录，索引。

목마(木馬)【명사】名 ❶ 나무로 말의 모양을 깎아 만든 물건. 어린이의 오락이나 승마 연습 따위에 쓴다. ◆ 木马。❷ 기계 체조에 쓰는, 말의 모양처럼 만든 기구의 하나. ◆ 鞍马。

목마르다[1]【동사】어떠한 것을 간절히 원하다. ◆ 动渴望，渴求。¶사랑에 목말라 있다. =渴望爱情。

목마르다[2]【형용사】形 ❶ 물 따위를 몹시 먹고 싶다. ◆ 口渴。¶그는 목마른지 자꾸 자다가 일어나 물을 마셨다. =他可能口渴了，睡觉时老醒来喝水。❷ 몹시 바라거나 아쉬워하는 상태에 있다. ◆ 渴望，盼望，急切。¶오래 전에 헤어진 가족을 목마르게 기다렸다. =急切地等待失散多年的家人。

목말【명사】남의 어깨 위에 두 다리를 벌리고 올라타는 일. ◆ 图骑肩膀，骑人马。¶목말 타다. =骑肩膀。

목매달다【동사】 动 ❶ 죽거나 죽이려고 끈이나 줄로 높은 곳에 목을 걸어 매달다. ◆ 上吊。❷ 어떤 일이나 사람에게 완전히 의지하다. ◆ 完全依赖，完全指望。¶사업에 목매달다. =全靠做生意。

목메다【동사】기쁨이나 설움 따위의 감정이 북받쳐 솟아올라 그 기운이 목에 엉기어 막히다. ◆ 动哽咽，呜咽。¶그는 목메어 울었다. =他哽咽地哭泣。

목발(木-)【명사】다리가 불편한 사람이 겨드랑이에 끼고 걷는 지팡이. ◆ 图拐杖。¶목발을 짚다. =拄拐杖。

목불인견(目不忍見)【명사】눈앞에 벌어진 상황 따위를 눈 뜨고는 차마 볼 수 없음. ◆ 图惨不忍睹。

목사(牧師)【명사】교회에서 예배를 인도하고 교회나 교구의 관리 및 신자의 영적 생활을 지도하는 성직자. ◆ 图牧师。

목석(木石)【명사】 图 ❶ 나무와 돌을 아울러 이르는 말. ◆ 木石。❷ 나무나 돌처럼 아무런 감정도 없는 사람을 비유적으로 이르는 말. ◆ 心如止水。¶그는 아무리 예쁜 여자도 거들떠 보지 않는 목석이다. =他是个心如止水的人，不管见到多漂亮的女子也毫不理睬。

목소리【명사】 图 ❶ 목구멍에서 나는 소리. ◆ 嗓音，声音。¶고운 목소리. =动听的声音。❷ 의견이나 주장을 비유적으로 이르는 말. ◆ 呼声，主张，意见。¶비판의 목소리가 높다. =批评的呼声很高。

목수(木手)【명사】나무를 다루어 집을 짓거나 가구, 기구 따위를 만드는 일을 업으로 하는 사람. ◆ 图木匠，木工。¶목수들이 재목을 다듬는다. =木工选木料。

목숨【명사】사람이나 동물이 숨을 쉬며 살아 있는 힘. ◆ 图生命，性命，寿命。¶목숨이 길다. =寿命长。

목요일(木曜日)【명사】월요일을 기준으로 한 주의 넷째 날. ◆ 图星期四。

목욕(沐浴)【명사】머리를 감으며 온몸을 씻는 일. ◆ 图沐浴，洗澡。¶공중목욕탕에 목욕을 가다. =去公共浴池洗澡。● 목욕하다(沐浴--) ●

목욕시키다(沐浴---)【동사】머리를 감기고 몸을 닦도록 하다. ◆ 动给……洗澡。¶어린아이를 목욕시키다. =给小孩洗澡。

목욕탕(沐浴湯)【명사】목욕을 할 수 있도록 마련해 놓은 시설. ◆ 图浴室。¶운동을 마치고 난 후 목욕탕에서 몸을 씻었다. =运动后在浴室洗了澡。

목자(牧者)【명사】 图 ❶ 목축을 업으로 하는 사람. 특히 양을 치는 사람을 이른다. ◆ 放牧者，牧羊人。❷ 신자를 양(羊)에 비유하여, 신자의 신앙생활을 보살피는 성직자를 이르는 말. ◆ 牧师。

목장(牧場)【명사】일정한 시설을 갖추어 소나 말, 양 따위를 놓아기르는 곳. ◆ 图牧场。¶목장에 소들이 한가롭게 풀을 뜯고 있다. =牛群在牧场里悠闲地吃草。

목재(木材)【명사】건축이나 가구 따위에 쓰는, 나무로 된 재료. ◆ 图木材，木料。¶목재 사다리. =木梯。

목적(目的)【명사】실현하려고 하는 일이나 나아가는 방향. ◆ 图目的，目标。¶목적을 이루다. =实现目标。

목적지(目的地)【명사】목적으로 삼는 곳. ◆ 图目的地。¶목적지에 도달하다. =到达目的地。

목적하다(目的--)【동사】어떤 것을 목적으로 삼다. ◆ 动以……为目标。¶목적한 것을 달성하다. =实现既定目标。

목전(目前)【명사】 图 ❶ 아주 가까운 장래. ◆ 不久的将来，眼前。¶죽음을 목전에 두다. =死亡就在眼前。❷ 눈으로 볼 수 있는 아주 가까운 곳. ◆ 眼前，跟前。¶끔찍한 일이 목전에서 벌어지다. =眼前发生了可怕的事情。

목젖【명사】목구멍의 안쪽 뒤 끝에 위에서부터 아래로 내민 둥그스름한 살. ◆ 图悬雍垂，小舌。

목제(木製)【명사】나무로 물건을 만듦. 또는 그 물건. ◆ 图木制，木制品。¶목제 교량. =木桥。

목제품(木製品)【명사】나무로 만든 물품. ◆ 图木制品。

목조(木彫)【명사】나무에 어떤 모양을 새기거나 깎거나 쪼아서 만드는 일. 또는 그런 작품. ◆ 图木雕，木刻。

목질(木質)【명사】목재로서의 나무의 질. ◆ 图木质。¶목질이 무르다. =木质松软。

목차(目次)【명사】목록이나 제목, 조항 따위의 차례. ◆ 图目录。¶목차를 붙이다. =添加目录。

목청【명사】성대. 후두의 중앙부에 있는 소리를 내는 기관. 또는 그곳에서 나는 소리. ◆ 图声带，嗓音。¶목청을 가다듬다. =清嗓子。

목청껏【부사】있는 힘을 다하여 소리를 질러. ◆ 副放声。¶목청껏 노래하다. =放声歌唱。

목초(牧草)【명사】꼴. 말·양·소 등을 먹이는 풀. ◆ 图牧草。

목축(牧畜)【명사】소·말·양·돼지 따위의 가축을 많이 기르는 일. ◆ 图畜牧。¶이 마을 사람들은 주로 목축과 농업에 종사하고 있다. =这个村子的人们主要从事畜牧业和农业。

목축업(牧畜業)【명사】목축을 경영하는 직업이나 사업. ◆ 图畜牧业。

목침(木枕)【명사】나무토막으로 만든 베개. ◆ 图木枕。¶목침을 베고 자다. =枕木枕睡觉。

목탁(木鐸)【명사】불공을 할 때나 사람들을 모이게 할 때 두드려 소리를 내는 기구. ◆ 图木鱼，木铎。¶목탁 소리. =木鱼声。

목탄(木炭)【명사】 图 ❶ 땔감으로 쓰기 위하여 나무를 가마 속에 넣어서 구워 낸 검은 덩어리. ◆ 木炭。❷ 그림 그리는 데 쓰는, 가느다란 막대 모양의 숯. ◆ 画画用的炭条。

목판(木版/木板)【명사】나무에 글이나 그림 따위를 새긴 인쇄용 판(版). ◆ 图木版。

목판본(木版本)【명사】판각본. 목판으로 인쇄한

책. ◆ 图木刻本。

목판화(木版畫) 【명사】 목판에 새겨서 찍은 그림. ◆ 图木版画。

목표(目標) 【명사】 图 ❶ 어떤 목적을 이루려고 지향하는 실제적 대상으로 삼음. 또는 그 대상. ◆ 目标，目的。¶목표를 달성하다. =达成目标。❷ 도달해야 할 곳을 목적으로 삼음. 또는 목적으로 삼아 도달해야 할 곳. ◆ 目的地，目标，目的。¶목표 지점. =目的地。

목화(木花) 【명사】 가을에 흰색 또는 노란색 꽃이 피고 열매가 익으면 껍질 안에서 솜의 원료가 되는 흰색의 털이 붙은 씨가 나오는 농작물. ◆ 图棉花(锦葵科，一年生植物)。

몫 【명사】 图 ❶ 무엇을 여럿이 나누어 가질 때 각 사람이 가지게 되는 부분. ◆ 份儿，份额。¶몫을 나누다. =分配份额。❷ 어떤 수를 다른 수로 나누어 얻은 수. ◆ 商。¶6을 3으로 나누면 몫은 2이다. =6除以3商是2。

몬순(monsoon) 【명사】 계절풍(季節風). 계절에 따라 주기적으로 일정한 방향으로 부는 바람. ◆ 图季风。

몰-(沒) 【접사】 '그것이 전혀 없음'의 뜻을 더하는 접두사. ◆ 前缀没，不，无。¶몰상식. =没常识。

몰다 【동사】 动 ❶ 어떤 것을 바라는 방향이나 장소로 움직여 가게 하다. ◆ 赶。¶소를 몰다. =赶牛。❷ 탈것을 운전하다. ◆ 驾驶，开。¶트럭을 몰고 창고로 갔다. =驾驶着卡车去了仓库。❸ 한곳으로 모으거나 합치다. ◆ 集中，合拢，合起来。¶자기 고장 출신 후보에게 표를 몰아주었다. =将选票集中投给自己家乡的候选人。❹ 다른 사람들로 하여금 어떤 사람을 바람직하지 않은 사람이라고 인정하게 하거나 여기게 하다. ◆ 硬说成，诬陷为。¶충신을 역적으로 몰다. =把忠臣诬陷成反贼。

몰두(沒頭) 【명사】 어떤 일에 온 정신을 다 기울여 열중함. ◆ 图埋头，热衷。● 몰두하다(沒頭--) ●

몰디브(Maldives) 【명사】 아시아 남부의 인도양에 있는 섬나라. ◆ 图马尔代夫。

몰라보다 【동사】 动 ❶ 알만한 사실이나 사물을 보고도 알아차리지 못하다. ◆ 认不出。¶몰라보게 달라진 아이들. =孩子们变得快认不出来了。❷ 예의를 갖추어야 하는 대상에 대하여 무례하게 굴다. ◆ 不尊重，不尊敬，无视。¶제 아비도 몰라보는 녀석. =连自己父亲都不尊重的家伙。❸ 진정한 가치를 제대로 평가하지 못하다. ◆ 忽视，忽略。¶좋은 작품을 몰라보다. =忽视好作品。

몰라주다 【동사】 알아주지 아니하다. ◆ 动不理解，不明白。¶남의 속을 몰라주다. =不理解别人的内心。

몰락(沒落) 【명사】 图 ❶ 재물이나 세력 따위가 쇠하여 보잘것없이 됨. ◆ 没落，衰败。¶경제적 몰락. =经济衰退。❷ 멸망하여 모조리 없어짐. ◆ 灭亡，覆灭。● 몰락되다(沒落--), 몰락하다(沒落--) ●

몰래 【부사】 남이 모르게 살짝. 또는 가만히. ◆ 副暗中，偷偷地。¶몰래 감추다. =偷偷地藏起来。

몰려가다 【동사】 动 ❶ 떼를 지어서 여럿이 한쪽으로 가다. ◆ 蜂拥而去。¶우르르 운동장으로 몰려가다. =蜂拥着奔向运动场。❷ 구름 따위가 한꺼번에 밀려가다. ◆ 散去，驱散。¶먹구름이 빠른 속도로 산을 넘어 몰려가고 있었다. =乌云快速地越过山顶。

몰려나오다 【동사】 여럿이 떼를 지어 나오다. ◆ 动蜂拥而出。¶도로 연변에 몰려나온 사람들은 박수를 치고 고함을 지르기도 했다. =人们蜂拥至道路边上拍手高喊。

몰려다니다 【동사】 여럿이 떼를 지어 돌아다니다. ◆ 动结队来往。¶끼리끼리 몰려다니다. =成群结队来来往往。

몰려들다 【동사】 动 ❶ 여럿이 떼를 지어 들어오다. ◆ 蜂拥而来，涌进，挤向。¶구경꾼들이 꾸역꾸역 운동장으로 몰려들었다. =看热闹的人们涌进运动场。❷ 구름이나 파도 따위가 한꺼번에 몰리다. ◆ 涌来。¶먹구름이 자꾸 이쪽으로 몰려드는 것을 보니 장마가 질 것 같다. =看乌云不断向这边涌来，好像要下梅雨。❸ 운이나 궁핍 따위 같은 어떤 기운이 한꺼번에 많이 닥치다. ◆ 袭来，降临。¶올해는 나쁜 기운이 이 지역으로 몰려들 것 같은 불길한 예감이 들었다. =产生了一种不祥的预感，好像今年厄运即将降临到这个地区。

몰려오다 【동사】 动 ❶ 여럿이 떼를 지어 한쪽으로 밀려오다. ◆ 蜂拥而来，拥进来。¶이곳에 몰려온 사람들은 모두 그에게 돈을 꿔 준 사람들이다. =蜂拥到这里来的人们都是借给他钱的人。❷ 구름 따위가 한꺼번에 밀려오다. ◆ 袭来，拥来。¶금새라도 태풍이 몰려올 것 같은 하늘. =天空好像是台风马上袭来的样子。❸ 잠이나 피로 따위가 한꺼번에 밀려오다. ◆ 袭来，降临。¶피로가 몰려오다. =倦意袭来。

몰리다 【동사】 动 ❶ 무엇이 한쪽으로 밀리다. ◆ 赶到，驱逐到。¶구석으로 몰리다. =赶到角落里。❷ 누가 좋지 않은 사람으로 여겨지거나 그렇게 다루어지다. ◆ 被诬陷为。¶범인으로 몰리다. =被诬陷为犯人。❸ 여럿이 한곳으로 모여들다. ◆ 拥到，聚集。¶입구로만 몰리는 청중들. =聚集到出口的听众。❹ 무엇이 한꺼번에 많이 밀리다. ◆ 堆集。¶일에 몰리고 시간에 쫓기다. =事情堆积，时间紧迫。❺ 곤란하거나 불리한 상태에 놓이다. ◆ 被困住，被困扰。¶돈에 몰리다. =因资金不足而被困扰。

몰매 【명사】 여러 사람이 한꺼번에 덤비어 때리는 매. ◆ 图乱棍。¶몰매를 맞다. =遭乱棍暴打。

몰상식하다(沒常識--) 【동사】 상식이 전혀 없다. ◆ 动无知，愚昧。¶할머니는 배운 것은 없어도 몰상식하지는 않으셨다. =奶奶尽管没上过学，但并不愚昧。

몰수(沒收) 【명사】 죄를 지은 사람에게서 범죄 행위에 제공하거나 범죄 행위의 결과로 얻은 재산을 강제로 빼앗는 일. ◆ 图没收。¶재산을 몰수하다. =没收财产。● 몰수되다(沒收--), 몰수하다(沒收--) ●

몰수당하다(沒收當--) 【동사】 법을 어겼거나 잘못을 저지른 사람이 가지고 있는 물건이나 권리 등을 모조리 빼앗기거나 박탈당하다. ◆ 动被没收。¶그는 외환 관리법에 저촉되어 재산을 몰수당하여 결국은 굶어 죽었다고 한다. =听说他由于违反外汇管理法，财产被没收，最后穷困而死。

몰아내다【동사】动 ❶ 몰아서 밖으로 쫓거나 나가게 하다. ◆ 驱逐，赶走，赶出去，撵走。¶침입한 외적을 영토 밖으로 몰아내다. =把入侵之敌驱赶到领土之外。❷ 어떤 처지나 상태에서 벗어나게 하다. ◆ 走出，摆脱，驱散。¶가난을 이 땅에서 완전히 몰아내다. =这片土地已经完全摆脱了贫穷。

몰아넣다【동사】动 ❶ 몰아서 안으로 들어가게 하다. ◆ 赶进去，赶进。¶가축을 우리에 몰아넣었다. =把家畜赶进棚圈里。❷ 어떤 처지나 상태에 빠지게 하다. ◆ 使……陷入。¶적을 궁지에 몰아넣다. =使敌人陷入窘境。

몰아닥치다【동사】한꺼번에 세게 밀어닥치다. ◆ 动袭来。¶한파가 몰아닥치다. =寒流袭来。

몰아대다【동사】옴짝달싹 못하도록 마구 해대거나 한쪽으로 내몰다. ◆ 动逼迫，催促。¶사람을 무지막지하게 몰아대다. =蛮不讲理地逼迫人。

몰아붙이다【동사】动 한쪽 방향으로 몰려가게 하다. ◆ 赶，堆。¶물건을 벽으로 몰아붙이다. =把东西堆到墙边。

몰아세우다【동사】动 ❶ 잘잘못을 가리지도 않고 마구 다그치거나 나무라다. ◆ 蛮横训斥，横加斥责。¶잘못을 뉘우치라고 몰아세웠다. =横加斥责，要求改正错误。❷ 한쪽으로 내몰다. ◆ 驱赶，驱使，赶。¶목동이 채찍으로 소들을 길옆으로 몰아세웠다. =牧童用鞭子将羊群赶到了路边。❸ 근거도 제대로 제시하지 않고 어떤 나쁜 처지로 몰아가다. ◆ 硬说成。¶그는 나를 거짓말쟁이로 몰아세웠다. =他硬说我是说谎的骗子。

몰아쉬다【동사】숨 따위를 한꺼번에 모아 세게 또는 길게 쉬다. ◆ 动喘息。¶숨을 가쁘게 몰아쉬다. =急促的喘息。

몰아주다【동사】动 ❶ 여러 번에 나누어 줄 것을 한꺼번에 주다. ◆ 一次性支付。❷ 여러 사람에게 나누어 줄 것을 한 사람에게 모아 주다. ◆ 集中给。

몰아치다【동사】动 ❶ 한꺼번에 몰려 닥치다. ◆ 交加，袭来。¶눈보라가 몰아치다. =风雪交加。❷ 갑작스럽게 하거나 몹시 서두르다. ◆ 催促，赶。¶한 달 걸릴 일을 몰아쳐서 일주일 만에 끝냈다. =需要一个月才能完成的工作在一周内赶出来了。❸ 기를 펴지 못할 만큼 심하게 구박하거나 나무라다. ◆ 逼迫，横加训斥，呵斥。¶소리를 꽥꽥 질러 가며 인부들을 몰아친다. =大声地呵斥苦力们。

몰이【명사】짐승이나 물고기를 잡기 위하여 목으로 몰아넣는 일. 또는 그렇게 몰아넣는 사람. ◆ 名 (打猎或捕鱼时)驱赶(野兽或鱼群); 驱赶的人。

몰이꾼【명사】몰이를 하는 사람. ◆ 名 (打猎或捕鱼时)驱赶(野兽或鱼群); 驱赶的人。¶소 몰이꾼. =牛倌。

몰인정하다(沒人情--)【형용사】인정이 전혀 없다. ◆ 形无情，绝情。

몰입(沒入)【명사】깊이 파고들거나 빠짐. ◆ 名陷入，沉浸。¶감정 몰입. =陷入感情当中。● 몰입하다(沒入--) ●

몰지각하다(沒知覺--)【형용사】지각이 전혀 없다. ◆ 形不懂道理，不懂事，不知趣。

몸【명사】名 ❶ 사람이나 동물의 형상을 이루는 전체. 또는 그것의 활동 기능이나 상태. ◆ 身体。¶몸이 크다. =身体魁梧。❷ 물건의 기본을 이루는 동체。 ◆ 主体，身。¶추락한 비행기는 날개가 부러지고 몸만 남은 흉측한 모습이었다. =坠毁的飞机机翼折断，只留下机身。❸ 그러한 신분이나 사람임. ◆ 身份。¶귀하신 몸. =高贵的身份。

몸가짐【명사】몸의 움직임. 또는 몸을 거두는 일. ◆ 名举止，仪态，风度。¶공손한 몸가짐. =谦恭的举止。

몸값【명사】名 ❶ 팔려 온 몸의 값. ◆ 身价。¶심청은 몸값으로 공양미 삼백 석을 받았다. =沈清卖掉自己，为父亲换回三百石供养米。❷ 사람의 몸을 담보로 받는 돈. ◆ 赎金。¶유괴범은 일억 원의 몸값을 요구해 왔다. =诱拐犯索要一亿韩元的赎金。❸ 사람의 가치를 돈에 빗대어 낮잡아 이르는 말. ◆ 身价。¶팀이 우승하면 선수들의 몸값도 따라 올라간다. =如果球队获胜，队员们的身价也将随之上涨。

몸놀림【명사】몸의 움직임. ◆ 名活动，行动。¶둔한 몸놀림. =迟缓的行动。

몸단장(-丹粧)【명사】몸치장. 몸 차림새를 잘 꾸며서 맵시 있게 꾸밈. ◆ 名衣着打扮。¶그녀는 한 시간 만에 몸단장을 끝내고 외출했다. =她打扮了一个小时后出去了。● 몸단장하다(-丹粧--) ●

몸담다【동사】어떤 직업이나 분야에 종사하거나 그 일을 하다. ◆ 动投身，从事，献身于。¶교직에 몸담다. =从事教师工作。

몸동작(-動作)【명사】몸을 움직이는 동작. ◆ 名身体动作，举止。¶날렵한 몸동작. =动作敏捷。

몸뚱이【명사】名 ❶ 사람이나 짐승의 팔, 다리, 머리를 제외한 몸의 덩치. ◆ 身躯，躯干，躯体。¶몸뚱이가 크다. =身躯魁梧。❷ '몸'을 속되게 이르는 말. ◆ 俚身体。¶몸뚱이는 산만한데 행동이 어린아이 같다. =身体懒散，行动像孩子一样。

몸매【명사】몸의 맵시나 모양새. ◆ 名身段，体形。¶늘씬한 몸매. =修长的身段。

몸무게【명사】몸의 무게. ◆ 名体重。¶몸무게를 재다. =称体重。

몸부림【명사】名 ❶ 있는 힘을 다하거나 감정이 격할 때에, 온몸을 흔들고 부딪는 일. ◆ 挣扎。¶빠져나가려고 버둥거리는 몸부림. =想逃脱而尽力挣扎。❷ 어떤 일을 이루기 위하여, 또는 저항·고통 따위를 견디기 위해 온갖 수단 방법으로 애씀을 비유적으로 이르는 말. ◆ 努力，折腾。¶재기의 몸부림. =为东山再起而努力。● 몸부림치다 ●

몸살【명사】몸이 몹시 피로하여 일어나는 병. 팔다리가 쑤시고 느른하며 기운이 없고 오한이 난다. ◆ 名积劳成疾。¶몸살로 온몸이 쑤시다. =由于积劳成疾，全身感到酸痛。

몸서리【명사】몹시 싫거나 무서워서 몸이 떨리는 일. ◆ 名战栗，寒噤。¶그는 몸서리를 치며 고개를 저었다. =他打着寒战摇着头。

몸서리치다【동사】몸서리나다. 몹시 싫거나 무서워서 몸이 떨리다. ◆ 动战栗，打哆嗦，发抖。¶그녀는 아들이 자신을 부르면서 죽어 가던 모습을 떠올리며 몸서리쳤다. =儿子口中喊着"妈妈"而死去的情景一浮上心头，她就浑身发抖。

몸소【부사】직접 제 몸으로. ◆ 副亲自，亲身。¶몸소 실천하다. =亲身实践。

몸싸움【명사】서로 몸을 부딪치며 싸우는 일. ◆ 名打架，撕打。¶몸싸움을 벌이다. =打架。

몸져눕다【동사】병이나 고통이 심하여 몸을 가누지 못하고 누워 있다. ◆ 动卧病，病倒。¶그는 화병으로 몸져누웠다. =他患上了抑郁症卧病在床。

몸조리(-調理)【명사】허약해진 몸의 기력을 회복하도록 보살피는 일. ◆ 名保健，调养身体。¶산후 몸조리. =产后调养。

몸조심(-操心)【명사】名 ❶ 건강을 유지하기 위하여 몸을 조심하여 돌봄. ◆ 保重身体。¶늘 몸조심을 해야 한다. =要多保重身体。❷ 말이나 행동을 삼감. ◆ 谨言慎行。¶당분간 두문불출하고 몸조심 하거라. =暂且闭门不出，谨言慎行。● 몸조심하다(-操心--) ●

몸종【명사】예전에, 잔심부름하던 여자 종. ◆ 名婢女，丫环。¶나를 몸종처럼 부리지 마라. =不要把我当丫环使唤。

몸집【명사】몸의 부피. ◆ 名身形，躯体。¶몸집이 크다. =身材魁梧。

몸짓【명사】몸을 놀리는 모양. ◆ 名身体动作，举止。¶초조한 몸짓. =烦躁的举止。

몸차림【명사】몸치장. 몸을 잘 매만져서 맵시 있게 꾸밈. ◆ 名衣着打扮，装束。¶깨끗한 몸차림. =整洁的装束。

몸체(-體)【명사】물체의 몸이 되는 부분. ◆ 名主体。¶증기 기관차의 몸체. =蒸汽机车的主体。

몸치장(-治粧)【명사】몸을 잘 매만져서 맵시 있게 꾸밈. ◆ 名衣着打扮，装束。¶몸치장이 요란한 여자. =打扮刺眼的女子。● 몸치장하다(-治粧--) ●

몸통【명사】사람이나 동물의 몸에서 머리·팔·다리·날개·꼬리 등 딸린 것들을 제외한 가슴과 배 부분. ◆ 名身躯，躯干。¶몸통부분은 갈색 털인 강아지. =躯干皮毛为褐色的小狗。

몹시【부사】더할 수 없이 심하게. ◆ 副很，非常，十分。¶몹시 추운 날씨. =极寒冷的气候。

몹쓸【관형사】악독하고 고약한. ◆ 冠恶毒的，狠毒的，歹毒的。¶몹쓸 놈. =歹毒的家伙。

못[1]【명사】목재 따위의 접합이나 고정에 쓰는 물건. 쇠, 대, 나무 따위로 가늘고 끝이 뾰족하게 만든다. ◆ 名钉子。¶벽에 못을 박다. =在墙上钉钉子。

못[2]【명사】주로 손바닥이나 발바닥에 생기는 단단하게 굳은 살. 물건과 접촉할 때 받는 압력으로 살갗이 단단하게 된다. ◆ 名茧子，老茧。¶귀에 못이 박히도록 들었다. =听得耳朵都长出老茧了。

못[3]【명사】넓고 오목하게 팬 땅에 물이 괴어 있는 곳. 늪보다 작다. ◆ 名池塘，水池。¶못에 연꽃이 피었다. =池塘里开满了荷花。

못[4]【부사】동사가 나타내는 동작을 할 수 없다거나 상태가 이루어지지 않았다는 부정의 뜻을 나타내는 말. ◆ 副不，不能。¶오늘은 못 간다. =今天不能去。

못나다【형용사】形 ❶ 얼굴이 잘나거나 예쁘지 않다. ◆ 长得丑，丑陋。¶얼굴이 못나다. =相貌丑陋。❷ 능력이 모자라거나 어리석다. ◆ 没有出息，愚蠢。¶내가 못난 탓이다. =都怪我没有出息。

못난이【명사】못나고 어리석은 사람. ◆ 名蠢货，笨蛋，没出息的。¶나는 여자 앞에서 말 한 마디 못하는 못난이이다. =我是个笨蛋，在女生面前连话都说不出来。

못내【부사】副 ❶ 자꾸 마음에 두거나 잊지 못하는 모양. ◆ 一直，始终。¶못내 그리워하다. =一直想念。❷ 이루 다 말할 수 없이. ◆ 无限，无比，非常。¶꽃다발을 받고 못내 감격하였다. =收到花束非常感激。

못다【부사】'다하지 못함'을 나타내는 말. ◆ 副没能，没……完。¶못다 이룬 꿈. =没能实现的梦想。

못되다【형용사】形 ❶ 성질이나 품행 따위가 좋지 않거나 고약하다. ◆ 坏，恶劣。¶못된 심보. =坏心眼。❷ 일이 뜻대로 되지 않은 상태에 있다. ◆ 没成功，没成熟。¶그 일이 못된 게 남의 탓이겠어. =那事没办好，能全是别人的错吗?

못마땅하다【형용사】마음에 들지 않아 좋지 않다. ◆ 形不满意，不称心。¶못마땅한 듯이 눈살을 찌푸리다. =皱着眉，好像不太满意。● 못마땅히 ●

못살다【동사】动 ❶ 가난하게 살다. ◆ 受穷，过穷日子。¶이 지역엔 못사는 이들이 많다. =这个地区穷人很多。❷ 성가시고 견디기 어렵게 하다. ◆ 忍受不了，受折磨。¶못살게 굴지 마라. =不要再折磨了。

못생기다【형용사】생김새가 보통보다 못하다. ◆ 形难看，丑。¶못생긴 사람. =丑人。

못쓰다【동사】动 ❶ 얼굴이나 몸이 축나다. ◆ 消瘦。¶얼굴이 못쓰게 상하다. =面容消瘦。❷ 옳지 않다. 또는 바람직한 상태가 아니다. ◆ 不妥，不对，不好。¶무엇이든 지나치면 못쓴다. =不管什么，过分了是不妥当的。

못자리【명사】볍씨를 뿌리어 모를 기르는 곳. ◆ 名秧田，苗圃。¶농군들이 못자리를 만들다. =农夫们造苗圃。

못지않다【형용사】'못지아니하다'의 준말. ◆ 形不亚于，不次于。¶전문가 못지않은 솜씨. =不亚于专家的技术。

못하다[1]【형용사】앞말이 뜻하는 상태에 미치지 아니함을 나타내는 말. ◆ 形不能，无法。¶편안하지 못하다. =坐立不安。

못하다[2]【동사】어떤 일을 일정한 수준에 못 미치게 하거나, 그 일을 할 능력이 없다. ◆ 动不会，不能。¶노래를 못하다. =不会唱歌。

못하다[3]【보조 형용사】补形 ❶ 앞말이 뜻하는 행동에 대하여 그것이 이루어지지 않거나 그것을 이룰 능력이 없음을 나타내는 말. ◆不会，不能。¶뛰지 못하다. =不能跳。❷ 앞말이 뜻하는 행동이나 상태가 극에 달해 그것을 더 이상 유지할 수 없음을 나타내는 말. ◆表示行为极限。¶참다못해 욕이 나왔다. =终于忍不住骂了出来。

몽골(Mongol)【명사】나라 이름. ◆名蒙古。

몽당연필(--鉛筆)【명사】많이 깎아 써서 길이가 매우 짧아진 연필. ◆名铅笔头。¶몽당연필을 함부로 버리지 마라. =不要随便乱扔铅笔头。

몽둥이【명사】조금 굵고 기름한 막대기. 주로 사람이나 가축을 때리는 데에 쓴다. ◆名棍子，棒子。¶몽둥이로 때리다. =用棍子打。

몽땅[1]【부사】있는 대로 죄다. ◆副全，全部。¶돈을 몽땅 쓰다. =把钱全花光了。

몽땅[2]【부사】상당한 부분을 대번에 자르는 모양. ◆副一下子。¶그녀는 긴 머리를 몽땅 잘랐다. =她把长发一下子剪掉了。

몽땅하다【형용사】끊어서 몽쳐 놓은 것처럼 짤막하다. ◆形短短的。¶몽땅한 연필. =短短的铅笔。

몽롱하다(朦朧--)【형용사】形 ❶ 달빛이 흐릿하다. ◆朦胧。¶몽롱한 달빛. =朦胧的月光。❷ 의식이 흐리멍덩하다. ◆朦胧，模糊，精神恍惚。¶의식이 몽롱한 상태. =意识恍惚的状态。

몽매(夢寐)【명사】잠을 자면서 꿈을 꿈. 또는 그 꿈. ◆名梦寐，睡梦，做梦。¶몽매에도 그리던 고향. =魂牵梦萦的故乡。

몽매(蒙昧)【명사】어리석고 사리에 어두움. ◆名蒙昧，不开化，无知。¶몽매를 깨우치다. =开化。● 몽매하다(蒙昧--) ●

몽상(夢想)【명사】실현성이 없는 헛된 생각을 함. 또는 그 생각. ◆名空想，妄想。¶몽상에 빠지다. =陷入空想。● 몽상하다(夢想--) ●

몽상가(夢想家)【명사】실현성이 없는 헛된 생각을 즐겨 하는 사람. ◆名空想家。¶그는 터무니없는 몽상가다. =他是个不可救药的空想家。

몽유병(夢遊病)【명사】잠을 자는 도중에 일정 시간 동안 깨어 있는 사람처럼 행동하고 다음 날 전혀 기억하지 못하는 병. ◆名梦游症。

몽정(夢精)【명사】잠을 자다가 꿈속에서 성적인 쾌감을 얻으면서 정액을 내보냄. ◆名梦遗，遗精。¶몽정은 자연스러운 현상이다. =梦遗是自然的现象。

몽타주(montage)<프>【명사】名 ❶ 영화나 사진 등에서 여러 장면을 잘 떼어 붙여 하나의 새로운 장면이나 내용으로 만드는 것. ◆蒙太奇剪辑。¶몽타주를 만들다. =蒙太奇剪辑。❷ 몽타주 사진. ◆蒙太奇拼图。

묘(妙)【명사】말할 수 없이 빼어나고 훌륭함. 또는 매우 교묘함. ◆名巧妙，奥妙。¶운용의 묘를 터득하다. =体会运用的奥妙。

묘기(妙技)【명사】교묘(巧妙)한 기술과 재주. ◆名妙技，绝技。¶묘기를 부리다. =施展绝技。

묘목(苗木)【명사】옮겨 심는 어린 나무. ◆名树苗，幼株。¶식목일에 묘목을 정성 들여 심었다. =在植树节那天认真地种树苗。

묘미(妙味)【명사】미묘한 재미나 흥취. ◆名乐趣。¶낚시의 묘미를 만끽하다. =深深体会到钓鱼的妙趣。

묘비(墓碑)【명사】무덤 앞에 세우는 비석. 죽은 사람의 신분, 성명, 행적, 자손, 출생일, 사망일 따위를 새긴다. ◆名墓碑。¶묘비를 세우다. =立墓碑。

묘사(描寫)【명사】어떤 대상이나 사물, 현상 따위를 언어로 서술하거나 그려서 표현함. ◆名描写，描绘，描述。¶심리 묘사. =心理描写。● 묘사되다(描寫--), 묘사하다(描寫--) ●

묘소(墓所)【명사】'산소(山所)'의 높임 표현. ◆名墓地。¶양지바른 곳에 묘소를 잡다. =选择向阳地作为墓地。

묘수(妙手)【명사】名 ❶ 묘한 기술이나 수. ◆妙招，绝招。¶묘수가 나다. =想起妙招。❷ 뛰어난 솜씨나 교묘한 재주를 지닌 사람. ◆高手，巧手。¶묘수를 구하다. =寻找高手。❸ 바둑이나 장기 따위에서, 생각해 내기 힘든 좋은 수. ◆妙招。¶묘수를 놓다. =出妙招。

묘안(妙案)【명사】뛰어나게 좋은 생각. ◆名好方案，妙计。¶묘안을 내다. =出妙计。

묘약(妙藥)【명사】名 ❶ 신통한 효험을 지닌 약. ◆灵丹妙药，特效药。¶이 병에는 신통한 묘약이 없다. =这种病没有特效的灵丹妙药。❷ 어떤 문제를 해결하는 데 매우 효과적인 것. ◆灵丹妙药。¶그들을 화해시킬 묘약은 어디에도 없었다. =哪里也没有能让他们和解的灵丹妙药。

묘역(墓域)【명사】묘소의 경계를 정한 구역. ◆名墓区，陵园。¶애국지사 묘역. =爱国志士陵园。

묘연하다(杳然--)【형용사】소식이 없어 행방을 알 수 없다. ◆形杳无。¶소식이 묘연하다. =杳无音讯。

묘지(墓地)【명사】名 ❶ 무덤. ◆坟墓。¶풀이 무성한 묘지. =草木茂盛的坟墓。❷ 무덤이 있는 땅. 또는 무덤을 만들기 위해 국가의 허가를 받은 구역. ◆墓地。¶묘지에 매장하다. =埋葬在墓地。

묘책(妙策)【명사】매우 교묘한 꾀. ◆名妙策，妙计。¶묘책을 짜내다. =想出妙计。

묘판(苗板)【명사】씨를 뿌려 모를 키우기 위하여 만들어 놓은 곳. ◆名苗床，秧田。

묘하다(妙--)【형용사】形 ❶ 모양이나 동작 등이 색다르고 신기하다. ◆恰巧，巧。❷ 어떤 일이나 감정 등이 표현하기 어려울 만큼 기이하다. ◆不可思议，奇妙，神奇。¶묘한 관계. =奇妙的关系。❸ 재주나 솜씨 등이 뛰어나다. ◆妙，美妙，奇妙，巧妙。¶묘한 수. =妙招。

무[1](無)【명사】없거나 존재하지 않는 상태. ◆名无，没，不，没有。¶무에서 유를 창조하다. =从无到有。

무[2]-(無)【접사】'없음'의 뜻. ◆前缀无，不，没。¶무관심. =不关心。

무[3]【명사】김치 등을 만드는, 색깔이 희고 팔뚝만한 크기의 뿌리에 깃 모양의 잎이 있는 채소. ◆名萝卜。

무가치하다(無價值--)【형용사】아무런 값어치가 없다. ◆ 形无价值，毫无价值。¶무가치한 일. =无价值的事。

무감각(無感覺)【명사】名 ❶ 아무 감각이 없음. ◆ 没有感觉，麻木。¶무감각 속으로 빠져들다. =陷入麻木。❷ 주변 상황이나 사람에 대하여 관심이 없음. ◆ 迟钝，不敏感。¶무감각이 나쁜 것만은 아니다. =迟钝不全是坏事。● 무감각하다(無感覺--) ●

무감동(無感動)【명사】감동이 없음. ◆ 名毫不感动。● 무감동하다(無感動--) ●

무겁다【형용사】形 ❶ 무게가 많이 나가다. ◆ 重，沉。¶무거운 짐. =重行李。❷ 책임이나 맡은 역할이 크고 중요하다. ◆ 重大，重要。¶맡은 책임이 무겁다. =担负的责任重大。❸ 잘못이나 죄가 크다. ◆严重。¶병이 너무 무거워 완쾌하시기 힘들 것 같다. =病情严重，很难痊愈。❹ 힘이 빠져 움직이기가 어렵고 힘들다. ◆ 沉重。¶쌓인 피로로 몸이 무겁다. =疲劳加剧，身体变得沉重。❺ 움직임이 둔하고 느리다. ◆ 迟钝，吃力。¶몸놀림이 그렇게 무거워서야 어떻게 운동선수가 되겠나? =身体行动那么迟钝，怎么能成为运动员? ❻ 기분이나 분위기 등이 유쾌하지 못하고 어둡고 답답하다. ◆ 凝重，沉重。¶괜히 쓸데없는 소리해서 분위기를 무겁게 만들지 마라. =不要说那些让气氛变得凝重的废话。

무게【명사】名 ❶ 물건의 무거운 정도. ◆ 重量。¶무게가 나가다. =分量重。❷ 사물이나 현상의 중요한 정도. ◆ 分量，价值。¶무게 있는 작품. =有分量的作品。❸ 사람의 침착하고 의젓한 정도. ◆ 稳重。¶무게 있는 목소리. =稳重的声音。❹ 마음으로 느끼는 기쁨, 고통, 책임감 등의 정도. ◆ 程度。¶슬픔의 무게. =悲伤程度。

무계획(無計劃)【명사】할 일의 방법, 순서, 규모 따위에 대하여 미리 세워 놓은 것이 없음. ◆ 名无计划。¶충동적이며 무계획한 소비 행태. =冲动的毫无计划的消费行为。

무고죄(誣告罪)【명사】남으로 하여금 형사 처분 또는 징계 처분을 받게 할 목적으로 허위 사실을 신고함으로써 성립하는 죄. ◆ 名诬告罪。¶무고죄로 고소 당하다. =以诬告罪被起诉。

무고하다[1](無故--)【형용사】사고 없이 평안하다. ◆ 形平安无事。¶집을 떠나 있는 동안 가족들이 무고하기를 늘 빌었다. =在离家的日子里常祈求家人们平安无事。

무고하다[2](無辜--)【형용사】아무런 잘못이나 허물이 없다. ◆ 形无辜。¶무고한 백성. =无辜的百姓。

무공(武功)【명사】군사상의 공적. ◆ 名军功，战功。¶무공훈장. =军功章。

무공해(無公害)【명사】자연이나 사람에게 피해를 주지 않음. ◆ 名无公害，绿色。¶무공해 채소. =绿色蔬菜。

무관(武官)【명사】군에 적을 두고 군사 일을 맡아보는 관리. ◆ 名武官。

무관(無官)【명사】지위가 없음. ◆ 名无官职。¶무관의 제왕. =无冕之王。

무관심하다(無關心--)【형용사】관심이나 흥미가 없다. ◆ 形不关心，冷漠，冷淡。¶무관심한 표정. =冷漠的表情。

무관하다(無關--)【형용사】'무관계하다(無關係--)'의 준말. 관계나 상관이 없다. ◆ 形无关，没关系，不相干。¶그 일은 너와는 무관하다. =那事和你毫无关系。

무궁무진하다(無窮無盡--)【형용사】끝이 없고 다함이 없다. ◆ 形无穷无尽。¶알래스카의 천연자원은 무궁무진하다. =阿拉斯加蕴含着无穷无尽的天然资源。

무궁하다(無窮--)【형용사】공간이나 시간 따위가 끝이 없다. ◆ 形无穷，无尽。

무궁화(無窮花)【명사】여름부터 가을까지 피며, 흰색, 보라색, 붉은 색 등의 꽃잎이 종 모양으로 넓게 피는 꽃. ◆ 名木槿花。

무기(武器)【명사】名 ❶ 전쟁에 사용되는 기구를 통틀어 이르는 말. ◆ 武器，军火。¶무기를 소지하다. =持有武器。❷ 어떤 일을 하거나 이루기 위한 중요한 수단이나 도구를 비유적으로 이르는 말. ◆ 武器。¶어떤 사람이 권력을 무기 삼아 폭력을 휘두르다. =有的人把权力作为武器，滥用暴力。

무기고(武器庫)【명사】무기를 넣어 두는 창고. ◆ 名武器库，军火库。

무기력증(無氣力症)【명사】기운이나 힘이 없어지는 증상. ◆ 名无力症。¶김사장은 사업 실패 후 무기력증에 빠져 시름하고 있다. =金社长生意失败后，患上了无力症，为此很苦恼。

무기력하다(無氣力--)【형용사】어떠한 일을 감당할 수 있는 기운과 힘이 없다. ◆ 形无能，软弱，懦弱。¶투지가 없고 무기력한 사람. =没有斗志的、懦弱的人。

무기명(無記名)【명사】이름을 적지 않음. ◆ 名匿名，不记名。¶무기명으로 투서를 하다. =写匿名信举报。

무기물(無機物)【명사】생명을 지니지 않은 물질을 통틀어 이르는 말. 물·흙·공기·광물 따위가 있다. ◆ 名无机物。

무기질(無機質)【명사】칼슘, 물 등과 같이 주로 생명체의 골격, 혈액 등에 포함되어 있는 무기물. 또는 그 무기물의 성질. ◆ 名无机物。

무기 징역(無期懲役)【명사】기간을 정하지 않고 평생 동안 교도소 안에 가두어 의무적인 작업을 시키는 형벌. ◆ 名无期徒刑。¶그는 살인죄로 무기징역을 선고받았다. =他因杀人罪被判处无期徒刑。

무난하다(無難--)【형용사】形 ❶ 어려움이나 장애가 별로 없다. ◆ 容易，顺利。¶무난하게 목표를 달성하다. =顺利实现目标。❷ 두드러지는 단점이나 흠이 없다. ◆ 不错，没有毛病。❸ 성격 등이 까다롭지 않고 괜찮다. ◆ 说得过去，不错。¶무난한 사람. =不错的人。● 무난히(無難-) ●

무남독녀(無男獨女)【명사】아들이 없는 집안의 외동딸. ◆ 名独生女。¶그애는무남독녀로 귀염을 받는다. =那女孩是独生女，集万千宠爱于一身。

무너뜨리다【동사】[动] ❶ 쌓아 올린 것을 허물어 내려앉게 하다. ◆ 推倒，推翻。¶성벽을 무너뜨리다. =推倒城墙。❷ 제도, 질서, 체제 등을 파괴하다. ◆ 打破，破坏。¶윤리를 무너뜨리는 공연. =打破伦理、常规的演出。❸ 권력을 빼앗거나 나라를 망하게 하다. ◆ 推翻，打垮。¶왕정을 무너뜨리다. =推翻王朝。❹ 생각이나 계획 등을 깨다. ◆ 推翻，打破（计划、构想、想法等）。¶반대자들의 주장을 무너뜨리다. =推翻反对者的意见。❺ 기준이 되는 선이나 정도를 넘어서다. ◆ 冲破，打破，摧毁（标准、界线等）。¶방어선을 무너뜨리다. =摧毁防线。❻ 세력이나 기세 등을 없애거나 약하게 하다. ◆ 压制。¶상대편의 기세를 무너뜨리다. =压制对方的气势。❼ 일정한 형태나 상태 등을 깨다. ◆ 打破，破坏。¶균형을 무너뜨리다. =打破均衡。❽ 경기나 경쟁에서 이기다. ◆ 战胜，击败，打败。¶그는 지난 대회의 우승자를 무너뜨리고 결승에 진출했다. =他击败上次比赛的冠军，进入了决赛。

무너지다【동사】[动] ❶ 높이 쌓이거나 포개져 있던 것이 허물어지거나 흩어지다. ◆ 倒，塌，垮。¶다리가 무너지다. =桥塌了。❷ 몸이 힘을 잃고 쓰러지거나 밑바닥으로 내려앉다. ◆ 倒，垮。¶무너지듯 바닥에 주저앉다. =瘫倒在地上。❸ 질서, 제도, 체제 등이 파괴되다. ◆ 崩溃，瓦解。¶기강이 무너지다. =纲纪废弛。❹ 권력이 소멸하거나 나라가 망하다. ◆ 垮台，解体。¶왕조가 무너지다. =王朝垮台。❺ 계획이나 생각 등이 이루어지지 못하고 깨지다. ◆ 失败，流产。¶한 사람의 실수로 우리의 계획은 한순간에 무너져 버렸다. =由于一个人的失误，我们的计划在瞬间失败了。❻ 슬픈 일 등을 당하여 안정을 잃다. ◆ 破碎，垮。¶헤어지자는 그의 말에 가슴이 무너졌다. =因为他提出分手而心碎。❼ 기준이나 선 등이 뚫리거나 깨지다. ◆ 冲破，摧毁。¶포위망이 무너져 적이 빠져나가다. =包围圈被冲破后，敌人逃脱了。

무논【명사】물이 늘 괴어 있는 논. ◆[名]水田。¶가뭄을 모르는 무논. =不知干旱滋味的水田。

무능력(無能力)【명사】일을 감당하거나 해결할 만한 능력이 없음. ◆[名]无能。● 무능력하다(無能力--) ●

무늬【명사】[名] ❶ 물건의 거죽에 어룽져 나타난 어떤 모양. ◆ 纹理，纹路，花纹。¶무늬 고운 호랑나비. =有美丽花纹的金凤蝶。❷ 옷감이나 조각품 따위를 장식하기 위한 여러 가지 모양. ◆ 花纹。¶무늬가 예쁘다. =花纹很美。

무단(武斷)【명사】무력이나 억압을 써서 강제로 행함. ◆[名]强行。

무당【명사】귀신을 섬겨 길흉을 점치고 굿을 하는 것을 업으로 하는 사람. 주로 여자를 이른다. 한자를 빌려 '巫堂'으로 적기도 한다. ◆[名]巫婆，女巫。

무당벌레【명사】작고 둥근 몸과 붉은 바탕에 검은 점 무늬의 단단한 날개를 가진 곤충. ◆[名]异色瓢虫。

무대(舞臺)【명사】[名] ❶ 노래, 춤, 연극 따위를 하기 위하여 객석 정면에 만들어 놓은 단. ◆ 舞台。¶텅 빈 무대. =空荡荡的舞台。❷ 주로 활동하는 공간을 비유적으로 이르는 말. ◆ 舞台。¶세계 무대에 진출하다. =登上世界舞台。❸ 이야기의 배경이 되는 곳을 비유적으로 이르는 말. ◆ 背景。¶농촌을 무대로 한 소설. =以农村为背景的小说。

무더기【명사】[名] ❶ 한데 수북이 쌓였거나 뭉쳐 있는 더미나 무리. ◆ 堆，群，簇。¶눈 무더기. =雪堆。❷ 많은 물건을 한데 모아 수북이 쌓였거나 뭉쳐 있는 더미나 무리를 세는 단위. ◆ 堆，簇。¶책 한 무더기. =一堆书。

무더위【명사】습도와 온도가 매우 높아 찌는 듯 견디기 어려운 더위. ◆[名]炎热，酷热，闷热。¶무더위가 기승을 부리다. =酷热肆虐。

무던하다【형용사】[形] ❶ 정도가 어지간하다. ◆ 还行，尚可，说得过去。¶그만하면 무던하다. =那样就行了。❷ 성질이 너그럽고 수더분하다. ◆ 老实，憨厚。¶무던한 사람. =老实人。● 무던히 ●

무덤【명사】죽은 사람의 몸이나 유골을 땅에 묻어 놓은 곳. ◆[名]坟墓。¶무덤을 파다. =挖墓。

무덥다【형용사】습도와 온도가 매우 높아 찌는 듯 견디기 어렵게 덥다. ◆[形]闷热，酷热，炎热。¶바람 한 점 없는 무더운 날씨. =没有一丝风的闷热天气。

무도회(舞蹈會)【명사】여러 사람이 함께 춤을 추면서 사교를 하는 모임. ◆[名]舞会。¶야외 무도회가 열리다. =举行郊外舞会。

무드(mood)【명사】어떤 상황에서 대체적으로 느껴지는 분위기나 기분. ◆[名]气氛，氛围，环境。¶무드 좋은 찻집. =环境幽雅的茶馆。

무디다【형용사】[形] ❶ 칼이나 가위 등의 날이나 끝이 날카롭지 못하다. ◆ 钝，不锋利。¶펜촉이 무디다. =笔尖钝。❷ 어떤 사실이나 감정 등을 깨닫거나 표현하는 힘이 부족하고 둔하다. ◆ 迟钝。¶감각이 무디다. =感觉迟钝。❸ 세련되지 않고 투박하다. ◆ 朴素。¶그만한 학식을 가지면서 무딘 사투리를 버리지 않는 사람도 흔치 않을 것이다. =像他这样有高深的学识却没有丢掉朴素的方言的人，大概也没有几个。

무뚝뚝하다【형용사】성질이 쾌활하지 않고 인정미가 없다. 아기자기한 맛이 없다. ◆[形]生硬，冷淡。¶무뚝뚝한 말투. =生硬的语气。

무럭무럭【부사】[副] ❶ 순조롭고 힘차게 잘 자라는 모양. ◆ 茁壮地，茂盛地。¶무럭무럭 크는 아이들. =茁壮成长的孩子们。❷ 김, 연기, 냄새 등이 자꾸 많이 피어오르는 모양. ◆ 冉冉。¶들에서는 아지랑이가 무럭무럭 피어오른다. =田野里水汽冉冉升起。❸ 느낌, 생각 등이 마음속에서 자꾸 일어나는 모양. ◆ (感受或想法等)纷纷，接连不断。¶방향 없는 반발이 무럭무럭 솟아나기 시작하는 것이었다. =毫无针对性的反驳开始纷纷冒出来。

무려(無慮)【부사】그 수가 예상보다 상당히 많음을 나타내는 말. ◆[副]足足，足有。¶며칠 사이에 물가가 무려 갑절이나 올랐다. =几天之内物价足足上涨了一倍。

무력[1](無力)【명사】힘이 없음. ◆[名]无力，衰弱，

脆弱。¶나는 지금 무력 그 자체이다. =我现在很脆弱。

무력²(武力)【명사】图 ❶ 군사상의 힘. ◆ 武力，武装。¶무력 봉기. =武装起义。❷ 때리거나 부수는 따위의 육체를 사용한 힘. ◆ 武力，暴力。¶무력으로 누르다. =以武力压制。

무력하다(無力--)【형용사】힘이 없다. ◆ 形无力，软弱无力。

무렵【의존 명사】대략 어떤 시기와 일치하는 즈음. ◆ 依名时，时候，时分。¶겨울의 끝 무렵. =冬末时分。

무례(無禮)【명사】태도나 말에 예의가 없음. ◆ 图无礼，冒失。¶저의 무례를 용서해 주십시오. =请原谅我的无礼。● 무례하다(無禮--) ●

무료(無料)【명사】图 ❶ 요금이 없음. ◆ 免费，无偿。¶무료 강습. =免费讲座。❷ 급료가 없음. ◆ 无偿，义务。¶무료 상담원. =义务咨询员。

무료하다(無聊--)【형용사】흥미 있는 일이 없어 심심하고 지루하다. ◆ 形无聊，乏味。¶하는 일 없는 무료한 나날. =无事可做的无聊的每一天。● 무료히(無聊-) ●

무르녹다【동사】动 ❶ 과일이나 음식 따위가 충분히 익어 흐무러지다. ◆ (果实或食品)熟透。¶무화과가 무르녹아 있다. =无花果熟透了。❷ 일이나 상태가 한창 이루어지려는 단계에 달하다. ◆ (时机或状态)成熟，恰到好处；浓，浓厚。¶분위기가 자연스레 무르녹았다. =气氛自然地恰到好处。

무르다¹【동사】굳은 것이 물렁거리게 되다. ◆ 动(硬东西)变软，蔫。¶단감이 물러 연시처럼 되었다. =甜柿子变软了，像软柿子一样。

무르다²【동사】动 ❶ 물기가 많아서 단단하지 않다. ◆ 松软，软，烂。¶반죽이 무르다. =面团松软。❷ 마음이 여리거나 힘이 약하다. ◆ (心或性格)软弱。¶성질이 무르다. =性格软弱。

무르다³【동사】动 ❶ 사거나 바꾼 물건을 판 사람이 원래 임자에게 도로 주고 돈이나 물건을 되찾다. ◆ 退回，退货。¶흠 있는 책을 돈으로 물렀다. =有瑕疵的书，给退钱了。❷ 이미 행한 일을 그 전의 상태로 돌리다. ◆ 悔，反悔。¶한 수만 물러 주게. =就让我悔一步棋吧!

무르익다【동사】动 ❶ 과일이나 곡식 따위가 충분히 익다. ◆ (果实或谷物)熟透，成熟。¶오곡백과가 무르익는 계절이다. =百果熟透的季节。❷ 시기나 일이 충분히 성숙되다. ◆ (时机或状态)成熟，恰到好处，娴熟，炉火纯青。¶분위기가 무르익다. =气氛恰到好处。

무릅쓰다【동사】힘들고 어려운 일을 참고 견디다. ◆ 动冒着，顶着，不顾。¶부끄러움을 무릅쓰다. =不顾羞耻。

무릇【부사】대체로 헤아려 생각하건대. ◆ 副凡是，但凡，一般来讲。¶무릇 법도란 지키기 위해 존재하는 것이다. =但凡法度，均以执行为其存在之目的。

무릎【명사】넙다리와 정강이의 사이에 앞쪽으로 둥글게 튀어나온 부분. ◆ 图膝盖。¶무릎 꿇고 기도하다. =屈膝祈祷。

무리¹【명사】사람이나 짐승 따위가 모여서 뭉친 한 동아리. ◆ 图 (人)群，帮，伙。¶교복을 입은 학생들의 무리. =一群身着校服的学生。

무리²(無理)【명사】도리나 이치에 맞지 않거나 정도에서 지나치게 벗어남. ◆ 图无理，不合理，过分。¶무리한 요구. =无理的要求。● 무리하다(無理--) ●

무리수(無理數)【명사】图 ❶ 실수이면서 분수의 형식으로 나타낼 수 없는 수. ◆ 无理数。❷ 도리나 이치에 맞지 않거나 정도를 지나치게 벗어나는 일을 비유적으로 이르는 말. ◆ 不当举止，失手。¶이번 일에 무리수를 두다. =在此事上失手。

무마(撫摩)【명사】图 ❶ 타이르고 얼러서 마음을 달램. ◆ 安慰，抚慰，劝解。¶흥분한 군중을 무마하다. =抚慰激动的群众。❷ 분쟁이나 사건 따위를 어물어물 덮어 버림. ◆ 安抚，怀柔，摆平。¶뇌물을 주고 사건을 무마하려 했다. =想通过贿赂来摆平这件事。● 무마되다(撫摩--), 무마하다(撫摩--) ●

무말랭이【명사】무를 반찬거리로 쓰려고 썰어 말린 것. ◆ 图萝卜干。

무명¹【명사】무명실로 짠 피륙. ◆ 图棉布，粗布。¶아버지는 무명으로 만든 두루마기를 여간 아끼질 않으셨다. =爸爸非常喜欢粗布的长袍。

무명²(無名)【명사】图 ❶ 이름이 없거나 이름을 알 수 없음. ◆ 无名，不知名。❷ 이름이 널리 알려져 있지 않음. ◆ 不出名，没有名气。¶무명 가수. =没有名气的歌手。

무명지(無名指)【명사】약손가락. 엄지손가락으로부터 넷째 손가락. ◆ 图无名指。¶머리카락을 넘길 때 그녀는 무의식중에 자신의 무명지에 반짝이는 결혼반지를 드러내었다. =拨头发的时候她无意中秀出了自己无名指上的闪亮婚戒。

무모하다(無謀--)【형용사】앞뒤를 잘 헤아려 깊이 생각하는 신중성이나 꾀가 없다. ◆ 形莽撞，盲目，轻率，冲动。¶무모한 계획. =盲目的计划。

무미건조하다(無味乾燥--)【형용사】재미나 멋이 없이 메마르다. ◆ 形枯燥无味。¶틀에 박힌 듯 매일 같이 똑같은 일만 되풀이하는 무미건조한 생활. =每天都模式化地重复同样工作的枯燥无味的生活。

무방비(無防備)【명사】적이나 해로운 것 따위를 막아 낼 준비가 되어 있지 않음. ◆ 图无防备，不设防。¶무방비 상태. =无防备状态。

무방하다(無妨--)【형용사】거리낄 것이 없이 괜찮다. ◆ 形无防，不碍事，没关系。¶수업 중, 창문을 열어도 무방하다. =上课时开窗户也没关系。

무법(無法)【명사】图 ❶ 법이나 제도가 확립되지 않고 질서가 문란함. ◆ 没有王法，不法。❷ 도리에 어긋나고 예의가 없음. ◆ 无礼，无理。

무법자(無法者)【명사】법을 무시하고 함부로 거칠고 험한 행동을 하는 사람. ◆ 图不法分子。¶폭주족들이 개조된 자동차를 타고 무법자처럼 도로를 내달린다. =暴走族乘坐改造汽车，像不法分子一样在路上飞奔。

무병(無病)【명사】병이 없이 건강함. ◆ 图没病，健

康。¶가족들의 무병을 기원하다. =祝愿全家身体健康。

무보수(無報酬)【명사】보수가 없음. ◆ 图无报酬，免费，无偿。¶무보수로 일하다. =无偿做事。

무분별하다(無分別--)【형용사】분별이 없다. ◆ 形莽撞，鲁莽，粗暴，野蛮。¶무분별한 국토 개발. =野蛮的国土开发。

무사(武士)【명사】무예를 익히어 그 방면에 종사하는 사람. ◆ 图武士，行武。¶무사 출신. =行伍出身。

무사태평(無事太平)【명사】图 ❶ 아무런 탈 없이 편안함. ◆ 无忧无虑，悠然自得。¶그는 폭우가 와도 무사태평이다. =就算是下暴雨，他也悠然自得。❷ 어떤 일이든지 안일하게 생각하여 근심 걱정이 없음. ◆ 面不改色心不跳，处变不惊。¶그는 여전히 무사태평이었고 즐거워 보였다. =他仍然是面不改色心不跳，看上去很高兴。● 무사태평하다(無事太平--) ●

무사하다(無事--)【형용사】아무 일 없다. ◆ 形安全，无事故，没事。¶태풍이 왔다는데, 정말 무사하니? =刮台风了，真的没事吗？ ● 무사히(無事-) ●

무산되다(霧散--)【동사】안개가 걷히듯 흩어져 없어지다. 또는 그렇게 흐지부지 취소되다. ◆ 动泡汤，落空。¶계획이 무산되다. =计划泡汤了。

무상[1](無償)【명사】어떤 행위에 대하여 아무런 대가나 보상이 없음. ◆ 无偿，免费。¶무상 원조. =无偿援助。

무상[2](無常)【명사】图 ❶ 모든 것이 덧없음. ◆ 无常，虚无。¶인생의 허무와 무상을 느끼다. =感到人生的虚无与无常。❷ 일정하지 않고 늘 변함. ◆ 没有规律，不固定，不规律。¶워낙 출입이 무상한 사람이라 그를 만나기란 쉽지 않을 것이다. =他进出非常不规律，所以要遇到他不是件容易的事。● 무상하다(無常--) ●

무색(無色)【명사】아무 빛깔이 없음. ◆ 图无色，平平淡淡。¶무색의 기체. =无色气体。

무색하다(無色--)【형용사】겸연쩍고 부끄럽다. ◆ 形自愧不如，惭愧。¶가수라 하여도 무색할 정도의 노래 실력. =令歌手都自愧不如的歌唱实力。

무생물(無生物)【명사】생물이 아닌 물건. 세포로 이루어지지 않은 돌, 물, 흙 따위를 이른다. ◆ 图非生物。

무서움【명사】무서워하는 느낌. ◆ 图恐惧，畏惧，胆怯。¶어려서 무척 무서움을 탔다. =幼时就非常胆怯。

무서워하다【동사】무섭게 여기다. ◆ 动怕，害怕，恐惧。¶밤길을 무서워하다. =怕走夜路。

무선(無線)【명사】통신이나 방송을 전선(電線) 없이 전파로 함. ◆ 图无线，无线电。¶무선으로 정보를 송수신하다. =利用无线电收发情报。

무선 전화기(無線電話機)【명사】전화기 본체와 수화기 사이에 연결된 선이 없이 사용할 수 있는 전화기. ◆ 图无线电话。¶이제는 무선전화기로 집 안 어디에서나 통화할 수 있다. =如今使用无线电话可以在房间内任何一个位置打电话。

무선 통신(無線通信)【명사】전선을 연결하지 않고 전자기파를 통해 정보를 보내거나 받는 통신. ◆ 图无线通信。

무섬증(--症)【명사】무서움을 느끼는 증상. ◆ 图恐惧心理，恐惧。¶무섬증이 나다. =产生恐惧。

무섭다【형용사】形 ❶ 어떤 대상에 대하여 꺼려지거나 무슨 일이 일어날까 겁나는 데가 있다. ◆ 怕，害怕。¶나는 뱀이 무섭다. =我怕蛇。❷ 두려움이나 놀라움을 느낄 만큼 성질이나 기세 따위가 몹시 사납다. ◆ 可怕，恐怖。¶무서운 협박. =可怕的胁迫。❸ 정도가 매우 심하다. ◆ 惊人，骇人，非常。¶비가 무섭게 내리치다. =雨下得非常大。❹ 그렇게 하자마자 곧바로의 뜻을 나타낸다. ◆ (主要采用-기(가) 무섭게的结构)—……就…… ¶문을 열기가 무섭게 모여드는 손님들. =一开门就涌进来的客人们。

무성 영화(無聲映畫)【명사】인물의 대사, 음향 효과 따위의 소리가 없이 영상만으로 된 영화. ◆ 图无声电影。

무성의하다(無誠意--)【형용사】성의가 없다. ◆ 形没有诚意，敷衍。¶무성의하게 내뱉은 말. =用来敷衍的话。

무성하다(茂盛--)【형용사】풀이나 나무 따위가 자라서 우거져 있다. ◆ 形茂盛，繁茂，茂密。¶잎이 무성한 나무. =枝叶繁茂的大树。● 무성히(茂盛-) ●

무소식(無消息)【명사】소식이 없음. ◆ 图没有消息，没有音信。¶무소식이 희소식이라. =没有消息就是好消息。

무쇠【명사】图 ❶ 철에 2.0% 이상의 탄소가 들어 있는 . 빛이 검고 바탕이 연함. ◆ 铁。¶무쇠로 강판을 만들었다. =用铁制成钢板。❷ 정신적으로나 육체적으로 강하고 굳센 것을 비유적으로 이르는 말. ◆ 钢铁般的。¶무쇠 같은 의지. =钢铁般的意志。

무수하다(無數--)【형용사】헤아릴 수 없다. ◆ 形无数，不计其数。¶밤하늘에는 별이 무수했다. =夜空里的星星不计其数。● 무수히(無數-) ●

무술(武術)【명사】무기 쓰기, 주먹질, 발길질, 말달리기 따위의 무도에 관한 기술. ◆ 图武术，武艺。¶무술 고단자. =武术高强的人。

무스【명사】图 ❶ 크림이나 젤리에 거품을 일게 하여 설탕, 향료를 넣고 차게 한 디저트. 고기나 생선을 써서 이런 방법으로 만든 것을 이르기도 한다. ◆ 奶油冻。❷ 머리에 발라 원하는 대로 머리 모양을 고정시키는 데 쓰는 거품 모양의 크림. 상품명에서 온 말이다. ◆ 摩丝。

무슨【관형사】冠 ❶ 무엇인지 모르는 일이나 대상, 물건 따위를 물을 때 쓰는 말. ◆ 什么(表示询问的内容)。¶무슨 일 있었니? =发生了什么事? ❷ 사물을 특별히 정하여 지목하지 않고 이를 때 쓰는 말. ◆ 什么(表示不特定的指代)。¶그는 무슨 일이든 척척 해냈다. =他不管做什么事都干净利落。❸ 예상 밖의 못마땅한 일을 강조할 때 쓰는 말. ◆ 什么(强调不满)。¶지금 무슨 말씀을 하고 계시는 겁니까? =您在说什么呀? ❹ 반의적인 뜻을 강조하는 말. ◆ 啥，什么(表示反问)。¶대낮에 술은 무슨 술이며 노래는 또 무슨 노래. =大白天的，喝什么酒唱什么歌呀?

무승부(無勝負)【명사】내기나 경기 따위에서 이기고 짐이 없이 비김. ◆图不分胜负，平局，平手。¶경기가 무승부로 끝나다. =比赛以平局告终。

무시(無視)【명사】图 ❶ 사물의 존재 의의나 가치를 알아주지 아니함. ◆ (对事物)无视，视而不见。❷ 사람을 깔보거나 업신여김. ◆ (对人)小看，瞧不起，鄙视。¶남에게 무시를 당하다. =被人瞧不起。● 무시되다(無視--), 무시하다(無視--) ●

무시당하다(無視當--)【동사】업신여김을 당하다. ◆ 动 被瞧不起，被轻视，被鄙视。¶그는 가난 때문에 무시당했다. =他因贫穷而受人轻视。

무시로(無時-)【부사】특별히 정한 때가 없이 아무 때나. ◆ 副时常，随时。¶손님이 무시로 찾아오다. =客人时常来。

무시무시하다【형용사】몹시 무섭다. ◆ 形恐怖，毛骨悚然。¶무시무시한 이야기. =叫人毛骨悚然的故事。

무시험(無試驗)【명사】시험을 치르지 않음. ◆图免试，保送。¶무시험 입학 제도. =免试入学制度。

무식(無識)【명사】배우지 않은 데다 보고 듣지 못하여 아는 것이 없음. ◆图无知，愚昧。¶무식이 드러나다. =暴露出无知。● 무식하다(無識--) ●

무식쟁이(無識--)【명사】무식한 사람을 낮잡아 이르는 말. ◆图大老粗，没文化的人。¶그는 글씨도 모르는 무식쟁이다. =他是个大字不识的大老粗。

무신(武臣)【명사】신하 가운데 무관(武官)인 사람. ◆图(历史上的)武臣，武官。¶문신들의 횡포에 맞서 무신들은 자신의 군사력으로 권세를 얻으려 했다. =面对文官的专权，武官们想利用自己的军事力量取得权利与地位。

무신경하다(無神經--)【형용사】形 ❶ 감각이나 느낌 따위가 매우 둔하다. ◆ 迟钝，呆头呆脑。¶상황 인식을 못할 만큼 무신경하다. =呆头呆脑的，摸不清楚状况。❷ 남의 감정이나 이목 따위를 고려하지 않고 어떤 자극에도 반응이 없다. ◆ 麻木不仁，冷漠，漠不关心。¶무신경한 사람. =麻木不仁的人。

무심결에(無心-)【명사】아무런 생각이 없어 스스로 깨닫지 못하는 사이에. ◆图无意中，无心地，不经意间。¶안 할 말을 무심결에 해 버렸다. =把本不想说的话无意中说了出来。

무심코(無心-)【부사】아무런 뜻이나 생각이 없이. ◆副无意间，无心地，不经意间。¶무심코 던진 말이 그의 마음을 상하게 했다. =无意间说的话伤了他的心。

무심하다(無心--)【형용사】形 ❶ 아무런 생각이나 감정 따위가 없다. ◆ 无心，无意，漫不经心。¶무심한 구름처럼 내 마음도 흘러간다. =像无心飘过的云彩一样，我的心也是淡淡的。❷ 남의 일에 걱정하거나 관심을 두지 않다. ◆ (对别人)无情，冷漠。¶형제끼리 그렇게 무심할 수 있나? =兄弟之间怎么能够这么冷漠? ● 무심히(無心-) ●

무안(無顔)【명사】수줍거나 창피하여 볼 낯이 없음. ◆ 图丢人，没面子，难为情。¶무안을 느끼다. =觉得没面子。● 무안하다(無顔--) ●

무어[1]【감탄사】叹 ❶ 놀랐을 때 내는 소리. ◆ 什么(表示惊讶或反问)。¶"그가 합격을 했대." "무어, 그게 정말이냐?" = "听说他考上了。" "什么? 真的吗? " ❷ 다른 사람의 부름에 왜 그러냐는 뜻으로 대답하는 말. ◆ 怎么啦(表示疑问)。¶무어? 왜 자꾸만 불러? =怎么啦? 你老叫我? ❸ 사실을 말할 때, 상대의 생각을 가볍게 반박하거나 새롭게 일깨워 주는 뜻으로 하는 말. ◆怎么(表示轻度反驳或重新提醒)。¶무어, 그의 말이 다 사실인 줄 알아? =怎么，你以为他说的都是实话呀? ❹ 어린아이나 여자들이 어리광을 피울 때, 말끝에 붙이는 말. ◆ ……嘛(小孩或女子表示撒娇)。¶구두는 사줘야지, 무어. =给我买双皮鞋嘛! ❺ 더 이상 여러 말 할 것 없다는 뜻으로 어떤 사실을 체념하여 받아들이며 하는 말. ◆ ……嘛(表示没必要再多说)。¶어차피 내가 할 일인데 무어, 미안해할 것 없어. =反正也是我该做的事，你不用感到不安。

무어[2]【대명사】'무엇'의 준말. ◆ 代什么，何，啥子(무엇的略语)。¶그래, 형이 무어라고 하더냐? =是呀，哥你都说什么啦?

무언(無言)【명사】말이 없음. ◆ 图无声，默默。¶무언의 저항. =无声的抵抗。

무언극(無言劇)【명사】대사 없이 표정과 몸짓만으로 내용을 전달하는 연극. ◆ 图哑剧。¶무언극 배우. =哑剧演员。

무엄하다(無嚴--)【형용사】삼가거나 어려워함이 없이 아주 무례하다. ◆形没大没小，无礼。¶어른 앞에서 무엄하게 굴지 마라. =不得在长辈面前无礼。

무엇[1]【대명사】모르는 사실이나 사물을 가리키는 지시 대명사. ◆ 代 什么。¶저 꽃의 이름이 무엇일까? =那种花叫什么名字?

무엇[2]【감탄사】믿기지 않은 일을 다시 되물어보거나 확인할 때 쓰는 말. ◆ 叹 (表示怀疑)什么。¶무엇! 당신이 화가라고? =什么? 你说你是画家?

무엇하다【형용사】언짢은 느낌을 알맞게 형용하기 어렵거나 그것을 표현할 말이 생각나지 않을 때 암시적으로 둘러서 쓰는 말. ◆ 形不好意思，难为情。¶찾아가기는 좀 무엇하다. =找过去有点不好意思。

무역(貿易)【명사】图 ❶ 지방과 지방 사이에 서로 물건을 팔고 사거나 교환하는 일. ◆ (地区之间)通商，贸易。❷ 나라와 나라 사이에 서로 물품을 매매하는 일. ◆ (国家之间)通商，贸易。¶무역 봉쇄. =贸易封锁。● 무역하다 (贸易--) ●

무역상(貿易商)【명사】외국과 무역을 하는 장사. 또는 그런 장수. ◆ 图 对外贸易; 外贸商人。¶우연히 무역상을 만나다. =偶然与外贸商人相遇。

무역 수지(貿易收支)【명사】일정 기간 동안에 상품의 수출입 거래로 생기는 국제 수지. 무역 외 수지와 함께 국제 수지의 경상 계정을 구성한다. ◆ 图贸易收支。¶ 무역수지가 적자다. =贸易收支赤字。

무역업자(貿易業者)【명사】무역을 직업으로 하는 사람. ◆ 图贸易从业者，贸易界人士。¶위탁 판매는 무역업자가 외국에 자기 상품의 판로의 확장을 목적으로 많이 이용하고 있다. =委托销售通常被贸易从业者用于扩大自己商品在外国的销路。

무역항(貿易港)【명사】상선이나 다른 나라의 배가 드나들면서 무역을 할 수 있도록 상품 수출입의 허가를 받은 항구. ◆ 名贸易港，通商口岸。

무연탄(無煙炭)【명사】대부분 탄소로 구성되어 있고 불순물이 적어 탈 때 연기가 나지 않는 석탄. ◆ 名无烟煤。

무예(武藝)【명사】무도(武道)에 관한 재주. ◆ 名武艺，武术。¶무예를 익히다. =练好武艺。

무용[1](武勇)【명사】무예와 용맹을 아울러 이르는 말. ◆ 名武艺和勇猛(合称)。¶무용을 떨치다. =耀武扬威。

무용[2](舞踊)【명사】음악에 맞추어 율동적인 동작으로 감정과 의지를 표현하는 예술. ◆ 名舞蹈。¶현대 무용의 대가. =现代舞大家。

무용담(武勇談)【명사】싸움에서 용감하게 활약하여 공을 세운 이야기. ◆ 名英雄故事，战斗英雄故事。¶무용담을 늘어놓다. =讲英雄故事。

무용수(舞踊手)【명사】극단이나 무용단 따위에서 춤을 추는 일을 전문으로 하는 사람. ◆ 名专业舞蹈演员。¶그녀는 학교에서 무용을 가르치면서 국립 무용단의 무용수로 재직하고 있다. =她在学校里教舞蹈，同时还是国立舞蹈团的专业舞蹈演员。

무용지물(無用之物)【명사】쓸모없는 물건이나 사람. ◆ 名无用之物，废物。¶그렇게도 소중하던 것이 무용지물이 되어버렸다. =曾经无比珍视的东西变成了无用之物。

무위도식(無爲徒食)【명사】하는 일 없이 놀고먹음. ◆ 名无所事事，游手好闲。¶무위도식을 일삼다. =游手好闲。● 무위도식하다(無爲徒食--) ●

무의미하다(無意味--)【형용사】아무 값어치나 의의가 없다. ◆ 形没意义，无聊。¶무의미한 삶. =无聊的生活。

무의식(無意識)【명사】名 ❶ 자신의 언동이나 상태 따위를 스스로 깨닫지 못하는 일체의 작용. ◆ 没意识，昏迷。¶무의식 상태. =昏迷状态。❷ 자각이 없는 의식의 상태. 정신 분석에서는 의식되면 불안을 일으키게 되는 억압된 원시적 충동이나 욕구, 기억, 원망 따위를 포함하는 정신 영역을 이른다. ◆ 无意识。¶무의식 상태에서 깨어나다. =从无意识状态中醒来。

무익하다(無益--)【형용사】이롭거나 도움이 될 만한 것이 없다. ◆ 形无益，没有意义，无用。¶담배는 몸에 무익하다. =烟对身体有害无益。

무인(無人)【명사】사람이 없음. ◆ 名无人，没人，自动。¶무인 우주선. =无人驾驶宇宙飞船。

무인도(無人島)【명사】사람이 살지 않는 섬. ◆ 名无人岛，荒岛。¶그는 가끔 무인도에서 살고 싶어 했다. =他偶尔想去荒岛上生活。

무인지경(無人之境)【명사】名 ❶ 사람이 살고 있지 않는 외진 곳. ◆ 无人之境，杳无人烟的地方。¶지평선만이 보이는 무인지경. =只能看到地平线的无人之境。❷ 아무 것도 거칠 것이 없는 판. ◆ 一马平川。¶무인지경의 들판. =一马平川。

무일푼(無--)【명사】돈이 한 푼도 없음. ◆ 名身无分文，两手空空。¶그는 무일푼으로 자수성가한 사람이다. =他两手空空，白手起家。

무임승차(無賃乘車)【명사】차비를 내지 않고 차를 탐. ◆ 名免费乘车。

무자격(無資格)【명사】자격이 없음. ◆ 名没有资格，无证。¶무자격 교사. =无证教师。

무자비하다(無慈悲--)【형용사】자비심이 없다. 쌀쌀하고 모질다. ◆ 形无情，冷酷，残忍。¶무자비한 탄압. =无情镇压。

무자식(無子息)【명사】아들도 딸도 없음. ◆ 名无儿无女。

무작정(無酌定)【부사】얼마라든지 혹은 어떻게 하리라고 미리 정한 것이 없이. ◆ 副无计划，漫无目的。¶무작정 걷다. =漫无目的地走。

무장(武裝)【명사】名 ❶ 전투에 필요한 장비를 갖춤. 또는 그 장비. ◆ 武装，披甲持枪。¶무장 군인. =全副武装的军人。❷ 어떤 일에 필요한 마음이나 사상, 기술이나 장비 따위를 단단히 갖춤을 비유적으로 이르는 말. ◆ 武装。¶사상 무장. =思想武装。● 무장되다(武裝--), 무장하다(武裝--) ●

무적(無敵)【명사】매우 강하여 겨룰 만한 맞수가 없음. 또는 그런 사람. ◆ 名无敌，不可战胜。¶무적의 용사들. =不可战胜的勇士们。

무전(無電)【명사】'무선전신(無線電信)'을 줄여 이르는 말. ◆ 名无线电，电报。¶무전을 치다. =发电报。

무전기(無電機)【명사】무선전신(無線電信)이나 무선전화(無線電話)를 하는 데 쓰는 기계. ◆ 名无线电收发报机，无线电台。¶무전기의 주파수를 맞추다. =调节无线电收发报机的频率。

무전여행(無錢旅行)【명사】여행에 드는 비용을 가지지 아니하고 길을 떠나 얻어먹으면서 다니는 여행. ◆ 名乞食旅行。¶그는 배낭 하나 달랑 메고 무전여행을 떠났다. =他只背了一个背包，开始了乞食旅行。

무절제하다(無節制--)【형용사】절제(節制)함이 없다. ◆ 形没有节制，放纵。¶동생은 생활이 무절제하다. =弟弟生活没有节制。

무정하다(無情--)【형용사】따뜻한 정이 없이 쌀쌀맞고 인정이 없다. ◆ 形无情，冷漠。¶무정한 세월. =无情的岁月。

무제(無題)【명사】제목이 없음. 흔히 시나 그림 따위에서 제목을 붙이기 어려운 경우에 제목 대신에 사용한다. ◆ 名无题(诗或画)。

무제한(無制限)【명사】제한이 없음. ◆ 名无限制，无条件。¶무제한 원조(援助). =无条件援助。

무조건(無條件)【명사】아무 조건도 없는 것. 또는, 아무 조건도 없이. ◆ 名无条件；一味，总是。¶그의 의견을 무조건 받아들인다. =无条件地接受他的意见。

무조건 반사(無條件反射)【명사】자극에 대한 본

능적인 반응. 입 안에 먹을 것을 넣으면 침이 나오는 따위. ◆ 图无条件反射。

무좀【명사】발가락 사이나 발바닥이 균에 감염되어 물집이 생기거나 살 껍질이 갈라지거나 벗겨져서 몹시 가려운 피부병. ◆ 图脚气。¶무좀에 걸리다. =得脚气。

무죄(無罪)【명사】아무 잘못이나 죄가 없음. ◆ 图无罪，无辜。

무중력(無重力)【명사】중력이 없음. 또는 중력이 없거나 중력을 느낄 수 없는 상태. ◆ 图无重力，失重。

무지[1]【부사】보통보다 훨씬 정도가 지나치게. ◆ 副极，很，非常。¶날씨가 무지 춥다. =天气非常冷。

무지[2](無知)【명사】아는 것이 없음. ◆ 图无知，愚昧。¶무지를 깨우치다. =启蒙。● 무지하다(無知--) ●

무지개【명사】비가 그쳤을 때, 해의 반대쪽 하늘에 반원 모양으로 나타나는 일곱 가지 색깔의 빛줄기. ◆ 图彩虹。¶일곱 빛깔 무지개. =七色彩虹。

무지막지하다(無知莫知--)【형용사】몹시 무지하고 상스러우며 포악하다. ◆ 形粗暴，蛮不讲理。¶무지막지한 매질. =蛮不讲理的批评。

무지무지하다【형용사】몹시 놀랄 만큼 대단하다. ◆ 形很，极，惊人。¶무지무지하게 힘이 센 사람. =力气大得惊人的人。

무지하다【형용사】놀라울 만큼 대단하다. ◆ 形很，极，惊人，吓人。¶그는 나날이 저며 오는 무지한 고통을 이겨 낼 수 없었다. =他无法忍受每日袭来的极大痛苦。

무직(無職)【명사】일정한 직업이 없음. ◆ 图无业，无职业。¶무직의 상태. =无业状态。

무진장(無盡藏)【명사】다함이 없이 굉장히 많음. ◆ 数不清，无穷无尽。¶철롯둑에는 자갈이 무진장으로 깔려 있었다. =铁道上铺有数不清的石子。● 무진장하다(無盡藏--) ●

무질서(無秩序)【명사】질서가 없음. ◆ 图混乱，无秩序。¶무질서 상태. =无秩序状态。● 무질서하다(無秩序--) ●

무찌르다【동사】닥치는 대로 남김없이 마구 쳐 없애다. ◆ 动消灭，歼灭。¶오랑캐를 무찌르다. =消灭夷狄。

무차별(無差別)【명사】차별하거나 가리지 않고 마구잡이임. ◆ 图无差别，无区别，不分青红皂白。¶무차별 공격. =不分青红皂白地攻击。

무참하다(無慘--)【형용사】몹시 끔찍하고 참혹하다. ◆ 形残忍，悲惨，惨无人道。¶무참한 최후를 맞이하다. =迎来悲惨的结局。● 무참히(無慘-) ●

무채색(無彩色)【명사】색상이나 채도는 없고 명도의 차이만을 가지는 색. 검은색, 흰색, 회색을 이른다. ◆ 图黑白。

무책임(無責任)【명사】책임감이 없음. ◆ 图不负责任。¶그 사람의 무책임이 더 큰 재앙을 불렀다. =他的不负责任造成了更大的灾难。● 무책임하다(無責任--) ●

무척【명사】다른 것과 견줄 수 없이. ◆ 图很，相当，非常，十分。¶이 소식을 듣고 어머니는 무척 기뻐하셨다. =听到这个消息妈妈非常高兴。

무치다【동사】나물 따위에 갖은 양념을 넣고 골고루 한데 뒤섞다. ◆ 动凉拌。¶콩나물을 무치다. =凉拌豆芽。

무침【명사】채소나 말린 생선, 해초 따위에 갖은 양념을 하여 무친 반찬. ◆ 图凉拌菜。

무턱대고【부사】잘 헤아려 보지도 아니하고 마구. ◆ 副随便地，不管三七二十一地。¶동생은 무슨 일만 생기면 무턱대고 그에게 달려갔다. =一有什么事情，弟弟就不管三七二十一地往他那儿跑。

무표정(無表情)【명사】아무런 감정을 얼굴에 드러내지 아니함. 또는 그런 얼굴 표정. ◆ 图毫无表情，面无表情。● 무표정하다(無表情--) ●

무한궤도(無限軌道)【명사】탱크, 장갑차, 불도저 등의 바퀴와 같이 바퀴의 둘레에 두꺼운 철판으로 만든 벨트를 걸어 만든 바퀴. ◆ 图履带，链轨。

무한대(無限大)【명사】한없이 큼. ◆ 图无限大，无穷大。¶무한대의 우주. =无限广阔的宇宙。

무한정(無限定)【명사】한정이 없음. ◆ 图数不尽，没完没了。¶우리 집은 겨울을 따뜻하게 나기 위해선 나무가 무한정으로 필요하다. =为了能度过一个温暖的冬天，我家需要许多木柴。● 무한정하다(無限定--) ●

무허가(無許可)【명사】허가를 받지 아니함. ◆ 图无许可，无执照，无证。¶무허가 영업. =无照营业。

무형(無形)【명사】형상이나 형체가 없음 ◆ 图无形。¶무형의 재산. =无形财产。

무형 문화재(無形文化財)【명사】전통의 연극, 무용, 음악, 공예 기술 등과 같이 구체적인 모습이나 모양이 없는 문화재. ◆ 图非物质文化遗产。

무효(無效)【명사】보람이나 효과가 없음. ◆ 图无效，失效。¶계약을 무효로 처리하다. =合同视为无效。

무효화(無效化)【명사】무효가 됨. 또는 무효로 만듦. ◆ 图无效化。¶합병 무효화 소송. =合并无效之诉。● 무효화되다(無效化--), 무효화하다(無效化--) ●

무희(舞姬)【명사】춤을 잘 추거나 춤추는 것을 직업으로 하는 여자. ◆ 图舞女。¶선녀같이 아름다운 무희. =美如天仙的舞女。

묵【명사】도토리, 메밀, 녹두 따위의 앙금을 되게 쑤어 굳힌 음식. ◆ 图凉粉。¶나는 엄마가 만든 묵을 특별히 좋아한다. =我特别喜欢吃妈妈做的凉粉。

묵과하다(默過--)【동사】잘못을 알고도 모르는 체하고 그대로 넘기다. ◆ 动默认，熟视无睹，睁一只眼闭一只眼。¶부정을 묵과할 수는 없다. =不能对舞弊行为熟视无睹。

묵념(默念)【명사】말없이 마음속으로 빎. ◆ 图默哀。¶순국열사에 대한 묵념을 올리다. =向殉国烈士默哀。● 묵념하다(默念--) ●

묵다【동사】动 ❶ 일정한 때를 지나서 오래된 상태가 되다. ◆ 老，陈旧。¶묵은 때. =积垢。❷ 밭이나 논 따위가 사용되지 않은 채 그대로 남다. ◆ 荒废。¶묵은 논. =荒田。❸ 일정한 곳에서 나그네로 머무르다. ◆ 动住宿，寄宿，落脚。¶친구 집에 묵다. =在朋友家落脚。● 묵히다 ●

묵독(默讀)【명사】소리를 내지 않고 속으로 글을 읽음. ◆ 名默读，默念。● 묵독하다(默讀--) ●

묵묵부답(默默不答)【명사】잠자코 아무 대답도 하지 않음. ◆ 名默默无言，一声不吭。¶묵묵부답으로 일관하다. =一直默默无言。

묵묵하다(默默--)【형용사】말없이 잠잠하다. ◆ 形默默无言，一声不吭。¶산은 늘 묵묵하다. =大山总是默默无言。● 묵묵히(默默-) ●

묵비권(默秘權)【명사】피고인이나 피의자가 수사 기관의 조사나 공판의 심문에 대하여 자기에게 불리한 진술을 거부할 수 있는 권리. ◆ 名沉默权，缄默权。¶묵비권을 행사하다. =行使缄默权。

묵사발(-沙鉢)【명사】名 ❶ 묵을 담은 사발. ◆ 盛凉粉的碗。❷ 얻어맞거나 하여 얼굴 따위가 형편없이 깨지고 뭉개진 상태를 속되게 이르는 말. ◆ 俚头破血流。¶묵사발을 만들다. =弄得头破血流。

묵살(默殺)【명사】의견이나 제안 따위를 듣고도 못 들은 척함. ◆ 名不理睬，置之不理。¶그는 우리의 의견에 대해 묵살로 일관하는 태도를 보였다. =他对我们的意见一贯采取置之不理的态度。● 묵살되다(默殺--), 묵살하다(默殺--) ●

묵상(默想)【명사】名 ❶ 눈을 감고 말없이 마음속으로 생각함. ◆ 沉思，冥想。¶그녀는 두 눈을 꾹 감고 묵상에 잠겨 한동안 말이 없었다. =她紧闭双眼陷入冥想之中，沉默了一段时间。❷ 말없이 마음속으로 기도를 드림. ◆ 默默祷告。● 묵상하다(默想--) ●

묵인(默認)【명사】모르는 체하고 하려는 대로 내버려 둠으로써 슬며시 인정함. ◆ 名默认，默许。¶묵인하기 어려운 처사였다. =很难默认的做法。● 묵인되다(默認--), 묵인하다(默認--) ●

묵직하다【동사】动 ❶ 다소 큰 물건이 보기보다 제법 무겁다. ◆ 沉重，沉甸甸。¶묵직한 가방. =沉甸甸的包。❷ 사람이 점잖고 무게가 있다. ◆ 稳重。

묶다【동사】动 ❶ 끈 등으로 물건을 잡아매다. ◆ 捆，拴，绑，打。¶어머니는 내 짐을 동생의 짐과 함께 묶어 놓으셨다. =妈妈把我的行李和弟弟的行李捆到一起。❷ 사람이나 동물의 몸을 움직이지 못하도록 끈 등으로 감아 매다. ◆ 绑，缚，捆绑。¶죄인을 포승으로 묶다. =用警绳捆绑犯人。❸ 어떤 일을 못하게 하거나 제한하다. ◆ 限制，控制。¶치솟는 부동산 값을 묶기 위해 새로운 대책을 내 놓았다. =为控制上涨的房地产价格，出台了新的措施。❹ 여럿을 한곳으로 모으거나 합하다. ◆ 合，并，聚。¶우리는 짚을 한 단으로 묶어서 팔았다. =我们把稻草合成一捆卖掉了。❺ 여럿을 한 체제로 합치다. ◆ 汇总，汇集。¶그는 그동안 썼던 단편 소설을 책으로 묶어 내기로 했다. =他决定把那期间写的短篇小说汇编成一本书出版。❻ 무엇을 달아나지 못하도록 어디에 끈 등으로 붙들어 매다. ◆ 绑，缚，捆绑。¶죄인을 포승으로 묶다. =用警绳捆绑犯人。● 묶이다 ●

묶음【명사】名 ❶ 한데 모아서 묶어 놓은 덩이. ◆ 捆，沓，叠。¶한 묶음에 만 원. =每一沓一万韩元。❷ 묶어 놓은 덩이를 세는 단위. ◆ 捆，束，沓，叠。

묶음표(--標)【명사】문장 부호의 하나. ◆ 名括号。¶원문을 먼저 보십시오, 묶음표 속의 글은 저 개인의 수정 의견입니다. =先请看原文，括号中的字是我个人的修改意见。

문(門)【명사】드나들거나 물건을 넣었다 꺼냈다 하기 위하여 틔워 놓은 곳. 또는 그곳에 달아 놓고 여닫게 만든 시설. 입구. 출입구. 출입문. ◆ 名门。¶집을 비울 때는 문을 꼭 잠가야 한다. =家里没人的时候一定要把门锁好。

문간(門間)【명사】대문이나 중문(重門) 따위 출입문이 있는 곳. ◆ 名门口。¶그는 종일 문간에 서 있었다. =他整天站在门口。

문간방(門間房)【명사】문간 옆에 있는 방. ◆ 名偏房。¶문간방에 세 들어 살다. =租偏房住。

문갑(文匣)【명사】문서나 문구 따위를 넣어 두는 방세간. 문서나 문구를 넣어 두는 궤. ◆ 名文件柜；文具盒。¶서류를 문갑에 넣어둬라. =把文件放进文件柜里。

문고(文庫)【명사】名 ❶ 책이나 문서를 넣어 두는 방이나 상자. ◆ 书房，书柜。❷ 출판물의 한 형식. 대중에게 널리 보급될 수 있도록 값이 싸고 가지고 다니기 편하게 부문별, 내용별 등 일정한 체계를 따라 자그마하게 만든다. ◆ 文库，小型丛书。

문고리(門--)【명사】문을 걸어 잠그거나 여닫는 손잡이로 쓰기 위하여 문에 다는 고리. 쇠고리, 가죽고리 따위가 있다. ◆ 名门把。¶문고리를 달다. =装上门把。

문과(文科)【명사】사상, 심리, 역사 등 인간과 사회에 관하여 연구하는 학문. 문학, 철학, 사학 따위 문화에 관한 학문을 주로 이르며 때로는 법률, 경제학 따위도 포함한다. ◆ 名文科。¶문과를 선택하다. =选择文科。

문구[1](文句)【명사】글의 구절. ◆ 名句子。¶문구가 어색하다. =句子晦涩。

문구[2](文具)【명사】문방구. 학용품과 사무용품 따위를 통틀어 이르는 말. ◆ 名文具。¶이 가게는 문구를 전문으로 판매한다. =这家商店专营文具。

문구멍(門--)【명사】문에 뚫린 구멍. ◆ 名门孔。¶문구멍으로 빛이 들어온다. =光透过门孔照进来。

문구점(文具店)【명사】문방구. ◆ 名文具店。¶그 아이는 문구점에 가서 연필과 필통을 샀다. =那个孩子去文具店买了铅笔和笔袋。

문단[1](文壇)【명사】문인(文人)들의 사회. ◆ 名文坛。¶문단에 진출하다. =步入文坛。

문단[2](文段)【명사】글에서 하나로 묶을 수 있는 짤막한 단위. 한 편의 글은 여러 개의 문단으로 구성된다. ◆ 名 (文章)段落。¶문단을 나누다. =划分文章段落。

문단속(門團束)【명사】사고가 없도록 문을 잘 단아 잠그는 일. ◆ 图关门，锁门。¶문단속을 잘하다. =关好门。

문답(問答)【명사】물음과 대답. 또는 서로 묻고 대답함. ◆ 图问答，一问一答。¶문답을 주고받다. =一问一答。● 문답하다(問答--) ●

문둥병(--病)【명사】나병(癩病)을 낮잡아 이르는 말 ◆ 图麻风病。

문드러지다【동사】励 ❶ 썩거나 물러서 힘없이 처져 떨어지다. ◆ 熟透，腐烂。¶살이 문드러지다. =肉腐烂了。❷ 몹시 속이 상하여 견디기 어렵게 되다. ◆ 烂掉，溃烂。¶옷이 바래고 문드러지다. =衣服掉了色，破烂不堪。

문득【부사】副 ❶ 생각이나 느낌 따위가 갑자기 떠오르는 모양. ◆ 突然，忽然，猛然。¶문득 깨닫다. =猛然醒悟。❷ 어떤 행위가 갑자기 이루어지는 모양 ◆ 不由地，忽然。¶문득 고개를 들어 하늘을 올려보았다. =忽然抬头望着天上。

문란하다(紊亂--)【형용사】도덕, 질서, 규범 따위가 어지럽다. ◆ 形 (道德、秩序、规范、风气等)混乱，紊乱。¶질서가 문란하다. =秩序紊乱。

문리(文理)【명사】图 ❶ 글의 뜻을 깨달아 아는 힘. ◆ 文理。¶문리가 뜨였다. =文理清晰。❷ 사물의 이치를 깨달아 아는 힘. ◆ 条理。¶문리가 트이다. =条理分明。

문맥(文脈)【명사】글월에 표현된 의미의 앞뒤 연결. ◆ 图文理，思路。¶문맥을 살피다. =分析文理。

문맹(文盲)【명사】배우지 못하여 글을 읽거나 쓸 줄을 모름. 또는 그런 사람. ◆ 图文盲。¶문맹 퇴치 운동을 벌이다. =开展扫盲运动。

문명(文明)【명사】인류가 이룩한 물질적, 기술적, 사회 구조적인 발전. 자연 그대로의 원시적 생활에 상대하여 발전되고 세련된 삶의 양태를 뜻한다. ◆ 图文明。

문명인(文明人)【명사】문명이 발달한 사회에서 사는 사람. ◆ 图文明人。¶길바닥에 가래침을 함부로 뱉는 것은 문명인의 하는 일이 아니다. =在路上随地吐痰不是一个文明人做的事。

문무(文武)【명사】图 ❶ 문관과 무관. ◆ 文官和武官。¶문무 백관. =文武百官。❷ 문식(文識)과 무략(武略)을 아울러 이르는 말. ◆ 文武。¶문무를 겸비하다. =文武兼备。

문물(文物)【명사】문화의 산물. 곧 정치, 경제, 종교, 예술, 법률 따위의 문화에 관한 모든 것을 통틀어 이르던 말이다. ◆ 图 (政治、经济、宗教、艺术、法律等的)文化(产物)。¶외국 문물을 들여오다. =引进外国文化。

문민(文民)【명사】직업 군인이 아닌 일반 국민. ◆ 图文人。¶문민정부 시대. =文人政府时代。

문방구(文房具)【명사】图 ❶ 학용품과 사무용품 따위를 통틀어 이르는 말. ◆ 文具。❷ 학용품과 사무용품 따위를 파는 곳. ◆ 文具店。¶문방구에 들러 연필을 구입했다. =顺便去文具店买了铅笔。

문방사우(文房四友)【명사】종이, 붓, 먹, 벼루의 네 가지 문방구. ◆ 图文房四宝。

문벌(門閥)【명사】대대로 내려오는 그 집안의 사회적 신분이나 지위. ◆ 图门第，出身。¶문벌이 좋다. =出身好。

문법(文法)【명사】말의 구성 및 운용상의 규칙. 또는 그것을 연구하는 학문. ◆ 图语法。¶영어의 문법은 너무 어렵다. =英语的语法太难了。

문병(問病)【명사】앓는 사람을 찾아가 위로함. ◆ 图探病。¶문병을 오다. =来探病。● 문병하다(問病--) ●

문살(門-)【명사】문짝에 종이를 바르거나 유리를 끼우는 데에 뼈가 되는 나무오리나 대오리. ◆ 图门窗格子。¶문살을 고치다. =修门格。

문상(問喪)【명사】조문(弔問). ◆ 图吊丧，吊唁。¶초상집에 문상을 가다. =到办丧事的人家去吊唁。● 문상하다(問喪--) ●

문서(文書)【명사】글이나 기호 따위로 일정한 의사나 관념 또는 사상을 나타낸 것. ◆ 图文书，公文。¶문서을 파기하다. =撕毁文书。

문설주(門-柱)【명사】문짝을 끼워 달기 위하여 문의 양쪽에 세운 기둥. ◆ 图门框，门柱。¶문설주에 못을 박다. =往门框上钉钉子。

문신(文身)【명사】살갗을 바늘로 찔러 먹물이나 물감으로 글씨, 그림, 무늬 따위를 새김. 또는 그렇게 새긴 것. ◆ 图文身，刺青。¶팔에 문신을 새기다. =往胳膊上刺文身。● 문신하다(文身--) ●

문안(問安)【명사】웃어른께 안부를 여쭘. 또는 그런 인사. ◆ 图问候，请安。¶문안 편지. =问候信。● 문안하다(問安--) ●

문약(文弱)【명사】글에만 열중하여 정신적으로나 신체적으로 나약함. ◆ 图文弱。● 문약하다(文弱--) ●

문어[1](文魚)【명사】낙짓과의 연체동물. 낙지류의 최대형임. 길이 3m 정도, 8개의 발이 있고, 자갈색의 엷은 그물 무늬가 있음. ◆ 图章鱼，八爪鱼。

문어[2](文語)【명사】일상적인 대화에서 쓰는 말이 아닌, 문장에서만 쓰는 말. ◆ 图书面语。

문어발(文魚-)【명사】图 ❶ 문어의 발. ◆ 章鱼爪。¶그는 맥주 안주로 문어발을 좋아했다. =他喝啤酒时喜欢拿章鱼爪下酒。❷ 문어의 발처럼 여러 갈래로 나눔. ◆ 章鱼足式(多比喻企业扩张模式)。¶대기업의 문어발 확장은 중소기업에 많은 영향을 준다. =大企业章鱼足式的扩张给中小企业带来了很多影响。

문예(文藝)【명사】图 ❶ 문학과 예술을 아울러 이르는 말. ◆ 文艺，文学艺术。¶문예미학. =文艺美学。❷ 예술로서의 문학을 이르는 말. ◆ 文学艺术。¶문예 작품. =文学艺术作品。

문외한(門外漢)【명사】어떤 일에 전문적인 지식이 없는 사람. ◆ 图门外汉，外行。¶나는 이 방면에는 문외한이다. =我在这方面是外行。

문의(問議)【명사】물어서 의논함. ◆ 图询问，查询，打听。¶문의 전화. =查询电话。● 문의하다(問議--) ●

문인(文人)【명사】图 ❶ 문필에 종사하는 사람. ◆文人。¶문인에서 정치가로 변신하다. =由文人转为政治家。❷ 학문에 종사하는 사람. ◆文化人。

문자(文字)【명사】图 ❶ 인간의 의사소통을 위한 시각적인 기호 체계. 한자 따위의 표의 문자와 로마자, 한글 따위의 표음 문자로 대별된다. ◆文字。¶언어와 문자. =语言和文字。❷ 학식이나 학문을 비유적으로 이르는 말. ◆学问，学识。

문장(文章)【명사】图 ❶ 문장가. ◆文人。¶당대 최고의 문장으로 이름을 날리다. =作为当代最优秀的文人而扬名。❷ 생각이나 감정을 말로 표현할 때 완결된 내용을 나타내는 최소의 단위. ◆句子。¶문장 수업. =写作课。

문장 부호(文章符號)【명사】문장의 뜻을 돕거나 문장을 구별하여 읽고 이해하기 쉽도록 하기 위하여 쓰는 여러 가지 부호. '.', '?', '!', ',', ':' 따위가 있다. ◆图标点符号。

문전성시(門前成市)【명사】찾아오는 사람이 많아 집 문 앞이 시장을 이루다시피 함을 이르는 말. ◆图门庭若市。¶그의 집은 매일 문전성시를 이룬다. =他家每天都是门庭若市。

문제(問題)【명사】图 ❶ 답을 요구하는 물음. ◆题。¶연습 문제. =练习题。❷ 논쟁이나 논의, 연구 등의 대상이 되는 일. ◆问题，议题，主题。¶환경오염 문제. =环境污染问题。❸ 난처하거나 해결하기 어려운 일. ◆难题。¶문제를 해결하다. =解决问题。❹ 귀찮은 일이나 말썽. ◆问题，事故。¶문제아동. =问题儿童。❺ 어떤 일이나 사물과 관련되는 일. ◆问题，事项。¶이 일은 가치관에 관한 문제이다. =这件事是与价值观有关的问题。

문제아(問題兒)【명사】지능, 성격, 행동 등이 보통 아이들과 달리 문제가 되어 따로 지도와 교육이 필요한 아이. ◆图问题儿童。¶그의 아들은 학교 문제아가 되어 버렸다. =他的孩子成了学校的问题儿童。

문제없다(問題--)【형용사】문제가 될 만한 점이 없다. 또는 어긋나는 일이 없다. ◆形不成问题，不在话下。¶당선은 문제없다. =当选不在话下。

문제점(問題點)【명사】문제가 되는 점. ◆图问题的焦点，症结。¶문제점을 해결하다. =解决问题的症结。

문제지(問題紙)【명사】문제가 수록되어 있는 종이. ◆图试卷。¶수험생들의 시험 부정도 문제지만 사전에 문제지가 유출되었는지도 조사중이다. =考生们的作弊行为也是个问题，但是考前试卷也有可能外泄，目前正在对此进行调查。

문지기(門--)【명사】图 ❶ 드나드는 문을 지키는 사람 ◆门卫。¶이윽고 그는 문지기가 서 있는 큰 성벽의 석문 앞에 이르렀다. =不一会儿他就来到了站有门卫的城墙大石门前。❷ 골키퍼. 축구, 하키, 핸드볼과 같은 운동 경기에서 공이 문 안으로 들어가는 것을 막아서 점수를 잃지 않도록 하는 역할을 맡은 선수. ◆守门员。¶축구 경기에서는 문지기를 제외한 다른 선수는 공에 손을 댈 수 없다. =在足球比赛中，守门员之外的其他球员都不能用手触球。

문지르다【동사】무엇을 서로 눌러 대고 이리저리 밀거나 비비다. ◆动擦，揉，搓。¶수건으로 등을 문지르다. =用毛巾擦背。

문지방(門地枋)【명사】문설주 사이의 문 밑에 마루보다 조금 높게 가로 댄 나무. ◆图门槛。¶문지방을 넘다. =跨门槛。

문진(問診)【명사】의사가 환자에게 환자 자신과 가족의 병력 및 발병 시기, 경과 따위를 묻는 일. ◆图问诊。¶의사는 나에게 이것저것 물어보며 문진을 했다. =医生问诊时对我问东问西的。● 문진하다(問診--) ●

문집(文集)【명사】시나 문장을 모아 엮은 책. ◆图文集。¶개인 문집. =个人文集。

문짝(門-)【명사】문틀이나 창틀에 끼워서 여닫게 되어 있는 문이나 창의 한 짝. ◆图门扉。¶문짝을 두드리다. =敲门扉。

문책(問責)【명사】잘못을 캐묻고 꾸짖음. ◆图责问，诘问。¶문책을 당하다. =被责问。● 문책하다(問責--) ●

문체(文體)【명사】문장의 개성적 특색. 시대, 문장의 종류, 글쓴이에 따라 그 특성이 문장의 전체 또는 부분에 드러난다. ◆图风格，文体。¶운문으로 써어진 가사들이 점점 수필화가 되어 가면서 운문에 알맞은 서정적 가사와는 다른 묘사 위주의 문체가 형성되기 시작하였다. =以韵文写作而成的歌词渐渐走向随笔化，这就开始形成了不同于韵律抒情式歌词的、以描写为主的文体。

문초(問招)【명사】죄나 잘못을 따져 묻거나 심문함. ◆图审问，审讯。¶문초를 당하다. =被审问。● 문초하다(問招--) ●

문턱(門-)【명사】图 ❶ 문짝의 밑이 닿는 문지방의 윗부분. ◆门槛。¶문턱을 넘다. =越过门槛。❷ 어떤 일이 시작되거나 이루어지려는 무렵을 비유적으로 이르는 말. ◆跟前，临近。¶정상의 문턱에서 주저앉다. =临到山顶的时候打退堂鼓。

문틈(門-)【명사】닫힌 문이 벌어져 사이가 난 자리. ◆图门缝。¶문틈으로 내다보다. =透过门缝向外看。

문패(門牌)【명사】주소, 이름 따위를 적어서 대문 위나 옆에 붙이는 작은 패. ◆图门牌。¶문패를 달다. =挂门牌。

문풍지(門風紙)【명사】문틈으로 새어 들어오는 바람을 막기 위하여 문짝 주변을 돌아가며 바른 종이. ◆图门缝纸，窗缝纸。¶세찬 바람에 문풍지가 떨어지다. =由于刮大风，窗缝纸被吹落了。

문필가(文筆家)【명사】글을 지어 발표하는 일을 전문으로 하는 사람. ◆图作家。¶구석자리에 몰려 앉은, 지면으로 몹시 낯익은 문필가 선배들이 눈에 들어왔다. =看到了那些拥坐在角落里的、早已从书上非常熟悉的作家前辈。

문하(門下)【명사】图 ❶ 가르침을 받는 스승의 아래. ◆门下。¶퇴계의 문하에서 많은 인재가 배출되었다. =退溪先生的门下人才辈出。❷ 문하생. 문하에서 배우는 제자. 스승의 집에 드나들며 가르침을 받는 제자. ◆ 门生，弟子。

문하생(門下生)【명사】문하에서 배우는 제자. ◆ 图 门生，弟子。¶문하생 새해 문안 올립니다. =门生新年请安。

문학(文學)【명사】사상이나 감정을 언어로 표현한 예술. 또는 그런 작품. 시, 소설, 희곡, 수필, 평론 따위가 있다. ◆ 图文学，文艺。¶문학 취미. =文学兴趣。

문항(問項)【명사】문제의 항목. ◆ 图出题数。¶출제 문항 수. =出题数。

문헌(文獻)【명사】图 ❶ 옛날의 제도나 문물을 아는 데 증거가 되는 자료나 기록. ◆ 文献。¶역대의 문헌 자료를 통해서 한국어의 역사를 알아볼 수 있다. =通过历代的文献资料，可以了解韩国语的历史。❷ 연구의 자료가 되는 서적이나 문서. ◆ (参考)文献。¶참고문헌. =参考文献。

문호(門戶)【명사】图 ❶ 집으로 드나드는 문. ◆ 大门。❷ 외부와 교류하기 위한 통로나 수단을 비유적으로 이르는 말. ◆ 门户。¶문호를 개방하는 정책을 펴다. =实施门户开放政策。

문화(文化)【명사】회의 공동체가 일정한 목적 또는 생활 이상을 실현하기 위하여 만들고, 익히고, 공유하고, 전달하는 물질적, 정신적 활동. ◆ 图文化。¶구석기 문화. =旧石器文化。

문화권(文化圈)【명사】공통된 특징을 보이는 어떤 문화가 지리적으로 분포하는 범위. ◆ 图文化圈。

문화생활(文化生活)【명사】문화 가치의 실현에 노력하여 문화 산물을 음미하고 즐기는 생활. ◆ 图文化生活。

문화 시설(文化施設)【명사】문화를 누리고 발달시키는 데 필요한 시설. 도서관, 극장, 학교, 박물관 따위가 있다. ◆ 图文化设施。

문화유산(文化遺産)【명사】문화적인 가치가 높아 후손들에게 물려 줄 필요가 있는 문화나 문화재. ◆ 图文化遗产。

문화인(文化人)【명사】图 ❶ 높은 문화생활을 누리고 있거나 문화적 교양이 있는 사람. ◆ 文化人，知识分子。¶문화인으로서 그런 행동을 하면 안 된다. =作为知识分子不能那样做。❷ 학문, 예술 따위의 분야에 종사하는 사람. ◆ 文艺工作者。

문화재(文化財)【명사】문화재 보호법이 보호의 대상으로 정한 유형 문화재, 무형 문화재, 민속 문화재, 천연기념물, 사적, 명승지 따위를 이르는 말. ◆ 图文化遗产。

묻다[1]【동사】动 ❶ 무엇을 밝히거나 알아내기 위하여 상대편의 대답이나 설명을 요구하는 내용으로 말하다. ◆ 问，询问。¶지나가는 사람에게 길을 묻다. =向路过的人问路。❷ 어떠한 일에 대한 책임을 따지거나 추궁하다. ◆ 追究。¶관리자에게 책임을 묻다. =追究有关人员的责任。

묻다[2]【동사】动 ❶ 가루, 풀, 물 따위가 그보다 큰 다른 물체에 들러붙거나 흔적이 남게 되다. ◆ 沾上，附着。¶손에 기름이 묻다. =手上沾上了油。❷ 함께 팔리거나 섞이다. ◆ 夹在中间。¶가는 길에 나도 좀 묻어 타자. =我顺路搭个便车。

묻다[3]【동사】动 ❶ 물건을 흙이나 다른 물건 속에 넣어 보이지 않게 쌓아 덮다. ◆ 埋，埋葬，掩埋。❷ 일을 드러내지 아니하고 속 깊이 숨기어 감추다. ◆ 掩藏，隐藏。¶마음속에 비밀을 묻다. =把秘密藏在心里。❸ 얼굴을 수그려 손으로 감싸거나 다른 물체에 가리듯 기대다. ◆ (用手或者其他东西)蒙住，盖住，遮住(脸)。¶이불에 얼굴을 묻다. =把脸蒙在被子里。

묻히다[1]【동사】액체나 가루 등을 다른 물체에 들러붙거나 흔적이 남게 하다. ◆ 动使……沾上。¶손에 물을 묻히다. =手上沾了水。

묻히다[2]【동사】动 ❶ 어디에 놓여 다른 물질로 덮여 가려지다. ◆ 被掩埋，被埋在。¶땅 속에 묻히다. =被埋在地下。❷ 깊이 숨겨져 알려지지 않게 되다. ◆ 被掩盖。❸ 어떠한 상태나 환경에 휩싸이다. ◆ 被……笼罩。¶어둠에 묻히다. =被黑暗笼罩。❹ 어떠한 환경에 들어박히다. ◆ 隐居。¶초야에 묻혀 지내다. =隐居乡野。❺ 어떤 일에 몰두하다. ◆ 埋头，忙于。¶일에 묻혀 살다. =埋头工作。

물[1]【명사】图 ❶ 자연계에 강, 호수, 바다, 지하수 따위의 형태로 널리 분포하는 액체. ◆ 水。¶물 한 모금. =一口水。❷ 연못·호수·강·바다 따위를 두루 일컫는 말. ◆ (江河湖海)水。¶물이 깊다. =水很深。❸ 조수(潮水). ◆ 潮水。¶물이 빠지다. =退潮。❹ 액상(液状)의 것. ◆ 汁，汁液。¶물이 많은 과일. =多汁的水果。

물[2]【명사】물고기 따위의 싱싱한 정도. ◆ 图 (水产品)新鲜程度。¶물이 갔다. =不新鲜了。

-물[3](物)【접사】'물건' 또는 '물질'의 뜻을 더하는 접미사. ◆ 后缀物，物品。¶농산물. =农产品。

물가[1]【명사】바다, 강, 못 따위와 같이 물이 있는 곳의 가장자리. ◆ 图 (江河湖海的)岸边。¶물가를 산책하다. =在河边散步。

물가[2](物價)【명사】물건의 값. 여러 가지 상품이나 서비스의 가치를 종합적이고 평균적으로 본 개념이다. ◆ 图物价，价格。¶물가가 내리다. =物价下降。

물갈이【명사】图 ❶ 수족관이나 수영장 등의 물을 가는 일. ◆ (水族馆、游泳池等)换水。❷ 기관이나 조직체의 구성원이나 간부들을 비교적 큰 규모로 바꿈을 비유적으로 이르는 말. ◆ 人事变动，〈喻〉大换血。¶가을 인사이동 때 대폭적인 물갈이가 예상된다. =秋季人事变动时，预计将大换血。● 물갈이하다 ●

물갈퀴【명사】图 ❶ 개구리, 기러기, 오리 따위의 발가락 사이에 있는 얇은 막. 헤엄을 치는 데 편리하다. ◆ 蹼。¶오리는 물갈퀴가 있어 물속에서 헤엄치기 쉽다. =鸭子长着蹼，在水里游得很轻松。❷ 사람이 물속에서 활동할 때에 발에 끼는 오리발 모양의 물건. ◆ (人游泳时脚上戴的)脚蹼。

물감【명사】그림물감. 회화·서양화 등에 쓰이는 채료(彩料). ◆ 图颜料。

물개【명사】몸은 길고 짙은 회색을 띠며, 네 다리는 지느러미처럼 되어 있어 헤엄을 잘 치는 동물. ◆ 图

海狗。¶물개쇼를 보다. =看海狗表演。

물거품【명사】图 ❶ 물이 다른 물이나 물체에 부딪쳐서 생기는 거품. ◆ 水泡，泡沫。¶물거품이 일다. =起泡沫。❷ 노력이 헛되게 된 상태를 비유적으로 이르는 말. 수포. ◆〈喻〉泡影。¶모든 노력이 물거품이 되었다. =所有努力都成了泡影。

물건(物件)【명사】图 ❶ 일정한 형체를 갖춘 모든 물질적 대상. ◆ 物件，物品，东西。¶물건을 부수다. =打破东西。❷ 제법 어떠한 구실을 하는 존재를 비유적으로 이르는 말. 주로 특이한 존재를 이른다. ◆俚〈喻〉特殊人物，与众不同的人物。¶그 놈 하는 것을 보니 물건이야. =从他的所作所为可以看出他的与众不同。❸ 남자의 성기를 완곡하게 이르는 말. ◆俚阴茎。❹ 사고파는 물품. ◆ 商品。¶물건을 구입하다. =购买商品。

물걸레【명사】물에 축여서 쓰는 걸레. 또는 물에 축인 걸레. ◆ 图湿抹布。¶물걸레로 방바닥을 닦다. =用湿抹布擦地板。

물결【명사】图 ❶ 물이 움직여 그 표면이 올라갔다 내려왔다 하는 운동. 또는 그 모양. ◆ 水波。¶물결이 일다. =激起水波。❷ 파도처럼 움직이는 어떤 모양이나 현상을 비유적으로 이르는 말. ◆ 潮流，浪潮。¶변화의 물결을 맞이하다. =迎接变化的大潮。

물결선【명사】물결 모양의 구불구불한 선. ◆ 图波线。

물결치다【동사】动 ❶ 물결을 이루어 계속 움직이다. ◆ 波涛起伏，潮涌。❷ (비유적으로) 파도처럼 크게 움직이거나 설레다. ◆ 心潮澎湃，激情涌动。¶그녀는 어깨를 끌어안고 거세게 물결치는 울음을 토해 냈다. =她两肩耸动，心潮澎湃，放声大哭起来。

물결표(--標)【명사】이음표의 하나. 문장 부호 '~'의 이름이다. '내지'의 뜻으로 쓰거나 어떤 말의 앞이나 뒤에 들어갈 말 대신에 쓴다. ◆ 图连接号(符号"～")。

물고기【명사】어류의 척추동물을 통틀어 이르는 말. ◆ 图鱼。

물구나무서기【명사】체조에서, 손으로 바닥을 짚고 발로 땅을 차서 거꾸로 서는 동작. ◆ 图倒立，拿大顶。¶그가 물구나무서기를 하자 관중은 큰 박수를 쳤다. =他一倒立，观众纷纷报以热烈的掌声。

물굽이【명사】강물이나 바닷물이 굽이 지어 흐르는 곳. ◆ 图河湾，海湾。¶한강의 물굽이는 다른 강에 비해 완만하다. =汉江的河湾比其他江要平缓。

물기(-氣)【명사】축축한 물의 기운. ◆ 图水汽，湿气。¶물기가 마르다. =水汽干了。

물기둥【명사】솟구쳐 뻗치거나 내리쏟아지는 굵은 물줄기. ◆ 图水柱。¶물기둥이 솟다. =喷出水柱。

물길【명사】图 ❶ 배를 타고 물로 다니는 길. ◆ 水路，航路。¶물길을 트다. =开通水路。❷ 물이 흐르거나 물을 보내는 통로. ◆ 水渠，水道。¶물길을 내다. =开挖水渠。

물김치【명사】국물의 양이 많고 국물 맛이 좋게 담근 김치. ◆ 图多水的泡菜。

물꼬【명사】图 ❶ 논에 물이 넘어 들어오거나 나가게 하기 위하여 만든 좁은 통로. ◆ (水田里的)水门。¶물꼬를 막다. =关上水门。❷ 어떤 일의 시작을 비유적으로 이르는 말. ◆ 开启……之门，拉开……序幕。

물끄러미【부사】우두커니 한 곳만 바라보는 모양. ◆ 副呆呆地，愣愣地，出神地。¶물끄러미 먼 바다를 바라보다. =出神地望着远方的大海。

물난리(-亂離)【명사】图 ❶ 큰물이나 그 밖의 원인으로 많은 물이 넘쳐서 일어난 혼란. ◆ 水灾。¶갑작스러운 집중 호우로 물난리를 겪다. =由于突降暴雨而发生了水灾。❷ 가뭄 따위로 말미암아 물이 모자라거나 없어서 일어난 혼란. ◆ 用水危机，用水难。¶가뭄으로 물난리가 극심하다. =因为干旱，用水问题极为严重。

물놀이【명사】물가에서 노는 놀이. ◆ 图玩水，戏水。¶물놀이를 하다. =戏水。

물다[1]【동사】갚아야 할 것을 치르다. 남에게 입힌 손해를 돈으로 갚아 주거나 본래의 상태로 해 주다. ◆ 动偿还；缴纳。¶세금을 물다. =纳税。

물다[2]【동사】动 ❶ 어떤 것을 윗입술과 아랫입술 사이에 또는 윗니와 아랫니 사이에 끼워 넣고 벌어진 두 입술이나 이를 다물어 누르다. ◆ 咬。¶개를 풀어 사람을 물게 하다. =放狗咬人。❷ 모기, 빈대 등의 벌레가 뾰족한 주둥이 끝으로 살을 찌르다. ◆ (蚊虫)叮，咬。¶모기가 물다. =蚊子叮咬。❸ (속된 말로) 이익이 되는 것이나 사람을 차지하다. ◆ 占便宜。¶이번에 좋은 물건 물었다면서? =听说这次占了大便宜? ❹ 입속에 무엇을 넣어 두다. ◆ 噙，含，衔。¶아기가 알사탕을 문 채 잠들었다. =小孩嘴里含着糖块睡着了。

물독【명사】물을 담아 두는 독. ◆ 图水缸。¶물독에 물이 없다. =水缸里没有水。

물동이【명사】물을 긷거나 담아 두는 데 쓰는 동이. ◆ 图水罐。¶물동이를 이다. =顶水罐。

물들다【동사】动 ❶ 빛깔이 스미거나 옮아서 묻다. ◆ 染色。¶손이 꺼멓게 물들다. =手染黑了。❷ 어떤 환경이나 사상 따위를 닮아 가다. ◆ 沾染，受影响。¶악에 물들다. =沾染上坏习气。

물들이다【동사】动 ❶ 빛깔이 서서히 퍼지거나 옮아서 묻게 하다. ◆ 染色。¶머리를 붉게 물들이다. =把头发染红。❷ 환경이나 행동, 사상 등을 퍼뜨리거나 닮게 하다. ◆ 使受……影响。

물때[1]【명사】图 ❶ 아침저녁으로 밀물과 썰물이 들어오고 나가고 하는 때. ◆ 潮汐时间。¶물때에 맞추어 개펄로 조개잡이 나가다. =按照潮汐时间，去滩涂上挖海贝。❷ 물참. 밀물이 들어오는 때. ◆ 涨潮时。

물때[2]【명사】물에 섞인 깨끗하지 못한 물건이 다른 데에 옮아서 생기는 때. ◆ 图水垢，水锈。¶배 밑창의 물때. =船底上的水垢。

물량(物量)【명사】물건의 분량. ◆ 图分量，数量。¶물량 공세를 펴다. =展开数量攻势。

물러가다【동사】动 ❶ 있던 자리에서 뒤로 가거나 다른 자리로 옮겨 가다. ◆ 走下，离开。¶그가 박수를 받으며 물러가자 사회자가 나왔다. =他在掌声中走到台下，接着主持人走上舞台。❷ 있던 현상이나 느낌 등이 사라지다. ◆ 消退，过去，消逝。¶더위는 물러갔는지 시원스러운 바람이 몸속을 파고 들어왔다. =炎热可能消退了，清凉的风迎面吹来。❸ 하고 있던 일, 차지하고 있던 자리나 지위 등을 내놓고 떠나다. ◆ 离职，下台，退休。❹ 윗사람 앞에 왔다가 도로 나가다. ◆ 告退，退下。¶그럼 나중에 말씀드리기로 하고 오늘은 이만 물러가겠습니다. =以后再和您谈，今天我先告退了。

물러나다【동사】动 ❶ 있던 자리에서 뒤나 옆으로 몸을 옮기다. ◆ 后退，退缩。¶한 발 물러나다. =后退一步。❷ 어른 앞에 있다가 도로 나오다. ◆ 告退，退下。¶어전에서 물러나다. =从殿前退下。❸ 하던 일이나 자리를 내놓고 나오다. ◆ 离职，下台，退休，退下。¶직위에서 물러나다. =从职位上退下来。❹ 꼭 붙어 있던 물건의 틈이 벌어지다. ◆ 松散，松垮。¶책상 다리가 물러나다. =桌子腿松了。

물러서다【동사】动 ❶ 있던 자리에서 뒤나 옆으로 비켜서다. ◆ 走开，让开，躲开。¶그가 들어오자 물러서며 자리를 내 주었다. =他一进来，我就退后把位子让了出来。❷ 지위나 하던 일을 내놓다. ◆ 离职，下台，退休，退下。¶일선에서 물러서다. =从第一线退下。❸ 맞서서 버티던 일을 그만두다. ◆ 退缩，后退，退却。¶내가 이번에 물러서면 천추에 한을 남기고 말 것이다. =这次我要是退缩，将抱憾终身。

물렁물렁하다【형용사】形 ❶ 매우 또는 여기저기가 이들이들하게 부드럽고 무르다. ◆ 软乎乎，松软。¶쇠똥구리는 쇠똥이라고 해서 아무것이나 찾지 않고, 겉이 약간 마르고 속은 물렁물렁하여 먹기에 알맞은 것을 고른다. =因为蜣螂爱吃牛粪，所以一般会找一些表面稍微干燥里面松软的东西吃，并不是什么都吃。❷ 사람의 몸이나 기질, 또는 규율 따위가 무르고 썩 약하다. ◆ 松散，宽松。¶나는 질서가 물렁물렁한 작은 회사에 들어와서 단숨에 진급하는 것이 출세의 지름길이라고 생각했다. =进一家秩序宽松的小公司，一下子获得晋升，我认为这是出人头地的捷径。

물렁뼈【명사】연골(軟骨). ◆ 名软骨。¶물렁뼈에 이상이 생기다. =软骨出了问题。

물렁하다【형용사】形 ❶ 이들이들하게 부드럽고 무르다. ◆ 软，松软。¶어머니는 물렁한 홍시를 좋아하셨다. =母亲喜欢吃软软的红柿子。❷ 사람의 몸이나 기질, 또는 규율 따위가 썩 약하다. ◆ 软弱；松懈。¶물렁하다고 얕잡아 본다. =瞧不起他的软弱。

물레【명사】名 ❶ 솜이나 털 따위의 섬유를 자아서 실을 만드는 간단한 재래식 기구. ◆ 纺车。¶물레를 돌려 실을 뽑다. =摇纺车抽线。❷ 돌림판. 둥근 도자기의 모양을 고르는 데 쓰는 틀. ◆ 陶车。

물레방아【명사】떨어지는 물의 힘으로 바퀴를 돌려 곡식을 찧거나 빻는 기구. ◆ 名水碓。¶어머니는 이른 아침부터 물레방아로 곡식을 찧고 계셨다. =母亲一早就开始用水碓舂米。

물려받다【동사】재물이나 지위 또는 기예나 학술 따위를 전하여 받다. ◆ 动继承，承袭。¶재산을 물려받다. =继承财产。

물려주다【동사】재물이나 지위 또는 기예나 학술 따위를 전하여 주다. ◆ 动传给。¶가보를 물려주다. =将传家宝往下传。

물론(勿論)【명사】말할 것도 없음. ◆ 名当然，那还用说。¶나는 물론이고, 온 가족이 모두 투표에 참가했다. =不只是我，全家人都参加了投票。

물리(物理)【명사】名 ❶ 모든 사물의 이치. ◆ 事物的内在规律。¶물리를 깨치다. =明白事物的道理。❷ 물리학. ◆ 物理学。

물리다[1]【동사】动 ❶ 산 물건을 원래 주인에게 돌려주고 돈을 되찾게 하다. ◆ 使退货，使退还。¶새로 산 구두가 잘 맞지 않아 도로 물렸다. =新买的皮鞋不合脚，退了回去。❷ 정해 놓은 날짜를 뒤로 미루다. ◆ 延迟，推迟。¶날짜를 하루 물리다. =把日期向后推了一天。❸ 사람이나 물건 등을 다른 자리로 옮겨 가게 하거나 옮겨 놓다. ◆ 搬到，挪到。¶밥상을 벽 쪽으로 물리다. =把饭桌搬到墙边。

물리다[2]【동사】다시 대하기가 싫을 만큼 몹시 싫증이 나다. ◆ 动腻，厌恶，讨厌。¶냉면에 물리다. =吃腻了冷面。

물리다[3]【동사】이나 입술로 무엇을 떨어지거나 빠져나가지 않도록 세게 누르게 하다. ◆ 动让……咬着。¶재갈을 물리다. =套上马嚼子。

물리다[4]【동사】남에게 입힌 손해를 돈으로 갚게 하거나 본래의 상태로 돌려 놓게 하다. ◆ 动索赔，要求赔偿。¶손해 본 물건값을 물리다. =要求赔偿受损物品的价钱。

물리다[5]【동사】动 ❶ 상처가 날 만큼 동물의 이빨에 세게 눌리다. ◆ 被咬。¶독사에 물리다. =被毒蛇咬了。❷ 모기 등의 벌레의 주둥이 끝에 살을 찔리다. ◆ 被叮。

물리 치료(物理治療)【명사】물리 요법. 자연의 힘이나 물리적 작용을 빌려서 치료를 하는 방법. ◆ 名物理治疗，物理疗法。¶물리치료를 받다. =接受物理治疗。

물리학(物理學)【명사】물질의 물리적 성질과 그것이 나타내는 모든 현상, 그리고 그들 사이의 관계나 법칙을 연구하는 학문. 자연 과학의 한 분야이다. ◆ 名物理学。¶그는 학교에서 물리학을 전공했다. =他在学校主修物理。

물만두(-饅頭)【명사】물에 넣어 삶은 만두. ◆ 名水饺。

물물 교환(物物交換)【명사】돈으로 매매하지 않고 직접 물건과 물건을 바꾸는 일. 교환의 가장 원시적 형태이다. ◆ 名以物易物。

물바다【명사】홍수 따위로 인하여 넓은 지역이 온통 물에 잠긴 상태를 이르는 말. ◆ 名一片汪洋。

물받이【명사】함석 따위로 처마에 달아서 지붕에서 내려오는 빗물을 받아 흘러내리게 한 것. ◆ 名房檐水

槽。¶하루종일 물받이에서 물이 떨어진다. =水整天都从房檐水槽上往下滴。

물방아【명사】물의 힘으로 공이를 오르내리게 하여 곡식을 찧거나 빻는 기구를 통틀어 이르는 말. ◆名水碓。

물방울【명사】작고 동글동글한 물의 덩이. ◆名水滴，水珠。¶물방울이 맺히다. =结水珠。

물병(-瓶)【명사】물을 넣는 병. ◆名水瓶。¶물병에 술이 들어 있다. =水瓶里盛着酒。

물보라【명사】물결이 바위 따위에 부딪쳐 사방으로 흩어지는 잔물방울. ◆名水花，浪花。¶물보라가 일어나다. =起水花。

물빛【명사】물의 빛깔과 같이 연한 파란빛. ◆名水的颜色，浅蓝色。¶물빛 하늘이 예쁘다. =浅蓝色的天空很美。

물뿌리개【명사】꽃이나 채소 등에 물을 줄 때 사용하는 기구. ◆名 (浇花用)喷壶。¶물뿌리개로 화단에 물을 주다. =用喷壶给花坛浇水。

물살【명사】물이 흘러 내뻗는 힘. ◆名水势，流势。¶물살이 세어 강을 건너가기 힘들다. =水流湍急，很难过江。

물색[1](-色)【명사】물의 빛깔과 같이 연한 파란색. ◆名水蓝色。

물색[2](物色)【명사】名 ❶ 물건의 빛깔. ◆ 物品颜色。¶물색 고운 색동옷. =颜色漂亮的彩色童装。❷ 어떤 기준으로 거기에 알맞은 사람이나 물건, 장소를 고르는 일. ◆ 物色，寻找。¶후임자를 물색하다. =物色继承者。● 물색하다(物色--) ●

물샐틈없다【형용사】물을 부어도 샐 틈이 없다는 뜻으로, 조금도 빈틈이 없음을 비유적으로 이르는 말. ◆形水泄不通。¶물샐틈없는 경계 태세. =水泄不通的警戒状态。● 물샐틈없이 ●

물소리【명사】물이 흐르거나 부딪치거나 하여 나는 소리. ◆名水声。¶텀벙 물소리를 내며 뛰어들다. =扑通一声跳入水中。

물속【명사】물의 가운데. ◆名水中。¶물속에서 자라는 식물. =在水中生长的植物。

물수건(-手巾)【명사】물에 적신 수건. ◆名湿毛巾。

물시계(-時計)【명사】좁은 구멍을 통하여 물이 일정한 속도로 그릇에 떨어지게 하여, 고이는 물의 분량이나 줄어든 물의 분량을 헤아려서 시간을 재는 시계. ◆名漏壶。

물씬【부사】副 ❶ 코를 푹 찌르도록 매우 심한 냄새가 풍기는 모양. ◆ (气味)刺鼻。¶술냄새가 물씬 풍기다. =散发出刺鼻的酒味。❷ 김이나 연기, 먼지 따위가 갑자기 무럭무럭 피어오르는 모양. ◆ (烟雾、尘土)突然喷出的样子。

물안개【명사】강이나 호수, 바다 따위에서 피어오르는 안개. ◆名水雾。¶강가에 물안개가 끼다. =江边起了水雾。

물안경(-眼鏡)【명사】물속에서 눈에 물이 들어가지 않도록 하여 눈을 뜨고 물속을 관찰할 수 있도록 만든 안경. ◆名泳镜。¶수영장의 아이들은 모두 물안경을 꼈다. =游泳池里的孩子们都戴着泳镜。

물약(-藥)【명사】액체로 된 약. ◆名药水，饮剂。

물어내다【동사】남에게 입힌 손해를 돈으로 갚거나 본래의 상태로 되돌려 주다. ◆动赔偿，补偿。¶아들이 가게 유리창을 깨고 유리 값을 물어냈다. =儿子把商店的玻璃窗打碎了，赔偿了玻璃钱。

물어뜯다【동사】动 ❶ 이나 부리로 물어서 뜯다. ◆ 啃，撕咬。¶서로 물어뜯고 싸우다. =互相撕打。❷ 곤충이 주둥이 끝으로 살을 찌르다. ◆ 叮，咬。¶밤에 모기가 물어뜯다. =晚上被蚊子咬了。❸ 남을 헐어서 못 견디게 하거나 못 살게 굴다. ◆ 诋毁，中伤，诽谤。¶서로 속이고 물어뜯고 하는 것이 우리 인간의 속성인가? =互相欺骗诽谤，这是人类的本性吗?

물욕(物慾)【명사】재물을 탐내는 마음. ◆名物欲。¶그는 물욕조차 전혀 없는 사람이다. =他连一点物欲都没有。

물음【명사】묻는 일. 또는 묻는 말. ◆名问题，提问。¶다음 물음에 답하시오. =请回答下一个问题。

물음표(--標)【명사】마침표의 하나. 문장 부호 '?'의 이름이다. 의심이나 의문을 나타낼 때에 쓴다. ◆名问号。¶의문문에는 반드시 물음표를 붙여야 한다. =疑问句一定要加问号。

물의(物議)【명사】어떤 사람 또는 단체의 처사에 대하여 많은 사람이 이러쿵저러쿵 논평하는 상태. ◆名争议，争论，争执。¶물의를 빚다. =引起争论。

물자(物資)【명사】어떤 활동에 필요한 여러 가지 물건이나 재료. ◆名物资。¶물자가 부족하다. =物资不足。

물장구【명사】헤엄칠 때 발등으로 물 위를 잇따라 치는 일. ◆名 (游泳时)用脚击水。

물장난【명사】물을 가지고 장난을 하며 놂. 또는 물에서 하는 장난. ◆ 玩水，戏水。¶아이들이 개울가에서 물장난 치다. =孩子们在小溪边玩水。

물정(物情)【명사】세상의 이러저러한 실정이나 형편. ◆名人情世故。¶세상 물정에 어둡다. =不懂人情世故。

물줄기【명사】名 ❶ 물이 한데 모여 개천이나 강으로 흘러 나가는 줄기. ◆ 水流。¶물줄기를 따라 내려갔다. =顺流而下。❷ 물이 힘있게 내뻗치는 줄. ◆ 水柱。¶거센 물줄기. =很强的水柱。

물질(物質)【명사】名 ❶ 물체의 본바탕. ◆ 物质。❷ '재물(財物)'을 달리 이르는 말. ◆ 财物。¶물질을 탐내다. =贪财。❸ 자연계의 구성 요소의 하나. 다양한 자연현상을 일으키는 실체로, 공간의 일부를 차지하고 질량을 갖는다. ◆ 物质。

물질문명(物質文明)【명사】물질을 바탕으로 이루어진 문명. ◆名物质文明。¶물질문명의 발달과 더불어 인간소외는 늘어가고 있다. =随着物质文明的进步，人类遭到忽视的情况也在增加。

물집【명사】피부 일부분에 액체가 국소적으로 차서 부풀어 오른 것. ◆名水泡。¶물집이 잡히다. =起水泡。

물체(物體)【명사】구체적인 형태를 가지고 있는

것. ◆ 图物体。¶미확인 물체. =未确认物体。

물총(-銃)【명사】물을 쏘아 보내는 장난감 총. ◆ 图水枪。¶물총을 쏘다. =玩水枪。

물컹하다【형용사】너무 익거나 곯아서 물크러질 듯이 물렁하다. ◆ 形稀烂，烂乎乎，软乎乎。¶상자에 손을 넣자 무엇인가 물컹한게 잡혔다. =刚把手伸进箱子里，就碰到了什么软乎乎的东西。

물탱크(-tank)【명사】물을 담아 넣어 두는 큰 통. ◆ 图水箱，水槽。¶가뭄을 대비하여 물탱크에 물을 가득 채웠다. =为了抗旱，往水箱里装满了水。

물통【명사】물을 담아 두는 통. ◆ 图水桶。¶동네의 공동 수도에는 언제나 두 개씩 짝을 지은 물통의 행렬이 끝도 없이 줄 서 있곤 했다. =不管什么时候，村里每个公用水龙头前都放着两排水桶，排着望不到尽头的长队。

물풀【명사】물속이나 물가에 자라는 풀. ◆ 图水草，水藻。

물품(物品)【명사】일정하게 쓸 만한 값어치가 있는 물건. ◆ 图物品，货物。¶물품 발송이 늦어서는 곤란할 것이오니 늦어도 금월 20일까지는 폐사에 물품이 도착되도록 배려하여 주시기 재삼 부탁드립니다. =晚发货会给敝公司造成困难，所以恳请最迟在本月20日前将货物运抵敝公司。

묽다【형용사】죽이나 반죽 따위가 보통 정도에 비하여 물기가 많다. ◆ 形稀。¶벽지는 묽은 풀을 바르면서 번짐이 없도록 주름살을 펴 나간다. =边往墙纸抹稀糨糊，边展开皱褶，以防洇了。

뭇】[관형사] 수효가 매우 많은. ◆ 冠许多，众多，诸多。¶뭇 사건. =许多事件。

뭇매【명사】여러 사람이 한꺼번에 덤비어 때리는 매. ◆ 图众人围打，群殴。¶뭇매를 때리다. =众人围打。

뭇사람【명사】많은 사람. 또는 여러 사람. ◆ 图众人。¶뭇사람의 입에 오르내리다. =口口相传。

뭉개다【동사】动 ❶ 앞으로 더 나아가지 못하고 한자리에서 미적거리다. ◆ 原地踏步，停滞不前。¶벼 가마니를 가득 실은 경운기가 논 한가운데서 뭉개고 있다. =装满了稻谷袋子的耕耘机在稻田中央停滞不前。❷ 일을 어떻게 할 줄 모르고 미적미적하거나 우물우물하다. ◆ 磨蹭，磨唧。¶그는 일할 때 조금 뭉개는 편이다. =他干活的时候有点磨唧。

뭉개다【동사】动 ❶ 모양이나 형태가 변하도록 마구 문질러 짓이기다. ◆ 碾压，碾碎。¶담배꽁초를 발로 밟아 뭉개다. =用脚把烟头碾碎。❷ 어떤 생각을 애써 지워 버리다. ◆ 打消(念头)，忘掉。¶그는 어두웠던 과거를 기억 속에서 뭉개 버렸다. =他把黑暗的过去从记忆中抹掉了。

뭉게구름【명사】솜을 쌓아 놓은 것 같이 생긴 큰 구름. ◆ 图云团，积云。¶지평선에서부터 하얀 뭉게구름이 솟아올랐어요. =地平线上涌起大量白色的云团。

뭉게뭉게【부사】연기나 구름 따위가 크게 둥근 모양을 이루면서 잇따라 나오는 모양. ◆ 副(云、烟等)一团一团地，一朵一朵地。¶뭉게구름이 뭉게뭉게 피어오르다. =云团一朵一朵地上升。

뭉그적거리다【동사】나아가지 못하고 제자리에서 조금 큰 동작으로 자꾸 게으르게 행동하다. ◆ 动磨蹭，拖延。¶뭉그적거릴 뿐 나아가지 않는다. =光磨蹭，不往前走。● 뭉그적대다 ●

뭉뚝하다【형용사】굵은 사물의 끝이 아주 짧고 무디다. ◆ 形短秃，又短又秃。¶연필이 뭉뚝하다. =铅笔秃了。

뭉뚱그리다【동사】动 ❶ 되는 대로 대강 뭉쳐 싸다. ◆ (随便)包起来，裹巴裹巴。¶아기를 뭉뚱그려 안다. =把孩子裹巴裹巴抱起来。❷ 여러 사실을 하나로 포괄하다. ◆ 囊括，加。¶그 사람이 자꾸 나의 의견을 그의 의견과 뭉뚱그리려고 해서 화가 났다. =他总是想把我的意见和他的意见加在一起，真令人生气。

뭉치【명사】图 ❶ 한데 뭉치거나 말린 덩이. ◆ 团(儿)。¶신문 뭉치. =报纸团。❷ 한데 뭉치거나 말린 덩이를 세는 단위. ◆ 沓，捆，扎。¶돈 뭉치. =钱捆。

뭉치다【동사】动 ❶ 한 덩어리가 되다. ◆ 团，凝结。¶한데 뭉치기가 쉽지 않았다. =不容易团在一起。❷ 하나로 단결하다. ◆ 团结，结成。¶그 단체가 우리와 뭉치게 되면 지금보다는 더 큰 힘을 발휘할 수 있다. =如果那个团体和我们团结在一起，就能激发出比现在更大的力量。❸ 고민, 화, 슬픔, 한 등이 마음속에 맺히다. ◆ 郁结。¶내 마음에 뭉친 한을 풀어야 편히 눈감을 수 있겠다. =只有解开郁结在我心里的恨，我才能安心地闭上眼睛。

뭉클하다【형용사】슬픔이나 노여움 따위의 감정이 북받치어 가슴이 갑자기 꽉 차는 듯하다. ◆ 形心头一热，心情激动。

뭉텅【부사】한 부분이 대번에 제법 크게 잘리거나 끊어지는 모양. ◆ 副一下子(截断貌)。

뭉텅이【명사】한데 뭉치어 이룬 큰 덩이. ◆ 图团，疙瘩。¶종이 뭉텅이. =纸团。

뭉툭하다【형용사】굵은 사물의 끝이 아주 짧고 무디다. ◆ 形又粗又秃，短秃。¶뭉툭한 연필. =秃铅笔头。

뭍【명사】图 ❶ 지구 표면에서 바다를 뺀 나머지 부분. ◆ 陆地。¶배는 천천히 뭍으로 다가간다. =船慢慢地靠近陆地。❷ 섬이 아닌 본토. ◆ 大陆。¶섬과 뭍을 연결하는 다리 공사가 한창이다. =连接岛屿与大陆的桥梁工程正在火热地进行着。

뭐[1]【감탄사】'무어'의 준말. ◆ 叹 "무어"的略语。¶그것이 뭐냐? =那是什么?

뭐[2]【대명사】代 ❶ (말할 필요가 없거나 말할 수 없는) 어떤 것. ◆ 什么。¶그들은 분명 뭐라고 말을 하고 있었으나 내 귀에는 잘 들리지 않았다. =他们很明显是在说着什么，但我听不清。❷ 어떤 것. 무엇이라고 하는 것. ◆ 什么。¶아빠가 이따가 퇴근할 때 뭐 사 올까? =爸爸一会儿下班了会买什么回来? ❸ 사람을 낮추어 가리켜 어떤 사람. 무슨 사람. ◆ 什么人，什么东西，什么。¶내가 오빠 심부름꾼이야, 뭐야. =我是给你当差的还是什么。❹ 마음에 들지 않는 것을 가리켜 '무슨 말, 무슨 소용, 무슨 꼴'

등의 뜻. ◆ 什么。¶전세방 하나 없으면서 자가용이 다 뭐예요? =连一间租住房都没有，还谈什么私家车呀? ❺ 믿기지 않은 일을 다시 되물어 보거나 확인할 때 쓰는 말. ◆你说什么，什么。¶뭐, 다음달에 결혼을 한다고? =你说什么，下个月结婚?

뭐하다【형용사】'무엇하다'의 준말. 언짢은 느낌을 알맞게 형용하기 어렵거나 그것을 표현할 말이 생각나지 않을 때 암시적으로 둘러서 쓰는 말. ◆ 形"무엇하다"的略语。¶빈손으로 가기가 좀 뭐하다. =空手去不太好意思。

뮤지컬(musical)【명사】큰 무대에서 음악, 노래, 무용 등을 결합하여 상연하는, 줄거리가 있는 공연물. ◆名音乐剧。¶이 작품은 서구의 재즈 리듬과 화성을 섞어 빠른 템포 속에 한국적인 정서가 풍기는 멜로디를 구사, 한국적 뮤지컬의 시범을 보였다. =这个作品融合了西欧爵士乐的节奏，在快速的节奏中运用带有韩国气息的旋律，为韩国音乐剧做了示范。

-므로【어미】까닭이나 근거를 나타내는 연결 어미. ◆ 词尾用于终声ㄹ或开音节词干之后，表示原因、根据的连接词尾。¶때리므로 피했다. =要打我，所以避开了。

-미[1](米)【접사】'쌀'의 뜻을 나타냄. ◆ 后缀米。¶정부미. =政府储备粮。

미[2](美)【명사】名 ❶ 눈 따위의 감각 기관을 통하여 인간에게 좋은 느낌을 주는 아름다움. ◆ 美，美丽，漂亮。¶나이를 먹을수록 겸손의 미를 지녀야 하지 않을까? =年纪越大越有谦逊之美，难道不是吗? ❷ 성적이나 등급을 '수, 우, 미, 양, 가'의 다섯 단계로 나눌 때 셋째 단계. ◆ 美(教育评价系统或等级评价中的第三级)。¶그녀는 대학 시절 미인 대회에서 미로 뽑힐 만큼 상당한 미인이었다. =她非常美，在上大学时曾获得选美大赛季军。

미[3]-(未)【접사】'아직 다 이루어지지 않은'의 뜻을 나타냄. ◆ 前缀未。¶미완성교향곡. =未完成的交响曲。

미각(味覺)【명사】맛을 느끼는 감각. 주로 혀에 있는 맛봉오리가 침에 녹은 화학 물질에 반응하여 일어난다. 단맛, 짠맛, 신맛, 쓴맛의 네 가지 기본 미각이 있다. ◆名味觉，胃口。¶나이를 먹으면 먹을수록 미각이 사라진다. =年纪越大越没胃口。

미간(眉間)【명사】두 눈썹의 사이. ◆名眉宇之间，眉头，眉心。¶미간을 잔뜩 찌푸리다. =眉头皱得紧紧地。

미간(未刊)【명사】책 따위가 아직 간행되지 않음. 또는 그런 간행물. ◆名未出版，未刊行。¶미간도서. =未出版的图书。

미개(未開)【명사】사회가 발전되지 않고 문화 수준이 낮은 상태. ◆名未开化，野蛮，原始。¶미개인. =野人。● 미개하다(未開--) ●

미개인(未開人)【명사】문명의 혜택을 받지 못하여 문화와 인지(人智)의 발달 수준이 아직 낮은 사람. ◆ 名未开化的人，野蛮人。¶아직도 문명의 혜택을 받지 못한 미개인들이 많이 있다. =还有很多没受到文明洗礼的未升化的人。

미개척지(未開拓地)【명사】名 ❶ 아직 개척하지 못했거나 아니한 땅. ◆ 未开垦的地方，处女地。¶이 세상에는 아직도 개척하지 못한 미개척지가 많이 있다. =世界上还有很多未开垦的地方。❷ 과학, 문화 따위에서 아직 개척하지 못한 분야. ◆ 空白点。¶과학 분야에서 미개척지의 하나는 인간의 뇌이다. =人脑是科学领域的一个空白点。

미결(未決)【명사】名 ❶ 아직 결정하거나 해결하지 아니함. ◆ 没有决定，没解决。¶이 사건은 미결로 남다. =这件事没有决定。❷ 법적 판결이 나지 않은 상태로 구금되어 있는 피의자 또는 형사 피고인 ◆ 未判决的囚犯。

미관(美觀)【명사】아름답고 훌륭한 풍경. ◆ 名美景，美观。¶도시의 미관을 해치다. =破坏城市的美观。

미국(美國)【명사】나라 이름. ◆名美国。

미궁(迷宮)【명사】名 ❶ 들어가면 나올 길을 쉽게 찾을 수 없게 되어 있는 곳. ◆ 迷宫。¶미궁 속을 헤매다. =在迷宫中彷徨。❷ 사건, 문제 따위가 얽혀서 쉽게 해결하지 못하게 된 상태. ◆ 迷魂阵，让人云里雾里。¶미궁에 빠진 사건. =让人云里雾里的事件。

미꾸라지【명사】검은 빛의 가늘고 긴 몸이 매우 미끄럽고 수염이 긴 민물고기. ◆名泥鳅。

미끄러지다【동사】动 ❶ 비탈지거나 미끄러운 곳에서 한쪽으로 밀리어 나가거나 넘어지다. ◆ 滑，溜，滑倒。¶길에서 미끄러지다. =在路上滑了一跤。❷ 도로나 철길, 뱃길을 따라 자동차, 기차, 배 따위가 거침없이 나아가다. ◆ 平稳驶离，顺利离开。¶기차가 역사를 천천히 미끄러져 나갔다. =火车缓缓地平稳驶离了站台。❸ 차지하고 있던 자리나 지위 따위를 지키지 못하고 밀려나다. ◆ 被解聘。¶그는 학과 통폐합으로 조교직에서 미끄러질 상황이 되었다. =由于专业合并，他可能会被解除助教职务。❹ 뽑히거나 골라진 대상 가운데에 들지 못하다. ◆ 没考上，落选。¶그는 대학입시시험에서 두 번이나 미끄러졌다. =他考了两次大学都没考上。

미끄럼틀【명사】앉아서 미끄러져 내려오도록 비스듬하게 만든 어린이 놀이 기구. ◆ 名滑梯。¶아이는 하루 종일 미끄럼틀에서 놀았다. =孩子成天玩滑梯。

미끄럽다【형용사】거침없이 저절로 밀려 나갈 정도로 번드럽다. ◆ 形滑，光溜。¶눈길이 미끄럽다. =雪地上很滑。

미끈거리다【동사】미끄럽고 번드러워서 자꾸 밀리어 나가다. ◆ 动滑，光滑，平滑 。¶그의 손은 땀으로 미끈거렸다. =他的手出汗了，滑滑的。● 미끈대다 ●

미끈미끈하다【형용사】흠이나 거친 데가 없어 밀리어 나갈 정도로 몹시 번드럽다. ◆形光滑。

미끈하다【형용사】생김새가 멀쑥하고 훤칠하다. ◆形笔直，修长。¶미끈한 다리. =修长的腿。

미끼【명사】名 ❶ 낚시 끝에 꿰는 물고기의 먹이. 주로 지렁이, 새우, 밥알 따위를 사용한다. ◆ 鱼饵，鱼

食。¶물고기를 잡으려면 미끼를 잘 써야 한다. =想要抓鱼就要用好鱼饵。❷ 사람이나 동물을 꾀어내기 위한 물건이나 수단을 비유적으로 이르는 말. ◆ 诱饵。¶그는 범인을 잡기 위해 범인의 동생을 미끼로 이용했다. =他用犯人的弟弟做诱饵抓捕罪犯。

미나리【명사】축축한 땅에서 자라며 잎과 줄기에 독특한 향기가 있어서 나물 등의 재료로 사용되는 풀. ◆ 图芹菜。¶저수지 주변에 미나리 꽃이 잔뜩 피었다. =水库周围开满了芹菜花。

미남(美男)【명사】얼굴이 잘생긴 남자. ◆ 图帅哥。¶그는 미남 배우로 인기가 많다. =他是个帅哥型演员，非常受欢迎。

미납(未納)【명사】내야 할 것을 아직 내지 않았거나 내지 못함. ◆ 图未缴纳，未支付，欠费。¶미납한 수업료 때문에 어머니는 늘 걱정하셨다. =妈妈经常为未缴纳学费而担心。● 미납되다(未納--), 미납하다(未納--) ●

미네랄(mineral)【명사】생체의 생리 기능에 필요한 광물성 영양소. ◆ 图矿物质，无机物。¶미네랄 함유 비타민. =含矿物质的维生素。

미녀(美女)【명사】얼굴이 아름다운 여자. ◆ 图美女。

미뉴에트(minuet)【명사】17～18세기경 유럽에서 추던 3/4박자의 춤 또는 그 춤 곡. ◆ 图小步舞曲。

미니스커트(mini-skirt)【명사】옷자락이 무릎 윗부분까지만 내려오는 아주 짧은 길이의 서양식 치마. ◆ 图超短裙，迷你裙。

미닫이【명사】문이나 창 따위를 옆으로 밀어서 열고 닫는 방식. 또는 그런 방식의 문이나 창을 통틀어 이르는 말. ◆ 图推拉门。¶갑자기 미닫이가 드르륵 열리면서 세 명의 경관이 권총을 겨누고 방안으로 들어왔다. =突然，推拉门"嘎吱"一声被打开了，三名警察端着手枪冲进了房间。

미달(未達)【명사】어떤 한도에 이르거나 미치지 못함. ◆ 图未达到，不够，不足。¶함량 미달. =含量不足。● 미달되다(未達--), 미달하다(未達--) ●

미담(美談)【명사】사람을 감동시킬 만큼 아름다운 내용을 가진 이야기. ◆ 图佳话，动人的故事。¶미담의 주인공. =动人的故事里的主人公。

미덕(美德)【명사】아름답고 갸륵한 덕행. ◆ 图美德。¶겸손의 미덕. =谦虚的美德。

미덥다【형용사】믿음성이 있다. ◆ 形信赖，相信，信任。¶어머니는 큰아들을 미덥게 생각하셨다. =妈妈信任大儿子。

미디어(media)【명사】어떤 작용을 한쪽에서 다른 쪽으로 전달하는 역할을 하는 것. ◆ 图媒体，传媒。¶매스 미디어. =大众传媒。

미래(未來)【명사】图 ❶ 앞으로 올 때. ◆ 未来，将来。❷ 발화(發話) 순간이나 일정한 기준적 시간보다 나중에 오는 행동, 상태 따위를 나타내는 시제(時制). ◆ 将来时。

미래상(未來像)【명사】이상(理想)으로서 그리는 미래의 모습. ◆ 图展望，未来的景象

미량(微量)【명사】아주 적은 분량. ◆ 图微量，少量。¶죽은 철새의 위에서 미량의 독극물이 발견되었다. =在死候鸟的身上发现了少量的剧毒物。

미련(未練)【명사】깨끗이 잊지 못하고 끌리는 데가 남아 있는 마음. ◆ 图留恋，念念不忘。¶아직 그녀에게 미련이 남아 있다. =还对她念念不忘。

미련스럽다【형용사】어리석고 둔한 데가 있다. ◆ 形愚蠢，笨。¶그가 하는 일을 보면 미련스럽다는 생각이 든다. =从他做的事来看，我觉得他有点笨。

미련하다【형용사】어리석고 둔하다. ◆ 形愚蠢，笨。

미로(迷路)【명사】图 ❶ 어지럽게 갈래가 져서, 한번 들어가면 다시 빠져나오기 어려운 길. ◆ 迷宫。¶미로처럼 헷갈리기 쉬운 산동네 골목길을 빠져나오다. =走出了像迷宫一样的山村胡同。❷ 해결책을 못 찾아 갈팡질팡하는 상태를 비유적으로 이르는 말. ◆ 迷途，迷宫。

미루나무【명사】줄기는 높이 30미터 정도로 곧게 자라며, 잎은 광택이 난다. 양버들과는 잎의 길이가 나비보다 길고 가지가 옆으로 퍼지는 것이 다르다. 포플러(poplar)라고도 부른다. ◆ 图白杨(树)。¶길가에는 미루나무가 심어져 있었다. =路边种着白杨树。

미루다【동사】动 ❶ 정한 시간이나 기일을 나중으로 넘기거나 늘이다. ◆ 推迟，拖延，推，拖。¶오늘 할 일을 내일로 미루다. =今天的事拖到明天。❷ 일을 남에게 넘기다. ◆ 推，推诿，推卸。¶책임을 남에게 미루지 마라. =不要把责任推给别人。❸ 이미 알려진 것으로써 다른 것을 비추어 헤아리다. ◆ 推断，推知。¶여러 정황으로 미루어 무슨 일이 벌어지고 있는 게 분명하다. =从各种情况来推断，很明显是出了什么事。

미륵(彌勒)【명사】'미륵보살(彌勒菩薩)'을 줄여 이르는 말. 내세에 성불하여 사바세계에 나타나서 중생을 제도하리라는 보살. ◆ 图 弥勒佛。

미리【부사】어떤 일이 아직 생기기 전에. 또는 어떤 일을 하기에 앞서. ◆ 副事先，预先。¶미리 준비해야지. =应该预先准备好。● 미리미리 ●

미만(未滿)【명사】정한 수효나 정도에 차지 못함. 또는 그런 상태. 기준이 수량으로 제시될 경우에는, 그 수량이 범위에 포함되지 않으면서 그 아래인 경우를 가리킨다. ◆ 图不满，未满，不到，不足。¶18세 미만의 소년. =未满十八岁的少年。

미망인(未亡人)【명사】아직 따라 죽지 못한 사람이란 뜻으로, 남편이 죽고 홀로 남은 여자를 이르는 말. ◆ 图遗孀，寡妇，〈书〉未亡人。¶전쟁 미망인. =战争寡妇。

미모(美貌)【명사】아름다운 얼굴 모습. ◆ 图美貌。¶미모의 여인. =美貌女子。

미묘하다(微妙--)【형용사】뚜렷하지 않고 야릇하고 묘하다. ◆ 形微妙，玄妙。¶미묘한 의견 차이를 보이다. =显出了微妙的意见差异。

미물(微物)【명사】图 ❶ 인간에 비해 보잘것없는 작은 것이라는 뜻으로, 동물을 이르는 말. ◆ 动物，

飞禽走兽。¶개는 말 못하는 미물이지만 주인에게 충직하다. =狗虽然只是不会说话的宠物，但对主人非常忠诚。❷ 변변치 못한 사람을 낮잡아 이르는 말. ◆〈喻〉小人物。

미미하다(微微--)【형용사】보잘것없이 아주 작다. ◆形微不足道，无足轻重。¶미미한 존재. =微不足道的存在。

미봉책(彌縫策)【명사】눈가림만 하는 일시적인 계책(計策). ◆名权宜之计。¶임시방편의 미봉책. =权宜之计。

미분화(未分化)【명사】아직 분화하지 않음. ◆名未分化。● 미분화되다(未分化--) ●

미비(未備)【명사】아직 다 갖추지 못한 상태에 있음. ◆名未具备，不齐全，不周全。¶서류 미비. =文件不齐全。● 미비하다(未備--) ●

미사(missa)〈라〉【명사】천주 교회에서 드리는 예배 의식. ◆名弥撒，圣餐礼。¶미사를 드리다. =举行弥撒。

미사일(missile)【명사】무선, 레이더, 적외선 따위의 유도에 따라 목표물에 닿아서 폭발하도록 만든 포탄이나 폭탄. ◆名导弹。¶적기를 향해 미사일을 쏘다. =向敌机发射导弹。

미상(未詳)【명사】확실하거나 분명하지 않음. ◆名不详，不明。¶성명 미상. =姓名不详。

미색(米色)【명사】겉껍질만 벗겨 낸 쌀의 빛깔과 같이 매우 엷은 노란색. ◆名米色，淡黄色，鹅黄色。¶그녀는 희미한 미색 살결에 화장기가 별로 없는 얼굴이었다. =她的皮肤呈淡黄色，脸上没有特别化妆的痕迹。

미생물(微生物)【명사】눈으로는 볼 수 없는 아주 작은 생물. 보통 세균, 효모, 원생동물 따위를 이르는데, 바이러스를 포함하는 경우도 있다. ◆名微生物。¶미생물 검사. =微生物检验。

미성년자(未成年者)【명사】한국 법률에 따다 법적인 권리를 행사할 수 없는 만 20세 미만의 사람. ◆名未成年人。¶미성년자 관람 불가. =禁止未成年人观看。

미세하다(微細--)【형용사】분간하기 어려울 정도로 매우 가늘고 작다. ◆形微细，细小，微小。¶아주 작고 미세해서 눈으로는 분간할 수 없는 것들까지, 아이는 이름을 배우고 또 기억해 내느라 애를 쓴다. =那孩子连非常微小、眼睛根本没法分辨的东西的名字都要学，还要努力记下来。

미소(微笑)【명사】소리를 내지 않고 빙긋이 웃는 웃음. ◆名微笑。¶아이의 해맑은 미소를 보자 내 마음은 봄 눈 녹듯 풀어졌다. =一看到孩子明朗的微笑，我的心就像春雪消融一样解冻了。

미수[1](未遂)【명사】목적한 바를 시도하였으나 이루지 못함. ◆名未遂。¶암살 기도가 미수로 그치다. =暗杀企图以未遂告终。

미수[2](未收)【명사】돈이나 물건 따위를 아직 다 거두어들이지 못함. ◆名没有收回。¶이번 수금에서는 한 푼의 미수도 없다. =此次收款一分不少，都收回来了。

미숙하다(未熟--)【형용사】形 ❶ 일 따위에 익숙하지 못하여 서투르다. ◆不熟练，不熟。¶신입사원들은 모든 일에서 아직 미숙하다. =新人对所有的工作都还不熟练。❷ 열매나 음식이 아직 익지 않은 상태에 있다. ◆未成熟，不熟。

미술(美術)【명사】공간 및 시각의 미를 표현하는 예술. 그림·조각·건축·공예·서예 따위로, 공간 예술·조형 예술 등으로 불린다. ◆名美术。

미술가(美術家)【명사】미술품을 전문적으로 창작하는 사람. 화가, 조각가, 공예가, 산업 미술가, 건축 미술가 등이 있다. ◆名美术家。¶그는 어려서부터 미술가가 꿈이었다. =他从小就想当美术家。

미술관(美術館)【명사】미술품을 전시하는 시설. ◆名美术馆。

미숫가루【명사】찹쌀이나 멥쌀 또는 보리쌀 따위를 찌거나 볶아서 가루로 만든 식품. ◆名炒米面。¶그는 아침에 밥 대신 미숫가루를 먹고 출근한다. =他早晨没吃饭，吃了些炒米面后去上班了。

미스[1](Miss)【명사】名 ❶ 미혼 여자의 성 앞에 붙이는 호칭 또는 지칭. ◆小姐。¶미스 리. =李小姐。❷ 미혼의 여자. ◆未婚女性，少女，姑娘。¶"결혼하셨습니까?" "아니오. 아직 미스예요." = "您结婚了吗？" "没有，还未婚。"

미스[2](miss)【명사】실책이나 오류. ◆名错误，差错，失误。¶패스 미스. =传球失误。

미스터(Mister/Mr.)【명사】남자의 성 앞에 붙이는 호칭 또는 지칭. 한국에서는 흔히 젊은 남자에게 사용한다. ◆名先生。¶미스터 김. =金先生。

미신(迷信)【명사】비과학적이고 종교적으로 망령되다고 판단되는 신앙. 또는 그런 신앙을 가지는 것. 점복, 굿, 금기 따위가 있다. ◆名迷信。¶미신을 타파하다. =破除迷信。

미심쩍다(未審--)【형용사】분명하지 못하여 마음이 놓이지 않다. ◆形怀疑，疑惑。¶그는 나를 미심쩍은 눈초리로 바라보았다. =他用怀疑的眼光看着我。

미싱(mishin〈일〉)【명사】바느질을 하는 기계. ◆名缝纫机。¶미싱 자수. =缝纫机刺绣。

미아(迷兒)【명사】길이나 집을 잃고 헤매는 아이. ◆名迷路儿童，走失儿童。¶미아 보호소. =迷路儿童保护所。

미안하다(未安--)【형용사】形 ❶ 남에게 대하여 마음이 편치 못하고 부끄럽다. ◆抱歉，过意不去，对不起。¶나는 거짓말을 한 것이 아내에게 미안하였다. =对妻子说谎，我觉得过意不去了。❷ 겸손히 양해를 구하는 뜻을 나타내는 말. ◆抱歉，对不起，不好意思。¶미안하지만, 길 좀 비켜 주십시오. =对不起，让个路吧。

미약하다(微弱--)【형용사】미미하고 약하다. ◆形微弱，薄弱。¶그녀가 나를 의지하기에는 내 힘이 너무 미약했다. =虽然她要依靠我，但我的力量太薄弱了。

미얀마(Myanmar)【명사】나라 이름. ◆名缅甸。

미어지다【동사】动 ❶ 팽팽한 가죽이나 종이 따위가 해어져서 구멍이 나다. ◆破。¶손수건은 나긋나긋해서 곧 미어질 듯했다. =手帕薄得好像要破了。❷ 가득 차서 터질 듯하다. ◆挤破，涨破，挤爆。¶남에게 질세라 그는 탐을 부리며 볼따구니가 미어지도록 음식을 먹기 시작했다. =他怕输给别人，开始大口大口地吃饭，腮都要撑破了。❸ 가슴이 찢어지는 듯이 심한 고통이나 슬픔을 느끼다. ◆撕裂，心痛欲裂。¶그녀가 겪었을 모진 고통이 새삼스레 가슴이 미어지는 아픔으로 느껴진다. =经历过的刻骨铭心的痛苦再次被勾了起来，她感到撕裂般的疼痛。

미역[1] 【명사】 얕은 바닷물 속에서 자라는, 주로 말려서 저장하였다가 국을 끓여 먹는 검푸른 풀. ◆图裙带菜。¶아내를 위해 미역을 사오다. =给妻子买裙带菜。

미역[2] 【명사】 냇물이나 강물 또는 바닷물에 들어가 몸을 담그고 씻거나 노는 일. ◆图海水浴，野浴。¶미역을 감다. =野浴。

미역국 【명사】 미역을 넣어 끓인 국. ◆图裙带菜汤。¶산모에게는 미역국이 최고다. =裙带菜汤最适合产妇喝。

미열(微熱) 【명사】 그다지 높지 않은 몸의 열. ◆图低烧，低热。¶미열이 있다. =有点低烧。

미완성(未完成) 【명사】 아직 덜 됨. ◆图未完成，没做完。¶일이 미완성으로 끝나다. =事情还没做完就结束了。

미용(美容) 【명사】 얼굴이나 머리를 아름답게 매만짐. ◆图美容。¶햇볕에 장시간 노출되는 것은 미용에 해롭다. =长时间暴露在阳光下不利于美容。

미용사(美容師) 【명사】 일정한 자격을 가지고 사람의 머리나 피부 따위를 아름답게 매만지는 일을 직업으로 하는 사람. ◆图美容师。

미움 【명사】 미워하는 일이나 미워하는 마음. ◆图憎恶，厌恶，讨厌，嫌。¶미움을 사다. =惹人嫌。

미워하다 【동사】 밉게 여기거나 밉게 여기는 생각을 직접 행동으로 드러내다. ◆动恨，讨厌，憎恨。¶양명환은 여옥을 미워하거나 원망하고 싶은 감정은 추호도 없었다. =梁命焕没有丝毫憎恨、埋怨丽玉的想法。

미음(米飮) 【명사】 입쌀이나 좁쌀에 물을 충분히 붓고 푹 끓여 체에 걸러 낸 걸쭉한 음식. 흔히 환자나 어린아이들이 먹는다. ◆图糊糊，米汤，稀粥。¶미음을 먹다. =喝稀粥。

미인(美人) 【명사】 아름다운 사람. 주로 얼굴이나 몸매 따위가 아름다운 여자를 이른다. ◆图美人，美女。

미장원(美粧院) 【명사】 파마, 커트, 화장, 그 밖의 미용술을 베풀어 주로 여성의 용모, 두발, 외모 따위를 단정하고 아름답게 해 주는 것을 전문으로 하는 집. ◆图美容院，美发厅。¶그녀는 집에 오는 길에 미장원에 들려 머리를 손질하고 왔다. =她在回家的路上到美发厅做了头发。

미장이 【명사】 건축 공사에서 이나 천장, 바닥 따위에 흙, 회, 시멘트 따위를 바르는 일을 직업으로 하는 사람. ◆图瓦匠 。¶목수는 집을 짓고 미장이는 벽을 바르고 청소부는 청소를 한다. =木匠盖房，瓦匠抹墙，清洁工打扫。

미적지근하다 【형용사】 形 ❶ 더운 기운이 약간 있는 듯하다. ◆温的，不冷不热。¶물이 미적지근하다. =水温乎乎的。❷ 성격이나 행동, 태도 따위가 맺고 끊는 데가 없이 흐리멍덩하다. ◆不痛不痒，不冷不热。¶미적지근한 태도. =不冷不热的态度。

미정(未定) 【명사】 아직 정하지 못함. ◆图未定。¶오늘 행선지는 미정입니다. =今天的目的地未定。

미주알고주알 【부사】 이것저것 모두 속속들이 캐어묻는 모양. ◆副追根究底，刨根问底。¶미주알고주알 캐묻는다. =打破砂锅问到底。

미지(未知) 【명사】 아직 알지 못함. ◆图未知。¶미지의 세계. =未知的世界。

미지근하다 【형용사】 形 ❶ 더운 기운이 조금 있는 듯하다. ◆温热。¶방바닥이 미지근하다. =地板温热。❷ 행동이나 태도가 분명하거나 철저하지 못하다. ◆不冷不热，模棱两可。¶처사가 미지근하다. =处事模棱两可。

미지수(未知數) 【명사】 图 ❶ 방정식에서 구하려고 하는 수. ◆[数学]未知数。❷ 예측할 수 없는 앞일. ◆未知数。¶결과가 어떻게 날지 아직 미지수다. =结果如何还是个未知数。

미진(微塵) 【명사】 아주 작은 티끌이나 먼지. 아주 작고 변변치 못한 물건. ◆图微尘，微不足道的东西。¶그토록 좇아다녔던 권력도 이제는 미진에 불과한 것이었다. =他曾经苦苦追求的权力现在也只不过是微尘而已。

미진하다(未盡--) 【형용사】 아직 다하지 못하다. ◆形未尽，欠缺。¶미진한 느낌. =意犹未尽。

미처 【부사】 아직 거기까지 미치도록. ◆副事前，来不及。¶그가 오기 전에 미처 일을 끝내지 못했다. =在他来之前，工作还来不及干完。

미천하다(微賤--) 【형용사】 신분이나 지위 따위가 하찮고 천하다. ◆形卑贱，低贱。¶그의 신분은 미천하다. =他身份卑贱。

미치광이 【명사】 정신에 이상이 생겨 말과 행동이 보통 사람과 다른 사람을 낮잡아 이르는 말. ◆图疯子，狂人。¶그는 무슨 문제건 한 가지 문제에 부닥뜨리면 그것이 해결이 날 때까지는 거의 미치광이처럼 그 문제에만 매달리는 버릇이 있다. =不管什么问题，只要让他遇到了，他就会像疯子一样埋头钻研，一直到解决为止。

미치다[1] 【동사】 动 ❶ 정신에 이상이 생겨 보통 사람과 다른 말과 행동을 하다. ◆发疯，发狂。¶그는 심리적 갈등과 충격으로 미치다. =在内心的矛盾和打击之下，他发疯了。❷ (낮잡는 말로) 일반적이지 않은 말이나 행동을 하다. ◆发神经。❸ 어떤 상태가 너무 심해서 정신이 없어질 정도로 괴로워하다. ◆瞎胡闹，胡言乱语。¶만취해서 미쳐 날뛰다. =因为喝得烂醉，所以就耍酒疯瞎胡闹。❹ 지나칠 정도로 심하게 빠지다. ◆迷，着魔，沉溺。¶그녀가 노래에 미친 것은 작년부터였다. =她是从去年开始迷

上唱歌的。

미치다[2] 【동사】 动 ❶ 공간적 거리나 수준 따위가 일정한 선에 닿다. ◆ (距离) 到，到达。(水平)比得上。¶그는 내 손이 미치지 않는 곳에 서 있었다. =他站在我够不到的地方。❷ 영향이나 작용 따위가 대상에 가하여지다. 또는 그것을 가하다. ◆ 波及，影响，连累。¶의학계에서는 스포츠가 건강 및 인체에 미치는 영향에 대한 의학적 소견을 발표하였다. =医学界发表了关于运动对健康和人体所产生影响的医学看法。

미터(meter) 【의존 명사】 미터법에 의한 길이의 단위. ◆ 依名米，公尺。¶내 키는 1미터 80센티이다. =我的身高是1米8。

미터기(meter器) 【명사】 名 ❶ 전기, 수도, 가스 따위의 소비량을 자동으로 표시하는 계기. ◆ 计量器，表。¶이번 달 전기요금을 보기 위해 미터기를 보았다. =查电表来看本月的电费。❷ 택시에 부착하여 운행 요금과 거리, 시간 따위를 표시하는 계기. ◆ 计价器。

미투리 【명사】 예전에 삼의 껍질로 엮어 만든 신. 흔히 날을 여섯 개로 한다. ◆ 名麻鞋。¶상투 없는 맨머리에 중치막 입고, 미투리 신은 이 사내는 먼 길이라도 걸어온 듯 지친 얼굴에 아랫도리가 먼지로 부옇게 덮여 있다. =这个男人头上没有扎发髻，身着长袍，脚上穿着麻鞋，好像走了很长的路，脸上露出疲惫的神情，裤子上落满了灰尘。

미팅(meeting) 【명사】 주로 학생들이 사용하는 말로, 남녀 학생들이 사교를 목적으로 집단으로 가지는 모임. ◆ 名集会，聚会。

미풍(微風) 【명사】 약하게 부는 바람. ◆ 名微风，轻风。¶미풍이 불다. =微风吹拂。

미풍양속(美風良俗) 【명사】 아름답고 좋은 풍속이나 기풍. ◆ 名良好风俗。¶미풍양속을 해치다. =伤风败俗。

미행(尾行) 【명사】 다른 사람의 행동을 감시하거나 증거를 잡기 위하여 그 사람 몰래 뒤를 밟음. ◆ 名盯梢，跟踪。¶형사의 미행을 받다. =被刑警盯梢。● 미행하다(尾行--) ●

미혹(迷惑) 【명사】 무엇에 홀려 정신을 차리지 못함. ◆ 名迷，迷惑。¶재물에 미혹하다. =被财物所迷惑。● 미혹되다(迷惑--), 미혹하다(迷惑--) ●

미혼(未婚) 【명사】 아직 결혼하지 않음. 또는 그런 사람. ◆ 名未婚。

미화(美化) 【명사】 아름답게 꾸밈. ◆ 名美化，点缀，粉饰。¶환경 미화. =美化环境。● 미화되다(美化--), 미화하다(美化--) ●

미화원(美化員) 【명사】 차도, 인도 따위의 거리나 공공건물, 학교, 병원, 사무실, 아파트 따위를 청소하는 사람. ◆ 名清洁工，保洁员。¶환경 미화원. =环保工人。

미흡하다(未洽--) 【형용사】 아직 흡족하지 못하거나 만족스럽지 아니하다. ◆ 形欠妥，不周，不满意。¶사전 조치가 미흡하다. =事前措施不完善。

믹서(mixer) 【명사】 과실, 곡물, 야채 따위를 갈거나 이겨 가루 또는 즙을 내는 기계. ◆ 名榨汁机。¶딸기를 믹서로 갈아 주스를 만들어 먹다. =用榨汁机把草莓榨成汁来喝。

민-[1] 【접사】 前缀 ❶ '꾸미거나 딸린 것이 없는'의 뜻을 더하는 접두사. ◆ (表示没有附加任何东西的意思) 无，淡。¶민물. =淡水。❷ '그것이 없음' 또는 '그것이 없는 것'의 뜻을 더하는 접두사. ◆ 光，秃。¶민머리. =光头。

-민(民)[2] 【접사】 '사람', '백성' 또는 '민족'의 뜻을 더하는 접미사. ◆ 后缀，民。¶실향(失乡)민. =失乡人。

민가(民家) 【명사】 일반 백성들이 사는 집. ◆ 名民房，民居，民宅。¶비무장 지대에는 민가가 없다. =非武装地带没有民宅。

민간(民間) 【명사】 名 ❶ 일반 백성들 사이. ◆ 草野，民间。¶민요는 민간에 전승되는 노래다. =民谣是民间传承下来的歌曲。❷ 관청이나 정부 기관에 속하지 않음. ◆ 私人，民。¶민간 기업. =民营企业。

민간 신앙(民間信仰) 【명사】 예로부터 민간에서 전하여 내려오는 신앙. ◆ 名民间信仰。¶아직도 인간 내면에는 자신만의 민간신앙이 자리잡고 있다. =至今在人类的内心仍然存在着各自独特的民间信仰。

민간요법(民間療法) 【명사】 민간에서 예로부터 전하여 내려오는 치료법. ◆ 名民间疗法。¶어떤시골에서는 벌에 쏘이면 민간요법으로 쏘인 부분에 된장을 바르기도 한다. =在有些农村地区如果被黄蜂蜇了，也会使用往被蜇的部位涂大酱的民间疗法。

민간인(民間人) 【명사】 관리나 군인이 아닌 일반 사람. 흔히 보통 사람을 군인에 상대하여 이르는 말이다. ◆ 名平民百姓。¶영내에 민간인 출입을 통제한다. =在营区内控制平民百姓出入。

민감하다(敏感--) 【동사】 자극에 빠르게 반응을 보이거나 쉽게 영향을 받는 데가 있다. ◆ 动敏感。¶민감한 반응을 보이다. =出现敏感反应。

민담(民譚) 【명사】 예로부터 민간에 전하여 내려오는 이야기. ◆ 名民间故事，民间传说。¶우리나라에는 많은 민담들이 전해 내려오고 있다. =韩国流传下来很多民间传说。

민둥산(--山) 【명사】 나무가 없는 산. ◆ 名光秃秃的山。¶민둥산이 울창하게 변했다. =光秃秃的山变得郁郁葱葱了。

민들레 【명사】 국화과의 여러해살이풀. 원줄기는 없고 이른 봄에 뿌리에서 깃 모양으로 깊이 갈라진 잎이 배게 난다. 씨는 수과(瘦果)로 흰 깃털이 있어 바람에 날려 멀리 퍼진다. ◆ 名蒲公英。¶도시의 한복판 블록의 틈새에도 샛노란 민들레가 얼굴을 삐죽 내밀고 있었다. =在城市中心圈的空地上，黄灿灿的蒲公英微露着脸。

민망하다(憫惘--) 【형용사】 답답하고 딱해 걱정스럽다. ◆ 形难为情，不好意思。¶보기에 민망하다. =看起来难为情。

민물 【명사】 강이나 호수처럼 염분이 없는 물. ◆ 名淡水。

민물고기 【명사】 민물에서 사는 물고기. ◆ 名淡水

鱼。¶아침나절에 민물고기를 잡아 매운탕을 해 먹었다. =早上的时候抓了淡水鱼，做辣汤了喝。

민박(民泊)【명사】여행할 때에 전문 숙박업소에서 묵지 않고 일반 가정집에서 묵음. 또는 그런 집. ◆名民宿。¶우리는 휴가기간 동안 민박했다. =我们在休假期间去住民宿了。● 민박하다(民泊--) ●

민사 소송(民事訴訟)【명사】사법(司法) 기관이 개인의 요구에 따라 사법적(私法的)인 권리관계의 다툼을 해결하고 조정하기 위하여 행하는 재판 절차. ◆名民事诉讼。¶재산 다툼으로 민사소송을 제기하다. =因为财产纠纷而提起民事诉讼。

민사 재판(民事裁判)【명사】민사 사건에 대하여 민사 소송법에 의거하여 법원에서 행하는 재판. ◆名民事审判。¶이혼문제로 민사재판이 열리다. =对离婚问题进行民事审判。

민속(民俗)【명사】민간 생활과 결부된 신앙, 습관, 풍속, 전설, 기술, 전승 문화 따위를 통틀어 이르는 말. ◆名民俗。¶민속을 연구하다. =研究民俗。

민속놀이(民俗--)【명사】민간에 전하여 내려오는 놀이. 각 지방의 생활과 풍속이 잘 나타나 있다. ◆名民俗游戏。¶추석이면 많은 민속놀이가 열린다. =中秋节的时候会进行很多民俗游戏。

민속촌(民俗村)【명사】名 ❶ 고유한 민속을 간직하고 있는 마을. ◆传统民俗村落。❷ 전통 민속을 보존하고 전시할 목적으로 민속자료가 될 만한 것을 모아 인위적으로 만든 마을. ◆民俗村(以展示为目的)。¶용인민속촌. =龙仁民俗村。

민심(民心)【명사】백성의 마음. ◆名民心，民意。¶민심이 동요하다. =民心动摇。

민영(民營)【명사】민간인이 하는 경영. ◆名民营，民办。¶민영 철도. =民营铁路。

민완(敏腕)【명사】재빠른 팔이라는 뜻으로, 일을 재치 있고 빠르게 처리하는 솜씨를 이르는 말. ◆名敏捷，干练。¶민완 형사. =干练的刑警。

민요(民謠)【명사】오래전부터 사람들의 입에서 입으로 전해 내려와 누가 언제 처음 만들었는지 알 수 없으며 민중들의 사상과 생활을 담고 있는 노래. ◆名民谣，民歌。¶각 지방마다 그 지방을 대표하는 민요가 있다. =每个地方都有代表性民谣。

민원(民願)【명사】주민이 행정 기관에 대하여 원하는 바를 요구하는 일. ◆名信访。¶민원 창구. =信访窗口。

민원실(民願室)【명사】관공서에서 민원 사무를 처리하는 부서. ◆名信访室，信访处。¶우리는 민원을 접수하기 위해 민원실에서 여러 시간을 기다렸다. =我们为了接纳民意，在信访室里等了很长时间。

민의(民意)【명사】국민의 뜻. ◆名民意。¶민의를 대변하다. =代言民意。

민자(民資)【명사】'민간 투자(민간이나 사기업이 하는 투자)'를 줄여 이르는 말. ◆名 민간투자(民間投資)的略语。¶민자를 유치하다. =吸引民间资本。

민정(民情)【명사】국민의 사정과 생활 형편. ◆名民情。¶민정을 시찰하다. =体察民情。

민족(民族)【명사】일정한 지역에서 오랜 세월 동안 공동생활을 하면서 언어와 문화상의 공통성에 기초하여 역사적으로 형성된 사회 집단. ◆名民族。

민족주의(民族主義)【명사】민족의 독립과 통일을 가장 중시하는 사상. ◆名民族主义。

민주(民主)【명사】名 ❶ 주권이 국민에게 있음. ◆民主。❷ 주권이 국민에게 있고 국민을 위한 정치를 지향하는 사상. ◆民主主义。

민중(民衆)【명사】국가나 사회를 구성하는 일반 국민. 피지배 계급으로서의 일반 대중을 이른다. ◆名民众，平民，老百姓。¶민중의 힘. =民众的力量。

민첩하다(敏捷--)【형용사】재빠르고 날쌔다. ◆形敏捷，灵活。¶민첩한 동작. =敏捷的动作。

민폐(民弊)【명사】민간에 끼치는 폐해. ◆名民间疾苦。¶민폐를 끼치다. =增加老百姓的负担。

민화(民畫)【명사】예전에, 실용을 목적으로 무명인이 그렸던 그림. 산수, 화조 따위의 정통 회화를 모방한 것으로 소박하고 파격적이며 익살스러운 것이 특징이다. ◆名韩国传统民画。

민활하다(敏活--)【형용사】날쌔고 활발하다. ◆形灵活，灵敏，敏捷。¶민활한 수완. =灵活的手腕。

믿다【동사】动 ❶ 어떤 사실이나 말을 꼭 그렇게 될 것이라고 생각하거나 그렇다고 여기다. ◆相信，信任。¶나는 아내에게 간밤에 겪은 일을 얘기할까 하다가 믿을 것 같지 않아 미루어 두기로 했다. =我本打算和妻子谈一下昨晚经历的事情，但她好像不信，所以就等以后再说了。❷ 어떤 사람이나 대상에 의지하며 그것이 기대를 저버리지 않을 것이라고 여기다. ◆依靠，指望。¶믿고 대권을 맡길 사람이 누구인가 심사숙고해야 한다. =对于谁才是值得依靠、能够托付大权的人，应该深思熟虑后再做决定。❸ 절대자나 종교적 이념 따위를 받들고 따르다. ◆信仰，信奉。

믿음【명사】名 어떤 사실이나 사람을 믿는 마음. ◆信任，信赖。¶믿음을 저버리다. =背信弃义。

믿음직스럽다【형용사】믿음직한 데가 있다. ◆形可靠，可信赖的。¶그의 단호한 태도가 믿음직스럽다. =他的态度很坚决，所以值得信赖。

믿음직하다【형용사】매우 믿을 만하다. ◆形可靠，靠得住，可信赖的。¶보기에 믿음직하다. =看样子靠得住。

밀【명사】볏과의 한해살이풀 또는 두해살이풀. 밀가루나 빵, 과자, 국수 등의 원료가 되는 곡식. 잎이 가늘고 길며, 5월에 피고 6월에 이삭 모양의 열매가 익는다. ◆名小麦。

밀가루【명사】밀을 빻아 만든 가루. ◆名面粉。¶밀가루 반죽을 하다. =和面。

밀감(蜜柑)【명사】귤나무의 열매. ◆名柑橘。

밀고(密告)【명사】남몰래 넌지시 일러바침. ◆名告密，告发。¶스트라이크 모의를 밀고하다. =告发罢工的预谋。● 밀고하다(密告--) ●

밀기울【명사】밀을 빻아 체로 가루를 내리고 남은 찌꺼기. ◆名麸子，麦麸。¶마당에 돌을 둥그렇게 쌓아 화덕을 만들고 오지 그릇에다 밀기울로 죽을 쑤었다. =在院子里面用石头垒成灶台，把麦麸放在陶

制容器里面熬粥。

밀다【동사】动 ❶ 무엇을 움직이기 위해 원하는 방향의 반대쪽에서 힘을 가하다. ◆ 推。¶수레를 뒤에서 밀다. =在后边推车。❷ 바닥이나 겉 부분의 지저분한 것을 문질러서 깎거나 닦아 내다. ◆ 刨，擦，搓，刮。¶수염을 밀다. =刮胡子。❸ 허물어 옮기거나 깎아서 없애다. ◆ 推。¶불도저로 야산을 밀다. =用推土车推小山岗。❹ 뒤에서 보살피고 도와주다. ◆ 支持。¶아무래도 누군가 그를 밀고 있다. =好像有人支持他。❺ 바닥이 평평해지도록 도구를 누르면서 문지르다. ◆ 压，熨，轧。¶롤러로 운동장을 밀다. =用碌子压操场。❻ 눌러서 얇게 펴다. ◆ 压，擀。¶이것은 밀가루 반죽을 얇게 밀어 속을 싸 만든 만두이다. =这是将面团擀薄，里面包上馅的饺子。❼ 등사기로 인쇄하다. ◆ 印，推着印。¶등사기로 시험지를 밀다. =用油印机印考卷。❽ 무엇이 특정한 지위를 차지하도록 내세우거나 지지하다. ◆ 推荐，推举。¶그를 반장으로 밀었다. =推荐他当班长。● 밀리다 ●

밀담(密談)【명사】남몰래 이야기함. 또는 그렇게 하는 이야기. ◆ 名密谈，密商。¶밀담을 나누다. =进行密谈。

밀도(密度)【명사】名 ❶ 어떤 물질의 단위 부피만큼의 질량. ◆ 密度。❷ 내용이 얼마나 충실한가의 정도. ◆ 充实度，精确度。¶밀도 높은 이야기. =充实的故事。❸ 빽빽이 들어선 정도. ◆ 密度。¶인구 밀도가 높다. =人口密度高。

밀랍(蜜蠟)【명사】꿀벌이 벌집을 만들기 위하여 분비하는 물질. ◆ 名蜡。

밀려가다【동사】❶ 미는 힘에 밀려서 가다. ◆ 动挤出去。¶우르르 밀려가다. =一窝蜂似地挤出去。❷ 어떤 자리에서 몰리거나 쫓겨나다. ◆ 退居，被挤出，被赶出去。¶길옆으로 밀려나다. =被挤到路边。❸ 어떤 추상적인 힘이나 세력에 의하여 몰리거나 떠밀리다. ◆ 挤掉，排挤出去。¶전통적인 가치는 새로운풍조에 밀려나게 되었다. =传统的价值观被新思潮排挤掉了。

밀려들다【동사】한꺼번에 여럿이 몰려들다. ◆ 动涌过来，侵袭。¶외로움이 온몸에 밀려들었다. =孤独侵袭全身。

밀려오다【동사】动 ❶ 미는 힘에 밀려서 오다. ◆ 涌来，冲过来。¶먼 바다에서 이랑진 물결들이 밀려오고 있었다. =潮水从大海深处一层层地涌过来。❷ 한꺼번에 여럿이 몰려서 오다. ◆ 拥来。¶수없이 밀려오고 밀려가는 차량들의 불빛이 보인다. =看到了川流不息的车辆的灯光。❸ 어떤 세력이나 현상이 막기 어려울 만큼 거센 힘으로 들어오거나 다가오다. ◆ 涌过来。

밀렵꾼(密獵-)【명사】허가를 받지 않고 몰래 사냥하는 사람. ◆ 名偷猎者。¶경찰들은 밀렵꾼을 잡기 위해 깊은 산 속으로 잠입해 들어갔다. =为了抓住偷猎者，警察们潜伏在深山之中。

밀리그램(milligram)【의존 명사】미터법에 의한 무게의 단위. ◆ 依名毫克。¶10밀리그램. =10毫克。

밀리다【동사】动 ❶ 처리하지 못한 일이나 물건이 쌓이다. ◆ 堆积，积压。¶그녀는 일요일에 밀린 빨래를 한꺼번에 해치웠다. =星期天她把积压的衣物全洗完了。❷ 어떤 이유로 뒤처지게 되다. ◆ 堵车，被推迟。¶차가 밀려 고속도로로 진입하는 데에 시간이 좀 걸렸다. =因为堵车，所以上高速路还需要些时间。

밀리리터(milliliter)【의존 명사】미터법에 의한 부피의 단위. ◆ 依名毫升。

밀리미터(millimeter)【의존 명사】미터법에 의한 길이의 단위. ◆ 依名毫米。

밀림(密林)【명사】큰 나무들이 빽빽하게 들어선 깊은 숲. ◆ 名密林。¶울창한 밀림. =郁郁葱葱的密林。

밀매(密賣)【명사】거래가 금지된 물품을 몰래 팖. ◆ 名走私，非法出售。¶마약을 밀매하다. =走私毒品。● 밀매되다(密賣--), 밀매하다(密賣--) ●

밀무역(密貿易)【명사】법을 어기고 몰래 무역함. 또는 그런 무역. ◆ 名走私，非法交易。

밀물【명사】조수의 간만으로 해면이 상승하는 현상. 간조에서 만조까지를 이르며 하루에 두 차례씩 밀려 들어온다. ◆ 名涨潮，潮水。¶밀물이 들다. =涨潮。

밀반입(密搬入)【명사】물건 따위를 몰래 들여옴. ◆ 名偷运，私运。● 밀반입되다(密搬入--), 밀반입하다(密搬入--) ●

밀봉(密封)【명사】단단히 붙여 꼭 봉함. ◆ 名蜡封，密封。● 밀봉되다(密封--), 밀봉하다(密封--) ●

밀서(密書)【명사】몰래 보내는 편지나 문서. ◆ 名密信，密函。¶국왕의 밀서를 간직한다. =珍藏着国王的密函。

밀수(密輸)【명사】세관을 거치지 아니하고 몰래 물건을 사들여 오거나 내다 팖. ◆ 名盗运，走私。¶마약 밀수를 시도하다 경찰에 잡혔다. =图谋走私毒品，结果被警方抓获。● 밀수하다(密輸--) ●

밀실(密室)【명사】남이 함부로 출입하지 못하게 하여 비밀로 쓰는 방. ◆ 名密室。¶밀실에 감금하다. =囚禁在密室。

밀알【명사】名 ❶ 밀의 낟알. ◆ 麦粒。❷ 어떤 일에 작은 밑거름이 되는 것을 비유적으로 이르는 말. ◆ 基础，底子。¶그녀는 이번의 봉사 활동이 작은 밀알이 되어 큰 성과를 얻기를 바란다고 소감을 밝혔다. =她表示，希望此次志愿活动能够起到抛砖引玉的作用。

밀약(密約)【명사】남몰래 약속함. 또는 그렇게 한 약속. ◆ 名密约，暗定。¶밀약을 맺다. =签订密约。

밀어(密語)【명사】남녀 사이의 달콤하고 정다운 이야기. ◆ 名情话，甜言蜜语。¶사랑의 밀어를 나누다. =说情话。

밀어내다【동사】힘이나 압력을 가하여 물러나게 하다. ◆ 动挤走，排挤掉，推开。¶사장을 밀어내고 그 자리를 차지하다. =把老板排挤掉，取而代之。

밀어닥치다【동사】여럿이 한꺼번에 닥치다. ◆ 动涌进来，挤进来。¶채권자들이 밀어닥치는 바람에 업무가 마비되었다. =债权人涌进来，工作陷入瘫痪。

밀어뜨리다【동사】힘껏 밀치거나 떠밀어 있던 자리에서 움직이게 하다. ◆ 动推，推倒。¶그를 벼랑으로 밀어뜨리다. =把他推下悬崖。

밀어붙이다【동사】动 ❶ 한쪽으로 세게 밀다. ◆ 用力推开，用力推到一边。¶그들은 힘을 다해 경비원을 밀어붙이고 건물을 향해 뛰었다. =他们拼命推开警卫人员，向大楼跑去。❷ 여유를 주지 아니하고 계속 몰아붙이다. ◆ 固执地推进。¶그는 소신 있게 일을 해 나가고 끝까지 밀어붙이는 데 저력을 과시했다. =他满怀信心地开展工作，并且顽强地坚持到底，这就显示了他的潜力。

밀어젖히다【동사】动 ❶ 밀문을 힘껏 밀어서 열다. ◆ 推开，拨开。¶그는 사립문을 와락 밀어젖히고 들어섰다. =他呼啦一下把柴门推开，走了进来。❷ 사람이나 물건 따위를 힘껏 밀어 한쪽으로 기울어지게 하다. ◆ 推翻，推开。¶여럿이 힘을 합쳐 바위를 밀어젖혔다. =众人齐心协力把岩石推翻了。

밀어주다【동사】动 ❶ 적극적으로 도와주다. ◆ 积极支持。¶밀어주겠다며 돈을 요구하다. =明明说大力支持，还要钱。❷ 특정한 지위를 차지하도록 내세워 지지하다. ◆ 推举，推选。¶우리는 선배를 동문회장으로 밀어주었다. =我们推举师兄当同门会长。

밀접하다(密接--)【형용사】썩 가깝게 맞닿아 있다. ◆ 形紧密相连，密切。

밀정(密偵)【명사】남몰래 사정을 살핌. 또는 그런 사람. ◆ 图密探，暗探。¶밀정을 잠입시키다. =派密探潜入。

밀집(密集)【명사】빈틈없이 빽빽하게 모임. ◆ 图密集，集结。¶밀집 대형. =密集队形。● 밀집되다(密集--), 밀집하다(密集--) ●

밀짚【명사】밀알을 떨고 난 밀의 줄기. ◆ 图麦秸。¶밀짚으로 이엉을 엮다. =用麦秸编草苫子。

밀짚모자(--帽子)【명사】밀짚이나 보릿짚으로 만들어 여름에 쓰는 모자. 위가 높고 둥글며 양태가 크다. ◆ 图草帽。¶뙤약볕 아래에서 밀짚모자를 쓴 농부가 밭일을 하고 있다. =在烈日下，农夫戴着草帽干农活。

밀착(密着)【명사】图 ❶ 빈틈없이 단단히 붙음. ◆ 贴紧，贴近。¶밀착 취재. =贴近取材。❷ 서로의 관계가 매우 가깝게 됨. ◆ (关系)密切，紧密。● 밀착되다(密着--), 밀착하다(密着--) ●

밀착시키다(密着---)【동사】动 ❶ 어떠한 물건을 다른 물건에 꼭 달라붙어 있게 하다. ◆ (让)……紧贴，(让)……贴近，(让)……靠近。¶세면대 바닥에 손바닥을 밀착시키고 손가락을 하나씩 움직여 보았다. =把手紧贴在洗漱台的底部，一个一个地移动手指。❷ 어떠한 사실을 다른 사실에 가깝게 하다. ◆ 使……密切，使……紧密，使……紧贴。¶대학의 과학 기술 교육을 국가 산업화와 관련한 직업관과 분리시키고 이를 오직 심오한 진리 탐구에만 밀착시키려는 이론에 종종 접하게 됩니다. =经常接触到这样的理论：把学院派的科学技术教育与国家产业化相关职业观相分离，使之仍然与探寻深奥的真理密切相关。

밀치다【동사】힘껏 밀다. ◆ 动用力推，使劲推。¶대문을 밀치다. =使劲推大门。

밀크(milk)【명사】图 ❶ 우유. ◆ 牛奶。¶영국의 음식을 얘기하면서 밀크를 탄 차를 빼놓을 수는 없다. =提起英国的饮食就不能不提到加牛奶的茶。❷ 연유(煉乳). ◆ 炼乳。

밀폐(密閉)【명사】샐 틈이 없이 꼭 막거나 닫음. ◆ 图密闭，密封。¶밀폐 공간. =密闭空间。● 밀폐되다(密閉--), 밀폐하다(密閉--) ●

밀항(密航)【명사】법적인 정식 절차를 밟지 않거나 운임을 내지 않고 배나 비행기로 몰래 외국에 나감. ◆ 图私航，偷渡。● 밀항하다(密航--) ●

밀회(密會)【명사】남몰래 모이거나 만남. ◆ 图密会，幽会，私会。¶한밤중의 밀회. =午夜私会。● 밀회하다(密會--) ●

밉다【형용사】形 ❶ 모양, 생김새, 행동거지 따위가 마음에 들지 않거나 눈에 거슬리는 느낌이 있다. ◆ 讨厌，厌恶。¶나는 세상에서 거짓말하는 사람이 가장 밉다. =我最讨厌说谎的人。❷ 모양, 생김새, 행동거지 따위가 마음에 들지 않거나 눈에 거슬리는 성질이 있다. ◆ 丑，丑陋，难看，不好看。¶밉지도 곱지도 않은 얼굴. =不难看也不漂亮的脸。

밉살스럽다【형용사】보기에 말이나 행동이 남에게 몹시 미움을 받을 만한 데가 있다. ◆ 形讨厌，厌恶。¶나는 그가 젠체하며 거드름 피우는 꼴이 밉살스러웠다. =我讨厌他自命不凡、趾高气扬的样子。

밉상(-相)【명사】미운 얼굴이나 행동. 또는 미운 짓을 하거나 밉게 생긴 사람. ◆ 图寒碜，丑恶，难看。¶얼굴이 그렇게 밉상은 아니다. =脸不是那么难看。

밋밋하다【형용사】形 ❶ 경사나 굴곡이 심하지 않고 평평하고 비스듬하다. ◆ 平缓，平坦。❷ 생긴 모양 따위가 두드러진 특징이 없이 평범하다. ◆ 相貌平平。

밍크(mink)【명사】족제비와 비슷하게 생겼으며 털가죽을 고급 외투용으로 쓰는 갈색 동물. ◆ 图水貂。¶밍크 코트를 입다. =穿貂皮大衣。

및【부사】'그리고', '그밖에', '또'의 뜻으로, 문장에서 같은 종류의 성분을 연결할 때 쓰는 말. ◆ 副及，以及。¶원서 교부 및 접수처. =申请书交付及接收处。

밑【명사】图 ❶ 사물의 아래쪽. ◆ 底下，下面，下边。¶책상밑. =书桌下面。❷ 나이, 정도, 지위 등이 적거나 낮음. ◆ (年纪)小，(程度、地位)低，下级，手下。¶나는 형보다 세 살 밑이다. =我比哥哥小3岁。❸ 일의 기초나 바탕. ◆ 基础，底子。❹ (속된 말로) 항문이나 여자의 음부. ◆ 屁股，肛门；阴部。

밑거름【명사】图 ❶ 어떤 일을 이루는 데 기초가 되는 요인. ◆ 基础，底气，底子。¶조국 발전의 밑거름이 되다. =成为祖国发展的基础。❷ 씨를 뿌리거나 모종하기 전에 주는 거름. ◆ 基肥，底肥。¶밑거름을 주다. =施底肥。

밑그림【명사】图 ❶ 만화 등의 상업용 미술에서 소유권이나 캐릭터가 없는 단순한 그림. ◆ 画稿，图稿。¶한국의 만화 수출은 밑그림만 그려 주는 형태이다. =韩国漫画出口处于只画图稿的状态。❷ 수를 놓기 위해 종이나 헝겊에 그린 그림. ◆ 绣花底样。¶밑그림 대로 수를 놓다. =照着底样绣。❸ 나중에 자세하게 그리기 위해 시험적으로 대충 그린 그림. ◆ 画稿，底样。¶콩테로 밑그림를 그리다. =用孔特蜡笔画底样。

밑돌다【동사】어떤 기준이 되는 수량에 미치지 못하다. ◆ 动下滑，达不到。¶올해 쌀 수확량이 평년작에 밑돌았다. =今年大米的收成达不到一般年景。

밑동【명사】나무줄기에서 뿌리에 가까운 부분. ◆ 名根部，底部。¶태풍에 나무 밑동까지 뽑혔다. =台风把树连根拔起。

밑둥치【명사】큰 나무의 맨 아랫부분. ◆ 名(大树的)根部。¶윗대가리는 암자의 기둥으로 쓰고, 밑둥치는 바둑판 다섯 벌을 만들 수 있는 재목이었다. =上部能做小庙的梁柱，根部能做五副围棋盘的木材。

밑면(-面)【명사】물건의 아래쪽을 이루는 겉면. ◆ 名底。

밑바닥【명사】名 ❶ 어떤 것의 바닥 또는 아래가 되는 부분. ◆ 底部，底。¶돌그릇은 손을 댈 수 없게 뜨거웠고, 밑바닥의 밥이 눌어붙는 소리가 들려왔다. =石碗烫得拿都拿不住，饭糊在碗底的声音响了起来。❷ (비유적으로) 어떤 사건이나 현상의 근본. ◆ 根本，基础，底子。❸ (비유적으로) 아무 것도 없는 상태나 생활 수준의 최하층. ◆ 〈喻〉底层，下层。¶밑바닥인생. =底层生活。

밑바탕【명사】기본이 되는 바탕. ◆ 名根本，基础。¶아내의 내조가 성공의 밑바탕이 되었다. =妻子的帮助是成功的基础。

밑반찬(-飯饌)【명사】만들어서 오래 두고 인제나 손쉽게 내어 먹을 수 있는 반찬. 젓갈, 자반, 장아찌 따위. ◆ 名(可以长期存放，随时取来吃的)家常小菜。¶누나는 콩장도 하고 멸치도 볶아 밑반찬을 마련했다. =姐姐又是做酱拌黄豆，又是炒黑背鳁，准备了一些家常小菜。

밑받침【명사】名 ❶ 밑에 받치는 물건. ◆ 底座(儿)，(底)垫儿，垫子。¶밑받침이 튼튼하지 못하면 붕괴의 위험이 있다. =底座不牢靠就有倒塌的危险。❷ 어떤 일이나 현상의 바탕이나 근거를 비유적으로 이르는 말. ◆ 〈喻〉根本，基础，底子。¶제지술의 발달 또한 출판의 발달에 커다란 밑받침이 되었다. =造纸术的发展也为出版的发展提供了坚实的基础。

밑변(-邊)【명사】名 ❶ 이등변 삼각형에서 등변(等邊)이 아닌 변. ◆ 底边。❷ 사다리꼴에서 평행한 두 변. ◆ 底边。

밑싣개【명사】그네줄의 아래에 두 발을 디디거나 앉을 수 있게 만든 판 같은 물건. ◆ 名秋千板。

밑줄【명사】문장 부호의 하나. 가로로 쓴 글에서, 중요한 부분의 밑에 잇따라 긋는 줄. 글자를 단위로 하나씩 치는 것이 아니라 단어나 문장의 밑에 쭉 이어서 친다. ◆ 名下划线，着重线。¶밑줄을 긋다. =画着重线。

밑지다【동사】들인 밑천이나 제 값어치보다 얻는 것이 적다. 또는 손해를 보다. ◆ 动亏本，赔本。¶밑지고 팔다. =赔本大甩卖。

밑창【명사】名 ❶ 신의 바닥 밑에 붙이는 창. ◆ 鞋底。¶밑창을 갈다. =换鞋底。❷ 맨 밑바닥. ◆ 最底层，最下面。¶화물선 밑창. =货船的最底层。

밑천【명사】어떤 일을 하는 데 바탕이 되는 돈이나 물건, 기술, 재주 따위를 이르는 말. ◆ 名资本，本钱，本金。¶장사 밑천. =生意本钱。

ㅂ【b】

바[1]【의존 명사】依名 ❶ 앞에서 말한 내용 그 자체나 일 따위를 나타내는 말. ◆ 代指前面所说的事物。¶평소에 느낀 바를 말해라. =谈谈平时的感受。❷ 일의 방법이나 방도. ◆ 表示恰当的行为方式或事情。¶어찌할 바를 모르다. =不知如何是好。❸ 앞말이 나타내는 일의 기회나 그리된 형편의 뜻을 나타내는 말. ◆ 表示在前者的情况下还不如或宁愿做后面的事。¶이왕 산 중턱까지 온 바에 꼭대기까지 올라갑시다. =既然已来到山腰，干脆爬到山顶吧。❹ 자기주장을 단언적으로 강조하여 나타내는 말. ◆ 表示强调自己的主张。¶우리는 우리의 굳건한 의지를 내외에 천명하는 바이다. =我们向大家表明我们坚定的决心。

바[2](bar)【명사】图 ❶ 스탠드바. 서양식의 술집. 긴 스탠드 앞에 의자를 늘어놓고 바텐더가 여러 손님을 상대한다. ◆ 西式酒吧。❷ 악보의 세로줄. ◆ 音乐的小节线 。

바가지【명사】图 ❶ 박을 두 쪽으로 쪼개거나 또는 나무나 플라스틱으로 그와 비슷하게 만들어 물을 푸거나 물건을 담는 데 쓰는 그릇. ◆ (把葫芦剖两半做的)瓢。¶바가지로 물을 뜨다. =用瓢舀水。❷ 액체, 곡물, 가루 등을 바가지에 담아 그 분량을 세는 단위. ◆ 瓢(用作量词)。¶쌀 한 바가지. =一瓢米。❸ 요금이나 물건 값이 실제 가격보다 훨씬 더 비쌈. ◆ 冤枉钱，天价。¶유원지에서 바가지를 쓰다. =在游乐场花冤枉钱。

바겐세일(bargain sale)【명사】기간을 정하여 특별히 정가보다 싸게 파는 일. ◆ 图 大减价，大酬宾，甩卖。¶반액 바겐세일. =半价甩卖。

바구니【명사】图 ❶ 대나 싸리 따위를 쪼개어 둥글게 결어 속이 깊숙하게 만든 그릇. ◆ 篮子。¶바구니를 끼고 시장에 가다. =挎着篮子上市场。❷ 작은 물건을 바구니에 담아 그 분량을 세는 단위. ◆ 篮，筐，篓。¶과일 한 바구니. =一筐水果。

바글거리다【동사】动 ❶ 적은 양의 액체가 넓게 퍼지며 야단스럽게 자꾸 끓거나 솟아오르다. ◆ (少量液体)沸腾，"咕嘟咕嘟"地开。¶주전자의 물이 바글거리며 끓는다. =水壶里的水"咕嘟咕嘟"地开着。❷ 작은 벌레나 짐승 또는 사람 따위가 한곳에 많이 모여 움직이다. ◆ (小虫子、野兽或人群)密密麻麻，熙熙攘攘。¶백화점에 사람들로 바글거리다. =百货商场内人群熙熙攘攘。

바글바글【부사】副 ❶ 적은 양의 액체가 자꾸 넓게 퍼지며 끓거나 솟아오르는 소리. 또는 그 모양. ◆ 咕嘟咕嘟(少量液体沸腾、涌动的样子)。¶찌개가 바글바글 끓는다. =炖菜咕嘟咕嘟地煮着。❷ 작은 벌레나 짐승 또는 사람 따위가 한곳에 많이 모여 자꾸 움직이는 모양. ◆ 挤挤挨挨地，熙熙攘攘地(虫子、野兽或人群拥挤的样子)。¶메뚜기 떼가 논에 바글바글 하다. =水田里，蝗群密密麻麻地挤在一起。● 바글바글하다 ●

바깥【명사】图 ❶ 밖이 되는 곳. ◆ 外面。¶바깥 공기가 차다. =外面空气很凉。❷ 한데. 사방, 상하를 덮거나 가리지 아니한 곳. 곧 집채의 바깥을 이른다. ◆ 室外，户外。¶나는바깥에서 벌벌 떨었더니 감기가 들었다. =我在室外冻得哆哆嗦嗦，结果感冒了。

바깥사돈(--査頓)【명사】딸의 시아버지나 며느리의 친정아버지를 양쪽 사돈집에서 서로 이르거나 부르는 말. ◆ 图亲家公。¶연락도 없이 바깥사돈이 집으로 찾아왔다. =亲家公没打招呼就上门来了。

바깥양반(--兩班)【명사】图 집안의 남자 주인을 높이거나 스스럼없이 이르는 말. ◆ (别人家的)先生，丈夫。¶우리는 그 여자가 바깥양반이 있다는 소린 못 들었습니다. =我们没听说过她有丈夫。❷ 아내가 남편을 이르는 말. ◆ (妻子称自己的丈夫)当家的，先生，丈夫。¶바깥양반은 지금 출타 중인데, 누구십니까? =我家当家的出去了，您是哪位?

바깥일【명사】图집 밖에서 일어나는 일. ◆ 外界发生的事，窗外事。¶부부 동반 모임에서 으레 남자들은 따로 모여 앉아 정치, 주식 시세 등 바깥일 돌아가는 얘기로 술안주를 삼았다. =在夫妇共同出席的聚会上，男人们照例单独坐到一边，边喝酒边谈论着政治、股市行情等大事。

바깥쪽【명사】图 ❶ 바깥으로 향하는 쪽. ◆ 外，外面。¶소리가 나서 바깥쪽을 내다보다. =听到有声音，就向外看。❷ 바깥으로 드러난 부분. ◆ 外部，外头。¶건물의 바깥쪽에는 간판이 없었다. =建筑物的外头没有挂招牌。

바깥채【명사】한 집 안에 안팎 두 채 이상의 집이 있을 때, 바깥에 있는 집채. ◆ 图 (里外两进房子中的)外屋。¶대부분의 손님들은 안채보다는 바깥채로 모시는 것이 일반적이었다. =一般来说，大部分客人都被安排住在外屋，而非里屋。

바꾸다【동사】动 ❶ 원래 있던 것을 없애고 다른 것으로 채워 넣거나 대신하게 하다. ◆ 改动，调换，换。¶건전지를 새것으로 바꾸다. =换新电池。❷ 한 언어를 다른 언어로 번역하여 옮기다. ◆ 翻译。¶이 영문을 한글로 바꿔라. =把这句英文翻译成韩文。❸ 자기가 가진 물건을 다른 사람에게 주고 대신 그에 필적할 만한 다른 사람의 물건을 받다. ◆ 换，交换。¶두 사람이 서로 자리를 바꾸어 앉아라. =两个人换位置坐吧。❹ 원래의 내용이나 상태를 다르게 고치다. ◆ 变更，改变。¶계획을 바꾸다. =变更计划。❺ 곡식이나 피륙 따위를 돈을 주고 사다. ◆ 买，扯(粮食、布匹)。●바뀌다 ●

바나나(banana)【명사】图 ❶ 파초과의 상록 여러해살이풀. ◆ 香蕉树。❷ 바나나 열매. ◆ 香蕉。¶아내가 좋아하는 바나나를 사 가지고 집에 갔다. =买了些妻子喜欢吃的香蕉回家。

바느질【명사】바늘에 실을 꿰어 옷 따위를 짓거나 꿰매는 일. ◆ 图 针线活，女红。¶어머니는 바느질

솜씨가 좋다. =妈妈的针线活手艺很好。● 바느질하다 ●

바늘【명사】图 ❶ 옷 따위를 짓거나 꿰매는 데 쓰는, 가늘고 끝이 뾰족한 쇠로 된 물건. ◆ 针，缝衣针。¶어머니는 바늘에 실을 꿰어 수를 놓기 시작했다. =妈妈给针穿上线开始刺绣。❷ 시계나 저울 따위에서 눈금을 가리키는 뾰족한 물건. ◆ (时钟、秤等的)针，指针。¶시계 바늘이 멈췄다. =表针停了。❸ 뜨개질할 때 실을 뜨는, 가늘고 긴 막대. ◆ (织毛衣用的)编织针，棒针。¶실을 잡아당기니 바늘에서 코가 빠졌다. =一拉毛线，针掉了。❹ 주사약을 넣거나 바람을 넣기 위하여 액체나 바람이 속으로 통하게 만든, 끝이 뾰족하고 가는 물건. ◆ (注射、打气用的)针，针头，针管。¶아이는 주사 바늘을 보기만 해도 울었다. =孩子只要看见注射针头就哭。

바늘귀【명사】실을 꿰기 위하여 바늘의 위쪽에 뚫은 구멍. ◆ 图(针上穿线用的)针眼，针孔。¶바늘귀에 실을 꿰다. =往针眼里穿线。

바늘땀【명사】땀. 바느질할 때 실을 꿴 바늘로 한 번 뜸. 또는 그런 자국. ◆ 图针脚，针码。¶바늘땀이 참 고르다. =针脚非常均匀。

바늘방석(--方席)【명사】图 ❶ 예전에, 부녀자들이 바늘을 꽂아 둘 목적으로 헝겊 속에 솜이나 머리카락을 넣어 만든 수공예품. ◆ 针扎子，针包。❷ 앉아 있기에 아주 불안스러운 자리를 비유적으로 이르는 말. ◆ 针毡。¶우리가 저지른 일을 다른 사람이 한 일로 말씀하시니 바늘방석 같았다. =听到把我们闯的祸说成是别人做的，简直如坐针毡。

바다【명사】图 ❶ 지구 위에서 육지를 제외한 부분으로 짠물이 괴어 하나로 이어진 넓고 큰 부분. ◆ 大海。¶여름철 휴가기간에 바다로 피서 가는 사람이 많다. =夏季休假期间，很多人去海边避暑。❷ 썩 너른 넓이로 무엇이 많이 모여 있는 곳. ◆ 海洋(比喻)。¶그의 재치 있는 농담으로 모임은 웃음바다가 되었다. =他那机灵的俏皮话让全场变成了一片欢乐的海洋。

바닥【명사】图 ❶ 평평하게 넓이를 이룬 부분. ◆ 地面，地上。¶짐을 바닥에 놓아라. =把行李放在地上。❷ 물체의 밑부분. ◆ (器皿或鞋的)底，底子。¶구두 바닥. =皮鞋底。❸ 지역이나 장소. ◆ 俚 地段，地区，一带。¶시장 바닥에서 자란 사람. =在市场一带长大的人。❹ 피륙의 짜임새. ◆ (布匹的)质地。¶바닥이 고운 옷감. =质地细密的衣料。❺ 사금광의 감흙층 밑에 깔려 있는 굳은 층. ◆ (沙金矿的含金层底下的)土层，底层。❻ 주가가 매우 많이 내려서 낮은 수준에 있는 상태. ◆ 俚(证券交易中的)底价。¶주가가 오후가 되면서 바닥을 치고 반등하기 시작했다. =下午，股价探底后开始反弹。

바닷가【명사】바닷물과 땅이 서로 닿은 곳이나 그 근처. ◆ 图海边。¶바닷가에서 조개를 줍다. =在海边捡贝壳。

바닷물【명사】바다에 괴어 있는 짠물. ◆ 图海水。¶지난여름을 보냈던 연포 해수욕장의 푸른 바닷물과 솔섬이 눈앞에 어른거렸다. =去年夏天去的恋浦海水浴场那碧蓝的海水和松岛浮现在眼前。

바닷물고기【명사】바다에서 사는 물고기. ◆ 图海鱼，海水鱼。¶바닷물고기를 양식하다. =养殖海鱼。

바닷바람【명사】해풍. 바다에서 육지로 불어오는 바람. ◆ 图海风。¶바닷바람이 차다. =海风很凉。

바동거리다【동사】动 ❶ 덩치가 작은 것이 매달리거나 자빠지거나 주저앉아서 팔다리를 내저으며 자꾸 움직이다. ◆ (拼命地)手脚乱动，四肢乱动。¶아이는 보행기에 앉아서 앞으로 나가려고 다리를 바둥거렸다. =小孩坐在学步车中，小腿乱动，想要往前走。❷ (비유적으로) 힘에 겨운 처지에서 벗어나려고 바득바득 애를 쓰다. ◆ 挣扎，拼命。¶가난에서 벗어나기 위해 바둥거리다. =为摆脱贫困而努力挣扎。● 바동대다 ●

바둑【명사】두 사람이 검은 돌과 흰 돌을 나누어 가지고 바둑판 위에 번갈아 하나씩 두어 가며 승부를 겨루는 놀이. ◆ 图围棋。¶바둑을 두며 시간을 보내다. =下围棋打发时间。

바둑알【명사】바둑을 둘 때에 쓰는 둥글납작한 돌. ◆ 图围棋子。

바둑이【명사】털에 검은 점과 흰 점이 바둑무늬 모양으로 뒤섞여 있는 개. ◆ 图花狗，黑白相间的狗。¶어머니는 늘 강아지를 바둑이라고 부르셨다. =妈妈总是把小狗叫做小花。

바둑판(--板)【명사】바둑을 두는 판. 네모진 나무판 위에 가로세로 각각 열아홉 줄을 그어 생긴 361개의 십자형이 있으며 한 십자형을 한 집이라고 한다. ◆ 图围棋盘，棋盘。¶바둑판에 바둑 부딪는 소리가 들릴 뿐 무더운 한낮은 조용했다. =只听到棋子击棋盘的声音，炎热的中午格外安静。

바득바득【부사】副 ❶ 악지를 부려 자꾸 우기거나 조르는 모양. ◆ 固执地，纠缠不休地。¶ 바득바득 졸라 대다. =纠缠不休。❷ 악착스럽게 애쓰는 모양. ◆ 挣扎，拼命，竭尽全力。¶살려고 바득바득 기를 쓰다. =为活命而苦苦挣扎。

바들바들【부사】몸을 자꾸 작게 바르르 떠는 모양. ◆ 副哆哆嗦嗦，抖个不停。¶그녀는 추위에 몸을 바들바들 떨었다. =她冻得哆哆嗦嗦，抖个不停。

바디【명사】베틀, 가마니틀, 방직기 따위에 딸린 기구의 하나. ◆ 图(织布机等的)杼。

바라다【동사】动 ❶ 생각이나 바람대로 어떤 일이나 상태가 이루어지거나 그렇게 되었으면 하고 생각하다. ◆ 希望，期望，盼望，期待。¶요행을 바라다. =心存侥幸。❷ 원하는 사물을 얻거나 가졌으면 하고 생각하다. ◆ 想得到，贪图(得到某物)。¶돈을 바라고 너를 도운 게 아니다. =我不是贪图钱才帮你的。❸ 어떤 것을 향하여 보다. ◆ 望着，朝着。¶우리는 앞만 바라보며 죽을힘을 다해서 인왕산을 바라고 뛰었다. =我们只顾望着前方，拼命地往仁王山跑。

바라보다【동사】动 ❶ 어떤 대상을 바로 향하여 보다. ◆ 望着，凝视。❷ 어떤 현상이나 사태를 자신의 시각으로 관찰하다. ◆ 观察，注视。¶전체 민족적 시각에서 역사를 바라보다. =从整个民族的视角来观察历史。❸ 실현 가능성이 있다고 생각한 일에 기대나 희망을 가지다. ◆ 盼望，期待。¶그는 사장 자리를 바라보고 열심히 일한다. =他巴望着社长的职位，努力工作。❹ 어떤 나이에 가깝게 다다르다. ◆ (年龄)将近，快要。¶내년이면 회갑을 바라본다. =明年就将近花甲了。❺ 간섭하거나 끼여들지 않고 옆에서 보고만 있다. ◆ 观望，袖手旁观。¶선생님은 학생들의 부정행위를 그저 멍하니 바라보고만 있었다. =老师对学生的作弊行为很茫然，只是保持旁观的态度。❻ 무엇을 어떤 존재나 대상으로 여기거나 생각하다.◆看作，当成，视为。

바락바락【부사】성이 나서 잇따라 기를 쓰거나 소리를 지르는 모양. ◆ 副怒气冲冲地，气急败坏地，气呼呼地。¶바락바락 악을 쓰다. =气急败坏地发威。

바람¹【명사】图 ❶ 기압의 고저에 의하여 일어나는 공기의 움직임. ◆ 风。¶바람에 쓰러진 나무. =被风吹倒的树木。❷ 공이나 튜브 따위와 같이 속이 빈 곳에 넣는 공기. ◆ (球、车胎等空心物体里的)气，空气。¶타이어에서 바람이 샌다. =轮胎漏气。❸ 몰래 다른 이성과 관계를 가짐. ◆ 出轨，有外遇，搞婚外情。¶ 바람을 피우다. =有外遇。❹ 사회적으로 일어나는 일시적인 유행이나 분위기 또는 사상적인 경향. ◆ 风潮，浪潮，潮流。❺ '풍병'(風病)을 속되게 이르는 말. 대체로 뇌일혈로 인해, 전신·반신 또는 신체 국부가 마비되는 병. ◆ 俚中风。¶바람이 들어 반신불수가 되었다. =因中风成了半身不遂。❻ 작은 일을 불려서 크게 말하는 일. ◆ 吹牛，说大话。¶그 친구 어찌나 바람이 센지 믿을 수가 없다. =那兄弟太能吹了，不可信。❼ 남의 비난의 목표가 되거나 어떤 힘의 영향을 잘 받아 불안정한 일. ◆ 成为别人责难的对象或目标。¶가지 많은 나무에 바람 잘 날이 없다. =树大招风。❽ 남을 부추기거나 얼을 빼는 짓. ◆ 怂恿，鼓动，煽动，教唆。❾ 들뜬 마음이나 일어난 생각을 비유적으로 이르는 말. ◆〈喻〉心浮，骚动。❿ 매우 빠름을 이르는 말. ◆ 疾风，像风一样快。¶바람 같이 사라지다. =如风而逝。

바람²【명사】바라는 바. 어떤 일이 이루어지기를 기다리는 간절한 마음. ◆ 图愿望，心愿，希望，期望。¶간절한 바람. =恳切的愿望。

바람³【의존 명사】依名 ❶ 뒷말의 근거나 원인을 나타내는 말. ◆ 由于，因为。¶급히 먹는 바람에 체했다. =吃得太急，积食了。❷ 그 옷차림의 뜻을 나타내는 말. 주로 몸에 차려야 할 것을 차리지 않고 나서는 차림을 이를 때 쓴다. ◆ 光穿着，只穿着(表示衣着不整)。¶속옷 바람으로 나가다. =只穿着内衣就出去了。

바람개비【명사】종이를 여러 갈래로 자르고 끝을 구부려 날개를 만들고 막대에 붙여서 바람을 받으면 돌게 만든 장난감. ◆ 图风车。¶바람개비를 돌리다. =转风车。

바람결【명사】图 ❶ 일정한 방향으로 부는 바람의 움직임. ◆ (向某方向吹的)风。¶바람결에 머리가 날렸다. =头发随风飞舞。❷ 어떤 말을 누구에게랄 것 없이 간접적으로 들었을 때를 이르는 말. ◆ 道听途说，小道消息。¶바람결에 들리는 말. =小道消息。

바람기(--氣)【명사】图 ❶ 바람이 부는 기운. ◆ 风。¶바람기 하나 없는 무더운 날씨. =一丝风都没有的闷热的天气。❷ 이성과 함부로 사귀거나 관계를 맺는 경향이나 태도. ◆ 花心，风流，水性杨花。¶바람기 있는 남자. =花心的男人。

바람나다【동사】한 이성에게 만족하지 아니하고, 몰래 다른 이성과 일시적으로 외도를 하다. ◆ 动出轨，有外遇，搞婚外情。

바람둥이【명사】괜한 장담이나 하며 허황된 짓을 하고 다니는 실없는 사람. ◆ 图爱吹牛的人，爱说大话的人。¶그는 실속 없는 바람둥이에 불과했다. =他只是爱吹牛，没什么真本事。

바람막이【명사】바람을 막는 일. ◆ 图挡风，防风。¶해변의 소나무 숲은 바람막이를 위하여 조성한 것이다. =海边的松树林是为了挡风而培育的。

바람맞다【동사】动 ❶ 상대가 만나기로 한 약속을 지키지 아니하여 헛걸음하다. ◆ 被放鸽子，对方爽约。¶친구한테 바람맞다. =被朋友放鸽子。❷ 풍병에 걸리다. ◆ 中风。

바람잡이【명사】야바위꾼이나 치기배 따위와 짜고, 옆에서 바람을 넣거나 남의 얼을 빼는 구실을 하는 사람. ◆ 图(行骗、行窃中的)托儿，同伙。¶그가 바람잡이인 줄도 모르고 사람들은 그를 따라 물건을 구매했다. =人们都不知道他是托儿，跟着他买了东西。

바람직스럽다【형용사】바람직하다. 바랄 만한 가치가 있다. ◆ 形可取，最好。¶바람직스럽지 못한 행동. =不可取的行为。● 바람직하다 ●

바람직하다【형용사】바랄 만한 가치가 있다. ◆ 形值得期许，可取。¶바람직한 행동. =值得期许的行为。

바랑【명사】승려가 등에 지고 다니는 자루 모양의 큰 주머니. ◆ 图(和尚背的)背囊，褡裢。¶바랑을 등에 지고 있는 모습을 보아 중임을 단번에 알 수 있었다. =从背上背着背囊的身影，一眼就可看出是个和尚。

바래다¹【동사】볕이나 습기를 받아 빛이 변하다. ◆ 动褪色，掉色。¶색이 바래다. =褪色。

바래다²【동사】가는 사람을 일정한 곳까지 배웅하거나 바라보다. ◆ 动送，送行。¶손님을 바래다 드렸다. =送客人。

바래다주다【동사】가는 사람을 일정한 곳까지 배웅해 주다. ◆ 动送，送行。¶친구를 터미널까지 바래다 주다. =把朋友送到车站。

바로¹【부사】副 ❶ 사리나 원리, 원칙, 도리, 법식, 규정, 규격 등에 어긋나지 아니하게. 바르게. 곧게. ◆ 正，端正，正直。¶마음을 바로 가져라. =心眼要正。❷ 거짓이나 꾸밈없이 있는 그대로. 정확히. 틀림없이. ◆ 照直，照实。¶바로 말해라. =照直说。❸ 시간적인 간격을 두지 아니하고 곧. 지금 곧. ◆ 就，立刻，马上。¶지금 바로 가시오. =你这就去吧。❹ 곧장. 중도에서 지체하지 않고. ◆ 直接，径直。¶옆길로 빠지지 말고 집에 바로 가거라. =别去别的地方了，直接回家吧。❺ 시간적·공간적으로 아주 가까이. ◆ 在即，在望。¶우리의 승리가 바로 눈앞에 있다. =我们的胜利就在眼前。❻ 다름이 아니라 곧. ◆ 正好，就是。¶바로 오늘이 내 생일이다. =我的生日就是今天。

바로[2]【감탄사】제식 훈련에서, 본디의 자세로 돌아가라는 구령. 또는 그 구령에 따라 행하는 동작. ◆ 叹 向前看，立正(队列中表示恢复初始姿势的口令)。¶앞으로 나란히! 바로! =向前看齐！立正！

바로미터(barometer)【명사】图 ❶ 사물의 수준이나 상태를 아는 기준이 되는 것. ◆ 晴雨表，标尺，尺度。¶혈압은 건강의 바로미터다. =血压是健康的晴雨表。❷ 기압을 재는 계기. 수은 기압계와 아네로이드 기압계 따위가 있다. ◆ 气压计，气压表。

바로잡다【동사】动 ❶ 굽거나 비뚤어진 것을 곧게 하다. ◆ 纠正，端正，扶正。¶자세를 바로잡다. =纠正姿势。❷ 그릇된 일을 바르게 만들거나 잘못된 것을 올바르게 고치다. ◆ 整顿，整肃，整治(错误的事物)。

바로크(Baroque)<프>【명사】16세기 말부터 18세기 중엽에 걸쳐 유럽에서 유행한 예술 양식. ◆ 图 巴洛克(16世纪末期至18世纪中叶欧洲流行的一种艺术形式)。¶이 건물이 바로크 양식을 대표한다. =这个建筑物是巴洛克样式的代表。

바르다[1]【형용사】形 ❶ 겉으로 보기에 비뚤어지거나 굽은 데가 없다. ◆ 端正，整齐，工整。¶자세가 바르다. =姿势端正。❷ 말이나 행동 따위가 사회적인 규범이나 사리에 어긋나지 아니하고 들어맞다. ◆ 正确，端正，合理。¶바른 말. =正确的话。❸ 사실과 어긋남이 없다. ◆ 如实，照实。¶숨기지 말고 바르게 대답하시오. =不要隐瞒，如实回答。❹ 그늘이 지지 아니하고 햇볕이 잘 들다. ◆ (阳光)直射，正对，正朝。¶양지 바른 언덕. =正朝阳的山岗。

바르다[2]【동사】뼈다귀에 붙은 살을 걷거나 가시 따위를 추려 내다. ◆ 动挑(刺)，剔(骨头)。¶생선가시를 발라 먹다. =挑掉鱼刺吃鱼。

바르다[3]【동사】动 ❶ 풀칠한 종이나 헝겊 따위를 다른 물건의 표면에 고루 붙이다. ◆ 糊，贴。¶벽에 벽지를 바르다. =往墙壁上贴壁纸。❷ 차지게 이긴 흙 따위를 다른 물체의 표면에 고르게 덧붙이다. ◆ 抹，刷，涂(墙壁)。¶경칩일에 흙일을 하면 탈이 없다고 하여 벽을 바르거나 담을 쌓는다. =据说惊蛰这天动土会平平安安，所以会刷墙壁或建墙。❸ 물이나 풀, 약, 화장품 따위를 물체의 표면에 문질러 묻히다. ◆ 涂，抹，敷，刷。¶머리에 기름을 바르다. =往头上抹油。

바르르【부사】副 ❶ 가볍게 조금 떠는 모양. ◆ 哆哆嗦嗦，瑟瑟(发抖的样子)。¶손을 바르르 떨다. =手瑟瑟发抖。❷ 적은 양의 액체가 가볍게 끓어오를 때 나는 소리. 또는 그 모양. ◆ (液体沸腾时)咕嘟咕嘟。¶물이 바르르 끓다. =水咕嘟咕嘟地开着。❸ 대수롭지 않은 일에 발칵 성을 내는 모양. ◆ 突然，一下子(生气)。¶별일도 아닌데 그는 바르르 화를 내며 나가 버렸다. =也不是什么大事，他却突然生气走掉了。

바른길【명사】图 ❶ 굽지 아니하고 곧은 길. ◆ 直路，直道。¶차는 쭉 뻗은 바른길을 시원스럽게 달렸다. =汽车驰骋在笔直的道路上。❷ 정당한 길. 또는 참된 도리. ◆ 正道，正路。¶바른길로 인도하다. =往正道引。

바른대로【부사】사실과 다름없이. ◆ 副照实，如实，坦白地。¶숨김없이 바른대로 말해라. =不要隐瞒，如实说。

바른말【명사】이치에 맞는 말. ◆ 图正确的话，对的话，有道理的话。¶말이야 바른말이지, 누가 그런 말을 믿겠어. =话是没错，可这种话谁信呢。

바른손【명사】오른쪽에 있는 손. ◆ 图右手。¶정답을 아는 학생은 바른손을 들어라. =知道正确答案的学生举右手。

바른쪽【명사】북쪽을 향하였을 때의 동쪽과 같은 쪽. ◆ 图右，右边，右侧。¶저 큰길에서 바른쪽으로 돌면 우리 집이 나온다. =从那边大路上向右拐，就到我家了。

바른편(--便)【명사】북쪽을 향했을 때의 동쪽과 같은 쪽. ◆ 图右，右边，右侧。¶그는 바른편으로 달리기 시작했다. =他开始向右侧跑。

바리톤(baritone)【명사】图 ❶ 남성의 테너와 베이스 사이의 음역. 또는 그 음역의 가수. 또는 그 음역의 가수. ◆ 男中音；男中音歌手。¶그의 음역은 바리톤에 가까웠다. =他的音域接近男中音。❷ 베이스보다 조금 높은 저음의 관악기. 색소폰과 유사하며, 주로 군악대에서 사용한다. ◆ 上低音号。

바바리코트(Burberry coat)【명사】주로 봄과 가을에 입는 코트. 영국의 바바리 회사의 제품 이름에서 유래한다. ◆ 图(春秋季穿的)风衣，外套。¶그는 바바리코트가 잘 어울렸다. =他很适合穿风衣。

바보【명사】图 지능이 부족하여 정상적으로 판단하지 못하는 사람을 낮잡아 이르는 말. ◆ 傻子，傻瓜。● 바보스럽다 ●

바비큐(barbecue)【명사】돼지나 소 따위를 통째로 불에 구운 요리. 또는 그 굽는 틀. ◆ 图整只烧烤(烤全牛，烤全羊，烤全猪等)；(整只烧烤用的)烧烤架。¶정원에서 바비큐 파티를 열다. =在院子里举行烧烤派对。

바쁘다【형용사】形 ❶ 일이 많거나 또는 서둘러서 해야 할 일로 인하여 딴 겨를이 없다. ◆ 忙，忙碌，繁忙。¶눈코 뜰 새 없이 바쁘다. =忙得不可开交。❷ 몹시 급하다. ◆ 急，急促，急忙。¶갈 길이 바쁘다. =急着赶路。❸ 한 가지 일에만 매달려 딴 겨를이 없다. ◆ 忙于，忙着。¶모두 먹고살기에 바빠서 만날 틈이 없다. =所有人都忙于生计，无暇见面。❹ 어떤 행동이 끝나자마자 곧의 뜻을 나타낸다.

◆ 一……就，刚……就。¶삼촌이 밥숟가락 놓기 바쁘게 다시 나갔다. =叔叔刚放下饭碗就又出去了。 ● 바삐 ●

바삭【부사】副 ❶ 가랑잎이나 마른 검불 따위의 잘 마른 물건을 가볍게 밟는 소리. 또는 그 모양. ◆ 沙沙，咯吱咯吱(踩干树叶时发出的声音)。¶낙엽 더미 속에서 다람쥐가 바삭 소리를 냈다. =松鼠在落叶堆中发出沙沙的声音。❷ 단단하고 부스러지기 쉬운 물건을 깨무는 소리. 또는 그 모양. ◆ 咯吱，嘎吧(吃干脆食品时的声音)。

바삭거리다【동사】动 ❶ 가랑잎이나 마른 검불 따위의 잘 마른 물건을 가볍게 밟는 소리가 잇따라 나다. 또는 그런 소리를 잇따라 내다. ◆ 沙沙响，簌簌地响。¶낙엽 밟는 소리가 바삭거리다. =脚踩落叶的声音沙沙直响。❷ 단단하고 부스러지기 쉬운 물건을 깨무는 소리가 잇따라 나다. 또는 그런 소리를 잇따라 내다. ◆ 咯吱咯吱响，脆生生地响。¶과자 부서지는 소리가 바삭거리다. =点心酥脆的声音咯吱咯吱直响。 ● 바삭대다 ●

바삭바삭【부사】副 ❶ 가랑잎이나 마른 검불 따위의 잘 마른 물건을 가볍게 밟는 소리. 또는 그 모양. ◆ 沙沙，唰唰，哗啦啦。❷ 단단하고 부스러지기 쉬운 물건을 깨무는 소리. 또는 그 모양. ◆ 咯嘣咯嘣，酥脆。 ● 바삭바삭하다 ●

바순(bassoon)【명사】오보에보다 두 옥타브 낮은 목관 악기. ◆ 名大管，立笛，巴松管。

바스락【부사】마른 잎이나 검불, 종이 따위를 가볍게 밟거나 뒤적일 때 나는 소리. ◆ 副窸窸窣窣。¶건초더미에서 바스락 소리가 난다. =干草堆中传来窸窣的声音。

바스락거리다【동사】마른 잎이나 검불, 종이 따위를 가볍게 밟거나 뒤적이는 소리가 자꾸 나다. 또는 그런 소리를 자꾸 내다. ◆ 动窸窸窣窣，沙沙作响。¶가을이 되니 가랑잎이 바스락거리는 소리가 들린다. =秋天到了，传来了枯叶沙沙作响的声音。 ● 바스락대다 ●

바스켓(basket)【명사】농구에서, 백보드에 장치된 철로 된 링과 거기에 매달려 있는 그물. ◆ 名(篮球运动中的)球筐。¶슛이 바스켓을 맞고 튀어올랐다. =篮球碰着球筐，弹了上去。

바싹【부사】副 ❶ 물기가 다 말라 버리거나 타들어 가는 모양. ◆ 干巴巴，干枯。¶아버지는 바싹 마른 장작에 불을 붙였다. =爸爸点燃了干燥的松枝。❷ 아주 가까이 달라붙거나 죄는 모양. ◆ 紧靠，紧挨。¶바싹 다가앉다. =紧挨着坐。❸ 갑자기 늘거나 주는 모양. ◆ 一下子，突然(增减的样子)。¶주전자의 끓는 물이 바싹 줄어들다. =壶里沸腾着的水一下子蒸发了很多。❹ 아주 긴장하거나 힘을 주는 모양. ◆ 紧张，高度，用力。¶바싹 정신을 차리다. =高度集中精神。❺ 몸이 매우 마른 모양. ◆ (身体)瘦，干瘦。¶병치레로 바싹 야위다. =由于患病，瘦得干巴巴的。

바싹바싹【부사】副 ❶ 물기가 아주 없어지도록 자꾸 마르거나 타들어 가는 모양. ◆ 干巴巴，干枯。¶초조와 긴장으로 입이 바싹바싹 마른다. =由于焦躁和紧张，口里渴得厉害。❷ 여럿이 다 아주 가까이 달라붙거나 자꾸 죄는 모양. ◆ 紧靠，紧挨。¶바싹바싹 당겨 앉다. =拉过来紧挨着坐。❸ 갑자기 자꾸 앞으로 나아가거나 늘거나 주는 모양. ◆ 突然，一下子。¶국물이 바싹바싹 졸아든다. =汤一下子减少了。❹ 자꾸 몹시 우기는 모양. ◆ 死死，一个劲，硬(坚持)。¶고집을 꺾지 않고 자기가 옳다고 바싹바싹 우긴다. =固执地硬说自己正确。❺ 여럿이 다 아주 가까이 달라붙거나 자꾸 죄는 모양. ◆ 紧挨，紧靠。¶바싹바싹 당겨 앉다. =拉过来紧挨着坐。❻ 몸이 자꾸 매우 마르는 모양. ◆ (身体)瘦，干瘦。¶속앓이로 먹지를 못하니 몸만 바싹바싹 마른다. =由于患肠胃病吃不下东西，身体一天天瘦下去。❼ 무슨 일을 거침새 없이 아주 빨리 마무르는 모양. ◆ 一口气，干脆利落地。¶모두 달려들어서 일을 바싹바싹 해치웁시다. =大家共同努力，干脆利落地把事情做完吧!

바야흐로【부사】이제 한창. 또는 지금 바로. ◆ 副正是，正当，正值。¶때는 바야흐로 만물이 소생하는 봄이다. =正是万物复苏的春季。

바위【명사】名 ❶ 부피가 매우 큰 돌. ◆ 岩石，石。¶그 일은 달걀로 바위 치기다. =那是以卵击石。❷ 가위바위보에서 주먹을 쥐어 내미는 동작. 또는 그런 손. ◆ ("石头剪刀布"游戏中的)拳头。¶바위를 내다. =出拳头。

바위산(--山)【명사】바위로 뒤덮여 풀과 나무가 자라지 못하는 산. ◆ 名岩石山，石头山。¶바위산에는 뱀들이 우글거렸다. =石头山上到处都是爬动的蛇。

바위섬【명사】바위가 많은 섬. 또는 바위로 이루어진 섬. ◆ 名岩岛，石岛。¶대부분의 무인도는 바위섬으로 사람이 살 수 없다. =大部分无人岛都是岩岛，人类无法生存。

바위틈【명사】名 ❶ 바위의 갈라진 틈. ◆ (石头开裂形成的)石缝，岩缝。¶바위틈에서 흘러내린 물들이 고여 옹달샘을 이루고 있었다. =从岩缝里流下的水汇聚成了小泉眼。❷ 바위와 바위의 틈. ◆ (岩石之间的)石缝，岩缝。¶바위틈으로 등산로가 나 있었다. =石缝之间出现一条山路。

바이【부사】아주 전혀. ◆ 副完全，全然。¶우리도 그들의 딱한 처지를 바이 모르는 것은 아니다. =我们也不是完全不知道他们的尴尬处境。

바이러스(virus)【명사】名 ❶ 유행성 감기, 소아마비 등의 감염성 병원체가 되는 아주 작은 미생물. ◆ 病毒。¶에이즈(AIDS) 바이러스. =艾滋病病毒。❷ 컴퓨터를 비정상적으로 작용하게 만드는 프로그램. ◆ 计算机病毒。¶바이러스를 막기 위해 백신 프로그램을 설치했다. =为防止计算机病毒，我们安装了杀毒软件。

바이올린(violin)【명사】가운데가 잘록한 타원형 몸통에 네 줄을 매고 활로 줄을 문질러서 소리를 내는 악기. ◆ 名小提琴。¶바이올린 독주회. =小提琴独奏会。

바이트(byte)【의존 명사】데이터의 양을 나타내는 단위. ◆依名 字节。

바인더(binder)【명사】서류·신문·잡지 따위를 철하여 꽂는 물건. ◆名活页夹。¶바인더에 문서를 보관하다. =把资料保存在活页夹中。

바자(bazaar<페>/bazar<영>)【명사】공공 또는 사회사업의 자금을 모으기 위하여 벌이는 시장. ◆名义卖会。¶불우 이웃 돕기 바자를 열다. =举行帮助困难邻居的义卖会。● 바자회(bazar會) ●

바지【명사】아랫도리에 입는 옷의 하나. 위는 통으로 되고 아래에는 두 다리를 꿰는 가랑이가 있다. ◆名裤子。¶바지를 입는다. =穿裤子。

바지락【명사】부채꼴 모양의 껍데기에 부챗살 같은 줄무늬가 있는 작은 조개. ◆名花蛤。¶바지락을 잡다. =抓花蛤。

바지런하다【형용사】놀지 아니하고 하는 일에 꾸준하다. ◆形勤奋，努力，孜孜不倦。¶그녀는 바지런하다 못해 억척스럽다. =她太努力了，都有点发狠的劲头了。

바지저고리【명사】名 ❶ 바지와 저고리를 아울러 이르는 말. ◆(韩式)衣裤。¶할아버지는 집에 오시면 바지저고리만 입으셨다. =爷爷回了家就只穿传统衣裤。❷ 주견이나 능력이 전혀 없는 사람을 놀림조로 이르는 말. ◆俚草包，饭桶，窝囊废。¶당신은 직함뿐이지 바지저고리에 불과하다. =你也就空有个头衔，只不过是草包一个。

바지춤【명사】입은 바지의 허리 부분을 접어 여민 사이. ◆名裤腰。¶바지춤을 올리다. =提裤腰。

바짓가랑이【명사】바지에서 다리를 꿰는 부분. ◆名裤筒，裤腿。¶바짓가랑이가 찢어지다. =裤腿烂了。

바짝【부사】副 ❶ 물기가 매우 마르거나 졸아붙거나 타 버리는 모양. ◆干巴巴，干透。¶빨래가 바짝 말랐다. =晾的衣服干透了。❷ 매우 가까이 달라붙거나 세게 죄는 모양. ◆紧靠，靠近，紧挨。¶바짝 다가앉다. =紧挨着坐。❸ 매우 거침새 없이 갑자기 늘거나 주는 모양. ◆一下子，突然，猛然(增减或跑开)。¶가뭄에 강물이 바짝 줄어들었다. =由于干旱，水位一下子降了下去。❹ 매우 긴장하거나 힘주는 모양. ◆紧张，高度，用力。¶이번에는 정신 바짝 차려라. =这次要高度集中精神! ❺ 몸이 매우 마른 모양. ◆(身体)枯瘦，干瘦。¶몰라보게 바짝 말랐다. =干瘦得都认不出来了。

바치다【동사】动 ❶ 신이나 웃어른에게 정중하게 드리다. ◆(给神灵或长辈)献，进贡，供奉。¶신전에 햇곡을 바치다. =给神庙供奉新米。❷ 반드시 내거나 물어야 할 돈을 가져다주다. ◆交纳，缴纳。¶세금을 바치다. =缴纳税款。❸ 무엇을 위하여 모든 것을 아낌없이 내놓거나 쓰다. ◆捐出，捐献。¶나라에 목숨을 바치다. =为国捐躯。

바캉스(vacance<프>)【명사】주로 피서나 휴양을 위한 휴가. ◆名度假，休假。¶바캉스 계획을 세우다. =制订休假计划。

바코드(bar code)【명사】컴퓨터로 상품을 관리할 수 있도록 상품에 표시해 놓은 검고 흰 줄무늬. ◆ 名 (商品的)条形码。¶상품에 바코드를 붙이다. =给商品贴条形码。

바퀴[1]【명사】돌리거나 굴리려고 테 모양으로 둥글게 만든 물건. ◆名车轮。¶자동차 바퀴. =汽车车轮。

바퀴[2]【의존 명사】어떤 둘레를 빙 돌아서 제자리까지 돌아오는 횟수를 세는 단위. ◆依名 圈，周。¶체육 시간에 학생들이 운동장을 세 바퀴 돌았다. =体育课上，学生们绕操场跑了三圈。

바퀴[3]【명사】바큇과의 바퀴, 산바퀴와 왕바큇과의 먹바퀴, 집바퀴 따위를 통틀어 이르는 말. ◆名蟑螂。

바퀴벌레【명사】바큇과의 바퀴, 산바퀴와 왕바큇과의 먹바퀴, 집바퀴 따위를 통틀어 이르는 말. ◆名蟑螂。¶집안에 바퀴벌레가 가득하다. =房间里满是蟑螂。

바탕【명사】名 ❶ 사물이나 현상의 근본을 이루는 기초. ◆(事物或现象)基础，根基，底子。¶높은 학문적 수준을 이루기 위해서는 바탕을 철저하게 다져야 한다. =要想达到很高的学术水平，就必须彻底打好基础。❷ 타고난 성질이나 재질. 또는 체질. ◆(人的)天性，资质，天资。¶그는 인간적인 바탕이 훌륭한 사람이다. =他是天生才俊。❸ 그림, 글씨, 수(繡), 무늬 따위를 놓는 물체의 바닥. ◆底色，质地。¶그녀는 흰 바탕에 꽃무늬가 있는 치마를 즐겨 입는다. =她喜欢穿白底带花的裙子。

박[1](泊)【의존 명사】객지에서 묵는 밤의 횟수를 세는 단위. ◆依名 夜，晚，天。¶이 여관은 1박에 3만 원이다. =这家旅馆每晚3万韩元。

박[2]【명사】'박과의 한해살이 덩굴풀. ◆名匏瓜，葫芦。¶박을 타다. =开葫芦。

박꽃【명사】박의 꽃. ◆名匏瓜花。¶지붕 위에 하얀 박꽃이 활짝 피었다. =屋顶上绽开了白色的匏瓜花。

박다【동사】动 ❶ 두들겨 치거나 틀어서 꽂혀지게 하다. ◆钉，锤，打。¶못을 박다. =钉钉子。❷ 붙이거나 끼워 넣다. ◆镶，镶嵌。¶나전 칠기는 나무판에 자개를 박아 만든다. =螺钿漆器是在木板上镶嵌贝壳制成的。❸ 음식에 소를 넣다. ◆放，加，。¶송편에 소를 박다. =往松糕里放馅。❹ 틀이나 판에 넣어 눌러 만들다. ◆(用模子)扣。¶다식(茶食)을 박다. =扣点心。❺ 한곳을 뚫어지게 바라보다. ◆盯。¶그는 노을에 눈길을 박은 채 말이 없었다. =他盯着彩霞，一言不发。❻ 머리나 얼굴 따위를 깊이 숙이거나 눌러서 대다. ◆耷拉，埋(头)。¶나는 책에 얼굴을 박고 있다가 고개를 들었다. =我把脸埋到书里，然后抬起了头。❼ 머리 따위를 부딪치다. ◆撞。¶그는 문지방에 머리를 박고 나가떨어졌다. =他一头撞到门槛上摔了出去。❽ 식물이 뿌리를 내리다. ◆扎(根)。¶소나무가 비탈진 박토에 뿌리를 박고 있다. =松树正把根扎在倾斜的贫瘠土地里。❾ 인쇄물이나 사진을 찍다. ◆印，照，拍。¶책표지를 박다. =印书的封面。❿ 실을 곱걸어서 꿰매다. ◆纳，锁边。¶재봉틀로 옷단을 박다. =用缝纫机缝

衣服边。⑪ 말이나 글씨 따위를 분명하게 나타내다. ◆ (一笔一划地写)/(一字一句地说)清楚。¶또박또박 박아서 쓴 글씨가 눈에 익었다. =一笔一划清清楚楚写出来的字看着很眼熟。● 박히다 ●

박대(薄待)【명사】인정 없이 모질게 대함. ◆ 图慢待，冷待，亏待。¶무능한 남편을 박대하다. =慢待无能的丈夫。● 박대하다(薄待--) ●

박동(搏動)【명사】맥이 뜀. ◆ 图搏动，跳动。¶심장 박동이 멈추다. =心脏停止跳动。● 박동하다(搏動--) ●

박두(迫頭)【명사】기일이나 시기가 가까이 닥쳐옴. ◆ 图临近，迫近，逼近。¶새 영화 개봉 박두. =新片即将上映。● 박두하다(迫頭--) ●

박람회(博覽會)【명사】일정 기간 동안 홍보나 판매 등을 목적으로 어떤 주제 아래에서 온갖 물품을 사람들에게 보이는 행사. ◆ 图博览会。¶취업 박람회. =就业博览会。

박력(迫力)【명사】힘 있게 밀고 나가는 힘. ◆ 图魄力。¶박력 있는 연기. =有魄力的演技。

박리다매(薄利多賣)【명사】이익을 적게 보고 많이 파는 것. ◆ 图薄利多销。¶그는 박리다매로 많은 이익을 얻었다. =他采用薄利多销的手段获得了很多利润。

박멸(撲滅)【명사】모조리 잡아 없앰. ◆ 图扑灭，消灭。¶해충 박멸. =灭虫。● 박멸되다(撲滅--), 박멸하다(撲滅--) ●

박명(薄命)【명사】图 ❶ 복이 없고 팔자가 사나움. ◆ 薄命，福薄。¶박명한 여인. =薄命的女人。❷ 수명이 짧음. ◆ 短命。¶점쟁이는 그가 박명을 타고났다고 말했다. =算命的说他生来短命。

박물관(博物館)【명사】유물이나 예술품을 수집, 보관, 전시하여 사람들이 보거나 연구할 수 있게 하는 시설. ◆ 图博物馆。¶민속 박물관. =民俗博物馆。

박박【부사】副 ❶ 야무지게 자꾸 긁거나 문대는 소리. 또는 그 모양. ◆ 沙沙地，咔嚓咔嚓地。¶밥그릇을 박박 긁다. =咔嚓咔嚓地刮饭碗。❷ 얇고 질긴 종이나 천 따위를 자꾸 찢는 소리. 또는 그 모양. ◆ 刺啦刺啦地。¶책을 박박 찢다. =嗤啦嗤啦地撕书。❸ 머리털이나 수염 따위를 아주 짧게 깎은 모양. ◆ 短短地。❹ 상기되어 자꾸 기를 쓰거나 우기는 모양. ◆ 气呼呼，气鼓鼓地。¶나에게 박박 대들다. =气呼呼地顶撞我。❺ 이 따위를 야무지게 자꾸 가는 소리. 또는 그 모양. ◆ (磨牙等)咯吱咯吱地。¶동생은 자면서 이를 박박 가는 버릇이 있다. =弟弟有睡觉时咯吱咯吱磨牙的习惯。

박복하다(薄福--)【형용사】복이 없다. 또는 팔자가 사납다. ◆ 形福薄，命薄。¶그녀의 팔자는 박복하다. =她的命很薄。

박봉(薄俸)【명사】적은 봉급. ◆ 图低薪，低工资。¶아내는 박봉에 항상 불만을 가지고 있었다. =妻子常常对低工资感到不满。

박빙(薄氷)【명사】图 ❶ 얇게 살짝 언 얼음. ◆ 薄冰。¶얼음판에서 놀 때는 그 얼음이 박빙인지 아닌지 자세히 살펴야 한다. =在冰场玩的时候，要仔细观察冰场的冰薄不薄。❷ 근소한 차이를 비유적으로 이르는 말. ◆〈喻〉相差无几，不相上下。¶박빙의 승부. =相差无几的胜负。

박사(博士)【명사】图 ❶ 대학원의 박사 과정을 마치고 규정된 절차를 밟은 사람에게 수여하는 학위. ◆ 博士，博士学位。¶박사를 따다. =获得博士学位。❷ 어떤 일에 정통하거나 숙달된 사람을 비유적으로 이르는 말. ◆〈喻〉精通者。¶그 청년은 컴퓨터 박사이다. =那名青年是个计算机通。

박살【명사】깨어져 산산이 부서짐. ◆ 图粉碎，毁灭，摧毁。¶술과 노름으로 박살이 난 살림. =被酗酒和赌钱毁灭的生活。

박수(拍手)【명사】기쁨, 찬성, 환영을 나타내거나 장단을 맞추려고 두 손뼉을 마주 침. ◆ 图拍手，鼓掌。¶연주가 끝나자 방청객들은 요란하게 박수를 치기 시작했다. =演奏一结束，旁听者们立刻开始热烈鼓掌。

박수갈채(拍手喝采)【명사】손뼉을 치고 소리를 질러 환영하거나 찬성함. ◆ 图拍手喝彩，鼓掌喝彩。¶박수갈채가 쏟아지다. =一片鼓掌喝彩声。

박스【명사】图 ❶ 물건을 넣어 두기 위하여 나무, 대나무, 두꺼운 종이 같은 것으로 만든 네모난 그릇. ◆ 盒子，箱子。¶책을 박스에 보관하다. =把书放到箱子里保管。❷ '물건을 넣어 두기 위하여 나무, 대나무, 두꺼운 종이 같은 것으로 만든 네모난 그릇'에 담아 그 분량을 세는 단위. ◆ 箱，盒。¶라면 한 박스. =一盒方便面。❸ 사방을 둘러막은 그 선의 안. ◆ 边框内。¶박스 기사에 실린 글. =登在加框新闻里的文章。

박식하다(博識--)【형용사】지식이 넓고 아는 것이 많다. ◆ 形博学，博学多识。¶여러 분야에 두루 박식하다. =在好几个领域都很博学。

박애(博愛)【명사】모든 사람을 평등하게 사랑함. ◆ 图博爱。

박약(薄弱)【명사】图 ❶ 의지나 체력 따위가 굳세지 못하고 여림. ◆ 虚弱，脆弱。❷ 불충분하거나 모자란 데가 있음. ◆ 不足，欠缺，缺乏。● 박약하다(薄弱--) ●

박음질【명사】바느질의 하나. 실을 곱걸어서 튼튼하게 꿰매는 것으로, 온박음질과 반박음질의 두 가지가 있다. ◆ 图对针缝；挨针缝。¶이 옷은 박음질이 탄탄하다. =这件衣服缝得很密实。

박이다【동사】动 ❶ 버릇, 생각, 태도 따위가 깊이 배다. ◆ 染上，扎根。¶담배에 인이 박이다. =染上烟瘾。❷ 손바닥, 발바닥 따위에 굳은살이 생기다. ◆ 长出，生出。¶마디마디 못이 박인 농부의 손. =农民长满茧子的手。

박자(拍子)【명사】음악적 시간을 구성하는 기본적 단위. 보통 마디와 일치한다. ◆ 图节拍。¶박자가 느리다. =节拍慢。

박장대소(拍掌大笑)【명사】손뼉을 치며 크게 웃음. ◆ 图拊掌大笑，拍掌大笑。¶방청석에서 박장대소가 터졌다. =听众席爆出一片拍掌大笑声。● 박장대소하다(拍掌大笑--) ●

박절하다(迫切--)【형용사】㊇ ❶ 인정이 없고 쌀쌀하다. ◆ 无情，冷酷无情。¶그의 청혼을 박절하게 뿌리쳤다. =无情地拒绝了他的求婚。❷ 일이 바싹 닥쳐서 매우 급하다. ◆ 紧迫，急迫，迫切。¶일이 박절하게 되다. =事情变得紧迫。

박정하다(薄情--)【형용사】인정이 박하다. ◆ ㊇薄情，冷酷无情。¶박정한 사람. =冷酷无情的人。

박제(剝製)【명사】동물의 가죽을 곱게 벗기고 썩지 아니하도록 한 뒤에 솜이나 대팻밥 따위를 넣어 살아 있을 때와 같은 모양으로 만듦. 또는 그렇게 만든 물건. ◆ ㊔剥制(标本)。¶호랑이를 박제로 만들다. =剥制老虎标本。● 박제되다(剝製--), 박제하다(剝製--) ●

박쥐【명사】박쥐목의 동물을 통틀어 이르는 말. ◆ ㊔蝙蝠。¶동굴에 들어서자 박쥐의 울음소리가 들리기 시작했다. =一进洞穴就开始听到蝙蝠的叫声。

박진감(迫眞感)【명사】진실에 가까운 느낌. ◆ ㊔逼真感，真实感。¶박진감 있는 해설. =具有真实感的讲解。

박차(拍車)【명사】㊔ ❶ 말을 탈 때에 신는 구두의 뒤축에 달려 있는 물건. 톱니바퀴 모양으로 쇠로 만들어 말의 배를 차서 빨리 달리게 한다. ◆ 马刺。¶말에 박차를 가하다. =用马刺刺马。❷ 어떤 일을 촉진하려고 더하는 힘. ◆ 加紧，抓紧。¶신제품 개발에 박차를 가하다. =加紧开发新产品。

박차다【동사】㊍ ❶ 발길로 냅다 차다. ◆ (猛)踹，踢(开)。¶문을 박차고 나가다. =踹开门出去。❷ 어려움이나 장애물을 강하게 물리치다. ◆ 冲破，排除。¶유혹을 박차고 공부에 열중하다. =排除诱惑，专心学习。

박치기【명사】이마로 무엇을 세게 받아 치는 짓. ◆ ㊔用头顶，用头撞。¶박치기가 장기인 프로 레슬러. =擅长用头顶的职业摔跤手。

박탈(剝奪)【명사】남의 재물이나 권리, 자격 따위를 빼앗음. ◆ ㊔剥夺。¶선수촌을 무단으로 이탈한 선수의 대표팀 박탈문제를 놓고 회의를 벌였다. =召开会议，讨论了剥夺擅自离开运动员村的运动员参赛资格的问题。● 박탈당하다(剝奪當--) 박탈되다(剝奪--), 박탈하다(剝奪--) ●

박테리아(bacteria)【명사】생물체 가운데 가장 미세하고 가장 하등에 속하는 단세포 생활체. ◆ ㊔细菌。¶박테리아 검출. =查出细菌。

박하다(薄--)【형용사】㊇ ❶ 마음 씀이나 태도가 너그럽지 못하고 쌀쌀하다. ◆ 刻薄，淡薄。¶일부 도시 사람들은 인심이 박하다. =有些城市人人情淡薄。❷ 이익이나 소득이 보잘것없이 적다. ◆ 微薄。¶이문이 박한 장사. =利润微薄的生意。❸ 맛이나 품질 따위가 변변치 못하다. ◆ 不好，一般。¶그 집 음식은 양은 많지만 맛이 박하다. =那家的饭菜量是很大，但味道一般。

박학(博學)【명사】배운 것이 많고 학식이 넓음. 또는 그 학식. ◆ ㊔博学。¶그의 박학에 우리는 혀를 내둘렀다. =我们被他的博学惊得瞠目结舌。● 박학하다(博學--) ●

박학다식(博學多識)【명사】학식이 넓고 아는 것이 많음. ◆ ㊔博学多识。

박해(迫害)【명사】못살게 굴어서 해롭게 함. ◆ ㊔迫害，摧残。● 박해되다(迫害--), 박해하다(迫害--) ●

밖【명사】㊔ ❶ 어떤 선이나 금을 넘어선 쪽. ◆ 外，外边，外面，外头。¶대문 밖. =大门外。❷ 겉이 되는 쪽. 또는 그런 부분. ◆ 外表，外层，外面。¶밖은 노랑, 속은 빨강. =外表黄，里头红。❸ 일정한 한도나 범위에 들지 않는 나머지 다른 부분이나 일. ◆ 以外，之外。¶그 밖의 사람들. =其他人。❹ 무엇에 의하여 둘러싸이지 않은 공간. 또는 그쪽. ◆ 外边，室外。¶밖에 나가 놀다. =到外边玩。❺ 사방, 상하를 덮거나 가리지 아니한 곳. ◆ ㊔外头，露天。¶밖에서 잠을 자다. =露天睡觉。❻ 집안의 남자 주인을 높이거나 스스럼없이 이르는 말. ◆ 男主人，丈夫，当家的。

밖에【조사】'그것 말고는', '그것 이외에는'의 뜻을 나타내는 말. 반드시 뒤에 부정을 나타내는 말이 따른다. ◆ ㊋表示局限性，"除……之外"。¶하나밖에 없다. =只有一个。

반[1](半)【명사】㊔ ❶ 둘로 똑같이 나눈 것의 한 부분. ◆ 一半。¶한 달 반. =一个半月。❷ 일이나 물건의 중간쯤 되는 부분. ◆ 半。¶일을 반쯤 하다. =事情做到一半了。

반[2](班)【명사】㊔ ❶ 일정한 목적을 위하여 조직한 사람들의 작은 집단. ◆ 班。¶지난 가을 학기에 그녀는 판소리 반에 들었다. =上个秋季学期她进入了班。❷ 학년을 학급으로 나눈 단위. ◆ 班，班级。¶그는 고등학교까지 같은 반에서 공부한 오랜 고향 친구였다. =他是我一直到高中都在同一个班里学习的老乡故友。❸ 학급을 세는 단위. ◆ 班。¶초등학교에서 한 학년은 보통 여섯 반으로 이루어진다. =小学的一个年级一般由六个班组成。❹ 동(洞) 아래의 통(統)보다 작은 지방 행정 단위. ◆ 班(位于"统"之下的韩国最小地方行政单位)。¶그녀는 23통 6반의 반장이다. =她是23统6班的班长。

반[3]-(半)【접사】'거의 비슷한'의 뜻을 나타내는 접두사. ◆ ㊌(用于部分名词之前)半。¶반농담. =半开玩笑。

반[4]-(反)【접사】㊌ ❶ '반대되는'의 뜻을 더하는 접두사. ◆ 反。¶반비례. =反比例。❷ '그것에 반대하는'의 뜻을 더하는 접두사. ◆ 反。¶반독재. =反独裁。

반가움【명사】반가운 감정이나 마음. ◆ ㊔高兴，喜悦，欣喜。¶우리는 오랜만에 만난 반가움에 잠시 말을 잊고 있었다. =我们沉浸在久别重逢的喜悦中，一时忘记了说话。

반가워하다【동사】반가움을 느끼다. ◆ ㊍高兴，愉快，喜悦，欣喜。¶그녀는 내가 찾아가자 무척 반가워했다. =我一去她就特别高兴。● 반가이 ●

반감[1](半減)【명사】절반으로 줆. 또는 절반으로 줄임. ◆ ㊔减半，减一半。¶그가 옆에서 설명하는 바람에 흥미가 반감했다. =由于他在旁边说明，兴趣减了

一半。● 반감되다(半減--), 반감하다(半減--) ●

반감[2](反感)【명사】반대하거나 반항하는 감정. ◆名反感。¶고집이 센 사람은 남의 반감을 사기 쉽다. =固执的人容易招致别人的反感。

반갑다【형용사】그리워하던 사람을 만나거나 원하는 일이 이루어져서 마음이 즐겁고 기쁘다. ◆形高兴，愉快，欣喜。¶친구를 반갑게 맞이하다. =高兴地迎接朋友。

반값(半-)【명사】본래의 값의 절반. ◆名半价，五折。¶자동차를 반값에 샀다. =半价购买汽车。

반격(反擊)【명사】되받아 공격함. ◆名反击，回击，还击，反攻。¶반격을 가하다. =加以回击。●반격하다(反擊--) ●

반구(半球)【명사】구(球)의 절반. 또는 그런 모양의 물체. ◆名半个球，半球形。¶반구 형태로 사과를 자르다. =把苹果削成半球形。

반군(叛軍)【명사】반란을 일으킨 군대. ◆名叛军。¶반군의 무리는 산악지대를 근거지로 삼았다. =叛军队伍把山区一带作为根据地。

반기[1](反旗)【명사】반대의 뜻을 나타내는 행동이나 표시. ◆名反旗。

반기[2](半旗)【명사】조의를 표하여 다는 국기. 깃대 끝에서 기폭만큼 내려서 닮. ◆名半旗。

반기다【동사】반가워하거나 반갑게 맞다. ◆动高兴，欣喜，喜悦；欢迎。¶집에 찾아온 손님을 반기다. =欢迎来访的客人。

반나절(半--)【명사】한나절의 반. ◆名半晌，半天，半日。¶이 일을 끝내려면 반나절은 좋게 걸릴 것 같다. =想要干完这个活儿，可能要半天时间。

반납(返納)【명사】도로 바침. 또는 도로 돌려줌. ◆名交还，返还，归还，退回。¶재고품 반납. =退回库存货。● 반납하다(返納--) ●

반년(半年)【명사】한 해의 반. ◆名半年。¶저런 좋은 차를 사려면 내 월급의 반년치는 든다. =如果想买那样的好车，就要花费我半年的工资。

반닫이(半--)【명사】앞의 위쪽 절반이 문짝으로 되어 아래로 젖혀 여닫게 된, 궤 모양의 가구. ◆名横翻门箱子，半开柜。¶장롱과 반닫이. =衣柜和半开柜。

반달(半-)【명사】名 ❶ 반원형의 달. ◆ 半月。¶반달 같은 눈썹. =半月眉。❷ 손톱이나 발톱의 뿌리 쪽에 있는 반월형의 흰 부분. ◆ (指甲)健康圈，(又称)半月痕。

반대(反對)【명사】名 ❶ 두 사물이 모양, 위치, 방향, 순서 따위에서 등지거나 서로 맞섬. 또는 그런 상태. ◆ 相反，逆反。¶반대 방향. =相反方向。❷ 어떤 행동이나 견해, 제안 따위에 따르지 아니하고 맞서 거스름. ◆ 反对。¶개정안에 반대하다. =反对修正案。● 반대되다(反對--), 반대하다(反對--) ●

반대말(反對-)【명사】그 뜻이 서로 정반대되는 관계에 있는 말. ◆名反义词。

반대쪽(反對-)【명사】반대되는 쪽. ◆ 名反方向。¶건물 반대쪽으로 가다. =顺着建筑物反方向走。

반도(半島)【명사】삼면이 바다로 둘러싸이고 한 면은 육지에 이어진 땅. 대륙에서 바다 쪽으로 좁다랗게 돌출한 육지를 말한다. ◆ 名半岛。¶이탈리아는 반도국가이다. =意大利是半岛国家。

반도체(半導體)【명사】상온에서 전기 전도율이 도체와 절연체의 중간 정도인 물질. ◆名半导体。

반동(反動)【명사】名 ❶ 어떤 작용에 대하여 그 반대로 작용함. ◆ 反冲力，后坐力。¶반동이 적은 총을 개발하다. =开发后坐力小的枪。❷ 진보적이거나 발전적인 움직임을 반대하여 강압적으로 가로막음. ◆ 反动。¶반동 보수 세력. =反动保守势力。

반드시【부사】틀림없이 꼭. ◆ 副一定，必须，务必。¶반드시 이겨야 한다. =一定要赢。

반들거리다【동사】별로 하는 일 없이 게으름을 피우며 얄밉고 뻔뻔스럽게 놀기만 하다. ◆ 动游手好闲，无所事事。¶그는 하는 일 없이 반들거리다. =他无所事事。● 반들대다 ●

반들반들【부사】副 ❶ 거죽이 아주 매끄럽고 윤이 나는 모양. ◆ 光亮光亮地，油光锃亮地。¶반들반들 윤기가 흐르다. =色泽光亮。❷ 어수룩한 데가 없이 약게 구는 모양. ◆ 滑头滑脑地，游手好闲地。¶그는 반들반들 요령만 피운다. =他只会滑头滑脑地耍小聪明。

반들반들하다【형용사】거죽이 윤이 날 정도로 아주 매끄럽다. ◆形光亮，油光锃亮。¶장롱에 기름칠을 하니 반들반들하게 윤이 난다. =衣柜涂了油，色泽光亮。

반듯반듯【부사】작은 물체가 여럿이 다 비뚤거나 기울거나 굽지 아니하고 바른 모양. ◆ 副平平整整地，整整齐齐地。¶도로가 반듯반듯 정돈되었다. =道路修得平平整整的。

반듯반듯하다【형용사】작은 물체가 여럿이 다 비뚤거나 기울거나 굽지 아니하고 바르다. ◆ 形平平整整，整整齐齐。¶반듯반듯한 건물. =整整齐齐的建筑。

반듯하다【형용사】形 ❶ 작은 물체, 또는 생각이나 행동 따위가 비뚤어지거나 기울거나 굽지 아니하고 바르다. ◆ 端正，平直，方正。¶네모 반듯한 상자. =四角方正的箱子。❷ 생김새가 아담하고 말끔하다. ◆ 端正，端庄。¶신랑이 반듯하게 차려입고 하객들에게 인사를 했다. =新郎端端正正地向嘉宾致意。● 반듯이 ●

반등(反騰)【명사】물가나 주식 따위의 시세가 떨어지다가 오름. ◆名反弹，回升。¶원화 반등. =韩元回涨。● 반등하다(反騰--) ●

반딧불【명사】名 ❶ 반딧불이의 꽁무니에서 나오는 빛. ◆ 萤火，萤光。¶의식이 반딧불처럼 가물가물해졌다. =意识变得像萤火一样模糊不清。❷ 반딧불잇과의 딱정벌레. ◆ 萤火虫。●반딧불이, 반디 ●

반란(叛亂/反亂)【명사】정부나 지도자 따위에 반대하여 내란을 일으킴. ◆名叛乱，动乱。¶반란을 일으키다. =引起动乱。

반려자(伴侶者)【명사】짝이 되는 사람. ◆名伴侣，同伴，伙伴。¶평생의 반려자. =终生伴侣。

반론(反論)【명사】남의 논설이나 비난, 논평 따위에 대하여 반박함. 또는 그런 논설. ◆名异议，相反意见。¶그의 견해에 반론을 제기하다. =对他的见解提出相反意见。● 반론하다(反論--) ●

반말(半-)【명사】名❶ 서로 매우 친하거나 존대 관계가 분명치 않을 때 격식을 차리지 않고 가볍게 쓰는 말투. ◆ 说话不拘礼节。¶처음인데도 불구하고 그는 나에게 기분 나쁘게 반말을 한다. =尽管是初次见面，他却惹人恼火地用不敬的语气跟我说话。❷ 손아랫사람에게 하듯 낮추어 하는 말. ◆ 非敬语。¶그 아이는 아무에게나 반말을 마구 해 댄다. =那个孩子无论对谁都乱用非敬语。● 반말하다(半---) ●

반면(反面)【명사】뒤에 오는 말이 앞의 내용과 상반됨을 나타내는 말. ◆名相反，反之，另一方面。¶기쁜 반면에 슬픔도 있다. =乐极生悲。

반목(反目)【명사】서로서로 시기하고 미워함. ◆名反目，敌视。¶반목과 대립이 계속되다. =继续着敌视和对立。● 반목하다(反目--) ●

반문(反問)【명사】물음에 대답하지 아니하고 되받아 물음. 또는 그 물음. ◆名反问，反诘。¶질문의 뜻을 반문하다. =对问题进行反问。● 반문하다(反問--) ●

반바지(半--)【명사】길이가 무릎 위나 무릎까지 내려오는 짧은 바지. ◆名短裤。¶반바지 차림으로 밖에 나가다. =穿着短裤外出。

반박(反駁)【명사】어떤 의견, 주장, 논설 따위에 반대하여 말함. ◆名驳回，反驳，驳斥。¶반박 성명. =驳斥声明。● 반박되다(反駁--), 반박하다(反駁--) ●

반반(半半)【명사】무엇을 절반으로 나누어서 가른 각각의 몫. ◆名对半，各半，两半。¶이익을 반반으로 나누다. =收益对半分。

반반하다【형용사】形❶ 구김살이나 울퉁불퉁한 데가 없이 고르고 반듯하다. ◆平，平坦，平直。¶반반하게 땅을 고르다. =把地整平。❷ 생김새가 얌전하고 예쁘장하다. ◆端庄，清秀。¶생김새가 반반하다. =容貌端庄。❸ 물건 따위가 말끔하여 보기도 괜찮고 쓸 만하다. ◆好，不错，像样。¶그 중고품 가게에는 반반한 물건도 제법 있다. =那个旧货店里有不少像样的物品。❹ 지체 따위가 상당하다. ◆很不错，像样。¶반반한 집안의 자식인지라 품행이 방정하다. =由于是不错人家的孩子，品行比较端正。❺ 일하는 것이 지저분하거나 말썽 될 것이 없이 깔끔하다. ◆干干净净，利利落落。¶그는 아무리 바빠도 자기가 맡은 일은 반반하게 끝낸다. =他不管有多忙，都会把自己的事情完成得利利落落。

반발(反撥)【명사】어떤 상태나 행동 따위에 대하여 거스르고 반항함. ◆名反抗，抵制，抗拒。¶반발이 심하다. =反抗很厉害。● 반발하다(反撥--) ●

반백[1](斑白/頒白)【명사】흰색과 검은색이 반반 정도인 머리털. ◆名斑白，花白。¶반백의 신사. =头发斑白的绅士。

반백[2](半百)【명사】백 살의 반인 쉰 살. ◆名半百，五十岁。¶그의 나이는 외모와 다르게 반백이 넘었다. =和年轻的容貌不同，其实已经五十多岁了。

반복(反復)【명사】같은 일을 되풀이함. ◆名反复，重复。¶반복 연습. =反复练习。● 반복되다(反復--), 반복하다(反復--) ●

반분하다(半分--)【동사】절반으로 나눔. 또는 그만한 분량. ◆动对半分，分一半；一半，半份。

반비례(反比例)【명사】한쪽의 양이 커질 때 다른 쪽 양이 그와 같은 비로 작아지는 관계. ◆名反比，反比例。¶남자들은, 여자를 그 외양과는 반비례로 변덕스럽고 질투심이 많다고 생각하는 경향이 있다. =男人们倾向于认为女人的外貌美丑与善变、妒忌心是成反比的。● 반비례하다(反比例--) ●

반사(反射)【명사】名❶ 일정한 방향으로 나아가던 파동이 다른 물체의 표면에 부딪혀서 나아가던 방향을 반대로 바꾸는 현상. ◆ 反射，映射。¶빛의 반사. =光的反射。❷ 의지와는 관계없이, 자극에 대하여 일정한 반응을 기계적으로 일으키는 현상. ◆ (条件)反射。● 반사되다(反射--), 반사시키다(反射---), 반사하다(反射--) ●

반색【명사】매우 반가워함. 또는 그런 기색. ◆名高兴，欢喜，兴冲冲。¶손님을 반색하여 맞다. =兴冲冲地迎接客人。● 반색하다 ●

반생(半生)【명사】한평생의 반. ◆名半生，半世，半辈子。¶어머니는 반생을 자식들을 위해 희생하셨다. =母亲为子女牺牲了半辈子。

반석(盤石/磐石)【명사】 名❶ 넓고 평평한 큰 돌. ◆ 磐石。¶반석에 정자를 세웠다. =在磐石上建亭子。❷ 사물·사상·기틀 따위가 아주 견고함을 비유적으로 이르는 말. ◆〈喻〉磐石。¶반석같이 굳은 약속. =坚如磐石的承诺。

반성(反省)【명사】자신의 언행에 대하여 잘못이나 부족함이 없는지 돌이켜 봄. ◆名反省，反思，检讨。¶반성의 기색이 없다. =没有反省的意思。●반성하다(反省--) ●

반성문(反省文)【명사】자신의 언행에 대하여 잘못이나 부족함을 돌이켜 보며 쓴 글. ◆名检查，检讨。¶반성문을 쓰다. =写检查。

반세기(半世紀)【명사】한 세기의 절반. 50년을 이른다. ◆名半个世纪。¶분단 반세기. =分裂半个世纪。

반소매(半--)【명사】팔꿈치 정도까지 내려오는 짧은 소매. ◆名短袖。¶반소매 셔츠. =短袖衬衣。

반송(返送)【명사】다른 물건에 끼워서 함께 보냄. ◆名附带送，一起送。¶소포 속에 반송되어 온 안부 편지. =包裹中附带寄来的问候信。● 반송되다(返送--), 반송하다(返送--) ●

반수(半數)【명사】전체의 절반이 되는 수. ◆名半数，一半。¶반수 이상이 반대하다. =半数以上反对。

반숙(半熟)【명사】달걀이나 음 따위에 열을 가하여 반쯤 익힘. ◆名半熟，半生不熟。¶그와 동료 선수들은 달걀 반숙에 야채샐러드(salad)로 간단히 아침을 먹었다. =他和队友简单地吃了半熟鸡蛋和拌蔬菜沙拉的早饭。

반신반의(半信半疑)【명사】얼마쯤 믿으면서도 한편으로는 의심함. ◆ 图半信半疑。¶그는 나의 말을 반신반의하는 것 같았다. =他好像对我的话半信半疑。● 반신반의하다(半信半疑--) ●

반신불수(半身不隨)【명사】병이나 사고로 반신이 마비되는 일. 또는 그런 사람. ◆ 图半身不遂。¶교통사고로 그 노인이 반신불수로 누워만 지내다. =交通事故导致那老人半身不遂，只能终日卧床。

반액(半額)【명사】모두 합친 금액의 절반. ◆ 图一半金额。¶수입의 반액을 저축하다. =储存一半的收入。

반역(反逆/叛逆)【명사】나라와 겨레를 배반함. ◆ 图背叛，叛逆，反叛，造反。¶반역의 무리. =叛逆集团。● 반역하다(反逆--/叛逆--) ●

반영(反映)【명사】图 ❶ 빛이 반사하여 비침. ◆ 反向映射。❷ 다른 것에 영향을 받아 어떤 현상이 나타남. 또는 어떤 현상을 나타냄. ◆ 反映，折射。¶현실의 반영. =现实的反映。❸ 어떤 문제에 대한 여론이나 의견을 해당자에게 알림. 또는 그 여론이나 의견. ◆ 反映，反响。¶직원들의 건의가 전혀 반영되지 않은 대책을 내 놓았다. =出台了完全没有反映员工所提出的建议的措施。●반영되다(反映--), 반영하다(反映--) ●

반영구적(半永久的)【명사】거의 영구에 가까운. 또는 그런 것. ◆ 图半永久性的，半永久的。¶이 제품은 반영구적이다. =这个产品是半永久性的。

반올림(半--)【명사】근삿값을 구할 때 4 이하의 수는 버리고 5 이상의 수는 그 윗자리에 1을 더하여 주는 방법. ◆ 图四舍五入。¶예를 들어 10.4를 반올림하면 10, 10.6을 반올림하면 11이 된다. =例如，10.4四舍五入得10，10.6四舍五入得11。● 반올림하다(半----) ●

반원(半圓)【명사】원의 지름을 기준으로 이등분한 한쪽 부분. ◆ 图半圆。¶무지개가 반원을 그리며 떠 있다. =一道呈半圆形的彩虹挂在天上。

반응(反應)【명사】图 ❶ 자극에 대응하여 어떤 현상이 일어남. 또는 그 현상. ◆ 反应，回应。¶아무리 자극해도 반응이 없다. =再怎么刺激都没反应。❷ 자극에 대하여 유기체가 하는 행동. ◆ 反应。❸ 물질 사이에 일어나는 화학적 변화. 물질의 성질이나 구조가 변한다. ◆ 化学反应。● 반응하다(反應--) ●

반의어(反義語/反意語)【명사】뜻이 반대인 말. ◆ 图反义词。¶'하늘'과 '땅', '남자'와 '여자', '작다'와 '크다', '오다'와 '가다' 등은 각각 반의어 관계에 있다. = "天" 和 "地"，"男人" 和 "女人"，"小" 和 "大"，"来" 和 "去" 等是反义词的关系。

반입(搬入)【명사】운반하여 들여옴. ◆ 图搬进，运进，搬入。¶인화성 물질의 기내(机内) 반입을 금합니다. =禁止把易燃性物质运进飞机内。● 반입되다(搬入--), 반입하다(搬入--) ●

반작용(反作用)【명사】图 ❶ 어떤 움직임에 대하여 그것을 거스르는 반대의 움직임이 생겨남. 또는 그 움직임. ◆ 相反的作用。❷ 물체 A가 물체 B에 힘을 작용시킬 때, B가 똑같은 크기의 반대 방향의 힘을 A에 미치는 작용. ◆ 反作用(物理名词)。

반장(班長)【명사】图 ❶ 어떤 일을 함께 하는 소규모 조직체인 반(班)을 대표하여 일을 맡아보는 사람. ◆ 班长，领班。¶청소 반장. =清洁班长。❷ 행정 구역의 단위인 '반(班)'을 대표하여 일을 맡아보는 사람. ◆ 班长(韩国特定行政区域负责人)。¶오후에 우리 구의 통장, 반장 모임이 있었다. =下午我们区的统长和班长碰了个头。❸ 예전에, 교육 기관에서 교실을 한 단위로 하는 반을 대표하여 일을 맡아보던 학생. ◆ 学校的班级班长。¶우리 반의 반장 선거가 오후에 있다. =我们班下午选班长。

반전(反轉)【명사】图 ❶ 반대 방향으로 구르거나 돎. ◆ 反着转，倒着转。¶세탁기는 세탁조의 물에 계속 반전을 일으켜서 빨래의 때를 뺀다. =洗衣机不断地反转缸里的水，去掉衣服的污渍。❷ 위치·방향·순서 따위가 반대로 됨. ◆ 颠倒，倒置。¶좌우 반전. =左右颠倒了。❸ 일의 형세가 뒤바뀜. ◆ 扭转，转变。¶너무도 앞뒤가 맞지 않는 갑작스러운 반전이어서 그저 아연할 수밖에 없었다. =对这种前后非常不相符的突然转变只能目瞪口呆。● 반전되다(反轉--), 반전하다(反轉--) ●

반절[1](半切/半截)【명사】반으로 자름. 또는 그렇게 자른 반. ◆ 图半开，对开。¶종이를 반절로 자르다. =对半裁纸。

반절[2](半-)【명사】图 ❶ 허리를 굽혀 양손을 바닥에 짚고 앉아 고개를 숙여서 하는 여자의 절. ◆ 鞠躬。¶그는 선생님께 반절을 올리고 자리에 앉았다. =他给老师鞠了一躬后，坐在了位子上。❷ 아랫사람의 절을 받을 때 완전히 바닥에 엎드리지 않고 앉은 채 윗몸을 반쯤 굽혀서 하는 절. ◆ 欠身还礼。¶선생님은 장성한 제자의 절을 앉아서 받으시기가 부담스러우셨는지 반절로 받으셨다. =老师可能是觉得坐着接受长大成人的弟子行礼有压力，所以欠身还了个礼。

반점(斑點)【명사】동식물 따위의 몸에 박혀 있는 얼룩얼룩한 점. ◆ 图斑点，斑，花斑。¶우리 집 강아지는 검은 반점이 있다. =我家小狗长着黑色斑点。

반제품(半製品)【명사】완성품을 만들기 위하여 기초 원료를 가공하거나, 모든 제조 과정을 거치지 않고 판매하는 중간 제품. ◆ 图半成品，毛坯。¶우리 공장은 반제품을 받아 완성한다. =我们工厂加工半成品。

반주[1](伴奏)【명사】노래나 기악의 연주를 도와주기 위하여 옆에서 다른 악기를 연주함. 또는 그렇게 하는 연주. ◆ 图伴奏。¶피아노 반주에 맞추어 신부가 입장하다. =在钢琴的伴奏下，新娘走了进来。● 반주하다(伴奏--) ●

반주[2](飯酒)【명사】밥을 먹을 때에 곁들여서 한두 잔 마시는 술. ◆ 图佐餐酒。¶아버지는 늘 진지를 드실 때 반주를 하신다. =爸爸经常会在吃饭的时候喝点佐餐酒。

반죽【명사】가루에 물을 부어 이겨 갬. 또는 그렇게 한 것. ◆ 图和面，揉面；和好的面。¶밀가루 반죽. =和面。● 반죽하다 ●

반증(反證)【명사】어떤 사실이나 주장이 옳지 아니함을 그에 반대되는 근거를 들어 증명함. 또는 그런 증거. ◆ 图反证，反证法。¶기사가 허위보도라는 것이 반증을 통해 증명되었다. =通过反证法证明了报道是虚假的。● 반증하다(反證--) ●

반지(半指/斑指)【명사】장식으로 손가락에 끼는 고리. 위쪽에 보석을 박거나 무늬를 새겨 꾸미기도 한다. ◆ 图戒指，指环。¶반지를 끼다. =戴戒指。

반지르르【부사】副 ❶ 거죽에 기름기나 물기 따위가 묻어서 윤이 나고 매끄러운 모양. ◆ 油亮，油光，锃亮。¶얼굴에 기름기가 반지르르 돌다. =脸上油光光的。❷ 말이나 행동 따위가 실속은 없이 겉만 그럴듯한 모양. ◆ 表面好听，看上去漂亮。¶말만 반지르르 꾸미다. =只有话说得好听。● 반지르르하다 ●

반지름(半--)【명사】원이나 구의 중심에서 그 원둘레 또는 구면상(球面上)의 한 점에 이르는 선분의 길이. ◆ 图半径。¶이 원의 반지름은 얼마입니까? =这个圆的半径是多少?

반짇고리【명사】바늘·실·골무·헝겊 따위의 바느질 도구를 담는 그릇. ◆ 图针线盒。¶어머니는 양말을 꿰매기 위해 반짇고리를 꺼내셨다. =妈妈拿出针线盒准备缝袜子。

반질거리다【동사】动 ❶ 거죽이 매우 매끄럽고 윤기가 흐르다. ◆ 油光锃亮，锃亮。¶구두가 반질거리다. =皮鞋锃亮的。❷ 몹시 게으름을 피우며 맡은 일을 잘 하지 못하다. ◆ 偷懒。¶그는 청소시간이면 늘 반질거린다. =他经常在扫除的时候偷懒。● 반질대다 ●

반질반질【부사】副 ❶ 거죽이 윤기가 흐르고 매우 매끄러운 모양. ◆ 油光锃亮。¶아버지의 손때가 반질반질 배어 있는 피리와 대금은 우리 집의 가보이다. =爸爸用得油光锃亮的笛子和锣是我们家的传家宝。❷ 몹시 게으름을 피우며 맡은 일을 잘 하지 않는 모양. ◆ 游手好闲，吊儿郎当，偷懒。¶동생은 일도 않고 반질반질 놀기만 했다. =弟弟什么事也不干，光知道偷懒瞎玩。● 반질반질하다 ●

반짝[1]【부사】副 ❶ 물건을 아주 가볍게 들어 올리는 모양. ◆ 轻松地，轻轻地。¶그는 어린아이를 반짝 안았다. =他轻轻地抱着孩子。❷ 몸의 한 부분을 갑자기 위로 들어 올리는 모양. ◆ 一仰，一抬。¶아이들은 고개를 반짝 들고 칠판을 쳐다보았다. =孩子们抬头看黑板。❸ 눈을 갑자기 크게 뜨는 모양. ◆ 瞪大，睁大。¶그는 처음 듣는 소리라는 듯이 반짝 눈을 뜨며 나를 쳐다보았다. =他好像是第一次听说似的，瞪大了眼睛瞅着我。

반짝[2]【부사】副 ❶ 작은 빛이 잠깐 나타났다가 사라지는 모양. ◆ 忽闪，闪烁，闪闪。¶칼날이 반짝 빛났다. =刀锋闪闪。❷ 물건이나 사람, 일 따위가 빨리 없어지거나 끝나는 모양. ◆ 暂时出现。¶날이 반짝 개었다가 이내 다시 비가 흩뿌렸다. =天刚晴了一会儿，马上又下起雨来。❸ 정신이 갑자기 맑아지는 모양. ◆ 一下(儿，子)。¶정신이 반짝 들다. =一下子打起精神。❹ 감았던 눈을 갑자기 뜨는 모양을 나타냄. ◆ 猛地，突然。¶그녀는 반짝 눈을 떴다. =她猛地睁开了眼睛。❺ 무엇을 아주 가볍고 빠르게 들어올리거나 쳐드는 모양을 나타냄. ◆ 轻轻地，微微地。¶그녀는 소스라치게 놀라며 얼굴을 반짝 들었다. =她吓得打了个寒战，脸微微地红了。❻ 마음이 끌려 귀가 갑자기 뜨이는 모양. ◆ 一下子。¶귀가 반짝 뜨이다. =一下子竖起耳朵。❼ 잠을 자지 않고 밤을 지내는 모양. ◆ 熬夜的样子。¶사람들은 포격 소리에 긴장한 나머지 하룻밤을 반짝 새우게 되었다. =炮击过后，人们在紧张之余一宿没睡。● 반짝하다 ●

반짝거리다【동사】작은 빛이 잇따라 잠깐 나타났다가 사라지다. 또는 그렇게 되게 하다. ◆ 动闪烁，闪耀，忽闪忽闪。¶멀리서 불빛이 반짝거리다. =远处闪烁着火光。● 반짝대다 ●

반짝반짝【부사】副 ❶ 작은 빛이 잇따라 반복해서 나타났다가 사라지는 모양. ◆ 闪烁，闪耀，一闪一闪。¶이슬이 햇볕에 반짝반짝 빛난다. =露珠在阳光下闪闪发光。❷ 어떤 생각이 잇따라 갑자기 머리에 떠오르는 모양. ◆ 接连闪现的样子。¶그의 아이디어는 반짝반짝 기발하다. =他的奇思妙想接连闪现出来。❸ 정신이 잇따라 갑자기 맑아지는 모양. ◆ 一下子。¶그의 발언에 졸던 사람들도 정신이 반짝반짝 들었다. =他的发言让困倦的人们一下子打起了精神。❹ 물건이나 사람, 일 따위가 자꾸 빨리 없어지거나 끝나는 모양. ◆ 一下子。¶날이 반짝반짝 개었다가 금방 궂어졌다. =天晴了一下子，马上又变坏了。❺ 여럿이 또는 잇따라 잠을 자지 아니하고 밤을 지내는 모양. ◆ 连着熬(夜)。¶그녀는 책을 읽으며 밤을 반짝반짝 새웠다. =她连着熬了几宿看书。● 반짝이다 ●

반쪽(半-)【명사】图 ❶ 하나를 둘로 쪼갠 것 가운데 하나. ◆ 一半，半边。¶화재로 그의 얼굴 반쪽이 화상을 입었다. =他的半边脸在火灾中被火烧伤了。❷ 평소에 비해 살이 많이 빠져서 몹시 여윈 모습을 비유적으로 이르는 말. ◆〈喻〉消瘦。¶병수발을 하느라 얼굴이 반쪽이 되었다. =由于服侍病人，累得脸都瘦了半圈。❸ 매우 위축된 모습을 비유적으로 이르는 말. ◆〈喻〉畏怯，畏缩。

반찬(飯饌)【명사】밥에 곁들여 먹는 음식을 통틀어 이르는 말. ◆ 图菜肴，饭菜。¶아이가 반찬 투정을 하다. =孩子们发牢骚说饭菜不好吃。

반창고(絆瘡膏)【명사】연고나 붕대 따위를 피부에 붙이기 위하여, 점착성 물질을 발라서 만든 헝겊이나 테이프(tape) 따위. ◆ 图创可贴。¶약국에서 일회용 반창고를 샀다. =在药店买了一次性创可贴。

반추(反芻)【명사】图 ❶ 어떤 일을 되풀이하여 음미하거나 생각함. 또는 그런 일. ◆ 回味，回想。¶그는 집필을 마치고 자신의 글에 대한 반추의 시간을 가졌다. =写作结束以后，他回味着自己的作品。❷ 한번 삼킨 먹이를 다시 게워 내어 씹음. 또는 그런 일. 소나 염소 따위와 같이 소화가 힘든 섬유소가 많이 들어 있는 식물을 먹는 포유류에서 볼 수 있다. ◆反刍，倒嚼。● 반추하다(反芻--) ●

반출(搬出)【명사】운반하여 냄. ◆图运出，搬运。¶문화재 반출. =运出文化遗产。● 반출되다(搬出--), 반출하다(搬出--) ●

반칙(反則)【명사】법칙이나 규정, 규칙 따위를 어김. ◆图犯规，违规，违章。¶반칙을 저지르다. =犯规。● 반칙하다(反則--) ●

반투명(半透明)【명사】图 ❶ 어떤 물체를 통하여 볼 때에 그 반대쪽이 흐릿하게 보이는 성질이 있음. ◆半透明。¶반투명 용기. =半透明容器。❷ 한쪽에서 보면 다른 쪽이 환히 보이지만 반대쪽에서 보면 이쪽이 전혀 보이지 않는 성질이 있음. ◆单向。¶이 빌딩은 반투명 유리를 사용하여 안이 보이질 않는다. =这座楼使用的是单向玻璃，看不见里面。● 반투명하다(半透明--) ●

반포(頒布)【명사】세상에 널리 퍼뜨려 모두 알게 함. ◆图颁布，发布。¶법률 반포. =颁布法律。● 반포되다(頒布--), 반포하다(頒布--) ●

반품(返品)【명사】일단 사들인 물품을 되돌려 보냄. 또는 그 물품. ◆图退货，被退回的货。¶반품으로 들어온 물건들을 정리하다. =整理被退回来的货。● 반품하다(返品--) ●

반하다[1](反--)【동사】动 ❶ [주로 '반하여' 꼴로 쓰여] 반대가 되다. ◆相反，与……相反。❷ 남의 의견이나 규정 따위를 거스르거나 어기다. ◆违背，违反。¶그것은 정의에 반한 행동이다. =那是违背正义的行为。

반하다[2]【동사】어떤 사람이나 사물 따위에 마음이 홀린 것같이 쏠리다. ◆动入迷，着迷，迷住，看上。¶그의 노래소리에 반하다. =被他的歌声迷住。

반항(反抗)【명사】다른 사람이나 대상에 맞서 대들거나 반대함. ◆图反抗，不顺从。¶사춘기의 반항. =青春期的叛逆。● 반항하다(反抗--) ●

반향(反響)【명사】图 ❶ 어떤 사건이나 발표 따위가 세상에 영향을 미치어 일어나는 반응. ◆反响，回响。¶그의 발표가 사회에 반향을 일으켰다. =它的发表在社会上引起了反响。❷ 소리가 어떤 장애물에 부딪쳐서 반사하여 다시 들리는 현상. ◆回声。

반환(返還)【명사】图 ❶ 빌리거나 차지했던 것을 되돌려 줌. ◆归还，回归。¶홍콩이 중국에 반환되었다. =香港回归中国。❷ 왔던 길을 되돌아감. ◆返回，返回去。¶마라톤 선수들이 반환 지점을 돌다. =马拉松选手们绕过了返回点。●반환되다(返還--), 반환하다(返還--) ●

반환점(返還點)【명사】경보나 마라톤 선수들이 돌아오는 점을 표시한 표지. ◆图返回点，返还点。¶선수가 조금 전에 반환점을 돌아 결승점을 향해 달려갔다. =选手刚才绕过了返回点，向终点跑了过去。

받다[1]【동사】动 ❶ 다른 사람이 주거나 보내오는 물건 따위를 가지다. ◆收下，收到，接受。¶생일 선물을 받다. =收到生日礼物。❷ 다른 사람이 바치거나 내는 돈이나 물건을 책임 아래 맡아 두다. ◆收取。¶방송국은 시청자로부터 시청료를 받다. =电视台收取观众的收视费。❸ 다른 사람의 사랑이나 관심 안에 있다. ◆受到，遭受，得到。¶막내로 집에서 귀염을 받다. =作为家里的老小，在家里备受宠爱。❹ 점수나 학위 따위를 따다. ◆得，取得，拿。¶올해 석사학위를 받다. =今年拿到硕士学位。❺ 여러 사람에게 팔거나 대어 주기 위해 한꺼번에 많은 양의 물품을 사다. ◆买入，买进，批发。¶생산지에서 물건을 받아서 도시에서 팔다. =从产地批货后在城里卖。❻ 공중에서 밑으로 떨어지거나 자기 쪽으로 향해 오는 것을 잡다. ◆接住。¶날아오는 공을 한 손으로 받다. =一只手接住飞来的球。❼ 어떤 상황이 자기에게 미치다. ◆受到，遭受，受。¶죄를받다. =受罚。❽ 빛·볕·열이나 바람 따위의 기운이 닿다. ◆受，接受。¶열을 받다. =受热。❾ 요구·신청·질문·공격·도전·신호 따위의 작용을 당하거나 거기에 응하다. ◆容纳，接受，吸收。¶도전자의 도전을 받다. =接受挑战者的挑战。❿ 다른 사람의 어리광, 주정 따위에 무조건 응하다. ◆响应。¶네가 원하는 요구 조건은 무엇이든지 받아 주겠다. =不管你提什么条件，都答应你。⓫ 사람을 맞아들이다. ◆接待，会见。¶손님을 받다. =待客。⓬ 총이나 칼 따위를 맞다. ◆中，挨。¶칼을 받다. =挨刀。⓭ 남의 노래, 말 따위에 응하여 뒤를 잇다. ◆(话，歌)和，对，接着。¶선창을 받다. =对唱。⓮ 태어나는 아이를 거두다. ◆接生，接产。¶그 산파는 한꺼번에 세쌍둥이까지 받아 본 경험이 있다. =那个产婆有接生三胞胎的经验。⓯ 동식물의 씨나 알 따위를 거두어 내다. ◆收(动植物的种子或蛋、卵)。¶꽃씨를 받다. =收花种。⓰ 술 따위를 사다. ◆买(酒等)。¶양조장에서 막걸리를 받아 오다. =从酿酒厂买来米酒。⓱ 흐르거나 쏟아지거나 하는 것을 그릇 따위에 담기게 하다. ◆(用容器)接，装，放，盛。¶목욕물을 욕조에 받다. =用浴缸盛洗澡水。⓲ 색깔이나 모양이 어떤 것에 어울리다. ◆配，相称，协调。¶그녀는 밝은 옷이 잘 받는다. =她和红色衣服非常相称。⓳ 음식물 따위가 비위에 맞다. ◆胃口好，合胃口。¶고기가 몸에 안 받는다. =肉类不合胃口。⓴화장품 따위가 곱게 잘 발린다. ◆上妆，涂抹效果好。¶그렇게 거친 피부에는 화장이 잘 받지 않는다. =那么粗糙的皮肤不好上妆。㉑ 사진이 더 잘 나오는 특성이 있다. ◆上相。¶갸름한 얼굴은 사진이 잘 받는다. =小脸上相。

-받다[2]【접사】'피동'의 뜻을 더하고 동사를 만드는 접미사. ◆后缀被，遭受，挨。¶버림받다. =被抛弃。

받들다【동사】动 ❶ 공경하여 모시다. 또는 소중히 대하다. ◆侍候，侍奉，供奉。¶부모님을 받들다. =侍奉父母。❷ 가르침이나 명령, 의도 따위를 소중히 여기고 마음속으로 따르다. ◆遵照，响应，秉承。¶아버지의 유언을 받들다. =遵照父亲的遗言。❸ 물건의 밑을 받쳐 올려 들다. ◆捧，端。¶밥상을 받들다. =端上饭桌。

받아넘기다【동사】动 ❶ 도매로 물건을 받아서 다른 사람에게 넘겨주다. ◆ 转卖。¶중간 도매상들은 물건을 공장에서 소매점으로 받아넘긴다. =中间批发商把货物从工厂转卖给小卖店。❷ 주고받는 말이나 노래를 받아서 척척 처리하다. ◆ 对答如流。¶까다로운 질문을 잘 받아넘겼다. =对难题对答如流。

받아들이다【동사】动 ❶ 사람들에게서 돈이나 물건 따위를 거두어 받다. ◆ 接受，接收，接纳。¶기업체에서 기부금을 받아들이다. =接受企业的捐款。❷ 다른 문화, 문물을 받아서 자기 것으로 되게 하다. ◆ 吸收，引进。¶서양문화를 받아들이다. =吸收西方文化。❸ 다른 사람의 요구, 성의, 말 따위를 들어주다. ◆ 采纳，听从，答应。¶충고를 받아들이다. =听从劝告。❹ 조직체나 가정 따위에서 어떤 사람을 구성원으로 들어오게 하다. ◆ 接收，招收。¶신입 사원을 받아들이다. =招收新的公司员工。❺ 어떤 사실 따위를 인정하고 용납하거나 이해하고 수용하다. ◆ 接受。¶현실을 받아들이다. =接受现实。❻ 다른 사람의 의견이나 비판 따위를 찬성하여 따르다. 또는 옳다고 인정하다. ◆ 听从，接受，采纳。¶내 논문에 대한 논박을 받아들였다. =我接受了专家对我论文的批评。

받아먹다【동사】动 ❶ 사람이나 동물이 남이 주는 것을 먹다. ◆ 接过来吃。¶새끼들이 먹이를 받아먹다. =小崽们吃饲料。❷ 돈이나 물품 따위를 받아 챙기다. ◆ 收受，接受，接收。¶뇌물을 받아먹은 공무원들이 조사를 받았다. =收受贿赂的公务员接受了调查。

받아쓰기[1]【명사】남이 하는 말이나 읽는 글을 들으면서 그대로 옮겨 씀. 또는 그런 일. ◆ 名听写。¶받아쓰기 시험. =听写考试。

받아쓰다[2]【동사】남이 하는 말이나 읽는 글을 들으면서 그대로 옮겨 쓰다. ◆ 动听写，作笔记。¶강의를 공책에 받아쓰다. =在笔记本上作笔记。

받아치다【동사】다른 사람의 공격이나 비판, 농담 따위에 대응하여 응수하다. ◆ 动对付，回应，应对，顶嘴。¶그의 말을 받아치다. =跟他顶嘴。

받쳐들다【명사】名 ❶ 손바닥이나 쟁반 따위를, 물건의 밑에 대어서 들다. ◆ 捧，托。¶아내는 쟁반에 떡을 받쳐들고 들어왔다. =妻子用托盘托着年糕进来了。❷ 우산이나 양산 등을 펴서 들다. ◆ 撑，打。¶남편은 정류장에서 우산을 받쳐들고 아내를 기다렸다. =丈夫在车站打着伞等着妻子。

받치다【동사】动 ❶ 어떤 물건의 밑에 다른 물체를 올리거나 대다. ◆ 托，垫，支撑。¶기둥을 받치다. =支撑柱子。❷ 우산이나 양산을 펴 들다. ◆ 撑，打。❸ 한글로 적을 때 모음 글자 밑에 자음 글자를 붙여 적다. ◆ (韩语)收音。❹ 화 따위의 심리적 작용이 강하게 일어나다. ◆ 冒(火)，填(膺)，涌上。¶설움이 받쳐서 목메어 울다. =忧怨郁积，不禁哽咽地哭了。❺ 먹은 것이 잘 소화되지 않고 위로 치밀다. ◆ 反胃。¶저녁 먹은 것이 체해서 먹은 것을 다 받쳤다. =晚饭吃积食了，吃的都反上来了。❻ 앉거나 누운 자리가 바닥이 딴딴하게 배기다. ◆ 硌。¶바닥이 받쳐서 잠을 잘 수가 없었다. =床板硌得睡不着觉。

받침【명사】名 ❶ 다른 물건의 밑에 대는 데 쓰게 만든 물건. ◆ 托子，衬垫，底座，垫子。¶책받침. =笔记本衬垫。❷ 한글을 적을 때 모음 글자 아래에 받쳐 적는 자음. '밖', '흙'에서 'ㄲ', 'ㄺ' 따위이다. ◆ 收音，终声。¶유치원에 다니는 아이가 받침이 있는 글자를 틀리지 않고 쓰기란 어렵다. =幼儿园的孩子很难正确地书写有收音的文字。

받침대【명사】물건이 쓰러지지 아니하도록 버티어 두거나 물건의 아래에 받치어 놓는 대. ◆ 名底座，支架。¶카메라 받침대. =照相机支架。

발[1]**(發)**【의존 명사】총알·포탄·화살 따위를 쏜 횟수를 세는 단위. ◆ 依名发，响。¶한 발 한 발 집중하여 사격을 하였다. =一发一发地集中起来射击。

발[2]【명사】가늘고 긴 대를 줄로 엮거나, 줄 따위를 여러 개 나란히 늘어뜨려 만든 물건. 주로 무엇을 가리는 데 쓴다. ◆ 名帘。¶발을 올리다. =拉起帘子。

발[3]【명사】실이나 국수 따위의 가늘고 긴 물체의 가락. ◆ 名条，根，细长条。¶국수의 발이 가늘다. =面条很细。

-발[4]**(發)**【접사】[지명이나 시간을 나타내는 대다수 명사 또는 명사구 뒤에 붙어] 그곳에서 떠남 또는 그 시간에 떠남의 뜻을 더하는 접미사. ◆ 后缀 (从某地或某时)出发，发出，开出。¶대전발 완행열차. =大田发出的慢车。

발[5]【명사】名 ❶ 사람이나 동물의 다리 맨 끝 부분. ◆ 脚，足；爪。¶발을 디디다. =涉足，投身于。❷ 가구 따위의 밑을 받쳐 균형을 잡고 있는, 짧게 도드라진 부분. ◆ 脚，腿。¶식탁의 발이 삐꺽 거리다. =饭桌腿吱嘎吱嘎地响。❸ '걸음'을 비유적으로 이르는 말. ◆〈喻〉步调，步伐，脚步，步子。¶발을 맞추다. =统一步调，步调一致。❹ 걸음을 세는 단위. ◆ 步。¶한 발 뒤로 물러서다. =后退一步。

발가락【명사】발 앞쪽의 갈라진 부분. ◆ 名脚趾，脚指头。¶발가락에 상처가 나다. =脚趾受伤了。

발가벗다【동사】알몸이 되도록 입은 옷을 모두 벗다. ◆ 动裸露，赤身裸体。¶개울가에는 미역을 감기 위해 나온 아이들이 발가벗고 물장난을 치고 있다. =来小溪洗澡的孩子们光着屁股在玩水。● 발가벗기다 ●

발각(發覺)【명사】숨기던 것이 드러남. ◆ 名发觉，察觉。¶비밀 조직에 가담했다가 발각이 나서 고문을 받다. =参加秘密组织被察觉后受到了拷问。● 발각되다(發覺--) ●

발간(發刊)【명사】책, 신문, 잡지 따위를 만들어 냄. ◆ 名发刊，出版，发行。¶책 발간. =出版图书。●발간되다(發刊--), 발간하다(發刊--) ●

발갛다【형용사】밝고 엷게 붉다. ◆ 形鲜红，红彤彤，红。¶발갛게 상기된 얼굴. =涨得通红的脸。

발걸음【명사】발을 옮겨서 걷는 동작. ◆ 名步子，脚步，步伐。¶발걸음이 가볍다. =步伐轻快。

발견(發見)【명사】미처 찾아내지 못하였거나 아직 알려지지 아니한 사물이나 현상, 사실 따위를 찾아 냄. ◆ 名发现，发觉。¶고려청자의 발견. =高丽青瓷

被发现。● 발견되다(發見--), 발견하다(發見--) ●

발광(發光)【명사】빛을 냄. ◆ 图发光。¶발광 물질. =发光物质。● 발광하다(發光--) ●

발광체(發光體)【명사】광원(제 스스로 빛을 내는 물체. 태양, 별 따위가 있다.). ◆ 图发光体。¶발광체가 고장이 났는지 불이 들어오지 않았다. =可能是发光体坏了，不亮了。

발군(拔群)【명사】여럿 가운데에서 특별히 뛰어남. ◆ 图出色，出类拔萃。¶발군의 성적. =出类拔萃的成绩。

발굴(發掘)【명사】图 ❶ 땅속이나 큰 덩치의 흙, 돌더미 따위에 묻혀 있는 것을 찾아서 파냄. ◆ 挖掘，挖，开采 。¶고분 발굴. =挖古坟。❷ 세상에 널리 알려지지 않거나 뛰어난 것을 찾아 밝혀 냄. ◆ 发掘，挖掘，挖。¶인재 발굴. =发掘人才。● 발굴되다(發掘--), 발굴하다(發掘--) ●

발굽【명사】초식 동물의 발끝에 있는 크고 단단한 발톱. ◆ 图蹄子。¶말 발굽소리. =马蹄声。

발그레하다【형용사】엷게 발그스름하다. ◆ 红扑扑，微红。¶그녀의 두 볼이 발그레했다. =她的双颊红扑扑的。● 발그레 ●

발그스름하다【형용사】조금 발갛다. ◆ 形绯红，微红。¶발그스름한 두 뺨. =绯红的双颊。

발급(發給)【명사】증명서 따위를 발행하여 줌. ◆ 图发，办，出。¶카드 발급. =办卡。●발급되다(發給--), 발급하다(發給--) ●

발기(發起)【명사】앞장서서 새로운 일을 꾸며 일으킴. 또는 새로운 일이 일으켜짐. ◆ 图发起，倡议，提议。● 발기하다(發起--) ●

발기발기【부사】여러 조각으로 마구 찢는 모양. ◆ 副碎碎的，粉碎。¶서류를 발기발기 찢었다. =把文件撕得粉碎。

발기인(發起人)【명사】앞장서서 어떤 일을 할 것을 주장하고 그 방안을 마련하는 사람. ◆ 图发起人，创办人，创始人。¶회사 발기인. =公司创办人。

발길【명사】图 ❶ 앞으로 움직여 걸어 나가는 발. ◆ 脚步。¶발길을 재촉하다. =催促脚步。❷ 사람들의 왕래. ◆ 来往。¶발길이 이어지다. =接踵而来。❸ 앞으로 세차게 뻗는 발. ◆ 脚。¶발길로 걷어차다. =用脚踹。

발길질【명사】발로 걷어차는 짓. ◆ 图踢，踹。¶아이는 화가 나면 아무에게나 주먹을 휘두르고 발길질을 해 댔다. =小孩一生气，对谁都拳打脚踢。● 발길질하다 ●

발꿈치【명사】图 ❶ 발의 뒤쪽 발바닥과 발목 사이의 불룩한 부분. ◆ 脚跟，脚后跟。¶발꿈치가 벗어지다. =脚跟裂开了。❷ 어떤 사람이 가진 능력이나 자질의 가장 낮은 수준을 비유적으로 이르는 말. ◆ 俚〈喻〉最低水平。¶너는 그 사람 발꿈치만큼도 해낼 수 없어. =你连他的脚后跟都赶不上。● 발뒤꿈치 ●

발끈【부사】사소한 일에 걸핏하면 왈칵 성을 내는 모양. ◆ 副勃然，突然。¶성을 발끈 내다. =勃然大怒。●발끈하다 ●

발끝【명사】图 ❶ 발의 앞 끝. ◆ 脚尖。¶물끄러미 발끝을 내려다 보다. =愣愣地看着脚尖。❷ 발뒤꿈치(어떤 사람이 가진 능력이나 자질의 가장 낮은 수준을 비유적으로 이르는 말). ◆ 俚〈喻〉最低水平，万分之一。

발단(發端)【명사】어떤 일이 처음으로 벌어짐. 또는 그 일이 처음으로 시작됨. ◆ 图起，始，发源，起源。¶사건의 발단. =事件的发端。● 발단되다(發端--), 발단하다(發端--) ●

발달(發達)【명사】图 ❶ 신체·정서·지능 따위가 성장하거나 성숙함. ◆ 发育。¶신체의 발달. =身体发育。❷ 학문·기술·문명·사회 따위의 현상이 보다 높은 수준에 이름. ◆ 发达，发展。¶경제의 발달. =经济发达。❸ 지리상의 어떤 지역이나 대상이 제법 크게 형성됨. 또는 기압, 태풍 따위의 규모가 점차 커짐. ◆ 增强。¶고기압의 발달. =增强的高气压。● 발달되다(發達--), 발달하다(發達--) ●

발달사(發達史)【명사】어떤 부문이 발달하여 온 과정에 대한 역사. ◆ 图发达史，发展史。¶과학 기술 발달사. =科学技术发展史。

발돋움【명사】图 ❶ 키를 돋우려고 발밑을 괴고 서거나 발끝만 디디고 섬. ◆ 踮起脚尖。¶발돋움해서 보다. =踮脚观望。❷ 어떤 지향(志向)하는 상태나 위치 따위로 나아감. ◆ 奋力前进，跻身。¶성공을 향한 발돋움. =向成功奋力前进。● 발돋움하다 ●

발동(發動)【명사】图 ❶ 움직이거나 작용하기 시작함. ◆ 发挥，产生。¶호기심의 발동. =心生好奇。❷ 동력을 일으킴. ◆ 发动，启动。¶차가 발동이 잘 걸리지 않는다. =车子不好发动。❸ 공공 기관이 법적 권한을 행사함. ◆ 行使，动用。¶경찰력 발동. =动用警力。● 발동되다(發動--), 발동하다(發動--) ●

발동기(發動機)【명사】동력을 일으키는 기계. ◆ 图发动机，引擎，马达。¶요란한 소리를 내며 돌아가던 공장의 발동기가 멈췄다. =工厂里发出刺耳轰鸣声的发动机停了。

발등【명사】발의 위쪽 부분. ◆ 图足背，脚背。¶발등이 벗어지다. =脚背裂开。

발딱【부사】副 ❶ 눕거나 앉아 있다가 날랜 동작으로 갑자기 일어나는 모양. ◆ 霍地，一下子。¶아침에 어머니의 목소리에 발딱 일어났다. =早晨听到妈妈的声音，一下子就起来了。❷ 갑자기 뒤로 반듯하게 자빠지거나, 몸이나 몸의 일부를 잦히는 모양. ◆ 突然仰卧貌。¶그는 두 손을 발딱 뒤로 젖혀 뒷짐을 하고 묻는다. =他两只手向后背过去问。

발라내다【동사】겉에 둘러싸여 있는 것을 벗기거나 헤집고 속의 것을 끄집어내다. ◆ 动剔，刮，剥。¶씨를 발라내다. =剥核。

발랄하다(潑剌--)【형용사】표정이나 행동이 밝고 활기가 있다. ◆ 形朝气蓬勃，生气勃勃，活泼。¶젊고 발랄한 아가씨. =朝气蓬勃的女孩。

발레(ballet<프>)【명사】일정한 이야기 줄거리가 있고 주로 고전 음악 반주에 맞추어 무대에서 추는, 유럽에서 발생한 무용. ◆ 图芭蕾舞。

발레리나(ballerina<이>) 【명사】 발레를 하는 여자 무용수. ◆图芭蕾舞女演员。¶그녀의 꿈은 발레리나가 되는 것이다. =她的梦想是成为芭蕾舞演员。

발령(發令) 【명사】 图 ❶ 명령을 내림. 또는 그 명령. 흔히 직책이나 직위와 관계된 경우를 이른다. ◆ 下令，任命；命令。¶정식 사원으로 발령 나다. =被任命为正式员工。❷ 긴급한 상황에 대한 경보(警報)를 발표함. ◆ 发出(警报)。¶갑자기 내려진 공습경보 발령으로 온 시내가 아수라장이었다. =突然发出的空袭警报使整个市区变得一片混乱。● 발령하다(發令--) ●

발로(發露) 【명사】 숨은 것이 겉으로 드러나거나 숨은 것을 겉으로 드러냄. 또는 그런 것. ◆图表露，体现，暴露，曝光。¶그의 죽음은 희생정신의 발로이다. =他的死是牺牲精神的体现。

발림 【명사】 금품이나 달콤한 말 따위로 살살 비위를 맞추는 일. ◆图花言巧语，迎合，讨好。¶그는 사기꾼의 발림에 속아 많은 재산을 잃었다. =他被骗子的花言巧语所骗，损失了很多财产。

발맞추다 【동사】 여러 사람이 각자의 행동이나 말 따위를 하나의 목표나 방향을 향하여 일치시키다. ◆ 动步调一致。¶시대 흐름에 발맞추다. =与时俱进。

발명(發明) 【명사】 아직까지 없던 기술이나 물건을 새로 생각하여 만들어 냄. ◆ 图发明。¶금속 활자의 발명. =金属活字的发明。● 발명되다(發明--), 발명하다(發明--) ●

발명가(發明家) 【명사】 아직까지 없던 기술이나 물건을 새로 생각하여 만들어 내는 일을 전문적으로 하는 사람. ◆ 图发明家。¶오늘날 산업의 발전은 대부분 발명가들의 노력의 결과이다. =今天工业的发展大部分是发明家们努力的结果。

발명품(發明品) 【명사】 아직까지 없었던 물건을 새로 생각하여 만들어 낸 것. ◆ 图发明品，发明。¶21세기에 들어오면서 컴퓨터 산업과 관련된 다양한 발명품들이 등장하고 있다. =进入21世纪之后，与电脑产业相关的多种发明纷纷问世。

발목 【명사】 다리와 발이 잇닿는 부분. ◆ 图脚腕。¶발목을 삐다. =扭伤脚腕。

발바닥 【명사】 발 아래쪽의 땅을 밟는 평평한 부분. ◆ 图脚底，脚底板。¶발바닥에 물집이 잡혀 더 이상 걸을 수가 없다. =脚底长了水泡，再也走不了路了。

발바리 【명사】 图 ❶ 몸이 작고 다리가 짧은 애완견을 통틀어 이르는 말. 성질이 온순하고 모양이 예쁘다. ◆ 哈巴狗。¶그녀는 큰 상자에서 조그마한 발바리 종류의 강아지 한 마리를 꺼내었다. =她从大箱子里抱出一只小哈巴狗。❷ 별로 중요한 볼일도 없이 경망스럽게 여기저기 잘 돌아다니는 사람을 비유적으로 이르는 말. ◆ 无事忙。¶친구들은 그를 조용히 있지 못하고 쏘다닌대서 '발바리'라고 불렀다. =他整天闲不住，到处乱窜，朋友们叫他"无事忙"。

발발[1] 【부사】 副 ❶ 추위·두려움·흥분 따위로 몸이나 몸의 일부분을 가늘게 자꾸 떠는 모양. ◆ 哆哆嗦嗦地，瑟瑟。¶비를 쫄딱 맞은 개가 처마 밑에서 발발 떨고 있었다. =被雨淋透的狗在屋檐下瑟瑟发抖。❷ 무엇을 아주 아끼거나 중요하게 생각하여 노심초사하는 모양. ◆ 吝啬，小气。¶나는 네가 시험 점수나 가지고 발발 떠는 그런 학생이기를 바라지 않는다. =我不希望你是那种对考试分数斤斤计较的学生。

발발[2](勃發) 【명사】 전쟁이나 큰 사건 따위가 갑자기 일어남. ◆图爆发。● 발발하다(勃發--) ●

발버둥 【명사】 图 ❶ [주로 '치다'와 함께 쓰여] 불평불만이 있어 다리를 뻗었다 오므렸다 하며 몸부림을 하는 일. ◆ 蹬腿。¶아기가 떼를 쓰면서 발버둥을 쳤다. =孩子蹬着腿耍赖。❷ 온갖 힘이나 수단을 다하여 애를 쓰는 일을 비유적으로 이르는 말. ◆ 挣扎。¶파산을 면하려고 밤낮으로 발버둥치다. =为了避免破产而日夜苦苦挣扎。● 발버둥질, 발버둥치다 ●

발병[1](發病) 【명사】 병이 남. ◆图发病。¶이곳은 전염병 발병이 잦아서 주의를 요하는 지역이다. =这里传染病发病频繁，是要多加注意的地区。● 발병하다(發病--) ●

발병[2](-病) 【명사】 [주로 '나다'와 함께 쓰여] 주로 길을 많이 걷거나 하여 발에 생기는 병. ◆图脚病。¶발병으로 절룩거리다. =因为脚病而一瘸一拐的。

발본색원(拔本塞源) 【명사】 좋지 않은 일의 근본 원인이 되는 요소를 완전히 없애 버려서 다시는 그러한 일이 생길 수 없도록 함. ◆ 图清本肃源，根除，铲除。● 발본색원하다(拔本塞源--) ●

발부(發付) 【명사】 발급(증명서 따위를 발행하여 줌). ◆ 图发放，颁发，发出。¶사전 구속 영장 발부. =事先发出拘捕令。● 발부되다(發付--), 발부하다(發付--) ●

발뺌 【명사】 자기가 관계된 일에 책임을 지지 않고 빠짐. 또는 그렇게 하기 위하여 하는 말. ◆图摆脱，逃避。¶피의자는 대부분의 혐의를 발뺌으로 일관했다. =嫌疑人始终不承认大部分嫌疑。● 발뺌하다 ●

발사(發射) 【명사】 활·총포·로켓이나 광선, 음파 따위를 쏘는 일. ◆ 图发射，放，开。¶소총 발사. =开枪。● 발사되다(發射--), 발사하다(發射--) ●

발산(發散) 【명사】 图 ❶ 감정 따위가 밖으로 퍼져서 흩어지게 함. ◆ 发泄，宣泄。¶축제는 욕망 발산의 장이다. =庆典是感情宣泄的场所。❷ 냄새·빛·열 따위가 사방으로 퍼져 나감. ◆ 散发，发散。¶향기의 발산. =散发出香气。● 발산되다(發散--), 발산하다(發散--) ●

발상[1](發想) 【명사】 어떤 생각을 해냄. 또는 그 생각. ◆ 图想法。¶시대착오적인 발상. =错误解读时代的想法。● 발상하다(發想--) ●

발상[2](發祥) 【명사】 역사적으로 큰 의의를 가질 만한 일이 처음으로 시작됨. ◆图发祥，起源。¶인류의 발상. =人类起源。● 발상하다(發祥--) ●

발상지(發祥地) 【명사】 역사적으로 큰 가치가 있는 어떤 일이나 사물이 처음 나타난 곳. ◆图发祥地，发源地。¶고대 문명의 발상지. =古代文明的发祥地。

발생(發生) 【명사】 어떤 일이나 사물이 생겨남.

◆ 图发生，产生。¶화재가 발생하였다. =发生了火灾。● 발생되다(發生--), 발생하다(發生--) ●

발생지(發生地)【명사】어떤 일이나 사물이 생겨난 곳. ◆ 图发生地。¶사건 발생지. =事件发生地。

발성(發聲)【명사】목소리를 냄. 또는 그 목소리. ◆ 图发声，发音。¶발성 연습을 하다. =进行发声练习。

발소리【명사】발을 옮겨 디딜 때 발이 바닥에 닿아 나는 소리. ◆ 图脚步声。¶발소리를 내다. =发出脚步声。

발송(發送)【명사】물건, 편지, 서류 따위를 우편이나 운송 수단을 이용하여 보냄. ◆ 图发送，邮寄。¶물품을 발송하다. =发送物品。● 발송되다(發送--), 발송하다(發送--) ●

발신(發信)【명사】소식이나 우편 또는 전신을 보냄. 또는 그런 것. ◆ 图发信，发报。¶발신 날짜. =发信日期。● 발신하다(發信--) ●

발신인(發信人)【명사】소식이나 우편 또는 전신 따위를 보낸 사람. ◆ 图寄信人，发报人。¶편지에 발신인이 없어 누가 보냈는지 알 수 없다. =信上没写寄信人，不知道是谁寄的。

발아(發芽)【명사】图 ❶ 초목의 눈이 틈. ◆ (草木)发芽，萌芽。¶봄이 되어 나무의 눈이 발아하기 시작했다. =春天到了，树木开始发芽。❷ 씨앗에서 싹이 틈. ◆ (种子)发芽，萌芽。¶날씨 탓인지 발아가 늦어진다. =可能是因为天气原因，种子发芽延迟了。❸ 어떤 사물이나 사태가 비롯함을 비유적으로 이르는 말. ◆ (事物或事态)萌芽。● 발아하다(發芽--) ●

발악(發惡)【명사】온갖 짓을 다 하며 마구 악을 씀. ◆ 图发狂，拼命挣扎。¶최후의 발악을 하다. =进行最后的挣扎。● 발악하다(發惡--) ●

발암(發癌)【명사】암이 생김. 또는 암이 생기게 함. ◆ 图致癌。¶발암 성분. =致癌成分。

발언(發言)【명사】말을 꺼내어 의견을 나타냄. 또는 그 말. ◆ 图发言，发话。● 발언하다(發言--) ●

발언권(發言權)【명사】图 ❶ 회의에서 자기의 의견을 말할 수 있는 권리. ◆ 发言权。¶발언권을 갖다. =有发言权。❷ 발언에 대한 권위나 영향력. ◆ 发言的权威性或影响力。

발열(發熱)【명사】图 ❶ 열이 남. 또는 열을 냄. ◆ 发热。¶반딧불은 발열이 없이 빛만 낸다. =萤光只发光不发热。❷ 체온이 높아짐. 또는 그런 증상. 세균 감염에 의한 염증이 있을 때에 흔히 나타나는 증상이다. ◆ 发烧，发热。¶그는 발열이 심해져서 병원으로 실려 갔다. =他发烧很厉害，被送进医院。

발원[1](發願)【명사】신이나 부처에게 소원을 빎. 또는 그 소원. ◆ 图祈祷，祈愿。¶발원이 이루어지다. =实现祈愿。● 발원하다(發願--) ●

발원[2](發源)【명사】图 ❶ 흐르는 물줄기가 처음 생김. 또는 그런 것. ◆ (江河) 发源，源头。❷ 사회 현상이나 사상 따위가 맨 처음 생겨남. 또는 그런 것. ◆ (社会现象或思想等的) 起源，源头。❸ 흐르는 물줄기가 처음 시작한 곳. 발원지. ◆ (河流的) 发源地，源头。¶오대산은 남한강의 발원 가운데 하나이다. =韩国五台山是南汉江的发源地之一。❹ 어떤 사회 현상이나 사상 따위가 맨 처음 생기거나 일어난 곳. ◆ (社会现象或思想等的) 发源地，发祥地。● 발원하다(發源--) ●

발원지(發源地) 图 【명사】흐르는 물줄기가 처음 시작한 곳. ◆ (河流的) 发源地，源头。

발육(發育)【명사】생물체가 자라 남. ◆ 图发育。¶이 아이는 발육이 더디다. =这孩子发育缓慢。● 발육하다(發育--) ●

발음(發音)【명사】음성을 냄. 또는 그 음성. ◆ 图发音，发声。¶발음이 부정확하다. =发音不正确。● 발음되다(發音--), 발음하다(發音--) ●

발자국【명사】图 ❶ 발로 밟은 자리에 남은 모양. ◆ 脚印，足迹。¶구두 발자국. =鞋印。❷ 발을 한 번 떼어 놓는 걸음을 세는 단위. ◆ 步。¶몇 발자국 뒤로 물러서다. =向后退几步。

발자취【명사】图 ❶ 발로 밟고 지나갈 때 남는 흔적. 또는 그때 나는 소리. ◆ 脚印，足迹；脚步声。¶발자취를 찾다. =寻找足迹。❷ 지나온 과거의 역정을 비유적으로 이르는 말. ◆ 足迹，历程。¶선인의 발자취를 더듬다. =探寻先人的足迹。

발작(發作)【명사】어떤 병의 증세나 격한 감정, 부정적인 움직임 따위가 갑자기 세차게 일어남. ◆ 图发作。¶발작을 일으키다. =引发。● 발작하다(發作--) ●

발전[1](發展)【명사】图 ❶ 더 낫고 좋은 상태나 더 높은 단계로 나아감. ◆ 发展，进步。¶신유 산업을 발전시키다. =发展新兴产业。❷ 일이 어떤 방향으로 전개됨. ◆ 发展。¶사태가 엉뚱한 방향으로 발전했다. =事态向着出人意料的方向发展。● 발전되다(發展--), 발전시키다(發展---), 발전하다(發展--) ●

발전[2](發電)【명사】전기를 일으킴. ◆ 图发电。¶낙차가 커 발전에는 유리하나 환경이 파괴되는 것이 문제였다. =落差大有利于发电，但问题是会破坏环境。

발전기(發電機)【명사】도체가 자기 마당에서 운동할 때 전기가 발생하는 것을 이용하여, 역학적 에너지를 전기 에너지로 바꾸는 장치를 통틀어 이르는 말. ◆ 图发电机。¶대기업은 정전을 대비해 자체 발전기를 보유하고 있다. =为了防止停电，大企业拥有自己的发电机。

발전상(發展相)【명사】발전한 모습. ◆ 图发展状况。¶조국의 발전상을 담은 사진첩. =记载着祖国发展状况的影集。

발전소(發電所)【명사】전기를 일으키는 시설을 갖춘 곳. 수력·화력·원자력·풍력·조력·태양력·지열 따위로 발전기를 돌려 전기를 일으킨다. ◆ 图发电厂，发电站。¶화력 발전소. =火力发电站。

발정(發情)【명사】图 동물이 성호르몬에 의하여 성적 충동을 일으킴. 또는 그 성적 충동. 주로 동물의 암컷에게 일어나는데 번식기에 나타난다. ◆ 发情。¶암소가 발정을 일으켰다. =母牛发情。● 발정하다(發情--) ●

발족(發足)【명사】어떤 조직체가 새로 만들어져서 일을 시작함. ◆ 图成立，启动，发端。● 발족되다(發足--), 발족시키다(發足---), 발족하다(發足--) ●

발주(發注)【명사】물건을 보내 달라고 주문함. 주로 공사나 용역 따위의 큰 규모의 거래에서 이루어진다. ◆ 图定购，定制，招标。¶정부가 공사를 발주하기 위해 공고를 내다. =政府发出公告进行工程招标。● 발주하다(發注--) ●

발진(發疹)【명사】피부 부위에 작은 종기가 광범위하게 돋는 질환. 또는 그런 상태. 약물이나 감염으로 인해 발생한다. ◆ 图出疹子。¶발진이 생기면 절대로 손으로 긁지 마십시오. =如果出了疹子，绝对不能用手抓。

발짓【명사】발을 움직이는 일. ◆ 图脚部动作。¶대화 때에 손짓이나 발짓 같은 몸짓을 많이 하면 천해 보인다. =对话时肢体动作过多，手、脚老动，会让人觉得浅薄。

발짝【의존 명사】발을 한 번 떼어 놓는 걸음을 세는 단위. ◆ 依名 步。¶두 발짝 앞으로 다가서다. =向前走两步。

발차(發車)【명사】자동차, 기차, 전동차 따위가 떠남. ◆ 图发车。¶발차 신호. =发车信号。● 발차하다(發車--) ●

발치【명사】图 ❶ 누울 때 발이 가는 쪽. ◆ (躺着时的)脚下。¶어려서 형들의 발치에서 잠자곤 했다. =小时候总在哥哥们的脚下睡觉。❷ 발이 있는 쪽. ◆ 脚的方向。❸ 사물의 꼬리나 아래쪽이 되는 끝 부분. ◆ 下端。¶침대발치. =床的下端。

발칵【부사】副 ❶ 갑작스럽게 화를 내거나 기운을 쓰는 모양. ◆ 猛然，勃然。¶화를 발칵 내다. =勃然大怒。❷ 갑작스럽게 온통 소란해지거나 야단스러워지는 모양. ◆乱作一团的样子。¶온동네가 발칵 뒤집혔다. =全村突然乱作一团。❸ 닫혀 있던 것을 갑자기 여는 모양. ◆ 猛地(打开貌)。¶현관문을 발칵 열었다. =猛地打开正门。

발코니(balcony)【명사】图 ❶ 노대. ◆ 阳台，露台。¶발코니 아래로 강물이 흐르고 있다. =江水在阳台下流淌。❷ 극장의 이 층에 만든 특별석. ◆ (戏院的)包厢。

발탁(拔擢)【명사】여러 사람 가운데서 쓸 사람을 뽑음. ◆ 图擢升，提拔。¶새로운 인물과 개혁 인사의 발탁으로 수구 세력을 견제할 수 있게 되었다. =提拔新人和改革人士可以牵制守旧势力。● 발탁되다(拔擢--), 발탁하다(拔擢--) ●

발톱【명사】발가락의 끝을 덮어 보호하고 있는, 뿔같이 단단한 물질. ◆ 图脚趾甲。¶발톱이 상하다. =脚趾甲受伤。

발파(發破)【명사】바위나 대상물 속에 구멍을 뚫어 폭약을 재어 넣고 폭파시킴. ◆ 图爆破。¶광산에서 발파작업이 한창이다. =矿山中正在热火朝天地进行爆破作业。● 발파되다(發破--), 발파하다(發破--) ●

발판(-板)【명사】图 ❶ 어떤 곳을 오르내리거나 건너다니기 좋게 하기 위해 걸쳐놓은 발 디디는 곳. ◆ 跳板，踏板。¶배가 도착하자 그는 사다리 모양의 발판을 가로질러 놓고 승선하였다. =船到了以后，他横铺上梯子状的踏板后登船。❷ 키를 돋우기 위해 발밑에 받쳐 놓고 그 위에 올라서는 물건. ◆ 垫脚物。¶천정 작업할 때 철제의자를 발판으로 사용하니 매우 편리하였다. =进行天花板作业时，使用铁椅子做垫脚物很方便。❸ 다른 곳으로 진출하기 위하여 이용하는 수단을 비유적으로 이르는 말. ◆ 基础。¶그는 새롭게 가수 활동을 시작하기 위한 발판을 마련하기 위해 열심히 노력하였다. =为了打下重新开始歌手事业的基础，他十分努力。❹ 악기나 기계 따위에서 발을 얹고 밟아서 그것을 작동하게 하거나 작동을 도울 수 있게 되어 있는 부분. ◆ 踏板，脚踏板。¶그는 다시 자전거 발판을 굴려 휭 가버렸다. =他重新蹬着自行车的踏板，“呼”地一下骑走了。❺ 체조·육상·수영·다이빙 따위의 경기에서, 뛰는 힘을 돕기 위하여 쓰는 도구. ◆ 跳板，跳台。¶그 놈은 이미 저만치 달아나 뜀틀 앞에 놓여 있던 발판을 뛰어넘고 있었다. =那个家伙已经跑过来，正在越过跳马前面的踏板。

발포[1](發砲)【명사】총이나 포를 쏨. ◆ 图开炮，开火。¶발포 명령을 내리다. =下达开炮命令。● 발포하다(發砲--) ●

발포[2](發布)【명사】법령이나 정책·정강(政綱) 따위를 세상에 널리 펴서 알림. ◆ 图发布，颁布。¶비상계엄령을 발포하다. =发布紧急戒严令。● 발포되다(發布--), 발포하다(發布--) ●

발표(發表)【명사】어떤 사실이나 결과 따위를 세상에 널리 드러내어 알림. ◆ 图发表，公布。¶논문 발표를 마쳤다. =完成论文发表。● 발표되다(發表--), 발표하다(發表--) ●

발표회(發表會)【명사】연구, 창작, 활동 따위의 결과를 공개적으로 드러내어 알리는 모임. ◆ 图发布会。¶전통 무용 발표회를 열다. =举办传统舞蹈发布会。

발행(發行)【명사】图 ❶ 출판물이나 인쇄물을 찍어서 세상에 펴냄. ◆ 发，发行，刊行。¶청첩장 발행. =发请帖。❷ 화폐, 증권, 증명서 따위를 만들어 세상에 내놓아 널리 쓰도록 함. ◆ 发行。¶화폐 발행은 신중해야 한다. =发行货币要慎重。● 발행되다(發行--), 발행하다(發行--) ●

발행인(發行人)【명사】图 ❶ 출판물을 발행하는 사람. ◆ 发行人，发行者。¶그는 이 출판사의 발행인이다. =他是该出版社的发行人。❷ 법이 정해 놓은 요건을 갖춘 어음이나 수표를 최초로 작성하여 교부하는 사람. ◆ 发行人。

발현(發現/發顯)【명사】속에 있거나 숨은 것이 밖으로 나타나거나 그렇게 나타나게 함. 또는 그런 결과. ◆ 图表露，表现，体现。¶자의식의 발현. =自我意识的体现。● 발현되다(發現--/發顯--), 발현하다(發現--/發顯--) ●

발화(發火)【명사】불이 일어나거나 타기 시작함. 또는 그렇게 되게 함. ◆ 图起火，点火。¶발화 지점을 조사하다. =调查起火地点。● 발화되다(發火--),

발화하다(發火--) ●

발효[1](發效) 【명사】 조약, 법, 공문서 따위의 효력이 나타남. 또는 그 효력을 나타냄. ◆ 图生效。¶계약 발효. =合约生效。● 발효되다(發效--), 발효하다(發效--) ●

발효[2](醱酵) 【명사】 미생물이나 효소의 작용으로 유기물이 화학적으로 변화하는 현상. ◆ 图发酵。¶음식물이 삭아서 발효가 되면 원래 성분의 맛은 중화되어 제3의 맛으로 변한다. =食物变质发酵后，原来成分的味道中和后变成一种新的味道。● 발효되다(醱酵--), 발효하다(醱酵--)】●

발휘(發揮) 【명사】 재능, 능력 따위를 떨치어 나타냄. ◆ 图发挥，施展，发扬。¶어린이들에게 필요한 것은 잠재된 재능 발휘이다. =发挥小孩子们的潜能是很有必要的。● 발휘되다(發揮--), 발휘하다(發揮--) ●

발흥(勃興) 【명사】 갑자기 일어나 한창 잘되어 나감. ◆ 图蓬勃兴起。¶산업의 발흥은 하루아침에 이루어지는 것이 아니다. =产业的蓬勃兴起不是一朝一夕就能实现的事情。

밝기 【명사】 图 ❶ 빛이나 불의 밝은 정도. ◆ 光度，亮度。¶스탠드의 밝기를 조절해야 할 것 같다. =好像应该调节观众席的亮度。❷ '명도'를 일상적으로 이르는 말. ◆ 色泽度。¶색깔에 따라 밝기가 다른 것은 물론 같은 색깔이라도 밝기에 따라 다른 색깔로 느껴질 수 있다. =颜色不同亮度自然不同，但即使颜色相同，如果亮度不同，也会给人以不同颜色的感觉。

밝다 【형용사】 形 ❶ 불빛 따위가 환하다. ◆ 明亮。¶햇살이 눈부시게 밝다. =阳光明亮耀眼。❷ 빛깔의 느낌이 환하고 산뜻하다. ◆ 鲜明，鲜艳。❸ 감각이나 지각의 능력이 뛰어나다. ◆ 灵敏。¶귀가 밝다. =耳朵灵敏。❹ 생각이나 태도가 분명하고 바르다. ◆ 明晓。¶사리에 밝다. =明晓事理。❺ 인지(認知)가 깨어 발전된 상태에 있다. ◆ 清明，透明。❻ 예측되는 미래 상황이 긍정적이고 좋다. ◆ 充满希望，光明。¶청년들의 미래는 밝다. =青年们的未来充满希望。❼ 생각이나 태도가 분명하고 바르다. ◆ 彬彬有礼。¶경우가 밝은 사람. =举止彬彬有礼的人。❽ 어떤 일에 대하여 잘 알아 막히는 데가 없다. ◆ 通晓。¶세상 물정에 밝다. =通晓世故。

밝히다 【동사】 动 ❶ '밝다'의 사동사. ◆ 照亮。¶촛불로 방 안을 밝히다. =烛光照亮房间。❷ 빛을 내는 물건에 불을 켜다. ◆ 点(火)，开(灯)。¶촛불을 밝히다. =点蜡烛。❸ 자지 않고 지내다. ◆ 熬(夜)。¶뜬눈으로 밤을 밝히다. =整夜没有合眼。❹ 드러나게 좋아하다. ◆ 爱。¶돈을 밝히다. =爱财。❺ 진리, 가치, 옳고 그름 따위를 판단하여 드러내 알리다. ◆ 宣布，公布。¶죄상을 밝히다. =公布罪状。❻ 드러나지 않거나 알려지지 않은 사실, 내용, 생각 따위를 드러내 알리다. ◆ 查明，弄清。¶신분을 밝히다. =弄清身份。

밟다 【동사】 动 ❶ 발을 들었다 놓으면서 어떤 대상 위에 대고 누르다. ◆ 踩，踏。¶지뢰를 밟다. =踩地雷。❷ (비유적으로) 힘센 이가 힘 약한 이를 눌러 못 살게 굴다. ◆ 欺凌，践踏。¶약자를 힘으로 밟다. =恃强凌弱。❸ 어떤 대상을 디디거나 디디면서 걷다. ◆ 踩，踏。¶층계를 밟고 오르다. =踏阶而上。❹ 어떤 일을 위하여 순서나 절차를 거쳐 나가다. ◆ 沿着，顺着，履行。¶절차를 밟다. =履行顺序。❺ 어떤 이의 움직임을 살피면서 몰래 뒤를 따라가다. ◆ 跟踪，尾随。¶혐의자의 뒤를 밟다. =跟踪嫌疑人。❻ 어떤 일을 겪고 행하다. ◆ 遵循，沿着。¶선인들의 전철(前轍)을 밟다. =沿着前人的足迹。❼ 비유적으로 어떤 곳에 도착하다. ◆ 到达，踏上。¶고국 땅을 다시 밟다. =再次踏上故国的土地。● 밟히다 ●

밤[1] 【명사】 밤나무의 열매. 가시가 많이 난 송이에 싸여 있고 갈색 겉껍데기 안에 얇고 맛이 떫은 속껍질이 있으며, 날것으로 먹거나 굽거나 삶아서 먹는다. ◆ 图栗子。¶올해는 밤이 풍년이다. =今年栗子大丰收。

밤[2] 【명사】 해가 져서 어두워진 때부터 다음 날 해가 떠서 밝아지기 전까지의 동안. ◆ 图夜，夜间，夜晚，夜里，晚上。¶캄캄한 밤. =漆黑的夜晚。

밤길 【명사】 밤에 걷는 길. ◆ 图夜路。¶밤길에 조심해라. =走夜路时小心。

밤나무 【명사】 참나뭇과의 약밤나무, 모밀잣밤나무, 산밤나무 따위를 통틀어 이르는 말. ◆ 图栗树。¶올해는 밤나무에 밤이 많이 열렸다. =今年栗树结了很多果实。

밤낮[1] 【부사】 밤과 낮을 가리지 않고 늘. ◆ 副日以继夜，不分昼夜。¶밤낮 일만 해도 먹고살기가 힘들다. =尽管不分昼夜地忙碌，但还是难以维持生计。

밤낮[2] 【명사】 밤과 낮을 아울러 이르는 말. ◆ 图日夜，昼夜。¶그는 소처럼 밤낮없이 일만 한다. =他像牛似的不分昼夜地干活。

밤낮없이 【부사】 언제나 늘. ◆ 副没日没夜。¶그는 밤낮없이 돈타령이다. =他没日没夜地唠叨钱的事。

밤눈 【명사】 어두운 밤에 어떤 것을 볼 수 있는 시력. ◆ 图夜视力。¶그는 밤눈이 안 좋다. =他夜视力不好。

밤늦다 【형용사】 밤이 깊다. ◆ 形夜深。¶밤늦은 시각에 들어가다. =深夜归来。

밤새 【명사】 밤이 지나는 동안. ◆ 图夜间。¶밤사이 눈이 내렸다. =夜间下雪。

밤새우다 【동사】 잠을 자지 않고 밤을 보내다. ◆ 动熬夜，彻夜不眠。¶밤새워 일하다. =熬夜做事。

밤색(-色) 【명사】 여문 밤의 겉껍질 빛깔과 같이 검은색을 띤 갈색. ◆ 图褐色，棕色。¶머리를 밤색으로 염색을 하다. =把头发染成褐色。

밤샘 【명사】 잠을 자지 않고 밤을 보냄. ◆ 图熬夜，彻夜。¶밤샘 작업을 하다. =彻夜作业。● 밤샘하다 ●

밤송이 【명사】 밤알을 싸고 있는 두꺼운 겉껍데기. 가시가 많이 돋쳐 있고 밤이 여물면 네 갈래로 벌어져 밤알이 떨어진다. ◆ 图毛栗子，栗房。¶밤송이 가시에 찔리다. =被毛栗子的刺扎到。

밤일【명사】图 밤에 하는 일. ◆ 夜间工作，夜工。¶밤일을 마치고 집에 돌아오다. =做完夜工回家。

밤잠【명사】 밤에 자는 잠. ◆图夜眠。¶밤잠을 못 이루다. =夜里难以入睡。

밤중(-中)【명사】 밤이 깊은 때. ◆ 图深夜，半夜三更。¶깜깜한 밤중에 어딜 나가느냐? =半夜三更的，到哪里去啊?

밤차(-車)【명사】 밤에 다니는 차. 주로 기차를 이른다. ◆图夜车，夜班车。¶밤차로 여행을 가다. =坐夜车去旅行。

밤참【명사】 저녁밥을 먹고 난 한참 뒤 밤중에 먹는 음식. ◆ 图夜宵，夜餐。¶밤참을 좋아한다. =喜欢夜宵。

밤톨【명사】 낱낱의 밤알. ◆ 图栗子颗粒。¶밤톨이 굵다. =栗子粒大。

밤하늘【명사】 밤의 하늘. ◆ 图夜空。¶밤하늘에 반짝이는 별들. =夜空中闪烁的星星。

밥【명사】图 ❶ 쌀, 보리 따위의 곡식을 씻어서 솥 따위의 용기에 넣고 물을 알맞게 부어, 낟알이 풀어지지 않고 물기가 잦아들게 끓여 익힌 음식. ◆ 饭，米饭。¶밥을 담다. =盛饭。❷ 끼니로 먹는 음식. ◆ 饭，食物。¶밥을 차려 주다. =准备饭。❸ 동물의 먹이. ◆ 饲料。¶식당에서 남은 음식은 돼지밥으로 썼다. =把饭店的剩饭用来当作猪饲料。❹ 나누어 가질 물건 중 각각 갖게 되는 한 부분. ◆自己的一份。제 밥은 제가 찾아 먹어야지 남이 어떻게 챙겨 주니. =自己的一份要自己找来吃，别人怎么给你准备? ❺ 남에게 눌려 지내거나 이용만 당하는 사람을 비유적으로 이르는 말. ◆ ⑱玩物，掌中物。¶그는 그녀 앞에선 꼼짝 못하는 그녀의 밥이었다. =他是她的掌中之物，在她面前大气都不敢出。

밥그릇【명사】图 ❶ 밥을 담는 그릇. ◆ 饭碗，餐具。¶밥그릇을 씻다. =刷碗。❷ 밥벌이를 위한 일자리를 속되게 이르는 말. ◆⑱饭碗，生计。¶모두들 밥그릇이 떨어질까 봐 조마조마한 상태다. =所有人都因为怕丢了饭碗而提心吊胆。

밥맛【명사】图 ❶ 밥에서 나는 맛. ◆ 饭的味道。¶오늘 따라 밥맛이 좋다. =今天饭的味道格外好。❷ 밥을 비롯한 음식이 입에 당기어 먹고 싶은 상태. ◆ 食欲，胃口。¶밥맛이 나다. =有胃口。

밥물【명사】图 ❶ 밥을 지을 때 쌀 따위의 양에 맞추어 솥이나 냄비에 붓는 물. ◆ 蒸饭的水。¶밥물을 알맞게 잡다. =蒸饭的水加得合适。❷ 밥이 끓을 때 넘쳐흐르는 걸쭉한 물. ◆ 米汤。¶밥물이 넘지 않도록 불을 조절해라. =调好火，别让米汤溢出来。

밥벌이【명사】图 ❶ 먹고살기 위하여 하는 일. ◆ 挣口饭吃。¶밥벌이를 하다. =挣饭吃。❷ 겨우 밥이나 먹고 살 수 있을 만큼 돈을 버는 일. ◆ 糊口。¶겨우 밥벌이나 한다. =勉强糊口。● 밥벌이하다 ●

밥상(-床)【명사】 음식을 차리는 데 쓰는 상. 또는 음식을 갖추어 차린 상. ◆ 图饭桌。¶밥상을 차리다. =摆饭桌。

밥알【명사】 밥 하나하나의 알. ◆ 图饭粒。¶밥알을 세다. =没有食欲，勉强吃饭。

밥줄【명사】 벌어서 먹고살 수 있는 방법이나 수단을 속되게 이르는 말. ◆ 图饭碗，生计，生存手段。¶그 포장마차는 우리의 마지막 밥줄이었다. =那个路边小吃摊是我们最后的生计。

밥통(-桶)【명사】图 ❶ 밥을 담는 통. ◆ 盛饭的桶，饭盆。¶걸인이 밥통을 옆구리에 낀 채 집 안을 기웃거렸다. =乞丐腋下夹着饭盆，往屋里张望。❷ '위(胃)'를 속되게 이르는 말. ◆ ⑱胃。¶밥통이 비어서 기운을 못 쓰겠다. =胃里空空的，提不起精神。❸ 밥만 축내고 제구실도 못하는 사람을 낮잡아 이르는 말. ◆ ⑱酒囊饭袋，饭桶。¶그 일도 제대로 못 하다니 밥통이구나. =连那件事都做不好，真是饭桶。

밥풀【명사】图 ❶ 밥알. ◆ 饭粒。¶입가에 붙은 밥풀을 손으로 떼었다. =用手取下粘在嘴角的饭粒。❷ 풀 대신 어떤 것을 붙이는 데 쓰기 위하여 밥을 이긴 것. ◆ (用来代替糨糊的)黏饭粒。¶벽지를 밥풀로 붙였다. =用黏饭粒贴壁纸。

밥하다【동사】 밥을 짓다. ◆ 圙做饭。¶이 솥은 밥하는데 오래 걸린다. =用这口锅做饭花的时间很长。

밧줄【명사】 삼 따위로 세 가닥을 지어 굵다랗게 꼰 줄. ◆ 图绳索，粗绳。¶밧줄로 동여매다. =用绳索捆绑。

방[1](房)【명사】 사람이 살거나 일을 하기 위하여 벽 따위로 막아 만든 칸. ◆ 图房子，房屋。¶안방. =里屋。

방[2](放)【의존 명사】 依名 ❶ 총포를 쏘거나 남포 따위를 터뜨리는 횟수를 세는 단위. ◆ 发，次。❷ 주먹, 방망이 따위로 치는 횟수를 세는 단위. ◆ 拳，(本垒打)支。¶주먹 한 방에 나가떨어지다. =被一拳打翻。❸ 사진을 찍는 횟수나 필름 장수(張數)를 세는 단위. ◆ (照片)张。¶한곳에서 여러 방 찍을 필요는 없다. =不必在同一个地方照好几张照片。

방갈로(bungalow)【명사】 처마가 깊숙하고 정면에 베란다가 있는 인도식의 작은 단층집. ◆图孟加拉式平房，平房。

방게【명사】 바위겟과의 하나. ◆图三尺厚蟹。

방계(傍系)【명사】图 ❶ 시조가 같은 혈족 가운데 직계에서 갈라져 나온 친계. ◆ 旁系。¶족보는 직계와 방계로 나누어 기록한다. =族谱按照直系和旁系进行记录。❷ 직접적이고 주(主)된 계통에서 갈라져 나가거나 벗어나 있는 관련 계통. ◆ 支系，分支。¶방계 조직. =支系组织。

방고래(房--)【명사】 방의 구들장 밑으로 나 있는, 불길과 연기가 통하여 나가는 길. ◆ 图炕道，炕洞。¶그는 방고래가 꺼지도록 한숨을 쉬었다. =他长叹了一口气。

방공호(防空壕)【명사】 적의 항공기 공습이나 대포, 미사일 따위의 공격을 피하기 위하여 땅속에 파 놓은 굴이나 구덩이. ◆图防空掩体。¶방공호로 대피하다. =躲到防空掩体里。

방과(放課)【명사】 [주로 '전', '후', '시간'과 함께 쓰여] 그 날 하루에 하도록 정해진 학과가 끝남. 또는 학과를 끝냄. ◆ 图放学。¶방과 후에 영화를 보러 가다. =放学后去看电影。

방관(傍觀)【명사】어떤 일에 직접 나서서 관여하지 않고 곁에서 보기만 함. ◆图旁观。¶그는 자기는 이 일에 아무 상관이 없다는 듯, 우두커니 팔짱을 끼고 방관만 하고 있는 것이었다. =他呆呆地袖手旁观，好像自己跟那件事毫无关系似的。

방광(膀胱)【명사】콩팥에서 흘러나오는 오줌을 저장하였다가 일정한 양이 되면 요도를 통하여 배출시키는 주머니 모양의 기관. ◆图膀胱。

방구석(房--)【명사】图 ❶ 방 안의 네 귀퉁이. ◆ 屋子角落。¶그는 방구석에 틀어박혀 나오질 않는다. =他待在屋子角落里不出来。❷ 방 또는 방 안을 속되게 이르는 말. ◆ 屋子里。¶이 화창한 봄날에 방구석에서 뒹굴고만 있을 거냐? =在这样风和日丽的春日里，难道要在屋子里无所事事地度过吗?

방귀【명사】음식물이 배 속에서 발효되는 과정에서 생기어 항문으로 나오는 구린내 나는 무색의 기체. ◆图屁。¶방귀를 뀌다. =放屁。

방글방글【부사】입을 조금 벌리고 소리 없이 귀엽고 보드랍게 웃는 모양. ◆副笑盈盈地，笑吟吟地。¶아기가 살포시 잠을 깨더니 방글방글 웃는다. =孩子轻轻从梦中醒来，盈盈笑了。

방금(方今)【명사】말하고 있는 시점보다 바로 조금 전이나 후. 또는 같은 때. ◆图方才，刚才，刚刚。¶나는 그 소식을 방금에야 들었다. =我刚刚听说那个消息。

방긋【부사】입을 예쁘게 약간 벌리며 소리 없이 가볍게 한 번 웃는 모양. ◆副莞尔。¶방긋 웃다. =莞尔一笑。

방긋방긋【부사】입을 예쁘게 약간 벌리며 자꾸 소리 없이 가볍게 웃는 모양. ◆ 副莞尔，笑盈盈地，笑吟吟地。¶아기가 방긋방긋 웃는다. =孩子笑盈盈地。

방긋이【부사】방긋. ◆副莞尔。¶그녀는 손을 흔들며 방긋이 웃었다. =她摇着手莞尔一笑。

방년(芳年)【명사】이십 세 전후의 한창 젊은 꽃다운 나이. ◆图芳龄。¶방년 몇 살이죠? =芳龄几何?

방대(厖大/龐大)【명사】규모나 양이 매우 크거나 많음. ◆图庞大，巨大。● 방대하다(厖大/龐大--) ●

방도(方道/方途)【명사】어떤 일을 하거나 문제를 풀어 가기 위한 방법과 도리. ◆ 图方法，办法，途径。¶방도를 세우다. =制定方法。

방독면(防毒面)【명사】독가스, 세균, 방사성 물질 따위가 시각, 청각, 호흡 기관에 피해를 주지 못하도록 얼굴을 보호하는 기구. ◆ 图 防毒面具，防毒面罩。

방랑(放浪)【명사】정한 곳 없이 이리저리 떠돌아다님. ◆图流浪，漂泊。¶방랑 생활을 시작하다. =开始流浪生活。● 방랑하다(放浪--) ●

방류(放流)【명사】图 ❶ 모아서 가두어 둔 물을 흘려보냄. ◆ 放水。¶폐수 방류로 상수원이 오염되었다. =排放废水污染了水源地。❷ 물고기를 기르기 위하여, 어린 새끼 고기를 강물에 놓아 보냄. ◆ 放鱼苗。¶치어를 방류했다. =放鱼苗。❸ 귀양을 보냄. ◆ 归养。● 방류하다(放流--) ●

방망이【명사】图 ❶ 무엇을 치거나 두드리거나 다듬는 데 쓰기 위하여 둥그스름하고 길게 깎아 만든 도구. ◆ 棍子，棒槌。¶빨래 방망이. =洗衣棒槌。❷ 야구에서, '타격'을 비유적으로 이르는 말. ◆ (棒球)击球。¶이번 시합에서는 중심 타선의 방망이가 위력을 떨쳤다. =本场比赛中，核心击球手的击球发挥了威力。

방망이질【명사】图 ❶ 방망이로 치거나 두드리거나 다듬는 일. ◆ 打，捶打，敲打。¶사람들은 저항할 겨를도 없이 방망이질을 당했다. =人们被打得都顾不上反抗。❷ 가슴이 몹시 두근거리는 상태를 비유적으로 이르는 말. ◆ 忐忑，(心)直跳。¶놀라서 가슴이 방망이질을 치다. =吃了一惊，心怦怦直跳。● 방망이질하다 ●

방면[1](放免)【명사】붙잡아 가두어 두었던 사람을 놓아줌. ◆ 图释放。¶무죄 방면. =无罪释放。●방면되다(放免--), 방면하다(放免--) ●

방면[2](方面)【명사】图 ❶ 어떤 장소나 지역이 있는 방향. 또는 그 일대. ◆ 方向。¶도둑이 북쪽 방면으로 도망가다. =盗贼向北方逃窜。❷ 어떤 분야. ◆ 方面，领域。¶그는 이 방면의 전문가다. =他是该领域的专家。❸ 관찰사가 다스리던 행정 구역. ◆ 方面(历史上的行政区域)。

방목(放牧)【명사】가축을 놓아기르는 일. ◆ 图放牧。

방문[1](房門)【명사】방으로 드나드는 문. ◆ 图房门。¶방문을 걸어 잠그다. =把房门闩上。

방문[2](訪問)【명사】어떤 사람이나 장소를 찾아가서 만나거나 봄. ◆ 图访问。¶모교 방문. =访问母校。● 방문하다(訪問--) ●

방바닥(房--)【명사】방 밑을 이루는 평평한 부분. ◆图地板。¶방바닥에 눕다. =躺在地板上。

방방곡곡(坊坊曲曲)【명사】한 군데도 빠짐없는 모든 곳. ◆图到处，各地。

방범(防犯)【명사】图 ❶ 범죄가 생기지 않도록 미리 막음. ◆ 预防犯罪。¶방범 초소. =预防犯罪哨所。❷ 방범대원. ◆ 联防队员。¶방범 둘이서 강도를 잡았다. =两个联防队员抓住了强盗。

방법(方法)【명사】图 ❶ 어떤 일을 해 나가거나 목적을 이루기 위하여 취하는 수단이나 방식. ◆ 方法，方式，手段。¶위기 극복 방법. =克服危机的方法。❷ 객관적 진리에 이르기 위하여 사유 활동을 행하는 방식. 곧 사유 대상을 다루는 법을 이른다. ◆ 思维方式。

방부제(防腐劑)【명사】미생물의 활동을 막아 물건이 썩지 않게 하는 약. ◆图防腐剂。¶이 식품은 방부제를 너무 첨가했다는 지적을 받았다. =这种食品被指责添加了过多的防腐剂。

방불하다(彷彿/髣髴--)【형용사】形 ❶ 거의 비슷하다. ◆ 仿佛，相似，类似，近似，相仿。¶실전을 방불케 하는 훈련을 받았다. =接受近似实战的训练。❷ 흐릿하거나 어렴풋하다. ◆ 依稀，模糊。¶돌아가신 어머니의 모습이 방불하게 눈앞에 떠오른다. =已故的母亲的样子依稀就在眼前。❸ 무엇과 같다고 느끼게 하다. ◆仿佛，如同，像……一样。¶붕괴 현장은 전쟁터를 방불케 했다. =崩塌现场仿佛战场。

방비(防備)【명사】적의 침입이나 피해를 막기 위하여 미리 지키고 대비함. 또는 그런 설비. ◆图防备，戒备，警备，防范。● 방비하다(防備--) ●

방사능(放射能)【명사】라듐, 우라늄, 토륨 따위 원소의 원자핵이 붕괴하면서 방사선을 방출하는 일. ◆图放射能；放射性。¶방사능에 오염되다. =遭受放射性污染。

방사선(放射線)【명사】방사성 원소의 붕괴에 따라 물체에서 방출되는 입자들. ◆图放射线，射线。¶방사선에 노출되다. =放射线泄漏。

방생(放生)【명사】사람에게 잡힌 생물을 놓아주는 일. ◆图放生。¶혹자는 방생이 생태계의 균형을 어지럽히는 경우가 있다고 지적한다. =有人指出，有时放生会打乱生态界的平衡。

방석(方席)【명사】앉을 때 밑에 까는 작은 깔개. 네모지거나 둥글며, 주로 밑이 배기거나 바닥이 찰 때 쓴다. ◆图坐垫，垫子。¶손님에게 방석을 내드리다. =给客人坐垫。

방세(房貰)【명사】남의 집 방을 얻어 쓸 때 방을 쓰는 값으로 내는 돈. ◆图房租。¶방세가 비싸다. =房租贵。

방송(放送)【명사】라디오나 텔레비전을 통하여 널리 듣고 볼 수 있도록 음성이나 영상을 전파로 내보내는 일. ◆图广播，播放。¶텔레비전 방송에 모든 국민의 관심이 집중되었다. =全体国民的关注集中到了电视广播。● 방송되다(放送--), 방송하다(放送--) ●

방송국(放送局)【명사】일정한 시설을 갖추고 라디오나 텔레비전을 통하여 여러 가지 방송을 내보내는 기관. ◆图 电视台。¶방송국에 견학을 가다. =去电视台参观学习。

방송극(放送劇)【명사】라디오나 텔레비전을 통하여 방송하는 드라마. ◆图广播剧，电视剧。¶텔레비전 방송극을 보다. =看电视剧。

방송망(放送網)【명사】라디오나 텔레비전의 방송에서 각 방송국을 연결하여 동시에 같은 프로그램을 방송하는 체제. ◆图广播电视网，转播网。

방송사(放送社)【명사】일정한 시설을 갖추고 라디오나 텔레비전을 통하여 여러 가지 방송을 내보내는 회사. ◆图广播公司。

방수(防水)【명사】스며들거나 새거나 넘쳐흐르는 물을 막음. ◆图防水。¶지붕에 방수 처리를 했다. =对屋顶进行防水处理。● 방수하다(防水--) ●

방식(方式)【명사】일정한 방법이나 형식. ◆图方式，形式。¶생활 방식. =生活方式。

방실방실【부사】副 ❶ 입을 예쁘게 살짝 벌리고 소리 없이 밝고 보드랍게 웃는 모양. ◆ 笑盈盈地。¶아기가 방실방실 웃다. =孩子笑盈盈地。❷ 작은 꽃이 보드랍고 탐스럽게 잇따라 피어나는 모양. ◆盈盈绽放貌。¶화분에 키운 귤꽃이 방실방실 피어나면 방 안은 향기로 가득 찬다. =花盆里种的橘子花盈盈绽放，屋里充满了香气。● 방실방실하다 ●

방심(放心)【명사】마음을 다잡지 아니하고 풀어 놓아 버림. ◆图大意，疏忽大意，精力不集中。¶방심하다가 다쳤다. =因为精力不集中而受伤了。●방심하다(放心--) ●

방아【명사】곡식 따위를 찧거나 빻는 기구나 설비를 통틀어 이르는 말. ◆图(舂米用的)碓。¶방아 찧는 소리가 요란하다. =用碓舂米的声音很刺耳。

방아깨비【명사】메뚜깃과의 곤충. ◆图大尖头蝗。

방아쇠【명사】图 ❶ 소총이나 권총에서 총알을 발사하게 하는 장치. ◆ 扳机。¶방아쇠를 당기다. =扣扳机。❷ 예전에, 화승총에 화승을 끼우던 굽은 쇠. ◆(火枪)扳机。¶뇌관 심지에 정성껏 불을 붙이고 이쪽으로 총을 쏘는 자를 겨냥하여 방아쇠를 당겼다. =点燃雷管导火索后，瞄准这边开枪的人，扣下了扳机。

방안(方案)【명사】일을 처리하거나 해결하여 나갈 방법이나 계획. ◆图方案。¶최종 방안을 결정하다. =决定最终的方案。

방앗간(--間)【명사】방아로 곡식을 찧거나 빻는 곳. ◆图磨坊。¶명절이 가까워 오자 방앗간에는 사람들이 붐볐다. =节日快到了，磨坊里人非常多。

방어(防禦)【명사】상대편의 공격을 막음. ◆图防御。¶방어 태세를 갖추다. =采取防御态势。● 방어하다(防禦--) ●

방어선(防禦線)【명사】적의 공격을 막기 위하여 진을 쳐 놓은 전선(戰線). ◆图防线。¶적의 방어선을 돌파하다. =突破敌人的防线。

방언(方言)【명사】한 언어에서, 사용 지역 또는 사회 계층에 따라 분화된 말의 체계. ◆图方言。¶방언조사를 하러 지방으로 갔다. =去地方进行方言调查。

방역(防疫)【명사】전염병이 발생하거나 유행하는 것을 미리 막는 일. ◆图防疫。¶방역을 실시하다. =进行防疫。

방열(放熱)【명사】열을 내보내거나 내뿜는 일. 또는 그 열. ◆图散热。¶방열 장치. =散热装置。●방열하다(放熱--) ●

방영(放映)【명사】텔레비전으로 방송을 하는 일. ◆图放映，播放。¶드라마 방영. =播放电视剧。●방영되다(放映--), 방영하다(放映--) ●

방울[1]【명사】图 ❶ 작고 둥글게 맺힌 액체 덩어리. ◆珠，滴。¶몸에 향수 방울을 떨어뜨리다. =往身上滴几滴香水。❷ 작고 둥근 액체 덩어리를 세는 단위. ¶비가 한두 방울 떨어진다. =落下一两滴雨。◆(雨)滴 ❸ 약간의 그것이라는 뜻을 나타내는 말. ◆滴，点(形容很少量)。

방울[2]【명사】图 ❶ 얇은 쇠붙이를 속이 비도록 동그랗게 만들어 그 속에 단단한 물건을 넣어서 흔들면 소리가 나는 물건. ◆铃铛。¶방울을 달다. =挂铃铛。❷ 경(經)을 읽을 때 치는, 놋쇠나 구리로 만든 물건. ◆铃。

방울방울【부사】액체 따위가 둥글게 맺히거나 떨어지는 모양. ◆ 副一滴滴地，一滴一滴地。¶두 볼에 눈물이 방울방울 흐르다. =泪水一滴滴地滑过脸颊。

방울토마토(--tomato)【명사】일반 토마토보다 훨씬 작은, 방울 모양의 토마토. ◆ 图小西红柿。¶도시락에 옥수수를 하트 모양으로 박고 가운데 방울토마토를 올려놓은 거예요. =用玉米在饭盒里摆成心形，中间摆上小西红柿。

방위[1](防衛)【명사】적의 공격이나 침략을 막아서 지킴. ◆ 防卫，防御。¶방위 태세를 갖추다. =保持防御态势。● 방위하다(防衛--) ●

방위[2](方位)【명사】공간의 어떤 점이나 방향이 한 기준의 방향에 대하여 나타내는 어떠한 쪽의 위치. ◆ 方位。¶방위를 맞추다. =校正方位。

방위비(防衛費)【명사】국가 예산에서 국토방위를 위하여 지출하는 경비. ◆ 图国防费，军费。¶방위비가 매년 증가하고 있다. =国防经费每年都在增加。

방음(防音)【명사】안의 소리가 밖으로 새어 나가거나 밖의 소리가 안으로 들어오지 못하도록 막음. ◆ 图隔音。¶이 방은 방음 시설이 잘 되어 있다. =这间房有很好的隔音设施。

방음벽(防音壁)【명사】한쪽의 소리가 다른 쪽으로 새어 나가거나 새어 들어오는 것을 막기 위하여 설치한 벽. ◆ 图隔音墙。¶이 도로는 방음벽을 갖추었다. =这条路有隔音墙。

방임(放任)【명사】돌보거나 간섭하지 않고 제멋대로 내버려 둠. ◆ 图放任，撒手不管。¶자유방임주의. =自由放任主义。● 방임하다(放任--) ●

방자하다(放恣--)【형용사】어려워하거나 조심스러워하는 태도가 없이 무례하고 건방지다. ◆ 形放肆，骄横。¶그는 너무 교만하고 방자하다. =他太傲慢太骄横了。

방적(紡績)【명사】동식물의 섬유나 화학 섬유를 가공하여 실을 뽑는 일. ◆ 图纺线，纺织。¶그가 우리 지역에 방적공장을 세웠다. =他在我们地区建立了纺织厂。

방전(放電)【명사】图 ❶ 전지나 축전기 또는 전기를 띤 물체에서 전기가 외부로 흘러나오는 현상. ◆ 放电。❷ 기체 따위의 절연체를 사이에 낀 두 전극 사이에 높은 전압을 가하였을 때, 전류가 흐르는 현상. ◆ 放电。● 방전되다(放電--) ●

방점(傍點)【명사】图 글 가운데에서 보는 사람의 주의를 끌기 위하여 글자 옆이나 위에 찍는 점. ◆ 着重号。¶중요한 단어에 방점을 찍다. =在重要的单词下加着重号。

방정【명사】찬찬하지 못하고 몹시 가볍고 점잖지 못하게 하는 말이나 행동. ◆ 图轻举妄动，轻率，冒失，轻浮。¶방정을 떨다. =冒失。

방정맞다【형용사】말이나 행동이 찬찬하지 못하고 몹시 까불어서 가볍고 점잖지 못하다. ◆ 形 ⑪轻举妄动，轻率，冒失，轻浮。¶그녀는 말과 행동이 방정맞다. =她言行轻浮。

방정식(方程式)【명사】어떤 문자가 특정한 값을 취할 때에만 성립하는 등식. ◆ 图方程式，方程。¶일차 방정식을 풀다. =解一次方程。

방정하다(方正--)【형용사】말이나 행동이 바르고 점잖다. ◆ 形正直，端正。¶품행이 방정하다. =品行端正。

방제(防除)【명사】图 ❶ 재앙을 미리 막아 없앰. ◆ 预防灾害。❷ 농작물을 병충해로부터 예방하거나 구제함. ◆ 防治。¶병충해 방제를 위해 농약을 뿌리다. =喷洒农药，防治病虫害。

방조(幇助/幫助)【명사】형법에서, 남의 범죄 수행에 편의를 주는 모든 행위. ◆ 图协同犯罪，共同犯罪。¶살인 방조의 혐의를 받다. =涉嫌共同杀人。●방조하다(幇助--/幫助--) ●

방조제(防潮堤)【명사】높이 밀려드는 조수의 피해를 막기 위하여 바닷가에 쌓은 둑. ◆ 图防波堤，防潮堤。¶폭풍에 대비해 방조제를 쌓다. =修建防潮堤应对暴风。

방종(放縱)【명사】제멋대로 행동하여 거리낌이 없음. ◆ 图放纵，放任。¶방종하게 살다. =放纵地生活。● 방종하다(放縱--) ●

방죽【명사】물이 밀려오는 것을 막기 위하여 쌓은 둑. ◆ 图堤坝，堤堰。¶홍수로 방죽이 무너지다. =堤坝被洪水冲垮。

방증(傍證)【명사】사실을 직접 증명할 수 있는 증거가 되지는 않지만, 주변의 상황을 밝힘으로써 간접적으로 증명에 도움을 주는 증거. 또는 그 증거. ◆ 图旁证。¶방증 자료를 수집하다. =收集旁证材料。● 방증하다(傍證--) ●

방지(防止)【명사】어떤 일이나 현상이 일어나지 못하게 막음. ◆ 图防止。¶노화 방지. =防止老化。● 방지되다(防止--), 방지하다(防止--) ●

방지책(防止策)【명사】어떤 일을 막는 계책이나 대책. ◆ 图预防对策。¶재발방지책을 마련해 달라는 것이 주민들의 바람이었다. =居民们希望制订预防对策。

방직(紡織)【명사】실을 뽑아서 천을 짬. ◆ 图纺织。¶방직 공장을 세우다. =建立纺织厂。

방책(方策)【명사】방법과 꾀를 아울러 이르는 말. ◆ 图策略，计策，方法。¶해결 방책을 세우다. =制订解决方案。

방청(傍聽)【명사】정식 성원이 아니거나 직접적인 관계가 없는 사람이 회의, 토론, 연설, 공판(公判), 공개 방송 따위에 참석하여 들음. ◆ 图旁听。¶재판을 방청하다. =旁听审判。● 방청하다(傍聽--) ●

방청석(傍聽席)【명사】방청하는 사람들이 앉는 자리. ◆ 图旁听席。¶방청석을 가득 메운 가운데 재판이 열렸다. =审判开始了，旁听席座无虚席。

방출(放出)【명사】图 ❶ 비축하여 놓은 것을 내놓음. ◆ 发放，投放。¶은행의 자금 방출로 기업의 숨통이 조금 트였다. =银行投放资金，这使得企业稍微松了口气。❷ 입자나 전자기파의 형태로 에너지를 내보냄. ◆ 排出。● 방출되다(放出--), 방출하다(放出--) ●

방충(防蟲)【명사】해로운 벌레가 침범하여 해를 끼치지 못하도록 막음. ◆ 图防治害虫，病虫防治。¶식물에서 추출한 친환경 농약이 방충 효과가 뛰어나다는 평을 얻었다. =从植物中提取的环保农药被认为防虫效果突出。

방충망(防蟲網)【명사】해로운 벌레들이 날아들지 못하게 창문 같은 곳에 치는 망. ◆ 名纱窗。¶방충망을 설치하다. =安装纱窗。

방충제(防蟲劑)【명사】해충을 방제하는 약. 장뇌(樟腦), 나프탈렌 따위가 있다. ◆ 名防虫剂。

방치(放置)【명사】내버려 둠. ◆ 名弃置，搁置。¶고장난 냉장고를 길가에 방치하여 미관상 보기 좋지 못하다. =坏掉的冰箱被弃置路边，不美观。● 방치되다(放置--), 방치하다(放置--) ●

방침(方針)【명사】앞으로 일을 치러 나갈 방향과 계획. ◆ 名方针。¶구체적인 방침을 세우다. =制订具体方针。

방탄복(防彈服)【명사】날아오는 탄알을 막기 위하여 입는 옷. ◆ 名防弹衣。¶저격에 대비하여 방탄복을 착용하다. =穿防弹衣以防遭到狙击。

방탄조끼(防彈chokki<일>)【명사】날아오는 탄알로부터 가슴이나 등을 보호하려고 입는 조끼 모양의 옷. ◆ 名防弹背心。

방탕(放蕩)【명사】주색잡기에 빠져 행실이 좋지 못함. ◆ 名放浪。¶방탕에 빠지다. =变得放浪。● 방탕하다(放蕩--) ●

방파제(防波堤)【명사】파도를 막기 위하여 항만에 쌓은 둑. 바다의 센 물결을 막아서 항구를 보호한다. ◆ 名防波堤。¶방파제에 파도가 부딪치다. =波涛拍打防波堤。

방패(防牌/旁牌)【명사】名 ❶ 전쟁 때에 적의 칼, 창, 화살 따위를 막는 데에 쓰던 무기. ◆ 盾牌。❷ 어떤 일을 할 때에 앞장을 세울 만한 것. 또는 그런 사람. ◆ 挡箭牌。

방패연(防牌鳶)【명사】방패 모양으로 만든 연. ◆ 名盾形长尾风筝。¶우리는 바람이 많이 부는 겨울이면 방패연을 만들어 언덕에 올라가 연을 날렸다. =在风大的冬日，我们制作了盾形长尾风筝到山坡上去放。

방편(方便)【명사】그때그때의 경우에 따라 편하고 쉽게 이용하는 수단과 방법. ◆ 名权宜之计，便捷手段。¶출세의 방편으로 삼다. =当成出人头地的便捷手段。

방풍(防風)【명사】바람막이. ◆ 名防风，挡风。¶방풍 장치를 설치하다. =设置防风装置。

방풍림(防風林)【명사】바람을 막기 위하여 가꾼 숲. ◆ 名防风林。¶해안에는 바람을 막기 위해 방풍림을 조성한다. =在海岸造防风林防风。

방학(放學)【명사】학교에서 학기나 학년이 끝난 뒤 또는 더위, 추위가 심한 일정 기간 동안 수업을 쉬는 일. 또는 그 기간. ◆ 名放假。¶오늘부터 방학에 들어간다. =从今天开始放假。● 방학하다(放學--) ●

방한(防寒)【명사】추위를 막음. ◆ 名防寒，御寒。¶방한 기구. =防寒装备。

방한모(防寒帽)【명사】추위를 막기 위하여 쓰는 모자. ◆ 名防寒帽。¶바람이 심하게 불자 방한모를 푹 눌러썼다. =风很大，把防寒帽使劲往下压。

방한복(防寒服)【명사】추위를 막기 위하여 입는 옷. ◆ 名防寒服，御寒衣。¶방한복 차림으로 길을 나섰다. =穿着防寒服上路。

방해(妨害)【명사】남의 일에 헤살을 놓아 해를 끼침. ◆ 名 妨碍，干扰。¶방해를 받다. =受到妨碍。● 방해되다(妨害--), 방해하다(妨害--) ●

방해물(妨害物)【명사】방해가 되는 사물이나 현상. ◆ 名 障碍物，绊脚石。¶방해물을 제거하다. =除去障碍物。

방향(方向)【명사】名 ❶ 어떤 방위(方位)를 향한 쪽. ◆ 方向。¶방향을 잡다. =确定方向。❷ 어떤 뜻이나 현상이 일정한 목표를 향하여 나아가는 쪽. ◆ 方向，意向。¶방향을 설정하다. =设定意向。

방호(防護)【명사】어떤 공격이나 해로부터 막아 지켜서 보호함. ◆ 名防护。¶방호 진지를 구축하다. =构筑防护阵地。● 방호하다(防護--) ●

방화[1](防火)【명사】불이 나는 것을 미리 막음. ◆ 名防火。¶방화 시설을 갖추다. =具备防火设备。

방화[2](放火)【명사】일부러 불을 지름. ◆ 名放火，纵火。¶방화를 저지르다. =纵火。● 방화하다(放火--) ●

방화범(放火犯)【명사】고의로 불을 놓아 건물이나 물건을 태움으로써 공공의 위험을 일으킨 사람. ◆ 名纵火犯。¶경찰은 자동차에 불을 지른 방화범을 찾기 위해 며칠 동안 잠복근무를 했다. =为了找到放火烧汽车的纵火犯，警察埋伏了几天。

방화벽(防火壁)【명사】名 ❶ 불이 번지는 것을 막기 위하여 불에 타지 아니하는 재료로 만들어 세운 벽. ◆ 防火墙。¶혹시 있을지 모를 화재에 대비하여 방화벽을 높이 쌓다. =高高地修建防火墙，防范火灾于未然。❷ 인터넷을 통해 외부로부터 컴퓨터가 침범당하는 것을 막는 보안 시스템. ◆ 电脑防火墙。

방황(彷徨)【명사】名 ❶ 이리저리 헤매어 돌아다님. ◆ 徘徊，游荡。¶갈 곳을 정하지 못해 거리에서 방황을 계속하였다. =定不下去哪里，在街道上不断徘徊。❷ 분명한 방향이나 목표를 정하지 못하고 갈팡질팡함. ◆ 彷徨。¶젊은 시절의 방황. =年轻时代的彷徨。● 방황하다(彷徨--) ●

밭【명사】名 ❶ 물을 대지 아니하거나 필요한 때에만 물을 대어서 야채나 곡류를 심어 농사를 짓는 땅. ◆ 旱田。¶밭을 갈다. =耕旱田。❷ 어떤 사물의 바탕이나 토대를 비유적으로 이르는 말. ◆ 基础，根基。¶그는 마음 밭이 깨끗한 사람이다. =他是个心地纯洁的人。

밭고랑【명사】밭작물이 늘어서 있는 줄과 줄 사이의 고랑을 통틀어 이르는 말. ◆ 名垄沟。¶밭고랑에 물을 대다. =往垄沟里灌水。

밭농사(-農事)【명사】밭에서 짓는 농사. ◆ 名耕种旱田。¶산간 지방에서는 밭농사를 많이 짓는다. =在山区多耕种旱田。

밭다[1]【동사】건더기와 액체가 섞인 것을 체나 거르기 장치에 따라서 액체만을 따로 받아 내다. ◆ 动过滤。¶김치를 담기 위해 젓국을 체로 밭다. =为了腌泡菜，用筛子过滤海鲜酱汁。

밭다[2]【형용사】形 ❶ 길이가 매우 짧다. ◆ 近，短。¶이곳은 건물과 건물사이가 너무 밭아서 해가 들지 않는다. =这里的建筑物和建筑物之间距离太近，阳光照不进来。❷ 시간이나 공간이 다붙어 몹시 가깝다. ◆ 紧迫，紧张。¶우리는 밭은 행사일정 때문에 쉴 시간이 없었다. =紧张的活动日程让我们无暇休息。

밭두렁【명사】밭의 가장자리를 흙으로 둘러막은 두둑. ◆ 名田埂。¶밭두렁에 콩을 심다. =在田埂上种豆子。

밭둑【명사】밭과 밭 사이의 경계를 이루거나 밭가에 둘려 있는 둑. ◆ 名田埂。¶아버지는 밭둑에 미루나무를 심으셨다. =父亲在田埂上种杨树。

밭뙈기【명사】얼마 되지 아니하는 조그마한 밭. ◆ 名小块旱地。¶우리는 손바닥만 한 밭뙈기에 농사를 지어 살아가는 형편이다. =我们靠耕种巴掌大的一小块地来维持生计。

밭머리【명사】밭이랑의 양쪽 끝이 되는 곳. ◆ 名地头。¶밭머리에 나와 참을 먹었다. =来到地头上吃点心。

밭이랑【명사】밭의 고랑 사이에 흙을 높게 올려서 만든 두둑한 곳. ◆ 名地垄。¶밭이랑에는 콩과 옥수수를 심었다. =在地垄里种了大豆和玉米。

밭일【명사】밭에서 하는 일. ◆ 名旱田农活。¶어머니는 여름이면 밭일로 정신이 없으시다. =夏天母亲因为田里的农活忙得不可开交。

배[1]**(倍)**【명사】名 ❶ 어떤 수나 양을 두 번 합한 만큼. ◆ 倍。¶물가가 배로 올랐다. =物价增长了一倍。❷ 일정한 수나 양이 그 수만큼 거듭됨을 이르는 말. ◆ 倍数。¶속도가 두 배가 빨라졌다. =速度快了两倍。

배[2]【명사】名 ❶ 사람이나 동물의 몸에서 위장, 창자, 콩팥 따위의 내장이 들어 있는 곳으로 가슴과 엉덩이 사이의 부위. ◆ 肚子，腹部。¶배가 아프다. =肚子疼。❷ 절족동물, 특히 곤충에서 머리와 가슴이 아닌 부분. 여러 마디로 되어 있으며 숨구멍, 항문 따위가 있다. ◆ (昆虫)头部和胸部以下的部分。❸ 긴 물건 가운데의 볼록한 부분. ◆ 物体中间鼓起的部分。¶배가 불룩한 돌기둥. =中间鼓起的石柱。❹ [수량을 나타내는 말 뒤에 쓰여] 짐승이 새끼를 낳거나 알을 까는 횟수를 세는 단위. ◆ 胎，窝。¶어떤 돼지는 1년에 두 배나 새끼를 낳았는데, 한 배마다 여러 마리의 새끼를 낳았다. =有些猪一年生两胎，每胎生好几只猪崽。

배[3]【명사】사람이나 물건을 싣고 물 위를 다니는 교통수단. ◆ 名船，船只。¶배를 젓다. =划船。

배[4]【명사】배나무의 열매. ◆ 名梨。¶배를 따다. =摘梨。

배[5]**(杯)**【의존 명사】依名 ❶ 술이나 음료를 담은 잔을 세는 단위. ◆ 杯，盏。¶술 삼 배. =三杯酒。❷ 운동 경기에서 우승한 팀이나 사람에게 주는 트로피. ◆ 名奖杯。

-배[6]**(輩)**【접사】'무리를 이룬 사람'의 뜻을 더하는 접미사. ◆ 后缀辈，徒，类，之流。¶불량배. =不良之徒。

배겨내다【동사】힘들고 어려운 일이나 상태를 끝까지 참고 견디다. ◆ 动顶住，经受住。¶어려움과 가난을 잘 배겨내다. =经受住困难和贫穷。

배격(排擊)【명사】어떤 사상, 의견, 물건 따위를 물리침. ◆ 名排斥，拒绝，反对。¶자기 생각과 다르다고 해서 무조건 배격을 하는 건 옳지 않다. =因为和自己的想法不同就一味反对，这样做是不对的。● 배격되다(排擊--), 배격하다(排擊--) ●

배경(背景)【명사】名 ❶ 뒤쪽의 경치. ◆ 背景。¶배경이 좋은 곳에서 사진을 찍자. =在背景漂亮的地方照个相吧。❷ 사건이나 환경, 인물 따위를 둘러싼 주위의 정경. ◆ 背景。¶역사적 배경. =历史背景。❸ 앞에 드러나지 아니한 채 뒤에서 돌보아 주는 힘. ◆ 背景，靠山，后门。¶그는 배경이 든든하다. =他的靠山很强大。❹ 문학 작품에서, 주제를 뒷받침하는 시대적 사회적 환경이나 장소. ◆ 创作背景。¶그 소설은 고려시대를 배경으로 한 작품이다. =那部小说是以高丽时代为背景写的。❺ 무대 뒤에 그리거나 꾸며 놓은 장치. ◆ 舞台背景。

배경 음악(背景音樂)【명사】영화나 연극 따위에서, 분위기를 조성하기 위하여 대사나 동작의 배경으로 연주하는 음악. ◆ 名背景音乐。¶남녀 주인공이 만나자 배경음악이 깔렸다. =男女主人公相见时，背景音乐响起。

배고프다【형용사】배 속이 비어서 음식을 먹고 싶다. ◆ 形饿，饥饿。¶너무 배고파서 아무것도 할 수가 없다. =太饿了，什么事也做不了。

배고픔【명사】배가 고픈 상태. 또는 그런 느낌. ◆ 名饿，饥饿。¶배고픔을 이겨내다. =忍住饥饿。

배곯다【동사】먹는 것이 적어서 배가 차지 아니하다. 또는 배가 고파 고통을 받다. ◆ 动挨饿。

배관(配管)【명사】기체나 액체 따위를 다른 곳으로 보내기 위하여 관을 이어 배치함. ◆ 名配管，铺设管道。¶배관 공사를 하다. =进行铺设管道工程。● 배관하다(配管--) ●

배구(排球)【명사】직사각형의 코트 가운데에 그물을 두고 공을 땅에 떨어뜨리지 않으면서 손으로 쳐서 상대편에게 넘겨 보내는 경기. ◆ 名排球。¶우리 학교는 배구로 유명하다. =我们学校排球很有名。

배금주의(拜金主義)【명사】돈을 최고의 가치로 여기고 숭배하여 삶의 목적을 돈 모으기에 두는 경향이나 태도. ◆ 名拜金主义。¶현대사회는 배금주의가 만연하다. =现代社会，拜金主义思想蔓延。

배급(配給)【명사】名 ❶ 나누어 줌. ◆ 分配。¶생필품을 배급 받다. =分配到生活必需品。❷ 상품 따위를 생산자에서 소비자에게 옮김. 또는 그런 유통 과정. ◆ 配售。● 배급되다(配給--), 배급하다(配給--) ●

배기(排氣)【명사】名 ❶ 속에 든 공기, 가스, 증기 따위를 밖으로 뽑아 버림. ◆ 排气。¶실내 배기 장치. =室内排气设备。❷ 열기관에서, 일을 끝낸 뒤의 쓸데없는 증기나 가스. 또는 그것들을 뽑아내는 일. ◆ 废气，尾气。¶배기 통로가 막혀 유독가스가 집안으로 들어왔다. =废气排出口堵住了，有毒气体进入屋内。

배기다[1]【동사】참기 어려운 일을 잘 참고 견디다. ◆动忍受，克服。

배기다[2]【동사】바닥에 닿는 몸의 부분에 단단한 것이 받치는 힘을 느끼게 되다. ◆动硌。

배꼽【명사】탯줄이 떨어지면서 배의 한가운데에 생긴 자리. ◆名肚脐。¶옛날에는 배꼽을 드러내는 것을 수치스럽게 생각했다. =在以前露出肚脐是一件让人觉得羞耻的事情。

배꽃【명사】배나무의 꽃. ◆名梨花。¶과수원에 배꽃이 활짝 피어 장관이다. =果园里梨花盛开，十分漂亮。

배나무【명사】장미과 배나무속의 나무를 통틀어 이르는 말. ◆名梨树。

배낭(背囊)【명사】물건을 넣어서 등에 질 수 있도록 헝겊이나 가죽 따위로 만든 가방. ◆名 背包。¶배낭을 메다. =背着背包。

배낭여행(背囊旅行)【명사】필요한 물품을 준비하여 배낭에 넣고 떠나는 여행. ◆名背包旅行。¶이번 방학에는 유럽으로 배낭 여행을 떠날 예정이다. =计划这次放假背包旅行去欧洲。

배다【동사】动 ❶ 뱃속에 아이나 새끼를 가지다. ◆ 怀孕，妊娠。¶아이를 배다. =怀孕。❷ 물고기 따위의 뱃속에 알이 들다. 또는 알을 가지다. ◆ (鱼)长出鱼子。¶고기에 알이 배다. =鱼长出了鱼子。❸ 사람의 근육에 뭉친 것과 같은 것이 생기다. ◆ 长出肌肉。¶계단을 오르락내리락했더니 다리에 알이 뱄다. =在楼梯上跑上跑下，腿上长出了肌肉。

배다【동사】动 ❶ 스며들거나 스며 나오다. ◆ 渗透，渗出。¶그의 표정에는 장난기가 배어 있다. =他的表情透出顽皮。❷ 버릇이 되어 익숙해지다. ◆ 习以为常，习惯，惯于，熟练。¶일이 손에 배다. =做事熟练。❸ 느낌, 생각 따위가 깊이 느껴지거나 오래 남아 있다. ◆ (情感等)浸透，深切感受。

배다르다【형용사】[주로 '배다른' 꼴로 쓰여] 형제자매의 아버지는 같으나 어머니가 다르다. ◆形同父异母。¶우리는 배다른 형제이지만 우애 있게 지낸다. =我们虽然是同父异母的兄弟，但是相处得十分友好。

배달(配達)【명사】물건을 가져다가 몫몫으로 나누어 돌림. ◆名投递，送货，送。¶새벽에 우유 배달을 하다. =清晨去送牛奶。● 배달되다(配達--), 배달하다(配達--) ●

배당(配當)【명사】일정한 기준에 따라 나누어 줌. ◆ 名分配。¶시간 배당. =时间分配。● 배당되다(配當--), 배당하다(配當--) ●

배당금(配當金)【명사】배당하는 돈. ◆名红利，分红。¶나이, 가족 수, 근무 성적에 따라 배당금을 나누었다. =根据年龄、家人数、工作成绩来分红。

배드민턴(badminton)【명사】네트를 사이에 두고 라켓으로 깃털이 달린 공을 서로 치고 받는 경기. ◆名羽毛球。

배럴(barrel)【의존 명사】영국과 미국에서 쓰는 부피의 단위. 액체, 과일, 야채 따위의 부피를 잴 때 쓴다. ◆依名 桶。

배려(配慮)【명사】도와주거나 보살펴 주려고 마음을 씀. ◆名照顾，关心，关怀。¶그녀의 세심한 배려에 따뜻한 인간미를 느꼈다. =从她体贴入微的关怀中感受到了人情味。● 배려하다(配慮--) ●

배반(背反/背叛)【명사】믿음과 의리를 저버리고 돌아섬. ◆名背叛，背信。¶배반 행위. =背叛行为。● 배반하다(背反--/背叛--) ●

배반자(背反者)【명사】배반한 사람. ◆名叛徒，背叛者。¶배반자를 처단하다. =处决叛徒。

배배【부사】여러 번 작게 꼬이거나 뒤틀린 모양. ◆ 副 (一圈一圈地)拧貌，扭貌。¶실을 배배 꼬다. =一圈一圈地搓绳子。

배부르다【형용사】形 ❶ 더 먹을 수 없이 양이 차다. ◆ 饱。¶늦게 점심을 먹었더니 아직 배부르다. =午饭吃得很晚，肚子还很饱。❷ 임신하여 배가 불룩하다. ◆ 有身孕，肚子鼓起。¶배부른 임산부처럼 배가 나온 남자. =像孕妇一样肚子凸出的男人。❸ 위아래와 비교하여 가운데가 불룩하다. ◆ (中间)鼓起。¶배부른 기둥. =中间鼓起的柱子。❹ 생활이 넉넉하여 아쉬운 것이 없다. ◆ 富足，富裕。¶배부른 소리를 하다. =站着说话不腰疼。● 배불리 ●

배분(配分)【명사】몫몫이 별러 나눔. ◆名分配，均分。¶이익 배분. =利益分配。● 배분되다(配分--), 배분하다(配分--) ●

배불뚝이【명사】名 ❶ 배가 불뚝하게 나온 사람을 낮잡아 이르는 말. ◆ 大肚子。¶배불뚝이 상사. =大肚子上士。❷ 배가 불룩하게 나온 사물을 비유적으로 이르는 말. ◆ 鼓肚的。¶배불뚝이 배낭. =鼓肚的背包。

배상(賠償)【명사】남의 권리를 침해한 사람이 그 손해를 물어주는 일. ◆名赔偿。¶피해자 쪽에서 배상을 금전으로 요구해 왔다. =受害者方面要求赔钱。● 배상하다(賠償--) ●

배색(配色)【명사】두 가지 이상의 색을 알맞게 섞음. 또는 그렇게 만든 색깔. ◆名调色，配色。¶배색 공정. =配色工程。

배석하다(陪席--)【동사】웃어른 혹은 상급자를 따라 어떤 자리에 함께 참석하다. ◆动陪席。

배선(配線)【명사】名 ❶ 전력을 쓰기 위하여, 전선을 끌어 장치하거나 여러 가지 전기 장치를 전선으로 연결하는 일. ◆ 配线，架线。¶전기의 배선. =电器配线。❷ 변전소에서 전력을 수용자에게 보내는 전선로. ◆ 配电线。

배설(排泄)【명사】동물이 섭취한 영양소로부터 자신의 몸 안에 필요한 물질과 에너지를 얻은 후 생긴 노폐물을 콩팥이나 땀샘을 통해 밖으로 내보내는 일. ◆名排泄，排出。¶음식물 섭취도 중요하지만 배설도 그 못지 않게 중요하다. =摄取食物重要，排泄也一样重要。● 배설되다(排泄--), 배설하다(排泄--) ●

배설물(排泄物)【명사】생물체의 신진대사에 의하여 생물체 밖으로 배설되는 물질. 똥·오줌·땀 따위를 이른다. ◆ 图排泄物。¶지렁이의 배설물은 토양을 부드럽게 해 준다. =蚯蚓的排泄物可以使土壤松软。

배송(配送)【명사】물자를 여러 곳에 나누어 보내줌. ◆ 图配送。¶무료 배송. =免费配送。● 배송하다(配送--) ●

배수[1](配水)【명사】图 ❶ 수원지에서 급수관을 통하여 수돗물을 나누어 보냄. ◆ 给水，供水。¶배수 공사. =供水工程。❷ 논에 물을 댐. ◆ 浇水。¶논의 물을 적절하게 배수를 해야 모가 잘 자란다. =只有给水田适量浇水，秧苗才能长得好。

배수[2](倍數)【명사】图 ❶ 어떤 수의 갑절이 되는 수. ◆ 倍数。❷ 어떤 정수의 몇 배가 되는 수. 정수 A가 정수 B로 나뉘어질 때, A는 B의 배수이다. ◆ 倍数。

배수[3](排水)【명사】안에 있거나 고여 있는 물을 밖으로 퍼내거나 다른 곳으로 내보냄. ◆ 图排水。¶배수 작업. =排水作业。

배수구(排水口)【명사】물을 빼내거나 물이 빠져나가는 곳. ◆ 图排水口。¶갑작스럽게 내린 폭우로 차도의 배수구가 막혀 도로가 물에 잠겼다. =突如其来的暴雨使得机动车道排水口发生了堵塞，道路被水淹了。

배수로(排水路)【명사】물이 빠져나갈 수 있도록 만든 길. ◆ 图排水管道。¶배수로 공사. =排水工程。

배수진(背水陣)【명사】图 ❶ 전쟁에서 물을 등뒤에 두고 친 진. ◆ 背水阵。¶배수진을 치다. =背水一战。❷ 어떤 일을 성취하기 위하여 더 이상 물러설 수 없음을 비유적으로 이르는 말. ◆ 背水一战。¶이번 경기에서 지면 탈락이 확정되기 때문에 두 팀 모두 배수진을 치고 시종일관 공격적인 경기를 펼쳤다. =输掉这场比赛就会被淘汰，两支队伍背水一战，上演了一场精彩的对抗战。

배시시【부사】입을 조금 벌리고 소리 없이 가볍게 웃는 모양. ◆ 副抿嘴笑的样子。¶그여자는부끄러운 듯 배시시 미소를 짓다. =好像害羞似的，她总是抿嘴笑。

배식(配食)【명사】군대나 단체 같은 데서 식사를 나누어 줌. ◆ 图分餐，分饭。¶배식 시간. =分餐时间。● 배식하다(配食--) ●

배신(背信)【명사】믿음이나 의리를 저버림. ◆ 图背叛，背信弃义。¶배신을 당하다. =遭到背叛。●배신하다(背信--) ●

배신감(背信感)【명사】믿음이나 의리의 저버림을 당한 느낌. ◆ 图遭到背叛的感觉。¶나는 친구가 나를 고발하였다는 배신감에 사로잡혀 잠을 이루지 못하였다. =我被朋友告发，心中充满了遭到背叛的感觉，难以入眠。

배심원(陪審員)【명사】법률 전문가가 아닌 일반 국민 가운데 선출되어 심리나 재판에 참여하고 사실 인정에 대하여 판단을 내리는 사람. ◆ 图陪审员。¶배심원들은 모두 그에게 유죄 판결을 내렸다. =陪审员们都对他做出了有罪判决。

배아(胚芽)【명사】수정란이 배낭 속에서 분열 증식하여 홀씨체의 바탕이 되는 것. ◆ 图胚芽，胚胎。

배알(拜謁)【명사】지위가 높거나 존경하는 사람을 찾아가 뵘. ◆ 图拜谒，拜见，拜会。¶황제께 배알을 청하다. =请求拜见皇帝。● 배알하다(拜謁--) ●

배앓이【명사】배를 앓는 병. ◆ 图腹泻，拉肚子。¶배앓이를 하다. =腹泻。

배양(培養)【명사】图 ❶ 식물을 북돋아 기름. ◆ 培植，栽培。¶농작물 배양. =栽培农作物。❷ 인격, 역량, 사상 따위가 발전하도록 가르치고 키움. ◆ 培养。❸ 인공적인 환경을 만들어 동식물 조직의 일부나 미생물 따위를 가꾸어 기름. ◆ 培养。¶세균 배양. =培养细菌。●배양되다(培養--), 배양하다(培養--) ●

배어나다【동사】动 ❶ 액체 따위가 스미어 나오다. ◆ 渗出。¶손바닥에서 땀이 배어나다. =手掌渗出汗珠。❷ 느낌, 생각 따위가 슬며시 나타나다. ◆ 露出，表现出。¶그의 풍채에서 학자의 기품이 배어난다. =他表现出学者的气质风度。

배어들다【동사】动 ❶ 액체 따위가 스며들다. ◆ (液体)渗入，渗透到。¶종이에 기름이 배어들다. =纸里渗进了油。❷ 냄새 따위가 깊이 스며들다. ◆ (味道)渗入。¶냄새가 속옷까지 배어들다. =连内衣都沾染上了味道。❸ 느낌, 생각, 기운 따위가 깊이 스며들다. ◆ (感受、气氛)渗透。¶슬픔이 뼛속까지 배어들다. =痛彻骨髓。

배역(配役)【명사】배우에게 역할을 나누어 맡기는 일. 또는 그 역할. ◆ 图角色。¶이번 영화의 감독은 주요 배역을 신인에게 맡겼다. =这部电影的导演启用新人担任主要角色。

배열(配列/排列)【명사】일정한 차례나 간격에 따라 벌여 놓음. ◆ 图排列。¶배열 순서. =排列顺序。● 배열되다(配列/排列--), 배열하다(配列/排列--) ●

배영(背泳)【명사】위를 향하여 반듯이 누워 양팔을 번갈아 회전하여 물을 밀치면서 두 발로 물장구를 치는 수영 방법. ◆ 图仰泳。

배우(俳優)【명사】연극이나 영화 따위에 등장하는 인물로 분장하여 연기를 하는 사람. ◆ 图演员。¶영화의 주역을 맡은 배우. =担任电影主角的演员。

배우다【동사】动 ❶ 새로운 지식이나 교양을 얻다. ◆ 学，学习。¶외국어를 배우다. =学习外语。❷ 새로운 기술을 익히다. ◆ 学，学习。¶학원에서 운전 기술을 배우다. =在驾校学开车。❸ 남의 행동, 태도를 본받아 따르다. ◆ 效仿。¶아이들은 일상 속에서 부모의 생활 태도를 배운다. =孩子在日常生活中效仿父母的生活态度。❹ 경험하여 알게 되다. ◆ 体会到，明白，懂得。¶농촌 봉사 활동을 통하여 학생들은 농민의 고통을 배웠다. =通过支农活动，学生们懂得了农民的辛苦。❺ 습관이나 습성이 몸에 붙다. ◆ 沾染上(坏习惯)。¶좋지 않은 친구들한테서 술과 담배를 배우다. =从不良朋友那儿染上了抽烟喝酒的坏习惯。

배우자(配偶者)【명사】부부의 한쪽에서 본 다른 쪽. 남편 쪽에서는 아내를, 아내 쪽에서는 남편을 이르는 말이다. ◆ 图配偶，伴侣。¶배우자를 고르다. =择偶。

배웅【명사】떠나가는 사람을 일정한 곳까지 따라 나가서 작별하여 보내는 일. ◆图送行，送别，话别。¶공항에서 바이어를 배웅하고 돌아왔다. =去机场送完客户后返回。● 배웅하다 ●

배율(倍率)【명사】거울·렌즈(lens)·망원경·현미경 따위로 물체를 볼 때 물체와 상의 크기를 대비한 비율. ◆图(镜头、望远镜、显微镜等的)倍率。¶일반적으로 세포는 배율이 높은 현미경으로 보아야 한다. =一般情况下，细胞必须通过高倍显微镜才能看到。

배은망덕(背恩忘德)【명사】남에게 입은 은덕을 저버리고 배신하는 태도가 있음. ◆图背信弃义，恩将仇报。¶네 이놈, 배은망덕도 유분수지, 어찌 내게 이럴 수가 있단 말인가. =你这个家伙，忘恩负义也得有点儿分寸，你怎能这样对我?

배점(配點)【명사】점수를 각각 나누어 배정함. 또는 그렇게 하여 정해진 점수. ◆图分数分配，分值。¶과목별 배점 비율을 알려주십시오. =请讲一下各门课分值的比例。● 배점하다(配點--) ●

배정(配定)【명사】몫을 나누어 정함. ◆图分配。¶업무 배정. =分配业务。● 배정되다(配定--), 배정하다(配定--) ●

배제(排除)【명사】받아들이지 아니하고 물리쳐 제외함. ◆图排除，清除，消除，铲除。¶폭력의 배제. =铲除暴力。● 배제되다(排除--), 배제하다(排除--) ●

배지(badge)【명사】신분 따위를 나타내거나 어떠한 것을 기념하기 위하여 옷이나 모자 따위에 붙이는 물건. ◆图徽章，标志。¶국회의원 배지. =国会议员徽章。

배짱【명사】마음속으로 다져 먹은 생각이나 태도. ◆图决心，想法。¶네 배짱대로 해 봐라. =就按你的想法做吧。

배차(配車)【명사】정해진 시간 또는 순서에 따라 자동차나 기차 따위를 일정한 선로 또는 구간에 나누어 보냄. ◆图调车，车辆调度。¶배차 시간. =发车时间。

배척(排斥)【명사】따돌리거나 거부하여 밀어 내침. ◆图排斥，抵制。¶수입 농산물 배척. =抵制进口农产品。● 배척되다(排斥--), 배척하다(排斥--) ●

배추【명사】길고 둥근 잎이 포개져 자라는, 속은 누런 흰색이고 겉은 녹색이며 김칫거리로 많이 쓰이는 채소. ◆图白菜。¶배추 열 포기. =十棵白菜。

배추김치【명사】배추로 담근 김치. ◆图白菜泡菜。¶배추김치를 찢어서 밥 위에 얹어 먹었다. =把白菜泡菜撕开加到米饭里吃。

배추벌레【명사】배추에 모이는 해충을 통틀어 이르는 말. 흰나빗과·잎벌렛과·배추좀나방과 따위의 애벌레가 있다. ◆图白菜虫。

배추흰나비【명사】흰나빗과의 하나. 몸의 길이는 3cm정도이며, 녹색에 잔털이 나 있다. ◆图白粉蝶，菜白蝶。

배출[1](排出)【명사】안에서 밖으로 밀어 내보냄. ◆图排出，排放。¶쓰레기 종량제가 실시되자 쓰레기의 배출이 크게 줄었다. =实施垃圾计量制以后，垃圾的排放量大大减少了。● 배출하다(排出--) ●

배출[2](輩出)【명사】인재(人材)가 계속하여 나옴. ◆图辈出。¶훌륭한 기술자 배출이 우리 학교의 목표이다. =我们学校的目标是培养众多优秀的技术工作者。● 배출되다(輩出--), 배출하다(輩出--) ●

배치[1](背馳)【명사】서로 반대로 되어 어그러지거나 어긋남. ◆图背道而驰，背离。¶말과 행동의 배치. =言语与行动的背离。● 배치되다(背馳--), 배치하다(背馳--) ●

배치[2](配置)【명사】사람이나 물자 따위를 일정한 자리에 알맞게 나누어 둠. ◆图分配，安排，部署。¶좌석 배치. =座位安排。● 배치되다(配置--), 배치하다(配置--)●

배치도(配置圖)【명사】인원이나 물자의 배치를 표시한 그림이나 도표. ◆图布置图，部署图。¶새로운 사무실의 배치도를 구상하다. =构思新办公室的布置图。

배타적(排他的)【명사】남을 배척하는 것. ◆图排他的。¶그의 태도는 너무 배타적이다. =他的态度太排外了。

배탈(-頉)【명사】먹은 것이 체하거나 설사를 하는 배 속 병을 통틀어 이르는 말. ◆图腹泻。¶배탈이 나다. =腹泻。

배터리(battery)【명사】자동차, 휴대 전화, 시계 등에 필요한 전기를 공급하는 장치. ◆图电池，蓄电池。

배트(bat)【명사】야구·소프트볼(softball)·크리켓(cricket) 따위에서, 공을 치는 방망이. ◆图球棒。¶배트가 부러졌지만 내야 땅볼로 진루하는 군요. =尽管球棒断了，但是凭借内野"地滚球"进垒了。

배포(配布)【명사】신문이나 책자 따위를 널리 나누어 줌. ◆图分发，散发，发送。¶신문 배포. =发送报纸。● 배포되다(配布--), 배포하다(配布--) ●

배필(配匹)【명사】부부로서의 짝. ◆图夫妇，伉俪。¶배필을 맺다. =结为夫妇。

배합(配合)【명사】이것저것을 일정한 비율로 한데 섞어 합침. ◆图搭配，调配。¶배합 비율. =调配比率。● 배합되다(配合--), 배합하다(配合--) ●

배회(徘徊)【명사】아무 목적도 없이 어떤 곳을 중심으로 어슬렁거리며 이리저리 돌아다님. ◆图徘徊。¶그는 밤늦도록 술을 마시고 배회를 일삼는다. =他经常喝酒喝到深夜，在外面到处徘徊。● 배회하다(徘徊--) ●

배후(背後)【명사】图 ❶ 어떤 대상이나 대오의 뒤쪽. ◆背后，后面。¶배후를 공격하다. =攻击后面。❷ 어떤 일의 드러나지 않은 이면. ◆背后，幕后。¶배후 인물. =幕后人物。

백[1](百)【수사】십의 열 배가 되는 수. ◆数百。¶그는 하는 시합마다 백이면 백 모두 승리했다. =他在比赛中百战百胜。

-백[2](白)【접사】'말씀드리다'는 뜻을 더하는 접미사. ◆后缀说明，告诉，陈述。¶통행에 불편을 드려 죄송합니다. 현장 소장백. =很抱歉给您的通行造成了不便——现场负责人敬告。

백³-(白) 【접사】 '흰'의 뜻을 더하는 접두사. ◆ 前缀 白，白色。¶백포도주. =白葡萄酒。

백골(白骨) 【명사】 죽은 사람의 몸이 썩고 남은 뼈. ◆ 名白骨。¶죽어 백골이 되다. =死后变成白骨。

백골난망(白骨難忘) 【명사】 죽어서 백골이 되어도 잊을 수 없다는 뜻으로, 남에게 큰 은덕을 입었을 때 고마움의 뜻으로 이르는 말. ◆ 名没齿难忘。¶이렇게까지 보살펴 주시니 이 은혜 백골난망입니다. =您如此照顾我，这份恩情我没齿难忘。

백곰(白-) 【명사】 '흰곰'을 일상적으로 이르는 말. ◆ 名白熊。

백과사전(百科事典) 【명사】 학문·예술·문화·사회·경제 따위의 과학과 자연 및 인간의 활동에 관련된 모든 지식을 압축하여 부문별 또는 자모순으로 배열하고 풀이한 책. ◆ 名百科全书。¶의학 백과사전. =医学百科全书。

백군(白軍) 【명사】 체육 대회나 운동회 따위의 단체 경기에서, 색깔을 써서 백과 청(青) 또는 백과 홍(红)으로 양편을 가를 때 백 쪽의 편. ◆ 名(体育比赛中的)白方，白军。¶백군을 응원하다. =为白方加油。

백금(白金) 【명사】 전성(展性)과 연성(延性)이 풍부한 은백색의 금속 원소. 은보다 단단하며 녹슬지 않는다. ◆ 名白金，铂。

백기(白旗) 【명사】 名 ❶ 흰 빛깔의 기. ◆ 白色旗。¶백기를 꽂다. =插上白色旗。❷ 항복의 표시로 쓰는 흰 기. ◆ 白旗。¶손에 백기를 들어 항복을 표시하는 적군. =手举白旗表示投降的敌军。

백김치(白--) 【명사】 고춧가루를 쓰지 않거나 적게 써서 허옇게 담근 김치. ◆ 名 不辣的泡菜。

백날(百-) 【부사】 副 ❶ 아주 오랜 날 동안. ◆ (贬义)多日，许多天。¶그런 책은 백날 봐야 도움이 안 된다. =这样的书，看再长时间也不会有所帮助。❷ 늘 또는 언제나. ◆ 总是。¶그는 백날 말로만 떠든다. =他总是爱嚷嚷。

백내장(白內障) 【명사】 수정체가 회백색으로 흐려져서 시력이 떨어지는 질병. ◆ 名白内障。

백년가약(百年佳約) 【명사】 젊은 남녀가 부부가 되어 평생을 같이 지낼 것을 굳게 다짐하는 아름다운 언약. ◆ 名百年好合。¶백년가약을 맺다. =结为百年之好。

백년대계(百年大計) 【명사】 먼 앞날까지 미리 내다보고 세우는 크고 중요한 계획. ◆ 名百年大计。

백년해로(百年偕老) 【명사】 부부가 되어 한평생을 사이좋게 지내고 즐겁게 함께 늙음. ◆ 名白头偕老。¶백년해로를 기원하다. =祝愿你们白头偕老。

백로¹(白露) 【명사】 '이슬'을 아름답게 이르는 말. ◆ 名露水。

백로²(白鷺) 【명사】 왜가릿과의 새 가운데 몸빛이 흰색인 새를 통틀어 이르는 말. ◆ 名白鹭。

백마(白馬) 【명사】 털빛이 흰 말. ◆ 名白马。¶백마의 기사. =白马骑士。

백만장자(百萬長者) 【명사】 재산이 매우 많은 사람. 또는 아주 큰 부자. ◆ 名百万富翁。

백모(伯母) 【명사】 아버지 맏형의 아내를 이르는 말. ◆ 名大伯母。

백묵(白墨) 【명사】 칠판에 글씨를 쓰는 필기구. ◆ 名粉笔。¶백묵 한 자루. =一支粉笔。

백미¹(白眉) 【명사】 (비유적으로) 흰 눈썹이라는 뜻으로, 여럿 가운데에서 가장 뛰어난 사람이나 물건. ◆ 名最优秀者，杰出代表。¶백미로 꼽다. =被认为是最优秀者。

백미²(白米) 【명사】 희게 쓿은 멥쌀. ◆ 名白米。¶백미 삼백 석. =白米三百石。

백반(白飯) 【명사】 흰밥. 음식점에서 흰밥에 국과 몇 가지 반찬을 끼워 파는 한 상의 음식. ◆ 名白米饭，大米饭。¶불고기 백반. =烤肉白米饭。

백발(白髮) 【명사】 하얗게 센 머리털. ◆ 名白发。¶백발 노모. =白发老母。

백발백중(百發百中) 【명사】 名 ❶ '백 번 쏘아 백 번 맞힌다'는 뜻으로, 총이나 활 따위를 쏠 때마다 겨눈 곳에 다 맞음을 이르는 말. ◆ 百发百中。¶백발백중의 명사수. =百发百中的著名射手。❷ 무슨 일이나 틀림없이 잘 들어맞음. ◆ 料事如神；无事不成。¶백발백중으로 알아맞히다. =料事如神。

백방(百方) 【명사】 [주로 '백방으로' 꼴로 쓰여] 여러 가지 방법. 또는 온갖 수단과 방도. ◆ 名千方百计，百般。¶백방으로 노력하다. =百般努力。

백부(伯父) 【명사】 둘 이상의 아버지의 형 가운데 맏이가 되는 형을 이르는 말. ◆ 名大伯父。

백분율(百分率) 【명사】 전체 수량을 100으로 하여 그것에 대해 가지는 비율. ◆ 名百分率，百分比。¶백분율로 표시하다. =用百分比表示。

백사(白沙/白砂) 【명사】 빛깔이 희고 깨끗한 모래. ◆ 名白沙。¶백사가 깔린 강변. =覆盖着白沙的江边。

백사장(白沙場) 【명사】 강가나 바닷가의 흰모래가 깔려 있는 곳. ◆ 名(海、河边的)白沙滩。¶한강 백사장. =汉江白沙滩。

백색(白色) 【명사】 눈이나 우유의 빛깔과 같이 밝고 선명한 색. ◆ 名白色，白。¶백색 셔츠(shirts). =白色衬衣。

백설기(白--) 【명사】 시루떡의 하나. ◆ 名大米面蒸糕。

백성(百姓) 【명사】 나라의 근본을 이루는 일반 국민을 예스럽게 이르는 말. ◆ 名百姓，民众。

백수(白手) 【명사】 名 ❶ 아무것도 끼거나 감지 아니한 손. ◆ 空手。¶백수로 적에게 대항하다. =空手对敌。❷ 돈 한 푼 없이 빈둥거리며 놀고먹는 건달. ◆ 俚穷光蛋。¶그는 취직이 되지 않아 백수 생활을 한다. =他找不到工作，过着穷光蛋的生活。

백숙(白熟) 【명사】 고기나 생선 따위를 양념을 하지 않고 맹물에 푹 삶아 익힘. 또는 그렇게 익힌 음식. ◆ 名白煮。¶닭백숙. =白煮鸡。

백신(vaccine) 【명사】 名 ❶ 전염병에 대한 면역력을 기르기 위해 병의 균이나 독소를 이용하여 만든 약품. ◆ 疫苗。❷ 컴퓨터 바이러스를 찾아내고 손상된 내용을 복구하는 프로그램. ◆ 杀毒程序。

백악기(白堊紀) 【명사】 중생대를 3기로 나누었을 때 마지막 지질 시대. ◆图白垩纪。

백야(白夜)【명사】밤에 어두워지지 않는 현상. 또는 그런 밤. ◆图白夜。

백열등(白熱燈)【명사】흰빛을 내는 가스등이나 전등 따위를 통틀어 이르는 말. ◆图白炽灯。¶백열등이 방을 가득 채우고 있다. =白炽灯照亮了整个房间。

백옥(白玉)【명사】빛깔이 하얀 옥. ◆图白玉。¶백옥같이 고운 살결. =白玉般美丽的肌肤。

백의(白衣)【명사】물감을 들이지 않은 흰 빛깔의 옷. ◆图白衣。

백일(百日)【명사】아이가 태어난 날로부터 백 번째 되는 날. ◆图孩子百天。¶백일 사진. =百日照片。

백일몽(白日夢)【명사】'대낮에 꿈을 꾼다'는 뜻으로, 실현될 수 없는 헛된 공상을 이르는 말. ◆图白日梦。

백일잔치(百日--)【명사】아기가 태어난 날로부터 백 번째 되는 날에 베푸는 잔치. ◆图(小孩)百日宴。¶친구네 아이의 백일잔치에 참석하다. =参加朋友小孩的百日宴。

백일장(白日場)【명사】국가나 단체에서, 글짓기를 장려하기 위하여 실시하는 글짓기 대회. ◆图诗文比赛，写作大赛。¶그는 백일장에 참가하여 장원을 했다. =他参加写作大赛得了第一名。

백일해(百日咳)【명사】경련성의 기침을 일으키는 어린이의 급성 전염병. ◆图百日咳。

백일홍(百日紅)【명사】국화과의 한해살이풀. ◆图百日草，百日菊。

백자(白瓷/白磁)【명사】순백색의 바탕흙 위에 투명한 유약을 발라 구워 만든 자기. ◆图白瓷。¶조선 백자에는 깨끗하고 소박한 선인들의 숨결이 그대로 살아 있다. =朝鲜白瓷中蕴含着祖先纯洁朴素的气息。

백작(伯爵)【명사】다섯 등급으로 나눈 귀족의 작위 가운데 셋째 작위. 후작의 아래, 자작의 위이다. ◆图伯爵。

백전백승(百戰百勝)【명사】싸울 때마다 다 이김. ◆图百战百胜。

백조(白鳥)【명사】图 오릿과의 물새. 몸이 크고 온몸은 순백색이며, 눈 앞쪽에는 노란 피부가 드러나 있고 다리는 검다. ◆天鹅。

백주(白晝)【명사】환히 밝은 낮. ◆图白天，白昼。¶백주의 강도 사건. =光天化日之下的抢劫事件。

백중날(百中-)【명사】음력 칠월 보름으로, 여러 가지 음식을 만들어 먹으며 즐기는 불교 행사. ◆图中元节。

백중지세(伯仲之勢)【명사】서로 우열을 가리기 힘든 형세. ◆图不分伯仲，势均力敌。

백지(白紙)【명사】图 ❶ 닥나무 껍질로 만든 흰빛의 한국 종이. ◆白纸。¶백지에 낙서를 하다. =在白纸上涂鸦。❷ 아무것도 적지 않은 비어 있는 종이. ◆白纸，空白纸张。¶백지에 그림을 그리다. =在空白纸上画画。❸ 백지상태. 어떠한 대상에 대하여 아무것도 모르는 상태. ◆(喻)一无所知。¶그림에는 소질이 있으나 음악은 백지다. =他在绘画方面有天赋，而音乐却一无所知。❹ 백지상태. 어떠한 일을 하기 이전의 상태. ◆初始状态，起点。¶백지로 돌아가서 처음부터 다시 시작합니다. =回到初始状态，从头开始。

백지상태(白紙狀態)【명사】图 ❶ 종이에 아무것도 쓰지 않은 상태. ◆空白纸。¶답안지를 백지상태로 제출하다. =交白卷。❷ 어떠한 대상에 대하여 아무것도 모르는 상태. ◆一无所知，一窍不通。¶사람은 경제에는 해박하지만 교육 실정에는 백지상태였다. =他虽然精通经济，但对教育现状却一无所知。❸ 어떠한 일을 하기 이전의 상태. ◆初始状态，起点。¶과장의 실수로 모든 일이 백지상태로 돌아갔다. =科长的失误使一切都回到了起点。❹ 잡념이나 선입관 따위가 없는 상태. ◆没有偏见，没有成见。¶백지상태에서 지원자를 면접하다. =不带偏见地对报名者进行面试。

백지장(白紙張)【명사】图 ❶ 하얀 종이의 낱장. ◆单张白纸。❷ 핏기가 없이 창백한 얼굴빛을 비유적으로 이르는 말. ◆脸色苍白。¶물에서 건져 올린 시신의 얼굴은 백지장 같았다. =水里打捞上来的尸体脸色苍白。

백지화(白紙化)【명사】어떠한 일을 하기 이전의 상태가 됨. 또는 그런 상태로 돌림. ◆图取消，废除，变成无效。¶사원들은 부당한 인사이동의 백지화를 요구했다. =公司职员们要求取消不合理的人事调动。● 백지화되다(白紙化--), 백지화하다(白紙化--) ●

백치(白癡/白痴)【명사】뇌에 장애나 질환이 있어 지능이 아주 낮은 상태. 또는 그런 사람을 낮잡아 이르는 말. ◆图白痴。

백태(白苔)【명사】图 ❶ 신열이나 위의 병 때문에 혓바닥에 끼는 누르스름한 물질. ◆白苔，白舌苔。❷ 몸의 열이나 그 밖의 원인으로 눈에 희끄무레한 막이 덮이는 병. 또는 그런 눈. ◆白翳。

백팔 번뇌(百八煩惱)【명사】사람이 지닌 108가지의 번뇌. ◆图百般烦恼。

백합(百合)【명사】백합과 백합속의 여러해살이풀을 통틀어 이르는 말. ◆图百合。

백해무익(百害無益)【명사】해롭기만 하고 하나도 이로운 바가 없음. ◆图有百害而无一利。¶술의 해독(害毒)은 잘 압니다만 백해무익이란 말씀은 좀 지나친 말씀 같습니다. =虽然知道酒的害处，但是倒不至于百害而无一利。● 백해무익하다(百害無益--) ●

백혈구(白血球)【명사】혈액의 유형 성분 가운데 하나. 골수(骨髓)·지라·림프샘에서 만들어진다. ◆图白血球。

백혈병(白血病)【명사】정상적인 백혈구가 적어지고 비정상적인 백혈구가 많아져 고열이나 빈혈, 출혈 등을 일으키는 병. ◆图白血病。

백호(白虎)【명사】图 ❶ 털빛이 흰 호랑이. ◆白虎，白老虎。❷ 사신(四神)의 하나. 서쪽 방위를 지키는 신령을 상징하는 짐승을 이른다. ◆白虎(守卫西方的神)。

백화(百花)【명사】온갖 꽃. ◆ 图百花。¶바야흐로 백화가 만발하는 봄이다. =正值百花盛开的春天。

백화점(百貨店)【명사】여러 가지 상품을 부문별로 나누어 진열 판매하는 대규모의 현대식 종합 소매점. ◆ 图百货商店。¶대형 백화점. =大型百货商店。

밴댕이【명사】청어과의 바닷물고기. 몸의 길이는 15cm 정도로 전어와 비슷하며 등은 청흑색, 옆구리와 배는 은백색이다. ◆ 图大眼鲱。

밴드[1](band)【명사】가죽이나 천, 고무 따위로 좁고 길게 만든 띠. ◆ 图带子。

밴드[2](band)【명사】각종 악기로 음악을 합주하는 단체. 주로 경음악을 연주한다. ◆ 图乐队。

밸【명사】'배알'의 준말. ◆ 图心肠，心眼；骨气，志气。¶밸이 뒤틀려 참을 수 없다. =心里不痛快，忍不住了。

밸런타인데이(Valentine Day)【명사】발렌티누스의 축일(祝日)인 2월 14일을 이르는 말. ◆ 图情人节。

밸브(valve)【명사】유체(流體)의 양이나 압력을 제어하는 장치. ◆ 图阀门。¶밸브를 열다. =打开阀门。

뱀【명사】파충강 뱀과의 동물을 통틀어 이르는 말. ◆ 图蛇。¶뱀에게 다리를 물리다. =被蛇咬了腿。

뱀장어(-長魚)【명사】뱀장어과의 민물고기. 몸의 길이는 60cm 정도이고 가늘며, 누런색 또는 검은색이고 배는 은백색이다. ◆ 图鳝鱼，鳗鱼。

뱁새【명사】휘파람샛과의 새. 등 쪽은 진한 붉은 갈색, 배 쪽은 누런 갈색이고 부리는 짧으며 꽁지는 길다. ◆ 图巧妇鸟，鹪鹩。

뱃고동【명사】배에서 신호를 하기 위하여 내는 고동. ◆ 图轮船汽笛。¶나지막하게 뱃고동이 울리다. =轮船汽笛低鸣。

뱃길【명사】배가 다니는 길. ◆ 图水路，航路。¶폭풍으로 뱃길이 끊어져 사람들이 섬에 갇혔다. =航路被暴风阻断，人们被困在了岛上。

뱃노래【명사】뱃사공이 노를 저어 가며 부르는 노래. ◆ 图船工号子，船歌。¶사공은 노를 저으며 뱃노래를 구성지게 불렀다. =艄公边摇橹边唱着动听的船歌。

뱃놀이【명사】배를 타고 노는 놀이. ◆ 图乘船游玩。

뱃머리【명사】배의 앞 끝. ◆ 图船头。¶뱃머리를 돌려라. =调转船头。

뱃멀미【명사】배를 탔을 때 어지럽고 메스꺼워 구역질이 나는 일. 또는 그런 증세. ◆ 图晕船。¶뱃멀미가 나다. =晕船。

뱃사공(-沙工)【명사】배를 부리는 일을 직업으로 하는 사람. ◆ 艄公，船夫。¶뱃사공의 노 젓는 소리. =艄公摇橹的声音。

뱃사람【명사】배를 부리거나 배에서 일을 하는 사람. ◆ 图船夫，艄公，水手。¶섬에서 자란 그는 자연스럽게 뱃사람이 되었다. =在岛上长大的他很自然地当了水手。

뱃삯【명사】배에 타거나 짐을 싣는 데 내는 돈. ◆ 图船费。¶뱃삯을 지불하다. =支付船费。

뱃살【명사】배를 싸고 있는 살이나 가죽. ◆ 图肚皮，肚子肉。¶뱃살을 빼다. =减肚子上的肉。

뱃속【명사】'마음'을 속되게 이르는 말. ◆ 图内心，心思。¶그 사람 뱃속을 도무지 알 수가 없다. =无法了解他的内心。

뱃심【명사】염치나 두려움이 없이 제 고집대로 버티는 힘. ◆ 图固执，犟劲，执拗劲。¶그는 모두가 반대하는 일을 뱃심으로 밀고 나갔다. =他固执地做着别人都反对的事情。

뱃전【명사】배의 양쪽 가장자리 부분. ◆ 图船舷。¶뱃전에 걸터앉다. =耷拉着腿坐在船舷上。

뱅글뱅글【부사】작은 것이 잇따라 매끄럽게 도는 모양. ◆ 副滴溜溜地(转)。¶뱅글뱅글 도는 팽이. =滴溜溜转的陀螺。

뱅뱅【부사】副 ❶ 일정한 좁은 범위를 자꾸 도는 모양. ◆ 滴溜溜地(转)。¶팽이가 뱅뱅 돌다. =陀螺滴溜溜转。❷ 요리조리 자꾸 돌아다니는 모양. ◆ 转来转去。¶강아지가 제 꼬리를 물며 마당에서 뱅뱅 돌았다. =小狗咬着自己的尾巴在院子里团团转圈。❸ 갑자기 정신이 자꾸 아찔해지는 모양. ◆ 突然眩晕的样子。¶눈앞이 뱅뱅 돈다. =眼前天旋地转。

-뱅이【접사】后缀 '그것을 특성으로 가진 사람'의 뜻을 더하는 접미사. ◆ (具有……不良特点的)人。¶가난뱅이. =穷光蛋。

뱉다【동사】动 ❶ 입 속에 있는 것을 입 밖으로 내보내다. ◆ 吐。¶침을 뱉다. =吐唾沫。❷ 차지하고 있던 것을 도로 내놓다. ◆ 交回，退回。¶착복한 돈은 뱉다. =交回了侵吞的钱。❸ 말이나 신음 따위를 함부로 하다. ◆ 妄言，乱说。¶그는 하고 싶은 말은 아무 말이나 마구 뱉는 성미이다. =他是快言快语之人。

버겁다【형용사】물건이나 세력 따위가 다루기에 힘에 겹거나 거북하다. ◆ 形吃力，费力，费劲。¶짐이 무거워 혼자 들기에 버겁다. =行李太重，自己拎很费劲。

버금가다【동사】「…에,…과」 으뜸의 바로 아래가 되다. ◆ 动第二。¶실력이 그에 버금가다. =实力在他之下。

버너【명사】기체 또는 액체 연료를 공기와 혼합하여 연소시키는 기구. 가스버너, 석유 버너, 알코올 버너 따위가 있으며, 가열 작업 따위에 쓴다. ◆ 图炉子，火炉。¶취사용 버너. =用火炉做饭。

버둥거리다【동사】动 ❶ 덩치가 큰 것이 매달리거나 자빠지거나 주저앉아서 팔다리를 내저으며 자꾸 움직이다. ◆ 手脚乱动。¶쓰러진 담 밑에 깔린 그는 고통스러운 표정으로 팔다리를 버둥거리고 있었다. =他被压在倒塌的墙下，表情痛苦地手脚乱动。❷ 힘에 겨운 처지에서 벗어나려고 부득부득 애를 쓰다. ◆ 挣扎。¶살려고 버둥거리다. =挣扎求生。● 버둥대다 ●

버둥버둥【부사】副 ❶ 덩치가 큰 것이 매달리거나 자빠지거나 주저앉아서 팔다리를 내저으며 움직이는 모양. ◆ 手脚乱动。¶조난자가 구조용 밧줄을 움켜쥐고 버둥버둥 애를 썼다. =遭遇灾难的人手脚乱动，使劲抓住救生绳索。❷ 힘에 겨운 처지에서 벗어나려고 부득부득 애를 쓰는 모양. ◆ 挣扎。¶보릿고개 때에는 모든 사람이 잘 먹을 수 있는 날을 고대하며 버둥버둥 살았다. =青黄不接的时候，人们挣扎度日，苦苦等待吃饱饭的日子到来。

버드나무【명사】버드나뭇과의 낙엽 활엽 교목. ◆ 图柳树。

버들【명사】버드나뭇과 버드나무속의 식물을 통틀어 이르는 말. ◆ 图柳树。¶버들에 잎이 돋고 개나리가 피는 봄. =柳树发芽，迎春花开放的春天。

버들강아지【명사】버드나무의 꽃. ◆ 图柳絮。¶개천에 버들강아지가 하얗게 피어 있다. =河沟里雪白的柳絮飘飞。

버들피리【명사】图 버들가지의 껍질로 만든 피리. ◆ 柳哨。¶버들피리를 구성지게 불다. =柳哨吹得悦耳动听。

버럭【부사】성이 나서 갑자기 기를 쓰거나 소리를 냅다 지르는 모양. ◆ 副勃然，突然。¶버럭 화를 내다. =勃然大怒。

버럭버럭【부사】성이 나서 잇따라 기를 쓰거나 소리를 냅다 지르는 모양. ◆ 副勃然，不断(大喊)。¶버럭버럭 화를 내다. =勃然大怒。

버려두다【동사】动 ❶ 잘 간수하지 아니하고 아무렇게나 그냥 놓아두다. ◆ 丢弃，随意放。¶쓸 만한 공구를 창고에 버려두다. =把可以用的工具随意放在仓库里。❷ 혼자 있게 남겨 놓다. ◆ 丢下。¶그녀는 아이를 친정에 버려두고 재혼했다. =她把孩子扔到娘家后再婚了。

버르장머리【명사】'버릇'을 속되게 이르는 말. ◆ 图习气，习性；礼貌。¶저 녀석은 버르장머리가 없다. =那个家伙没有礼貌。

버르적거리다【동사】고통스러운 일이나 어려운 고비에서 벗어나려고 팔다리를 내저으며 큰 몸을 자꾸 움직이다. ◆ 动挣扎。¶그는 발을 헛디디는 바람에 물에 빠져 몸을 버르적거렸다. =一脚踩空掉进水里，他使劲挣扎。● 버르적대다 ●

버릇【명사】图 ❶ 오랫동안 자꾸 반복하여 몸에 익어 버린 행동. ◆ 习惯，习气。¶버릇을 고치다. =改正习惯。❷ 윗사람에 대하여 지켜야 할 예의. ◆ 礼节，礼貌。¶버릇이 없다. =没有礼貌。

버릇없다【형용사】어른이나 남 앞에서 마땅히 지켜야 할 예의가 없다. ◆ 形没有礼貌，没有教养，不懂规矩。¶어른 앞에서 어린 녀석이 담배를 피우는 것은 버릇없는 행동이다. =小孩在大人面前抽烟是没有礼貌的行为。

버릇하다【보조 동사】앞말이 뜻하는 행동을 습관적으로 거듭함을 나타내는 말. ◆ 补动表示形成习惯。¶그는 초조하면 손가락을 물어뜯어 버릇한다. =他烦躁的时候习惯咬手指头。

버리다[1]【동사】动 ❶ 가지거나 지니고 있을 필요가 없는 물건을 내던지거나 쏟거나 하다. ◆ 扔掉，丢弃，抛弃。¶휴지를 휴지통에 버리다. =将废纸扔到废纸篓里。❷ 못된 성격이나 버릇 따위를 떼어 없애다. ◆ 改掉，改正。¶낭비하는 습관을 버리다. =改掉浪费的习惯。❸ 가정이나 고향 또는 조국 따위를 떠나 스스로 관계를 끊다. ◆ 抛弃，舍弃，离开。¶고향을 버리다. =离开家乡。❹ 종사하던 일정한 직업을 스스로 그만두고 다시는 손을 대지 아니하다. ◆ 辞掉(工作)，放弃(职业)。¶그는 직장을 버리고 나와 개인 사업을 시작하였다. =他辞掉工作开始和我单干。❺ 직접 깊은 관계가 있는 사람과의 사이를 끊고 돌보지 아니하다. ◆ 抛弃，丢弃。¶조강지처를 버리다. =抛弃糟糠之妻。❻ 품었던 생각을 스스로 잊다. ◆ 抛弃，放弃，丢掉(想法)。¶돈으로 모든 것을 하려고 하는 생각을 버려라. =抛弃想用钱解决一切的想法。❼ 본바탕을 상하게 하거나 더럽혀서 쓰지 못하게 망치다. ◆ 损坏，伤害，损害。¶술 때문에 몸을 버리다. =喝酒伤害身体。

버리다[2]【보조 동사】补动 앞말이 나타내는 행동이 완전히 끝났음을 나타내는 말. ◆ 表示动作彻底完成。¶먹어 버리다. =吃完了。

버림받다【동사】일방적으로 관계가 끊기어 배척당하다. ◆ 动被遗弃，被抛弃。¶부모에게 버림받다. =被父母遗弃。

버무리다【동사】여러 가지를 한데에 뒤섞다. ◆ 动混和，搅拌。¶삶은 나물을 된장으로 버무리다. =用大酱拌煮熟的野菜。

버벅거리다【동사】행동이나 말 따위를 자연스럽게 하지 못하고 자꾸 틀리거나 머뭇거리다. ◆ 动 (说话)结巴，断断续续。¶말을 버벅거리다. =说话结巴。● 버벅대다 ●

버석거리다【동사】가랑잎이나 마른 검불 따위의 잘 마른 물건을 밟는 소리가 잇따라 나다. 또는 그런 소리를 잇따라 내다. ◆ 动沙沙作响，刷刷响。¶바람에 나뭇잎이 버석거리다. =风吹得树叶沙沙作响。● 버석대다 ●

버선【명사】천으로 발 모양과 비슷하게 만들어 종아리 아래까지 발에 신는 물건. 흔히 무명, 광목 따위 천으로 만드는데 솜을 두기도 하고 겹으로 만들기도 한다. ◆ 图布袜。¶버선 두 죽. =二十双袜子。

버섯【명사】그늘지고 물기가 많은 땅이나 썩은 나무에서 자라며 홀씨로 번식하는 식물. ◆ 图蘑菇。¶버섯을 따다. =采蘑菇。

버스(bus)【명사】운임을 받고 정해진 길을 운행하는 대형 합승 자동차. 시내버스·시외버스·관광버스·고속버스 따위가 있다. ◆ 图公共汽车，公交车。¶정원을 초과한 버스. =超载的公交车。

버저(buzzer)【명사】초인종 등의 용도로 쓰이는, 소리가 나는 전기 신호 장치. ◆ 图蜂鸣器。¶버저가 울리다. =蜂鸣器响了。

버젓하다【형용사】形 ❶ 남의 시선을 의식하여 조심하거나 굽히는 데가 없다. ◆ 理直气壮，大义凛然。¶한 젊은 남자가 금연 구역에서 버젓하게 담배를 피우고 있다. =一位年轻男子在禁烟区理直气壮地抽烟。❷ 남의 축에 빠지지 않을 정도로 번듯하다. ◆ 像样，像模像样。¶그도 이제 버젓한 가정을 꾸렸다. =他现在也有了个像模像样的家庭。● 버젓이 ●

버짐【명사】백선균에 의하여 일어나는 피부병. 마른버짐, 진버짐 따위가 있는데 주로 얼굴에 생긴다. ◆ 名癣。¶얼굴에 버짐이 피다. =脸上生癣。

버찌【명사】벚나무의 열매. ◆ 名樱花果。

버터(butter)【명사】우유의 지방을 분리하여 응고시킨 식품. 빵에 발라 먹거나 요리 재료로 이용한다. ◆ 名黄油，奶油，乳酪。¶빵에 버터를 발라 구워 먹다. =给面包涂上黄油烤着吃。

버튼(button)【명사】전기 장치에 전류를 끊거나 이어 주거나 하며 기기를 조작하는 장치. ◆ 名开关，按钮，按键。¶카세트의 재생 버튼을 누르다. =按下磁带的重放键。

버티다【동사】动 ❶ 어려운 일이나 외부의 압력을 참고 견디다. ◆ 坚持，挺住，顶住(困难或压力)。¶그는 갖은 악조건에도 불구하고 한 달 동안 버텨 냈다. =他不顾各种恶劣条件，坚持了一个月。❷ 어떤 대상이 주변 상황에 움쩍 않고 든든히 자리 잡다. ◆ 挺立，屹立。¶떡 버티고 서다. =巍然屹立。❸ 쓰러지지 않거나 밀리지 않으려고 팔, 다리 따위로 몸을 지탱하다. ◆ 支撑(身体)。¶두 다리로 간신히 버티고 섰다. =用双腿苦苦支撑。❹ 무게 따위를 견디다. ◆ 支撑，承受(重量)。¶이 교량은 폭증하는 차량의 무게를 버티지 못할 것이다. =这座桥将无法承受剧增的车辆的重量。❺ 물건 따위를 쓰러지지 않도록 다른 물건으로 받치다. ◆ 支撑，撑住。¶그는 잭으로 자동차를 버티고 바퀴를 갈아 끼웠다. =他用千斤顶撑住汽车，换好了车轮。❻ 자기의 주장을 굽히지 않다. ◆ 抵抗，抗衡，对抗。¶농민들은 시의 토지수용 입장을 외면한 채 버티고 있다. =农民们不理会市政府征用土地的命令，坚持对抗。

버팀목(--木)【명사】물건이 쓰러지지 않게 받치어 세우는 나무. ◆ 名支柱。

벅차다【형용사】形 ❶ 감당하기가 어렵다. ◆ 吃力，费劲儿。¶나는 지금 그 일이 너무 벅차다. =我现在觉得那件事太吃力了。❷ 감격·기쁨·희망 따위가 넘칠 듯이 가득하다. ◆ (感激、喜悦、希望等)充满，洋溢，兴奋不已，激动不已。¶합격 소식을 들으니 가슴이 너무 벅차다. =听到合格的消息，心里兴奋不已。❸ 숨이 견디기 힘들만큼 가쁘다. ◆ 喘不过气，上气不接下气。¶갑자기 뛰었더니 숨이 너무 벅차다. =突然跑动，喘不过气来。● 벅차오르다 ●

번(番)【의존 명사】依名 ❶ 일의 차례를 나타내는 말. ◆ 次，回，个，下，顿，遍，趟，面，边。¶둘째 번. =第二次。❷ 일의 횟수를 세는 단위. ◆ 次，回，遍，趟。¶여러 번. =多次。❸ 어떤 범주에 속한 사람이나 사물의 차례를 나타내는 단위. ◆ 号，路。¶4번 타자. =四号击球员。

번갈다(番--)【동사】动 ❶ 일정한 시간 동안 어떤 행동이 되풀이되어 미치는 대상들의 차례를 바꾸다. ◆ 轮流，轮换，不停地(做某一动作)。¶흘러 내려가는 바지를 번갈아 올리다. =不停地向上拉下滑的裤子。❷ 잠시 동안 하나씩 차례로 상대하다. ◆ 轮番，轮流。¶ 두 사람을 번갈아 쳐다보다. =轮流打量着两个人。

번개【명사】名 ❶ 구름과 구름, 구름과 대지 사이에서 공중 전기의 방전이 일어나 번쩍이는 불꽃. ◆ 闪电。¶번개가 치다. =打闪电。❷ 동작이 아주 빠르고 날랜 사람이나 사물을 비유적으로 이르는 말. ◆ 闪电般，飞快。¶번개 같이 뛰어가다. =闪电般跑去。

번갯불【명사】번개가 칠 때 번쩍이는 빛. ◆ 名电光，闪电。¶서쪽 하늘에서 번갯불이 번쩍였다. =天的西边电光闪烁。

번거롭다【형용사】形 ❶ 일의 갈피가 어수선하고 복잡한 데가 있다. ◆ 繁琐，复杂。¶절차가 번거롭다. =程序复杂。❷ 귀찮고 짜증스럽다. ◆ 讨厌，厌烦，懒得。¶피곤해서 그런지 나는 평소 하던 인사조차 번거로웠다. =不知道是不是太累了，连平时的招呼都懒得打。● 번거로이 ●

번뇌(煩惱)【명사】名 ❶ 마음이 시달려서 괴로움. 또는 그런 괴로움. ◆ 烦恼，烦虑，烦忧，困恼，苦恼。¶번뇌의 포로가 되다. =为烦恼所困。❷ 마음이나 몸을 괴롭히는 노여움이나 욕망 따위의 모든 망념(妄念). ◆ 烦恼，困惑。¶온갖 번뇌를 끊고 해탈하다. =抛弃所有烦恼得到解脱。

번데기【명사】名 ❶ 완전 변태를 하는 곤충의 애벌레가 성충으로 되는 과정 중에 한동안 아무것도 먹지 아니하고 고치 같은 것의 속에 가만히 들어 있는 몸. ◆ 蛹。

번드르르【부사】윤기가 있고 미끄러운 모양. ◆ 副油光铿亮，光滑。¶얼굴이 번드르르하다. =面部光滑。

번드르르하다【형용사】윤기가 있고 미끄럽다. ◆ 形光滑；像样。¶속은 어떨지 몰라도 겉은 번드르르하다. =虽然不知道心地怎么样，模样倒是长得挺像样。

번득이다【동사】물체 따위에 반사된 큰 빛이 잠깐씩 나타나다. 또는 그렇게 되게 하다. ◆ 动闪烁，闪闪光光，忽闪，闪动。¶맹수의 눈빛이 번득이다. =猛兽的目光闪烁。

번들거리다【동사】물체 따위에 반사된 큰 빛이 잠깐씩 자꾸 나타나다. 또는 그렇게 되게 하다. ◆ 动一闪一闪，闪烁。¶어둠 속에서 가로등이 번득거렸다. =黑暗中街灯一闪一闪的。● 번들대다 ●

번들번들【부사】副 ❶ 거죽이 아주 미끄럽고 윤이 나는 모양. ◆ (皮)光，光滑，光闪闪。¶새로 사서 윤을 낸 승용차인지라 번들번들 광이 난다. =因为是刚买来的抛过光的轿车，所以光闪闪的。❷ 어수룩한 데가 조금도 없이 약게 구는 모양. ◆ 贼溜溜。¶그는 약을 올려놓고도 번들번들 웃기만 한다. =他把人惹火了还一个劲儿贼溜溜地笑。● 번들번들하다 ●

번듯하다【형용사】形 ❶ 큰 물체가 비뚤어지거나 기울거나 굽지 않고 바르다. ◆ 端正，方方正正。¶번듯한 가구. =方方正正的家具。❷ 생김새가 훤하고 멀끔하다. ◆ (长相)端正，端庄。¶결혼식장에 나온 신랑은 이목구비가 번듯하게 생겼다. =出现在婚礼仪式现场的新郎五官长得很端正。❸ 형편이나 위세 따위가 버젓하고 당당하다. ◆(情况或地位)像样，堂堂正正。¶나는 농사만은 누구보다도 번듯하게 해낼 자신이 있다. =仅就农活而言，我可以堂堂正正地说比任何人都做得好。● 번듯이 ●

번뜩이다【동사】动 ❶ 물체 따위에 반사된 큰 빛이 잠깐씩 나타나다. 또는 그렇게 되게 하다. ◆ 闪烁，闪耀，闪闪发光。¶번개가 번뜩이며 천둥이 우르릉거린다. =电闪雷鸣。❷ 생각 따위가 갑자기 머릿속에 떠오르다. ◆(思绪等突然)闪现，闪出，冒出。¶번뜩이는 재치. =突然闪现的智慧。

번민(煩悶)【명사】마음이 번거롭고 답답하여 괴로워함. ◆名烦闷，郁闷，苦闷。¶그는 오랜 번민 끝에 결정을 내렸다. =在长时间的苦恼之后，他终于做出了决定。● 번민하다(煩悶--) ●

번번이(番番-)【부사】매 때마다. ◆ 副屡次，屡屡。¶약속을 번번이 어기다. =屡屡违约。

번복(飜覆/翻覆)【명사】이리저리 뒤쳐서 고침. ◆名推翻，颠倒。¶증언 번복. =推翻证词。● 번복되다(飜覆--/翻覆--), 번복하다(飜覆--/翻覆--) ●

번성(蕃盛/繁盛)【명사】名 ❶ 한창 성하게 일어나 퍼짐. ◆ 繁荣，兴盛，兴旺。¶사업의 번성. =事业兴旺。❷ 나무나 풀이 무성함. ◆(草木)繁茂，茂盛。¶잡초가 번성하다. =杂草丛生。●번성하다(蕃盛--/繁盛--) ●

번식(繁殖)【명사】붇고 늘어서 많이 퍼짐. ◆名繁殖，繁衍。¶가축 번식. =家畜繁殖。● 번식하다(繁殖--) ●

번역(飜譯/翻譯)【명사】어떤 언어로 된 글을 다른 언어의 글로 옮김. ◆名译，翻译。¶20세기 초반에는 원작 번역보다 일본어로 번역된 것을 다시 중역하는 일이 많았다. =20世纪初经常有不译原文，而是把已译成日文的东西再译成韩文的情况。● 번역되다(飜譯--), 번역하다(飜譯--) ●

번역본(飜譯本)【명사】번역해 놓은 책. ◆名译本，译作。¶전공자는 번역본보다, 조금은 어렵더라도 원본을 읽는 훈련이 필요하다. =尽管有些困难，但专业人员还是有必要进行阅读原文的训练，而不是阅读翻译版。

번연히【부사】어떤 일의 결과나 상태 따위가 훤하게 들여다보이듯이 분명하게. ◆副显而易见，显然，一目了然，清楚。¶번연히 잘못된 일인 줄을 알면서 그대로 방치하는 일은 매우 잘못된 일이다. =明知是错事还放任不管，是非常错误的。

번영(繁榮)【명사】번성하고 영화롭게 됨. ◆名繁荣，昌盛。¶민족의 번영. =民族的繁荣。● 번영하다(繁榮--) ●

번잡(煩雜)【명사】번거롭게 뒤섞여 어수선함. ◆名嘈杂，杂乱无章，繁杂。¶도시의 번잡을 피하여 교외로 나가다. =为躲避城市的嘈杂，去了郊区。●번잡스럽다(煩雜---), 번잡하다(煩雜--) ●

번지(番地)【명사】땅을 일정한 기준에 따라 나누어서 매겨 놓은 번호. 또는 그 땅. ◆名号；街区；区域。¶이 편지에는 받는 사람의 번지가 적혀 있지 않습니다. =这封信没有写收信人所在楼号。

번지다【동사】动 ❶ 액체가 묻어서 차차 넓게 젖어 퍼지다. ◆(液体)浸，染。¶종이에 잉크가 번지다. =墨水把纸浸湿了。❷ 병이나 불, 전쟁 따위가 차차 넓게 옮아가다. ◆(病、火、战争等)蔓延，扩散，传播。¶전염병이 온 마을에 번지다. =传染病在村里传播。❸ 말이나 소리 따위가 널리 옮아 퍼지다. ◆(话或声音等)传开，传播。¶나쁜 소문이 마을 곳곳에 번지다. =坏消息传到了村子每个角落。❹ 빛·기미·냄새 따위가 바탕에서 차차 넓게 나타나거나 퍼지다. ◆(光、气味等)蔓延，扩散，露出。¶엷은 웃음이 입가에 번지다. =嘴角露出淡淡的微笑。❺ 풍습·풍조·불만·의구심 따위가 어떤 사회 전반에 차차 퍼지다. ◆(风俗、流行风潮、不满、疑心等)蔓延，扩散，传播。¶사회 전반에 보신주의 풍조가 유행처럼 번지고 있다. =明哲保身主义风潮正像流行病一样在整个社会蔓延。

번지르르하다【형용사】形 ❶ 거죽에 기름기나 물기 따위가 묻어서 윤이 나고 미끄럽다. ◆(皮肤等)油光发亮，光滑。¶햅쌀로 지은 밥이라 아주 기름기가 번지르르하다. =用新米做的饭，显得油光发亮的。❷ 말이나 행동 따위가 실속은 전혀 없이 겉만 그럴듯하다. ◆(言行等)油腔滑调，夸夸其谈。¶번지르르한 외판원의 감언이설에 나는 그만 넘어가 버렸다. =在推销员夸夸其谈的游说下，我上当了。● 번지르르 ●

번질거리다【동사】动 ❶ 거죽이 매우 미끄럽게 윤기가 흐르다. ◆ 油光发亮，闪亮。¶눈가에 눈물이 번질거리다. =眼角泪光闪闪。❷ 몹시 게으름을 피우며 맡은 일을 제대로 하지 않다. ◆ 偷懒，耍滑头。¶그애가 번질거리더니만 사고쳤군. =他整天耍滑头，结果惹出了是非。● 번질대다 ●

번질번질【부사】副 ❶ 거죽이 윤기가 흐르고 매우 미끄러운 모양. ◆ 表面润滑，滋润。¶그의 얼굴에는 번질번질 기름이 흘렀다. =他的脸油光发亮。❷ 성품이 매우 뻔뻔스럽고 유들유들한 모양. ◆ 奸滑，滑头。❸ 몹시 게으름을 피우며 맡은 일을 제대로 하지 않는 모양. ◆ 偷懒，耍滑头。● 번질번질하다 ●

번쩍【부사】副 ❶ 큰 빛이 잠깐 나타났다가 사라지는 모양. ◆ 闪耀，忽闪。¶섬광이 번쩍 빛났다. =猛然一道闪光。❷ 정신이 갑자기 아주 맑아지는 모양. ◆(精神)猛地，蓦地。¶정신을 번쩍 차리다. =猛地振作精神。❸ 어떤 생각이 갑자기 머리에 떠오르는 모양. ◆(想法)猛地，突然。¶좋은 생각이 번쩍 떠오르다. =突然想出个好主意。❹ 물건이나 사람, 일 따위가 매우 빨리 없어지거나 끝나는 모양. ◆ 一下子，很快。¶일을 번쩍 해치우다. =很快就把事做完了。❺ 마음이 몹시 끌려 귀가 갑자기 뜨이는 모양. ◆ 猛地竖起耳朵的样子。¶그는 바깥에서 자기 이야기를 하는 듯하여 순간 귀가 번쩍 띄었다. =听到外面似乎在讨论自己，他猛地竖直了耳朵。❻ 무엇이 순간적으로 분명하게 보이는 모양. ◆明显，醒目地(映入眼帘)。¶그의 눈에 '종업원 모집'이라는 글씨가 번쩍 띄었다. ="招聘员工"几个大字醒目地映入他的眼帘。● 번쩍하다 ●

번쩍거리다【동사】큰 빛이 잇따라 잠깐 나타났다가 사라지다. 또는 그렇게 되게 하다. ◆动闪闪，闪烁。¶ 거리에 네온사인이 번쩍거린다. =街头霓虹灯闪烁。● 번쩍대다 ●

번쩍번쩍【부사】副 ❶ 큰 빛이 잇따라 잠깐 나타났다가 사라지는 모양. ◆ 闪闪，一闪一闪，忽闪忽闪。¶구두가 번쩍번쩍 광이 났다. =皮鞋闪闪发光。❷ 정신이 잇따라 갑자기 아주 맑아지는 모양. ◆ 一下子，突然，猛地。¶오랜만에 냉수욕을 했더니 정신이 번쩍번쩍 난다. =好久不洗冷水澡了，这一洗，一下子精神起来。❸ 어떤 생각이 잇따라 갑자기 머리에 떠오르는 모양. ◆ (想法)一个接一个，不时冒出。¶예전에는 번쩍번쩍 생각이 떠오르곤 했는데, 요즘은 나이가 들었나 보다. =以前想法总是一个接一个，看来现在是老了。❹ 물건이나 사람, 일 따위가 자꾸 매우 빨리 없어지거나 끝나는 모양. ◆ (物件、人、事等)快速闪开或迅速结束的样子。¶사람이 많아 이사가 번쩍번쩍 끝나버렸다. =由于人多，就搬好家了。● 번쩍번쩍하다 ●

번쩍이다【동사】큰 빛이 잠깐 나타났다가 사라지다. 또는 그렇게 되게 하다. ◆动闪烁，闪闪发光，闪动。¶번갯불이 번쩍이다. =闪电闪过。

번창(繁昌)【명사】번화하게 창성함. ◆ 图繁荣，兴隆，昌盛。¶가업의 번창을 기원하다. =祈祷家业兴旺。

번창하다(繁昌--)【동사】번화하게 창성하다. ◆动繁荣，兴盛，兴隆，昌盛。¶가세가 번창하다. =家业兴盛。

번트(bunt)【명사】야구에서, 투수가 던진 공이 가까운 거리에 떨어지도록 타자가 방망이를 공에 가볍게 대듯이 맞추는 일. ◆ 图(棒球中的)触击球。¶번트를 대다. =击出触击球。

번호(番號)【명사】차례를 나타내거나 식별하기 위해 붙이는 숫자. ◆ 图编号，号码，号。¶수험 번호. =准考证号。

번화가(繁華街)【명사】번성하여 화려한 거리. ◆图繁华街区，闹市区。¶도시의 번화가는 한밤중에도 불빛으로 훤하다. =即使在深夜，城市的闹市区也灯火通明。

번화하다(繁華--)【형용사】번성하고 화려하다. ◆形繁华，热闹。¶번화한 거리. =繁华的街道。

벋다【동사】动 ❶ 가지나 덩굴, 뿌리 따위가 길게 자라나다. 또는 그렇게 하다. ◆ (枝、藤、根等)伸展，舒展。¶죽죽 벋는 대나무. =一根根枝叶舒展的竹子。❷ 길이나 강, 산맥 따위의 긴 물체가 어떤 방향으로 길게 이어져 가다. ◆ (道路、河流、山脉等)延伸，通。¶도로가 들판 가운데로 벋어 있다. =道路向平原中心延伸。❸ 기운이나 사상 따위가 나타나거나 퍼지다. 또는 그렇게 하다. ◆ (潮流、思想等)遍及，遍布，扩散。¶도시의 퇴폐 풍조가 순박하던 마을에까지 벋었다. =城市里的颓废风潮甚至扩散到了曾经民风纯朴的村庄。❹ 오므렸던 것을 펴다. ◆ 伸。¶두 다리를 죽 벋다. =把两条腿伸得笔直。❺ 어떤 것에 미치게 길게 내밀다. ◆ 伸，探出。¶어머니는 서랍에 손을 벋어 무언가를 찾으려고 뒤적거리고 계셨다. =妈妈把手伸进抽屉，翻找着什么东西。

벌[1]【명사】벌목의 곤충 가운데 개미류를 제외한 곤충을 통틀어 이르는 말. ◆图蜂。

벌[2](罰)【명사】잘못하거나 죄를 지은 사람에게 주는 고통. ◆ 图罚，惩罚，处罚。¶나는 오늘 숙제를 안 한 벌로 화장실 청소를 하게 되었다. =由于没有完成作业，我被罚打扫厕所。

벌[3]【명사】옷이나 그릇 따위가 두 개 또는 여러 개 모여 갖추는 덩어리. ◆ 图(服装等)套，组，副，双。¶옷을 벌로 맞추다. =衣服配成套。

벌[4]【의존 명사】依名 ❶ 옷을 세는 단위. ◆ 套，组，副，双。¶두루마기 한 벌. =一套韩式长袍。❷ 옷이나 그릇 따위가 두 개 또는 여러 개 모여 갖추는 덩어리를 세는 단위. ◆ 套，双。¶바지저고리 한 벌. =韩式衣裤一套。

벌거벗다【동사】动 ❶ 아주 알몸이 되도록 입은 옷을 모두 벗다. ◆ 脱光，袒露。¶냇가에서 동네 아이들이 벌거벗고 물장구를 치며 놀고 있다. =村里的孩子们脱光了在溪边玩水嬉耍。❷ 산이 나무나 풀이 없어 흙이 드러나 보일 정도가 되다. ◆ (山)光秃秃。¶벌거벗은 산. =光秃秃的山。❸ 나무가 잎이 다 떨어져 가지가 다 드러나 보이다. ◆ (树木)光秃秃。¶겨울이 되자 나무 대부분이 벌거벗었다. =冬天一到，大部分树木都变得光秃秃的。❹ 가지고 있던 물건이나 생각 또는 사실 따위를 죄다 내놓거나 드러내어 가진 것이 전혀 없다. ◆ 变得一无所有，两手空空，一贫如洗。

벌거숭이【명사】图 ❶ 옷을 죄다 벗은 알몸뚱이. ◆ 赤身裸体，光着身子。¶벌거숭이 임금님. =光着身子的国王。❷ 흙이 드러나 보일 정도로 나무나 풀이 없는 산을 비유적으로 이르는 말. ◆ (山)光秃秃。¶포격으로 완전히 벌거숭이가 된 산은 어디를 보아도 그늘이라고는 전혀 없다. =因炮击而全部变得光秃秃的山上，看不到哪怕一丝绿荫。❸ 잎이 다 떨어져 가지가 다 드러나 보이는 나무를 비유적으로 이르는 말. ◆ (树木)光秃秃。¶겨울이 되면 저 무성하던 나무가 벌거숭이가 되겠지. =到了冬天，那棵枝叶茂盛的树该成光秃秃的了吧? ❹ 가지고 있던 재산이나 돈 따위를 모두 잃거나 써 버려 가진 것이 없는 사람을 비유적으로 이르는 말. ◆ 穷光蛋。¶나는 하루아침에 벌거숭이가 되어 구걸하는 처지가 되다. =我一夜之间就成了沿街乞讨的穷光蛋。

벌겋다【형용사】어둡고 엷게 붉다. ◆ 形发红，微红。¶눈자위가 벌겋다. =眼圈发红。

벌금(罰金)【명사】图 ❶ 규약을 위반했을 때에 벌로 내게 하는 돈. ◆ 罚金，罚款。¶모임에 늦게 온 사람은 앞으로 벌금을 물어야 한다. =以后参加聚会迟到的人应该交纳罚款。❷ 재산형의 하나로 범죄의 처벌로서 부과하는 돈. 금액은 범죄의 경중에 따라 다르며 벌금을 낼 능력이 없을 경우에는 노역으로 대신한다. ◆ 罚金，罚款。¶500만 원 이하의 벌금에 처하다. =处500万韩元以下罚款。

벌꿀【명사】꿀벌이 꽃에서 빨아들여 벌집 속에 모아 두는, 달콤하고 끈끈한 액체. ◆ 图蜂蜜。¶아카시아 벌꿀. =槐花蜜。

벌다【동사】动 ❶ 일을 하여 돈 따위를 얻거나 모으다. ◆ 挣，赚 ¶돈을 벌다. =赚钱。❷ 시간이나 돈을 아껴 여유가 생기다. ◆ 省下，节省，节约。¶차비를 벌다. =节省车费。❸ 못된 짓을 하여 벌받을 일을 스스로 청하다. ◆ 自讨，自找。¶매를 벌다. =找打。

벌떡【부사】副 ❶ 눕거나 앉아 있다가 조금 큰 동작으로 갑자기 일어나는 모양. ◆ 嚯地，猛然(起身)。¶자리에서 벌떡 일어서다. =嚯地从位子上站起来。❷ 갑자기 뒤로 번듯하게 자빠지거나, 몸이나 몸의 일부를 젖히는 모양. ◆ 突然，猛然(向后躺)。¶벌떡 드러눕다. =突然躺下。

벌떡거리다【동사】动 ❶ 맥박이나 심장이 조금 거칠고 크게 자꾸 뛰다. ◆ (脉搏或心脏)剧烈跳动，扑通扑通跳。¶가슴이 벌떡거리다. =心扑通扑通跳。❷ 큰 몸집의 사람이나 동물 따위가 힘을 쓰거나 어떤 행동을 하고 싶어서 안타깝게 자꾸 애를 쓰다. ◆ 挣扎，乱动。❸ 액체를 거침없이 빠르게 잇따라 들이켜다. ◆ 咕嘟咕嘟(喝水)。¶물을 벌떡거리며 마시다. =咕嘟咕嘟地喝水。● 벌떡대다 ●

벌떡벌떡【부사】副 ❶ 여럿이 눕거나 앉아 있다가 조금 큰 동작으로 갑자기 모두 일어나는 모양. ◆ (多人同时)唰地，猛然(起身)。¶그들은 자리에서 벌떡벌떡 일어났다. =他们唰地从座位上站了起来。❷ 여럿이 다 갑자기 뒤로 번듯하게 자빠지거나, 몸이나 몸의 일부를 젖히는 모양. ◆ (多人同时)突然，猛然(向后躺)。¶그는 남의 집에서도 벌떡벌떡 드러눕는다. =就算在别人家中，他也会突然四仰八叉地躺下来。❸ 맥박이나 심장이 조금 거칠고 크게 잇따라 뛰는 모양. ◆ (脉搏或心脏)怦怦，扑通扑通。¶심장이 벌떡벌떡 뛰다. =心怦怦直跳。❹ 큰 몸집의 사람이나 동물 따위가 힘을 쓰거나 어떤 행동을 하고 싶어서 안타깝게 잇따라 애를 쓰는 모양. ◆ 挣扎，乱动。❺ 잇따라 액체를 거침없이 빠르게 들이켜는 모양. ◆ 大口大口，咕嘟咕嘟(喝水)。

벌러덩【부사】발이나 팔을 활짝 벌린 상태로 맥없이 굼뜨게 뒤로 자빠지거나 눕는 모양. ◆ 副一头，扑通(倒地)。¶그는 집에 돌아오자 벌러덩 누워버렸다. =他刚进家就"扑通"躺下了。

벌렁【부사】'벌러덩'의 준말. 발이나 팔을 활짝 벌린 상태로 맥없이 굼뜨게 뒤로 자빠지거나 눕는 모양. ◆ 副一头，扑通("벌러덩"的略语)。¶벌렁 드러눕다. = "扑通" 一声仰倒在地。

벌렁거리다【동사】몸의 일부가 아주 가볍고도 재빠르고 크게 자꾸 움직이다. ◆ 动身体部位轻微而快速地动。¶콧구멍이 벌렁거리다. =鼻孔翕动。● 벌렁대다 ●

벌렁벌렁【부사】몸의 일부가 아주 가볍고도 재빠르고 크게 잇따라 움직이는 모양. ◆ 副 (举止) 轻快地。● 벌렁벌렁하다 ●

벌레【명사】图 ❶ 곤충을 비롯하여 기생충과 같은 하등 동물을 통틀어 이르는 말. ◆ 虫子，昆虫。¶벌레 한 마리가 벽을 기어오르고 있다. =一只虫子正在爬上墙。❷ 어떤 일에 열중하는 사람을 비유적으로 이르는 말. ◆ 指特别热衷于做某事的人。¶일 벌레. =工作狂。

벌름거리다【동사】탄력 있는 물체가 부드럽고 넓게 자꾸 벌어졌다 닫혀졌다 하다. 또는 그렇게 되게 하다. ◆ 动呼扇，翕动。¶개가 코를 벌름거리다. =狗呼扇着鼻子。● 벌름대다 ●

벌리다【동사】动 ❶ 둘 사이를 넓히거나 멀게 하다. ◆ 扩大，加大，撑开，张开。¶틈을 벌리다. =加大空隙。❷ 껍질 따위를 열어 젖혀서 속의 것을 드러내다. ◆ 剥开，扒开。¶귤껍질을 까서 벌리다. =剥开橘子皮。❸ 우므러진 것을 펴지거나 열리게 하다. ◆ 张开，打开，展开，敞开，伸开。¶양팔을 옆으로 벌리다. =向两侧伸开双臂。

벌목(伐木)【명사】멧갓이나 숲의 나무를 벰. ◆ 图伐木，砍伐。¶벌목 작업. =伐木作业。

벌벌【부사】副 ❶ 추위나 두려움, 흥분 따위로 몸이나 몸의 일부분을 크게 자꾸 떠는 모양. ◆ 瑟瑟，哆嗦。¶추위에 벌벌 떨다. =冻得瑟瑟发抖。❷ 재물 따위를 몹시 아끼거나 매우 중요하게 생각하는 모양. ◆ 哆嗦，哆哆嗦嗦(形容小气、心疼)。¶그는 돈 몇 푼에 벌벌 떤다. =他连几分钱都会哆嗦半天。

벌써【부사】副 ❶ 예상보다 빠르게 어느새. ◆ 都已经，这么快就。¶벌써 10년의 세월이 흘렀다. =时间都已经过去10年了。❷ 이미 오래 전에. ◆ 早就，已经。¶그 소식은 벌써 들어 알고 있다. =已经知道那个消息了。

벌어들이다【동사】돈이나 물건 따위를 벌어서 가져오다. ◆ 动挣回，赚来。¶외화를 벌어들이다. =挣回外汇。

벌어먹다【동사】벌이를 하여 먹고살다. ◆ 动挣钱糊口，赚钱糊口。¶막일로 간신히 벌어먹고 있다. =做苦力挣钱糊口。

벌어지다[1]【동사】어떤 일이 일어나거나 진행되다. ◆ 动 (事情)发生，开展，进行，摆开。¶놀음판이 벌어지다. =摆开赌局。

벌어지다[2]【동사】动 ❶ 갈라져서 사이가 뜨다. ◆ 裂开，脱胶。¶벌어진 틈새. =裂开的缝隙。❷ 가슴이나 어깨, 등 따위가 옆으로 퍼지다. ◆ (胸、肩、背等)宽，宽广。¶키는 작달막하나 가슴팍이 떡 벌어진 게 여간 다부진 몸매가 아니었다. =虽然个子矮小，但胸膛宽广，身体不是一般的健壮。❸ 음식 따위를 번듯하게 차리다. ◆ 丰盛。¶떡 벌어지게 차린 생일상. =办得非常丰盛的生日宴。❹ 차이가 커지다. ◆ (差异)拉大，扩大，加深。¶빈부 격차가 더 벌어지다. =贫富差距进一步扩大。❺ 사람의 사이에 틈이 생기다. ◆ (关系)疏远，闹翻。¶그 둘은 이미 사이가 벌어진 지 오래되었다. =他们已经闹翻很久了。

벌이【명사】일을 하여 돈이나 재물을 벎. ◆ 图挣钱，赚钱。¶벌이가 시원찮다. =不怎么挣钱。

벌이다【동사】动 ❶ 일을 계획하여 시작하거나 펼쳐 놓다. ◆ 设，组织，开展。¶잔치를 벌이다. =设宴。❷ 놀이판이나 노름판 따위를 차려 놓다. ◆ 摊开，

铺开，摆开(赌局等)。¶투전판을 벌이다. =摆开赌局。❸ 여러 가지 물건을 늘어놓다. ◆摊，铺，摆。¶좌판에 물건을 벌이다. =把东西摆在货摊板上。❹ 가게를 차리다. ◆开，开设(店铺)。¶읍내에 음식점을 벌이다. =在邑内开间小食店。❺ 전쟁이나 말다툼 따위를 하다. ◆展开，发生(战争、争吵等)。¶친구와 논쟁을 벌이다. =与朋友发生争议。

벌점(罰點)【명사】图 ❶ 잘못한 것에 대하여 벌로 따지는 점수. ◆罚分，扣分。¶그는 벌점이 초과되어 운전면허를 취소당했다. =他因扣分过多被吊销了驾驶证。❷ 얻은 점수의 총점에서 벌로 빼는 점수. ◆扣分。¶벌점을 받다. =被扣分。

벌집【명사】图 ❶ 벌이 알을 낳고 먹이와 꿀을 저장하며 생활하는 집. ◆蜂房，蜂窝。❷ 여러 개의 작은 방들이 다닥다닥 붙어 이루어진 집을 비유적으로 이르는 말. ◆蜂窝房。❸ 구멍이 숭숭 많이 뚫린 것을 비유적으로 이르는 말. ◆蜂窝，马蜂窝。¶벌집이 되다. =成了马蜂窝。

벌채(伐採)【명사】나무를 베어 내거나 섶을 깎아 냄. ◆图采伐，砍伐。¶벌채 작업. =采伐作业。● 벌채하다(伐採--) ●

벌초(伐草)【명사】무덤의 풀을 베어서 깨끗이 함. ◆图扫墓。¶무덤의 벌초를 끝내다. =扫完墓。

벌충【명사】손실이나 모자라는 것을 보태어 채움. ◆弥补，补充，补偿。¶벌충을 받다. =获得补偿。● 벌충하다 ●

벌칙(罰則)【명사】법규를 어긴 행위에 대한 처벌을 정하여 놓은 규칙. ◆图处罚规则。¶벌칙을 정하다. =规定处罚规则。

벌침(-針)【명사】벌의 몸 끝에 달린 침. ◆图蜂刺，蜂针。¶벌침에 쏘이다. =被蜂蛰了。

벌컥【부사】副 ❶ 급작스럽게 화를 내거나 기운을 쓰는 모양. ◆勃然(大怒)，猛地，猛然，霍地。¶화를 벌컥 내다. =勃然大怒。❷ 급작스럽게 온통 소란해지거나 야단스러워지는 모양. ◆底朝天，闹翻天。¶세상이 벌컥 뒤집히다. =整个世界都闹翻天了。❸ 닫혀 있던 것을 갑자기 세게 여는 모양. ◆突然，猛地(打开)。¶문을 벌컥 열다. =猛地推开门。

벌통(-桶)【명사】꿀벌을 치는 통. ◆蜂箱。

벌판【명사】사방으로 펼쳐진 넓고 평평한 땅. ◆图原野，田野，平原。¶한 외로운 남자가 황량한 벌판 한가운데 우두커니 서 있었다. =一个孤独的男人呆呆地站在荒凉的田野中。

벌하다(罰--)【동사】잘못하거나 죄를 지은 사람에게 벌을 주다. ◆动罚，惩罚，处罚。¶사람을 죽인 죄인은 엄하게 벌하여야 한다. =应严厉处罚杀人犯。

범[1]【명사】고양잇과의 포유류. 몸의 길이는 2미터 정도이며, 등은 누런 갈색이고 검은 가로무늬가 있으며 배는 흰색이다. ◆图老虎。

-범[2](犯)【접사】'죄지은 사람'의 뜻을 나타내는 접미사. ◆后缀犯。

범[3]-(汎)【접사】'그것을 모두 아우르는'의 뜻을 더하는 접두사. ◆前缀泛，全，全体。¶범태평양. =泛太平洋。

범띠【명사】범해에 난 사람의 띠. ◆图属虎。

범람(汎濫/氾濫)【명사】图 ❶ 큰물이 흘러넘침. ◆(洪水)泛滥。¶하천의 범람을 막기 위해 제방을 쌓다. =为防止河水泛滥而修筑堤坝。❷ 바람직하지 못한 것들이 마구 쏟아져 돌아다님. ◆充斥，泛滥，满天飞。¶유언비어의 범람. =流言蜚语满天飞。● 범람하다(汎濫/氾濫--) ●

범례[1](範例)【명사】예시하여 모범으로 삼는 것. ◆图范例。¶범례를 따르다. =依照范例。

범례[2](凡例)【명사】책의 첫머리에 그 책의 내용이나 쓰는 방법 따위에 관한 참고 사항을 설명한 글. ◆图凡例。

범벅【명사】图 ❶ 곡식 가루를 된풀처럼 쑨 음식. 늙은 호박이나 콩, 팥 따위를 푹 삶은 다음 거기에 곡식의 가루를 넣어 쑨다. ◆糊，粥。¶호박 범벅. =南瓜糊。❷ 여러 가지 사물이 뒤섞이어 갈피를 잡을 수 없는 상태를 비유적으로 이르는 말. ◆杂乱，乱七八糟，一团。❸ 질척질척한 것이 몸에 잔뜩 묻은 상태를 비유적으로 이르는 말. ◆浑身，沾满，满是。¶눈물로 범벅이 된 얼굴. =满是泪水的脸庞。

범법(犯法)【명사】법을 어김. ◆图犯法，违法。¶범법을 일삼다. =经常犯法。

범법자(犯法者)【명사】법을 어긴 사람. ◆图犯法者，违法者。¶범법자가 많은 사회는 결국 큰 혼란에 빠지게 된다. =违法者多的社会最终会陷入极度混乱之中。

범부(凡夫)【명사】평범한 사내. ◆图凡人，凡夫俗子。¶나는 일개 범부에 지나지 않는다. =我只不过是一介凡夫俗子。

범상하다(凡常--)【형용사】중요하게 여길 만하지 않고 예사롭다. ◆形寻常，平常，平凡，一般。¶범상치 않은 총명함과 지혜. =非同一般的聪明和机智。

범선(帆船)【명사】돛을 단 배. ◆图帆船。

범속(凡俗)【명사】평범하고 속됨. ◆图俗，平庸，庸俗。¶그 스님은 범속의 경지를 넘어선 분이시다. =那位大师已达脱俗之境。● 범속하다(凡俗--) ●

범신론(汎神論)【명사】자연과 신의 대립을 인정하지 않고, 일체의 자연은 곧 신이며 신은 곧 일체의 자연이라고 생각하는 종교관. 또는 그런 철학관. ◆图泛神论。

범실(凡失)【명사】야구 따위에서, 평범한 실책을 이르는 말. ◆图(棒球等运动当中的)常见失误，一般性失误。¶범실이 잦다. =经常失误。

범위(範圍)【명사】어떤 것이 미치는 한계. ◆图范围。¶세력 범위. =势力范围。

범인[1](犯人)【명사】범죄를 저지른 사람. ◆图犯人，罪犯。¶범인을 검거하다. =拘捕犯人。

범인[2](凡人)【명사】평범한 사람. ◆图普通人。¶그는 생각하는 것이 범인과 달랐다. =他的想法与普通人不同。

범죄(犯罪)【명사】법규를 어기고 저지른 잘못. ◆图犯罪，罪行。¶사회가 각박해지면서 범죄가 날로 늘어나고 있다. =在人情日趋冷漠的同时，犯罪也日益增加。

범죄자(犯罪者)【명사】죄를 저지른 사람. ◆ 图犯人，罪犯。

범주(範疇)【명사】동일한 성질을 가진 부류나 범위. ◆图范畴。¶범주 안에 들다. =在某范畴之内。

범칙금(犯則金)【명사】도로 교통법의 규칙을 어긴 사람에게 과하는 벌금. ◆ 图(向违反道路交通法的人征收的)违章罚款，罚款。¶불법 좌회전을 하다가 교통경찰에게 걸려 범칙금을 물었다. =因违规左转，被交警罚款。

범하다(犯--)【동사】动 ❶ 법률·도덕·규칙 따위를 어기다. ◆ 违反，违背，触犯(法律、道德、规则等)。¶ 도로 교통법을 범하다. =违反道路交通法。❷ 잘못을 저지르다. ◆ 犯，出(错误等)。¶과오를 범하다. =犯错误。❸ 들어가서는 안 되는 경계나 지역 따위를 넘어 들어가다. ◆ 侵犯，侵入(禁地)。¶성소를 범하다. =亵渎圣地。❹ 권리나 인격, 위신 따위를 해치거나 떨어뜨리다. ◆ 侵犯，冒犯。¶그의 얼굴에는 범할 수 없는 위엄이 있다. =他的脸上有着不可侵犯的威严。❺ 여자의 정조를 빼앗다. ◆ 侵犯，奸污，强奸。¶남의 여자를 범하다. =侵犯有夫之妇。

범행(犯行)【명사】범죄 행위를 함. 또는 그 행위. ◆ 图犯罪行为，罪行。¶그는 범행을 목격하고 경찰에 신고하였다. =他目击到犯罪行为后，向警察进行了举报。● 범행하다(犯行--) ●

법[1](法)【명사】图 ❶ 국가의 강제력을 수반하는 사회 규범. 국가 및 공공 기관이 제정한 법률·명령·규칙·조례 따위이다. ◆ 法，法律。¶법을 어기다. =违法。❷ 그 자체의 성품을 간직하여 변하지 않고 궤범(軌範)이 되어서 사람이 사물에 대하여 일정한 이해를 낳게 하는 근거가 되는 것. ◆ 标准，模式。❸ 부처의 가르침이나 계율. ◆ 佛法，戒律。❹ 물질과 정신의 온갖 것. ◆ 法(指物质与精神的一切)。❺ 방법이나 방식. ◆ 方法，办法。¶외국어 공부하는 법. =学习外语的方法。❻ [어미 '는' 뒤에 쓰여] 해야 할 도리나 정해진 이치. ◆ 道理。¶여자라고 해서 남자에게 지라는 법이 있나요? =谁说女人一定就要输给男人? ❼ 행동하는 습성의 예를 이르는 말. ◆ 情形，情况。¶그는 아무리 늦게 일어나도 아침밥을 거르는 법이 없다. =无论起多晚，他都没有不吃早饭的时候。❽ 앞말의 동작이나 상태가 당연함을 나타내는 말. ◆ 肯定，必然，必将。¶죄를 지으면 누구나 벌을 받는 법입니다. =如果犯罪，无论是谁，都必将受到法律的惩罚。❾ 어떤 일이 그럴 것 같다는 뜻을 나타내는 말. ◆ 可能，似乎，像是。¶그 말을 들으니 또 그럴 법도 하네요. =听他一讲，又似乎是那么回事。

-법[2](法)【접사】'방법' 또는 '규칙'의 뜻을 더하는 접미사. ◆后缀方法，法则。¶학습법. =学习法。

법관(法官)【명사】법원에 소속되어 소송 사건을 심리하고, 분쟁이나 이해의 대립을 법률적으로 해결하고 조정하는 권한을 가진 사람. ◆图法官。

법규(法規)【명사】일반 국민의 권리와 의무에 관계있는 법규범. ◆ 图法规，律条。¶법규를 지키다. =遵守法规。

법당(法堂)【명사】불상을 안치하고 설법도 하는 절의 정당(正堂). ◆ 图佛堂。¶스님이 법당에서 법문을 외다. =和尚在佛堂背诵经文。

법도(法度)【명사】图 ❶ 생활상의 예법과 제도(制度)를 아울러 이르는 말. ◆ (生活中的)礼法制度，法度。¶집안의 법도를 따르다. =遵守家中礼法制度。❷ 법률과 제도를 아울러 이르는 말. ◆ 法律制度。¶법도를 지키다. =遵守法律制度。

법령(法令)【명사】법률과 명령을 아울러 이르는 말. ◆ 图法令。¶사건에 관련된 관계 법령을 살피다. =查询与案件相关的法令。

법률(法律)【명사】국회의 의결을 거쳐 대통령이 서명하고 공포함으로써 성립하는 국법(國法). ◆ 图法律。

법률안(法律案)【명사】법률이 될 사항을 조목별로 정리하여 국회에 제출하는 문서. ◆图法案。

법망(法網)【명사】법의 그물이라는 뜻으로, 죄를 지은 사람에게 제재를 할 수 있는 법률이나 그 집행 기관을 비유적으로 이르는 말. ◆ 图法网。¶법망을 교묘하게 빠져나가다. =狡猾地逃脱法网。

법명(法名)【명사】승려가 되는 사람에게 종문(宗門)에서 지어 주는 이름. ◆图法名，法号。

법무부(法務部)【명사】중앙 행정 기관의 하나. 행형(行刑)·검찰(檢察)·출입국관리·인권옹호 따위 법무 행정에 관한 사무를 맡아본다. ◆ 图法务部，司法部。

법석【명사】소란스럽게 떠드는 모양. ◆ 图吵闹，喧闹，闹哄哄。¶법석을 치며 잔치를 준비하다. =闹哄哄地准备酒席。● 법석거리다, 법석대다 ●

법원(法院)【명사】사법권을 행사하는 국가 기관. ◆图法院。

법인(法人)【명사】자연인이 아니면서 법에 의하여 권리 능력이 부여되는 사단과 재단. ◆图法人。

법전(法典)【명사】국가가 제정한 통일적 · 체계적인 성문 법규집. ◆图法典。

법정[1](法廷/法庭)【명사】법원이 소송 절차에 따라 송사를 심리하고 판결하는 곳. ◆ 图法庭。¶법정 진술. =法庭陈述。

법정[2](法定)【명사】법률로 규정함. ◆ 图法定。¶법정 시한. =法定期限。

법조계(法曹界)【명사】법률에 관한 실무에 종사하는 사람들의 활동 분야. ◆ 图司法界和律师界。¶이 집안은 법조계 가문이다. =这家是司法世家。

법조문(法條文)【명사】법률에서 조목조목 나누어서 적어 놓은 조문. ◆ 图法律条文。¶법조문을 살펴보다. =查看法律条文。

법치(法治)【명사】법률에 의하여 나라를 다스림. 또는 그런 정치. ◆图法治。

법치 국가(法治國家)【명사】국민의 의사에 따라 만든 법률에 의하여 다스려지는 나라. 일반적으로 국민의 기본적 인권이 보장됨을 원칙으로 하여 권력 분립주의와 자유주의적 원리를 따르는 나라를 이른다. ◆图法治国家。

법칙(法則)【명사】图 ❶ 반드시 지켜야만 하는 규범. ◆法则，规律。❷ 모든 사물과 현상의 원인과 결과 사이에 내재하는 보편적이며 필연적인 불변의 관계. ◆定律。

법학(法學)【명사】법질서와 법 현상 따위를 연구하는 학문. ◆图法学。

법학자(法學者)【명사】법학을 연구하는 학자. ◆图法律学者，法学家。

법회(法會)【명사】설법하는 모임. ◆图法会(佛教仪式)。

벗【명사】图 ❶ 비슷한 또래로서 서로 친하게 사귀는 사람. ◆朋友，友人。¶벗을 사귀다. =交友。❷ 사람이 늘 가까이하여 심심함이나 지루함을 달래는 사물을 비유적으로 이르는 말. ◆伙伴，挚友。¶책은 내 평생의 벗이다. =书是我一生的挚友。

벗겨지다【동사】动 ❶ 덮이거나 씌워진 물건이 외부의 힘에 의하여 떼어지거나 떨어지다. ◆被脱掉，被打开，被掀开。¶문을 심하게 흔드는 바람에 문고리가 벗겨졌다. =摇门摇得太用力，门环被弄掉了。❷ 사실이 밝혀져 죄나 누명 따위에서 벗어나다. ◆还以清白。

벗다【동사】动 ❶ 사람이 자기 몸 또는 몸의 일부에 착용한 물건을 몸에서 떼어 내다. ◆脱，脱去，脱掉。¶옷을 벗다. =脱衣服。❷ 메거나 진 배낭이나 가방 따위를 몸에서 내려놓다. ◆卸下，放下。¶배낭을 벗다. =放下背包。❸ 동물이 껍질, 허물, 털 따위를 갈다. ◆(动物)蜕，褪(壳、皮、毛等)。¶허물을 벗는 뱀. =蜕皮的蛇。❹ 의무나 책임 따위를 면하게 되다. ◆免除，解除。¶책임을 벗다. =免除责任。❺ 누명이나 치욕 따위를 씻다. ◆洗刷，洗清，洗去。¶누명을 벗다. =洗刷污名。❻ 증오나 불신을 없애다. ◆消除。¶수십 년간에 걸친 증오와 불신을 벗고 서로 협력해야 한다. =应该消除几十年内积累的憎恨和不信任，彼此进行合作。❼ 고통이나 괴로운 상태를 감당하지 않게 되다. ◆解脱。¶이제는 가난한 생활을 벗고 안락한 생활을 할 만한 여건이 되었다. =现在有了条件，可以摆脱贫穷的生活，享受安乐的生活了。❽ 사람이 어수룩하거나 미숙한 태도를 생활의 적응을 통하여 없애다. ◆脱，除去，消除，去掉。¶촌티를 벗다. =除去土气。❾ 어떤 위치에서 물러나다. ◆离职，卸任。¶관복을 벗다. =辞官。● 벗기다 ●

벗어나다【동사】动 ❶ 공간적 범위나 경계 밖으로 빠져나오다. ◆脱离，摆脱，偏离。¶기차는 터널을 벗어났다. =火车驶离隧道。❷ 어떤 힘이나 영향 밖으로 빠져나오다. ◆摆脱，脱离。¶조직에서 벗어나다. =脱离组织。❸ 구속이나 장애로부터 자유로워지다. ◆解脱。¶새장을 벗어난 새는 하늘 높이 날아 어디론가 가 버렸다. =从鸟笼里解脱的鸟，飞向高空逃走了。❹ 어려운 일이나 처지에서 헤어나다. ◆摆脱。¶그는 하루빨리 가난에서 벗어나기 위해 열심히 일했다. =为了早日摆脱贫困，他努力工作。❺ 맡은 일에서 놓여나다. ◆卸掉，摆脱。¶그는 모처럼 바쁜 일과에서 벗어나 여행을 떠났다. =他好不容易才摆脱了繁忙的日常工作，出去旅行了。❻ 이야기의 흐름이 빗나가다. ◆脱离，偏离。¶이야기를 할 때는 요점에서 벗어나지 않도록 해야 한다. =谈话时应该注意不要偏离要点。❼ 동아리나 어떤 집단에서 빠져나오다. ◆脱离。¶대열에서 벗어나다. =掉队。❽ 신분 따위를 면하다. ◆解除，免除。❾ 규범이나 이치, 체계 따위에 어긋나다. ◆不合，违背。❿ 남의 눈에 들지 못하다. ◆被忽视，被漠视。¶어른의 눈에 벗어나다. =被长辈忽视。

벗어던지다【동사】낡은 틀이나 체면, 방법 따위를 단호히 벗어 내치다. ◆动抛开，摆脱。¶체면을 벗어던지다. =抛开体面。

벗어부치다【동사】힘차게 대들 기세로 벗다. ◆动甩掉。¶벗어부치고 일에 뛰어들다. =甩掉其它，投入工作中。

벗어지다【동사】动 ❶ 덮이거나 씌워진 물건이 흘러내리거나 떨어져 나가다. ◆往下掉。¶신발이 커서 자꾸 벗어진다. =鞋太大，总往下掉。❷ 누명이나 죄 따위가 없어지다. ◆洗刷，洗清。¶누명이 벗어져 다행이다. =很庆幸洗刷掉污名。❸ 머리카락이나 몸의 털 따위가 빠지다. ◆(头发、体毛等)脱落。¶이마가 벗어지다. =谢顶。❹ 피부나 거죽 따위가 깎이거나 일어나다. ◆(皮)破，爆。¶넘어져서 무릎이 벗어졌다. =摔倒，擦破了膝盖。❺ 때나 기미 따위가 없어져 미끈하게 되다. ◆褪去。¶촌티가 벗어지다. =褪去乡土气。❻ 발라 놓은 칠 따위가 바래거나 날다. ◆掉。¶칠이 벗어지다. =掉漆。

벗하다【동사】动 ❶ 벗으로 지내다. 또는 벗으로 삼다. ◆结友，为伴。¶자연과 벗하다. =与自然为伴。❷ 서로 경어를 쓰지 않고 허물없이 사귀다. ◆亲密，亲密无间。¶그는 나보다 다섯 살이나 위지만 나는 그와 벗하여 친구로 지낸다. =他比我大五岁，但我和他一直亲密无间地相处。

벙거지【명사】예전에, 털로 검고 두껍게 만든, 갓처럼 쓰던 물건. 군인·하인들이 썼음. ◆图圆帽，战笠。

벙글거리다【동사】입을 조금 크게 벌리고 소리 없이 부드럽게 자꾸 웃다. ◆动咧嘴笑。¶그의 입은 그저 벙글거리기만 했다. =他只顾咧嘴笑。● 벙글대다 ●

벙글벙글【부사】입을 조금 크게 벌리고 자꾸 소리 없이 부드럽게 웃는 모양. ◆副咧嘴笑。¶그는 아들을 보고 벙글벙글 웃음을 금치 못하였다. =看到儿子，他禁不住咧嘴笑了。● 벙글벙글하다 ●

벙긋【부사】입을 조금 크게 벌리며 소리 없이 거볍게 한 번 웃는 모양. ◆副咧嘴(微笑貌)。

벙긋벙긋【부사】입을 조금 크게 벌리고 소리 없이 가볍게 자꾸 웃는 모양. ◆副咧嘴微笑。¶벙긋벙긋 웃는 얼굴. =咧嘴微笑的脸庞。

벙벙하다【형용사】어리둥절하여 얼빠진 사람처럼 멍하다. ◆形目瞪口呆。¶그는 부모님의 사고 소식을 듣고 어안이 벙벙했다. =听到父母出事的消息，他目瞪口呆。

벙어리【명사】'언어 장애인'을 낮잡아 이르는 말. 언어 장애로 말을 못하는 사람. ◆图哑巴。¶벙어리 노릇. =装哑巴。

벙어리장갑(---掌匣)【명사】엄지손가락만 따로 가르고 나머지 네 손가락은 함께 끼게 되어 있는 장갑. ◆图连指手套。

벙어리저금통(---貯金筒)【명사】동전이나 푼돈을 모을 때 사용하는 저금통. ◆图储钱罐，存钱罐。

벚꽃【명사】벚나무의 꽃. ◆图樱花。¶벚꽃을 구경하다. =观赏樱花。

벚나무【명사】장미과의 낙엽 활엽 교목. ◆图樱树。

베【명사】삼실·무명실·명주실 따위로 짠 피륙. ◆图布。¶베를 짜다. =织布。

베개【명사】잠을 자거나 누울 때에 머리를 괴는 물건. ◆图枕头。¶베개를 베다. =枕枕头。

베갯머리【명사】베개를 베고 누웠을 때에 머리가 향한 위쪽의 가까운 곳. ◆图枕边。¶베갯머리에서 손자에게 자장가를 불러 주시는 할머니. =在枕边给孙子唱催眠曲的奶奶。

베갯잇【명사】베개의 겉을 덧씌워 시치는 헝겊. ◆图枕套。¶눈물은 추적추적 끝없이 베갯잇을 적셨다. =泪水不断地浸湿枕套。

베끼다【동사】글이나 그림 따위를 원본 그대로 옮겨 쓰거나 그리다. ◆动抄写，誊写，誊抄。¶책을 한 권 베끼다. =誊写一卷书。

베니어판(veneer板)【명사】얇게 켠 널빤지. ◆图薄板，单板。¶그가 하루 종일 하는 일이란 합판이나 베니어나 합성수지를 똑같은 규격으로 전기톱에다 자르는 일이었다. =他每天的工作是在木工厂用电锯将薄板或合成树脂切割成相同规格。

베다¹【동사】누울 때, 베개 따위를 머리 아래에 받치다. ◆动枕。

베다²【동사】动 ❶ 날이 있는 연장 따위로 무엇을 끊거나 자르거나 가르다. ◆ 割，切，削，砍。¶낫으로 벼를 베다. =用镰刀割水稻。❷ 날이 있는 물건으로 상처를 내다. ◆ 划破。¶면도하다가 턱을 베어 피가 났다. =刮胡子时划破下巴，出血了。

베란다(veranda)【명사】집채에서 툇마루처럼 튀어나오게 하여 벽 없이 지붕을 씌운 부분. 보통 가는 기둥으로 받친다. ◆图阳台。

베레모(beret帽)<프>【명사】챙이 없고 둥글납작하게 생긴 모자. 털실로 짜거나 천으로 만든다. ◆图贝雷帽。

베스트셀러(best seller)【명사】어떤 기간에 가장 많이 팔림. ◆图畅销。¶베스트셀러 상품. =畅销商品。

베옷【명사】베로 지은 옷. ◆图麻布衣。¶우리의 선인들은 수수한 베옷이나 무명옷을 입었다. =我们的祖先穿着普通的麻布衣和棉布衣。

베이다【동사】'베다'의 피동형. ◆动被切，被削，被割。¶풀이 베이다. =草被割了。

베이스¹(base)【명사】야구에서, 내야(內野)의 네 귀퉁이에 있는 방석같이 생긴 물건. 또는 그 물건의 위. ◆图垒。¶1루 베이스. =一垒。

베이스²(bass)【명사】图 ❶ 남성의 가장 낮은 음역. 또는 그 음역의 가수. ◆ 男低音。❷ 화음 또는 대위법(對位法)에서 가장 낮은 음의 부분. ◆ 低音。❸ 기악 합주에서, 저음 부분을 맡는 악기들. ◆ 低音乐器。

베이컨(bacon)【명사】돼지고기를 소금에 절여 연기로 익히거나 삶아 말린 식품. ◆图培根，熏肉。

베일(veil)【명사】图 ❶ 여자들이 얼굴을 가리거나 장식하기 위하여 쓰는 얇은 망사. 머리에 쓰거나 모자의 가장자리에 달기도 한다. ◆ 面纱，面罩。¶베일 뒤에 신부의 얼굴이 희미하게 보인다. =隐约看到面纱背后新娘子的面孔。❷ 비밀스럽게 가려져 있는 상태를 비유적으로 이르는 말. ◆ 面纱。¶신비의 베일을 벗기다. =揭掉神秘的面纱。

베짱이【명사】여칫과의 하나. ◆图蝼蛄。

베테랑(veteran)<프>【명사】어떤 분야에 오랫동안 종사하여 기술이 뛰어나거나 노련한 사람. ◆图资深者，老手。¶베테랑 수사관. =资深检查官。

베틀【명사】삼베·무명·명주 따위의 피륙을 짜는 틀. ◆图旧式织布机，手工织布机。¶어머니는 밤이면 베틀에 올라 명주를 짜셨다. =每到晚上，妈妈就坐上旧式织布机织丝绸。

베풀다【동사】动 ❶ 일을 차리어 벌이다. ◆ 摆，设，举办。¶만찬회를 베풀다. =举办晚宴。❷ 남에게 돈을 주거나 일을 도와주어서 혜택을 받게 하다. ◆ 给予，施舍。¶인정을 베풀다. =施舍人情。

벤젠(benzene)【명사】방향족 탄화수소의 기본이 되는 화합물. ◆图苯。

벤처기업(venture企業)【명사】고도의 전문 지식과 새로운 기술을 가지고 창조적 · 모험적 경영을 전개하는 중소기업. ◆图风险企业。¶정부는 벤처기업 육성에 막대한 자금을 투자했다. =政府投入了大量资金扶持风险企业。

벤치(bench)【명사】图 ❶ 여러 사람이 함께 앉을 수 있는 긴 의자. ◆ 长椅，长凳。¶나무 벤치에 앉다. =坐在长木椅上。❷ 운동 경기장에서, 감독과 선수들이 앉는 자리. ◆ 运动员座席。¶운동장에서보다 각 벤치의 신경전이 더 볼 만했다. =比起运动场上的比赛，运动员在座席上进行的心理战更值得一看。

벨(bell)【명사】전기를 이용하여 소리가 나도록 한 장치. ◆图铃，电铃。¶비상 벨. =警报。

벨벳(velvet)【명사】거죽에 곱고 짧은 털이 촘촘히 돋게 짠 비단. ◆图天鹅绒。¶벨벳 외투. =天鹅绒外套。

벨트(belt)【명사】图 ❶ 바지 따위가 흘러내리지 아니하게 옷의 허리 부분에 둘러매는 띠. ◆ 皮带，腰带。¶가죽 벨트. =皮腰带。❷ 두 개의 바퀴에 걸어 동력을 전하는 띠 모양의 물건. ◆ 传动带。¶벨트 점검. =检查传动带。

벼【명사】볏과의 한해살이풀. ◆图稻子，稻，水稻。¶가을에 벼를 베다. =秋天割水稻。

벼락【명사】图 ❶ 공중의 전기와 땅 위의 물체에 흐르는 전기와의 사이에 방전 작용으로 일어나는 자연

현상. ◆ 霹雳，雷电。¶벼락이 치다. =打雷。❷ 몹시 심하게 하는 꾸지람이나 나무람을 비유적으로 이르는 말. ◆ 大发雷霆，发火。¶아버지의 벼락이 떨어질까 두렵다. =担心爸爸会大发雷霆。❸ 매우 빠름을 비유적으로 이르는 말. ◆ 闪电似的，匆忙。¶일을 벼락처럼 해치우다. =闪电般地处理事情。

벼락부자(--富者)【명사】갑자기 된 부자. ◆ 名暴发户。¶그는 복권이 당첨되는 바람에 벼락부자가 되었다. =他中了彩票，成了暴发户。

벼락출세(--出世)【명사】미미하고 보잘것없던 사람이 갑자기 출세함. 또는 그런 출세. ◆ 名飞黄腾达，一步登天。

벼락치기【명사】임박하여 급히 서둘러 일을 하는 방식. ◆ 名突击。¶벼락치기로 집을 짓다. =突击建房。

벼랑【명사】낭떠러지의 험하고 가파른 언덕. ◆ 名悬崖峭壁，悬崖。¶벼랑 끝에 서다. =站在悬崖边。

벼랑길【명사】벼랑에 난 험하고 좁은 길. ◆ 名悬崖边上的路。¶그는 벼랑길에 서다. =他站在悬崖边的路上。

벼루【명사】먹을 가는 데 쓰는 문방구. 대개 돌로 만들며 네모난 것과 둥근 것이 있다. ◆ 名砚，砚台。¶벼루에 먹을 갈다. =在砚台上磨墨。

벼룩【명사】벼룩목에 속하는 곤충을 통틀어 이르는 말. 개벼룩, 괭이벼룩, 꽃벼룩, 일본쥐벼룩 따위가 있다. ◆ 名跳蚤。

벼룩시장【명사】온갖 중고품을 팔고 사는 만물 시장. ◆ 名跳蚤市场。¶중고품을 싸게 파는 벼룩시장이 열렸다. =成立了卖便宜旧货的跳蚤市场。

벼르다【동사】어떤 일을 이루려고 마음속으로 준비를 단단히 하고 기회를 엿보다. ◆ 动下决心，作打算。¶복수를 벼르다. =决心报仇。

벼슬【명사】名 ❶ 관아에 나가서 나랏일을 맡아 다스리는 자리. 또는 그런 일. 구실보다 높은 직이다. ◆ 官，官职。¶높은 벼슬과 후한 봉록. =高官厚禄。❷ 어떤 기관이나 직장 따위에서 일정한 직위를 속되게 이르는 말. ◆ 职位，职务。

벼슬아치【명사】관청에 나가서 나랏일을 맡아보는 사람. ◆ 名官员，官吏。¶벼슬아치들이 자기 이익만 생각하면 나라가 망한다. =如果官员们只想到自己的利益，国家就会灭亡。

벼슬하다【동사】벼슬아치가 되거나 벼슬길에 오르다. ◆ 动当官，为官。¶그는 벼슬한 지 30년 만에 고향으로 돌아왔다. =他在为官三十年后回到了家乡。

벽(壁)【명사】名 ❶ 집이나 방 따위의 둘레를 막은 수직 건조물. ◆ 壁，墙。¶벽에 기대다. =倚墙。❷ 극복하기 어려운 한계나 장애를 비유적으로 이르는 말. ◆ 障碍，阻碍。¶불신의 벽을 허물다. =扫除不信任的障碍。❸ 관계나 교류의 단절을 비유적으로 이르는 말. ◆ 隔断。

벽걸이【명사】벽이나 기둥에 걸어 두는 장식품을 통틀어 이르는 말. ◆ 名壁挂物。¶벽걸이 시계. =挂钟。

벽난로(壁暖爐)【명사】벽에 설치한 난로. 집안의 벽에다 아궁이를 내고 굴뚝은 벽 속으로 통하게 되어 있다. ◆ 名壁炉。¶벽난로에 불을 지피다. =点燃壁炉。

벽돌(甓-)【명사】집이나 건물 등을 짓는 데 쓰는 네모난 돌. ◆ 名砖，砖头。¶벽돌 100장. =100块砖。

벽두(劈頭)【명사】글의 첫머리. ◆ 名开头，起头。

벽면(壁面)【명사】벽의 거죽. ◆ 名墙面。¶벽면이 울퉁불퉁하다. =墙面高低不平。

벽보(壁報)【명사】벽이나 게시판에 붙여 널리 알리는 글. ◆ 名墙报。¶벽보를 붙이다. =贴墙报。

벽시계(壁時計)【명사】벽이나 기둥에 걸게 된 시계. ◆ 名挂钟。¶벽시계를 벽에 걸다. =把挂钟挂到墙上。

벽장(壁欌)【명사】벽을 뚫어 작은 문을 내고 그 안에 물건을 넣어 두게 만든 장(欌). ◆ 名壁橱。¶벽장에서 옷가지를 꺼내다. =从壁橱里拿出几件衣服。

벽지(壁紙)【명사】벽에 바르는 종이. ◆ 名壁纸。¶밝은 빛깔의 벽지로 도배를 하다. =用明亮色调的壁纸裱糊。

벽창호(碧昌-)【명사】고집이 세며 완고하고 우둔하여 말이 도무지 통하지 아니하는 무뚝뚝한 사람. ◆ 名倔脾气，牛脾气。¶그는 벽창호 같은 고집으로 일관했다. =他一向脾气倔强。

벽체(壁體)【명사】벽을 이루는 구조 부분. ◆ 名墙体。¶새 건물의 벽체에 금이 갔다. =新建筑的墙体出现了裂缝。

벽촌(僻村)【명사】외따로 떨어져 있는 궁벽한 마을. ◆ 名偏僻的村庄，偏远村庄。¶내가 어린 시절을 보낸 곳은 전깃불도 없는 벽촌이었다. =我儿时生活的地方是没有电灯的偏远村庄。

벽화(壁畫)【명사】건물이나 동굴, 무덤 따위의 벽에 그린 그림. ◆ 名壁画。¶벽화를 그리다. =画壁画。

변[1](便)【명사】대변과 소변을 아울러 이르는 말. 주로 대변을 이른다. ◆ 名大小便。¶변을 보다. =大小便。

변[2](邊)【명사】名 ❶ 물체나 장소 따위의 가장자리. ◆ 边。¶한강 변에 아파트를 짓다. =在汉江边建公寓。❷ 다각형을 이루는 각 선분. ◆ 边。¶한 변의 길이. =边长。

변[3](變)【명사】갑자기 생긴 재앙이나 괴이한 일. ◆ 名变故，意外。¶변이 생기다. =发生变故。

변경[1](變更)【명사】다르게 바꾸어 새롭게 고침. ◆ 名变更，更改。¶계획의 변경이 필요하다. =需要变更计划。● 변경되다(變更--), 변경하다(變更--) ●

변경[2](邊境)【명사】나라의 경계가 되는 변두리의 땅. ◆ 名边境，边疆，边塞。¶변경을 지키다. =守卫边疆。

변고(變故)【명사】갑작스러운 재앙이나 사고. ◆ 名变故，事故。¶변고를 당하다. =遭遇变故。

변괴(變怪)【명사】이상야릇한 일이나 재변. ◆ 名异变。¶변괴가 생기다. =发生异变。

변기(便器)【명사】똥이나 오줌을 누도록 만든 기구. ◆ 图坐便器，马桶。¶변기에 소변을 보다. =用坐便器小便。

변덕(變德)【명사】이랬다저랬다 잘 변하는 태도나 성질. ◆ 图善变，反复无常。¶변덕을 떨다. =反复无常。

변덕스럽다(變德---)【형용사】이랬다저랬다 하는, 변하기 쉬운 태도나 성질이 있다. ◆ 图善变，反复无常。¶봄 날씨가 변덕스럽다. =春天的天气变化无常。

변덕쟁이(變德--)【명사】이랬다저랬다 하는, 변하기 쉬운 태도나 성질이 있는 사람을 낮잡아 이르는 말. ◆ 图反复无常的人。¶변덕쟁이처럼 그녀의 마음은 갈피를 잡을 수 없다. =她的心反复无常，让人无法捉摸。

변동(變動)【명사】바뀌어 달라짐. ◆ 图变动，浮动。¶가격의 변동. =价格浮动。● 변동되다(變動--), 변동하다(變動--) ●

변두리(邊--)【명사】어떤 지역의 가장자리가 되는 곳. ◆ 图周边，外围。¶서울 변두리 지역. =首尔周边地区。

변란(變亂)【명사】사변이 일어나 세상이 어지러움. 또는 그런 소란. ◆ 图动乱。¶변란이 일어나다. =发生动乱。

변론(辯論)【명사】소송 당사자나 변호인이 법정에서 주장하거나 진술함. 또는 그런 주장이나 진술. ◆ 图法庭辩论，辩护。¶변론을 맡다. =接受辩护委托。● 변론하다(辯論--) ●

변명(辨明)【동사】어떤 잘못이나 실수에 대하여 구실을 대며 그 까닭을 말함. ◆ 动辩解，辩白，申辩。¶변명의 여지가 없다. =没机会辩解。● 변명하다(辨明--) ●

변방(邊方)【명사】중심지에서 멀리 떨어진 가장자리 지역. ◆ 图边境，边疆。

변변하다【형용사】形 ❶ 됨됨이나 생김새 따위가 흠이 없고 어지간하다. ◆ 好，像样。¶변변하게 생기지도 않은 사람들이 꼭 인물을 따진다. =长得不像样的人反而讲究长相。❷ 제대로 갖추어져 충분하다. ◆ 好，像样。¶변변한 나들이옷 한 벌 없다. =没有一件像样的外出服。❸ 지체나 살림살이가 남보다 떨어지지 아니하다. ◆ 不差，不错。¶집안이 변변하다. =家境不错。● 변변히 ●

변별(辨別)【명사】사물의 옳고 그름이나 좋고 나쁨을 가림. ◆ 图辨别，分辨，辨认。● 변별되다(辨別--), 변별하다(辨別--) ●

변비(便祕)【명사】대변이 대장 속에 오래 맺혀 있고, 잘 누어지지 아니하는 병. ◆ 图便秘。¶그는 오래전부터 변비로 고생하고 있다. =他从很早以前就因患便秘而痛苦不堪。

변사[1](辯士)【명사】무성 영화를 상영할 때 영화에 맞추어 그 내용을 설명하던 사람. ◆ 图电影解说者。¶영화가 시작되자 변사의 목소리가 흘러나왔다. =电影一开始，就传出了解说者的声音。

변사[2](變死)【명사】뜻밖의 사고로 죽음. ◆ 图横死，死于非命，意外死亡。¶교통사고로 변사를 당하다. =因交通事故意外死亡。

변사체(變死體)【명사】图 ❶ 뜻밖의 사고로 죽은 사람의 시체. ◆ 意外死亡者尸体。¶변사체가 가족들에게 인도되었다. =意外死亡者的遗体移交给了家属。❷ 범죄에 의하여 죽었을 것으로 의심이 가는 시체. ◆ 有他杀嫌疑的尸体。¶열다섯 살 가량의 소년 변사체가 발견되어 경찰이 수사에 나섰다. =有他杀嫌疑的、十五岁左右的少年尸体被发现，警察着手调查。

변상(辨償)【명사】图 ❶ 남에게 진 빚을 갚음. ◆ 还债，偿还。¶그녀는 다른 빚은 다 갚았지만, 자식의 사업 실패로 인한 변상이 문제였다. =虽然她偿还了别的债务，但子女生意失败欠下的债务还没有着落。❷ 남에게 끼친 손해를 물어 줌. ◆ 赔偿。¶깨진 유리창을 변상했다. =赔偿了打碎的玻璃。❸ 재물을 내어 지은 죄 값을 갚음. ◆ 以钱财赎罪，以钱财抵罪。¶이 죄인은 어떤 변상으로도 용서할 수 없다. =这个罪人，用任何钱财赎罪的形式，也不能宽恕。● 변상하다(辨償--) ●

변색(變色)【명사】图 ❶ 빛깔이 변하여 달라짐. 또는 빛깔을 바꿈. ◆ 变色。¶변색을 막기 위해 옷에 싸개를 씌웠다. =为防止变色，把衣服罩起来。❷ 놀라거나 화가 나서 얼굴빛이 달라짐. ◆ 变脸，翻脸。¶그는 갑자기 화를 내며 변색된 얼굴을 들어 우리를 바라 보았다. =他突然生气了，脸色大变地望着我们。❸ 체색 변화. ◆ 变色。¶카멜레온은 변색의 명수다. =变色龙是变色的高手。● 변색되다(變色--), 변색하다(變色--) ●

변성기(變聲期)【명사】사춘기에 성대가 변화하여 목소리가 굵고 낮게 달라지는 시기. 12세~15세이다. ◆ 变声期。¶변성기에 목을 심하게 쓰면 성문결절이 생길 수 있다. =变声期如果过度使用嗓子，会造成声带结节。

변소(便所)【명사】대소변을 보도록 만들어 놓은 곳. ◆ 图厕所，卫生间。

변수(變數)【명사】어떤 상황의 가변적 요인. ◆ 图变数。¶투표 결과가 이번 협상에서 중요한 변수가 될 것이다. =在此次协商中，投票结果将会成为重要的变数。

변신(變身)【명사】몸의 모양이나 태도 따위를 바꿈. 또는 그렇게 바꾼 몸. ◆ 图变身，改头换面。¶그의 투수 변신은 다른 투수들을 놀라게 했다. =他改头换面成为投球手，让其他投球手们大吃一惊。● 변신하다(變身--) ●

변심(變心)【명사】마음이 변함. ◆ 图变心。¶친구의 갑작스러운 변심이 놀랍다. =朋友突然的变心让人感到吃惊。● 변심하다(變心--)】●

변온 동물(變溫動物)【명사】체온을 조절하는 능력이 없어서 바깥 온도에 따라 체온이 변하는 동물. ◆ 图冷血动物。

변장(變裝)【명사】본래의 모습을 알아볼 수 없게 하기 위하여 옷차림이나 얼굴, 머리 모양 따위를 다르게 바꿈. ◆ 图化装，伪装，乔装。¶변장을 했더니 아무도 몰라본다. =化装后，谁都认不出来。● 변장

하다(變裝--) ●

변전소(變電所)【명사】교류 전류 전력을 끌어 들여 그 전압을 바꾸어서 내보내는 시설. ◆ 名变电站, 变电所。

변절(變節)【명사】절개나 지조를 지키지 않고 바꿈. ◆ 名 变节，背叛，叛变。¶충신으로 알려진 그가 변절했다는 소식은 뜻밖이었다. =他是出了名的忠臣，有关他变节的消息令人意外。● 변절하다(變節--) ●

변조(變造)【명사】名 ❶ 이미 이루어진 물체 따위를 다른 모양이나 다른 물건으로 바꾸어 만듦. ◆ 改造。❷ 권한 없이 기존물의 형상이나 내용에 변경을 가하는 일. ◆ 篡改，伪造。¶그는 공문서 변조 혐의로 경찰의 조사를 받고 있다. =他涉嫌伪造公文，正接受警察的调查。● 변조되다(變造--), 변조하다(變造--) ●

변종(變種)【명사】名 ❶ 기본적으로는 그 종류에 들면서 부차적 요소나 부분의 모양, 성질 등을 다르게 하는 일. 또는 그런 것. ◆ 名变种现象。❷ 같은 생물 종류에 속하면서 모양이나 성질이 달라진 생물. ◆ 变种。¶돌연변이로 변종이 생기다. =由于突发变异，出现变种。

변주(變奏)【명사】어떤 주제를 바탕으로, 선율·리듬·화성 따위를 여러 가지로 변형하여 연주함. 또는 그런 연주. ◆ 名变奏。

변죽(邊-)【명사】그릇이나 세간, 과녁 따위의 가장자리. ◆ 名(器皿)边。¶화살이 과녁의 변죽을 꿰뚫다. =箭穿透了靶边。

변질(變質)【명사】성질이 달라지거나 물질의 질이 변함. 또는 그런 성질이나 물질. ◆ 名变质。¶식료품의 변질을 막기 위해서는 냉동 보관이 필요하다. =为防止食品变质，有必要冷冻保管。● 변질되다, 변질하다(變質--) ●

변질시키다(變質---)【동사】动 ❶ 성질이 달라지도록 하거나 물질의 질이 변화되도록 하다. ◆ 使……变质。¶박테리아는 물질의 상태를 변질시킨다. =细菌使物质发生变化。❷ 다른 어떠한 것으로 성질을 변하게 만들다. ◆ 使……变质，使……变化。¶사회가 그의 사고방식을 금전지상주의로 변질시켰다. =社会使他的思考方式发生了变化，变成了金钱至上主义。

변천(變遷)【명사】세월이 흐름에 따라 바뀌고 변함. ◆ 名变迁，变化。¶이번 전시회에서는 의복의 변천을 한눈에 볼 수 있다. =这次展览会，可以让人对服饰的变化一目了然。● 변천되다(變遷--), 변천하다(變遷--) ●

변칙(變則)【명사】원칙에서 벗어나 달라짐. 또는 그런 법칙이나 규정. ◆ 名非规则的，变相。¶상속세를 피하려고 변칙으로 재산을 증여한 재벌에게 비난이 쏟아졌다. =有的财阀为逃避继承税而变相赠送财产，针对这一现象的指责不绝于耳。

변태(變態)【명사】名 ❶ 본래의 형태가 변하여 달라짐. 또는 그런 상태. ◆ 变态。❷ 정상이 아닌 상태로 달라짐. 또는 그 상태. ◆ 变态，失常。

변통(變通)【명사】형편과 경우에 따라서 일을 융통성 있게 잘 처리함. ◆ 名变通，灵活处理。¶형편 보아서 바꿀 때는 바꾸고 변통을 부릴 때는 부려 가며 일을 해야지. =应该看情况办事嘛，该改变的时候就改变，该灵活处理时就灵活处理。● 변통하다(變通--) ●

변하다(變--)【동사】무엇이 다른 것이 되거나 혹은 다른 성질로 달라지다. ◆ 动变，改变，变迁。¶눈이 비로 변하다. =雪变成雨。

변함없다(變---)【형용사】달라지지 않고 항상 같다. ◆ 形没有变化，依然如故。¶변함없는 우정을 위해 축배를 들었다. =为永恒的友谊而举杯。● 변함없이(變---) ●

변혁(變革)【명사】급격하게 바꾸어 아주 달라지게 함. ◆ 名变革，革新，改革。● 변혁되다(變革--), 변혁하다(變革--) ●

변형(變形)【명사】모양이나 형태가 달라지거나 달라지게 함. 또는 그 달라진 형태. ◆ 名变形。¶그 물건은 심하게 변형을 겪어서 원래 형태를 찾아볼 수 없었다. =那件东西严重变形，再也看不出原来的形状了。● 변형되다(變形--), 변형하다(變形--) ●

변호(辯護)【명사】名 ❶ 남의 이익을 위하여 변명하고 감싸서 도와줌. ◆ 辩护。¶그는 친구의 변호를 자처해 선생님께 말했다. =他替朋友辩护，跟老师说话。❷ 법정에서, 검사의 공격으로부터 피고인의 이익을 옹호하는 일. ◆ 辩护。¶변호사에게 변호를 의뢰하다. =委托律师进行辩护。● 변호하다(辯護--) ●

변호사(辯護士)【명사】법적으로 자격을 갖추고 피고나 원고를 변론하며 법률에 관한 일을 전문적으로 하는 사람. ◆ 名律师。

변호인(辯護人)【명사】형사 소송에서, 피의자나 피고인의 이익을 보호하는 보조자로서 변호를 담당하는 사람. ◆ 名辩护人。

변화(變化)【명사】사물의 성질·모양·상태 따위가 바뀌어 달라짐. ◆ 名变化，改变。● 변화되다(變化--), 변화하다(變化--) ●

변화무쌍하다(變化無雙--)【형용사】비할 데 없이 변화가 심하다. ◆ 形变化无常，变化莫测。¶변화무쌍한 봄 날씨. =变化无常的春天天气。

변화시키다(變化---)【동사】사물의 성질·모양·상태 따위를 바뀌어 달라지게 하다. ◆ 动使……发生变化，改变。¶사고방식을 변화시키다. =改变思考方式。

변환(變換)【명사】달라져서 바뀜. 또는 다르게 하여 바꿈. ◆ 名变换，改变，转变，变化。¶변환 과정. =变化过程。● 변환하다(變換--) ●

별[1]【명사】名 ❶ 빛을 관측할 수 있는 천체 가운데 성운처럼 퍼지는 모양을 가진 천체를 제외한 모든 천체. ◆ 星星。¶별이 반짝이다. =星星闪烁。❷ 장성급 군인의 계급장. 또는 장성급 군인. ◆ 将星，将军军衔。¶그는 이번 전투의 승리로 별을 달았다. =由于此次战斗获胜，他被授予了将星。❸ 밤하늘에서 반짝이는 천체를 나타낸, 다섯 개의 뾰족한 끝이

'大' 자 모양으로 내민 도형. ◆ 星状。¶별 모양을 오리다. =剪出星星形状。❹ 위대한 업적을 남긴 대가를 비유적으로 이르는 말. ◆ 星，巨星。¶국문학계의 큰 별이 지다. =国家文学界的巨星陨落。

별²(別)【관형사】보통과 다르게 두드러지거나 특별한. ◆ 冠特别。¶그와 나는 별 사이가 아니다. =他和我没有特别的关系。

-별³(別)【접사】[일부 명사 뒤에 붙어] '그것에 따른'의 뜻을 나타내는 접미사. ◆ 后缀 按(不同对象)。¶이 학교는 학년별 과외활동을 실시한다. =这所学校按学年进行课外活动。

별개(別個)【명사】관련성이 없이 서로 다름. ◆ 图 不同的，无关的。¶그것과 이것은 별개 문제다. =那事和这事无关。

별거¹(別-)【명사】图 ❶ '별것(드물고 이상스러운 것)'을 구어적으로 이르는 말. ◆ "별것"的口语体。稀罕的东西，特别的事。¶별거 아닌 것 가지고 뭐 그리 고민해. =又不是什么特别的事，为什么那么苦恼? ❷ '별것(여러 가지 것)'을 구어적으로 이르는 말. ◆ 各种东西，什么东西(都)。

별거²(別居)【명사】부부나 한집안 식구가 따로 떨어져 삶. ◆ 图分居。¶별거 상태. =分居状态。●별거하다(別居--) ●

별것(別-)【명사】图 ❶ 드물고 이상스러운 것. ◆ 稀罕的东西。¶잔칫상에는 듣지도 보지도 못한 별것들이 다 올라왔다. =宴会桌上摆满了闻所未闻、见所未见的稀罕东西。❷ 여러 가지 것. ◆ 各种东西，什么东西(都)。¶이곳에는 날마다 시장이 서는데 별것을 다 판다. =这里每天都有集市，卖各种东西。

별고(別故)【명사】특별한 사고. ◆ 图意外事故。¶댁에는 별고 없으세요? =家里还平安无事吧?

별관(別館)【명사】본관 외에 따로 지은 건물. ◆ 分馆，附楼。¶아이들 열람실은 본관에서 따로 떨어진 단층의 학교 교실만 한 별관이었다. =孩子们的阅览室离主楼很远，是学校教室大小的单层建筑。

별꼴(別-)【명사】별나게 이상하거나 아니꼬워 눈에 거슬리는 꼬락서니. ◆ 图丑态，令人讨厌的样子。¶참, 별꼴이네. 남의 일에 웬 참견이야. =真是令人讨厌，为什么干涉别人的事?

별나다(別--)【형용사】보통과는 다르게 특별하거나 이상하다. ◆ 形怪，奇怪，古怪。¶성격이 별나다. =性格古怪。

별다르다(別---)【형용사】[주로 부정어와 함께 쓰여] 다른 것과 특별히 다르다. ◆ 形特别，特殊。¶천재라고 하지만 생긴 것은 일반 아이에 비해 별다른 점이 없다. =虽说是天才，但长相和普通孩子相比没有什么特别之处。● 별달리(別--) ●

별당(別堂)【명사】몸채의 곁이나 뒤에 따로 지은 집이나 방. ◆ 图后屋。¶별당 아씨. =后屋太太。

별도(別途)【명사】원래의 것에 덧붙여서 추가한 것. ◆ 图另外，单独。¶손님을 위한 방이 별도로 마련되어 있습니다. =单独为客人准备了房间。

별똥별【명사】'유성(流星 지구의 대기권 안으로 들어와 빛을 내며 떨어지는 작은 물체.)'을 일상적으로 이르는 말. ◆ 图流星。¶별똥별을 보며 소원을 빌다. =对着流星祈祷。

별로(別-)【부사】이렇다 하게 따로. 또는 그다지 다르게. ◆ 副不怎么，不那么，不太。¶별로 기분이 내키지 않는다. =不怎么乐意。

별말(別-)【명사】图 ❶ 별다른 말. ◆ 别的话。¶오랜만에 만났는데 별말도 없이 헤어졌다. =尽管过了很久才相逢，也没有说别的话就分开了。❷ 뜻밖의 별난 말. ◆ 不该说的话，见外的话，出乎意料的话。¶별말을 다 해서 사람을 난처하게 하는군. =说了不该说的话，让人感到难堪。

별말씀(別--)【명사】图 ❶ '별말(별다른 말)'의 높임말. 별다른 말. ◆ 别的话，二话。¶오늘 조회 시간에 선생님께선 별말씀 안 하셨다. =今天早会上老师没说别的话。❷ '별말(뜻밖의 말)'의 높임말. 뜻밖의 별난 말. ◆ 不该说的话，见外的话。¶천만에요. 원 별말씀을 다 하시는군요. =哪里，太见外了。

별명(別名)【명사】사람의 외모나 성격 따위의 특징을 바탕으로 남들이 지어 부르는 이름. ◆ 外号，绰号。¶별명을 짓다. =起外号。

별문제(別問題)【명사】图 ❶ 관계가 없는 다른 문제. ◆ 两码事，两回事。¶아는 것과 가르치는 것은 별문제이다. =知和教是两回事。❷ 보통과는 다른 별난 문제. ◆ 怪问题，特殊问题。¶먹고사는 데 별문제 없이 지내고 있다. =过着衣食无忧的生活。

별미(別味)【명사】특별히 좋은 맛. 또는 그 맛을 지닌 음식. ◆ 图美味，风味。¶계절의 별미를 즐기다. =享受各季节的美味食品。

별별(別別)【관형사】보통과 다른 갖가지의. ◆ 冠形形色色，各式各样，种种。¶별별 생각. =种种想法。

별빛【명사】별의 반짝이는 빛. ◆ 图星光。¶유난히 반짝이는 별빛. =格外闪烁的星光。

별세(別世)【명사】윗사람이 세상을 떠남. ◆ 图去世，逝世，辞世。¶숙환으로 별세하다. =因旧疾去世。● 별세하다(別世--) ●

별세계(別世界)【명사】图 ❶ 우리가 살고 있는 이 세상 밖의 다른 세상. ◆ 另一个世界，另外的世界。¶그는 마치 별세계에서 온 사람처럼 세상 돌아가는 일을 전혀 몰랐다. =他好像是来自另一个世界的人，全然不知世上的变化。❷ 특별히 경치가 좋거나 분위기가 좋은 곳. ◆ 别有洞天。¶동굴 안은 별세계 같았다. =洞内的别样景致引人入胜。

별소리(別--)【명사】图 ❶ 별다른 말. ◆ 别的话，二话。¶그렇게 기세를 돋우던 그녀도 아버지가 들어오자 별소리 없이 잠자코 있기만 했다. =爸爸一进来，那样不可一世的她也二话不说，变得老老实实了。❷ 뜻밖의 별난 말. ◆ 不该说的话，出乎意料的话。¶살다 보니 별소리를 다 듣겠군. =这是什么话呀?

별수(別-)【명사】图 ❶ 달리 어떻게 할 방법. ◆ 别的方法。¶그 사람이라고 별수 있겠어? =他会有什么别的办法? ❷ 여러 가지 방법. ◆ 各种办法，各种手段。¶별수를 다 써 봤지만 소용이 없었다. =用尽各

种办法，却没有用处。

별스럽다(別---)【형용사】보기에 보통과는 다른 데가 있다. ◆ 形特别的，特殊的，怪。¶세상에 별스러운 꼴을 다 보겠네. =这个世界真的见鬼了。

별식(別食)【명사】늘 먹는 음식과 다르게 만든 색다른 음식. ◆ 名风味食品。¶별식을 장만하다. =准备风味食品。

별실(別室)【명사】특별히 따로 마련된 방. ◆ 名 特意单独准备的房间。¶귀빈을 별실로 모셔라. =请贵宾到专用的房间。

별안간(瞥眼間)【명사】갑작스럽고 아주 짧은 동안. ◆ 名突然，忽然，倏地。¶별안간 그게 웬 말이냐? =突然冒出的那是什么话?

별의별(別-別)【관형사】보통과 다른 갖가지의. ◆ 冠各式各样，各种，形形色色。¶그는 젊었을 때 별의별 고생을 다 했다. =他年轻时吃尽了各种苦。

별일(別-)【명사】名 ❶ 드물고 이상한 일. ◆ 怪事，奇事。¶참, 별일이군. =真是怪事。❷ 특별히 다른 일. ◆ 别的事，特别的事。¶별일 없으면 나 좀 도와주게. =如果没有别的事，帮我一下。

별자리【명사】별의 위치를 정하기 위하여 밝은 별을 중심으로 천구(天球)를 몇 부분으로 나눈 것. ◆ 名星座。¶별자리를 보면 계절을 알 수 있다. =看星座可以知道季节。

별장(別莊)【명사】살림을 하는 집 외에 경치 좋은 곳에 따로 지어 놓고 때때로 묵으면서 쉬는 집. ◆ 名别墅。¶우리 식구는 올 여름 휴가를 강원도에 있는 별장에서 보냈다. =我们全家今年夏天在江原道的别墅休假。

별종(別種)【명사】名 ❶ 예사의 것과 달리 이상한 행동 따위를 보이는 별다른 종류. ◆ 特殊品种，其他品种。¶이 돼지는 별종인지 병에 저항력이 탁월하다. =这猪大概是特殊品种，具有很强的抗病能力。❷ 별스러운 사람을 속되게 이르는 말. ◆ 俚怪人，怪物。¶나는 그들이 말하는 것처럼 그렇게 별종이 아닙니다. =我并不是像他们所说的那种怪人。

별주부전(鼈主簿傳)【명사】조선 후기의 판소리계 소설. 토끼의 간을 먹어야 병이 낫는 용왕을 위하여 육지로 나간 별주부 곧 자라가 토끼를 용궁에 데려오는 데는 성공하지만, 토끼가 간을 빼놓고 다닌다는 말로 잔꾀를 부려 죽음의 위기에서 벗어나 도망친다는 내용이다. ◆ 名朝鲜朝小说《鳖主簿传》。

별채(別-)【명사】본채와 별도로 지은 집. 名厢房。¶내외는 어머니의 성난 눈초리를 받으며 안방에서 나와 별채로 건너갔다. =夫妻俩看到母亲生气的眼神，从内屋出来，去了对面厢房。

별책(別冊)【명사】따로 엮어 만든 책. ◆ 名另册。¶별책 부록. =另册附录。

별천지(別天地)【명사】특별히 경치가 좋거나 분위기가 좋은 곳. ◆ 名别有天地。¶그의 집 정원은 봄이 되면 기화요초가 아름답게 만발하여 별천지를 이룬다. =每到春天，他家的庭院里奇花异草绚丽绽放，别有一番天地。

별칭(別稱)【명사】달리 부르는 이름. ◆ 名别称，别名。¶이번 싸움에서 이긴 그는 '무적의 사나이'라는 별칭을 얻었다. =在这次战斗中取胜的他，赢得了"无敌壮士"的别名。

별표(-標)【명사】별 모양의 표. ◆ 名星号。¶별표나 우물 정자를 눌러주세요. =请按星号键或井号键。

볍씨【명사】못자리에 뿌리는 벼의 씨. ◆ 名稻种。¶농부는 오월이면 물에 종자 볍씨를 담그고 하늘이 비 내려 주기만 기다린다. =到了五月，农夫把稻种泡在水里，只等着天下雨。

볏【명사】닭이나 새 따위의 이마 위에 세로로 붙은 살 조각. 빛깔이 붉고 시울이 톱니처럼 생겼다. ◆ 名鸡冠子。¶닭이 닭장에서 나와 볏을 흔들며 달아났다. =鸡从鸡窝里出来，晃动着鸡冠子跑开了。

볏단【명사】벼를 베어 묶은 단. ◆ 名稻捆。¶농사꾼들은 어둠이 덮쳤는데도 등불을 잡고 볏단을 져 날랐다. =农夫们在黑夜降临时仍打着灯笼背稻捆。

볏섬【명사】벼를 담은 섬. ◆ 名装稻谷的草袋。¶가을이면 광에 가득 볏섬이 쌓인다. =到了秋天，仓库里堆满装着稻谷的草袋。

볏짚【명사】벼의 낟알을 떨어낸 줄기. ◆ 名稻秸，稻草。¶탈곡을 마치고 마당에 볏짚을 쌓아 두었다. =脱粒之后，把稻秸堆到了院子里。

병[1](瓶)【명사】名 ❶ 주로 액체나 가루를 담는 데에 쓰는 목과 아가리가 좁은 그릇. ◆ 瓶子。¶어머니는 보리차를 병에 부어 냉장고에 넣었다. =妈妈把大麦茶倒入瓶子里放进冰箱里了。❷ 액체나 가루 따위를 '병'에 담아 그 분량을 세는 단위. ◆ 瓶。¶그녀는 주량이 소주 세 병이다. =她的酒量是三瓶白酒。❸ '용기'를 나타내는 말. ◆ 容器。

병[2](病)【명사】名 ❶ 생물체의 전신이나 일부분에 이상이 생겨 정상적 활동이 이루어지지 않아 괴로움을 느끼게 되는 현상. ◆ 病，病痛。¶그는 한 달 내내 병을 심하게 앓더니 얼굴이 반쪽이 되었다. =他病重整整一个月，脸都瘦了一半。❷ '질병'의 뜻을 나타내는 말. ◆ 疾病。¶위장병. =胃病。❸ 깊이 뿌리박힌 잘못이나 결점. ◆ 毛病，缺点。¶소심한 것이 바로 너의 병이다. =小心眼儿正是你的缺点。

병간호(病看護)【명사】앓는 사람을 잘 보살핌. ◆ 名护理病人的人，看护病人的人。¶환자보다 병간호를 하는 사람이 더 고생이다. =护理的人比病人更辛苦。

병구완(病--)【명사】앓는 사람을 돌보아 주는 일. ◆ 名护理，看护，侍候。¶할머니께서 중풍으로 누워 계실 때, 어머니는 병구완을 극진히 하였다. =奶奶中风卧病在床时，妈妈精心护理。

병균(病菌)【명사】병의 원인이 되는 균. ◆ 名病菌。¶병균에 감염되다. =被病菌感染。

병기(兵器)【명사】전쟁에 쓰는 기구를 통틀어 이르는 말. ◆ 名兵器，武器。¶적병들은 병기와 마소들을 내버린 채 달아나 버렸다. =敌兵们扔下武器和牛马逃跑了。

병나다(病--)【동사】병이 생기다. ◆ 动生病，得

病，患病。¶불규칙한 생활로 병나다. =由于生活不规律而生病。

병동(病棟)【명사】병원 안에서 병의 종류나 환자의 성별 등에 따라 나누어 놓은 각각의 건물. ◆名病房，病区。¶외과 병동. =外科病房。

병들다(病--)【동사】动 ❶ 몸에 병이 생기다. ◆ 生病，得病。¶병든 몸. =抱病之身。❷ 정신 상태가 건전하지 아니하게 되다. ◆ 染病，患病。¶마음이 병들다. =患有心病。

병따개(甁--)【명사】병마개를 따는 데 쓰는 기구. ◆名瓶起子。¶병따개로 병을 따다. =用瓶起子开瓶。

병뚜껑(甁--)【명사】병의 아가리를 덮는 물건. ◆名瓶盖。¶병뚜껑을 따다. =开瓶盖。

병력[1](兵力)【명사】군대의 인원. 또는 그 숫자. 군대의 힘. ◆名兵力，战斗力。¶병력을 동원하다. =动员兵力。

병력[2](病歷)【명사】지금까지 앓은 병의 종류와 그 원인 및 병의 진행 결과와 치료 과정 따위를 이르는 말. ◆名病历。¶병력을 숨기다. =隐瞒病历。

병렬(竝列)【명사】나란히 늘어섬. 또는 나란히 늘어놓음. ◆名并列，并排。

병마[1](兵馬)【명사】名 ❶ 병사(兵士)와 군마(軍馬)를 아울러 이르는 말. ◆ 兵马。¶병마를 통솔하다. =统帅兵马。❷ 군대에서 쓰는 말. ◆ 军马。¶병마를 관리하는 병사. =管理军马的士兵。

병마[2](病魔)【명사】'병(病)'을 악마에 비유하여 이르는 말. ◆ 名病魔。¶병마에 시달리다. =受病魔折磨。

병마개(甁--)【명사】병의 아가리를 막는 마개. ◆名瓶塞，瓶盖。¶병마개를 닫다. =盖瓶盖。

병명(病名)【명사】병의 이름. ◆ 名病名。¶병명도 모르는 희귀한 병이 많다. =有很多不知道病名的怪病。

병목 현상(甁-現象)【명사】도로의 폭이 병목처럼 갑자기 좁아진 곳에서 일어나는 교통 정체(停滯) 현상. ◆ 名交通瓶颈，交通拥堵。¶이곳은 출퇴근 때에 병목현상이 일어나는 곳이다. =这是上下班时发生交通拥堵的地方。

병문안(病問安)【명사】앓고 있는 사람을 찾아가서 병세를 알아보고 위안하는 일. ◆名探望病人，探病，看望病人。¶병문안을 가다. =去探病。

병법(兵法)【명사】군사를 지휘하여 전쟁하는 방법. ◆ 名兵法，战术，韬略。¶병법에 능한 장수. =精通兵法的将军。

병사[1](病死)【명사】병으로 죽음. 또는 그런 일. ◆名病死，病逝。¶그가 죽은 이유에 대하여 많은 소문이 나돌았으나 결국 병사로 밝혀졌다. =有关他的死因传言纷纷，最终查明的结果是病故。●병사하다(病死--) ●

병사[2](兵士)【명사】예전에, 군인이나 군대를 이르던 말. ◆名军人。¶병사를 모으다. =召集军人。

병상(病牀)【명사】병든 사람이 눕는 침상. ◆ 名病床，病榻。¶그는 중병으로 병상에 눕게 되었다. =他患了重病，卧病在床。

병서(兵書)【명사】병법에 대하여 쓴 책. ◆ 名兵书。¶≪손자병법≫은 중국의 유명한 병서이다. =《孙子兵法》是中国著名的兵书。

병석(病席)【명사】병자가 앓아누워 있는 자리. ◆名病床，病榻。¶병석에 눕다. =卧病在床。

병세(病勢)【명사】병의 상태나 형세. ◆名病情，病况。¶병세가 악화되다. =病情恶化。

병신(病身)【명사】名 ❶ 신체의 어느 부분이 온전하지 못한 기형이거나 그 기능을 잃어버린 상태. 또는 그런 사람. ◆ 残疾，残废。¶나는 교통사고로 다리가 병신이 되었다. =我由于交通事故，腿部残疾了。❷ 모자라는 행동을 하는 사람을 낮잡아 이르는 말. 주로 남을 욕할 때에 쓴다. ◆俚废物，白痴。¶병신 소리를 듣고 사느니 죽는 것이 낫다. =老是被人骂作废物，还不如死了算了。❸ 어느 부분을 갖추지 못한 물건. ◆ 残次品，废品，残缺不全的东西。

병실(病室)【명사】병을 치료하기 위하여 환자가 거처하는 방. ◆名病室，病房。¶병실에는 문병 온 사람들로 북적대고 있었다. =病房里站满了来探病的人。

병아리【명사】名 ❶ 아직 다 자라지 아니한 어린 닭. 닭의 새끼를 이른다. ◆ 小鸡。¶노란 병아리를 거느린 암탉이 거름더미를 뒤지고 있다. =领着黄色小鸡的母鸡正在翻弄着粪堆。❷ 신체나 재능·학문·기술 따위가 충분히 발달하지 못한 사람을 비유적으로 이르는 말. ◆〈喻〉新人，刚出道的人，刚入行的人。¶병아리 기자. =刚入行的记者。

병약하다(病弱--)【형용사】병으로 인하여 몸이 쇠약하다. ◆ 形多病，体弱多病。¶병약한 몸. =多病的身体。

병역(兵役)【명사】국민으로서 수행하여야 하는 국가에 대한 군사적 의무. ◆名兵役。¶병역을 필하다. =结束兵役。

병영(兵營)【명사】군대가 집단적으로 거처하는 집. ◆名军营，营房。¶병영 생활. =军营生活。

병원(病院)【명사】병자(病者)를 진찰, 치료하는 데에 필요한 설비를 갖추어 놓은 곳. ◆名医院。¶종합 병원. =综合医院。

병원균(病原菌)【명사】병의 원인이 되는 균. ◆名病原菌，病菌。¶병원균에 감염되다. =感染病原菌。

병원체(病原體)【명사】병의 원인이 되는 본체. 세균, 리케차, 바이러스, 원생동물, 기생충 따위의 병원 미생물이 있다. ◆名病原体。

병자(病者)【명사】병을 앓고 있는 사람. ◆名病人，患者，病号。¶그는 가난한 병자를 치료하는 데에 일생을 바쳤다. =他为治疗贫穷病人奉献了一生。

병적(病的)【명사】정상을 벗어나 불건전하고 지나친. 또는 그런 것. ◆名病态的。¶그는 영화에 병적으로 집착한다. =他病态地沉迷于电影。

병졸(兵卒)【명사】군사(軍士)(예전에, 군인이나 군대를 이르던 말). ◆名士兵，战士。¶많은 병졸과 장수. =许多士兵和将帅。

병중(病中)【명사】병을 앓고 있는 동안. ◆ 图病中。¶그는 병중이라 바깥출입을 금하고 있다. =他正在病中，不能外出。

병참(兵站)【명사】군사 작전에 필요한 인원과 물자를 관리, 보급, 지원하는 일. 또는 그런 병과(兵科). ◆ 图兵站。¶이 지역은 병참의 기능을 하기 매우 적절한 곳이다. =这个地区非常适合用作兵站。

병창(竝唱)【명사】가야금이나 거문고 따위의 악기를 타면서 자신이 거기에 맞추어 노래를 부름. 또는 그 노래. ◆ 图弹唱；弹唱歌曲。¶가야금 병창. =伽倻琴弹唱。

병충해(病蟲害)【명사】 농작물이 병과 해충으로 인하여 입은 피해. ◆ 图病虫害。¶병충해 예방. =病虫害预防。

병치레(病--)【명사】병을 앓아 치러 내는 일. ◆ 图生病。¶애가 병치레를 자주 하더니 성격이 예민해졌다. =由于经常生病，孩子的性格变得敏感了。● 병치레하다(病----) ●

병폐(病弊)【명사】병으로 인하여 몸을 제대로 쓰지 못하게 됨. ◆ 图病残。¶병폐의 이유는 무리한 운동에 있다. =病残的原因在于过度运动。

병풍(屛風)【명사】방 안에 세워 놓는, 직사각형으로 짠 나무틀에 종이를 바르고 그 위에 수를 놓거나 그림을 그려 만든 물건. ◆ 图屏风。¶창가에 병풍을 치다. =在窗口围上屏风。

병합(倂合)【명사】둘 이상의 기구나 단체, 나라 따위가 하나로 합쳐짐. 또는 그렇게 만듦. ◆ 图并入，合并。¶약소국이 강국에 병합되다. =弱国被并入强国。● 병합되다(倂合--), 병합하다(倂合--) ●

병행(竝行)【명사】둘 이상의 사물이 나란히 감. ◆ 图并行。¶상행선과 하행선의 병행. =上行线和下行线并行。● 병행되다(竝行--), 병행하다(竝行--) ●

병행시키다(竝行---)【동사】둘 이상의 일이 아울러서 한꺼번에 이루어지다. ◆ 动同时进行，同时开展，齐头并进。¶두 가지의 일을 잘 병행시키는 것도 능력이다. =能够出色地同时开展两项工作也是一种能力。

병환(病患)【명사】'병(病)'의 높임말. ◆ 图"병(病)"的敬称。¶어머님의 병환을 고치다. =医治母亲的疾病。

볕【명사】'햇볕'의 준말. 해의 내리쬐는 뜨거운 기운. ◆ 图阳光。¶볕에 그을리다. =在阳光下晒黑。

보[1](步)【의존 명사】거리의 단위. 1보는 한 걸음 정도의 거리이다. ◆ 依名步。¶이 보를 위한 일 보 후퇴. =退一步，进两步。

보[2](褓)【명사】图 ❶ 물건을 싸거나 씌우기 위하여 네모지게 만든 천. ◆ 包袱；桌布。¶책상을 흰 보로 덮다. =桌子上铺着白桌布。❷ 가위바위보에서, 다섯 손가락을 다 펴서 내미는 동작. 또는 그런 손. ◆ (剪刀石头布中的)布。¶보는 가위한테 지는 법이야. =布输给剪刀。

-보[3](補)【접사】'보좌하는 직책'의 뜻을 더하는 접미사. ◆ 后缀助理。

-보[4]【접사】'그러한 행위를 특성으로 지닌 사람'의 뜻을 더하고 명사를 만드는 접미사. ◆ 后缀表示具有某种特性的人。¶울보. =爱哭的人。

보[5](洑)【명사】논에 물을 대기 위한 수리 시설의 하나. 둑을 쌓아 흐르는 냇물을 막고 그 물을 담아 두는 곳이다. ◆ 图水坝，蓄水池。¶보가 터지다. =水坝裂开。

보강[1](補强)【명사】보태거나 채워서 본디보다 더 튼튼하게 함. ◆ 图加强，增强，加固。¶시설 보강. =设施增强。● 보강되다(補强--), 보강하다(補强--) ●

보강[2](補講)【명사】휴강 또는 결강을 보충하는 강의. 또는 그러한 강의. ◆ 图补课 。¶축제기간 휴강은 차후에 보강하겠습니다. =因庆典活动停上的课以后会补。● 보강하다(補講--) ●

보건(保健)【명사】건강을 온전하게 잘 지킴. 병의 예방, 치료 따위로 사람의 건강과 생명을 보호하고 증진하는 일을 이른다. ◆ 图保健。¶보건 정책. =保健政策。

보건소(保健所)【명사】질병의 예방, 진료, 공중 보건을 향상시키기 위하여 서울특별시와 각 광역시 및 각 시·군·구에 둔 공공 의료 기관. ◆ 图保健所，保健站。

보고[1]【조사】어떤 행동이 미치는 대상임을 나타내는 격 조사. 주로 구어체에서 쓰인다. ◆ 助 (附于活动体体词之后)表示行动的对象。¶누구보고 하는 소리야? =对谁说的话?

보고[2](寶庫)【명사】图 ❶ 귀중한 물건을 간수해 두는 창고. ◆ 保险柜。¶이 집의 보고에는 마님 외에는 누구도 들어 갈 수 없다. =这家的保险柜，除了太太之外，任何人都不能打开。❷ 귀중한 것이 많이 나거나 간직되어 있는 곳을 비유적으로 이르는 말. ◆〈喻〉宝库。¶지식의 보고. =知识宝库。

보고[3](報告)【명사】图 ❶ 일에 관한 내용이나 결과를 말이나 글로 알림. ◆ 报告，汇报，禀报。¶상황 보고. =情况汇报。❷ 보고서(보고하는 글이나 문서). ◆ 报告，报告书。● 보고되다(報告--), 보고하다(報告--) ●

보고서(報告書)【명사】보고하는 글이나 문서. ◆ 图报告，报告书。¶보고서를 올리다. =递交报告。

보관(保管)【명사】물건을 맡아서 간직하고 관리함. ◆ 图保管，存。¶보관에 주의하다. =注意保管。● 보관되다(保管--), 보관하다(保管--) ●

보관소(保管所)【명사】다른 사람의 물품을 대신 맡아 관리하는 곳. ◆ 图保管处，寄存处。¶보관소에서 짐을 찾다. =在寄存处取行李。

보관함(保管函)【명사】물품을 간직하고 관리하기 위해 넣어 두는 곳. ◆ 图保管柜，保管箱。¶가방 보관함. =手提包保管箱。

보균자(保菌者)【명사】병의 증상은 보이지 않으나 병원균을 몸 안에 지니고 있어 다른 사람에게 병원균을 옮길 가능성이 있는 사람. ◆ 图带菌者，病菌携带者。

보글보글【부사】副 ❶ 적은 양의 액체가 잇따라 야단스럽게 끓는 소리. 또는 그 모양. ◆ 咕嘟咕嘟地，咕咕嘟嘟声。¶냄비에서는 찌개가 보글보글 끓는다. =小锅里的炖菜“咕嘟咕嘟”地开着。❷ 잇따라 작은 거품이 일어나는 소리. 또는 그 모양. ◆ 噗噗地。¶마셔 뒀던 숨을 조금씩 내뱉을 때마다 입가에서 물방울이 보글보글 튕겨 나왔다. =每当把吸进的空气一点一点呼出的时候，嘴角就会“噗噗”地冒气泡。❸ 머리카락 따위가 짧게 꼬부라져 잔뜩 뭉쳐 있는 모양. ◆ 卷卷地，卷曲地。¶어머니는 항상 머리카락을 보글보글 볶고 다닌다. =母亲经常把头发烫得卷卷的。

보금자리【명사】图 ❶ 새가 알을 낳거나 깃들이는 곳. ◆ 巢，窝，巢穴。¶새들이 보금자리를 틀다. =群鸟筑巢。❷ 지내기에 매우 포근하고 아늑한 곳을 비유적으로 이르는 말. ◆〈喻〉乐园，安乐窝。¶신혼의 보금자리. =新婚安乐窝。

보급[1](普及)【명사】널리 펴서 많은 사람들에게 골고루 미치게 하여 누리게 함. ◆ 图普及，推广。¶기술의 개발과 보급. =技术的开发和推广。● 보급되다(普及--), 보급하다(普及--) ●

보급[2](補給)【명사】물자나 자금 따위를 계속해서 대어 줌. ◆ 图补给，供给，供应。¶물자 보급. =物资补给。● 보급되다(補給--), 보급하다(補給--) ●

보기【명사】'본보기'의 준말. ◆ 图例子。¶보기를 들다. =举例。

보내다【동사】动 ❶ 사람이나 물건 따위를 다른 곳으로 가게 하다. ◆ 送，寄，邮，汇，递，发送。¶아이를 시골에 보내다. =送儿子到乡下。❷ 일정한 임무나 목적으로 가게 하다. ◆ 派遣，打发。¶심부름을 보내다. =派去跑腿。❸ 결혼을 시키다. ◆ 嫁，娶。¶시집을 보내다. =嫁出去。❹ 사람을 일정한 곳에 소속되게 하다. ◆ 送。¶죄인을 감옥으로 보내다. =把犯人送进监狱。❺ 상대편에게 자신의 마음가짐을 느끼어 알도록 표현하다. ◆ 给以，报以，致以。¶박수를 보내다. =报以掌声。❻ 놓아 주어 떠나게 하다. ◆ 动送走，送别。¶정든 임을 보내다. =送别心爱的心上人。❼ 시간이나 세월을 지나가게 하다. ◆ 度过，打发。¶허송세월을 보내다. =虚度时光。❽ 죽어서 이별하다. ◆ 离开，离别。¶비명에 남편을 보내고 나니 앞으로 살아갈 일이 막막하다. =离开了死于非命的丈夫，感到以后的日子非常渺茫。❾ 운동 경기나 모임 따위에 참가하게 하다. ◆ 派……参加，派遣……参加。¶선수를 시합에 보내다. =派选手参加比赛。

보너스(bonus)【명사】관청이나 회사 따위에서 직원에게 월급 외에 그 업적이나 공헌도에 따라 금전을 주는 것. 또는 그 금전. ◆ 图奖金，红利，分红。¶회사 사정이 어려워 연말 보너스가 나오지 않았다. =由于公司情况不好，没有发年终奖。

보늬【명사】밤이나 도토리, 상수리 등의 속껍질. 떫은 맛이 남. ◆ 图内皮。¶밤은 보늬를 벗기고 먹어야 한다. =栗子要剥了内皮才能吃。

보다[1]【조사】서로 차이가 있는 것을 비교하는 경우, 비교의 대상이 되는 말에 붙어 '~에 비해서'의 뜻을 나타내는 격 조사. ◆ 助比。¶내가 너보다 크다. =我比你大。

보다[2]【부사】어떤 수준에 비하여 한층 더. ◆ 副更，再，更加。¶보다 나은 생활. =更好的生活。

보다[3]【동사】动 ❶ 눈으로 대상의 존재나 형태적 특징을 알다. ◆ 看。¶간판을 보다. =看招牌。❷ 눈으로 대상을 즐기거나 감상하다. ◆ 观看，观赏，参观。¶영화를 보다. =看电影。❸ 책이나 신문 따위를 읽다. ◆ 看，读。¶신문을 보다. =看报纸。❹ 일정한 목적 아래 만나다. ◆ 动见，相(亲)。¶맞선을 보다. =相亲。❺ 맡아서 보살피거나 지키다. ◆ 照看，照顾，看管。¶어린아이를 보다. =照看小孩。❻ 상대편의 형편 따위를 헤아리다. ◆ 看，衡量，估计(对方的情况)。¶너를 보아 내가 참아야지. =看在你的面子上我忍了。❼ 점 따위로 운수를 알아보다. ◆ 动看，相，占卜，算命。¶궁합을 보다. =算姻缘。❽ 자신의 실력이 나타나도록 치르다. ◆ 考，参加考试。¶중간고사를 보다. =参加期中考试。❾ 어떤 일을 맡아 하다. ◆ 办，担任。¶사무를 보다. =办公。❿ 어떤 결과나 관계를 맺기에 이르다. ◆ 取得，得到。¶끝장을 보다. =得到结果；遭到……下场。⓫ 음식상이나 잠자리 따위를 채비하다. ◆ 摆，上，布置，准备。¶술상을 보다. =摆酒席。⓬ 대소변을 누다. ◆ 解(大小便)，解手。¶대변을 보다. =解大便。⓭ 어떤 관계의 사람을 얻거나 맞다. ◆ 娶，得到。¶며느리를 보다. =娶媳妇。⓮ 의사가 환자를 진찰하다. ◆ 看，诊断。¶원장님은 오전에만 환자를 보십니다. =院长只在上午坐诊。⓯ 신문, 잡지 따위를 구독하다. ◆ 购阅，订阅。¶잡지 보는 거 있어요? =你订阅报纸了吗? ⓰ 음식 맛이나 간을 알기 위하여 시험 삼아 조금 먹다. ◆ 尝。¶간을 보다. =尝咸淡。⓱ 땅, 집, 물건 따위를 사기 위하여 살피다. ◆ 看。¶집을 보러 다니다. =到处看房子。⓲ 물건을 팔거나 사다. ◆ 买(东西)；卖(东西)。¶시장을 보다. =去市场买东西。⓳ 고려의 대상이나 판단의 기초로 삼다. ◆ 对，冲，朝，针对(表示当作考虑的对象或者判断的基础)。¶너를 보고 하는 말이 아니야. =话不是冲着你说的。⓴ 대상을 평가하다. ◆ 看，评价。¶언행을 보고 합격 여부를 결정하다. =看言行判定是否及格。

보다[4]【보조 형용사】补形 ❶ 앞말이 뜻하는 행동이나 상태를 추측하거나 어렴풋이 인식하고 있음을 나타내는 말. ◆ 可能，看来，想来，恐怕，怕是，大概；想。¶열차가 도착했나 보다. =好像火车到了。❷ 앞말이 뜻하는 행동을 할 의도를 가지고 있음을 나타내는 말. ◆ 表示有意行动前句之意向。¶그만 둘까 보다. =想放弃。

보다[5]【보조 동사】补动 ❶ 시험 삼아 하는 뜻을 나타내는 말. ◆ 表示试行。¶먹어 보다. =尝尝。❷ 이전에 어떤 일을 경험했음을 나타내는 말. ◆ 表示经验。¶그런 책은 읽어 본 적이 없다. =那种书未曾读过。

보답(報答)【명사】남의 호의나 은혜를 갚음. ◆ 图报答，回报。¶그는 아무런 보답도 바라지 않고 그

녀에게 도움을 주었다. =他不计回报地帮助了她。 ● 보답하다(報答--) ●

보도[1](步道)【명사】보행자의 통행에 사용하도록 된 도로. ◆ 图人行道。¶잘 포장된 보도. =平整的人行道。

보도[2](報道)【명사】대중 전달 매체를 통하여 일반 사람들에게 새로운 소식을 알림. 또는 그 소식. ◆ 图报道。¶보도 기사. =新闻报道。● 보도되다(報道--), 보도하다(報道--) ●

보도블록(步道)【명사】보행자가 통행하는 도로에 깔도록 만들어진 덩어리. 주로 시멘트, 벽돌 따위로 되어 있다. ◆ 图人行道花砖。¶보도블록을 깔다. =铺人行道花砖。

보도진(報道陣)【명사】현장을 보도하기 위하여 기자나 카메라맨 따위로 구성된 인적 조직. ◆ 图报道组，记者群。¶비행기 추락사고 현장으로 보도진이 몰려들었다. =记者群涌向飞机失事现场。

보드랍다【형용사】形 ❶ 닿거나 스치는 느낌이 거칠거나 빳빳하지 않다. ◆ 柔嫩，细腻，柔软。¶피부가 보드랍다. =皮肤细腻。❷ 성질이나 태도가 억세지 않고 따뜻하다. ◆ 温柔，温和。¶마음씨가 보드랍다. =心地温和。❸ 가루 따위가 잘고 곱다. ◆ (粉末)细。¶밀가루가 보드랍다. =面粉很细。

보드카(vodka)【명사】러시아의 대표적인 술. 보리·호밀·밀·옥수수 따위에 맥아를 넣어 당화 발효시켜 증류한 다음에 자작나무의 숯으로 탈취하고 여과하여 만든다. ◆ 图伏特加(酒)。

보들보들하다【형용사】살갗에 닿는 느낌이 매우 보드랍다. ◆ 形细软，细嫩，软绵绵。¶옷의 감촉이 보들보들하다. =衣服的手感细软。

보듬다【동사】사람이나 동물을 가슴에 붙도록 안다. ◆ 动抱，紧抱，拥抱。¶어머니가 아기를 보듬다. =母亲抱着孩子。

보따리(褓--)【명사】图 ❶ 보자기에 물건을 싸서 꾸린 뭉치. ◆ 包袱，包裹。¶떡 보따리. =打糕包袱。❷ 속에 들어 있는 마음이나 생각 또는 재담 따위를 비유적으로 이르는 말. ◆ 锦囊。¶꾀 보따리. =锦囊妙计。❸ 보자기에 꾸린 뭉치를 세는 단위. ◆ 包。¶헌책 한 보따리. =一包旧书。

보라【명사】'보랏빛'(파랑과 빨강의 중간 빛)의 준말. ◆ 图青紫色。

보라색(--色)【명사】파랑과 빨강의 중간색. 또는 그런 색의 물감. ◆ 图紫色。¶보라색 옷. =紫色的衣服。

보람【명사】어떤 일을 한 뒤에 얻어지는 좋은 결과나 만족감. 또는 자랑스러움이나 자부심을 갖게 해 주는 일의 가치. ◆ 图意义，价值。¶삶의 보람. =生活的意义。

보람되다【형용사】어떤 일을 한 뒤에 좋은 결과나 가치, 만족감이 있다. ◆ 形有意义，有价值。¶보람된 일을 하다. =做有意义的事情。

보람차다【형용사】어떤 일을 한 뒤에 결과가 몹시 좋아서 자랑스러움과 자부심을 갖게 할 만큼 만족스럽다. ◆ 形很有意义，很有价值。¶일이 보람차다. =工作很有价值。

보랏빛【명사】파랑과 빨강의 중간 빛. ◆ 图紫色。¶천을 보랏빛으로 물들였다. =把布染成紫色。

보료【명사】솜이나 짐승의 털로 속을 넣고, 천으로 겉을 싸서 선을 두르고 곱게 꾸미며, 앉는 자리에 늘 깔아 두는 두툼하게 만든 요. ◆ 图褥垫，坐垫。¶찬 방바닥에 보료를 깔다. =在凉地板上铺坐垫。

보루(堡壘)【명사】图 ❶ 적의 침입을 막기 위하여 돌이나 콘크리트 따위로 튼튼하게 쌓은 구축물. ◆ 堡垒，碉堡。¶보루를 쌓다. =筑碉堡。❷ 지켜야 할 대상을 비유적으로 이르는 말. ◆〈喻〉堡垒。¶삶의 보루. =生活的堡垒。

보류(保留)【명사】어떤 일을 당장 처리하지 아니하고 나중으로 미루어 둠. ◆ 图保留，扣压，推后。¶보류 결정을 내리다. =做出推后的决定。● 보류되다(保留--), 보류하다(保留--) ●

보름【명사】图 ❶ '보름날'(음력으로 그 달의 열닷새째 되는 날)의 준말. ◆ 农历十五。¶정월 보름. =正月十五。❷ 열닷새 동안. ◆ 十五天，半个月。¶보름 동안 여행을 했다. =旅游了半个月。

보름날【명사】음력으로 그 달의 열 닷새째 되는 날. ◆ 图农历十五。¶정월 보름날 불놀이를 한다. =正月十五放烟花。

보름달【명사】음력 보름날 밤에 뜨는 둥근 달. ◆ 图十五的月亮，圆月，满月。¶보름달이 뜨다. =满月升起。

보리【명사】볏과의 두해살이풀. ◆ 图大麦。

보리밥【명사】쌀에 보리를 섞어 지은 밥. 또는 보리로만 지은 밥. ◆ 图大麦饭。¶아쉬운 처지에 보리밥, 쌀밥 가리겠나? =都这种处境了，还挑什么大麦饭和大米饭?

보리밭【명사】보리를 심은 밭. ◆ 图大麦田，大麦地。¶보리밭을 갈다. =翻耕大麦田。

보리쌀【명사】겉보리를 찧어 겨를 벗긴 낟알. ◆ 图大麦米。¶보리쌀 닷 되. =五升大麦米。

보리차(--茶)【명사】볶은 겉보리를 넣고 끓인 차. ◆ 图大麦茶。¶보리차를 마시다. =喝大麦茶。

보릿고개【명사】(비유적으로) 그 전 해에 거두어들인 곡식은 다 떨어지고 보리는 아직 익지 않아 먹을 것이 모자라서 어려운 때. ◆ 图春荒，青黄不接。¶보릿고개가 코앞에 닥치다. =春荒迫在眉睫。

보모(保姆)【명사】보육원이나 탁아소 따위의 아동 복지 시설에서 어린이를 돌보아 주며 가르치는 여자. ◆ 图保姆，保育员。¶고아원 보모. =孤儿院保育员。

보물(寶物)【명사】图 ❶ 썩 드물고 귀한 가치가 있는 보배로운 물건. ◆ 宝物，珍宝。¶보물 상자. =珍宝箱。❷ 예로부터 대대로 물려 오는 귀중한 가치가 있는 문화재. 국보 다음가는 중요 유형문화재(有形文化財)를 이른다. ◆ 重点文物，宝物(仅次于国宝的重要物质文化财产)。¶사찰이 보물로 지정되다. =寺庙被指定为重点文物保护单位。

보물단지(寶物--)【명사】图 ❶ 보물을 넣어 두거나 보물이 들어 있는 단지. ◆ 宝瓶，宝罐。¶어머니는 패물을 담아 둔 보물단지를 소중하게 여기셨다. =母亲把装玉佩的宝罐看得很珍贵。❷ 아주 귀중히 여기는, 가치 있는 존재를 비유적으로 이르는 말. ◆〈喻〉聚宝盆，无价之宝。¶첫아이는 우리에겐 보물단지나 다름없었다. =对我们来说，头胎孩子无疑是无价之宝。

보물섬(寶物-)【명사】보물이 묻혀 있는 섬. ◆图宝岛，藏宝岛。¶보물섬은 환상의 섬이다. =藏宝岛是幻想之岛。

보물찾기(寶物--)【명사】물건의 이름이 적힌 종이를 여러 군데 감추어 놓고, 그 종이를 찾은 사람에게 해당되는 물건을 상품으로 주는 놀이. ◆图寻宝游戏。¶우리는 소풍 가서 보물찾기 놀이를 했다. =我们出去郊游，玩了寻宝游戏。

보배【명사】아주 귀하고 소중한 물건. ◆图宝贝，宝物。¶값진 보배. =值钱的宝贝。

보배롭다【형용사】귀하고 소중한 가치가 있다. ◆形宝贵，珍贵，宝贝似的。¶보배로운 물건. =宝贝似的物品。

보병(步兵)【명사】육군의 주력을 이루는 전투 병과. 소총(小銃)을 주무기로 삼으며, 최후의 돌격 단계에서 적에게 돌진하여 승패를 결정하는 구실을 한다. ◆图步兵。¶보병은 육군의 주력을 이루는 전투 병과이다. =步兵是形成陆军主力的战斗兵种。

보복(報復)【명사】남이 저에게 해를 준 대로 저도 그에게 해를 줌. ◆图报复，复仇。¶정치적 보복. =政治报复。● 보복하다(報復--) ●

보살(菩薩)【명사】图 ❶ 부처가 전생에서 수행하던 시절, 수기를 받은 이후의 몸. ◆ 菩萨。❷ 여자 신도(信徒)를 높여 이르는 말. ◆〈敬〉对女信徒的尊称。

보살피다【동사】정성을 기울여 보호하며 돕다. ◆ 动照料，照顾，照看。¶늙으신 부모님을 보살펴 드리다. =照料年迈的双亲。

보상[1](報償)【명사】图 ❶ 남에게 진 빚 또는 받은 물건을 갚음. ◆ 偿还。¶빌린 돈의 보상이 어렵게 되었다. =所借的钱很难偿还。❷ 어떤 것에 대한 대가로 갚음. ◆ 报偿，回报，报答。¶그는 사건을 묵인하는 보상으로 거액을 받았다. =他默认这事件的回报是获得了巨款。● 보상되다(補償--), 보상하다(補償--) ●

보상[2](補償)【명사】남에게 끼친 손해를 갚음. ◆图补偿，赔偿。¶피해 보상. =受害赔偿。

보상금[1](補償金)【명사】피해를 보상하기 위해서 주는 돈. ◆图补偿金，赔偿金。¶보상금을 요구하다. =索要补偿金。

보상금[2](報償金)【명사】图 ❶ 보상(報償)으로 내놓은 돈. ◆ 报酬。❷ 물건을 잃은 사람이 그것을 찾아 준 사람에게 사례로 주는 돈. ◆ 酬金。¶물건을 돌려주시면 보상금을 드리겠습니다. =如归还物品，将重金酬谢。

보색(補色)【명사】다른 색상의 두 빛깔이 섞여 흰색이나 검정이 될 때, 이 두 빛깔을 서로 이르는 말. ◆图补色，余色。

보석[1](寶石)【명사】단단하며 빛깔이 곱고 반짝거려서 목걸이나 반지 등의 장신구를 만드는 데 쓰이는 희귀하고 값비싼 돌. ◆图宝石。¶보석이 박힌 왕관. =镶宝石的王冠。

보석[2](保釋)【명사】보석 보증금을 받거나 보증인을 세우고 형사 피고인을 구류에서 풀어 주는 일. ◆图保释。¶보석으로 감옥에서 풀려나다. =保释出狱。

보송보송【부사】副 ❶ 잘 말라서 물기가 없고 보드라운 모양. ◆ 松软。¶말라서 보송보송 하니 감촉이 좋다. =干了以后很松软，手感很好。❷ 살결이나 얼굴이 곱고 보드라운 모양. ◆ 细嫩，柔软。¶아기의 살결이 보송보송하다. =小孩的皮肤细嫩。● 보송보송하다 ●

보수[1](補修)【명사】건물이나 시설 따위의 낡거나 부서진 것을 손보아 고침. ◆图整修，修缮，修复。¶하수도 보수. =下水道整修。● 보수하다(補修--) ●

보수[2](保守)【명사】새로운 것이나 변화를 반대하고 전통적인 것을 옹호하며 유지하려 함. ◆图保守。

보수[3](報酬)【명사】图 ❶ 고맙게 해 준 데 대하여 보답을 함. 또는 그 보답. ◆ 酬谢，回报。¶가난한 이에게 남몰래 도움을 준 사람에게는 반드시 그 보수가 따를 것이다. =暗中帮助贫穷者的人一定会有回报。❷ 일한 대가로 주는 돈이나 물품. ◆ 报酬，酬金。¶높은 보수를 받다. =得到很高的酬金。

보수적(保守的)【명사】새로운 것이나 변화를 반대하고 전통적인 것을 옹호하며 유지하려는 것. ◆图保守的。¶보수적 사고방식. =保守的思考方式。

보수파(保守派)【명사】보수주의를 주장하거나 지지하는 사람의 무리. ◆图保守派。¶보수파와 급진파의 대립. =保守派和激进派的对立。

보슬보슬【부사】눈이나 비가 가늘고 성기게 조용히 내리는 모양. ◆ 副 (雨、雪)霏霏，纷纷，淅淅沥沥。¶봄비가 보슬보슬 내린다. =春雨淅淅沥沥地下着。

보슬비【명사】바람이 없는 날 가늘고 성기게 조용히 내리는 비. ◆图毛毛雨，毛毛细雨。¶보슬비가 소리도 없이 보슬보슬 내린다. =毛毛细雨无声无息、淅淅沥沥地下着。

보시기【명사】图 ❶ 김치나 깍두기 따위를 담는 반찬 그릇의 하나. 모양은 사발 같으나 높이가 낮고 크기가 작다. ◆ 碗。¶보시기에 깍두기를 담다. =用碗装泡萝卜块。❷ [수량을 나타내는 말 뒤에 쓰여] 김치나 깍두기를 담아 그 분량을 세는 단위. ◆ 碟，碗。¶총각김치 두 보시기를 담아 이웃집에 나눠주었다. =装了两碗萝卜泡菜送给了邻居。

보신[1](保身)【명사】자신의 몸을 온전히 지킴. ◆图防卫，护身，保全自身。¶ 그는 자기 보신을 위해서라면 다른 사람의 불행은 아랑곳하지 않는다. =为了自保，他全然不顾他人的不幸。

보신[2](補身)【명사】보약 따위를 먹어 몸의 영양을 보충함. ◆图补身，补养身体，滋补身体。¶어머니께서 보신을 하라고 보약을 지어 주셨다. =母亲熬了补药让我补养身体。

보신탕(補身湯)【명사】허약한 몸에 영양을 보충해 주는 국이라는 뜻으로, '개장국'을 이르는 말. ◆图补身汤，狗肉汤。

보쌈김치(褓---) 【명사】 무나 배추를 일정한 크기로 썰어서 갖은 양념을 한 것을 넓은 배추 잎으로 싸서 담근 김치. ◆名白菜萝卜包泡菜。

보아주다 【동사】 남의 입장을 살펴 이해하거나 잘못을 덮어 주다. ◆动照顾，照料；原谅，饶恕。¶이번 한 번만 저를 보아주시면 다음부터는 잘하겠습니다. =只要这次原谅我，以后一定好好干。

보안(保安) 【명사】 안전을 유지함. ◆名保安。¶보안을 유지하다. =维持安保状态。

보약(補藥) 【명사】 몸의 전체적 기능을 조절하고 저항 능력을 키워 주며 기력을 보충해 주는 약. ◆名补药。¶보약을 달여 먹다. =熬补药喝。

보온(保溫) 【명사】 주위의 온도에 관계없이 일정한 온도를 유지함. ◆名保温。¶보온 도시락. =保温饭盒。● 보온하다(保溫--) ●

보온병(保溫甁) 【명사】 주위의 온도에 관계없이 일정한 온도를 유지하도록 만들어진 병. ◆名保温瓶，热水瓶。¶물을 끓여서 보온병에 담았다. =用保温瓶装开水。

보완(補完) 【명사】 모자라거나 부족한 것을 보충하여 완전하게 함. ◆名补充，完善，弥补。¶보완 대책. =补充措施。● 보완되다(補完--), 보완하다(補完--) ●

보우(保佑) 【명사】 보호하고 도와줌. ◆名保佑。● 보우하다(保佑--) ●

보위(保衛) 【명사】 보호하고 방위함. ◆名保卫，守卫，捍卫。¶국가 보위에 신명을 바치다. =为保卫国家而献出生命。● 보위하다(保衛--) ●

보유(保有) 【명사】 가지고 있거나 간직하고 있음. ◆名拥有，具有，持有。¶핵무기 보유. =拥有核武器。● 보유하다(保有--) ●

보육(保育) 【명사】 어린아이들을 돌보아 기름. ◆名保育，育儿。¶보육 교사. =育儿教师。● 보육하다(保育--) ●

보육원(保育院) 【명사】 부모나 보호자가 없는 아이들을 받아들여 기르고 가르치는 곳. ◆名保育院，孤儿院。¶육아 보육원. =幼儿保育院。

보은(報恩) 【명사】 은혜를 갚음. ◆名报恩，报德。¶보은 설화(說話). =报恩传说。

보이다[1] 【동사】 动❶ '보다(눈으로 대상의 존재나 형태적 특징을 알다)'의 사동사. ◆让……看，给……看。¶그는 나에게 사진첩을 보였다. =他给我看相册。❷ '보다(눈으로 대상을 즐기거나 감상하다)'의 사동사. ◆让……欣赏，给……看。¶동생에게 영화를 보이다. =给弟弟看电影。❸ '보다'의 사동사. ◆使……遭受……¶친구에게 손해를 보이다. =让朋友蒙受损失。❹ '보다(일정한 목적 아래 만나다)'의 사동사. ◆使……见面。¶미리 점찍어 둔 아가씨에게 아들을 선을 보였다. =让儿子去和事先相中的姑娘相亲。

보이다[2] 【동사】 动❶ '보다(눈으로 대상의 존재나 형태적 특징을 알다)'의 피동사. ◆看到。¶산이 보이다. =看到了山。❷ '보다(대상의 내용이나 상태를 알기 위하여 살피다)'의 피동사. ◆看到。¶기회가 보이다. =看到了机会。❸ '보다(어떤 결과나 관계를 맺기에 이르다)'의 피동사. ◆在望。¶합의의 결과가 보이다. =协商结果在望。❹ '보다(상대편의 형편 따위를 헤아리다)'의 피동사. ◆看起来，显得。¶그는 아직 20대인데도 불구하고 외모는 40대처럼 보인다. =他才二十几岁，外表看起来却像四十多岁。

보일러(boiler) 【명사】 물을 가열하여 고온, 고압의 증기나 온수를 발생시키는 장치. 난방 시설이나 목욕탕, 터빈 구동 따위에 쓴다. ◆名锅炉。¶기름 보일러를 가스 보일러로 교체했다. =用燃气锅炉代替燃油锅炉。

보자기(褓--) 【명사】 물건을 싸서 들고 다닐 수 있도록 네모지게 만든 작은 천. ◆名包袱。¶보자기로 물건을 싸다. =用包袱包东西。

보잘것없다 【형용사】 볼 만한 가치가 없을 정도로 하찮다. ◆形不值得看，微不足道。¶보잘것없는 물건. =微不足道的东西。

보장(保障) 【명사】 어떤 일이 어려움 없이 이루어지도록 조건을 마련하여 보증하거나 보호함. ◆名保障，保证，保守。¶비밀 보장. =保守机密。● 보장되다(保障--), 보장하다(保障—) ●

보전(保全) 【명사】 온전하게 보호하여 유지함. ◆名保护，保全。¶생태계 보전. =保护生态界。● 보전되다(保全--), 보전하다(保全--) ●

보정(補正) 【명사】 부족한 부분을 보태어 바르게 함. ◆名矫正，修正。¶체형 보정 속옷. =矫正体形内衣。● 보정하다(補正--) ●

보조[1](步調) 【명사】 名❶ 걸음걸이의 속도나 모양 따위의 상태. ◆步调。¶서로 보조를 맞추어 행진하다. =步调一致地前进。❷ 여럿이 함께 일을 할 때의 진행 속도나 조화. ◆协调。¶다른 사람들과 보조를 맞추어 일을 끝냈다. =与其他人协调干完了活。

보조[2](補助) 【명사】 名❶ 보태어 도움. ◆补助。¶국가에서 보조를 받다. =从国家领取补助。❷ 주되는 것에 상대하여 거들거나 도움. 또는 그런 사람. ◆辅助，协助。¶보조 수단. =辅助手段。● 보조하다(補助--) ●

보조개 【명사】 말하거나 웃을 때에 두 볼에 움푹 들어가는 자국. ◆名酒窝。¶보조개를 짓다. =露出酒窝。

보조금(補助金) 【명사】 정부나 공공 단체가 기업이나 개인에게 교부하는 돈. ◆名补助金，津贴。¶정부는 실업자에게 보조금을 지급하기로 했다. =政府决定向失业者支付补助金。

보조 동사(補助動詞) 【명사】 본동사와 연결되어 그 풀이를 보조하는 동사. ◆名助动词。

보조사(補助詞) 【명사】 체언, 부사, 활용 어미 따위에 붙어서 어떤 특별한 의미를 더해 주는 조사. ◆名助词。

보조 형용사(補助形容詞) 【명사】 본용언과 연결되어 의미를 보충하는 역할을 하는 형용사. ◆名辅助形容词。

보존(保存) 【명사】 잘 보호하고 간수하여 남김. ◆名保存。¶공문서 보존 기간. =公文保存期间。

● 보존되다(保存--), 보존하다(保存--) ●

보좌관(補佐官)【명사】상관을 돕는 일을 맡은 직책. 또는 그런 관리. ◆ 名副官, 助理。¶국회의원 보좌관. =国会议员助理。

보증(保證)【명사】名 ❶ 어떤 사물이나 사람에 대하여 책임지고 틀림이 없음을 증명함. ◆ 保证。¶신원 보증을 서다. =做身份担保。❷ 채무자가 채무를 이행하지 아니할 경우에, 채무자를 대신하여 채무를 이행할 것을 부담하다. ◆ 担保。¶은행에서 중도금 및 잔금 지급을 보증하는 보증서를 써 주다. =银行出具担保支付的保证书。● 보증하다(保證--) ●

보증금(保證金)【명사】名 ❶ 일정한 채무의 담보로 미리 채권자에게 주는 금전. ◆ 保证金, 押金。❷ 입찰 또는 계약을 맺을 때에 계약 이행의 담보로써 납입하는 금전. ◆ 保证金。¶사무실 임대 보증금. =办公室租用保证金。

보증인(保證人)【명사】名 ❶ 보증하는 사람. ◆ 保证人。¶보증인을 세우다. =确定保证人。❷ 보증 채무를 지는 사람. ◆ 担保人。¶대출을 받기 위해서는 보증인이 필요하다. =贷款需要担保人。

보직(補職)【명사】어떤 직무의 담당을 명함. 또는 그 직책. ◆ 名任职。¶그는 비리로 현재의 보직에서 해임되었다. =由于违法, 他被解除了现任职务。

보채다【동사】动 ❶ 아기가 아프거나 졸리거나 불만족스러울 때에 어떻게 해 달라는 뜻으로 울거나 칭얼거리다. ◆ 磨人, 缠人。¶아이가 엄마를 찾으면서 울고 보챘다. =孩子哭闹着找妈妈。❷ 어떠한 것을 요구하며 성가시게 조르다. ◆ 闹, 缠, 磨。¶아이는 할머니에게 업어 달라고 보챈다. =孩子缠着奶奶, 要奶奶背。

보청기(補聽器)【명사】청력이 약하여 잘 들리지 아니하는 것을 보강하는 기구. ◆ 名助听器。¶귀에 보청기를 꽂았다. =耳朵上戴着助听器。

보초(步哨)【명사】부대의 경계선이나 각종 출입문에서 경계와 감시의 임무를 맡은 병사. ◆ 名哨兵。¶보초 근무. =哨兵执勤。

보충(補充)【명사】부족한 것을 보태어 채움. ◆ 名补充。¶보충 설명. =补充说明。● 보충되다(補充--), 보충하다(補充--) ●

보태다【동사】이미 있던 것에 더하여 많아지게 하다. ◆ 动增加, 贴补。¶일손을 보태다. =增加人手。

보탬【명사】名 ❶ 보태고 더하는 일. 또는 그런 것. ◆ 补助, 补贴。¶살림에 보탬을 주다. =补贴生计。❷ 보태어 돕는 일. 또는 그런 것. ◆ 帮助。¶아버지의 격려와 위안은 나에게 많은 보탬이 되었다. =父亲的鼓励和安慰给了我很大帮助。

보통[1](普通)【명사】특별하지 아니하고 흔히 볼 수 있어 평범함. 또는 뛰어나지도 열등하지도 아니한 중간 정도. ◆ 名普通, 一般。¶보통 때와 다른 옷차림. =与平常不同的装束。

보통[2]【부사】일반적으로. 또는 흔히. ◆ 副通常, 一般。¶그는 보통 일곱 시에 일어난다. =他一般七点钟起床。

보통내기(普通--)【명사】[흔히 '아니다'와 함께 쓰여] 만만하게 여길 만큼 평범한 사람. ◆ 名普通人, 一般人。¶그는 보통내기가 아니다. =他可不是一般人。

보퉁이(褓--)【명사】물건을 보에 싸서 꾸려 놓은 것. ◆ 名包袱, 包裹。¶그녀의 손에는 조그만 보퉁이가 들려 있었다. =她手里拎着个小包袱。

보트(boat)【명사】노를 젓거나 모터에 의하여 추진하는 서양식의 작은 배. ◆ 名小艇。¶보트를 타다. =乘坐小艇。

보편성(普遍性)【명사】모든 것에 두루 미치거나 통하는 성질. ◆ 名普遍性。¶그의 문학 이론은 민족의 개별성보다 세계문학적 보편성을 지향하고 있다. =比起民族的个性化特征, 他的文学理论更追求世界文学的普遍性。

보편적(普遍的)【个性化特征명사】모든 것에 공통되거나 들어맞는. 또는 그런 것. ◆ 名普遍。¶보편적 가치. =普遍价值。

보편화(普遍化)【명사】널리 일반인에게 퍼짐. 또는 그렇게 되게 함. ◆ 名普及。¶휴대 전화의 보편화. =便携式电话的普及。● 보편화되다(普遍化--), 보편화하다(普遍化--) ●

보폭(步幅)【명사】걸음을 걸을 때 앞발 뒤축에서 뒷발 뒤축까지의 거리. ◆ 名步幅。¶보폭이 넓다. =步幅宽。

보푸라기【명사】보풀의 낱개. ◆ 名毛球, 起毛。¶털옷의 보푸라기. =毛衣起毛。

보필(輔弼)【명사】윗사람의 일을 도움. 또는 그런 사람. 또는 그 사람. ◆ 名辅佐。¶그에게 임금 보필의 임무가 주어졌다. =他被指派了辅佐国君的任务。● 보필하다(輔弼--) ●

보행(步行)【명사】걸어 다님. ◆ 名步行, 徒步。¶보행 규칙. =步行规则。● 보행하다(步行--) ●

보행기(步行器)【명사】젖먹이에게 걸음을 익히게 하려고 태우는, 바퀴가 달린 기구. ◆ 名学步器, 步行器。¶아이가 보행기를 타고 놀다. =孩子坐着学步车玩。

보행자(步行者)【명사】걸어서 길거리를 왕래하는 사람. ◆ 名行人。¶그 설치물은 보행자의 통행을 방해한다. =那个设置妨碍行人通行。

보험(保險)【명사】손해를 물어 준다거나 일이 확실하게 이루어진다는 보증. ◆ 名保险。

보험금(保險金)【명사】보험 사고가 발생하였을 때 보험 계약에 따라 보험 회사에서 손해 보험의 피보험자나 생명 보험의 보험금 수취인에게 실제로 지급하는 돈. ◆ 名保险金。¶보험금을 지급하다. =支付保险金。

보험료(保險料)【명사】보험에 가입한 사람이 보험자에게 내는 일정한 돈. ◆ 名保险费。¶형편이 어려워 지난달 보험료를 연체했다. =由于经济紧张, 迟交了上个月的保险费。

보호(保護)【명사】위험이나 곤란 따위가 미치지 아니하도록 잘 보살펴 돌봄. ◆ 名保护。¶보호를 받다. =受到保护。● 보호되다, 보호하다 ●

보호색(保護色)【명사】다른 동물의 공격을 피하고 자신의 몸을 보호하기 위하여 다른 동물의 눈에 띄지 아니하도록 주위와 비슷하게 되어 있는 몸의 색깔. ◆ 名保护色。¶곤충의 보호색도 자연환경의 변화에 따라 바뀌고 있다. =昆虫的保护色也随着自然环境的变化而改变。

보호자(保護者)【명사】名 ❶ 어떤 사람을 보호할 책임을 가지고 있는 사람. ◆ 保护人。¶환자의 보호자. =患者的保护人。❷ 미성년자에 대하여 친권을 행사하는 사람. ◆ 监护人。¶부모님이 돌아가셔서 할아버지가 그들의 보호자가 되었다. =父母去世了，爷爷成了他们的监护人。

보화(寶貨)【명사】썩 드물고 귀한 가치가 있는 보배로운 물건. ◆ 名宝物，宝贝。¶그들은 왕궁 안의 보화를 노략질하였다. =他们掠夺了王宫内的珍宝。

보훈(報勳)【명사】공훈에 보답함. ◆ 名表彰。¶당국은 그의 투철한 사명감에 대한 보훈의 의미로 1계급 특진을 명하였다. =为了对他强烈的使命感进行表彰，当局特别给他晋升了一级。

복[1](福)【명사】名 ❶ 삶에서 누리는 좋고 만족할 만한 행운. 또는 거기서 얻는 행복. ◆ 福气。¶복 많은 사람. =多福之人。❷ 배당되는 몫이 많은 것을 비유적으로 이르는 말. ◆ 福，福气。¶먹을 복을 타고나다. =生来有口福。

-복[2](服)【접사】'옷'의 뜻을 더하는 접미사. ◆ 后缀服。¶학생복. =学生服。

복[3](複)-【접사】'단일하지 않은' 또는 '겹친'의 뜻을 더하는 접두사. ◆ 前缀复，双。¶복자음. =双辅音。

복간(復刊)【명사】간행을 중지하거나 폐지하고 있던 출판물을 다시 간행함. ◆ 名复刊。¶잡지의 복간을 허용하다. =允许杂志复刊。● 복간되다(復刊--), 복간하다(復刊--) ●

복개(覆蓋)【명사】하천에 덮개 구조물을 씌워 겉으로 보이지 않도록 함. 또는 그 덮개 구조물. ◆ 名被填，覆盖；覆盖物。¶하천 복개 계획. =填河造地计划。● 복개하다(覆蓋--) ●

복고(復古)【명사】과거의 모양·정치·사상·제도·풍습 따위로 돌아감. ◆ 名复古。¶요즘 복고풍이 유행이다. =现在流行复古风。

복고풍(復古風)【명사】과거의 모습으로 되돌아간 제도나 풍속. 또는 그런 유행. ◆ 名复古风，复古潮流。¶복고풍의 옷차림이 눈에 많이 뜨인다. =可以看到许多复古潮流的服装。

복구(復舊)【명사】손실 이전의 상태로 회복함. ◆ 名修复，复原，重建。¶복구 사업. =重建工程。● 복구되다(復舊--), 복구하다(復舊--) ●

복권[1](福券)【명사】번호나 그림 따위의 특정 표시를 기입한 표(票). 추첨 따위를 통하여 일치하는 표에 대해서 상금이나 상품을 준다. ◆ 名彩票。¶복권이 당첨되다. =彩票中奖。

복권[2](復權)【명사】법률상 일정한 자격이나 권리를 한 번 상실한 사람이 이를 다시 찾음. ◆ 名恢复权利。¶법원의 판결은 학교측에게 사실상 그의 교수직 복권을 명령한 셈이다. =法院的判决实际上相当于责令校方恢复他的教授职务。● 복권되다(復權--), 복권하다(復權--) ●

복귀(復歸)【명사】본디의 자리나 상태로 되돌아감. ◆ 名复归，回归，返回，重返，恢复。¶원상 복귀. =恢复原样。● 복귀되다(復歸--), 복귀하다(復歸--) ●

복귀시키다(復歸---)【동사】본디의 자리나 상태로 되돌아가게 하다. ◆ 动使……回归，让……返回。¶이사회는 그를 사장으로 복귀시켰다. =理事会让他重新回到社长的位置上。

복날(伏-)【명사】초복·중복·말복이 되는 날. 이날 이면 그 해의 더위를 물리친다 하여 개장국이나 백숙을 먹는 사람이 많다. ◆ 名三伏天。¶복날을 전후로 동물보호운동가들은 개고기를 먹지 말자는 캠페인을 벌였다. =三伏天前后，动物保护运动者们开展了号召不吃狗肉的运动。

복닥거리다【동사】많은 사람이 좁은 곳에 모여 수선스럽게 뒤끓다. ◆ 动喧闹，喧哗。¶번화가는 사람들로 복닥거렸다. =繁华的街道上人声喧闹。

복더위(伏--)【명사】삼복 기간의 몹시 심한 더위. ◆ 名酷暑。¶복더위가 기승을 부리다. =酷暑肆虐。

복덕방(福德房)【명사】가옥이나 토지 같은 부동산을 매매하는 일이나 임대차를 중계하여 주는 곳. ◆ 名房屋中介。¶복덕방에 집을 내놓다. =将房子交给房屋中介。

복도(複道)【명사】건물과 건물 사이에 비나 눈이 맞지 아니하도록 지붕을 씌워 만든 통로. ◆ 名走廊。

복리[1](複利)【명사】복리법으로 계산된 이자. ◆ 名复利，利滚利。¶그는 사채를 빌려주면서 복리를 제안했다. =他放高利贷，并提出要利上加利。

복리[2](福利)【명사】행복과 이익을 아울러 이르는 말. ◆ 名福利。¶국민의 복리를 증진하다. =提高国民福利。

복마전(伏魔殿)【명사】비밀리에 나쁜 일을 꾸미는 무리들이 모이거나 활동하는 곳을 비유적으로 이르는 말. ◆ 名魔窟。¶언론은 그들의 행위를 복마전에 비유하곤 한다. =舆论常把他们的行为比作魔窟。

복면(腹面)【명사】신체 가운데 배가 있는 쪽. ◆ 名腹面。

복무(服務)【명사】어떤 직무나 임무에 힘씀. ◆ 名服役，工作。¶그는 3년의 군 복무를 마쳤다. =他结束了三年的部队服役生活。● 복무하다(服務--) ●

복받치다【동사】감정이나 힘 따위가 속에서 조금 세차게 치밀어 오르다. ◆ 动涌出，涌上。¶그리움이 복받치다. =思念涌上心头。

복병(伏兵)【명사】名 ❶ 적을 기습하기 위하여 적이 지날 만한 길목에 군사를 숨김. 또는 그 군사. ◆ 伏兵。¶복병을 배치하다. =布设伏兵。❷ 예상하지 못한 뜻밖의 경쟁 상대. ◆ 意外对手。¶우리 팀은 예선에서 뜻밖의 복병을 만나 고전을 면치 못했다. =我们队在预选赛中碰到意外对手，免不了一场恶战。

복부(腹部)【명사】배의 부분. 갈비뼈의 가장자리와 볼기뼈 사이를 이른다. ◆ 名腹部，肚子。¶복부에 통증을 느끼다. =腹部感到疼痛。

복사(複寫) 【명사】 图 ❶ 원본을 베낌. ◆ 赝品。¶이 그림은 원본이 아니라 복사본이다. =这幅画不是真品，而是赝品。❷ 문서나 그림, 사진 따위를 복사기를 이용하여 같은 크기로, 또는 확대 축소하여 복제함. ◆ 复印。¶학생들에게 나누어 줄 자료 복사를 복사실에 맡겼다. =需要发给学生们资料，把资料的复印工作交给了复印室。❸ 파일을 디스켓 따위의 다른 곳으로 옮김. ◆ 复制，拷贝。¶프로그램을 무단으로 복사하는 행위는 불법이다. =擅自复制程序的行为是非法的。●복사되다(複寫--), 복사하다(複寫--) ●

복사기(複寫器/複寫機) 【명사】 문서·사진·계산서 및 각종 자료나 도서를 복사하는 데 쓰는 기계. ◆图复印机。¶디지털 복사기는 정교한 복사 능력뿐 아니라 다양한 기능을 갖추고 있다. =数字复印机不仅有精细的复印功能，还具有很多其他功能。

복사뼈 【명사】 발목 부근에 안팎으로 둥글게 나온 뼈. ◆ 图踝骨。¶넘어져 복사뼈를 다쳤다. =跌伤了踝骨。

복선(伏線) 【명사】 图 ❶ 만일의 경우에 대비하여 남모르게 미리 꾸며 놓은 일. ◆ 未雨绸缪。❷ 소설이나 희곡 따위에서, 앞으로 일어날 사건에 대하여 미리 독자에게 넌지시 암시하는 서술. ◆ 伏笔。¶복선을 깔다. =埋下伏笔。

복수[1](複數) 【명사】 图 ❶ 둘 이상의 수. ◆ 数目等于或超过两个。❷ 둘 이상의 사람이나 사물의 동작이나 상태를 나타내는 언어 형식. ◆ 复数(语言形式)。

복수[2](復讐) 【명사】 원수를 갚음. ◆图复仇，报仇。¶적에게 패한 그는 분노와 복수의 감정이 격양되었다. =被敌人打败的他充满了愤怒和复仇之情。● 복수하다(復讐--) ●

복수심(復讐心) 【명사】 복수하려고 벼르는 마음. ◆图复仇心。¶복수심에 불타다. =充满复仇之心。

복숭아 【명사】 복숭아나무의 열매. ◆图桃子。¶그는 복숭아 알레르기가 있어 먹기만 하면 온몸에 두드러기가 난다. =他对桃子过敏，只要吃了，就全身起荨麻疹。

복숭아나무 【명사】 장미과의 낙엽 소교목. 높이는 3미터 정도이며, 잎은 어긋나고 피침 모양으로 잎가에 뭉툭한 톱니가 있다. ◆图桃树。

복스럽다(福---) 【형용사】 모난 데가 없이 복이 있어 보이는 데가 있다. ◆ 形有福相。¶이웃집 총각은 얼굴이 둥글둥글한 것이 복스럽게 생겼다. =邻居家的小伙子脸圆圆的，长得很有福相。

복습(復習) 【명사】 배운 것을 다시 익혀 공부함. ◆图复习，温习。¶선생님은 내일 시험을 볼 테니 복습을 꼭 해 오라고 하셨다. =老师说明天要考试，一定要复习。● 복습하다(復習--) ●

복식[1](複式) 【명사】 '복식경기(複式競技)'의 준말. ◆图 双打比赛。

복식[2](服飾) 【명사】 图 ❶ 옷의 꾸밈새. ◆ 服装样式。❷ 옷과 장신구를 아울러 이르는 말. ◆ 服饰，穿戴。¶그는 조선시대 여인들의 복식을 연구하고 있다. =他正在研究朝鲜王朝时代女性的服饰。

복싱(boxing) 【명사】 두 사람이 양손에 두꺼운 장갑을 끼고 주먹으로 상대를 쳐서 승부를 겨루는 운동 경기. ◆ 图拳击。¶그는 복싱 선수이다. =他是个拳击运动员。

복안(腹案) 【명사】 겉으로 드러내지 아니하고 마음속으로만 생각함. 또는 그런 생각. ◆图内心酝酿；想法。¶그 방법을 반대하다니, 무슨 복안이라도 있습니까? =既然反对那个方法，那有什么想法吗?

복어(-魚) 【명사】 참복과의 바닷물고기를 통틀어 이르는 말. ◆图河豚。

복역(服役) 【명사】 징역을 삶. ◆ 图服劳役，服刑。¶10년 복역 후 출소했다. =服刑十年后出狱了。● 복역하다(服役--) ●

복용(服用) 【명사】 약을 먹음. ◆ 图服用。¶약물 복용. =服用药物。● 복용하다(服用--) ●

복원(復元/復原) 【명사】 원래대로 회복함. ◆ 图复原，还原。¶훼손된 문화재의 복원이 시급하다. =复原被损毁的文化遗产是当务之急。● 복원되다(復元/復原--), 복원하다(復元/復原--) ●

복음(福音) 【명사】 예수의 가르침. 또는 예수에 의한 인간 구원의 길. ◆图福音。¶복음을 전파하다. =传播福音。.

복잡다단하다(複雜多端--) 【형용사】 일이 여러 가지가 얽혀 있거나 어수선하여 갈피를 잡기 어렵다. ◆ 形复杂多端，复杂多变。¶복잡다단한 사건. =复杂多变的事件。

복잡하다(複雜--) 【형용사】 形 ❶ 일이나 감정 따위가 갈피를 잡기 어려울 만큼 여러 가지가 얽혀 있다. ◆ 复杂。¶마음이 복잡하다. =心情复杂。❷ 복작거리어 혼잡스럽다. ◆ 嘈杂。¶거리는 많은 사람들로 복잡하다. =街头人声嘈杂。

복장(服裝) 【명사】 옷차림(옷을 차려입은 모양). ◆图服装。¶간소한 복장. =简朴的服装。

복제(複製) 【명사】 图 ❶ 본디의 것과 똑같은 것을 만듦. 또는 그렇게 만든 것. ◆ 复制，仿制。¶그의 방에는 조선시대의 유명한 화가의 복제 산수화가 걸려있다. =他的房间里挂着朝鲜王朝时代有名画家的山水画的仿制品。❷ 원래의 저작물을 재생하여 표현하는 모든 행위. 저작권의 침해이다. ◆ 非法复制，盗版，剽窃。¶테이프의 불법 복제를 금하다. =禁止非法复制磁带。❸ 영화 필름의 원판을 그대로 본떠서 다시 만듦. ◆ 复制。¶보급용 필름을 만들기 위한 원판을 복제하다. =为制作普及性胶卷而复制原版。❹ 정상적인 생명 과정을 거치지 않고 염색체에 인위적인 조작을 가해 모체(母體)와 똑같은 특성을 나타내는 동물이나 식물을 만드는 생명공학적 행위. ◆ 克隆。¶복제에 대한 윤리적 문제가 각지에서 논란이 되고 있다. =有关克隆的伦理问题正在引发各地争论。● 복제되다(複製--), 복제하다(複製--) ●

복제품(複製品) 【명사】 본디의 것과 똑같이 본떠 만든 물품. ◆图复制品。¶불법 복제품을 시중에 유통시키다. =让非法复制品在市面上流通。

복종(服從)【명사】남의 명령이나 의사를 그대로 따라서 좇음. ◆ 名服从，顺从。¶그의 부모는 아들에게 무조건적인 복종을 요구하였다. =他的父母要求儿子无条件服从。● 복종하다(服從--) ●

복종시키다(服從---)【동사】명령이나 요구, 의사에 그대로 따르게 하다. ◆ 动使……服从，使……顺从，使……臣服。

복지(福祉)【명사】행복한 삶. ◆ 名福利。¶복지를 누리다. =享受福利。

복직(復職)【명사】물러났던 관직이나 직업에 다시 종사함. ◆ 名恢复职务，复职，官复原职。¶노조원들은 부당하게 해고된 사람들의 복직과 보상을 요구하였다. =工会要求恢复被无故解雇人员的职务并给予补偿。● 복직되다(復職--), 복직하다(復職--) ●

복직시키다(復職---)【동사】물러났던 관직이나 직업에 다시 종사하도록 하다. ◆ 动恢复职务，复职，官复原职。¶해직 교사를 복직시키다. =恢复解职教师的职务。

복창(復唱)【명사】남의 말을 그대로 받아서 다시 욈. ◆ 名复述，复诵。¶반장이 선창을 하면 여러분은 그대로 복창을 하십시오. =班长领唱后，请大家照原样跟唱。● 복창하다(復唱--) ●

복채(卜債)【명사】점을 쳐 준 값으로 점쟁이에게 주는 돈. ◆ 名算卦酬金。¶운세를 점친 대가로 복채를 내다. =交付了酬金作为占卜运势的酬劳。

복통(腹痛)【명사】名 ❶ 복부에 일어나는 통증을 통틀어 이르는 말. ◆ 腹痛。¶복통이 심해서 움직일 수가 없다. =腹痛得厉害，不能动弹。❷ 몹시 원통하고 답답하게 여김. 또는 그런 마음. ◆ 可恨，可气。¶채권자의 입장에서 볼 때 채무자의 어깃장은 참으로 복통 터질 노릇이 아닐 수 없었다. =从债权者立场来看，债务人的恶劣态度实在是可恨。

복판【명사】일정한 공간이나 사물의 한가운데. ◆ 名中央，中心。¶그 도시 복판에 시청이 있다. =那座城市的中心是市政府。

복학(復學)【명사】정학이나 휴학을 하고 있던 학생이 다시 학교에 복귀함. ◆ 名复学。¶군 제대 후 복학하지 못하고 직장을 잡았다. =退役后，没能复学就去参加了工作。● 복학하다(復學--) ●

복합(複合)【명사】두 가지 이상이 하나로 합침. 또는 두 가지 이상을 하나로 합침. ◆ 名复合，合成。¶이 사건의 원인은 여러 가지가 복합된 것이다. =这个事件是由许多因素共同作用而成的。● 복합되다(複合--), 복합하다(複合--) ●

복합어(複合語)【명사】둘 이상의 형태소가 합쳐져서 만들어진 단어. ◆ 名复合词，合成词。

볶다【동사】动 ❶ 음식이나 음식의 재료를 물기가 거의 없거나 적은 상태로 열을 가하여 이리저리 자주 저으면서 익히다. ◆ 炒。¶깨를 볶다. =炒芝麻。❷ 성가시게 굴어 사람을 괴롭히다. ◆ 折磨，催逼。¶사람을 이렇게 달달 볶아야 마음이 시원해지겠느냐? =像这样乱折磨人，心情能好吗? ❸ (속되게)머리를 곱슬곱슬하게 파마하다. ◆ 烫。¶머리를 볶다. =烫发。

볶음밥【명사】쌀밥에 당근·쇠고기·감자 따위를 잘게 썰어 넣고 기름에 볶아 만든 음식. ◆ 名炒饭。¶어머니는 찬밥이 있으면 우리에게 볶음밥을 만들어 주셨다. =只要有凉米饭，妈妈就给我们做炒饭。

본(本)【관형사】어떤 대상이 말하는 이와 직접 관련되어 있음을 나타내는 말. '이'의 뜻을 나타냄. ◆ 冠本。¶본 사건의 피해자들에게 다시 한 번 사과의 말씀을 드립니다. =再次向本事件的受害者们表示道歉。

본가(本家)【명사】名 ❶ 따로 세간을 나기 이전의 집. ◆ 父母家。❷ 여자의 친정집. ◆ 娘家。

본거지(本據地)【명사】활동의 근거로 삼은 곳. ◆ 名根据地，大本营。¶독립 운동의 본거지였던 이곳은 이제 아무런 흔적도 없습니다. =作为独立运动的大本营，这个地方现在什么痕迹都没有。

본격적(本格的)【명사】제 궤도에 올라 제격에 맞게 적극적인 것. ◆ 名正式的。¶장마가 본격적으로 시작될 모양이다. =雨季好像正式来临了。

본고장(本--)【명사】名 ❶ 태어나서 자라난 고장. 또는 본디부터 살아온 고장. ◆ 本地，故乡。¶본고장사람도 잘 모르는 사실을 어떻게 소상이 알고 계십니까? =连本地人都不清楚的事情，您怎么了解得那么详细? ❷ 어떤 활동이나 생산이 이루어지는 본디의 중심지. ◆ 原产地。

본관[1](本館)【명사】주가 되는 기관이나 건물을 별관(別館)이나 분관(分館)에 상대하여 이르는 말. ◆ 名主体建筑物，主楼。¶회의는 본관 회의실에서 열립니다. =会议在主楼会议室举行。

본관[2](本貫)【명사】시조가 난 곳. ◆ 名原籍，籍贯。¶자네는 본관이 어디이신가? =你的籍贯是哪里?

본교(本校)【명사】名 ❶ 근간이 되는 학교를 '분교(分校)'에 상대하여 이르는 말. ◆ 学校本部。¶분교가 폐교되면서 남아있던 학생들은 본교로 갈 수밖에 없었다. =分校被关闭后，剩下的学生只能去学校本部。❷ 말하는 이가 공식적인 자리에서 자기 학교를 이르는 말. ◆ 本校，我校。¶누추한 본교를 방문해 주셔서 감사합니다. =对能来本校访问表示感谢。

본능(本能)【명사】名 ❶ 어떤 생물 조직체가 선천적으로 하게 되어 있는 동작이나 운동. 아기가 젖을 빤다든지 병아리가 알을 깨고 나오는 행동 따위이다. ◆ 生理上的本能。¶아기가 태어나자마자 젖을 빠는 것은 본능이다. =孩子刚出生就能吮吸乳汁，这是本能。❷ 어떤 생물체가 태어난 후에 경험이나 교육에 의하지 않고 선천적으로 가지고 있는 억누를 수 없는 감정이나 충동. ◆ 心理上的本能。¶본능을 자극하다. =刺激本能。

본드(bond)【명사】나무·가죽·고무 따위의 물건을 붙이는 데에 쓰는 물질. 상품명에서 나온 말이다. ◆ 名黏合剂。¶신발 밑창이 떨어져 본드로 붙였다. =鞋底掉了，用黏合剂粘上了。

본디[1](本-)【명사】사물이 전하여 내려온 그 처음. ◆ 名原本，原来，本来。¶그도 본디부터 타고난 성품이 고약하지는 않았다. =他本来并不孤僻。

본디²(本-)【부사】 처음부터 또는 근본부터. ◆ 副本来，原本。¶본디 알던 사이였습니까? =原来认识?

본때(本-)【명사】 名 ❶ 본보기가 될 만한 사물의 됨됨이. ◆ 榜样，典范。¶그 분은 제자들에게 언제나 본때가 되셨던 은사이시다. =不论什么时候他都是学生们的榜样。❷ 맵시나 모양새. ◆ 好样子。¶본때가 나는 옷을 입고 자랑하고 싶었다. =穿上好衣服想炫耀一下。

본뜨다(本--)【동사】 动 ❶ 무엇을 본보기로 삼아 그대로 좇아 하다. ◆ 效仿，效法，模仿 。¶훌륭한 인사의 언행을 본뜨다. =模仿优秀人物的言行。❷ 이미 있는 대상을 본으로 삼아 그대로 좇아 만들다. ◆ 仿制，仿造。¶미술시간에 석고로 얼굴을 본뜨다. =上美术课时用石膏仿制脸型。

본뜻(本-)【명사】 名 ❶ 본디부터 변함없이 그대로 가지고 있는 마음. ◆ 原意，本意。¶나는 아버지께서 누누이 말씀하신 본뜻을 나이를 먹어서야 알았다. =我直到上了年纪才明白父亲话中的本意。❷ 말이나 글의 근본이 되는 뜻. ◆ 基本含义，核心意思，中心思想。¶이 글의 본뜻은 무엇입니까? =这篇文章的基本含义是什么?

본래(本來)【명사】 사물이나 사실이 전하여 내려온 그 처음. ◆名本来，原来，原本。¶본래의 뜻은 그런 것이 아닙니다. =原本不是那个意思。

본론(本論)【명사】 말이나 글에서 주장이 있는 부분. ◆ 名本论，正文。¶본론부터 말하시오. =请从本论说起。

본류(本流)【명사】 名 ❶ 강이나 내의 원줄기. ◆ 源头。¶금강의 본류는 전라도와 충청도에 걸쳐있다. =锦江的源头在全罗道和忠清道的交界处。❷ 주된 계통. ◆ 主流，干流。¶어떤 언어의 본류를 찾기란 쉬운 일이 아니다. =寻找某种语言的主要体系并不是件容易的事。

본명(本名)【명사】 가명이나 별명이 아닌 본디 이름. ◆ 名本名，原名。¶예명으로만 불리던 연예인이 본명을 밝혔다. =过去一直使用艺名的演艺界人士，公开了本名。

본문(本文)【명사】 名 ❶ 문서에서 주가 되는 글. ◆ 正文。¶본문의 내용을 간략히 요약하시오. =请简单概括正文的内容。❷ 번역 또는 가감을 하지 아니한 본디 그대로의 원문(原文). ◆ 原文。¶본문에 손상이 가지 않도록 번역해야 한다. =翻译时应当做到不损害原文的意义。

본바탕(本--)【명사】 근본이 되는 본디의 바탕. ◆ 名本性，本质。¶사람을 만나면 본바탕을 먼저 보아라. =看人应该先看本质。

본받다(本--)【동사】 본보기로 하여 그대로 따라 하다. ◆ 动仿效，效仿，效法。¶위인전을 읽는 것은 그들의 행동을 본받으라는 것이다. =读伟人传记就是要仿效他们的行为。

본보기(本--)【명사】 名 ❶ 본을 받을 만한 대상. ◆ 榜样，典范，楷模。¶어른들은 학생의 본보기가 되어야 한다. =成年人应当成为学生的榜样。❷ 어떤 사실을 설명하거나 증명하기 위하여 내세워 보이는 대표적인 것. ◆ 范例，典范，典型。❸ 어떤 조치를 취하기 위하여 대표로 내세워 보이는 것. ◆ 实例。❹ 본을 보이기 위한 물건. ◆ 样品，样板，样本。¶신상품이 본보기로 선을 보였다. =新商品样品展示。

본보다(本--)【동사】 무엇을 모범으로 삼아 따라 하다. ◆ 动以……为榜样，效仿，模仿，跟着学。¶형이 그런 짓을 하면 동생이 본보게 된다. =哥哥干那种事的话，弟弟会跟着学。

본부(本部)【명사】 각종 관서나 기관 단체의 중심이 되는 조직. 또는 그 조직이 있는 곳. ◆名本部，总部。¶유엔의 본부는 뉴욕에 있다. =联合国总部在纽约。

본분(本分)【명사】 의무적으로 마땅히 지켜 행하여야 할 직분. ◆ 名本分，义务。¶교사는 마땅히 교육자의 본분을 지켜야 한다. =教师应当恪守教育者的本分。

본사(本社)【명사】 名 ❶ 주가 되는 회사를 지사(支社)에 상대하여 이르는 말. ◆ 总公司。¶그 회사는 대전에 본사를 두고 있다. =那家公司的总公司设在大田。❷ 말하는 이가 공식적인 자리에서 자기가 다니는 회사를 이르는 말. ◆ 本公司。¶본사에서는 기존의 제품보다 기능이 많은 제품을 개발하였습니다. =本公司研制了比现有产品功能更多的产品。

본색(本色)【명사】 名 ❶ 본디의 빛깔. 또는 생김새. ◆ 本色，原有的颜色。¶건물의 본색이 변해서 우중충하다. =建筑原有的颜色变得有些暗淡。❷ 본디의 특색이나 정체. ◆ 本色，原形，真面目，本来面目。¶본색을 감추다. =隐藏本来面目。

본선(本選)【명사】 경기나 대회 따위에서, 예비 심사를 거쳐 우승자를 결정하기 위한 최종 선발. ◆ 名决赛。¶우리 팀은 본선에서 탈락했다. =我们队在决赛中落败。

본성(本性)【명사】 名 ❶ 사람이 본디부터 가진 성질. ◆ 本质，本性。¶이제 그의 본성이 드러났다. =现在他暴露出了本性。❷ 사물이나 현상에 본디부터 있는 고유한 특성. ◆ 本性，本质。

본시¹(本是)【명사】 [주로 '본시부터'의 꼴로 쓰여] 사물이 전하여 내려온 그 처음. ◆ 名本来，原先。¶그는 본시부터 거부는 아니었다. =他原本并不是巨富。

본시²(本是)【부사】 처음부터 또는 근본부터. ◆ 副本来，原本。¶인간은 본시 자유와 구속을 동시에 요구하는 습성을 지니고 있다. =人类本来就同时具有要求自由和约束的本性。

본심(本心)【명사】 名 ❶ 본디부터 변함없이 그대로 가지고 있는 마음. ◆ 本心，本意。¶본심을 감추다. =隐藏本意。❷ 꾸밈이나 거짓이 없는 참마음. ◆ 真心。¶친구는 어려운 타향살이에도 불구하고 본심을 잃지 않았다. =我的朋友尽管在他乡生活困难，但仍不忘初心。

본업(本業)【명사】 주가 되는 직업. ◆ 名主业，老本行。¶그의 본업은 가수다. =他的老本行是歌手。

본연(本然)【명사】 본디 생긴 그대로의 타고난 상태. ◆ 图本来。¶학자 본연의 자세. =学者本来的姿态。

본위(本位)【명사】판단이나 행동에서 중심이 되는 기준. ◆ 图本位，基准。¶능력 본위의 인사가 가장 바람직하다. =以能力为本的人事任用最值得提倡。

본의(本意)【명사】图 ❶ 본디부터 변함없이 그대로 가지고 있는 마음. ◆ 本意，原意。¶본의 아니게 주위사람들에게 폐를 끼쳤습니다. =违背了本意，给周围的人们带来了麻烦。❷ 꾸밈이나 거짓이 없는 참 마음. ◆ 真意，真心。

본인[1](本人)【명사】어떤 일에 직접 관계가 있거나 해당되는 사람. ◆ 图本人，当事人。¶본인의 의사를 물어보고 결정합시다. =先询问当事者的意愿再决定吧。

본인[2](本人)【대명사】공식적인 자리에서 '나'를 문어적으로 이르는 말. ◆ 代本人，我。¶본인의 뜻은 다음과 같습니다. =我的意思是这样的。

본전(本錢)【명사】图 ❶ 꾸어 주거나 맡긴 돈에 이자를 붙이지 아니한 돈. ◆ 本钱。¶이자는커녕 본전이나 받으면 다행이다. =别说利息，能拿回本钱就万幸了。❷ 장사나 사업을 할 때 본밑천으로 들인 돈. ◆ 本钱，资本。¶본전도 못 건졌다. =本钱也没有收回。

본점(本店)【명사】图 ❶ 영업의 본거지가 되는 점포. ◆ 本店，总行。¶본점에서 모든 물건을 대줍니다. =总行提供所有的物品。❷ 말하는 이가 공식적인 자리에서 자기가 관계하고 있는 점포를 이르는 말. ◆ 本店。¶본점에서는 창립 10주년 기념 반액 판매를 하고 있습니다. =本店为纪念开业十周年，现正在进行半价销售。

본질(本質)【명사】본디부터 가지고 있는 사물 자체의 성질이나 모습. ◆ 图本质。¶생명의 본질에 대한 탐구는 영원할 것이다. =对生命本质的探索将永不停止。

본채(本-)【명사】여러 채로 된 살림집에서 주가 되는 집채. ◆图正屋。

본처(本妻)【명사】'아내(혼인하여 남자의 짝이 된 여자)'를 첩에 상대하여 이르는 말. ◆ 图妻子，原配。¶본처가 엄연히 있는데도 그는 바람을 피웠다. =尽管已经有了妻子，他还拈花惹草。

본체(本體)【명사】图 ❶ 사물의 정체. ◆ 原貌，真相。¶본체가 드러나기까지는 시간이 얼마 걸리지 않았다. =事情发展到真相大白没用太长时间。❷ 본바탕. 근본이 되는 본디의 바탕. ◆ 本性，本质 。❸ 기계 따위의 중심 부분. 또는 기본이 되는 몸체. ◆ 机器的中心部分；本体。¶사고로 자동차 본체가 뒤틀렸다. =车体因事故变形了。

볼[1]【명사】图 ❶ 뺨의 한복판. ◆ 面颊，腮，脸蛋。¶할머니가 손자의 볼을 쓰다듬었다. =奶奶抚摸着孙子的脸蛋。❷ 뺨의 가운데를 이루고 있는 살집. ◆ 腮帮。

볼[2](ball)【명사】야구에서, 투수가 던진 공 가운데 스트라이크 존을 벗어난 공. ◆ 图(棒球)坏球。¶제3구는 볼입니다. =第三个球是坏球。

볼[3]【명사】图 ❶ 좁고 기름한 물건의 너비. ◆ 肥瘦，宽窄，宽度。¶이 널빤지의 볼이 몇 자나 되는가? =这板子的宽度有几尺？ ❷ 버선이나 양말 밑바닥의 앞뒤에 덧대는 헝겊 조각. ◆ 袜底补丁。¶떨어진 양말에 볼을 대다. =给露底的袜子打补丁。

볼거리【명사】사람들이 즐겁게 구경할 만한 물건이나 일. ◆ 图热闹，看头。¶시내에 나오니 여기저기 볼거리가 많구나. =到了市区，到处都有可看的热闹。

볼기【명사】뒤쪽 허리 아래, 허벅다리 위의 양쪽으로 살이 불룩한 부분. ◆ 图屁股，臀部。¶관가에 끌려가 볼기를 맞았다. =被官厅抓走施以笞刑。

볼때기【명사】'볼'을 속되게 이르는 말. ◆ 图脸蛋，面颊。¶그 뻔뻔하기 그지없는 놈의 볼때기라도 한 대 쳐주고 싶은 생각이었어. =非常想往那个家伙脸上打一拳。

볼록【부사】물체의 거죽이 조금 도드라지거나 쏙 내밀린 모양. ◆ 副突起，鼓起，凸起。¶아이의 배가 볼록 나왔다. =孩子的肚子鼓了起来。● 볼록하다 ●

볼록 렌즈(--lens)【명사】가운데가 가장자리보다 두꺼워 볼록한 렌즈. ◆ 图凸镜头。¶볼록렌즈에 비치는 상은 원래 대상보다 크다. =凸镜映射出的像比实际的大。● 볼록하다 ●

볼링(bowling)【명사】크고 무거운 공을 굴려 약 이십 미터 앞에 세워져 있는 열 개의 핀을 쓰러뜨리는 실내 운동. ◆图保龄球。

볼만하다【형용사】구경거리가 될 만하다. ◆ 形值得一看，好看，有看头。¶월드컵 결승전이 볼만하다. =世界杯决赛值得一看。

볼메다【형용사】말소리나 표정에 성난 기색이 있다. ◆ 形气呼呼，气鼓鼓。¶볼멘 표정을 짓다. =做出气呼呼的表情。

볼멘소리【명사】서운하거나 성이 나서 퉁명스럽게 하는 말투. ◆ 图生气的口吻，气话。¶볼멘소리를 내지르다. =喊出气话。

볼모【명사】图 약속 이행의 담보로 상대편에 잡혀 두는 사람이나 물건. ◆ 抵押品，人质。¶볼모가 되다. =成为抵押品。

볼썽사납다【형용사】어떤 사람이나 사물의 모습이 보기에 역겹다. ◆ 形不体面，难看，不雅。¶볼썽사나운 몰골로 그가 나타났다. =他以不体面的样子出现了。

볼일【명사】图 ❶ 해야 할 일. ◆ 要做的事，要办的事。¶볼일이 있어 일찍 나간다. =有事要办，所以早早出门。❷ '용변(用便)(대변이나 소변을 봄)'을 완곡하게 이르는 말. ◆ 方便，去厕所。¶저, 볼일 좀 보고 오겠습니다. =去方便一下就来。

볼트[1](bolt)【명사】두 물체를 죄거나 붙이는 데 쓰는, 육각이나 사각의 머리를 가진 수나사. 보통 너트와 함께 쓴다. ◆ 图螺栓，插销。¶볼트가 풀리다. =螺栓松了。

볼트[2](volt)【의존 명사】전위차·전압·기전력의 국제 단위. ◆ 依名（电压单位）伏特，伏。¶한국 가정은 220볼트 전압을 사용한다. =韩国家庭使用220伏

电压。

볼펜(ball pen)【명사】펜(pen) 끝의 작은 강철 알이 펜의 움직임에 따라 돌면서 오일 잉크를 내어 쓰도록 된 필기도구. ◆名圆珠笔。

볼품【명사】겉으로 드러나 보이는 모습. ◆名外观，外表，样子。¶모든 게 볼품 없는 것들이군. =一切都不成样子。

볼품없다【형용사】겉으로 드러나 보이는 모습이 초라하다. ◆形不成样子，破烂不堪。¶그는 너무 말라 볼품없다. =他干瘦得不成样子。● 볼품없이 ●

봄【명사】名 ❶ 한 해의 네 철 가운데 첫째 철. 겨울과 여름 사이이며, 달로는 3~5월, 절기(節氣)로는 입춘부터 입하 전까지를 이른다. ◆ 春天，春季。¶벌써 꽃 피는 봄이다. =已经是百花盛开的春天。❷ 인생의 한창 때를 비유적으로 이르는 말. ◆ 春天。¶인생의 봄이 찾아오다. =人生的春天来临。❸ 희망찬 앞날이나 행운을 비유적으로 이르는 말. ◆ 春天。¶고된 시련이 있은 다음에는 희망찬 봄도 있겠지. =在痛苦的磨炼之后，就是充满希望的春天。

봄나들이【명사】봄맞이하러 잠시 외출함. 또는 그 외출. ◆名春游。¶봄이면 우리는 산이나 공원으로 봄나들이를 많이 간다. =到了春天，我们常去山上或公园春游。

봄날【명사】봄철의 날. 또는 그날의 날씨. ◆名春日，春天。¶화창한 봄날 할 일도 어지간히 없다. =在绚丽的春天也仍然无事可做。

봄바람【명사】名 ❶ 봄철에 불어오는 바람. ◆ 春风。¶훈훈한 봄바람이 불어온다. =吹来了暖洋洋的春风。❷ 봄을 맞아 이성 관계로 들뜨는 마음이나 행동을 비유적으로 이르는 말. ◆ 春心，思春。¶그가 안절부절못하는 것이 봄바람났구만. =看他坐立不安的样子，是动了春心。

봄볕【명사】봄철에 내리쬐는 햇볕. ◆名春晖，春光。¶따사로운 봄볕. =温暖的春晖。

봄비【명사】봄철에 오는 비. 특히 조용히 가늘게 오는 비를 이른다. ◆名春雨。¶어제 내린 봄비에 새싹이 파릇파릇하다. =昨天下了春雨，长出了嫩绿的新芽。

봄빛【명사】봄을 느낄 수 있는 경치나 분위기. ◆名春色，春光。¶따뜻한 봄빛을 받다. =沐浴着温暖的春光。

봄소식(-消息)【명사】봄이 돌아왔음을 느끼게 하는 자연의 여러 가지 현상을 이르는 말. ◆名春天的信息。¶제비가 봄소식을 물고 날아들었다. =燕子带着春天的消息飞来了。

봄철【명사】계절이 봄인 때. ◆名春季，春天。¶봄철에는 꽃가루가 많이 날려 알레르기(Allergie)를 일으키기 쉽다. =春天里花粉纷飞，容易引起过敏。

봇물(洑-)【명사】보에 괸 물. 또는 보에서 흘러내리는 물. ◆名蓄水池的水。¶경기가 끝나자 관객들이 봇물 터지듯 경기장을 쏟아져 나왔다. =比赛结束后，观众们像泄闸的洪水一样涌出了赛场。

봇짐(褓-)【명사】등에 지기 위하여 물건을 보자기에 싸서 꾸린 짐. ◆名包袱，包裹。¶봇짐을 싸다. =包包裹。

봉고차(--車)【명사】많은 사람, 보통 7인(人) 이상을 태울 수 있게 만든 자동차. ◆名面包车。¶목장 입구에 넓은 공터가 있었는데 봉고차를 비롯하여 목장을 방문한 사람들의 승용차가 주차해 있었다. =牧场入口处有一块空地，这里停着来牧场参观的人们乘坐的包括面包车在内的各种车。

봉급(俸給)【명사】어떤 직장에서 계속적으로 일하는 사람이 그 일의 대가로 정기적으로 받는 일정한 보수. ◆名 工资，薪水。¶봉급을 받다. =领薪水。

봉급쟁이(俸給--)【명사】'봉급생활자(봉급에 의존하여 생계를 꾸려 나가는 사람)'를 낮잡아 이르는 말. ◆名工薪族。¶봉급쟁이 십년 만에 집 한 칸 마련하였다. =工薪族用了十年才买下一间房子。

봉변(逢變)【명사】뜻밖의 변이나 망신스러운 일을 당함. 또는 그 변. ◆名 遭遇变故，出事。¶불량배에게 봉변을 당하다. =遭到了坏人的骚扰。

봉변당하다(逢變當--)【동사】뜻밖의 변이나 망신스러운 일을 당하다. ◆动遭遇变故，发生意外。¶어두운 골목에서 깡패에게 봉변당하다. =在黑暗的胡同里遭到了歹徒的袭击。

봉분(封墳)【명사】흙을 쌓아 올려서 무덤을 만듦. 또는 그 무덤. ◆名筑坟；坟包。¶봉분을 만들다. =筑坟。

봉사[1](奉仕)【명사】국가나 사회 또는 남을 위하여 자신을 돌보지 아니하고 힘을 바쳐 애씀. ◆名义工，志愿者。¶봉사 활동. =志愿者活动。● 봉사하다(奉仕--) ●

봉사[2]【명사】'시각 장애인(선천적이거나 후천적인 요인으로 시각에 이상이 생겨 앞을 보지 못하는 사람)'을 낮잡아 이르는 말. ◆名盲人。

봉송(奉送)【명사】名 ❶ 귀인이나 윗사람을 전송함. ◆〈敬〉恭送。❷ 영령(英靈), 유골, 성물(聖物) 따위를 정중히 운반함. ◆ 护送。¶올림픽성화 봉송에 시민들이 박수를 보냈다. =市民们为奥运圣火传递而鼓掌。● 봉송되다(奉送--), 봉송하다(奉送--) ●

봉쇄(封鎖)【명사】名 ❶ 굳게 막아 버리거나 잠금. ◆ 封锁。¶통로가 봉쇄 되어 나가지 못했다. =通道被封锁了，出不去了。❷ 전시나 평시에 해군력으로써 상대국의 연안과 항구의 교통을 차단하는 일. ◆ 封锁。¶해상 봉쇄. =海上封锁。● 봉쇄되다(封鎖--), 봉쇄하다(封鎖--) ●

봉양(奉養)【명사】부모나 조부모와 같은 웃어른을 받들어 모심. ◆名侍奉，赡养。¶노부부는 자손들의 봉양을 받았다. =老夫妇得到子孙的赡养。● 봉양하다(奉養--) ●

봉오리【명사】꽃봉오리(망울만 맺히고 아직 피지 아니한 꽃). ◆名花苞，花蕾，花骨朵。¶이제 막 봉오리가 피어났다. =花苞刚刚开始绽放。

봉인(封印)【명사】밀봉(密封)한 자리에 도장을 찍음. 또는 그렇게 찍힌 도장. ◆名封印。¶봉인을 뜯다. =撕开封印。● 봉인하다(封印--) ●

봉제(縫製)【명사】재봉틀이나 손으로 바느질하여 의류나 완구 따위의 제품을 만듦. ◆名缝制，缝纫。

¶봉제 인형. =缝制玩偶。

봉지(封紙) 【명사】 名 ❶ 종이나 비닐 따위로 물건을 넣을 수 있게 만든 주머니. ◆ 袋子。¶쓰레기 봉지. =垃圾袋。❷ 작은 물건이나 가루 따위를 '봉지'에 담아 그 분량을 세는 단위. ◆ 袋(数量单位)。¶과자 한 봉지. =一袋糕点。

봉착 【명사】 어떤 처지나 상태에 부닥침. ◆ 名碰上，遇到，遭遇。¶큰 위기에 봉착하다. =遇到很大的危机。● 봉착하다(逢着--) ●

봉투(封套) 【명사】 편지나 서류 따위를 넣기 위하여 종이로 만든 주머니. ◆ 名信封，文件袋。¶편지 봉투. =信封。

봉하다(封--) 【동사】 动 ❶ 임금이 그 신하에게 일정 정도의 영지를 내려 주고 영주(领主)로 삼다. ◆ 分封。❷ 임금이 작위(爵位)나 작품(爵品)을 내려주다. ◆ 册封。¶임금은 셋째 아들을 세자로 봉했다. =君王把第三个儿子册封为世子。

봉하다(封--) 【동사】 动 ❶ 문·봉투·그릇 따위를 열지 못하게 꼭 붙이거나 싸서 막다. ◆ 封。¶서류를 넣고 봉투를 봉했다. =把文件放进去，并封上信封。❷ 말을 하지 않다. ◆ 闭嘴，缄口。¶그는 입을 봉하고 멀뚱멀뚱 바라보기만 했다. =他只是闭着嘴，呆呆地看着。❸ 무덤 위에 흙을 쌓다. ◆ 封坟，埋好。¶시신을 무덤에 안치시키고 고운 흙으로 봉하였다. =把尸体安置好之后用软土埋好。

봉화(烽火) 【명사】 나라에 병란이나 사변이 있을 때 신호로 올리던 불. ◆ 名烽火。

봉화대(烽火臺) 【명사】 봉수대(봉화를 올리던 둑). ◆ 名烽火台。

봉황새(鳳凰-) 【명사】 예로부터 중국의 전설에 나오는, 상서로움을 상징하는 상상의 새. 기린, 거북, 용과 함께 사령(四靈) 또는 사서(四瑞)로 불린다. ◆ 名凤凰。

봐주다 【동사】 动 ❶ '보아주다(남의 입장을 살펴 이해하거나 잘못을 덮어 주다)'의 준말. ◆ 通融，原谅，高抬贵手。¶이번 한 번만 저를 봐주십시오. =这次就请原谅我一次吧。❷ '보아주다(일이 잘되도록 도와주거나 힘이 되어 주다)'의 준말. ◆ 帮助，照顾，照看。¶형편을 봐주다. =体谅处境。

뵈다 【동사】 웃어른을 대하여 보다. ◆ 动〈敬〉拜会，拜访，看望。¶은사님을 뵈다. =看望恩师。

뵙다 【동사】 웃어른을 대하여 보다. '뵈다'보다 더 겸양의 뜻을 나타낸다. ◆ 动拜见，拜谒，拜访。¶말씀으로만 듣던 분을 뵙게 되어 영광입니다. =久仰大名，见到您非常荣幸。

부[1](部) 【의존 명사】 依名 ❶ 몇 차례로 이루어지는 일의 한 차례. ◆ 部。¶행사의 제2부 순서가 시작되었다. =活动的第二个步骤开始了。❷ 신문이나 책을 세는 단위. ◆ 部数，本数。¶신문 이만 부를 발행하다. =发行了两万份报纸。

부[2](富) 【명사】 名 ❶ 넉넉한 생활. 또는 넉넉한 재산. ◆ 富有，富裕，财富。¶부를 축적하다. =积累财富。❷ 특정한 경제 주체가 가지고 있는 재산의 전체. ◆ 财富。¶국가의 부는 국민 총생산량으로 가늠할 수 있다. =国家财富可以用国民总产值来衡量。

부[3](不)- 【접사】 '아님', '아니함', '어긋남'의 뜻을 더하는 접두사. ◆ 前缀不。¶부도덕. =不道德。

-부[4](附) 【접사】 后缀 ❶ '그 날짜에 효력이 발생함'의 뜻을 더하는 접미사. ◆ 生效。¶2월 5일부 발행 문서. =2月5日发布的文件。❷ '그것이 딸림'의 뜻을 더하는 접미사. ◆ 附带，附有，附加。¶그는 불치의 병에 걸려 시한부 인생을 살고 있다. =他得了不治之症，人生被强加了时限。

부[5](副)- 【접사】 前缀 ❶ '버금가는'의 뜻을 더하는 접두사. ◆ 副。¶부사장(社長). =副社长。❷ '부차적인'의 뜻을 더하는 접두사. ◆ 副。¶부산물. =副产品。

부가(附加) 【명사】 주된 것에 덧붙임. ◆ 名附加。¶부가 정보. =附加信息。● 부가되다(附加--), 부가하다(附加-- ●)

부각(浮刻) 【명사】 어떤 사물을 특징지어 두드러지게 함. ◆ 名刻画，突显。¶그 작품에서는 어렵게 살아가는 빈민들의 삶을 부각하여 드러냈다. =那件作品突出了贫民的艰苦生活。● 부각되다(浮刻--),부각하다(浮刻--) ●

부강하다(富强--) 【형용사】 부유하고 강하다. ◆ 形富强。¶부강한 나라를 만들다. =建设富强的国家。

부검(剖檢) 【명사】 사인(死因) 따위를 밝히기 위하여 사후(死後) 검진을 함. 또는 그런 일. ◆ 名尸检。¶사체 부검. =尸检。● 부검하다(剖檢--) ●

부결(否決) 【명사】 의논한 안건을 받아들이지 아니하기로 결정함. 또는 그런 결정. ◆ 名否决。¶회사에서 제시한 임금안의 부결로 파업이 결정되었다. =提出的薪金方案遭到了公司的否决，因此决定罢工。● 부결되다(否決--), 부결하다(否決--) ●

부계(父系) 【명사】 아버지 쪽의 혈연 계통. ◆ 名父系。¶현대사회는 모계가 아니라 부계사회이다. =现代社会不是母系社会，而是父系社会。

부고(訃告) 【명사】 사람의 죽음을 알림. 또는 그런 글. ◆ 名讣告。¶부고를 보내다. =发讣告。

부과(賦課) 【명사】 名 ❶ 세금이나 부담금 따위를 매기어 부담하게 함. ◆ 课赋，征收(税金、分摊额等)。¶고가품 수입에 대한 특별 소비세 부과. =对进口高价商品征收特别消费税。❷ 일정한 책임이나 일을 부담하여 맡게 함. ◆ 分配，摊派。¶할당량 부과. =摊派要分担的工作量。● 부과되다(賦課--), 부과하다(賦課--) ●

부국강병(富國强兵) 【명사】 나라를 부유하게 만들고 군대를 강하게 함. 또는 그 나라나 군대. ◆ 名富国强兵。¶개화파들은 서양 문물을 도입하여 조선의 부국강병을 이루려고 시도하였다. = "开化派" 试图引进西方文化，实现朝鲜王朝的富国强兵。

부귀(富貴) 【명사】 재산이 많고 지위가 높음. ◆ 名富贵。¶부귀영화를 누리다. =享受富贵。● 부귀하다(富貴--) ●

부귀영화(富貴榮華) 【명사】 재산이 많고 지위가 높으며 귀하게 되어서 세상에 드러나 온갖 영광을 누림. ◆ 名荣华富贵。¶부귀영화를 누리다. =享受荣华

富贵。

부근(附近)【명사】어떤 곳을 중심으로 하여 가까운 곳. ◆ 图附近。¶친구와 학교 부근에 있는 찻집에서 만났다. =和朋友在学校附近的茶馆见面。

부글거리다【동사】动 ❶ 많은 양의 액체가 잇따라 야단스럽게 끓다. ◆ 咕嘟咕嘟(水沸腾貌)。¶전기풍로 위의 주전자에서는 물이 한창 부글거리고 있었다. =电炉上水壶里的水咕嘟咕嘟地开着。❷ 큰 거품이 잇따라 일어나다. ◆ 咕噜咕噜冒泡。❸ 착잡하거나 언짢은 생각이 뒤섞여 마음이 자꾸 들볶이다. ◆ (心里)别扭。¶나는 억울함에 속이 부글거렸다. =我觉得委屈，心里别扭。❹ 사람이나 짐승, 벌레 따위가 많이 모여 복잡하게 움직이다. ◆ 簇拥，喧闹(人或者动物、虫子拥挤貌)。¶가로등 아래에는 나방들이 부글거리며 날아다니고 있었다. =路灯下，成群的飞蛾嗡嗡地飞来飞去。● 부글대다, 부글부글, 부글부글하다 ●

부기(浮氣)【명사】부종(浮腫)으로 인하여 부은 상태. ◆ 图浮肿。¶부기가 빠지다. =浮肿消了。

부끄러움【명사】부끄러워하는 느낌이나 마음. ◆ 图惭愧；害羞。¶그녀는 너무 부끄러움을 많이 탄다. =她很害羞。

부끄러워하다【동사】动 ❶ 부끄러운 태도를 나타내다. ◆ 害羞，难为情，不好意思。¶딸아이는 결혼 얘기를 듣고 무척 부끄러워하였다. =闺女听到结婚的话题后非常害羞。❷ 어떤 것을 부끄럽게 여기다. ◆ 羞愧，惭愧。¶가난을 부끄러워하다. =因贫困而羞愧。

부끄럼【명사】'부끄러움'의 준말. ◆ 图惭愧；害羞。¶부끄럼을 타다. =很害羞。

부끄럽다【형용사】形 ❶ 일을 잘 못하거나 양심에 거리끼어 볼 낯이 없거나 매우 떳떳하지 못하다. ◆ 羞愧，惭愧。¶나는 거짓말을 한 내 자신이 부끄럽다. =我为自己说谎而感到羞愧。❷ 스스러움을 느끼어 매우 수줍다. ◆ 害羞，难为情，不好意思。¶신부가 부끄러워서 얼굴을 들지 못한다. =新娘子害羞得抬不起头来。

부녀(婦女)【명사】'부녀자(婦女子)'의 준말. ◆ 图妇女，妇人。

부녀자(婦女子)【명사】결혼한 여자와 성숙한 여자를 통틀어 이르는 말. ◆ 图妇女，妇人。¶여염집 부녀자. =平民妇女。

부농(富農)【명사】농토와 농사의 규모가 크고 수입이 많은 농가나 농민. ◆ 图富农。¶그는 부농의 아들로 태어나 유복한 시절을 보냈다. =身为富家子，他度过了幸福的时光。

부닥치다【동사】动 ❶ 세게 부딪치다. ◆ 撞上，碰到。¶벽에 술잔이 부닥쳐 깨어졌다. =酒杯碰到墙上打碎了。❷ 어려운 문제나 반대에 직면하다. ◆ 碰到，遇到，面临(难题、反对等)。¶경제난에 부닥치다. =遇到经济危机。

부단하다(不斷--)【형용사】形 ❶ 꾸준하게 잇대어 끊임이 없다. ◆ 不断，不停，不懈。¶조카는 부단한 노력 끝에 우등상을 받았다. =经过不懈努力，侄子拿到了优秀奖。❷ 결단력이 없다. ◆ 优柔寡断，犹豫不决。¶그는 부단한 성격 때문인지 갈팡질팡한다. =可能是因为性格优柔寡断，他不知所措。● 부단히(不斷—) ●

부담(負擔)【명사】어떠한 의무나 책임을 짐. ◆ 图负担。¶부담이 없다. =没有负担。● 부담되다(負擔--), 부담하다(負擔--) ●

부담스럽다(負擔---)【형용사】어떠한 의무나 책임을 져야 할 듯한 느낌이 있다. ◆ 形负担。¶지나친 그의 친절이 오히려 부담스럽다. =他的过分亲切反而让人产生负担。

부당(不當)【명사】이치에 맞지 아니함. ◆ 图不当，不妥。¶매우 부당한 처사. =非常不当的处理方式。● 부당하다(不當--) ●

부대[1](部隊)【명사】图 ❶ 일정한 규모로 편성된 군대 조직을 일반적으로 이르는 말. ◆ 部队。¶포병 부대. =炮兵部队。❷ 어떠한 공통의 목적을 위하여 한데 모여 행동을 취하는 무리. ◆ 队，组织。¶응원 부대. =啦啦队。

부대[2](負袋)【명사】종이·피륙·가죽 따위로 만든 큰 자루. ◆ 图袋子，包。¶밀가루를 부대에 담다. =面粉装在袋子里。

부대끼다【동사】动 ❶ 사람이나 일에 시달려 크게 괴로움을 겪다. ◆ 受折磨，受苦。¶생활에 부대끼다. =为生活所困。❷ 여러 사람과 만나거나 본의 아니게 여러 사람을 접촉하다. ◆ 与人见面，与人接触。¶사람은 사람들과 부대끼며 살아야 한다. =人需要不断与人接触。❸ 다른 것에 맞닿거나 자꾸 부딪치며 충돌하다. ◆ 不断碰撞。¶짐칸에 실은 물건이 바닥과 부대끼면서 시끄러운 소리를 낸다. =货车车厢里装的物品不断地与车底相碰发出嘈杂的声响。❹ 배 속이 크게 불편하여 쓰리거나 울렁울렁하다. ◆ (坏肚子时)肚子难受。¶속이 부대껴 고생하다. =肚子难受，很痛苦。

부덕(不德)【명사】덕이 없거나 부족함. ◆ 图没有修养。¶이 모든 것이 다 제 부덕의 소치입니다. =所有的事情都是因为我没有修养导致的。● 부덕하다(不德--) ●

부도[1](不渡)【명사】어음이나 수표를 가진 사람이 기한이 되어도 어음이나 수표에 적힌 돈을 지불 받지 못하는 일. ◆ 图拒绝支付。¶연쇄 부도가 나다. =出现了连续拒绝支付的现象。

부도[2](附圖)【명사】어떤 책에 부속된 지도나 도표. ◆ 图附图，附表。¶지리 부도. =地图附录。

부도나다(不渡--)【동사】기한이 되어도 어음이나 수표에 적힌 돈을 지불 받지 못하게 되다. ◆ 动拒绝支付，拒绝兑付，倒闭。¶회사가 부도나다. =公司倒闭了。

부동(不動)【명사】图 ❶ 물건이나 몸이 움직이지 아니함. ◆ 不动，静止。¶부동의 상태. =静止状态。❷ 생각이나 의지가 흔들리지 아니함. ◆ 不动摇，不变。¶부동의 신념. =不动摇的信念。

부동산(不動産)【명사】움직여 옮길 수 없는 재산. 토지나 건물, 수목 따위이다. ◆ 图房地产。¶부동산

중개소. =房地产中介所。

부두(埠頭)【명사】배를 대어 사람과 짐이 뭍으로 오르내릴 수 있도록 만들어 놓은 곳. ◆ 图码头。¶부두에 배를 대다. =把船停靠在码头。

부둣가(埠頭-)【명사】부두가 있는 근처. ◆ 图码头附近。¶나는 어릴 때 부둣가 동네에 살았다. =我小时候住在码头附近的村子里。

부둥켜안다【동사】두 팔로 꼭 끌어안다. ◆ 动紧抱，拥抱。¶나는 얼른 뛰어나가 그녀를 부둥켜안고 울었다. =我立马跑出去，抱着她痛哭起来。

부드럽다【형용사】形 ❶ 닿거나 스치는 느낌이 거칠거나 뻣뻣하지 아니하다. ◆ 柔和，柔软。¶부드러운 살결. =柔软的皮肤。❷ 성질이나 태도가 억세지 아니하고 매우 따뜻하다. ◆ 温柔，柔顺。¶부드럽고 상냥한 목소리. =温柔亲切的声音。❸ 가루 따위가 매우 잘고 곱다. ◆ 细。¶밀가루가 아주 부드럽게 갈아졌다. =面粉磨得很细。❹ 일의 형편이나 동작이 뻑뻑하지 아니하다. ◆ 顺利，顺畅。¶회의가 부드럽게 진행되었다. =会议进展顺利。❺ 술이 독하지 아니하여서 목으로 넘기기 좋다. ◆ (酒)温和。¶소주보다는 맥주가 마시기에 부드럽다. =比起烧酒来，啤酒更温和。

부득부득[1]【부사】억지를 부려 제 생각대로만 하려고 자꾸 우기거나 조르는 모양. ◆ 副固执，执着，执拗。¶부득부득 우기다. =异常固执。

부득부득[2]【부사】'부드득부드득'의 준말. ◆ 副咯吱咯吱(磨牙声)。¶그는 나만 보면 부득부득 이를 갈았다. =一看到我，他就咬牙切齿。

부득불(不得不)【부사】하지 아니할 수 없어. 또는 마음이 내키지 아니하나 마지못하여. ◆ 副不得不。

부득이(不得已)【부사】마지못하여 하는 수 없이. ◆ 副不得已，无可奈何。¶부득이한 사정이 있어 그는 결석했다. =他因为不得已的原因缺席了。● 부득이하다(不得已--) ●

부들부들【부사】몸을 자꾸 크게 부르르 떠는 모양. ◆ 副哆嗦，哆哆嗦嗦。¶그녀의 손이 부들부들 떨리고 있었다. =她的手一个劲地哆嗦。

부등식(不等式)【명사】두 수 또는 두 식을 부등호로 연결한 식. ◆ 图不等式。

부등호(不等號)【명사】두 수 또는 두 식 사이의 대소 관계를 나타내는 기호. ◆ 图不等号。

부디【부사】'바라건대', '꼭', '아무쪼록'의 뜻으로, 남에게 청하거나 부탁할 때 바라는 마음이 간절함을 나타내는 말. ◆ 副千万，务必，一定。¶이번 모임에 부디 참석해 주십시오. =请务必出席本次聚会。

부딪다【동사】무엇과 무엇이 힘 있게 마주 닿거나 마주 대다. 또는 닿거나 대게 하다. ◆ 动碰撞，拍打。¶뱃전에 부딪는 잔물결 소리. =拍打着船舷的细浪声。

부딪치다【동사】动 ❶ '부딪다'를 강조하여 이르는 말. ◆ 撞。¶기둥에 머리를 부딪치다. =头撞到柱子上。❷ 눈길이나 시선 따위가 마주치다. ◆ (视线)碰撞，对视。¶두 사람은 서로 눈길을 부딪치는 것을 원하지 않는다. =两个人不愿意对视。❸ 뜻하지 않게 어떤 사람을 만나다. ◆ 遇见。¶학교를 몰래 나오려고 하다가 정문에서 아버지와 부딪쳤다. =想偷偷跑出学校，结果在大门口遇见了爸爸。❹ 의견이나 생각의 차이로 다른 사람과 대립하는 관계에 놓이다. ◆ 闹翻，对立。¶형은 진학 문제로 부모님과 부딪치고는 집을 나가 버렸다. =哥哥由于入学问题和父母闹翻，离家出走了。❺ 일이나 업무 관계에 있는 사람을 문제 해결을 위하여 만나다. ◆ 碰头，会面。¶이 문제는 당사자들끼리 부딪쳐야만 해결이 날 것 같다. =这个问题需要当事人碰个头才能解决。

부딪히다【동사】动 ❶ '부딪다'의 피동형. ◆ 拍打，被撞，被碰。¶뱃전에 파도가 부딪혔다. =波涛拍打着船舷。❷ 예상치 못한 일이나 상황 따위에 직면하다. ◆ 面对，直面。¶어려운 현실에 부딪히다. =面对困难的现实。

부뚜막【명사】아궁이 위에 솥을 걸어 놓는 언저리. 흙과 돌을 섞어 쌓아 편평하게 만든다. ◆ 图锅台。¶어머니는 부뚜막에 저녁에 먹고 남은 찬밥을 올려놓으셨다. =母亲把晚上吃剩的冷饭放在锅台上。

부라리다【동사】눈을 크게 뜨고 눈망울을 사납게 굴리다. ◆ 动瞪，睁大(眼睛)。¶그는 나에게 눈을 부라리며 대들었다. =他冲我瞪着眼顶撞。

부락(部落)【명사】시골에서 여러 민가가 모여 이룬 마을. 또는 그 마을을 이룬 곳. ◆ 图村子，村落。¶이웃 부락. =邻村。

부랑아(浮浪兒)【명사】부모나 보호자의 곁을 떠나 일정하게 사는 곳과 하는 일 없이 떠돌아다니는 아이. ◆ 图流浪儿。

부랑자(浮浪者)【명사】일정하게 사는 곳과 하는 일 없이 떠돌아다니는 사람. ◆ 图流浪者，漂泊者。¶거리의 부랑자. =街头流浪者。

부랴부랴【부사】매우 급하게 서두르는 모양. ◆ 副急忙，匆忙。¶내가 재촉하자 그는 부랴부랴 짐을 쌌다. =我一催促，他就急急忙忙地收拾好了行李。

부러뜨리다【동사】动 ❶ 단단한 물체를 꺾어서 부러지게 하다. ◆ 折断。¶나무를 단숨에 부러뜨리다. =一下子把树折断了。❷ 치거나 부딪쳐 부러지게 하다. ◆ 打碎，砸碎，打断。¶그는 싸움을 하다 상대방의 이를 부러뜨렸다. =他打架时把对方的牙齿打碎了。

부러워하다【동사】남이 잘되는 것이나 좋은 것을 보고 자기도 그렇게 되고 싶어 하다. ◆ 动羡慕。¶친구의 성공을 부러워하다. =羡慕朋友的成功。

부러지다【동사】动 ❶ 단단한 물체가 꺾여서 둘로 겹쳐지거나 동강이 나다. ◆ 断，折断。¶기둥이 부러지다. =柱子断了。❷ 말이나 행동 따위를 확실하고 단호하게 하다. ◆ (性格)干脆，(表达想法)明确。¶그녀의 성격은 딱 부러진다. =她的性格很干脆。

부럼【명사】음력 1월 15일에 한 해 동안 나쁜 기운을 물리치려고 깨물어 먹는 땅콩, 밤, 호두 등의 딱딱한 열매류. ◆ 图正月十五吃的坚果。¶부럼을 딱하고 깨물다. =咬坚果。

부럽다【형용사】남의 좋은 일이나 물건을 보고 자기도 그런 일을 이루거나 그런 물건을 가졌으면 하고 바라는 마음이 있다. ◆ 形羡慕。¶나는 공부 잘하는 동생이 부럽다. =我羡慕学习好的弟弟。

부레 【명사】 名 ❶ 골어류의 몸속에 있는 얇은 혁질의 공기주머니. ◆ 鱼鳔。❷ 부레풀(민어의 부레를 끓여서 만든 풀). ◆ 鱼胶，鳔胶。¶부레는 접착력이 강해서 예로부터 전통 가구나 민속품을 만드는 데 사용됐다. =鳔胶的黏性很强，很早以前便用于家具和民俗产品的制作。

부력(浮力) 【명사】 기체나 액체 속에 있는 물체가 그 물체에 작용하는 압력에 의하여 중력(重力)에 반하여 위로 뜨려는 힘. ◆ 名浮力。¶뗏목은 작고 부력이 약해 많은 사람을 태우지 못했다. =木筏小浮力弱，载不了多少人。

부록(附錄) 【명사】 名 ❶ 본문 끝에 덧붙이는 기록. ◆ 附录。¶참고 자료를 부록으로 실었다. =以附录的形式列出了参考资料。❷ 신문, 잡지 따위의 본지에 덧붙인 지면이나 따로 내는 책자. ◆ 附页。¶별책 부록. =另附页。

부르다[1] 【형용사】 形 ❶ 먹은 것이 많아 속이 꽉 찬 느낌이 들다. ◆ 饱。¶배가 부르다. =肚子饱了。❷ 불룩하게 부풀어 있다. ◆ 鼓，胀，突出。¶배가 부른 항아리. =肚子凸出的缸。

부르다[2] 【동사】 动 ❶ 말이나 행동 따위로 다른 사람의 주의를 끌거나 오라고 하다. ◆ 叫，喊。¶길 가는 친구를 부르다. =叫了一声在路上的朋友。❷ 이름이나 명단을 소리 내어 읽으며 대상을 확인하다. ◆ 点(名)。¶이름을 부르다. =点名。❸ 남이 자신의 말을 받아 적을 수 있게 또박또박 읽다. ◆ 念。¶내가 부르는 대로 받아 적어라. =照我念的写。❹ 곡조에 맞추어 노래의 가사를 소리 내다. ◆ 唱。¶유행가를 부르다. =唱流行歌曲。❺ 값이나 액수 따위를 얼마라고 말하다. ◆ 要(价)，开(价)。¶그 기게에서는 값을 비싸게 불렀다. =那家店要价很高。❻ 구호나 만세 따위를 소리내어 외치다. ◆ 喊(口号)。¶만세를 부르다. =高呼万岁。❼ 어떤 행동이나 말이 관련된 다른 일이나 상황을 초래하다. ◆ 招致，导致。❽ 청하여 오게 하다. ◆ 请，叫。¶의사를 집에 부르다. =把医生请到家里。❾ 무엇이라고 가리켜 말하거나 이름을 붙이다. ◆ 叫，称为，叫做。¶앞으로 우리는 그를 형님으로 부르면서 깍듯이 대접할 것이다. =今后我们将称他为大哥，并对他毕恭毕敬。

부르르 【부사】 副 ❶ 크고 가볍게 떠는 모양. ◆ 哆哆嗦嗦，颤抖。¶온몸이 부르르 떨린다. =浑身颤抖。❷ 많은 양의 액체가 가볍게 끓을 때 나는 소리. 또는 그 모양. ◆ 咕嘟咕嘟(沸腾貌)。¶부르르 밥이 끓었다. =饭咕嘟咕嘟地煮开了。❸ 갑자기 가볍게 성을 내는 모양. ◆ 勃然(大怒)。¶그는 내 말을 듣고는 부르르 화를 내며 자리를 박차고 나갔다. =他听了我的话之后勃然大怒，一脚把凳子踹开，走了出去。

부르릉 【부사】 자동차나 비행기 따위가 발동할 때 나는 소리. ◆ 副 (发动机)轰隆隆地。¶자동차가 부르릉 소리를 내며 시동이 걸렸다. =汽车轰隆隆地发动了起来。

부르짖다 【동사】 动 ❶ 큰 기쁨이나 슬픔, 고통 따위의 격한 감정을 억누르지 못하여 소리 높여 크게 떠들다. ◆ 大喊大叫，高呼，高喊。¶구호를 부르짖다. =高喊口号。❷ 어떤 주장이나 의견 따위를 열렬히 말하다. ◆ 大声疾呼，呼吁。¶자연 보호를 부르짖다. =呼吁保护大自然。

부르트다 【동사】 动 ❶ 살가죽이 들뜨고 그 속에 물이 괴다. ◆ 起泡。¶손발이 부르트다. =手脚起泡。❷ 물것에 물려 살이 도톨도톨하게 부어오르다. ◆ 肿。¶모기에 물려 팔이 여기저기 부르텄다. =被蚊子咬了，胳膊上肿得一块一块的。

부름 【명사】 어떤 일을 위하여 불러들임. ◆ 名召唤，呼叫。¶조국의 부름을 받다. =响应祖国的召唤。

부릅뜨다 【동사】 무섭고 사납게 눈을 크게 뜨다. ◆ 动瞪，睁大(眼)。¶눈을 부릅뜨고 노려보다. =瞪大眼盯着。

부리 【명사】 새나 짐승의 주둥이. 길고 뾰족하며 보통 뿔의 재질과 같은 딱딱한 물질로 되어 있다. ◆ 名(鸟兽的)喙，嘴。¶부리로 쪼다. =用喙啄。

부리나케 【부사】 서둘러서 아주 급하게. ◆ 副急急忙忙，风风火火，火速。¶불이 나자 부리나케 뛰어나가다. =一起火就火速地跑了出去。

부리다[1] 【동사】 动 ❶ 재주나 꾀 따위를 피우다. ◆ 显示，施展。¶곰이 재주를 부리다. =狗熊表演才艺。❷ 행동이나 성질 따위를 계속 드러내거나 보이다. ◆ 持续表现。¶늑장을 부리다. =磨蹭。

부리다[2] 【동사】 动 ❶ 마소나 다른 사람을 시켜 일을 하게 하다. ◆ 役使，使唤。¶일꾼을 부리다. =使唤工人。❷ 기계나 기구 따위를 마음대로 조종하다. ◆ 操纵，驾驭。¶사공이 배를 부린다. =艄公驾船。❸ 귀신을 불러 자기 뜻대로 움직이게 하다. ◆ 跳大神。¶그 무당은 귀신을 부리는 재주가 뛰어나다. =那个巫师很会跳大神。❹ 사람의 등에 지거나 자동차나 배 따위에 실었던 것을 내려놓다. ◆ 卸下。¶인부들은 이삿짐을 대문 앞에 부렸다. =工人把搬家的行李卸在大门前。

부리부리하다 【형용사】 눈망울이 억실억실하게 크고 열기가 있다. ◆ 形 (眼睛)大而有神。¶교관은 부리부리한 눈으로 신병들을 바라보았다. =教官用大而有神的眼睛望着新兵。

부마(駙馬) 【명사】 임금의 사위. ◆ 名驸马。¶부마로 삼았다. =招为驸马。

부메랑(boomerang) 【명사】 오스트레일리아 서부 및 중앙부의 원주민이 사용하는 무기의 하나. ◆ 名澳大利亚飞镖，回旋镖。

부모(父母) 【명사】 아버지와 어머니를 아울러 이르는 말. ◆ 名父母，双亲。¶부모를 모시다. =侍侯父母。

부모님(父母-) 【명사】 '부모'를 높여 이르는 말. ◆ 名父母亲。¶부모님 은혜에 보답하다. =报答父母亲的恩德。

부문(部門) 【명사】 일정한 기준에 따라 분류하거나 나누어 놓은 낱낱의 범위나 부분. ◆ 名部门。¶이 도시는 서비스 부문의 경쟁력이 다른 어느 곳보다 뛰어나다. =这个城市服务部门的竞争力比其他任何地方都出色。

부반장(副班長)【명사】어떤 일을 함께 하는 소규모 조직체에서 반장을 보좌하여 일을 맡아보는 사람. ◆图副班长。¶우리 반에는 반장 한 명과 부반장 두 명이 있다. =我们班有一名班长和两名副班长。

부부(夫婦)【명사】남편과 아내를 아울러 이르는 말. ◆图夫妻，夫妇。¶부부 싸움을 하다. =夫妻吵架。

부분(部分)【명사】전체를 이루는 작은 범위. 또는 전체를 몇 개로 나눈 것의 하나. ◆图部分。¶상한 부분을 잘라내다. =把变质的部分切掉。

부분월식(部分月蝕)【명사】지구의 그림자에 의하여 달의 일부분이 가려져 보이는 현상. ◆图月偏食。

부분일식(部分日蝕)【명사】달의 그림자에 의하여 태양의 일부분이 가려져 보이는 현상. ◆图日偏食。

부사(副詞)【명사】용언 또는 다른 말 앞에 놓여 그 뜻을 분명하게 하는 품사. ◆图副词。

부사격 조사(副詞格助詞)【명사】문장 안에서, 체언이 부사어임을 보이는 조사. '에', '에서', '(으)로', '와·과', '보다' 따위가 있다. ◆图副词格助词。

부사어(副詞語)【명사】용언의 내용을 한정하는 문장 성분. ◆图状语。

부산[1](釜山)【명사】경상남도 동남부에 있는 도시. ◆图釜山。

부산[2]【명사】급하게 서두르거나 시끄럽게 떠들어 어수선함. ◆图忙乱，吵嚷。¶부산한 움직임. =忙乱的动作。

부산하다【형용사】급하게 서두르거나 시끄럽게 떠들어 어수선하다. ◆形闹哄哄，忙乱。¶집안은 많은 아이들로 매우 부산하다. =来了许多孩子，家里闹哄哄的。● 부산히 ●

부삽【명사】아궁이나 화로의 재를 치거나, 숯불이나 불을 담아 옮기는 데 쓰는 조그마한 삽. ◆图火铲。¶그녀는 아궁이에서 부삽으로 불씨를 퍼내어 화로에 담았다. =她用火铲从灶膛里面铲出火种放到了炉子里。

부상[1](副賞)【명사】본상에 딸린 상금이나 상품. ◆图附加奖品，额外奖品。¶부상으로 시계를 받았다. =额外奖品是手表。

부상[2](負傷)【명사】몸에 상처를 입음. ◆图负伤，受伤。¶부상을 당하다. =受伤。● 부상하다(負傷——) ●

부상[3](浮上)【명사】图 ❶ 물 위로 떠오름. ◆ 上浮，浮起。¶잠수함의 부상을 바라보던 관중들은 그 규모에 입을 다물지 못했다. =观看潜艇上浮的观众因叹于潜艇的规模，半天合不拢嘴。❷ 어떤 현상이 관심의 대상이 되거나 어떤 사람이 훨씬 좋은 위치로 올라섬. ◆ 升，飞跃。¶그는 복싱의 유망주로 부상되고 있다. =他已经升为了拳击"蓝筹股"。●부상하다(浮上——) ●

부상병(負傷兵)【명사】전투나 임무 수행에서 몸에 상처를 입은 군인. ◆图伤兵，伤员。¶부상병을 후송하다. =护送伤员。

부상자(負傷者)【명사】몸에 상처를 입은 사람. ◆图伤者，受伤的人。¶부상자를 치료하다. =治疗伤者。

부서(部署)【명사】기관·기업·조직 따위에서 일이나 사업의 체계에 따라 나뉘어 있는, 사무의 각 부문. ◆图机关，部门。¶행정 부서. =行政部门。

부서지다【동사】动 ❶ 단단한 물체가 깨어져 여러 조각이 나다. ◆ 碎，破碎。¶장난감이 부서지다. =玩具碎了。❷ 액체나 빛 따위가 세게 부딪쳐 산산이 흩어지다. ◆ 四射，飞溅。¶파도가 바위에 부딪혀 부서졌다. =波涛打在岩石上，水花四溅。❸ 목재 따위를 짜서 만든 물건이 제대로 쓸 수 없게 헐어지거나 깨어지다. ◆ 裂开，碎裂。¶문이 부서지다. =门坏了。❹ 희망이나 기대 따위가 무너지다. ◆ 破灭。¶꿈이 부서지다. =梦想破灭。

부석부석하다【형용사】살이 핏기가 없이 부어오른 데가 있다. ◆形浮肿。¶어젯밤 잠을 못 잤더니 얼굴이 부석부석하다. =昨天没睡好，所以脸肿了。

부설[1](敷設)【명사】다리·철도·지뢰 따위를 설치함. ◆图铺设，埋设。¶철도 부설은 많은 인력과 시간이 필요하다. =铺铁路需要许多人力和时间。●부설하다(敷設——) ●

부설[2](附設)【명사】어떤 기관 따위에 부속시켜 설치함. 또는 그런 시설. ◆图附属。¶대학 부설 도서관. =大学附属图书馆。

부성애(父性愛)【명사】자식에 대한 아버지의 본능적인 사랑. ◆图父爱。¶부성애를 느끼다. =感受父爱。

부속(附屬)【명사】图 ❶ 주된 사물이나 기관에 딸려서 붙음. 또는 그렇게 딸려 붙은 사물. ◆ 附属。¶부속 기관. =附属机关。❷ 부속품. ◆ 附属品，零件，附件。● 부속되다(附屬——) ●

부속품(附屬品)【명사】어떠한 기구나 기계 따위에 딸려 붙어 있는 물건. ◆图附属品，零件，附件。¶기계 부속품. =机器零件。

부수[1](部數)【명사】책, 신문 따위의 출판물을 세는 단위인 부(部)의 수효. ◆图部数，份数。¶발행 부수. =发行份数。

부수[2](部首)【명사】한자 자전에서 글자를 찾는 길잡이 역할을 하는 부분. 예를 들어 '衣'는 '衲', '衾', '被' 따위 글자의 부수이다. ◆图部首。

부수다【동사】动 ❶ 단단한 물체를 여러 조각이 나게 두드려 깨뜨리다. ◆ 粉碎，打碎。¶유리창을 부수다. =把玻璃窗打碎。❷ 만들어진 물건을 두드리거나 깨뜨려 못 쓰게 만들다. ◆ 砸碎，敲裂。¶문을 부수다. =把门砸碎。

부수입(副收入)【명사】본업 이외의 일을 하여 얻는 수입. ◆图额外收入，外快。¶직장 생활과 함께 틈틈이 번역 일을 하여 부수입을 얻고 있다. =上班之余，有空就做翻译挣外快。

부수적(附隨的)【명사】주된 것이나 기본적인 것에 붙어서 따르는. 또는 그런 것. ◆图附加的，伴随的。¶부수적 조건. =附加条件。

부스러기【명사】图 ❶ 잘게 부스러진 물건. ◆ 碎渣，碎屑。¶과자 부스러기. =糕点碎渣。❷ 하찮은 사람이나 물건을 비유적으로 이르는 말. ◆ 无用的、可有可无的人或物。¶동료들은 그를 부서에서 부스러기로 생각한다. =同事把他当成部门里可有可无的人。

부스러지다【동사】깨어져 잘게 조각이 나다. ◆ 动破碎，被打碎。¶연탄재가 부스러져 골목이 지저분하다. =煤饼被打碎了，弄得胡同里脏兮兮的。

부스럭거리다【동사】마른 잎이나 검불, 종이 따위를 밟거나 건드리는 소리가 자꾸 나다. 또는 그런 소리를 자꾸 내다. ◆ 动沙沙作响。¶마른 잎이 부스럭거리다. =枯叶沙沙作响。● 부스럭대다 ●

부스럼【명사】피부에 나는 종기를 통틀어 이르는 말. ◆ 名疖子，疮。¶부스럼이 돋다. =长疖子。

부스스【부사】副 ❶ 머리카락이나 털 따위가 몹시 어지럽게 일어나거나 흐트러져 있는 모양. ◆ 乱蓬蓬，散乱。¶부스스한 머리털. =散乱的头发。❷ 누웠거나 앉았다가 느리게 슬그머니 일어나는 모양. ◆ 轻轻地，悄悄地。¶잠자리에서 부스스 일어나다. =从床上悄悄地起来。❸ 부스러기 따위가 어지럽게 흩어지는 소리. 또는 그 모양. ◆ 碎屑四散的声音或样子。¶흙더미가 부스스 무너져 내렸다. =土堆轰然倒塌。● 부스스하다 ●

부슬부슬【부사】눈이나 비가 조용히 성기게 내리는 모양. ◆ 副 (雨)淅淅沥沥，(雪)簌簌(飘下)。¶봄비가 부슬부슬 내리다. =春雨淅淅沥沥地下。

부슬비【명사】부슬부슬 내리는 비. ◆ 名细雨，小雨，毛毛雨。¶저녁이 되자 안개와 같은 부슬비가 내리기 시작했다. =傍晚时分下起轻雾般的毛毛雨。

부시【명사】부싯돌을 쳐서 불이 일어나게 하는 쇳조각. ◆ 名火镰。

부시다[1]【동사】그릇 따위를 씻어 깨끗하게 하다. ◆ 动洗干净，刷干净。¶그릇을 부시다. =把器皿洗干净。

부시다[2]【형용사】빛이나 색채가 강렬하여 마주 보기가 어려운 상태에 있다. ◆ 形晃(眼)，刺(眼)。¶햇볕에 눈이 부시다. =阳光刺眼。

부식[1](副食)【명사】부식물(주식에 곁들여 먹는 음식. 밥에 딸린 반찬 따위를 이른다). ◆ 名副食，菜肴。¶밥과 부식을 준비하다. =准备饭和副食。

부식[2](腐蝕)【명사】名 ❶ 썩어서 문드러짐. ◆ 腐烂。¶이 목재는 부식이 너무 심해 건축자재로 사용할 수 없다. =这木材腐烂得太厉害，不能当建筑材料了。❷ 금속이 산화 따위의 화학 작용에 의하여 금속 화합물로 변화되는 일. 또는 그런 현상. ◆ 腐蚀。¶자동차의 부식을 막기 위하여 코팅을 했다. =给汽车喷漆以防止腐蚀。❸ 알칼리류, 산류(酸類), 금속 염류(鹽類) 따위의 부식 독(腐蝕毒)에 의하여 신체에 손상이 일어남. 또는 그 손상. ◆ 药物腐蚀引起的身体损伤。● 부식되다(腐蝕--), 부식하다(腐蝕--) ●

부실(不實)【명사】名 ❶ 몸·마음·행동 따위가 튼튼하지 못하고 약함. ◆ 不结实，不健壮。¶몸이 부실해서 운동을 잘 못한다. =由于身体不是很结实，所以运动不怎么好。❷ 내용이 실속이 없고 충분하지 못함. ◆ 不充实。● 부실하다(不實--) ●

부심(副審)【명사】운동 경기에서, 주심(主審)을 보좌하는 심판원. ◆ 名副裁。¶축구 경기에서 부심은 두 명이다. =足球比赛中有两名边裁。

부심하다(腐心--)【동사】动 ❶ 근심, 걱정으로 마음이 썩다. ◆ 担心，费心。¶누나가 밤 늦도록 들어오지 않아 부모님이 부심하고 계시다. =夜深了，姐姐还没有回家，父母很担心。❷ 어떤 문제를 해결하기 위한 방안을 생각해 내느라고 몹시 애쓰다. ◆ 费尽心思，煞费苦心。¶대책 마련에 부심하다. =为了准备对策而煞费苦心。

부싯돌【명사】부시로 쳐서 불을 일으키는 데 쓰는 석영(石英)의 하나. ◆ 名燧石，打火石。¶부싯돌을 쳐서 불을 붙이다. =敲燧石点火。

부아【명사】노엽거나 분한 마음. ◆ 名气愤，恼怒。¶부아가 치밀다. =火往上冒。

부양(扶養)【명사】생활 능력이 없는 사람의 생활을 돌봄. ◆ 名抚养，养活；赡养。¶아버지는 언제나 가족 부양에 최선을 다 하셨다. =为了养家，父亲总是全力以赴。● 부양하다(扶養--) ●

부어오르다【동사】살갗 따위가 부어서 부풀어 오르다. ◆ 动肿起来。¶발목이 부어오르다. =脚腕肿了。

부언(附言)【명사】덧붙여 말함. 또는 그런 말. ◆ 名附言，补充的话。¶말끝에 부언을 달다. =说完话后又补充了一句。● 부언하다(附言--) ●

부업(副業)【명사】본업 외에 여가를 이용하여 갖는 직업. ◆ 名副业。

부엉【부사】부엉이가 우는 소리. ◆ 副呜呜(猫头鹰叫)。¶부엉부엉 소리가 적막한 밤을 채우고 있다. =猫头鹰呜呜的叫声在寂静的夜里回荡。

부엉이【명사】올빼밋과의 솔부엉이, 수리부엉이, 칡부엉이 따위를 통틀어 이르는 말. ◆ 名猫头鹰。

부엌【명사】일정한 시설을 갖추어 놓고 음식을 만들고 설거지를 하는 등 식사에 관련된 일을 하는 곳. ◆ 名厨房。¶어머니가 부엌에서 식사를 준비하고 계신다. =母亲正在厨房里准备饭菜。

부엌데기【명사】부엌일을 맡아서 하는 여자를 낮잡아 이르는 말. ◆ 名做饭的，厨娘。¶생활이 어려워 부잣집에서 부엌데기 노릇을 했다. =因为生活困难，去富人家当了厨娘。

부엌일【명사】부엌에서 하는 여러 가지 일. 음식을 만들거나, 설거지를 하는 따위의 일을 통틀어 이른다. ◆ 名厨房里的活。¶아버지는 종종 어머니의 부엌일을 거들어 주신다. =父亲常常帮母亲在厨房干活。

부엌칼【명사】식칼(부엌에서 쓰는 칼). ◆ 名菜刀。¶부엌칼로 파를 다듬다. =用菜刀收拾葱。

부여(附與)【명사】사람에게 권리, 명예, 임무 따위를 지니도록 해 주거나, 사물이나 일에 가치, 의의 따위를 붙여 줌. ◆ 名赋予，给与。¶임무 부여. =交付任务。● 부여되다(附與--), 부여하다(附與--) ●

부여안다【동사】두 팔로 힘껏 안다. ◆ 动用双臂拥抱。¶슬픔으로 가슴을 부여안다. =由于伤心而用双臂抱着胸。

부여잡다【동사】두 손으로 힘껏 붙들어 잡다. ◆ 动

双手抓住。¶아들의 손을 부여잡고 어머니는 눈물을 글썽거렸다. =母亲双手抓住儿子的手，眼泪汪汪的。

부역(賦役)【명사】국가나 공공 단체가 특정한 공익 사업을 위하여 보수 없이 국민에게 의무적으로 책임을 지우는 노역. ◆图公益劳动。¶ 부역에 동원되다. =被动员参加公益劳动。

부역(附逆)【명사】국가에 반역이 되는 일에 동조하거나 가담함. ◆图伙同叛逆，伙同叛国。

부연(敷衍/敷演)【명사】덧붙여 알기 쉽게 자세히 설명을 늘어놓음. 또는 그 설명. ◆图阐释，阐述。¶부연 설명. =阐述说明。● 부연하다(敷衍--/敷演--) ●

부옇다【형용사】形 ❶ 연기나 안개가 낀 것처럼 선명하지 못하고 조금 허옇다. ◆ 灰蒙蒙，灰白。¶하늘이 부옇다. =天空灰蒙蒙的。❷ 살갗이나 얼굴 따위가 허옇고 멀겋다. ◆ (脸色、皮肤)白净，白皙。¶너 요즘 얼굴이 부연 게 재미가 좋은 모양이구나. =看你近来脸色白皙，想必情况还可以吧。

부위(部位)【명사】전체에 대하여 어떤 특정한 부분이 차지하는 위치. ◆图部位。¶다친 부위를 소독하다. =给受伤部位消毒。

부유층(富裕層)【명사】재산이 넉넉하여 물질적으로 풍족하게 사는 계층. 또는 그런 계층의 사람들. ◆图富裕阶层，富有层。¶호화로운 생활을 하는 부유층. =生活奢华的富裕阶层。

부유하다(富裕--)【형용사】재물이 넉넉하다. ◆形富裕，富有。¶살림이 부유하다. =生活富裕。

부음(訃音)【명사】사람이 죽었다는 것을 알리는 말이나 글. ◆图死讯，噩耗，讣告。¶부음을 받다. =听到噩耗。

부응(副應)【명사】어떤 요구나 기대 따위에 좇아서 응함. ◆图顺应。● 부응하다(副應--) ●

부의금(賻儀金)【명사】부의로 보내는 돈. ◆图吊唁金，慰问金。¶부의금을 내다. =出吊唁金。

부익부(富益富)【명사】부자일수록 더욱 부자가 됨. ◆图富益富，富有者越来越富有。¶자본주의 사회에서 부익부 현상은 당연하게 여겨지고 있다. =在资本主义社会，富益富现象被认为是理所当然的。

부인[1](否認)【명사】어떤 내용이나 사실을 옳거나 그러하다고 인정하지 아니함. ◆图否定，否认。¶그는 긍정도 부인도 하지 않았다. =他既不肯定，也不否定。● 부인되다(否認--), 부인하다(否認--) ●

부인[2](婦人)【명사】결혼한 여자. ◆图妇女，已婚女子。¶동네 부인들이 공원에 모여 남편과 아이들에 대해 이야기를 하고 있다. =村里的妇女聚集在公园里聊着丈夫和孩子的话题。

부인[3](夫人)【명사】남의 아내를 높여 이르는 말. ◆图夫人。¶부인은 안녕하시지요? =夫人可好?

부임(赴任)【명사】임명이나 발령을 받아 근무할 곳으로 감. ◆图上任。¶직원들은 새로운 사장의 부임을 준비하고 있다. =职员们正在为新社长的上任做准备。● 부임하다(赴任--) ●

부자[1](富者)【명사】재물이 많아 살림이 넉넉한 사람. ◆图富人，有钱人。¶동생은 사업에 성공하여 부자가 되었다. =弟弟在生意上很成功，成了有钱人。

부자[2](父子)【명사】아버지와 아들을 아울러 이르는 말. ◆图父子。¶부자가 많이 닮았다. =父子俩很像。

부자연스럽다(不自然---)【형용사】익숙하지 못하거나 억지로 꾸민 듯하여 어색한 데가 있다. ◆形不自然，别扭。¶부자연스러운 말. =不自然的语句。

부작용(副作用)【명사】图 ❶ 어떤 일에 부수적으로 일어나는 바람직하지 못한 일. ◆ 副作用，反作用。¶소비의 경제에 대한 부작용. =对消费经济的反作用。❷ 약이 지닌 그 본래의 작용 이외에 부수적으로 일어나는 작용. 대개 좋지 않은 경우를 이른다. ◆(药)副作用。¶부작용이 생기다. =产生副作用。

부잣집(富者-)【명사】재산이 많아 살림이 넉넉한 사람의 집. ◆图富人家。¶부잣집에서 태어나다. =生在富人家。

부장(部長)【명사】기관이나 조직에서 한 부(部)를 맡아 다스리는 직위. 또는 그 직위에 있는 사람. ◆图部长。¶오늘은 부장님 이하 전 부원이 회식을 했다. =今天部长以下的全部成员会餐。

부장품(副葬品)【명사】장사 지낼 때, 시체와 함께 묻는 물건을 통틀어 이르는 말. ◆图随葬品，陪葬品。¶왕릉의 부장품이 박물관에 보존되다. =王陵的陪葬品保存在博物馆里。

부재(不在)【명사】그곳에 있지 아니함. ◆图不存在，缺失。¶대책 부재와 경험 부족으로 곤란을 겪다. =由于对策的缺失和经验的不足而经历了困难。

부재자(不在者)【명사】图 ❶ 그 자리에 없는 사람. ◆ 不在场者。❷ 주소지를 떠나 있어서 쉽게 돌아올 가망이 없는 사람. ◆ 失踪人员。¶부재자 신고. =失踪人员申报。

부적(符籍)【명사】잡귀를 쫓고 재앙을 물리치기 위하여 붉은색으로 글씨를 쓰거나 그림을 그려 몸에 지니거나 집에 붙이는 종이. ◆图符。¶부적을 붙이다. =贴符。

부적당하다(不適當--)【형용사】어떤 기준이나 정도 따위에 알맞지 아니하다. ◆形不妥，不合适。¶이 옷은 파티에 입고 가기에는 부적당하다. =这件衣服不适合参加聚会的时候穿。

부적절하다(不適切--)【형용사】어떠한 일이나 행동 따위를 하기에 알맞지 아니하다. ◆形不合适。¶일을 처리하는 방법이 부적절하다. =处理事情的方法不合适。

부적합하다(不適合--)【형용사】일이나 조건 따위에 꼭 알맞지 아니하다. ◆形不适合，不合适。¶그는 유전자 변형 농산물은 식용으로 부적합하다고 했다. =他说转基因农产品不适合食用。

부전공(副專攻)【명사】전공 분야 외에 따로 덧붙여 연구하는 분야. ◆图辅修专业。¶그의 전공은 문학이지만 부전공은 교육학이다. =他的专业是文学，辅修专业是教育学。

부전승(不戰勝)【명사】추첨이나 상대편의 기권 따위로 경기를 치르지 아니하고 이기는 일. ◆图不战而

胜，自动获胜。¶부전승으로 결승에 오르다. =自动进入决赛。

부전자전(父傳子傳)【명사】아버지가 아들에게 대대로 전함. ◆ 图父传子承，有其父必有其子。¶부전자전이라더니 아들 녀석이 남편을 꼭 닮았다. =俗话说“有其父必有其子”，儿子跟他爸像极了。

부젓가락【명사】화로에 꽂아 두고 불덩이를 집거나 불을 헤치는 데 쓰는 쇠로 만든 젓가락. ◆ 图火筷，火箸。¶부젓가락으로 화로의 불씨를 집어 담뱃불을 붙이다. =用火筷子从火炉里取出火种点烟。

부정[1](不淨)【명사】图 ❶ 깨끗하지 못함. 또는 더러운 것. ◆ 不干净，脏。❷ 사람이 죽는 따위의 불길한 일. ◆ 不吉利，犯忌讳。¶남이 쓰던 물건을 주워 오면 부정이 든다는 말이 전한다. =据说捡回别人用过的东西不吉利。

부정[2](否定)【명사】그렇지 아니하다고 단정하거나 옳지 아니하다고 반대함. ◆ 图否定。¶그녀는 긍정도 부정도 아닌 미소만 지었다. =她只是微笑，不置可否。● 부정하다(否定--), 부정되다(否定--) ●

부정[3](不貞)【명사】부부가 서로의 정조를 지키지 아니함. 흔히 아내가 정절을 지키지 않는 일을 이른다. ◆ 图不贞。¶외간 남자와 부정을 저지르다. =跟别的男人有奸情。

부정[4](不正)【명사】올바르지 아니하거나 옳지 못함. ◆ 图不正当，违法，非法。¶부정 투표. =非法投票。●부정하다(不正--) ●

부정부패(不正腐敗)【명사】바르지 못하고 부패함. ◆ 图腐败。¶부정부패를 척결하다. =整治腐败。

부정적(否定的)【명사】图 ❶ 그렇지 아니하다고 단정하거나 옳지 아니하다고 반대하는. 또는 그런 것. ◆ 否定的。¶부정적 견해. =否定的看法。❷ 바람직하지 못한. 또는 그런 것. ◆ 负面的，反面的。¶부정적 이미지. =负面形象。

부정확하다(不正確--)【형용사】바르지 아니하거나 확실하지 아니하다. ◆ 形不正确，不对，错误。¶부정확한 정보. =错误的信息。

부제(副題)【명사】서적, 논문, 문예 작품 따위의 제목에 덧붙어 그것을 보충하는 제목. ◆ 图副标题。¶부제를 달다. =写副标题。

부조[1](扶助)【명사】图 ❶ 잔칫집이나 상가(喪家) 따위에 돈이나 물건을 보내어 도와줌. 또는 돈이나 물건. ◆ (红白喜事)随礼，随份子。¶결혼식 부조. =婚礼随礼。❷ 남을 거들어서 도와주는 일. ◆ 接济，补贴，扶助。¶생계 부조. =接济生活。● 부조하다(扶助--) ●

부조[2](浮彫)【명사】돋을새김(조각에서, 평평한 면에 글자나 그림 따위를 도드라지게 새기는 일). ◆ 图浮雕。¶불상이 부조된 판석이 발견되었다. =人们发现了刻有佛像的浮雕石板。

부조리(不條理)【명사】이치에 맞지 아니하거나 도리에 어긋남. 또는 그런 일. ◆ 图不合理，荒谬。¶사회의 모든 부조리를 추방하라. =清除社会上所有不合理的现象。

부조화(不調和)【명사】서로 잘 어울리지 아니함. ◆ 图不协调，不和谐。¶현대식 건물과 고대 궁전의 부조화. =现代建筑与古典宫殿的不协调。

부족[1](不足)【명사】필요한 양이나 기준에 미치지 못해 충분하지 아니함. ◆ 图不足，缺乏，不够。¶예산 부족. =预算不足。● 부족하다(不足--) ●

부족[2](部族)【명사】같은 조상·언어·종교 등을 가진, 원시 사회나 미개 사회의 구성 단위가 되는 지역적 생활 공동체. ◆ 图部族，氏族，部落。¶부족 단위로 생활하다. =以氏族为单位生活。

부주의(不注意)【명사】조심을 하지 아니함. ◆ 图不注意，不小心，疏忽。¶운전 부주의. =驾驶疏忽。● 부주의하다(不注意--) ●

부지(敷地)【명사】건물을 세우거나 도로를 만들기 위하여 마련한 땅. ◆ 图用地。¶공장 부지. =工厂用地。

부지기수(不知其數)【명사】헤아릴 수가 없을 만큼 많음. 또는 그렇게 많은 수효. ◆ 图不计其数。¶전쟁으로 죽은 사람이 부지기수다. =战争导致死亡的人不计其数。

부지깽이【명사】아궁이 따위에 불을 땔 때에, 불을 헤치거나 끌어내거나 거두어 넣거나 하는 데 쓰는 가느스름한 막대기. ◆ 图拨火棍。¶부지깽이가 아궁이에서 벌겋게 달아올랐다. =拨火棍在炉子里烧得通红。

부지런하다【형용사】어떤 일을 꾸물거리거나 미루지 않고 꾸준하게 열심히 하는 태도가 있다. ◆ 形勤奋，勤勉。¶부지런하게 일하다. =勤奋工作。● 부지런히 ●

부지불식간(不知不識間)【명사】[주로 '부지불식간에' 꼴로 쓰여] 생각하지도 못하고 알지도 못하는 사이. ◆ 图不知不觉间。¶부지불식간에 일어난 일. =不知不觉间发生的事。

부진(不振)【명사】어떤 일이 이루어지는 기세나 힘 따위가 활발하지 아니함. ◆ 图不好，不振，不景气。¶성적 부진. =成绩不好。● 부진하다(不振--) ●

부질없다【형용사】대수롭지 아니하거나 쓸모가 없다. ◆ 形徒劳无益，毫无意义。¶세상의 영화가 부질없게 느껴지다. =觉得世间的荣华毫无意义。● 부질없이 ●

부쩍【부사】어떤 사물이나 현상의 상태·빈도·양 따위가 매우 거침새 없이 갑자기 늘거나 주는 모양. ◆ 副猛然，猛地，一下子。¶손님이 부쩍 늘다. =客人一下子增多了。

부착(附着/付着)【명사】떨어지지 아니하게 붙음. 또는 그렇게 붙이거나 닮. ◆ 图附着，粘贴。¶광고 부착. =广告粘贴。● 부착되다(附着/付着--), 부착하다(附着/付着--) ●

부채[1]【명사】손으로 흔들어 바람을 일으키는 물건. 가는 대오리로 살을 하고 종이나 헝겊 따위를 발라서 자루를 붙여 만든다. ◆ 图扇子。¶부채를 부치다. =扇扇子。

부채[2](負債)【명사】남에게 빚을 짐. 또는 그 빚. ◆ 图负债，欠债。¶부채를 갚다. =还债。

부채꼴【명사】图 ❶ 쥘부채를 폈을 때처럼 생긴 모양. ◆ 扇形。¶강 하구에 쌓인 토사가 부채꼴이다. =河流下游堆积的沙土呈扇形。❷ 원의 두 개의 반지름과 그 호(弧)로 둘러싸인 부분. ◆ 扇形(数学图形)。

부채질【명사】名 ❶ 부채를 흔들어 바람을 일으키는 일. ◆ 扇扇子，摇扇子，扇风。¶그는 날씨가 덥다고 방 안에서 꼼짝도 않고 부채질만 하고 있다. =他嫌天气太热了，一动不动地呆在房间里，一个劲儿地扇扇子。❷ 어떤 감정이나 싸움, 상태의 변화 따위를 더욱 부추기는 일을 비유적으로 이르는 말. ◆ 煽风点火，火上浇油，添油加醋。¶그의 대답이 그녀의 분노에 부채질을 하는 결과가 되었다. =他的回答好像火上浇油，让她更加愤怒。● 부채질하다 ●

부챗살【명사】부채의 뼈대를 이루는 여러 개의 대오리. ◆名扇骨。¶부챗살을 펴다. =打开扇骨。

부처[1](部處)【명사】정부 조직의 부와 처를 아울러 이르는 말. ◆名部门。¶정부 각 부처. =政府各部门。

부처[2]【명사】名 ❶ '석가모니'의 다른 이름. ◆ 佛祖。❷ 불도를 깨달은 성인. ◆ 圣人。❸ 불상(佛像)(부처의 형상을 표현한 상). ◆ 佛像。¶향을 사르고 부처님 앞에 절을 올렸다. =焚香后在佛像前跪拜。

부추【명사】백합과의 여러해살이풀. 봄에 땅속의 작은 비늘줄기로부터 길이 30cm 정도 되는 선 모양의 두툼한 잎이 무더기로 뭉쳐난다. ◆名韭菜。

부추기다【동사】动 ❶ 남을 이리저리 들쑤셔서 어떤 일을 하게 만들다. ◆ 挑唆，怂恿，煽动，鼓动。❷ 감정이나 상황 따위가 더 심해지도록 영향을 미치다. ◆ 刺激。¶경쟁심을 부추기다. =刺激竞争欲。

부축【명사】겨드랑이를 붙잡아 걷는 것을 도움. ◆名搀扶。¶그는 친구의 부축으로 겨우 계단을 오를 수 있었다. =在朋友的搀扶下，他勉强可以上台阶。● 부축되다, 부축하다 ●

부츠(boots)【명사】목이 긴 구두. 앵클부츠, 롱부츠 따위가 있다. ◆名长靴，长筒靴。

부치다[1]【동사】모자라거나 미치지 못하다. ◆ 动(力所)不及，(力量)不足。¶일이 힘에 부치다. =力所不及。

부치다[2]【동사】动 ❶ 편지나 물건 따위를 일정한 수단이나 방법을 써서 상대에게로 보내다. ◆ 寄，邮。¶아들에게 학비와 용돈을 부치다. =给儿子寄学费和零用钱。❷ 어떤 문제를 다른 곳이나 다른 기회로 넘기어 맡기다. ◆ 提交，交付。¶안건을 회의에 부치다. =向会议上交提案。❸ 어떤 일을 거론하거나 문제 삼지 아니하는 상태에 있게 하다. ◆ 妥善处置，给出定论。¶회의 내용을 극비에 부치다. =把会议内容定为绝密。❹ 원고를 인쇄에 넘기다. ◆ 付梓，付印。¶접수된 원고를 편집하여 인쇄에 부쳤다. =把收到的稿件进行编辑后交付印刷。❺ 마음이나 정 따위를 다른 것에 의지하여 대신 나타내다. ◆ 寄(情)，寓情。¶정을 부치다. =寄情。❻ 먹고 자는 일을 제집이 아닌 다른 곳에서 하다. ◆ 寄居，栖身。¶삼촌 집에 숙식을 부치다. =寄居在叔叔家。❼ 어떤 행사나 특별한 날에 즈음하여 어떤 의견을 나타내다. 주로 글의 제목이나 부제(副题)에 많이 쓰는 말이다. ◆ 值此。¶식목일에 부치는 글. =写在植树节到来之际的文章。

부칙(附則)【명사】어떠한 규칙을 보충하기 위하여 덧붙인 규칙. ◆名附则。

부친(父親)【명사】'아버지'를 정중히 이르는 말. ◆ 名父亲。¶부친의 말씀에 따르다. =听从父亲的话。

부침(浮沈)【명사】名 ❶ 물 위에 떠올랐다 물 속에 잠겼다 함. ◆ 沉浮，浮沉，起伏。¶가로등 불빛에 모습을 드러냈다 사라졌다 하는 것이 마치 익사자의 마지막 부침을 보고 있는 것 같았다. =路灯光下时隐时现的样子，看上去就像溺水者在水中最后的沉浮一般。❷ 세력 따위가 성하고 쇠함을 비유적으로 이르는 말. ◆〈喻〉起落，沉浮，兴衰。¶부침을 거듭하다. =起起落落。

부침개【명사】기름에 부쳐서 만드는 빈대떡, 저냐, 누름적, 전병(煎餠) 따위의 음식. ◆ 名油煎食品，煎饼。¶부침개를 부치다. =煎煎饼。

부케(bouquet)〈프〉【명사】주로 결혼식 때 신부가 손에 드는 작은 꽃다발. ◆ 名花束，新娘捧花。¶화려한 부케는 신부의 아름다움을 한층 더 빛내 주었다. =华丽的捧花衬托得新娘更加美丽。

부탁(付託)【명사】어떤 일을 해 달라고 청하거나 맡김. 또는 그 일거리. ◆名拜托，请求。¶부탁 편지. =请求信件。● 부탁하다(付託--) ●

부탄가스(butane gas)【명사】가스라이터나 버너, 휴대용 가스레인지에 불을 붙이기 위해 연료로 사용하는 기체. ◆名丁烷瓦斯，丁烷气。

부터【조사】[체언이나 부사어 뒤에 붙어] 어떤 일이나 상태 따위에 관련된 범위의 시작임을 나타내는 보조사. 흔히 뒤에는 끝을 나타내는 '까지'가 와서 짝을 이룬다. ◆助从，由。

부통령(副統領)【명사】일부 대통령 중심제 국가에서 대통령을 돕고 대통령이 없을 때에는 대통령의 역할를 대신 하기도 하는 직위. 또는 그런 직위에 있는 사람. ◆名副总统。

부패(腐敗)【명사】名 ❶ 정치·사상·의식 따위가 타락함. ◆ 腐败，腐朽。¶정치적 부패. =政治腐败。❷ 단백질이나 지방 따위의 유기물이 미생물의 작용에 의하여 분해되는 과정. 또는 그런 현상. 독특한 냄새가 나거나 유독성 물질이 발생한다. ◆腐烂，霉烂。¶음식물의 부패. =食物腐烂。● 부패되다(腐敗--), 부패하다(腐敗--) ●

부표(浮標)【명사】名 ❶ 물 위에 떠서 이리저리 마구 떠돌아다님. ◆ 浮游，漂浮。❷ 물 위에 띄워 어떤 표적을 삼는 물건. ◆ 浮标。¶부표를 향해 배가 나아간다. =船向浮标驶去。

부풀다【동사】动 ❶ 종이나 헝겊 따위의 거죽에 부풀이 일어나다. ◆ (布、纸的表面)起毛。❷ 살가죽이 붓거나 부르터 오르다. ◆ 肿，胀。¶밤새 울어서 눈이 벌겋게 부풀다. =哭了一晚上，眼睛哭得又红又肿。❸ 희망이나 기대 따위가 마음에 가득하게 되다. ◆ 充满，充溢。¶희망에 부풀다. =充满希望。❹ 물체가 늘어나면서 부피가 커지다. ◆ 鼓起来，膨

胀。¶순풍에 돛이 부풀다. =顺风鼓帆。❺ 어떤 일이 실제보다 과장되다. ◆ 吹牛，夸大。¶소문이란 구르는 눈덩이처럼 부풀어 나게 마련이다. =谣言就像雪球一样，越滚越大。❻ (비유적으로) 성이 나다 ◆ 生气，发作。¶꾸중 좀 했다고 부풀어서 말도 안 한다. =气得稍加批评后一句话也不说。

부풀리다【동사】动 ❶ '부풀다'의 사동형. 희망이나 기대 따위가 마음에 가득하게 하다. ◆ 使……满足，使……充实，使……美滋滋，¶친구의 전화가 그의 마음을 부풀리다. =朋友的电话使他心里美滋滋的。❷ '부풀다'의 사동형. 물체가 늘어나면서 부피가 커지게 하다. ◆ 吹大，使……膨胀，发泡('부풀다'的使动形态)。¶풍선을 부풀리다. =把气球吹起来。❸ '부풀다'의 사동형. 어떤 일이 실제보다 과장되다. ◆ 吹牛，夸大。¶수출 실적을 부풀리다. =夸大出口业绩。

부품(部品)【명사】기계 따위의 어떤 부분에 쓰는 물품. ◆ 名零部件，配件。¶자동차 부품. =汽车零部件。

부피【명사】넓이와 높이를 가진 물건이 공간에서 차지하는 크기. ◆ 名体积，容积。¶부피를 재다. =量体积。

부하[1](負荷)【명사】원동기에서 나오는 동력을 소비하는 것. 또는 이때 소비되는 에너지의 크기. ◆ 名负荷，载荷，负载。

부하[2](部下)【명사】직책상 자기보다 더 낮은 자리에 있는 사람. ◆ 名部下，下属，手下。¶부하 직원. =下属职员。

부합(符合)【명사】부신(符信)이 꼭 들어맞듯 사물이나 현상이 서로 꼭 들어맞음. ◆ 名符合，吻合。¶우연한 일이겠지만, 그의 말은 이번 일과 잘 부합되었다. =虽然很偶然，但他的话和这次的事非常吻合。● 부합되다(符合--), 부합하다(符合--) ●

부호[1](富豪)【명사】재산이 많아 살림이 넉넉한 사람의 집. ◆ 名富豪，豪门。

부호[2](符號)【명사】名 ❶ 일정한 뜻을 나타내기 위하여 따로 정하여 쓰는 기호. ◆ 记号，标记，代码。¶부호를 쓰다. =使用代码。❷ 몇 개의 수 또는 식(式)의 사이에 셈을 놓을 때 쓰는 표. 곧, '+, -, ×, ÷, ⊂, ⊃' 따위를 이른다. ◆ 数学符号。

부화(孵化)【명사】동물의 알 속에서 새끼가 껍데기를 깨고 밖으로 나옴. 또는 그렇게 되게 함. ◆ 名孵化。¶갓 부화된 병아리. =刚孵化的小鸡。● 부화하다(孵化--) ●

부화뇌동(附和雷同)【명사】줏대 없이 남의 의견에 따라 움직임. ◆ 名随声附和。¶부화뇌동하는 의식 없는 무리. =没有主见、随声附和的一群人。● 부화뇌동하다(附和雷同--) ●

부활(復活)【명사】名 ❶ 죽었다가 다시 살아남. ◆ 复活。¶생명의 부활. =生命的复活。❷ 쇠퇴하거나 폐지한 것이 다시 성하게 됨. 또는 그렇게 함. ◆ 重振，恢复，复兴。¶교복 착용 제도 부활. =恢复穿校服的制度。● 부활되다(復活--), 부활하다(復活--) ●

부활시키다(復活---)【동사】쇠퇴하거나 폐지한 것을 다시 성하게 만들다. ◆ 动重振，恢复，复兴。¶과거의 제도를 부활시키다. =恢复过去的制度。

부황(浮黃)【명사】오래 굶주려서 살가죽이 들떠서 붓고 누렇게 되는 병. ◆ 名浮肿病。¶누렇게 부황이 들다. =皮肤黄黄的，害了浮肿病。

부흥(復興)【명사】쇠퇴하였던 것이 다시 일어남. 또는 그렇게 되게 함. ◆ 名复兴，重建。● 부흥하다(復興--) ●

부흥시키다(復興---)【동사】쇠퇴하였던 것을 다시 일어나게 하다. ◆ 动复兴，重建。¶전통극을 부흥시키다. =复兴传统剧目。

북[1]【명사】북(北)쪽. ◆ 名北。¶이 강은 북에서 남으로 흐른다. =这条河从北向南流。

북[2]【명사】둥근 나무통의 양쪽 끝에 가죽을 팽팽하게 대어 손이나 채로 두드려서 소리를 내는 악기. ◆ 名鼓。¶북을 치다. =敲鼓。

북경(北京)【명사】중국의 수도. ◆ 名北京。

북극(北極)【명사】지축(地軸)의 북쪽 끝. ◆ 名北极。

북극성(北極星)【명사】작은곰자리에서 가장 밝은 별. ◆ 名北极星。

북극해(北極海)【명사】북극을 중심으로 북아메리카(北), 유라시아 두 대륙에 둘러싸인 해역. ◆ 名北冰洋。

북단(北端)【명사】북쪽의 끝. ◆ 名北端。¶안데스산맥(Andes山脈)은 남아메리카의 북단에서 남단까지 약 9,500km를 뻗어 내려간 세계 최장의 산맥이다. =从南美的北端到南端，安第斯山脉绵延近9,500千米，是世界最长的山脉。

북돋우다【동사】기운이나 정신 따위를 더욱 높여 주다. ◆ 动鼓励，激发，鼓舞。¶사기를 북돋우다. =鼓舞士气。

북동(北東)【명사】북쪽을 기준으로 북쪽과 동쪽 사이의 방위. ◆ 名东北，东北方。

북동풍(北東風)【명사】동북쪽에서 서남쪽으로 부는 바람. ◆ 名东北风。

북두칠성(北斗七星)【명사】큰곰자리에서 국자 모양을 이루며 가장 뚜렷하게 보이는 일곱 개의 별. ◆ 名北斗七星。

북망산(北邙山)【명사】무덤이 많은 곳이나 사람이 죽어서 묻히는 곳을 이르는 말. 중국의 베이망 산에 무덤이 많았다는 데서 유래한다. ◆ 名坟地。¶북망산에 묻히다. =埋在坟地里。

북문(北門)【명사】名 ❶ 북쪽으로 난 문. ◆ 北门。❷ 성곽의 북쪽에 있는 문. ◆ 北门。

북미(北美)【명사】아메리카 대륙의 북부. ◆ 名北美，北美洲。

북반구(北半球)【명사】적도를 경계로 지구를 둘로 나누었을 때의 북쪽 부분. ◆ 名北半球。

북받치다【동사】감정이나 힘 따위가 속에서 세차게 치밀어 오르다. ◆ 动涌上，冒出。¶슬픔이 북받치다. =悲伤涌了上来。

북방(北方)【명사】名 북쪽(北-). ◆ 北方，北边。

북부(北部)【명사】어떤 지역의 북쪽 부분. ◆ 图北部，北方。¶안동은 예로부터 경북 북부의 중심지였다. =安东自古以来就是庆尚北道北部的中心。

북상(北上)【명사】북쪽을 향하여 올라감. ◆ 图北上。¶장마 전선의 북상. =霾雨潮北上。● 북상하다(北上--) ●

북새통【명사】많은 사람이 야단스럽게 부산을 떨며 법석이는 상황. ◆ 图喧闹，吵吵嚷嚷，乱哄哄。¶북새통을 이루다. =吵成一团。

북서(北西)【명사】북쪽을 기준으로 북쪽과 서쪽 사이의 방위. ◆ 图西北。¶북서 계절풍. =西北季风。

북서풍(北西風)【명사】북서쪽에서 남동쪽으로 부는 바람. ◆ 图西北风。

북소리【명사】북을 칠 때 나는 소리. ◆ 图鼓声。¶북소리가 나다. =鼓声响起。

북아메리카(北)【명사】아메리카 대륙의 북부. ◆ 图北美，北美洲。

북어(北魚)【명사】말린 명태. ◆ 图干明太(鱼)，明太鱼干。¶북어 세 마리. =三条干明太。

북위(北緯)【명사】적도로부터 북극에 이르기까지의 위도. 적도를 0도로 하여 북극의 90도에 이른다. ◆ 图北纬。

북적거리다【동사】많은 사람이 한곳에 모여 매우 수선스럽게 자꾸 들끓다. ◆ 动拥挤喧哗，闹哄哄，人声鼎沸。¶공항에 여행객이 북적거리다. =机场里旅客熙熙攘攘的。● 북적대다 ●

북채【명사】북을 치는 조그만 방망이. ◆ 图鼓槌。¶사공들은 신에게 치성을 드리면서 양손에 북채를 쥐고 북을 힘껏 쳤다. =船夫们一边向神虔诚敬拜，一边双手握紧鼓槌用力敲鼓。

북풍(北風)【명사】북쪽에서 불어오는 바람. ◆ 图北风。¶북풍이 세차게 불다. =北风呼啸。

북향(北向)【명사】북쪽으로 향함. 또는 그 방향. ◆ 图向北，朝北。¶ 그녀 방은 북향이어서 일 년 내내 볕이 안 들 것이라는 사실도 새삼 안타까웠다. =她的房间朝北，一年到头都见不到阳光，实在令人心疼。

분[1]【의존 명사】依名 ❶ 사람을 높여서 이르는 말. ◆ 位。¶반대하시는 분 계십니까? =有反对的人吗? ❷ 높이는 사람을 세는 단위. ◆ 位。¶손님 다섯 분. =五位客人。

분[2](粉)【명사】图 ❶ '백분(白粉)'의 준말. 얼굴빛을 곱게 하기 위하여 얼굴에 바르는 화장품의 하나. ◆ 粉，香粉("백분(白粉)"的略语)。¶분을 바르다. =抹粉。❷ 딱딱한 물건을 보드라울 정도로 잘게 부수거나 갈아서 만든 것. ◆ 粉末。

분[3](憤/忿)【명사】억울하고 원통한 마음. ◆ 图愤怒，愤恨，气愤。¶분을 참다. =忍气。

분[4](分)【의존 명사】한 시간의 60분의 1이 되는 동안을 세는 단위. ◆ 依名 分，分钟。¶집에서 학교까지 40분 정도 걸린다. =从家到学校需要40分钟左右。

-분[5](分)【접사】后缀 ❶ '분량'의 뜻을 더하는 접미사. ◆ 份。¶5인분의 식사. =5人份的饭。❷ '성분'의 뜻을 더하는 접미사. ◆ 含量。¶지방(脂肪)분. =脂肪含量。

분가(分家)【명사】가족의 한 구성원이 주로 결혼 따위로 살림을 차려 따로 나감. ◆ 图分家，分开过。¶분가를 나가다. =分开过。● 분가하다(分家--) ●

분가루(粉--)【명사】图 ❶ 화장품으로 쓰는 분의 가루. ◆ 粉，香粉。¶분가루를 얼굴에 두드려 바르다. =往脸上扑粉。❷ 분처럼 하얀 가루. ◆ 白色的粉末。

분간(分揀)【명사】图 ❶ 사물이나 사람의 옳고 그름, 좋고 나쁨 따위와 그 정체를 구별하거나 가려서 앎. ◆ 分辨，弄清，分清。¶나는 그가 한 말이 장난인지 진심인지 분간이 안 갔다. =我分不清他说的是玩笑还是真心话。❷ 어떤 대상이나 사물을 다른 것과 구별하여 냄. ◆ 识别，辨别，区分。¶진짜 보석과 가짜 보석의 분간은 전문가만이 할 수 있다. =只有专家才能辨别真宝石和假宝石。● 분간되다(分揀--), 분간하다(分揀--) ●

분개(憤慨/憤愾)【명사】몹시 분하게 여김. ◆ 图愤慨，愤怒。¶분개를 느끼다. =感到愤慨。● 분개하다(憤慨--/憤愾--) ●

분계선(分界線)【명사】서로 나누어진 두 지역의 경계가 되는 선. ◆ 图分界线。¶군사 분계선. =军事分界线。

분교(分校)【명사】본교와 떨어진 다른 지역에 따로 세운 학교. ◆ 图分校。

분규(紛糾)【명사】이해나 주장이 뒤얽혀서 말썽이 많고 시끄러움. ◆ 图纠纷，争端。¶분규 해결. =解决纠纷。

분기(分期)【명사】일 년을 4등분 한 3개월씩의 기간. ◆ 图季度。¶분기별 손익 계산. =按季度计算盈亏。

분기점(分岐點)【명사】图 ❶ 길 따위가 여러 갈래로 갈라지기 시작하는 곳. ◆ 分岔点，岔路口。¶회덕 분기점. =怀德岔路口。❷ 사물의 속성 따위가 바뀌어 갈라지는 지점이나 시기. ◆ 岔路口，分水岭，分界点。¶새로운 역사의 분기점에 서다. =站在新的历史岔路口。

분노(憤怒)【명사】분개하여 몹시 성을 냄. 또는 그렇게 내는 성. ◆ 图愤怒，愤慨，怒火。¶분노가 솟구치다. =怒火中烧。● 분노하다(憤怒--) ●

분단[1](分團)【명사】图 ❶ 하나의 단체를 몇 개의 작은 단위로 나눔. 또는 그 집단. ◆ 分团(团体的下一级单位)。❷ 한 학급을 보다 작은 단위로 나누는 일. 또는 그 단위. ◆ 班内分组；小组。

분단[2](分斷)【명사】동강이 나게 끊어 가름. ◆ 图分裂，分割。¶국토 분단. =国土分裂。● 분단되다(分斷--) ●

분담(分擔)【명사】일을 나누어서 맡음. ◆ 图分配，分担，分摊，分工。¶업무 분담. =业务分工。● 분담되다(分擔--), 분담하다(分擔--) ●

분동(分銅)【명사】천평칭(天平秤)이나 대저울 따위로 무게를 달 때, 무게의 표준이 되는 추. ◆ 图砝码。

분란(紛亂)【명사】어수선하고 소란스러움. ◆ 图纷

乱，纷扰，矛盾。¶분란이 생기다. =产生矛盾。

분량(分量)【명사】수효, 무게 따위의 많고 적음이나 부피의 크고 작은 정도. ◆ 图分量，量，程度。¶원고지 2백 장 분량. =200张稿纸的量。

분류(分類)【명사】종류에 따라서 가름. ◆ 图分类。¶분류 기준. =分类标准。● 분류되다(分類--), 분류하다(分類--) ●

분리(分離)【명사】서로 나뉘어 떨어짐. 또는 그렇게 되게 함. ◆ 图隔开，隔离，分离。● 분리되다(分離--), 분리하다(分離--) ●

분리수거(分離收去)【명사】쓰레기 따위를 종류별로 나누어서 늘어놓은 것을 거두어 감. ◆ 图分类回收。¶쓰레기 분리수거. =分类回收垃圾。● 분리수거하다(分離收去--) ●

분만(分娩)【명사】아이를 낳음. ◆ 图分娩，生孩子。¶분만의 고통. =分娩的痛苦。● 분만하다(分娩--) ●

분말(粉末)【명사】딱딱한 물건을 보드라울 정도로 잘게 부수거나 갈아서 만든 것. ◆ 图粉末。¶약사가 알약을 빻아서 미세한 분말로 만들었다. =药剂师把药丸捣成了细末。

분명(分明)【부사】틀림없이 확실하게. ◆ 副分明，清楚，明显。¶그것은 분명 네가 한 말이다. =很明显，那就是你说的。

분명하다(分明--)【형용사】形 ❶ 모습이나 소리 따위가 흐릿함이 없이 똑똑하고 뚜렷하다. ◆ 清楚，分明，鲜明。¶발음이 분명하다. =发音清楚。❷ 태도나 목표 따위가 흐릿하지 않고 확실하다. ◆ 明确，确凿。¶증거가 분명하다. =证据确凿。❸ 어떤 사실이 틀림이 없이 확실하다. ◆ 确实，肯定，一定。● 분명히(分明-) ●

분모(分母)【명사】분수 또는 분수식에서, 가로줄 아래에 있는 수나 식. ◆ 图分母。

분무기(噴霧器)【명사】물이나 약품 따위를 안개처럼 뿜어내는 도구. ◆ 图喷雾器，喷枪。¶분무기로 화분에 물을 주다. =用喷雾器给花浇水。

분발(奮發)【명사】마음과 힘을 다하여 떨쳐 일어남. ◆ 图奋发，奋发图强。¶우리 팀은 노장 선수들의 분발로 우승을 차지했다. =我们队因为老队员的奋发图强取得了胜利。● 분발하다(奮發--) ●

분방하다(奔放--)【형용사】규칙이나 규범 따위에 구애받지 아니하고 제멋대로이다. ◆ 形奔放，豪放。¶성격이 분방하다. =性格豪放。

분배(分配)【명사】몫몫이 별러 나눔. ◆ 图分配，分摊。¶공평한 분배. =公平的分配。● 분배되다(分配--), 분배하다(分配--) ●

분별(分別)【명사】图 ❶ 서로 다른 일이나 사물을 구별하여 가름. ◆ 分别，区别，分，区分。¶지금은 귀천의 분별이 없어졌다. =现在没有贵贱之分。❷ 세상 물정에 대한 바른 생각이나 판단. ◆ 轻重，深浅，分寸。¶분별 있게 행동하다. =做事有分寸。● 분별하다(分別--) ●

분별없다(分別--)【형용사】세상 물정에 대하여 옳고 그른 것을 판단할 만한 능력이 없다. ◆ 形不知深浅，不知天高地厚。● 분별없이(分別--) ●

분부(分付/吩咐)【명사】윗사람이 아랫사람에게 명령이나 지시를 내림. 또는 그 명령이나 지시. ◆ 图吩咐，嘱咐。¶분부대로 하다. =按吩咐行事。● 분부하다(分付--/吩咐--) ●

분분하다(紛紛--)【형용사】形 ❶ 떠들썩하고 소문, 의견 따위가 많아 갈피를 잡을 수 없다. ◆ 纷纷，纷纭。¶소문이 분분하다. =传闻纷纭。❷ 여럿이 한데 뒤섞여 어수선하다. ◆ 纷纷，纷飞。¶꽃잎이 분분하게 떨어지다. =花瓣纷纷落下。● 분분히(紛紛-) ●

분비(分泌)【명사】샘세포의 작용에 의하여 만든 액즙을 배출관으로 보내는 일. 외분비와 내분비가 있다. ◆ 图分泌。¶위액의 분비. =分泌胃液。● 분비되다(分泌--), 분비하다(分泌--) ●

분비물(分泌物)【명사】분비샘에서 나오는 물질. 침·위액(胃液)·땀·젖 따위가 있다. ◆ 图分泌物。

분사(噴射)【명사】액체나 기체 따위에 압력을 가하여 세차게 뿜어 내보냄. ◆ 图喷射，喷出。¶분사 노즐이 막혀 엔진이 멈췄다. =喷嘴堵了，发动机停了。● 분사되다(噴射--), 분사하다(噴射--) ●

분산(分散)【명사】갈라져 흩어짐. 또는 그렇게 되게 함. ◆ 图分散，散开，疏散。¶인구 분산. =人口分散。● 분산되다(分散--), 분산하다(分散--) ●

분석(分析)【명사】얽혀 있거나 복잡한 것을 풀어서 개별적인 요소나 성질로 나눔. ◆ 图分析。¶심리 분석. =心理分析。● 분석되다(分析--), 분석하다(分析--) ●

분쇄(粉碎)【명사】图 ❶ 단단한 물체를 가루처럼 잘게 부스러뜨림. ◆ 磨，粉碎。¶곡식 분쇄. =磨粮食。❷ 여지없이 쳐부숨. ◆ 粉碎，彻底击垮。¶경찰은 지하 세력의 분쇄에 온 힘을 기울였다. =警察全力粉碎黑势力。● 분쇄되다(粉碎--), 분쇄하다(粉碎--) ●

분수[1](分數)【명사】정수 A를 0이 아닌 정수 B로 나눈 몫을 A/B로 표시한 것. ◆ 图分数。

분수[2](噴水)【명사】압력으로 좁은 구멍을 통하여 물을 위로 세차게 내뿜거나 뿌리도록 만든 설비. 또는 그 물. ◆ 图喷水，喷泉。¶시원스럽게 내뿜는 분수를 보니 더위가 한결 가신다. =清凉的喷泉喷薄而出，暑热消减了许多。

분수[3](分數)【명사】图 ❶ 사물을 분별하는 지혜. ◆ 分辨力，辨别力。❷ 자기 신분에 맞는 한도. ◆ 能力范围内，与个人身份相符。¶분수에 넘치는 사치. =过度的奢侈。❸ 사람으로서 일정하게 이를 수 있는 한계. ◆ 分寸，尺度，深浅。¶농담도 분수가 있다. =开玩笑也应该有分寸。

분수대(噴水臺)【명사】분수의 물을 뿜도록 만들어 놓은 시설. ◆ 图喷水池。

분수령(分水嶺)【명사】图 ❶ 분수계가 되는 산마루나 산맥. ◆ 分水岭。¶저 산의 분수령에 서면 고향이 내려다보인다. =站在那座山的分水岭上可以看到故乡。❷ 어떤 사실이나 사태가 발전하는 전환점 또는 어떤 일이 한 단계에서 전혀 다른 단계로 넘어가는 전환점을 비유적으로 이르는 말. ◆ 分水岭，转折点。¶외국에서 지낸 5년이 그의 인생에 있어 중요한 분수령이 되었다. =在国外度过的五年是他人生的重要转折点。

분수없다(分數--) 【형용사】 形 ❶ 사물을 분별할 만한 지혜가 없다. ◆ 糊涂，不明事理。¶분수없는 짓을 하고도 모른다. =干下糊涂的勾当，自己还不知道。❷ 자기 신분에 맞지 아니하다. ◆ 不自量力，不知深浅。¶분수없는 행동. =不自量力的行为。● 분수없이(分數--) ●

분식(粉食) 【명사】 밀가루 따위로 만든 음식을 먹음. 또는 그 음식. ◆ 名面食。¶점심은 간단히 분식으로 하자. =午饭就简单吃点面食吧。

분신¹(分身) 【명사】 名 ❶ 하나의 주체에서 갈라져 나온 것. ◆ 分身，化身。¶이 시계는 아버님의 분신과 같은 물건이다. =这块手表就像是父亲的化身。❷ 부처가 중생을 교화하기 위하여 여러 가지 몸으로 나타남. 또는 그 몸. ◆ 化身(佛教用语)。

분신²(焚身) 【명사】 자기 몸을 스스로 불사름. ◆ 名自焚，焚身。¶그는 자기들의 주장이 끝내 받아들여지지 않자 분신을 시도하였다. =看到己方的主张最终未能被采纳，他试图自焚。● 분신하다(焚身--) ●

분실(紛失) 【명사】 자기도 모르는 사이에 물건 따위를 잃어버림. ◆ 名遗失，丢失。¶분실 사고. =遗失事件。● 분실되다(紛失--), 분실하다(紛失--) ●

분실물(紛失物) 【명사】 자기도 모르는 사이에 잃어버린 물건. ◆ 名失物。¶분실물 센터. =失物招领中心。

분야(分野) 【명사】 여러 갈래로 나누어진 범위나 부분. ◆ 名领域，部门，方面。¶외교 분야. =外交领域。

분양(分讓) 【명사】 名 ❶ 전체를 여러 부분으로 갈라서 여럿에게 나누어 줌. ◆ 分盆。¶난을 가지쳐서 분양하다. =把兰花分盆。❷ 토지나 건물 따위를 나누어 팖. ◆ (土地、楼房)销售，出售。¶상가 분양. =商业街店面销售。● 분양되다(分讓--), 분양하다(分讓--) ●

분업(分業) 【명사】 名 ❶ 일을 나누어서 함. ◆ 分工。❷ 생산의 모든 과정을 여러 전문적인 부문으로 나누어 여러 사람이 분담하여 일을 완성하는 노동 형태. ◆ 分工。¶분업으로 생산성이 높아졌다. =分工使得生产率提高了。● 분업하다(分業--) ●

분연히(奮然-) 【부사】 떨쳐 일어서는 기운이 세차고 꿋꿋한 모양. ◆ 副奋勇，全力。¶그는 분연히 연구에만 몰두했다. =他全力扑在研究中。

분열(分裂) 【명사】 名 ❶ 집단이나 단체, 사상 따위가 갈라져 나뉨. ◆ 分裂。¶귀족 사회의 분열과 대립. =贵族社会的分裂与对立。❷ 하나의 세포로 이루어진 개체가 둘 이상으로 나뉘어 불어나는 무성 생식. 주로 단세포 원생생물이나 박테리아에서 일어난다. ◆ 细胞分裂。● 분열되다(分裂--), 분열하다(分裂--), 분열시키다(分裂---) ●

분위기(雰圍氣) 【명사】 名 ❶ 그 자리나 장면에서 느껴지는 기분. ◆ 气氛，氛围。¶분위기가 무겁다. =气氛沉重。❷ 주위를 둘러싸고 있는 상황이나 환경. ◆ 氛围，风情，味道。¶매달린 옥수수며 시래기가 한껏 시골집 분위기를 느끼게 한다. =悬挂的玉米、干萝卜缨让人感受到了浓厚的村居氛围。❸ 어떤 사람이나 사물이 지니는 독특한 느낌. ◆ 气质。¶그녀의 지적인 분위기와 세련된 몸가짐이 호감을 가지게 한다. =她聪慧的气质和优雅的举止让人产生好感。

분유(粉乳) 【명사】 우유 속의 수분을 증발시키고 농축하여 가루로 만든 것. ◆ 名奶粉。¶분유를 물에 타다. =用水冲奶粉。

분자¹(分子) 【명사】 분수의 가로줄 위에 기록되어 있는 수나 식. ◆ 名分数的分子。

분자²(分子) 【명사】 名 ❶ 물질에서 화학적 형태와 성질을 잃지 않고 분리될 수 있는 최소의 입자. ◆ 分子。❷ 어떤 특성을 가진 인간 개체. 흔히 부정적인 관점에서 이르는 말이다. ◆ 具有某种特征的人(常含贬义)。¶불온 분자. =危险分子。

분장(扮裝) 【명사】 등장인물의 성격·나이·특징 따위에 맞게 배우를 꾸밈. 또는 그런 차림새. ◆ 名装扮；化妆。¶주인공을 맡은 배우는 이십 대이지만 분장이 잘되어 사십 대의 여자처럼 보였다. =扮演主人公的演员虽然只有二十多岁，但经过精心化妆后看上去像一个四十多岁的女人。● 분장하다(扮裝--) ●

분재(盆栽) 【명사】 화초나 나무 따위를 화분에 심어서 줄기나 가지를 보기 좋게 가꿈. 또는 그렇게 가꾼 화초나 나무. ◆ 名盆栽。¶향나무 분재. =桧树盆栽。

분쟁(紛爭) 【명사】 말썽을 일으키어 시끄럽고 복잡하게 다툼. ◆ 名纷争，纠纷，争端。¶어업 분쟁. =渔业争端。

분점(分店) 【명사】 본점이나 지점에서 나누어 따로 낸 점포. ◆ 名分店。¶우리 동네에 대형마트 분점이 들어섰다. =大型超市的分店开到了我们村。

분주하다(奔走--) 【형용사】 이리저리 바쁘고 수선스럽다. ◆ 形繁忙，忙碌；奔走。¶연말의 거리가 차들이 분주하다. =年末的大街上车辆川流不息。● 분주히(奔走-) ●

분지(盆地) 【명사】 해발 고도가 더 높은 지형으로 둘러싸인 평지. ◆ 名盆地。

분지르다 【동사】 단단한 물체를 꺾어서 부러지게 하다. ◆ 动折断。¶나뭇가지를 분지르다. =折断树枝。

분진(粉塵) 【명사】 티와 먼지를 통틀어 이르는 말. ◆ 名粉尘，尘土。¶시멘트 공장에서 발생하는 분진으로 인근 마을 주민들이 고통을 겪었다. =附近村庄的居民深受水泥厂粉尘之害。

분출(噴出) 【명사】 名 ❶ 액체나 기체 상태의 물질이 솟구쳐서 뿜어 나옴. 또는 그렇게 되게 함. ◆ 喷出，涌出，冒出。¶천연가스(天然)의 분출. =喷出天然气。❷ 요구나 욕구 따위가 한꺼번에 터져 나옴. 또는 그렇게 되게 함. ◆ (感情)宣泄。¶집단 이기주의의 분출. =集体利己主义的表露。● 분출되다(噴出--), 분출하다(噴出--) ●

분침(分針) 【명사】 시계에서 분을 가리키는 긴 바늘. ◆ 名分针。

분통(憤痛)【명사】 몹시 분하여 마음이 쓰리고 아픔. 또는 그런 마음. ◆ 图气愤，痛恨。¶분통이 터지다. =痛恨不已。

분투(奮鬪)【명사】 있는 힘을 다하여 싸우거나 노력함. ◆ 图奋斗。¶분투를 다짐하다. =决心奋斗。● 분투하다(奮鬪--) ●

분포(分布)【명사】 일정한 범위에 흩어져 퍼져 있음. ◆ 图分布。¶인구의 분포. =人口分布。● 분포되다(分布--), 분포하다(分布--) ●

분풀이(憤--)【명사】 분하고 원통한 마음을 풀어 버리는 일. ◆ 图撒气，出气，解恨。¶형은 엄마한테 야단맞고 분풀이로 잘못도 없는 동생을 때렸다. =哥哥挨了妈妈的骂之后拿弟弟出气，可弟弟并没有做错事。●분풀이하다(憤----) ●

분필(粉筆)【명사】 칠판에 글씨를 쓰는 필기구. 탄산석회나 구운 석고의 가루를 물에 개어 손가락 정도의 굵기와 길이로 굳혀서 만든다. ◆ 图粉笔。¶선생님께서 흑판에 분필로 판서를 하셨다. =老师用粉笔在黑板上写板书。

분하다(憤/忿--)【형용사】 억울한 일을 당하여 화나고 원통하다. ◆ 形气愤，愤慨，愤怒。¶그는 믿었던 사람에게 배신당한 것이 무엇보다 분했다. =遭到信任的人的背叛，他感到无比愤怒。

분할(分割)【명사】 나누어 쪼갬. ◆ 图分割，划分。¶토지 분할. =土地分割。● 분할되다(分割--), 분할하다(分割--) ●

분해(分解)【명사】 여러 부분이 결합되어 이루어진 것을 그 낱낱으로 나눔. ◆ 图分解，拆卸。¶이 집은 조립식이라 필요에 따라 조립과 분해가 가능하다. =这种屋子是组合式的，可以根据需要组合和拆卸。● 분해되다(分解--), 분해하다(分解--) ●

분향(焚香)【명사】 향을 피움. 제사나 예불(禮佛) 의식 따위에서, 향로에 불을 붙인 향을 넣고 향기로운 연기를 피우는 일을 이른다. ◆ 图烧香，上香。¶영정에 절을 하기 전에 분향을 먼저 해야 한다. =向遗像行礼之前应先烧香。● 분향하다(焚香--) ●

분홍(粉紅)【명사】 하얀빛을 띤 엷은 붉은색. ◆ 图粉红。¶분홍 물감. =粉红颜料。

분홍빛(粉紅-)【명사】 하얀빛을 띤 엷은 붉은빛. ◆ 图粉红色。

분홍색(粉紅色)【명사】 하얀빛을 띤 엷은 붉은색. ◆ 图粉红色。¶빨간색에 흰색을 섞으면 분홍색이 된다. =大红色掺上白色就成了粉红色。

분화(分化)【명사】 단순하거나 등질인 것에서 복잡하거나 이질인 것으로 변함. ◆ 图分化。¶빈부의 차이에 따라 지역 분화 현상이 발생하고 있다. =贫富差距所带来的地域分化现象在蔓延。●분화되다(分化--), 분화하다(分化--) ●

분화구(噴火口)【명사】 화산체(火山體)의 일부에 열려 있는 용암과 화산 가스 따위의 분출구. ◆ 图火山口。¶분화구에서 붉은 마그마가 흘러 넘쳤다. =火山口涌出红红的岩浆。

붇다【동사】 动 ❶ 물에 젖어서 부피가 커지다. ◆ 膨胀。¶콩이 붇다. =豆子泡大。❷ 분량이나 수효가 많아지다. ◆ 增长，增加。¶비가 내려 개울물이 붇다. =下雨了，河里的水涨了。

불[1]【명사】 图 ❶ 물질이 산소와 화합하여 높은 온도로 빛과 열을 내면서 타는 것. ◆ 火。¶가랑잎이 불에 타다. =点燃枯叶。❷ '화재(火災)'를 이르는 말. ◆ 火灾。¶불이야! =起火了！ ❸ 빛을 내어 어둠을 밝히는 물체. ◆ 灯火，灯。¶불을 밝히다. =点亮灯。

불[2](弗)【의존 명사】 미국의 화폐 단위. ◆ 依名美元。

불[3](不)-【접사】 '아님, 아니함, 어긋남'의 뜻을 더하는 접두사. ◆ 前缀不。¶불공정. =不公正。

불가(不可)【명사】 图 ❶ 옳지 않음. ◆ 不正确。¶토지 특혜 분양의 불가를 주장하다. =认为土地特惠买卖是不正确的。❷ 가능하지 않음. ◆ 不可，不可以。¶연소자 입장 불가 영화. =未成年人不可观看的电影。● 불가하다(不可--) ●

불가결(不可缺)【명사】 없어서는 아니 되고 반드시 필요함. 또는 그런 것. ◆ 图不可或缺，必不可少。¶불가결의 조건. =必不可少的条件。● 불가결하다(不可缺--) ●

불가능(不可能)【명사】 가능하지 않음. ◆ 图不可能。¶우리에게 불가능이란 말은 있을 수 없다. =对我们来说没有不可能的事情。● 불가능하다(不可能--) ●

불가분(不可分)【명사】 나눌 수가 없음. ◆ 图不可分，分不开。¶불가분의 관계. =密不可分的关系。

불가사리【명사】 전설에서, 쇠를 먹고 악몽과 사기를 쫓는다는 상상의 동물. ◆ 传说中能驱邪的食铁怪兽。

불가사의(不可思議)【명사】 사람의 생각으로는 미루어 헤아릴 수 없이 이상하고 야릇함. ◆ 图不可思议，奇迹。¶세계의 7대 불가사의. =世界七大奇迹。● 불가사의하다(不可思議--) ●

불가피하다(不可避--)【형용사】 피할 수 없다. ◆ 形不可避免，无法回避。

불가항력(不可抗力)【명사】 사람의 힘으로는 저항할 수 없는 힘. ◆ 图不可抗拒。¶불가항력의 자연재해. =人力所不能抗拒的自然灾害。

불거지다【동사】 动 ❶ 물체의 거죽으로 둥글게 툭 비어져 나오다. ◆ 突起，鼓起。¶해어진 양말 밖으로 발가락이 불거지다. =袜子破了，露出了脚趾。❷ 어떤 사물이나 현상이 두드러지게 커지거나 갑자기 생겨나다. ◆ 暴露，突现，凸显。¶한국의 대학 입시 제도에 대한 개혁 문제가 불거지다. =韩国的高考制度改革问题凸显出来。

불건전하다(不健全--)【형용사】 건전하지 아니하다. ◆ 形不健全。¶사상이 불건전하다. =思想不健全。

불결하다(不潔--)【형용사】 形 ❶ 어떤 사물이나 장소가 깨끗하지 아니하고 더럽다. ◆ 不清洁，不干净。¶환경이 불결하다. =环境不干净。❷ 어떤 생각이나 행위가 도덕적으로 떳떳하지 못하다. ◆ 不纯洁，不干净，不道德。¶성행위를 불결하다고 생각하는 사람도 있다. =有人认为性行为是不洁的。

불경기(不景氣)【명사】경제 활동이 일반적으로 침체되는 상태. 물가와 임금이 내리고 생산이 위축되며 실업이 늘어난다. ◆ 名经济不景气，萧条。¶불경기가 계속되다. =经济萧条还在持续。

불경스럽다(不敬---)【형용사】경의를 표해야 할 자리에서 좀 무례한 데가 있다. ◆ 形不敬，不尊敬，不恭敬。¶그의 말투는 좀 불경스럽다. =他的语气不太恭敬。

불고기【명사】쇠고기 따위의 살코기를 저며 양념하여 재었다가 불에 구운 음식. 또는 그 고기. ◆ 名烤肉。¶그는 저녁으로 불고기를 구워 먹었다. =他晚饭吃烤肉了。

불곰【명사】곰과의 하나. 몸의 길이는 2~2.8미터 정도이고 몸무게는 1톤 정도로 곰 중에서 가장 크며, 대체로 온몸이 붉은 갈색이다. ◆ 名棕熊。

불공(佛供)【명사】부처 앞에 공양을 드림. 또는 그런 일. ◆ 名供佛。¶부처님께 불공을 드리다. =供奉佛祖。

불공정(不公正)【명사】공평하고 올바르지 아니함. ◆ 名不公正。¶불공정 거래 행위. =不公正的交易行为。● 불공정하다(不公正--) ●

불공평(不公平)【명사】한쪽으로 치우쳐 고르지 못함. ◆ 名不公平。¶사회의 불공평이 심화되다. =社会的不公平加深了。● 불공평하다(不公平--) ●

불과하다(不過--)【형용사】그 수량 혹은 수준에 지나지 아니한 상태이다. ◆ 形不过，只不过。¶분교의 학생은 다섯 명에 불과하다. =分校的学生只有五个人。

불교(佛敎)【명사】기원전 5세기경 인도의 석가모니(釋迦牟尼)가 창시한 후 동양 여러 나라에 전파된 종교. ◆ 名佛教。

불구(不具)【명사】몸의 어느 부분이 온전하지 못함. 또는 그런 상태. ◆ 名不健全，残疾，残废。¶다리가 불구가 되다. =腿残疾了。

불구자(不具者)【명사】몸의 어느 부분이 온전하지 못한 사람. ◆ 名残疾人。¶사고로 다리를 못 쓰는 불구자가 되었다. =因为事故成了腿不方便的残疾人。

불구하다(不拘--)【동사】얽매여 거리끼지 아니하다. ◆ 动不顾，不管，尽管。¶몸살에도 불구하고 출근했다. =不顾身体不舒服坚持上班。

불국사(佛國寺)【명사】경상북도 경주시 진현동의 토함산 기슭에 있는 절. ◆ 名佛国寺。

불굴(不屈)【명사】온갖 어려움에도 굽히지 아니함. ◆ 名不屈不挠。¶불굴의 신념. =不屈不挠的信念。

불규칙(不規則)【명사】규칙에서 벗어나 있음. 또는 규칙이 없음. ◆ 名不规则，不规律，没有规律。¶불규칙한 생활. =没有规律的生活。● 불규칙하다(不規則--) ●

불균형(不均衡)【명사】어느 편으로 치우쳐 고르지 아니함. ◆ 名不均衡，不平衡。¶힘의 불균형. =力量不均衡。● 불균형하다(不均衡--) ●

불그레하다【형용사】엷게 불그스름하다. ◆ 形浅红，淡红。¶새색시의 뺨이 불그레하다. =新娘子的两颊呈浅红色。

불그스름하다【형용사】조금 붉다. ◆ 形浅红，淡红。¶상처 주위가 불그스름하다. =伤口周围发红。● 불그스레하다 ●

불그죽죽하다【형용사】칙칙하고 고르지 아니하게 불그스름하다. ◆ 形红扑扑。¶술에 찌들어 얼굴이 불그죽죽하다. =喝了酒，脸红红的。

불기(-氣)【명사】불에서 나오는 뜨거운 기운. ◆ 名(火的)热气。¶아궁이 속에는 불기가 아직 남아 있었다. =灶口还留有火的热气。

불기운【명사】불에서 나오는 뜨거운 기운. ◆ 名(火的)热气，火势。¶불기운이 약하다. =火势很弱。

불길【명사】名 ❶ 세차게 타오르는 불꽃. ◆ 火苗，火焰。¶불길이 치솟다. =火焰升腾。❷ 세차게 일어나는 감정이나 정열을 비유적으로 이르는 말. ◆ (情感等的)火焰，烈焰。¶증오의 불길. =仇恨的烈焰。

불길하다(不吉--)【형용사】운수 따위가 좋지 아니하다. 또는 일이 예사롭지 아니하다. ◆ 形不吉祥。¶꿈이 불길하다. =不吉利的梦。

불꽃【명사】名 ❶ 타는 불에서 일어나는 붉은빛을 띤 기운. ◆ 火苗，火焰。¶불꽃이 일다. =冒出火花。❷ 금속이나 돌 따위의 딱딱한 물체가 부딪칠 때 생기는 불빛. ◆ 火星，火花。¶돌을 부딪치자 불꽃이 일어났다. =一撞击石头，就冒出了火花。

불꽃놀이【명사】경축이나 기념 행사 때에 화포를 쏘아 공중에서 불꽃이 일어나게 하는 일. ◆ 名放烟花，放焰火。¶축제를 기념하여 불꽃놀이가 열릴 예정이다. =为了庆祝节日，将举办放焰火活动。

불끈【부사】副 ❶ 물체 따위가 두드러지게 치밀거나 솟아오르거나 떠오르는 모양. ◆ 鼓鼓地，高高地。¶근육이 불끈 솟다. =肌肉鼓鼓地凸出来。❷ 흥분하여 성을 월컥 내는 모양. ◆ 一下子，猛地。¶화가 불끈 솟다. =火气一下子窜了上来。❸ 주먹에 힘을 주어 꽉 쥐는 모양. ◆ 紧紧地(握拳状)。¶주먹을 불끈 쥐다. =紧紧地握着拳头。

불끈거리다【동사】动 ❶ 물체 따위가 두드러지게 자꾸 치밀거나 솟아오르거나 떠오르다. ◆ 一鼓一鼓(突起)。❷ 흥분하여 자꾸 성을 월컥 내다. ◆ 发火，发脾气，动气。❸ 주먹에 힘을 주어 자꾸 꽉 쥐다. ◆ 握紧(拳头)。● 불끈대다 ●

불끈불끈【부사】副 ❶ 물체 따위가 두드러지게 자꾸 치밀거나 솟아오르거나 떠오르는 모양. ◆ 鼓鼓地，高高地。❷ 흥분하여 잇따라 성을 월컥 내는 모양. ◆ 一下子，猛地。¶그는 억울한 일을 생각하니 화가 불끈불끈 치밀어 오른다. =他一想到委屈的事情，火气就一下子窜了上来。❸ 주먹에 힘을 주어 자꾸 꽉 쥐는 모양. ◆ 紧紧地(握拳状)。¶주먹을 불끈불끈 쥐며 복수를 다짐했다. =紧握着拳头决定报仇。

불나다【동사】불이 쉽게 끄기 어려운 상태로 일어나다. ◆ 动起火，发生火灾。¶집에 불나다. =家里发生火灾。

불능(不能)【명사】名 ❶ 할 수 없음. ◆ 不能，无法。¶재기 불능에 빠지다. =陷入无法东山再起的状

态。❷ 성적(性的) 능력을 잃음. 또는 성적 능력이 없음. ◆ 性无能。

불다 【동사】 动 ❶ 바람이 일어나서 어느 방향으로 움직이다. ◆ 刮(风)。¶따뜻한 바람이 불다. =刮暖风。❷ 유행·풍조·변화 따위가 일어나 휩쓸다. ◆ 掀起(流行、风潮或变化), 风行。¶사무실에 영어 회화 바람이 불었다. =办公室里掀起了英语会话风。❸ 입을 오므리고 날숨을 내어 보내어, 입김을 내거나 바람을 일으키다. ◆ 用嘴吹(气)。¶유리창에 입김을 불다. =向玻璃窗上哈气。❹ 입술을 좁게 오므리고 그 사이로 숨을 내쉬어 소리를 내다. ◆ 吹(口哨)。¶그는 휘파람을 불며 산책을 했다. =他边散步边吹着口哨。❺ 코로 날숨을 세게 내어 보내다. ◆ (用鼻子)喷气。¶소가 콧김을 불다. =牛鼻子里喷出热气。❻ 관악기를 입에 대고 숨을 내쉬어 소리를 내다. ◆ 吹奏。¶대금을 불다. =吹大笒。❼ 숨겼던 죄나 감추었던 비밀을 사실대로 털어놓다. ◆ 招供, 坦白。¶경찰에게 지은 죄를 낱낱이 불다. =把所犯的罪行一一向警察坦白。

불당(佛堂) 【명사】 부처를 모신 집. ◆ 名佛堂。¶불당에서 절을 하다. =在佛堂中行礼。

불덩어리 【명사】 名 ❶ 불에 타고 있는 물체의 덩어리. ◆ 火团。¶숯 더미는 이내 지나는 바람에 벌겋게 달아올라 거대한 불덩어리가 되었다. =木炭堆被烧得通红, 变成了一个巨大的火团。❷ 몹시 뜨겁게 열이 나는 몸이나 뜨겁게 된 물건을 비유적으로 이르는 말. ◆〈喻〉(身体、物体等热得像)火团, 火炭。¶폐렴으로 몸이 불덩어리가 되다. =得了肺炎, 全身烧得滚烫。❸ 타는 듯이 격렬한 감정의 응어리를 비유적으로 이르는 말. ◆〈喻〉怒火。¶그는 친구의 배신을 생각하자 속에서 불덩어리가 치밀어 올랐다. =一想起朋友的背叛, 他心里的火就往上窜。● 불덩이 ●

불도그(bulldog) 【명사】 개의 한 품종. ◆ 名斗牛犬。

불도저(bulldozer) 【명사】 名 ❶ 토목 공사에 사용하는 특수 자동차의 하나. ◆ 推土机。¶불도저로 밀어붙이다. =用推土机推到一边。❷ 앞뒤를 헤아리지 아니하고 무조건 일을 밀고 나가는 사람을 비유적으로 이르는 말. ◆〈喻〉坚决开展工作的人)。¶그는 시장으로 일할 당시 불도저라는 별명을 얻었다. =他当社长的时候, 人们给他送了一个"推土机"的外号。

불똥 【명사】 名 ❶ 심지의 끝이 다 타서 엉기어 붙은 찌꺼기. ◆ 灯花。❷ 불에 타고 있는 물건에서 튀어 나오는 아주 작은 불덩이. ◆ 火花, 火星。¶숯불에서 튀는 불똥. =炭火中迸射出的火星。

불량(不良) 【명사】 名 ❶ 행실이나 성품이 나쁨. ◆ (品行)不良。¶불량 청소년. =不良青少年。❷ 성적이 나쁨. ◆ 成绩不佳。¶성적 불량으로 경고를 받다. =因为成绩差而受到了警告。❸ 물건 따위의 품질이나 상태가 나쁨. ◆ (品质)不良。¶품질 불량. =品质不良。● 불량하다(不良--) ●

불량배(不良輩) 【명사】 행실이나 성품이 나쁜 사람들의 무리. ◆ 名不良之徒, 不良之辈, 流氓团伙。¶불량배와 어울려 다니다. =与不良之徒混在一起。

불러내다 【동사】 불러서 밖으로 나오게 하다. ◆ 动叫出来, 唤出来。¶친구를 공원으로 불러내다. =把朋友叫出来一起去公园。

불러들이다 【동사】 动 ❶ 불러서 안으로 들어오게 하다. ◆ 叫进去, 唤进去。¶친구를 집에 불러들이다. =把朋友叫进家里。❷ 관청에서 소환하다. ◆ 传唤, 召回。¶대사를 본국에 불러들이다. =把大使召回国内。❸ 야구에서, 타자가 투수의 공을 쳐 냄으로써 주자를 홈으로 오게 하여 점수를 내다. ◆ 牺牲打。¶4번 타자의 홈런으로 주자들을 모두 홈에 불러들여 역전하였다. =4号击球手的本垒打使得所有跑垒员都回到了本垒, 取得了逆转。❹ 어떤 일의 빌미를 제공하다. ◆ 招致, 引发。¶말 한 마디가 재앙을 불러들이다. =一句话引来灾祸。

불러오다 【동사】 动 ❶ 불러서 오게 하다. ◆ 叫来, 引入。¶의사를 집에 불러오다. =请医生来家里。❷ 어떤 행동이나 감정 또는 상태를 일어나게 하다. ◆ 引起, 招来。¶폭설이 막대한 재해를 불러오다. =暴雪引发巨大的灾害。

불러일으키다 【동사】 어떤 마음·행동·상태를 일어나게 하다. ◆ 动唤起, 激发。¶젊은이들에게 과학 기술에 대한 관심을 불러일으키다. =激起年轻人对科学技术的关注。

불로 소득(不勞所得) 【명사】 직접 일을 하지 아니하고 얻는 수익. 이자·배당금·지대(地代) 따위를 통틀어 이른다. ◆ 名非劳动收入, 非劳动所得。¶그는 부동산과 유가 증권에 투자하여 엄청난 불로소득을 올렸다. =他进行房地产和有价证券投资, 获得了巨额非劳动收入。

불로장생(不老長生) 【명사】 늙지 아니하고 오래 삶. ◆ 名长生不老。¶불로장생의 비법을 탐구하다. =寻找长生不老的秘诀。

불로초(不老草) 【명사】 먹으면 늙지 않는다고 하는 풀. 선경에 있다고 믿어 왔다. ◆ 名长生不老草。¶불로초를 먹고 영생을 누리다. =吃了长生不老草, 享受永生。

불룩 【부사】 물체의 거죽이 크게 두드러지거나 쑥 내밀려 있는 모양. ◆ 副鼓鼓地。¶배가 불룩 나오다. =肚子鼓了出来。

불룩거리다 【동사】 탄력 물체의 거죽이 연방 쑥 내밀렸다 들어갔다 하다. 또는 그렇게 되게 하다. ◆ 动一鼓一鼓地动, 起伏地动。● 불룩대다 ●

불룩하다 【형용사】 물체의 거죽이 크게 두드러지거나 쑥 내밀리다. ◆ 形鼓鼓的。¶배가 불룩하다. =肚子鼓鼓的。

불륜(不倫) 【명사】 사람으로서 지켜야 할 도리에서 벗어난 데가 있음. ◆ 名不伦, 乱伦。¶불륜에 빠지다. =陷入乱伦。

불리다[1] 【동사】 '부르다'의 피동형. ◆ 动 "부르다"的被动态。¶경찰서에 불리어 가다. =被传唤去警察署。

불리다² 【동사】 动 ❶ '붇다'의 사동형. 물에 젖어서 부피가 커지게 하다. ◆ 泡胀，发。¶콩을 불리다. =泡豆子。❷ '붇다'의 사동형. 분량이나 수효가 많아지게 하다. ◆ 使(财产)增多。¶재산을 배로 불리다. =使财产增加了一倍。

불리하다(不利--) 【형용사】 이롭지 아니하다. ◆ 形 不利。¶조건이 불리하다. =条件不利。

불만(不滿) 【명사】 마음에 흡족하지 않음. ◆ 名不满，不满足。¶불만을 토로하다. =表示不满。

불매(不買) 【명사】 상품 따위를 사지 아니함. ◆ 名不买。¶수입농산물 불매 운동. =不买进口农产品运动。● 불매하다(不買--) ●

불면증(不眠症) 【명사】 밤에 잠을 자지 못하는 증상. 신경증·울병·분열병 따위의 경우에 나타나며 그 외에도 몸의 상태가 나쁘거나 흥분하였을 때에 생긴다. ◆ 名失眠症。¶불면증 환자. =失眠症患者。

불멸(不滅) 【명사】 없어지거나 사라지지 아니함. ◆ 名不灭。¶천고불멸의 업적. =彪炳千古的业绩。● 불멸하다(不滅--) ●

불명예(不名譽) 【명사】 명예스럽지 못함. ◆ 名不光彩，耻辱。¶가문의 불명예. =家门的耻辱。

불명예스럽다(不名譽---) 【형용사】 보기에 명예스럽지 못한 데가 있다. ◆ 形不光彩。¶불명예스러운 은퇴. =不光彩的隐退。

불모(不毛) 【명사】 名 ❶ 땅이 거칠고 메말라 식물이 나거나 자라지 아니함. ◆ 荒芜。¶불모의 땅을 개간하다. =开垦不毛之地。❷ 아무런 발전이나 결실이 없는 상태를 비유적으로 이르는 말. ◆ 停滞。

불모지(不毛地) 【명사】 名 ❶ 식물이 자라지 못하는 거칠고 메마른 땅. ◆ 不毛之地，荒地。¶불모지로 버려진 땅을 개간하다. =开垦被当作荒地弃置不用的土地。❷ 어떠한 사물이나 현상이 발달되어 있지 않은 곳. 또는 그런 상태를 비유적으로 이르는 말. ◆ (某种事物或现象)不发达的地方，落后地区。¶이 분야에 대한 연구는 불모지나 다름없다. =有关该领域的研究几乎为零。

불문(不問) 【명사】 名 ❶ 묻지 아니함. ◆ 不问，不追究。¶죄를 불문에 붙이다. =不追究罪行。❷ 가리지 아니함. ◆ 不分，不论。¶전공 불문하고 신입사원을 선발하다. =在选拔新员工时不分专业。

불문곡직하다(不問曲直--) 【동사】 옳고 그름을 따지지 아니하다. ◆ 动不问是非曲直，不管对错。¶너는 불문곡직하고 내가 시키는 대로 해라. =不用管对错，你按照我说的办就行了。

불문율(不文律) 【명사】 名 ❶ 문서의 형식을 갖추지 않은 법. ◆ 不成文法。❷ 어떤 집단에서 암묵 중에 지키고 있는 약속. ◆ 潜规则，不成文规定。

불미스럽다(不美---) 【형용사】 아름답지 못하고 추잡한 데가 있다. ◆ 形不美，不好，丑。¶불미스러운 소문. =丑闻。

불발(不發) 【명사】 名 ❶ 총알이나 폭탄 따위가 발사되지 아니함. 또는 발사된 폭발물이 터지지 아니함. ◆ 不发射；没有爆炸。¶불발 유탄. =没有爆炸的榴弹。❷ 계획했던 일을 못하게 됨. ◆ 未能实施，没能开始。¶계획이 불발에 그치다. =计划未能实施。● 불발하다(不發--)】 ●

불발탄(不發彈) 【명사】 발사되지 않았거나 발사되었어도 터지지 아니한 탄알·포탄·폭탄 따위를 통틀어 이르는 말. ◆ 名哑弹(没发射或发射后没爆炸的弹药)。

불법(不法) 【명사】 법에 어긋남. ◆ 名不法，非法。¶불법 복제. =非法复制。

불벼락 【명사】 名 ❶ 갑자기 심한 사격을 받거나 불을 뒤집어쓰는 일을 비유적으로 이르는 말. ◆ 突如其来的猛烈射击。¶갑작스러운 불벼락에 적군은 어찌할 바를 몰랐다. =面对突如其来的猛烈射击，敌军不知所措。❷ 호된 꾸중이나 책망을 비유적으로 이르는 말. ◆ 斥责，狠狠训斥。¶불벼락이 내리다. =狠狠责骂。

불변(不變) 【명사】 사물의 모양이나 성질이 변하지 아니함. 또는 변하게 하지 아니함. ◆ 名不变。¶불변의 법칙. =不变的法则。● 불변하다(不變--) ●

불볕 【명사】 몹시 뜨겁게 내리쬐는 햇볕. ◆ 名酷热，酷暑。¶오뉴월 불볕 아래 밭에서 김을 매는 농민. =顶着五六月的酷暑在地里锄草的农民。

불복(不服) 【명사】 남의 명령 결정 따위에 대하여 복종·항복·복죄(服罪) 따위를 하지 않음. ◆ 名不服从，不屈服，不服罪。¶명령에 불복하다. =不服从命令。● 불복하다(不服--) ●

불복종(不服從) 【명사】 명령이나 결정 따위에 대하여 그대로 따라서 좇지 않음. ◆ 名不服从。¶김 의원은 당명 불복종으로 징계를 당했다. =金议员因为不服从党的命令而受到惩戒。● 불복종하다(不服從--) ●

불분명하다(不分明--) 【형용사】 분명하지 아니하거나 분명하지 못하다. ◆ 形不分明，不清楚。¶그의 입장이 매우 불분명했다. =他的立场非常不明确。

불붙다 【동사】 动 ❶ 물체에 불이 붙어 타기 시작하다. ◆ 着火。¶공장에 불붙다. =工厂着火了。❷ 어떤 일이나 감정 따위가 치솟기 시작하다. ◆ (情感)爆发。¶시민들의 분노가 행동으로 불붙기 시작했다. =市民的愤怒开始以行动爆发出来。

불빛 【명사】 名 ❶ 타는 불의 빛. ◆ 火光。❷ 켜 놓은 불에서 비치는 빛. ◆ 灯光。¶전등 불빛. =电灯灯光。

불사르다 【동사】 动 ❶ 불에 태워 없애다. ◆ 烧掉。¶낙엽을 불사르다. =烧掉落叶。❷ 어떤 것을 남김없이 없애 버리다. ◆ 去掉，消除，抛弃。¶번뇌와 망상을 불사르다. =消除烦恼和妄想。

불사신(不死身) 【명사】 어떠한 곤란을 당하여도 기력을 잃거나 낙담하지 아니하는 사람을 비유적으로 이르는 말. ◆ 名硬汉，铁人。¶그는 어떤 상황에서도 쉽게 포기하지 않는 불사신이다. =他是在任何情况下都不会轻易放弃的硬汉。

불사조(不死鳥) 【명사】 영원히 죽지 않는다는 전설의 새와 같이, 어떠한 어려움이나 고난에 빠져도 굴하지 않고 이겨내는 사람을 비유적으로 이르는 말. ◆ 名不死鸟；硬汉，铁人。¶그는 절망에 빠진 우리에게 불사조의 모습으로 나타나 용기를 불어넣었다. =他以一个铁人的姿态出现在陷入绝望的我们面前，给我们带来希望。

불사하다(不辭--)【동사】 사양하지 않다. 마다하지 않다. ◆ 动不辞，不惜。¶전쟁을 불사하다. =不惜一战。

불상(佛像)【명사】 부처의 형상을 표현한 상. ◆ 名佛像。

불상사(不祥事)【명사】 상서롭지 못한 일. ◆ 名不祥之事。¶불상사가 생기다. =发生不祥之事。

불성실하다(不誠實--)【형용사】 정성스럽고 참되지 아니하다. ◆ 形不诚实。¶불성실한 사람은 성공할 수가 없다. =不诚实的人不可能成功。

불세출(不世出)【명사】 [주로 '불세출의' 꼴로 쓰여] 좀처럼 세상에 나타나지 아니할 만큼 뛰어남. ◆ 名旷世，罕见。¶불세출의 영웅. =旷世英雄。

불소(弗素)【명사】 할로겐원소(halogen元素)의 하나로 자극적인 냄새가 나는 연한 황록색의 기체. ◆ 名氟。

불손하다(不遜--)【형용사】 말이나 행동 따위가 버릇없거나 겸손하지 못하다. ◆ 形不逊，不谦虚。¶태도가 불손하다. =态度不逊。

불순물(不純物)【명사】 순수한 물질에 섞여 있는 순수하지 않은 물질. ◆ 名不纯物质，杂质。¶불순물 제거. =除去杂质。

불순하다[1](不順--)【형용사】 形 ❶ 공손하지 아니하다. ◆ 不温顺，不驯服。¶자세가 불순하다. =态度不顺从。❷ 순조롭지 못하다. ◆ 不顺，不调。¶생리 주기가 불순하다. =月经周期不调。

불순하다[2](不純--)【형용사】 形 ❶ 물질 따위가 순수하지 아니하다. ◆ 不纯。¶채취한 광물이 불순하다. =采集的矿物不纯。❷ 딴 속셈이 있어 참되지 못하다. ◆ 动机不纯。¶의도가 불순하다. =动机不纯。

불시에(不時-)【부사】 느닷없이. ◆ 副突如其来地，突然。¶그들은 불시에 당한 재난에 꼼짝할 수 없었다. =面对突发灾难，他们不知所措。

불시착하다(不時着--)【동사】 비행기가 고장이나 기상 관계·연료 부족 등으로, 목적지에 이르기 전에 예정되지 않은 지점에 착륙하다. ◆ 动备降，迫降，紧急降落。¶비행기가 불시착하다. =飞机迫降。

불식(拂拭)【명사】 먼지를 떨고 훔친다는 뜻으로, 의심이나 부조리한 점 따위를 말끔히 떨어 없앰을 이르는 말. ◆ 名消除，清除。¶의혹에 대한 불식. =消除疑惑。● 불식되다(拂拭--), 불식하다(拂拭--) ●

불신(不信)【명사】 믿지 아니함. 또는 믿지 못함. ◆ 名不信任。¶불신을 사다. =引起不信任。

불신감(不信感)【명사】 믿지 못하는 느낌이나 마음. ◆ 名不信任感。¶불신감을 조성하다. =引发不信任感。

불신임(不信任)【명사】 남을 믿지 못하여, 일을 맡기지 아니함. ◆ 不信任。¶의회는 회장의 불신임을 결의했다. =议会通过对会长的不信任案。

불심 검문(不審檢問)【명사】 수상한 행동을 하거나 죄를 범하였거나 범하려고 하여 의심받을 만한 사람을 경찰관이 정지시켜 질문하는 일. ◆ 名盘查，检查。¶길을 걷다가 불심검문을 받았다. =走在路上受到了盘查。

불쌍하다【형용사】 처지가 안되고 애처롭다. ◆ 形可怜。¶우리는 여주인공이 불쌍하여 눈물을 흘렸다. =我们觉得女主人公很可怜，纷纷流下了眼泪。

불쌍히【부사】 처지가 안되고 애처롭게. ◆ 副可怜。¶이웃의 처지를 불쌍히 여기다. =觉得邻居的处境很可怜。

불쏘시개【명사】 名 ❶ 불을 때거나 피울 적에 불이 쉽게 옮겨 붙게 하기 위하여 먼저 태우는 물건. 잎나무·관솔·종이 따위이다. ◆ 引火物，易燃物。¶불쏘시개에 불을 붙이다. =用引火物点着火。❷ 중요한 일이 잘 될 수 있도록 하는 데에 먼저 필요한 것을 비유적으로 이르는 말. ◆ 垫脚石，铺路石。¶그는 후배들을 위해 언제나 불쏘시개가 되기를 자청했다. =为了后来人，他甘当铺路石。

불쑥【부사】 副 ❶ 갑자기 불룩하게 쑥 나오거나 내미는 모양. ◆ 突然，忽然，一下子(伸出)。¶동생은 기침도 없이 방안으로 얼굴을 불쑥 들이밀었다. =弟弟一声不吭地突然把脸探进房间里来。❷ 갑자기 쑥 나타나거나 생기거나 하는 모양. ◆ 突然，忽然，一下子(出现)。¶어둠 속에서 누군가가 불쑥 나타났다. =黑暗中不知是谁突然出现了。❸ 갑자기 마음이 생기거나 생각이 떠오르는 모양. ◆ 突然，忽然，一下子(想起)。¶나는 불쑥 돌아가신 아버님이 생각났다. =我突然想起了去世的母亲。❹ 앞뒤 생각 없이 대뜸 말을 함부로 하는 모양. ◆ 突然，忽然(冒出一句话)。¶친구가 불쑥 말을 던졌다. =朋友突然冒出一句话。

불쑥불쑥【부사】 副 ❶ 갑자기 여기저기 불룩하게 잇따라 쑥 나오거나 내미는 모양. ◆ 突然，忽然(不断伸出)。¶불쑥불쑥 솟아오른 산봉우리들. =忽然冒出的座座山峰。❷ 갑자기 잇따라 쑥 나타나거나 생기거나 하는 모양. ◆ 突然，忽然(不断出现)。¶그는 생각나는 대로 나에게 불쑥불쑥 술잔을 내밀었다. =他不断把酒杯递到我面前。❸ 갑자기 마음이 자꾸 생기거나 생각이 잇따라 떠오르는 모양. ◆ 突然，忽然(不断想起)。¶어머니가 지어주신 음식이 불쑥불쑥 떠오른다. =突然很想吃妈妈做的饭。❹ 자꾸 앞뒤 생각 없이 잇따라 말을 함부로 하는 모양. ◆ (不断)突然，忽然(冒出一句话)。¶언니는 밑도 끝도 없이 불쑥불쑥 사랑에 대해 질문했다. =姐姐忽然没头没脑地问起了爱情。

불씨【명사】 名 ❶ 언제나 불을 옮겨 붙일 수 있게 묻어 두는 불덩이. ◆ 火种。¶난로 속에는 아직도 불씨가 살아 있었다. =炉子里仍然有火种。❷ 어떠한 사건이나 일을 일으키게 되는 실마리를 비유적으로 이르는 말. ◆ 导火索。¶전쟁의 불씨. =战争的导火索。

불안(不安)【명사】 名 ❶ 마음이 편하지 아니하고 조마조마함. ◆ 不安。¶불안에 싸이다. =被不安包围。❷ 분위기 따위가 술렁거리어 뒤숭숭함. ◆ 不安定，不稳定。¶시국 불안을 해소하다. =消除时局的不稳。

불안감(不安感)【명사】마음이 편하지 아니하고 조마조마한 느낌. ◆ 名不安。¶불안감에 휩싸이다. =被不安所包围。

불안스럽다(不安---)【형용사】形 ❶ 마음이 편하지 아니하고 조마조마한 느낌이 있다. ◆ 不安，担忧，担心。¶아이가 유리컵을 들고 아장아장 걸어다니는 것이 불안스럽다. =孩子拿着玻璃杯蹒跚走路的样子让人很担心。❷ 분위기 따위가 술렁거리어 뒤숭숭한 느낌이 있다. ◆ 不稳，混乱。¶시국이 한 치 앞을 내다볼 수 없을 정도로 불안스럽다. =时局很不稳定，人们无法预料下一步会发生什么事。

불안정(不安定)【명사】안정성이 없거나 안정되지 못한 상태임. ◆ 名不稳定，不安定。¶채소 가격의 불안정으로 농민들이 울상이다. =由于蔬菜价格不稳定，农民一脸哭相。● 불안정하다(不安定--) ●

불안하다(不安--)【형용사】形 ❶ 마음이 편하지 아니하고 조마조마하다. ◆ 不安，担忧，担心。¶나는 집에 혼자 있기가 불안하다. =我自己在家，心里很不安。❷ 분위기 따위가 술렁거리어 뒤숭숭하다. ◆ 不安定，不稳定，动荡。¶시국이 시끄럽고 불안하다. =时局动荡。

불알【명사】포유류의 음낭 속에 있는 공 모양의 기관. 좌우 한 쌍이 있으며, 정자를 만들고 남성 호르몬을 분비한다. ◆ 名睾丸。

불어나다【동사】动 ❶ 수량 따위가 본디보다 커지거나 많아지다. ◆ 暴涨，增多。¶집중 호우로 강물이 엄청나게 불어났다. =由于连日暴雨，江水暴涨。❷ 몸집 따위가 커지다. ◆ 变胖，变大。¶아버지는 예전보다 배가 많이 불어났다. =父亲的肚子比以前大了许多。

불어넣다【동사】어떤 생각이나 느낌을 가질 수 있도록 영향이나 자극을 주다. ◆ 动灌输。¶생활에 활력을 불어넣다. =给生活注入活力。

불어닥치다【동사】바람이 몹시 세게 불어오다. ◆ 动 (大风)猛烈地吹来。

불어오다【동사】动 ❶ 바람이 이쪽으로 불다. ◆ (风)吹来。¶바람이 방향을 바꾸어 산 아래로 불어왔다. =风改变了方向向山下吹来。❷ 어떤 경향이나 사조 따위가 영향을 끼쳐 오다. ◆ (思潮)涌来。

불여우【명사】名 ❶ 갯과의 포유동물. 털빛은 붉거나 누런데, 한국 북부와 만주 동부 지방에 분포한다. ◆ 红狐狸。❷ 몹시 변덕스럽고 못된, 꾀가 많은 여자를 비유적으로 이르는 말. ◆ 喻狐狸精。¶그녀는 불여우같이 약은 짓을 자주 한다. =她像个狐狸精一样，经常会做些自私的事。

불온(不穩)【명사】[일부 명사 앞에 쓰여] 사상이나 태도 따위가 통치 권력이나 체제에 순응하지 않고 맞서는 성질이 있음. ◆ 名反动，敌对。¶불온 문서. =反动文书。● 불온하다(不穩--) ●

불완전하다(不完全--)【형용사】완전하지 않거나 완전하지 못하다. ◆ 形不完全，不完备，不彻底。

불우하다(不遇--)【형용사】形 ❶ 재능이나 포부를 가지고 있으면서도 때를 만나지 못하여 불운하다. ◆ 怀才不遇，生不逢时。¶형은 비범한 능력을 지니고 있었으나 이 세상을 불우하게 산 사람이다. =虽然哥哥有非凡的能力，却怀才不遇。❷ 살림이나 처지가 딱하고 어렵다. ◆ 处境艰难，生活困难。¶연말이 되면 불우한 이웃을 돕자는 목소리가 높아진다. =到了年末，帮助有困难的邻居的呼声高涨。

불운(不運)【명사】운수가 좋지 않음. 또는 그런 운수. ◆ 名不走运，倒霉，不幸。¶불운을 겪다. =遇到倒霉事。● 불운하다(不運--) ●

불운하다(不運--)【형용사】운수가 좋지 않다. ◆ 形不幸，不走运，倒霉。¶일찍 부모를 여의고 어렵게 자란 그의 어린 시절은 불운했다고 밖에 할 수 없다. =他早早就失去了父母，艰难长大，他的少年生活只能用不幸来形容。

불유쾌하다(不愉快--)【형용사】마음이 언짢아 즐겁지 아니하다. ◆ 形不愉快。¶돈푼이나 있다고 거들먹거리는 그의 태도는 정말 불유쾌하다. =有一点钱就洋洋得意，他的态度让人不愉快。

불응하다(不應--)【동사】요구나 요청 따위에 응하지 않다. ◆ 动不答应，不服从，不听从。¶범인은 무기를 내려놓으라는 지시에 불응하고 도주하였다. =犯人不听从放下武器的命令，逃走了。

불이익(不利益)【명사】이익이 되지 아니하고 손해가 되는 데가 있음. ◆ 名无益，没有好处，损害。¶불이익을 당하다. =受损害。

불임증(不妊症)【명사】임신을 못하는 병적 증상. ◆ 名不孕症，不育症。

불자동차(-自動車)【명사】소방 장비를 갖추고 있는 특수차. ◆ 名消防车，救火车。¶구급차와 불자동차가 사이렌을 울리며 시내를 질주하고 있다. =急救车和消防车鸣着警笛在市内疾驰。

불장난【명사】名 ❶ 불을 가지고 노는 장난. ◆ 玩火。¶아이들이 잔디밭에서 불장난을 한다. =孩子们在草坪上玩火。❷ 몹시 위험한 행위를 비유적으로 이르는 말. ◆ 危险的行为，玩火。¶적들의 무모한 불장난에 치열한 전투가 다시 재개되었다. =由于敌人愚蠢的危险行为，激烈的战斗再次展开。❸ 남녀 사이의 무분별한 사귐을 속되게 이르는 말. ◆ (男女间)调情。● 불장난하다 ●

불조심(-操心)【명사】불이 나지 않도록 마음을 씀. ◆ 名小心火烛。● 불조심하다(-操心--) ●

불찰(不察)【명사】조심해서 잘 살피지 아니한 탓으로 생긴 잘못. ◆ 名失察，疏忽，过失。¶너를 믿은 것이 내 불찰이었다. =相信你是我的失误。

불참(不參)【명사】어떤 자리에 참가하지 않거나 참석하지 않음. ◆ 名不参加，不出席。¶경기에 불참의 의사를 밝히다. =表明了不参加比赛的态度。● 불참하다(不參--) ●

불철주야(不撤晝夜)【명사】어떤 일에 몰두하여 조금도 쉴 사이 없이 밤낮을 가리지 아니함. ◆ 名不分昼夜，夜以继日。¶불철주야 공부하다. =夜以继日地学习。

불청객(不請客)【명사】오라고 청하지 않았는데도 스스로 찾아온 손님. ◆ 名不速之客。¶이렇게 불청객이 뛰어들어서 미안하오. =不请自来，十分抱歉。

불초(不肖)【대명사】아들이 부모를 상대하여 자기를 낮추어 이르는 일인칭 대명사. ◆ (对父母自称)不肖男，不肖之子。¶불초 자식. =不肖之子。

불충(不忠)【명사】충성스럽지 아니함. ◆ 名不忠。¶신이 불충을 저질렀나이다. =臣犯下了不忠之罪。

불충분하다(不充分--)【형용사】만족할 만큼 넉넉하지 않다. ◆ 形不充分，不充足。¶영양분이 불충분하다. =营养成分不充足。

불치병(不治病)【명사】고치지 못하는 병. ◆ 名不治之症。¶불치병이라는 의사의 진단을 받고 남편은 자포자기하였다. =拿到诊断结果，是不治之症，丈夫自暴自弃了。

불친절(不親切)【명사】친절하지 아니함. ◆ 名不亲切，冷淡。¶서비스 불친절. =服务态度不亲切。● 불친절하다(不親切--) ●

불침(-鍼)【명사】名 ❶ 성냥개비 따위를 태워 만든 숯. ◆ 烧焦的火柴棍。¶그는 불침에라도 쏘인 것처럼 소스라쳐 일어나 밖으로 뛰어나갔다. =他像是被烧焦的火柴棍烫着了似的，忽地站起身跑了出来。❷ 불에 벌겋게 달군 쇠꼬챙이. ◆ 烧红的铁棍。

불침번(不寢番)【명사】밤에 잠을 자지 아니하고 번을 서는 일. 또는 그런 사람. ◆ 名守夜，值夜班。¶불침번을 서다.=值夜班。

불쾌감(不快感)【명사】못마땅하여 기분이 좋지 않은 느낌. ◆ 名不快感。¶실없이 던진 한마디가 남에게 불쾌감을 줄 수도 있다. =随口说出的一句话也可能让人不快。

불쾌지수(不快指數)【명사】기온과 습도 따위의 기상 요소를 자료로 무더위에 대하여 몸이 느끼는 쾌, 불쾌의 정도를 나타내는 지수. ◆ 名不适指数。

불쾌하다(不快--)【형용사】못마땅하여 기분이 좋지 않다. ◆ 形不快，不愉快。¶오늘 그녀에게 바람을 맞은 것이 내심 불쾌하여 잠을 잘 수 없었다. =今天被她放鸽子了，心里很不痛快，睡不着觉。

불타다【동사】动 ❶ 불이 붙어서 타다. ◆ 着火，起火。¶화재로 집이 불타다. =房子着火了。❷ 매우 붉은빛으로 빛나다. ◆ 火红。❸ 의욕이나 정열 따위가 끓어오르다. ◆ 火热，炽烈。¶사랑으로 불타는 눈동자. =饱含炽烈爱意的双眸。● 불태우다 ●

불통(不通)【명사】길·다리·철도·전화·전신 따위가 서로 통하지 아니함. ◆ 名不通，闭塞，堵塞。¶폭우로 철로가 유실되어 기차가 불통이 되었다. =暴雨冲毁了铁路，造成火车不通。● 불통되다(不通--) ●

불투명(不透明)【명사】名 ❶ 물 따위가 맑지 못하고 흐릿함. ◆ 不透明，混浊。❷ 사람의 말이나 태도, 펼쳐진 상황 따위가 분명하지 아니함. ◆ 不清晰，不明确，不明朗。❸ 앞으로의 움직임이나 미래의 전망 따위가 예측할 수 없게 분명하지 아니함. ◆ 不确定，不明朗。¶경기 전망의 불투명으로 주식 가격 변동이 크다. =经济前景不明朗使得股票价格变动很大。● 불투명하다(不透明--) ●

불특정(不特定)【명사】특별히 정하지 아니함. ◆ 名非特定。¶불특정 다수를 겨냥한 판매 전략. =针对非特定多数人的营销战略。

불티【명사】名 ❶ 타는 불에서 튀는 작은 불똥. ◆ 火花，火星。¶불티가 날리다. =火花飞溅。❷ 소요나 말썽의 원인을 비유적으로 이르는 말. ◆ 导火线，起因。¶그는 항상 문제의 불티 노릇을 한다. =他经常成为问题的导火线。

불티나다【동사】물건이 내놓기가 무섭게 빨리 팔리거나 없어지다. ◆ 动畅销。¶물건이 불티나게 팔렸다. =物品很畅销。

불편(不便)【명사】名 ❶ 어떤 것을 사용하거나 이용하는 것이 거북하거나 괴로움. ◆ 不便，不方便。¶해역에는 안개가 자주 끼어 해상 교통에 불편을 주기도 한다. =海域经常起雾，给海上交通带来不便。❷ 몸이나 마음이 편하지 아니하고 괴로움. ◆ 不舒服，不适。¶몸의 불편을 무릅쓰고 일을 했다. =不顾身体不舒服坚持工作。❸ 다른 사람과의 관계 따위가 편하지 않음. ◆ (关系)不和谐。¶그와 함께 있을 때는 심한 불편을 느끼곤 한다. =跟他在一起时，感到非常不自在。● 불편하다(不便--) ●

불편부당하다(不偏不黨--)【형용사】아주 공평하여 어느 한쪽으로 치우치지 아니하다. ◆ 形不偏不倚。¶판사는 언제나 불편부당한 입장에서 판결을 내려야 한다. =法官在任何情况下都要站在不偏不倚的立场上做出判决。

불평(不平)【명사】마음에 들지 아니하여 못마땅하게 여김. 또는 못마땅한 것을 말이나 행동으로 드러냄. ◆ 名不满，不平。¶그녀는 끊임없이 불평을 늘어놓는다. =她总是发泄不满。● 불평하다(不平--) ●

불평등(不平等)【명사】차별이 있어 고르지 않음. ◆ 名不平等。¶우리는 아직 남녀 간 불평등 문제를 극복하지 못하였다. =我们仍然无法克服男女间的不平等问题。● 불평등하다(不平等--) ●

불포화(不飽和)【명사】최대한도까지 한껏 이르지 아니함. ◆ 名不饱和。

불필요(不必要)【명사】필요하지 않음. ◆ 名不必要。● 불필요하다(不必要--) ●

불한당(不汗黨)【명사】名 ❶ 떼를 지어 돌아다니며 재물을 마구 빼앗는 사람들의 무리. ◆ 抢劫团伙。¶불한당의 행패가 심하다. =抢劫团伙很猖獗。❷ 남을 괴롭히는 것을 일삼는 파렴치한 사람들의 무리. ◆ 流氓团伙。¶노크도 없이 흙발로 들이닥친 불한당이 그를 마구 때렸다. =私闯民宅的流氓对他大打出手。

불합격(不合格)【명사】名 ❶ 시험 따위에 떨어짐. ◆ 不及格，落第。¶시험에서 불합격의 고배를 마시다. =考试不及格。❷ 어떠한 조건이나 격식에 맞지 아니함. ◆ 不合格。¶신체검사에서 불합격 판정을 받았다. =体检不合格。● 불합격되다(不合格--), 불합격하다(不合格--) ●

불합리(不合理)【명사】이론이나 이치에 합당하지 아니함. ◆ 名不合理。¶이론의 불합리를 개선하다. =改善理论的不合理部分。● 불합리하다(不合理--) ●

불행(不幸)【명사】名 ❶ 행복하지 아니함. ◆ 不幸福，不幸。¶불행을 한탄하다. =慨叹不幸。❷ 행복하지 아니한 일. 또는 그런 운수. ◆ 不走运，倒霉。¶불행이 잇따라 닥치다. =倒霉事接二连三。● 불행하다(不幸--) ●

불허(不許)【명사】허락하지 않음. 또는 허용하지 않음. ◆ 图不许，不准，不允许。● 불허하다(不許--) ●

불현듯【부사】副 ❶ 불을 켜서 불이 일어나는 것과 같다는 뜻으로, 갑자기 어떠한 생각이 걷잡을 수 없이 일어나는 모양. ◆ 突然，忽然。¶불현듯 뇌리를 스치는 상념. =突然闪过脑海的念头。❷ 어떤 행동을 갑작스럽게 하는 모양. ◆ 突然，忽然。¶불현듯 낯모를 놈들이 뛰어들었다. =突然跑进来一些陌生人。● 불현듯이 ●

불호령(-號令)【명사】몹시 심하게 하는 꾸지람. ◆ 图呵斥，严厉斥责。¶불호령을 치다. =呵斥。

불화(不和)【명사】서로 화합하지 못함. 또는 서로 사이좋게 지내지 못함. ◆ 图不和。¶가정 내의 불화. =家庭内部不和。●불화하다(不和--)●

불확실하다(不確實--)【형용사】확실하지 아니하다. ◆ 形不确定。¶출발했다는 연락은 왔지만 그가 목적지에 도착했는지는 아직 불확실하다. =虽然来消息说他已经出发了，但还不确定是否到达目的地了。

불황(不況)【명사】불경기(경제 활동이 일반적으로 침체되는 상태. 물가와 임금이 내리고 생산이 위축되며 실업이 늘어난다). ◆ 图不景气，疲软。¶경제가 불황의 늪에 빠지다. =经济陷入不景气的泥潭。

불효(不孝)【명사】어버이를 효성스럽게 잘 섬기지 아니하여 자식 된 도리를 못함. ◆ 图不尽孝道，不孝。¶불효를 저지르다. =不尽孝道。● 불효하다(不孝--) ●

불후(不朽)【명사】[주로 '불후의' 꼴로 쓰여] 썩지 아니함이라는 뜻으로, 영원토록 변하거나 없어지지 아니함을 비유적으로 이르는 말. ◆ 图不朽，不灭。¶불후의 명작을 남기다. =留下不朽的名作。

붉다【형용사】빛깔이 핏빛 또는 익은 고추의 빛처럼 되다. ◆ 形红，变红。¶먼동이 붉다 못해 불붙는 듯하다. =黎明的东方红得像火在燃烧。

붉디붉다【형용사】더할 나위 없이 붉다. ◆ 形红红的，红彤彤的。¶진달래가 봄 들녘을 붉디붉게 물들이고 있었다. =杜鹃花把春天的田野染得红彤彤的。

붉은빛【명사】사람의 입술이나 피의 빛깔과 같이 짙고 선명한 빛. ◆ 图红色，赤色。¶붉은빛이 도는 연지를 찍은 신부. =涂了红色胭脂的新娘。

붉은색(--色)【명사】사람의 입술이나 피의 빛깔과 같이 짙고 선명한 색. ◆ 图红彤彤，红色。¶붉은색 노을. =红彤彤的晚霞。

붉히다【동사】성이 나거나 또는 부끄러워 얼굴을 붉게 하다. ◆ 动红脸，红着脸。¶그는 나쁜 짓을 하다가 들킨 아이처럼 화들짝 놀라며 얼굴을 붉혔다. =他像个做了坏事被人发现的孩子似的，吓得脸都红了。

붐(boom)【명사】어떤 사회 현상이 갑작스레 유행하거나 번성하는 일. ◆ 图流行，盛行，热潮。¶한창 건축 붐을 타고 떼돈을 번 건축업자가 많다. =随着建筑热的兴起，有很多建筑商赚到了大笔钱。

붐비다【동사】좁은 공간에 많은 사람이나 자동차 따위가 들끓다. ◆ 动拥挤，喧闹。¶버스 안이 붐비다. =车内很拥挤。

붓【명사】图 ❶ 글씨를 쓰거나 그림을 그리거나 페인트칠을 할 때 쓰는 도구의 하나. 주로 가는 대나무나 나무로 된 자루 끝에 짐승의 털을 꽂아서 먹이나 물감을 찍어 쓴다. ◆ 毛笔。¶붓 한 자루. =一支毛笔。❷ 연필·철필·만년필·볼펜 따위의 글씨를 쓰는 도구를 통틀어 이르는 말. 지난날 주로 붓으로 글씨를 쓴 데서 유래한다. ◆ 笔，笔杆。¶붓 가는 대로 글을 쓰다. =信笔写来。

붓다[1]【동사】动 ❶ 액체나 가루 따위를 다른 곳에 담다. ◆ 倒，浇。¶자루에 밀가루를 붓다. =把面粉倒进袋子。❷ 불입금·이자·곗돈 따위를 일정한 기간마다 내다. ◆ 结账，结清。¶매달 적금을 붓다. =每月定期存款。

붓다[2]【동사】动 ❶ 살가죽이나 어떤 기관이 부풀어 오르다. ◆ 肿，发肿。¶울어서 눈이 붓다. =哭肿了眼睛。❷ 성이 나서 뾰로통해지다. ◆ 噘嘴。¶약속 시간보다 늦게 갔더니 친구가 기다리다 지쳐 잔뜩 부어 있었다. =由于约会迟到了，朋友等得不耐烦，嘴噘得很厉害。

붕【부사】副 ❶ 벌 같은 큰 곤충 따위가 날 때 나는 소리. ◆ 嗡嗡。¶비행기는 하늘로 붕 떠올랐다. =飞机嗡嗡地飞上了天空。❷ 막혀 있던 공기나 가스가 약간 큰 구멍으로 터져 빠질 때 나는 소리. ◆ 噗。¶차가 배기구에서 붕 연기를 내뿜고 앞으로 달려 나갔다. =汽车排气口噗地喷出烟气向前冲出去。❸ 자동차, 배 따위에서 경적이 한 번 울리는 소리. ◆ 嘀。¶'붕' 하는 소리와 함께 자동차가 옆을 지났다. ="嘀"的一声，汽车从旁边开了过去。❹ 공중에 들리는 모양. 또는 그 느낌. ◆ 呼地。¶차에 치이는 순간 몸이 붕 떠올랐다. =被车撞的瞬间，身体呼地一下飞了起来。❺ 무엇이 허망하게 없어져 버린 모양. ◆ 呼地。¶노름으로 순식간에 많은 돈이 붕 떠 버렸다. =由于赌博，很多钱一瞬间就呼地一下没有了。

붕괴(崩壞)【명사】무너지고 깨어짐. ◆ 图崩溃，坍塌。¶붕괴 위험. =崩溃危险。● 붕괴되다(崩壞--), 붕괴하다(崩壞--) ●

붕괴시키다(崩壞---)【동사】무너지게 하다. ◆ 动使……崩溃，使……坍塌。

붕대(繃帶)【명사】상처나 부스럼 따위에 감는 소독한 헝겊. 신축성 있고 바람이 잘 통하는 면포, 거즈 따위로 만든다. ◆ 图绷带。¶붕대를 풀다. =拆绷带。

붕붕【부사】副 ❶ 벌 같은 큰 곤충 따위가 날 때 잇따라 나는 소리. ◆ 嗡嗡。¶꽃을 찾아 꿀벌들이 붕붕 날아든다. =寻找花朵的蜂群嗡嗡地飞进来。❷ 막혀 있던 공기나 가스가 약간 큰 구멍으로 터져 빠질 때 잇따라 나는 소리. ◆ 噗。¶방귀를 붕붕 뀌다. =噗地一声放了个屁。❸ 자동차, 배 따위에서 경적이 잇따라 울리는 소리. ◆ 嘀。¶배는 고동을 붕붕

울리며 출발했다. =船鸣响着“嘀嘀”的汽笛声出发了。❹ 잇따라 공중에 들리는 모양. 또는 그 느낌. ◆ 呼呼地。¶몸뚱이가 풍선처럼 붕붕 뜨는 것 같다. =身体像气球似得呼呼地飘起来。

붕붕거리다【동사】动 ❶ 벌 같은 큰 곤충 따위가 나는 소리가 잇따라 나다. ◆ (蜜蜂等昆虫) 嗡嗡叫。¶벌 한 마리가 붕붕거리며 우리 주위를 맴돈다. =一只蜜蜂嗡嗡叫着绕着我们飞。❷ 막혀 있던 공기나 가스가 터져 빠지는 소리가 잇따라 나다. 또는 그런 소리를 잇따라 내다. ◆ (堵着的空气或燃气等) 突突地响，轰轰地响。¶차가 붕붕거리더니 결국 시동이 안 걸렸다. =汽车突突地响了一会儿，最终没启动起来。❸ 자동차, 배 따위에서 울리는 경적 소리가 잇따라 나다. 또는 그런 소리를 잇따라 내다. ◆ (汽车、船等) 不停地按喇叭，不停地鸣汽笛。¶버스가 붕붕거리며 산길을 오른다. =公共汽车不停地按着喇叭，驶上山路。● 붕붕대다 ●

붕산(硼酸)【명사】무색무취에 광택이 나는 비늘 모양의 결정. 붕사에 황산을 작용시켜 만든 물질로 더운물에 잘 녹으며 수용액은 약한 산성을 띠며 살균 작용을 한다. ◆ 名 硼酸。

붕어【명사】잉엇과의 민물고기. 몸의 길이는 20~43cm이며, 등은 푸른 갈색이고 배 쪽은 누르스름한 은백색이다. ◆ 名 鲫鱼。¶월척에 가까운 붕어를 잡았다. =捕到将近一尺长的鲫鱼。

붙다【동사】动 ❶ 맞닿아 떨어지지 아니하다. ◆ 贴，附着。¶전신주에 광고 쪽지가 붙어 있었다. =电线杆上贴着小广告。❷ 시험 따위에 합격하다. ◆ 动 考上，合格，被录取。¶대학에 붙다. =考上大学。❸ 불이 옮아 타기 시작하다. ◆ 着火，起火，失火。¶산불이 여기저기에 붙다. =山火到处蔓延。❹ 어떤 일에 나서다. 또는 어떤 일에 매달리다. ◆ 动手，参加，加入。¶보고 있지만 말고 너도 그 일에 붙어서 일 좀 해라. =不要只顾着看，你也加入进来干点活吧。❺ 시설이 딸려 있다. ◆ 配备，带有。¶고속버스에는 텔레비전이 붙어 있다. =快速大巴上配备电视。❻ 조건·이유·구실 따위가 따르다. ◆ 附加，附带。¶법 조항에 예외 항목이 붙다. =法律条款中附加例外条目。❼ 어떤 장소에 오래 머무르다. 또는 어떤 판에 끼어들다. ◆ 待在。¶집에 붙어 있어라. =待在家里。❽ 주(主)가 되는 것에 달리거나 딸리다. ◆ 连着，附带。¶제목에 부제가 붙다. =题目附带副标题。❾ 물체와 물체 또는 사람이 서로 바짝 가까이하다. ◆ 挨着，紧贴。¶어린 애가 엄마에게 붙어 떨어지지 않았다. =小孩子紧贴着妈妈不肯离开。❿ 생활을 남에게 기대다. ◆ 依靠，依赖。¶그는 지금 남의 집에 붙어서 겨우 끼니를 잇고 있는 형편이다. =他现在只能到别人家蹭饭吃。⓫ 바로 옆에서 돌보다. ◆ 守护，辅导，辅助。¶위급 환자에게는 항상 간호원이 붙어 있다. =护士时刻守护危急病人。⓬ 좇아서 따르다. ◆ 依附，追随，跟随。¶권력자에게 붙다. =依附权势。⓭ 귀신 따위가 옮아 들어 작용하다. ◆ 附身，附体。¶잡귀가 붙다. =冤鬼附身。⓮ 실력 따위가 더 생겨 늘다. ◆ 提高，提升。¶이제 우리 상품에도 국제 경쟁력이 붙었는지 해외에서 잘 팔리고 있다. =大概现在我们的产品提高了国际竞争力，在海外销路也很好。⓯ 어떤 것이 더해지거나 생겨나다. ◆ 熟悉，增加。¶갈수록 일에 요령이 붙다. =越来越熟悉工作要领。⓰ 목숨이나 생명 따위가 끊어지지 않고 있다. ◆ 存在。¶나에게 생명이 붙어 있는 날까지는 너를 보살필 것이다. =我在有生之年会照顾你的。⓱ 이름이 생기다. ◆ 有。¶별명이 붙다. =有了外号。⓲ 겨루는 일 따위가 서로 어울려 시작되다. ◆ 交手，比试。¶모르는 사람과 시비가 붙다. =与不相识的人交手。⓳ 어떤 감정이나 감각이 생겨나다. ◆ 产生，生。¶아이에게 정이 붙다. =对孩子产生感情。⓴암컷과 수컷이 교합하다. ◆ 交配，交尾。¶개 두 마리가 붙다. =两只狗交配。

붙들다【동사】动 ❶ 놓치지 않게 꽉 쥐다. ◆ 抓紧，抓住，揪住。¶팔을 붙들다. =揪住胳膊。❷ 사람이나 사물 따위가 달아나지 못하도록 잡다. ◆ 抓住，逮住。¶범죄자는 꼭 붙들어야 한다. =一定要抓住犯人。❸ 남을 가지 못하게 말리다. ◆ 挽留，留。¶간다는 사람을 자꾸 붙들다. =总是挽留要走的人。❹ 어떤 일에 매달리다. ◆ 缠。¶숙제를 붙들고 하루를 보냈다. =被作业缠住了一天。

붙들리다【동사】动 ❶ '붙들다(놓치지 않게 꽉 쥐다)'의 피동사. ◆ 被抓住，被揪住。¶다리가 붙들리다. =腿被抓住。❷ '붙들다(사람이나 사물 따위가 달아나지 못하도록 잡다.)'의 피동사. ◆ 被抓，被捕，被逮住。¶도둑이 경찰에 붙들리다. =小偷被警察逮住。❸ '붙들다(남을 가지 못하게 말리다.)'의 피동사. ◆ 被挽留，被缠住。¶밤늦도록 일에 붙들리다. =被事缠身直到深夜。

붙박이【명사】어느 한 자리에 정한 대로 박혀 있어서 움직임이 없는 상태. 또는 그런 사물이나 사람. ◆ 名 固定的，不动的。¶붙박이 장롱. =固定橱柜。

붙박이장(---欌)【명사】벽에 붙이거나 벽의 안쪽에 만들어 옮길 수 없게 된 장롱. ◆ 名 壁柜，壁橱。¶붙박이장은 공간이 좁은 주택에 안성맞춤이다. =壁柜适合空间狭小的住宅。

붙이다【동사】动 ❶ '붙다(맞닿아 떨어지지 아니하다.)'의 사동사. ◆ 贴，粘，吸引，附着。¶봉투에 우표를 붙이다. =在信封上贴邮票。❷ '붙다(불이 옮아 타기 시작하다.)'의 사동사. ◆ 点(火)。¶연탄에 불을 붙이다. =点燃煤。❸ '붙다(조건, 이유, 구실 따위가 따르다.)'의 사동사. ◆ 附加，附带。¶계약에 조건을 붙이다. =给合同附加条件。❹ '붙다(식물이 뿌리가 내려 살다.)'의 사동사. ◆ 生长，生根。¶땅에 뿌리를 붙이다. =扎根地下。❺ '붙다(주가 되는 것에 달리거나 딸리다.)'의 사동사. ◆ 附带，依附。¶본문에 주석을 붙이다. =正文附带注释。❻ '붙다(물체와 물체 또는 사람이 서로 바짝 가까이하다.)'의 사동사. ◆ 挨着，紧贴。¶가구를 벽에 붙이다. =让家具紧贴墙壁。❼ '붙다(바로 옆에서 돌보다.)'의 사동사. ◆ 守护，辅助。¶중환자에게 간호사를 붙이다. =让护士看护重病人。❽ '붙다(어떤 것이 더해지거나 생겨나다.)'의 사동사. ◆ 长出，增加。¶운동으로 다리에 힘을 붙였다. =运动增加了腿部力量。 ❾ '붙다(이름이 생기다)'의 사동사. ◆ 取名，命名。¶사물에 이름을 붙이는 데에 있어서도 우리는 청각적인 이미지를 갖다 쓰는 경우가 많은 것이다. = 在很多情况下，给事物取名时，我们也利用听觉印象。 ❿ '붙다(어떤 감정이나 감각이 생겨나다.)'의 사동사. ◆ 产生，生。¶새로 사귄 친구에게 정을 붙이고 나니 이제는 헤어지고 싶지 않다. =和新结交的朋友产生了感情，现在不想分开了。 ⓫ 말을 걸거나 치근대며 가까이 다가서다. ◆ 攀谈，搭讪，套近乎。¶수작을 붙이다. =攀谈搭讪。 ⓬ 기대나 희망을 걸다. ◆ 寄予。¶앞날에 대한 희망을 붙이다. =对前途寄予希望。 ⓭ 어떤 놀이나 일, 단체 따위에 참여하다. ◆ 加入。¶그는 재주가 많으니 우리 일에 붙이면 도움이 될 거야. =他很有才能，他的加入对我们会有帮助。 ⓮ '붙다'의 사동형. 목숨이나 생명 따위를 이어가게 하다. ◆ 延续生命。¶목숨을 붙이기 위해 할 수 있는 일은 다 하였다. =为延续生命而做了所有能做的事。 ⓯ 남의 뺨이나 볼기 따위를 세게 때리다. ◆ 打。¶상대편의 따귀를 한 대 붙이다. =打对方一记耳光。 ⓰ 큰 소리로 구령을 외치다. ◆ 喊口令。¶번호를 붙여서 일렬로 들어간다. =喊着口令排成一列走进去。 ⓱ '붙다(겨루는 일 따위가 서로 어울려 시작되다.)'의 사동사. ◆ 使……交手，促成。¶두 회사를 경쟁을 붙이다. =让两家公司开始竞争。 ⓲ '붙다(암컷과 수컷이 교합하다.)'의 사동사. ◆ 让……交配，让……交尾。¶암퇘지와 수퇘지를 교미를 붙이다. =让公猪和母猪交配。

붙잡다 【동사】 动 ❶ 놓치지 않도록 단단히 쥐다. ◆ 握紧，抓紧。¶그는 한 손으로 바지춤을 붙잡은 채 어정쩡하게 서 있었다. =他用一只手抓紧裤腰，迷迷糊糊地站着。 ❷ 달아나지 못하게 잡다. ◆ 抓住，逮住。¶강도를 붙잡다. =抓住强盗。 ❸ 떠나지 못하게 말리다. ◆ 挽留，留。¶가려는 손님을 기어이 붙잡다. =极力挽留要走的客人。 ❹ 일자리를 얻다. ◆ 找到，弄到。¶좋은 직장을 붙잡다. =找到好工作。 ❺ 쓰러지거나 흔들리지 않게 잡아 주거나 도와주다. ◆ 扶，扶持。¶쓰러지는 나무를 붙잡다. =扶起倒下的树。 ❻ 하던 것을 계속 이어 가다. ◆ 接着，继续。¶말꼬리를 붙잡다. =接过话茬。 ❼ 사람 또는 물품 따위를 자기 것으로 만들다. ◆ 抓住。¶좋은 사람이니까 꽉 붙잡아서 결혼해라. =既然是个不错的对象，就紧紧抓住，结婚吧。

붙잡히다 【동사】 动 ❶ '붙잡다(치지 않도록 단단히 쥐다.)'의 피동사. ◆ 被抓住，被揪住。¶그 남자는 동네 사람들한테 어깨를 붙잡혀 언덕에서 끌려 내려오고 있었다. =那个男子被村民们架住肩膀从坡上拖过来。 ❷ '붙잡다(달아나지 못하게 잡다)'의 피동사. ◆ 被逮住，被捉住，被捕。¶그들은 적군에게 포로로 붙잡히다. =他们被敌人捉住了，成了俘虏。 ❸ '붙잡다'의 피동사. ◆ 被拦住。¶외진 곳에서는 차가 잘 붙잡히지 않아서 먼길을 그냥 걸어왔다. =在偏远地方不好拦车，只好走很远的路过来了。

뷔페(Buffet<프>) 【명사】 여러 가지 음식을 큰 식탁에 차려 놓고 손님이 스스로 선택하여 덜어 먹도록 한 식당. ◆ 名自助餐。

브라질(Brazil) 【명사】 남아메리카 동부에 있는 연방 공화국. ◆ 名巴西。

브랜드(brand) 【명사】 상표(사업자가 자기 상품에 대하여, 경쟁 업체의 것과 구별하기 위하여 사용하는 기호 · 문자 · 도형 따위의 일정한 표지). ◆ 名商标，品牌，牌子。¶유명 브랜드의 제품. =著名品牌的产品。

브레이크(brake) 【명사】 名 ❶ 기차 · 전차 · 자동차 따위의 차량이나 기계 장치의 운전 속도를 조절하고 제어하기 위한 장치. ◆ 闸，刹车，制动器。¶브레이크를 밟다. =踩刹车。 ❷ 어떤 일을 멈추게 하거나 못하게 하는 일. ◆ 制止。¶하는 일마다 브레이크를 걸고 방해한다. =事事掣肘。

브로치(brooch) 【명사】 옷의 깃이나 앞가슴에 핀으로 고정하는 장신구. 유리·보석·귀금속·쇠붙이 따위로 만든다. ◆ 名胸针，饰针。

블라우스(blouse) 【명사】 여자나 아이들이 입는 셔츠 모양의 낙낙한 윗옷. ◆ 名罩衫。¶날이 따뜻해지자 블라우스 차림의 여자들이 많아졌다. =天气一变暖，穿着宽松罩衫的女人就多了起来。

블루칼라(blue-collar) 【명사】 생산직에 종사하는 육체 노동자. 푸른 작업복을 입는 데서 유래한다. ◆ 名蓝领工人，体力劳动者。

블로킹(blocking) 【명사】 名 ❶ 권투에서, 상대의 펀치를 팔이나 팔꿈치, 어깨 따위로 막아 공격을 저지하는 일. ◆ 格挡。¶주먹을 막아내는 블로킹이 거의 완벽하다. =拦住拳头的格挡几乎是完美的。 ❷ 농구에서, 상대 선수의 진행을 신체적 접촉으로 방해하는 경우에 범하는 반칙. ◆ 阻挡犯规。 ❸ 배구에서, 상대편의 스파이크에 대하여 네트 앞에서 점프하여 두 손으로 공을 막아 상대편 코트로 공을 되돌려 보내는 일. ◆ 拦网，封网。¶공격수의 공격을 상대편이 블로킹으로 막아냈다. =进攻球员的进攻被对方的拦网拦住了。

비[1] 【명사】 대기 중의 수증기가 높은 곳에서 찬 공기를 만나 식어서 엉기어 땅 위로 떨어지는 물방울. ◆ 名 气象雨。¶비가 촉촉이 대지를 적신다. =雨水滋润大地。

비[2](碑) 【명사】 名 ❶ 사적을 기념하기 위하여 돌이나 쇠붙이, 나무 따위에 글을 새기어 세워 놓은 것. ◆ 碑。¶비를 세워 공덕을 기리다. =立碑缅怀功德。 ❷ 묘비(墓碑)(무덤 앞에 세우는 비석. 죽은 사람의 신분, 성명, 행적, 자손, 출생일, 사망일 따위를 새긴 다). ◆ 碑，墓碑。¶산소에 비를 세우다. =在坟前立碑。

비[3] 【명사】 먼지나 쓰레기를 쓸어 내는 기구. 쓰임에 따라 마당비, 방비 따위가 있는데, 짚, 띠, 싸리와 짐승의 털 따위로 만든다. ◆ 名扫帚，笤帚。¶싸리나무로 비를 만들다. =用胡枝子做扫帚。

비[4](比) 【명사】 名 ❶ 어떤 두 개의 수 또는 양을 서로 비교하여 몇 배인가를 나타내는 관계. :의 형태로 표시한다. ◆ 数学比。❷ 비례(比例)(표현된 물상의 각 부분 상호 간 또는 전체와 부분 간이 양적으로 일정한 관계가 됨). ◆ 比例。¶구도를 잡으려면 가로와 세로의 비를 잘 맞추어야 한다. =想做好构图，就应该搭配好横竖的比例。❸ '비율(比率)'의 뜻을 나타내는 말. ◆ 比，比率。¶혼합비. =混合比。

-비⁵(費)【접사】'비용' 또는 '돈'의 뜻을 더하는 접미사. ◆ 后缀费，费用。¶도시는 생활비가 많이 든다. =城市里生活费很高。

비⁶(非)-【접사】'아님'의 뜻을 더하는 접두사. ◆ 前缀非，不。¶비논리적. =不合逻辑的。

비겁하다(卑怯--)【형용사】비열하고 겁이 많다. ◆ 形卑鄙，卑劣。¶등뒤에서 공격하는 것은 비겁하다. =背后攻击行为是卑鄙的。

비견하다(比肩--)【동사】낫고 못할 것이 없이 정도가 서로 비슷하게 하다. 앞서거나 뒤서지 않고 어깨를 나란히 한다는 뜻에서 나온 말이다. ◆ 动媲美，不分上下，相提并论。¶그의 나무 다루는 기술과 비견할 만한 사람은 거의 없다. =可以和他的木工技术相提并论的人几乎没有。

비결(秘訣)【명사】세상에 알려져 있지 않은 자기만의 뛰어난 방법. ◆ 名秘诀，诀窍，窍门。¶음식 맛은 손끝에서 나온다고 하지만 음식 맛을 내는 비결을 알아두면 편리하다. =虽说食物味道跟手艺有关，但是如果知道了让食物好吃的窍门就更好了。

비계【명사】짐승, 특히 돼지의 가죽 안쪽에 두껍게 붙은 허연 기름 조각. ◆ 名肥肉。¶돼지 비계 타는 냄새가 코를 질러 왔다. =烤肥肉的味道直冲鼻子。

비고(備考)【명사】名 ❶ 참고하기 위하여 준비하여 놓음. 또는 그런 것. ◆ 备注。❷ 문서 따위에서, 그 내용에 참고가 될 만한 사항을 보충하여 적는 것. 또는 그 사항. ◆ 备注。¶세부적인 사항은 비고를 참고하십시오. =具体事项请参考备注。

비공개(非公開)【명사】어떤 사실이나 사물, 내용 따위를 남에게 알리거나 보이지 아니함. ◆ 名非公开，秘密。¶회의가 비공개로 진행되다. =会议非公开进行。

비공식(非公式)【명사】국가적으로나 사회적으로 인정되지 않은 사사로운 방식. ◆ 名非正式。¶비공식 집계. =非正式统计。

비관(悲觀)【명사】名 ❶ 인생을 어둡게만 보아 슬퍼하거나 절망스럽게 여김. ◆ 悲观。¶비관에 휩싸여 자포자기하다. =陷入悲观而自暴自弃。❷ 앞으로의 일이 잘 안될 것이라고 봄. ◆ 悲观。¶미래에 대한 비관. =对未来的悲观。● 비관하다(悲觀--) ●

비교(比較)【명사】둘 이상의 사물을 견주어 서로 간의 유사점, 차이점, 일반 법칙 따위를 고찰하는 일. ◆ 名比较，对比。¶비교 대상. =比较对象。● 비교되다(比較--), 비교하다(比較--) ●

비교적(比較的)【부사】일정한 수준이나 보통 정도보다 꽤. ◆ 副比较。¶그의 집은 비교적 크다. =他家比较大。

비구름【명사】난운(亂雲), 구름의 유형을 분류할 때 사용하는 이름의 하나. 비나 눈을 내리게 하는 구름을 이른다. ◆ 名阴云。¶시커먼 비구름이 몰려온다. =乌黑的阴云涌来。

비굴하다(卑屈--)【형용사】용기나 줏대가 없이 남에게 굽히기 쉽다. ◆ 形卑躬屈膝，卑怯。¶태도가 비굴하다. =态度卑怯。

비극(悲劇)【명사】名 ❶ 인생의 슬프고 애달픈 일을 당하여 불행한 경우를 이르는 말. ◆ 悲剧，惨剧。¶인생의 일대 비극. =人生的一大悲剧。❷ 인생의 슬픔과 비참함을 제재로 하고 주인공의 파멸, 패배, 죽음 따위의 불행한 결말을 갖는 극 형식. ◆ 悲剧。¶세익스피어의 4대 비극. =莎士比亚的四大悲剧。

비근하다(卑近--)【형용사】흔히 주위에서 보고 들을 수 있을 만큼 알기 쉽고 실생활에 가깝다. ◆ 形浅显，显而易见的。¶비근한 예를 들다. =列举浅显的例子。

비기다¹【동사】动 ❶ 서로 견주어 보다. ◆ 比较。¶자식의 마음을 감히 부모의 마음에 비길 수는 없다. =儿女的心怎么能和父母的心相比!❷ 어떤 사물을 다른 사물에 빗대어 말하다. ◆ 比喻，比拟。¶서양인들의 사랑을 난롯불에 비긴다면 한국인의 사랑은 화로나 온돌에 비유할 수 있다. =如果把西方人的爱比喻成炉火，那么韩国人的爱就可以比喻成火炉或暖炕。

비기다²【동사】서로 비금비금하여 승부를 가리지 못하다. ◆ 动打成平局，不分胜负。¶일 대 일로 비기다. =一比一打成平局。

비꼬다【동사】动 ❶ 끈 따위를 비비 틀어서 꼬다. ◆ 拧，扭，捻。❷ 몸을 바르게 가지지 못하고 비비 틀다. ◆ 扭。❸ 남의 마음에 거슬릴 정도로 빈정거리다. ◆ 讥讽，挖苦。¶그는 항상 남의 말을 비꽈서 듣는다. =他经常把别人的话听成是挖苦。

비끼다【동사】动 ❶ 비스듬히 놓이거나 늘어지다. ◆ 动斜放。❷ 비스듬히 비치다. ◆ 斜照，侧映。¶햇살이 느슨하게 비끼기 시작했다. =阳光开始慢慢地斜照。❸ 얼굴에 어떤 표정이 잠깐 드러나다. ◆ 闪现，浮现，泛起。¶그의 눈가에 차가운 웃음이 잠시 비꼈다. =他的眼角闪现过一丝冷笑。

비난(非難)【명사】남의 잘못이나 결점을 책잡아서 나쁘게 말함. ◆ 名非难，指责。¶비난을 받다. =受到指责。● 비난하다(非難--) ●

비누【명사】때를 씻어 낼 때 쓰는 물건. 물에 녹으면 거품이 일며 보통 고급 지방산의 알칼리 금속염을 주성분으로 한다. ◆ 名肥皂。¶비누로 얼굴을 씻다. =用肥皂洗脸。

비늘【명사】물고기나 뱀 따위의 표피를 덮고 있는 얇고 단단하게 생긴 작은 조각. ◆ 名鳞，鳞片。¶은빛 비늘을 번뜩이는 커다란 물고기가 수면을 차고 공중으로 솟구쳐 올랐다. =闪着银色鳞光的大鱼跃出水面冲向空中。

비닐(vinyl)【명사】주로 포장에 사용되는 물건을 만드는 데 쓰는, 불에 잘 타지 않으며 물과 공기가 통하지 않는 질긴 물질. ◆ 名塑料。¶비에 젖지 않도록 하기 위해 세워 둔 자전거에 비닐을 씌웠다. =给停好的自行车套上塑料罩，防止被雨淋湿。

비닐봉지(vinyl封紙)【명사】비닐로 무엇인가를 담을 수 있도록 만든 주머니. ◆图薄膜袋，塑料袋。

비닐하우스(vinylhouse)【명사】비닐로 바깥을 가린 온상. 채소류나 화훼류의 촉성 재배나 열대 식물을 재배하기 위하여 널리 쓴다. ◆图塑料大棚。¶겨울에도 비닐하우스에서 채소를 재배한다. =冬天也可在塑料大棚里种植蔬菜。

비다【동사】动 ❶ 일정한 공간에 사람, 사물 따위가 들어 있지 아니하게 되다. ◆ 空出。¶점심시간이라 사무실이 텅 비었다. =因为是午饭时间，办公室里空无一人。❷ 손에 들거나 몸에 지닌 것이 없게 되다. ◆ 空手。¶빈 몸으로 오다. =空着手来。❸ 할 일이 없거나 할 일을 끝내서 시간이 남다. ◆ 空余。¶내일은 시간이 빈다. =明天有空余的时间。❹ 주의가 허술하고 모자라는 구석이 생기다. ◆ 空缺。❺ 진실이나 알찬 내용이 들어 있지 아니하게 되다. ◆ 空洞。¶그의 주장은 현실성이 없는 빈 이론에 불과하다. =他的主张不现实，不过是空洞的理论。❻ 지식이나 생각, 판단하는 능력이 없어지다. ◆ 一无所知，无知。¶그 애는 얼굴은 예쁜데 머리가 비었다. =那个孩子脸蛋漂亮，但头脑空空。❼ 돈, 재산 따위가 없어지다. ◆ 空。¶그런 식으로 돈을 쓴다면 네 금고는 금방 비게 될 것이다. =如果那样花钱的话，你的金库也会很快变空的。❽ 사람의 마음이 의지할 대상이나 보람으로 여길 만한 것이 없어 외롭고 쓸쓸하게 되다. ◆ 空虚。¶가을이 되자 텅 빈 가슴이 더욱 쓸쓸해졌다. =到了秋天，空虚的心灵变得更加寂寞。❾ 욕심이나 집착 따위의 어지러운 생각이 없게 되다. ◆ (心中)放空，无欲无求。¶그는 마음이 비어 아무런 아쉬움 없이 집을 내주었다. =他无欲无求，毫无留恋地让出了房子。❿ 일정한 액수나 수량에서 얼마가 모자라게 되다. ◆ 缺少。¶십만 원에서 천 원이 빈다. =十万韩元缺了一千韩元。● 비우다 ●

비단[1](非但)【부사】부정하는 말 앞에서 '다만', '오직'의 뜻으로 쓰이는 말. ◆副不但，不仅。¶이런 일은 비단 어제오늘의 일이 아니다. =这种事不只是一天两天的事。

비단[2](緋緞)【명사】명주실로 짠 광택이 나는 피륙을 통틀어 이르는 말. 가볍고 빛깔이 우아하며 촉감이 부드럽다. ◆图绸缎，丝绸。¶그녀의 말씨가 비단같이 부드럽다. =她的话就像绸缎般温柔。

비단결(緋緞-)【명사】图 ❶ 비단의 바탕에 나타나는 올의 짜임새. ◆ 绸缎的纹理。¶비단결이 곱다. =绸缎的纹样很好看。❷ 매우 곱고 부드러운 상태를 비유적으로 이르는 말. ◆ 如绸缎般柔和，像绸缎般柔美。¶그녀의 살결이 비단결이다. =她的皮肤像绸缎般柔美。

비단옷(緋緞-)【명사】비단으로 지은 옷. ◆图绸缎衣，锦衣。¶그녀가 입은 붉은 비단옷은 우아하다. =她穿着红色绸缎衣看起来很优雅。

비대하다(肥大--)【형용사】形 ❶ 몸에 살이 쪄서 크고 뚱뚱하다. ◆ 肥胖。¶몸집이 비대하다. =身材肥胖。❷ 권력이나 권한, 조직 따위가 일정한 범위를 넘어서 강대하다. ◆ (权力、权限、组织等)强大，膨胀。¶권한이 비대할수록 부조리는 심해지는 법이다. =权限越大，不正之风就越盛行。

비둘기【명사】비둘기목의 새를 통틀어 이르는 말. ◆图鸽子。

비듬【명사】살가죽에 생기는 회백색의 잔비늘. 특히 머리에 있는 것을 이른다. ◆图皮屑，头屑。¶머리 밑에 앉은 비듬과 때가 어깨로 떨어져 내렸다. =头发里的头屑和污垢掉到了肩上。

비등하다(比等--)【형용사】비교하여 볼 때 서로 비슷하다. ◆形相差无几，旗鼓相当，棋逢对手。¶실력이 비등하다. =实力相当。

비디오(video)【명사】图 ❶ 텔레비전에서, 음성에 대하여 화상을 이르는 말. ◆ 视频，影像。❷ 비디오테이프 리코더. ◆ 录像机。¶텔레비전과 비디오가 붙은 제품. =电视配有录像机的产品。❸ 비디오테이프. ◆ 录像带。¶대여점에서 비디오 한 편을 빌려왔다. =从出租店借来一部录像带。

비딱하다[1]【동사】물체가 한쪽으로 비스듬하게 기울어져 있다. ◆ 动歪，斜。¶모자를 비딱하게 쓰다. =歪戴着帽子。

비딱하다[2]【형용사】물체가 한쪽으로 비스듬하게 기울어져 있다. ◆ 形歪斜。¶비딱한 자세. =歪斜的姿势。

비뚜름하다【형용사】조금 비뚤다. ◆ 形有点歪，有点斜。¶의자에 앉은 모습이 비뚜름하다. =坐在椅子上的姿势有点歪。

비뚤다【형용사】形 ❶ 바르지 아니하고 한쪽으로 기울어지거나 쏠려 있다. ◆ 歪，斜。¶줄이 비뚤다. =线歪了。❷ 마음이 바르지 못하고 꼬여 있다. ◆ 不正。¶마음이 비뚤다. =心术不正。

비뚤어지다【동사】动 ❶ 바르지 아니하고 한쪽으로 기울어지거나 쏠리다. ◆ 歪斜，倾斜。¶문패가 비뚤어지다. =门牌歪斜。❷ 성격이나 마음 또는 일 따위가 바르지 아니하고 그릇된 방향으로 꼬이거나 틀어지다. ◆ 不正，乖僻。¶생각이 비뚤어지다. =想法不正。

비례(比例)【명사】图 ❶ 한쪽의 양이나 수가 변화하는 만큼 그와 관련 있는 다른 쪽의 양이나 수도 변화함. ◆ 成比例。¶마음에 쌓인 한과 비례하여 눈물이 쏟아졌다. =心里积累的恨越多，泪水也就越多，如泉喷涌。❷ 표현된 물상의 각 부분 상호 간 또는 전체와 부분 간이 양적으로 일정한 관계가 됨. 또는 그런 관계. ◆ 比例关系，比例。¶비너스상은 정확한 비례로 유명하다. =维纳斯像以精确的比例而闻名。●비례하다(比例--) ●

비로소【부사】어느 한 시점을 기준으로 그 전까지 이루어지지 아니하였던 사건이나 사태가 이루어지거나 변화하기 시작함을 나타내는 말. ◆ 副才。¶자네의 뜻을 비로소 알겠네. =才明白你的意思。

비록【부사】아무리 그러하더라도. ◆ 副即使，尽管。¶비록 사소한 것일지라도 아버지와 의논해야지. =即使是小事，也应该和爸爸商量。

비롯되다【동사】처음으로 시작되다. ◆ 动始于，源于。¶그 풍속은 전설에서 비롯됐다. =那个风俗起源于传说。

비롯하다【동사】动 ❶ 처음으로 시작하다. ◆ 始于，源于。¶이 풍속은 신라 초에 비롯하였다고 한다. =据说这个风俗始于新罗初期。❷ 여럿 가운데서 처음으로 삼다. ◆ 以……为首。

비료(肥料)【명사】농사를 지을 때 땅을 기름지게 만들어 식물이 잘 자라게 하려고 뿌리는 물질. ◆ 名肥料。¶나무에 비료를 주었다. =给树木施肥。

비리(非理)【명사】올바른 이치나 도리에서 어그러짐. ◆ 名不正之风。¶비리를 척결하다. =铲除不正之风。

비리다【형용사】날콩이나 물고기, 동물의 피 따위에서 나는 맛이나 냄새가 있다. ◆ 形腥，膻气。¶생콩을 볶으면 비리지 않고 고소한 맛이 난다. =豆子炒了就没有了腥味，而是香酥的味道。

비린내【명사】날콩이나 물고기, 동물의 피 따위에서 나는 역겹고 매스꺼운 냄새. ◆ 名腥味，膻味。¶생선이 비린내가 심하다. =海鲜的腥味很重。

비릿하다【형용사】냄새나 맛이 조금 비린 듯하다. ◆ 形腥。

비만(肥滿)【명사】살이 쪄서 몸이 뚱뚱함. ◆ 名肥胖。¶비만 아동. =肥胖儿童。● 비만하다(肥滿--) ●

비명[1](碑銘)【명사】비석에 새긴 글. ◆ 名碑铭，碑刻。¶흰 대리석에 선명하게 검은 글씨로 새겨진 비명을 응시했다. =凝视着白色大理石石碑上清晰刻着的黑字。

비명[2](悲鳴)【명사】일이 매우 위급하거나 몹시 두려움을 느낄 때 지르는 외마디 소리. ◆ 名惊叫，惊呼，惨叫。¶중환자실 역시 부상자들의 비명과 신음으로 꽉 차 있었다. =重病房里充斥着伤员们的惨叫。

비명[3](非命)【명사】제명대로 다 살지 못하고 죽음. ◆ 名非命。¶불치병에 걸린 아내가 비명에 가고 말았다. =妻子因绝症去世。

비명횡사(非命橫死)【명사】뜻밖의 사고를 당하여 제명대로 살지 못하고 죽음. ◆ 名死于非命，横死。

비몽사몽(非夢似夢)【명사】완전히 잠이 들지도 잠에서 깨어나지도 않은 어렴풋한 상태. ◆ 名浑浑噩噩，半梦半醒。¶비몽사몽 전화를 받아 무슨 얘기인지 알아들을 수가 없었다. =半梦半醒间接电话，听不懂对方在说些什么。

비무장지대(非武裝地帶)【명사】名 ❶ 군사 시설이나 인원을 배치해 놓지 않은 곳을 통틀어 이르는 말. ◆ 非武装地带。❷ 교전국 쌍방이 협정에 따라 군사 시설이나 인원을 배치하지 않은 지대. 충돌을 방지하는 구실을 한다. ◆ 非军事区，非武装地带。¶비무장지대는 인간의 출입이 통제되기 때문에 자연이 잘 보전되어 있다. =非军事区禁止人员出入，自然环境反而得到了很好的保护。

비문(碑文)【명사】비석에 새긴 글. ◆ 名碑文。¶비문에는 긴 세월에도 아랑곳하지 않고 역사의 자취가 그대로 남아있다. =经过漫长的岁月，碑文上留下了历史的印迹。

비밀(祕密)【명사】名 ❶ 숨기어 남에게 드러내거나 알리지 말아야 할 일. ◆ 隐瞒，秘密。¶우리는 그에게만큼은 부모님의 병환을 비밀에 붙이기로 하였다. =我们决定对他隐瞒父母的病情。❷ 밝혀지지 않았거나 알려지지 않은 내용. ◆ 秘密，奥秘。¶우주의 비밀. =宇宙的奥秘。

비밀번호(祕密番號)【명사】은행이나 컴퓨터 시스템 따위에서, 보안을 위하여 미리 약정하여 쓰는 개인 고유의 문자열. ◆ 名密码。¶비밀번호를 잊다. =忘记密码。

비밀스럽다(祕密---)【형용사】무엇인가를 숨기고 감추려는 기색이 있다. ◆ 形秘密，神秘。¶비밀스러운 내용이면 잠시 뒤에 회의가 끝나고 봅시다. =如果是秘密内容，就等会议结束后再看吧。

비바람【명사】名 ❶ 풍우(바람과 비를 아울러 이르는 말). ◆ 风雨，风和雨。¶돌부처는 오랜 세월을 두고 비바람에 깎여 자세히 보지 않으면 여느 바위로 보일 지경이었다. =石佛在悠久的岁月中长期遭受风雨侵蚀，不仔细看的话几乎就是一块普通石头了。❷ 비가 내리면서 부는 바람. ◆ 风雨，刮风下雨。¶비바람이 몰아치다. =风雨大作。

비방[1](祕方)【명사】공개하지 않고 비밀리에 하는 방법. ◆ 名秘方。¶비방을 쓰다. =使用秘方。

비방[2](誹謗)【명사】남을 비웃고 헐뜯어서 말함. ◆ 名诽谤，诋毁。¶비방과 욕설이 난무하다. =诽谤和恶语漫天飞。● 비방하다(誹謗--) ●

비범하다(非凡--)【형용사】보통 수준보다 훨씬 뛰어나다. ◆ 形非凡，不同寻常。¶비범한 재주를 가지고 있다. =具有非凡的才能。

비법(祕法)【명사】비방(秘方). ◆ 名秘方，诀窍。¶어머니는 요리의 비법을 딸에게 전수했다. =妈妈把料理的秘方传授给了女儿。

비보(悲報)【명사】슬픈 기별이나 소식. ◆ 名坏消息，噩耗。¶비보를 전하다. =传噩耗。

비분강개하다(悲憤慷慨--)【동사】슬프고 분하다. ◆ 动愤慨。¶일제의 침탈에 비분강개하다. =对日本帝国主义的侵略掠夺充满愤慨之情。

비비다【동사】动 ❶ 두 물체를 맞대어 문지르다. ◆ 搓，揉。¶그녀가 눈을 비비며 일어났다. =她揉着眼睛站了起来。❷ 어떤 재료에 다른 재료를 넣어 한데 버무리다. ◆ 拌，和。¶밥에 고추장을 넣고 비비다. =把辣椒酱拌到米饭里。❸ 어떤 물건이나 재료를 두 손바닥 사이에 놓고 움직여서 뭉치거나 꼬이는 상태가 되게 하다. ◆ 搓，拧，捻。¶아버지가 새끼를 비벼 꼰다. =爸爸搓草绳。❹ 사람이 다른 사람의 비위를 맞추거나 아부하는 행동을 하다. ◆ 奉承，逢迎，讨好。❺ 많은 사람 틈에서 부대끼며 살아가다. ◆ 挤。¶단칸방에서 많은 식구와 몸을 비비며 살아간다. =许多人挤在一间房内一起生活。❻ 좁은 틈을 헤집거나 비집다. ◆ 扒开，拨开。❼ 어려운 상황을 이겨 내기 위하여 억척스럽게 버티다. ◆ 勉

强撑着，硬挺。¶막노동을 해서 그럭저럭 비비고 산다. =做些杂活勉强维持生活。

비빔밥 【명사】 고기나 나물 따위와 여러 가지 양념을 넣어 비벼 먹는 밥. ◆ 图拌饭。¶어머니는 가족들이 남긴 밥과 반찬으로 비빔밥을 만들어 드시곤 했다. =妈妈常把家人剩下的饭菜做成拌饭吃。

비상(非常) 【명사】 뜻밖의 긴급한 사태. 또는 이에 대응하기 위하여 신속히 내려지는 명령. ◆ 图非常，紧急。¶비상 대책. =紧急对策。

비상구(非常口) 【명사】 화재나 지진 따위의 갑작스러운 사고가 일어날 때에 급히 대피할 수 있도록 특별히 마련한 출입구. ◆ 图紧急出口。¶입구 쪽에서 화재가 발생하자 모두 비상구를 통해 대피하였다. =入口处一发生火灾，所有人都通过紧急出口逃离了。

비상금(非常金) 【명사】 뜻밖의 긴급한 사태에 쓰기 위하여 마련하여 둔 돈. ◆ 图储备金，应急钱，急用钱。¶아내 몰래 비상금을 챙겨 두다. =瞒着妻子，存下了应急钱。

비상시(非常時) 【명사】 뜻밖의 긴급한 사태가 일어난 때. ◆ 图非常时期，紧急时期。¶그는 비상시를 대비해 보험을 들어 두었다. =为应付意外情况，他投了保险。

비상하다[1](非常--) 【형용사】 形 ❶ 예사롭지 아니하다. ◆ 特殊，反常。❷ 평범하지 아니하고 뛰어나다. ◆ 出众，不同寻常。¶그는 재주가 비상하다. =他才华出众。

비상하다[2](飛翔--) 【동사】 공중을 날아다니다. ◆ 动飞翔。

비서(秘書) 【명사】 일부 중요한 직위에 있는 사람에게 직속되어 있으면서 기밀문서나 사무를 맡아보는 직위. 또는 그 직위에 있는 사람. ◆ 图秘书。¶방문객은 비서의 안내를 받으며 총장실로 들어갔다. =来客在秘书的引领下进入了校长室。

비석(碑石) 【명사】 돌로 만든 비. ◆ 图石碑。¶무덤 앞에는 비석 두 기(基)가 나란히 서 있다. =墓前并排立着两块石碑。

비속하다(卑俗--) 【형용사】 격이 낮고 속되다. ◆ 形庸俗，粗俗。

비수기(非需期) 【명사】 상품이나 서비스의 수요가 많지 아니한 시기. ◆ 图淡季。¶비수기인데도 성수기에 대비한 주문이 늘어나고 있다. =尽管是淡季，订单却比旺季还要多。

비스듬하다 【형용사】 수평이나 수직이 되지 아니하고 한쪽으로 기운 듯하다. ◆ 形倾斜，歪斜。¶버스가 비스듬히 서 있다. =公共汽车歪斜地停着。● 비스듬히 ●

비스킷(biscuit) 【명사】 밀가루에 설탕, 버터, 우유 따위를 섞어서 구운 과자. ◆ 图饼干。¶간식으로 비스킷을 먹다. =吃饼干当零食。

비슬비슬 【부사】 자꾸 힘없이 비틀거리는 모양. ◆ 副摇摇晃晃，蹒跚。¶사람들은 지독한 냄새에 비슬비슬 물러났다. =人们被刺鼻的味道熏得摇摇晃晃地退了下来。

비슷비슷하다 【형용사】 여럿이 다 거의 같다. ◆ 形差不多，大同小异。¶비슷비슷한 물건들이 많이 쌓여 있어 찾지를 못하겠다. =堆积的东西大同小异，所以很难找。

비슷하다 【형용사】 形 ❶ 두 개의 대상이 크기, 모양, 상태, 성질 따위가 똑같지는 아니하지만 전체적 또는 부분적으로 일치하는 점이 많은 상태에 있다. ◆ 差不多，类似。¶대개 사람들은 자기와 비슷한 사람과 어울리기 마련이다. =人以群分。❷ 정체가 확인되지 아니한 어떤 대상에 대하여 누구 또는 무엇이라고 짐작되는 상태에 있다. ◆ 像，好像。¶저기 걸어오는 사람이 철수 비슷하군. =那儿走过来的人好像是哲洙。❸ 비교가 되는 대상과 어느 정도 일치되지만 다소 미흡한 면이 있다. ◆ 差不多，接近。● 비슷이 ●

비실거리다 【동사】 힘이 없이 흐느적흐느적 자꾸 비틀거리다. ◆ 动摇摇晃晃，踉踉跄跄，跌跌撞撞。¶비실거리지 말고 제대로 서있어라. =不要摇摇晃晃的，站好了。● 비실대다 ●

비실비실 【부사】 副 ❶ 흐느적흐느적 힘없이 자꾸 비틀거리는 모양. ◆ 踉踉跄跄，跌跌撞撞。¶그는 술에 취해 비실비실 걸어가고 있었다. =他喝醉了，走路踉踉跄跄的。❷ 비굴하게 눈치를 보며 행동하는 모양. ◆ 低声下气。¶그는 무슨 죄나 지은 사람처럼 비실비실 눈치만 보고 있는 것이 심상치 않다. =他就像犯了什么罪一样低声下气地看眼色，有点不同寻常。● 비실비실하다 ●

비싸다 【형용사】 形 ❶ 물건 값이나 사람 또는 물건을 쓰는 데 드는 비용이 보통보다 많다. ◆ 贵，价高。¶이 옷은 생각보다 비싸다. =这衣服比想像的要贵。❷ 다른 사람의 요구에 쉽게 응하지 아니하고 도도하게 행동하다. ◆ 傲慢，架子大。¶비싸게 굴다. =架子大。❸ 어떤 일에 대한 대가가 보통을 넘는 상태에 있다. ◆ 昂贵，高昂。¶그는 성공을 위해 이혼이라는 비싼 대가를 치르고 말았다. =他为了成功，最终付出了离婚这个高昂的代价。❹ 어떤 대상에 대한 가치가 보통보다 높다. ◆ 有价值。¶돈이 인생의 전부인 양 돈만을 비싸게 여기더니 네가 이제야 가족의 소중함을 깨닫는구나. =你过去只觉得钱有价值，好像钱是人生的全部，现在你总算认识到家庭的珍贵了。

비아냥거리다 【동사】 얄밉게 빈정거리며 자꾸 놀리다. ◆ 动讥讽，讽刺，挖苦。¶그의 말과 행동은 비아냥거리는 투가 역력하다. =他的言语行动中很明显地透出讽刺的意思。● 비아냥대다 ●

비애(悲哀) 【명사】 슬퍼하고 서러워함. 또는 그런 것. ◆ 图悲哀。¶삶의 비애를 맛보다. =品尝生活的悲哀。

비약(飛躍) 【명사】 图 ❶ 나는 듯이 높이 뛰어오름. ◆ 飞跃。❷ 지위나 수준이 갑자기 빠른 속도로 높아지거나 향상됨. ◆ 飞跃。¶그는 비약 승진으로 동기들의 부러움을 샀다. =他的飞跃式升职受到同期入职的同事们的羡慕。❸ 논리나 사고방식 따위가 그 차례나 단계를 따르지 아니하고 뛰어넘음. ◆ 飞跃，跳

跃。¶이 글은 논리의 비약이 심하다. =这篇文章的逻辑跳跃很大。❹ 바쁘고 힘차게 활동함. ◆积极活动，活跃。¶암중 비약. =暗中积极活动。● 비약하다(飛躍--) ●

비열하다(卑劣/鄙劣--)【동사】사람의 하는 짓이나 성품이 천하고 졸렬하다. ◆动卑劣，卑鄙。¶비열한 인간. =卑鄙的人。

비염(鼻炎)【명사】콧속에 염증이 생겨, 코가 막히고 콧물이 흐르며 재채기를 하는 병. ◆名鼻炎。¶그는 비염으로 오랫동안 고생했다. =他长期受鼻炎困扰。

비옥하다(肥沃--)【형용사】땅이 걸고 기름지다. ◆形肥沃。¶이 땅이 이 고장에서 가장 비옥하다. =这是本地最肥沃的土地。

비올라(viola<이>)【명사】바이올린보다 조금 크고 네 줄로 되어 있으며 어둡고 둔한 소리를 내는 서양 현악기. ◆名中提琴。

비옷【명사】비가 올 때 비에 젖지 아니하도록 덧입는 옷. ◆名雨衣。¶아버지는 비가 올지 모른다는 일기예보를 듣고 비옷을 챙겨 나가셨다. =听天气预报有可能下雨，爸爸带好雨衣出门了。

비용(費用)【명사】어떤 일을 하는 데 드는 돈. ◆名费用，经费，开支。¶이 공사는 비용이 많이 들었다. =这项工程投入了很多经费。

비운(悲運)【명사】순조롭지 못하거나 슬픈 운수나 운명. ◆名厄运，苦命，不幸。¶비운의 왕자. =苦命王子。

비웃다【동사】어떤 사람, 또는 그의 행동을 터무니없거나 어처구니없다고 여겨 얕잡거나 업신여기다. 또는 그런 태도로 웃다. ◆动讥笑，嘲笑。¶그는 나의 꿈을 허황된 것이라고 비웃었다. =他嘲笑我痴人说梦。

비웃음【명사】흉을 보듯이 빈정거리거나 업신여기는 일. 또는 그렇게 웃는 웃음. ◆名讥笑，嘲笑，讥讽。¶비웃음을 사다. =招来嘲笑。

비위(脾胃)【명사】名 ❶ 지라와 위를 통틀어 이르는 말. ◆脾胃。❷ 어떤 음식물이나 일에 대하여 먹고 싶거나 하고 싶은 마음. ◆胃口，口味。¶비위가 상하다. =倒胃口。❸ 음식물을 삭여 내거나 아니꼽고 싫은 것을 견디어 내는 성미. ◆脾气。¶그 사람 비위를 맞추기란 쉬운 일이 아니다. =想合他的脾气不是件容易的事。

비유(比喩/譬喩)【명사】어떤 현상이나 사물을 직접 설명하지 아니하고 다른 비슷한 현상이나 사물에 빗대어서 설명하는 일. ◆名比喻，比作，打比方。¶비유를 들어 설명하다. =打比方说明。● 비유되다(比喩/譬喩--), 비유하다(比喩/譬喩--) ●

비율(比率)【명사】다른 수나 양에 대한 어떤 수나 양의 비(比). ◆名比率，比例。¶자동차 부품의 국산화 비율이 증가하였다. =汽车部件国产化比例提高了。

비일비재하다(非一非再--)【형용사】같은 현상이나 일이 한두 번이나 한둘이 아니고 많다. ◆名不是一次两次，多次。¶세상에 되짜 맞는 일은 비일비재하다. =天哪，被拒绝不是一次两次了。

비자(visa)【명사】사증(査證). ◆名签证。¶비자를 발급받다. =拿到签证。

비자금(秘資金)【명사】세금 추적을 할 수 없도록 특별히 관리하여 둔 돈을 통틀어 이르는 말. ◆名秘密资金。¶로비에 막대한 비자금을 투입하다. =投入巨大的秘密资金进行院外游说。

비장하다(悲壯--)【형용사】슬프면서도 그 감정을 억눌러 씩씩하고 장하다. ◆形悲壮。¶비장한 각오. =悲壮的觉悟。

비정상(非正常)【명사】정상이 아님. ◆名不正常，反常。¶그가 그런 말을 하다니 비정상이라고 밖에는 볼 수 없다. =他说出那种话不能不说是反常。

비정하다(非情--)【형용사】사람으로서의 따뜻한 정이나 인간미가 없다. ◆形无情。¶우리의 사랑은 비정하고, 우리의 청춘은 젊지 않다. =我们的爱是无情的，我们的青春不再。

비좁다【형용사】形 ❶ 자리가 몹시 좁다. ◆狭窄，狭小，挤。¶두 사람이 살기에는 비좁다. =两个人住有点挤。❷ 생각이나 마음 따위가 넓지 못하다. ◆狭隘。¶속이 비좁다. =心胸狭隘。

비주류(非主流)【명사】조직이나 단체 따위의 내부에서 소수파를 이르는 말. ◆名非主流。¶비주류에 속하는 사람끼리 회동을 갖다. =非主流人士们举行会面。

비준(批准)【명사】조약을 헌법상의 조약 체결권자가 최종적으로 확인, 동의하는 절차. 한국에서는 대통령이 국회의 동의를 얻어 행한다. ◆名批准。¶통상 조약을 비준하다. =批准通商条约。

비중(比重)【명사】다른 것과 비교할 때 차지하는 중요도. ◆名比重，比例。¶비중이 크다. =比重大。

비지【명사】名 ❶ 두부를 만들고 남은 찌꺼기. ◆豆腐渣。❷ 콩을 불려 갈아서 끓인 음식. ◆豆渣。

비지땀【명사】몹시 힘든 일을 할 때 쏟아져 내리는 땀. ◆名大汗。¶그가 수년간 비지땀을 흘리며 일하여 모은 재산은 수십억 원에 이른다. =他打拼多年，努力工作，积攒下的财产达到几十亿韩元。

비지떡【명사】名 ❶ 비지에 쌀가루나 밀가루를 넣고 반죽하여 둥글넓적하게 부친 떡. ◆豆渣饼。❷ 보잘것없는 것을 비유적으로 이르는 말. ◆豆腐渣，劣质货。¶싼게 비지떡이라는 말이 실감난다. =真正体会到"便宜没好货"这句话的意思。

비질【명사】비로 바닥 따위를 쓰는 일. ◆名扫，清扫。¶낙엽이 쌓인 마당에 깨끗이 비질을 했다. =将落叶堆积的院子扫得干干净净。● 비질하다 ●

비집다【동사】动 ❶ 맞붙은 데를 벌리어 틈이 나게 하다. ◆扒开。¶그는 문을 비집고 들어왔다. =他扒开门挤了进来。❷ 눈을 비벼서 억지로 크게 뜨다. ◆擦亮眼睛。¶방바닥에 떨어진 바늘을 아무리 눈을 비집고 찾아도 보이지 않는다. =不管怎么擦亮眼睛找，也看不见掉在地上的针。

비쭉비쭉【부사】언짢거나 비웃거나 울려고 할 때 소리 없이 입을 내밀고 실룩거리는 모양. '비죽비죽'보다 조금 센 느낌을 준다. ◆副咧嘴。¶저편 구석에서 비쭉비쭉 웃던 그는 느닷없이 나에게 소리를 질렀다. =在那边角落里咧嘴笑着的他突然向我喊起来。

비참하다(悲慘--)【형용사】더할 수 없이 슬프고 끔찍하다. ◆形悲惨。¶전쟁은 언제나 비참하다. =不管什么时候，战争都是悲惨的。

비책(秘策)【명사】아무도 모르게 숨긴 계책. ◆名秘密对策，秘密计划。¶그에게 무슨 비책이 있어 보이지도 않았다. =他有秘密计划，不让人看。

비천하다(卑賤--)【형용사】지위나 신분이 낮고 천하다. ◆形卑贱。¶비천한 신분. =卑贱的出身。

비추다【동사】动 ❶ 빛을 내는 대상이 다른 대상에 빛을 보내어 밝게 하다. ◆ 照亮，照耀。¶손전등으로 얼굴을 비추다. =用手电筒照脸。❷ 빛을 받게 하거나 빛이 통하게 하다. ◆照射。¶햇빛에 필름을 비추어 보았다. =对着阳光看胶片。❹ 빛을 반사하는 물체에 어떤 물체의 모습이 나타나게 하다. ◆ 照出，映照。¶거울에 몸을 비추다. =照镜子，正衣冠。❺ 어떤 것과 관련하여 견주어 보다. ◆ 按照，参照。¶내 경험에 비추어 볼 때 이 사업은 성공하기가 어렵다. =按照我的经验来看，这桩生意很难成功。

비축(備蓄)【명사】만약의 경우를 대비하여 미리 갖추어 모아 두거나 저축함. ◆名应急储备，应急，储蓄。¶전투식량을 비축하다. =储备战斗口粮。● 비축되다(備蓄--), 비축하다(備蓄--) ●

비취(翡翠)【명사】물총새. ◆名翠鸟。

비치(備置)【명사】마련하여 갖추어 둠. ◆名置备，准备。¶이 휘트니스 센터는 많은 운동기구를 비치해 놓았다. =这家健身中心置备了许多运动器材。● 비치되다(備置--), 비치하다(備置--) ●

비치다【동사】动 ❶ 빛이 나서 환하게 되다. ◆ 照，照亮，照射。¶어둠 속에 달빛이 비치다. =月光照亮黑暗。❷ 빛을 받아 모양이 나타나 보이다. ◆ 映出，照出。¶거울에 모습이 비치다. =镜子里照出模样。❸ 물체의 그림자나 영상이 나타나 보이다. ◆ 映，投映。¶창문에 사람 그림자가 비쳤다. =人影投映在窗户上。❹ 뜻이나 마음이 밖으로 드러나 보이다. ◆ 流露出，露出。¶그가 동행하고 싶은 마음을 비치다. =他流露出想一起去的意思。❺ 투명하거나 얇은 것을 통하여 드러나 보이다. ◆ 透，露。¶속살이 비치는 잠옷을 입다. =穿着露肉的睡衣。❻ 사람 몸속의 피가 몸 밖으로 나오는 상태가 되다. ◆ 出(血)。¶가래에 피가 비치다. =痰中带血。❼ 무엇으로 보이거나 인식되다. ◆ 以为，视作，看成。¶그는 내가 목사로 비쳤나 보다. =看来他以为我是牧师。❽ 얼굴이나 눈치 따위를 잠시 또는 약간 나타내다. ◆ 露面，出现。¶너무 바빠서 집에 얼굴을 비칠 시간도 없다. =实在是太忙了，连回家露个面的时间都没有。❾ 의향을 떠보려고 슬쩍 말을 꺼내거나 의사를 넌지시 깨우쳐 주다. ◆ 透露。¶동생에게 결혼 문제를 비쳤더니 그 자리에서 펄쩍 뛰었다. =刚给弟弟透露了一下结婚的消息，弟弟当场就跳了起来。

비커(beaker)【명사】액체를 붓는 입이 달린 원통 모양의 화학 실험용 유리그릇. 보통 유리로 만드나 플라스틱 제품도 쓴다. ◆名烧杯。

비켜나다【동사】动 ❶ 몸을 옮겨 다른 곳으로 물러나다. ◆ 躲开，让开。¶옆으로 조금 비켜나세요. =请向旁边让一下。❷ 어떤 장소에서 벗어나다. ◆ 离开。¶길에서 두세 걸음 비켜난 곳에 나무 한 그루가 있었다. =距离两三步的路边有一棵树。❸ 어떤 문제나 사건 따위의 핵심이나 중심에서 벗어나다. ◆ 脱离，避开。¶지금은 회사가 부도 위기에서 한 발 비켜나 있는 듯 보였다. =看上去公司现在已经稍稍脱离倒闭的危机了。❹ 하던 일이나 지위, 소유권 따위를 내놓다. ◆ 放弃，交出。¶그들은 순순히 눈앞의 이익에서 비켜날 사람들이 아니었다. =他们是不会乖乖地放弃眼前利益的。

비켜서다【동사】몸을 옮기어 물러서다. ◆动躲开，闪开，让开。¶자동차가 지나가도록 비켜서다. =躲开让汽车过去。

비키니(bikini)【명사】상하가 분리되어 브래지어와 팬티로 이루어진 수영복. ◆名比基尼。¶비키니 차림. =身着比基尼。

비키다【동사】动 ❶ 무엇을 피하여 있던 곳에서 한쪽으로 자리를 조금 옮기다. ◆ 躲开，闪开，让开。¶한옆으로 비키다. =闪到一旁。❷ 무엇을 피하여 방향을 조금 바꾸다. ◆ 避开。¶종수는 얼른 대답을 하지 않고 질천이를 조금 비켜 저쪽으로 길게 담배 연기를 내뿜었다. =钟洙没有马上回答，而是稍稍转头避开秩泉，朝那边长长地吐了口烟。❸ 다른 사람을 위하여 있던 자리를 피하여 다른 곳으로 옮기다. ◆ 让，让开。¶길을 비키다. =让路。

비타민(vitamin)【명사】동물체의 주 영양소가 아니면서 동물의 정상적인 발육과 생리 작용을 유지하는 데 없어서는 안 되는 유기 화합물을 통틀어 이르는 말. ◆名维生素。

비탄(悲歎/悲嘆)【명사】몹시 슬퍼하면서 탄식함. 또는 그 탄식. ◆名悲叹，哀叹，嗟叹。¶비탄에 빠지다. =陷入悲叹之中。

비탈【명사】산이나 언덕 따위가 기울어진 상태나 정도. 또는 그렇게 기울어진 곳. ◆名山坡；坡度。¶비탈이 심하다. =坡度很大。

비탈길【명사】비탈진 언덕의 길. ◆名坡路，斜坡路。¶비탈길을 오르다. =走上坡路。

비탈지다【형용사】몹시 가파르게 기울어져 있다. ◆形倾斜。¶비탈진 산길. =倾斜的山路。

비통하다(悲痛--)【형용사】몹시 슬퍼서 마음이 아프다. ◆形悲痛，哀痛。¶비통한 심정. =悲痛的心情。

비틀거리다【동사】힘이 없거나 어지러워서 몸을 바로 가누지 못하고 이리저리 쓰러질 듯이 계속 걷다. ◆名踉跄，趔趄，摇摇晃晃。¶그는 술에 취했는지 몸을 비틀거리며 걷는다. =他走路摇摇晃晃的，不知道是不是喝醉了。● 비틀대다 ●

비틀다【동사】名 ❶ 힘 있게 바싹 꼬면서 틀다. ◆ 扭，拧，捻。¶빨래를 비틀다. =拧衣服。❷ 일을 어그러지게 하다. ◆搞僵，搞砸。¶다 된 일을 이제 와서 비틀어 버리는 짓을 하고 있다. =快办成的事情到了现在却要搞砸了。❸ 의견이나 요구 따위를 이리저리 꼬면서 받아들이지 아니하다. ◆找理由拒绝，不接受(意见或要求)。● 비틀리다 ●

비틀비틀【부사】힘이 없거나 어지러워서 몸을 바로 가누지 못하고 계속 이리저리 쓰러질 듯이 걷는 모양. ◆副踉踉跄跄地，摇摇晃晃地，跌跌撞撞地。¶굶주림에 지친 그는 무엇이든 먹기 위해 시가지로 비틀비틀 나오고 있었다. =他饿得受不了，为了找点吃的，跌跌撞撞地来到了大街上。

비틀어지다【동사】图 ❶ 물체가 곧바르지 아니하게 어느 한쪽으로 쏠리거나 꼬이거나 돌려지다. ◆倾斜，扭曲。¶철제 난간이 열을 받아 비틀어지다. =铁栏杆受热扭曲。❷ 여위거나 물기가 말라서 한쪽으로 쏠리거나 꼬이거나 돌려지다. ◆(东西由湿变干)翘起来。❸ 일이 꼬여서 순조롭지 아니하게 되다. ◆(事情)出岔子，搞砸了。❹ 비위에 맞지 아니하여 마음이 몹시 틀어지다. ◆翻脸，闹别扭。¶그는 비틀어진 말투로 아버지에게 대들었다. =他用闹别扭的语气顶撞了父亲。

비파(琵琶)【명사】긴 타원형의 몸에 곧고 짧은 자루가 있으며 줄을 뜯어 연주하는 동양의 현악기. ◆图琵琶。¶비파를 뜯다. =拨动琵琶。

비판(批判)【명사】사물의 옳고 그름을 가리어 판단하거나 밝힘. ◆图批评，批判。¶비판을 받다. =受到批评。● 비판되다(批判--), 비판하다(批判--) ●

비평(批評)【명사】사물의 옳고 그름, 아름다움과 추함 따위를 분석하여 가치를 논함. ◆图批评，评论。¶날카로운 비평. =尖锐的批评。● 비평하다(批評--) ●

비품(備品)【명사】늘 일정하게 갖추어 두고 쓰는 물품. ◆图备用品，常用品。¶비품을 구비하다. =备齐常用品。

비하다(比--)【동사】动 ❶ 사물 따위를 다른 것에 비교하거나 견주다. ◆比拟，比喻。¶아내가 직접 만들어 준 이 옷을 무엇과 비하겠습니까? =妻子亲手为我缝制的衣服，拿什么可以和这相比拟呢? ❷ '비교'의 뜻을 나타낸다. ◆比，比较，相比。¶다른 작물에 비하면 생산비가 덜 든다. =与其他作物相比，所需的生产成本较少。❸ '견주어 말한다면' 또는 '비유하자면'의 뜻을 나타낸다. ◆就如同，比较而言，相比而言。¶낭비가 심한 그에게 돈을 주는 것은, 비하건대 밑 빠진 독에 물 붓기다. =他那么浪费，把钱给他就如同扔进无底洞。

비하하다(卑下--)【동사】动 ❶ 자기 자신을 낮추다. ◆自谦。¶지나치게 자기를 비하하는 것도 교만이다. =过于自谦也是骄傲。❷ 업신여겨 낮추다. ◆贬低，小看，鄙视。¶그 영화는 흑인을 지나치게 비하하고 있다는 비난을 받고 있다. =那部电影被指责为过分贬低黑人。

비행[1](非行)【명사】잘못되거나 그릇된 행위. ◆图恶行，胡作非为；不良行为。¶청소년 비행이 심각하다. =青少年的不良行为严重。

비행[2](飛行)【명사】공중으로 날아가거나 날아다님. ◆图飞行。¶야간 비행. =夜间飞行。

비행[3](卑行)【명사】도덕에 어긋나는 너절하고 더러운 행위. ◆图不道德行为，肮脏的行为。¶인간이기를 포기하는 비행을 저지르는 성인들이 늘고 있다. =做出失去人性的不道德行为的成年人逐渐增加。

비행기(飛行機)【명사】동력으로 프로펠러를 돌리거나 연소 가스를 내뿜는 힘에 의하여 생기는 양력(揚力)을 이용하여 공중으로 떠서 날아다니는 항공기. ◆图飞机。¶하늘을 날아오르는 비행기. =飞上天空的飞机。

비행장(飛行場)【명사】비행기들이 뜨고 내리고 머물 수 있도록 여러 가지 시설을 갖추어 놓은 곳. ◆图机场，飞机场。¶비행기가 비행장에 사뿐히 내렸다. =飞机轻轻地降落到机场。

비호(庇護)【명사】편들어서 감싸 주고 보호함. ◆图庇护，包庇，袒护。¶특정인을 비호하는 발언을 하여 물의를 빚다. =袒护特定人的言论引起争议。● 비호하다(庇護--) ●

비화(秘話)【명사】세상에 드러나지 아니한 이야기. ◆图秘闻。¶비화를 공개하다. =公开秘闻。

빈곤(貧困)【명사】图 ❶ 가난하여 살기가 어려움. ◆穷，贫穷，贫困。¶빈곤 타파. =消除贫困。❷ 내용 따위가 충실하지 못하거나 모자라서 텅 빔. ◆贫乏，缺乏。¶모임이 있을 때마다 화제의 빈곤으로 대화가 잘 이루어지지 않는다. =每次聚会都因为缺乏话题而影响交流。● 빈곤하다(貧困--) ●

빈궁하다(貧窮--)【형용사】가난하고 궁색하다. ◆形贫穷，贫困。¶그는 천성적으로 청렴해서 늘 빈궁하게 살았다. =他天性清廉，终日贫穷度日。

빈대【명사】빈댓과의 곤충. 몸의 길이는 5mm 정도이고 둥글납작하며, 갈색이다. ◆图臭虫。

빈대떡【명사】전(煎)의 하나. 녹두를 물에 불려 껍질을 벗긴 후 맷돌에 갈아 나물, 쇠고기나 돼지고기 따위를 넣고 번철이나 프라이팬 따위에 부쳐 만든다. ◆图绿豆煎饼。¶궂은 날 우리는 빈대떡을 부쳐 먹었다. =阴雨天我们做了绿豆煎饼吃。

빈도(頻度)【명사】같은 현상이나 일이 반복되는 도수(度數). ◆图频率。¶높은 빈도를 보이다. =显示高频率。

빈둥거리다【동사】아무 일도 하지 아니하고 자꾸 게으름을 피우며 놀기만 하다. ◆动游手好闲，无所事事。¶하루 종일 집 안에서만 빈둥거리지 말고 할 일을 찾아보아라. =别成天在家里游手好闲的，找点事做吧。● 빈둥대다 ●

빈둥빈둥【부사】자꾸 게으름을 피우며 아무 일도 하지 아니하고 놀기만 하는 모양. ◆副游手好闲地，无所事事地。¶빈둥빈둥 놀기만 하면 누가 떡을 준다든 밥을 준다든. =整天游手好闲，谁给你饭吃呀?

빈말【명사】실속 없이 헛된 말. ◆图空话，空谈，废话。¶빈말이라도 고맙다. =就算是空话，也非常感谢。

빈민(貧民)【명사】가난한 백성. ◆图贫民，穷人。¶빈민 구제책. =贫民救济政策。

빈민가(貧民街)【명사】가난한 사람들이 모여 사는 거리. ◆ 图贫民街。¶그는 빈민가에서 살았지만 희망을 잃지 않았다. =虽然生活在贫民街，但是他并没有失去希望。

빈민층(貧民層)【명사】재산이 넉넉하지 못하여 물질적으로 가난하게 사는 계층. 또는 그런 계층의 사람들. ◆ 图贫民阶层。

빈번하다(頻繁--)【형용사】번거로울 정도로 도수(度數)가 잦다. ◆ 形频繁，频频。¶왕래가 빈번하다. =来往频繁。● 빈번히(頻繁-) ●

빈부(貧富)【명사】가난함과 부유함을 아울러 이르는 말. ◆ 图贫富。¶빈부의 격차가 심하다. =贫富差距严重。

빈사(瀕死)【명사】반죽음(거의 죽게 됨. 또는 그런 상태). ◆ 图濒死，临死，到了死亡边缘。¶빈사 상태에 빠지다. =处于濒死状态。

빈소(殯所)【명사】상여가 나갈 때까지 관을 놓아두는 방. ◆ 图灵堂。¶빈소를 지키다. =守灵。

빈손【명사】图 ❶ 아무것도 가진 것이 없는 손. ◆ 空手，赤手。¶어머니는 내 빈손에 만원짜리 두 장을 쥐어 주셨다. =母亲往我的手里塞了两张一万韩元的钞票。❷ 돈이나 물건 따위를 아무것도 가진 것이 없는 상태를 비유적으로 이르는 말. ◆ 赤手空拳，两手空空。¶이제 사업 실패로 빈손이 되었다. =事业失败，落到两手空空。

빈약하다(貧弱--)【형용사】形 ❶ 형태나 내용이 충실하지 못하고 보잘 것 없다. ◆ 贫乏，缺乏。¶시설이 빈약한 병원. =缺乏设施的医院。❷ 신체의 각 부분이 제대로 발달되어 있지 못하다. ◆ 羸弱，柔弱。¶그 아이는 상체에 비해 하체가 빈약하다. =那孩子下半身比上半身羸弱。

빈정거리다【동사】남을 은근히 비웃는 태도로 자꾸 놀리다. ◆ 动讥讽，嘲讽，嘲笑。¶그는 나에게 빈정거리며 말했다. =他讥讽地对我说。● 빈정대다 ●

빈주먹【명사】图 ❶ 아무것도 가진 것이 없는 주먹. ◆ 空手。¶빈주먹으로 오면 어떻게 합니까? =空着手来怎么能行呢? ❷ 어떤 일을 하는데 마땅히 가지고 있어야 할 것이 없는 상태를 비유적으로 이르는 말. ◆〈喻〉白手，赤手空拳。¶사업을 빈주먹으로 시작하다. =白手起家。

빈천(貧賤)【명사】가난하고 천함. ◆ 图贫贱。

빈축(嚬蹙/顰蹙)【명사】남을 비난하거나 미워함. ◆ 图皱眉，讨厌，嫌弃。¶빈축을 사다. =讨人厌。

빈털터리【명사】재산을 다 없애고 아무것도 가진 것이 없는 가난뱅이가 된 사람. ◆ 图身无分文的人，穷光蛋。¶빈털터리가 되다. =成了个穷光蛋。

빈틈없다【형용사】形 ❶ 비어 있는 사이가 없다. ◆ 紧凑，没有空隙。¶빈틈없는 빡빡한 일정. =紧凑的日程。❷ 허술하거나 부족한 점이 없다. ◆ 周到，严密，一丝不苟。¶빈틈없는 성격. =细心周到的性格。● 빈틈없이 ●

빈혈(貧血)【명사】핏속에 산소를 운반하는 성분이 정상보다 줄어든 상태. ◆ 图贫血。¶빈혈을 일으키다. =突然引起贫血。

빌다[1]【동사】动 ❶ 바라는 바를 이루게 하여 달라고 신이나 사람, 사물 따위에 간청하다. ◆ 祈祷，许愿。¶소녀는 하늘에 소원을 빌었다. =少女对天许愿。❷ 잘못을 용서하여 달라고 호소하다. ◆ 乞求，求饶。¶고개를 숙이고 용서를 빌다. =低头求饶。

빌다[2]【동사】남의 물건을 공짜로 달라고 호소하여 얻다. ◆ 动讨要，乞讨。¶이웃에게 쌀을 빌다. =向邻居讨米。

빌딩(building)【명사】내부에 많은 임대 사무실이 있는 서양식의 고층 건물. ◆ 图高楼，大楼，大厦。¶빌딩을 세우다. =建大厦。

빌리다【동사】动 ❶ 남의 물건이나 돈 따위를 나중에 도로 돌려주거나 대가를 갚기로 하고 얼마 동안 쓰다. ◆ 借，贷，租。¶은행에서 돈을 빌리다. =从银行里借钱。❷ 남의 도움을 받거나 사람이나 물건 따위를 믿고 기대다. ◆ 借助，求助。¶남의 손을 빌리다. =求助于他人。❸ 일정한 형식이나 이론, 또는 남의 말이나 글 따위를 취하여 따르다. ◆ 借用。¶성인의 말씀을 빌려 설교하다. =借用圣人之言进行说教。

빌미【명사】재앙이나 탈 따위가 생기는 원인. ◆ 图病因，祸根。¶빌미가 되다. =成为祸根。

빌붙다【동사】남의 호감이나 환심을 사기 위하여 곁에서 아첨하고 알랑거리다. ◆ 动阿谀，奉承，趋炎附势。¶권문세가에 빌붙어 지내다. =在有权势的豪门察颜观色地生活。

빌빌거리다【동사】动 ❶ 느릿느릿하게 자꾸 움직이다. ◆ 动来动去。¶집에서 빌빌거리는 것을 보니 놀고 있는 모양이다. =在家里动来动去的，看来是闲着没事。❷ 기운 없이 자꾸 행동하다.◆ 懒洋洋，无精打采，有气无力。● 빌빌대다 ●

빌어먹다【동사】남에게 구걸하여 거저 얻어먹다. ◆ 动讨饭，要饭。¶밥을 빌어먹다. =要饭吃。

빌어먹을【감탄사】일이 뜻대로 되지 아니하여 속이 상하거나 분개할 때 욕으로 하는 말. ◆ 该死的，倒霉的。¶빌어먹을! 더러운 놈. =该死的！混账东西。

빗【명사】머리털을 빗을 때 쓰는 제구. 대나무, 뿔이나 금속 따위로 만들며 참빗, 얼레빗, 면빗, 음양소 따위가 있다. ◆ 图梳子。¶빗 한 개. =一把梳子。

빗금【명사】비스듬하게 그은 줄. ◆ 图斜线。¶빗금을 긋다. =画斜线。

빗나가다【동사】动 ❶ 움직임이 똑바르지 아니하고 비뚜로 나가다. ◆ (方向)歪，偏，斜。¶총알이 과녁에서 빗나가다. =子弹偏出靶子。❷ 기대나 예상과 다르다. ◆ 错，偏差。¶예상이 빗나가다. =预计有偏差。❸ 행동이나 태도가 올바른 방향에서 벗어나 그릇된 방향으로 나가다. ◆ (行动、态度等出现)偏离，错误。¶빗나간 행동. =错误的行动。

빗다【동사】머리털을 빗 따위로 가지런히 고르다. ◆ 动梳，拢。¶빗으로 머리를 빗다. =用梳子梳头。● 빗기다 ●

빗대다【동사】곧바로 말하지 아니하고 빙 둘러서 말하다. ◆ 动拐弯抹角地说，婉转地说。

빗면(-面)【명사】图 ❶ 비스듬히 기운 면. 수평면과 90도 이내의 각도를 이룬다. ◆ 斜面(物理概念)。 ❷ 비스듬히 기운 평면. 수평면과 90도 이내의 각을 이룬다. ◆ (数学概念)斜面。

빗물【명사】비가 와서 고이거나 무인 물. ◆ 图雨水。¶빗물이 스미다. =雨水渗进去。

빗발【명사】비가 내리칠 때에 줄이 죽죽 진 것처럼 떨어지는 빗줄기. ◆ 图雨丝。¶빗발이 아직은 가늘다. =雨丝还很细密。

빗발치다【동사】动 ❶ 거센 빗줄기처럼 쏟아지거나 떨어지다. ◆ 像大雨一样倾泄，如大雨滂沱般。¶총탄이 빗발치는 전장. =布满枪林弹雨的战场。❷ 어떤 의사를 나타내는 일이 끊이지 아니하고 세차게 계속되다. ◆ 接二连三，一个接一个。¶항의가 빗발치다. =抗议声接二连三。

빗방울【명사】비가 되어 점점이 떨어지는 물방울. ◆ 图雨滴，雨点。¶빗방울이 떨어지다. =雨点下落。

빗변(-邊)【명사】직각 삼각형의 직각에 대한 변. ◆ 图斜边。

빗살【명사】图 ❶ 빗의 가늘게 갈라진 낱낱의 살. ◆ 梳齿。¶빗살이 부러지다. =梳齿断了。❷ 울거미 틀에 45도 각도 경사로 대어 서로 교차하여 짠 창문살. ◆ (窗户的)斜格子。

빗소리【명사】비가 내리는 소리. ◆ 图雨声，下雨声。¶창밖에서 후드득후드득 빗소리가 들린다. =窗外传来了噼里啪啦的雨声。

빗속【명사】비가 내리는 가운데. ◆ 图雨中。¶빗속을 뚫고 행진하다. =冒雨行进。

빗자루【명사】비의 손잡이. ◆ 图扫帚，笤帚。¶빗자루와 쓰레받기. =笤帚和簸箕。

빗장【명사】문빗장. ◆ 图门闩，门插销。¶빗장을 걸다. =上门闩。

빗줄기【명사】줄이 진 것처럼 세차게 내리는 비. ◆ 图雨柱，雨丝。¶굵은 빗줄기가 떨어졌다. =粗大的雨柱落下来。

빗질하다【동사】머리카락이나 털 따위를 빗으로 빗다. ◆ 动梳理，梳头。¶그녀가 머리를 감은 뒤 빗질하고 있다. =她洗完了头正在梳理。

빙【부사】副 ❶ 약간 넓은 일정한 범위를 한 바퀴 도는 모양. ◆ 旋转状。¶한 바퀴 빙 돌다. =转一圈。❷ 갑자기 정신이 어찔하여지는 모양. ◆ (精神)眩晕。¶머리가 빙 돌다. =脑袋眩晕打转。❸ 일정한 둘레를 넓게 둘러싸는 모양. ◆ 围绕状。¶빙 둘러서다. =围成一圈。❹ 갑자기 눈물이 글썽하여지는 모양. ◆ (眼泪)滴溜溜地。¶눈물이 빙 돌다. =眼泪滴溜溜地打转。

빙그레【부사】입을 약간 벌리고 소리 없이 부드럽게 웃는 모양. ◆ 副微笑的样子，笑眯眯。¶빙그레 웃다. =微微一笑。

빙그르르【부사】몸이나 물건 따위가 넓게 한 바퀴 도는 모양. ◆ 副滴溜溜。¶장난삼아 회전의자를 빙그르르 돌려보다. =滴溜溜地转着转椅玩。

빙글빙글[1]【부사】큰 것이 잇따라 미끄럽게 도는 모양. ◆ 副滴溜溜地(旋转、转动)。¶빙글빙글 돌다. =滴溜溜地转。

빙글빙글[2]【부사】입을 슬며시 벌릴 듯 말 듯 하면서 소리 없이 부드럽게 자꾸 웃는 모양. ◆ 副微笑的样子，笑眯眯。¶그녀는 무엇이 좋은 지 하루종일 빙글빙글 웃고 있다. =她好像有什么高兴事，整天笑眯眯的。

빙긋【부사】입을 슬쩍 벌릴 듯하면서 소리 없이 거볍게 한 번 웃는 모양. ◆ 副微笑的样子。¶빙긋 웃다. =微微笑了一下。● 빙긋하다, 빙긋이 ●

빙긋거리다【동사】입을 슬쩍 벌릴 듯하면서 소리 없이 거볍게 자꾸 웃다. ◆ 动一直微笑。● 빙긋대다 ●

빙긋빙긋【부사】입을 슬쩍 벌릴 듯하면서 소리 없이 자꾸 거볍게 웃는 모양. ◆ 副微微地笑。¶왜 혼자 빙긋빙긋 웃고 난리야? =你自己一个劲儿地微微笑什么呢?

빙빙【부사】副 ❶ 약간 넓은 일정한 범위를 자꾸 도는 모양. ◆ 一圈一圈地，一圈圈地。¶회전목마가 빙빙 돌아간다. =旋转木马一圈圈地转。❷ 이리저리 자꾸 돌아다니는 모양. ◆ 打转转。¶할 일 없이 거리를 빙빙 돌아다니다. =无所事事地在街上打转转。❸ 갑자기 정신이 자꾸 어찔하여지는 모양. ◆ 忽悠忽悠。¶눈앞이 빙빙 돌다. =眼前晕乎乎转了起来。

빙산(氷山)【명사】빙하에서 떨어져 나와 호수나 바다에 흘러 다니는 얼음덩어리. 주로 남극 대륙, 북극권 제도, 그린란드의 빙하 지역에 형성된다. ◆ 图冰山。¶여객선이 빙산에 부딪혀 침몰했다. =客轮撞上冰山沉没了。

빙상(氷上)【명사】얼음판의 위. ◆ 图冰上。¶빙상경기. =冰上比赛。

빙수(氷水)【명사】얼음덩이를 잘게 갈아서 눈과 같이 만들고 거기에 당밀(糖蜜) 또는 설탕, 향미료 따위를 넣은 음식. ◆ 图刨冰。¶팥빙수. =红豆冰沙。

빙어(氷魚)【명사】바다빙엇과의 바닷물고기. 몸의 길이는 15cm 정도이고 가늘며 옆은 편평하다. ◆ 图冰鱼。

빙자하다(憑藉--)【동사】动 ❶ 남의 힘을 빌려서 의지하다. ◆ 借助，凭借，倚仗。¶자기는 의사가 아니라 의술을 빙자한 상인에 불과하다고 겸손해했다. =谦虚地表示自己并不是医生，不过是一名借助医术经营的商人。❷ 말막음을 위하여 핑계로 내세우다. ◆ 借口，假托，托辞。

빙점(氷點)【명사】어는 점. ◆ 图冰点，零度。¶때 아닌 한파로 기온이 빙점 이하로 뚝 떨어졌다. =突如其来的寒流使气温一下子降到了零度以下。

빙판(氷板)【명사】물이나 눈 따위가 얼어서 미끄럽게 된 바닥. ◆ 图(道路)冰面，结冰的路面。¶빙판에 넘어지다. =在冰面上摔倒。

빙하(氷河)【명사】수백수천 년 동안 쌓인 눈이 얼음덩어리로 변하여 그 자체의 무게로 압력을 받아 이동하는 현상. 또는 그 얼음덩어리. ◆ 图冰河，冰川。

빚【명사】图 ❶ 남에게 갚아야 할 돈. 꾸어 쓴 돈이나 외상값 따위를 이른다. ◆ 债，账，债务。¶빚을 갚다. =还债。❷ 갚아야 할 은혜 따위를 비유적으로 이르는 말. ◆ 债，欠债。¶마음의 빚을 갚다. =偿还心债。

빚다【동사】动 ❶ 흙 따위의 재료를 이겨서 어떤 형태를 만들다. ◆打，做(团、块)。¶흙으로 독을 빚다. =用泥做缸。❷ 가루를 반죽하여 만두, 송편, 경단 따위를 만들다. ◆ 包，捏，做，揉。¶만두를 빚다. =包饺子。❸ 지에밥과 누룩을 버무리어 술을 담그다. ◆ 酿(酒)，酿造。¶찹쌀로 술을 빚다. =用糯米酿酒。❹ 어떤 결과나 현상을 만들다. ◆ 造成，酿成，惹出。¶물의를 빚어 죄송하다는 사과문이 신문에 실렸다. =报纸上刊登了因惹出争议而致歉的道歉文。

빚더미【명사】많은 빚을 진 상태를 비유적으로 이르는 말. ◆图〈喻〉债台。¶빚더미에 올라앉다. =债台高筑。

빚어내다【동사】动 ❶ 가루를 반죽하여 만두, 송편, 경단 따위를 만들어 내다. ◆ 包成，捏成，揉成。❷ 지에밥과 누룩을 버무리어 술을 담가 내다. ◆ 酿造，酿出。¶어머니는 명절 때가 되면 정성 들여 술을 빚어냈다. =母亲每逢节日总会精心酿酒。❸ 어떤 결과나 현상을 만들어 내다. ◆ 构成，造成，导致。¶파란 하늘과 노란 은행잎이 빚어내는 가을의 풍경. =蔚蓝的天空与金黄的银杏叶构成的秋日风景。

빚쟁이【명사】图 ❶ 남에게 돈을 빌려 준 사람을 낮잡아 이르는 말. ◆〈贬〉债主，放债人，债权人。¶빚쟁이에게 시달리다. =受债主折磨。❷ 빚을 진 사람을 낮잡아 이르는 말. ◆〈贬〉债户，欠债的人。¶소를 사육했다가 하루아침에 빚쟁이가 된 농민들. =一夜之间沦为欠债人的养牛户们。

빚지다【동사】动 ❶ 남에게 돈이나 물건 따위를 꾸어 쓰다. ◆ 欠债，借用，背债。¶친척에게 빚진 돈을 갚다. =偿还欠亲戚的钱。❷ 남에게 신세를 지다. ◆ 给人添麻烦，欠……人情。¶나는 그에게 늘 빚진 기분이 든다. =我总觉得欠他的人情。

빛【명사】图 ❶ 시각 신경을 자극하여 물체를 볼 수 있게 하는 일종의 전자기파. 태양이나 고온의 물질에서 발한다. ◆ 光，光线，光亮。¶밝은 빛. =亮光。❷ 물체가 광선을 흡수 또는 반사하여 나타내는 빛깔. ◆ 色彩，颜色。¶맑은 날에는 바다의 빛이 더 푸르게 보인다. =晴天的时候，大海的颜色看上去更蓝。❸ 표정이나 눈, 몸가짐에서 나타나는 기색이나 태도. ◆ 神色，神情。¶기쁜 빛을 감추지 못하다. =掩盖不住兴奋的神色。❹ 무엇을 느끼게 하는 분위기. ◆ 色调，氛围。¶가을의 쓸쓸한 빛이 더해 가다. =秋日的凄冷之色逐渐变浓。❺ 찬란하게 반짝이는 광채. ◆ 光彩，光芒。¶찬란한 빛을 발하는 보석. =发出灿烂光芒的宝石。❻ 희망이나 영광 따위를 비유적으로 이르는 말. ◆〈喻〉希望，光明。¶그의 사랑과 희생은 전 세계에 빛을 주었다. =他的爱和付出的牺牲给全世界带来了光明。

빛깔【명사】물체가 빛을 받을 때 빛의 파장에 따라 그 거죽에 나타나는 특유한 빛. ◆图色彩，色泽，颜色。¶바다의 푸른 빛깔. =大海的蔚蓝色彩。

빛나다【동사】动 ❶ 빛이 환하게 비치다. ◆ 闪烁，闪耀，照耀。¶조명이 환하게 빛나다. =照明灯闪耀着亮光。❷ 빛이 반사되어 반짝거리거나 윤이 나다. ◆ 发光，闪光，发亮。¶창호지가 햇살을 받아 하얗게 빛나고 있다. =窗户纸在阳光的照耀下闪着白光。❸ 영광스럽고 훌륭하여 돋보이다. ◆ 辉煌，光辉灿烂。¶빛나는 업적. =辉煌的业绩。❹ 눈이 맑은 빛을 띠다. ◆ 发光，炯炯有神。¶초롱초롱 빛나는 눈. =炯炯有神的眼睛。● 빛내다 ●

빛살【명사】광선(光線). ◆图光线，光芒。¶창문 틈으로 쏟아지는 빛살. =从窗户缝里照进来的光线。

빠개다【동사】작고 단단한 물건을 두 쪽으로 가르다. ◆动劈开，剖开。¶장작을 빠개다. =劈柴。

빠끔빠끔【부사】副 ❶ 입을 벌렸다 오므리며 담배를 자꾸 빠는 모양. ◆ 吧嗒吧嗒地(用力吸烟)。¶노인은 상념에 잠긴 듯 눈을 지긋이 감고 담배 연기를 빠끔빠끔 내뿜고 있었다. =老人好像沉浸在想象中一样微微闭着双眼，吧嗒吧嗒地吐着烟气。❷ 물고기 따위가 입을 벌렸다 오므리며 물이나 공기를 자꾸 들이마시는 모양. ◆ 鱼张嘴喝水貌。¶어항 속의 물고기가 한가롭게 빠끔빠끔 물을 마시는 모양을 바라보며 앉아 있었다. =坐着看鱼缸里的鱼儿嘴一张一合悠闲地喝着水。

빠끔하다【형용사】形 ❶ 작은 구멍이나 틈 따위가 깊고 또렷하게 나 있다. ◆ (缝隙或小洞开得)细细的，小小的。❷ 문 따위가 조금 열려 있다. ◆ (缝隙)一点点，细细的，窄窄的。● 빠끔히 ●

빠듯하다【형용사】形 ❶ 어떤 정도에 겨우 미칠 만하다. ◆ 紧，紧张。¶예산이 빠듯하다. =预算紧张。❷ 어떤 한도에 차거나 꼭 맞아서 빈틈이 없다. ◆ 刚好，刚够，勉勉强强。¶빠듯한 생활비. =刚刚够用的生活费。

빠뜨리다【동사】动 ❶ 물이나 허방이나 또는 어떤 깊숙한 곳에 빠지게 하다. ◆ 使……陷入，使……落入，使……掉进。¶계략에 빠뜨리다. =使之中计。❷ 어려운 지경에 놓이게 하다. ◆ 使……陷入，让……掉进。¶회사를 곤경에 빠뜨리다. =使公司陷入困境。❸ 부주의로 물건을 흘리어 잃어버리다. ◆ 落，丢失。¶하마터면 중요한 서류를 빠뜨리고 갈 뻔했다. =差一点丢下重要的文件走了。❹ 빼어 놓아 버리다. ◆ 遗漏，漏掉。¶보고 내용에서 중요한 정보를 빠뜨리고 보고서를 제출했다. =提交的报告里漏掉了重要的信息。

빠르다【형용사】形 ❶ 어떤 동작을 하는 데 걸리는 시간이 짧다. ◆ 快，迅速。¶회복이 빠르다. =康复很快。❷ 어떤 일이 이루어지는 과정이나 기간이 짧다. ◆ 敏捷，灵活。¶두뇌 회전이 빠르다. =头脑灵活。❸ 어떤 것이 기준이나 비교 대상보다 시간 순서상으로 앞선 상태에 있다. ◆ 早。¶그녀는 나보다 생일이 여섯달이나 빠르다. =她的生日比我早六个月。❹ 어떤 일이 생기거나 어떤 일을 하기에는 아직 시간이 더 필요한 상태에 있다. ◆ 为时尚早。¶수영하기에는 아직 빠르다. =游泳还太早了。

빠지다[1]【동사】动 ❶ 박힌 물건이 제자리에서 나오다. ◆ 掉，脱落。¶책상다리에서 못이 빠지다.

=钉子从桌腿上脱落下来。❷ 어느 정도 이익이 남다. ◆ 赚，挣。¶이번 장사에서는 이자 돈 정도는 빠질 것 같다. =这次的生意好像能赚点利息。❸ 원래 있어야 할 것에서 모자라다. ◆ 少，缺。❹ 속에 있는 액체나 기체 또는 냄새 따위가 밖으로 새어 나가거나 흘러 나가다. ◆ (液体、气体、气味等)排出，泄漏。¶기름 냄새가 빠지다. =排出油烟味。❺ 때，빛깔 따위가 씻기거나 없어지다. ◆ 掉(色)，褪(色)。¶옷에서 색이 빠지다. =衣服掉色。❻ 차례를 거르거나 일정하게 들어 있어야 할 곳에 들어 있지 아니하다. ◆ 遗漏，漏掉。¶이 책에는 중요한 내용이 빠져 있다. =这本书里漏掉了重要的内容。❼ 정신이나 기운이 줄거나 없어지다. ◆ 疲惫，没力气，发软。¶그 말을 들으니 다리에 기운이 빠져서 서 있을 수가 없었다. =听到那些话，两腿发软站不起来了。❽ 어떤 일이나 모임에 참여하지 아니하다. ◆ 缺(课)，缺席。¶친목회에서 빠지다. =缺席联谊会。❾ 그릇이나 신발 따위의 밑바닥이 떨어져 나가다. ◆ 坏，破，磨破。¶구두가 밑창이 빠지다. =皮鞋鞋底磨破了。❿ 살이 여위다. ◆ 瘦，消瘦。¶살이 빠지다. =瘦了。⓫ 일정한 곳에서 다른 데로 벗어나다. ◆ 奔，走上。¶지름길로 빠지다. =奔捷径。⓬ 생김새가 미끈하게 균형이 잡히다. ◆ (长相)匀称，清秀，秀美。¶다리가 잘 빠지다. =腿长得很秀美。⓭ 남이나 다른 것에 비해 뒤떨어지거나 모자라다. ◆ 次于，不如，逊色。¶이 정도 실력이면 어디에 내놓아도 빠지지 않는다. =这样的实力到了哪里都不会差。

빠지다[2] 【동사】 動 ❶ 물이나 구덩이 따위 속으로 떨어져 잠기거나 잠겨 들어가다. ◆ 掉进，坠入。¶우물에 빠지다. =掉进井里。❷ 곤란한 처지에 놓이다. ◆ 处于，陷入。¶어려움에 빠지다. =陷入困难之中。❸ 그럴듯한 말이나 꾐에 속아 넘어가다. ◆ 坠入，陷入。¶유혹에 빠지다. =坠入诱惑之中。❹ 잠이나 혼수상태에 들게 되다. ◆ 陷入。¶그 환자는 혼수상태에 빠졌다. =那个病人陷入了昏迷状态。❺ 무엇에 정신이 아주 쏠리어 헤어나지 못하다. ◆ 陷入，沉迷，沉溺。¶사랑에 빠지다. =沉迷于爱情之中。

빠짐없이 【부사】 하나도 빠뜨리지 아니하고 모두 다 있게. ◆ 副全部，全都。¶빠짐없이 참석하다. =全部参加。

빠트리다 【동사】 動 ❶ '빠뜨리다(물이나 허방이나 또는 어떤 깊숙한 곳에 빠지게 하다)'. ◆ 把……弄掉，使……沉入，使……陷入。¶개울에 고무신을 빠트리다. =胶鞋掉进了小沟里。❷ '빠뜨리다(어려운 지경에 놓이게 하다)'. ◆ 使……处于，使……陷入，让……掉进。¶우리는 계획적으로 그를 곤경에 빠트렸다. =我们有计划地使他陷入困境。❸ '빠뜨리다(부주의로 물건을 흘리어 잃어버리다)'. ◆ 落，丢，弄丢。¶호주머니에 넣었던 지갑을 빠트리다. =弄丢了装在衣袋里的钱包。❹ '빠뜨리다(빼어 놓아 버리다)'. ◆ 遗漏，漏掉。¶참고 문헌을 실수로 빠트리다. =因为失误漏掉了参考文献。

빡빡 【부사】 副 ❶ 야무지게 자꾸 긁거나 문대는 소리. 또는 그 모양. ◆ 咯吱咯吱(抓挠声)，噌噌(擦拭声)。¶방바닥을 빡빡 문지르다. =噌噌地擦地板。❷ 얇고 질긴 종이나 천 따위를 자꾸 찢는 소리. 또는 그 모양. ◆ 嚓嚓(撕纸或布的声音)。¶그는 서류를 빡빡 찢었다. =他嚓嚓地撕掉了文件。❸ 반들반들해지도록 자꾸 닦거나 깎는 모양. ◆ 擦得光亮的。¶집의 유리창을 빡빡 닦았다. =把家里的玻璃窗擦得亮晶晶的。❹ 머리털이나 수염 따위를 아주 짧게 깎은 모양. ◆ (头发)短短的。¶그는 머리를 빡빡 깎았다. =他把头发剃得短短的。❺ 상기되어 자꾸 기를 쓰거나 우기는 모양. ◆ 大呼小叫。¶그는 자기가 잘못했으면서도 끝까지 빡빡 우겼다. =虽然是自己做错了，他还是一直在大呼小叫地抬杠。❻ 이 따위를 야무지게 자꾸 가는 소리. 또는 그 모양. ◆ 嘎吱嘎吱(磨牙声)。¶그는 자면서 이를 빡빡 갈았다. =他睡觉时嘎吱嘎吱地磨牙。

빡빡하다 【형용사】 形 ❶ 물기가 적어서 보드라운 맛이 없다. ◆ 硬，干，干巴。¶찌개가 너무 빡빡하다. =炖菜做得太干了。❷ 여유가 없어서 조금 빠듯하다. ◆ 紧张，满满当当。¶빡빡한 스케줄. =满满当当的日程。❸ 융통성이 없고 조금 고지식하다. ◆ 生硬，死板，刻板。¶생각이 빡빡하다. =思想死板。❹ 꼭 끼거나 맞아서 헐겁지 아니하다. ◆ 发涩。¶대문 열기가 빡빡하다. =大门开起来发涩。❺ 국물보다 건더기가 가들막하게 많다. ◆ 稠。¶미역국이 빡빡하다. =裙带菜汤很稠。

빤짝 【부사】 副 ❶ 작은 빛이 잠깐 나타났다가 사라지는 모양. ◆ 闪光。¶형광등이 빤짝하더니 불이 들어오지 않는다. =日光灯一闪就不亮了。❷ 정신이 갑자기 맑아지는 모양. ◆ 猛地(清醒貌)。¶정신이 빤짝 들다. =猛地醒过神来。❸ 어떤 생각이 갑자기 머리에 떠오르는 모양. ◆ 猛然，突然(想起)。¶묘안이 빤짝 떠오르다. =突然有了好主意。❹ 물건이나 사람, 일 따위가 빨리 없어지거나 끝나는 모양. ◆ (事物、人等)一下子，昙花一现。¶빤짝 가수. =昙花一现的歌手。❺ 마음이 끌려 귀가 갑자기 뜨이는 모양. ◆ 一下子(竖起耳朵)。❻ 무엇이 순간적으로 분명하게 보이는 모양. ◆ 闪一下。¶거울로 신호를 빤짝 보내다. =用镜子闪一下信号。❼ 잠을 자지 아니하고 밤을 지내는 모양. ◆ 没合眼，熬夜的样子。¶아들 걱정으로 밤을 빤짝 새웠다. =因为担心儿子，他一夜没合眼。● 빤짝거리다, 빤짝이다, 빤짝대다 ●

빤하다 【형용사】 形 ❶어두운 가운데 밝은 빛이 비치어 환하다. ◆ 明亮，亮堂。¶날이 새면서 길이 빤하다. =天亮了，道路也亮堂起来。❷ 어떤 일의 결과나 상태 따위가 환하게 들여다보이듯이 분명하다. ◆ 明显，显然。¶경기에 질 것이 불 보듯 빤하다. =明显会输掉比赛。❸ 바라보는 눈매가 또렷하다. ◆ (眼神)清澈，明亮。¶눈매가 빤한 것이 영리해 보인다. =眼神清澈，显得很聪明。● 빤히 ●

빨간색(--色) 【명사】 피나 익은 고추와 같이 밝고 짙게 붉은색. ◆ 名红色。

빨강【명사】기본색의 하나. 노랑, 파랑과 더불어 천연색 사진이나 그림물감 등의 감산 혼합으로 색을 표현할 때 삼원색을 이룬다. ◆名红色。

빨갛다【형용사】피나 익은 고추와 같이 밝고 짙게 붉다. ◆形殷红，绯红。¶빨간 노을. =绯红的霞光。

빨개지다【동사】빨갛게 되다. ◆动变红，发红。¶술 한 잔에 얼굴이 빨개지다. =喝了一杯酒，脸就变红了。

빨다[1]【동사】옷 따위의 물건을 물에 넣고 주물러서 때를 없애다. ◆动洗，洗涤。¶옷을 빨다. =洗衣服。

빨다[2]【동사】动 ❶ 입을 대고 입 속으로 당겨 들어오게 하다. ◆ 吸，抽，吃。¶아이가 젖을 빨다. =小孩吃奶。❷ 입안에 넣고 녹이거나 혀로 핥다. ◆ 咂，吸，吮。¶손가락을 빨다. =吮手指头。

빨대【명사】물 따위를 빨아올리는 데 쓰는 가는 대. ◆名吸管。¶빨대를 대고 음료수를 빨아 먹다. =用吸管喝饮料。

빨랑빨랑【부사】아주 가볍고도 재빠르게. 잇따라 행동하는 모양. ◆副麻利地，敏捷地。¶할 말 있으면 빨랑빨랑 해. 기차시간 다 됐어. =有话就快说，火车就要开了。

빨래【명사】名 ❶ 더러운 옷이나 피륙 따위를 물에 빠는 일. ◆ 洗(衣服)。¶이불은 빨래하기가 힘들다. =被子很难洗。❷ 더러운 옷이나 피륙 따위. 또는 빨아진 옷이나 피륙 따위. ◆ 要洗的衣物。¶빨래가 쌓이다. =要洗的衣物积攒起来。● 빨래하다 ●

빨래판(--板)【명사】빨래할 때 쓰는 판. 넓적한 나무 판을 물결같이 울퉁불퉁하게 파 놓았다. ◆名洗衣板，搓板。¶빨래를 빨래판에 올려놓고 박박 비벼야 깨끗해진다. =把衣服放到洗衣板上嚓嚓地搓，才能洗干净。

빨랫감【명사】빨래할 옷이나 피륙 따위. ◆ 名要洗的衣物。¶빨랫감을 골라 물빨래를 하다. =挑出要洗的衣物用水洗。

빨랫방망이【명사】빨랫감을 두드려서 빠는 데 쓰는 방망이. 넓적하고 기름한 나무로 만든다. ◆ 名洗衣棒，棒槌。¶빨랫방망이로 세게 두드리다. =用洗衣棒槌使劲敲。

빨랫비누【명사】세탁비누(빨래할 때 쓰는 비누). ◆ 名肥皂。¶우리 집은 빨랫감이 많아서 빨랫비누가 빨리 닳는다. =我们家洗衣服多，所以肥皂用得很快。

빨랫줄【명사】빨래를 널어 말리려고 다는 줄. ◆名晾衣绳，晒衣绳。

빨리【부사】걸리는 시간이 짧게. ◆副快速，赶快。¶일을 빨리 끝내다. =赶快做完事情。

빨빨거리다【동사】바쁘게 여기저기 돌아다니다. '발발거리다'보다 센 느낌을 준다. ◆动四处奔波，到处乱跑。¶아들이빨빨거리고 쏘다녔더니 감기 걸렸다. =儿子东奔西跑，结果得了感冒。● 빨빨대다 ●

빨아내다【동사】속에 있는 것을 빨아서 나오게 하다. ◆动吸出来，抽出来。¶뱀에게 물린 자리에서 독을 입으로 빨아내다. =在被蛇咬过的地方用嘴把毒吸出来。

빨아들이다【동사】动 ❶ 수분, 양분, 기체 따위를 끌어들이거나 흡수하다. ◆ 吸进去，吸入。¶담배 연기를 빨아들이다. =吸入香烟的烟气。❷ 마음을 강하게 끌어들이다. ◆ 吸引。¶그가 쓴 소설은 독자를 마술적으로 빨아들이는 흡입력이 있다. =他写的小说对读者而言具有魔法般的吸引力。

빨아먹다【동사】남의 것을 우려내어 제 것으로 만들다. ◆动侵吞，榨取。¶그녀는 나의 돈을 빨아먹고 도망가 버렸다. =她卷了我的钱跑了。

빨아올리다【동사】밑에 있는 것을 빨아서 올라오게 하다. ◆ 动吸上来，抽上来。¶나무뿌리가 물을 빨아올리다. =树根把水吸上来。

빨판【명사】다른 동물이나 물체에 달라붙기 위한 기관. ◆名吸盘，吸附器官。

빳빳하다【형용사】形 ❶ 물체가 굳고 꼿꼿하다. ◆ 直挺挺，硬邦邦。¶고개를 빳빳하게 세우다. =直挺挺地抬着头。❷ 태도나 성격이 억세다. ◆ (态度)强硬，(性格)坚强，顽强。¶빳빳하게 굴다. =举止强硬。● 빳빳이 ●

빵[1]【명사】名 ❶ 밀가루를 주원료로 하여 소금, 설탕, 버터, 효모 따위를 섞어 반죽하여 발효한 뒤에 불에 굽거나 찐 음식. 서양 사람들의 주 음식이다. ◆ 面包。¶빵을 굽다. =烤面包。❷ 먹고살 양식. ◆ 粮食。¶난민들에게는 우선 빵 문제가 시급하다. =对难民来说，最急需解决的是粮食问题。

빵[2]【부사】副 ❶ 풍선이나 폭탄 따위가 갑자기 터지는 소리. ◆ 爆炸声，"砰"。¶타이어가 빵 터지다. =轮胎"砰"地一声爆了。❷ 작은 구멍이 뚫리는 소리. 또는 그 모양. ◆ 穿孔的声音或样子。❸ 공 따위를 세게 차는 소리. 또는 그 모양. ◆ 砰(用力踢球的声音或样子)。¶이 쪽으로 공을 빵 차거라. =把球使劲踢过来！● 빵빵 ●

빵점(-點)【명사】'영점(零點)'을 속되게 이르는 말. ◆ 名零分，鸭蛋("영점(零點)"的俗称)。¶그 녀석은 이번 수학 시험에서 빵점을 받았다. =那小子这次数学考试得了零分。

빵집【명사】빵을 만들어 파는 집. ◆名面包房，面包店。¶빵집에서 빵 굽는 냄새가 풍겨 나왔다. =面包房里散发出烤面包的气味。

빻다【동사】짓찧어서 가루로 만들다. ◆动捣，舂，碾，磨。¶고추를 빻다. =磨辣椒。

빼곡하다【형용사】사람이나 물건이 어떤 공간에 빈틈없이 꽉 찬 상태에 있다. ◆ 形密密麻麻，满满当当。¶창고에는 이미 쌀가마로 빼곡하였다. =仓库里已经满满当当都是大米袋子了。● 빼곡히 ●

-빼기[1]【접사】后缀 ❶ [일부 명사 뒤에 붙어] 앞말의 특성이 있는 사람이나 물건의 뜻을 나타냄. ◆ (附于部分名词之后)表示具有某种特征。¶곱빼기. =双份。❷ 인체의 일부를 속되게 이르는 뜻을 나타냄. ◆ 俚表示对人体部位的贬称的后缀。¶이마빼기. =前额。

빼기[2]【명사】뺄셈을 함. ◆ 名减，减去。¶7 빼기 3은 4이다. =七减三等于四。

빼내다【동사】动 ❶ 박혀 있거나 끼워져 있는 것을 뽑다. ◆ 拔出，抽出。¶가시를 빼내다. =拔出刺。❷ 여럿 가운데에서 필요한 것 혹은 불필요한 것만을 골라내다. ◆ 挑选，挑出，选出。¶서랍에서 중요한 서류만 빼내다. =从抽屉里只挑出了重要文件。❸ 남의 물건 따위를 돌려내다. ◆ 窃取，转移。¶회사에서 비밀 장부를 빼내다. =从公司转移秘密账本。❹ 남을 꾀어서 나오게 하다. ◆ 挖出，诱拐。¶다른 회사에서 기술자를 빼내다. =从别的公司里挖技术人员。❺ 얽매인 사람을 자유롭게 해 주다. ◆ 营救；放出。¶경찰서에서 자기 형을 빼내다. =把自己的哥哥从警察局里弄了出来。

빼놓다【동사】动 ❶ 여럿 가운데 어떤 것을 골라 놓다. ◆ 选拔，挑选，选出。¶무리 중에서 실한 놈만 빼놓다. =从人群里挑出结实的人。❷ 한 무리에 들어가야 할 사람이나 물건을 그 무리에 넣지 아니하다. ◆ 漏掉，落下。¶어제 한 숙제를 빼놓고 학교에 갔다. =昨天做的作业落在家里就去学校了。

빼다【동사】动 ❶ 속에 들어 있거나 끼여 있거나, 박혀 있는 것을 밖으로 나오게 하다. ◆ 抽出，拔出，放出。¶축구공의 바람을 빼다. =把足球里的气放出来。❷ 전체에서 일부를 제외하거나 덜어 내다. ◆ 删掉，扣除，去掉。¶식품 구입 목록에서 과자를 뺐다. =把饼干从食物购买清单里去掉了。❸ 긴 형태의 물건을 뽑아내다. ◆ 拉出，抽出。¶누에고치에서 실을 빼다. =从蚕茧里抽丝。❹ 저금이나 보증금 따위를 찾다. ◆ 取，取出。¶나는 필요할 때마다 통장에서 돈을 빼 쓴다. =我每次需要钱的时候，就从存折里取出来用。❺ 셋방 따위를 비우다. ◆ 空出，腾出。¶지금 살고 있는 집에서 방을 빼면 갈 데가 없다. =如果从现在住的家里搬出来的话，就无处可去了。❻ 일정한 공간 속에 갇혀 있는 공기나 물, 바람 따위를 밖으로 나오게 하다. ◆ 放，放出，排放。¶논에 물을 빼다. =朝水田里放水。❼ 때나 얼룩 따위를 물이나 약품 따위로 빨거나 씻어 없애다. ◆ 洗掉，弄掉，去掉。¶옷에 얼룩을 빼다. =洗掉衣服上的污渍。❽ 힘이나 기운 따위를 몸에서 없어지게 하다. ◆ 放松，松懈。¶어깨에 기운을 빼다. =放松肩膀。❾ 목을 길게 뽑아 늘이다. ◆ 伸，伸长。¶목을 길게 빼고 기다리다. =翘首以待。❿ 목소리를 길게 늘이다. ◆ 拖长(声音)，放开(喉咙)。¶그는 목청을 길게 빼면서 구성진 노래를 했다. =他拖长声音唱出动听的歌曲。⓫ 짐짓 행동이나 태도를 꾸미다. ◆ 摆架子，装模作样。¶지가 가진 게 뭐 있다고 눈꼴사납게 빼기는. =自己有什么了不起的，还摆架子，真让人看不惯。

빼닮다【동사】생김새나 성품 따위를 그대로 닮다. ◆ 动很像，活脱儿(像)。¶그는 아버지를 쏙 빼닮았다. =他活脱脱像他的父亲。

빼돌리다【동사】사람 또는 물건을 슬쩍 빼내어 다른 곳으로 보내거나 남이 모르는 곳에 감추어 두다. ◆ 动转移，挖走，弄走。¶능력 있는 사원을 빼돌리다. =挖走有能力的职员。

빼먹다【동사】动 ❶ 말 또는 글의 구절 따위를 빠뜨리다. ◆ 漏，漏掉，落下。¶말을 빼먹다. =漏话。❷ 규칙적으로 하던 일을 안 하다. ◆ 旷。¶수업을 빼먹다. =旷课。❸ 남의 물건을 몰래 빼내서 가지다. ◆ 侵吞，窃取，偷出，据为己有。¶소매치기가 지갑에서 돈만 빼먹은 뒤 지갑을 쓰레기통에 버렸다. =小偷把钱从钱包里抽出来据为己有，然后把钱包扔进了垃圾桶。

빼빼【부사】살가죽이 쪼그라져 붙을 만큼 야윈 모양. ◆ 副干瘪貌，干瘦貌。¶빼빼 마르다. =干瘪。

빼빼하다【형용사】살가죽이 쪼그라져 붙을 만큼 야윈 상태에 있다. ◆ 形干瘪，干瘦。¶그의 몸은 빼빼하다 못해 나무가 서있는 듯하다. =他的身体干瘪得就像一棵树。

빼앗다【동사】动 ❶ 남의 것을 억지로 제 것으로 만들다. ◆ 抢，夺。¶친구에게서 돈을 빼앗다. =抢朋友的钱。❷ 남의 일이나 시간, 자격 따위를 억지로 차지하다. ◆ 抢，占有，强占。¶나는 회사 일에 바쁜 남편에게서 억지로 시간을 빼앗고 싶은 생각은 없다. =丈夫忙于公司业务，我不想占用他的时间。❸ 합법적으로 남이 가지고 있는 자격이나 권리를 잃게 하다. ◆ 剥夺，夺取。¶챔피언에게서 타이틀을 빼앗다. =剥夺了冠军的称号。❹ 남의 생각이나 마음을 사로잡다. ◆ 迷住，吸引。¶그 아가씨는 모든 남성의 마음을 빼앗아 버렸다. =那位小姐迷住了所有男人的心。❺ 남의 정조 같은 것을 짓밟다. ◆ 占有，霸占，蹂躏。¶순결을 빼앗다. =夺走贞操。● 뺏기다 ●

빼어나다【형용사】여럿 가운데서 두드러지게 뛰어나다. ◆ 形杰出，出众，出类拔萃。¶빼어난 미모. =出类拔萃的美貌。

빽빽【부사】새, 사람 또는 기적 따위가 갑자기 자꾸 날카롭게 지르거나 내는 소리. ◆ 副哇哇，嗷嗷(尖叫声)。¶그는 빽빽 고함을 지르며 우리 앞을 지나갔다. =他哇哇大叫着从我们前面走过去。

빽빽거리다【동사】새, 사람 또는 기적 따위가 갑자기 날카롭게 지르거나 내는 소리가 자꾸 나다. ◆ 动尖叫，哇哇叫，嗷嗷叫。¶아침부터 마당에서 아이들의 빽빽거리는 소리가 들렸다. =从早晨开始院子里就传来孩子们的尖叫声。● 빽빽대다 ●

빽빽하다【형용사】사이가 촘촘하다. ◆ 形满满地，密密麻麻，满满当当。¶상자에 사과를 빽빽하게 담다. =把苹果满满当当地装到箱子里。● 빽빽이 ●

뺄셈【명사】몇 개의 수나 식 따위를 빼서 계산함. 또는 그런 셈. ◆ 名减法。¶우리 아이는 뺄셈을 잘한다. =我家孩子擅长算减法。

뺏기다【동사】动 ❶ '빼앗기다('빼앗다'의 피동사)'의 준말. 자신이 갖고 있던 것을 다른 사람이 강제로 없애거나 그 사람의 것으로 하다. ◆ "빼앗기다"的略语。¶그녀는 폭행을 당하고 지갑까지 뺏겼다. =她被强奸了，连钱包也被抢了。❷ '빼앗기다('빼앗다'의 피동사)'의 준말. 중요하지 않은 일에 시간을 낭비하게 되다. ◆ "빼앗기다"的略语。¶중요하지 않은 일에 시간을 뺏기고 싶지 않다. =不想被不重要的事情占用时间。❸ '빼앗기다('빼앗다'의 피동사)'의 준말. 생각이나 마음 등이 다른 것에 사로잡히다. ◆ "빼앗기다"的略语。¶누나는 요즈음 남자 친구에게 마음을 뺏겨 얼마나 바쁜지 모른다. =姐姐最近被男朋友迷住了，不知道有多么忙。

뺑【부사】副 ❶ 일정한 좁은 범위를 한 바퀴 도는 모양. ◆ 滴溜溜(旋转)。¶마을 한 바퀴를 뺑 돌아보다. =滴溜溜地绕村子转了一圈。❷ 갑자기 정신이 아찔해지는 모양. ◆ 晕乎乎。❸ 일정한 둘레를 좁게 둘러싸는 모양. ◆ 团团，绕一圈(围住)。¶우리는 그를 가운데 두고 뺑 둘러앉았다. =我们团团围坐在他的周围。

뺑소니【명사】몸을 빼쳐서 급히 몰래 달아나는 짓. ◆ 名溜走，逃逸。¶뺑소니 차량. =逃逸车辆。

뺑소니치다【동사】몸을 빼쳐서 급히 달아나다. ◆ 动溜走，逃逸。¶사람을 치고 뺑소니치다. =撞人后逃逸。

뺨【명사】얼굴의 양쪽 관자놀이에서 턱 위까지의 살이 많은 부분. ◆ 名脸颊，脸蛋；耳光，嘴巴。¶뺨을 붉히다. =脸蛋发红。

뺨따귀【명사】'뺨'을 비속하게 이르는 말. ◆ 名脸蛋，(扇)耳光。¶그는 갑자기 나의 뺨따귀를 사정없이 올려붙였다. =他突然毫不留情地扇了我一耳光。

뺨치다【동사】비교 대상을 능가하다. ◆ 动不亚于，不次于，和……相媲美。¶그는 프로 골퍼 뺨치는 정도의 골프 실력을 뽐냈다. =他展示了不亚于专业高尔夫球手的实力。

뻐근하다【형용사】形 ❶ 근육이 몹시 피로하여 몸을 움직이기가 매우 거북스럽고 살이 뻐개지는 듯하다. ◆ 酸痛。¶어깨가 뻐근하다. =肩膀酸痛。❷ 어떤 느낌으로 꽉 차서 가슴이 뻐개지는 듯하다. ◆ (因某种感受而)心潮澎湃。¶기쁜 나머지 가슴이 뻐근하다. =高兴得心潮澎湃。● 뻐근히 ●

뻐기다【동사】얄미울 정도로 매우 우쭐거리며 자랑하다. ◆ 动骄傲，炫耀，趾高气扬。¶수능시험을 잘 쳤다고 뻐기다. =高考考得不错，趾高气扬的。

뻐꾸기【명사】몸은 회색 빛을 띤 청색이며, 다른 새의 둥지에 알을 낳는 새. ◆ 名杜鹃，(又称)布谷鸟。¶뻐꾸기 한 마리가 숲 속에서 뻐꾹뻐꾹 울고 있다. =有一只布谷鸟在树林里"布谷、布谷"地叫。

뻐꾹【부사】뻐꾸기가 우는 소리. ◆ 副咕咕，布谷布谷(布谷鸟叫声)。¶하루 종일 뻐꾸기가 뻐꾹 울었다. =布谷鸟一整天都"布谷、布谷"叫着。

뻐끔뻐끔하다【동사】动 ❶ 입을 크게 벌렸다 오므리며 담배를 자꾸 빨다. ◆ 吧嗒吧嗒地抽烟。¶먼 산을 바라보며 담배만 뻐끔뻐끔하다. =看着远处的山，一个劲吧嗒吧嗒地抽烟。❷ 물고기 따위가 입을 벌렸다 오므리며 물이나 공기를 자꾸 들이마시다. ◆ (嘴)翕张，一张一翕。¶어항속의 금붕어가 뻐끔뻐끔하다. =鱼缸里的金鱼嘴巴一张一翕的。

뻐드렁니【명사】밖으로 벋은 앞니. ◆ 名龅牙。¶그는 웃을 때마다 뻐드렁니가 보인다. =他一笑就露出龅牙。

뻑뻑[1]【부사】副 ❶ 여무지게 자꾸 긁거나 문대는 소리. 또는 그 모양. '벅벅'보다 센 느낌을 준다. ◆ 咯吱咯吱(连续地用力抓、挠、刮的声音)，噌噌(连续地用力擦拭的声音)。¶그는 사포로 나무를 뻑뻑 무질렀다. =他用砂纸噌噌地磨木头。❷ 엷고 질긴 종이나 천 따위를 자꾸 찢는 소리. 또는 그 모양. '벅벅'보다 센 느낌을 준다. ◆ 嚓嚓(连续地撕纸或布的声音)。¶그녀는 화가 났는지 편지를 뻑뻑 찢어 버렸다. =不知道是不是生气了，她把信嚓嚓地撕掉了。❸ 억지를 부리며 자꾸 기를 쓰거나 우기는 모양. '벅벅'보다 센 느낌을 준다. ◆ 固执地，拼命地。

뻑뻑[2]【부사】담배를 자꾸 아주 세게 빠는 소리. 또는 그 모양. ◆ 副吧嗒吧嗒地(抽烟)。¶홧김에 담배만 뻑뻑 빨다. =气得只是吧嗒吧嗒地抽烟。

뻔【의존 명사】어떤 일이 자칫 일어날 수 있었으나 그렇게 되지 아니하였다는 뜻을 나타내는 말. ◆ 依名差点，差一点，险些。¶교통사고로 죽을 뻔 하였다. =差点在交通事故中丧生。

뻔뻔스럽다【형용사】보기에 부끄러운 짓을 하고도 염치없이 태연하게 구는 태도가 있다. ◆ 形厚颜无耻。¶뻔뻔스러운 행동. =无耻的行为。

뻔뻔하다【형용사】부끄러운 짓을 하고도 염치없이 태연하다. ◆ 形厚脸皮，厚颜无耻。¶그는 실수를 하고도 뻔뻔하게 사과 한 마디 없었다. =他做错了事还厚颜无耻的，连句道歉的话都没有。● 뻔뻔히 ●

뻔지르르하다【형용사】말이나 행동 따위가 실속은 전혀 없이 겉만 그럴듯하다. '번지르르하다'보다 센 느낌을 준다. ◆ 形徒有其表，华而不实。¶갖은 것도 없으면서 겉만 뻔지르르하다. =一无所有，徒有其表。

뻔질나다【형용사】드나드는 것이 매우 잦다. ◆ 形频繁，接连不断，三天两头。¶그는 뻔질나게 다방에 출입을 한다. =他频繁出入茶馆。

뻔하다【형용사】어떤 일의 결과나 상태 따위가 훤하게 들여다보이듯이 분명하다. '번하다'보다 센 느낌을 준다. ◆ 形明显，显然。¶그가 말하는 것은 거짓말이 뻔하다. =他所说的显然是谎话。● 뻔히 ●

뻗다【동사】动 ❶ 가지나 덩굴, 뿌리 따위가 길게 자라나다. 또는 그렇게 하다. '벋다'보다 센 느낌을 준다. ◆ 伸展，蔓延。¶칡덩굴의 뿌리가 산기슭으로 뻗었다. =葛藤的根蔓延到山脚。❷ 길이나 강, 산맥 따위의 긴 물체가 어떤 방향으로 길게 이어져 가다. '벋다'보다 센 느낌을 준다. ◆ 绵延，延伸。¶천리만리로 줄기차게 뻗은 산맥. =气势磅礴、绵延千里的山脉。❸ 기운이나 사상 따위가 나타나거나 퍼지다. '벋다'보다 센 느낌을 준다. ◆ 扩散，蔓延。¶태풍의 세력이 제주도에까지 뻗어 있다. =台风的威力蔓延到济州岛。❹ 죽거나, 기진맥진하여 쓰러지다. ◆ 蹬腿，翘辫子。¶그는 한 대 맞고 그대로 뻗었다. =他挨了一下子就蹬腿了。

뻗대다【동사】动 ❶ 쉬이 따르지 아니하고 고집스럽게 버티다. '벋대다'보다 센 느낌을 준다. ◆ 坚持，执意。¶술을 한 모금도 못 마신다고 뻗댔다. =坚持一口酒都不喝。❷ 넘어지거나 미끄러지지 아니하려고 손이나 발을 받치어 대고 버티다. '벋대다'보다 센 느낌을 준다. ◆ 挺直，挺立。¶달리는 버스에서 팔 다리를 뻗대고 서 있는 노인의 모습이 위태로워 보였다. =在行驶的公共汽车上挺直着胳膊腿站着的老人看上去很危险。

뻗치다【동사】动 ❶ '뻗다(가지나 덩굴, 뿌리 따위가 길게 자라나다. 또는 그렇게 하다)'를 강조하여 이르는 말. '벋치다'보다 센 느낌을 준다. ◆伸展，蔓延("뻗다"的强调说法)。¶물줄기가 위로 시원하게 뻗치다. =凉爽的水流向上喷。❷ '뻗다(길이나 강, 산맥 따위의 긴 물체가 어떤 방향으로 길게 이어져 가다)'를 강조하여 이르는 말. ◆延伸，绵延。("뻗다"的强调说法)。❸ '뻗다(기운이나 사상 따위가 나타나거나 퍼지다)'을 강조하여 이르는 말. ◆扩散，蔓延("뻗다"的强调说法)。¶기운이 온몸에 뻗치다. =力气扩散到全身。❹ '뻗다(오므렸던 것을 펴다.)'를 강조하여 이르는 말. ◆张开，伸开，伸展("뻗다"的强调说法)。¶다리를 문 쪽으로 뻗치다. =把腿伸向门那边。

-뻘【접사】친족간의 촌수와 항렬을 나타내는 말. ◆后缀辈分，行辈。¶나와 아저씨뻘 되시는 분이셔. =是我的叔叔辈。

뻘겋다【형용사】어둡고 짙게 붉다. ◆形通红，红透，红彤彤。¶얼굴이 뻘겋게 상기되다. =满脸通红。

뻘게지다【동사】뻘겋게 되다. ◆动发红，泛红，变红。¶창피하여 얼굴이 뻘게지다. =羞愧得脸发红。

뻘뻘[1]【부사】몹시 바쁘게 여기저기 돌아다니는 모양. '벌벌'보다 센 느낌을 준다. ◆副匆匆(东奔西走貌)。¶뻘뻘 쏘다니다. =匆匆地东奔西走。

뻘뻘[2]【부사】땀을 매우 많이 흘리는 모양. ◆副淋漓，哗哗(流汗)。¶땀을 뻘뻘 흘리다. =大汗淋漓。

뻣뻣하다【형용사】形 ❶ 물체가 굳고 꿋꿋하다. ◆僵硬，不自然，发硬。¶무리를 했는지 팔다리가 뻣뻣하다. =可能是累着了，胳膊腿有点发硬。❷ 태도나 성격이 아주 억세다. ◆(态度)生硬，强硬，(性格)坚强，顽强。¶그런 뻣뻣한 태도는 삼가야 한다. =要避免用那种生硬的态度。● 뻣뻣이 ●

뻥【부사】副 ❶ 풍선이나 폭탄 따위가 갑자기 요란스럽게 터지는 소리. ◆砰。¶자전거 타이어가 뻥 터졌다. =自行车的轮胎"砰"地爆了。❷ 큰 구멍이 뚫리는 소리. 또는 그 모양. ◆钻孔打通的声音或样子。¶터널이 뻥 뚫려 있다. =隧道开通了。❸ 공 따위를 아주 세게 차는 소리. 또는 그 모양. ◆用力踢球的声音或样子。¶골키퍼는 공을 전방으로 뻥 찼다. =守门员把球砰地一声踢向前方。

뻥긋하다【동사】닫혀 있던 입이나 문 따위가 소리 없이 슬그머니 열리다. '벙긋하다'보다 센 느낌을 준다. ◆动稍露，微露，微微张开。¶그는 사건에 대해서 입도 뻥긋하지 않았다. =关于案件，他三缄其口。

뻥뻥【부사】副 ❶ 풍선이나 폭탄 따위가 갑자기 잇따라 요란스럽게 터지는 소리. ◆砰砰(连续破裂、爆炸的声音)。¶풍선이 여기저기서 뻥뻥 터졌다. =到处都是气球砰砰的爆炸声。❷ 큰 구멍이 잇따라 뚫리는 소리. 또는 그 모양. ◆连续打通钻孔的声音或样子。¶구멍이 뻥뻥 나다. =砰砰出了很多孔。❸ 공 따위를 아주 세게 잇따라 차는 소리. 또는 그 모양. ◆连续用力踢球的声音或样子。¶아이들이 운동장에서 뻥뻥 공을 차고 있다. =孩子们在操场上砰砰地踢球。❹ 당당한 태도로 잇따라 큰소리를 치는 모양. ◆哇啦哇啦(不断说大话的样子)。¶알지도 못하면서 뻥뻥 큰소리치다. =还没搞清楚就哇啦哇啦地说大话。

뻥튀기【명사】名 ❶ 쌀, 감자, 옥수수 따위를 불에 단 틀에 넣어 밀폐하고 가열하여 튀겨 낸 막과자. ◆爆米花。¶뻥튀기를 간식으로 먹다. =把爆米花当零食吃。❷ 어떤 사실이나 물건 따위를 과장하여 크게 부풀리는 일을 비유적으로 이르는 말. ◆夸张，夸大，吹嘘。¶사소한 일을 뻥튀기해서 말하면 못쓴다. =不可以把小事情说得太夸张。

뼈【명사】名 ❶ 척추동물의 살 속에서 그 몸을 지탱하는 단단한 물질. ◆骨，骨头，骨骼。¶빙판에서 미끄러져서 뼈가 부러지다. =在结冰的路面上滑倒骨折了。❷ 건물 따위와 같은 구조물의 얼거리. ◆(建筑物等的)框架，架子。¶타버린 건물은 뼈만 앙상하게 남았다. =烧尽的建筑只剩个孤零零的架子了。❸ 이야기의 기본 줄거리나 핵심. ◆核心，要点。¶뼈만 추려 설명하다. =只选要点讲。❹ 어떤 의도나 저의(底意)를 비유적으로 이르는 말. ◆〈喻〉本意，真意。¶말속에 뼈가 있다. =话里有话。

뼈대【명사】名 ❶ 우리 몸의 틀을 유지하는 뼈를 통틀어 이르는 말. ◆骨骼。¶뼈대가 굵고 키가 크다. =身高骨粗。❷ 뼈(건물 따위와 같은 구조물의 얼거리). ◆(树木、建筑物等的)骨架，框架，架子。¶건물이 모두 타고 뼈대만 남았다. =建筑物烧得只剩下架子了。❸ 뼈(이야기의 기본 줄거리나 핵심). ◆中心，要点，主线。¶고부간의 갈등이 이 글의 뼈대를 이루고 있다. =婆媳矛盾构成了这个故事的主线。

뼈마디【명사】관절(뼈와 뼈가 서로 맞닿아 연결되어 있는 곳. 움직일 수 없는 관절과 움직일 수 있는 관절이 있다). ◆名关节，骨节。¶뼈마디가 굵다. =骨节粗大。

뼈아프다【형용사】어떤 감정이 골수에 사무치도록 정도가 깊다. ◆形刻骨铭心。¶그때의 기억이 아직도 뼈아프게 남아 있다. =那时的回忆依然刻骨铭心。

뼈저리다【형용사】뼈아프다(어떤 감정이 골수에 사무치도록 정도가 깊다). ◆形刻苦铭心。¶뼈저리게 뉘우치다. =痛彻悔过。

뼘【의존 명사】길이의 단위. 비교적 짧은 길이를 잴 때 쓴다. 한 뼘은 엄지손가락과 다른 손가락을 한껏 벌린 길이이다. ◆依名拃。¶그 애가 너보다 두 뼘 정도는 더 크다. =那个孩子比你高两拃左右。

뼛속【명사】名 ❶ 뼈의 중심부에 가득 차 있는 연한 물질. ◆骨髓。¶뼛속에 스미는 겨울 찬바람. =刺骨的冬季寒风。❷ 골수(마음속 깊은 곳을 비유적으로 이르는 말). ◆骨髓，骨子里，骨头里。¶뼛속 깊이 뉘우치다. =彻骨地悔恨。

뽀드득【부사】副 ❶ 단단하고 질기거나 반드러운 물건을 야무지게 문지르거나 비빌 때 나는 소리. '보드득'보다 센 느낌을 준다. ◆ 嘎巴，嘎吱(光滑有韧性的摩擦声)。❷ 쌓인 눈 따위를 약간 세게 여러 번 밟을 때 자꾸 야무지게 나는 소리. 또는 그 모양. '보드득보드득'보다 센 느낌을 준다. ◆ 嘎吱嘎吱，咯吱咯吱(踩雪的声音或样子)。¶뽀드득뽀드득 눈 밟는 소리가 나다. =发出咯吱咯吱的踩雪声。

뽀로통하다【형용사】形 ❶ 붓거나 부풀어 올라서 볼록하다. '보로통하다'보다 센 느낌을 준다. ◆ 鼓，肿胀。¶그는 몹시 피곤한지 입술이 뽀로통하게 부었다. =不知是不是累极了，他的嘴唇肿得鼓鼓的。❷ 불만스럽거나 못마땅하여 성난 빛이 얼굴에 조금 나타나 있다. '보로통하다'보다 센 느낌을 준다. ◆ 气呼呼，气鼓鼓。¶부엇이 못마땅한지 아내는 뽀로통한 얼굴로 나를 쳐다보았다. =不知道有什么不满意的地方，妻子用一副气呼呼的表情看着我。

뽀뽀【명사】볼이나 입술 따위에 입을 맞춤. 또는 그 일. 주로 어린아이에게 많이 쓴다. ◆ 名亲亲，亲嘴。¶볼에 뽀뽀를 하다. =在脸上亲一下。● 뽀뽀하다 ●

뽐내다【동사】动 ❶ 의기가 양양하여 우쭐거리다. ◆ 目空一切，不可一世。❷ 자신의 어떠한 능력을 보라는 듯이 자랑하다. ◆ 卖弄，炫耀。¶노래 실력을 뽐내다가 목이 쉬어 버렸다. =炫耀歌唱实力，结果把嗓子弄哑了。

뽑다【동사】动 ❶ 박힌 것을 잡아당기어 빼내다. ◆ 拔，起。¶치과에서 이를 뽑다. =在口腔科拔牙。❷ 속에 들어 있는 기체나 액체를 밖으로 나오게 하다. ◆ 放，排，抽。¶혈관에서 피를 뽑다. =从血管里抽血。❸ 여럿 가운데에서 골라내다. ◆ 选，选拔，挑选。¶예년에 비해 전체실력이 너무 떨어져서 참가자들 중에서 장원을 뽑을 수가 없었다. =整体实力比往年大大降低，都没法从参加者中选出状元来。❹ 소리를 길게 내다. ◆ 拉长，拖长。¶노래를 한 곡조 뽑다. =拉长音调唱歌。❺ 맡겨 두었던 돈을 도로 찾다. ◆ 取回，收回。¶전세금을 뽑아 병원 치료비로 썼다. =取回租房押金用作医院治疗费。❻ 나쁜 생각이나 버릇을 털어 없애다. ◆ 根除，清除。¶말 나온 김에 게으른 근성을 뽑아 버려야지. =既然话说到这里了，就应该根除懒惰啊。❼ 인화하거나 인쇄하다. ◆ 冲洗；印，印刷。¶프린터로 문서를 뽑다. =用打印机打印文件。❽ 차를 새로 사다. ◆ 买(新车)。¶자동차를 뽑다. =买车。❾ 옷차림을 말쑥하고 반지르르하게 하다. ◆ 穿戴整齐，穿得笔挺。¶형은 새로 산 옷을 새로 쫙 뽑아 입고 집을 나섰다. =哥哥穿上笔挺的新衣服出了门。● 뽑히다 ●

뽕[1]【부사】막혀 있던 공기나 가스가 좁은 구멍으로 터져 빠질 때 나는 소리. ◆ 副嘣(放屁声)。¶뽕하고 방귀를 뀌자 아이들이 모두 웃었다. ="嘣"地放了个屁，孩子们马上都笑了起来。

뽕[2]【명사】'뽕잎'의 준말. ◆ 名桑叶。

뽕짝【명사】'트로트'를 속되게 이르는 말. 또는 그 가락의 흉내말. ◆ 名嘣嚓(狐步舞节奏，狐步舞节奏的歌曲)。

뾰로통하다【형용사】못마땅하여 얼굴에 성난 빛이 나타나 있다. ◆ 形气呼呼，气鼓鼓。¶입을 뾰로통하게 내밀고 말대꾸를 하다. =气鼓鼓地噘着嘴抬杠。

뾰루지【명사】뾰족하게 부어오른 작은 부스럼. ◆ 名粉刺，痤疮。¶이마에 난 뾰루지 때문에 무척 신경이 쓰인다. =非常在意额头上长出的粉刺。

뾰족하다【형용사】形 ❶ 물체의 끝이 점차 가늘어져서 날카롭다. ◆ 尖，尖锐。¶칼끝이 뾰족하다. =刀刃尖利。❷ 책이나 생각, 성능 따위가 신통하다. ◆ 好，妙，良。¶뾰족한 방법을 찾다. =寻找妙计。

뿅【부사】총알 따위가 날아가는 소리. ◆ 副飕(子弹飞过去的声音)。¶공기를 가르며 총알이 뿅 하고 날아가다. =子弹划开空气"飕"地飞过去。

뿌듯하다【형용사】기쁨이나 감격이 마음에 가득 차서 벅차다. ◆ 形满，洋溢。¶가슴 뿌듯한 보람을 느끼다. =满心自豪。

뿌리【명사】名 ❶ 식물의 밑동으로서 보통 땅속에 묻히거나 다른 물체에 박혀 수분과 양분을 빨아올리고 줄기를 지탱하는 작용을 하는 기관. ◆ 根。¶약초 뿌리를 뽑다. =拔药草根。❷ 다른 물건에 깊숙이 박힌 물건의 밑동. ◆ 根，根部。¶대목수는 썩은 기둥 뿌리를 새것으로 교체했다. =大木匠把腐烂的柱子根换成了新的。❸ 사물이나 현상을 이루는 근본을 비유적으로 이르는 말. ◆〈喻〉根源，根本。¶조상의 뿌리를 찾다. =寻找祖先的根。

뿌리내리다【동사】어떤 사물이나 현상의 근원이나 바탕이 이루어지다. ◆ 动扎根，扎下根。¶저이들이 이민 와서 뿌리내린 지 10년이 넘었다. =他们移民过来扎下根已经十多年了。

뿌리다【동사】动 ❶ 곳곳에 흩어지도록 던지거나 떨어지게 하다. ◆ 撒，洒，喷。¶밭에 씨를 뿌리다. =往田里撒种。❷ 여기저기 마구 돈을 쓰고 낭비하다. ◆ 挥霍，大把大把地花钱。¶백화점에 돈을 뿌리고 다니다. =在商场大把大把地花钱。❸ 어떤 사상이나 영향을 널리 퍼지게 하다. ◆ 传播。❹ 슬퍼서 눈물을 몹시 흘리다. ◆ 挥，流。¶눈물을 뿌리며 돌아서다. =挥泪转身。❺ 좋지 아니한 소문을 사람들의 입에 오르내리게 하다. ◆ 散布，散播。¶염문을 뿌리다. =散布绯闻。❻ 빛을 내쏘아 퍼뜨리다. ◆ 发(光)，放射(光芒)。¶찬란한 빛을 뿌리다. =放射万道光芒。

뿌리박다【동사】어떤 것을 토대로 하여 깊이 자리를 잡다. ◆ 动扎根。¶우리 집안은 대대로 이곳에 뿌리박고 살았다. =我们家祖祖辈辈扎根在这个地方。

뿌리치다【동사】动 ❶ 붙잡힌 것을 홱 빼내어, 놓치게 하거나 붙잡지 못하게 하다. ◆ 拂，甩开，推开，挣脱。¶손목을 뿌리치다. =挣脱手腕。❷ 권하거나 청하는 것을 힘차게 거절하다. ◆ 拒绝，回绝。¶유혹을 뿌리치다. =拒绝诱惑。

뿌옇다【형용사】形 ❶ 연기나 안개가 낀 것처럼 선명하지 못하고 좀 허옇다. ◆ 灰白，灰蒙蒙。¶창틀에 먼지가 뿌옇다. =窗框上的灰尘灰蒙蒙的。❷ 살갗이나 얼굴 따위가 허옇고 멀겋다. ◆ 乳白，白净，苍白。¶얼굴이 뿌옇다. =面孔白净。

뿐[1] 【조사】 '그것만이고 더는 없음' 또는 '오직 그렇게 하거나 그러하다는 것'을 나타내는 보조사. ◆ 助只，仅，光，就。¶이제 믿을 것은 오직 실력뿐이다. =现在靠的就是实力。

뿐[2] 【의존 명사】 依名 ❶ 다만 어떠하거나 어찌할 따름이라는 뜻을 나타내는 말. ◆ 只，仅，光，就，只是。¶그는 웃고만 있을 뿐 아무 말도 하지 않았다. =他一句话都没说，只是在笑。❷ 오직 그렇게 하거나 그러하다는 것을 나타내는 말. ◆ 只是，不过是，只不过。¶시간만 보냈을 뿐 한 일은 없다. =不过是打发时间，没做出什么事情。

뿔[1] 【명사】 '성(노엽거나 언짢게 여겨 일어나는 불쾌한 감정)'을 속되게 이르는 말. ◆ 图火气，怒气。¶그 아이는 친구들의 놀림에 뿔이 났다. =那个孩子被朋友的玩笑惹恼了。

뿔[2] 【명사】 소, 염소, 사슴 따위의 머리에 솟은 단단하고 뾰족한 구조. 동물이 자위(自衛)와 투쟁에 쓰는 중요한 무기인데 여러 가지 공예재나 약재로도 쓴다. ◆ 图角，犄角。¶물소의 뿔은 귀한 약재로 쓰인다. =水牛角被用作珍贵的药材。

뿔뿔이 【부사】 제각기 따로따로 흩어지는 모양. ◆ 副分散，七零八落。¶가족이 뿔뿔이 흩어지다. =一家人分散了。

뿜다 【동사】 动 ❶ 속에 있는 것을 밖으로 세차게 밀어내다. ◆ 喷，吐，冒。¶분수가 물을 뿜다. =喷泉喷水。❷ 빛이나 냄새 따위를 공중으로 세차게 내어 보내다. ◆ 散发，放射。¶향기를 뿜으며 피어 있는 꽃. =盛开的花散发着芳香。❸ 웃음이나 감정 따위를 표정에 잔뜩 드러내 보이다. ◆ 发出，显露。¶기쁜 웃음을 뿜다. =露出高兴的微笑。

뿜어내다 【동사】 속에 있는 것을 뿜어서 밖으로 나오게 하다. ◆ 动溅，喷出，排放。¶자동차들이 공기 중에 매연을 뿜어내다. =车辆向空气中排放尾气。

삐 【부사】 副 ❶ 피리나 호드기 따위를 불 때 나는 소리. ◆ 呜呜，嘀嘀(笛声)。¶삐 하고 경기시작을 알리는 심판의 호각 소리에 선수들이 분주하게 움직였다. =听到裁判宣布开赛的"嘀嘀"哨声，选手们急忙开始移动。❷ 어린아이가 듣기 싫게 찌르듯이 우는 소리. ◆ 哇哇，呱呱(婴儿的哭声)。¶삐 하고 울음을 터뜨리다. =哇哇地大哭起来。

삐거덕거리다 【동사】 크고 단단한 물건이 서로 닿아서 갈리는 소리가 자꾸 나다. 또는 그런 소리를 자꾸 내다. '비거덕거리다'보다 센 느낌을 준다. ◆ 动吱嘎吱嘎响，吱扭吱扭响，咯吱咯吱响。¶창문이 삐거덕거리다. =窗户吱扭吱扭地响。● 삐거덕대다 ●

삐걱 【부사】 '삐거덕(크고 단단한 물건이 서로 닿아서 갈릴 때 나는 소리)'의 준말. ◆ 副 "삐거덕"的略语。¶삐걱 하고 부엌문 열리는 소리가 났다. =传出"吱扭"一声开厨房门的声音。

삐걱거리다 【동사】 '삐거덕거리다(크고 단단한 물건이 서로 닿아서 갈리는 소리가 자꾸 나다. 또는 그런 소리를 자꾸 내다. '비거덕거리다'보다 센 느낌을 준다)'의 준말. ◆ 动吱嘎吱嘎响，吱扭吱扭响，咯吱咯吱响。¶이불장 문이 삐걱거리다. =被子柜门吱扭吱扭响。● 삐걱대다 ●

삐걱삐걱 【부사】 '삐거덕삐거덕(크고 단단한 물건이 자꾸 서로 닿아서 갈릴 때 나는 소리)'의 준말. ◆ 副吱嘎吱嘎，吱扭吱扭，咯吱咯吱("삐거덕삐거덕"的略语)。¶바람이 불자 사립문에서 삐걱삐걱 소리가 났다. =一刮风，柴门就发出吱扭吱扭的声音。

삐끗하다 【동사】 动 ❶ 잘못하여 일이 어긋나다. ◆ (事情)歪，拧巴。¶그는 잘 나가다가 갑자기 말을 삐끗하는 경향이 있다. =他会说话时突然说拧巴了。❷ 맞추어 끼울 물건이 꼭 들어맞지 아니하고 어긋나다. ◆ (物体连结处)晃荡，松垮，活动。¶망치질이 서툴러 삐끗하기 일쑤다. =锤子敲不好，不时地晃荡。

삐끼 【명사】 호객 행위를 하는 사람을 속되게 이르는 말. ◆ 图(酒馆)拉客的人。¶삐끼는 대부분 갖은 감언이설로 손님들을 유혹한다. =拉客的大多会说各种甜言蜜语诱惑顾客。

삐다 【동사】 몸의 어느 부분이 접질리거나 비틀려서 뼈마디가 어긋나다. ◆ 动 (筋骨)扭，闪，崴。¶달리기를 하다가 발목을 삐었다. =跑步时把脚崴了。

삐딱하다 【형용사】 形 ❶ 물체가 한 쪽으로 기울어져 있다. '비딱하다'보다 센 느낌을 준다. ◆ 歪，斜，偏。¶그는 늘 고개를 삐딱하게 하고 말을 하는 버릇이 있다. =他有总是歪着脑袋说话的习惯。❷ 마음이나 생각, 행동 따위가 바르지 못하고 조금 비뚤어져 있다. '비딱하다'보다 센 느낌을 준다. ◆ (言行等)歪，邪。¶남의 말을 삐딱하게 받아들이다. =把别人的话听歪了。

삐뚤다 【형용사】 形 ❶ 바르지 아니하고 한쪽으로 기울어지거나 쏠려 있다. '비뚤다'보다 센 느낌을 준다. ◆ 歪，斜，歪斜。¶삐뚤게 걸린 액자. =挂歪的相框。❷ 행동이나 성격이 바르지 못하고 잘못되어 있다. ◆ 歪，不正，(性格)扭曲。¶아이가 사춘기가 되면서 삐뚤게 나가기 시작했다. =孩子进入青春期后，性格开始变得偏执。

삐뚤삐뚤 【부사】 물체가 이리저리 기울어지며 자꾸 흔들리는 모양. ◆ 副摇摇晃晃貌，歪歪倒倒貌。¶풍랑에 삐뚤삐뚤 위태롭게 떠 있는 배. =在风浪中摇摇晃晃的船。

삐뚤어지다 【동사】 动 ❶ 바르지 아니하고 한쪽으로 기울어지거나 쏠리다. ◆ 歪，斜，倾斜。¶책을 한 권 뺐더니 바로 서 있던 책들이 삐뚤어졌다. =抽出一本书之后，原本直立的书都歪了。❷ 성격이나 마음 또는 일 따위가 바르지 아니하고 그릇된 방향으로 꼬이거나 틀어지다. ◆ 歪，不正，(性格)扭曲。¶삐뚤어진 성격. =扭曲的性格。

삐삐 【명사】 '무선호출기(無線呼出機)'를 일상적으로 이르는 말. ◆ 图传呼机。¶삐삐가 울리다. =传呼机响。

삐져나오다 【동사】 속에 있는 것이 겉으로 불거져 나오다. ◆ 动突出来，露出来。¶속옷이 삐져나오다. =内衣露出来了。

삐죽 【부사】 副 ❶ 비웃거나 언짢거나 울려고 할 때 소리 없이 입을 내미는 모양. ◆ (嘲笑别人、生气或

者不满的时候)噘嘴貌，撅嘴貌。¶입을 삐죽 내밀다. =噘着嘴。❷ 얼굴이나 물건의 모습만 한 번 슬쩍 내밀거나 나타내는 모양. ◆ 微露，露一下。¶삐죽 고개를 내밀다. =露一下头。

삐죽거리다【동사】비웃거나 언짢거나 울려고 할 때, 소리 없이 입을 내밀고 실룩거리다. ◆ 动噘嘴，撅嘴。¶입술을 삐죽거리다. =噘嘴。● 삐죽대다●

삐죽삐죽【부사】여럿이 다 끝이 조금 길게 내밀려 있는 모양. ◆ 尖尖貌，突出貌。¶삐죽삐죽 솟은 산봉우리. =突起的山峰。

삐죽하다【형용사】물체의 끝이 조금 길게 내밀려 있다. '비죽하다'보다 센 느낌을 준다. ◆ 形尖尖，突出。¶장미 가시가 삐죽하다. =玫瑰刺尖尖的。

삐쭉【부사】副 ❶ 비웃거나 언짢거나 울려고 할 때 소리 없이 입을 내미는 모양. ◆ (嘲笑别人、生气或者不满的时候)噘嘴貌，撅嘴貌。¶입을 삐쭉 내밀다. =高高地噘着嘴。❷ 얼굴이나 물건의 모습만 한 번 슬쩍 내밀거나 나타내는 모양. ◆ 露一下。¶얼굴만 삐쭉 내밀고 갔다. =露了一下脸就走了。

삐쭉거리다【형용사】비웃거나 언짢거나 울려고 할 때 소리 없이 입을 내밀고 실룩거리다. ◆ 形噘嘴，撅嘴。¶아이는 계속 삐쭉거리다가 결국 울음을 터트리고 말았다. =孩子一直噘着嘴，终于大哭起来。●삐쭉대다●

삐쭉삐쭉【부사】비웃거나 언짢거나 울려고 할 때 소리 없이 입술을 내밀고 실룩거리는 모양. '비죽비죽'보다 아주 센 느낌을 준다. ◆ 副 (嘲笑别人、不高兴或者想哭的时候)噘嘴貌，撅嘴貌。¶입술을 삐쭉삐쭉 실룩거리는 걸 보니, 선물이 마음에 들지 않는 모양이다. =看那噘着嘴的样子，看来是对礼物不满意。

삐쭉삐쭉【부사】여럿이 다 끝이 조금 길게 내밀려 있는 모양. ◆ 副尖尖貌，突出貌。¶선인장에 삐쭉삐쭉 돋은 가시. =仙人掌上长的尖尖的刺。

삐쭉하다【동사】비웃거나 언짢거나 울려고 할 때 소리 없이 입을 내밀다. ◆ 动噘嘴，撅嘴。¶아이는 입을 삐쭉하더니 자기의 방으로 들어가 버렸다. =孩子撅着嘴进了自己的屋。

삐치다【동사】성이 나서 마음이 토라지다. ◆ 动生气，发脾气，闹别扭，耍性子。¶조그만 일에 삐치다니 큰일을 못할 사람일세. =就为这么点事闹别扭，看来是成不了大器的人啊。

삑삑【부사】새, 사람 또는 기적 따위가 갑자기 자꾸 매우 날카롭게 지르거나 내는 소리. ◆ 副呜呜，嘀嘀(汽笛声)；啊啊，哇哇(人的尖叫声)；吱吱(鸟的尖叫声)。¶호루라기 소리가 삑삑 들려오다. =传来"嘀嘀"的哨声。

삑삑거리다【동사】새, 사람 또는 기적 따위가 갑자기 매우 날카롭게 지르거나 내는 소리가 자꾸 나다. ◆ 动吱吱响，吱扭吱扭响。¶엔진이 삑삑거리다. =发动机吱扭吱扭响。

삥【부사】副 ❶ 약간 넓은 일정한 범위를 한 바퀴 도는 모양. ◆ 转圈状，绕圈状。¶먼 길로 삥 돌아서 왔다. =绕了一圈远路回来了。❷ 갑자기 정신이 아찔해지는 모양. ◆ 晕乎乎(头晕状)。¶그는 먹지 못해 삥 하고 현기증이 났다. =他还没喝完就头晕了。❸ 일정한 둘레를 넓게 둘러싸는 모양. ◆ 团团。¶사람들에게 삥 둘러싸이다. =被人们团团围住。❹ 갑자기 눈물이 글썽해지는 모양. ◆ 泪水盈眶貌。¶그녀는 내가 조금만 혼을 내도 삥 눈물이 돈다. =我稍微说上她几句，她的眼泪就滴溜溜地打转。

ㅅ【s】

사[1](四)【수사】삼에 일을 더한 수. 아라비아 숫자로는 '4', 로마 숫자로는 'Ⅳ'로 쓴다. ◆ 数四。¶이 더하기 이는 사이다. =二加二等于四。

사[2](私)【명사】名 ❶ 개인이나 개인의 집안에 관한 사사로운 것. ◆ (主要以'공과 사'的形式)私，私人，私事。¶공(公)과 사를 구별하다. =公私分明。❷ 일 처리에서 안면이나 정실(情實)에 매여 공정하지 못하게 처리하는 일. ◆ 私心，自私。¶사가 없는 사람. =无私的人。

사[3](死)【명사】죽는 일. 생물의 생명이 없어지는 현상을 이른다. ◆ 名 (主要以'생과 사'的形式)死，死亡。¶생과 사의 갈림길에 서다. =站在生与死的十字路口。

-사[4](寺)【접사】'절'의 뜻을 더하는 접미사. ◆ 后缀 (用于部分名词后)寺。¶불국사. =佛国寺。

-사[5](師)【접사】'그것을 직업으로 하는 사람'의 뜻을 더하는 접미사. ◆ 后缀 (用于部分名词后)师。¶요리사. =厨师。

-사[6](社)【접사】'회사(會社)'의 뜻을 더하는 접미사. ◆ 后缀社，公司。¶잡지사. =杂志社。

-사[7](事)【접사】'일'의 뜻을 더하는 접미사. ◆ 后缀 (用于部分名词后)事，事情。¶관심사. =关心的事情。

-사[8](史)【접사】'역사(歷史)'의 뜻을 더하는 접미사. ◆ 后缀 (用于部分名词后)史，历史。¶문학사. =文学史。

-사[9](詞)【접사】'품사(品詞)'의 뜻을 더하는 접미사. ◆ 后缀……词(表示词类)。¶형용사. =形容词。

-사[10](辭)【접사】'말'의 뜻을 더하는 접미사. ◆ 后缀 (用于部分名词后)辞，致辞；演说。¶다음은 위원장님 기념사 입니다. =下面由委员长致纪念辞。

-사[11](士)【접사】'그것을 직업으로 하는 사람'의 뜻을 더하는 접미사. ◆ 后缀 (用于部分名词后)师。¶운전사. =驾驶员。

사각[1](死角)【명사】名 ❶ 어느 각도에서도 보이지 아니하는 범위. ◆ (视觉的)死角，盲区。¶운전자는 사각지대를 조심해야 한다. =司机应小心视觉盲区。❷ 관심이나 영향이 미치지 못하는 범위를 비유적으로 이르는 말. ◆ 死角。¶경찰은 범죄의 사각 지역에 순찰과 검문을 강화했다. =警察加强了对犯罪死角地区的巡视和盘查。❸ 총포의 사정거리 안에 있으면서도 무기의 구조나 장애물 때문에 쏠 수 없는 범위. ◆ (射击)死角。¶건물 뒤 사각에 숨어 있었기 때문에 적군들은 포격에도 아무런 피해도 입지 않았다. =躲在建筑物后的死角，所以没有受到敌军炮击的伤害。

사각[2](四角)【명사】네 개의 각이 있는 모양. ◆ 名四方形。¶사각의 링. =四方形的拳击台。

사각[3]【부사】副 ❶ 벼·보리·밀 따위를 잇따라 벨 때 나는 소리. ◆ (割庄稼的声音)咔嚓咔嚓。¶농부들은 수확의 기쁨으로 얼굴에 웃음을 띤 채 사각사각 소리를 내며 벼를 베는 콤바인을 바라보고 있었다. =农民们满脸带着收获的喜悦，看着咔嚓咔嚓割稻子的联合收割机。❷ 눈이 내리거나 눈 따위를 밟을 때 잇따라 나는 소리. ◆ (下雪或踏雪的声音)嘎吱嘎吱。¶사각사각 밟히는 눈이 신기한 듯 아이는 자꾸만 뒤를 돌아보았다. =或许是觉得踩上去嘎吱嘎吱的雪比较神奇，孩子不时回头看。❸ 연한 과자나 배, 사과 따위를 자꾸 씹을 때 나는 소리. ◆ (吃水果的声音)嘎吱嘎吱。¶그녀는 사과를 들고 사각사각 소리를 내며 맛있게 먹고 있었다. =她拿了个苹果，嘎吱嘎吱地吃得津津有味。❹ 갈대나 풀 먹인 천 따위의 얇고 빳빳한 물체가 자꾸 스칠 때 나는 소리. ◆ (摩擦的声音)，沙沙。¶빳빳하게 풀을 먹인 치마는 걸을 때마다 사각사각 소리를 냈다. =浆得硬邦邦的裙子，走起路来沙沙直响。❺ 종이 위에 글씨를 잇따라 쓸 때 나는 소리. ◆ (铅笔写字发出来的)沙沙声。● 사각사각, 사각거리다, 사각대다, 사각사각하다 ●

사각기둥(四角--)【명사】측면과 밑면이 사각형인 기둥체. ◆ 名 四棱柱。

사각형(四角形)【명사】네 개의 선분으로 둘러싸인 평면 도형. ◆ 名四边形。

사간원(司諫院)【명사】조선 시대에, 삼사 가운데 임금에게 간(諫)하는 일을 맡아보던 관아. ◆ 名 司谏院(朝鲜朝时期负责向君王进谏的机构)。

사거리(四--)【명사】한 지점에서 길이 네 방향으로 갈라져 나간 곳. ◆ 名十字路口。¶시내 사거리에서 큰 교통사고가 났다. =市中心十字路口发生了重大交通事故。

사건(事件)【명사】사회적으로 문제를 일으키거나 주목을 받을 만한 뜻밖의 일. ◆ 名事件。¶역사적인 사건. =历史性事件。

사격(射擊)【명사】총·대포·활 따위를 쏨. ◆ 名射击。¶사격을 가하다. =进行射击。● 사격하다(射擊--) ●

사견(私見)【명사】자기 개인의 생각이나 의견. ◆ 名个人观点，自己的想法。¶아무도 말씀을 안 하시니 제 좁은 사견을 말씀드리겠습니다. =既然无人发言，我就谈谈自己的一些浅显的想法吧。

사경(死境)【명사】죽을 지경. 또는 죽음에 임박한 경지. ◆ 名死路，绝境，生命危险的困境。¶그는 교통사고로 일주일째 사경에서 헤어나지 못했다. =由于交通事故，一周过去了，他还没能脱离生命危险。

사계절(四季節)【명사】봄·여름·가을·겨울의 네 철. ◆ 名四季。¶나는 사계절 중에서도 봄이 제일 좋다. =一年四季，我最喜欢春天。

사고[1](事故)【명사】名 ❶ 뜻밖에 일어난 불행한 일. ◆ 事故，变故。¶자동차 사고가 일어나다. =发生了汽车事故。❷ 사람에게 해를 입혔거나 말썽을 일으킨 나쁜 짓. ◆ 惹是生非。¶사고를 치다. =惹事。

사고[2](史庫)【명사】고려 말기부터 조선 후기까지 실록 따위 국가의 중요한 서적을 보관하던 서고.

◆ 图 档案库，文献库(高丽朝末期至朝鲜朝后期保存其王朝重要书籍的书库)。

사고³(思考)【명사】생각하고 궁리함. ◆图思考，思维。¶논리적 사고를 키우다. =培养逻辑思维能力。● 사고하다(思考--) ●

사고력(思考力)【명사】생각하고 궁리하는 힘. ◆图思考能力，思维能力。¶논리적인 사고력이 떨어지다. =逻辑思维能力差。

사고방식(思考方式)【명사】어떤 문제에 대하여 생각하고 궁리하는 방법이나 태도. ◆图思考方式，思维方式。¶건전한 사고방식. =健全的思考方式。

사공(沙工/砂工)【명사】배를 부리는 일을 직업으로 하는 사람. ◆图船夫，艄公。

사과¹(謝過)【명사】자기의 잘못을 인정하고 용서를 빎. ◆图道歉，赔礼。¶잘못에 대해 사과를 하다. =为错误行为道歉。● 사과드리다(謝過---), 사과하다(謝過--) ●

사과²(沙果/砂果)【명사】사과나무의 열매. ◆图苹果。¶빨갛게 익은 사과. =红透了的苹果。

사과나무(沙果--)【명사】장미과의 낙엽 교목. 능금나무의 개량종으로 잎은 어긋나고 타원형 또는 달걀 모양으로 톱니가 있다. ◆图苹果树。¶집 앞 사과나무나무에 사과가 주렁주렁 달렸다. =房前的苹果树上结满了苹果。

사관¹(史官)【명사】역사의 편찬을 맡아 초고(草稿)를 쓰는 일을 맡아보던 벼슬. 또는 그런 벼슬아치. ◆图 史官。

사관²(史觀)【명사】역사의 발전 법칙에 대한 체계적인 견해. ◆图历史观。¶삼국사기는 유교적 사관으로 쓰여진 역사책이다. =《三国史记》是以儒教历史观为思想指导写成的史书。

사관 학교(士官學校)【명사】육·해·공군의 정규 장교를 양성하는 4년제 군사 학교. ◆图士官学校，军校。¶사관학교에 입교하다. =升入士官学校。

사교¹(邪敎)【명사】건전하지 못하고 요사스러운 종교. 흔히 그 사회의 도덕이나 제도에 나쁜 영향을 끼친다. ◆图邪教，魔教。¶사교를 믿다. =信仰邪教。

사교²(社交)【명사】여러 사람이 모여 서로 사귐. ◆图社交，交际。¶사교 모임에 나가다. =参加社交聚会。

사교성(社交性)【명사】남과 사귀기를 좋아하거나 쉽게 사귀는 성질. ◆图社交能力，交际能力。¶그는 사교성이 좋다. =他的社交能力很强。

사교적(社交的)【명사】여러 사람과 쉽게 잘 사귀는 것. ◆图善于应酬，善于交际。¶아무튼 그는 시원한 목소리나 몸짓으로 보아 사교적인 성격인 것 같았다. =不管怎样，无论是他爽朗的声音还是举止，看上去都像善于交际的样子。

사군자(四君子)【명사】동양화에서, 매화·난초·국화·대나무를 그린 그림. 또는 그 소재. ◆图四君子(指梅、兰、竹、菊)。¶사군자는 문인화의 대표적 소재이다. =梅、兰、竹、菊是文人绘画作品的代表性题材。

사귀다【동사】서로 얼굴을 익히고 친하게 지내다. ◆ 动结交，交往，相处。¶이웃과 잘 사귀다. =与邻居和睦相处。

사귐성(--性)【명사】사람들과 어울려 잘 사귀는 성품. ◆图善于交际，善于交往。¶사귐성 있는 성격. =善于交往的性格。

사그라지다【동사】(불길, 햇빛, 감정 따위가) 삭아서 없어지다. ◆动 (火)熄灭，消除。¶울분이 점차 사그라지다. =郁闷渐渐消除。

사극(史劇)【명사】'역사극(歷史劇)'의 준말. 역사에 있었던 사실을 바탕으로 하여 만든 연극이나 희곡. ◆图历史剧。¶사극 드라마의 시청율은 다른 프로그램에 비해 높다. =历史剧的收视率高于其他节目。

사근사근하다【형용사】생김새나 성품이 상냥하고 시원스럽다. ◆ 形和蔼可亲，温和。¶사근사근하여 호감이 가는 청년. =性格温和、给人好感的青年。

사금(沙金/砂金)【명사】물가나 물 밑의 모래 또는 자갈 속에 섞인 금. ◆图沙金。¶사금을 캐다. =淘金。

사금파리【명사】사기그릇의 깨어진 작은 조각. ◆图瓷器碎片。¶그녀는 사금파리를 밟아 발에 상처를 입었다. =她踩到了瓷器碎片，脚受了伤。

사기(沙器/砂器)【명사】'사기그릇(沙器--)'의 준말. ◆图瓷器。¶이 음식은 사기에 담아야 더 맛있다. =这种食品盛在瓷器里味道更佳。

사기(士氣)【명사】의욕이나 자신감 따위로 충만하여 굽힐 줄 모르는 기세. ◆图士气，志气，情绪。¶사기가 충천하다. =士气冲天。

사기(詐欺)【명사】나쁜 꾀로 남을 속임. ◆图欺诈，欺骗，诈骗，骗，诈，诈欺，敲诈，敲竹杆。¶사기 행각을 벌이다. =四处骗人。

사기꾼(詐欺-)【명사】습관적으로 남을 속여 이득을 꾀하는 사람. ◆图骗子。¶사기꾼에 걸려들어 크게 손해를 보았다. =上了骗子的当，遭受了巨大损失。

사기당하다(詐欺當--)【동사】남에게 속아서 정신적, 물질적 피해를 입다. ◆动受骗，被欺骗，上当。¶동업자에게 사기당하다. =被同事欺骗。

사기업(私企業)【명사】민간인이 출자하여 운영하는 기업. ◆图私营企业，民营企业。¶정부는 재정난에 허덕이는 중소 사기업에 자금을 지원하기로 결정했다. =政府决定为受财政困扰的中小民营企业提供资金支持。

사나이【명사】한창 혈기가 왕성할 때의 남자를 이르는 말. ◆图男人，男子汉。¶그것이 사나이로서 할 짓이냐. =那是男人干的事吗?

사나흘 사흘이나 나흘. ◆图三四天。¶그 공사는 사나흘이면 끝날 것 같다. =那个工程估计再有三四天就可结束。

사납다【형용사】形 ❶ 성질이나 행동이 모질고 억세다. ◆ 形 (本性)凶恶，粗暴，凶猛。¶성질이 사납다. =生性凶猛。❷ 생김새가 험하고 무섭다. ◆ (长相)凶，凶恶。¶사납게 생긴 얼굴. =看起来凶恶的脸。❸ 비, 바람 따위가 몹시 거칠고 심하다. ◆ (雨、风等)猛烈，厉害，(波浪)汹涌。¶사나운 풍랑. =狂风巨浪。❹ 상황이나 사정 따위가 순탄하지 못하고 나쁘다. ◆ (情况)凶险，险恶。¶인심이 사나운 동네. =人心险恶的村庄。

사내[1] 【명사】 图 ❶ '사나이'의 준말. 한창 혈기가 왕성할 때의 남자. ◆ 男人，男子汉("사나이"的略语)。¶사내는 그만한 일로 눈물을 보여서는 안 된다. =男人不该为那点事落泪。❷ '남자'나 '남편'을 낮추어 이르는 말. ◆ ⑭大老爷们，〈贬〉男人("남자"或"남편"的贬称)。¶무슨 사내가 자기 안사람 하나 변변히 책임을 못 지냐? =什么男人连自己的老婆都照顾不好啊?

사내[2](社內) 【명사】 회사의 안. ◆ 图公司内部。¶아침에는 사내 방송을 한다. =早晨播放公司内部广播。

사내답다 【형용사】 形 ❶ 남자로서 기질과 품성을 가지고 있다. 또는 사내의 자격이 있다. ◆ 形有男人味，像个男子汉。¶그의 묵직하고 사내다운 성격이 마음에 든다. =喜欢上了他沉稳和有男人味的性格。❷ 생김새나 성질이 여자답지 않고 남자 같다. ◆ (长相或性格)像个男人。¶그의 외모는 사나이답지만 반대로 성격은 상당히 섬세하다. =他虽然长得很粗犷，但性格却完全相反，十分细腻。

사내대장부(--大丈夫) 【명사】 '대장부'를 강조하여 이르는 말. ◆ 图男子汉大丈夫。

사내아이 【명사】 '남자아이'를 친근하게 이르는 말. ◆ 图男孩。

사내애 【명사】 '사내아이'의 준말. ◆ 图 "사내아이"的略语。¶그녀는 남편을 닮은 사내애를 낳았다. =她生了个男孩，长得很像她丈夫。

사냥 【명사】 图 ❶ 총이나 활 또는 길들인 매나 올가미 따위로 산이나 들의 짐승을 잡는 일. ◆ 打猎，狩猎。¶매 사냥을 나가다. =带猎鹰打猎。❷ 힘센 짐승이 약한 짐승을 먹이로 잡는 일. ◆ (野兽)捕食，猎食。¶호랑이는 주로 밤에 먹이 사냥을 나간다. =老虎主要在晚上出来捕猎。● 사냥하다 ●

사냥감 【명사】 사냥하여 잡으려고 하는 대상. ◆ 图猎物。¶사냥감을 찾다. =寻找猎物。

사냥개 【명사】 사냥할 때 부리기 위하여 길들인 개. ◆ 图猎犬，猎狗。¶사냥개를 풀어 사냥감을 쫓게 하다. =放猎狗追赶猎物。

사냥꾼 【명사】 사냥하는 사람. 또는 사냥을 직업으로 하는 사람. ◆ 图猎人，猎户。¶사냥꾼에 쫓기는 사슴. =被猎人追赶的鹿。

사냥터 【명사】 사냥을 하는 곳. ◆ 图狩猎区，围场。¶지정된 사냥터가 아니면 수렵을 해서는 안 된다. =非指定狩猎区内不得狩猎。

사다 【동사】 动 ❶ 값을 치르고 어떤 물건이나 권리를 자기 것으로 만들다. ◆ 买，购买。¶가게에서 담배를 사다. =从小铺买香烟。❷ 다른 사람의 태도나 어떤 일의 가치를 인정하다. ◆ 欣赏，肯定，评价。¶업적을 높이 사다. =高度评价业绩。❸ 대가를 치르고 사람을 부리다. ◆ 雇，聘。¶일꾼을 사서 이삿짐을 나르다. =雇人搬家。❹ 다른 사람에게 어떤 감정을 가지게 하다. ◆ 招，惹，讨。¶남한테서 의심을 살 만한 일은 하지 마라. =不要做会惹人怀疑的事。❺ 음식 따위를 함께 먹기 위하여 값을 치르다. ◆ 请，请客。¶오늘 일이 잘되면 저녁에 내가 한잔 사지. =如果今天事情顺利，我晚上就请大家喝酒。

사다리 【명사】 '사닥다리'의 준말. 높은 곳이나 낮은 곳을 오르내릴 때 디딜 수 있도록 만든 기구. ◆ 图梯子。

사다리차(---車) 【명사】 사다리를 갖추고 있는 차. ◆ 图云梯车。

사다리꼴 【명사】 한 쌍의 대변(對邊)이 평행한 사각형. ◆ 图 梯形。

사닥다리 【명사】 높은 곳이나 낮은 곳을 오르내릴 때 디딜 수 있도록 만든 기구. ◆ 图梯子。¶사닥다리를 타고 나무에 올라가다. =顺着梯子爬上树。

사단(師團) 【명사】 군대 편성 단위의 하나. 군단(軍團)의 아래, 연대(聯隊) 또는 여단(旅團)의 위이다. ◆ 图师。¶사단 병력이 작전에 투입되었다. =一个师的兵力投入作战。

사담(私談) 【명사】 사사로이 이야기함. 또는 그 이야기. ◆ 图私下交谈，私下交流。¶그들은 공식적인 회담 이외에 사담을 나누기도 했다. =他们除举行正式会谈外，还进行了私下交流。

사당[1](祠堂) 【명사】 조상의 신주(神主)를 모셔 놓은 집. ◆ 图祠堂。¶사당에 위패를 모시다. =把牌位供奉在祠堂。

사당[2] 【명사】 조선 때, 무리를 지어 떠돌아다니면서 노래와 춤을 팔던 여자. 또는 그 무리. 한자를 빌려 '寺黨', '社黨', '社堂'으로 적기도 한다. ◆ 图 寺党(朝鲜朝时期以表演歌舞为生的流动女艺人团体)。¶지금의 한국의 전통예술 중 여러 풍물놀이가 조선 시대의 사당과 맥이 닿아 있다. =当今韩国传统艺术中的许多农乐与朝鲜朝的寺党一脉相承。

사대[1](師大) 【명사】 '사범대학(師範大學)'을 줄여 이르는 말. ◆ 图师范学院。¶김 선생님은 사대를 졸업하자마자 우리 학교로 부임하신 분이다. =金老师从师范学院一毕业就来我校任教了。

사대[2](事大) 【명사】 약자가 강자를 섬김. ◆ 图尊崇大国，侍奉大国，以小事大。¶그 나라는 피지배국에게 사대의 예를 갖출 것을 요구했다. =那个国家要求属国遵守侍奉大国之礼。● 사대하다(事大--) ●

사대문(四大門) 【명사】 조선 시대에, 서울에 있던 네 대문. 동쪽의 흥인지문, 서쪽의 돈의문, 남쪽의 숭례문, 북쪽의 숙정문을 이른다. ◆ 图 (朝鲜王朝时期首尔东西南北四个方向的)四大门。

사대부(士大夫) 【명사】 사(士)와 대부(大夫)를 아울러 이르는 말. 문무양반(文武兩班)을 일반 평민층에 상대하여 이르는 말이다. ◆ 图士大夫。¶사대부의 품위를 유지하다. =维持士大夫的尊严。

사대주의(事大主義) 【명사】 주체성이 없이 세력이 강한 나라나 집단, 사상 따위를 받들어 섬기는 태도. ◆ 图事大主义。¶사대주의에 빠지다. =陷入事大主义。

사돈(查頓) 【명사】 图 혼인한 두 집안의 부모들 사이 또는 그 집안의 같은 항렬이 되는 사람들 사이에

서로 상대편을 이르는 말. ◆ 亲家。¶저희 아이를 예뻐해 주신다니 사돈께 감사드릴 뿐입니다. =亲家您这么爱护我家孩子，真是谢谢了。

사동(使動)【명사】주체가 제3의 대상에게 동작이나 행동을 하게 하는 동사의 성질. ◆ 图使动，使动语态。¶사동은 남에게 어떤 동작을 시키는 것을 나타내는 어법이다. =使动语态是表示使唤别人做某种动作的语法形式。

사들이다【동사】물건 따위를 사서 들여오다. ◆ 动买，购。¶아내가 필요 없는 물건들을 자꾸 사들이다. =妻子常买些没用的东西。

사또(使道)【명사】일반 백성이나 하급 벼슬아치들이 자기 고을의 원(員)을 존대하여 부르던 말. ◆ 图 (古时普通百姓或下级官吏称呼辖区长官)大人，老爷。¶마을에 사또가 새로 부임하다. =新大人来村里上任。

사라지다【동사】动 ❶ 현상이나 물체의 자취 따위가 없어지다. ◆ (现象或物体)消失，绝迹，消退。¶모습이 사라지다. =身影消失了。❷ 생각이나 감정 따위가 없어지다. ◆ (思想或感情)消除，消失，没有。¶집안에 걱정이 사라지다. =家里没什么可担心的了。❸ '죽다'를 달리 이르는 말. ◆ 死，去世，殒落，牺牲("죽다"的别称)。¶지난 수백 년 동안 세상에는 많은 큰 인물이 나고 또한 사라졌다. =过去数百年间，世间有许多大人物出现又殒落。

사락사락【부사】副 ❶ 눈 따위가 가볍게 내리는 소리. ◆ 飘飘洒洒。❷ 무엇이 자꾸 가볍게 쓸리거나 맞닿는 소리. ◆ 沙沙。

사람【명사】图 ❶ 생각을 하고 언어를 사용하며, 도구를 만들어 쓰고 사회를 이루어 사는 동물. ◆ 人，人类。¶사람은 만물의 영장이다. =人乃万物之灵。❷ 어떤 지역이나 시기에 태어나거나 살고 있거나 살았던 자. ◆ (某一地区或时代的)人，人士。¶서울 사람. =首尔人士。❸ 일정한 자격이나 품격 등을 갖춘 이. ◆ 某方面的人才。¶사람을 기르다. =培养人才。❹ 사람의 됨됨이나 성질. ◆ 人品，为人。¶사람이 괜찮다. =人品还可以。❺ 친근한 상대편을 가리키거나 부를 때 사용하는 말. ◆ (亲切指代或称呼对方时)喂。¶이 사람아, 이게 얼마 만인가? =喂，这都多久没见了? ❻ 자기 외의 남을 막연하게 이르는 말. ◆ 别人，他人。¶사람들이 뭐라 해도 어쩔 수 없다. =别人要说什么也没办法。❼ 뛰어난 인재나 인물. ◆ 人物，人才。¶이곳은 큰 사람이 많이 난 고장이다. =这个地方可出了许多大人物。❽ 어떤 일을 시키거나 심부름을 할 일꾼이나 인원. ◆ 人，人手。¶그 일은 사람이 많이 필요하다. =那件事需要很多人。❾ 사람을 헤아리는 단위. ◆ (主要和固有数词连用)人，个，名，口。¶여러 사람. =多人。

사람됨【명사】사람의 됨됨이나 인품. ◆ 图人品，为人。¶사람됨이 올바르다. =人品好。

사랑[1]【명사】图 ❶ 상대에게 성적으로 끌려 열렬히 좋아하는 마음. 또는 그 마음의 상태. ◆ (异性之间的)爱，爱情。¶사랑에 빠지다. =坠入爱河。❷ 부모가 자식을, 스승이 제자를, 아끼는 것처럼 상위 존재가 하위 존재를 소중히 여기는 마음. ◆ (父母、师长、上级的)关爱，爱护，宠爱。¶어머니의 사랑. =母爱。❸ 남을 돕고 이해하려는 마음. ◆ (对别人的)爱，关爱，友爱。¶불우한 이웃에게 사랑의 손길이 이어지다. =对不幸的邻居伸出关爱之手。❹ 어떤 사물이나 대상을 몹시 아끼고 귀중히 여기는 마음. ◆ (对事物的)喜欢，热爱，喜爱。¶자연에 대한 사랑. =对自然的热爱。❺ 열렬히 좋아하는 상대. ◆ 爱人，恋人。¶그녀는 나의 처음이자 마지막 사랑이었다. =她是我的第一个，也是最后一个爱人。

사랑[2]**(舍廊)**【명사】집의 안채와 떨어져 있는, 바깥주인이 거처하며 손님을 접대하는 곳. ◆ 图 (韩式建筑的)厢房。¶손님이 사랑에 묵고 계신다. =客人住厢房。

사랑니【명사】어금니가 다 난 뒤 성년기에 맨 안쪽 끝에 새로 나는 작은 어금니. ◆ 图智齿。¶사랑니를 빼다. =拔智齿。

사랑방(舍廊房)【명사】사랑으로 쓰는 방. ◆ 图 (韩国式建筑的)厢房。¶겨울철 저녁이면 마을 사람들은 우리 집 사랑방으로 삼삼오오 모여 놀다 가곤 하였다. =每到冬天傍晚时分，村子里的人总是会三五成群地聚到我家厢房玩上一番。

사랑스럽다【형용사】생김새나 행동이 사랑을 느낄 만큼 귀여운 데가 있다. ◆ 形可爱，讨人喜欢。¶사랑스러운 그녀. =讨人喜欢的她。

사랑하다【동사】动 ❶ 상대에게 성적으로 끌려 열렬히 좋아하다. ◆ 爱上，相爱。¶같은 과의 남자를 사랑하다. =爱上同系的男生。❷ 부모나 스승, 또는 신(神)이나 윗사람이 자식이나 제자, 또는 인간이나 아랫사람을 아끼고 소중히 여기다. ◆ 爱，宠爱，疼爱。¶부모가 자식을 사랑하다. =父母宠爱子女。❸ 어떤 사물이나 대상을 몹시 아끼고 귀중히 여기다. ◆ 热爱，爱护，爱惜。¶이 시민단체는 환경을 사랑하는 사람들이 만들었다. =这个市民团体是由热爱环境的人们创建的。

사려(思慮)【명사】图 ❶ 여러 가지 일에 대하여 깊게 생각함. 또는 그런 생각. ◆ 考虑。¶그는 사려가 부족하다. =他欠考虑。❷ 근심하고 염려하는 따위의 여러 가지 생각. ◆ 思念，想念，牵挂。

사력(死力)【명사】목숨을 아끼지 않고 쓰는 힘. ◆ 图拼死，拼命，全力。¶사력을 다해 싸우다. =拼死战斗。

사례[1]**(謝禮)**【명사】언행이나 선물 따위로 상대에게 고마운 뜻을 나타냄. ◆ 图谢意，感谢，致谢。¶변변찮은 것이나마 사례의 표시이니 받아 주시길 바랍니다. =不是什么贵重的东西，但是表达了我们的谢意，希望能够收下。● 사례하다(謝禮--) ●

사례[2]**(事例)**【명사】어떤 일이 전에 실제로 일어난 예. ◆ 图事例，实例。¶사례를 들다. =举出实例。

사로잡다【동사】动 ❶ 사람이나 짐승 따위를 산 채로 잡다. ◆ 活捉，生擒，生俘。¶도둑을 사로잡다. =生擒盗贼。❷ 생각이나 마음을 온통 한곳으로 쏠리게 하다. ◆ 抓住, 迷住, 吸引住。¶그는 선물로 상대편의 마음을 사로잡으려 했으나 허사였다. =他想用礼物来抓住对方的心，但是失败了。● 사로잡히다(謝禮--) ●

사료[1](史料)【명사】역사 연구에 필요한 문헌이나 유물. 문서·기록·건축·조각 따위를 이른다. ◆ 图史料。¶이번 발굴 작업에서 새로운 사료가 많이 발견되었다. =此次挖掘过程中发现了新的史料。

사료[2](飼料)【명사】가축에게 주는 먹을거리. ◆ 图饲料。¶소에게 사료를 주다. =给牛加饲料。

사르다【동사】动 ❶ 불에 태워 없애다. ◆ 点燃，烧。¶향을 사르다. =点香。❷ 불사르다. 어떤 것을 남김없이 없애 버리다. ◆ 耗尽，牺牲，奉献。¶그는 판소리 연구에 젊음을 살랐으며, 지금은 그 분야에서 최고의 반열에 올랐다. =他为韩国盘瑟俚的研究工作奉献了青春，目前已经跻身该领域的顶级行列。

사르르【부사】副 ❶ 얽히거나 뭉쳤던 것이 저절로 살살 풀리는 모양. ◆ 轻轻地，哧溜(解开、掉下)。¶옷고름이 나도 모르게 사르르 풀리다. =轻轻地宽衣解带。❷ 눈이나 얼음 따위가 저절로 살살 녹는 모양. ◆ 自然地，慢慢地(融解貌)。¶쌓였던 눈이 사르르 녹았다. =积雪慢慢地融化了。❸ 졸음이 살며시 오는 모양. ◆ 渐渐地，不知不觉地(入睡貌)。¶하루 종일 피곤했는지 집에 오자 잠이 사르르 몰려 왔다. =可能是累了一整天了，回到家后就不知不觉地睡着了。❹ 눈을 살며시 감거나 뜨는 모양. ◆ 轻轻地，慢慢地(睁眼或闭眼貌)。¶그는 아무 말 없이 사르르 감았던 눈을 떴다. =他默默无语，慢慢地睁开了闭着的眼睛。❺ 미끄러지듯 살며시 움직이는 모양. ◆ 轻飘飘地，慢悠悠地。¶사르르 끌리는 치맛자락. =轻飘飘地拖着的裙裾。❻ 가볍게 떨리는 모양. ◆ 轻轻地。¶내 말을 듣자 그녀의 입술은 사르르 떨렸다. =听到我的话，她的嘴唇轻轻地动了动。❼ 배 따위에 통증이 조금씩 전하여 오는 느낌. ◆ 微微地(腹痛的感觉)。¶배가 사르르 아프다. =肚子微微有些痛。

사리[1]【명사】图 ❶ 국수, 새끼, 실 따위를 동그랗게 포개어 감은 뭉치. ◆ (面条、绳子、线)股，把。¶그는 뜨끈한 국물에 가락국수 사리를 말아서 주었다. =他把面条卷儿放进热汤里。❷ 국수, 새끼, 실 따위의 뭉치를 세는 단위. ◆ 把。¶여기 라면 사리 하나 더 주세요. =再给来一包方便面!

사리[2]【명사】'한사리'의 준말. 음력 매달 보름과 그믐날, 조수가 가장 높이 들어오는 때. ◆ 图大潮(地球、月亮、太阳在一条直线上，涨潮最高的时候)。

사리[3](私利)【명사】사사로운 이익. ◆ 图私利，个人利益。¶자기의 직함을 팔아서 사리를 취해서는 안 된다. =不能利用自己的职权谋取私利。

사리[4](事理)【 명사】일의 이치. ◆ 图事理，道理。¶사리에 맞다. =符合道理。

사리[5](舍利/奢利)【명사】图 ❶ 석가모니나 성자의 유골. 후세에는 화장한 뒤에 나오는 구슬 모양의 것만 이른다. ◆ 舍利，舍利子。❷ 부처의 법신의 자취인 경전. ◆ 法身舍利。

사리다【동사】动 ❶ 국수, 새끼, 실 따위를 동그랗게 포개어 감다. ◆ 绕，缠，弄成团。¶삶은 국수를 사람 수에 맞게 사리다. =按照人数把煮好的面条弄成团。❷ 뱀 따위가 몸을 똬리처럼 동그랗게 감다. ◆ (蛇等)盘，蜷曲。¶큰 뱀이 둥글게 몸을 사리고 있다. =大蛇的身体盘成了圆形。❸ 짐승이 겁을 먹고 꼬리를 다리 사이에 구부려 끼다. ◆ 夹(尾巴)。¶개가 위험을 느꼈는지 꼬리를 사리고 숨었다. =狗可能是感到了危险，夹着尾巴藏了起来。❹ 어떤 일에 적극적으로 나서지 않고 살살 피하며 몸을 아끼다. ◆ 躲避; 顾惜(身体)。¶몸을 사리다. =顾惜身体。❺ 정신을 바짝 가다듬다. ◆ 精神集中，聚精会神。¶그는 새삼 마음을 굳게 사려 먹었다. =他重新打起精神来。

사리사욕(私利私慾)【명사】사사로운 이익과 욕심. ◆ 图私利，个人私利。¶사리사욕을 꾀하다. =牟取私利。

사립(私立)【명사】개인이 자신의 자금으로 공익의 사업 기관을 설립하여 유지함. ◆ 图私立。¶사립학교. =私立学校。

사립문(--門)【명사】사립짝을 달아서 만든 문. ◆ 图柴门，篱笆门。¶그는 화가 났는지 사립문을 걷어찼다. =或许是生气了，他用力踢了柴门。

사마귀【명사】사마귓과의 곤충. 몸의 길이는 7~8cm이며, 누런 갈색 또는 녹색이다. ◆ 图螳螂。

사마귀【명사】피부 위에 낟알만 하게 도도록하고 납작하게 돋은 반질반질한 군살. ◆ 图瘊子，疣。¶어려서는 사마귀가 많이 났었다. =小时候长过很多瘊子。

사막(沙漠/砂漠)【명사】강수량이 적어서 식생이 보이지 않거나 적고, 인간의 활동도 제약되는 지역. ◆ 图沙漠。

사망(死亡)【명사】사람이 죽음. ◆ 图死亡，去世。● 사망하다(死亡--) ●

사망률(死亡率)【명사】图 ❶ 어느 특정 인구에 대한 일정 기간의 사망자 수의 비율. ◆ 死亡率。❷ 병에 걸린 사람에 대한 사망자의 비율. ◆ (疾病)死亡率。¶간암은 다른 암에 비해 사망률이 높다. =肝癌的死亡率比其他癌症高。

사망자(死亡者)【명사】죽은 사람. ◆ 图死者，死亡者。¶이번 화재로 숨진 사망자 명단이 신문에 실렸다. =报纸上刊登了这次火灾中罹难人员的名单。

사면[1](四面)【명사】图 ❶ 전후좌우의 모든 방면. ◆ 四面，四周。¶내 고향은 사면이 산으로 둘러싸여 있다. =我的家乡四面环山。❷ 네 개의 면. ◆ 四(个)边。¶정사각형은 사면이 동일한 길이를 가지고 있어야 한다. =正方形的四个边应当长度相同。

사면[2](赦免)【명사】죄를 용서하여 형벌을 면제함. ◆ 图赦免。¶사면 조치. =赦免措施。● 사면되다(赦免--), 사면하다(赦免--) ●

사면초가(四面楚歌)【명사】아무에게도 도움을 받지 못하는, 외롭고 곤란한 지경에 빠진 형편을 이르는 말. ◆ 图四面楚歌，孤立无援。

사멸(死滅)【명사】죽어 없어짐. ◆ 图灭亡，灭绝，

消亡。¶어떤 존재도 사멸을 거부할 수 없다. =任何存在都无法抗拒它的消亡。

사명(使命)【명사】맡겨진 임무. ◆ 图使命，职责，任务。¶역사적 사명. =历史使命。

사명감(使命感)【명사】주어진 임무를 잘 수행하려는 마음가짐. ◆图使命感，责任感。¶불타는 사명감으로 일을 완수했다. =依靠强烈的使命感完成了任务。

사모(思慕)【명사】图 ❶ 애틋하게 생각하고 그리워함. ◆ 思念，爱慕。¶사모의 정을 느끼다. =感觉到思慕之情。❷ 우러러 받들고 마음속 깊이 따름. ◆ 仰慕，倾慕。¶학문적 진리에 대한 사모가 없다는 것은 학문을 할 자격이 없음을 말하는 것이다. =没有对学术真理的仰慕，就没有研究学术的资格。● 사모하다(思慕--) ●

사모관대(紗帽冠帶)【명사】사모와 관대를 아울러 이르는 말. 본디 벼슬아치의 복장이었으나, 지금은 전통 혼례에서 착용한다. ◆图紗帽冠带，官服；传统礼服。

사모님(師母-)【명사】图 ❶ '스승의 부인'을 높여 이르는 말. ◆ 师母("스승의 부인"的敬称)。¶선생님의 학문적 업적은 사모님의 배려에 힘입은 바 크다. =老师在学术上取得的成绩离不开师母的悉心照料。❷ 남의 부인을 높여 이르는 말. 또는 '윗사람이나 존경하는 사람의 부인'을 높여 이르는 말. ◆ 夫人(对长辈或者所尊敬的人的夫人的敬称)。¶이 물건이 사모님이 신청하신 것과 동일한 것인지 확인해 보세요. =请夫人确认一下这是不是您要的东西。

사무(事務)【명사】자신이 맡은 직책에 관련된 여러 가지 일을 처리하는 일. 주로 책상에서 문서 따위를 다루는 일을 이른다. ◆图业务，办公。¶사무처리 자동화. =办公自动化。

사무실(事務室)【명사】사무를 보는 방. ◆ 图办公室。¶그는 밀린 일 때문에 사무실에서 밤을 지샜다. =由于要做的事情太多，他在办公室里熬了一夜。

사무원(事務員)【명사】일반 사무를 맡아보는 직원. ◆图职员，业务员，办事员。¶사무원이 퇴근해서 사무실이 텅 비었다. =职员都下班了，办公室里空荡荡的。

사무적(事務的)【명사】图 ❶ 사무에 관한 것. ◆ 业务性的。¶사무적인 일과 육체적인 일 중에 전자를 선호하는 사람들이 있다. =在业务性工作和体力性工作之间，有些人更倾向于前者。❷ 행동이나 태도가 진심이나 성의가 없고 기계적이거나 형식적인 것. ◆ 公事公办的。¶그는 사무적으로 주고받는 말 이외에는 자진해서 입을 여는 법이 없었다. =除业务交流之外，他从来不会主动开口说话。

사무치다【동사】깊이 스며들거나 멀리까지 미치다. ◆ 动刻骨，渗透。¶그리움이 사무치다. =刻骨思念。

사물(事物)【명사】물질 세계에 있는 모든 구체적이며 개별적인 존재를 통틀어 이르는 말. ◆ 图事物。¶인간과 사물에 대한 존재론적 성찰을 언어로 표현한 학문이 철학이다. =通过语言表现出对人和事物存在论的反省的学问就是哲学。

사물놀이(四物--)【명사】네 사람이 각기 꽹과리, 징, 장구, 북을 가지고 어우러져 치는 놀이. ◆ 图(鼓、长鼓、大锣、小锣演奏的)四物游戏。

사물함(私物函)【명사】군대나 학교 따위에서 병사나 학생들이 제각기 물품을 넣어 둘 수 있게 만든 곳. ◆ 图 (军队、学校里的)私物柜(保管私人用品的小柜子)。¶사물함을 정리하다. =整理私物柜。

사뭇【부사】副 ❶ 내내 끝까지. ◆ 一直，始终。¶이번 겨울방학은 나는 사뭇 바빴다. =这个寒假我一直很忙。❷ 아주 딴판으로. ◆ 截然，完全。¶사뭇 다르다. =完全不一样。❸ 마음에 사무치도록 매우. ◆ 非常。¶그녀의 마음에는 사뭇 슬픔이 밀려왔다. =巨大的悲伤涌上她的心头。

사발(沙鉢)【명사】图 사기로 만든 국그릇이나 밥그릇. 위는 넓고 아래는 좁으며 굽이 있다. ◆ 碗，大碗。¶사발에 밥을 담다. =往碗里盛饭。

사발통문(沙鉢通文)【명사】호소문이나 격문 따위를 쓸 때에 누가 주모자인가를 알지 못하도록 서명에 참여한 사람들의 이름을 사발 모양으로 둥글게 삥 돌려 적은 통문. ◆图 (多人将姓名签署成圆环形，以隐蔽主谋者的)环形署名通告。¶사발통문을 돌리다. =传阅环形署名通告。

사방[1](四方)【명사】图 ❶ 동·서·남·북 네 방위를 통틀어 이르는 말. ◆ 四面，东西南北。¶사방이 산으로 막혔다. =四面环山。❷ 여러 곳. ◆ 到处，四面八方。¶꼭두새벽부터 사방으로 아들을 찾아 다녔다. =一大清早就开始四处寻找儿子。

사방[2](沙防/砂防)【명사】산·강가·바닷가 따위에서 흙·모래·자갈 따위가 비나 바람에 씻기어 무너져서 떠내려가는 것을 막기 위하여 시설하는 일. ◆图 防沙，固沙。¶많은 농민들이 사방 공사에 부역으로 나갔다. =许多农民都去为防沙工程做劳务。

사방치기(四方--)【명사】땅바닥에 여러 칸을 구분해 그려 놓고, 그 안에서 돌을 한 발로 차서 차례로 다음 칸으로 옮겨 가는 어린이 놀이. ◆图 (一种小孩游戏)跳房子。

사방팔방(四方八方)【명사】여기저기 모든 방향이나 방면. ◆图四处，到处，四面八方。¶사방팔방으로 흩어지다. =四处散布。

사범(師範)【명사】유도나 검도, 바둑 따위의 기술을 가르치는 사람. 또는 그 자격. ◆图教练。¶태권도 사범. =跆拳道教练。

사범 대학(師範大學)【명사】중·고등학교의 교원 양성을 목적으로 하는 고등 교육 기관. ◆图师范学院。¶우리 학교에는 올해 사범대학이 만들어졌다. =我们学校今年成立了师范学院。

사변(事變)【명사】图 ❶ 사람의 힘으로는 피할 수 없는 천재(天災)나 그 밖의 큰 사건. ◆ 灾害，天灾；大事，事件。❷ 전쟁에까지 이르지는 않았으나 경찰의 힘으로는 막을 수 없어 무력을 사용하게 되는 난리. ◆ 事变，动乱。❸ 한 나라가 상대국에 선전포고도 없이 침입하는 일. ◆ 侵略战争。¶사변 때는 민간인의 피해가 매우 크다. =战争时平民蒙受的损失非常大。

사별(死別)【명사】죽어서 이별함. ◆ 名死别，永别，诀别。¶사별의 아픔을 겪다. =经历了死别的痛苦。● 사별하다(死別--) ●

사병(士兵)【명사】장교가 아닌 부사관과 병사를 통틀어 이르는 말. 때로는 부사관 아래의 병사만을 이르기도 한다. ◆ 名士兵，战士。¶사병 막사. =士兵宿舍。

사복(私服)【명사】名 ❶ 관복이나 제복이 아닌 사사로이 입는 옷. ◆ 便服，便衣。¶사복 경찰. =便衣警察。❷ 범죄 수사나 잠복, 미행 따위를 할 때 신분을 숨기기 위하여 사복을 입고 근무하는 경찰관. ◆ 便衣警察。

사본(寫本)【명사】원본을 그대로 베낌. 또는 베낀 책이나 서류. ◆ 名抄写; 副本。¶혹시 원본을 분실할지 몰라 사본을 만들어 놓았다. =因为担心原件丢失，所以制作了副本。

사부(師父)【명사】'스승'을 높여 이르는 말. 자기를 가르쳐서 인도하는 사람. ◆ 名师父("스승"的敬称)。¶사부의 가르침. =师父的教诲。

사분오열(四分五裂)【명사】여러 갈래로 갈기갈기 찢어짐. ◆ 名四分五裂，支离破碎。● 사분오열하다(四分五裂--) ●

사비(私費)【명사】名 ❶ 개인이 부담하고 지출하는 비용. ◆ 自费。¶사비로 유학을 가다. =自费留学。❷ 개인이 사사로이 들이는 비용. ◆ 零用钱。

사뿐사뿐【부사】副 ❶ 소리가 나지 아니할 정도로 잇따라 가볍게 발을 내디디며 걷는 모양. ◆ 轻快地，轻盈地，轻手轻脚地。¶한 소녀가 발걸음도 가볍게 사뿐사뿐 걸었다. =一个少女脚步轻盈地走着。❷ 매우 가볍게 잇따라 움직이는 모양. ◆ 轻快地，轻盈地。¶두 노인의 손등에 사뿐사뿐 흰 눈송이가 날아와 앉았다. =白色的雪花轻盈地飞落到两位老人的手背上。● 사뿐히 ●

사사건건[1](事事件件)【명사】해당되는 모든 일 또는 온갖 사건. ◆ 名事事，每件事。¶사사건건을 따지다. =事事计较。

사사건건[2](事事件件)【부사】해당되는 모든 일마다. 또는 매사에. ◆ 副事事，每件事。¶동생은 사사건건 말썽이다. =弟弟每件事都在找麻烦。

사사롭다(私私--)【형용사】공적(公的)이 아닌 개인적인 범위나 관계의 성질이 있다. ◆ 形私人的，个人的。¶사사로운 원한. =私人恩怨。● 사사로이(私私--) ●

사사오입(四捨五入)【명사】'반올림'의 옛 용어. 근삿값을 구할 때 4 이하의 수는 버리고 5 이상의 수는 그 윗자리에 1을 더하여 주는 방법. ◆ 名四舍五入("반올림"的旧称)。

사산(死産)【명사】임신한 지 4개월이 지난 후 이미 죽은 태아를 분만하는 일. ◆ 名流产，产死胎。¶그는 아내가 의식불명임에도 불구하고 사산은 면하게 된 것을 감사하게 생각했다. =他全然不顾妻子仍处于昏迷状态，只为没有流产而感到庆幸。● 사산하다(死産--) ●

사살(射殺)【명사】활이나 총 따위로 쏘아 죽임. ◆ 名射杀，击毙。¶사살을 당하다. =被击毙。● 사살되다(射殺--), 사살하다(射殺--) ●

사살당하다(射殺當--)【동사】활이나 총 따위에 맞아 죽임을 당하다. ◆ 动被射杀，被击毙。¶반역죄로 사살당하다. =因犯叛逆罪被击毙。

사상[1](史上)【명사】역사에 나타나 있는 바. ◆ 名历史上，有史以来。¶사상 첫 우승을 차지하다. =有史以来首次取得胜利。

사상[2](思想)【명사】名 ❶ 어떠한 사물에 대하여 가지고 있는 구체적인 사고나 생각. ◆ 思想，想法。¶개혁적 사상. =改革思想。❷ 판단, 추리를 거쳐서 생긴 의식 내용. ◆ 思想哲学。

사상가(思想家)【명사】어떤 사상을 잘 알고 이를 적극적으로 주장하는 사람. ◆ 名思想家。¶르네상스 시대의 사상가. =文艺复兴时期的思想家。

사상범(思想犯)【명사】현존 사회 체제에 반대하는 사상을 가지고 개혁을 꾀하는 행위를 함으로써 성립하는 범죄. 또는 그런 범인. ◆ 名思想犯，政治犯。

사상자(死傷者)【명사】죽은 사람과 다친 사람. ◆ 名伤亡者，伤亡人员。¶사상자를 병원으로 이송하다. =把交通事故伤亡人员送往医院。

사색[1](思索)【명사】어떤 것에 대하여 깊이 생각하고 이치를 따짐. ◆ 名思索，思考，沉思。¶사색에 잠기다. =陷入沉思。● 사색하다(思索--) ●

사색[2](死色)【명사】죽은 사람처럼 창백한 얼굴빛. ◆ 名 (脸色)发青，面如土色。¶우리가 병문안을 갔을 때에는 이미 그의 얼굴에 사색이 깃들고 있었다. =我们去看望他时，他已经面如土色了。

사생[1](寫生)【명사】실물이나 경치를 있는 그대로 그리는 일. ◆ 名 写生。¶여동생은 학교에서 열린 사생 대회에서 풍경화를 그려 상을 받았다. =妹妹在学校举办的写生比赛中画了一幅风景画并获了奖。

사생[2](死生)【명사】죽음과 삶. ◆ 名生死，存亡。¶이것은 전 국민의 사생이 달린 중대한 사건이다. =这是关乎全体国民存亡的重大事件。

사생결단(死生決斷)【명사】죽고 삶을 돌보지 않고 끝장을 내려고 함. ◆ 名决一死战，拼死一战。¶사생결단을 작정하고 덤비면 안 될 일이 뭐 있겠냐? =如果抱定拼死一战的决心，还有什么做不成的呢?

사생활(私生活)【명사】개인의 사사로운 일상생활. ◆ 名私生活，个人生活。¶사생활을 보호하다. =保护私生活。

사서[1](司書)【명사】서적을 맡아보는 직분. ◆ 名图书管理员。¶그녀는 학교 도서관에 사서로 일하고 있다. =她在学校图书馆做图书管理员的工作。

사서[2](史書)【명사】名 역사적 사실을 기록한 책. ◆ 史书，史籍。

사서함(私書函)【명사】'우편사서함(郵便私書函)'의 준말. ◆ 名邮箱。

사선[1](斜線)【명사】名 ❶ 비스듬하게 비껴 그은 줄. ◆ 斜线。¶두 줄기의 강한 전조등 불빛 속에 사선으로 뿌리는 빗줄기가 보기에도 시원하다. =在车前灯两道强烈的光线里倾泄而下的雨柱，让人看着都很过瘾。❷ 한 평면 또는 직선에 수직이 아닌 선.

◆ 斜线。

사선[2](死線) 【명사】 图 ❶ 죽을 고비. ◆ 生死关头，鬼门关。¶그는 수많은 사선을 넘어서 자유를 찾아왔다. =他闯过无数的鬼门关，终于找回了自由。❷ 감옥이나 포로수용소 따위에서 둘레에 일정한 선을 정하여 이를 넘어서면 총살하도록 정한 한계선. ◆ (监狱、俘虏营等处不可逾越的)围墙。¶우리는 포로수용소의 삼엄한 경비를 피해 사선을 뚫고 탈출에 성공했다. =我们躲开战俘收容所森严的警备，穿越围墙逃了出来。

사설[1](私設) 【명사】 어떤 시설을 개인이 사사로이 설립함. 또는 그 시설. ◆ 图私立。¶사설 유치원. =私立幼儿园。

사설[2](社說) 【명사】 신문이나 잡지에서 글쓴이의 주장이나 의견을 써내는 논설. ◆ 图社论，社评。¶신문 사설. =报纸社论。

사설시조(辭說時調) 【명사】 图 ❶ 초장 · 중장이 제한 없이 길며, 종장도 길어진 시조. 조선 중기 이후 발달한 것으로, 산문적 성질을 띠며 서민적 내용이 담겨 있다. ◆ 辞说时调，长时调(文学形式)。❷ 시조 창법에서, 평시조가 아닌 긴 시조를 얹어 부르는 곡(曲). 사설지름시조(辭說--時調), 휘모리잡가(---雜歌) 따위를 통틀어 이르는 말.辞说时调，长时调音乐领域(的吟唱曲调)。

사세(事勢) 【명사】 일이 되어 가는 형세. ◆ 图事态，形势。¶사세가 불리하다. =形势不利。

사소하다(些少--) 【형용사】 보잘것없이 작거나 적다. ◆ 形琐碎，细小。¶사소한 일로 싸우다. =为琐事争吵。

사수[1](死守) 【명사】 죽음을 무릅쓰고 지킴. ◆ 图死守，坚守，誓死保卫。¶수도 사수를 위해 많은 병력이 희생되었다. =为了坚守首都，牺牲了很多兵力。● 사수하다(死守--) ●

사수[2](射手) 【명사】 대포나 총, 활 따위를 쏘는 사람. ◆ 图枪手，炮手，弓箭手。

사숙[1](私塾) 【명사】 학문 따위를 사사로이 가르치던 곳. 대개 숙식을 함께 해결하였다. ◆ 图私塾。¶농촌에서 사숙을 열어 아이들을 가르쳤다. =在农村开办私塾教孩子。

사숙[2](私淑) 【명사】 직접 가르침은 안 받으나 스스로 그 사람의 덕을 사모하고 본받아서 도(道)나 학문을 닦음. ◆ 图私淑，追崇。¶톨스토이는 작가로 입문할 때까지 내가 사숙으로 여기던 작가이다. =托尔斯泰是我正式成为作家之前追崇的作家。●사숙하다(私淑--)●

사슬 【명사】 图 ❶ '쇠사슬'의 준말. ◆ 铁链，锁链。❷ 억압이나 압박을 비유적으로 이르는 말. ◆ 桎梏。

사슴 【명사】 사슴과에 속하는 포유동물을 통틀어 이르는 말. ◆ 图鹿。¶숲에서 사슴이 껑충껑충 뛰어다닌다. =鹿在树林里撒欢奔跑。

사시(斜視) 【명사】 图 ❶ 양쪽 눈의 방향이 같은 방향이 아니어서, 정면을 멀리 바라보았을 때에 양쪽 눈의 시선이 평행하게 되지 아니하는 상태. ◆ 斜视。¶사시를 교정하는 수술을 받다. =接受斜视校正手术。❷ 눈을 모로 뜨거나 곁눈질로 봄. ◆ 斜眼看。¶그녀는 증오에 찬 사시로 나를 바라보았다. =她用充满憎恶的眼神睨视着我。

사시나무 【명사】 버드나뭇과의 낙엽 활엽 교목. 잎은 어긋나고 둥근 달걀 모양으로 물결 모양의 톱니가 있다. ◆ 图 山杨；白杨。

사시사철(四時四-) 【명사】 봄·여름·가을·겨울 네 철 내내의 동안. ◆ 图四季，一年四季。¶요즘은 사시사철 과일이 나온다. =当今时代，一年四季都有新鲜水果可吃。

사신(使臣) 【명사】 임금이나 국가의 명령을 받고 외국에 사절로 가는 신하. ◆ 图使者，使臣；外交使节，外交代表。¶사신을 보내다. =派外交使节。

사실[1](事實) 【명사】 图 ❶ 실제로 있었던 일이나 현재에 있는 일. ◆ 事实，实际。¶사실을 밝히다. =澄清事实。❷ 겉으로 드러나지 아니한 일을 솔직하게 말할 때 쓰는 말. ◆ 其实。❸ 자신의 말이 옳다고 강조할 때 쓰는 말. ◆ 说真的，说实在的，说实话。❹ 일정한 법률 효과를 발생·변경·소멸시키는 원인이 되는 사물의 관계. 또는 민사·형사 소송에서, 법률 적용의 전제가 되는 사건 내용의 실체. ◆ 法律事实。❺ 시간과 공간 안에서 볼 수 있는, 실제로 일어난 사건이나 현상. 의심할 수 없는 현실적 존재성을 가지며 사유(思惟)에 의하여 경험 내용으로 확립된다. ◆ 图 客观事实。

사실[2](事實) 【부사】 사실상. 실지에 있어서. ◆ 副事实上，实际上，其实。¶말은 안 했지만, 사실 나는 그를 사랑한다. =其实我爱他，虽然我没有说出来。

사실무근(事實無根) 【명사】 근거가 없는 일. 또는 터무니없음. ◆ 图没有根据，无凭无据。¶부도설이란 사실무근의 소문에 그 업체는 엄청난 피해를 입었다. =由于空穴来风的倒闭谣言，该公司深受其害。

사실주의(寫實主義) 【명사】 일반적으로 현실을 있는 그대로 묘사·재현하려고 하는 창작 태도. ◆ 图写实主义。¶사실주의는 공상이나 이상을 배격하고 객관적 상태 그대로 충실히 반영하려는 문학상, 미술상의 사조이다. =写实主义是一种试图排除空想或者理想，如实反映客观状态的文学和美术思潮。

사심(私心) 【명사】 사사로운 마음. 또는 자기 욕심을 채우려는 마음. ◆ 图私心，个人目的。¶사심을 갖다. =怀有私心。

사십(四十) 【수사】 십의 네 배가 되는 수. ◆ 数四十。¶여덟의 다섯 배는 사십이다. =八的五倍是四十。

사악하다(邪惡--) 【형용사】 간사하고 악하다. ◆ 形邪恶，奸邪恶毒。

사암(沙巖/砂巖) 【명사】 모래가 뭉쳐서 단단히 굳어진 암석. ◆ 图 砂岩。¶이 암벽은 사암으로 이루어져 있기 때문에 등산객들의 각별한 주의가 필요하다. =这个石崖是由砂岩构成的，所以攀登者需要特别小心。

사약(死藥) 【명사】 왕족이나 사대부가 죽을죄를 범하였을 때, 임금이 독약을 내림. 또는 그 독약. ◆ 图

赐药毒死；毒药。¶죄인에게 사약을 내리다. =赐犯人毒药。

사양¹(辭讓)【명사】겸손하여 받지 아니하거나 응하지 아니함. 또는 남에게 양보함. ◆图客气，推辞，谦让，谢绝。¶사양의 미덕. =谦让的美德。● 사양하다(辭讓--) ●

사양²(斜陽)【명사】图 ❶ 저녁때의 햇빛. ◆斜阳，夕阳。¶사양이 서산을 넘어갔다. =斜阳落下西山。❷ 새로운 것에 밀려 점점 몰락해 감을 비유적으로 이르는 말. ◆〈喻〉夕阳，衰退。¶사양 산업. =夕阳产业。

사업(事業)【명사】图 ❶ 경제적 이익을 얻기 위하여 어떤 조직을 경영하는 일. ◆事业，生意。¶그는 친구와 같이 사업을 시작했다. =他与朋友一起开始创业。❷ 돈이 아닌 다른 목적을 가지고 조직적으로 하는 사회 활동. ◆社会事业，非营利事业。● 사업하다(事業--) ●

사업가(事業家)【명사】사업을 계획하고 경영하는 사람. 또는 그 일에 익숙한 사람. ◆图事业家，企业家；能干的人。¶자선 사업가. =慈善企业家。

사연¹(事緣)【명사】일의 앞뒤 사정과 까닭. ◆图缘故，原委，故事。¶그녀가 이곳에서 작은 술집을 경영하기까지 많은 사연이 있었다. =她到这里开酒馆之前有着很多故事。

사연²(辭緣/詞緣)【명사】편지나 말의 내용. ◆图书信内容；讲话内容。¶사연을 이야기하다. =讲述书信内容。

사열(査閱)【명사】조사하거나 검열하기 위하여 하나씩 쭉 살펴봄. ◆图查阅，查看。¶조사관들은 증거 자료 사열을 통해 사건의 실체를 확인할 수 있었다. =调查官们通过查阅证据资料掌握了事件的真相。● 사열하다(査閱--) ●

사옥(社屋)【명사】신문사, 출판사 또는 회사가 있는 건물. ◆图公司房产，公司建筑物。¶사옥을 신축하다. =新建公司建筑物。

사욕(私慾)【명사】자기 한 개인의 이익만을 꾀하는 욕심. ◆图私欲，私心。¶사욕에 눈이 멀다. =利欲熏心。

사용(使用)【명사】图 ❶ 일정한 목적이나 기능에 맞게 씀. ◆用，使用。¶사용 계획. =使用计划。❷ 사람을 다루어 이용함. ◆使唤。● 사용되다(使用--), 사용하다(使用--) ●

사용자(使用者)【명사】图 ❶ 사람을 부리거나 물건을 쓰는 사람. ◆使用者。¶신용카드 사용자. =信用卡使用者。❷ 노동을 제공하는 사람에게 그에 대한 보수를 지급하는 사람. ◆雇主。¶노동자와 사용자의 원만한 관계는 생산성을 높인다. =工人和雇主之间保持和谐关系能够提高生产率。

사우나(sauna)【명사】핀란드식(Finland式)의 증기 목욕. ◆图桑拿浴。¶피로를 풀기 위해 사우나를 하러 갔다. =为了消除疲劳去洗桑拿浴。

사우디아라비아(Saudi Arabia)【명사】아시아 서부 아라비아 반도에 있는 왕국. ◆图沙特阿拉伯。

사운드트랙(sound track)【명사】영화 필름에서 소리가 녹음된 가장자리 부분. ◆图 (电影胶片上的)音轨。

사원¹(寺院)【명사】图 ❶ 종교의 교당을 통틀어 이르는 말. ◆教堂。❷ 절. 사찰(寺刹). ◆寺院。¶역사적으로 유서가 깊은 사원은 언제나 관광객으로 만원이었나. =有着悠久历史渊源的寺院总是游人如织。

사원²(社員)【명사】회사에 근무하는 사람. ◆图员工，公司职员。¶사원을 모집하다. =招聘公司职员。

사월(四月)【명사】한 해 열두 달 가운데 넷째 달. ◆图四月份。¶벌써 삼월을 지나 사월이 되었다. =三月份过去，到四月份了。

사위【명사】딸의 남편. ◆图女婿。¶사위를 맞다. =招女婿。

사윗감【명사】사위로 삼을 만한 사람. ◆图女婿人选。¶사윗감을 고르다. =挑女婿人选。

사유¹(私有)【명사】개인이 소유함. 또는 그런 소유물. ◆图私有。¶사유토지. =私有土地。

사유²(事由)【명사】일의 까닭. ◆图缘由，理由，原因。¶사유를 묻다. =询问原因。

사유 재산(私有財産)【명사】개인 또는 사법인이 자유의사에 따라 관리·사용·처분할 수 있는 동산이나 부동산. ◆图私有财产。

사유지(私有地)【명사】개인 또는 사법인이 가진 땅. ◆图私有土地。¶사유지를 매입하다. =购买私有土地。

사유화(私有化)【명사】개인의 소유가 됨. 또는 개인의 소유로 만듦. ◆图私有化。¶국영 기업의 사유화. =国营企业的私有化。● 사유화되다(私有化--), 사유화하다(私有化--) ●

사육(飼育)【명사】가축이나 짐승을 먹이어 기름. ◆图养，饲养，喂养。¶그는 시골에서 사슴을 사육하고 있다. =他在乡下养鹿。● 사육되다(飼育--), 사육하다(飼育--) ●

사은회(謝恩會)【명사】졸업생이나 동창생들이 스승의 은혜에 감사하는 뜻으로 베푸는 모임. ◆图谢师宴。¶졸업생들이 선생님들을 모시고 식당에서 사은회를 했다. =毕业生们邀请老师在餐厅里举办了谢师宴。

사의¹(辭意)【명사】맡아보던 일자리를 그만두고 물러날 뜻. ◆图辞职意向。¶주가 조작으로 물의를 일으킨 이사가 사의를 표했다. =因操控股价而引发众议的理事表明了辞职意向。

사의²(謝意)【명사】감사하게 여기는 뜻. ◆图谢意。¶사의를 표하다. =致谢。

사이【명사】图 ❶ 한곳에서 다른 곳까지, 또는 한 물체에서 다른 물체까지의 거리나 공간. ◆之间，间隔。¶서울과 인천 사이. =首尔和仁川之间。❷ 한 때로부터 다른 때까지의 동안. ◆时间，工夫。¶오후 11시에서 12시 사이. =从下午11点到12点之间。❸ 어떤 일에 들이는 시간적인 여유나 겨를. ◆空，闲暇。¶바빠서 편지 쓸 사이도 없다. =忙得连写信的空都没有。❹ 서로 맺은 관계. 또는 사귀는 정분. ◆(人与人的)关系。¶시어머니와 며느리 사이. =婆媳

关系。

사이다(cider)【명사】청량음료의 하나. 설탕물에 탄산나트륨과 향료를 섞어 만들어, 달고 시원한 맛이 난다. ◆ 名汽水。¶너무 오래되어 사이다의 맛이 밍밍해졌다. =时间太长，汽水都没味了。

사이렌(siren)【명사】많은 공기 구멍이 뚫린 원판을 빠른 속도로 돌려 공기의 진동으로 소리를 내는 장치. 또는 그 소리. ◆ 名警笛，警报；警报器。¶사이렌이 울리다. =警笛响起。

사이비(似而非)【명사】겉으로는 비슷하나 속은 완전히 다름. 또는 그런 것. ◆ 名似是而非，冒牌。¶사이비 종교. =伪宗教。

사이좋다【형용사】서로 정답다. 또는 서로 친하다. ◆ 形亲密，亲近，关系好。¶나는 동생과 사이좋다. =我和弟弟很亲近。

사이즈(size)【명사】신발이나 옷의 치수. ◆ 名大小，尺寸。¶사이즈가 맞다. =大小合适。

사이클(cycle)【명사】名 ❶ 사물이 일정한 주기로 되풀이 하여 순환하는 일. ◆ 周期，循环。¶물가 동향에는 계절적인 사이클이 있다. =物价变化有着季节性的周期。❷ 사람이 타고 앉아 두 다리의 힘으로 바퀴를 돌려서 가게 된 탈것. ◆ 自行车。❸ 주파수의 단위. ◆ 频率。

사이트(site)【명사】인터넷에서 사용자들이 정보가 필요할 때 언제든지 그것을 볼 수 있도록 웹 서버에 저장된 집합체. ◆ 名网站。

사인[1](死因)【명사】죽게 된 원인. ◆ 名死因，死亡原因。¶사인을 밝히다. =搞清楚死因。

사인[2](sign)【명사】名 ❶ 자기만의 독특한 방법으로 자신의 이름을 적음. 또는 그렇게 적은 문자. ◆ 签名，签字。¶서류에 사인을 하다. =在文件上签名。❷ 몸짓이나 눈짓 따위로 어떤 의사를 전달하는 일. 또는 그런 동작. ◆ 暗号，信号。¶타자에게 사인을 보내다. =给击球人递暗号。● 사인하다 ●

사인펜【명사】필기도구의 하나. ◆ 名签字笔。

사임(辭任)【명사】맡아보던 일자리를 스스로 그만두고 물러남. ◆ 名辞去，卸任。¶교직을 사임하고 문단으로 나가다. =辞去教职，向文坛发展。● 사임하다(辭任--) ●

사자[1](死者)【명사】죽은 사람. ◆ 名死者，死人。¶사자는 되살릴 수 없다. =死者不能复生。

사자[2](獅子)【명사】고양잇과의 포유동물. ◆ 名狮子。

사자[3](使者)【명사】명령이나 부탁을 받고 심부름하는 사람. ◆ 名使者。

사장(社長)【명사】회사의 책임자. 회사 업무의 최고 집행자로서 회사 대표의 권한을 지닌다. ◆ 名社长，(公司)总经理。¶출판사 사장. =出版社社长。

사재기【명사】물건값이 오를 것을 예상하고 폭리를 얻기 위하여 물건을 몰아서 사들임. ◆ 名囤积。

사적[1](私的)【명사】개인에 관계되는 것. ◆ 名私人的，个人的。¶사적인 감정 표현을 자제해 주십시오. =请克制自己，不要表露私人感情。

사적[2](史跡/史蹟)【명사】名 ❶ 역사적으로 중요한 사건이나 시설의 자취. ◆ 史迹。¶사적 답사. =访查史迹。❷ 국가가 법적으로 지정한 문화재. ◆ 历史遗迹，遗址。¶유형 문화재는 가치 정도에 따라서 국보·보물·사적·지방 문화재 따위로 지정하여 보호한다. =根据价值大小把物质文化遗产分别指定为国宝、宝物、史迹和地方文化遗产等进行保护。

사전[1](事典)【명사】여러 가지 사항을 모아 일정한 순서로 배열하고 그 각각에 해설을 붙인 책. ◆ 名事典。¶한국민속사전. =韩国民俗事典。

사전[2](辭典)【명사】어떤 범위 안에서 쓰이는 낱말을 모아서 일정한 순서로 배열하여 싣고 그 각각의 발음, 의미, 어원, 용법 따위를 해설한 책. ◆ 名辞典，词典。¶사전을 편찬하다. =编词典。

사전[3](事前)【명사】일이 일어나기 전. 또는 일을 시작하기 전. ◆ 名事前，事先，预先。¶사전 준비를 철저히 하다. =事先充分准备。

사절[1](使節)【명사】나라를 대표하여 일정한 사명을 띠고 외국에 파견되는 사람. ◆ 名使节，使臣。¶사절을 보내다. =派遣使节。

사절[2](謝絶)【명사】요구나 제의를 받아들이지 않고 사양하여 물리침. ◆ 名谢绝，回绝，推辞。¶외상 사절. =谢绝赊账。● 사절하다(謝絶--) ●

사정[1](事情)【명사】名 ❶ 일의 형편이나 까닭. ◆ 原因，缘由。¶피치 못할 사정. =不得已的原因。❷ 어떤 일의 형편이나 까닭을 남에게 말하고 무엇을 간청함. ◆ 恳求，求情。¶사정도 한두 번이지 무슨 염치로 또 부탁을 하겠느냐? =求情也得有个限度，还有什么脸面再请人帮忙呢!

사정[2](査定)【명사】조사하거나 심사하여 결정함. ◆ 名查证，核定，审定。¶입학 사정. =入学审定。

사정거리(射程距離)【명사】탄알, 포탄, 미사일 따위가 발사되어 도달할 수 있는 곳까지의 거리. ◆ 名射程。¶사정거리를 벗어나다. =超出了射程。

사정없다(事情--)【형용사】남의 사정을 헤아려 돌봄이 없이 매몰차다. ◆ 形不讲情面，毫不留情，无情。● 사정없이(事情--) ●

사정하다(事情--)【동사】어떤 일의 형편이나 까닭을 남에게 말하고 무엇을 간청하다. ◆ 动恳求，恳请，求情。¶도와달라고 사정하다. =恳求给予帮助。

사제[1](司祭)【명사】名 ❶ 주교와 신부를 통틀어 이르는 말. ◆ 司祭(主教和神父的总称)。¶그는 사제가 되기 위해 신학대학에 입학하였다. =他为了成为一名司祭考入了神学院。❷ 주교의 아래인 성직자. 의식과 전례를 맡아본다. ◆ 司祭(主教之下的圣职，主要负责举行祭祀、施行圣事等)。

사제[2](私製)【명사】개인이 사사로이 만듦. 또는 그런 물건. ◆ 名私制，自制；自制品。¶사제 폭탄. =私制炸弹。

사제[3](師弟)【명사】스승과 제자를 아울러 이르는 말. ◆ 名师生，师徒。¶사제 관계가 돈독하다. =师生关系很深厚。

사조(思潮)【명사】한 시대의 일반적인 사상의 흐름. ◆ 名思潮。¶근세의 문예사조를 설명하시오. =请

介绍一下近代文艺思潮。

사족[1](四足)【명사】图 ❶ 짐승의 네 발. 또는 네 발 가진 짐승. ◆ 四足; 四足动物。❷ '사지(四肢)'를 속되게 이르는 말. ◆ 四肢("사지〈四肢〉"的俗称)。¶사족이 멀쩡하다. =四肢健全。

사족[2](蛇足)【명사】뱀을 다 그리고 나서 있지도 아니한 발을 덧붙여 그려 넣는다는 뜻으로, 쓸데없는 군짓을 하여 도리어 잘못되게 함을 이르는 말. ◆图画蛇添足。¶나의 말에 사족을 달지 마라. =别给我的话画蛇添足。

사죄(謝罪)【명사】지은 죄나 잘못에 대하여 용서를 빎. ◆图赔罪，道歉。¶그가 사죄의 뜻을 비추다. =他暗示了道歉的意思。● 사죄하다(謝罪--) ●

사주(社主)[1]【명사】회사나 결사(結社)의 주인. ◆图社长，公司老板。¶사주는 자기 수하에 있는 사람을 내세워 어용노조를 결성했다. =社长扶植自己的手下成立了"御用工会"。

사주[2](四柱)【명사】图 ❶ 사람이 태어난 연월일시의 네 간지(干支). 또는 이에 근거하여 사람의 길흉화복을 알아보는 점. ◆ 生辰八字。¶사주를 보다. =看八字。❷ '사주단자(四柱單子)'의 준말. 혼인이 정해진 뒤 신랑 집에서 신부 집으로 신랑의 사주를 적어서 보내는 종이. ◆ 八字贴(儿)("사주단자〈四柱單子〉"的略语)。¶여자 쪽에 사주를 보내다. =给女方送去八字贴。

사주[3](使嗾)【명사】남을 부추겨 좋지 않은 일을 시킴. ◆ 图唆使，教唆。¶사주를 받다. =受人教唆。● 사주하다(使嗾--) ●

사주팔자(四柱八字)【명사】图 ❶ 사주의 간지(干支)가 되는 여덟 글자. ◆ 生辰八字。❷ 타고난 운수. ◆ 命，命运。¶사주팔자가 사납다. =命很硬。

사중주(四重奏)【명사】네 개의 독주 악기로 연주하는 실내악 중주. 현악 사중주, 피아노 사중주 따위가 있다. ◆图 四重奏。¶관현악 사중주. =管弦乐四重奏。

사중창(四重唱)【명사】네 사람이 각각 다른 높이의 목소리로 하는 합창. 남성 사중창, 여성 사중창 및 혼성 사중창이 있다. ◆图 四重唱。

사지[1](四肢)【명사】사람의 두 팔과 두 다리를 통틀어 이르는 말. ◆图四肢(双手和双脚的统称)。¶사지를 뻗다. =伸展四肢。

사지[2](死地)【명사】죽을 지경의 매우 위험하고 위태한 곳. ◆图死地，绝境。¶사지에서 가까스로 벗어나다. =好不容易死里逃生。

사직[1](辭職)【명사】맡은 직무를 내놓고 물러남. ◆ 图辞职，离职，下台。¶회사 측의 설득에도 불구하고 지금까지는 완강하게 사직을 고집해 왔다. =不顾公司的挽留，执意辞职不干了。● 사직하다(辭職--) ●

사직[2](社稷)【명사】나라 또는 조정을 이르는 말. ◆ 图社稷。¶종묘와 사직이 위태롭다. =宗庙社稷危矣。

사진(寫眞)【명사】물체의 형상을 감광막 위에 나타나도록 찍어 오랫동안 보존할 수 있게 만든 영상. ◆图照片。¶졸업 사진을 찍다. =拍毕业照。

사진관(寫眞館)【명사】일정한 시설을 갖추고 사진 찍는 일을 영업으로 하는 집. ◆图照相馆，影楼。¶사진관에서 가족사진을 찍다. =在照相馆照全家福。

사진기(寫眞機)【명사】사진을 찍는 기계. ◆图照相机，相机。¶디지털 사진기가 보편화되었다. =数码相机现在已经非常普遍了。

사진첩(寫眞帖)【명사】사진을 붙여 정리·보존하기 위한 책. ◆图影集，相册。¶사진첩을 펼치다. =打开相册。

사차원(四次元)【명사】공간과 시간은 네 개의 실수로 나타낼 수 있음을 이르는 말. 공간의 삼차원에 시간이 더해진 것이다. ◆图四维，四次元。

사찰[1](寺刹)【명사】승려가 불상을 모시고 불도(佛道)를 닦으며 교법을 펴는 집. ◆ 图寺庙。¶방학 때 전국의 유명 사찰을 돌아 볼 계획이다. =计划在放假时游遍全国的著名寺庙。

사찰[2](査察)【명사】图 ❶ 조사하여 살핌. 또는 그런 사람. ◆ 稽查，检查，视察。❷ 핵 물질의 제공국 또는 국제기구의 사찰원(査察員)이 핵 물질 수량의 확인, 주요 원자력 시설의 검사 따위를 이행하는 일. ◆ 核检查。● 사찰하다(査察--) ●

사채[1](私債)【명사】개인이 사사로이 진 빚. 일반적으로 금융 기관보다 이자가 비싸다. ◆图私人放债，个人放债。¶사채를 빌려쓰다. =借用私人放的债。

사채[2](社債)【명사】주식회사가 일반 사람들에게 채권이라는 유가 증권을 발행하여 사업에 필요한 자금을 조달하는 채무. ◆ 图 公司债券。¶사채를 발행하다. =发行公司债券。

사철(四-)【명사】봄·여름·가을·겨울의 네 계절. ◆ 图四季，四时。¶사철의 변화가 뚜렷하다. =四季分明。

사철나무(四---)【명사】노박덩굴과의 상록 관목. 높이는 2~3m이며, 잎은 마주나고 긴 타원형으로 두껍고 반들반들하다. ◆图冬青。

사체(死體)【명사】사람 또는 동물 따위의 죽은 몸뚱이. ◆图尸体。¶사체를 부검하다. =剖检尸体。

사초(史草)【명사】조선시대에 사관(史官)이 기록하여 둔 사기(史記)의 초고(草稿). ◆ 图 史稿，史册草稿。¶원래 엄격한 의미로서의 실록은 사관의 사초에 따라 엮어지는 것이다… =本来，从严格意义上讲，《实录》是以史官写的史册草稿为基础创作的。

사촌(四寸)【명사】아버지의 친형제자매의 아들이나 딸과의 촌수. 图堂(兄弟姐妹)，表(兄弟姐妹)。¶사촌 누나. =堂姐。

사춘기(思春期)【명사】육체적 · 정신적으로 성인이 되는 시기. ◆ 图青春期。¶사춘기에 들어선 소녀. =进入青春期的少女。

사치(奢侈)【명사】필요 이상의 돈이나 물건을 쓰거나 분수에 지나친 생활을 함. ◆图奢侈，奢华。¶사치 풍조. =奢侈之风。● 사치하다(奢侈--) ●

사치스럽다(奢侈---)【형용사】필요 이상의 돈이나 물건을 쓰거나 분수에 지나친 생활을 하는 데가 있다. ◆ 形奢侈，奢华。¶사치스러운 옷차림. =奢华的穿着。

사치품(奢侈品)【명사】분수에 지나치거나 생활의 필요 정도에 넘치는 물품. ◆ 名奢侈品。¶사치품의 수입이 점점 늘고 있다. =奢侈品的进口渐渐增多。

사칭(詐稱)【명사】이름, 직업, 나이, 주소 따위를 거짓으로 속여 이름. ◆ 名谎称，冒充。¶공무원을 사칭하여 사기를 치다. =冒充公务员诈骗。● 사칭하다(詐稱--) ●

사카린(saccharin)【명사】톨루엔을 원료로 하여 만든 인공 감미료. ◆ 名 糖精。

사타구니【명사】'샅'을 낮잡아 이르는 말. ◆ 名胯。

사탄(Satan)【명사】적대자라는 뜻으로, 하나님과 대립하여 존재하는 악(惡)을 인격화하여 이르는 말. ◆ 名撒旦；魔鬼。¶사탄에 빠지다. =入魔。

사탕(沙糖/砂糖)【명사】설탕이나 엿 따위를 끓였다가 식혀서 여러 가지 모양으로 굳힌 것. ◆ 名糖果，糖。¶사탕 한 봉지에 얼마입니까? =一袋糖多少钱?

사탕발림(沙糖--)【명사】달콤한 말로 남의 비위를 맞추어 살살 달래는 일. 또는 그런 말. ◆ 名甜言蜜语，糖衣炮弹。¶그의 사탕발림에 넘어가다. =上了他甜言蜜语的当。

사탕수수(沙糖--)【명사】볏과의 여러해살이풀. 높이는 2~4m이며, 수수와 비슷하나 마디와 마디 사이가 짧다. ◆ 名甘蔗。

사태[1](事態)【명사】일이 되어 가는 형편이나 상황. 또는 벌어진 일의 상태. ◆ 名事态，局势，状态。¶긴급한 사태. =紧急状态。

사태[2](沙汰/砂汰)【명사】名 ❶ 산비탈이나 언덕 또는 쌓인 눈 따위가 비바람이나 충격 따위로 무너져 내려앉는 일. ◆ 雪崩，山崩，山洪。¶폭우로 인해 사태가 나서 교통이 끊겼다. =暴雨引发了山洪，交通中断了。❷ 사람이나 물건이 한꺼번에 많이 쏟아져 나오는 일을 비유적으로 이르는 말. ◆〈喻〉大批，成群。¶피난민으로 사람 사태가 났다. =逃难的百姓人山人海。

사택(舍宅)【명사】회사가 사원의 살림집으로 쓰기 위하여 마련한 주택. ◆ 名公司住宅。¶이 회사는 사원들에게 사택을 제공하고 있다. =这家公司给员工提供住宅。

사퇴(辭退)【명사】어떤 일을 그만두고 물러섬. ◆ 名辞去，辞职。¶공직 사퇴. =辞去公职。● 사퇴하다(辭退--) ●

사투(死鬪)【명사】죽기를 각오하고 싸우거나 죽을 힘을 다하여 싸움. 또는 그런 싸움. ◆ 名决战，决斗，死战。¶사투를 벌이다. =决一死战。

사투리【명사】어느 한 지방에서만 쓰는, 표준어가 아닌 말. ◆ 名方言，土话。¶그는 전라도 사람이지만 사투리가 심하지 않다. =虽然他是全罗道人，但方言不严重。

사파이어(sapphire)【명사】청옥(青玉)(푸르고 투명하며 다이아몬드 다음으로 단단한 강옥(鋼玉)의 하나). ◆ 名蓝宝石。

사포(沙布/砂布)【명사】금강사(金剛沙)나 유리 가루, 규석(硅石) 따위의 보드라운 가루를 발라 붙인 천이나 종이. ◆ 名砂纸。¶사포로 문지르다. =用砂纸磨。

사표[1](辭表)【명사】직책에서 사임하겠다는 뜻을 적어 내는 문서. ◆ 名辞呈，辞职申请书。¶사표를 내다. =递交辞呈。

사표[2](師表)【명사】학식과 덕행이 높아 남의 모범이 될 만한 인물. ◆ 名表率，楷模。¶우리는 그를 사표로 우러른다. =我们把他奉为楷模。

사필귀정(事必歸正)【명사】모든 일은 반드시 바른 길로 돌아감. ◆ 名事必归正。¶지금은 투기로 돈을 벌었지만 세상일은 모두 사필귀정이다. =虽然现在靠投机挣了钱，但世事总是有因果报应的。

사하라사막(Sahara沙漠)【명사】아프리카(Africa) 북부의 대부분, 홍해 연안에서 대서양 해안까지 이르는 세계 최대의 사막. ◆ 名 撒哈拉沙漠。

사학[1](史學)【명사】'역사학(歷史學)'의 준말. 역사를 연구의 대상으로 하는 학문. 또는 역사 연구의 본질을 구명하는 학문. ◆ 名历史学，史学。¶그는 대학에서 사학을 전공했다. =他在大学学的历史学。

사학[2](私學)【명사】名 ❶ 사립 학교(개인 또는 사법인이 설립하여 경영하는 학교). ◆ 私立学校，民办学校。¶이 학교는 사학의 명문이다. =这所学校是著名的私立学校。고려 시대의 사설 교육 기관. 구재학당(九齋學堂)·문헌공도(文憲公徒)·홍문공도(弘文公徒)·광헌공도(匡憲公徒) 따위의 십이도(十二徒)가 유명하다. ◆ 名 私学(高丽时期的私立教育机关)。

사학[3](邪學)【명사】조선 시대에, 주자학에 반대되거나 위배되는 학문을 이르던 말. 조선 중기에는 양명학을, 후기에는 천주교나 동학을 가리켰다. ◆ 名邪说。

사항(事項)【명사】일의 항목이나 내용. ◆ 名事项，项目。¶참고 사항. =参考事项。

사해(死海)【명사】아라비아 반도의 북서쪽에 있는 호수. ◆ 名 死海。

사헌부(司憲府)【명사】고려·조선시대에, 정사(政事)를 논의하고 풍속을 바로잡으며 관리의 비행을 조사하여 그 책임을 규탄하는 일을 맡아보던 관아. ◆ 名 司宪府，司宪台(高丽、朝鲜朝时期的官衙名称)。

사행심(射倖心)【명사】요행을 바라는 마음. ◆ 名投机心理，侥幸心理。¶사행심을 조장하다. =助长了侥幸心理。

사형(死刑)【명사】수형자의 목숨을 끊음. 또는 그 형벌. 교수·참수·총살·화형 따위의 여러 가지 방법이 있는데, 한국의 현행법은 교수형으로 집행한다. ◆ 名死刑，极刑。¶사형에 처하다. =处以死刑。● 사형되다(死刑--), 사형하다(死刑--) ●

사화산(死火山)【명사】활동이 완전히 끝난 화산. ◆ 名 死火山。¶한나산은 사화산이다. =汉拿山是死火山。

사활(死活)【명사】죽기와 살기라는 뜻으로, 어떤 중대한 문제를 비유적으로 이르는 말. ◆ 图死活，生死，存亡。¶사활을 걸다. =事关生死存亡。

사회[1](社會)【명사】 图 ❶ 같은 무리끼리 모여 이루는 집단. ◆ 社会，圈子，界。¶상류 사회. =上流社会。❷ 학생이나 군인, 죄수들이 자기가 속한 영역 이외의 영역을 이르는 말. ◆ 社会。¶사회에 진출하다. =进入社会。❸ 공동생활을 영위하는 모든 형태의 인간 집단. ◆ 社会。

사회[2](司會)【명사】 图 ❶ 회의나 예식 따위를 진행함. ◆ 主持。¶결혼식의 사회를 보다. =主持婚礼。❷ 사회자(司會者)(모임이나 예식에서 진행을 맡아 보는 사람). ◆ 主持人，司仪。¶이 모임의 사회를 소개하겠습니다. =我来介绍这次聚会的主持人。

사회 보장(社會保障)【명사】 국민의 생존권을 지킬 것을 목적으로 하는 경제적 보장. ◆ 图社会保障。

사회 복지(社會福祉)【명사】 국민의 생활 향상과 사회 보장을 위한 사회 정책과 시설을 통틀어 이르는 말. 교◆ 图社会福利。

사회사업(社會事業)【명사】 사회 공중의 생활 개선과 보호를 위하여 개인 또는 단체에 의하여 행해지는 사업. ◆ 图社会福利工作，社会慈善事业。¶사회사업에 많은 재산을 기부하다. =向社会慈善事业捐赠很多财产。

사회생활(社會生活)【명사】 사람이 사회의 일원으로서 집단적으로 모여서 질서를 유지하며 살아가는 공동생활. ◆ 图社会生活。¶사회생활에 적응하다. =适应社会生活。

사회성(社會性)【명사】 사회생활을 하려고 하는 인간의 근본 성질. ◆ 图社会性，群体性。¶그는 사회성이 부족해서 사람들과 잘 어울리지 못한다. =他不善交际，所以不大合群。

사회인(社會人)【명사】 图 ❶ 사회의 일원으로서 생활하는 개인. ◆ 社会成员。❷ 학교나 군대 따위의 단체에서 제한된 생활을 하는 사람들이 그 범위 밖의 사회에서 활동하는 사람들을 이르는 말. ◆ 社会人。¶그는 대학 때와는 다르게 사회인이 된 만큼 의젓하게 행동했다. =和上大学的时候不同，他已经完全像一个社会人那样稳重行事了。

사회자(司會者)【명사】 모임이나 예식에서 진행을 맡아보는 사람. ◆ 图主持人，司仪。¶사회자는 내빈을 차례로 소개했다. =主持人依次介绍来宾。

사후[1](事後)【명사】 일이 끝난 뒤. 또는 일을 끝낸 뒤. ◆ 图事后，善后。¶사후 처리. =事后处理。

사후[2](死後)【명사】 죽고 난 이후. ◆ 图死后，百年(之)后。

사흘【명사】 图 ❶ 세 날. ◆ 三天，三日。¶비는 사흘 동안 계속되었다. =雨一连下了三天。❷ 초사흗날(매달 초하룻날부터 헤아려 셋째 되는 날). ◆ 初三。

삭감(削減)【명사】 깎아서 줄임. ◆ 图削减，扣除，裁减。¶예산을 삭감하다. =裁减预算。● 삭감되다(削減--), 삭감하다(削減--) ●

삭다【동사】 动 ❶ 물건이 오래되어 본바탕이 변하여 썩은 것처럼 되다. ◆ 糟，烂。¶옷감이 삭다. =衣料糟了。❷ 걸죽하고 빡빡하던 것이 묽어지다. ◆ 稀软，发酵。¶고추장이 삭다. =辣椒酱发酵好了。❸ 김치나 젓갈 따위의 음식물이 발효되어 맛이 들다. ◆ (泡菜等)出味儿，腌好，腌透。¶젓갈이 삭다. =鱼子酱出味儿了。❹ 먹은 음식물이 소화되다. ◆ 消化。¶밥이 삭다. =饭消化了。❺ 긴장이나 화가 풀려 마음이 가라앉다. ◆ 消，平息。¶분이 삭다. =气消了。❻ 불이 사그라져서 재가 되다. ◆ 烧尽。¶모닥불이 삭다. =篝火烧尽了。❼ 사람의 얼굴이나 몸이 생기를 잃다. ◆ 失去血色，没精神。¶왜 그렇게 얼굴이 삭았니? =怎么面无血色的? ❽ 기침이나 가래 따위가 잠잠해지거나 가라앉다. ◆ (咳嗽、痰等)停下来。¶약을 먹었는데도 기침이 삭질 않는다. =吃了药还咳。

삭막하다(索莫/索寞/索漠--)【형용사】 쓸쓸하고 막막하다. ◆ 形索寞，荒凉，凄凉。¶삭막한 풍경. =荒凉的景象。

삭발(削髮)【명사】 머리털을 깎음. 또는 그 머리. ◆ 图剃光头，剃发；光头。¶삭발을 하고 단식을 시작했다. =剃光头发后开始绝食。● 삭발하다(削髮--) ●

삭신【명사】 몸의 근육과 뼈마디. ◆ 图全身，浑身。¶몸살 때문에 삭신이 쑤시다. =因为病痛，全身都酸痛。

삭이다【동사】 动 ❶ '삭다(먹은 음식물이 소화되다)'의 사동사. ◆ 消化。¶한창 젊은 나이에 돌인들 못 삭이겠나. =正是年轻的时候，连石头都能消化下去。❷ '삭다(긴장이나 화가 풀려 마음이 가라앉다)'의 사동사. ◆ 消除，压抑。¶감정을 삭이다. =压抑感情。❸ '삭다(기침이나 가래 따위가 잠잠해지거나 가라앉다)'의 사동사. ◆ 祛(痰)，止(咳)。

삭정이【명사】 살아 있는 나무에 붙어 있는, 말라 죽은 가지. ◆ (活树上的)枯枝，干树枝。¶삭정이를 모아 불을 지피다. =搜集枯枝生火。

삭제(削除)【명사】 깎아 없애거나 지워 버림. ◆ 图开除，消除，删除。¶회원들은 그의 자격 삭제 여부를 두고 회의를 했다. =会员们就是否开除他召开了会议。● 삭제되다(削除--), 삭제하다(削除--) ●

삭풍(朔風)【명사】 겨울철에 북쪽에서 불어오는 찬바람. ◆ 图北风。¶삭풍이 살을 에듯 차갑다. =北风刺骨。

삭히다【동사】 '삭다(김치나 젓갈 따위의 음식물이 발효되어 맛이 들다)'의 사동사. ◆ 动使……入味，腌制好("삭다"的使动形态)。¶젓갈을 삭히다. =使鱼子酱入味。

삯【명사】 图 ❶ 일한 데 대한 보수로 주는 돈이나 물건. ◆ 工钱，工资。¶삯으로 쌀을 받다. =用米顶工钱。❷ 어떤 물건이나 시설을 이용하고 주는 돈. ◆ 租金，费。¶배를 빌린 삯을 치르다. =交船租。

삯바느질【명사】 삯을 받고 하여 주는 바느질. ◆ 图做针线活挣钱。¶그녀는 삯바느질로 생계를 유지했다. =她靠做针线活挣钱维持生计。

산[1](山)【명사】 평지보다 높이 솟아 있는 땅의 부분. ◆ 图山。¶산이 좋아 산에 오르다. =喜欢山而爬山。

산[2](酸)【명사】 물에 녹았을 때 이온화하여 수소 이온을 만드는 물질. ◆ 名酸。

-산[3](產)【접사】거기에서 산출된 물건의 뜻을 더하는 접미사. ◆ 后缀产，造。¶외국산. =外国产。

산간(山間)【명사】산과 산 사이에 산골짜기가 많은 곳. ◆ 名山间，山中。¶산간 부락. =山中部落。

산간벽지(山間僻地)【명사】산간 지대의 구석지고 후미진 산골. ◆ 名穷乡僻壤。¶전화 사업에서 소외된 산간벽지. =不通电话的穷乡僻壤。

산고(產苦)【명사】아이를 낳을 때에 느끼는 고통. ◆ 名分娩之痛，阵痛。¶산고 끝에 건강한 남자아이를 낳다. =经历分娩之痛生下一个健康的男孩。

산골(山-)【명사】名 ❶ 외지고 으슥한 깊은 산속. ◆ 山沟。¶산골 사람. =山里人。❷ 산골짜기(산과 산 사이의 움푹 들어간 곳). ◆ 山谷，山沟。

산골짜기(山---)【명사】산과 산 사이의 움푹 들어간 곳. ◆ 名山谷，山沟。¶메아리가 산골짜기에 울려 퍼지다. =回声响彻山谷。

산골짝(山--)【명사】'산골짜기(산과 산 사이의 움푹 들어간 곳)'의 준말. ◆ 名 "산골짜기"的略语。¶눈이 오면 눈보라가 산골짝으로 몰아친다. =一下雪，山谷里就风雪大作。

산그늘(山--)【명사】산에 가려서 지는 그늘. ◆ 名山阴。¶깊은 산 속에서는 일찍 산그늘이 진다. =深山里很早就有了山阴。

산기(產氣)【명사】달이 찬 임신부가 아이를 낳으려는 기미. ◆ 名分娩的预兆。¶아내는 산기가 보여 병원에 갔다. =妻子出现了分娩的预兆，去医院了。

산기슭(山--)【명사】산의 비탈이 끝나는 아랫부분. ◆ 名山脚。¶갑자기 내린 비로 계곡 물이 불어 산기슭으로 올라갔다. =突然下起来的雨使溪水涨到了山脚。

산길(山-)【명사】산에 나 있는 길. ◆ 名山路。¶인적이 드문 산길을 오르다. =走上人迹稀少的山路。

산꼭대기(山---)【명사】산의 맨 위. ◆ 名山顶。¶산꼭대기에 오르면 멀리까지 보인다. =登高望远。

산나물(山--)【명사】산에서 나는 나물. ◆ 名山菜，山中野菜。¶산나물 비빔밥 정식. =山菜拌饭套餐。

산더미(山--)【명사】名 ❶ 물건이 많이 쌓여 있음을 비유적으로 이르는 말. ◆〈喻〉堆成山，堆积如山。¶산더미 같은 쌀가마. =堆成山的米袋子。❷ 어떠한 일이 많음을 비유적으로 이르는 말. ◆〈喻〉堆积如山。¶업무가 산더미로 밀려 있어 짬이 나지 않는다. =业务堆积如山，一点空闲都没有。

산동네(山洞-)【명사】달동네(산등성이나 산비탈 따위의 높은 곳에 가난한 사람들이 모여 사는 동네). ◆ 名 (城市周围山坡上的)贫民区。

산들바람【명사】시원하고 가볍게 부는 바람. ◆ 名微风，清风。

산들산들【부사】副 ❶ 사늘한 바람이 가볍고 보드랍게 자꾸 부는 모양. ◆ 清风习习，清风徐来。¶바람이 산들산들 분다. =清风习习。❷ 바람에 물건이 가볍고 보드랍게 자꾸 흔들리는 모양. ◆ 轻轻地，微微地(摇动)。¶산들바람에 버드나무 가지가 산들산들 흔들렸다. =柳枝在清风中轻轻摇动。

산등성이(山---)【명사】산의 등줄기. ◆ 名山脊，山梁。¶양쪽으로는 두 줄기의 산등성이가 뻗어 내리고 있고, 앞쪽으로는 큰 강이 유유히 흐르고 있다. =两边是向下伸展的两大山脉，前面是悠悠流淌的大江。

산딸기(山--)【명사】산딸기나무(장미과의 낙엽 관목)의 열매. ◆ 名山莓。¶봄이면 산딸기 따먹고 여름이면 개울에서 헤엄을 쳤다. =春天摘山莓，夏天在小溪里游泳。

산뜻하다【형용사】形 ❶ 기분이나 느낌이 깨끗하고 시원하다. ◆ 清爽，愉快。❷ 보기에 시원스럽고 말쑥하다. ◆ 清爽宜人，清新。

산란(產卵)【명사】알을 낳음. ◆ 名产卵。¶산란기에 접어들다. =进入产卵期。

산란기(產卵期)【명사】알을 낳을 시기. ◆ 名产卵期。¶물고기가 산란기에 접어들었다. =鱼进入了产卵期。● 산란하다(產卵--) ●

산란하다(散亂--)【형용사】形 ❶ 흩어져 어지럽다. ◆ 散乱，乱七八糟。❷ 어수선하고 뒤숭숭하다. ◆ 不安，乱，烦恼。¶마음이 산란하여 일이 손에 잡히지 않는다. =心烦意乱地干不了活。

산림(山林)【명사】산과 숲, 또는 산에 있는 숲. ◆ 名山林，森林。¶산림이 훼손되다. =森林被毁。

산림청(山林廳)【명사】중앙 행정 기관의 하나. ◆ 名山林厅(韩国中央行政机关之一)。

산마루(山--)【명사】산등성이의 가장 높은 곳. ◆ 名山脊，山梁。¶노루 떼가 산마루를 넘어갔다. =獐子群越过了山脊。

산만하다(散漫--)【형용사】어수선하여 질서나 통일성이 없다. ◆ 形杂乱无章，不集中。¶주의가 산만하다. =注意力不集中。

산맥(山脈)【명사】산봉우리가 선상(線狀)이나 대상(帶狀)으로 길게 연속되어 있는 지형. 세계의 대산맥은 대지나 고원과는 달리 특정 지대에 분포하고 있다. ◆ 名山脉。

산모(產母)【명사】아기를 갓 낳은 여자. ◆ 名产妇。¶산모와 아이가 모두 건강합니다. =母子平安。

산모퉁이(山---)【명사】산기슭의 쑥 내민 귀퉁이. ◆ 名山弯处，山嘴。¶저 산모퉁이만 돌아서면 마을이 보인다. =绕过那个山嘴就能看见村子。

산문(散文)【명사】율격과 같은 외형적 규범에 얽매이지 않고 자유로운 문장으로 쓴 글. 소설, 수필 따위이다. ◆ 名散文。

산물(產物)【명사】名 ❶ 일정한 곳에서 생산되어 나오는 물건. ◆ 物产，产品。¶이 고장의 대표적 산물은 참외이다. =这个地方的特产是香瓜。❷ 어떤 것에 의하여 생겨나는 사물이나 현상을 비유적으로 이르는 말. ◆〈喻〉结果，成果。¶금메달은 노력의 산물이다. =金牌是努力的结果。

산바람(山--)【명사】밤에 산꼭대기에서 평지로 부는 바람. ◆ 名 山风。¶밤이 되면 산 중턱에서 산바람이 심하게 불어온다. =一到晚上，就从山腰吹来猛烈的山风。

산발[1](散髮)【명사】머리를 풀어 헤침. 또는 그 머리. ◆ 名披头散发。¶그녀는 당황한 나머지 산발한 채로 뛰어나갔다. =她惊慌之余，披头散发地跑了出去。● 산발하다(散髮--) ●

산발[2](散發)【명사】때때로 일어남. ◆ 名零星，时有发生。

산발적(散發的)【명사】때때로 여기저기 흩어져 발생하는 것. ◆ 名零星(的)。¶시청 앞에서 산발적인 데모가 있었다. =市政府前有零星的示威。

산보(散步)【명사】산책(散策). 휴식을 취하거나 건강을 위해서 천천히 걷는 일. ◆ 名散步。¶아침 일찍 공원으로 산보를 간다. =早晨早早地去公园散步。

산보하다(散步--)【동사】산책하다. 휴식을 취하거나 건강을 위해서 천천히 걷다. ◆ 动散步。¶그 노인은 항상 커다란 개와 산보한다. =那位老人经常和大狗散步。

산봉우리(山---)【명사】산에서 뾰족하게 높이 솟은 부분. ◆ 名山峰，山顶。¶우리는 오후 늦게 산봉우리에 오를 수 있었다. =我们下午晚点能登上山顶。

산부인과(産婦人科)【명사】임신, 해산, 신생아, 부인병 따위를 다루는 의학. 또는 병원의 그 부서. ◆ 名妇产科，产科。¶아내가 산부인과에 다녀왔다. =妻子去了趟妇产科。

산불(山-)【명사】산에 난 불. ◆ 名山火。¶바람을 타고 산불이 확산되다. =山火借风势蔓延。

산비탈(山--)【명사】산기슭의 비탈진 곳. ◆ 名山坡。¶산비탈이 가파르다. =山坡很陡。

산사태(山沙汰)【명사】폭우나 지진, 화산 따위로 산 중턱의 바윗돌이나 흙이 갑자기 무너져 내리는 현상. ◆ 名山崩，泥石流，山体滑坡。¶이곳은 산사태 우려 지역입니다. =这里是可能发生山崩的危险地区。

산산이(散散-)【부사】여지없이 깨어지거나 흩어지는 모양. ◆ 副纷纷，支离破碎。¶산산이 부서지다. =粉碎。

산산조각(散散--)【명사】아주 잘게 깨어진 여러 조각. ◆ 名碎片。¶화병이 깨어져 산산조각이 났다. =花瓶碎成一片片的。

산삼(山蔘)【명사】깊은 산에 야생하는 삼. 약효가 재배종보다 월등하다. ◆ 名野山参。

산새(山-)【명사】산에서 사는 새를 통틀어 이르는 말. ◆ 名山鸟。¶산새가 우짖다. =山鸟啼鸣。

산성[1](山城)【명사】산 위에 쌓은 성. ◆ 名山城。¶산성을 쌓다. =筑山城。

산성[2](酸性)【명사】수용액에서 이온화할 때 수산이온의 농도보다 수소 이온의 농도가 더 큰 물질의 성질. ◆ 名酸性。

산성비(酸性-)【명사】고농도의 황산과 질산 따위의 산성을 강하게 포함하는 비. ◆ 名酸雨。¶산성비의 피해가 막심하다. =酸雨危害极为严重。

산성화(酸性化)【명사】산성으로 변함. 또는 산성으로 변화시킴. ◆ 名酸性化，酸化。¶화학 비료를 써서 농토가 산성화되었다. =使用化学肥料造成了土壤的酸化。● 산성화하다(酸性化--) ●

산세(山勢)【명사】산이 생긴 형세. ◆ 名山势。¶산세가 험하다. =山势险峻。

산소(山所)【명사】名 ❶ '뫼'를 높여 이르는 말. ◆ 墓，墓地。¶조상의 산소를 찾아 성묘하다. =到祖坟扫墓。❷ 뫼가 있는 곳. ◆ 墓地。¶나도 조상의 산소를 팔아먹은 데에는 분개하고 있는 터이다. =我也对卖掉祖宗的墓地感到愤慨。

산소(酸素)【명사】산소족에 속하는 비금속 원소, 또는 산소 원소로 만들어진 이원자 분자로, 공기의 주성분이면서 맛과 빛깔과 냄새가 없는 물질. ◆ 名氧。

산속(山-)【명사】산의 속. ◆ 名山中，山里，山间。¶그 노인이 길을 잃어 산속을 헤매다. =老人迷路了，在山中徘徊。

산송장【명사】살아 있는 송장이라는 뜻으로, 살아 있으나 활동력이 전혀 없고 감각이 무디어져 죽은 것과 다름없는 사람을 이르는 말. ◆ 名植物人；行尸走肉。¶산소마스크에 의지하여 산송장이나 다름없다. =靠吸氧维持生命，和植物人没有什么两样。

산수[1](算數)【명사】名 ❶ 수의 성질, 셈의 기초, 초보적인 기하 따위를 가르치는 학과목. ◆ 算术。¶오늘 산수 시간에 나눗셈을 배웠다. =今天算术课上学习了除法。❷ 산법(算法). 계산하는 방법. ◆ 算术。¶그는 산수에 능하여 복잡한 계산도 금방 해낸다. =他擅长算术，复杂的计算很快就能完成。

산수[2](山水)【명사】산과 물이라는 뜻으로, 경치를 이르는 말. ◆ 名山水。¶산수가 아름답다. =山青水秀。

산수화(山水畫)【명사】동양화에서, 산과 물이 어우러진 자연의 아름다움을 그린 그림. ◆ 名山水画。

산술(算術)【명사】일상생활에 실지로 응용할 수 있는, 수와 양의 간단한 성질 및 셈을 다루는 수학적 계산 방법. ◆ 名算术。

산신(山神)【명사】산신령(산을 지키고 다스리는 신). ◆ 名山神。

산신령(山神靈)【명사】산을 지키고 다스리는 신. ◆ 名山神。¶산신령에게 제사를 지내다. =祭祀山神。

산신제(山神祭)【명사】名 ❶ 산신에게 드리는 제사. ◆ 山神祭。¶해마다 이맘때면 산사람들이 모여 산신제를 지낸다. =每年这个时候，人们都要聚到一起举行山神祭。❷ '동신제(洞神祭)'를 달리 이르는 말. ◆ 洞神祭。

산실(産室)【명사】名 ❶ 해산하는 방. ◆ 产房，分娩室。¶이 병원에는 산실이 모자란다. =这家医院的产房不足。❷ 어떤 일을 꾸미거나 이루어 내는 곳. 또는 그런 바탕. ◆ 摇篮。¶혁명의 산실. =革命的摇篮。

산악(山岳/山嶽)【명사】높고 험준하게 솟은 산들. ◆ 名山岳。¶내 고향은 지세가 험준한 산악으로 둘러싸인 곳이다. =我的家乡四面环山，山势险峻。

산악회(山嶽會/山岳會)【명사】등산하는 사람들로 이루어진 단체. ◆ 名山友会，登山协会。¶산악회에 가입하다. =加入山友会。

산업(産業)【명사】인간의 생활을 경제적으로 풍요롭게 하기 위하여 재화나 서비스를 창출하는 생산적 기업이나 조직. ◆图产业；工业。¶자국의 산업을 육성하다. =培育本国的产业。

산업 재해(産業災害)【명사】노동 과정에서 작업 환경 또는 작업 행동 따위의 업무상의 사유로 발생하는 사고 때문에 근로자에게 생긴 신체상의 재해. ◆图人身事故，产业灾害。¶화공 산업 분야에서 산업재해가 자주 발생한다. =化工产业经常会发生人身事故。

산업혁명(産業革命)【명사】18세기 후반부터 약 100년 동안 유럽에서 일어난 생산 기술과 그에 따른 사회 조직의 큰 변화. ◆图 产业革命，工业革命。

산업화(産業化)【명사】산업의 형태가 됨. 또는 그렇게 되게 함. ◆图产业化，工业化。¶산업화가 급속히 진행되다. =产业化迅猛发展。

산울림(山--)【명사】메아리(울려 퍼져 가던 소리가 산이나 절벽 같은 데에 부딪쳐 되울려오는 소리). ◆图回音，山中回响。¶나의 목소리는 산울림이 되어 돌아왔다. =我的声音在山中回响。

산유국(産油國)【명사】자국의 영토 및 영해에서 원유를 생산하는 나라. ◆图产油国。¶산유국의 산유 제한으로 유가 파동이 일어났다. =产油国实施限产导致了油价波动。

산자락(山--)【명사】밋밋하게 경사진 산의 밑 부분. ◆图山脚，山下。¶산자락에 아담한 건물이 자리 잡고 있었다. =山下有一栋雅致的建筑。

산장(山莊)【명사】산속에 있는 별장. ◆图山庄，山中別墅。

산재(散在)【명사】여기저기 흩어져 있음. ◆图散布，分散在。● 산재되다(散在--), 산재하다(散在--) ●

산적(山賊)【명사】산 속에 근거지를 두고 드나드는 도둑. ◆图山贼，山匪。¶산적의 소굴. =山贼的巢穴。

산적하다(山積--)【동사】물건이나 일이 산더미처럼 쌓이다. ◆励成堆，堆积如山。

산전수전(山戰水戰)【명사】산에서도 싸우고 물에서도 싸웠다는 뜻으로, 세상의 온갖 고생과 어려움을 다 겪었음을 이르는 말. ◆图千难万险，百般磨难。

산정(山頂)【명사】산의 맨 위. ◆图山顶。

산조(散調)【명사】민속 음악에 속하는 기악 독주곡 형태의 하나. 삼남 지방에서 발달하였으며 가야금, 거문고, 대금, 해금, 아쟁 산조의 순으로 발생하였다. ◆图 散调(民俗音乐形式的一种)。

산줄기(山--)【명사】큰 산에서 길게 뻗어 나간 산의 줄기. ◆图山脉。¶힘차게 뻗은 산줄기. =极力延伸的山脉。

산중(山中)【명사】산의 속. ◆图山中，山里。¶첩첩한 산중. =层峦叠嶂。

산지[1](山地)【명사】图 ❶ 들이 적고 산이 많은 지대. ◆ 山地。¶평지와 산지. =平地和山地。❷ 묏자리로 적당한 땅. ◆ 坟地，墓地。¶산지를 구하다. =购置墓地。

산지[2](産地)【명사】생산되어 나오는 곳. ◆ 图产地。¶쌀의 산지. =大米产地。

산지기(山--)【명사】남의 산이나 뫼를 맡아서 돌보는 사람. ◆图看山人，守山人；看坟人。¶산지기가 부치는 논밭. =看山人耕种的田地。

산지식(-知識)【명사】실제 생활에서 직접 활용할 수 있는 지식. ◆图活知识。

산짐승(山--)【명사】사람이 기르지 아니하는, 산에서 사는 짐승. ◆图野兽。¶덫을 놓아 산짐승을 잡다. =下套子抓野兽。

산책(散策)【명사】휴식을 취하거나 건강을 위해서 천천히 걷는 일. ◆图散步。¶거리를 산책하다. =在街头散步。● 산책하다(散策--) ●

산천(山川)【명사】图 ❶ 산과 내를 아울러 이르는 말. ◆ 山川，山水。❷ 산과 내라는 뜻으로, '자연'을 이르는 말. ◆ 山川，自然，大自然。¶아름다운 산천을 보호합시다. =让我们保护美丽的自然。

산천초목(山川草木)【명사】산과 내와 풀과 나무라는 뜻으로, '자연'을 이르는 말. ◆图山川草木，大自然。

산촌(山村)【명사】산 속에 있는 마을. ◆图山村。¶산촌의 하루는 일찍 저문다. =山村的一天很短。

산출[1](算出)【명사】계산을 해 냄. ◆图计算出，核算出。¶생산량 산출. =计算出产量。● 산출되다(算出--) ●

산출[2](産出)【명사】물건을 생산하여 내거나 인물·사상 따위를 냄. ◆图出产，生产。¶평야에서는 쌀이 산출된다. =平原出产大米。● 산출되다(産出--), 산출하다(産出--) ●

산토끼(山--)【명사】토낏과의 포유동물. ◆图野兔。

산통(算筒)【명사】맹인이 점을 칠 때 쓰는, 산가지를 넣은 통. ◆图卦筒。¶산통을 꺼내 들고 점을 치다. =抽出卦筒拿着算命。

산파(産婆)【명사】图 ❶ 아이를 낳을 때에, 아이를 받고 산모를 도와주는 일을 직업으로 하던 여자. ◆ 产婆，接生婆。¶산파가 애를 받다. =接生婆接生小孩。❷ 어떤 일을 실현하기 위해서 잘 주선하여 이루어지도록 힘쓰는 사람을 비유적으로 이르는 말. ◆促成者，促成人。

산하(山河)【명사】산과 내를 아울러 이르는 말. ◆图山河，大自然。

산해진미(山海珍味)【명사】산과 바다에서 나는 온갖 진귀한 물건으로 차린, 맛이 좋은 음식. ◆图山珍海味。

산행(山行)【명사】산길을 걸어감. ◆图走山路。¶산행에 동행하다. =一起走山路。● 산행하다(山行--) ●

산허리(山--)【명사】산 둘레의 중턱. ◆图山腰，半山腰。¶구름이 산허리에 걸려 있다. =半山腰处云雾缭绕。

산호(珊瑚)【명사】자포동물 산호충강의 산호류를

통틀어 이르는 말. ◆ 名珊瑚。

산호초(珊瑚礁)【명사】산호충의 골격과 분비물인 탄산칼슘이 퇴적되어 형성된 암초. 열대나 아열대의 얕은 바다에 형성된다. ◆名珊瑚礁。

산화(酸化)【명사】어떤 원자, 분자, 이온 따위가 전자를 잃는 일. 또는 어떤 물질이 산소와 결합하거나 수소를 잃는 일. ◆名 氧化。● 산화하다(酸化--), 산화되다(酸化--) ●

살[1]【의존 명사】나이를 세는 단위. ◆ 依名岁。¶너 두 살이냐 세 살이냐? =你两岁还是三岁?

살[2]【명사】名 ❶ 사람이나 동물의 뼈를 싸고 있는 부드러운 물질. ◆ 肉，肌肉。¶살이 부드럽다. =肉嫩。❷ 조개 또는 게 따위의 껍데기나 다리 속에 든 연한 물질. ◆ (蛤蜊、蟹等)肉。❸ 과일의 껍질과 씨 사이에 있는 부분. ◆ 果肉，果瓤。❹ 사람이나 동물의 살가죽의 겉면. ◆ 皮肤。¶살이 희다.=皮肤白。❺ 기름기나 힘줄, 뼈 따위를 발라낸, 순 살로만 된 고기. ◆ 瘦肉。

살[3]【명사】名 ❶ 창문이나 연(鳶), 부채, 바퀴 따위의 뼈대가 되는 부분. ◆ (车)辐条；(扇)骨；(窗)棂。¶살이 촘촘한 부채. =扇骨细密的扇子。❷ 떡살로 찍은 무늬. ◆ (用糕点模子扣的)花纹。❸ 해·볕·불 또는 흐르는 물 따위의 내뻗치는 기운. ◆ (阳光、火焰、水流)势头。¶햇살. =太阳光线。❹ 주름이나 구김으로 생기는 금. ◆ (衣服)褶皱。❺ 빗의 낱낱으로 갈리어진 이. ◆ (梳子)齿。¶살이 빠져 빗기질 않는다. =梳子齿掉了，梳不了头发。❻ '어살(魚-)'의 준말. ◆ (捕鱼)栅栏。❼ '화살'의 준말. ◆ 箭。

살갑다【형용사】形 ❶ 마음씨가 부드럽고 상냥하다. ◆ (为人)随和，宽厚，和气。¶살가운 사람. =和善的人。❷ 물건 따위에 정이 들다. ◆ (对东西等)产生感情。¶아무것도 가진 것 없이 들어와 산 집이지만, 막상 떠나려고 보니 살가운 것도 많았다. =刚住进来的时候一无所有，要搬走了，许多东西还真的舍不得。❸ 닿는 느낌 같은 것이 가볍고 부드럽다. ◆ 轻柔。¶찰랑찰랑 밀려 들어오는 물결이 어떻게 살가운지 몰랐다. =水波轻抚，温柔之至。

살갗【명사】살가죽의 겉면. 주로 사람의 것만 지칭한다. ◆名皮肤。¶살갗이 볕에 그을다. =皮肤被晒黑了。

살결【명사】살갗의 결. ◆名肌理，皮肤。¶살결이 부드럽다. =皮肤柔滑。

살구【명사】살구나무, 개살구나무 따위의 열매. ◆名杏子。¶그걸 듣고 있노라면 나는 마치 살구라도 씹은 듯이 벌레 먹은 어금니가 시려서 견딜 수가 없지만… =听着听着那个，我的蛀牙就会像吃了杏子一样酸痛得受不了。

살구나무【명사】장미과의 낙엽 활엽 교목. ◆ 名 杏树。

살균(殺菌)【명사】세균 따위의 미생물을 죽임. 약품에 의한 화학적 방법과 열을 이용한 물리적 방법이 있다. ◆名杀菌。¶살균 작용. =杀菌作用。● 살균하다(殺菌--) ●

살그머니【부사】남이 알아차리지 못하게 살며시. ◆ 副悄悄地，轻轻地，不知不觉地。¶살그머니 다가서는 그림자. =悄悄走近的影子。

살금살금【부사】남이 알아차리지 못하도록 눈치를 살펴 가면서 살며시 행동하는 모양. ◆副悄悄地，轻轻地，不知不觉地。¶얼음판을 살금살금 걸었다. =轻轻地走在冰面上。

살기(殺氣)【명사】名 ❶ 독살스러운 기운. ◆ 杀气。¶눈에 살기가 어리다. =眼里透出杀气。❷ 남을 해치거나 죽이려는 무시무시한 기운. ◆ 杀气。¶살기가 돌다. =闪露杀气。

살기등등하다(殺氣騰騰--)【형용사】살기가 표정이나 행동 따위에 잔뜩 나타나 있다. ◆形杀气腾腾。¶살기등등한 사나운 눈길이 나에게 쏟아졌다. =将杀气腾腾的眼光射向我。

살길【명사】살아가기 위한 방도. ◆ 名活路，生路。¶살길을 찾다. =寻找生路。

살다【동사】动 ❶ 생명을 지니고 있다. ◆ 活，生存。¶그는 백 살까지 살았다. =他活到了一百岁。❷ 불 따위가 타거나 비치고 있는 상태에 있다. ◆ (火)仍在燃烧，尚未熄灭。¶화롯불이 살다. =炉火仍在燃烧。❸ 본래 가지고 있던 색깔이나 특징 따위가 그대로 있거나 뚜렷이 나타나다. ◆ (颜色、个性等)保持，突显。¶개성이 살아 있는 글. =保持了个性的文章。❹ 성질이나 기운 따위가 뚜렷이 나타나다. ◆ 来(劲)，有(生气)。¶칭찬 몇 마디 해 주었더니 기운이 살아서 잘난 척이다. =称赞了几句就来劲了，装作干得不错。❺ 마음이나 의식 속에 남아 있거나 생생하게 일어나다. ◆ 记忆犹新。¶어렸을 때 배운 노래 한 구절이 머릿속에 아직도 살아 있다. =小时候学的歌现在还记忆犹新。❻ 움직이던 물체가 멈추지 않고 제 기능을 하다. ◆ (物品)没有坏，还好用。¶그렇게 세게 떨어트렸는데도 시계가 살아 있다. =尽管手表被重重地摔到了地下，但是还没有坏。❼ 경기나 놀이 따위에서, 상대편에게 잡히지 않고 제 기능을 하다. ◆ (棋子)活着。¶포는 죽고 차만 살아 있다. =(下象棋)炮死了，只有车还活着。❽ 글이나 말, 또는 어떤 현상의 효력 따위가 현실과 관련되어 생동성이 있다. ◆ 活生生，生动。¶산 교훈. =活生生的教训。❾ 어느 곳에 거주하거나 거처하다. ◆ 住，居住，生活。¶고래는 물에 사는 짐승이다. =鲸鱼是生活在水中的动物。❿ 어떤 직분이나 신분의 생활을 하다. ◆ 当(官)，做(官)，担任(职务)。¶벼슬을 살다. =做官。⓫ 어떤 생활을 영위하다. ◆ 过……生活。¶참된 삶을 살다. =过真正的生活。⓬ 어떤 사람과 결혼하여 함께 생활하다. ◆ 与……结婚。¶지금의 아내와 살게 되기까지 우여곡절이 많았다. =在和现在的妻子结婚之前，经历了许多周折。● 살리다 ●

살뜰하다【형용사】形 ❶ 사랑하고 위하는 마음이 자상하고 지극하다. ◆ (关爱)无微不至。¶아내를 살뜰하게 아껴 주다. =无微不至地关心妻子。❷ 일이나 살림을 매우 정성스럽고 규모 있게 하여 빈틈이 없다. ◆ 殷实。¶살뜰하게 살림을 꾸려가다. =日子过得很殷实。● 살뜰히 ●

살랑거리다【동사】动 ❶ 조금 사늘한 바람이 가볍게 자꾸 불다. ◆ (凉风)习习。¶봄바람이 살랑거리다. =春风习习。❷ 물이 끓어오르며 이리저리 자꾸 움직이다. ◆ (水波)荡漾。❸ 팔이나 꼬리 따위가 가볍게 자꾸 흔들리다. 또는 그렇게 하다. ◆ 轻轻摇摆。● 살랑대다 ●

살랑살랑【부사】副 ❶ 조금 사늘한 바람이 가볍게 자꾸 부는 모양. ◆ (凉风)习习。¶살랑살랑 불어오는 미풍에 머리칼이 가볍게 나부꼈다. =头发在徐徐吹来的微风中轻轻飘动。❷ 물이 끓어오르며 이리저리 자꾸 움직이는 모양. ◆ (水波)荡漾。❸ 팔이나 꼬리 따위를 가볍게 자꾸 흔드는 모양. ◆ (胳膊、尾巴)不断地轻轻摇动。¶살랑살랑 걷다. =手臂轻轻地摆动着走路。● 살랑살랑하다 ●

살랑이다【동사】动 ❶ 조금 사늘한 바람이 가볍게 불다. ◆ (风)轻轻地吹。¶가을 바람이 살랑이다. =秋风轻轻吹过。❷ 물이 끓어오르며 이리저리 움직이다. ❸ 팔이나 꼬리 따위를 가볍게 흔들다. ◆ 轻轻地摇动(某物)。¶꼬리를 살랑이다. =轻摇尾巴。

살림【명사】名 ❶ 한집안을 이루어 살아가는 일. ◆ 生活，生计。¶따로 살림을 내다. =单独分出去过。❷ 살아가는 형편이나 정도. ◆ 生活，生计。¶살림이 부족하다. =生活不宽裕。❸ 집안에서 주로 쓰는 세간. ◆ 家具，家当。¶살림이 늘어나다. =家具增多了。● 살림하다 ●

살림꾼【명사】名 ❶ 살림을 도맡아서 하는 사람. ◆ 当家人。¶그녀는 도중에 공부를 그만두고 살림꾼으로 들어앉았다. =她中途退学了，回家操持家务。❷ 살림을 알뜰하게 잘 꾸려 나가는 사람을 비유적으로 이르는 말. ◆ 会过日子的人，过日子好手。¶한 푼도 헛되이 안 쓰니 너도 이젠 살림꾼이 다 되었구나. =一分钱也不乱花，看来现在你也成了过日子好手。

살림살이【명사】名 ❶ 살림을 차려서 사는 일. ◆ 生活，过日子。¶알뜰한 살림살이. =殷实的生活。❷ 숟가락, 밥그릇, 이불 따위의 살림에 쓰는 세간. ◆ 家具，家什，生活用品。¶부엌 살림살이. =厨房用具。

살림집【명사】살림을 하는 집. ◆ 名住宅，住房。¶초가를 살림집으로 쓰다. =把草屋当住房。

살맛【명사】세상을 살아가는 재미나 의욕. ◆ 名生活趣味，生的乐趣。¶살맛 나는 세상. =活得有滋味的世界。

살며시【부사】副 ❶ 남의 눈에 띄지 않게 가만히. ◆ 悄悄地。¶선물을 살며시 건네주다. =悄悄地把礼物递过去。❷ 행동이나 사태 따위가 가벼우면서도 은근하고 천천히. ◆ 轻轻地。¶살며시 눈을 감다. =轻轻地闭上眼睛。

살모사(殺母蛇)【명사】살무사(살무삿과의 뱀). ◆ 名蝮蛇。

살벌하다(殺伐--)【형용사】행동이나 분위기가 거칠고 무시무시하다. ◆ 形紧张，杀气腾腾。¶오늘따라 교실의 분위기가 살벌하다. =今天教室里的气氛显得非常紧张。

살붙이【명사】혈육으로 볼 때 가까운 사람. 보통 부모와 자식의 관계에서 쓴다. ◆ 名骨肉，亲骨肉。

살사(Salsa)<에>【명사】쿠바의 리듬에 로큰롤, 솔, 재즈 따위를 혼합한 활기에 넘치는 라틴 음악. 1975년 후반부터 푸에르토리코에서 시작하여 널리 유행하였다. ◆ 名（音乐）萨尔萨。

살살[1]【부사】副 ❶ 남이 모르게 살그머니 행동하는 모양. ◆ 悄悄地。¶빚쟁이를 살살 피해 다니다. =悄悄地避开债主。❷ 눈이나 설탕 따위가 모르는 사이에 사르르 녹아 버리는 모양. ◆ (糖、雪等不知不觉地)融化。¶사탕이 입안에서 살살 녹는다. =糖果在嘴里很快就融化了。❸ 심하지 않게 가만가만 가볍게 만지거나 문지르는 모양. ◆ 轻轻地(揉)。¶살살 어루만지다. =轻轻抚摸。❹ 남을 살그머니 달래거나 꾀는 모양. ◆ 巧妙(哄、骗)。¶살살 꾀어내다. =巧妙地哄骗。❺ 바람이 보드랍게 살랑살랑 부는 모양. ◆ (风)轻轻地，柔和地(吹)。¶봄이 되니 봄바람이 살살 불어온다. =春天到了，春风轻轻地吹过。❻ 가볍게 눈웃음을 치는 모양. ◆ 眯眯地。¶그녀는 그 사람을 보면 눈웃음을 살살 친다. =她看到那个人就眯着眼睛笑起来。❼ 얽힌 실 따위가 순조롭게 잘 풀리는 모양. ◆ (缠在一起的线)顺利地(解开)。¶실 꾸러미가 살살 잘 풀린다. =线团顺利地解开了。

살살[2]【부사】❶ 넓은 그릇의 물 따위가 천천히 고루 끓는 모양. ◆ 咕噜咕噜地(慢慢沸腾貌)。¶가마솥의 물이 살살 끓는다. =锅里的水咕噜咕噜地开了。❷ 온돌방이 뭉근하게 고루 더운 모양. ◆ (炕)渐渐(热)。¶아랫목이 살살 끓는다. =炕头渐渐热了。❸ 작은 벌레 따위가 가볍게 기어가는 모양. ◆ 轻轻地(爬)。¶바퀴벌레가 살살 기어다닌다. =蟑螂轻轻地爬。❹ 조심스럽게 가는 모양. ◆ 小心翼翼地(走)。¶그가 깰까 봐 방문 앞을 살살 지나갔다. =怕他醒了，小心翼翼地从房门前面走过。❺ 머리를 천천히 살래살래 흔드는 모양. ◆ 轻轻地(摇头)。¶어린애는 약을 먹기 싫다며 고개를 살살 흔든다. =小孩轻轻地摇着头说不愿意吃药。

살살[3]【부사】배가 조금씩 쓰리며 아픈 모양. ◆ 副隐隐作痛。¶아랫배가 살살 아프다. =小腹隐隐作痛。

살상(殺傷)【명사】사람을 죽이거나 상처를 입힘. ◆ 名杀死，杀伤。¶사람과 말을 살상하다. =杀伤人马。● 살상하다(殺傷--) ●

살생(殺生)【명사】사람이나 짐승 따위의 생물을 죽임. ◆ 名杀人，杀生，杀戮。¶전쟁에서 살생은 불가피하다. =战争中，杀戮是不可避免的。

살신성인(殺身成仁)【명사】자기의 몸을 희생하여 인(仁)을 이룸. ◆ 名杀身成仁。

살아가다【동사】动 ❶ 목숨을 이어 가거나 생활을 해 나가다. ◆ 过活，度日，维持生计。¶막노동으로 하루하루를 살아가다. =靠打零工过活。❷ 어떤 종류의 인생이나 생애, 시대 따위를 견디며 생활해 나가다. ◆ 过(……生活、人生)。¶고단한 인생을 살아가다. =过苦难的人生。

살아나다【동사】动 ❶ 죽었거나 거의 죽게 되었다가 다시 살게 되다. ◆ 复活，活过来。¶구사일생으로 살아나다. =经历了九死一生。❷ 꺼져 가던 불이 다시 일어나다. ◆ 复燃。¶죽어 가던 연탄불이 겨우 살아났다. =快要熄灭的蜂窝煤，好不容易重燃起来。❸ 아주 어려운 처지에서 벗어나다. ◆ 复兴，摆脱困境。¶그 회사는 부도 직전에 계열사의 도움으로 살아났다. =那家濒临倒闭的公司在子公司的帮助下摆脱了困境。❹ 약해졌던 세력이나 기운이 다시 성해지다. ◆ 复原，恢复。¶우리 팀은 특유의 투지가 살아나면서 나머지 경기에서 연승을 거두었다. =我们队恢复了特有的斗志，在接下来的比赛中取得了连胜。❺ 잊었던 기억이 다시 생생하게 떠오르다. ◆ 想起，浮现。¶그것을 보니까 옛일들이 하나씩 살아난다. =看到它，往事一一浮现在脑海当中。

살아남다【동사】动 ❶ 여럿 가운데 일부가 죽음을 모면하여 살아서 남아 있게 되다. ◆ 活下来，生还。¶이번 사고에 살아남은 사람은 열 명도 안 된다. =本次事故中的生还者不足10人。❷ 어떤 일이나 효력 따위가 유지되다. ◆ 保留，保存。¶가슴속에 큰 감동으로 살아남은 작품. =给人心中留下深深感动的作品。❸ 어떤 분야에서 밀려나지 않고 존속하다. ◆ 存活。¶생존 경쟁에서 살아남다. =在生存竞争中存活下来。

살아생전(--生前)【명사】이 세상에 살아 있는 동안. ◆ 名生前，有生之年。¶살아생전에 아들을 보고 싶다. =在有生之年，我想见一下儿子。

살얼음【명사】얇게 살짝 언 얼음. ◆ 名薄冰。¶살얼음이 얼다. =结了薄冰。

살얼음판【명사】名 ❶ 얇게 언 얼음판. ◆ 薄冰面。¶그는 살얼음판을 깨고 낚싯대를 드리웠다. =他砸破薄冰面垂钓。❷ 매우 위태롭고 아슬아슬한 상황을 비유적으로 이르는 말. ◆〈喻〉危急关头，千钧一发，(局面)岌岌可危。¶그 집 분위기가 살얼음판이야. =那家的气氛非常紧张。

살육(殺戮)【명사】사람을 마구 죽임. ◆ 名杀戮，屠杀。¶살육의 현장. =屠杀现场。● 살육되다(殺戮--), 살육하다(殺戮--) ●

살의(殺意)【명사】사람을 죽이려는 생각. ◆ 名杀心，杀机。¶살의를 품다. =怀有杀心。

-살이【접사】'어떤 일에 종사하거나 어디에 기거하여 사는 생활'의 뜻을 더하는 접미사. ◆ 后缀指某种生活。¶셋방살이. =租房子生活。

살인(殺人)【명사】사람을 죽임. ◆ 名杀人。¶살인 혐의. =涉嫌杀人。● 살인하다(殺人--) ●

살인마(殺人魔)【명사】함부로 사람을 죽이는 악한 사람을 귀신에 비유하여 이르는 말. ◆ 名杀人狂，杀人恶魔。

살인범(殺人犯)【명사】사람을 죽인 범인. ◆ 名杀人犯。¶유괴 살인범을 체포하다. =逮捕了诱拐杀人犯。

살인적(殺人的)【명사】사람의 목숨을 빼앗을 정도로 몹시 가혹한 것. ◆ 名要命的，极其严重的。¶날씨는 살인적으로 더워서 계속 걸을 수조차 없었다. =天气热得要命，走不下去了。

살점(-點)【명사】큰 고깃덩어리에서 떼어 낸 살의 조각. ◆ 名肉块，肉片。¶살점을 베어 내다. =把肉块切下来。

살지다【형용사】形 ❶ 살이 많고 튼실하다. ◆ 肥美。¶살진 암소. =肥硕的母牛。❷ 땅이 기름지다. ◆ 肥沃。¶살진 옥토. =肥沃的土地。❸ 과실이나 식물의 뿌리 따위에 살이 많다. ◆（植物果实）鲜美多汁。¶물이 오른 살진 과일은 보기에도 탐스럽다. =甜美多汁的水果让人眼馋。

살짝【부사】副 ❶ 남의 눈을 피하여 재빠르게. ◆ 偷偷，悄悄。¶어머니 몰래 살짝 빠져나와. =趁母亲不注意悄悄地溜出来。❷ 힘들이지 아니하고 가볍게. ◆ 轻轻地。¶살짝 뛰어내리다. =轻轻地跳下来。❸ 심하지 아니하게 아주 약간. ◆ 轻微。¶넘어져 살짝 다치다. =摔倒了，受了点轻伤。❹ 표 나지 않게 넌지시. ◆ 暗中，悄悄地。¶그는 그 일을 내게만 살짝 알려 주었다. =他只是把那件事悄悄地告诉了我。

살짝살짝【부사】副 ❶ 남의 눈을 피하여 잇따라 재빠르게. ◆ 悄悄而又迅速地。¶진열대의 사탕을 살짝살짝 호주머니에 감추다. =悄悄地把柜台上的糖果迅速藏进口袋里。❷ 힘들이지 않고 잇따라 가볍게. ◆ 轻快地，熟练地。¶발걸음을 살짝살짝 옮겨 놓다. =轻快地移动脚步。❸ 심하지 않게 아주 약간씩. ◆ 轻微。¶살짝살짝 못질을 하다. =轻轻地钉钉子。❹ 표 나지 않게 잇따라 넌지시. ◆ 暗中，悄悄地。

살찌다【동사】动 ❶ 몸에 살이 필요 이상으로 많아지다. ◆ 长肉，发胖，长膘。¶살찐 뚱뚱한 사람. =长了肥肉的胖人。❷ (비유적으로) 힘이 강하게 되거나 생활이 풍요로워지다. ◆ (力量、程度)变强，(生活)变富裕。● 살찌우다 ●

살충제(殺蟲劑)【명사】사람과 가축, 농작물에 해가 되는 벌레를 죽이거나 없애는 약. 파단, 수미티온, 피레트린, 파라티온, 비에이치시 따위가 있다. ◆ 名杀虫剂。

살코기【명사】기름기나 힘줄, 뼈 따위를 발라낸, 순 살로만 된 고기. ◆ 名精肉，瘦肉。¶순 살코기로 만든 쇠고기 장조림. =纯瘦肉做的酱牛肉。

살쾡이【명사】고양잇과의 포유동물. 고양이와 비슷한데 몸의 길이는 55~90㎝이며, 갈색 바탕에 검은 무늬가 있다. ◆ 名狸猫。

살판나다【동사】재물이나 좋은 일이 생겨 생활이 좋아지다. ◆ 动生活改善，条件好了。¶살판났다고 돈을 흥청망청 쓴다. =日子过好了就大手大脚地花钱。

살펴보다【동사】动 ❶ 두루두루 자세히 보다. ◆ 仔细查看，仔细观察。¶집안을 이리저리 살펴보다. =四处查看家里。❷ 무엇을 찾거나 알아보다. ◆ 查看。¶역에 나가서 차 시간을 살펴보다. =到车站查看火车时间。❸ 자세히 따져서 생각하다. ◆ 思考。¶이 문제를 좀 더 자세히 살펴봅시다. =再仔细思考一下这个问题。

살포(撒布)【명사】名 ❶ 액체, 가루 따위를 흩어 뿌림. ◆ 喷洒。¶농약을 살포하다. =喷洒农药。❷ 금품, 전단 따위를 여러 사람에게 나누어 줌. ◆ 散发。¶유권자들에게 유인물 살포는 선거법 위반이다.

=向选举人散发油印品违反了选举法。● 살포되다(撒布--), 살포하다(撒布--) ●

살포시 【부사】 副 ❶ 포근하게 살며시. ◆ 轻柔地，轻轻地。¶어머니는 아이를 살포시 감싸 안았다. =母亲轻轻地把孩子抱起来。❷ 드러나지 않게 살며시. ◆ 悄悄地。¶그녀는 살포시 눈을 감았다. =她悄悄地闭上了眼睛。

살풀이(煞--) 【명사】 타고난 살(煞)을 풀기 위하여 하는 굿. ◆ 图驱邪，跳大神。¶살풀이를 하다. =驱邪。

살풍경(殺風景) 【명사】 图 ❶ 보잘것없이 메마르고 스산한 풍경. ◆ 荒凉的风景。¶내버려진 지가 오래된 들녘은 그야말로 살풍경이었다. =闲置久了的田野很荒凉。❷ 매몰차고 흥취가 없음. ◆ 凄凉，凄清，冷漠。¶어제 모임의 분위기는 살풍경 그 자체였다. =昨天聚会的气氛就两个字——冷清。❸ 살기를 띤 광경. ◆ (气氛)紧张，杀气腾腾。¶격투기의 경기는 살풍경 그 자체였다. =格斗比赛气氛紧张。● 살풍경하다(殺風景--) ●

살피다 【동사】 动 ❶ 두루두루 주의하여 자세히 보다. ◆ 察看，观察，审视。¶눈치를 살피다. =看眼色。❷ 형편이나 사정 따위를 자세히 알아보다. ◆ 观察(形势)，体察。¶민심을 살피다. =体察民情。❸ 자세히 따지거나 헤아려 보다. ◆ 思考，判断。

살해(殺害) 【명사】 사람을 해치어 죽임. ◆ 图杀害。¶살해 현장. =杀人现场。● 살해되다(殺害--), 살해하다(殺害--) ●

살해당하다(殺害當--) 【동사】 죽임을 당하다. ◆ 动被杀，遇害。¶처참하게 살해당하다. =惨遭杀害。

삵 【명사】 살쾡이(고양잇과의 포유류). ◆ 图 狸猫。

삶 【명사】 图 ❶ 사는 일. 또는 살아 있음. ◆ 生活，人生。¶책을 통해 삶의 지혜를 얻다. =通过书本获得生活的智慧。❷ 목숨 또는 생명. ◆ 生命。¶그는 새로운 삶을 되찾았다. =他获得了新生。

삶다 【동사】 动 ❶ 물에 넣고 끓이다. ◆ 煮。¶국수를 삶다. =煮面条。❷달래거나 꾀어서 자기 말을 잘 듣게 만들다. ◆ 哄，哄骗。¶우선 그 집 하인을 잘 삶아서 내 편을 만들어야지. =首先应该好好劝说那家人的下人，让他站到我这一边。❸ 날씨가 몹시 무덥고 찌는 듯하여 뜨거운 열기로 가득함을 비유적으로 이르는 말. ◆〈喻〉热气逼人，热浪袭人。¶살인적인 무더위가 시가지를 푹푹 삶고 있었다. =逼人的热浪烘烤着街区。

삼[1](蔘) 【명사】 인삼과 산삼을 통틀어 이르는 말. ◆ 图参，人参和山参的统称。¶삼을 캐다. =挖参。

삼[2](三) 【수사】 이에 일을 더한 수. 아라비아 숫자로는 '3', 로마 숫자로는 'Ⅲ'으로 쓴다. ◆ 数三。¶삼 곱하기 삼은 구. =三乘三等于九。

삼가 【부사】 겸손하고 조심하는 마음으로 정중하게. ◆ 副敬，谨。¶삼가 명복을 빕니다. =敬祈冥福。

삼가다 【동사】 动 ❶ 몸가짐이나 언행을 조심하다. ◆ 小心，谨慎。¶말을 삼가다. =慎言。❷ 꺼리는 마음으로 양(量)이나 횟수가 지나치지 아니하도록 하다. ◆ 节制。¶술을 삼가다. =有节制地喝酒。

삼각(三角) 【명사】 세 개의 각이 있는 모양. ◆ 图三角，三角形。¶삼각 형태. =三角形状。

삼각관계(三角關係) 【명사】 图 ❶ 세 사람, 또는 세 단체 사이의 관계. ◆ 三角关系。❷ 세 남녀 사이의 연애 관계. ◆ 三角关系，三角恋。¶그녀는 남자 친구의 가장 절친한 친구를 좋아하게 되면서 삼각관계에 빠졌다. =她喜欢上了男朋友最好的朋友，陷入了三角恋。

삼각주(三角洲) 【명사】 강이 바다로 들어가는 어귀에, 강물이 운반하여 온 모래나 흙이 쌓여 이루어진 편평한 지형. ◆ 图 三角洲。

삼각형(三角形) 【명사】 세 개의 선분으로 둘러싸인 평면 도형. ◆ 图三角形。

삼강오륜(三綱五倫) 【명사】 유교의 도덕에서 기본이 되는 세 가지의 강령과 지켜야 할 다섯 가지의 도리. ◆ 图三纲五常。¶유교 사회에서는 삼강오륜이 사회 규범화되어 있다. =在儒教社会中，三纲五常被当做社会规范。

삼거리(三--) 【명사】 세 갈래로 나누어진 길. ◆ 图三岔路，三岔路口。

삼겹살(三--) 【명사】 돼지의 갈비에 붙어 있는 살. 비계와 살이 세 겹으로 되어 있는 것처럼 보이는 고기이다. ◆ 图五花肉。¶불판에 삼겹살을 구워 먹다. =用烤肉架烤五花肉吃。

삼경(三更) 【명사】 하룻밤을 오경(五更)으로 나눈 셋째 부분. 밤 열한 시에서 새벽 한 시 사이이다. ◆ 图三更。¶그는 삼경이 다 돼서야 돌아왔다. =他直到三更才回来。

삼계탕(蔘鷄湯) 【명사】 어린 햇닭의 내장을 빼고 인삼, 대추, 찹쌀 따위를 넣어서 고아 만드는 보양 음식. 삼복에 보신이 되고 원기를 돕는다. ◆ 图参鸡汤。

삼고초려(三顧草廬) 【명사】 뛰어난 인물을 맞아들이기 위해 참을성 있게 노력함. ◆ 图三顾茅庐。

삼국사기(三國史記) 【명사】 고려 인종 23년(1145)에 김부식이 왕명에 따라 펴낸 역사책. ◆ 图《三国史记》。

삼국유사(三國遺事) 【명사】 고려 충렬왕 11년(1285)에 승려 일연이 쓴 역사책. ◆ 图《三国遗事》。

삼국지(三國志) 【명사】 图 ❶ 중국 진(晉)나라 때에, 진수(陳壽)가 지은 위(魏)·오(吳)·촉(蜀) 삼국의 정사. ◆ 《三国志》。❷ <삼국지연의>(三國志演義). 중국 원(元)나라의 작가 나관중(羅貫中)이 지은 장편 역사 소설. ◆ 《三国演义》。

삼군(三軍) 【명사】 ❶ 육군·해군·공군의 총칭. ◆ 陆海空三军。¶그분이삼군의 총수가 됐다. =他成为三军统帅。❷ 전체의 군대. ◆ 全军。

삼다[1] 【동사】 动 ❶ 어떤 대상과 인연을 맺어 자기와 관계 있는 사람으로 만들다. ◆ 和某人结成某种关系。¶고아를 양자로 삼다. =收养孤儿。❷ 무엇을 무엇이 되게 하거나 여기다. ◆ 当作，当成。¶그는 정직을 신조로 삼고 있다. =他以正直为信

条。❸ 무엇을 무엇으로 가정하다. ◆ 视为，看作。¶그녀는 딸을 친구 삼아 이야기하곤 한다. =她总是把女儿当朋友，和她一起聊天。

삼다[2]【동사】 动 ❶ 짚신이나 미투리 따위를 결어서 만들다. ◆ 编，打(草鞋、麻鞋)。¶짚신을 삼다. =编草鞋。❷ 삼이나 모시 따위의 섬유를 가늘게 찢어서 그 끝을 맞대고 비벼 꼬아 잇다. ◆ 绩(麻)。¶삼을 삼다. =绩麻。

삼대[1]**(三代)**【명사】 아버지, 아들, 손자의 세 대. ◆ 名祖孙三代。¶삼대를 내려오다. =祖孙三代传下来。

삼대[2]**(三大)**【명사】 세 가지 크거나 중요하거나 대표적인 것. ◆ 名三大。¶삼대 장르는 시, 소설, 희곡이다. =三大文学样式包括诗歌、小说和戏剧。

삼라만상(森羅萬象)【명사】 우주에 있는 온갖 사물과 현상. ◆ 名包罗万象。¶그녀의 눈에 비친 온 세상의 삼라만상이 꿈속에서처럼 아름답기만 했다. =她眼中的世间万物像梦境一样美好。

삼루(三壘)【명사】 名 ❶ 야구에서, 이루와 본루 사이에 밟는 누(壘). ◆ 三垒。¶삼루타. =三垒打。❷ 야구에서, 삼루를 맡아 지키는 선수. ◆ (棒球)三垒手。

삼류(三流)【명사】 어떤 방면에서 가장 낮은 지위나 부류. ◆ 名三流。¶삼류 소설가. =三流小说家。

삼림(森林)【명사】 나무가 많이 우거진 숲. 천연림, 시업림, 단순림, 혼효림 따위가 있다. ◆ 名森林。¶삼림 자원. =森林资源。

삼림욕(森林浴)【명사】 병 치료나 건강을 위하여 숲에서 산책하거나 온몸을 드러내고 숲 기운을 쐬는 일. ◆ 名森林浴。

삼매(三昧)【명사】 名 ❶ 잡념을 떠나서 오직 하나의 대상에만 정신을 집중하는 경지. 이 경지에서 바른 지혜를 얻고 대상을 올바르게 파악하게 된다. ◆ 三昧境。❷ 어느 한때라는 뜻으로, 경전의 첫머리에 쓰는 말. ◆ 三摩耶。● 삼매경 ●

삼면(三面)【명사】 세 방면. ◆ 名三面。¶한국은 삼면이 바다로 둘러싸여 있다. =韩国三面环海。

삼발이(三--)【명사】 名 ❶ 둥근 쇠 테두리에 발이 세 개 달린 기구. 화로(火爐)에 놓고 주전자, 냄비, 작은 솥, 번철 따위를 올려놓고 음식물을 끓이는 데 쓴다. ◆ (火炉上)三角支架。¶삼발이 위에는 찌개가 끓고 있었다. =正在三角支架上做着炖菜。❷ 망원경·나침반·사진기 따위를 올려놓는, 발이 세 개 달린 받침대. ◆ 三脚架。

삼베【명사】 삼실로 짠 천. ◆ 名麻布。¶삼베로 옷을 해 입다. =用麻布做衣服穿。

삼복(三伏)【명사】 名 ❶ 초복, 중복, 말복을 통틀어 이르는 말. ◆ 三伏。¶한국에서 삼복에는 주로 삼계탕과 수박을 먹는다. =在韩国，人们在三伏天主要吃参鸡汤和西瓜。❷ 여름철의 몹시 더운 기간. ◆ 三伏。¶삼복 무더위. =三伏酷暑。

삼삼오오(三三五五)【명사】 서너 사람 또는 대여섯 사람이 떼를 지어 다니거나 무슨 일을 함. 또는 그런 모양. ◆ 名三三两两，三五成群。¶소녀들은 삼삼오오로 모여서 어제 본 영화 이야기를 하며 까르르 웃곤 했다. =少女们三五成群地聚在一起，"咯咯"地笑着，谈论着昨天看的电影。

삼삼하다[1]【형용사】 形 ❶ 음식 맛이 조금 싱거운 듯하면서 맛이 있다. ◆ (味道)淡香。¶매운탕 맛이 삼삼하다. =辣汤清淡醇香。❷ 사물이나 사람의 생김새나 됨됨이가 마음이 끌리게 그럴듯하다. ◆ 吸引，让人动心。¶삼삼하게 생긴 얼굴. =长相不俗。

삼삼하다[2]【형용사】 잊히지 않고 눈앞에 보이는 듯 또렷하다. ◆ 形历历(在目)。¶그때 그 일이 눈에 삼삼하다. =当时的事情还历历在目。

삼색(三色)【명사】 세 가지의 빛깔. ◆ 名三色。¶삼색 신호등. =三色信号灯。

삼수갑산(三水甲山)【명사】 한국에서 가장 험한 산골이라 이르던 삼수와 갑산. 조선 시대에 귀양지의 하나였다. ◆ 名荒山僻岭。

삼신할머니(三神---)【명사】 아기를 점지하고 산모와 산아(産兒)를 돌보는 신령. ◆ 名三神婆婆，送子三神。

삼십(三十)【수사】 십의 세 배가 되는 수. ◆ 数三十。¶나이 삼십에 장가를 들었다. =三十岁时娶了媳妇。

삼십육계(三十六計)【명사】 서른여섯 가지의 꾀. 많은 모계(謀計)를 이른다. ◆ 名三十六计。¶삼십육계 줄행랑이 제일이다. =三十六计，走为上计。

삼엄하다(森嚴--)【형용사】 무서우리만큼 질서가 바로 서고 엄숙하다. ◆ 形森严。¶삼엄한 경계. =警戒森严。

삼엽충(三葉蟲)【명사】 절지동물문 삼엽충류 화석 동물을 통틀어 이르는 말. ◆ 名 三叶虫。

삼원색(三原色)【명사】 바탕이 되는 세 가지 색. 그림물감에서는 자홍·청록·노랑이고, 빛에서는 빨강·초록·파랑이다. ◆ 名三原色。

삼월(三月)【명사】 한 해 열두 달 가운데 셋째 달. ◆ 名三月。¶벌써 꽃 피는 삼월이 되었다. =已经到了花儿盛开的三月。

삼일장(三日葬)【명사】 사람이 죽은 지 사흘만에 지내는 장사. ◆ 名三日葬。¶삼일장을 지내다. =举行三日葬。

삼자(三者)【명사】 名 ❶ 일정한 일에 직접 관계가 없는 사람. ◆ (与某事无关的)第三者，其他人，局外人。¶제삼자는 빠지시오. =请无关人员退场。❷ 세 사람. ◆ 三人，三方。¶삼자 협상. =三方协商。

삼재(三災)【명사】 사람에게 닥치는 세 가지 재해. 도병(刀兵), 기근(饑饉), 질역(疾疫)이 있으며 십이지(十二支)에 따라 든다. ◆ 名三灾(战乱、瘟疫、饥馑)。

삼족(三族)【명사】 부계(父系), 모계(母系), 처계(妻系)를 통틀어 이르는 말. ◆ 名三族(父族、母族、妻族)。¶삼족을 멸하다. =诛灭三族。

삼중(三重)【명사】 세 겹. 또는 셋이 겹쳐 있거나 세 번 거듭됨. ◆ 名三重。¶삼중 바닥. =三重地板。

삼중주(三重奏)【명사】 서로 다른 세 개의 악기로 연주하는 실내악 중주. ◆ 名三重奏。

삼중창(三重唱)【명사】성부가 다른 세 사람으로 이루어지는 중창. ◆名三重唱。

삼진(三振)【명사】야구에서, 타자가 세 번의 스트라이크로 아웃되는 일. ◆ 名三振出局。¶삼진아웃. =三振出局。

삼짇날(三--)【명사】음력 삼월 초사흗날. ◆ 名 阴历三月三。¶꽃 피는 삼월이라 강남 갔던 제비가 삼짇날에 돌아오는구나. =花儿开放的三月里，飞往江南的燕子在阴历三月三飞回来了。

삼차원(三次元)【명사】공간을 세 개의 실수로 나타낼 수 있음을 이르는 말. 공간은 상하, 좌우, 전후의 세 방향으로 이루어져 있다. ◆名三维。

삼척동자(三尺童子)【명사】키가 석 자 정도밖에 되지 않는 어린아이. 철없는 어린아이를 이른다. ◆名三尺童子，不懂事的幼童。

삼천지교(三遷之教)【명사】맹자가 어렸을 때 묘지 가까이 살았더니 장사 지내는 흉내를 내기에, 맹자 어머니가 집을 시전 근처로 옮겼더니 이번에는 물건 파는 흉내를 내므로, 다시 글방이 있는 곳으로 옮겨 공부를 시켰다는 것으로, 맹자의 어머니가 아들을 가르치기 위하여 세 번이나 이사를 하였음을 이르는 말. ◆名孟母三迁。

삼촌(三寸)【명사】아버지의 형제를 이르거나 부르는 말. 특히 결혼하지 않은 속부를 이르거나 부른다. ◆ 名叔叔，叔父。¶삼촌이 서울대에 입학했다. =叔叔考上了首尔大学。

삼층밥(三層-)【명사】삼 층이 되게 지은 밥. 맨 위는 설거나 질고, 중간은 제대로 되고, 맨 밑은 탄 밥을 이르는 말이다. ◆ 名夹生饭(底层的饭烧糊，中间的饭做熟，上层的饭不熟)。¶산에서 밥을 하면 삼층밥이 되기 쉽다. =在山上做饭很容易做成夹生饭。

삼치【명사】고등엇과의 바닷물고기. ◆名鲅鱼。

삼키다【동사】动 ❶ 무엇을 입에 넣어서 목구멍으로 넘기다. ◆ 吞食，吞咽。¶알약을 삼키다. =吞咽丸药。❷ 남의 것을 자기 것으로 만들어 버리다. ◆ 侵吞，侵占。¶남의 돈을 삼키다. =侵吞别人的钱。❸ 웃음, 눈물, 소리 따위를 억지로 참다. ◆ 强忍。¶입술을 깨물며 울음을 삼켰다. =咬着嘴唇强忍泪水。

삼태기【명사】名 가는 대나무나 짚 등으로 엮어 흙이나 쓰레기, 거름 등을 담아 나르는 데 쓰는 도구. ◆ 簸箕。

삼파전(三巴戰)【명사】셋이 어우러져 싸움. 또는 그런 싸움. ◆名三方交手。

삼판양승(三-兩勝)【명사】승부를 겨룰 때 세 판 가운데 두 판을 먼저 이기는 쪽이 승리함. ◆ 名三局两胜。

삼한 사온(三寒四溫)【명사】겨울 기온의 변화 현상. ◆名 三寒四温(指冬季气温的变化现象)。

삽【명사】名 ❶ 땅을 파고 흙을 뜨는 데 쓰는 연장. ◆ 锹，铲，锹。¶삽으로 시멘트를 개다. =用锹和水泥。❷ 흙이나 모래 따위를 '삽'에 퍼 담아 그 분량을 세는 단위. ◆ 锹，铲，锹(数量单位)。¶시멘트 두 삽. =两锹水泥。

삽살개【명사】개 품종의 하나. 털이 복슬복슬 많이 나 있다. ◆名狮子狗。

삽시간(霎時間)【명사】매우 짧은 시간. ◆名瞬间，刹那间，顷刻间。¶들판은 삽시간에 물바다가 되었다. =田野瞬间成了汪洋。

삽입(挿入)【명사】틈이나 구멍 사이에 다른 물체를 끼워 넣음. ◆名插入。¶항문에 좌약을 삽입하다. =向肛门里插入栓剂。● 삽입되다(挿入--), 삽입하다(挿入--) ●

삽질【명사】名 ❶ 삽으로 땅을 파거나 흙을 떠내는 일. ◆ 使用铲子，使用铁锹。¶삽질이 제법 능란하다. =熟练地使用铲子。❷ 별 성과가 없이 삽으로 땅만 힘들게 팠다는 데서 나온 말로, 헛된 일을 하는 것을 속되게 이르는 말. ◆ 白忙，劳而无功。● 삽질하다 ●

삽짝【명사】'사립짝(나뭇가지를 엮어서 만든 문짝)'의 준말. ◆ 柴扉。

삽화(挿畫)【명사】서적·신문·잡지 따위에서, 내용을 보충하거나 기사의 이해를 돕기 위하여 넣는 그림. ◆名插图。

삿갓【명사】비나 햇볕을 막기 위하여 대오리나 갈대로 거칠게 엮어서 만든 갓. ◆ 名斗笠，笠子。¶삿갓을 쓰다. =戴斗笠。

삿대【명사】'상앗대'의 준말. 배질을 할 때 쓰는 긴 막대. ◆名篙。¶강가의 배를 삿대로 밀어 강 가운데로 나가다. =用篙将江边的船撑到江中。

삿대질【명사】말다툼을 할 때에, 주먹이나 손가락 따위를 상대편 얼굴 쪽으로 내지름. 또는 그런 짓. ◆ 名 (吵架时用手)指指点点，指手画脚。¶삿대질하며 덤비다. =扑上去指手画脚。● 삿대질하다 ●

상[1](上)【명사】名 ❶ 품질이나 등급을 나눌 때, 비교적 뛰어나고 좋은 부분. ◆ 上，上等。¶이 제품의 품질 등급은 상이다. =该产品的质量等级是上等。❷ 물체의 위나 위쪽을 이르는 말. ◆ 上，上面。¶지구 상의 생물은 헤아릴 수 없이 많다. =地球上的生物多得数不清。

상[2](像)【명사】名 ❶ 조각이나 그림을 나타내는 말. ◆ 像，雕像，肖像。¶불상. =佛像。❷ '모범', '본보기'의 뜻을 나타내는 말. ◆ 模范形象。¶교사상. =模范教师形象。❸ 광원에서 비치는 빛이 거울이나 렌즈에 의하여 반사하거나 굴절한 뒤에 다시 모여서 생긴 원래 물체의 형상. ◆ 像，影像。¶상을 맺다. =成像。

상[3](床)【명사】名 ❶ 음식을 차려 내거나 걸터앉거나 책을 올려놓고 볼 수 있게 만든 가구를 통틀어 이르는 말. ◆ 桌子。¶상을 차리다. =准备饭桌。❷ '상차림'을 나타내는 말. ◆ 摆饭桌。

상[4](喪)【명사】거상(居喪). 상중(喪中)에 있음. ◆ 名居丧。¶상을 당하다. =居丧。

상[5](賞)【명사】名 ❶ 뛰어난 업적이나 잘한 행위를 칭찬하기 위하여 주는 증서나 돈이나 값어치 있는 물건. ◆ 赏，奖。¶상을 타다. =得奖。❷ '상장', '상패', '상품' 따위의 뜻을 나타내는 말. ◆ (用于部分名词之后)奖。¶감독상. =导演奖。

-상[6](上)【접사】后缀 ❶ '그것과 관계된 입장' 또는

'그것에 따름'의 뜻을 더하는 접미사. ◆ 表示原因。¶시간관계상 그럴 수는 없잖아요. =由于时间关系，不能那样做。❷ '추상적인 공간에서의 한 위치'의 뜻을 더하는 접미사. ◆ 指抽象空间的某个位置。¶인터넷상. =网上。

-상⁷(狀)【접사】'모양' 또는 '상태'의 뜻을 더하는 접미사. ◆ 后缀状，形。¶나선상. =螺旋状。

-상⁸(商)【접사】'상인' 또는 '상점'의 뜻을 더하는 접미사. ◆ 后缀商。¶건재상. =建材商。

상가¹(喪家)【명사】사람이 죽어 장례를 치르는 집. ◆ 名办丧事的人家。¶상가에는 이미 많은 사람들이 와 있었다. =办丧事的人家已经有很多人来了。

상가²(商家)【명사】이익을 얻으려고 물건을 사서 파는 집. ◆ 名商家，商户。¶집 근처에 있는 상가에서 반찬거리를 샀다. =从家附近的商铺那里买来做菜的原材料。

상가³(商街)【명사】상점들이 죽 늘어서 있는 거리. ◆ 名商业街。¶지하 상가. =地下商业街。

상감¹(上監)【명사】'임금(군주 국가에서 나라를 다스리는 우두머리.)'의 높임말. ◆ 名国王陛下。¶상감의 윤허가 내려지다. =国王陛下准奏。

상감²(象嵌)【명사】금속이나 도자기, 목재 따위의 표면에 여러 가지 무늬를 새겨서 그 속에 같은 모양의 금, 은, 보석, 뼈, 자개 따위를 박아 넣는 공예 기법. ◆ 名 镶嵌，镶。

상감청자(象嵌青瓷)【명사】상감 기법을 이용하여 무늬를 넣은 청자. ◆ 名镶嵌青瓷器。¶상감청자 제작의 비법은 아직 미스터리이다. =制造镶嵌青瓷器的秘诀仍然是个谜。

상강(霜降)【명사】이십사절기의 하나. 한로(寒露)와 입동(立冬) 사이에 들며, 아침과 저녁의 기온이 내려가고, 서리가 내리기 시작할 무렵이다. ◆ 名霜降。¶상강이 되기도 전에 서리가 내렸다. =霜降之前就下霜了。

상거래(商去來)【명사】상업상의 거래. ◆ 名贸易。¶상거래가 원만하지 못하면 좋은 물건을 차지하기 어렵죠. =如果贸易不顺畅，就很难搞到好的物品。

상견례(相見禮)【명사】名 ❶ 공식적으로 서로 만나 보는 예. ◆ 拜会，礼节性会晤。❷ 결혼식에서 신랑 신부가 서로에게 동등한 예를 갖추어 마주 보고 하는 인사. ◆ (新郎新娘)对拜礼。

상고¹(商高)【명사】'상업 고등학교(商業高等學校)'를 줄여 이르는 말. ◆ 名商业高中。

상고²(上告)【명사】제이심 판결에 대한 상소(上訴). ◆ 名上诉。¶상고가 기각되다. =上诉被驳回。

상고머리【명사】머리 모양의 하나. 앞머리만 약간 길게 놓아두고 옆머리와 뒷머리를 짧게 치켜 올려 깎고 정수리 부분은 편평하게 다듬는다. ◆ 名平头。

상공(上空)【명사】名 ❶ 높은 하늘. ◆ 高空。¶상공에 연을 띄우다. =将风筝放到高空中。❷ 어떤 지역의 위에 있는 공중. ◆ 上空。¶비행기는 런던 상공을 지나고 있다. =飞机飞过伦敦上空。

상공업(商工業)【명사】상업과 공업을 아울러 이르는 말. ◆ 名工商业。

상관¹(上官)【명사】직책상 자기보다 더 높은 자리에 있는 사람. ◆ 名上司，上级官吏。¶상관의 명령에 따르다. =服从上司的命令。

상관²(相關)【명사】名 ❶ 서로 관련을 가짐. 또는 그런 관계. ◆ 有关，相关。¶이 일과 그 일은 상관이 없다. =这件事和那件事无关。❷ 남의 일에 간섭함. ◆ 干涉，干预，指手画脚。¶그녀가 어떠한 결정을 내리든 상관을 하지 않겠다. =不管她做出什么决定，都不会干涉。● 상관하다(相關--), 상관되다, 상관없다 ●

상권¹(商權)【명사】名 ❶ 상업상의 권리. ◆ 商业权力。❷ 상업상의 주도권. ◆ 商业主导权。¶그는 재력을 쌓아 나라의 상권을 좌지우지하는 거상이 되었다. =他积累了财富，成为左右国家商业主导权的巨贾。

상권²(商圈)【명사】상업상의 세력이 미치는 범위. ◆ 名贸易圈，商圈。¶상권이 형성되다. =商圈形成。

상권³(上卷)【명사】두 권이나 세 권으로 된 책의 첫째 권. ◆ 名上卷。¶이 소설은 상권이 제일 재미있다. =这部小说的上卷最有意思。

상극(相剋)【명사】名 ❶ 둘 사이에 마음이 서로 맞지 아니하여 항상 충돌함. ◆ 冤家，死对头。¶둘은 상극이라 만나기만 하면 싸운다. =两个人是死对头，一见面就吵架。❷ 두 사물이 서로 맞서거나 해를 끼쳐 어울리지 아니함. 또는 그런 사물. ◆ 相克，相冲。¶호랑이와 원숭이는 서로 상극이다. =生肖虎和生肖猴相冲。

상금(賞金)【명사】선행이나 업적에 대하여 격려하기 위하여 주는 돈. ◆ 名赏金，奖金。¶상금을 받다. =拿赏金。

상급(上級)【명사】보다 높은 등급이나 계급. ◆ 名上级，上等。¶상급 기관. =上级机关。

상급생(上級生)【명사】보다 높은 학년에 있는 학생. ◆ 名高年级学生。¶상급생으로부터 폭행을 당하다. =被高年级学生殴打。

상급자(上級者)【명사】더 높은 등급이나 계급에 있는 사람. ◆ 名上级。¶상급자의 지시에 따르다. =服从上级的指示。

상기¹(上氣)【명사】名 ❶ 흥분이나 부끄러움으로 얼굴이 붉어짐. ◆ 脸涨红。¶붉게 상기된 얼굴. =涨得通红的脸。❷ 인체의 상부에 있는 심폐의 기(氣). ◆ 上气(心肺之气)。● 상기되다(上氣--) ●

상기²(想起)【명사】名 ❶ 지난 일을 돌이켜 생각하여 냄. ◆ 想起，忆起。❷ 한 번 경험하고 난 사물을 나중에 다시 재생하는 일. ◆ 回想。❸ 플라톤의 용어로, 인간의 혼이 참된 지식인 이데아를 얻는 과정. ◆ (哲学用语)回忆，回想。● 상기시키다(想起---), 상기하다(想起--) ●

상냥하다【형용사】성질이 싹싹하고 부드럽다. ◆ 形和蔼，和气。¶상냥하고 재치가 있다. =又和气又机灵。

상념(想念)【명사】상념 마음속에 품고 있는 여러 가지 생각. ◆ 名想法，念头，思绪。¶상념에 잠기다. =沉浸在某个想法中。

상놈(常-)【명사】图 ❶ 예전에, 신분이 낮은 남자를 낮잡는 뜻으로 이르던 말. ◆凡夫俗子。❷ 본데없고 버릇없는 남자를 속되게 이르는 말. ◆没教养的男子，蠢货。¶차림새만 번듯하고 예절과 교양이 없다면 상놈과 다를 바가 없다. =如果只是打扮得很好，但是没有礼节和教养，就与蠢货无异。

상담(相談)【명사】문제를 해결하거나 궁금증을 풀기 위하여 서로 의논함. ◆图洽谈，商谈，咨询。¶진학 상담. =入学咨询。● 상담하다(相談--) ●

상당수(相當數)【명사】어지간히 많은 수. ◆图相当多的数量，相当多。¶상당수의 중학생들이 담배를 피운 경험이 있다고 한다. =据了解，相当多的初中生抽过烟。

상당하다(相當--)【형용사】形 ❶ 어느 정도에 가깝거나 알맞다. ◆相应，对等，相适。¶능력에 상당한 급료를 주는 것이 당연하다. =理应得到与能力相当的待遇。❷ 일정한 액수나 수치 따위에 알맞다. ◆相当于。¶시가 백만 원에 상당한 금반지. =市价一百万韩元的金戒指。❸ 수준이나 실력이 꽤 높다. ◆(水平、实力)相当多，相当高。❹ 어지간히 많다. 또는 적지 아니하다. ◆相当，颇为。¶상당한 노력이 필요하다. =需要不小的努力。● 상당히(相當-) ●

상대(相對)【명사】图 ❶ 서로 마주 대함. 또는 그런 대상. ◆相对，面对面。¶사돈 간에 처음 상대하는 자리라 그런지 아무 말이 없었다. =亲家间可能因为是初次见面，没有什么话。❷ 서로 겨룸. 또는 그런 대상. ◆对手，敌手。¶그는 만만한 상대가 아니다. =他不是一般的对手。❸ 서로 대비함. ◆相互防备。● 상대하다(相對--) ●

상대방(相對方)【명사】어떤 일이나 말을 할 때 짝을 이루는 사람. ◆图对方。¶상대방을 이해하다. =理解对方。● 상대편 ●

상대역(相對役)【명사】연극이나 영화에서, 주인공이나 일반 배역에 대하여 짝을 이루는 역할. ◆图对手戏。¶그는 상대역을 잘 해냈다는 호평을 받았다. =他获得了好评，被认为很好地表演了对手戏。

상대적(相對的)【명사】서로 맞서거나 비교되는 관계에 있는 것. ◆图相对的，相对。¶상대적으로 우리는 우월감에 사로잡혀 있었다. =相对来说，我们沉浸在优越感当中。

상도덕(商道德)【명사】상업 활동에서 지켜야 할 도덕. 특히 상업자들 사이에서 지켜야 할 도의를 이른다. ◆图商业道德。

상동(上同)【명사】위에 적힌 사실과 같음. ◆图同上。

상례[1](常例)【명사】보통 있는 일. ◆图惯例，常规。¶추석이나 설에는 한국인들이한복을 곱게 차려입는 것이 상례이다. =按惯例，韩国人在中秋节和春节时要穿上漂亮的韩服。

상례[2](喪禮)【명사】상중(喪中)에 지키는 모든 예절. ◆图丧礼，葬礼。¶요새는 상례도 많이 간소화되었다. =现在葬礼也简化了很多。

상록수(常綠樹)【명사】사철 내내 잎이 푸른 나무를 통틀어 이르는 말. ◆图常青树。

상류(上流)【명사】图 ❶ 강이나 내의 발원지에 가까운 부분. ◆上游。¶한강 상류 지역. =汉江上游地区。❷ 수준 따위가 높은 부류. ◆上流，上层。¶상류사회. =上流社会。

상륙(上陸)【명사】배에서 육지로 오름. ◆图上岸，登陆。¶상륙 부대가 집결하다. =登陆部队进行集结。● 상륙하다(上陸--) ●

상말(常-)【명사】점잖지 못하고 상스러운 말. ◆图下流话，脏话。¶아무에게나 마구 상말을 쓰는 교양없는 사람이 되어서는 안 된다. =不应该成为对谁都满口脏话的、无教养的人。

상모(象毛)【명사】图 ❶ 기(旗)나 창(槍) 따위의 머리에 술이나 이삭 모양으로 만들어 다는 붉은 빛깔의 가는 털. ◆枪缨。❷ 풍물놀이에서 벙거지의 꼭지에다 참대와 구슬로 장식하고 그 끝에 해오라기의 털이나 긴 백지 오리를 붙인 것. 털상모와 열두 발 상모가 있다. ◆帽缨。

상민(常民)【명사】예전에, 양반이 아닌 보통 백성을 이르던 말. ◆图平民，庶民，百姓。¶상민의 신분으로 벼슬자리에 오르는 일은 무척 드문 일이었다. =出身平民当上官，非常罕见。

상반(相反)【명사】서로 반대되거나 어긋남. ◆图相反，相冲突。¶상반된 주장. =相反的主张。● 상반되다(相反--), 상반하다(相反--) ●

상반기(上半期)【명사】한 해나 어떤 일정한 기간을 둘로 똑같이 나눌 때에 앞의 절반 기간. ◆图上半年。¶상반기 영업실적. =上半年经营业绩。

상반신(上半身)【명사】사람의 몸에서 허리 위의 부분. ◆图上半身，上身。¶여권용 상반신 사진. =护照用上半身照片。

상벌(賞罰)【명사】상과 벌을 아울러 이르는 말. ◆图赏罚，奖惩。¶상벌을 내리다. =进行赏罚。

상법(商法)【명사】장사의 이치. 또는 장사하는 방법. ◆图经商之道。

상보(床褓)【명사】차려 놓은 음식에 먼지나 파리 따위가 앉지 않도록 상을 덮는 데에 쓰는 보자기. ◆图桌布，台布。¶방 윗목에는 상보를 덮은 상이 차려져 있었으며… =房内炕梢摆着盖有桌布的饭桌……

상복(喪服)【명사】상중에 있는 상제나 복인이 입는 예복. ◆图丧服，孝服。¶상복을 벗다. =脱孝服。

상봉(相逢)【명사】서로 만남. ◆图相逢，相遇。¶형제가 50년 만에 극적으로 상봉을 하다. =两兄弟在五十年后戏剧性地重逢。● 상봉하다(相逢--) ●

상부(上部)【명사】图 ❶ 위쪽 부분. ◆上半部，上面部分。¶부잣집 담의 상부에는 도둑이 넘지 못하도록 철망이 둘러쳐져 있었다. =富人家院墙上设有铁丝网，以防止盗贼翻墙。❷ 더 높은 직위나 관청. ◆上司，上级。¶상부의 지시가 있었습니다. =上级有指示。❸ 백제의 오부(五部)의 하나. ◆[历史]上部。

상부상조(相扶相助)【명사】서로서로 도움. ◆图互相帮助，互助。¶상부상조의 전통. =互助的传统。● 상부상조하다(相扶相助--) ●

상비약(常備藥)【명사】병원이나 가정에 늘 준비해 두는 약품. ◆名常备药品。¶소화제를 가정에 상비약으로 챙겨 두다. =把消化剂当作家庭常备药品。

상사²(上司)【명사】名 ❶ 위 등급의 관청. ◆上级单位。❷ 자기보다 벼슬이나 지위가 위인 사람. ◆上司，上级。¶직장 생활을 하다 보면 상사나 동료, 부하 직원과 의견이 맞지 않을 때도 있다. =在职场生涯中，有时和上司、同事、下级职员的意见会不相同。

상사병(相思病)【명사】남자나 여자가 마음에 둔 사람을 몹시 그리워하는 데서 생기는 마음의 병. ◆名相思病。¶상사병에 걸리다. =得了相思病。

상상(想像)【명사】실제로 경험하지 않은 현상이나 사물에 대하여 마음속으로 그려 봄. ◆名想像，设想，假想，空想。¶로또 당첨은 상상 밖의 일. =彩票中奖是意想不到的事。● 상상되다(想像--), 상상하다(想像--) ●

상상력(想像力)【명사】실제로 경험하지 않은 현상이나 사물에 대하여 마음속으로 그려 보는 힘. ◆名想象力。¶상상력을 발휘하다. =发挥想象力。

상상외(想像外)【명사】생각이나 짐작 밖. ◆名意想不到，超出想象，出乎意料。¶그가 상상외의 행동을 보이다. =他让人看到意想不到的行动。

상상화(想像畫)【명사】실물을 보지 않고 추측과 생각으로 그린 그림. ◆名想像画。

상서롭다(祥瑞--)【형용사】복되고 길한 일이 일어날 조짐이 있다. ◆形祥瑞，喜庆。¶상서로운 조짐. =祥瑞之兆。

상석¹(上席)【명사】名 ❶ 윗자리. 윗사람이 앉는 자리. ◆上座，首席。¶상석에 앉다. =坐上座。❷ 일터나 모임 따위에서의 윗자리. ◆上座。

상석²(床石)【명사】무덤 앞에 제물을 차려 놓기 위하여 넓적한 돌로 만들어 놓은 상. ◆名石供桌，石供台，石头香案。¶상석에 이끼가 앉아 지나온 세월을 알려주었다. =石供桌上长着青苔，诉说着逝去的岁月。

상선(商船)【명사】삯을 받고 사람이나 짐을 나르는 데에 쓰는 배. ◆名商船。

상설(常設)【명사】언제든지 이용할 수 있도록 설비와 시설을 갖추어 둠. ◆名常设。¶상설 매장. =常设销售点。

상세하다(詳細--)【형용사】낱낱이 자세하다. ◆形详细，仔细。¶상세한 설명. =详细说明。● 상세히(詳細-) ●

상소¹(上訴)【명사】하급 법원의 판결에 따르지 않고 상급 법원에 재심을 요구하는 일. ◆名上诉。● 상소하다(上訴--) ●

상소²(上疏)【명사】임금에게 글을 올리던 일. 또는 그 글. ◆名上疏，奏章。¶상소를 올리다. =上疏。● 상소하다(上疏--) ●

상소리(常--)【명사】거칠고 상스러운 말이나 소리. ◆名脏话，粗鲁话。

상소문(上疏文)【명사】임금에게 글을 올리던 일. 또는 그 글. ◆名上疏，奏章。¶상소문을 올리다. =上疏。

상속(相續)【명사】일정한 친족 관계가 있는 사람 사이에서, 한 사람의 사망으로 다른 사람이 재산에 관한 권리와 의무의 일체를 이어받는 일. ◆名继承，承袭。¶상속을 받다. =继承。● 상속되다(相續--), 상속하다(相續--) ●

상쇄(相殺)【명사】名 ❶ 상반되는 것이 서로 영향을 주어 효과가 없어지는 일. ◆抵消。● 상쇄되다(相殺--), 상쇄하다(相殺--) ●

상쇠(上-)【명사】두레패나 농악대 따위에서, 꽹과리를 치면서 전체를 지휘하는 사람. ◆名 (民乐队)敲小锣的乐队指挥。

상수(常數)【명사】名 ❶ 자연으로 정하여진 운명. ◆定数，命运。❷ 정하여진 수량. ◆定量。❸ 물질의 물리적·화학적 성질을 표시하는 수치. ◆常数，恒量。❹ 변하지 아니하는 일정한 값을 가진 수나 양. ◆恒数，常数。

상수도(上水道)【명사】먹는 물이나 공업, 방화 따위에 쓰는 물을 관을 통하여 보내 주는 설비. ◆名自来水管道。

상수리【명사】상수리나무의 열매. ◆名橡子，橡实。

상수리나무【명사】참나뭇과의 낙엽 교목. 높이는 20~25미터이며, 잎은 어긋나고 긴 타원형으로 가장자리에 톱니가 있다. ◆名 橡树。

상수원(上水源)【명사】상수가 흘러나오는 근원. ◆名水源，饮用水源。¶상수원 보호 구역에 산재한 공해 공장들을 집단적으로 이전할 계획이다. =计划集中迁移散布在饮用水源保护区内的污染工厂。

상순【명사】한 달 가운데 1일에서 10일까지의 동안. ◆名上旬。

상술(商術)【명사】장사하는 재주나 꾀. ◆名经商术，生意经。¶상술이 뛰어나다. =生意经高明。

상술하다(上述--)【동사】윗부분이나 앞부분에서 말하거나 적다. ◆动上述。¶이 학설은 상술한 바와 같이 그러한 문제의 핵심을 바로 파악하였다. =如上所述，这种学说正确地把握住了那些问题的关键。

상스럽다(常---)【형용사】말이나 행동이 보기에 천하고 교양이 없다. ◆形庸俗，下流，低级。¶말씨가 상스럽다. =语气下流。

상습(常習)【명사】늘 하는 버릇. ◆名习惯，积习。¶상습으로 담배를 피우다. =吸烟成瘾。

상습범(常習犯)【명사】어떤 범죄를 상습적으로 저지름으로써 성립하는 범죄. ◆名惯犯。

상승(上昇/上升)【명사】낮은 데서 위로 올라감. ◆名上升，上涨，提高。¶물가 상승. =物价上涨。● 상승되다(上昇/上升--), 상승하다(上昇/上升--) ●

상승세(上昇勢)【명사】위로 올라가는 기세. ◆名上升趋势。¶물가의 상승세가 좀처럼 꺾이질 않는다. =物价上涨趋势丝毫未减。

상식(常識)【명사】사람들이 보통 알고 있거나 알아야 하는 지식. 일반적 견문과 함께 이해력, 판단력, 사리 분별 따위가 포함된다. ◆名常识。¶상식에 어긋나다. =违背常识。

상실(喪失)【명사】어떤 것이 아주 없어지거나 사라짐. ◆ 图缺失，失去。¶자격 상실. =失去资格。● 상실되다(喪失--), 상실하다(喪失--) ●

상실감(喪失感)【명사】무엇인가를 잃어버린 후의 느낌이나 감정 상태. ◆ 图丧失感，缺失感。¶상실감에 빠지다. =陷入缺失感之中。

상심(傷心)【명사】슬픔이나 걱정 따위로 속을 썩임. ◆ 图伤心，心灵受伤。¶아드님은 무사할 테니 너무 상심 마십시오. =您儿子不会有事的，不要太伤心。● 상심하다(傷心--) ●

상아(象牙)【명사】코끼리의 엄니. ◆ 图象牙。

상아색(象牙色)【명사】코끼리 엄니의 빛깔과 같이 하얀빛을 띤 노랑. ◆ 图象牙色。

상아탑(象牙塔)【명사】图 ❶ 속세를 떠나 오로지 학문이나 예술에만 잠기는 경지. ◆ 象牙塔。❷ 대학, 고등 교육을 베푸는 교육 기관. ◆ 高等学府，大学。

상어【명사】연골어강 악상어목의 물고기를 통틀어 이르는 말. ◆ 图鲨鱼。

상업(商業)【명사】상품을 사고파는 행위를 통하여 이익을 얻는 일. ◆ 图商业，经商。¶상업에 종사하다. =经商。

상여(喪輿)【명사】사람의 시체를 실어서 묘지까지 나르는 도구. ◆ 图棺材。¶상여를 메다. =抬棺材。

상여금(賞與金)【명사】상여로 주는 돈. ◆ 图奖金，奖励。¶연말 상여금. =年终奖。

상연(上演)【명사】연극 따위를 무대에서 하여 관객에게 보이는 일. ◆ 图表演，演出。● 상연되다(上演--), 상연하다(上演--) ●

상영(上映)【명사】극장 따위에서 영화를 영사(映寫)하여 공개하는 일. ◆ 图上映，放映。¶이 영화는 상영 시간이 길다. =这部电影上映时间长。● 상영되다(上映--), 상영하다(上映--) ●

상온(常溫)【명사】图 ❶ 늘 일정한 온도. ◆ 恒温。❷ 일 년 동안의 기온을 평균한 온도. ◆ 平均温度，平均气温。❸ 가열하거나 냉각하지 않은 자연 그대로의 기온. 보통 15° 를 가리킨다. ◆ 常温。¶이 음식은 상온에서 보관해야 한다. =这种食物应在常温下保存。

상용(常用)【명사】일상적으로 씀. ◆ 图常用。¶상용한자. =常用汉字。● 상용하다(常用--), 상용되다(常用--) ●

상원(上院)【명사】양원 제도에서 하원과 더불어 국회를 구성하는 의원. ◆ 图参议院。

상위(上位)【명사】높은 위치나 지위. ◆ 图上层，上风。¶상위에 들다. =进入上层。

상응하다(相應--)【동사】서로 응하거나 어울리다. ◆ 动相应，相符。¶우리가 무엇을 얻기 위해서는 상대방에게도 그에 상응하는 대가를 치러 주어야 한다. =我们为了得到某些东西，相应地应当先为对方付出什么。

상의[1](相議/商議)【명사】어떤 일을 서로 의논함. ◆ 图商议，商量。¶선생님과 진학을 상의하다. =与老师商量入学事宜。● 상의하다(相議--/商議--) ●

상의[2](上衣)【명사】윗옷. 위에 입는 옷. ◆ 图上衣。¶그는 정복 상의를 벗어 여자의 어깨를 덮어 주었다. =他脱下战服的上衣，披在女人的肩上。

상이군인(傷痍軍人)【명사】전투나 군사상 공무 중에 몸을 다친 군인. ◆ 图伤残军人。

상이하다(相異--)【형용사】서로 다르다. ◆ 形相异，各异，不相同。

상인(商人)【명사】장사를 업으로 하는 사람. ◆ 图商人，生意人。¶시장 안은 손님을 부르는 상인들로 몹시 시끄러웠다. =市场内商人们招呼客人，十分喧闹。

상임(常任)【명사】일정한 일을 늘 계속하여 맡음. ◆ 图常任。

상자(箱子)【명사】图 ❶ 물건을 넣어 두기 위하여 나무, 대나무, 두꺼운 종이 같은 것으로 만든 네모난 그릇. ◆ 箱子，盒子。¶사과 상자. =苹果箱。❷ 물건을 '상자'에 담아 그 분량을 세는 단위. ◆ 箱，盒。¶라면 한 상자. =一箱方便面。

상장[1](賞狀)【명사】상을 주는 뜻을 표하여 주는 증서. ◆ 图奖状。¶모범생에게 상장을 수여하다. =向模范生颁发奖状。

상장[2](上場)【명사】주식이나 어떤 물건을 매매 대상으로 하기 위하여 해당 거래소에 일정한 자격이나 조건을 갖춘 거래 물건으로서 등록하는 일. ◆ 图上市。¶거래소 상장 기업. =证券交易所上市公司。● 상장하다(上場--) ●

상전(上典)【명사】예전에, 종에 상대하여 그 주인을 이르던 말. ◆ 图主人。¶상전을 모시다. =侍奉主人。

상점(商店)【명사】일정한 시설을 갖추고 물건을 파는 곳. ◆ 图商店。¶아동용품 상점을 내다. =开了儿童用品商店。

상정(上程)【명사】토의할 안건을 회의석상에 내어놓음. ◆ 图列入议程，提交。¶의안을 상정하고 잠시 휴회하였다. =提交议案后暂时休会。● 상정되다(上程--), 상정하다(上程--) ●

상제(喪制)【명사】부모나 조부모가 세상을 떠나서 거상 중에 있는 사람. ◆ 图丧主。¶상여가 집을 떠날 때, 상제들의 곡소리는 애간장을 끊었다. =灵柩离开家时，服丧的人们哭得肝肠寸断。

상종(相從)【명사】서로 따르며 친하게 지냄. ◆ 图交际，交往。¶다시는 그런 사람과 상종하지 마라. =不要再和那种人交往。● 상종하다(相從--) ●

상주[1](常住)【명사】늘 일정하게 살고 있음. ◆ 图常住。¶이 도시의 상주인구는 20만이다. =这个城市的常住人口是20万。● 상주하다(常住--) ●

상주[2](喪主)【명사】주(主)가 되는 상제(喪制). 대개 장자(長子)가 된다. ◆ 图丧主。¶상주가 외국에 나가 있어 장례가 늦어지고 있다. =由于丧主远在国外，所以葬礼被推迟。

상징(象徵)【명사】추상적인 개념이나 사물을 구체적인 사물로 나타냄. 또는 그렇게 나타낸 표지(標識)·기호·물건 따위. ◆ 图象征，表现。¶비둘기를 평화의 상징으로 삼다. =把鸽子作为和平的象征。● 상징되

다(象徵--), 상징하다(象徵--) ●

상책(上策)【명사】가장 좋은 대책이나 방책. ◆ 图上策。¶위험은 피해 가는 것이 상책이다. =躲避危险才是上策。

상처(傷處)【명사】图 ❶ 몸을 다쳐서 부상을 입은 자리. ◆ 伤，伤口。¶상처를 입다. =受伤。❷ 피해를 입은 흔적. ◆ 创伤，伤痕，疤痕。¶전쟁의 상처는 쉬 아물지 않는다. =战争创伤尚未痊愈。

상처투성이(傷處---)【명사】온통 상처가 난 상태. 또는 그런 상태의 사람. ◆ 图浑身是伤，千疮百孔。¶어디에서 넘어졌는지 상처투성이로 들어왔다. =不知道在哪里跌倒了，浑身是伤地回来了。

상처하다(喪妻--)【동사】아내의 죽음을 당하다. ◆ 动丧妻。¶그는 나이가 쉰에 가까운 상처한 의사였다. =那是个年近半百、中年丧妻的医生。

상체(上體)【명사】물체나 신체의 윗부분. ◆ 图上身，上半身。¶상체를 세우다. =直起上半身。

상추【명사】국화과의 한해살이풀 또는 두해살이풀. 높이는 1미터 정도이며, 경엽은 어긋나고 근생엽은 큰 타원형이다. ◆ 图生菜。

상층(上層)【명사】图 ❶ 이 층 또는 여러 층 가운데 위쪽의 층. ◆ 上层，顶层。¶대기권 상층은 공기가 희박하다. =大气层的上层空气稀薄。❷ 계급이나 신분, 지위 따위가 높은 계층. ◆ 上流，上级。

상치되다(相馳--)【동사】일이나 뜻이 서로 어긋나게 되다. ◆ 动相左，背道而驰。¶부모와 아이의 바라는 바가 서로 상치되기 때문에 부모와 자식 사이에 갈등이 생기는 경우가 많습니다. =有很多父母和孩子因为愿望相左而产生矛盾的情况。

상쾌하다(爽快--)【형용사】느낌이 시원하고 산뜻하다. ◆ 形舒畅，清爽。¶얼굴 세포 사이에 끼었던 더러운 것이 모두 씻기는 듯 기분이 상쾌하다. =仿佛面部细胞间的污垢全被清洗干净似的，心情很舒畅。

상큼하다【형용사】形 ❶ 냄새나 맛 따위가 향기롭고 시원하다. ◆ 清香。¶사과 맛이 상큼하다. =苹果味道清香可口。❷ 보기에 시원스럽고 좋다. ◆ 赏心悦目。

상태(狀態)【명사】사물・현상이 놓여 있는 모양이나 형편. ◆ 图状态，情况，状况。¶정신 상태. =精神状态。

상통(相通)【명사】图 ❶ 서로 마음과 뜻이 통함. ◆ 心心相印，心心相通。❷ 서로 어떠한 일에 공통되는 부분이 있음. ◆ 共识，一致。● 상통되다(相通--), 상통하다(相通--) ●

상투【명사】예전에, 장가든 남자가 머리털을 끌어올려 정수리 위에 틀어 감아 맨 것. ◆ 图发髻。¶상투를 틀어 올리다. =挽发髻。

상투어(常套語)【명사】늘 써서 버릇이 되다시피 한 말. ◆ 图套话，老话。¶그는 늘 진부한 상투어를 쓴다. =他常说陈腐过时的老话。

상투적(常套的)【명사】늘 써서 버릇이 되다시피 한 것. ◆ 图老一套的，老套的。¶상투적인 수법은 이제 통하지 않는다. =现在老套的方法行不通了。

상팔자(上八字)【명사】썩 좋은 팔자. ◆ 图好命。¶세 끼 걱정 없으면 상팔자지. =三餐无忧就算是好命了。

상패(賞牌)【명사】상으로 주는 패. ◆ 图奖牌。¶우승상패. =冠军奖牌。

상편(上篇)【명사】상・하, 또는 상・중・하로 나눈 책의 첫째 편. ◆ 图上篇，上卷。

상표(商標)【명사】사업자가 자기 상품에 대하여, 경쟁 업체의 것과 구별하기 위하여 사용하는 기호·문자·도형 따위의 일정한 표지. ◆ 图商标。¶유명 상표. =著名商标。

상품[1](賞品)【명사】상으로 주는 물품. ◆ 图奖品。¶상품을 타다. =领奖品。

상품[2](商品)【명사】사고파는 물품. ◆ 图商品。¶상품을 판매하다. =销售商品。

상품권(商品券)【명사】액면 가격에 상당하는 상품과 교환할 수 있는 표. 백화점이나 기타 상점이 발행하는 무기명 유가 증권의 하나이다. ◆ 图购物券，礼券。¶상품권으로 구두를 샀다. =用购物券买了皮鞋。

상품화(商品化)【명사】어떤 물건이 상품이 되거나 상품으로 되게 만듦. ◆ 图商品化。¶상품화로 새롭게 변신한 토속 공예품. =商品化的传统工艺品。● 상품화되다(商品化--), 상품화하다(商品化--) ●

상하(上下)【명사】图 ❶ 위와 아래를 아울러 이르는 말. ◆ 上下。¶배가 높은 파도에 상하로 요동치다. =船被高高涌起的波涛颠簸得上下摇晃。❷ 윗사람과 아랫사람을 아울러 이르는 말. ◆ 上下级。¶이 단체는 상하관계가 확고하다. =这个团体上下关系稳固。❸ 귀하고 천함. ◆ 贵贱。❹ 좋고 나쁨. ◆ 图好坏。❺ 오르고 내림. ◆ 起落，起伏，涨落。❻ 책의 상권과 하권. ◆（书）上下卷。¶상하 2권의 책. =分为上下两卷的书。

상하다(傷--)【동사】动 ❶ 몸이 다쳐 상처를 입다. ◆ 受伤，弄伤，伤害。¶넘어져 무릎이 상하다. =摔了一跤，膝盖受伤了。❷ 몸이 여위어 축이 나다. ◆ 瘦。¶감기를 앓더니 얼굴이 많이 상했다. =感冒了一场，脸瘦多了。❸ 물건이 깨어지거나 헐다. ◆ 摔破，打破。¶그릇들이 상하지 않게 조심스레 다루어라. =小心点，别打破器皿。❹ 음식이 변하거나 썩어서 먹을 수 없게 되다. ◆ 变质，坏，腐烂。¶더운 날씨에 생선이 상하다. =天气炎热，海鲜变质。❺ 근심·슬픔·노여움 따위로 마음이 언짢게 되다. ◆ 伤心。¶그의 농담에 자존심이 상했다. =他的玩笑伤害了我的自尊。

상하수도(上下水道)【명사】상수도와 하수도를 아울러 이르는 말. ◆ 图上下水管道。

상한선(上限線)【명사】더 이상 올라갈 수 없는 한계선. ◆ 图上限。¶상한선을 돌파하다. =突破上限。

상해[1](傷害)【명사】남의 몸에 상처를 내어 해를 끼침. ◆ 图伤害。● 상해하다(傷害--) ●

상해[2](上海)【명사】중국 동부, 양쯔 강(揚子江) 하구에 있는 중앙 직할시. ◆ 图上海 。

상향(上向)【명사】图 ❶ 위쪽을 향함. 또는 그 쪽.

◆ 向上，往上。¶야간 운전 시 필요할 때를 제외하고는 상향등을 켜서는 안 된다. =夜间开车除非必要，不要开远光灯。❷ 수치나 한도, 기준 따위를 더 높게 잡음. ◆ 上调，提高，上涨。¶금리를 상향 조정하다. =上调利息。❸ 상태 따위가 좋아져 감. ◆ 好转。

상현달(上弦-) 【명사】 음력 매달 7~8일경에 나타나는 달의 형태. 둥근 쪽이 아래로 향한다. ◆ 图上弦月。

상형(象形) 【명사】 图 ❶ 어떤 물건의 형상을 본뜸. ◆ 象形。❷ 한자 육서(六書)의 하나. 물체의 형상을 본떠서 글자를 만드는 방법으로, 해를 본떠서 '日'자를 만드는 따위이다. ◆ 象形。

상형 문자(象形文字) 【명사】 图 ❶ 물건의 모양을 본떠 만든 회화 문자에서 발전하여 단어 문자로 된 것으로, 원형과의 관련이 조금이라도 보이는 문자. ◆ 象形文字。¶대표적인 상형문자. =典型的象形文字。❷ 한자의 육서(六書) 가운데 하나로 물건의 형상을 본떠서 만든 글자. ◆ 象形（汉字的造字法之一）。

상호[1](相互) 【명사】 상대가 되는 이쪽과 저쪽 모두. ◆ 图互相，相互。¶상호 작용. =相互作用。

상호[2](商號) 【명사】 상인이 영업 활동을 할 때에 자기를 표시하기 위하여 쓰는 이름. ◆ 图商号，店名。¶상호를 바꾸다. =变更商号。

상환(償還) 【명사】 갚거나 돌려줌. ◆ 图偿还，抵还。¶원리금 상환. =偿还本金。● 상환되다(償還--), 상환하다(償還--) ●

상황(狀況) 【명사】 일이 되어 가는 과정이나 형편. ◆ 图状况，情况，境地。¶진행 상황을 파악하다. =掌握进展情况。

샅 【명사】 두 다리의 사이. ◆ 图裆，胯。

샅바 【명사】 씨름에서, 허리와 다리에 둘러 묶어서 손잡이로 쓰는 천. ◆ 图腿绳，腿带。¶샅바를 잡다. =抓住腿带。

샅샅이 【부사】 틈이 있는 곳마다 모조리. 또는 빈틈없이 모조리. ◆ 副到处，遍，全部，仔仔细细，一一地。¶사건의 진상을 샅샅이 알아내다. =了解事件的全部真相。

새[1] 【명사】 图 ❶ '사이(한곳에서 다른 곳까지, 또는 한 물체에서 다른 물체까지의 거리나 공간)'의 준말. ◆ "사이"的略语。空隙，缝隙，距离，隔阂。¶새가 벌어지다. =产生距离。❷ '사이(한때로부터 다른 때까지의 동안)'의 준말. ◆ 时间，工夫。❸ '사이(어떤 일에 들이는 시간적인 여유나 겨를)'의 준말. ◆ 空，空闲，闲暇。¶너무 바빠서 쉴 새도 없다. =太忙了，没有空休息。

새[2] 【관형사】 冠 처음 마련하거나 다시 생겨난. ◆ 新的，新。¶새 학기를 맞이하다. =迎接新学期。

새[3]- 【접사】 '매우 짙고 선명하게'의 뜻을 더하는 접두사. ◆ 前缀深，鲜，浓，亮。¶새빨갛다. =鲜红。

-새[4] 【접사】 '모양', '상태', '정도'의 뜻을 더하는 접미사. ◆ 后缀样子，模样。¶모양새. =模样。

새경 【명사】 머슴이 주인에게서 한 해 동안 일한 대가로 받는 돈이나 물건. ◆ 图一年的工钱。¶새경으로는 한 해에 쌀 한 가마니를 받았다. =拿到了十袋大米作为一年的工钱。

새근거리다 【동사】 动 ❶ 고르지 아니하고 가쁘게 숨 쉬는 소리가 자꾸 나다. 또는 그렇게 하다. ◆ 气喘吁吁，气短。❷ 어린아이가 곤히 잠들어 조용하게 숨 쉬는 소리가 자꾸 나다. ◆ 轻轻呼吸。● 새근대다, 새근새근하다 ●

새기다[1] 【동사】 动 ❶ 글씨나 형상을 파다. ◆ 刻，雕刻，刺。¶도장을 새기다. =刻图章。❷ 잊지 아니하도록 마음속에 깊이 기억하다. ◆ 铭记。¶선생님 가르침을 마음속에 깊이 새겼다. =老师的教诲铭记在心里。❸ 적거나 인쇄하다. ◆ 记，记载，印。¶족보에 이름을 새겨 넣다. =在族谱上记下名字。

새기다[2] 【동사】 动 ❶ 글이나 말의 뜻을 알기 쉽게 풀이하다. ◆ 注释，讲解。¶어려운 글을 쉽게 새겨 주다. =深入浅出地注释难理解的文章。❷ 다른 나라의 말이나 글을 우리말로 번역하여 옮기다. ◆ 翻译，译。¶영문을 한국말로 새기다. =将英语译成韩国语。

새까맣다 【형용사】 形 ❶ 매우 까맣다. ◆ 漆黑，乌黑。¶새까만 눈동자. =乌黑的眼珠。❷ 거리나 시간 따위가 매우 아득하게 멀다. ◆ 很久，很远。¶새까맣게 먼 옛날의 일. =很久以前的事。❸ 기억이나 아는 바가 아주 전혀 없다. ◆（忘得）一干二净，一无所知。¶약속을 새까맣게 잊어버리다. =把约会的事忘得一干二净。❹ 헤아릴 수 없이 매우 많다. ◆ 黑压压。¶파리 떼가 새까맣게 모여들다. =苍蝇黑压压地聚成群。❺ 마음이나 행실 따위가 매우 앙큼하다. ◆ 黑心，别有用心。¶마음이 새까만 사람. =黑心的人。

새끼[1] 【명사】 짚으로 꼬아 줄처럼 만든 것. ◆ 图草绳。¶새끼 한 타래. =一绺草绳。

새끼[2] 【명사】 图 ❶ 낳은 지 얼마 안 되는 어린 짐승. ◆ 崽子。¶토끼 새끼. =小兔崽。❷부모가 낳은 아이를, 그 부모에 상대하여 이르는 말. ◆ 俚 对孩子的昵称。¶제 새끼 귀한 줄은 누구나 안다. =谁都知道自己的孩子金贵。❸ 어떤 사람을 욕하여 이르는 말. ◆ 狗崽子，兔崽子。¶망할 놈의 새끼. =该死的兔崽子。

새끼발가락 【명사】 발가락 가운데 맨 가에 있는 가장 작은 발가락. ◆ 图小脚趾。

새끼손가락 【명사】 손가락 가운데 맨 마지막에 있는 가장 작은 손가락. ◆ 图小手指。¶그는 비밀을 지키겠다고 나와 새끼손가락을 걸고 맹세하였다. =他和我拉小手指，发誓要保守秘密。

새끼줄 【명사】 새끼로 만든 줄. ◆ 图草绳。

새날 【명사】 图 ❶ 새로 밝아 오는 날. ◆ 新的一天。¶새날이 밝다. =天亮了。❷ 새로운 시대. 또는 새롭게 다가올 앞날. ◆ 新时代，未来，明天。¶새날이 오다. =新时代到来。

새내기 【명사】 '신입생' 또는 '신출내기'의 뜻으로 쓰는 말. ◆ 图新生；新人，新手。¶새내기 환영식. =新生欢迎仪式。

새다[1]【동사】날이 밝아 오다. ◆ 动天亮。¶그는 날이 새도록 다시 잠들지 못했다. =他再也睡不着了，直到天亮。

새다[2]【동사】动 ❶ 기체, 액체 따위가 틈이나 구멍으로 조금씩 빠져 나가거나 나오다. ◆ 漏，渗漏。¶지붕에서 비가 샌다. =房顶漏雨。❷ 빛이 물체의 틈이나 구멍을 통해 나가거나 들다. ◆ 漏，透。¶작은 방에서 불빛이 새 나왔다. =小房子里透出灯光。❸ 어떤 소리가 일정 범위에서 빠져나가거나 바깥으로 소리가 들리다. ◆ 传来。¶유리가 깨어진 틈에서 두런거리는 소리가 새었다. =从玻璃缝间传来了唧唧咕咕的声音。❹ 돈이나 재산 따위가 일정한 양에서 조금씩 부족해지거나 주인이 모르는 사이에 다른 데로 나가는 상태가 되다. ◆ 溜，漏掉。¶이상하게도 지갑에서 돈이 자꾸 샌다. =奇怪的是，钱包里的钱总是不见。❺ 비밀, 정보 따위가 보안이 유지되지 못하거나 몰래 밖으로 알려지다. ◆ 泄漏，走漏。¶이 기밀은 기획실에서 새어 나왔다. =这个机密从企划室泄漏了出来。❻ 대화, 토론, 발표 따위가 주된 화제에서 벗어나거나 다른 주제로 바뀌어 버리다. ◆ 跑题。¶그들은 항상 이야기가 이상한 쪽으로 새곤 하였다. =他们经常谈话跑题。

새달【명사】이달의 바로 다음 달. ◆ 名下个月。¶새달 그믐께 만납시다. =下个月最后一天见面吧。

새댁(-宅)【명사】'새색시'를 높여 이르는 말. 갓 결혼한 여자. ◆ 名新娘。¶새댁에게 태기가 있다. =新娘怀孕了。

새로【부사】副 ❶ 지금까지 있은 적이 없이 처음으로. ◆ 首次，首创。¶새로 오신 선생님. =新来的老师。❷ 전과 달리 새롭게. 또는 새것으로. ◆ 新，重新。¶기술을 새로개발하다. =开发新技术。❸ 시각이 시작됨을 이르는 말. ◆ 新，重新，又。¶벌써 새로 두 시가 넘었다. =都过两点了。

새로이【부사】副 ❶ 전에 없던 것이 처음으로. ◆ 首次，首创。¶삶은 날마다 새로이 시작되는 것이다. =生活每天都是新的开始。❷ 새롭게 다시. ◆ 重新。¶나는 집에서 학교까지 가는 길을 새로이 익혀야 했다. =我要重新熟悉从家到学校的路。

새록새록【부사】副 ❶ 새로운 물건이나 일이 잇따라 생기는 모양. ◆ 一再地产生，层出不穷(新事物)。¶새록새록 일이 벌어지다. =事情接二连三地发生。❷ 어떤 생각이나 느낌이 거듭하여 새롭게 생기는 모양.◆ 新感受新想法层次不穷。¶옛 추억이 새록새록 떠오르다. =旧时记忆不时浮现。

새롭다【형용사】形 ❶ 지금까지 있은 적이 없다. ◆ 新。¶새로운 소식. =新消息。❷ 전과 달리 생생하고 산뜻하게 느껴지는 맛이 있다. ◆ 历久弥新。¶기억이 새롭다. =记忆犹新。

새마을운동(---運動)【명사】새마을 정신을 바탕으로 생활환경의 개선과 소득 증대를 도모한 지역 사회 개발 운동. ◆ 名 新村运动。

새벽【명사】名 ❶ 먼동이 트려 할 무렵. ◆ 拂晓，黎明，凌晨。¶새벽부터 밤중까지 쉴 틈이 없다. =从黎明到深夜，连休息的时间也没有。❷ '오전'의 뜻을 이르는 말. ◆ 上午。¶새벽 두 시. =凌晨两点。

새벽같이【부사】아침에 아주 일찍이. ◆ 副大清早，凌晨。¶엄마는 새벽같이 일어나서 밥을 하셨다. =妈妈大清早就起来做饭了。

새벽녘【명사】날이 샐 무렵. ◆ 名拂晓，黎明，破晓。¶그는 야근을 하고 새벽녘에 집에 들어왔다. =他值完夜班，在黎明时分回到了家里。

새봄【명사】名 ❶ 겨울을 보내고 맞이하는 첫봄. ◆ 春天。¶추운 겨울이 가고 따뜻한 새봄이 왔다. =寒冬过去了，温暖的春天到来了。❷ 새로운 힘이 생기거나 희망이 가득 찬 시절을 비유적으로 이르는 말. ◆ 新的春天。¶인생의 새봄을 맞이하다. =迎接人生新的春天。

새빨갛다【형용사】매우 빨갛다. ◆ 形鲜红。¶새빨간 장미. =鲜红的玫瑰。

새살림【명사】결혼하여서 처음 살림을 시작함. 또는 새로 시작하는 살림. ◆ 名新生活。¶새살림을 차리다. =为新生活做准备。

새삼【부사】이전의 느낌이나 감정이 다시금 새롭게. ◆ 副再次，重新。¶지난날이 새삼 그립다. =再次怀念过去的岁月。

새삼스럽다【형용사】形 ❶ 이미 알고 있는 사실에 대하여 느껴지는 감정이 갑자기 새로운 데가 있다. ◆ 特别，格外。¶새삼스럽게 말할 필요도 없다. =没有特意说的必要。❷ 하지 않던 일을 이제 와서 하는 것이 보기에 두드러진 데가 있다. ◆ 新奇，新鲜。¶나이 먹어 다시 공부를 한다니 새삼스럽다. =上了年纪重新学习，感觉很新奇。● 새삼스레 ●

새색시【명사】갓 결혼한 여자. ◆ 名新媳妇，新娘子。¶갓 결혼한 새색시. =新嫁娘。

새소리【명사】새가 우는 소리. ◆ 名鸟叫声，鸟鸣。¶고운 새소리. =悦耳的鸟鸣声。

새순(-筍)【명사】새로 돋아나는 순. ◆ 名新笋。¶새순이 돋다. =新笋长了出来。

새신랑(-新郞)【명사】갓 결혼한 남자. ◆ 名新郎。¶그렇게 차려입으니까 꼭 새신랑 같다. =那么一打扮，就像个新郎。

새싹【명사】名❶ 새로 돋아나는 싹. ◆ 新苗，新芽。¶새싹이 움트는 계절. =新芽萌出的季节。❷ 사물의 근원이 될 수 있는 새로운 시초를 비유적으로 이르는 말. ◆ 萌芽，新苗。

새앙쥐【명사】땃쥣과의 하나. ◆ 名鼷鼠。

새옹지마(塞翁之馬)【명사】인생의 길흉화복은 변화가 많아서 예측하기가 어렵다는 말. ◆ 名塞翁失马，焉知非福? ¶인간 만사 새옹지마. =世间万事，祸福难料。

새우【명사】절지동물문 십각목 장미아목을 통틀어 이르는 말. ◆ 名虾。

새우다【동사】한숨도 자지 아니하고 밤을 지내다. ◆ 动熬夜，熬通宵。¶밤을 새워 공부하다. =熬夜学习。

새우잠【명사】새우처럼 등을 구부리고 자는 잠. 주로 모로 누워 불편하게 자는 잠을 의미한다. ◆ 名蜷缩着睡。¶차디찬 방에서 새우잠을 잤다. =蜷在冰冷

的房间里睡。

새장(-欌)【명사】새를 넣어 기르는 장. ◆图鸟笼。¶새장에 갇힌 새. =笼中困鸟。

새집[1]【명사】새가 깃들이는 집. ◆图鸟巢，鸟窝。

새집[2]【명사】새로 이사하여 든 집. ◆图新家，新房。¶이번에 이사한 새집은 지은 지 1년 되었다. =这次搬入的新家刚建成一年。

새참【명사】일을 하다가 잠깐 쉬면서 먹는 음식. ◆图间休加餐，打尖。¶새참을 먹다. =打尖。

새총(-銃)【명사】图 ❶ 새를 잡기 위하여 만든 공기총. ◆ 鸟枪。❷ 'Y'자 모양으로 생긴 나뭇가지나 쇠붙이에 고무줄을 맨 뒤 그것에 돌멩이를 끼워 튕기는 물건. ◆ 弹弓。¶새총으로 참새를 잡다. =用弹弓打鸟。

새치【명사】젊은 사람의 검은 머리에 드문드문 섞여서 난 흰 머리카락. ◆图 (年轻人头发中的)白发，白头发。¶새치를 뽑다. =拔白头发。

새치기【명사】图 ❶ 순서를 어기고 남의 자리에 슬며시 끼어 드는 행위. ◆ 插队。¶새치기하지 마시오. =不要插队。❷ 맡아서 하고 있는 일 사이에 틈틈이 다른 일을 하는 것. ◆ 抽空。● 새치기하다 ●

새침데기【명사】새침한 성격을 가진 사람. ◆图装蒜的人，做作的人。¶새침데기 아가씨. =做作的小姑娘。

새침하다【형용사】쌀쌀맞게 시치미를 떼는 태도가 있다. ◆ 形装模作样，装蒜。¶새침한 표정을 짓다. =装腔作势。

새카맣다【형용사】形 ❶ 아주 까맣다. ◆ 漆黑，乌黑。¶새카맣게 탄 고기. =烤黑的肉。❷ 거리나 시간 따위가 매우 아득하게 멀다. ◆ 很远。¶새카맣게 지난 이야기를 새삼스럽게 들추는 이유가 뭐냐? =又提起陈年往事干什么? ❸ 기억이나 아는 바가 아주 전혀 없다. ◆ 一干二净，完全忘记，一无所知。¶그녀와 한 약속을 새카맣게 잊어버렸다. =完全忘记了和她的约定。❹ 헤아릴 수 없이 매우 많다. ◆ 黑压压。¶광장에 군중이 새카맣게 모여 있다. =观众黑压压地聚集到广场。❺ 마음이나 행실 따위가 매우 앙큼하다. ◆ 黑心，别有用心。¶알고 보니 그는 속이 새카만 사람이었다. =一打听，他是个黑心的人。

새콤달콤하다【형용사】약간 신 맛이 나면서도 단맛이 나서 맛깔스럽다. ◆形酸甜。

새콤하다【형용사】조금 신맛이 있다. ◆形发酸的，酸酸的。¶석류알의 새콤한 맛. =石榴籽酸酸的味道。

새큼하다【형용사】맛이나 냄새가 맛깔스럽게 조금 시다. ◆ 形酸溜溜，酸甜。¶새큼한 라일락의 향기. =丁香花酸甜的香味。

새털구름【명사】푸른 하늘에 높이 떠 있는 하얀 섬유 모양의 구름. ◆图卷云。

새파랗다【형용사】形 ❶ 매우 파랗다. ◆ 深蓝，湛蓝，蔚蓝。¶새파란 하늘. =蔚蓝的天空。❷ 춥거나 겁에 질려 얼굴이나 입술 따위가 매우 푸르께하다. ◆ 脸色发青。¶추위로 입술이 새파랗게 질리다. =嘴唇冻得发紫。❸ 매우 젊다. ◆ 很年轻，风华正茂。¶새파랗게 젊다. =风华正茂。❹ 날 따위가 매우 날카롭다. ◆ 锋利，锐利。¶칼날을 새파랗게 갈다. =刀刃磨得很锋利。

새하얗다【형용사】매우 하얗다. ◆ 形洁白，非常白。¶새하얀 달빛. =皎洁的月光。

새해【명사】새로 시작되는 해. ◆图新年。¶새해 복 많이 받으십시오. =祝新年多福。

색(色)【명사】图 ❶ 빛을 흡수하고 반사하는 결과로 나타나는 사물의 밝고 어두움이나 빨강, 파랑, 노랑 따위의 물리적 현상. 또는 그것을 나타내는 물감 따위의 안료. ◆ 色，色彩。¶색이 바랜 책. =褪色的书。❷ 색정이나 여색, 색사(色事) 따위를 뜻하는 말. ◆ 女色。¶색을 밝히다. =好色。❸ '색깔'의 뜻을 나타내는 말. ◆ 颜色。¶딸기색. =草莓色。

색깔(色-)【명사】❶ 물체가 빛을 받을 때 빛의 파장에 따라 그 거죽에 나타나는 특유한 빛. ◆ 颜色，色调，色彩。¶선명한 색깔. =鲜明的色调。❷ 정치나 이념상의 경향. ◆ 政治色彩，倾向。¶그의 소설은 독자적인 색깔을 가졌다. =他的小说具有独特的政治色彩。

색다르다(色---)【형용사】동일한 종류에 속하는 보통의 것과 다른 특색이 있다. ◆形不一般，不同类。¶색다른 맛. =不一般的味道。

색동(色-)【명사】여러 색의 옷감을 잇대거나 여러 색으로 염색하여 만든, 아이들의 저고리나 두루마기의 소맷감. ◆图彩条缎。¶아이는 색동 옷을 입고 무척 좋아했다. =小孩子穿上了彩袖上衣非常高兴。

색동저고리(色----)【명사】색동으로 소매를 대서 만든 어린아이의 저고리. ◆ 图彩袖上衣。¶여자아이가 색동저고리를 입고 아장아장 걷는 모습이 무척 귀엽다. =小女孩穿上彩袖上衣蹒跚学步的样子非常可爱。

색맹(色盲)【명사】색채를 식별하는 감각이 불완전하여 빛깔을 가리지 못하거나 다른 빛깔로 잘못 보는 상태. ◆图色盲。

색상(色相)【명사】색을 빨강, 노랑, 파랑 따위로 구분하게 하는, 색 자체가 갖는 고유의 특성. ◆ 图色相。¶밝은 색상의 옷감. =红色调的衣料。

색색(色色)【명사】图 ❶ 여러 가지 색깔. ◆ 各种颜色。¶색색의 종이. =各种颜色的纸张。❷ 가지각색의 여러 가지. ◆ 各种各样，形形色色，各种。¶그 집은 혼수를 색색으로 갖추어서 장만했다. =那家备齐了各种各样的结婚用品。

색소(色素)【명사】물체의 색깔이 나타나도록 해 주는 성분. ◆图色素。¶인공 색소. =人工色素。

색소폰(saxophone)【명사】금관 악기의 하나. 18~20개의 스톱과 하나의 리드가 있다. ◆ 图萨克斯。¶색소폰을 불다. =吹萨克斯。

색시【명사】图 ❶ 갓 결혼한 여자. ◆ 新娘，新媳妇。¶갓 시집온 색시를 보려고 동네 아낙들이 수선댄다. =村里的妇女们吵闹着要见刚过门的新媳妇。❷ 아직 결혼하지 아니한 젊은 여자. ◆ 姑娘，闺秀。¶내가 참하고 얌전한 색시하나 소개해 줄까? =我给你介绍一个善良文静的姑娘怎么样?

색실(色-)【명사】물을 들인 실. ◆名彩线。¶색실로 수를 놓다. =用彩线刺绣。

색안경(色眼鏡)【명사】名 ❶ 색깔이 있는 렌즈를 낀 안경. ◆墨镜，有色眼镜。¶색안경을 쓰다. =戴墨镜。❷ 주관이나 선입견에 얽매여 좋지 아니하게 보는 태도를 비유적으로 이르는 말. ◆偏见。¶색안경을 끼고 보다. =带着偏见看。

색약(色弱)【명사】빛깔을 판별하는 힘이 약한 시각의 증상. 적색약, 녹색약이 있다. ◆名色弱。

색연필(色鉛筆)【명사】심을 납(蠟), 찰흙, 백악(白堊) 따위의 광물질 물감을 섞어서 여러 가지 색깔이 나게 만든 연필. ◆名彩色铅笔。¶색연필로 그림을 그리다. =用彩色铅笔画画。

색유리(色琉璃)【명사】색깔이 들어 있는 유리. 망간, 코발트, 탄소 따위의 착색제를 조합하여 여러 가지 색으로 물들이는데 광학용 필터, 신호등, 식기, 장식용 · 건축용 유리, 타일 따위에 널리 쓰인다. ◆名彩色玻璃，有色玻璃。

색인(索引)【명사】名 ❶ 어떤 것을 뒤져서 찾아내거나 필요한 정보를 밝힘. ◆检索。¶컴퓨터의 사용으로 색인 작업이 간편해졌다. =随着计算机的使用，检索工作变得简便了。❷ 책 속의 내용 중에서 중요한 단어나 항목, 인명 따위를 쉽게 찾아볼 수 있도록 일정한 순서에 따라 별도로 배열하여 놓은 목록. ◆目录，索引。¶외래어 색인. =外来词索引。

색조(色調)【명사】名 ❶ 빛깔의 조화. ◆色调。¶색조가 뛰어나다. =色调与众不同。❷ 색깔이 강하거나 약한 정도나 상태. 또는 짙거나 옅은 정도나 상태. ◆色调。¶이 옷감은 파랑과 노랑의 두 가지 색조를 띠고 있다. =这衣料包含蓝、黄两种色调。❸ 사물을 표현하거나 그것을 대하는 태도 따위에서 드러나는 일정한 경향이나 성질. ◆色彩，倾向。

색종이(色--)【명사】여러 가지 색깔로 물들인 종이. 주로 어린이들의 공작용 접기나 오려 붙이기 따위에 쓴다. ◆名彩纸。¶색종이를 접어 만든 꽃. =用彩纸叠成的花。

색지(色紙)【명사】여러 가지 색깔로 물들인 종이. ◆名彩纸。¶색지 공예품. =彩纸工艺品。

색채(色彩)【명사】名 ❶ 물체가 빛을 받을 때 빛의 파장에 따라 그 거죽에 나타나는 특유한 빛. ◆色彩。¶강렬한 색채. =浓烈的色彩。❷ 사물을 표현하거나 그것을 대하는 태도 따위에서 드러나는 일정한 경향이나 성질. ◆色彩，倾向。¶민족적인 색채. =民族倾向。

색출(索出)【명사】샅샅이 뒤져서 찾아냄. ◆名找出，查找出，查出。¶범인 색출을 위해 목격자를 수소문하다. =询问目击者，以便查出罪犯。● 색출하다(索出--) ●

색칠(色漆)【명사】색깔이 나게 칠을 함. 또는 그 칠. ◆名涂色，涂漆；涂颜料。¶밑그림을 끝내고 색칠을 시작하였다. =完成底画后，开始涂色。● 색칠하다(色漆--) ●

샌님【명사】名 ❶ '생원님(生員-)'의 준말. 예전에, 상사람이 선비를 이르던 말. ◆先生，夫子。❷ 얌전하고 고루한 사람을 놀림조로 이르는 말. ◆夫子，老夫子。¶그는 남 앞에 서면 아무 말 못하는 샌님이다. =他是个古板的老夫子，在别人面前什么话也说不出来。

샌드위치(sandwich)【명사】名 ❶ 얇게 썬 두 조각의 빵 사이에 버터나 마요네즈 소스 따위를 바르고 고기·달걀·치즈·야채 따위를 끼워 넣은 음식. ◆三明治。❷ 무엇인가의 사이에 끼어 있는 상태를 비유적으로 이르는 말. ◆〈喻〉夹在中间，受夹板气。¶이러지도 저러지도 못할 샌드위치가 되어 버렸다. =被夹在中间，这也不是，那也不是。

샌들(sandal)【명사】나무·가죽·비닐 따위로 바닥을 만들고 이를 가느다란 끈으로 발등에 매어 신게 만든 신발. ◆名凉鞋。¶샌들은 통기성이 좋기 때문에 여름에 많이 신는다. =凉鞋透气性好，夏天很多人穿。

샐러드(salad)【명사】서양 요리의 하나. 생야채나 과일을 주재료로 하여 마요네즈나 프렌치 드레싱 따위의 소스로 버무린 음식이다. ◆名沙拉。¶과일 샐러드. =水果沙拉。

샐러리맨(salaryman)【명사】봉급에 의존하여 생계를 꾸려 나가는 사람. ◆名工薪族。¶아침이면 이 식당은 아침밥을 못 먹고 출근한 샐러리맨들로 북적거린다. =早上这个餐馆挤满了上班来不及吃早饭的工薪族。

샐쭉【부사】副 ❶ 어떤 감정을 나타내면서 입이나 눈이 한쪽으로 약간 샐그러지게 움직이는 모양. ◆(嘴、眼)一歪，一撇。¶샐쭉 웃는 모습이 귀엽다. =撇嘴笑的样子挺可爱。❷ 마음에 차지 아니하여서 약간 고까워하는 태도를 드러내는 모양. ◆(不满地将身子)一扭。¶왜 또 샐쭉 돌아서니? =为什么又不高兴了?

샐쭉거리다【동사】动 ❶ 어떤 감정을 나타내면서 입이나 눈이 한쪽으로 약간 샐그러지게 움직이다. 또는 그렇게 하다. ◆撇嘴，斜瞪眼。¶아이가 무슨 할 말이 있는 듯 입술이 샐쭉거리다가 그냥 제 방으로 돌아갔다. =孩子好像想说什么，撇了撇嘴，什么也没说回到了自己的房里。❷ 마음에 차지 아니하여서 약간 고까워하는 태도가 드러나다. ◆不高兴，生气的，绷着脸的。● 샐쭉대다, 샐쭉하다 ●

샐쭉샐쭉【부사】副 ❶ 어떤 감정을 나타내면서 입이나 눈이 자꾸 한쪽으로 약간 샐그러지게 움직이는 모양. ◆撇嘴，斜瞪眼。¶막내가 샐쭉샐쭉 웃으며 성적표를 내밀었다. =老小撇了撇嘴，笑着把成绩单递了过来。❷ 마음에 차지 아니하여서 약간 고까워하는 태도를 자꾸 드러내는 모양. ◆不高兴的样子，绷着脸的样子。¶내 동생은 아빠께 조금만 혼나도 샐쭉샐쭉 토라져 밥을 안 먹는다. =只要爸爸轻微地训斥一下，我弟弟就绷着脸不吃饭。

샐쭉샐쭉하다【동사】动 ❶ 어떤 감정을 나타내면서 입이나 눈이 한쪽으로 약간 샐그러지게 움직이다. 또는 그렇게 하다. ◆撇嘴，斜瞪眼。¶김 양은 무슨 할 말이 있는지 잠시 입이 샐쭉샐쭉하였다. =小金好像想说什么，撇了撇嘴。❷ 마음에 차지 아니하여서 약간 고까워하는 태도가 드러나다. ◆ 绷着脸。

샘¹【명사】남의 처지나 물건을 탐내거나, 자기보다 나은 처지에 있는 사람이나 적수를 미워함. 또는 그런 마음. ◆ 图嫉妒，妒忌。¶샘이 많은 동생. =妒忌心重的弟弟。

샘²【명사】图 ❶ 물이 땅에서 솟아 나오는 곳. 또는 그 물. ◆ 泉。¶샘이 솟다. =泉水涌流。❷ '샘터(샘물이 솟아 나오는 곳. 또는 그 언저리)'의 준말. ◆ 泉池，泉眼。

샘내다【동사】샘하는 마음이 생기다. ◆ 动嫉妒，妒忌。¶친구가 잘되는 것이 샘나다. =看到朋友过得好，心生嫉妒。

샘물【명사】샘에서 나오는 물. ◆ 图泉水。¶샘물을 긷다. =汲泉水。

샘솟다【동사】힘이나 용기 또는 눈물 따위가 끊이지 아니하고 솟아 나오다. ◆ 动涌现，涌出，充溢。¶샘솟는 애국심. =涌动的爱国之情。

샘터【명사】샘물이 솟아 나오는 곳. 또는 그 언저리. ◆ 图泉眼。¶이 샘터는 항상 물을 떠 가려는 사람들로 북적댄다. =这处泉眼常常挤满了打水的人。

샘플(sample)【명사】전체 물건의 품질이나 상태 따위를 알아볼 수 있도록 그 일부를 뽑아 놓거나, 미리 선보이는 물건. ◆ 图标本，样品，实例。¶샘플 채취. =采取标本。

샛-【접사】'매우 짙고 선명하게'의 뜻을 더하는 접두사. ◆ 前缀深，鲜，浓，亮。¶샛노랗다.=深黄色。

샛강(-江)【명사】큰 강의 줄기에서 한 줄기가 갈려 나가 중간에 섬을 이루고, 하류에 가서는 다시 본래의 큰 강에 합쳐지는 강. ◆ 图环形支流。¶샛강과는 달리 한강 본류의 물은 그런 대로 말갛다. =与环形支流不同，汉江干流的水仍然是那样清澈。

샛길【명사】큰길에서 갈라져 나간 작은 길. 또는 큰길로 통하는 작은 길. ◆ 图小路，支路。¶샛길로 가다. =走小路。

샛노랗다【형용사】매우 노랗다. ◆ 形深黄。¶샛노랗게 물든 은행 잎. =深黄色的银杏叶。

샛문(-門)【명사】图 ❶ 정문 외에 따로 드나들도록 만든 작은 문. ◆ 正门外的小门。¶누나는 늦게 들어올 때면 샛문을 사용한다. =姐姐晚回来时走小门。❷ 방과 방 사이에 있는 작은 문. ◆ 小门。¶옆방으로 통하는 작은 샛문을 열었다. =打开通向隔壁的小门。

샛별【명사】图 ❶ '금성(金星)'을 일상적으로 이르는 말. ◆ 启明星，金星。❷ 장래에 큰 발전을 이룩할 만한 사람을 비유적으로 이르는 말. ◆ <喻>新星。¶이 아이들은 음악계를 밝게 비출 샛별들이다. =这些孩子们将会成为音乐界闪耀的新星。

생¹(生)【명사】삶(사는 일. 또는 살아 있음). ◆ 图生，生活，人生，活着。¶생과 사(死)의 갈림길. =生死的分岔口。

-생²(生)【접사】后缀 ❶ '학생'의 뜻을 더하는 접미사. ◆ 学生。¶견습생. =见习生。❷ '젊은 사람'의 뜻을 더하는 접미사. ◆ 指年轻人。¶이생. =李生。

생³(生)-【접사】前缀 ❶ '익지 아니한'의 뜻을 더하는 접두사. ◆ 生。¶생김치. =还没发酵的生泡菜。❷ '물기가 아직 마르지 아니한'의 뜻을 더하는 접두사. ◆ 湿的。¶생가지. =青枝。❸ '가공하지 아니한'의 뜻을 더하는 접두사. ◆ 未加工的。¶생가죽. =生皮子。❹ '직접적인 혈연관계인'의 뜻을 더하는 접두사. ◆ 亲生。¶생부모. =生父母。❺ '억지스러운' 또는 '공연한'의 뜻을 더하는 접두사. ◆ 生生地，活活地。¶생이별. =生离死别。❻ '지독한' 또는 '혹독한'의 뜻을 더하는 접두사. ◆ 残酷的，狠毒的。¶생지옥. =人间地狱。❼ '얼리지 아니한'의 뜻을 더하는 접두사. ◆ 生鲜的。¶생고기. =鲜肉。

-생⁴(生)【접사】后缀 ❶ '그때에 태어남'의 뜻을 더하는 접미사. ◆ 出生。¶1960년 6월 1일생. =1960年6月1日出生。❷ '그 햇수 동안 자람'의 뜻을 더하는 접미사. ◆ 指生长周期。¶이제 1년생이라면 더 이상 크지는 않는다. =如果这是一年生植物，就不会再长大了。

생가(生家)【명사】图 ❶ 어떤 사람이 태어난 집. ◆ 故居。¶생가 복원. =修复故居。❷ 양자의 생가. ◆ 生身父母家。¶양자로 간 아들은 생가를 빨리 잊어야 양가의 식구들과 정이 들 수 있다. =养子只有早点忘掉生身父母家，才能和领养家庭的成员产生感情。

생각【명사】图 ❶ 사람이 머리를 써서 사물을 헤아리고 판단하는 작용. ◆ 想法，念头。¶올바른 생각. =正确的想法。❷ 어떤 사람이나 일 따위에 대한 기억. ◆ 回想，回忆。¶고향 생각이 난다. =回想起故乡。❸ 어떤 일을 하고 싶어 하거나 관심을 가짐. 또는 그런 일. ◆ 考虑，打算。¶생각이 깊다. =深谋远虑。❹ 어떤 일을 하려고 마음을 먹음. 또는 그런 마음. ◆ 下决心，决心。¶이번에 그녀에게 청혼할 생각이다. =这次下决心向她求婚。❺ 앞으로 일어날 일에 대하여 상상해 봄. 또는 그런 상상. ◆ 想，想像。¶그녀와 결혼한다는 것은 꿈에도 생각 못했던 일이다. =做梦都没想过要和她结婚。❻ 어떤 일에 대한 의견이나 느낌을 가짐. 또는 그 의견이나 느낌. ◆ 感觉。¶가을이 오면 나도 모르게 쓸쓸한 생각이 든다. =到了秋天，不知不觉地有种凉凉的感觉。❼ 어떤 사람이나 일에 대하여 성의를 보이거나 정성을 기울임. 또는 그런 일. ◆ 照顾，关照。¶우리 아들 생각도 좀 해 주게. =请关照我的儿子。❽ 사리를 분별함. 또는 그런 일. ◆ 见识。¶그는 생각이 없다. =他缺少见识。● 생각되다, 생각하다 ●

생각나다【동사】动 ❶ 어떤 의견이나 느낌이 떠오르다. ◆ 想起，想出。¶좋은 방안이 생각났다. =想出好的方案。❷ 어떤 사람이나 일 따위에 관한 기억이 떠오르다. ◆ 记起，想起。¶가끔 어릴 때 친구가 생각난다. =偶尔想起儿时伙伴。❸ 어떤 일을 하고 싶은 마음이 생기다. ◆ 想要。¶밥이 생각났다. =想吃饭。

생강(生薑)【명사】생강과의 여러해살이풀. 높이는 30~50cm이며, 잎은 두 줄로 어긋나고 피침 모양이다. ◆ 图生姜。¶감기가 걸렸을 때 생강을 달여먹으면 좋다. =患感冒时，熬生姜水喝效果不错。

생강차(生薑茶)【명사】생강을 넣어 달인 차. 가래를 삭게 하여 주며, 두통을 방지하는 약으로도 쓴다. ◆名生姜茶。

생것(生-)【명사】익히지 아니한 것. 또는 살아 있는 것. ◆名生的，生东西。

생겨나다【동사】없던 것이 있게 되다. ◆动出现，产生。¶각 분야에 새로운 직종이 생겨났다. =各领域出现了新职种。

생경하다(生硬--)【형용사】形 ❶ 글의 표현이 세련되지 못하고 어설프다. ◆不熟练，生硬。¶생경한 문장을 다듬다. =文笔生硬的句子。❷ 익숙하지 않아 어색하다. ◆不熟悉，生疏，陌生。¶새롭게 발령받은 근무지가 생경하다. =新任命的工作地点有点陌生。

생계(生計)【명사】살림을 살아 나갈 방도. 또는 현재 살림을 살아가고 있는 형편. ◆名生计。¶생계가 막연하다. =生计茫然。

생계비(生計費)【명사】생활하는 데 드는 비용. ◆名生活费(用)。¶아이가 태어나면서 이전보다 생계비 지출이 많아졌다. =随着孩子出生，生活费比以往增加了。

생글거리다【동사】눈과 입을 살며시 움직이며 소리 없이 정답게 자꾸 웃다. ◆动 (无声)微笑。¶아이의 생글거리는 모습이 매우 귀엽다. =孩子微笑的样子非常可爱。● 생글대다 ●

생글생글【부사】눈과 입을 살며시 움직이며 소리 없이 정답게 자꾸 웃는 모양. ◆副 (无声)微笑。¶여승무원의 생글생글 웃는 얼굴이 매력적이다. =女乘务员微笑的脸庞非常迷人。

생긋【부사】눈과 입을 살며시 움직이며 소리 없이 가볍게 웃는 모양. ◆副微微笑，嫣然，婉然。¶그녀는 나를 보고 생긋 웃었다. =她冲我微微一笑。● 생긋이 ●

생기(生氣)【명사】활발하고 생생한 기운. ◆名生气，生机，朝气，活力。¶생기가 나다. =生机勃勃。

생기다[1]【보조 형용사】일의 상태가 부정적인 어떤 지경에 이르게 됨을 나타내는 말. ◆补形 简直要，快要，要。¶굶어 죽게 생기다. =饿得要死。

생기다[2]【동사】动 ❶ 없던 것이 새로 있게 되다. ◆生，长，出现。¶제방에 구멍이 생기다. =堤防上出现了一个洞。❷ 자기의 소유가 아니던 것이 자기의 소유가 되다. ◆有，拥有，占有。¶돈이 좀 생기다. =有了点钱。❸ 어떤 일이 일어나다. ◆(事情)发生，出现。¶문제가 생기다. =发生问题。❹ 사람이나 사물의 생김새가 어떠한 모양으로 되다. ◆生得，长得。¶동양적으로 생기다. =长得像东方人。

생기발랄하다(生氣潑剌--)【형용사】싱싱한 기운이 있고 기세가 활발하다. ◆形生机勃勃，朝气蓬勃，精神焕发。¶운동장에서 뛰노는 아이들의 모습이 생기발랄하다. =孩子们在运动场上欢蹦乱跳的样子，朝气蓬勃。

생김새【명사】생긴 모양새. ◆名外貌，长相，容貌，面容。¶얼굴 생김새. =面容。

생나무(生--)【명사】名 ❶ 살아 있는 나무. ◆活树，活的树木。¶뒷동산 딱따구리는 생나무에 구멍도 뚫는데 … =后山的啄木鸟在活着的树上也能凿出洞…… ❷ 베어 낸 지 얼마 안 되어서 물기가 아직 마르지 아니한 나무. ◆未干的木头，湿木头。¶생나무는 잘 타지 않는다. =湿木头不好烧。

생년월일(生年月日)【명사】태어난 해와 달과 날. ◆名出生时间，生日。¶이력서에 생년월일과 출생지를 써넣었다. =在简历上填上了出生日期和出生地点。

생동감(生動感)【명사】생기 있게 살아 움직이는 듯한 느낌. ◆名生机，生动。¶생동감 넘치는 모습. =充满生机的样子。

생동하다(生動--)【동사】생기 있게 살아 움직이다. ◆动生动，有生气。¶생동한 표정. =生动的表情。

생떼(生-)【명사】억지로 쓰는 떼. ◆名耍赖，赖皮，纠缠。¶생떼를 쓰다. =耍赖。

생략(省略)【명사】전체에서 일부를 줄이거나 뺌. ◆名省略，省，略。¶이하 생략. =以下略。● 생략되다(省略--), 생략하다(省略--) ●

생로병사(生老病死)【명사】사람이 나고 늙고 병들고 죽는 네 가지 고통. ◆名生老病死。¶생로병사는 인간의 숙명이다. =生老病死是人类的宿命。

생리(生理)【명사】名 ❶ 생물체의 생물학적 기능과 작용. 또는 그 원리. ◆生理。¶인간의 생리 작용. =人的生理作用。❷ 생활하는 습성이나 본능. ◆生活习惯。¶생리에 맞다. =符合生活习惯。❸ 성숙한 여성의 자궁에서 주기적으로 출혈하는 생리 현상. ◆月经，例假。¶생리가 불순해 병원에 갔다. =因月经不畅去了医院。

생리대(生理帶)【명사】월경을 할 때 분비되는 피를 흡수하여 밖으로 새지 아니하게 만든 것. ◆名卫生巾。

생매장(生埋葬)【명사】名 ❶ 사람을 산 채로 땅속에 묻음. ◆活埋。¶공사 현장에서 생매장 된 시체를 발견하였다. =工地现场发现了被活埋的人的尸体。❷ 아무런 잘못이 없는 사람에게 억지로 허물을 씌워 일정한 사회 집단에서 몰아내는 것을 비유적으로 이르는 말. ◆〈喻〉(以莫须有的罪名)排挤，赶走。¶사장의 마음에 들지 않는 사원은 생매장을 당했다. =不合社长心意的职员被生生赶走了。● 생매장되다(生埋葬--), 생매장하다(生埋葬--) ●

생맥주(生麥酒)【명사】살균하기 위해서 열처리를 하지 아니한, 양조한 그대로의 맥주. ◆名生啤，扎啤。¶우리는 2차로 생맥주 한잔을 하기로 했다. =我们决定再换个地方去喝杯扎啤。

생머리(生--)【명사】파마를 하지 아니한 자연 그대로의 머리. ◆名直发。¶생머리를 부수수하게 어깨까지 늘어뜨리다. =一头直发蓬松地披在肩上。

생면부지(生面不知)【명사】서로 한 번도 만난 적이 없어서 전혀 알지 못하는 사람. 또는 그런 관계.

◆ 图素不相识，素昧平生；陌生人，生面孔。¶생면부지의 사람. =素不相识的人。

생명(生命)【명사】图 ❶ 사람이 살아서 숨 쉬고 활동할 수 있게 하는 힘. ◆ (人的)生命，性命。¶환자의 생명. =患者的生命。❷ 여자의 자궁 속에 자리 잡아 앞으로 사람으로 태어날 존재. ◆ (指胎儿)生命，小生命。¶생명을 잉태하다. =孕育生命。❸ 사물이 유지되는 일정한 기간. ◆ <喻>寿命，流行时间。¶요즈음 대중 가수들은 생명이 짧다. =最近流行歌手的流行时间很短。❹ 사물이 존재할 수 있는 가장 중요한 요건을 비유적으로 이르는 말. ◆ <喻>命根子，命脉，生命线。¶가수의 생명은 목소리이다. =歌手的命脉就是嗓子。

생명력(生命力)【명사】图 ❶ 생물체가 생명을 유지하여 나가는 힘. ◆ (生物的)生命力。¶끈질긴 생명력을 지니다. =具有顽强的生命力。❷ 사물이나 현상의 본질적 기능을 유지하여 나가는 힘. ◆ (事物或现象的)生命力。¶그 이론은 벌써 오래 전에 생명력을 잃었다. =那理论很久以前就失去了生命力。

생명체(生命體)【명사】생명이 있는 물체. ◆ 图生命体，生命。¶핵전쟁으로 많은 생명체가 죽었다. =核战争导致许多生命体死亡。

생모(生母)【명사】자기를 낳은 어머니. ◆ 图生母，生身母亲。¶그 당시엔 어린 딸이었던 주용분은 생모와 생이별을 당했었다. =当时还是小女孩的周蓉芬被迫与生身母亲生离死别。

생물(生物)【명사】图 ❶ 생명을 가지고 스스로 생활 현상을 유지하여 나가는 물체. ◆ 生物，活物。¶바다의 생물. =海洋生物。❷ 생물의 구조와 기능을 과학적으로 연구하는 학문. ◆ 生物学，生物。¶생물 선생님. =生物学老师。❸ '신선한 물건'을 나타내는 말. ◆ 新鲜的东西。

생방송(生放送)【명사】미리 녹음하거나 녹화한 것을 재생하지 아니하고, 프로그램의 제작과 방송이 동시에 이루어지는 방송. ◆ 图现场直播，直播。¶이 경기는 생방송으로 중계합니다. =对本次比赛进行现场直播。● 생방송하다(生放送--) ●

생부(生父)【명사】자기를 낳은 아버지. ◆ 图生父，生身父亲。¶생부를 찾다. =寻找生身父亲。

생사(生死)【명사】삶과 죽음을 아울러 이르는 말. ◆ 图生死，生和死，死活，死生，存亡。¶생사를 같이한 친구. =生死与共的朋友。

생사람(生--)【명사】图 ❶ 아무런 잘못이 없는 사람. ◆ 无辜者，无辜的人。¶도둑은 못 잡고 생사람을 끌고 가다. =没抓到盗贼，只抓了无辜的人。❷ 몸이 튼튼하여 아무런 병이 없는 사람. ◆ 活生生的人，好端端的人。¶멀쩡하던 생사람이 교통사고로 불구가 되었다. =好端端的人却因交通事故成了残疾。

생산(生産)【명사】인간이 생활하는 데 필요한 각종 물건을 만들어 냄. ◆ 图 (工业)生产，制造。¶공장의 생산 실적이 저조하다. =工厂生产业绩不佳。● 생산되다(生産--), 생산하다(生産--) ●

생산자(生産者)【명사】재화의 생산에 종사하는 사람. ◆ 图生产者，生产厂商。

생산재(生産財)【명사】생산의 과정에 쓰는 재화. 넓은 뜻으로는 자본재와 같으나, 좁은 뜻으로는 원재료처럼 한 번 생산할 때 소비되는 것을 이른다. ◆ 图生产资料。¶이 가구회사는 생산재를 캐나다에서 수입한다. =这家家具公司从加拿大进口生产资料。

생산적(生産的)【명사】图 ❶ 생산에 관계되는 것. ◆ 生产上，生产方面。¶이 회사는 생산적인 면에서 같은 업체들보다 뛰어나다. =这家公司在生产方面远超同类企业。❷ 그것이 바탕이 되어 새로운 것이 생겨나는 것. ◆ 有效的，有成效的，建设性的。¶이번 회담은 생산적이지 못해서 시간을 낭비했다는 생각마저 들었다. =甚至认为此次会谈没有成效，浪费了时间。

생산지(生産地)【명사】어떤 물품을 만들어 내는 곳. 또는 그 물품이 저절로 생겨나는 곳. ◆ 图产地。

생산품(生産品)【명사】생산되는 물품. ◆ 图产品。¶생산품 가격. =产品价格。

생살(生-)【명사】图 ❶ 부스럼이나 상처가 난 자리에 새로 돋아난 살. ◆ (伤口上长出的)新肉。¶상처가 난 부위에 생살이 돋아나다. =受伤的部位长出了新肉。❷ 아무런 탈이 없는 성한 살. ◆ (身上的)皮肉，肉。¶수술을 위해 생살을 째다. =为进行手术切开了皮肉。

생색(生色)【명사】다른 사람 앞에 당당히 나설 수 있거나 자랑할 수 있는 체면. ◆ 图体面，面子，〈喻〉贴金。¶생색을 쓰다. =往自己的脸上贴金。● 생색내다(生色--) ●

생색나다(生色--)【동사】다른 사람 앞에 당당히 나설 수 있거나 자랑할 수 있는 체면이 서다. ◆ 动有面子，长脸，增光。

생생하다【형용사】形 ❶ 시들거나 상하지 아니하고 생기가 있다. ◆ 生机盎然，生机勃勃。¶생생하게 자라나는 풀. =生机盎然的草坪。❷ 힘이나 기운 따위가 왕성하다. ◆ 神采奕奕，精力充沛。❸ 빛깔 따위가 맑고 산뜻하다. ◆ (色彩)新鲜，鲜艳。¶겨우내 거멓던 잎에 생생한 초록빛이 떠올라 있다. =整个冬天都暗沉的叶子泛出了嫩嫩的绿色。❹ 바로 눈앞에 보는 것처럼 명백하고 또렷하다. ◆ 历历在目，活生生。¶생생한 증언. =活生生的证词。● 생생히 ●

생선(生鮮)【명사】말리거나 절이지 아니한, 물에서 잡아낸 그대로의 물고기. ◆ 图鱼，活鱼。¶생선 비린내. =鱼腥味。

생선회(生鮮膾)【명사】싱싱한 생선 살을 얇게 저며서 간장이나 초고추장에 찍어 먹는 음식. ◆ 图生鱼片。¶오늘 회식 메뉴는 생선회다. =今天会餐吃生鱼片。

생성(生成)【명사】사물이 생겨남. 또는 생겨 이루어지게 함. ◆ 图 (事物)形成，诞生，出现。¶지구의 생성 과정. =地球的形成过程。● 생성되다(生成--), 생성하다(生成--) ●

생소하다(生疏--)【형용사】形 ❶ 어떤 대상이 친숙하지 못하고 낯이 설다. ◆ 生疏，陌生。¶모든 것이 생소하기만 한 타향. =一切都非常陌生的他乡。 ❷ 익숙하지 못하고 서투르다. ◆ 不熟练，生疏。

생수(生水)【명사】샘구멍에서 나오는 맑은 물. ◆ 图泉水，矿泉水。¶생수 시장. =矿泉水市场。

생시(生時)【명사】图 ❶ 태어난 시간. ◆ 出生时辰。¶생일 생시. =出生日期和出生时辰。❷ 자거나 취하지 아니하고 깨어 있을 때. ◆ 现实，醒着。¶이게 꿈이냐 생시냐. =这是梦还是现实? ❸ 살아 있는 동안. ◆ 在世时，活着的时候，生前。¶부모님이 돌아가신 뒤에 후회 말고 생시에 잘 해 드려야 한다. =不要在父母死后后悔，应在父母生前尽孝。

생식(生殖)【명사】생물이 자기와 닮은 개체를 만들어 종족을 유지함. ◆ 图生殖，繁殖，繁衍。¶생식 능력. =生殖能力。

생식(生食)【명사】익히지 아니하고 날로 먹음. 또는 그런 음식. ◆ 图生吃，生食。¶건강 유지의 한 방법으로 생식하는 사람이 늘고 있다. =最近越来越多的人将吃生食当作一种养生方法。● 생식하다(生食--) ●

생식기(生殖器)【명사】생물의 생식에 관여하는 기관. ◆ 图性器官，生殖器。

생신(生辰)【명사】'생일(生日)'을 높여 이르는 말. 세상에 태어난 날. ◆ 图寿辰，生辰，诞辰("생일"的敬称)。¶내일이 할머니 생신이시라 친척들이 다 모였다. =明天是奶奶的寿辰，亲戚们都过来了。

생쌀(生-)【명사】익히지 아니한 쌀. ◆ 图生米。

생애(生涯)【명사】살아 있는 한평생의 기간. ◆ 图毕生，一生，一辈子。¶그의 일생은 애국자로서의 생애였다. =他的一生，是作为爱国者的一生。

생업(生業)【명사】살아가기 위하여 하는 일. ◆ 图谋生职业，〈口〉饭碗。¶취미로 시작한 일이 생업이 되었다. =作为兴趣开始的事最后变成了谋生的职业。

생원(生員)【명사】图 ❶ 조선 시대에, 소과(小科)인 생원과에 합격한 사람. ◆ 生员(朝鲜朝时期生员科考及格的人)。❷ 예전에, 나이 많은 선비를 대접하여 이르던 말. ◆〈旧〉先生(指老书生)。

생으로(生--)【부사】副 ❶ 익거나 마르거나 삶지 아니한 날것 그대로. ◆ 生，生的；活生生。¶야채를 생으로 먹다. =生吃蔬菜。❷ 그럴 만한 상황이 되지 않는데도 무리하게. ◆ 硬生生，生生，无端地，无故。¶생으로 사람을 괴롭히다. =无故折磨人。

생이별(生離別)【명사】살아 있는 혈육이나 부부간에 어쩔 수 없는 사정으로 헤어짐. ◆ 图生离别。¶난리 통에 부모님과 생이별을 했다. =在战争中不得不与父母生离别。● 생이별하다(生離別--) ●

생일(生日)【명사】세상에 태어난 날. 또는 태어난 날을 기리는 해마다의 그 날. ◆ 图生日。¶딸애는 생일에 친구들을 초대해 잔치를 열었다. =女儿在生日那天邀请朋友参加生日宴会。

생일잔치(生日--)【명사】생일에 음식을 차려 놓고 여러 사람이 모여 즐기는 일. ◆ 图生日宴会，生日宴。¶생일잔치에 초대받다. =被邀请参加生日宴会。

생장(生長)【명사】나서 자람. ◆ 图生长，成长。¶생장 과정. =生长过程。● 생장하다(生長--) ●

생전(生前)【명사】살아 있는 동안. ◆ 图生前，在世时，活着的时候。¶할아버지께서 생전에 하신 말씀. =爷爷在世时说过的话。

생존(生存)【명사】살아 있음. 또는 살아남음. ◆ 图生存，存活，活下来。¶생존 가능성은 희박하다. =活下来的可能性很小。● 생존하다(生存--) ●

생존 경쟁(生存競爭)【명사】생물이 생장과 생식 등에서 보다 좋은 조건을 얻기 위해서 하는 다툼. ◆ 图生存竞争。¶동식물은 생존경쟁을 통해 더욱 진화된 개체를 형성한다. =动植物通过生存竞争形成更加进化的个体。

생존권(生存權)【명사】사람의 기본적인 자연권의 하나. ◆ 图生存权。¶생존권은 인간에게 주어진 최소한의 권리이다. =生存权是上天赋予人类的最低权利。

생중계(生中繼)【명사】녹음이나 녹화나 편집한 것이 아니라 일이 벌어지고 있는 현장에서 일이 직접 전달되게 하는 방송. ◆ 图现场直播，直播。¶그 경기 실황은 생중계가 계획돼 있었다. =计划对那场比赛进行现场直播。● 생중계하다(生中繼--) ●

생쥐【명사】쥣과의 하나. 몸의 길이는 6~10cm, 꼬리의 길이는 5~10cm이다. ◆ 图小家鼠。

생즙(生汁)【명사】익히지 아니한 채소나 과일 따위를 짓찧어서 짜낸 즙. ◆ 图生果汁，生蔬菜汁。

생지옥(生地獄)【명사】살아서 겪는 지옥이라는 뜻으로, 아주 괴롭고 힘든 곳 또는 그런 상태를 비유적으로 이르는 말. ◆ 图人间地狱。¶생지옥 같은 옥살이였다. =过的是人间地狱般的监狱生活。

생질(甥姪)【명사】누이의 아들을 이르는 말. ◆ 图外甥。¶나는 생질이 많다. =我有许多外甥。

생채(生菜)【명사】익히지 아니하고 날로 무친 나물. ◆ 图凉拌菜，凉菜。¶익히지 않고 생채를 해서 먹다. =不做热菜，做成凉菜吃。

생채기【명사】손톱 따위로 할퀴어지거나 긁히어서 생긴 작은 상처. ◆ 图伤痕，伤疤。¶그는 손톱으로 할퀴어서 나의 얼굴에 생채기를 냈다. =她用手指甲把我的脸抓破了。

생체(生體)【명사】생물의 몸. 또는 살아 있는 몸. ◆ 图生物体，生命体，活体。¶생체 해부. =活体解剖。

생크림(生)【명사】우유에서 비중이 적은 지방분을 분리하여 살균한 식품. ◆ 图鲜奶油。

생태[1](生太)【명사】얼리거나 말리지 아니한, 잡은 그대로의 명태. ◆ 图生明太鱼。¶생태 찌개. =生明太鱼汤。

생태[2](生態)【명사】생물이 살아가는 모양이나 상태. ◆ 图生态。¶식물의 생태를 조사하다. =调查植物的生态。

생태계(生態系)【명사】어느 환경 안에서 사는 생물군과 그 생물들을 제어하는 제반 요인을 포함한 복합 체계. 생태학의 대상이 된다. ◆ 图生态系统，生态体系。¶생태계를 보호하다. =保护生态系统。

생트집(生--)【명사】아무 까닭이 없이 트집을 부림. 또는 그 트집. ◆ 图无理取闹，挑刺儿，故意找茬。¶생트집을 잡다. =故意找茬。

생판(生-)【부사】副 ❶ 매우 생소하게. 또는 아무 상관 없게. ◆ 生疏地，陌生地；全然不知地，根本无关地。¶생판 처음 듣는 이야기뿐이다. =那些话全都是头一次听说。❷ 터무니없이 무리하게. ◆ 无理地，强词夺理地。¶모르는 일이라고 생판 우겨댄다. =强词夺理地辩称不知道。

생포(生捕)【명사】산 채로 잡음. ◆ 图活捉，生擒，俘虏。¶적에게 생포된 아군이 많다. =我军许多人被敌军俘虏。● 생포하다(生捕--), 생포되다(生捕--) ●

생필품(生必品)【명사】'생활필수품(生活必需品)'의 준말. 일상생활에 반드시 있어야 할 물품. ◆ 图生活必需品，日常用品。¶이재민들은 생필품의 부족을 호소하였다. =灾民抱怨没有足够的生活必需品。

생화(生花)【명사】살아 있는 화초에서 꺾은 진짜 꽃. ◆ 图鲜花。¶생화로 만든 꽃다발을 받으니 기분이 좋다. =收到了用鲜花扎成的花束，非常高兴。

생활(生活)【명사】图 ❶ 사람이나 동물이 일정한 환경에서 활동하며 살아감. ◆ 生活。¶생활 방식이 다르다. =生活方式不同。❷ 생계나 살림을 꾸려 나감. ◆ 生活，生计。¶생활 능력을 상실하다. =失去了生活能力。❸ 조직체에서 그 구성원으로 활동함. ◆ (组织成员的)生活，活动。¶교원 생활. =教师活动。❹ 어떤 행위를 하며 살아감. 또는 그런 상태. ◆ 活动，生活。¶떠돌이 생활. =流浪生活。● 생활하다(生活--) ●

생활고(生活苦)【명사】경제적인 곤란으로 겪는 생활상의 괴로움. ◆ 图生活困难，经济困难，贫困。¶생활고에 시달리다. =受经济困难之苦。

생활권(生活圈)【명사】행정 구역과는 관계없이 통학이나 통근·쇼핑·오락 따위의 일상생활을 하느라고 활동하는 범위. ◆ 图生活圈。¶일일 생활권. =一日生活圈。

생활력(生活力)【명사】사회생활을 유지하는 데 필요한 능력. 특히 경제적인 능력을 이른다. ◆ 图生活能力，生存能力，经济能力。¶생활력이 강하다. =生存能力强。

생활비(生活費)【명사】생활해 나가는 데 드는 모든 비용. ◆ 图生活费，生活开支，家用。¶이 도시는 생활비가 많이 든다. =这个城市的生活费用很高。

생활상(生活相)【명사】생활해 나가는 모습. ◆ 图生活状况，生活情况，生活方式。¶조상들의 지혜로운 생활상을 엿보다. =先民们充满智慧的生活方式由此可见一斑。

생활필수품(生活必需品)【명사】일상생활에 반드시 있어야 할 물품. ◆ 图生活必需品，日用品。¶생활필수품 사재기. =囤积日用品。

생활 하수(生活下水)【명사】일상생활을 하는 데에 쓰이고 난 뒤 하천으로 내려오는 물. ◆ 图生活污水。¶생활하수와 공장폐수. =生活污水和工业废水。

생활화(生活化)【명사】생활 습관이 되거나 실생활에 옮겨짐. ◆ 图生活化，养成……的习惯。¶저축을 생활화하자. =养成储蓄的习惯。● 생활화되다(生活化--), 생활화하다(生活化--) ●

생활 환경(生活環境)【명사】생활하고 있는 주위의 자연적 조건이나 사회적 상황. ◆ 图生活环境。

생후(生後)【명사】태어난 후. ◆ 图产后，出生，生下来。¶생후 10 개월 된 아이. =出生十个月的孩子。

샤워(shower)【명사】소나기처럼 뿜어 내리는 물로 몸을 씻는 일. ◆ 图淋浴，洗澡。¶나는 하루라도 샤워를 하지 않으면 잠을 못 잔다. =我一天不洗澡就睡不着觉。● 샤워하다 ●

샴페인(champagne)【명사】이산화탄소를 함유한 백포도주. 프랑스의 샹파뉴 지방에서 처음 만든 술로, 거품이 많고 상쾌한 맛이 있다. ◆ 图香槟，香槟酒。¶우리는 친구 생일에 샴페인을 터트렸다. =我们开了香槟，为朋友庆祝生日。

샴푸(shampoo)【명사】图 ❶ 주로 머리를 감는 데 쓰는 비누. 술폰 화합물을 쓰며 주로 액체로 되어 있다. ◆ 洗发水。❷ 머리를 감는 일. ◆ 洗发，洗头。¶샴푸를 하다. =洗头。

샹송(Chanson<프>)【명사】서민적인 가벼운 내용을 지닌 프랑스의 대중가요. ◆ 图法国流行歌曲，法兰西民谣。¶샹송은 감미로운 음악으로 세계인에게 사랑 받고 있다. =法兰西民谣作为一种甜美的音乐，深受世人喜爱。

서[1]【관형사】그 수량이 셋임을 나타내는 말. ◆ 冠三。¶아들의 학비로 논 서 마지기를 팔았다. =卖了三块地的稻田给儿子作学费。

서[2](西)【명사】'서쪽'의 준말. 네 방위의 하나. ◆ 图西方，西边。

서[3]【조사】助 ❶ '에서(앞말이 행동이 이루어지고 있는 처소의 부사어임을 나타내는 격 조사)'의 준말. ◆ 表示活动场所。¶우연히 길거리서 친구를 만났다. =路上遇见了好朋友。❷ '에서(앞말이 출발점의 뜻을 갖는 부사어임을 나타내는 격 조사')의 준말. ◆ 表示出处或出发点。¶서울서 부산까지. =从首尔到釜山。❸ 앞말이 비교의 기준이 되는 점의 뜻을 나타내는 조사. ◆ 表示比较的对象。❹ 앞말이 근거의 뜻을 나타내는 조사. ◆ 表示根据、出发点、目的。¶고마운 마음서 드리는 말씀입니다. =我这样说是出于感激。❺ 앞말이 주어임을 나타내는 조사. ◆ 表示集体主语。¶정부서 실시한 조사 결과가 발표되었다. =公布了政府的调查结果。

서가(書架)【명사】문서나 책 따위를 얹어 두거나 꽂아 두도록 만든 선반. ◆ 图书架，书柜，书橱。¶책을 서가에 꽂아 두다. =把书插入书架放好。

서간문(書簡文)【명사】편지에 쓰는 특수한 형식의 문체. ◆ 图书信，书信体文章。¶이 소설은 서간문 형식으로 되어 있다. =这部小说采用了书信体。

서거(逝去)【명사】'사거(死去)'의 높임말. 죽어서 세상을 떠남. ◆ 图仙逝，逝世，去世("사거"的敬语)。¶백범 김구 선생 서거 50주년 기념식이 열렸다. =举

行了白凡金九先生逝世50周年纪念仪式。● 서거하다(逝去--) ●

서걱거리다【동사】动 ❶ 벼, 보리, 밀 따위를 베는 소리가 잇따라 나다. ◆ (割庄稼的声音)喀嚓喀嚓响。❷ 눈이 내리거나 눈 따위를 밟는 소리가 잇따라 나다. ◆ (下雪或踏雪的声音)刷刷声，沙沙声，咯吱。❸ 종이 위에 글씨를 쓰는 소리가 잇따라 나다. ◆ (在纸上写字发出的声音)沙沙响。❹ 연한 과자나 배, 사과 따위가 씹히는 소리가 자꾸 나다. 또는 그런 소리를 자꾸 내다. ◆ (吃苹果等脆东西时)喀嚓喀嚓响，咯吱咯吱响。¶할머니께서는 달고 먹기 쉽게 서걱거리는 사과를 좋아하신다. =奶奶喜欢吃又甜又脆的苹果。❺ 갈대나 풀 먹인 천 따위의 얇고 빳빳한 물체가 스치는 소리가 자꾸 나다. 또는 그런 소리를 자꾸 내다. ◆ (芦苇、布料等)一个劲儿沙啦沙啦响。¶바람에 억새가 서걱거리다. =风中紫芒一个劲儿沙啦沙啦响。● 서걱대다, 서걱서걱하다 ●

서걱서걱【부사】副 ❶ 벼, 보리, 밀 따위를 잇따라 벨 때 나는 소리. ◆ (割庄稼的声音)喀嚓喀嚓。¶농부들은 수확의 기쁨으로 얼굴에 웃음을 띤 채 서걱서걱 소리를 내며 벼를 베는 콤바인을 바라보고 있었다. =农民们带着满脸收获的喜悦，看着喀嚓喀嚓割稻子的联合收割机。❷ 눈이 내리거나 눈 따위를 밟을 때 잇따라 나는 소리. ◆ (下雪或踏雪的声音)咯吱咯吱，刷刷。¶서걱서걱 밟히는 눈이 신기한 듯 아이는 자꾸만 뒤를 돌아보았다. =或许是觉得踩上去咯吱咯吱的雪比较神奇，孩子不时地回头看。❸ 연한 과자나 배, 사과 따위를 자꾸 씹을 때 나는 소리. ◆ (嚼苹果等脆东西时发出的声音)嘎吱嘎吱。¶그녀는 사과를 들고 서걱서걱 소리를 내며 맛있게 먹고 있었다. =她拿了个苹果，嘎吱嘎吱地吃得津津有味。❹ 갈대나 풀 먹인 천 따위의 얇고 빳빳한 물체가 자꾸 스칠 때 나는 소리. ◆ (摩擦的声音)沙沙，沙啦沙啦。¶빳빳하게 풀을 먹인 치마는 걸을 때마다 서걱서걱 소리를 냈다. =浆得挺括的裙子，走起路来沙沙直响。❺ 종이 위에 글씨를 쓸 때 나는 소리. ◆ (在纸上写字发出的声音)沙沙。

서고(書庫)【명사】책을 보관하는 집이나 방. ◆ 图书库，文库。¶도서관 서고. =图书馆书库。

서곡(序曲)【명사】图 ❶ 오페라나 종교 음악 등의 첫머리에 연주되는 음악. ◆ (歌剧、组曲等的)序曲，前奏，前奏曲。¶모짜르트의 '피가로의 결혼'의 서곡은 매우 유명하다. =莫扎特的《费加罗的婚礼》序曲非常有名。❷ 어떤 일의 시초를 비유적으로 이르는 말. ◆ 序幕，前奏，序曲。¶지난번 교전은 전쟁의 서곡에 불과하다. =上次交战仅仅是战争的序曲。

서광(曙光)【명사】图 ❶ 새벽에 동이 틀 무렵의 빛. ◆ 曙光，晨光。¶서광이 보이다. =曙光在前。❷ 기대하는 일에 대하여 나타난 희망의 징조를 비유적으로 이르는 말. ◆ 曙光，〈喻〉希望。¶문제 해결의 서광이 비치기 시작했다. =问题解决的曙光开始闪现。

서구(西歐)【명사】서유럽(西), 즉 유럽의 서부에 있는 여러 나라. ◆ 图西欧。¶서구 문물을 받아들이다. =接受西欧文明。

서글서글하다【형용사】생김새나 성품이 매우 상냥하고 너그럽다. ◆ 形 (外貌或性格)温厚，宽厚，温和，温柔敦厚。¶그는 서글서글한 성격 때문에 주위에 친구들이 많다. =他性格温和，周围有许多朋友。

서글프다【형용사】❶ 쓸쓸하고 외로워 슬프다. ◆ 形凄凉，悲伤，哀伤。¶서글픈 신세. =凄凉的身世。❷ 섭섭하고 언짢다. ◆ 形惆怅，黯然。¶신문에서 비도덕적인 사건을 본 그는 마음이 서글펐다. =看完报纸上报道的不人道事件，他心情惆怅。

서기[1](西紀)【명사】기원 원년 이후. ◆ 图公元。¶서기 2006년. =公元2006年。

서기[2](書記)【명사】图 단체나 회의에서 문서나 기록 따위를 맡아보는 사람. ◆ 记录员，秘书。¶서기를 맡다. =担任记录员。

서까래【명사】마룻대에서 도리 또는 보에 걸쳐 지른 나무. 그 위에 산자를 얹는다. ◆ 图椽木，椽子。¶서까래를 올리면 전통적으로 상량식을 거행하는 풍습이 있다. =上椽子时传统上有举行上梁仪式的风俗。

서남(西南)【명사】图 ❶ 서쪽과 남쪽을 아울러 이르는 말. ◆ 西方和南方，西部和南部。¶서남 두 해안에 폭풍경보가 발령되었다. =对西部和南部两处海岸发出暴风警报。❷ 서남쪽. ◆ 西南，西南方。¶서남 50km 부근에서 태풍이 북상하고 있다. =西南方50公里附近有台风北上。

서낭당(--堂)【명사】서낭신을 모신 집. ◆ 图 城隍庙。¶하루도 빠짐없이 꼭두새벽에 일어나서 찬물로 목욕을 하고, 서낭당에 들어가서… =每天都大清早起来，用凉水沐浴，然后进城隍庙……

서낭신(--神)【명사】토지와 마을을 지켜 준다는 신. ◆ 图 城隍神，城隍。¶그 마을 사람들은 고갯마루에 있는 느티나무를 서낭신으로 모신다. =那个村子里的人把山顶上的榉树当城隍神供奉并举行祭祀。

서너【관형사】[일부 단위를 나타내는 말 앞에 쓰여] 그 수량이 셋이나 넷임을 나타내는 말. 冠 (用于部分单位名词前)三四(个)。¶서너명. =三四名。

서넛【수사】셋이나 넷쯤 되는 수. ◆ 数三四个。¶서넛씩 떼를 지어 걸어가고 있다. =三五成群，结伴而行。

서녘(西-)【명사】네 방위의 하나. ◆ 图西边，西。¶해가 서녘으로 지다. =夕阳西下。

서늘하다【형용사】形 ❶ 물체의 온도나 기온이 꽤 찬 느낌이 있다. ◆ 凉快，凉丝丝。¶서늘한 공기. =凉丝丝的空气。❷ 갑자기 놀라거나 무서워 찬 느낌이 있다. ◆ 寒颤，胆战心惊。¶비명 소리에 간담이 서늘했다. =惨叫声让人胆战心惊。● 서늘히 ●

서다【동사】动 ❶ 사람이나 동물이 발을 땅에 대고 다리를 쭉 뻗으며 몸을 곧게 하다. ◆ 站，立，站立。¶차렷 자세로 서다. =以立正姿势站立。❷ 처져 있던 것이 똑바로 위를 향하여 곧게 되다. ◆ 竖。

¶토끼의 귀가 쫑긋 서다. =兔子的耳朵竖得直直的。❸ 계획·결심·자신감 따위가 마음속에 이루어지다. ◆ 下定，形成；有(信心)。¶결심이 서다. =下定决心。❹ 무딘 것이 날카롭게 되다. ◆ 锋利，锐利。¶칼날이 시퍼렇게 서다. =刀刃非常锋利。❺ 질서나 체계, 규율 따위가 올바르게 있게 되거나 짜여지다. ◆ (秩序、体系、规律等)井然，有序，有条理。¶교통질서가 서다. =交通秩序井然。❻ 아이가 배 속에 생기다. ◆ 怀孕，有孕。¶아이가 서서 그런지 입덧이 심하다. =不知道是不是由于怀孕的缘故，害喜很厉害。❼ 줄이나 주름 따위가 두드러지게 생기다. ◆ 起，有了(皱褶、皱纹等)。¶바지 주름이 서다. =裤子起了皱褶。❽ 물품을 생산하는 기계 따위가 작동이 멈추다. ◆ (机械)停止，停。¶발동기가 서다. =发动机停了。❾ 남자의 성기가 발기되다. ◆ 勃起。¶성기가 서다. =阴茎勃起。❿ 나라나 기관 따위가 처음으로 이루어지다. ◆ 建立，创建。¶주민이 늘면서 산골에 학교가 서다. =随着居民的增加，山村里建起了学校。⓫ 어떤 곳에서 다른 곳으로 가던 대상이 어느 한 곳에서 멈추다. ◆ 停，停止。¶작은 시침바늘은 12시에 서 있었다. =小时针停在了十二时的位置。

서당(書堂)【명사】예전에, 한문을 사사로이 가르치던 곳. ◆ 名〈旧〉书院，私塾。¶할아버지는 서당에서 아이들을 가르치셨다. =爷爷在私塾教孩子们读书。

서두(序頭)【명사】名 ❶ 일이나 말의 첫머리. ◆ 开头，开始，开场白。¶서두를 장식하다. =修饰开场白。❷ 어떤 차례나 순서의 맨 앞. ◆ 第一个，头一个，首先。¶내가 서두로 나서겠다. =我会第一个站出来。

서두르다【동사】动 ❶ 일을 빨리 해치우려고 급하게 바삐 움직이다. ◆ 抓紧，赶紧。¶서두르지 않으면 기차 시간에 늦겠다. =如果不抓紧，就赶不上火车。❷ 어떤 일을 예정보다 빠르게 혹은 급하게 처리하려고 하다. ◆ 急于，急着，赶着。¶출발을 서두르다. =急着出发。● 서둘러- ●

서랍【명사】책상·장롱·화장대·문갑 따위에 끼웠다 빼었다 하게 만든 뚜껑이 없는 상자. ◆ 名抽屉。¶서랍을 열다. =拉开抽屉。

서러움【명사】서럽게 느껴지는 마음. ◆ 名伤感，悲伤，悲痛。¶서러움이 북받쳐 오르다. =悲伤涌上心头。

서러워하다【동사】서럽게 여기다. ◆ 动伤心，悲伤，可悲。¶몹시 서러워하다. =非常可悲。

서럽다【형용사】원통하고 슬프다. ◆ 形冤枉，委屈，悲惨。¶신세가 서러워서 울다. =感到身世悲惨而哭泣。

서로【명사】짝을 이루거나 관계를 맺고 있는 상대. ◆ 名彼此，双方，互相。¶서로를 사랑한다. =彼此相爱。

서론(序論/緖論)【명사】말이나 글 따위에서 본격적인 논의를 하기 위한 실마리가 되는 부분. ◆ 名绪论，引子。¶지금까지 내가 한 얘기는 아직 서론에 불과하다. =我到现在为止所讲的还仅仅是个引子。

서류(書類)【명사】글자로 기록한 문서를 통틀어 이르는 말. ◆ 名公文，文件，档案。¶기밀 서류. =机密文件。

서류철【명사】여러 가지 서류를 한데 모아 매어 두게 만든 도구. 또는 그렇게 매어 둔 묶음. ◆ 名文件夹。¶서류철을 정리하다. =整理文件夹。

서른【수사】열의 세 배가 되는 수. ◆ 数三十。¶참석자는 서른이 넘었다. =出席人数超过三十人。

서리【명사】대기 중의 수증기가 지상의 물체 표면에 얼어붙은 것. ◆ 名霜，寒霜。¶지난밤에 서리가 많이 내렸다. =昨晚下了很多霜。

서리다[1]【동사】动 ❶ 수증기가 찬 기운을 받아 물방울을 지어 엉기다. ◆ 凝结。¶차창에 김이 서려 밖이 잘 안 보인다. =车窗上凝结着水蒸汽，看不清楚外面。❷ 어떤 기운이 어리어 나타나다. ◆ (气氛等)弥漫，充满，布满，含，露。¶눈에 독기가 서리다. =目露凶光。❸ 어떤 생각이 마음속 깊이 자리 잡아 간직되다. ◆ (想法等)缠绕，积聚，怀有。¶가슴에 한이 서리다. =心怀郁愤。❹ 냄새 따위가 흠뻑 풍기다. ◆ (气味等)散发，弥漫，充满。¶들판에는 흙 냄새와 풀 냄새가 서려 향기로웠다. =田野上弥漫着泥土和青草的芳香。

서리다[2]【동사】动 ❶ 국수·새끼·실 따위를 헝클어지지 아니하도록 둥그렇게 포개어 감다. ◆ 绕，盘，缠。¶새끼줄을 서리다. =盘草绳子。❷ 뱀 따위가 몸을 똬리처럼 둥그렇게 감다. ◆ (蛇等)盘，踞，蜷。¶뱀이 몸을 서리고 있다. =蛇盘着身子。

서릿발【명사】서리가 땅바닥이나 풀포기 따위에 엉기어 삐죽삐죽하게 성에처럼 된 모양. 또는 그것이 뻗는 기운. ◆ 名霜，霜花。¶서릿발이 서다. =结霜。

서막(序幕)【명사】名 ❶ 연극 따위에서, 처음 여는 막. 인물과 사건 따위를 예비적으로 보여 준다. ◆ (戏剧等的)序幕。¶서막이 열리다. =揭开序幕。❷ 일의 시작이나 발단. ◆ 序幕，〈喻〉(事情的)前奏，开始。¶혁명의 서막. =革命的序幕。

서먹서먹하다【형용사】낯이 설거나 친하지 아니하여 자꾸 어색하다. ◆ 形 (非常)生疏，别扭，拘谨。¶남의 방에 들어가기가 서먹서먹하다. =进别人房间觉得别扭。

서먹하다【형용사】낯이 설거나 친하지 아니하여 어색하다. ◆ 形生疏，别扭，拘谨。¶처음 보는 사람이라 인사하기가 어쩐지 서먹하다. =这个人是初次见面，所以打招呼有点别扭。

서면(書面)【명사】名 ❶ 글씨를 쓴 지면. ◆ 书面，纸上。❷ 일정한 내용을 적은 문서. ◆ 文件，书面。¶서면으로 보고하다. =书面报告。

서명(署名)【명사】자기의 이름을 써넣음. 또는 써넣은 것. ◆ 名签名，签字，署名。¶서류에 서명하다. =在文件上署名。● 서명하다(署名--) ●

서무(庶務)【명사】특별한 명목이 없는 여러 가지 일반적인 사무. 또는 그런 일을 맡은 사람. ◆ 名事务，总务，杂务。¶그는 재단 사무실에서 잡무를 보는 서무이다. =他是在财团办公室打杂的总务。

서무실(庶務室)【명사】주로 학교 따위에서 일반 사무를 맡아서 처리하는 곳. ◆ 图 (学校等的)总务处，事务处。¶필요한 물품은 서무실에 신청하시오. =所需物品请向总务处申请。

서문¹(序文)【명사】책이나 논문의 첫머리에 그 내용의 대강이나 그에 관계된 사항을 간단히 적은 글. ◆ 图序，序言，前言，跋。¶서문을 보면 책의 내용을 대강 알 수 있다. =看序就可以大致了解书的内容。

서문²(西門)【명사】서쪽으로 나 있는 문. ◆ 图西门。¶그 도둑은 서문으로 도망갔다. =那个小偷从西门逃走了。

서민(庶民)【명사】图 ❶ 아무 벼슬이나 신분적 특권을 갖지 못한 일반 사람. ◆ 平民，百姓，小市民。¶그는 평범한 서민이다. =他是个平凡的小市民。❷ 경제적으로 중류 이하의 넉넉지 못한 생활을 하는 사람. ◆ 贫民，穷人。¶날로 쪼들리는 서민들의 생활. =每天生活在煎熬之中的贫民生活。

서민층(庶民層)【명사】서민에 속하는 계층. ◆ 图平民阶层，下层。¶물가 인상 때문에 도시 서민층의 불만이 높아졌다. =由于物价上升，城市平民阶层的不满增加了。

서방(書房)【명사】图 ❶ 혼인을 하여 여자의 짝이 된 남자를 그 여자에 상대하여 이르는 말. ◆ 丈夫，老公；女婿。¶서방을 얻다. =找了个女婿。❷ 성에 붙여 사위나 매제, 아랫동서 등을 이르는 말. ◆ (用在姓氏后称呼女婿、妹夫、比自己小的连襟等)姑爷。¶요즈음 박 서방은 회사 잘 다니니? =朴姑爷近来上班还好吧?

서방님(書房-)【명사】图 ❶ 혼인을 하여 여자의 짝이 된 남자를 그 여자에 상대하여 이르는 말. ◆ 夫君，相公("남편"的敬称)。¶서방님은 지금 외출 중입니다. =夫君现在不在家。❷ 결혼한 시동생(媤同生)을 이르거나 부르는 말. ◆ 小叔(对已婚小叔子的称呼)。¶서방님, 동서는 어디 갔나요? =小叔，弟妹到哪儿去了?

서방 정토(西方淨土)【명사】서쪽으로 십만 억의 국토를 지나면 있는 아미타불의 세계. ◆ 图西天，西方极乐世界。

서부(西部)【명사】어떤 지역의 서쪽 부분. ◆ 图西部，西部地区。¶서부 개척 시대. =西部开发时代。

서부극(西部劇)【명사】미국의 서부 개척 시대를 배경으로 개척자와 악당의 대결을 그린 영화나 연극. ◆ 图 (美国)西部片，西部电影。¶서부극은 권선징악의 고전적 주제를 다룬 것이 대부분이다. =美国西部电影大部分表现惩恶扬善的古典主题。

서부터【조사】'에서부터'의 준말. 범위의 시작 지점이나 어떤 행동의 출발점, 비롯되는 대상임을 나타내는 격 조사. ◆ 助从，离，距("에서부터"的略语)。¶공연은 한 시서부터 시작된다. =演出从一点开始。

서북(西北)【명사】图 서쪽과 북쪽을 아울러 이르는 말. 서쪽과 북쪽의 사이가 되는 방위. ◆ 西方和北方；西北，西北方向。

서브(serve)【명사】탁구·배구·테니스 따위에서, 공격하는 쪽이 상대편 코트에 공을 쳐 넣는 일. 또는 그 공. ◆ 图发球，开球。● 서브하다 ●

서비스(service)【명사】图 ❶ 생산된 재화를 운반, 배급하거나 생산, 소비에 필요한 노무를 제공함. ◆ 服务。¶기업은 고객들을 위해 최대한 서비스를 제공할 필요가 있다. =企业有必要为顾客提供好的服务。❷ 장사에서, 값을 깎아 주거나 덤을 붙여 줌. ◆ 赠送，送。¶컴퓨터를 샀더니 서비스로 책상을 하나 주었다. =因买了电脑，所以送了个书桌。❸ 탁구·배구·테니스 따위에서, 공격하는 쪽이 상대편 코트에 공을 쳐 넣는 일. ◆ 发球，开球。● 서비스하다 ●

서비스업(service業)【명사】물자의 생산 대신에 서비스를 제공하는 산업. ◆ 图服务业，第三产业。¶서비스업은 공해 없는 산업으로 인식된다. =服务业被认为是无公害产业。

서빙하다(serving--)【동사】음식점이나 카페 따위에서 음식을 나르며 손님의 시중을 드는 일. ◆ 动服务，招待。¶용돈을 벌기 위해 식당에서 서빙을 하다. =为挣零用钱而在食堂里做服务员。

서사시(敍事詩)【명사】역사적 사실이나 신화·전설·영웅의 사적 따위를 서사적 형태로 쓴 시. ◆ 图叙事诗，史诗。

서서히(徐徐-)【부사】동작이나 태도가 급하지 아니하고 느리게. ◆ 副慢慢，徐徐，缓缓。¶경기(景氣)가 서서히 호전되고 있다. =经济环境正在慢慢好转。

서성거리다【동사】한곳에 서 있지 않고 자꾸 주위를 왔다 갔다 하다. ◆ 动踱来踱去，徘徊；彷徨。¶문밖에서 서성거리다. =在门外徘徊。● 서성대다 ●

서성이다【동사】한곳에 서 있지 않고 주위를 자꾸 왔다 갔다 하다. ◆ 动踱来踱去，徘徊；彷徨。

서수(序數)【명사】사물의 순서를 나타내는 수. ◆ 图序数。

서술(敍述)【명사】사건이나 생각 따위를 차례대로 말하거나 적음. ◆ 图叙述，讲述，表述。¶서술 방식. =表述方式。● 서술되다(敍述--), 서술하다(敍述--) ●

서술문(敍述文)【명사】화자가 사건의 내용을 객관적으로 진술하는 문장. ◆ 图陈述句。¶명제는 의문문이나 명령문이어서는 안 되고 반드시 서술문이어야 한다. =命题不得为疑问句或命令句，必须是陈述句。

서슬【명사】图 ❶ 쇠붙이로 만든 연장이나 유리 조각 따위의 날카로운 부분. ◆ 刀口，刀锋。¶서슬이 시퍼런 칼. =刀口锋利的。❷ 강하고 날카로운 기세. ◆ 势头，气势，气焰。¶외지인이 동네 사람들의 서슬에 기가 죽다. =外地人在村里人的气势面前泄气了。

서슴다【동사】动 ❶ 결단을 내리지 못하고 머뭇거리며 망설이다. ◆ 犹豫，踌躇，迟疑。¶서슴지 말고 대답해라. =别犹豫，快回答。❷ 어떤 행동을 선뜻 결정하지 못하고 머뭇거리며 망설이다. ◆ 犹豫，迟

疑(做某事)。¶그 사람은 귀찮은 일에 나서기를 서슴지 않는다. =他对于麻烦的工作从不回避。

서슴없다【형용사】말이나 행동에 망설임이나 거침이 없다. ◆ 形毫不犹豫，毫不迟疑，毫不含糊。¶그는 서슴없는 말투로 주위사람들을 긴장시켰다. =他毫不含糊的口气让周围的人紧张起来。● 서슴없이 ●

서식[1](棲息)【명사】동물이 깃들여 삶. ◆ 名栖息。¶서식 환경. =栖息环境。● 서식하다(棲息--) ●

서식[2](書式)【명사】증서·원서·신고서 따위와 같은 서류를 꾸미는 일정한 방식. ◆ 名格式，表格。¶공문서식. =公文格式。

서신(書信)【명사】안부, 소식, 용무 따위를 적어 보내는 글. ◆ 名书信，信件。

서약(誓約)【명사】맹세하고 약속함. ◆ 名誓约，盟约。¶결혼 서약을 깨다. =违背婚约。● 서약하다(誓約--) ●

서약서(誓約書)【명사】서약하는 글. 또는 그런 문서. ◆ 名誓文，盟书。¶주례가 결혼 서약서를 읽었다. =司仪宣读结婚誓文。

서양(西洋)【명사】유럽과 아메리카 주의 여러 나라를 이르는 말. ◆ 名西洋，西方。¶서양문명. =西洋文明。

서양사(西洋史)【명사】서양의 역사. ◆ 名西方史，西洋史。¶그는 대학원에서 서양사를 전공했다. =他在研究生院专修西方史。

서양화(西洋畫)【명사】서양에서 발생하여 발달한 그림. ◆ 名西洋画。

서역(西域)【명사】그대 중국의 서쪽에 있던 여러 지역을 통틀어 이르는 말. ◆ 名 (中国古代)西域，西部地区。

서열(序列)【명사】일정한 기준에 따라 순서대로 늘어섬. 또는 그 순서. ◆ 名次序，排名，辈分，顺序。¶서열이 높다. =排名高。

서예(書藝)【명사】글씨를 붓으로 쓰는 예술. ◆ 名书法。¶서예의 대가. =书法大家。

서예가(書藝家)【명사】붓글씨로 일가를 이룬 사람. 또는 붓글씨를 직업적으로 쓰는 예술가. ◆ 书法家。

서운하다【형용사】마음에 모자라 아쉽거나 섭섭한 느낌이 있다. ◆ 形可惜，惋惜，遗憾，不是滋味。¶여비도 넉넉히 주지 못하고 보내서 서운하다. =连路费都没能多给点就给送走了，心里真不是滋味。

서울【명사】名 학국의 수도. 한강 하류에 위치하며, 북한산 · 도봉산 · 인왕산 · 관악산 따위의 산에 둘러 싸여 분지를 이룬다. ◆ 首尔。

서울말【명사】서울 사람이 쓰는 말. 학국의 표준어의 기초가 된다. ◆ 名首尔话。

서원(書院)【명사】名 ❶ 중국애저, 장서(講書)와 장학(講學) 을 하덕곶. ◆ 书院（中国古代学者的读书讲学之所）。❷ 조선 시대에, 선비가 모여서 학문을 강론하고, 석학이나 충절로 죽은 사람을 제사 지내던 곳. ◆ 书院(朝鲜王朝时期的书生们聚在一起讨论学术，或者祭祀死者的地方)。

서유기(西遊記)【명사】중국 명나라 때에, 오승은이 지은 장편 소설. ◆ 名（中国古代四大名著之一）《西游记》。

서자(庶子)【명사】본부인이 아닌 딴 여자가 낳은 아들. ◆ 名庶子，妾生的儿子。¶그는 서자로 태어나게 한 자신의 어머니를 원망했다. =他怨恨母亲把自己生下来当一个庶子。

서재(書齋)【명사】책을 갖추어 두고 글을 읽고 쓰고 하는 방. ◆ 名书房；私塾，学堂。¶아버지는 집에 들어오시면 주로 서재에 계신다. =父亲回家后基本上呆在书房。

서적(書籍)【명사】일정한 목적, 내용, 체재에 맞추어 사상, 감정, 지식 따위를 글이나 그림으로 표현하여 적거나 인쇄하여 묶어 놓은 것. ◆ 名书，书籍。¶서적상. =书商。

서전(緖戰)【명사】전쟁이나 시합의 첫 번째 싸움. ◆ 名初战，首战。¶우리 팀은 서전에서 승리를 장식했다. =我方首战告捷。

서점(書店)【명사】책을 갖추어 놓고 팔거나 사는 가게. ◆ 名书店，书局。¶집에 가는 길에 서점에 들러 소설책을 한 권 샀다. =回家路上顺便进书店买了本小说。

서정시(抒情詩)【명사】개인의 감정이나 정서를 주관적으로 표현한 시. ◆ 名抒情诗。

서지학(書誌學)【명사】책에 관해 연구하는 학문. ◆ 名目录学，文献学。

서진(書鎭)【명사】책장이나 종이쪽이 바람에 날리지 아니하도록 눌러두는 물건. ◆ 名镇纸，镇尺，压纸。

서쪽(西-)【명사】네 방위의 하나. 해가 지는 쪽이다. ◆ 名西，西边。¶해가 서쪽 산마루에 걸릴 무렵에 우리는 도착했다. =日落西山时分，我们到了。

서찰(書札)【명사】안부, 소식, 용무 따위를 적어 보내는 글. ◆ 名书札，书信。

서책(書冊)【명사】일정한 목적, 내용, 체재에 맞추어 사상, 감정, 지식 따위를 글이나 그림으로 표현하여 적거나 인쇄하여 묶어 놓은 것. ◆ 名书籍，书本。¶오래된 서책들이 책장에 빽빽이 꽂혀 있다. =陈旧的书籍密密麻麻地陈列在书架上。

서체(書體)【명사】名 ❶ 글씨를 써 놓은 모양. ◆ 字体。¶서체가 독특하다. =字体独特。❷ 붓글씨에서 글씨를 쓰는 일정한 격식이나 양식. 한자에서 해서·행서·초서·예서·전서, 한글에서 궁체 따위를 이른다. ◆ 书法字体。❸ 자형의 양식. 명조·송조·청조·고딕 따위의 글씨체를 이른다. ◆ 印刷体。

서커스(circus)【명사】마술이나 여러 가지 곡예, 동물의 묘기 따위를 보여 주는 흥행물. 또는 그것을 공연하는 흥행 단체. ◆ 名马戏，杂技；马戏团，杂技团。¶서커스단. =马戏团。

서클(circle)【명사】같은 이해관계나 같은 직업, 취미 따위로 모인 사람들의 단체. ◆ 名社团，团体，小组。¶문학 서클. =文学社团。

서투르다【형용사】일 따위에 익숙하지 못하여 다루기에 설다. ◆ 形 (技术等)不熟练，拙笨，笨手笨脚。¶외국어에 서투르다. =外语不熟练。● 서툴다 ●

서편(西便)【명사】서쪽 편. ◆ 名西，西边。¶지리

산 서편 기슭에 사는 화전민. =生活在智异山的西侧山脚下的火田民。

서풍(西風)【명사】서쪽에서 불어오는 바람. ◆ 名西风。¶서풍이 불어 일기 시작한다. =开始刮起西风。

서한(書翰)【명사】안부, 소식, 용무 따위를 적어 보내는 글. ◆ 名书信, 信件, 信函。¶할아버지께서 인편에 서한을 보내오셨다. =爷爷托人送来书信。

서행(徐行)【명사】사람이나 차가 천천히 감. ◆ 名徐行, 慢速行驶。¶서행 운전. =慢速行驶。● 서행하다(徐行--) ●

서화(書畫)【명사】글씨와 그림을 아울러 이르는 말. ◆ 名书画, 字画, 笔墨。¶서화전을 열다. =举办书画展。

서화가(書畫家)【명사】글씨를 잘 쓰고 그림을 잘 그리는 사람. 또는 그런 일을 직업으로 하는 사람. ◆ 名书画家。¶서화가들이 작품 전시회를 열었다. =书画家们举办了作品展。

석[1]【관형사】그 수량이 셋임을 나타내는 말. ◆ 冠三。¶안방에 석 자 짜리 장롱을 들여놓다. =在往里屋放置了三尺高的衣橱。

석[2](石)【의존 명사】부피의 단위. ◆ 依名 [体积单位]石。¶공양미 열 석을 절에 기부하다. =向寺院里捐十石供养米。

석[3](席)【의존 명사】'좌석'을 세는 단위. ◆ 依名坐席数, 席位数。¶이 공연장은 관람석이 오백석 가까이 된다. =这个剧场有近五百个席位。

-석[4](席)【접사】'자리'의 뜻을 더하는 접미사. ◆ 后缀 (附于部分名词之后)席。¶관람석. =观众席。

석가(釋迦)【명사】'석가모니'의 준말. ◆ 名 "석가모니"的略语。

석가모니(釋迦牟尼)【명사】불교의 개조. 과거칠불의 일곱째 부처로, 세계 4대 성인의 한 사람이다. ◆ 名释迦牟尼。● 〈略〉석가 (釋迦) ●

석가 탄신일(釋迦誕辰日)【명사】석가모니가 태어난 날을 기념하는 날. ◆ 名释迦诞辰日。¶석가탄신일이 다가오면 거리에는 연등이 걸린다. =临近释迦诞辰日的时候, 街上就会挂出燃灯。

석가탑(釋迦塔)【명사】석가모니의 치아·머리털·사리 따위를 모신 탑. ◆ 名释迦塔。

석간(夕刊)【명사】'석간신문(夕刊新聞)'의 준말. 매일 저녁때 발행하는 신문. ◆ 名晚报。¶석간이 나운다. =晚报发行。

석간신문(夕刊新聞)【명사】저녁 때 발행하는 신문. ◆ 名晚报。

석고(石膏)【명사】황산칼슘(黃酸)의 이수화물(二水化物)로 이루어진 석회질 광물. ◆ 名 石膏。

석고 붕대(石膏繃帶)【명사】석고 가루를 굳혀서 단단하게 만든 붕대. ◆ 名石膏绷带。

석공(石工)【명사】돌을 다루어 물건을 만드는 사람. ◆ 名石匠。¶이 석탑을 보면 옛날 이름 없는 석공의 장인정신을 느낄 수 있다. =通过这座石塔可以感受到古时无名石匠的匠人精神。

석굴(石窟)【명사】바위에 뚫린 굴. ◆ 名石窟, 岩洞。

석굴암(石窟庵)【명사】경상북도 경주시 토함산 동쪽에 있는, 한국의 대표적인 석굴 사원. ◆ 名石窟庵。

석권(席卷/席捲)【명사】빠른 기세로 영토를 휩쓸거나 세력 범위를 넓힘을 이르는 말. ◆ 名席卷, 包揽。¶전 종목 석권을 기대하다. =期望包揽整个项目。● 석권하다(席卷--/席捲--) ●

석기(石器)【명사】돌로 만든 여러 가지 생활 도구. 주로 선사 시대에 만들어진 돌 접시·돌살촉·돌도끼·귀고리 따위의 유물을 이른다. ◆ 名石器。

석기 시대(石器時代)【명사】돌을 이용하여 칼, 도끼 따위의 기구를 만들어 쓰던 시대. 인류 문화 발달의 첫 단계로 구석기 시대와 신석기 시대로 나눈다. ◆ 名石器时代。

석류(石榴)【명사】名 ❶ 석류나뭇과의 낙엽 활엽 교목. 높이는 3m 정도이며, 잎은 마주나고 긴 타원형 또는 거꾸로 된 달걀 모양으로 광택이 난다. ◆ 石榴树。❷ '석류'의 열매. ◆ 石榴。

석면(石綿)【명사】사문석 또는 각섬석이 섬유질로 변한 규산염 광물. ◆ 名石棉。

석방(釋放)【명사】법에 의하여 구속하였던 사람을 풀어 자유롭게 하는 일. ◆ 名释放。● 석방되다(釋放--), 석방하다(釋放--) ●

석별(惜別)【명사】서로 애틋하게 이별함. 또는 그런 이별. ◆ 名惜别。¶석별의 정을 나누다. =互诉惜别之情。

석불(石佛)【명사】돌로 만든 부처. ◆ 名石佛。¶석굴암의 석불은 아름답고 기품 있는 예술품이다. =石窟庵的石佛是一件美丽非凡的艺术品。

석사(碩士)【명사】대학원의 석사 과정을 마치고 규정된 절차를 밟은 사람에게 수여하는 학위. ◆ 名硕士。¶석사 과정을 마치다. =完成硕士课程。

석상[1](席上)【명사】누구와 마주한 자리. 또는 여러 사람이 모인 자리. ◆ 名场合; 桌上, 席上。¶공식 석상. =正式场合。

석상[2](石像)【명사】돌을 조각하여 만든 사람이나 동물의 형상. ◆ 名石像。¶석상을 세우다. =立石像。

석쇠【명사】고기나 굳은 떡 조각 따위를 굽는 기구. ◆ 名烧烤箅子, 铁支子。¶석쇠를 뒤집다. =翻弄烧烤箅子。

석수(石手)【명사】돌을 다루어 물건을 만드는 사람. ◆ 名石匠。

석수장이(石手--)【명사】'석수'를 낮잡아 이르는 말. 돌을 다루어 물건을 만드는 사람. ◆ 名 "석수"的贬称。

석순(石筍)【명사】종유굴 안의 천장에 있는 종유석에서 떨어진 탄산칼슘(炭酸)의 용액이 물과 이산화탄소의 증발로 굳어 죽순(竹筍) 모양으로 이루어진 돌 기물. ◆ 名 石笋。¶석순은 오랜 세월을 거쳐 만들어진다. =石笋是在漫长的岁月中形成的。

석양(夕陽)【명사】名 ❶ 저녁때의 햇빛. 또는 저녁때의 저무는 해. ◆ 夕阳, 残阳, 落日。¶석양에 타는 저녁놀. =被夕阳映红的晚霞。❷ 석양이 질 무렵. ◆ 黄昏, 落日时分。¶아기가 낮잠을 자고 일어난 때는 이미 석양이었다. =孩子睡醒午觉时已是黄昏了。❸ '노년(老年)'을 비유적으로 이르는 말. ◆〈喻〉暮年，晚年，老年。¶요즘은 나이 60세는 석양이 아니라 새로운 일을 할 나이라고 한다. =近来，六十岁不再是暮年，而是新的起点。

석연하다(釋然--) 【형용사】 의혹이나 꺼림칙한 마음이 없이 환하다. ◆形释然，打消疑虑，消除嫌隙。¶분위기가 석연치 않다. =令人疑惑的气氛。

석영(石英) 【명사】 이산화규소(二酸化硅素)로 이루어진 규산염 광물. ◆图 石英，硅石。

석유(石油) 【명사】 땅속에서 천연으로 나는, 탄화수소를 주성분으로 하는 가연성 기름. ◆图石油。

석재(石材) 【명사】 건축이나 토목 따위에 쓰는, 돌로 된 재료. ◆图石材，石料。¶석재로 된 건물. =用石材搭建的建筑。

석조(石造) 【명사】 돌로 물건을 만드는 일. 또는 그 물건. ◆图石造，石制；石制品。¶석조 건물. =石造建筑。

석주(石柱) 【명사】 돌을 다듬어서 만든 기둥. ◆图石柱。

석차(席次) 【명사】 성적의 차례. ◆图 (成绩的)名次，排名。¶석차를 매기다. =排名次。

석탄(石炭) 【명사】 태고 때의 식물질이 땅속 깊이 묻히어 오랫동안 지압과 지열을 받아 차츰 분해하여 생긴, 타기 쉬운 퇴적암. ◆图煤，炭，煤炭。

석탑(石塔) 【명사】 석재를 이용하여 쌓은 탑. 동양에서는 전통적으로 층을 구분하여 쌓았다. ◆图石塔。¶5층 석탑. =五层石塔。

석학(碩學) 【명사】 학식이 많고 깊은 사람. ◆图泰斗，饱学之士。¶그는 과학계에서 현존하는 최고의 석학으로 인정받고 있다. =他被公认为是目前科学界健在的学术泰斗。

석회(石灰) 【명사】 图 ❶ 석회석을 태워 이산화탄소를 제거하여 얻는 생석회와 생석회에 물을 부어 얻는 소석회를 통틀어 이르는 말. ◆ 石灰。¶벽의 낙서와 얼룩을 꼼꼼히 지우고 석회를 개어 갈라진 틈을 채웠다. =仔细清除墙壁上的涂鸦和斑点，调匀石灰，填补裂开的缝隙。❷ 칼슘의 탄산염. 대리석·석회석·방해석·조개껍데기 등의 주성분임. ◆碳酸钙。

석회석(石灰石) 【명사】 탄산칼슘을 주성분으로 하는 퇴적암. ◆图 石灰石，石灰岩。

석회수(石灰水) 【명사】 수산화칼슘을 물에 녹인 무색투명한 액체. ◆图石灰水。

석회암(石灰巖) 【명사】 탄산칼슘을 주성분으로 하는 퇴적암. ◆图石灰岩，石灰石。

석회질(石灰質) 【명사】 석회 성분을 주로 가진 물질. ◆图石灰质。¶석회질이 많은 토지에서는 뽕나무가 잘 자란다. =石灰质多的土地适合桑树生长。

섞다 【동사】 动❶ 두 가지 이상의 것을 한데 합치다. ◆ 掺，混合，掺杂，掺和。¶쌀에 보리를 섞다. =往大米里掺大麦。❷ 어떤 말이나 행동에 다른 말이나 행동을 함께 나타내다. ◆ 夹杂，夹带。¶그는 농담 섞어 말장난을 쳤다. =他半开玩笑地说着。

선[1](線) 【명사】 图 ❶ 그어 놓은 금이나 줄. ◆ 线。¶선을 긋다. =画线。❷ 철선이나 전선 따위를 통틀어 이르는 말. ◆ 线(铁丝，电线等)。¶진공청소기의 선이 짧아서 베란다는 청소할 수가 없다. =真空吸尘器的线太短，没法打扫阳台。❸ 물체의 윤곽을 이루는 부분. ◆ 轮廓线。¶선이 부드럽다. =轮廓线柔和。❹ 다른 것과 구별되는 일정한 한계나 그 한계를 나타내는 기준. ◆ 界线。¶그는 애인과 일정한 선을 긋고 만나고 있다. =他与恋人交往有一定的界线。❺ 어떤 인물이나 단체와 맺고 있는 관계. ◆ 关系，联系，门路。¶권력층과 선이 닿다. =和权力阶层搭上线。❻ '광선(光線)'의 뜻을 나타내는 말. ◆ 光线。

선[2] 【명사】 图 ❶ 사람의 좋고 나쁨과 마땅하고 마땅하지 않음을 가리는 일. 주로 결혼할 대상자를 정하기 위하여 만나 보는 일을 이른다. ◆ 相，相亲。❷ 물건이나 사람이 처음 모습을 드러내는 일. ◆ 首次推出，首次亮相。¶이번 박람회에서 새로운 기술들이 선을 보였다. =本次博览会中推出了很多新技术。

선[3](善) 【명사】 올바르고 착하여 도덕적 기준에 맞음. 또는 그런 것. ◆图善，善良。¶선을 쌓다. =积善。

선[4](選) 【의존 명사】 여럿 가운데 뽑힌 횟수나 차례를 세는 단위. ◆ 依名 (接于数词之后)选一。¶5선 의원. =五选一议员。

선[5]- 【접사】 '서툰' 또는 '충분치 않은'의 뜻을 더하는 접두사. ◆ 前缀不熟练，不熟悉，蹩脚。¶선무당. =蹩脚巫婆。

선[6](先)- 【접사】 前缀 ❶ '앞선'의 뜻을 더하는 접두사. ◆ 前，先。¶선이자. =先付利息。❷ '이미 죽은'의 뜻을 더하는 접두사. ◆ 先 (已去世)。¶선대왕. =先王。

-선[7](線) 【접사】 '노선(路線)'의 뜻을 더하는 접미사. ◆后缀线路。¶경부선. =京釜线。

-선[8](船) 【접사】 '배'의 뜻을 나타내는 말. ◆ 后缀船。¶호화유람선. =豪华游船。

-선[9](選) 【접사】 '그것을 가려 뽑아 모은 것'의 뜻을 더하는 접미사. ◆ 后缀选，选集。¶명시선. =名诗选集。

선[10](先) 【명사】 图 ❶ 먼저 하여야 할 차례가 됨. 또는 그 차례. ◆ 首先，当先。❷ 바둑이나 장기를 시작할 때, 상대편보다 먼저 두는 일. 또는 그런 사람. ◆ (围棋或象棋中)先下，先走。¶내가 선을 잡겠네. =我要先下了。

선각자(先覺者) 【명사】 남보다 먼저 사물이나 세상일을 깨달은 사람. ◆图先知先觉者，先知。

선거(選擧) 【명사】 일정한 조직이나 집단이 대표자나 임원을 뽑는 일. ◆图选举，选拔。¶선거를 치르다. =举行选举。● 선거하다(選擧--) ●

선거권(選擧權) 【명사】 선거에 참가하여 투표할 수 있는 권리. ◆图选举权。¶올해부터 선거권을 갖게 되었다. =从今年开始拥有了选举权。

선견지명(先見之明) 【명사】 어떤 일이 일어나기 전에 미리 앞을 내다보고 아는 지혜. ◆图先见之明。

¶선견지명이 있다. =有先见之明。

선결(先決)【명사】다른 문제보다 먼저 해결하거나 결정함. ◆ 名首要，首先解决。¶선결 과세. =首要课题。● 선결되다(先決--), 선결하다(先決--) ●

선고(宣告)【명사】名 ❶ 선언하여 널리 알림. ◆ 宣告，宣布。¶퇴장 선고. =宣布退场。❷ 공판정에서 재판장이 판결을 알리는 일. 이로써 재판의 효력이 생기며 판결 원본을 낭독하고 필요한 경우에는 이유의 요지를 설명하여야 한다. ◆ 宣判，判决，判处。¶무죄 선고. =宣判无罪。● 선고되다(宣告--), 선고하다(宣告--) ●

선공(先攻)【명사】운동 경기 따위에서, 먼저 공격하는 일. ◆ 名 (棒球等)先发起进攻。¶우리나라의 선공으로 경기가 시작되었다. =比赛从我国的先攻开始。

선구자(先驅者)【명사】名 ❶ 말을 탄 행렬에서 맨 앞에 선 사람. ◆ (马队)领队者。¶장수는 대열의 선구자로서 군사를 지휘했다. =将帅作为队伍的先锋指挥士兵。❷ 어떤 일이나 사상에서 다른 사람보다 앞선 사람. ◆ 先驱，先驱者。¶여성 교육의 선구자. =女性教育的先驱。

선글라스(sunglass)【명사】강렬한 햇빛 따위로부터 눈을 보호하기 위하여 쓰는, 색깔 있는 안경. ◆ 名墨镜，太阳镜。¶검은색 선글라스를 쓰다. =戴黑色墨镜。

선금(先金)【명사】무엇을 사거나 세낼 때에 먼저 치르는 돈. ◆ 名定金。¶선금을 받고 물건을 보내다. =收了定金再送货。

선남선녀(善男善女)【명사】名 ❶ '성품이 착한 남자와 여자'란 뜻으로, 착하고 어진 사람들을 이르는 말. ◆ 善男信女。❷ 곱게 단장을 한 남자와 여자를 이르는 말. ◆ 俊男靓女。¶쌍쌍 파티는 곧 열리려 하는지 교정은 짝 지은 선남선녀들로 입추의 여지가 없었다. =情侣派对可能马上要开始了，校园里满是成双成对的俊男靓女。

선녀(仙女)【명사】선경(仙境)에 산다는 여자. ◆ 名仙女，天仙。¶선녀 같은 미녀. =貌若天仙的女人。

선대(先代)【명사】조상의 세대. ◆ 名祖辈，先祖，祖上。¶선대부터 살아온 고향. =祖祖辈辈生活的故乡。

선도[1](鮮度)【명사】생선이나 야채 따위의 신선한 정도. ◆ 名新鲜度，新鲜程度。¶선도가 좋다. =新鲜度好。

선도[2](善導)【명사】올바르고 좋은 길로 이끎. ◆ 名正确引导，教导。¶청소년 선도를 하다. =对青少年进行正确引导。● 선도하다(善導--) ●

선도[3](先導)【명사】남보다 앞장서서 이끌거나 안내함. ◆ 名带头，领头。¶선도 의무. =带头义务。● 선도하다(先導--) ●

선동(煽動)【명사】남을 부추겨 어떤 일이나 행동에 나서도록 함. ◆ 名煽动；鼓动。

선두(先頭)【명사】대열이나 행렬, 활동 따위에서 맨 앞. ◆ 名前头，先头。¶선두에 서다. =站在前头。

선들바람【명사】가볍고 시원하게 부는 바람. ◆ 名凉风。¶선들바람이 부는 들판. =凉风习习的田野。

선뜻【부사】동작이 빠르고 시원스러운 모양. ◆ 副欣然，痛快，爽快。¶선뜻 응낙하다. =欣然答应。

선량하다(善良--)【형용사】성품이 착하고 어질다. ◆ 形善良。¶법을 지키는 선량한 시민이 도리어 손해를 보는 사회가 되어서는 안 된다. =社会绝对不可以容许认真守法的善良市民反而受到伤害。

선례(先例)【명사】名 ❶ 이전부터 있었던 사례. ◆ 先例，前例。¶선례를 깨뜨리다. =打破先例。❷ 일정한 판결에 나타난 취지나 원칙을 그 후의 판결에서 답습하는 경우, 앞의 판결을 이르는 말. ◆ 前例。¶선례를 참고할 때, 피의자는 무죄임이 확실하다. =参照前例，嫌疑人肯定无罪。

선로(線路)【명사】名 ❶ 기차나 전차의 바퀴가 굴러가도록 레일을 깔아 놓은 길. ◆ 轨道。¶선로 위를 달리는 기차. =在轨道上奔驰的火车。❷ 전기의 수전 또는 전화의 통화를 위하여 일정한 계통을 따라 늘어놓은 전기 회로를 통틀어 이르는 말. ◆ 线路，电路。¶태풍으로 선로가 끊겨 200여 가구에 통신 불능 사태가 벌어졌다. =台风刮断了线路，致使两百多户人家无法联系。

선린(善隣)【명사】이웃하고 있는 지역 또는 나라와 사이좋게 지냄. 또는 그런 이웃. ◆ 名睦邻。¶선린 우호관계. =睦邻友好关系。

선망(羨望)【명사】부러워하여 바람. ◆ 名羡慕。¶선망의 대상이 되다. =成为被羡慕的对象。● 선망하다(羨望--) ●

선머슴【명사】차분하지 못하고 매우 거칠게 덜렁거리는 사내아이. ◆ 名 (男孩)调皮鬼，捣蛋鬼。¶그 아이는 이 동네에서 여자아이를 괴롭히기로 소문난 선머슴이다. =那个孩子总是欺负女孩，是这个村子里出了名的捣蛋鬼。

선명하다(鮮明--)【형용사】산뜻하고 뚜렷하여 다른 것과 혼동되지 아니하다. ◆ 形鲜明，清楚，清晰。¶회초리를 맞은 자국이 종아리에 선명하다. =小腿上被鞭打过的痕迹清晰可见。● 선명히(鮮明-) ●

선문답(禪問答)【명사】名 ❶ 참선하는 사람들끼리 진리를 찾기 위하여 주고받는 대화. ◆ 禅修问答。¶선사는 선문답을 하는 가운데 수도승에게 화두를 던졌다. =禅师在禅修问答过程中向修道僧抛出话头。❷ 주어진 문제와는 상관없이 한가로이 주고받는 이야기를 놀림조로 이르는 말. ◆〈喻〉闲扯。¶질문에 답은 안 하고 왜 계속 선문답이니? =怎么不回答问题总是闲扯呀?

선물(膳物)【명사】남에게 어떤 물건 따위를 선사함. 또는 그 물건. ◆ 名送礼；礼物，礼品。¶선물을 주다. =送礼物。● 선물하다(膳物--) ●

선박(船舶)【명사】사람이나 짐 따위를 싣고 물 위로 떠다니도록 나무나 쇠로 만든 물건. ◆ 名船，船舶，船只。¶선박 검사. =船只检查。

선반[1]【명사】물건을 얹어 두기 위하여 까치발을 받쳐서 벽에 달아 놓은 긴 널빤지. ◆ 名 (墙上的)搁板，架子，吊板。¶선반을 매다. =绑吊板。

선반²(旋盤)【명사】각종 금속 소재를 회전 운동을 시켜서 갈거나 파내거나 도려내는 데 쓰는 공작 기계. ◆ 图 旋床，车床。

선발¹(先發)【명사】图 ❶ 남보다 먼저 어떤 일을 시작하거나 길을 떠남. ◆ 率先出发，先遣。¶1소대의 선발이 있은 후 1 시간 후에 2소대가 뒤를 이어 수색에 나섰다. =一排率先出发，一个小时后二排跟上进行搜查。❷ 야구에서, 경기가 시작되는 1회부터 출전하는 일. ◆ (棒球)首发上场。¶이번 시즌에는 후보가 아닌 선발로 뛰게 되었다. =这个赛季成为了首发球员而不再是替补队员。

선발²(選拔)【명사】많은 가운데서 골라 뽑음. 图选拔，甄选。¶선발 기용. =选拔任用。● 선발되다(選拔--), 선발하다(選拔--) ●

선발대(先發隊)【명사】먼저 출발하는 부대 또는 무리. ◆ 图先遣队，先遣部队。¶선발대로 출발하다. =作为先遣队出发。

선발투수(先發投手)【명사】야구에서, 1회부터 출전하는 투수. ◆ 图 (棒球)首发投手，第一投手。¶선발투수로 기용되었다. =被起用为首发投手。

선배(先輩)【명사】图 ❶ 같은 분야에서, 지위나 나이, 학예(學藝) 따위가 자기보다 많거나 앞선 사람. ◆ 前辈。¶직장 선배. =单位前辈。❷ 자신의 출신 학교를 먼저 졸업한 사람. ◆ 学长，师兄，师姐。¶대학 선배. =大学学长。

선별(選別)【명사】가려서 따로 나눔. ◆ 图挑选，甄别。¶선별 작업. =甄别工作。● 선별되다(選別--), 선별하다(選別--) ●

선보다【동사】결혼할 상대를 정하기 위하여 다른 사람의 소개로 남녀가 만나 보다. ◆ 动相，相亲。¶사윗감을 선보다. =相女婿。

선보이다【동사】물건의 좋고 나쁨을 가려보게 하다. ◆ 动展示，公开，亮相('선보다)'的使动形态)。¶신차를 대중들에게 선보이다. =向众人展示新车。

선봉(先鋒)【명사】图 ❶ 부대의 맨 앞에 나서서 작전을 수행하는 군대. ◆ 先锋，前锋，先锋队。¶1 중대가 선봉을 섰다. =一连做了先锋。❷ 무리의 앞자리. 또는 그 자리에 선 사람. ◆ 前锋，前头；领头人。¶선봉에 나서다. =站在前头。

선분(線分)【명사】직선 위에서 그 위의 두 점에 한정된 부분. ◆ 图线段。

선불(先拂)【명사】일이 끝나기 전이나 물건을 받기 전에 미리 돈을 치름. ◆ 图预支，预付。¶선불로 급여의 50%를 받다. =预支了50%的工资。● 선불하다(先拂--) ●

선비【명사】图 ❶ 학문을 닦는 사람을 예스럽게 이르는 말. ◆ 学者。❷ 예전에, 학식은 있으나 벼슬하지 않은 사람을 이르던 말. ◆ 书生，儒生。❸ 학식이 있고 행동과 예절이 바르며 의리와 원칙을 지키고 관직과 재물을 탐내지 않는 고결한 인품을 지닌 사람을 이르는 말. ◆ 鸿儒，儒者。¶김 교수님은 제자들에게 조선 시대 선비의 모습을 떠올리게 한다. =金教授让学生们想起了朝鲜王朝时期鸿儒的风范。

선사 시대(先史時代)【명사】문헌 사료가 전혀 존재하지 않는 시대. ◆ 图史前时代。

선사하다(膳賜--)【동사】존경, 친근, 애정의 뜻을 나타내기 위하여 남에게 선물을 주다. ◆ 动馈赠，献给。¶제가 아주 좋아하는 음악을 여러분에게 선사하겠습니다. =我将把我非常喜欢的歌曲献给各位。

선산(先山)【명사】图 ❶ 선영(先塋)(조상의 무덤). ◆ 祖坟。¶선친이 물려주신 사업을 모두 잃고 선산에 어떻게 설 수 있겠는가? =失去了先父传下来的所有产业，有何颜面面对先父? ❷ 조상의 무덤이 있는 산. ◆ 祖坟所在的山。¶선산으로 성묘를 가다. =去祖坟所在的山扫墓。

선상¹(線上)【명사】선(線)의 위라는 뜻으로, 어떤 상태에 있음을 이르는 말. ◆ 图线上。¶수사 선상에 오르다. =进入调查范围。

선상²(船上)【명사】图 ❶ 배의 위. ◆ 船上。¶선상에서 음악회가 열렸다. =在船上举行了音乐会。❷ 항해 중인 배를 타고 있음을 이르는 말. ◆ 船上生活，航海。¶선상 생활 3년이 넘었다. =海上生活三年多了。

선생(先生)【명사】图 ❶ 학생을 가르치는 사람. ◆ 老师，教师。¶고등학교 선생. =高中老师。❷ 학예가 뛰어난 사람을 높여 이르는 말. ◆ 先生，有识之士。¶율곡 선생. =栗谷先生。❸ 어떤 일에 경험이 많거나 잘 아는 사람을 비유적으로 이르는 말. ◆ 老师，师父。¶다른 건 몰라도 바둑은 내가 선생이지. =别的方面不敢说，围棋方面我可是老师。

선서(宣誓)【명사】여럿 앞에서 성실할 것을 맹세함. ◆ 图宣誓。● 선서하다(宣誓--) ●

선선하다【형용사】形 ❶ 시원한 느낌이 들만큼 서늘하다. ◆ 凉爽，凉快，清凉。¶바람이 선선하다. =凉风习习。❷ 성질이나 태도가 쾌활하고 시원스럽다. ◆ 爽快，直爽。¶그녀는 선선하고 명쾌하다. =她直爽明快。● 선선히 ●

선소리【명사】이치에 맞지 않은 서툰 말. ◆ 图蠢话，没有道理的话。¶선소리 그만 해. 그것은 당신의 주관적인 해석일 뿐이야. =别说蠢话了，那只是你的主观解释。

선수¹(選手)【명사】图 ❶ 운동 경기나 기술 따위에서, 기량이 뛰어나 많은 사람 가운데에서 대표로 뽑힌 사람. 또는 스포츠를 직업으로 하는 사람. ◆ 选手。¶국가 대표 야구 선수. =国家棒球队队员。❷ 어떤 일을 능숙하게 하거나 버릇으로 자주 하는 사람을 비유적으로 이르는 말. ◆〈喻〉高手。¶그는 자취 생활 삼 년에 빨래하는 데도 선수가 되었다. =在自己居住、自己做饭的三年时间里，他还成了洗衣服高手。

선수²(先手)【명사】图 ❶ 남이 하기 전에 앞질러 하는 행동. ◆ 先发制人，先动手。¶선수를 빼앗기다. =被抢了先机。❷ 바둑이나 장기 따위에서, 먼저 놓거나 두는 일. 또는 상대편이 어떤 수를 쓰기 전에 먼저 중요한 자리에 두는 것. ◆ (棋类)先发制人。¶선수를 잡고 계속 공격을 이어나가다. =占了先手，不断发动攻击。

선수촌(選手村)【명사】선수들이 집단으로 숙식할

수 있게 건물이나 시설을 갖추어 놓은 일정한 지역. ◆图选手村，运动员村。¶선수촌은 아침부터 선수들의 거친 숨소리로 활기에 넘친다. =从早晨开始，运动员们粗重的喘息声就使选手村充满了活力。

선심(善心)【명사】图 ❶ 선량한 마음. ◆善意，善心。❷ 남에게 베푸는 후한 마음. ◆善心，人情。¶선심 공세. =人情攻势。

선악(善惡)【명사】착한 것과 악한 것을 아울러 이르는 말. ◆图善恶。¶선악을 판단하다. =判断善恶。

선약(先約)【명사】먼저 약속함. 또는 그런 약속. ◆图事先有约。¶선약이 있어 먼저 실례합니다. =我约了人，先失陪了。

선양(宣揚)【명사】명성이나 권위 따위를 널리 떨치게 함. ◆图宣扬。¶국위 선양. =扬国威。● 선양하다(宣揚--) ●

선언(宣言)【명사】图 ❶ 널리 펴서 말함. 또는 그런 내용. ◆宣言，声明。❷ 국가나 집단이 자기의 방침·의견·주장 따위를 외부에 정식으로 표명함. ◆宣言，声明。❸ 어떤 회의의 진행에 한계를 두기 위하여 말함. 또는 그런 말. ◆宣布，声明。¶개회 선언. =宣布开会。● 선언되다(宣言--), 선언하다(宣言--) ●

선열(先烈)【명사】나라를 위하여 싸우다가 죽은 열사. ◆图先烈。

선왕(先王)【명사】선대의 임금. ◆图先王。

선용(善用)【명사】알맞게 쓰거나 좋은 일에 씀. ◆图好好利用；用于好事。¶여가 선용. =好好利用闲暇时间。● 선용하다(善用--) ●

선원(船員)【명사】배의 승무원. ◆图船员。¶태풍으로 우리 배에 타고 있던 선원 두 명이 실종되었다. =由于台风，我们船上的两名船员失踪了。

선율(旋律)【명사】소리의 높낮이가 길이나 리듬과 어울려 나타나는 음의 흐름. ◆图旋律。¶바이올린의 선율. =小提琴的旋律。

선의(善意)【명사】图 ❶ 착한 마음. ◆善意，好意，美意。❷ 좋은 뜻. ◆善意，好心，好意。¶나는 선의로 한 말인데, 네 마음이 상했다면 용서해 주기 바란다. =我本来是出于好意才说这话，如果让你伤心了，请原谅。

선인(先人)【명사】전대(前代)의 사람. ◆图先人，前人。

선인장(仙人掌)【명사】선인장과의 식물을 통틀어 이르는 말. ◆图仙人掌。

선임[1](選任)【명사】여러 사람 가운데서 어떤 직무나 임무를 맡을 사람을 골라냄. ◆图选拔任用，选拔任命。¶주주 총회에서 이사로 선임되다. =股东大会上当选为理事。● 선임되다(選任--), 선임하다(選任--) ●

선임[2](先任)【명사】图 ❶ 어떤 임무나 직무 따위를 먼저 맡음. ◆前任，上一任。¶선임 소대장. =前任排长。❷ 어떤 직무나 임무를 먼저 맡아 하던 사람. ◆前任，上任，上一任。¶김 상병이 바로 제 선임이었습니다. =金上等兵就是我的前任。

선입견(先入見)【명사】어떤 대상에 대하여 이미 마음속에 가지고 있는 고정적인 관념이나 관점. ◆图成见。

선입관(先入觀)【명사】어떤 대상에 대하여 이미 마음속에 가지고 있는 고정적인 관념이나 관점. ◆图成见。¶그릇된 선입관이 빚어낸 오해. =因成见导致的误解。

선잠【명사】깊이 들지 못하거나 흡족하게 이루지 못한 잠. ◆图浅睡。¶선잠을 자다. =眯了一觉。

선장(船長)【명사】배의 항해와 배 안의 모든 사무를 책임지고 선원들을 통솔하는 최고 책임자. ◆图船长。¶우리 배의 선장은 배를 탄 지가 30년 가까이 되는 전문가이다. =我们船长是一位有着将近三十年航海经验的专家。

선적(船積)【명사】배에 짐을 실음. ◆图装船，装货。¶선적 수속. =装船手续。● 선적되다(船積--), 선적하다(船積--) ●

선전(宣傳)【명사】주의나 주장, 사물의 존재, 효능 따위를 많은 사람이 알고 이해하도록 잘 설명하여 널리 알리는 일. ◆图宣传，宣扬。● 선전되다(宣傳--), 선전하다(宣傳--) ●

선전 포고(宣戰布告)【명사】한 나라가 다른 나라에 대하여 전쟁을 시작한다는 것을 공식적으로 알리는 일. ◆图宣战布告。¶선전포고를 하다. =发布宣战布告。

선점(先占)【명사】남보다 앞서서 차지함. ◆图先占，抢先占领。¶해외 시장 선점을 위해 전력을 기울이다. =为了抢先占领海外市场而倾尽全力。● 선점하다(先占--) ●

선정[1](善政)【명사】백성을 바르고 어질게 잘 다스리는 정치. ◆图善政，仁政。¶선정을 베풀다. =施善政。

선정[2](選定)【명사】여럿 가운데서 어떤 것을 뽑아 정함. ◆图选定。¶작품 선정. =选定作品。● 선정되다(選定--), 선정하다(選定--) ●

선정적(煽情的)【명사】정욕을 자극하여 일으키는 것. ◆图激情的，色情的。¶그 영화는 선정적인 장면이 너무 많아 상영이 보류되었다. =那部电影由于激情场面过多而暂不上映。

선제공격(先制攻擊)【명사】상대편을 견제하거나 제압하기 위해 선수를 쳐서 공격하는 일. ◆图先发制人。¶선제공격을 가하다. =先发制人。

선조(先祖)【명사】먼 윗대의 조상. ◆图先祖，祖先。¶선조를 모신 사당. =供奉先祖的祠堂。

선주(船主)【명사】배의 주인. ◆图船主。¶그는 수십 척의 어선을 가진 선주였다. =他是一个拥有数十艘渔船的船主。

선지【명사】짐승을 잡아서 받은 피. 식어서 굳어진 덩어리를 국이나 찌개 따위의 재료로 쓴다. ◆图动物血，牛血。¶선지를 넣고 국을 끓이다. =熬的汤里放入了牛血。

선진국(先進國)【명사】다른 나라보다 정치·경제·문화 따위가 발달이 앞선 나라. ◆图先进国家，发达国家。¶경제 선진국. =经济发达国家。

선집(選集)【명사】한 사람 또는 여러 사람의 작품

가운데서 어떤 기준에 따라 몇 작품을 모아 엮은 책. ◆名选集。¶시 선집. =诗集。

선짓국【명사】선지를 넣고 끓인 국. ◆名牛血汤。¶선짓국은 술을 먹은 다음 날 속을 푸는 음식으로 사람들이 즐겨 먹는다. =喝酒后的第二天，人们喜欢喝牛血汤醒酒。

선착순(先着順)【명사】먼저 와 닿는 차례. ◆名到达的先后顺序。¶선착순 집합! =按到达的先后顺序集合!

선착장(船着場)【명사】배가 와서 닿는 곳. ◆名码头。¶배가 선착장에 도착했다. =船到了码头。

선창(先唱)【명사】노래나 구령 따위를 맨 먼저 부름. ◆名先唱，起(歌)，先喊(口号)。● 선창하다(先唱--) ●

선처하다(善處--)【동사】형편에 따라 잘 처리하다. ◆动好好管教，妥善处理。¶선생님, 우리 아들을 선처해 주시길 바랍니다. =老师，希望您能好好管教我儿子。

선천적(先天的)【명사】태어날 때부터 지니고 있는 것. ◆名先天的，先天性。

선체(船體)【명사】배의 몸체. ◆名船体。¶선체 인양과 실종자 수색. =船体打捞与失踪人员搜救。

선출(選出)【명사】여럿 가운데서 골라냄. ◆名选出。¶반장 선출. =选出班长。● 선출되다(選出--), 선출하다(選出--) ●

선취(先取)【명사】남보다 먼저 가짐. ◆名首先取得。¶경기가 시작되자마자 우리 팀이 선취 득점을 올렸다. =比赛一开始，我们队就先得分了。● 선취하다(先取--) ●

선친(先親)【명사】남에게 돌아가신 자기 아버지를 이르는 말. ◆名先父，先考。¶오늘 선친의 제사가 있어서 일찍 들어가야 합니다. =今天是先父的祭日，要早些回去。

선택(選擇)【명사】여럿 가운데서 필요한 것을 골라 뽑음. ◆名选择。¶선택 기준. =选择标准。● 선택되다(選擇--), 선택하다(選擇--) ●

선포(宣布)【명사】세상에 널리 알림. ◆名宣布，公布，颁布。¶전쟁 선포. =宣战。● 선포되다(宣布--), 선포하다(宣布--) ●

선풍기(扇風機)【명사】회전축에 붙은 날개를 전동기로 돌려 바람을 일으키는 장치. ◆名电风扇，电扇。

선하다[1](善--)【형용사】올바르고 착하여 도덕적 기준에 맞는 데가 있다. ◆形善良。

선하다[2]【형용사】잊히지 않고 눈앞에 생생하게 보이는 듯하다. ◆形历历在目。

선행[1](善行)【명사】착하고 어진 행실. ◆名善行。¶선행을 베풀다. =施善。

선행[2](先行)【명사】名 ❶ 어떠한 것보다 앞서 가거나 앞에 있음. ◆ 先头，走在前面。¶선행 부대. =先头部队。❷ 딴 일에 앞서 행함. 또는 그런 행위. ◆ 先期，先行。¶선행 작업. =先期作业。● 선행되다(先行--), 선행하다(先行--) ●

선현(先賢)【명사】선철(先哲)(옛날의 어질고 사리에 밝은 사람). ◆名先贤。¶선현들의 지혜. =先贤们的智慧。

선혈(鮮血)【명사】생생한 피. ◆名鲜血。¶선혈이 낭자하다. =鲜血四溅。

선호(選好)【명사】여럿 가운데서 특별히 가려서 좋아함. ◆名偏爱，钟爱。¶남아 선호 사상. =重男轻女思想。● 선호하다(選好--) ●

선호도(選好度)【명사】좋아하는 정도. ◆名偏爱度。¶선호도를 조사하다. =偏爱度调查。

선홍색(鮮紅色)【명사】밝고 산뜻한 붉은색. ◆名鲜红色。¶선홍색의 동백꽃이 만개하였다. =鲜红的山茶花盛开了。

선회(旋回)【명사】名 ❶ 둘레를 빙글빙글 돎. ◆ 旋回，转圈，转弯。¶그 자동차는 뛰어난 선회 능력을 가지고 있다. =那台汽车具有出色的转弯能力。❷ 항공기가 곡선을 그리듯 진로를 바꿈. ◆ 盘旋。● 선회하다(旋回--) ●

선후(先後)【명사】먼저와 나중을 아울러 이르는 말. ◆名先后，前后。¶일에는 절차가 있고 선후가 있는 법이다. =做事情有顺序、有先后。

선후배(先後輩)【명사】선배와 후배를 아울러 이르는 말. ◆名 师兄弟，师姐妹。¶저 형과 나는 고등학교 선후배 사이다. =我和那位哥哥是高中师兄弟的关系。

섣달【명사】음력으로 한 해의 맨 끝 달. ◆名腊月。¶결혼식 날짜를 해를 넘기지 않으려고 섣달로 정했다. =为了不拖到下一年，就把婚礼的日子定在了腊月。

섣부르다【형용사】솜씨가 설고 어설프다. ◆形毛躁，草率，轻率。¶지금 저쪽에서는 트집을 못 잡아 안달이니까, 괜히 섣부른 짓 하지 마라. =现在那边因为挑不出咱们的毛病来很着急，不要随便干一些毛躁的事情授人以柄。

섣불리【부사】솜씨가 설고 어설프게. ◆副毛躁，草率，轻率。¶이 사업은 섣불리 시작하기에는 위험요소가 많다. =该项目草率启动，存在许多危险因素。

설[1]【명사】새해의 첫날을 명절로 이르는 말. ◆名新年，岁首。

설[2](說)【명사】견해, 주의, 학설, 통설 따위를 이르는 말. ◆名见解，主张，说法；传闻。¶이것에 대해서는 학자마다 다양한 설을 주장하고 있다. =不同学者对此持不同的看法。

-설[3](說)【접사】'견해', '학설', '풍설' 따위의 뜻을 더하는 접미사. ◆ 后缀表示见解、学说、传闻。¶진화설.=进化论。

설[4]-【접사】'충분하지 못하게'의 뜻을 더하는 접두사. ◆前缀表示不充分。¶설익다. =夹生。

설거지【명사】먹고 난 뒤의 그릇을 씻어 정리하는 일. ◆名洗餐具。¶설거지통에는 설거지하지 않은 그릇이 가득 쌓여 있었다. =洗碗池里堆满了没洗的碗碟。● 설거지하다 ●

설경(雪景)【명사】눈이 내리거나 눈이 쌓인 경치. ◆名雪景。¶하루종일 설경을 감상했다. =欣赏了一整天雪景。

설계(設計)【명사】图 ❶ 계획을 세움. 또는 그 계획. ◆ 设计，构想，规划。¶생활 설계. =生活规划。❷ 건축·토목·기계 제작 따위에서, 그 목적에 따라 실제적인 계획을 세워 도면 따위로 명시하는 일. ◆ 设计。¶설계대로 집을 짓다. =按照设计盖房子。● 설계되다(設計--), 설계하다(設計--) ●

설계도(設計圖)【명사】图 ❶ 설계한 구조, 형상, 치수 따위를 일정한 규약에 따라서 그린 도면. ◆ 设计图。¶그는 내게 건물의 설계도를 보여 주었다. =他给我看了建筑的设计图。❷ 앞으로 이룩할 일에 대한 계획. ◆ 蓝图。¶그들은 이번 여행에서 결혼 후의 생활 설계도를 그려 볼 예정이다. =他们打算在本次旅游中规划婚后的生活蓝图。

설교(說教)【명사】图 ❶ 종교의 교리를 설명함. 또는 그런 설명. ◆ 说教。¶목사의 설교를 듣다. =听牧师说教。❷ 어떤 일의 견해나 관점을 다른 사람이 수긍하도록 단단히 타일러서 가르침. 또는 그런 가르침. ◆ 说教。¶이제 그런 설교는 필요 없으니 그만두시오. =现在不再需要那些说教，请不要说了。● 설교하다(說教--) ●

설날【명사】한국 명절의 하나. 정월 초하룻날이다. ◆图正月初一。¶설날 아침에 떡국을 두 그릇이나 먹었다. =正月初一早晨喝了两碗年糕汤。

설다[1]【동사】열매, 밥, 술 따위가 제대로 익지 아니하다. ◆ 动 (饭)夹生，欠火候，(果实)不熟。¶낮에 선 밥을 먹어서 그런지 소화가 잘 안 된다. =可能是因为白天吃了夹生饭，消化不好。

설다[2]【형용사】形 ❶ 익숙하지 못하다. ◆ 不熟悉，生疏。¶귀에 선 목소리. =陌生的嗓音。❷ 빈틈이 있고 서투르다. ◆ 不熟练，不顺手，生疏。¶일이 손에 설어서 영 진척이 없다. =干得不顺手，工作没有一点进展。

설득(說得)【명사】상대편이 이쪽 편의 이야기를 따르도록 여러 가지로 깨우쳐 말함. ◆图劝说，说服。¶그는 직장을 그만두려고 마음 먹었으나, 직장 상사와 아내의 끈질긴 설득으로 계속 다니기로 했다. =尽管他下决心辞职不干了，但是在公司领导和老婆的不断劝说下，决定继续干下去。● 설득되다(說得--), 설득하다(說得--) ●

설득력(說得力)【명사】상대편이 이쪽 편의 이야기를 따르도록 깨우치는 힘. ◆ 图说服力。¶그의 말에는 설득력이 있다. =他的话有说服力。

설렁탕(--湯)【명사】소의 머리, 내장, 뼈다귀, 발, 도가니 따위를 푹 삶아서 만든 국. 또는 그 국에 밥을 만 음식. ◆图牛杂碎汤，牛杂儿汤。¶우리는 점심에 설렁탕을 먹었다. =我们中午喝了牛杂碎汤。

설레다【동사】마음이 가라앉지 아니하고 들떠서 두근거리다. ◆ 动 (心情)激动，（心潮）澎湃，起伏。¶내일 배낭여행을 떠난다는 생각에 마음이 설레어서 잠이 오지 않는다. =想到明天就要去背包旅行，心里很激动，睡不着觉。

설레발【명사】몹시 서두르며 부산하게 구는 행동. ◆ 图忙乱，慌乱。¶설레발이 요란스럽다. =手忙脚乱。

설레설레【부사】큰 동작으로 몸의 한 부분을 가볍게 잇따라 가로 흔드는 모양. ◆ 副轻轻地摇动。¶미리를 설레설레 가로 저었다. =直摇头。

설령(設令)【부사】가정해서 말하여. 주로 부정적인 뜻을 가진 문장에 쓴다. ◆ 副就算，即使。¶저들이 설령 우리를 이곳에서 내보내 준다 해도 아주 놓아주지는 않을 것이다. =就算他们把我们从这里赶出去，也不会完全放手不管。

설립(設立)【명사】기관이나 조직체 따위를 만들어 일으킴. 图◆ 设立，创立，成立，建立。¶연구소 설립을 추진하다. =推动成立研究所。● 설립되다(設立--), 설립하다(設立--) ●

설마【부사】그럴 리는 없겠지만. ◆ 副恐怕(不会)，难道(会)，恐怕不至于。¶그가 아무리 돈이 급하다고 해도 설마 도둑질이야 하겠습니까? =他再急着用钱，恐怕也不至于去偷吧。

설맞다【동사】动 ❶ 총알이나 화살 따위가 급소에 바로 맞지 아니하다. ◆ (子弹)没打中要害。¶총을 설맞은 멧돼지. =没被枪打中要害的野猪。❷ 매 따위를 덜 맞다. ◆ 打得轻，没挨够打。¶매를 설맞아서 여전히 까분다. =没挨够打，还很嚣张。

설명(說明)【명사】어떤 일이나 대상의 내용을 상대편이 잘 알 수 있도록 밝혀 말함. 또는 그런 말. ◆图说明，解释。¶새 기획안에 대한 설명이 끝나자 질문이 쏟아졌다. =有关新企划方案的说明刚结束，问题便一股脑地提了出来。

설명문(說明文)【명사】읽는 이들이 어떠한 사항에 대해 이해할 수 있도록 객관적이고 논리적으로 서술한 글. 문학 작품 이외의 실용적인 문장을 이른다. ◆图说明文。

설명서(說明書)【명사】내용이나 이유, 사용법 따위를 설명한 글. ◆图说明书。¶전자 제품을 사면 그 안에 설명서가 들어 있다. =买来电子产品后会发现里面有说明书。

설문(設問)【명사】조사를 하거나 통계 자료 따위를 얻기 위하여 어떤 주제에 대하여 문제를 내어 물음. 또는 그 문제. ◆图提问。¶신제품의 기능에 대한 설문 조사를 벌이다. =对新产品的功能进行问卷调查。

설문지(設問紙)【명사】조사를 하거나 통계 자료 따위를 얻기 위하여 어떤 주제에 대해 문제를 내어 묻는 질문지. ◆图问卷。

설법(說法)【명사】불교의 교의를 풀어 밝힘. ◆图讲法，说法。● 설법하다(說法--) ●

설복(說伏/說服)【명사】알아듣도록 말하여 수긍하게 함. ◆图说服。¶연사의 언변에 설복을 당하다. =被演讲者的善辩说服了。● 설복되다(說伏/說服--), 설복하다(說伏/說服--) ●

설복시키다(說伏/說服---)【동사】충분히 알아듣도록 말하거나 타일러서, 납득하거나 수긍하게 하다. ◆ 动说服。¶사나이는 그를 설복시켜 보려는 양 은근한 어조로 다시 말을 꺼냈다. =男子似乎想说服他，用一种循循善诱的语调再次打开了话匣子。

설비(設備)【명사】필요한 것을 베풀어서 갖춤. 또는 그런 시설. ◆ 图设备。¶전기 설비. =电器。

● 설비되다(設備--), 설비하다(設備--) ●

설빔【명사】설을 맞이하여 새로 장만하여 입거나 신는 옷, 신발 따위를 이르는 말. ◆ 图 (新年时穿戴的)新衣服新鞋帽。¶새해에는 설빔으로 단장하고 웃어른에게 세배를 한다. =新年时穿戴一新给长辈拜年。

설사[1](泄瀉)【명사】변에 포함된 수분의 양이 많아져서 변이 액상으로 된 경우. 또는 그 변. ◆ 图腹泻，拉稀。¶설사가 나다. =拉稀。● 설사하다(泄瀉--) ●

설사[2](設使)【부사】설령(設令)(가정해서 말하여. 주로 부정적인 뜻을 가진 문장에 쓴다). ◆ 副即使，即便，就算。¶그가 설사 돌아오지 않는다 하더라도 우리가 손해 볼 건 없다. =就算他不回来，我们也不受任何损失。

설상가상(雪上加霜)【명사】눈 위에 서리가 덮인다는 뜻으로, 난처한 일이나 불행한 일이 잇따라 일어남을 이르는 말. ◆ 图雪上加霜。

설설【부사】副 ❶ 넓은 그릇의 물 따위가 천천히 고루 끓는 모양. ◆ 咕噜咕噜(水沸腾的样子)。¶가마솥에 물이 설설 끓고 있었다. =锅里的水咕噜咕噜地开了。❷ 머리를 천천히 설레설레 흔드는 모양. ◆ 摆来摆去，摇来摇去。¶그는 그 얘기만 나오면 지겹다는 듯이 고개를 설설 흔들었다. =他一听到那话，就好像厌烦似的直摇头。

설악산(雪嶽山)【명사】강원도 양양군과 인제군 사이에 있는 산. ◆ 图雪岳山。

설왕설래(說往說來)【명사】서로 변론을 주고받으며 옥신각신함. 또는 말이 오고 감. ◆ 图争论不休，你争我辩。● 설왕설래하다(說往說來--) ●

설욕(雪辱)【명사】부끄러움을 씻음. ◆ 图洗刷耻辱，雪耻。¶전날의 패배를 깨끗이 설욕하다. =彻底洗刷了昨天失败的耻辱。● 설욕하다(雪辱--) ●

설움【명사】서럽게 느껴지는 마음. ◆ 图伤悲，哀伤，伤感。¶설움을 참다. =忍住悲伤。

설원(雪原)【명사】图 ❶ 눈이 덮인 벌판. ◆ 雪地。❷ 눈이 녹지 않고 늘 쌓여 있는 지역. ◆ 雪原。

설익다【동사】动 ❶ 충분하지 아니하게 익다. ◆ (饭)夹生，半生不熟，(果实)不熟。¶아침에 설익은 밥을 먹었더니 하루 종일 속이 더부룩하다. =早晨吃了夹生的饭，一整天肚子都是胀胀的。❷ 완성되지 못하다. ◆ 未完成。

설전(舌戰)【명사】말다툼(말로 옳고 그름을 가리는 다툼). ◆ 图舌战。¶설전을 벌이다. =展开舌战。

설정(設定)【명사】새로 만들어 정해 둠. ◆ 图设定，设立，确定。¶200해리 경제 수역 설정. =设定200海里经济水域。● 설정되다(設定--), 설정하다(設定--) ●

설치(設置)【명사】베풀어서 둠. ◆ 图设置，建立；安装，设置。¶안테나의 설치 위치를 바꿨더니 텔레비전이 잘 나온다. =天线设置的位置换了一下，电视又有图像了。● 설치되다(設置--), 설치하다(設置--) ●

설치다[1]【동사】필요한 정도에 미치지 못한 채로 그만두다. ◆ 动不充分，不足，不到火候。¶밤잠을 설치다. =睡眠不足。

설치다[2]【동사】动 ❶ 俚 마구 날뛰다. ◆ 俚猖獗，猖狂，放肆。¶쥐뿔도 모르는 게 더 설친다. =什么都不懂的人更放肆。❷ 찬찬하지 못하고 조급하게 행동하다. ◆ (心潮)起伏，不平静。

설탕(雪糖/屑糖)【명사】맛이 달고 물에 잘 녹는 결정체. 사탕수수, 사탕무 따위를 원료로 하여 만든다. ◆ 图面糖，砂糖，白糖。¶설탕이 듬뿍 묻은 도넛. =蘸满糖的多福饼。

설파(說破)【명사】어떤 내용을 듣는 사람이 납득하도록 분명하게 드러내어 말함. ◆ 图道破，点破，说透，说破。¶한 마디로 천기를 설파하다. =一语道破天机。● 설파하다(說破--), 설파되다(說破--) ●

설피(雪皮)【명사】산간 지대에서, 눈에 빠지지 않도록 신 바닥에 대는 넓적한 덧신. 칡, 노, 새끼 따위로 얽어서 만든다. ◆ 图防滑鞋套。¶설피 한 켤레에 몸을 담고 설원을 질러가는… =穿着一双防滑鞋套横穿雪地……

설핏하다【형용사】形 ❶ 짜거나 엮은 것이 거칠고 성긴 듯하다. ◆ 稀，稀疏。❷ 해의 밝은 빛이 약하다. ◆ 阳光变弱。¶타는 듯한 여름날의 태양도 어느새 설핏하게 기울어 갔다. =如火的夏日太阳，不知不觉间收敛了威风开始西沉。❸ 잠깐 나타나거나 떠오르는 듯하다. ◆ 隐约露出(笑容)，轻轻地滑过(脑海)。❹ 풋잠이나 얕은 잠에 빠진 듯하다. ◆ 打盹儿，浅睡。

설형문자(楔形文字)【명사】기원전 3,000년경부터 약 3,000년 간 메소포타미아를 중심으로 고대 오리엔트에서 광범위하게 쓰인 문자. ◆ 图 楔形文字。

설화(說話)【명사】각 민족 사이에 전승되어 오는 신화, 전설, 민담 따위를 통틀어 이르는 말. ◆ 图神话故事，传说，民间故事。¶구전 설화. =口传民间故事。

섧다【형용사】원통하고 슬프다. ◆ 形可悲，悲伤，伤感。¶갈 곳 없는 내 처지가 너무도 섧다. =我无处可去，处境实在可悲。

섬[1]【명사】주위가 수역으로 완전히 둘러싸인 육지의 일부. ◆ 图岛，岛屿。¶섬과 뭍이 다리로 연결되다. =岛屿和陆地通过桥梁连接起来。

섬[2]【명사】곡식 따위를 담기 위하여 짚으로 엮어 만든 그릇. ◆ 图石。

섬광(閃光)【명사】순간적으로 강렬히 번쩍이는 빛. ◆ 图闪光。¶섬광이 번쩍이다. =光芒闪耀。

섬기다【동사】신(神)이나 윗사람을 잘 모시어 받들다. ◆ 动孝敬，供奉，奉养。¶부모를 섬기다. =孝敬父母。

섬나라【명사】하나 또는 그 이상의 섬으로 이루어진 나라. ◆ 图岛屿。

섬돌【명사】집채의 앞뒤에 오르내릴 수 있게 놓은 돌층계. ◆ 图石级，石阶。¶섬돌 앞에 많은 사람들이 모여 있었다. =石阶前面聚集了许多人。

섬뜩하다【형용사】갑자기 소름이 끼치도록 무섭고 끔찍하다. ◆ 形惊恐，吓得心扑腾扑腾跳。¶가슴이 섬뜩해서 뒤를 돌아보다. =吓得心扑腾扑腾跳，就往后看。
섬마을【명사】섬에 자리 잡고 있는 마을. ◆图海岛村庄。¶섬마을선생님. =海岛村庄教师。
섬섬옥수(纖纖玉手)【명사】가냘프고 고운 여자의 손. ◆图纤纤玉手。
섬세하다(纖細--)【형용사】形❶ 곱고 가늘다. ◆纤细，纤巧，精巧。¶섬세한 공예품. =精巧的工艺品。❷ 매우 찬찬하고 세밀하다. ◆纤细，细微。¶섬세한 심리. =细腻的心理。● 섬세히(纖細-) ●
섬유(纖維)【명사】동물 털의 케라틴으로 이루어진 단백질 실. ◆图纤维。
섬유질(纖維質)【명사】섬유로 이루어진 물질. ◆图纤维质。¶의사는 식물성 섬유질이 많이 들어 있는 신선한 채소를 많이 먹으라고 충고하였다. =医生忠告要多吃富含植物性纤维的新鲜蔬菜。
섭렵(涉獵)【명사】물을 건너 찾아다닌다는 뜻으로, 많은 책을 널리 읽거나 여기저기 찾아다니며 경험함을 이르는 말. ◆图涉猎。● 섭렵하다(涉獵--) ●
섭리(攝理)【명사】图 자연계를 지배하고 있는 원리와 법칙. ◆ 自然法则。¶자연의 섭리. =大自然的法则。
섭생(攝生)【명사】병에 걸리지 아니하도록 건강 관리를 잘하여 오래 살기를 꾀함. ◆养生。¶의사가 시키는 대로 섭생을 시작했다. =开始按照医生的建议养生。● 섭생하다(攝生--) ●
섭섭하다【형용사】形❶ 서운하고 아쉽다. ◆依依不舍，恋恋不舍。❷ 없어지는 것이 애틋하고 아깝다. ◆ 可惜，惋惜。❸ 기대에 어그러져 마음이 서운하거나 불만스럽다. ◆ (辜负期望而感到)遗憾，难过。¶그 말을 친구들이 들으면 섭섭하겠는걸. =朋友们听了那话会遗憾的。● 섭섭히 ●
섭씨(攝氏)【명사】온도 단위의 하나. ◆ 图摄氏。¶섭씨 38도를 넘는 무더위. =超过38摄氏度的暑热。
섭외(涉外)【명사】연락을 취하여 의논함. ◆ 图联系，交涉。¶출연자 섭외. =联系演出人员。● 섭외하다(涉外--) ●
섭취(攝取)【명사】생물체가 양분 따위를 몸 속에 빨아들이는 일. ◆图摄取，吸收。¶지방 섭취를 줄이다. =减少脂肪的摄取。● 섭취되다(攝取--), 섭취하다(攝取--) ●
성[1](性)【명사】图 ❶ 사람이나 사물 따위의 본성이나 본바탕. ◆ 本性，天性，本质。❷ 남성과 여성, 수컷과 암컷의 구별. 또는 남성이나 여성의 육체적 특징. ◆ 性别。❸ 남녀의 육체적 관계. 또는 그에 관련된 일. ◆ 性，性生活。
성[2](城)【명사】예전에, 적을 막기 위하여 흙이나 돌 따위로 높이 쌓아 만든 담. 또는 그런 담으로 둘러싼 구역. ◆图城，城池，城墙。¶성을 지키다. =守城。
성[3](姓)【명사】혈족(血族)을 나타내기 위하여 붙인 칭호. 주로 아버지와 자식간에 대대로 계승된다. ◆图姓，姓氏。¶그는 이름도 성도 모르는 고아로 자랐다. =他是一个孤儿，连自己的姓氏都不知道。
성[4](聖)【관형사】종교의 본질을 규정하는 독자적인 성질이나 가치. 초월적 존재로서의 신 또는 신성(神性)의 숭고함이나, 그 능력 및 그에 대한 접근 불가능함을 나타낸다. ◆ 冠神圣。
성[5]【명사】노엽거나 언짢게 여겨 일어나는 불쾌한 감정. ◆ 图怒气，怒火。¶성이 나서 큰 소리로 외치다. =发怒大喊。
성가시다【형용사】자꾸 들볶거나 번거롭게 굴어 괴롭고 귀찮다. ◆形讨厌，惹人厌烦。¶무슨 일인데 사람을 자꾸 오라 가라 성가시게 구는 거야? =什么事总让人跑来跑去的惹人厌烦?
성감대(性感帶)【명사】외부의 자극에 의하여 성적 쾌감을 느끼는 신체의 부위. ◆图性敏感区。
성게【명사】극피동물문 성게강의 동물을 통틀어 이르는 말. ◆图海胆。
성격(性格)【명사】图 ❶ 개인이 가지고 있는 고유의 성질이나 품성. ◆ 性格，品性。¶낙천적 성격. =乐天性格。❷ 어떤 사물이나 현상의 본질이나 본성. ◆ 性质，特征，特点。¶실학에는 근대 지향적인 성격이 있다. =实学具有面向近世的特点。
성공(成功)【명사】목적하는 바를 이룸. ◆ 图成功。¶성공 사례. =成功的例子。● 성공하다(成功--) ●
성공시키다(成功---)【동사】어떤 일이나 목적했던 것을 이루어지게 하다. ◆ 动使成功，促成。¶좋은 기획이야말로 광고 캠페인을 성공시키는 출발점인 것이다. =只有好的设计才是促成广告活动的出发点。
성과(成果)【명사】이루어 낸 결실. ◆ 图成果。¶좋은 성과를 얻다. =取得好的成果。
성곽(城郭/城廓)【명사】예전에, 적을 막기 위하여 흙이나 돌 따위로 높이 쌓아 만든 담. ◆图城郭。
성관계(性關係)【명사】남녀가 성기를 통하여 육체적으로 관계를 맺는 일. ◆图性关系。
성교(性交)【명사】남녀가 성기를 결합하여 육체적 관계를 맺음. ◆图性交。● 성교하다(性交--) ●
성교육(性敎育)【명사】성장기의 아이들에게 성에 관한 올바른 지식을 갖도록 하는 교육. ◆图性教育。¶초등학교 때부터 성교육을 실시해야 한다는 주장들이 일고 있다. =有人主张从小学开始就应该实施性教育。
성군(聖君)【명사】어질고 덕이 뛰어난 임금. ◆ 图圣君，圣主。
성글다【형용사】물건의 사이가 뜨다. ◆ 形稀少，稀疏。¶돗자리의 올이 굵고 성글게 짜이다. =席子篾条很宽，编制粗疏。
성금(誠金)【명사】정성으로 내는 돈. ◆图捐款，捐助。¶불우 이웃 돕기 성금을 모금하다. =捐款帮助有困难的身边人。
성급하다(性急--)【동사】성질이 급하다. ◆ 动急躁，性急，着急。¶성급한 결정을 내리다. =作出了急躁的决定。● 성급히(性急-) ●
성기(性器)【명사】'생식 기관'을 일상적으로 이르는 말. ◆图性器官，生殖器。
성기다【형용사】물건의 사이가 뜨다. ◆ 形稀疏，

稀落。¶성기던 빗줄기가 드세지다. =零星小雨变大了。

성깔(性-) 【명사】 거친 성질을 부리는 버릇이나 태도. 또는 그 성질. ◆图 (暴躁的)脾气，烈性子。¶성깔이 고약하다. =性情乖戾。

성나다 【동사】 动❶ 몹시 노엽거나 언짢은 기분이 일다. ◆生气，发怒，发火。¶아버지는 나의 말에 성나셨는지 한참동안 아무 말이 없으셨다. =父亲可能对我的话生气了，好长时间都不说话。❷ 거칠고 격한 기운이 일다. ◆激烈，猛烈，厉害。¶성난 파도. =汹涌的波涛。❸ 종기 따위가 덧나다. ◆(脓肿等)恶化。¶종기가 성나다. =脓肿恶化。

성내다 【동사】 动❶ 노여움을 나타내다. ◆发怒，发火。¶애인의 말에 성내다. =听了恋人的话发火了。❷ 바람이 심하게 불어 파도나 불길 따위가 거칠게 일다. ◆凶猛，激烈，猛烈，厉害。¶성낸 불길이 치받쳐 올라온다. =熊熊的火焰往上冲。

성냥 【명사】 마찰에 의하여 불을 일으키는 물건. ◆图火柴。

성냥갑(--匣) 【명사】 성냥개비를 넣는 갑. 측면에 유리 가루, 규사, 규조토 따위가 발리어 있어서 성냥개비로 그으면 불이 일어난다. ◆图火柴盒，火柴。¶그는 담배에 불을 붙이기 위해 성냥갑을 찾았다. =他找火柴点烟。

성냥개비 【명사】 낱개의 성냥. ◆图火柴。¶성냥개비를 긋다. =划火柴。

성년(成年) 【명사】 법적인 권리를 행사할 수 있는 나이. ◆图成年。¶성년이 되었으니 이제부터는 자기 행동에 책임을 져야 한다. =已经成年了，从现在起要对自己的行为负责。

성년식(成年式) 【명사】 성년이 되는 것을 기념하는 통과 의례. ◆图成年仪式，成年礼。¶성년식을 거행하다. =举行成年仪式。

성능(性能) 【명사】 기계 따위가 지닌 성질이나 기능. ◆图性能，功能。¶성능 시험. =性能试验。

성대(聲帶) 【명사】 후두(喉頭)의 중앙부에 있는 소리를 내는 기관. ◆图声带。

성대모사(聲帶模寫) 【명사】 자신의 목소리로 다른 사람의 목소리나 새, 짐승 따위의 소리를 흉내 내는 일. ◆图模仿声音。

성대하다(盛大--) 【형용사】 행사의 규모 따위가 풍성하고 크다. ◆形盛大。● 성대히(盛大-) ●

성량(聲量) 【명사】 사람의 목소리가 크거나 작은 정도. ◆图音量。¶성량이 풍부하다. =音域丰富。

성리학(性理學) 【명사】 중국 송나라·명나라 때에 주돈이(周敦頤), 정호, 정이 등에서 비롯하고 주희가 집대성한 유학의 한 파. ◆图 (中国)性理学，理学。

성립(成立) 【명사】 일이나 관계 따위가 제대로 이루어짐. ◆图成立，形成。¶봉건 사회의 성립. =封建社会的形成。● 성립되다(成立--), 성립하다(成立--) ●

성립시키다(成立---) 【동사】 일이나 사물 따위를 이루다. ◆动使成立，促成。

성명[1](姓名) 【명사】 성과 이름을 아울러 이르는 말. 성은 가계(家系)의 이름이고, 명은 개인의 이름이다. ◆图姓名。¶성명 미상. =姓名不详。

성명[2](聲明) 【명사】 어떤 일에 대한 자기의 입장이나 견해 또는 방침 따위를 공개적으로 발표함. 또는 그 입장이나 견해. ◆图声明。¶성명을 채택하다. =采纳声明。● 성명하다(聲明--) ●

성묘(省墓) 【명사】 조상의 산소를 찾아가서 돌봄. 또는 그런 일. 주로 설, 추석, 한식에 한다. ◆图扫墓，上坟。¶설을 맞아 성묘를 갔다. =春节时去扫墓。● 성묘하다(省墓--) ●

성문(城門) 【명사】 성곽의 문. ◆图城门。¶성문을 열다. =打开城门。

성미(性味) 【명사】 성질, 마음씨, 비위, 버릇 따위를 통틀어 이르는 말. ◆图情趣；脾气，性格。¶조급한 성미로 일을 그르치다. =急性子把事情搞砸了。

성벽(城壁) 【명사】 성곽의 벽. ◆图城墙。¶성벽을 쌓다. =建城墙。

성별(性別) 【명사】 남녀나 암수의 구별. ◆图性别。¶이력서에는 연령, 성별, 연락처를 기재해야 한다. =简历里应该写上年龄、性别和联系地址。

성병(性病) 【명사】 주로 불결한 성행위(性行爲)에 의하여 전염되는 병. ◆图性病。¶성병에 걸리다. =得了性病。

성분(成分) 【명사】 图❶ 유기적인 통일체를 이루고 있는 것의 한 부분. ◆成分。¶수입 농산물에서 농약 성분이 검출되었다. =在进口农产品中检查出了农药成分。❷ 사회적인 계층. ◆阶层。¶출신 성분. =出身阶层。❸ 한 문장을 구성하는 요소. ◆(句子)成分。¶문장의 주체가 되는 성분을 주어라 한다. =句子主体成分被称为主语。

성사(成事) 【명사】 일을 이룸. 또는 일이 이루어짐. ◆图成功，成事，办成。¶일의 성사 여부가 불투명하다. =事情成功与否还是未知数。● 성사되다(成事--), 성사하다(成事--) ●

성사시키다(成事---) 【동사】 추진하거나 바라던 일을 이루어지게 하다. ◆动促成，使成功。

성서(聖書) 【명사】 图❶ 기독교의 경전. 신약과 구약으로 되어 있다. ◆圣经。❷ 각 종교에서 교리를 기록한 경전. ◆(各类宗教的)经典，典籍。

성선설(性善說) 【명사】 사람의 본성은 선천적으로 착하나 나쁜 환경이나 물욕(物慾)으로 악하게 된다는 학설. ◆图性善说。

성성하다(星星--) 【형용사】 머리털 따위가 희끗희끗하게 세다. ◆形苍苍。¶백발이 성성하다. =白发苍苍。

성수기(盛需期) 【명사】 상품이나 서비스의 수요가 많은 시기. ◆图需求旺季。¶음료수와 빙과의 성수기는 여름이다. =饮料和冰糕的需求旺季是夏天。

성숙(成熟) 【명사】 图❶ 생물의 발육이 완전히 이루어짐. ◆成熟。¶따뜻한 기후로 채소의 성숙이 빨라졌다. =天气热，蔬菜成熟得快了。❷ 몸과 마음이 자라서 어른스럽게 됨. ◆成熟。¶신체뿐 아니라 정신의 성숙도 필요하다. =不仅是身体，精神的成熟也是必须的。❸ 경험이나 습관을 쌓아 익숙해짐. ◆成

熟。❹ 어떤 사회 현상이 새로운 발전 단계로 들어설 수 있도록 조건이나 상태가 충분히 마련됨. ◆成熟。¶자본주의 경제의 성숙에 따라 고도의 금융 산업이 발달하였다. =随着资本主义经济的成熟，金融产业也变得高度发达。● 성숙되다(成熟--), 성숙하다(成熟--) ●

성숙시키다(成熟---)【동사】㉿ ❶ 생물의 발육이 완전히 이루어지게 하다. ◆使成熟。❷ 몸과 마음이 자라서 어른스럽게 되게 하다. ◆使成熟。¶자신을 성숙시키지 못한 남자가 어떻게 아내를 사랑할 수 있다고 그래! =自身都不成熟的男人怎么说得上爱自己的老婆呢? ❸ 경험이나 습관이 쌓여 익숙해지게 하다. ◆使成熟。❹ 어떤 사회 현상이 새로운 발전 단계로 들어설 수 있도록 조건이나 상태가 충분히 마련되게 하다. ◆使成熟。

성스럽다(聖---)【형용사】함부로 가까이할 수 없을 만큼 고결하다. ◆形神圣，圣洁。¶성스럽고 장엄한 감동이 밀려왔다. =神圣庄严的感动袭来。

성실(誠實)【명사】정성스럽고 참됨. ◆图诚实，诚信，忠诚。¶상인은 신용과 성실을 바탕으로 상도덕을 지켜야 한다. =商人应在信用和诚实的基础上遵守商业道德。● 성실하다(誠實--), 성실히(誠實-) ●

성심(誠心)【명사】정성스러운 마음. ◆图诚意，用心。¶우리는 지금 성심을 다해 그를 간호하고 있다. =我们在用心看护他。

성심껏(誠心-)【부사】정성스러운 마음을 다하여. ◆副诚心诚意地，尽心尽力地。¶그는 맡겨진 일이라면 무엇이든 성심껏 임했다. =交给他的事情，他都竭尽全力去做。

성심성의껏(誠心誠意-)【부사】참되고 성실한 마음과 뜻을 다하여. ◆副诚心诚意地，尽心尽力地。¶성심성의껏 돕다. =诚心诚意地帮助。

성싶다【보조 형용사】앞말이 뜻하는 상태를 어느 정도 느끼고 있거나 짐작함을 나타내는 말. ◆补形用于动词或形容词之后，表示推测。¶보아하니 나쁜 사람은 아닌 성싶다. =看起来不像是坏人。

성씨(姓氏)【명사】'성(姓)'을 높여 이르는 말. 혈족(血族)을 나타내기 위하여 붙인 칭호. ◆图姓，姓氏。¶그와 나는 성씨가 같아 아마도 친척이 될지도 모른다. =他跟我同姓，也说不定是远房亲戚。

성악(聲樂)【명사】사람의 음성으로 하는 음악. ◆图声乐。

성악가(聲樂家)【명사】성악을 전문적으로 하는 음악가. ◆图声乐家。

성악설(性惡說)【명사】인간의 본성은 이기적이고 악하므로 선(善) 행위는 후천적 습득에 의해서만 가능하다고 보는 학설. ◆图性恶说。

성에【명사】기온이 영하일 때 유리나 벽 따위에 수증기가 허옇게 얼어붙은 서릿발. ◆图霜花。¶냉장고에 낀 성에를 녹여 없애다. =清除冰箱里结的霜花。

성역(聖域)【명사】图 ❶ 신성한 지역. ◆圣地。¶왕가의 소중한 성역을 함부로 넘어서는 안 된다. =王室圣地不可贸然越过。❷ 함부로 침범할 수 없는 나름대로의 구역이나 문제 삼지 아니하기로 되어 있는 사항·인물·단체를 비유적으로 이르는 말. ◆〈喻〉圣地，禁区。¶성역 없는 수사. =无禁区的调查。

성욕(性慾)【명사】성적 행위에 대한 욕망. ◆图性欲。¶사랑을 성욕으로 간주해 버렸다. =把爱情当作性欲。

성우(聲優)【명사】목소리로만 연기하는 배우. 영화의 음성 녹음이나 라디오 드라마 따위에 출연한다. ◆图广播剧演员，配音演员。

성운(星雲)【명사】구름 모양으로 퍼져 보이는 천체. 기체와 작은 고체 입자로 구성되어 있다. ◆图星云。

성웅(聖雄)【명사】지덕(知德)이 뛰어나 많은 사람이 존경하는 영웅. ◆图圣雄。

성원[1](成員)【명사】❶ 모임이나 단체를 구성하는 인원. ◆图成员，会员。¶사회의 성원. =社会成员。❷ 회의 성립에 필요한 인원. ◆图法定人数。¶성원 미달. =未达到法定人数。

성원[2](聲援)【명사】하는 일이 잘 되도록 격려하거나 도와줌. ◆图鼓励，激励，声援。¶여러분의 많은 관심과 성원을 바랍니다. =希望大家多多关心鼓励。● 성원하다(聲援--) ●

성은(聖恩)【명사】임금의 큰 은혜. ◆图圣恩，皇恩。¶성은을 입다. =蒙圣恩。

성의(誠意)【명사】정성스러운 뜻. ◆图诚意，精诚。¶성의를 보이다. =显示诚意。

성의껏(誠意-)【명사】정성스러운 뜻을 다하여. ◆图精诚，竭诚，诚心诚意。¶성의껏 도와주다. =诚心帮助。

성인[1](聖人)【명사】图 지혜와 덕이 매우 뛰어나 길이 우러러 본받을 만한 사람. ◆圣人，圣贤。¶공맹(孔孟)이나 노장(老莊)은 성인이다. =孔孟和老庄都是圣人。

성인[2](成人)【명사】자라서 어른이 된 사람. 보통 만 20세 이상의 남녀. ◆图成人，成年人，大人。¶이제 성인이 되었으니 네 일은 스스로 결정해야 한다. =现在你已经是成年人了，自己的事情要自己决定。

성인군자(聖人君子)【명사】성인과 군자를 아울러 이르는 말. ◆图圣人君子。

성인병(成人病)【명사】중년 이후에 문제되는 병을 통틀어 이르는 말. ◆图成人病。

성인식(成人式)【명사】성인이 되었음을 축하하는 의식. ◆图成人仪式，成人礼。

성장(成長)【명사】图 ❶ 사람이나 동식물 따위가 자라서 점점 커짐. ◆生长，成长，发育。¶물고기의 성장 과정. =鱼的生长过程。❷ 사물의 규모나 세력 따위가 점점 커짐. ◆增长，发展，壮大。¶경제 성장. =经济增长。● 성장되다(成長--), 성장하다(成長--) ●

성장기(成長期)【명사】图 ❶ 성장하는 동안. ◆生长期，成长期，发育期。¶성장기가 짧은 식물. =生长期短的植物。❷ 성장하는 시기. ◆发育期，成长期。¶성장기의 어린이. =发育期的孩子。

성장률(成長率)【명사】일정 기간 동안의 국민 총생산 또는 국민 소득의 실질적인 증가율. ◆图 (经济)

增长率。

성장시키다(成長---)【동사】动 ❶ 자라서 커지도록 하다. 크게 하다. 발달되고 커지도록 하다. ◆成长，长大。¶그는 그의 아들을 일반 가정 아이들처럼 성장시키고 싶어했다. =他想让他的儿子像普通人家的孩子一样长大。❷ 규모를 크게 만들거나 질적으로 내용을 좋게 하다. ◆发展，壮大，使……增长。

성장통(成長痛)【명사】어린이나 청소년이 갑자기 성장하면서 생기는 통증. ◆名生长痛。¶근골 계통이 허약한 아이는 쉽게 넘어지거나 조금만 걸어도 다리가 아프다고 떼를 쓰며 저녁 무렵 성장통을 호소하기도 한다. =体格弱的小孩容易摔跤，稍微走一会儿就耍赖说腿疼，晚上的时候还因为生长痛而喊闹。

성적(成績)【명사】名 ❶ 하여 온 일의 결과로 얻은 실적. ◆成绩，业绩。¶판매 성적. =销售业绩。❷ 학생들이 배운 지식, 기능, 태도 따위를 평가한 결과. ◆成绩。¶성적이 오르다. =成绩提高。

성적표(成績表)【명사】학생들이 배운 지식, 기능, 태도 따위를 기록한 표. ◆名成绩表，成绩单。¶중간고사 성적표를 받다. =拿到期中考试成绩单。

성전(聖殿)【명사】신성한 전당. ◆名圣殿。

성조(聲調)【명사】음절 안에서 나타나는 소리의 높낮이. ◆名声调。

성좌(星座)【명사】별의 위치를 정하기 위하여 밝은 별을 중심으로 천구를 몇 부분으로 나눈 것. ◆名星座。

성주(城主)【명사】성의 우두머리. ◆名城主。

성질(性質)【명사】名 ❶ 사람이 지닌 마음의 본바탕. ◆本性，禀性，生性，脾气。¶성질 사나운 사람. =脾气坏的人。❷ 사물이나 현상이 가지고 있는 고유의 특성. ◆性质，特性。¶화학적 성질. =化学性质。

성질나다(性質--)【동사】언짢거나 못마땅한 것이 있어 화가 나다. ◆动生气。

성징(性徵)【명사】남과 여, 암컷과 수컷을 구별하는 형태적, 구조적, 행동적 특징. ◆名性别差异，性征。

성찰(省察)【명사】자기의 마음을 반성하고 살핌. ◆名省察，反省，反思。¶수도자는 자신의 내면적인 성찰과 자각을 게을리 하지 않아야 한다. =修道者不应疏于内心省察和反思。● 성찰하다(省察--) ●

성추행(性醜行)【명사】일방적인 성적 만족을 얻기 위하여 물리적으로 신체 접촉을 가함으로써 상대방에게 성적 수치심을 불러일으키는 행위. ◆名猥亵，性骚扰。

성충(成蟲)【명사】다 자라서 생식 능력이 있는 곤충. ◆名成虫。

성취(成就)【명사】목적한 바를 이룸. ◆名成就，完成，实现。¶소원 성취. =愿望实现。● 성취되다(成就--), 성취하다(成就--) ●

성층권(成層圈)【명사】대류권과 중간권 사이에 있는 대기층. ◆名平流层。

성큼【부사】副 ❶ 다리를 높이 들어 크게 떼어 놓는 모양. ◆大踏步，大步。¶한 걸음 성큼 나서다. =迈出一大步。❷ 동작이 망설임 없이 매우 시원스럽고 빠른 모양. ◆干脆，毫不犹豫地，嚯地。¶그녀는 탁자 위에 있는 핸드폰을 성큼 집어 들고 밖으로 나갔다. =她迅速拿起桌子上的手机出去了。❸ 어떤 때가 갑자기 가까워진 모양. ◆一步一步，一下子。¶가을이 어느새 성큼 다가와 버렸다. =秋天不知不觉中一步一步地近了。

성큼성큼【부사】다리를 잇따라 높이 들어 크게 떼어놓는 모양. ◆副大步流星地，大步。¶그는 성큼성큼 집안으로 들어왔나. =他大步踏进了家门。

성터(城-)【명사】성이 있었던 자리. ◆名城址。¶이 곳이 옛 성터가 있던 자리다. =这里是旧城址所在地。

성토(聲討)【명사】여러 사람이 모여 국가나 사회에 끼친 잘못을 소리 높여 규탄함. ◆名声讨，控拆。성토를 벌이다. =进行声讨。● 성토하다(聲討--) ●

성패(成敗)【명사】성공과 실패를 아울러 이르는 말. ◆名成败。¶사업의 성패 여부. =事业的成败与否。

성폭력(性暴力)【명사】성적인 행위로 남에게 육체적 손상 및 정신적·심리적 압박을 주는 물리적 강제력. ◆名性暴力，强暴，强奸。¶성폭력을 당하다. =被强奸。

성폭행(性暴行)【명사】'강간(强姦)'을 완곡하게 이르는 말. 폭행 또는 협박 따위의 불법적인 수단으로 부녀자를 간음함. ◆名性暴行。¶점점 늘어나는 어린이 성폭행 사건. =渐渐增多的少年性暴行事件。● 성폭행하다(性暴行--) ●

성품(性品)【명사】사람의 성질이나 됨됨이. ◆名品性，性情，品格。¶강직한 성품. =刚直的品性。

성하다1【형용사】形 ❶ 물건이 본디 모습대로 멀쩡하다. ◆完好，完整。¶성한 그릇. =完整的器皿。❷ 몸에 병이나 탈이 없다. ◆健全。¶성한 다리. =健全的腿。

성하다²(盛--)【형용사】形 ❶ 기운이나 세력이 한창 왕성하다. ◆繁荣昌盛，强盛。¶나라가 크게 성하다. =国家繁荣昌盛。❷ 나무나 풀이 싱싱하게 우거져 있다. ◆茂盛，繁盛，旺盛。¶뒤뜰에 잡풀이 성하다. =后院杂草丛生。

성함(姓銜)【명사】'성명(姓名)'의 높임말. 성과 이름을 아울러 이르는 말. ◆名 尊姓大名。¶저 사람의 성함이 무엇인지 알고 있느냐? =你知道那位的尊姓大名吗?

성행(盛行)【명사】매우 성하게 유행함. ◆名盛行，流行，猖獗。¶초등학교까지 번진 과소비의 성행은 우리에게 경각심을 불러일으킨다. =连小学都流行过度消费，这引起了我们的警觉。● 성행되다(盛行--), 성행하다(盛行--) ●

성향(性向)【명사】성질에 따른 경향. ◆名趋向，趋势，嗜好。

성현(聖賢)【명사】성인(聖人)과 현인(賢人)을 아울러 이르는 말. ◆名圣贤。

성형(成形)【명사】名 ❶ 일정한 형체를 만듦. ◆成

形，定形。❷ 외과적(外科的) 수단으로 신체의 어떤 부분을 고치거나 만듦. ◆ 整容，整形。● 성형하다(成形--) ●

성호(聖號)【명사】거룩한 표라는 뜻으로, 신자가 손으로 가슴에 긋는 십자가를 이르는 말. ◆ 名圣十字。¶성호를 긋다. =划圣十字。

성호르몬(性)【명사】동물의 생식샘에서 분비하는 호르몬. ◆ 名性激素。

성화[1](聖火)【명사】올림픽 따위의 규모가 큰 체육 경기에서, 경기장에 켜 놓는 횃불. ◆ 名圣火。¶성화를 봉송하다. =传递圣火。

성화[2](成火)【명사】名 ❶ 일 따위가 뜻대로 되지 아니하여 답답하고 애가 탐. 또는 그런 증세. ◆ 憋气，窝火，上火。¶휴가를 못 가서 성화가 나다. =不能休假，真窝火。❷ 몹시 귀찮게 구는 일. ◆ 纠缠，磨。¶자전거를 사 달라고 성화를 부리다. =磨着要买自行车。● 성화하다(成火--) ●

성화같다(星火--)【형용사】남에게 해 대는 독촉 따위가 몹시 급하고 심하다. ◆ 形火急火燎。● 성화같이(星火--) ●

성황(盛況)【명사】모임 따위에 사람이 많이 모여 활기에 찬 분위기. ◆ 名盛况，盛况空前，繁荣景象。¶이번 공연은 연일 성황을 이루고 있다. =这次演出连日来盛况空前。

성황당(城隍堂)【명사】'서낭당'의 원말. 서낭신을 모신 집. ◆ 名城隍庙。

성황리(盛況裏)【명사】모임 따위에 사람이 많이 모여 규모나 분위기가 성대한 상황을 이룬 가운데. ◆ 名盛况空前。¶초청 강연회가 성황리에 열렸다. =特邀演讲盛况空前。

성희롱(性戲弄)【명사】이성에게 상대편의 의사에 관계없이 성적으로 수치심을 주는 말이나 행동을 하는 일. 또는 그 말이나 행동. ◆ 名性骚扰。● 성희롱하다(性戲弄--) ●

섶[1]【명사】섶나무. 잎나무, 풋나무, 물거리 따위의 땔나무를 통틀어 이르는 말. ◆ 名柴禾，木柴。

섶[2]【명사】덩굴지거나 줄기가 가냘픈 식물이 쓰러지지 아니하도록 그 옆에 매거나 꽂아서 세워 두는 막대기. ◆ 名(供植物攀缘的)架子。

섶[3]【명사】'옷섶(저고리나 두루마기 따위의 깃 아래쪽에 달린 길쭉한 헝겊)'의 준말. ◆ 名衣襟。¶섶을 여미다. =整好衣襟。

섶[4]【명사】누에섶. 누에가 올라 고치를 짓게 하려고 차려 주는 물건. ◆ 名蚕蔟。

세[1]【관형사】그 수량이 셋임을 나타내는 말. ◆ 冠三。¶책 세 권. =三本书。

세[2](貰)【명사】名 ❶ 남의 건물이나 물건 따위를 빌려 쓰고 그 값으로 내는 돈. ◆ 租金，租。¶세를 올리다. =涨租金。❷ 일정한 대가를 지급하기로 하고 남의 물건이나 건물 따위를 빌려 쓰는 일. ◆ 租，租赁。¶세를 내다. =租用。

세[3](歲)【의존 명사】나이를 세는 단위. ◆ 依名岁。¶만 육십 세. =年满六十岁。

세[4](世)【의존 명사】가계나 지위의 차례, 또는 왕조의 임금 순위를 나타내는 단위. ◆ 依名世，代。

-세[5]【어미】어떤 행동을 함께 하자는 뜻을 나타내는 종결 어미. ◆ 词尾准平阶共动式终结词尾。¶구경하러 가세. =去欣赏美景吧。

세간(世間)【명사】세상 일반. ◆ 名世间，社会上，世上。¶세간 사정. =世间情况。

세간【명사】집안 살림에 쓰는 온갖 물건. ◆ 名家具，家庭用品。¶세간을 갖추다. =置备家具。

세계(世界)【명사】名 ❶ 지구상의 모든 나라. 또는 인류 사회 전체. ◆ 世界，天下。¶세계 10대 문화 유적. =世界十大文化遗产。❷ 집단적 범위를 지닌 특정 사회나 영역. ◆ 世界。¶남성 세계. =男性世界。

세계관(世界觀)【명사】자연적 세계 및 인간 세계를 이루는 인생의 의의나 가치에 관한 통일적인 견해. ◆ 名世界观。

세계적(世界的)【명사】이름이나 영향 따위가 온 세계에 미치거나 세계에서 가장 뛰어난 것. 세계 전체의 수준에 이르는 것. ◆ 名世界的，世界性的。

세계화(世界化)【명사】세계 여러 나라를 이해하고 받아들임. 또는 그렇게 되게 함. ◆ 名全球化。¶전통 문화의 세계화 지향. =传统文化的全球化趋势。● 세계화되다(世界化--), 세계화하다(世界化--) ●

세공(細工)【명사】잔손을 많이 들여 정밀하게 만듦. 또는 그런 수공(手工). ◆ 名细活，精工，手工艺。¶유리 세공. =玻璃工艺。

세관(稅關)【명사】공항이나 항구 등에서 나라 안팎으로 오고 가는 물건을 검사, 단속하고 세금을 물리는 국가 기관. ◆ 名海关。¶세관 검사. =海关检查。

세균(細菌)【명사】생물체 가운데 가장 미세하고 가장 하등에 속하는 단세포 생활체. ◆ 名细菌，菌。¶세균 감염. =细菌感染。

세금(稅金)【명사】국가 또는 지방 공공 단체가 필요한 경비로 사용하기 위하여 국민이나 주민으로부터 강제로 거두어들이는 금전. ◆ 名税款，税金。¶세금 계산서. =计税单。

세기[1]【명사】전장(電場)·전류(電流)·방사능 따위의 양(量)의 세기. ◆ 名 强度。¶빛의 세기. =光的强度。

세기[2](世紀)【명사】名 백 년을 단위로 하는 기간. ◆ 世纪。¶우리는 이제 다음 세기를 준비해야 한다. =我们现在就要为下个世纪做准备。

세내다(貰--)【동사】일정한 삯을 내고 남의 소유물을 빌려 쓰다. ◆ 动租，雇，租赁。¶아는 사람에게서 방 두 칸을 세내어 살고 있다. =从认识的人那里租了两间房子住。

세놓다(貰--)【동사】일정한 삯을 받고 자신의 소유물을 남에게 빌려 주다. ◆ 动出租，租。¶신혼부부에게 집을 세놓다. =把房子租给新婚夫妇。

세뇌(洗腦)【명사】사람이 본디 가지고 있던 의식을 다른 방향으로 바꾸게 하거나, 특정한 사상·주의를 따르도록 뇌리에 주입하는 일. ◆ 名洗脑。¶세뇌 교육. =洗脑教育。● 세뇌되다(洗腦--), 세뇌하다(洗腦---), 세뇌시키다(洗腦---) ●

세다[1]【동사】动 ❶ 머리카락이나 수염 따위의 털이 희어지다. ◆(头发、胡子等)变白。❷ 얼굴의 핏기가 없어지다. ◆(脸色)发白。

세다²【형용사】㊋ ❶ 힘이 많다. ◆强健，结实，健壮。¶기운이 세다. =强有力。❷ 행동하거나 밀고 나가는 기세 따위가 강하다. ◆强，猛，(强)大。¶자존심이 세다. =自尊心很强。❸ 물, 불, 바람 따위의 기세가 크거나 빠르다. ◆旺盛，猛烈，(强)大。¶불길이 세다. =火势猛烈。❹ 능력이나 수준 따위의 정도가 높거나 심하다. ◆厉害，能力强。¶술이 세다. =酒量很厉害。❺ 사물의 감촉이 딱딱하고 뻣뻣하다. ◆粗，硬，粗糙。¶생선가시가 세다. =鱼刺硬。

세다³【동사】사물의 수효를 헤아리거나 꼽다. ◆㊍数，点，计算。

세대¹(世帶)【명사】㊔ ❶ 현실적으로 주거 및 생계를 같이하는 사람의 집단. ◆住户。❷ 현실적으로 주거 및 생계를 같이하는 사람의 집단을 세는 단위. ◆家，户。¶그 넓은 집에 한 세대만 산다. =那么大的房子里只住着一户人家。

세대²(世代)【명사】㊔ ❶ 어린아이가 성장하여 부모 일을 계승할 때까지의 약 30년 정도 되는 기간. ◆世代，代，辈。❷ 같은 시대에 살면서 공통의 의식을 가지는 비슷한 연령층의 사람 전체. ◆一代，辈。¶신세내. =新一代。

세대주(世帶主)【명사】한 가구를 이끄는 주가 되는 사람. ◆㊔家长，户主。¶무주택 세대주. =没有房子的户主。

세라믹(ceramics)【명사】㊔ 고온에서 구워 만든 비금속 무기질 고체 재료. ◆化工陶瓷，陶瓷类。¶세라믹 욕조. =陶瓷浴缸。

세레나데(serenade)【명사】저녁 음악이라는 뜻으로, 밤에 연인의 집 창가에서 부르거나 연주하던 사랑의 노래. ◆㊔小夜曲。

세력(勢力)【명사】㊔ ❶ 권력이나 기세의 힘. ◆势力，力量，权势。¶정치 세력. =政治势力。❷ 어떤 속성이나 힘을 가진 집단. ◆势力。¶주도 세력. =主导势力。

세련되다(洗練--)【형용사】㊋ ❶ 모습 따위가 말쑥하고 품위가 있다. ◆老练，干练，成熟，久经考验。¶세련된 옷차림. =干练的着装。❷ 서투르거나 어색한 데가 없이 능숙하게 잘 다듬어져 있다. ◆精练 ¶세련된 문장.=精炼的语句。

세로【명사】위에서 아래로 나 있는 방향. 또는 그 길이. ◆㊔竖，纵。¶세로로 쓴 글씨. =竖写的文字。

세로쓰기【명사】글씨를 위에서 아래로 써 내려가는 일. 또는 그런 방식. ◆㊔竖写。

세로줄【명사】㊔ ❶ 위에서 아래로 내려 그은 줄. ◆竖线，纵线。¶소녀는 노란 바탕에 초록색 세로줄 무늬가 있는 셔츠를 입고 있었다. =少女穿着一件黄底草绿色竖纹的衬衣。❷ 악보에서, 마디를 구분하기 위하여 세로로 그은 줄. ◆乐谱上的小节线。

세로축(--軸)【명사】좌표 평면에서 세로로 놓인 축. ◆㊔。

세면(洗面)【명사】손이나 얼굴을 씻음. ◆㊔洗脸，盥洗。¶세면을 마치자 동생이 수건을 건넸다. =刚洗完脸，弟弟就递过来了毛巾。● 세면하다(洗面--) ●

세면대(洗面臺)【명사】세면할 수 있도록 시설을 갖추어 놓은 대. ◆㊔盥洗台。¶세면대 위에는 비누와 칫솔 등이 가지런히 놓여 있었다. =盥洗台上整齐地摆放着肥皂和牙刷等洗漱用品。

세면도구(洗面道具)【명사】얼굴을 씻거나 머리를 감거나 면도 따위를 하는 데에 쓰는 여러 가지 물건. 비누, 칫솔, 수건 따위가 있다. ◆㊔盥洗用品。

세모¹(歲暮)【명사】한 해가 끝날 무렵. ◆㊔岁末，岁暮，年底，年终。¶세모를 맞아 거리는 사람으로 붐비고 있다. =快到年底了，街上挤满了人。

세모²【명사】㊔ ❶ 세 개의 모. ◆三角，三棱。❷ 세 개의 선분으로 둘러싸인 평면 도형. ◆三角形。

세모꼴【명사】❶ 세모가 진 모양. ◆三角(形)。❷ 세 개의 선분으로 둘러싸인 평면 도형. ◆三角形。

세목(細目)【명사】㊔ ❶ 잘게 나눈 낱낱의 조항. ◆详细条目。¶내용을 대강 살펴보았지만 세목까지 파악하려면 시간이 더 필요하다. =虽然大概看了内容，但要掌握详细条目还需要时间。❷ 효과적인 교육을 위하여 교과 과목의 교재를 학년별, 학기별, 월별, 주별로 배당하여 실제 교수 일정을 자세히 나타낸 표. ◆教案。

세무(稅務)【명사】세금을 매기고 거두어들이는 일에 관한 사무. ◆㊔税务。¶세무 당국. =税务当局。

세무서(稅務署)【명사】국세청 산하에서 내국세에 관한 사무를 맡아보는 지방 세무 행정 관청. ◆㊔税务局。

세미나(seminar)【명사】㊔ ❶ 대학에서, 교수의 지도 아래 특정한 주제에 대하여 학생이 모여서 연구 발표나 토론을 통해서 공동으로 연구하는 교육 방법. ◆课堂讨论，报告会。❷ 전문인 등이 특정한 주제로 행하는 연수회나 강습회. ◆研讨会。

세밀하다(細密--)【형용사】자세하고 꼼꼼하다. ◆㊋细致，精密，缜密，细心。¶세밀한 지도. =精密地图。● 세밀히(細密-) ●

세밑(歲-)【명사】한 해가 끝날 무렵. 설을 앞둔 선달그믐께를 이른다. ◆㊔年底，年终，岁末。

세발자전거(--自轉車)【명사】어린아이들이 타는, 바퀴가 세 개 달린 조그만 자전거. ◆㊔儿童三轮车，三轮童车。

세배(歲拜)【명사】섣달그믐이나 정초에 웃어른께 인사로 하는 절. ◆㊔拜年。¶세배를 드리다. =拜年。● 세배하다(歲拜--) ●

세뱃돈(歲拜-)【명사】세뱃값으로 주는 돈. ◆㊔压岁钱。¶세뱃돈을 받다. =拿到压岁钱。

세부(細部)【명사】자세한 부분. ◆㊔细节，细部，详细，细。¶세부 내용. =详细内容。

세분(細分)【명사】사물을 여러 갈래로 자세히 나누거나 잘게 가름. ◆㊔细分。● 세분되다(細分--), 세분하다(細分--) ●

세상(世上)【명사】㊔ ❶ 땅의 위. ❷ 사람이 살고 있는 모든 사회를 통틀어 이르는 말. ◆世上，世

界，世间。¶세상 물정을 모르다. =不谙世事。❸ 어떤 개인이나 단체가 마음대로 활동할 수 있는 시간이나 공간. ◆天下，时代。¶그는 제 세상을 만난 것처럼 날뛰었다. =他如鱼得水，大展拳脚。❹ 사람이 태어나서 죽을 때까지의 기간. 또는 그 기간의 삶. ◆一生，一辈子，一生一世。¶한 세상을 보람되게 살다 죽다. =度过有意义的一生。❺ '비할 바 없이', '아주'의 뜻을 나타내는 말. ◆无可比拟。¶세상 좋은 물건. =无可比拟的东西。

세상만사(世上萬事)【명사】세상에서 일어나는 온갖 일. ◆图世上万事，人间万事。¶그는 우울증에 빠져 세상만사가 다 귀찮게 여겨졌다. =他得了忧郁症，对世上万事都感到厌倦。

세상사(世上事)【명사】세상에서 일어나는 일. ◆图世事，尘事。

세상살이(世上--)【명사】사람이 세상에서 살아가는 일. ◆图生存，立身处世。¶세상살이에 밝다. =深明立身处世之道。

세상에(世上-)【감탄사】뜻밖의 일이 생겨서 놀랐을 때 하는 말. ◆叹天啊，天哪。¶세상에, 이럴 수가! =天啊，怎么会这样!

세세하다(細細--)【형용사】아주 자세하다. ◆形详细，仔细。¶세세한 사연. =详细的事由。● 세세히(細細-) ●

세속(世俗)【명사】图 ❶ 사람이 살고 있는 모든 사회를 통틀어 이르는 말. ◆世俗，庸俗。¶세속을 떠나 살다. =脱离世俗生活。❷ 세상의 일반적인 풍속. ◆习俗，风俗。¶세속을 따르다. =随俗。

세수[1](稅收)【명사】'세수입(稅收入)'의 준말. 국민에게서 조세(租稅)를 징수하여 얻는 정부의 수입. ◆图 税收。¶세수가 늘다. =税收增加。

세수[2](洗手)【명사】손이나 얼굴을 씻음. ◆图洗脸，洗漱。¶세수를 깨끗이 하다. =把脸洗干净。● 세수하다(洗手--) ●

세숫대야(洗手--)【명사】세숫물을 담는 둥글넓적한 그릇. ◆图脸盆。¶세숫대야에 물을 받아 놓았다. =脸盆接上水。

세숫비누(洗手--)【명사】손이나 얼굴을 씻는 데에 쓰는 비누. ◆图香皂。

세습(世襲)【명사】한 집안의 재산이나 신분, 직업 따위를 그 자손들이 대대로 물려받는 일. ◆图世袭，袭。● 세습되다(世襲--), 세습하다(世襲--) ●

세시 풍속(歲時風俗)【명사】일상생활 장면이나 사철의 풍속. ◆图岁时风俗。

세심하다(細心--)【형용사】작은 일에도 꼼꼼하게 주의를 기울여 빈틈이 없다. ◆形无微不至，细心，悉心。¶나는 아버지의 세심한 관심에 감동하여 눈물을 흘렸다. =爸爸无微不至的关心让我感动得流下了眼泪。● 세심히(細心-) ●

세액(稅額)【명사】조세의 액수. ◆图税额。¶세액을 산출하다. =算税额。

-세요【어미】설명·의문·명령의 뜻을 나타내는 종결 어미. ◆词尾表示介绍、疑问、命令的终结词尾。¶어서 가세요. =快走吧。

세월(歲月)【명사】图 ❶ 흘러가는 시간. ◆岁月，时光，光阴。¶기나긴 세월. =悠长岁月。❷ 지내는 형편이나 사정 또는 그런 재미. ◆日子，境况。¶그 친구 요즘 세월이 좋은 모양이야. =他最近境况好像不错。

세율(稅率)【명사】과세 표준에 의하여 세금을 계산하여 매기는 법정률(法定率). ◆图税率。¶세율이 높다. =税率高。

세이프(safe)【명사】야구에서, 주자가 그가 차지하려고 하는 누(壘)의 점유권을 갖는 일. 또는 그런 심판의 권고. ◆图 (棒球)安全进垒，跑垒成功。

세일(sale)【명사】할인하여 판매함. ◆图甩卖，打折，减价。¶봄맞이 세일. =春季大甩卖。● 세일하다(sale--) ●

세일즈맨(salesman)【명사】직접 고객을 찾아다니면서 물건을 파는 사람. ◆图推销员，售货员。¶자동차 세일즈맨. =汽车推销员。

세입자(貰入者)【명사】세를 내고 남의 집이나 방 따위를 빌려 쓰는 사람. ◆图房客，租房者。¶세입자를 들이다. =招房客。

세자(世子)【명사】제후국에서, 임금의 자리를 이을 임금의 아들. ◆图世子。¶세자를 책봉하다. =册封世子。

세제(洗劑)【명사】물에 풀어서 고체의 표면에 붙은 이물질을 씻어 내는 데 쓰는 물질. 흔히 비누 따위를 이른다. ◆图洗衣粉，洗涤剂。¶무공해 세제. =无公害洗涤剂。

세제곱【명사】같은 수를 세 번 곱하는 일. 또는 그렇게 하여 얻어진 수. ◆图立方。

세제곱미터(---)【의존 명사】미터법에 의한 부피의 단위. 1세제곱미터는 가로, 세로, 높이가 각각 1미터인 정육면체의 부피이다. 기호는 ㎥. ◆依名立方米。

세차(洗車)【명사】차체, 바퀴, 기관 따위에 묻은 먼지나 흙 따위를 씻음. ◆图洗车。● 세차하다(洗車--) ●

세차다【형용사】기세나 형세 따위가 힘 있고 억세다. ◆形强烈，强有力，有力。¶세찬 바람. =疾风。

세척(洗滌)【명사】깨끗이 씻음. ◆图洗，洗涤，清洗。¶이 세제는 세척 효과가 뛰어나다. =这种清洁剂的效果非常好。● 세척하다(洗滌--) ●

세칭(世稱)【명사】세상에서 흔히 이름. ◆图常言，公认，人称。¶그는 세칭 일류 대학 출신이다. =他毕业于公认的一流大学。

세탁(洗濯)【명사】더러운 옷이나 피륙 따위를 물에 빠는 일. ◆图洗衣(服)。¶세탁 과정. =洗衣过程。● 세탁하다(洗濯--) ●

세탁기(洗濯機)【명사】빨래하는 기계. ◆图洗衣机。¶빨랫감을 세탁기에 넣고 돌리다. =把要洗的衣物放在洗衣机里洗。

세탁소(洗濯所)【명사】돈을 받고 남의 빨래나 다림질 따위를 해 주는 곳. ◆图洗衣店，干洗店。¶큰 빨래는 세탁소에 맡겼다. =把大件衣物交给洗衣店洗。

세태(世態) 【명사】 사람들의 일상생활, 풍습 따위에서 보이는 세상의 상태나 형편. ◆ 名世态。¶세태가 나쁘게 변하다. =世态变坏了。

세트(set) 【명사】 名 ❶ 도구나 가구 따위의 한 벌. ◆ (一)套, (一)组, (一)副。¶선물 세트. =礼盒。❷ 영화, 텔레비전 드라마 따위의 촬영에 쓰기 위하여 꾸민 여러 장치. ◆ 摄影装置, 舞台装置, 布景。¶야외 세트. =野外布景。❸ 테니스·배구·탁구 따위에서, 경기의 한 판. ◆ 局, 盘。

세파(世波) 【명사】 모질고 거센 세상의 어려움. ◆ 名人间磨难, 风霜。¶세파에 시달리다. =饱经风霜。

세평(世評) 【명사】 세상 사람들 사이에 오가는 평판이나 비평. ◆ 名世人评论, 口碑。¶세평이 좋다. =口碑好。

세포(細胞) 【명사】 생물체를 이루는 기본 단위. 핵막의 유무에 따라 진핵 세포와 원핵 세포로 나뉜다. ◆ 名细胞。

섹스(sex) 【명사】 남녀의 육체적 관계. ◆ 名性行为, 性交。● 섹스하다(sex--) ●

섹시하다(sexy--) 【형용사】 외모나 언행에 성적(性的) 매력이 있다. ◆ 形性感。¶섹시한 몸매. =性感的身材。

센물 【명사】 칼슘 이온이나 마그네슘 이온 따위가 비교적 많이 들어 있는 천연수. 일반적으로 경도 20도 이상의 것을 가리킨다. ◆ 名硬水。

센서(sensor) 【명사】 여러 가지 물리량(物理量), 곧 소리·빛·온도·압력 따위를 검출하는 소자(素子). ◆ 名传感器; 灵敏装置。

센세이션(sensation) 【명사】 名 ❶ 흥분, 선정, 물의. ◆ 兴奋, 煽情。❷ 일시적인 큰 평판. 선풍적인 인기. ◆ 轰动, 轰动一时。¶센세이션을 불러일으키다. =轰动一时。

센스(sense) 【명사】 어떤 사물이나 현상에 대한 감각이나 판단력. ◆ 名感觉, 感受, 意识。¶센스가 있다. =有感觉。

센터(center) 【명사】 名 ❶ 축구·배구·농구 따위에서, 중앙의 위치 또는 그 위치에 선 선수를 이르는 말. ◆ 中锋, 中场。❷ 그것을 파는 곳을 나타내는 말. ◆ 中心, 店, 屋。¶치킨 센터. =炸鸡店。

센티미터(centimeter) 【의존 명사】 미터법에 의한 길이의 단위. ◆ 依名厘米。

셀러리(celery) 【명사】 산형과의 한해살이풀 또는 두해살이풀. 높이는 60~90cm이며, 잎은 우상 복엽이다. ◆ 名芹菜。

셀로판지(cellophane紙) 【명사】 셀로판종이(셀로판 표면에 수지나 나이트로셀룰로스 따위를 발라 만든 종이. 여러 가지 색깔이 있으며, 공작용으로 쓴다). ◆ 名玻璃纸, 透明纸。

셀프서비스(self-service) 【명사】 음식점·슈퍼마켓 따위에서의 자급식(自給式) 판매 방법. ◆ 名 自助式。

셈[1] 【명사】 名 ❶ 수를 세는 일. ◆ 数, 算, 计算。¶셈이 빠르다. =计算速度快。❷ 주고받을 돈이나 물건 따위를 서로 따져 밝히는 일. 또는 그 돈이나 물건. ◆ 算账, 结算。¶셈이 흐리다. =结算不清。❸ 어떤 일이나 사실의 원인. 또는 그런 형편 ◆ 缘由, 缘故, 原委。¶어찌된 셈인지 모르겠다. =不知道什么缘由。

셈[2] 【의존 명사】 依名 ❶ 어떻게 하겠다는 생각을 나타내는 말. ◆ 打算, 想着, 想法。¶잠시 쉴 셈으로 누워 있다가 잠이 들었다. =想着躺下来稍微休息会儿, 结果就睡着了。❷ 비루어 가정함을 나타내는 말. ◆ 等于, 算是, 算作, 相当于。¶그 일은 그에게 이중으로 손해를 입힌 셈이었다. =那件事使他相当于遭受了双重损失。

셈하다 【동사】 动 ❶ 수를 세다. ◆ 数, 数数, 记数。¶그는 지나온 세월을 손가락으로 셈해 보며 한숨을 쉬었다. =他掰着手指头数着走过的岁月, 叹了口气。❷ 주고받을 돈이나 물건 따위를 서로 따져 밝히다. ◆ 付, 结清。¶과일값을 셈하다. =付水果钱。❸ 수를 따져 얼마인가를 세어 맞추다. ◆ 盘算, 衡量。¶그는 당장에 자기에게 돌아올 손해와 이익을 셈하여 반사적으로 행동했다. =他马上盘算好自己的利害得失, 条件反射似地行动起来。

셋 【수사】 둘에 하나를 더한 수. ◆ 数三。¶올해 쉰 살인 그는 아들 셋과 딸 둘을 두었다. =今年五十的他有三个儿子和两个女儿。

셋방(貰房) 【명사】 세를 내고 빌려 쓰는 방. ◆ 名出租房。¶단칸 셋방. =单间出租房。

셋방살이(貰房--) 【명사】 셋방을 빌려 사는 살림살이. ◆ 名租房生活。¶그는 새 집을 마련하여 오랜 셋방살이를 마감했다. =他买了新房子, 结束了长期的租房生活。

셋집(貰-) 【명사】 세를 내고 빌려 사는 집. ◆ 名出租房。¶셋집을 알아보다. =打听出租房。

셋째 【명사】 순서가 세 번째가 되는 차례. ◆ 名第三, 第三个。

셔츠(shirt) 【명사】 서양식 윗옷. 양복저고리 안에 받쳐 입거나 겉옷으로 입기도 한다. ◆ 名衬衫, 衬衣。¶그는 청바지에 셔츠 차림으로 나왔다. =他穿着衬衣、牛仔裤走了出来。

셔터(shutter) 【명사】 名 ❶ 사진기에서, 필름에 적당한 양의 빛을 비추기 위하여 렌즈의 뚜껑을 재빨리 여닫는 장치. ◆ (照相机的)快门。¶셔터를 누르다. =按快门。❷ 폭이 좁은 철판을 발(簾) 모양으로 연결하여 감아올리거나 내릴 수 있도록 한 문. 주로 방범을 목적으로 하여 출입구나 창문에 설치한다. ◆ 卷帘门, 百叶窗。¶셔터를 내리다. =放下卷帘门。

셔틀콕(shuttlecock) 【명사】 배드민턴 경기에 사용하는 공. 공 모양의 둥근 코르크에 15개 정도의 깃털을 돌려 붙여서 만든다. ◆ 名羽毛球。

셰퍼드(shepherd) 【명사】 대형 사개. 늑대와 비슷한데 어깨 높이는 60cm, 몸무게는 40kg 정도이며, 털의 색깔은 검은색, 회색, 갈색 따위이다. ◆ 名牧羊犬, 狼狗。

-소[1] 【어미】 설명·의문·명령의 뜻을 나타내는 종

결 어미. ◆ 词尾表示陈述、疑问或命令的平阶终结词尾。¶그 일은 내가 하겠소. =那件事我来办。

소²【명사】图 ❶ 송편이나 만두 따위를 만들 때, 맛을 내기 위하여 속에 넣는 여러 가지 재료. ◆ 馅。¶만두에 소를 적게 넣으면 맛이 없다. =饺子馅少会没有滋味。❷ 통김치나 오이소박이김치 따위의 속에 넣는 여러 가지 고명. ◆ (做泡菜时加在菜心里的)作料，调料。¶소를 많이 넣은 김치. =放了很多作料的泡菜。

소³【명사】솟과의 포유류. ◆ 图牛。¶잠자던 소가 웃을 일이다. =连睡着的牛都会笑出声的事。

소⁴-(小)【접사】'작은'의 뜻을 더하는 접두사. ◆ 前缀 (用于部分名词前)小。¶소강당. =小礼堂。

-소⁵(所)【접사】'장소' 또는 '기관'의 뜻을 더하는 접미사. ◆ 后缀 (用于部分名词后)所，班。¶강습소. =讲习所。

소⁶(小)【명사】규모나 크기에 따라 큰 것, 중간 것, 작은 것으로 구분하였을 때에 가장 작은 것을 이르는 말. ◆ 图小，小份。¶우리는 감자탕 소로 시켰다. =我们点了小份的土豆排骨汤。

소가족¹(小家族)【명사】图 식구 수가 적은 가족. ◆ 小家庭。

소가죽²【명사】쇠가죽(소의 가죽). ◆ 图牛皮。¶소가죽 가방. =牛皮包。

소각(燒却)【명사】불에 태워 없애 버림. ◆ 图烧掉，焚烧，销毁。¶쓰레기 소각 시설. =垃圾焚烧设备。● 소각되다(燒却--), 소각하다(燒却--) ●

소갈머리【명사】图 ❶ 마음이나 속생각을 낮잡아 이르는 말. ◆〈贬〉心眼儿，(没)心(没)肺。¶소갈머리 없는 녀석 같으니라고. =没心没肺的家伙！ ❷ '마음보(마음을 쓰는 속 바탕)'를 낮잡아 이르는 말. ◆〈贬〉心术，心思，心地。¶그 녀석은 생긴 것도 고약하지만 소갈머리도 애초에 글렀다. =他长得难看，心术也不正。

소감(所感)【명사】마음에 느낀 바. ◆ 图感想，感受，想法。

소개(紹介)【명사】图 ❶ 둘 사이에서 양편의 일이 진행되게 주선함. ◆ 介绍，中介。¶직업 소개소. =职业介绍所。❷ 서로 모르는 사람들 사이에서 양편이 알고 지내도록 관계를 맺어 줌. ◆ 引见，牵线搭桥。¶두 사람은 김 선생의 소개로 만났습니다. =两人是经过金先生介绍认识的。❸ 잘 알려지지 아니하였거나, 모르는 사실이나 내용을 잘 알도록 하여 주는 설명. ◆ 介绍，说明，简介。¶기업 소개. =企业简介。● 소개되다(紹介--), 소개하다(紹介--) ●

소개비(紹介費)【명사】소개하여 준 대가로 치르는 돈. ◆ 图 (受益人支出的)中介费，介绍费。¶가는 건 좋지만 소개비는 내놓고 가야지. =要走当然可以，可是得先交完介绍费才能走呀。

소개장(紹介狀)【명사】사람이나 사물을 소개하는 내용의 편지나 문서. ◆ 图介绍信，推荐信，说明书。¶소개장을 써 주다. =写介绍信。

소견(所見)【명사】어떤 일이나 사물을 살펴보고 가지게 되는 생각이나 의견. ◆ 图意见，见解，看法。¶짧은 소견. =简短的看法。

소견머리(所見--)【명사】'소견(所見)'을 속되게 이르는 말. ◆ 图意见，见解，看法，观点("소견"的俚俗说法)。¶소견머리가 좁다. =观点片面。

소견서(所見書)【명사】어떤 일이나 사물을 살펴보고 가지게 되는 생각이나 의견을 표현한 글. ◆ 图观后感，意见书，鉴定书。

소경【명사】图 ❶ '시각 장애인'을 낮잡아 이르는 말. ◆ 盲人，瞎子。¶소경이 눈을 뜨는 기적이 일어났다. =发生了盲人重见光明的奇迹。❷ 세상 물정에 어둡거나 글을 모르는 사람을 비유적으로 이르는 말. ◆〈喻〉文盲，睁眼瞎，一窍不通。¶그가 공부는 잘하는지 모르지만 세상일에는 소경이야. =他学习怎么样不太清楚，但对人情世故确实是一窍不通。

소고(小鼓)【명사】图 작은북, 소형의 북. ◆ 小鼓。

소고기【명사】쇠고기. ◆ 图牛肉。

소곤거리다【동사】남이 알아듣지 못하도록 작은 목소리로 자꾸 가만가만 이야기하다. ◆ 动窃窃私语。¶귀에다 입을 대고 무언가를 소곤거리다. =不知道咬着耳朵在嘀咕什么。● 소곤대다 ●

소관¹(所管)【명사】맡아 관리하는 바. 또는 그 범위. ◆ 图主管，分管，管辖。¶소관 업무. =主管的业务。

소관²(所關)【명사】관계되는 바. ◆ 图关系，关联，牵连。¶무슨 소관이 있어서 왔습니까? =你怎么过来了?

소괄호(小括弧)【명사】图 ❶ 묶음표의 하나. 문장 부호 '( )'의 이름이다. ◆ 小括号，小括弧。❷ 어떤 식의 계산을 다른 계산보다 먼저 할 것을 요구할 때 쓰는 부호 '( )'를 이르는 말. ◆ 数学中的小括号。

소굴(巢窟)【명사】나쁜 짓을 하는 도둑이나 악한 따위의 무리가 활동의 본거지로 삼고 있는 곳. ◆ 图巢，穴，窝。¶도둑의 소굴. =贼窝。

소규모(小規模)【명사】범위나 크기가 작음. ◆ 图小规模，小型，小范围。¶소규모 거래. =小规模交易。

소극적(消極的)【명사】스스로 앞으로 나아가거나 상황을 개선하려는 기백이 부족하고 비활동적인 것. ◆ 图消极的，不积极。¶그는 매사에 소극적이다. =他对什么事都不积极。

소금【명사】图 짠맛이 나는 백색의 결정체. ◆盐，食盐。¶소금 닷 되. =五升盐。

소금기(--氣)【명사】염분이 섞인 약간 축축한 기운. ◆ 图盐度，盐分。¶소금기가 많은 바닷바람이 내륙을 향하여 불었다. =含盐度很高的海风吹向了内陆。

소금물【명사】图 ❶ 소금을 녹인 물. ◆ 盐水。¶소금물로 양치질을 하다. =用盐水漱口。❷ 소금기가 있는 물. ◆ 咸水，含盐的水。❸ 매우 짠 물. ◆ 咸水。

소금쟁이【명사】소금쟁잇과의 곤충. ◆ 图水黾。

소급(遡及)【명사】과거에까지 거슬러 올라가서 미치게 함. ◆ 图追溯，回溯；追加，补发。¶소급 적용. =适用于追溯。● 소급하다(遡及--) ●

소급시키다(遡及---)【동사】현재의 어떤 사실에 대한 생각이나 법이나 규정의 효력을 과거의 어느 때에 미치도록 거슬러 올라가다. ◆ 动 (使)追溯；追加，补发。¶급여의 인상분을 소급시켜 지급하다. =补发工资增长的部分。

소기(所期)【명사】기대한 바. ◆ 名期待，期望，预期。¶소기의 성과를 거두다. =取得了预期成果。

소기업(小企業)【명사】자본금이나 종업원 수 따위의 규모가 작은 기업. ◆ 名小企业。¶중소기업. =中小企业。

소꿉놀이【명사】소꿉을 가지고 노는 아이들의 놀이. ◆ 名过家家。¶어린아이들이 마당에 모여 앉아 소꿉놀이를 하고 있었다. =孩子们围坐在院子里玩过家家。● 소꿉놀이하다, 소꿉장난 ●

소나기【명사】名 ❶ 갑자기 세차게 쏟아지다가 곧 그치는 비. 특히 여름에 많으며 번개나 천둥, 강풍 따위를 동반한다. ◆ 暴雨，雷阵雨，阵雨。¶소나기가 쏟아지다. =暴雨倾盆。❷ 갑자기 들이퍼붓는 것을 비유적으로 이르는 말. ◆ 暴雨般的，骤雨般的。¶소나기 펀치를 퍼붓다. =拳头暴雨般地袭来。

소나무【명사】소나뭇과의 상록 침엽 교목. 높이는 35미터 정도이며, 잎은 두 잎이 뭉쳐나고 피침 모양이나. ◆ 名松树。

소낙비【명사】소나기(갑자기 세차게 쏟아지다가 곧 그치는 비. ◆ 名暴雨，雷阵雨。¶우산도 없는데 갑자기 소낙비가 쏟아졌다. =雨伞都没带，却突然暴雨倾盆。

소녀(少女)【명사】아직 완전히 성숙하지 아니한 어린 여자아이. ◆ 名少女，小姑娘。¶귀엽기만 하던 그 소녀가 어느덧 어엿한 숙녀가 되어 있었다. =那个可爱的小姑娘不知不觉间都长成端庄的淑女了。

소년(少年)【명사】아직 완전히 성숙하지 아니한 어린 사내아이. ◆ 名少年。¶소년 시절. =少年时期。

소뇌(小腦)【명사】대뇌의 아래, 뇌줄기 뒤에 있는 뇌의 한 부분. ◆ 名小脑。

소다(soda)【명사】'탄산나트륨'을 일상적으로 이르는 말. ◆ 名苏打，碱。

소다수(soda水)【명사】탄산수(이산화탄소의 포화 수용액. 청량음료수나 의약품, 실험 따위에 쓴다). ◆ 名苏打水。

소달구지【명사】소가 끄는 수레. ◆ 名牛车。¶아이들은 소달구지 위에 걸터앉았다. =孩子们坐在牛车上。

소담스럽다【형용사】形 ❶ 생김새가 탐스러운 데가 있다. ◆ (长相)讨人喜欢，惹人喜爱，可爱。¶소담스럽게 쌓인 눈. =堆得惹人喜爱的雪。❷ 음식이 풍족하여 먹음직한 데가 있다. ◆ (饮食)丰盛，美味的，诱人的。¶접시에 소담스럽게 담긴 감자가 먹음직스러웠다. =盘子里盛着诱人的土豆，看着就想吃。● 소담스레 ●

소담하다【형용사】形 ❶ 음식이 풍족하여 먹음직하다. ◆ (饮食)丰盛，美味的，诱人，馋人。¶나물을 무쳐 그릇에 소담하게 담다. =拌好凉菜，装盘后看着很有食欲。❷ 생김새가 탐스럽다. ◆ (长相)讨人喜欢，惹人喜爱，可爱。¶소담한 꽃송이. =惹人喜爱的花朵。

소도구(小道具)【명사】연극이나 영화 따위에서, 무대 장치나 분장에 쓰는 작은 도구류를 통틀어 이르는 말. ◆ 名小道具。

소도둑【명사】名 ❶ 소를 훔치는 짓. 또는 그런 짓을 한 도둑. ◆ 偷牛；偷牛贼。¶동네 사람들이 힘을 모아 소도둑을 잡다. =村里人齐心协力抓偷牛贼。❷ 능글맞고 욕심 많은 사람을 비유적으로 이르는 말. ◆ 阴险贪婪的人，贼眉鼠眼的人。¶소도둑같은 놈. =看上去贼眉鼠眼的人。

소독(消毒)【명사】병의 감염이나 전염을 예방하기 위하여 병원균을 죽이는 일. ◆ 名消毒，杀菌，灭菌。● 소독되다(消毒--), 소독하다(消毒--) ●

소독약(消毒藥)【명사】사람에게 해로운 세균을 죽이거나 약화시키는 데 쓰는 약. ◆ 名消毒药，消毒剂。

소동(騷動)【명사】사람들이 놀라거나 흥분하여 시끄럽게 법석거리고 떠들어 대는 일. ◆ 名骚动，骚乱，动乱。¶소동을 일으키다. =引起骚动。

소득(所得)【명사】名 ❶ 일한 결과로 얻은 정신적·물질적 이익. ◆ 收入，收益，收获。¶이번 사업은 큰 소득이 없었다. =这个项目没有大的收益。❷ 일정 기간 동안의 근로 사업이나 자산의 운영 따위에서 얻는 수입. 봉급, 노임, 지대(地代), 이자 따위가 이에 해당한다. ◆ 收入，收益，利润。

소득세(所得稅)【명사】개인이 한 해 동안 벌어들인 돈에 대하여 액수별 기준에 따라 매기는 세금. ◆ 名所得税，工资税。

소등(消燈)【명사】등불을 끔. ◆ 名关灯，熄灯。¶빨리 소등하고 취침해라. =赶紧关灯睡觉。● 소등하다(消燈--) ●

소띠【명사】소해에 태어난 사람의 띠. ◆ 名属牛。

소라【명사】소랏과의 연체동물. 껍데기의 높이는 10cm, 지름은 8cm 정도이며 두껍고 견고하다. ◆ 名螺，海螺。

소란(騷亂)【명사】시끄럽고 어수선함. ◆ 名骚乱，喧哗，骚动。¶차내의 음주 가무 등 소란 행위 금지. =车内禁止饮酒、歌舞等喧哗行为。● 소란하다(騷亂--), 소란스럽다 ●

소량(少量)【명사】적은 분량. ◆ 名少量，小批，小批量，零星，零碎，一小撮。¶소량 생산. =小批量生产。

소록소록【부사】形 ❶ 아기가 곱게 자는 모양. ◆ 甜甜地，香香地(小孩睡的样子)。❷ 비나 눈 따위가 보슬보슬 내리는 모양. ◆ 簌簌，霏霏(雨、雪纷飞的样子)。

소름【명사】춥거나 무섭거나 징그러울 때 살갗이 오그라들며 겉에 좁쌀 같은 것이 도톨도톨하게 돋는 것. ◆ 名鸡皮疙瘩。¶소름이 돋다. =起鸡皮疙瘩。

소리【명사】名 ❶ 물체의 진동에 의하여 생긴 음파가 귀청을 울리어 귀에 들리는 것. ◆ 声音。¶피리 소리. =笛声。❷ 말(음성 기호로 생각이나 느낌을 표현하고 전달하는 행위. 또는 그런 결과물). ◆ 话，

소아(小兒)【명사】어린아이. 나이가 적은 아이. ◆图小孩，少儿，儿童。¶소아 시기. =儿时。

소아과(小兒科)【명사】어린아이의 내과적인 병을 전문적으로 진찰·치료하던 의학. 또는 병원의 그 부서. ◆图儿科。¶독감으로 소아과를 찾은 아이들이 많았다. =很多孩子到儿科看流感。

소아마비(小兒麻痺)【명사】어린아이에게 많이 일어나는 운동 기능의 마비. ◆图脊髓灰质炎，〈俗称〉小儿麻痹(症)。

소액(少額)【명사】적은 액수. ◆图小额，小数目。¶소액 대출. =小额贷款。

소야곡(小夜曲)【명사】저녁 음악이라는 뜻으로, 밤에 연인의 집 창가에서 부르거나 연주하던 사랑의 노래. ◆图 小夜曲。

소양(素養)【명사】평소 닦아 놓은 학문이나 지식. ◆图素质，修养。¶소양이 밝다. =修养好。

소외(疏外)【명사】어떤 무리에서 싫어하여 따돌리거나 멀리함. ◆图遭冷落，被冷淡。¶소외 계층. =遭冷落的阶层。● 소외되다(疏外--), 소외하다(疏外--) ●

소외감(疏外感)【명사】남에게 따돌림을 당하여 멀어진 듯한 느낌. ◆图受排斥感。¶소외감을 느끼다. =有被孤立感。

소외당하다(疎外當--)【동사】주위로부터 따돌림을 받다. ◆动被疏远，遭冷落。¶친구들로부터 소외당하다. =被朋友们疏远。

소외시키다(疏外---)【동사】주위에서 따돌리다. ◆动疏远，冷落。¶그들은 자신들의 견해와 다르다고 친구를 소외시켰다. =他们疏远了与他们见解不同的朋友。

소요[1](所要)【명사】필요로 하거나 요구되는 바. ◆图所需，需要。¶소요 경비. =所需经费。● 소요되다(所要--), 소요하다(所要--) ●

소요[2](騷擾)【명사】여럿이 떠들썩하게 들고일어남. 또는 그런 술렁거림과 소란. ◆图骚扰，骚乱。

소용(所用)【명사】쓸 곳. 또는 쓰이는 바. ◆图用处，用途。¶소용 있는 물건. =有用的东西。

소용돌이【명사】图 ❶ 바닥이 팬 자리에서 물이 빙빙 돌면서 흐르는 현상. 또는 그런 곳. ◆ 漩涡。¶강물에서 소용돌이가 일어나다. =江水中泛起了漩涡。❷ 힘이나 사상, 감정 따위가 서로 뒤엉켜 요란스러운 상태를 비유적으로 이르는 말. ◆〈喻〉漩涡。¶분쟁의 소용돌이. =斗争的漩涡。❸ 한 점을 중심으로 하나의 선이 둘레를 돌면서 뻗어 나가는 모양. ◆ 漩涡。

소용돌이치다【동사】动 ❶ 물이 빙빙 돌면서 흐르다. ◆ 打漩，起漩涡。¶개천에서 갑자기 소용돌이치기 시작했다. =水沟里突然打起了漩儿。❷ 바람이나 눈보라, 불길 따위가 세차게 휘돌며 치솟다. ◆ (风、雨、雪、火焰等)气势大。❸ 힘이나 사상, 감정 따위가 서로 뒤엉켜 요란스럽게 움직이다. ◆ 萦绕，交织在一起。¶불안한 생각이 소용돌이치다. =不安的想法交织在一起。

소용없다(所用--)【형용사】아무런 쓸모나 득이 될 것이 없다. ◆ 形没用，无济于事。¶이런 병에는 어떤 약도 소용없다. =这种病什么药都没用。

소원[1](所願)【명사】바라고 원함. 또는 바라고 원하는 일. ◆图愿望，期望。¶소원 성취. =愿望实现。● 소원하다(所願--) ●

소원[2]하다(疏遠--)【형용사】지내는 사이가 두텁지 아니하고 거리가 있어서 서먹서먹하다. ◆形疏远，生分。¶그 친구와 소원한 사이가 되어 버렸다. =和那个朋友疏远了。

소위[1](少尉)【명사】위급의 맨 아래 군사 칭호. 또는 그 칭호를 받은 군관. ◆图少尉。

소위[2](所謂)【부사】이른바(세상에서 말하는 바). ◆副所谓。¶소위 지성인이라는 사람이 그러한 행동을 하면 안 되지. =理智的人，当然不能那么干。

소유(所有)【명사】가지고 있음. 또는 그 물건. ◆图拥有，掌握；拥有的东西。¶그는 많은 토지를 소유하고 있다. =他有很多土地。● 소유되다(所有--), 소유하다(所有--) ●

소음(騷音)【명사】불규칙하게 뒤섞여 불쾌하고 시끄러운 소리. ◆图噪音，噪声。¶소음 공해. =噪音污染。

소인[1](消印)【명사】图 ❶ 지우는 표시로 인장을 찍음. 또는 그 인장. ◆ 注销用图章；用图章注销。❷ 우체국에서 접수된 우편물의 우표 따위에 도장을 찍음. 또는 그 도장. 접수 날짜, 국명(局名) 따위가 새겨져 있다. ◆ 邮戳。¶우체국 소인을 찍다. =盖邮局的邮戳。

소인[2](小人)【명사】图 ❶ 나이가 어린 사람. ◆ 小孩，儿童。¶입장 요금은 대인 팔천 원, 소인 사천 원입니다. =入场券的价格是成人票8000韩元，儿童票4000韩元。❷ 도량이 좁고 간사한 사람. ◆ 小人，鼠辈。¶군자의 뜻을 소인이 어찌 알겠는가? =燕雀焉知鸿鹄之志哉！

소인[3](小人)【대명사】신분이 낮은 사람이 자기보다 신분이 높은 사람을 상대하여 자기를 낮추어 이르던 일인칭 대명사. ◆ 代〈古〉〈谦〉小人。¶이제부터 소인은 약한 자를 돕고 강한 자를 누르기 위하여 길을 떠나겠습니다. =从现在开始，小人将以抑强扶弱为己任。

소인배(小人輩)【명사】마음 씀씀이가 좁고 간사한 사람들이나 그 무리. ◆图鼠辈，小人们。¶아버지는 소인배의 사기에 속으셨다. =爸爸被小人们骗了。

소일(消日)【명사】图 ❶ 하는 일 없이 세월을 보냄. ◆ 消磨(时光)，打发(日子)。¶아버지는 소일로 하루를 보내신다. =爸爸消磨了一天的时光。❷ 어떠한 것에 재미를 붙여 심심하지 아니하게 세월을 보냄. ◆ 消遣。¶난을 돌보는 것을 소일로 삼다. =养兰花当消遣。● 소일하다(消日--) ●

소일거리(消日--)【명사】그럭저럭 세월을 보내기 위하여 심심풀이로 하는 일. ◆图用以消遣的事物。¶소일거리가 생기다. =有了可供消遣的东西。

소임(所任)【명사】맡은 바 직책이나 임무. ◆图 (所负)职责，任务。¶봉사를 소임으로 여기다. =以奉献为己任。

소자(小子)【대명사】아들이 부모를 상대하여 자기를 낮추어 이르는 일인칭 대명사. ◆ 代小儿。

소작(小作)【명사】농토를 갖지 못한 농민이 일정한 소작료를 지급하며 다른 사람의 농지를 빌려 농사를 짓는 일. ◆ 名租种，租田。● 소작하다(小作--) ●

소작농(小作農)【명사】일정한 소작료를 지급하며 다른 사람의 농지를 빌려 짓는 농사. 또는 그런 농민. ◆ 名佃户，佃农。¶몇 대를 소작농으로 이어 오다. =几代佃户。

소장¹(所藏)【명사】자기의 것으로 지니어 간직함. 또는 그 물건. ◆ 名收藏；藏品。¶개인 소장 도서. =个人收藏的图书。● 소장되다(所藏--), 소장하다(所藏--) ●

소장²(小腸)【명사】작은창자(위(胃)와 큰창자 사이에 있는, 대롱 모양의 위창자관. 샘창자, 빈창자, 돌창자로 나뉜다). ◆ 名小肠。

소장³(所長)【명사】연구소, 강습소, 출장소 따위와 같이 '소(所)'라고 이름 붙인 곳의 우두머리. ◆ 名所长。

소장⁴(少將)【명사】장성 계급의 하나. 중장의 아래, 준장의 위이다. ◆ 名少将。

소장⁵(訴狀)【명사】소송을 제기하기 위하여 제일심 법원에 제출하는 서류. ◆ 名起诉书，诉状。¶소장을 쓰다. =写起诉书。

소장품(所藏品)【명사】자기의 것으로 지니어 간직하고 있는 물품. ◆ 名藏品，收藏品。¶미술관 소장품. =美术馆藏品。

소재¹(素材)【명사】名 ❶ 어떤 것을 만드는 데 바탕이 되는 재료. ◆ 原材料，原料。¶첨단 소재. =尖端原料。❷ 예술 작품에서 지은이가 말하고자 하는 바를 나타내기 위해 선택하는 재료. ◆ 素材，题材。¶그 작가는 요즘 중산층의 생활을 소재로 한 작품을 쓰고 있다. =那位作家正在写一部以近来中产阶层的生活为题材的作品。❸ 글의 내용이 되는 재료. ◆ 写作素材。

소재²(所在)【명사】名 ❶ 어떤 곳에 있음. 또는 있는 곳. ◆ 下落，行踪，去向。¶소재 불명. =下落不明。❷ 소재지(주요 건물이나 기관 따위가 자리 잡고 있는 곳). ◆ 位于，所在地，地址。

소재지(所在地)【명사】주요 건물이나 기관 따위가 자리 잡고 있는 곳. ◆ 名 (机关、建筑等)所在地，地址。

소절(小節)【명사】마디. ◆ 名段。

소정(所定)【명사】정해진 바. ◆ 名规定。¶소정의 양식. =规定样式。

소제(掃除)【명사】청소(清掃)(더럽거나 어지러운 것을 쓸고 닦아서 깨끗하게 함). ◆ 名清扫，打扫。¶소제를 마치다. =打扫完了。● 소제하다(掃除--) ●

소조(塑造)【명사】찰흙, 석고 따위를 빚거나 덧붙여서 만드는 조형 미술. ◆ 名塑造。

소주(燒酒)【명사】名 ❶ 곡주나 고구마주 따위를 끓여서 얻는 증류식 술. 무색투명하고 알코올 성분이 많다. ◆ 烧酒。¶소주를 고다. =酿造烧酒。❷ 알코올에 물과 향료를 섞어서 얻는 희석식 술. ◆ 烧酒。¶소주 한 잔. =一杯烧酒。

소중하다(所重--)【형용사】매우 귀중하다. ◆ 形宝贵，珍贵，可贵。¶희망은 너무도 소중한 재산이다. =希望是非常宝贵的财产。● 소중히(所重-) ●

소지¹(所持)【명사】가지고 있는 일. 또는 그런 물건. ◆ 名携带，有，持(有)。¶경로우대증 소지 노인은 무료입장이다. =持老年证的老人免费入场。● 소지하다(所持--) ●

소지²(素地)【명사】본래의 바탕. ◆ 名底子，天资，可能。¶이 문제는 논쟁의 소지가 있다. =这个问题有引起争论的可能。

소지품(所持品)【명사】가지고 있는 물품. ◆ 名携带品，持有物。¶소지품 검사. =检查携带品。

소진(消盡)【명사】점점 줄어들어 다 없어짐. 또는 다 써서 없앰. ◆ 名消耗殆尽，耗尽。¶체력이 다 소진했다. =体力都消耗殆尽了。● 소진되다(消盡--), 소진하다(消盡--) ●

소질(素質)【명사】본디부터 가지고 있는 성질. 또는 타고난 능력이나 기질. ◆ 名素养，天资，天赋。¶타고난 능력과 소질. =天生的能力和素养。

소쩍새【명사】올빼밋과의 새. 등은 어두운 회색이고 온몸에 갈색 줄무늬가 있으며 귀깃을 가졌다. ◆ 红角鸮。

소책자(小冊子)【명사】자그마하게 만든 책. ◆ 名小册子。¶소책자를 간행하다. =发行小册子。

소철【명사】소철과의 열대산 상록 관목. 높이는 3미터 정도이고 줄기는 전면에 비늘 모양을 한 잎의 흔적이 있으며, 잎은 우상 복엽이다. ◆ 名苏铁，〈俗〉铁树。

소청(所請)【명사】남에게 청하거나 바라는 일. ◆ 名请求，要求。

소총(小銃)【명사】병사 개인이 들고 다닐 수 있게 만든 총. ◆ 名步枪。

소추(訴追)【명사】名 ❶ 형사 사건에 대하여 법원에 심판을 신청하여 이를 수행하는 일. 한국은 이에 대하여 국가 소추주의와 검사 소추주의를 택하고 있다. ◆ 提起公诉。❷ 고급 공무원이 직무를 집행할 때 헌법이나 법률을 위배하였을 경우 국가가 탄핵을 결의하는 일. ◆ 弹劾。● 소추하다(訴追--) ●

소출(所出)【명사】논밭에서 나는 곡식. 또는 그 곡식의 양. ◆ 名所产(粮食农作物等)；产量，收成。¶소출이 넉넉하다. =产量充足。● 소출하다(所出--) ●

소켓(socket)【명사】전구 따위를 끼워 넣어 전선과 접속하게 하는 기구. ◆ 名灯头；插座。¶전구를 소켓에 끼우다. =把灯泡安在灯头上。

소쿠리【명사】대나 싸리로 엮어 테가 있게 만든 그릇. ◆ 名箩筐。¶음식을 소쿠리에 담다. =把食物装在箩筐里。

소탈하다(疏脫--)【형용사】예절이나 형식에 얽매이지 아니하고 수수하고 털털하다. ◆ 形洒脱，潇洒，爽快。¶소탈한 성격. =洒脱的性格。

소탕(掃蕩)【명사】휩쓸어 죄다 없애 버림. ◆ 名扫荡，清剿。¶반란군 소탕 작전. =扫荡叛军的战斗。

● 소탕되다(掃蕩--), 소탕하다(掃蕩--) ●

소통(疏通)【명사】图 ❶ 막히지 아니하고 잘 통함. ◆ 疏通，疏导。¶차량의 원활한 소통. =交通顺畅。❷ 뜻이 서로 통하여 오해가 없음. ◆ 沟通。¶서로의 의견 소통이 잘 이루어지다. =相互之间很好地沟通了意见。● 소통되다(疏通--), 소통하다(疏通--) ●

소파(sofa)【명사】등받이와 팔걸이가 있는 길고 푹신한 의자. ◆ 图沙发。¶거실에 소파를 놓다. =把沙发放在居室里。

소포(小包)【명사】소포 우편물(소포 우편으로 보내는 물품). ◆ 图包裹，邮包。¶소포를 받다. =收到邮包。

소폭(小幅)【명사】좁은 폭이나 범위. ◆ 图小幅(度)。¶소폭의 개각을 단행하다. =果断实行对内阁的小幅改组。

소품(小品)【명사】图 ❶ 소품물(규모가 작은 예술 작품). ◆ 小型艺术品。❷ 실물과 같은 모양으로 정교하게 만들어진 작은 모형(模型). ◆ 小模型，微缩模型。❸ 소도구(연극이나 영화 따위에서, 무대 장치나 분장에 쓰는 작은 도구류를 통틀어 이르는 말). ◆ 小道具。¶연극이 끝나자 단원들은 소품을 챙기느라 부산했다. =演出一结束，团员们就忙着整理小道具。

소풍(逍風/消風)【명사】휴식을 취하기 위해서 야외에 나갔다 오는 일. ◆ 图散步，兜风，乘凉，放风。¶가족들과 소풍삼아 공원에 갔다. =和家人一起去公园散步。

소프라노(soprano<이>)【명사】여성이나 어린이의 가장 높은 음역(音域). 또는 그 음역의 가수. ◆ 图女高音；女高音歌手；高音部。

소프트볼(softball)【명사】9~15명으로 이루어진 두 팀이 크고 부드러운 공으로 야구와 비슷하게 하는 경기. 또는 그 경기에서 쓰는 공. ◆ 图垒球。

소프트웨어(software)【명사】컴퓨터 프로그램 및 그와 관련된 문서들을 통틀어 이르는 말. ◆ 图软件，程序。¶소프트웨어 공학(工學). =软件设计。

소피(所避)【명사】'오줌'을 완곡하게 이르는 말. ◆ 图小解，小便，尿。

소한(小寒)【명사】이십사절기의 스물셋째. ◆ 图小寒。

소행(所行)【명사】이미 해 놓은 일이나 짓. ◆ 图所作所为。¶어느 놈의 소행이냐. =哪个家伙干的?

소행성(小行星)【명사】화성과 목성 사이의 궤도에서 태양의 둘레를 공전하는 작은 행성. ◆ 图小行星。

소형(小型)【명사】사물의 작은 형체. ◆ 图小型，微型，袖珍。

소홀하다(疏忽--)【형용사】대수롭지 아니하고 예사롭다. 또는 탐탁하지 아니하고 데면데면하다. ◆ 形疏忽，粗心，粗心大意。¶그녀가 나를 대하는 것이 그 전보다 소홀하다. =她对我比以前粗心。● 소홀히(疏忽-) ●

소화(消化)【명사】图 ❶ 섭취한 음식물을 분해하여 영양분을 흡수하기 쉬운 형태로 변화시키는 일. ◆ 消化。¶소화가 다 되다. =消化完了。❷ 배운 지식이나 기술 따위를 충분히 익혀 자기 것으로 만듦을 비유적으로 이르는 말. ◆〈喻〉消化，理解。❸ 고유의 특성으로 인하여 다른 것의 특성을 잘 살려 줌을 비유적으로 이르는 말. ◆〈喻〉吸收，同化。❹ 주어진 일을 해결하거나 처리함을 비유적으로 이르는 말. ◆〈喻〉处理，解决。❺ 어떤 대상을 일정한 장소에 수용함을 비유적으로 이르는 말. ◆〈喻〉容纳，接受。❻ 상품이나 채권 따위의 매매에서 요구되는 물량을 만족시킴을 비유적으로 이르는 말. ◆〈喻〉卖掉(商品、债券等)。● 소화되다(消化--), 소화하다(消化--) ●

소화기(消火器)【명사】불을 끄는 기구. 거품을 내는 것, 사염화탄소 따위를 사용하는 것, 소화탄 따위가 있다. ◆ 图灭火器。¶건물 내에 소화기를 비치해 두다. =在建筑物内放置灭火器。

소화 기관(消化器官)【명사】음식물을 소화하고 흡수하는 기관. ◆ 图消化器官。

소화 불량(消化不良)【명사】먹은 음식을 위나 장에서 잘 받아들이지 못하여 영양분을 흡수하지 못하는 증상. ◆ 图消化不良。¶며칠째 소화불량으로 고생하다. =因为消化不良难受好几天了。

소화액(消化液)【명사】섭취한 음식물의 소화를 돕기 위하여 샘세포에서 위창자관 내로 분비되는 액체. ◆ 图消化液。

소화전(消火栓)【명사】소화 호스를 장치하기 위하여 상수도의 급수관에 설치하는 시설. ◆ 图消火栓。

소화제(消化劑)【명사】적게 분비된 소화액을 보충하거나 분비를 촉진하며, 소화기의 운동이나 흡수 작용을 회복시키기 위한 약을 통틀어 이르는 말. ◆ 图助消化药。

소환(召喚)【명사】법원이나 검찰 등이 피고인, 참고인, 증인 등의 소송 관계인에게 일정한 일시에 지정한 장소에 올 것을 명령하는 일. ◆ 图传唤。¶소환에 불응하다. =不听传唤。● 소환되다(召喚--), 소환하다(召喚--) ●

소환장(召喚狀)【명사】민사 소송법에서, 당사자나 그 밖의 소송 관계인에게 날짜를 알려 출석을 명령하는 뜻을 기재한 서류. ◆ 图传票。

속【명사】图 ❶ 가죽이나 껍질로 쌓인 물체의 안쪽 부분. ◆ 瓤，芯，馅。¶수박 속. =西瓜瓤。❷ 일정하게 둘러싸인 것의 안쪽으로 들어간 부분. ◆ 里面。¶이불 속. =被子里。❸ 사람의 몸에서 배의 안 또는 위장. ◆ 肚子，腹部。¶속이 거북하다. =肚子不舒服。❹ 사람이나 사물을 대하는 자세나 태도. ◆ 心胸，胸怀，度量。¶속이 넓다. =心胸宽阔。❺ 사리를 분별할 수 있는 힘이나 정신. 또는 줏대 있게 행동하는 태도. ◆ 头脑，脑子；主见。¶속도 없냐? 남에게 이용만 당하게. =你没脑子呀? 光让人利用。

속개(續開)【명사】잠시 중단되었던 회의 따위를 다시 계속하여 엶. ◆ 图继续开(会)，继续召开。¶회담 속개 일정을 잡다. =确定继续会谈的日程。● 속개되다(續開--), 속개하다(續開--) ●

속공(速攻)【명사】농구·배구·축구 따위의 구기 경기에서, 지체함이 없이 재빠른 동작으로 공격함. 또는 그런 공격. ◆ 名快攻，速攻。¶날카로운 속공을 성공시키다. =成功实施了凌厉的快攻。

속기(速記)【명사】名 ❶ 꽤 빨리 적음. ◆ 快速记录。❷ 속기법으로 적는 일. 또는 그런 기록. ◆ 速记。¶속기를 배우다. =学速记。● 속기하다(速記--), 속기록 ●

속눈썹【명사】눈시울에 난 털. ◆ 名睫毛，眼睫毛。¶가짜 속눈썹을 붙이다. =粘假睫毛。

속다【동사】动 ❶ 남의 거짓이나 꾀에 넘어가다. ◆ 被骗，受骗，上当。¶감언이설에 속다. =被花言巧语蒙骗。❷ 어떤 것을 다른 것으로 잘못 알다. ◆ 弄错，信以为真。

속닥거리다【동사】남이 알아듣지 못하도록 작은 목소리로 은밀하게 자꾸 이야기하다. ◆ 动窃窃私语，交头接耳，嘀咕。¶아까부터 뭘 그리 속닥거리고 있느냐. =从刚才就开始叽咕什么呢? ● 속닥대다, 속닥속닥하다, 속닥이다 ●

속단(速斷)【명사】신중을 기하지 아니하고 서둘러 판단함. ◆ 名 (草率)认定，(轻率)判断，(贸然)下结论。¶속단은 금물이다. =不能草率认定。● 속단하다(速斷--) ●

속달(速達)【명사】名 ❶ 빨리 배달함. 또는 그런 것. ◆ 速递，快递。❷ 속달 우편(특정 구역 안에서 보통 우편보다 빨리 보내 주는 우편). ◆ 快件，特快专递。¶입사 원서를 속달로 보내다. =用特快专递寄求职信。● 속달하다(速達--) ●

속담(俗談)【명사】예로부터 민간에 전하여 오는 쉬운 격언이나 잠언. ◆ 名老话，谚语，俗语。¶내 신세는 속담 그대로 개밥에 도토리 같은 신세가 됐다. =我就像老话说的，成了孤家寡人。

속도(速度)【명사】물체가 나아가거나 일이 진행되는 빠르기. ◆ 名速度。¶속도 조절. =调节速度。

속도감(速度感)【명사】물체가 나아가거나 일이 진행되는 빠르기의 느낌. ◆ 名速度感。¶일을 속도감 있게 진행하다. =事情在迅速地进行着。

속도계【명사】움직이는 물체의 속도를 재는 장치. ◆ 名速度表。

속독(速讀)【명사】책 따위를 빠른 속도로 읽음. ◆ 名快速阅读，浏览。¶그는 책을 항상 속독으로 읽는다. =他看书常常只是浏览一下。● 속독하다(速讀--) ●

속되다(俗--)【형용사】形 ❶ 고상하지 못하고 천하다. ◆ 低俗，俗气，庸俗。¶속된 말씨. =低俗的语气。❷ 세속적이다. ◆ 世俗。¶속된 인간. =俗人。

속뜻【명사】名 ❶ 마음속에 품고 있는 깊은 뜻. ◆ 心思，心意，心里想法。¶내 속뜻은 그게 아니었어. =我心里想的不是那样的。❷ 말이나 글의 표면에 직접 드러나지 아니하고 그 속에 흐르고 있는 뜻. ◆ 深层含义，含义。¶그는 글에 담긴 속뜻을 정확히 파악했다. =他准确地把握了文章的含义。

속력(速力)【명사】속도의 크기. 또는 속도를 이루는 힘. ◆ 名速度。¶시속 70Km의 속력. =时速为70公里。

속마음【명사】겉으로 드러나지 아니한 실제의 마음. ◆ 名内心，真心，心思。¶속마음이 드러나다. =坦露了真心。

속말【명사】속마음에서 우러나오는 말. ◆ 名心里话，真心话，心声。¶그 사람의 말을 다 듣고 나서야 어머니는 속말을 꺼냈다. =听完他的话之后，母亲才说出了心里话。

속명(俗名)【명사】名 본명이나 학명 외에 민간에서 흔히 부르는 이름. ◆ 俗称。

속물(俗物)【명사】교양이 없거나 식견이 좁고 세속적인 일에만 신경을 쓰는 사람을 속되게 이르는 말. ◆ 名俗人，庸人。¶그런 행동은 속물들이나 하는 짓이야. =那种事只是庸人所为。

속박(束縛)【명사】어떤 행위나 권리의 행사를 자유로이 하지 못하도록 강압적으로 얽어매거나 제한함. ◆ 名束缚，拘束，限制。¶속박을 당하다. =受到限制。● 속박되다(束縛--), 속박하다(束縛--) ●

속병(-病)【명사】名 ❶ 몸속의 병을 통틀어 이르는 말. ◆ 内科病的总称。¶속병을 앓다. =患了内科病。❷ '위장병(胃腸病)'을 일상적으로 이르는 말. ◆ 肠胃病。¶속병으로 음식을 못 먹다. =得了肠胃病，没法吃饭。❸ 화가 나거나 속이 상하여 생긴 마음의 심한 아픔. ◆ 心病。

속보[1](速報)【명사】빨리 알림. 또는 그런 보도. ◆ 名速报，快报。¶뉴스 속보. =新闻快报。

속보[2](速步)【명사】빨리 걸음. 또는 빠른 걸음. ◆ 名快步，疾步。¶둘은 아무 말 없이 속보로 걷기만 했다. =两个人谁也不说话，只是快步前进。

속사정(-事情)【명사】겉으로 드러나지 아니한 일의 형편. ◆ 名实情，真相，内幕。¶속사정이 궁금하다. =想知道内情。

속사포(速射砲)【명사】탄알을 쉽게 장전하여 빨리 발사할 수 있는 포. ◆ 名速射炮。¶나는 그 순간 속사포의 방아쇠를 당겼다. =那一瞬间我扣动了速射炮的扳机。

속삭거리다【동사】남이 알아듣지 못하도록 나지막한 목소리로 가만가만 이야기하다. ◆ 动窃窃私语，喁喁细语。● 속삭대다 ●

속삭이다【동사】남이 알아듣지 못하도록 나지막한 목소리로 가만가만 이야기하다. ◆ 动窃窃私语，喁喁细语。¶아우의 귓전에 입을 대고 속삭였다. =凑在妹妹的耳边窃窃私语。

속삭임【명사】名 ❶ 나지막한 목소리로 가만가만히 하는 이야기. ◆ 悄悄话。¶내 귓가에는 아직도 그대의 속삭임이 맴돈다. =你的悄悄语现在还萦绕在我的耳边。❷ 무엇이 가만히 스치는 소리. ◆ 簌簌声，沙沙作响声。¶저 멀리서 갈대의 속삭임이 들려온다. =远处传来芦苇的沙沙作响声。

속살【명사】名 ❶ 옷에 가려서 겉으로 드러나지 아니하는 부분의 살. ◆ (被衣服遮住的)肌肤。¶옷이 얇아서 허연 속살이 다 비친다. =衣服很薄，可以看见白色的皮肤。❷ 겉으로 보기보다 속으로 실속 있게 찬 살. ◆ 不显眼的胖肉。¶속살이 보기 좋게 찌다.=珠圆玉润的，很好看。❸ 식물의 겉껍질의 안에 있는 부분. ◆ 植物被表皮包裹的部分。¶배추의 속살이 여물게 차다. =白菜心很饱满。❹ 피부 안쪽의 살덩어리. ◆ 皮肤下面的肉。¶속살이 드러날 깊이로 발바닥이 한 치가량이나 찢어져 있었다. =脚底撕裂了一尺左右，里面的肉都露了出来。❺ 겉보기로는 모르는 실제. ◆ 实质。

속살거리다【동사】남이 알아듣지 못하도록 작은 목소리로 자질구레하게 자꾸 이야기하다. ◆ 动窃窃私语，低语。● 속살대다 ●

속상하다(-傷--)【형용사】화가 나거나 걱정이 되는 따위로 인하여 마음이 불편하고 우울하다. ◆ 形伤心，苦恼，发愁，郁闷。¶그녀는 생각하면 생각할수록 속상했다. =她越想越伤心。

속설(俗說)【명사】세간에 전하여 내려오는 설이나 견해. ◆ 图传说，老话。

속성[1](速成)【명사】빨리 이루어짐. 또는 빨리 깨우침. ◆ 图速成，快速领悟。¶속성 배양. =快速培训。

속성[2](屬性)【명사】사물의 특징이나 성질. ◆ 图属性，性质。

속세(俗世)【명사】불가에서 일반 사회를 이르는 말. ◆ 图俗世，尘世。¶속세를 떠나다. =离开尘世。

속셈【명사】图 ❶ 마음속으로 하는 궁리나 계획. ◆ 用心，居心。¶음흉한 속셈. =险恶的用心。❷ 연필이나 계산기 따위를 쓰지 아니하고 머릿속으로 하는 계산. ◆ 心算。¶속셈 학원. =心算训练学校。

속속들이【부사】깊은 속까지 샅샅이. ◆ 副完全，彻底地。¶속속들이 다 이해하다. =完全理解。

속수무책(束手無策)【명사】손을 묶은 것처럼 어찌할 도리가 없어 꼼짝 못함. ◆ 图束手无策。

속어(俗語)【명사】图 ❶ 통속적으로 쓰는 저속한 말. ◆ 俚语。¶그는 말할 때 속어를 많이 사용해서 듣는 사람을 거북하게 만든다. =他说话时总是用俚语，让人听起来感到不适。❷ 상말, 점잖지 못하고 상스러운 말. ◆ 粗话。

속옷【명사】겉옷의 안쪽에 몸에 직접 닿게 입는 옷. ◆ 图内衣 。¶속옷 바람. =只穿着内衣。

속이다【동사】'속다'의 사동형. ◆ 动骗，欺骗，蒙骗。¶피는 못 속이는 법이야. =遗传是骗不了人的。

속임수(--數)【명사】남을 속이는 짓. 또는 그런 술수. ◆ 图骗术，障眼法，欺骗手段。¶간교한 속임수. =狡诈的骗术。

속저고리【명사】여자의 저고리 가운데 속에 입는 저고리. ◆ 图韩国传统女式衬衣。¶잔누비 속저고리. =密密绗缝的韩国传统女式衬衣。

속전속결(速戰速決)【명사】图 ❶ 싸움을 오래 끌지 아니하고 빨리 몰아쳐 이기고 짐을 결정함. ◆ 速战速决。¶전쟁에서 승리의 요체는 속전속결이다. =战争中胜利的关键是速战速决。❷ 어떤 일을 빨리 진행하여 빨리 끝냄을 비유적으로 이르는 말. ◆ <喻> 速战速决。¶속전속결로 일을 처리하다. =处理事情速战速决。● 속전속결하다(速戰速決--) ●

속절없다【형용사】단념할 수밖에 달리 어찌할 도리가 없다. ◆ 形无可奈何。¶속절없는 세월은 유수 같이 흘러. =岁月如梭，真叫人无可奈何。● 속절없이 ●

속죄(贖罪)【명사】图 지은 죄를 물건이나 다른 공로 따위로 비겨 없앰. ◆ 赎罪。¶속죄의 눈물. =赎罪的泪水。● 속죄하다(贖罪--), 속죄되다(贖罪--) ●

속출(續出)【명사】잇따라 나옴. ◆ 图层出不穷，频发。¶사고가 속출하다. =事故频发。● 속출하다(續出--) ●

속칭(俗稱)【명사】세속에서 보통 이르는 말. 또는 그런 이름. ◆ 图俗称。¶그곳은 속칭 감골이라고 부른다. =那个地方俗称柿子谷。

속편(續篇)【명사】이미 만들어진 책이나 영화 따위의 뒷이야기로 만들어진 것. ◆ 图续集，续篇。¶속편은 인기를 끈 전편을 모델로 만들어지는 경향이 있다. =续集倾向于以受欢迎的原剧为模板进行创作。

속하다(屬--)【동사】관계되어 딸리다. ◆ 动属于。¶우리 반에 속한 아이들. =我们班的孩子们。

속행(續行)【명사】계속하여 행함. ◆ 图继续进行。● 속행하다(續行--), 속행되다(續行--) ●

속행(速行)【명사】图 ❶ 빨리 행함. ◆ 快做，迅速进行。❷ 빨리 감. ◆ 快走。● 속행하다(速行--) ●

속히(速-)【부사】꽤 빠르게. ◆ 副快速地，迅速地。¶속히 병환에서 쾌유하시기를 빕니다. =愿您早日康复。

솎다【동사】촘촘히 있는 것을 군데군데 골라 뽑아 성기게 하다. ◆ 动间(苗)，使苗木疏密有度。¶상추를 솎다. =间生菜苗。

손[1]【명사】图 ❶ 사람의 팔목 끝에 달린 부분. 손등, 손바닥, 손목으로 나뉘며 그 끝에 다섯 개의 손가락이 있어, 무엇을 만지거나 잡거나 한다. ◆ 手。¶손을 씻다. =洗手。❷ 손가락. ◆ 手指。¶손에 낀 반지가 유난히 빛난다. =戴在手上的戒指格外耀眼。❸ 일손. ◆ 人手，劳力。¶손이 부족하다. =人手不够。❹ 어떤 사람의 영향력이나 권한이 미치는 범위. ◆ 手里。¶어렵사리 손에 넣은 물건. =好不容易才到手的东西。

손[2]【명사】图 ❶ 다른 곳에서 찾아온 사람. ◆ 客人。¶손을 맞다. =迎接客人。❷ 여관이나 음식점 따위의 영업하는 장소에 찾아온 사람. ◆ 顾客。

손[3]【의존 명사】한 손에 잡을 만한 분량을 세는 단위. ◆ 依名把，束。

손[4](孫)【명사】후손(後孫)(자신의 세대에서 여러 세대가 지난 뒤의 자녀를 통틀어 이르는 말). ◆ 图子孙后代。¶손이 귀한 가문. =子孙后代荣华富贵的家族。

손가락【명사】손끝의 다섯 개로 갈라진 부분. 또는 그것 하나하나. ◆ 图手指。¶손가락을 걸어 약속하다. =拉钩约定。

손가락질【명사】图 ❶ 손가락으로 가리키는 짓. ◆ 用手比画，指向。¶길을 묻자 행인이 저쪽이라며 손가락질을 했다. =我一问路，行人指着那边说就是那里。❷ 얕보거나 흉보는 짓. ◆ 背后指责，戳脊梁骨。¶손가락질을 당하다. =被人戳脊梁骨。● 손가락질하다 ●

손가방【명사】손에 들고 다니는 작은 가방. ◆ 图手

提包。¶손가방에 소지품을 가지런히 넣다. =手提包里的东西放得整整齐齐的。

손거울【명사】가지고 다니기 편하게 만든 작은 거울. ◆ 图小镜子。¶그녀는 식사 후에 손거울을 들여다보았다. =她饭后照了照小镜子。

손금【명사】손바닥의 살갗에 줄무늬를 이룬 금. ◆图掌纹，手相。¶손금이 나쁘다. =手相不好。

손길【명사】图 ❶ 손바닥을 펴 내민 손. ◆ 伸出的手。¶손길이 닿는 가까운 거리. =触手可及的距离。❷ 도와주거나 해치는 일을 비유적으로 이르는 말. ◆ 援手; 黑手。¶구원의 손길. =救援之手。❸ 손의 움직임. ◆ 手法，手艺。¶도예가의 손길에 따라 도자기의 모양이 이리저리 빚어진다. =学着陶艺家手捏的动作，陶瓷器的样子一点点成型了。

손꼽다【동사】励❶ 손가락을 하나씩 구부리며 수를 헤아리다. ◆ 扳着手指算。¶동생은 손꼽으며 더하기를 하고 있다. =弟弟扳着手指头做加法。❷ 많은 가운데 다섯 손가락 안에 들 만큼 뛰어나거나 그 수가 적다. ◆ 数一数二，屈指可数。¶그 나라는 세계에서 손꼽을 수 있는 면화 생산국이다. =那个国家是世界上数一数二的棉花生产国。❸ 여럿 중에서 뛰어나다고 여기다. ◆ 推选，评选。¶스포츠 해설가들은 만장일치로 그를 가장 위대한 농구 선수로 손꼽고 있다. =体育解说员们共同推选他为最伟大的篮球运动员。

손끝【명사】손가락의 끝. ◆ 图指尖。¶찻잔을 만지니 손끝에 온기가 느껴진다. =触到了茶杯，指尖感受到了热度。

손녀(孫女)【명사】아들의 딸. 또는 딸의 딸. ◆ 图孙女。¶할머니가 손녀를 품에 안고 자장가를 불러 주었다. =奶奶把孙女抱在怀里唱摇篮曲。

손놀림【명사】손을 이리저리 움직이는 일. ◆ 图动手，手上动作。¶손놀림이 빠르다. = 干活快。

손님【명사】图 '손(다른 곳에서 찾아온 사람)'의 높임말. ◆ 客人，宾客。¶손님 접대를 한다. =接待客人。

손대다【동사】励❶ 손으로 만지거나 건드리다. ◆ 碰，动，摸。¶위험한 물건에 함부로 손대지 마시오. =不要随意碰危险物品。❷ 일을 시작하다. ◆ 着手，入手，开始。¶고칠 것이 하도 많아서 어떤 것에 먼저 손대야 할지 난감하다. =要修改的地方太多了，不知道先从哪里下手。❸ 성적인 행위를 가하다. ◆ 欺侮，欺负。¶여자에게 손대다. =欺侮妇女。❹ 남을 때리다. ◆ 打人。¶그 정도 잘못 좀 했다기로서니 남의 아이에게 이렇게 심하게 손댈 수 있는 거요? =别人的孩子就犯了那么点错误，至于下这么重的手吗? ❺ 고치거나 매만지거나 하다. ◆ 修改，修理。¶초고에 손대다. =修改初稿。❻ 남의 재물을 불법으로 가지거나 쓰다. ◆ 染指，侵吞。¶공금에 손대다. =侵吞公款。❼ 어떤 일에 관계하다. ◆ 涉嫌，插手。¶부동산 투기에 손대다. =涉嫌房地产投机。❽ 다스리거나 처리하다. ◆ 处理。❾ 음식을 먹다. ◆ 吃饭。¶맛있는 반찬에 어른이 손대시기 전이라 아이들은 건드리지 못하고 침만 삼키고 있다. =长辈动筷子之前，小孩是不能动的，孩子们只能眼睁睁看着美味的饭菜咽口水。

손도장(-圖章)【명사】지장(指章)(도장을 대신하여 손가락에 인주 따위를 묻혀 그 지문(指紋)을 찍은 것). ◆ 图手印，指印。¶그들은 도장이 없으니 서로 손도장을 찍기로 했다. =他们没有印章，就决定互摁手印。

손동작(-動作)【명사】손의 움직임. ◆ 图手的动作，手上动作。¶소매치기의 손동작이 너무 빨라 마술 같았다. =小偷的手上动作很快，像魔术似的。

손들다【동사】励❶ 자기의 능력에서 벗어나 포기하다. ◆ 屈服，投降; 放弃，没办法。¶그의 고집에 손들었다. =真拿他的固执没办法。❷ 어떤 제안이나 의견에 찬성하다. ◆ 赞成，赞同。¶김 대리의 제안에 모두 손들었다. =所有人都赞成金代理的提案。❸ 팔을 올려 머리 위쪽으로 들다. ◆ 举手。¶꼼짝 말고 손들어! 움직이면 쏜다. =不许动! 举起手来! 再动就开枪了!

손등【명사】손의 바깥쪽. 곧 손바닥의 반대편. ◆ 图手背。¶손등까지 덮는 긴소매가 거추장스럽다. =长袖连手背都盖住了，很别扭。

손맛【명사】图 ❶ 손으로 만져 보아 느끼는 느낌. ◆ 手感。¶주머니에 든 물건이 무엇인지를 손맛으로 알았다. =用手一摸就能感觉出口袋里放了什么东西。❷ 낚싯대를 잡고 있을 때, 고기가 입질을 하거나 물고 당기는 힘이 손에 전하여 오는 느낌. ◆ (鱼上钩时的)手上的感觉。❸ 음식을 만들 때 손으로 이루는 솜씨에서 우러나오는 맛. ◆ 做菜的手艺。¶어머니의 손맛이 배어 있는 음식. =包含着母亲手艺的饭菜。

손목【명사】손과 팔이 잇닿은 부분. ◆ 图手腕。¶손목을 잡다. =抓住手腕。

손목시계(--時計)【명사】손목에 차는 작은 시계. ◆图手表。¶그는 약속한 시간이 지나자 친구를 기다리며 수시로 손목시계를 들여다본다. =约定的时间一过，他一边等朋友，一边不停地看手表。

손바닥【명사】손의 안쪽. 곧 손금이 새겨진 쪽. ◆ 图手掌。¶손바닥을 쫙 펴다. =张开手掌。

손발【명사】图 ❶ 손과 발을 아울러 이르는 말. ◆ 手脚。¶군인들이 손발을 착착 맞춰 행진한다. =军人们步伐整齐地行进。❷ 자기의 손이나 발처럼 마음대로 부리는 사람을 비유적으로 이르는 말. ◆ 手下，部下，下人。

손버릇【명사】图 ❶ 손에 익은 버릇. ◆ 手上的习惯动作。¶그 노인은 늘 수염을 쓰다듬는 손버릇이 있다. =那位老人有总用手捋胡须的习惯。❷ 남의 물건을 훔치는 버릇. ◆ (偷东西的)坏习惯。❸ 물건을 망가뜨리거나 남을 때리는 따위의 나쁜 버릇. ◆ (弄坏东西或打人的)坏习惯。¶술만 먹으면 손버릇이 좋지 않은 사람이라 살림살이가 남아나지 않는다. =这个人一喝酒就砸东西，弄得家不像个家样。

손보다【동사】励❶ 결점이 없도록 잘 매만지고 보살피다. ◆ 维护，保养，维修，修理。¶바람에 뒤틀린 대문을 손보다. =修理被风吹坏的大门。❷ 흔이나도록 몹시 때리다. ◆ 狠狠地打，痛打。¶내 허락 없이 도망간 녀석은 손봐 주겠어. =狠狠地打了那个没经过我同意就逃跑的家伙。

손빨래하다【명사】세탁기를 쓰지 아니하고 손으로 직접 빨래하다. ◆ 名手洗。

손뼉【명사】손바닥과 손가락을 합친 전체 바닥. ◆ 名手掌。¶손뼉을 두드리다. =拍手。

손사래【명사】어떤 말이나 사실을 부인하거나 남에게 조용히 하라고 할 때 손을 펴서 휘젓는 일. ◆ 名摇手，摆手。

손상(損傷)【명사】名 ❶ 물체가 깨지거나 상함. ◆ 损伤，损害。¶손상이 가지 않게 잘 포장하다. =好好包装，别损坏了。❷ 병이 들거나 다침. ◆ 受伤，伤害。¶사고로 인명의 손상이 많았다. =事故造成很多人受伤。❸ 품질이 변하여 나빠짐. ◆ 损坏，受损。❹ 명예나 체면, 가치 따위가 떨어짐. ◆ (名誉、体面、价值)受损，损坏。¶품위를 손상시키는 행위. =有损品位的行为。● 손상되다(損傷--), 손상하다(損傷--) ●

손색(遜色)【명사】다른 것과 견주어 보아 못한 점. ◆ 名逊色。¶그녀는 맏며느리로서 전혀 손색이 없다. =她作为大儿媳毫可指摘之处。

손색없다(遜色--)【형용사】다른 것과 견주어 못한 점이 없다. ◆ 形毫不逊色。¶그 수영장은 손색없는 시설을 갖추고 있다. =那家游泳馆的设施毫不逊色。● 손색없이(遜色--) ●

손수【부사】남의 힘을 빌리지 아니하고 제 손으로 직접. ◆ 副亲自，亲手，自己。¶신랑 아버지가 손수 쓴 혼서. =新郎父亲亲手写的婚书。

손수건(-手巾)【명사】몸에 지니고 다니며 쓰는 얇고 자그마한 수건. ◆ 名手帕。¶주머니에서 손수건을 꺼내어 눈물을 닦다. =从口袋里拿出手帕擦眼泪。

손수레【명사】사람이 직접 손으로 끄는 수레. ◆ 名手推车。¶손수레를 끌고 가다. =推着手推车去。

손쉽다【형용사】어떤 것을 다루거나 어떤 일을 하기가 퍽 쉽다. ◆ 形简单，轻易。¶손쉬운 해결 방법. =简单的解决方法。

손실(損失)【명사】잃어버리거나 축가서 손해를 봄. 또는 그 손해. ◆ 名损失。¶경제적 손실. =经济损失。● 손실되다(損失--), 손실하다(損失--) ●

손쓰다【동사】어떤 일에 필요한 조치를 취하다. ◆ 形采取措施。¶더 이상 어떻게 손써 볼 수 없는 상태에 빠졌다. =到了无法进一步采取措施的地步。

손아귀【명사】名 ❶ 엄지손가락과 다른 네 손가락과의 사이. ◆ 虎口。❷ 손으로 쥐는 힘. ◆ 手劲。¶남자의 억센 손아귀를 벗어나지 못했다. =无法挣脱男子有力的手掌。❸ 세력이 미치는 범위. ◆ 魔掌，手心。¶우리 모녀는 이제야 그 남자의 손아귀에서 벗어날 수 있었다. =现在我们母女终于能够从那个男人的魔掌里逃出来了。

손아래【명사】나이나 항렬 따위가 자기보다 아래거나 낮은 관계. 또는 그런 관계에 있는 사람. ◆ 名 排行比自己小的。¶손아래 동서. =比自己小的妯娌。

손아랫사람【명사】나이나 항렬 따위가 자기보다 아래거나 낮은 사람. ◆ 名年龄小或辈分小的人；手下人，下级。¶상대방이 손아랫사람일지라도 반말을 쓰면 안 된다. =即使对方地位比自己低，也不应该说不客气的话。

손위【명사】나이나 항렬 따위가 자기보다 위이거나 높은 관계. 또는 그런 관계에 있는 사람. ◆ 名比自己年龄大或地位高的人；排行比自己大的人。¶내 손위에 형이 하나 있다. =我有一个哥哥。

손윗사람【명사】나이나 항렬 따위가 자기보다 위이거나 높은 사람. ◆ 名 (年龄、辈分)在上者，年长的人。¶손아랫사람은 손윗사람에게 공손한 말을 써야 한다. =对长者说话要恭敬。

손익(損益)【명사】손해와 이익을 아울러 이르는 말. ◆ 名得失。¶손익을 따지다. =计较得失。

손자(孫子)【명사】아들의 아들. 또는 딸의 아들. ◆ 名孙子。¶손자 세 명을 두었다. =有三个孙子。

손잡다【동사】动 ❶ 손과 손을 마주 잡다. ◆ 牵手，手拉手。¶신랑과 신부는 손잡고 축하객들 사이로 행진했다. =新郎新娘手拉手向前来祝贺的宾客们走去。❷ 서로 힘을 합하여 함께 일하다. ◆ 携手，联合。

손잡이【명사】손으로 어떤 것을 열거나 들거나 붙잡을 수 있도록 덧붙여 놓은 부분. ◆ 名把手，把柄。¶손잡이가 달린 컵. =有把手的杯子。

손재간(-才幹)【명사】손으로 무엇을 잘 만들어 내거나 다루는 재주. ◆ 名手艺。¶손재간이 없다. =没有手艺。

손재주【명사】손으로 무엇을 잘 만들어 내거나 다루는 재주. ◆ 名手艺。¶손재주를 기르다. =培养手艺。

손전등(-電燈)【명사】가지고 다닐 수 있는 작은 전등. 전지를 넣으면 불이 들어오게 되어 있다. ◆ 名手电，手电筒。¶경비원이 손전등을 비추며 아파트 주위를 순찰한다. =保安打着手电巡视公寓四周。

손지갑(-紙匣)【명사】돈이나 은행 카드 따위를 넣어 손에 가지고 다닐 수 있도록 만든 작은 지갑. ◆ 名手袋。¶돈이 든 작은 손지갑을 잃어 버렸다. =弄丢了装钱的小手袋。

손질【명사】손을 대어 잘 매만지는 일. ◆ 名修理，维修，拾掇。¶머리 손질. =修头发。● 손질되다, 손질하다 ●

손짓【명사】名 ❶ 손을 놀려 어떤 사물을 가리키거나 자기의 생각을 남에게 전달하는 일. ◆ 手势。¶손짓을 보내다. =打手势。❷ 말로 하여서는 부족한 감정이나 정황을 손을 놀려 표현하는 일. ◆ 比划。● 손짓하다 ●

손찌검【명사】손으로 남을 때리는 일. ◆ 名动手打人，动粗。¶손찌검이 잦다. =经常动手打人。● 손찌검하다 ●

손톱【명사】손가락 끝에 붙어 있는 딱딱하고 얇은 조각. 손가락 끝을 보호하는 역할을 한다. ◆ 名手指甲。¶손톱을 깎다. =剪指甲。

손톱깎이【명사】손톱을 깎는 기구. ◆ 名剪指刀。

손풍금(-風琴)【명사】아코디언(악기의 하나. 주름

상자를 신축시키고 건반을 눌러 연주하며 경음악에 쓴다). ◆ 名手风琴。¶그녀는 손풍금을 뜯으면서 무료함을 달래고 있었다. =她弹奏手风琴排遣孤独。

손해(損害)【명사】물질적으로나 정신적으로 밑짐. ◆ 名损害，损伤，损失。¶손해를 보다. =受损害。● 손해나다(損害--), 손해되다(損害--) ●

손해 배상(損害賠償)【명사】법률에 따라 남에게 끼친 손해를 물어 주는 일. 또는 그런 돈이나 물건. ◆名赔偿损失。¶손해 배상을 하다. =赔偿损失。

솔[1]【명사】먼지나 때를 쓸어 떨어뜨리거나 풀칠 따위를 하는 데 쓰는 도구. ◆名刷子。

솔[2]【명사】소나무(소나뭇과의 모든 식물을 통틀어 이르는 말). ◆名松树。

솔개【명사】수릿과의 새. 편 날개의 길이는 수컷이 45~49cm, 암컷이 48~53cm, 꽁지의 길이는 27~34cm이며, 몸빛은 어두운 갈색이다. ◆名黑鸢，(俗)老鹰。

솔기【명사】옷이나 이부자리 따위를 지을 때 두 폭을 맞대고 꿰맨 줄. ◆名 (衣服、被褥)缝合线。¶옷의 솔기를 뜯어서 빨다. =拆洗衣服。

솔깃하다【형용사】그럴듯해 보여 마음이 쏠리는 데가 있다. ◆形感兴趣，有兴趣，关注。¶그의 말에 모두 귀가 솔깃했다. =大家都对他的话感兴趣。

솔다【형용사】공간이 좁다. ◆形窄，瘦。¶버선볼이 솔아서 발이 아프다. =布袜小，挤得脚疼。

솔바람【명사】소나무 사이를 스쳐 부는 바람. ◆名吹过松林的风。¶소나무 사이로 불어오는 솔바람이 시원하다. =吹过松树之间的风非常凉爽。

솔방울【명사】소나무 열매의 송이. 공처럼 둥그스름한 모양으로 여러 개의 잔비늘 같은 조각이 겹겹이 달려 있고 그 사이에 씨가 들어 있다. ◆名松球，松塔。

솔밭【명사】소나무가 많이 들어서 있는 땅. ◆名松林，松树林。¶울창한 솔밭. =郁郁葱葱的松林。

솔선(率先)【명사】남보다 앞장서서 먼저 함. ◆名率先，带头，领头。¶윗사람이 솔선을 보여야 아랫사람이 뒤따른다. =只有上面的人起到表率作用，下面的人才会跟着做。● 솔선하다(率先--) ●

솔선수범(率先垂範)【명사】남보다 앞장서서 행동해서 몸소 다른 사람의 본보기가 됨. ◆名率先垂范。● 솔선수범하다(率先垂範--) ●

솔솔【부사】副 ❶ 물이나 가루 따위가 틈이나 구멍으로 조금씩 가볍게 새어 나오는 모양. ◆ (水或粉末)簌簌。¶자루에 구멍이 나서 밀가루가 바닥에 솔솔 뿌려졌다. =袋子破了洞，面粉簌簌地洒到地板上。❷ 바람이 보드랍게 부는 모양. ◆ 风轻吹的样子。¶봄바람이 솔솔 분다. =春风轻轻吹着。❸ 가는 비나 눈이 잇따라 가볍게 내리는 모양. ◆ (雨雪)轻轻下落的样子。¶구슬비가 솔솔 내리다. =细雨轻轻洒落。❹ 말이나 글이 막힘 없이 잘 나오거나 써지는 모양. ◆ 说话或写文章流畅，一气呵成。¶말은 청산유수로 솔솔 잘하는구나. =说话如行云流水般流畅。❺ 얽힌 실이나 끈 따위가 쉽게 잘 풀려 나오는 모양. ◆ (缠在一起的线)顺利解开的样子。¶뭉친 실타래를 만져 놓으니 실이 솔솔 잘 뽑힌다. =把纠缠在一起的线团捋顺之后，线就顺利地抽了出来。❻ 얽히거나 쌓이었던 일들이 쉽게 잘 풀리는 모양. ◆ 事情顺利解决的样子。¶경기가 좋아져 사업이 솔솔 잘 풀린다. =经济状况好转，生意也做得很顺。❼ 냄새나 가는 연기 따위가 가볍게 풍기거나 피어오르는 모양. ◆ (气味或淡淡的烟雾)慢慢散发的样子。¶부엌에서 참기름 냄새가 솔솔 난다. =厨房里散发出香油的味道。❽ 재미가 은근히 나는 모양. ◆ 津津有味，兴致盎然。¶신혼 재미가 솔솔 나다. =新婚生活兴致盎然。

솔숲【명사】소나무가 우거진 숲. ◆ 名松林。¶푸른 솔숲. =绿色的松林。

솔이끼【명사】솔이낏과의 선태식물. 높이는 5~20cm이고 곧게 서며, 잎은 비늘 조각 모양으로 빽빽이 난다. ◆名金发藓。

솔잎【명사】소나무의 잎. ◆ 名松叶，松针。¶송충이는 솔잎을 먹고 산다. =松毛虫靠吃嫩松针为生。

솔직하다(率直--)【형용사】거짓이나 숨김이 없이 바르고 곧다. ◆形直率，坦率，直爽。¶솔직한 대답. =坦率的回答。● 솔직히(率直-) ●

솔질【명사】솔로 먼지 따위를 털거나 닦는 일. ◆名刷。¶구두 닦는 사람이 솔질을 하고 헝겊으로 문질러 광택을 낸다. =擦鞋的人先刷一遍鞋，再用布把鞋擦亮。● 솔질하다 ●

솜【명사】목화에서 나온 섬유로, 주로 이불 속이나 면직물의 재료가 되는 물질. ◆名棉花，棉絮。¶솜누비옷. =棉服。

솜사탕(-沙糖)【명사】얇고 가늘게 부풀린 설탕을 막대기에 감아 솜 모양으로 만든 달콤한 과자. ◆名棉花糖。¶아이가 솜사탕을 보자 사달라고 조르기 시작했다. =孩子一看见棉花糖就开始缠着要买。

솜씨【명사】名 ❶ 손을 놀려 무엇을 만들거나 어떤 일을 하는 재주. ◆ 手艺，技巧。¶요리 솜씨. =做菜的手艺。❷ 일을 처리하는 수단이나 수완. ◆ 手段，手法，手腕。

솜옷【명사】안에 솜을 두어 만든 옷. ◆名棉衣。¶두툼한 솜옷. =厚厚的棉衣。

솜이불【명사】안에 솜을 두어 만든 이불. ◆ 名棉被。¶날씨가 추워 두꺼운 솜이불을 꺼냈다. =天冷了，取出了厚棉被。

솜털【명사】매우 잘고 보드라운 털. ◆ 名细毛，绒毛。¶솜털이 보얗게 난 아기 얼굴. =长着淡淡的绒毛的孩子脸。

솟구다【동사】몸 따위를 빠르고 세게 날듯이 높이 솟게 하다. ◆动向上冲，往上蹿。¶몸을 솟구어 단상에 오르다. =身子往上一蹿跳到了主席台上。

솟구치다【동사】动 ❶ 아래에서 위로, 또는 안에서 밖으로 세차게 솟아오르다. ◆ 喷出，喷涌而出 。¶분화구에서 용암이 솟구치다. =岩浆从火山口喷出。❷ 감정이나 힘 따위가 급격히 솟아오르다. ◆ (感情、力量等)蹿上来，奔涌而出。¶솟구쳐 오르는 분노. =胸中涌起的怒火。❸ 빠르고 세게 솟구다. ◆ 直往上蹿。¶불길이 솟구치다. =火苗直往上蹿。

솟다【동사】动❶ 연기와 같은 물질이나 비행기와 같은 물체가 아래에서 위로, 또는 속에서 겉으로 세차게 움직이다. ◆ 喷出，冒出，涌出，升起。¶김이 모락모락 솟고 있는 주전자. =袅袅蒸汽从壶口升上来。❷ 물가, 성적 따위의 수치화할 수 있는 지표가 이전보다 갑자기 올라가다. ◆ (物价、成绩等)飙升。¶기름 값이 갑자기 솟았다. =油价飙升。❸ 해나 달이 땅위에서 모습을 드러내 하늘의 한가운데로 올라가다. ◆ (太阳、月亮)升起。¶해가 벌써 중천에 솟았는지 방안이 환했다. =可能早已是日上中天了，屋子里很亮堂。❹ 건물과 같은 구조물이나 산과 같은 지형물이 바닥에서 위로 나온 상태가 되다. ◆耸立，矗立。¶우뚝 솟은 철탑. =高高矗立的铁塔。❺ 땀이나 눈물 따위가 몸 밖으로 다소 많이 나오다. ◆ 流(汗)，出(汗)。¶이마에 구슬땀이 솟다. =额头上渗出了汗珠。❻ 식물의 싹이나 새순이 돋다. ◆ 动发(芽)。❼ 샘물이나 온천이 땅위로 퐁퐁 올라오다. ◆ (泉水)喷出，喷涌。¶이 지역에 온천이 솟는다. =这个地方有温泉涌出。❽ 사람의 몸이나 마음속에 힘이나 의욕 따위가 생겨나다. ◆ 产生(勇气、力量、兴趣等)。¶용기가 솟다. =产生勇气。

솟대【명사】마을 수호신 및 경계의 상징으로 마을 입구에 세운 장대. 장대 끝에는 나무로 만든 새를 붙인다. ◆ 名 (村口的守护神)长竿。

솟아나다【동사】动❶ 안에서 밖으로 나오다. ◆ 涌出，冒出，溢出。¶눈물이 솟아나다. =涌出泪水。❷ 감정이나 힘 따위가 생겨서 일어나다. ◆ (感情、力量)冒出，涌出。¶용기가 솟아나다. =勇气倍增。

솟아오르다【동사】动❶ 아래에서 위로 또는 안에서 밖으로 불쑥 나타나다. ◆ 涌出，喷出，冒出。¶눈물이 솟아오르다. =涌出泪水。❷ 감정이나 힘 따위가 힘차게 일어나다. ◆ (勇气、力量)冒出，涌出。¶힘이 솟아오르다. =产生力量。

솟을대문(--大門)【명사】행랑채의 지붕보다 높이 솟게 지은 대문. 좌우의 행랑채보다 기둥을 훨씬 높이어 우뚝 솟게 짓는다. ◆名挑山顶大门。

송고(送稿)【명사】원고를 편집 담당자에게 보냄. ◆名交稿。¶작가의 송고가 늦어 마감이 미루어졌다. =作者交稿晚了，所以推迟了截止日期。● 송고하다(送稿--) ●

송골매(松鶻-)【명사】맷과의 새. 편 날개의 길이는 30cm, 부리의 길이는 2.7cm 정도로 독수리보다 작으며 등은 회색, 배는 누런 백색이다. ◆名苍鹰。

송골송골【부사】땀이나 소름, 물방울 따위가 살갗이나 표면에 잘게 많이 돋아나 있는 모양. ◆ 副 (汗珠、露珠等)一颗颗，一滴滴，一粒粒。

송곳【명사】작은 구멍을 뚫는 데 쓰는 도구. ◆名锥子。¶송곳으로 종이에 구멍을 뚫고 실을 넣어 묶었다. =用锥子在纸上扎洞，用线穿起来。

송곳니【명사】앞니와 어금니 사이에 있는 뾰족한 이. 육식 동물에서는 날카롭게 발달하여 엄니가 된다. ◆名犬齿，虎牙。¶송곳니가 썩다. =虎牙蛀了。

송구(送球)【명사】구기 경기에서, 공을 자기편 선수에게 던져 보내는 일. ◆ 名传球。¶홈베이스로의 송구가 늦어 한 점을 잃었다. =往本垒传球晚了，失掉了一分。● 송구하다(送球--) ●

송구스럽다(悚懼---)【형용사】마음에 두렵고 거북한 느낌이 있다. ◆形惶恐不安，歉疚不安。¶좀 더 편히 모시지 못하는 것이 여러 어르신께 송구스러울 뿐입니다. =没能照顾好各位长辈，在下实在不安。

송구영신(送舊迎新)【명사】묵은 해를 보내고 새해를 맞음. ◆名辞旧迎新。

송구하다(悚懼--)【형용사】두려워서 마음이 거북스럽다. ◆ 形惶恐不安，歉疚不安。¶부모님께 송구하다. =对父母感到歉疚。

송금(送金)【명사】돈을 부쳐 보냄. 또는 그 돈. ◆名汇款，寄钱。¶집안 형편이 나빠지자 그에게송금을 중단했다. =家里条件一变差，就停止给他寄钱了。● 송금하다(送金--) ●

송년(送年)【명사】묵은 한 해를 보냄. ◆名送年，辞旧岁。¶송년의 밤. =除夕夜。

송년회(送年會)【명사】연말에 한 해를 보내며 베푸는 모임. ◆名忘年会。

송달(送達)【명사】편지, 서류, 물품 따위를 보내어 줌. ◆名递送，投递。¶연말에는 우편물 송달이 늦어진다. =年底时，邮件递送延迟了。● 송달하다(送達--), 송달되다(送達--) ●

송덕비(頌德碑)【명사】공덕을 기리기 위하여 세운 비. ◆名颂德碑。¶송덕비 건립. =建造颂德碑。

송두리째【부사】있는 전부를 모조리. ◆副全部，全都，整个。¶재산을 송두리째 다 써 버리다. =财产全都花光了。

송림(松林)【명사】솔숲. ◆ 名松林。¶해변을 따라 송림이 울창하게 우거져 있다. =海边长着郁郁葱葱的松林。

송별(送別)【명사】떠나는 사람을 이별하여 보냄. ◆ 名送别，送行，饯行。¶멀리 떠나는 친구를 송별해 주다. =为远行的朋友送行。● 송별하다(送別--) ●

송별식(送別式)【명사】떠나는 사람을 이별하여 보내는 의식. ◆名送别仪式。

송별회(送別會)【명사】떠나는 사람을 이별하여 보내면서, 섭섭함을 달래고 앞날의 행운을 바라는 뜻으로 베푸는 모임. ◆名欢送会，送别会。¶군대 가는 친구를 위한 송별회가 열렸다. =为参军的朋友开欢送会。

송사(送辭)【명사】송별사(떠나는 사람을 이별하여 보내면서 하는 인사말). ◆名送别辞，欢送辞。¶퇴직하는 이사장의 송별식에서 송사를 했다. =在即将退休的董事长的送别仪式上致送别辞。

송사(訟事)【명사】소송(訴訟). 사람들 사이에 일어난 다툼을 법률에 따라 판결해 달라고 법원에 요구함. 또는 그런 절차. ◆名诉讼，打官司。● 송사하다(訟事--) ●

송사리【명사】名 ❶ 송사릿과의 민물고기. 몸의 길이는 5cm 정도이며, 잿빛을 띤 엷은 갈색이다. ◆ 青鳉，阔尾鳉鱼。❷ 권력이 없는 약자나 하찮은 사람을 비유적으로 이르는 말. ◆ 小人物，平头百姓，

〈喻〉小鱼小虾。¶단속에 송사리만 걸려들었다. =抓住的都是一些小鱼小虾。

송송【부사】副 ❶ 연한 물건을 조금 잘게 빨리 써는 모양. ◆ 咔嚓咔嚓地(快切貌)。¶파를 송송 썰다. =咔嚓咔嚓地切葱。❷ 작은 구멍이나 자국이 많이 나 있는 모양. ◆ 小窟窿密密麻麻的。¶옷에 좀이 슬어 구멍이 송송 났다. =衣服被虫子蛀了，小窟窿密密麻麻的。❸ 살갗에 아주 작은 땀방울이나 소름 또는 털 따위가 많이 돋아난 모양. ◆ 汗珠、鸡皮疙瘩等密密麻麻的。¶땀이 송송 솟은 이마. =额头上渗出了细密的汗珠。

송수화기(送受話器)【명사】전화기의 한 부분으로, 말을 보내고 들을 수 있는 장치. ◆ 图听筒。¶말을 끝내고 송수화기를 내려놓았다. =说完就放下了听筒。

송신(送信)【명사】주로 전기적 수단을 이용하여 전신이나 전화, 라디오, 텔레비전 방송 따위의 신호를 보냄. 또는 그런 일. ◆ 图发送信号，发报。¶송신 기. =发报机。● 송신되다(送信--), 송신하다(送信--) ●

송신기(送信機)【명사】무선 방송에서, 신호를 고주파의 전류로 바꾸어 송신 안테나에서 보내는 장치. ◆ 图发报机，发射机。

송아지【명사】어린 소. ◆ 图小牛，牛犊。¶어제 밤에 송아지가 태어났다. =昨天晚上小牛犊出生了。

송알송알【부사】땀방울이나 물방울, 열매 따위가 잘게 많이 맺힌 모양. ◆ 副 (汗珠、水珠等)一颗颗地，一滴滴地。¶콧등에 땀방울이 송알송알 맺히다. =鼻梁上满是汗珠。

송어(松魚)【명사】연어과의 바닷물고기. 몸의 길이는 60cm 정도이며, 등은 짙은 푸른색, 배는 은백색이다. ◆ 图鳟鱼。

송연하다(悚然--/竦然--)【형용사】두려워 몸을 옹송그릴 정도로 오싹 소름이 끼치는 듯하다. ◆ 形悚然。¶모골(毛骨)이 송연하다. =毛骨悚然。

송유관(送油管)【명사】석유나 원유 따위를 다른 곳으로 보내기 위하여 설치한 관. ◆ 图输油管。

송이【명사】图 ❶ 꽃, 열매, 눈 따위가 따로따로 다른 꼭지에 달린 한 덩이. ◆ (花)朵; (雪)团。¶그녀는 꽃묶음 속에서 가지가 꺾이고 꽃이 일그러진 송이를 골라 버렸다. =她把花束中折掉的花枝和蔫了的花挑了出来。❷ 꼭지에 달린 꽃이나 열매 따위를 세는 단위. ◆ 数量 朵，串。¶장미 열 송이. =十朵玫瑰。

송이버섯(松耳--)【명사】자루는 굵고 길며 윗부분은 삿갓 모양인, 독특한 향기와 맛을 지닌 버섯. ◆ 图松茸，松菇。

송이송이【부사】여럿 있는 송이마다 모두. ◆ 副朵朵。

송장[1]【명사】죽은 사람의 몸을 이르는 말. ◆ 图尸体。¶송장을 파묻다. =掩埋尸体。

송장[2](送狀)【명사】보내는 짐의 내용을 적은 문서. 짐을 받을 사람에게 보낸다. ◆ 图配送单，运单。¶이 물건에는 송장이 없어서 누가 보냈는지 알 수가 없다. =这件物品没有配送单，不知道是谁送的。

송전(送電)【명사】발전소에서 생산된 전력을 변전소로 보내는 일. ◆ 图供电，输电。¶전력 수요를 감당하지 못할 경우에는 제한 송전이 불가피하다. =当无法满足用电需求时，就不得不采取限电措施。● 송전하다(送電--) ●

송진(松津)【명사】소나무나 잣나무에서 분비되는 끈적끈적한 액체. ◆ 图松脂。

송충이(松蟲-)【명사】솔나방의 애벌레. 몸은 누에 모양이며 검은 갈색이다. ◆ 图松毛虫。¶소나무에 송충이가 다닥다닥 붙어 있다. =松树上密密麻麻爬满了松毛虫。

송치(送致)【명사】수사 기관에서 검찰청으로, 또는 한 검찰청에서 다른 검찰청으로 피의자와 서류를 넘겨 보내는 일. ◆ 图移交，移送。¶열흘만에 송치가 되었다. =十天后进行了移交。● 송치되다(送致--), 송치하다(送致--) ●

송판(松板)【명사】소나무를 켜서 만든 널빤지. ◆ 图松木板。¶가난한 사람들은 값싼 송판만으로 하얀 죽음의 집을 마련할 수밖에 없는 것이다. =穷人只能用便宜的松木板做薄棺木。

송편(松-)【명사】멥쌀가루를 반죽하여 팥, 콩, 밤, 대추, 깨 따위로 소를 넣고 반달이나 모시조개 모양으로 빚어서 솔잎을 깔고 찐 떡. 흔히 추석 때 빚는다. ◆ 图松糕。¶반달같이 예쁜 송편. =像新月一样漂亮的松糕。

송풍기(送風機)【명사】바람을 일으켜 보내는 기계. ◆ 图鼓风机。

송화(松花)【명사】소나무의 꽃가루. 또는 소나무의 꽃. ◆ 图松花粉，松黄。¶송화가 바람에 날리다. =松花粉被风吹散。

송화기(送話器)【명사】전화기에서 말을 보내는 장치. 음파의 진동을 전기적 진동으로 바꾸어 준다. ◆ 图话筒。¶그는 송화기를 입으로 가져간 뒤 곧 큰 소리로 중대 본부를 호출했다. =他把话筒拿到嘴边，马上开始大声呼叫连队指挥所。

송환(送還)【명사】포로나 불법으로 입국한 사람 등을 본국으로 도로 돌려보냄. ◆ 图送还，遣返。¶포로 송환. =遣返俘虏。● 송환되다(送還--), 송환하다(送還--) ●

솥【명사】밥을 짓거나 국 따위를 끓이는 그릇. 주로 양은이나 알루미늄 따위의 쇠붙이로 만드나 오지·곱돌·무쇠로 만들기도 한다. ◆ 图锅。¶솥에 물을 끓이다. =在锅里烧水。

솥뚜껑【명사】솥의 아가리를 덮는 것. ◆ 图锅盖。¶솥뚜껑을 닫다. =盖锅盖。

쇄골(鎖骨)【명사】빗장뼈(가슴 위쪽 좌우에 있는 한 쌍의 뼈). ◆ 图锁骨。

쇄도(殺到)【명사】전화, 주문 따위가 한꺼번에 세차게 몰려듦. ◆ 图蜂拥而至，接踵而来，络绎不绝。¶주문이 쇄도하다. =订单如雪片般涌来。● 쇄도하다(殺到--) ●

쇄신(刷新)【명사】나쁜 폐단이나 묵은 것을 버리고 새롭게 함. ◆ 图革新，破旧立新，重整，调整。¶분위기 쇄신. =调整氛围。● 쇄신되다(刷新--), 쇄신하다(刷新--) ●

쇠-[1]【접사】소의 부위이거나 소의 특성이 있음을 나타내는 접두사. ◆ 前缀牛。¶쇠고집. =老顽固，死顽固。

쇠²【명사】图 ❶ 철. ◆ 铁。¶쇠가 녹이 슬었다. =铁生锈了。❷ 광물에서 나는 온갖 쇠붙이를 통틀어 이르는 말. ◆ 铁，金属。

쇠가죽【명사】소의 가죽. ◆ 图牛皮。¶쇠가죽처럼 질긴 고집. =像老黄牛一样固执。

쇠고기【명사】소의 고기. ◆ 图牛肉。¶쇠고기 반찬. =用牛肉做的菜。

쇠고랑【명사】'수갑(手匣)'을 속되게 이르는 말. ◆ 图手铐。¶쇠고랑을 차다. =戴手铐。

쇠고리【명사】쇠로 만든 고리. 주로 문을 잠그거나 물건을 끼워 두는 데 쓴다. ◆ 图铁钩; 铁环。

쇠고집(-固執)【명사】몹시 센 고집. 또는 그러한 사람. ◆ 图老顽固，顽固不化。

쇠다【동사】명절, 생일, 기념일 같은 날을 맞이하여 지내다. ◆ 动过(年、节日、生日等)。

쇠똥【명사】소의 똥. ◆ 牛粪。¶마른 쇠똥을 연료로 쓰다. =用干牛粪做燃料。

쇠똥구리【명사】쇠똥구릿과의 곤충. 몸은 편편한 타원형이며, 검은색으로 광택이 있다. ◆ 图粪金龟，蜣螂。

쇠락(衰落)【명사】쇠약하여 말라서 떨어짐. ◆ 图衰落，衰败，败落。¶혁신하지 않는 기업은 쇠락의 길을 걷기 마련이다. =不革新的企业必将走上衰落之路。● 쇠락하다(衰落--) ●

쇠막대기【명사】쇠로 만든 막대기. ◆ 图铁棍，铁棒。

쇠망(衰亡)【명사】쇠퇴하여 망함. ◆ 图衰亡，衰败。¶쇠망한 명문거족의 후예. =没落的名门望族的后裔。● 쇠망하다(衰亡--) ●

쇠망치【명사】쇠로 만든 망치. ◆ 图铁锤。¶쇠망치로 못을 박다. =用铁锤钉钉子。

쇠붙이【명사】금속(金屬). ◆ 图金属。¶쇠붙이를 녹이다. =熔化金属。

쇠뼈【명사】소의 뼈. ◆ 图牛骨。

쇠뿔【명사】소의 뿔. ◆ 图牛角。¶쇠뿔에 받히다. =被牛角顶了。

쇠사슬【명사】쇠로 만든 고리를 여러 개 죽 이어서 만든 줄. ◆ 图铁链，锁链。¶쇠사슬로 묶다. =用铁链捆起来。

쇠스랑【명사】땅을 파헤쳐 고르거나 두엄, 풀 무덤 따위를 쳐내는 데 쓰는 갈퀴 모양의 농기구. ◆ 图三齿铁耙。¶농부는 쇠스랑으로 흙을 고르고 있었다. =农夫用铁耙耙平土地。

쇠약(衰弱)【명사】힘이 쇠하고 약함. ◆ 图衰弱，羸弱。¶그는 몸의 쇠약 때문에 외출도 삼가야 했다. =因为身体虚弱，他连外出也需要控制。● 쇠약하다(衰弱--) ●

쇠잔(衰殘)【명사】쇠하여 힘이나 세력이 점점 약해짐. ◆ 图衰落，衰败，衰微。¶기력의 쇠잔. =气力衰微。● 쇠잔하다(衰殘--) ●

쇠죽(-粥)【명사】소에게 먹이려고 짚, 콩, 풀 따위를 섞어 끓인 죽. ◆ 图牛食。¶그는 매일 쇠죽을 쑤어 구유에 부었다. =他每天煮了牛食倒到牲口槽里。

쇠줄【명사】쇠로 만든 줄. ◆ 图铁链。¶개의 목이 쇠줄에 묶여 있었다. =狗脖子上拴着铁链。

쇠진(衰盡)【명사】점점 쇠퇴하여 바닥이 남. ◆ 图衰竭。¶기력이 점점 쇠진해 가다. =力气逐渐衰竭。● 쇠진되다(衰盡--), 쇠진하다(衰盡--) ●

쇠창살(-窓-)【명사】쇠로 만든 창살. ◆ 图铁窗。¶쇠창살을 뚫고 탈출하다. =打破铁窗逃脱。

쇠톱【명사】쇠붙이를 자르는 데 쓰는 톱. ◆ 图钢锯。¶쇠톱으로 쇠파이프를 잘랐다. =用钢锯锯断铁管。

쇠퇴(衰退/衰頹)【명사】기세나 상태가 쇠하여 전보다 못하여 감. ◆ 图衰退，衰落，萎缩，衰微。¶국력의 쇠퇴. =国力衰退。● 쇠퇴되다(衰退/衰頹--), 쇠퇴하다(衰退/衰頹--) ●

쇠퇴기(衰退期)【명사】쇠하여 전보다 못한 시기. ◆ 图衰退期。¶쇠퇴기에 접어들다. =进入衰退期。

쇠하다(衰--)【동사】힘이나 세력 따위가 점점 줄어서 약해지다. ◆ 动衰弱，衰退。¶근력이 쇠하다. =气力衰退。

쇳가루【명사】쇠붙이의 부스러진 가루. ◆ 图铁粉。¶공작 선반 아래 쇳가루가 쌓여 있다. =工作车床下面堆着铁粉。

쇳덩어리【명사】쇠붙이가 뭉쳐져서 된 덩어리. ◆ 图铁块。¶묵직한 쇳덩어리. =沉甸甸的铁块。

쇳덩이【명사】图 ❶ 쇠붙이가 뭉쳐져서 된 덩이. ◆ 铁块。❷ 쇠붙이로 만든 도구나 물건 따위를 비유적으로 이르는 말. ◆ 铁壳，铁身。¶파도가 육중한 배의 쇳덩이에 부딪쳤다. =波涛拍打着重重的船的铁壳。

쇳물【명사】图 ❶ 쇠의 녹이 우러나 검붉은 빛깔을 띤 물. ◆ 铁锈水。¶철사 줄에 빨래를 널었더니 옷에 쇳물이 들었다. =洗过的衣服搭在铁丝上，结果染上了铁锈水。❷ 높은 열에 녹아서 액체 상태로 된 쇠. ◆ 铁水。¶도가니 안에서 쇳물이 끓고 있다. =铁水在坩埚里沸腾。

쇼(show)【명사】图 ❶ 보이거나 보도록 늘어놓는 일. 또는 그런 구경거리. ◆ 热闹。¶길을 가다 갑자기 구두가 벗겨지는 바람에 한바탕 쇼가 벌어졌다. =走着走着，突然皮鞋掉了，演出了一场闹剧。❷ 춤과 노래 따위를 엮어 무대에 올리는 오락. ◆ 演出，表演。¶쇼 공연. =公开演出。❸ 일부러 꾸미는 일을 비유적으로 이르는 말. ◆ 俚做戏。¶그들의 행동이 전연 쇼 같지가 않아 그대로 믿고 말았다. =他们的行为完全不像在做戏，因而就相信了他们。

쇼윈도(show window)【명사】가게에서 진열한 상품을 들여다볼 수 있도록 설치한 유리창. ◆ 图橱窗，陈列橱。¶쇼윈도에 걸려 있는 옷이 아름답다. =挂在橱窗里的衣服很好看。

쇼크(shock)【명사】图 ❶ 예상하지 못한 상황이 생겼을 때 갑자기 느끼는 마음의 동요. ◆ 冲击。¶갑작스러운 사고 소식에 가족들은 쇼크를 받아 한동안 말을 잇지 못하였다. =听到突如其来的事故消息，家人惊愕得半天说不出话来。❷ 갑작스러운 자극으로 일어나는 정신·신체의 특이한 반응. ◆ 休克。

쇼킹하다(shocking--) 【형용사】 어떠한 일 따위가 충격을 받을 만큼 매우 놀랍다. ◆ 形令人震惊，骇人听闻，冲击性的。

쇼트 트랙(short track) 【명사】 실내 트랙에서 하는 스피드 스케이트 경기. 또는 그 트랙. 한 바퀴의 거리가 111.2미터인 짧은 링크에서 경기를 한다. ◆ 名短道。

쇼핑(shopping) 【명사】 물건을 사러 백화점이나 상점에 가는 일. ◆ 名购物。¶쇼핑을 가다. =购物。 ● 쇼핑하다(shopping--) ●

쇼핑백(shopping bag) 【명사】 산 물건을 넣는 가방이나 망태기. 종이나 비닐 따위로 만들며 대개 손잡이가 달려 있다. ◆ 名购物袋。¶백화점 앞에는 손에 쇼핑백을 든 사람들이 택시를 타려고 기다리고 있었다. =商店前面，手里拎着购物袋的人们正在等着打车。

쇼핑센터(shopping center) 【명사】 한군데에서 여러 가지 물건을 살 수 있도록 상점들이 모여 있는 곳. ◆ 名购物中心。¶이 자리는 앞으로 쇼핑센터가 들어설 곳이다. =这里以后将成立购物中心。

쇼하다(show--) 【동사】 남을 속이기 위해 일을 꾸미거나 거짓 행동을 하다. ◆ 动作秀。

수[1] 【의존 명사】 일을 감당할 만한 힘. ◆ 依名表示方法、道理、可能性以及是否被允许等含义。¶그런 일을 할 수 있을까? =能干那种事吗?

수[2](數) 【명사】 名 ❶ 셀 수 있는 사물의 크기를 나타내는 값. ◆ 数，数字，数目。¶사람 수가 모자란다. =人数不够。 ❷ 인도·유럽 어족의 언어에서, 명사·대명사의 수 개념을 나타내는 문법 범주. ◆ (语法)数。

수[3] 【명사】 일을 처리하는 방법이나 수완. ◆ 名方法，办法，手段。¶언뜻 좋은 수가 생각나다. =一下子想出了个好办法。

수[4](繡) 【명사】 헝겊에 색실로 그림이나 글자 따위를 바늘로 떠서 놓는 일. 또는 그 그림이나 글자. ◆ 名绣，刺绣。¶수를 놓은 손수건. =有刺绣的手绢。

수[5](手) 【명사】 바둑이나 장기 따위를 두는 기술. 또는 그 기술 수준. ◆ 名 (棋类的)招数，招，水平。¶내가 한 수 위다. =我棋高一着。

수[6](手) 【의존 명사】 바둑이나 장기 따위에서, 한 번씩 번갈아 두는 횟수를 세는 단위. ◆ 依名步，目。¶몇 수 앞을 보고 두다. =下棋时提前看几步。

수[7](秀) 【명사】 성적이나 등급을 '수, 우, 미, 양, 가'의 다섯 단계로 나눌 때 가장 높은 단계. ◆ 名 (表示成绩或等级的五个等级中的最高一级)最优。

수[8](首) 【의존 명사】 依名 ❶ 시나 노래를 세는 단위. ◆ 首。¶시조 한 수를 짓다. =作一首时调。 ❷ '마리'의 뜻으로, 짐승이나 물고기, 벌레 따위를 세는 단위. ◆ (禽鸟)只。¶오리 한 수. =一只鸭子。

수[9] 【명사】 생물에서 새끼를 배지 않거나 열매를 맺지 않는 쪽의 성(性). ◆ 名公的，雄的。

수[10]- 【접사】 前缀 ❶ '새끼를 배지 않거나 열매를 맺지 않는'의 뜻을 더하는 접두사. ◆ 公，雄，雄性。¶수꿩. =雄性野鸡。 ❷ '길게 튀어나온 모양의', '안쪽에 들어가는', '잘 보이는'의 뜻을 더하는 접두사. ◆ 表示"突出的""里面的""看得清的"等意思。¶수나사. =螺栓。

-수[11](手) 【접사】 后缀 ❶ '그것을 직업으로 하는 사람'의 뜻을 더하는 접미사. ◆ 指从事某职业的人。¶소방수. =消防员。 ❷ '선수(选手)'의 뜻을 더하는 접미사.◆ 选手，队员。¶공격수. =进攻队员。

-수[12](囚) 【접사】 '죄수'의 뜻을 더하는 접미사. ◆ 后缀囚犯。¶미결수. =未判刑罪犯。

수[13]-(數) 【접사】 '몇', '여러', '약간'의 뜻을 더하는 접두사. ◆ 前缀数。¶수백만. =数百万。

수감(收監) 【명사】 사람을 구치소나 교도소에 가두어 넣음. ◆ 名收监，监禁，收押。¶수감 생활. =监禁生活。 ● 수감되다(收監--), 수감하다(收監--) ●

수갑(手匣) 【명사】 죄인이나 피의자의 행동이 자유롭지 못하도록 양쪽 손목에 걸쳐서 채우는 형구. ◆ 名手铐。¶수갑을 차다. =戴手铐。

수강(受講) 【명사】 강의나 강습을 받음. ◆ 名听课，受训。¶수강 신청. =听课申请。 ● 수강하다(受講--) ●

수강생(受講生) 【명사】 강의나 강습을 받는 학생. ◆ 名学员，听课学生。¶자동차 학원은 수시로 수강생을 모집한다. =驾校随时招收学员。

수거(收去) 【명사】 거두어 감. ◆ 名收走，回收。¶쓰레기 수거. =垃圾回收。 ● 수거되다(收去--), 수거하다(收去--) ●

수건(手巾) 【명사】 얼굴이나 몸을 닦기 위하여 만든 천 조각. 주로 면으로 만든다. ◆ 名毛巾。¶수건으로 얼굴을 닦다. =用毛巾擦脸。

수경(水鏡) 【명사】 물속에서 눈에 물이 들어가지 않도록 하여 눈을 뜨고 물속을 관찰할 수 있도록 만든 안경. ◆ 名潜水镜。¶수경을 끼고 바다에 들어가다. =戴上潜水镜下海。

수고 【명사】 일을 하느라고 힘을 들이고 애를 씀. 또는 그런 어려움. ◆ 名辛苦，受累。¶수고를 끼치다. =添麻烦。 ● 수고하다 ●

수고롭다 【형용사】 일을 처리하기가 괴롭고 고되다. ◆ 形辛苦，辛劳，劳累。¶이렇게 수고로운 일을 부탁하여 미안하네. =麻烦你做这么辛苦的事真是不好意思。 ● 수고로이 ●

수고스럽다 【형용사】 일을 하기에 괴롭고 고됨이 있다. ◆ 形辛苦，辛劳，劳累。¶그 까다로운 녀석의 비위를 맞춘다는 게 여간 수고스러운 게 아니다. =满足那个挑剔的家伙的口味真不是件容易事。 ● 수고스레 ●

수공(手工) 【명사】 名 ❶ 손으로 하는 비교적 간단한 공예. ◆ 手工。¶수공 제품. =手工制品。 ❷ 손으로 하는 일의 품삯. ◆ 手工费，手工。¶기한은 사흘로 정하고 수공은 얼마나 주리까? =期限定为三天，手工费给多少? ❸ 잔손질이 많이 가는 품. ◆ 手工，手工制作。¶보석 수공 작업은 상당히 정교한 기술이 요구된다. =宝石手工打磨需要相当精湛的技艺。

수공업(手工業)【명사】손과 간단한 도구를 사용하여 생산하는 작은 규모의 공업. ◆ 名手工业。¶산업혁명이 일어나 전통 시대의 수공업이 대규모의 공장 공업으로 바뀌었다. =由于工业革命的兴起，传统的手工业转变为大规模的工厂工业。

수공예(手工藝)【명사】수예와 공예를 아울러 이르는 말. ◆ 名手工艺。¶수공예 제품. =手工艺品。

수괴(首魁)【명사】못된 짓을 하는 무리의 우두머리. ◆ 名首领。¶도둑의 수괴가 잡혔다. =盗贼的首领被抓住了。

수교(修交)【명사】나라와 나라 사이에 교제를 맺음. ◆ 名建交。¶한중(韓中) 수교. =中韩建交。● 수교하다(修交--) ●

수구[1](水球)【명사】일곱 명씩 두 팀으로 나뉘어, 물속에서 상대편의 골에 공을 넣는 경기. ◆ 名手球。

수구[2](守舊)【명사】옛 제도나 풍습을 그대로 지키고 따름. ◆ 名守旧。¶수구세력. =守旧势力。● 수구하다(守舊--) ●

수구파(守舊派)【명사】진보적인 것을 외면하고 옛 제도나 풍습을 그대로 지키고 따르려는 보수적인 무리. ◆ 名守旧派。¶수구파는 시대와 사회를 막론하고 존재한다. =不管什么时代和社会，守旧派总是存在的。

수국(水菊)【명사】범의귓과의 낙엽 활엽 관목. 높이는 1미터 정도이며, 잎은 넓은 타원형이고 톱니가 있다. ◆ 名水菊。

수군거리다【동사】남이 알아듣지 못하도록 낮은 목소리로 자꾸 가만가만 이야기하다. ◆ 动嘁嘁喳喳，窃窃私语。¶어디선가 수군거리는 소리가 들린다. =不知从哪里传来窃窃私语声。● 수군대다 ●

수군수군【부사】남이 알아듣지 못하도록 낮은 목소리로 자꾸 가만가만 이야기하는 소리. 또는 그 모양. ◆ 副嘁嘁喳喳，窃窃私语。¶수군수군 떠들다 선생님에게 혼이 나다. =嘁嘁喳喳地吵闹，遭到老师的训斥。● 수군수군하다 ●

수궁가(水宮歌)【명사】판소리 열두 마당의 하나. 고대 소설 ≪토끼전≫을 바탕으로 한 판소리로, 토끼와 자라의 행동을 통하여 인간을 풍자한 내용이다. ◆ 名水宫歌。

수그러들다【동사】动 ❶ 안으로 굽어 들거나 기울어져 들어가다. ◆ 弯，低，低垂，耷拉。¶나팔꽃은 밤이 되면 꽃이 수그러든다. =喇叭花到了晚上花就垂下来。❷ 형세나 기세가 점점 줄어들다. ◆ 低落，消退，收敛。¶더위가 수그러들다. =暑热消退。

수그리다【동사】动 ❶ 깊이 숙이다. ◆ 低垂，耷拉。¶상체를 수그리다. =上身低垂。❷ 형세나 기세를 굽히거나 줄이다. ◆ 低落，收敛。¶흥분을 수그리다. =兴奋减退。

수금(收金)【명사】받을 돈을 거두어들임. 또는 그런 돈. ◆ 名收银，收钱，收款。¶수금을 하다. =收款。● 수금하다(收金--) ●

수긍(首肯)【명사】옳다고 인정함. ◆ 名肯定，赞成，同意。¶그의 말은 전혀 수긍이 안 된다. =完全不赞成他的话。● 수긍되다(首肯--), 수긍하다(首肯--) ●

수기(手記)【명사】名 ❶ 자기의 생활이나 체험을 직접 쓴 기록. ◆ 手记。¶저축 수기. =储蓄手记。❷ 글이나 글씨를 자기 손으로 직접 씀. ◆ 手写。¶이력서와 자기소개서는 수기로 기록하시오. =请手写履历书和自我介绍。

수나사(-螺絲)【명사】두 물체를 죄거나 붙이는 데 쓰는, 육각이나 사각의 머리를 가진 나사. 보통 너트와 함께 쓴다. ◆ 名螺栓，螺丝栓。

수난(受難)【명사】名 견디기 힘든 어려운 일을 당함. ◆ 受难，受苦，苦难。¶수난의 역사. =受难史。

수납[1](受納)【명사】받아서 넣어 둠. ◆ 名接受。● 수납하다(受納--) ●

수납[2](收納)【명사】돈이나 물품 따위를 받아 거두어들임. ◆ 名收纳，收付，接收。¶수납 창구. =接收窗口。● 수납하다(收納--) ●

수녀(修女)【명사】청빈·정결·복종을 서약하고 독신으로 수도하는 여자. ◆ 名修女。¶수녀원 이층 윤이 흐르는 정갈하고 아담한 성당에는 수십 명 수녀들이 단좌하고 있었다. =在修道院整洁素雅的二层教堂里，端坐着几十名修女。

수녀원(修女院)【명사】수녀들이 일정한 규율 아래 공동생활을 하면서 수행하는 곳. ◆ 名修道院。

수놈【명사】짐승의 수컷. ◆ 名公的，雄的。

수놓다(繡--)【동사】动 ❶ 여러 가지 색실을 바늘에 꿰어 피륙에 그림·글씨·무늬 따위를 떠서 놓다. ◆ 绣，刺绣，绣花。¶치마에 꽃과 나비를 수놓다. =在裙子上绣花和蝴蝶。❷ 색실로 수를 놓은 것처럼 아름다운 경치를 이루다. ◆〈喻〉点缀，装点。¶군데군데 단풍을 수놓은 산봉우리. =到处是红叶点缀的山峰。

수뇌(首腦)【명사】어떤 조직·단체·기관의 가장 중요한 자리의 인물. ◆ 名首脑。¶수뇌 회의. =首脑会议。

수능(修能)【명사】'대학수학능력시험(大學修學能力試驗)'을 줄여 이르는 말. 대학에서 수학할 수 있는 적격자를 선발하기 위하여 교육 과학 기술부에서 해마다 실시하는 시험. ◆ 名 "대학수학능력시험(大學修學能力試驗)"的略语，高考。¶수험생들은 수능을 앞두고 많은 중압감을 받고 있다. =考生们在高考之前感到了沉重的压力。

수다【명사】쓸데없이 말수가 많음. 또는 그런 말. ◆ 名唠叨，啰嗦；废话。¶수다를 늘어놓다. =开始废话连篇。

수다스럽다【형용사】쓸데없이 말수가 많은 데가 있다. ◆ 形唠叨，啰嗦，啰哩啰嗦。¶수다스럽게 지껄이다. =啰啰嗦嗦地吵个不停。

수다쟁이【명사】몹시 수다스러운 사람을 낮잡아 이르는 말. ◆ 名啰嗦的人。¶그가 말을 많이 하는 줄은 알았지만 그렇게까지 수다쟁이일 줄은 몰랐다. =知道他话多，但没有想到他是个那么啰嗦的人。

수단(手段)【명사】名 ❶ 어떤 목적을 이루기 위한 방법. 또는 그 도구. ◆ 手段，方式，工具。¶생계 수단. =生活方式。❷ 일을 처리하여 나가는 솜씨와 꾀. ◆ 手段，手腕，本事，本领。¶수단이 좋다. =本领强。

수단(Sudan)【명사】아프리카 동북부에 있는 민주 공화국. ◆图苏丹。

수달(水獺)【명사】족제빗과의 포유동물. 몸의 길이는 60~80cm, 꼬리의 길이는 40~50cm이고 머리와 몸은 편평하다. ◆图水獭。

수당(手當)【명사】정해진 봉급 이외에 따로 주는 보수. ◆图津贴，补贴，补助。¶수당을 받다. =领津贴。

수더분하다【형용사】성질이 까다롭지 않고 순하고 소박하다. ◆形朴实随和。¶그는 억세게 보였지만 어리숙하고 수더분하기만 했다. =他看起来很强壮，但却很憨厚朴实。

수도[1](水道)【명사】图 ❶ '상수도(上水道)(먹는 물이나 공업, 방화(防火) 따위에 쓰는 물을 관을 통하여 보내 주는 설비)'를 줄여 이르는 말. ◆ 水管。¶수도를 놓다. =安装水管。❷ '하수도(下水道)(빗물이나 집, 공장, 병원 따위에서 쓰고 버리는 더러운 물이 흘러가도록 만든 설비)'를 줄여 이르는 말. ◆ 下水道。¶수도가 막혀 빗물과 하수가 부엌으로 역류했다. =下水道被堵，雨水和污水逆流到厨房。❸ 수돗물을 받아 쓸 수 있게 만든 시설. ◆ 水管。¶이 집은 많은 사람들이 살기 때문에 아침이면 수도를 먼저 쓰려고 아우성이다. =他们家人口多，一到早上都抢着用水。❹ '수도꼭지(水道--)(수돗물을 나오게 하거나 막는 장치)'를 줄여 이르는 말. ◆ 水龙头。¶수도를 틀다. =拧水龙头。

수도[2](首都)【명사】한 나라의 중앙 정부가 있는 도시. ◆图首都。¶수도를 옮기다. =迁都。

수도[3](修道)【명사】도를 닦음. ◆ 图修道，修行。¶산에 들어가 수도 생활을 하다. =进山过修行生活。● 수도하다(修道--) ●

수도관(水道管)【명사】수돗물을 보내는 관. ◆图水道管，水管。¶수도관을 매설하다. =埋设水管。

수도권(首都圈)【명사】수도를 중심으로 이루어진 대도시권. ◆图首都圈。¶수도권의 과잉 팽창. =首都圈的过度膨胀。

수도꼭지(水道--)【명사】수돗물을 나오게 하거나 막는 장치. ◆图水龙头。¶물이 새지 않도록 수도꼭지를 꼭 잠가라. =拧紧水龙头，不让它漏水。

수도원(修道院)【명사】수사나 수녀가 일정한 규율 아래 공동생활을 하면서 수행하는 곳. 수사원과 수녀원으로 나눈다. ◆图修道院。

수돗가(水道-)【명사】수돗물이 나오는 곳이나 그 근처. ◆图水管边。¶수돗가에서 빨래를 하시는 어머니. =在水管边洗衣服的妈妈。

수돗물(水道-)【명사】상수도에서 나오는 물. ◆图自来水。¶가뭄으로 고지대 수돗물 공급이 어렵게 되었다. =由于干旱，高地的自来水供应困难。

수동(手動)【명사】다른 동력을 이용하지 않고 손의 힘만으로 움직임. 또는 손의 힘만으로 움직이도록 되어 있는 것. ◆图手动。¶수동 변속기. =手动变速器。

수동적(受動的)【명사】스스로 움직이지 않고 다른 것의 작용을 받아 움직이는 것. ◆图被动的，被动。¶그는 늘 다른 사람의 입장을 비판 없이 따르는 수동적인 태도를 취했다. =他经常采取被动态度，不加批判地追随别人的立场。

수동형(受動形)【명사】피동형(피동태를 나타내는 형태). ◆图 语法被动形。

수두(水痘)【명사】어린아이의 피부에 붉고 둥근 발진이 났다가 얼마 뒤에 작은 물집으로 변하는 바이러스성 전염병. ◆图水痘。

수두룩하다【형용사】매우 많고 흔하다. ◆形很多，许许多多，比比皆是。¶그런 물건은 어딜 가나 수두룩하다. =那种东西比比皆是。

수라(水剌)【명사】궁중에서, 임금에게 올리는 밥을 높여 이르던 말. ◆图御膳。¶왕은 수라를 물린 다음 급히 정전으로 나와 정사를 보았다. =在御膳撤下后国王匆忙赶到正殿理政。

수라장(修羅場)【명사】싸움이나 그 밖의 다른 일로 큰 혼란에 빠진 곳. 또는 그런 상태. ◆图杂乱不堪，乱作一团，一塌糊涂。¶그의 폭탄선언으로 회의장은 순식간에 수라장이 되었다. =一听他说有炸弹，会场马上乱成一团。

수락(受諾)【명사】요구를 받아들임. ◆图许诺，答应，认可，接受。¶후보 지명 수락 연설. =接受候选人提名演讲。● 수락되다(受諾--), 수락하다(受諾--) ●

수량(數量)【명사】수효와 분량을 아울러 이르는 말. ◆图数量，数。¶수량이 부족하다. =数量不足。

수런거리다【동사】여러 사람이 한데 모여 수선스럽게 지껄이다. ◆动嘁嘁喳喳。¶청중들은 토론자가 답변을 하지 못하자 수런거리기 시작했다. =讨论者一回答不出来，听众们就开始嘁嘁喳喳起来。● 수런대다 ●

수런수런【부사】여러 사람이 한데 모여 수선스럽게 자꾸 지껄이는 소리. 또는 그 모양. ◆副嘁嘁喳喳。¶수런수런 이야기하다. =嘁嘁喳喳地聊天。

수런수런하다【동사】여러 사람이 한데 모여 수선스럽게 자꾸 지껄이다. ◆动嘁嘁喳喳。

수렁【명사】图 ❶ 곤죽이 된 진흙과 개흙이 물과 섞여 많이 괸 웅덩이. ◆ 泥沼，泥潭。¶발을 잘못 디뎌 수렁에 빠졌다. =失足陷入了泥沼。❷ 헤어나기 힘든 곤욕을 비유적으로 이르는 말. ◆ 困境，窘迫境地。¶친구를 폭력 조직 수렁에서 건져냈다. =把朋友从暴力团伙的困境中救了出来。

수레【명사】바퀴를 달아서 굴러가게 만든 기구. 사람이 타거나 짐을 싣는다. ◆ 图车，大车。¶수레를 끌다. =拉车。

수레바퀴【명사】수레 밑에 댄 바퀴. ◆图车轮。¶수레바퀴에서 삐걱 소리가 심하게 났다. =车轮发出很响的吱嘎声。

수려하다(秀麗--)【형용사】빼어나게 아름답다. ◆ 形秀丽，清秀。¶이목구비가 수려하다. =五官清秀。

수력(水力)【명사】흐르거나 떨어지는 물의 힘.

◆ 名水力。

수력발전소(水力發電所)【명사】수력 발전으로 전력을 발생시키는 발전소. ◆ 名水力发电站，水电站。

수련[1](修鍊/修練)【명사】名 ❶ 인격·기술·학문 따위를 닦아서 단련함. ◆ 修练，修养，训练。¶정신 수련. =精神修养。❷ 가톨릭에서, 수도사나 수녀가 되기 위하여 수도회에 입회하여 거치는 훈련. ◆ 修道。● 수련하다(修鍊/修練--) ●

수련[2](睡蓮)【명사】수련과의 여러해살이 수초. 뿌리줄기가 밑바닥으로 뻗고 수염뿌리가 많다. ◆ 名睡莲。

수렴(收斂)【명사】名 ❶ 돈이나 물건 따위를 거두어들임. ◆ 收取，聚拢，集中。❷ 의견이나 사상 따위가 여럿으로 나뉘어 있는 것을 하나로 모아 정리함. ◆ 集中，收拢。¶여론 수렴. =舆论集中。● 수렴되다(收斂--), 수렴하다(收斂--) ●

수렵(狩獵)【명사】총이나 활 또는 길들인 매나 올가미 따위로 산이나 들의 짐승을 잡는 일. ◆ 名狩猎，打猎。¶수렵 생활. =狩猎生活。● 수렵하다(狩獵--) ●

수령[1](首領)【명사】한 당파나 무리의 우두머리. ◆ 名首领。

수령[2](守令)【명사】고려·조선 시대에, 각 고을을 맡아 다스리던 지방관들을 통틀어 이르는 말. ◆ 名守令。¶고을에 새로운 수령이 부임하였다. =新郡守上任了。

수령[3](樹齡)【명사】나무의 나이. ◆ 名树龄。¶이 은행나무는 수령이 200년이 넘어 보호수로 지정되었다. =这棵银杏树的树龄超过了两百年，被列为“保护树”。

수령[4](受領)【명사】돈이나 물품을 받아들임. ◆ 名领取，接收。¶반품 및 교환은 물품 수령 후 3일 안에만 가능합니다. =退换货应在接收货物三日之内。● 수령하다(受領--) ●

수로(水路)【명사】名 ❶ 물이 흐르거나 물을 보내는 통로. ◆ 水路，水道。¶수로를 내다. =开凿水路。❷ 선박이 다닐 수 있는 수면 상의 일정한 길. ◆ 航线。¶그들은 육로와 수로를 합쳐 천 리 길을 달려왔다. =他们水陆兼程，赶了千里路。

수록(收錄)【명사】책이나 잡지에 실음. ◆ 名收录，登载，刊载。¶잡지 신년호에 작가들의 한해 소망이 특집으로 수록되어 있다. =杂志新年刊号特别收录了作家们对新年的期望。● 수록되다(收錄--), 수록하다(收錄--) ●

수뢰(受賂)【명사】뇌물을 받음. ◆ 名受贿。¶검찰은 수뢰 혐의로 전직 장관을 기소했다. =检察官以涉嫌受贿起诉前任长官。● 수뢰하다(受賂--) ●

수료(修了)【명사】일정한 학과를 다 배워 끝냄. ◆ 名结业，修完。¶박사 과정 수료. =修完博士课程。● 수료하다(修了--) ●

수류탄(手榴彈)【명사】손으로 던져 터뜨리는 작은 폭탄. ◆ 名手榴弹。¶수류탄을 던지다. =投掷手榴弹。

수륙(水陸)【명사】名 ❶ 물과 육지를 아울러 이르는 말. ◆ 水陆。❷ 수로와 육로를 아울러 이르는 말. ◆ 水路和陆路，水陆。¶이 장갑차는 수륙 양용(兩用)이다. =这是水陆两栖装甲车。

수리[1](數理)【명사】名 ❶ 수학의 이론이나 이치. ◆ 数理。¶그는 수리에 밝아서 계산이 틀리는 일이 없다. =他擅长数学，计算从无差错。❷ 수학과 자연과학을 아울러 이르는 말. ◆ 数学和自然科学。¶이번 시험은 언어 영역보다 수리 영역이 어려웠다. =这次考试，数学和自然科学类比语言的题类难。

수리[2](受理)【명사】서류를 받아서 처리함. ◆ 名接受，受理。¶사표 수리. =接受辞呈。● 수리되다(受理--), 수리하다(受理--) ●

수리[3](修理)【명사】고장나거나 허름한 데를 손보아 고침. ◆ 名修理，修缮，维修。¶수리를 부탁하다. =委托修理。● 수리되다(修理--), 수리하다(修理--) ●

수리[4](水利)【명사】식용·관개용·공업용 따위로 물을 이용하는 일. ◆ 名水利。¶농업 생산을 늘리기 위하여 수리 시설을 확충하다. =为提高农业生产，扩建水利设施。

수리공(修理工)【명사】헐거나 고장 난 것을 고치는 일을 맡아 하는 기능공. ◆ 名修理工。¶시계 수리공. =钟表修理工。

수리비(修理費)【명사】수리하는 데 드는 비용. ◆ 名修理费，维修费。¶자동차 수리비. =汽车修理费。

수립(樹立)【명사】국가나 정부·제도·계획 따위를 이룩하여 세움. ◆ 名制定，建立，成立。¶정책 수립. =制定政策。● 수립되다(樹立--), 수립하다(樹立--) ●

수마(水魔)【명사】수해(水害)를 악마에 비유하여 이르는 말. ◆ 名水灾，水害。¶수마에 큰 피해를 입다. =水灾造成巨大损失。

수만(數萬)【수사】만의 두서너 배가 되는 수. ◆ 数数万，几万，数以万计。¶집회에 수만의 군중이 모이다. =数万群众参加集会。

수많다(數--)【형용사】수효가 매우 많다. 形◆ 众多，无数，数不清。¶그 가수는 수많은 관객을 열광시켰다. =那个歌手让数万观众狂热。

수매(收買)【명사】거두어 사들임. 또는 그런 일. ◆ 名收买，收购。¶추곡 수매. =收购秋粮。● 수매하다(收買--) ●

수맥(水脈)【명사】땅속을 흐르는 지하수의 줄기. ◆ 名地下水脉。¶수맥 탐사. =勘查地下水脉。

수면[1](睡眠)【명사】잠을 자는 일. ◆ 名睡眠，睡觉。¶수면 부족. =睡眠不足。

수면[2](水面)【명사】물의 겉면. ◆ 名水面。¶잔잔한 수면에 얼굴을 비추다. =平静的水面映出脸庞。

수면제(睡眠劑)【명사】잠이 들게 하는 약. ◆ 名安眠药。¶수면제를 먹다. =吃安眠药。

수명(壽命)【명사】名 ❶ 생물이 살아 있는 연한. ◆ 生命，寿命。¶수명이 길다. =长寿。❷ 사물 따위가 사용에 견디는 기간. ◆ 寿命。¶건전지의 수명이 다하다. =干电池到了寿命。

수모(受侮)【명사】모욕을 받음. ◆ 图受侮。¶수모를 받다. =受到侮辱。

수목(樹木)【명사】살아 있는 나무. ◆ 图树木。

수목원(樹木園)【명사】관찰이나 연구의 목적으로 여러 가지 나무를 수집하여 재배하는 시설. ◆ 图林园。

수몰(水沒)【명사】물 속에 잠김. ◆ 图水淹，浸没。¶수몰 지구. =水淹的地区。● 수몰되다(水沒--) ●

수묵화(水墨畫)【명사】먹으로 짙고 엷음을 이용하여 그린 그림. ◆ 图水墨画。

수문(水門)【명사】물의 흐름을 막거나 유량을 조절하기 위하여 설치한 문. ◆ 图水闸，闸门。¶수문을 닫다. =关闭水闸。

수문장(守門將)【명사】각 궁궐이나 성의 문을 지키던 무관 벼슬. ◆ 图守门将。¶수문장의 손에 궐문이 덜컥 열렸다. =随着守门将的手势，宫门打开了。

수박【명사】'수박'의 열매. 열매는 크고 둥글며 무게는 5~6kg까지 나가는 것이 보통이다. ◆ 图西瓜。¶수박 한 덩어리. =一堆西瓜。

수반(隨伴)【명사】图 ❶ 붙좇아서 따름. ◆ 陪同，陪伴，随同。❷ 어떤 일과 더불어 생김. ◆ 伴随。● 수반되다(隨伴--), 수반하다(隨伴--) ●

수발[1]【명사】신변 가까이에서 여러 가지 시중을 듦. ◆ 图贴身服侍，近身服侍，跟前伺候。¶음식 수발을 들다. =跟前伺候饮食。● 수발하다 ●

수발[2](受發)【명사】받음과 보냄. ◆ 图收发。● 수발하다(受發--) ●

수배(手配)【명사】범인을 잡으려고 수사망을 폄. ◆ 图通缉，搜捕，缉拿。¶용의자의 수배 전단이 곳곳에 뿌려졌다. =到处散发通缉疑犯的传单。● 수배되다(手配--), 수배하다(手配--) ●

수백(數百)【수사】백의 두서너 배가 되는 수. ◆ 数数百。¶수집한 우표가 수백에 덜한다. =收集的邮票达几百枚。

수백만(數百萬)【수사】백만의 두서너 배가 되는 수. ◆ 数数百万。¶광장은 수백만의 인파로 가득 찼다. =广场被数百万人挤得满满当当。

수법(手法)【명사】图 ❶ 수단과 방법을 아울러 이르는 말. ◆ 手段方法。¶대담한 수법. =大胆的方法。❷ 예술품을 만드는 솜씨. ◆ 手法。¶글의 전개 수법. =行文展开的手法。

수복(收復)【명사】잃었던 땅이나 권리 따위를 되찾음. ◆ 图收复。¶수복 지구. =收复地区。● 수복되다(收復--), 수복하다(收復--) ●

수북하다【형용사】形 ❶ 쌓이거나 담긴 물건 따위가 불룩하게 많다. ◆ 满。¶책상 위에 먼지가 수북하다. =桌上落满灰尘。❷ 식물이나 털 따위가 촘촘하고 길게 나 있다. ◆ 厚。¶잡초가 수북하게 나 있다. =杂草丛生。❸ 살이 찌거나 부어 불룩하게 두드러져 있다. ◆ 鼓。¶잠을 너무 자 눈두덩이 수북하다. =睡得过多，眼睛发肿。● 수북이 ●

수분(受粉)【명사】종자식물에서 수술의 화분(花粉)이 암술머리에 옮겨 붙는 일. 바람·곤충·새, 또는 사람의 손에 의해 이루어진다. ◆ 图受粉。

수분(水分)【명사】축축한 물의 기운. ◆ 图水分。¶수분을 섭취하다. =摄取水分。

수비(守備)【명사】외부의 침략이나 공격을 막아 지킴. ◆ 图防守，守卫，防御。¶국경 수비. =守卫国境。● 수비하다(守備--) ●

수사[1](數詞)【명사】사물의 수량이나 순서를 나타내는 품사. 양수사와 서수사가 있다. ◆ 图数词。

수사[2](搜查)【명사】주로 경찰이나 검찰이 범인이나 용의자를 가려내어 체포하기 위해 사건을 조사함. ◆ 图侦查，搜查。¶공개 수사. =公开搜查。● 수사하다(搜查--) ●

수사관(搜查官)【명사】범죄 수사를 하는 관리. ◆ 图搜查官。¶수사관이 주민들을 대상으로 탐문 수사를 벌였다. =搜查官对居民们进行了询问调查。

수사망(搜查網)【명사】수사하기 위하여 그물을 쳐 놓은 것처럼 사람을 여러 곳에 배치하여 놓은 조직. ◆ 图搜查网，侦查网。¶범인이 수사망을 벗어나다. =犯人逃脱侦查网。

수사법(修辭法)【명사】효과적·미적 표현을 위하여 문장과 언어를 꾸미는 방법. ◆ 图修辞法。¶화려한 수사법보다 진실하고 많은 사람들이 공감하는 글을 써라. =要写出真实的、能引起人们共鸣的文章，而不是只关注华丽的修辞法。

수사학(修辭學)【명사】사상이나 감정 따위를 효과적·미적으로 표현할 수 있도록 문장과 언어의 사용법을 연구하는 학문. ◆ 图修辞学。

수산물(水產物)【명사】바다나 강 따위의 물에서 나는 산물. ◆ 图水产品。¶수산물을 해외로 수출하다. =向海外出口水产品。

수산업(水產業)【명사】수산물의 어획·양식·제조·가공 따위에 관한 산업. ◆ 图水产业。¶어획량이 줄면서 수산업에 많은 지장을 주고 있다. =捕鱼量减少，给水产业带来很多不利影响。

수삼(水蔘)【명사】말리지 아니한 인삼. ◆ 图鲜参。¶한국의 특산물인 홍삼은 수삼을 쪄서 말린 것이다. =韩国特产的红参是将鲜参蒸干制成的。

수상(受賞)【명사】상을 받음. ◆ 图获奖，得奖。¶수상 소감. =获奖感言。● 수상하다(受賞--) ●

수상기(受像機)【명사】방송된 영상 전파를 받아서 화상으로 변화시키는 장치. ◆ 图接收机，电视接收机。¶텔레비전 수상기. =电视接收机。

수상쩍다(殊常--)【형용사】수상한 데가 있다. ◆ 形可疑，反常，不寻常。¶분위기가 수상쩍다. =气氛反常。● 수상히(殊常-) ●

수상하다(殊常--)【형용사】보통과는 달리 이상하여 의심스럽다. ◆ 形异常，特别，反常。¶거동이 수상하다. =举止反常。

수색(搜索)【명사】图 ❶ 구석구석 뒤지어 찾음. ◆ 搜查，查找，搜索。¶추락한 비행기 잔해의 수색에 나섰다. =开展失事飞机残骸搜索。❷ 형사 소송법에서, 압수할 물건이나 체포할 사람을 발견할 목적으로 주거·물건·신체 또는 기타 장소에 대하여 행하는 강제 처분. ◆ 搜查。¶가택 수색를 실시하다. =对住宅进行搜查。● 수색하다(搜索--) ●

수색대(搜索隊)【명사】적의 위치·병력·화력 따위를 수색하기 위하여 파견하는 부대. ◆名侦察队。¶그는 수색대에서 근무했다. =他在侦察队执勤。

수석[1](首席)【명사】등급이나 직위 따위에서 맨 윗자리. ◆名首席，首座。¶수석 연구원. =首席研究员。

수석[2](水石)【명사】名 ❶ 물과 돌을 아울러 이르는 말. ◆水石，水与石。❷ 물과 돌로 이루어진 자연의 경치. ◆水石风景。¶계곡의 물은 바위와 절벽 밑을 흐르기 때문에 언제 보아도 수석은 아름다웠다. =溪水从岩石和峭壁下流过，水石构成的风景永远都很秀丽。❸ 물속에 있는 돌. ◆水中石。¶차고 투명한 냇물과 이끼 낀 수석들. =清澈见底的泉水和长有苔藓的水中石。❹ 주로 실내에서 보고 즐기는 관상용의 자연석. ◆奇石，观赏石。¶그 돌은 종조부가 거액을 들여 수집해 온 수십 개의 수석 중의 하나였다. =那石头是高祖父花巨资收集来的几十块观赏石中的一块。

수선[1]【명사】사람의 정신을 어지럽게 만드는 부산한 말이나 행동. ◆名吵闹，闹腾。¶별것 아닌 일에 수선을 떨다. =因为小事而吵闹。

수선[2](修繕)【명사】낡거나 헌 물건을 고침. 名◆修缮，维修，修理。¶옷 수선. =修补衣服。● 수선하다(修繕--) ●

수선거리다【동사】정신이 어지럽게 자꾸 떠들다. ◆动吵闹。¶형이 공부하는 데 수선거리면 안 되지. =哥哥在学习，不要吵闹。● 수선대다 ●

수선공(修繕工)【명사】낡거나 헌 물건을 고치는 일을 하는 직공. ◆名修理工，维修工。¶구두 수선공에게 낡은 옷을 맡겼다. =把旧衣服交给了皮鞋修理工。

수선스럽다【형용사】정신이 어지럽게 떠들어 대는 듯하다. ◆形吵闹，闹腾。¶싸늘한 저녁 바람이 대숲을 훑을 때마다 댓잎 서걱대는 소리가 수선스러웠고… =寒凉的晚风吹过竹林，竹叶声杂乱……

수선화(水仙花)【명사】수선화과의 여러해살이풀. 줄기는 높이가 20~40cm이며, 잎은 모여나고 비스듬히 선 모양이다. ◆名水仙花。

수성[1](水性)【명사】물에 녹기 쉬운 성질. ◆名水溶性，水性。¶수성 사인펜. =水性签字笔。

수성[2](水星)【명사】태양에서 첫 번째로 가까운 행성. ◆名水星。

수세(守勢)【명사】적의 공격을 맞아 지키는 형세나 그 세력. ◆名守势。¶수세를 취하다. =采取守势。

수세미【명사】名 ❶ 설거지할 때 그릇을 씻는 데 쓰는 물건. ◆ (洗碗用的)清洁球，洗碗刷。¶수세미로 놋그릇을 닦다. =用洗碗刷擦黄铜器皿。❷ 수세미외(박과의 한해살이 덩굴풀). ◆丝瓜。❸ 심하게 구겨지거나 더러워진 물건을 이르는 말. ◆〈喻〉又皱又脏。

수세식(水洗式)【명사】변소에 급수 장치를 하여 오물이 물에 씻겨 내려가게 처리하는 방식. ◆名水冲式。¶재래식 화장실을 수세식으로 고쳤다. =将传统厕所改装成水冲式。

수소[1](水素)【명사】모든 물질 가운데 가장 가벼운 기체 원소. 빛깔과 냄새와 맛이 없고 불에 타기 쉽다. ◆名氢。

수소[2]【명사】소의 수컷. ◆名公牛，牡牛。

수소문(搜所聞)【명사】세상에 떠도는 소문을 두루 찾아 살핌. ◆名打听，打探。¶수소문을 하다. =打探。● 수소문하다(搜所聞--) ●

수속(手續)【명사】어떤 일을 수행하거나 처리하기 전에 거쳐야 할 과정이나 단계. ◆名手续。¶결혼 수속. =结婚手续。● 수속하다(手續--) ●

수송(輸送)【명사】기차나 자동차·배·항공기 따위로 사람이나 물건을 실어 옮김. ◆名输送，运送，运输。¶현금 수송 차량. =运送现金的车辆。● 수송되다(輸送--), 수송하다(輸送--) ●

수수[1]【명사】볏과의 한해살이풀. 줄기는 높이가 2미터 정도이며, 잎은 어긋맞게 나고 넓은 선 모양이다. ◆名高粱。

수수[2](收受)【명사】거두어서 받음. ◆名收受，收取。● 수수하다(收受--) ●

수수깡【명사】名 ❶ 수수의 줄기. ◆高粱杆儿，秫秸。¶수수깡 바잣문. =秫秸篱笆门。❷ 수수나 옥수수 줄기의 겁질을 벗긴 심. 미술 세공의 재료로 쓴다. ◆高粱秆，秫秸。

수수께끼【명사】名 ❶ 어떤 사물에 대하여 바로 말하지 아니하고 빗대어 말하여 알아맞히는 놀이. ◆谜语。¶수수께끼를 내다. =出谜语。❷ 어떤 사물이나 현상이 복잡하고 이상하게 얽혀 그 내막을 쉽게 알 수 없는 것. ◆谜。¶수수께끼의 인물. =谜一样的人物。

수수료(手數料)【명사】국가나 공공 단체 또는 공공 기관이 특정한 사람을 위하여 공적인 일을 하였을 때, 그 보상으로 받는 요금. ◆名手续费。¶수수료가 붙다. =交手续费。

수수방관(袖手傍觀)【명사】팔짱을 끼고 보고만 있다는 뜻으로, 간섭하거나 거들지 아니하고 그대로 버려둠을 이르는 말. ◆名袖手旁观。● 수수방관하다(袖手傍觀--) ●

수수하다【형용사】形 ❶ 옷차림이나 태도·성질이 무던하다. ◆朴素，朴实。¶수수하게 차려입다. =穿着朴素。❷ 물건의 품질이나 겉모양이 좋지도 나쁘지도 않다. ◆普通，平凡，一般。¶이 제품은 외양은 수수하지만 성능은 최고입니다. =这种产品外表很普通，但性能很好。

수순(手順)【명사】순서(정하여진 기준에서 말하는 전후, 좌우, 상하 따위의 차례 관계). ◆名顺序，次序，程序。¶수순에 어긋나다. =违反程序。

수술[1]【명사】식물 생식 기관의 하나. 꽃실과 꽃밥의 두 부분으로 되어 있다. ◆名雄蕊。

수술[2](手術)【명사】名 ❶ 피부나 점막, 기타의 조직을 의료 기계를 사용하여 자르거나 째거나 조작을 가하여 병을 고치는 일. ◆手术。¶맹장 수술. =盲肠手术。❷ 어떤 결함 따위를 근본적으로 고치는 일을 비유적으로 이르는 말. ◆整顿。¶대통령은 무소불위의 권력을 지닌 검찰 조직에 대대적인 수술이 필

요하다고 말했다. =总统称将会对拥有无所不为的权力的检察机构进行大规模整顿。● 수술하다(手術--) ●

수술대[1]【명사】수술의 꽃밥을 떠받치고 있는 가느다란 줄기. ◆名 雄蕊。

수술대(手術臺)[2]【명사】수술을 하기 위하여 설비한 대. 자유로이 움직일 수 있게 만들어져 있다. ◆名 手术台。¶환자가 수술대에 눕다. =患者躺在手术台上。

수술실(手術室)【명사】수술을 하기 위하여 필요한 설비를 갖추어 둔 방. ◆名手术室。¶환자가 수술실로 들어갔다. =患者进了手术室。

수숫대【명사】수수깡(수수의 줄기). ◆名秫秸，高粱秆。¶수숫대도 아래위 마디가 있다. =凡事都有先后顺序。

수습[1]**(修習)**【명사】학업이나 실무 따위를 배워 익힘. 또는 그런 일. ◆名见习，实习。¶수습 기간. =实习期。● 수습하다(修習--) ●

수습[2]**(收拾)**【명사】名 ❶ 흩어진 재산이나 물건을 거두어 정돈함. ◆ 收拾，整理。¶유품 수습. =整理遗物。❷ 어수선한 사태를 거두어 바로잡음. ◆ 整顿。¶사고 수습 대책 본부. =事故应对中心。❸ 어지러운 마음을 가라앉히어 바로잡음. ◆ 整理，安定。¶민심 수습. =安定民心。● 수습되다(收拾--), 수습하다(收拾--) ●

수시로(隨時-)【부사】아무 때나 늘. ◆副随时，经常，常常。¶수시로 드나들다. =经常出入。

수식[1]**(數式)**【명사】수 또는 양을 나타내는 숫자나 문자를 계산 기호로 연결한 식. 등식, 부등식 따위가 있다. ◆名算式。

수식[2]**(修飾)**【명사】名 ❶ 겉모양을 꾸밈. ◆ 修饰，装扮，装饰。❷ 문장의 표현을 화려하게, 또는 기교 있게 꾸밈. ◆ 修饰，修辞。¶수식이 화려한 문장. =修辞华丽的句子。❸ 문장에서, 체언과 용언에 말을 덧붙여 뜻을 더욱 분명하게 하는 일. ◆ 句子当中的修饰成分。● 수식하다(修飾--) ●

수식어(修飾語)【명사】名 ❶ 수식언(修飾言). 뒤에 오는 말을 수식하거나 한정하기 위하여 첨가하는 관형사와 부사를 통틀어 이르는 말. ◆ 修饰语。❷ 표현을 아름답고 강렬하게 또는 명확하게 하기 위하여 꾸미는 말. ◆ 修饰语。

수신[1]**(修身)**【명사】악을 물리치고 선을 북돋아서 마음과 행실을 바르게 닦아 수양함. ◆名修身。¶수신을 통해 마음을 바로잡다. =通过修身而端正心态。● 수신하다(修身--) ●

수신[2]**(受信)**【명사】名 ❶ 우편이나 전보 따위의 통신을 받음. 또는 그런 일. ◆ 收信。¶수신자에게 전화로 수신 여부를 확인하다. =给收信者打电话确认是否收到信。❷ 전신이나 전화·라디오·텔레비전 방송 따위의 신호를 받음. 또는 그런 일. ◆ 接收信号，接收。¶위성 방송 수신 시설. =卫星广播接收设施。● 수신되다(受信--), 수신하다(受信--) ●

수신기(受信機)【명사】외부로부터 신호를 받아 필요한 정보를 얻는 장치. 일반적으로 무선 통신기를 이르며, 텔레비전 수상기·팩시밀리 따위가 있다. ◆ 名收报机，接收机。¶위성 방송 수신기. =卫星广播接收机。

수신제가(修身齊家)【명사】몸과 마음을 닦아 수양하고 집안을 다스림. ◆ 名修身齐家。¶그는 고고한 기품이나 깊은 학문으로 이 지역에서 본받을 만한 수신제가로 알려져 있다. =他人品高洁、学识渊博，在这地方是有名的修身齐家的典型。

수심[1]**(愁心)**【명사】매우 근심함. 또는 그런 마음. ◆ 名忧愁，忧心，忧虑。¶수심에 찬 얼굴. =充满忧愁的面孔。

수심[2]**(水深)**【명사】강이나 바다, 호수 따위의 물의 깊이. ◆名水深。¶수심이 깊다. =水深。

수십(數十)【수사】십의 두서너 배가 되는 수. ◆数 数十，几十。

수십만(數十萬)【수사】십만의 두서너 배가 되는 수. ◆ 数数十万，几十万。¶수십만에 달하는 피난민들. =达数十万的难民。

수압(水壓)【명사】물의 압력. 물이 물속에 있는 물질이나 물 상호 간에 미치는 힘이다. 개방 수면을 가진 물에서는 깊이에 비례한다. ◆ 名水压。¶수압이 낮다. =水压低。

수액(樹液)【명사】名 ❶ 땅속에서 나무의 줄기를 통하여 잎으로 올라가는 액. ◆ (树根从土壤中吸收养分输送向枝叶的)树液。¶나무에 수액이 오르다. =树液上升到树冠。❷ 나뭇진(소나무나 전나무 따위의 나무에서 분비하는 점도가 높은 액체. 또는 그것이 공기에 닿아 산화하여 굳어진 것). ◆ (树皮等流出的)树液。¶고로쇠나무의 수액은 약으로 쓰인다. =老铁树的树液可入药。

수양(修養)【명사】몸과 마음을 갈고닦아 품성이나 지식, 도덕 따위를 높은 경지로 끌어올림. ◆名修养。¶정신 수양. =精神修养。● 수양하다(修養--) ●

수양딸(收養-)【명사】남의 자식을 데려다가 제 자식처럼 기른 딸. ◆ 名养女。¶수양딸을 삼다. =收为养女。

수양버들(垂楊--)【명사】버드나뭇과의 낙엽 활엽 소교목. 높이는 10미터 정도이며, 잎은 어긋나고 피침 모양인데 가장자리에 톱니가 있다. ◆名垂柳。¶수양버들 늘어진 잎이 바람을 받아 흔들거리다. =垂柳下垂的叶子随风摆动。

수양아들(收養--)【명사】남의 자식을 데려다가 제 자식처럼 기른 아들. ◆ 名养子。¶수양아들을 삼다. =收为养子。

수억(數億)【수사】억의 두서너 배가 되는 수. ◆ 数 数亿，几亿。¶그는 맨손으로 수억원을 벌어들였다. =他白手起家，赚了几亿韩元。

수업[1]**(授業)**【명사】교사가 학생에게 지식이나 기능을 가르쳐 줌. 또는 그런 일. ◆名讲授，讲课。¶수업 시간. =上课时间。● 수업하다(修業--) ●

수업[2]**(修業)**【명사】기술이나 학업을 익히고 닦음. 또는 그런 일. ◆ 名进修。¶배우 수업. =演员进修课程。● 수업하다(授業--) ●

수업료(授業料)【명사】수업의 대가로 학생이 내는 돈. ◆ 名学费。¶학교에 수업료를 내다. =向学校交学费。

수없다(數--)【형용사】헤아릴 수 없을 만큼 그 수가 많다. ◆ 形无数。¶강가에 모인 수없는 철새. =聚集在河边的无数候鸟。● 수없이(數--) ●

수여(授與)【명사】증서·상장·훈장 따위를 줌. ◆ 名授予，颁发。¶졸업장 수여. =颁发毕业证。● 수여되다(授與--), 수여하다(授與--) ●

수역(水域)【명사】수면의 일정한 구역. ◆ 名水域，海域。¶위험 수역. =危险海域。

수염(鬚髥)【명사】名 ❶ 성숙한 남자의 입 주변이나 턱 또는 뺨에 나는 털. ◆ 胡须，胡子。¶수염이 나다. =长胡须。❷ 동물의 입 언저리에 난 뻣뻣한 긴 털. ◆ 胡须。¶고양이의 수염은 예민한 촉각을 갖고 있다. =猫的胡须有敏锐的触觉。❸ 보리나 밀 따위의 낟알 끝에 가늘게 난 까끄라기. 또는 옥수수의 낟알 틈에 가늘고 길게 난 털. ◆ 麦芒或玉米须。

수영(水泳)【명사】스포츠나 놀이로서 물 속을 헤엄치는 일. ◆ 名游泳。¶바다에서 수영을 하다. =在海里游泳。● 수영하다(水泳--) ●

수영복(水泳服)【명사】수영할 때에 입는 옷. ◆ 名游泳衣，泳装。¶수영복 차림. =请着泳装。

수영장(水泳場)【명사】수영하면서 놀거나 수영 경기 따위를 할 수 있는 시설을 갖춘 곳. ◆ 名游泳池，游泳馆。¶실내 수영장. =室内游泳馆。

수예(手藝)【명사】자수, 뜨개질 따위의 손으로 하는 재주. ◆ 名手工艺，刺绣，编织。¶수예 작품. =编织制品。

수온(水溫)【명사】물의 온도. ◆ 名水温。¶수온 상승. =水温升高。

수완(手腕)【명사】일을 꾸미거나 치러 나가는 재간. ◆ 名手腕，手段。¶수완이 있는 사람. =有手段的人。

수요(需要)【명사】어떤 재화나 용역을 일정한 가격으로 사려고 하는 욕구. ◆ 名需要，需求，要求。¶수요와 공급. =需求和供给。

수요일(水曜日)【명사】월요일을 기준으로 한 주의 셋째 날. ◆ 名星期三。

수요자(需要者)【명사】필요해서 사거나 얻고자 하는 사람. ◆ 名需求者。¶수요자는 될 수 있는 대로 싸게 사려 할 것이고 공급자는 될 수 있는 대로 비싸게 팔려 할 것이다. =需求者们希望尽可能低价购买，而供应商则想高价卖出。

수용[1](收容)【명사】범법자·포로·난민·관객·물품 따위를 일정한 장소나 시설에 모아 넣음. ◆ 名收容。¶포로 수용 시설. =俘虏收容设施。● 수용되다(收容--), 수용하다(收容--) ●

수용[2](受容)【명사】어떠한 것을 받아들임. ◆ 名容纳，接受。¶근대 문명 수용. =接受近代文明。● 수용되다(受容--), 수용하다(受容--) ●

수용성(水溶性)【명사】어떤 물질이 물에 녹는 성질. ◆ 名水溶性。¶수용성 물감. =水溶性颜料。

수용소(收容所)【명사】많은 사람을 집단적으로 한 곳에 가두거나 모아 넣는 곳. ◆ 名收容所。¶난민 수용소. =难民收容所。

수용액(水溶液)【명사】용매가 물인 용액. 물 분자는 극성이 크므로 여러 극성 물질을 녹인다. 식염수 따위가 있다. ◆ 名水溶液。

수원(水源)【명사】물이 흘러나오는 근원. ◆ 名水源。¶수원의 보존을 위해 개발을 허락하지 않다. =为保护水源，不允许进行开发。

수원지(水源池)【명사】물이 흘러나오는 근원이 되는 곳. 산의 꼭대기 부근이나 선상지 말단의 용수대 따위이다. ◆ 名水源地，蓄水池。¶인구 증가로 수원지의 추가 개발이 시급하다. =由于人口增加，增建贮水池成为当务之急。

수월찮다【형용사】形 ❶ 까다롭거나 힘들어서 하기가 쉽지 아니하다. ◆ 不方便，不便。¶계단이 높아서 오르내리는 것이 수월찮다. =台阶高，上下不方便。❷ 꽤 많다. ◆ 相当多。¶식구가 늘어 씀씀이가 수월찮다. =人口增加，用度就大了。● 수월찮이 ●

수월하다【형용사】까다롭거나 힘들지 않아 하기가 쉽다. ◆ 形轻松，容易，轻而易举。¶업무가 수월하다. =工作轻松。● 수월히 ●

수위[1](守衛)【명사】관청·학교·공장·회사 따위의 경비를 맡아봄. 또는 그런 일을 맡은 사람. ◆ 名守卫，警卫。¶밤늦게까지 교실에 있다가 학교 수위 아저씨에게 쫓겨났다. =在教室待到深夜，被学校的警卫赶了出来。

수위[2](首位)【명사】첫째가는 자리나 우두머리가 되는 자리. ◆ 名首位，第一位。¶수위에 오르다. =升到首位。

수위[3](水位)【명사】名 ❶ 강·바다·호수·저수지 따위의 물의 높이. ◆ 水位。¶댐의 수위. =水坝水位。❷ 어떤 일이 진행되는 정도를 비유적으로 이르는 말. ◆ 水平，程度。¶세무 조사의 수위가 높다. =税务调查力度大。

수위실(守衛室)【명사】수위가 경비하는 일을 맡아보는 방. ◆ 名警卫室。¶아파트 수위실에 물건을 맡기다. =把东西交给公寓警卫室。

수육(-肉)【명사】삶아 내어 물기를 뺀 고기. ◆ 名熟牛肉。¶수육 한 접시를 먹다. =吃了一盘熟牛肉。

수은(水銀)【명사】상온에서 유일하게 액체 상태로 있는 은백색의 금속 원소. ◆ 名水银，汞。

수의[1](壽衣)【명사】염습할 때에 송장에 입히는 옷. ◆ 名寿衣。¶시신에 수의를 입히고 관에 반듯이 눕혔다. =给遗体穿上寿衣后入殓。

수의[2](囚衣)【명사】죄수가 입는 옷. ◆ 名囚衣。¶그는 수의를 입고 증인석에 앉았다. =他身穿囚衣坐在证人席上。

수의사(獸醫師)【명사】가축에 생기는 여러 가지 질병을 진찰하고 치료하는 의사. ◆ 名兽医。¶수의사의 도움으로 소가 새끼를 낳다. =在兽医的帮助下，牛产下小牛犊。

수익(收益)【명사】기업이 경제 활동의 대가로서 얻은 경제 가치. ◆ 名收益，利润，赢利。¶수익 사업. =赢利实业。

수익금(收益金)【명사】이익으로 들어오는 돈. ◆ 名

收益，利润。¶이번 바자회(bazar会)의 수익금은 모두 무의탁 노인의 복지를 개선하는 데 쓰기로 하였다. =决定将此次义卖会的收益全部用于改善无依靠老人的福利。

수일(數日)【명사】두서너 날. ◆ 图数日，几天，几日。¶그는 수일 전에 서울로 올라왔다. =他几天前来到了首尔。

수임(受任)【명사】图 ❶ 임무나 위임을 받음. ◆ 受命，接管。¶대통령의 사망에 의해 생긴 정치적 공백을 막기 위해 청와대는 정권 수임에 총력을 기울이고 있다. =为填补由于总统死亡出现的政治空白，青瓦台倾尽全力接管政权。❷ 위임 계약에 의하여 상대편의 법률 행위나 사무 처리를 맡음. ◆ 受……委托。¶변호사의 수임 사건 수를 알아보다. =了解律师接手的案件数量。● 수임하다(受任--) ●

수입[1](收入)【명사】图 ❶ 돈이나 물품 따위를 거두어들임. 또는 그 돈이나 물품. ◆ 收入。¶수입이 늘다. =收入增加。❷ 개인·국가·단체 따위가 합법적으로 얻어 들이는 일정액의 금액. ◆ 收入，所得。¶조세 수입. =税收。

수입[2](輸入)【명사】图 ❶ 다른 나라로부터 물품을 사들임. ◆ 进口。¶수입 문구류. =进口文具。❷ 다른 나라의 사상·문화·제도 따위를 배워 들여옴. ◆ 引进，输入，引入。¶불교의 수입. =佛教的引入。● 수입되다(輸入--), 수입하다(輸入--) ●

수입국(輸入國)【명사】물품 따위를 수입하는 나라. ◆ 图进口国。¶주요 곡물 수입국. =主要粮食进口国。

수입금(收入金)【명사】거두어들인 돈. ◆ 图收入金额，收入。¶수입금 내역. =收入明细表。

수입상(輸入商)【명사】다른 나라의 물품을 사들여 오는 장사. 또는 그런 장수. ◆ 图进口商。¶원자재의 품귀와 가격 폭등으로 수입상들의 부담이 가중되고 있다. =由于原材料涨价和物价暴涨，所以进口商的负担也加重了。

수입원(收入源)【명사】수입이 되는 원천. ◆ 图进口来源。¶외화 수입원. =外国货物进口来源。

수입품(輸入品)【명사】다른 나라로부터 수입한 물품. ◆ 图进口货。¶수입품에 관세를 부과하다. =对进口货物征收关税。

수자원(水資源)【명사】농업, 공업, 발전용 따위의 자원이 되는 물. ◆ 图水资源。¶수자원을 보호하다. =保护水资源。

수작[1](秀作)【명사】우수한 작품. ◆ 图优秀作品，杰作。¶사실주의 영화의 수작. =现实主义电影的杰作。

수작[2](酬酌)【명사】图 ❶ 서로 말을 주고받음. 또는 그 말. ◆ 交谈，谈话，对话。¶수작을 떨다. =搭话。❷ 남의 말이나 행동, 계획을 낮잡아 이르는 말. ◆ 胡说，胡来，花招，搞鬼。¶뻔한 수작. =显而易见的花招。● 수작하다(酬酌--) ●

수장[1](首長)【명사】위에서 중심이 되어 집단이나 단체를 지배·통솔하는 사람. ◆ 图首长，首领。¶국회의장은 국회의 수장으로 국회의 제반 업무를 관장한다. =国会议长作为国会的首领，管理国会的各项事务。

수장[2](水葬)【명사】시체를 물속에 넣어 장사 지냄. ◆ 图水葬。¶바닷가에 사는 그 부족은 수장의 풍습이 있다. =生活在海边的那个部族有水葬的风俗。● 수장되다(水葬--), 수장하다(水葬--) ●

수재[1](秀才)【명사】머리가 좋고 재주가 뛰어난 사람. ◆ 图英才，有才气的人。¶촉망받는 수재. =受人瞩望的英才。

수재[2](水災)【명사】장마나 홍수로 인한 재난. ◆ 图水灾，水害。¶수재 의연금. =水灾捐款。

수저【명사】图 ❶ 숟가락과 젓가락을 아울러 이르는 말. ◆ 汤勺和筷子。¶수저를 놓다. =放汤勺和筷子。❷ '숟가락'을 달리 이르는 말. ◆ 汤匙，汤勺。¶할아버지께서 먼저 수저를 드셨다. =爷爷先拿起了汤勺。

수전노(守錢奴)【명사】돈을 모을 줄만 알아 한번 손에 들어간 것은 도무지 쓰지 않는 사람을 낮잡아 이르는 말. ◆ 图守财奴。¶그는 수전노와 같이 오직 돈 하나만 아는 진실치 못한 인간이었다. =他像守财奴那样只认得钱，是个不真实的人。

수전증(手顫症)【명사】손떨림증(손이 떨리는 증상. 주로 알코올 의존자나 노인에게서 나타난다). ◆ 图手颤症。¶손이 수전증에 걸린 것처럼 떨렸다. =手好像得了手颤症似的抖动。

수절(守節)【명사】정절을 지킴. ◆ 图守节。¶그녀는 남편을 잃고 30년 동안 수절을 하고 살았다. =她失去了丈夫，守节过了三十年。● 수절하다(守節--) ●

수정[1](水晶)【명사】무색투명한 석영의 하나. 육방주상(六方柱狀)의 결정체이며, 주성분은 이산화규소이다. ◆ 图水晶。

수정[2](受精)【명사】암수의 생식 세포가 하나로 합쳐져 접합자가 됨. 또는 그런 현상. ◆ 图受精。● 수정되다(受精--), 수정하다(受精--) ●

수정[3](修訂)【명사】글이나 글자의 잘못된 점을 고침. ◆ 图修订，订正。¶대본 수정. =修订剧本台词。● 수정하다(修訂--) ●

수정[4](修正)【명사】바로잡아 고침. ◆ 图修正，改正，修改。¶궤도의 수정. =轨道的修正。● 수정되다(修正--), 수정하다(修正--) ●

수정과(水正果)【명사】한국 전통 음료의 하나. 잘게 다진 생강과 계핏가루를 넣어 달인 물에 설탕물이나 꿀을 타서 식힌 다음 곶감을 넣고 잣을 띄워 먹는다. ◆ 图柿饼汁，姜水柿汁甜饮。¶수정과를 마시다. =喝柿饼汁。

수정란(受精卵)【명사】수정이 이루어진 난자. 보통 개체 발육을 시작한다. ◆ 图受精卵。

수정안(修正案)【명사】원안(原案)의 잘못된 점을 바로잡아 고친 안. ◆ 图修正案。¶수정안을 제출하다. =提出修正案。

수정체(水晶體)【명사】안구의 동공 바로 뒤에 붙어 있는 볼록 렌즈 모양의 탄력성 있는 투명체. ◆ 图水晶体。

수제비【명사】밀가루를 반죽하여 맑은장국이나 미역국 따위에 적당한 크기로 떼어 넣어 익힌 음식. ◆ 图片汤，疙瘩汤。¶아이는 어머니의 손끝에서 떨어져서 끓는 물속으로 들어가는 수제비를 바라보자 배에서 꼬르륵 소리가 났다. =孩子一看到从妈妈指尖掉到沸水里的疙瘩汤，肚子就咕噜咕噜地叫。

수제자(首弟子)【명사】여러 제자 가운데 배움이 가장 뛰어난 제자. ◆ 图最有才能的弟子。¶수제자가 되다. =成为最有才能的弟子。

수조(水槽)【명사】물을 담아 두는 큰 통. ◆ 图水槽。¶수조에 물을 모아 두다. =用水槽蓄水。

수족(手足)【명사】图 ❶ 손발(손과 발을 아울러 이르는 말). ◆ 手脚。¶수족이 마비되다. =手脚麻痹。❷ 손발(자기의 손이나 발처럼 마음대로 부리는 사람을 비유적으로 이르는 말). ◆〈喻〉跟班，供任意差遣的人。¶남의 수족 노릇을 하다. =供人任意驱使。❸ 형제나 자식을 비유적으로 이르는 말. ◆〈喻〉兄弟，血亲，亲人(指兄弟或子女)。¶수족이 없는 노인들은 결국 양로원 신세를 질 수밖에 없다. =没有亲人的老人们最终只能依靠养老院。

수족관(水族館)【명사】물속에 사는 생물을 모아 놓고 기르는 설비. ◆ 图水族馆。¶수족관에서 열대어를 키우다. =水族馆里养热带鱼。

수주(受注)【명사】주문을 받음. 주로 물건을 생산하는 업자가 제품의 주문을 받는 것을 이르는 말이다. ◆ 图接受订货。¶수주가 줄다. =接受订货减少。● 수주하다(受注--) ●

수준(水準)【명사】사물의 가치나 질 따위의 기준이 되는 일정한 표준이나 정도. ◆ 图水准，水平，标准，程度。¶수준이 같다. =标准相同。

수줍다【형용사】숫기가 없어 다른 사람 앞에서 말이나 행동을 하는 것이 어렵거나 부끄럽다. 또는 그런 태도가 있다. ◆ 形害羞，腼腆，不好意思。¶수줍은 듯 얼굴을 붉히다. =好像害羞了，脸都红了。

수줍어하다【동사】수줍은 태도나 기색을 하다. ◆ 动害羞，腼腆，不好意思。¶그녀는 고개를 숙이고 무척 수줍어했다. =她低着头特别害羞。

수줍음【명사】수줍은 느낌이나 마음. ◆ 图害羞，腼腆，不好意思。¶수줍음이 많다. =很害羞。

수중[1](水中)【명사】물속(물의 가운데). ◆ 图水中，水里。¶수중 탐사. =水下勘探。

수중[2](手中)【명사】图 ❶ 손의 안. ◆ 手中，手里。❷ 자기가 소유할 수 있거나 권력을 행사할 수 있는 범위. ◆ 表示拥有或者能行使权利的范围。¶수중에 넣다. =放到手里。

수증기(水蒸氣/水烝氣)【명사】기체 상태로 되어 있는 물. ◆ 图水蒸汽。¶수증기가 자욱하다. =水蒸汽弥漫。

수지(收支)【명사】图 ❶ 수입과 지출을 아울러 이르는 말. ◆ 收入和支出，收支。¶수지 균형을 맞추다. =达到收支平衡。❷ 거래 관계에서 얻는 이익. ◆ 利润，收益。¶수지가 맞는 장사. =合算的生意。

수지맞다【동사】动 ❶ 장사나 사업 따위에서 이익이 남다. ◆ 合算，上算。¶수지맞는 장사. =合算的买卖。❷ 뜻하지 않게 좋은 일이 생기다. ◆ 走运。¶오늘 너 아주 수지맞았다. =今天你太走运了。

수지침(手指鍼)【명사】손가락·손바닥·손등에 있는 344개의 경혈에 짧은 침을 1~3mm 깊이로 꽂아 치료하는 침술. ◆ 图手指针。

수직(垂直)【명사】图 ❶ 똑바로 드리우는 상태. ◆ 垂直。¶수직의 낭떠러지. =垂直的峭壁。❷ [数学] 직선과 직선, 직선과 평면, 평면과 평면 따위가 서로 만나 직각을 이루는 상태. ◆ [数学]垂直。

수질(水質)【명사】물의 성질. 물의 온도, 맑고 흐림, 빛깔, 비중, 방사능 및 유기질과 무기질, 혹은 세균의 함유량 따위에 따라 결정된다. ◆ 图水质。¶수질 개선. =改善水质。

수집[1](蒐集)【명사】취미나 연구를 위하여 여러 가지 물건이나 자료를 찾아 모음. 또는 그 물건이나 자료. ◆ 图搜集。¶자료 수집. =搜集资料。● 수집되다(蒐集--), 수집하다(蒐集--) ●

수집[2](收集)【명사】거두어 모음. ◆ 图收集，征集。¶식량 수집. =征集粮食。● 수집되다(收集--), 수집하다(收集--) ●

수집가(蒐集家)【명사】여러 가지 물건이나 자료를 찾아 모으는 것을 전문적으로 하는 사람. ◆ 图收藏家。

수집광(蒐集狂)【명사】귀중한 것만이 아니라 쓸데없는 것까지 무엇이든 찾아 모으려고 하는 병적인 버릇. 또는 그런 사람. ◆ 图收藏狂。

수차(數次)【명사】여러 차례. ◆ 图数次，几次，多次。

수채(水彩)【명사】图 ❶ 물감을 물에 풀어서 그림을 그리는 법. ◆ 水彩。¶수채화(畵). =水彩画。❷ 수채화(서양화에서, 물감을 물에 풀어서 그린 그림). ◆ 水彩画。

수채화(水彩畵)【명사】서양화에서, 물감을 물에 풀어서 그린 그림 ◆ 图水彩画。

수척하다(瘦瘠--)【형용사】몸이 몹시 야위고 마른 듯하다. ◆ 形消瘦，憔悴。¶수척한 몸. =消瘦的身材。

수천(數千)【수사】천의 두서너 배가 되는 수. ◆ 数数千，几千，数以千计。¶수천의 물줄기. =数以千计的水柱。

수천만(數千萬)【수사】천만의 두서너 배가 되는 수. ◆ 数数千万，几千万。

수천수만(數千數萬)【관형사】몇 천이나 몇 만쯤 되는 많은 수의. ◆ 冠千万个，数以千万。

수첩(手帖)【명사】몸에 지니고 다니며 아무 때나 간단한 기록을 하는 조그마한 공책. ◆ 图小笔记本，小本。¶수첩에 기록하다. =记在小笔记本上。

수초(水草)【명사】물속이나 물가에 자라는 풀. ◆ 图水草。¶연못가에는 갖가지 아름다운 수초가 자라고 있었다. =荷塘边长着各种美丽的水草。

수축(收縮)【명사】부피나 규모가 줄어듦. ◆ 图收缩。¶목재의 수축. =木材的收缩。● 수축되다(收縮--), 수축하다(收縮--) ●

수축시키다(收縮---)【동사】부피나 규모를 줄어들게 하다. ◆ 动使体积或规模缩小、收缩、。¶흡연은 혈관을 수축시켜 협심증을 불러 올 우려가 있다. =吸烟会使血管收缩，诱发心绞痛。

수출(輸出) 【명사】 국내의 상품이나 기술을 외국으로 팔아 내보냄. ◆名出口，输出，外销。¶자동차 수출. =出口汽车。● 수출되다(輸出--), 수출하다(輸出--) ●

수출입(輸出入) 【명사】 수출과 수입을 아울러 이르는 말. ◆名进出口。¶수출입 동향. =进出口动向。

수출품(輸出品) 【명사】 외국에 팔아 내보내는 물품. ◆名出口商品，出口货物。¶수출품 전시회. =出口商品展。

수취(受取) 【명사】 받아서 가짐. ◆名接收，领取。¶외화의 수취와 지급. =外币的领取和支付。● 수취하다(受取--) ●

수취인(受取人) 【명사】 名 ❶ 서류나 물건을 받는 사람. ◆ 收件人。¶우편 집배원은 수취인의 집을 일일이 방문하여 편지를 전달한다. =邮递员一一地去收件人家送信。❷ 일정한 금액을 지급받도록 어음이나 수표에 지정되어 있는 사람. ◆ 收款人。¶보통 환어음 용지에는 수취인과 지급인의 성명이 기재되어 있다. =一般汇票上都写有收款人和付款人的姓名。

수치[1](羞恥) 【명사】 다른 사람들을 볼 낯이 없거나 스스로 떳떳하지 못함. 또는 그런 일. ◆名羞耻，丢脸。¶수치를 느끼다. =感到丢脸。

수치[2](數值) 【명사】 계산하여 얻은 값. ◆名数值，数字。¶위의 표에 제시된 수치는 표본 조사를 통해 산출한 것이므로 어느 정도 오차가 발생할 수 있다. =上表中的数值是通过取样调查计算出的结果，所以可能会有一定的误差。

수치감(羞恥感) 【명사】 수치를 당한 느낌. ◆名耻辱感，羞愧。¶수치감에 얼굴을 붉히다. =羞愧得红了脸。

수치스럽다(羞恥---) 【형용사】 다른 사람들을 볼 낯이 없거나 스스로 떳떳하지 못한 느낌이 있다. ◆ 形羞耻，可耻，羞愧，丢脸。¶어째서 우리 조선 여자들은 결혼 못 하는 것을 그렇게 수치스럽게 여기는 걸까. =为什么觉得未能结婚那么丢人呢。

수치심(羞恥心) 【명사】 수치를 느끼는 마음. ◆名羞耻心。¶수치심을 갖다. =有羞耻心。

수칙(守則) 【명사】 행동이나 절차에 관하여 지켜야 할 사항을 정한 규칙. ◆名守则，条令。¶근무 수칙. =工作守则。

수캐 【명사】 개의 수컷. ◆名公狗，雄狗。¶동구 밖 어디선가 달을 보며 짖는 듯한 수캐 소리가 들려왔다. =村口外不知从哪儿传来望月吠叫的公狗声。

수컷 【명사】 암수의 구별이 있는 동물에서 새끼를 배지 아니하는 쪽. ◆名公的，雄的。¶면양 수컷 한 마리. =一只公绵羊。

수탁(受託) 【명사】 名 ❶ 다른 사람의 의뢰나 부탁을 받음. 또는 그런 일. ◆委托，受人委托。¶이 연구소는 중소기업의 수탁을 받아 연구 개발 사업을 수행한다. =这家研究所受中小企业委托，进行研发工作。❷ 남의 물건 따위를 맡음. ◆ 委托，受委托。¶화물의 수탁. =货物委托。

수탈(收奪) 【명사】 강제로 빼앗음. ◆ 名掠夺，搜刮，攫取。¶경제적 수탈. =经济掠夺。● 수탈하다(收奪--) ●

수탉 【명사】 닭의 수컷. ◆ 名公鸡。¶수탉이 울다. =公鸡打鸣。

수태(受胎) 【명사】 아이를 뱀. 또는 새끼를 뱀. ◆名怀胎，怀孕，受孕。¶그리고 그게 또 원래부터 수태 기간이 짧아. =而且它们怀胎的时间本来就短。● 수태하다(受胎--) ●

수판(數板) 【명사】 셈을 놓는 데 쓰는 기구의 하나. ◆ 名算盘。¶수판으로 나눗셈을 하다. =用算盘算除法。

수평(水平) 【명사】 名 ❶ 기울지 않고 평평한 상태. ◆ 水平，平行。¶수평을 유지하다. =保持水平。❷ 지구 중력의 방향과 직각을 이루는 방향. ◆ 水平。¶수평으로 이동하다. =水平移动。

수평선(水平線) 【명사】 물과 하늘이 맞닿아 경계를 이루는 선. ◆ 名水平线。¶수평선 너머로 해가 저물고 있다. =太阳快要落下地平线。

수포[1](水疱) 【명사】 피부 일부분에 액체가 국소적으로 차서 부풀어 오른 것. ◆名水疱，水疱疹，疥疮。¶손등에서 손목으로 올라가면서 좁쌀처럼 작은 수포가 투명하게 돋아나 있었다. =从手背到手腕长出了像小米粒那么小的透明水疱。

수포[2](水泡) 【명사】 名 ❶ 물이 다른 물이나 물체에 부딪쳐서 생기는 거품. ◆ 水泡，水沫，泡沫。¶수포가 일다. =起水泡。❷ 노력이 헛되게 된 상태를 비유적으로 이르는 말. ◆〈喻〉泡影，化为乌有，落空。¶노력이 수포로 돌아가다. =努力成了泡影。

수표(手票) 【명사】 은행에 당좌 예금을 가진 사람이 소지인에게 일정한 금액을 줄 것을 은행 등에 위탁하는 유가 증권. ◆名支票。

수풀 【명사】 名 ❶ 나무들이 무성하게 우거지거나 꽉 들어찬 것. ◆ 树丛。¶수풀을 가꾸다. =打理树丛。❷ 풀, 나무, 덩굴 따위가 한데 엉킨 것. ◆ 草丛，杂草丛。¶수풀을 헤치고 나오니 오솔길이 나타났다. =穿过草丛，眼前是一条羊肠小道。

수프(soup) 【명사】 고기나 야채 따위를 삶아서 낸 즙에 소금, 후추 따위로 맛을 더한 서양 요리. ◆ 名汤，羹。¶그는 수프와 커피 한 잔으로 아침 식사를 한다. =他早餐喝汤和一杯咖啡。

수필(隨筆) 【명사】 일정한 형식을 따르지 않고 인생이나 자연 또는 일상생활에서의 느낌이나 체험을 생각나는 대로 쓴 산문 형식의 글. ◆ 名随笔，散记。¶그는 수필 두 편을 써서 잡지사에 기고하였다. =他写了两篇随笔投给了杂志社。

수하(手下) 【명사】 名 ❶ 나이나 항렬 따위가 자기보다 아래이거나 낮은 관계. 또는 그런 관계에 있는 사람. ◆ 年级小，职级低。¶보기에도 승재는 침착한 게 손윗사람 같고, 태수는 어린 수하 사람 같았다. =看起来也是承在沉着冷静像哥哥，泰秀像弟弟。❷ 직책상 자기보다 더 낮은 자리에 있는 사람. ◆ 手下，部下，下属。¶수하를 거느리다. =率领手下。❸ 어떤 사람의 영향력 아래. ◆ 手下。¶수하에 거두다. =收至麾下。

수하물(手荷物)【명사】图 ❶ 손에 간편하게 들고 다닐 수 있는 짐. ◆ 手提行李。¶수하물을 들고 비행기에 오르다. =提着行李上飞机。❷ 기차 편에 손쉽게 부칠 수 있는 작고 가벼운 짐. ◆ 轻便的行李。

수학(數學)【명사】수량 및 공간의 성질에 관하여 연구하는 학문. 대수학, 기하학, 해석학 및 이를 응용하는 학문을 통틀어 이르는 말이다. ◆ 图数学。¶수학 공식. =数学公式。

수학(修學)【명사】학문을 닦음. ◆ 图进修，研修。● 수학하다(修學--) ●

수학여행(修學旅行)【명사】교육 활동의 하나로서 교사의 인솔 아래 실시하는 여행. ◆ 图游学。

수해(水害)【명사】장마나 홍수로 인한 피해. ◆ 图水灾，洪灾，水害。¶수해 대책. =防洪措施。

수행[1](遂行)【명사】생각하거나 계획한 대로 일을 해냄. ◆ 图完成，履行，落实。¶업무 수행. =完成任务。● 수행되다(遂行--), 수행하다(遂行--) ●

수행[2](修行)【명사】图 행실, 학문, 기예 따위를 닦음. ◆ 修行。¶수행을 쌓다. =不断修行。 ● 수행하다(修行--) ●

수행[3](隨行)【명사】图 ❶ 일정한 임무를 띠고 가는 사람을 따라감. 또는 그 사람. ◆ 随行，随从，陪同。❷ 따라서 실행함. ◆ 仿效，追随。● 수행하다(隨行--) ●

수행원(隨行員)【명사】높은 지위의 사람을 따라다니면서 그를 돕거나 신변을 보호하는 사람. ◆ 图随行人员，随从。¶미국 대통령이 백여 명의 수행원과 함께 한국을 방문했다. =美国总统率百余名随行人员访问了韩国。

수험생(受驗生)【명사】시험을 치르는 학생. ◆ 图考生，应考生。¶입시 때가 다가오자 독서실은 수험생으로 가득 찼다. =读书室里挤满了考生。

수험표(受驗票)【명사】시험을 치르는 사람임을 증명하는 표. ◆ 图准考证。¶수험표를 받다. =领到准考证。

수혈(輸血)【명사】빈혈이나 그 밖의 치료를 위하여, 건강한 사람의 혈액을 환자의 혈관 내에 주입하는 것. ◆ 图输血。¶부상자가 늘어나면 수혈도 못 시켜 보고 죽일 것 같아요. =如果伤者增多，可能会因无法输血而使伤者死亡。● 수혈하다(輸血--) ●

수혜(受惠)【명사】은혜를 입음. 또는 혜택을 받음. ◆ 图受惠，受益。¶수혜 대상을 선정하다. =选定受益对象。

수호[1](修好)【명사】나라와 나라가 서로 사이좋게 지냄. ◆ 图友好，修好。● 수호하다(修好--) ●

수호[2](守護)【명사】지키고 보호함. ◆ 图守护，维护，捍卫，保护。¶민족 문화 수호 운동. =保护民族文化运动。● 수호되다(守護--), 수호하다(守護--) ●

수호신(守護神)【명사】국가, 민족, 개인 등을 지키고 보호하여 주는 신. ◆ 图守护神，保护神。¶당집은 마을의 수호신인 당 할머니를 모시고 매년 당제를 지내는 신성한 곳이다. =祠堂是在作为这个村庄守护神的奶奶的带领下每年进行祭祀的圣地。

수화(手話)【명사】청각 장애인과 언어 장애인들이 구화(口話)를 대신하여 몸짓이나 손짓으로 표현하는 의사 전달 방법. ◆ 图手语。¶수화로 의사 표현을 하다. =用手语表达意思。

수화기(受話器)【명사】전화기에서, 귀에 대고 듣는 부분. 보내온 전기 신호를 소리로 바꾸어 말을 들을 수 있게 되어 있다. ◆ 图听筒，耳机。¶수화기를 들다. =拿起听筒。

수화물(手貨物)【명사】손에 간편하게 들고 다닐 수 있는 짐. ◆ 图随身行李，(手中携带的)行李。

수확(收穫)【명사】图 ❶ 익은 농작물을 거두어들임. 또는 거두어들인 농작물. ◆ 收获；年成，收成。¶벼 수확. =水稻收成。❷ 어떤 일을 하여 얻은 성과를 비유적으로 이르는 말. ◆〈喻〉收获，成果。¶이번 학술회의에서 얻은 수확이 크다. =从此次学术会议上收获良多。● 수확하다(收穫--) ●

수확기(收穫期)【명사】농작물을 거두어들이는 시기. ◆ 图收获期，收获季节。¶벼의 수확기. =水稻的收获时节。

수확량(收穫量)【명사】농작물을 거두어들인 양. ◆ 图产量。¶벼의 수확량이 늘다. =水稻产量增加。

수회(數回)【명사】두서너 번. 또는 여러 번. ◆ 图数次，数回，几次，几回。¶수회의 재판. =数次审判。

수효(數爻)【명사】낱낱의 수. ◆ 图数目，数量，数。¶가축의 수효. =牲口的数量。

수훈(首勳)【명사】뛰어난 공로. ◆ 图奇功，特殊功勋，特大功勋。¶경제개발 사업에 수훈을 세우다. =为经济开发事业立下特殊功勋。

숙고(熟考)【명사】곰곰 잘 생각함. 또는 그런 생각. ◆ 图深思熟虑，沉思，细想。¶장시간의 숙고. =长时间的深思熟虑。● 숙고하다(熟考--) ●

숙녀(淑女)【명사】图 ❶ 교양과 예의와 품격을 갖춘 현숙한 여자. ◆ 淑女。¶숙녀 되기도 어렵더라. 이걸 신고 더워서 참 혼났다. =当淑女好难。穿着这个，真是热得要命。❷ 보통 여자를 대접하여 이르는 말. ◆ 女士。¶차중에 계신 신사 숙녀 여러분, 복잡한 차내에서 소란을 피우게 됨을 죄송스럽게 생각하면서… =车里的各位先生们、女士们：车厢内杂乱、喧哗，真是对不起……

숙달(熟達)【명사】익숙하게 통달함. ◆ 图熟练，熟悉，精通。¶신입 사원들의 신속한 업무 숙달을 위해 간부 사원들이 세심한 관심을 기울였다. =为了让新员工尽快熟悉业务，骨干们无微不至地关心他们。● 숙달되다(熟達--), 숙달하다(熟達--) ●

숙덕거리다【동사】남이 알아듣지 못하도록 낮은 목소리로 은밀하게 자꾸 이야기하다. ◆ 动窃窃私语，嘀咕。¶마을 사람들은 일본인 순사의 감시를 피해 어젯밤 마을에서 벌어진 독립군들의 활약상을 숙덕

거렸다. =村里人避开日本巡警的监视，窃窃私语着昨天晚上村里展开的独立军的活动。● 숙덕대다 ●

숙덕숙덕【부사】남이 알아듣지 못하도록 낮은 목소리로 은밀하게 자꾸 이야기하는 소리. 또는 그 모양. ◆副窃窃私语，嘀咕。¶선생님의 설명이 끝나자 몇몇 학생은 숙덕숙덕 말을 하며 머리를 갸우뚱거린다. =先生一解释完，几个学生就摇着头嘀咕起来。● 숙덕숙덕하다 ●

숙독(熟讀)【명사】글의 뜻을 잘 생각하면서 차분하게 하나하나 읽음. ◆名细读，品读。¶이 책은 모든 분에게 숙독을 권할 만한 책이다. =这本书值得推荐给所有人细细品读。● 숙독하다(熟讀--) ●

숙련(熟鍊/熟練)【명사】연습을 많이 하여 능숙하게 익힘. ◆名熟练，娴熟。¶숙련을 요하는 작업. =需要熟练的业务。● 숙련되다(熟鍊/熟練--), 숙련하다(熟鍊/熟練--) ●

숙련공(熟鍊工)【명사】기술이 능숙한 기술자나 노동자. ◆名老手，熟练工人。¶숙련공을 양성하다. =培养熟练工人。

숙맥(菽麥)【명사】사리 분별을 못하는 어리석은 사람의 비유. ◆名五谷不分。("숙맥불변(菽麦不辨)"的略语)。〈喻〉愚笨无知，大傻瓜。¶그는 세상 물정을 모르는 숙맥이다. =他是个不谙世情的大傻瓜。

숙면(熟眠)【명사】잠이 깊이 듦. 또는 그 잠. ◆名熟睡，酣睡。¶숙면을 취하다. =熟睡。● 숙면하다(熟眠--) ●

숙명(宿命)【명사】날 때부터 타고난 정해진 운명. 또는 피할 수 없는 운명. ◆名宿命，命中注定。¶숙명을 거부하다. =拒绝宿命。

숙모(叔母)【명사】아버지 동생의 아내를 이르는 말. ◆名叔母，婶婶。¶숙모께서는 이미 출근하셨다. =婶婶已经上班去了。

숙박(宿泊)【명사】여관이나 호텔(hotel) 따위에서 잠을 자고 머무름. ◆名住宿，投宿。¶숙박 시설. =住宿设施。● 숙박하다(宿泊--) ●

숙박부(宿泊簿)【명사】여관이나 호텔 따위에서 숙박인의 주소, 성명, 행선지 따위를 적는 장부. ◆名旅客登记簿，住宿登记簿。¶여관숙박부는 일반인이 열람을 요청할 경우 업주가 거부할 수 있습니다. =如果普通人要求看旅馆住宿登记簿，业主可以拒绝。

숙박업소(宿泊業所)【명사】잠을 자고 머무를 수 있는 곳. ◆名住所，住处，住宿处。¶무료 숙박업소. =免费住宿处。

숙변(宿便)【명사】제때에 배설하지 못하여 장 속에 오래 묵어 있는 대변. ◆名宿便。

숙부(叔父)【명사】아버지의 결혼한 남동생을 이르는 말. ◆名叔父，叔叔。¶나의 숙부와 그는 옛 친구다. =我叔父和他是旧识。

숙성(熟成)【명사】名 ❶ 충분히 이루어짐. ◆成熟，熟。¶비교적 숙성에 빠른 진달래자이미 꽃까지 피웠다. =成熟得比较快的杜鹃花已经开花了。❷ 효소나 미생물의 작용에 의하여 발효된 것이 잘 익음. ◆熟成，发酵熟成。¶김치는 숙성 기간을 거치면 감칠맛이 난다. =泡菜熟成后，会散发出诱人的味道。● 숙성되다(熟成--), 숙성하다(熟成--) ●

숙소(宿所)【명사】집을 떠난 사람이 임시로 묵음. 또는 그런 곳. ◆名住所，住处，住宿处。¶임시 숙소. =临时住所。

숙식(宿食)【명사】자고 먹음. ◆名食宿，吃住。¶숙식을 제공하다. =提供吃住。

숙어(熟語)【명사】두 개 이상의 단어로 이루어져 있으면서 그 단어들의 의미만으로는 전체의 의미를 알 수 없는, 특수한 의미를 나타내는 어구(語句). ◆名熟语。

숙연하다(肅然--)【형용사】고요하고 엄숙하다. ◆形肃穆，严肃。¶숙연한 마음. =肃穆的心情。● 숙연히(肅然-) ●

숙원(宿願)【명사】오래전부터 품어 온 염원이나 소망. ◆名夙愿。¶숙원 사업. =向往已久的事业。

숙이다【동사】动 ❶ 앞으로 기울어지게 하다. ◆耷拉，垂下，低。¶머리를 숙여 인사하다. =低头问好。❷ 기운이 줄다. ◆削弱，减退，减弱。¶기세를 숙이다. =削弱气势。

숙적(宿敵)【명사】名 ❶ 오래전부터의 원수. ◆宿敌，老对头，死对头。¶그는 숙적을 죽이지 않고는 눈을 감을 수 없었다. =他不杀死老对头死不瞑目。❷ 여러 해 전부터의 적수(敵手). ◆宿敌，老对头，死对头。¶숙적을 물리치다. =打退宿敌。

숙제(宿題)【명사】名 ❶ 학생들에게 복습이나 예습을 위하여 집에서 하도록 내 주는 과제. ◆作业。¶숙제를 내다. =布置作业。❷ 두고 생각해 보거나 해결해야 할 문제. ◆课题，任务。¶난국 타개의 숙제. =突破难关的课题。● 숙제하다(宿題--) ●

숙주(宿主)【명사】名 기생생물(寄生生物)에게 영양을 공급하는 생물. ◆宿主，寄主。¶기생충은 다른 개체의 몸을 숙주로 삼아 생존한다. =寄生虫以其他个体为寄主生存。

숙주나물【명사】名 ❶ 녹두를 시루 같은 그릇에 담아 물을 주어서 싹을 낸 나물. ◆绿豆芽。❷ 숙주를 양념에 무친 반찬. ◆凉拌绿豆芽。

숙지하다(熟知--)【동사】익숙하게 또는 충분히 알다. ◆动熟知，熟悉。¶업무 내용을 숙지하다. =熟悉业务内容。

숙직(宿直)【명사】관청, 회사, 학교 따위의 직장에서 밤에 교대로 잠을 자면서 지키는 일. 또는 그런 사람. ◆名值班，值夜班，夜间值班员。¶숙직을 서다. =值夜班。● 숙직하다(宿直--) ●

숙직실(宿直室)【명사】숙직하는 사람이 자는 방. ◆名夜班值班室，夜间值班室。¶숙직실에는 비상 전화가 설치되어 있다. =夜班值班室装有紧急电话。

숙질(叔姪)【명사】아저씨와 조카를 아울러 이르는 말. ◆名叔侄。¶숙질 사이. =叔侄，叔侄关系。

숙취(宿醉)【명사】이튿날까지 깨지 아니하는 취기. ◆名宿醉，大醉，醉了一个晚上。¶숙취로 두통이 심하다. =醉了一晚上，头痛得很。

순[1](筍/笋)【명사】나무의 가지나 풀의 줄기에서 새로 돋아 나온 연한 싹. ◆ 名尖，芽。¶순을 치다. =掐尖儿。

순²(純) 【관형사】 다른 것이 섞이지 아니하여 순수하고 온전한. ◆ 冠纯净，纯粹。¶순 한국식. =纯韩式。

순³ 【부사】 '몹시' 또는 '아주'의 뜻을 나타내는 말. ◆ 副非常，纯。¶그 사람은 순 도둑놈이다. =那人纯是个盗贼。

-순⁴(旬) 【접사】 '해당 수에 십을 곱한 나이'라는 뜻을 더하고 명사로 만드는 접미사. ◆ 后缀旬。¶칠순 노인. =七旬老人。

-순⁵(順) 【접사】 '차례'의 뜻을 더하는 접미사. ◆ 后缀顺序。¶도착순. =到达的顺序。

순간(瞬間) 【명사】 名 ❶ 아주 짧은 동안. ◆ 瞬间，一瞬间。¶결정적인 순간. =决定性的瞬间。❷ 어떤 일이 일어난 바로 그때. 또는 두 사건이나 행동이 거의 동시에 이루어지는 바로 그때. ◆ 刹那间，瞬间，一瞬间。¶나는 그를 보는 순간 당황하여 어쩔 줄 몰랐다. =我看见他的那一刹那，慌乱得不知如何是好。

순결(純潔) 【명사】 名 ❶ 잡된 것이 섞이지 아니하고 깨끗함. ◆ 纯洁，洁净，纯净。¶순백의 탑이 순결과 정의를 상징하다. =纯白色的宝塔象征着纯洁和正义。❷ 마음에 사욕(私慾), 사념(邪念) 따위와 같은 더러움이 없이 깨끗함. ◆ 纯洁，一尘不染，纯净。¶영혼의 순결. =灵魂一尘不染。❸ 이성과의 육체 관계가 아직 없음. 또는 그런 상태. ◆ 贞洁，节操，清白。¶순결을 잃다. =失了贞洁。● 순결하다(純潔--) ●

순국(殉國) 【명사】 나라를 위하여 목숨을 바침. ◆ 名殉国，死国。¶유관순의 순국 정신. =柳宽顺的殉国精神。● 순국하다(殉國--) ●

순국선열(殉國先烈) 【명사】 나라를 위하여 목숨을 바친 윗대의 열사. ◆ 名殉国先烈。¶순국선열을 위한 묵념. =为殉国先烈默哀。

순금(純金) 【명사】 다른 금속이 섞이지 아니한 순수한 금. ◆ 名纯金，足金。¶순금 한 돈. =1钱足金。

순대 【명사】 名 ❶ 돼지의 창자 속에 고기붙이, 두부, 숙주나물, 파, 선지, 당면, 표고버섯 따위를 이겨서 양념을 하여 넣고 양쪽 끝을 동여매고 삶아 익힌 음식. ◆ 血肠，猪血灌肠。¶순대 한 토막. =一段血肠。❷ 오징어, 명태, 가지 같은 것에 양념한 속을 넣고 찐 음식. ◆ 以乌贼、明太鱼、茄子等调馅儿蒸制的食品。

순도(純度) 【명사】 어떤 물질 가운데에서 주성분인 순물질이 차지하는 비율. 보통, 중량 퍼센트로 나타낸다. ◆ 名纯度。¶순도 99.9%의 금. =纯度99.9%的黄金。

순두부(-豆腐) 【명사】 눌러서 굳히지 아니한 두부. ◆ 名豆腐脑，豆花。¶남편이 좋아하는 순두부를 사서 찌개를 끓였다. =买了丈夫喜欢吃的豆花，炖了豆花汤。

순례(巡禮) 【명사】 名 ❶ 종교의 발생지, 본산(本山)의 소재지, 성인의 무덤이나 거주지와 같이 종교적인 의미가 있는 곳을 찾아다니며 방문하여 참배함. ◆ 巡礼，朝圣，朝拜。¶성지(聖地) 순례를 떠나다. =前去圣地朝拜。❷ 여러 곳을 찾아다니며 방문함을 비유적으로 이르는 말. ◆ 游历。● 순례하다(巡禮--) ●

순록(馴鹿) 【명사】 사슴과의 하나. 몸의 길이는 1.8미터, 어깨의 높이는 1미터 정도이며, 여름에는 어두운 갈색, 겨울에는 갈색이고 여러 갈래로 된 큰 뿔이 있다. ◆ 名驯鹿。

순리(順理) 【명사】 순한 이치나 도리. 또는 도리나 이치에 순종함. ◆ 名常理。¶순리를 따르다. =遵循常理。

순면(純綿) 【명사】 다른 것이 전혀 섞여 있지 않은 면. ◆ 名纯棉。¶한번 당겨 보소. 오 할 화학 섬유에 순면 오 할입니다. =你拽一拽，这可是50%的化学纤维和50%的棉混纺的。

순모(純毛) 【명사】 名 ❶ 다른 것이 전혀 섞이지 않은 순수한 모. 또는 그런 모직물. ◆ 纯毛。❷ 깎아 낸 짐승의 털에서 땀, 먼지, 기름기 따위를 제거한 털. ◆ 将羊毛等精加工。

순박하다(淳朴/淳樸/醇朴--) 【형용사】 거짓이나 꾸밈이 없이 순수하며 인정이 두텁다. ◆ 形淳朴。¶순박한 인심. =淳朴的民心。

순발력(瞬發力) 【명사】 名 ❶ 근육이 순간적으로 빨리 수축하면서 나는 힘. ◆ 爆发力。¶저 야구 선수는 순발력이 뛰어나다. =那个棒球运动员有着出色的爆发力。❷ 순간적으로 판단하여 말하거나 행동하는 능력. ◆ 爆发力。¶순발력을 발휘하다. =发挥爆发力。

순방(巡訪) 【명사】 나라나 도시 따위를 차례로 돌아가며 방문함. ◆ 名巡访。¶순방 외교. =巡访外交。● 순방하다(巡訪--) ●

순백(純白/醇白) 【명사】 名 ❶ '순백색(純白色)'(다른 색이 섞이지 아니한 순수한 흰색)의 준말. ◆ 纯白，纯白色。¶순백의 실크. =纯白色的丝绸。❷ 티 없이 맑고 깨끗함. ◆ 纯洁。¶순백의 마음. =纯洁的心灵。

순번(順番) 【명사】 名 ❶ 차례대로 돌아가는 번. 또는 그런 순서. ◆ 顺序，次序；依次，轮流。¶순번을 정하다. =确定顺序。❷ 순서대로 매겨지는 번호. ◆ 序号。¶순번을 매기다. =排出序号。

순산(順産) 【명사】 산모가 아무 탈 없이 순조롭게 아이를 낳음. ◆ 名顺产。¶순산을 기원합니다. =祝愿顺产。● 순산하다(順産--) ●

순서(順序) 【명사】 名 ❶ 정하여진 기준에서 말하는 전후, 좌우, 상하 따위의 차례 관계. ◆ 顺序。¶순서를 바로잡다. =纠正顺序。❷ 무슨 일을 행하거나 무슨 일이 이루어지는 차례. ◆ 次序，程序，步骤。¶회의 순서. =会议流程。

순수(純粹) 【명사】 名 ❶ 전혀 다른 것의 섞임이 없음. ◆ 纯，纯粹。¶순수 성분. =纯成分。❷ 사사로운 욕심이나 못된 생각이 없음. ◆ 纯真，单纯。¶그는 어린아이와 같은 순수를 지녔다. =他有着孩子般的纯真。● 순수하다(純粹--) ●

순수비(巡狩碑)【명사】[历史] 임금이 살피며 돌아다니던 곳을 기념하기 위하여 세운 비석. ◆图巡狩碑。

순순하다(順順--)【형용사】形 ❶ 성질이나 태도가 매우 고분고분하고 온순하다. ◆温顺，顺从，老实。¶만약에 순순하게 안 내놓는다면 강제로 가져갈 권리가 있다 이거야. =如果我们不顺从地交出来的话，他们也有强制带走的权力，就是这样。❷ 음식 맛이 순하다. ◆(食物味道)醇和，平和，淡。¶환자에게는 자극이 없는 순순한 음식을 먹여야 한다. =应该让病人吃一些不太刺激、味道淡的食物。● 순순히(順順-) ●

순시(巡視)【명사】돌아다니며 사정(四正)을 보살핌. 또는 그런 사람. ◆图巡视，视察。¶야간 순시. =夜间巡视。● 순시하다(巡視--) ●

순식간(瞬息間)【명사】눈을 한 번 깜짝하거나 숨을 한 번 쉴 만한 아주 짧은 동안. ◆图瞬间，刹那间，顷刻之间。¶불이 순식간에 번졌다. =火势刹那间蔓延开来。

순연(順延)【명사】차례로 기일을 늦춤. ◆图顺延，推迟。● 순연되다(順延--), 순연하다(順延--) ●

순위(順位)【명사】차례나 순서를 나타내는 위치나 지위. ◆图顺序，次序，名次。¶순위를 매기다. =确定顺序。

순은(純銀)【명사】다른 것이 조금도 섞이지 아니한 순수한 은(銀). ◆图纯银。¶순은으로 만든 목걸이. =纯银项链。

순응(順應)【명사】환경이나 변화에 적응하여 익숙하여지거나 체계, 명령 따위에 적응하여 따름. ◆图顺应，适应，顺从。¶곽 씨와 마주치면 그의 너무나도 당연한 고자세에 번번이 순응을 하고는 하였다. =每次面对老郭，都要去适应他那想当然的傲慢态度。● 순응하다(順應--) ●

순이익(純利益)【명사】총이익에서 영업비, 잡비 따위의 총비용을 빼고 남은 순전한 이익. ◆图纯利，纯利润，纯收益。¶양식장만 잘 건사하면 한 해에 오백만 원 정도의 순이익을 보게 되는 것이었다. =只要打理好养殖场，一年就能获得五百万韩元的纯利润。

순전하다(純全--)【형용사】순수하고 완전하다. ◆形纯粹，完全。● 순전히(純全-) ●

순정(純情)【명사】순수한 감정이나 애정. ◆图纯情。¶순정을 바쳐 사랑하다. =纯情相爱。

순조롭다(順調--)【형용사】일 따위가 아무 탈이나 말썽 없이 예정대로 잘되어 가는 상태에 있다. ◆形顺利，顺当，一帆风顺。¶시작이 순조롭다. =开始很顺利。● 순조로이(順調--) ●

순종(純種)【명사】다른 계통과 섞이지 아니한 유전적으로 순수한 계통 혹은 품종. ◆图纯种。¶순종의 진돗개. =纯种珍岛犬。

순종(順從)【명사】순순히 따름. ◆图顺从，听话。¶순종이 미덕이던 시대는 지났다. ="顺从是美德"的时代已经过去了。● 순종하다(順從--) ●

순직(殉職)【명사】직무를 다하다가 목숨을 잃음. ◆图殉职。¶순직 경찰관. =殉职警官。● 순직하다(殉職--) ●

순진무구하다(純眞無垢--)【형용사】티 없이 순진하다. ◆形天真无邪。¶어린아이 같이 순진무구한 표정. =像孩子一样天真无邪的表情。

순진스럽다(純眞---)【형용사】形 ❶ 마음이 꾸밈이 없고 순박한 데가 있다. ◆纯真，清纯。❷ 세상 물정에 어두워 어수룩한 데가 있다. ◆天真，单纯，不谙世事。¶그는 순진스럽게도 아무나 잘 믿는다. =他很单纯，什么人都相信。

순진하다(純眞--)【형용사】形 ❶ 마음이 꾸밈이 없고 순박하다. ◆纯真，清纯。¶아이들의 순진한 호기심. =孩子们纯真的好奇心。❷ 세상 물정에 어두워 어수룩하다. ◆天真，单纯，不谙世事。¶그는 너무 순진하여 세상 물정을 모른다. =他非常单纯，不懂人情世故。

순차(順次)【명사】돌아오는 차례. ◆图依次，按顺序。¶승객들께서는 순차대로 승선하십시오. =请乘客们依次登船。

순차적(順次的)【명사】순서를 따라 차례대로 하는 것. ◆图依次，循序渐进，按顺序。¶시간의 흐름에 따라 사건이 순차적으로 전개되었다. =事件随时间的推移而慢慢发展。

순찰(巡察)【명사】여러 곳을 돌아다니며 사정을 살핌. ◆图巡查，巡逻。¶순찰을 나가다. =去巡逻。● 순찰하다(巡察--) ●

순찰차(巡察車)【명사】헌병이나 경찰 등이 타고 범죄나 사고의 방지를 위하여 여러 곳을 두루 돌아다니는 자동차. ◆图巡查车，巡逻车。¶순찰차가 우범지역을 순찰하다. =巡逻车在犯罪高发地巡逻。

순탄하다(順坦--)【형용사】形 ❶ 성질이 까다롭지 않다. ◆平和，温和。¶순탄한 성격. =温和的性格。❷ 길이 험하지 않고 평탄하다. ◆平坦。¶마지막 십 리 길도 그리 순탄했던 것 같지는 않다. =最后十里路似乎也不是很平坦。❸ 삶 따위가 아무 탈 없이 순조롭다. ◆顺风顺水，一帆风顺。¶순탄한 인생. =一帆风顺的人生。● 순탄히(順坦-) ●

순풍(順風)【명사】图 ❶ 순하게 부는 바람. ◆轻风，微风，柔风，暖风。¶봄의 순풍이 대지에 활력을 불어넣다. =春天的暖风给大地带来了活力。❷ 배가 가는 쪽으로 부는 바람. 또는 바람이 부는 쪽으로 배가 감. ◆顺风。¶배가 순풍을 타고 거침없이 나가다. =船儿顺风扬帆出航。

순하다(順--)【형용사】形 ❶ 성질이나 태도가 까다롭거나 고집스럽지 않다. ◆温顺，温和，平和。¶순한 사람. =温和的人。❷ 기세가 거칠거나 세지 않다. ◆温和，平和。¶순한 봄바람. =温和的春风。❸ 맛이 독하지 아니하다. ◆柔和，平和。❹ 일의 진행이 순조롭다. ◆顺利。¶순한 바람을 안고 배는 미끄러지듯 달린다. =船儿顺风前进。

순항(順航)【명사】图 ❶ 순조롭게 항행함. 또는 그런 항행. ◆顺利航行。¶이제 맘 푹 놓으십시오. 폭풍은 자고 순항만 남았습니다. =现在请尽管放心，暴风已经过去，只剩下顺利航行了。❷ 바람이나 조류 따위를 뒤로 받으면서 항행함. 또는 그런 항행. ◆ 顺风顺水。¶하룻밤만 순항을 한다면 원산진 앞바다에 이르고… =再顺风顺水航行一晚上，就能到达元山镇前海……❸ 일 따위가 순조롭게 진행됨을 비유적으로 이르는 말. ◆ 顺利。¶협상은 일단 순항이 예상된다. =预计协商将会很顺利。● 순항하다(順航--) ●

순화(純化)【명사】图 ❶ 불순한 것을 제거하여 순수하게 함. ◆ 净化。❷ 복잡한 것을 단순하게 함. ◆ 简化。¶이 건물은 설계 순화를 통해 공사비의 20%를 절약했다. =通过简化设计，建筑施工费用节省了20%。● 순화되다(純化--), 순화하다(純化--) ●

순환(循環)【명사】图 ❶ 주기적으로 자꾸 되풀이하여 돎. 또는 그런 과정. ◆ 循环。¶혈액의 순환. =血液循环。❷ 돈을 운영함. ◆ (资本)循环。¶돈 순환이 어렵다. =资金循环很难。● 순환되다(循環--), 순환하다(循環--) ●

순회(巡廻)【명사】여러 곳을 돌아다님. ◆图巡回，巡视。¶지방 순회를 떠나다. =去地方巡视。● 순회하다(巡廻--) ●

순회공연(巡廻公演)【명사】여러 곳으로 돌아다니면서 하는 공연. ◆图巡回演出。

숟가락【명사】图 ❶ 밥이나 국물 따위를 떠먹는 기구. ◆ 勺子，汤匙。¶숟가락으로 밥을 뜨다. =用汤匙盛饭。❷ [数量单位] 밥 따위의 음식물을 '숟가락'으로 떠 그 분량을 세는 단위. ◆ 量勺，汤匙。¶두어 숟가락. =两三勺。

숟가락질【명사】숟가락을 써서 음식물을 떠먹는 일. ◆图用勺吃饭。¶숟가락질이 서투르다. =不大会用勺吃饭。

숟갈【명사】图 ❶ 밥이나 국물 따위를 떠먹는 기구. ◆ 勺子，汤匙，调羹。¶그는 밥을 먹던 숟갈을 내려놓았다. =他放下了勺子。❷ 밥 따위의 음식물을 '숟가락'으로 떠 그 분량을 세는 단위. ◆量勺，汤匙。¶밥 한 숟갈. =一勺饭。

술[1]【의존 명사】밥 따위의 음식물을 숟가락으로 떠 그 분량을 세는 단위. ◆依名勺子，勺。¶밥 두어 술. =两三勺饭。

술[2]【명사】가마, 깃발, 끈, 띠, 책상보, 옷 따위에 장식으로 다는 여러 가닥의 실. ◆图穗。¶저기 저 빨간 술 달린 목도리가 갖고 싶다. =想要一条那带着红穗子的围巾。

술[3]【명사】알코올(alcohol) 성분이 들어 있어 마시면 취하는 음료. ◆图酒。¶술을 담그다. =酿酒。

-술(術)[4]【접사】'기술' 또는 '재주'의 뜻을 더하는 접미사. ◆后缀技术，才能。¶최면술. =催眠术。

술고래【명사】술을 아주 많이 마시는 사람을 비유적으로 이르는 말. ◆图酒鬼。¶그는 마셨다 하면 소주 서너 병은 마시는 술고래이다. =他是个酒鬼，每次喝酒都要喝上三四瓶。

술기운【명사】술에 취한 기운. ◆图酒气，酒劲。¶술기운이 오르다. =酒劲上来。

술김【명사】술에 취한 김. ◆图酒劲。¶술김에 나온 말. =趁着酒劲说的话。

술꾼【명사】술을 좋아하며 많이 먹는 사람을 낮잡아 이르는 말. ◆图酒鬼。¶매부는 차차 술 먹기를 배워서 나중에는 아주 큰 술꾼이 돼 버렸다. =妹夫逐渐学会了喝酒，后来成了个大酒鬼。

술내【명사】술의 냄새. ◆图酒气，酒味。¶오빠가 지독한 술내를 풍기며 돌아왔다. =哥哥带着一身刺鼻的酒气回来。

술독【명사】图 ❶ 술을 담그거나 담는 독. ◆ 酒坛子。¶손님에게 술대접을 하고 나니 술독이 비었다. =请客人喝酒吃饭后，酒坛子空了。❷ 술을 많이 마시는 사람을 놀림조로 이르는 말. ◆ 酒坛子，海量的人。¶그는 술을 얼마든지 마실 수 있는 술독이다. =他是个酒坛子，千杯不醉。

술래잡기【명사】아이들 놀이의 하나. 여럿 가운데 한 아이가 술래가 되어 다른 숨은 아이들을 찾아내는데, 술래에게 잡힌 아이가 다음에 술래가 된다. ◆ 图捉迷藏，藏猫猫。¶나는 밤이 늦도록 아이들과 술래잡기를 하곤 했다. =我经常和孩子们玩捉迷藏玩到半夜。● 술래잡기하다 ●

술렁거리다【동사】자꾸 어수선하게 소란이 일다. ◆动骚动，骚乱，慌乱。● 술렁대다 ●

술렁술렁【부사】자꾸 어수선하게 소란이 이는 모양. ◆副骚动，骚乱，慌乱。¶패전 소식을 들은 병사들은 술렁술렁 동요하기 시작했다. =听到打败仗的消息后，士兵们骚动起来，开始动摇。

술렁술렁하다【동사】어수선하게 자꾸 소란이 일다. ◆ 动骚动，骚乱，慌乱。¶난리라도 난 듯이 집안이 술렁술렁하였다. =就像发生了动乱，家里一阵慌乱。

술렁이다【동사】자꾸 어수선하게 소란이 일다. ◆动骚动，骚乱，慌乱。¶뜻밖의 정전으로 방청객들이 술렁였다. =意外停电让旁听的人骚动起来。

술버릇【명사】술을 마시면 나타나는 버릇. ◆图酒品。¶술버릇이 고약하다. =酒品差。

술병(-甁)【명사】술을 담는 병을 통틀어 이르는 말. ◆图酒瓶。¶술병을 깨끗이 비웠다. =酒瓶里的酒一滴不剩。

술상(-床)【명사】술과 안주를 차려 놓은 상. ◆图酒桌，酒席。¶술상을 차리다. =摆酒席。

술수(術數)【명사】어떤 일을 꾸미는 꾀나 방법. ◆图计谋，计策，心眼。¶그는 목적을 달성하기 위해서 별의별 술수를 다 썼다. =为了达到目标，他用尽了所有计策。

술술【부사】副 ❶ 물이나 가루 따위가 틈이나 구멍으로 조금씩 거볍게 새어 나오는 모양. ◆ 汩汩地。¶자루에서 밀가루가 술술 새어 나온다. =面粉从袋子里汩汩地往外漏。❷ 바람이 부드럽게 부는 모양. ◆ 徐徐地。¶나그네는 고갯마루에 올라 술술 부는 바람에 땀을 식힌다. =游子爬上山岭，让徐徐清风吹干脸上的汗。❸ 가는 비나 눈이 잇따라 가볍게 내리는 모양. ◆ 扑簌簌，簌簌，轻轻地。¶가랑비가 술술 내리다. =细雨轻轻地下。❹ 말이나 글이 막힘없이 잘 나오거나 써지는 모양. ◆ 流利地。¶어려운 대답이 술술 나오다. =流利地回答难题。❺ 얽힌 실이나 끈 따위가 쉽게 잘 풀려 나오는 모양. ◆ 顺利地。¶매듭이 술술 풀리다. =结顺利解开了。❻ 얽히거나 쌓이었던 일들이 쉽게 잘 풀리는 모양. ◆ 顺利解决。¶문제가 술술 풀리다. =问题顺利解决。

술안주(-按酒)【명사】술을 마실 때에 곁들여 먹는 음식. ◆ 名下酒菜，酒肴。¶아내는 술안주로 얼큰한 매운탕을 내놓았다. =妻子端上了辣辣的汤做下酒菜。

술어(述語)【명사】한 문장에서 주어의 움직임, 상태, 성질 따위를 서술하는 말. ◆ 名谓语。

술자리【명사】술을 마시며 노는 자리. 또는 술상을 베푼 자리. ◆ 名酒席，宴席，饭局。¶술자리를 마련하다. =准备饭局。

술잔(-盞)【명사】名 ❶ 술을 따라 마시는 그릇. 유리·사기·쇠붙이 따위로 만들며, 크기와 모양은 여러 가지이다. ◆ 酒杯，酒盅。¶술잔을 들고 다 같이 건배합시다. =让我们举起杯来，共同干杯！ ❷ 술 몇 잔. ◆ 几杯酒。¶아마 그한테서 술잔깨나 얻어먹은 모양이다. =好像在他那里喝了几杯酒。

술주정(-酒酊)【명사】술을 마시고 취하여 정신없이 하는 말이나 행동. ◆ 名耍酒疯。¶한바탕 술주정을 부리다. =耍酒疯。

술주정뱅이(-酒酊--)【명사】'주정쟁이'(주정을 부리는 버릇이 있는 사람)를 낮잡아 이르는 말. ◆ 名爱耍酒疯的人，醉鬼。¶술주정뱅이가 거리에서 행패를 부리자 순경 둘이 급히 뛰어갔다. =醉鬼在街上闹事，两名巡警急忙跑了过去。

술집【명사】술을 파는 집. ◆ 名酒馆。¶그는 만취가 되어서 술집에서 나왔다. =他酩酊大醉地从酒馆走了出来。

술책(術策)【명사】어떤 일을 꾸미는 꾀나 방법. ◆ 名计谋，计策。¶음흉한 술책을 부리다.=耍阴谋。

술타령【명사】다른 일은 다 제쳐 놓고 술만 찾거나 마시는 일. ◆ 名贪杯。¶그는 사업에 실패한 뒤로 날이면 날마다 술타령한다. =投资失败后，他每天不干别的，光喝酒。● 술타령하다 ●

술판【명사】술자리가 벌어진 자리. 또는 술을 마시는 자리. ◆ 名酒席。¶술판에 끼다. =加入酒局。

숨【명사】名 ❶ 사람이나 동물이 코 또는 입으로 공기를 들이마시고 내쉬는 기운. 또는 그렇게 하는 일. ◆ 名气，呼吸。¶숨을 쉬다. =喘气。❷ 채소 따위의 생생하고 빳빳한 기운. ◆ (蔬菜等)生味道。¶시금치를 끓는 물에 넣어 숨을 죽인다. =把芹菜放进沸水里焯掉生味。

숨결【명사】名 ❶ 숨을 쉴 때의 상태. 또는 숨의 속도나 높낮이. ◆ 呼吸，喘气。¶아기의 숨결을 느끼다. =感觉到婴儿的呼吸。❷ 사물 현상의 어떤 기운이나 느낌을 생명체에 비유하여 이르는 말. ◆ 呼吸。¶대지의 숨결. =大地的呼吸。

숨골【명사】아래쪽 척수, 위쪽 다리뇌, 뒤쪽 소뇌 사이에 있는 원뿔 모양의 뇌 부분. ◆ 名末脑，延脑。

숨구멍【명사】名 ❶ 갓난아이의 정수리가 굳지 않아서 숨 쉴 때마다 발딱발딱 뛰는 곳. ◆ 囟门，囟脑门。¶갓난아이의 숨구멍에 압박을 주는 것은 위험하다. =摁压新生儿的囟门很危险。❷ 답답한 상황에서 조금 벗어나게 됨을 비유적으로 이르는 말. ◆ 喘息。¶숨구멍이 트이다. =获得了喘息的机会。

숨기다【동사】动 ❶ 사물이나 신체를 보이지 않게 하다. ◆ 藏，隐藏，掩藏。¶나무꾼은 토끼를 나뭇단 속에다 숨겨 주었다. =樵夫把斧子藏在了柴捆里。❷ 어떤 사물을 남이 보이지 않는 곳에 두다. 또는 어떤 사실이나 행동을 남이 모르게 감추다. ◆ 掩盖，遮掩，隐瞒。¶이미 다 알고 있는 일을 굳이 그에게 숨기고 싶지 않다. =大家已经都知道了的事，不想再瞒着他了。

숨김없이【부사】감추거나 드러내지 않는 일이 없이. ◆ 副毫无隐瞒地，和盘托出地。¶숨김없이 터놓고 말하다. =和盘托出。

숨다【동사】动 ❶ 보이지 않게 몸을 감추다. ◆ 躲，藏。❷ 겉으로 드러나지 아니하다. 또는 잠재되어 있다. ◆ 不显山不露水，幕后的。¶숨은 실력자. =不显山不露水的实力派。

숨바꼭질【명사】名 ❶ 아이들 놀이의 하나. 여럿 가운데서 한 아이가 술래가 되어 숨은 사람을 찾아내는 것인데, 술래에게 들킨 아이가 다음 술래가 된다. ◆ 捉迷藏。¶우리 동네 아이들은 숨바꼭질과 줄넘기를 즐겨 한다. =我们村里的孩子喜欢玩捉迷藏和跳绳。❷ 무엇이 숨었다 보였다 하는 일. ◆ 若隐若现，时隐时现。¶서산 너머 해님이 숨바꼭질을 할 때, 마을에는 저녁연기가 피어올랐다. =太阳在西山若隐若现的时候，村里升起了袅袅的炊烟。

숨소리【명사】숨을 쉬는 소리. ◆ 名呼吸声，喘气声，喘息声。¶숨소리가 거칠다. =喘气声很重。

숨쉬기【명사】名 ❶ 생물이 외계의 산소를 몸 안으로 받아들이고 이산화 탄소를 배출함. ◆ 呼吸。❷ 맨손 체조에서, 숨을 깊이 들이마시고 내쉬는 운동. ◆ 呼吸运动。

숨죽이다【동사】❶ 숨소리가 들리지 않을 정도로 조용히 하다. ◆ 动屏息，屏住呼吸。¶숨죽인 흐느낌. =微微地啜泣。❷ 긴장하여 집중하다. ◆ 动紧张地，屏息凝神地。¶숨죽이며 기다리다. =紧张地等候。

숨지다【동사】숨이 다하여 죽다. ◆ 动死，死亡。¶물에 빠져 숨지다. =落水死亡。

숨차다【형용사】形 ❶ 숨이 가빠서 숨을 쉬기가 어렵다. ◆ 喘息，气喘吁吁。¶숨찬 목소리. =气喘吁吁的声音。❷ (비유적으로) 어떤 일이 매우 힘겹거나 급박하다. ◆ 紧张忙乱。¶지난 한 해는 주변을 돌아볼 여유도 없이 숨차게 달려온 시간들이었다. =回顾过去的一年，紧张忙乱得连身边事都无暇顾及。

숨통(-筒)【명사】척추동물의 후두에서 허파에 이르는, 숨 쉴 때 공기가 흐르는 관. 심장 위에서 좌·우의 기관지로 갈라진다. ◆ 名气管。

숫[1]-【접사】'더럽혀지지 않아 깨끗한'의 뜻을 더하는 접두사. ◆ 前缀洁净，纯净，纯洁，纯真。¶숫처녀. =纯真少女。

숫[2]-【접사】'새끼를 배지 않는'의 뜻을 더하는 접두사. ◆ 前缀 (用在动物名词之前)表示雄性。¶숫양. =公羊。

숫기(-氣)【명사】활발하여 부끄러워하지 않는 기운. ◆ 图大方，开朗。¶그는 본디 숫기가 없는 사람이라 단박에 얼굴이 새빨개졌다. =他是个腼腆的人，脸一下子红透了。

숫돌【명사】칼이나 낫 따위의 연장을 갈아 날을 세우는 데 쓰는 돌. ◆ 图磨刀石。¶숫돌에 칼을 갈다. =在磨刀石上磨刀。

숫자(數字)【명사】图 ❶ 수를 나타내는 글자. ◆ 数字。¶숫자를 세다. =数数字。❷ 금전, 예산, 통계 따위에 숫자로 표시되는 사항. 또는 수량적인 사항. ◆ 数字，数。¶숫자에 밝다. =善于算数。❸ 사물이나 사람의 수. ◆ 数字，数量。¶그 도시의 자동차 숫자가 3만 대를 넘는다. =那个城市的汽车数量突破了三万辆。

숫제【부사】❶ 처음부터 차라리. ◆ 副干脆；宁可，宁愿。¶아이들은 대부분 짚신을 신거나 아니면 숫제 맨발이었다. =大部分孩子要么穿着草鞋，要么干脆光着脚。❷ 아예 전적으로. ◆ 副索性，干脆。¶하다가 말 것이라면 숫제 안 하는 것이 낫다. =如果做一半就放弃，还不如干脆不干。

숫처녀(-處女)【명사】남자와 성적 관계가 한 번도 없는 여자. ◆ 图处女，黄花闺女。

숫총각(-總角)【명사】여자와 성적 관계가 한 번도 없는 남자. ◆ 图处男，童男子。

숭고하다(崇高--)【형용사】뜻이 높고 고상하다. ◆ 形崇高，高尚。¶숭고한 희생. =高尚的牺牲。

숭늉【명사】밥을 지은 솥에서 밥을 푼 뒤에 물을 붓고 데운 물. 구수한 맛이 있으며, 흔히 식사를 한 뒤에 마신다. ◆ 图锅巴汤。¶그는 다 식어 버린 커피를 숭늉 마시듯 꿀꺽꿀꺽 단숨에 들이켰다. =他像喝锅巴汤一样，一口气把凉透的咖啡咕嘟咕嘟地喝下去了。

숭례문(崇禮門)【명사】서울 사대문의 하나. ◆ 图(位于韩国首尔的)崇礼门。

숭배(崇拜)【명사】图 ❶ 우러러 공경함. ◆ 崇拜。¶사람들의 경모와 숭배를 받다. =受人敬慕和崇拜。❷ 신이나 부처 따위의 종교적 대상을 우러러 신앙함. ◆ 崇拜。● 숭배되다(崇拜--), 숭배하다(崇拜--) ●

숭상(崇尙)【명사】높여 소중히 여김. ◆ 图崇尚，崇仰。¶실용적 학문의 숭상. =崇尚实用的学问。● 숭상하다(崇尙--) ●

숭숭【부사】副 ❶ 연한 물건을 조금 굵직하게 빨리 써는 모양. ◆ 大块大块地(切)，大段大段。¶파를 숭숭 썰다. =把葱切成大段大段。❷ 조금 큰 구멍이나 자국이 많이 나 있는 모양. ◆ (窟窿)密布，密密麻麻。¶구멍이 숭숭 뚫린 창호지. =满是窟窿的窗户纸。❸ 살갗에 큰 땀방울이나 소름 따위가 많이 돋아나 있는 모양. ◆ (汗珠、鸡皮疙瘩)密密麻麻。¶땀방울이 숭숭 맺히다. =挂满了汗珠。

숭숭하다【형용사】形 ❶ 조금 큰 구멍이나 자국이 많이 나 있다. ◆ (窟窿)密布，密密麻麻。¶지붕은 무너지게 생겼고, 흙벽은 구멍이 숭숭하여 여름 장마를 어떻게 보낼까 걱정이었다. =屋顶快塌了，墙上满是窟窿，真让人担心如何度过夏天梅雨季节。❷ 살갗에 큰 땀방울이나 소름 따위가 많이 돋아나 있다. ◆ (汗珠、鸡皮疙瘩)密密麻麻。¶털이 숭숭한 남자들만 모여 있었다. =聚在一起的都是体毛浓密的男人。

숭어【명사】숭엇과의 바닷물고기. 몸의 길이는 60cm정도이고 옆으로 납작하다. ◆ 图鲻鱼，梭鱼。

숯【명사】나무를 숯가마에 넣어 구워 낸 검은 덩어리의 연료. ◆ 图木炭。¶숯을 굽는다. =烧制木炭。

숯가마【명사】숯을 구워 내는 가마. ◆ 图炭窑。¶숯가마 속에는 차곡차곡 모아 넣은 나무가 가득 있었다. =炭窑里面堆满了一层一层摞起来的木头。

숯불【명사】숯이 타는 불. ◆ 图炭火。¶풍로에 숯불을 피우다. =火炉里面烧着炭火。

숱【명사】머리털 따위의 부피나 분량. ◆ 图 (头发等的)量。¶나이가 들면서 눈도 어두워지고 머리의 숱도 많이 빠졌다. =年纪大了，眼睛不好使了，头发也掉了很多。

숱하다【형용사】아주 많다. ◆ 形众多，大量，无数。¶숱한 고난. =无数苦难。

숲【명사】'수풀'(나무들이 무성하게 우거지거나 꽉 들어찬 것.)의 준말. ◆ 图树丛，草丛。¶울창한 숲. =茂密的树丛。

쉬[1]【감탄사】떠들거나 큰 소리를 내지 말라고 할 때 내는 소리. ◆ 叹嘘。¶쉬! 조용히 하고 가만히 앉아. =嘘！安静下来，坐好！

쉬[2]【명사】어린아이의 말로, 오줌이나 오줌을 누는 일을 이르는 말. ◆ 图嘘(小孩尿尿)。¶집에 와서 아기 기저귀를 보니 쉬도 한 번 하지 않았다. =回家后看了看小孩尿布，发现一点都没有尿。

쉬[3]【감탄사】어린아이에게 오줌을 누라는 뜻으로 내는 소리. ◆ [感叹词]嘘(让小孩尿尿时发出的声音)。

쉬다[1]【동사】动 ❶ 피로를 풀려고 몸을 편안히 두다. ◆ 休息，歇息。¶나는 며칠 좀 쉬고 싶었다. =我想休息几天。❷ 잠시 머무르다. ◆ 小憩，歇脚。¶우리는 잠시 길가에서 쉬었다가 다시 길을 떠났다. =我们在路边小憩后再次上路。❸ 물체나 물질 따위가 움직임을 멈추다. ◆ 停止，停歇。¶쉬지 않고 돌아가는 기계. =转个不停的机器。❹ 일이나 활동을 잠시 그치거나 멈추다. 또는 그렇게 하다. ◆ 休息。¶오늘은 회사가 쉬는 날이다. =今天公司休息。❺ 결근이나 결석을 하다. ◆ 缺勤。¶어제는 회사를 쉬었다. =今天没去上班。❻ 일감이 없어서 오랫동안 일을 하지 못하거나 직장 따위를 그만두다. ◆ 辞职，不上班。¶직장을 쉰 지 이태가 되었다. =辞职两年了。

쉬다[2]【동사】음식 따위가 상하여 맛이 시금하게 변하다. ◆ 动 (食物)馊，变质。¶음식이 쉬다. =饭菜馊了。

쉬다[3]【동사】입이나 코로 공기를 들이마셨다 내보냈다 하다. ◆ 动呼吸，喘气，喘息。¶숨을 쉬다. =喘气，喘息。

쉬다[4]【동사】목청에 탈이 나서 목소리가 거칠고 맑지 않게 되다. ◆ 动嘶哑，沙哑，哑。¶목이 쉬다. =嗓子哑了。

쉬쉬하다【동사】드러내지 아니하고 뒤에서 은밀하게 말하다. ◆ 动闪烁其词，遮遮掩掩，吞吞吐吐。¶아버지가 그 사실을 알게 될까 두려워 가족들은 쉬쉬하고 있다. =家人都吞吞吐吐地，害怕父亲知道那件事。

쉬엄쉬엄【부사】副 ❶ 쉬어 가며 천천히 길을 가거나 일을 하는 모양. ◆ 不紧不慢地。¶쉬엄쉬엄 가다. =不紧不慢地走。❷ 그쳤다 계속되었다 하는 모양. ◆ 断断续续，间歇地。¶장마도 기진했다는 듯 몽근 빗방울을 쉬엄쉬엄 떨어뜨리고 있었다. =梅雨似乎没了当初的势头，只断断续续地下了几滴雨。

쉬이【부사】副 ❶ 어렵거나 힘들지 아니하게. ◆ 容易地，轻易地。¶그 사고를 쉬이 잊을 수가 없다. =很难忘记那次事故。❷ 가능성이 많게. ◆ 易，容易。¶유리잔은 쉬이 깨진다. =玻璃杯易碎。❸ 멀지 아니한 가까운 장래에. ◆ 很快，不久。¶엄마는 외출하시면서 쉬이 돌아오마고 말씀하셨다. =妈妈出去时说她很快就会回来。

쉬하다【동사】어린아이의 말로, 오줌이나 오줌을 누다. ◆ 动 (婴儿)尿尿，撒尿。

쉰【수사】열의 다섯 배가 되는 수. ◆ 数五十。¶아버지 연세가 내일 모레면 벌써 쉰이시다. =过两天父亲就到五十了。

쉰내【명사】음식 따위가 쉬어서 나는 시금한 냄새. ◆ 名馊味。¶밥에서 쉰내가 나 못 먹겠다. =饭馊了，不能吃了。

쉼터【명사】쉬는 장소. ◆ 名休息处，休憩处。¶청소년 쉼터. =青少年休息处。

쉼표(-標)【명사】名 ❶ 문장 부호의 하나. ◆ 逗号，顿号。❷ 악보에서, 쉼을 나타내는 기호. ◆ 休止符。

쉽다【형용사】形 ❶ 어렵거나 힘들지 않다. ◆ 容易，简单。¶이 책의 내용은 다소 쉽다. =书的内容有点简单。❷ 예사롭거나 흔하다. ◆ 寻常，常见。¶쉽지 않은 걸음을 하다. =迈出不寻常的步伐。❸ 가능성이 많다. ◆ 很可能，容易。¶틀리기 쉬운 문제. =容易出错的问题。

쉽사리【부사】아주 쉽게. 또는 순조롭게. ◆ 形容易，轻易。¶그렇게 많은 일이 쉽사리 끝날 것 같지 않다. =那么多活很难轻易干完。

쉿【감탄사】소리를 내지 말라는 뜻으로 급하게 내는 소리. ◆ 叹嘘(别出声)。¶쉿! 목소리가 너무 크네! 그 말이 누설되면 안 되네. =嘘！小点声。走漏风声就完了。

슈팅(shooting)【명사】구기(球技)에서, 득점을 하기 위하여 골이나 바스켓을 향하여 공을 차거나 던져 넣는 일. ◆ 名 (足球)射门，(篮球)投篮。¶슈팅 위력. =投篮威力。

슈퍼마켓(supermarket)【명사】식료품, 일용 잡화, 의료품 따위의 가정용품을 갖추어 놓고 대량·염가·현금 판매를 원칙으로 하는 큰 소매점. ◆ 名超市，自选市场。¶나는 집에 가는 길에 슈퍼마켓에 들러 한 달 동안 쓸 휴지를 샀다. =回家的路上我去了超市，买了够用一个月的手纸。● 슈퍼 ●

슈퍼맨(superman)【명사】육체적으로나 정신적으로 초능력을 가진 사람. ◆ 名超人。

슈퍼우먼(superwoman)【명사】집안일과 바깥일을 모두 잘하는 여자를 비유적으로 이르는 말. ◆ 名女超人。¶작은 남편도, 슈퍼우먼도 행복하게 살기가 녹록지 않은 것이다. =小丈夫也好，女超人也罢，想过得幸福都不简单。

슛(shoot)【명사】축구·농구 따위의 구기(球技) 경기에서, 골이나 바스켓 쪽을 향하여 공을 차거나 던지는 일. ◆ 名 (足球)射门，(篮球)投篮。¶선수들이 슛을 날릴 때마다 관중들은 일어나 환호성을 질렀다. =球员们每次射门，观众都会起立欢呼。

스낵(snack)【명사】가볍게 먹을 수 있는 과자 ◆ 名小饼干，小点心。¶아이들이 좋아하는 스낵 과자가 너무 짜게 만들어져 나온다는 조사 결과가 나왔습니다. =调查显示，小孩喜欢吃的小点心过咸。

스냅(snap)【명사】名 ❶ 똑딱단추.(수단추와 암단추를 눌러 맞추어 채우는 단추. 주로 쇠붙이로 만든 단추로, 채우거나 뺄 때에 똑딱 소리가 난다). ◆ 摁扣，按扣。❷ [摄影] 움직이는 피사체를 재빨리 찍는 사진. ◆ 快照。❸ [运动] 운동 경기에서, 공이나 창 따위를 던질 때 속력을 내기 위하여 손목을 재빨리 안쪽으로 꺾으면서 던지는 일. ◆ 快速投出。

스냅 사진(snap寫眞)【명사】움직이는 피사체를 재빨리 찍는 사진. ◆ 名快照。

스노보드(snowboard)【명사】널빤지 위에 몸을 싣고 눈이 쌓인 비탈을 미끄러지듯 내려오는 운동. 또는 그런 운동 기구로 쓰는 널빤지. ◆ 名滑雪板。

스님【명사】名 ❶ 승려가 자신의 스승을 이르는 말. ◆ 师父(和尚对自己师父的称呼)。❷ '승려(불교의 출가 수행자.)'를 높여 이르는 말. ◆ "승려"的敬称。¶주지 스님. =住持大师。

스러지다【동사】❶ 형체나 현상 따위가 차차 희미해지면서 없어지다. ◆ 动消失，消散，消融。¶죽음은 한 조각 구름이 스러지는 것이라고 여기고 있더라. =觉得死亡就像一片云消失了一样。❷ 불기운이 약해져서 꺼지다. ◆ 动灭，熄灭。¶스러지는 불꽃. =熄灭的火花。

-스럽다【접사】'그러한 성질이 있음'의 뜻을 더하고 형용사를 만드는 접미사. ◆ 后缀表示具有该性质的形容词后缀。¶복스럽다. =有福相。

-스레하다【접사】'빛깔이 옅거나 그 형상과 비슷하다'의 뜻을 더하는 접미사. ◆ 后缀表示颜色浅或与该形象相似的形容词后缀。¶거무스레하다.=浅黑。

스르르【부사】副 ❶ 얽히거나 뭉쳤던 것이 저절로 슬슬 풀리는 모양. ◆ 轻轻地，自动地(顺利解开貌)。¶그 말 한마디에 응어리가 스르르 사라졌다. =一句话轻轻地解开了心里的疙瘩。❷ 눈이나 얼음 따위가 저절로 슬슬 녹는 모양. ◆ 渐渐地。¶마당에 세워 둔 눈사람이 아침에 보니 스르르 녹아 있었다. =早起一看，在院子里堆的雪

人正在渐渐融化。❸ 졸음이 슬며시 오는 모양. ◆ 不知不觉（睡着的样子）。¶스르르 잠이 오다. =不知不觉睡着了。❹ 미끄러지듯 슬며시 움직이는 모양. ◆ 轻轻地，无声无息地，不声不响地(轻轻地移动貌)。¶무대의 커튼이 스르르 위로 말려 올라간다. =舞台的帷幕轻轻地卷了上去。

-스름하다【접사】'빛깔이 옅거나 그 형상과 비슷하다'의 뜻을 더하는 접미사. ◆ 后缀表示颜色浅或与该形象相似的形容词后缀。¶발그스름하다. =浅红。

스리랑카(Sri Lanka)【명사】인도 반도의 동남쪽에 있는, 섬으로 이루어진 공화국. ◆ 图斯里兰卡。

스릴(thrill)【명사】공연물이나 소설 따위에서, 간담을 서늘하게 하거나 마음을 졸이게 하는 느낌. ◆ 图紧张，刺激，惊险，恐怖。¶스릴이 넘치는 추리소설. =紧张刺激的推理小说。

스멀거리다【동사】살갗에 벌레가 자꾸 기어가는 것처럼 근질근질하다. ◆ 动 (像虫子在身上爬似的)发痒，痒痒。¶겨드랑이에서 벼룩이 스멀거린다. =腋下的跳蚤让人发痒。● 스멀대다 ●

스멀스멀【부사】살갗에 벌레가 자꾸 기어가는 것처럼 근질근질한 느낌. ◆ 副 (身上有虫子在爬似的)痒痒地。¶몸에서 이가 스멀스멀 기어가는 듯하다. =虱子好像在身上爬，痒痒的。● 스멀스멀하다 ●

스며들다【동사】动 ❶ 속으로 배어들다. ◆ 渗透，透入，渗入。¶추위가 뼈 속에 스며든다. =冷得刺骨。❷ 마음 깊이 느껴지다. ◆ 沁润，渗进。¶뜨거운 온정이 온몸에 스며들다. =暖暖的温情沁润全身上下。

스모그(smog)【명사】자동차의 배기가스나 공장에서 내뿜는 연기가 안개와 같이 된 상태. ◆ 图烟雾。¶광화학 스모그. =光化学烟雾。

스무【관형사】그 수량이 스물임을 나타내는 말. ◆ 冠 (表示数量单位)二十，20。¶스무 살. =20岁。

스무고개【명사】스무 번까지 질문을 하면서 문제의 답을 알아맞히는 놀이. ◆ 图二十关(提二十个问题，看谁答题正确率高的娱乐形式)。¶선생님은 스무고개를 다 맞춘 학생에게 사탕을 선물했다. =老师向二十关都答对的学生发糖块作为奖励。

스물【수사】열의 두 배가 되는 수. ◆ 数二十。

스미다【동사】动 ❶ 물, 기름 따위의 액체가 배어들다. ◆ 渗入，渗透，浸透。¶땀이 옷에 스미다. =汗水浸透衣服。❷ 마음속 깊이 느껴지다. ◆ 蕴藏，深藏，深埋。¶가슴에 스미는 고독감. =深藏内心的孤独感。

스산하다【형용사】形 ❶ 몹시 어수선하고 쓸쓸하다. ◆ 凄凉，凄迷，冷清，萧条。¶가랑비가 뿌리고 산바람도 불어와 스산하였다. =细雨飘飞，山风袭人，一片凄迷。❷ 날씨가 흐리고 으스스하다. ◆ 冷飕飕，凉飕飕，萧瑟。¶날씨가 스산하다. =天气冷飕飕的。❸ 마음이 가라앉지 아니하고 뒤숭숭하다. ◆ 心乱，凌乱。¶장마가 개고 하늘이 걷혔지만, 마음들은 아직도 눅눅했고 스산했다. =虽然雨季结束，天放晴了，但心还是没有放晴，很乱。

스스럼없다【형용사】조심스럽거나 부끄러운 마음이 없다. ◆ 形大方，落落大方，随便。¶스스럼없는 태도. =落落大方的态度。● 스스럼없이 ●

스스로【부사】副 ❶ 자신의 힘으로. ◆ 自己，自我。¶스스로 할 수 있는 일을 남에게 미루지 마라. =自己能做的事不要推给别人。❷ 남이 시키지 아니하였는데도 자기의 결심에 따라서. ◆ 自愿，主动，自觉。¶그는 스스로 입대하였다. =他自愿入伍。

스승【명사】자기를 가르쳐서 인도하는 사람. ◆ 图老师，师父，先生。¶스승의 가르침. =先生的教导。

스승의 날【명사】스승에 대한 존경심을 되새기고 그 은혜를 기념하기 위하여 정한 날. ◆ 图教师节。¶스승의 날 학생들은 감사의 마음으로 선생님의 가슴에 카네이션을 달아드렸다. =教师节时学生们为了感谢师恩，在老师的胸前戴上了康乃馨。

스웨덴(Sweden)【명사】유럽 서북부, 스칸디나비아 반도 동부에 있는 입헌 군주국. ◆ 图瑞典。

스웨터(sweater)【명사】털실로 두툼하게 짠 상의. ◆ 图羊毛套衫，毛衣。¶스웨터를 뜨다. =打毛衣。

스위스(Suisse)【명사】유럽 중부에 있는 연방 공화국. ◆ 图瑞士。

스위치(switch)【명사】전기 회로를 이었다 끊었다 하는 장치. 보통 전등, 라디오, 텔레비전 따위의 전기 기구를 손으로 누르거나 틀어서 작동하는 부분을 이른다. ◆ 图电闸，(电器)开关。¶전원 스위치. =电源开关。

스윙(swing)【명사】야구에서, 타자가 배트를 휘두르는 동작. ◆ 图 (棒球)挥动球棒。

스치다【동사】动 ❶ 서로 살짝 닿으면서 지나가다. ◆ 掠过，擦过。¶칼날이 몸에 스치다. =刀锋擦过身体。❷ 어떤 느낌, 생각, 표정 따위가 퍼뜩 떠올랐다가 이내 사라지다. ◆ 掠过，闪现。¶입가에 미소가 스치다. =嘴角掠过一丝微笑。❸ 시선이 훑어 지나가다. ◆ 掠过。¶버스는 전주를 스치고 지나갔다. =客车路过全州。

스카우트(scout)【명사】图 우수한 운동선수 또는 연예인, 특수 기술자와 같은 인재를 물색하고 발탁하는 일. ◆ 物色，寻找，选拔。¶각 대학에서는 우수 선수에 대한 스카우트 경쟁이 치열했다. =各学院在选拔优秀运动员上竞争很激烈。

스카치테이프(scotch tape)【명사】접착용 셀로판테이프. 상품명에서 나온 말이다. ◆ 图透明胶带。¶찢어진 종이를 스카치테이프로 붙이다. =把撕碎的纸用透明胶粘起来。

스카프(scarf)【명사】주로 여성이 방한용·장식용 따위로 사용하는 얇은 천. 목에 감거나 머리에 쓰기도 하고, 옷깃 언저리에 약간 내놓거나 허리에 매기도 한다. ◆ 图围巾，头巾。¶그녀는 장밋빛 스카프를 머리에 쓰고 있었다. =她头上戴着玫瑰色的头巾。

스캐너(scanner)【명사】그림이나 사진, 문자 따위를 복사하듯 읽어서 파일로 변환하여 저장하는 주변 장치. ◆ 图扫描仪。

스캔들(scandal)【명사】매우 충격적이고 부도덕한 사건. 또는 불명예스러운 평판이나 소문. ◆ 图丑

闻，丑事。¶스캔들이 많은 여배우. =丑闻缠身的女演员。

스커트(skirt)【명사】주로 여성이 입는 서양식 치마. 모양에 따라 타이트·개더·플레어·플리츠·랩 따위로 나누고, 길이에 따라 미니·미디·맥시 따위로 나눈다. ◆图 (西式)裙，裙子。¶무릎까지 내려오는 스커트 선이 가장 여성스럽다. =到膝盖的裙长最能显出女性美。

스케이트(skate)【명사】图 구두 바닥에 쇠 날을 붙이고 얼음판 위를 지치는 운동 기구. ◆冰鞋，滑冰鞋。¶스케이트를 신다. =穿冰鞋。

스케이트보드(skateboard)【명사】두 발을 동시에 올려놓고 언덕 따위를 미끄러져 내리며 타는, 바퀴가 달린 널빤지. 길이는 약 60cm, 너비는 약 20cm이다. ◆图滑板，四轮滑板。

스케이트장(skate場)【명사】스케이팅을 위하여 얼음을 얼려 놓은 곳. ◆图滑冰场，溜冰场。¶겨울철이 되면 강이 꽁꽁 얼어붙어 넓은 스케이트장이 된다. =一到冬天，大江上了冻，就变成了大型溜冰场。

스케일(scale)【명사】图 ❶ 일이나 계획 따위의 틀이나 범위. ◆尺度，规模。¶스케일이 큰 계획. =规模巨大的计划。❷ 인물의 도량. ◆度量，气量，胸怀。¶스케일이 큰 인물. =度量大的人。

스케일링(scaling)【명사】이에서 치석을 제거하는 일. ◆图洁牙，洗牙。¶치과에서 스케일링을 했다. =在牙科洗牙。

스케줄(schedule)【명사】시간에 따라 구체적으로 세운 계획. 또는 그런 계획표. ◆图计划，安排，日程。¶스케줄을 짜다. =安排日程。

스케치(sketch)【명사】图 ❶ 어떤 사건이나 내용의 전모를 간략하게 적음. ◆概要，概述。¶지금까지 서술이 그의 생애의 간단한 스케치이다. =迄今只叙述了他的生平概要。❷ 실재하는 사물을 보고 모양을 간추려서 그린 그림. ◆写生，素描，速写。¶올겨울에는 설악산으로 설경 스케치 여행을 떠나야겠다. =今年冬天应该去雪岳山写生画雪景。● 스케치하다(sketch--) ●

스케치북(sketchbook)【명사】스케치를 할 수 있도록 도화지 따위를 여러 장 한데 모아 맨 책. ◆图素描本。¶그는 요즘 그림 그리는 데 취미를 붙여 늘 스케치북을 끼고 다닌다. =他最近对画画感兴趣，经常夹着本素描本。

스코어(score)【명사】경기의 득점. 또는 득점표. ◆图得分，比分；得分表。¶그 팀은 결승전에서 6대 2라는 큰 스코어 차로 우승했다. =那个队在决赛中以6：2的大比分取得了胜利。

스쿠버 다이빙(scuba diving)【명사】수중 호흡기를 지니고 잠수하여 체력을 단련하는 수중 스포츠. ◆图潜水。

스쿠터(scooter)【명사】소형 오토바이의 하나. 원동기를 좌석 밑에 두고 작은 바퀴 둘을 단 것으로, 축전지를 사용하거나 가솔린 발동기를 사용하여 작동한다. ◆图小轮摩托车，小型摩托车。

스쿨버스(school bus)【명사】학생들의 통학 편의를 위하여 운영하는 학교 버스. ◆图校车。¶스쿨버스로 등교하다. =乘校车上学。

스크랩(scrap)【명사】신문, 잡지 따위에서 필요한 글이나 사진을 오림. 또는 그런 것. ◆图剪报，剪贴。¶신문 기사의 스크랩이 편지에 동봉되어 있었다. =随信还寄来了报纸的剪报。● 스크랩하다(scrap--) ●

스크린(screen)【명사】영화나 환등(幻燈) 따위를 투영하기 위한 백색 또는 은색의 막. 또는 그 영화. ◆图幕，银幕；电影。¶영상 정보는 텔레비전의 화면이나 스크린을 통해 화면상에 나타나는 정보이다. =影像信息是指通过电视画面和电影银幕，在画面上表现出来的信息。

스키(ski)【명사】图 ❶ 눈 위를 지치는 데 쓰는 좁고 긴 판상의 기구. 나무나 금속, 플라스틱으로 만들어 신발이 부착되어 있으며 2개의 지팡이를 짚고 달린다. ◆ 滑雪板。¶스키를 타다. =足蹬滑雪板。❷ '스키'를 신고 눈 위를 달리고 활강하고 점프하는 운동. ◆ 滑雪。¶그들은 겨울이면 스키를 즐기고, 여름에는 일광욕을 떠난다. =他们冬天喜欢滑雪，夏天就去晒日光浴。

스키장(ski場)【명사】스키를 탈 수 있는 시설을 갖추어 놓은 곳. ◆图滑雪场。¶겨울이 되자 스키장을 찾는 사람이 늘고 있다. =一到冬天，去滑雪场的人就多了起来。

스타(star)【명사】图 높은 인기를 얻고 있는 연예인이나 운동선수. ◆明星。

스타디움(stadium<라>)【명사】육상 경기장이나 야구장 따위와 같이 주위에 관람석이 있는 규모가 큰 경기장. 원형이나 타원형인 것이 많다. ◆图运动场，赛场。¶올림픽 스타디움에는 각 나라의 선수단이 속속 입장하고 있습니다. =各国代表团正在陆续进入奥运赛场。

스타일(style)【명사】图 ❶ 복식이나 머리 따위의 모양. ◆样式，款式，(发)型。¶새로 유행하는 스타일로 머리 모양을 바꾸다. =发型换了个新流行的发式。❷ 일정한 방식. ◆风格，样式。❸ 문학 작품에서, 작가의 개성을 드러낼 수 있는 형식이나 구성의 특질. ◆文风，文学风格，笔调。¶새로운 스타일의 소설을 선보이다. =展示新文学风格的小说。

스타킹(stocking)【명사】목이 긴 여성용 양말. 나일론 따위로 만들어 얇고 신축성이 강하다. ◆图长袜，长筒袜。¶스타킹을 신다. =穿长袜。

스태프(staff)【명사】연기자를 제외한 연극, 영화, 방송의 제작에 관계하는 모든 사람. ◆图 编导人员，制作人员。¶이 상의 영광을 보이지 않는 곳에서 땀을 흘린 스태프들에게 바치겠습니다. =将把这个奖奖给在幕后辛勤工作的编导人员。

스탠드(stand)【명사】图 ❶ 물건을 세우는 대(臺). ◆台，架，几，座。❷ 음식점이나 술집 따위에서 카운터를 향하여 의자를 설치한 자리. ◆(餐厅、酒吧)高脚座。❸ '전기스탠드(電氣)'(책상 위에 올려놓거나 방구석 따위에 놓아서 그 부분을 밝게 하여 주는 이동식 전등)를 줄여 이르는 말. ◆"전기스탠드(電氣)"的缩略语。¶방 전등이 어두워 스탠드를 켰다. =房间里的灯坏了，点起了台灯。❹ 경기장의 계단식 관람석. ◆观众席，看台。¶스탠드를 가득 매운 관중. =观众挤满了看台。

스탠드바(stand bar)【명사】서양식의 술집. 긴 스탠드 앞에 의자를 늘어놓고 바텐더가 여러 손님을 상대한다.◆图立式酒吧。

스턴트맨(stunt man)【명사】영화나 텔레비전 드라마에서, 위험한 장면을 찍을 때 배우를 대신하여 연기하는 사람. 주로 남자를 이른다.◆图 (男)特技替身演员。¶무술 장면은 대개 스턴트맨이 대역을 한다. =武打场面多由特技替身演员完成。

스테레오(stereo)【명사】방송이나 레코드 등에서 두 개 이상의 스피커를 사용해 음향을 입체적으로 재생하는 방식, 또는 그런 장치.◆图立体声，立体声效果；立体声装置，立体声系统。¶음악을 스테레오로 듣다. =用立体声听音乐。

스테로이드(steroid)【명사】여섯 개의 탄소 원자로 이루어진 고리 3개와 다섯 개의 탄소 원자로 이루어진 고리 한 개가 접합된 독특한 구조를 기본 골격으로 하는 유기 화합물을 통틀어 이르는 말.◆图甾类化合物，类固醇。

스테이크(steak)【명사】고기를 두툼하게 썰어서 굽거나 지진 서양 요리의 하나.◆图肉排。

스테인리스(stainless)【명사】녹이 슬지 않게 만든 강철.◆图不锈钢。¶스테인리스 그릇. =不锈钢容器。

스텝(step)【명사】볼링 따위의 운동 경기나 댄스에서, 동작의 단위가 되는 발과 몸의 움직임.◆图舞步，步点。¶스텝을 밟다. =踩步点。

스토브(stove)【명사】난방 장치의 하나. 나무, 석탄, 석유, 가스 따위의 연료를 때거나 전기를 이용하여 열을 내어 방 안의 온도를 올리는 기구이다.◆图炉子，火炉。¶스토브를 피워 놓다. =点燃火炉。

스튜디오(studio)【명사】图 ❶ 방송국에서, 방송설비를 갖추고 방송을 하는 방.◆录音棚，演奏室。❷ 사진사·미술가·공예가·음악가 등의 작업실.◆工作室。¶스튜디오에서 촬영 작업을 하다. =在工作室进行摄影作业。

스튜어드(steward)【명사】여객기나 여객선 따위에서 승객을 돌보는 남자 승무원.◆图 男空乘。

스튜어디스(stewardess)【명사】여객기나 여객선 따위에서 승객을 돌보는 여자 승무원.◆图 女空乘，空姐。¶스튜어디스의 안내에 따라 안전띠를 착용하다. =按照空姐的说明系好安全带。

스트라이커(striker)【명사】축구나 배구에서, 공격력과 득점력이 뛰어난 공격수.◆图前锋，主攻手。¶그는 이 팀에서 득점을 가장 많이 올린 스트라이커이다. =他是这支队伍里得分最多的主攻手。

스트라이크(strike)【명사】图 ❶ 야구에서, 투수가 던진 공이 스트라이크 존을 지나가는 일. 타자가 공을 헛친 것이나 파울 팁도 이에 속한다.◆得分击球；(投球)未击中。¶타자는 스트라이크 세 개로 물러났다. =击球手因三次投球未中而被迫出局。❷ 볼링에서, 제1투로 핀을 전부 쓰러뜨리는 일.◆全中(第一球撞倒全部十柱球)。¶스트라이크를 치다. =打出全中。

스트라이크(strike)【명사】노동 조건의 유지 및 개선을 위하여, 또는 어떤 정치적 목적을 달성하고자 노동자들이 집단적으로 한꺼번에 작업을 중지하는 일.◆图罢工。

스트레스(stress)【명사】자기와 맞지 않는 일이나 사람, 환경 등에 의해 느끼는 정신적 압박.◆图压力，紧张。¶스트레스 해소. =缓解压力。

스티로폼(styrofoam)【명사】'발포 스타이렌 수지'를 일상적으로 이르는 말. 상품명에서 유래한다.◆图聚苯乙烯，塑料泡沫。¶벽에 스티로폼을 내장하다. =墙壁内铺有塑料泡沫。

스티커(sticker)【명사】图 ❶ 선전 광고, 상표, 표지(標識) 따위로서 붙이는 종잇조각. 앞면에는 글이나 그림을 인쇄하고 뒷면에는 접착제를 발라 놓아서 쉽게 붙일 수 있다.◆广告贴纸，海报贴纸。¶스티커를 붙이다. =粘贴广告。❷ 교통순경이 교통 법규 위반자에게 떼어 주는 처벌의 서류.◆(交通)罚单。¶주차 위반 스티커. =违规停车罚单。

스팀(steam)【명사】금속관에 더운물이나 뜨거운 김을 채워 열을 내는 난방 장치.◆图蒸汽暖气。¶스팀 난방. =蒸汽暖气。

스파게티(spaghetti)<이>【명사】이탈리아식으로 만든 국수 요리. 마카로니와는 달리 가운데 구멍이 없는 가는 국수에 독특한 소스를 쳐서 먹는다.◆图意大利实心面。

스파이(spy)【명사】한 국가나 단체의 비밀이나 상황을 몰래 알아내어 경쟁 또는 대립 관계에 있는 국가나 단체에 제공하는 사람.◆图间谍，密探。¶이중스파이 노릇을 하다. =做双重间谍。

스펀지(sponge)【명사】생고무나 합성수지로 해면(海綿)처럼 만든 물건. 탄력이 있고 수분을 잘 빨아들여 쿠션이나 물건을 닦는 재료로 많이 쓰인다.◆图海绵。¶목욕용 스펀지. =沐浴海棉。

스펙트럼(spectrum)【명사】图 ❶ 가시광선, 자외선, 적외선 따위가 분광기로 분해되었을 때의 성분.◆光谱。❷ 조성이 복잡한 현상이나 물질을 단순 성분으로 분해하고, 성질을 특징짓는 양의 크고 작은 순으로 배열한 성분.◆频谱，范围。

스펠링(spelling)【명사】표음 문자, 특히 유럽 어를 바르게 철자하는 일. 또는 그런 철자.◆图拼写，拼法。¶스펠링을 적다. =记下拼法。

스포이트(spuit)<네>【명사】잉크, 액즙, 물약 따위의 액체를 옮겨 넣을 때 쓰는, 위쪽에 고무주머니가 달린 유리관.◆图玻璃吸管。

스포츠(sports)【명사】일정한 규칙에 따라 개인이나 단체끼리 속력, 지구력, 기능 따위를 겨루는 일.◆图运动，体育运动。¶그는 스포츠를 좋아한다. =他喜欢运动。

스포츠맨(sportsman)【명사】운동 경기에 뛰어난 재주가 있거나 전문적으로 운동을 하는 사람.

◆图运动员，选手。¶스포츠맨 정신. =运动员精神。

스포츠카(sports car)【명사】스피드를 높이는 데에 중점을 두어 만든 오락용·경주용 자동차. ◆图跑车，赛车。¶스포츠카를 몰다. =驾驶跑车。

스포트라이트(spotlight)【명사】图 ❶ 무대의 한 부분이나 특정한 인물만을 특별히 밝게 비추는 조명 방식. 또는 그런 조명. ◆聚光灯，照明灯。¶수상자에게 스포트라이트가 쏟아졌다. =聚光灯对准了获奖人。❷ 세상 사람의 주목이나 관심을 받음을 비유적으로 이르는 말. ◆〈喻〉关注，关心，瞩目。¶신문과 방송의 스포트라이트를 받다. =受到报纸和广播的关注。

스폰서(sponsor)【명사】图 ❶ 행사, 자선 사업 따위에 기부금을 내어 돕는 사람. ◆赞助者，资助者。❷ 라디오나 텔레비전 방송 따위에 프로그램을 제공하는 광고주. ◆(广播电视节目的)赞助商。¶대부분의 프로그램은 스폰서를 두고 있다. =大部分的节目都有赞助商。

스푼(spoon)【명사】图 ❶ 서양식 숟가락. ◆匙，汤匙。¶커피 스푼. =咖啡勺。❷ 음식물을 '스푼'에 담아 그 분량을 세는 단위. ◆量匙，勺。¶설탕 한 스푼. =一勺糖。

스프레이(spray)【명사】머리를 원하는 모양으로 고정하는 데 쓰는 미용 재료. ◆图啫喱水，发胶。¶스프레이를 뿌려 머리카락의 모양을 고정시키다. =喷啫喱固定发型。

스프링(spring)【명사】늘고 주는 탄력이 있는 나선형으로 된 쇠줄. ◆图弹簧。¶침대의 스프링이 낡아서 삐걱삐걱 소리가 난다. =床上的弹簧太旧了，总是发出咯吱声。

스피드(speed)【명사】물체가 움직이거나 어떤 일이 진행되는 빠르기. ◆图速度。¶스피드를 내다. =加速。

스피커(speaker)【명사】소리를 크게 하여 멀리까지 들리게 하는 기구. ◆图扬声器，扩音器。¶스피커의 볼륨을 낮추다. =降低扩音器音量。

스핑크스(Sphinx)【명사】고대 이집트와 아시리아 등지에서 왕궁, 신전, 분묘 따위의 입구에 세운 석상. 이집트에서는 왕의 권력을 상징하였다. ◆图狮身人面像。

슬그머니【부사】副 ❶ 남이 알아차리지 못하게 슬며시. ◆偷偷地，悄悄地。¶슬그머니 달아나다. =偷偷地跑了。❷ 혼자 마음속으로 은근히. ◆副暗自。¶슬그머니 겁이 나다. =恐惧感油然而生。

슬금슬금【부사】남이 알아차리지 못하도록 눈치를 살펴 가면서 슬며시 행동하는 모양. ◆副偷偷地，悄悄地。¶슬금슬금 곁눈질하다. =偷偷地瞟一眼。

슬기【명사】사리를 바르게 판단하고 일을 잘 처리해 내는 재능. ◆图智慧，聪明。¶슬기를 발휘하다. =发挥聪明才智。

슬기롭다【형용사】슬기가 있다. ◆形聪明，聪慧，机智。¶고난에 슬기롭게 대처하다. =机智地应对困境。

슬다【동사】动 ❶ 쇠붙이에 녹이 생기다. ◆锈，生锈。¶놋그릇에 녹이 슬다. =铜器生锈。❷ 곰팡이가 생기다. ◆长(毛)，发(霉)。¶식빵에 곰팡이가 슬다. =面包发霉了。

슬라이드(slide)【명사】환등기에 넣어 영사(映射)할 수 있게 만든 포지티브 필름. ◆图幻灯，幻灯片。¶슬라이드 필름. =幻灯片。

슬라이딩(sliding)【명사】图 ❶ 야구에서, 수비가 공을 잡거나 주자가 베이스에 닿을 때 미끄러지듯 몸을 던지는 일. 또는 그런 동작. ◆(棒球)滑垒。❷ 배구에서, 상대가 공격한 공을 몸을 날리듯 미끄러지면서 리시브하는 일. ◆(排球)滑步接球。

슬럼프(slump)【명사】图 ❶ 운동 경기 따위에서, 자기 실력을 제대로 발휘하지 못하고 저조한 상태가 길게 계속되는 일. ◆(运动状态)低迷，消沉，萎靡。¶슬럼프에 빠지다. =陷入低迷。❷ 경기가 향상되지 못하고 제자리에 머물러 있는 현상. ◆(经济)衰退，不景气，低迷。¶내수가 회복되면서 올 하반기 경제는 슬럼프에서 벗어날 것으로 예상된다. =随着内需的逐渐恢复，预计经济将于今年下半年走出低迷。

슬로건(slogan)【명사】어떤 단체의 주의, 주장 따위를 간결하게 나타낸 짧은 어구. ◆图标语，口号，广告语。¶슬로건을 내걸다. =张挂标语。

슬리퍼(slipper)【명사】실내에서 신는 신. 뒤축이 없이 발끝만 꿰게 되어 있다. ◆图拖鞋。¶슬리퍼 한 켤레. =一双拖鞋。

슬며시【부사】副 ❶ 남의 눈에 띄지 않게 넌지시. ◆悄悄地，偷偷地。¶슬며시 자리를 뜨다. =悄悄地离开座位。❷ 행동이나 사태 따위가 은근하고 천천히. ◆轻轻地，静静地。¶슬며시 눈을 감다. =轻轻地闭上眼睛。❸ 감정 따위가 속으로 천천히 은밀하게. ◆暗自。

슬슬【부사】副 ❶ 남이 모르게 슬그머니 행동하는 모양. ◆悄悄地，偷偷地。¶슬슬 피하다. =悄悄地避开。❷ 눈이나 설탕 따위가 모르는 사이에 스르르 녹아 버리는 모양. ◆渐渐地(融化)。¶초콜릿이 입 안에서 슬슬 녹는다. =巧克力在口中渐渐融化。❸ 심하지 않게 가만가만 거볍게 만지거나 문지르는 모양. ◆轻轻(抚摸)。¶바닥을 슬슬 문지르다. =轻轻触摸地面。❹ 남을 슬그머니 달래거나 꾀는 모양. ◆慢慢地，轻声地(安慰、诱导)。¶슬슬 달래다. =轻声抚慰。❺ 바람이 부드럽게 부는 모양. ◆(微风)轻抚。¶어디선가 시원한 바람이 슬슬 불어온다. =不知从哪儿吹来了凉爽的微风。❻ 거볍게 눈웃음을 치는 모양. ◆微笑的样子。¶눈웃음을 슬슬 치다. =眉目含笑。❼ 서두르지 않고 천천히 행동하는 모양. ◆慢慢地。¶쉬엄쉬엄 슬슬 해라. =慢慢做。❽ 힘들이지 않고 쉽게 하는 모양. ◆轻松，轻易。¶새끼를 슬슬 꼬다. =轻松地哄逗孩子。

슬쩍【부사】副 ❶ 남의 눈을 피하여 재빠르게. ◆(趁别人不注意)迅速地，快速地。¶남의 물건을 슬쩍 훔쳐 도망가다. =悄悄地偷人东西后逃跑。❷ 힘들이지 않고 가볍게. ◆轻轻地，稍微。¶슬쩍 건드렸는데도 아프다고 야단이다. =只是轻轻地碰了他一下，却嚷着说疼。❸ 심하지 않게 약간. ◆稍微，轻

度。¶슬쩍 익히다. =稍微制一下。❹ 표 나지 않게 넌지시. ◆顺便，冷不丁，冷不防。¶의중을 슬쩍 떠보다. =试探心意。❺ 특별히 마음을 쓰거나 정성을 들이지 않고 빠르게. ◆草草地，大致地。¶그는 책을 한 번 슬쩍 훑어보더니 재미없다는 듯 곧 팽개쳐 버렸다. =他草草地翻看了一遍那本书，好像觉得没什么意思，就扔到了一边。

슬쩍하다【동사】남의 물건을 몰래 훔치다. ◆动偷。¶남의 지갑을 슬쩍한 소매치기가 경찰에 붙잡혔다. =偷别人钱包的小偷被警察抓住了。

슬퍼하다【동사】슬프게 여기다. ◆动悲伤，伤心。¶그는 부모님의 죽음을 슬퍼했다. =他因父母去世而感到悲伤。

슬프다【형용사】원통한 일을 겪거나 불쌍한 일을 보고 마음이 아프고 괴롭다. ◆形悲伤，伤心，悲痛。¶그는 할머니의 죽음이 한없이 슬펐다. =他因奶奶去世而感到无比悲痛。

슬픔【명사】슬픈 마음이나 느낌. ◆名悲伤，伤心，难过。¶슬픔을 나누다. =分担悲伤。● 슬피 ●

슬하(膝下)【명사】무릎의 아래라는 뜻으로, 어버이나 조부모의 보살핌 아래. 주로 부모의 보호를 받는 테두리 안을 이른다. ◆名膝下，跟前。¶슬하에 자녀는 몇이나 두었소? =您膝下有几个子女?

슴베【명사】쇠붙이로 만든 칼, 호미, 낫 따위에서 자루속에 들어박히는 부분. ◆名刀、锄头等嵌入木柄的尖部。

습격(襲擊)【명사】갑자기 상대편을 덮쳐 침. ◆名袭击，突袭，偷袭。¶습격을 받다. =遭偷袭。● 습격하다(襲擊--) ●

습관(習慣)【명사】어떤 행위를 오랫동안 되풀이하는 과정에서 저절로 익혀진 행동 방식. ◆名 名习惯。¶일찍 일어나는 습관을 가지다. =有早起的习惯。

습기(濕氣)【명사】물기가 많아 젖은 듯한 기운. ◆湿气，潮湿。¶습기가 많다. =湿气重。

-습네【어미】어떤 사실을 인용하는 식으로 말하되, 그 내용을 못마땅한 투로 이르는 말. ◆词尾对等阶终结词尾，带有不赞同、讥讽的口气。¶그는 외국에서 왔습네 하고 거들먹거린다. =他得意洋洋地说自己是从外国回来的。

-습니까【어미】의문을 나타내는 종결 어미. ◆词尾尊敬阶("합쇼"体)直说法疑问式终结词尾。¶벌써 오셨습니까? =您早回来了?

-습니다【어미】현재 계속되는 동작이나 상태를 있는 그대로 나타내는 종결 어미. ◆词尾尊敬阶("합쇼"体)直说法陈述式终结词尾。¶그는 착한 사람이었습니다. =他是个善良的人。

습도(濕度)【명사】공기 가운데 수증기가 들어 있는 정도. ◆名湿度。¶적절한 습도를 유지하다. =保持适当的湿度。

습도계(濕度計)【명사】공기 속의 습도를 재는 계기. 습기의 차이로 생기는 머리카락의 신축을 이용한 모발 습도계, 노점을 재는 노점 습도계 따위가 있다. ◆名湿度计，湿度表。

습득[1](習得)【명사】학문이나 기술 따위를 배워서 자기 것으로 함. ◆名学会，学到，掌握。¶기술 습득. =掌握技术。● 습득되다(習得--), 습득하다(習得--) ●

습득[2](拾得)【명사】주워서 얻음. ◆名捡到，拾到。● 습득하다(拾得--) ●

-습디까【어미】상대편이 보거나 듣거나 겪은 사실에 대한 의문을 나타내는 종결 어미. ◆词尾尊敬阶("합쇼"体)疑问式终结词尾，表示回想、转述。¶결혼식장에는 사람이 많이 왔습디까? =结婚礼堂里人来得多吗?

-습디다【어미】보거나 듣거나 겪은 사실을 전달하여 알림을 나타내는 종결 어미. ◆词尾尊敬阶("합쇼"体)陈述式终结词尾，表示回想、转述。¶날씨가 좋아서인지 덕수궁에 사람이 많습디다. =可能因为天气好，德寿宫里人很多。

습성(習性)【명사】名 ❶ 습관이 되어 버린 성질. ◆习性，习惯。¶습성이 되다. =成为习惯。❷ 동일한 동물종(動物種) 내에서 공통되는 생활 양식이나 행동 양식. ◆习性。¶어류의 습성과 생태를 연구하다. =研究鱼类的习性和生态。

습자(習字)【명사】글씨 쓰기를 배워 익힘. 특히 붓글씨를 연습하는 것을 이른다. ◆名习字，练字。¶습자 연습. =练字。

습자지(習字紙)【명사】글씨 쓰기를 연습할 때 쓰는 얇은 종이. ◆名习字纸。¶습자지에 붓글씨를 쓰다. =在习字纸上写毛笔字。

습작(習作)【명사】시, 소설, 그림 따위의 작법이나 기법을 익히기 위하여 연습 삼아 짓거나 그려 봄. 또는 그런 작품. ◆名习作，练习写作。¶습작 소설. =练习写小说。● 습작하다(習作--) ●

습지(濕地)【명사】습기가 많은 축축한 땅. ◆名湿地，沼泽。¶강변에 습지가 발달하다. =江边有很多湿地。

-습지요【어미】확실하다고 믿는 사실에 대한 주장이나 물음을 나타내는 종결 어미. ◆词尾尊敬阶("합쇼"体)终结词尾，对自己确认的事实发表见解或提问。¶이곳은 참 경치가 좋습지요. =这里的风景真美啊。

습진(濕疹)【명사】여러 가지 자극물로 인하여 피부에 일어나는 염증. ◆名湿疹。¶주부 습진. =皮肤湿疹，主妇湿疹。

습하다(濕--)【형용사】메마르지 않고 물기가 많아 축축하다. ◆形湿，潮湿。¶덥고 습한 공기. =潮湿的空气。

승강구(昇降口)【명사】층계를 오르내리게 되어 있는 출입구. ◆名楼梯口，出入口。¶버스 승강구. =公共汽车车门。

승강기(昇降機)【명사】동력을 사용하여 사람이나 화물을 아래위로 나르는 장치. ◆名电梯，升降机。¶승강기를 설치하다. =安装电梯。

승강장(乘降場)【명사】정거장이나 정류소에서 차를 타고 내리는 곳. ◆名站台，月台。¶버스 승강장. =公共汽车站台。

승객(乘客)【명사】차, 배, 비행기 따위의 탈것을 타는 손님. ◆ 名乘客。¶비행기 승객. =飞机乘客。

승격(昇格)【명사】지위나 등급 따위가 오름. 또는 지위나 등급 따위를 올림. ◆ 名提升，升格，升级。¶그 분이 나간 덕분으로 나는 자연히 한 계급 승격을 하였다. =他走了，我自然就升了一级。● 승격되다(昇格--), 승격하다(昇格--) ●

승계(承繼)【명사】名 계승(繼承)(선임자의 뒤를 이어받음). ◆ 继承。¶의원직 승계. =继承了议员职位。

승낙(承諾)【명사】청하는 바를 들어줌. ◆ 名答应，承诺，允许。¶승낙을 받다. =得到允许。● 승낙하다(承諾--) ●

승냥이【명사】갯과의 포유류. 어깨의 높이는 40~50cm이며, 몸은 황색 또는 붉은 갈색이다. ◆ 名豺。

승려(僧侶)【명사】불교의 출가 수행자. ◆ 名僧人，和尚。¶속세와 인연을 끊고 승려가 되었다. =切断尘缘，出家为僧。

승률(勝率)【명사】경기 따위에서 이긴 비율. 이긴 경기의 수를 전체 경기의 수로 나눈 백분율이다. ◆ 名胜率，取胜的概率。¶승률을 올리다. =提高胜率。

승리(勝利)【명사】겨루어서 이김. ◆ 名胜利。¶승리를 거두다. =取得胜利。● 승리하다(勝利--) ●

승마(乘馬)【명사】名 ❶ 말을 탐. ◆ 乘马，骑马。¶그는 주말에 승마를 한다. =他周末去骑马。❷ 사람이 말을 타고 여러 가지 동작을 함. 또는 그런 경기. ◆ 马术；马术比赛。¶승마는 올림픽에서 인간과 동물이 함께 경기를 하는 유일한 종목이다. =马术是奥运会中唯一一项人与动物合作比赛的项目。

승무(僧舞)【명사】장삼과 고깔을 걸치고 북채를 쥐고 추는 민속춤. 끝내 수행을 이루지 못한 고뇌를 법고를 두드려서 잊으려는 파계승의 심정을 나타낸다. ◆ 名僧舞(一种民间舞蹈)。¶승무를 추다. =跳僧舞。

승무원(乘務員)【명사】운행 중인 차, 기차, 배, 비행기 따위의 안에서 운행과 관련된 직무와 승객에 관한 사무를 맡아서 하는 사람. ◆ 名乘务员。¶비행기 승무원. =飞机乘务员。

승복[1](僧服)【명사】승려의 옷. ◆ 名僧衣，袈裟。¶빗줄기는 홑겹의 승복 속으로 가차 없이 뚫고 들어왔다. =雨柱毫不留情地打透了单层僧衣。

승복[2](承服)【명사】납득하여 따름. ◆ 名信服，接受，听从。¶선거 결과에 대한 깨끗한 승복을 요구했다. =要求彻底接受选举结果。● 승복하다(承服--) ●

승부(勝負)【명사】이김과 짐. ◆ 名胜负，输赢。¶승부가 나다. =胜负已见分晓。

승부수(勝負手)【명사】바둑이나 장기 따위에서, 판국의 승패를 좌우하는 결정적인 수. ◆ (棋类比赛)胜负手。¶승부수를 던지다. =投下胜负手。

승산(勝算)【명사】이길 수 있는 가능성. 또는 그런 속타산. ◆ 名胜算，把握。¶승산이 있다. =有把握。

승선(乘船)【명사】배를 탐. ◆ 名乘船，坐船。¶승선 인원. =乘船人员。● 승선하다(乘船--) ●

승소(勝訴)【명사】소송에서 이기는 일. 소송 당사자의 한 편이 자기에게 유리한 판결을 받는 일이다. ◆ 名胜诉。¶승소 판결. =判决胜诉。● 승소하다(勝訴--) ●

승승장구(乘勝長驅)【명사】싸움에 이긴 형세를 타고 계속 몰아침. ◆ 名长驱直入，乘胜追击。¶승승장구의 기세. =乘胜长驱直入的气势。● 승승장구하다(乘勝長驅--) ●

승용차(乘用車)【명사】사람이 타고 다니는 데 쓰는 자동차. ◆ 名小轿车，轿车，小汽车。¶승용차와 짐차. =轿车和货车。

승인(承認)【명사】어떤 사실을 마땅하다고 받아들임. ◆ 名承认，认可，认同。¶승인을 받다. =得到认同。● 승인되다(承認--), 승인하다(承認--) ●

승자(勝者)【명사】싸움이나 경기 따위에서 이긴 사람. 또는 그런 단체. ◆ 名胜者，获胜者。¶승자에게 트로피를 수여하다. =向获胜者颁发奖杯。

승전(勝戰)【명사】싸움에서 이김. ◆ 名获胜，告捷。¶고국에 승전 소식을 전하다. =向祖国报捷。● 승전하다(勝戰--) ●

승전가(勝戰歌)【명사】싸움이나 경기에서 이기고 부르는 노래. ◆ 名凯旋之歌，胜利凯歌。

승점(勝點)【명사】리그전으로 치러지는 경기 따위에서 승패를 계산한 점수. ◆ 名积分。¶각 조에서 승점이 높은 두 팀이 결승전을 치른다. =各组中积分高的两个队进入决赛。

승진(昇進/陞進)【명사】직위의 등급이나 계급이 오름. ◆ 名晋升，升级，高升。¶승진 시험. =升级考试。● 승진하다(昇進/陞進--) ●

승차(乘車)【명사】차를 탐. ◆ 名乘车，坐车，搭车，载客。¶승차 거부. =拒载。● 승차하다(乘車--) ●

승차권(乘車券)【명사】차 따위를 타기 위하여 돈을 주고 사는 표. ◆ 名车票。¶고속버스 승차권. =快速巴士车票。

승패(勝敗)【명사】승리와 패배를 아울러 이르는 말. ◆ 名胜负，成败，输赢。¶승패를 가르다. =分出胜负。

승합차(乘合車)【명사】'승합자동차(乘合自動車)'(많은 사람을 태울 수 있는 대형 자동차)의 준말. ◆ 名巴士，公共汽车。

승화(昇華)【명사】名 ❶ 어떤 현상이 더 높은 상태로 발전하는 일. ◆ 升华。❷ 고체에 열을 가하면 액체가 되는 일이 없이 곧바로 기체로 변하는 현상. ◆ (物理)升华。● 승화되다(昇華--), 승화하다(昇華--) ●

시[1](詩)【명사】문학의 한 장르. 자연이나 인생에 대하여 일어나는 감흥과 사상 따위를 함축적이고 운율적인 언어로 표현한 글이다. ◆ 名诗，诗歌。¶시를 읊다. =吟诗。

시[2](時)【의존 명사】依名 ❶ 차례가 정하여진 시각을 이르는 말. ◆ 点，时。¶지금 몇 시나 되었나? =现在几点了? ❷ 어떤 일이나 현상이 일어날 때나 경우. ◆ 时候。¶비행 시에는 휴대 전화를 사용하면 안 된다. =飞行时不能使用手机。

시³(市)【명사】图 도시를 중심으로 하는 지방 행정 구역의 하나. ◆ 市，城市。¶시 대항 체육 대회. =市体育比赛。

시⁴(媤)-【접사】'남편의'의 뜻을 나타내는 접두사. ◆ 前缀表示"婆家的"。¶시아버지. =公公。

시⁵-【접사】'매우 짙고 선명하게'의 뜻을 더하는 접두사. ◆ 前缀表示颜色浓而鲜艳。¶시꺼멓다. =漆黑。

시가¹(市價)【명사】시장에서 상품이 매매되는 가격. ◆ 图市价，市场价格。¶시가보다 싸게 팔다. =卖得比市价便宜。

시가²(詩歌)【명사】图 ❶ 가사를 포함한 시문학을 통틀어 이르는 말. ◆ 诗歌。¶시가 문학. =诗歌文学。❷ 시와 노래. ◆ 诗与歌。

시가³(媤家)【명사】시부모가 사는 집. 또는 남편의 집안. ◆ 图婆家。¶추석을 시가에서 보내다. =在婆家过中秋节。

시가⁴(cigar)【명사】담뱃잎을 썰지 아니하고 통째로 돌돌 말아서 만든 담배. ◆ 图雪茄(烟)。¶여자가 시가에 불을 붙이더니 한 모금 빨아들여 삼켰다. =女子点着了雪茄，猛吸了一口。

시가⁵(市街)【명사】图 ❶ 도시의 큰 길거리. ◆ 市区街道。¶버스는 어느새 시가를 빠져나와 국도를 향해 달렸다. =公共汽车转眼就出了市区街道，向着国道驶去。❷ 인가(人家)나 상가가 많이 늘어선 거리. ◆ 商业街。¶기세 좋은 더위 탓인지 용주골의 시가는 서부 영화의 흔한 피날레처럼 한산했다. =不知道是不是因为天气太热了，龙州村的商业街就像西部电影中常见的大结局一样冷冷清清。

시가지(市街地)【명사】도시의 큰 길거리를 이루는 지역. ◆ 图街市，市区。¶남산에서 서울 시가지를 내려다보다. =在南山俯视首尔市区。

시가행진(市街行進)【명사】시가를 통하여 행진하는 일. ◆ 图街道游行。

시각¹(時刻)【명사】图 ❶ 시간의 어느 한 시점. ◆ 时刻，时候，时间。¶해 뜨는 시각. =日出时刻。❷ 짧은 시간. ◆ 片刻，一刻。¶시각을 다투는 일. =刻不容缓的事情。

시각²(視角)【명사】사물을 관찰하고 파악하는 기본적인 자세. ◆ 图眼光，角度，视角。¶시각의 차이. =眼光的差别。

시각³(視覺)【명사】눈을 통해 빛의 자극을 받아들이는 감각 작용. ◆ 图视觉。¶시각을 잃다. =失明。

시각표(時刻表)【명사】기차, 자동차, 배, 비행기 따위가 떠나고 닿는 시간을 적어 놓은 표를 이르는 말. ◆ 图时刻表。

시간¹(時間)【명사】图 ❶ 어떤 시각에서 어떤 시각까지의 사이. ◆ 时间。¶시간 낭비. =浪费时间。❷ 시간의 어느 한 시점. ◆ 时间，时刻，时候。¶취침 시간. =就寝时间。❸ 어떤 행동을 할 틈. ◆ 时间，空，工夫。¶밥 먹을 시간도 없이 바쁘다. =忙得连吃饭的时间也没有。❹ 어떤 일을 하기로 정하여진 동안. ◆ 时，时间。¶수업 시간. =上课时间。❺ 때의 흐름. ◆ 时间，光阴。¶시간이 해결해 줄 문제. =时间能解决的问题。

시간²(時間)【의존 명사】하루의 24분의 1이 되는 동안을 세는 단위. ◆ 依名小时，钟头。¶두 시간 동안 책을 읽다. =看两个小时书。

시간 강사(時間講師)【명사】전임이 아니고 매주 정하여진 시간에만 강의를 하고 시간당 일정액의 급료를 받는 강사. ◆ 图时间讲师，兼职讲师。¶그는 시간강사를 하며 가족들의 생계를 이어가야만 했다. =他只能靠做兼职讲师来养家糊口。

시간표(時間表)【명사】图 ❶ 시간을 나누어서 시간대별로 할 일 따위를 적어 넣은 표. ◆ 时间表。¶수업 시간표. =课程时间表。❷ 기차, 자동차, 배, 비행기 따위가 떠나고 닿는 시간을 적어 놓은 표. ◆ 时间表，时刻表。¶기차 시간표. =列车时刻表。

시건방지다【형용사】시큰둥하게 건방지다. ◆ 形傲慢，狂妄，妄自尊大。¶말투가 시건방지다. =语气傲慢。

시계¹(視界)【명사】시력이 미치는 범위. ◆ 图视野。¶시계가 트이다. =视野开阔。

시계²(時計)【명사】시간을 재거나 시각을 나타내는 기계나 장치를 통틀어 이르는 말. ◆ 图表，钟，钟表。¶시계가 두 시를 가리키다. =时针指向两点。

시계추(時計錘)【명사】괘종시계 따위에 매달린 추. 좌우로 흔들림에 따라 일정한 속도로 태엽이 풀리며 시곗바늘이 움직이게 된다. ◆ 图钟摆。¶시계추가 흔들리다. =钟摆摆动。

시계탑(時計塔)【명사】멀리서도 볼 수 있도록 시계를 장치한 높은 탑. ◆ 图钟楼，钟塔 。¶역 광장에 시계탑을 세우다. =在火车站广场修建了钟楼。

시곗바늘(時計--)【명사】시간, 분, 초 따위를 가리키는 시계의 바늘. ◆ 图表针，时针。¶시곗바늘이 열두 시 정각을 가리키고 있다. =时针正好指向12点。

시골【명사】图 ❶ 도시에서 떨어져 있는 지역. 주로 도시보다 인구수가 적고 인공적인 개발이 덜 돼 자연을 접하기가 쉬운 곳을 이른다. ◆ 乡下，乡村，农村。¶시골 사람. =乡下人。❷ 도시로 떠나온 사람이 고향을 이르는 말. ◆ 故乡。¶이번 주말에 시골에 계신 부모님을 찾아뵈어야겠다. =这个周末得去看望故乡的父母了。

시골뜨기【명사】견문이 좁은 시골 사람을 낮잡아 이르는 말. ◆ 图乡巴佬，土包子。

시공¹(時空)【명사】시간과 공간을 아울러 이르는 말. ◆ 图时空，时间和空间。¶시공을 초월한 사랑 이야기. =超越时空的故事。

시공²(施工)【명사】공사를 시행함. ◆ 图施工。¶시공 업체. =施工企业。● 시공되다(施工--), 시공하다(施工--) ●

시구¹(詩句)【명사】시의 구절. ◆ 图诗句。¶아름다운 시구. =美妙的诗句。

시구²(始球)【명사】구기 경기의 대회가 시작되었음을 상징적으로 알리기 위하여 처음으로 공을 던지거나 치는 일. 또는 그 공. ◆ 图开球。¶그는 개막전에서 멋진 시구를 던졌다. =他在揭幕战中投出漂亮的

开球。● 시구하다(始球--) ●

시국(時局)【명사】현재 당면한 국내 및 국제 정세나 대세. ◆ 名时局，形势。¶시국 불안. =时局不稳。

시궁창【명사】名 ❶ 시궁의 바닥. 또는 그 속. ◆ 泥坑，臭水沟。¶시궁창에 빠지다. =陷入泥坑。❷ 몹시 더럽거나 썩어 빠진 환경 또는 그런 처지를 비유적으로 이르는 말. ◆〈喻〉泥潭，泥淖。¶환락의 시궁창에서 나오다. =跳出享乐的泥潭。

시금석(試金石)【명사】名 ❶ 귀금속의 순도를 판정하는 데 쓰는 검은색의 현무암이나 규질의 암석. ◆ 试金石。❷ 가치, 능력, 역량 따위를 알아볼 수 있는 기준이 되는 기회나 사물을 비유적으로 이르는 말. ◆〈喻〉试金石。¶중요한 시금석이다. =重要的试金石。

시금치【명사】명아줏과의 한해살이풀 또는 두해살이풀. 높이는 30~60cm로 뿌리는 굵고 붉으며, 잎은 어긋나고 세모진 달걀 모양이다. ◆ 名菠菜。

시금털털하다【형용사】맛이나 냄새 따위가 조금 시면서도 떫다. ◆ 形酸涩，又酸又涩。¶시금털털하면서도 달큰한 찔레의 순을 생각하면서… =想着野蔷薇那酸涩中带着甜味的嫩芽……

시급(時給)【명사】'시간급(時間給)'(노동한 시간에 따라 지급되는 임금.)의 준말. ◆ 名计时工资。¶그는 시급을 받고 부업을 한다. =他做按小时计酬的兼职。

시급하다(時急--)【형용사】시각을 다툴 만큼 몹시 절박하고 급하다. ◆ 形紧急，紧迫，急迫，迫在眉睫。¶시급한 과제. =紧迫的课题。● 시급히(時急-) ●

시기[1](時期)【명사】어떤 일이나 현상이 진행되는 시점. ◆ 名时期，时候。¶가을은 오곡백과가 무르익는 시기이다. =秋天是五谷、百果成熟的时期。

시기[2](時機)【명사】적당한 때나 기회. ◆ 名时机，机会，时候。¶시기가 좋다. =时机好。

시기[3](猜忌)【명사】남이 잘되는 것을 샘하여 미워함. ◆ 名猜忌，忌妒。¶말쑥하게 차리고 출근한 그는 선망과 시기를 섞은 동료의 축사에 대답하였다. =穿戴整齐的他上班后回应了同事带着羡慕和嫉妒的祝贺。● 시기하다(猜忌--) ●

시기상조(時機尚早)【명사】어떤 일을 하기에 아직 때가 이름. ◆ 名时机尚早，为时尚早。¶한국의 형편상 전면적인 쌀 개방은 시기상조의 조치이다. =考虑到韩国的实际情况，全面开放大米市场还为时尚早。

시기심(猜忌心)【명사】남이 잘되는 것을 샘하고 미워하는 마음. ◆ 名猜忌心，忌妒心。¶시기심이 발동하다. =猜忌心萌动。

시기적절하다(時期適切--)【형용사】때에 아주 알맞다. ◆ 形适时，时机成熟。¶시기적절하게 투자를 하다. =适时进行投资。

시꺼멓다【형용사】形 ❶ 매우 꺼멓다. ◆ 黑，漆黑，黑乎乎。¶그의 눈썹은 유독 시꺼멓다. =他的眉毛非常黑。❷ 헤아릴 수 없이 몹시 많다. ◆ 乌压压，黑压压。¶제복을 입은 사람들이 시꺼멓게 몰려나왔다. =穿丧服的人们乌压压地涌出来。❸ (비유적으로) 마음이나 행실 따위가 매우 엉큼하다. ◆〈喻〉(心眼)黑，阴险。¶심보가 어찌 그리 시꺼멓던가? =心眼怎么那么黑啊!

시끄럽다【형용사】形 ❶ 듣기 싫게 떠들썩하다. ◆ 嘈杂，喧哗，吵闹。¶시끄러운 소리. =吵闹声。❷ 말썽이 나서 어지러운 상태에 있다. ◆ 麻烦，乱糟糟。¶사형수의 탈옥으로 세상이 시끄럽다. =死刑犯的越狱让一切变得乱糟糟的。

시끌벅적하다【형용사】많은 사람들이 어수선하게 움직이며 떠들어 시끄럽다. ◆ 形嘈杂烦人。¶항시 확성기의 팽창된 소음과 구경꾼들의 들뜬 소란으로 출렁거리던 그 시끌벅적함은 자취를 감추고 없었다. =一直充斥着电喇叭喧闹的噪音和看客们浮躁的喧哗的那种嘈杂全都消失了。

시끌시끌하다【형용사】形 ❶ 몹시 시끄럽다. ◆ 嘈杂，喧闹，吵闹。¶저녁이 되자 그 가게는 손님들로 시끌시끌하였다. =那个店铺一到晚上就顾客盈门，嘈杂热闹。❷ 일이 마구 얽히어 정신이 어지럽다. ◆ 乱糟糟，心烦意乱。¶그의 갑작스러운 죽음으로 세상이 시끌시끌하다. =他的突然离世让一切变得乱糟糟的。

시나리오(scenario)【명사】名 ❶ 영화를 만들기 위하여 쓴 각본. ◆ (电影、戏剧等的)剧本。¶시나리오작가. =剧本作家。❷ 어떤 사건에서 일어날 수 있는 여러 가지 가상적인 결과나 그 구체적인 과정. ◆ 方案；情节，场景。¶전쟁 시나리오를 꾸미다. =设定战争方案。

시나브로【부사】모르는 사이에 조금씩 조금씩. ◆ 副不知不觉地，一点一点地。¶도저히 가망 없어 보이던 방죽 쌓는 일이 시나브로 시나브로 이어져 나가더니 마침내 완성의 날이 온 것이다. =一点一点地干下来，原本看来毫无希望的筑坝工程终于迎来了完工的那一天。

시내[1]【명사】골짜기나 평지에서 흐르는 자그마한 내. ◆ 名溪流，小溪。¶다리 밑으로는 아름다운 화강석 돌성을 끼고 흐르는 맑은 시내가 굽이쳐 흘렀다. =桥下，清澈的溪水沿着美丽的花岗岩蜿蜒流淌。

시내[2](市內)【명사】도시의 안. 또는 시의 구역 안. ◆ 名市内，市区。¶시내를 돌아다니다. =逛市区。

시내버스(市內)【명사】시내에서 일정한 구간을 운행하는 버스. ◆ 名市内公交，市内公共汽车。¶연초에 시내버스 요금이 올랐다. =年初，市内公共汽车的车票价涨了。

시냇가【명사】물이 흐르는 시내의 가. ◆ 名溪边。¶시냇가의 버들개지. =溪边的柳絮。

시냇물【명사】시내에서 흐르는 물. ◆ 名溪水，溪流。¶비가 많이 와서 시냇물이 꽤 불었다. =下了很多雨，溪水涨了很多。

시너(thinner)【명사】페인트를 칠할 때 물감의 끈끈한 성질을 약하게 하기 위해 사용하는 액체. ◆ 名香蕉水。

시녀(侍女)【명사】名 ❶ 항상 몸 가까이에서 시중을 드는 여자. ◆ 侍女，丫鬟，贴身丫头。¶그는 부인을 마치 시녀처럼 부린다. =他把老婆当丫鬟一样

使唤。❷ 통치자나 권력자의 비위에 맞추어 무조건 복종하는 사람을 비유적으로 이르는 말. ◆奴仆，奴隶(比喻无条件服从统治者或掌权者的人)。¶권력의 시녀 노릇을 하다. =权力的奴仆。

시누이(媤--)【명사】남편의 누나나 여동생. ◆图大姑子，小姑子(丈夫的姐妹)。¶손위 시누이. =大姑子。

시늉【명사】어떤 모양이나 움직임을 흉내 내어 꾸미는 짓. ◆图装样子，做做样子。¶시늉에 불과하다. =不过是做做样子。● 시늉하다 ●

시다【형용사】形❶ 맛이 식초나 설익은 살구와 같다. ◆酸。¶포도가 시다. =葡萄很酸。❷ 관절 따위가 삐었을 때처럼 거북하게 저리다. ◆酸疼，酸痛。¶어금니가 시다. =臼齿酸痛。❸ 강한 빛을 받아 눈이 부시어 슴벅슴벅 찔리는 듯하다. ◆炫目，刺眼，耀眼。¶눈이 실 정도로 날씨가 좋다. =天气晴得耀眼。

시달(示達)【명사】图❶ 상부에서 하부로 명령이나 통지 따위를 문서로 전달함. ◆(上级)下达(命令、指示、通知)。❷ 관청에서 일반 국민에게 문서로 알리는 일. ◆公布，公示。● 시달되다(示達--), 시달하다(示達--) ●

시달리다【동사】괴로움이나 성가심을 당하다. ◆动受折磨，被纠缠，受罪。¶빚에 시달리다. =债务缠身。

시대(時代)【명사】图❶ 역사적으로 어떤 표준에 의하여 구분한 일정한 기간. ◆时代。¶봉건적 시대. =封建时代。❷ 지금 있는 그 시기. 또는 문제가 되고 있는 그 시기. ◆当今时代，时代。¶시대에 뒤떨어지다. =过时。

시대상(時代相)【명사】어떤 시대의 되어 가는 모든 형편. 또는 한 시대의 사회상. ◆图时代面貌，社会面貌。¶당시 시대상을 반영하다. =反映出当时的时代面貌。

시대착오(時代錯誤)【명사】변화된 새로운 시대의 풍조에 낡고 뒤떨어진 생각이나 생활 방식으로 대처하는 일. ◆图时代错误。

시댁(媤宅)【명사】'시집'(시부모가 사는 집. 또는 남편의 집안)을 높여 이르는 말. ◆图〈敬〉婆家。¶시댁 어른들께 인사를 올리다. =问候婆家长辈。

시도(試圖)【명사】어떤 것을 이루어 보려고 계획하거나 행동함. ◆图试图，打算，尝试。¶이번 일은 시도 자체가 무리였다. =尝试做这件事本身就很勉强。● 시도되다(試圖--), 시도하다(試圖--) ●

시동(始動)【명사】图❶ 처음으로 움직이기 시작함. 또는 그렇게 되게 함. ◆启动，开动。❷ 발전기나 전동기, 증기 기관, 내연 기관 따위의 발동이 걸리기 시작함. 또는 그렇게 되게 함. ◆点火，启动，发动，开动。¶그는 승용차의 시동을 걸고 출발하였다. =他发动了车，出发了。

시동생(媤--)【명사】남편의 남동생을 이르는 말. ◆图小叔子。¶맏아들인 남편과 결혼했을 때 막내 시동생은 중학교에 다니고 있었다. =和身为长子的丈夫结婚时，最小的小叔子还在上初中。

시들다【동사】动❶ 꽃이나 풀 따위가 말라 생기가 없어지다. ◆枯萎，凋谢，蔫。¶꽃이 시들다. =花谢。❷ 몸의 기력이나 기운이 빠져서 생기가 없어지다. ◆(精神)萎靡不振。❸ 기세가 약해지다. ◆(气势、力量、权势)削弱，变弱，减弱。¶문학에 대한 그의 열정은 나이가 들어도 시들지 않았다. =上了年纪后，他的文学热情仍未减。

시들시들【부사】약간 시들어 힘이 없는 모양. ◆副蔫蔫地。¶시들시들 말라만 가는 벼들이 농민들의 마음을 매우 아프게 하고 있습니다. =水稻打蔫干枯，让农民很是心疼。

시들하다【형용사】形❶ 풀이나 꽃 따위가 시들어서 생기가 없다. ◆枯萎，凋谢，蔫。¶폭염으로 나무들이 시들하다. =树木在酷热下蔫了。❷ 대수롭지 않다. ◆无关紧要，鸡毛蒜皮，没什么大不了。¶이 따위 시들한 문제를 가지고 그렇게 고민을 하다니, 참으로 딱하다. =为这点鸡毛蒜皮的事犯愁，真可怜。❸ 마음에 차지 않아 내키지 않다. ◆不高兴，不满意，不满足。¶아이는 그 장난감을 갖고 노는 것도 이제 시들한지 심심해했다. =玩了一会儿那个玩具，孩子可能觉得不满意了，觉得无聊起来。

시디롬(CD-ROM)【명사】콤팩트디스크에 데이터나 도형 정보를 기록해 둔 읽기 전용의 기억 매체. ◆图只读光盘。

시래기【명사】무청이나 배추의 잎을 말린 것. 새끼 따위로 엮어 말려서 보관하다가 볶거나 국을 끓이는 데 쓴다. ◆图干萝卜缨，干白菜叶。¶말린 시래기를 볶아 대보름에 먹는다. =正月十五炒干萝卜缨吃。

시럽(syrup)【명사】图❶ 당밀(糖蜜)에 타타르산이나 시트르산 따위를 넣어 신맛을 가하고 향료와 색소를 넣어 색을 낸 음료. ◆糖汁，糖浆。❷ 약품의 용액에 설탕을 가하거나 설탕물에 과즙, 생약 따위의 액을 넣어 걸쭉한 액체로 만든 약제. ◆糖浆类药品。

시력(視力)【명사】물체를 볼 수 있는 눈의 능력. ◆图视力。¶시력이 떨어지다. =视力下降。

시련(試鍊/試練)【명사】图❶ 겪기 어려운 단련이나 고비. ◆考验。¶시련에 부딪치다. =遇到考验。❷ 의지나 사람됨을 시험하여 봄. ◆考验。¶시련을 무사히 통과하다. =顺利通过了考验。

시루【명사】떡이나 쌀 따위를 찌는 데 쓰는 둥근 질그릇. 모양이 자배기 같고 바닥에 구멍이 여러 개 뚫려 있다. ◆图蒸笼，笼屉。¶술밥을 시루에 안치다. =糯米饭放到了蒸笼里。

시루떡【명사】떡가루에 콩이나 팥 등을 섞어 시루에 넣고 찐 떡. ◆图蒸糕，发糕。¶옆집은 이사 오자마자 팥고물을 얹은 시루떡을 돌렸다. =邻居刚一搬过来，就给大家分发了豆沙馅蒸糕。

시류(時流)【명사】그 시대의 풍조나 경향. ◆图时代潮流，时尚。¶시류에 편승하다. =追随时尚。

시름【명사】마음에 걸려 풀리지 않고 항상 남아 있는 근심과 걱정. ◆图担心，忧虑，忧愁。¶시름에 잠기다. =陷入忧虑。

시름시름【부사】副❶ 병세가 더 심해지지도 않고

나아지지도 않으면서 오래 끄는 모양. ◆ 病怏怏貌。¶시름시름 앓다. =疾病缠身。❷ 비나 눈 따위가 조용히 자꾸 내리는 모양. ◆ (雨雪)下个不停。¶이튿날도 눈이 시름시름 내렸다. =第二天雪也下个不停。

시리다【형용사】形 ❶ 몸의 한 부분이 찬 기운으로 인해 추위를 느낄 정도로 차다. ◆ 凉，冷，发凉，冰凉，冰冷。¶코끝이 시리다. =鼻尖发凉。❷ 찬 것 따위가 닿아 통증이 있다. ◆ 冻得疼。¶찬물을 마셨더니 이가 시리다. =喝了凉水，牙疼。❸ 빛이 강하여 바로 보기 어렵다. ◆ 刺眼，耀眼，炫目。¶눈이 시릴 정도로 아름다운 여인. =光彩照人的美丽女人。

시리얼(cereal)【명사】개봉하여 바로 먹을 수 있게 만든 가공 식품. 주로 우유나 주스를 부어서 아침 식사로 먹는다. ◆ 图谷类食物，麦片。¶아침 식사 대용으로 시리얼을 먹는다. =用麦片充当早餐。

시리즈(series)【명사】같은 종류의 연속 기획물. 연속 출판물이나 방송 프로의 연속극 따위가 있다. ◆ 图系列图书、影视剧。¶첫째 권이 독자들에게 인기가 있자 그 책은 시리즈로 발간되었다. =第一册受到读者欢迎后，这本书被做成了丛书。

시립(市立)【명사】공공의 이익을 위하여 시(市)의 예산으로 세우고 관리함. ◆ 图市立。¶시립 대학. =市立大学。

시말서(始末書)【명사】잘못을 저지른 사람이 사건의 경위를 자세히 적은 문서. ◆ 图 (事件或事故)详情报告书，经过报告书。¶이번 사고는 시말서 한 장으로 끝날 일이 아니다. =这次事故不能仅交上一张详情报告书就结束了。

시멘트(cement)【명사】건축이나 토목 재료로 쓰는 접합제. 석회석과 진흙과 적당량의 석고를 섞어 이긴 것을 구워서 가루로 만든 것이다. ◆ 图水泥。¶차가운 시멘트 바닥. =冰冷的水泥地。

시무룩하다【형용사】마음에 못마땅하여 말이 없고 얼굴에 언짢은 기색이 있다. ◆ 形 (噘着嘴)不高兴，不满。¶시무룩한 표정. =不高兴的表情。

시문(詩文)【명사】시가와 산문을 아울러 이르는 말. ◆ 图诗文。¶당시에 그의 시문을 따를 자가 없었다. =当时，他的诗文水平无人能及。

시민(市民)【명사】图 ❶ 그 시(市)에 사는 사람. ◆ 市民，城市居民。❷ 지방 자치 단체의 주민 가운데 일정한 자격 요건을 구비하고 그 자치 단체의 공무(公務)에 참여할 권리와 의무를 가진 사람. ◆ 市民。

시민권(市民權)【명사】일반 국민이나 주민이 누리고 가지는 권리. ◆ 图公民权。

시발(始發)【명사】图 ❶ 차 따위가 맨 처음 떠남. ◆ 始发。¶시발 시간. =始发时间。❷ 일이 처음으로 시작됨. ◆ 开端。

시발점(始發點)【명사】图 ❶ 첫 출발을 하는 지점. ◆ 始发点，始发地。¶서울서 올 때는 시발점이라 버스에 앉을 자리가 있었으나 지금은 만원이어서 사람들 틈에 끼어 선 채로 있어야 했다. =从首尔来的时候，是始发站，公交车上有座位；而现在满员了，只能挤在人群里站着。❷ 일이 처음 시작되는 계기. ◆ 起点，导火索。

시방(時方)【명사】지금(말하는 바로 이때). ◆ 图现在，刚才，刚刚。

시범(示範)【명사】모범을 보임. ◆ 图示范，表演。¶시범 경기. =表演赛。

시보(時報)【명사】图 ❶ 표준시간을 알리는 일. ◆ 报时。¶라디오에서 열한 시 시보가 울리고 있다. =收音机里传来11点的报时声。❷ 그때그때의 보도. 또는 그런 글을 실은 잡지나 신문. ◆ 时报。

시부렁거리다【동사】주책없이 쓸데없는 말을 함부로 자꾸 지껄이다. ◆ 动絮絮叨叨，唠唠叨叨，不停唠叨。¶욕설을 시부렁거리다. =不停地咕哝着脏话。● 시부렁대다 ●

시부모(媤父母)【명사】시아버지와 시어머니를 아울러 이르는 말. ◆ 图公婆。¶시부모를 모시다. =侍候公婆。

시비[1](是非)【명사】图 ❶ 옳음과 그름. ◆ 是非，是非曲直。¶시비를 따지다. =分辨是非。❷ 옳고 그름을 따지는 말다툼. ◆ 争执，争吵。¶시비가 붙다. =发生争吵。

시비[2](詩碑)【명사】시를 새긴 비석. ◆ 图诗碑。¶시비를 세우다. =立起诗碑。

시뻘겋다【형용사】매우 뻘겋다. ◆ 形通红，鲜红。¶그는 대낮부터 술을 먹었는지 시뻘건 얼굴을 해 가지고 나타났다. =他大白天就开始喝酒，脸上通红。

시사[1](時事)【명사】그 당시에 일어난 여러 가지 사회적 사건. ◆ 图时事。¶시사 문제. =时事问题。

시사[2](示唆)【명사】어떤 것을 미리 간접적으로 표현해 줌. ◆ 图暗示。¶낙관적인 시사를 던져 주다. =发出了乐观的暗示。● 시사하다(示唆--) ●

시사회(試寫會)【명사】영화나 광고 따위를 일반에게 공개하기 전에 시험적으로 상영하기 위하여 이루어지는 모임. ◆ 图试映会。¶시사회에 초대하다. =应邀参加试映会。

시상[1](施賞)【명사】상장이나 상품·상금 따위를 줌. ◆ 图颁奖，奖励，表彰。¶사장은 우수 사원에 대한 시상 계획을 발표하였다. =社长宣布了优秀员工奖励计划。● 시상하다(施賞--) ●

시상[2](詩想)【명사】图 ❶ 시를 짓기 위한 착상이나 구상. ◆ 诗的构思，写诗的灵感。¶멋진 시상이 떠오르다. =产生了不错的写诗的灵感。❷ 시에 나타난 사상이나 감정. ◆ 诗的意蕴，诗的内涵。¶작품의 시상을 연구하여 밝히다. =研究并阐明诗的内涵。❸ 시적인 생각이나 상념. ◆ 诗思，诗兴。¶들에 홀로 핀 들꽃을 보고 발걸음을 멈추고 깊은 시상에 잠겼다. =看到田野里寂寞开放的野花，停下了脚步，深深地陷入了诗的意蕴中。

시샘【명사】'시새움'(자기보다 잘되거나 나은 사람을 공연히 미워하고 싫어함. 또는 그런 마음.)의 준말. ◆ 图妒忌，嫉妒。¶시샘을 느끼다. =感到了嫉妒。● 시샘하다 ●

시선(視線)【명사】图 ❶ 눈이 가는 길. 또는 눈의 방향. ◆ 视线，目光。¶시선을 돌리다. =移开视线。

❷ 주의 또는 관심을 비유적으로 이르는 말. ◆ 目光，关注的目光。¶최근 환경 문제에 세인의 시선이 집중되고 있다. =最近世人将目光集中到环境问题上。

시설(施設)【명사】 도구, 기계, 장치 따위를 베풀어 설비함. 또는 그런 설비. ◆ 名设施。¶교육 시설. =教育设施。

시설물(施設物)【명사】 베풀어 차려 놓은 구조물. ◆ 名设施。¶시설물 관리. =设施管理。

시세(時勢)【명사】 名 ❶ 그 당시의 형세나 세상의 형편. ◆ 时势，时局。¶시세가 불리하다. =时局不利。❷ 일정한 시기의 물건값. ◆ 行情，行市。¶증권 시세. =证券行情。

시소(seesaw)【명사】 긴 널빤지의 한가운데를 괴어, 그 양쪽 끝에 사람이 타고 서로 오르락내리락하는 놀이 기구. ◆ 名跷跷板。¶시소를 타다. =玩跷跷板。

시소게임(seesaw game)【명사】 주로 경기에서, 두 편의 득점이 서로 번갈아 올랐다 내렸다 하면서 접전을 벌이는 일. ◆ 名 势均力敌的比赛，拉锯战。¶팽팽한 시소게임을 벌이다. =展开激烈的拉锯战。

시속(時速)【명사】 1시간을 단위로 하여 잰 속도. ◆ 名时速。¶그는 시속 90km로 차를 몰았다. =当时他以90公里的时速驾驶着车。

시스템(system)【명사】 필요한 기능을 실현하기 위하여 관련 요소를 어떤 법칙에 따라 조합한 집합체. ◆ 名系统，体系。¶시스템 진단. =系统诊断。

시승(試乘)【명사】 차나 배, 말 따위를 시험적으로 타 봄. ◆ 名试乘，试坐。● 시승하다(試乘--) ●

시시각각(時時刻刻)【명사】 각각의 시각. ◆ 名时时刻刻，每时每刻。¶시시각각으로 변하는 유행의 흐름. =时刻变化的流行趋势。

시시껄렁하다【형용사】 신통한 데가 없이 하찮고 꼴답잖다. ◆ 形无聊，没意思，索然无味。¶시시껄렁한 농담. =无聊的玩笑。

시시덕거리다【동사】 실없이 웃으면서 조금 큰 소리로 계속 이야기하다. ◆ 动说笑，嘻嘻哈哈，嬉笑。¶딸애는 틈만 나면 전화로 제 친구와 시시덕거렸다. =女儿只要一有时间就在电话上和自己的朋友说笑。● 시시덕대다 ●

시시때때로(時時---)【부사】 '때때로'(경우에 따라서 가끔)를 강조하여 이르는 말. ◆ 副 一直。¶시시때때로 생각이 변하다. =想法一直在变。

시시비비(是是非非)【명사】 名 ❶ 여러 가지의 잘잘못. ◆ 是非，是是非非。¶시시비비를 가리다. =辨别是非。❷ 옳고 그름을 따지며 다툼. ◆ 争辩。¶왈가왈부 시시비비는 점차 주먹싸움으로 번졌다. =开始你一言我一语地争辩是非，后来逐渐演变成拳脚相向了。

시시콜콜【부사】 副 ❶ 마음씨나 하는 짓이 좀스럽고 인색한 모양. ◆ 小里小气地。❷ 자질구레한 것까지 낱낱이 따지거나 다루는 모양. ◆ 斤斤计较地，不厌其烦地。¶시시콜콜 따지다. =斤斤计较。● 시시콜콜하다 ●

시시하다【형용사】 形 ❶ 신통한 점이 없고 하찮다. ◆ 平淡，无聊。¶그 영화는 시시하게 끝났다. =那部电影平平淡淡地结束了。❷ 좀스럽고 쩨쩨하다. ◆ 小气，抠门。¶남자가 그만한 일로 시시하게 겁을 먹니? =一个男人，那么点小事就害怕了?

시식(試食)【명사】 음식의 맛이나 요리 솜씨를 보려고 시험 삼아 먹어 봄. ◆ 名试吃，品尝。● 시식하다(試食--) ●

시식회(試食會)【명사】 음식의 맛이나 요리 솜씨를 보려고 시험적으로 먹어 보는 모임. ◆ 名厨艺比赛。¶요리 학원 학생들이 졸업 기념 시식회를 열었다. =厨师培训班的学生举办了纪念毕业厨艺比赛。

시신(屍身)【명사】 '송장'(죽은 사람의 몸을 이르는 말)을 점잖게 이르는 말. ◆ 名 遗体，尸身。¶시신을 안치하다. =安置遗体。

시아버지(媤---)【명사】 남편의 아버지를 이르는 말. ◆ 名公公。¶태영의 어머니에게 있어선 시아버지는 친아버지 이상으로 자상한 어른이었다. =对泰英的妈妈来说，公公是比自己的父亲还要慈祥的长者。

시아주버니(媤----)【명사】 남편과 항렬이 같은 사람 가운데 남편보다 나이가 많은 사람을 이르는 말. ◆ 名大伯子。¶젊은 새댁은 시아주버니와 얼굴을 마주하고 있는 것이 영 어색했다. =年轻的媳妇和大伯子面对面时总是感觉很别扭。

시야(視野)【명사】 名 ❶ 시력이 미치는 범위. ◆ 视野，眼界。¶시야가 탁 트이다. =视野开阔。❷ 사물에 대한 식견이나 사려가 미치는 범위. ◆ 见识，眼界。¶그는 여러 곳을 다니며 시야를 넓혔다. =他行走各地，拓宽了眼界。

시약(試藥)【명사】 화학 분석에서, 물질의 성분을 검출하거나 정량하는 데 쓰는 약품. ◆ 名试剂。

시어(詩語)【명사】 시에 쓰는 말. 또는 시에 있는 말. ◆ 名诗句，诗的语言。¶시어는 관점에 따라 달리 해석될 수 있다. =观点的不同可能引发对诗句的不同解读。

시어른(媤--)【명사】 시어머니, 시아버지 등 시집의 어른을 이르는 말. ◆ 名婆家长辈，婆家老人。¶시어른을 모시고 살다. =与婆家长辈一起生活。

시어머니(媤---)【명사】 남편의 어머니를 이르는 말. ◆ 名婆婆。¶시어머니와 며느리 사이. =婆媳关系。

시연(試演)【명사】 무용이나 연극 따위를 일반에게 공개하기 전에 시험적으로 상연함. ◆ 名试演，预演，彩排。● 시연하다(試演--) ●

시연회(試演會)【명사】 무용이나 연극 따위를 일반에게 공개하기 전에 시험적으로 상연하기 위하여 이루어지는 모임. ◆ 名预演，彩排。¶시연회를 마련하다. =准备预演。

시외(市外)【명사】 도시의 밖. 또는 시 구역 밖의 지역. ◆ 名市外，郊区。

시외버스(市外)【명사】 시내에서 그 도시 바깥의 특정한 지역까지 운행하는 버스. ◆ 名长途汽车。¶시외버스 터미널. =长途汽车站。

시우쇠【명사】 무쇠를 불려서 만든 쇠붙이. ◆ 名熟

铁。¶시우쇠로 낫을 만든다. =用熟铁锻造镰刀。

시원섭섭하다【형용사】한편으로는 답답한 마음이 풀리어 흐뭇하고 가뿐하나 다른 한편으로는 섭섭하다. ◆ 形又高兴又舍不得。¶큰딸을 시집보내고 나니 마음이 시원섭섭하구나! =把大女儿嫁出去后觉得又高兴又舍不得呢。

시원스럽다【형용사】形 ❶ 덥거나 춥지 아니하고 알맞게 서늘한 듯하다. ◆ 凉爽，凉快。¶산 정상에 오르자 시원스러운 바람이 불어왔다. =一到山顶就有凉爽的风吹来。❷ 막힌 데가 없이 활짝 트이어 마음이 후련한 듯하다. ◆ 清爽，畅快。¶시원스러운 인상. =爽快的印象。❸ 말이나 행동이 활달하고 서글서글한 데가 있다. ◆ 爽快，利落，干脆。¶시원스러운 태도. =爽快的态度。❹ 지저분하던 것이 깨끗하고 말끔한 듯하다. ◆ 干净，彻底。¶대청소를 시원스럽게 잘하였구나. =打扫得很干净啊，很好! ❺ 기대, 희망 따위에 충분히 만족하는 듯하다. ◆ 满足，心满意足。¶하는 짓이 영 시원스럽지 않다. =做的事总令人不满意。❻ 답답한 마음이 풀리어 흐뭇하고 가뿐한 듯하다. ◆ 舒畅，宽慰，舒服。¶속이 시원스럽도록 하소연이라도 해 보아라. =诉诉苦也行啊，让心里舒畅点。❼ 가렵거나 속이 더부룩하던 것이 말끔히 사라져 기분이 좋은 듯하다. ◆ 舒坦，痛快，惬意。¶가려운 데를 시원스럽게 긁어 주었다. =把发痒的地方痛快地挠了一番。● 시원스레 ●

시원시원하다【형용사】形 ❶ 말이나 행동 따위가 흐뭇하고 가뿐한 느낌이 들 정도로 막힘이 없다. ◆ 顺畅，流利，连贯。¶시원시원한 목소리. =流利的嗓音。❷ 성격이 너그럽고 상냥하면서 활발하다. ◆ 爽朗，豁达。¶시원시원하고 활달한 성격이다. =性格爽朗豁达。❸ 마음을 무겁게 하던 것이 해결되어 마음이 탁 트이고 매우 후련하다. ◆ 舒畅，惬意，轻快，轻松。

시원찮다【형용사】形 ❶ 마음에 흡족하지 아니하다. ◆ 不怎么满意，不怎么如意。¶벌이가 시원찮다. =赚钱不怎么如意。❷ 몸이나 몸의 일부가 좀 건강하지 못하다. ◆ (身体)不怎么好，不太舒服。¶몸이 시원찮다. =身体不怎么好。

시원하다【형용사】形 ❶ 덥거나 춥지 아니하고 알맞게 서늘하다. ◆ 凉爽，凉快。¶시원한 바람. =凉爽的风。❷ 음식이 차고 산뜻하거나, 뜨거우면서 속을 후련하게 하는 점이 있다. ◆ 可口，爽口。¶시원한 김칫국. =可口的泡菜汤。❸ 막힌 데가 없이 활짝 트이어 마음이 후련하다. ◆ 顺畅。¶시원하게 뻗은 고속 도로. =不断延伸的高速路。❹ 말이나 행동이 활발하고 서글서글하다. ◆ 爽快，干脆，利落。¶시원한 말투. =爽快的语气。❺ 지저분하던 것이 깨끗하고 말끔하다. ◆ 干净，利落，彻底。¶쓰레기장을 시원하게 치워 놓아라. =把垃圾堆清扫干净。● 시원히 ●

시월(十月)【명사】한 해 열두 달 가운데 열째 달. ◆ 名十月。¶시월은 문화의 달이다. =十月是文化之月。

시음(試飮)【명사】술이나 음료수 따위의 맛을 알기 위하여 시험 삼아 마셔 보는 일. ◆ 名品尝。● 시음하다(試飮--) ●

시인[1](詩人)【명사】시를 전문적으로 짓는 사람. ◆ 名诗人。¶여류 시인. =女诗人。

시인[2](是認)【명사】어떤 내용이나 사실이 옳거나 그러하다고 인정함. ◆ 名承认，认证。¶그는 시인도 부인도 하지 않고 묵비권으로 일관했다. =他既不承认也不否认，行使了一贯的缄默权。● 시인하다(是認--) ●

시일(時日)【명사】名 ❶ 기일이나 기한. ◆ 期限，时限。¶납품 시일을 끌다. =延长交货期限。❷ 때와 날을 아울러 이르는 말. ◆ 时日，时间。¶회의의 시일과 장소를 알려 주시오. =请告诉我会议的时间和地点。

시작(始作)【명사】어떤 일이나 행동의 처음 단계를 이루거나 그렇게 하게 함. 또는 그 단계. ◆ 名开始，开端，起始。¶공연 시작. =表演开始。● 시작되다(始作--), 시작하다(始作--) ●

시장[1]【명사】배가 고픔. ◆ 名饥饿，空腹。¶시장이 반찬이다. =饥不择食。● 시장하다 ●

시장[2](市場)【명사】名 ❶ 여러 가지 상품을 사고파는 일정한 장소. ◆ 市场，集市。¶수산물 시장. =水产品市场。❷ 상품으로서의 재화와 서비스의 거래가 이루어지는 추상적인 영역. ◆ (抽象)市场。¶경제 호황으로 소비 심리가 촉진되면서 시장이 확대되었다. =经济状况良好，促进了消费心理，市场也得以扩大。

시장[3](市長)【명사】지방 자치 단체인 시의 책임자. 집행 기관으로서 시를 맡아서 다스린다. ◆ 名市长。¶시민들이 투표를 통해 시장을 선출한다. =市民通过投票选出市长。

시장기(--氣)【명사】배가 고픈 느낌. ◆ 名空腹感，饥饿感。¶시장기가 가시다. =饥饿感消失。

시장성(市場性)【명사】가격의 안정으로 유가 증권 따위가 언제든지 시장에서 매매될 수 있는 융통성. 또는 어떤 재화나 용역의 판매로 이윤이 생길 가능성. ◆ 名流通性，盈利可能性。¶시장성이 크다. =盈利可能性大。

시절(時節)【명사】名 ❶ 일정한 시기나 때. ◆ 时候，时期，岁月。¶청년 시절. =青年时期。❷ 규칙적으로 되풀이되는 자연 현상에 따라서 일 년을 구분한 것. ◆ 季节。¶꽃 피는 시절. =花开季节。❸ 세상의 형편. ◆ 世道，风气。¶시절이 어수선하다. =世道混乱。

시점(時點)【명사】시간의 흐름 가운데 어느 한 순간. ◆ 名时刻，时候。¶전환의 시점에 서 있다. =处在转折点。

시정(是正)【명사】잘못된 것을 바로잡음. ◆ 名更正，纠正，改正。¶시정을 권고하다. =劝解改正。● 시정되다(是正--), 시정하다(是正--) ●

시제(時制)【명사】어떤 사건이나 사실이 일어난 시간 선상의 위치를 표시하는 문법 범주. ◆ 名时态。¶외국어를 익힐 때는 시제 표현에 주의해야 한다. =掌握外语的时候必须注意时态。

시제품(試製品)【명사】시험 삼아 만들어 본 제품. ◆ 名试制品。¶시제품을 개발하다. =开发试制品。

시조[1](始祖)【명사】名 한 겨레나 가계의 맨 처음이 되는 조상. ◆ 始祖。

시조[2](時調)【명사】고려 말기부터 발달하여 온 한국 고유의 정형시. 초장, 중장, 종장의 3장 6구 4음보의 기본 형태를 가진 평시조와 파격의 엇시조, 사설시조로 나뉜다. ◆ 名时调。¶시조 한 수를 읊다. =吟诵一首时调。

시종(始終)【명사】처음과 끝을 아울러 이르는 말. ◆ 名始末，开始和结束。¶사건의 시종을 이야기하다. =讲述事件的始末。

시종일관(始終一貫)【명사】일 따위를 처음부터 끝까지 한결같이 함. ◆ 名始终如一，自始至终。¶그녀는 시종일관으로 미소를 띠었다. =她自始至终面带微笑。● 시종일관하다(始終一貫--) ●

시주(施主)【명사】자비심으로 조건 없이 절이나 승려에게 물건을 베풀어 주는 일. 또는 그런 일을 하는 사람. ◆ 名施主；施舍。¶시주를 받다. =接受施舍。● 시주하다(施主--) ●

시중[1]【명사】옆에 있으면서 여러 가지 심부름을 하는 일. ◆ 名侍候，服侍，照料，侍奉。¶잠자리 시중. =床边侍候。

시중[2](市中)【명사】사람들이 생활하는 공개된 공간을 비유적으로 이르는 말. ◆ 名市场，市中。¶시중 가격. =市场价格。

시중들다【동사】옆에서 직접 보살피거나 심부름을 하다. ◆ 动侍候，服侍，照料。¶병든 남편을 시중들다. =侍候生病的丈夫。

시집[1](媤-)【명사】시부모가 사는 집. 또는 남편의 집안. ◆ 名婆家。¶시집 식구. =婆家人。

시집[2](詩集)【명사】여러 편의 시를 모아서 엮은 책. ◆ 名诗集。¶시집을 내다. =出诗集。

시집가다(媤---)【동사】여자가 결혼하여 남의 아내가 되다. ◆ 动出嫁，嫁给。¶평강 공주는 바보 온달에게 시집갔다. =平冈公主嫁给了傻子温达。

시집보내다(媤----)【동사】남편감을 구하여 결혼을 시키다. ◆ 动嫁，出嫁，嫁出去。¶큰딸을 건실한 총각에게 시집보냈다. =把大女儿嫁给了壮实小伙。

시집살이(媤---)【명사】名 ❶ 결혼한 여자가 시집에 들어가서 살림살이를 하는 일. ◆ (在)婆家生活。¶한 많은 시집살이. =满是怨恨的婆家生活。❷ 남의 밑에서 엄격한 감독과 간섭을 받으며 하는 일을 비유적으로 이르는 말. ◆ 受气，受制于人。¶그는 회사에서 부장에게 겪는 시집살이에 스트레스를 받고 있다. =由于在公司常受部长的气，他的压力很大。● 시집살이하다(媤-----) ●

시차(時差)【명사】名 ❶ 어떤 일을 하는 시간이나 시각에 차이가 지거나 지게 하는 일. ◆ 时间差。¶시차가 나다. =出现时间差。❷ 세계 표준시를 기준으로 하여 정한 세계 각 지역의 시간 차이. ◆ 时差。¶해외 출장을 가면 먼저 시차에 적응해야 한다. =到国外出差的话，首先应该适应时差。

시찰(視察)【명사】두루 돌아다니며 실지(實地)의 사정을 살핌. ◆ 名视察，考察。¶산업체 시찰. =企业考察。● 시찰하다(視察--) ●

시책(施策)【명사】어떤 정책을 시행함. 또는 그 정책. ◆ 名政策，措施；推行政策，采取措施。¶중소기업 육성 시책. =中小企业扶植政策。

시청[1](市廳)【명사】시의 행정 사무를 맡아보는 기관. 또는 그 청사(廳舍). ◆ 名市政府。¶시청 공무원. =市政府公务员。

시청[2](視聽)【명사】눈으로 보고 귀로 들음. ◆ 名收看，收视。¶텔레비전 시청. =收看电视。● 시청하다(視聽--) ●

시청각(視聽覺)【명사】눈으로 보는 감각과 귀로 듣는 감각을 아울러 이르는 말. ◆ 名视听，视觉和听觉。¶시청각 학습. =视听学习。

시청률(視聽率)【명사】텔레비전에서, 특정한 프로그램이 시청되고 있는 정도. 상업 방송국에서는 광고 요금의 결정이나 광고 효과 측정에 중요한 요소가 된다. ◆ 名收视率。¶시청률 하락. =收视率下降。

시청자(視聽者)【명사】텔레비전의 방송 프로그램을 시청하는 사람. ◆ 名 (电视)观众。¶시청자의 의견을 수렴하다. =征集观众意见。

시체(屍體)【명사】송장.(죽은 사람의 몸을 이르는 말). ◆ 名尸体，尸首。¶시체를 화장하다. =火化尸体。

시쳇말(時體-)【명사】그 시대에 유행하는 말. ◆ 名流行语，时髦话。

시초(始初)【명사】맨 처음. ◆ 名最初，起初，一开始。¶전쟁의 시초. =战争的一开始。

시추(試錐)【명사】지하자원을 탐사하거나 지층의 구조나 상태를 조사하기 위하여 땅속 깊이 구멍을 파는 일. ◆ 名钻探，钻井。¶석유를 채굴하기 위하여 시추를 시작했다. =为开采石油开始钻井作业。● 시추하다(試錐--) ●

시치다【동사】바느질을 할 때, 여러 겹을 맞대어 듬성듬성 호다. ◆ 动锁边。(一种缝纫方法)。¶치맛단을 시치다. =锁裙边。● 시침질 ●

시치미【명사】자기가 하고도 아니한 체, 알고도 모르는 체하는 태도. ◆ 名装蒜，佯装不知，若无其事。

시침(時針)【명사】시계에서, 시를 가리키는 짧은 바늘. ◆ 名时针。¶이야기를 하다 보니 어느덧 시계의 시침이 한 시를 넘어가고 있었다. =聊着聊着，不知不觉已经过了1点。

시커멓다【형용사】매우 꺼멓다. ◆ 形乌黑，漆黑。¶시커먼 구름. =墨黑的云。

시큰거리다【동사】관절 따위에 신 느낌이 자꾸 들다. ◆ 动酸痛。¶손목이 시큰거리다. =手腕酸痛。● 시큰대다 ●

시큰둥하다【형용사】形 ❶ 말이나 행동이 주제넘고 건방지다. ◆ 傲慢无礼，傲气十足，妄自尊大。¶시큰둥한 여유를 부리다. =非常傲慢无礼。❷ 달갑지 아니하거나 못마땅하여 시들하다. ◆ (脸色)难看，哭丧着；不乐意，不情愿。¶시큰둥한 말투. =不乐意的口气。

시큰시큰【부사】관절 따위가 신 느낌. ◆ 副酸痛酸痛地。¶어깨뼈가 시큰시큰 아프기 시작했다. =肩胛骨开始酸痛酸痛的。

시큰하다【형용사】관절 따위가 시다. ◆ 形酸痛。¶발목이 시큰하다. =脚腕酸痛。

시큼하다【형용사】맛이나 냄새 따위가 조금 시다. ◆ 形酸，酸溜溜。¶시큼한 김치. =酸泡菜。

시키다【동사】动 ❶ 어떤 일이나 행동을 하게 하다. ◆ 使，让，使唤，支使。¶인부에게 일을 시키다. =使唤工人做事。❷ 음식 따위를 만들어 오거나 가지고 오도록 주문하다. ◆ 点(菜)。¶분식집에 식사를 시키다. =在小吃店点了吃的。

-시키다【접사】'사동'의 뜻을 더하고 동사를 만드는 접미사. ◆ 后缀表示使动。¶교육시키다. =教育。

시트(sheet)【명사】名 ❶ 침대의 아래위로 덧씌우는 흰 천. ◆ 床单，被单。¶시트를 세탁하다. =洗床单。❷ 해를 가리거나 비를 막기 위하여 상점 따위의 처마 끝에 늘이는 휘장. ◆ 雨棚，防雨罩。❸ 화차나 짐수레 따위의 화물에 씌우는 방수용 덮개. ◆ 帆布，防水油布。

시트콤(sitcom)【명사】무대와 등장인물은 같지만 매회 이야기가 다른 방송 코미디. ◆ 名情景喜剧。¶청소년 시트콤에 유명 가수가 배우로 등장한다. =著名歌手参演了青少年情景喜剧。

시판(市販)【명사】'시중판매〈市中販賣〉'(시장에서 일반에게 판매함)를 줄여 이르는 말. ◆ 名市场销售。¶휘발유 시판 가격. =汽油市价。● 시판되다(市販--), 시판하다(市販--) ●

시퍼렇다【형용사】形 ❶ 매우 퍼렇다. ◆ 碧蓝，深蓝；碧绿，绿油油。¶시퍼런 강물. =一江碧水。❷ 춥거나 겁에 질려 얼굴이나 입술 따위가 몹시 푸르께하다. ◆ (脸、嘴唇等)发青。¶얼굴이 시퍼렇게 질리다. =脸色青一块紫一块。❸ 날 따위가 몹시 날카롭다. ◆ 锋利，锐利。¶시퍼런 비수를 꽂다. =插上锋利的匕首。❹ (비유적으로) 기세가 등등하고 무서운 기운이 몹시 서려 있다. ◆ (威风、气势等)凛凛，咄咄逼人。¶그의 눈초리에서는 시퍼렇게 독기가 뿜어져 나오고 있었다. =他的目光中透着凶狠，咄咄逼人。❺ 몹시 싱싱하거나 생생하다. ◆ 新鲜；有生机；栩栩如生。(活得)好好的。

시한(時限)【명사】일정한 동안의 끝을 정한 기간이나 시각. ◆ 名时限，期限。

시한부(時限附)【명사】어떤 일에 일정한 시간의 한계를 둠. ◆ 名限期，有期限。

시한폭탄(時限爆彈)【명사】일정한 시간이 지나면 폭발하도록 장치한 폭탄. ◆ 名定时炸弹。

시합(試合)【명사】운동이나 그 밖의 경기 따위에서 서로 재주를 부려 승부를 겨루는 일. ◆ 名比赛，竞赛。¶달리기 시합. =赛跑。● 시합하다(試合--) ●

시해(弑害)【명사】부모나 임금을 죽임. ◆ 名弑，杀害，杀死。● 시해되다(弑害--), 시해하다(弑害--) ●

시행(施行)【명사】名 ❶ 실지로 행함. ◆ 实施，实行。¶시행을 보류하다. =搁置实行，暂缓实施。❷ 법령을 공포한 뒤에 그 효력을 실제로 발생시키는 일. 법률의 경우, 시행 기일에 대한 규정이 없으면 원칙적으로 공포 후 20일이 지나서 시행한다. ◆ 施行，执行，实施。● 시행되다(施行--), 시행하다(施行--) ●

시행착오(試行錯誤)【명사】어떤 목표에 이르기 위해 시행과 실패를 되풀이하면서 점점 잘못을 고쳐 나가 가장 알맞은 방법을 찾는 일. ◆ 名试误法(学习方法之一，即在不断的失误中探索正确的方法)。¶시행착오를 겪다. =经历试误法。

시험(試驗)【명사】名 ❶ 재능이나 실력 따위를 일정한 절차에 따라 검사하고 평가하는 일. ◆ 考试，考查。¶시험 과목. =考试科目。❷ 사물의 성질이나 기능을 실지로 증험(證驗)하여 보는 일. ◆ 试验，测验，试。¶시험 운전. =试驾。❸ 사람의 됨됨이를 알기 위하여 떠보는 일. 또는 그런 상황. ◆ 试探(人品)。¶시험에 빠지게 하다. =试探(为人)。● 시험하다(試驗--) ●

시험관[1](試驗管)【명사】화학 실험에서, 어떤 물질의 성질이나 반응 따위를 시험하는 데 쓰는 유리관. 한쪽이 막힌 길쭉하고 투명한 작은 유리관이다. ◆ 名试管。

시험관[2](試驗官)【명사】시험 문제를 내거나 시험 감독을 하며 그 성적을 채점하는 사람. ◆ 名监考，考官。¶시험관이 부정행위자를 적발하다. =监考人员检举违纪者。

시험대(試驗臺)【명사】名 ❶ 자연 과학에 관한 현상을 시험하고 연구할 수 있도록 만들어 놓은 대. ◆ 实验台。¶개구리를 해부하기 위해 시험대에 올려놓았다. =把青蛙放在实验台上进行解剖。❷ 가치나 기량 따위를 시험하는 자리. ◆ 检验价值或才干等的平台。¶이번 공연은 그의 연기력에 대한 시험대가 될 것이다. =此次公演将成为检验他演技的平台。

시험지(試驗紙)【명사】名 ❶ 시험 문제가 쓰인 종이나 답안을 쓰는 종이. ◆ 考卷，试卷。¶시험지를 채점하다. =阅卷。❷ 용액이나 기체 속에 특정 물질이 존재하는지를 확인하기 위하여 쓰는, 시약을 바른 종이. 리트머스 시험지, 녹말 시험지 따위가 있다. ◆ 试纸。

시호(諡號)【명사】제왕이나 재상, 유현(儒賢) 들이 죽은 뒤에, 그들의 공덕을 칭송하여 붙인 이름. ◆ 名谥，谥号。

시화(詩畵)【명사】名 ❶ 시와 그림을 아울러 이르는 말. ◆ 诗画。¶그는 시화에 뛰어났다. =他在写诗作画方面非常出色。

시화전(詩畵展)【명사】시와 그림을 전시하는 전람회. ◆ 名诗画展。¶시화전이 열리다. =举行诗画展。

식[1](式)【명사】名 ❶ 행사를 치르는 일정한 법식. 또는 정하여진 방식에 따라 치르는 행사. ◆ 仪式。¶식이 거행되다. =举行仪式。❷ 숫자, 문자, 기호를 써서 이들 사이의 수학적 관계를 나타낸 것. ◆ 算式。¶구하는 식을 써라. =写出求解的算式。

식[2](式)【의존 명사】일정한 방식이나 투. ◆ 依名方式，形式。¶그렇게 농담 식으로 말하면 믿음이 가지 않는다. =用那种开玩笑的方式说话是很难让人相信的。

-식³(式)【접사】后缀 ❶ '방식'(일정한 방법이나 형식)의 뜻을 더하는 접미사. ◆ 表达"方式"意义的后缀。¶강의식. =讲义式。❷ '의식(儀式)'(행사를 치르는 일정한 법식. 또는 정하여진 방식에 따라 치르는 행사.)의 뜻을 더하는 접미사. ◆ 表达"仪式"意义的后缀。¶개업식. =开业仪式。

식견(識見)【명사】'학식(學識)'과 '견문(見聞)'이라는 뜻으로, 사물을 분별할 수 있는 능력을 이르는 말. ◆ 名见识，眼界。¶식견이 높다. =眼界很高。

식곤증(食困症)【명사】음식을 먹은 뒤에 몸이 나른해지고 졸음이 오는 증상. ◆ 名食后困倦症。¶식곤증이 오다. =出现了食后困倦症。

식구(食口)【명사】名 ❶ 한집에서 함께 살면서 끼니를 같이하는 사람. ◆ 家庭人口，家人。¶그는 딸린 식구가 많다. =靠他赚钱养活的家人很多。❷ 한 조직에 속하여 함께 일하는 사람을 비유적으로 이르는 말. ◆ 形容同属某一组织的人。¶사무실 식구. =办公室同事。

식기(食器)【명사】음식을 담는 그릇. ◆ 名餐具。¶식기를 씻다. =洗餐具。

식기세척기(食器洗滌機)【명사】식기를 씻어 주는 기계. ◆ 名餐具清洗机。¶식기세척기를 장만하다. =置办餐具清洗机。

식다【동사】动 ❶ 더운 기가 없어지다. ◆ (热气) 凉，冷，凉下来。¶국이 식다. =粥凉了。❷ 어떤 일에 대한 열의나 생각 따위가 줄거나 가라앉다. ◆ (对某事的热情或想法等) 冷却，降温，淡化。¶애정이 식다. =爱意冷却。❸ 땀이 마르거나 더 흐르지 아니하게 되다. ◆ (汗) 落，干。¶바람에 땀이 식다. =汗被风吹干了。

식단(食單)【명사】일정한 기간 동안 먹을 음식의 종류와 순서를 짜 놓은 계획표. ◆ 名食谱。¶식단을 짜다. =做食谱。

식당(食堂)【명사】名 ❶ 건물 안에 식사를 할 수 있게 시설을 갖춘 장소. ◆食堂，餐厅。¶사병 식당. =士兵食堂。❷ 음식을 만들어 손님들에게 파는 가게. ◆ 小饭馆。¶식당을 차리다. =开小饭馆。

식당가(食堂街)【명사】식당이 많이 모여 있는 거리. ◆ 名小吃街。¶그는 사무실 밀집 지역에 있는 식당가에 조그마한 경양식 집을 내기로 했다. =他在位于写字楼聚集区的小吃街上开了一家西式快餐店。

식대(食代)【명사】음식에 대한 값. ◆ 名餐费，饭钱。¶식대를 내다. =交饭钱。

식도(食道)【명사】인두와 위의 사이에 있는 위창자관의 일부. 기관의 뒤쪽을 지나 위의 들문에 이르며, 길이는 약 25cm이다. ◆ 名食道，食管。¶차가운 액체가 식도를 타고 배 속으로 들어갔다. =凉的液体经由食管流进肚子里。

식도락(食道樂)【명사】여러 가지 음식을 두루 맛보는 것을 즐거움으로 삼는 일. ◆ 名美食乐，口福乐。¶식도락을 즐기다. =享受美食之乐。

식도락가(食道樂家)【명사】여러 가지 음식을 두루 맛보는 것을 즐거움으로 삼는 사람. ◆ 名美食家。¶식도락가로 소문난 그는 서안의 유명 음식점을 안 가 본 데가 없다. =被称为美食家的他已经吃遍了西安所有的知名餐饮店。

식량(食糧)【명사】생존을 위하여 필요한 사람의 먹을거리. ◆ 名口粮，粮食。¶식량을 구하다. =寻找粮食。

식료품(食料品)【명사】음식의 재료가 되는 물품. 육류, 어패류, 채소류, 과일류 따위와 같이 주식품 이외의 것을 이른다. ◆ 名食品原料，食品。¶식료품을 사다. =购买食品原料。

식모(食母)【명사】남의 집에 고용되어 주로 부엌일을 맡아 하는 여자. ◆ 名厨娘。¶식모를 살다. =做厨娘。

식목일(植木日)【명사】나무를 많이 심고 아껴 가꾸도록 권장하기 위하여 국가에서 정한 날. 4월 5일이다. ◆ 名植树节。¶나머지 녀석들 중 둘은 식목일에 심은 은행나무의 버팀목을 빼어 들고 달려오는 중이었다. =剩下的家伙中的两个把植树节栽的银杏树的树枝折下来，正举着往这边跑。

식물(植物)【명사】풀, 나무와 같은 스스로의 힘으로 움직일 수 없는 생명체. ◆ 名植物。¶초식동물의 영양 공급원은 식물이다. =植物是食草动物的营养源。

식물성(植物性)【명사】식물에서만 볼 수 있는 고유한 성질. 또는 그런 성질을 지닌 것. ◆ 名植物性。¶순하고 자극 없는 식물성 화장품. =纯净无刺激的植物性化妆品。

식물원(植物園)【명사】식물의 연구나 식물에 관한 지식을 보급하기 위하여 많은 종류의 식물을 모아 기르는 곳. ◆ 名植物园。

식물인간(植物人間)【명사】대뇌의 손상으로 의식과 운동 기능은 상실되었으나 호흡과 소화, 흡수, 순환 따위의 기능은 유지하고 있는 환자. ◆ 名植物人。¶사고로 식물인간이 됐다. =因交通事故，成了植物人。

식민지(植民地)【명사】힘이 센 다른 나라에게 정치적, 경제적으로 지배를 받는 나라. ◆ 名殖民地。

식별(識別)【명사】분별하여 알아봄. ◆ 名识别，识辨，辨认。¶식별 능력을 지니다. =具备识辨能力。● 식별되다(識別--), 식별하다(識別--) ●

식빵(食-)【명사】밀가루에 효모를 넣고 반죽하여 구워 낸 주식용 빵. ◆ 名面包。¶그는 아침으로 식빵에 잼을 발라 먹었다. =他早上在面包上抹上果酱吃。

식사(食事)【명사】끼니로 음식을 먹음. 또는 그 음식. ◆ 名饭菜，饭。¶저녁 식사로 국수를 먹었다. =晚饭吃了面条。● 식사하다(食事--) ●

식상하다(食傷--)【동사】같은 음식이나 사물이 되풀이되어 물리거나 질리다. ◆ 动吃伤，倒胃口。¶우리는 매일 나오는 연예인들에게 식상해 있다. =我们对每天都上电视的艺人已经很倒胃口。

식생활(食生活)【명사】먹는 일이나 먹는 음식에 관한 생활. ◆ 名饮食生活。¶식생활 개선. =改善饮食

生活。

식성(食性)【명사】음식에 대하여 좋아하거나 싫어하는 성미. ◆图胃口，口味。¶식성이 까다롭다. =口味很难伺候。

식솔(食率)【명사】한 집안에 딸린 구성원. ◆图家庭人口，家人。¶식솔을 거느리다. =拖家带口。

식수(食水)【명사】먹을 용도의 물. ◆图饮用水。¶식수를 공급하다. =供给饮用水。

식순(式順)【명사】의식을 진행하는 순서. ◆图仪式流程。¶식순을 짜다. =制订仪式流程。

식습관(食習慣)【명사】음식을 취하거나 먹는 과정에서 저절로 익혀진 행동 방식. ◆图饮食习惯。¶어렸을 때부터 올바른 식습관을 갖게 해 주어야 한다. =从小就应该培养正确的饮食习惯。

식식거리다【동사】숨을 매우 가쁘고 거칠게 쉬는 소리를 잇따라 내다. ◆励气喘吁吁。¶아이는 분을 삭이지 못하고 거친 숨을 식식거리며 서 있다. =小孩还没有消气，气喘吁吁地站着。● 식식대다 ●

식염(食鹽)【명사】먹는 소금. ◆图食盐。¶식염 농도. =食盐浓度。

식염수(食鹽水)【명사】图 ❶ 소금을 녹인 물. ◆盐水。¶미역을 식염수로 염장하다. =用盐水腌制海带。❷ '생리식염수(生理食鹽水)' ◆生理盐水。

식욕(食慾)【명사】음식을 먹고 싶어 하는 욕망. ◆图食欲，胃口。¶식욕 감퇴. =食欲减退。

식용(食用)【명사】먹을 것으로 씀. 또는 그런 물건. ◆图食用。¶식용 개구리. =食用蛙。● 식용하다(食用--) ●

식용유(食用油)【명사】음식을 만드는 데 사용하는 기름. ◆图食用油。¶새우를 식용유에 튀기다. =将虾放入食用油中炸。

식은땀【명사】图 ❶ 몸이 쇠약하여 덥지 아니하여도 병적으로 나는 땀. ◆冷汗，虚汗。¶그의 할아버지는 일을 하려고 기를 썼지만 무슨 중병이라도 깊이 안은 듯 식은땀만 쏟을 뿐 기운을 쓰지 못했다. =他的爷爷好像得了什么重病似的，想努力做事，却直冒冷汗无法用力。❷ 몹시 긴장하거나 놀랐을 때 흐르는 땀. ◆冷汗。¶식은땀이 나다. =出冷汗。

식음(食飮)【명사】먹고 마심. 또는 그런 일. ◆图饮食，吃喝。¶식음을 놓다. =摆放饮食。

식이 요법(食餌療法)【명사】식물의 품질, 분량 따위를 조절하여서 직접 질병을 치료하거나 예방하고 장기(臟器)를 보호하면서 전신의 영양을 완전하게 하는 방법. ◆图食疗，营养疗法。¶적당한 운동과 식이 요법으로 건강을 회복하였다. =由于适当的运动和营养疗法，他恢复健康了。

식인종(食人種)【명사】사람을 잡아먹는 풍습을 가진 미개 인종. ◆图食人种族。¶굶주림을 면하기 위해서 그는 사람까지 잡아먹을 식인종이 되었을 것이다. =为了摆脱饥饿，他连人都抓来吃，成为了食人族。

식장(式場)【명사】식을 거행하는 장소. ◆图 (举行仪式的)会场，礼堂。¶그는 아직 결혼할 식장을 잡지 못했다. =他还没有选好举行结婚仪式的会场。

식전(食前)【명사】图 ❶ 식사하기 전. ◆饭前。¶의사는 약을 식전에 먹으라고 하였다. =医生嘱咐饭前服用药品。❷ 아침밥을 먹기 전이란 뜻으로, 이른 아침을 이르는 말. ◆大清早，早饭前。¶식전부터 웬 수선이냐? =大清早吵什么呢?

식중독(食中毒)【명사】음식물 가운데 함유된 유독 물질의 섭취로 생기는 급성 소화 기관 병. ◆图食物中毒。¶식중독을 일으키다. =引起食物中毒。

식초(食醋)【명사】액체 조미료의 하나. 약간의 초산이 들어 있어 신맛이 난다. ◆图醋。¶음식에 식초를 치다. =将醋放入食物中。

식충(食蟲)【명사】밥만 먹고 하는 일 없이 지내는 사람을 비난조로 이르는 말. ◆图饭桶，酒囊饭袋。¶너, 식충이니? 하고많은 날 밥만 축내고 잠만 자게. =你是饭桶吗? 一天到晚就知道吃饭、睡觉。

식칼(食-)【명사】부엌에서 쓰는 칼. ◆图菜刀。¶식칼로 감자를 썰다. =用菜刀切马铃薯。

식탁(食卓)【명사】음식을 차려 놓고 둘러앉아 먹게 만든 탁자. ◆图饭桌，餐桌。¶음식을 식탁에 차리다. =将食物放置在餐桌上。

식탁보(食卓褓)【명사】식탁에 까는 널따란 보자기. ◆图 (餐桌)台布，桌布。¶식탁보를 깔다. =铺桌布。

식탐(食貪)【명사】음식을 탐냄. ◆图贪食，贪吃。¶식탐이 많다. =很贪食。

식품(食品)【명사】사람이 일상적으로 섭취하는 음식물을 통틀어 이르는 말. ◆图食品。¶식품 가공. =食品加工。

식혜(食醯)【명사】엿기름을 우린 물에 밥알을 말아 삭힌 다음 설탕을 넣어 끓이고 차게 식혀서 먹는 한국의 전통 음료. ◆图甜酒。¶실백을 띄운 식혜를 한 사발 들이켜다. =喝了一碗飘着松子的甜酒。

식후(食後)【명사】밥을 먹은 뒤. ◆图吃饭之后，饭后。¶식후의 나른한 식곤증. =饭后犯困的症状。

식히다【동사】励 ❶ 더운 기가 없어지게 하다. ◆冷却，使凉快。¶끓인 물을 식히다. =冷却开水。❷ 땀이 마르거나 더 흐르지 아니하게 하다. ◆使消汗。¶조금 쉬면서 땀을 식히고 나서 계속 합시다. =歇一会儿，等消了汗再接着干吧。❸ 어떤 일에 대한 열의나 생각 따위가 줄거나 가라앉히다. ◆使冷静，使平静。¶열정을 식히다. =使热情冷却。

신[1](神)【명사】종교의 대상으로 초인간적, 초자연적 위력을 가지고 인간에게 화복을 내린다고 믿어지는 존재. ◆图神，天神。¶신의 조화. =神的造化。

신[2]【명사】땅을 딛고 서거나 걸을 때 발에 신는 물건을 통틀어 이르는 말. ◆图鞋。¶신을 신다. =穿鞋。

신[3]【명사】어떤 일에 흥미나 열성이 생겨 매우 좋아진 기분. ◆图劲头，兴致。¶아이는 신이 나서 손뼉을 쳤다. =孩子高兴地拍起了手。

신[4](新)-【접사】'새로운'의 뜻을 더하는 접두사. ◆前缀新，新的。

신간(新刊)【명사】책을 새로 간행함. 또는 그 책. ◆图新刊。¶신간 안내. =新刊导读。

신격화(神格化)【명사】어떤 대상을 신의 자격을

가진 것으로 만듦. ◆ 名神化。¶개인의 신격화. =个人的神化。● 신격화되다(神格化--), 신격화하다(神格化--) ●

신경(神經)【명사】 名 ❶ 생신경 세포의 돌기가 모여 결합 조직으로 된 막에 싸여 끈처럼 된 구조. ◆ 神经。¶신경을 자극하다. =刺激神经。❷ 어떤 일에 대한 느낌이나 생각. ◆ (形容对于某些事情的)感受或想法。¶신경이 무디다. =反应迟钝。

신경계(神經系)【명사】 뇌와 몸속의 각 부분을 연결하여 몸의 안팎에서 일어나는 변화로 인한 자극을 빠르게 전달하고 그에 대한 반응을 하는 기관. ◆ 名神经系统。

신경과민(神經過敏)【명사】 미약한 자극에도 민감한 반응을 보이는 신경 계통의 불안정한 상태. ◆ 名神经过敏。

신경성(神經性)【명사】 신경 계통의 이상으로 인하여 어떤 병이나 증세가 나타나는 성질. ◆ 名神经性。¶신경이 예민한 사람일수록 신경성 위장병에 걸릴 확률이 높다. =越是神经敏感的人患神经性胃病的几率越高。

신경 쇠약(神經衰弱)【명사】 신경이 계속 자극을 받아서 피로가 쌓여 생기는 여러 가지 질병. ◆ 名神经衰弱。

신경전(神經戰)【명사】 名 ❶ 모략, 선전 따위로 적의 신경을 피로하게 하고 사기를 잃게 하는 전술. 또는 그런 싸움. ◆ 心理战。❷ 경쟁 관계에 있는 개인이나 단체 사이에서, 말이나 행동으로써 상대편의 신경을 자극하는 일. 또는 그런 싸움. ◆ 经济关系中的心理战。¶회견장에서 각 신문사의 기자들은 서로 좋은 자리를 차지하려고 신경전을 펼쳤다. =会场上各报社的记者为了抢占好位置而明争暗斗。

신경질(神經質)【명사】 신경이 너무 예민하거나 섬약하여 사소한 일에도 자극되어 곧잘 흥분하는 성질. 또는 그런 상태. ◆ 名神经质，神经过敏。¶신경질을 내다. =发神经。

신경통(神經痛)【명사】 말초 신경이 자극을 받아 일어나는 통증. ◆ 名神经痛。¶신경통을 앓다. =患上了神经痛。

신고(申告)【명사】 名 국민이 법령의 규정에 따라 행정 관청에 일정한 사실을 진술·보고함. ◆申报。¶습득물 신고. =拾物申报。● 신고되다(申告--), 신고하다(申告--) ●

신교(新教)【명사】 16세기 종교 개혁의 결과로 로마 가톨릭에서 떨어져 나와 성립된 종교 단체 또는 그 분파를 통틀어 이르는 말. ◆ 名新教。

신구(新舊)【명사】 새것과 헌것을 아울러 이르는 말. ◆ 名新旧。¶신구의 대립. =新旧对立。

신권(新券)【명사】 새로이 발행한 지폐. ◆ 名新发行的纸币。¶거기에는 막 발행한 신권 원화들이 가득 담겨 있었다. =那里装满了刚发行的新币。

신규(新規)【명사】 새로운 규칙이나 규정. ◆ 名新规定。¶신규 채용. =施行新规定。

신기(神技)【명사】 매우 뛰어난 기술이나 재주. ◆ 名神奇的技艺，出众的才干。¶그의 연주는 신기에 가까울 정도이다. =他的演奏出神入化。

신기다【동사】 '신다'(신, 버선, 양말 따위를 발에 꿰다.)의 사동형. ◆ 动给……穿。¶엄마는 아이에게 신발을 신겼다. =妈妈给小孩穿上了鞋。

신기록(新記錄)【명사】 기존의 기록보다 뛰어난 새로운 기록. ◆ 名新纪录。¶신기록 보유자. =新纪录保持者。

신기루(蜃氣樓)【명사】 名 ❶ 대기 속에서 빛의 굴절 현상에 의하여 공중이나 땅 위에 무엇이 있는 것처럼 보이는 현상. ◆ 海市蜃楼。¶신기루가 보이다. =看到了海市蜃楼。❷ 공중누각(空中樓閣).(공중에 떠 있는 누각이라는 뜻으로, 아무런 근거나 토대가 없는 사물이나 생각을 비유적으로 이르는 말). ◆ 空中楼阁。❸ 홀연히 나타나 짧은 시간 동안 유지되다가 사라지는 아름답고 환상적인 일이나 현상 따위를 비유적으로 이르는 말. ◆〈喻〉突然出现并短暂维持的美景或好事。

신기원(新紀元)【명사】 새로운 기원. 또는 그것으로 시작된 새로운 시대. ◆ 名新纪元，新时代。¶신기원을 이루다. =形成新纪元。

신기하다[1](神奇--)【형용사】 믿을 수 없을 정도로 색다르고 놀랍다. ◆ 形神奇，新奇。¶신기한 일. =神奇的事。

신기하다[2](新奇--)【형용사】 새롭고 기이하다. ◆ 形新奇，奇特。¶아이는 눈에 비치는 모든 것이 신기했다. =孩子觉得所有映入眼帘的事物都好神奇。

신년(新年)【명사】 새로 시작되는 해. ◆ 名新年。¶신년 인사. =新年问候。

신념(信念)【명사】 굳게 믿는 마음. ◆ 名信念。¶신념이 흔들리다. =信念动摇。

신다【동사】 신·버선·양말 따위를 발에 꿰다. ◆ 动穿(鞋、袜子等)。¶신을 신다. =穿鞋。

신대륙(新大陸)【명사】 넓은 의미로 남북아메리카 대륙 및 오스트레일리아 대륙을 이르는 말. ◆ 名新大陆。

신데렐라(Cinderella)【명사】 名 ❶ 동화에 나오는 여주인공. ◆ 灰姑娘。❷ 하루아침에 고귀한 신분이 되거나 유명하게 된 여자를 비유적으로 이르는 말. ◆〈喻〉爆红、一夜成名的女性。¶가요계의 신데렐라로 떠오르다. =在歌坛一夜爆红。

신도(信徒)【명사】 어떤 일정한 종교를 믿는 사람. ◆ 名信徒。¶이 교회는 신도 수가 많다. =这个教会的信徒众多。

신동(神童)【명사】 재주와 슬기가 남달리 특출한 아이. ◆ 名神童。¶그는 세 살 때 글을 읽어 신동으로 불렸다. =他3岁的时候就能诵读文章，被称为神童。

신드롬(syndrome)【명사】 어떤 것을 좋아하는 현상이 전염병과 같이 전체를 휩쓸게 되는 현상. ◆ 名症候群，综合症。¶스타 신드롬. =追星综合症。

신들리다(神---)【동사】 사람에게 초인간적인 영적인 존재가 들러붙다. ◆ 动神灵附身，神灵附体。¶피아노를 연주하는 그녀의 모습은 마치 신들린 것처럼 보였다. =弹奏钢琴的女孩有如神助。

신랄하다(辛辣--)【형용사】 形 ❶ 맛이 아주 쓰고 맵다. ◆ 辣，辛辣。❷ 사물의 분석이나 비평 따위가 매우 날카롭고 예리하다. ◆ 尖锐，尖酸，尖刻，刻薄。¶신랄한 비판. =尖锐的批评。● 신랄히(辛辣-) ●

신랑(新郎)【명사】갓 결혼하였거나 결혼하는 남자. ◆ 图新郎。¶신랑을 맞이하다. =迎新郎。● 신랑감(新郎-) ●

신령(神靈)【명사】무당이 몸주로 받아들인 신. ◆ 图附于巫堂体内的神。¶신장대를 휘두르며 신령의 강림을 비는 늙은 무당의 열띤 동작처럼 지성스럽고 재빠르게 호미를 놀렸다. =他就像挥舞着巫术棍祈求神灵降临的老巫师一样虔诚快速地挥动着锄头。

신령스럽다(神靈---)【형용사】보기에 신기하고 영묘한 데가 있다. ◆ 形神奇。¶호랑이는 신령스러운 동물이다. =老虎是神奇的动物。

신록(新綠)【명사】늦봄이나 초여름에 새로 나온 잎의 푸른빛. ◆ 图新绿。¶신록의 계절. =新绿萌发的季节。

신뢰(信賴)【명사】굳게 믿고 의지함. ◆ 图信赖，信任。¶신뢰를 느끼다. =感到信任。● 신뢰하다(信賴--) ●

신뢰도(信賴度)【명사】통계에서 어떠한 값이 알맞은 모평균이라고 믿을 수 있는 정도. ◆ 图信赖度。

신맛【명사】식초와 같은 맛. ◆ 图酸味。¶신맛이 나다. =发出酸味。

신망(信望)【명사】믿고 기대함. 또는 그런 믿음과 덕망. ◆ 图威望，威信，声望。¶신망을 얻다. =获得声望。

신명[1]【명사】흥겨운 신이나 멋. ◆ 图兴头，兴致，情趣。¶신명이 나다. =兴致勃勃。

신명[2](神明)【명사】图 ❶ '신명하다'(신령스럽고 이치에 밝다)의 어근. ◆ "신명하다"（明智如神）的词根。❷ 천지(天地)의 신령. ◆（天地间的）神明，神灵。¶천지 신명께 빌다. =向天地神明祈祷。

신명[3](身命)【명사】몸과 목숨을 아울러 이르는 말. ◆ 图生命。¶신명을 바치다. =献出生命。

신문[1](新聞)【명사】图 ❶ 사회에서 발생한 사건에 대한 사실이나 해설을 널리 신속하게 전달하기 위한 정기 간행물. ◆ 报，报刊。¶신문 한 부. =一份报刊。❷ 신문지(신문 기사를 실은 종이). ◆ 报纸。¶신문을 펴서 바닥에 깔다. =把报纸摊开铺在地上。

신문[2](訊問)【명사】图 ❶ 알고 있는 사실을 캐어물음. ◆ 追问，刨根问底。❷ 법원이나 기타 국가 기관이 어떤 사건에 관하여 증인, 당사자, 피고인 등에게 말로 물어 조사하는 일. ◆ 审讯嫌疑人。● 신문하다(訊問--) ●

신문 기자(新聞記者)【명사】신문에 실을 자료를 수집, 취재, 집필, 편집하는 사람. ◆ 图报刊记者。

신문사(新聞社)【명사】신문을 발행하는 회사. ◆ 图报社。¶신문사에 기자로 취직하다. =到报社担任记者。

신문지(新聞紙)【명사】신문 기사를 실은 종이. ◆ 图报纸。¶신문지에 싸다. =用报纸包裹。

신물【명사】图 ❶ 음식에 체하였을 때 트림과 함께 위에서 목으로 넘어오는 시척지근한 물. ◆（胃中的）酸水。¶신물이 올라오다. =反酸水。❷ 지긋지긋하고 진절머리 나는 생각이나 느낌. 또는 그런 반응. ◆ 发憷，起鸡皮疙瘩。¶신물이 나다. =发憷。

신바람【명사】신이 나서 우쭐우쭐하여지는 기운. ◆ 图劲头，兴致。¶신바람이 나다. =来劲，兴高采烈。

신발【명사】집 밖에서 서거나 걸을 때 발을 보호하기 위해 신는 물건. ◆ 图鞋。¶신발 두 켤레. =两双鞋。

신발장(--欌)【명사】신발을 넣어 두는 가구. ◆ 图鞋柜。¶신발을 신발장에 넣다. =把鞋放入鞋柜。

신방(新房)【명사】图 ❶ 신랑, 신부가 첫날밤을 치르도록 새로 차린 방. ◆ 洞房。❷ 신랑, 신부가 거처하도록 새로 꾸민 방. ◆ 新房，爱巢。¶그래 신방은 구했니? 요즘 방 구하기가 쉽지 않다는데 말이야. =那么，找到新房了吗? 现在找房子可不容易啊。

신변(身邊)【명사】몸과 몸의 주위. ◆ 图身边，人身。¶신변에 위험을 느끼다. =感受到了身边的危险。

신병[1](新兵)【명사】새로 입대한 병사. ◆ 图新兵，新入伍的兵。¶신병들을 훈련시키다. =训练新兵。

신병[2](身柄)【명사】보호나 구금의 대상이 되는 본인의 몸. ◆ 图（受保护或监禁的对象的）人身。

신봉(信奉)【명사】사상이나 학설, 교리 따위를 옳다고 믿고 받듦. ◆ 图信奉，崇奉 。¶계율의 신봉. =信奉戒律。● 신봉하다(信奉--) ●

신부[1](神父)【명사】주교 다음가는 성직자. 성사를 집행하고 미사를 드리며 강론을 한다. ◆ 图神父。

신부[2](新婦)【명사】갓 결혼하였거나 결혼하는 여자. ◆ 图新娘。¶신부 화장을 하다. =化新娘妆。● 신부감 ●

신분증(身分證)【명사】신분증명서.(관청이나 회사, 학교 등에서 각기 소속된 사람임을 증명하는 문서). ◆ 图身份证。¶신분증을 제시하다. =出示身份证。

신비(神秘)【명사】일이나 현상 따위가 사람의 힘이나 지혜 또는 보통의 이론이나 상식으로는 도저히 이해할 수 없을 만큼 신기하고 묘함. 또는 그런 일이나 비밀. ◆ 图神秘，玄妙 。¶우주의 신비. =宇宙的奥秘。● 신비하다(神秘--) ●

신비롭다(神秘--)【형용사】사람의 힘이나 지혜가 미치지 못할 정도로 신기하고 묘한 느낌이 있다. ◆ 形神奇的，神秘的，玄妙的。¶아름답고 신비로운 이야기. =美丽又神秘的故事。

신빙성(信憑性)【명사】믿어서 근거나 증거로 삼을 수 있는 정도나 성질. ◆ 图可靠性，信誉度。¶신빙성이 높다. =信誉度高。

신사(紳士)【명사】图 ❶ 사람됨이나 몸가짐이 점잖고 교양이 있으며 예의 바른 남자. ◆ 绅士。¶중년 신사. =中年绅士。❷ 보통 남자를 대접하여 이르는 말. ◆ 先生，男士。¶신사 네 명과 숙녀 세 명이 가고 있다. =四位男士和三位女士正在去的路上。

신사복(紳士服)【명사】남자들이 평상시에 입는 양복. 저고리, 조끼, 바지가 한 벌을 이룬다. ◆ 图西

服，绅士(西)服。¶신사복 두 벌. =两套西服。

신상(身上)【명사】한 사람의 몸이나 처신, 또는 그의 주변에 관한 일이나 형편. ◆图身份，个人情况。¶신상 발언. =个人情况发言。

신생(新生)【명사】사물이 새로 생김. ◆图新生，新出现的。¶신생 기업. =新生企业。

신생대(新生代)【명사】중생대에 이어지는 가장 새로운 지질 시대. ◆图新生代。

신생아(新生兒)【명사】갓난아이(태어난 지 얼마 되지 아니한 아이). ◆图新生儿。¶생후 이 주일이 겨우 지난 신생아여서 외부 공기에 노출시키기에는 아직은 퍽 조심스럽기 때문이다. =刚出生两周的孩子，暴露在外部空气中要十分小心。

신석기 시대(新石器時代)【명사】문화 발전 단계에서 구석기 시대의 다음, 금속기 사용 이전의 시대. ◆图新石器时代。

신선(神仙)【명사】도(道)를 닦아서 현실의 인간 세계를 떠나 자연과 벗하며 산다는 상상의 사람. ◆图神仙，仙人。¶신선이 노니는 선경. =神仙游玩的仙境。

신선놀음(神仙--)【명사】신선처럼 아무 걱정이나 근심 없이 즐겁고 평안하게 지낸다는 뜻으로, 하여야 할 일을 다 잊고 어떤 놀이에 열중함을 이르는 말. ◆图快乐似神仙，飘飘欲仙。¶샘물에 발을 담그고 대나무 침대에서 낮잠을 자고 나니 그야말로 신선놀음이 부럽지 않았다. =在溪水中洗涤双脚，在竹床上睡着午觉，过上了这样的日子，就会连神仙也不再羡慕。

신선도(新鮮度)【명사】신선한 정도. ◆图新鲜度。¶음식은 냉장고에 보관해야 신선도가 오래 유지된다. =食物只有放在冰箱里才能保持其新鲜程度。

신선하다(新鮮--)【형용사】形 ❶ 새롭고 산뜻하다. ◆ 新鲜，清新，清凉，清爽。¶신선한 바람. =清凉的风。❷ 채소나 과일, 생선 따위가 싱싱하다. ◆(蔬菜或水果等)新鲜。¶제철에 나는 신선한 과일을 먹는 것이 맛도 좋고 영양가도 많다. =应季的新鲜水果不但吃起来味道好，而且营养价值高。

신설(新設)【명사】새로 설치하거나 설비함. ◆图新设，新建。¶신설 고등학교. =新建的高中。● 신설되다(新設--), 신설하다(新設--) ●

신성불가침(神聖不可侵)【명사】신성하여 함부로 침범할 수 없음. ◆图神圣不可侵犯。¶신성불가침 조약. =神圣不可侵犯的条约。

신세[1](身世/身勢)【명사】주로 불행한 일과 관련된 일신상의 처지와 형편. ◆图身世，处境，自身的情况。¶한순간의 실수로 인해 신세를 망치다. =哪怕一瞬间的失误也会伤到自己。

신세[2](身世)【명사】다른 사람에게 도움을 받거나 폐를 끼치는 일. ◆图欠人家的情，给别人添麻烦。¶신세를 끼치다. =添麻烦。

신세계(新世界)【명사】图 새롭게 생활하거나 활동하는 장소. 또는 새로운 경치. ◆ 新世界 ，新景象，新气象。¶신세계가 열리다. =开启新世界。

신세대(新世代)【명사】새로운 세대. 흔히 20대 이하의 젊은 세대를 이른다. ◆图新一代。¶신세대 여성. =新时代的女性。

신세타령(身世--)【명사】자신의 불행한 신세를 넋두리하듯이 늘어놓는 일. 또는 그런 이야기. ◆图苦难的身世，痛苦的遭遇。¶그녀는 사람들만 보면 자신의 신세타령에 시간 가는 줄 모른다. =她只要遇见一个人，就会不停地诉说自己痛苦的遭遇。

신소재(新素材)【명사】종래의 재료에는 없는 뛰어난 특성을 지닌 소재를 통틀어 이르는 말. ◆图新素材，新材料。¶재활용이 가능한 신소재. =可以再利用的新材料。

신속하다(迅速--)【형용사】매우 날쌔고 빠르다. ◆ 形迅速，快速。¶신속하게 행동하다. =迅速地行动。● 신속히(迅速-) ●

신수(身手)【명사】图 ❶ 용모와 풍채를 통틀어 이르는 말. ◆ 仪表，仪容，风貌。¶신수가 멀끔하다. =仪表整洁。❷ 얼굴에 나타난 건강 색. ◆ 气色，脸色。¶신수가 피다. =气色好转。

신식(新式)【명사】새로운 방식이나 형식. ◆图新式。¶신식으로 결혼식을 올리다. =办了一场新式婚礼。

신신당부(申申當付)【명사】거듭하여 간곡히 하는 당부. ◆图叮咛，叮嘱，千叮万嘱。¶가서 몸조심하라는 어머니의 신신당부의 말씀이 있으셨다. = 妈妈叮嘱我去以后注意身体。● 신신당부하다(申申當付--) ●

신앙(信仰)【명사】믿고 받드는 일. ◆图信仰，信念。¶신앙을 가지다. =有信仰。

신앙심(信仰心)【명사】신이나 초자연적 절대자를 믿고 따르는 마음. ◆图信仰心。¶신앙심이 깊다. =坚定的信仰心。

신약 성서(新約聖書)【명사】신약 성경. 예수 탄생 후의 하나님의 계시를 기록한 기독교의 성전. ◆图《新约圣经》。

신열(身熱)【명사】병으로 인하여 오르는 몸의 열. ◆图发热，发烧。¶신열에 시달리다. =饱受发烧折磨。

신예(新銳)【명사】새롭고 기세나 힘이 뛰어남. 또는 그런 사람. ◆图新锐，新秀，新星。¶신예 작가. =新锐派作家。

신용(信用)【명사】图 ❶ 사람이나 사물이 틀림없다고 믿어 의심하지 아니함. 또는 그런 믿음성의 정도. ◆ 信用，信誉，信誉度。¶신용이 떨어지다. =信誉度下降。❷ 물건이나 돈을 먼저 받고 대가를 나중에 지불할 수 있는 능력. 또는 그 능력이 있다고 인정되는 상황. ◆ 信誉。

신용 카드(信用)【명사】상품이나 서비스의 대금 지급을 은행이 보증하여 일정 기간 뒤에 지급할 수 있도록 하는, 신용 판매 제도에 이용되는 카드. ◆图信用卡。

신음(呻吟)【명사】앓는 소리를 냄. 또는 그 소리. ◆图呻吟。¶신음 소리. =呻吟的声音。

신의(信義)【명사】믿음과 의리를 아울러 이르는 말. ◆图信义。¶신의를 저버리다. =背信弃义。

신인(新人)【명사】예술계나 체육계 따위와 같은 분야에 새로 등장한 사람. ◆ 名 (艺术或体育界的)新人。¶신인 가수. =新人歌手。

신임[1](新任)【명사】새로 임명되거나 새로 취임함. 또는 그 사람. ◆ 名新上任，新上任的人。¶신임 감독. =新上任的导演。

신임[2](信任)【명사】믿고 일을 맡김. 또는 그 믿음. ◆ 名信任。¶신임을 얻다. =获得信任。● 신임하다(信任--) ●

신입(新入)【명사】어떤 모임이나 단체에 새로 들어옴. ◆ 名新进，新入。¶신입 사원. =新进社员。

신입생(新入生)【명사】새로 입학한 학생. ◆ 名新生。¶신입생을 모집하다. =招收新生。

신자(信者)【명사】종교를 믿는 사람. ◆ 名信者，信徒。¶불교 신자. =佛教信徒。

신작로(新作路)【명사】새로 만든 길이라는 뜻으로, 자동차가 다닐 수 있을 정도로 넓게 새로 낸 길을 이르는 말. ◆ 名新公路。¶신작로가 뚫리다. =开通新路。

신장(-欌)【명사】신을 넣어 두는 장. ◆ 名鞋柜。¶나는 신장에서 구두를 꺼내 신었다. =我从鞋柜中拿出鞋穿上。

신장[1](身長/身丈)【명사】키. ◆ 名个子，身高。¶신장이 크다. =个子很高。

신장[2](伸張)【명사】세력이나 권리 따위가 늘어남. 또는 늘어나게 함. ◆ 名扩张。¶국력의 신장. =国力扩张。● 신장되다(伸張--), 신장하다(伸張--) ●

신장[3](腎臟)【명사】콩팥(척추동물의 비뇨 기관과 관련된 장기의 하나). ◆ 名肾脏。

신장염(腎臟炎)【명사】신장에 생기는 염증. ◆ 名肾炎。

신전(神殿)【명사】신령을 모신 전각(殿閣). ◆ 名神殿，神庙。¶성스러운 신전. =神圣的神庙。

신정(新正)【명사】양력 1월 1일. ◆ 名元旦。

신제품(新製品)【명사】새로 만든 물건. ◆ 名新产品，新品，新货。¶신제품 개발. =新产品开发。

신조(信條)【명사】굳게 믿어 지키고 있는 생각. ◆ 名信条，信仰。¶검약과 근면을 신조로 삼다. =以节约和勤勉为信条。

신조어(新造語)【명사】새로 생긴 말. 또는 새로 귀화한 외래어. ◆ 名新词，新造词。

신종(新種)【명사】名 ❶ 새로 발견되었거나 또는 새롭게 개량한 생물의 품종. ◆ 新物种，新品种。¶신종 사업. =新物种项目。❷ 새로운 종류. ◆ 新产品，新品种，新品。¶신종을 개발하다. =开发新产品。

신주(神主)【명사】죽은 사람의 위패. 대개 밤나무로 만드는데, 길이는 여덟 치, 폭은 두 치가량이고, 위는 둥글고 아래는 모지게 생겼다. ◆ 名灵牌，牌位。¶신주를 모시다. =供奉灵牌。

신중하다(愼重--)【형용사】매우 조심스럽다. ◆ 形慎重，谨慎，小心。¶신중한 태도. =谨慎的态度。● 신중히(愼重-) ●

신진대사(新陳代謝)【명사】생물체가 섭취한 영양물을 몸 안에서 분해하고 합성하여 몸에 필요한 물질이나 에너지를 만들고 불필요한 물질을 몸 밖으로 내보내는 작용. ◆ 名新陈代谢，代谢。¶신진대사가 활발하다. =新陈代谢活跃。

신참(新參)【명사】단체나 부류에 새로 참가하거나 들어옴. 또는 그런 사람. ◆ 名新，新进，新来；新兵，新人。¶신참 장교. =新军官。

신청(申請)【명사】단체나 기관에 어떠한 일이나 물건을 알려 청구함. ◆ 名申请，报名。¶신청을 받아들이다. =接受申请。● 신청되다(申請--), 신청하다(申請--) ●

신청서(申請書)【명사】관청이나 기관, 단체에 대하여 어떤 사항을 요청하는 뜻을 나타내는 문서. ◆ 名申请表，报名表。¶신청서를 배부하다. =分发申请表。

신체(身體)【명사】사람의 몸. ◆ 名身体，人身。¶신체의 자유. =人身自由。

신체검사(身體檢査)【명사】건강 상태를 알기 위하여 신체의 각 부분을 검사하는 일. ◆ 名身体检查，体检。¶나는 공개 채용 시험에 합격했지만 신체검사에서 떨어졌다. =我公开招聘考试合格，但体检不合格。

신축(新築)【명사】건물 따위를 새로 만듦. ◆ 名新建，新盖，新筑。¶종합 병원의 신축을 기념하다. =纪念综合医院的新建。● 신축되다(新築--), 신축하다(新築--) ●

신축성(伸縮性)【명사】名 ❶ 물체가 늘어나고 줄어드는 성질. ◆ 伸缩性，弹性。¶이 운동복은 신축성이 좋은 옷감으로 만들어졌다. =这种运动服是用弹性很好的面料做成的。❷ 일의 형편에 따라 적절하게 대처할 수 있는 성질. ◆ 伸缩性，弹性，灵活性。¶신축성을 발휘하다. =发挥灵活性。

신춘문예(新春文藝)【명사】매해 봄마다 신문사에서 아마추어 작가들을 대상으로 벌이는 문예 경연 대회. ◆ 名新春文艺，新春文艺大奖赛(韩国新闻机构每年春天针对业余作家组织的征文大赛)。¶신춘문예 당선자. ="新春文艺"获奖者。

신출귀몰(神出鬼沒)【명사】귀신같이 나타났다가 사라진다는 뜻으로, 그 움직임을 쉽게 알 수 없을 만큼 자유자재로 나타나고 사라짐을 비유적으로 이르는 말. ◆ 名神出鬼没，神龙见首不见尾。¶그는 신출귀몰의 행적으로 사람들을 놀라게 한다. =他的行动神出鬼没，令人震惊。● 신출귀몰하다(神出鬼沒--) ●

신출내기(新出--)【명사】어떤 일에 처음 나서서 일이 서투른 사람. ◆ 名新手，新人，新来的。¶신출내기가 뭘 제대로 알겠나? =新人知道什么?

신토불이(身土不二)【명사】몸과 땅은 둘이 아니고 하나라는 뜻으로, 자기가 사는 땅에서 산출한 농산물이라야 체질에 잘 맞음을 이르는 말. ◆ 名身土不二(强调"爱我农产，爱我农业，爱我农村"，后来演变成鼓励韩国人使用国货的思想)。

신통력(神通力)【명사】무슨 일이든지 해낼 수 있는 영묘하고 불가사의한 힘이나 능력. 불교에서는 선정(禪定)을 수행함으로써 이를 얻을 수 있다고 한다. ◆ 图神通，法力。¶신통력을 부리다. =大显神通。

신통하다(神通--)【형용사】形 ❶ 신기할 정도로 묘하다. ◆ 神奇，非同寻常，奇迹般的。¶그 성우의 목소리는 대통령과 신통하게 닮았다. =那个配音演员的声音和总统的声音非常像。❷ 효험이 빠르고 훌륭하다. ◆ (效果)灵，灵验，有效。¶이 약은 위장병에 신통하게 잘 듣는다. =这种药对胃病非常有效。❸ 신묘하게 아는 것이 깊고 통달하다. ◆ 精通。¶하도 시문이 신통하다니 글재주 한번 시험해 볼까? =听说你精通诗文，要不要展示一下文采? ❹ 별다른 데가 있거나 마음에 들 만큼 마땅하고 좋다. ◆ 好，令人满意。¶응모작은 많으나 신통해 보이는 것은 없다. =参评作品很多，但没有什么令人满意的。❺ 칭찬해 줄 만큼 대견하고 싹싹하다. ◆ 神，厉害，能干。¶어린것이 참 신통하기도 하지. =小家伙真棒!

신트림【명사】시큼한 냄새나 신물이 목구멍으로 넘어오면서 나는 트림. ◆ 图 (酸饱)嗝儿。

신파극(新派劇)【명사】시대의 풍속, 사랑, 슬픈 이야기 등을 내용으로 하는 대중적인 연극. ◆ 图 新派剧。

신판(新版)【명사】图 ❶ 책의 내용이나 체재를 새롭게 한 판. 또는 그렇게 만든 책. ◆ (书的)新版本，新版。¶원본과 신판 춘향전을 비교하다. =对比旧版和新版的《春香传》。❷ 과거에 있던 어떤 사실이나 인물, 작품 따위와 일치하는 새로운 사물이나 인물. ◆ (作品等的)翻版，再现，再世。¶그 사람 하는 양이 신판 놀부로구나. =他表现出的样子简直是孬夫的翻版啊。

신품(新品)【명사】새로운 물건. ◆ 图新的，新物品。¶이 냉장고는 신품과 다름없이 깨끗하다. =这个冰箱和新的一样干净。

신하(臣下)【명사】임금을 섬기어 벼슬하는 사람. ◆ 图大臣，臣子。¶왕의 뜻을 잘 받드는 것이 신하의 도리이다. =遵循王的命令，是臣子的本分。

신학(神學)【명사】신이 인간과 세계에 대하여 맺고 있는 관계와 신을 연구하는 학문. 대개는 기독교 교리 및 신앙생활의 윤리를 연구하는 학문을 이른다. ◆ 图神学。

신학교(神學校)【명사】신학 교육을 통하여 교직자를 양성하는 고등 교육 기관. ◆ 图 神学学校。

신학기(新學期)【명사】새로 맞이하는 학기. ◆ 图新学期。¶신학기를 맞다. =迎接新学期。

신형(新型)【명사】새로운 유형이나 형태. ◆ 图新型，新式，新款。¶신형 냉장고를 구입하다. =购买新型冰箱。

신호(信號)【명사】图 ❶ 일정한 부호, 표지, 소리, 몸짓 따위로 특정한 내용 또는 정보를 전달하거나 지시를 함. 또는 그렇게 하는 데 쓰는 부호. ◆ 信号，号令，命令。¶그는 고개를 끄덕거리며 철조망을 넘어가도 좋다는 신호를 보내왔다. =他点点头，发出了可以翻过铁丝网的信号。❷ 전화나 무전기 따위가 울리는 소리. ◆ (电话、无线电)信号。¶떨어진 수화기 속에서 가늘게 신호 가는 소리가 들렸다. =掉落的话筒里传来微小的接通了的声音。❸ 일이나 사건 따위의 출발점. ◆ 信号，起点。¶누군가가 박수를 쳤다. 그것이 신호가 되어 한동안 교실 안은 박수의 소용돌이가 되었다. =不知道是谁拍了下手。这就像一个信号，教室里随之掌声如潮。● 신호하다(信號--) ●

신호등(信號燈)【명사】도로에서 색이 있는 불빛으로 자동차나 사람의 통행을 지시하는 장치. ◆ 图 (道路交通)信号灯。¶신호등이 바뀌다. =信号灯变了。

신혼(新婚)【명사】갓 결혼함. 또는 새로 결혼함. ◆ 图新婚。¶신혼의 살림. =新婚生活。

신혼부부(新婚夫婦)【명사】갓 결혼한 부부. ◆ 图新婚夫妇。¶요즈음 신혼부부를 위한 가전제품들이 잘 팔리고 있다. =最近面向新婚夫妇的家电产品很畅销。

신혼여행(新婚旅行)【명사】결혼식을 마치고 신혼부부가 함께 가는 여행. ◆ 图新婚旅行，蜜月旅行，度蜜月。¶신혼여행을 떠나다. =去新婚旅行。

신화(神話)【명사】图 ❶ 신이나 신 같은 존재에 대한 신비스러운 이야기. ◆ 神话。¶날짐승과 물짐승을 합쳐 놓은 듯한 그것은 신화 속에서 방금 뛰쳐나온 모습으로… =那个东西像是天上飞禽和水中游鱼的混合体，仿佛刚从神话里跑出来的样子…… ❷ 신비스러운 이야기. ◆ 神话，神奇的故事。¶기상천외한 그들의 행적은 하나의 신화로 남았다. =他们那异想天开的行迹成为了一个神话。❸ 절대적이고 획기적인 업적을 비유적으로 이르는 말. ◆ 神话，奇迹(比喻绝对的、划时期的业绩)。¶고도성장의 신화를 창조하고 있는 아시아의 국가들. =创造着高速增长的神话的亚洲国家。

신흥(新興)【명사】어떤 사회적 사실이나 현상이 새로 일어남. ◆ 图新兴，新生。¶신흥 재벌. =新兴财阀。

싣다【동사】动 ❶ 물체를 운반하기 위하여 차, 배, 수레, 비행기, 짐승의 등 따위에 올리다. ◆ 装，装载，装运。¶차에 짐을 실어 나르다. =用车装运行李。❷ 사람이 어떤 곳을 가기 위하여 차, 배, 비행기 따위의 탈것에 오르다. ◆ 搭载，搭乘，乘。❸ 글, 그림, 사진 따위를 책이나 신문 따위의 출판물에 내다. ◆ 登载，刊登。¶시와 수필을 실은 잡지. =刊登诗和随笔的杂志。❹ 다른 기운을 함께 품거나 띠다. ◆ 带着，充满。¶그는 얼굴에 웃음을 가득 싣고 있었다. =他满脸带笑。● 실리다 ●

실[1]【명사】바느질을 하거나 옷감을 짜는 데 쓰려고 솜이나 털 등을 가늘고 길게 꼬아 만든 것. ◆ 图线，丝，缕。¶실 꿴 바늘. =穿好线的针。

-실[2](室)【접사】后缀 ❶ '방(房)'의 뜻을 더하는 접미사. ◆ 表示房间。¶건조실. =烤房。❷ '업무 부서'의 뜻을 더하는 접미사. ◆ 表示业务部门。¶기획실. =企划室。

실[3]-【접사】'가느다란', '엷은'의 뜻을 더하는 접두

사. ◆前缀细，细长。¶실눈. =眯缝眼。

실각(失脚)【명사】图 ❶ 발을 헛디딤. ◆失足，踩空。❷ 일에 실패하여 있던 지위에서 물러남. ◆下台，落马。¶김 부장의 실각으로 회사는 심각한 위기를 맞게 되었다. =受金部长下台的影响，公司面临着严重的危机。● 실각하다(失脚--) ●

실감(實感)【명사】실제로 체험하는 느낌. ◆图切实感受，真实感。¶실감을 느끼다. =感觉逼真。● 실감되다(實感--), 실감하다(實感--) ●

실개천【명사】폭이 매우 좁고 작은 개천. ◆图小溪，小河。¶실개천을 건너다. =过小河。

실격(失格)【명사】기준 미달이나 기준 초과, 규칙 위반 따위로 자격을 잃음. ◆图失去资格，丧失资格，被淘汰。¶실격을 당하다. =丧失资格。● 실격되다(失格--), 실격하다(失格--) ●

실과(實果)【명사】사과, 배, 포도, 밤 등과 같이 나뭇가지나 줄기에 열리는 먹을 수 있는 열매. ◆图果实，水果，果子。¶과수원에는 실과가 많이 있다. =果园里有许多水果。

실권(實權)【명사】실제로 행사할 수 있는 권리나 권세. ◆图实权，实际权力。¶실권을 쥐다. =掌握实权。

실기(實技)【명사】실제의 기능이나 기술. ◆图技术，技能，本领，操作能力。¶실기 지도. =技术指导。

실낱【명사】실의 올. ◆图线头。¶바느질이 끝난 방안에는 여기저기 실낱이 흩어져 있었다. =做完针线的房间内，到处都是布丝线头。

실낱같다【형용사】形❶ 아주 가늘다. ◆细长，细。¶실낱같은 눈썹. =细长的眉毛。❷ 목숨이나 희망 따위가 가는 실같이 미미하여 끊어지거나 사라질 듯하다. ◆一线，一丝，一缕(生机、希望等)。¶실낱같은 희망. =一线希望。● 실낱같이 ●

실내(室內)【명사】방이나 건물 따위의 안. ◆图室内，屋内。¶실내 온도. =室内温度。

실내악(室內樂)【명사】한 악기가 한 성부씩 맡아 연주하는 기악 합주곡. ◆图室内音乐。

실내화(室內靴)【명사】건물 안에서만 신는 신. ◆图居家鞋，拖鞋。¶실내에서는 실내화로 바꿔 신는다. =在室内换拖鞋穿。

실눈【명사】가늘고 작은 눈. ◆图眯眼，细眯眼。¶실눈에 웃음을 띠고 서 있다. =眯着眼，笑着站在那里。

실뜨기【명사】실의 두 끝을 맞매어서 양쪽 손가락에 얽어 두 사람이 주고받으면서 여러 가지 꼴을 만드는 놀이. ◆图挑花线(一种儿童游戏，编绳游戏)。¶어린 시절에 어머니가 바느질하시면 그 옆에서 오빠와 나는 실뜨기를 즐겼다. =小的时候，如果妈妈做针线活，我和哥哥就在旁边玩挑花线。

실랑이【명사】图 ❶ 이러니저러니, 옳으니 그르니 하며 남을 못살게 굴거나 괴롭히는 일. ◆折磨，捉弄，纠缠。¶실랑이를 당하다. =受到捉弄。❷ 서로 자기주장을 고집하며 옥신각신하는 일. ◆争执，斗嘴，拌嘴。¶나는 아이들과의 실랑이로 몹시 피곤하였다. =我因为和孩子们拌嘴，累坏了。● 실랑이하다 ●

실력(實力)【명사】图 ❶ 실제로 갖추고 있는 힘이나 능력. ◆实力，能力。¶수학 실력. =数学实力。❷ 강제력이나 무력. ◆强制力，武力。¶실력을 행사하다. =行使武力。

실례[1](失禮)【명사】말이나 행동이 예의에 벗어남. 또는 그런 말이나 행동. 상대의 양해를 구하는 인사로 쓰는 경우가 많다. ◆图失礼，常作委婉语使用。¶실례를 끼치다. =失礼了。● 실례되다(失禮--), 실례하다(失禮--) ●

실례[2](實例)【명사】구체적인 실제의 보기. ◆图实例，事例，例子。¶그것은 좋은 실례이다. =这个例子很好。

실로(實-)【부사】참으로.(사실이나 이치에 조금도 어긋남이 없이 과연). ◆副真的，的确，简直。¶이것은 실로 어마어마한 분량이다. =这真是惊人的分量。

실로폰(xylophone)【명사】대 위에 길이와 두께가 다른 나무토막을 음계 순서로 놓고 두 개의 채로 때리거나 비벼서 소리를 내는 악기. ◆图木琴。

실루엣(silhouette)〈프〉【명사】세밀한 모습이 드러나지 않은, 전체적인 윤곽. ◆图剪影图像。

실룩【부사】근육의 한 부분이 실그러지게 움직이는 모양. ◆副抽动，抽搐 。¶입술을 실룩 움직이다. =嘴唇在抽动。

실룩거리다【동사】근육의 한 부분이 자꾸 실그러지게 움직이다. 또는 그렇게 되게 하다. ◆动抽动 ，抽搐。¶입가의 살이 실룩거리었다. =嘴角的肌肉抽动了。● 실룩대다 ●

실룩이다【동사】근육의 한 부분이 자꾸 실그러지게 움직이다. 또는 그렇게 되게 하다. ◆动抽动 ，抽搐。¶그는 아들이 죽었다는 이야기를 듣는 순간 경련이 일듯 얼굴이 실룩이더니 그 자리에서 기절하였다. =听到儿子死讯的瞬间，他脸部像痉挛一样抽搐，随后昏倒在地。

실리(實利)【명사】실제로 얻는 이익. ◆图实际的利益，实惠。

실리콘(silicon)【명사】비금속인 탄소족 원소의 하나. ◆图硅 。¶실리콘 반도체. =硅半导体。

실마리【명사】图 ❶ 감겨 있거나 헝클어진 실의 첫머리. ◆线头。¶실타래에서 실마리를 찾다. =从绞纱中找线头。❷ 일이나 사건을 풀어 나갈 수 있는 첫머리. ◆头绪 ，线索，端倪，眉目。¶해결의 실마리가 보이다. =发现了解决的线索。

실망(失望)【명사】희망이나 명망을 잃음. 또는 바라던 일이 뜻대로 되지 아니하여 마음이 몹시 상함. ◆图失望。¶실망에 빠지다. =陷入失望。● 실망하다(失望--) ●

실망스럽다(失望---)【형용사】보기에 희망이나 명망을 잃거나 바라던 일이 뜻대로 되지 아니하여 마음이 몹시 상한 데가 있다. ◆形感到失望，感到沮丧。¶나는 그가 거짓말을 했다는 사실이 너무 실망스러웠다. =对于他撒谎的事实，我感到非常失望。

실명[1](失明)【명사】시력을 잃어 앞을 못 보게 됨. ◆ 图失明，瞎。¶실명이란 장애를 극복하다. =克服了失明的困难。● 실명하다(失明--) ●

실명[2](實名)【명사】실제의 이름. ◆ 图实名，真名。¶실명으로 예금하다. =用实名存款。

실명제(實名制)【명사】생산자나 판매자, 사용자 따위의 실제 이름을 밝히는 제도. ◆ 图实名制。¶인터넷 실명제. =网络实名制。

실무(實務)【명사】실제의 업무나 사무. ◆ 图业务，事务。¶실무 교육. =业务教育。

실물(實物)【명사】실제로 있는 물건이나 사람. ◆ 图实物。¶실물 크기. =实物大小。

실밥【명사】图 ❶ 옷을 뜯을 때 뽑아내는 실의 부스러기. ◆ 线头。¶실밥이 나온 낡은 옷. =线头都露出来的旧衣服。❷ 꿰맨 실이 밖으로 드러난 부분. ◆ 线头。¶실밥이 드러나다. =露出线头。

실버들【명사】'수양버들'을 달리 이르는 말. 가늘고 길게 늘어진 버들이라는 뜻이다. ◆ 图 垂柳。¶실버들이 늘어선 거리. =垂柳成行的街道。

실뱀【명사】뱀과의 하나. 몸의 길이는 8~10cm이고 실같이 가늘며, 등 쪽은 녹색을 띤 연한 갈색, 배 쪽은 누런빛을 띤 흰색이다. ◆图绿瘦蛇。

실비(實費)【명사】실제로 드는 비용. ◆ 图实际费用，生产成本。¶실비로 제공하다. =提供实际费用。

실사(實査)【명사】실제를 조사하거나 검사함. ◆图实地调查。¶실사 보고서. =实地调查报告书。● 실사하다(實査--) ●

실상[1](實相)【명사】실제 모양이나 상태. ◆ 图实相，真相。¶사물의 실상. =事物的真相。

실상[2](實狀)【명사】실제의 상태나 내용. ◆ 图实况，实际情况。¶실상을 파악하다. =掌握实际情况。

실생활(實生活)【명사】이론이나 공상이 아닌 실제의 생활. ◆图现实生活。¶발명품을 실생활에 이용하다. =将新发明应用到现实生活中。

실선(實線)【명사】끊어진 곳이 없이 이어져 있는 선. 제도(製圖)나 설계도에서 실물 외관을 표시하는 데 쓴다. ◆图实线。

실성(失性)【명사】정신에 이상이 생겨 본정신을 잃음. ◆图精神失常，发疯，失常。¶그들은 모두 다 실성을 했다. 대궐마다 뛰어다녔다. =大家都疯了，在每个宫殿里跑来跑去。● 실성하다(失性--) ●

실세(實勢)【명사】图 ❶ 실제의 세력이나 기운. 또는 그것을 지닌 사람. ◆ 实际势力。¶실세를 등에 업고 기세를 부리다. =凭着身后实际势力耍威风。❷ 실제의 시세. ◆ 实际行情，实际价格。¶실세 금리. =实际利率。

실소(失笑)【명사】어처구니가 없어 저도 모르게 웃음이 툭 터져 나옴. 또는 그 웃음. ◆ 图失笑。¶그의 이야기를 한참 듣다가 나도 모르게 그만 실소를 하였다. =听了一会儿他的故事，不禁哑然失笑。● 실소하다(失笑--) ●

실속(實-)【명사】图 ❶ 군더더기가 없는, 실지의 알맹이가 되는 내용. ◆ 内容，内涵。¶실속이 없는 이야기. =没有实际内容的故事。❷ 겉으로 드러나지 아니한 알짜 이익. ◆ 实惠，实利。¶실속만 차리다. =图实惠。❸ 실지로 품고 있는 마음속. ◆ 真实想法。¶실속을 떠보다. =试探真实想法。

실수(失手)【명사】图 ❶ 조심하지 아니하여 잘못함. 또는 그런 행위. ◆ 失误，过失，失手。¶사소한 실수. =小失误。❷ 실례(失禮). ◆ 失礼 。¶어제는 실수가 많았습니다. =昨天多有冒犯。● 실수하다(失手--) ●

실습(實習)【명사】이미 배운 이론을 토대로 하여 실지로 해 보고 익히는 일. ◆ 图实习，见习，实践。¶이론과 실습. =理论和实践。● 실습하다(實習--) ●

실습생(實習生)【명사】이미 배운 이론을 토대로 하여 실지로 해 보고 익히는 학생. ◆图实习生，见习生，学徒。

실시(實施)【명사】실제로 시행함. ◆ 图实施，施行，推行 。¶금융 실명제 실시. =实行金融实名制。● 실시되다(實施--), 실시하다(實施--) ●

실시간(實時間)【명사】실제 흐르는 시간과 같은 시간. ◆图实时。

실신(失神)【명사】병이나 충격 따위로 잠시 정신을 잃음. ◆图失神，昏迷。¶그는 지쳐서, 고통과 분노와 공포와 억울함에 짓눌려서 눈을 감고 있었다. 실신 상태임이 분명했다. =他太疲劳了，因为压抑、痛苦、愤怒、惊慌和委屈而闭上了眼睛，显然是晕倒了。● 실신하다(失神--) ●

실실【부사】소리 없이 실없게 슬며시 웃는 모양. ◆ 副微微(笑的样子)。¶괜히 실실 웃다. =莫名其妙地微笑。

실어증(失語症)【명사】대뇌의 손상으로 어릴 때부터 습득한 언어의 표현이나 이해에 장애가 생기는 병적 증상. ◆ 图失语症 。¶실어증에 걸리다. =患上失语症。

실언(失言)【명사】실수로 잘못 말함. 또는 그렇게 한 말. ◆ 图失言。¶잦은 실언으로 사람들의 신임을 잃다. =总是失言会失去人们的信任。● 실언하다(失言--) ●

실업[1](實業)【명사】농업, 상업, 공업, 수산업과 같은 생산 경제에 관한 사업. ◆图实业。

실업[2](失業)【명사】일할 의사와 노동력이 있는 사람이 일자리를 잃거나 일할 기회를 얻지 못하는 상태.◆ 图失业。¶실업 구제. =失业救济。

실업가(實業家)【명사】상공업이나 금융업 따위의 사업을 경영하는 사람. ◆ 图实业家，企业家。¶그는 고향에서 큰 공장을 경영하는 실업가이다. =他是在家乡经营大工厂的实业家。

실업률(失業率)【명사】노동할 의사와 능력을 가진 인구 가운데 실업자가 차지하는 비율. ◆ 图失业率。¶경기가 살아남에 따라 실업률이 감소하고 있다. =随着经济复苏，失业率在一直下降。

실업자(失業者)【명사】경제 활동에 참여할 연령의 사람 가운데 직업이 없는 사람. ◆图失业者，无业游

民。¶다니던 회사가 망하는 바람에 졸지에 실업자가 되었다. =工作的公司倒闭了，突然间变成了失业者。

실없다(實--)【형용사】말이나 하는 짓이 실답지 못하다. ◆ 形无聊。¶실없는 소리. =无聊的话。● 실없이(實--) ●

실연[1](失戀)【명사】연애에 실패함. ◆ 名失恋。¶실연의 고통. =失恋的痛苦。● 실연하다(失戀--) ●

실연[2](實演)【명사】名 ❶ 실제로 해 보임. ◆ 实际演练，实际操作。¶직접 실연을 해 보이다. =试着直接实际演练一下。❷ 실제로 출연함. ◆ 实际表演，实际演出。● 실연하다(實演--) ●

실오라기【명사】한 가닥의 실. ◆ 名一根线。¶그들은 삼시간에 실오라기 하나 걸치지 않은 알몸이 되었다. =他们瞬间就脱得一丝不挂。

실온(室溫)【명사】방 안의 온도. ◆名室温。

실외(室外)【명사】방이나 건물 따위의 밖. ◆ 名室外。¶실외 운동. =室外运动。

실용(實用)【명사】실제로 씀. 또는 실질적인 쓸모. ◆名实用。¶실용 학문. =实用学问。

실용성(實用性)【명사】실제적인 쓸모가 있는 성질이나 특성. ◆名实用性 。¶이 그릇은 모양은 예쁜데 실용성이 떨어진다. =这个碗的样子很漂亮，实用性很差。

실용주의(實用主義)【명사】19세기 후반 이후 미국을 중심으로, 실제 결과가 진리를 판단하는 기준이라고 주장하는 철학 사상. ◆名实用主义。

실용화(實用化)【명사】실제로 쓰거나 쓰게 함. ◆名实用化。¶실용화 가능성. =实用化可能性。● 실용화되다(實用化--), 실용화하다(實用化--) ●

실은(實-)【부사】실제로는. 또는 사실대로 말하자면. ◆ 副其实。¶실은 네 말이 옳다. =其实你的话是对的。

실의(失意)【명사】뜻이나 의욕을 잃음. ◆ 名失意，失落。¶실의에 빠지다. =陷入失意。

실익(實益)【명사】실제의 이익. ◆ 名实利，实际利益。¶실익을 추구하다. =追求实利。

실재(實在)【명사】실제로 존재함. ◆ 名实际存在，真实存在。¶실재의 인물. =真实存在的人物。

실적(實績)【명사】실제로 이룬 업적이나 공적. ◆名业绩，实际成绩。¶수출 실적. =出口业绩。

실전(實戰)【명사】실제의 싸움. ◆ 名实战。¶실전의 경험. =实战经验。

실점(失點)【명사】운동 경기나 승부 따위에서 점수를 잃음. 또는 그 점수. ◆名失分，丢分。¶득점과 실점. =得分与失分。● 실점하다(失點--) ●

실정[1](實情)【명사】실제의 사정이나 정세. ◆ 名实情，实际情况。¶실정에 맞다. =符合实情。

실정[2](失政)【명사】정치를 잘못함. 또는 잘못된 정치. ◆ 名政治失误，治理失策。¶실정을 거듭하다. =连续出现执政失策。● 실정하다(失政--) ●

실제(實際)【명사】사실의 경우나 형편. ◆ 名实际。¶실제 모습. =实际面貌。

실제로(實際-)【부사】거짓이나 상상이 아니고 현실적으로. ◆ 副实际，真实。¶이 글은 실제로 일어난 사실에 바탕을 두고 있다. =这篇文章以实际发生的事件为基础。

실족(失足)【명사】名 ❶ 발을 헛디딤. ◆ 失足，踩空。¶그는 등산을 하다가 실족을 했다. =他在登山时踩空了。❷ 행동을 잘못함. ◆ 失足，犯错。● 실족하다(失足--) ●

실존(實存)【명사】실제로 존재함. 또는 그런 존재. ◆ 名实际存在，客观存在。¶신의 실존에 대해 많은 논란이 있다. =有关神实际存在与否的争论很多。● 실존하다(實存--) ●

실존주의(實存主義)【명사】19세기의 합리주의적 관념론이나 실증주의에 반대하여, 개인으로서의 인간의 주체적 존재성을 강조하는 철학. ◆ 名存在主义。

실종(失踪)【명사】종적을 잃어 간 곳이나 생사를 알 수 없게 됨. ◆ 名失踪，下落不明。¶실종 사건. =失踪事件。● 실종되다(失踪--) ●

실종자(失踪者)【명사】종적을 잃어 간 곳이나 생사를 알 수 없게 된 사람. ◆ 名失踪者，失踪人员。¶실종자를 신고하다. =申报失踪者。

【실증(實證)【명사】名 ❶ 확실한 증거. ◆ 确凿证据。❷ 실제로 증명함. 또는 그런 사실. ◆ 实证，证实。● 실증되다(實證--), 실증하다(實證--) ●

실증주의(實證主義)【명사】모든 초월적인 사변(思辨)을 배격하고 관찰이나 실험으로써 검증할 수 있는 지식만을 인정하려는 태도. ◆名实证主义。

실지(實地)【명사】名 ❶ 실제의 처지나 경우. ◆ 实际。¶실지 연습. =实际演练。❷ 현장(現場).(사물이 현재 있는 곳). ◆ 实地，现场。¶실지의 답사. =现场考察。

실지로(實地-)【부사】실제로. ◆ 副实际，真正。¶그 집이 어느 집이던가 꿈속에서는 그렇게 똑똑하던 곳이 실지로 가 보니 도저히 찾을 수가 없었다. =在梦里清楚地知道是哪家，但真正去了之后，发现怎么也找不到。

실직(失職)【명사】직업을 잃음. ◆ 名失业，下岗。¶실직을 당하다. =失业。● 실직되다(失職--), 실직하다(失職--) ●

실직자(失職者)【명사】직업을 잃은 사람. ◆ 名失业者。¶회사가 파산하자 많은 직원들이 실직자가 되었다. =公司破产后，许多员工成了失业者。

실질(實質)【명사】실제로 있는 본바탕. ◆ 名实质，实际。¶실질과 명분. =实际与名分。

실책(失策)【명사】名 ❶ 잘못된 계책. ◆ 失策，失误，失算。¶실책을 범하다. =失策。❷ 야구에서, 잡을 수 있는 타구나 송구를 잡지 못하여 주자를 살게 하는 일. ◆ (运动中)失误。

실천(實踐)【명사】생각한 바를 실제로 행함. ◆ 名实践。¶그는 결심을 실천에 옮겼다. =他将决心付诸实践。● 실천되다(實踐--), 실천하다(實踐--) ●

실체(實體)【명사】실제의 물체. 또는 외형에 대한 실상(實相). ◆ 名本质，真相，实情。¶사건의 실체를 파악하다. =把握事件的真相。

실추(失墜)【명사】명예나 위신 따위를 떨어뜨리거나 잃음. ◆名失去，丧失。¶권위 실추. =失去威信。● 실추되다(失墜--), 실추하다(失墜--) ●

실컷【부사】副 ❶ 마음에 하고 싶은 대로 한껏. ◆尽情，痛快地。¶놀고 싶을 때 실컷 놀아라. =想玩的时候尽情玩吧。❷ 아주 심하게. ◆狠狠地。¶실컷 얻어맞고 들어와서 왜 나한테 화풀이야. =(你在外面)被人狠狠地揍了一顿，为什么回家冲我发火?

실크(silk)【명사】명주실 또는 명주실로 짠 피륙. ◆名丝绸。¶실크로 만든 옷. =用丝绸做的衣服。

실타래【명사】실을 쉽게 풀어 쓸 수 있도록 한데 뭉치거나 감아 놓은 것. ◆名线团。¶실타래를 풀다. =解开线团。

실탄(實彈)【명사】쏘았을 때 실제로 효력을 나타내는 탄알. ◆名实弹。¶실탄을 장전하다. =装填实弹。

실태(實態)【명사】있는 그대로의 상태. 또는 실제의 모양. ◆名实情，实况。¶실태 보고. =实况报道。

실토(實吐)【명사】거짓 없이 사실대로 다 말함. ◆名吐真言，说真话，说实话。¶범인의 실토를 받아냈다. =让犯人说实话。● 실토하다(實吐--) ●

실팍하다【형용사】사람이나 물건 따위가 보기에 매우 실하다. ◆形结实，壮实。¶그는 실팍한 몸집인데도 쌀 한 가마를 제대로 못 옮겼다. =他身体很壮实，却连袋大米都搬不动。

실패[1]【명사】반짇고리 제구의 하나. 바느질할 때 쓰기 편하도록 실을 감아 두는 작은 도구. ◆名线板，绕线板。¶실패에 실을 감다. =在线板上缠线。

실패[2](失敗)【명사】일을 잘못하여 뜻한 대로 되지 아니하거나 그르침. ◆名失败。¶실패의 원인. =失败的原因。● 실패하다(失敗--) ●

실패작(失敗作)【명사】일을 잘못하여 그르친 작품. ◆名失败之作，失败作品。¶첫 사업이 실패작으로 끝나다. =第一次做生意就以失败告终。

실핏줄【명사】모세 혈관.(온몸의 조직에 그물 모양으로 퍼져 있는 매우 가는 혈관. ◆名毛细血管。¶맑고 투명하던 그녀의 두 눈에는 어느 틈에 실핏줄이 거미줄처럼 얼기설기 돋아 있다. =她的双眼曾经清亮透明，但现在布满了蜘蛛网似的血丝。

실하다(實--)【형용사】形 ❶ 든든하고 튼튼하다. ◆结实，壮实。¶실한 장정을 구하다. =征壮丁。❷ 재산이 넉넉하다. ◆富有，富足。¶그는 겉은 보잘것없어도 살림이 실한 사람이다. =他表面看起来不起眼，实际上非常富有。❸ 허실 없이 옹골차다. ◆足足，足有。¶읍내까지 10리는 실하게 걸어야 한다. =想去镇里要足足走上10里路。

실학(實學)【명사】名 ❶ 실제로 소용되는 학문. ◆实用学问。❷ 17세기 후반부터 조선 말기까지, 실생활의 향상과 사회 제도의 개선을 이루고자 한 학문. ◆实学。¶실학 운동. =实学运动。

실행(實行)【명사】名 ❶ 실제로 행함. ◆实施，实践。¶실행 결과. =实施结果。❷ 컴퓨터를 명령어에 따라서 작동시키는 일. ◆（计算机）运行，执行。¶프린터는 컴퓨터에 기억된 내용인 프로그램의 실행 결과를 종이에 인쇄하여 주는 기기이다. =打印机是将存储于计算机中的程序运行结果打印到纸上的设备。● 실행되다(實行--), 실행하다(實行--) ●

실향민(失鄕民)【명사】고향을 잃고 타향에서 지내는 백성. ◆名流民。¶전쟁으로 많은 실향민들이 생겼다. =战争使得许多人成为流民。

실험(實驗)【명사】名 ❶ 실제로 해 봄. 또는 그렇게 하는 일. ◆尝试，实行。❷ 과학에서, 이론이나 현상을 관찰하고 측정함. ◆试验，实验。¶실험 도구. =实验仪器。❸ 새로운 방법이나 형식을 사용해 봄. ◆试验。¶실험 연극. =实验话剧。● 실험하다(實驗--) ●

실험실(實驗室)【명사】실험을 하기 위하여 필요한 장치와 설비를 갖춘 방. ◆名实验室。¶과학 실험실. =科学实验室。

실현(實現)【명사】꿈, 기대 따위를 실제로 이룸. ◆名实现。¶꿈의 실현. =梦想实现。● 실현되다(實現--), 실현하다(實現--) ●

실형(實刑)【명사】법원의 선고를 받아 실제로 집행된 경우의 형벌. 집행 유예 따위의 방법을 통한 것은 실형이 아니다. ◆名实刑。¶실형을 선고받다. =被宣判实刑。

실화(實話)【명사】실제로 있는 이야기. 또는 실제로 있었던 이야기. ◆名真实故事，实事。¶이 드라마는 실화를 바탕으로 한 것이다. =该剧是以真实的故事为基础拍摄的。

실황(實況)【명사】실제의 상황. ◆名实况，实际情况。¶실황 무대. =现场舞台。

싫다【형용사】마음에 들지 아니하다. ◆形讨厌，不喜欢，不愿意。¶싫은 사람. =讨厌的人。

싫어하다【동사】싫게 여기다. ◆动讨厌，不喜欢。¶나는 고양이를 싫어한다. =我讨厌猫。

싫증(-症)【명사】싫은 생각이나 느낌. 또는 그런 반응. ◆名讨厌，厌倦。¶싫증을 내다. =厌恶。

심[1](心)【명사】名 ❶ 죽에 곡식 가루를 잘게 뭉치어 넣은 덩이. 팥죽의 새알심 따위를 이른다. ◆面疙瘩。❷ 나무의 고갱이. ◆树心。❸ 양복저고리의 어깨나 깃 따위에 빳빳하게 하려고 특별히 넣은 헝겊. ◆衬布。¶양복 깃에 심을 넣다. =在西服领子里加上衬布。❹ 속에 있는 물건. 연필심 따위를 이른다. ◆(铅笔)芯。¶심이 굵다. =芯很粗。

-심[2](心)【접사】'마음'의 뜻을 더하는 접미사. ◆前缀心，心理。¶경쟁심. =竞争心。

심각하다(深刻--)【형용사】상태나 정도가 매우 깊고 중대하다. 또는 절박함이 있다. ◆形严重，严峻，沉重。¶심각한 고민. =深深的苦闷。● 심각히(深刻-) ●

심경(心境)【명사】마음의 상태. ◆名心境，心情，心绪。¶복잡한 심경. =复杂的心情。

심금(心琴)【명사】외부의 자극에 따라 미묘하게 움직이는 마음을 비유적으로 이르는 말. ◆名心弦。

심기(心氣)【명사】마음으로 느끼는 기분. ◆名心情。¶심기가 언짢다. =心情不好。

심기일전(心機一轉)【명사】어떤 동기가 있어 이제까지 가졌던 마음가짐을 버리고 완전히 달라짐.

◆ 图彻底改变想法。¶그는 이번 일의 실패를 심기일전의 기회로 삼았다. =他将这次失败作为改变想法的契机。● 심기일전하다(心機一轉--) ●

심다【동사】动 ❶ 초목의 뿌리나 씨앗 따위를 흙 속에 묻다. ◆ 栽，种。¶정원에 나무를 심다. =在院子里种树。❷ 마음속에 확고하게 자리 잡게 하다. ◆ 留下。¶타인에게 나쁜 인상을 심다. =给别人留下不好的印象。❸ 앞으로의 일을 위하여 자기편 사람을 상대편 집단에 미리 넣다. ◆安插，插入。¶경쟁 회사에 사람을 심다. =在竞争公司安插人手。

심도(深度)【명사】깊은 정도. ◆ 图深度，深浅。¶심도 있는 이론. =有深度的理论。

심드렁하다【형용사】마음에 탐탁하지 아니하여서 관심이 거의 없다. ◆形冷漠，漠不关心，不冷不热。¶심드렁하게 말하다. =不冷不热地说。

심란하다(心亂--)【형용사】마음이 어수선하다. ◆ 形心烦意乱，忧心忡忡。¶심란한 얼굴을 하다. =忧心忡忡的脸。

심려(心慮)【명사】마음속으로 걱정함. 또는 그런 걱정. ◆ 图忧虑，担忧，担心。¶심려 마십시오. =请不要担忧。● 심려하다(心慮--) ●

심령(心靈)【명사】图 정신의 근원이 되는 의식의 본바탕. ◆ 心灵。¶자연은 생활에 지친 우리의 심령에 풍성한 위안을 준다. =大自然给我们疲惫的心灵带来慰藉。

심리(心理)【명사】마음의 작용과 의식의 상태. ◆图心理。¶사람의 심리란 참 묘한 거야. =人的心理真奇妙啊。

심리적(心理的)【명사】마음의 작용과 의식 상태에 관한 것. ◆ 图心理的，心理上的。¶심리적인 측면을 고려하다. =考虑心理的层面。

심리전(心理戰)【명사】무력을 써서 공격하지 않고 상대의 정신이나 마음을 약하게 만드는 싸움. ◆图心理战。¶심리전을 펼치다. =展开心理战。

심마니【명사】산삼을 캐는 것을 업으로 삼는 사람. ◆图采参人。

심문(審問)【명사】자세히 따져서 물음. ◆图审问，盘问。● 심문하다(審問--) ●

심보(心-)【명사】마음을 쓰는 속 바탕. ◆图心眼，心术。¶심보가 고약하다. =心地坏。

심복(心腹)【명사】마음 놓고 부리거나 일을 맡길 수 있는 사람. ◆ 图心腹，亲信。¶심복이 되다. =成为亲信。

심부름【명사】남이 시키는 일을 하여 주는 일. ◆图跑腿。¶심부름을 시키다. =让别人跑腿。● 심부름하다 ●

심부름꾼【명사】심부름을 하는 사람. ◆图跑腿的，当差的。¶심부름꾼을 불렀다. =叫来跑腿的。

심사[1](心思)【명사】图 ❶ 어떤 일에 대한 여러 가지 마음의 작용. ◆ 心思。¶심사를 헤아리다. =揣摩心思。❷ 마음에 맞지 않아 어깃장을 놓고 싶은 마음. ◆ 心眼，心术。¶심사를 부리다. =使坏心眼。

심사[2](審査)【명사】자세하게 조사하여 등급이나 당락 따위를 결정함. ◆ 图审查，评审。¶논문 심사. =论文审查。● 심사하다(審査--) ●

심사숙고(深思熟考)【명사】깊이 잘 생각함. ◆图深思熟虑。¶심사숙고를 거듭하다. =反复深思熟虑。● 심사숙고하다(深思熟考--) ●

심산(心算)【명사】마음속으로 하는 궁리나 계획. ◆图打算，企图，算计。

심상하다(尋常--)【형용사】대수롭지 않고 예사롭다. ◆ 形寻常，一般，普通。¶병세가 심상치 않다. =病情不寻常。● 심상히(尋常-) ●

심성(心性)【명사】图 타고난 마음씨. ◆ 心性，本性。¶심성이 곱다. =心性善良。

심술(心術)【명사】图 ❶ 온당하지 아니하게 고집을 부리는 마음. ◆ 耍脾气，使性子，任性。¶심술이 나다. =使性子。❷ 남을 골리기 좋아하거나 남이 잘못되는 것을 좋아하는 마음보. ◆ 心术，坏心眼。¶심술을 피우다. =耍坏心眼。● 심술부리다(心術---) ●

심술궂다(心術--)【형용사】남을 성가시게 하는 것을 좋아하거나 남이 잘못되는 것을 좋아하는 마음이 매우 많다. ◆形心眼多，工于心计。¶심술궂은 인상. =给人工于心计的感觉。

심술꾸러기(心術---)【명사】심술이 매우 많은 사람을 귀엽게 이르는 말. ◆ 图好耍心眼的人，工于心计的人。

심술쟁이(心術--)【명사】심술이 매우 많은 사람을 귀엽게 이르는 말. ◆ 图好耍心眼的人，工于心计的人。

심신(心身)【명사】마음과 몸을 아울러 이르는 말. ◆图身心。¶심신이 피곤하다. =身心俱疲。

심심찮다【형용사】드물지 않고 꽤 잦다. ◆ 形不时，频繁，经常。¶그녀에 대한 소문이 심심찮게 들려왔다. =经常听到她的传闻。

심심풀이【명사】심심함을 잊고 시간을 보내기 위하여 어떤 일을 함. 또는 그런 일. ◆图消遣，解闷，排遣。¶심심풀이로 그림을 그리다. =画画消遣。

심심하다[1]【형용사】하는 일이 없어 지루하고 재미가 없다. ◆形无聊，寂寞，百无聊赖。

심심하다[2]【형용사】음식 맛이 조금 싱겁다. ◆ 形味淡。¶국물을 심심하게 끓이다. =汤煮得有点淡。

심심하다[3](甚深--)【형용사】마음의 표현 정도가 매우 깊고 간절하다. ◆形很深，深深。¶심심한 감사를 드립니다. =致以深深的感谢。

심야(深夜)【명사】깊은 밤. ◆ 图深夜，深更半夜。¶심야 영업. =深夜营业。

심약하다(心弱--)【형용사】마음이 여리고 약하다. ◆形心软。¶그는 벌레 한 마리 죽이지 못하는 심약한 사람이다. =他是个心软的人，连只蚂蚁都不敢踩死。

심연(深淵)【명사】图 ❶ 깊은 못. ◆ 深渊，深潭，深沟。¶심연에 임한 산정에 솟은 한 그루의 나무. =靠近深潭的山顶上长出的一棵树。❷ 좀처럼 빠져나오기 힘든 구렁을 비유적으로 이르는 말. ◆ 深渊。¶절망의 심연에 빠지다. =陷入绝望的深渊。❸ 뛰어넘을 수 없는 깊은 간격을 비유적으로 이르는 말. ◆ 鸿沟。¶그와 나 사이에는 심연이 가로놓여 있었다. =我和她之间横着一条鸿沟。

심오하다(深奧--)【형용사】사상이나 이론 따위가 깊이가 있고 오묘하다. ◆形深奥。

심원하다(深遠--)【형용사】헤아리기 어려울 만큼 깊다. ◆形深远，深奥。¶심원한 철학. =深奥的哲理。

심의(審議)【명사】심사하고 논의함. ◆名审议，审查。¶심의를 통과하다. =通过审议。● 심의되다(審議--), 심의하다(審議--) ●

심장(心臟)【명사】名 ❶ 주기적인 수축에 의하여 혈액을 몸 전체로 보내는, 순환 계통의 중심적인 근육 기관. ◆ 心脏。¶심장이 멈추다. =心脏停止。❷ 사물의 중심이 되는 곳을 비유적으로 이르는 말. ◆〈喻〉核心部位，要害部位。¶엔진은 자동차의 심장이다. =发动机是汽车的核心部件。

심장 마비(心臟麻痺)【명사】심장의 기능이 갑자기 멈추는 일. 여러 가지 원인으로 발생하며 생명을 잃는 경우가 많다. ◆名心脏麻痹。¶심장마비를 일으키다. =引发心脏麻痹。

심장병(心臟病)【명사】심장에 생기는 여러 가지 질환. 심장 내막염, 심장 판막증, 심장 근육염, 심근 경색, 심장 파열 따위가 있다. ◆名心脏病。

심적(心的)【명사】마음과 관련된 것. ◆名内心的，心理的，心理上的。¶그 사건은 우리 가족에게 심적으로 큰 타격을 주었다. =那件事在心理上给我们家人造成了很大的打击。

심정(心情)【명사】名 ❶ 마음속에 품고 있는 생각이나 감정. ◆ 心情，内心。¶솔직한 심정을 털어놓다. =坦率地表达了心情。❷ 마음씨(마음을 쓰는 태도). ◆ 心地，心性。¶그가심정이 착해서 마음에 든다. =(他)心地善良，我很满意。

심중(心中)【명사】마음속(마음의 속). ◆名内心，心思。¶심중을 꿰뚫어 보다. =窥测内心。

심지(心-)【명사】名 ❶ 등잔, 남포등, 초 따위에 불을 붙이기 위하여 꼬아서 꽂은 실오라기나 헝겊. ◆ 灯芯。¶심지가 타다. =点燃灯芯。❷ 남포, 폭탄 따위를 터뜨리기 위하여 불을 붙이게 되어 있는 줄. ◆ 引线。¶뇌관 심지에 불이 붙고 땅이 갈라지는 듯한 굉음이 일어났다. =点着了雷管引线之后，紧接着发出了地裂般的轰鸣声。❸ 구멍이나 틈에 박는 솜이나 헝겊. ◆ 缝线，外科手术线。¶수술한 자리에 심지를 박았다. =在手术位置用线缝好。

심지(心志)【명사】마음에 품은 의지. ◆名心志，意志。¶심지가 강하다. =意志坚强。

심지어(甚至於)【부사】더욱 심하다 못하여 나중에는. ◆副甚至，甚至于。¶승부는 하룻밤 단판에 결판이 나는 것이 아니고 닷새나 열흘, 심지어는 보름 동안 계속되기도 하였다. =角逐不是一天之内一局定胜负，而是持续了五天、十天，甚至半个月。

심청전(沈淸傳)【명사】조선 후기의 소설. ◆名《沈清传》。

심취(心醉)【명사】어떤 일이나 사람에 깊이 빠져 마음을 빼앗김. ◆名心醉，陶醉。¶문학에의 심취. =对文学的陶醉。● 심취되다(心醉--), 심취하다(心醉--) ●

심층(深層)【명사】名 ❶ 사물의 속이나 밑에 있는 깊은 층. ◆ 深层，底层。¶바다의 심층. =大海的底层。❷ 겉으로 드러나지 않은, 사물이나 사건의 내부 깊숙한 곳. ◆ 深层，深度。¶심층 취재. =深度采访。

심통(心-)【명사】마땅치 않게 여기는 나쁜 마음. ◆名黑心肠，坏心眼。¶심통이 사납다. =心术不正。

심판(審判)【명사】名 ❶ 문제가 되는 안건을 심의하여 판결을 내리는 일. ◆ 审判，判决。¶심판을 받다. =接受审判。❷ 운동 경기에서, 규칙의 적부 여부나 승부를 판정함. 또는 그런 일이나 사람. ◆ 裁判，评判。¶이번 심판 결과는 아무리 생각해도 부당하다. =怎么想都觉得这次的裁判结果不妥当。● 심판하다(審判--) ●

심폐(心肺)【명사】심장과 폐를 아울러 이르는 말. ◆名心肺。¶관 뚜껑에 못 박는 소리가 심폐의 한복판으로 깊이 저며 들어 효원은 관 위로 고꾸라지며 흐느끼어 곡을 한다. =往棺材盖上砸钉子的声音让人心如刀割，孝元扑到棺材上，哽咽着哭起丧来。

심포니(symphony)【명사】관현악 합주를 위하여 만든 소나타 형식의 곡. ◆名交响乐，交响曲。

심포지엄(symposium)【명사】특정한 문제에 대하여 두 사람 이상의 전문가가 서로 다른 각도에서 의견을 발표하고 참석자의 질문에 답하는 형식의 토론회. ◆名研讨会，座谈会。¶심포지엄을 열다. =召开研讨会。

심하다(甚--)【형용사】정도에 지나치다. ◆形过分，严重，厉害。¶비바람이 심하게 몰아치다. =风雨交加。

심해(深海)【명사】깊은 바다. 보통 수심이 200미터 이상이 되는 곳을 이른다. ◆名深海。¶심해에 사는 물고기. =生活在深海的鱼。

심혈(心血)【명사】名 ❶ 심장의 피. ◆ 心脏的血。❷ 마음과 힘을 아울러 이르는 말. ◆ 心血。¶심혈을 기울이다. =倾注心血。

심호흡(深呼吸)【명사】의식적으로 허파 속에 공기가 많이 드나들도록 숨 쉬는 방법. 흉식(胸式)과 복식(腹式)이 있다. ◆名深呼吸。¶그는 긴장한 자신을 달래기 위해 심호흡을 한 번 크게 내뱉고 나서는 이내 성큼성큼 마지막 산모롱이를 올라서 버렸다. =他做了一次深呼吸以缓解自己的紧张情绪，而后立刻大步流星地爬上了最后一个山弯。● 심호흡하다(深呼吸--) ●

심화(深化)【명사】정도나 경지가 점점 깊어짐. 또는 깊어지게 함. ◆名深化，深入，加深。¶빈부 격차의 심화가 사회적 문제로 부각되었다. =贫富差距的加大成为了社会问题。● 심화되다(深化--), 심화하다(深化--) ●

심회(心懷)【명사】마음속에 품고 있는 생각이나 느낌. ◆名心情，心绪。¶심회가 어지럽다. =心绪不宁。

심히(甚-)【부사】정도가 지나치게. ◆副太，极

为，非常。¶네가 하는 일을 보니 심히 염려가 된다. =看到你做的事情，非常担忧。

십(十)【수사】구에 일을 더한 수. 아라비아 숫자로는 '10', 로마 숫자로는 'X'로 쓴다. ◆ 数十。

십년감수(十年減壽)【명사】수명이 십 년이나 줄 정도로 위험한 고비를 겪음. ◆ 名减寿十年。● 십년감수하다(十年減壽--) ●

십분(十分)【부사】아주 충분히. ◆ 副十分，充分，非常。¶너의 처지를 십분 이해한다. =十分理解你的处境。

-십사【어미】정중한 부탁이나 청원을 나타내는 종결 어미. 주로 인용절에 쓴다. ◆ 词尾尊敬阶终结词尾，表示郑重的拜托或请求，主要用于引用句。¶함께 가십사 부탁을 했지만 거절하셨다. =请求和他一起去，却被拒绝了。

십상【부사】꼭 맞게. ◆ 副正好，相当。¶의자로 쓰기에 십상 좋다. =正好当椅子。

십상(十常)【명사】'십상팔구(十常八九)'(열 가운데 여덟이나 아홉 정도로 거의 대부분이거나 거의 틀림없음.)의 준말. ◆ 名十有八九。¶이런 금을 가지고 다니다가는 도둑에게 빼앗기기 십상이다. =带着这么多金子来回逛，十有八九会被贼抢走。

-십시오【어미】정중한 명령이나 권유를 나타내는 종결 어미. ◆ 词尾尊敬阶终结词尾，表示命令。¶제 말대로 하십시오. =请按我说的做吧。

십시일반(十匙一飯)【명사】밥 열 술이 한 그릇이 된다는 뜻으로, 여러 사람이 조금씩 힘을 합하면 한 사람을 돕기 쉬움을 이르는 말. ◆ 名筹集资金。¶차제에 우리가 십시일반으로 몇 푼씩 모아 그이 송덕비를 세워 드리자는 것입니다. =我们要借此机会一点点地筹集资金为他树一座颂德碑。

십이월(十二月)【명사】한 해 열두 달 가운데 마지막 달. ◆ 名十二月，腊月。¶때는 심동의 십이월로 눈발은 산악 지대에 매일같이 와서 이곳저곳에 쌓였다. =时值隆冬腊月，山区天天都在下雪，四处都是积雪。

십이지장(十二指腸)【명사】위의 날문에서 빈창자 사이에 있는 작은창자의 첫 부분. ◆ 名十二指肠。

십일월(十一月)【명사】한 해 열두 달 가운데 열한째 달. ◆ 名十一月。¶십일월에 벌써 얼음이 얼었다. =十一月已经结冰了。

십자(十字)【명사】名 '十'자와 같은 모양. ◆ 十字。¶십자 표시. =十字标记。

십장(什長)【명사】일꾼들을 감독·지시하는 우두머리. ◆ 名工头，监工，领班。¶현장 감독들인 십장들이나 공구장이 시키는 대로 군소리 한마디 못하고 일을 했다. =按照负责现场监督的工头或工区长的吩咐干活，连句牢骚都不敢发。

십장생(十長生)【명사】오래도록 살고 죽지 않는다는 열 가지. 해, 산, 물, 돌, 구름, 소나무, 불로초, 거북, 학, 사슴이다. ◆ 名 十长生(十种寓意长生的事物，太阳、山、水、石、云、松、长生草、龟、鹤、鹿)。

십중팔구(十中八九)【명사】열 가운데 여덟이나 아홉 정도로 거의 대부분이거나 거의 틀림없음. ◆ 名十有八九，多半。¶그 말이 그가 한 말이라면 십중팔구 거짓말이다. =那个话如果是他说的，十有八九是假话。

십진법(十進法)【명사】10을 기수(基數)로 쓰는 실수의 기수법(記數法). 숫자 0, 1, 2, 3, 4, 5, 6, 7, 8, 9를 써서 10배마다 윗자리로 올려 나아가는 표시법이다. ◆ 名十进制。

싱가포르(Singapore)【명사】나라 이름. ◆ 名新加坡。

싱겁다【형용사】形 ❶ 음식의 간이 보통 정도에 이르지 못하고 약하다. ◆ (味)淡，没味道。¶물을 많이 넣어 국이 싱겁다. =放了太多水，汤有点淡。❷ 사람의 말이나 행동이 상황에 어울리지 않고 다소 엉뚱한 느낌을 주다. ◆ 无聊，不知趣，不得体。¶그는 괜히 싱겁게 잘 웃는다. =他经常不得体地笑。❸ 어떤 행동이나 말, 글 따위가 흥미를 끌지 못하고 흐지부지하다. ◆ 乏味，无聊，没劲，没意思。¶무슨 소설이 이렇게 싱겁게 끝나니? =什么小说啊，结局这么没意思。

싱그럽다【형용사】싱싱하고 맑은 향기가 있다. 또는 그런 분위기가 있다. ◆ 形清新，清香，芬芳。¶싱그러운 젊음. =清新的青春。

싱글(single)【명사】名 ❶ 한 개. 또는 단 하나로 구성되어 있는 것. ◆ 单个。¶침대가 싱글이다. =床是单人床。❷ 배우자가 없이 혼자 살거나 결혼하지 않은 사람. ◆ 单身，独身。¶나이가 마흔인데 아직 싱글이다. =年已四十仍然单身。

싱글거리다【동사】눈과 입을 슬며시 움직이며 소리 없이 정답게 자꾸 웃다. ◆ 动微笑，笑眯眯。¶이 친구, 뭣이 좋아 혼자 싱글거리고 있어? =这位朋友，有啥好事笑眯眯的? ● 싱글대다 ●

싱글벙글【부사】눈과 입을 슬며시 움직이며 소리 없이 정답고 환하게 웃는 모양. ◆ 副微微(笑)，笑眯眯地。

싱글싱글【부사】눈과 입을 슬며시 움직이며 소리 없이 정답게 자꾸 웃는 모양. ◆ 副微微地，笑眯眯地。¶아내는 싱글싱글 웃으며 나를 반겼다. =妻子微微笑着，高兴地迎接我。

싱긋【부사】눈과 입을 슬며시 움직이며 소리 없이 가볍게 웃는 모양. ◆ 副微笑的样子，咧嘴笑的样子。¶그는 어색한 듯 싱긋 웃고는 무거운 걸음을 떼었다. =他不自然地微笑着迈出沉重的脚步。

싱숭생숭하다【형용사】마음이 들떠서 갈팡질팡하고 어수선하다. ◆ 形心乱，心绪不宁，心慌意乱，忐忑不安。¶봄이라서 그런지 마음이 싱숭생숭하다. =可能是因为到了春天，有点心绪不宁。

싱싱하다【형용사】形 ❶ 시들거나 상하지 아니하고 생기가 있다. ◆ 新鲜，鲜活。¶생선이 싱싱하다. =鱼很新鲜。❷ 힘이나 기운 따위가 왕성하다. ◆ 茁壮，血气方刚，活蹦乱跳。¶싱싱하게 팔딱이는 생선. =活蹦乱跳的鱼。❸ 빛깔 따위가 맑고 산뜻하다. ◆ 鲜艳，清新。¶싱싱한 초록빛 산 풍경. =清新的草绿色山景。

싱크대(sink臺)【명사】조리할 재료를 다듬거나 씻거나 조리할 수 있도록 만든 부엌 세간. ◆ 图水槽，洗涤槽。¶아내는 부엌 싱크대 옆에 지친 몸을 지탱하고 서 있었다. =妻子支撑着疲惫的身躯站在厨房的水槽旁。

싶다【보조 형용사】补形 ❶ 앞말이 뜻하는 행동을 하고자 하는 마음이나 욕구를 갖고 있음을 나타내는 말. ◆ 表示愿望。¶먹고 싶다. =想吃。❷ 앞말이 뜻하는 내용을 생각하는 마음이 있음을 나타내는 말. ◆ 像，好像，似乎。¶꿈인가 싶다. =像是个梦。❸ 앞말대로 될까 걱정하거나 두려워하는 마음이 있음을 나타내는 말. ◆ 怕，担心，怀疑。¶누가 볼까 싶어 고개를 푹 숙였다. =怕有人看，低下了头。❹ 앞말이 뜻하는 행동을 하고자 하는 마음이나 생각을 막연하게 갖고 있거나 앞말의 상태가 이루어지기를 막연하게 바람을 부드럽게 나타내는 말. ◆ 表示希望。¶일찍 잤으면 싶었다. =想早点睡。❺ 마음속에 앞말이 뜻하는 행동을 할 의도를 가지고 있음을 나타내는 말. ◆ 表示意愿。¶머리도 아픈데 그냥 집에 갈까 싶었다. =头有点疼，想回家去。

싸가지【명사】'싹수'(어떤 일이나 사람이 앞으로 잘될 것 같은 낌새나 징조.)의 방언(강원, 전남). ◆ 方言苗头，征兆，希望。

싸고돌다【동사】动 ❶ 일정한 것을 중심으로 하여 그 둘레로 자꾸 움직이다. ◆ 绕着转，围着转。¶태양을 싸고도는 지구. =绕着太阳转的地球。❷ 일정한 것을 중심으로 일이나 행동이 벌어지다. ◆ 围绕，与……有关。¶그 회사를 싸고도는 나쁜 소문이 많다. =有很多关于那家公司不好的传闻。❸ 누구를 두둔하여 행동하다. ◆ 袒护，包庇，偏袒。¶어머니는 형만 싸고돈다. =母亲一味偏袒哥哥。

싸구려【명사】값이 싸거나 질이 낮은 물건. ◆ 图便宜货，廉价货。¶싸구려 화장품. =廉价化妆品。

싸느랗다【형용사】形 ❶ 물체의 온도나 기온이 약간 차다. ◆ 冰凉，冰冷。¶입술이 싸느랗다. =嘴唇冰凉。❷ 사람의 성격이나 태도 따위가 약간 차가운 듯하다. ◆ (态度或性格)冷淡，冷冰冰。¶싸느란 표정을 짓다. =做出冷漠的表情。

싸늘하다【형용사】形 ❶ 물체의 온도나 기온이 약간 찬 느낌이 있다. ◆ 冰凉，冰冷。¶숨을 거둔 지 좀 된 그 시신은 이미 싸늘하게 굳어 있었다. =已经停止呼吸有一段时间的尸体冷冰冰的，僵硬了。❷ 사람의 성격이나 태도 따위가 약간 차가운 데가 있다. ◆ (态度或性格)冷淡，冷冰冰。¶그러자 애써 미소를 잃지 않던 그녀의 표정이 돌연 싸늘하게 굳어졌다. =先前努力保持笑容的她，表情一下子阴沉起来。❸ 갑자기 놀라거나 무서워 약간 찬 느낌이 있다. ◆ (因吃惊或害怕)顿生凉意，凉飕飕。¶이 이상한 귀신 이야기에 나는 등골이 싸늘했다. =听了那个奇怪的鬼故事，我的后背凉飕飕的。

싸다[1]【형용사】形 ❶ 물건값이나 사람 또는 물건을 쓰는 데 드는 비용이 보통보다 낮다. ◆ 便宜，贱，廉价。¶물건을 싸게 팔다. =贱卖物品。❷ 저지른 일 따위에 비추어서 받는 벌이 마땅하거나 오히려 적다. ◆ 活该，罪有应得。¶지은 죄로 보면 그는 맞아 죽어도 싸다. =就他犯的那罪，被打死也活该。

싸다[2]【동사】动 ❶ 물건을 안에 넣고 보이지 않게 씌워 가리거나 둘러 말다. ◆ 包，兜，捂。¶선물을 예쁜 포장지에 싸다. =用漂亮的包装纸包礼物。❷ 어떤 물체의 주위를 가리거나 막다. ◆ 围，包围。¶분수를 싸고 둘러선 사람들. =围站在喷泉边上的人们。❸ 어떤 물건을 다른 곳으로 옮기기 좋게 상자나 가방 따위에 넣거나 종이나 천, 끈 따위를 이용해서 꾸리다. ◆ 打包，装箱。¶이삿짐은 다 쌌니? =搬家的行李都打好包了吗?

싸다[3]【동사】똥이나 오줌을 누다. ◆ 动〈俗〉大小便。¶눈을 비비며 요강 곁으로 가 철철 오줌을 쌌다. =揉揉眼睛，走到便盆旁小便。

싸다니다【동사】여기저기를 채신없이 분주히 돌아다니다. ◆ 动乱窜，乱跑，乱转，瞎逛。¶밤거리에 싸다니다. =深夜在大街上瞎逛。

싸돌다【동사】动 ❶ 일정한 것을 중심으로 하여 그 둘레로 자꾸 움직이다. ◆ 绕着转，围着转。¶조민세의 집과 박도선의 집을 번갈아 싸돌며 잠복근무를 했다. =围着曹民世和朴图善家轮流转，进行埋伏执勤。❷ 일정한 것을 중심으로 일이나 행동이 벌어지다. ◆ 围绕，有关。¶사무실에 들어서자 그녀를 싸도는 분위기가 심상치 않았다. =一进办公室就发现她周围的气氛不对。❸ 누구를 두둔하여 행동하다. ◆ 袒护，包庇，偏袒。¶그렇게 애를 싸돌면 버릇만 나빠진다. =惯子如杀子。

싸돌아다니다【동사】여기저기를 마구 돌아다니다. ◆ 动乱窜，乱跑，乱转，瞎逛。¶할 일 없이 시내에 싸돌아다니다가 집에 돌아왔다. =无事可做，在街上瞎逛了一会儿就回家了。

싸락눈【명사】'싸라기눈'(빗방울이 갑자기 찬 바람을 만나 얼어 떨어지는 쌀알 같은 눈.)의 준말. ◆ 图雪糁。¶싸락눈이 날리다. =飘洒雪糁。

싸매다【동사】무엇을 싸서 풀어지지 아니하게 꼭 매다. ◆ 动包扎，包，裹。¶붕대를 머리에 싸매다. =往头上包扎绷带。

싸우다【동사】动 ❶ 말, 힘, 무기 따위를 가지고 서로 이기려고 다투다. ◆ 战斗，打仗，吵架。¶적과 싸우다. =与敌人战斗。❷ 경기 따위에서 우열을 가리다. ◆ 比赛，竞争。¶이번 경기에서 우리 편은 상대편과 당당히 싸워 이겼다. =在这次比赛中，我们与对方进行了公正的比赛并最终取得了胜利。❸ 시련, 어려움 따위를 이겨 내려고 애쓰다. ◆ 抗争，斗争。¶선원들은 거친 파도와 굶주림과 싸워야 했다. =船员们不得不与巨浪和饥饿作斗争。

싸움【명사】싸우는 일. ◆ 图吵架，打架。● 싸움하다 ●

싸움터【명사】싸움이 벌어진 곳. ◆ 图战场，疆场。¶싸움터로 나가다. =奔赴战场。

싸잡다【동사】动 ❶ 한꺼번에 어떤 범위 속에 포함되게 하다. ◆ 算在一起，连带。¶싸잡아 비난하다. =连带指责。❷ 손 따위로 움켜잡다. ◆ (用手等)包，裹，捂。¶그는 얼어 오는 귀를 두 손으로 꼭 싸잡았다. =他用双手紧紧捂住冻僵的耳朵。

싸전(-廛)【명사】쌀과 그 밖의 곡식을 파는 가게. ◆图粮店，米铺。¶싸전 앞에는 마차가 서 있었고 일꾼들이 싸전 안을 들락날락거리며 마차에다 쌀가마를 싣고 있었다. =粮店前停着马车，干活的人进进出出将米袋装上马车。

싸하다【형용사】形 ❶ 혀나 목구멍 또는 코에 자극을 받아 아린 듯한 느낌이 있다. ◆ (舌、嗓、鼻等)呛，辣。¶코가 싸하다. =呛鼻子。❷ 어떤 것이 아린 듯한 자극성이 있다. ◆ 呛，辣。¶휘발유 냄새가 싸하다. =汽油味很呛。

싹[1]【명사】图 ❶ 씨·줄기·뿌리 따위에서 처음 돋아나는 어린잎이나 줄기. ◆ 芽，嫩芽，幼芽。¶싹이 나다. =发芽。❷ 움트기 시작하는 현상 따위의 시초를 비유적으로 이르는 말. ◆ 萌芽，发端。¶생명의 싹. =生命的萌芽。❸ '싹수'(어떤 일이나 사람이 앞으로 잘될 것 같은 낌새나 징조.)의 준말. ◆ (好)苗头，征兆，希望。

싹[2]【부사】副 ❶ 종이나 헝겊 따위를 칼이나 가위로 단번에 베는 소리. 또는 그 모양. ◆ 咔地(一声)，唰地(一声)。¶그는 종이 위에 자를 대고 칼로 싹 베었다. =他将尺子垫在纸上，用刀唰地一声割开了。❷ 조금도 남기지 않고 전부. ◆ 全，都，彻底。¶빗자루로 마당을 싹 쓸었다. =用扫帚把院子彻底打扫一下。

싹둑【부사】어떤 물건을 도구나 기계 따위가 해결할 수 있을 만큼의 힘으로 단번에 자르거나 베는 소리. 또는 그 모양. ◆副咔嚓(一下子)。¶무를 싹둑 자르다. =咔嚓一下把萝卜切开。

싹수【명사】어떤 일이나 사람이 앞으로 잘될 것 같은 낌새나 징조. ◆图 (好)苗头，征兆，希望。¶싹수가 없다. =没希望。

싹싹【부사】副 ❶ 종이나 헝겊 따위를 칼이나 가위로 거침없이 자꾸 베는 소리. 또는 그 모양. ◆ 咔嚓咔嚓地。¶종이를 싹싹 자르다. =咔嚓咔嚓地剪纸。❷ 거침없이 자꾸 밀거나 쓸거나 비비거나 하는 소리. 또는 그 모양. ◆ 唰唰地(搓、扫等)。¶칼을 싹싹 갈다. =唰唰地磨刀。❸ 조금도 남기지 않고 전부. ◆ 全，都，彻底，统统。¶그는 배가 몹시 고팠는지 밥그릇 바닥까지 싹싹 긁어 먹었다. =他可能饿极了，把饭吃得一粒都不剩。

싹싹하다【형용사】눈치가 빠르고 사근사근하다. ◆形善解人意，温和友善。¶싹싹하게 굴다. =为人友善。

싹쓸이【명사】모두 다 쓸어버리는 일. ◆图一扫而光。¶싹쓸이 쇼핑. =疯狂购物。● 싹쓸이하다 ●

싹트다【동사】어떤 생각이나 감정, 현상 따위가 처음 생겨나다. ◆动萌生，萌发，产生。¶사랑이 싹트다. =萌生爱情。

싼값【명사】시세에 비하여 헐한 값. ◆图廉价，低价。¶싼값으로 사다. =低价买入。

쌀【명사】벼에서 껍질을 벗겨 낸 알맹이. ◆图大米，稻米。¶쌀이 많이 나는 고장. =盛产大米的地方。

쌀가게【명사】쌀을 파는 가게. ◆图粮店，米店。¶어머니는 아이에게 쌀가게에서 쌀 두 되만 사오라고 했다. =妈妈让孩子去粮店买两升米回来。

쌀뜨물【명사】쌀을 씻고 난 뿌연 물. ◆图淘米水。¶쌀을 박박 문질러 씻었더니 쌀뜨물이 부옇게 일었다. =揉搓大米淘米时，淘米水变成了白色。

쌀밥【명사】멥쌀로 지은 밥. ◆图大米饭。¶그 당시에는 고기반찬에 쌀밥을 먹는 것이 최고의 소원이었다. =当时最大的愿望就是吃肉菜配大米饭。

쌀보리【명사】보리의 한 종류로 껍질에 붙은 깔끄러운 수염이 짧고, 껍질과 알이 잘 분리되는 곡물. ◆图青稞。

쌀쌀맞다【형용사】성격이나 행동이 따뜻한 정이나 붙임성이 없이 차갑다. ◆形 (性格、行动、言谈等)冷冰冰，冷淡，冷漠。¶그녀는 시간 있느냐는 내 말에 쌀쌀맞게 대꾸했다. =我问她有没有时间，她冷冰冰地回答了我。

쌀쌀하다【형용사】形 ❶ 날씨나 바람 따위가 음산하고 상당히 차갑다. ◆ 凉飕飕，冰凉。¶낮에는 덥지만 아침저녁으로는 쌀쌀하다. =白天很热，但一早一晚还是凉飕飕的。❷ 사람의 성질이나 태도가 정다운 맛이 없고 차갑다. ◆ (性格、态度等)冷冰冰，冷淡，冷漠。¶그녀가 어찌나 쌀쌀한지 말도 못 붙여 보았다. =她太冷漠了，我都没和她说过话。

쌀알【명사】쌀의 하나하나의 알. ◆图米粒。¶쌀알이 굵다. =米粒大。

쌈[1]【명사】밥이나 고기, 반찬 따위를 상추, 배추, 쑥갓, 깻잎, 취, 호박잎 따위에 싸서 먹는 음식. ◆图 (用生菜、白菜叶、紫菜等包的)饭团，包饭，包肉。¶고기를 상추에 쌈을 싸서 먹었다. =用生菜包着肉吃。

쌈[2]【명사】'싸움'의 준말. ◆图 "싸움"的略语，打架。¶쌈이 벌어지다. =开战。

쌈밥【명사】채소 잎에 여러 가지 재료와 쌈장을 넣어 밥과 함께 싸서 먹는 음식. ◆图饭团，包饭。¶오늘은 별미로 쌈밥을 해서 먹었다. =今天做了饭团尝了尝鲜。

쌈장(-醬)【명사】갖은 양념을 한 고추장이나 된장. 보통 쌈을 먹을 때 넣어 먹는다. ◆图 (包饭或肉吃的)酱。¶두릅은 쌈장에 찍어 먹어라. =香椿芽要蘸酱吃。

쌈지【명사】图 ❶ 담배, 돈, 부시 따위를 싸서 가지고 다니는 작은 주머니. 가죽, 종이, 헝겊 따위로 만든다. ◆ 荷包。¶쌈지에서 담배를 꺼내다. =从荷包里掏出烟来。❷ 담배나 바늘 따위를 '쌈지'에 담아 그 분량을 세는 단위. ◆ (用于表示数量的词后)包。¶담배 한 쌈지. =一包烟。

쌈질【명사】'싸움질'(싸우는 짓)의 준말. ◆图 打架。¶그놈은 어릴 때부터 쌈질을 일삼더니 결국 깡패가 되었다. =那家伙从小就经常打架，最终成了一个流氓。

쌈하다【동사】'싸움하다'(서로 싸우다.)의 준말. ◆动 打架。¶어릴 적에는 친구들과 쌈하며 놀았다. =小时候经常和朋友们打闹着玩。

쌉쌀하다【형용사】조금 쓴 맛이 있다. ◆形 (味道)

微苦，稍苦。¶커피보다는 쌉쌀한 맛이 있는 녹차가 좋다. =与咖啡相比，我更喜欢略微发苦的绿茶。

쌍(雙)【명사】图 ❶ 둘씩 짝을 이룬 것. ◆ 双，对。¶이번 모임에는 남녀가 쌍을 지어 나오라는 연락이 왔다. =得到通知说这次聚会要男女结对参加。❷ 둘을 하나로 묶어 세는 단위. ◆ 双，对。¶신혼부부 한 쌍. =一对新婚夫妇。❸ '두 짝으로 이루어짐.'의 뜻을 나타내는 말. ◆ 双。¶쌍가락지. =双指环。

쌍꺼풀(雙--)【명사】겹으로 된 눈꺼풀. 또는 그런 눈. ◆ 图双眼皮。¶쌍꺼풀이 지다. =双眼皮。

쌍둥이(雙--)【명사】图 ❶ 한 어머니에게서 한꺼번에 태어난 두 아이. ◆ 双胞胎，孪生。¶쌍둥이 남매. =孪生兄妹。❷ 똑같이 생겨 짝을 이루는 것을 비유적으로 이르는 말. ◆〈喻〉外观相同、成对的事物。¶쌍둥이 빌딩. =双子塔。

쌍방(雙方)【명사】이쪽과 저쪽 또는 이편과 저편을 아울러 이르는 말. ◆ 图双方，两方，两边。¶이 분규는 쌍방의 이해와 협조로 잘 해결되었다. =在双方的谅解和协助下，这次纠纷得到了妥善解决。

쌍벽(雙璧)【명사】여럿 가운데 특별히 뛰어난, 우열을 가리기 어려운 둘을 비유적으로 이르는 말. ◆ 图双璧，双杰。¶쌍벽을 이루다. =成为双杰。

쌍수(雙手)【명사】오른쪽과 왼쪽의 두 손. ◆ 图双手，两手，两只手。¶쌍수를 흔들다. =挥动双手。

쌍스럽다【형용사】말이나 행동이 보기에 천하고 교양이 없다. ◆ 形下贱，下流，粗野，粗俗。¶쌍스러운 소리. =粗野的声音。

쌍심지(雙心-)【명사】한 등잔에 있는 두 개의 심지. ◆ 图双灯芯。¶등잔에 새로 쌍심지를 해 넣었더니 방 안이 훨씬 환해졌다. =灯里刚装了双灯芯，房间里变得非常明亮。

쌍쌍이(雙雙-)【부사】여럿이 둘씩 둘씩. 또는 암수가 각각 쌍을 지은 모양. ◆ 副双双对对地，成双成对地。¶쌍쌍이 거니는 청춘 남녀. =成双成对地散步的青年男女。

쌍안경(雙眼鏡)【명사】두 개의 망원경 광축을 나란히 붙여, 두 눈으로 동시에 먼 거리의 물체를 확대하여 쉽게 바라볼 수 있게 한 광학 기계. ◆ 图双筒望远镜。

쌓다【동사】动 ❶ 여러 개의 물건을 겹겹이 포개어 얹어 놓다. ◆ 叠，垛，摞，堆。¶광에 볏섬을 쌓다. =在仓库里垛稻谷捆。❷ 물건을 차곡차곡 포개어 얹어서 구조물을 이루다. ◆ 垒，砌。¶담을 쌓다. =砌墙。❸ 재산을 많이 얻거나 쌓다. ◆ 积攒，积累(钱财、财产)。¶재물을 쌓아 두다. =积攒下财物。❹ 밑바탕을 닦아서 든든하게 마련하다. ◆打下(根基)，奠定(基础)。¶토대를 쌓다. =奠定基础。❺ 경험·기술·업적·지식 따위를 거듭 익혀 많이 이루다. ◆ 积累，积淀。¶수양을 쌓다. =修身养性。❻ 명예 또는 불명예, 신뢰 또는 불신 따위를 많이 얻거나 가지다. ◆ 积攒，积累(名气)。¶명성을 쌓다. =积累声望。● 쌓이다 ●

쌔근거리다【동사】动 ❶ 고르지 아니하고 가쁘게 숨 쉬는 소리가 자꾸 나다. 또한 그런 소리를 자꾸 내다. ◆ 呼哧呼哧。¶환자가 통증을 이기지 못하는지 숨소리가 거칠게 쌔근거렸다. =患者疼得受不了，呼哧呼哧大声喘气。❷ 어린아이가 곤히 잠들어 조용하게 숨 쉬는 소리가 자꾸 나다. ◆ 呼呼。¶엄마의 팔베개를 베고 잠든 아이의 숨결이 평화롭게 쌔근거렸다. =孩子枕着妈妈的胳膊安稳地呼呼睡着。● 쌔근대다 ●

쌔근쌔근【부사】副 ❶ 고르지 아니하고 가쁘게 자꾸 숨 쉬는 소리. 또는 그 모양. ◆ 呼哧呼哧地。¶얼굴이 발갛게 상기된 그는 쌔근쌔근 가쁜 숨을 쉰다. =他脸涨得通红，呼哧呼哧喘粗气。❷ 어린아이가 곤히 잠들어 조용하게 자꾸 숨 쉬는 소리. 또는 그 모양. ◆ 呼呼地。¶쌔근쌔근 자고 있는 어린이의 얼굴은 천사와 같다. =安睡的孩子面容仿若天使。

쌔근쌔근하다【동사】动 ❶ 고르지 아니하고 가쁘게 자꾸 숨 쉬다. ◆ 呼哧呼哧地。❷ 어린아이가 곤히 잠들어 조용하게 자꾸 숨 쉬다. ◆ 呼呼地。

쌔비다【동사】남의 물건을 훔치다. ◆ 动偷，盗窃，窃取。¶남의 지갑을 쌔비다. =偷别人的钱包。

쌕쌕【부사】副 ❶ 숨을 고르고 가늘게 쉬는 소리. ◆ 呼呼。¶아이는 하루 종일 뛰어놀더니 금방 쌕쌕 숨을 쉬며 잠들었다. =小孩跑了一天，刚才呼呼地睡着了。❷ 숨을 조금 빠르고 고르지 않게 쉬는 소리. ◆ 呼呼(喘粗气)。¶누나는 숨을 쌕쌕 몰아쉬면서 그것을 내밀었다. =姐姐呼呼地喘着气，把那个东西递出来。

쌕쌕거리다【동사】动 ❶ 숨을 고르고 거칠게 쉬는 소리를 잇따라 내다. ◆ 直打呼噜，呼呼(打鼾)。❷ 숨을 조금 빠르고 고르지 않게 쉬는 소리를 잇따라 내다. ◆ 呼呼直喘。¶운동장에서 뛰어놀던 아이들이 발갛게 단 볼로 가쁜 숨을 쌕쌕거리며 교실에 들어온다. =在操场上玩的孩子们脸蛋红扑扑的，喘着粗气进了教室。● 쌕쌕대다 ●

쌩【부사】副 ❶ 바람이 세차게 스쳐 지나가는 소리. 또는 그 모양. ◆ 飕地(一声)。¶바람이 쌩 불다. =风飕飕地刮。❷ 사람이나 물체가 바람을 일으킬 만큼 빠르게 움직일 때 나는 소리. 또는 그 모양. ◆ 噌的一声，嗖的一声。¶차 한 대가 내 옆을 쌩 지나갔다. =一辆车嗖的一声从我身边经过。

쌩긋【부사】눈과 입을 살며시 움직이며 소리 없이 가볍게 웃는 모양. ◆ 副微微笑，嫣然，莞然。

쌩쌩【부사】副 ❶ 바람이 잇따라 세차게 스쳐 지나가는 소리. 또는 그 모양. ◆ 嗖嗖。¶쌩쌩 부는 겨울바람. =秋风嗖嗖地吹。❷ 사람이나 물체가 바람을 일으킬 만큼 잇따라 빠르게 움직일 때 나는 소리. 또는 그 모양. ◆ 嗖嗖。¶총탄이 머리 위로 쌩쌩 나는 전쟁터. =子弹从头顶嗖嗖飞过的战场。

쌩쌩하다【형용사】形 ❶ 시들거나 상하지 아니하고 생기가 있다. ◆ 新鲜。¶꽃병에 물을 갈아 주었더니 꽃이 쌩쌩하다. =花瓶换水后，花儿看起来生机勃勃。❷ 힘이나 기운 따위가 왕성하다. ◆ 旺盛，充沛，蓬勃。¶산 정상에 도달했을 때도 그는 쌩쌩했다. =到达山顶后，他依然精力充沛。❸ 빛깔 따위가 맑고 산뜻하다. ◆ 明快，鲜明。¶맑은 가을 하늘 아래에 펼쳐진 바다는 쨍쨍한 푸른빛을 띠고 있었다. =晴朗的秋日天空下，大海呈现出明快的蓝色。❹ 바로 눈앞에 보는 것처럼 명백하고 또렷하다. ◆ 形清楚，清晰。¶쨍쨍한 기억. =清晰的记忆。

써내다【동사】글씨나 글을 써서 내놓다. ◆ 动写出，写好提交。¶심사 위원에게 논문을 써내다. =向评委们提交写好的论文。

써늘하다【형용사】形 ❶ 물체의 온도나 기온이 꽤 찬 느낌이 있다. ◆ 冰冷，冰凉。¶써늘하게 식어 버린 주검. =变得冰冷的尸体。❷ 사람의 성격이나 태도 따위가 차가운 데가 있다. ◆ (性格、态度)冷淡，冷冰冰。¶그는 써늘한 미소를 지으며 적에게 총을 겨누었다. =他露出了冷冷的微笑，将枪口瞄准了敌人。❸ 갑자기 놀라거나 무서워 찬 느낌이 있다. ◆ 发凉，发冷。¶등골이 써늘하다. =脊背发凉。

써레【명사】갈아 놓은 논의 바닥을 고르는 데 쓰는 농기구. ◆ 名 耙。¶소에게 써레를 지웠다. =给牛套上耙。

썩【부사】副 ❶ 보통의 정도보다 훨씬 뛰어나게. ◆ 很，非常。¶성적이 썩 좋아졌다. =成绩变得好多了。❷ 지체 없이 빨리. ◆ 立刻，立即，马上。¶뭘 그리 꾸물거리고 있어? 썩 나오지 못하고. =磨蹭什么，还不快点出来?

썩다【동사】动 ❶ 유기물이 부패 세균에 의하여 분해됨으로써 원래의 성질을 잃어 나쁜 냄새가 나고 형체가 뭉개지는 상태가 되다. ◆ 腐烂，腐败，变质。¶고기가 썩었다. =肉腐烂了。❷ 사람 몸의 일부분이 균의 침입으로 기능을 잃고 회복하기 어려운 상태가 되다. ◆ 坏掉，腐烂。¶사랑니가 썩다. =智齿坏掉。❸ 쇠붙이 따위가 녹이 심하게 슬어 부스러지기 쉬운 상태가 되다. ◆ 生锈，腐朽。¶빗물받이가 썩었다. =街道进水口生锈了。❹ 물건이나 사람 또는 사람의 재능 따위가 쓰여야 할 곳에 제대로 쓰이지 못하고 내버려진 상태에 있다. ◆ 埋没，浪费。¶그는 시골에서 썩기에는 아까운 인물이다. =他埋没在乡下很可惜。❺ 본인의 의사와 관계없이 어떤 곳에 얽매여 있다. ◆动被束缚于某处；被限制自由。¶그는 거기서삼 년을 썩었다. =他被束缚在那里三年。

썩이다【동사】걱정이나 근심 따위로 마음을 몹시 괴로운 상태로 만들다. ◆ 动让……操心，让……心焦。¶이제 부모 속 좀 작작 썩여라. =现在让父母少操点心吧。

썩히다【동사】动 ❶ '썩다'(걱정이나 근심 따위로 마음이 몹시 괴로운 상태가 되다.)의 사동형. ◆ 让……操心。❷ '썩다'의 사동형. 물건이나 사람 또는 사람의 재능 따위를 제대로 쓰이지 못하게 하다. ◆ 浪费，闲置。¶그는 시골구석에서 재능을 썩히고 있다. =他偏居一隅，才华被浪费了。

썰다【동사】어떤 물체에 칼이나 톱을 대고 아래로 누르면서 날을 앞뒤로 움직여서 잘라 내거나 토막이 나게 하다. ◆ 动切，割，砍。¶오이를 썰다. =切黄瓜。● 썰리다 ●

썰렁하다【형용사】形 ❶ 서늘한 기운이 있어 조금 추운 듯하다. ◆ 冷飕飕。¶바람이 썰렁하다. =风冷飕飕的。❷ 있어야 할 것이 없어 어딘가 빈 듯한 느낌이 있다. ◆ 冷清。¶모두 퇴근한 썰렁한 사무실. =大家都下班后变得冷冷清清的办公室。

썰매【명사】名눈 위나 얼음판 위에서 사람이나 물건을 싣고 끄는 기구. ◆ 雪爬犁。¶썰매에 짐을 싣고 끌고 가다. =用雪爬犁拉着行李走。

썰물【명사】조수의 간만으로 해면이 하강하는 현상. 또는 그 바닷물. 만조에서 간조까지를 이르며 하루에 두 차례씩 밀려 나간다. ◆ 名退潮，落潮，低潮。¶밀물과 썰물의 차가 크다. =涨潮与落潮潮差很大。

쏘다【동사】动 ❶ 활이나 총, 대포 따위를 일정한 목표를 향하여 발사하다. ◆ 射击，发射，开(枪、炮、弓等)。¶적의 진지에 대포를 쏘다. =向敌军阵地开炮。❷ 말이나 시선으로 상대편을 매섭게 공격하다. ◆ 狠狠地说，责备，挖苦。¶버릇없는 아이에게 한마디 쏘다. =狠狠地说了那个不懂礼貌的孩子一句。❸ 벌레가 침과 같은 것으로 살을 찌르다. ◆ 蛰，刺。¶벌이 얼굴을 쏘았다. =蜜蜂蛰了脸一下。❹ 매운맛이나 강한 냄새가 사람의 입 안이나 코를 강하게 자극하다. ◆ 刺(鼻)，辣(嘴)。¶고추가 입 안을 쏘다. =辣椒很冲。● 쏘이다 ●

쏘다니다【동사】아무 데나 마구 분주하게 돌아다니다. ◆ 动四处游荡，闲逛，乱窜。¶거리에 쏘다니다. =在街上闲逛。

쏘아보다【동사】날카롭게 노려보다. ◆ 动紧盯，直盯。¶권투 선수는 상대를 쏘아보는 눈초리가 아주 매섭다. =拳击手紧盯对手的目光非常可怕。

쏘아붙이다【동사】날카로운 말투로 상대를 몰아붙이듯이 공격하다. ◆ 动没好气地说，狠狠地说，责备，挖苦。¶직장 동료에게 짜증 섞인 말을 쏘아붙였다. =冲着同事没好气地说了一句。

쏘이다【동사】얼굴이나 몸에 바람이나 연기, 햇빛 따위를 직접 받다. ◆ 动吹(风)，晒(太阳)，被(烟)熏。¶찬 바람을 쏘이다. =吹吹凉风。

쏙【부사】副 ❶ 안으로 깊이 들어가거나 밖으로 볼록하게 내미는 모양. ◆ 深深地。¶보조개가 쏙 들어가다. =酒窝深陷。❷ 쉽게 밀어 넣거나 뽑아내는 모양. ◆ 一下子。¶김밥에서 햄만 쏙 빼 먹었다. =从紫菜包饭里面把火腿抽出来吃了。❸ 어떤 일에 제외되거나 참여하지 않는 모양. ◆ 被排除、未参与的样子。¶친구들이 나만 쏙 빼고 자기들끼리 놀러 갔다. =朋友们唯独把我一人排除在外，一起出去玩了。❹ 거리낌 없이 경솔하게 말하며 나서는 모양. ◆ 随意插话的样子。¶어른들 말씀하시는데 쏙 나서는 게 아니다. =长辈们正在说话，你不应该随便插话。❺ 생김새나 차림새 따위가 꼭 닮은 모양. ◆ 形容长相、穿戴十分相像。¶너는 아버지를 쏙 빼어 닮았구나. =你长得和你父亲一模一样。● 쏙쏙 ●

쏜살【명사】쏜 화살이라는 뜻으로, 매우 빠른 것을 이르는 말. ◆ 名离弦之箭。¶꼬마는 쏜살처럼 집 안으로 도로 뛰어 들어갔다. =小家伙像离弦之箭一样跑回了家。● 쏜살같다, 쏜살같이 ●

쏟다【동사】动 ❶ 액체나 물질을 그것이 들어 있는 용기에서 바깥으로 나오게 하다. ◆倒，倒出，倾倒。¶바닥에 물을 쏟다. =把水倒到地上。❷ 마음이나 정신 따위를 어떤 대상이나 일에 기울이다. ◆倾注，投入。¶작품에 심혈을 쏟다. =在作品里倾注了心血。❸ 마음속에 품고 있는 생각이나 말을 밖으로 드러내다. ◆倾诉，倾吐。¶가장 절친한 친구에게 한동안 감추어 왔던 고민거리를 쏟고 나니 마음이 한결 가벼워졌다. =向最亲近的朋友一股脑地说出了一直闷在心里的苦恼，心里轻松了许多。❹ 눈물이나 땀, 피 따위를 많이 흘리다. ◆大量流出，奔涌而出。¶식은땀을 쏟다. =冷汗直流。❺ 햇볕이나 비 따위를 강하게 비치게 하거나 내리게 하다. ◆(阳光)炙烤，(大雨)倾泻。¶뜨겁게 쏟는 뙤약볕. =热辣辣的烈日。

쏟아지다【동사】动 ❶ 액체나 물질이 그것이 들어 있는 용기에서 한꺼번에 바깥으로 나오다. ◆(液体或物质)倾泻，泼洒。¶물이 바닥에 쏟아지다. =水洒到地板上。❷ 눈물이나 땀, 피 따위가 한꺼번에 많이 흐르다. ◆(眼泪、汗、血等)涌出，冒出。¶눈물이 쏟아지다. =泪水涌出。❸ 어떤 일이나 대상, 현상이 한꺼번에 많이 생기다. ◆(某类事情、对象、现象)大量涌现，大量产生。¶이번 대회에서 신기록이 쏟아졌다. =本次大赛中一下子产生了很多新纪录。❹ 비나 눈, 햇빛 등이 많이 또는 강하게 내리거나 비치다. ◆(阳光)曝晒；(大雨)滂沱；(大雪)纷飞。¶눈이 펑펑쏟아지다. =大雪纷飞。

쏠리다【동사】动 ❶ 물체가 기울어져 한쪽으로 몰리다. ◆歪，斜，倾斜。¶버스가 급정거하자 사람들이 와락 앞으로 쏠려 넘어졌다. =公交车一个急刹车，车上的人歪向一边，倒了下去。❷ 마음이나 눈길이 어떤 대상에 끌려서 한쪽으로 기울어지다. ◆(心思、目光)集中。¶마음이 다른 곳으로 쏠린다. =心思转向别处。

쏠쏠하다【형용사】품질이나 수준, 정도 따위가 웬만하여 괜찮거나 기대 이상이다. ◆形凑合，还可以，差强人意。¶수입이 쏠쏠하다. =收入还可以。

쏴【부사】副 ❶ 나뭇가지나 물건의 틈 사이로 바람이 스쳐 부는 소리. ◆哗啦啦(风吹的声音)。¶바닷가 소나무 숲에 바람이 쏴 분다. =风吹过海边松林，发出哗啦啦的声音。❷ 비바람이 치거나 물결이 밀려오는 소리. ◆哗(下雨的声音)。¶소낙비가 갑자기 쏴 쏟아진다. =阵雨突然哗啦啦地下了起来。❸ 물이 급히 내려가거나 나오는 소리. ◆哗(流水的声音)。¶화장실에 누가 있는지 쏴 물 내려가는 소리가 들렸다. =洗手间里传出哗的一声冲水声，不知道谁在里面。

쐐기【명사】물건의 틈에 박아서 사개가 물러나지 못하게 하거나 물건들의 사이를 벌리는 데 쓰는 물건. ◆名楔子。¶이은 곳이 꼭 맞지 않아 삐걱거리니 틈이 생긴 곳에 쐐기를 박아 고정해라. =连接的部分不太吻合，老是"吱呀"乱响，你在有缝的地方加个楔子固定一下吧。

쐬다[1]【동사】얼굴이나 몸에 바람이나 연기, 햇빛 따위를 직접 받다. ◆动吹(风)，见(光)。¶바람을 쐬다. =兜风。

쐬다[2]【동사】'쏘이다'(벌레가 침과 같은 것으로 살을 찌르다) 의 준말. ◆动 蜇。¶벌에 쐬어 손이 퉁퉁 부었다. =被虫子蜇了，手都肿了。

쑤군거리다【동사】남이 알아듣지 못하도록 낮은 목소리로 자꾸 가만가만 이야기하다. ◆动嘀咕，轻声低语。¶빨래를 하던 아낙들이 일손을 멈추고 그에 관한 소문을 쑤군거리기 시작했다. =正在洗衣服的女人们停下手来，开始低声议论起有关他的传闻。● 쑤군대다 ●

쑤다【동사】곡식의 알이나 가루를 물에 끓여 익히다. ◆动熬。¶죽을 쑤다. =熬粥。

쑤시다[1]【동사】动 ❶ 가늘고 긴 꼬챙이 같은 것으로 다른 물체의 틈이나 구멍에 넣어 구멍을 뚫거나 속에 있는 물건을 밖으로 나오게 하다. ◆剔，捅。¶이를 쑤시다. =剔牙。❷ 사람이 여러 사람 사이로 들어갈 만한 틈을 벌리거나 만들다. ◆插，钻(缝)。¶사람들을 쑤시고 만원 버스에 가까스로 올라탔다. =好不容易钻进人缝挤上了满员的公交车。❸ 감추어진 사실을 알아내기 위하여 이모저모로 조사하다. ◆找，翻，查，打探。¶신문 기자가 비리 사건을 쑤시고 돌아다닌다. =报社记者四处打探小道消息。❹ 일자리를 구하거나 관계를 맺을 목적으로 회사나 기관, 단체 따위를 비집고 들어가다. ◆(为找工作或搭关系)挤进(公司、机关、团体等)。¶일자리를 구하려 여기저기 쑤셔 보았지만 아무 소득이 없었다. =到处找工作，却一无所获。❺ 다른 사람을 부추기거나 꾀다. ◆唆使，怂恿，撺掇。¶왜 공부하는 친구를 쑤셔서 놀자고 하니? =为什么要撺掇正在学习的朋友玩呢?

쑤시다[2]【동사】신체의 일부분이 바늘로 찌르는 것처럼 아프다. ◆动刺痛，酸痛。¶머리가 지끈지끈 쑤시다. =头部刺痛。

쑥[1]【부사】副"쏙"과 같다, ◆同"쏙"。● 쑥쑥 ●

쑥[2]【명사】어린잎은 먹고 다 자란 잎은 말려서 약으로 쓰는, 들에 나는 풀. ◆名艾草，艾蒿。¶쑥을 뜯다. =采艾草。

쑥갓【명사】국화과의 한해살이풀 또는 두해살이풀. 높이는 30~70cm이며, 잎은 어긋나고 깃 모양으로 갈라진다. ◆名茼蒿。

쑥국【명사】어린 쑥을 데쳐 곱게 이긴 뒤에 고기 익은 것과 섞어 빚어, 달걀 푼 것을 씌워 맑은장국에 넣어 끓인 국. ◆名艾汤。¶형수와 덕규 엄마는 쑥국 한 그릇과 밥 한 사발을 내게 다 먹이려고 서둘렀다. =嫂子和德圭妈妈急于让我喝光一碗艾汤吃完一碗米饭。

쑥대밭【명사】名 ❶ 쑥이 무성하게 우거져 있는 거친 땅. ◆艾草丛生的地方，荒草地。❷ 매우 어지럽거나 못 쓰게 된 모양을 비유적으로 이르는 말. ◆〈喻〉乱糟糟，狼藉。¶쑥대밭 같은 머리카락. =散乱的头发。

쑥덕거리다【동사】남이 알아듣지 못하도록 낮은 목소리로 은밀하게 자꾸 이야기하다. ◆动叽叽咕咕，窃窃私语，嘁嘁喳喳。¶회의 시간에 남자들끼리 뭘 쏙덕거리더니 한 남자가 나서서 투표를 하자고 했다. =开会时男人们在一起窃窃私语，后来一个男的站出来提议投票。● 쏙덕대다 ●

쏙덕공론(--公論)【명사】'숙덕공론(--公論)'(여러 사람이 모여 저희끼리만 알아들을 수 있을 만큼 낮은 목소리로 의견을 나눔. 또는 그런 의논.)의 센말. ◆ 图叽叽咕咕，嘀嘀咕咕。¶쏙덕공론을 벌이다. =叽叽咕咕。

쏙덕이다【동사】남이 알아듣지 못하도록 낮은 목소리로 은밀하게 자꾸 이야기하다. ◆ 动叽叽咕咕，窃窃私语，喊喊喳喳。

쑥밭【명사】图 ❶ '쑥대밭'(쑥이 무성하게 우거져 있는 거친 땅)의 준말. ◆ 艾草丛生的地方，荒草地。❷ '쑥대밭'(매우 어지럽거나 못 쓰게 된 모양을 비유적으로 이르는 말)의 준말. ◆〈喻〉乱糟糟，狼藉。

쑥스럽다【형용사】하는 짓이나 모양이 자연스럽지 못하여 우습고 싱거운 데가 있다. ◆ 形不好意思，难为情，尴尬。¶악수를 거절당하자 내밀었던 손이 오히려 쑥스러웠다. =握手被拒绝，伸出去的手显得很尴尬。

쓰다[1]【형용사】形 ❶ 혀로 느끼는 맛이 한약이나 소태, 씀바귀의 맛과 같다. ◆ 味苦，苦涩。¶쓴 약. =苦药。❷ 달갑지 않고 싫거나 괴롭다. ◆ 痛苦，惨痛。¶여러 번 실패를 경험했지만 언제나 그 맛은 썼다. =虽然已经经历了多次失败，但每次都还是很痛苦。

쓰다[2]【동사】动 ❶ 붓, 펜, 연필과 같이 선을 그을 수 있는 도구로 종이 따위에 획을 그어서 일정한 글자의 모양이 이루어지게 하다. ◆ 写，书写。¶연습장에 붓글씨를 쓰다. =在练习簿上写毛笔字。❷ 머릿속의 생각을 종이 혹은 이와 유사한 대상 따위에 글로 나타내다. ◆ 写，记，记录(脑中的想法)。¶그는 조그마한 수첩에 일기를 써 왔다. =他在一个很小的本子上写日记。❸ 원서, 계약서 등과 같은 서류 따위를 작성하거나 일정한 양식을 갖춘 글을 쓰는 작업을 하다. ◆ 撰写，编写，起草。¶그는 지금 계약서를 쓰고 있다. =他现在在起草合约。❹ 머릿속에 떠오른 곡을 일정한 기호로 악보 위에 나타내다. ◆ 谱写，作(曲)。¶그는 노래도 부르고 곡도 쓰는 가수 겸 작곡자이다. =他既唱歌又谱曲，是一个歌手兼作曲家。

쓰다[3]【동사】动 ❶ 어떤 일을 하는 데에 재료나 도구, 수단 등을 이용하다. ◆ 利用，使用。¶빨래하는 데에 합성 세제를 많이 쓴다고 빨래가 깨끗하게 되는 것은 아니다. =洗衣服时，并不是洗涤剂用得越多就洗得越干净。❷ 사람에게 일정한 돈을 주고 어떤 일을 하도록 시키다. ◆ 雇用。¶하수도 공사에 인부를 쓴다. =雇小工干下水道工程。❸ 사람에게 어떤 일정한 직위나 자리를 주고 일을 하게 하다. ◆ 任命。¶회사에서는 그 자리에 경험자를 쓰기로 했다. =公司决定在那个位置上起用有经验的人。❹ 다른 사람에게 음식 등을 베풀거나 음식값을 내다. ◆ 请客。¶그는 취직 기념으로 친구들에게 한턱을 썼다. =为了纪念就业，他请客招待朋友。❺ 어떤 일을 하는 데 시간이나 돈을 들이다. ◆ 花费(时间、金钱等)。¶오늘 아이들에게 너무 많은 돈을 썼다. =今天给孩子们花了太多的钱。❻ 어떤 말이나 언어를 사용하다. ◆ 说，操(话或口音)。¶그는 시골에서 온 지 얼마 안 되었는데도 서울말을 유창하게 쓴다. =他从乡下过来还没多长时间，但是首尔话已经说得很流利了。❼ 마땅하거나 올바른 상태가 되다. ◆ 行，可以。¶어른에게 대들면 쓰나? =顶撞长辈能行吗?

쓰다[4]【동사】动 ❶ 모자 따위를 머리에 얹어 덮다. ◆ (往头部)戴。¶모자를 쓰다. =戴帽子。❷ 얼굴에 어떤 물건을 걸거나 덮어쓰다. ◆ (往面部)戴。¶얼굴에 마스크를 쓰다. =戴面具。❸ 먼지나 가루 따위를 몸이나 물체 따위에 덮은 상태가 되다. ◆ 蒙上，蒙住，盖住。¶광부들이 온몸에 석탄가루를 까맣게 쓰고 일을 한다. =矿工们身上蒙上了一层黑煤灰，努力劳作。❹ 우산이나 양산 따위를 머리 위에 펴 들다. ◆ 撑，打(伞)。¶밖에 비가 오니 우산을 쓰고 가거라. =外边在下雨，打上伞吧。❺ 사람이 죄나 누명 따위를 가지거나 입게 되다. ◆ 蒙受，遭。¶그는 억울하게 누명을 썼다. =他被冤枉了。● 씌우다 ●

쓰다듬다【동사】动 ❶ 손으로 살살 쓸어 어루만지다. ◆抚摸，摸弄。¶이마를 쓰다듬다. =抚摸额头。❷ 살살 달래어 가라앉히다. ◆ 哄，抚慰，安慰。¶어머니는 아들의 아픈 마음을 쓰다듬어 주었다. =母亲抚慰儿子伤痛的心。

쓰디쓰다【형용사】形 ❶ 몹시 쓰다. ◆ 很苦，极苦。❷ 몹시 괴롭다. ◆ 极其痛苦。

쓰라리다【형용사】形 ❶ 상처가 쓰리고 아리다. ◆ 火辣辣地疼。¶며칠을 굶었더니 속이 쓰라리다. =饿了几天，肚子火辣辣地疼。❷ 마음이 몹시 괴롭다. ◆ 痛苦，痛心。¶그는 어릴 때 부모가 돌아가시는 쓰라린 아픔을 맛보았다. =他小时候就经历了父母去世的痛苦。

쓰러뜨리다【동사】动 ❶ 사람이나 물체를 서 있던 상태에서 바닥에 눕는 상태가 되게 하다. ◆ 撂倒，绊倒，使倒下。¶그는 한 방에 상대를 바닥에 쓰러뜨렸다. =他一拳将对方打倒在地。❷ 병이나 과로 따위가 사람을 몸져눕게 만들다. ◆ (因疾病或过劳而)倒下。¶전염병은 많은 사람을 쓰러뜨렸다. =传染病击垮了很多人。

쓰러지다【동사】动 ❶ 힘이 빠지거나 외부의 힘에 의하여 서 있던 상태에서 바닥에 눕는 상태가 되다. ◆ 倒下，倒。¶술 취한 행인이 길에 쓰러졌다. =醉酒的行人倒在了路上。❷ 사람이 병이나 과로 따위로 정상 생활을 하지 못하고 몸져눕는 상태가 되다. ◆ 病倒，累病。❸ 기업이나 국가 따위가 제 기능을 하지 못하는 상태가 되다. ◆ 失败，倒闭。¶자금난에 시달린 중소기업들이 줄줄이 쓰러졌다. =被资金链断裂困扰的中小企业接连倒闭。

쓰레기【명사】图 ❶ 비로 쓸어 낸 먼지나 티끌, 또는 못쓰게 되어 내다 버릴 물건이나 내다 버린 물건을 통틀어 이르는 말. ◆ 垃圾。¶쓰레기를 버리다.

=丢垃圾。❷ 도덕적, 사상적으로 타락하거나 부패하여 쓰지 못할 사람을 낮잡아 이르는 말. ◆ 败类，人渣，渣滓。¶인간 쓰레기. =社会败类。

쓰레기봉투(---封套)【명사】쓰레기를 담아서 버리는 데 쓰는 봉투. ◆ 名垃圾袋。

쓰레기장(---場)【명사】쓰레기를 내다 버리도록 정하여 놓은 곳. ◆ 名垃圾场。¶쓰레기장을 만들다. =建垃圾场。

쓰레기통(---桶)【명사】쓰레기를 담거나 모아 두는 통. ◆ 名垃圾桶，垃圾箱。¶쓰레기는 쓰레기통에 버립시다. =把垃圾丢进垃圾箱。

쓰레받기【명사】비로 쓴 쓰레기를 받아 내는 기구. ◆ 名畚箕。¶나는 쓰레받기의 먼지를 쓰레기통에 버렸다. =我将畚箕里的灰土倒到了垃圾桶里。

쓰리다【동사】动 ❶ 쑤시는 것같이 아프다. ◆ 刺痛，灼痛，酸痛。¶비눗물이 들어가 눈이 쓰리다. =肥皂水进眼睛里了，有点刺痛。❷ 몹시 시장하거나 과음하거나 하여 배 속이 거북하다. ◆ (肚子)难受，不舒服。¶몹시 배가 고파 속이 쓰리다. =饿得肚子有些不舒服。❸ 마음이 쑤시는 것처럼 아프고 괴롭다. ◆ 心痛，心酸，伤心。¶어린 자식이 먼저 죽었으니 부모의 마음이 얼마나 쓰리겠느냐? =幼小的孩子早早死去，父母该有多伤心呀!

쓰임새【명사】쓰임의 정도. ◆ 名用处，用途。¶목재는 그 종류에 따라 쓰임새가 다르다. =木材的种类不同，用途也各异。

쑥【부사】副 ❶ 슬그머니 내밀거나 들어가는 모양. ◆ 突然，一下子，倏地，噌地（悄悄伸出或进入貌）。¶철수가 웃는 얼굴로 쑥 들어섰다. =忽然，哲洙笑着进来了。❷ 슬쩍 사라지는 모양. ◆ 神不知鬼不觉地，偷偷地，悄无声息地（消失的样子）。¶그는 어느새 쑥 없어져 버렸다. =他不知什么时候消失不见了。❸ 빨리 지나가는 모양. ◆ 迅速地，快速地，倏地（过去）。¶그는 빠른 걸음으로 내 앞을 쑥 지나갔다. =他倏地从我面前快步走过。❹ 슬쩍 문지르거나 비비는 모양. ◆ 轻轻地，悄悄地（擦、抹、揉搓）。¶콧물을 손등으로 쑥 닦다. =用手背轻轻擦鼻涕。❺ 넌지시 슬쩍 행동하는 모양. ◆ 悄悄地，轻轻地，轻手轻脚地。¶아무런 기척도 없이 문을 쑥 열었다. =悄无声息地打开了门。

쑥쑥【부사】副 ❶ 자꾸 슬쩍 문지르거나 비비는 모양. ◆ 不断地，不停地(轻轻抚摸、擦、揉搓等)。¶그는 웃으며 수염을 쑥쑥 쓰다듬었다. =他一边笑一边不停地捋着胡须。❷ 거침없이 일을 손쉽게 해치우는 모양. ◆ 顺利地，轻松地，轻而易举地。¶그 사람은 어려운 일도 힘을 들이지 않고 쑥쑥 잘해 낸다. =那个人处理难事也毫不费力，能轻而易举地做好。

쓴맛【명사】名 ❶ 소태나 씀바귀 따위의 맛처럼 느껴지는 맛. ◆ 苦味。¶요즘 씀바귀는 자연산이 아니라서 그런지 쓴맛이 덜 난다. =近来的苦菜可能因为不是纯天然的，没什么苦味。❷ 달갑지 아니하고 싫거나 언짢은 느낌. ◆ 苦涩，痛苦。¶이 선수는 이번 대회에서 첫 패배의 쓴맛을 보았다. =那名选手在此次比赛中尝到了第一次失败的苦涩。

쓴웃음【명사】어이가 없거나 마지못하여 짓는 웃음. ◆ 名苦笑，苦涩的笑。¶쓴웃음을 짓다. =露出苦笑。

쓸개【명사】名 ❶ 간에서 분비되는 쓸개즙을 일시적으로 저장·농축하는 주머니. 샘창자 안에 음식물이 들어오면 쓸개즙을 내어 소화를 돕는다. ◆ 胆，胆囊。❷ '줏대'(자기의 처지나 생각을 꿋꿋이 지키고 내세우는 기질이나 기풍.)를 비유적으로 이르는 말. ◆〈喻〉原则，信条，信念。¶그는 간도 쓸개도 없는 인간이다. =他是个没心没肺的人。

쓸다【동사】动 ❶ 비로 쓰레기 따위를 밀어내거나 한데 모아서 버리다. ◆ 清扫，打扫。¶방을 쓸다. =打扫房间。❷ 가볍게 쓰다듬거나 문지르다. ◆ 抚摸，轻抚，捋。¶수염을 쓸다. =捋胡须。❸ 질질 끌어서 바닥을 스치다. ◆ 擦，擦拭。¶방바닥을 쓸다. =擦地板。❹ 전염병 따위가 널리 퍼지거나 태풍, 홍수 따위가 널리 피해를 입히다. ◆ (传染病、台风、洪水等灾害)蔓延，传遍，席卷。¶태풍이 쓸고 간 자리에는 풀 한 포기도 없었다. =台风席卷而过的地方寸草不留。❺ 모두 그러모아 독차지하다. ◆ 独揽，聚敛。¶판돈을 쓸다. =独揽赌注。

쓸데【명사】쓰일 자리. 또는 써야 할 곳. ◆ 名用途，用处。¶쓸데가 있으니 돈을 좀 빌려 줘. =我要用钱，借我点吧。

쓸데없다【형용사】아무런 쓸모나 득이 될 것이 없다. ◆ 形无用，没有用。¶쓸데없는 생각. =没用的想法。● 쓸데없이 ●

쓸모【명사】名 ❶ 쓸 만한 가치. ◆ 作用，用处。¶쓸모 있는 사람이 되어라. =成为有用的人吧。❷ 쓰이게 될 분야나 부분. ◆ 用场，用途。¶송곳과 드라이버는 쓸모가 다르다. =锥子和螺丝刀的用途不一样。

쓸모없다【형용사】쓸 만한 가치가 없다. ◆ 形没用。¶당장 쓸모없는 물건을 버리십시오. =没用的东西马上就扔了吧。● 쓸모없이 ●

쓸쓸하다【형용사】形 ❶ 외롭고 적적하다. ◆ 孤单，寂寞，冷清。¶집안이 쓸쓸하다. =家里冷冷清清的。❷ 날씨가 으스스하고 음산하다. ◆ (天气)冷飕飕。¶겨울 들판은 쓸쓸하고 바람이 찼다. =冬天的原野冷飕飕的，寒风刺骨。● 쓸쓸히 ●

쓸어내리다【동사】动 ❶ 수염 따위를 아래로 쓸면서 만지다. ◆ 捋(头发、胡子等)。❷ 곤란하거나 어려운 일, 근심, 걱정 따위가 해결되어 안도하다. ◆ 舒口气。

쓸어버리다【동사】부정적인 것을 모조리 없애다. ◆ 动清除，消除，扫除。¶잡념을 쓸어버리고 열심히 공부하기로 마음을 다잡았다. =下定决心要消除杂念努力学习。

씀바귀【명사】국화과의 여러해살이풀. ◆ 名 苦菜。

씀씀이【명사】돈이나 물건 혹은 마음 따위를 쓰는 형편. 또는 그런 정도나 수량. ◆ 名用度，花费，花销，开销。¶씀씀이가 헤프다. =花钱大手大脚。

씁쓰레하다【형용사】形 ❶ 조금 쓴 맛이 나는 듯하다. ◆ (味道)稍苦，略苦。¶도토리는 생으로 먹으면 씁쓰레하다. ==橡子生吃的味道略苦。❷ 달갑지 아니하여 싫거나 언짢은 기분이 조금 나는 듯하다. ◆ 懊恼，不愉快，不是滋味。¶그는 부탁을 거절당하자 머쓱하고 씁쓰레했다. =他的请求被拒绝后，他立刻就很泄气，心里不是滋味。● 씁쓰레 ●

씁쓰름하다【형용사】形 ❶ 조금 쓴 맛이 나는 듯하다. ◆ 稍苦，略苦。¶나물이 씁쓰름하다. =野菜有点苦。❷ 달갑지 아니하여 싫거나 언짢은 기분이 조금 나는 듯하다. ◆ 略有苦涩，不愉快，不是滋味。¶씁쓰름하게 웃는다. =略带苦涩地笑着。

씁쓸하다【형용사】形 ❶ 조금 쓴 맛이 나다. ◆ 稍苦，略苦。¶인삼차가 씁쓸하다. =人参茶有点苦。❷ 달갑지 아니하여 싫거나 언짢은 기분이 조금 나다. ◆ 略有苦涩，不愉快，不是滋味。¶씁쓸한 표정. =略有不悦的表情。● 씁쓸히 ●

씌다【동사】귀신 따위에 접하게 되다. ◆ 动着魔，中邪。¶무슨 귀신에 씌었다면 모를까 그가 제정신으로 그런 일을 할 리가 없다. =不知他是不是着了什么魔，他若清醒的话是不会做那种事的。

씨¹(氏)【의존 명사】'그 사람'을 높여 이르는 삼인칭 대명사. 주로 글에서 쓰는데, 앞에서 성명을 이미 밝힌 경우에 쓸 수 있다. ◆ 依名那个人，那位，他(敬称，主要用于书面语，在前文已经提及姓名时使用)。¶씨는 문단의 권위자이다. =他是文学界的权威。

씨²【명사】名 ❶ 식물의 씨방 안의 밑씨가 수정하여 생긴 단단한 물질. ◆ 种，种子，籽。¶씨 없는 수박. =无籽西瓜。❷ 새로운 동물을 낳아 번식시키는 근원이 되는 것. ◆ 血源，血统。❸ 앞으로 커질 수 있는 근원을 비유적으로 이르는 말. ◆〈喻〉根源，源泉，起点。¶내가 한 말이 장차 너희에게 씨가 되고 거름이 되길 바란다. =希望我的话将来能成为你们成长的起点和养料。❹ 어떤 가문의 혈통이나 근원을 낮잡아 이르는 말. ◆〈贬〉(家族的)种，根。¶그 집안 사람은 씨가 모두 그렇다. =那家人都是那个德性。

-씨³(氏)【접사】'그 성씨 자체', '그 성씨의 가문이나 문중'의 뜻을 더하는 접미사. ◆ 后缀接在姓氏后，表示该姓氏这个家族或本家。¶김씨. =金家。

-씨⁴【접사】'태도' 또는 '모양'의 뜻을 더하는 접미사. ◆ 后缀接在部分名词后，表示"态度""样式""本质"等意思。¶말씨. =语调。

씨근거리다【동사】고르지 아니하고 거칠고 가쁘게 숨 쉬는 소리가 자꾸 나다. 또는 그렇게 하다. ◆ 动气喘吁吁，直喘粗气。¶그들은 뛰어왔는지 숨소리가 거칠게 씨근거렸다. =他们大概是跑着来的，大口地喘着粗气。● 씨근대다 ●

씨름【명사】名 ❶ 두 사람이 샅바를 잡고 힘과 재주를 부리어 먼저 넘어뜨리는 것으로 승부를 겨루는 한국 고유의 운동. ◆ 摔跤，角力。¶씨름 한 판을 벌이다. =进行一场摔跤比赛。❷ 어떤 대상을 극복하거나 일을 이루기 위하여 온 힘을 쏟거나 끈기 있게 달라붙음. ◆〈喻〉较劲，下功夫。¶온종일 씨름 끝에 그 문제를 풀었다. =较劲了一整天，最终解决了问题。● 씨름하다 ●

씨름꾼【명사】씨름을 잘하는 사람. ◆ 名角力手，摔跤手。¶저 사람은 몸집도 크고 힘도 센 타고난 씨름꾼이다. =那个人身材高大，力气也很大，是天生的摔跤手。

씨부렁거리다【동사】주책없이 쓸데없는 말을 함부로 자꾸 지껄이다. ◆ 动唠叨，嘟囔。¶욕설을 씨부렁거리다. =嘟囔脏话。● 씨부렁대다 ●

씨알【명사】名 ❶ 새끼를 까기 위하여 쓰는 알. ◆ 种卵，种蛋。❷ 종자나 열매, 곡식 따위의 하나하나의 크기. ◆ 种粒，谷粒。¶올해는 풍년이라 씨알이 제법 굵다. =今年是丰收年，谷粒非常大。❸ 광물의 잔 알갱이. ◆ 颗粒。❹ 생선 한 마리 한 마리의 크기. ◆ 个头。¶씨알이 굵은 붕어. =个头大的鲫鱼。

씨암탉【명사】씨를 받기 위하여 기르는 암탉. ◆ 名配种用的母鸡。¶장모는 사위가 온다고 씨암탉을 잡았다. =女婿来了，丈母娘杀了配种用的母鸡招待女婿。

씨앗【명사】名 ❶ 곡식이나 채소 따위의 씨. ◆ 种子。¶씨앗을 뿌리다. =播种。❷ 앞으로 커질 수 있는 근원을 비유적으로 이르는 말. ◆〈喻〉种子，某事的希望。¶희망의 씨앗. =希望的种子。

-씩¹【접사】'그 수량이나 크기로 나뉘거나 되풀이됨'의 뜻을 더하는 접미사. ◆ 后缀表示按照一定数量、大小平均分或者反复进行。¶조금씩. =一点一点地。

씩²【부사】소리 없이 싱겁게 얼핏 한 번 웃는 모양. ◆ 副嗤嗤。¶그는 머리를 한 손으로 긁으며 씩 멋쩍게 웃었다. =他一只手搔着头尴尬地嗤嗤笑着。

씩씩【부사】숨을 매우 가쁘고 거칠게 쉬는 소리. ◆ 副咻咻，吁吁。¶그는 화가 났는지 씩씩 숨을 몰아쉰다. =不知道他是不是发火了，吁吁地喘着气。

씩씩거리다【형용사】숨을 매우 가쁘고 거칠게 쉬는 소리가 잇따라 나다. 또는 그런 소리를 잇따라 내다. ◆ 形呼哧呼哧喘气，气喘咻咻。● 씩씩대다 ●

씩씩하다【형용사】굳세고 위엄이 있다. ◆ 形威武，勇敢，生气勃勃。¶씩씩한 남자. =威武的男人。

씰룩거리다【동사】근육의 한 부분이 자꾸 실그러지게 움직이다. 또는 그렇게 하다. ◆ 动抽动，抽搐。● 씰룩대다 ●

씹다【동사】动 ❶ 사람이나 동물이 음식 따위를 입에 넣고 윗니와 아랫니를 움직여 잘게 자르거나 부드럽게 갈다. ◆ 嚼，咀嚼。¶고기를 씹다. =嚼肉。❷ 다른 사람의 행동이나 말을 의도적으로 꼬집거나 공개적으로 비난하다. ◆ 诽谤，诋毁，中伤，抨击。¶그는 자기보다 잘난 사람을 공연히 씹는다. =他公然诋毁比自己优秀的人。❸ 다른 사람이 한 말의 뜻을 곰곰이 여러 번 생각하다. ◆ 咀嚼，琢磨。¶그가 한 말을 몇 번 씹고 나서야 그 의도를 짐작할 수 있었다. =反复品味他的话，才能明白他的意图。

씻다【동사】动 ❶ 물이나 휴지 따위로 때나 더러운 것을 없게 하다. ◆ 洗，洗涤。¶얼굴을 씻다. =洗脸。❷ 누명, 오해, 죄과 따위에서 벗어나 다른 사람 앞에서 떳떳한 상태가 되다. ◆ 洗刷，摆脱(罪名、误会、罪过等)。¶치욕을 씻다. =洗刷耻辱。❸ 현재의 좋지 않은 상태에서 벗어나다. ◆摆脱，解除，消除。¶피로를 씻다. =消除疲劳。

씽씽 【부사】 副 ❶ 바람이 잇따라 세차게 스쳐 지나가는 소리. 또는 그 모양. ◆呼呼（风声）。¶세찬 겨울바람이 씽씽 불어 댄다. =猛烈的北风呼呼地刮着。❷ 사람이나 물체가 바람을 일으킬 만큼 잇따라 빠르게 움직일 때 나는 소리. 또는 그 모양. ◆嗖。¶차가 씽씽 달리다. =车嗖的一声飞驰过去。

씽씽하다 【형용사】 形 ❶ 시들거나 상하지 아니하고 생기가 있다. ◆新鲜。¶채소가 씽씽하다. =蔬菜新鲜。❷ 힘이나 기운 따위가 왕성하다. ◆(力气、精神等)旺盛，蓬勃。❸ 빛깔 따위가 맑고 산뜻하다. ◆(颜色)鲜艳，鲜亮，鲜明。

ㅇ【 】

아[1]【감탄사】叹 ❶ 놀라거나, 당황하거나, 초조하거나, 다급할 때 가볍게 내는 소리. ◆ 表示惊讶、惊慌、焦急、急迫等的感叹词。¶아! 차가워라. =唉呀! 冰凉。❷ 기쁘거나, 슬프거나, 뉘우치거나, 칭찬할 때 가볍게 내는 소리. ◆ 表示高兴、悲伤、悔恨、称赞等的感叹词。¶아, 드디어 비가 오다니. =啊! 终于下雨了! ❸ 말을 하기에 앞서 상대편의 주의를 끌기 위하여 가볍게 내는 소리. ◆ 表示在说话之前唤起对方注意。¶아, 잠시 주목해 주십시오. =嘿! 请注意啦! ❹ 모르던 것을 깨달을 때 내는 소리. ◆ 表示突然醒悟、领悟等的感叹词。¶아, 그래서 선생님이 저렇게 화가 나신 거구나. =噢! 原来老师是因为这个才发火的呀!

아[2]【조사】손아랫사람이나 짐승 따위를 부를 때 쓰는 격 조사. ◆ 助 呼叫下属、晚辈或牲畜时使用的格助词。¶영숙아, 이리 와 봐. =英淑呀, 到这儿来一下!

-아[3]【어미】词尾 ❶ 시간상의 선후 관계를 나타내거나 방법 따위를 나타내는 연결 어미. ◆ 表示时间上的先后顺序或方法的连接词尾。¶밥을 물에 말아 먹다. =用水泡饭吃。❷ 까닭이나 근거 따위를 나타내는 연결 어미. ◆ 表示原因或根据的连接词尾。¶물이 얕아 건너기 쉽다. =水很浅, 很容易过去。❸ 본용언과 보조 용언을 연결하는 데 쓰는 연결 어미. ◆ 用于连接谓词词干和辅助谓词的连接词尾。¶고양이가 쥐를 잡아 버렸다. =猫抓住了老鼠。❹ 어떤 사실을 서술하거나 물음·명령·청유를 나타내는 종결 어미. ◆ 表示叙述、疑问、命令、祈使语气的终结词尾。¶네가 맞아. =你说对了。

-아[4]**(兒)**【접사】后缀 ❶ '어린아이'의 뜻을 더하는 접미사. ◆ 表示幼儿。¶신생아. =新生儿。❷ '사나이', 또는 '젊은 남자'의 뜻을 더하는 접미사. ◆ 表示年轻男性、男子汉。¶풍운아. =弄潮儿。

아가【명사】어린아이의 말로, '아기'를 이르는 말. ◆ 名 宝宝, 小孩, 娃娃(儿童用语)。¶엄마, 아가가 막 울어. =妈妈, 宝宝哭得很厉害!

아가리【명사】名 ❶ '입'을 속되게 이르는 말. ◆ 俚嘴的俗称。¶너, 그만 아가리 닥치지 못해! =你这家伙, 还不闭上你的臭嘴! ❷ 물건을 넣고 내고 하는, 병·그릇·자루 따위의 구멍의 어귀. ◆ 器皿的口。¶그녀는 물동이의 아가리까지 찰랑찰랑하게 물을 가득 담았다. =她把水罐装得都平口了。❸ 굴·천막·하수구 따위의 드나드는 어귀. ◆ (洞、帐篷、下水道等的)口。¶홍수가 나자 하수도 아가리에서 물이 역류해서 흘러나왔다. =一发洪水, 水就从下水道口倒灌进来。

아가미【명사】물속에서 사는 동물, 특히 어류에 발달한 호흡 기관. ◆ 名鳃。¶물고기는 대부분 아가미로 호흡을 한다. =鱼大部分用鳃呼吸。

아가씨【명사】名 ❶ 시집갈 나이의 여자를 이르거나 부르는 말. ◆ 小姐, 姑娘(对成年未婚女性的称呼)。¶뾰족구두를 신은 아가씨가 예쁘게 걸어왔다. =一位穿高跟鞋的迷人小姐走了过来。❷ 손아래 시누이를 이르거나 부르는 말. ◆ 小姑子。¶시어머니는 장래 아가씨의 시댁 어른을 만나신다며 일찍부터 준비를 서두르셨다. =我婆婆说要见我小姑子未来的公婆, 一大早就忙着准备了。

아교(阿膠)【명사】짐승의 가죽·힘줄·뼈 따위를 진하게 고아서 굳힌 끈끈한 것. 풀로도 쓰고 지혈제로도 쓴다. ◆ 名阿胶, 胶水。¶나무 상자를 아교로 단단히 붙였다. =用胶把木箱子粘起来。

아궁이【명사】방이나 솥 따위에 불을 때기 위하여 만든 구멍. ◆ 名灶孔, 灶洞。¶아궁이에 불을 지피다. =在灶孔里点火。

아귀[1]【명사】名 ❶ 사물의 갈라진 부분. ◆ 岔口, 口, 角, 虎口。¶손아귀. =虎口。❷ 두루마기나 속곳의 옆을 터 놓은 구멍. ◆ 韩服的开口, 衣襟衩口。¶그는 두루마기의 아귀에 손을 넣고 종종걸음을 쳤다. =他把手插到衣襟衩口, 踩着小碎步跑开了。❸ 씨앗이나 줄기에 싹이 트는 곳. ◆ 芽, 芽眼。¶봄이 되자 아귀가 서서히 벌어지기 시작했다. =一到春天, 芽眼就开始慢慢绽开了。

아귀[2]**(餓鬼)**【명사】名 염치없이 먹을 것을 탐하는 사람을 비유적으로 이르는 말. ◆〈喻〉饿鬼, 饿死鬼。❸ 성질이 사납고 지독히 탐욕스러운 사람을 비유적으로 이르는 말. ◆ 贪婪的恶魔(指特别贪婪的人)。

아귀다툼【명사】각자 자기의 욕심을 채우고자 서로 헐뜯고 기를 쓰며 다투는 일. ◆ 名狗咬狗, 互相揭短。¶정치권은 자신의 이권을 위해 아귀다툼을 벌이고 있다. =为了自身利益, 政界人士都在互相揭短。● 아귀다툼하다 ●

아기【명사】名 ❶ 어린 젖먹이 아이. ◆ 婴幼儿。¶아기에게 젖을 먹이다. =给孩子喂奶。❷ 나이가 많지 않은 딸이나 며느리를 정답게 이르는 말. ◆ 孩子(对年轻女儿或儿媳妇的昵称)。¶아기야, 아범은 출근했니? =孩子, 你爸爸上班去了吗? ❸ 짐승의 작은 새끼나 어린 식물을 귀엽게 이르는 말. ◆ 小兽, 幼崽(对小动物或植物的昵称)。¶아기 다람쥐. =小松鼠。

아기씨【명사】名 ❶ 여자 아이나 시집갈 나이의 처녀 또는 갓 시집온 색시를 높여 이르던 말. ◆〈旧〉〈敬〉小姐, 姑娘; 新媳妇, 少奶奶。¶아기씨, 방에 계십니까? 손님이 찾아왔습니다. =小姐在屋里吗? 来客人了。❷ 궁중에서, 어린 왕자나 왕녀·왕손을 높여 이르던 말. ◆〈旧〉〈敬〉(宫中称)殿下(宫中对小王子、小公主、王孙的敬称)。¶동궁 아기씨. =太子殿下。❸ 손아래 시누이를 이르거나 부르는 말. ◆〈旧〉〈敬〉妹妹(对小姑子的称呼)。¶아기씨, 오늘 저녁은 무엇을 드시겠습니까? =妹妹, 今晚想吃点什么呢?

아기자기하다【형용사】形 ❶ 여러 가지가 오밀조

밀 어울려 예쁘다. ◆ 协调，美妙，美丽，和谐美。¶한국 산천은 d아기자기하다. =韩国的风景很美丽。❷ 잔재미가 있고 즐겁다. ◆ 饶有趣味；美满，甜甜美美。¶동네 사람들의 사는 모습이 아기자기하다. =村里人生活得和和美美。

아까¹ 【명사】 조금 전. ◆ 图刚才，刚刚。¶아까와 같이 하면 된다. =像刚才那样做可以了。

아까² 【부사】 조금 전에. ◆ 副刚才，刚刚。¶아까 내가 너무 경솔했다. =我刚才太草率了。

아까워하다 【동사】 아깝게 생각하다. ◆ 动爱惜，珍惜；舍不得，心疼；可惜，惋惜。¶목숨을 아까워하다. =珍惜生命。

아깝다 【형용사】 形 ❶ 소중히 여기는 것을 잃어 섭섭하거나 서운한 느낌이 있다. ◆ 可惜，舍不得，心疼。¶사업이 실패로 끝나 그동안 투자한 돈이 아깝다. =事业失败了，此前投入的钱真叫人心疼。❷ 어떤 대상이 가치 있는 것이어서 버리거나 내놓기가 싫다. ◆ 舍不得，心疼。¶그녀는 돈이 아까워 벌벌 떨었다. =她心疼钱，心疼得直哆嗦。❸ 가치 있는 대상이 제대로 쓰이거나 다루어지지 못하여 안타깝다. ◆ 可惜，令人惋惜。¶젊은 나이에 죽다니 나이가 아깝다. =年纪轻轻就丧命，真令人惋惜。

아끼다 【동사】 动 ❶ 물건이나 돈, 시간 따위를 함부로 쓰지 아니하다. ◆ 珍惜，爱惜(物品、金钱、时间等)。¶시간을 아끼다. =珍惜时间。❷ 물건이나 사람을 소중하게 여겨 보살피거나 위하는 마음을 가지다. ◆ 爱护，爱惜，珍惜，珍爱(人或物)。¶아끼는 제자. =珍爱的弟子。

아낌없다 【형용사】 주거나 쓰는 데 아까워하는 마음이 없다. ◆ 形不惜一切，不遗余力，毫无保留。¶아낌없는 사랑. =毫无保留的爱。● 아낌없이 ●

아나운서(announcer) 【명사】 뉴스 보도, 사회, 실황 중계의 방송을 맡아 하는 사람. 또는 그런 직책. ◆ 图播音员，解说员。¶아나운서가 축구 중계를 한다. =解说员在进行足球转播。

아낙네 【명사】 남의 집 부녀자를 통속적으로 이르는 말. ◆ 图妇女，妇道人家。¶마을의 아낙네가 개울에서 빨래를 하고 있다. =村里的妇女在小河边洗衣服。● 아낙 ●

아날로그(analogue) 【명사】 어떤 수치를 길이라든가 각도 또는 전류라고 하는 연속된 물리량으로 나타내는 일. ◆ 图模拟；相似，类似物。¶여름들면, 글자판에바늘로 시간을 나타내시게, 수은주의길이로 온도계따위가 있다.

아내 【명사】 혼인하여 남자의 짝이 된 여자. ◆ 图妻子，老婆，太太。¶그녀는 한 남자의 아내가 되었다. =她已成为某人的妻子。

아냐 【감탄사】 아랫사람이나 대등한 관계에 있는 사람이 묻는 말에 부정하여 대답할 때 쓰는 말. '아니' 보다 더욱 단호히 부정할 때 쓴다. ◆ 叹不，不是，哪里。¶아냐, 뭔가 네가 오해하고 있었던 거야. =不是，肯定有什么地方你误会了。

아늑하다 【형용사】 形 ❶ 포근하게 감싸 안기듯 편안하고 조용한 느낌이 있다. ◆ 宁静舒适，安静清闲。¶아늑한 방. =宁静舒适的房间。❷ 따뜻하고 포근한 느낌이 있다. ◆ 温馨，暖和，温暖。¶아늑한 봄날. =和煦的春天。

아니 【부사】 副 ❶ 부정이나 반대의 뜻을 나타내는 말. ◆ 不，不是，没，没有(表示否定或反对)。¶아니 먹다. =没吃。❷ 어떤 사실을 더 강조할 때 쓰는 말. ◆ 甚至，就算(表示强调)。¶나의 양심은 천만금, 아니 억만금을 준다 해도 버릴 수 없다. =就算你给我千万两黄金，甚至亿万两黄金，我也不能出卖自己的良心。

아니² 【감탄사】 叹 ❶ 아랫사람이나 대등한 관계에 있는 사람의 묻는 말에 부정하여 대답할 때 쓰는 말. ◆ 不(对晚辈或平辈人的询问作出否定回答)。¶"잠자니?" "아니, 안 자." ="在睡吗？""不，没睡。" ❷ 놀라거나 감탄스러울 때, 또는 의아스러울 때 하는 말. ◆ 啊，唷，呀(表示惊讶、感叹、怀疑/诧异等语气)。¶아니, 이게 어떻게 된 일이냐. =啊？怎么会这样？

아니꼽다 【형용사】 비위가 뒤집혀 구역날 듯하다. ◆ 形令人作呕，令人恶心，倒胃口。¶사사건건 시비를 거는 주인의 목소리만 들어도 아니꼬와 견딜 수가 없다. =主人事事找茬儿，我只要听到他的声音，就会恶心得受不了。

아니다 【형용사】 形 ❶ 어떤 사실에 대한 부정의 뜻을 나타내는 말. ◆ 不是，不(表示对事实的否定)。¶그는 군인이 아니다. =他不是军人。❷ 물음이나 짐작의 뜻을 나타내는 말. 사실을 긍정적으로 강조하는 효과가 있다. ◆ (表示反问或推测)莫非，恐怕，难道不是……吗？

아니하다¹ 【보조 동사】 앞말이 뜻하는 행동을 부정하는 뜻을 나타내는 말. ◆ 补动 (用于动词的否定形"-지"后)没，没有，不。¶밥을 먹지 아니하다. =没吃饭。

아니하다² 【보조 형용사】 앞말이 뜻하는 상태를 부정하는 뜻을 나타내는 말. 补形 (用于形容词的否定形"-지"后)没，没有，不。¶얼굴이 곱지 아니하다. =脸蛋不漂亮。

아담하다(雅淡/雅澹--) 【형용사】 고아하고 담백하다. ◆ 形清雅，雅致，优雅。¶몸매가 아담하다. =体态优雅。

아동(兒童) 【명사】 图 ❶ 신체적·지적으로 미숙한 단계에 있는 사람. ◆ 小孩。¶코흘리개 아동. =流鼻涕的小孩。❷ 초등학교에 다니는 나이의 아이. ◆ 学龄儿童，小学生。

아동기(兒童期) 【명사】 유년기와 청년기의 중간에 해당되는 시기. ◆ 图儿童期，童年时期。¶아동기는 성격 형성이 이루어지는 시기이므로 부모의 깊은 애정과 관심이 필요하다. =儿童期是性格形成时期，因此需要父母足够的爱护和关心。

아동복(兒童服) 【명사】 어린이가 입도록 만든 옷. ◆ 图童装，儿童服装。¶조카 생일 선물로 아동복 한 벌을 샀다. =买套童装给侄子当生日礼物。

아둔하다 【형용사】 슬기롭지 못하고 머리가 둔하다. ◆ 形愚笨，愚钝。¶일 처리가 아둔하다. =办事情头

脑不灵活。

아드님【명사】남의 아들을 높여 이르는 말. ◆ 图令郎，令公子。¶선생님께서는 당신의 아드님이 학자로서 성공하기를 바라셨다. =老师希望令公子能够成为一个成功的学者。

아드득【부사】副 ❶ 작고 단단한 물건을 힘껏 깨물어 깨뜨리는 소리. ◆ (咬碎硬物声)喀嚓。¶생밤을 아드득 깨물어 먹었다. ◆ 喀嚓喀嚓咬生栗子吃。❷ 이를 야무지게 가는 소리. ◆ (磨牙声)咯吱。

아득하다【형용사】形 ❶ 보이는 것이나 들리는 것이 희미하고 매우 멀다. ◆ 遥远，苍茫。¶아득한 수평선. =遥远的地平线。❷ 까마득히 오래다. ◆ 久远，很久，悠久，悠远。¶아득한 옛날. =久远了的往日。❸ 정신이 흐려진 상태이다. ◆ (精神)恍惚，糊里糊涂。¶취기가 돌아 의식이 아득하여 주저앉았다. =喝醉了酒，精神恍惚地瘫坐下来。❹ 어떻게 하면 좋을지 몰라 막막하다. ◆ 茫然，迷茫，渺茫。¶살아갈 길이 아득하기만 하다. =前途渺茫。

아들【명사】남자로 태어난 자식. ◆ 图儿子，男孩。¶아버지와 아들이 형제처럼 보인다. =父亲和儿子看起来像兄弟。

아등바등【부사】무엇을 이루려고 애를 쓰거나 우겨 대는 모양. ◆ 副费劲，拼命，硬。¶아이는 집에 있으라는 말을 듣지 않고 아등바등 따라 나섰다. =孩子不听大人的话，不待在家里，硬跟着出来了。

아따【감탄사】叹 ❶ 무엇이 몹시 심하거나 하여 못마땅해서 빈정거릴 때 가볍게 내는 소리. ◆ 唉，哎哟(表示讽刺或不满)。¶아따, 이 사람아, 뭘 그리 꾸물거리나. =唉！你这人怎么这么磨蹭呀！ ❷ 어떤 것을 어렵지 아니하게 여기거나 하찮게 여길 때 내는 소리. ◆ 哎(表示不以为然)。¶아따, 그런 부탁쯤이야 쉽지. =哎，就那么点小事，太容易了！

아뜩하다【형용사】形 ❶ 갑자기 어지러워 정신을 잃고 까무러칠 듯하다. ◆ (头)晕，昏，(眼前)发黑。¶절벽을 내려다보니 눈앞이 아뜩하다. =往悬崖下一看，立刻感到眼前发黑。❷ 어떻게 해야 할지 모르게 정신이 멍하고 앞이 막막하다. ◆ 茫然，迷茫，渺茫，恍惚。● 아뜩히, 아뜩아뜩, 아뜩아뜩하다 ●

아라비아 숫자(Arabia數字)【명사】0, 1, 2, 3, 4, 5, 6, 7, 8, 9의 10개의 숫자. ◆ 图阿拉伯数字。

아라비안나이트(Arabian Nights)【명사】아랍어로 쓰인 설화집. ◆ 图《天方夜谭》，《一千零一夜》。

아람【명사】밤이나 상수리 따위가 충분히 익어 저절로 떨어질 정도가 된 상태. 또는 그런 열매. ◆ 图(熟透欲落的)栗子；橡子。¶밤송이의 아람이 벌어진다. =毛栗子熟透了，张开了嘴。

아랍(Arab)【명사】아시아 서남부 페르시아 만, 인도양, 아덴 만, 홍해에 둘러싸여 있는 지역. ◆ 图阿拉伯。

아랍 에미리트(Arab Emirates)【명사】페르시아 만 남쪽 기슭에 있는 연방 국가. ◆ 图阿拉伯联合酋长国。

아랑곳【명사】일에 나서서 참견하거나 관심을 두는 일. ◆ 图 (主要与"안 하다""하지 않다"合用)理睬，理。¶아랑곳하지 않고 지나가다. =毫不理睬地走了过去。

아랑곳없다【형용사】어떤 일에 참견을 하거나 관심을 둘 필요가 없다. ◆ 形不顾，不在乎，不闻不问，置之不理。¶아랑곳없는 태도. =不闻不问的态度。● 아랑곳없이 ●

아랑곳하다【동사】일에 나서서 참견하거나 관심을 두다. ◆ 动 (主要与"않다"合用)理睬，理会，〈方〉管。¶그는 사람들이 떠들던 말던 아랑곳하지 않고 책을 읽는다. =不管他人吵闹与否，他只管自己看书。

아래【명사】图 ❶ 어떤 기준보다 낮은 위치. ◆ (位置上的)下面，下方。¶하늘 아래. =天下。❷ 신분, 연령, 지위, 정도 따위에서 어떠한 것보다 낮은 쪽. ◆ (身份、年龄、地位、程度等)低，下，小，晚，少。¶그는 나보다 두 살 아래이다. =他比我小两岁。❸ 조건, 영향 따위가 미치는 범위. ◆ (条件、影响等)下。❹ 글 따위에서, 뒤에 오는 내용. ◆ (文章的)下文。¶합격자 명단은 아래와 같다. =合格者名单如下。

아래옷【명사】아래에 입는 옷. ◆ 图下衣。

아래위【명사】아래와 위를 아울러 이르는 말. ◆ 图上下。¶아래위로 훑어보는 그 시선은 참기 어려웠다. =难以忍受他上下打量的目光。

아래쪽【명사】아래가 되는 쪽. ◆ 图下，下面，下方。¶이 길 아래쪽으로 내려가면 작은 가게가 나옵니다. =沿着这条路往下走，就会看到一家小商店。

아래층(--層)【명사】여러 층으로 된 것의 아래에 있는 층. ◆ 图楼下。¶아래층에 사는 사람. =住在楼下的人。

아랫니【명사】아랫잇몸에 난 이. ◆ 图下牙，下齿。¶나는 서른 여덟에 벌써 아랫니의 어금니가 전부 틀니였다. =我才三十八岁，下齿的臼齿就全都换成假牙了。

아랫도리【명사】图 ❶ 허리 아래의 부분. ◆ 下体，下身，下半身。¶지금도 열대 지방에는 아랫도리만 가리고 사는 종족들이 있다. =时至今日，在热带地区仍然生活着仅仅遮蔽下体的民族。❷ 아래에 입는 옷. ◆ 裤子，裙子。¶아랫도리를 입다. =穿裤子。

아랫목【명사】온돌방에서 아궁이 가까운 쪽의 방바닥. ◆ 图 (靠近灶台的)炕头。¶아랫목에 요를 깔다. =在炕头铺褥子。

아랫방(--房)【명사】图 ❶ 이어져 있는 두 방 가운데 아래쪽 방. ◆ 下房，外间(靠近厨房的房间)。¶아랫방과 윗방 사이는 널빤지 하나로 나뉘었기 때문에 조그만 소리까지 다 들린다. =因外间和里间只用一块木板隔开，所以哪怕只有一丁点儿声音也能听见。❷ '뜰아랫방'의 준말. 안뜰을 사이에 두고 몸채의 건너편에 있는 방. ◆ 下屋，下房。¶가만히 앞뜰로 돌아와서 아랫방을 쳐다보니 덧문 창살에 불이 환히 비쳤다. =悄悄回到前院，往下房一看，发现窗内灯火通明。

아랫배【명사】배꼽 아랫부분의 배. ◆ 图小腹，小肚

子，丹田。¶아랫배에 힘을 주고 말하다. =气沉丹田，大声说。

아랫변(--邊)【명사】사다리꼴에서 아래의 변. ◆图 (梯形的)底。

아랫사람【명사】图❶ 나이나 항렬 따위가 자기보다 아래이거나 낮은 사람. ◆晚辈，小辈。❷ 자기보다 지위나 신분이 낮은 사람. ◆下属，手下。¶그는 회사에서 아랫사람의 고민을 잘 들어준다. =他善于倾听公司下属的苦恼。

아랫입술【명사】아래쪽의 입술. ◆图下嘴唇，下唇。¶그는 터져 나오는 울음을 참으려고 아랫입술을 깨물었다. =他咬紧下唇强忍着，不让自己哭出来。

아랫집【명사】아래쪽에 이웃하여 있거나 지대가 낮은 곳에 있는 집. ◆图下边的邻居。¶우리 집 마당에 서면 아랫집의 마루까지 훤히 볼 수 있었다. =站在我家院子就可以清楚地看到邻居家的地板。

아량(雅量)【명사】너그럽고 속이 깊은 마음씨. ◆图雅量，大度，宽宏大量。¶아량을 베풀다. =宽宏大量。

아련하다【형용사】똑똑히 분간하기 힘들게 아렴풋하다. ◆形隐约，模糊，依稀。¶기억이 아련하다. =记忆模糊。● 아련히 ●

아령(啞鈴)【명사】양손에 하나씩 들고 팔운동을 하는 운동 기구. 쇠붙이나 플라스틱 따위로 만들며, 양 끝은 공 모양으로 되어 있다. ◆图哑铃。

아로새기다【동사】动❶ 무늬나 글자 따위를 또렷하고 정교하게 파서 새기다. ◆雕刻。¶자신의 이름을 바위에 아로새기다. =把自己的名字刻在石头上。❷ 마음속에 또렷이 기억하여 두다. ◆牢记，铭记，铭刻(在心)。¶관객의 가슴속에 감명을 아로새겨 준 영화. =一部在观众心中留下深刻印象的电影。

아롱거리다【동사】또렷하지 않고 흐리게 아른거리다. ◆动隐约可见，依稀可见。¶산 아래 시골 마을의 불빛이 아롱거린다. =山下小村庄里的灯光隐约可见。● 아롱대다, 아롱아롱, 아롱아롱하다 ●

아롱지다【동사】아롱아롱한 점이나 무늬가 생기다. ◆动斑斓，斑驳。¶눈물이 뺨에 아롱지다. =哭花了脸。

아뢰다【동사】动❶ '알리다'의 높임말. 말씀드려 알리다. ◆〈敬〉禀报，回禀。¶사연을 아뢰다. =禀报案由 ❷ 윗사람 앞에서 풍악을 연주하여 드리다. ◆〈敬〉(在长辈或上级面前)奏，演奏。¶종묘 제사 때 아뢰는 제례악. =宗庙祭祀时演奏的祭乐。

아류(亞流)【명사】문학 예술, 학문에서 독창성이 없이 모방하는 일이나 그렇게 한 것. 또는 그런 사람. ◆图赝品；追随者，效仿者。¶추사체의 아류가 시중에 나돌다. =秋史体的赝品在市场上流行。

아르바이트(Arbeit)【명사】본래의 직업이 아닌, 임시로 하는 일. ◆图打工，兼职，临时工。¶대학생 아르바이트. =大学生临打工。● 아르바이트하다 ●

아르키메데스(Archimedes)【명사】고대 그리스의 자연 과학자 ◆图 阿基米德。

아르헨티나(Argentina)【명사】남아메리카 남부, 대서양 연안에 있는 공화국. ◆图阿根廷。

아른거리다【동사】动❶ 무엇이 희미하게 보이다 말다 하다. ◆时隐时现，隐约可见，依稀可见。¶파도 위를 아른거리는 어선. =波涛之上时隐时现的渔船。❷ 잔무늬나 희미한 그림자 따위가 물결 지어 자꾸 움직이다. ◆ (影子)晃动，摇曳，婆娑。¶나무 그림자가 창문으로 아른거리다. =窗口树影婆娑。❸ 물이나 거울에 비친 그림자가 자꾸 흔들리다. ◆ (倒影)荡漾。¶호수 위에 비친 달빛이 아른거리다. =湖面月光荡漾。● 아른대다 ●

아른아른하다【동사】动❶ 무엇이 자꾸 희미하게 보이다 말다 하다. ◆模糊。¶그를 보는 순간 눈앞이 아른아른했다. =看到他的瞬间，眼前突然模糊起来。❷ 잔무늬나 희미한 그림자 따위가 물결 지어 잇따라 움직이다. ◆隐隐约约，依稀，雾蒙蒙。¶고속도로에 봄 아지랑이가 아른아른하게 피어오르고 있었다. =高速公路上春雾蒙蒙。❸ 물이나 거울에 비친 그림자가 잇따라 흔들리다. ◆(倒影)荡漾，晃动。● 아른아른 ●

아름[1]【명사】두 팔을 둥글게 모아서 만든 둘레. ◆图 (双臂)合抱，合围。¶수목원에는 아름이 넘는 나무가 즐비하다. =植物园里一围多粗的树比比皆是。

아름[2]【의존 명사】依名 ❶ 둘레의 길이를 나타내는 단위. ◆长度 抱，围。¶두 아름 가까이 되는 느티나무. =接近两围粗的榉树。❷ 두 팔을 둥글게 모아 만든 둘레 안에 들 만한 분량을 세는 단위. ◆数量 捧，抱。¶꽃을 한 아름 사 오다. =买来了一大捧花。

아름다움【명사】사람에게 감동이나 즐거움, 기쁨 등을 느끼게 하는 사물의 고움, 멋짐, 훌륭함 따위. ◆图美。

아름답다【형용사】形❶ 보이는 대상이나 음향, 목소리 따위가 균형과 조화를 이루어 눈과 귀에 즐거움과 만족을 줄 만하다. ◆美，美丽，优美，甜美。¶목소리가 아름답다. =嗓音甜美。❷ 하는 일이나 마음씨 따위가 훌륭하고 갸륵한 데가 있다. ◆(心灵等)美，美丽，美好。¶아름다운 마음씨. =美好的心灵。

아름드리【명사】둘레가 한 아름이 넘는 것을 나타내는 말. ◆图一围多，一抱多。¶마을 한가운데에는 아름드리 느티나무가 당당한 모습으로 서 있었다. =村子中央有一棵一围多粗的榉树傲然挺立着。

아리다【형용사】形❶ 혀끝을 찌를 듯이 알알한 느낌이 있다. ◆(舌头)发麻，火辣辣。¶마늘을 깨물었더니 혀가 아리다. =咬了口大蒜，舌头火辣辣的。❷ 상처나 살갗 따위가 찌르는 듯이 아프다. ◆(伤口或皮肤)火辣辣地痛，刺痛。¶불에 덴 상처가 아리다. =被火灼伤的伤口火辣辣地痛。❸ 마음이 몹시 고통스럽다. ◆形 (心)痛，刺痛。

아리땁다【형용사】마음이나 몸가짐 따위가 맵시 있고 곱다. ◆形 (心灵、举止等)美丽，优美，娇艳。¶아리따운 처녀. =美丽的姑娘。

아리랑【명사】한국의 대표적인 민요의 하나. 후렴에 '아리랑'이란 말이 들어 있는 노래로, 기본 장단은 세마치장단이나 지방에 따라 가사와 곡조가 조금씩 다르다. ◆图 "阿里郎" (韩国代表性民谣之一)。

아리송하다【형용사】알쏭하다(그런 것 같기도 하고 그렇지 않은 것 같기도 하여 분간하기 어렵다). ◆形含糊不清，模棱两可，不清楚。¶그의 정체가 무엇인지가 아리송하다. = 搞不清楚他的真实身份是什么。

아마【부사】단정할 수는 없지만 미루어 짐작하거나 생각하여 볼 때 그럴 가능성이 크다는 뜻을 나타내는 말. ◆副恐怕，大概，可能，也许。¶아마 그랬을지도 몰라. =可能是那么回事。● 아마도 ●

아마추어(amateur)【명사】예술이나 스포츠, 기술 따위를 취미로 삼아 즐겨 하는 사람. ◆图业余，业余选手，业余爱好者。¶아마추어 권투 선수. =业余拳击选手。

아메리카(America)【명사】图 육대주의 하나로, 서반구를 포괄하는 대륙.◆美洲，美洲大陆。

아메바(amoeba)【명사】아메바목의 단세포 원생동물을 통틀어 이르는 말. ◆图阿米巴虫(阿米巴目单细胞原生动物的统称)。

아명(兒名)【명사】아이 때의 이름. ◆图乳名，小名。¶할아버지의 아명이 '개똥이'였다는 것을 얼마 전에야 알고 웃음을 금치 못했다. =不久前听说爷爷的小名叫"狗蛋"，忍不住大笑一番。

아몬드(almond)【명사】장미과의 낙엽 교목. 높이는 6미터 정도이며, 잎은 피침 모양인데 톱니가 있다. ◆图杏仁。

아무[1]【대명사】代❶ 어떤 사람을 특별히 정하지 않고 이르는 인칭 대명사. ◆谁，任何人。¶이 일은 아무라도 할 수 있어. =这事谁都能做。❷ 어떤 사람을 구체적인 이름 대신 이르는 인칭 대명사. ◆(用在姓后)某。¶김 아무는 최 아무와 만났다. =金某和崔某相遇。

아무[2]【관형사】冠❶ 어떤 사람이나 사물 따위를 특별히 정하지 않고 이를 때 쓰는 말. ◆非特指的某人或某物。¶아무 날 아무 시.=某日某时。❷ [주로 뒤에 오는 '않다', '없다', '못하다' 따위의 부정적인 말과 함께 쓰여] '전혀 어떠한'의 뜻을 나타내는 말. ◆用在否定句中，表示"任何一个""完全"。¶아무 소용이 없다. =一点用都没有。

아무개【대명사】어떤 사람을 구체적인 이름 대신 이르는 인칭 대명사. ◆代某人。¶내가 만화가 이 아무개라는 것을 전연 인사한 적도 없는데 알고 있었다. =我知道有漫画家李某这么个人，但从来没有见过面。

아무것【명사】图❶ 특별히 정해지지 않은 어떤 것 일체. ◆什么，〈口〉啥。¶아무것이든 좋다. =什么都好。❷ 대단하거나 특별한 어떤 것. ◆指重要、特别的某件事、某事物。¶아무것도 아닌 일로 다투고 있구나. =原来就为这么大点儿事吵架呀!

아무래도【부사】'아무리 하여도'의 준말. 아무리 생각해 보아도. 또는 아무리 이리저리 하여 보아도. ◆副无论如何，反正，不管怎么样。¶그가 아무래도 수상하다. =反正他很怪。

아무런【관형사】'전혀 어떠한'의 뜻을 나타내는 말. ◆冠任何。¶어제까지는 아무런 계획도 서 있지 않았다. =到了昨天还没有任何计划。

아무렇다【형용사】形❶ 구체적으로 정하지 않은 어떤 상태나 조건에 놓여 있다. ◆处于某种非特定的状态或条件下。¶그까짓 일은 아무렇거나 상관이 없다. =就那点儿事，怎么做都没有什么关系。❷ 되는 대로 막 하는 상태에 있다. ◆随随便便，马马虎虎。¶옷을 아무렇게 벗어 놓았나. =脱掉衣服随便乱扔。● 아무렇게나 ●

아무렴【감탄사】말할 나위 없이 그렇다는 뜻으로, 상대편의 말에 강한 긍정을 보일 때 하는 말. ◆叹当然。¶아무렴, 그래야지. =当然，应该这样。

아무리【부사】副❶ 정도가 매우 심함을 나타내는 말. ◆无论如何，不管怎样，无论多么。¶공부를 아무리 열심히 해도 성적이 오르지 않는다. =不管怎样努力学习，成绩还是没有提高。❷ 비록 그렇다 하더라도. ◆尽管。¶아무리 내가 이런 장사를 하고 있어도 양심을 판 일은 없었다. =尽管我做这种生意，但不会出卖良心。

아무짝【명사】아무 방면. ◆图哪方面，任何方面，什么地方。¶아무짝에도 못 쓰겠다. =在任何方面都没有用。

아무쪼록【부사】모쪼록(될 수 있는 대로). ◆副尽量，尽可能，想方设法。¶아무쪼록 빨리 다녀오시오. =尽量快去快回。

아무튼【부사】의견이나 일의 성질·형편·상태 따위가 어떻게 되어 있든. ◆副无论如何，不管怎样，反正。¶아무튼 불행 중 다행이다. =不管怎样，这是不幸中的万幸。

아물거리다【동사】动❶ 작거나 희미한 것이 보일 듯 말 듯 하게 조금씩 자꾸 움직이다. ◆恍惚，时隐时现。¶먼지가 들어가 눈이 아물거리다. =眼睛进了灰尘，变得模模糊糊。❷ 말이나 행동 따위를 시원스럽게 하지 못하고 꼬물거리다. ◆含糊，不明快。¶아물거리지 말고 분명히 말하시오. =不要含糊，说明白些。❸ 정신이 자꾸 희미해지다. ◆恍惚。¶시간이 오래되어 그의 모습이 아물거리다. =因为时间太久了，他的样子变得模糊了。● 아물대다 ●

아물다【동사】부스럼이나 상처가 다 나아 살갗이 맞붙다. ◆动愈合，长好。¶공기가 잘 통해야 상처가 빨리 아문다. =透气好，伤口才愈合得快。

아물아물하다【형용사】形❶ 작거나 희미한 것이 보일 듯 말 듯 하게 조금씩 잇따라 움직이다. ◆恍恍惚惚的。¶아물아물하게 보이던 자동차 불빛이 시간이 지나면서 점점 선명하게 다가왔다. =随着时间的推移，恍恍惚惚的车灯渐渐变得鲜明起来。❷ 말이나 행동 따위를 시원스럽게 하지 못하고 꼬물꼬물하다. ◆含含糊糊的，磨磨蹭蹭的。¶제대로 말하지 못하고 아물아물하는 것이 뭔가 문제가 있는 것 같다. =不好好说话，含含糊糊的，好像有什么问题似的。❸ 정신이 계속 희미해지다. ◆恍恍惚惚的。¶그는 사고 직후 아물아물하던 정신을 추스리려고 노력했다. =事故发生后，他努力让恍惚的精神清醒过来。

● 아물아물 ●

아미노산(amino酸)【명사】 한 분자 안에 염기성 아미노기와 산성의 카복시기를 가진 유기 화합물을 통틀어 이르는 말. ◆ 名氨基酸。

아방궁(阿房宮)【명사】 名 ❶ 중국 진나라 진시황제 212년에 세운 궁전. ◆ 中国秦代的阿房宫。❷ 지나치게 크고 화려한 집을 비유적으로 이르는 말. ◆ 〈喻〉豪华住宅，奢华的房子。¶일부 졸부들이 빌딩을 짓는다, 수영장이 딸린 아방궁을 짓는다 하여 주변 사람의 눈살을 찌푸리게 했다. =由于一些暴发户说要建大楼，或者要建带游泳池的豪华住宅，这让周围的人不禁皱起了眉头。

아버님【명사】 名 ❶ 자기를 낳아 준 남자를 이르거나 부르는 말. ◆ 父亲，爸爸 。❷ 자녀를 둔 남자를 자식에 대한 관계로 이르거나 부르는 말. ◆ 孩子爸爸。❸ 자기를 낳아 준 남자처럼 삼은 이를 이르거나 부르는 말. ◆ 父辈。❹ 며느리가 시부모 앞에서 시아버지를 이르거나 부르는 말. ◆ 公公。❺ 장인을 친근하게 이르거나 부르는 말. ◆ 岳父。

아버지【명사】 名 ❶ 자기를 낳아 준 남자를 이르거나 부르는 말. ◆ 父亲，爸爸。¶아버지가 되다. =成为父亲。❷ 자녀를 둔 남자를 자식에 대한 관계로 이르거나 부르는 말. ◆ 孩子爸爸。¶성균이 아버지, 웬 일이세요? 물건 하러 나오셨나 보죠. =成均爸爸，来做什么呀? 看上去像是出来买东西的。 ❸ 자녀의 이름 뒤에 붙여, 자기 남편을 이르거나 부르는 말. ◆ (女性指称丈夫)孩子他爸。¶수남 아버지, 거기 수남이 있어요?=秀男他爸，秀男在吗? ❹ 자기의 아버지와 나이가 비슷한 남자를 친근하게 이르거나 부르는 말.◆ 伯父。¶안녕하세요, 아버지 저 철수 친구 영호입니다. =您好，伯父，我是哲洙的朋友荣浩。 ❺ 어떤 일을 처음 이루거나 완성한 사람을 비유적으로 이르는 말. ◆ 〈喻〉父。¶음악의 아버지. =音乐之父。

아범【명사】 名 ❶ 아비(아버지의 낮춤말)를 조금 대접하여 이르는 말. ◆ 俚"아버지(爸爸)"的卑称。¶춘식이 아범, 강 노인은 어디 갔는지 모르오? =知不知道春植的爸爸姜老头去哪儿了? ❷ 윗사람이 자식 있는 남자를 친근히 일컫는 말. ◆ 长辈称呼有孩子的男子。¶아무래도 아범, 일이 잘못돼도 크게 잘못된 것 같구나. =不管怎么说，你把事情搞砸了。 ❸ 아내가 시부모나 친정 부모 앞에서 남편을 이르는 말. ◆ 孩子爸，孩子爹，孩子他爸。● 아비 ●

아베크족(---族)【명사】 젊은 남녀의 동행(同行). 또는 젊은 한 쌍의 남녀. 특히 연인 관계에 있는 한 쌍의 남녀를 이른다. ◆ 名 俚情侣，恋人。

아부(阿附)【명사】 남의 비위를 맞추어 알랑거림. ◆ 名阿谀奉承，逢迎附和，趋炎附势。¶그는 아부 근성이 있다. =他有着趋炎附势的本性。● 아부하다(阿附--) ●

아빠【명사】 ❶ 어린아이의 말로, '아버지'를 이르거나 부르는 말. ◆ 爸爸。¶아빠, 운전 조심하세요. =爸爸，小心开车。❷ 자녀 이름 뒤에 붙여, 아이가 딸린 남자를 이르거나 부르는 말. ◆ （用于子女名字多）他爸。¶철수 아빠, 주말에 별다른 일 없으면 아이와 나들이 가요. =哲洙他爸，周末如果没有别的事，和孩子去郊游吧。

아뿔싸【감탄사】 일이 잘못되었거나 미처 생각하지 못했던 것을 깨닫고 뉘우칠 때 가볍게 나오는 소리. ◆ 叹唉呀，唉。¶아뿔싸! 이건 참 꿈에도 생각지 못했던 일이었다. =唉! 这真是连做梦也没有想到的事情。

아사(餓死)【명사】 굶어 죽음. ◆ 名饿死。¶그들은 끼니를 거르는 정도를 넘어 아사 직전에 이르렀다. =他们已经超过饥一顿饱一顿的程度，挣扎在饿死的边缘。● 아사하다(餓死--) ●

아삭【부사】 연하고 싱싱한 과일이나 채소 따위를 보드랍게 베어 물 때 나는 소리. ◆ 副咔嚓。¶그는 사과를 한 입 아삭 베어 물었다. =他咔嚓咬了一口苹果。● 아삭아삭 ●

아서라【감탄사】 그렇게 하지 말라고 금지할 때 하는 말. ◆ 叹别那样，不要那样，算了。¶아서라, 다칠라. =不要那样，会受伤的。

아성(牙城)【명사】 名 ❶ 아기(牙旗)를 세운 성이라는 뜻으로, 주장(主將)이 거처하는 성을 이르던 말. ◆ 牙城，大本营。¶적의 아성. =敌人的大本营。 ❷ 아주 중요한 근거지를 비유적으로 이르는 말. ◆ 要塞，根据地。¶수십 년 쌓아 온 그의 아성을 무너뜨릴 수는 없었다. =无法攻下他坚守了数十年的要塞。

아세톤(acetone)【명사】 독특한 냄새가 있는 무색투명한 휘발성 액체. ◆ 名丙酮。

아수라장(阿修羅場)【명사】 名 ❶ 아수라왕이 제석천과 싸운 마당. ◆ 阿修罗场。❷ 싸움이나 그 밖의 다른 일로 큰 혼란에 빠진 곳. 또는 그런 상태. ◆ 〈喻〉混乱场面，战乱场面。¶기념식장에 불이 나자 장내는 순식간에 아수라장으로 변했다. =纪念礼堂一起火，场内立刻乱作一团。

아쉬움【명사】 아쉬워하는 마음. 또는 그런 상태. ◆ 名惋惜，惆怅，遗憾。¶아쉬움이 섞인 눈빛. =交织着惆怅的目光。

아쉬워하다【동사】 动 ❶ 필요할 때 모자라거나 없어서 안타깝고 만족스럽지 못하게 여기다. ◆ 可贵，难得，舍不得。¶입원비 마련에 돈 한푼도 아쉬워하다. =筹集住院费非常困难。❷ 미련이 남아 서운하게 여기다. ◆ 惋惜，惆怅，遗憾。¶우리는 이별을 아쉬워했다. =我们对离别感到惆怅。

아쉽다【형용사】 形 ❶ 필요할 때 없거나 모자라서 안타깝고 만족스럽지 못하다. ◆ 可贵，难得。¶나는 요새 돈이 아쉽다. =我近来缺钱。❷ 미련이 남아 서운하다. ◆ 惋惜，惆怅，遗憾。¶나는 지금 그가 없는 것이 아쉽다. =现在他不在，我感到遗憾。

아스라하다【형용사】 形 ❶ 보기에 아슬아슬할 만큼 높거나 까마득하게 멀다. ◆ 巍巍，巍峨。¶아스라한 산꼭대기. =巍峨的山峰。❷ 기억이 분명하게 나지 않고 가물가물하다. ◆ 依稀，渺然。¶지난날의 기억이 아스라하다. =往日的记忆变得模糊。● 아스라이, 아스라하게 ●

아스팔트(asphalt)【명사】 석유를 정제할 때 잔류

물로 얻어지는 고체나 반고체의 검은색이나 흑갈색 탄화수소 화합물. ◆ 图沥青，柏油。¶아스팔트가 깔린 도로. =铺着柏油的道路。

아스피린(aspirin)【명사】해열제의 하나. ◆ 图阿司匹林。

아슬아슬하다【형용사】形 ❶ 소름이 끼칠 정도로 약간 차가운 느낌이 잇따라 들다. ◆ 瑟瑟，瑟缩。❷ 일 따위가 잘 안될까 봐 두려워서 소름이 끼칠 정도로 마음이 약간 위태롭거나 조마조마하다. ◆ 惊险，提心吊胆，岌岌可危。¶아슬아슬한 곡예사의 줄타기. =曲艺演员惊险地走钢丝。● 아슬아슬 ●

아시아(Asia)【명사】육대주의 하나. 동반구의 북부를 차지하는데, 세계 육지의 약 3분의 1에 해당하며 유럽과 함께 유라시아 대륙을 이룬다. ◆ 图亚洲。

아시아경기대회(Asia競技大會)【명사】아시아 여러 나라의 우호 증진과 평화를 목적으로 열리는 국제 운동 경기 대회. 1951년 이후로 4년에 한 번씩 국제 올림픽 대회의 중간 해에 개최한다. ◆ 图 亚洲运动会，亚运会。

아시안게임(Asian game)【명사】아시아 경기 대회. ◆ 图 亚运会。

아야【감탄사】叹 ❶ 갑자기 아픔을 느낄 때 나오는 소리. ◆ 哎呀。¶"아야!" 그는 흠칫하며 아픈 표정을 지었다. ="哎呀！"他身体一抖，露出疼痛的表情。❷ 무슨 일이 그릇되었음을 알았을 때 내는 소리. ◆ 啊，唉呀。¶아야, 그걸 내가 미처 몰랐구나. =唉呀，我还真不知道那些。

-아야【어미】词尾 ❶ 앞 절의 일이 뒤 절 일의 조건임을 나타내는 연결 어미. ◆ 表示前提条件。¶마음이 맞아야 함께 일을 하지. =只有合得来，才能一起干活。❷ 아무리 가정하여도 영향이 없음을 나타내는 연결 어미. ◆ 表示让步。¶성난다고 돌을 차 보아야 제 발만 아프지. =生气就踢石头，疼的是自己的脚。

아양【명사】귀염을 받으려고 알랑거리는 말. 또는 그런 짓. ◆ 图撒娇。¶아양을 부리다. =撒娇。

아역(兒役)【명사】연극이나 영화에서 어린이의 역. 또는 그 역을 맡은 배우. ◆ 图儿童角色，儿童演员。¶그 애는 텔레비전 드라마에 아역으로 출연하였다. =那个孩子在电视剧中出演儿童角色。

아연실색하다(啞然失色--)【동사】뜻밖의 일에 얼굴빛이 변할 정도로 놀라다. ◆ 动哑然失色。¶그는 아들의 사고 소식을 듣고 아연실색하고 말았다. =听到儿子出事的消息，他顿时哑然失色。

아열대(亞熱帶)【명사】열대와 온대의 중간 지대. 대체로 남북 위도 각각 20~30도 사이의 지대로 건조 지역이 많다. ◆ 图亚热带。

아예【부사】일시적이거나 부분적이 아니라 전적으로. 또는 순전하게. ◆ 副干脆，索性。

아옹다옹하다【동사】대수롭지 아니한 일로 서로 자꾸 다투다. ◆ 动互不相让，计较。● 아옹다옹 ●

아우【명사】같은 부모에게서 태어난 사이거나 일가 친척 가운데 항렬이 같은 남자들 사이에서 손아랫사람을 이르는 말. 주로 남동생을 이를 때 쓴다. ◆ 图弟弟。¶네가 형으로서 아우를 가르치고 보살펴야 한다. =你是哥哥，应该教导和照顾弟弟。

아우르다【동사】여럿을 모아 한 덩어리나 한 판이 되게 하다. ◆ 动凑，结合，联合，组合。¶여럿이 돈을 아울러서 선물을 준비했다. =几个人凑钱一起准备了礼物。

아우성(--聲)【명사】떠들썩하게 기세를 올려 지르는 소리. ◆ 图呐喊，喊叫。¶밖에서는 군중의 아우성 소리가 하늘을 찔렀다. =外面群众的喊声震天。

아울러【부사】동시에 함께. ◆ 副同时，并且，兼。¶재색(才色)을 아울러 갖추다. =才貌双全。

아웃(out)【명사】图 ❶ 아웃사이드(테니스·탁구·축구·배구 따위에서, 공이 규정선 밖으로 나가는 일). ◆ 界外球，球出界。¶심판이 아웃을 선언하다. =裁判裁定球出界。❷ 야구에서, 경기 중에 타자나 주자가 그 자격을 잃는 일. ◆ 出局。¶내야 땅볼로 타자가 아웃되다. =由于打出内场地滚球，击球手出局。

아유【감탄사】叹 ❶ 아프거나 힘들거나 놀라거나 원통하거나 기막힐 때 내는 소리 ◆ 哎呀，哎哟。¶아유, 더는 못 가겠다. =哎哟，再也走不动了。❷ 반갑거나 좋을 때 내는 소리 ◆ 哎呀，哎哟。¶아유, 참 잘했다. =哎呀，干得真好。

아이[1]【명사】图 ❶ 나이가 어린 사람. ◆ 孩子，小孩。¶아이가 울고 있다. =小孩正在哭。❷ 남에게 자기 자식을 낮추어 이르는 말. ◆ 孩子，小子。¶이 아이가 올해 스물이 넘었지만 아직 부족한 점이 많습니다. =这孩子今年已经二十多岁了，但还有许多不足之处。❸ 아직 태어나지 않았거나 막 태어난 아기. ◆ 婴儿，胎儿。¶아이가 태어나다. =婴儿出生。

아이[2]【감탄사】叹 ❶ 무엇을 재촉하거나 마음에 선뜻 내키지 아니할 때 내는 소리. ◆ 哎，哎呀，哎哟。¶아이, 좀 빨리 와요. =哎，快点来呀。❷ 아프거나 힘들거나 놀라거나 원통하거나 기막힐 때 내는 소리. ◆ "아이고"的略语，哎，哎呀，哎哟。¶아이, 큰일 났구나. =哎呀，出大事了。❸ 반갑거나 좋을 때 내는 소리. ◆ 哎呀，哎哟。¶아이, 신 난다.

아이고【감탄사】叹 ❶ 아프거나 힘들거나 놀라거나 원통하거나 기막힐 때 내는 소리. ◆ 哎，哎呀，哎哟。¶아이고, 배야. =哎哟，肚子呀。❷ 반갑거나 좋을 때 내는 소리. ◆ 哎呀，哎哟。¶아이고, 이게 얼마 만이니? =哎呀，多久没见了？ ❸ 절망하거나 좌절하거나 탄식할 때 내는 소리. ◆ 哎呀，哎哟。¶아이고, 더 이상 어찌할 수가 없구나. =哎哟，再也没办法了。❹ 우는 소리. 특히 상중(喪中)에 곡하는 소리를 이른다. ◆ 号啕。

아이고머니【감탄사】'아이고'보다 느낌이 더 깊고 간절할 때 내는 소리. ◆ 叹哎呀妈呀。¶아이고머니, 이 일을 어쩌나. =哎呀妈呀，这事可怎么办？

아이스크림(ice cream)【명사】우유, 달걀, 향료·설탕 따위를 넣어 크림(cream) 상태로 얼린 것. ◆ 图冰激凌，雪糕。¶아이가 가게에서 아이스크림을 사서 먹다. =小孩在店里买冰激凌吃。

아이참【감탄사】못마땅하거나 초조하거나 수줍음을

때 하는 말. ◆ 叹哎呀。¶아이참, 속상해. =哎呀，真令人伤心。

아이코【감탄사】叹 ❶ 아프거나 힘들거나 놀라거나 원통하거나 기막힐 때 내는 소리. ◆ 哎哟，啊哟。¶아이코, 아직 반도 채 못했군. =哎哟，做的还不到一半。❷ 반갑거나 좋을 때 내는 소리. ◆ 哎呀。¶아이코, 우리 아들이 대학에 합격했답니다. =哎呀，我儿子考上大学了。❸ 절망하거나 좌절하거나 탄식할 때 내는 소리. ◆ 哎呀，哎哟。¶아이코, 우리는 이제 망했다. =哎哟，我们现在可完蛋了。

아작아작【부사】조금 단단한 물건을 깨물어 바스러뜨릴 때 잇따라 나는 소리. ◆ 副咔嚓咔嚓。

아장아장【부사】키가 작은 사람이나 짐승이 이리저리 찬찬히 걷는 모양. ◆ 副蹒跚。¶아기는 벌써 아장아장 걸음마를 시작하였다. =孩子已经开始蹒跚学步了。

아쟁(牙箏)【명사】활로 일곱 개의 줄을 문질러 소리를 내는 한국의 전통 현악기. ◆ 名牙筝（韩国传统弦乐器）。¶아쟁을 켜다. =拉牙筝。

아저씨【명사】名 ❶ 부모와 같은 항렬에 있는, 아버지의 친형제를 제외한 남자를 이르는 말. ◆ 叔叔，叔父。¶저분은 우리 집 오촌 당숙이시니 네가 아저씨라고 불러야 한다. =那位是我的堂叔，你应该叫他叔叔。❷ 남남끼리에서 남자 어른을 예사롭게 이르는 말. ◆ 叔叔。

아전(衙前)【명사】조선 시대에, 중앙과 지방의 관아에 속한 구실아치. 중앙 관서의 아전을 경아전(京衙前), 지방 관서의 아전을 외아전(外衙前)이라고 하였다. ◆ 名 胥吏，衙前小吏。¶사또라 하지만 어수룩해서 아전의 손에 놀아났다. =虽身是地方官，但由于愚笨，被衙前小吏玩弄于股掌之中。

아전인수(我田引水)【명사】자기 논에 물 대기라는 뜻으로, 자기에게만 이롭게 되도록 생각하거나 행동함을 이르는 말. ◆ 名自私自利，专门利己。¶아전인수도 분수가 있지. =自私自利也应该有个分寸。

아주【부사】副 ❶ 보통 정도보다 훨씬 더 넘어선 상태로. ◆ 很，极，非常。¶아주 오랜 옛날. =很久很久以前。❷ 어떤 행동이나 작용 또는 상태가 이미 완전히 이루어져 달리 변경하거나 더 이상 어찌할 수 없는 상태에 있음을 나타내는 말. ◆ 完全，全，全部，彻底。¶아주 잊어버리다. =完全忘记。

아주까리【명사】名 ❶ 피마자(대극과의 한해살이풀). ◆ 蓖麻。¶아주까리 기름으로 등잔을 밝히다. =用蓖麻油当灯油照明。❷ '아주까리' 열매의 씨. ◆ 蓖麻籽。

아주머니【명사】名 ❶ 부모와 같은 항렬의 여자를 이르거나 부르는 말. ◆ 大婶，婶子，阿姨。¶이 분은 나이는 어리지만 네게 아주머니가 되니 존대를 해야 한다. =这位女士虽然年纪轻，但却是你的婶子，应该尊敬她。❷ 남남끼리에서 결혼한 여자를 예사롭게 이르거나 부르는 말. ◆ 太太，大嫂。¶주인 아주머니. =主人太太。

아주버니【명사】남편과 항렬이 같은 사람 가운데 남편보다 나이가 많은 사람을 이르거나 부르는 말. ◆ 名大伯子，丈夫的兄长。¶아주버니, 아이 아빠가 지금 집으로 오고 있다니까 조금만 기다리세요. =哥，孩子他爸正往家赶，再等一会儿吧。

아줌마【명사】친척이 아닌 기혼 여성을 낮추어 부르는 말. ◆ 名大嫂。¶주인집 아줌마의 잔소리는 너무 심해. =主人家的大嫂唠叨得太厉害。

아지랑이【명사】주로 봄날 햇빛이 강하게 쬘 때 공기가 공중에서 아른아른 움직이는 현상. ◆ 名云霭。¶아물아물 아지랑이가 피어오르다. =云霭袅袅若隐若现。

아지트(agitpunkt<러>)【명사】名 ❶ 근거지(활동의 근거로 삼는 곳). ◆ 根据地。❷ 비합법 운동가나 조직적 범죄자의 은신처. ◆ 据点，窝点。¶그 장소는 사기범 일당이 아지트로 활용한 곳이다. =那个场所是诈骗犯一伙活动的据点。❸ 사회에서 합법적으로 인정받지 못하는 비밀 정치 활동의 본부. ◆ 地下活动指挥部。

아직【부사】어떤 일이나 상태 또는 어떻게 되기까지 시간이 더 지나야 함을 나타내거나, 어떤 일이나 상태가 끝나지 아니하고 지속되고 있음을 나타내는 말. ◆ 副还，还在，仍然。¶동생이 아직 잠을 잔다. =弟弟还在睡觉。

아쭈【감탄사】남의 잘난 체하는 말이나 행동을 비웃는 뜻으로 하는 말. ◆ 叹咦。¶아쭈, 조그만 게 제법인데. =咦，小家伙还行啊。

아찔하다【형용사】갑자기 정신이 아득하고 조금 어지럽다. ◆ 形眩晕，昏眩。¶절벽 위에서 밑을 내려다보니 눈앞이 아찔했다. =站在山崖上向下看，感到眩晕。● 아찔 ●

아차【감탄사】무엇이 잘못된 것을 갑자기 깨달았을 때 하는 말. ◆ 叹哎呀，哎哟。¶아차, 우산을 놓고 왔구나! =哎呀，没带雨伞就出来了！

아첨(阿諂)【명사】남의 환심을 사거나 잘 보이려고 알랑거림. 또는 그런 말이나 짓. ◆ 名阿谀，谄媚，奉承。¶아첨을 떨다. =阿谀奉承。● 아첨하다(阿諂--) ●

아치【명사】名 ❶ 축하나 환영의 뜻으로 호형으로 만든 광고물. ◆ 彩虹门。❷ 개구부의 상부 하중을 지탱하기 위하여 개구부에 걸쳐 놓은 곡선형 구조물. ◆ 拱。

아치형(arch形)【명사】활과 같은 곡선으로 된 형태나 형식. ◆ 名拱形，弧形，弓形。¶아치형 건물. =拱形建筑。

아침【명사】名 ❶ 날이 새면서 오전 반나절쯤까지의 동안. ◆ 早晨，清晨。¶그는 아침 일찍 일어났다. =他早晨起得很早。❷ 아침밥(아침 끼니로 먹는 밥). ◆ 早饭，早餐。¶너 아침 먹었니? =你吃过早饭了吗?

아침나절【명사】아침밥을 먹은 뒤부터 점심밥을 먹기 전까지의 한나절. ◆ 名上午。¶그녀는 아침나절에 일찍 가게로 나왔다. =她上午早早出门去店里了。

아침노을【명사】아침 하늘이 햇살로 벌겋게 보이는 현상. ◆ 名 朝霞。¶밤새 몰아치던 폭풍이 거짓말처럼 사라지고 아침노을이 곱다. =刮了一夜的暴风像

谎言般散去，随之出现美丽的朝霞。

아침밥【명사】아침 끼니로 먹는 밥. ◆ 名早饭，早餐。¶아침밥을 짓다. =做早饭。

아카시아(acacia)【명사】콩과의 낙엽 교목. 높이는 20미터 정도이며, 잎은 어긋나고 우상 복엽이다. ◆ 名洋槐，刺槐。

아코디언(accordion)【명사】악기의 하나. 주름상자를 신축시키고 건반을 눌러 연주하며 경음악에 쓴다. ◆ 名手风琴。¶아코디언을 어깨에 멘 악사가 거리에서 연주를 한다. =肩挎手风琴的乐手在街头演奏。

아크릴(acrylic)【명사】아크릴산이나 메타크릴산 또는 그 유도체의 중합으로 만들어지는 합성수지를 통틀어 이르는 말. ◆ 名丙烯酸树脂。

아킬레스건(Achilles腱)【명사】名 ❶ 발꿈치 힘줄(종아리 뒤쪽에 있는 장딴지근과 가자미근의 힘줄이 합쳐져서 발꿈치뼈에 붙는 굵고 강한 힘줄). ◆ 跟腱。¶아킬레스건을 다치면 불구가 될 수도 있다. =如果伤到跟腱，就有可能成为残疾。❷ 치명적인 약점을 비유적으로 이르는 말. ◆ 致命弱点。¶이것이 그의 아킬레스건이다. =这是他的致命弱点。

아파트(apartment)【명사】공동 주택 양식의 하나. 오 층 이상의 건물을 층마다 여러 집으로 일정하게 구획하여 각각의 독립된 가구가 생활할 수 있도록 만든 주거 형태이다. ◆ 名公寓。¶아파트 단지. =公寓区。

아파하다【동사】아프게 느끼다. ◆ 动觉得痛，感觉疼，难过。

아편(阿片/鴉片)【명사】덜 익은 양귀비 열매에 상처를 내어 흘러나온 진(津)을 굳혀 말린 고무 모양의 흑갈색 물질. ◆ 名鸦片。¶아편 중독자. =鸦片中毒者。

아프다【형용사】形 ❶ 몸이 병이 나거나 들어 앓는 상태에 있다. ◆ 病，生病。¶배탈이 나서 배가 아프다. =由于腹泻肚子疼。❷ 오랫동안 어떤 일을 하여 몸의 어떤 부분에 괴로운 느낌을 받는 상태에 있다. ◆ 疼，酸疼。¶책을 오래 보았더니 눈이 아프다. =看书久了，眼睛酸痛。❸ 해결하기 어려운 일이나 복잡한 문제로 생각을 하기 어렵거나 괴로운 상태에 있다. ◆ 痛苦。¶진로 때문에 머리가 아프다. =为前途而头疼。❹ 슬픔이나 연민이나 쓰라림 따위가 있어 괴로운 상태에 있다. ◆ 痛苦。¶그와 헤어져 가슴이 아프다. =和他分手，心里感到痛苦。

아프리카(Africa)【명사】아시아 대륙에 이어 세계에서 두 번째로 큰 대륙. 동쪽은 인도양, 서쪽은 대서양, 북쪽은 지중해에 면해 있으며, 육대주의 하나이다. ◆ 名非洲。

아픔【명사】육체적으로나 정신적으로 괴로운 느낌. ◆ 名疼痛，痛苦。¶아픔을 겪다. =经历痛苦。

아하【감탄사】미처 생각하지 못한 것을 깨달았을 때 가볍게 내는 소리. ◆ 叹啊哈，哎呀。¶아하, 이거 큰 일 났군! =哎呀，这可出大事了！

아홉【수사】여덟에 하나를 더한 수. ◆ 数九。¶아홉 살배기 어린아이. =九岁的小孩。

아홉째【수사】순서가 아홉 번째가 되는 차례. ◆ 数第九。¶아홉째 줄. =第九排。

아황산가스(亞黃酸)【명사】이산화황(사가(四價)) 의산화물. 황이나 황화합물을 태울 때 생기는 독성이 있는 무색의 기체. ◆ 名 二氧化硫气体。

아휴【감탄사】힘들거나 기가 막히거나 좌절할 때 내는 소리. ◆ 叹唉。¶아휴, 아파. =唉，好疼啊！

아흐레【명사】❶ 아홉 날. ◆ 名九天。¶그는 심한 독감에 걸려 자그마치 아흐레를 앓아누워 있었다. =他得了重感冒，病了九天多。❷ 초아흐렛날(매달 초하룻날부터 헤아려 아홉째 되는 날). ◆ 名 9号，9日。¶오늘이 시월 아흐레이다. =今天是10月9日。

아흔【수사】열의 아홉 배가 되는 수. 또는 그런 수의. ◆ 数九十。¶할아버지는 연세가 아흔이신데도 정정하시다. =爷爷已经九十岁了，身体还很硬朗。

악[1](惡)【명사】인간의 도덕적 기준에 어긋나는 나쁨. 또는 그런 것. ◆ 名恶，坏。¶선과 악. =善与恶。

악[2]【감탄사】叹 ❶ 남이 놀라도록 갑자기 지르는 소리. ◆ 嗨，呀，啊。❷ 놀랐을 때 무의식적으로 지르는 외마디 소리. ◆ 呀，啊。¶뭔가에 놀랐는지 갑자기 그녀가 '악'하고 비명을 질렀다. =她突然被什么吓到了，"啊"地尖叫了起来。

악[3]【명사】있는 힘을 다하여 모질게 마구 쓰는 기운. ◆ 名拼命，骨气。¶악이 나다. =有了骨气。

악곡(樂曲)【명사】名 ❶ 음악의 곡조. 곧 성악곡, 기악곡, 관현악곡 따위를 통틀어 이르는 말이다. ◆ 乐曲。¶전통 악곡. =传统乐曲。❷ 곡조를 나타낸 부호. ◆ 曲调符号，乐曲符号。¶악곡을 분석하다. =分析乐曲符号。

악기(樂器)【명사】음악을 연주하는 데 쓰는 기구를 통틀어 이르는 말. ◆ 名乐器。¶악기를 연주하다. =演奏乐器。

악다구니【명사】俚 기를 써서 다투며 욕설을 함. 또는 그런 사람이나 행동. ◆ 名 俚谩骂，臭骂，争执。¶길 한복판에서 두 사람이 서로 악다구니를 떨며 싸우고 있었다. =两个人正在路中间互相谩骂争执。

악단(樂團)【명사】名 ❶ 음악 연주를 목적으로 조직된 단체. ◆ 乐团，乐队。¶악단을 결성하다. =组成乐队。❷ 악극단(樂劇團). 악극을 공연할 목적으로 모인 연극 집단. ◆ 歌剧团，音乐剧团。

악담(惡談)【명사】남을 비방하거나, 잘되지 못하도록 저주하는 말. ◆ 名恶语，诋毁，咒骂。¶악담을 퍼붓다. =恶语相向。● 악담하다(惡談--) ●

악당(惡黨)【명사】名 ❶ 악한 사람의 무리. ◆ 暴徒团伙，流氓团伙。¶악당의 소굴. =暴徒团伙的老巢。❷ 나쁜 짓을 일삼는 사람. ◆ 恶棍，歹徒，暴徒。¶악당과 결전을 벌이다. =与恶棍决斗。

악덕(惡德)【명사】도덕에 어긋나는 나쁜 마음이나 나쁜 짓. ◆ 名缺德，不道德。¶악덕 기업인. =缺德企业家。

악독(惡毒)【명사】마음이 흉악하고 독함. ◆ 名恶毒，狠毒，凶恶。¶그들의 얼굴은 사욕과 악독으로 가득 차 있었다. =他们的脸上写满了私欲和恶毒。● 악독하다(惡毒--) ●

악동(惡童)【명사】图 ❶ 행실이 나쁜 아이. ◆ 坏孩子。¶악동들이 지나가는 또래 아이들의 돈을 빼앗았다. =坏孩子们抢走了过路的年纪相仿的，孩子们的钱。❷ 장난꾸러기. ◆ 淘气鬼。¶그 아이는 여자 아이들이 놀고 있으면 훼방을 놓는 악동이다. =那个孩子是个淘气鬼，只要女孩们在玩就去捣乱。

악랄(惡辣)【명사】악독하고 잔인함. ◆图毒辣，恶毒，歹毒。¶악랄한 수법. =毒辣的手法。● 악랄하다(惡辣--) ●

악명(惡名)【명사】악하다는 소문이나 평판. ◆图恶名，臭名，坏名声。¶악명을 떨치다. =恶名远扬。

악몽【명사】불길하고 무서운 꿈. ◆ 图恶梦。¶악몽에 시달리다. =被恶梦折磨。

악물다【동사】단단히 결심하거나 무엇을 참아 견딜 때에 힘주어 이를 꼭 마주 물다. ◆ 励咬紧牙关。¶그는 돈을 벌기 위해 이를 악물고 일했다. =他为了赚钱咬紧牙关工作。

악법(惡法)【명사】图 ❶ 사회에 해를 끼치는 나쁜 법규나 제도. ◆ 恶法，有害的法律。¶악법을 철폐하라. =废除有害的法律。❷ 나쁜 방법. ◆ 坏方法，坏主意。¶아무리 목적이 옳다고 해도 악법으로 그것을 이루려 해서는 안 된다. =无论目的再怎么正确，也不应该用坏方法来实现。

악보(樂譜)【명사】음악의 곡조를 일정한 기호를 써서 기록한 것. 표음(表音) 보표식과 주법(奏法) 보표식이 있는데, 주로 오선식(五線式) 보표가 사용된다. ◆图乐谱，曲谱。¶악보를 읽다. =读乐谱。

악사(樂士)【명사】악기로 음악을 연주하는 사람. ◆图乐手，演奏者，演奏家。¶거리의 악사. =街头演奏者。

악상(樂想)【명사】음악의 주제, 구성, 곡풍 따위에 관한 작곡상의 착상. ◆图乐曲构思。¶악상이 떠오르다. =想出乐曲构思。

악성[1](惡性)【명사】图 ❶ 악한 성질. ◆ 恶劣，恶毒。¶악성 유언비어. =恶毒的流言蜚语。❷ 어떤 병이 고치기 어렵거나 생명을 위협할 정도로 심함. ◆ 恶性。¶종양이 악성인 데다 몸까지 허약해서 손을 쓸 수가 없었습니다. =肿瘤是恶性的，加上身体虚弱，无法进行治疗。❸ 삼성의 하나. 악(惡)에 속하는 성질이다. ◆ 恶性。

악성[2](樂聖)【명사】성인(聖人)이라고 이를 정도로 뛰어난 음악가. ◆图乐圣。¶악성 베토벤. =乐圣贝多芬。

악센트(accent)【명사】图 ❶ 말이나 글 가운데 어떤 요소를 음의 고저, 장단 및 강세를 이용하여 강조하는 일. 또는 그런 부호. ◆ 重音，重音符号。¶이 단어는 끝음절에 악센트가 있다. =这个单词末音节上有重音符号。❷ 악곡의 특정한 자리가 강조되어 어떤 음을 다른 음보다 크고 힘 있게 내는 일. ◆ 强势，强音部。

악수(握手)【명사】인사·감사·친애·화해 따위의 뜻을 나타내기 위하여 두 사람이 각자 한 손을 마주 내어 잡는 일. 보통 오른손을 내밀어 잡는다. ◆图握手。¶악수를 나누다. =握手。● 악수하다(握手--) ●

악습(惡習)【명사】나쁜 습관. ◆图恶习，陋习，坏毛病。¶악습을 타파하다. =破除恶习。

악쓰다【동사】악을 내어 소리를 지르거나 행동하다. ◆励挣扎，拼命。¶악쓰며 싸우다. =拼命打斗。

악어(鰐魚)【명사】파충강 악어목의 동물을 통틀어 이르는 말. 난생으로 모양은 도마뱀과 비슷하지만 몸의 길이는 10미터에 이르는 것도 있을 정도로 크다. ◆图鳄鱼。

악역(惡役)【명사】图 ❶ 놀이·연극·영화 따위에서, 악인으로 분장하는 배역. ◆ 反面角色。¶그 배우는 악역을 주로 해서 인상이 좋지 않다. =那个演员主要扮演反面角色，所以印象不是很好。❷ 나쁜 일을 맡아 해야 하는 역할을 비유적으로 이르는 말. ◆ 唱白脸。

악연(惡緣)【명사】좋지 못한 인연. ◆ 图恶缘。¶악연을 맺다. =结下恶缘。

악영향(惡影響)【명사】나쁜 영향. ◆ 图坏影响。¶악영향을 끼치다. =产生消极影响。

악용(惡用)【명사】알맞지 않게 쓰거나 나쁜 일에 씀. ◆图恶意利用。¶악용을 막기 위해 여러 가지 노력을 했다. =为防止被恶意利用而进行了多方努力。● 악용되다(惡用--), 악용하다(惡用--) ●

악의(惡意)【명사】图 ❶ 나쁜 마음. ◆ 恶意，歹意，坏心。¶악의 없는 사람. =没有恶意的人。❷ 좋지 않은 뜻. ◆ 恶意，歹意，坏心。¶나의 충고를 악의로 여기지 마라. =不要把我的忠告当成恶意。

악장(樂章)【명사】图 ❶ 조선 초기에 발생한 시가 형태의 하나. 나라의 제전(祭典)이나 연례(宴禮)와 같은 공식 행사 때 궁중 음악에 맞추어 불렀으며, 주로 조선 왕조의 개국과 번영을 송축하였다. 용비어천가, 문덕곡 따위가 여기에 속한다. ◆ 乐歌歌词。❷ 소나타. 교향곡. 협주곡 따위에서, 여러 개의 독립된 소곡(小曲)들이 모여서 큰 악곡이 되는 경우 그 하나하나의 소곡. ◆ 乐章。¶베토벤, 교향곡 제삼악장. =贝多芬交响乐第三乐章。

악전고투(惡戰苦鬪)【명사】매우 어려운 조건을 무릅쓰고 힘을 다하여 고생스럽게 싸움. ◆图苦战，恶战。¶악전고투 끝에 고지를 탈환하였다. =经过恶战夺回了高地。● 악전고투하다(惡戰苦鬪--) ●

악조건(惡條件)【명사】나쁜 조건. ◆图恶劣条件，不利条件。¶악조건을 극복하다. =克服恶劣条件。

악질(惡質)【명사】못된 성질. 또는 그 성질을 가진 사람. ◆图恶劣。¶악질 상인. =奸商。

악착(齷齪)【명사】일을 해 나가는 태도가 매우 모질고 끈덕짐. 또는 그런 사람. ◆图执着，固执，倔犟。¶악착을 떨며 대들다. =固执地顶撞。

악착같다(齷齪--)【형용사】매우 모질고 끈덕지다. ◆ 形执着，固执，倔犟。¶악착같이 노력하다. =执着地努力。● 악착같이(齷齪--) ●

악착스럽다(齷齪---)【형용사】매우 모질고 끈덕지게 일을 해 나가는 태도가 있다. ◆形执着，固执，倔犟。¶악착스럽게 일을 하다. =执着地做事。

악천후(惡天候)【명사】몹시 나쁜 날씨. ◆图恶劣气

候，坏天气。¶악천후로 비행기 운항이 중단되었다. =飞机航班因为天气恶劣而中断了。

악취(惡臭)【명사】나쁜 냄새. ◆ 图恶臭，臭味。¶악취가 나다. =发出臭味。

악취미(惡趣味)【명사】图 ❶ 좋지 못한 취미. ◆ 低级趣味，低级爱好，不良爱好。¶그는 친한 친구 사이를 갈라놓는 악취미를 가졌다. =他有个恶趣味，就是喜欢离间亲密的朋友。❷ 괴벽스러운 취미. ◆ 怪癖。

악평(惡評)【명사】나쁘게 평함. 또는 그런 평판이나 평가. ◆ 图恶评。¶악평이 나다. =有了恶评。● 악평하다(惡評--) ●

악필(惡筆)【명사】图 ❶ 잘 쓰지 못한 글씨. ◆ 拙劣的字迹。¶그 소설가는 워낙 악필이라 그의 원고를 읽으려면 이만저만 고생이 아니다. =那个小说家字迹非常差，读他的原稿非常吃力。❷ 품질이 나쁜 붓. ◆ 劣质毛笔。

악하다(惡--)【형용사】인간의 도덕적 기준에 어긋나 나쁘다. ◆ 形恶劣，缺德，丧尽天良。¶악한 사람. =恶劣的人。

악한(惡漢)【명사】악독한 짓을 하는 사람. ◆ 图无赖，恶棍。¶그 사람은 피도 눈물도 없는 악한이다. =他是个冷酷无情的恶棍。

악행(惡行)【명사】악독한 행위. ◆ 图丑恶行为，恶毒行径。¶악행을 일삼다. =胡作非为。

악화(惡化)【명사】图 ❶ 일의 형세가 나쁜 쪽으로 바뀜. ◆ 恶化，变坏。¶국제 무역 수지 악화. =国际贸易收支恶化。❷ 병의 증세가 나빠짐. ◆ 恶化，变坏。¶병세의 악화. =病情恶化。● 악화되다(惡化--), 악화하다(惡化--) ●

안¹(案)【명사】图 ❶ 안건(토의하거나 조사하여야 할 사실). '안건(案件)'의 준말. 토의하거나 조사해야 할 사실. 문제가 되어 있는 사실. ◆ "안건(案件)"的略语，案件，议案。¶지금부터 첫 번째 안에 대해 토론하도록 하겠습니다. =现在开始讨论第一项议案。❷ 궁리하여 내놓은 생각이나 계획. ◆ 方案，提案。¶그의 안은 새로운 것이었다. =他的方案是新的。

안²【부사】'아니(부정이나 반대의 뜻을 나타내는 말)'의 준말. ◆ 副 "아니"的略语，不，没有。¶비가 안 온다. =不下雨。

-안³(岸)【접사】'육지에 접한 곳'의 뜻을 더하는 접미사. ◆ 岸，岸边。¶동해안. =东海岸。

안⁴【명사】图 ❶ 어떤 물체나 공간의 둘러싸인 가에서 가운데로 향한 쪽. 또는 그런 곳이나 부분. ◆ 里，里面，内部。¶집 안이 훤히 들여다보인다. =可以清楚地看到屋里的情况。❷ 일정한 표준이나 한계를 넘지 않은 정도. ◆ 在…以内。¶닷새 안에 일을 마치시오. =要在五天内完成工作。❸ 안방(안주인이 거처하는 방). ◆ 里屋，内室。¶안방. =里屋。❹ 안감(옷 안에 받치는 감). ◆ 里子。¶저고리에 명주로 안을 넣다. =用绸缎做上衣里子。❺ '아내'를 이르는 말. ◆ 妻子，内人。¶변변치 않지만 제 안이 차린 음식입니다. =只是家常便饭，不过是我妻子亲手做的。❻ 조직이나 나라 따위를 벗어나지 않은 영역. ◆ 内部。¶회사에서 일어난 일은 회사 안에서 처리하시오. =公司发生的事要在公司内部处理。

안간힘【명사】图 ❶ 어떤 일을 이루기 위해서 몹시 애쓰는 힘. ◆ 尽力，全力。¶안간힘을 다해 혼자 책상을 옮겼다. =费力地独自搬桌子。❷ 고통이나 울화 따위를 참으려고 숨 쉬는 것도 참으면서 애쓰는 힘. ◆ 忍耐力，克制力。¶착잡한 마음을 달래지 못해 안간힘을 다하는 그의 모습이 안타깝다. =他尽全力克制自己复杂心情的样子十分让人难受。

안감【명사】图 ❶ 옷 안에 받치는 감. ◆（衣服的）里子，衬，衬料。¶안감을 대다. =贴上里子。

안개【명사】지표면 가까이에 아주 작은 물방울이 부옇게 떠 있는 현상. ◆ 图雾，雾气。¶안개가 걷히다. =雾散。

안개꽃【명사】석죽과의 내한성 한해살이풀. ◆ 图霞草，丝石竹，满天星。

안개비【명사】내리는 빗줄기가 매우 가늘어서 안개처럼 부옇게 보이는 비. ◆ 图细雨。¶산사 뜰에 안개비가 연기가 깔리듯 자욱이 내리기 시작했다. =山寺庭院内，蒙蒙细雨下了起来。

안거(安居)【명사】图 ❶ 아무런 탈 없이 평안히 지냄. ◆ 安居。❷ 출가한 승려가 일정한 기간 동안 외출하지 않고 한곳에 머무르면서 수행하는 제도. ◆ 僧人集体闭关修行。¶스님들은 겨울에 동안거에 들어가 수행을 한다. =僧侣们冬天进行闭关修行。● 안거하다(安居--) ●

안건(案件)【명사】토의하거나 조사하여야 할 사실. ◆ 图议案，提案。¶안건 처리. =处理议案。

안경(眼鏡)【명사】시력이 나쁜 눈을 잘 보이게 하기 위하여나 바람, 먼지, 강한 햇빛 따위를 막기 위하여 눈에 쓰는 물건. ◆ 图眼镜。¶안경을 끼다. =戴眼镜。

안경알(眼鏡-)【명사】안경테에 끼우는 렌즈. ◆ 图眼镜片。¶안경알을 닦다. =擦眼镜片。

안경점(眼鏡店)【명사】'안경원(일정한 자격을 갖춘 안경사가 여러 시력 검사 후에 손님에게 안경을 맞춘어 주거나 파는 곳. 근래에는 안경의 판매, 수리뿐만 아니라 콘택트렌즈의 주문, 판매도 함께 한다.)'의 전 이름. ◆ 图眼镜店。¶안경점에서 새로 안경을 맞춘다. =在眼镜店重新配眼镜。

안경테(眼鏡-)【명사】안경알을 끼우는 테두리. ◆ 图眼镜框。¶금으로 된 안경테. =金边眼镜框。

안과(眼科)【명사】눈에 관계된 질환을 연구하고 치료하는 의학. 또는 병원의 그 부서. ◆ 图眼科。¶눈병이 나서 안과를 찾다. =患了眼疾，去眼科看病。

안내(案內)【명사】图 ❶ 어떤 내용을 소개하여 알려 줌. 또는 그런 일. ◆ 介绍，说明，指南。¶상품 안내. =商品说明。❷ 사정을 잘 모르는 어떤 사람을 가고자 하는 곳까지 데려다 주거나 그에게 여러 가지 사정을 알려 줌. ◆ 引导，带路，引路。¶안내를 받다. =接受引导。● 안내되다(案內--), 안내하다(案內--) ●

안내문(案內文)【명사】어떤 내용을 소개하여 알려 주는 글. ◆ 图介绍文章。¶교통 표지판과 안내문 등에 중국어 표기를 해 줬으면 좋겠어요. =在交通标志牌和介绍中标明汉语就好了。

안내소(案內所)【명사】어떤 사물이나 장소에 부설되어 그 사물이나 장소를 소개하여 알려 주는 일을 맡아 하는 곳. ◆ 名服务台，咨询处。¶여행 안내소. =旅行咨询处。

안내원(案內員)【명사】안내하는 임무를 맡아보는 사람. ◆ 名解说员，导游，向导。¶관광 안내원. =观光导游。

안내인(案內人)【명사】안내하는 일을 맡아 하는 사람. ◆ 名导游，向导，解说员。¶일행은 동반한 안내인의 설명에 경건하게 귀를 기울였다. =一行人认真地倾听随行向导的解说。

안내장(案內狀)【명사】어떤 내용을 소개하여 알려 주는 서면. ◆ 名通知书，说明书。¶모임을 알리는 안내장을 발송하다. =发放聚会通知书。

안내판(案內板)【명사】어떤 내용을 소개하거나 사정 따위를 알리는 판. ◆ 名导游牌，通知牌。¶관광 안내판. =旅游通告牌。

안녕(安寧)【감탄사】편한 사이에서, 서로 만나거나 헤어질 때 정답게 하는 인사말. ◆ 叹你好，再见。¶친구야, 안녕. =朋友，你好。

안녕하다(安寧--)【형용사】形 ❶ 아무 탈 없이 편안하다. ◆ 安全，平安。¶안녕한 사회를 만들기 위해 노력하는 경찰관. =为维护社会安全而努力的警官。❷ 몸이 건강하고 마음이 편안하다. 안부를 전하거나 물을 때에 쓴다. ◆ 安宁，安好。¶할아버님, 안녕하세요. =爷爷，您好。● 안녕히(安寧—) ●

안다【동사】动 ❶ 두 팔을 벌려 가슴 쪽으로 끌어당기거나 그렇게 하여 품 안에 있게 하다. ◆ 抱，搂，捧。¶아기를 품에 안다. =把孩子抱在怀里。❷ 두 팔로 자신의 가슴·머리·배·무릎 따위를 꼭 잡다. ◆ 捂，抱，捧。¶배를 안고 웃다. =捧腹大笑。❸ 바람이나 비, 눈, 햇빛 따위를 정면으로 받다. ◆ 顶着，迎着。¶눈을 안고 달리다. =顶着雪跑。❹ 손해나 빚 또는 책임을 맡다. ◆ 担负，负担，承担。¶손해를 안다. =承担损失。❺ 새가 알을 까기 위하여 가슴이나 배 부분으로 알을 덮고 있다. ◆ 孵。¶닭이 알을 안고 있다. =鸡正孵蛋。❻ 생각이나 감정 따위를 마음속에 가지다. ◆ 抱着，守着，怀着。¶비밀을 안고 살다. =保守着秘密生活下去。❼ 담이나 산 따위를 곧바로 앞에 맞대다. ◆ 倚，依，靠。¶이 집은 산을 안고 있어서 경치가 좋다. =这房子依山而建，景色优美。● 안기다 ●

안단테(andante)<이>【명사】악보에서, 느리게 연주하라는 말. ◆ 名行板。

안단티노(andantino)【명사】악보에서, 안단테보다 조금 빠르게 연주하라는 말. ◆ 名小行板。

안달【명사】속을 태우며 조급하게 구는 짓. ◆ 名焦急，心急，急躁。¶딸아이는 빨리 놀러 나가고 싶어서 안달이 났다. =女儿急着要出去玩。● 안달하다 ●

안달복달하다【동사】몹시 속을 태우며 조급하게 볶아치다. ◆ 动焦急，心急，急躁。¶아이가 용돈을 올려달라고 안달복달하다. =孩子急着要求增加零用钱。● 안달복달 ●

안대(眼帶)【명사】눈병이 났을 때 아픈 눈을 가리는 거즈 따위의 천 조각. ◆ 名眼罩。¶눈에 다래끼가 나서 안대를 했다. =长了麦粒肿，戴上了眼罩。

안도(安堵)【명사】名 ❶ 사는 곳에서 평안히 지냄. ◆ 安居。❷ 어떤 일이 잘 진행되어 마음을 놓음. ◆ 安心，放心。¶안도의 한숨을 쉬다. =安心地松了一口气。● 안도하다(安堵--) ●

안되다[1]【동사】动 ❶ 일, 현상, 물건 따위가 좋게 이루어지지 않다. ◆ (工作、生意等，进展)不顺利，不顺当。¶사업이 잘 안되다. =生意不好。❷ 사람이 훌륭하게 되지 못하다. ◆ (人)没有出息，碌碌无为，不成器。¶자식이 안되기를 바라는 부모는 없다. =没有不希望子女成器的家长。❸ 일정한 수준이나 정도에 이르지 못하다. ◆ 差劲。¶이번 시험에서 우리 중 안되어도 세 명은 합격할 것 같다. =本次考试，我们中最差也会有三个人合格。

안되다[2]【형용사】形 ❶ 섭섭하거나 가엾어 마음이 언짢다. ◆ 可怜。❷ 근심이나 병 따위로 얼굴이 많이 상하다. ◆ 脸色不好，脸色难看。

안락(安樂)【명사】몸과 마음이 편안하고 즐거움. ◆ 名安乐，安逸，舒适。¶일신의 안락을 꾀하다. =贪图自身的安逸。● 안락하다(安樂--) ●

안락사(安樂死)【명사】극심한 고통을 받고 있는 불치의 환자에 대하여, 본인 또는 가족의 요구에 따라 고통이 적은 방법으로 생명을 단축하는 행위. ◆ 名安乐死。

안락의자(安樂椅子)【명사】팔걸이가 있고 앉는 자리를 푹신하게 하여 편안하게 기대어 앉도록 만든 의자. ◆ 名安乐椅。¶할머님은 안락의자에 몸을 파묻고 잠이 든 것처럼 보였다. =奶奶靠在安乐椅里，看起来像是睡着了。

안료(顔料)【명사】색채가 있고 물이나 그 밖의 용제에 녹지 않는 미세한 분말. ◆ 名颜料，色料。

안마[1](按摩)【명사】손으로 몸을 두드리거나 주물러서 피의 순환을 도와주는 일. ◆ 名按摩。¶안마를 하다. =按摩。● 안마하다(按摩--) ●

안마[2](鞍馬)【명사】名 ❶ 안장을 얹은 말. ◆ 配鞍的马。❷ 기계 체조에 쓰는 기구. 말의 등 모양으로 만들어 다리를 달고 가죽을 씌운 틀 위에 알루미늄이나 나무로 만든 두 개의 손잡이를 달았다. ◆ (体育)鞍马。

안마당【명사】집 안의 안채 앞에 있는 마당. ◆ 名里院，内院。¶아이가 안마당을 쓸다. =孩子打扫里院。

안면(顔面)【명사】名 ❶ 얼굴. ◆ 脸，面部。¶안면 마비. =脸部麻痹。❷ 서로 얼굴을 알 만한 친분. ◆ 认识，情面。¶안면이 있다. =认识。

안목(眼目)【명사】사물을 보고 분별하는 견식. ◆ 名眼光。¶친구는 물건을 고르는 안목이 뛰어나다. =朋友挑选东西很有眼光。

안무(按舞)【명사】음악에 맞는 춤을 만드는 일. 또는 그것을 가르치는 일. ◆ 名编舞，舞蹈设计。¶그는

이 뮤지컬에서 안무를 맡았다. =他在这个音乐剧中担任编舞。● 안무하다(按舞--) ●

안무가(按舞家)【명사】춤의 형태나 진행을 전문적으로 창작하는 사람. ◆ 名编舞家。¶그는 독창적인 안무가로 평가받고 있다. =他被誉为富有独创性的编舞家。

안방(-房)【명사】집 안채의 부엌에 딸린 방. ◆ 名里屋，内室。¶부엌에서 밥을 지으면 안방이 따뜻해진다. =在厨房里做饭的话，里屋就会变暖和。

안배(按排/按配)【명사】알맞게 잘 배치하거나 처리함. ◆ 名安排，分配。¶체력 안배. =体力分配。● 안배되다(按排/按配--), 안배하다(按排/按配--) ●

안보(安保)【명사】名 ❶ 편안히 보전됨. 또는 편안히 보전함. ◆ 保全。❷ '안전 보장(외부의 위협이나 침략으로부터 국가와 국민의 안전을 지키는 일)'을 줄여 이르는 말. ◆ 安保，安全保障。¶국가 안보. =国家安保。

안부(安否)【명사】어떤 사람이 편안하게 잘 지내는지 그렇지 아니한지에 대한 소식. 또는 인사로 그것을 전하거나 묻는 일. ◆ 名问候，平安与否。¶안부 전화를 하다. =打电话问平安。

안색(顔色)【명사】얼굴에 나타나는 표정이나 빛깔. ◆ 名脸色，神色，气色。¶그녀는 어디가 아픈지 안색이 창백하다. =她不知道哪里不舒服，脸色苍白。

안성맞춤(安城--)【명사】名 ❶ 요구하거나 생각한 대로 잘된 물건을 비유적으로 이르는 말. ◆ 正好，恰如其分。¶이곳은 은신처로는 안성맞춤이다. =这个地方正好用来藏身。❷ 조건이나 상황이 어떤 경우나 계제에 잘 어울림. ◆ 合适，适合。¶혼자 살기에 안성맞춤인 자취방. =适合独自做饭、生活的房子。

안식(安息)【명사】편히 쉼. ◆ 名好好休息，充分休息。¶안식을 누리다. =享受充分休息。● 안식하다(安息--) ●

안식처(安息處)【명사】편히 쉬는 곳. ◆ 名安身之处。¶가정은 삶의 안식처입니다. =家庭是人的栖身之处。

안심[1]【명사】소나 돼지의 갈비 안쪽에 붙은 연하고 부드러운 살. ◆ 名 (动物的)肋间肉。¶안심으로 스테이크 요리를 하다. =用肋间肉做牛排。

안심[2](安心)【명사】모든 걱정을 떨쳐 버리고 마음을 편히 가짐. ◆ 名安心，放心。¶집에 왔으니 이제 안심이다. =回家了，现在放心了。● 안심되다(安心--), 안심하다(安心--) ●

안심시키다(安心---)【동사】모든 걱정을 떨쳐 버리고 마음을 편히 가지도록 하다. ◆ 动安心，放心。¶아들의 편지 한 통이 어머니를 안심시키다. =孩子的一封信使母亲放心。

안쓰럽다【형용사】形 ❶ 손아랫사람이나 약자에게 도움을 받거나 폐를 끼쳤을 때 마음에 미안하고 딱하다. ◆ 抱歉，心里不是滋味。¶어린 나이에 내 병 수발을 드는 아들의 모습이 무척 안쓰럽다. =儿子小小年纪就照顾患病的我，我心里很不是滋味。❷ 손아랫사람이나 약자의 딱한 형편이 마음에 언짢고 가엾다. ◆ 同情，可怜，心里难受。¶구걸하는 어린 소녀의 모습이 안쓰럽다. =乞讨的小女孩，样子很可怜。

안약(眼藥)【명사】눈병을 고치는 데 쓰는 약. ◆ 名眼药。¶건조한 눈에 안약을 넣다. =在干燥的眼睛里点眼药水。

안온하다(安穩--)【형용사】조용하고 편안하다. ◆ 形平和，安稳，安宁。¶담임 선생님의 성품은 안온하다. =班主任的性格很平和。

안이하다(安易--)【형용사】너무 쉽게 여기는 태도나 경향이 있다. ◆ 形容易，轻松，简单。¶일을 안이하게 처리하다. =很马虎地处理事情。

안일(安逸)【명사】편안하고 한가로움. 또는 편안함만을 누리려는 태도. ◆ 名悠闲，安逸，安适。¶안일과 나태에 젖은 생활. =十分安逸和懒散的生活。● 안일하다(安逸--) ●

안장(鞍裝)【명사】名 ❶ 말, 나귀 따위의 등에 얹어서 사람이 타기에 편리하도록 만든 도구. ◆ 鞍子，鞍装。¶안장을 갖춘 말. =配了鞍子的马。❷ 자전거 따위에 사람이 앉게 된 자리. ◆ 自行车座。¶자전거 페달에 다리가 닿질 않아 안장을 낮추었다. =腿长够不到自行车踏板，就把车座放低了。

안전(案前)【명사】존귀한 사람이 앉아 있는 자리의 앞. ◆ 名 尊驾前。

안전(安全)【명사】위험이 생기거나 사고가 날 염려가 없음. 또는 그런 상태. ◆ 名安全。¶안전 관리. =安全管理。● 안전하다(安全--), 안전히(安全-) ●

안전띠(安全-)【명사】자동차·비행기 따위에서, 사람을 사고 시 충격으로부터 보호하기 위하여 좌석에 고정하는 띠. ◆ 名安全带。¶안전띠 착용. =系安全带。

안전모(安全帽)【명사】공장 작업장 또는 운동 경기 따위에서, 머리가 다치는 것을 막기 위하여 쓰는 모자. ◆ 名安全帽。¶안전모를 쓰다. =戴安全帽。

안전벨트(安全--)【명사】자동차나 비행기 따위에서 사고가 났을 때 충격을 조금이라도 줄이기 위하여 사람을 좌석에 고정하는 띠. ◆ 名安全带。¶자동차 출발 전에 안전벨트를 매다. =在汽车开动前系上安全带。

안전보장이사회(安全保障理事會)【명사】세계 평화와 안전을 지키고 분쟁을 해결하기 위하여 둔 국제 연합의 주요 기관. ◆ 名安全理事会，安理会。

안전사고(安全事故)【명사】공장·공사장 따위에서, 안전 교육의 미비 또는 일상의 부주의로 인하여 일어나는 사고. ◆ 名安全事故。¶안전사고에 대비하다. =防范安全事故。

안전장치(安全裝置)【명사】쉴 때에 기계가 작동하지 못하도록 해 두는 장치. 부주의로 인한 위험을 막기 위함이다. ◆ 名安全装置。

안전핀(安全-)【명사】名 ❶ 한 쪽 끝이 둥글게 굽어 있어서 찔리지 아니하게 바늘 끝을 숨길 수 있는 핀. ◆ 安全别针。¶터진 곳을 안전핀으로 여미다. =用安全别针别好漏开的地方。❷ 포탄이나 폭발물이 함부로 터지지 아니하도록 신관에 꽂는 핀. ◆ 保

险针。¶오른손으로 수류탄을 꽉 쥐고 안전핀을 뺀 후 전방을 향해 힘껏 던진다. =右手紧握手榴弹，拔掉保险针后用力投向前方。

안절부절못하다【동사】마음이 초조하고 불안하여 어찌할 바를 모르다. ◆ 动坐立不安，慌慌不安，如坐针毡。¶합격자 발표를 기다리며 안절부절못하다. =坐立不安地等待着公布合格者名单。● 안절부절 ●

안정[1](安定)【명사】바뀌어 달라지지 아니하고 일정한 상태를 유지함. ◆ 名安定，稳定。¶물가 안정. =物价稳定。● 안정되다(安定--), 안정하다(安定--) ●

안정[2](安靜)【명사】名 ❶ 육체적 또는 정신적으로 편안하고 고요함. ◆ 安静，平静，安宁。¶안정 상태. =宁静状态。❷ 병을 치료하기 위하여 몸과 마음을 편안하고 고요하게 함. ◆ 静养，放松。¶안정을 취하다. =静养。● 안정하다(安靜--) ●

안정감(安靜感)【명사】바뀌어 달라지지 아니하고 일정한 상태를 유지한 느낌. ◆ 名安定感，稳定感，平静感。¶안정감을 주다. =给予安定感。

안정권(安定圈)【명사】안전하게 자리 잡은 범위. ◆ 名安全范围，安全线以内。¶합격 안정권에 들다. =进入合格线内。

안정제(安靜劑)【명사】정신 안정제(피질하 영역에 작용하여 정신적 흥분을 가라앉히는 약). ◆ 名镇静剂。¶흥분 상태에 있는 환자에게 안정제를 투여하다. =给处于亢奋状态的患者服用镇静剂。

안주[1](安住)【명사】名 ❶ 한곳에 자리를 잡고 편안히 삶. ◆ 安居。¶그는 농촌에서 안주를 꿈꾸었지만 그 생활 또한 넉넉한 편은 아니었다. =虽然他梦想着在农村安居乐业，但是农村生活并不富足。❷ 현재의 상황이나 처지에 만족함. ◆ 安于现状。¶안주는 퇴보를 의미한다. =安于现状意味着退步。● 안주하다(安住--) ●

안주[2](按酒)【명사】술 마실 때 곁들여 먹는 음식. ◆ 名按酒，下酒菜。¶안주를 시키다. =点下酒菜。

안중(眼中)【명사】名 ❶ 눈의 안. ◆ 眼里。¶안중에 박힌 파편을 제거하는 수술을 했다. =做手术取出嵌在眼里的碎片。❷ 관심이나 의식의 범위 내. ◆ 注意，关心。¶이런 싸구려 옷이 그의 안중에 들 리 없다. =这样的便宜衣服入不了他的眼。

안질(眼疾)【명사】'눈병'을 전문적으로 이르는 말. ◆ 名眼疾，眼病。¶두 눈이 안질에 걸려 빨갛게 핏발이 돋았다. =得了眼疾，双眼布满了血丝。

안짱다리【명사】두 발끝이 안쪽으로 휜 다리. 또는 두 발끝을 안쪽으로 향하게 하고 걷는 사람. ◆ 名内八字脚。¶그는 안짱다리라서 잘 뛰지 못한다. =他是内八字脚，跑不快。

안쪽【명사】名 ❶ 안으로 향한 부분이나 안에 있는 부분. ◆ 里面，里侧。¶주머니 안쪽. =口袋里面。❷ 어떤 수효나 기준에 미치지 못함을 이르는 말. ◆ 不够，不及。¶그가 아무리 월급을 많이 받아도 100만 원 안쪽일거야. =他的月薪再高也不到一百万韩元。

안착(安着)【명사】名 ❶ 어떤 곳에 무사하게 잘 도착함. ◆ 安全抵达。¶그는 식구들에게 안착을 알리는 전화를 했다. =他给家人打电话说安全到达了。❷ 마음의 흔들림 없이 어떤 곳에 착실하게 자리 잡음. ◆ 安居，安定。● 안착되다(安着--), 안착하다(安着--) ●

안채【명사】한 집 안에 안팎 두 채 이상의 집이 있을 때, 안에 있는 집채. ◆ 名里屋，后屋。¶우리는 안채에 살고, 바깥채는 세놓았다. =我们住里屋，外屋租出去了。

안치(安置)【명사】名 ❶ 안전하게 잘 둠. ◆ 安置，存放。¶은행에는 귀중품의 안치를 위한 금고가 있다. =银行有存放贵重物品的保险柜。❷ 상(像), 위패, 시신 따위를 잘 모셔 둠. ◆ 安放，供奉。¶불상 안치. =供奉佛像。● 안치되다(安置--), 안치하다(安置--) ●

안치다【동사】밥, 떡, 구이, 찌개 따위를 만들기 위하여 그 재료를 솥이나 냄비 따위에 넣고 불 위에 올리다. ◆ 动放，下(到锅里)。¶시루에 떡을 안치다. =把糕放到蒸笼里。

안타(安打)【명사】야구에서, 수비수의 실책이 없이 타자가 한 누(壘) 이상을 갈 수 있게 공을 치는 일. ◆ 名安打。¶안타를 치다. =打出安打。

안타까워하다【동사】뜻대로 되지 아니하거나 보기에 딱하여 애타고 답답하게 여기다. ◆ 动惋惜，难过。¶이별을 안타까워하다. =为离别而难过。

안타깝다【형용사】뜻대로 되지 아니하거나 보기에 딱하여 애타고 답답하다. ◆ 形惋惜，难过。¶이번 대회에서 우승을 놓친 것이 안타깝다. =为此次大赛没能取胜而感到惋惜。

안팎【명사】名 ❶ 사물이나 영역의 안과 밖. ◆ 里外，内外。¶집 안팎을 청소하다. =打扫房子内外。❷ 마음속의 생각과 겉으로 드러나는 행동. ◆ 里外，表里。¶안팎이 다른 사람. =表里不一的人。❸ 어떤 수량이나 기준에 조금 모자라거나 넘치는 정도. ◆ 上下，左右。¶십 리 안팎. =十里左右。

안하무인(眼下無人)【명사】눈 아래에 사람이 없다는 뜻으로, 방자하고 교만하여 다른 사람을 업신여김을 이르는 말. ◆ 名目中无人。

앉다【동사】动 ❶ 사람이나 동물이 윗몸을 바로 한 상태에서 엉덩이에 몸무게를 실어 다른 물건이나 바닥에 몸을 올려놓다. ◆ 坐。¶의자에 앉다. =坐在椅子上。❷ 새나 곤충 또는 비행기 따위가 일정한 곳에 내려 자기 몸을 다른 물건 위에 놓다. ◆ 停，落。¶잠자리가 장대 끝에 앉다. =蜻蜓落在长竿头上。❸ 건물이나 집 따위가 일정한 방향이나 장소에 자리를 잡다. ◆ 坐落。¶산허리에 앉은 절. =坐落在山腰的寺庙。❹ 어떤 직위나 자리를 차지하다. ◆ 担任。¶사장 자리에 앉다. =担任社长。❺ 공기 중에 있던 먼지와 같은 미세한 것이 다른 물건 위에 내려 쌓이다. ◆ 积(灰尘)。¶장롱 위에 먼지가 뽀얗게 앉다. =箱柜上积了厚厚一层灰。❻ 어떤 것이 물체 위에 덮이거나 끼다. ◆ 覆盖，笼罩。¶기와지붕에 퍼렇게 이끼가 앉다. =瓦房顶上覆盖着一层厚厚的青苔。❼ 어떤 일에 적극적으로 나서지 아니하고 수수방관하다. ◆ 坐视不理，袖手旁观。¶가만히 앉아서 구경만 한다. =一动不动地袖手旁观。

앉은뱅이【명사】图 ❶ 하반신 장애인 중에서 앉기는 하여도 서거나 걷지 못하는 사람을 낮잡아 이르는 말. ◆ 瘫子。❷ 키나 높이가 작거나 낮은 대상을 비유적으로 이르는 말. ◆ 小的，矮的，迷你。¶앉은뱅이 거울. =小镜子。

앉은키【명사】두 다리를 모아 넓적다리는 수평이 되게 하고 종아리와 상체는 수직이 되도록 걸상에 앉았을 때, 걸상면으로부터 머리 끝까지의 높이. ◆ 图坐高。¶앉은키를 재다. =测量坐高。

앉히다【동사】动 ❶ 사람이나 동물의 엉덩이를 다른 물건 위에 올려놓게 하다. ◆ 使……坐下，让……坐下。¶아이를 무릎에 앉히다. =让孩子坐到膝盖上。❷ 어떤 직위나 자리를 차지하게 하다. ◆ 把(某人)安排在…… ¶사장이 자기 아들을 부장 자리에 앉히다. =社长把自己的儿子安排在部门负责人位子上。

않다[1]【동사】어떤 행동을 아니 하다. ◆ 动不做，不干。¶그는 말을 않고 떠났다. =他连话也没说就走了。

않다[2]【보조동사】'아니하다'의 준말. 앞말이 뜻하는 행동을 부정하는 뜻을 나타내는 말. ◆ 补动用在动词之后，表示否定。¶가지 않다. =不去。

않다[3]【보조 형용사】'아니하다'의 준말. 앞말이 뜻하는 상태를 부정하는 뜻을 나타내는 말. ◆ 补形用在形容词之后，表示否定。¶예쁘지 않다. =不漂亮。

알[1]【의존 명사】依名 ❶ 작고 둥근 모양의 물건을 세는 단위. ◆ 颗，粒。¶달걀 한 알. =一枚鸡蛋。❷ 작고 둥근 열매나 곡식의 낱개를 세는 단위. ◆ 颗，个。¶사과 세 알. =四个苹果。

알[2]【명사】图 ❶ 조류, 파충류, 어류, 곤충 따위의 암컷이 낳는, 둥근 모양의 물질. 일정한 시간이 지나면 새끼나 애벌레로 부화한다. ◆ 蛋，卵。¶타조의 알. =鸵鸟蛋。❷ 작고 둥근 열매나 곡식의 낱개. ◆ 粒。❸ 속이 들어 있거나 박혀 있는 작고 둥근 물체. ◆ 珠子，丸。¶알이 빠진 구슬 목걸이. =掉了珠子的珍珠项链。

알갱이【명사】图 ❶ 열매나 곡식 따위의 낟알. ◆ 颗，粒，仁。¶보리 알갱이. =大麦粒。❷ 작고 동그랗고 단단한 물질. ◆ 粒。¶모래 알갱이. =沙粒。❸ 열매나 곡식의 낟알, 또는 그런 모양의 물질 따위를 세는 단위. ◆ 颗，粒。¶밥알 한 알갱이. =一粒饭。

알거지【명사】가진 것이 아무것도 없는 거지. 또는 그런 형편이 되어 버린 사람. ◆ 图穷光蛋。¶우리는 홍수에 집과 땅을 잃고 알거지 신세가 되었다. =我们在洪水中失去了房屋和土地，成了穷光蛋。

알곡(-穀)【명사】图 ❶ 쭉정이나 잡것이 섞이지 아니한 곡식. ◆ 净谷，好谷。¶알곡만을 골라 밥을 짓다. =只选择好的谷物做饭。❷ 낟알로 된 곡식. ◆ 粒。¶가을 논에 영근 알곡이 누렇게 펼쳐져 있다. =秋天的稻田里，谷粒饱满的稻穗一片金黄。❸ 깍지를 벗긴 콩이나 팥 따위를 통틀어 이르는 말. ◆ 脱壳的豆类。¶마당에 멍석을 깔고 알곡을 말렸다. =在院子里铺上席子晒豆子。

알다【동사】动 ❶ 교육이나 경험, 사고 행위를 통하여 사물이나 상황에 대한 정보나 지식을 갖추다. ◆ 懂，理解，明白。¶문제의 풀이 과정을 알다. =明白解题的过程。❷ 어떤 사실이나 존재, 상태에 대해 의식이나 감각으로 깨닫거나 느끼다. ◆ 知道，察觉。¶밖으로 나와서야 날씨가 추운 것을 알았다. =来到外面才知道天气很冷。❸ 사람이 어떤 일을 어떻게 할지 스스로 정하거나 판단하다. ◆ 斟酌，判断。¶네 일은 네가 알아서 해라. =你的事你自己看着办吧。❹ 어떤 일을 할 능력이나 소양이 있다. ◆ 会。¶형은 기타를 칠 줄 안다. =哥哥会弹吉他。❺ 어떤 일에 대하여 관여하거나 관심을 가지다. ◆ 过问，理会。¶그 일은 내가 알 바가 아니다. =这件事不是我该过问的。❻ 어떤 사람이나 사물에 대하여 소중히 생각하다. ◆ 关心，喜欢。¶그는 돈만 아는 구두쇠였다. =他是一个只喜欢钱的吝啬鬼。❼ 다른 사람과 사귐이 있거나 안면이 있다. ◆ 认识。¶여자를 알다. =跟女生熟。❽ 어떤 사물이나 사람에 대하여 그것을 어떠한 성격을 가진 것으로 여기다. ◆ 当作，看作。¶친구를 적으로 알다. =把朋友当作敌人。❾ 어떠한 사실에 대하여 그러하다고 믿거나 생각하다. ◆ 认为，相信。¶저는 우리 팀이 우승할 줄로 알고 있었습니다. =我相信我们队会胜利。

알뜰살뜰【부사】副 ❶ 일이나 살림을 정성껏 규모 있게 꾸려 가는 모양. ◆ 精打细算。¶알뜰살뜰 모은 재산. =精打细算攒下的财产。❷ 다른 사람에게 정성을 쏟는 모양. ◆ 热诚，热心，无微不至。¶넌 참 마음도 좋다. 너 살기도 힘들 텐데 친구를 알뜰살뜰 거둬 먹이기까지 하니. =你心地真好，自己都生活困难，还这么热心地帮助朋友。

알뜰하다【형용사】形 ❶ 일이나 살림을 정성스럽고 규모 있게 하여 빈틈이 없다. ◆ 节俭，精打细算。¶살림살이가 알뜰하다. =过日子精打细算。❷ 다른 사람을 아끼고 위하는 마음이 참되고 지극하다. ◆ 精心，细心。¶부부애가 알뜰하다. =夫妻恩爱。● 알뜰히 ●

알랑거리다【동사】남의 비위를 맞추거나 환심을 사려고 다랍게 자꾸 아첨을 떨다. ◆ 动阿谀奉承，献媚，拍马屁。¶상사에게 알랑거리다. =向上司献媚。● 알랑대다 ●

알랑알랑하다【동사】남의 비위를 맞추거나 환심을 사려고 다랍게 아첨을 자꾸 떨다. ◆ 动阿谀奉承，献媚，拍马屁。● 알랑알랑 ●

알랑방귀【명사】교묘한 말과 그럴듯한 행동으로 남의 비위를 맞추는 짓을 속되게 이르는 말. ◆ 图 俚阿谀奉承，献媚，拍马屁。¶알랑방귀를 뀐다고 너의 잘못을 용서할 수는 없다. =拍了马屁也不能原谅你的错误。

알량하다【형용사】시시하고 보잘것없다. ◆ 形 俚不怎么样，不值一提。¶네 알량한 자존심이 문제를 더욱 크게 만들었어. =你那不值一提的自尊心使问题更加严重。

알레그로(allegro<意>)【명사】악보에서, 빠르고 경쾌하게 연주하라는 말. ◆ 图 快板，演奏风格欢快活泼。

알레르기(Allergie)【명사】图 ❶ 어떤 물질이 몸에 닿거나 몸속에 들어갔을 때 그것에 반응하여 생기는 불편하거나 아픈 증상. ◆ 过敏反应。¶세제 알레르기. =洗涤剂过敏。❷ 어떤 사물이나 현상을 거부하는 심리적 반응을 비유적으로 이르는 말. ◆ 反感，抗拒。¶오빠는 그때에 그 친구 이야기만 꺼내면 심한 알레르기 증상을 보인다. =那时候--提到那个人，哥哥就会表现出强烈的反感。

알려지다【동사】动 ❶ 어떤 사실을 다른 사람들에게 전해 듣고 알게 되다. ◆ 众所周知，传遍。¶사고 소식이 마을 사람들에게 알려지다. =发生事故的消息传遍了整个村子。❷ 어떤 사물 또는 사람의 이름, 특징, 업적 따위를 다른 사람들이 널리 알게 되다. ◆ 有名，出名。¶그는 작곡가로 세계에 알려졌다. =他是世界有名的作曲家。

알력(軋轢)【명사】'수레바퀴가 삐걱거린다'는 뜻으로, 서로 의견이 맞지 아니하여 사이가 안 좋거나 충돌하는 것을 이르는 말. ◆ 图不和，矛盾，冲突。¶파벌간의 알력이 끊일 날이 없다. =派系间的冲突无休无止。

알로에(aloe)【명사】백합과 알로에속의 식물을 통틀어 이르는 말. 잎은 칼 모양으로 가장자리에 가시가 있고 꽃은 겨울에서 봄까지 총상(總狀) 화서로 핀다. ◆ 图芦荟。

알록달록하다【형용사】여러 가지 밝은 빛깔의 점이나 줄 따위가 고르지 아니하게 무늬를 이룬 상태이다. ◆ 形斑驳，斑斓。¶치마의 꽃무늬가 알록달록하다. =裙子的纹样斑斓绚丽。● 알록달록 ●

알루미늄(aluminium)【명사】은백색의 가볍고 부드러운 금속 원소. 가공하기 쉽고 내식성(耐蝕性)이 있다. ◆ 图铝。

알리다【동사】动 ❶ 교육이나 경험, 사고 행위를 통하여 사물이나 상황에 대한 정보나 지식을 갖추게 하다. ◆ 汇报，告知，通知。¶본부에 상황을 알리다. =向本部汇报情况。❷ 다른 사람에게 어떤 것을 소개하여 알게 하다. ◆ 介绍，宣传。❸ 어떠한 사실이나 현상을 나타내거나 표시하다. ◆ 表明，显示。¶시계가 새벽 두 시를 알린다. =时钟显示现在是凌晨两点。

알리바이(alibi)【명사】범죄가 일어난 때에, 피고인 또는 피의자가 범죄 현장 이외의 장소에 있었다는 사실을 주장함으로써 무죄를 입증하는 방법. ◆ 图不在场证明。¶알리바이가 성립되다. =不在场证明成立。

알림장(--狀)【명사】알려야 할 내용을 적은 글. ◆ 图通知，通告，告示。

알림판(--板)【명사】여러 사람에게 알리는 내용을 적은 판. 또는 적은 것을 붙이기 위한 판. ◆ 图告示栏，公告栏。¶알림판에 취업 정보가 게시되다. =告示栏上写着招聘信息。

알맞다【형용사】일정한 기준, 조건, 정도 따위에 넘치거나 모자라지 아니한 데가 있다. ◆ 形合适，符合。¶학생 신분에 알맞은 옷차림. =符合学生身份的穿着。

알맹이【명사】图 ❶ 물건의 껍데기나 껍질을 벗기고 남은 속 부분. ◆ 仁，核。¶호두 알맹이. =核桃仁。❷ 사물의 핵심이 되는 중요한 부분. ◆ 核心，要点，精髓，实质内容。¶알맹이가 빠진 말. =没有实质内容的话。

알몸【명사】图 ❶ 아무것도 입지 않은 몸. ◆ 赤身裸体，裸体。¶알몸 사진. =裸体照片。❷ 재산이라고는 아무것도 없는 사람을 비유적으로 이르는 말. ◆ 身无分文，一贫如洗，穷光蛋。¶그는 알몸으로 서울에 올라왔다. =他身无分文来到首尔。

알몸뚱이【명사】图 ❶ '알몸(아무것도 입지 않은 몸)'을 속되게 이르는 말. ◆ 赤身裸体。¶알몸뚱이를 드러내다. =露出裸体。❷ '알몸(재산이라고는 아무것도 없는 사람을 비유적으로 이르는 말)'을 속되게 이르는 말. ◆ 一贫如洗，穷光蛋。¶알몸뚱이의 신세가 되다. =成了穷光蛋。

알바니아(Albania)【명사】발칸 반도 서부에 있는 공화국. ◆ 图阿尔巴尼亚。

알밤【명사】图 ❶ 밤송이에서 빠지거나 떨어진 밤톨. ◆ 熟透脱苞的栗子。¶알밤 줍기. =捡拾熟透脱苞的栗子。❷ 주먹으로 머리를 쥐어박는 일. ◆ 用拳头轻击头部。¶벌로 알밤을 주다. =作为惩罚用拳头轻轻打脑袋。

알부자(-富者)【명사】겉보다는 실속이 있는 부자. ◆ 图不显山不露水的富翁。¶시장 안에는 상당수의 점포가 그의 소유로서 임대료만으로도 알부자란 소리를 듣게 돼 있었다. =市场里相当多的店铺都是他的，光收的租金就足以让他称得上是个大富翁。

알뿌리【명사】지하에 있는 식물체의 일부인 뿌리나 줄기 또는 잎 따위가 달걀 모양으로 비대하여 양분을 저장한 것. ◆ 图 球形根。

알사탕(-沙糖)【명사】알처럼 작고 둥글둥글하게 생긴 사탕. ◆ 图糖块。¶알사탕을 먹다. =吃糖块。

알선(斡旋)【명사】남의 일이 잘되도록 주선하는 일. ◆ 图斡旋，成全，介绍。¶취업 알선. =就业介绍。● 알선하다(斡旋--) ●

알쏭달쏭하다【형용사】形 ❶ 여러 가지 빛깔로 된 줄이나 점이 고르지 않게 함부로 무늬를 이루다. ◆ 斑驳，斑斓。❷ 그런 것 같기도 하고 그렇지 않은 것 같기도 하여 얼른 분간이 안 되다. ◆ 难以分辨，含含糊糊。¶그의 말이 알쏭달쏭하다. =他的话含含糊糊的。● 알쏭달쏭 ●

알아내다【동사】방법이나 수단을 써서 모르던 것을 알 수 있게 되다. ◆ 动了解到，打听出，探明。¶이름을 알아내다. =打听到名字。

알아듣다【동사】动 ❶ 남의 말을 듣고 그 뜻을 알다. ◆ 听懂，听明白。¶말귀를 알아듣다. =听懂言外之意。❷ 소리를 분간하여 듣다. ◆ 听出。¶발자국 소리를 알아듣다. =听出脚步声。

알아맞히다【동사】요구되거나 기대되는 답을 알아서 맞게 하다. ◆ 动猜出，猜到，答对。¶답을 알아맞히다. =答对了。

알아먹다【동사】'알아듣다'를 속되게 이르는 말. ◆动听懂，听明白，听出。¶말귀를 못 알아먹다. =没听懂。

알아보다【동사】动❶ 조사하거나 살펴보다. ◆调查，了解。¶배편을 알아보다. =了解海运情况。❷ 눈으로 보고 분간하다. ◆分辨，看出。¶얼굴이 알아보게 초췌하다. =看得出脸很憔悴。❸ 잊어버리지 않고 기억하다. ◆记得，认出。¶오래 전의 제자가 나를 알아보고 인사한다. =很久以前的学生还记得我，跟我打招呼。❹ 사람의 능력이나 물건의 가치 따위를 밝히어 알다. ◆看懂，看明白。¶이번 일로 그의 인간성을 알아보게 되었다. =从这件事情看到了他的本质。

알아주다【동사】动❶ 남의 사정을 이해하다. ◆理解，体谅。¶남의형편을 알아준다. =体谅处境。❷ 남의 장점을 인정하거나 좋게 평가하여 주다. ◆认同，肯定。¶너를 알아주는 사람이 없다고 섭섭해 하지 마라. =不要为没有人肯定你而难过。

알아차리다【동사】动❶ 알고 정신을 차려 깨닫다. ◆意识到，看出来。¶그는 사태의 심각성을 알아차리지 못했다. =他未能意识到事态的严重性。❷ 알아채다. 낌새를 미리 알다. ◆看出。

알아채다【동사】낌새를 미리 알다. ◆动察觉到，注意到，猜到。¶사태의 심각성을 단번에 알아채다. =立刻察觉到了事态的严重性。

알알이【부사】한 알 한 알마다. ◆副一颗颗，一粒粒。¶알알이 잘 여문 탐스러운 벼가 황금 물결을 이루었다. =颗粒饱满、长势喜人的稻田泛起金黄色的波浪。

알알하다【형용사】形❶ 맵거나 독하여 혀끝이 약간 아리고 쏘는 느낌이 있다. ◆麻麻的。¶겨자를 너무 쳤더니 혀끝이 알알하다. =芥末放多了，舌尖麻麻的。❷ 햇볕에 너무 쬐어서 살갗이 조금 아프다. ◆（晒得）火辣辣的。¶일광욕을 심하게 해서 등이 알알하다. =日光浴做得太久了，背上火辣辣的。❸ 상처 따위로 약간 아린 느낌이 있다. ◆火辣辣地疼。¶칼에 벤 손가락이 알알하다. =被刀子割破的手指火辣辣地疼。❹ 술에 취하여 정신이 약간 아리송하다.◆ 迷迷糊糊，精神恍惚。¶술을 얼마 먹지 않았는데도 정신이 알알하다. =没喝多少酒就已经迷迷糊糊了。

알약(-藥)【명사】가루나 결정성 약을 뭉쳐서 눌러 둥글넓적한 원판이나 원뿔 모양으로 만든 약제. 젖당, 초콜릿, 아라비아고무 따위를 섞어 만든다. ◆图片剂，药片。¶그는 알약 서너 알을 입 안에 털어 넣고 물을 마셨다. =他把三四片药放进嘴里用水冲服。

알은 체【명사】图❶ 어떤 일에 관심을 가지는 듯한 태도를 보임. ◆干涉，干预。¶남의 일에 알은 체를 하다. =干预别人的事情。❷ 사람을 보고 인사하는 표정을 지음. ◆打招呼，示意。¶오해 때문에 서로 알은 체도 안 하다. =因为误会，互相连招呼也不打。● 알은 체하다 ●

알음알음【명사】서로 아는 관계. ◆图熟人关系，认识的关系。¶그는 우리 집을 알음알음으로 찾아왔다고 했다. =他说是通过熟人找到我家的。

알집【명사】여성 골반의 안의 양쪽 옆벽에 위치한 납작한 타원형 기관. ◆图 卵巢。

알짜【명사】여럿 가운데 가장 중요하거나 훌륭한 물건. ◆图精华，核心，精髓，要点。¶알짜가 쏙 빠지다. =核心部分漏掉了。

알짱거리다【동사】动❶ 남의 비위를 맞추려고 아첨을 하며 계속 남을 속이다. ◆讨好，卖乖。❷ 하는 일도 없이 자꾸 돌아다니거나 뱅뱅 돌다. ◆游荡，闲逛，转来转去。¶아이가 장난감이 탐이 났는지 친구 앞에서 알짱거렸다. =孩子可能想要玩具，在朋友面前转来转去。● 알짱대다 ●

알짱알짱하다【동사】动❶ 남의 비위를 맞추려고 계속 아첨을 하며 남을 속이다. ◆讨好，卖乖。❷ 하는 일도 없이 자꾸 이리저리 돌아다니거나 뱅뱅 돌다. ◆游荡，闲逛，转来转去。● 알짱알짱 ●

알차다【형용사】속이 꽉 차 있거나 내용이 아주 실속이 있다. ◆形充实，实在。¶잡지의 내용이 알차다. =杂志内容很充实。

알츠하이머병(Alzheimer)【명사】원인을 알 수 없는 뚜렷한 뇌 위축으로 기억력과 지남력이 감퇴하는 병. 노인성 치매와 거의 같은 뜻으로 쓴다. ◆图 阿尔兹海默症。

알칼리(alkali)【명사】물에 녹으면 염기성을 나타내는 알칼리 또는 알칼리 토금속의 수용성 수산화물을 통틀어 이르는 말. ◆图碱。

알코올(alcohol)【명사】图❶ 사슬 또는 지방족 고리 탄화수소의 수소를 하이드록시기로 치환한 화합물을 통틀어 이르는 말. ◆乙醇。❷ '술'을 속되게 이르는 말. ◆酒。¶알코올에 빠져 살다. =终日饮酒度日。❸ 소독약(消毒藥)의 하나. ◆ (消毒用)酒精。¶상처 부위를 알코올로 닦아 내다. =用酒精擦拭受伤部位。

알코올램프(alcohol lamp)【명사】알코올을 연료로 하는 가열 장치. ◆图酒精灯。¶알코올램프로 비커에 든 물을 가열하다. =用酒精灯加热烧杯中的水。

알토(alto)【명사】여성의 가장 낮은 음역. 또는 그 음역의 가수. ◆图女低音，女低音歌手。

알토란(-土卵)【명사】图❶ 너저분한 털을 다듬어 깨끗하게 만든 토란. ◆芋头，光芋头。❷ 실속이 있고 쓸모가 있거나 소중한 것. ◆富足，殷实。¶그 땅은 선조 때부터 개간하고 일구어 온 알토란 같은 땅이다. =那是片富足的土地，从先祖时便开始开垦耕耘。

알통【명사】사람의 몸에서, 근육이 단단하게 불룩 나온 부분을 통틀어 이르는 말. ◆图凸出的肌肉，肌肉块。¶알통 밴 팔뚝. =肌肉凸出的前臂。

알파벳(alphabet)【명사】그리스 문자, 로마자 따위의 구미 언어의 표기에 쓰는 문자들을 통틀어 이르는 말. 흔히 '로마자'를 이른다. ◆图罗马字母。

앎【명사】아는 일. ◆图知识，学问。¶앎은 힘이다. =知识就是力量。

앓다【동사】动❶ 병에 걸려 고통을 겪다. ◆ 得病, 不舒服。¶배를 앓다. =肚子不舒服。❷ 마음에 근심이 있어 괴로움을 느끼다. ◆ 担心, 忧虑。¶속을 앓다. =心中不安。

앓아눕다【동사】앓아서 자리에 눕다. ◆ 动病倒, 卧病。

암[1]【명사】생물에서 새끼를 배거나 열매를 맺는 쪽의 성(性). ◆ 名雌, 母。¶암놈. =母的。

암[2](癌)【명사】名 ❶ 생체 조직 안에서 세포가 무제한으로 증식하여 악성 종양을 일으키는 병. ◆ 癌。❷ 큰 장애나 고치기 어려운 나쁜 폐단을 비유적으로 이르는 말. ◆〈喻〉弊病, 毒瘤。¶밀수는 경제 발전의 암이다. =走私是经济发展的毒瘤。

-암[3](庵/菴)【접사】'암자(庵子)'의 뜻. 큰 절에 속하는 작은 절. ◆ 后缀庵。¶연주암. =恋主庵。

-암[4](巖)【접사】'암석(岩石)'의 뜻. ◆ 后缀岩。¶수성암. =水成岩。

암[5]-【접사】前缀 ❶ '새끼를 배거나 열매를 맺는'의 뜻을 더하는 접두사. ◆ 表示雌性。¶암개미. =雌蚂蚁。❷ '오목한 형태를 가진' 또는 '상대적으로 약한'의 뜻을 더하는 접두사. ◆ 表示"凹形的"或者"相对弱小的"。¶암나사. =螺母。

암갈색(暗褐色)【명사】어두운 갈색. ◆ 名暗褐色。¶암갈색 나무. =暗褐色的木头。

암거래(暗去來)【명사】법을 어기면서 몰래 물품을 사고파는 행위. 특히 가격을 통제하고 있는 물품을 공정 가격 이외의 값으로 사고파는 일을 말한다. ◆ 名黑市交易, 非法交易, 走私。¶암거래 상인. =进行走私的商人。● 암거래되다(暗去來--), 암거래하다(暗去來--) ●

암거래상(暗去來商)【명사】법을 어기면서 몰래 물품을 사고 파는 상인. ◆ 名走私商, 黑市商人。¶암거래상을 통해 해외 유명 상품이 국내로 반입되다. =走私商把海外名牌商品贩运进国内。

암기(暗記)【명사】외워 잊지 아니함. ◆ 名背诵。¶암기 과목. =背诵科目。● 암기하다(暗記--) ●

암나사(-螺絲)【명사】쇠붙이로 만들어 볼트에 끼워서 기계 부품 따위를 고정하는 데에 쓰는 공구(工具). ◆ 名螺母。

암놈【명사】동물의 암컷. ◆ 名雌的, 母的。¶강아지 암놈. =小母狗。

암담하다(暗澹--)【형용사】形 ❶ 어두컴컴하고 쓸쓸하다. ◆ 昏暗冷清。¶폭격으로 폐허가 된 마을이 암담하다. =炮击后变成废墟的村子昏暗冷清。❷ 희망이 없고 절망적이다. ◆ 希望渺茫。¶수해로 세간을 잃고 나니 살길이 암담하다. =家园遭遇洪水重创, 将来的生活前景变得很渺茫。

암만【부사】副 ❶ 정도가 매우 심함을 나타내는 말. ◆ 不管如何, 不管怎样, 无论多么。❷ 비록 그렇다 하더라도. ◆ 尽管。

암매장(暗埋葬)【명사】남몰래 시신을 파묻음. ◆ 名秘密埋葬。¶암매장 사건을 조사하다. =调查秘密埋葬事件。● 암매장하다(暗埋葬--) ●

암모니아(ammonia)【명사】질소와 수소의 화합물. 자극적인 냄새가 나는 무색의 기체로 물에 잘 녹고 액화하기 쉽다. ◆ 名氨。

암반(巖盤)【명사】다른 바위 속으로 돌입하여 불규칙하게 굳어진 큰 바위. ◆ 名岩盘, 岩层。¶암반을 뚫고 지하수를 퍼 올렸다. =凿穿岩层, 把地下水引了上来。

암벽(巖壁)【명사】깎아지른 듯 높이 솟은 벽 모양의 바위. ◆ 名岩壁。¶암벽에 새긴 불상. =刻在岩壁上的佛像。

암산(暗算)【명사】필기도구·계산기·수판 따위를 이용하지 아니하고 머릿속으로 계산함. ◆ 名心算。¶암산으로 문제를 풀다. =利用心算解题。● 암산하다(暗算--) ●

암살(暗殺)【명사】몰래 사람을 죽임. ◆ 名暗杀。¶암살 미수 사건. =暗杀未遂事件。● 암살되다(暗殺--), 암살하다(暗殺--), 암살당하다 ●

암석(巖石)【명사】지각을 구성하고 있는 단단한 물질. 화성암·퇴적암·변성암으로 크게 나눈다. ◆ 名岩石。¶풍화 작용으로 암석이 깎이다. =岩石因风化作用侵蚀。

암소【명사】소의 암컷. ◆ 名母牛。¶암소가 새끼를 낳다. =母牛下崽。

암송(暗誦)【명사】글을 보지 아니하고 입으로 욈. ◆ 名背诵。¶암송 시험. =背诵形式的考试。● 암송하다(暗誦--) ●

암수【명사】암컷과 수컷을 아울러 이르는 말. ◆ 名雌雄。¶암수 한 쌍. =一雌一雄。

암술【명사】꽃의 중심부에 있는 자성(雌性) 생식 기관. 꽃을 구성하는 중요한 부분으로, 암술머리·암술대·씨방의 세 부분으로 되어 있다. ◆ 名 花的雌蕊。

암시(暗示)【명사】넌지시 알림. 또는 그 내용. ◆ 名暗示。¶암시가 깔리다. =包含着暗示。● 암시되다(暗示--), 암시하다(暗示--) ●

암시장(暗市場)【명사】법을 어기면서 몰래 물건을 사고 파는 행위가 이루어지는 시장. ◆ 名黑市。¶밀수품이 암시장으로 흘러 들어왔다. =走私品流入黑市。

암실(暗室)【명사】밖으로부터 빛이 들어오지 못하도록 꾸며 놓은 방. 주로 물리·화학·생물학의 실험과 사진 현상 따위에 사용한다. ◆ 名暗室, 暗房。¶암실에서 사진을 인화한다. =在暗房冲洗照片。

암암리(暗暗裏)【명사】남이 모르는 사이. ◆ 名暗地里, 暗中。¶암암리에 음모를 꾸미다. =暗中策划阴谋。

암약(暗躍)【명사】'암중비약(暗中飛躍)'의 준말. 어둠 속에서 날고 뛴다는 뜻으로, 남들 모르게 맹렬히 활동함을 이르는 말. ◆ 名暗中活动, 秘密活动。¶그는 암약 중이다. =他在暗中活动。● 암약하다(暗躍--) ●

암울하다(暗鬱--)【형용사】形 ❶ 절망적이고 침울하다. ◆ 暗淡。¶경제의 앞날이 암울하다. =经济前景暗淡。❷ 어두컴컴하고 답답하다. ◆ 阴沉, 阴暗。¶담배 연기가 자욱한 술집의 조명이 암울하다. =酒

吧里烟雾浓重，光线极暗。

암자(庵子)【명사】图 ❶ 큰 절에 딸린 작은 절. ◆ (附属于大寺庙的)庵，小庙。¶할머니께서는 평소에 다니시는 절의 외딴 암자에서 백일기도를 하셨다. =奶奶在平时去的寺庙外的一座孤零零的小庙里做百日祈祷。❷ 도를 닦기 위하여 만든 자그마한 집. ◆ (为修道而盖的)庵，庵庐。¶그는 정신 수양을 하기 위해 깊은 산속으로 암자를 찾아 나섰다. =他为了修养身心，到深山去寻找庵庐。

암초(暗礁)【명사】图 ❶ 물속에 잠겨 보이지 아니하는 바위나 산호. ◆ 暗礁。¶배가 암초에 걸리다. =船触礁了。❷ 어떤 일을 하는 데 보이지 아니하는 장애를 비유적으로 이르는 말. ◆ 意想不到的困难。¶뜻하지 않던 암초를 만나다. =遇到了意想不到的困难。

암캐【명사】개의 암컷. ◆ 图母狗。¶암캐가 새끼를 낳았다. =母狗下崽。

암컷【명사】암수의 구별이 있는 동물에서 새끼를 배는 쪽. ◆ 图雌的，母的。¶암컷이 새끼를 배다. =母兽怀崽。

암탉【명사】닭의 암컷. ◆ 图母鸡。¶암탉이 알을 품다. =母鸡孵蛋。

암퇘지【명사】돼지의 암컷. ◆图母猪。

암투(暗鬪)【명사】서로 적의를 품고 드러나지 아니하게 다툼. ◆图暗斗，勾心斗角。¶권력 암투. =权力暗斗。

암팡지다【형용사】몸은 작아도 힘차고 다부지다. ◆ 形短小精干。¶어른에게 암팡지게 대들다. =大胆顶撞长者。

암표(暗票)【명사】법을 위반하여 몰래 사고 파는 각종 탑승권·입장권 따위의 표. ◆ 图黑市票。¶암표를 팔다. =卖黑市票。

암행(暗行)【명사】어떤 목적을 위하여 자기의 정체를 숨기고 돌아다님. ◆图秘密出行。¶감사원이 암행 감사를 벌이다. =监察院进行秘密监察。

암행어사(暗行御史)【명사】조선 시대에, 임금의 특명을 받아 지방관의 치적과 비위를 탐문하고 백성의 어려움을 살펴서 개선하는 일을 맡아 하던 임시 벼슬. ◆图微服私访的御史。

암호(暗號)【명사】비밀을 유지하기 위하여 당사자끼리만 알 수 있도록 꾸민 약속 기호. ◆ 暗号，密码。¶암호를 해독하다. =解读密码。

암흑(暗黑)【명사】❶ 어둡고 캄캄함. ◆图漆黑，黑暗。¶밤이 되면 천지는 암흑 속에 잠긴다. =入夜以后，天地陷入黑暗之中。❷ 암담하고 비참한 상태를 비유적으로 이르는 말. ◆ 图暗淡，惨淡，悲惨。¶그 그림은 암흑의 지옥을 상징한다. =那幅画象征着悲惨的地狱。

암흑가(暗黑街)【명사】범죄나 폭력, 불법 행위가 자주 발생하는 지역. 또는 그런 조직 세계. ◆ 图黑社会。¶암흑가의 대부. =黑社会老大。

암흑기(暗黑期)【명사】도덕이나 이성, 문명이 쇠퇴하고 세상이 어지러운 시기. ◆ 图黑暗时期，黑暗时代。

압도(壓倒)【명사】보다 뛰어난 힘이나 재주로 남을 눌러 꼼짝 못하게 함. ◆ 图压倒，超过。¶그의 성난 기세에 압도를 당하여 모두 아무 말도 못하였다. =被他发火时的气势所压倒，什么话都说不出来。● 압도되다(壓倒--), 압도하다(壓倒--) ●

압도당하다(壓倒當--)【동사】보다 뛰어난 힘이나 재주에 눌려서 꼼짝 못하는 처지에 이르다. ◆ 动被超越，被压倒。¶상대의 기술에 압도당하다. =被对方的技术所压制。

압력(壓力)【명사】❶ 두 물체가 접촉면을 경계로 하여 서로 그 면에 수직으로 누르는 단위 면적에서의 힘의 단위. ◆ 图 压力。¶공기의 압력. =大气压。❷ 권력이나 세력에 의하여 타인을 자기 의지에 따르게 하는 힘. ◆ 图压力，压迫。¶압력을 받다. =受到压迫。

압력솥(壓力-)【명사】뚜껑을 밀폐하여 용기 안의 압력을 높일 수 있는 솥. ◆ 图压力锅，高压锅。

압류(押留)【명사】집행 기관에 의하여 채무자의 특정 재산에 대한 처분이 제한되는 강제 집행. ◆ 图查抄，扣押。● 압류되다(押留--), 압류하다(押留--) ●

압박(壓迫)【명사】❶ 강한 힘으로 내리누름. ◆ 图压迫。¶압박 붕대를 삔 다리에 감다. =用绷带把扭伤的腿包起来。❷ 기운을 못 펴게 세력으로 내리누름. ◆ 图压抑，压制。● 압박하다(壓迫--) ●

압사(壓死)【명사】무거운 것에 눌려 죽음. ◆ 图压死。¶공사장에서 압사 사고가 발생하다. =工地上发生压死人的事故。● 압사하다(壓死--) ●

압송(押送)【명사】피고인 또는 죄인을 어느 한 곳에서 다른 곳으로 호송하는 일. ◆ 图 押送，押解。¶죄인 압송 차량에 경찰관이 동승했다. =警官也乘坐到押送罪犯的车辆上。● 압송되다(押送--), 압송하다(押送--) ●

압정(押釘)【명사】대가리가 크고 촉이 짧아서 흔히 손가락으로 눌러 박는 쇠못. ◆ 图图钉。¶메모지를 압정을 사용해 벽에 고정하다. =将便签纸用图钉固定在墙上。

압축(壓縮)【명사】图 ❶ 물질 따위에 압력을 가하여 그 부피를 줄임. ◆ 挤压，压缩。¶공기 압축. =压缩空气。❷ 문장 따위를 줄여 짧게 함. ◆ 压缩。¶시언어가 지닌 특징은 생략과 압축이다. =诗的语言所具有的特征就是省略和浓缩。❸ 일정한 범위나 테두리를 줄임. ◆ 精简，缩小范围。❹ 특수한 코딩 방법을 사용하여 불필요하거나 반복되는 부분을 없애 데이터의 양을 줄임. ◆ 压缩。¶압축 파일을 발송하다. =发送压缩文件。● 압축되다(壓縮--), 압축하다(壓縮--) ●

앗【감탄사】叹 ❶ 다급하거나 놀랐을 때 지르는 외마디 소리. ◆ (受惊时的声音)啊。¶앗! 깜짝이야. =啊! 吓死我了。❷ 한순간에 힘을 모아 낼 때 지르는 소리. ◆ (用劲时的声音)啊。¶차력사는 '앗!' 소리와 함께 돌을 번쩍 들어 올렸다. =演杂技的"啊!"地大声喊一声，一下子把石头举了起来。

앗다【동사】动 ❶ 빼앗거나 가로채다. ◆ 抢夺。

¶재물을 앗다. =抢夺财物。❷ 수수나 팥 따위의 껍질을 벗기고 씨를 빼다. ◆ 剥皮，脱粒，摘除。¶수수를 앗다. =高粱脱粒。❸ 깎아 내다. ◆ 削，刮。¶뾰족하게 나온 모서리를 앗아 내다. =把突出的尖角削掉。

앙가슴【명사】두 젖 사이의 가운데. ◆ 图胸口。¶주먹으로 앙가슴을 치다. =用拳头捶打胸口。

앙감질【명사】한 발은 들고 한 발로만 뛰는 짓. ◆图单脚跳。¶아이가 앙감질로 뛰면서 놀고 있다. =孩子们单脚跳着玩。● 앙감질하다 ●

앙갚음【명사】남이 저에게 해를 준 대로 저도 그에게 해를 줌. ◆图报复，报仇。¶앙갚음을 당하다. =遭到报复。● 앙갚음하다 ●

앙금【명사】图 ❶ 녹말 따위의 아주 잘고 부드러운 가루가 물에 가라앉아 생긴 층. ◆ 淀粉。¶앙금이 가라앉다. =淀粉沉淀。❷ 마음속에 남아 있는 개운치 아니한 감정을 비유적으로 이르는 말. ◆〈喻〉疙瘩。¶마음에 앙금이 남다. =心里留下疙瘩。❸ 용액 속에서 화학 변화가 일어날 때에, 물에 잘 용해되지 아니하는 생성 물질이 생기는 일. 또는 농축이나 냉각 따위로 용질의 일부가 고체로 용액 속에 나타나는 일. 또는 그 고체. ◆ 沉淀物。¶잡다한 앙금이 쌓여서 배수구가 막혔다. =堆积了太多沉淀物，排水口被堵住了。

앙상하다【형용사】形 ❶ 꼭 짜이지 아니하여 어울리지 아니하고 어설프다. ◆ 松，松散，不严实。¶문이 틀어져 앙상하다. =门歪了，不严实了。❷ 살이 빠져서 뼈만 남을 만큼 바짝 마른 듯하다. ◆ 骨瘦如柴，瘦骨嶙峋。¶영양실조로 뼈만 앙상하다. =因营养不良而骨瘦如柴。❸ 나뭇잎이 지고 가지만 남아서 스산하다. ◆ (树木)光秃秃，凋零。¶앙상한 나뭇가지에 바람만 분다. =只有风吹过光秃秃的树枝。● 앙상히 ●

앙숙(怏宿)【명사】앙심을 품고 서로 미워하는 사이. ◆图冤家，对头，冤家对头。¶그 두 사람은 서로 앙숙이다. =那两个人是冤家对头。

앙심(怏心)【명사】원한을 품고 앙갚음하려고 벼르는 마음. ◆图报复心，复仇心，敌意。¶앙심을 먹다. =下决心报复。

앙앙거리다【동사】动 ❶ 어린아이가 자꾸 크게 울다. ◆ (小孩)哇哇哭。¶감기에 걸려 열이 나자 앙앙거리며 울기 시작했다. =一感冒发烧就开始哇哇地哭了起来。❷ 앙탈을 부리며 자꾸 보채다. ◆ 哭闹磨人，哭闹耍赖。¶과자를 사 달라고 앙앙거리며 떼를 쓰다. =哭闹耍赖让给买点心。● 앙앙, 앙앙하다 ●

앙증맞다【형용사】작으면서도 갖출 것은 다 갖추어 아주 깜찍하다. ◆ 形乖巧，小巧玲珑。¶아이가 웃음이 앙증맞다. =孩子笑得很乖巧。

앙칼스럽다【형용사】形 ❶ 보기에 제힘에 겨운 일에 악을 쓰고 덤비는 데가 있다. ◆ 拼命。¶아내는 남편에게 앙칼스럽게 대들었다. =妻子拼命地顶撞丈夫。❷ 매우 모질고 날카로운 데가 있다. ◆ 尖锐，尖利。¶여자는 떨리는 목소리로 앙칼스럽게 외쳤다. =女人颤抖着声音尖叫起来。

앙칼지다【형용사】形 ❶ 제힘에 겨운 일에 악을 쓰고 덤비는 태도가 있다. ◆ 拼命。¶동생은 세 살이나 위인 큰 형에게 앙칼지게 대들었다. =弟弟拼命地反抗比自己大三岁的哥哥。❷ 매우 모질고 날카롭다. ◆ 尖锐，尖利。¶목소리가 앙칼지다. =声音尖利。

앙케트(enquête)<프>【명사】사람들의 의견을 조사하기 위하여 같은 질문을 여러 사람에게 물어 회답을 구함. 또는 그런 조사 방법. ◆图问卷调查，征询意见。¶소비자의 심리를 알기 위해 앙케트 조사를 하다. =为了解消费者的心理进行问卷调查。

앙코르(encore)【명사】图 ❶ 출연자의 훌륭한 솜씨를 찬양하여 박수 따위로 재연을 청하는 일. ◆ 要求再演或唱。¶피아니스트의 연주가 끝나자 사람들은 앙코르를 외치기 시작했다. =钢琴家的演奏一结束，人们立刻开始高喊“再来一个！”❷ 호평을 받은 연극이나 영화 따위를 다시 상영하거나 방송하는 일. ◆ 重放，重播。¶앙코르 드라마. =重播剧。

앙큼하다【형용사】엉뚱한 욕심을 품고 깜찍하게 분수에 넘치는 짓을 하고자 하는 태도가 있다. ◆ 形别有用心，居心不良，心怀叵测。¶하는 짓이 앙큼해서 모두 그녀를 신뢰하지 않는다. =他做事总是别有用心，所以大家都不信任她。

앙탈【명사】图 ❶ 생떼를 쓰고 고집을 부리거나 불평을 늘어놓는 짓. ◆ 耍赖，抵赖。¶괜히 남자친구에게 앙탈을 부리다. =无缘无故向男朋友耍赖。❷ 시키는 말을 듣지 아니하고 꾀를 부리거나 피하여 벗어나는 짓. ◆ 借故推辞，推托。¶동생은 고분고분하지 않고 앙탈을 부렸다. =弟弟并非言听计从，反而总是借故推辞。● 앙탈하다 ●

앞【명사】图 ❶ 향하고 있는 쪽이나 곳. ◆ 前面，前方，前头，前边。¶책상 앞으로 나가다. =到桌子前面。❷ 차례나 열에서 앞서는 곳. ◆ 前面，前头，前边。¶노인이 앞에 앉은 젊은이의 어깨를 툭툭 쳤다. =老人“啪啪”地拍了拍坐在前面的年轻人的肩膀。❸ 이미 지나간 시간. ◆ 先，之前，以前。¶우리는 앞에 간 사람들보다 먼저 도착하였다. =我们比先出发的人早到。❹ 장차 올 시간. ◆ 未来，将来，以后。¶앞으로 다가올 미래. =即将到来的未来。❺ 신체나 물체의 전면(前面). 흔히 몸에서는 젖가슴이나 음부를 가리킨다. ◆ 前面，正面；常用于指胸部或阴部。¶겨우 앞만 가리다. =勉强蔽体。❻ 차례에 따라 돌아오거나 맡은 몫. ◆ 份。¶두 사람 앞에 하나씩 나누다. =给两个人一人分一份。❼ 어떤 조건에 처한 상태. ◆ 面前。¶냉엄한 현실 앞에서 그들도 어쩔 수가 없었다. =在冷酷的现实面前，他们也无计可施。❽ '에게'의 뜻을 나타내는 말. ◆ (用于姓名或者人称代词之后)收。¶제 앞으로 온 편지가 있는지 봐 주세요. =请帮我看一下有没有我的信。

앞가림【명사】제 앞에 닥친 일을 제힘으로 해냄. ◆图勉强应付，尚能应付。¶그는 제 앞가림도 못하는 주제에 남의 걱정을 한다. =他连自己的事都应付不了，还担心别人。

앞길【명사】图 ❶ 집이나 마을의 앞에 있는 길. ◆ 前面的路。¶우리 집 강아지는 앞길에서 이상한 소리라도 나면 여지없이 짖는다. =哪怕是前面的路上发出了异常的响动，我家的狗也肯定会叫。❷ 앞으로 가야 할 길. ◆ 去路，前进的道路。¶앞길을 가로막다. =挡住去路。❸ 장차 살아갈 길. 또는 그 날. ◆ 前途，前程。¶앞길이 창창한 젊은이. =前途无量的年轻人。

앞날【명사】앞으로 닥쳐올 날. ◆ 图未来，将来。¶앞날을 기약하다. =约定未来。

앞니【명사】앞쪽으로 아래위에 각각 네 개씩 나 있는 이. ◆ 图门牙。¶축구를 하다가 부딪쳐 앞니가 부러졌다. =踢足球的时候把门牙给撞断了。

앞다리【명사】图 ❶ 네발짐승이나 곤충의 몸 앞쪽 두 다리. ◆ 前腿，前肢。¶사자가 앞다리로 사냥감을 움켜쥐다. =狮子用前肢紧紧抓住猎物。❷ 책상이나 의자 따위의 앞쪽에 달린 다리. ◆ (桌椅等的)前腿，靠前边的腿。¶책상 앞다리가 부러지다. =桌子前腿断了。

앞다투다【동사】남보다 먼저 하거나 잘하려고 경쟁적으로 애쓰다. ◆ 动争先恐后。¶강아지들이 어미의 젖을 먹으려고 앞다투었다. =小狗们争先恐后地喝母狗的奶。

앞당기다【동사】动 ❶ 물건 따위를 앞으로 당기다. ◆ 拉到前面。¶의자를 앞당겨 앉아라. =把椅子拉到前面来坐吧。❷ 이미 정해진 시간이나 약속을 당겨서 미리 하다. ◆ 提前。¶계획을 앞당기다. =把计划提前。

앞두다【동사】목적까지 일정한 시간이나 거리를 남겨 놓다. ◆ 动前，以前，前夕。¶입학식을 사흘 앞두다. =入学仪式前三天。

앞뒤【명사】图 ❶ 앞과 뒤를 아울러 이르는 말. ◆ 前后，前面和后面。¶마을 앞뒤로 맑은 개울이 흐른다. =村前村后都有清澈的小溪流过。❷ 먼저와 나중을 아울러 이르는 말. ◆ (主要用于"앞뒤로"的形式)前后，先后。¶두 사람은 앞뒤로 군대에 갔다. =两个人先后进了部队。❸ 앞말과 뒷말을 아울러 이르는 말. ◆ 前后。¶그 사람의 이야기는 앞뒤가 전혀 들어맞지 않았다. =那个人所说的前后不一。

앞뜰【명사】집채의 앞에 있는 뜰. ◆ 图前院。¶앞뜰에 햇빛이 들었다. =阳光照进前院。

앞마당【명사】앞뜰(집채의 앞에 있는 뜰). ◆ 图前院。¶따뜻한 봄볕이 앞마당과 안채 누마루 가득 쬐고 있었다.=和熙的阳光洒满院子。

앞면(-面)【명사】물체의 앞쪽 면. ◆ 图前面，正面。¶동전의 앞면. =硬币的正面。

앞문(-門)【명사】집이나 방의 앞쪽에 있는 문. ◆ 图前门。¶앞문으로 들어가다. =从前门进去。

앞바다【명사】거리로 따졌을 때, 육지에 가까이 있는 바다. ◆ 图前海。¶부산 앞바다가 피서 인파로 가득 차다. =釜山的海滩挤满了前来避暑的人。

앞발【명사】图 ❶ 네발짐승의 앞쪽 두 발. ◆ 前脚，前爪，前蹄。¶고양이가 앞발로 마당 한 구석을 파헤치더니 무엇인가를 꺼냈다. =猫用前爪挖院角，结果挖出了一个东西。❷ 두 발을 앞뒤로 벌릴 때 앞으로 내어 디딘 발. ◆ 前脚。¶앞발이 삐끗해서 넘어지다. =前脚扭了一下，摔倒了。

앞부분(-部分)【명사】물체의 앞쪽에 있는 부분. ◆ 图前头，前部。¶사고로 차량의 앞부분이 파손되다. =车头在车祸中受损。

앞산(-山)【명사】마을이나 집의 앞쪽에 있는 산. ◆ 图前山。¶가을이 되자 앞산이 단풍으로 물들었다. =一到秋天，前山上漫山红叶。

앞서【부사】副 ❶ 남보다 먼저. ◆ 先，前。¶부음을 듣고 아내가 앞서 고향으로 내려갔다. =接到讣告，妻子先回到了家乡。❷ 지금보다 앞선 때에. ◆ 上次，先前。¶앞서 말했듯이 그 생각을 받아들일 수 없습니다. =先前已经说过了，我无法接受那种想法。

앞서다【동사】动 ❶ 앞에 서다. ◆ 走在前面，站在前面。¶행상이 고개를 숙이고 묵묵하게 앞서서 걸었다. =走街串巷的商人低着头默默地走在前面。❷ 동작 따위가 먼저 이루어지다. ◆ 先。¶면접에 앞서 필기시험을 치르다. =在面试之前，先进行笔试。❸ 앞에 있는 것을 지나쳐 가다. ◆ 领先，超过。¶후미의 한 선수가 갑자기 다른 선수들보다 앞서기 시작하였다. =处于末尾的一名选手突然开始超过其他选手。❹ 배우자나 손아래 가족이 먼저 죽다. ◆ 先去世，早逝。¶아무래도 네 어미가 나보다 앞설 것 같구나. =不管怎么说，你妈妈像是要先我而去了。

앞세우다【동사】动 ❶ 앞에 서게 하다. ◆ 让……走在前面，把……打在前面("앞서다"的使动形态)。¶깃발을 앞세우다.=把旗帜打在前面。❷ 동작 따위가 먼저 이루어지게 하다. ◆ 使……先。¶그녀는 부탁을 하기 전에 눈물을 앞세웠다. =拜托的话还没说出口，就先流下了眼泪。❸ 앞서다의 사동형. ◆ 失去（配偶或晚辈）。¶그 노부부는 외동아들을 앞세우고 비탄에 빠져 있다. =失去独子的那对老夫妇悲痛不已。❹ 드러내어 주장하다. ◆ 使……先行，把……放在前面，把……放在首位。¶구호를 앞세우다. =口号先行。❺ 남이 보란 듯이 자랑스럽게 드러내다. ◆ (自豪地向人)亮出，展示。¶마을 어귀에 들어서자 그는 가슴에 단 금배지를 앞세우고 걸었다. =一走进村口，他立刻挺胸亮出佩戴的金质徽章。

앞일【명사】앞으로 닥쳐올 일. ◆ 图未来的事，将来的事。¶앞일을 모르다. =未来渺茫。

앞잡이【명사】图 ❶ 앞에서 인도하는 사람. ◆ 向导，导游；先驱。¶그는 산행에 앞잡이를 섰다. =他在大家爬山的时候充当向导。❷ 남의 사주를 받고 끄나풀 노릇을 하는 사람. ◆ 走狗，狗腿子，爪牙，鹰犬。

앞장서다【동사】动 ❶ 무리의 맨 앞에 서다. ◆ 站在前头，站在前面。¶앞장서 가는 골목대장. =走在前头的孩子王。❷ 어떤 일을 하는 때에 가장 먼저 나서다. ◆ 带头，率先。¶동네일에 앞장서다. =带头干村里的事情。● 앞장세우다 ●

앞줄【명사】图 ❶ 앞쪽에 있는 줄. ◆ 前排，前列。¶나는 키가 작았기 때문에 늘 교실 앞줄에 앉았다.

=我个头矮，所以总是坐在教室前排。❷ 앞쪽에 그어 놓은 줄. ◆ 前面画的线。¶앞줄을 넘어오지 마시오. =请不要越过前面画的线。

앞지르다【동사】动 ❶ 남보다 빨리 가서 앞을 차지하거나 어떤 동작을 먼저 하다. ◆ 抢先，领先，超过。¶앞서 가는 차를 앞지르다. =超过前面的车。❷ 발전, 능력 따위가 남보다 높은 수준에 있거나 남을 능가하다. ◆ 超越，赶超，领先。¶모든 면에서 서양이 동양보다 앞질러 가는 것은 아니다. =西方并不是在所有方面都领先于东方。❸ 예정한 시간보다 먼저 이르다. ◆(主要用于"앞질러"的形式)提前。¶그는 기사 작성을 마감 시간에 앞질러 끝냈다. =他赶在结束时间之前提前制作完了新闻。

앞집【명사】앞쪽으로 이웃하여 있는 집. ◆名前边的人家。¶앞집과 우리 집은 사이좋게 지낸다. =前边的人家跟我们家关系很好。

앞쪽【명사】앞을 향한 쪽. ◆名前面，前方。¶우리는 강의실 앞쪽에 자리를 잡았다. =我们坐在了教室的前面。

앞 차기【명사】태권도에서, 무릎을 높이 올려 앞으로 발을 차는 기술. ◆名 (跆拳道技术之一)前踢。

앞치마【명사】부엌일을 할 때에 몸 앞을 가리는 치마. ◆名围裙。¶앞치마를 두르다. =系围裙。

애[1]【명사】名 ❶ 초조한 마음속. ◆ 费心，操心，担心。¶애가 타다. =心急如焚。❷ 몹시 수고로움. ◆ 心思，心机，气力，努力。¶일자리를 구하려고 애를 썼지만 쉽지 않다. =为了找工作费尽心机，可还是不好找。

애[2]【명사】'아이'의 준말. 나이가 어린 사람. ◆ 名小孩，孩子。¶이 애는 장난이 심하다. =这个小孩很调皮。

애간장(-肝腸)【명사】초조한 마음속. ◆ 名担心，心焦。¶애간장을 졸이다. =心急如焚。

애개【감탄사】叹 ❶ 뉘우치거나 탄식할 때 아주 가볍게 내는 소리. ◆ 唉，哎呀(表示悔悟、惊讶等的感叹声)。¶애개, 그릇을 깨뜨렸네. =哎呀，把碗打碎了。❷ 대단하지 아니한 것을 보고 업신여기어 내는 소리. ◆ 哟，咦，哼，啧(表示不以为然、轻视的感叹声)。¶애개, 말한 물건이 이렇게 작아? =哼，这就是你说的东西啊? 这么小?

애걸(哀乞)【명사】소원을 들어 달라고 애처롭게 빎. ◆ 名哀求，乞求，央求。¶이렇게 애걸로 바꾸어도 엄마의 마음이 돌아선 것 같지 않았다. =就算孩子换成了哀求的语气，妈妈也不会回心转意。● 애걸하다(哀乞--) ●

애걸복걸(哀乞伏乞)【명사】소원 따위를 들어 달라고 애처롭게 사정하며 간절히 빎. ◆名苦苦哀求，苦苦乞求。¶그의 애걸복걸 매달리는 모습을 더 볼 수가 없다. =他那苦苦哀求的样子，让人再也看不下去了。● 애걸복걸하다(哀乞伏乞--) ●

애교(愛嬌)【명사】남에게 귀엽게 보이는 태도. ◆名撒娇，娇媚，妩媚。¶애교 만점. =娇媚万分。

애교스럽다(愛嬌---)【형용사】남에게 귀엽게 보이는 태도가 있다. ◆ 形撒娇，娇媚，妩媚。¶말투가 애교스럽다. =语气娇媚。

애국(愛國)【명사】자기 나라를 사랑함. ◆名爱国。¶애국 충정. =爱国之情。● 애국하다(愛國--) ●

애국심(愛國心)【명사】자기 나라를 사랑하는 마음. ◆名爱国心。¶애국심이 투철하다. =爱国心强烈。

애국자(愛國者)【명사】자기 나라를 사랑하는 사람. ◆名爱国者。¶외국에 나가면 누구나 애국자가 된다고 한다. =据说到了外国，人人都会成为爱国者。

애기똥풀【명사】양귀비과의 두해살이풀. ◆ 名 屈菜。

애꾸눈【명사】한 쪽이 먼 눈. ◆ 名独眼，单眼。¶아이는 아버지가 애꾸눈이라고 친구들의 놀림을 받았다. =小朋友们嘲笑孩子，说他父亲是个独眼龙。

애꿎다【형용사】形 ❶ 아무런 잘못 없이 억울하다. ◆ 冤枉，无辜。¶애꿎게 야단을 맞다. =无辜地受到责骂。❷ 그 일과는 아무런 상관이 없다. ◆ (主要用于"애꿎은"的形式)毫不相干。¶애꿎은 사람을 잡아가두다. =抓到毫不相干的人并关了起来。

애끊다【동사】몹시 슬퍼서 창자가 끊어질 듯하다. ◆ 动断肠，悲痛欲绝。¶애끊는 사모의 정. =思慕之情令人断肠。

애끓다【동사】몹시 답답하거나 안타까워 속이 끓는 듯하다. ◆动焦急，心焦。¶애끓는 이별의 장면. =令人焦心的离别场面。

애늙은이【명사】생김새나 행동이 나이가 든 사람 같은 아이를 놀림조로 이르는 말. ◆ 名小大人，少年老成的人。¶애늙은이처럼 굴다. =举止像个小大人。

애니메이션(animation)【명사】만화나 인형을 이용하여 그것이 마치 살아 있는 것처럼 생동감 있게 촬영한 영화. 또는 그 영화를 만드는 기술. ◆名动画片；动画片制作。¶이 회사의 3차원 애니메이션 기술은 세계에서 정상급이다. =这家公司的三维动画制作技术是世界一流的。

애달프다【형용사】形 ❶ 마음이 안타깝거나 쓰라리다. ◆ 焦急，揪心，痛苦。¶죽은 친구의 얼굴을 애달프게 바라보다. =痛苦地望着死去的朋友的面庞。❷ 애처롭고 쓸쓸하다. ◆ 悲痛，悲凉，悲惨。¶사공이 구슬프고 애달픈 가락으로 뱃노래를 부른다. =艄公用凄凉悲伤的调子唱船歌。● 애달프게, 애달파 ●

애당초(-當初)【명사】일의 맨 처음이라는 뜻으로, '애초(맨 처음)'를 강조하여 이르는 말. ◆名最初，当初，起初，压根。¶그는 애당초부터 장사에는 뜻이 없었다. =他压根就没想做生意。

애도(哀悼)【명사】사람의 죽음을 슬퍼함. ◆ 名哀悼，悼念。● 애도하다(哀悼--) ●

애독(愛讀)【명사】즐겨 재미있게 읽음. ◆ 名爱读，喜欢读。¶그가 매일같이 애독 하던 책은 영웅의 전기이다. =他天天喜欢读英雄传记。● 애독하다(愛讀--) ●

애독자(愛讀者)【명사】책이나 잡지, 신문 따위의 글을 꾸준히 즐겨 읽는 사람. ◆名 (图书、杂志、报纸、作品等的)忠实读者，热心读者。¶이 출판사는 애독자를 초청해 작가와 만남의 자리를 마련했다. =这家出版社邀请了忠实读者，为他们创造了与作家见面的机会。

애드벌룬(adballoon) 【명사】 광고하는 글이나 그림 따위를 매달아 공중에 띄우는 풍선. ◆ 图广告气球。¶각 구단의 마스코트가 그려진 애드벌룬이 야구장 하늘 위를 수놓고 있었다. =绘有各球队吉祥物的广告气球在棒球场上空随风飘摇。

애로(隘路) 【명사】 图 ❶ 좁고 험한 길. ◆ 狭路。❷ 어떤 일을 하는 데 장애가 되는 것. ◆ 困难，障碍，难关。¶애로 사항이 있으면 말하시오. =如果有什么困难，请讲出来。

애마(愛馬) 【명사】 자기가 사랑하는 말. ◆ 图爱马，爱骑。¶애마에 올라타다. =骑上心爱的马。

애매모호하다(曖昧模糊--) 【형용사】 말이나 태도 따위가 희미하고 흐려 분명하지 아니하다. ◆ 形暧昧，含糊，模棱两可。¶글의 주제가 애매모호하다. =文章主题含糊。

애매하다¹ 【형용사】 아무 잘못 없이 꾸중을 듣거나 벌을 받아 억울하다. ◆ 形无辜，蒙冤。¶경찰이 애매한 사람. =无辜的人。

애매하다²(曖昧--) 【형용사】 희미하여 분명하지 아니하다. ◆ 形暧昧，模棱两可。¶표정이 애매하다. =表情暧昧。

애먹다 【동사】 속이 상할 정도로 어려움을 겪다. ◆ 动费心，操心，吃苦头，伤脑筋。¶비가 와서 이사하는 데 애먹었다. =下雨了，搬家很吃苦头。● 애먹이다 ●

애무(愛撫) 【명사】 주로 이성을 사랑하여 어루만짐. ◆ 图爱抚。¶애무의 손길. =爱抚的手。● 애무하다(愛撫--) ●

애물단지(-物--) 【명사】 몹시 애를 태우거나 성가시게 구는 물건이나 사람. ◆ 图 捣蛋鬼，令人操心的东西。¶이 녀석은 애물단지같다. =这个家伙是个捣蛋鬼。

애벌 【명사】 같은 일을 여러 차례 거듭하여야 할 때에 맨 처음 대강하여 낸 차례. ◆ 图初次，第一遍，头一遍。¶애벌 구이를 한 도자기에 유약을 바르다. =在烤完第一遍的瓷器上涂釉。

애벌레 【명사】 알에서 나온 후 아직 다 자라지 아니한 벌레. ◆ 图幼虫。¶애벌레가 성충이 되기 위해 번데기를 만들다. =幼虫变为蛹，为羽化作准备。

애석하다(哀惜--) 【형용사】 슬프고 아깝다. ◆ 形惋惜，痛惜。¶애석하게 우리 팀은 준우승에 그쳤다. =我队止步于半决赛，令人惋惜。● 애석히(哀惜-) ●

애송이 【명사】 애티가 나는 사람이나 물건. ◆ 图幼小的，乳臭未干的人，毛孩子。

애쓰다 【동사】 마음과 힘을 다하여 무엇을 이루려고 힘쓰다. ◆ 动努力，费心，煞费苦心。¶건강 유지를 위해 애쓰다. =努力保持健康。

애완견(愛玩犬) 【명사】 좋아하여 가까이 두고 귀여워하며 기르는 개. ◆ 图宠物狗。¶애완견을 기르다. =养宠物狗。

애완동물(愛玩動物) 【명사】 좋아하여 가까이 두고 귀여워하며 기르는 동물. 개, 고양이, 새, 금붕어 따위가 있다. ◆ 图宠物。¶애완동물 가게. =宠物店。

애용(愛用) 【명사】 좋아하여 애착을 가지고 자주 사용함. ◆ 图爱用，喜欢用。¶국산품 애용 운동. =支持国货运动。● 애용되다(愛用--), 애용하다(愛用--) ●

애원(哀願) 【명사】 소원이나 요구 따위를 들어 달라고 애처롭게 사정하여 간절히 바람. ◆ 图哀求，恳求。¶그의 눈물은 말없는 애원이었다. =他的眼泪是无声的恳求。● 애원하다(哀願--) ●

애인(愛人) 【명사】 이성간에 사랑하는 사람. ◆ 图恋人，情人。¶애인을 구하다. =寻找爱人。

애절하다(哀切--) 【형용사】 몹시 애처롭고 슬프다. ◆ 形哀切，悲切，悲痛欲绝。¶애절한 눈빛. =哀切的眼神。

애정(愛情) 【명사】 图 ❶ 사랑하는 마음. ◆ 爱心，热爱。¶바둑에 대한 애정. =对围棋的热爱。❷ 이성(異性)을 간절히 그리워하는 마음. ◆ 爱情。¶그들은 직장 동료로 만나서 서로 애정을 느끼고 결혼까지 하게 되었다. =他们作为同事相遇、相爱，后来结了婚。

애조(哀調) 【명사】 구슬픈 곡조. ◆ 图哀调，悲调。¶애조를 띠다. =带着悲调。

애족(愛族) 【명사】 자기 겨레를 사랑함. ◆ 图爱民族，热爱民族。¶애국(愛國) 애족의 정신. =爱祖国、爱民族的精神。

애주가(愛酒家) 【명사】 술을 매우 즐기고 좋아하는 사람. ◆ 图爱酒之人，爱喝酒的人。¶애주가들의 모임. =爱酒之人的聚会。

애지중지하다(愛之重之--) 【동사】 매우 사랑하고 소중히 여기다. ◆ 动无比珍爱，非常疼爱，极为爱惜。¶할머니가 손자를 애지중지한다. =奶奶非常疼爱孙子。● 애지중지(愛之重之) ●

애착(愛着) 【명사】 图 ❶ 몹시 사랑하거나 끌리어서 떨어지지 아니함. 또는 그런 마음. ◆ 热爱，爱恋；眷恋，恋恋不舍。¶애착이 가는 물건. =所爱之物。❷ 좋아하여서 집착함. ◆ 爱执，爱执著。

애창(愛唱) 【명사】 노래나 시조 따위를 즐겨 부름. ◆ 图爱唱。¶애창 가요. =爱唱的歌。● 애창되다(愛唱--), 애창하다(愛唱--) ●

애창곡(愛唱曲) 【명사】 즐겨 부르는 노래. ◆ 图爱唱的歌曲。¶어머니의 애창곡은 '섬 마을 선생님'이다. =母亲爱唱的歌曲是《岛村老师》。

애처가(愛妻家) 【명사】 아내를 아끼고 사랑하는 사람. ◆ 图模范丈夫。¶그는 가정에 충실할 뿐만 아니라 애처가로도 소문이 나 있다. =他不但忠于家庭，而且是个出名的模范丈夫。

애처롭다 【형용사】 가엾고 불쌍하여 마음이 슬프다. ◆ 形可怜，令人怜悯。¶시험에 떨어진 친구의 힘없는 모습이 애처롭다. =考试落榜了，朋友那无精打采的样子很可怜。

애초(-初) 【명사】 맨 처음. ◆ 图最初，当初，起初，压根。¶그 일은 애초부터 불가능한 것이었다. =那件事情压根就是不可能的。

애칭(愛稱)【명사】본래의 이름 외에 친근하고 다정하게 부를 때 쓰는 이름. ◆名爱称，昵称。¶애칭을 불러 주다. =叫昵称。

애타다【동사】몹시 답답하거나 안타까워 속이 끓는 듯하다. ◆动焦急，焦虑，心急如焚。¶애타는 마음. =焦急的心。● 애태우다 ●

애통하다(哀痛--)【형용사】슬퍼하고 가슴 아파하다. ◆形哀痛，悲痛，痛心。¶애통한 일. =痛心的事情。

애틋하다【형용사】形 ❶ 섭섭하고 안타까워 애가 타는 듯하다. ◆ 惋惜，揪心。¶애틋한 사랑을 느끼다. =感到令人揪心的爱。❷ 정답고 알뜰한 맛이 있다. ◆ 依恋，恋恋不舍。¶고향에 대한 애틋한 감정. =对故乡的恋恋不舍之情。

애프터서비스(after service)【명사】상품을 판 뒤 제조업자가 그 상품의 설치, 수리, 점검 따위를 책임지는 일. ◆名 (商品)售后服务。¶애프터서비스를 받다. =接受售后服务。

애향심(愛鄕心)【명사】고향을 아끼고 사랑하는 마음. ◆名热爱故乡之情。¶애향심을 고취하다. =宣扬爱乡情。

애호(愛好)【명사】사랑하고 좋아함. ◆名热爱，喜欢。● 애호하다(愛好--) ●

애호가(愛好家)【명사】어떤 사물을 사랑하고 좋아하는 사람. ◆名迷，爱好者。¶바둑 애호가. =围棋迷。

애호박【명사】덜 여문 어린 호박. ◆名小南瓜，嫩南瓜。¶호박 넝쿨에 달린 애호박. =挂在南瓜藤上的小南瓜。

애환(哀歡)【명사】슬픔과 기쁨을 아울러 이르는 말. ◆名悲欢，哀欢。¶삶의 애환. =生活的悲欢。

액[1](厄)【명사】모질고 사나운 운수. ◆名厄运，灾厄。¶부적을 붙여 액을 쫓다. =贴上符咒，驱逐灾厄。

액[2](液)【명사】名 ❶ 물이나 기름처럼 유동하는 물질. ◆ 汁液。¶나무의 액. =树木的汁液。❷ '액체'의 뜻을 나타내는 말. ◆ (附于部分名词之后)液，液体。¶냉각액. =冷冻液。

-액[3](額)【접사】'액수'의 뜻을 더하는 접미사. ◆后缀数额。¶생산(生産)액. =生产额。

액때움(厄--)【명사】앞으로 닥쳐올 액을 다른 가벼운 곤란으로 미리 겪음으로써 무사히 넘김. ◆名破财免灾。¶더 큰 일을 앞두고 있으니 이번 사고를 액때움으로 생각하게. =眼下还有更重要的事情，这次事故权当是破财免灾吧。

액면(額面)【명사】名 ❶ 말이나 글로 표현된 사실이나 겉으로 드러난 모습을 비유적으로 이르는 말. ◆ 〈喻〉表面，外表。¶농담을 액면대로 받아들이다. =把玩笑当真。❷ '액면가 (額面價)'의 준말. 화폐나 유가 증권 따위의 표면에 적힌 가격. ◆ 面额。

액면가(額面價)【명사】액면 가격(화폐나 유가 증권 따위의 표면에 적힌 가격). ◆名面额，面值。

액세서리(accessory)【명사】복장의 조화를 도모하는 장식품. ◆名饰品，装饰品。¶옷깃에 액세서리를 달다. =在衣领上挂饰品。

액션(action)【명사】의도가 내포된 배우의 행동이나 사건. ◆名 (演员的)演技；武打。

액수(額數)【명사】돈의 머릿수. ◆名 (钱的)额数，数额。¶한 살을 더 먹었다고 용돈 액수가 달라졌다. =又长了一岁，零用钱数额就不一样了。

액운【명사】액을 당할 운수. ◆名厄运，坏运气。¶액운이 들다. =厄运到来。

액자(額子)【명사】그림·글씨·사진 따위를 끼우는 틀. ◆名相框，画框，镜框。¶벽에 액자를 걸다. =往墙上挂相框。

액체(液體)【명사】일정한 부피는 가졌으나 일정한 형태를 가지지 못한 물질. ◆名液体。

앨범(album)【명사】名 ❶ 사진을 붙여 정리·보존하기 위한 책. ◆ 影集，相册，照相簿。¶졸업 앨범. =毕业相册。❷ 여러 곡의 노래 또는 연주곡 따위를 하나로 묶어 만든 물건. 테이프, 레코드판, 시디, 파일 등 형태가 다양하다. ◆ 专辑，唱片。¶좋아하는 가수의 앨범을 몇 장 샀다. =买了几张喜爱的歌手的唱片。

앰뷸런스(ambulance)【명사】위급한 환자나 부상자를 신속하게 병원으로 실어 나르는 자동차. ◆名救护车。¶부상자를 실은 앰뷸런스가 요란한 소리를 내며 큰길 쪽으로 빠져나갔다. =载着伤员的救护车发出刺耳的声音朝大路方向驶去。

앳되다【형용사】애티가 있어 어려 보이다. ◆形稚气，稚嫩，显得年轻。¶나이에 비해 앳돼 보이다. =看起来比实际年龄小。

앵【부사】副 ❶ 모기나 벌 따위가 빨리 날아갈 때 나는 소리. ◆ 蚊子或蜂的声音。¶귓가에서 '앵', '앵'하며 나는 모기 소리 때문에 잠을 이룰 수가 없다. =被耳边"嗡嗡"的蚊子声吵得睡不着觉。❷ 사이렌 소리를 나타냄. ◆ 消防车、警车等的警报声。¶'앵'하고 도로를 질주하는 소방차. =拉着警笛在公路上奔驰的消防车。

앵두【명사】앵두나무의 열매. 모양이 작고 둥글다. 붉게 익으면 식용하며, 잼·주스·술 따위의 원료로도 쓰고 약재로도 쓴다. ◆名樱桃。¶앵두 같은 입술. =樱桃小口。

앵두나무【명사】장미과의 낙엽 활엽 관목. 높이는 3미터 정도이며, 잎은 어긋나고 표면에 잔털이 있는 달걀 모양이다. ◆名 樱桃树。

앵무새(鸚鵡-)【명사】앵무과의 새를 통틀어 이르는 말. ◆名鹦鹉。¶말하는 앵무새. =会说话的鹦鹉。

앵앵거리다【동사】모기나 벌 따위가 빨리 날아다니는 소리가 잇따라 나다. ◆动 (蚊子、蜂等)嗡嗡叫。¶모기가 앵앵거려 잠을 설쳤다. =被蚊子嗡嗡吵得没睡好觉。● 앵앵대다 ●

앵커(anchor)【명사】방송에서, 각종 소식을 종합한 원고를 기초로 해설하는 방송원 또는 종합 뉴스 진행자. ◆名 (广播、电视)新闻播音员，新闻节目主持人。¶방송에서 앵커를 맡다. =在广播里担任新闻播音员。

야¹【감탄사】叹❶ 매우 놀라거나 반가울 때 내는 소리. ◆ 呀，哟，啊(吃惊或高兴时发出的声音)。¶야, 위험해! =呀! 危险! ❷ 어른이 아이를 부르거나 같은 또래끼리 서로 부르는 말. ◆ (大人称呼小孩或者同辈之间称呼时)喂，哎。¶야, 꼬마야! =哎，小孩!

야²【조사】강조의 뜻을 나타내는 보조사. ◆ 助 (用于开音节体词或者助词、词尾之后)表示强调或者条件。¶너야 반대 않겠지. =你是不会反对的。

-야³【어미】어떤 사실을 서술하거나 물을 때 쓰는 종결 어미. ◆ 词尾 (附于"-이다""-아니다"的词干之后)表示肯定或者疑问语气的基本阶终结词尾。¶절대 그것이 아니야. =绝对不是那样的。

야간(夜間)【명사】해가 진 뒤부터 먼동이 트기 전까지의 동안. ◆ 名夜间，夜晚。¶야간 경비. =夜间警备。

야경¹(夜景)【명사】밤의 경치. ◆ 名夜景，夜色。¶찬란한 서울의 야경. =繁华的首尔夜景。

야경²(夜警)【명사】밤사이에 화재나 범죄 따위가 없도록 살피고 지킴. ◆ 名打更，巡夜。¶동네 남자들이 조를 짜서 야경을 돈다. =村子里的男人们编组巡夜。

야경꾼(夜警-)【명사】밤사이에 화재나 범죄가 없도록 살피고 지키는 사람. ◆ 名更夫；夜警。¶야경꾼들의 호루라기 소리. =夜警们的哨子声。

야광(夜光)【명사】어둠 속에서 빛을 냄. 또는 그런 물건. ◆ 名夜光。¶야광 시계. =夜光表。

야구(野球)【명사】9명씩으로 이루어진 두 팀이 9회씩 공격과 수비를 번갈아 하며 승패를 겨루는 구기 경기. ◆ 名棒球。

야구장(野球場)【명사】야구 경기를 위하여 마련된 운동장. ◆ 名棒球场。

야근(夜勤)【명사】퇴근 시간이 지나 밤늦게까지 하는 근무. ◆ 名夜班。¶연일 야근으로 피로가 쌓인다. =连日上夜班，非常疲劳。● 야근하다(夜勤--) ●

야금야금【부사】副❶ 무엇을 입안에 넣고 잇따라 조금씩 먹어 들어가는 모양. ◆ 一点一点地，小口小口地（吃掉的样子）。¶빵을 야금야금 반 이상이나 먹어치우다. =一小口一小口地吃掉了大半个面包。❷ 잇따라 조금씩 축내거나 써 없애는 모양. ◆ 一点一点地（减少、用掉的样子）。¶부모가 남긴 유산을 자식들은 야금야금 까먹는다. =父母留下的遗产被子女们一点一点地花光。❸ 남모르게 조금씩 행동하는 모양. ◆ 慢慢地，一点一点地。¶황혼은 야금야금 산마루로 뻗어나갔다. =黄昏慢慢地向山顶蔓延。

야기(惹起)【명사】일이나 사건 따위를 끌어 일으킴. ◆ 名引起，引发，导致，造成。● 야기되다(惹起--), 야기하다(惹起--) ●

야단(惹端)【명사】名❶ 매우 떠들썩하게 일을 벌이거나 부산하게 법석거림. 또는 그런 짓. ◆ 吵闹，折腾。¶반갑다고 끌어안고 야단이다. =见了面高高兴兴地拥抱、吵闹。❷ 소리를 높여 마구 꾸짖는 일. ◆ (大声)骂，训斥。¶야단을 맞을 각오나 해라. =做好挨骂的心理准备吧。❸ 난처하거나 딱한 일. ◆ 糟糕，难办。¶일이 빨리 수습돼야지 야단이다. =这件事情得抓紧时间处理，这可难办了。

야단나다(惹端--)【동사】动❶ 좋아서 떠들썩한 일이 벌어지다. ◆ 忙活，折腾，闹腾。¶명절이라 잔치한다고 이 집 저 집 야단났구먼. =过节了，家家户户都忙着摆酒宴。❷ 난처하거나 딱한 일이 벌어지다. ◆ 出事，糟糕。¶시간이 급한데 사람이 안 오니 이거 야단났네. =时间紧急，人又没来，这可糟了。

야단맞다(惹端--)【동사】꾸지람을 듣다. ◆ 动挨骂，挨训。¶숙제를 안 해서 선생님께 야단맞았다. =没做作业，挨老师训了。

야단법석(惹端--)【명사】名 많은 사람이 모여들어 떠들썩하고 부산스럽게 굶. ◆ 吵闹，吵嚷。¶야단법석을 떨다. =吵吵闹闹。

야단스럽다(惹端---)【형용사】보기에 매우 떠들썩하게 일을 벌이거나 부산하게 법석거리는 데가 있다. ◆ 形吵闹，吵嚷，乱哄哄。¶동생들이 야단스럽게 구는 통에 공부를 할 수가 없다. =弟弟妹妹们吵吵闹闹的，没法学习。● 야단스레(惹端--) ●

야단치다(惹端--)【동사】소리를 높여 호되게 꾸짖다. ◆ 动责备，叱责，训斥。¶애가 모르고 그랬으니 애에게 너무 야단치지 마라. =孩子是因为不知道才那样的，别太责备他了。

야당(野黨)【명사】정당 정치에서, 현재 정권을 잡고 있지 아니한 정당. ◆ 名在野党。¶야당 후보. =在野党候选人。

야드(yard)【의존 명사】야드파운드법에 의한 길이의 단위. ◆ 依名码(度量衡单位，相当于0.9144米)。

야들야들하다【형용사】반들반들 윤기가 돌고 보들보들하다. ◆ 形娇嫩，鲜嫩。¶야들야들한 꽃잎. =娇嫩的花瓣。● 야들야들 ●

야릇하다【형용사】무엇이라고 표현할 수 없이 묘하고 이상하다. ◆ 形奇怪，奇妙，奇异，神秘。¶기분이 야릇하다. =心情奇妙。

야만스럽다(野蠻---)【형용사】形❶ 미개하여 문화 수준이 낮은 데가 있다. ◆ 野蛮，愚昧落后。¶야만스러운 만행을 저지르다. =做出野蛮的暴行。❷ 교양이 없고 무례한 데가 있다. ◆ 野蛮，粗野。¶행동이 야만스럽다. =行为粗野。

야만적(野蠻的)【명사】名 미개하여 문화 수준이 낮은 것. ◆ 野蛮的，愚昧落后的。¶동물학대는 야만적인 행위이다. =虐待动物是野蛮的行径。

야말로【조사】강조하여 확인하는 뜻을 나타내는 보조사. ◆ 助 (用于开音节体词之后)表示强调指定所叙述的对象。¶김 교수야말로 이 시대의 학자다. =金教授就是这个时代真正的学者。

야망(野望)【명사】크게 무엇을 이루어 보겠다는 희망. ◆ 名野心；抱负，雄心。¶정치적 야망. =政治抱负。

야맹증(夜盲症)【명사】망막에 있는 간상체의 능력이 감퇴하여 밤에는 사물이 잘 보이지 아니하는 증상. ◆ 名夜盲症。

야멸차다【형용사】形❶ 자기만 생각하고 남의 사정을 돌볼 마음이 없다. ◆ 自私，自私而无情 。¶야멸차게 거절하다. =自私地拒绝。❷ 태도가 차고 야무지다. ◆ 冷淡，冷酷，冷酷无情。¶그의 말투는 냉정하고 야멸찼다. =他的语气平静而冷酷。

야무지다【형용사】사람의 성질이나 행동, 생김새 따위가 빈틈이 없이 꽤 단단하고 굳세다. ◆ 形 (言行)精明强干，老练；(身体)结实。¶야무지게 생기다. =长得很结实。

야물다【동사】과실이나 곡식 따위가 알이 들어 단단하게 잘 익다. ◆ 动 (粒籽等)饱满，成熟。¶초가을의 따가운 햇살에 오곡이 잘 야문다. =初秋日照充足，五谷颗粒饱满。

야박하다(野薄--)【형용사】야멸치고 인정이 없다. ◆ 形冷酷，无情，薄情。¶야박한 사람. =无情之人。

야반도주(夜半逃走)【명사】남의 눈을 피하여 한밤중에 도망함. ◆ 名半夜逃走，半夜逃跑。¶야반도주로 마을을 떠나다. =半夜逃出村子。● 야반도주하다(夜半逃走--) ●

야밤(夜-)【명사】깊은 밤. ◆ 名深夜，半夜，大半夜。¶이 야밤에 어딜 가니? =这大半夜的，去哪里呀?

야비하다(野卑/野鄙--)【형용사】성질이나 행동이 야하고 천하다. ◆ 形卑贱，下贱，卑鄙，下流。¶야비한 수단을 쓰다. =使用下流手段。

야사(野史)【명사】민간에서 사사로이 기록한 역사. ◆ 名野史。¶정사에는 기록되지 않았지만 야사에 전하는 이야기. =在正史中没有记录，却在野史中流传的故事。

야산(野山)【명사】들 가까이의 나지막한 산. ◆ 名小山坡，小山岗。¶야산을 일구어 과일나무를 심다. =开山种植果树。

야생(野生)【명사】산이나 들에서 저절로 나서 자람. 또는 그런 생물. ◆ 名野生；野生动植物。¶야생 약초. =野生药草。● 야생하다(野生--) ●

야생 동물(野生動物)【명사】산이나 들에서 저절로 나서 자라는 동물. ◆ 名野生动物。¶야생동물 보호구역. =野生动物保护区。

야생마(野生馬)【명사】산이나 들에서 저절로 나서 자란 말. ◆ 名野马。¶야생마를 길들이는 데는 끈기와 노련한 기술이 필요하다. =驯服野马需要有耐性和娴熟的技术。

야생화(野生花)【명사】들에 피는 꽃. ◆ 名野花。¶야생화가 피다. =野花绽放。

야속하다(野俗--)【형용사】무정한 행동이나 그런 행동을 한 사람이 섭섭하게 여겨져 언짢다. ◆ 形冷酷，无情，薄情，不近人情。¶청을 거절하는 그의 말투가 야속했다. =他拒绝请求的语气非常无情。

야수(野獸)【명사】名 ❶ 사람에게 길이 들지 않은 야생의 사나운 짐승. ◆ 野兽。¶호랑이는 '야수의 왕'이라고 불린다. =狮子被称为"百兽之王"。❷ 몹시 거칠고 사나운 사람을 비유적으로 이르는 말. ◆〈喻〉野兽。¶평소에는 순한 양 같은 그 사람도 한번 화가 나면 야수로 돌변한다. =平时就像羊一样温顺的那个人，一旦发起火来，也会突然变成野兽。

야시장(夜市場)【명사】밤에 벌이는 시장. ◆ 名夜市。¶저녁을 먹고 산책 겸 나온 사람들로 야시장은 북적거렸다. =夜市里饭后闲逛的人们显得拥挤又喧闹。

야식(夜食)【명사】저녁밥을 먹고 난 한참 뒤 밤중에 먹는 음식. ◆ 名夜宵，宵夜。¶아내가 야근하면서 배고플 때 먹으라고 야식을 마련해 주었다. =为上夜班的妻子准备了夜宵。

야심(野心)【명사】名 ❶ 무엇을 이루어 보겠다고 마음속에 품고 있는 욕망이나 소망. ◆ 雄心，抱负。¶야심에 찬 젊은이. =雄心勃勃的年轻人。❷ 야비한 마음. ◆ 鬼胎。¶그는 그녀에게 야심을 가지고 접근했다. =他心怀鬼胎地去接近她。

야심만만하다(野心滿滿--)【형용사】무엇을 이루어 보겠다는 욕망이나 소망이 마음속에 가득하다. ◆ 形野心勃勃，雄心勃勃。¶그는 아직 어린 나이지만 야심만만한 포부를 가지고 있다. =他年纪虽小，却雄心勃勃。

야심작(野心作)【명사】획기적인 작품을 이루려는 노력으로 새로운 시도를 대담하게 표현한 작품. ◆ 名大胆创新之作。¶평생의 야심작. =平生的大胆创新之作。

야영(野營)【명사】名 ❶ 군대가 일정한 지역에 임시로 주둔하면서 생활하는 데 필요한 시설들을 갖추어 놓은 곳. 또는 거기서 하는 생활. ◆ 营地；野营生活，露营生活。¶야영 훈련. =野营训练。❷ 휴양이나 훈련을 목적으로 야외에 천막을 쳐 놓고 하는 생활. ◆ 野营，露营。¶생각보다 너무 추워서 야영을 하지 못하고 민박집을 잡았다. =比想象的要冷得多，所以没能露营，而是住了民宿。● 야영하다(野營--) ●

야영장(野營場)【명사】천막 따위를 치고 훈련이나 휴양을 할 수 있도록 만들어 놓은 야외의 장소. ◆ 名野营地，露营地。¶무료 야영장. =免费露营地。

야옹【부사】고양이가 우는 소리. ◆ 副喵喵(猫叫声)。¶고양이가 어둠 속에서 야옹 소리를 내며 울었다. =猫在黑暗里喵喵地叫。● 야옹야옹 ●

야외(野外)【명사】名 ❶ 시가지에서 조금 멀리 떨어져 있는 들판. ◆ 野外，郊外。¶봄이 되자 야외로 나가는 행락객이 많아졌다. =一到春天，去郊外踏青的游客就多了起来。❷ 집 밖이나 노천(露天)을 이르는 말. ◆ 露天，室外。¶야외 수업. =室外课。

야위다【동사】몸의 살이 빠져 조금 파리하게 되다. ◆ 动瘦，瘦削，消瘦。¶걱정에 점점 몸이 야위다. =由于担忧，身体渐渐消瘦。

야유(揶揄)【명사】남을 빈정거려 놀림. 또는 그런 말이나 몸짓. ◆ 名揶揄，嘲笑，嘲讽，奚落。¶야유를 보내다. =加以嘲讽。● 야유하다(揶揄--) ●

야유회(野遊會)【명사】들이나 교외로 나가서 노는 모임. ◆ 名野游会，郊游会。¶동창들과 야유회를 가다. =和同学们参加野游会。

야자(椰子)【명사】名 ❶ 야자과의 대추야자, 기름야자, 부채야자, 대왕야자 따위를 통틀어 이르는 말. ◆ 椰子树。❷ 야자나무(椰子--)의 열매. ◆ 椰子。

야자나무(椰子--)【명사】야자과의 상록 교목. 열매는 핵과(核果)로 한 꽃이삭에 하나씩 열린다. ◆图 椰子树。● 야자수 ●

야적장(野積場)【명사】곡식 단이나 그 밖의 물건을 임시로 한데에 쌓아 두는 곳. ◆图露天储放场，露天堆积场。¶야적장에 석탄을 쌓아놓다. =在露天储放场堆放煤炭。

야채(野菜)【명사】'채소(菜蔬)'를 일상적으로 이르는 말. 밭에서 기르는 농작물. 주로 그 잎이나 줄기, 열매 따위는 식용한다. ◆图蔬菜。¶야채 주스. =蔬菜汁。

야트막하다【형용사】조금 얕은 듯하다. ◆形浅薄，浅陋。¶야트막한 지식. =浅薄的知识。

야하다(冶--)【형용사】천하게 아리땁다. ◆形妖艳，性感。¶무대에 오른 여가수의 차림새가 야하다. =登台的女歌手穿着性感。

야학(夜學)【명사】图 ❶ 밤에 공부함. ◆夜读，夜间学习。❷ '야간 학교(夜間學校)'를 줄여 이르는 말. ◆夜校。¶야학을 열다. =开办夜校。

야호【감탄사】등산하는 사람들이 서로 부르거나 외치는 소리. ◆叹哟嗬（叫喊声）。¶우리는 산 정상에 올라서 연신 '야호'하며 외쳤다. =我们登上山顶连声大喊"哟嗬！"

약¹【명사】비위가 몹시 상할 때 일어나는 감정. ◆图火气，脾气。¶장난을 걸어 사람의 약을 올리다.=开玩笑惹人上火。

약²(約)【관형사】'대강', '대략'의 뜻으로, 그 수량에 가까운 정도임을 나타내는 말. ◆冠(用于表示数量的词语之前)大约，大概，左右。¶두 사람은 약 두 시간 동안 이야기를 나누었다. =两个人交谈了大约两小时。

약³(藥)【명사】图 ❶ 병이나 상처 따위를 고치거나 예방하기 위하여 먹거나 바르거나 주사하는 물질. ◆药。¶약을 먹다. =吃药。❷ 해로운 동식물을 없애는 데 쓰는 물질. ◆(农)药。¶밭에 약을 치다. =往地里洒农药。❸ 물건에 윤을 내기 위하여 바르는 물질. ◆鞋油。¶약을 잔뜩 묻힌 다음 그는 구두에 솔질을 하기 시작하였다. =他往鞋子上涂满鞋油，开始擦起来。❹ 마약·아편 따위를 빗대어 이르는 말. ◆毒品，鸦片。¶천석꾼을 자랑하던 이 집안도 손자가 약에 손을 댄 후 얼마 되지 않아 망했다고 한다. =曾经以大粮户自居的这个家庭，在孙子沾上鸦片后不久也破产了。❺ 몸이나 마음에 이로운 것을 비유적으로 이르는 말. ◆〈喻〉良药，补药。¶다 약이 되는 말이니 잘 새겨들어라. =都是良药箴言，要好好听。

약간¹(若干)【부사】얼마 안 되게. 또는 얼마쯤. ◆副稍微，稍稍，略微。¶고개를 약간 수그리다. =稍稍低头。

약간²(若干)【명사】얼마 되지 않음. ◆图若干，一点点。¶그는 약간의 돈이 필요한 모양이었다. =他好像需要一点点钱。

약골(弱骨)【명사】图 ❶ 몸이 약한 사람. ◆体弱者，体弱的人。¶요즘 아이들은 은근히 약골이 많다. =近来，悄然出现了很多体弱的孩子。❷ 약한 골격. ◆体弱，弱不禁风。¶영양 부족으로 약골이 되어 쉽게 아프다. =营养不良导致体弱多病。

약과(藥果)【명사】图 ❶ 꿀과 기름을 섞은 밀가루 반죽을 판에 박아서 모양을 낸 후 기름에 지진 과자. 속까지 검은빛이 난다. ◆油蜜果，油蜜饼。¶약과를 만들다. =做油蜜果。❷ 그만한 것이 다행임. 또는 그 정도는 아무것도 아님을 이르는 말. ◆侥幸，没什么大不了，算不了什么。¶그 정도는 약과다. =那算是侥幸了。

약관¹(約款)【명사】계약의 당사자가 다수의 상대편과 계약을 체결하기 위하여 일정한 형식에 의하여 미리 마련한 계약의 내용. ◆图条款，款项。¶보험 약관을 살펴보다. =查看保险条款。

약관²(弱冠)【명사】스무 살을 달리 이르는 말. ◆图弱冠，(男)二十岁。¶약관을 넘긴 나이. =二十多岁的年纪。

약국(藥局)【명사】약사가 약을 조제하거나 파는 곳. ◆图药店，药房。¶약국에 가서 진통제 두 알만 사 오너라. =去药店买两粒止痛药来。

약다【형용사】形 ❶ 자신에게만 이롭게 꾀를 부리는 성질이 있다. ◆奸诈自私。¶그는 골치 아픈 일은 늘 남에게 슬쩍 밀어 넘기는 약은 사람이다. =他是个奸诈自私的人，有让人头疼的事情总是会悄悄推给别人。❷ 어려운 일이나 난처한 일을 잘 피하는 꾀가 많고 눈치가 빠르다. ◆机灵，狡黠，聪明而狡猾。¶눈치가 약은 사람. =聪明而狡猾的人。

약도(略圖)【명사】간략하게 줄여 주요한 것만 대충 그린 도면이나 지도. ◆图略图，简图，示意图。¶약도를 그리다. =绘制略图。

약동(躍動)【명사】생기 있고 활발하게 움직임. ◆图生机盎然，生气勃勃。¶젊은이의 피가 약동하다. =年轻人血气方刚、生气勃勃。

약력(略歷)【명사】간략하게 적은 이력. ◆图简历。¶약력을 소개하다. =介绍简历。

약물(藥-)【명사】图 ❶ 먹어서 몸에 약이 된다는 샘물. ◆(有药效的)矿泉水。¶깊은 산 속으로 약물을 먹으러 다니다. =进入深山，喝矿泉水。❷ 약 성분이 들어 있는 물. ◆药水。¶간호사가 링거액의 약물이 주입되는 상태를 확인했다. =护士检查了输液状态。

약밥(藥-)【명사】찹쌀을 물에 불리어 시루에 찐 뒤에 꿀 또는 흑설탕, 참기름, 대추, 진간장, 밤, 황밤 따위를 넣고 다시 시루에 찐 밥. ◆图八宝饭。¶약밥을 만들다. =做八宝饭。

약방(藥房)【명사】약사가 약을 조제하거나 파는 곳. ◆图药店，药房。¶병원에서 발급한 처방전을 들고 약방에 가다. =拿着医院开的处方去药店。

약사(藥師)【명사】국가의 면허를 받아 약사(藥事)에 관한 일을 맡아보는 사람. ◆图药剂师。¶약사 면허. =药剂师资格证。

약사발(藥沙鉢/藥砂鉢)【명사】图 ❶ 약을 담는 사발. ◆药碗。¶약사발을 들이키다. =喝空药碗。❷ 예전에, 사약을 내릴 때에 독약을 담던 그릇. ◆(赐

死药的)毒药碗。¶약사발을 마시고 숨을 거두다. =喝下毒药碗里的毒药毙命。

약삭빠르다【형용사】눈치가 빠르거나, 자기 잇속에 맞게 행동하는 데 재빠르다. ◆ 形机灵，聪明伶俐。

약세(弱勢)【명사】名 ❶ 약한 세력이나 기세. ◆ 弱势。¶전력의 약세를 보완할 대책을 마련하다. =制定提高战斗力的对策。❷ 시세가 하락하는 경향에 있는 것. 또는 그런 장세(場勢). ◆ 下跌，萧条。¶증권 시세가 약세를 보인다.=证券行情呈下跌走势。

약소(弱小)【형용사】약하고 작음. ◆ 形弱小。● 약소하다(弱小--) ●

약소국(弱小國)【명사】정치·경제·군사적으로 힘이 약한 작은 나라. ◆ 名弱国，弱小国家。

약소하다(略少--)【형용사】적고 변변하지 못하다. ◆ 形略微，微不足道。¶약소하지만 받아 주십시오. =微不足道，请笑纳。

약속(約束)【명사】다른 사람과 앞으로의 일을 어떻게 할 것인가를 미리 정하여 둠. 또는 그렇게 정한 내용. ◆ 名约定，约好；诺言，承诺。¶약속 시간. =约定的时间。● 약속되다(約束--), 약속하다(約束--) ●

약수[1](藥水)【명사】먹거나 몸을 담그거나 하면 약효가 있는 샘물. ◆ 名 (有药效的)矿泉水。¶약수를 마시다. =喝矿泉水。

약수[2](約數)【명사】어떤 정수를 나머지 없이 나눌 수 있는 정수를 원래의 수에 대하여 이르는 말. ◆ 名约数。¶3은 6의 약수이다. =3是6的约数。

약수터(藥水-)【명사】약수가 나는 곳. ◆ 名有矿泉的地方。

약시(弱視)【명사】약한 시력. 또는 그런 시력을 가진 사람. ◆ 名弱视；弱视者。¶그의 어머니는 심한 약시였다. =他的母亲高度弱视。

약식[1](略式)【명사】정식으로 절차를 갖추지 아니하고 간추린 의식이나 양식. ◆ 名简式，简单形式。¶약식 보고. =简略报告。

약식[2](藥食)【명사】약밥(찹쌀을 물에 불리어 시루에 찐 뒤에 꿀 또는 흑설탕, 참기름, 대추, 진간장, 밤, 황밤 따위를 넣고 다시 시루에 찐 밥). ◆ 名八宝饭。

약용(藥用)【명사】약으로 씀. ◆ 名药用。¶약용 식물. =药用植物。

약육강식(弱肉强食)【명사】약한 자가 강한 자에게 먹힌다는 뜻으로, 강한 자가 약한 자를 희생시켜서 번영하거나, 약한 자가 강한 자에게 끝내는 멸망됨을 이르는 말. ◆ 名弱肉强食。¶약육강식의 동물세계. =弱肉强食的动物世界。

약자(弱者)【명사】힘이나 세력이 약한 사람이나 생물. 또는 그런 집단. ◆ 名弱者。¶약자 편에 서다. =站在弱者一边。

약재(藥材)【명사】약을 짓는 데 쓰는 재료. ◆ 名药材，制药原料。¶약재로 쓰는 식물. =用作药材的植物。

약점(弱點)【명사】모자라서 남에게 뒤떨어지거나 떳떳하지 못한 점. ◆ 名弱点，短处，把柄。¶약점을 노리다. =钻空子。

약제(藥劑)【명사】여러 가지 약재를 섞어 조제한 약. ◆ 名药剂，药品。

약조(約條)【명사】名 ❶ 조건을 붙여서 약속함. ◆ 约定条件，约定条款。¶약조를 지키다. =遵守约定条件。❷ 약속하여 정한 조항. ◆ 约定的条款，约好的事项，协议条款。● 약조하다(約條--) ●

약주(藥酒)【명사】名 ❶ 약술(藥-)(약으로 마시는 술). ◆ 药酒。❷ '술'을 점잖게 이르는 말. ◆ 水酒，酒。¶이제는 약주 잡수지 마세요. =从现在起，您别再喝酒了。

약지(藥指)【명사】약손가락(가운뎃손가락과 새끼손가락 사이에 있는 손가락). ◆ 名无名指。¶약지에 반지를 끼다. =无名指上戴着戒指。

약진(躍進)【명사】名 ❶ 힘차게 앞으로 뛰어 나아감. ◆ 龙腾虎跃，生龙活虎。¶약진 동작으로 달려가다. =生龙活虎地向前跑。❷ 빠르게 발전하거나 진보함. ◆ 跃进，跨进，迈进，腾飞。¶약진에 약진을 거듭하다. =不断向前迈进。● 약진하다(躍進--) ●

약초(藥草)【명사】약으로 쓰는 풀. ◆ 名药草，草药。¶약초를 캐다. =挖草药。

약탈(掠奪)【명사】폭력을 써서 남의 것을 억지로 빼앗음. ◆ 名掠夺，抢夺。¶약탈 행위. =掠夺行为。● 약탈하다(掠奪--) ●

약탈당하다(掠奪當--)【동사】폭력에 의해 억지로 빼앗기다. ◆ 动遭抢劫，被打劫。¶도둑에게 재산을 약탈당하다. =财物被贼打劫了。

약품(藥品)【명사】약(병이나 상처 따위를 고치거나 예방하기 위하여 먹거나 바르거나 주사하는 물질). ◆ 名药品，药物，药。¶약품 이름. =药品名称。

약하다(弱--)【형용사】形 ❶ 힘의 정도가 작다. ◆ 脆弱，薄弱，微弱。¶맥박이 약하다. =脉象很微弱。❷ 튼튼하지 못하다. ◆ 虚弱，虚，衰弱。¶몸이 약하다. =身体虚弱。❸ 각오나 의지 따위가 굳지 못하고 여리다. ◆ 薄弱，柔软。¶그의 의지는 너무 약하다. =他的意志太薄弱。❹ 견디어 내는 힘이 세지 못하다. ◆ 脆弱，经不住，挡不住。¶이 소재(素材)는 열에 약하다. =这个材料不耐热。❺ 능력, 지식, 기술 따위가 모자라거나 낫다. ◆ 差，缺乏，浅薄。¶그는 영어 실력이 약하다. =他的英语水平很差。

약혼(約婚)【명사】혼인하기로 약속함. ◆ 名订婚，婚约。¶약혼을 발표하다. =宣布订婚。● 약혼하다(約婚--) ●

약화(弱化)【명사】세력이나 힘이 약해짐. 또는 그렇게 되게 함. ◆ 名减弱，削弱。● 약화되다(弱化--), 약화하다(弱化--) ●

약효(藥效)【명사】약의 효험. ◆ 名药效，药力，药劲儿。¶약효가 떨어지다. =药效已过。

얄궂다【형용사】야릇하고 짓궂다. ◆ 形乖僻，古怪，乖戾；〈书〉乖蹇，乖舛。¶얄궂은 운명. =命运乖舛。

얄밉다【형용사】말이나 행동이 약빠르고 밉다. ◆ 形可恶，可恨，讨厌。¶어린 녀석이 되바라진 게 얄밉다. =小家伙刻薄，这一点令人讨厌。

얄팍하다【형용사】形 ❶ 두께가 조금 얇다. ◆ 薄，稍薄。¶과일을 얄팍하게 썰다. =把水果切成薄片。❷ 생각이 깊이가 없고 속이 빤히 들여다보이다. ◆ 浅薄，肤浅。¶얄팍한 생각. =浅薄的思想。

얇다【형용사】形 ❶ 두께가 두껍지 아니하다. ◆ 薄。¶옷이 얇다. =衣服薄。❷ 층을 이루는 사물의 높이나 집단의 규모가 보통의 정도에 미치지 못하다. ◆ 薄弱。¶고객층이 얇다. =顾客基础薄弱。❸ 빛깔이 연하다. ◆ (色彩)浅，淡。❹ 빤히 들여다보일 만큼 속이 좁다. ◆ 浅薄，不深。¶네 얇은 속으로 그걸 이해할 수 있겠니? =就你那点浅薄的见识能理解得了那个?

얌전【명사】성품이나 태도가 침착하고 단정함. ◆ 名斯文，文静。¶얌전을 떨다. =故作斯文。● 얌전하다, 얌전히 ●

얌체【명사】얌치가 없는 사람을 낮잡아 이르는 말. ◆ 名〈贬〉不要脸，寡廉鲜耻，厚颜无耻。¶얌체 짓을 했다. =做出卑鄙的行径。

양¹【의존 명사】依名 ❶ 어떤 모양을 하고 있거나 어떤 행동을 짐짓 취함을 나타내는 말. ◆ 表示做出某种样子或故意做出某种行为。¶해질 녘에 나그네인 양 길을 걷다. =日落时分，游子踏上了征程。❷ '의향'이나 '의도'의 뜻을 나타내는 말. ◆ 表示"意向"或"意图"。¶그는 친구들의 잠을 방해하지 않을 양으로 조심조심 발끝으로 걸어 나갔다. =他不想打扰朋友的睡眠，小心翼翼地踮着脚出去了。

양²(羊)【명사】솟과의 동물. 가축인 양과 야생의 양을 통틀어 이르는 말이다. ◆ 名羊。

양³(良)【명사】성적이나 등급을 '수·우·미·양·가'의 다섯 단계로 나눌 때 넷째 단계. ◆ 名良，良好(等级评定用语)。¶아이는 이번 시험에서 양이 세 개이다. =孩子在这次考试中得了三个良。

양⁴(量)【명사】名 ❶ 세거나 잴 수 있는 분량이나 수량. ◆ 量，分量，数量。¶양이 많다. =量多。❷ 분량이나 수량을 나타내는 말. ◆ 量。¶구름양. =云量。❸ 음식을 먹을 수 있는 한도. ◆ 饭量。¶알맞은 양만큼 먹어라. =有多大饭量就吃多少。

양⁵(孃)【의존 명사】아랫사람을 조금 높여 이르거나 부르는 말. 성 뒤에 쓰일 때는 낮잡는 느낌을 줄 수도 있다. ◆ 依名小姐，姑娘。¶이 양. =李小姐。

양⁶(兩)【관형사】'둘' 또는 '두 쪽 모두'의 뜻을 나타내는 말. ◆ 冠两，双。¶그녀는 머리를 양 갈래로 땋았다. =她编了两个辫子。

양⁷-(養)【접사】'직접적인 혈연관계가 아닌'의 뜻을 더하는 접두사. ◆ 前缀领养，收养。¶양부모. =养父母。

양⁸-(洋)【접사】'서구식의' 또는 '외국에서 들어온'의 뜻을 더하는 접두사. ◆ 前缀西洋，西方。

-양⁹(洋)【접사】'바다'의 뜻을 더하는 접미사. ◆ 后缀洋。¶태평양. =太平洋。

양감(量感)【명사】名 ❶ 볼륨(손에 만질 수 있는 듯한 용적감이나 묵직한 물체의 중량감을 전해 주는 상태). ◆ (绘画中的)量感。¶그림에 양감을 넣어 사실적인 분위기를 살리다. =在画中加上量感，营造出真实的氛围。❷ 양이 있는 느낌. ◆ 丰满，大。

양계장(養鷄場)【명사】여러 가지 필요한 설비를 갖추어 두고 닭을 먹여 기르는 곳. ◆ 名养鸡场，鸡场。¶닭이 수만 마리나 되는 양계장. =拥有几万只鸡的养鸡场。

양곡(糧穀)【명사】양식으로 쓰는 곡식. ◆ 名粮食，谷物。¶구호 양곡. =救济粮。

양국(兩國)【명사】두 나라. ◆ 名两国，两个国家。¶양국 정상 회담. =两国首脑会谈。

양궁(洋弓)【명사】서양식으로 만든 활. 또는 그 활로 겨루는 경기. ◆ 名洋弓，西洋弓，西式弓箭。

양극¹(陽極)【명사】두 개의 전극 사이에 전류가 흐를 때에, 전위가 높은 쪽의 극. ◆ 名阳极，正极。

양극²(兩極)【명사】名 ❶ 양극과 음극. ◆ 两极，阳极和阴极。¶지구 자기장의 양극은 시간적 간격을 두고 위치를 서로 바꾸기도 한다. =地球磁场的两极经过一段时间后也会互换位置。❷ 북극과 남극. ◆ 地理两极，南极和北极。¶그는 지난해 북극 탐험에 이어 올해 남극 탐험에 성공하여 지구의 양극을 정복한 사람이 되었다. =继去年北极探险后，他今年又成功地完成了南极探险，成为征服地球南北两极的人。

양금(洋琴)【명사】名 채로 줄을 쳐서 소리를 내는 현악기의 하나. 사다리꼴의 오동나무 겹 널빤지에 받침을 세우고 놋쇠로 만든 줄을 열네 개 매어 대나무로 만든 채로 쳐서 소리를 낸다. ◆ 扬琴，洋琴。

양기(陽氣)【명사】名 ❶ 햇볕의 따뜻한 기운. ◆ 阳光，日光。¶따뜻한 양기를 받다. =沐浴温暖的阳光。❷ 만물이 살아 움직이는 활발한 기운. ◆ 生气，活泼。¶여름은 만물이 성장하는 때이고 양기가 성한 계절이다. =夏天是万物生长的季节，是生机勃勃的季节。❸ 몸 안에 있는 양의 기운. 또는 남자 몸 안의 정기(精氣). ◆ 阳刚之气，精气。¶양기를 돋우는 약. =壮阳药。

양녀(養女)【명사】남의 자식을 데려다가 제 자식처럼 기른 딸. ◆ 名养女。¶오갈 데 없는 처지라 데려와 양녀를 삼았다. =她无家可归，因此把她领回来做养女。

양념【명사】名 ❶ 음식의 맛을 돋우기 위하여 쓰는 재료를 통틀어 이르는 말. 기름, 깨소금, 파, 마늘, 간장, 된장, 소금, 설탕 따위를 이른다. ◆ 调味料，调料。¶양념 그릇. =调料碗。❷ 흥이나 재미를 돕기 위하여 덧붙이는 재료를 비유적으로 이르는 말. ◆ 打趣的话，笑料。● 양념하다 ●

양다리(兩--)【명사】양쪽 다리. ◆ 名两腿，双腿。¶후들거리는 양다리에 안간힘을 모으며 다부지게 걷다. =拖着颤抖的两条腿费力地走。

양단(洋緞)【명사】은실이나 색실로 수를 놓고 겹으로 두껍게 짠 고급 비단의 하나. ◆ 名洋缎，高级缎子。¶양단으로 저고리를 만들다. =用洋缎做小袄。

양단간(兩端間)【부사】어찌 되든지. ◆ 副无论如何。¶이번에는 반드시 양단간 결판을 내고 말 것이다. =这次无论如何要做个了断。

양달(陽-)【명사】양지(볕이 바로 드는 곳). ◆ 名向阳的地方，阳坡地。¶어머니는 양달에 빨래를 널었다. =妈妈把衣服晾在阳光下。

양도(讓渡)【명사】재산이나 물건을 남에게 넘겨줌. 또는 그런 일. ◆ 名转让，让给。¶재산 양도. =转让财产。● 양도되다(讓渡--), 양도하다(讓渡--) ●

양돈(養豚)【명사】돼지를 먹여 기름. 또는 그 돼지. ◆ 名养猪；猪，家猪。¶양돈 농가. =养猪户。

양동이(洋--)【명사】한 손으로 들 수 있도록 손잡이를 단 들통. 함석·구리·주석·알루미늄 따위로 만든다. ◆ 名白铁皮罐，洋铁桶，大桶，提桶。¶양동이에 가득 물을 담다. =用白铁罐装满水。

양딸(養-)【명사】수양딸(남의 자식을 데려다가 제 자식처럼 기른 딸). ◆ 名养女。¶양딸을 친자식처럼 귀하게 기르다. =对养女视如己出。

양띠(羊-)【명사】양해에 태어난 사람의 띠. ◆ 名属羊，羊年生。

양력(陽曆)【명사】지구가 태양의 둘레를 한 바퀴 도는 데 걸리는 시간을 1년으로 정한 역법. ◆ 名阳历，公历。¶양력 생일. =阳历生日。

양로원(養老院)【명사】의지할 데 없는 노인을 수용하여 돌보는 사회 보호 시설. ◆ 名养老院，敬老院。¶독거노인을 양로원에 수용하다. =把独居老人收容到敬老院。

양말(洋襪/洋韈)【명사】맨발에 신도록 실이나 섬유로 짠 것. ◆ 名袜子。¶양말 세 켤레. =三双袜子。

양면(兩面)【명사】名 ❶ 사물의 두 면. 또는 겉과 안. ◆ 两面，双面。¶양면 복사. =双面复印。❷ 표면으로 드러난 점과 드러나지 아니한 점. ◆ 两方面，两面。¶이 세상에서 일어나는 일은 다 양면이 있다. =这个世界上发生的事情都有两面。❸ 두 가지 방면. ◆ 两方面。¶수륙 양면 자동차. =水陆两用汽车。

양모(羊毛)【명사】양털(양의 털. 곱슬하고 보온성과 흡습성이 강하며, 모사나 모직물의 원료가 된다). ◆ 名羊毛。¶양모 혼방 제품. =羊毛混纺产品。

양미간(兩眉間)【명사】두 눈썹의 사이. ◆ 名眉间，眉宇之间，眉端。¶양미간을 찌푸리다. =愁上眉端。

양반(兩班)【명사】名 ❶ 고려·조선 시대에, 지배층을 이루던 신분. ◆ 两班，贵族。¶양반 행세를 하다. =像两班贵族一样作威作福。❷ 점잖고 예의 바른 사람. ◆ 正人君子。¶그분은 행동거지 점잖은 거며 몸가짐 바른 거며 그야말로 양반이지. =他举止文雅，仪态大方，真是位正人君子。❸ 자기 남편을 남에게 이르는 말. ◆ 那位，我先生，当家的(女性对别人称呼自己的丈夫)。¶우리 집 양반. =我们家那位。❹ 남자를 범상히 또는 홀하게 이르는 말. ◆ 先生(泛称男子)。¶기사 양반. =司机先生。❺ 사정이나 형편이 좋음을 비유적으로 이르는 말. ◆〈喻〉境况好。¶그 고생한 일을 생각하면 지금 이렇게 사는 거야 양반이죠. =想起受的那些苦，现在的生活真是太好了。

양배추(洋--)【명사】십자화과의 두해살이풀. 잎은 두껍고 털이 없으며 푸르고 희다. ◆ 名卷心菜。

양변(兩邊)【명사】名 ❶ 양쪽의 가장자리. ◆ 两边。¶도로 양변에 즐비하게 늘어선 가로수. =路两旁矗立着林立的行道树。❷ 등호나 부등호의 양쪽을 아울러 이르는 말. ◆ 两边。¶부등식의 양변에 같은 수를 더하다. =在不等式的两边各加上相同的数。

양변기(洋便器)【명사】걸터앉아서 대소변을 보게 된 수세식 서양 변기. ◆ 名坐便器。¶양변기를 설치하다. =安装坐便器。

양보(讓步)【명사】名 ❶ 길이나 자리, 물건 따위를 사양하여 남에게 미루어 줌. ◆ 让，退让，谦让。¶자리 양보. =让位。❷ 자기의 주장을 굽혀 남의 의견을 좇음. ◆ 让步，忍让。¶양측의 양보로 합의점을 찾다. =双方各自让步，试图达成一致。● 양보하다(讓步--) ●

양복(洋服)【명사】남성의 서양식 정장. ◆ 名西服，西装。¶양복을 입다. =穿西装。

양봉(養蜂)【명사】꿀을 얻기 위하여 벌을 기름. ◆ 名养蜂。¶양봉업자. =从事养蜂业的人。

양부모(養父母)【명사】양자로 들어간 집의 부모. ◆ 名养父母。¶마치 친부모 같은 양부모. =养父母(待我)如同己出。

양분[1](兩分)【명사】둘로 가르거나 나눔. ◆ 名分成两部分。● 양분되다(兩分--), 양분하다(兩分--) ●

양분[2](養分)【명사】영양이 되는 성분. ◆ 名养分，营养。¶양분을 섭취하다. =摄取营养。

양산(陽傘)【명사】여자들이 볕을 가리기 위하여 쓰는 우산 모양의 큰 물건. ◆ 名阳伞，洋伞。¶양산을 쓰다. =打阳伞。

양상(樣相)【명사】사물이나 현상의 모양이나 상태. ◆ 名样子，状态，面貌，样式。¶다채로운 양상을 띠다. =呈现出多彩面貌。

양서(良書)【명사】내용이 교훈적이거나 건전한 책. ◆ 名好书，优秀图书。¶양서 보급. =普及优秀图书。

양서류(兩棲類)【명사】양서강의 동물을 일상적으로 통틀어 이르는 말. 어류와 파충류의 중간으로 땅 위 또는 물속에서 산다. ◆ 名两栖类，两栖动物。¶개구리나 도롱뇽은 양서류에 속하는 동물이다. =青蛙和鲵鱼都属于两栖类动物。

양성[1](陽性)【명사】양성 반응(병을 진단하기 위하여 화학적·생물학적 검사를 한 결과 특정한 반응이 나타나는 일). ◆ 名 阳性反应。

양성[2](養成)【명사】名 ❶ 가르쳐서 유능한 사람을 길러 냄. ◆ 培养，培训，造就。¶영재 양성. =培育优秀人才。❷ 실력이나 역량 따위를 길러서 발전시킴. ◆ 培植，培养。¶실력 양성. =增强实力。❸ 주로 어패류를 보살펴 길러 냄. ◆ 养殖。¶넙치의 양성에는 대부분 육상에서 수조를 만들어 양식하는 방법을 사용하고 있다. =大多采用在陆地上做水槽的方法来养殖偏口鱼。● 양성되다(養成--), 양성하다(養成--) ●

양손(兩-)【명사】양쪽 손. ◆ 名两手，双手。¶양손을 들어 환영의 뜻을 표한다. =挥着双手表示欢迎。

양송이(洋松栮)【명사】주름버섯과의 하나. ◆ 名

洋松茸，〈又称〉洋蘑菇。¶양송이 수프. =洋松茸汤。

양수[1](羊水)【명사】양막 안의 액체. 태아를 보호하며 출산할 때는 흘러나와 분만을 쉽게 한다. ◆ 图羊水。¶양수 검사를 하다. =检查羊水。

양수[2](陽數)【명사】0보다 큰 수. ◆ 图正数。¶목표량과 비교하여 초과한 양은 양수로 나타내라. =与目标量相比，超过的量用正数表示。

양수기(揚水機)【명사】물을 퍼 올리는 기계. ◆ 图抽水机，水泵。¶양수기를 돌리다. =转动抽水机。

양식[1](糧食)【명사】图 ❶ 생존을 위하여 필요한 사람의 먹을거리. ◆ 粮食，粮。¶양식을 장만하다. =筹粮。❷ 지식이나 물질, 사상 따위의 원천이 되는 것을 비유적으로 이르는 말. ◆〈喻〉食粮，精神食粮。¶책을 읽어 마음의 양식을 쌓다. =书籍是心灵的食粮。

양식[2](良識)【명사】뛰어난 식견이나 건전한 판단. ◆ 图真知灼见，高见。¶아무 데나 침을 뱉는 것은 양식 있는 행동이 아니다. =随地吐痰有违公序良俗。

양식[3](樣式)【명사】图 ❶ 일정한 모양이나 형식. ◆ 样式，格式。¶서류를 양식에 맞게 꾸며라. =按格式制作文件。❷ 오랜 시간이 지나면서 자연히 정하여진 방식. ◆ 方式，形式。¶인간 활동의 양식은 일차적으로 자연환경의 영향을 받는다. =人类活动的方式首先受到自然环境的影响。❸ 시대나 부류에 따라 각기 독특하게 지니는 문학, 예술 따위의 형식. ◆ 样式，式样，款式。¶고딕 양식. =哥特式。

양식[4](養殖)【명사】물고기나 해조, 버섯 따위를 인공적으로 길러서 번식하게 함. ◆ 图养殖，养。¶송어 양식. =养殖鳟鱼。● 양식하다(養殖--) ●

양식[5](洋食)【명사】서양식 음식이나 식사. ◆ 图西餐，西式饮食。¶양식 먹을 때의 식사 예법. =吃西餐时的礼仪。

양식업(養殖業)【명사】물고기나 해조, 버섯 따위의 양식을 전문으로 하는 생산업. ◆ 图 养殖业。¶양식업을 통해 수산업의 부가가치를 높이다. =通过养殖业提高水产业的附加值。

양식장(養殖場)【명사】물고기나 해조, 버섯 따위의 양식을 전문적으로 하는 곳이나 기관. ◆ 图养殖场，种植场。¶김 양식장. =紫菜种植场。

양심(良心)【명사】사물의 가치를 변별하고 자기의 행위에 대하여 옳고 그름과 선과 악의 판단을 내리는 도덕적 의식. ◆ 图良心。¶양심의 가책을 받다. =受到良心的谴责。

양심적(良心的)【명사】양심을 올바로 지닌. 또는 그런 것. ◆ 图良心，有良心。¶그 집주인은 양심적이다. =那个房东很有良心。

양아들(養--)【명사】양자(아들이 없는 집에서 대를 잇기 위하여 동성동본 중에서 데려다 기르는 조카뻘 되는 남자아이). ◆ 图养子。¶그는 자식이 없는 큰집에 양아들로 들어갔다. =他过继给了没孩子的长房作养子。

양약(洋藥)【명사】서양 의술로 만든 약. ◆ 图西药。¶이 병은 체질을 고쳐야지 양약으로 다스릴 병이 아니다. =这种病需要改善体质，不是能用西药治的病。

양양하다(洋洋--)【형용사】形 ❶ 바다가 한없이 넓다. ◆ 浩瀚，汪洋。¶양양한 바다. =浩瀚的大海。❷ 사람의 앞날이 한없이 넓어 발전의 여지가 많다. ◆ 前途远大，不可限量。¶전도가 양양한 젊은이. =前途无量的年轻人。● 양양히(洋洋-) ●

양어장(養魚場)【명사】물고기를 인공적으로 기르는 곳. ◆ 图养鱼池，鱼塘。¶양어장에서 월척을 낚다. =在养鱼池里钓到一尺来长的鱼。

양옥(洋屋)【명사】서양식으로 지은 집. ◆ 图洋房，洋楼。¶이층으로 된 양옥으로 이사를 갔다. =搬到两层洋楼里。

양위(讓位)【명사】임금이 자리를 물려줌. ◆ 图(国王)让位，退位。¶양위를 결정했다. =决定让位。

양육(養育)【명사】아이를 보살펴서 자라게 함. ◆ 图养育，抚养，哺育。¶자녀 양육. =养育子女。● 양육되다(養育--), 양육하다(養育--) ●

양자(養子)【명사】입양에 의하여 자식의 자격을 얻은 사람. ◆ 图养子。¶양자로 입양하다. =领养孩子。

양자택일(兩者擇一)【명사】둘 중에서 하나를 고름. ◆ 图二选一，二者择一。¶양자택일을 해야 하는 상황에 직면하다. =面临必须二选一的情况。

양잠(養蠶)【명사】누에를 기름. 또는 그 일. ◆ 图养蚕。¶이 지역에서는 뽕이 많기 때문에 양잠이 성하다. =这个地区盛产桑叶，盛行养蚕。

양장(洋裝)【명사】图 ❶ 옷차림이나 머리 모양을 서양식으로 꾸밈. 또는 그런 옷이나 몸단장. ◆ 西式打扮；西装，西服。❷ 책을 장정(裝幀)하는 방법의 하나. 철사나 실로 꿰매고 두꺼운 종이나 헝겊, 가죽 따위를 싸 붙인다. ◆ 精装。¶양장 제본. =精装本。● 양장하다(洋裝--) ●

양잿물(洋--)【명사】서양에서 받아들인 잿물이라는 뜻으로, 빨래하는 데 쓰이는 수산화나트륨을 이르는 말. ◆ 图水碱，火碱。¶공짜라면 양잿물도 마신다. =免费的，不要白不要。

양적(量的)【명사】세거나 잴 수 있는 분량이나 수량과 관계된 것. ◆ 图量的，数量的。¶우리 기업의 사업진출이 양적으로 크게 발전하였다. =我们公司的业务量大大增加。

양전기(陽電氣)【명사】비단 헝겊으로 유리 막대를 문질렀을 때 유리 막대 쪽에 생기는 전기. 또는 그와 같은 성질의 전기. ◆ 图 正电。

양조(釀造)【명사】술이나 간장, 식초 따위를 담가 만드는 일. ◆ 图酿造，酿酒。¶양조 회사. =酿酒公司。

양지(陽地)【명사】图 볕이 바로 드는 곳. ◆ 向阳地。¶해가 뜨자 음지와 양지의 구분이 생겼다. =太阳升起后，出现了背阴地和向阳地的差别。

양지바르다(陽地---)【형용사】땅이 볕을 잘 받게 되어 있다. ◆ 形向阳，朝阳。¶양지바른 집. =向阳的房子。

양지쪽(陽地-)【명사】볕이 잘 드는 쪽. ◆ 图向阳的一边，向阳处。¶엄동설한이 지나자 양지쪽에는 시들었던 새 풀이 돋았다. =寒冬腊月，向阳处的枯草竟发了芽。

양질(良質)【명사】좋은 바탕이나 품질. ◆名优质，质量好。¶양질의 쌀. =优质大米。

양쪽(兩-)【명사】두 쪽. ◆名两边，两侧。¶그녀가 웃을 때면 양쪽 뺨에 보조개가 보였다. =她一笑，两颊就露出酒窝。

양철(洋鐵)【명사】안팎에 주석을 입힌 얇은 철판. 통조림이나 석유통 따위를 만드는 데에 쓰인다. ◆名白铁皮。¶양철 지붕. =白铁皮屋顶。

양초(洋-)【명사】서양식의 초. 동물의 지방이나 석유의 찌꺼기를 정제하여 심지를 속에 넣고 만든다. ◆名蜡烛。¶양초 두 자루. =两支蜡烛。

양측(兩側)【명사】名 ❶ 두 편. ◆两方，双方。¶양측 대표. =双方代表。❷ 양쪽의 측면. ◆两侧，两旁。¶도로의 양측. =路两旁。

양치(養齒)【명사】이를 닦고 물로 입 안을 가심. 한자를 빌려 '養齒'로 적기도 한다. ◆名刷牙，漱口。¶소금으로 양치를 하다. =用盐水刷牙。● 양치하다(養齒--) ●

양치기(羊--)【명사】양을 치는 일. 또는 그런 사람. ◆名放羊，牧羊；牧羊人，羊倌。¶방과 후에 양치기가 유일한 일과였다. =放学后，放羊是唯一的活。

양치질(養齒-)【명사】이를 닦고 물로 입 안을 가시는 일. ◆名刷牙，漱口。¶양치질을 깨끗이 하다. =把牙刷得干干净净。● 양치질하다(養齒---) ●

양친(兩親)【명사】부친과 모친을 아울러 이르는 말. ◆名双亲，父母，爸妈。¶양친 공양. =赡养父母。

양탄자(洋--)【명사】양털 따위의 털을 표면에 보풀이 일게 짠 두꺼운 모직물. ◆名地毯。¶거실에 양탄자를 깔다. =在客厅里铺上地毯。

양털(羊-)【명사】양의 털. 곱슬하고 보온성과 흡습성이 강하며, 모사나 모직물의 원료가 된다. ◆名羊毛。¶양털 모자. =羊毛帽子。

양파(洋-)【명사】백합과의 두해살이풀. ◆名洋葱。

양팔(兩-)【명사】양쪽의 두 팔. ◆名两臂，双臂，两只胳膊。¶그는 양팔을 벌려 아이를 껴안았다. =他张开双臂拥抱孩子。

양편(兩便)【명사】상대가 되는 두 편. ◆名两边，两旁，两侧，双方。¶길 양편에는 참나무 숲이 무성하다. =路两旁的橡树林长得很茂盛。

양푼【명사】음식을 담거나 데우는 데에 쓰는 놋그릇. 운두가 낮고 아가리가 넓어 모양이 반병두리 같으나 더 크다. ◆名铜盆。¶놋쇠양푼. =黄铜盆。

양품점(洋品店)【명사】양품을 전문적으로 파는 가게. ◆名洋货店，进口商店。¶양품점에서 수입 화장품을 사다. =在洋货店买进口化妆品。

양해(諒解)【명사】남의 사정을 잘 헤아려 너그러이 받아들임. ◆名谅解，体谅，担待，包涵。¶양해를 구하다. =请原谅。● 양해하다(諒解--), 양해되다(諒解--) ●

양호실(養護室)【명사】학교나 회사 같은 곳에서, 학생이나 사원의 건강이나 위생 따위에 관한 일을 맡아보는 곳. ◆名医务室。¶그 학생은 수업 중에 배가 아프다고 선생님께 말씀드리고 양호실에 갔다. =那名学生上课时跟老师说肚子痛，去了医务室。

양호하다(良好--)【형용사】대단히 괜찮다. ◆形良好。¶양호한 성적. =良好的成绩。

양화점(洋靴店)【명사】구둣방 ◆名皮鞋店。¶양화점에 가서 구두 한 켤레를 맞추다. =去皮鞋店订做一双皮鞋。

얕다【형용사】形 ❶ 겉에서 속, 또는 밑에서 위까지의 길이가 짧다. ◆浅，矮，低，低矮。¶얕은 물. =浅水。❷ 생각이 일정한 정도에 미치지 못하거나 마음 쓰는 것이 너그럽지 못하다. ◆短浅，浅薄，肤浅。¶속이 얕다. =见识浅。❸ 수준이 낮거나 정도가 약하다. ◆疏浅，浅陋，贫乏。¶얕은 재주. =才疏学浅。❹ 시간이 오래지 않다. ◆(日期、年限)不长，短。¶저자와 나와 알게 된 것은 일자가 비교적 얕다고 하겠다. =我和他认识的时间尚浅。

얕보다【동사】실제보다 낮추어 깔보다. ◆动小看，看轻，轻视，小瞧。¶상대를 얕보고 덤볐다간 큰코다치기 쉽다. =轻视他人容易吃大亏。

얕은꾀【명사】속이 들여다보이는 꾀. ◆名小把戏，小聪明。¶얕은꾀를 쓰다. =要小聪明。

얕잡다【동사】남의 재주나 능력 따위를 실제보다 낮추어 보아 하찮게 대하다. ◆动小看，轻视，低估，瞧不起。¶얕잡아 보다. =轻视。

애[1]【감탄사】叹 ❶ 야(매우 놀라거나 반가울 때 내는 소리). ◆哎哟(对对方的话感到惊讶或高兴时发出的声音)。¶애, 그게 무슨 말이니? =哎哟，那是什么话? ❷ 야(어른이 아이를 부르거나 같은 또래끼리 서로 부르는 말). ◆喂，呀(大人叫小孩，或同辈之间互相称呼时用)。¶애, 물 좀 떠오너라. =喂，舀点水过来。

애[2]【명사】'이 아이'가 줄어든 말. ◆名 "이 아이" 的略语。这孩子。¶애랑 같이 갈게. =和这孩子一起去。

애기【명사】名 ❶ '이야기(어떤 사물이나 사실, 현상에 대하여 일정한 줄거리를 가지고 하는 말이나 글)'의 준말. ◆话，说话，谈话。¶결혼 애기. =结婚的话题。❷ '이야기(자신이 경험한 지난 일이나 마음속에 있는 생각을 남에게 일러 주는 말)'의 준말. ◆(要说的)话，想法。¶애기를 털어놓다. =将心里话和盘托出。❸ '이야기(어떤 사실에 관하여, 또는 있지 않은 일을 사실처럼 꾸며 재미있게 하는 말)'의 준말. ◆故事。¶재미있는 애기. =有趣的故事。❹ '이야기(소문이나 평판)'의 준말. ◆事，传闻，评论。¶그 지방 사람들이 부지런하다는 애기는 이미 들어 알고 있다. =早有传闻说那个地方的人非常勤劳。

애깃거리【명사】'이야깃거리(이야기할 만한 재료나 소재)'의 준말. ◆名话题；话柄，笑料。¶애깃거리가 되다. =成为话柄。

어【감탄사】叹 ❶ 놀라거나, 당황하거나, 초조하거나, 다급할 때 나오는 소리. ◆啊，唉(表示惊讶、慌

张、焦急)。¶어! 서류를 택시에 두고 내렸네. =啊! 把文件忘在出租车上了。❷ 기쁘거나, 슬프거나, 뉘우치거나, 칭찬할 때 내는 소리. ◆ 啊，咳，唉，哎呀(表示高兴、悲伤、后悔、赞扬)。¶어, 반갑네. =啊，真是高兴了! ❸ 말을 하기에 앞서 상대의 주의를 끌기 위하여 내는 소리. ◆ 嗨，哎。¶어, 여기야! =哎，在这呢!

어간(語幹)【명사】활용어가 활용할 때에 변하지 않는 부분. ◆ 图词干。

어감(語感)【명사】말소리나 말투의 차이에 따른 느낌과 맛. ◆ 图语感。¶이 두 단어의 의미는 비슷하나 어감은 아주 다르다. =这两个词的意思虽然相近，但语感有很大的差异。

어구1(漁具)【명사】고기잡이에 쓰는 여러 가지 도구. ◆ 图渔具，钓具，捕鱼工具。¶어구를 손질하다. =修补渔具。

어구2(語句)【명사】말의 마디나 구절. ◆ 图语句，词句，句子。¶한문 어구에 음을 달다. =在汉语词句上标上拼音。

어귀【명사】드나드는 목의 첫머리. ◆ 图入口。¶동네 어귀로 접어들자, 멀리서 개 짖는 소리가 들렸다. =刚到村口，远远地就听到狗叫的声音。

어근(語根)【명사】단어를 분석할 때, 실질적 의미를 나타내는 중심이 되는 부분. ◆ 图词根。

어금니【명사】송곳니의 안쪽에 있는 크고 가운데가 오목한 이. ◆ 图臼齿，〈俗〉槽牙。¶어금니를 꽉 깨물다. =紧咬牙关。

어긋나다【동사】动 ❶ 잘 맞물려 있는 물체가 틀어져서 맞지 아니하다. ◆ (方向、位置)错开，错位，不吻合。¶뼈가 어긋나다. =骨头错位。❷ 기대에 맞지 아니하거나 일정한 기준에서 벗어나다. ◆ 违背，辜负，不合，(相)左。¶기대에 어긋나다. =辜负期望。❸ 서로의 마음에 틈이 생기다. ◆ 拧，不和。¶그 부부는 몇 년 전부터 사이가 어긋나기 시작했다. =那对夫妇从几年前开始就不和了。❹ 방향이 비껴서 서로 만나지 못하다. ◆ 错开，岔。

어기다【동사】규칙·명령·약속·시간 따위를 지키지 아니하고 거스르다. ◆ 动违背，违反。¶약속을 어기다. =违约。

어김없다【형용사】形 ❶ 어기는 일이 없다. ◆ 不违反，不失约，不食言。¶그는 약속하면 어김없는 사람이다. =他是个信守承诺的人。❷ 틀림이 없다. ◆ 没错，准确，准确无误。¶그의 말은 전부 어김없는 사실이다. =他的话全部是准确的事实。● 어김없이 ●

어깃장【명사】图 ❶ 짐짓 어기대는 행동. ◆ 顶撞，固执，故意顶撞。¶그가 어깃장을 놓는 바람에 계약이 이루어지지 않았다. =由于他的固执，没能签成合同。❷ 널문을 짤 때 널쪽을 맞추어서 띳장을 대고 못을 박은 뒤, 그 문짝이 일그러지지 아니하게 대각선으로 붙인 띳장. ◆ 横木条。

어깨【명사】图 ❶ 사람의 몸에서, 목의 아래 끝에서 팔의 위 끝에 이르는 부분. ◆ 肩，肩膀，肩胛。¶어깨가 쑤시다. =肩膀酸痛。❷ 옷소매가 붙은 솔기와 깃 사이의 부분. ◆ (衣服)肩部。¶요사이는 어깨가 넓은 옷이 유행이다. =现在流行宽肩的服装。❸ 힘이나 폭력 따위를 일삼는 불량배를 속되게 이르는 말. ◆ 俚暴徒，流氓团伙。¶어깨들이 회의장에 들어와 난동을 부렸다. =暴徒们冲进会场引起了骚乱。

어깨동무【명사】상대편의 어깨에 서로 팔을 얹어 끼고 나란히 섬. 또는 그렇게 하고 노는 아이들의 놀이. ◆ 图搭着肩膀，勾肩搭背。¶두 사람은 큰길에서 어깨동무를 짜고 비틀거리며 택시를 잡았다. =两人在大路上搭着肩膀相互搀扶着踉踉跄跄地叫了出租车。● 어깨동무하다 ●

어깨띠【명사】한쪽 어깨에서 다른 쪽 겨드랑이로 걸치어 매는 띠. ◆ 图 (斜挎在肩上的)布带(写着标语或所属单位名称等)。

어깨춤【명사】신이 나서 어깨를 위아래로 으쓱거리는 일. 또는 그렇게 추는 춤. ◆ 图耸肩跳舞；耸肩舞。¶어깨춤을 추다. =跳耸肩舞。

어깻죽지【명사】图 ❶ 어깨에 팔이 붙은 부분. ◆ 肩胛，肩膀。¶갑자기 무리한 운동을 해서 어깻죽지가 결리다. =忽然运动过量，肩膀疼得厉害。❷ 어깨를 속되게 이르는 말. ◆ 俚 "어깨"的俗称。

어눌하다(語訥--)【형용사】말을 유창하게 하지 못하고 떠듬떠듬하는 면이 있다. ◆ 形讷讷，结结巴巴，口吃。¶말투가 어눌하다. =说话结巴。

어느【관형사】冠 ❶ 둘 이상의 것 가운데 대상이 되는 것이 무엇인지 물을 때 쓰는 말. ◆ 哪，哪个。¶어느 것이 맞는 답입니까? =哪个是正确答案? ❷ 둘 이상의 것 가운데 똑똑히 모르거나 꼭 집어 말할 필요가 없는 막연한 사람이나 사물을 이를 때 쓰는 말. ◆ 有一个，某个。¶옛날 어느 마을에 가난한 형제가 살고 있었다. =过去，有个村子里住着一对贫穷的兄弟。❸ 정도나 수량을 묻거나 또는 어떤 정도나 얼마만큼의 수량을 막연하게 이를 때 쓰는 말. ◆ 什么，哪个，多少。¶낭떠러지가 어느 만큼 가파르더냐? =悬崖陡成什么样子?

어느덧【부사】어느 사이인지도 모르는 동안에. ◆ 副不知不觉，转眼，一晃。¶고향을 떠난 지 어느덧 10년이 넘었다. =离开家乡不知不觉已有十多年了。

어느새【부사】어느 틈에 벌써. ◆ 副不知不觉间，一晃。¶입학한 지가 어제 같은데 어느새 졸업이다. =入学的情景仿佛还在眼前，一晃已经毕业了。

어는점(--點)【명사】물이 얼기 시작할 때 또는 얼음이 녹기 시작할 때의 온도. ◆ 图 冰点。¶온도가 어는점 이하로 내려가다. =温度降到冰点以下。

어두(語頭)【명사】图 ❶ 말의 첫머리. ◆ 话头。¶어렵게 어두를 떼다. =艰难地接过话头。❷ 어절의 처음. ◆ 词头。

어두육미(魚頭肉尾)【명사】물고기는 머리 쪽이 맛이 있고 짐승 고기는 꼬리 쪽이 맛이 있다는 말. ◆ 图鱼头肉尾，统指美味佳肴。

어두움【명사】어두운 상태. 또는 그런 때. ◆ 图黑暗，夜色。¶해가 지고 대지에 어두움이 깔리다.

=太阳落山了，大地笼罩在一片夜色中。

어두컴컴하다【형용사】어둡고 컴컴하다. ◆ 形昏暗，黑漆漆，漆黑。¶방이 어두컴컴하다. =房间里一片漆黑。

어둑어둑하다【형용사】사물을 똑똑히 알아볼 수 없을 만큼 어둡다. ◆ 形昏暗，黑洞洞。¶장에 가신 아버지는 어둑어둑해서야 돌아오셨다. =去赶集的爸爸直到天黑了才回来。● 어둑어둑 ●

어둑하다【형용사】形 ❶ 제법 어둡다. ◆ 昏暗，黑漆漆，暗无天日。¶방이 어둑해서 불을 켰다. =房间里很暗，所以打开了灯。❷ 되바라지지 아니하고 어수룩하다. ◆ 头脑简单。¶이아이가 너무 어둑해서 다른 아이들에게 해코지를 당하는 경우가 종종 있다. =这孩子头脑简单，心思单纯，所以常常被其他孩子欺负。

어둠【명사】어두운 상태. 또는 그런 때. ◆ 名黑，黑暗，昏暗。¶짙은 어둠 속. =黑暗中。

어둠침침하다【형용사】어둡고 침침하다. ◆ 形阴暗，阴沉沉，阴森，昏暗。¶당뇨를 오래 앓아 눈이 어둠침침하다. =患糖尿病已久，眼睛昏花了。

어둡다【형용사】形 ❶ 빛이 없어 밝지 아니하다. ◆ 黑，暗。¶밤길이 어둡다. =夜路很黑。❷ 빛깔의 느낌이 무겁고 침침하다. ◆ 暗淡，灰暗。¶그림의 색조가 어둡다. =画的色调暗淡。❸ 분위기나 표정, 성격 따위가 침울하고 무겁다. ◆ 阴沉，忧郁，沉默。¶그녀는 안 좋은 일이 있는지 표정이 몹시 어두웠다. =可能是有什么不高兴的事，她的表情非常阴郁。❹ 희망이 없이 참담하고 막막하다. ◆ 黑暗，黑。❺ 사람이나 사회가 깨지 못하다. ◆ 蒙昧，闭塞。¶선생님의 말씀은 어두운 제 눈을 뜨게 해 주셨습니다. =老师的话语让我睁开了蒙昧的双眼。❻ 눈이 잘 보이지 아니하거나 귀가 잘 들리지 아니하다. ◆ 形 (视力、听力)不好，弱，差。¶눈이 어둡다. =视力差。❼ 수상쩍거나 좋지 아니하다. ◆ 压抑，不可告人。¶어두운 과거를 들추다. =揭露不可告人的过去。❽ 어떤 분야에 대하여 잘 알지 못하다. ◆ 不懂，不谙。¶세상 물정에 어둡다. =不谙世事。❾ 어떤 것에 욕심을 내다. ◆ 贪心，贪。¶돈에 눈이 어둡다. =贪钱。

어디[1]【감탄사】叹 ❶ 벼르거나 다짐할 때 쓰는 말. ◆ 表示下决心作打算。¶어디, 좀 봅시다. =那么，等着瞧吧。❷ 되물어 강조할 때 쓰는 말. ◆ 倒是。¶할머니가 돌본다고 한들 어디 부모만 할까. =即便是有奶奶照顾，又哪里比得上父母呢? ❸ 남의 주의를 끌 때 쓰는 말. ◆ 喊一声以吸引对方注意的口语，喂。¶어디, 네가 이번 시험에서 일등을 한 학생이냐? =喂，你就是这次考试考第一的学生吗?

어디[2]【대명사】代 ❶ 잘 모르는 어느 곳을 가리키는 지시 대명사. ◆ 哪(儿)，哪里。¶학교가 어디냐? =学校在哪里? ❷ 가리키는 곳을 굳이 밝혀서 말하지 아니할 때 쓰는 지시 대명사. ◆ 某处，哪里。¶어디 가 볼 데가 있다. =无处可去。❸ 수량·범위·장소 따위가 아주 대단함을 가리키는 지시 대명사. ◆ 哪儿，怎么。¶치열한 대학입시에서 5점이면 어디냐? =在竞争激烈的大学入学考试中哪儿有只得5分的? ❹ 조금의 여지도 없음을 이르는 말. ◆ 表示没有一点余地。¶이번 결정은 어디까지나 네게 달렸다. =这件事情的决定，关键取决于你。

어떠하다【형용사】의견, 성질, 형편, 상태 따위가 어찌 되어 있다 ◆ 形怎么样，什么，怎样。¶어떠한 관계인가. =什么关系?

어떤【관형사】冠 ❶ 사람이나 사물의 특성, 내용, 상태, 성격이 무엇인지 물을 때 쓰는 말. ◆ 什么样，怎么，怎样。¶그는 어떤 사람이니? =他是什么样的人? ❷ 주어진 여러 사물 중 대상으로 삼는 것이 무엇인지 물을 때 쓰는 말. ◆ 哪，哪些。¶어떤 분을 찾아오셨습니까? =您找哪位? ❸ 대상을 뚜렷이 밝히지 아니하고 이를 때 쓰는 말. ◆ 某个，某，某些。¶나는 지난여름 홀로 여행을 떠났다가 기차 안에서 어떤 여인을 만났다. =我去年夏天独自去旅行，在火车上偶遇了一个女人。❹ 관련되는 대상이 특별히 제한되지 아니할 때 쓰는 말. ◆ 谁，哪个。¶이런 상황이라면 어떤 사람이라도 화를 낼 것이다. =如果遇到这种情况，不管是谁都会生气。

어떻다【형용사】의견, 성질, 형편, 상태 따위가 어찌 되어 있다. ◆ 形怎么样，什么样。¶요즈음 어떻게 지내십니까? =最近过得怎么样?

어려움【명사】어려운 것. ◆ 名困难，苦难。¶어려움이 많다. =困难多。

어려워하다【동사】动 ❶ 사람을 두려워하거나 조심스럽게 여기다. ◆ 敬畏，畏惧，害怕。¶웃어른을 어려워하다. =害怕长辈。❷ 하기가 까다로워 힘에 겹게 여기다. ◆ 觉得费力，为难，犯怵，打怵。¶수학 문제를 어려워하는 학생들이 많다. =有很多学生都为数学题犯怵。

어련하다【형용사】따로 걱정하지 아니하여도 잘될 것이 명백하거나 뚜렷하다. 대상을 긍정적으로 칭찬하는 뜻으로 쓰나, 때로 반어적으로 쓰여 비아냥거리는 뜻을 나타내기도 한다. ◆ 形当然会，哪儿能(不好、不行、不会)，没错(与疑问式谓语搭配，表示明确的肯定)。¶자네 생각이 어련하겠나. =你的想法怎么会不好? ● 어련히 ●

어렴풋하다【형용사】形 ❶ 기억이나 생각 따위가 뚜렷하지 아니하고 흐릿하다. ◆ 依稀，模糊，隐隐约约。¶시간이 많이 흘러 친구의 모습이 어렴풋하다. =时间久了，朋友的样子都模糊了。❷ 물체가 뚜렷하게 보이지 아니하고 흐릿하다. ◆ 模模糊糊，模糊不清，朦胧，隐隐约约。❸ 소리가 뚜렷하게 들리지 아니하고 희미하다. ◆ 模模糊糊，听不清楚。¶시끄러워 전화 소리가 어렴풋하다. =太吵了，听不清电话里讲什么。❹ 잠이 깊이 들지 아니하고 의식이 있는 듯 만 듯하다. ◆ (睡得)不沉，不熟。¶어렴풋하게 잠을 자서 몸이 개운하지 않다. =睡得不沉，身子也不轻爽。● 어렴풋이 ●

어렵다【형용사】形 ❶ 하기가 까다로워 힘에 겹다. ◆ 困难，难，不易，不容易。¶시험 문제가 어렵다. =试题很难。❷ 겪게 되는 곤란이나 시련이 많다. ◆ 困苦，苦，艰苦。¶그는 어려서 부모를 잃고 청소년기를 어렵게 지냈다. =他从小就失去了父母，青少年时期过得很苦。❸ 말이나 글이 이해하기에 까다롭다. ◆ 困难，难，难懂，艰涩。¶이 책은 중학생인 내가 읽기에는 너무 어렵다. =这本书对还是中学生的我来说，读起来太困难了。❹ 가난하여 살아가기가 고생스럽다. ◆ 困难，艰难，艰苦，窘迫，紧。¶살림 형편이 어렵다. =生活很窘迫。❺ 성미가 맞추기 힘들만큼 까다롭다. ◆ (脾气)古怪，爱挑剔。¶그녀는 성미가 어려워 친구들과 어울리지 못한다. =她性格古怪，无法和朋友们融洽相处。❻ 가능성이 거의 없다. ◆ 难于，难以，难。¶시험을 너무 못 봐서 합격하기는 어려울 것 같다. =考试考得太不好，可能很难及格。❼ 상대가 되는 사람이 거리감이 있어 행동하기가 조심스럽고 거북하다. ◆ 畏惧，害怕，敬畏。¶나는 선생님이 너무 어렵다. =我非常害怕老师。● 어렵게 ●

어렵사리【부사】 매우 어렵게. ◆ 副好不容易，好容易。¶어렵사리 일자리를 구하다. =好不容易找到了工作。

어로(漁撈)【명사】 고기나 수산물 따위를 잡거나 거두어들이는 일. ◆ 名捕鱼，捕捞。¶어로 활동. =捕鱼活动。

어록(語錄)【명사】 위인들이 한 말을 간추려 모은 기록. ◆ 名语录，经典名言录。

어뢰(魚雷)【명사】 물고기 모양으로 생긴 대(對)함선 공격용 수뢰. 함정이나 항공기에서 발사, 투하하면 자체 추진 장치에 의하여 나아가 목표에 부딪쳐 폭발한다. ◆ 名鱼雷。

어뢰정(魚雷艇)【명사】 어뢰를 주공격 무기로 하는 해군 함정. ◆ 名 鱼雷艇。

어루만지다【동사】 动 ❶ 가볍게 쓰다듬어 만지다. ◆ 抚摸，摸。¶뺨을 어루만지다. =抚摸脸颊。❷ 가볍게 쓰다듬는 것처럼 스쳐 지나가다. ◆ 拂。¶향기롭고 부드러운 봄바람이 나를 어루만진다. =和煦的春风吹拂着我。❸ 듣기 좋은 말이나 행동으로 달래거나 마음을 풀어 주다. ◆ 抚慰，安慰。¶그녀의 위로가 나의 아픈 마음을 어루만져 주었다. =她的安慰抚慰了我痛苦的心灵。

어류(魚類)【명사】 척추동물문의 연골어강, 경골어강, 먹장어강, 두갑강, 조기강을 통틀어 이르는 말. ◆ 名鱼类。

어르다【동사】 动 ❶ 몸을 움직여 주거나 또는 무엇을 보여 주거나 들려주어서, 어린아이를 달래거나 기쁘게 하여 주다. ◆ 哄，逗。¶아기를 추스르며 어르다. =托起小孩逗着玩。❷ 사람이나 짐승을 놀리며 장난하다. ◆ 戏弄，捉弄，玩弄，逗。¶고양이는 쥐 한 마리를 물어 와서 앞발로 어르고 있었다. =猫叼过来一只老鼠，用前爪逗着玩。

어르신【명사】 名 ❶ 남의 아버지를 높여 이르는 말. ◆ 令尊。¶자네 어르신 병환은 좀 어떠신가? =令尊的病怎么样了? ❷ 아버지와 벗이 되는 어른이나 그 이상 되는 어른을 높여 이르는 말 ◆ 老人，长辈。¶동네 청년들이 마을 어르신들을 모시고 잔치를 열었다. =村子里的青年为老人们举办了喜宴。

어른【명사】 名 ❶ 다 자란 사람. 또는 다 자라서 자기 일에 책임을 질 수 있는 사람. ◆ 大人，成人，成年人。¶아이가 자라 어른이 되다. =孩子长成大人。❷ 나이나 지위나 항렬이 높은 윗사람. ◆ 老人家，长辈，长者。¶내가 두 살 더 먹었으니 너보다 어른이다. =我比你大两岁，是你的长辈。❸ 결혼을 한 사람. ◆ 成了家的人。¶장가도 안 간 녀석이 어른이라고? =还没成家呢，算什么大人? ❹ 한 집안이나 마을 따위의 집단에서 나이가 많고 경륜이 많아 존경을 받는 사람. ◆ 长辈，尊长。¶그는 오십이 넘은 사나이였고, 이 마을에서 어른 노릇을 하는 사람이었다. =他已年过五十，成了这个村子里的长者。❺ 남의 아버지를 높여 이르는 말. ◆ 令尊。¶자네 어른께는 상의드려 보았는가? =你和令尊商量过了吗?

어른거리다【동사】 动 ❶ 무엇이 보이다 말다 하다. ◆ 隐约，隐隐约约。¶아들의 모습이 눈앞에 어른거리다. =眼前隐约闪现出儿子的模样。❷ 큰 무늬나 희미한 그림자 따위가 물결 지어 자꾸 움직이다. ◆ 晃动，摇曳。¶그림자가 어른거리다. =影子在晃动。

어른스럽다【형용사】 나이는 어리지만 어른 같은 데가 있다. ◆ 形老成，老气横秋，成熟，像大人。¶어린애 하는 짓이 아주 어른스럽다. =那么小的孩子做事很老成。● 어른스레 ●

어른어른하다【동사】 动 ❶ 무엇이 자꾸 보이다 말다 하다. ◆ 隐隐约约，影影绰绰。❷ 큰 무늬나 그림자 따위가 물결 지어 잇따라 움직이다. ◆ 起伏。● 어른어른 ●

어름【명사】 名 ❶ 두 물건의 끝이 맞닿은 자리. ◆ 汇合点，交汇处。¶눈두덩이와 광대뼈 어름에 멍이 들다. =在眼睑和颧骨的相接处有淤血。❷ 물건과 물건의 한가운데. 또는 두 장소의 경계가 되는 부분. ◆ (两物体)交界处。¶그는 자기 소유의 땅 어름에 울타리를 쳤다. =他在自己的土地边界处搭起了篱笆。❸ 구역과 구역의 경계점. ◆ 名交界处。❹ 시간이나 장소나 사건 따위의 일정한 테두리 안. 또는 그 가까이. ◆ 估计。¶어름으로 봐도 그는 기혼자다. =估计一下也知道他是已婚人士。

어리【명사】 名 ❶ 병아리 따위를 가두어 기르는 물건. 싸리나 가는 나무로 채를 엮어 둥글게 만든다. ◆ (养鸡用)鸡棚，鸡笼，鸡舍。¶싸리로 어리를 만들어 닭을 기르다. =用胡枝子搭鸡笼养鸡。❷ 새장(새를 넣어 기르는 장). ◆ 笼子，鸟笼。

어리광【명사】 어른에게 귀염을 받거나 남의 마음을 기쁘게 하려고 어린아이의 말씨나 태도로 버릇없이 굴거나 무엇을 흉내 내는 일. ◆ 名撒娇。¶어리광을 떨다. =撒娇。

어리다[1]【형용사】 形 ❶ 나이가 적다. ◆ 小，幼小，年幼。¶나는 어린 시절을 시골에서 보냈다. =我小时候住在农村。❷ 나이가 비교 대상보다 적다. ◆ 小。¶김 선생은 나보다 세 살이 어리니 올해 마흔다섯이다. =金先生比我小三岁，今年四十五岁。❸ 동물이나 식물 따위가 난 지 얼마 안 되어 작고 여리다. ◆ (动植物)幼，嫩。¶어린 묘목을 옮겨 심다. =移植幼苗。❹ 생각이 모자라거나 경험이 적거나 수준이 낮다. ◆ 幼稚，不成熟，(经验)少，(水平)低。¶저의 어린 소견을 끝까지 경청해 주셔서 고맙습니다. =感谢大家倾听拙见。

어리다²【동사】动 ❶ 눈에 눈물이 조금 괴다. ◆ 噙，含，带着。¶눈에 눈물이 어리다. =眼里噙着泪花。❷ 어떤 현상·기운·추억 따위가 배어 있거나 은근히 드러나다. ◆ 挂，带着，露出。¶취기가 어린 말투. =醉醺醺的口吻。❸ 빛이나 그림자, 모습 따위가 희미하게 비치다. ◆ 映照。¶수면에 어리는 그림자. =映在水面上的倒影。❹ 연기, 안개, 구름 따위가 한곳에 모여 나타나다. ◆ 弥漫，泛着，散发。¶앞들 무논 위에 아지랑이가 어리기 시작한다. =村前的水田开始泛起薄雾。

어리둥절하다【형용사】무슨 영문인지 잘 몰라서 얼떨떨하다. ◆ 形发呆，发愣，发懵，不知所措，莫名其妙。¶영문을 몰라 어리둥절하다. =不明所以，莫名其妙。

어리벙벙하다【형용사】어리둥절하여 갈피를 잡을 수 없다. ◆形发愣，发懵。¶너무도 갑작스런 일이라 그저 어리벙벙할 뿐이다. =事情发生得太突然了，一下子懵在那儿了。

어리석다【형용사】슬기롭지 못하고 둔하다. ◆形愚蠢，幼稚，傻头傻脑。¶행동이 어리석다. =行为幼稚。

어린아이【명사】나이가 적은 아이. ◆ 名小孩，孩童，孩子。¶이제 달포를 지난 어린아이는 얼굴에 젖살이 포동포동 몰려 볼수록 귀여웠다. =刚满月的孩子，小脸上胖乎乎的都是肉，越看越可爱。

어린애【명사】'어린아이(나이가 적은 아이)'의 준말. ◆名小孩，孩童，孩子。¶부부는 어린애를 할머니에게 맡기고 출근한다. =夫妻俩把孩子托给奶奶后上班去了。

어린이【명사】'어린아이'를 대접하거나 격식을 갖추어 이르는 말. 대개 4, 5세부터 초등학생까지의 아이를 이른다. ◆名儿童，小孩。¶어린이는 나라의 보배다. =儿童是国家的珍宝。

어린이날【명사】어린이의 지위 향상을 위하여 정한 날. ◆名儿童节。

어림【명사】대강 짐작으로 헤아림. 또는 그런 셈이나 짐작. ◆名估计，估量。¶어림으로 짐작하다. =估计。

어림수(--數)【명사】대강 짐작으로 잡은 수. ◆名概数，数。¶집회에는 어림수로 백여 명이 참석했다. =估计有一百多人参加了集会。

어림없다【형용사】形 ❶ 도저히 될 가망이 없다. ◆ 根本不可能，没门。¶너의 알량한 실력으로 그에게 맞서다니, 어림없어. =用你那点不值一提的实力和他对抗，根本不可能。❷ 너무 많거나 커서 대강 짐작조차 할 수 없다. ◆ 数不过来，难以计算。¶환기통은 어림없을 정도로 높은 벽 천장쯤에 매달려 있었다. =换风道挂在非常高的、接近天棚的地方。❸ 분수가 없다. ◆ 没分寸。¶그는 그리 착하지는 않지만 그렇다고 마구 대드는 어림없는 사람도 아니다. =他虽然不那么温顺，但也不是那么没分寸、乱顶撞的人。

어림잡다【동사】대강 짐작으로 헤아려 보다. ◆ 动估计，估摸。¶모인 사람의 수효를 어림잡다. =估算聚集的人的数量。

어림짐작(--斟酌)【명사】대강 헤아리는 짐작. ◆名估计，估量，斟酌。¶그가 어디로 사라졌는지 어림짐작이라도 해 보아라. =想一想他是去了哪里不见了的。

어림짐작하다(--斟酌--)【동사】대강 헤아려 짐작하다. ◆动推算。

어릿거리다【동사】动 ❶ 어렴풋하게 자꾸 눈앞에 어려 오다. ◆ 浮现，闪现，依稀浮现。¶지난 일들이 그의 머리에 어릿거리다. =往事浮现在他的脑海中。❷ 말과 행동이 활발하지 못하고 생기 없이 움직이다. ◆ 无精打采，毫无生气。¶그는 항상 아픈 사람처럼 어릿거렸다. =他常像得了病似的，毫无生气。

어릿광대【명사】名 ❶ 곡예나 연극 따위에서, 얼럭광대의 재주가 시작되기 전이나 막간에 나와 우습고 재미있는 말이나 행동으로 판을 어울리게 하는 사람. ◆ 小丑，丑角。❷ 우스운 말이나 행동을 하여 남을 웃기는 사람을 비유적으로 이르는 말. ◆〈喻〉活宝，滑稽鬼。

어릿어릿【부사】몹시 쓰리고 따가운 느낌. ◆ 副火辣辣，热辣辣。¶고추 맛이 어릿어릿 맵다. =辣椒太辣了。

어마어마하다【형용사】매우 놀랍게 엄청나고 굉장하다. ◆ 形 (超乎寻常地)多，宏伟，雄伟。¶해변에 피서 인파가 어마어마하다. =到海边避暑的人异常多。

어머【감탄사】주로 여자들이 예상하지 못한 일로 깜짝 놀라거나 끔찍한 느낌이 들었을 때 내는 소리. ◆ 叹哎呀，哎哟。¶어머, 눈이 오네. =哎呀，下雪了。● 어머나 ●

어머니【명사】名 ❶ 자기를 낳아 준 여자를 이르거나 부르는 말. ◆ (称自己的)妈妈，母亲，妈。¶우리 어머니께서 주무신다. =我母亲睡了。❷ 자녀를 둔 여자를 자식에 대한 관계로 이르거나 부르는 말. ◆ (指已生育子女的女性)妈妈，母亲。¶저 분이 영희네 어머니이시다. =那位是英姬的母亲。❸ 자기의 어머니와 나이가 비슷한 여자를 친근하게 이르거나 부르는 말. ◆ 伯母，大娘，大妈，大婶。¶어머니, 저 모르시겠어요? 만수 친구 영호입니다. =大娘，您不认识我了？我是万寿的朋友英浩呀。❹ '시어머니'를 친근하게 이르거나 부르는 말. ◆ 婆婆，妈(对婆婆的亲切称呼)。¶어머니, 아범이 오늘 늦게 들어온답니다. =妈，孩子他爸说今天晚回来。❺ 무엇이 배태되어 생겨나게 된 근본을 비유적으로 이르는 말. ◆〈喻〉原动力，源泉，根本。● 어머님, 어멈 ●

어명(御命)【명사】임금의 명령을 이르던 말. ◆名圣旨。

어묵(魚-)【명사】생선의 살을 뼈째 으깨어 소금,

칡가루, 조미료 따위를 넣고 익혀서 응고시킨 음식. ◆ 图鲜鱼凉粉。¶어묵을 조리다. =炖鲜鱼凉粉。

어물거리다【동사】动 ❶ 보일 듯 말 듯 하게 조금씩 자꾸 움직이다. ◆ 一晃一晃，晃动，闪烁，蠕动。¶산 아래 교정에서 학교 깃발이 어물거린다. =山下的校园里飘扬着校旗。❷ 말이나 행동 따위를 시원스럽게 하지 못하고 꾸물거리다. ◆ 磨磨蹭蹭，拖拖拉拉；含糊其辞，支支吾吾。¶경찰이 어물거리다가 범인을 놓쳤다. =警察拖拖拉拉，让罪犯逃走了。● 어물대다 ●

어물어물하다【동사】动 ❶ 보일 듯 말 듯 하게 조금씩 자꾸 움직이다. ◆ 一晃一晃，晃动，闪烁。❷ 말이나 행동 따위를 시원스럽게 하지 못하고 꾸물꾸물하다. ◆ 磨磨蹭蹭，拖拖拉拉；含糊其辞，吞吞吐吐，支支吾吾。¶그는 뭐라고 어물어물하다가 자기 방으로 들어가 버렸다. =他吞吞吐吐地说了几句什么，就回自己的房间了。● 어물어물 ●

어물전(魚物廛)【명사】생선, 김, 미역 따위의 어물을 전문적으로 파는 가게. 조선 시대에는 내어물전과 외어물전의 구별이 있었다. ◆ 图鱼店，鲜鱼行。¶부둣가에는 어물전이 줄지어 있다. =码头附近，鲜鱼行鳞次栉比。

어미(語尾)【명사】용언 및 서술격 조사가 활용하여 변하는 부분. ◆ 图词尾，后缀。

어민(漁民)【명사】어부(물고기 잡는 일을 업으로 하는 사람). ◆ 图渔民，渔户。¶이번 태풍으로 많은 어민들이 상당한 피해를 입었다. =这次台风使很多渔民遭了大灾。

어버이【명사】아버지와 어머니를 아울러 이르는 말. ◆ 图父母，双亲。¶어버이의 은혜. =父母之恩。

어법(語法)【명사】말의 일정한 법칙. ◆ 图语法。¶어법에 맞다. =符合语法。

어부(漁夫/漁父)【명사】물고기 잡는 일을 업으로 하는 사람. ◆ 图渔夫。¶강에서 어부가 그물을 던진다. =渔夫在江里撒网。

어부지리(漁夫之利)【명사】두 사람이 이해관계로 서로 싸우는 사이에 엉뚱한 사람이 애쓰지 않고 가로챈 이익을 이르는 말. ◆ 图渔翁之利。¶적을 이간하여 어부지리를 얻다. =离间敌人，坐收渔翁之利。

어불성설(語不成說)【명사】말이 조금도 사리에 맞지 아니함. ◆ 图文章或话语无法自圆其说。

어사(御史)【명사】왕명으로 특별한 사명을 띠고 지방에 파견되던 임시 벼슬. 감진어사, 순무어사, 안핵사, 암행어사 따위가 있다. ◆ 图御史，钦差。

어색하다(語塞--)【형용사】形 ❶ 잘 모르거나 아니면 별로 만나고 싶지 않았던 사람과 마주 대하여 자연스럽지 못하다. ◆ 别扭，不自然，腼腆，拘谨。¶익숙하지 않은 분위기라서 어색하다. =还不太熟悉环境，所以有点拘谨。❷ 대답하는 말 따위가 경위에 몰리어 궁색하다. ◆ 词穷，语塞。❸ 격식이나 규범, 관습 따위에 맞지 아니하여 자연스럽지 아니하다. ◆ 生硬，不流畅，不自然，蹩脚，别扭。¶문장이 어색하다. =句子不通顺。

어서¹【부사】副 ❶ 일이나 행동을 지체 없이 빨리 하기를 재촉하는 말. ◆ 快，赶快。¶어서 대답해라. =快回答。❷ 반갑게 맞아들이거나 간절히 권하는 말. ◆ 请，快。¶어서 오게. =快请进。● 어서어서 ●

어선(漁船)【명사】고기잡이를 하는 배. ◆ 图渔船，捕鱼船。

어설프다【형용사】形 ❶ 하는 일이 몸에 익지 아니하여서 익숙하지 못하고 엉성하고 거친 데가 있다. ◆ 生疏，不熟练。¶일솜씨가 어설프다. =手艺生疏。❷ 조직이나 지식, 행동 따위가 완전하게 짜이지 못하고 허술한 데가 있다. ◆ 浅薄，不周。¶어설픈 계획으로 우리의 여행은 무산되었다. =由于计划不周，我们的旅行泡汤了。❸ 철저한 준비나 신중한 생각 없이 가볍게 행동하다. ◆ 轻率，草率。¶잘 알지도 못하면서 남의 일에 어설프게 나서지 마라. =不了解详情就不要轻率地干预别人的事。❹ 잠이 깊지 아니하거나 꿈이 또렷하지 못하고 희미하다. ◆ 迷迷糊糊，朦朦胧胧。¶어설프게 잠이 들었는데 인기척에 잠이 깼다. =正睡得迷迷糊糊时，不知被什么人的动静给弄醒了。❺ 연기·안개·냄새 따위가 짙거나 선명하지 아니하고 매우 연하다. ◆ 淡，薄。¶겨울 햇살이 어설프게 비춘다. =冬日的薄阳照着大地。● 어설피 ●

어수룩하다【형용사】形❶ 겉모습이나 언행이 치밀하지 못하여 순진하고 어설픈 데가 있다. ◆ 呆，傻，笨，愚笨，傻乎乎。¶이렇게 어수룩해서 제 밥벌이나 하겠나? =这么愚笨能养活自己吗? ❷ 언행이 숫되고 후하다. ◆ 憨厚，厚道，纯朴。¶그는 품행이 성실하고 어수룩해서 마을 사람들에게 칭찬이 자자하다. =他品性诚实、憨厚，村子里的人都对他赞不绝口。❸ 제도나 규율에 의한 통제가 제대로 되지 않아 매우 느슨하다. ◆ (制度、纪律等)松懈，散漫，涣散，松散。¶세상이 그렇게 어수룩한 줄 알았니? =你以为在世间可以这么自由散漫吗?

어수선하다【형용사】形 ❶ 사물이 얽히고 뒤섞여 가지런하지 아니하고 마구 헝클어져 있다. ◆ 乱七八糟，杂乱无章。¶청소를 하지 않아 방이 어수선하다. =没收拾，屋子里乱七八糟的。❷ 마음이나 분위기가 안정되지 못하여 불안하고 산란하다. ◆ 乱，心烦意乱，心乱如麻。¶형의 가출로 집안 분위기가 어수선하고 뒤숭숭했다. =哥哥的离家出走让家里乱成一团。

어순(語順)【명사】문장 성분의 배열에 나타나는 일정한 순서. ◆ 图语序。¶한국어는 영어와 어순이 다르다. =韩语和英语的语序不同。

어스름【명사】조금 어둑한 상태. 또는 그런 때. ◆ 图(光线)微弱，暗淡，朦胧，昏暗。¶새벽 어스름. =黎明时分，天光朦胧。● 어스름하다 ●

어슬렁거리다【동사】몸집이 큰 사람이나 짐승이 몸을 조금 흔들며 계속 천천히 걸어 다니다. ◆ 动 (身高腿长的人或动物)慢悠悠地走，晃荡，溜达。¶할 일 없이 유흥가에서 어슬렁거리다. =无所事事地在街上晃荡。● 어슬렁대다, 어슬렁이다 ●

어슬렁어슬렁하다【동사】몸집이 큰 사람이나 짐승이 몸을 조금 흔들며 계속 천천히 걸어 다니다. ◆ 动(身高腿长的人或动物)慢悠悠地走，晃荡，溜达，转悠，晃悠。¶사자가 사냥터 주위를 어슬렁어슬렁하다. =狮子在狩猎区周围转悠。● 어슬렁어슬렁 ●

어슴푸레하다【형용사】形 ❶ 빛이 약하거나 멀어서 어둑하고 희미하다. ◆ (光线)微弱，暗淡，朦胧，昏暗，昏黄。¶그의 자취방은 어슴푸레한 전등 하나가 달려있었다. =他的房间里亮着一盏昏黄的电灯。❷ 뚜렷하게 보이거나 들리지 아니하고 희미하고 흐릿하다. ◆ 依稀，影影绰绰，隐隐约约，隐然。¶친구가 밖에서 부르는 소리가 어슴푸레하게 들렸다. =外面隐隐约约传来朋友的喊声。❸ 기억이나 의식이 분명하지 못하고 희미하다. ◆ 模糊，模模糊糊。¶그는 나에게 반갑게 인사했지만 나의 기억은 어슴푸레하다. =虽然他熟络地跟我打招呼，但我对他的印象却很模糊。● 어슴푸레 ●

어시장(魚市場)【명사】생선 따위의 어물을 파는 시장. ◆ 名鱼市，鱼市场，鲜鱼市场。¶강 하구에는 어시장이 형성되어 있다. =河流入海口处形成了鱼市。

어안【명사】어이없어 말을 못하고 있는 혀 안. ◆ 名发傻，发懵，发愣，目瞪口呆。¶졸지에 벌어진 싸움에 우리들은 어안이 벙벙했다. =突然发生的打斗让我们一下子懵了。

어업(漁業)【명사】영리를 목적으로 물고기, 조개, 김, 미역 따위를 잡거나 기르는 산업. 또는 그런 직업. ◆ 名渔业。¶어업에 종사하다. =从事渔业。

어여쁘다【형용사】'예쁘다'를 예스럽게 이르는 말. ◆ 形美丽，漂亮，善良("예쁘다"的古语)。¶작은아씨는 마음이 어여쁘다. =少奶奶的心地非常善良。● 어여삐 ●

어엿하다【형용사】행동이 거리낌 없이 아주 당당하고 떳떳하다. ◆ 形堂堂正正，当之无愧。¶이제는 어엿한 가장이 되었다. =现在成了堂堂正正的户主了。● 어엿이 ●

어영부영【부사】뚜렷하거나 적극적인 의지가 없이 되는대로 행동하는 모양. ◆ 副敷衍地，得过且过地。¶어영부영 시간만 보내다. =得过且过地虚度光阴。

어우러지다【동사】动 ❶ 여럿이 조화되어 한 덩어리나 한판을 크게 이루게 되다. ◆ 协调，和谐。¶들꽃이 어우러져 핀 둑은 환상적으로 아름답다. =开满山花的山坡如梦如幻。❷ 여럿이 자연스럽게 사귀어 조화를 이루거나 일정한 분위기에 같이 휩싸이다. ◆ 相融，融洽。¶동네 마을 회관에서는 서울에서 온 학생들이 주민들과 함께 어우러진 흥겨운 잔치 마당이 펼쳐졌다. =村礼堂里，首尔来的学生和居民们一起融洽地、高高兴兴地举行了盛宴。

어울리다【동사】❶ 함께 사귀어 잘 지내거나 일정한 분위기에 끼어들어 같이 휩싸이다. ◆ 动融洽，合得来。¶그는 사귐성이 좋아서 어떤 사람들과도 잘 어울린다. =他善于交际，和谁都合得来。❷ 여럿이 서로 잘 조화되어 자연스럽게 보이다. ◆ 动协调，般配，相称，合适。¶빨간색 티셔츠가 청바지와 아주 잘 어울린다. =红短袖衫配牛仔裤很合适。

어원(語源/語原)【명사】어떤 단어의 근원적인 형태. 또는 어떤 말이 생겨난 근원. ◆ 名词源。¶'어처구니없다'란 말의 어원은 맷돌의 손잡이, 즉 '어처구니'가 없어 어이 없는 상황에서 유래한다. =韩语中"어처구니없다"这个词的词源是石磨的把手，即来源于"石磨没有把手"而令人无可奈何的情况。

어유【감탄사】叹 ❶ 어이구(몹시 아프거나 힘들거나 놀라거나 원통하거나 기막힐 때 내는 소리). ◆ 哎呀，哎哟。¶어유, 배야. =哎哟，我的肚子呀! ❷ 어이구(몹시 반갑거나 좋을 때 내는 소리). ◆ 啊。¶어유, 이 선물 저에게 주시는 거예요? =啊，这件礼物是送给我的吗?

어육(魚肉)【명사】名 ❶ 생선의 고기. ◆ 鱼肉。¶신선도가 좋은 어육이 맛도 좋다. =越新鲜的鱼肉越好吃。❷ 생선과 짐승의 고기를 아울러 이르는 말. ◆ 鱼和肉。¶제사상에 어육이 오르다. =供桌上摆上鱼和肉。❸ 짓밟고 으깨어 아주 결딴낸 상태를 비유적으로 이르는 말. ◆〈喻〉任人宰割。

어음【명사】일정한 금액을 일정한 날짜와 장소에서 치를 것을 약속하거나 제삼자에게 그 지급을 위탁하는 유가 증권. 약속 어음과 환어음이 있다. ◆ 名期票，现金兑换券。¶어음을 발행하다. =发行期票。

어이[1]【부사】'어찌'를 예스럽게 이르는 말. ◆ 副怎么("어찌"的古语)。¶내 어이 왔던고. =我怎么来的?

어이[2]【감탄사】조금 떨어져 있는 사람을 부를 때 하는 말. 동료나 아랫사람에게 쓴다. ◆ 叹嗨，喂，嘿，哎(呼叫同级或下级时用)。¶어이, 자네 나 좀 도와주게. =嗨，你帮帮我。

어이구【감탄사】叹 ❶ 몹시 아프거나 힘들거나 놀라거나 원통하거나 기막힐 때 내는 소리 ◆ 哎呀，哎哟。¶어이구, 다리야. =哎哟，我的腿呀! ❷ 몹시 반갑거나 좋을 때 내는 소리 ◆ 啊。¶어이구, 속이 다 확 풀리네. =啊，心里豁然开朗。❸ 몹시 절망하거나 좌절하거나 탄식할 때 내는 소리. ◆ 唉。¶어이구, 이제 나는 죽었다. =唉，我现在死定了。

어이없다【형용사】어처구니없다(일이 너무 뜻밖이어서 기가 막히는 듯하다). ◆ 形无可奈何，哭笑不得，无奈。¶그는 나의 말에 어이없다는 표정을 지었다. =听了我的话，他露出了无奈的表情。● 어이없이 ●

어이쿠【감탄사】叹 ❶ 몹시 아프거나 힘들거나 놀라거나 원통하거나 기막힐 때 내는 소리. ◆ 哎呀，哎哟。¶어이쿠, 배야! =哎呀，我的肚子呀! ❷ 몹시 반갑거나 좋을 때 내는 소리. ◆ 啊。¶어이쿠, 이게 누구야! =啊，这是谁呀! ❸ 몹시 절망하거나 좌절하거나 탄식할 때 내는 소리. ◆ 唉。¶어이쿠, 이제 나는 뭐 먹고 사나. =唉，现在我可怎么活呀。

어장(漁場)【명사】名 ❶ 고기잡이를 하는 곳. ◆ 渔场。❷ 풍부한 수산 자원이 있고 어업을 할 수 있는 수역(水域). ◆ 渔区。¶고기잡이 어선들이 연안 어장에 출어했다. =渔船在沿岸渔区出海捕鱼。

어저께【명사】어제. ◆ 名昨天，昨日。¶어저께부터 계속 비가 내린다. =从昨天开始一直在下雨。

어전(御前)【명사】임금의 앞. ◆ 名 御前，御驾前。¶어전에서 신하가 물러 나오다. =臣子们从御驾前退了下来。

어정쩡하다【형용사】形 ❶ 분명하지 아니하고 모호하거나 어중간하다. ◆ 模棱两可，含含糊糊。¶그의 태도는 무엇을 의미하는지 모르게 어정쩡했다. =他态度含糊，模棱两可。❷ 얼떨떨하고 난처하다. ◆ 疑惑不解，为难。¶영문도 모른 채 어정쩡하게 서 있다. =为难地站着。❸ 내심 의심스러워 꺼림하다. ◆ 怀疑，后悔。¶그의 제안이 너무 좋아 오히려 어정쩡하다. =他的提案好得令人怀疑。● 어정쩡 ●

어제【명사】名 ❶ 오늘의 바로 하루 전날. ◆ 昨天，昨日。¶어제는 비가 내리더니 오늘은 날이 아주 맑다. =昨天下雨了，今天却非常晴朗。❷ 지나간 때. ◆ 过去，往日。¶그는 이제 더 이상 어제의 그가 아니다. =现在的他不再是过去的他了。

어젯밤【명사】어제의 밤. ◆ 名昨夜，昨晚。¶어젯밤에는 잠이 안 와서 꼬박 밤을 새웠다. =昨夜一整晚睡不着觉。

어조(語調)【명사】名 ❶ 말의 가락. ◆ 语调，语气，腔调，口气。¶비웃는 어조로 말하다. =用嘲笑的口气说。❷ 억양의 상대적인 높이를 변하게 함. 또는 그런 변화. 음절 억양, 단어 억양, 문장 억양 따위가 있다). ◆ 语调，口音。

어족[1](魚族)【명사】척추동물문의 연골어강, 경골어강, 먹장어강, 두갑강, 조기강을 통틀어 이르는 말. ◆ 名鱼类。¶어족 자원 보호가 심각한 문제로 떠올랐다. =保护鱼类资源已经上升为刻不容缓的问题。

어족[2](語族)【명사】계통상 하나로 묶이는 언어의 종족. ◆ 名语系。¶알타이 어족. =阿尔泰语系。

어종(魚種)【명사】물고기의 종류. ◆ 名鱼的种类。¶어종이 다양하다. =鱼的种类多样。

어줍다【형용사】形 ❶ 말이나 행동이 익숙지 않아 서투르고 어설프다. ◆ 局促不安，羞怯，生疏。¶아이들은 어줍은 몸짓으로 절을 했다. =孩子们羞怯地行了礼。❷ 몸의 일부가 자유롭지 못하여 움직임이 자연스럽지 않다. ◆ 硬，不听使唤，不灵活。¶입이 얼어 발음이 어줍다. =冻得嘴都不听使唤了。❸ 어쩔 줄을 몰라 겸연쩍거나 어색하다. ◆ 呆板，拘谨，腼腆。¶가해자는 피해자 가족 앞에서 어줍게 말문을 열었다. =凶手在被害人家属面前呆呆地开口说了起来。

어중간하다(於中間--)【형용사】어떤 현상이나 상태가 거의 중간이 되다. ◆ 形中立，差不多。¶어중간한 태도를 취하다. =采取中立态度。

어중이떠중이【명사】여러 방면에서 모여든, 탐탁하지 못한 사람들을 통틀어 낮잡아 이르는 말. ◆ 名乌合之众。

어지간하다【형용사】形 ❶ 수준이 보통에 가깝거나 그보다 약간 더 하다. ◆ 还算可以，还行，一般，过得去。¶키가 어지간하다. =个子一般。❷ 정도나 형편이 기준에 크게 벗어나지 아니한 상태에 있다. ◆ 差不多。¶어지간하면 그냥 두세요. =差不多就放着吧。❸ 생각보다 꽤 무던하다. ◆ 太老实，太实在，老实过头。¶성격이 어지간하여 잘 참아 낸다. =性格老实，所以撑过来了。❹ 성격 따위가 생각보다 심하다. ◆ (性格等)超出想象，不一般。● 어지간히 ●

어지럼증(---症)【명사】현기증(어지러운 기운이 나는 증세). ◆ 名眩晕症，眩晕。¶어지럼증을 느끼다. =感到眩晕。

어지럽다【형용사】形 ❶ 몸을 제대로 가눌 수 없이 정신이 흐리고 얼떨떨하다. ◆ 眩晕，头晕。¶친구의 부고에 갑자기 머리가 어지러워서 몸을 가눌 수가 없었다. =接到朋友的讣告后突然感到一阵眩晕，控制不了自己的身体。❷ 모든 것이 뒤섞이거나 뒤얽혀 갈피를 잡을 수 없다. ◆ 混乱，杂乱。¶어지러운 기억들이 자꾸 눈앞에 어른거린다. =眼前经常闪现混乱的记忆。❸ 사회가 혼란스럽고 질서가 없다. ◆ 混乱，乱。¶사회가 어지럽다. =社会混乱。❹ 품행이 단정하지 못하고 난잡하다. ◆ 肮脏，龌龊。¶그는 남을 속이고 살아온 어지러운 과거를 반성했다. =他反省自己靠骗人为生的肮脏过去。❺ 물건들이 제자리에 있지 못하고 널려 있어 너저분하다. ◆ 杂乱，乱糟糟，乱七八糟。¶정리를 안 해서 책상 위의 물건이 어지럽다. =没收拾，桌子上乱七八糟的。● 어지러이 ●

어지럽히다【동사】动 ❶ 몸을 제대로 가눌 수 없이 정신이 흐리고 얼떨떨하게 하다. ◆ 发晕，晕眩，头昏。❷ 모든 것이 뒤섞이거나 뒤얽혀 갈피를 잡을 수 없게 하다. ◆ 混乱，杂乱。¶정신을 잃을 정도의 부상이 머리를 어지럽힌다. =丧父之痛搅得头脑一片混乱。❸ 사회가 혼란스럽고 질서가 없게 하다. ◆ 混乱，乱。❹ 물건들이 제자리에 있지 못하고 널려 있어 너저분하게 하다. ◆ 杂乱，乱糟糟，乱七八糟。¶아이들은 집 안을 어지럽히다. =孩子们把家里弄得又脏又乱。

어지르다【동사】정돈되어 있는 일이나 물건을 뒤섞거나 뒤얽히게 하다. ◆ 动搅乱，弄得乱七八糟。¶방을 어지르다. =把房间弄得乱七八糟。

어질다【형용사】마음이 너그럽고 착하며 슬기롭고 덕행이 높다. ◆ 形仁慈，善良。¶마음이 어질다. =心地善良。

어질어질하다【형용사】자꾸 또는 매우 정신이 아득하고 어지럽다. '어찔어찔하다'보다 여린 느낌을 준다. ◆ 形晕乎乎，眩晕。¶일사병으로 머리가 어질어질하다. =因为中暑，头晕乎乎的。● 어질어질 ●

어째【부사】'어찌하여'가 줄어든 말. ◆ 副为什么，怎么，〈书〉为何。¶어째 거기까지 갔었소? =怎么到那儿去了? ● 어째서 ●

어쨌든【부사】의견이나 일의 성질, 형편, 상태 따위가 어떻게 되어 있든 ◆ 副不管怎样，无论如何，总之，反正。¶무섭기는 했지만 어쨌든 놀이 기구를 타면 재미있다. =虽然害怕，但无论如何只要一上到游戏器械上就兴致勃勃。● 어쨌든지 ●

어쩌고저쩌고하다【동사】'이러쿵저러쿵하다'를 익살스럽게 이르는 말. ◆ 动如何如何，如此这般。¶연예인의 스캔들 사건을 두고 어쩌고저쩌고하다.

=就艺人的丑闻事件发表如此这般的言论。● 어쩌고저쩌고 ●

어쩌다[1] 【동사】 动 ❶ '어찌하다(어떠한 방법으로 하다)'의 준말. ◆ 怎么，为什么。¶그 상처는 어쩌다 그렇게 됐습니까? =那个伤口怎么成那个样子了? ❷ '무슨', '웬'의 뜻을 나타낸다. ◆ 怎么。¶어쩐 일로 전화하셨소? =您怎么打电话来了?

어쩌다[2] 【부사】 副 ❶ 뜻밖에 우연히. ◆ 偶然，意外。❷ 이따금 또는 가끔가다가. ◆ 偶尔，间或，有时。● 어쩌다가 ●

어쩌면[1] 【부사】 副 ❶ 확실하지 아니하지만 짐작하건대. ◆ 也许，可能。¶어쩌면 내가 합격할지도 몰라. =也许我及格了呢。❷ 도대체 어떻게 하여서. ◆ 怎么(那么)。¶어쩌면 그렇게 우아한 모습일까. =好优雅呀!

어쩌면[2] 【감탄사】 놀라거나 따지거나 할 때 내는 소리. ◆ 叹怎么。¶어쩌면, 나한테 이럴 수가 있니? =怎么能这么对我?

어쩌면[3] 【부사】 '어찌하면'이 줄어든 말. ◆ 副 "어찌하면"的略语。¶도대체 이제 어쩌면 좋을지 전혀 모르겠다. =现在，我完全不知道到底该怎么办才好了。

어쩐지 【부사】 어찌 된 까닭인지. ◆ 副怪不得，难怪。¶그의 충혈된 눈이 어쩐지 마음에 걸렸다. =难怪他充血的双眼一直让我挂在心里。

어쩜[1] 【부사】 副 ❶ 어쩌면(확실하지 아니하지만 짐작하건대). ◆ 虽不能确定，但我推断……。¶어쩜 오늘은 집에 못 들어올지도 몰라. =今天可能不能回家了。❷ 어쩌면(도대체 어떻게 하여서). ◆ 为什么……怎么…… ¶손이 어쩜 이렇게 따뜻하지. =手怎么这么暖和呀。

어쩜[2] 【감탄사】 뜻밖의 일 따위에 탄복할 때 나오는 소리. ◆ 叹啊，哇。¶어쩜, 예쁘기도 해라. =啊，真美呀!

어찌 【부사】 副 ❶ 어떠한 이유로. ◆ 怎么，为何，哪能。¶어찌 그런 소문이 났는지 나도 모르겠다. =我也不知道怎么会有那种传闻。❷ 어떠한 방법으로. ◆ 有什么办法，用什么办法。¶어찌 이걸 내가 다 한단 말입니까? =有什么办法能让我把这些都做完吗? ❸ 어떠한 관점으로. ◆ 怎么。¶어찌 보면 이 섬 전체가 거북이같이 보인다. =怎么看这个岛整体上都像一只乌龟。❹ 동작의 강도나 상태의 정도가 대단함을 나타낸다. ◆ 太，很，多么，别提有多……(与表示感叹的"-ㄴ지""-는지"等连用)。¶어찌 그렇게 환상적일 수가. =别提有多梦幻了。● 어찌나 ●

어찌하다 【동사】 副 ❶ '어떠한 이유 때문에'의 뜻을 나타낸다. ◆ 怎么，为何(用"어찌하여(서)"的形式)。¶어찌하여 그런 일이 생겼는가. =怎么会发生那种事? ❷ 어떠한 방법으로 하다. ◆ 怎么干，怎么办，怎么做。¶이 일을 장차 어찌하면 좋단 말인가. =这件事将来怎么办才好呀。

어찔하다 【형용사】 갑자기 정신이 아득하고 어지럽다. ◆ 形晕，眩晕，头晕，头晕眼花。¶갑자기 어찔하며 정신을 잃었다. =突然感到头晕，昏了过去。

어차피(於此彼) 【부사】 이렇게 하든지 저렇게 하든지. 또는 이렇게 되든지 저렇게 되든지. ◆ 副反正，无论如何，无论怎样，不管怎样。¶어차피 죽을 바엔 밥이라도 배불리 먹고 싶다. =不管怎么样也想吃饱饭。

어처구니 【명사】 상상 밖의 엄청나게 큰 사람이나 사물. ◆ 名超出想象的大人物或事物。¶어처구니가 없는 일을 당하고 보니 한숨만 나온다. =遇上无可奈何的事，只能叹气了。

어처구니없다 【형용사】 일이 너무 뜻밖이어서 기가 막히는 듯하다. ◆ 形无可奈何，哭笑不得，啼笑皆非。¶어처구니없는 실수를 저지르다. =犯了让人哭笑不得的错误。● 어처구니없이 ●

어촌(漁村) 【명사】 어민(漁民)들이 모여 사는 바닷가 마을. ◆ 名渔村。¶바다 냄새가 나는 어촌. =散发着海洋气息的渔村。

-어치 【접사】 '그 값에 해당하는 분량'의 뜻을 더하는 접미사. ◆ 后缀(表示买卖中相当于若干钱数的东西)相当于……的价值，相当于……价值的。¶한 푼어치. =相当于一分的价值。

어투(語套) 【명사】 말투(말을 하는 버릇이나 본새). ◆ 名语气，口气。¶갑자기 그의 어투가 달라졌다. =他的口气突然变了。

어패류(魚貝類) 【명사】 어류(魚類)와 조개류를 아울러 이르는 말. ◆ 名鱼类和贝类。

어폐(語弊) 【명사】 名 ❶ 적절하지 아니하게 사용하여 일어나는 말의 폐단이나 결점. ◆ 语病。❷ 남의 오해를 받기 쉬운 말. ◆ 容易引起误解的话。

어필(appeal) 【명사】 名 ❶ 흥미를 불러일으키거나 마음을 끎. ◆ (产生)反响，号召力，影响力。¶그의 문학작품은 대중적 어필과 치열한 작가 정신에 있어서는 어느 대가에 뒤지지 않는다. =他的文学作品在大众影响力和炽热的作家精神方面不比任何大家差。❷ 운동 경기에서, 선수가 심판에게 판정에 대한 이의를 제기하는 일. ◆ (比赛中运动员对裁判的判决)提出异议。¶선수가 심한 어필로 경고를 받다. =运动员在提出异议时的过激行为受到了警告。● 어필하다 ●

어학(語學) 【명사】 名 ❶ 어떤 나라의 언어, 특히 문법을 연구하는 학문. ◆ 语言学，语言研究。¶어학 강의를 듣다. =听语言学讲座。❷ 외국어를 연구하거나 습득하기 위한 학문. 또는 그런 학과(學科). ◆ 学习外语。¶어학에 소질이 있다. =有学习外语的天分。

어항[1]**(漁港)** 【명사】 어선이 정박하고, 출어 준비와 어획물의 양륙을 하는 항구. 어획물의 양륙·판매·수송에 관한 설비나 어획물을 가공·저장할 수 있는 시설을 갖추기도 한다. ◆ 名渔港。¶해가 뜰 무렵 바다에서 고기잡이 배들이 속속 어항으로 들어왔다. =太阳升起的时候，捕鱼的渔船陆续从海上回到了渔港。

어항[2]**(魚缸)** 【명사】 물고기를 기르는 데 사용하는, 유리 따위로 모양 있게 만든 항아리. ◆ 名鱼缸。¶어항에 금붕어 몇 마리를 길렀다. =鱼缸里养了几条

金鱼。

어허 【감탄사】 叹 ❶ 미처 생각하지 못한 것을 깨달았을 때 내는 소리. ◆ 啊哈，啊啊(表示突然醒悟过来)。¶어허, 시간이 벌써 이렇게 지났나. =啊啊，都过了这么久了。❷ 조금 못마땅하거나 불안할 때 내는 소리. ◆ 呃(表示不合适、不满意时)。¶어허, 그 일은 하지 말래도… =呃，不是不让你做那件事嘛，你还……

어험 【감탄사】 기척을 나타내려고 일부러 내는 기침 소리. ◆ 叹干咳声。¶문 밖에서 "어험!" 기침 소리가 나는 걸 보니 아버님이 오셨나 보다. =门外传来一声干咳，好像是父亲来了。

어혈(瘀血) 【명사】 타박상 따위로 살 속에 피가 맺힘. 또는 그 피. ◆ 名淤血。

어획(漁獲) 【명사】 수산물을 잡거나 채취함. 또는 그 수산물. ◆ 名捕捞，捕鱼。¶어획 방법. =捕捞方法。● 어획하다(漁獲--) ●

어휘(語彙) 【명사】 어떤 일정한 범위 안에서 쓰이는 낱말의 수효. 또는 낱말의 전체. ◆ 名词汇。¶그의 화술은 적절한 비유와 풍부한 어휘 구사로 정평이 나 있다. =他善于运用恰当的比喻和丰富的词汇，口才受到了好评。

어흥 【부사】 호랑이가 우는 소리. ◆ 副 (虎吼叫声)呜呜，呜嗷。¶호랑이가 어흥 소리를 내며 우리 안을 뛰어다닌다. =老虎发出呜呜的声音在我们中间跑来跑去。

억[1](億) 【수사】 만(萬)의 만 배가 되는 수. ◆ 数亿，万万。¶수천 억의 손실을 입다. =遭受了数千亿韩元的损失。

억[2] 【감탄사】 갑자기 몹시 놀라거나 쓰러질 때 내는 소리. ◆ 叹哎呀，哎哟。¶그는 한 대 얻어맞고 '억!' 소리를 내며 고꾸라졌다. =他挨了一棍子，"哎呀"一声栽倒在地。

억누르다 【동사】 动 ❶ 어떤 감정이나 심리 현상 따위가 일어나거나 나타나지 아니하도록 스스로 참다. ◆ 抑制，压抑，按捺。¶슬픔을 억누르다. =压抑悲伤。❷ 자유롭게 행동하지 못하도록 압력을 가하다. ◆ 压制，欺压。¶자유를 억누르다. =压制自由。● 억눌리다 ●

억류(抑留) 【명사】 억지로 머무르게 함. ◆ 名阻留，滞留。● 억류되다(抑留--), 억류하다(抑留--) ●

억만(億萬) 【관형사】 셀 수 없을 만큼 많은 수효를 비유적으로 이를 때 쓰는 말. ◆ 冠亿万，无数。¶동지섣달 긴 밤을 억만 가지 근심으로 지새웠다. =寒冬腊月的漫漫长夜里，万般忧虑使人无法入眠。

억만장자(億萬長者) 【명사】 헤아리기 어려울 만큼 많은 재산을 가진 사람. ◆ 名亿万富翁，巨富。

억새 【명사】 볏과의 여러해살이풀. 잎을 베어 지붕을 이는 데나 마소의 먹이로 쓴다. ◆ 名紫芒。

억세다 【형용사】 形 ❶ 마음먹은 바를 이루려는 뜻이나 행동이 억척스럽고 세차다. ◆ (意志或行动)坚决，坚强，顽强。¶험한 자연환경 속에서 살아야 했던 그들의 기질은 자연 억세고 날랬다. =必须在险恶的自然环境中生存的他们，自然性格强悍、动作敏捷。❷ 생선의 뼈나 식물의 줄기·잎, 풀 먹인 천 따위가 아주 딱딱하고 뻣뻣하다. ◆ (鱼骨、植物茎叶等)坚韧，坚硬，硬。¶생선의 가시가 억세다. =鱼刺很硬。❸ 팔·다리 따위가 매우 우락부락하고 거칠어 힘이 세다. ◆ (胳膊、腿等)强壮，健壮，有力，有劲。¶뼈대가 억세게 생긴 사나이. =体格强壮的男人。❹ 그 정도가 아주 높거나 심하다. ◆ (主要以副词的形态表示运气等)非常，十分，很(好或差)。¶그 사람은 억세게 운이 좋은 사람이었다. =他是个运气非常好的人。❺ 말투 따위가 매우 거칠고 무뚝뚝하다. ◆ (语音、语调等)硬，生硬。

억수 【명사】 물을 퍼붓듯이 세차게 내리는 비. ◆ 名倾盆大雨，瓢泼大雨。¶비가 억수같이 내린다. =大雨倾盆。

억압(抑壓) 【명사】 자기의 뜻대로 자유로이 행동하지 못하도록 억지로 억누름. ◆ 名压抑，压制，压迫。● 억압되다(抑壓--), 억압하다(抑壓--) ●

억압당하다(抑壓當--) 【동사】 자기의 뜻대로 자유로이 행동하지 못하도록 억지로 억누름을 당하다. ◆ 动 受压抑、压制、压迫、欺压。¶영주에게 백성들이 억압당했다. =百姓受领主欺压。

억양(抑揚) 【명사】 음(音)의 상대적인 높이를 변하게 함. 또는 그런 변화. 음절 억양·단어 억양·문장 억양 따위가 있다. ◆ 名语调，抑扬。¶외국어를 공부할 때는 그 나라말의 억양에 주의해야 한다. =学习外语时应注意对象国语言的语调。

억울하다(抑鬱--) 【형용사】 아무 잘못 없이 꾸중을 듣거나 벌을 받거나 하여 분하고 답답하다. ◆ 形委屈，冤枉。¶그 책임을 전적으로 나 혼자 지는 것은 억울하다. =让我一个人负全责，我觉得冤枉。

억제(抑制) 【명사】 名 ❶ 감정이나 욕망, 충동적 행동 따위를 내리눌러서 그치게 함. ◆ 抑制，遏制，控制，克制(感情、欲望等)。¶나에게 솟아오르는 눈물의 억제는 어려운 일이었다. =我控制不住涌出的泪水。❷ 정도나 한도를 넘어서 나아가려는 것을 억눌러 그치게 함. ◆ 抑制，控制，制止(程度)。● 억제되다(抑制--), 억제하다(抑制--) ●

억지 【명사】 잘 안될 일을 무리하게 기어이 해내려는 고집. ◆ 名固执，硬是，非要。¶억지 눈물을 흘리다. =硬挤出眼泪来。

억지로 【부사】 이치나 조건에 맞지 아니하게 강제로. ◆ 副硬，强行地，强制地。¶억지로 참다. =强忍。

억척 【명사】 일을 해 나가는 태도가 어떤 어려움에도 굴하지 않고 몹시 모질고 끈덕짐. 또는 그런 사람. ◆ 名 (性格、态度等)顽强，执着，坚毅。¶억척을 부리다. =顽强。

억척같이 【부사】 몹시 모질고 끈덕지게. ◆ 副顽强，执着，拼命。¶억척같이 저금을 해서 집을 장만하다. =拼命攒钱买房。

억척스럽다 【형용사】 어떤 어려움에도 굴하지 아니하고 몹시 모질고 끈덕지게 일을 해 나가는 태도가 있다. ◆ 形顽强，执着，拼命。¶그녀는 강인할 뿐만 아니라 억척스럽다. = 那个女的不但坚强，还很执

着。

억측(臆測)【명사】이유와 근거가 없이 짐작함. 또는 그런 짐작. ◆图臆测，猜测，流言。¶억측이 구구하다. =流言四起。

언급(言及)【명사】어떤 문제에 대하여 말함. ◆图提及，提到，谈到。¶언급을 회피하다. =避免提及。● 언급되다(言及--), 언급하다(言及--) ●

언니【명사】图 ❶ 같은 부모에게서 태어난 사이이거나 일가친척 가운데 항렬이 같은 동성의 손위 형제를 이르거나 부르는 말. 주로 여자 형제 사이에 많이 쓴다. ◆ (主要用于姐妹之间)姐，姐姐。¶사촌 언니. =堂姐。❷ 남남끼리의 여자들 사이에서 자기보다 나이가 위인 여자를 높여 정답게 이르거나 부르는 말. ◆ (主要用于互无亲属关系的女人之间的称呼)大姐，老大姐。¶동네 언니. =村里的大姐。

언덕【명사】图 ❶ 땅이 비탈지고 조금 높은 곳. ◆ 山丘，山坡。¶언덕을 오르다. =爬坡。❷ 보살펴 주고 이끌어 주는 미더운 대상을 비유적으로 이르는 말. ◆ 靠山，援手，后盾。

언덕길【명사】언덕에 걸치어 난 조금 비탈진 길. ◆图坡路，坡道，坡。¶언덕길을 오르다. =爬坡。

언덕배기【명사】언덕의 꼭대기. ◆图坡顶；陡坡。

언도(言渡)【명사】공판정에서 재판장이 판결을 알리는 일. ◆ 图〈旧〉宣判，判决，判处。¶살인범에게 사형이 언도됐다. =杀人犯被判处死刑。● 언도하다(言渡--) ●

언뜻【부사】副 ❶ 지나는 결에 잠깐 나타나는 모양. ◆ 突然，猛然，忽然（出现）。¶언뜻 보이다. =突然映入眼帘。❷ 생각이나 기억 따위가 문득 떠오르는 모양. ◆ 突然，猛然，猛地，一下子(想起或记起)。¶언뜻 기억이 나다. =猛地记起。● 언뜻언뜻 ●

언론(言論)【명사】매체를 통하여 어떤 사실을 밝혀 알리거나 어떤 문제에 대하여 여론을 형성하는 활동. ◆图舆论，新闻。¶언론 보도. =新闻报道。

언변(言辯)【명사】말을 잘하는 재주나 솜씨. ◆ 图口才，辩才。¶유창한 언변. =流畅的口才。

언사(言辭)【명사】말이나 말씨. ◆ 图言辞，谈吐，语言。

언성(言聲)【명사】말하는 목소리. ◆ 图话音，语调，嗓门。¶언성을 높이다. =提高嗓门。

언약(言約)【명사】말로 약속함. 또는 그런 약속. ◆ 图口头约定，君子协定。¶언약을 맺다. =口头约定。● 언약하다(言約--) ●

언어(言語)【명사】생각, 느낌 따위를 나타내거나 전달하는 데에 쓰는 음성, 문자 따위의 수단. 또는 그 음성이나 문자 따위의 사회 관습적인 체계. ◆ 图语言。¶언어 감각. =语感。

언어도단(言語道斷)【명사】말할 길이 끊어졌다는 뜻으로, 어이가 없어서 말하려 해도 말할 수 없음을 이르는 말. ◆图瞠目结舌，岂有此理，荒谬透顶。¶'친환경적 개발'이라는 것은 생태학적 관점에서 보면 언어도단에 불과하다. =从生态学的角度来看，所谓"环境亲和型开发"，简直荒谬透顶。

언어학(言語學)【명사】인간의 언어와 관련한 여러 현상을 과학적인 방법으로 연구하는 학문. ◆图语言学。

언쟁(言爭)【명사】말로 옳고 그름을 가리는 다툼. ◆图争吵，争论，口角。¶언쟁이 벌어지다. =展开争论。● 언쟁하다(言爭--) ●

언저리【명사】图 ❶ 둘레의 가 부분. ◆ 边，边缘，沿，口。¶입 언저리. =嘴边。❷ 어떤 나이나 시간의 전후. ◆ (表示年龄或时间)左右，上下。¶그녀의 나이는 서른 언저리이다. =她的年龄在三十岁上下。❸ 어떤 수준이나 정도의 위아래. ◆ (表示水平或程度)左右，上下，边缘。¶그는 항상 반에서 꼴찌 언저리에 있었다. =他的成绩总是处在班级末尾。

언제[1]【부사】副 ❶ 잘 모르는 때를 물을 때 쓰는 말. ◆ (用于疑问句)什么时候。¶언제 만날까? =什么时候见面呢? ❷ 정해지지 않은 막연한 때를 나타내는 말. ◆ (表示不确定的时间)什么时候，哪天。¶언제 한번 만나자. =哪天见个面吧。❸ 때가 특별히 정해지지 않았음을 나타내는 말. ◆ 任何时候，什么时候。¶그 노래는 언제 들어도 좋다. =那首歌什么时候听都非常好听。

언제[2]【대명사】代 ❶ 잘 모르는 때를 가리키는 지시대명사. ◆ (用于疑问句)什么时候，何时。¶휴가가 언제부터지? =休假何时开始? ❷ 과거의 어느 때. ◆ (与助词"는"合用)过去，以前，曾经。¶언제는 빌려 달라고 애원하더니 지금은 도리어 큰소리를 친다. =以前总是求我们借给你，如今却说起大话来了。❸ 때가 특별히 정해지지 않았음을 나타내는 말. ◆ (与助词"든""든지""라도"等连用)任何时候，随时。¶언제든 오십시오. =随时欢迎。

언제나【부사】副 ❶ 모든 시간 범위에 걸쳐서. 또는 때에 따라 달라짐이 없이 항상. ◆ 无论什么时候，无论何时，什么时候都，总是。¶그는 언제나 같은 자리에 앉는다. =他始终坐在同一个位子上。❷ 어느 때가 되어야. ◆ 什么时候才能，何时才能。¶그리운 고국산천 언제나 가 볼꼬. =何时才能见到我思念的故国山川?

언젠가【부사】副 ❶ 미래의 어느 때에 가서는. ◆ 总有一天，迟早，早晚。¶언젠가 후회할 때가 올 것이다. =总有一天会后悔的。❷ 이전의 어느 때에. ◆ 曾经。¶나는 언젠가 누구에게선가 이런 이야기를 들은 일이 있다. =我曾经听谁讲过这个故事。

언중유골(言中有骨)【명사】말 속에 뼈가 있다는 뜻으로, 예사로운 말 속에 단단한 속뜻이 들어 있음을 이르는 말. ◆图话里有话，话中带刺。

언질(言質)【명사】나중에 꼬투리나 증거가 될 말. 또는 앞으로 어찌할 것이라는 말. ◆图话柄，承诺，保证。¶가까스로 언질을 받아 내다. =好不容易得到了保证。

언짢다【형용사】마음에 들지 않거나 좋지 않다. ◆形不爽，不快，不悦，郁闷。¶아버님은 아직도 어제 일이 언짢으신 듯 하다. =父亲仍然对昨天的事感到郁闷。

언청이【명사】입술갈림증이 있어서 윗입술이 세로

로 찢어진 사람을 낮잡아 이르는 말. ◆ 名唇腭裂。¶언청이 수술. =唇腭裂手术。

언행(言行)【명사】말과 행동을 아울러 이르는 말. ◆ 名言行，言谈举止。¶언행에 유의하다. =注意言谈举止。

언행일치(言行一致)【명사】말과 행동이 하나로 들어맞음. 또는 말한 대로 실행함. ◆ 名言行一致。

얹다【동사】形 ❶ 위에 올려놓다. ◆ 搁，放，上。¶기와를 지붕에 얹다. =给屋脊上瓦。❷ 일정한 분량이나 액수 위에 얼마 정도 더 덧붙이다. ◆ 加，送，添。¶웃돈을 조금 얹어 주다. =添了点钱。● 얹히다 ●

얹혀살다【동사】남에게 의지하여 붙어살다. ◆ 动寄生，寄居，寄住。¶집이 워낙 가난해서 나는 어릴 때부터 삼촌에게 얹혀살았다. =由于家里非常穷，我从小就寄住在叔叔家。

얻다【동사】动 ❶ 거저 주는 것을 받아 가지다. ◆ 白捡，白拿；拾到，捡到。¶의자 하나를 이웃집에서 얻다. =从邻居家白捡一把椅子。❷ 긍정적인 태도·반응·상태 따위를 가지거나 누리게 되다. ◆ 博得，赢得，取得，获得，征得(同意、肯定等)。¶상부의 허락을 얻다. =征得上级同意。❸ 돈을 빌리다. ◆ 借(钱)，贷(款)。¶은행에서 빚을 얻다. =从银行贷款。❹ 집이나 방 따위를 빌리다. ◆ 租到，租用(房子等)。¶우리는 전에 알고 지내던 어르신네 집에 전세로 방을 얻어서 이사를 갔다. =我们从以前认识的一位长辈那里租到了房子，搬了家。❺ 일꾼이나 일손 따위를 구하여 쓸 수 있게 되다. ◆ 雇，雇用，聘用。¶가정부를 얻다. =雇用女佣。

얻어걸리다【동사】어쩌다가 우연히 누군가의 것이 되다. ◆ 动偶尔遇到，意外得到。¶일자리가 얻어걸렸다. =意外得到一份工作。

얻어듣다【동사】남에게서 우연히 들어서 알다. ◆ 动偶尔听到，道听途说。¶그는 별로 배운 것은 없었지만 여기저기서 얻어들어서 아는 것은 많았다. =他虽然没有什么学问，但四处偶尔听来一些知识，也知道不少东西。

얻어먹다【동사】动 ❶ 남에게 음식을 빌어서 먹다. ◆ 讨吃，乞食。¶남의 집에서 음식을 얻어먹다. =向人家讨吃。❷ 남이 거저 주는 것을 받아먹다. ◆ 白吃。¶그는 친구에게서 점심을 얻어먹었다. =他白吃了朋友一顿中午饭。❸ 남에게 좋지 아니한 말을 듣다. ◆ 挨骂，受骂。¶상사에게서 욕을 얻어먹다. =挨上司骂。

얼[1]-【접사】前缀 ❶ '덜된', '모자라는', '어중간한'의 뜻을 더하는 접두사. 명사 앞에 붙어서 '덜된', '똑똑하지 못한'의 뜻을 나타내는 말. ◆ (用于名词前，表示)傻，笨。¶얼개화. =半开化。❷ '분명하지 못하게' 또는 '대충'의 뜻을 더하는 접두사. ◆ (用于动词前表示)含糊，模糊。¶얼비치다. =模糊地映出。

얼[2]【명사】정신이나 넋. ◆ 名魂，神，精神。¶민족의 얼. =民族魂。

얼간이【명사】됨됨이가 변변하지 못하고 덜된 사람. ◆ 名傻瓜，笨蛋。¶이런 얼간이 같으니라구. =这种傻瓜！

얼결【명사】뜻밖의 일을 갑자기 당하거나, 여러 가지 일이 너무 복잡하여 정신을 가다듬지 못하는 판. ◆ 名 (主要以"얼결에"的形式出现)稀里糊涂，头脑一热，一时冲动。¶나는 얼결에 그의 비밀을 말하고 말았다. =我稀里糊涂地就说出了他的秘密。

얼굴【명사】名 ❶ 눈·코·입이 있는 머리의 앞면. ◆ 脸，面孔，面部。¶둥근 얼굴. =圆脸。❷ 주위에 잘 알려져서 얻은 평판이나 명예. 또는 체면. ◆ 面子，颜面。¶얼굴을 세우다. =保全面子。❸ 어떤 심리 상태가 나타난 형색(形色). ◆ 脸色，神色，气色。¶기쁨에 충만한 얼굴. =充满喜悦的脸。❹ 어떤 분야에 활동하는 사람. ◆ 人，面孔。¶문단의 새 얼굴. =文坛新人。❺ 어떤 사물의 진면목을 단적으로 보여 주는 대표적 표상. ◆ 代表，象征。¶돌·바람·여자는 제주도의 얼굴이다. =石头、风和女人是济州岛的象征。

얼굴빛【명사】얼굴에 나타나는 표정이나 빛깔. ◆ 名脸色，神色，气色。¶얼굴빛이 밝다. =容光焕发。

얼굴색(--色)【명사】얼굴에 나타나는 표정이나 빛깔. ◆ 名脸色，神色，气色。¶얼굴색이 달라지다. =脸色变了。

얼굴형(--型)【명사】얼굴의 형태. ◆ 名脸型。¶많은 사람들은 계란 모양의 얼굴형을 선호한다. =很多人喜欢鹅蛋形的脸型。

얼기설기【부사】副 ❶ 가는 것이 이리저리 뒤섞이어 얽힌 모양. ◆ 东一道西一道，纠缠不清，缠在一起。¶얼기설기 얽다. =东一道西一道地乱捆。❷ 엉성하고 조잡한 모양. ◆ 粗制滥造，杂乱无章。¶선전 포스터가 투박한 물감으로 얼기설기 그려져 있다. =宣传海报是用劣质颜料粗制滥造而成的。❸ 관계나 일, 감정 따위가 복잡하게 얽힌 모양. ◆ 错综复杂，交织，千头万绪。¶복잡한 감정이 얼기설기 뒤엉켜서 종잡을 수 없다. =各种复杂的感情交织在一起，理不出头绪。

얼다【동사】动 ❶ 액체나 물기가 있는 물체가 찬 기운 때문에 고체 상태로 굳어지다. ◆ 冻，结冰。¶물이 얼다. =水结冰了。❷ 추위로 인하여 신체 또는 그 일부가 뻣뻣하여지고 감각이 없어질 만큼 아주 차가워지다. ◆ (身体)冻，冻僵。¶손이 얼다. =手冻了。❸ 어떤 분위기나 사람에게 위압되어 긴장하거나 흥분하여, 침착한 태도를 잃고 당황하다. ◆ 发呆，僵硬，紧张。¶면접시험을 볼 때는 얼면 안 된다. =面试时可不能发呆。

얼떨결【명사】뜻밖의 일을 갑자기 당하거나, 여러 가지 일이 너무 복잡하여 정신을 가다듬지 못하는 판. ◆ 名 (主要以"얼떨결에"的形式出现)稀里糊涂，脑子一热，一时冲动，随口。¶얼떨결에 대답하다. =随口答道。

얼떨떨하다【형용사】뜻밖의 일로 당황하거나 여러 가지 일이 복잡하여 정신이 매우 얼떨하다. ◆ 形稀里糊涂，迷迷糊糊，晕头转向，昏昏沉沉。¶오랜만에 온 고향의 모습이 많이 바뀌어 얼떨떨하다. =回到久违的故乡，发现翻天覆地的变化，感到晕头

转向。

얼뜨기【명사】겁이 많고 어리석으며 다부지지 못하여 어수룩하고 얼빠져 보이는 사람을 낮잡아 이르는 말. ◆ 图〈贬〉傻瓜，笨蛋，糊涂虫，木头人。¶부당한 일을 당했는데 얼뜨기처럼 왜 참고 있니? =受到了不公正待遇，怎么还像个木头人似的忍着?

얼렁뚱땅하다【동사】남을 엉너리로 슬쩍 속여 넘기게 되다. 또는 어떤 상황을 얼김에 슬쩍 넘기다.◆ 动哄骗，耍花招，花言巧语，糊弄。● 얼렁뚱땅 ●

얼레【명사】연줄, 낚싯줄 따위를 감는 데 쓰는 기구. 나무 기둥의 설주를 두 개나 네 개 또는 여섯 개로 짜서 맞추고 가운데에 자루를 박아 만든다. ◆ 图(缠风筝线、钓鱼线等用的)绕线板，轴。¶얼레를 감다. =缠线轴。

얼레빗【명사】빗살이 굵고 성긴 큰 빗. ◆ 图粗齿梳，宽齿梳子。

얼룩【명사】图 ❶ 본바탕에 다른 빛깔의 점이나 줄 따위가 뚜렷하게 섞인 자국. ◆ 斑点，斑纹。¶얼룩 반점. =花斑。❷ 액체 따위가 묻거나 스며들어서 더러워진 자국. ◆ 污迹，污渍。¶옷에 얼룩이 지다. =衣服上有污渍。

얼룩덜룩하다【형용사】여러 가지 어두운 빛깔의 점이나 줄 따위가 고르지 아니하게 무늬를 이룬 상태이다. ◆ 形花里胡哨，斑斑点点。¶황톳물이 들어 옷이 얼룩덜룩하다. =黄泥水把衣服弄得斑斑点点的。● 얼룩덜룩 ●

얼룩말【명사】얼룩말류의 포유류를 통틀어 이르는 말. ◆ 图斑马。

얼룩무늬【명사】본바탕에 다른 빛깔의 점이나 줄 따위가 뚜렷하게 섞인 무늬. ◆ 图斑纹，迷彩。¶얼룩무늬 군복. =迷彩服。

얼룩소【명사】털빛이 얼룩얼룩한 소. ◆ 图 花牛，有斑点的牛。

얼룩얼룩하다【형용사】여러 가지 어두운 빛깔의 점이나 줄 따위가 고르게 무늬를 이룬 상태이다. ◆ 形花花点点的，斑驳。● 얼룩얼룩 ●

얼룩지다【동사】动 ❶ 거죽에 얼룩이 생기다. ◆ 斑驳，花花点点，花。¶얼굴이 눈물과 먼지로 얼룩지다. =脸被泪水和灰尘弄花了。❷ 좋지 못한 요소가 섞여 말끔하지 않은 상태가 되다. ◆ 充满，饱经(风霜)，历尽(风雨)。¶고난으로 얼룩진 인생. =充满苦难的人生。

얼른【부사】시간을 끌지 아니하고 바로. ◆ 副快，赶快，赶紧。¶식기 전에 얼른 먹어라. =趁热赶紧吃吧。

얼리다【동사】액체나 물기가 있는 물체가 찬 기운 때문에 고체 상태로 굳어지게 하다. ◆ 动冻，结冻。¶물을 얼리다. =用水造冰。

얼마【명사】图 ❶ 잘 모르는 수량이나 정도. ◆ (用于疑问句)多少。¶이 구두 값이 얼마요? =这双皮鞋多少钱? ❷ 정하지 아니한 수량이나 정도. ◆ (表示不确定的数量或程度)多少。¶얼마든지 참을 수 있다. =能够无限忍耐。❸ 뚜렷이 밝힐 필요가 없는 비교적 적은 수량이나 값 또는 정도. ◆ 一些，一点；稍微。¶얼마 안 되지만 여비에 보태 써라. =钱不算多，路上用吧。

얼마간(--間)【명사】图 ❶ 그리 많지 아니한 수량이나 정도. ◆ 多少，多多少少，或多或少。¶집을 사는 데에 아버지께서 얼마간을 보태 주셨다. =买房子时，父亲多少给补贴了一些。❷ 그리 길지 아니한 시간 동안. ◆ 不一会儿，不久，一段时间。¶지금부터 얼마간이 가장 힘든 때이니 꼭 참고 열심히 일해요. =从现在开始将是最艰难的一段时间，一定要坚持住，认真工作。

얼마나【부사】동작의 강도나 상태의 정도가 대단함을 나타내는 말. ◆ 副多，多么。¶여기를 봐. 얼마나 깨끗하니? =你看看这儿，多干净呀!

얼버무리다【동사】动 ❶ 말이나 행동을 불분명하게 대충 하다. ◆ (言行)含糊，支吾，闪烁其词，吞吞吐吐。¶대답을 얼버무리다. =含糊作答。❷ 여러 가지를 대충 뒤섞다. ◆ 混，混杂，搀和，拌。¶어머니는 김치를 담그고 남은 배추로 겉절이를 얼버무려 놓으셨다. =妈妈腌好了泡菜，把剩下的白菜拌成了凉菜。

얼빠지다【동사】动 ❶ 정신이 없어지다. ◆ 失魂落魄，掉了魂，精神恍惚。¶얼빠진 사람. =失魂落魄的人。❷ 멍청하다. 바보같다. ◆ 愚蠢，蠢，笨。¶얼빠진 행동을 하다. =采取愚蠢的行动。

얼싸안다【동사】두 팔을 벌려 껴안다. ◆ 动拥抱，紧紧抱住。¶그는 달려가서 동생을 얼싸안았다. =他跑过去紧紧抱住了弟弟。

얼씨구【감탄사】叹 ❶ 흥에 겨워서 떠들 때 가볍게 장단을 맞추며 내는 소리. ◆ (表示高兴时)哎嗨哟，哎嗨。¶얼씨구, 좋다. =哎嗨，好极了! ❷ 보기에 아니꼬워서 조롱할 때 내는 소리. ◆ 俚(表示不满或讥讽时)哎哟，哎呀，好哇。¶얼씨구, 잘들 논다. =好哇，玩得可尽兴啊!

얼씬거리다【동사】动 ❶ 조금 큰 것이 잇따라 눈앞에 잠깐씩 나타났다 없어지다. ◆ 晃，一闪，闪现。¶아이가 과자를 먹고 싶어 가게 앞을 얼씬거린다. =孩子想吃点心，就在商店前晃。❷ 교묘한 말과 행동으로 잇따라 남의 비위를 똑 맞추다. ◆ 迎合，阿谀奉承，溜须拍马。¶사장에게 그렇게 얼씬거려서 당신만 잘 되면 된답니까? =你那样奉承老板，你一个人得到好处就行了吗? ● 얼씬대다 ●

얼씬하다【동사】动 ❶ 조금 큰 것이 눈앞에 잠깐 나타났다 없어지다. ◆ 晃，闪现，露面。¶한동안 얼씬하지도 않던 사람이 나타났다. =很长时间没露面的人又出现了。❷ 교묘한 말과 행동으로 남의 비위를 똑 맞추다. ◆ 迎合，阿谀奉承，溜须拍马。● 얼씬얼씬하다, 얼씬, 얼씬얼씬 ●

얼어붙다【동사】动 ❶ 액체나 물기가 있는 물체가 찬 기운 때문에 얼어서 꽉 들러붙다. ◆ 冻，冻僵。¶강물이 꽁꽁 얼어붙다. =江面冻得硬邦邦的。❷ 긴장이나 무서움 때문에 몸이 굳어지다. ◆ (因为紧张或害怕)惊呆，(全身)发硬，僵硬。¶대중 앞에 나가면 입이 얼어붙어 말이 잘 안 나온다. =往众人面前一站，就舌根发硬，说不出话。

얼얼하다【형용사】形 ❶ 맵거나 독하여 혀끝이 몹시 아리고 쏘는 느낌이 있다. ◆ (舌头)火辣辣。¶김치가 얼마나 매운지 혀가 얼얼하다. =泡菜太辣了，舌头火辣辣的。❷ 상처 따위로 몹시 아린 느낌이 있다. ◆ (伤口等)火辣辣地痛。¶맞은 뺨이 아직도 얼얼하다. =被打的脸仍然火辣辣地痛。❸ 술에 취하여 몹시 정신이 어리숭하다. ◆ (因醉酒而)精神恍惚，醉醺醺，晕乎乎。¶과음으로 정신이 얼얼하다. =喝多了，醉醺醺的。❹ 갑작스럽거나 혼란스러워서 정신이 흐리고 어리둥절한 느낌이 있다. ◆ 头昏脑胀，不知所措。

얼음【명사】名 ❶ 물이 얼어서 굳어진 물질. ◆ 冰。¶얼음 조각. =冰块。❷ 몸의 한 부분이 얼어서 신경이 마비된 것. ◆ (身体)冻伤。¶얼음이 들다. =受了冻伤。

얼음과자(--菓子)【명사】설탕물에 과실즙이나 우유 또는 향료 따위를 섞어 얼려서 만든 것. ◆ 名 冰棍，冰棒。¶더위가 기승을 부리자, 얼음과자가 불티나게 팔린다. =酷暑到了，冰棒开始畅销。

얼음물【명사】얼음을 넣은 물. 또는 얼음이 낀 물. ◆ 名冰水，冰镇水。¶시원한 얼음물을 한 그릇 마셨다. =喝了口凉爽的冰水。

얼음장(--張)【명사】名 ❶ 좀 넓은 얼음 조각. ◆ 冰块，冰。¶얼음장이 풀리다. =冰化了。❷ 손발이나 구들 따위가 몹시 찬 것을 비유적으로 이르는 말. ◆ 〈喻〉(手脚、炕等)冷冰冰，冰凉，冰冷。¶손이 얼음장 같다. =手冰凉。❸ 인정이 없고 쌀쌀함을 비유적으로 이르는 말. ◆ 〈喻〉(人)冷冰冰，冷若冰霜。¶그의 얼음장과 같은 기질 때문에 다른 사람이 쉽게 다가갈 수 없다. =他这个人冷若冰霜的，让人难以接近。

얼음주머니【명사】얼음을 넣은 주머니. 흔히, 열이 높은 환자의 머리나 상처에 얼음찜질할 때 쓴다. ◆ 名 冰袋。¶간호사는 가끔 환자의 상처에 놓인 얼음주머니를 갈아주었다. =护士偶尔更换敷在患者伤口处的冰袋。

얼음판【명사】물이 얼어서 마당처럼 된 곳. ◆ 名冰场，冰面。¶얼음판에서 미끄러지다. =在冰面上滑倒了。

얼쩡거리다【동사】动 ❶ 남의 비위를 맞추려고 아첨을 하며 능청스럽게 계속 남을 속이다. ◆ 花言巧语地骗人，哄骗。¶그는 얼쩡거리는 버릇 때문에 주위 사람들에게 신뢰를 얻지 못하고 있다. =他总是花言巧语，所以得不到周围人的信任。❷ 하는 일도 없이 자꾸 이리저리 돌아다니거나 빙빙 돌다. ◆ 闲逛，游荡。¶그만 얼쩡거리고 집에 가라. =别再闲逛了，赶紧回家去。● 얼쩡대다 ●

얼쩡얼쩡하다【부사】副 ❶ 남의 비위를 맞추려고 아첨을 하며 능청스럽게 계속 남을 속이다. ◆ 花言巧语，哄骗。❷ 하는 일도 없이 자꾸 이리저리 돌아다니거나 빙빙 돌다. ◆ 闲逛，游荡，四处闲逛。¶나는 그 시절 얼쩡얼쩡 세월만 보내고 있었다는 것을 후회했다. =我后悔自己那时四处闲逛，虚度岁月。● 얼쩡얼쩡 ●

얼추【부사】副 ❶ 어지간한 정도로 대충. ◆ 大概，大略，大致，大约。¶얼추 짐작하다. =大约估计。❷ 어떤 기준에 거의 가깝게. ◆ 就要，快要，马上就。¶도착할 시간이 얼추 다 되었다. =抵达时间马上就要到了。

얼큰하다【형용사】形 ❶ 매워서 입 안이 조금 얼얼하다. ◆ 微辣，辣丝丝。¶얼큰한 동태찌개. = 微辣的明太鱼汤。❷ 술이 취해 정신이 조금 어렴풋하다. ◆ (喝酒)醉醺醺，晕乎乎。¶술에 아침부터 얼큰해지다. =喝完了酒，晕乎乎的。● 얼큰히 ●

얼토당토아니하다【형용사】形 ❶ 전혀 합당하지 아니하다. ◆ 毫无根据，荒诞无稽。¶얼토당토아니한 거짓말. =毫无根据的谎言。❷ 전혀 관계가 없다. ◆ 毫不相干，风马牛不相及。¶이번 사건과 얼토당토아니한 사람이 오해를 받고 있다. =与此事毫不相干的人被误解了。● 얼토당토않다 ●

얼핏【부사】副 ❶ 지나는 결에 잠깐 나타나는 모양. ◆ 突然，猛然，忽然。¶얼핏 눈에 띄다. =突然映入眼帘。❷ 생각이나 기억 따위가 문득 떠오르는 모양. ◆ 突然，猛然，猛地，一下子(想起或记起)。¶얼핏 떠오른 생각. =突然产生的想法。

얽다[1]【동사】动 ❶ 얼굴에 우묵우묵한 마마 자국이 생기다. ◆ (脸)有麻子，麻子。¶그의 얼굴은 살짝 얽었다. =脸上有些麻子。❷ 물건의 거죽에 우묵우묵한 흠이 많이 나다. ◆ (物体表面)坑坑洼洼，有麻点。

얽다[2]【동사】动 ❶ 노끈이나 줄 따위로 이리저리 걸다. ◆ 捆，绑，缠，绕。¶짐을 얽다. =捆行李。❷ 이리저리 관련이 되게 하다. ◆ 关联；罗织，捏造。¶그는 죄 없는 사람을 얽어 옥에 가두었다. =他捏造罪名，把无罪的人送进了监狱。

얽매다【동사】动 ❶ 얽어서 동여 묶다. ◆ 捆，绑，缠，绕。¶그는 쇠사슬을 죄인의 다리에 얽매었다. =他用脚镣绑住罪犯的腿脚。❷ 마음대로 행동할 수 없도록 몹시 구속하다. ◆ 束缚，约束，限制。¶사회적 규범이라는 울타리가 나를 얽매고 있어 자유로운 예술 활동을 못하고 있다. =社会规范这幅枷锁束缚了我，使我无法进行自由的艺术活动。

얽매이다【동사】动 ❶ 얽어져서 동여 묶이다. ◆ (被)捆，绑，缠，绕。¶그의 팔다리는 밧줄로 얽매여 있었다. =他的手脚被绳索捆住。❷ 마음대로 행동할 수 없도록 몹시 구속을 당하다. ◆ 被束缚、约束、限制、拖累。¶그는 가족에게 얽매여 자신의 꿈을 포기하고 말았지만 결코 후회를 하지는 않았다. =他虽然因为家庭拖累而最终放弃了自己的梦想，但决不后悔。

얽히고설키다【동사】动 ❶ 가는 것이 이리저리 뒤섞이다. ◆ 交杂，错杂。❷ 관계, 일, 감정 따위가 이리저리 복잡하게 되다. ◆ 盘根错节，错综复杂。

얽히다【동사】动 ❶ 노끈이나 줄 따위로 이리저리 걸리다. ◆ (被)缠，绕，纠缠。¶줄이 마구 얽혀서 풀어지지가 않는다. =绳子缠成了一团，解不开。❷ 이리저리 관련이 맺어지다. ◆ (关系等被)搅在一起，交缠。¶이 책에는 필자의 생각이 다른 사람의 주장과

얽혀 있어서 필자의 주장이 분명하게 드러나지 않는다. =在这本书中，作者的想法与其他人的主张搅在了一起，作者的主张没能明显地得到体现。

엄격(嚴格)【명사】말, 태도, 규칙, 따위가 매우 엄하고 철저함. 또는 그런 품격. ◆图严格，严厉。¶사규를 범하면 엄격하게 처벌합니다. =如果违反公司规定，将受到严厉处罚。● 엄격하다(嚴格--), 엄격히(嚴格-) ●

엄금(嚴禁)【명사】엄하게 금지함. ◆图严禁。¶공도상(公道上) 무단 적치물 엄금. =严禁在公路上乱堆物品。● 엄금하다(嚴禁--) ●

엄동설한(嚴冬雪寒)【명사】눈 내리는 깊은 겨울의 심한 추위. ◆图数九寒天，寒冬腊月。¶뼈를 에는 엄동설한에 집을 나갔으니 오죽 고생이 심하겠느냐? =在寒风刺骨的数九寒天离开了家，肯定受了不少苦吧?

엄두【명사】감히 무엇을 하려는 마음을 먹음. 또는 그 마음. ◆图 (主要用于否定句)念头，想法。¶나는 그 일이 엄두가 나지 않는다. =我根本就没有办那件事的想法。

엄마【명사】图 ❶ 어린아이의 말로, '어머니'를 이르거나 부르는 말. ◆(儿童用语)妈妈。¶우리 엄마는 선생님이야. =我妈妈是老师。❷ 아이가 딸린 여자를 이르거나 부르는 말. ◆……他妈，……她妈。¶친구의 엄마와 동네 아주머니들이 쓰레기 분리수거를 하고 있다. =朋友他妈正和村里的阿姨们一起分类整理垃圾。

엄명(嚴命)【명사】엄하게 명령함. 또는 그런 명령. ◆图严令，勒令。¶밤 10시 이후의 외출은 금한다는 엄명을 내리다. =严令晚上10点以后禁止外出。● 엄명하다(嚴命--) ●

엄밀성(嚴密性)【명사】조그만 빈틈이나 잘못이라도 용납하지 아니할 만큼 엄격하고 세밀한 성질. ◆图严密性，万无一失。¶그 일은 엄밀성이 요구된다. =那件事要确保万无一失。

엄밀하다(嚴密--)【형용사】조그만 빈틈이나 잘못이라도 용납하지 아니할 만큼 엄격하고 세밀하다. ◆形严密，严实。¶엄밀한 조사를 벌이다. =展开严密调查。● 엄밀히(嚴密-) ●

엄벌(嚴罰)【명사】엄하게 벌을 줌. 또는 그 벌. ◆图严厉惩办，严厉处罚，严惩。¶엄벌로 다스리다. =严厉惩办。● 엄벌하다(嚴罰--) ●

엄살【명사】아픔이나 괴로움 따위를 거짓으로 꾸미거나 실제보다 보태어서 나타냄. 또는 그런 태도나 말. ◆图无病呻吟，装病，装痛。¶엄살을 부리다. =装病。

엄살꾸러기【명사】엄살을 부리는 태도가 심한 사람을 낮잡아 이르는 말. ◆图爱无病呻吟的人，爱夸张的人。¶우리 아이는 엄살꾸러기여서 조금만 다쳐도 아프다고 야단이다. =我家孩子总是爱无病呻吟，哪怕只是擦破点皮，都会大呼小叫地喊疼。

엄선(嚴選)【명사】엄격하고 공정하게 가리어 뽑음. ◆图严格选拔，严格筛选。¶응모된 작품의 엄선을 위해 많은 심사 위원이 수고해 주실 겁니다. =为对应征作品进行严格筛选，有劳各位评委了。● 엄선되다(嚴選--), 엄선하다(嚴選--) ●

엄수(嚴守)【명사】명령이나 약속 따위를 어김없이 지킴. ◆图严守，恪守。¶교칙 엄수. =严守校规。● 엄수하다(嚴守--) ●

엄숙하다(嚴肅--)【형용사】形 ❶ 분위기나 의식 따위가 장엄하고 정숙하다. ◆严肃，庄严。¶장례식장의 분위기가 엄숙하다. =葬礼仪式气氛庄严。❷ 말이나 태도 따위가 위엄이 있고 정중하다. ◆严肃，严肃稳重，不苟言笑。¶엄숙한 태도. =严肃的态度。● 엄숙히(嚴肅-) ●

엄습(掩襲)【명사】图 ❶ 뜻하지 아니하는 사이에 습격함. ◆偷袭，突袭，奇袭。❷ 감정, 생각, 감각 따위가 갑작스럽게 들이닥치거나 덮침. ◆〈喻〉突袭，突然袭来。¶한파의 엄습. =寒流突然袭来。● 엄습하다(掩襲--) ●

엄연하다(儼然--)【형용사】形 ❶ 사람의 겉모양이나 언행이 의젓하고 점잖다. ◆(外貌)堂堂正正，严肃。❷ 어떠한 사실이나 현상이 부인할 수 없을 만큼 뚜렷하다. ◆(事实)无可争辩，无可置疑，俨然。¶우리는 이러한 엄연한 현실을 인정해야 할 것이다. =我们应该承认这一无可争辩的事实。● 엄연히(儼然-) ●

엄정(嚴正)【명사】엄격하고 바름. ◆图严肃公正。● 엄정하다(嚴正--), 엄정히(嚴正-) ●

엄중하다(嚴重--)【형용사】形 ❶ 엄격하고 정중하다. ◆严重，郑重。❷ 몹시 엄하다. ◆严厉，森严，严密。¶엄중한 처벌. =严厉的处罚。● 엄중히(嚴重-) ●

엄지【명사】'엄지가락'의 준말. 엄지손가락이나 엄지발가락을 통틀어 이르는 말. ◆图拇指，大拇指。¶엄지로 단추를 꾹꾹 누르다. =用拇指用力摁钮扣。

엄지발가락【명사】발가락 가운데 가장 크고 굵은 첫째 발가락. ◆图拇趾，脚拇趾。¶왼쪽 엄지발가락을 다쳤다. =伤了左脚大拇趾。

엄지손가락【명사】손가락 가운데 가장 짧고 굵은 첫째 손가락. ◆图拇指，大拇指。¶나는 친구의 건투를 빌며 엄지손가락을 세워 보였다. =我向朋友竖了竖大拇指，鼓励他顽强拼博。

엄청【부사】양이나 정도가 아주 지나친 상태. ◆副(数量或程度)十分，非常，相当。¶건물이 엄청 크다. =建筑相当雄伟。

엄청나다【형용사】짐작이나 생각보다 정도가 아주 심하다. ◆形太，过于，过度，出奇，格外，非常，相当，特别大，特别严重，宏壮。¶사업의 규모가 엄청나다. =事业规模特别大。

엄포【명사】실속 없이 호령이나 위협으로 으르는 짓. ◆图吓唬，恐吓。¶엄포를 놓다. =吓唬。

엄하다(嚴--)【형용사】形 ❶ 규율이나 규칙을 적용하거나 예절을 가르치는 것이 매우 철저하고 바르다. ◆严，严格，严明。¶규칙이 엄하다. =规则严明。❷ 어떤 일이나 행동이 잘못되지 아니하도록 주의가 철저하다. ◆(管理等)严格，严谨。¶엄한 선생님. =严师。❸ 성격이나 행동이 철저하고 까다롭다.

◆ 严厉，残酷，苛刻。¶엄한 형벌. =残酷的刑罚。● 엄히(嚴-) ●

업계(業界) 【명사】 같은 산업이나 상업에 종사하는 사람들의 활동 분야. ◆ 图业界，行业。¶섬유 업계. =纺织行业。

업다 【동사】 动 ❶ 사람이나 동물 따위를 등에 대고 손으로 붙잡거나 무엇으로 동여매어 붙어 있게 하다. ◆ 背，背负。¶아이를 등에 업다. =把孩子背在背上。❷ 어떤 세력을 배경으로 삼다. ◆ 依靠，借助。

업로드(upload) 【명사】 컴퓨터 통신망을 통하여 다른 컴퓨터 시스템에 파일이나 자료를 전송하는 일. ◆ 图上传。● 업로드하다 ●

업무(業務) 【명사】 직장 같은 곳에서 맡아서 하는 일. ◆ 图业务，公务，事务。¶처리해야 할 업무가 산더미 같다. =需要处理的事务堆积如山。

업보(業報) 【명사】 图 업(業)과 과보(果報)를 아울러 이르는 말. ◆ 业因和果报。

업신여기다 【동사】 교만한 마음에서 남을 낮추어 보거나 하찮게 여기다. ◆ 动蔑视，藐视，鄙视。¶함부로 남을 업신여기지 마라. =不要随意藐视人。

업적(業績) 【명사】 어떤 사업이나 연구 따위에서 세운 공적. ◆ 图业绩，功绩，实绩，成绩。¶위대한 업적을 남긴 위인. =留下丰功伟绩的伟人。

없다 【형용사】 形 실제로 존재하지 않는 상태이다. ◆ 没有，无，不存在。¶눈이 셋인 사람은 없다. =世上没有三只眼的人。● 없이 ●

없애다 【동사】 动 ❶ 어떤 일이나 현상, 증상 따위가 생겨 나타나지 않게 하다. ◆ 消灭，消除，根治(症状、现象等)。¶범죄를 없애다. =消灭犯罪。❷ 사람이나 사물 또는 어떤 사실이나 현상 따위가 어떤 곳에 자리나 공간을 차지하고 존재하지 않는 상태이다. ◆ 取消，清除，搬出。¶방에서 침대를 없애고 책상을 들여놓았다. =把床从房间里搬出去，把书桌放进来。❸ 어떤 물체를 소유하고 있지 않거나 자격이나 능력 따위를 갖추지 않은 상태이다. ◆ 赔光，花光，用光。¶그는 사업을 한다고 재산을 몽땅 없앴다. =他因为做生意赔光了全部财产。❹ 사람이나 동물 따위를 죽이다. ◆ 杀死，除掉，消灭(人或动物)。¶해충을 없애다. =消灭害虫。

엇갈리다 【동사】 动 ❶ 서로 어긋나서 만나지 못하다. ◆ (主要与"길"合用)错过，岔开。¶오다가 못 보았니? 그와 길이 엇갈린 모양이구나. =来时没看见他吗? 看来是和他在路上错过了。❷ 마주 오는 사람이나 차량 따위가 어떤 한 곳에서 순간적으로 만나 서로 지나치다. ◆ 交错，错(车)，错面，碰到，碰见，打碰头。¶내가 차와 엇갈리기 직전에 차가 멈춰 섰다. =眼看要错过了，车子停了下来。❸ 생각이나 주장 따위가 일치하지 않다. ◆ (思想、主张等)不一致，有分歧，相左，不和。¶동업자와 이해가 엇갈리다. =与同行的利益不一致。❹ 모순적인 여러 가지 것이 서로 겹치거나 스치다. ◆ (互相矛盾的东西)交织，交叉。¶집안 사정이 어려워선지 합격 소식을 듣고도 기쁜 마음이 슬픈 마음과 마구 엇갈려 일어났다. =也许是因为家境贫困，听到考试合格的消息后，一方面很高兴，一方面又很难过。

엇나가다 【동사】 动 ❶ 금이나 줄 따위가 비뚜로 나가다. ◆ (线等)斜。¶바닥에 그은 줄이 엇나가다. =地板上画的线斜了。❷ 비위가 틀리어 말이나 행동이 이치에 어긋나게 비뚜로 나가다. ◆ 闹别扭，唱反调。¶아들 녀석이 엇나가서 걱정이다. =孩子叛逆，让人担心。❸ 일 따위가 계획했던 것과 달리 잘못되어 가다. ◆偏离，背离(预定计划)。¶일이 이렇게 계획에서 엇나간 줄을 아무도 몰랐다. =没有人预料到事情的发展会如此偏离计划。

엇바꾸다 【동사】 动 ❶ 서로 마주 바꾸다. ◆ 交换，调换。¶서로 먹을 것을 엇바꾸다. =相互交换食物。❷ 서로 어긋나게 바꾸다. ◆ 交错，交叉，相交；交替，穿插，轮流，轮换。¶그는 네모 무늬를 원 무늬와 엇바꾸어 그려 넣었다. =他交替画着四边形和圆形。● 엇바뀌다 ●

엇비슷하다 【형용사】 形 ❶ 어지간하게 거의 비슷하다. ◆ 差不多，相差无几，不相上下。¶두 사람의 성적이 엇비슷하다. =两人成绩不相上下。❷ 약간 비스듬하다. ◆ 歪斜。

엉거주춤하다 【동사】 动 ❶ 아주 앉지도 서지도 아니하고 몸을 반쯤 굽히고 있다. ◆ 猫着腰，弓着腰。¶엉거주춤하게 서 있다. =猫着腰站着。❷ 이러지도 저러지도 못하고 망설이다. ◆ 犹豫不决，举棋不定。¶엉거주춤하면서 돌아가는 일의 형편만 살폈다. =一边举棋不定，一边观望着局势的变化。● 엉거주춤 ●

엉겁결에 【부사】 자기도 미처 모르는 사이에 갑자기. ◆ 副下意识地，不由自主地，不知不觉，潜意识下。¶엉겁결에 뒤를 돌아보았다. =下意识地回头看了一眼。

엉겅퀴 【명사】 국화과의 여러해살이풀. ◆ 图大蓟，蓟。

엉금엉금 【부사】 큰 동작으로 느리게 걷거나 기는 모양. ◆ 副慢腾腾，慢吞吞，慢悠悠(走或爬行)。¶거북이가 엉금엉금 기어간다. =乌龟慢腾腾地爬。

엉기다 【동사】 动 ❶ 점성이 있는 액체나 가루 따위가 한 덩어리가 되면서 굳어지다. ◆ 凝结，凝聚，变稠。¶피가 엉기다. =血凝固了。❷ 사람이나 동물 따위가 한 무리를 이루거나 달라붙다. ◆ (人、动物等)聚集，聚，围。¶강아지들이 엉겨서 장난을 친다. =小狗围在一起玩耍。

엉너리 【명사】 남의 환심을 사려고 어벌쩡하게 넘기는 것. ◆ 图讨好，敷衍。¶일단은 엉너리를 친 다음에 눈치를 보고 우리가 여기에 온 이유를 이야기하자. =先讨好对方，然后趁机说出我们来这儿的理由。

엉덩방아 【명사】 미끄러지거나 넘어지거나 주저앉아서 엉덩이로 바닥을 쾅 구르는 짓. ◆ 图一屁股坐到地上，跌坐在地上。¶엉덩방아를 찧다. =一屁股坐到地上。

엉덩이 【명사】 볼기의 윗부분. ◆ 图屁股，臀，臀部。¶엉덩이가 크고 펑퍼짐하다. =屁股又大又圆。

엉뚱하다 【형용사】 形 ❶ 상식적으로 생각하는 것과 전혀 다르다. ◆ 意外，出乎意料。¶사태가 엉뚱한 결과를 가져왔다. =事态的发展出人意料。❷ 말이나 행동이 분수에 맞지 아니하게 지나치다. ◆ (言行)过分，出格，不得体。¶그는 행동이 엉뚱하다. =他做出过分的行为，令人难以相信。

엉망【명사】名 ❶ 일이나 사물이 헝클어져서 갈피를 잡을 수 없을 만큼 결딴이 나거나 어수선한 상태. ◆ 乱七八糟，一片狼藉，乱糟糟。¶청소를 하지 않아 방이 엉망이다. =因为没有打扫，屋里乱七八糟的。❷ 술 따위에 흠뻑 취하여 제정신을 잃은 상태. ◆ (喝酒喝得)迷迷糊糊，醉醺醺。¶술로 엉망이 됐다. =喝酒喝得迷迷糊糊的。

엉망진창【명사】일이나 사물이 헝클어져서 갈피를 잡을 수 없을 만큼 결딴이 나거나 어수선한 상태. ◆ 名一片狼藉，一塌糊涂，乱成一团。¶엉망진창으로 돌아가는 세상. =一团乱麻的世界。

엉성하다【형용사】形 ❶ 꽉 짜이지 아니하여 어울리는 맛이 없고 빈틈이 있다. ◆ 松散，不紧凑。¶문장이 엉성하다. =文章拖沓。❷ 살이 빠져서 뼈만 남을 만큼 버쩍 마른 듯하다. ◆ 清瘦，消瘦，憔悴。¶축 처진 어깻죽지가 엉성하게 야위어 보였다. =低垂的肩膀看上去干巴巴的，显得非常清瘦。❸ 빽빽하지 못하고 성기다. ◆ 稀疏，凋零。¶엉성한 나뭇가지. =稀疏的树枝。❹ 사물의 형태나 내용이 부실하다. ◆ (形态或内容)华而不实；金玉其外、败絮其中。¶포장만 그럴듯했지 내용은 엉성하기 짝이 없다. =包装得像模像样，实则败絮其中。

엉엉【부사】副 ❶ 목을 놓아 크게 우는 소리. 또는 그 모양. ◆ 呜呜，哇哇，号啕。¶우리는 서로 부둥켜 안고 엉엉 소리 내어 울었다. =我们互相抱着，哇哇地哭。❷ 엄살을 부리며 괴로운 처지를 하소연하는 소리. 또는 그 모양. ◆ (装病时)哎哟哎哟。

엉클어뜨리다【동사】动 ❶ 실이나 줄 따위를 풀기 힘들 정도로 서로 한데 뒤얽히게 하다. ◆ (把线、绳等)弄乱，纠缠。¶딸아이가 서투른 솜씨로 재봉틀을 만지다가 실을 엉클어뜨리다. =女儿笨拙地摸索着学习使用缝纫机，结果把线弄乱了。❷ 어떤 물건 따위를 한데 뒤섞어 어지럽게 하다. ◆ (把东西)弄得乱七八糟，搞得一片狼藉。¶갑자기 창문으로 불어온 바람이 정돈해 놓았던 서류들을 엉클어뜨렸다. =风从窗户吹进来，把整理好的文件刮得乱七八糟。❸ 일을 서로 뒤섞고 얽어서 갈피를 잡을 수 없게 하다. ◆ (把事情)搞砸，弄糟，添乱。¶괜히 참견하여 일을 엉클어뜨리지 마라. =不要再瞎掺和添乱了! ❹ 감정이나 생각 따위를 갈피를 잡을 수 없을 정도로 뒤얽히게 하다. ◆ (使感情、思绪等)乱如麻，搅乱。¶그의 말이 나의 감정을 엉클어뜨려 놓았다. =他的话使我心乱如麻。

엉클어지다【동사】动 ❶ 실이나 줄 따위가 풀기 힘들 정도로 서로 한데 얽히게 되다. ◆ (把线、绳等)弄乱，纠缠。¶엉클어진 실타래. =乱成一团的线轴。❷ 어떤 물건 따위를 한데 뒤섞어 어지럽다. ◆ (把东西)弄乱，弄得乱七八糟，搞得一片狼藉。❸ 일을 서로 뒤섞고 얽어서 갈피를 잡을 수 없다. ◆ (把事情)搞砸，弄糟，添乱。¶일이 너무 뒤죽박죽으로 엉클어져서 어느 것부터 먼저 손을 써야 할지 모르겠다. =许多事情乱七八糟地搅在一起，不知如何下手。❹ 감정이나 생각 따위를 갈피를 잡을 수 없을 정도로 뒤얽히다. ◆ (使感情、思绪等)乱如麻，搅乱。¶몇 달이 지나서야 엉클어진 감정을 겨우 추스를 수 있었다. =用了好几个月才把一团乱麻般的感情理出个头绪来。

엉큼하다【형용사】엉뚱한 욕심을 품고 분수에 넘치는 짓을 하고자 하는 태도가 있다. ◆ 形别有用心，居心叵测，阴险。¶생각이 엉큼하다. =居心叵测。

엉키다【동사】动 ❶ 여럿의 실이나 줄, 문제 따위가 풀기 어려울 정도로 서로 얽히다. ◆ (线、绳等)缠在一起。¶연줄이 다른 연줄들과 엉켜 끊어졌다. =风筝线缠在了一起，断了。❷ 일이나 문제 따위가 서로 뒤섞여 갈피를 잡을 수 없게 되다. ◆ (事情、问题等)搅在一起，纠缠在一起，纠缠不清，错综复杂。¶손을 쓰기 어려울 정도로 일이 완전히 엉켜 버렸다. =事情完全搅在一起，让人难以下手。❸ 감정이나 생각 따위가 뒤얽혀 갈피를 잡을 수 없게 되다. ◆ (感情、思绪等)乱成一团，乱如麻，错综复杂。¶그들의 애증은 오랫동안 엉켜 있던 것이라 쉽게 풀릴 것 같지 않다. =他们的恩怨由来已久，错综复杂，不是那么容易化解的。❹ 점성이 있는 액체나 가루 따위가 한 덩어리가 되면서 굳어지다. ◆ 凝结，凝聚。

엉터리【명사】名 ❶ 터무니없는 말이나 행동. 또는 그런 말이나 행동을 하는 사람. ◆ 荒唐，无道理；荒唐事，荒唐的人。¶그의 말이 전혀 엉터리는 아니었다. =他的话也并非全无道理。❷ 보기보다 매우 실속이 없거나 실제와 어긋나는 것. ◆ 徒有其表，败絮其中。¶일을 이렇게 엉터리로 해 놓고 퇴근한단 말이오? =工作做得这么差就想下班?

엊그제【명사】바로 며칠 전. ◆ 名几天前，前两天。¶엊그제가 제 생일이었습니다. =我前两天过的生日。● 엊그저께 ●

엊저녁【명사】바로 전날의 저녁. ◆ 名昨晚。¶엊저녁에 잠을 잘 못 잤다. =昨晚没睡好。

엎다【동사】动 ❶ 물건 따위를 거꾸로 돌려 위가 밑을 향하게 하다 . ◆ 倒放，扣。¶그릇을 씻어 선반 위에 엎어놓다. =把碗洗好后扣在搁板上。❷ 그릇 따위를 부주의로 넘어뜨려 속에 든 것이 쏟아지게 하다. ◆ 打翻，弄洒。¶대접을 엎으니 물이 쏟아졌다. =打翻了碗，水弄洒了。❸ 제대로 있는 것을 넘어뜨리다. ◆ 推倒，撂倒，打倒。¶아이를 엎어 놓고 엉덩이를 때리다. =把孩子撂倒后打屁股。❹ 어떤 일이나 체제 또는 질서 따위를 완전히 뒤바꾸기 위하여 없애다. ◆ 推翻，打倒，摧毁，颠覆(体制、秩序等)。¶잘 진행되고 있는 일을 중간에 끼어 들어 엎어 버리다. =事情原本进展得很顺利，却被他插了手，结果搞砸了。❺ 이미 있어 온 일이나 주장 따위를 깨뜨리거나 바꾸어서 효력이 없게 하다. ◆ 推翻，推倒(先前主张等)。¶그는 기존의 견해를 엎고 새로운 주장을 내놓았다. =他推翻先前的主张，提出了新主张。

엎드리다【동사】动 ❶ 배를 바닥에 붙이거나 팔다리를 짚고 몸 전체를 길게 뻗다. ◆ 趴，卧倒。¶나는 날아오는 총탄을 피해 땅 위에 납작 엎드렸다. =为躲避飞来的子弹，我紧趴在地上。❷ 상반신을 아래로 매우 굽히거나 바닥에 대다. ◆ 行大礼，叩拜。¶사내가 노인 앞에 무릎을 꿇고 엎드렸다. =男子跪在老人面前行大礼。

엎어지다【동사】动 ❶ 서 있는 사람이나 물체 따위가 앞으로 넘어지다. ◆ (站着的人或立着的物)栽倒，摔跟头。¶사내는 그대로 땅바닥에 엎어졌다. =男子一头栽倒在地面上。❷ 위아래가 뒤집히다. ◆ (上下)颠倒，翻倒。¶밥상이 엎어지다. =饭桌被弄翻了。❸ 어떤 상태가 뒤집혀 바뀌다. ◆ (事态)扭转，颠倒；栽了，完蛋。¶사람의 운수란 하룻밤 사이에도 몇 번씩 엎어지고 잦혀지고 하는 것이다. =人的运气一夜之间会被扭转多次。❹ 꼼짝 아니하고 누워 있다. 또는 잠자코 있다. ◆ 俚老老实实地趴着。¶조용히 엎어져 잠이나 자라. =老老实实地趴着睡觉！

엎지르다【동사】그릇에 담기어 있는 액체 따위를 뒤집어엎어 쏟아지게 하거나 흔들어 넘쳐 나가게 하다. ◆ 动打翻，弄洒，洒，泼。¶아이가 우유를 옷에 엎질렀다. =小孩把牛奶洒到了衣服上。

엎치락뒤치락하다【동사】연방 엎치었다가 뒤치었다가 하다. ◆ 动翻来覆去，辗转反侧；不相上下。¶두 당의 세력 싸움은 엎치락뒤치락하며 반전을 거듭하였다. =双方势力不相上下，展开了拉锯战。● 엎치락뒤치락 ●

에[1]【감탄사】叹 ❶ 뜻에 맞지 아니하여 속이 상할 때에 혼자서 하는 소리. ◆ 表示不高兴或不满意。¶에, 이거 속상해서 살겠나. =唉，伤心死了。❷ 가볍게 거절하는 뜻으로 하는 소리. ◆ 表示婉转拒绝。¶에, 아무래도 안 되겠네. =唉，无论如何是不行的。❸ 남을 나무랄 때 하는 소리. ◆ 表示指责。¶에, 무슨 말을 그렇게 하나? =哎，你说的这叫什么话呀？ ❹ 스스로 생각을 끊어 버리려 할 때 내는 소리. ◆ 表示不再去想或下定决心。¶에, 그만 잊어버리자. =唉，还是忘了吧！ ❺ 무엇을 생각하거나 기억을 더듬을 때 내는 소리. ◆ 表示思考。¶에, 이 일을 어쩌면 좋지? =哎，这件事怎么办才好呢？ ❻ 말을 시작하거나 말하기를 망설일 때, 또는 말하는 도중에 뒷말이 곧 나오지 아니할 때 내는 군소리. ◆ 表示开始说话，或欲言又止，或说话中的暂时停顿。¶에, 친애하는 신사 숙녀 여러분. =嗯，亲爱的女士们、先生们！ ❼ 기분이 상쾌할 때 스스로 내는 소리. ◆ 表示心情愉快。¶에, 참 시원하다. =呀，太爽了！

에고이즘(egoism)【명사】자기 자신의 이익만을 꾀하고, 사회 일반의 이익은 염두에 두지 않으려는 태도. ◆ 名利己主义，自我中心主义。

에구【감탄사】叹 ❶ '어이구'의 준말. 몹시 아프거나 힘들거나 놀라거나 원통하거나 기막힐 때 내는 소리. ◆ (表示非常疼痛、吃力、惊讶、冤枉或气愤)哎哟，哎呀。¶에구, 왜 이리 허리가 아플까, 비가 오려나? =哎哟，我的腰怎么这么疼，是要下雨了吗？ ❷ '어이구'의 준말. 몹시 반갑거나 좋을 때 내는 소리. ◆ (表示非常高兴)哎哟，哎呀。¶에구, 이게 누구야? 우리의 자랑 아니신가? =哎哟，这是谁呀？这不是我们的骄傲吗？ ❸ '어이구'의 준말. 몹시 절망하거나 좌절하거나 탄식할 때 내는 소리. ◆ (表示非常绝望、受挫或叹息)唉。¶에구, 너 나 할 것 없이 모두 제멋대로들 행동하니 잘될 턱이 있겠나? =唉，所有人都自行其事，怎么可能好呢？

에구구【감탄사】'에구'를 잇따라 내는 소리. ◆ 叹唉(表示极度伤心或惊讶时不由自主发出的声音)。¶에구구, 하늘도 무심하시지. =唉！苍天无眼呀！

에구머니【감탄사】'어이구머니'의 준말. '어이구'보다 느낌이 더 간절할 때 내는 소리. ◆ 叹哎哟妈呀。¶에구머니, 깜짝이야! =哎哟妈呀，吓死我了！

에나멜(enamel)【명사】안료를 포함한 도료를 통틀어 이르는 말. 좁은 뜻으로는 유성 페인트에 상대하여 에나멜 페인트를 이른다. ◆ 名 (广义)涂料，(狭义)漆。

에너지(energy)【명사】名 ❶ 인간이 활동하는 근원이 되는 힘. ◆ 活力，精力，元气。¶보약을 먹었더니 에너지가 솟는다. =吃过补药后，精力充沛。❷ 기본적인 물리량의 하나. 물체나 물체계가 가지고 있는 일을 하는 능력을 통틀어 이르는 말로, 역학적 일을 기준으로 하여 이와 동등하다고 생각되는 것, 또는 이것으로 환산할 수 있는 것을 이른다. ◆ 能量，能源。

에너지원(energy源)【명사】에너지의 근원. ◆ 名能量之源，能源。¶태양은 지구의 에너지원이다. =太阳是地球的能量之源。

에누리【명사】名 ❶ 물건 값을 받을 값보다 더 많이 부르는 일. 또는 그 물건 값. ◆ 瞎要价；虚价，水分。¶에누리가 없는 정가(正價)이다. =没有水分的实价。❷ 값을 깎는 일. ◆ 讨价还价，还价，砍价，杀价。¶정가가 만 원인데 오천 원에 달라니 에누리가 너무 심하지 않소? =定价一万韩元，你却只出五千，这价砍得是不是太厉害了？ ❸ 실제보다 더 보태거나 깎아서 말하는 일. ◆ (说话时)添油加醋，夸张，水分。¶그의 말에는 에누리도 섞여 있다. =他的话有些夸张。❹ 용서하거나 사정을 보아주는 일. ◆ 宽恕，原谅。

에돌다【동사】动 ❶ 곧바로 선뜻 나아가지 아니하고 멀리 피하여 돌다. ◆ 绕，迂回；蜿蜒。¶그는 길이 너무 질어서 한길로 에돌아 갔다. =由于路太泥泞，他就从大路绕了过去。❷ 이리저리 빙빙 돌거나 휘돌다. ◆ 转悠，转来转去。¶자네가 그렇게 밖으로 에도니까 사람들이 욕하는 거라고. =在外面那样转来转去，别人会骂你的。❸ 말이나 글을 곧바로 하지 아니하고 돌려 하다. ◆ 绕圈子，拐弯抹角。

에메랄드(emerald)【명사】크롬을 함유하여 비취색을 띤, 투명하고 아름다운 녹주석. ◆ 名 祖母绿，翡翠，绿宝石。

에미【명사】'어머니'를 낮잡아 이르는 말. ◆ 名 对"妈妈"的卑称。¶니 에미 어디 있니? =你妈在哪儿？

에밀레종(---鐘)【명사】'성덕대왕신종(聖德大王神鐘)'을 일상적으로 이르는 말. '에밀레'라고 운다고 하여 이르는 말이다. ◆图圣德大王神钟。

에스오에스(SOS)【명사】图 ❶ 무선 전신을 이용한 조난 신호. 1912년에 카이로(Cairo)에서 열린 국제 무선 통신 회의에서 제정되었는데, 단순한 부호로 글자 자체에는 뜻이 없다. ◆ 无线电紧急呼救信号。❷ 일반적으로 구원 요청이나 위험을 알리는 신호나 위험 신호. ◆ 呼救信号。¶위급 상황을 알리는 에스오에스를 받고 구조대가 출동했다. =救援队收到紧急呼救信号后，立刻出发了。

에스컬레이터(escalator)【명사】사람이나 화물이 자동적으로 위아래 층으로 오르내릴 수 있도록 만든 계단 모양의 장치. ◆图电梯。¶그는 에스컬레이터를 타고 아래층으로 내려갔다. =他乘电梯到了底层。

에스키모(Eskimo)【명사】북극, 캐나다, 그린란드 및 시베리아의 북극 지방에 사는 인종. ◆图爱斯基摩人。

에스파냐(Espaa)【명사】유럽 남서부 이베리아 반도 대부분을 차지하는 입헌 군주국. ◆图西班牙。

에스페란토(Esperanto)【명사】폴란드인 자멘호프가 1887년에 공표하여 사용하게 된 국제 보조어. ◆图 世界语。

에야【조사】시간·공간상의 일정한 범위를 강조하여 나타내는 격조사. 격조사 '-에'에 보조사 '-야'가 결합한 말임. ◆ 助强调时间、空间上的范围。¶정오가 가까운 시각에야 잠자리에서 일어났다. =快到中午才起床。

에어로빅(aerobic)【명사】신나는 음악에 맞춰 춤을 추듯이 여러 가지 동작을 하며 몸 전체를 움직이는 체조. ◆图有氧健身操。¶에어로빅 경연 대회. =有氧健身操大赛。

에어백(air bag)【명사】자동차가 충돌할 때에, 순간적으로 탑승자 주위에서 공기 주머니가 부풀어 나와 충격을 완화하는 보호 장치. ◆图 (汽车)安全气囊。¶자동차와 화물 자동차가 충돌했으나 에어백 덕분에 자동차 운전자가 중상을 면했다. =轿车与货车发生相撞，但由于有安全气囊保护，轿车司机并没有受重伤。

에어컨(aircon)【명사】'에어컨디셔너'를 줄여 이르는 말. 여름에 실내 공기의 온도와 습도를 조절하는 장치. ◆图 空调。¶에어컨을 켜니 금세 방안이 시원해졌다. =打开空调后，屋里马上凉快下来。

에어컨디셔너(air conditioner)【명사】여름에 실내 공기의 온도와 습도를 조절하는 장치. ◆图空调。

에워싸다【동사】둘레를 빙 둘러싸다. ◆ 动围，包围，环绕，围绕，圈。¶집을 벽돌담으로 에워싸다. =用石墙把房子围起来。

에이【감탄사】叹 ❶ 실망하여 단념할 때 내는 소리. ◆ 表示因失望而死心，唉! ¶에이, 모르겠다. =唉，我不管了! ❷ 속이 상하거나 마음에 달갑지 아니할 때 내는 소리. ◆ 表示伤心或不满，唉! ¶에이, 참, 어디로 나갈 데도 없고 이게 무슨 꼴이야. =唉，无路可走，怎么成了这副样子。❸ 아랫사람을 못마땅하게 여겨 꾸짖거나 속이 상할 때 내는 소리. ◆ 表示对下级的不满与责备，哼，唉! ¶에이, 못난 놈아. =哼，没出息的家伙!

에이스(ace)【명사】图 ❶ 트럼프나 주사위 따위의 한 끗. ◆ (纸牌、骰子中的)一点，(扑克中的)尖儿。❷ 배구·테니스·탁구 따위에서, 서브한 공을 상대편이 받지 못하여 득점하는 일, 또는 그 서브. ◆ (排球、网球、乒乓球中的)发球得分。❸ 야구에서, 팀의 주전 투수를 이르는 말. ◆ (棒球队中的)主力投手，王牌投手。¶이번 시합의 승패는 팀의 에이스인 그에게 달려 있다. =他是本队的王牌投手本次比赛能否取胜取决于他。

에이즈(AIDS)【명사】인간 면역 결핍 바이러스에 의하여 면역 세포가 파괴됨으로써 인체의 면역 능력이 극도로 저하되어 병원체에 대하여 무방비 상태에 이르는 병. ◆图艾滋病。

에이커(acre)【의존 명사】야드 · 파운드법에 의한 논밭 넓이의 단위. ◆依名英亩。

에잇【감탄사】비위에 거슬려 불쾌할 때 내는 소리. ◆ 叹唉，嗳(表示不快)。¶에잇, 듣기 싫다. =唉，我不想听!

에취【부사】재채기할 때 나는 소리. ◆ 副 打喷嚏的声音。¶에취, 에취, 형이 연거푸 재채기를 하였다. =阿嚏! 阿嚏! 哥哥连打几个喷嚏。

에콰도르(Ecuador)【명사】남아메리카 대륙의 서북부에 있는 국가. ◆图厄瓜多尔。

에탄올(ethanol)【명사】에탄의 수소 원자 하나를 하이드록시기로 치환한 화합물. 무색투명한 휘발성 액체로, 특유한 냄새와 맛을 가지며, 인체에 흡수되면 흥분이나 마취 작용을 일으킨다. ◆图 乙醇，酒精。

에티오피아(Ethiopia)【명사】아프리카 동부에 있는 국가. ◆图埃塞俄比亚。

에피소드(episode)【명사】남에게 알려지지 아니한 재미있는 이야기. ◆图小故事，趣事，趣闻，逸事。¶재미있는 에피소드 한 토막. =一段趣事。

에헴【감탄사】짐짓 점잔을 빼거나 인기척을 내려고 일부러 내는 큰기침 소리. ◆ 叹 咳咳(干咳声)。¶에헴, 게 아무도 없느냐. =咳咳，有人吗?

엑스레이(X - ray)【명사】图 ❶ 파장 0.01~100옹스트롬(Å)으로 감마선과 자외선의 중간 파장에 해당하는 전자기파. ◆ X光，X射线。❷ 눈으로 볼 수 없는 물체의 내부를 엑스선을 이용하여 찍는 사진. ◆X光片。

엑스트라(extra)【명사】연극이나 영화 따위에서, 비중이 크지 아니한 역. ◆图 (戏剧或电影摄影中使用的)临时演员，群众演员。¶그는 엑스트라에서 주연급으로 발탁되었다. =他从临时演员升为主角。

엔(円)【의존 명사】일본의 화폐 단위. 기호는 ¥. ◆依名日元。

엔지니어(engineer)【명사】기계, 전기, 토목 따위의 기술자. ◆图 (机械、电机、土木工程等的)工程

师，技术员。¶그는 반도체 분야에 종사하는 엔지니어이다. =他是从事半导体行业的工程师。

엔진(engine)【명사】열 에너지, 전기 에너지·수력 에너지 따위를 기계적인 힘으로 바꾸는 장치. 주로 열 에너지를 이용하는 열기관을 이른다. ◆名发动机，引擎。¶100마력짜리 엔진. =100马力的引擎。

엘리베이터(elevator)【명사】동력을 사용하여 사람이나 화물을 아래위로 나르는 장치. ◆名电梯，升降机。¶정전으로 엘리베이터가 멈춰서 20층까지 걸어 올라갔다. =因为停电，电梯停止运行了，所以走楼梯上了20层。

엘리트(Elite)【명사】사회에서 뛰어난 능력이 있다고 인정한 사람. ◆名精英，杰出人物，优秀分子。¶엘리트 과정을 밟다. =接受精英课程培训。

여[1]-(女)【접사】'여자'의 뜻을 더하는 접두사. ◆前缀女。¶여교장. =女校长。

-여[2](餘)【접사】'그 수를 넘음'의 뜻을 더하는 접미사. ◆后缀 (用于汉字数词后)余，多。¶백여 명의 학생. =百余名学生。

여[3](女)【명사】'여성(女性)'의 준말. 여성으로 태어난 사람. ◆名女，女人，女性，女的。¶남과 여의 불평등한 관계를 개선할 필요가 있다. =有必要改善男女之间的不平等关系。

여[4]【조사】정중하게 부르는 뜻을 나타내는 격 조사. 흔히 감탄이나 호소의 뜻이 포함된다. ◆助 (用于无收音的体词后，表示庄严的称呼、感叹和号召) 啊。¶겨레여! 일어나라. =同胞们啊！奋起吧！

-여[5]【어미】词尾 ❶ 시간상의 선후 관계를 나타내거나 방법 따위를 나타내는 연결 어미. ◆ (用于"하다"或附有"하다"的谓词后)表示时间上的先后或方法。¶열심히 노력하여 너의 실력을 보여주어라. =好好努力，把你的实力展示出来。❷ 까닭이나 근거 따위를 나타내는 연결 어미. ◆表示原因或根据。¶너무 힘들어 하여 일을 줄여 주었다. =见我太过吃力，就减轻了我的任务。❸ 본용언과 보조 용언을 연결하는 데 쓰는 연결 어미. ◆用于连接主谓词和补助谓词。¶부탁대로 하여 주겠다. =我会按照你说的给你办好的。

여가(餘暇)【명사】일이 없어 남는 시간. ◆名余暇，空闲，业余时间。¶여가 선용. =充分利用业余时间。

여간(如干)【부사】그 상태가 보통으로 보아 넘길 만한 것임을 나타내는 말. ◆副 (主要用于否定句中)平常，普通，平凡。¶여자 혼자서 아이를 키운다는 게 여간 어려운 일이 아니다. =女人独自抚养孩子不是一般的困难。

여간하다(如干--)【형용사】이만저만하거나 어지간하다. ◆形 (以"여간해서"的形式用于否定句中)轻易，几乎不。¶이 싸움은 여간해서 끝나지 않겠다. =争斗不会轻易结束的。

여객(旅客)【명사】기차·비행기·배 따위로 여행하는 사람. ◆名 (乘坐火车、飞机、船等运输工具的)旅客，乘客。¶여객 운송. =客运。

여객기(旅客機)【명사】여객을 태워 나르기 위한 비행기. ◆名客机。¶여객기를 타다. =坐客机。

여객선(旅客船)【명사】여객을 태워 나르기 위한 배. ◆名客轮，游轮。¶폭풍 주의보로 여객선의 운항이 중단되었다. =由于有大风警报，客轮航运中断。

여건(與件)【명사】주어진 조건. ◆名条件，环境。¶생활 여건. =生活条件。

여걸(女傑)【명사】용기가 뛰어나고 기개와 풍모가 있는 여자. ◆名女中豪杰，巾帼英雄，女强人。

여경(女警)【명사】'여자(女子) 경찰관(警察官)'을 줄여 이르는 말. ◆名女警，女警察("여자 경찰관"的略语)。

여고(女高)【명사】'여자(女子) 고등학교(高等學校)'를 줄여 이르는 말. 여자에게 고등학교의 교과 과정을 실시하는 학교. ◆名女子高中。¶여고 시절. =上女子高中时期。

여공(女工)【명사】'여자(女子) 직공(職工)'의 준말. 공장에서 일하는 여자. ◆名女工，女职工，女工人。¶철야 근무에 들어가는 여공들이 문 앞에 줄을 지어서서 작업 카드에 확인을 받고 있다. =上通宵夜班的女工在门前排队站着进行工卡检查。

여과(濾過)【명사】名 ❶ 거름종이나 여과기를 써서 액체 속에 들어 있는 침전물이나 입자를 걸러 내는 일. ◆过滤。¶여과 장치. =过滤装置。❷ 주로 부정적인 요소를 걸러 내는 과정을 비유적으로 이르는 말. ◆过滤，筛选，鉴别。¶외국의 수많은 이론이 여과 없이 수용되면 안 되다. =不能对外国的众多理论不加鉴别地全盘照收。● 여과되다(濾過--), 여과하다(濾過--) ●

여과기(濾過器)【명사】액체를 걸러 내는 데 쓰는 기구. 다소 작은 구멍을 가진 장치에 액체를 넣어서 액체 속의 고형물(固形物)을 분리하는 장치이다. ◆名过滤器。¶여과기로 물을 정수하다. =用过滤器净化水。

여관(旅館)【명사】일정한 돈을 받고 손님을 묵게 하는 집. ◆名旅馆，旅社，旅店。¶여관에 묵다. =住到旅馆。

여교사(女教師)【명사】'여자(女子) 교사(教師)'를 줄여 이르는 말. ◆名 (小学、初中、高中和特殊学校里的)女教师，女老师。

여권(旅券)【명사】외국을 여행하는 사람의 신분이나 국적을 증명하고 상대국에 그 보호를 의뢰하는 문서. ◆名护照。¶여권 수속. =护照办理手续。

여권(女權)【명사】여자의 사회상·정치상·법률상의 권리. ◆名女权，妇女权利。¶여권 향상을 주장하다. =主张扩大妇女权利。

여기【대명사】代 ❶ 말하는 이에게 가까운 곳을 가리키는 지시 대명사. ◆这儿，这边，这里。¶여기가 바로 내 고향이다. =这儿就是我的故乡。❷ 바로 앞에서 이야기한 대상을 가리키는 지시 대명사. ◆这儿，这里，此处。¶아무 해결 방법을 모른다는 것, 여기에 문제의 심각성이 있었다. =问题的严重性就在于找不到任何解决办法。

여기다【동사】마음속으로 그러하다고 인정하거나 생각하다. ◆动认为，看成，当作，觉得。¶대수롭지 않게 여기다. =觉得没什么了不起。

여기저기【명사】여러 장소를 통틀어 이르는 말. ◆图到处，四处，四面八方。¶그는 연휴 기간 동안 여행을 다니며 여기저기를 둘러보았다. =他利用休假的机会四处游玩。

여념(餘念)【명사】어떤 일에 대하여 생각하고 있는 것 이외의 다른 생각. ◆图 (主要与"없다"连用)杂念，其他想法。¶돈 벌 궁리에 여념이 없다. =一门心思忙着挣钱。

여느【관형사】그 밖의 예사로운. ◆冠其他的，别的。¶이것 말고 여느 것을 주오. =不要这个，你给我拿个别的吧。

여닫다【동사】문 따위를 열고 닫고 하다. ◆动开了又关，开开关关。¶문을 여닫다. =开门关门。

여닫이【명사】문틀에 고정되어 있는 경첩이나 돌쩌귀 따위를 축으로 하여 열고 닫고 하는 방식. 또는 그런 방식의 문이나 창을 통틀어 이르는 말. ◆图推拉式；推拉门。¶한옥 집은 대문이 대부분 여닫이로 되어 있다. =传统韩式建筑的大门大都是推拉式的。

여담(餘談)【명사】이야기하는 과정에서 본 줄거리와 관계없이 흥미로 하는 딴 이야기. ◆图闲话，闲聊，闲谈。¶여담으로 하는 이야기. =闲聊。

여당(與黨)【명사】정당 정치에서, 현재 정권을 잡고 있는 정당. ◆图执政党。¶집권 여당. =执政党。

여대(女大)【명사】'여자대학(女子大學)'을 줄여 이르는 말. 여자에게 대학 교육을 실시하는 학교. ◆图女子大学。¶그녀는 아버지의 완고한 주장으로 여대를 가게 되었다. =由于父亲强烈坚持，她上了女子大学。

여덟【수사】일곱에 하나를 더한 수. ◆数八。¶넷에 넷을 더하면 여덟이다. =四加四等于八。

여덟째【수사】순서가 여덟 번째가 되는 차례. ◆数第八，老八。¶여덟째 손녀. =第八个孙女。

여독(旅毒)【명사】여행으로 말미암아 생긴 피로나 병. ◆图旅途劳顿，旅途不适。¶어제 귀국해서 여독이 아직 안 풀렸다. =昨天刚回国，仍然有些旅途不适。

여동생(女--)【명사】여자 동생. ◆图 妹妹。¶그는 밑으로 여동생이 둘 있다. =他下面有两个妹妹。

여드레【명사】图 ❶ 여덟 날. ◆八天。¶그 일을 끝내는 데 꼬박 여드레가 걸렸다. =做完那件事整整用了八天时间。❷ 매달 초하룻날부터 헤아려 여덟째 되는 날. ◆(每个月的)8日，8号。¶어머니의 생신이 시월 여드레이다. =妈妈的生日是10月8日。

여드름【명사】주로 사춘기에, 얼굴에 도톨도톨하게 나는 검붉고 작은 종기. 털구멍이나 피지선(皮脂線)이 막혀서 생기며 등이나 팔에 나기도 한다. ◆图 (青春期的面部出现的)青春痘，粉刺。¶여드름을 짜다. =挤青春痘。

여든【수사】열의 여덟 배가 되는 수. ◆数八十，八旬。¶여든 명. =八十名。

여러【관형사】수효가 한둘이 아니고 많은. ◆冠好几，屡，数，许多。¶여러 개. =好几个。

여러모로【부사】여러 방면으로. ◆副各方面，多方面。¶그는 이번 일에 여러모로 도움을 주었다. =他在这件事上给予了我多方面的帮助。

여러분【대명사】듣는 이가 여러 사람일 때 그 사람들을 높여 이르는 이인칭 대명사. ◆代诸位，各位，大家。¶어린이 여러분! =小朋友们!

여러해살이풀【명사】겨울에는 땅 위의 부분이 죽어도 봄이 되면 다시 움이 돋아나는 풀. ◆图 多年生草本植物。

여럿【명사】많은 수의 사람이나 물건. ◆图不少，很多，许多。¶자식을 여럿 뒀다. =生下许多子女。

여력(餘力)【명사】어떤 일에 주력하고 아직 남아 있는 힘. ◆图余力。¶여력을 지니다. =尚有余力。

여름【명사】한 해의 네 철 가운데 둘째 철. 봄과 가을 사이이며, 낮이 길고 더운 계절. ◆图夏天，夏季。¶무더운 여름. =炎热的夏季。

여름내【부사】여름 한 철 동안 내내. ◆副整个夏天，整个夏季。¶여름내 가물어서 강이 말랐다. =整个夏天干旱无雨，河都枯了。

여름방학(--放學)【명사】여름의 한창 더울 때에 일정 기간 수업을 쉬는 일. ◆图 暑假。¶이 달 중순께부터 각 학교들은 여름방학에 들어간다. =从本月中旬左右开始，各学校都开始放暑假。

여름새【명사】봄에서 초여름에 걸쳐 남쪽에서 날아와 번식하고 가을에 다시 남쪽으로 날아가는 철새. ◆图 夏候鸟。¶여름새가 찾아오는 걸 보니 이제는 완연한 여름이다. =夏候鸟都飞回来了，看来夏天真的到了。

여름철【명사】계절이 여름인 때. ◆图夏季，夏令，夏天。¶여름철에는 음식물이 상하기 쉽다. =夏天，食物容易变质。

여리다【형용사】形 ❶ 단단하거나 질기지 않아 부드럽거나 약하다. ◆娇嫩，脆弱。¶살갗이 여리다. =皮肤娇嫩。❷ 의지나 감정 따위가 모질지 못하고 약간 무르다. ◆(意志、感情等)脆弱，软弱。¶마음이 여리다. =心软。❸ 빛깔이나 소리 따위가 약간 흐리거나 약하다. ◆(色泽、声音等)淡，浅，微弱。¶색깔이 여리다. =色泽淡。

여린말【명사】어감이 세거나 거세지 아니하고 예사소리로 된 말. ◆图表示语感不强、气势弱的话语。

여린박(--拍)【명사】한 마디 안에서 센박 다음의 여린 박자. 악센트가 없는 박자를 이른다. ◆图 弱拍。

여명(黎明)【명사】희미하게 날이 밝아 오는 빛. 또는 그런 무렵. ◆图曙光；黎明，拂晓。¶시간은 다섯 시를 지나고 있었고 점점 새벽 여명이 강하게 밝아 오고 있었다. =时间刚过五点，天越来越亮。

여물【명사】마소를 먹이기 위하여 말려서 썬 짚이나 마른풀. ◆图草料，饲料。¶여물을 쑤다. =煮饲料。

여물다[1]【형용사】形 ❶ 일 처리나 언행이 옹골차고 여무지다. ◆(事情办得)圆满，(技艺)精湛；(人)精明强干。¶손끝이 여물다. =手艺精湛。❷ 사람됨이나 씀씀이 따위가 매우 옹골차고 헤프지 않다. ◆(身体)结实；(生活) 精打细算。

여물다² 【동사】 动 ❶ 과실이나 곡식 따위가 알이 들어 딴딴하게 잘 익다. ◆ (水果、谷物等颗粒)饱满，成熟。¶곡식이 여무는 계절. =稻谷成熟的季节。❷ 빛이나 자연현상이 짙어지거나 왕성해져서 제 특성을 다 드러내다. ◆ (瓜果)红了；(月)圆；(春意)浓。¶조각달이 점점 여물다. =一轮新月慢慢地升起来。

여미다 【동사】 动 벌어진 옷깃이나 장막 따위를 바로 합쳐 단정하게 하다. ◆ 扣好，对齐，整好，理正。¶옷깃을 여미다. =整理好衣领。

여배우(女俳優) 【명사】 여자(女子) 배우(俳優). ◆ 名女演员，女艺人。¶인기 여배우. =当红女艺人。

여백(餘白) 【명사】 종이 따위에, 글씨를 쓰거나 그림을 그리고 남은 빈 자리. ◆ 名留白，空白。¶수묵화는 유화에 비해 여백의 미가 뛰어나다. =与油画相比，水墨画的留白之美特别突出。

여벌(餘—) 【명사】 본래 소용되는 것 이외의 것. ◆ 名多余的，额外的，附加的。¶여벌의 소반 하나가 없는 가난한 살림살이. =家徒四壁。

여부(與否) 【명사】 名 ❶ 그러함과 그러하지 아니함. ◆ 与否，是否，能否。¶사실 여부을 확인하다. =确认是否属实。❷ 틀리거나 의심할 여지. ◆ (主要与"있다""없다"合用)疑问，问题。¶암, 그렇고 말고. 당연하지. 여부가 있나? =哎呀，不要争了，这都是理所当然的事情，难道还会有疑问吗?

여북하다 【형용사】 언짢거나 안타까운 마음이다. ◆ 形 (多用作"여북하면""여북해야"的形式)多么，该多么，要不是那么。¶자존심 강한 그가 여북하면 고개를 숙였을까? =要不是那么难办，自尊心极强的他会低头吗?

여분(餘分) 【명사】 나머지. 어떤 한도에 차고 남은 부분. ◆ 名多余的，富余的，额外的。¶여분의 식량. =余粮。

여비(旅費) 【명사】 여행하는 데에 드는 비용. ◆ 名旅费，路费，盘缠。¶그는 10만 원이나 되는 여비를 마련하기가 쉽지 않았다. =他难以筹到高达十万韩元的路费。

여사(女史) 【명사】 名 ❶ 결혼한 여자를 높여 이르는 말. ◆〈敬〉(已婚)女士，夫人。¶여보, 옆집의 이여사가 오셨어요. =老婆，隔壁的李女士过来了。❷ 사회적으로 이름 있는 여자를 높여 이르는 말. 주로 성명 아래 붙여 쓴다. ◆〈敬〉(有社会名望的)女士，夫人。

여상(女商) 【명사】 '여자 상업 고등학교(女子商業高等學校)'를 줄여 이르는 말. 여자에게 상업 고등학교의 교과 과정을 가르치는 학교. ◆ 名女子商业高中。¶그녀는 여상을 나와 은행에 취직했다. =她从女子商业高中毕业后，在银行任职。

여색(女色) 【명사】 名 ❶ 여자와의 육체적 관계. ◆ 女色。¶여색에 빠지다. =沉迷女色。❷ 남성의 눈에 비치는 여성의 아름다운 자태. ◆ (女性的)姿色，美色，女色。¶여색에 끌리다. =为美色所吸引。

여생(餘生) 【명사】 앞으로 남은 인생. ◆ 名余生，后半辈子。¶여생을 끝마치다. =结束余生。

-여서 【어미】 词尾 ❶ 시간적 선후 관계를 나타내는 연결 어미. ◆ (用于"하다"或附有"하다"的谓词后)表示时间的先后。¶도착하여서 연락해라. =到达后与我联系。❷ 이유나 근거를 나타내는 연결 어미. ◆ 表示理由或根据。¶노력하여서 성공하다. =通过努力获得成功。

여섯 【수사】 다섯에 하나를 더한 수. ◆ 数六，六个。¶그녀는 아들만 여섯이나 되는 집안에 외동딸로 태어나 귀여움을 독차지했다. =家里有六个男孩，作为独女，她备受宠爱。

여섯째 【수사】 순서가 여섯 번째가 되는 차례. ◆ 数第六，第六个。

여성(女性) 【명사】 名 ❶ 성(性)의 측면에서 여자를 이르는 말. 특히, 성년이 된 여자를 이른다. ◆ 名女性。¶여성 고객. =女顾客。❷ 얼부 언어의 문법서, 단어를성에 따라 구별할 에때에 사용하는 말의 하나. ◆ (某些语言语法中的)阴性。¶여성 명사. =阴性名词。

여성미(女性美) 【명사】 체격이나 성질에서 여성만이 갖는 특유의 아름다움. ◆ 名女性美，女性之美。¶이런 머리형은 얼굴을 작아 보이게 하면서 다사롭고 감미로운 여성미를 잘 표현해 준다. =这种发型使面部看起来娇小，充分凸显出女性的温柔甜美。

여세(餘勢) 【명사】 어떤 일을 겪은 다음의 나머지 세력이나 기세. ◆ 名余势，余威。¶예선전 전승의 여세를 몰아 우승을 하다. =乘预选赛获胜之势，拔得头筹。

여승(女僧) 【명사】 여자 스님. ◆ 名尼姑，女僧。¶동학사(東鶴寺)는 여승만 있는 사찰로 유명하다. =东鹤寺以只有尼姑而出名。

여식(女息) 【명사】 여자로 태어난 자식. ◆ 名〈谦〉女儿，小女。¶어머님! 그동안 안녕하신지요. 불효 여식은 그사이 이곳으로 와서 몸성히 잘 지내오니 안심하시옵소서. =母亲，近来好吗? 女儿来此地后过得很好，您放心吧。

여신(女神) 【명사】 여성의 신(神). ◆ 名女神，娘娘。¶지혜의 여신. =智慧女神。

여실하다(如實--) 【형용사】 사실과 꼭 같다. ◆ 形如实，切实。¶시대의 변화는 그 시기의 문화에 여실하게 드러난다. =时代的变迁在那一时期的文化中得到如实反映。● 여실히(如實-) ●

여아(女兒) 【명사】 名 ❶ 여자아이. 여자인 아이. ◆ 小女孩，女婴。¶그녀는 건강한 여아를 분만했다. =她产下一名健康的女婴。❷ '딸'이라는 뜻으로, 직접 본인에게나 남에게 대하여 이르는 말. ◆ 女儿，〈谦〉小女。

여염(閭閻) 【명사】 백성의 살림집이 많이 모여 있는 곳. ◆ 名乡里，民间。

여염집(閭閻-) 【명사】 일반 백성의 살림집. ◆ 名平常人家，一般人家，普通人家。¶여염집 규수. =普通人家的女儿。

여왕(女王) 【명사】 名 ❶ 여자 임금. ◆ 女王。❷ 어떤 영역에서 중심되는 위치에 있는 여자나 사물 현상을 비유적으로 이르는 말. ◆ (喻)(某个领域的)女王。¶사교계의 여왕. =社交界女王。

여왕개미(女王--)【명사】알을 낳는 능력이 있는 암개미. 보통 일개미보다 크며 개미 사회의 우두머리이다. ◆图蚁后。

여왕벌(女王-)【명사】알을 낳는 능력이 있는 암벌. 몸이 크며 벌 사회의 우두머리이다. 꿀벌에서는 한 떼에 한 마리만 있다. ◆图蜂王。

여우[1]【명사】图 ❶ 갯과의 포유동물. 개와 비슷한데 몸의 길이는 70cm 정도이고 홀쭉하며, 대개 누런 갈색 또는 붉은 갈색이다. ◆狐狸。❷ 매우 교활한 사람을 비유적으로 이르는 말. ◆〈喻〉老狐狸，狡猾的狐狸(指狡猾的人)。¶선술집을 한 지 10년이 다 된 주인 여자는 여우가 다 됐다. =女主人经营站式酒吧已经十年了，完全是只老狐狸。

여우[2](女優)【명사】여자 배우. ◆图女演员。¶그녀는 연기 생활 10년만에 여우 주연상을 받았다. =在从影十年之后，她获得了女主角奖。

여우비【명사】볕이 나 있는 날 잠깐 오다가 그치는 비. ◆图太阳雨。¶여우비가 온 끝이라 개울가의 풀들이 더욱 뚜렷하였다. =由于刚刚下过太阳雨，溪边的小草更加青葱可爱。

여운(餘韻)【명사】图 ❶ 아직 가시지 않고 남아 있는 운치. ◆余韵，回味。¶감동의 여운을 남기다. =留下了令人感动的余韵。❷ 소리가 끊어진 뒤의 울림. ◆余音，回音。

여울【명사】강이나 바다의 바닥이 얕거나 폭이 좁아 물살이 세게 흐르는 곳. ◆图 (水流湍急的)浅滩，浅水滩，河滩。¶징검다리의 디딤돌이 여울의 얕은 곳을 따라 띄엄띄엄 놓여 있었는데…=垫脚石桥的垫脚石头零零散散地摆放在河滩浅处……

여울목【명사】여울물이 턱진 곳. ◆图 (水流湍急)滩口，漩涡处。¶디딤돌을징검다리를 밟고 여울목을 건너다. =踩着垫脚石桥过了滩口。

여울지다【동사】动 ❶ 여울을 이루다. ◆形成湍急的水湾，形成险滩。❷ 물살이 세게 흐르는 여울처럼 감정 따위가 힘차게 설레거나 움직이다. ◆(感情等)奔涌，激荡。¶바다 같은 애정이 공자의 가슴속에서 물결쳐 여울진다. =爱像大海的波浪一样在公子的胸中奔涌。

여위다【동사】动 ❶ 몸의 살이 빠져 파리하게 되다. ◆瘦，消瘦，瘦削，憔悴。¶여윈 손. =瘦削的手。❷ 살림살이가 매우 가난하고 구차하게 되다. ◆(生活)贫穷，穷苦，苦。❸ 빛이나 소리 따위가 점점 작아지거나 어렴풋해지다. ◆(光线或声音)模模糊糊，模糊不清，隐约。

여유(餘裕)【명사】图 ❶ 물질적·공간적·시간적으로 넉넉하여 남음이 있는 상태. ◆充裕，宽裕。¶시간적 여유를 갖다. =时间充裕。❷ 느긋하고 차분하게 생각하거나 행동하는 마음의 상태. 또는 대범하고 너그럽게 일을 처리하는 마음의 상태. ◆从容，从容不迫，沉着冷静。¶여유 있는 태도. =从容不迫的态度。

여유롭다(餘裕--)【형용사】여유가 있다. ◆形宽裕，从容，舒畅。¶일을 마쳐서 마음이 여유롭다. =办完了事，心情非常舒畅。

여의다【동사】动 ❶ 부모나 사랑하는 사람이 죽어서 이별하다. ◆失去(亲人)。¶그는 일찍이 부모를 여의고 고아로 자랐다. =他很早就失去了父母，变成了孤儿。❷ 딸을 시집보내다. ◆嫁(女)，嫁出去。¶막내딸을 여의기 전까지 부부는 일을 계속했다. =直到女儿出嫁，夫妻二人都一直在工作。❸ 멀리 떠나보내다. ◆送别，告别，远离。¶일체의 번뇌를 여의다. =远离一切烦恼。

여의봉(如意棒)【명사】자기 뜻대로 늘어나게도 오므라들게도 하여 마음대로 쓸 수 있다는 몽둥이. ◆图如意金箍棒。¶'서유기'의 손오공은 여의봉을 무기로 사용한다. =《西游记》中孙悟空使用的武器是如意金箍棒。

여의주(如意珠)【명사】용의 턱 아래에 있는 영묘한 구슬. 이것을 얻으면 무엇이든 뜻하는 대로 만들어 낼 수 있다고 한다. ◆图 (龙嘴中所含)如意珠。¶용이 여의주를 물고 하늘로 승천하는 꿈을 꾸다. =梦见龙含着如意珠升天了。

여의찮다(如意--)【형용사】일이 마음먹은 대로 되지 않다. ◆形不如意。¶사정이 여의찮다. =情况不尽如人意。

여인(女人)【명사】어른이 된 여자. ◆图女人，妇女。¶중년 여인. =中年妇女。

여자(女子)【명사】图 ❶ 여성으로 태어난 사람. ◆女性，女子，女人。¶성숙한 여자. =成熟的女人。❷ 한 남자의 아내나 애인을 이르는 말. ◆(男人的)妻子，对象。

여장[1](旅裝)【명사】여행할 때의 차림. ◆图行装，行李。¶여장을 꾸리다. =收拾行装。

여장[2](女裝)【명사】남자가 여자처럼 차림. 또는 그런 차림새. ◆图男扮女装。¶여장 남자. =男扮女装的男子。

여장부(女丈夫)【명사】남자처럼 굳세고 기개가 있는 여자. ◆图女中豪杰，巾帼英雄，女强人。

여전하다(如前--)【형용사】전과 같다. ◆形和从前一样，依旧，依然如故。¶그의 술주정하는 버릇은 여전하다. =他发酒疯的习惯和从前一样。● 여전히(如前-) ●

여정(旅程)【명사】여행의 과정이나 일정. ◆图旅程，行程。¶여정을 기록하다. =记录行程。

여지(餘地)【의존 명사】어떤 일을 하거나 어떤 일이 일어날 가능성이나 희망. ◆依名 (主要用于助词"의"或词尾"-을"后)余地，空间。¶개선의 여지가 많다. =有很大的改进余地。

여지없다(餘地--)【형용사】더 어찌할 나위가 없을 만큼 가차없다. 또는 달리 어찌할 방법이나 가능성이 없다. ◆形没有余地。¶그가 한번 한다고 했으면 여지없을 것이다. =如果他说了要做，那就没有任何回旋的余地。● 여지없이(餘地--) ●

여진(餘震)【명사】큰 지진이 일어난 다음에 얼마 동안 잇따라 일어나는 작은 지진. ◆图 (大震之后的)余震。¶큰 지진 후에는 대부분 수 차례 여진이 이어진다. =大震之后，通常会有数次余震。

여집합(餘集合)【명사】부분 집합과 전체 집합의

관계에 있는 두 집합 A와 B에서 전체 집합 B의 원소로서 부분 집합 A에 포함되지 않는 원소 전체로 이루어진 집합. ◆ 名 余集，补集。

여쭈다【동사】动 ❶ 웃어른에게 말씀을 올리다. ◆ (向长辈)咨询，请教。¶모르는 문제를 선생님께 여쭈다. =向老师请教几个问题。❷ 웃어른에게 인사를 드리다. ◆ (向长辈)请安，问候，打招呼。¶사돈어른께 인사를 여쭈다. =给亲家长辈请安。● 여쭙다 ●

여차하다(如此--)【동사】일이 뜻대로 되지 아니하다. ◆ 动 (主要以"여차하면"的形式)发生意外，有事。¶그는 여차하면 달아날 태세였다. =他计划一旦有事就逃跑。

여체(女體)【명사】여자의 육체. ◆ 名女人的身体，女人的体态。¶이 그림은 여체를 아름답게 묘사했다. =这幅画将女人的身体描绘得十分美丽。

여치【명사】여칫과의 곤충. 녹색 또는 누런 갈색이며 더듬이가 길고 수컷은 울음소리가 크다. ◆ 名螽斯，〈俗〉蝈蝈。

여타(餘他)【명사】그 밖의 다른 것. ◆ 名其他，别的，其余。¶이곳은 주변의 여타 지역과는 달리 유독 눈이 많이 내린다. =这里和其他地方不一样，下雪格外多。

여태【부사】지금까지. 또는 아직까지. ◆ 副直到现在，到现在，至今。¶그는 여태 무얼 하고 안 오는 것일까? =他到底在干什么，怎么到现在还没来?

여태껏【부사】'여태'를 강조하여 이르는 말. ◆ 副"여태"的强调说法。¶그는 여태껏 그 일을 모르는 척했다. =直到现在他还装作对此毫不知情。

여하간(如何間)【부사】하여간. 어찌하든지 간에. ◆ 副无论如何，不管怎么样，不管怎样。¶여하간 가고야 말겠다. =无论如何我都要去。

여하튼(如何-)【부사】의견이나 일의 성질, 형편, 상태 따위가 어떻게 되어 있든. ◆ 副反正。¶여하튼 도망치기는 쳐야겠는데 뭔가 허전하고 두렵고 이상하다. =反正是要逃跑的，何必若有所失、担惊受怕的呢!

여학생(女學生)【명사】여자 학생. ◆ 名女学生，女生。¶주말에 여학생들끼리 여행을 다녀왔다. =周末，女生们去旅游了一趟。

여한(餘恨)【명사】풀지 못하고 남은 원한. ◆ 名遗憾。¶집을 장만했으니 여한이 없다. =置办好了房产，已经没有遗憾了。

여행(旅行)【명사】일이나 유람을 목적으로 다른 고장이나 외국에 가는 일. ◆ 名旅行，旅游，游。¶세계 일주 여행. =环球一周游。● 여행하다(旅行--) ●

여행기(旅行記)【명사】여행하면서 보고, 듣고, 느끼고, 겪은 것을 적은 글. ◆ 名 游记。¶졸업 여행을 다녀온 후 여행기를 쓰다. =毕业旅行回来之后写游记。

여행길(旅行-)【명사】여행하며 다니는 길. ◆ 名旅途。¶여행길에서 좋은 친구를 만나 즐거운 시간을 보냈다. =旅途中遇见了好朋友，过得很开心。

여행사(旅行社)【명사】여행자의 편의를 돌보아 주는 영업 기관. ◆ 名旅行社。¶요즈음은 역에 가지 않고도 가까운 여행사에서 기차표를 구할 수 있다. =近来在附近旅行社就可以买到火车票，不必再去车站了。

여흥(餘興)【명사】名 ❶ 어떤 모임이 끝난 뒤에 흥을 돋우려고 연예나 오락을 함. 또는 그 연예나 오락. ◆ (聚会结束之后的)助兴节目，娱乐节目。¶우리가 파티장에 도착했을 때에는 이미 식사가 끝나고 여흥이 시작되고 있었다. =我们到达宴会厅时，用餐已经结束，开始表演娱乐节目了。❷ 놀이 끝에 남아 있는 흥. ◆ 兴致。¶공연의 여흥이 채 가시지 않았다. =公演之后，观众们意犹未尽。

역[1](役)【명사】名 ❶ 영화나 연극 따위에서 배우가 맡아서 하는 소임. ◆ (电影、戏剧等当中的)角色，角。¶그녀는 할머니 역을 잘 해냈다. =她把老奶奶的角色演得很好。❷ 특별히 맡은 소임. ◆ 职务，角色。¶상담하는 역을 맡다. =扮演咨询的角色。

역[2](驛)【명사】열차가 발착하는 곳. ◆ 名火车站，车站，站。¶역 광장. =站前广场。

역[3](逆)【명사】반대 또는 거꾸로임. ◆ 名逆，反，倒。¶역으로 말하면. =反过来说。

역[4]-(逆)【접사】'반대되는' 또는 '차례나 방법이 뒤바뀐'의 뜻을 더하는 접두사. ◆ 前缀逆，反。¶역효과. =反效果。

역겹다(逆--)【형용사】역정이 나거나 속에 거슬리게 싫다. ◆ 形厌恶，讨厌，可憎，恶心。¶생선 비린내가 역겹다. =鲜鱼腥味很让人恶心。

역경(逆境)【명사】일이 순조롭지 않아 매우 어렵게 된 처지나 환경. ◆ 名逆境，困境。¶역경에 처하다. =身处逆境。

역군(役軍)【명사】名 ❶ 일정한 부문에서 중요한 역할을 하는 일꾼. ◆ (在某个领域发挥重要作用的)主力军，骨干，中坚力量。¶수출 역군. =出口主力军。❷ 공사장에서 삯일을 하는 사람. ◆ (在工地打工的)民工。¶그 속에 널려 있는 수백 명의 역군들은 제각기 맡은 일자리에서 공사에 열중하고 있다. =散布其间的数百名民工，都在各自的岗位上专心工作。

역귀(疫鬼)【명사】역병을 일으킨다는 귀신. ◆ 名瘟神。¶무당은 역귀를 몰아내기 위해 굿을 했다. =为赶走瘟神，巫婆施了法术。

역기(力器)【명사】바벨. 역도나 근육 단련 훈련에 쓰는, 강철로 된 기구. ◆ 名杠铃。¶형은 회사에서 돌아오면 체육관으로 가서 역기를 들어올리는 운동을 하였다. =哥哥每天从公司回来后，都要去体育馆进行杠铃锻炼。

역단층(逆斷層)【명사】단층면의 경사가 상대적으로 위로 밀려 올라가 암반 쪽으로 기운 단층. ◆ 名 逆断层。

역대(歷代)【명사】대대로 이어 내려온 여러 대. 또는 그동안. ◆ 名历代，历届，历任，历世，历朝，历次。¶역대 임금. =历代国王。

역도(力道)【명사】무거운 역기를 들어 올려 그 중량을 겨루는 경기. 체급 경기이며, 용상(聳上)과 인상(引上)의 두 종목이 있다. ◆ 名举重，举重比赛。

역량(力量)【명사】 어떤 일을 해낼 수 있는 힘. ◆名力量，能力。¶역량 있는 지도자. =有能力的领导人。

역력하다(歷歷--)【형용사】 자취나 기미, 기억 따위가 환히 알 수 있게 또렷하다. ◆形历历在目，清清楚楚，十分明显，尽显。¶피로의 빛이 역력하다. =尽显疲态。● 역력히(歷歷-) ●

역류(逆流)【명사】 물이 거슬러 흐름. 또는 그렇게 흐르는 물. ◆名逆流；逆流之水。● 역류하다(逆流--) ●

역모(逆謀)【명사】 반역을 꾀함. 또는 그런 일. ◆名谋逆，谋反。¶역모에 가담하다. =参与谋反。

역무원(驛務員)【명사】 철도역에서, 안내·매표·개찰·집찰 따위의 일을 맡아보는 사람. ◆名火车站工作人员，车站工作人员，站务员。¶역무원의 안내에 따라 기차에 오르다. =在车站工作人员的引导下乘车。

역병(疫病)【명사】 대체로 급성이며 전신(全身) 증상을 나타내어 집단적으로 생기는 악성 전염병. ◆名瘟疫，疫情。¶물이 오염되면 역병이 퍼질 가능성이 높다. =水源受到污染，疫情就很可能扩散。

역부족(力不足)【명사】 힘이나 기량 따위가 모자람. ◆名力量不够，能力不够。¶그는 최선을 다했으나 역부족으로 실패하였다. =他虽然尽了全力，但由于能力不够，最终还是失败了。

역사(歷史)【명사】 名 ❶ 인류 사회의 흥망과 변천의 과정. 또는 그 기록. ◆ 历史。¶역사를 기술하다. =记述历史。❷ 자연 현상이 변하여 온 자취. ◆ (自然现象)变迁，历史。¶지구의 역사. =地球的历史。❸ 역사를 연구 대상으로 하는 학문. ◆ 历史学，史学，历史。¶역사를 전공하다. =专攻历史。

역사관(歷史觀)【명사】 역사의 발전 법칙에 대한 체계적인 견해. ◆名历史观，史观。¶지도자의 왜곡된 역사관은 국가를 위태롭게 만들 수 있다. =领导人扭曲的历史观会陷国家于危难之中。

역사적(歷史的)【명사】 名 ❶ 역사에 관한 것. ◆ 历史的，历史。¶그는 역사적인 자료를 조사하러 전국을 돌아다녔다. =他为调查历史资料跑遍了全国。❷ 오랜 세월을 두고 전해지는 것. ◆ 历史上的，历史上。¶인접국가 사이에는 역사적으로 숙명적인 경쟁 관계에 놓이기 마련이다. =在历史上，邻国之间往往有着宿命性的竞争关系。❸ 역사로서 기록될 만큼 중요한 것. ◆ 历史性，划时代的，里程碑式的。¶역사적인 사건이다. =历史性的事件。

역설[1](力說)【명사】 자기의 뜻을 힘주어 말함. 또는 그런 말. ◆名强调，竭力主张，大声疾呼。¶선생님의 역설에 귀를 기울이다. =认真听老师强调的地方。● 역설하다(力說--) ●

역설[2](逆說)【명사】 名 ❶ 어떤 주의나 주장에 반대되는 이론이나 말. ◆ 异说。❷ 일반적으로는 모순을 야기하지 아니하나 특정한 경우에 논리적 모순을 일으키는 논증. 모순을 일으키기는 하지만 그 속에 중요한 진리가 함축되어 있는 것으로 간주한다. ◆ 悖论，反论。

역성【명사】 옳고 그름에는 관계없이 무조건 한쪽 편을 들어 주는 일. ◆名袒护，庇护，偏袒。¶내가 형과 싸우면 어머니는 이유도 묻지 않고 형 역성만 드셨다. =只要我和哥哥吵架，妈妈总是不分青红皂白地一个劲儿偏袒哥哥。

역성들다【동사】 누가 옳고 그른지는 상관하지 아니하고 무조건 한쪽 편만 들다. ◆动袒护，庇护，偏袒。¶제 자식을 역성들다. =偏袒自己的子女。

역세권(驛勢圈)【명사】 기차나 지하철 역을 일상적으로 이용하는 주변 거주자가 분포하는 범위. ◆名临站地角。

역순(逆順)【명사】 거꾸로 된 순서. ◆名倒序，逆序。¶역순 번호. =逆序编号。

역술가(曆術家)【명사】 해와 달의 운행과 사람의 운명 사이의 관계를 예측하는 사람. ◆名（预测日月运行和人的命运之间关系的）算命先生，算卦的，术士。¶역술가의 말을 무조건 신뢰하는 것은 바람직하지 않다. =盲目听信算命先生的话是不可取的。

역습(逆襲)【명사】 상대편의 공격을 받고 있던 쪽에서 거꾸로 기회를 보아 급히 공격함. ◆名反击，反攻。¶역습의 기회. =反击机会。● 역습하다(逆襲--) ●

역시(亦是)【부사】 副 ❶ 또한. ◆ 也，也是，同样。¶나 역시 마찬가지다. =我也一样。❷ 생각하였던 대로. ◆ (如预料的那样)果真，果然。¶역시 그랬었구나. =果真是那样呀！❸ 예전과 마찬가지로. ◆ 依然，依旧，仍然，还是。¶그 사람은 지금도 역시 가난하다. =他现在也还是那么穷。❹ 아무리 생각하여도. ◆ (无论怎么想)也，还是，到底。¶이 일은 역시 이 분야의 전문가가 맡는 게 좋겠다. =这事还是交给这个领域的专家比较好。

역심(逆心)【명사】 名 ❶ 상대방의 말이나 행동에 반발하여 일어나는, 비위에 거슬리는 마음. ◆ (对对方的言行感到)不服气，不舒服，反感。¶그의 잘난 체에 역심이 생기다. =对他装腔作势的样子感到不舒服。❷ 반역하려는 마음. 모반하는 마음. ◆ 叛逆之心，谋反之心。¶역심을 품다. =怀有谋逆之心。

역암(礫巖)【명사】 퇴적암의 하나. 크기가 2cm 이상인 자갈 사이에 모래나 진흙 따위가 채워져 굳은 것으로, 자갈이 전체의 30% 이상이어야 한다. ◆名砾岩，角砾岩。

역연하다(歷然--)【형용사】 形 ❶ 분명히 알 수 있도록 또렷하다. ◆ 分明，显然，明显，清楚。¶피로한 기색이 역연하다. =带有明显的疲惫之色。❷ 기억이 분명하다. ◆ 记忆犹新，记得很清楚。● 역연히(歷然-) ●

역임(歷任)【명사】 여러 직위를 두루 거쳐 지냄. ◆名历任。● 역임하다(歷任--) ●

역작(力作)【명사】 온 힘을 기울여 작품을 만듦. 또는 그 작품. ◆名力作，杰作。¶역작을 남기다. =留下杰作。

역장(驛長)【명사】 名 역의 사무를 총지휘하는 책임자. ◆ (火车站)站长。¶화재가 나자 역무원들은 역장의 지시에 따라 빠르게 화재를 진압했다. =一发生火

灾，车站工作人员就在站长的指挥下迅速扑灭了大火。

역적(逆賊)【명사】자기 나라나 민족, 통치자를 반역한 사람. ◆图逆贼，叛贼。¶역적으로 몰리다. =被视为叛贼。

역전[1](驛前)【명사】역의 앞쪽. ◆图 (火车站)站前。¶역전 정류장. =站前公共汽车站。

역전[2](逆轉)【명사】형세가 뒤집힘. 또는 형세를 뒤집음. ◆图逆转，翻盘。¶역전의 명수(名手). =翻盘能手。● 역전되다(逆轉--), 역전하다(逆轉--) ●

역전경주(驛傳競走)【명사】몇 사람이 한 팀을 이루어, 몇 개의 구간으로 나눈 전체 거리를 각각 한 구간씩 맡아 이어 달리는 육상 경기. ◆图 马拉松接力赛，长跑接力赛。

역전승(逆轉勝)【명사】경기 따위에서 지고 있다가 형세가 뒤바뀌어 이김. ◆图翻盘，转败为胜，反败为胜。¶우리 팀은 경기 종료 2분을 남겨 놓고 연속 두 골을 넣어 역전승을 거두었다. =我队在比赛结束前两分钟连续攻入两球，反败为胜。● 역전승하다(逆轉勝--) ●

역전패(逆轉敗)【명사】경기 따위에서 이기고 있다가 형세가 뒤바뀌어짐. ◆图被翻盘，反胜为败。¶우리 팀은 초반에 1대 0으로 앞서다가 두 골을 내주어 1대 2로 역전패를 당했다. =我们队开始时以1：0领先，后来失掉两球，以1：2反胜为败。● 역전패하다(逆轉敗--) ●

역점(力點)【명사】심혈을 기울이거나 쏟는 점. ◆图重点，着眼点。¶역점 사업. =重点项目。

역정(逆情)【명사】몹시 언짢거나 못마땅하여서 내는 성. ◆图腻烦，生气。¶역정이 나다. =感到腻烦。

역주(力走)【명사】힘을 다하여 달림. ◆图奋力奔跑，竭力奔跑，全速奔跑。¶그는 혼신의 역주 끝에 1위를 차지했다. =他用尽力气全速奔跑，得了第一名。● 역주하다(力走--) ●

역지사지(易地思之)【명사】처지를 바꾸어서 생각하여 봄. ◆图换位思考。¶너는 역지사지도 모르니? =你就不会换位思考一下吗?

역투(力投)【명사】야구에서, 투수가 공을 힘껏 던지는 일. ◆图 用力投球。¶투수의 역투로 승리를 거두었다. =凭借投手的用力投球赢得了胜利。

역풍(逆風)【명사】图❶ 배가 가는 반대쪽으로 부는 바람. ◆逆风。¶역풍을 만나다. =遇到逆风。❷ 일이 뜻한 바대로 순조롭게 진행되지 못하고 어려움을 겪는 것을 비유적으로 이르는 말. ◆不顺利。

역하다(逆--)【형용사】形❶ 구역이 날 듯 속이 메슥메슥하다. ◆(让人)作呕，恶心。¶생선 냄새가 역하다. =鱼味让人恶心。❷ 마음에 거슬려 못마땅하다. ◆不顺眼，看不惯，讨厌。¶그의 말이 역했다. =他的话令人讨厌。

역학[1](易學)【명사】주역의 괘(卦)를 해석하여 음양 변화의 원리와 이치를 연구하는 학문. ◆图易学，周易学。

역학[2](力學)【명사】물체의 운동에 관한 법칙을 연구하는 학문. ◆图力学。

역할(役割)【명사】图❶ 자기가 마땅히 하여야 할 맡은 바 직책이나 임무. ◆作用，责任，职责，任务。¶그는 회사에서 중대한 역할을 하고 있다. =他在公司里担当重任。❷ 영화나 연극 따위에서 배우가 맡아서 하는 소임. ◆角色。¶동생은 드라마에서 할아버지 역할을 맡았다. =弟弟在电视剧中饰演爷爷一角。

역할극(役割劇)【명사】참여자가 주어진 상황에서 특정 역할을 담당하여 연기하는 극. ◆图角色剧，即兴情景剧。¶조별 역할극. =分组角色剧。

역행(逆行)【명사】일정한 방향, 순서, 체계 따위를 바꾸어 행함. ◆图逆行，背道而驰，倒行逆施。¶재단의 비리는 교육의 목적에 역행하는 것이다. =财团的不正之风与教育的目的背道而驰。● 역행되다(逆行--), 역행하다(逆行--) ●

역효과(逆效果)【명사】기대하였던 바와는 정반대가 되는 효과. ◆图反作用，负效果。¶역효과를 낳다. =产生反作用。

엮다【동사】动❶ 노끈이나 새끼 따위의 여러 가닥을 얽거나 이리저리 어긋 매어 어떤 물건을 만들다. ◆编，织，扎，编织。¶발을 엮다. =编帘子。❷ 여러 개의 물건을 끈이나 줄로 어긋 매어 묶다. ◆捆，绑。¶새끼로 굴비를 엮다. =用草绳捆干黄花鱼。❸ 글이나 이야기 따위를 구성하기 위하여 여러 가지 소재를 일정한 순서와 체계에 맞추어 짜다. ◆编，串连。¶이야기를 재미있게 잘도 엮어 내는구나. =故事编得很有趣啊!

엮은이【명사】책을 엮은 사람. ◆图编者。

연[1](鳶)【명사】종이에 댓가지를 가로세로로 붙여 실을 맨 다음 공중에 높이 날리는 장난감. ◆图风筝，纸鸢。¶연을 날리다. =放风筝。

연[2](蓮)【명사】연꽃. 수련과의 여러해살이 수초. 연못에서 자라거나 논밭에서 재배하며 뿌리줄기가 굵고 옆으로 뻗어 간다. ◆图莲，莲花。

연[3](聯)【명사】시에서 몇 행을 의미적으로 구분하여 한 단위로 묶은 것. ◆图 (诗的)一节。¶이 시의 마지막 연에는 작가의 주제 의식이 담겨 있다. =这首诗的最后一节蕴含着作家的主题意识。

연[4](年)【명사】한 해. ◆图 (主要用于其他体词之前)年，一年。¶연 강수량. =年降雨量。

연[5](延)【명사】어떤 일에 관련된 인원이나 시간, 금액 따위를 모두 합친 전체를 가리키는 말. ◆图 (主要用于数词之前)总共，总计。¶이번 시즌에는 약 20만의 관객이 입장했다. =这个赛季总共有二十万名观众走进赛场观看了比赛。

연[6]-(軟)【접사】前缀❶ '옅은' 또는 '엷은'의 뜻을 더하는 접두사. ◆ (用于部分表示色彩的名词之前)淡，浅，柔。¶연갈색. =浅褐色。❷ '연하게'의 뜻을 더하는 접두사. ◆(用于部分形容词之前)淡，浅，柔。¶연노랗다. =浅黄。❸ '부드러운', 또는 '무른'의 뜻을 더하는 접두사. ◆ (用于部分名词之前)软，柔。¶연감. =软柿子。

연[7](連)-【접사】前缀❶ '이어져 계속된'의 뜻을 더하는 접두사. ◆ 反复，连续。¶연분수. =繁分数。

❷ '반복하여 계속'의 뜻을 더하는 접두사. ◆ (用于部分动词或副词"거푸"之前)接连, 连续, 连连。¶연거푸. =连续。

연가(戀歌)【명사】사랑하는 사람을 그리워하면서 부르는 노래. ◆ 名恋歌, 情歌。¶연가를 노래하다. =唱情歌。

연간(年間)【명사】한 해 동안. ◆ 名年, 年度。¶연간 수입. =年收入。

연감(年鑑)【명사】어떤 분야에 관하여 한 해 동안 일어난 경과·사건·통계 따위를 수록하여 일 년에 한 번씩 간행하는 정기 간행물. ◆ 名年鉴。¶바둑 연감. =围棋年鉴。

연거푸(連--)【부사】잇따라 여러 번 되풀이하여. ◆ 副接连, 连续, 接二连三。¶술을 연거푸 석 잔을 마시다. =连干三杯。

연결(連結)【명사】사물과 사물 또는 현상과 현상이 서로 이어지거나 관계를 맺음. ◆ 名连接, 联结。¶연결 고리. =连接圈。● 연결되다(連結--), 연결하다(連結--) ●

연결 어미(連結語尾)【명사】어간에 붙어 다음 말에 연결하는 구실을 하는 어미. ◆ 名连接词尾。

연계(連繫/聯繫)【명사】名 ❶ 교통 수단 따위가 연결되어 이어지는 것. ◆ 连接。¶교통난을 해소하기 위해서는 대중교통 연계 시스템을 도입해야 한다. =为了解决交通困难, 必须引进大众交通连接系统。❷ 어떤 일이나 사람과 관련하여 관계를 맺음. 또는 그 관계. ◆ 联系。¶다른 단체와의 연계를 모색하다. =寻求与其他团体的联系。● 연계되다(連繫/聯繫--), 연계하다(連繫--/聯繫--) ●

연고[1](軟膏)【명사】의약품에 지방산, 바셀린, 수지(樹脂) 따위를 섞은 반고형(半固形)의 외용약. 부드러워 피부에 잘 발라지며, 외상(外伤)이나 피부 질환의 치료에 쓰인다. ◆ 名软膏, 药膏。¶연고를 바르다. =抹软膏。

연고[2](緣故)【명사】名 ❶ 일의 까닭. ◆ 缘故, 缘由, 原委。¶연고를 대다. =吐露缘由。❷ 혈통, 정분, 법률 따위로 맺어진 관계. ◆ 亲朋, 亲缘, 裙带(关系)。¶연고 없는 환자. =无亲无故的患者。

연고지(緣故地)【명사】혈통, 정분, 법률 따위로 관계나 인연이 맺어진 곳. 출생지, 성장지, 거주지 따위가 있다. ◆ 名出生地, 居住地, 成长的故乡。¶연고지를 찾아 돌아왔다. =回来寻找出生地。

연골(軟骨)【명사】名 ❶ 나이가 어려 아직 뼈가 굳지 않은 체질. 또는 그런 사람. ◆ 嫩骨头, 小孩。❷ 식물이 다 자라지 아니하여 연한 상태를 비유적으로 이르는 말. ◆ (植物)小, 幼小。❸ 뼈와 함께 몸을 지탱하는 무른 뼈. 탄력이 있으면서도 연하여 구부러지기 쉽다. ◆ 软骨, 脆骨。

연관(聯關)【명사】사물이나 현상이 일정한 관계를 맺는 일. ◆ 名关联, 关系, 相关。¶연관 학문. =相关学科。● 연관되다(聯關--), 연관하다(聯關--) ●

연구(研究)【명사】어떤 일이나 사물에 대하여서 깊이 있게 조사하고 생각하여 진리를 따져 보는 일. ◆ 名研究。¶연구 대상. =研究对象。● 연구되다(研究--), 연구하다(研究--) ●

연구소(研究所)【명사】연구를 전문으로 하는 기관. ◆ 名研究所。¶사비로 연구소를 운영하다. =自费经营研究所。

연극(演劇)【명사】名 ❶ 배우가 각본에 따라 어떤 사건이나 인물을 말과 동작으로 관객에게 보여 주는 무대 예술. ◆ 戏剧, 话剧。¶연극 배우. =戏剧演员。❷ 남을 속이기 위하여 꾸며 낸 말이나 행동. ◆ 做戏, 演戏。¶연극을 꾸며 사람들을 속이다. =演戏骗人。● 연극하다(演劇--) ●

연금[1](軟禁)【명사】외부와의 접촉을 제한·감시하고 외출을 허락하지 아니하나 일정한 장소 내에서는 신체의 자유를 허락하는, 정도가 비교적 가벼운 감금. ◆ 名软禁。¶연금 상태. =软禁状态。● 연금되다(軟禁--), 연금하다(軟禁--) ●

연금[2](年金)【명사】국가나 사회에 특별한 공로가 있거나 일정 기간 동안 국가 기관에 복무한 사람에게 해마다 주는 돈. ◆ 名年金, 退休金。

연기[1](演技)【명사】배우가 배역의 인물, 성격, 행동 따위를 표현해 내는 일. ◆ 名演技, 表演。¶연극 무대에서 쌓은 연기 실력. =在戏剧舞台上磨炼出来的表演实力。● 연기하다(演技--) ●

연기[2](延期)【명사】정해진 기한을 뒤로 물려서 늘림. ◆ 名延期, 推迟, 推后。¶무기한 연기. =无限延期。● 연기되다(延期--), 연기하다(延期--) ●

연기[3](煙氣)【명사】무엇이 불에 탈 때에 생겨나는 흐릿한 기체나 기운. ◆ 名烟, 烟气, 烟雾。¶굴뚝에서 연기가 나다. =从烟囱里冒出烟来。

연꽃(蓮-)【명사】수련과의 여러해살이 수초. 연못에서 자라거나 논밭에서 재배하며 뿌리줄기가 굵고 옆으로 뻗어 간다. ◆ 名莲花, 荷花。¶연못에 연꽃이 피어 있다. =池塘里荷花盛开。

연날리기(鳶---)【명사】바람을 이용하여 연을 하늘 높이 띄움. 또는 그런 놀이. ◆ 名放风筝。¶연날리기 대회. =放风筝大赛。

연년생(連年生)【명사】한 살 터울로 아이를 낳음. 또는 그 아이. ◆ 名差一岁; 相差一岁的孩子。¶저 두 남매는 연년생이다. =那两兄妹相差一岁。

연단(演壇)【명사】연설이나 강연을 하는 사람이 올라서는 단. ◆ 名讲台, 讲坛。¶연사가 연단에 오르다. =演讲人登上讲坛。

연달다(連--)【동사】动 ❶ 움직이는 물체가 다른 물체의 뒤를 이어 따르다. ◆ (主要以"연달아"的形式出现)跟随, 跟着。¶갑자기 트럭이 멈추자 뒤를 따르던 차들이 연달아 부딪쳤다. =拖拉机突然停下, 紧跟其后的车辆接连撞到一起。❷ 어떤 사건이나 행동 따위가 이어 발생하다. ◆ (主要用于"연달아"的形式)接连, 接连不断, 接二连三。¶부도 사건이 연달아 터졌다. =接连出现破产事件。

연대[1](連帶)【명사】名 ❶ 여럿이 함께 무슨 일을 하거나 함께 책임을 짐. ◆ 联手, 联合, 共同。¶연대 서명. =共同署名。❷ 한 덩어리로 서로 연결되어 있음. ◆ 连带。¶연대 의식. =连带意识。● 연대하다(連

带--) ●

연대²(年代) 【명사】 지나간 시간을 일정한 햇수로 나눈 것. ◆ 图年代，时代。¶생존 연대. =生存年代。

연대표(年代表) 【명사】 역사상 발생한 사건을 연대순으로 배열하여 적은 표. ◆ 图年表。¶역사적 인물 사건의 연대표를 작성하다. =制作历史人物事件年表。

연도(年度) 【명사】 사무나 회계 결산 따위의 처리를 위하여 편의상 구분한 일 년 동안의 기간. ◆ 图年度。¶졸업 연도. =毕业年度。

연두(年頭) 【명사】 새해의 첫머리. ◆ 图年初，岁首。¶대통령 연두 기자 회견. =总统年初记者招待会。

연등(燃燈) 【명사】 图 ❶ 연등놀이를 할 때에 밝히는 등불. ◆ 燃灯。¶연등을 켜다. =点燃燃灯。❷ '등을 달고 불을 켜는 명절'이라는 뜻으로, 사월 초파일. ◆ 燃灯节(四月初八)。

연등회(燃燈會) 【명사】 석가모니의 탄생일에 불을 켜고 복을 비는 의식. ◆ 图燃灯会。

연락(連絡) 【명사】 어떤 사실을 상대편에게 알림. ◆ 图通知，通报。¶전화 연락. =电话通知。● 연락하다(連絡/聯絡--), 연락되다(連絡/聯絡--) ●

연락기(連絡機) 【명사】 공중 연락 임무를 수행하는 비행기. 포병대와 협력하여 포탄의 탄착점을 관측하여 알려 주는 일 따위를 한다. ◆ 图 联络机。

연락망(連絡網) 【명사】 연락을 하기 위하여 벌여 놓은 조직 체계. 또는 무선이나 유선의 통신망. ◆ 图联络网。¶비상시를 대비하여 연락망을 구축하다. =为应对非常时期而构建联络网。

연락선(連絡船) 【명사】 비교적 가까운 거리의 해협이나 해안, 큰 호수 따위의 수로를 횡단하면서 양쪽 육상 교통을 이어 주기 위하여 다니는 배. ◆ 图渡轮，客轮，摆渡船。¶그 섬에는 연락선이 하루에 두 번 운행된다. =那座岛屿一天通两班渡轮。

연락처(連絡處) 【명사】 연락을 하기 위하여 정해 둔 곳. ◆ 图联络处，联络站，联络地点。¶연락처를 정하다. =确定联络处。

연령(年齡) 【명사】 사람이나 생물이 세상에 나서 살아온 햇수. ◆ 图年龄，年纪。¶연령 제한. =年龄限制。

연례행사(年例行事) 【명사】 해마다 정기적으로 하는 행사. ◆ 图每年例行的活动。¶연례행사를 무사히 치르다. =顺利举办例行活动。

연로하다(年老--) 【형용사】 나이가 들어서 늙다. ◆ 形年老，年迈，上年纪，年纪大。¶연로하신 분께서 그런 일을 해내다니 대단하십니다. =上了年纪的人竟然能够做成那样的事情，真是了不起。

연료(燃料) 【명사】 연소하여 열·빛·동력의 에너지(energy)를 얻을 수 있는 물질을 통틀어 이르는 말. ◆ 图燃料。¶연료를 절약하다. =节约燃料。

연루되다(連累--) 【동사】 남이 저지른 범죄에 연관이 되다. ◆ 动 被牵连。¶사건에 연루되다. =被牵连到案件中。

연륜(年輪) 【명사】 图 ❶ 나무의 줄기나 가지 따위를 가로로 자른 면에 나타나는 둥근 테. ◆ 年轮。¶몇 백 년을 묵었는지 연륜을 알 수 없는 늙은 수양 한 그루가 넓은 둘레에 그늘을 드리우고 서 있었다. =有一棵长了几百年、无法判断年轮的老柳树投下大大一圈树荫。❷ 여러 해 동안 쌓은 경험에 의하여 이루어진 숙련의 정도. ◆ 历练，经验。¶연륜이 짧다. =经验少。

연립 주택(聯立 住宅) 【명사】 한 건물 안에서 여러 가구가 각각 독립된 주거 생활을 할 수 있도록 지은 공동 주택. ◆ 图联排住宅。¶연립 주택에 살다. =居住在联排住宅。

연마(研磨/練磨/鍊磨) 【명사】 图 ❶ 주로 돌이나 쇠붙이·보석·유리 따위의 고체를 갈고 닦아서 표면을 반질반질하게 함. ◆ 研磨，打磨。❷ 학문이나 기술 따위를 힘써 배우고 닦음. ◆ 钻研，研究；磨炼，锤炼。¶정신의 수양과 심신의 연마. =精神的修养与身心的磨练。● 연마되다(研磨/練磨/鍊磨--), 연마하다(研磨/練磨/鍊磨--) ●

연막(煙幕) 【명사】 图 ❶ 적의 관측이나 사격으로부터 아군의 군사 행동 따위를 감추기 위하여 약품을 써서 피워 놓는 짙은 연기. ◆ 烟雾弹。¶연막을 피워 적의 추격을 따돌리다. =放烟雾弹，摆脱敌人的追击。❷ 어떤 사실을 숨기기 위해서 교묘하고 능청스러운 말이나 수단 따위를 쓰는 것을 비유적으로 이르는 말. ◆〈喻〉掩饰，掩盖，掩人耳目。¶그는 서툴고 어설픈 연막을 피우며 우리의 속마음을 확인하려 들었다. = 他生疏而不自然地掩饰着，想要打探我们内心的想法。

연말(年末) 【명사】 한 해의 마지막 무렵. ◆ 图年终，年底。¶연말 결산. =年终结算。

연말연시(年末年始) 【명사】 한 해의 마지막 때와 새해의 첫머리를 아울러 이르는 말. ◆ 图年末岁初。

연맹(聯盟) 【명사】 공동의 목적을 가진 단체나 국가가 서로 돕고 행동을 함께 할 것을 약속함. 또는 그런 조직체. ◆ 图结盟；联盟，同盟。¶축구 연맹. =足联。● 연맹하다(聯盟--) ●

연명(延命) 【명사】 목숨을 겨우 이어 살아감. ◆ 图活命，苟延残喘。¶왜적들은 연명을 하기 위하여 솔잎을 따먹고, 바다풀을 뜯어먹었다. =倭寇们为了活命吃松叶、吞海藻。● 연명하다(延命--) ●

연못(蓮-) 【명사】 못. 넓고 오목하게 팬 땅에 물이 괴어 있는 곳. ◆ 图池塘，水池。¶앞마당에 연못을 파다. =在前院挖池塘。

연민(憐憫/憐愍) 【명사】 불쌍하고 가련하게 여김. ◆ 图怜悯，可怜。¶연민의 정. =怜悯之心。

연발(連發) 【명사】 图 ❶ 연이어 일어남. ◆ 接连发生，连续发生。¶실수 연발. =接连失误。❷ 총이나 대포, 화살 따위를 잇따라 쏨. ◆ 连发，连射。¶연발로 총알을 쏘다. =连续射击。● 연발하다(連發--) ●

연방¹(連方) 【부사】 연속해서 자꾸. ◆ 副不断，连续，连连。¶그는 연방 고개를 끄덕였다. =他连连点头。

연방²(聯邦) 【명사】 자치권을 가진 다수의 나라가 공통의 정치 이념 아래에서 연합하여 구성하는 국가. ◆ 图联邦。

연배(年輩) 【명사】 비슷한 또래의 나이. 또는 그런 사람. ◆ 图同龄; 同龄人。 ¶같은 연배들이라서 잘 어울려 노는구나. =同龄人在一起玩得很好嘛。

연변(沿邊) 【명사】 국경·강·철도·도로 따위를 끼고 따라가는 언저리 일대. ◆ 图 (国境线、江河、铁路、公路等)沿线，沿岸。 ¶도로 연변에 늘어선 나무들. =公路沿线树木林立。

연병장(練兵場) 【명사】 군인을 훈련시키기 위하여 병영 내에 마련한 운동장. ◆ 图练兵场，军事训练场。 ¶연병장을 돌다. =围着练兵场转。

연보(年譜) 【명사】 사람이 한평생 동안 지낸 일을 연월순(年月順)으로 간략하게 적은 기록. 흔히 개인의 연대기를 이른다. ◆ 图年谱。 ¶시인의 연보. =诗人年谱。

연보라(軟--) 【명사】 연한 보라색. ◆ 图淡紫色。

연봉(年俸) 【명사】 일 년 동안에 받는 봉급의 총액. ◆ 图年薪。 ¶연봉 책정. =确定年薪。

연분(緣分) 【명사】 图 ❶ 서로 관계를 맺게 되는 인연. ◆ 缘分，缘。 ¶연분이 멀다. =无缘。 ❷ 부부가 되는 인연. ◆ 姻缘。 ¶오늘 이렇게 아름다운 연분을 맺게 해 주신 양가 부모님께 진심으로 감사를 드립니다. =向创造了今天这样美好姻缘的两家父母致以诚挚的谢意。

연분홍(軟粉紅) 【명사】 연분홍색(軟粉紅色). 연한 분홍색. ◆ 图淡粉色，浅粉色。

연비(燃費) 【명사】 자동차가 단위 주행 거리 또는 단위 시간당 소비하는 연료의 양. ◆ 图燃油消耗率。 ¶이 자동차는 연비가 낮다. =这辆汽车的油耗很低。

연사(演士) 【명사】 연설하는 사람. ◆ 图演说者，演讲者。 ¶연사가 연단에 오르자 일시에 장내가 조용해졌다. =演讲者一登上讲坛，场内立刻安静了下来。

연산(演算) 【명사】 식이 나타낸 일정한 규칙에 따라 계산함. ◆ 图演算，计算，运算。 ● 연산하다(演算--) ●

연상¹(聯想) 【명사】 하나의 관념이 다른 관념을 불러일으키는 현상. ◆ 图联想。 ¶연상 작용을 이용해 독특한 아이디어를 얻다. =利用联想得到了独特的创意。 ● 연상되다(聯想--), 연상하다(聯想--) ●

연상²(年上) 【명사】 자기보다 나이가 많음. 또는 그런 사람. ◆ 图年长，年龄大; 年长者。 ¶연상의 여인. =年长的女人。

연상시키다(聯想---) 【동사】 어떤 사물을 보거나 듣거나 생각할 때 그와 관련된 다른 사물이 머리에 떠오르게 하다. ◆ 动使(让)……联想。 ¶같은 주제의 작품을 연상시키다. =联想到相同主题的其他作品。

연설(演說) 【명사】 여러 사람 앞에서 자기의 주의나 주장 또는 의견을 진술함. ◆ 图演讲。 ¶사람들은 그의 연설을 듣고 감명을 받았다. =人们听完他的演讲之后感触颇深。 ● 연설하다(演說--) ●

연세(年歲) 【명사】 '나이(사람이나 동·식물 따위가 세상에 나서 살아온 햇수)'의 높임말. ◆ 图年事，岁数。 ¶연세가 많다. =年事已高。

연소(燃燒) 【명사】 물질이 산소와 결합하여 열과 빛을 내는 현상. ◆ 图燃烧。 ¶연료의 연소. =燃料燃烧。 ● 연소되다(燃燒--), 연소하다(燃燒--) ●

연소자(年少者) 【명사】 나이가 어린 사람. ◆ 图年轻人，未成年人。 ¶연소자 관람 불가. =禁止未成年人观看。

연속(連續) 【명사】 끊이지 아니하고 죽 이어지거나 지속함. ◆ 图连续，接连，相继。 ¶연속 상영. =相继上映。 ● 연속되다(連續--), 연속하다(連續--) ●

연속극(連續劇) 【명사】 라디오나 텔레비전에서 일정한 시간을 정하여 조금씩 이어서 방송하는 극(劇). 일일 연속극, 주말 연속극 따위가 있다. ◆ 图连续剧。 ¶연속극을 보다. =看连续剧。

연쇄(連鎖) 【명사】 图 ❶ 연결된 사슬. ◆ 连接的锁链。 ❷ 사물이나 현상이 사슬처럼 서로 이어져 통일체를 이룸. ◆ 连锁，连环。 ¶연쇄 반응. =连锁反应。

연쇄점(連鎖店) 【명사】 관리와 보관 센터를 갖추고 둘 이상의 판매 단위를 연결해 경영하는 소매점. ◆ 图连锁商店。

연수¹(延髓) 【명사】 아래쪽 척수, 위쪽 다리뇌, 뒤쪽 소뇌 사이에 있는 원뿔 모양의 뇌 부분. ◆ 图 延髓。

연수²(研修) 【명사】 학문 따위를 연구하고 닦음. ◆ 图研修，进修。 ¶교사 연수. =教师进修。 ● 연수하다(研修--) ●

연습(練習/鍊習) 【명사】 학문이나 기예 따위를 익숙하도록 되풀이하여 익힘. ◆ 图练习。 ¶연습 문제. =练习题。 ● 연습되다(練習/鍊習--), 연습하다(練習/鍊習--) ●

연습장(練習帳) 【명사】 연습하는 데에 쓰는 공책. ◆ 图练习本。 ¶문방구에서 연습장 두 권을 샀다. =在文具店买了两本练习本。

연승(連勝) 【명사】 싸움이나 경기에서 계속하여 이김. ◆ 图连胜。 ¶우리 팀은 작년에 이어 연승을 했다. =我们队继去年之后又一次取得连胜。 ● 연승하다(連勝--) ●

연시(軟柹) 【명사】 연감(물렁하게 잘 익은 감). ◆ 图软柿子。 ¶할머니는 말랑말랑해서 먹기 좋은 연시를 좋아하신다. =奶奶喜欢吃软软甜甜的柿子。

연안(沿岸) 【명사】 图 ❶ 강이나 호수, 바다를 따라 잇닿아 있는 육지. ◆ 沿岸。 ❷ 육지와 면한 바다·강·호수 따위의 물가. ◆ 沿海，沿江。 ¶해저 구역은 대륙붕 끝의 수심 222미터를 기준으로 크게 연안 구역과 심해 구역으로 나뉜다. =以大陆架底部的222米水深为界，海底区域大致分为浅海区和深海区。

연애(戀愛) 【명사】 남녀가 서로 애틋하게 그리워하고 사랑함. ◆ 图恋爱。 ¶연애 감정. =爱情。 ● 연애하다(戀愛--) ●

연애 소설(戀愛小說) 【명사】 남녀 간의 사랑을 주제로 하는 소설. ◆ 图爱情小说。 ¶연애 소설을 쓰다. =写爱情小说。

연애편지(戀愛便紙) 【명사】 연애하는 남녀 사이에 주고받는 애정의 편지. ◆ 图情书。 ¶애인에게 연애편지를 보낸다. =给恋人寄情书。

연약하다(軟弱--)【형용사】무르고 약하다. ◆ 形软弱，脆弱，柔弱。¶연약한 여자의 마음. =软弱的女人心。

연어(鰱魚)【명사】연어과의 바닷물고기. ◆ 名鲑鱼，大马哈鱼。

연연하다[1](戀戀--)【동사】집착하여 미련을 가지다. ◆ 动执迷，念念(不忘)。¶벼슬에 연연하다. =执迷于官位。

연연하다[2](戀戀--)【형용사】애틋하게 그립다. ◆ 形留恋，依恋，眷恋。¶연연한 정을 품다. =心怀眷恋。

연예(演藝)【명사】대중 앞에서 음악, 무용, 만담, 마술, 쇼 따위를 공연함. 또는 그런 재주. ◆ 名演艺，演出，表演。¶연예 활동. =演艺活动。

연예계(演藝界)【명사】연예인들의 활동 분야. ◆ 名演艺界，演艺圈。¶연예계에 데뷔하다. =进入演艺圈。

연예인(演藝人)【명사】연예에 종사하는 배우·가수·무용가 등을 통틀어 이르는 말. ◆ 名艺人，演艺人。¶인기 연예인. =当红艺人。

연유(緣由)【명사】사유(일의 까닭). ◆ 名缘由，缘故，原因，理由。¶그는 김 과장이 사표를 내게 된 연유를 잘 알고 있었다. =他很清楚金科长辞职的原因。

연이율(年利率)【명사】일 년을 단위로 하여 정한 이율. ◆ 名年利率。¶은행의 정기 예금은 연이율이 보통 12%이다. =银行定期存款的年利率一般是12%。

연인(戀人)【명사】서로 사랑하는 관계에 있는 남녀. 또는 이성으로서 그리며 사랑하는 사람. ◆ 名恋人，情人，情侣。¶다정한 연인. =亲密的情侣。

연일(連日)【부사】여러 날을 계속하여. ◆ 副连日，连续几天。¶비가 연일 계속해서 내리다. =连日下雨。

연임(連任)【명사】원래 정해진 임기를 다 마친 뒤에 다시 계속하여 그 직위에 머무름. ◆ 名连任。¶우리 모임의 회장은 연임이 가능하다. =我们协会的会长可以连任。● 연임되다(連任--), 연임하다(連任--) ●

연잇다(連--)【동사】어떤 일이나 상태가 끊이지 않고 계속되다. 또는 어떤 일이나 상태가 끊어지지 않게 계속하다. ◆ 动相继，连接，接二连三。¶하늘과 연이은 수평선. =水天相连的海平线。

연자매(硏子-)【명사】매의 하나. 일반 맷돌보다 수십 배나 크고, 사람 대신 소나 말이 돌리게 되어 능률도 그만큼 높다. ◆ 名碾子。

연장[1](延長)【명사】名 ❶ 시간이나 거리 따위를 본래보다 길게 늘임. ◆ 延长，拖长。¶연장 공연. =延长演出。❷ 어떤 일의 계속. 또는 하나로 이어지는 것. ◆ 延续，继续；延长线。¶소풍도 수업의 연장이다. =郊游也是课堂的延伸。● 연장되다(延長--), 연장하다(延長--) ●

연장[2]【명사】어떠한 일을 하는 데에 사용하는 도구. ◆ 名工具。¶목수가 연장을 챙기다. =木匠整理工具。

연장선(延長線)【명사】어떤 일이나 현상, 행위 따위가 계속하여 이어지는 것. ◆ 名延续，继续；延长线。

연장자(年長者)【명사】나이가 많은 사람. ◆ 名长者，长辈，年长者。¶연장자에 대한 예의를 갖추다. =对长辈有礼貌。

연장전(延長戰)【명사】운동 경기에서, 정한 횟수나 정한 시간 안에 승부가 나지 않을 때, 횟수나 시간을 연장하여 계속하는 경기. ◆ 名加时赛。¶연장전에 들어가다. =进入加时赛。

연재(連載)【명사】신문이나 잡지 따위에, 긴 글이나 만화 따위를 여러 차례로 나누어서 계속하여 실음. ◆ 名连载。¶신문 연재. =报刊连载。● 연재되다(連載--), 연재하다(連載--) ●

연재물(連載物)【명사】신문이나 잡지에 여러 차례로 나누어 계속 싣는 소설이나 만화 따위를 통틀어 이르는 말. ◆ 名连载小说，连载漫画。¶그는 신문에 외국 문화를 소개하는 연재물을 싣고 있다. =他在报纸上刊登一些介绍外国文学的连载作品。

연재소설(連載小說)【명사】신문이나 잡지 따위에 계속해서 매회 싣는 소설. ◆ 名连载小说。¶그는 신문이 오면 연재소설부터 찾아 읽는다. =一来报纸，他就先读连载小说。

연적[1](硯滴)【명사】벼루에 먹을 갈 때 쓰는, 물을 담아 두는 그릇. 보통은 도자기로 만들지만 쇠붙이나 옥, 돌 따위로도 만든다. ◆ 名砚滴。

연적[2](戀敵)【명사】연애의 경쟁자. 또는 연애를 방해하는 사람. ◆ 名情敌。¶그는수많은 연적을 물리치고 그녀와 결혼에 성공했다. =他击败了众多情敌和她结婚了。

연전연승(連戰連勝)【명사】싸울 때마다 계속하여 이김. ◆ 名屡战屡胜，战无不胜。¶연전연승의 탁구팀. =战无不胜的乒乓队。● 연전연승하다(連戰連勝--) ●

연정(戀情)【명사】이성을 그리워하고 사모하는 마음. ◆ 名恋情，爱慕之情。¶연정을 품다. =怀有爱慕之情。

연주(演奏)【명사】악기를 다루어 곡을 표현하거나 들려주는 일. ◆ 名演奏，弹奏。¶피아노 연주. =钢琴演奏。● 연주되다(演奏--), 연주하다(演奏--) ●

연주가(演奏家)【명사】연주를 잘하거나 그것을 전문적으로 하는 사람. ◆ 名演奏家。¶세계적인 연주가의 피아노 독주회가 열렸다. =举办了国际知名钢琴演奏家的独奏会。

연주자(演奏者)【명사】악기를 다루어 곡을 표현하는 사람. ◆ 名演奏者。¶무대가 연주자들로 꽉 찼다. =舞台上挤满了演奏者。

연주회(演奏會)【명사】음악을 연주하여 청중에게 들려주는 모임. ◆ 名演奏会。¶피아노 연주회. =钢琴演奏会。

연줄[1](鳶-)【명사】연을 매어서 날리는 데 쓰는 실. ◆ 名风筝线。¶연줄을 감다. =缠风筝线。

연줄²(緣-)【명사】인연이 닿는 길. ◆ 名关系，门路，后门，路子。¶연줄이 닿다. =有关系。

연중(年中)【명사】名 ❶ 한 해 동안. ◆ 全年，一年里头。¶연중 강우량. =全年降雨量。❷ 한 해 동안 내내. ◆ 全年¶이 지역은 연중 온화한 날씨가 계속된다. =这个地区全年都是暖和的天气。

연중무휴(年中無休)【명사】일 년 내내 하루도 쉬는 날이 없음. ◆名 全年无休。

연중행사(年中行事)【명사】해마다 일정한 시기를 정하여 놓고 하는 행사. ◆名年中活动。¶5월 축제는 우리 학교 연중행사다. =五月庆典是我们学校的年中活动。

연지(臙脂)【명사】名 ❶ 여자가 화장할 때에 입술이나 뺨에 찍는 붉은 빛깔의 염료. ◆ 胭脂。¶신부가 곱게 연지를 찍다. =新娘美美地擦上胭脂。❷ 자줏빛을 띤 빨간색. 또는 그런 색의 물감. ◆ 胭脂色；胭脂色颜料。

연착(延着)【명사】정하여진 시간보다 늦게 도착함. ◆ 名迟到，晚点，误点。¶갑작스런 폭우로 연착이 불가피하다는 안내 방송이 있었다. =广播称：因为突降暴雨，活动被迫推迟。● 연착되다(延着--), 연착하다(延着--) ●

연체(延滯)【명사】기한 안에 이행하여야 할 채무나 납세 따위를 지체하는 일. ◆名延滞，延误，拖延。¶은행에서 이자 연체 통보가 왔다. =银行发来了利息滞纳的通报。● 연체하다(延滯--) ●

연체동물(軟體動物)【명사】연체동물문의 동물을 통틀어 이르는 말. ◆名软体动物。

연체료(延滯料)【명사】기한 안에 이행하여야 할 채무나 납세 따위를 지체하였을 때 밀린 날짜에 따라 더 내는 돈. ◆名滞纳金。¶연체료가 붙다. =增加滞纳金。

연초(年初)【명사】새해의 첫머리. ◆ 名年初，岁初。¶연초 계획. =年初计划。

연출(演出)【명사】名 ❶ 영화, 연극, 방송 등에서 각본에 따라 모든 일을 지시하고 감독하여 하나의 작품으로 만드는 일. ◆ 导演。¶연극 연출. =话剧导演。❷ 규모가 큰 식(式)이나 집회 따위를 총지휘하여 효과적으로 진행함. ◆ 总监，总指挥。❸ 어떤 상황이나 상태를 만들어 냄. ◆ 上演，演绎，制造。¶뜻밖의 상황 연출. =制造意外状况。● 연출하다(演出--) ●

연출가(演出家)【명사】영화, 연극, 방송 등에서 각본에 따라 모든 일을 지시하고 감독하여 하나의 작품으로 만드는 일을 전문적으로 하는 사람. ◆ 名导演。

연출자(演出者)【명사】연극이나 방송극 따위에서 연출을 맡은 사람. ◆ 名导演者。¶배우는 연출자의 의도를 정확하게 파악할 수 있는 능력이 필요하다. =演员需要具备准确把握导演意图的能力。

연타(連打)【명사】계속하여 때리거나 침. ◆ 名连续打连击。¶타자가 연타를 날리다. =击球手丢掉连打。● 연타하다(連打--) ●

연탄(煉炭)【명사】주원료인 무연탄과 코크스, 목탄 따위의 가루에 피치, 해조(海藻), 석회(石灰) 따위의 점결제(粘結劑)를 섞어서 굳혀 만든 연료. ◆名煤球，蜂窝煤。¶연탄 공장. =煤球厂。

연탄가스(煉炭)【명사】연탄이 탈 때 발생하는 유독성 가스. 일산화탄소(一酸化炭素)가 주성분이다. ◆名煤气。¶연탄가스 중독. =煤气中毒。

연탄재(煉炭-)【명사】연탄이 다 타고 남은 재. ◆名煤灰。¶그는 연탄재를 대문 밖에 내놓았다. =他把煤灰放到大门外。

연통(煙筒)【명사】양철이나 슬레이트 따위로 둥글게 만든 굴뚝. ◆名烟囱。¶난로 연통. =炉子烟囱。

연패¹(連霸)【명사】운동 경기 따위에서 연달아 우승함. ◆ 名连冠，连胜。¶3년 연패의 대기록. =三年连胜的超级记录。● 연패하다(連霸--) ●

연패²(連敗)【명사】싸움이나 경기에서 계속하여 짐. ◆ 名连败，连输，连连失败。¶연패 탈출. =摆脱连败。● 연패하다(連敗--) ●

연평균(年平均)【명사】1년을 단위로 하여 내는 평균. ◆ 名年均，年平均。¶연평균 강수량. =年均降雨量。

연필(鉛筆)【명사】필기도구의 하나. 흑연과 점토의 혼합물을 구워 만든 가느다란 심을 속에 넣고, 겉은 나무로 둘러싸서 만든다. ◆名铅笔。¶연필 한 다스는 12자루이다. =一把铅笔是十二支。

연하(年下)【명사】나이가 적음. 또는 그런 사람. ◆名年轻；晚辈。¶그는 나보다 3년 연하이다. =他比我小3岁。

연하다(軟--)【형용사】形 ❶ 재질이 무르고 부드럽다. ◆ 软，嫩。¶고기가 연하다. =肉很嫩。❷ 빛깔이 엷고 산뜻하다. ◆ 淡，浅，薄，素。¶화장이 연하다. =淡妆。

연하장(年賀狀)【명사】새해를 축하하기 위하여 간단한 글이나 그림을 담아 보내는 서장(書狀). ◆名贺年片，贺年卡。¶스승에게 연하장을 보내다. =给老师寄贺年卡。

연한(年限)【명사】정하여지거나 경과한 햇수. ◆名年限，期限。¶근무 연한. =工作年限。

연합(聯合)【명사】두 가지 이상의 사물이 서로 합동하여 하나의 조직체를 만듦. 또는 그렇게 만든 조직체. ◆ 名联合。¶기업 연합. =企业联合。● 연합되다(聯合--), 연합하다(聯合--) ●

연해(沿海)【명사】名 ❶ 육지에 가까이 있는 바다. 즉 대륙붕을 덮고 있는 바다를 이른다. ◆ 沿海，近海。¶숭어는 열대와 온대 지방의 연해에 서식한다. =梭鱼在热带和温带地区的浅海里栖息。❷ 연해변(바닷가에 인접한 지역). ◆ 沿海地区。¶이곳은 넓은 연해로 농산물의 소출도 많다. =这个地方位处广阔的沿海地区，农产品产量也很高。

연행(連行)【명사】강제로 데리고 감. 특히 경찰관이 피의자를 체포하여 경찰서로 데리고 가는 일을 이른다. ◆ 名 (强行)带走，逮捕。¶불법 연행과 고문 행위는 하루빨리 없어져야 한다. =必须早日消除非法逮捕和拷问行为。● 연행되다(連行--), 연행하다(連行--) ●

연혁(沿革) 【명사】 변천하여 온 과정. ◆ 图沿革，变迁史。¶이 학교의 연혁이 오래되었다. =这所学校的变迁史年代久远。

연호(連呼) 【명사】 계속하여 부름. ◆ 图连声呼喊。¶군중들은 연호로써 그의 연설에 호응했다. =群众连声呼喊，回应他的演讲。● 연호하다(連呼--) ●

연회(宴會) 【명사】 축하·위로·환영·석별 따위를 위하여 여러 사람이 모여 베푸는 잔치. ◆ 图宴会，酒会。¶연회에 참석하다. =出席宴会。

연회비(年會費) 【명사】 회원으로 가입한 단체나 모임에 회원의 자격을 유지하는 대가로 일 년에 한 번씩 내는 일정액의 돈. ◆ 图年费，会费。¶학회에 가서 연회비 이만원을 냈다. =为参加学会交了两万韩元年费。

연회장(宴會場) 【명사】 연회를 차린 곳. ◆ 图宴会场，宴会厅。¶당선자는 연회장에 모인 하객들의 축하를 받았다. =当选者在宴会厅接受了访客们的祝贺。

연후(然後) 【명사】 그런 뒤. ◆ 图 (主要用于词尾"-은"之后)然后，之后。¶모든 준비가 다 된 연후에 일을 시작해라. =做好所有准备之后再开始工作吧。

연휴(連休) 【명사】 휴일이 이틀 이상 계속되는 일. 또는 그 휴일. ◆ 图连休，连续休假。¶연휴를 즐기다. =享受连休。

열[1](列) 【명사】 图 ❶ 사람이나 물건이 죽 벌여 늘어선 줄. ◆ 队，队列。¶오와 열. =伍和列。❷ 사람이나 물건이 죽 벌여 늘어선 줄을 세는 단위. ◆ 列，排，队。¶학생들이 네 열로 늘어서다. =学生们排成四列。

열[2] 【수사】 아홉에 하나를 더한 수. ◆ 数十。¶여덟에 둘을 더하면 열이 된다. =八加二等于十。

열[3](熱) 【명사】 图 ❶ 신열(병으로 인하여 오르는 몸의 열). ◆ 烧，发烧。¶열이 있다. =发烧。❷ 계(系)를 뜨겁게 해주는 것. 계에 열이 가해지면 계를 구성하는 원자와 분자들의 무질서한 열 운동이 활발하게 되어 온도가 올라간다. ◆ 热。¶대부분의 금속은 열을 잘 전달한다. =大多数金属都具有良好的导热性。❸ 열성(熱誠) 또는 열의(熱意). ◆ 热诚，热情。¶나는 아이들에게 열과 성을 다해 외국어를 가르쳤다. =我非常真诚和热情地教孩子们外语。❹ 격분하거나 흥분한 상태. ◆ 热烈，兴奋。

열거(列擧) 【명사】 여러 가지 예나 사실을 낱낱이 죽 늘어놓음. ◆ 图列举，枚举，罗列。¶사례 열거. =列举事例。● 열거되다(列擧--), 열거하다(列擧--) ●

열광(熱狂) 【명사】 너무 기쁘거나 흥분하여 미친 듯이 날뜀. 또는 그런 상태. ◆ 图狂热，疯狂。¶그 가수는 청소년들을 열광의 도가니로 몰아넣었다. =那名歌手让青少年们为之疯狂。● 열광하다(熱狂--) ●

열기(熱氣) 【명사】 图 ❶ 뜨거운 기운. ◆ 热，热气。¶여름의열기가식다. =暑热减退。❷ 몸에 열이 있는 기운. ◆ 发烧，高烧。¶몸에 열기가 있다. =身上发烧。❸ 흥분한 분위기. ◆ 热烈气氛，热情，激情。¶올림픽의 열기. =奥林匹克的激情。

열기구(熱氣球) 【명사】 기구 속의 공기를 버너로 가열하여 팽창시켜, 바깥 공기와의 비중의 차이로 떠오르게 만든 기구(器具). ◆ 图热气球。¶그는 열기구를 타고 하늘을 날았다.

열나다(熱--) 【동사】 动 ❶ 몸에서 열이 생기다. ◆ 发烧。¶감기로 몸에 열나다. =感冒了，身上发烧。❷ 열성이 나다. ◆ (主要以"열나게"的形式出现)热情，卖力气，热火朝天。¶열나게 찾다. =卖力寻找。❸ 화가 나다. ◆ 生气，发火，发怒。¶요놈아 까불지 마라. 남 열나 죽겠는데……=你这个家伙，别捣乱了！人家都快气死了。

열다[1] 【동사】 动 ❶ 닫히거나 잠긴 것을 트거나 벗기다. ◆ 开，打开，揭开，开启。¶문을 열다. =开门。❷ 모임이나 회의 따위를 시작하다. ◆ 开，召开，举行。¶회의를 열다. =召开会议。❸ 하루의 영업을 시작하다. ◆ 营业。¶우리 가게의 문 여는 시간은 오전 10시입니다. ◆ 我们店开始营业的时间是上午10点。❹ 사업이나 경영 따위의 운영을 시작하다. ◆ 开，开设，创建。¶형이 가게를 열었다. =哥哥开商铺。❺ 자기의 마음을 다른 사람에게 터놓거나 다른 사람의 마음을 받아들이다.◆ 打开，敞开(心扉)。¶그는 결국에는 아내에게 굳게 닫혔던 마음을 열었다. =他最终向妻子敞开了紧闭的心扉。❻ 다른 사람에게 어떤 일에 대하여 터놓거나 이야기를 시작하다. ◆ 开，张开(口)。¶용의자는 마침내 형사에게 입을 열었다. =嫌疑人终于对刑警开了口。

열다[2] 【동사】 열리다(열매가 맺히다). ◆ 动结(果实)。¶올해는 과일나무에 열매가 많이 열었다. =今年果树结了很多果子。

열대(熱帶) 【명사】 적도를 중심으로 남북 회귀선 사이에 있는 지대. ◆ 图热带，以赤道为中心，处于南北回归线之间的区域。¶열대 지방. =热带地区。

열대 기후(熱帶氣候) 【명사】 일 년 내내 매우 덥고 비가 많이 오는 열대 지방의 기후. ◆ 图热带气候。

열대림(熱帶林) 【명사】 열대 지방에 있는 삼림 식물대. 평균 기온은 20°C 이상으로, 식물의 종류가 풍부하다. ◆ 图热带林。

열대야(熱帶夜) 【명사】 방 밖의 온도가 25℃ 이상인 무더운 밤. ◆ 图热带夜(室外温度高于25度的夜晚)。¶며칠째 계속되는 열대야 현상으로 잠을 못 이루는 사람이 많다. =很多人因为连续几天的热带夜现象而睡不着觉。

열대어(熱帶魚) 【명사】 图 열대에 사는 어류를 통틀어 이르는 말. ◆ 热带鱼(生活在热带地区的鱼类的总称)。

열도(列島) 【명사】 길게 줄을 지은 모양으로 늘어서 있는 여러 개의 섬. ◆ 图列岛，群岛。¶일본 열도를 지나는 태풍. =经过日本列岛的台风。

열등(劣等) 【명사】 보통의 수준이나 등급보다 낮음. 또는 그런 등급. ◆ 图差，劣等，低等。

열등감(劣等感) 【명사】 자기를 남보다 못하거나 무가치한 인간으로 낮추어 평가하는 감정. ◆ 图劣等感，自卑感。¶열등감을 느끼다. =感到自卑。

열등의식(劣等意識) 【명사】 자신이 다른 사람들에 비하여 열등하다고 믿는 의식. ◆ 图劣等意识，自卑

意识。¶열등의식에 사로잡히다. =陷入自卑当中。

열띠다(熱--)【형용사】열기를 품다. ◆ 形 (主要用于"열띤"的形式)激烈，热烈。¶열띤 경쟁. =激烈的竞争。

열람(閱覽)【명사】책이나 문서 따위를 죽 훑어보거나 조사하면서 봄. ◆ 名阅览。¶자료 열람. =阅览资料。● 열람하다(閱覽--) ●

열람실(閱覽室)【명사】도서관 등에서 책 따위를 열람하는 방. ◆ 名阅览室。¶현재 대부분의 도서관은 열람실이 턱없이 부족한 실정이다. =现在大多数图书馆的阅览室都极其不足。

열량(熱量)【명사】열에너지의 양. 단위는 보통 칼로리(cal)로 표시한다. ◆ 名热量。¶열량이 높은 식품. =高热量食品。

열렬하다(熱烈/烈烈--)【형용사】어떤 것에 대한 애정이나 태도가 매우 맹렬하다. ◆ 形热烈，炽热，狂热。¶지지가 열렬하다. =狂热支持。● 열렬히(熱烈/烈烈--) ●

열리다【동사】열매가 맺히다. ◆ 动结，结果。¶올해는 과일나무마다 열매가 주렁주렁 열렸다. =今年每棵果树上都结满了果实。

열망(熱望)【명사】열렬하게 바람. ◆ 名热切希望，渴望。¶불타는 열망. =炽热的渴望。● 열망하다(熱望--) ●

열매【명사】名 ❶ 식물이 수정한 후 씨방이 자라서 생기는 것. 대개는 이 속에 씨가 들어 있다. ◆ 果实。¶열매가 탐스럽다. =果实十分诱人。❷ 어떠한 일에 힘써 거둔 결과. ◆ 成果，收获，结晶。¶오랫동안의 연구가 열매를 맺었다. =长期的研究有了成果。

열매채소(--菜蔬)【명사】열매를 먹는 채소. 가지, 오이, 토마토 따위가 있다. ◆ 名果实类蔬菜。¶텃밭에 열매채소를 심다. =在屋旁种果蔬。

열무【명사】싱싱하고 연한 잎을 먹는 어린 무. ◆ 名小萝卜，嫩萝卜。¶열무를 다듬다. =整理小萝卜。

열무김치【명사】열무로 담근 김치. ◆ 名小萝卜泡菜。¶열무김치는 깔끔하고 개운한 맛이 난다. =小萝卜泡菜味道清爽。

열반(涅槃<梵>)【명사】名 ❶ 모든 번뇌의 얽매임에서 벗어나고, 진리를 깨달아 불생불멸의 법을 체득한 경지. 불교의 궁극적인 실천 목적이다. ◆ 涅槃。❷ 입적(승려가 죽음). ◆ (僧人)圆寂。¶열반에 들다. =圆寂。● 열반하다(涅槃--) ●

열변(熱辯)【명사】열렬하게 사리를 밝혀 옳고 그름을 따지는 말. ◆ 名热烈辩论，激烈辩论。¶열변을 토하다. =进行热烈辩论。

열병(熱病)【명사】名 ❶ 열이 몹시 오르고 심하게 앓는 병. 두통이나 식욕 부진 따위가 뒤따른다. ◆ 热病。❷ 어떤 일에 몹시 흥분한 상태를 비유적으로 이르는 말. ◆〈喻〉狂热症。¶짝사랑의 열병을 앓다. =患上单相思狂热症。

열사(烈士)【명사】나라를 위하여 절의를 굳게 지키며 충성을 다하여 싸운 사람. ◆ 名烈士，志士，义士。

열사병(熱射病)【명사】고온 다습한 곳에서 몸의 열을 발산하지 못하여 생기는 병. ◆ 名热射病，中暑。

열성(熱誠)【명사】열렬한 정성. ◆ 名热诚，热忱。¶열성을 기울이다. =倾注热忱。

열세(劣勢)【명사】상대편보다 힘이나 세력이 약함. 또는 그 힘이나 세력. ◆ 名劣势。¶열세에 몰리다. =陷入劣势。● 열세하다(劣勢--) ●

열쇠【명사】名 ❶ 자물쇠를 잠그거나 여는 데 사용하는 물건. ◆ 钥匙。¶자물쇠에 열쇠를 꽂다. =把钥匙插进锁孔里。❷ 어떤 일을 해결하는 데 필요한 가장 중요한 방법이나 요소를 비유적으로 이르는 말. ◆ 关键，窍门。¶그 사람만이 이 일을 해결할 열쇠를 쥐고 있다. =只有他掌握着解决这件事情的关键。

열심(熱心)【명사】어떤 일에 온 정성을 다하여 골똘하게 힘씀. 또는 그런 마음. ◆ 名热心，热情，热诚。¶그 사람은 무슨 일이든지 열심이다. =他不管做什么事都充满热诚。● 열심히(熱心-) ●

열악하다(劣惡--)【형용사】품질이나 능력, 시설 따위가 매우 떨어지고 나쁘다. ◆ 形恶劣。¶근무 환경이 열악하다. =工作环境恶劣。

열애(熱愛)【명사】열렬히 사랑함. 또는 그런 사랑. ◆ 名热爱，热恋。¶열애에 빠지다. =陷入热恋。● 열애하다(熱愛--) ●

열어젖히다【동사】문이나 창문 따위를 갑자기 벌컥 열다. ◆ 动大敞。

열없다【형용사】形 ❶ 좀 겸연쩍고 부끄럽다. ◆ 羞愧，羞涩，不好意思。¶나는 내 실수가 열없어서 얼굴이 붉어졌다. =我的脸红了，为自己的失误感到羞愧。❷ 담이 작고 겁이 많다. ◆ 胆怯，胆小。¶막내는 열없어서 밤에는 바깥출입을 못한다. =老幺胆子小，晚上不敢出去。❸ 성질이 다부지지 못하고 묽다. ◆ (性格)懦弱，怯弱，怯懦。¶그는 열없는 사람이라 자기 주장을 펴는 경우가 아주 드물다. =他是个懦弱的人，很少说出自己的看法。❹ 어설프고 짜임새가 없다. ◆ 粗糙，不像样。¶아이가 혼자 힘으로 만든 공작물은 열없기는 하지만 신통하게 생각된다. =我认为，小孩自己做的东西虽然粗糙，但却很神奇。

열에너지(熱)【명사】名 ❶ 계(系)의 내부 에너지 가운데 계를 이루는 원자, 분자의 열운동 에너지. ◆ 热运动能量。❷ 열을 에너지의 한 형태로 볼 때의 이름. ◆ 热能。

열연(熱演)【명사】열렬하게 연기함. 또는 그런 연기(演技). ◆ 名倾情演绎。¶무대 위에선 배우가 한창 열연 중이다. =舞台上，演员们正在卖力演出。● 열연하다(熱演--) ●

열외(列外)【명사】名 ❶ 죽 늘어선 줄의 바깥. ◆ 队伍外。¶체육복을 입지 않은 학생은 열외로 나가라. =没穿运动服的学生出列！❷ 어떤 몫이나 축에 들지 못함. ◆ 被排斥，被疏远。¶어리숙한 아이는 또래 집단에서 열외로 취급받기 쉽다. =愚笨的小孩容易遭到同龄人的疏远。

열의(熱意)【명사】어떤 일을 이루기 위하여 온갖 정성을 다하는 마음. ◆ 图热诚，热情，积极性。¶열의가 있다. =有积极性。

열전[1](列傳)【명사】图 여러 사람의 전기(傳記)를 차례로 벌여서 기록한 책. ◆ 列传。¶위인 열전. =伟人列传。

열전[2](熱戰)【명사】图 ❶ 무력을 사용하는 전쟁. ◆ 热战，武力战争。¶이념의 대립은 세계 대전이라는 열전으로 가시화되었다. =理念的对立演变成了所谓的世界大战这样的热战。❷ 운동 경기 따위에서의 맹렬한 싸움. ◆ 激战。¶지금 두 팀이 열전을 벌이고 있습니다. =现在两个队展开了激战。

열전도(熱傳導)【명사】물질에 열을 가할 때에, 물질의 이동을 수반하거나 복사에 의하지 아니하고, 그 열이 물질 속의 고온도 부분으로부터 저온도 부분으로 흐르는 현상. ◆ 图 热传导，导热。

열정(熱情)【명사】어떤 일에 열렬한 애정을 가지고 열중하는 마음. ◆ 图热情，热诚，干劲。¶학문과 예술에 대한 열정. =对学问和艺术的热情。

열정적(熱情的)【명사】어떤 일에 열렬한 애정을 가지고 열중하는 것. ◆ 图热情的，热诚的。¶배우의 연기가 열정적이다. =演员的演技充满热情。

열중(熱中)【명사】한 가지 일에 정신을 쏟음. ◆ 图热衷，专心，专心致志。¶우리가 방문했을 때 그는 일에 열중인 상태였다. =我们拜访的时候他正在专心做事。● 열중하다(熱中--) ●

열중쉬어(列中--)【명사】제식 훈련에서, 줄지어 선 채로 약간 편하게 왼발을 약간 옆으로 벌리고 양손을 등허리에서 맞잡으라는 구령. ◆ 图稍息。¶“열중쉬어!” 하는 소리에 따라 병사들은 일제히 손을 뒤로 모았다. =“稍息”声令下，士兵们都把手背到了身后。

열째【수사】순서가 열 번째가 되는 차례. ◆ 数第十。¶그는 성적이 반에서 열째이다. =他的成绩在班里排第十。

열차(列車)【명사】여러 개의 찻간을 길게 이어 놓은 차량. 흔히 전철이나 기차 따위를 이른다. ◆ 图列车，火车。¶열차 시간표. =列车时刻表。

열창(熱唱)【명사】노래를 열심히 부름. 또는 그 노래. ◆ 图激情演唱。¶신들린 듯한 그의 열창에 관객 모두가 기립 박수를 보냈다. =他的激情演唱出神入化，全场观众起身鼓掌。● 열창하다(熱唱--) ●

열처리(熱處理)【명사】재료를 가열·냉각하여 굳기 따위의 기계적 성질을 변화시키는 일. ◆ 图热处理。¶금속의 강도를 높이기 위해 열처리를 한다. =进行热处理以提高金属的强度。

열풍(熱風)【명사】图 ❶ 뜨거운 바람. ◆ 热风。¶사막의 열풍. =沙漠的热风。❷ 어떤 일이 사회에서 거세게 일어나는 것을 비유적으로 이르는 말. ◆ 流行，盛行，热潮。

열효율(熱效率)【명사】기관에 공급된 열이 유효한 일로 바뀐 정도를 나타내는 비율. ◆ 图热效率。¶열효율이 높은 난방시설. =热效率高的供暖设施。

열흘【명사】图 ❶ 열 날. ◆ 图十天。¶위원회는 열흘 뒤에 다시 회의를 소집하기로 했다. =委员会决定十天后再次召开会议。❷ 초열흘날(매달 초하룻날부터 헤아려 열째 되는 날). ◆ 第十天。¶내달 열흘에 계모임이 있을 예정이다. =下月10号举行聚会。

엷다【형용사】形 ❶ 두께가 적다. ◆ 薄。¶옷이 엷다. =衣服单薄。❷ 빛깔이 진하지 아니하다. ◆ 淡。¶화장이 엷다. =化淡妆。❸ 밀도가 빽빽하지 아니하다. ◆ 稀薄。¶엷은 구름. =淡淡的云。❹ 지나치게 드러냄이 없이 있는 듯 없는 듯 하다. ◆ 轻，浅。¶엷은 미소. =浅浅的微笑。

염가(廉價)【명사】매우 싼 값. ◆ 图廉价。¶염가 공급. =廉价供给。

염기성(鹽基性)【명사】염기가 지니는 기본적 성질. 원래는 산의 작용을 중화하고 산과 작용하여 염과 물만을 만드는 성질을 뜻한다. ◆ 图碱性。

염두(念頭)【명사】마음속. ◆ 图内心。¶염두 밖의 일. =心外事。

염라대왕(閻羅大王)【명사】불교에서, 죽은 사람이 살아 있을 때 한 일의 잘잘못을 심판하는 저승 세계의 왕. ◆ 图阎罗王，阎王。¶염라대왕 앞에 붙들려 갔다 오는 꿈을 꾸었다. =梦见被抓到阎王面前又回来了。

염려(念慮)【명사】앞일에 대하여 여러 가지로 마음을 써서 걱정함. 또는 그런 걱정. ◆ 图挂念，思虑，担心。¶염려를 놓다. =放心。● 염려되다(念慮--), 염려하다(念慮--) ●

염료(染料)【명사】옷감 따위에 빛깔을 들이는 물질. ◆ 图染料。¶옛날에는 옷에 물을 들여 입을 만한 염료가 발달되지 않았다. =过去能把衣服染得像模像样的染料技术不发达。

염문(艶聞)【명사】연애나 정사에 관한 소문. ◆ 图艳闻，绯闻。¶염문을 뿌리다. =传播绯闻。

염병(染病)【명사】图 ❶ ‘장티푸스’(티푸스균이 창자에 들어가 일으키는 급성 법정 전염병). ◆ 伤寒症。¶염병이 나다. =得了伤寒。❷ 몹마땅한 일. 또는 그러한 일을 하는 사람을 욕하는 말. ◆ 令人不满意的事。¶염병을 하고 있군. =你做的事情让我很不满意。

염분(鹽分)【명사】바닷물 따위에 함유되어 있는 소금기. ◆ 图盐分。¶염분 농도. =含盐度。

염불(念佛)【명사】图 ❶ 부처의 모습과 공덕을 생각하면서 아미타불(阿彌陀佛)을 부르는 일. ◆ 念佛。¶스님이 목탁을 치면서 염불을 시작하였다. =大师开始边敲木鱼边念佛。❷ 같은 내용의 말을 자꾸 되풀이함을 비유적으로 이르는 말. ◆ 唠叨，反复说。● 염불하다(念佛--) ●

염산(鹽酸)【명사】염화수소의 수용액. ◆ 图 盐酸。

염색(染色)【명사】염료를 사용하여 실이나 천 따위에 물을 들임. 또는 그런 일. ◆ 图染色。¶염색 공장. =染色工厂。● 염색되다(染色--), 염색하다(染色--) ●

염색체(染色體)【명사】진핵생물의 세포에서 유사 분열 때에 보이고 염기성 색소에 잘 염색되는 막대 모양의 소체(小體). ◆ 图染色体。

염세적(厭世的)【명사】세상을 싫어하고 모든 일

을 어둡고 부정적인 것으로 보는 것. ◆ 图厌世的。¶그의 사고방식은 염세적이어서 매사에 짜증을 잘 낸다. =他的思考方式是厌世的，所以遇事常常发怒。

염세주의(厭世主義)【명사】세계나 인생을 불행하고 비참한 것으로 보며, 개혁이나 진보는 불가능하다고 보는 경향이나 태도. ◆ 图厌世主义，厌世观。

염소[1]【명사】솟과의 동물. 뿔은 속이 비고 뒤로 굽었는데 수컷은 턱 밑에 긴 수염이 있다. ◆ 图山羊。

염소[2]**(鹽素)**【명사】할로젠 원소의 하나. 자극성 냄새가 나는 황록색 기체로, 산화제·표백제·소독제로 쓰이며, 물감·의약·폭발물·표백분 따위를 만드는 데 쓰인다. ◆ 图氯。

염원(念願)【명사】마음에 간절히 생각하고 기원함. 또는 그런 것. ◆ 图心愿，愿望。¶우리 겨레의 염원. =我们民族的愿望。● 염원하다(念願--) ●

염장(鹽醬)【명사】소금에 절여 저장함. ◆ 图腌渍。¶염장 제품. =腌渍品。

염전(鹽田)【명사】소금을 만들기 위하여 바닷물을 끌어 들여 논처럼 만든 곳. 바닷물을 여기에 모아서 막아 놓고, 햇볕에 증발시켜서 소금을 얻는다. ◆ 图盐田。¶염전 벌판. =盐田。

염주(念珠)【명사】염불할 때에, 손으로 돌려 개수를 세거나 손목 또는 목에 거는 법구(法具). ◆ 图 念珠。¶염주를 목에 걸다. =脖子上挂着念珠。

염증[1]**(炎症)**【명사】생물의 몸이 손상을 입었을 때 일어나는 반응으로 붓거나 열이 나고, 통증을 일으키는 증상. ◆ 图炎症。¶염증을 일으키다. =引起炎症。

염증[2]**(厭症)**【명사】싫증(싫은 생각이나 느낌. 또는 그런 반응). ◆ 图厌烦，厌恶。¶지루해서 염증이 나다. =无聊得让人厌烦。

염치(廉恥)【명사】체면을 차릴 줄 알며 부끄러움을 아는 마음. ◆ 图廉耻。¶예의와 염치에 어긋나다. =违背礼义廉耻。

염치없다(廉恥--)【형용사】체면을 차릴 줄 알거나 부끄러움을 아는 마음이 없다. ◆ 形没有廉耻，不知廉耻。¶염치없는 사람으로 치자면 그를 따를 자가 아무도 없다. =说到不知廉耻，没有人能超过他。

염탐(廉探)【명사】몰래 남의 사정을 살피고 조사함. ◆ 图侦探，秘密调查，暗访。¶염탐을 나가다. =刺探。● 염탐하다(廉探--) ●

염통【명사】수축 작용을 통해 혈액을 몸 전체로 보내는 근육 기관. ◆ 图心脏。¶갑작스런 충격으로 염통이 마비되다. =突然的刺激造成心脏麻痹。

염화나트륨(鹽化---)【명사】소금의 화학적 이름. 흰색의 결정으로 물에 녹으며, 생물체 내에서 중요한 생리 작용을 한다. ◆ 图 氯化钠。

염화수소(鹽化水素)【명사】염소와 수소의 화합물. 자극적인 냄새가 나는 무색의 기체로, 물에 녹으면 염산이 된다. ◆ 图 氯化氢。

염화칼륨(鹽化--)【명사】염소와 칼륨의 화합물로 쓰고 짠 맛이 있는 무색 결정. ◆ 图 氯化钾。

염화칼슘(鹽化--)【명사】칼슘과 염소의 화합물. 탄산칼슘에 염산을 섞어서 열을 가한 다음에 증발시켜 만드는 흰색 결정이다. ◆ 图 氯化钙。

엽기(獵奇)【명사】비정상적이고 괴이한 일이나 사물에 흥미를 느끼고 찾아다님. ◆ 图猎奇。¶그의 엽기 행각은 상상을 초월한다. =他的猎奇经历超乎想象。

엽기적(獵奇的)【명사】비정상적이고 괴이한 일이나 사물에 흥미를 느끼는 것. ◆ 图奇怪的，怪异的，荒诞的。

엽록소(葉綠素)【명사】빛 에너지를 유기 화합물 합성을 통하여 화학 에너지로 전환시키는 녹색 색소. ◆ 图 叶绿素。

엽서(葉書)【명사】규격을 한정하고 우편 요금을 냈다는 표시로 증표(證標)를 인쇄한 편지 용지. ◆ 图明信片。¶엽서 한 장. =一张明信片。

엽전(葉錢)【명사】예전에 사용하던, 놋쇠로 만든 돈. 둥글고 납작하며 가운데에 네모진 구멍이 있다. ◆ 图 铜钱。¶엽전 한 냥. =一两铜钱。

엽차(葉茶)【명사】图 ❶ 잎을 따서 만든 차. 또는 그것을 달이거나 우려낸 물. ◆ 茶叶，粗茶；茶水。❷ 차나무의 어린잎으로 만든 찻감. 또는 그것을 달이거나 우려낸 물. ◆ 新茶；新茶泡的水。❸ 한 번 우려낸 홍차를 다시 우려낸 멀건 차. ◆ 第二泡红茶。

엽총(獵銃)【명사】사냥총(사냥에 알맞도록 만든 총). ◆ 图猎枪。¶엽총을 들고 사냥을 하다. =拿着猎枪打猎。

엿[1]【관형사】그 수량이 여섯임을 나타내는 말. ◆ 冠六。¶금 엿 냥. =六两金子。

엿[2]**-**【접사】'몰래'의 뜻을 더하는 접두사. ◆ 前缀，私下。¶친구의 말을 엿듣다. =偷听朋友谈话。

엿[3]【명사】밥을 엿기름으로 발효시켜 물처럼 될 때까지 약한 불로 끓인 뒤 졸여서 만든 달고 끈적끈적한 음식. ◆ 图饴糖，麦芽糖。¶엿 한 가락. =一条麦芽糖。

엿기름【명사】보리에 물을 부어 싹이 트게 한 다음에 말린 것. 녹말을 당분으로 바꾸는 효소를 함유하고 있으며, 식혜나 엿을 만드는 데에 쓰인다. ◆ 图麦芽酵母。¶엿기름을 내다. =做麦芽酵母。

엿듣다【동사】남의 말을 몰래 가만히 듣다. ◆ 动偷听。¶남의 전화를 엿듣다. =偷听别人电话。

엿보다【동사】动 ❶ 남이 보이지 아니하는 곳에 숨거나 남이 알아차리지 못하게 하여 대상을 살펴보다. ◆ 偷窥，窥视。¶창문으로 방 안을 엿보다. =从窗户窥视屋内。❷ 어떤 사실을 바탕으로 실상을 미루어 알다. ◆ 揣测，揣度，揣摩。¶그림을 통해 당시의 생활을 엿볼 수 있다. =通过画可以推测当时的生活。❸ 무엇을 이루고자 온 마음을 쏟아서 눈여겨보다. ◆ 窥伺，伺(机)。¶기회를 엿보다. =伺机。

엿보이다【동사】动 ❶ 남이 보이지 아니하는 곳에 숨거나 남이 알아차리지 못하게 하여 대상을 살펴보다. ◆ 被偷窥。¶나의 부끄러운 모습이 누군가에게 엿보인다는 사실이 끔찍했다. =我最反感自己害羞的样子被别人偷窥。❷ 잘 보이지 아니하는 대상을 좁은 틈 따위로 바라보다. ◆ 透过缝隙看到。¶암청색 소나무 숲 사이로 그림 같은 흰 건물이 엿보였다. =透过暗青色松树丛可以看到雪白如画的建筑。❸ 잘 드러나지 아니하는 마음이나 생각을 알아내려고 살피다. ◆ 揣摩到，发现。¶그의 작품에서는 작가의 통찰력이 엿보이는 부분이 꽤 많다. =透过作品，可以发现这位作家有着敏锐的洞察力。❹ 어떤 사실을 바탕으로 실상을 미루어 알다. ◆ 推测出。¶그의 얼굴에서는 어떤 변화의 기미도 엿보이지 않았다. =从他的脸上一点也推测不出变化的气息。

엿새【명사】图 ❶ 여섯 날. ◆ 六天。¶엿새 동안의 휴가. =六天的休假。❷ 초엿샛날(매달 초하룻날부터 헤아려 여섯째 되는 날). ◆ 6号，6日。¶다음 달 엿새는 선친의 제삿날이다. =下个月6号是先父的忌日。

엿장수【명사】엿을 파는 사람. ◆ 图卖麦芽糖的人。¶엿장수의 가위 소리. =卖麦芽糖的人的剪刀声。

영[1]【부사】副 ❶ 전혀 또는 도무지. ◆（主要与否定搭配使用）完全，根本，怎么也（不、没有）。¶영 가망이 없다. =根本没有希望。❷ 아주, 또는 대단히. ◆ 非常，很，特别，十分。¶기분이 영 고약하다. =心情非常糟糕。

영[2](零)【명사】图 ❶ 값이 없는 수. '0'으로 표기한다. ◆ 零。¶영에 일을 더하면 일이다. =零加一等于一。❷ 점수를 얻는 경기에서 한 점도 얻지 못한 점수. ◆ (比分)零分。¶축구 시합에서 우리 팀이 일 대 영으로 이겼다. =我们队以1：0的比分赢了这场足球比赛。

영감[1](靈感)【명사】图 창조적인 일의 계기가 되는 기발한 착상이나 자극. ◆灵感。¶영감에 의해 쓰인 작품. =根据灵感写出的作品。

영감[2](令監)【명사】图 ❶ 급수가 높은 공무원이나 지체가 높은 사람을 높여 이르는 말. ◆ 阁下，先生(对高级别公务员或者地位高的人的尊称)。¶군수 영감이 오늘 우리 마을에 온대요. =听说郡守今天来我们村。❷ 나이 든 부부 사이에서 아내가 그 남편을 이르거나 부르는 말. ◆ 老头，老伴(妻子对上了年纪的老伴的称呼)。¶영감, 고정하시고 음식을 좀 드시어요. =老头子，别激动了，吃点东西吧。❸ 나이가 많아 중년이 지난 남자를 대접하여 이르는 말. ◆ 老人家。¶영감님, 춘추가 얼마나 되셨어요. =老人家，您高寿？ ❹ 정삼품과 종이품의 벼슬아치를 이르던 말. ◆ 令监(正三品和从二品官员)。

영계(-鷄)【명사】图 ❶ 병아리보다 조금 큰 어린 닭. ◆ 小鸡。¶자꾸 기운이 없어 하는 아들을 보고 어머니는 영계라도 푹 고아 먹여야겠다고 생각했다. =看到总是无精打采的儿子，妈妈心里想，得给他好好炖只小鸡吃了。❷ 비교적 나이가 어린 이성(異性)의 사람을 속되게 이르는 말. ◆ ㊤年轻的姑娘，年轻的小伙。¶너무 영계만 찾다가는 장가 못 간다. =要求必须只找非常年轻的姑娘，就选不到媳妇了。

영공(領空)【명사】한 나라의 주권이 미치는 하늘의 영역. ◆图领空。¶영공을 지키다. =守卫领空。

영광(榮光)【명사】빛나고 아름다운 영예. ◆ 图光荣，荣耀。¶영광으로 생각하다. =觉得光荣。● 영광되다(榮光--) ●

영광스럽다(榮光---)【형용사】빛나고 아름다운 영예를 느낄 듯하다. ◆ 形光荣。¶나는 대표로 뽑힌 것이 영광스럽다. =被选为代表，我感到十分光荣。

영구(永久)【명사】어떤 상태가 시간상으로 무한히 이어짐. ◆ 图永久，永远。¶영구 거주. =永久居住。● 영구하다(永久--), 영구히(永久-) ●

영구치(永久齒)【명사】젖니가 빠진 뒤에 나는 이와 뒤어금니를 통틀어 이르는 말. 사람은 위아래로 모두 32개가 있다. ◆ 图 恒牙，恒齿。¶영구치가 부러지다. =恒牙断了。

영국(英國)【명사】유럽 서부 대서양 가운데 있는 입헌 군주국. ◆图英国。

영글다【동사】动 ❶ 여물다(과실이나 곡식 따위가 알이 들어 딴딴하게 잘 익다). ◆ (籽粒)成熟，饱满。¶오곡백과가 영글다. =五谷丰登，百果成熟，籽粒饱满。❷ 여물다(빛이나 자연 현상이 짙어지거나 왕성해져서 제 특성을 다 드러내다). ◆ 表现出自身特点。

영남(嶺南)【명사】한국의조령(鳥嶺) 남쪽이라는 뜻에서, 경상남도와 경상북도를 이르는 말. ◆ 图岭南(韩国鸟岭以南，包括庆尚南道和庆尚北道)。¶영남 지방의 특산물. =岭南地区的特产。

영농(營農)【명사】농업을 경영함. ◆ 图务农，经营农业。¶영농 기술. =务农技术。

영달(榮達)【명사】지위가 높고 귀하게 됨. ◆ 图飞黄腾达。¶부귀와 영달을 누리다. =享受荣华富贵。

영도(領導)【명사】앞장서서 이끌고 지도함. ◆ 图领导。¶영도 능력을 갖춘 지도자. =具有领导能力的领导者。● 영도하다(領導--) ●

영락없다(零落--)【형용사】조금도 틀리지 아니하고 꼭 들어맞다. ◆ 形毫无疑问，确实，地道的。¶영락없는 바보. =地道的傻瓜。● 영락없이(零落--) ●

영령(英靈)【명사】图 ❶ 죽은 사람의 영혼을 높여 이르는 말. ◆ 英灵，英魂。❷ 산천의 정기를 타고난 뛰어난 사람. ◆ 钟灵毓秀，天生丽质。¶영령의 기를 이어받고 태어나다.=天生丽质。

영롱하다(玲瓏--)【형용사】形 ❶ 광채가 찬란하다. ◆ 璀璨，灿烂。¶영롱한 아침 이슬. =璀璨的朝露。❷ 구슬 따위의 울리는 소리가 맑고 아름답다. ◆ 悦耳，清脆。¶영롱한 구슬 소리. =清脆的珠玉声。● 영롱히(玲瓏-) ●

영리(營利)【명사】재산상의 이익을 꾀함. 또는 그 이익. ◆图逐利，营利，牟利。¶영리에 급급하다. =唯利是图。

영리하다(怜悧--/伶俐--)【형용사】눈치가 빠르고 똑똑하다. ◆ 形聪明伶俐。¶아이가 엄마를 닮아 영리하다. =孩子随妈妈，聪明伶俐。

영문[1](英文)【명사】图 ❶ 영어로 쓴 글. ◆ 英语文章。¶영문 편지. =英文信件。❷ 영문자(영어를 표기하는 데 쓰는 문자). ◆ 英语，英文。¶영문으로 작성하다. =用英语完成。

영문²【명사】일이 돌아가는 형편이나 그 까닭. ◆图原因，理由，情形。¶무슨 영문인지 궁금하다. =想知道是什么原因。

영물(靈物)【명사】图❶ 신령스러운 물건이나 짐승. ◆灵物。¶같은 짐승이라도 곳에 따라서는 악물로 여기기도 하고 영물로 여기기도 하다. =即使是同样的动物，在有的地方会被看作是恶兽，在有的地方则则会被看成是灵兽。❷ 약고 영리한 짐승을 신통히 여겨 이르는 말. ◆有灵性的动物。¶그 고양이는 영물이더군. =那只猫真有灵性。

영민하다(英敏/潁敏--)【형용사】매우 영특하고 민첩하다. ◆形聪敏机智。¶그는 영민하기로 소문났다. =他以聪敏机智而闻名。

영부인(令夫人)【명사】남의 아내를 높여 이르는 말. ◆图尊夫人。¶대통령 영부인. =总统夫人。

영빈관(迎賓館)【명사】귀한 손님을 맞이하기 위하여 따로 잘 지은 큰 집. ◆图迎宾馆。¶대통령이 영빈관에서 외국 수상을 접견했다. =总统在迎宾馆会见了外国首相。

영사(領事)【명사】외국에 있으면서 본국의 무역 통상의 이익을 도모하며 아울러 자국민의 보호를 담당하는 공무원. ◆图领事。

영사관(領事館)【명사】영사가 주재하는 곳에서 사무를 보는 공관(公館). ◆图领事馆。

영사기(映寫機)【명사】필름에 촬영된 상을 광원과 렌즈 장치를 이용하여 영사막에 확대하여 비추는 기계. ◆图放映机。¶영사기에서 나온 빛이 커다란 영사막에 비추다. =放映机里射出的光线照在巨大的银幕上。

영상¹(零上)【명사】섭씨온도계에서, 눈금이 0℃ 이상의 온도. ◆图零上。

영상²(映像)【명사】图❶ 영사막이나 브라운관, 모니터 따위에 비추어진 상. ◆影像，投影，图像。¶영상 매체. =影像媒体。❷ 머릿속에서 그려지는 모습이나 광경. ◆印象。¶아이에게서 전사한 남편의 영상이 떠오르다. =从孩子身上看到了阵亡的丈夫的模样。❸ 빛의 굴절이나 반사 등에 의하여 이루어진 물체의 상(像). ◆映像，影像。¶거울에 비친 영상. =镜子里的影像。

영생(永生)【명사】영원한 생명. 또는 영원히 삶. ◆图永生。¶인간의 영생에 대한 욕망. =人类对于永生的渴望。● 영생하다(永生--) ●

영세¹(零細)【명사】살림이 보잘것없고 몹시 가난함. ◆图困窘。¶영세 농가. =穷苦的农家。● 영세하다(零細--) ●

영세²(領洗)【명사】세례를 받는 일. ◆图接受洗礼。¶영세를 받다. =接受洗礼。

영세민(零細民)【명사】수입이 적어 몹시 가난한 사람. ◆图贫民。¶영세민을 치료해 주는 무료 진료소. =给贫民看病的免费诊所。

영세중립국(永世中立國)【명사】국제법상 영세 중립을 보장받은 나라. 스위스, 오스트리아 따위가 여기에 속한다. ◆图永久中立国。

영속(永續)【명사】영원히 계속함. ◆图永久，持久。● 영속되다(永續--), 영속하다(永續--) ●

영수증(領收證)【명사】돈이나 물품 따위를 받은 사실을 표시하는 증서. ◆图收据，收条。¶영수증을 받다. =拿到收据。

영순위(零順位)【명사】어떤 일에서 가장 우선적인 자격을 가지는 순위. ◆图最优先的位置，首位。

영아(嬰兒)【명사】젖먹이(젖을 먹는 어린아이). ◆图婴儿。¶의료 혜택이 확대됨에 따라 영아 사망률이 감소했다. =随着医疗福利的提高，婴儿死亡率降低。

영악스럽다(靈惡---)【형용사】이해가 밝으며 약은 데가 있다. ◆形狡猾，机灵，精明厉害。¶자기 이익에 영악스러운 사람들. =精于为自己谋利的精明的人。

영악하다(靈惡--)【형용사】이해가 밝으며 약다. ◆形狡猾，机灵，精明厉害。¶요즘 아이들은 영악하다. =现在的孩子们机灵得很。

영양¹(羚羊)【명사】图❶ 솟과의 포유동물. 몸은 날씬하며 우아하고 발에는 발굽이 있으며 매우 빠르다. ◆羚羊。❷ 염소나 산양 따위의 짐승을 통틀어 이르는 말. ◆山羊。

영양²(營養)【명사】생물이 살아가는 데 필요한 에너지와 몸을 구성하는 성분을 외부에서 섭취하여 소화, 흡수, 순환, 호흡, 배설을 하는 과정. ◆图营养，养分。¶영양 보충. =补充营养。

영양가(營養價)【명사】식품의 영양 가치. ◆图营养价值。¶영양가가 많은 식품. =具有很高营养价值的食品。

영양분(營養分)【명사】양분(영양이 되는 성분). ◆图养分，营养，营养成分。¶영양분 흡수. =吸收养分。

영양소(營養素)【명사】성장을 촉진하고 생리적 과정에 필요한 에너지를 공급하는 영양분이 있는 물질. ◆图营养成分，养分。¶영양소 파괴. =破坏养分。

영양실조(營養失調)【명사】영양소의 부족으로 일어나는 신체의 이상 상태. 빈혈, 부종(浮腫), 느린맥박, 설사, 피로감 따위의 증상이 나타난다. ◆图营养失调。¶영양실조에 걸렸다. =得了营养失调症。

영어(英語)【명사】인도·유럽 어족 게르만 어파의 서게르만 어군에 속한 언어. ◆图英语。

영업(營業)【명사】영리를 목적으로 하는 사업. 또는 그런 행위. ◆图营业。¶영업 사원. =销售员，业务员。● 영업하다(營業--) ●

영역(領域)【명사】图❶ 한 나라의 주권이 미치는 범위. 영토·영해·영공으로 구성된다. ◆领土。❷ 활동·기능·효과·관심 따위가 미치는 일정한 범위. ◆领域。¶활동 영역을 넓히다. =扩大活动领域。

영영(永永)【부사】영원히 언제까지나. ◆副永远，绝对。¶영영 소식이 없다. =再也没有消息。

영예(榮譽)【명사】영광스러운 명예. ◆图荣誉，光荣。¶우승의 영예를 누리다. =享受胜利的荣耀。

영예롭다(榮譽--)【형용사】영예로 여길 만하다. ◆形光荣。¶영예로운 수상식. =光荣的授奖仪式。

영웅(英雄)【명사】지혜와 재능이 뛰어나고 용맹하여 보통 사람이 하기 어려운 일을 해내는 사람. ◆名英雄。¶민족적 영웅. =民族英雄。

영웅심(英雄心)【명사】비범한 재주와 뛰어난 용기를 나타내려는 마음. ◆名雄心壮志。¶영웅심이 강하다. =胸怀壮志。

영원(永遠)【명사】어떤 상태가 끝없이 이어짐. 또는 시간을 초월하여 변하지 아니함. ◆名永远，永久。¶영원한 사랑. =永远的爱。● 영원하다(永遠--), 영원히(永遠-) ●

영원불멸(永遠不滅)【명사】영원히 없어지지 아니하고 계속됨. ◆名永不磨灭。¶영원불멸의 정신. =永不磨灭的精神。

영원불변(永遠不變)【명사】영원히 변하지 아니함. ◆名永不改变。¶영원불변의 진리. =永不改变的真理。

영위(營爲)【명사】일을 꾸려 나감. ◆名经营，管理，享受。¶사람들은 수준 높은 문화생활의 영위를 원하고 있다. =人们希望享受高水平的文化生活。● 영위하다(營爲--) ●

영인본(影印本)【명사】원본을 사진이나 기타의 과학적 방법으로 복제한 인쇄물. ◆名影印本。¶이 도서관은 희귀 자료들의 영인본이 많다. =这座图书馆收藏了很多珍贵资料的影印本。

영입(迎入)【명사】환영하여 받아들임. ◆名迎进，迎来。¶신인 선수 영입. =迎来新选手。● 영입하다(迎入--) ●

영장(令狀)【명사】名 ❶ 명령의 뜻을 기록한 서장. ◆书面命令，命令书。¶막내아들이 영장을 받고 입대했다. =小儿子接到命令书后参军了。❷ 형사 사건에서, 사람이나 물건에 대한 체포, 구속, 압수 등을 허락하는 내용의 명령서. ◆(法庭)委任状(包括逮捕令等)。¶영장 없이 사람을 연행하는 것은 불법이다. =没有逮捕令就抓人是违法的。

영장류(靈長類)【명사】영장목의 동물을 일상적으로 통틀어 이르는 말. ◆名灵长类。

영재(英才)【명사】뛰어난 재주. 또는 그런 사람. ◆名英才。¶영재를 발굴하다. =发掘英才。

영적(靈的)【명사】정신이나 영감을 통한 것. ◆名精神的，心灵的。

영전1(榮轉)【명사】전보다 더 좋은 자리나 직위로 옮김. ◆名高升，荣升。¶아들의 취직과 아버지의 영전으로 집안에 경사가 겹쳤다. =儿子就业，父亲高升，家里的喜事接连不断。● 영전하다(榮轉--) ●

영전2(靈前)【명사】신이나 죽은 사람의 영혼을 모셔 놓은 자리의 앞. ◆名灵前。¶돌아가신 분의 영전에 꽃을 바치다. =在逝者的灵前献花。

영점(零點)【명사】名 ❶ 얻은 점수가 없음. ◆零分。¶한 과목이라도 영점을 받으면 낙제이다. =就算只有一门课得零分也不合格。❷ 능력이나 성과가 전혀 없음을 비유적으로 이르는 말. ◆没有成果，没有能力。¶그 사람은 연구 능력은 뛰어나지만 교육자로서는 영점이다. =他虽然科研能力突出，但是作为教育者并没有什么突出之处。❸ 섭씨온도계·열씨온도계에서, 물이 어는 점. ◆零度。

영접(迎接)【명사】손님을 맞아서 대접하는 일. ◆名迎接，接待。¶영접을 받다. =受到接待。● 영접하다(迎接--) ●

영정(影幀)【명사】제사나 장례를 지낼 때 위패 대신 쓰는, 사람의 얼굴을 그린 족자. ◆名遗像。¶영정을 모신 사당. =供奉着遗像的祠堂。

영주(永住)【명사】한곳에 오래 삶. ◆名永住，久居，定居。¶영주를 위해 미국으로 이민하다. =移民到美国定居。● 영주하다(永住--) ●

영주권(永住權)【명사】일정한 자격을 갖춘 외국인에게 주는, 그 나라에서 영주할 수 있는 권리. ◆名永久居住权，永久居留权，永住权。¶미국으로 건너간 지 근 10년 만에 영주권을 얻었다. =到美国将近十年后，取得了永久居住权。

영지(靈芝)【명사】불로초과의 버섯. 줄기는 높이가 10cm 정도이고 삿갓은 심장 모양 또는 원형이다. ◆名灵芝。¶영지를 달여 만든 보약. =灵芝熬成的补药。

영차【감탄사】여러 사람이 힘을 합치면서 기운을 돋우려고 함께 내는 소리. ◆叹(众人合力用劲时的喊声)嗨哟。¶"영차, 영차" 어부들은 모두 힘을 합쳐 그물을 끌어 올렸다. ="嗨哟，嗨哟"，渔夫们一起用力把渔网拖上来。

영창(營倉)【명사】법을 어긴 군인을 가두기 위하여 부대 안에 설치한 감옥. ◆名禁闭室。¶영창에 입창하다. =关入禁闭室。

영토(領土)【명사】국제법에서, 국가의 통치권이 미치는 구역. 흔히 토지로 이루어진 국가의 영역을 이르나 영해와 영공을 포함하는 경우도 있다. ◆名领土。¶영토 분쟁. =领土纷争。

영특하다(英特--)【형용사】남달리 뛰어나고 훌륭하다. ◆形非常聪明，卓越超群。¶그는 어려서부터 영특하였다. =他从小就非常聪明。● 영특히(英特-) ●

영패(零敗)【명사】경기나 시합에서 점수를 전혀 얻지 못하고 짐. ◆名完败，以零分败北。¶우리 팀은 경기 후반 간신히 한 점을 올려 영패를 면했다. =我们队在下半场比赛中艰难地拿到了一分，避免了以零分败北。

영하(零下)【명사】섭씨온도계에서, 눈금이 0℃ 이하의 온도. ◆名零下。¶영하 10℃. =零下10℃。

영합(迎合)【명사】名 ❶ 사사로운 이익을 위하여 아첨하며 좇음. ◆迎合。❷ 서로 뜻이 맞음. ◆投合，情投意合。● 영합하다(迎合--) ●

영해(領海)【명사】영토에 인접한 해역으로서, 그 나라의 통치권이 미치는 범위. ◆名领海。

영향(影響)【명사】어떤 사물의 효과나 작용이 다른 것에 미치는 일. ◆名影响。¶부정적 영향. =消极的影响。

영험(靈驗)【명사】사람의 기원대로 되는 신기한 징험. ◆名灵验。¶이 바위는 아이 없는 사람이 아이를 빌면 태기가 있게 되는 영험이 있다고 했다. =据说这块岩石很灵验，没有孩子的人来求子，就会顺利怀

孕。● 영험하다(靈驗--) ●

영혼(靈魂)【명사】图 ❶ 죽은 사람의 넋. ◆ 亡灵。¶씻김굿은 망인의 영혼을 낙지(樂地)로 천도시켜 주는 굿인데… =死灵祭是将亡人的灵魂超度至乐土的巫术。❷ 육체에 깃들어 마음의 작용을 맡고 생명을 부여한다고 여겨지는 비물질적 실체. ◆ 心灵，精神。¶영혼의 양식. =精神的样式。

영화[1](榮華)【명사】몸이 귀하게 되어 이름이 세상에 빛남. ◆图荣华富贵。¶부귀와 영화를 누리다. =享受荣华富贵。

영화[2](映畫)【명사】일정한 의미를 갖고 움직이는 대상을 촬영하여 영사기로 영사막에 재현하는 종합 예술. ◆图电影，影片。¶무성 영화. =无声电影。

영화감독(映畫監督)【명사】영화 제작에서 연기, 촬영, 녹음, 편집 따위를 지휘하여 작품에 통일성을 주는 사람. ◆图电影导演。

영화관(映畫館)【명사】영화를 상영하는 시설을 갖춘 건물. ◆图电影院。¶영화관이 관객들로 북새통을 이루다. =电影院里的观众闹哄哄的。

영화제(映畫祭)【명사】많은 영화 작품을 모아서 일정 기간 내에 연속적으로 상영하는 행사. ◆图电影节。¶국제 영화제에서 중국 영화가 호평을 받고 있다. =中国的电影在国际电影节上获得好评。

옅다【형용사】形 ❶ 수면이 밑바닥에 가깝다. ◆ 浅。¶시냇물이 옅다. =溪水清浅。❷ 생각이나 지식 따위가 깊지 아니하다. ◆ 浅薄。¶옅은 꾀. =浅薄的骗局。❸ 높이가 그다지 높지 아니하다. ◆ 低矮。¶옅은 하늘. =低矮的天空。❹ 빛깔이 보통의 정도보다 흐릿하다. ◆ 浅，淡。¶옅은 분홍. =浅粉红。❺ 안개나 연기 따위가 약간 끼어 있다. ◆ (烟雾等)淡。¶옅은 안개. =淡淡的雾。❻ 액체에 녹아 있는 물질의 양이 보통보다 적다. ◆ 稀，淡。¶농도가 옅다. =浓度很淡。❼ 냄새가 약하다. ◆ (味道)淡。¶옅은 크림 냄새가 코끝을 가만히 찔러 왔다. =面霜淡淡的香气轻轻拂过鼻尖。❽ 정도가 깊지 아니하다. ◆ (程度)浅，轻。¶호흡이 옅다. =呼吸很轻。❾ 소리가 높지 아니하고 작다. ◆ 声音低。¶옅게 혀를 차다. =轻轻地咂嘴。

옆【명사】사물의 오른쪽이나 왼쪽의 면. 또는 그 근처. ◆图旁边，两旁。¶옆으로 눕다. =躺在旁边。

옆구리【명사】가슴과 등 사이의 갈빗대가 있는 부분. ◆ 图肋，肋下。¶옆구리가 결리다. =肋下抻得疼。

옆면(-面)【명사】앞뒤에 대하여 왼쪽이나 오른쪽의 면. ◆图侧面。¶벽의 옆면. =墙的侧面。

옆모습【명사】옆에서 본 모습. ◆ 图侧面，侧脸。¶옆모습을 쳐다보다. =注视侧脸。

옆집【명사】옆에 있는 집. ◆ 图邻居家，邻家。¶옆집에 놀러 가다. =去邻居家玩。

옆차기【명사】태권도에서, 몸을 정면으로 하고 윗몸을 옆으로 틀면서 그 반대 방향의 옆쪽을 발모서리로 차는 발 기술. ◆ 图侧踢腿。¶태권도장에서 종일 옆차기 연습을 했다. =在跆拳道馆整天进行侧踢腿练习。

예[1]【명사】아주 먼 과거. ◆ 图古时，从前，过去。¶예나 지금이나 변함없는 고향의 인심. =始终如一的故乡人心。

예[2](例)【명사】본보기가 될 만한 사물. ◆ 图例子。¶전형적인 예. =典型的例子。

예[3](禮)【명사】图 ❶ 사람이 마땅히 지켜야 할 도리. ◆ 礼节，礼仪。¶예를 갖추다. =有礼节。❷ 예식(예법에 따라 치르는 의식). ◆ 仪式。¶예를 올리다. =举行仪式。❸ 예법(예의로써 지켜야 할 규범). ◆ 礼法。¶예를 지키다. =遵守礼法。

예[4]【감탄사】叹 ❶ 윗사람의 부름에 대답하거나 묻는 말에 긍정하여 대답할 때 쓰는 말 ◆ 是，好。¶예, 알겠습니다. =好，我知道了。❷ 윗사람의 말을 재우쳐 물을 때 쓰는 말 ◆ 对长辈或上级追问时说的话。¶예? 뭐라고요? =你说什么?

예[5]【대명사】'여기'의 준말. ◆ 代这里。¶예가 어디냐? =这里是哪里啊?

예각(銳角)【명사】직각보다 작은 각. ◆图锐角。

예감(豫感)【명사】어떤 일이 일어나기 전에 암시적으로 또는 본능적으로 미리 느낌. ◆ 图预感。¶예감이 좋다. =预感很好。● 예감하다(豫感--) ●

예견(豫見)【명사】앞으로 일어날 일을 미리 짐작함. ◆ 图预见。¶그의 예견은 적중되었다. =他的预见应验了。● 예견되다(豫見--), 예견하다(豫見--) ●

예고(豫告)【명사】미리 알림. ◆ 图预告，事先告知。¶예고 방송. =预告广播。● 예고되다(豫告--), 예고하다(豫告--) ●

예고편(豫告篇)【명사】영화나 텔레비전 프로그램 따위의 내용을 선전하기 위하여 그 내용의 일부를 뽑아 모은 것. ◆ 图预告片，内容预告。¶다음에 개봉될 영화의 예고편을 방영하다. =下面放映的是即将上映的电影预告片。

예금(預金)【명사】일정한 계약에 의하여 은행이나 우체국 따위에 돈을 맡기는 일. 또는 그 돈. 당좌 예금, 정기 예금, 보통 예금 따위로 나눈다. ◆图存款，储蓄。¶예금 잔고. =储蓄余额。● 예금되다(預金--), 예금하다(預金--) ●

예금 통장(預金通帳)【명사】금융 기관이 예금자에게 교부하여 두고 예금·지급 따위의 내용을 기재하는 장부. ◆ 图存款单，储蓄单。¶예금통장을 보고 잔고를 확인하다. =看一下存款单，确认一下余额。

예기하다(豫期--)【동사】앞으로 닥쳐올 일에 대하여 미리 생각하고 기다리다. ◆ 动预期，预见。¶예기하지 못한 사건이 발생하다. =发生了意料之外的事件。

예끼【감탄사】叹 ❶ 때릴 듯한 기세로 나무라거나 화가 났을 때 내는 소리. 주로 나이가 비슷한 사람이나 아랫사람에게 쓴다. ◆ 嘿(责骂人时的声音)。¶예끼, 고얀 놈. =嘿，混账东西。❷ 마땅치 않을 때 내는 소리. ◆ 俚嘿(不满或吃惊的语气)。¶예끼, 이 죽일 놈아. =嘿，你这个该死的家伙。

예년(例年)【명사】图 ❶ 보통의 해. ◆ 历年，往年。¶올해는 예년에 비해 눈이 많이 왔다. =今年与往年相比降雪量增加了。❷ 일기 예보에서, 지난 30년간의 기후의 평균적 상태를 이르는 말. ◆ 30年间平均气象状态。¶오늘 기온은 예년에 비해 4~5 ℃가 높다. =今天的气温比过去30年间同期的平均气温高四五度。

예능(藝能)【명사】연극·영화·음악·미술 따위의 예술과 관련된 능력을 통틀어 이르는 말. ◆ 名艺能，艺术才能。¶예능 교육. =才艺教育。

예닐곱【수사】여섯이나 일곱쯤 되는 수. ◆ 数六七。¶나이가 예닐곱은 되어 보인다. =看起来有六七岁。

예리하다(銳利--)【형용사】形 ❶ 끝이 뾰족하거나 날이 선 상태에 있다. ◆ 锋利，锐利。¶칼날이 예리하다. =刀锋锐利。❷ 관찰이나 판단이 정확하고 날카롭다. ◆ 机敏，敏锐。¶관찰력이 예리하다. =观察力很敏锐。❸ 눈매나 시선 따위가 쏘아보는 듯 매섭다. ◆ 敏锐。¶예리한 눈초리. =敏锐的眼神。❹ 소리가 신경을 거스를 만큼 높고 가늘다. ◆ 尖锐的。¶예리한 금속성. =尖锐的金属声。❺ 기술이나 재주가 정확하고 치밀하다. ◆ 精密。¶예리한 펀치를 날리다. =扬起精密的打孔器。

예매(豫買)【명사】정하여진 때가 되기 전에 미리 삼. ◆ 名订购。¶기차표 예매. =订购火车票。● 예매되다(豫買--), 예매하다(豫買--) ●

예명(藝名)【명사】예능인이 본명 이외에 따로 지어 부르는 이름. ◆ 名艺名。¶그 배우는 이름이 촌스러워 예명을 만들었다. =那个演员的名字很土，就起了个艺名。

예문(例文)【명사】설명을 위한 본보기나 용례가 되는 문장. ◆ 名例句。¶적절한 예문을 들다. =举个合适的例句。

예물(禮物)【명사】名 ❶ 고마움을 나타내거나 예의를 갖추기 위하여 보내는 돈이나 물건. ◆ 礼物，礼品。¶작은 정성으로 예물을 준비했습니다. 거절하지 말고 받아주십시오. =准备了一点小礼物，不要拒绝，请收下吧。❷ 혼인할 때 신랑과 신부가 기념으로 주고받는 물품. ◆ (新郎、新娘作为纪念交换的)结婚礼物。¶예물 반지. =婚戒。

예민하다(銳敏--)【형용사】形 ❶ 무엇인가를 느끼는 능력이나 분석하고 판단하는 능력이 빠르고 뛰어나다. ◆ 敏锐，聪敏。¶예민한 반응. =敏锐的反应。❷ 어떤 문제의 성격이 여러 사람의 관심을 불러일으킬 만큼 중대하고 그 처리에 많은 갈등이 있는 상태에 있다. ◆ 敏感。

예방(豫防)【명사】질병이나 재해 따위가 일어나기 전에 미리 대처하여 막는 일. ◆ 名预防。¶산불 예방. =预防山林火灾。● 예방되다(豫防--), 예방하다(豫防--) ●

예방 접종(豫防接種)【명사】전염병을 예방하기 위하여, 백신을 투여하여 면역성을 인공적으로 생기도록 하는 일. 종두・비시지 접종 따위가 있다. ◆ 名预防接种，疫苗接种。¶뇌염에 대비해 예방접종을 하다. =进行脑炎疫苗接种。

예방 주사(豫防注射)【명사】전염병을 예방하기 위하여 주사기로 항원을 체내에 주입하는 일. ◆ 名预防针。

예배(禮拜)【명사】신이나 부처와 같은 초월적 존재 앞에 경배하는 의식. 또는 그런 의식을 행함. ◆ 名礼拜，祭拜。¶주일 예배. =主日礼拜。● 예배하다(禮拜--) ●

예배당(禮拜堂)【명사】'교회(敎會)(예수 그리스도를 주(主)로 고백하고 따르는 신자들의 공동체. 또는 그 장소)'의 전 용어. ◆ 名礼拜堂。¶예배당 중앙 벽면에 커다란 십자가가 걸려있다. =礼拜堂墙中央挂着个巨大的十字架。

예법(禮法)【명사】예의로써 지켜야 할 규범. ◆ 名礼法。¶전통 예법. =传统礼法。

예보(豫報)【명사】앞으로 일어날 일을 미리 알림. 또는 그런 보도. ◆ 名预报，预先告知。¶단수 예보. =停水通知。● 예보되다(豫報--), 예보하다(豫報--) ●

예복(禮服)【명사】의식을 치르거나 특별히 예절을 차릴 때에 입는 옷. ◆ 名礼服。¶결혼 예복. =结婚礼服。

예불(禮佛)【명사】부처 앞에 경배하는 의식. 또는 그 의식을 행함. ◆ 名拜佛，礼佛。¶예불을 드리다. =拜佛。● 예불하다(禮佛--) ●

예비(豫備)【명사】名 ❶ 필요할 때 쓰기 위하여 미리 마련하거나 갖추어 놓음. ◆ 预备，储备。¶예비 물자. =备用物资。❷ 더 높은 단계로 넘어가거나 정식으로 하기 전에 그 준비로 미리 초보적으로 갖춤. 또는 그런 준비. ◆ 预备。¶예비 검사. =预备检查。● 예비하다(豫備--) ●

예비역(豫備役)【명사】현역을 마친 사람에게 일정한 기간 동안 부여되는 병역. 평시에는 일반인으로 생활하다가 국가 비상시나 훈련 기간에 소집되어 군무에 종사한다. ◆ 名预备役人员。¶예비역을 소집해 군사훈련을 하다. =召集预备役人员进行军事训练。

예쁘다【형용사】形 ❶ 생긴 모양이 아름다워 눈으로 보기에 좋다. ◆ 美丽，漂亮。¶꽃이 예쁘다. =花很漂亮。❷ 행동이나 동작이 보기에 사랑스럽거나 귀엽다. ◆ 可爱。¶하는 짓이 예쁘다. =做的事情让人舒服。❸ 아이가 말을 잘 듣거나 행동이 발라서 흐뭇하다. ◆ 乖。¶말을 잘 들어서 참 예쁘구나. =真听话，真乖。

예쁘장하다【형용사】제법 예쁘다. ◆ 形美丽可爱。¶예쁘장하게 생긴 아가의 얼굴이 귀엽다. =孩子长得漂亮，脸蛋很可爱。

예사(例事)【명사】보통 있는 일. ◆ 名常事，惯例。¶날카로운 눈빛이 예사 사람이 아니었다. =目光锐利，不是普通人。

예사로(例事-)【부사】副 ❶ 보통 일처럼 아무렇지도 아니하게. ◆ 常事，习以为常地。¶그는 예사로 약속에 늦는다. =他约会迟到是常事。❷ 그저 그만하게. ◆ 并不。¶자세히 살펴보니 그 좋은 일이 예사로 상서로운 게 아니었다.=仔细一看，那件"好事"并不是件祥瑞之事。

예사롭다(例事--)【형용사】形 ❶ 흔히 있을 만하다. ◆ 很平常，很一般，不稀奇。¶예사롭지 않은 징조. =不平常的征兆。❷ 늘 가지는 태도와 다른 것이 없다. ◆ 惯常，如常。¶그의 행동이 예사롭지 않은 것으로 보아 무슨 일이 있음에 틀림없다. =他的行动异常，绝对是有什么事。

예산(豫算)【명사】图 ❶ 필요한 비용을 미리 헤아려 계산함. 또는 그 비용. ◆ 预算。¶예산을 짜다. =制定预算。❷ 국가나 단체에서 한 회계 연도의 수입과 지출을 미리 셈하여 정한 계획. ◆ 预算，预算案。¶예산 심의회. =预算审议会。

예산안(豫算案)【명사】图 예산의 초안. ◆ 预算草案。¶예산안을 검토하다. =讨论预算草案。

예삿일(例事-)【명사】보통 흔히 있는 일. ◆ 图常事，惯例。¶일이 하도 많아 밤샘 작업이 예삿일로 되어 버렸다. =工作太多，熬夜加班成了常有的事。

예상(豫想)【명사】어떤 일을 직접 당하기 전에 미리 생각하여 둠. 또는 그런 내용. ◆ 图预料，预测，料想，估计。¶예상 문제. =预料的问题。● 예상되다(豫想--), 예상하다(豫想--) ●

예선(豫選)【명사】본선에 나갈 선수나 팀을 뽑음. ◆ 图预选。¶예선경기. =预选赛。

예속(隷屬)【명사】图 ❶ 남의 지배나 지휘 아래 매임. ◆ 隶属，从属。¶예속 관계. =从属关系。❷ 윗사람에게 매여 있는 아랫사람. ◆ 下属，部下。● 예속되다(隷屬--), 예속하다(隷屬--) ●

예순【수사】열의 여섯 배가 되는 수. ◆ 数 六十。¶올해로 내 나이가 예순이다. =今年我六十岁。

예술(藝術)【명사】图 ❶ '기예(技藝)'와 '학술(學術)'을 아울러 이르는 말. ◆ 技艺和学术。¶그는 무관이지만 예술에 두루 능하다. =他虽是武官，但对技艺和学术也很精通。❷ 특별한 재료·기교·양식 따위로 감상의 대상이 되는 아름다움을 표현하려는 인간의 활동 및 그 작품. 공간 예술·시간 예술·종합 예술 따위로 나눌 수 있다. ◆ 艺术。¶예술 작품. =艺术作品。❸ 아름답고 높은 경지에 이른 숙련된 기술을 비유적으로 이르는 말. ◆ 艺术。¶그의 운전 솜씨는 거의 예술이다. =他的开车技术简直就是艺术。

예술가(藝術家)【명사】예술 작품을 창작하거나 표현하는 것을 직업으로 하는 사람. ◆ 图艺术家。¶예술가로서의 자질. =艺术家的资质。

예술품(藝術品)【명사】예술적 가치가 있는 작품. ◆ 图艺术品，艺术作品。¶위대한 예술품. =伟大的艺术作品。

예스럽다【형용사】옛것과 같은 맛이나 멋이 있다. ◆ 形古朴，古色古香。¶실내 장식이 예스럽다. =室内装饰古朴。

예시(例示)【명사】예를 들어 보임. ◆ 图例示，举例说明，举例示范。¶적절한 예시는 이해에 도움이 된다. =恰当的举例说明有助于理解。● 예시되다(例示--), 예시하다(例示--) ●

예식(禮式)【명사】图 ❶ 예법에 따라 치르는 의식. ◆ 礼仪，仪式。¶예식을 거행하다. =举行仪式。❷ 부부 관계를 맺는 서약을 하는 의식. ◆ 结婚仪式。¶가족과 친구들의 축하를 받고 예식을 올리다. =结婚仪式上，接受亲朋好友们的祝贺。

예식장(禮式場)【명사】예식을 치를 수 있도록 설비를 갖추어 놓은 장소. 주로 결혼식장을 이른다. ◆ 图仪式场所。¶예식장을 간신히 예약하다. =好不容易才预订到仪式场所。

예심(豫審)【명사】본심사에 앞서서 미리 예비적으로 하는 심사. ◆ 图预审。¶예심을 통과하다. =通过预审。

예약(豫約)【명사】미리 약속함. 또는 미리 정한 약속. ◆ 图预约。¶예약 녹화. =预约录像。● 예약되다(豫約--), 예약하다(豫約--) ●

예언(豫言)【명사】앞으로 다가올 일을 미리 알거나 짐작하여 말함. ◆ 图预言。¶불길한 예언. =不祥的预言。●예언되다(豫言--), 예언하다(豫言--) ●

예언자(豫言者)【명사】앞으로 다가올 일을 미리 짐작하여 말하는 사람. ◆ 图预言者。

예외(例外)【명사】일반적 규칙이나 정례에서 벗어나는 일. ◆ 图例外。¶예외 규정. =例外规定。

예우(禮遇)【명사】예의를 지키어 정중하게 대우함. ◆ 图待遇，礼遇。¶국가 유공자 예우. =对为国建功者的待遇。● 예우하다(禮遇--) ●

예의(禮儀)【명사】사람이 지켜야 할 예절과 의리. ◆ 图礼仪。

예의범절(禮儀凡節)【명사】일상생활에서 갖추어야 할 모든 예의와 절차. ◆ 图日常礼仪，日常礼节。¶예의범절에 어긋나다. =有违日常礼节。

예전【명사】꽤 오래된 지난날. ◆ 图过去，昔日，往昔。¶우리 예전처럼 친하게 지내자. =我们像过去一样亲密地相处吧。

예절(禮節)【명사】예의에 관한 모든 절차나 질서. ◆ 图礼节，礼仪。¶예절을 지키다. =遵守礼节。

예정(豫定)【명사】미리 정하거나 예상함. ◆ 图预定，事先决定。¶도착 예정 시각이 지났다. =过了预计到达时间。● 예정되다(豫定--), 예정하다(豫定--) ●

예찬(禮讚)【명사】훌륭한 것, 좋은 것, 아름다운 것을 존경하고 찬양함. ◆ 图礼赞，歌颂。¶자연 예찬. =自然礼赞。● 예찬하다(禮讚--) ●

예측(豫測)【명사】미리 헤아려 짐작함. ◆ 图预测，预料。¶미래에 대한 예측. =对未来的预测。● 예측되다(豫測--), 예측하다(豫測--) ●

예치(預置)【명사】맡겨 둠. ◆ 图存放，储备。¶예치 한도. =储备限度。● 예치하다(預置--) ●

예치금(預置金)【명사】맡겨 둔 돈. ◆ 图存款，储金，储蓄款。¶은행에 예치금이 제법 쌓여있다. =在银行存了相当多的存款。

예컨대(例--)【부사】예를 들자면. ◆ 副例如，比如，譬如。¶잡곡류, 예컨대 보리·옥수수·조·콩·팥 등을 많이 먹는 것이 건강에 좋다. =多吃杂粮，比如大麦、玉米、小米、大豆、红豆等有益健康。

예행(豫行)【명사】연습으로 미리 행함. 또는 그런 일. ◆ 图预习，预演，试行。¶예행 연습. =预演。

예화(例話)【명사】실례를 들어 하는 이야기. ◆ 图举例说明。¶예화를 들어 쉽게 설명하다. =举例子易于说明。

옐로카드 【명사】 축구 등 운동경기에서 반칙을 범한 선수에게 경고조치할 때 제시하는 노란 카드. ◆ 图黄牌。¶경기자의 반스포츠적 행위는 옐로카드를 보여 경고한다. =对于比赛者违背体育精神的行为予以黄牌警告。

옛 【관형사】 지나간 때의. ◆ 冠老，旧，故，古，过去的。¶옛 자취. =旧迹。

옛날 【명사】 图 ❶ 지난 지 꽤 오래된 시기를 막연히 이르는 말. ◆ 很久以前，古时候，远古时代。¶아주 먼 옛날 호랑이 담배 피우던 시절. =很久很久以前。❷ 이미 지나간 어떤 날. ◆ 过去，昔日，老。¶옛날 버릇. =老习惯。

옛날이야기 【명사】 옛날에 있었던 일이라고 전하여지거나 있었다고 꾸며서 하는 재미있는 이야기. ◆ 图古代传说故事。¶어렸을 적에 할머니는 옛날이야기를 자주 들려주셨다. =小时候，奶奶总是给我讲古代传说故事。

옛말 【명사】 图 ❶ 오늘날은 쓰지 아니하는 옛날의 말. ◆ 古语。¶옛말을 연구하다. =研究古语。❷ 옛 사람의 말. ◆ 古人的话，古人云。¶옛말에 말 한 마디로 천 냥 빚을 갚는다고 했다. =古人说，一语抵千金。❸ 어떤 사실이나 현상이 지금은 찾아볼 수 없게 된 경우를 이르는 말. ◆ 过时的话，成为历史的说法。¶옛말이 되다. =成了过时的话。❹ 옛날에 있었던 일이라고 전하여지거나 있었다고 꾸며서 하는 재미있는 이야기. ◆ 故事。

옛일 【명사】 图 ❶ 지나간 과거의 일. ◆ 旧事，往事。¶보리밥을 보니 가난하게 살던 옛일이 생각난다. =看到大麦饭，就想起艰苦年代的往事。❷ 옛 시대의 일. ◆ 古代的事情。

옛적 【명사】 图 ❶ 이미 많은 세월이 지난 오래 전 때. ◆ 古时候，古时，昔日，过去。¶옛적 버릇. =过去的习惯，旧习。❷ 세태나 물정이 아주 다른 때. ◆ (成为)历史。¶유행을 생각하면 작년만 해도 벌써 옛적이다. =若说流行，去年的事物也已经成为历史。

오[1](五) 【수사】 사에 일을 더한 수. 아라비아 숫자로는 '5', 로마 숫자로는 'V'로 쓴다. ◆ 数五。¶이 더하기 삼은 오이다. =二加三是五。

오[2] 【감탄사】 감탄할 때 내는 소리. ◆ 叹唉，哦，啊。¶오, 그 귀여운 모습! =啊，那可爱的样子！

-오[3]- 【어미】 (예스러운 표현으로) 서술이나 의문에 공손함을 더하여 주는 어미. ◆ 词尾表示话者对听者的谦恭。¶이제 가오시면 언제 오십니까? =现在走，什么时候再来?

-오[4] 【어미】 설명·의문·명령의 뜻을 나타내는 종결 어미. ◆ 词尾 (用于"이다""아니다"的词干、开音节谓词词干、收音为"ㄹ"的谓词词干及词尾"-으시-"之后)表示对现在的动作或状态进行叙述、疑问或命令。¶그대를 사랑하오. =我爱你。

오가다 【동사】 动 ❶ 무엇을 주거니 받거니 하다. ◆ 来往，交往。¶대표들 간에 몇 번 전화가 오간 다음에 약속 장소가 정해졌다. =代表们通了几次电话就定下了见面地点。❷ 거리나 길을 오거니 가거니 하다. ◆ 来来往往，来来去去。¶거리에 수많은 사람들이 오가다. =街上无数的人们来来往往。❸ 일정한 곳을 오고 가다. ◆ 出入。¶어떤 사람들은 매일 일정한 시간에 이곳에 오가곤 한다. =有些人每天定时出入这两个地方。❹ 어떤 때나 계절 따위가 왔다가 가는 일이 되풀이되다. ◆ 来来去去，来去。¶해마다 봄철이 오간다. =每年春去春来。❺ 친분이나 관계가 있는 사람들끼리 서로 오고 가고 하다. ◆ 交往，来往。¶영희는 철수와 서로 오가며 정답게 지낸다. =英姬与哲洙交往，感情很深。

오각형(五角形) 【명사】 다섯 개의 선분으로 둘러싸인 평면 도형. ◆ 图五角形。

오감(五感) 【명사】 시각·청각·후각·미각·촉각의 다섯 가지 감각. ◆ 图形、声、嗅、味、触五种感觉。¶유난히 오감이 발달한 사람이다. =五个感官特别发达的人。

오거리(五--) 【명사】 길이 다섯 군데로 갈라져 있는 곳. ◆ 图五条街交汇口，五岔口。¶교통이 혼잡한 오거리. =交通混乱的五岔路口。

오곡(五穀) 【명사】 图 ❶ 다섯 가지 중요한 곡식. 쌀·보리·콩·조·기장을 이른다. ◆ 五谷。❷ 온갖 곡식을 통틀어 이르는 말. ◆ 五谷，粮食。¶오곡이 영그는 가을 들판. =一派丰收景象的秋季田野。

오곡밥(五穀—) 【명사】 찹쌀에 기장·찰수수·검정콩·붉은팥의 다섯 가지 곡식을 섞어 지은 밥. 대개 음력 정월 보름에 지어먹는다. ◆ 图五谷饭。¶보름날 아침에 부럼도 깨물고 오곡밥도 먹었다. =正月十五早上嗑了坚果，还吃了五谷饭。

오곡백과(五穀百果) 【명사】 온갖 곡식과 과실. ◆ 图五谷百果。¶오곡백과가 풍성한 가을. =五谷丰收，百果成熟的秋季。

오골계(烏骨鷄) 【명사】 닭 품종의 하나. 살·가죽·뼈가 모두 어두운 자색(紫色)이며 털은 보통 흰색·검은색·붉은 갈색으로, 체질이 약하고 산란 수가 적다. ◆ 图乌骨鸡，乌鸡。

오그라들다 【동사】 动 ❶ 물체가 안쪽으로 오목하게 휘어져 들어가다. ◆ 瘪进去，凹陷。¶주전자의 한쪽이 오그라들다. =壶瘪进去一块。❷ 물체의 거죽이 오글쪼글하게 주름이 잡히며 줄어들다. ◆ 收缩。¶물빨래를 했더니 실크가 오그라들었다. =水洗丝绸会导致缩水。❸ 형세나 형편 따위가 전보다 못하게 되다. ◆ 恶化，变糟。¶살림이 오그라들다. =生活境况恶化。

오그라지다 【동사】 动 ❶ 물체가 안쪽으로 오목하게 휘어지다. ◆ 瘪，瘪进去，凹陷。¶냄비가 오그라지다. =小锅瘪了。❷ 물체의 거죽이 오글쪼글하게 주름이 잡히며 줄어지다. ◆ 收缩，起皱。¶가뭄에 나뭇잎이 오그라지다. =由于干旱，树叶萎缩。❸ 몸이 움츠러져 작게 되다. ◆ 蜷缩，缩。¶원균은…위협하는 소리를 그만 목이 움씰 오그라져 들어간다. =元均一听到威胁的声音，马上吓得缩着脖子走了进去。❹ 형세나 형편 따위가 전보다 못하여지다. ◆ 萎缩。¶오그라진 형편을 추스르다. =收拾糟糕的局面。

오그리다【동사】动 ❶ 물체를 안쪽으로 오목하게 휘어지게 하다. ◆ 捏瘪，弄瘪，使……凹陷。¶그는 화가 난 듯 깡통을 한 손으로 오그렸다. =他好像生气了，用一只手捏瘪了罐头盒。❷ 물체의 거죽을 오글쪼글하게 주름이 잡히며 줄어지게 하다. ◆ 皱，缩。❸ 몸을 움츠려 작게 하다. ◆ 蜷缩，缩。¶그는 잔뜩 오그렸던 몸을 꼿꼿이 폈다. =他挺直了原本蜷成一团的身体。

오금【명사】무릎의 구부러지는 오목한 안쪽 부분. ◆ 名膝窝，膝弯。¶오금을 펴다. =弯膝。

오기[1](誤記)【명사】잘못 기록함. 또는 그런 기록. ◆ 名误写，误记，写错，记错。¶오기로 점수를 잘못 알았다. =由于误记，导致分数出错了。

오기[2](傲氣)【명사】名 ❶ 능력은 부족하면서도 남에게 지기 싫어하는 마음. ◆ 争强好胜劲。¶오기가 나다. =争强好胜。❷ 잘난 체하며 방자한 기운. ◆ 傲气。

오냐【감탄사】叹 ❶ 아랫사람의 부름에 대하여 대답할 때 하는 말. ◆ 嗯。❷ 아랫사람의 물음이나 부탁에 대하여 긍정하여 대답할 때 하는 말. ◆ 好，嗯。¶오냐, 네 말대로 하자. =好，就照你说的办吧。❸ 어떤 사실을 긍정하거나 다짐할 때 하는 말. ◆ 嗯，好。¶오냐, 두고 보자. =好，走着瞧。

오냐오냐하다【동사】어린아이의 어리광이나 투정을 다 받아 주다. ◆ 动宠爱，娇惯。¶할아버지가 손주를 오냐오냐하다. =爷爷宠爱孙子。

오너드라이버(owner driver)【명사】자기자동차를 자기가 운전하는 사람. ◆ 名车主驾驶员，驾驶自己汽车的人。¶오너드라이버 시대. =自驾车时代。

오누이【명사】'오라비'와 '누이'를 아울러 이르는 말. ◆ 名兄妹，姐弟。¶사이 좋은 오누이. =关系亲密的姐弟。

오뉴월(五六月)【명사】名 ❶ 오월과 유월. 또는 오월이나 유월. ◆ 五六月。❷ 음력 오월과 유월이라는 뜻으로, 여름 한철을 이르는 말. ◆ 农历五六月。¶오뉴월 장마. =农历五六月雨季。

오늘【명사】名 ❶ 지금 지나가고 있는 이날. ◆ 今天，今日。¶오늘의 날씨. =今日天气。❷ 지금의 시대. ◆ 如今，当今时代。¶오늘의 세계 정세. =当今世界局势。

오늘날【명사】지금의 시대. ◆ 名如今，当今时代，今天，今日。¶오늘날의 한국. =今日韩国。

오다【동사】动 ❶ 어떤 사람이 말하는 사람 혹은 기준이 되는 사람이 있는 쪽으로 움직여 위치를 옮기다. ◆ 来，来临。¶나에게 오너라. =到我这边来。❷ 관심이나 눈길 따위가 말하는 사람에게로 쏠리다. ◆ 集中。❸ 전기가 흘러서 불이 켜지거나 몸에 전하여지다. ◆ 开，打开，电流传导。¶손에 전기가 오다. =手上起电。❹ 느낌이나 뜻이 말하는 사람에게 전달되다. ◆ 理解，明白，被传达。❺ 어떤 대상에 어떤 상태가 이르다. ◆ 降临，面临。¶지진이 오다. =地震了。❻ 건강에 해가 되다. ◆ 感到(不适)。❼ 길이나 깊이를 가진 물체가 어떤 정도에 이르거나 닿다. ◆ 到达，达到。¶치마가 무릎까지 오다. =裙子齐膝。❽ '…으로' 물체가 말하는 사람이 있는 쪽으로 기울어지다. ◆ 斜，倾斜，歪。❾ 비, 눈, 서리나 추위 따위가 내리거나 닥치다. ◆ 下，降。¶비가 오다. =下雨。❿ 질병이나 졸음 따위의 생리적 현상이 일어나거나 생기다. ◆ 袭来。¶잠이 오다. =睡意袭来。⓫ 어떤 현상이 어떤 원인에서 비롯하여 생겨나다. ◆ 源于，来源于。⓬ 어떤 현상이 다른 곳에서 전하여지다. ◆ 传来。¶우동은 일본에서 온 말이다. =乌冬一词是从日本传来的。

오다가다【부사】어쩌다가 가끔. 또는 지나는 길에 우연히. ◆ 副偶尔，偶然。¶오다가다 들르는 사람. =偶尔串门的人。

오답(誤答)【명사】잘못된 대답을 함. 또는 그 대답. ◆ 名误答，错答。¶이번 시험은 어려웠는지 오답이 많았다. =也许因为这次考试难，所以答错了很多。

오더(order)【명사】물품을 주문하는 것. ◆ 名订货，订购。¶오더를 받다. =收到订单。

오도(誤導)【명사】그릇된 길로 이끎. ◆ 名误导。¶진실의 오도. =真相的误导。● 오도되다(誤導--), 오도하다(誤導--) ●

오도독【부사】❶ 작고 단단한 물건을 깨무는 소리. 또는 그 모양. ◆ 副咯吱，咯嘣咯嘣地。¶날밤을 오도독 깨물다. =咯嘣咯嘣地嚼生栗子。❷ 작고 단단한 물체가 꺾이며 부러지는 소리. 또는 그 모양. ◆ 副嘎巴。¶나뭇가지를 오도독 부러뜨렸다. =嘎巴一声折断了树枝。● 오독오독 ●

오독(誤讀)【명사】잘못 읽거나 틀리게 읽음. ◆ 名误读，读错。¶그는 오독이 없기로 유명한 아나운서이다. =他是一位因零误读而出名的播音员。

오동나무(梧桐--)【명사】현삼과의 낙엽 활엽 교목. 높이는 15미터 정도이며, 잎은 마주나고 넓은 심장 모양이다. ◆ 名梧桐树。

오동통하다【형용사】몸집이 작고 통통하다. ◆ 形矮胖。¶몸이 오동통하다. =身材矮胖。● 오동통 ●

오두막(--幕)【명사】사람이 겨우 들어가 살 정도로 작게 지은 막. 또는 작고 초라한 집. ◆ 名窝棚。¶초가삼간 외딴 오두막. =孤零零的窝棚。

오두방정【명사】몹시 방정맞은 행동. ◆ 名轻狂，轻举妄动。¶오두방정을 떨다. =轻狂。

오들오들【부사】춥거나 무서워서 몸을 잇따라 심하게 떠는 모양. ◆ 副哆哆嗦嗦。¶오들오들 떨다. =瑟瑟发抖。

오디【명사】뽕나무의 열매. ◆ 名桑椹。¶오디를 너무 많이 따먹었더니 혓바닥이 시커멓게 되었다. =摘着吃了太多桑椹，结果舌头变黑了。

오디션(audition)【명사】가수·탤런트·배우 따위의 연예인을 뽑기 위한 실기 시험. ◆ 名 (选拔歌手、演员等)试演，试镜。¶공채 오디션. =公开试镜选拔。

오디오(audio)【명사】名 ❶ 라디오. 텔레비전·전축 따위의 소리 부분. ◆ 音频。❷ 음악 따위를 효과적인 소리로 듣기 위한 장치를 통틀어 이르는 말. ◆ 音响。

오뚝【부사】副 ❶ 작은 물건이 도드라지게 높이 솟아 있는 모양. ◆ 高耸，耸立，突兀，隆起。¶산꼭대기에 오뚝 서 있는 정자. =高耸在山尖上的亭子。❷ 갑자기 발딱 일어서는 모양. ◆ 嚯地，一下子(起身)。❸ 조금 높이가 있는 것이 움직이다가 딱 멎는 모양. ◆ 猛然，突然，戛然(停止)。

오뚝이【명사】밑을 무겁게 하여 아무렇게나 굴려도 오뚝오뚝 일어서는 어린아이들의 장난감. ◆ 图不倒翁。¶오뚝이가 쓰러졌다가 다시 벌떡 일어난다. =不倒翁倒下，又一下子站了起来。

오뚝하다【형용사】작은 물건이 도드라지게 높이 솟아 있는 상태이다. ◆ 形高耸，突兀，突起。¶코가 오뚝하다. =鼻子突起。● 오뚝오뚝 ●

오라버니【명사】'오빠'의 높임말. ◆ 图 "오빠"的敬称。¶사촌 오라버니. =堂兄。

오라비【명사】图 ❶ '오라버니'의 낮춤말. ◆ 俚 "오라버니"的俗称。¶오라비 내외. =哥哥夫妇。❷ 여자의 남자 형제를 두루 이르는 말. ◆ 弟弟。¶뜻 맞는 손아래 오라비 같은 귀여운 생각도 든다. =感觉像志同道合的弟弟一样可爱。

오락【명사】쉬는 시간에 여러 가지 방법으로 기분을 즐겁게 하는 일. ◆ 图娱乐，游戏。¶오락 시간. =娱乐时间。

오락가락하다【동사】动 ❶ 계속해서 왔다 갔다 하다. ◆ 来来回回，踱来踱去。¶방 안을 오락가락하다. =在房内踱来踱去。❷ 생각이나 정신이 있다 없다 하는 모양. ◆ 恍惚。¶잠을 자지 못해 생각이 오락가락하다. =睡不着，时而清醒，时而恍惚。❸ 비나 눈이 내렸다 그쳤다 하는 모양. ◆ 下下停停，断断续续。¶눈이 오락가락하다. =雪下下停停。● 오락가락 ●

오락기(娛樂機)【명사】소형 컴퓨터를 이용하여 오락을 즐길 수 있도록 만든 전자 장치. ◆ 图游戏机。

오락실(娛樂室)【명사】오락에 필요한 시설이 되어 있는 방. 또는 오락을 하는 방. ◆ 图娱乐室。¶오락실에 가서 게임을 하다. =去娱乐室玩游戏。

오랑우탄(orangutan)【명사】성성잇속의 포유류. 키는 1.4미터 정도이며, 팔이 매우 길다. ◆ 图猩猩。

오래【부사】시간이 지나가는 동안이 길게. ◆ 副很长时间，很久，好久，许久。¶시간이 오래 걸리다. =花了很长时间。

오래가다【동사】상태나 현상이 길게 계속되거나 유지되다. ◆ 动持续时间长。¶싸움이 오래가다. =战斗持续了很长时间。

오래간만【명사】어떤 일이 있은 때로부터 긴 시간이 지난 뒤. ◆ 图隔了好久，很久以后。¶오래간만에 가 본 교정. =久违的校园。

오래다【형용사】때의 지나간 동안이 길다. ◆ 形很长时间，很久，时间长。¶집을 나간 지 오래다. =离家多年。

오래달리기【명사】오랫동안 하는 달리기. 예전에 체력장에서의 800미터 달리기, 1,000미터 달리기나 육상 경기에서의 마라톤 따위를 이른다. ◆ 图长跑。

오래도록【부사】시간이 많이 지나도록. ◆ 副长时间地，永远地，许久。¶오래도록 잊지 못하다. =永远不会忘记。

오래되다【형용사】시간이 지나간 동안이 길다. ◆ 形很久，时间长。¶가전제품이 오래되고 낡아서 새 것으로 바꾸다. =家电很旧了，换成新的。

오랜【관형사】이미 지난 동안이 긴. ◆ 冠很久，悠久，漫长。¶오랜 세월. =漫长岁月。

오랜만【명사】'오래간만'(어떤 일이 있은 때로부터 긴 시간이 지난 뒤)의 준말. ◆ 图 隔了好久，许久之后。¶웅보는 오랜만에 고향 사람을 만나자 너무 반가웠다. =雄甫隔了好久才见到老乡，非常高兴。

오랫동안【명사】시간상으로 썩 긴 동안. ◆ 图很久，许久，很长时间。¶나는 오랫동안 망설인 끝에 드디어 결심했다. =经过很长时间的犹豫，我终于下了决心。

오렌지(orange)【명사】감귤 종류의 하나. 열매는 가죽질의 기름기를 함유한 껍질과 안쪽의 즙이 많은 과육으로 이루어져 있다. ◆ 图橙子。¶오렌지 향기. =橙子香味。

오로라(aurora)【명사】주로 극지방에서 초고층 대기 중에 나타나는 발광(發光) 현상. ◆ 图极光。

오로지【부사】오직 한 곬으로. ◆ 副只，专，仅。¶오로지 너만 믿는다. =只相信你。

오롯이【부사】고요하고 쓸쓸하게. ◆ 副寂静地。¶새벽하늘에 작은 별 하나가 오롯이 빛나고 있었다. =凌晨的天空中有颗小星星在寂静地发着光。

오류(誤謬)【명사】图 ❶ 그릇되어 이치에 맞지 않는 일. ◆ 错误，过失。¶오류를 범하다. =犯错。❷ 사유의 혼란, 감정적인 동기 때문에 논리적 규칙을 소홀히 함으로써 저지르게 되는 바르지 못한 추리. ◆ 谬误，谬论。❸ 연산 처리 장치의 잘못된 동작이나 소프트웨어의 잘못 때문에 생기는, 계산 값과 참값과의 오차. ◆ 错误。

오륜기(五輪旗)【명사】올림픽을 상징하는 기(旗). ◆ 图五环旗。

오르내리다【동사】动 ❶ 올라갔다 내려갔다 하다. ◆ 上下，上上下下。¶계단을 오르내리다. =上下楼梯。❷ 남의 말거리가 되다. ◆ 被议论，成为话柄。¶남의 입에 오르내릴 일은 하지 않는 게 좋다. =最好不要做会成为别人话柄的事。❸ 어떤 기준보다 조금 넘쳤다 모자랐다 하다. ◆ 上下，左右。¶독감에 걸려 열이 40℃를 오르내리다. =患了重感冒，发烧到40度左右。❹ 짐 따위를 올렸다 내렸다 하다. ◆ 装卸，搬上搬下。¶짐을 화물차에 오르내리다. =在货车上装卸行李。

오르다【동사】动 ❶ 물질이나 물체 따위가 위쪽으로 움직이다. ◆ 升，升起。❷ 사람이나 동물 따위가 아래에서 위쪽으로 움직여 가다. ◆ 上，攀登，登。¶산에 오르다. =登山。❸ 지위나 신분 따위를 얻게 되다. ◆ 提高，提升，升迁。¶왕위에 올랐다. =登上王位。❹ 탈것에 타다. ◆ 上，骑，乘，登。¶기차에 오르다. =乘火车。❺ 어떤 정도에 달하다. ◆ 到达，达到， 走上 。¶사업이 비로소 정상 궤도에 올랐다. =生意才步入正轨。❻ 길을 떠나다. ◆ 走上，踏上。

¶고달픈 여행을 마치고 귀로에 오르다. =结束艰苦的旅行，踏上归途。❼ 몸 따위에 살이 많아지다. ◆ [动]长。¶얼굴에 살이 오르니 귀여워 보인다. =脸上肉嘟嘟的，看起来很可爱。❽ 식탁이나 도마 따위에 놓여지다. ◆ 被摆上，被放上。¶모처럼 저녁상에 갈비가 올랐다. =难得在晚餐饭桌上摆上了排骨。❾ 남의 이야깃거리가 되다. ◆ 被议论，成为话柄。¶구설수에 오르다. =遭人议论。❿ 기록에 적히다. ◆ 登记。¶호적에 오르다. =登记户籍。⓫ 값이나 수치, 온도, 성적 따위가 이전보다 많아지거나 높아지다. ◆ 上涨，上升。¶등록금이 오르다. =学费上涨。⓬ 기운이나 세력이 왕성하여지다. ◆ 旺盛。¶삽시간에 불길이 올라 옆집까지 옮겨 붙었다. =火势瞬间增强，蔓延到了邻居家。⓭ 병균이나 독 따위가 옮다. ◆ 沾上，染上(病菌、毒性)等。¶옴이오르면 가려워 온몸을 긁게 된다. =染上了疥疮会痒得全身都想抓。⓮ 때가 거죽에 묻다. ◆ 沾上，染上。¶그 사람 옷소매는 언제나 때가 올라 있다. =他的衣袖总是沾有污垢。

오르락내리락하다【동사】올라갔다 내려갔다 하는 것을 되풀이하다. ◆ [动]一起一伏，一起一落，上上下下。¶아이들이 쉴새없이 계단을 오르락내리락하다. =孩子们不停地上下楼梯。● 오르락내리락 ●

오르막【명사】[名] ❶ 낮은 곳에서 높은 곳으로 이어지는 비탈진 곳. ◆ 上坡。¶오르막을 오르다. =爬坡。❷ 운이나 기세가 올라가는 상태. ◆ 上升。¶사업이 이제 오르막에 올랐으니 안심이다. =现在事业正处于上升期，可以放心了。

오르막길【명사】[名] ❶ 낮은 곳에서 높은 곳으로 이어지는 비탈진 길. ◆ 上坡路。¶차가 비탈길을 다 내려와 다시 오르막길을 오르기 시작한다. =车从坡路上下来后，又开始爬坡。❷ 기운이나 기세가 올라가는 시기나 단계. ◆ 上升阶段，上坡路。¶사업이 오르막길에 들어섰다. =生意进入上升期。

오른발【명사】오른쪽에 있는 발. ◆ [名]右脚。¶오른발을 들다. =抬右脚。

오른손【명사】오른쪽에 있는 손. ◆ [名]右手。¶오른손잡이. =右撇子。

오른손잡이【명사】한 손으로 일을 할 때에, 주로 오른손을 사용하는 사람. 또는 왼손보다 오른손을 더 잘 쓰는 사람. ◆ [名]右撇子。¶사람들 중 왼손잡이보다 오른손잡이가 더 많다. =人群中右撇子比左撇子多。

오른쪽【명사】북쪽을 향하였을 때의 동쪽과 같은 쪽. ◆ [名]右，右边，右侧，右面。¶오른쪽 귀. =右耳。

오른팔【명사】[名] ❶ 오른쪽에 달린 팔. ◆ 右臂，右胳膊。¶동욱은 전신의 힘을 오른팔에 모아 바다 쪽을 향하고 돌팔매를 쏘았다. =东旭将全身的力量集中到右臂，把石头投向了大海。❷ 가장 가까이에서 중요한 역할을 맡아 도와주는 사람을 비유적으로 이르는 말. ◆ 左膀右臂。¶그 사람은 사장의 오른팔이라고 말할 수 있다. =那人可以说是社长的左膀右臂。

오른편(--便)【명사】북쪽을 향하였을 때의 동쪽과 같은 쪽. ◆ [名]右边一方。¶오른편 눈썹. =右眉。

오름세(--勢)【명사】물가나 시세 따위가 오르는 형세. ◆ [名]涨势，看涨，上升趋势。¶계속 떨어지기만 하던 주가가 오름세로 돌아섰다. =之前持续下跌的股价呈现出上升趋势。

오리【명사】[名] ❶ 오릿과의 새를 통틀어 이르는 말. 발가락 사이에 물갈퀴가 있으며, 부리는 편평하다. 검둥오리, 청둥오리, 흰빰검둥오리 따위가 있다. ◆ 鸭子，水鸭。❷ '집오리'의 준말. ◆ 家鸭。

오리걸음【명사】[名] ❶ 오리가 걷는 것처럼 뒤뚱거리며 걷는 걸음. ◆ 鸭步。¶오리걸음을 치다. =迈鸭步。❷ 벌이나 운동의 목적으로 쭈그리고 앉아서 걷는 걸음. ◆ 鸭步。¶오리걸음으로 운동장 두 바퀴를 돌았더니 다리가 저려서 일어서기도 힘들다. =用鸭步绕着运动场走了两圈，腿酸得都站不起来了。

오리다【동사】칼이나 가위 따위로 베어 내다. ◆ [动]剪，剜。¶색종이를 오리다. =剪彩纸。

오리무중(五里霧中)【명사】오 리나 되는 짙은 안개 속에 있다는 뜻으로, 무슨 일에 대하여 방향이나 갈피를 잡을 수 없음을 이르는 말. ◆ [名]五里雾中，比喻一片模糊。¶사건이 오리무중에 빠지다. =事件如一团迷雾。

오리발【명사】[名] ❶ 물갈퀴. ◆ 脚蹼。¶잠수를 하려면 물안경이나 오리발 따위가 필요하다. =潜水要准备潜水镜和脚蹼等装备。❷ 손가락이나 발가락 사이의 살가죽이 달라붙은 손발을 놀림조로 이르는 말. ◆ 连指，连趾。❸ 엉뚱하게 딴전을 부리는 태도를 속되게 이르는 말. ◆ [俚]另搞一套。¶오리발을 내밀다. =另搞一套。

오리털【명사】오리의 털. 가볍고 따뜻하여 방한복이나 베갯속, 이불 따위의 재료로 쓴다. ◆ [名]鸭毛，鸭绒。¶오리털 파카. =鸭绒大衣。

오막살이(-幕--)【명사】[名] ❶ 오두막처럼 작고 초라한 집. 또는 그런 집에서 사는 사람. ◆ 草棚，茅草屋，窝棚。¶산동네 오막살이를 돌아보았다. =参观了山村的茅草屋。❷ 허술하고 초라한 작은 집에서 살아가는 일. ◆ 住茅草屋，〈喻〉贫困生活，窘迫生活。¶산동네 오막살이를 면해 보려고 그렇게 애를 쓰더니 드디어 집을 한 채 장만했다. =殚精竭虑地想要逃离穷山沟的贫困生活，最终买到了一套大城市的房子。

오만(五萬)【관형사】매우 종류가 많은 여러 가지를 이르는 말. ◆ [冠]许许多多，成千上万，无数。¶오만 잡동사니. =无数杂物，各种破烂儿。

오만(傲慢)【명사】태도나 행동이 건방지거나 거만함. 또는 그 태도나 행동. ◆ [名]傲慢。¶오만과 편견. =傲慢与偏见。● 오만하다(傲慢--) ●

오만불손(傲慢不遜)【명사】태도나 행동이 거만하고 공손하지 못함. ◆ [名]傲慢不逊。¶가뜩이나 울분에 차 있는 그가 그런 오만불손을 용서할 리 있겠는가? ● 오만불손하다(傲慢不遜--) ●

오만상(五萬相)【명사】얼굴을 잔뜩 찌푸린 모양.

◆ 图愁眉苦脸。¶나는 처음 술을 마시고는 얼굴에 오만상을 지은 것으로 기억한다. =我还记得第一次喝酒时满脸愁苦的样子。

오매불망(寤寐不忘)【명사】자나 깨나 잊지 못함. ◆ 图寤寐思服，念念不忘。¶오매불망 그리워하다. =寤寐思服。● 오매불망하다(寤寐不忘--) ●

오명(汚名)【명사】더러워진 이름이나 명예. ◆ 图污名，臭名。¶오명을 입다. =背负污名。

오목거울【명사】반사면이 오목한 구면(球面) 거울. ◆ 图 凹面镜。

오목판(--版)【명사】인쇄할 문자나 도형 부분이 동철이나 동판의 표면보다 오목하게 들어간 판. ◆ 图凹版。

오목하다【형용사】가운데가 동그스름하게 폭 패거나 들어가 있는 상태이다. ◆ 形凹。¶오목한 접시에 반찬을 담다. =用凹碟盛菜。● 오목 ●

오묘하다(奧妙--)【형용사】심오하고 미묘하다. ◆ 形奥妙，深奥、微妙。

오물(汚物)【명사】지저분하고 더러운 물건. 쓰레기나 배설물 따위를 이른다. ◆ 图污物，脏物，垃圾。¶오물을 처리하다. =处理垃圾。

오물오물【부사】副 ❶ 말을 조금 시원스럽게 하지 아니하고 입 안에서 자꾸 중얼거리는 모양. ◆ 嗫嚅，含糊。¶큰 소리로 말을 하지는 못하고 오물오물 혼잣말만 한다. =不能大声说话，只会自言自语。❷ 음식물을 입 안에 넣고 시원스럽지 아니하게 조금씩 자꾸 씹는 모양. ◆ 慢嚼的样子。¶할머니는 떡 한 조각을 입에 넣으시더니 오물오물 씹으셨다. =奶奶把一块打糕放入嘴里，慢慢咀嚼。❸ 입술이나 근육 따위가 자꾸 오므라지는 모양. ◆ 咀嚼的样子。¶아이는 입을 오물오물 움직이며 맛있게 밥을 먹었다. =孩子吧唧着嘴，吃得津津有味。❹ 행동을 제대로 하지 못하고 흐리멍덩하게 하거나 조금 머뭇거리는 모양. ◆ 含糊。¶난처한 질문을 하자 오물오물 머뭇거렸다. =一碰到尴尬的提问，就变得含糊起来。

오물오물하다【동사】动 ❶ 말을 조금 시원스럽게 하지 아니하고 입 안에서 자꾸 중얼거리다. ◆ 嗫嚅，含糊。❷ 음식물을 입 안에 넣고 시원스럽지 아니하게 조금씩 자꾸 씹다. ◆ 慢嚼的样子。❸ 입술이나 근육 따위가 자꾸 오므라지다. ◆ 咀嚼的样子。❹ 행동을 제대로 하지 못하고 흐리멍덩하게 하거나 조금 머뭇거리다. ◆ 含糊。● 오물거리다, 오물대다 ●

오므라들다【동사】动 ❶ 물건의 가장자리 끝이 한곳으로 점점 줄어지어 모이다. ◆ 收缩，枯萎，瘪进去。¶꽃이 시들어 오므라들다. =花儿枯萎。❷ 물체의 거죽이 점점 안으로 오목하게 패어 들어가다. ◆ 塌陷，凹陷。¶할머니는 이가 거의 다 빠져 볼이 오므라들었다. =奶奶的牙几乎全掉光了，脸颊也塌陷了下去。

오므리다【동사】动 ❶ 물건의 가장자리 끝을 한곳으로 모으다. ◆ 收紧，收缩。¶손을 오므리다. =缩手。❷ 물체의 거죽을 안으로 오목하게 패어 들어가게 하다. ◆ 瘪进去。

오미자(五味子)【명사】목련과의 낙엽 활엽 덩굴나무. 잎은 어긋나고 넓은 타원형 또는 달걀 모양이다. ◆ 图五味子树。

오밀조밀(奧密稠密)【부사】副 ❶ 솜씨나 재간이 매우 정교하고 세밀한 모양. ◆ 精湛，工巧。¶오밀조밀 자수를 놓다. =精巧地制作刺绣作品。❷ 마음 씀씀이가 매우 꼼꼼하고 자상한 모양. ◆ 细心周密。¶거실을 오밀조밀 꾸며 놓았다. =精心地装饰了客厅。● 오밀조밀하다(奧密稠密--) ●

오발(誤發)【명사】图 ❶ 총포 따위를 잘못 쏨. ◆ 误发，走火。¶오발 사고. =走火事故。❷ 실수로 잘못 말함. ◆ 失言。¶그 말은 술김에 이루어진 오발이니까 마음에 두지 마. =那些话是酒后失言，不要放在心上。

오밤중(午-中)【명사】깊은 밤. ◆ 图午夜，子夜，深夜。¶옆집은 손님을 초대했는지 초저녁부터 오밤중까지 내내 떠들썩하다. =邻居家大概在聚会，从傍晚到深夜一直闹哄哄的。

오보(誤報)【명사】어떠한 사건이나 소식을 그릇되게 전하여 알려 줌. 또는 그 사건이나 소식. ◆ 图误报，错误报道，不实报道。¶오보를 내보내다. =发表错误报道。

오보에(oboe)【명사】목관 악기의 하나. 길이는 약 70cm로, 하단은 깔때기 모양이고 상단은 금속관 위에 두 개의 서가 있다. 높은음을 내며 부드럽고 슬픈 음조를 띤다. ◆ 图双簧管。¶가슴을 찌르는 듯한 오보에 소리. =深入人心的双簧管之声。

오복(五福)【명사】오래 살고, 재산이 많고, 건강하고, 덕이 많고, 편안히 죽는, 유교에서 말하는 다섯 가지의 복. ◆ 图五福。¶오복이 가득하다. =五福盈门。

오붓하다【형용사】形 ❶ 홀가분하면서 아늑하고 정답다. ◆ 轻松愉快，温馨，和睦。¶가족이 오붓한 시간을 가지다. =家人们的温馨时刻。❷ 살림 따위가 옹골지고 포실하다. ◆ 小康，殷实，富足，富裕。¶살림살이가 오붓하다. =生活殷实。

오빠【명사】图 ❶ 같은 부모에게서 태어난 사이인 손위 남자 형제를 여동생이 이르거나 부르는 말. ◆ 哥哥。❷ 남남끼리에서 나이 어린 여자가 손위 남자를 정답게 이르거나 부르는 말. ◆ 大哥。¶옆집 사는 오빠와는 친남매처럼 사이좋게 지낸다. =和隔壁的大哥相处得像亲兄妹一样。

오산(誤算)【명사】图 ❶ 잘못 셈함. 또는 그 셈. ◆ 误算，算错。¶삼백 곱하기 삼이 팔백이라는 것은 명백한 오산이 아닙니까? =三百乘三得八百，这不是明显算错了吗? ❷ 추측이나 예상을 잘못함. 또는 그런 추측이나 예상. ◆ 失算，失策。¶시간이 모든 것을 해결해 줄 것이라고 막생각하는 것은 큰 오산이다.=本以为时间能够解决一切问题，这想法是很大的失算。● 오산하다(誤算--) ●

오색(五色)【명사】图❶ 다섯 가지의 빛깔. 파랑, 노랑, 빨강, 하양, 검정을 이른다. ◆ 五色。❷ 여러 가지 빛깔. ◆ 五彩，五颜六色。¶오색 단정한 꽃가마. =装饰得五颜六色的花轿。

오색찬란하다(五色燦爛--)【형용사】여러 가지 빛깔이 한데 어울려 아름답게 빛나다. ◆ 形五彩缤纷，色彩缤纷。¶자개농의 빛이 오색찬란하다. =螺钿箱的颜色五彩缤纷。

오선지(五線紙)【명사】악보를 그릴 수 있도록 오선을 그은 종이. ◆ 名五线谱纸。

오소리【명사】족제빗과의 하나. 너구리와 비슷하고 몸의 길이는 70~90cm이며, 등 쪽은 갈색, 털 끝은 잿빛을 띤 백색이다. ◆ 名 獾。¶움막 안이 오소리를 잡는 듯한 연기로 가득찼다. =窝棚里全是烟雾，好像在抓獾一样。

오손도손【부사】정답게 이야기하거나 의좋게 지내는 모양. ◆ 副融洽地，和睦地。

오솔길【명사】폭이 좁은 호젓한 길. ◆ 名羊肠小道，僻静小路。¶오솔길을 거닐다. =散步于羊肠小路间。

오수(午睡)【명사】낮에 자는 잠. ◆ 名午睡，午休。¶오수에 빠지다. =进入午睡。

오순도순하다【형용사】정답게 이야기하거나 의좋게 지내다. ◆ 形融洽的，和睦的。● 오순도순 ●

오슬오슬【부사】몹시 무섭거나 추워서 자꾸 몸이 움츠러들거나 소름이 끼치는 모양. ◆ 副哆哆嗦嗦，直打寒战。¶밤이 되자 오슬오슬 추워졌다. =到了夜晚，天气变冷，冻得直打哆嗦。

오심(誤審)【명사】잘못 심리하거나 심판함. ◆ 名错判。

오십(五十)【수사】십의 다섯 배가 되는 수. ◆ 数五十。¶그의 나이 오십이 되었을 때의 일이다. =这是他五十岁那年的事。

오십견(五十肩)【명사】어깨 관절의 윤활 주머니가 퇴행성 변화를 일으키면서 염증을 유발하는 질병. 주로 50대의 나이에 많이 발생하여 이렇게 불리며 통증이 심하다. ◆ 名肩周炎。

오십보백보(五十步百步)【명사】조금 낫고 못한 정도의 차이는 있으나 본질적으로는 차이가 없음을 이르는 말. ◆ 名五十步笑百步。¶둘을 놓고 비교하는 건 오십보백보나 마찬가지이다. =这两个半斤八两。

오싹【부사】몹시 무섭거나 추워서 갑자기 몸이 움츠러들거나 소름이 끼치는 모양. ◆ 副打战，颤抖。¶겨울밤의 한기에 오싹 소름이 끼쳤다. =被冬夜的寒气冻得打战。● 오싹오싹 ●

오싹거리다【동사】무섭거나 추워서 자꾸 몸이 움츠러들거나 소름이 끼치다. ◆ 动打战，颤抖。¶너무나 무서워 등골이 오싹거리다. =太冷了，后背直打战。● 오싹대다 ●

오싹하다【동사】몹시 무섭거나 추워서 갑자기 몸이 움츠러들거나 소름이 끼치다. ◆ 动抖，颤。¶도둑이 든 방을 보니 등골이 오싹하다. =看到小偷进过的房间，脊背直发凉。● 오싹오싹하다 ●

오아시스(oasis)【명사】名 ❶ 사막 가운데에 샘이 솟고 풀과 나무가 자라는 곳. 농사를 지을 수 있으며 마을이 형성되어 대상(隊商)들이 쉴 수 있다. ◆ 沙漠绿洲。¶상인들은 오아시스를 기점으로 광활한 사막을 가로지른다. =商人们以沙漠绿洲为起点横穿了广阔的沙漠。❷ 위안이 되는 사물이나 장소를 비유적으로 이르는 말. ◆ 慰藉，避风港。¶사랑은 인생의 오아시스이다. =爱是人生的避风港。

오역(誤譯)【명사】잘못 번역함. 또는 잘못된 번역. ◆ 名误译，错译。¶이 번역 소설은 원문과 대조해 보니 상당수의 오역이 발견됐다. =将这篇翻译小说和原文对照后，发现了许多错译。● 오역되다(誤譯--), 오역하다(誤譯--) ●

오열(嗚咽)【명사】목메어 욺. 또는 그런 울음. ◆ 名呜咽，低泣。¶오열을 삼키다. =强忍啜泣。● 오열하다(嗚咽--) ●

오염(汚染)【명사】더럽게 물듦. 또는 더럽게 물들게 함. ◆ 名污染。¶이 지역은 지하수 오염이 심각한 상태이다. =这个地区的地下水处于严重污染状态。● 오염되다(汚染--) ●

오욕(汚辱)【명사】명예를 더럽히고 욕되게 함. ◆ 名耻辱，污辱，玷污。¶오욕의 세월. =令人感到耻辱的岁月。

오용(誤用)【명사】잘못 사용함. ◆ 名误用，错用，滥用。¶단어의 오용. =单词误用。● 오용되다(誤用--), 오용하다(誤用--) ●

오월(五月)【명사】한 해 열두 달 가운데 다섯째 달. ◆ 名五月。¶오월은 가정의 달이다. =五月是家庭月。

오이【명사】박과의 한해살이 덩굴풀. 여름에 노란 통꽃이 잎겨드랑이에서 피고 열매는 긴 타원형의 장과(漿果)로 누런 갈색으로 익는다. ◆ 名黄瓜。¶오랜 가뭄으로 상추나 오이 같은 야채류의 값이 폭등했다. =由于长期干旱，生菜和黄瓜等蔬菜价格飞涨。

오이냉국(--冷-)【명사】오이를 잘게 썰어 간장에 절인 후 냉국에 넣고 파·초·고춧가루를 친 음식. ◆ 名黄瓜丝冷汤。¶날씨가 더워서 시원한 오이냉국을 만들어 먹었다. =天气热，做凉爽的黄瓜丝冷汤喝。

오이소박이김치【명사】오이의 허리를 서너 갈래로 갈라 속에 파, 마늘, 생강, 고춧가루를 섞은 소를 넣어 담근 김치. ◆ 名 夹料黄瓜泡菜。

오인(誤認)【명사】잘못 보거나 잘못 생각함. ◆ 名误认，错认。● 오인되다(誤認--), 오인하다(誤認--) ●

오일【명사】名 기계를 잘 돌아가게 하거나 연료로 쓰는 기름. ◆ 油，润滑油，石油。¶자동차에 오일을 넣다. =给车加油。

오일장(五日場)【명사】닷새에 한 번씩 서는 장. ◆ 名五日集。¶그는 오일장을 돌며 생활용품을 판다. =他在集市上卖生活用品。

오자(誤字)【명사】名 잘못 쓴 글자. ◆ 错字，错别字。¶오자를 수정하다. =修改错别字。

오자미【명사】헝겊 주머니에 콩 따위를 넣고 봉하여서 공 모양으로 만든 것. ◆ 名沙包。¶체육대회 때면 학생들은 오자미를 던져 박을 터뜨리는 놀이를 했다. =每到运动会时，学生们就会玩丢沙包打葫芦的游戏。

오작교(烏鵲橋)【명사】까마귀와 까치가 은하수에 놓는다는 다리. 칠월 칠석날 저녁에, 견우와 직녀를 만나게 하기 위하여 이 다리를 놓는다고 한다. ◆ 图鹊桥。¶견우와 직녀가 오작교에서 만나다. =牛郎和织女在鹊桥相会。

오장(五臟)【명사】간장·심장·비장·폐장·신장의 다섯 가지 내장을 통틀어 이르는 말. ◆ 图五脏。

오장육부(五臟六腑)【명사】'오장(五臟)'과 '육부(六腑)'라는 뜻으로, 내장을 통틀어 이르는 말. ◆ 图五脏六腑。¶오장육부가 뒤집힐 정도로 술을 퍼마시다. =喝酒喝到五脏六腑要错位的程度。

오전(午前)【명사】图 ❶ 해가 뜰 때부터 정오까지의 시간. ◆ 上午。¶오전 근무. =上午工作。❷ 자정부터 낮 열두 시까지의 시간. ◆ 凌晨到中午12点之间。¶그가 야근을 끝냈을 때가 오전 두 시였다. =他值完夜班已是凌晨两点钟了。

오점(汚點)【명사】图 ❶ 더러운 점. ◆ 污点。❷ 명예롭지 못한 흠이나 결점. ◆ 缺点，瑕疵，污点。¶한 번의 실수가 생애에 오점을 남겼다. =由于一次失误，留下了一辈子的瑕疵。

오존(ozone)【명사】3원자의 산소로 된 푸른빛의 기체. 특유한 냄새가 나며, 상온에서 분해되어 산소가 된다. 산화력이 강하여 산화제·표백제·살균제로 쓴다. ◆ 图臭氧。● 오존층 ●

오종종하다【형용사】形 ❶ 잘고 둥근 물건들이 한데 빽빽하게 모여 있다. ◆ 密密麻麻的，密集的，满满的。¶아이의 인형이 상자에 오종종하게 담겨있다. =孩子的玩具把箱子装得满满的。❷ 얼굴이 작고 옹졸한 데가 있다. ◆ 小鼻子小眼。

오죽【부사】'얼마나'의 뜻을 나타내는 말. ◆ 副多，多么，该多么。¶집 안에 있어도 이렇게 추운데 밖은 오죽 춥겠니? =在屋里都这么冷，外面该有多冷呀?

오죽잖다【형용사】예사 정도도 못 될 만큼 변변하지 아니하다. ◆ 形不怎么样，不太好，差。¶너를 얼마나 오죽잖게 생각했으면 대답도 안 했을까? =要不是觉得你不怎么样，怎么会连个回答都没有给你呢?

오죽하다【형용사】정도가 매우 심하거나 대단하다. ◆ 形 (情况或程度)不一般，非同小可。¶오죽하면 때렸을까? =怎么会轻易打他呢?

오줌【명사】혈액 속의 노폐물과 수분이 신장에서 걸러져서 방광 속에 괴어 있다가 요도를 통하여 몸 밖으로 배출되는 액체. 빛깔은 누렇고 지린내가 난다. ◆ 图尿。¶오줌을 누다. =撒尿。

오중주(五重奏)【명사】다섯 개의 악기로 이루는 합주. ◆ 图 五重奏。¶현악 오중주. =弦乐五重奏。

오지(奧地)【명사】해안이나 도시에서 멀리 떨어진 대륙 내부의 땅. ◆ 图偏僻地方。¶아프리카 오지의 정글. =非洲偏僻的密林。

오지그릇【명사】붉은 진흙으로 만들어 볕에 말리거나 약간 구운 다음, 오짓물을 입혀 다시 구운 질그릇. 검붉은 윤이 나고 단단하다. ◆ 图陶器。¶오지그릇에 장을 담다. =用陶器盛放大酱。

오지랖【명사】웃옷이나 윗도리에 입는 겉옷의 앞자락. ◆ 图前襟。¶오지랖을 여미다. =扣好前襟扣子。

오직【부사】여러 가지 가운데서 다른 것은 있을 수 없고 다만. ◆ 副唯，仅，只。¶오직 그녀만을 사랑한다. =只爱她一人。

오진(誤診)【명사】병을 그릇되게 진단하는 일. 또는 그런 진단. ◆ 图误诊，错误诊断。¶오진으로 암 진단을 받다. =被误诊为癌症。● 오진하다(誤診--) ●

오징어【명사】연체동물문 두족강 갑오징어목과 살오징어목의 일부 종들을 통틀어 이르는 말. ◆ 图乌贼。¶오징어 두 마리. =两只乌贼。

오차(誤差)【명사】图 실지로 셈하거나 측정한 값과 이론적으로 정확한 값과의 차이. ◆ 误差，偏差，出入。¶오차가 나다. =有出入。

오찬(午餐)【명사】손님을 초대하여 함께 먹는 점심 식사. ◆ 图午餐，午宴。¶오찬 간담회. =午餐座谈会。

오케스트라(orchestra)【명사】관현악을 연주하는 단체. ◆ 图管弦乐队，管弦乐团。¶그녀는 유능한 피아니스트로 인정받아 세계 정상급 오케스트라와 잇따라 협연을 했다. =她是公认的天才钢琴家，接连与多个世界顶级管弦乐团合作演出。

오토바이【명사】원동기를 장치하여 그 동력으로 바퀴가 돌아가게 만든 자전거. ◆ 图摩托车，摩托，两轮摩托车。¶오토바이 전문잡지. =专业摩托车杂志。

오톨도톨하다【형용사】물건의 거죽이나 바닥이 여기저기 잘게 부풀어 올라 고르지 못한 데가 있다. ◆ 形凹凸不平，粗糙。¶피부가 오톨도톨하다.=皮肤很粗糙。● 오톨도톨 ●

오판(誤判)【명사】잘못 보거나 잘못 판단함. 또는 잘못된 판단. ◆ 图误判，错判。¶그는 오판을 거듭해서 심판직에서 물러났다. =他因多次误判，辞去了裁判职务。● 오판하다(誤判--) ●

오페라(opera)【명사】음악을 중심으로 한 종합 무대 예술. 대사는 독창·중창·합창 따위로 부르며, 서곡이나 간주곡 따위의 기악곡도 덧붙인다. ◆ 图歌剧。¶오페라 나비부인을 감상하다. =观赏歌剧《蝴蝶夫人》。

오프라인(off-line)【명사】단말기의 입출력 장치 따위가 연결되어 있지 아니하여 중앙 처리 장치의 직접적인 제어를 받지 아니하는 상태. ◆ 图脱机，离线。

오피스텔(officetel)【명사】사무실과 주거의 기능을 겸하는 건물. ◆ 图商务公寓，商住两用房。¶그는 친구와 동업을 하기로 하고 먼저 사무기기를 들일 오피스텔을 구하러 다녔다. =决定和朋友合伙做生意后，他就着手开始寻找可以放置办公设备的商务公寓了。

오한(惡寒)【명사】몸이 오슬오슬 춥고 떨리는 증상. ◆ 图发冷，恶寒。¶오한이 나다. =恶寒。

오합지졸(烏合之卒)【명사】까마귀가 모인 것처럼 질서가 없이 모인 병졸이라는 뜻으로, 임시로 모여들어서 규율이 없고 무질서한 병졸 또는 군중을 이르는 말. ◆ 图乌合之众。

오해(誤解)【명사】그릇되게 해석하거나 뜻을 잘못

앎. 또는 그런 해석이나 이해. ◆ 图误解，误会。¶오해가 생기다. =产生误会。● 오해되다(誤解--), 오해하다(誤解--) ●

오후(午後)【명사】图 ❶ 정오부터 해가 질 때까지의 동안. ◆ 午后，下午。¶아침에 맑던 하늘이 오후가 되면서 흐려졌다. =早上还晴空万里，到了下午，天就阴起来了。❷ 정오(正午)부터 밤 열두 시까지의 시간. ◆ 中午12点至夜里12点间的时间。¶오늘 오후 다섯 시로 약속을 잡았다. =约好今天下午5点见面。

오히려【부사】副 ❶ 일반적인 기준이나 예상, 짐작, 기대와는 전혀 반대가 되거나 다르게. ◆ (表示与标准、预计、期待等相反)反而，反倒。¶자기가 잘못하고서는 오히려 큰소리친다. =自己做错了事，反而还大声嚷嚷。❷ 그럴 바에는 차라리. ◆ (与其……)倒不如，还不如。¶머리를 숙이느니 오히려 죽는 게 나을 것이다. =与其这样屈服，还不如死了好。

-옥[1](屋)【접사】'음식점'의 뜻을 더하는 접미사. ◆ 后缀 (用于表示地名的部分固有名词后，多用于饭店名)屋，餐馆，餐厅。¶부산옥. =(餐厅名)釜山屋。

옥[2](玉)【명사】경옥(硬玉)과 연옥(軟玉) 따위를 통틀어 이르는 말. ◆ 图玉，玉石，宝玉。¶옥같이 흰 얼굴. =洁白如玉的脸庞。

옥고(獄苦)【명사】옥살이를 하는 고생. ◆ 图牢狱之苦，牢狱之灾。¶옥고를 치르다. =遭受牢狱之苦。

옥내(屋內)【명사】집 또는 건물의 안. ◆ 图屋内，室内。¶비가 오자 옥외 행사를 옥내로 옮겨 개최하였다. =一旦下雨，就把室外活动改在室内举行。

옥니【명사】안으로 옥게 난 이. ◆ 图内倒牙。

옥동자(玉童子)【명사】어린 사내아이를 귀엽게 이르는 말. ◆ 图儿子，男孩。¶옥동자를 낳았다. =生了个男孩。

옥바라지(獄---)【명사】감옥에 갇힌 죄수에게 옷과 음식 따위를 대어 주면서 뒷바라지를 하는 일. ◆ 图探监(给囚犯送衣食)。¶옥바라지를 하다. =探监。

옥사[1](獄舍)【명사】죄인을 가두어 두는 건물. ◆ 图牢房，监狱。¶옥사에 갇히다. =被关在牢房里。

옥사[2](獄死)【명사】감옥살이를 하다가 감옥에서 죽음. ◆ 图死于狱中。¶옥사로 생을 마감한 투사. =死于狱中的斗士。● 옥사하다(獄死--) ●

옥살이(獄--)【명사】图 ❶ 감옥살이(감옥에 갇히어 지내는 생활). ◆ 坐牢，铁窗生活。¶옥살이를 마치다. =结束铁窗生活。❷ 감옥살이(행동의 자유를 구속당하는 생활을 비유적으로 이르는 말). ◆ 牢狱般的生活。¶옥살이 같은 생활을 하다. =过着牢狱般的生活。● 옥살이하다(獄----) ●

옥상(屋上)【명사】지붕의 위. 특히 현대식 양옥 건물에서 마당처럼 편평하게 만든 지붕 위를 이른다. ◆ 图屋顶，房顶。¶옥상에다 빨래를 널다. =在房顶晾衣服。

옥새(玉璽)【명사】图 ❶ 옥으로 만든 국새. ◆ 玉玺。❷ 국권의 상징으로 국가적 문서에 사용하던 임금의 도장. ◆ 玺，玉玺。¶옥새로 봉인을 한 조서. =玉玺加封的诏书。

옥수수【명사】볏과의 한해살이풀. ◆ 图玉米。¶밭에 옥수수를 심었다. =地里种了玉米。

옥신각신【명사】서로 옳으니 그르니 하며 다툼. 또는 그런 행위. ◆ 图勾心斗角，明争暗斗。¶옥신각신 다투다. =明争暗斗。● 옥신각신하다 ●

옥외(屋外)【명사】집 또는 건물의 밖. ◆ 图屋外，室外，户外。¶옥외 행사. =户外活动。

옥좌(玉座)【명사】임금이 앉는 자리. 또는 임금의 지위. ◆ 图宝座，龙床。¶왕이 옥좌에 오르다. =大王登上宝座。

옥중(獄中)【명사】감옥의 안. ◆ 图狱中，监狱里。¶옥중 생활. =狱中生活。

옥타브(octave)【의존 명사】어떤 음에서 완전 8도의 거리에 있는 음. 또는 그 거리. 물리학적으로는 진동수가 두 배가 되는 음정이다. ◆ 依名高八度音，低八度音；八度音程。

옥토(沃土)【명사】농작물이 잘 자랄 수 있는 영양분이 풍부한 좋은 땅. ◆ 图沃土，肥田，肥沃的土地。¶오곡이 무르익는 옥토. =丰饶的沃土。

온【관형사】전부의. 또는 모두의. ◆ 冠全体，所有，整个。¶온 집안. =全家。

온갖【관형사】이런저런 여러 가지의. ◆ 冠各种，种种；一切，所有。¶온갖 시련. =各种磨炼。

온건하다(穩健--)【형용사】생각이나 행동 따위가 사리에 맞고 건실하다. ◆ 形 (思想、行动等)稳健，沉稳，稳当。¶사상이 온건하다. =思想稳健。

온기(溫氣)【명사】图 ❶ 따뜻한 기운. ◆ 热气，暖气。¶구들이 식어 방바닥의 온기가 가셨다. =火炕凉了，炕板没有了热度。❷ 다정하거나 따뜻하게 베푸는 분위기나 마음. ◆ 温情，柔情。

온난(溫暖/溫煖)【명사】날씨가 따뜻함. ◆ 图温暖，暖和，热乎乎，暖乎乎。¶온난 기후. =温暖的气候。● 온난하다(溫暖/溫煖--) ●

온난 전선(溫暖前線)【명사】따뜻하고 가벼운 기단이 차고 무거운 기단 쪽으로 이동하여 불연속면을 타고 그 위로 오르며 형성되는 전선. ◆ 图暖锋，暖锋面。¶온난 전선이 북상하다. =暖锋北上。

온난화(溫暖化)【명사】지구의 기온이 높아지는 현상. ◆ 图变暖，温暖化。¶대기 오염으로 인하여 지구의 온난화 현상이 가속화하고 있다. =室内气体增加引起的全球变暖现象正在加速。

온누리【명사】온 세상. 온천지. ◆ 图全世界，全人类。¶온누리의 평화. =全世界的和平。

온당하다(穩當--)【형용사】판단이나 행동 따위가 사리에 어긋나지 아니하고 알맞다. ◆ 形稳妥，妥当，理所当然。¶법을 어기면 처벌을 받는 것이 온당하다. =违法人员理应受到处罚。

온대(溫帶)【명사】열대와 한대 사이의 지역. ◆ 图温带。

온대기후(溫帶氣候)【명사】사계절의 변화가 뚜렷한 온대 지방의 기후. ◆ 图 温带气候。

온데간데없다【형용사】감쪽같이 자취를 감추어 찾을 수가 없다. ◆ 形无影无踪，不知去向，不翼而飞。¶조금 전까지 가지고 있던 가방이 아무리 찾아봐도

온데간데없다. =刚才还在的皮包突然不翼而飞了，怎么找也找不到。● 온데간데없이 ●

온도(溫度)【명사】따뜻함과 차가움의 정도. 또는 그것을 나타내는 수치. ◆ 名温度。¶실내 온도. =室内温度。

온도계(溫度計)【명사】물체의 온도를 재는 계기. 기체 온도계와 액체 온도계, 정압(定壓) 기체 온도계, 저항 온도계, 열전기 온도계, 광고온계 따위가 있다. ◆ 名温度计，温度表。¶날이 무척 덥다 싶어 온도계를 보니 섭씨 30도를 가리키고 있었다. =感觉天气特别热，就看了看温度计，结果发现温度计指针指向30摄氏度。

온돌(溫突/溫堗)【명사】名 ❶ 화기(火氣)가 방 밑을 통과하여 방을 덥히는 장치. 한국 및 중국 동북부에서 발달하였다. ◆ 炕，火炕。¶바닥에 온돌을 놓다. =在地板上砌火炕。❷ 온돌방(온돌을 놓아 난방 장치를 한 방). ◆ 火炕房。¶추운 겨울밤이면 온돌 아랫목에 둘러앉아 할머니의 옛날이야기를 듣곤 했다. =在寒冷的冬夜，经常围坐在炕头听奶奶讲过去的事。

온돌방(溫突房)【명사】온돌을 놓아 난방 장치를 한 방. ◆ 名火炕房。¶할아버지는 저녁이면 온돌방의 따뜻한 아랫목에 등허리를 대고 누우신다. =每到晚上，爷爷就把后腰靠在火炕房那温暖的炕头旁躺着。

온몸【명사】몸 전체. ◆ 名全身，浑身，满身。¶온몸을 동여매다. =捆住全身。

온상(溫床)【명사】名 ❶ 인공적으로 따뜻하게 하여 식물을 기르는 설비. 열원(熱源)을 마련하거나 태양열을 효과적으로 이용한다. 온실보다는 간단하며 일시적인 설비이다. ◆ 农用温床。¶온상에서 채소를 재배하다. =在温床里栽培蔬菜。❷ 어떤 현상이나 사상, 세력 따위가 자라나는 바탕을 비유적으로 이르는 말. ◆〈喻〉温床，土壤，摇篮。¶범죄의 온상. =滋生犯罪的温床。

온수(溫水)【명사】더운물. ◆ 名温水，热水。¶보일러가 고장이 나서 온수가 나오지 않는다. =锅炉坏了，没有热水。

온순하다(溫順--)【형용사】성질이나 마음씨가 온화하고 양순하다. ◆ 形温顺，温柔，温和。¶태도가 온순하다. =态度温和。

온스(ounce)【의존 명사】依名 ❶ 야드파운드법에 의한 무게의 단위. ◆ 盎司，英两。❷ 야드파운드법에 의한 부피의 단위. ◆ (英美药剂用量单位)盎司，英两。

온실(溫室)【명사】名 ❶ 난방 장치를 한 방. ◆ 暖气房。¶온실에서 잠을 자다. =在暖气房里睡觉。❷ 광선, 온도, 습도 따위를 조절하여 각종 식물의 재배를 자유롭게 하는 구조물. ◆ 农用温室，大棚。¶요즘 꽃 재배는 온실에서 사철 이루어진다. =近来四季都可以在温室中栽培花卉。

온실 효과(溫室效果)【명사】대기 중의 수증기, 이산화탄소, 오존 따위가 지표에서 우주 공간으로 향하는 적외선 복사를 대부분 흡수하여 지표의 온도를 비교적 높게 유지하는 작용. ◆ 名温室效应。¶지구의 온실효과는 많은 기상 이변을 만들어낸다. =地球温室效应引发许多气候异常现象。

온유(溫柔)【명사】성격, 태도 따위가 온화하고 부드러움. ◆ 名温柔，温顺，温和。¶스승은 우리에게 겸손과 온유와 사랑을 몸소 보여주셨다. =老师以身作则，教给我们谦逊、温柔和爱。● 온유하다(溫柔--) ●

온장고(溫藏庫)【명사】조리한 음식물을 따뜻하게 보관하는 상자 모양의 장치. ◆ 名保温柜，保温箱。¶온장고에서 막 꺼낸 따끈한 커피를 마시며 추위를 녹였다. =喝了一杯刚从保温柜里拿出来的热咖啡驱寒。

온전하다(穩全--)【형용사】形 ❶ 본바탕 그대로 고스란하다. ◆ 完整，完好无损，完整无缺。¶물건을 온전하게 잘 보관하다. =好好保管物品，确保完好无损。❷ 잘못된 것이 없이 바르거나 옳다. ◆ 健康，健全。¶정신이 온전하다. =精神健全。● 온전히(穩全-) ●

온점(-點)【명사】서술, 명령 등의 문장 끝에 쓰거나 숫자만으로 연월일을 표기할 때 쓰는 문장 부호 '.'의 이름. ◆ 名句号。

온정(溫情)【명사】따뜻한 사랑이나 인정. ◆ 名温情，柔情，深情。¶온정이 넘치는 말. =充满温情的话语。

온종일(-終日)【명사】아침부터 저녁까지의 동안. ◆ 名一整天，一天到晚。¶온종일을 기다렸지만 연락이 없다. =等了一整天，可还是没有消息。

온천(溫泉)【명사】名 ❶ 온천장(온천에서 목욕할 수 있게 설비가 된 장소. 또는 온천이 있는 곳). ◆ 温泉浴场；温泉。¶귀로에는 온천에라도 들러 그 동안 쌓인 피로를 풀려고 한다. =想在归途中泡个温泉，洗去这段时间的劳累。❷ 지열에 의하여 지하수가 그 지역의 평균 기온 이상으로 데워져 솟아 나오는 샘. 온천의 온도 한계는 일정하지 않으며, 한국에서는 25℃ 이상으로 규정하고 있다. ◆ 温泉。¶온천 지역을 개발해 관광단지를 조성하다. =开发以温泉为特色的旅游区。

온통【부사】있는 전부. ◆ 副全，全部，都，尽。¶온통 모르는 문제이다. =完全不懂的问题。

온풍기(溫風器)【명사】열원(熱源)에 공기를 넣어, 따뜻해진 공기를 실내로 돌게 하여 덥히는 기구. ◆ 名热风机，暖风机。

온화하다(溫和--)【형용사】形 ❶ 날씨가 맑고 따뜻하며 바람이 부드럽다. ◆ (气候)温暖，暖和。¶온화한 날씨. =暖和的天气。❷ 성격, 태도 따위가 온순하고 부드럽다. ◆ (性格、态度等)温和，温柔，和蔼。¶온화한 성품의 소유자. =性情温和的人。

올[1]【명사】'올해(지금 지나가고 있는 이 해)'의 준말. ◆ 名今年("올해"的略语)。¶올 여름에도 무더위가 예상된다. =预计今夏依然非常热。

올[2]**-**【접사】'빨리 자란'의 뜻을 더하는 접두사. ◆ 前缀 (用于植物或果实名称前)早，早熟。¶올밤. =早熟板栗。

올가미【명사】名 ❶ 새끼나 노 따위로 옭아서 고를 내어 짐승을 잡는 장치. ◆ (抓兔子等用的)套，套子。¶올가미 밧줄. =套绳。❷ 사람이 걸려들게 만든 수단이나 술책. ◆ 圈套，诡计，骗局。¶올가미에 빠지다. =落入圈套。

올곧다【형용사】形 ❶ 마음이나 정신 상태 따위가 바르고 곧다. ◆ (心理或精神状态)正直，耿直。¶그는 행동이 올곧다. =他行为正直。❷ 줄이 반듯하다. ◆ (线)笔直，顺溜，顺顺溜溜。¶그는 앞머리를 올곧게 빗어 넘겼다. =他把额前的头发梳得顺顺溜溜的。

올라가다【동사】动 ❶ 낮은 곳에서 높은 곳으로 또는 아래에서 위로 가다. ◆ (从低向高)爬上，上，登。¶나무에 올라가다. =上树。❷ 지방에서 중앙으로 가다. ◆ (从地方到中央)上，进。¶시험을 보러 서울로 올라가다. =进京赶考。❸ 하급 기관에서 상급 기관으로 자리를 옮기다. ◆ (从下级机关到上级机关)升，上调，高升。¶높은 자리에 올라가면 나 좀 잘 봐주세요. =高升之后可别忘了关照关照我呀! ❹ 물에서 뭍으로 옮겨가다. ◆ (从水里到陆地)上岸，登陆。¶물고기들이 파도에 밀려 뭍에 올라가 있었다. =鱼儿被浪冲上陆地上。❺ '죽다'를 비유적으로 이르는 말. ◆ 升天，死去。¶가여운 성냥팔이 소녀는 하늘나라에 올라가서 어머니를 만났겠지. =可怜的卖火柴的小女孩上天堂之后，应该见到她的妈妈了吧。❻ 물의 흐름을 거슬러 위쪽으로 향하여 가다. ◆ 逆流，逆流而上，逆行。¶그들은 강을 따라 올라가기 시작하였다. =他们开始沿江逆流而上。❼ 기준이 되는 장소에서 다소 높아 보이는 방향으로 계속 멀어져 가다. ◆ 往前走，往远处走。¶큰길로 조금만 올라가면 우체국이 있다. =沿着大路往前走一点儿，就有一家邮局。❽ 어떤 부류나 계통 따위의 흐름을 거슬러 근원지로 향하여 가다. ◆ 上溯。¶윗대 조상으로 올라가면 그 집안도 꽤 전통이 있었던 집안이다. =上溯几辈，那个家族也是相当有传统的。❾ 등급이나 직급 따위의 단계가 높아지다. ◆ (等级、职级等)升，晋升。¶바둑 급수가 7급에서 6급으로 올라갔다. =围棋从七级升到六级。❿ 자질이나 수준, 신분 따위가 높아지다. ◆ (资质、水平、身份等)提高，上升，提升。¶수준이 올라가다. =水平提高。⓫ 값이나 통계 수치·온도·물가가 높아지거나 커지다. ◆ (价格、数值、温度、物价等)上涨，涨，上升。¶집값이 올라가다. =房价上涨。

올라서다【동사】动 ❶ 무엇인가를 디디고 그 위에 서다. ◆ 踩……上，站……上，踏上。¶단상에 올라서다. =踏上讲坛。❷ 낮은 곳에서 높은 곳으로 옮아가 서다. ◆ (从低处到高处)登上，爬上，爬到……上。¶담 위에 올라서다. =爬到墙上。

올라오다【동사】动 ❶ 낮은 곳에서 높은 곳으로 오다. ◆ 上到，爬上来，浮上。¶산꼭대기에 올라오다.=爬到山顶。❷ 지방에서 수도 따위의 중앙으로 오다. 또는 지방 부서에서 중앙 부서로 오다. ◆ (从地方到京城，由下级机关到上级机关)进，上，来。❸ 지위나 직급 따위가 낮은 등급에서 높은 등급으로 옮아오다. ◆ (职位、职级等)晋升，高升，升任。¶그는 이 학년으로 올라와서는 한 번도 장학금을 놓친 적이 없었다. =自升入二年级以来，他没有错失一次奖学金。❹ 물에서 뭍으로 오다. ◆ (从水里到陆地)上岸，登陆。¶거북이는 뭍에 올라와 알을 낳는다. =乌龟上岸产卵。❺ 아래쪽에서 위쪽을 향하여 미치어 오다. ◆ 涨，淹没。¶강물이 위험 수위에 올라와 출렁이고 있다. =江水上涨到了危险水位。❻ 상에 음식 따위가 차려지다. ◆ 上(菜)。¶잔칫상에는 평소에 먹기 어려운 음식들이 올라와 있었다. =宴席上上了许多平时吃不到的菜。❼ 배 속의 것이 목구멍을 통하여 나오다. ◆ 吐，呕吐，打(嗝)，翻上来。¶신물이 올라오다. =酸水翻上来。❽ 마음속 깊이 있던 무엇이 밖으로 나오다. ◆ (心里的话等)涌上来。¶하고 싶은 말이 목구멍까지 올라왔다. =想说的话都涌到了嗓子眼儿。❾ 높은 곳을 향하여 오다. ◆ 来，上来。¶너무 험해서 이 고개를 올라오는 사람이 없을 것이다. =这里山路比较险，不会有人上来。

올라타다【동사】❶ 탈것에 몸을 올려놓다. ◆ 乘，骑，上。¶차에 올라타다. =上车。❷ 어떤 사물의 위에 오르다. ◆ 登上，爬上。¶손자가 할아버지 등에 올라탔다. =孙子爬到爷爷背上。

올려다보다【동사】动 ❶ 아래에서 위를 향하여 보다. ◆ 仰望，仰视，往上看。¶지붕 위를 올려다보다. =往房顶上看。❷ 존경하는 마음으로 남을 높이 받들고 우러르다. ◆ 敬仰，瞻仰。¶삼촌은 많은 사람이 올려다보는 지위에 올라 있다. =叔叔坐上了众人敬仰的位子。

올록볼록【부사】물체의 거죽이나 면이 고르지 않게 높고 낮은 모양. ◆ 副 (物体表面)凹凸不平，鼓鼓囊囊。¶알밤을 넣은 바지 주머니가 올록볼록 튀어나왔다. =装满板栗的裤兜鼓鼓囊囊的。

올리다【동사】动 ❶ 값이나 수치·온도·성적 따위가 이전보다 많아지거나 높아지게 하다. ◆ (价格、数值、温度、成绩等)上涨，抬高，提高，提升。¶값을 올리다. =涨价。❷ 실적이나 능률 따위를 높아지게 하다. ◆ 扩大，提高(业绩、效率等)。¶실적을 올리다. =提高业绩。❸ 위쪽으로 높게 하거나 세우다. ◆ 举起，抬起，提高，提升。¶담을 쌓아 올리다. =砌墙。❹ 의식이나 예식을 거행하다. ◆ 进行，举行，举办(仪式等)。¶결혼식을 올리다. =举行结婚仪式。❺ 큰 소리를 내거나 지르다. ◆ 发出，大声，高声。¶함성을 올리다. =发出呼喊。❻ 뺨 따위를 때리다. ◆ 打，扇，给(耳光)。¶그는 자기를 속인 친구의 따귀를 한 대 올렸다. =他打了那个欺骗自己的朋友一记耳光。❼ 어떤 정도에 달하게 하다. ◆ (使)达到，步入。¶자금 유치를 통해 사업을 궤도에 올리다. =通过引入资金，事业步入了正轨。❽ 식탁이나 도마 따위에 놓게 하다. ◆ 放，搁。¶고기를 도마 위에 올려 칼집을 내다. =把鱼放在菜板上切。❾ 이야깃거리로 삼다. ◆ 议论。¶남의 이야기를 함부로 입에 올리지 마라. =不要随便议论别人的事。❿ 기록에 적히게 하다. ◆ (使)记，登记，记录，写。⓫ 컴퓨터 통신망을 통하여 파일이나 자료를 전송하다.

◆传送。⑫ 윗사람에게 공손하게 말, 인사, 절 따위를 하거나 물건 따위를 건네다. ◆敬(酒)，行(礼)，请(安)。¶어서 숙부님께 절을 올려라. =给叔父母行礼。⑬ 서류 따위를 윗사람이나 상급 기관에 제출하다. ◆(向领导或上级机关)提交，呈报，上报(文件等)。¶상급 기관에 탄원서를 올리다. =向上级机关提交请愿书。

올리브(olive)【명사】물푸레나뭇과의 상록 교목. 잎은 마주나고 긴 타원형이다. ◆图橄榄树。

올리브유(olive油)【명사】올리브 열매에서 추출한 기름. ◆图橄榄油。¶야채 위에 올리브유를 뿌려 먹다. =把橄榄油滴在蔬菜上吃。

올림[1]【명사】어림수를 구할 때, 구하려는 자리의 숫자를 1만큼 크게 하고, 그보다 아랫자리는 모두 버리는 일. ◆图四舍五入。¶36살이면 올림을 해서 40이다. =如果是36岁，四舍五入就是40。

올림[2]【명사】아랫사람이 윗사람에게 편지나 선물을 보낼 때 그것을 올린다는 뜻으로, 보내는 사람의 이름 아래에 쓰는 말. ◆图敬上，敬呈，呈上。

올림말【명사】사전 따위의 표제 항목에 넣어 알기 쉽게 풀이해 놓은 말. ◆图词条。

올림픽(Olympic)【명사】국제 올림픽 경기 대회(國際競技大會)(4년마다 열리는 국제 운동 경기 대회. 1894년 프랑스의 쿠베르탱 등의 주창으로 1896년 제1회 대회를 그리스의 아테네에서 개최하였다). ◆图奥林匹克运动会，奥运会。¶올림픽을 개최하다. =举办奥林匹克运动会。

올망졸망하다【형용사】❶ 작고 또렷한 것들이 고르지 않게 많이 벌여져 있다. ◆形(小东西)大大小小，高高低低。¶길 양편으로 이어진 집들의 모양이 올망졸망하다. =矗立在路两边的房子高高低低连绵一片。❷ 귀엽고 엇비슷한 아이들이 많이 있다. ◆形(可爱的小孩)大大小小，高高矮矮。¶집 앞에서 아이들이 올망졸망하게 모여 있다. =家门口聚集了一群可爱的大大小小的孩子。● 올망졸망 ●

올무【명사】图 ❶ 새나 짐승을 잡기 위하여 만든 올가미. ◆(抓鸟和野兽等用的)套，套子。¶노루가 올무에 걸리다. =狍子中套了。❷ 사람을 유인하는 잔꾀. ◆(骗人的)圈套，诡计，骗局。¶마귀의 올무에서 벗어날 방도는 없을까. =难道没办法逃出魔鬼的圈套吗?

올바르다【형용사】말이나 생각, 행동 따위가 이치나 규범에서 벗어남이 없이 옳고 바르다. ◆形(语言、思想、行动等)正确，正派，正直，端正。¶생각이 올바르다. =思想端正。● 올바로, 올바르게 ●

올벼【명사】제철보다 일찍 여무는 벼. ◆图早稻。¶들녘에는 벌써 올벼를 수확하는 모습이 보였다. =已经可以看见有人在田野里收割早稻了。

올빼미【명사】图 ❶ 올빼밋과의 새. 등과 배는 누런빛을 띤 갈색이고 세로무늬가 있다. ◆猫头鹰。¶인적 없는 산 속에 밤이 깊으면 올빼미 울음소리가 들려오곤 했다. =在荒无人烟的山中，每当夜深时总会传来猫头鹰的叫声。❷ 밤이 되면 활동을 하는 사람을 비유적으로 이르는 말. ◆〈喻〉夜猫子(常在晚上活动的人)。¶우리는 낮에는 자고 밤에는 밖에 나가는 그를 '올빼미'라고 부른다. =因为他总是昼伏夜出，所以我们都叫他"夜猫子"。

올올이【부사】올마다. ◆副一条条，一根根，一股股，一缕缕。¶머리카락 올올이 염색약을 발랐다. =一缕一缕地给头发都涂上了染发剂。

올차다【형용사】形 ❶ 허술한 데가 없이 야무지고 기운차다. ◆健壮，结实。❷ 곡식의 알이 일찍 들어 차다. ◆(谷物)早熟。

올챙이【명사】图 ❶ 개구리의 유생. 몸통은 둥글며, 꼬리가 있다. 꼬리로 물속을 헤엄쳐 다니는데 자라면서 꼬리가 없어지고 네 다리가 생겨 개구리가 된다. ◆蝌蚪。¶우리는 냇가에서 올챙이를 잡으며 놀았다. =我们在溪边抓蝌蚪玩。❷ 초보자 또는 어떤 조직의 맨 아랫자리를 비유적으로 이르는 말. ◆俚新手，新人，新来的。¶올챙이 의사. =新来的医生。❸ 배가 몹시 나온 사람을 놀림조로 이르는 말. ◆俚啤酒肚，大肚子，大腹便便。

올케【명사】오빠나 남동생의 아내를 이르는 말. ◆图(女性称)嫂嫂，嫂子；弟媳。¶우리 부모님은 남동생과 올케가 모시고 산다. =我们父母由弟弟和弟媳赡养。

올해【명사】지금 지나가고 있는 이 해. ◆图今年，今岁。¶올해도 풍년이다. =今年又是个丰收年。

옭매다【동사】动 ❶ 끈이나 줄 따위가 풀리지 않도록 고를 내지 않고 그대로 꼭 매다. ◆绑紧，捆紧。❷ 자유롭지 못하게 구속하다. ◆绑紧，捆紧，捆死，束缚。¶포승줄로 범인을 옭아매다. =用绑绳捆紧犯人。❸ 수단을 써서 함정에 빠뜨리거나 없는 죄를 이리저리 꾸미어 덮어씌우다. ◆诬陷，陷害，嫁祸，栽赃，诱捕。● 옭아매다 ●

옮기다【동사】动 ❶ 어떤 곳에서 다른 곳으로 움직여 자리를 바꾸다. ◆挪动，搬运，调动。¶짐을 옮기다. =搬运行李。❷ 발걸음을 한 걸음 한 걸음 떼어 놓다. ◆挪动脚步。¶발걸음을 집 쪽으로 옮기다. =朝家里的方向挪动脚步。❸ 관심이나 시선 따위를 하나의 대상에서 다른 대상으로 돌리다. ◆(关心、视线等)转向，转移到。¶신문을 접어서 사회면으로 눈길을 옮기다. =折起报纸，把视线转向社会版。❹ 어떠한 사실을 표현법을 바꾸어 나타내다. ◆写成，画成，转化(表现方式)。¶느낌을 글로 옮기다.=把感受写成文章。❺ 한 나라의 말이나 글을 다른 나라의 말이나 글로 바꾸다. ◆翻译，译。¶김소월의 시를 영어로 옮기다. =把金素月的诗翻译成英文。❻ 불길이나 소문 따위가 한 곳에서 다른 곳으로 번져 가다. ◆(火、传闻等)传播，蔓延。¶친구의 흉을 마을 사람들에게 옮기다. =朋友的短处在村民中传开了。❼ 사상이나 버릇 따위가 다른 이에게 영향을 주거나 다른 이에게서 영향을 입다. ◆(思想、习惯等)传播，带到。¶상인이 동양의 문물을 서양으로 옮기다. =商人把东方的文物带到了西方。❽ 병 따위가 다른 이에게 전염되거나 다른 이에게서 전염되다.◆(疾病等)传染，传播。¶개가 아이에게 벼룩을 옮기다. =狗把跳蚤传播到了孩子身上。

옮다【동사】动 ❶ 어떤 곳에서 다른 곳으로 움직여 자리를 바꾸다. ◆ 调，换，搬。¶그는 경리과에서 인사과로 옮아 앉았다. =他从会计科调到了人事科。❷ 불길이나 소문 따위가 한 곳에서 다른 곳으로 번져 가다. ◆ (火、传闻等)蔓延，传播，扩散。¶비람이 불어서 불길이 이웃집으로 옮다. =因为有风，火势蔓延到了邻居家。❸ 사상이나 버릇 따위가 다른 이에게 영향을 주거나 다른 이에게서 영향을 입다. ◆ (思想、习惯等)扩散，感染，影响。¶물질 만능주의 사상이 학계에까지 옮을까 걱정이다. =担心物质至上主义扩散到学术界。❹ 병 따위가 다른 이에게 전염되거나 다른 이에게서 전염되다. ◆ (传染病等)传染。¶수영장에서 눈병을 옮았다. =在游泳馆染上了眼病。

옳다【형용사】形 ❶ 사리에 맞고 바르다. ◆ 对，正确，正当，合理。¶너의 판단이 옳다. =你的判断是正确的。❷ 차라리 더 낫다. ◆ 与其……还不如……¶네 손에 농락당하느니 차라리 목숨을 끊는 게 옳겠다 싶다. =与其被你玩弄于股掌之间，还不如死了的好。

옳소【감탄사】다른 사람의 말에 동의하거나 찬성할 때 하는 말. 주로, 청중의 입장에서 하는 말이다. ◆ 叹 (主要用于听者对别人的话表示同意或赞成时)对，是。¶옳소, 찬성합니다. =对，我赞成。

옳아【감탄사】어떤 사실을 비로소 깨닫거나 납득했을 때 하는 말. ◆ 叹对呀，对，是啊，不错。¶옳아, 그게 그런 말이었구나. =对呀！原来如此呀！

옳지【감탄사】叹 ❶ 다른 사람의 말이나 행동이 마땅하게 여겨질 때 하는 말. ◆ (表示对别人言行感到满意)对呀，对，是啊。¶옳지, 바로 그걸세. 바로 그거야. =对，就是它，就是它！ ❷ 좋은 생각이 갑자기 떠올랐을 때 하는 혼잣말. ◆ (突然有好主意时的自言自语)对，对呀。¶옳지, 이렇게 하면 되겠구나. =对呀！这样做就可以了嘛！

옴【명사】옴진드기가 기생하여 일으키는 전염 피부병. 손가락이나 발가락의 사이, 겨드랑이 따위의 연한 살에서부터 짓무르기 시작하여 온몸으로 퍼진다. 몹시 가렵고 헐기도 한다. ◆ 名疥疮，皮癣。¶옴이 오르다. =生疥疮。

옴짝달싹【부사】몸을 아주 조금 움직이는 모양. ◆ 副 (主要与"못하다""않다""말다"等否定词合用)动弹，挪动。¶옴짝달싹 못하게 꽁꽁 묶다. =绑得结结实实，动弹不得。

옴짝하다【동사】몸의 한 부분을 옴츠리거나 펴거나 하며 작게 한 번 움직이다. ◆ 动 (主要与"못하다""않다""말다"等否定词合用)动，动弹。¶상관의 명령에 옴짝하지도 못하고 부동자세로 서 있었다. =迫于上级的命令，只好纹丝不动地站着。

옴츠리다【동사】动 ❶ 몸이나 몸의 일부를 오그리어 작아지게 하다. ◆ (身体或身体的某个部分)收缩，龟缩，蜷缩，缩成一团。¶자라가 목을 옴츠리다. =鳖把脖子缩了回去。❷ 겁을 먹거나 위압감 때문에 기가 꺾이거나 풀이 죽다. ◆ (因为胆怯或迫于压力而)畏缩，退缩。¶그는 상대편의 위엄에 눌려 잔뜩 옴츠리고 서 있다. =迫于对方的威严，他非常胆怯地站着。

옴큼【의존 명사】한 손으로 옴켜쥘 만한 분량을 세는 단위. ◆ 依名把，撮。¶고운 산호모래를 손으로 한 움큼 쥐어보았다. =抓起一把美丽的珊瑚沙。

옴폭하다【형용사】가운데가 오목하게 폭 들어간 데가 있다. ◆ 形深陷，凹陷，瘪。¶그의 볼은 옴팍하게 들어갈 정도로 야위었다. =他面容憔悴，就像瘪了气的皮球一样。● 옴폭 ●

옵션(option)【명사】名 ❶ 각종 기기에서 표준 장치 이외에 구입자의 기호에 따라 별도로 선택하여 부착할 수 있는 장치나 부품. ◆ (机械的)可选配件，可选部件。❷ 옵션거래(매매 선택권 거래. 곧 일정 기간 안에 특정 상품을 일정한 가격으로 매매하는 권리를 거래하는 것을 이른다). ◆ (买卖的)特权，优先权。

옷【명사】몸을 싸서 가리거나 보호하기 위하여 피륙 따위로 만들어 입는 물건. ◆ 名衣服，服装。¶옷 한 벌. =一套衣服。

옷가지【명사】몇 가지의 옷. 또는 몇 벌의 옷. ◆ 名几件衣服，几套衣服。¶옷가지를 장만하다. =置备几件衣服。

옷감【명사】옷을 짓는 데 쓰는 천. ◆ 名布料，衣料，料子。¶옷감을 마르다. =裁剪衣料。

옷걸이【명사】옷을 걸어 두도록 만든 물건. ◆ 名衣架。¶그는 집에 돌아오자마자 외투를 벗어 옷걸이에 걸었다. =他一进屋就把外套脱下挂在了衣架上。

옷매【명사】옷을 차려입은 모양새나 맵시. ◆ 名 (服装)样式。¶옷매가 수수하다. =版型一般。

옷매무새【명사】옷을 수습하여 입은 모양새. ◆ 名衣着，着装。¶단정한 옷매무새. =端庄的衣着。

옷맵시【명사】名 ❶ 차려입은 옷이 어울리는 모양새. ◆ (着装)得体，洋气。¶그녀는 옷맵시가 있다. =她穿得很洋气。❷ 옷이 보기 좋게 생긴 모양. ◆ 服装样式。¶이 옷은 옷맵시가 안 좋다. =这件衣服样式不好看。

옷소매【명사】소매(윗옷의 좌우에 있는 두 팔을 꿰는 부분). ◆ 名衣袖，袖筒，袖子。¶옷소매를 붙잡다. =抓住衣袖。

옷자락【명사】옷의 아래로 드리운 부분. ◆ 名衣角，衣摆，衣襟。¶옷자락이 길다. =衣襟长。

옷장(-欌)【명사】옷을 넣어 두는 장롱. ◆ 名衣柜，衣橱。¶그녀는 옷을 옷장에 잘 정리해 두었다. =她把衣服整理好，放在衣柜里。

옷차림【명사】옷을 차려입은 모양. ◆ 名穿着，穿戴，装束，打扮。¶검소한 옷차림. =俭朴的装束。

옷핀(-)【명사】옷을 여미거나 할 때 꽂아 쓰는 핀. ◆ 名别针。

옹고집(壅固執)【명사】억지가 매우 심하여 자기 의견만 내세워 우기는 성미. 또는 그런 사람. ◆ 名非常固执，死犟，顽固；倔脾气，老顽固。¶옹고집을 부리다. =死犟。

옹골차다【형용사】매우 옹골지다. ◆ 形坚实，饱满。¶올해는 이삭마다 벼 알이 옹골차다. =今年每

个稻穗都稻粒饱满。

옹기(甕器)【명사】옹기그릇(질그릇과 오지그릇을 통틀어 이르는 말). ◆ 名陶瓷器皿，陶器。¶옹기에 장(醬)을 담그다. =在陶器里腌酱。

옹기종기【부사】크기가 다른 작은 것들이 고르지 아니하게 많이 모여 있는 모양. ◆ 副大大小小，大小不一，高高低低，参差不齐。¶멀리 보이는 섬들이 옹기종기 붙어있다. =远远望去，大小不一的岛屿紧密相连。

옹달샘【명사】작고 오목한 샘. ◆ 名小泉眼。¶바위틈에서 흘러내린 물이 고인 자연의 옹달샘이었다. =从石缝中流出的泉水汇积而成的天然小泉眼。

옹립(擁立)【명사】임금으로 받들어 모심. ◆ 名拥立，拥戴。¶흥선대원군의 아드님이제 26대 조선 군주로 옹립이 되었다. =兴宣大院君的儿子被拥立为第二十六代朝鲜君主。● 옹립하다(擁立--) ●

옹색하다(壅塞--)【형용사】形 ❶ 형편이 넉넉하지 못하여 생활에 필요한 것이 없거나 부족하다. ◆ (生活)拮据，窘迫。¶살림살이가 옹색하다. =生活拮据。❷ 집이나 방 따위의 자리가 비좁고 답답하다. ◆ (空间)狭窄，狭小，挤。¶옹색한 방. =狭小的房间。❸ 생각이 막혀서 답답하고 옹졸하다. ◆ (心胸)狭隘，小家气。❹ 변명할 여지나 어찌할 도리가 없어 난처하다. ◆ 牵强。¶변명이 옹색하다. =解释很牵强。

옹알거리다【동사】动 ❶ 나직한 목소리로 똑똑하지 않게 혼자 입속말을 자꾸 재깔이다. ◆ (一个劲)嘀咕，自言自语。¶아이가 사탕을 입에 물고 뭐라고 옹알거리다. =小孩嘴里含着唐，不知在嘀咕什么。❷ 아직 말을 못하는 어린아이가 똑똑하지 않은 말을 혼자 자꾸 재깔이다. ◆ (尚不会说话的小孩子)咿呀学语。¶옹알거리던 아이가 어느새 '엄마'라고 말을 했다. =还在咿呀学语的小孩忽然叫了一声"妈妈"。● 옹알대다, 옹알옹알하다 ●

옹알이【명사】아직 말을 못하는 어린아이가 혼자 입속말처럼 자꾸 소리를 내는 짓. ◆ 名 (还不会说话的小孩)咿呀学语。¶아기가 옹알이를 하다. =小孩咿呀学语。● 옹알이하다 ●

옹졸하다(壅拙--)【형용사】形 ❶ 성품이 너그럽지 못하고 생각이 좁다. ◆ (性格、思想等)狭隘，小气，小心眼。¶생각이 옹졸하다. =思想狭隘。❷ 옹색하고 변변치 아니하다. ◆ 猥琐，龌龊，俗气。¶옹졸한 처신. =举止猥琐。

옹크리다【동사】몸 따위를 옴츠러들이다. ◆ 动缩，蜷缩，缩成一团，蜷伏。¶추워서 몸을 옹크리다. =天冷，身体缩成了一团。

옹호(擁護)【명사】두둔하고 편들어 지킴. ◆ 名拥护，支持，维护。¶인권 옹호. =维护人权。● 옹호되다(擁護--), 옹호하다(擁護--) ●

옻【명사】名 ❶ 옻나무에서 나는 진. 처음 나올 때는 회색이지만 물기를 없애면 검붉은 색으로 변한다. 물건에 칠하는 원료나 약재로 쓴다. ◆ 漆，树漆。¶전통 가구에는 여러 번 옻을 칠한다. =传统家具通常要刷几遍漆。❷ '칠창(漆瘡)(옻독이 올라 생기는 급성 피부병)'을 일상적으로 이르는 말. ◆ 漆疮，漆毒。¶옻이 올라 피부가 가렵다. =得了漆疮，皮肤很痒。

옻나무【명사】옻나뭇과의 낙엽 교목. 높이는 7~10미터이며, 잎은 7~11개의 작은 잎으로 된 우상 복엽이다. ◆ 名 漆树。

옻칠(-漆)【명사】名 ❶ 옻(옻나무에서 나는 진). ◆ 漆，油漆，漆料。❷ 가구나 나무 그릇 따위에 윤을 내기 위하여 옻을 바르는 일. ◆ 刷漆，涂漆。¶옻칠은 가구의 내구성을 높인다. =刷漆能提高家具的耐久性。

와[1]【감탄사】叹 ❶ '우아'의 준말. 뜻밖에 기쁜 일이 생겼을 때 내는 소리. ◆ (有意外的喜悦时)哇("우아"的略语)。¶와, 반갑다. 이게 얼마 만이냐? =哇，很高兴见到你！我们多久没有见面了？ ❷ 여럿이 한꺼번에 기세를 올리려고 외치는 소리. ◆ 呀(众人齐声呐喊以壮大士气)。❸ 소나 말을 멈추게 하거나 가만히 있으라는 뜻으로 가볍게 달래는 소리. ◆ 吁(让马或牛停下来的指令声)。

와[2]【부사】여럿이 한꺼번에 웃거나 떠들거나 지르는 소리. ◆ 副 (多人一起)哇，哗(喧闹声)。¶학생들이 모두 와하고 웃었다. =学生们都"哗"地笑了起来。

와[3]【조사】助 둘 이상의 사물을 같은 자격으로 이어 주는 접속 조사. 생략이 가능하며, 생략된 자리에는 쉼표를 찍는다. ◆ 表示列举、比较的对象。¶개와 고양이. =狗与猫。

와그르르【부사】副 ❶ 쌓여 있던 단단한 물건이 갑자기 무너지는 소리. 또는 그 모양. ◆ (堆放的东西突然)哗啦啦，哗啦一声(倒塌声)。¶빈 깡통이 와그르르 쏟아져 내리다. =空罐头盒"哗啦"一声掉了下来。❷ 그릇에 담긴 적은 양의 액체가 넓은 면적으로 야단스럽게 끓어오르는 소리. 또는 그 모양. ◆ 咕嘟嘟(水沸腾声)。¶냄비의 물이 와그르르 끓다. =小锅里的水咕嘟嘟地沸腾着。❸ 아주 가까운 곳에서 천둥이 요란스럽게 치는 소리. ◆ 轰隆隆(近处的雷鸣声)。¶번갯불이 사라진 몇 초 후 와그르르 천둥이 치다. =闪电刚过去几秒，就传来了"轰隆隆"的雷鸣声。❹ 사람·짐승·벌레 따위가 한곳에 어지럽게 많이 몰려 있는 모양. ◆ 蜂拥，哗啦，呼啦(人、野兽、昆虫大量聚集的样子)。¶와그르르 달려가는 사람들의 모습. ="呼啦"一下蜂拥而至的人群。● 와르르 ●

와글거리다【동사】动 ❶ 사람이나 벌레 따위가 한곳에 많이 모여 자꾸 떠들거나 움직이다. ◆ (许多人、昆虫等)熙熙攘攘；吵吵嚷嚷，闹闹哄哄，鼎沸。¶시장에 사람들이 와글거리다. =市场上人声鼎沸。❷ 많은 양의 액체가 조금 야단스럽게 자꾸 끓어오르다. ◆ (大量液体)噗嘟噗嘟，咕嘟咕嘟。● 와글대다, 와글와글하다, 와글와글 ●

와당탕【부사】잘 울리는 바닥에 무엇이 요란하게 떨어지거나 부딪힐 때 나는 소리. 또는 그 모양. ◆ 副扑通，砰地，噼里啪啦，乒乒乓乓(东西跌倒在或撞到光滑地面上时发出的声音)。¶문짝이 와당탕 넘어지다. =门"砰"地一下倒了下去。

와드득【부사】副 ❶ 단단한 물건을 깨물거나 이를 가는 소리. 또는 그 모양. ◆ 咯嘣，咯吱咯吱(咬硬物、磨牙的声音或样子)。¶밤을 와드득 깨물다. =咯吱咯吱地咬栗子。❷ 단단한 물건을 부러뜨리거나 힘껏 잡아 뜯을 때 나는 소리. 또는 그 모양. ◆ 咯嘣，咯吱(弄断硬物的声音或样子)。¶나뭇가지를 와드득 부러뜨리다. =咯吱一下把树枝折断了。

와들와들【부사】춥거나 무서워서 몸을 잇따라 아주 심하게 떠는 모양. ◆ 副 (因冷或恐惧而)颤抖，发抖，哆哆嗦嗦。¶사람들은 두려움에 와들와들 떤다. =人们吓得直打哆嗦。

와락【부사】副 ❶ 갑자기 행동하는 모양. ◆ 一下子，猛地，猛然(突然冲撞或拉扯的样子)。¶와락 껴안다. =一把抱住。❷ 어떤 감정이나 생각 따위가 갑자기 솟구치거나 떠오르는 모양. ◆ 猛地，突然，勃然(感情或想法突然冒出的样子)。¶와락 울음을 터뜨리다. =突然放声大哭。

와병(臥病)【명사】병으로 자리에 누움. 또는 병을 앓고 있음. ◆ 名卧病在床，卧病不起。¶선생님께서는 지금 와병 중이십니다. =老师目前卧病在床。

와신상담(臥薪嘗膽)【명사】불편한 섶에 몸을 눕히고 쓸개를 맛본다는 뜻으로, 원수를 갚거나 마음먹은 일을 이루기 위하여 온갖 어려움과 괴로움을 참고 견딤을 비유적으로 이르는 말. ◆ 名卧薪尝胆。¶그는 와신상담하며 작년의 패배를 설욕하려고 연습에 전념하고 있다. =他卧薪尝胆、勤学苦练，以雪去年战败之耻。

와작와작【부사】副 ❶ 일을 무리하고 급하게 해나가는 모양. ◆ 一下子，一阵风似地，风风火火。¶일사천리(一瀉千里)로 와작와작 일을 처리하다. =一阵风似地迅速处理事情。❷ 김치나 무 따위의 조금 단단한 식품을 자꾸 마구 깨물어 씹을 때 나는 소리. 또는 그 모양. ◆ 咯吱咯吱(嚼硬而脆的食物的声音)。¶무를 와작와작 씹어 먹다. =咯吱咯吱地嚼萝卜吃。❸ 단단한 물체가 잇따라 부서지거나 무너질 때 나는 소리. 또는 그 모양. ◆ 轰地，轰隆，哗啦一声(突然倒塌、碎裂的声音或样子)。

와장창【부사】갑자기 한꺼번에 무너지거나 부서지는 소리. 또는 그 모양. ◆ 副轰地，轰隆，哗啦一声(突然倒塌、碎裂的声音或样子)。¶건물이 완공되기도 전에 와장창 무너졌다. =大楼尚未完工就轰然倒塌了。

와전(訛傳)【명사】사실과 다르게 전함. ◆ 名讹传，误传。¶말이 와전이 되어 오해가 생겼다. =由于话被误传，引起了误会。● 와전되다(訛傳--), 와전하다(訛傳--) ●

와중(渦中)【명사】일이나 사건 따위가 시끄럽고 복잡하게 벌어지는 가운데. ◆ 名 (主要以"와중에"的形式)旋涡中，〈喻〉混乱之中，乱中。

왁스(wax)【명사】名 ❶ 마루나 가구, 자동차 따위에 광택을 내는 데 쓰는 납(蠟). ◆ (地板、家具、汽车等使用的)蜡，上光用蜡。¶가구에 왁스를 먹이다. =给家具打蜡。❷ 머리 모양을 고정시키기 위해 머리카락에 바르는 납(蠟). ◆ 发蜡。¶머리카락에 왁스를 발라 빗질하다. =给头发涂上发蜡后再梳头。

왁자지껄하다【동사】여럿이 정신이 어지럽도록 시끄럽게 떠들고 지껄이다. 또는 그런 소리가 나다. ◆ 动 (许多人)嘈杂，喧嚣，闹哄哄。¶온 동네가 왁자지껄하다. =整个村子闹哄哄的。● 왁자지껄 ●

완강하다(頑强--)【형용사】形 ❶ 태도가 모질고 의지가 굳세다. ◆ 顽强，坚决。¶태도가 완강하다. =态度坚决。❷ 체격 따위가 씩씩하고 다부지다. ◆ 壮实，硬梆梆。● 완강히(頑强-) ●

완결(完結)【명사】완전하게 끝을 맺음. ◆ 名完毕，完成，结束，了结。¶사건이 완결되다. =结案。● 완결되다(完結--), 완결하다(完結--) ●

완고하다【형용사】융통성이 없이 올곧고 고집이 세다. ◆ 形顽固，固执，保守。¶그의 아버지는 완고하고 엄하다. =他父亲既顽固又严厉。

완곡하다(婉曲--)【형용사】말하는 투가, 듣는 사람의 감정이 상하지 않도록 모나지 않고 부드럽다. ◆ 形委婉，婉转，婉言。¶완곡한 표현. =委婉的表述。● 완곡히(婉曲-) ●

완공(完工)【명사】공사를 완성함. ◆ 名完工，竣工，建成。¶이 공사는 연말에 완공 예정이다. =该工程预计年底竣工。● 완공되다(完工--), 완공하다(完工--) ●

완구(玩具)【명사】장난감(아이들이 가지고 노는 여러 가지 물건). ◆ 名玩具。¶완구 전문 매장. =专业玩具大卖场。

완급(緩急)【명사】名 ❶ 느림과 빠름. ◆ 快慢，缓急。¶속도의 완급을 조절하다. =调节速度的快慢。❷ 일의 급함과 급하지 않음. ◆ (事情的)缓急，轻重缓急。¶사안의 완급에 따라 행정 관서의 지원에 차별이 있을 수 있다. =行政部门视事情的轻重缓急，所给予的援助也会有所不同。

완납(完納)【명사】남김없이 완전히 납부함. ◆ 名缴清，付清。● 완납하다(完納--) ●

완두(豌豆)【명사】콩과의 두해살이 덩굴풀. 높이는 2미터 정도이며, 잎은 겹잎이고 잎끝이 덩굴손이 되어 지주를 감고 올라가면서 자란다. ◆ 名 豌豆。

완두콩(豌豆-)【명사】완두의 열매. 초여름에 열리며 식용한다. ◆ 名豌豆。¶완두콩을 넣어 밥을 하다. =煮饭时放点豌豆。

완력(腕力)【명사】名 ❶ 팔의 힘. ◆ 腕力，臂力。¶완력이 세다. =臂力巨大。❷ 육체적으로 억누르는 힘. ◆〈喻〉暴力，武力；手腕，本事。¶완력을 사용하다. =使用武力。

완료(完了)【명사】완전히 끝마침. ◆ 名完毕，完成，结束，了结，就绪。¶준비 완료. =准备就绪。● 완료되다(完了--), 완료하다(完了--) ●

완만하다(緩慢--)【형용사】形 ❶ 움직임이 느릿느릿하다. ◆ (行动)缓慢，迟缓。¶완만한 속도. =缓慢的速度。❷ 경사가 급하지 않다. ◆ (坡度)平缓，舒缓。¶경사가 완만한 언덕길. =坡度平缓的坡路。● 완만히(緩晩-), 완만하게(緩晩--) ●

완벽(完璧)【명사】흠이 없는 구슬이라는 뜻으로, 결함이 없이 완전함을 이르는 말. ◆ 名完美，十全十

美，完美无缺。¶완벽에 가까운 묘기. =近乎完美的技艺。● 완벽하다(完璧--) ●

완봉승(完封勝)【명사】야구에서, 투수가 상대 팀에게 득점을 허용하지 아니하면서 완투하여 승리함. ◆ 名完封胜，以完封取胜。¶이 투수는 올 시즌 3번의 완봉승을 올렸다. =这个投手在本赛季取得三次完封胜。

완불(完拂)【명사】남김없이 완전히 지불함. ◆ 名付清。● 완불하다(完拂--) ●

완비(完備)【명사】빠짐없이 완전히 갖춤. ◆ 名完备，配全，备齐，配齐。¶연회실 완비. =配有宴会厅。● 완비되다(完備--), 완비하다(完備--) ●

완상하다(玩賞--)【동사】즐겨 구경하다. ◆ 动观赏，欣赏，玩赏。¶미술관에서 작품을 완상하다. =在美术馆里欣赏作品。

완성(完成)【명사】완전히 다 이룸. ◆ 名完成，做完，制成。¶결혼은 사랑의 완성이다. =婚姻是爱情的归宿。● 완성되다(完成--), 완성하다(完成--) ●

완성품(完成品)【명사】완성된 물품. ◆ 名成品，完成品。¶완성품을 내놓다. =拿出成品。

완수(完遂)【명사】뜻한 바를 완전히 이루거나 다 해냄. ◆ 名完成，实现，成功。¶임무 완수. =完成任务。● 완수되다(完遂--), 완수하다(完遂--) ●

완숙(完熟)【명사】名 ❶ 열매 따위가 완전히 무르익음. ◆ (果实)熟透。❷ 사람이나 동물이 완전히 성숙함. ◆ (人或动物)成熟，老成。❸ 재주나 기술 따위가 아주 능숙함. ◆ (技术等)炉火纯青，精湛，完美。¶그의 소리는 완숙의 경지에 이르렀다. =他的嗓音已达完美之境。❹ 음식 따위를 완전히 삶음. ◆ (食物)煮熟。¶달걀을 완숙으로 삶아서 찬물에 담가 두었다. =把鸡蛋煮熟后浸到冷水里。● 완숙하다(完熟--) ●

완승(完勝)【명사】완전하게 또는 여유 있게 이김. 또는 그런 승리. ◆ 名大获全胜，全胜。¶완승을 거두다. =大获全胜。● 완승하다(完勝--) ●

완장(腕章)【명사】신분이나 지위 따위를 나타내기 위하여 팔에 두르는 표장(標章). ◆ 名臂章，袖章。

완전(完全)【명사】필요한 것이 모두 갖추어져 모자람이나 흠이 없음. ◆ 名 (主要用于其他名词前)完善，全面。● 완전하다(完全--), 완전히(完全-) ●

완전무결(完全無缺)【명사】충분히 갖추어져 있어 아무런 결점이 없음. ◆ 名完整无缺，完好无缺，完美。¶영민의 연기는 표정과 대사와 제스처가 삼위일체가 되어 거의 완전무결에 가깝다. =永敏的表演实现了表情、台词、动作的完美结合，演技已近乎完美。● 완전무결하다(完全無缺--) ●

완제품(完製品)【명사】일정한 조건에 알맞게 제작 공정을 완전히 마친 제품. ◆ 名成品，制成品。¶완제품을 수입하다. =进口成品。

완주(完走)【명사】목표한 지점까지 다 달림. ◆ 名跑完全程，跑到最后。¶마라톤 경기에 참가하는 일반 시민들은 대부분 기록보다는 완주가 목표이다. =大部分普通市民参加马拉松比赛的目标是跑完全程，而不是破纪录。● 완주하다(完走--) ●

완충(緩衝)【명사】대립하는 것 사이에서 불화나 충돌을 누그러지게 함. ◆ 名缓冲。¶완충 지대. =缓冲区。

완치(完治)【명사】병을 완전히 낫게 함. ◆ 名痊愈，治愈，根治。¶난치병 완치. =根治顽疾。● 완치되다(完治--), 완치하다(完治--) ●

완쾌(完快)【명사】병이 완전히 나음. ◆ 名痊愈，治愈，根治，完全康复。¶완쾌를 빌다. =祈求完全康复。● 완쾌되다(完快--), 완쾌하다(完快--) ●

완파(完破)【명사】名 ❶ 물건이나 건물 따위를 완전히 깨뜨림. ◆ (东西、建筑等)彻底打碎。❷ 상대편을 완전히 무찌름. ◆ 大胜，大获全胜。¶선수들은 완파를 할 수 있다는 믿음을 갖고 경기에 임했다. =队员们怀着必能大胜的自信，参加了比赛。● 완파하다(完破--) ●

완패(完敗)【명사】완전하게 패함. ◆ 名大败，惨败。● 완패하다(完敗--) ●

완행(緩行)【명사】名 ❶ 느리게 감. ◆ 缓行，慢行。¶완행 구간. =缓行区间。❷ 완행버스(일정한 구간을 빠르지 않은 속도로 운행하면서 승객이 원하는 곳마다 서는 버스). ◆ 慢速公交车。❸ 완행열차(빠르지 않은 속도로 달리며 각 역마다 멎는 열차). ◆ 慢车，普通列车，普快。¶이 열차는 간이역에서도 멎는 완행이다. =这趟列车是在临时车站也要停靠的慢车。

완행버스(緩行--)【명사】일정한 구간을 빠르지 않은 속도로 운행하면서 승객이 원하는 곳마다 서는 버스. ◆ 名慢速公交车。¶완행버스는 목적지까지 도착하는 데 여러 번을 정차했다. =慢速公交车在到达目的地之前要停好多次车。

완행열차(緩行列車)【명사】빠르지 않은 속도로 달리며 각 역마다 멎는 열차. ◆ 名慢车，普通列车。¶완행열차를 타고 여행하다. =乘普通列车去旅行。

완화(緩和)【명사】名 ❶ 긴장된 상태나 급박한 것을 느슨하게 함. ◆ (紧张状况等)缓和，缓解，放松，松驰。¶긴장 완화. =缓解紧张。❷ 병의 증상이 줄어들거나 누그러짐. ◆ (病情)缓和。● 완화되다(緩和--), 완화하다(緩和--) ●

왈가닥【명사】남자처럼 덜렁거리며 수선스러운 여자. ◆ 名俚假小子，疯丫头。¶왈가닥 여사. =疯丫头。

왈가왈부(曰可曰否)【명사】어떤 일에 대하여 옳거니 옳지 아니하거니 하고 말함. ◆ 名说三道四，评头论足，指指点点。¶그 문제에 대해 더 이상의 왈가왈부는 그만둡시다. =请不要再对那个问题说三道四了。● 왈가왈부하다(曰可曰否--) ●

왈츠(waltz)【명사】3박자의 경쾌한 춤곡. 또는 그에 맞추어 남녀가 한 쌍이 되어 원을 그리며 추는 춤. ◆ 名圆舞曲，华尔兹舞曲；华尔兹舞。¶남녀가 왈츠에 맞추어 멋지게 춤을 추다. =男男女女随着华尔兹舞曲翩翩起舞。

왈칵【부사】副 ❶ 갑자기 먹은 것을 다 게워 내는 모양. ◆ (呕吐的样子)哇地，哗地，哗啦，一下子。¶점심 먹은 것을 왈칵 게우다. =中午吃的东西

"哇"地全吐了出来。❷ 갑자기 힘껏 잡아당기거나 밀치는 모양. ◆ (突然使劲拉、推的样子)一下子，猛地。¶엄마가 눈물이 글썽한 착잡한 시선으로 나를 바라보더니 왈칵 끌어안았다. =妈妈眼里闪着泪花，百感交集地看了看我，然后一下子把我抱在了怀里。❸ 단단한 물건들이 서로 매우 거칠게 부딪치는 소리. 또는 그 모양. ◆ (硬东西相互碰撞的声音或样子)哐当，咔嚓。● 왈카닥, 왈칵왈칵 ●

왕[1](王)【명사】图 ❶ 임금(군주 국가에서 나라를 다스리는 우두머리). ◆ 王，国王，君主。¶왕을 세우다. =拥立为王。❷ 일정한 분야나 범위 안에서 으뜸이 되는 사람이나 동물 따위를 비유적으로 이르는 말. ◆ 王，大王，首，第一，老大。¶먹는 데는 내가 왕이다. =在吃的方面我是老大。

왕[2](王)-【접사】前缀 ❶ '보다 큰 종류'의 뜻을 더하는 접두사. ◆ (用于部分动植物前)王，粗，大。¶왕거미. =大蜘蛛。❷ '매우 심한'의 뜻을 더하는 접두사. ◆ (用于部分名词前)非常，特别。¶왕고집. =非常固执。

왕거미(王--)【명사】산왕거미(왕거밋과의 곤충. 몸의 길이는 수컷은 1.5cm, 암컷은 3cm 정도이다. ◆图 大腹圆蛛；大蜘蛛。

왕겨【명사】벼의 겉겨. ◆图粗糠，谷麸。¶왕겨 베개. =粗糠枕头。

왕골【명사】사초과의 한해살이풀. 높이는 1.5미터 정도이며, 잎은 뿌리에서 뭉쳐나고 좁고 길다. ◆图莞草，莒草。¶왕골 방석. =莞草席。

왕관(王冠)【명사】图 ❶ 임금이 머리에 쓰는 관. ◆ 王冠，皇冠。¶왕관을 쓰다. =戴上王冠。❷ 존엄하거나 고귀한 표상으로 머리에 쓰는 관. ◆ (戴在头上表示尊严与高贵的)王冠。❸ 운동 경기나 미인 대회 따위에서, 일인자로 뽑힌 사람에게 명예로 쓰게 하는 관. ◆ (比赛或选美比赛中的)桂冠，王冠。

왕국(王國)【명사】图 ❶ 임금이 다스리는 나라. ◆ 王国。¶고대 왕국. =古代王国。❷ 하나의 큰 세력을 형성하고 있는 것을 비유적으로 이르는 말. ◆〈喻〉王国，帝国。¶석유 왕국. =石油帝国。

왕궁(王宮)【명사】임금이 거처하는 궁전. ◆ 图王宫，皇宫，禁宫。¶왕궁 생활. =王宫生活。

왕년(往年)【명사】지나간 해. ◆ 图 (主要以"왕년에""왕년의"的形式出现)往年，早年，从前，以前，以往。¶왕년의 스타. =以往的明星。

왕래(往來)【명사】图 ❶ 가고 오고 함. ◆ 来往。¶왕래가 잦다. =来往频繁。❷ 서로 교제하여 사귐. ◆ 交往，来往。¶왕래가 지속되다. =继续交往。● 왕래하다(往來--) ●

왕림하다(枉臨--)【동사】남이 자기 있는 곳으로 찾아오다. ◆ 动枉临，枉顾，屈驾光临。¶임금이 신하의 집을 왕림하다. =君主驾临臣子家。

왕방울(王--)【명사】큰 방울. ◆ 图大铃，铜铃。¶왕방울 같은 큰 눈. =铜铃般的大眼睛。

왕복(往復)【명사】갔다가 돌아옴. ◆ 图往返。¶왕복 여비. =往返旅费。● 왕복하다(往復--) ●

왕성(旺盛)【명사】한창 성함. ◆ 图旺盛，充沛，兴盛。¶원기 왕성. =元气旺盛。● 왕성하다(旺盛--) ●

왕소금(王--)【명사】알이 거칠고 굵은 소금. ◆ 图粗盐，大粒盐。¶왕소금으로 이를 닦다. =用粗盐刷牙。

왕왕[1](往往)【부사】시간의 간격을 두고 이따금. ◆ 副往往，常常，经常。¶그런 일은 전에도 왕왕 있었던 일이다. =那种事以前也经常发生。

왕왕[2]【부사】귀가 먹먹할 정도로 크고 시끄럽게 떠들거나 우는 소리. ◆ 副轰隆轰隆，轰鸣。¶스피커소리가 왕왕 울리다. =话筒里的声音轰隆轰隆地响起。

왕왕거리다【동사】귀가 먹먹할 정도로 크고 시끄럽게 떠들거나 우는 소리가 잇따라 나다. ◆ 动嚎叫，嚎啕，嗡嗡。¶벌떼 소리가 왕왕거리다. =蜂群发出嗡嗡声。● 왕왕대다 ●

왕위(王位)【명사】임금의 자리. ◆ 图王位。¶왕위 계승. =王位继承。

왕자(王子)【명사】图 ❶ 임금의 아들. ◆ 王子。¶낙랑 공주와 호동 왕자. =乐浪公主和好童王子。❷ 아직 어리거나 젊은 사내아이를 귀엽게 이르는 말. ◆ (对少年的爱称)王子。¶우리 왕자님 오늘은 뭐가 불만이지? =我们的王子今天有什么不满?

왕진(往診)【명사】의사가 병원 밖의 환자가 있는 곳으로 가서 진료함. ◆ 图出诊。¶왕진 가방. =出诊箱。● 왕진하다(往診--) ●

왕창【부사】엄청나게 큰 규모로. ◆ 副大规模地，多多地。¶돈을 왕창 벌다. =赚很多钱。

왕초(王-)【명사】거지, 넝마주이 따위의 우두머리를 속되게 이르는 말. ◆ 图乞丐王，破烂王。¶그는 타고난 근성과 뛰어난 싸움 실력으로 결국 그 지역 불량배들의 왕초가 되었다. =他以天生的韧劲和出众的打架实力最后成为那个地区乞丐的头头。

왕후(王后)【명사】임금의 아내. ◆ 图王后。¶왕후는 궁의 안주인답게 엄숙하고 후덕했다. =王后作为后宫主人，严肃厚德。

왜[1](倭)【명사】'왜국(倭國)'의 준말. 예말애 '일본(日本)'을 낮추어 이르는 말. ◆ 图 "왜국(倭國)"的略语，倭，日本。

왜[2]【부사】무슨 까닭으로. 또는 어째서. ◆ 副为什么，为何，怎么。¶왜 그래? 무슨 일이야? =为什么那样? 出什么事了?

왜가리【명사】왜가릿과의 새. 몸의 길이는 90~100cm이고 다리와 부리가 길다. ◆ 图 苍鹭。

왜곡(歪曲)【명사】사실과 다르게 해석하거나 그릇되게 함. ◆ 图歪曲。¶역사 왜곡. =歪曲历史。● 왜곡되다(歪曲--), 왜곡하다(歪曲--) ●

왜냐하면【부사】'왜 그러냐 하면'의 뜻의 접속부사. ◆ 副表示原因。¶나는 그의 실패를 탓하지 않았는데 왜냐하면 그는 최선을 다했기 때문이다. =我不责怪他的失败，因为他已经尽了全力。

왜소하다(矮小--)【형용사】몸뚱이가 작고 초라하다. ◆ 形矮小。¶몸이 왜소하다. =身材矮小。

왠지【부사】왜 그런지 모르게. 또는 뚜렷한 이유도 없이. ◆ 副不知为什么。¶그 이야기를 듣자 왠지 불길한 예감이 들었다. =听到那个故事，不知为什么产生了不祥的预感。

왱왱거리다【동사】动 ❶ 작은 날벌레나 돌팔매 따위가 빠르게 날아가는 소리가 잇따라 나다. ◆ 嗡嗡叫。¶파리가 음식 주위에서 왱왱거리다. =苍蝇在食物周围嗡嗡叫。❷ 가는 철사나 전깃줄 따위에 바람이 세차게 부딪쳐 울리는 소리가 잇따라 나다. ◆ 呜呜响。¶창문 틈으로 겨울 바람이 왱왱거리다. =窗户缝里发出寒风的呜呜声。❸ 소방차나 구급차 따위가 잇따라 경적을 울리다. ◆ 消防车或救护车持续鸣笛。¶소방차가 왱왱거리는 것을 보니 어디에 화재가 났나 보다. =听到消防车的呼啸声，好像是哪里发生了火灾。● 왱왱대다, 왱왱, 왱왱하다 ●

외[1](外)【의존 명사】일정한 범위나 한계를 벗어남을 나타내는 말. ◆ 依名以外，之外。¶그 외에. =此外。

외[2]-【접사】'혼자인' 또는 '하나인' 또는 '한쪽에 치우친'의 뜻을 더하는 접두사. ◆ 前缀独自，一个。¶외아들. =独子。

외[3](外)-【접사】前缀 ❶ '모계 혈족 관계인'의 뜻을 더하는 접두사. ◆ 外祖母家。¶외할아버지. =外祖父。❷ '밖'이나 '바깥'의 뜻을 더하는 접두사. ◆外。¶외분비(外分泌). =外分泌。

외가(外家)【명사】어머니의 친정. ◆名外祖母家，姥姥家。¶방학에 외가에 가서 외할머니를 뵈었다. =放假的时候去外婆家探望了外婆。

외각(外角)【명사】다각형에서, 한 변과 그것에 이웃한 변의 연장선이 이루는 각. ◆名外角。

외간(外間)【명사】名 ❶ 친척이 아닌 남. ◆ 外人。¶외간 사람. =外人。❷ 자기 집 밖의 다른 곳. ◆外面，家外面。¶외간에 파다하게 퍼진 소문. =在外面散布的传闻。

외경(畏敬)【명사】공경하면서 두려워함. ◆ 名敬畏。¶그는 존경의 대상을 넘어서 외경의 인물로 평가되어 왔다. =人们对他的评价超过了尊敬的程度，认为他是一个可敬畏的人。

외계(外界)【명사】名 ❶ 바깥 세계. 또는 자기 몸 밖의 범위. ◆ 外界。¶외계와의 단절. =与外界隔绝。❷ 지구 밖의 세계. ◆ 外星球，宇宙。¶외계 어느 곳에 생명체가 있을 가능성이 있다. =在宇宙的某个地方可能存在着其他生命体。

외계인(外界人)【명사】공상 과학 소설 따위에서 지구 이외의 천체에 존재한다고 생각되는 지적인 생명체. ◆ 名外星人。¶외계인의 존재는 늘 우리에게 호기심을 자극한다. =是否存在外星人，这常常引起我们的好奇。

외고집(-固執)【명사】융통성이 없이 외곬으로 부리는 고집. 또는 그런 사람. ◆ 名倔脾气，倔犟，顽固。¶외고집을 세우다. =犯犟。

외골수(-骨髓)【명사】단 한 곳으로만 파고드는 사람. ◆ 名死心眼的人，一根筋的人，钻牛角尖的人，固执的人。¶외골수 학자.=固执己见的学者。

외곬【명사】단 하나의 방법이나 방향. ◆ 名 (主要以"외곬으로"的形式)一门心思，死心眼，钻牛角尖。¶외곬으로 생각하다. =钻牛角尖。

외과(外科)【명사】몸 외부의 상처나 내장 기관의 질병을 수술이나 그와 비슷한 방법으로 치료하는 학문. 의학의 한 분야이다. ◆ 名外科。

외곽(外廓/外郭)【명사】名 ❶ 바깥 테두리. ◆ 外围。¶서울 외곽에 있는 주택 단지가 정비될 것이다. =首尔外围的住宅区将进行维修。❷ 성 밖으로 다시 둘러쌓은 성. ◆ 外城。¶외곽의 둘레에 수로를 만들어 적의 공격을 방어하다. =在外城周围修建河道以防御敌人的攻击。

외관(外觀)【명사】겉으로 드러난 모양. ◆ 名外观，外表。¶외관 검사. =检查外观。

외관상(外觀上)【명사】겉모양의 측면. ◆ 名外观上，外表方面。¶외관상의 문제. =外观问题。

외교(外交)【명사】다른 나라와 정치적, 경제적, 문화적 관계를 맺는 일. ◆ 名外交。¶정상 외교. =首脑外交。

외교관(外交官)【명사】외국에 주재하며 자기 나라를 대표하여 외교 사무에 종사하는 관직. 또는 그 관직에 종사하는 사람. ◆ 名外交官。

외교사절(外交使節)【명사】국가 간의 외교 교섭을 위하여 외국에 파견되는 국가의 대표자 또는 대표 기관. ◆ 名 外交使节。¶양국이 외교사절을 교환하여 의견을 조율하다. =两国交换外交使节协商意见。

외국(外國)【명사】자기 나라가 아닌 다른 나라. ◆ 名外国。¶외국 사람. =外国人。

외국산(外國産)【명사】다른 나라에서 생산함. 또는 그런 물건. ◆ 名外国生产，外国产品。¶외국산 자동차를 수입하다. =进口汽车。

외국어(外國語)【명사】다른 나라의 말. ◆ 名外国语，外语。¶외국어를 배우다. =学习外语。

외국인(外國人)【명사】다른 나라 사람. ◆ 名外国人。

외근(外勤)【명사】직장 밖에 나가서 근무함. 또는 그런 근무. ◆ 名外勤。¶외근 기자. =外勤记者。● 외근하다(外勤--) ●

외길【명사】名 ❶ 단 한 군데로만 난 길. ◆ 单行道。¶외길 통행. =单行道通行。❷ 한 가지 방법이나 방향에만 전념하는 태도. ◆ 专一，执着。¶외길 인생. =执着的人生。

외나무다리【명사】한 개의 통나무로 놓은 다리. ◆ 名独木桥。¶외나무다리를 건너다. =过独木桥。

외눈【명사】名 ❶ 짝을 이루지 않은 단 하나의 눈. ◆ 独眼。¶외눈 도깨비. =独眼鬼。❷ 두 눈에서 한 눈을 감고 다른 한 눈으로 볼 때 뜬 눈. ◆ 单眼，一只眼。¶외눈으로 목표물을 겨누다. =用一只眼瞄准目标。

외다【동사】'외우다'의 준말. ◆ 动 "외우다"的略语。

외도하다(外道--)【동사】动 ❶ 배우자가 아닌 다른 이성과 성관계를 하다. ◆ 搞外遇。❷ 본업을 떠나 다른 일에 손을 대다. ◆ 不务正业。¶직장을 그만두고 외도하다. =放弃工作，不务正业。

외돌토리【명사】매인 데도 없고 의지할 데도 없는 홀몸. ◆ 图独身，单身。

외동딸【명사】'외딸'을 귀엽게 이르는 말. 단 하나뿐인 딸. ◆ 图独生女。¶그녀는 홀어머니 슬하에서 외동딸로 자랐다. =她是寡母独自抚养长大的独生女。

외동아들【명사】'외아들'을 귀엽게 이르는 말. 단 하나만 있는 아들. ◆ 图独生子。¶그는 외동아들이라 어려서부터 모든 귀여움을 독차지하고 자랐다. =他是独生子，从小就集家人的宠爱于一身。

외따로【부사】홀로 따로. ◆ 副孤单地，孤独地，孤零零地。¶자식을 모두 출가시키고 할머니는 시골에서 외따로 살고 계신다. =子女们都离开了家乡，奶奶自己在山村里孤独地生活着。

외딴【관형사】홀로 떨어져 있는. ◆ 冠孤单的，孤独的，孤零零的。¶외딴 마을. =孤零零的村庄。

외딴곳【명사】홀로 따로 떨어져 있는 곳. ◆ 图偏僻之地，僻壤。¶인적이 드문 외딴곳으로 가서 조용히 여생을 보내다. =去人迹罕至的偏僻之地度过余生。

외딴섬【명사】홀로 따로 떨어져 있는 섬. ◆ 图孤岛。¶세상과 동떨어진 절해의 외딴섬. =远离尘世的远海孤岛。

외딴집【명사】홀로 따로 떨어져 있는 집. ◆ 图独户人家，孤零零的房舍。¶그는 산허리 외딴집에서 나물을 캐고 산다. =他住在半山腰上的独座房舍里，以挖野菜为生。

외떡잎식물(---植物)【명사】속씨식물의 한 강. 떡잎이 한 개인 식물로 줄기의 관다발은 불규칙하게 산재하고 보통 형성층이 없으며 꽃의 각 부분 곧 꽃받침·꽃잎·꽃술이 3배수로 되어 있다. ◆ 图 单子叶植物。

외떨어지다【동사】홀로 외롭게 떨어지다. ◆ 动孤单，孤零零。¶그집이 마을과 외떨어지다. =那所房子孤零零地远离村庄。

외람되다(猥濫--)【형용사】하는 짓이 분수에 지나치다. ◆ 形冒失，冒昧，无礼。¶대단히 외람된 말씀이오나 저는 그 의견에는 동의할 수 없습니다. =尽管非常冒昧，但我不同意那个观点。

외래(外來)【명사】图 ❶ 밖에서 옴. 또는 다른 나라에서 옴. ◆ 外来。¶외래 문물. =外来文物。❷ 환자가 입원하지 아니하고 병원에 다니면서 치료를 받음. 또는 그 환자. ◆ 门诊，门诊病人。¶외래 진찰권. =门诊挂号单。

외래문화(外來文化)【명사】고유한 문화가 아닌, 다른 나라에서 들어온 문화. ◆ 图外来文化。

외래어(外來語)【명사】외국에서 들어온 말로 국어처럼 쓰이는 단어. ◆ 图外来语，外来词。

외로움【명사】홀로 되어 쓸쓸한 마음이나 느낌. ◆ 图孤独，寂寞，孤单。¶외로움을 타다. =害怕孤独。

외롭다【형용사】홀로 되거나 의지할 곳이 없어 쓸쓸하다. ◆ 形孤独，孤寂，寂寞，孤单。¶친구가 떠나 외롭다. =由于朋友离去而感到孤独。● 외로이 ●

외마디【명사】소리나 말의 단 한 마디. ◆ 图一句，一声。¶외마디 비명을 지르다. =发出一声惨叫。

외면[1](外面)【명사】图 ❶ 겉으로 드러난 면. ◆ 外面，外表，表面。¶건물의 외면에 칠을 하다. =粉刷建筑表面。❷ 말이나 하는 짓이 겉에 드러나는 모양. ◆ 外表，外貌，表面，外形。¶사람은 외면만 보고 판단해서는 안 된다. =不能以貌取人。

외면[2](外面)【명사】图 ❶ 마주치기를 꺼리어 피하거나 얼굴을 돌림. ◆ 背过脸，转过脸，不理睬。¶그는 친구들에게 외면을 당하다. =朋友们谁都不理睬他。❷ 어떤 사상이나 이론·현실·사실·진리 따위를 인정하지 않고 도외시함. ◆ 回避。¶장애인 고용 촉진법이 사업주들의 외면으로 실효를 거두지 못하고 있다. =由于企业主们的不认可，《雇佣残障人促进法》没有取得实效。● 외면하다(外面--) ●

외모(外貌)【명사】겉으로 드러나 보이는 모양. ◆ 图外貌，外表，容貌。¶외모가 번듯한 기와집. =外观整洁的瓦房。

외박(外泊)【명사】자기 집이나 일정한 숙소에서 자지 아니하고 딴 데 나가서 잠. ◆ 图外宿，在外过夜。¶외박을 나가다. =在外过夜。● 외박하다(外泊--) ●

외벽(外壁)【명사】건물 바깥쪽을 둘러싸고 있는 벽. ◆ 图外壁，外墙。¶건물 외벽에 칠을 새로 했다. =重新粉刷了建筑外墙。

외부(外部)【명사】图 ❶ 바깥 부분. ◆ 外部，外面，外边。¶외부 공사. =外部工程。❷ 조직이나 단체의 밖. ◆ 外围，外界，局外。¶외부 기관. =外围机构。

외삼촌(外三寸)【명사】어머니의 남자 형제를 이르는 말. ◆ 图舅舅。¶외가에 가니 외할머니는 물론 외삼촌과 이모가 반갑게 맞아 주셨다. =去了姥姥家，姥姥、舅舅和姨妈都高兴地欢迎我。

외상[1](外傷)【명사】몸의 겉에 생긴 상처를 통틀어 이르는 말. ◆ 图外伤，体表创伤。¶외상을 입다. =受外伤。

외상[2]【명사】값은 나중에 치르기로 하고 물건을 사거나 파는 일. ◆ 图赊账，赊欠。¶외상 사절. =谢绝赊账。

외상값【명사】외상으로 거래한 물건의 값. ◆ 图赊的账，欠款。¶외상값을 받다. =收到欠款。

외선(外線)【명사】관청이나 회사 따위에서 외부로 통하는 전화. ◆ 图外线。

외세(外勢)【명사】图 ❶ 외국의 세력. ◆ 国外势力，外国势力。¶외세의 간섭. =外国势力的干涉。❷ 바깥의 형세. ◆ 外边的形势。¶외세를 살피다. =观察外边的形势。

외손녀(外孫女)【명사】딸이 낳은 딸. ◆ 图外孙女。

외손자(外孫子)【명사】딸이 낳은 아들. ◆ 图外孙。

외숙(外叔)【명사】어머니의 남자 형제를 이르는 말. ◆ 图舅舅。

외숙모(外叔母)【명사】외삼촌의 아내. ◆ 图舅妈。

외숙부(外叔父)【명사】어머니의 남자 형제를 이르는 말. ◆ 图舅舅。

외식(外食)【명사】집에서 직접 해 먹지 아니하고 밖에서 음식을 사 먹음. 또는 그런 식사. ◆ 图在外就餐，在餐厅吃饭。¶결혼기념일에 그는 아내와 외식

을 하고 영화도 보기로 했다. =他和妻子决定在结婚纪念日那天去饭店就餐，然后去看电影。● 외식하다(外食--) ●

외신(外信)【명사】외국으로부터 온 통신. ◆ 图外电，外国通讯。¶외신 기사. =外国通讯。

외아들【명사】图 ❶ 다른 자식이 없이 단 하나뿐인 아들. ◆ 独生子(没有其他孩子)。❷ 다른 남자 동기가 없이 단 하나뿐인 아들. ◆ 唯一的儿子（有其他孩子）。

외야(外野)【명사】야구에서, 본루·1루·2루·3루를 연결한 선 뒤쪽의 파울 라인 안의 지역. ◆ 图外场。

외야수(外野手)【명사】야구에서, 외야를 지키는 우익수·좌익수·중견수를 통틀어 이르는 말. ◆ 图外野手，外场手，外场守场员。

외양(外樣)【명사】겉으로 보이는 모양. ◆ 图外貌，外表，外形。¶외양이 볼품 없다. =外表难看。

외양간(--間)【명사】마소를 기르는 곳. ◆ 图牛马棚，牲口棚。¶외양간에서 소를 키우다. =在牛马棚养牛。

외우다【동사】动 ❶ 말이나 글 따위를 잊지 않고 기억하여 두다. ◆ 默记，记住。¶친구의 전화번호를 외우다. =记住朋友的电话号码。❷ 글이나 말을 기억하여 두었다가 한 자도 틀리지 않게 그대로 말하다. ◆ 背诵。¶주문을 외우다. =背诵祈祷文。

외유내강(外柔內剛)【명사】겉으로는 부드럽고 순하게 보이나 속은 곧고 굳셈. ◆ 图外柔内刚。¶외유내강의 성격을 지니다. =性格外柔内刚。

외인(外人)【명사】图 ❶ 한집안 식구 밖의 사람. ◆ 外人。¶할아버지의 회갑잔치에 많은 외인이 참석하다. =有许多外人参加爷爷的花甲宴。❷ 단체나 조직 따위의 동아리 밖에 있는 사람. ◆ 外人。❸ 어떤 일에 관계없는 사람. ◆ 局外人，外人。¶회의 중 외인 출입 금지. =会议期间禁止外人进入。❹ 다른 나라 사람. ◆ 外国人。¶외인 거주지. =外国人居住地。

외자(外資)【명사】'외국 자본(外國資本)'을 줄여 이르는 말. 외국이나 외국인이 투자한 자본. ◆ 图外国资本，外资。¶외자를 유치하다. =吸引外资。

외적[1](外的)【명사】외부적인 것. 물질이나 겉모습에 관한 것. ◆ 图外部的，外在的，外表。¶사물을 외적으로 살펴보다. =从外表观察事物。

외적[2](外敵)【명사】외국으로부터 쳐들어오는 적. ◆ 图外敌，外寇。¶외적을 물리치다. =击退外敌。

외줄【명사】단 한 가닥의 줄. ◆ 图一条线，一根线，钢丝单线。¶외줄을 타는 곡예사. =走钢丝的杂技师。

외지(外地)【명사】图 ❶ 자기가 사는 곳 밖의 다른 고장. ◆ 外地。¶외지 사람. =外地人。❷ 나라 밖의 땅. ◆ 外国。¶외지에 나온 기술자들은 땀 흘리며 열심히 일한다. =在外国谋生的技术人员拼命地努力工作。

외지다【형용사】외따로 떨어져 있어 으슥하고 후미지다. ◆ 形偏僻，偏远。¶그마을이 외지다. =那个村庄位置偏远。

외출(外出)【명사】집이나 근무지 따위에서 벗어나 잠시 밖으로 나감. ◆ 图外出，出门。¶외출 금지. =禁止外出。● 외출하다(外出--) ●

외출복(外出服)【명사】외출할 때 입는 옷. ◆ 图外出服。¶외출복을 입다. =身着外出服。

외치다【동사】动 ❶ 남의 주의를 끌거나 다른 사람에게 어떤 행동을 하도록 하기 위하여 큰 소리를 지르다. ◆ 叫喊，大声喊，高呼。¶'불이야!' 하고 큰 소리로 외치다. =大声喊"着火了！"。❷ 의견이나 요구 따위를 강하게 주장하다. ◆ 高呼，呼吁。¶독립을 외치다. =呼吁独立。

외침(外侵)【명사】다른 나라나 외부로부터의 침입. ◆ 图外侵。¶외침에 대비하다. =应付外来侵略。

외침【명사】图 ❶ 큰 소리를 지르는 일. ◆ 叫喊，高喊，高呼。¶고요 속의 외침. =寂静中的呐喊。❷ 의견이나 요구 따위를 강력하게 주장하는 일. ◆ 高呼，呼吁。¶노동자들의 생존을 위한 외침. =为了工人们的生存而发出呼吁。

외톨박이【명사】매인 데도 없고 의지할 데도 없는 홀몸. ◆ 图孤苦零丁一个人。¶낯선 사람들 사이에서 나는 철저하게 외톨박이 신세였다. =在陌生人中，我完全是孤独一人。

외톨이【명사】图 ❶ 매인 데도 없고 의지할 데도 없는 홀몸. ◆ 孤苦零丁，孤身一人。¶할머니가 돌아가시자 아이는 다시 외톨이가 되었다. =奶奶去世后，孩子又成了孤苦零丁的孤儿。❷ 다른 짝이 없이 홀로만 있는 사물. ◆ 单，独。

외투(外套)【명사】추위를 막기 위하여 겉옷 위에 입는 옷을 통틀어 이르는 말. ◆ 图外套。

외판원(外販員)【명사】직접 고객을 찾아다니면서 물건을 파는 사람. ◆ 图推销员。¶보험회사에는 많은 여성들이 외판원으로 활동하고 있다. =保险公司有许多女性推销员。

외팔이【명사】지체 장애인 중에서 한쪽 팔이 없는 사람을 낮잡아 이르는 말. ◆ 图独臂人。

외풍(外風)【명사】图 ❶ 밖에서 들어오는 바람. ◆ 外面吹来的风，透进来的风。¶찢어진 문틈으로 외풍이 들어오다. =外面的风透过裂开的门缝吹进来。❷ 외국에서 들어온 풍속. ◆ 从外国传来的风俗。¶젊은 세대는 기성세대와 달리 외풍을 자유롭게 받아들인다. =与年长一代不同，年轻人很容易接受国外风俗。❸ 겉에 드러난 풍채. ◆ 外表，仪表，风采。

외할머니(外---)【명사】어머니의 친정어머니. ◆ 图外祖母，外婆，姥姥。

외할아버지(外----)【명사】어머니의 친정아버지. ◆ 图外祖父，外公，姥爷。

외항(外港)【명사】图 항구가 육지 안쪽에 깊숙이 들어와 있거나 방파제로 구분되어 있을 때, 그 바깥쪽의 구역. ◆ 港口的外港。¶대형 선박들은 외항에 정박한다. =大型船舶停泊在外港。

외항선(外航船)【명사】국제 항로를 다니는 배. ◆ 图远洋船，外航船。

외형(外形)【명사】图 ❶ 사물의 겉모양. ◆ 外形，外

表，表面。¶제품의 외형은 성능 못지 않게 중요하다. =产品的外表与性能同样重要。❷ 겉으로 드러난 형세. ◆ 外面形势。

외화[1](外貨)【명사】图 ❶ 외국의 돈. 외국의 통화로 표시된 수표나 유가 증권 따위도 포함한다. ◆ 外国货币，外汇。❷ 외국에서 들여오는 화물. ◆ 外国货，进口货。

외화[2](外畫)【명사】'외국영화(外國映畵)'의 준말. 다른 나라에서 만든 영화. ◆ 图国外电影。¶외화를 상영하다. =上映国外电影。

왼발【명사】왼쪽 발. ◆ 图左脚。

왼손【명사】왼쪽 손. ◆ 图左手。

왼쪽【명사】북쪽을 향하였을 때의 서쪽과 같은 쪽. ◆ 图左侧，左面，左方。¶왼쪽으로 고개를 돌리다. =把头扭向左边。● 왼편 ●

왼팔【명사】왼쪽 팔. ◆ 图左臂。

요[1]【관형사】冠 ❶ '이'를 낮잡아 이르거나 귀엽게 이르는 말. ◆ 这，这个。¶요 근방. =这附近。❷ 시간이나 거리의 가까움을 일컫는 말. ◆ 近，不远，这。¶요 근처에 오게 되면 전화해라. =到这儿附近打电话。

요[2]【명사】침구의 하나. 사람이 앉거나 누울 때 바닥에 깐다. ◆ 图褥子。¶이불과 요. =被褥。

-요[3]【어미】어떤 사물이나 사실 따위를 열거할 때 쓰이는 연결 어미. ◆ 词尾表示并列的接续形词尾。¶이것은 말이요, 저것은 소요, 그것은 돼지이다. =这是马，那是牛，那是猪。

요[4]【조사】助 ❶ 존칭이나 주의를 끌게 하는 보조사. ◆ 表示尊敬或强调的辅助词。¶눈이 와요. =下雪了。❷ 일부 계층이나 방언에서, 말하는 이 자신을 더 낮춤으로써 듣는 이를 더 높여줌을 나타냄. ◆ (在部分阶层或方言中使用)表示尊重听者。¶그렇게 해도 되겠습니까요? =那样做也可以吗?

요가(yoga)【명사】고대 인도에서부터 전하여 오는 심신 단련법의 하나. ◆ 图瑜伽。

요강[1](要綱)【명사】기본이 되는 줄거리나 골자. ◆ 图大纲。¶대학 입시 요강. =大学入学考试大纲。

요강[2]【명사】방에 두고 오줌을 누는 그릇. 놋쇠나 양은, 사기 따위로 작은 단지처럼 만든다. ◆ 图尿壶，夜壶。¶요강에다 소변을 보다. =把尿撒到夜壶里。

요건(要件)【명사】图 ❶ 긴요한 일이나 안건. ◆ 重要事情，要务。¶연말 총회에서는 여러 요건들이 다뤄질 예정이다. =在年末大会上预计将会处理许多重要事情。❷ 필요한 조건. ◆ 必要条件。¶요건을 갖추다. =具备所需条件。

요것【대명사】代 ❶ '이것'을 낮잡아 이르거나 귀엽게 이르는 말. ◆ 这，这个。¶요것 참 희한하게 생겼네. =这个长得真稀奇。❷ '요 사람'을 낮잡아 이르는 삼인칭 대명사. ◆ 这人，这家伙。¶요것들이 사람을 우습게 보네. =这些家伙还笑话人呢。❸ '요 아이'를 귀엽게 이르는 삼인칭 대명사. ◆ 这小子，这小孩。¶아이코 요것아, 어미 간 떨어지겠다. =唉呀，这孩子，吓死妈妈了。

요괴(妖怪)【명사】요사스러운 귀신. ◆ 图妖怪，妖魔鬼怪。

요구(要求)【명사】받아야 할 것을 필요에 의하여 달라고 청함. 또는 그 청. ◆ 图要求，请求。¶요구 사항. =要求事项。● 요구되다(要求--), 요구하다(要求--) ●

요구르트(yogurt)【명사】발효유의 하나. 우유나 양젖 따위를 살균하여 반쯤 농축하고 유산균을 번식시켜 만든 영양 식품이다. ◆ 图酸奶。

요금(料金)【명사】남의 힘을 빌리거나 사물을 사용·소비·관람한 대가로 치르는 돈. ◆ 图费用，酬金。¶전화 요금. =电话费。

요기[1]【대명사】代 ❶ 말하는 이에게 가까운 곳을 가리키는 지시 대명사. ◆ 这里，这儿。¶요기 꼼짝 말고 있어라. =在这儿老实待着，不要动。❷ 바로 앞에서 이야기한 대상을 가리키는 지시 대명사. ◆ 这。¶요기에 대해서는 더 이상의 설명이 필요하지 않다. =对此没必要再做说明。

요기[2](療飢)【명사】시장기를 겨우 면할 정도로 조금 먹음. ◆ 图充饥，垫饥。¶아침 요기. =当早餐充饥。● 요기하다(療飢--) ●

요긴하다(要緊--)【형용사】꼭 필요하고 중요하다. ◆ 形要紧，紧要。¶등산할 때 물통은 요긴하다. =登山时随身携带水壶十分必要。

요놈【명사】图 ❶ 말하는 이에게 가까이 있거나 말하는 이가 생각하고 있는 남자를 비속하게 이르는 삼인칭 대명사. ◆ 这小子，这家伙(贬称或昵称)。¶바로 요놈이 극악무도한 짓을 저지른 놈이라고. =就是这个家伙做出了十恶不赦的事。❷ 듣는 이가 남자일 때, 그 사람을 낮잡아 이르는 이인칭 대명사. ◆ 你这小子，你这家伙。¶요놈이 어느 안전이라고 말대꾸냐? =你这家伙也不看看是在谁面前，还敢顶嘴? ❸ '이 아이'를 비속하게 이르는 삼인칭 대명사. ◆ 这小家伙，这小东西(贬称或昵称)。¶요놈이 이래봬도 여간 똘똘한 게 아니라오. =别看这小家伙这样，其实聪明伶俐得很。

요다음【명사】요것에 뒤이어 오는 때나 자리. ◆ 图下次，下回。¶요다음 일요일에 만나자. =下周日再见。

요도(尿道)【명사】오줌을 방광으로부터 몸 밖으로 배출하기 위한 관(管). ◆ 图尿道。

요동(搖動)【명사】흔들리어 움직임. 또는 흔들어 움직임. ◆ 图摇动，晃动，震荡，颠簸。¶요동이 심하다. =晃动得厉害。● 요동하다(搖動--) ●

요란하다(搖亂/擾亂--)【형용사】形 ❶ 시끄럽고 떠들썩하다. ◆ 吵闹，闹哄哄，嘈杂，震天响 。¶폭죽 소리가 요란하다. =爆竹声震天响。❷ 정도가 지나쳐 어수선하고 야단스럽다. ◆ 花哨，花里胡哨，扎眼。¶옷차림이 요란하다. =衣着花哨。● 요란히(搖亂/擾亂-) ●

요람(搖籃)【명사】图 ❶ 젖먹이를 태우고 흔들어 놀게 하거나 잠재우는 물건. 주로 작은 채롱처럼 된 것을 이른다. ◆ 摇篮。¶요람 속에서 잠든 아기. =在摇篮里睡觉的孩子。❷ 사물의 발생지나 근원지를 비유적으로 이르는 말. ◆ 摇篮。¶유럽 문명의 요람. =欧洲文明的摇篮。

요량(料量)【명사】앞일을 잘 헤아려 생각함. 또는 그런 생각. ◆ 图 (对以后的事)斟酌，思量，考虑，估量。¶요량껏 하다. =斟酌处理。

요렇다【형용사】'요러하다'의 준말. 상태, 모양, 성질 따위가 이와 같다. ◆ 形如此，这样。¶성질이 요러니 누가 좋아하겠어? =这样的性格，谁会喜欢?

요령(要領)【명사】图 ❶ 가장 긴요하고 으뜸이 되는 골자나 줄거리. ◆ 要领，重点，要点，要旨。❷ 일을 하는 데 꼭 필요한 묘한 이치. ◆ 窍门，诀窍。¶논문 작성 요령. =论文写作窍门。❸ 적당히 해 넘기는 잔꾀. ◆ 手段，手腕。¶요령을 부리다. =耍手腕。

요리(料理)【명사】图 ❶ 여러 조리 과정을 거쳐 음식을 만듦. 또는 그 음식. 주로 가열한 것을 이른다. ◆ 料理，烹饪；菜肴。¶오늘의 특별요리. =今天的特色菜。❷ 어떤 대상을 능숙하게 처리함을 속되게 이르는 말. ◆ 对付，收拾，拾掇。¶그깟 아이 하나 요리를 못해서 일을 이 지경으로 만드는가? =你怎么让事情到了这个地步? 连那么个小孩都对付不了? ● 요리하다(料理--) ●

요리사(料理師)【명사】요리를 전문으로 하는 사람. ◆图厨师，烹饪师。

요리조리【부사】일정한 방향이 없이 요쪽 조쪽으로. ◆ 副处处，到处。¶상대방의 공격을 요리조리 피하다. =到处躲避对方的攻击。

요망(要望)【명사】어떤 희망이나 기대가 꼭 이루어지기를 간절히 바람. ◆ 图期待，盼望，期盼。¶연락 요망. =期待联络。● 요망하다(要望--) ●

요모조모【명사】사물의 요런 면 조런 면. ◆ 图多方面地，多角度地。¶요모조모로 써먹다. =多方面地运用。

요물(妖物)【명사】图 ❶ 요망스러운 것. ◆ 妖物。¶돈이란 사람이 사람을 죽이게도 하는 요물이다. =钱是令人互相残杀的妖物。❷ 간사하고 간악한 사람. ◆ ㊥奸邪的人。

요사이【명사】이제까지의 매우 짧은 동안. ◆ 图近来，最近。¶아이가 요사이 부쩍 컸다. =近来孩子长大了不少。

요새[1]【명사】'요사이'의 준말. 이제까지의 매우 짧은 동안. ◆ 图 近来，最近，当今，现在。¶요새 입맛이 통 없다. =最近一点胃口都没有。

요새[2](要塞)【명사】군사적으로 중요한 곳에 튼튼하게 만들어 놓은 방어 시설. 또는 그런 시설을 한 곳. ◆ 图要塞，关隘。¶난공불락의 요새. =易守难攻的要塞。

요소[1](要素)【명사】图 사물의 성립이나 효력 발생 따위에 꼭 필요한 성분. 또는 근본 조건. ◆ 要素，基本成分。¶핵심적 요소. =核心要素。

요소[2](尿素)【명사】카보닐기에 두 개의 아미노기가 결합된 화합물. 무색의 고체로 체내에서는 단백질이 분해하여 생성되고, 공업적으로는 암모니아와 이산화탄소에서 합성된다. 포유류의 오줌에 들어 있으며, 요소 수지, 의약 따위에 쓰인다. ◆ 图 尿素。

요소요소(要所要所)【명사】여러 중요한 장소나 지점. ◆ 图各要隘，各关口，各要冲。¶진입로 요소요소를 지키다. =坚守道路各关口。

요술(妖術)【명사】초자연적 능력으로 괴이한 일을 행함. 또는 그런 술법. ◆ 妖术。¶요술 거울. =魔镜。

요약(要約)【명사】말이나 글의 요점을 잡아서 간추림. ◆ 图概要，概括。¶이 자습서는 요약이 잘되어 있다. =这本自习书概括得很好。● 요약되다(要約--), 요약하다(要約--) ●

요양(療養)【명사】휴양하면서 조리하여 병을 치료함. ◆ 图疗养。¶그 환자는 퇴원 후에도 지속적인 요양이 필요하다. =那个病人出院后仍需继续疗养。● 요양하다(療養--) ●

요양원(療養院)【명사】환자들을 수용하여 요양할 수 있도록 시설을 갖추어 놓은 보건 기관. ◆ 图疗养院。¶결핵 요양원. =结核疗养院。

요염하다(妖艶--)【형용사】사람을 호릴 만큼 매우 아리땁다. ◆ 形妖艳，娇媚，妖娆，妩媚。¶자태가 요염하다. =姿态妖娆。

요원(要員)【명사】图 ❶ 어떤 기관에서 또는 어떤 일을 하는 데 꼭 필요한 인원. ◆ 人员。¶수사 요원. =搜查人员。❷ 중요한 지위에 있는 사람. ◆ 要员。¶간부 요원. =干部要员。

요원하다(遙遠/遼遠--)【형용사】아득히 멀다. ◆ 形遥远，渺茫。¶성공이 요원하다. =距离成功还很遥远。

요인(要因)【명사】사물이나 사건이 성립되는 까닭. 또는 조건이 되는 요소. ◆ 图要因，主要因素。¶사고 요인. =事故主要原因。

요일(曜日)【명사】일주일의 각 날을 이르는 말. ◆ 图星期几。¶오늘이 무슨 요일이냐? =今天是星期几?

요전번(-前番)【명사】지나간 지 얼마 안 되는 차례나 때. ◆ 图前一次，上一次，上回，前一回。¶요전번에 한 약속을 벌써 잊어버렸는가? =上回的约定倒已经忘了?

요절(夭折)【명사】젊은 나이에 죽음. ◆ 图夭折，早逝。¶요절 시인. =英年早逝的诗人。● 요절하다(夭折--) ●

요점(要點)【명사】가장 중요하고 중심이 되는 사실이나 관점. ◆ 图要点，重点。¶요점을 정리하다. =整理要点。

요정(妖精)【명사】서양 전설이나 동화에 많이 나오는, 사람의 모습을 하고 불가사의한 마력을 지닌 초자연적인 존재. ◆ 图精灵。

요조숙녀(窈窕淑女)【명사】말과 행동이 품위가 있으며 얌전하고 정숙한 여자. ◆ 图窈窕淑女。

요주의(要注意)【명사】각별한 주의가 필요함. ◆ 图需格外关注。¶요주의 인물. =需格外关注的人物。

요즈음【명사】바로 얼마 전부터 이제까지의 무렵. ◆ 图最近，近来，这几天。¶요즈음은 독감을 조심해야 합니다. =最近应该注意预防流感。

요즘【명사】'요즈음'의 준말. 바로 얼마 전부터 이제까지의 무렵. ◆名最近，近来，这几天。

요지(要旨)【명사】말이나 글 따위에서 핵심이 되는 중요한 내용. ◆名要旨，要点，要义。¶이야기의 요지. =谈话的要点。

요지경(瑤池鏡)【명사】名❶ 확대경을 장치하여 놓고 그 속의 여러 가지 재미있는 그림을 돌리면서 구경하는 장치나 장난감. ◆ 西洋镜，西洋景。❷ 알쏭달쏭하고 묘한 세상일을 비유적으로 이르는 말. ◆ 西洋镜，西洋景，〈喻〉花花世界，令人眼花缭乱的世界。¶그 잘살던 사람이 하루아침에 망하다니 세상은 정말 요지경이야. =那么有钱的人竟然一夜之间破了产，真是大千世界无奇不有啊!

요지부동(搖之不動)【명사】흔들어도 꼼짝하지 아니함. ◆名毫不动摇，屹立不动。¶요지부동의 자세로 버티다. =屹立不动地稳稳支撑着。

요직(要職)【명사】名❶ 중요한 직책이나 직위. ◆ 要职，重要职位。¶요직에 오르다. =升为要职。❷ 중요한 직업. ◆ 重要的职业。¶요직을 얻다. =找到重要的职业。

요청(要請)【명사】필요한 어떤 일이나 행동을 청함. 또는 그런 청. ◆ 名要求，请求。¶협력 요청. =合作请求。● 요청되다(要請--), 요청하다(要請--) ●

요충(要衝)【명사】'요충지(要衝地)'의 준말. 지세(地勢)가 군사적으로 아주 중요한 곳. ◆名 "요충지(要衝地)"之简称，要冲，要地。

요충지(要衝地)【명사】지세(地勢)가 군사적으로 아주 중요한 곳. ◆名要冲，要地。¶전략적 요충지. =战略要地。

요컨대(要--)【부사】중요한 점을 말하자면. ◆副简言之，总之。¶요컨대 내 얘기는 열심히 공부하라는 거다. =总之，我的意思就是你要认真学习。

요통(腰痛)【명사】허리와 엉덩이 부위가 아픈 증상. 척추 질환·외상·추간판 이상, 임신, 부인과 질환, 비뇨기계 질환·신경·근육 질환 따위가 원인이다. ◆名腰痛。

요트(yacht)【명사】유람·항해·경주 따위에 쓰는, 속도가 빠른 서양식의 작은 배. ◆名快艇，游艇，帆船。

요행(僥倖/徼幸)【명사】名❶ 행복을 바람. ◆ 祈求幸福，祈福。❷ 뜻밖에 얻는 행운. ◆ 侥幸，意外的幸运。¶그는 요행을 바라고 복권을 샀다. =他买了彩票，期望着意外的幸运降临。

요행히(僥倖/徼幸-)【부사】뜻밖으로 운수가 좋게. ◆副侥幸。

욕(辱)【명사】名❶ '욕설(辱說)'의 준말. 남의 인격을 무시하는 모욕적인 말. ◆ 诅咒，辱骂。¶욕을 먹다. =受到辱骂。❷ 아랫사람의 잘못을 꾸짖음. ◆ 斥责。¶네 행실을 보면 아버지에게 욕을 들을 만하다. =看着你的行为，就知道你非得挨爸爸骂不可。❸ 부끄럽고 치욕적이고 불명예스러운 일. ◆ 耻辱，侮辱。¶욕을 보이다. =侮辱。

욕구(欲求/慾求)【명사】무엇을 얻거나 무슨 일을 하고자 바라는 일. ◆ 名欲望，欲念。¶욕구를 느끼다. =感受欲望。

욕되다(辱--)【형용사】부끄럽고 치욕적이고 불명예스럽다. ◆ 形不光彩，耻辱。¶욕된 삶. =不光彩的生活。

욕망(欲望/慾望)【명사】부족을 느껴 무엇을 가지거나 누리고자 탐함. 또는 그런 마음. ◆名欲望。

욕먹다(辱--)【동사】动❶ 인격을 무시하는 모욕적인 말을 듣다. ◆ 受辱。❷ 남에게서 비난이나 안 좋은 소리를 듣다. ◆ 挨骂。¶욕먹을 짓을 하다. =做出挨骂的事。

욕설(辱說)【명사】남의 인격을 무시하는 모욕적인 말. 또는 남을 저주하는 말. ◆名辱骂，谩骂，诋毁。¶욕설을 늘어놓다. =开始谩骂。

욕실(浴室)【명사】목욕할 수 있도록 시설을 갖춘 방. ◆名浴室，淋浴间。

욕심(欲心/慾心)【명사】분수에 넘치게 무엇을 탐내거나 누리고자 하는 마음. ◆ 名欲望，贪心，贪欲。¶욕심이 나다. =起贪心。

욕심꾸러기(欲心---)【명사】욕심이 많은 사람을 낮잡아 이르는 말. ◆名贪得无厌的人，贪婪的人。

욕심나다(欲心--)【동사】분수에 넘치게 무엇을 탐내거나 누리고자 하는 마음이 생기다. ◆ 动起贪心。¶친구의 시계가 너무 욕심났다. =朋友的手表容易让人产生贪念。

욕심쟁이(欲心--)【명사】욕심이 많은 사람을 낮잡아 이르는 말. ◆名贪得无厌的人，贪婪的人。¶그는 세상에 둘도 없는 욕심쟁이라서 물건을 모두 독차지했다. =他是世间难寻的贪婪者，独占了一切。

욕조(浴槽)【명사】목욕을 할 수 있도록 물을 담는 용기. ◆名浴盆，浴缸，澡盆。

욕지거리(辱---)【명사】'욕설'을 속되게 이르는 말. 남의 인격을 무시하는 모욕적인 말. ◆名辱骂，谩骂。¶욕지거리가 오고 가다. =互相谩骂。

욕하다(辱--)【동사】남의 인격을 무시하는 모욕적인 말이나 남을 저주하는 말을 하다. ◆动辱骂，谩骂。¶화가 나서 욕하다. =因生气而辱骂。

용(龍)【명사】상상의 동물 가운데 하나. 몸은 거대한 뱀과 비슷한데 비늘과 네 개의 발을 가지며 뿔은 사슴에, 귀는 소에 가깝다고 한다. ◆名龙。

용감무쌍하다(勇敢無雙--)【형용사】용기가 있으며 씩씩하고 기운차기 짝이 없다. ◆形勇勇无双。¶그 장수는 용감무쌍하다. =那个将军英勇无比。

용감하다(勇敢--)【형용사】용기가 있어 태도가 씩씩하고 기운차다. ◆形勇敢，英勇。¶아이들의 행동이 용감하다. =孩子们的行为很勇敢。● 용감히(勇敢-) ●

용건(用件)【명사】해야할 일. ◆ 名要办的事情。¶용건만 간단히 말한다. =简单介绍要办的事情。

용광로(鎔鑛爐)【명사】높은 온도로 광석을 녹여서 쇠붙이를 뽑아내는 가마. ◆名熔炉。

용구(用具)【명사】무엇을 하거나 만드는 데 쓰는 여러 가지 도구. ◆ 名用具，工具。¶제도 용구. =制图工具。

용궁(龍宮)【명사】전설에서, 바다 속에 있다고 하는 용왕의 궁전. ◆图龙宫，水宫。

용기[1](勇氣)【명사】씩씩하고 굳센 기운. 또는 사물을 겁내지 아니하는 기개. ◆图勇气。¶용기가 나다. =鼓起勇气。

용기[2](容器)【명사】물건을 담는 그릇. ◆图容器。

용납(容納)【명사】너그러운 마음으로 남의 말이나 행동을 받아들임. ◆图包容，容忍。¶너의 그런 무례한 행동은 도저히 용납을 할 수 없다. =再也无法容忍你那无礼的行为了。● 용납되다(容納--), 용납하다(容納--) ●

용단(勇斷)【명사】용기 있게 결단을 내림. 또는 그 결단. ◆图果断。¶용단을 내리다. =当机立断。● 용단하다(勇斷--) ●

용달차(用達車)【명사】상품이나 물건 따위를 전문적으로 배달하는 작은 화물 자동차. ◆图送货车。

용도(用途)【명사】쓰이는 길. 또는 쓰이는 곳. ◆图用途，用场，用处。¶용도에 따라 구분하다. =按用途区分。

용돈(用-)【명사】개인이 자질구레하게 쓰는 돈. 또는 특별한 목적을 갖지 않고 자유롭게 쓸 수 있는 돈. ◆图零用钱，零花钱。¶용돈을 모으다. =攒零用钱。

용두사미(龍頭蛇尾)【명사】용의 머리와 뱀의 꼬리라는 뜻으로, 처음은 왕성하나 끝이 부진한 현상을 이르는 말. ◆图虎头蛇尾。¶그가 하는 일은 대부분 용두사미로 끝났다. =他做事大都虎头蛇尾，有始无终。

용량(容量)【명사】图 ❶ 가구나 그릇 같은 데 들어갈 수 있는 분량. ◆ 容量，容积。¶3백 리터(liter) 용량의 냉장고가 잘 나간다. =300升容量的冰箱卖得很好。❷ 어떤 물질이 일정한 상태에서 가질 수 있는 에너지의 양 또는 전기의 양. ◆ (物质在一定状态下所能容纳的电或其他能量的)容量，电容。❸ 저장할 수 있는 정보의 양. ◆ (储存信息的)容量，空间。¶이 프로그램을 설치하기에는 컴퓨터의 용량이 너무 작다. =计算机的存储空间太小，不足以安装这个程序。

용렬하다(庸劣--)【형용사】사람이 변변하지 못하고 졸렬하다. ◆ 形庸劣，平庸低劣，庸俗拙劣。¶용렬한 위인(爲人). =为人庸俗。

용례(用例)【명사】쓰고 있는 예. 또는 용법의 보기. ◆ 图实例，例题，例子。¶아래의 용례를 보고 문제를 풀어라. =请参照下面的例题解答问题。

용매(溶媒)【명사】어떤 액체에 물질을 녹여서 용액을 만들 때 그 액체를 가리키는 말. 액체에 고체 또는 기체 물질, 곧 용질을 녹여 용액을 만들었을 때, 본디 액체를 말함. ◆图溶媒，溶剂。

용맹(勇猛)【명사】용감하고 사나움. ◆ 图勇猛，英勇，骁勇。¶용맹을 떨치다. =以勇猛出名。● 용맹하다(勇猛--) ●

용맹스럽다(勇猛---)【형용사】용감하고 사나운 데가 있다. ◆ 形勇猛，英勇，骁勇。¶용맹스럽게 싸우다. =英勇作战。

용모(容貌)【명사】사람의 얼굴 모양. ◆图容貌，相貌，长相。¶추한 용모. =丑陋的长相。

용무(用務)【명사】해야 할 일. ◆ 图要办的事，公务，公干。¶용무를 말하다. =说出要办的事。

용법(用法)【명사】图 ❶ 사용하는 방법. ◆ 用法，使用方法。¶용법을 지키다. =遵守使用方法。❷ 법을 이용함. ◆ 通过法律做某事。

용변(用便)【명사】대변이나 소변을 봄. ◆图方便，解手，上厕所。¶화장실에서 용변을 보다. =在洗手间方便。

용사(勇士)【명사】图 ❶ 용맹스러운 사람. ◆ 勇士，勇者，壮士，勇敢的人。¶이런 난국에 두 분과 같은 용사가 옆에 있다니 참으로 마음 든든하기 비길 데 없소. =在此困境中，能有二位勇者在身旁，心中感到无比踏实。❷ 용감한 병사. ◆ 勇敢的战士，勇敢的士兵，勇士。¶참전 용사. =参战勇士。

용서(容恕)【명사】지은 죄나 잘못한 일에 대하여 꾸짖거나 벌하지 아니하고 덮어 줌. ◆图饶恕，宽恕，容恕。¶용서를 빌다. =求饶。● 용서되다(容恕--), 용서하다(容恕--) ●

용솟음치다(湧----)【동사】动 ❶ 물 따위가 매우 세찬 기세로 위로 나오다. ◆ (水等)喷涌而出，喷发，涌出。¶지하수가 용솟음쳐 솟아오르다. =地下水喷涌而出。❷ 힘이나 기세 따위가 매우 세차게 북받쳐 오르거나 급히 솟아오르다. ◆ (力量、气势等)涌上，冒出，喷发。¶기쁨이 용솟음치다. =喜悦涌上心头。

용수(用水)【명사】图 ❶ 방화·관개·공업·발전·음료 따위를 위하여 먼 곳에서 물을 끌어 옴. 또는 그 물. ◆ 用水。¶생활 용수. =生活用水。❷ 허드렛물을 음용수에 상대하여 이르는 말. ◆ 非饮用水。

용수철(龍鬚鐵)【명사】늘고 주는 탄력이 있는 나선형으로 된 쇠줄. ◆图弹簧。

용쓰다【동사】动 ❶ 한꺼번에 기운을 몰아 쓰다. ◆ 竭尽全力，使出全身力气，全力。¶역기를 들어올리려고 용쓰다. =使出全身力气想举起杠铃。❷ 힘을 들여 괴로움을 억지로 참다. ◆ 竭力忍受，强忍(痛苦)。¶다친 상처의 아픔을 참느라 용쓰다. =竭力忍住伤口的疼痛。

용암(鎔巖)【명사】화산의 분화구에서 분출된 마그마. 또는 그것이 냉각·응고된 암석. ◆ 图岩浆；熔岩。

용액(溶液)【명사】두 가지 이상의 물질이 균일하게 혼합된 액체. 보통 액체상일 때를 이르지만, 혼합체가 고체상인 고체 용액을 이르기도 한다. ◆图溶液。

용어(用語)【명사】일정한 전문 분야에서 주로 사용하는 말. ◆图用语，术语。¶경제 용어. =经济用语。

용역(用役)【명사】물질적 재화의 형태를 취하지 아니하고 생산과 소비에 필요한 노무를 제공하는 일. ◆图劳务，服务。¶용역 회사. =劳务公司。

용왕(龍王)【명사】바다에 살며 비와 물을 맡고 불법을 수호하는 용 가운데의 임금. ◆ 图龙王，龙王爷。¶용왕의 아들. =龙王的儿子。

용의(用意)【명사】어떤 일을 하려고 마음을 먹음.

또는 그 마음. ◆ 名用意，意向，意思，意愿。¶이 원칙을 받아들일 용의가 없다. =没有接受此原则的意向。

용의자(容疑者)【명사】범죄의 혐의가 뚜렷하지 않아 정식으로 입건되지는 않았으나, 내부적으로 조사의 대상이 된 사람. ◆ 名犯罪嫌疑人，嫌疑犯，疑犯。¶용의자를 검거하다. =检举犯罪嫌疑人。

용의주도하다(用意周到--)【형용사】꼼꼼히 마음을 써서 일에 빈틈이 없다. ◆ 形考虑周到，心思缜密。¶성격이 용의주도하다. =心思缜密。

용이하다(容易--)【형용사】어렵지 아니하고 매우 쉽다. ◆ 形容易，简单，轻而易举，轻易。¶이 청소기는 사용법이 용이하다. =这种吸尘器使用简便。

용적(容積)【명사】물건을 담을 수 있는 부피. 혹은 용기 안을 채우는 분량. ◆ 名容积，容量，体积。¶물이 영도로냉각되면 그 용적이 늘어난다. =水冷却至零度后体积会增大。

용접(鎔接)【명사】두 개의 금속·유리·플라스틱따위를 녹이거나 반쯤 녹인 상태에서 서로 이어 붙이는 일. ◆ 名焊接，焊，熔接。● 용접하다(鎔接--) ●

용지(用紙)【명사】어떤 일에 쓰는 종이. ◆ 名纸，纸张。¶프린트용지. =打印纸。

용질(溶質)【명사】용액에 녹아 있는 물질. 액체에 다른 액체가 녹아 있을 때에는 양이 적은 쪽을 가리킨다. ◆ 名 溶质。

용트림(龍--)【명사】거드름을 피우며 일부러 크게 힘을 들여 하는 트림. ◆ 名摆谱，端架子，摆架子。¶그는 돈을 많이 벌었다고 고향에만 오면 용트림을 한다. =他自以为赚了不少钱，一回老家就爱摆谱。

용품(用品)【명사】어떤 일이나 목적과 관련하여 쓰이는 물품. ◆ 名用品。¶사무용품. =办公用品。

용하다【형용사】形 ❶ 재주가 뛰어나고 특이하다. ◆ 有本事，厉害，才华出众，高超。¶침술이 용하다. =针灸技术高超。❷ 갸륵하고 장하다. ◆ 厉害，真行，了不起。¶그 일을 해내다니, 정말 용하다. =居然把那件事做成了，真是厉害! ❸ 매우 다행스럽다. ◆ 幸运，有幸，幸好，庆幸。¶어려운 고비를 용하게도 잘 넘겼다. =幸运地渡过难关。

용해(溶解)【명사】녹거나 녹이는 일. ◆ 名溶解，溶，溶化。● 용해되다(溶解--) ●

-우¹-【접사】사동의 뜻을 더하는 접미사. ◆ [后缀](用于若干动词词干后)表示使动的构词后缀。¶깨우다. =叫醒。

우²(右)【명사】名 ❶ 북쪽을 향했을 때의 동쪽과 같은 쪽. ◆ 右，右边，右侧。¶우로 돌앗! =向右转! ❷ 보수적이거나 국수적인 경향. 또는 그런 단체. ◆ 右派，右翼，保守派。¶우파. =右派。

우거지【명사】푸성귀를 다듬을 때에 골라 놓은 겉대. ◆ 名菜帮子，老菜叶。¶우거지 해장국. =老菜叶醒酒汤。

우거지다【동사】풀이나 나무 따위가 자라서 무성해지다. ◆ 动茂盛，茂密，繁茂。¶숲이 우거지다. =树丛繁茂。

우격다짐【명사】억지로 우겨서 남을 굴복시킴. 또는 그런 행위. ◆ 名强迫，逼迫，逼。¶자기주장을 상대방에게 조리 있게 전달할 재간이 없어 걸핏하면 우격다짐을 벌이던 사람이었다. =当时，他这个人不会条理分明地向对方表述自己的观点，动辄就把自己的意见强加丁人。

우국지사(憂國之士)【명사】나랏일을 근심하고 염려하는 사람. ◆ 名忧国之士。

우군(友軍)【명사】자기와 같은 편인 군대. ◆ 名友军。

우그러뜨리다【동사】动 ❶ 물체를 안쪽으로 우묵하게 휘어져 들어가게 하다. ◆ 弄瘪，弄凹陷，弄出坑。¶차를 우그러뜨리다. =把车身撞了个坑。❷ 물체의 거죽을 우글쭈글하게 주름이 잡히며 줄어들게 하다. ◆ 弄皱，弄瘪，弄扁。¶빈깡통을 손으로 우그러뜨리다. =用手捏扁空罐头盒。● 우그러트리다 ●

우그러지다【동사】动 ❶ 물체가 안쪽으로 우묵하게 휘어지다. ◆ 瘪，凹陷。¶냄비가 우그러지다. =汤锅瘪了个坑。❷ 물체의 거죽이 우글쭈글하게 주름이 잡히며 줄어들다. ◆ 皱巴巴，萎缩。¶얼굴이 우그러지다. =脸皱巴巴的。

우글거리다【동사】벌레나 짐승, 사람 따위가 한곳에 빽빽하게 많이 모여 자꾸 움직이다. ◆ 动挤成一团，蠕动。¶구더기가 우글거리다. =蛆虫挤成一团。● 우글대다 ●

우글우글【부사】벌레나 짐승, 사람 따위가 한곳에 빽빽하게 많이 모여 자꾸 움직이는 모양. ◆ 副人头攒动，乌压压。¶운동장에 아이들이 우글우글 모여 있다. =操场上人头攒动，挤满了孩子。● 우글우글하다 ●

우기(雨期)【명사】일 년 중 비가 많이 오는 시기. ◆ 名雨季。

우기다【동사】억지를 부려 제 의견을 고집스럽게 내세우다. ◆ 动 (与其搭配的"-으로"成分可用"-처럼""-은/을 듯이"等代替)倔，倔犟，固执，固执己见。¶자신의 주장을 끝까지 우기다. =死犟到底。

우뇌(右腦)【명사】뇌의 우측 부분. ◆ 名右脑。

우당탕【부사】잘 울리는 바닥에 무엇이 몹시 요란하게 떨어지거나 부딪힐 때 나는 소리. ◆ 副哐当，稀里哗啦。¶자전거가 갑자기 우당탕 쓰러졌다. =自行车突然"哐当"一声倒了。

우대(優待)【명사】특별히 잘 대우함. 또는 그런 대우. ◆ 名优待，厚待，善待，优惠。¶무역 우대 조치. =贸易优惠措施。● 우대하다(優待--) ●

우동(饂飩)<일>【명사】가락을 굵게 뽑은 국수의 하나. 또는 그것을 삶아서 맑은장국에 요리한 음식. ◆ 名乌冬面。

우두둑【부사】副 ❶ 단단한 물건을 깨무는 소리. 또는 그 모양. ◆ 咯吱咯吱，嘎嘣嘎嘣(咬硬东西的声音或样子)。¶그는 얼음을 입 안에 넣고 우두둑 깨어 먹었다. =他把冰块放到嘴里，嘎嘣嘎嘣地嚼着吃。❷ 단단한 물체가 꺾이며 부러지는 소리. 또는 그 모양. ◆ 嘎吱，咔嚓(硬东西折断的声音或样子)。¶세차게 부는 바람에 나뭇가지가 우두둑 부러졌다. =劲风

猛吹，树枝“嘎吱”一下就断了。❸ 뼈마디를 세게 꺾을 때 나는 소리. 또는 그 모양. ◆ 咯吱，嘎嘣(猛折骨关节时的声音或样子)。¶손마디를 우두둑 꺾다. =嘎嘣嘎嘣地活动着手腕。❹ 빗방울이나 우박 따위가 세차게 떨어지는 소리. 또는 그 모양. ◆ 噼里啪啦(大雨滴或冰雹重重落地的声音或样子)。¶우박이 한차례 우두둑 떨어졌다. =冰雹噼里啪啦地下了一阵。

우두머리【명사】어떤 일이나 단체에서 으뜸인 사람. ◆名头目，头领，首领。

우두커니【부사】넋이 나간 듯이 가만히 한 자리에 서 있거나 앉아 있는 모양. ◆副呆呆，傻傻，愣愣地。¶먼 산만 우두커니 바라보았다. =呆呆地眺望着远山。

우둔하다(愚鈍--)【형용사】어리석고 둔하다. ◆形愚钝，愚蠢，笨拙。¶우둔하기 짝이 없는 사람. =无比愚钝的人。

우등(優等)【명사】名 ❶ 우수한 등급. ◆ (级别)优等，上等，头等。¶우등 대우. =头等待遇。❷ 성적 따위가 우수한 것. ◆ (成绩等)优异，优秀，优等。¶우등 상장. =优秀奖状。

우등상(優等賞)【명사】우등한 사람에게 주는 상. ◆名优等奖，优秀奖。¶그는 성적이 좋은 편이 아니어서 졸업할 때 우등상을 받지 못했다. =他的成绩并不算好，毕业时没能获得优秀奖。

우등생(優等生)【명사】성적이 우수한 학생. ◆名优等生，高才生。¶우등생에게는 장학금이 지급된다. =为优等生提供奖学金。

우뚝【부사】副 ❶ 두드러지게 높이 솟아 있는 모양. ◆ 突兀，巍峨(耸立貌)。¶우뚝 솟은 산맥. =巍峨的山脉。❷ 남보다 뛰어난 모양. ◆ 高高地，突出地，杰出地。¶그는 세계를 제패하고 정상에 우뚝 섰다. =他征服了世界，高高地站在顶峰。❸ 움직이던 것이 갑자기 멈추는 모양. ◆ 突然，戛然，一下子(停住)。¶오르막길을 치달아 오르던 차가 우뚝 멎어 있는 게 보인다. =看到正在爬坡的车突然停住了。● 우뚝하다 ●

우라늄(uranium)〈라〉【명사】천연으로 존재하는, 가장 무거운 방사성 원소. 은백색을 띠며 14종의 동위 원소가 있다. 원자 기호는U. ◆名铀。

우락부락하다【형용사】形 ❶ 몸집이 크고 얼굴이 험상궂게 생긴 데가 있다. ◆ (长相)五大三粗，凶巴巴。¶그의 얼굴은 산도둑(山--)처럼 우락부락하다. =他的脸像山贼一样凶巴巴的。❷ 성질이나 언행이 거칠고 난폭하다. ◆ (言行)粗暴，粗鲁。¶성품이 우락부락하다. =性格粗暴。

우람하다【형용사】形 ❶ 기골이 장대하다. ◆ 雄伟，魁梧。¶체격이 우람하다. =体格健壮。❷ 웅글고 우렁차거나 요란스럽다. ◆ (声音)嘹亮，洪亮。¶우람한 목소리. =洪亮的嗓音。

우량(優良)【명사】물건의 품질이나 상태가 좋음. ◆名 (品质或状态)优良，优质。¶우량 품종. =优良品种。

우량주(優良株)【명사】수익과 배당이 높은 일류 회사의 주식. ◆名绩优股，蓝筹股。¶우량주를 중심으로 투자하다. =重点投资绩优股。

우러나다【동사】动 ❶ 액체 속에 잠겨 있는 물질의 빛깔이나 맛 따위의 성질이 액체 속으로 배어들다. ◆ (泡在液体中的物质的光彩或味道等)泡出，出味儿，掉色，脱色。¶녹차가 마시기 적당하게 은은히 우러났다. =绿茶香气泡出来了，喝起来刚刚好。❷ 생각, 감정, 성질 따위가 마음속에서 저절로 생겨나다. ◆ (想法)油然而生，发自内心。¶그를 보면 존경심이 우러난다. =一见到他，不由得心生敬意。

우러나오다【동사】생각, 감정, 성질 따위가 마음속에서 저절로 생기다. ◆动 (思想、感情、性格等)油然而生，发自，出自。¶진심에서 우러나오는 충고. =发自内心的忠告。

우러러보다【동사】动 ❶ 위를 향하여 쳐다보다. ◆ 向上看，仰视，仰望，瞻仰。¶산봉우리를 우러러보다. =仰望山顶。❷ 마음속으로 공경하여 떠받들다. ◆ 动敬仰，景仰，仰慕。¶스승을 우러러보다. =仰慕大师。

우러르다【동사】动 ❶ 위를 향하여 고개를 정중히 쳐들다. ◆ 仰望，仰视，瞻仰。¶선수들은 금메달을 목에 걸고 국기를 우러러 경례를 하였다. =选手们把金牌挂在脖子上，仰望着国旗敬礼。❷ 마음속으로 공경하여 떠받들다. ◆ 敬仰，景仰，仰慕，尊崇。

우렁이【명사】우렁잇과의 고둥을 통틀어 이르는 말. 껍데기는 원추형이며 어두운 녹색이다. 무논, 웅덩이 등지에 산다. ◆名田螺，〈又称〉螺蛳。¶우렁이농법. =田螺养殖技术。

우렁차다【형용사】形 ❶ 소리의 울림이 매우 크고 힘차다. ◆ (声音)响亮，嘹亮，洪亮。¶우렁찬 박수 소리. =热烈的掌声。❷ 매우 씩씩하고 힘차다. ◆ 雄壮，有力，高昂，雄赳赳气昂昂。¶우렁찬 모습. =雄壮有力的身影。

우레【명사】뇌성과 번개를 동반하는 대기 중의 방전 현상. ◆名电闪雷鸣。

우려(憂慮)【명사】근심하거나 걱정함. 또는 그 근심과 걱정. ◆名忧虑，顾虑，担忧，担心。¶그가 충격을 받고 좌절하지 않을까 모두가 우려를 하다. =所有人都担心他是否会因为受到打击而灰心。● 우려되다(憂慮--), 우려하다(憂慮--) ●

우려내다【동사】名 ❶ 물체를 액체에 담가 성분, 맛, 빛깔 따위가 배어들게 하다. ◆ 泡制，泡出，熬(成分、味道、颜色等)。¶멸치 국물을 우려내다. =熬小鱼汤。❷ 꾀거나 위협하거나 하여서 자신에게 필요한 돈이나 물품을 빼내다. ◆ (以欺骗或胁迫等方法)骗取，勒索，榨取(财物)。¶그는 부모에게 돈을 우려내었다. =他骗取父母的钱。

우루과이(Uruguay)【명사】남아메리카 동부에 있는 공화국. ◆名乌拉圭。

우르르【부사】副 ❶ 사람이나 동물 따위가 한꺼번에 움직이거나 한곳에 몰리는 모양. ◆ (人、动物等突然大量聚集的样子)呼啦，一窝蜂，一拥而上，成群。¶사고 현장에 사람들이 우르르 몰리다. =人群一窝蜂地涌入事故现场。❷ 쌓여 있던 물건들이 갑자기 무너져 내리거나 쏟아질 때 나는 소리. 또는 그 모양. ◆ 哗啦啦(堆放的物品突然倒塌、倾倒的声音或样子)。¶선반에 쌓아둔 장난감들이 우르르 떨어지다. =原本堆放在搁板上的玩具哗啦啦地掉了下来。

우르릉【부사】副 ❶ 천둥 따위가 무겁고 둔하게 울리는 소리. 또는 그 모양. ◆ (打雷等沉闷的声音)隆隆，轰隆隆。¶먹구름이 몰려들더니 번쩍번쩍하는 불빛과 함께 천둥소리가 우르릉 울린다. =乌云密布，继而闪电霍霍，雷声隆隆。❷ 무엇이 무너지거나 흔들리면서 매우 요란스럽게 울리어 나는 소리. 또는 그 모양. ◆ (物品突然倒塌或晃动时的声音或样子)轰隆隆，轰隆。¶차가 우르릉 소리를 내며 철교를 건너간다. =汽车轰隆隆地驶过了铁桥。

우리[1]【대명사】代 ❶ 말하는 이가 자기와 듣는 이, 또는 자기와 듣는 이를 포함한 여러 사람을 가리키는 일인칭 대명사. ◆ (包括说话人和听者)我们，咱们，咱。¶우리가 나아갈 길. =我们要走的路。❷ 말하는 이가 자기보다 높지 아니한 사람을 상대하여 자기를 포함한 여러 사람을 가리키는 일인칭 대명사. ◆ (面对平级或下级时的自称，不包括听者)我们，咱们，咱。¶우리 먼저 나간다. 수고해라. =我们先走了，你们忙！❸ 말하는 이가 자기보다 높지 아니한 사람을 상대하여 어떤 대상이 자기와 친밀한 관계임을 나타낼 때 쓰는 말. ◆ (用于部分名词前，指关系亲近的人之间)咱们，咱。¶우리 엄마. =咱妈。

우리[2]【명사】짐승을 가두어 두는 곳. ◆ 名圈，舍，棚，窝，笼。¶우리에 갇힌 호랑이. =关在笼里的老虎。

우리다【동사】动 ❶ 어떤 물건을 액체에 담가 맛이나 빛깔 따위의 성질이 액체 속으로 빠져나오게 하다. ◆ 泡，沏，熬。¶찻잎을 우리다. =沏茶。❷ 꾀거나 위협하거나 하여 물품 따위를 취하다. ◆ 骗取，敲诈，勒索。¶사기꾼들이 건실한 회사에서 돈을 우려 도망갔다. =骗子们从运营良好的公司里勒索到钱财之后逃跑了。

우매하다(愚昧--)【형용사】어리석고 사리에 어둡다. ◆ 形愚昧，愚蠢。¶천성이 우매하다. =天性愚昧。

우묵하다【형용사】가운데가 둥그스름하게 푹 패거나 들어가 있는 상태이다. ◆ 形 (中间) 凹陷，陷进去，瘪。¶구덩이가 우묵하게 패이다. =有一个低洼的坑。

우물【명사】물을 긷기 위하여 땅을 파서 지하수를 괴게 한 곳. 또는 그런 시설. ◆ 名井，水井。

우물가【명사】우물의 가까운 둘레. ◆ 名井边，井旁。

우물거리다【동사】动 ❶ 말이나 행동을 시원스럽게 하지 아니하고 입 안에서 중얼거리다. ◆ 支支吾吾，吞吞吐吐。¶하고 싶은 말을 우물거리지 말고 속 시원히 말해라. =别吞吞吐吐的，把心里话痛痛快快地说出来吧。❷ 음식물을 입 안에 넣고 시원스럽지 아니하게 자꾸 씹다. ◆ 嚼来嚼去。¶이가 좋지 않은 할머니가 음식을 우물거리다. =奶奶牙齿不好，食物在嘴里嚼来嚼去的极其费劲。● 우물대다 ●

우물우물【부사】副 ❶ 말을 시원스럽게 하지 아니하고 입 안에서 자꾸 중얼거리는 모양. ◆ 支支吾吾，吞吞吐吐，哼哼唧唧。¶그녀는 우물우물 말을 한다. =她说话吞吞吐吐的。❷ 음식물을 입 안에 넣고 시원스럽지 아니하게 자꾸 씹는 모양. ◆ 来回地(嚼)。¶이가 없어 우물우물 떡을 먹는다. =没有牙，只好费劲地嚼着年糕。❸ 입술이나 근육 따위가 자꾸 우므러지는 모양. ◆ (嘴唇或肌肉不停地)抽动，瘪，陷。¶안면 근육이 우물우물 오른쪽으로 실그러진다. =面部肌肉抽动着向右歪斜。❹ 행동을 제대로 하지 못하고 흐리멍덩하게 하거나 머뭇거리는 모양. ◆ 磨蹭，磨磨蹭蹭。¶어디로 갈 지 우물우물 망설이다. =到底去哪里？磨磨蹭蹭地拿不定主意。● 우물우물하다 ●

우물쭈물【부사】말이나 행동 따위를 분명하게 하지 못하고 자꾸 망설이며 몹시 흐리멍덩하게 하는 모양. ◆ 副 (说话)支支吾吾，吞吞吐吐；(行动)磨磨蹭蹭，磨磨唧唧。¶우물쭈물 대답하다. =回答支支吾。● 우물쭈물하다 ●

우뭇가사리【명사】우뭇가사릿과의 해조. 높이는 10~30cm이고 줄기에 잔가지가 많이 나 나뭇가지 모양이며 몸빛은 주로 검붉다. 긴 쇠갈퀴 따위로 따서 고아 우무를 만드는데 바다 속 모래나 돌에 붙어 산다. ◆ 名 石花菜。

우박(雨雹)【명사】하늘에서 떨어지는 작고 하얀 얼음덩어리. ◆ 名冰雹。

우발적(偶發的)【명사】어떤 일이 예기치 않게 우연히 일어나는 것. ◆ 名偶发性的，突发性的，意外。¶어젯밤 일어난 사건은 어디까지나 우발적으로 일어난 일에 불과하다. =昨晚发生的事故只不过是个意外。

우방(友邦)【명사】서로 우호적인 관계를 맺고 있는 나라. ◆ 名友邦，友好国家。¶우방과 협력하다. =和友邦合作。

우범(虞犯)【명사】범죄를 저지를 우려가 있음. ◆ 名有犯罪之虞，案件多发。¶우범 지역. =案件多发地带。

우변(右邊)【명사】名 ❶ 두 변으로 갈랐을 때에, 오른쪽을 이르는 말. ◆ 右边，右侧。¶그 바둑은 우변에서 몰리기 시작한 흑의 대마가 잡히고서야 끝이 났다. =直到抓住右边被堵死的黑大龙，那一局棋才算分出胜负。❷ 등식이나 부등식에서, 등호 또는 부등호의 오른쪽에 적은 수나 식. ◆ (在等式或不等式的等号或不等号)右边的数值或公式。

우비(雨備)【명사】비를 가리기 위하여 사용하는 물건을 통틀어 이르는 말. 우산·비옷·삿갓·도롱이 따위를 이른다. ◆ 名雨衣，雨具(雨伞、雨衣、防雨帽、蓑衣等的统称)。¶우비를 입다. =穿雨衣。

우산(雨傘)【명사】우비(雨備)의 하나. 펴고 접을 수 있어 비가 올 때에 펴서 손에 들고 머리 위를 가린다. 박쥐우산·비닐우산·지우산 따위가 있다. ◆ 名雨伞，伞。

우산이끼(雨傘--)【명사】우산이낏과의 이끼. ◆ 名地钱。

우선[1]**(于先)**【부사】副 ❶ 어떤 일에 앞서서. ◆ 先，

首先，先行。¶우선 인사부터 드려라. =先打个招呼吧。❷ 아쉬운 대로. ◆先，暂时，暂且。¶이만하면 우선 한시름 놓겠다. =那暂时可以先松口气了。

우선²(優先)【명사】딴 것에 앞서 특별하게 대우함. ◆图优先，首先。¶우선으로 대접하다. =优先接待。

우선권(優先權)【명사】특별히 남보다 먼저 행사할 수 있는 권리. ◆图优先权。¶우선권을 가지다. =享有优先权。

우세(優勢)【명사】상대편보다 힘이나 세력이 강함. 또는 그런 힘이나 세력. ◆图占优势，占上风；优势，上风。¶우세 국면. =占据优势的局面。● 우세하다(優勢--) ●

우송(郵送)【명사】우편으로 보냄. ◆图邮递，邮寄。¶우송 방법. =邮递方法。● 우송되다(郵送--), 우송하다(郵送--) ●

우수¹(憂愁)【명사】근심과 걱정을 아울러 이르는 말. ◆图忧愁，愁。¶우수에 찬 얼굴. =愁容满面。

우수²(雨水)【명사】이십사절기의 하나.◆ 图雨水(二十四节气之一)。

우수³(優秀)【명사】여럿 가운데 뛰어남. ◆ 图优秀，优异，优质，优良。¶우수 사원. =优秀职员。

우수리【명사】图 ❶ 물건 값을 제하고 거슬러 받는 잔돈. ◆ 找回的钱，找零。¶만 원을 내고 우수리로 2,100원을 거슬러 받다. =给了1万韩元，找回了2100韩元零钱。❷ 일정한 수나 수량에 차고 남는 수나 수량. ◆ 剩下的，剩余，剩。¶한 사람 앞에 5개씩 주었는데도 우수리가 7개나 된다. =每人给了5个，还剩下7个。

우수수【부사】副 ❶ 물건이 수북하게 쏟아지는 모양. ◆ 哗哗，哗啦哗啦(物体大量倾倒的样子)。¶갑자기 선물이 우수수 쏟아져 들어왔다. =忽啦啦收到了很多礼物。❷ 바람에 나뭇잎 따위가 많이 떨어지는 소리. 또는 그 모양. ◆ 簌簌，萧萧(树叶大量飘落的声音或样子)。¶한차례 바람이 일자 노랗게 물든 나뭇잎들이 우수수 떨어졌다. =一阵风吹来，金黄色的树叶簌簌飘落。

우수하다(優秀--)【형용사】여럿 가운데 뛰어나다. ◆ 形优秀，优异，优质，优良，卓越。¶품질이 우수하다. =品质卓越。

우스개【명사】남을 웃기려고 익살을 부리면서 하는 말이나 짓. ◆ 图 (为逗乐而说或做的)俏皮话，风趣话，滑稽动作。¶우스개로 해 본 소리. =逗乐子的话。

우스갯소리【명사】남을 웃기려고 하는 말. ◆ 图笑话，俏皮话，逗乐的话。¶우스갯소리를 지껄이다. =叽叽喳喳地说笑。

우스꽝스럽다【형용사】形 ❶ 말이나 행동, 모습 따위가 특이하여 우습다. ◆ (语言、行为、样子等)滑稽，好笑。¶그는 생김새가 우스꽝스럽다. =他长相滑稽。❷ 매우 가소롭다. ◆ 可笑，荒谬。¶이제 겨우 대리로 승진했으면서 거드름을 피우려고 하는 것을 보니 우스꽝스럽기 그지없다. =现在才勉强混了个代理还趾高气扬的，真是可笑。

우습다【형용사】形 ❶ 재미가 있어 웃을 만하다. ◆ (有趣得)滑稽，好笑。¶이 그림은 아주 우습다. =这幅画非常好笑。❷ 보기 거북하다. ◆ 可笑，滑稽。¶잘난 체하는 모습이 우습다. =装腔作势的样子真是可笑。❸ 대단치 아니하거나 하잘것없다. ◆ (不值一提得)可笑，微不足道，不值一提。¶내가 그렇게 우습게 보이니? =我看上去就那么可笑吗?

우승(優勝)【명사】경기, 경주 따위에서 이겨 첫째를 차지함. 또는 첫째 등위. ◆图夺冠，摘冠；冠军，第一名。¶영광스러운 우승. =光荣夺冠。● 우승하다(優勝--) ●

우아하다(優雅--)【형용사】고상하고 기품이 있으며 아름답다. ◆ 形优雅，高雅。¶우아한 자태. =优雅的姿态。

우악스럽다(愚惡---)【형용사】形 ❶ 보기에 미련하고 험상궂은 데가 있다. ◆ 粗鲁，粗俗。¶말씨가 우악스럽다. =说话粗俗。❷ 보기에 무지하고 포악하며 드센 데가 있다. ◆ 凶恶，粗暴，粗鲁。¶우악스러운 목소리. =粗鲁的嗓音。

우애(友愛)【명사】형제간 또는 친구간의 사랑이나 정분. ◆ 图友爱，友情，友谊，感情。¶형제간에 우애가 깊다. =兄弟之间感情深厚。

우엉【명사】국화과의 두해살이풀. 7월에 검은 자주색 또는 흰색의 통 모양 두상화가 작은 가지에 핀다. 뿌리와 어린잎은 식용하고 씨는 약용한다. ◆ 图牛蒡。

우여곡절(迂餘曲折)【명사】뒤얽혀 복잡하여진 사정. ◆ 图曲折，周折，波折，坎坷。¶우여곡절을 거듭하다. =几经周折。

우연(偶然)【명사】아무런 인과관계가 없이 뜻하지 아니하게 일어난 일. ◆ 图偶然，巧合，意外。¶우연의 일치. =偶然一致。● 우연하다(偶然--), 우연히(偶然-) ●

우왕좌왕하다(右往左往--)【동사】이리저리 왔다 갔다 하며 일이나 나아가는 방향을 종잡지 못하다. ◆ 动举棋不定，摇摆不定，犹豫不决，东奔西窜。¶'펑' 하는 소리에 놀란 아이들이 우왕좌왕하다. ="砰"地一声响，孩子们吓得东奔西窜。

우우【감탄사】叹 ❶ 야유하거나 상대편을 위협할 때 잇따라 내는 소리. ◆ (取笑或威胁对方时不停发出的声音)噢噢，呜呜。❷ 짐승을 쫓거나 몰 때 내는 소리. ◆ (驱赶野兽的声音)呜呜，噢噢。¶토끼몰이를 하느라 여기저기서 사람들이 '우우' 함성을 질러댔다. =人们四处"噢噢"地喊着赶兔子。

우울(憂鬱)【명사】근심스럽거나 답답하여 활기가 없음. ◆ 图忧郁，郁郁寡欢，郁闷，闷闷不乐，抑郁。¶우울에 잠기다. =闷闷不乐。● 우울하다(憂鬱--) ●

우월감(優越感)【명사】남보다 낫다고 여기는 생각이나 느낌. ◆ 图优越感，自豪感。¶우월감에 젖다. =充满优越感。

우월하다(優越--)【형용사】다른 것보다 낫다. ◆ 形优越，优秀，优异，优胜，出众，好，高强，占优势。¶그는 우리보다 경제적으로 우월하다. =他经济条件比我们好。

우위(優位)【명사】남보다 나은 위치나 수준. ◆名优势地位，有利位置，有利地位。¶비교 우위. =比较有利的地位。

우유(牛乳)【명사】소의 젖. ◆名牛奶，牛乳。

우유부단하다(優柔不斷--)【형용사】어물어물 망설이기만 하고 결단성이 없다. ◆形优柔寡断，犹豫不决。¶그는 성격이 우유부단하다. =他性格优柔寡断。

우의[1](友誼)【명사】친구 사이의 정의(情誼). ◆名友谊，友情，交情，感情。¶우의를 돈독히 하다. =增进友谊。

우의[2](雨衣)【명사】비옷(비가 올 때 비에 젖지 아니하도록 덧입는 옷). ◆名雨衣。

우적우적【부사】副 ❶ 단단하고 질긴 물체를 마구 깨물어 씹을 때 나는 소리. 또는 그 모양. ◆(咀嚼筋道硬物的声音或样子)咯吱咯吱。¶생고구마를 우적우적 씹어 먹었다. =咯吱咯吱地嚼生红薯吃。❷ 매우 단단한 물체가 자꾸 갑자기 부서지거나 무너질 때 나는 소리. 또는 그 모양. ◆(东西倒塌或碎裂的声音或样子)嘎吱嘎吱，咯吱咯吱。¶폭설에 나뭇가지가 우적우적 꺾이다. =暴雪把树枝嘎吱嘎吱地压断了。

우정(友情)【명사】친구 사이의 정. ◆名友情，友谊，交情。¶우정의 선물. =代表友谊的礼物。

우주(宇宙)【명사】名 ❶ 무한한 시간과 만물을 포함하고 있는 끝없는 공간의 총체. ◆宇宙。¶우주 만물. =宇宙万物。❷ 모든 천체(天體)를 포함하는 공간. ◆宇宙，太空，航天。¶우주왕복선. =宇宙飞船。

우주복(宇宙服)【명사】우주를 여행할 때에 입도록 만든 옷. 우주선 내에서 또는 우주 공간의 여러 가지 상황에서 몸을 보호하기 위하여 특수하게 만들었다. ◆名宇航服，太空服，航天服。

우주선(宇宙船)【명사】우주 공간을 비행하기 위한 비행 물체. ◆名宇宙飞船，航天飞机，太空船。

우주여행(宇宙旅行)【명사】지구를 벗어나 다른 행성으로 가는 여행. ◆名太空旅行，太空游，宇宙旅行。¶우주여행 계획. =太空旅行计划。

우주인(宇宙人)【명사】우주 비행을 위하여 특수 훈련을 받은 비행사. ◆名宇航员，太空人。

우주 정거장(宇宙停車場)【명사】우주여행의 중계 기지로 고안된 대형의 인공위성. 지구를 도는 위성, 어떤 천체와 지구를 왕복 선회하는 위성, 태양 주위를 공전하는 인공 행성 따위가 있다. ◆名宇宙空间站，太空站。

우중충하다【형용사】形 ❶ 날씨나 분위기 따위가 어둡고 침침하다. ◆(天气或气氛)阴沉沉，低沉，沉闷。¶교실의 분위기가 우중충하다. =教室里气氛沉闷。❷ 색(色)이 오래되어 바래서 선명하지 못하다. ◆(颜色)暗淡，褪色。¶3년 동안 입은 교복 색깔이 우중충하다. =穿了三年的校服褪色了。

우지끈【부사】크고 단단한 물건이 부러지거나 부서지는 소리. 또는 그 모양. ◆副(大的硬物折断或碎裂的声音或样子)嘎吱，嘎噔，咔嚓。¶문짝이 우지끈 부서졌다. =门板“嘎吱”一声碎了。

우지직【부사】副 ❶ 크고 단단한 물건이 부러지거나 찢어지거나 부서지는 소리. 또는 그 모양. ◆(大的硬物折断、撕碎或碎裂的声音或样子)嘎吱，咔嚓。¶얼음장이 우지직 깨져 들어갔다. =冰面“嘎吱”一声碎裂开来，并陷了下去。❷ 잘 마르지 아니한 짚이나 나뭇가지 따위가 불에 타는 소리. 또는 그 모양. ◆(烧湿柴或湿草的声音或样子)毕剥，毕毕剥剥。¶땔감을 가득 넣은 아궁이에서는 우지직 소리가 나며 불길이 올랐다. =塞满了木柴的灶台里毕毕剥剥地响，火势旺了起来。

우직하다(愚直--)【형용사】어리석고 고지식하다. ◆形愚顽，憨直。¶우직한 사람. =愚顽的人。

우짖다【동사】새가 울며 지저귀다. ◆动 (鸟)鸣，叫，啼叫。

우쭐거리다【동사】의기양양하게 자꾸 뽐내다. ◆动自大，趾高气扬，骄傲。¶그는 공부를 잘한다고 우쭐거린다. =他自诩学习好。● 우쭐대다 ●

우쭐하다【동사】의기양양하여 뽐내다. ◆动趾高气扬，目空一切。¶시험에 합격해서 우쭐하다. =仗着考试合格就趾高气扬。

우체국(郵遞局)【명사】지식 경제부에 딸려 우편, 우편환, 우편 대체, 체신 예금, 체신 보험, 전신 전화 수탁 업무 따위를 맡아보는 기관. ◆名邮局，邮政局。

우체부(郵遞夫)【명사】‘우편집배원’을 일상적으로 이르는 말. ◆名邮递员，邮差，投递员。

우체통(郵遞筒)【명사】우편물을 넣기 위하여 여러 곳에 설치한 통. ◆名邮筒，邮箱，信箱，信筒。

우측(右側)【명사】오른쪽(북쪽을 향하였을 때의 동쪽과 같은 쪽). ◆名右侧，右边。¶우측 자리. =右边位子。

우툴두툴【부사】물건의 거죽이나 바닥이 여기저기 굵게 부풀어 올라 고르지 못한 모양. ◆副凹凸不平，高低不平，坑坑洼洼。¶우툴두툴 두드러기가 나다. =起了麻疹的皮肤坑坑洼洼的。● 우툴두툴하다 ●

우편[1](右便)【명사】북쪽을 향했을 때의 동쪽과 같은 쪽. ◆名右侧，右边，右方。¶차를 우편으로 돌리다. =向右侧调转车头。

우편[2](郵便)【명사】名 ❶ 지식 경제부의 관할 아래 서신이나 기타 물품을 국내나 전 세계에 보내는 업무. ◆邮政。¶우편으로 소식을 전하다. =依靠邮政传递消息。❷ 우편으로 전달되는 서신이나 물품을 통틀어 이르는 말. ◆邮件，信，信函。¶우편을 받다. =收到邮件。

우편물(郵便物)【명사】우편으로 전달되는 서신이나 물품을 통틀어 이르는 말. ◆名邮件，信件，信函。¶우편물 도착 통지서. =邮件领取通知书。

우편 번호(郵便番號)【명사】우편물을 쉽게 분류하기 위하여 미래 창조 과학부에서 지역마다 매긴 번호. 한국에서는 이를 위한 제도가 1970년부터 실시되었다. ◆名邮政编码。

우편엽서(郵便葉書)【명사】규격을 한정하고 우편요금을 냈다는 표시로 증표(證標)를 인쇄한 편지 용지. ◆名明信片。

우편집배원(郵便集配員)【명사】지식 경제부에 소속되어, 우편물을 우체통에서 거두어 모으고, 받을 대상자에게 배달하는 사람. ◆图邮递员，邮差。

우편함(郵便函)【명사】벽이나 대문 따위에 달아 두고 우편물을 넣게 한 작은 상자. ◆图信箱，邮箱，邮筒。

우표(郵票)【명사】우편 요금을 낸 표시로 우편물에 붙이는 증표. ◆图邮票。

우호(友好)【명사】개인끼리나 나라끼리 서로 사이가 좋음. ◆图友好。¶우호 관계. =友好关系。

우화(羽化)【명사】图 ❶ 번데기가 변태하여 성충(成蟲)이 되는 일. ◆ 羽化。¶곤충의 우화현상은 언제 봐도 신비하다. =昆虫的羽化现象总是让人觉得神奇。❷ 우화등선(羽化登仙)(사람의 몸에 날개가 돋아 하늘로 올라가 신선이 됨). ◆ 羽化登仙。● 우화하다(羽化--) ●

우화(寓話)【명사】인격화한 동식물이나 기타 사물을 주인공으로 하여 그들의 행동 속에 풍자와 교훈의 뜻을 나타내는 이야기. ◆图寓言。¶『이솝 이야기』는 유명한 우화집이다. =《伊索寓言》是著名的寓言集。

우회(迂廻/迂回)【명사】곧바로 가지 않고 멀리 돌아서 감. ◆图迂回，绕道，间接。¶우회 공격. =迂回进攻。● 우회하다 ●

우회전(右回轉)【명사】차 따위가 오른쪽으로 돎. ◆ 图 (汽车等)右转，右转弯，向右拐。¶사거리에서 우회전을 하시오. =请在十字路口右转弯。● 우회전하다(右回轉--) ●

우후죽순(雨後竹筍)【명사】'비가 온 뒤에 여기저기 솟는 죽순'이라는 뜻으로, 어떤 일이 한때에 많이 생겨남을 비유적으로 이르는 말. ◆图雨后春笋。¶사행 산업이 우후죽순으로 생겨났다. =私营企业如雨后春笋般纷纷涌现。

욱【부사】副 ❶ 앞뒤를 헤아림 없이 격한 마음이 불끈 일어나는 모양. ◆ (激烈的情绪忽起状)忽地，一下子，突然，顿时。¶화가 욱 치밀다. =火顿时燃了起来。❷ 갑자기 심하게 구역질이 날 때 토할 듯이 내는 소리. ◆ 哇(呕吐的声音)。¶먹은 것을 욱하고 토해 내다. ="哇"地一下把吃的东西全吐了出来。

욱신욱신【부사】머리나 상처 따위가 자꾸 쑤시는 듯이 아픈 느낌. ◆ 副 (头或伤口)阵阵刺痛，一阵阵抽痛。¶몸이 욱신욱신 쑤시다. =身体一阵阵地刺痛。

욱하다【동사】앞뒤를 헤아림이 없이 격한 마음이 불끈 일어나다. ◆ 动 (性格)易怒，暴燥，火爆，急躁。¶그 말을 듣고 나도 모르게 욱하는 기분을 느꼈다. =听完他的话，不由得怒火中烧。

운(運)[1]【명사】운수(運數)。◆ 图命运，命，运气。¶운이 나쁘다. =运气不好。

운(韻)[2]【명사】图 각 시행의 동일한 위치에 규칙적으로 쓰인, 음조가 비슷한 글자. ◆ (诗歌的)韵律。

운동(運動)【명사】图 ❶ 사람이 몸을 단련하거나 건강을 위하여 몸을 움직이는 일. ◆ 运动，锻炼，健身。¶운동 시설. =运动设施。❷ 어떤 목적을 이루려고 힘쓰는 일. 또는 그런 활동. ◆ 运动，活动。¶에너지절약 운동을 벌이다. =开展节能运动。❸ 일정한 규칙과 방법에 따라 신체의 기량이나 기술을 겨루는 일. 또는 그런 활동. ◆ 体育运动，运动。¶운동에 소질이 있다. =有运动天赋。❹ 물체가 시간의 경과에 따라 그 공간적 위치를 바꾸는 일. ◆ 物理 运动。¶천체 운동을 관찰하다. =观察天体运动。● 운동되다(運動--), 운동하다(運動--) ●

운동 경기(運動競技)【명사】일정한 규칙에 따라 개인이나 단체끼리 속력, 지구력, 기능 따위를 겨루는 일. ◆ 图体育比赛，比赛。¶운동경기를 치르다. =举办体育比赛。

운동복(運動服)【명사】체육복(체육을 할 때 입는 옷). ◆图运动服。

운동장(運動場)【명사】체조, 운동 경기, 놀이 따위를 할 수 있도록 여러 가지 기구나 설비를 갖춘 넓은 마당. ◆图操场，运动场，体育场。

운동화(運動靴)【명사】운동할 때 신는 신. 또는 평상시에 활동하기 편하게 신는 신. ◆ 图运动鞋，球鞋。

운동회(運動會)【명사】여러 사람이 모여 여러 가지 운동 경기를 하는 모임. ◆图运动会。

운명[1]**(運命)**【명사】图 ❶ 인간을 포함한 모든 것을 지배하는 초인간적인 힘. 또는 그것에 의하여 이미 정하여져 있는 목숨이나 처지. ◆ 宿命，命运。¶일을 운명에 맡기다. =把事情交给命运来决定。❷ 앞으로의 생사나 존망에 관한 처지. ◆ (未来的)生死存亡，命运。¶조국의 운명을 걸머지다. =肩负着决定祖国命运的使命。

운명[2]**(殞命)**【명사】사람의 목숨이 끊어짐. ◆ 图气绝，死亡，去世，过世。¶가족들이 아버지의 운명을 보다. =家人们为父亲送终。● 운명하다(殞命--) ●

운무(雲霧)【명사】구름과 안개를 아울러 이르는 말. ◆图云雾，烟霭。¶운무에 싸인 달. =被云雾环绕着的月亮。

운문(韻文)【명사】图 일정한 운자(韻字)를 달아 지은 글. ◆ 韵文。¶운문 문학. =韵文文学。

운반(運搬)【명사】물건 따위를 옮겨 나름. ◆ 图搬运，运，搬，运输。¶이삿짐 운반. =搬运搬家行李。● 운반되다(運搬--), 운반하다(運搬--) ●

운석(隕石)【명사】지구상에 떨어진 별똥. 대기 중에 돌입한 유성(流星)이 다 타버리지 않고 땅에 떨어진 것으로, 철·니켈 합금과 규산염 광물이 주성분이다. ◆图陨石。

운세(運勢)【명사】운명이나 운수가 닥쳐오는 기세. ◆图运势，运数，运气。¶운세가 나쁘다. =运气差。

운송(運送)【명사】사람을 태워 보내거나 물건 따위를 실어 보냄. ◆ 图运送，运输，输送，托运。¶여객 운송. =运送旅客。● 운송하다(運送--) ●

운수[1]**(運數)**【명사】이미 정하여져 있어 인간의 힘으로는 어쩔 수 없는 천운(天運)과 기수(氣數). ◆ 图运势，运气。¶운수가 좋은 날. =走运的一天。

운수[2]**(運輸)**【명사】운송이나 운반보다 큰 규모로 사람을 태워 나르거나 물건을 실어 나름. ◆图运输，

运送，托运。¶운수 사업. =运输业。

운수업(運輸業)【명사】규모가 크게 사람을 태워 나르거나 물건을 실어 나르는 영업. ◆ 图运输业。¶버스 운수업에 종사하다. =从事公共汽车运输业。

운영(運營)【명사】조직이나 기구, 사업체 따위를 운용하고 경영함. ◆ 图运营，经营，管理，运作。¶기업 운영. =企业运营。● 운영되다(運營--), 운영하다(運營--) ●

운용(運用)【명사】무엇을 움직이게 하거나 부리어 씀. ◆ 图运用，应用，使用，操作。¶자본의 운용. =资本运作。● 운용되다(運用--), 운용하다(運用--) ●

운율(韻律)【명사】시문(詩文)의 음성적 형식. 음의 강약·장단·고저 또는 동음이나 유음의 반복으로 이루어진다. ◆ 图韵律，节奏。¶운율에 맞추어 시를 낭송하다. =合着韵律进行诗朗诵。

운임(運賃)【명사】운반이나 운수 따위의 보수로 받거나 주는 돈. ◆ 图运输费，运费。

운전(運轉)【명사】기계나 자동차 따위를 움직여 부림. ◆ 图驾驶，开，操纵。¶초보 운전. =新手驾驶。● 운전하다(運轉--) ●

운전대(運轉-)【명사】기계, 자동차 따위에서 운전을 하기 위한 손잡이. ◆ 图方向盘。¶운전대를 돌리다. =转动方向盘。

운전사(運轉士)【명사】전동차, 열차, 자동차, 선박, 기계 따위를 직업적으로 운전하는 사람. ◆ 图司机，驾驶员。¶버스 운전사. =公共汽车司机。

운집(雲集)【명사】구름처럼 모인다는 뜻으로, 많은 사람이 모여듦을 이르는 말. ◆ 图云集，聚集。¶갑작스런 사람들의 운집으로 교통이 마비되다. =由于人群突然聚集起来，交通一下子陷入瘫痪。● 운집하다(雲集--) ●

운치(韻致)【명사】고상하고 우아한 멋. ◆ 图韵味，风韵，优雅。¶운치가 있는 풍경. =颇具韵味的风景。

운하(運河)【명사】배의 운항이나 수리(水利), 관개(灌溉) 따위를 위하여 육지에 파 놓은 물길. ◆ 图运河。

운항(運航)【명사】배나 비행기가 항로를 따라 다님. ◆ 图航运，航海，飞行。¶운항일지. =航海日志。● 운항하다(運航--) ●

운행(運行)【명사】정하여진 길을 따라 차량 따위를 운전하여 다님. ◆ 图运行，行驶，行车。¶버스 운행 노선. =公交运行路线。● 운행되다(運行--), 운행하다(運行--) ●

울[1]【대명사】'우리'의 준말. ◆ 代我，我们。¶울 아버지. =我爸。

울[2]**(wool)**【명사】양털로 짠 옷감. ◆ 毛织物，毛料衣物。

울긋불긋【부사】짙고 옅은 여러 가지 빛깔들이 야단스럽게 한데 뒤섞여 있는 모양. ◆ 副花花绿绿，五颜六色。¶울긋불긋 단풍으로 물든 산. =山被色彩斑斓的秋叶点缀着。● 울긋불긋하다 ●

울다【동사】动 ❶ 슬프거나 아프거나 너무 좋아서 견디다 못하여 소리를 내면서 눈물을 흘리다. ◆ 哭，哭泣。¶아이가 젖 달라고 울다. =孩子哭着要吃奶。❷ 짐승·벌레·바람 따위가 소리를 내다. ◆ 啼，鸣，嚎。¶첫닭이 울다. =清晨的第一声鸡蹄。❸ 물체가 바람 따위에 흔들리거나 움직여 소리가 나다. ◆ (被风吹动)呼呼作响，呜呜作响，哗啦啦响。¶전깃줄이 바람에 울다. =风吹动电线，发出呜呜的响声。❹ 발라 놓거나 바느질한 것 따위가 반반하지 못하고 우글쭈글해지다. ◆ (裱糊纸、油炕纸、针线活等)皱巴巴。¶벽지가 습기를 먹어 울다. =墙纸受潮，变得皱巴巴的。

울렁거리다【동사】动 ❶ 너무 놀라거나 조심스럽거나 두려워 가슴이 두근거리다. ◆ 心怦怦跳。¶울렁거리는 가슴을 진정시키다. =让怦怦直跳的心平静下来。❷ 속이 메슥메슥하여 자꾸 토할 것 같아지다. ◆ 恶心，想吐。¶뱃멀미로 속이 울렁거리다. =由于晕船，直想吐。● 울렁대다 ●

울렁울렁【부사】副 ❶ 너무 놀라거나 두려워서 가슴이 자꾸 두근거리는 모양. ◆ 心怦怦跳。¶울렁울렁 울렁대는 처녀 가슴. =女孩的心怦怦直跳。❷ 속이 메슥메슥하여 자꾸 토할 것 같은 모양. ◆ 恶心。¶울렁울렁 구역질이 나다. =感到恶心，吐了。● 울렁울렁하다 ●

울릉도(鬱陵島)【명사】한국 경상북도 울릉군에 속하는 화산섬. ◆ 图郁陵岛。

울리다[1]【동사】动 ❶ 어떤 물체가 소리를 내다. ◆ 发出声音，声音传开。¶수업 시작을 알리는 종이 울리다. =上课的钟声传来。❷ 땅이나 건물 따위가 외부의 힘이나 소리로 떨리다. ◆ (地面或建筑被外部声音)震动。¶기차가 지나가자 진동으로 온몸이 울렸다. =火车驶过，震得浑身一颤。

울리다[2]【동사】动 ❶ 슬프거나 아프거나 너무 좋아서 견디다 못하여 소리를 내면서 눈물을 흘리게 하다. ◆ 弄哭。¶아기를 울리다. =把孩子弄哭了。❷ 물체가 바람 따위에 흔들리거나 움직여 소리가 나게 하다. ◆ (被风吹动)发出响声。¶바람이 문풍지를 울리다. =风吹得门缝纸哗啦啦直响。❸ 종이나 천둥, 벨 따위를 소리내게 하다. ◆ 敲响(鼓)，打(铃)。¶북을 울리다. =敲响鼓。❹ 감동을 일으키다. ◆ 让人感动。¶심금을 울리는 애절한 사연. =动人心弦的悲伤故事。

울림【명사】소리가 무엇에 부딪쳐 되울려 오는 현상. 또는 그 소리. ◆ 图回音，回声，回响。¶방음 시설이 되어 있지 않아 강의실에 울림이 심하다. =没有安装隔音设备，教室里的回音很重。

울먹거리다【동사】울상이 되어 잇따라 자꾸 울음이 터져 나오려고 하다. ◆ 动想哭。¶길을 잃은 아이가 겁을 먹어 울먹거리다. =迷路的小孩害怕了，直想哭。

울먹울먹【부사】울상이 되어 자꾸 울음이 터져 나오려고 하는 모양. ◆ 副要哭未哭的样子。¶마침내 소년의 표정은 울먹울먹 울음을 터뜨리기 직전이 되었다. =最后，少年好像马上就要哭出来了。● 울먹울먹하다 ●

울먹이다【동사】울상이 되어 자꾸 울음이 터져 나오려고 하다. ◆ 动哽咽，要哭。¶지난날의 고생을 울먹이며 이야기하다. =哽咽地诉说过去的苦难。

울며불며【부사】소리 내어 야단스럽게 울기도 하며 부르짖기도 하며 우는 모양. ◆ 副哭哭啼啼地，一把鼻涕一把泪地，又哭又叫地。¶울며불며 애원하다. =一把鼻涕一把泪地哀求。

울보【명사】걸핏하면 우는 아이. ◆ 名爱哭的孩子。¶울보라고 놀림을 당했다. =被人嘲笑爱哭鼻子。

울부짖다【동사】动 ❶ 감정이 격하여 마구 울면서 큰 소리를 내다. ◆ 哭喊，哭叫。¶누군가 울부짖는 소리에 잠을 깨다. =不知道谁在哭喊，把我从睡梦中惊醒。❷ 바람이나 파도 따위가 세차게 큰 소리를 내다. ◆ 呼啸。¶울부짖는 비바람 소리. =呼啸的风雨声。

울분(鬱憤)【명사】답답하고 분함. 또는 그런 마음. ◆ 名愤懑。¶울분을 토하다. =倾吐愤懑。

울상(-相)【명사】울려고 하는 얼굴 표정. ◆ 名哭相，哭丧着脸。¶울상을 짓다. =哭丧着脸。

울음【명사】우는 일. 또는 그런 소리. ◆ 名哭泣，啼哭；哭声。¶울음을 그치다. =止住了哭声。

울음바다【명사】한자리에 있는 많은 사람이 한꺼번에 울음을 터뜨리어 온통 울음소리로 뒤덮인 상태. ◆ 名哭声震天，哭声一片。¶울음바다가 되다. =哭声一片。

울음보【명사】참다못하여 터뜨린 울음을 비유적으로 이르는 말. ◆ 名强忍着的哭。¶울음보가 터지다. =放声大哭。

울음소리【명사】우는 소리. ◆ 名哭声；叫声，啼声。¶어디에선가 울음소리가 들렸다. =不知从哪里传来了哭声。

울적하다(鬱寂--)【형용사】마음이 답답하고 쓸쓸하다. ◆ 形郁闷。¶울적한 마음을 달랠 길이 없다. =郁闷的心情无法排遣。

울창하다(鬱蒼--)【형용사】나무가 빽빽하게 우거지고 푸르다. ◆ 形苍翠，郁郁葱葱。¶숲에 소나무가 울창하다. =林中的松树郁郁葱葱。

울컥【부사】副 ❶ 격한 감정이 갑자기 일어나는 모양. ◆ (怒火等)腾地窜上来。¶울컥 부아가 치밀다. 怒火腾地窜了上来。❷ 먹은 것을 갑자기 게울 때 나는 소리. 또는 그 모양. ◆ (把食物) "哗" 的一声吐出来。¶음식을 울컥 토하다. = "哗" 的一声把饭吐了出来。● 울컥하다 ●

울타리【명사】풀이나 나무 따위를 얽거나 엮어서 담 대신에 경계를 지어 막는 물건. ◆ 名篱笆。¶울타리를 치다. =支篱笆。

울퉁불퉁【부사】물체의 거죽이나 면이 고르지 않게 여기저기 볼시 나오고 들어간 모양. ◆ 副起伏不平，坑坑洼洼。¶울퉁불퉁 튀어나오다. =高低不平地凸出来。● 울퉁불퉁하다 ●

울화(鬱火)【명사】마음속이 답답하여 일어나는 화. ◆ 名火气，闷气。¶그는 불쑥 치미는 울화를 가라앉히려고 노력했다. =他努力想压住突然冒出来的火气。

움【명사】풀이나 나무에 새로 돋아 나오는 싹. ◆ 名芽，幼芽。¶봄이 되어 새싹이 푸릇푸릇 움이 텄다. =春天到了，草木长出了绿绿的嫩芽。

움막(-幕)【명사】'움막집(-幕-)'의 준말. 땅을 파고 위에 거적 따위를 얹고 흙을 덮어 추위나 비바람만 가릴 정도로 임시로 지은 집. ◆ 名窝棚。¶그는 산속에 움막을 짓고 숨어 살았다. =他在山中搭了窝棚，藏在里面生活。

움직이다【동사】动 ❶ 멈추어 있던 자세나 자리가 바뀌다. 또는 자세나 자리를 바꾸다. ◆ 搬动，移动。¶위험해, 움직이지 마. =危险! 不要动。❷ 가지고 있던 생각이 바뀌다. 또는 그렇게 바뀐 생각을 하다. ◆ (想法)动摇，改变，变化。¶상대의 마음을 움직여 보려고 노력했다. =为改变对方的心意而努力。

움집【명사】움을 파고 지은 집. 움막보다 조금 크다. ◆ 名窝棚，窑洞。

움찔【부사】깜짝 놀라 갑자기 몸을 움츠리는 모양. ◆ 副 (身体由于受到惊吓而)突然蜷缩。¶팔기는 갑자기 제 목소리가 너무 커져 버린 것을 의식하고는 움찔 놀랐다. =八基突然意识到了自己的声音提得太高，吃了一惊，连忙将身体蜷缩起来。● 움찔하다 ●

움찔거리다【동사】깜짝 놀라 갑자기 몸이 자꾸 움츠러들다. 또는 몸을 자꾸 움츠리다. ◆ 动 (身体由于受到惊吓而)突然蜷缩。¶그녀는 죄지은 사람처럼 천둥소리를 듣고 움찔거렸다. =她像罪人似的，听到雷声，身体突然蜷缩起来。● 움찔대다 ●

움츠러들다【동사】动 ❶ 몸이나 몸의 일부가 몹시 오그라져 들어가거나 작아지다. ◆ 蜷缩，蜷，缩，蜷曲。¶불안감에 저절로 목덜미가 움츠러들다. =由于感到不安，不由自主地缩着脖子。❷ 겁을 먹거나 위압감 때문에 기를 펴지 못하고 몹시 주눅이 들다. ◆ 蜷缩，龟缩。¶두려움에 어깨가 움츠러들다. =肩膀由于害怕而蜷缩着。

움츠리다【동사】动 ❶ 몸이나 몸의 일부를 몹시 오그리어 작아지게 하다. ◆ 瑟缩，蜷缩，窝缩。¶한기를 느껴 몸을 움츠리다. =觉得冷，身子缩了起来。❷ 겁을 먹거나 위압감 때문에 몹시 기가 꺾이거나 풀이 죽다. ◆ (吓得)蜷缩，龟缩，战战兢兢。¶그녀는 남편에게 늘 죄스러운 생각으로 너무 움츠리며 살아왔다. =在领导面前，她总顶着巨大的压力，战战兢兢地工作着。

움켜잡다【동사】손가락을 우그리어 힘있게 꽉 잡다. ◆ 动抓住，握住。¶복통으로 배를 움켜잡다. =肚子疼，捂着肚子。

움켜쥐다【동사】动 ❶ 손가락을 우그리어 손안에 꽉 잡고 놓지 아니하다. ◆ 抓紧，握紧。¶주먹을 움켜쥐다. =握紧拳头。❷ 일이나 물건을 수중에 넣고 마음대로 다루다. ◆ 控制，掌握，操纵。¶권력을 움켜쥐다. =掌握权力。

움큼【의존 명사】손으로 한 줌 움켜쥘 만한 분량을 세는 단위. ◆ 依名抓，捧，抔，撮。¶아이가 사탕을 한 움큼 집었다. =小孩抓了一把糖。

움트다【동사】动 ❶ 초목 따위의 싹이 새로 돋아 나오기 시작하다. ◆ 发芽 。¶봄이 되자 나뭇가지에 싹이 움트다. =春天到了，树枝上长出新芽。❷ 기운이나 생각 따위가 새로이 일어나다. ◆ 萌生，初生。¶그들 사이에 사랑이 움트기 시작했다. =他们之间产生了爱情的萌芽。

움푹【부사】가운데가 우묵하게 푹 들어간 모양. ◆ 副凹陷，深陷。¶움푹 꺼진 땅. =洼地。● 움푹하다 ●

웃-【접사】명사 앞에 쓰이어 '위'의 뜻을 나타냄. ◆ 前缀上。¶웃어른. =长辈。

웃기다【동사】动 ❶ 기뻐서 소리를 내게 하거나 얼굴에 기쁜 표정을 짓게 하다. ◆ 逗乐，逗笑，使人发笑。¶그는 우스갯소리를 하여 사람들을 곧잘 웃기곤 하였다. =他讲了个笑话，逗得大家乐个不停。❷ 어떤 일이나 모습 따위가 한심해서 기가 막히게 하다. ◆ 逗，搞笑，让人笑话。¶웃기지 마라. =别逗了。

웃다【동사】动 ❶ 기쁘거나 만족스럽거나 우스울 때 얼굴을 활짝 펴거나 소리를 내다. ◆ 笑。¶빙그레 웃다. =微笑。❷ 얼굴에 환한 표정을 짓거나 소리를 내어 어떤 종류의 웃음을 나타내다. ◆ 露出笑容。¶씁쓸한 웃음을 웃었다. =冷笑。

웃돌다【동사】어떤 정도를 넘어서다. ◆ 动超过，超出，高于。¶제시한 금액이 우리의 예상을 웃돌았다. =要价超出了我们的预期。

웃어른【명사】나이나 지위·신분·항렬 따위가 자기보다 높아 직접 또는 간접으로 모시는 어른. ◆ 名长辈，尊长。¶그 를웃어른으로 대접하다. =把他当成长辈来敬重。

웃옷【명사】맨 겉에 입는 옷. ◆ 名外衣，罩衣。

웃음【명사】웃는 일. 또는 그런 소리나 표정. ◆ 名笑容，笑。¶어린아이의 해맑은 웃음. =小孩的灿烂笑容。

웃음꽃【명사】꽃이 피어나듯 환하고 즐겁게 웃는 웃음이나 웃음판을 비유적으로 이르는 말. ◆ 名欢笑，笑逐颜开，喜笑颜开。¶행복한 가정에는 항상 웃음꽃이 피어난다. =幸福的家庭经常充满欢声笑语。

웃음소리【명사】웃을 때 내는 소리. ◆ 名笑声。

웃자라다【동사】쓸데없이 보통 이상으로 많이 자라 연약하게 되다. ◆ 动疯长，徒长。¶비가 많이 와서 햇빛을 보지 못한 벼는 웃자라기만 해서 키만 껑충했다. =雨水多，水稻见不到阳光，一个劲地徒长秸秆。

웃통【명사】몸에서 허리 위의 부분. ◆ 名上半身，上体。

웅담(熊膽)【명사】말린 곰의 쓸개. 열을 내리고 독을 풀며 눈을 밝게 함으로써 경풍(驚風)·전간(癲癇)·안질(眼疾) 따위의 치료에 쓴다. ◆ 名熊胆。

웅대하다(雄大--)【형용사】웅장하고 크다. ◆ 形宏大，宏伟，雄伟。¶새로 건설되는 다리는 규모가 웅대하다. =新建的大桥规模宏大。

웅덩이【명사】움푹 패어 물이 괴어 있는 곳. ◆ 名水坑，水洼，坑。

웅변(雄辯)【명사】名 ❶ 조리가 있고 막힘이 없이 당당하게 말함. 또는 그런 말이나 연설. ◆ 雄辩，演讲。¶유창한 웅변으로 상대편을 설득하다. =用流利的演讲征服了对方。❷ 의심할 나위 없이 명백함. ◆ 毫无争议的辩论。¶사실을 웅변으로 증명하다. =用毫无争议的辩论证明事实。● 웅변하다(雄辯--) ●

웅비(雄飛)【명사】기운차고 용기 있게 활동함. ◆ 名大展宏图。¶웅비를 펼치다. =大展宏图。● 웅비하다(雄飛--) ●

웅성거리다【동사】많은 사람이 모여 수군거리며 소란스럽게 떠드는 소리가 자꾸 나다. ◆ 动人声嘈杂，人声鼎沸，闹哄哄。¶마을 어귀에서 사람들이 모여 웅성거리다. =人们聚在村口，闹哄哄的。● 웅성대다 ●

웅성웅성【부사】여러 사람이 모여 소란스럽게 수근거리며 자꾸 떠드는 소리. 또는 그 모양. ◆ 副人声嘈杂，人声鼎沸，闹哄哄。¶마을회관에 사람들이 웅성웅성 들끓다. =村民会馆里人声沸鼎。● 웅성웅성하다 ●

웅얼거리다【동사】나직한 소리로 똑똑하지 아니하게 혼자 입속말을 자꾸 해 대다. ◆ 动喃喃自语，嘟哝。¶라디오에서 들은 노랫가락을 하루종일 웅얼거리다. =整天哼着从收音机里听来的曲调。● 웅얼대다 ●

웅얼웅얼【부사】나직한 목소리로 똑똑하지 아니하게 혼자 입속말을 자꾸 해 대는 소리. 또는 그 모양. ◆ 副自言自语地，喃喃自语地，嘟哝。¶웅얼웅얼 말하는 버릇은 보기에 좋지 않다. =说话嘟哝的习惯不好。● 웅얼웅얼하다 ●

웅장하다(雄壯--)【형용사】규모 따위가 거대하고 성대하다. ◆ 形雄壮，宏伟，雄伟。¶라스베이거스의 호텔들은 하나같이 특색이 있으며 웅장하다. =拉斯维加斯的酒店都很有特色，并且非常雄伟。

웅크리다【동사】몸 따위를 움츠러들이다. ◆ 动蜷缩，蜷曲。¶추위에 몸을 웅크리다. =天冷，缩着身子。

워낙【부사】副 ❶ 두드러지게 아주. ◆ 很，非常，十分。¶성격이 워낙 급하다. =性子非常急。❷ 본디부터. ◆ 原来，本来。¶어려서부터 워낙 착하다. =从小就很善良。

원[1]【의존 명사】한국의 화폐 단위. ◆ 依名圆。¶용돈으로 만 원을 받다. =拿到了1万韩元零花钱。

원[2](圓)【명사】둥글게 그려진 모양이나 형태. ◆ 名圆，圆形，圆圈。¶원을 그리다. =画个圆圈。

원[3](元/原)-【접사】'본래의' 또는 '바탕이 되는'의 뜻을 더하는 접두사. ◆ 前缀原。¶원저자. =原作者。

원[4]【감탄사】뜻밖의 일을 당할 때나 놀랄 때 또는 마음이 언짢을 때에 하는 말. ◆ 叹唉，嗨。¶원, 세상에 그럴 수가 있나. =唉！世道怎么会变成那样啊？

원[5](願)【명사】바라고 원함. ◆ 名愿望。¶원을 풀다. =实现愿望。

원가(原價)【명사】名 ❶ 상품의 제조, 판매, 배급 따위에 든 재화와 용역을 단위에 따라 계산한 가격. ◆ 成本，成本费。¶노동 비용의 상승으로 물건의 원가가 높아지다. =劳动费的上涨导致物品成本增

加。❷ 물건을 사들였을 때의 값. ◆ 原价，底价。¶원가 상승. =底价上升。

원거리(遠距離)【명사】먼 거리. ◆ 图远距离，远程。¶원거리 미사일. =远程导弹。

원격(遠隔)【명사】멀리 떨어져 있음. ◆ 图远程。¶원격으로 조종하다. =远程操作。

원고[1](原告)【명사】법원에 민사 소송을 제기한 사람. ◆ 图原告。¶법원이 원고 패소 판정을 내리다. =法院作出了原告败诉的判决。

원고[2](原稿)【명사】图 ❶ 인쇄하거나 발표하기 위하여 쓴 글이나 그림 따위. ◆ 原稿。¶원고를 집필하다. =写稿。❷ 초벌로 쓴 원고. ◆ 草稿，底稿。¶원고를 수정하다. =修改底稿。

원고료(原稿料)【명사】원고를 쓴 데 대한 보수. ◆ 图稿费，稿酬。¶원고료를 받으러 출판사에 갔다. =去出版社取稿费。

원고지(原稿紙)【명사】원고를 쓰기 편리하게 만든 종이. ◆ 图稿纸。¶원고지에 글을 쓰다. =在稿纸上写文章。

원군(援軍)【명사】전투에서 자기편을 도와주는 군대. ◆ 图援军，援兵。

원근(遠近)【명사】图 ❶ 멀고 가까움. ◆ 远近。¶카메라 렌즈의 원근을 조절했다. =调节照相机镜头的远近。❷ 먼 곳과 가까운 곳. 또는 그곳의 사람. ◆ 远近。¶회갑을 축하하러 원근 각처에서 손님이 찾아오다. =客人们从各地赶来庆祝他的六十大寿。

원근감(遠近感)【명사】멀고 가까운 거리에 대한 느낌. 미술에서는 색채, 명암, 선 따위를 이용하여 원경·중경·근경의 느낌을 나타낸다. ◆ 图远近感。¶원근감이 뛰어난 작품. =远近感突出的作品。

원근법(遠近法)【명사】일정한 시점에서 본 물체와 공간을 눈으로 보는 것과 같이 멀고 가까움을 느낄 수 있도록 평면 위에 표현하는 방법. ◆ 图远近画法。

원금(元金)【명사】꾸어 주거나 맡긴 돈에 이자를 붙이지 아니한 돈. ◆ 图本金。¶원금 총액. =本金总额。

원기(元氣)【명사】图 ❶ 마음과 몸의 활동력. ◆ 元气，精气，精力。¶그는 원기가 부족하여 매사에 의욕이 없다. =他精力不足，干什么事情都没有心思。❷ 본디 타고난 기운. ◆ 活力，精力，精气。¶그 사람은 원기가 강해 활동적인 일이 어울린다. =他精力充沛，适合做一些消耗体力的事情。

원기둥(圓--)【명사】하나의 직선이 그와 나란한 직선의 둘레를 한 바퀴 돌아서 생긴 곡면으로 둘러싸인 입체. ◆ 图圆柱体。

원단(元旦)【명사】설날 아침. ◆ 图元旦。¶새해 원단을 기해 특별 사면정책을 실시하다. =在元旦到来之际，实行了特赦政策。

원대하다(遠大--)【형용사】계획이나 희망 따위의 장래성과 규모가 크다. ◆ 形远大。¶장래의 꿈이 원대하다. =未来梦想很远大。

원동력(原動力)【명사】어떤 움직임의 근본이 되는 힘. ◆ 图原动力。

원두막(園頭幕)【명사】오이, 참외, 수박, 호박 따위를 심은 밭을 지키기 위하여 밭머리에 지은 막. ◆ 图瓜棚，看瓜棚。¶참외 원두막. =甜瓜棚。

원래(元來/原來)【명사】사물이 전해 내려온 그 처음. ◆ 图原来，本来，原本。¶원래의 가격보다 훨씬 싸다. =比原来的价格便宜多了。

원로(元老)【명사】图 ❶ 한 가지 일에 오래 종사하여 경험과 공로가 많은 사람. ◆ 元老，资深。¶원로 교수. =资深教授。❷ 예전에, 나이나 벼슬, 덕망이 높은 벼슬아치를 이르던 말. ◆ 元老(古时，年纪或职务或资历高的官员)。¶원로 재상. =开朝宰相。

원료(原料)【명사】어떤 물건을 만드는 데 들어가는 재료. ◆ 图原料，原材料。

원룸【명사】침실이나 거실, 부엌 따위가 따로 구분되지 않고 하나의 방으로 되어 있는 주거 형태. ◆ 图单间公寓，开间。

원리(原理)【명사】图 ❶ 사물의 근본이 되는 이치. ◆ 原理。¶공기 순환 원리. =空气循环原理。❷ 행위의 규범. ◆ 原理。

원리금(元利金)【명사】원금과 이자를 통틀어 이르는 말. ◆ 图本金，本息。¶원리 분할 상환. =分期偿还本金。

원만하다(圓滿--)【형용사】形 ❶ 성격이 모난 데가 없이 부드럽고 너그럽다. ◆ 随和，温和。¶성격이 원만하다. =性格温和。❷ 일의 진행이 순조롭다. ◆ 圆满，顺利，美满。¶공사 진행이 원만하다. =工程进展顺利。● 원만히(圓滿-) ●

원망(怨望)【명사】못마땅하게 여기어 탓하거나 불평을 품고 미워함. ◆ 图埋怨，怨愤。¶싸늘한 원망의 눈초리. =冷漠怨愤的眼神。● 원망하다(怨望--) ●

원망스럽다(怨望---)【형용사】못마땅하게 여겨 탓하거나 불평을 가지고 미워하고 싶은 마음이 있다. ◆ 形埋怨，怨愤。¶그런 끔찍한 일들을 당했을 때는 하늘이 원망스럽고 땅이 무너지는 것 같았다. =遭遇可怕之事时，真如同苍天变色、大地倾覆。

원명(原名)【명사】고치기 전의 이름. ◆ 图原名，本名。

원목(原木)【명사】베어 낸 그대로 아직 가공하지 아니한 나무. ◆ 图原木，实木。¶원목으로 만든 가구는 비싸다. =实木家具很贵。

원문(原文)【명사】베끼거나 번역하거나 퇴고한 글에 대한 본래의 글. ◆ 图原文。

원반(圓盤)【명사】图 ❶ 접시 모양으로 둥글고 넓적하게 생긴 물건. ◆ 圆盘状物。¶원반 모양의 은하수. =状如圆盘的银河。❷ 원반던지기에서 쓰는 기구. 둥글넓적한 모양으로 나무에 금속으로 심을 넣고 테를 둘렀다. ◆ (体育中的)铁饼。

원반던지기(圓盤---)【명사】지름 2.5m의 원 안에서 원반을 던져 멀리 가기를 겨루는 육상 경기. ◆ 图掷铁饼。

원본(原本)【명사】图 ❶ 여러 차례 간행된 책에서 맨 처음 간행된 책. ◆ 原本。❷ 베끼거나 고친 것에 대하여 근본이 되는 서류나 문건따위. ◆ 蓝本，底本。¶원본을 보고 베끼다. =照着底本誊写。

원뿔(圓-)【명사】원의 평면 밖의 한 정점(定點)과 원주 위의 모든 점을 연결하여 생긴 면으로 둘러싸인 입체. ◆ 图圆锥。

원산지(原産地)【명사】图 ❶ 물건의 생산지. ◆ 产地。¶수입 식품에는 원산지를 반드시 표시해야 한다. =进口食品必须标明产地。❷ 동식물이 맨 처음 자라난 곳. ◆ 原产地。¶양은 원래 중앙아시아를 원산지이다. =绵羊的原产地是中亚。

원상(原狀)【명사】본디의 형상이나 모습. ◆ 图原样，原貌。

원색(原色)【명사】图 ❶ 본디의 제 빛깔. ◆ 原色 。¶원색 식물 도감. =原色植物画册。❷ 현란한 빛깔. ◆ 绚丽色彩。¶원색의 요란한 옷차림. =色彩绚丽的衣服。❸ 회화나 사진의 복제에서 원래의 색. ◆ 基色。

원서(願書)【명사】지원하거나 청원하는 내용을 적은 서류. ◆ 图请愿书，志愿书，申请书。¶입사 원서. =入职申请书。

원성(怨聲)【명사】원망하는 소리. ◆ 图怨声，怨言。¶원성을 사다. =招致怨言。

원소(元素)【명사】图 ❶ 집합을 이루는 낱낱의 요소. ◆ 数学集合元素。❷ 모든 물질을 구성하는 기본적 요소. 원자핵 내의 양성자 수와 원자 번호가 같다. 현재까지는 112종이 알려져 있다. ◆ 化学元素。

원수[1](怨讐)【명사】원한이 맺힐 정도로 자기에게 해를 끼친 사람이나 집단. ◆ 图仇人，冤家。¶불구대천의 원수. =不共戴天的仇人。

원수[2](元帥)【명사】장성 계급의 하나. 대장의 위로 가장 높은 계급이다. ◆ 图元帅。

원숭이【명사】구세계원숭잇과와 신세계원숭잇과의 짐승을 통틀어 이르는 말. 늘보원숭이, 개코원숭이, 대만원숭이 따위가 있다. ◆ 图猴子。

원시(原始/元始)【명사】图 ❶ 시작하는 처음. ◆ 原始。¶지구의 원시 생태는 과연 어떠한 모습이었을까? =地球的原始生态到底是什么样子呢? ❷ 처음 시작된 그대로 있어 발달하지 아니한 상태. ◆ 原始。¶원시 밀림 지역. =原始森林区。

원시(遠視)【명사】가까이 있는 물체를 잘 볼 수 없는 시력. ◆ 图远视。

원시림(原始林)【명사】사람의 손이 가지 아니한 자연 그대로의 삼림. ◆ 图原始森林。

원시인(原始人)【명사】图 ❶ 현생 인류 이전의 고대 인류. ◆ 原始人。¶원시인들이 남긴 조개더미. =原始人留下的贝壳堆。❷ 미개한 사회의 사람. ◆ 未开化人。

원심력(遠心力)【명사】물체가 원운동을 하고 있을 때 회전 중심에서 멀어지려는 힘. ◆ 图离心力。¶그네는 원심력의 원리로 움직인다. =秋千是利用离心力原理晃动的。

원안(原案)【명사】회의에 올려진 본디의 안. ◆ 图原议案。

원앙(鴛鴦)【명사】图 ❶ 오릿과의 물새. 몸의 길이는 40~45cm이고 부리는 짧고 끝에는 손톱 같은 돌기가 있다. 수컷의 뒷머리에는 긴 관모가 있고 날개의 안깃털은 부채꼴같이 펴져 있다. ◆ 鸳鸯。❷ 금실이 좋은 부부를 비유적으로 이르는 말. ◆ 恩爱的夫妻 。¶주례가 신혼부부에게 한 쌍의 원앙처럼 백년해로하기를 축원했다. =婚礼主持人祝新婚夫妇像鸳鸯一样白头偕老。

원양(遠洋)【명사】뭍에서 멀리 떨어진 큰 바다. ◆ 图远洋。¶원양 어선. =远洋渔船。

원어민(原語民)【명사】해당 언어를 모국어로 사용하는 사람. ◆ 图讲母语的人。¶원어민 강사. =说母语的讲师。

원예(園藝)【명사】채소·과일·화초 따위를 심어서 가꾸는 일이나 기술. ◆ 图园艺。¶원예 농가. =园艺农家。

원유(原油)【명사】땅속에서 뽑아낸, 정제하지 아니한 그대로의 기름. ◆ 图原油。

원인(原因)【명사】어떤 사물이나 상태를 변화시키거나 일으키게 하는 근본이 된 일이나 사건. ◆ 图原因，缘由，缘故。¶원인 분석. =原因分析。

원자(原子)【명사】물질의 기본적 구성 단위. ◆ 图原子。

원자력(原子力)【명사】원자핵의 붕괴나 핵반응의 경우에 방출되는 에너지가 지속적으로 연쇄 반응을 일으켜 동력 자원으로 쓰일 때의 원자핵 에너지. ◆ 图原子能，核能。

원자재(原資材)【명사】공업 생산의 원료가 되는 자재. ◆ 图原材料。¶원자재 확보의 어려움으로 공장 가동이 중단되다. =由于难以保证原材料供应，工厂运转被迫中断。

원자 폭탄(原子爆彈)【명사】원자핵이 분열할 때 생기는 에너지를 이용한 폭탄. ◆ 图原子弹。

원장(院長)【명사】'원(院)'자가 붙은 시설이나 기관의 우두머리. ◆ 图院长。

원점(原點)【명사】图 ❶ 시작이 되는 출발점. 또는 근본이 되는 본래의 점. ◆ 原点。¶타원형 경기장을 돌아 다시 출발의 원점에 서다. =绕椭圆形竞技场转了一圈，又回到了原点。❷ 좌표를 정할 때에 기준이 되는 점. 수직선 위의 0에 대응하는 점이며 평면이나 공간에서 좌표축들의 교점이다. ◆ 坐标原点。¶원점 0에서 2를 더하다. =从原点0开始加上2。

원제(原題)【명사】본디의 제목. ◆ 图原题。

원조(援助)【명사】물품이나 돈 따위로 도와줌. ◆ 图援助。¶식량 원조. =粮食援助。● 원조하다(援助--) ●

원주(圓周)【명사】일정한 점에서 같은 거리에 있는 점의 자취. ◆ 图圆周。

원주민(原住民)【명사】그 지역에 본디부터 살고 있는 사람들. ◆ 图原住民。

원주율(圓周率)【명사】원둘레와 지름의 비. 약 3.14이며 기호는 π. ◆ 图圆周率。

원천(源泉)【명사】图 ❶ 물이 흘러나오는 근원. ◆ 源头，发源地。¶한강의 원천은 어디입니까? =汉江的发源地是哪里? ❷ 사물의 근원. ◆ 根源。

원칙(原則)【명사】어떤 행동이나 이론 따위에서 일관되게 지켜야 하는 기본적인 규칙이나 법칙. ◆ 图原

则。¶원칙을 따르다. =遵守原则。

원탁(圓卓)【명사】둥근 탁자. ◆名圆桌。¶그들은 원탁에 둘러앉아 자유롭게 의견을 교환했다. =他们围坐在圆桌旁，自由地交换意见。

원통하다(冤痛--)【형용사】분하고 억울하다. ◆形怨愤，冤屈。¶모함을 받아 원통하다. =因遭到诬陷而怨愤。

원판(圓板)【명사】판판하고 넓으며 둥근 모양의 판. ◆名圆形板，圆盘。

원피스(one-piece)【명사】윗옷과 아래옷이 붙어서 한 벌로 된 옷. 주로 여성복에 많다. ◆名连衣裙。¶화사한 꽃무늬 원피스. =华丽的花连衣裙。

원하다(願--)【동사】바라고 원하다. ◆动希望，盼望。¶행복을 원하다. =期盼幸福。

원한(怨恨)【명사】억울하고 원통한 일을 당하여 응어리진 마음. ◆名怨恨，痛恨，仇恨。¶원한이 맺히다. =结怨。

원형[1](原形)【명사】名 ❶ 본디의 꼴. ◆ 原样，原貌。¶원형을 복원하다. =恢复原貌。❷ 활용하는 단어에서, 활용형의 기본이 되는 형태. ◆ (语言学)(单词的)原形。¶동사 원형. =动词原形。

원형[2](圓形)【명사】둥근 모양. ◆名圆形。

원활하다(圓滑--)【형용사】形 ❶ 거침이 없이 잘 되어 나가다. ◆ 进展顺利。¶공장 가동이 원활하다. =工厂运转顺利。❷ 모난 데가 없고 원만하다. ◆ 圆融，圆满。¶인간관계가 원활하다. =人际关系处理得很圆满。● 원활히(圓滑-) ●

월(月)【명사】한 달 동안. ◆名月。¶월 평균 기온. =月平均气温。

월간(月刊)【명사】한 달에 한 번씩 정해 놓고 책을 발행하는 일. ◆名月刊。¶월간 잡지를 구독하다. =订阅月刊。

월경(月經)【명사】성숙한 여성의 자궁에서 주기적으로 출혈하는 생리 현상. ◆名月经。

월계관(月桂冠)【명사】名 ❶ 고대 그리스에서, 월계수의 가지와 잎으로 만들어 경기의 우승자에게 씌워 주던 관. ◆ 桂冠。¶우승자에게 월계관을 씌우다. =为优胜者戴上桂冠。❷ 승리하거나 남보다 앞섬으로써 가지는 영광스러운 명예를 비유적으로 이르는 말. ◆ 夺冠。¶이 은행은 금융 부문에서 월계관을 차지했다. =这家银行夺得了金融行业的桂冠。

월계수(月桂樹)【명사】녹나뭇과의 상록 교목. 잎은 향기가 좋아 향료로 쓰고 예전에는 올림픽에서 경기 우승자에게 '월계관'으로 씌워 주었다. 지중해가 원산지다. ◆名月桂树。

월광(月光)【명사】달에서 비쳐 오는 빛. ◆名月光。

월급(月給)【명사】한 달을 단위로 하여 지급하는 급료. 또는 그런 방식. ◆名工资。¶월급을 받다. =领工资。

월동(越冬)【명사】겨울을 남. ◆名越冬，过冬。¶월동 준비. =过冬准备。● 월동하다(越冬--) ●

월드컵(World Cup)【명사】스포츠 경기의 국제 선수권 대회. ◆名世界杯。

월등하다(越等--)【형용사】다른 것과 견주어서 수준이 정도 이상으로 뛰어나다. ◆形超级，超群，不寻常，不一般。¶기술력이 월등하다. =技术实力超群。● 월등히 ●

월말(月末)【명사】그달의 끝 무렵. ◆名月末，月底。¶월말 고사. =月底考试。

월반(越班)【명사】학생의 성적이 뛰어나 상급 학년으로 건너뛰어 진급하는 일. 학습 능력이 뛰어난 학생은 교과 과정을 단축할 수 있게 만든 제도이다. ◆名跳级。¶그는 성적이 뛰어나 월반을 했다. =他成绩突出，跳级了。● 월반하다(越班--) ●

월별(月別)【명사】달을 단위로 나눈 구별. ◆名按月。¶월별 예산액. =每月预算额。

월부(月賦)【명사】물건 값이나 빚 따위의 일정한 금액을 다달이 나누어 내는 일. 또는 그 돈. ◆名月付，月供，按月付款。¶냉장고를 월부로 사다. =以按月付款的方式购买冰箱。

월세(月貰)【명사】名 ❶ 집이나 방을 다달이 빌려 쓰는 일. 또는 그 돈. ◆ 按月付租，月租。¶월세 계약. =月租合同。❷ 월셋방(-貰房)(월세를 받고 빌려 주는 방. 또는 월세를 주고 빌려 쓰는 방). ◆ 月租房，按月付租的房子。

월식(月蝕/月食)【명사】달이 지구의 그림자에 가려 전부나 일부가 보이지 아니함. 또는 그런 현상. 개기 월식과 부분 월식이 있다. ◆名月食。

월요일(月曜日)【명사】한 주(週)가 시작하는 기준이 되는 날. ◆名星期一。¶주말 잘 보내고 월요일에 만납시다. =周末好好过，星期一再见。

월척(越尺)【명사】낚시에서, 낚은 물고기가 한 자가 넘음. 또는 그 물고기. ◆名一尺来长的鱼。¶월척을 낚다. =钓到一尺来长的鱼。

월초(月初)【명사】그달의 처음 무렵. ◆名月初。

웨딩드레스(wedding dress)【명사】결혼식 때, 신부가 입는 서양식 혼례복. 흔히 흰색이며 옷자락이 길다. ◆名婚纱。

웬【관형사】冠 ❶ 어찌 된. ◆ 什么，怎么，为何。¶웬 영문인지 모른다. =不知所以。❷ 어떠한. ◆ 某。¶골목에서 웬 사내와 마주치다. =在胡同里碰到了一个男人。

웬걸【품사 없음】'웬 것을'이 줄어든 말. ◆ 不知为何，不知怎么搞的，不知怎么。¶사부인이 웬걸 음식을 이렇게 많이 보내셨니? =亲家母不知为何送来了这么多食物?

웬만큼【부사】副 ❶ 허용되는 범위에서 크게 벗어나지 아니할 만큼. ◆ 差不多，尚可，还可以，说得过去。¶몸에 좋다는 약도 웬만큼 먹어야지 너무 많이 먹으면 오히려 탈이 난다. =就算是对身体有利的药，也要适可而止，吃太多反倒会出毛病。❷ 보통은 넘는 정도로. ◆ 还不错。¶그녀는 영어를 웬만큼 한다. =她的英语还不错。

웬만하다【형용사】形 ❶ 정도나 형편이 표준에 가깝거나 그보다 약간 낫다. ◆ 尚可，还可以，说得过去。¶먹고살기가 웬만하다. =过得还可以。❷ 그저 그만하다. 그리 대단하지 않다. ◆ 差不多。¶웬만한 사람은 다 안다. =差不多每个人都知道。

웬일【명사】어찌 된 일. 의외의 뜻을 나타낸다. ◆ 图什么事，怎么回事。¶웬일로 여기까지 다 왔니? =为什么来这里?

웹(web)【명사】동영상이나, 음성 따위의 각종 멀티미디어를 이용하는 인터넷을 이르는 말. ◆ 图网。¶월드 와이드 웹. =互联网。

위[1](胃)【명사】식도와 샘창자 사이의 위창자관이 부풀어 커져 주머니처럼 생긴 부분. ◆ 图胃，胃脏。

위[2]【명사】图 ❶ 어떤 기준보다 더 높은 쪽. 또는 사물의 중간 부분보다 더 높은 쪽. ◆ 上，上面，顶。¶산 위에 오르다. =登上山顶。❷ 길고 높은 것의 꼭대기나 그쪽에 가까운 곳. ◆ 上，尖，顶部。¶높이 솟은 장대 위에는 깃발이 나부끼고 있었다. =高高的旗杆上飘扬着旗帜。❸ 어떤 사물의 거죽이나 바닥의 표면. ◆ 上面，表面。¶장판 위를 기어가는 벌레. =在板上爬行的虫子。❹ 신분, 지위, 연령, 등급, 정도 따위에서 어떠한 것보다 더 높거나 나은 쪽. ◆ 上乘，上等。¶우리 팀이 상대 팀보다 한 수 위로 평가되었다. =大家认为我们队水平比对方高出一筹。❺ 글 따위에서, 앞에서 밝힌 내용. ◆ 前面，上，前。¶구체적인 내용은 위에서 밝힌 것과 같다. =具体内容如前所述。

위급하다(危急--)【형용사】몹시 위태롭고 급하다. ◆ 形危急。¶병세가 위급하다. =病势危急。

위기(危機)【명사】위험한 고비나 시기. ◆ 图危机。¶위기 상황. =危机状况。

위대하다(偉大--)【형용사】도량이나 능력, 업적 따위가 뛰어나고 훌륭하다. ◆ 形伟大。¶어머니의 사랑은 위대하다. =母爱是伟大的。

위도(緯度)【명사】지구 위의 위치를 나타내는 좌표축 중에서 가로로 된 것. ◆ 图纬度。

위독하다(危篤--)【형용사】병이 매우 중하여 생명이 위태롭다. ◆ 形危重，病危，危笃。¶할아버지가 위독하시다. =爷爷病危。

위력(威力)【명사】상대를 압도할 만큼 강력함. 또는 그런 힘. ◆ 图威力。¶위력을 발휘하다. =发挥威力。

위로(慰勞)【명사】따뜻한 말이나 행동으로 괴로움을 덜어 주거나 슬픔을 달래 줌. ◆ 图慰劳，抚慰，慰问。¶위로를 받다. =得到慰问。● 위로되다(慰勞--), 위로하다(慰勞--) ●

위문(慰問)【명사】위로하기 위하여 문안하거나 방문함. ◆ 图慰问。¶위문 공연. =慰问演出。● 위문하다(慰問--) ●

위문품(慰問品)【명사】장병이나 이재민 등을 위로하기 위하여 보내는 물품. ◆ 图慰问品。

위법(違法)【명사】법률이나 명령 따위를 어김. ◆ 图违法，犯法。¶이 모임은 위법의 소지가 있다. =这是个违法组织。

위산(胃酸)【명사】위액 속에 들어 있는 산. 특히 염산을 이르며, 병적인 위액은 발효에 의하여 생기는 유기산도 포함하고 있다. ◆ 图胃酸。

위상(位相)【명사】어떤 사물이 다른 사물과의 관계 속에서 가지는 위치나 상태. ◆ 图位置，地位。¶위상을 높이다. =提高地位。

위생(衛生)【명사】건강에 유익하도록 조건을 갖추거나 대책을 세우는 일. ◆ 图卫生。¶위생 검사. =卫生检查。

위생병(衛生兵)【명사】군인들의 위생과 간호에 관한 일을 맡아보는 병사. ◆ 图卫生兵，卫生员。

위선(僞善)【명사】겉으로만 착한 체함. 또는 그런 짓이나 일. ◆ 图伪善。¶양반들의 위선을 풍자한 소설. =讽刺两班贵族伪善的小说。

위성(衛星)【명사】图 ❶ 행성의 인력에 의하여 그 둘레를 도는 천체. ◆ 卫星。❷ 인공위성(人工衛星). ◆ 人造卫星。

위성 도시(衛星都市)【명사】대도시 주변에 위치하면서 대도시와 유기적인 종속 관계를 가지는 중소도시. ◆ 图卫星城市，卫星城。

위성 중계(衛星中繼)【명사】통신 위성이나 방송 위성을 이용한 중계 방식. 통신 위성에서 증폭한 전파가 지구국과 방송국을 거쳐 각 가정으로 전달된다. ◆ 图卫星转播。

위세(威勢)【명사】图 ❶ 사람을 두렵게 하여 복종하게 하는 힘. ◆ 威势，威力。¶위세에 눌리다. =被威势所压迫。❷ 위엄이 있거나 맹렬한 기세. ◆ 威风，威严，威仪。¶위세가 당당하다. =威风凛凛。

위아래【명사】图 ❶ 아래위(아래와 위를 아울러 이르는 말). ◆ 上下。¶위아래 입술을 꾹 다물다. =紧咬双唇。❷ 상하(윗사람과 아랫사람을 아울러 이르는 말). ◆ 高低。¶위아래도 모르고 까분다. =没大没小的，不讲礼貌。

위안(慰安)【명사】위로하여 마음을 편하게 함. 또는 그렇게 하여 주는 대상. ◆ 图安慰。¶위안으로 삼다. =作为安慰。● 위안되다(慰安--), 위안하다(慰安--) ●

위암(胃癌)【명사】위에 발생하는 암. ◆ 图胃癌。

위압(威壓)【명사】위엄이나 위력 따위로 압박하거나 정신적으로 억누름. 또는 그런 압력. ◆ 图威压。¶위압을 가하다. =施以威压。● 위압하다(威壓--) ●

위액(胃液)【명사】위의 내벽에 있는 위샘에서 분비되는 소화액. ◆ 图胃液。

위엄(威嚴)【명사】존경할 만한 위세가 있어 점잖고 엄숙함. 또는 그런 태도나 기세. ◆ 图威严。¶위엄을 세우다. =树立威严。

위업(偉業)【명사】위대한 사업이나 업적. ◆ 图伟业，大业。¶위업을 달성하다. =实现伟业。

위염(胃炎)【명사】위 점막에 생기는 염증성 질환을 통틀어 이르는 말. ◆ 图胃炎。

위원(委員)【명사】선거나 임명에 의하여 지명되어 단체의 특정 사항을 처리할 것을 위임받은 사람. ◆ 图委员。¶연구 위원. =研究委员。

위원장(委員長)【명사】위원 가운데 우두머리. ◆ 图委员长。

위원회(委員會)【명사】일반 행정과는 달리 어느

정도 독립된 분야에서 기획, 조사, 입안, 권고, 쟁송의 판단, 규칙의 제정 따위를 담당하는 합의제 기관. ◆图委员会。

위인(偉人)【명사】뛰어나고 훌륭한 사람. ◆图伟人。¶위인전집. =伟人全集。

위인전(偉人傳)【명사】뛰어나고 훌륭한 사람의 업적과 삶을 적은 글. 또는 그런 책. ◆图伟人传记。

위임(委任)【명사】어떤 일을 책임 지워 맡김. 또는 그 책임. ◆图委任。¶아버지로부터 공장을 관리하도록 위임을 받았다. =受父亲委托管理工厂。● 위임되다(委任--), 위임하다(委任--) ●

위장[1](胃臟)【명사】식도와 샘창자 사이의 위창자관이 부풀어 커져 주머니처럼 생긴 부분. ◆图胃脏，胃。

위장[2](胃腸)【명사】위(胃)와 창자를 아울러 이르는 말. ◆图肠胃。

위장[3](僞裝)【명사】图 본래의 정체나 모습이 드러나지 않도록 거짓으로 꾸밈. 또는 그런 수단이나 방법. ◆伪装，假装。¶위장 결혼. =假结婚。

위조(僞造)【명사】어떤 물건을 속일 목적으로 꾸며 진짜처럼 만듦. ◆图伪造。¶공문서 위조. =伪造公文。● 위조되다(僞造--), 위조하다(僞造--) ●

위주(爲主)【명사】으뜸으로 삼음. ◆图为主，为首。¶남성 위주의 사회. =男权社会。

위중하다(危重--)【형용사】병세가 위험할 정도로 중하다. ◆形 (病情)危重。¶병이 위중하다. =病情危重。

위증(僞證)【명사】거짓으로 증명함. 또는 그런 증거. ◆图伪证。

위쪽【명사】위가 되는 쪽. ◆图上方，上面。¶고개를 위쪽으로 쳐들다. =把头往上抬。

위축(萎縮)【명사】图 ❶ 마르거나 시들어서 우그러지고 쭈그러듦. ◆枯萎，蔫，萎缩。¶추운 겨울이 되면서 자연은 위축과 조락의 모습으로 변했다. =到了寒冷的冬天，自然界呈现出一片枯萎和凋落的面貌。❷ 어떤 힘에 눌려 졸아들고 기를 펴지 못함. ◆畏缩，怯懦，缩手缩脚；萎缩。¶심리적 위축. =心理上的畏缩。● 위축되다(萎縮--), 위축하다(萎縮--) ●

위층(-層)【명사】이 층 또는 여러 층 가운데 위쪽의 층. ◆图上层。¶우리 집 위층에는 신혼부부가 세 들어 살고 있다. =我家楼上租给一对新婚夫妇居住。

위치(位置)【명사】图 ❶ 일정한 곳에 자리를 차지함. 또는 그 자리. ◆位置。¶위치를 정하다. =定位置。❷ 사회적으로 담당하고 있는 지위나 역할. ◆地位。¶여성의 사회적 위치. =女性的社会地位。

위치하다(位置--)【동사】일정한 곳에 자리를 차지하다. ◆动位于。¶학교가 산 아래 위치하다. =学校位于山下。

위탁(委託)【명사】图 ❶ 남에게 사물이나 사람의 책임을 맡김. ◆委托，托付。¶위탁 거래. =委托贸易。❷ 법률 행위나 사무의 처리를 다른 사람에게 맡겨 부탁하는 일. ◆法律委托。● 위탁되다(委託--), 위탁하다(委託--) ●

위태롭다(危殆--)【형용사】어떤 형세가 마음을 놓을 수 없을 만큼 위험한 듯하다. ◆形危险，危急。¶병이 위독하여 목숨이 위태롭다. =病情严重，生命垂危。

위태하다(危殆--)【형용사】어떤 형세가 마음을 놓을 수 없을 만큼 위험하다. ◆形危险，危急。¶정세가 위태하다. =情况很危急。

위트(wit)【명사】말이나 글을 즐겁고 재치 있고 능란하게 구사하는 능력. ◆图机智，风趣。¶위트가 넘치다. =充满风趣。

위패(位牌)【명사】단(壇), 묘(廟), 원(院), 절 따위에 모시는 신주(神主)의 이름을 적은 나무패. ◆图牌位，灵牌。

위풍당당하다(威風堂堂--)【형용사】풍채나 기세가 위엄 있고 떳떳하다. ◆形威风凛凛。¶자세가 위풍당당하다. =姿势威风凛凛。

위하다(爲--)【동사】动 ❶ 이롭게 하거나 돕다. ◆为了，为。¶나라를 위하여 목숨을 바치다. =为国家献出生命。❷ 물건이나 사람을 소중하게 여기다. ◆珍惜，珍爱。¶책을 신주처럼 위하다. =爱书如命。❸ 어떤 목적을 이루려고 하다. ◆(表示目的)为了，为。¶취직을 위하여 노력하겠다. =为了就业而努力。

위험(危險)【명사】해로움이나 손실이 생길 우려가 있음. 또는 그런 상태. ◆图危险，危急。¶위험이 따르다. =危险相随。● 위험하다(危險--) ●

위협(威脅)【명사】힘으로 으르고 협박함. ◆图威胁。¶위협을 당하다. =受到威胁。● 위협하다(威脅--) ●

위화감(違和感)【명사】조화되지 아니하는 어설픈 느낌. ◆图不协调感。¶위화감이 들다. =产生不协调感。

윗니【명사】윗잇몸에 난 이. ◆图上齿。¶칫솔질할 때는 윗니와 아랫니를 골고루 닦아야 한다. =刷牙时，应该均匀地刷上齿和下齿。

윗도리【명사】图 ❶ 허리의 윗부분. ◆上身，上体，上半身。¶윗도리가 잘 발달된 청년. =上身发达的青年。❷ 윗옷(위에 입는 옷). ◆上衣。¶윗도리를 벗다. =脱上衣。

윗마을【명사】위쪽에 있는 마을. 다른 마을의 위쪽이나 지대가 높은 곳을 이른다. ◆图上村，前村。

윗목【명사】온돌방에서 아궁이로부터 먼 쪽의 방바닥. 불길이 잘 닿지 않아 아랫목보다 상대적으로 차가운 쪽이다. ◆图炕梢，炕尾。¶윗목은 차가우니 아랫목으로 앉으세요. =炕梢冷，坐到炕头来。

윗몸【명사】허리 윗부분의 몸. ◆图上半身，上体，上身。¶윗몸을 구부리다. =弯曲上身。

윗물【명사】图 ❶ 상류에서 흐르는 물. ◆上游的水。❷ 어떤 직급 체계에서의 상위직. ◆上层，上级。

윗방(-房)【명사】이어져 있는 두 방 가운데 위쪽 방. ◆图上房，里屋。

윗부분(-部分)【명사】전체 가운데 위에 해당되는 범위. ◆图上部。

윗사람【명사】图❶ 손윗사람(나이나 항렬 따위가 자기보다 위이거나 높은 사람). ◆ 长辈。¶윗사람을 섬기다. =侍候长辈。❷ 자기보다 지위나 신분이 높은 사람. ◆ 上司，上级。¶윗사람 노릇 하기도 힘들다. =当上级也很累。

윗옷【명사】위에 입는 옷. ◆图上衣。¶아이들은 윗옷을 벗어 던지고 물속에 뛰어들었다. =孩子们甩掉上衣，跳进了水里。

윗입술【명사】위쪽의 입술. ◆ 图上唇。¶윗입술을 깨물다. =咬上唇。

윗자리【명사】图❶ 윗사람이 앉는 자리. ◆ 上座，上席。¶그는 잔치에 온 어른들을 윗자리에 모셨다. =他把来参加宴会的长辈们请到了上座。❷ 높은 지위나 순위(順位). ◆ 高的地位。

윙윙【부사】副❶ 조금 큰 벌레나 돌 따위가 매우 빠르고 세차게 잇따라 날아가는 소리. ◆ 嗡嗡。¶말벌이 윙윙 날아다니다. =马蜂嗡嗡地飞来飞去。❷ 거센 바람이 전선이나 철사 따위에 빠르고 세차게 잇따라 부딪치는 소리. ◆ 呼呼，呜呜。¶메마른 가지마다 찬 겨울바람이 윙윙 울고 있다. =寒冷的冬风在干枯的树枝间呼呼地号叫着。❸ 큰 기계의 모터나 바퀴가 잇따라 세차게 돌아가는 소리. ◆ 轰轰，嗡嗡。¶기계 소리가 윙윙 들린다. =听到机器轰轰的声音。❹ 귓속에서 잇따라 울리어 나는 소리. ◆ 轰鸣，嗡嗡。¶무슨 병인지 자꾸만 귀에서 윙윙 소리가 난다. =不知是什么病，耳朵总是发出嗡嗡声。

윙윙거리다【동사】动❶ 조금 큰 벌레나 돌 따위가 매우 빠르고 세차게 날아가는 소리가 잇따라 나다. ◆ 嗡嗡响，嗡嗡叫。¶모기가 귓가에서 윙윙거리다. =蚊子在耳边嗡嗡叫。❷ 거센 바람이 전선이나 철사 따위에 빠르고 세차게 부딪치는 소리가 잇따라 나다. ◆ 呼呼响，呜呜响。¶눈은 그쳤으나 찬바람이 윙윙거렸다. =雪停了，但寒风还在呼呼地刮。❸ 큰 기계의 모터나 바퀴가 세차게 돌아가는 소리가 잇따라 나다. ◆ 嗡嗡响，轰轰响，轰鸣。¶불도저가 흙을 밀며 윙윙거리다. =推土机工作时发出轰鸣声。❹ 귓속에서 울리는 소리가 잇따라 나다. ◆ 嗡嗡响。¶몸이 허약해져서 그런지 귀에서 윙윙거리는 소리가 들린다.=大概是体质变弱了，总听到耳朵里有嗡嗡声。

● 윙윙대다 ●

윙크(wink)【명사】상대에게 무엇인가 암시하거나 추파(秋波)로서 한쪽 눈을 깜빡거리며 하는 눈짓. ◆图眨眼睛，送秋波，使眼色。¶뒤를 돌아다보니 그녀는 나에게 귀엽게 윙크를 했다. =我回头一看，她调皮地向我眨眼睛。

유¹(有)-【접사】'그것이 있음'의 뜻을 더하는 접두사. ◆ 前缀有。¶일에 대한 유경험자를 모십니다. =聘请有工作经验者。

-유²(油)【접사】'기름'이나 '석유'의 뜻. ◆ 后缀油。¶야자유. =椰子油。

유³(有)【명사】있거나 존재함. ◆ 图有。¶무(無)에서 유를 창조하다. =从无到有。

유가족(遺家族)【명사】죽은 사람의 남은 가족. ◆图遗属。

유감(遺憾)【명사】마음에 차지 아니하여 섭섭하거나 불만스럽게 남아 있는 느낌. ◆图遗憾。¶유감의 뜻을 표하다. =深表遗憾。

유격(遊擊)【명사】적지나 전열 밖에서 그때그때 형편에 따라 적을 기습적으로 공격하는 일. ◆图游击。¶유격 훈련. =游击训练。

유격대(遊擊隊)【명사】주로 적의 배후나 측면에서 기습·교란·파괴 따위의 활동을 하는 특수 부대나 함대 또는 비정규 부대. ◆图游击队。

유격수(遊擊手)【명사】야구에서, 2루와 3루 사이를 지키는 내야수. ◆图游击手。

유골(遺骨)【명사】주검을 태우고 남은 뼈. 또는 무덤 속에서 나온 뼈. ◆ 图遗骨。¶유골을 묻다. =埋葬遗骨。

유괴(誘拐)【명사】사람을 속여서 꾀어냄. ◆ 图诱拐，诱骗。¶어린이 유괴 사건. =诱拐儿童事件。

● 유괴되다(誘拐--), 유괴하다(誘拐--) ●

유교(儒敎)【명사】'유학(儒學)'을 종교적인 관점에서 이르는 말. 삼강오륜을 덕목으로 하며 사서삼경을 경전으로 한다. ◆图儒教，儒学。

유구무언(有口無言)【명사】입은 있어도 말은 없다는 뜻으로, 변명할 말이 없거나 변명을 못함을 이르는 말. ◆ 图哑口无言，无话可说。¶모두 내 잘못이니 유구무언일세. =都是我的错，所以我无话可说。

유구하다(悠久--)【형용사】아득하게 오래다. ◆ 形悠久。¶유구한 역사와 전통을 자랑하다. =因悠久的历史和传统而感到自豪。

유급(留級)【명사】학교나 직장에서 상위 학년이나 직책으로 진급하지 못하고 그대로 남음. ◆ 图留级，降级。¶낙제를 하는 바람에 다시 1학년에 유급이 되었다. =由于不及格，再次留级到一年级。

● 유급되다(留級--), 유급하다(留級--) ●

유기¹(鍮器)【명사】놋그릇(놋쇠로 만든 그릇). ◆图黄铜器。

유기²(遺棄)【명사】내다 버림. ◆ 图遗弃。¶직무 유기. =放弃职务。

유기농(有機農)【명사】유기농업(有機農業)。 ◆ 图有机农业。

유기물(有機物)【명사】图 ❶ 생체를 이루며, 생체 안에서 생명력에 의하여 만들어지는 물질. ◆ 有机物。❷ 유기 화합물(有機化合物). ◆ 有机化合物。

유난【명사】언행이나 상태가 보통과 아주 다름. 또는 언행이 두드러지게 남과 달라 예측할 수 없는 데가 있음. ◆图特别，格外，分外。¶유난을 떨다. =搞特殊。

유난하다【형용사】언행이나 상태가 보통과 아주 다르다. 또는 언행이 두드러지게 남과 달라 예측할 수 없는 데가 있다. ◆ 形特别，格外，分外。¶어머니의 자식에 대한 사랑이 유난하다. =母亲对儿女的爱格外深沉。● 유난히 ●

유년(幼年)【명사】어린 나이나 때. 또는 어린 나이의 아이. ◆图幼年，童年。

유념하다(留念--)【동사】잊거나 소홀히 하지 않도록 마음속에 깊이 간직하여 생각하다. ◆ 动牢记，

注意。¶건강에 유념하다. =注意健康。

유능하다(有能--) 【형용사】 능력이 재능이 있다. ◆ 形有能力，能力强，有才能。¶대학에서 유능한 인재를 만들다. =大学培养有能力的人才。

유니폼(uniform) 【명사】 图 ❶ 제복(학교나 관청, 회사 따위에서 정하여진 규정에 따라 입도록 한 옷). ◆ 制服。¶해군사관학교 학생들은 전통적으로 흰색 유니폼을 입는다. =海军士官学校的学生们穿着传统的白色制服。❷ 단체 경기를 하는 선수들이 똑같이 입는 운동복. ◆ 运动服，团体服装。¶흰색 유니폼을 입은 농구 선수들. =身穿白色运动服的篮球运动员们。

유단자(有段者) 【명사】 단으로 능력의 정도를 나타내는 검도·유도·태권도 따위의 운동 종목이나 바둑 따위에서 초단 이상의 사람. ◆图有段位者。¶태권도 유단자. =跆拳道有段位者。

유달리(類--) 【부사】 여느 것과는 아주 다르게. ◆ 副特别，分外，格外，不寻常，不一般。¶그는 몸집에 비해서 다리가 유달리 가늘다. =他的身材比例很好，腿特别长。

유대(紐帶) 【명사】 끈과 띠라는 뜻으로, 둘 이상을 서로 연결하거나 결합하게 하는 것. 또는 그런 관계. ◆图纽带。¶유대 의식. =纽带意识。

유도[1](柔道) 【명사】 두 사람이 맨손으로 맞잡고 상대편이 공격해 오는 힘을 이용하여 넘어뜨리거나 조르거나 눌러 승부를 겨루는 운동. ◆图柔道。

유도[2](誘導) 【명사】 图 ❶ 사람이나 물건을 목적한 장소나 방향으로 이끎. ◆ 引导，诱导。¶차량 유도. =车辆引导。❷ 감응(전기장이나 자기장 속에 있는 물체가 그 전기장이나 자기장, 즉 전기·방사선·빛·열 따위의 영향을 받아 전기나 자기를 띠는 것. 또는 그 작용). ◆ 感应。● 유도되다(誘導--), 유도하다 (誘導--) ●

유독[1](唯獨/惟獨) 【부사】 나머지 것들과 다르게. ◆ 副特别。¶유독 아름답게 핀 꽃 한 송이. =一朵开得特别美的花。

유독[2](有毒) 【명사】 독성이 있음. ◆ 图有毒。¶유독 곤충. =有毒昆虫。● 유독하다(有毒--) ●

유동적(流動的) 【명사】 끊임없이 흘러 움직이는 것. ◆ 图流动的，灵活的。¶상황에 따라 유동적으로 대처하다. =根据情况灵活处理。

유들유들 【부사】 副 ❶ 부끄러운 줄도 모르고 뻔뻔한 데가 있는 모양. ◆ 厚颜，腆着脸，厚着脸皮，没羞没臊地。¶유들유들 말을 안 듣다. =厚着脸皮不听话。❷ 살이 많이 찌고 번드르르하게 윤기가 있는 모양. ◆ 油光满面的。¶유들유들 기름이 흐르는 얼굴. =油光满面。● 유들유들하다 ●

유라시아(Eurasia) 【명사】 유럽과 아시아를 함께 이르는 말. ◆图欧亚大陆。

유람(遊覽) 【명사】 돌아다니며 구경함. ◆ 图游览，观光。¶유람을 다니다. =观光。● 유람하다(遊覽--) ●

유람선(遊覽船) 【명사】 구경하는 손님을 태우고 다니는 배. ◆图游船。

유랑(流浪) 【명사】 일정한 거처가 없이 떠돌아다님. ◆ 图流浪，漂泊。¶유랑 극단. =流浪剧团。● 유랑하다(流浪--) ●

유래(由來) 【명사】 사물이나 일이 생겨남. 또는 그 사물이나 일이 생겨난 바. ◆图由来，来由。¶전설의 유래. =传说的由来。● 유래되다(由來--), 유래하다(由來--) ●

유럽(Europe) 【명사】 동쪽은 우랄 산맥·아랄 해·카스피 해·흑해 따위를 경계로 하여 아시아 대륙과 접하고 있으며, 남쪽은 아프리카 대륙과 지중해를 사이에 두고 있는 대륙. 육대주의 하나이다. ◆图欧洲。

유력하다(有力--) 【형용사】 形 ❶ 세력이나 재산이 있다. ◆ 有权势，富有。¶그는 이 지방 토박이로 유력하다. =他是这个地方有实力的地头蛇。❷ 가능성이 많다. ◆ 可能性大。¶우승 후보로 유력하다. =他作为候选人获胜的可能性大。

유령(幽靈) 【명사】 图 ❶ 죽은 사람의 혼령. ◆ 幽灵，亡灵。❷ 이름뿐이고 실제는 없는 것. ◆ 虚幻，虚的，虚拟，有名无实。¶유령 단체. =虚拟团体。

유례(類例) 【명사】 图 ❶ 같거나 비슷한 예. ◆ 同例，相同例子。¶그들의 잔혹한 통치 정책은 세계에서 유례를 찾기 힘든 것이다. =他们残酷的统治政策是世上绝无仅有的。❷ 전례(이전부터 있었던 사례). ◆ 前例，先例。¶역사상 유례가 없는 이변. =历史上前所未有的变故。

유로(Euro) 【명사】 유럽 연합의 법정 화폐인 유럽 단일 통화의 명칭. ◆图欧元。

유료(有料) 【명사】 요금을 내게 되어 있음. ◆ 图有偿，收费，交费。¶유료 주차장. =收费停车场。

유리(琉璃) 【명사】 석영, 탄산소다, 석회암을 섞어 높은 온도에서 녹인 다음 급히 냉각하여 만든 물질. 투명하고 단단하며 잘 깨진다. ◆图玻璃。

유리그릇(琉璃--) 【명사】 유리로 만든 각종 그릇. ◆ 图玻璃器皿。¶투명한 유리그릇에 물을 담았다. =用透明的玻璃器皿盛水。

유리병(琉璃甁) 【명사】 유리로 만든 병. ◆ 图玻璃瓶。

유리창(琉璃窓) 【명사】 유리를 낀 창. ◆图玻璃窗。

유리컵(琉璃-) 【명사】 유리로 만든 컵. ◆ 图玻璃杯。

유리하다(有利--) 【형용사】 이롭다(이익이 있다). ◆形有利，有利益。¶투자가 유리하다. =投资有利。

유린(蹂躪/蹂躙/蹂躪) 【명사】 남의 권리나 인격을 짓밟음. ◆图蹂躏，践踏。

유망하다(有望--) 【형용사】 앞으로 잘될 듯한 희망이나 전망이 있다. ◆ 形有希望，有发展。¶장래가 유망하다. =将来大有发展。

유머(humor) 【명사】 남을 웃기는 말이나 행동. ◆图幽默，诙谐。¶유머가 있는 사람. =幽默的人。

유명(有名) 【명사】 이름이 널리 알려져 있음. ◆ 图有名，知名，著名。¶유명 업체. =知名企业。● 유명하다(有名--) ●

유모(乳母) 【명사】 남의 아이에게 그 어머니 대신 젖을 먹여 주는 여자. ◆ 名乳母，奶妈。¶그 아이는 유모의 손에서 자랐다. =那个孩子由奶妈抚养长大。

유모차(乳母車)【명사】어린아이를 태워서 밀고 다니는 수레. ◆ 名婴儿车。¶어린아이를 유모차에 태우고 산책하다. =用婴儿车推着孩子散步。

유목(遊牧)【명사】일정한 거처를 정하지 아니하고 물과 풀밭을 찾아 옮겨 다니면서 목축을 하여 삶. ◆ 名游牧。¶유목 생활. =游牧生活。

유목민(遊牧民)【명사】목축을 업으로 삼아 물과 풀을 따라 옮겨 다니며 사는 민족. 중앙아시아, 몽골, 사하라 등의 건조·사막 지대에 분포한다. ◆ 名游牧民，游牧民族。

유무(有無)【명사】있음과 없음. ◆ 名有无。¶잘못의 유무를 따지다. =追究是否有错。

유물(遺物)【명사】名 ❶ 선대의 인류가 후대에 남긴 물건. ◆ 文物。¶선사 시대의 유물을 발굴하다. =挖掘史前时代的文物。❷ 유품(고인(故人)이 생전에 사용하다 남긴 물건). ◆ 遗物。¶할아버지의 유물을 정리하다. =整理爷爷的遗物。❸ 예전에 통용되던 제도나 이념 따위가 이미 그 효력을 잃어 쓸모가 없어졌음을 비유적으로 이르는 말. ◆〈喻〉过时的制度、理念。

유발(誘發)【명사】어떤 것이 다른 일을 일어나게 함. ◆ 名诱发。● 유발되다(誘發--), 유발하다(誘發--) ●

유배(流配)【명사】오형(五刑) 가운데 죄인을 귀양 보내던 일. 그 죄의 가볍고 무거움에 따라 원근(遠近)의 등급이 있었다. ◆ 名流放，发配，放逐。¶종신 유배. =终生流放。● 유배되다(流配--) ●

유별(有別)【명사】名 ❶ 다름이 있음. ◆ 有别，不同。¶남녀의 유별. =男女有别。❷ 여느 것과 두드러지게 다름. ◆ 不同。

유별나다(有別--)【형용사】보통의 것과 아주 다르다. ◆ 形特殊，特别，不一般。¶그의 성격은 유별나다. =他的性格很特别。

유보(留保)【명사】보류(어떤 일을 당장 처리하지 아니하고 나중으로 미루어 둠). ◆ 名保留，推迟。¶일시적 유보. =暂时保留。● 유보되다(留保--), 유보하다(留保--) ●

유복자(遺腹子)【명사】태어나기 전에 아버지를 여읜 자식. ◆ 名遗腹子。¶그는 유복자로 태어나 아버지의 얼굴도 모른다. =他是个遗腹子，从未见过父亲。

유복하다(裕福--)【형용사】복이 있다. ◆ 形有福。¶그는 대단히 유복한 사람이다. =他是个相当有福的人。

유부(油腐)【명사】두부를 얇게 썰어 기름에 튀긴 음식. ◆ 名油豆腐。¶유부 초밥. =油豆腐寿司。

유사(類似)【명사】서로 비슷함. ◆ 名（主要用于部分名词前）类似，相似，近似，雷同。¶유사 단체. =类似团体。● 유사하다(類似--) ●

유사시(有事時)【명사】급하거나 비상(非常)한 일이 일어날 때. ◆ 名非常时期。¶유사시에 대비해 훈련하다. =进行训练以应对非常时期。

유사품(類似品)【명사】어떤 다른 물건과 비슷한 물품. ◆ 名类似品，相似品，仿制品。¶유사품이 나돌다. =仿制品流行。

유산[1](遺産)【명사】名 죽은 사람이 남겨 놓은 재산. ◆ 遗产。¶막대한 유산을 받다. =继承巨额遗产。

유산[2](流産)【명사】名 ❶ 태아가 달이 차기 전에 죽어서 나옴. 인공 유산과 자연 유산이 있다. ◆ 流产。¶유산의 위험이 있으니 조심해야 한다. =有流产的危险，应该引起注意。❷ 계획 또는 추진하는 일이 이루어지지 못함을 비유적으로 이르는 말. ◆ (计划等)泡汤。● 유산되다(流産--), 유산하다(流産--) ●

유산균(乳酸菌)【명사】당류(糖類)를 분해하여 젖산을 만드는 균의 하나. ◆ 名乳酸菌。¶유산균은 체내에서 소화를 돕는 역할을 한다. =乳酸菌有助于消化。

유생(儒生)【명사】유학(儒學)을 공부하는 선비. ◆ 名儒生。

유서[1](由緖)【명사】예로부터 전하여 내려오는 까닭과 내력. ◆ 名来由，由来，来历。¶유서 깊은 고장. =由来已久的地方。

유서[2](遺書)【명사】유언을 적은 글. ◆ 名遗书。¶유서를 쓰다. =写遗书。

유선(有線)【명사】전선에 의한 통신 방식. ◆ 名有线。

유선 방송(有線放送)【명사】일정한 지역의 주민을 대상으로 케이블 같은 유선망을 통해 복수의 채널로 제공하는 텔레비전 방송. ◆ 名有线广播。

유선 전화(有線電話)【명사】가입자와 교환국 사이를 유선 선로로 연결한 전화. ◆ 名有线电话。

유선형(流線型)【명사】물이나 공기의 저항을 최소한으로 하기 위하여 앞부분을 곡선으로 만들고, 뒤쪽으로 갈수록 뾰족하게 한 형태. ◆ 名流线形。¶비행기의 앞부분은 유선형이다. =飞机的机首部分呈流线形。

유성[1](油性)【명사】기름의 성질. ◆ 名油性。¶유성 사인펜. =油性签字笔。

유성[2](流星)【명사】지구의 대기권 안으로 들어와 빛을 내며 떨어지는 작은 물체. ◆ 名流星。

유성음(有聲音)【명사】발음할 때, 목청이 떨려 울리는 소리. ◆ 名浊音。¶시를 쓸 때, 유성음을 잘 사용하면 리듬감을 살릴 수 있다. =(用韩语)写诗时，如果好好利用浊音，可以产生节奏感。

유세(有勢)【명사】名 ❶ 세력이 있음. ◆ 有势力。¶그들은 유세가 이만저만이 아니어서 대접이 소홀하다거나 물품이 부족하다고 호통을 치기 일쑤였고… =他们势力很大，稍有怠慢或物品短缺就会大闹一番……❷ 자랑삼아 세력을 부림. ◆ 炫耀势力，耀武扬威。¶유세를 떨다. =炫耀势力。● 유세하다(有勢--) ●

유수(有數)【명사】손꼽을 만큼 두드러지거나 훌륭함. ◆ 名屈指可数，数一数二。¶국내 유수의 대기업. =国内屈指可数的大企业。

유숙(留宿)【명사】남의 집에서 묵음. ◆ 名留宿，借

宿，寄宿。¶길 가다가 해가 저물어서 유숙을 하기로 했다. =太阳西下，赶路人决定借宿一晚。● 유숙하다(留宿--) ●

유순하다(柔順--)【형용사】성질이나 태도, 표정 따위가 부드럽고 순하다. ◆ 形柔顺，温顺，温柔。¶그는 말씨가 유순하다. =他说话很温柔。

유스 호스텔(youth hostel)【명사】청소년들이 건전한 여행 활동을 활발히 하도록 적극 장려하는 국제적 숙박 시설. ◆ 名青年旅馆，青年旅社。¶유스 호스텔은 비용이 저렴해서 많은 배낭 여행객들이 찾는 숙박 장소이다. =青年旅社费用低廉，是很多背包旅行者选择的住宿场所。

유식(有識)【명사】학문이 있어 견식이 높음. 또는 그런 지식. ◆ 名有知识，有学问，博学。¶그는 강단을 누비며 해학과 유식을 토해 내었다. =讲台上的他，既幽默又博学。● 유식하다(有識--) ●

유실[1](流失)【명사】물에 떠내려가서 없어짐. 또는 그렇게 잃음. 名流失，冲走。¶홍수로 이 지방은 엄청난 가옥의 유실이 있었다. =洪水冲毁了该地区无数的房屋。● 유실되다(流失--) ●

유실[2](遺失)【명사】名 가지고 있던 돈이나 물건 따위를 부주의로 잃어버림. ◆ 遗失，丢失。¶주말의 놀이공원에는 많은 사람이 몰려 소지품 유실이 많다. =游乐园周末客流量大，贴身物品丢失事件经常发生。● 유실되다(遺失--), 유실하다(遺失--) ●

유심히(有心-)【부사】副 ❶ 속뜻이 있게. ◆ 留心，留意。❷ 주의가 깊게. ◆ 留心，密切注意地。¶유심히 관찰하다. =留心观察。

유아[1](乳兒)【명사】젖을 먹는 어린아이. ◆ 名婴儿。

유아[2](幼兒)【명사】어린아이(나이가 적은 아이). ◆ 名幼儿，小孩。

유언(遺言)【명사】名 죽음에 이르러 말을 남김. 또는 그 말. ◆ 遗言。¶그는 마지막 유언을 남겼다. =他最后留下了遗言。

유언비어(流言蜚語)【명사】아무 근거 없이 널리 퍼진 소문. ◆ 名流言蜚语。¶유언비어를 퍼뜨리다. =散布流言蜚语。

유역(流域)【명사】강물이 흐르는 언저리. ◆ 名流域。¶낙동강 유역. =洛东江流域。

유연성(柔軟性)【명사】딱딱하지 아니하고 부드러운 성질. ◆ 名柔韧性，柔软度。¶유연성을 기르다. =提高柔韧性。

유연하다(柔軟--)【형용사】부드럽고 연하다. ◆ 形柔软。¶남달리 몸이 유연하다. =身体非常柔软。● 유연히(柔軟-) ●

유용(有用)【명사】쓸모가 있음. 이용할 데가 있음. ◆ 名有用。¶물건의 유용. =物品的用处。● 유용하다(有用--) ●

유원지(遊園地)【명사】돌아다니며 구경하거나 놀기 위하여 여러 가지 설비를 갖춘 곳. ◆ 名游乐园。

유월(六月)【명사】한 해 열두 달 가운데 여섯째 달. ◆ 名六月。

유유하다(悠悠--)【형용사】形 ❶ 움직임이 한가하고 여유가 있고 느리다. ◆ 悠闲，闲适。¶일을 마치고 돌아오는 걸음걸이가 유유하다. =事情做完后，回程的步伐很悠闲。❷ 아득하게 멀거나 오래되다. ◆ 悠远，悠长，悠久。¶역사가 유유하다. =历史悠久。● 유유히(悠悠-) ●

유의(留意)【명사】마음에 새겨 두어 조심하며 관심을 가짐. ◆ 名留意，留心，注意。¶유의 사항. =注意事项。● 유의하다(留意--) ●

유익하다(有益--)【형용사】이롭거나 도움이 될 만한 것이 있다. ◆ 形有益，有帮助。¶독서는 정신 건강에 유익하다. =读书有益于精神健康。

유인(誘引)【명사】주의나 흥미를 일으켜 꾀어냄. ◆ 名引诱，吸引。¶유인 작전. =诱敌作战。● 유인되다(誘引--), 유인하다(誘引--) ●

유일(唯一/惟一)【명사】오직 하나밖에 없음. ◆ 名唯一。¶이 사람이 사건을 목격한 유일의 인물입니다. =这个人是事件的唯一目击者。● 유일하다(唯一/惟一--) ●

유자(柚子)【명사】유자나무의 열매. ◆ 名柚子。¶유자를 따다. =摘柚子。

유작(遺作)【명사】죽은 사람이 생전에 남긴 작품. ◆ 名遗作。¶고인의 유작. =逝者的遗作。

유적(遺跡/遺蹟)【명사】남아 있는 자취. 건축물이나 싸움터 또는 역사적인 사건이 벌어졌던 곳이나 패총, 고분 따위를 이른다. ◆ 名遗迹，遗址。¶유적 발굴. =发掘遗迹。

유적지(遺跡地)【명사】유적이 있는 곳. ◆ 名遗址。¶유적지를 견학하다. =到遗址实地参观学习。

유전[1](遺傳)【명사】어버이의 성격·체질·형상 따위의 형질이 자손에게 전해짐. ◆ 名遗传。● 유전되다(遺傳--), 유전하다(遺傳--) ●

유전[2](油田)【명사】석유가 나는 곳. ◆ 名油田。

유전 공학(遺傳工學)【명사】유전자의 합성·변형 따위를 연구하는 학문. 응용 유전학의 한 분야로, 병의 치료나 이로운 산물의 대량 생산을 목적으로 한다. ◆ 名遗传工学。

유전자(遺傳子)【명사】생물체의 개개의 유전 형질을 발현시키는 원인이 되는 인자. ◆ 名遗传基因。

유전학(遺傳學)【명사】유전 현상을 연구하는 학문. ◆ 名遗传学。

유제품(乳製品)【명사】우유를 가공하여 만든 식품을 통틀어 이르는 말. ◆ 名乳制品。

유조선(油槽船)【명사】유조 시설을 갖추고 석유를 운반하는 배. ◆ 名油船。

유족(遺族)【명사】죽은 사람의 남은 가족. ◆ 名遗属。¶사망자 유족에게 보상금을 지급하다. =向死者家属支付赔偿金。

유종(有終)【명사】시작한 일에 끝맺음이 있음. ◆ 名有终点，有结束。¶모든 존재에는 유종이 있다. =所有存在都有终点。

유지(維持)【명사】어떤 상태나 상황을 그대로 보존하거나 변함없이 계속하여 지탱함. ◆ 名维持，保持。¶질서 유지. =维持秩序。● 유지되다(維持--), 유지하다(維持--) ●

유창하다(流暢--)【형용사】말을 하거나 글을 읽는 것이 물 흐르듯이 거침이 없다. ◆ 形流畅, 流利。¶그녀는 외국어를 유창하게 구사한다. =她外语说得很流利。

유채[1](油彩)【명사】图 ❶ 물감을 기름에 풀어서 그림을 그리는 법. ◆ 油彩。¶유채는 색을 덧입혀서 그린다. =给油画涂上双层色。❷ 유화(油畵)(서양화에서, 물감을 기름에 개어 그리는 그림). ◆ 油画。

유채[2](油菜)【명사】십자화과의 두해살이풀. 4월에 노란 꽃이 피고 열매는 원기둥 모양의 각과(角果)를 맺으며 씨는 작고 검은 갈색이다. 잎과 줄기는 먹고 종자로는 기름을 짠다. ◆图油菜。

유채색(有彩色)【명사】색상·명도·채도를 가진 빛깔. 빨강·노랑·파랑과 이들이 섞인 색들로, 검정·하양·회색을 제외한 모든 색이다. ◆图有色, 彩色。

유추(類推)【명사】같은 종류의 것 또는 비슷한 것에 기초하여 다른 사물을 미루어 추측하는 일. ◆图类推。¶유추에 의하여 판단하다. =根据类推做出判断。● 유추하다(類推--) ●

유출(流出)【명사】图 ❶ 밖으로 흘러 나가거나 흘려 내보냄. ◆ 流出, 外流。¶원유 유출. =原油外泄。❷ 귀중한 물품이나 정보 따위가 불법적으로 나라나 조직의 밖으로 나가 버림. 또는 그것을 내보냄. ◆ 流出, 外流。¶문화재 유출. =文化遗产外流。● 유출되다(流出--), 유출하다(流出--) ●

유충(幼蟲)【명사】알에서 나온 후 아직 다 자라지 아니한 벌레. ◆图幼虫。

유치(誘致)【명사】행사나 사업 따위를 이끌어 들임. ◆图吸引, 引来, 招来。● 유치되다(誘致--), 유치하다(誘致--) ●

유치원(幼稚園)【명사】학령이 안 된 어린이의 심신 발달을 위한 교육 시설. 쉬운 음악·그림·공작(工作)·유희 따위를 가르치는 곳. ◆图幼儿园。¶유치원에 다니다. =上幼儿园。

유치장(留置場)【명사】피의자나 경범죄를 지은 사람 등을 한때 가두어 두는 곳. 각 경찰서에 있다. ◆图拘留所。¶절도 혐의로 유치장에 수감되다. =因为涉嫌盗窃, 被关押在拘留所。

유쾌하다(愉快--)【형용사】즐겁고 상쾌하다. ◆ 形愉快, 快乐。¶유쾌한 기분. =愉快的心情。● 유쾌히(愉快-) ●

유토피아(Utopia)【명사】인간이 생각할 수 있는 최선의 상태를 갖춘 완전한 사회. ◆图乌托邦。

유통(流通)【명사】图 ❶ 공기나 액체 따위가 거침없이 흘러 통함. ◆ (空气或液体等)流通, 通畅。¶공기의 유통이 잘 되는 곳에 보관하다. =存放在通风良好的地方。❷ 화폐나 물품 따위가 세상에서 널리 쓰임. ◆ (货币或支票等)流通。¶화폐의 유통. =货币的流通。❸ 상품 따위가 생산자에서 소비자, 수요자에 도달하기까지 여러 단계에서 교환되고 분배되는 활동. ◆ (商品)流通。¶유통 과정.=流通过程。● 유통되다(流通--), 유통하다(流通--) ●

유통망(流通網)【명사】상품이 교환, 분배되는 경로의 체계. ◆图流通网。

유품(遺品)【명사】고인(故人)이 생전에 사용하다 남긴 물건. ◆ 图遗物。¶부모님의 유품. =父母的遗物。

유하다(柔--)【형용사】부드럽고 순하다. ◆ 形柔软, 柔和, 柔顺。¶성격이 유하다. =性格柔和。

유학[1](儒學)【명사】중국의 공자를 시조(始祖)로 하는 전통적인 학문. ◆图儒学。

유학[2](遊學)【명사】타향에서 공부함. ◆ 图外地求学, 异地求学。¶동생은 중학교 때부터 도시에서 유학 생활을 했다. =弟弟从初中开始就在城市过着异地求学的生活。● 유학하다(遊學--) ●

유학[3](留學)【명사】외국에 머물면서 공부함. ◆ 图留学。¶유학을 가다. =去留学。● 유학하다(留學--) ●

유학생(留學生)【명사】외국에 머물면서 공부하는 학생. ◆图留学生。

유한(有限)【명사】수(數), 양(量), 공간, 시간 따위에 일정한 한도나 한계가 있음. ◆ 图有限。● 유한하다(有限--) ●

유해(有害)【명사】해로움이 있음. ◆ 图有害。¶유해 물질. =有害物质。● 유해하다(有害--) ●

유행(流行)【명사】图 ❶ 특정한 행동 양식이나 사상 따위가 일시적으로 많은 사람의 추종을 받아서 널리 퍼짐. 또는 그런 사회적 동조 현상이나 경향. ◆ 流行, 风行, 时尚, 时髦。¶올해에는 짧은 머리가 유행이다. =今年流行短发。❷ 전염병이 널리 퍼져 돌아다님. ◆ (疾病)流行。¶그동안 보고되지 않은 바이러스가 유행하다. =此前没有通报的病毒流行起来。● 유행되다(流行--), 유행하다(流行--) ●

유행가(流行歌)【명사】특정한 시기에 대중의 인기를 얻어서 많은 사람이 듣고 부르는 노래. ◆图流行歌曲。¶유행가를 부르다. =唱流行歌曲。

유행병(流行病)【명사】图 ❶ 어떤 지역에 널리 퍼져 여러 사람이 잇따라 돌아가며 옮아 앓는 병. 또는 같은 원인으로 보통 병보다 많이 발생하는 병. ◆ 流行性传染病。¶유행병으로 사람들이 죽다. =人们得了流行性传染病而死亡。❷ 좋지 못한 유행을 지나치게 따르는 경향을 비유적으로 이르는 말. ◆〈喻〉流行病, 指某种不好的流行。¶요즘엔 초등학교 학생들도 휴대 전화를 갖는 것이 유행병이 되어 버렸다. =近来小学生携带手机也成为了一种流行病。

유행성(流行性)【명사】일시적으로 널리 퍼지는 성질. ◆图流行性。¶유행성 눈병. =流行性眼病。

유행어(流行語)【명사】비교적 짧은 시기에 걸쳐 여러 사람의 입에 오르내리는 단어나 구절. 신어의 일종으로 해학성, 풍자성을 띠며 신기한 느낌이나 경박한 느낌을 주기도 한다. ◆图流行语。¶유행어에는 당시의 세태가 반영되어 있다. =流行语反映出当时的世态。

유혈(流血)【명사】피를 흘림. 또는 흘러나오는 피. ◆图流血。¶유혈 사태. =流血事件。

유형(類型)【명사】성질이나 특징 따위가 공통적인 것끼리 묶은 하나의 틀. 또는 그 틀에 속하는 것.

◆ 图类型。¶사람을 세 가지 유형으로 나누다. =人分为三种类型。

유형 문화재(有形文化財)【명사】형체가 있는 문화적 유산. 역사상 예술상의 가치가 큰 건조물 회화 조각 공예품 책 문서 따위이다. ◆ 图物质文化遗产。¶이사찰이 유형문화재로 지정됐다. =该寺庙被认定为物质文化遗产。

유혹(誘惑)【명사】图 ❶ 꾀어서 정신을 혼미하게 하거나 좋지 아니한 길로 이끎. ◆ 引诱，诱惑。¶유혹에 넘어갔다. =禁不住诱惑。❷ 성적인 목적을 갖고 이성(異性)을 꾐. ◆ 引诱，诱惑，勾引，色诱。¶여자의 유혹에 빠지다. =为女色所惑。● 유혹되다(誘惑--), 유혹하다(誘惑--) ●

유화(油畫)【명사】서양화에서, 물감을 기름에 개어 그리는 그림. 보통 천으로 된 캔버스에 그리는데, 근대 이후 서양화 기법의 주류를 이루었다. ◆ 图油画。¶유화를 그리다. =画油画。

유효(有效)【명사】보람이나 효과가 있음. ◆ 图有效。¶이 약은 유효 기간이 지났다. =这药过了有效期。● 유효하다(有效--) ●

유희(遊戲)【명사】즐겁게 놀며 장난함. 또는 그런 행위. ◆ 图游戏。¶가족들과 유희를 즐기다. =和家人愉快地做游戏。

육(六)【수사】오에 일을 더한 수. 아라비아 숫자로는 '6', 로마 숫자로는 'Ⅵ'으로 쓴다. ◆ 数六。

육각형(六角形)【명사】여섯 개의 직선으로 둘러싸인 평면 도형. ◆ 图六角形。

육개장(肉-醬)【명사】쇠고기를 삶아서 알맞게 뜯어 넣고, 얼큰하게 갖은 양념을 하여 끓인 국. ◆ 图牛肉汤。¶육개장을 끓인다. =煮牛肉汤。

육교(陸橋)【명사】번잡한 도로나 철로 위를 사람들이 안전하게 횡단할 수 있도록 공중으로 건너질러 놓은 다리. ◆ 图天桥，高架桥，立交桥。¶육교를 건넜다. =过立交桥。

육군(陸軍)【명사】주로 땅 위에서 공격과 방어의 임무를 수행하는 군대. ◆ 图陆军。

육로(陸路)【명사】육상(陸上)으로 난 길. ◆ 图陆路，旱路。¶육로로 오다. =从旱路来。

육류(肉類)【명사】먹을 수 있는 짐승의 고기 종류. ◆ 图肉类，肉食。

육면체(六面體)【명사】여섯 개의 평면으로 둘러싸인 입체. ◆ 图六面体。

육박(肉薄)【명사】바싹 가까이 다가붙음. ◆ 图接近，临近，逼近，迫近。¶챔피언은 경기 초반에 도전자의 저돌적인 육박에 곤혹을 치렀다. =比赛初期，卫冕冠军面对挑战者的凶猛紧逼慌乱不已。● 육박하다(肉薄--) ●

육박전(肉薄戰)【명사】적과 직접 맞붙어서 총검으로 치고받는 싸움. ◆ 图肉搏战。¶치열한 육박전을 벌이다. =展开激烈的肉搏战。

육상(陸上)【명사】图 ❶ 뭍 위. ◆ 陆地上，陆上。¶육상 운송. =陆上运输。❷ 육상 경기(陸上競技)(달리기, 뛰기, 던지기를 기본 동작으로 하여 육상에서 행하여지는 각종 경기를 통틀어 이르는 말). ◆ 田径。

육상 경기(陸上競技)【명사】달리기, 뛰기, 던지기를 기본 동작으로 하여 육상에서 행하여지는 각종 경기를 통틀어 이르는 말. 트랙 경기, 필드 경기, 마라톤 따위가 있다. ◆ 图田径比赛。

육성[1](育成)【명사】길러 자라게 함. ◆ 图培养，培育，养育。¶기술자 육성. =培养技术人员。● 육성하다(育成--) ●

육성[2](肉聲)【명사】사람의 입에서 직접 나오는 소리. ◆ 图声音。¶라디오에서 흘러나오는 그의 육성은 몹시 떨리고 있었다. =他的声音从广播里传来，听起来非常激动。

육순(六旬)【명사】예순 살. ◆ 图六旬，六十岁。¶육순을 바라보는 나이. =快到六十岁了。

육식(肉食)【명사】图 ❶ 음식으로 고기를 먹음. 또는 그런 식사. ◆ 吃肉；肉食。¶육식을 금하다. =禁止吃肉。❷ 동물이 다른 동물의 고기를 먹이로 하는 일. ◆ 食肉。

육식 동물(肉食動物)【명사】동물의 고기를 먹는 동물. 먹이를 잡기 위하여 큰 입, 날카로운 이와 발톱, 예민한 후각을 가진 것이 많다. ◆ 图食肉动物，肉食动物。

육신(肉身)【명사】육체(肉體)(구체적인 물체로서 사람의 몸). ◆ 图身体，肉体。¶육신의 고통. =肉体的痛苦。

육십(六十)【수사】십의 여섯 배가 되는 수. ◆ 数六十。

육아(育兒)【명사】어린아이를 기름. ◆ 图育儿。¶육아 일기. =育儿日记。

육안(肉眼)【명사】안경이나 망원경, 현미경 따위를 이용하지 아니하고 직접 보는 눈. ◆ 图肉眼，裸眼。¶태양의 흑점은 육안으로는 볼 수 없다. =仅用肉眼看不到太阳黑子。

육자배기(六字--)【명사】남도 지방에서 부르는 잡가(雜歌)의 하나. 가락의 굴곡이 많고 활발하며 진양조장단이다. ◆ 图六字谣。

육젓(六-)【명사】유월에 잡은 새우로 담근 젓. 이 무렵의 새우가 제일 맛있다고 한다. ◆ 图 (六月捕的虾做的)六月虾酱。

육중하다(肉重--)【형용사】투박하고 무겁다. ◆ 形笨重，沉重，低沉。¶육중한 몸집. =身体笨重。

육지(陸地)【명사】图 ❶ 땅(강이나 바다와 같이 물이 있는 곳을 제외한 지구의 겉면). ◆ 陆地，土地。❷ 섬에 상대하여, 대륙과 연결되어 있는 땅을 이르는 말. ◆ 陆地，大陆。

육체(肉體)【명사】구체적인 물체로서 사람의 몸. ◆ 图肉体，身体。¶육체가 건강해야 정신도 건강하다. =身体健康，精神才健康。

육체노동(肉體勞動)【명사】육체를 움직여 그 힘으로 하는 노동. ◆ 图体力劳动。

육체미(肉體美)【명사】사람 몸의 아름다움. ◆ 图肉体美，形体美。¶육체미를 강조하다. =强调形体美。

육친(肉親)【명사】부모, 형제, 처자를 통틀어 이르는 말. ◆ 图亲人，家人。¶그 의형제는 육친처럼 서로를 의지하고 살기로 약속했다. =那对结拜兄弟约好了，要像亲人一样互相扶持生活。

육탄전(肉彈戰)【명사】몸을 탄알 삼아 적진에 뛰어들어 벌이는 전투. ◆ 名肉搏战。¶육탄전을 벌이다. =展开肉搏战。

육하원칙(六何原則)【명사】역사 기사, 보도 기사 따위의 문장을 쓸 때에 지켜야 하는 기본적인 원칙. '누가, 언제, 어디서, 무엇을, 어떻게, 왜'의 여섯 가지를 이른다. ◆ 名六何原则。

육해공군(陸海空軍)【명사】육군·해군·공군을 아울러 이르는 말. ◆ 名陆海空三军。

윤(潤)【명사】윤기(潤氣)(반질반질하고 매끄러운 기운). ◆ 名光泽，润泽。¶가구에 윤을 내다. =将家具打磨出光泽。

윤곽(輪廓)【명사】名 ❶ 일이나 사건의 대체적인 줄거리. ◆ 概况，概要，轮廓。¶일의 윤곽이 드러나다. =事物的轮廓显露出来。❷ 사물의 테두리나 대강의 모습. ◆ 轮廓。¶윤곽이 뚜렷한 얼굴. =轮廓鲜明的脸。

윤기(潤氣)【명사】반질반질하고 매끄러운 기운. ◆ 名光泽，润泽。¶윤기가 흐르는 머리. =有光泽的头发。

윤년(閏年)【명사】윤달이나 윤일이 든 해. ◆ 名闰年。

윤달(閏-)【명사】윤년에 드는 달. ◆ 名闰月。

윤리(倫理)【명사】사람으로서 마땅히 행하거나 지켜야 할 도리. ◆ 名伦理，道德，人伦。¶윤리 의식. =伦理意识。

윤색(潤色)【명사】사실을 과장하거나 미화함을 비유적으로 이르는 말. ◆ 名美化，润色。¶번역극을 다루다 보면 우리 실정에 맞는 내용의 윤색도 필요하다. =做了一段时间的译制片以后，感觉到有必要对内容进行润色，仅其符合我们的实际情况。● 윤색되다(潤色--), 윤색하다(潤色--) ●

윤전기(輪轉機)【명사】인쇄 기계의 하나. 원통 모양의 판(版)과 인압원통(印壓圓筒) 사이에 둥글게 감은 인쇄지를 끼워서 인쇄함. ◆ 名轮转印刷机。

윤택(潤澤)【명사】名 ❶ 광택에 윤기가 있음. ◆ 润泽，滋润。❷ 살림이 풍부함. ◆ 富足，富裕，滋润。● 윤택하다(潤澤--) ●

윤활유(潤滑油)【명사】기계가 맞닿는 부분의 마찰을 덜기 위하여 쓰는 기름. ◆ 名润滑油。

윤회(輪廻)【명사】수레바퀴가 끊임없이 구르는 것과 같이, 중생이 번뇌와 업에 의하여 삼계 육도(三界六道)의 생사 세계를 그치지 아니하고 돌고 도는 일. ◆ 名生死轮回，轮回转世。

-율[1](律)【접사】'법칙'의 뜻을 더하는 접미사. ◆ 后缀法则。¶인과율. =因果律，因果关系。

-율[2](率)【접사】비율(比率)(다른 수나 양에 대한 어떤 수나 양의 비(比)). ◆ 后缀比率，比例。¶백분율. =百分比。

율동(律動)【명사】名 ❶ 일정한 규칙을 따라 주기적으로 움직임. ◆ 律动，规则地运动。❷ 율동 체조. ◆ 韵律操。

율법(律法)【명사】종교적·사회적·도덕적 생활과 행동에 관하여 신(神)의 이름으로 규정한 규범. 모세의 십계명을 중심으로 모세 오경을 이르는 것이 일반적이다. ◆ 名戒律。

융기(隆起)【명사】名 ❶ 높게 일어나 들뜸. 또는 그런 부분. ◆ 隆起，突起，突出。¶지반의 한 쪽이 융기가 되다. =地面一端隆起。● 융기하다(隆起--) ●

융단(絨緞)【명사】양털 따위의 털을 표면에 보풀이 일게 짠 두꺼운 모직물. ◆ 名地毯，毡毯。

융성(隆盛)【명사】기운차게 일어나거나 대단히 번성함. ◆ 名兴盛，昌盛，兴隆，兴旺。¶역사학의 융성. =历史学的兴盛。● 융성하다(隆盛--) ●

융숭하다(隆崇--)【형용사】대하는 태도가 매우 정중하고 극진하다. ◆ 形郑重，隆重。¶융숭한 대접을 받다. =受到隆重的招待。

융자(融資)【명사】자금을 융통함. 또는 그 자금. ◆ 名融资。¶은행 융자를 신청하다. =申请银行融资。● 융자하다(融資--) ●

융통(融通)【명사】금전이나 물품 따위를 돌려씀. ◆ 名融通，流通。¶산업 자금의 융통. =产业资金的融通。● 융통하다(融通--) ●

융합(融合)【명사】다른 종류의 것이 녹아서 서로 구별이 없게 하나로 합하여지는 일. ◆ 名融合，结合。¶산소와 수소가 융합을 하면 물이 된다. =氧元素和氢元素结合就变成了水。● 융합되다(融合--), 융합하다(融合--) ●

융화(融和)【명사】서로 어울려 갈등이 없이 화목하게 됨. ◆ 名融洽，和睦，和谐。¶세대간의 융화. =不同年代的人之间和谐相处。● 융화되다(融和--), 융화하다(融和--) ●

윷【명사】名 ❶ 작고 둥근 통나무 두 개를 반씩 쪼개어 네 쪽으로 만든 것. 도, 개, 걸, 윷, 모의 다섯 등급을 만들어 승부를 겨루는 놀이에 쓴다. ◆ 尤茨。¶윷과 말판. =尤茨和棋盘。❷ 윷놀이에서, 윷짝 네 개가 모두 젖혀진 경우를 이르는 말. 끗수는 네 끗으로 친다. ◆ 玩尤茨游戏得四分。¶윷 나오면 우리가 이긴다. =获得到四分，我们就赢了。

윷놀이【명사】편을 갈라 윷으로 승부를 겨루는 놀이. 둘 또는 두 편 이상의 사람이 교대로 윷을 던져서 도·개·걸·윷·모의 끗수를 가리며, 그에 따라 윷판 위에 네 개의 말을 움직여 모든 말이 먼저 최종점을 통과하는 편이 이긴다. ◆ 名尤茨游戏。¶정월이 되면 윷놀이를 많이 한다. =正月里，人们经常玩尤茨游戏。● 윷놀이하다 ●

으깨다【동사】动 ❶ 굳은 물건이나 덩이로 된 물건을 눌러 부스러뜨리다. ◆ 压碎，碾碎，砸碎，捣碎。¶얼음을 으깨다. =把冰砸碎。❷ 억센 물건을 부드럽게 하다. ◆ 弄软。

으뜸【명사】名 ❶ 많은 것 가운데 가장 뛰어난 것. 또는 첫째가는 것. ◆ 最高，最好，最棒，最厉害，第一。¶으뜸이 되다. =成了第一。❷ 기본이나 근본이 되는 뜻. ◆ 根本，基本。¶효는 덕의 으뜸이다. =百善孝为先。

으뜸음(--音)【명사】음계의 첫째 음. 음계의 기초가 되는 음으로 장조에서는 '도', 단조에서는 '라'이다. ◆ 图主音。¶건반의 으뜸음을 누르다. =按键盘上的主音键。

으레 【부사】 副 ❶ 두말할 것 없이 당연히. ◆ 当然, 应当。¶그녀는 선비는 으레 가난하려니 하고 살아왔다. =她一直都认为书生很穷是理所当然的事。❷ 틀림없이 언제나. ◆ 必然, 必定, 总是。¶그는 회사 일을 마치면 으레 동료들과 술 한잔을 한다. =下班后, 他总是要和同事们喝杯酒。

으르다 【동사】 상대편이 겁을 먹도록 무서운 말이나 행동으로 위협하다. ◆ 动威胁, 恐吓, 恫吓, 吓唬。¶아무리 으르고 달래도 소용이 없다. =不管怎么吓唬、安抚都没用。

으르렁 【부사】 副 ❶ 크고 사나운 짐승 따위가 성내어 크고 세차게 울부짖는 소리. 또는 그 모양. ◆ 嗷嗷 (咆哮、吼叫声)。¶호랑이의 으르렁 소리에 새들이 놀라 날아갔다. =听到老虎的吼声, 鸟儿们都吓得飞走了。❷ 조금 부드럽지 못한 말로 크고 세차게 외치거나 다투는 소리. 또는 그 모양. ◆ 吼, 大吼大叫, 大吵大闹。

으르렁거리다 【동사】 动 ❶ 크고 사나운 짐승 따위가 자꾸 성내어 크고 세차게 울부짖다. ◆ 咆哮, 吼叫。¶호랑이가 으르렁거리다. =老虎在咆哮。❷ 조금 부드럽지 못한 말로 자꾸 크고 세차게 외치거나 다투다. ◆ 动一个劲儿争吵, 你争我斗。¶형제가 으르렁거리며 싸우다. =兄弟俩一个劲儿地争吵。● 으르렁대다 ●

으르렁으르렁 【부사】 副 ❶ 크고 사나운 짐승 따위가 자꾸 성내어 크고 세차게 울부짖는 소리. 또는 그 모양. ◆ 嗷嗷地。¶으르렁으르렁 울부짖는 맹수의 울음소리. =猛兽"嗷嗷"的嚎叫声。❷ 조금 부드럽지 못한 말로 자꾸 크고 세차게 외치거나 다투는 소리. 또는 그 모양. ◆ 吼, 大吼大叫, 大吵大闹。¶형과 아우는 만나기만 하면 으르렁으르렁 다툰다. =哥哥和弟弟一见面, 就大吵大闹。● 으르렁으르렁하다 ●

으름장 【명사】 말과 행동으로 위협하는 짓. ◆ 图威胁, 恐吓, 恫吓, 吓唬。¶으름장을 놓다. =恐吓。

으리으리하다 【형용사】 모양이나 규모가 압도될 만큼 굉장하다. ◆ 形辉煌豪华, 雄伟壮丽, 雄伟壮观, 宏伟壮丽, 金碧辉煌。¶궁전이 으리으리하다. =宫殿雄伟壮丽。

으스대다 【동사】 어울리지 아니하게 우쭐거리며 뽐내다. ◆ 动傲慢, 盛气凌人, 不可一世。¶부자라고 으스댔다. =仗着自己有点钱, 傲慢得不得了。

으스러지다 【동사】 动 ❶ 덩어리가 깨어져 조각조각 부스러지다. ◆ 破碎, 粉碎, 碎。¶목 씨는 관절뼈가 으스러져 당분간 노동을 하기는 힘들게 된 모양이다. =老穆关节粉碎, 暂时很难劳动。❷ 살갗이 무엇에 부딪혀서 몹시 벗어지다. ◆ (受伤)破皮, 掉皮。¶곤장을 맞은 그의 엉덩이는 으스러져 뼈가 다 보일 지경이다.=他挨了一棍子, 屁股伤得都能看到骨头了。

으스스 【부사】 차거나 싫은 것이 몸에 닿았을 때 크게 소름이 돋는 모양. ◆ 副 (因寒冷或恐惧而)瑟瑟地, 哆哆嗦嗦地, 冷飕飕。¶비에 젖어 으스스 한기를 느끼다. =淋了雨, 冷得瑟瑟发抖。

으스스하다 【형용사】 차거나 싫은 것이 몸에 닿았을 때 크게 소름이 돋을 정도로 차가운 느낌이 있다. ◆ 形冷飕飕, 凉飕飕, 发冷。¶봄이지만 새벽에는 아직 거리가 으스스하다. =虽然已经是春天了, 但清晨仍然冷飕飕的。

으슥하다 【형용사】 形 ❶ 무서움을 느낄 만큼 깊숙하고 후미지다. ◆ 僻静, 阴森。¶으슥한 골목길. =僻静的胡同。❷ 아주 조용하다. ◆ 寂静, 幽静。

으슬으슬 【부사】 소름이 끼칠 정도로 매우 차가운 느낌이 잇따라 드는 모양. ◆ 副瑟瑟地, 冷飕飕地, 凉飕飕地, 发冷, 哆哆嗦嗦地(发冷的样子)。¶몸이 으슬으슬 추워진다. =冷得瑟瑟发抖。

으쓱 【부사】 副 ❶ 갑자기 어깨를 한 번 들먹이는 모양. ◆ (肩突然)一耸。¶음악을 들으며 나는 무의식중에 어깨를 으쓱 추어올렸다. =听着音乐, 我无意识地耸起了肩膀。❷ 어깨를 들먹이며 우쭐하는 모양. ◆ 耸肩, 得意洋洋, 得意。¶합격 소식에 나는 어깨가 으쓱 올라갔다. =听到及格的消息后, 我得意洋洋地耸了耸肩膀。● 으쓱하다 ●

으쓱거리다 【동사】 动 ❶ 어깨가 자꾸 들먹이다. 또는 어깨를 자꾸 들먹이다. ◆ 直耸肩。¶신이 나서 어깨가 저절로 으쓱거리다. =高兴得直耸肩。❷ 어깨가 들먹이며 자꾸 우쭐거리다. 또는 어깨를 들먹이며 자꾸 우쭐거리다. ◆ 得意洋洋, 得意。¶공부를 잘 한다고 으쓱거리다. =得意洋洋地说自己学习好。● 으쓱대다 ●

으쓱으쓱 【부사】 副 ❶ 어깨를 잇따라 들먹이는 모양. ◆ (肩)一耸一耸地。¶다리는 비틀댔지만 어깨는 이미 귀 위까지 치솟아 으쓱으쓱 자유자재로 놀아나고 있었다. =虽然步履蹒跚, 但肩膀一耸一耸地已经耸到了耳朵上, 随心所欲地到处游玩。❷ 어깨를 들먹이며 잇따라 우쭐거리는 모양. ◆ 直耸肩, 得意洋洋, 得意。¶그는 상장이 자랑스러운 듯 어깨를 으쓱으쓱 올리며 운동장을 서성거렸다. =他像在炫耀奖状似的, 得意洋洋地耸着肩膀, 在运动场上走来走去。

으악 【감탄사】 놀랄 때, 또는 남을 놀라게 할 때 크게 지르는 소리. ◆ 叹(惊叫声)啊, 呀, 哇。¶으악! 사람 살려요. =啊! 救命啊!

으하하 【부사】 입을 크게 벌리며 거리낌 없이 크게 웃는 소리. 또는 그 모양. ◆ 副哈哈(大笑)。¶으하하! 저 녀석 보게. =哈哈, 看那家伙!

으흐흐 【부사】 副 ❶ 짐짓 내숭스럽게 웃는 소리. 또는 그 모양. ◆ (假装阴险的笑声)嘿嘿, 呵呵。¶사내는 으흐흐 하며 능글맞게 웃어 댔다. =男子狡猾地"嘿嘿"笑着。❷ 슬퍼서 흐느껴 우는 소리. 또는 그 모양. ◆ 呜呜。¶나는 으흐흐 울며 자꾸만 멀어져 가는 누나의 뒷모습을 보고 있었다. =我呜呜地哭着, 看着姐姐逐渐远去的背影。

윽박지르다 【동사】 심하게 짓눌러 기를 꺾다. ◆ 动胁迫, 威胁, 威逼, 吓唬。¶실수한 아이에게 윽박지르다. =吓唬犯错的孩子。

은[1](銀)【명사】금속 원소의 하나. 흰 광택이 있고 무르며 늘어나고 펴지는 성질이 금 다음으로 강하고, 전기 전도율과 열전도율은 금속 가운데 가장 높다. 원자 기호는 Ag. ◆ 名银，白银。

은[2]【조사】助 ❶ 어떤 대상이 다른 것과 대조됨을 나타내는 보조사. ◆ 主要内容用于末音节为闭音节的体词后的助词，表示与其他对照。¶인생은 짧고 예술은 길다. =人生短暂，艺术长青。❷ 문장 속에서 어떤 대상이 화제임을 나타내는 보조사. ◆ 用于末音节为闭音节的体词后的助词，表示提示叙述。¶오늘은 날씨가 좋다. =今天天气好。❸ 강조의 뜻을 나타내는 보조사. ◆ 用于末音节为闭音节的体词或副词之后的助词，表示强调。¶공부만 하지 말고 가끔은 쉬기도 해라. =不要光学习，偶尔也要休息一下。

은거(隱居)【명사】名 ❶ 세상을 피하여 숨어서 삶. ◆ 隐居。¶은거 생활. =隐居生活。❷ 예전에, 벼슬자리에서 물러나 한가로이 지내던 일. ◆ 隐退。● 은거하다(隱居--) ●

은공(恩功)【명사】은혜와 공로를 아울러 이르는 말. ◆ 名恩泽与功劳，恩。¶은공을 갚다. =报恩。

은근하다(慇懃--)【형용사】形 ❶ 태도가 겸손하고 정중하다. ◆ 谦恭，殷勤。¶은근한 태도. =谦恭的态度。❷ 정취가 깊고 그윽하다. ◆ 深切，殷切，殷殷，深沉。¶은근한 사이. =关系密切。❸ 행동 따위가 함부로 드러나지 않고 은밀하다. ◆ 暗自，暗暗，悄悄，隐秘，隐隐，含蓄，不动声色。¶은근하게 골려 주다. =不动声色地惹他生气。● 은근히(慇懃-) ●

은닉(隱匿)【명사】남의 물건이나 범죄인을 감춤. ◆ 名隐藏，私藏，窝藏，隐瞒。¶수배자의 은닉을 도와준 사람은 처벌 대상이 된다. =帮助窝藏通辑犯的人成为处罚的对象。● 은닉하다(隱匿--) ●

은덕(恩德)【명사】은혜와 덕. 또는 은혜로운 덕. ◆ 名恩德，恩情，恩惠，恩。¶선생님의 은덕. =师恩。

은둔(隱遁/隱遯)【명사】세상일을 피하여 숨음. ◆ 名隐居，遁世，归隐。¶세상을 등지고 은둔의 생활을 시작하다. =远离尘世，开始隐居生活。● 은둔하다(隱遁/隱遯--) ●

은막(銀幕)【명사】名 ❶ 영화나 환등 따위의 상을 비추어 볼 수 있는, 빛의 반사율이 높은 흰색의 막. ◆ 银幕，幕布。¶은막을 치고 영화를 보다. =挂上幕布看电影。❷ '영화계'를 비유적으로 이르는 말. ◆ 电影界，影坛。¶은막의 여왕. =影后。

은메달(銀)【명사】은으로 만든 메달. 국제 올림픽 경기 따위에서 2위를 차지한 선수에게 준다. ◆ 名银牌，银质奖章。

은밀하다(隱密--)【형용사】숨어 있어서 겉으로 드러나지 아니하다. ◆ 形隐秘，秘密。¶은밀한 계획. =隐秘的计划。● 은밀히(隱密-) ●

은박(銀箔)【명사】은 또는 은과 같은 빛깔의 재료를 종이와 같이 얇게 만든 물건. ◆ 名银箔，银叶子。

은박지(銀箔紙)【명사】알루미늄을 종이처럼 얇게 늘여 편 것. 주로 식품을 포장하여 수분의 증발이나 습기를 방지하는 데 쓴다. ◆ 名锡纸，锡箔。

은반(銀盤)【명사】名 ❶ 은으로 만든 쟁반. ◆ 银盘。¶은반 위에 놓인 먹음직스러운 포도. =银盘里摆放着诱人的葡萄。❷ '달'이나 '얼음판'을 아름답게 이르는 말. ◆〈喻〉月亮，圆月；冰面。¶은반 위의 요정. =冰上精灵。

은방울(銀--)【명사】은으로 만든 방울. ◆ 名银铃。¶은방울을 딸랑딸랑 흔들다. =叮当叮当地摇着银铃。

은빛(銀-)【명사】은의 빛깔과 같이 반짝이는 빛. ◆ 名银色，银白色。¶은빛 날개. =银色的翅膀。

은사(恩師)【명사】가르침을 받은 은혜로운 스승. ◆ 名恩师，老师。¶여고 때의 은사를 찾아뵈러 학교에 갔다. =去学校拜访了女子高中时代的恩师。

은상(銀賞)【명사】상의 등급을 금, 은, 동으로 이름 지었을 때의 2등상. 보통, 은메달이나 은으로 된 상패 따위를 준다. ◆ 名银奖，亚军，第二名。¶백일장에서 은상을 받았다. =在诗文大赛中得了第二名。

은색(銀色)【명사】은의 빛깔과 같이 반짝이는 색. ◆ 名银色，银白色。

은신(隱身)【명사】몸을 숨김. ◆ 名隐身，藏身。¶지난 몇 달간의 그 참담한 은신 때에도 불평하는 기색 한 번 비치지 않던 그녀였다. =即使在过去惨淡躲藏的几个月中，她也都没有流露出一丝不平的神色。● 은신하다(隱身--) ●

은신처(隱身處)【명사】몸을 숨기는 곳. ◆ 名藏身处，藏身之所。¶그들은 큰 바위 밑에 은신처를 만들었다. =他们在大石头下面设置了一个藏身处。

은어(隱語)【명사】어떤 계층이나 부류의 사람들이 다른 사람들이 알아듣지 못하도록 자기네 구성원들끼리만 빈번하게 사용하는 말. ◆ 名隐语，黑话，行话，暗语。¶깡패들의 은어. =暴力集团的黑话。

은연중(隱然中)【명사】남이 모르는 가운데. ◆ 名暗中，暗暗地，暗地里，私下，私底下。¶은연중 겁을 집어먹다. =暗暗地吃了一惊。

은은하다(隱隱--)【형용사】形 ❶ 겉으로 뚜렷하게 드러나지 아니하고 어슴푸레하며 흐릿하다. ◆ 隐隐约约，影影绰绰。¶은은한 불빛이 비추다. =闪动着隐隐约约的火光。❷ 소리가 아득하여 들릴 듯 말 듯하다. ◆ (声音)隐隐约约。¶은은한 풍경 소리. =隐隐约约的风铃声。● 은은히(隱隱-) ●

은인(恩人)【명사】자신에게 은혜를 베푼 사람. ◆ 名恩人。¶은인을 배신하다. =背叛恩人。

은장도(銀粧刀)【명사】은으로 만든 장도. 호신 및 노리개의 용도로 찬다. ◆ 名银制小刀，银制佩刀。

은제(銀製)【명사】은으로 만듦. 또는 그런 물건. ◆ 名银制品；银制。¶은제 컵. =银杯。

은총(恩寵)【명사】名 높은 사람에게서 받는 특별한 은혜와 사랑. ◆ 恩宠。

은커녕【조사】앞말을 지정하여 어떤 사실을 부정하는 뜻을 강조하는 보조사. ◆ 助用于末音节为闭音节的体词或副词之后的辅助词，表示消极让步或对立。¶천 원은커녕 백 원도 없다. =别说一千韩元了，就连一百韩元也没有。

은퇴(隱退)【명사】직임에서 물러나거나 사회 활동에서 손을 떼고 한가히 지냄. ◆ 图隐退，退出，退居，退休。● 은퇴하다(隱退--) ●

은하계(銀河系)【명사】은하를 이루고 있는 항성을 비롯한 수많은 천체의 집단. 항성, 성단(星團)·가스상 성운·성간진(星間塵), 성간 가스(星間) 따위로 이루어져 있다. 태양계는 은하계의 한 부분이다. ◆ 图银河系。

은하수(銀河水)【명사】'은하'를 강(江)에 비유하여 일상적으로 이르는 말. ◆ 图银河，天河。

은행[1](銀杏)【명사】은행나무의 열매. 식용하거나 약용한다. ◆ 图银杏，白果。

은행[2](銀行)【명사】图 ❶ 예금을 받아 그 돈을 자금으로 하여 대출·어음 거래·증권의 인수 따위를 업무로 하는 금융 기관. ◆ 银行。❷ 어떤 때에 갑자기 필요하여지는 것이나 대체로 부족한 것 따위를 모아서 보관·등록하여 두었다가 필요한 사람의 이용 편의를 도모하는 조직. ◆ 库。¶골수 은행. =骨髓库。

은행나무(銀杏--)【명사】은행나뭇과의 낙엽 교목. 암수딴그루로 5월에 꽃이 피는데, 암꽃은 녹색이고 수꽃은 연한 노란색이다. 열매는 핵과(核果)로 10월에 노랗게 익는데 '은행'이라고 한다. ◆ 图银杏树，白果树。

은행원(銀行員)【명사】은행 업무에 종사하는 직원. ◆ 图银行职员。

은혜(恩惠)【명사】图 고맙게 베풀어주는 신세나 혜택. ◆ 恩惠，恩情，恩。¶스승의 은혜. =师恩。

은혼식(銀婚式)【명사】서양 풍속에서, 결혼 25주년을 기념하는 의식. 부부가 서로 은으로 된 선물을 주고받는다. ◆ 图银婚仪式，银婚纪念(银婚指结婚二十五周年)。

을랑【조사】어떤 대상을 특별히 정하여 가리키는 데 쓰는 보조사. ◆ 词尾用于末音节为闭音节体词之后的辅助词，表示强调。¶앞으로 내게서 돈을 빌릴 생각을랑 하지 마시오. =从今以后，你想都不要想从我这儿借钱。

을러대다【동사】위협적인 언동으로 을러서 남을 억누르다. ◆ 动威逼，胁迫，威胁，吓唬。¶그 여자가 너무 앙칼지고 영악해서 공갈을 치거나 을러대도 아무 소용이 없었다. =她太厉害了，无论是恐吓还是威胁对她都不起作用。

을씨년스럽다【형용사】보기에 날씨나 분위기 따위가 몹시 스산하고 쓸쓸한 데가 있다. ◆ 形阴沉，阴沉沉；冷清。¶새벽 가을바람은 한층 을씨년스럽다. =黎明的秋风更为凄凉。

읊다【동사】动 ❶ 억양을 넣어서 소리를 내어 시를 읽거나 외다. ◆ 吟，吟咏，吟唱。¶시를 읊다. =吟诗。❷ 시를 짓다. ◆ 吟(诗)，作(诗)。¶망국의 한을 시로 읊다. =将亡国之恨写成诗。

읊조리다【동사】뜻을 음미하면서 낮은 목소리로 시를 읊다. ◆ 动吟，吟咏，吟唱。¶한시를 읊조리다. =吟咏汉诗。

음[1](陰)【명사】图 ❶ 두 개의 전극 사이에 전류가 흐를 때, 전위가 낮은 쪽의 극(極). ◆ 负极。❷ 어떤 수가 0보다 작은 일. ◆ 负(数)。

음[2]【감탄사】叹 ❶ 무엇을 수긍한다는 뜻으로 내는 소리. 입을 다물고 입속으로 낸다. ◆〈口〉嗯(表示同意)。¶음, 그도 그럴싸하구나. =嗯，他也挺不错的。❷ 무엇이 불만스럽거나 걱정스러울 때 내는 소리. ◆〈口〉嗯(表示不满或担心)。¶음, 그래서는 안 되지. =嗯，那样不行。❸ 의문스러울 때 내는 소리. ◆〈口〉嗯(表示疑问)。¶음, 그렇지 않겠는데. =嗯，不应该那样的。

음가(音價)【명사】발음 기관의 기초적 조건에 의한 단위적 작용에 의하여 생기는 성음 현상. ◆ 图音值。

음경(陰莖)【명사】귀두·요도구·고환 따위로 이루어진 남자의 바깥 생식 기관. ◆ 图阴茎。

음계(音階)【명사】일정한 음정의 순서로 음을 차례로 늘어놓은 것. 동양 음악은 5음 음계, 서양 음악은 7음 음계를 기초로 한다. ◆ 图音阶。

음극(陰極)【명사】두 개의 전극 사이에 전류가 흐를 때에, 전위가 낮은 쪽의 극. ◆ 图负极。¶자석의 양극과 음극. =磁铁的正极和负极。

음담패설(淫談悖說)【명사】음탕하고 덕의에 벗어나는 상스러운 이야기. ◆ 图下流话，淫词秽语，亵语。¶음담패설을 늘어놓다. =口吐亵语。

음대(音大)【명사】'음악대학(音樂大學)'을 줄여 이르는 말. 음악가를 양성할 목적으로 음악에 관한 이론과 기술을 가르치는 단과 대학. ◆ 图 音乐学院。

음독(音讀)【명사】图 ❶ 글 따위를 소리 내어 읽음. ◆ 朗读。¶선생님이 반장에게 교과서 음독을 지시하셨다. =老师让班长朗读课文。❷ 한자를 음으로 읽음. ◆ 音读。

음력(陰曆)【명사】달이 지구를 한 바퀴 도는 시간을 기준으로 만든 역법. ◆ 图阴历，农历，夏历。¶음력 생일. =阴历生日。

음료(飮料)【명사】사람이 마실 수 있도록 만든 액체를 통틀어 이르는 말. ◆ 图饮料，饮品。¶천연 과즙 음료. =天然果汁饮料。

음료수(飮料水)【명사】图 ❶ 음용수(마실 수 있는 물). ◆ 饮用水，饮水。❷ 사람이 갈증을 해소하거나 맛을 즐길 수 있도록 만든 마실 거리. ◆ 饮料，饮品。¶목이 말라 음료수를 마시다. =口渴喝饮料。

음률(音律)【명사】소리와 음악의 가락. ◆ 图旋律，音律，乐律，声律。¶색소폰의 음률. =萨克斯管的旋律。

음매【부사】소나 송아지의 울음소리를 나타내는 말. ◆ 副哞(牛叫声)。¶어미 소와 떨어진 송아지는 고삐에 묶인 채 음매 소리만 내고 있다. =离开母牛的小牛犊被缰绳拴住，只能发出哞哞的叫声。

음모(陰謀)【명사】나쁜 목적으로 몰래 흉악한 일을 꾸밈. 또는 그런 꾀. ◆ 图阴谋，圈套。¶음모를 꾸미다. =策划阴谋。● 음모하다(陰謀--) ●

음미(吟味)【명사】图 ❶ 시가를 읊조리며 그 맛을 감상함. ◆ 品，品味。¶그는 자신의 그림을 음미라도 하듯이 한동안 바라보았다. =他盯着自己的画看了很长时间，像在品味似的。❷ 어떤 사물 또는 개념의 속 내용을 새겨서 느끼거나 생각함. ◆ 品尝，

品，体会，琢磨。¶그녀는 음미라도 하는 것처럼 두 손으로 커피잔을 들고 조금씩 마셨다. =她两手捧着咖啡喝了一小口，像在品味什么似的。● 음미하다(吟味--) ●

음반(音盤)【명사】전축이나 오디오 따위의 회전판에 걸어 소리를 들을 수 있게 만든 동그란 물건을 통틀어 이르는 말. ◆名唱片。

음복(飮福)【명사】제사를 지내고 난 뒤 제사에 쓴 음식을 나누어 먹음. ◆名分吃祭品，〈书〉饮福，散福(指祭祀结束后，参加祭祀的人们喝祭祀用的酒或吃祭祀用的食物)。¶음복으로 제사상의 과일을 먹다. =祭祀后分吃供桌上的点心。● 음복하다(飮福--) ●

음산하다(陰散--)【형용사】形 ❶ 날씨가 흐리고 으스스하다. ◆ (天气)阴冷，凉飕飕，冷飕飕。¶하늘이 잔뜩 찌푸려 음산하다. =天阴得厉害，冷飕飕的。❷ 분위기 따위가 을씨년스럽고 썰렁하다. ◆ 阴森，森冷，阴沉，寂寞。¶버려진 흉가가 많아 동네가 음산하다. =村子里有很多废弃的老宅，阴森森的。

음색(音色)【명사】음을 만드는 구성 요소의 차이로 생기는, 소리의 감각적 특색. ◆名音色，音质。¶그녀는 톤이 높고 부드러운 음색을 가졌다. =她语调高昂而音色柔和。

음성[1](音聲)【명사】사람의 목소리나 말소리. ◆名声音，嗓音，人声。¶다정한 음성. =热情的声音。

음성[2](陰性)【명사】名 ❶ 음(陰)의 성질. ◆ 阴性。❷ 밖으로 드러나지 아니하는 성질. ◆ 深藏不露，暗中。¶음성 거래. =暗中交易。❸ 음성 반응. ◆ 阴性反应。¶검사 결과 음성 반응이 나오다. =检查结果呈阴性。

음소(音素)【명사】더 이상 작게 나눌 수 없는 음운론상의 최소 단위. 하나 이상의 음소가 모여서 음절을 이룬다. ◆名音素。¶음소가 모여 하나의 음절을 이루다. =音素组合成一个音节。

음속(音速)【명사】소리가 매질(媒質)을 통하여 전파되는 속도. ◆名 音速，声速。¶전투기가 음속으로 날다. =战斗机以音速飞行。

음수(陰數)【명사】영(0)보다 작은 수. ◆名负数。

음식(飮食)【명사】名 ❶ 사람이 먹을 수 있도록 만든, 밥이나 국 따위의 물건. ◆ 饮食，食物，饭菜。¶음식을 장만하다. =准备饭菜。❷ '음식물(飮食物)'의 준말. 사람이 먹고 마시는 것을 통틀어 이르는 말. ◆ 饮食，餐饮，食物。¶더위에 음식이 상하다. =因为天热，食物变质了。

음식점(飮食店)【명사】음식을 파는 가게. ◆名饭店，餐厅，饭馆，馆子。¶음식점을 내다. =开饭店。

음악(音樂)【명사】박자·가락·음성 따위를 갖가지 형식으로 조화하고 결합하여, 목소리나 악기를 통하여 사상 또는 감정을 나타내는 예술. ◆名音乐。

음악가(音樂家)【명사】음악을 전문으로 하는 사람. 이에는 작곡가, 지휘자, 연주가, 성악가 등이 있다. ◆名音乐家。

음악회(音樂會)【명사】음악을 연주하여 청중이 음악을 감상하게 하는 모임. ◆名音乐会。

음영(陰影)【명사】名 ❶ 어두운 부분. ◆ 阴影，影子。¶음영이 지다. =形成阴影。❷ 색조나 느낌 따위의 미묘한 차이에 의하여 드러나는 깊이와 정취. ◆ (因色调、感觉的细微差别而呈现的)情趣，情调。¶음영이 풍부한 묘사. =层次丰富的描写。

음용수(飮用水)【명사】마실 수 있는 물. ◆名饮用水。¶그는 약간의 음식과 음용수를 가지고 길을 떠났다. =他带着一点食物和饮用水就上路了。

음전기(陰電氣)【명사】음의 부호를 가지는 전기. 수지(樹脂)를 모피(毛皮)에 문지를 때 발생하는 전기 따위가 있다. ◆名 负电。

음절(音節)【명사】하나의 종합된 음의 느낌을 주는 말소리의 단위. 몇 개의 음소로 이루어지며, 모음은 단독으로 한 음절이 되기도 한다. '아침'의 '아'와 '침' 따위이다. ◆名音节，音缀。¶음소가 모여 음절을 이룬다. =音素组合成音节。

음정(音程)【명사】높이가 다른 두 음 사이의 간격. ◆名音程。¶음정을 맞추다. =对音程。

음주(飮酒)【명사】술을 마심. ◆ 名饮酒，喝酒。¶새로운 음주 문화. =新的饮酒文化。

음지(陰地)【명사】名 ❶ 볕이 잘 들지 아니하는 그늘진 곳. ◆ 背阴的地方，背阴地，阴坡地。¶음지 식물. =喜阴植物。❷ 혜택을 입지 못하는 처지를 비유적으로 이르는 말. ◆〈喻〉阴暗角落。¶사람 팔자가 음지만 있으란 법은 없는 것이다. =人没有只走背运的。

음질(音質)【명사】발음되거나 녹음된 음이 잘되고 못된 정도. 주로 마이크로폰, 앰프·스피커따위의 음향기기에 의하여 전송·재생된 음의 질을 이른다. ◆名音质。¶음질이 깨끗하다. =音质清晰。

음치(音癡)【명사】소리에 대한 음악적 감각이나 지각이 매우 무디어 음을 바르게 인식하거나 발성하지 못하는 사람. ◆名乐盲，五音不全的人。¶그는 음치여서 웬만하면 노래를 부르지 않는다. =他五音不全，所以一般不唱歌。

음침하다(陰沈--)【형용사】形 ❶ 성질이 명랑하지 못하고 의뭉스럽다. ◆ (为人)阴险，有心计，城府很深。¶전화기에서 들리는 낯선 사람의 목소리가 음침하다. =电话里传来的那位陌生人的声音显得很阴险。❷ 분위기가 어두컴컴하고 스산하다. ◆ 阴森。¶음침한 골목. =阴森的胡同。❸ 날씨가 흐리고 컴컴하다. ◆ 阴暗，阴沉沉。¶구름이 끼어 날씨가 온종일 음침하다. =云层密集，一整天都阴沉沉的。

음파(音波)【명사】공기나 그 밖의 매질(媒質)이 발음체의 진동을 받아서 생기는 파동. ◆名音波，声波，声浪。

음표(音標)【명사】악보에서, 음의 장단과 고저를 나타내는 기호. ◆名音符。¶음표에 주의하며 악기를 연주한다. =边看音符边演奏。

음해(陰害)【명사】몸을 드러내지 아니한 채 음흉한 방법으로 남에게 해를 가함. ◆名暗害，暗中加害。● 음해하다(陰害--) ●

음향(音響)【명사】물체에서 나는 소리와 그 울림. ◆图音响，声响，声音。¶음향 기기. =音箱。

음흉하다(陰凶--)【형용사】겉으로는 부드러워 보이나 속으로는 엉큼하고 흉악하다. ◆形阴毒，阴险，险恶，歹毒。¶그는 겉보기에는 착하지만 알고 보면 음흉하다. =他外表看上去很善良，但了解后会发现他非常阴险。

읍(邑)【명사】군에 속한 지방 행정 구역 단위의 하나. 인구 2만 이상 5만 이하인 곳이다. ◆图邑。

읍내(邑內)【명사】읍의 구역 안. ◆图邑内，邑里。¶읍내 사람들. =邑里的人。

응고(凝固)【명사】액체 따위가 엉겨서 뭉쳐 딱딱하게 굳어짐. ◆图凝固，固化。¶응고 상태. =凝固状态。● 응고되다(凝固--), 응고하다(凝固--) ●

응급(應急)【명사】급한 대로 우선 처리함. 또는 급한 정황에 대처함. ◆图应急，紧急，抢救，抢险，急救。¶응급 사태. =应急事态。

응급실(應急室)【명사】병원 같은 데서 환자의 응급 처치를 할 수 있는 시설을 갖추어 놓은 방. ◆图急救室。

응낙(應諾)【명사】상대편의 요청에 응하여 승낙함. 또는 상대편의 말을 들어줌. ◆图答应，承诺，允诺，允许，同意。¶응낙을 받다. =得到允许。● 응낙하다(應諾--) ●

응달【명사】볕이 잘 들지 아니하는 그늘진 곳. ◆图背阴的地方，背阴处，阴坡地。¶응달에서 말리다. =阴干。

응답(應答)【명사】부름이나 물음에 응하여 답함. ◆图回答，答应，回应。¶질의에 응답을 하다. =回答质疑。● 응답하다(應答--) ●

응당(應當)【부사】副 ❶ 행동이나 대상 따위가 일정한 조건이나 가치에 꼭 알맞게. ◆应当，应该。¶그만한 능력이면 그 정도의 대우는 응당 받아야 한다. =那种能力就应该得到那种待遇。❷ 그렇게 하거나 되는 것이 이치로 보아 옳게. ◆该是，必然，当然。¶응당 그러하다. =当然是那样。

응대(應對)【명사】부름이나 물음 또는 요구 따위에 대하여 상대함. ◆图回答，答复，回应。¶아무런 응대가 없다. =没有任何回应。● 응대하다(應對--) ●

응모(應募)【명사】모집에 응하거나 지원함. ◆图应聘，应征，应募。● 응모하다(應募--) ●

응석【명사】어른에게 어리광을 부리거나 귀여워해 주는 것을 믿고 버릇없이 구는 일. ◆图娇气，撒娇，娇里娇气。¶응석을 받아 주다. =娇惯。

응석받이【명사】图 ❶ 응석을 받아 주는 일. ◆娇惯。¶할머니는 늘 손자 아이의 응석받이 노릇을 하곤 했다. =奶奶总是娇惯孙子。❷ 어른들이 귀여워해 줄 것을 믿고 버릇없이 굴며 자란 아이. ◆娇生惯养的孩子，宠儿。¶그는 응석받이로 자라 버릇이 없다. =他从小娇生惯养，一点礼貌都没有。

응시[1](凝視)【명사】눈길을 모아 한 곳을 똑바로 바라봄. ◆图凝视，盯，凝望。¶그녀는 한참 동안 천장의 한 곳을 응시만 하고 있었다. =她呆呆地盯着天花板的某处，看了老半天。● 응시하다(凝視--) ●

응시[2](應試)【명사】시험에 응함. ◆图应考，应试，报考。¶응시 자격. =报考资格。● 응시하다(應試--) ●

응어리【명사】图 ❶ 근육이 뭉쳐서 된 덩어리. ◆肉疙瘩，赘肉。¶매 맞은 자리에 응어리가 생기다. =挨打的地方起了肉疙瘩。❷ 가슴속에 쌓여 있는 한이나 불만 따위의 감정. ◆疙瘩，结。¶가슴에 맺힌 응어리. =郁结在心里的疙瘩。

응용(應用)【명사】어떤 이론이나 이미 얻은 지식을 구체적인 개개의 사례나 다른 분야의 일에 적용시켜 이용함. ◆图应用，运用，利用。¶응용 분야. =应用领域。● 응용되다(應用--), 응용하다(應用--) ●

응원(應援)【명사】图 ❶ 운동 경기 따위에서, 선수들이 힘을 낼 수 있도록 도와주는 일. 노래, 손뼉 치기 따위 여러 가지 방식이 있다. ◆助威，加油。¶응원 연습. =助威练习。❷ 곁에서 성원함. 또는 호응하여 도와줌. ◆援助，增援，声援，支援。¶응원을 얻다. =得到声援。● 응원하다(應援--) ●

응원가(應援歌)【명사】운동 경기 따위에서, 선수들의 사기를 북돋워 주기 위하여 여럿이 부르는 노래. ◆图助威歌，加油歌。

응원단(應援團)【명사】운동 경기 따위에서, 응원을 하기 위하여 조직된 집단. ◆图拉拉队，助威团。¶응원단의 열띤 환성. =拉拉队热情的欢呼声。

응접실(應接室)【명사】손님을 맞아들여 접대하기 위하여 꾸며 놓은 방. ◆图接待室，会客室。¶손님을 응접실로 안내하다. =把客人领到会客室。

응집(凝集)【명사】한군데에 엉겨서 뭉침. ◆图凝聚，凝结，团结。● 응집되다(凝集--), 응집하다(凝集--) ●

응징(膺懲)【명사】图 ❶ 잘못을 깨우쳐 뉘우치도록 징계함. ◆惩戒，惩处，惩罚。¶응징을 받다. =受到惩戒。❷ 적국을 정복함. ◆征服，制服，战胜。● 응징하다(膺懲--) ●

응하다(應--)【동사】물음이나 요구, 필요에 맞추어 대답하거나 행동하다. ◆动答应，响应，回答，回应。¶질문에 응하다. =回答问题。

의[1](義)【명사】图 ❶ 사람으로서 지키고 행하여야 할 바른 도리. ◆义节，大义，信义。¶의를 행하다. =仗义。❷ 군신(君臣) 사이의 바른 도리. ◆君臣之义。¶임금과 신하는 의로서 맺어진 관계이다. =君臣之间以义相交。❸ 혈연이 아닌 사람과 맺는, 혈연과 같은 관계. ◆情同手足，情义。¶친구와 형제의 의를 맺다. =与朋友结下兄弟之义。❹ 글이나 글자의 뜻. ◆意思，含义。¶문장의 정확한 의를 파악하다. =把握句子的正确含义。

의[2]【조사】助 ❶ 앞 체언이 관형어 구실을 하게 하며, 뒤 체언이 나타내는 대상이 앞 체언에 소유되거나 소속됨을 나타내는 격 조사. ◆用在体词之后的属格助词，形成定语，表示从属关系。¶나의 옷. =我的衣服。❷ 앞 체언이 관형어 구실을 하게 하며, 앞 체언이 뒤 체언의 과정이나 목표 따위의 대상임을 나타내는 격 조사. ◆表示前一体词是后一体词的过程或目标等对象。¶승리의 길. =胜利之路。❸ 앞 체언이 관형어 구실을 하게 하며, 앞 체언이 뒤 체언의 수량을 한정함을 나타내는 격 조사. ◆ 表示数量的限定。¶10년의 세월. =10年的岁月。

의거(義擧)【명사】정의를 위하여 개인이나 집단이 의로운 일을 도모함. ◆ 图起义，义举，投诚。¶윤봉길 의사의 의거. =尹奉吉义士的起义。

의견(意見)【명사】어떤 대상에 대하여 가지는 생각. ◆ 图意见，见解，想法。¶의견 교환. =交换意见。

의결(議決)【명사】의논하여 결정함. 또는 그런 결정. ◆ 图决议，表决。¶이사회의 의결이 나오는 대로 조치가 취해질 것이다. =一旦董事会通过决议，将马上采取措施。● 의결되다(議決--), 의결하다(議決--) ●

의관(衣冠)【명사】남자의 웃옷과 갓이라는 뜻으로, 남자가 정식으로 갖추어 입는 옷차림을 이르는 말. ◆ 图 (男子的)穿着，服装，衣服。¶의관을 갖추다. =准备服装。

의구심(疑懼心)【명사】믿지 못하고 두려워하는 마음. ◆ 图疑惧之意，惶惑。¶의구심이 들다. =起了疑心。

의기(意氣)【명사】图 ❶ 기세가 좋은 적극적인 마음. ◆ 意气，意志，精神，锐气。¶의기가 드높다. =意气高昂。❷ 장한 마음. ◆ 壮志。¶봉사자들에게는 어려운 이웃을 도우려는 의기가 가득했다. =志愿者们满怀帮助困难邻人的壮志。❸ 사람이 타고난 기개나 마음씨. 또는 그것이 겉으로 드러난 모양. ◆ 气度，气概，气宇。¶그는 어려운 환경에서도 씩씩한 의기를 지니고 있었다. =即使身处困境，他仍然具有顽强的气概。

의기소침하다(意氣銷沈--)【형용사】기운이 없어지고 풀이 죽은 상태이다. ◆ 形意志消沉，萎靡不振，垂头丧气。¶시험 불합격으로 의기소침하다. =因为考试不及格，所以垂头丧气的。

의기양양하다(意氣揚揚--)【형용사】뜻한 바를 이루어 만족한 마음이 얼굴에 나타난 상태이다. ◆ 形意气风发，精神抖擞。

의논(議論)【명사】어떤 일에 대하여 서로 의견을 주고받음. ◆ 图商量，商讨，商议，讨论。¶의논 상대. =商量的对象。● 의논하다(議論--) ●

의당(宜當)【부사】사물의 이치에 따라 마땅히. ◆ 副理所当然，应当，理应。¶법은 의당 지켜야 한다. =理应遵守法律。

의도(意圖)【명사】무엇을 하고자 하는 생각이나 계획. 또는 무엇을 하려고 꾀함. ◆ 图意图，用意，企图。¶정치적 의도가 깔려 있다. =具有政治企图。

의례(儀禮)【명사】행사를 치르는 일정한 법식. 또는 정하여진 방식에 따라 치르는 행사. ◆ 图仪式，典礼，礼仪，礼节。¶가정의례 준칙. =家庭礼仪准则。

의례적(儀禮的)【명사】图 ❶ 의례에 맞는 것. ◆ 礼仪性，礼节性。¶의례적인 결혼식. =符合礼节规范的婚礼。❷ 형식이나 격식만을 갖춘 것. ◆ 礼仪性，礼节性，形式上。¶의례적으로 사람을 대하다. =礼貌待人。

의롭다(義--)【형용사】정의를 위한 의기가 있다. ◆ 形正义，正直，公正。¶의로운 죽음. =堂堂正正地死去。

의뢰(依賴)【명사】남에게 부탁함. ◆ 图委托，托付，嘱托。¶추천 의뢰를 받다. =受到推荐委托。● 의뢰하다(依賴--) ●

의뢰인(依賴人)【명사】남에게 어떤 일을 맡긴 사람. ◆ 图委托人。¶의뢰인에게서 사건을 수임한 변호사. =从委托人那里接手委托案件的律师。

의료(醫療)【명사】의술로 병을 고침. 또는 그런 일. ◆ 图医疗，医务。¶의료 행위. =医疗行为。

의료비(醫療費)【명사】병을 치료하는 데 드는 돈. ◆ 图医疗费。¶환자에게 의료비를 청구하다. =要求患者交医疗费。

의류(衣類)【명사】옷 등속(等屬)을 통틀어 이르는 말. ◆ 图服装类，服装，衣服。¶의류 도매상. =服装批发商。

의리(義理)【명사】图 ❶ 사람으로서 마땅히 지켜야 할 도리. ◆道义，道理，事理。¶의리가 있다. =有道义。❷ 남남끼리 혈족 관계를 맺는 일. ◆ 结义，结拜。

의무(義務)【명사】图 사람으로서 마땅히 하여야 할 일. 곧 맡은 직분. ◆ 义务。¶아버지의 의무. =父亲的义务。

의무감(義務感)【명사】의무를 느끼는 마음. ◆ 图义务感。¶의무감을 가지다. =具有义务感。

의무 교육(義務敎育)【명사】국가에서 제정한 법률에 따라 일정한 연령에 이른 아동이 의무적으로 받아야 하는 보통 교육. ◆ 图义务教育。

의문(疑問)【명사】의심스럽게 생각함. 또는 그런 문제나 사실. ◆ 图疑问，疑团。¶의문이 생기다. =产生疑问。

의문문(疑問文)【명사】화자가 청자에게 질문을 하여 그 해답을 요구하는 문장. ◆ 图疑问句，问句。

의문점(疑問點)【명사】의심이 나는 점. ◆ 图疑点。¶의문점에 대한 해답을 구하다. =寻求能够解答疑点的答案。

의뭉하다【형용사】보기에 겉으로는 어리석어 보이나 속으로는 엉큼하다. ◆ 形有心计，城府深，深藏不露。¶그는 순진한 척했지만 속셈은 의뭉하다. =他虽然装得很单纯，但其实颇有心计。

의미(意味)【명사】图 ❶ 말이나 글의 뜻. ◆ 意思，含义，意义。¶단어의 사전적 의미. =单词的词典意义。❷ 행위나 현상이 지닌 뜻. ◆ 意义，含义。¶삶의 의미. =人生的意义。❸ 사물이나 현상의 가치. ◆ 价值，意义。¶의미 있는 삶을 살다. =过有意义的生活。● 의미하다(意味--) ●

의미심장하다(意味深長--)【형용사】뜻이 매우 깊다. ◆ 形意味深长，耐人寻味，语重心长。¶그의 말은 짧지만 의미심장하다. =他的话虽然短，但意味深长。

의병(義兵)【명사】외적의 침입을 물리치기 위하여 백성들이 자발적으로 조직한 군대. 또는 그 군대의 병사. ◆ 图义兵，义军，起义军。¶의병 운동. =义兵运动。
의복(衣服)【명사】옷. ◆ 图衣服，服装，〈口〉衣裳。
의분(義憤)【명사】불의에 대하여 일으키는 분노. ◆ 图义愤。¶의분에 떨다. =义愤填膺，全身发抖。
의붓자식(--子息)【명사】개가하여 온 아내나 첩이 데리고 들어온 자식. 또는 자기가 낳지 아니한 남편의 자식. ◆ 图继子女。¶그는 의붓자식을 친자식보다 더 아끼고 사랑했다. =他对继子女比对亲生子女都要好。
의사[1](義士)【명사】의로운 지사(志士). ◆ 图义士，志士，烈士。
의사[2](醫師)【명사】의술과 약으로 병을 치료, 진찰하는 것을 직업으로 삼는 사람. ◆ 图医师，大夫，医生。
의사[3](意思)【명사】무엇을 하고자 하는 생각. ◆ 图意思，用意，意愿，心意，想法。¶의사 전달. =转达心意。
의상(衣裳)【명사】图 ❶ 겉에 입는 옷. ◆ 衣服，服装，〈口〉衣裳。¶그민족의 고유한 의상. =该民族的传统服装。❷ 배우나 무용하는 사람들이 연기할 때 입는 옷. ◆ 戏服，衣服，服装。¶분장실은 언제나 무대 의상을 갈아입느라고 분주하다. =化妆室里来来往往的总有来换演出服的人。
의생활(衣生活)【명사】입는 일이나 입는 옷에 관한 생활. ◆ 图着装。¶알뜰하고 검소한 의생활. =俭朴的着装。
의성어(擬聲語)【명사】사람이나 사물의 소리를 흉내 낸 말. '쌕쌕', '멍멍', '땡땡', '우당탕', '퍼덕퍼덕' 따위가 있다. ◆ 图象声词，拟声词。
의술(醫術)【명사】병이나 상처를 고치는 기술. 또는 의학에 관련되는 기술. ◆ 图医术。¶의술을 공부하다. =学习医术。
의식[1](儀式)【명사】행사를 치르는 일정한 법식. 또는 정하여진 방식에 따라 치르는 행사. ◆ 图仪式，典礼。¶성대한 의식을 거행하다. =举行隆重的仪式。
의식[2](意識)【명사】图 ❶ 깨어 있는 상태에서 자기 자신이나 사물에 대하여 인식하는 작용. ◆ 精神，神志，知觉。¶의식을 잃다. =失去知觉。❷ 사회적·역사적으로 형성되는 사물이나 일에 대한 개인적·집단적 감정이나 견해나 사상. ◆ 意识，思想意识，觉悟。¶엘리트 의식. =精英意识。
의식주(衣食住)【명사】옷과 음식과 집을 통틀어 이르는 말. 인간 생활의 세 가지 기본 요소이다. ◆ 图衣食住。¶의식주 문제를 해결하다. =解决衣食住行问题。
의심(疑心)【명사】확실히 알 수 없어서 믿지 못하는 마음. ◆ 图疑心，疑虑，疑惑，怀疑。¶의심을 품다. =心存疑虑。● 의심되다(疑心--), 의심하다(疑心--) ●
의심스럽다 (疑心---)【형용사】확실히 알 수 없어서 믿지 못할 만한 데가 있다. ◆ 形可疑，蹊跷，令人怀疑。¶주장의 타당성이 의심스럽다. =对意见的合理性感到怀疑。
의심쩍다(疑心--)【형용사】확실히 알 수 없어서 믿지 못할 만한 데가 있다. ◆ 形可疑，奇怪，诧异。¶그가 지금 사실대로 이야기하고 있는지가 의심쩍다. =他现在是否在如实讲述，这一点非常可疑。
의아하다(疑訝--)【형용사】의심스럽고 이상하다. ◆ 形惊讶，奇怪，诧异。¶그가 일등을 차지한 것은 너무 의아하다. =他竟然得了第一，真是太令人惊讶了。
의안(議案)【명사】회의에서 심의하고 토의할 안건. ◆ 图议案。¶의안이 통과되다. =议案通过了。
의약품(醫藥品)【명사】병을 치료하는 데 쓰는 약품. ◆ 图药品。
의역(意譯)【명사】원문의 단어나 구절에 지나치게 얽매이지 않고 전체의 뜻을 살리어 번역함. 또는 그런 번역. ◆ 图意译。¶이 문장은 직역보다는 의역을 해야 한다. =与直译比起来，这个句子更应该意译。● 의역하다(意譯--) ●
의연하다(毅然--)【형용사】의지가 굳세어서 끄떡없다. ◆ 形毅然，毅然决然，坚毅。¶의연한 태도. =毅然决然的态度。● 의연히(毅然-) ●
의외(意外)【명사】전혀 생각이나 예상을 하지 못함. ◆ 图意外，出人意料，想不到，没料到。¶의외의 대답. =出人意料的回答。
의의(意義)【명사】图 ❶ 말이나 글의 속뜻. ◆ 意思，意味。¶그 말의 의의를 알게 되다. =明白了那句话的意思。❷ 어떤 사실이나 행위 따위가 갖는 중요성이나 가치. ◆ 意义。¶역사적 의의. =历史意义。
의인(義人)【명사】의로운 사람. ◆ 图义士。
의자(椅子)【명사】사람이 걸터앉는 데 쓰는 기구. 보통 뒤에 등받이가 있고 종류가 다양하다. ◆ 图椅子。¶의자에 앉다. =坐在椅子上。
의젓하다【형용사】말이나 행동이 점잖고 무게가 있다. ◆ 形端庄，庄重，稳重。¶아이는 어린 나이에도 의젓해 보였다. =孩子年纪不大，但是举止稳重。
의존(依存)【명사】다른 것에 의지하여 존재함. ◆ 图依靠，依赖，仰仗。¶부모에 대한 지나친 의존은 좋지 않다. =过分依赖父母不好。● 의존되다(依存--), 의존하다(依存--) ●
의좋다(誼--)【형용사】정의(情誼)가 두텁다. ◆ 形感情好，情谊深，和睦，和美。¶이웃 사람과 의좋게 지내다. =与邻居和睦相处。
의중(意中)【명사】마음속(마음의 속). ◆ 图心意，心思。¶의중을 떠보다. =试探心思。
의지[1](依支)【명사】图 ❶ 다른 것에 몸을 기댐. 또는 그렇게 하는 대상. ◆ 靠，倚，支撑。¶벽을 의지로 삼아 간신히 서다. =勉强靠墙站着。❷ 다른 것에 마음을 기대어 도움을 받음. 또는 그렇게 하는 대상. ◆ 依靠，依赖，依仗，支柱。¶의지가 되는 사람. =值得依赖的人。● 의지하다(依支--) ●
의지[2](意志)【명사】어떠한 일을 이루고자 하는 마음. ◆ 图意志，心志。¶굳은 의지. =坚强的意志。
의치(義齒)【명사】이가 빠진 자리에 만들어 박은 가짜 이. ◆ 图义齿，假牙。

의타심(依他心)【명사】남에게 의지하려는 마음. ◆ 图依赖心理。¶의타심이 생기다. =产生依赖心理。

의탁(依託/依托)【명사】어떤 것에 몸이나 마음을 의지하여 맡김. ◆ 图依托，依靠，依赖，托付，寄托。¶늙고 병들어 사신의 몸 하나 의탁을 할만한 곳도 없었다. =年老多病，孤苦无依。● 의탁하다(依託/依托--) ●

의태어(擬態語)【명사】사람이나 사물의 모양이나 움직임을 흉내 낸 말. '아장아장'·'엉금엉금'·'번쩍번쩍' 따위가 있다. ◆ 图拟态词。¶의태어로 동물의 움직임을 표현하다. =用拟态词描写动物的动作。

의표(意表)【명사】생각 밖이나 예상 밖. ◆ 图意料之外，出人意料，意想不到，没想到。¶의표를 찌르다. =切中要害。

의하다(依--)【동사】무엇에 의거하거나 말미암다. ◆ 勔据，依，按，通过。¶노동에 의한 소득. =劳动所得。

의학(醫學)【명사】인체의 구조와 기능을 조사하여 인체의 보건, 질병이나 상해의 치료 및 예방에 관한 방법과 기술을 연구하는 학문. ◆ 图医学。

의향(意向)【명사】마음이 향하는 바. 또는 무엇을 하려는 생각. ◆ 图意向，心意，想法，打算，兴趣。¶의향을 묻다. =询问意向。

의협심(義俠心)【명사】남의 어려움을 돕거나 억울함을 풀어 주기 위하여 자신을 희생하려는 의로운 마음. ◆ 图侠义心肠，侠义之心，正义感。¶의협심이 강하다. =强烈的正义感。

의형제(義兄弟)【명사】图 ❶ 의로 맺은 형제. ◆ 义兄弟，把兄弟。¶의형제를 맺다. =结拜为把兄弟。❷ 아버지나 어머니가 서로 다른 형제. ◆ 继兄弟，同父异母的兄弟，同母异父的兄弟。

의혹(疑惑)【명사】의심하여 수상히 여김. 또는 그런 마음. ◆ 图疑惑，疑虑，怀疑。¶의혹을 품다. =怀疑。

이[1]【명사】이목의 곤충을 통틀어 이르는 말. 사람의 몸에 기생하면서 피를 빨아 먹는다. ◆ 图虱子。¶가난하던 시절에는 이가 많았다. =过去穷的时候，有很多虱子。

이[2]【명사】图 ❶ 척추동물의 입 안에 있으며 무엇을 물거나 음식물을 씹는 역할을 하는 기관. ◆ 牙，牙齿，齿。¶이가 나다. =长牙。❷ 톱, 톱니바퀴 따위의 뾰족뾰족 내민 부분. ◆ (锯，齿轮等的)齿，锯齿状叶缘。❸ 기구, 기계 따위의 이에짬. ◆ (机器、工具等的)接口，接合处，咬合处。¶이가 맞다. =吻合。

이[3]【대명사】代 ❶ 말하는 이에게 가까이 있거나 말하는 이가 생각하고 있는 대상을 가리키는 지시 대명사. ◆ 这，此。¶이 건물. =这座建筑。❷ 바로 앞에서 이야기한 대상을 가리키는 지시 대명사. ◆ (指前面所说的对象)这，此。¶지금은 더 이상 할 수 없다 이 말입니다. =说现在不能再做下去了。

-이[4]-【접사】后缀 ❶ '사동'의 뜻을 더하는 접미사. ◆ 用于部分动词词干后，使之变为使动词。¶보이다. =给……看。❷ '피동'의 뜻을 더하는 접미사. ◆ 用于部分动词词干后，使之变为被动词。¶쌓이다. =被堆积。❸ '사동'의 뜻을 더하고 동사를 만드는 접미사. ◆ 用于部分形容词词干后，使之变为使动词。¶높이다. =提高。

-이[5]【접사】后缀 ❶ 명사를 만드는 접미사. ◆ 用于末音节为闭音节的谓词词干后，使之变成名词。¶길이. =长度。❷ '사람', '사물', '일'의 뜻을 더하고 명사를 만드는 접미사. ◆ 使谓词变为名词，指做事的人，某种事物或某类事。¶때밀이. =搓背的。

이[6]【의존 명사】'사람'의 뜻을 나타내는 말. ◆ 依名人。¶말하는 이. =说话的人。

이[7](二/貳)【수사】둘. 하나에 하나를 더한 수. ◆ 数二，贰，2。¶삼 더하기 이는 오이다. =3加2等于5。

이[8]【조사】❶ 어떤 상태를 보이는 대상이나 일정한 상태나 상황을 겪는 경험주 또는 일정한 동작의 주체임을 나타내는 격 조사. ◆ 主格助词，用于有收音的体词后，表示体现出某种状态的对象，或经历某种状态或状况的主体，或一定动作的主体，在语法上表示与谓语相呼应的主语。¶산이 높다. =山很高。❷ 바뀌게 되는 대상이나 부정(否定)하는 대상임을 나타내는 격 조사. ◆ 格助词，用于有收音的体词后，表示转变成的对象或否定的对象，在语法上表示补语。表示转变成的对象时，"이"一般可以用"으로"替换。¶물이 얼면 얼음이 된다. =水凝结成冰。

이간질(離間-)【명사】두 사람이나 나라 따위의 중간에서 서로를 멀어지게 하는 짓. ◆ 图离间，挑拨离间。¶이간질을 놓다. =挑拨离间。● 이간질하다(離間---) ●

이같이【부사】이 모양으로. 또는 이렇게. ◆ 副像这样，如此，这样。¶단군왕검에 대하여 '삼국유사'에 이같이 기록되어 있다. =《三国遗事》中是这样记载檀君王俭的。

이것【대명사】代 ❶ 말하는 이에게 가까이 있거나 말하는 이가 생각하고 있는 사물을 가리키는 지시 대명사. ◆ 这，这个，这一个。¶이것은 연필이다. =这是铅笔。❷ '이 사람'을 낮잡아 이르는 삼인칭 대명사. ◆ 这家伙，你小子，你这个东西。¶이것이 여기가 어디라고, 감히. =你小子以为这是哪儿，竟敢如此大胆！

이것저것【명사】여러 개의 사물을 통틀어 이르는 말. ◆ 图这个那个，种种。¶이것저것 꼬치꼬치 캐묻다. =刨根究底地问这个问题。

이견(異見)【명사】어떠한 의견에 대한 다른 의견. 또는 서로 다른 의견. ◆ 图不同意见，异议，不同见解，分歧。¶이견을 내놓다. =提出异议。

이골【명사】아주 길이 들어서 몸에 푹 밴 버릇. ◆ 图习惯，习性，癖性。¶이골이 나다. =习惯成自然。

이곳【대명사】代 ❶ '여기'를 문어적으로 이르는 말. ◆ 此处，这儿，这里，此地。¶이곳은 천국이다. =这里是天国。❷ 바로 앞에서 이야기한 장소를 가리키는 지시 대명사. ◆ 指代前面所提到的场所。

이구동성(異口同聲)【명사】입은 다르나 목소리는 같다는 뜻으로, 여러 사람의 말이 한결같음을 이르는 말. ◆ 图异口同声，众口一辞。¶학생들이 이구동성으로 정답을 말했다. =学生们异口同声地说出了正确答案。

이국(異國)【명사】인정이나 풍속 따위가 전혀 다른 남의 나라. ◆图异国，他国，外国。

이국적(異國的)【명사】자기 나라가 아닌 다른 나라에 특징적인 것. ◆图异国，异国性，外国。¶그녀의 외모는 이국적이다. =她的长相像外国人。

이글거리다【동사】动 ❶ 불이 발갛게 피어 불꽃이 어른어른 피어오르다. ◆熊熊，灼热，炽烈，炽热。¶숯불이 이글거리며 피어오르다. =炭火熊熊地燃烧着。❷ 정열이나 분노, 정기 따위가 왕성하게 일어나다. ◆熊熊，火热，热乎乎，炽盛。¶가슴에서 분노가 이글거리다. =心里燃烧着熊熊的怒火。● 이글대나 ●

이글이글【부사】副 ❶ 불이 발갛게 피어 잇따라 불꽃이 어른어른 피어오르는 모양. ◆熊熊，灼热，炽烈，炽热。¶불꽃이 이글이글 타오르다. =火花熊熊燃烧。❷ 정열이나 분노, 정기 따위가 잇따라 왕성하게 일어나는 모양. ◆熊熊，灼热，火热，炽盛。¶이글이글 끓어오르는 분노. =熊熊燃烧的怒火。● 이글이글하다 ●

이기(利器)【명사】실용에 편리한 기계나 기구. ◆图方便的用具，有效的工具，利器。¶과학은 인간에게 많은 이기를 선물했다. =科学赠予人类很多利器。

이기다¹【동사】动 ❶ 내기나 시합, 싸움 따위에서 재주나 힘을 겨루어 상대를 꺾다. ◆打赢，战胜。¶아군이 적을 이기다. =我军战胜了敌军。❷ 감정이나 욕망, 흥취 따위를 억누르다. ◆抑制，克服，战胜。¶유혹을 이기지 못하다. =禁不住诱惑。❸ 고통이나 고난을 참고 견디어 내다. ◆克服，战胜。¶병을 이기다. =战胜病魔。❹ 몸을 곧추거나 가누다. ◆支撑，直起，撑。¶술에 취해 제 몸을 이기지 못하다. =醉得连自己的身体都撑不起来了。

이기다²【동사】动 ❶ 가루나 흙 따위에 물을 부어 반죽하다. ◆和，拌，搅，搅拌。¶진흙을 물에 이기다. =用水和泥。❷ 칼 따위로 잘게 썰어서 짓찧어 다지다. ◆捣碎，捣细，剁碎。¶고기를 이기다. =把肉剁碎。

이기적(利己的)【명사】자기 자신의 이익만을 꾀하는 것. ◆图自私，利己。¶이기적으로 생활하다. =自私地生活。

이기주의(利己主義)【명사】자기 자신의 이익만을 꾀하고, 사회 일반의 이익은 염두에 두지 않으려는 태도. ◆图利己主义。

이까짓【관형사】겨우 이만한 정도의. ◆冠这样的，这一类，才这么个程度。¶이까짓 일 해 봐야 뭐 해. =这样的事做了干什么?

이끌다【동사】动 ❶ 목적하는 곳으로 바로 가도록 같이 가면서 따라오게 하다. ◆拉，带，牵，领，拽。¶가족을 이끌고 부산에 갔다. =带着家人去了釜山。❷ 남의 관심 따위를 쏠리게 하다. ◆吸引，引人。¶광고판의 현란한 화면이 행인의 시선을 이끌다. =色彩缤纷的广告牌吸引了行人的视线。❸ 사람, 단체, 사물, 현상 따위를 인도하여 어떤 방향으로 나가게 하다. ◆领导，带领，率领。

이끌리다【동사】动 ❶ 목적하는 곳으로 바로 가도록 같이 가면서 따라오게 되다. ◆被拉，被领，被带，被牵，被拽。¶아이는 어머니 손에 이끌려 학교에 갔다. =孩子被妈妈牵着手去上学了。❷ 관심이나 시선 따위가 쏠리다. ◆被吸引。¶정에 이끌리다. =坠入情网。

이끼【명사】선태식물에 속하는 은화식물을 통틀어 이르는 말. 고목이나 바위, 습지에서 자란다. ◆图苔藓，青苔。

이나마【부사】副 ❶ 좋지 않거나 모자라기는 하지만 이것이나마. ◆就这些(也好)，就这点(也好)。¶이나마 잘돼야 할 텐데. =就这点事应该办好。❷ 좋지 않거나 모자라는 데 이것마저도. ◆就这些(都不够)，就这点(都不够)。¶쌀이 한 줌밖에 없는데 이나마 저녁 한 끼면 없어지겠다.=就这些米了，只够吃一顿饭。

이내¹【부사】副 ❶ 그때에 곧. 지체함이 없이 바로. ◆马上，立即，立刻，立马。¶눕자마자 이내 잠이 들다. =躺下立马就睡着了。❷ 어느 때부터 내처. ◆一直，就那样，老是。¶헤어진 후 이내 소식을 모른다. =分手后，一直没消息。

이내²(以內)【명사】일정한 범위나 한도의 안. 시간과 공간을 나타낼 때에 두루 쓴다. ◆图以内，里边，往里，之内。

이념(理念)【명사】이상적인 것으로 여겨지는 생각이나 견해. ◆图理念，理想，观念，信念。¶건국 이념. =建国理念。

이놈【대명사】代 ❶ 말하는 이에게 가까이 있거나 말하는 이가 생각하고 있는 남자를 비속하게 이르는 삼인칭 대명사. ◆他，这小子，这家伙。¶여봐라, 이놈을 매우 쳐라! =喂，狠狠地揍他一顿! ❷ 듣는 이가 남자일 때, 그 사람을 낮잡아 이르는 이인칭 대명사. ◆你这小子，你这家伙。¶너 이놈, 잘 만났다. =你这小子，正好碰上了。❸ '이 아이'를 비속하게 이르는 삼인칭 대명사. ◆这小家伙，这小东西。¶이놈이 벌써 세 살이야! =这小家伙都已经三岁了!

이농(離農)【명사】농민이 농사일을 그만두고 농촌을 떠나는 현상. ◆图弃农，离开农村，农民迁离农村。¶이농 현상이 급증하다. =离开农村的农民人数激增。● 이농하다(離農--) ●

이다¹【조사】사물을 열거할 때 쓰는 접속 조사. ◆助和，与，或是。¶돌잔치에 가서 떡이다 술이다 실컷 먹고 왔다. =赴周岁宴，酒足饭饱后回来了。

이다²【조사】주어가 지시하는 대상의 속성이나 부류를 지정하는 뜻을 나타내는 서술격 조사. ◆助是。¶이것은 책이다. =这是书。

-이다³【접사】동사를 만드는 접미사. ◆后缀附于表示动作或状态的词根之后，使之成为动词。¶고개를 끄덕이다. =点头。

이다음【명사】이것에 뒤이어 오는 때나 자리. ◆图此后，下(一)次，下回，下一个。¶이다음에 만나자. =下次再见。

이다지【부사】이러한 정도로. 또는 이렇게까지. ◆副如此，这般，这样，这么。¶왜 이다지 그리울까? =为什么如此想念?

이대로【부사】副❶ 변함없이 이 모양으로. ◆就这样，如此。¶날 이대로 내버려 둬. =就这样，别管我。❷ 이것과 똑같이. ◆像这样，照这样。¶이대로 그려라. =照这样画。

이동(移動)【명사】움직여 옮김. 또는 움직여 자리를 바꿈. ◆名转移，移动，搬动，调动。¶장소 이동. =转移场地。● 이동되다(移動--), 이동하다(移動--) ●

이득(利得)【명사】이익을 얻음. 또는 그 이익. ◆名利益，利润，赢利，油水。¶부동산 투기로 엄청난 이득을 보다. =搞房地产投机得到巨大利益。

이든【조사】'이든지'의 준말. 무엇이나 가리지 않는 뜻을 나타낼 때 쓰이는 보조사. ◆助用于末音节为闭音节的体词之后的助词，表示无论选择哪个，都没有差别。¶오늘이든 내일이든 상관없다. =不管是今天还是明天都没关系。

이든지【조사】어느 것이 선택되어도 차이가 없는 둘 이상의 일을 나열함을 나타내는 보조사. ◆助不论，不管，或者。¶무슨 일이든지 잘할 자신이 있다. =不管什么事，有自信就能干好。

이듬해【명사】바로 다음의 해. ◆名第二年，翌年，下一年。¶이듬해 봄에 결혼할 예정이다. =计划第二年春天结婚。

이등변 삼각형(二等邊三角形)【명사】두 변의 길이가 같은 삼각형. ◆名等腰三角形。

이등분(二等分)【명사】둘로 똑같이 나눔. ◆名平均分成两部分。¶사과를 이등분으로 가르다. =把苹果切成均等的两半。● 이등분하다(二等分--) ●

이따가【부사】조금 지난 뒤에. ◆副回头，待(一)会儿，等(一)会儿，过(一)会儿，一会儿。¶조금 이따가 갈게. =过一会儿就走。

이따금【부사】얼마쯤씩 있다가 가끔. ◆副有时(候)，时常，不时，往往。¶심심할 때면 이따금 산에 올라간다. =无聊的时候时常上山。

이따위【대명사】이러한 부류의 대상을 낮잡아 이르는 지시 대명사. ◆代〈贬〉这东西，这种东西，这种人。¶뭐 이따위가 다 있어. =居然有这种东西。

이때껏【부사】지금에 이르기까지. ◆副到现在，直到现在，至今。¶어머니는 이때껏 가슴에 묻어 둔 말을 하나 둘 쏟아 놓았다. =妈妈把一直埋在心里的话一吐为快。

이라고[1]【조사】앞말이 직접 인용되는 말임을 나타내는 격 조사. 원래 말해진 그대로 인용됨을 나타낸다. ◆助用于闭音节之后，表示直接引用的格助词。¶팻말에는 '출입금지구역'이라고 쓰여 있었다. =标志牌上写着"禁区"。

이라고[2]【조사】助❶ 마음에 탐탁하지 않게 생각하는 대상임을 나타내는 보조사. '이른바'의 뜻이 들어 있다. ◆用于末音节为闭音节的体词后，表示不满意对象的辅助词。¶이것도 일이라고 했니? =这也能叫事? ❷ 뒤에 오는 내용의 원인이나 이유라는 뜻을 나타내는 보조사. 뒤에는 부정의 뜻을 가진 말이 올 때가 많다. ◆表示原因或理由。¶시골이라고 약국도 없는 줄 아니? =以为村子里没有药店吗? ❸ '예외 없이 다 마찬가지로'의 뜻을 나타내는 보조사. 뒤에는 부정의 뜻을 가진 의문 형식이 온다. ◆表示"没有例外，全都一样"的辅助词。¶무엇이라고 대접할 것이 없다. =什么待客的食物都没有。❹ 강조하여 지정하는 뜻을 나타내는 보조사. 뒤에는 수적으로나 양적으로 부정의 뜻 또는 부정에 가까운 뜻을 가지는 말이 온다. ◆表示强调指定之意的辅助词(用于"-이라고는"或"-이라곤"的形式)。¶그는 인정이라고는 눈곱만큼도 없는 사람이다. =他是个连一丁点人情味都没有的人。

이라도【조사】助❶ 그것이 썩 좋은 것은 아니나 그런대로 괜찮음을 나타내는 보조사. ◆用于末音节为闭音节的体词之后的辅助词，表示让步。¶어디 여행이라도 다녀오렴. =至少去哪儿旅行一趟吧。❷ 다른 경우들과 마찬가지임을 나타내는 보조사. ◆表示包括。¶아무리 선생님이라도 모르는 것이 있다. =即使是老师，也有不会的东西。

이라든가【조사】어느 것이나 선택되어도 상관없는 사물들을 열거할 때 쓰는 조사. ◆助用于末音节为闭音节的体词之后的助词，表示罗列的对象无论选择哪一个，都没有差别。¶동물원에서 호랑이라든가 사자를 실제로 보면 무섭지 않습니까? =在动物园里亲眼见到老虎、狮子，不害怕吗?

이라든지【조사】어느 것이나 선택되어도 상관없는 사물들을 열거할 때 쓰는 조사. ◆助用于末音节为闭音节的体词之后，表示罗列的对象无论选择哪一个，都没有差别。¶불이라든지 물이라든지 모두 생활에 필요한 것들이다. =无论是火，还是水，它们都是生活中不可或缺的东西。

이라야【조사】어떤 것을 들어 말하면서 꼭 그것임을 지정하여 말함을 나타내는 보조사. ◆助用于末音节为闭音节的体词之后的辅助词，表示前提条件。¶이 일은 그 사람이라야 할 수 있다. =这件事只有他才能干。

이란【조사】어떤 대상을 특별히 집어서 강조할 때에 쓰는 보조사. ◆助用于末音节为闭音节的体词之后的助词，表示强调说明的对象。¶사람이란 제 분수를 지킬 줄 알아야 하느니라. =人应该恪守本分。

이랑[1]【명사】논이나 밭을 갈아 골을 타서 두두룩하게 흙을 쌓아 만든 곳. ◆名垄，畦。¶이랑이 길다. =畦长。

이랑[2]【조사】助❶ 비교의 기준이 되는 대상임을 나타내는 격 조사. ◆表示列举出主要的比较对象。¶너 형이랑 많이 닮았구나. =你长得很像你哥哥。❷ 어떤 행동을 함께 하거나 상대로 하는 대상임을 나타내는 격 조사. ◆表示连接共同行动或者相对立的对象。¶동생이랑 싸우다. =和弟弟打架。

이래(以來)【의존 명사】지나간 어느 일정한 때로부터 지금까지. 또는 그 뒤. ◆依名以来，自从。¶유사 이래. =有史以来。

이래저래【부사】이러하고 저러한 모양으로. 또는 이런저런 이유로. ◆副这样那样，就那样。¶이래저래 10년의 세월을 보내다. =就那样过了十年。

이랴【감탄사】소나 말을 몰 때 내는 소리. ◆ 叹驾(赶牛赶马的声音)。

이러다가【접속】이와 같이 하다가. ◆ 接续这样，这样下去。¶이러다가는 일이 끝나기 전에 해가 저물겠다. =这样下去，干完活之前太阳就会落山的。

이러면【접속】接续❶ '이리하면'이 줄어든 말. ◆ 这样，这样的话，如果这样。¶이러면 곤란하다. =这样就难办了。❷ '이러하면'이 줄어든 말. ¶내 성적이 계속 이러면 나는 대학에 못 갈 거야. =成绩再这样下去，我就考不上大学了。

이러저러하다【형용사】이러하고 저러하다. ◆ 形这样那样，这种或那种。¶나는 그의 권유에 이러저러해서 싫다고 말했다. =我对他说，自己很讨厌他这样那样的劝告。

이러쿵저러쿵【부사】이러하다는 둥 저러하다는 둥 말을 늘어놓는 모양. ◆ 副说长道短，说这说那。¶소문에 대하여 이러쿵저러쿵 말이 많다. =对传闻说长道短。● 이러쿵저러쿵하다 ●

이러하다【형용사】'이렇다(상태, 모양, 성질 따위가 이와 같다)'의 본말. ◆ 形这样，如此，像这样。¶이야기의 전모는 이러하다. =故事的全部内容就是如此。

이럭저럭【부사】副❶ 정한 방법이 따로 없이 이렇게 저렇게 되어 가는 대로. ◆ 得过且过，无所事事，得过且过。¶이럭저럭 살다. =得过且过地生活。❷ 이렇게 저렇게 하는 사이에 어느덧. ◆ 不知不觉，不觉，一晃。¶이럭저럭 10년의 세월이 흘렀다. =十年的时间一晃就过去了。

이런[1]【감탄사】뜻밖에 놀라운 일이나 딱한 일을 보거나 들었을 때 하는 말. ◆ 叹 哎呀，啊。¶이런, 큰일났어. =啊，出大事了!

이런[2]【관형사】상태·모양·성질 따위가 이러한. ◆ 冠这样，这种。¶이런 일 저런 일. =这样那样的事。

이런저런【관형사】이러하고 저러한. ◆ 冠这样那样的，各种各样的。¶이런저런 이야기. =这样那样的说法。

이렇게【품사 없음】'이러하게'가 줄어든 말. 이와 같이. 이런 모양으로. ◆ 这样，这么，如此，像这样。¶그는 웃으며 이렇게 말했다. =他边笑，边这么说。

이렇다【형용사】'이러하다'의 준말. 상태, 모양, 성질 따위가 이와 같다. ◆ 形这样，如此，像这样。¶사건의 전말은 이렇다. =事件的始末是这样的。

이렇듯【품사 없음】'이러하듯'이 줄어든 말. 상태, 모양, 성질 따위가 이와 같이. ◆ 这样，如此，像这样，这么。¶이렇듯 착한 아들이 또 있을까? =天下哪还有这么好的儿子?

이렇듯이【품사 없음】'이러하듯이'가 줄어든 말. ◆ 这样，如此，像这样。¶이렇듯이 험한 산은 처음이다. =这么险峻的山还是第一次见。

이렇지【품사 없음】'이러하지'의 준말. 틀림없이 이렇다는 뜻으로 하는 말. ◆ 这样，如此，像这样，这么。¶예전에는 이렇지 않았다. =以前不这样。

이레【명사】名❶ 일곱 날. ◆ 七天，七日。¶이레 동안. =七天的时间。❷ 매달 초하룻날부터 헤아려 일곱째 되는 날. ◆ 第七天，第七日，初七。¶4월 이레가 할머니의 기일이다. =4月7日是奶奶的忌日。

이력(履歷)【명사】名❶ 지금까지 거쳐 온 학업, 직업, 경험 등의 내력. ◆ 履历，经历，资历，来历，来头。¶이력을 쌓다. =资历深。❷ 많이 겪어 보아서 얻게 된 슬기. ◆ 阅历，见识，经验；老练，熟练。¶일에 이력이 붙다. =经事长见识。

이력서(履歷書)【명사】이력을 적은 문서. ◆ 名履历表，履历书，履历。

이례적(異例的)【명사】상례에서 벗어나 특이한 것. ◆ 名例外，破例，超出常规，破格。

이론[1](異論)【명사】달리 논함. 또는 다른 이론(理論)이나 의견. ◆ 名不同观点，异议，不同意见。¶이론의 여지가 없다. =没有持异议的余地。

이론[2](理論)【명사】名❶ 사물의 이치나 지식 따위를 해명하기 위하여 논리적으로 정연하게 일반화한 명제의 체계. ◆ 理论。¶경제 이론. =经济理论。❷ 실증성이 희박한, 순 관념적으로 조직된 논리. ◆ 哲学理论。¶칸트의 철학 이론. =康德的哲学理论。

이롭다(利--)【형용사】이익이 있다. ◆ 形有利，有益，利于。¶신상에 이롭다. =对自身有益。

이루[1](二壘)【명사】야구에서, 일루와 삼루 사이에 있는 둘째 베이스. ◆ 名二垒。

이루[2]【부사】여간하여서는 도저히. ◆ 副一一地，具体地，逐一地。¶이루 다 헤아릴 수 없다. =无法一个一个数。

이루다【동사】动❶ 어떤 대상이 일정한 상태나 결과를 생기게 하거나 일으키거나 만들다. ◆ 实现，构成，成为。¶문전성시를 이루다. =门庭若市。❷ 뜻한 대로 되게 하다. ◆ 达到，实现，完成，得逞。¶뜻을 이루다. =实现愿望。❸ 몇 가지 부분이나 요소들을 모아 일정한 성질이나 모양을 가진 존재가 되게 하다. ◆ 组成，形成，结成。¶사물을 이루고 있는 요소. =构成事物的要素。

이루어지다【동사】动❶ 어떤 대상에 의하여 일정한 상태나 결과가 생기거나 만들어지다. ◆ 形成，达成，实现。¶합의가 이루어지다. =达成协议。❷ 뜻한 대로 되다. ◆ 实现，完成，达到，达成，得逞。¶소원이 이루어지다. =如愿以偿。

이룩되다【동사】바라거나 뜻하던 큰 일이나 성과가 이루어지다. ◆ 动实现，形成。

이룩하다【동사】动❶ 어떤 큰 현상이나 사업 따위를 이루다. ◆ 实现，达成，赢得，夺得。¶100호 홈런의 큰 목표를 이룩하다. =实现100个本垒打的大目标。❷ 나라, 도읍, 집 등을 새로 세우다. ◆ 建立，建成。¶사람들이 집단을 이룩하다. =人们建立了集团。

이류(二流)【명사】어떤 방면에서 일류보다 약간 못한 지위나 부류. ◆ 名二流，二类。¶이류 호텔. =二流宾馆。

이륙(離陸)【명사】비행기 따위가 날기 위하여 땅에서 떠오름. ◆ 图起飞，升空。¶비행기가 막 이륙할 때의 뭉클했던 기분이 아직도 생생하다. =飞机起飞时激动的样子至今记忆犹新。● 이륙하다(離陸--) ●

이르다[1] 【동사】 动 ❶ 무엇이라고 말하다. ◆ 告诉，说。¶아이들에게 주의하라고 이르다. =告诉孩子们要小心。❷ 잘 깨닫도록 일의 이치를 밝혀 말해 주다. ◆ 告诉，提醒，劝说。¶아이들에게 위험한 데서 놀지 말라고 이른다. =告诉孩子们不要在危险的地方玩耍。❸ 미리 알려 주다. ◆ 事先告诉。¶친구에게 약속 시간을 일러 주었다. =事先告诉朋友约定的时间。❹ 어떤 사람의 잘못을 윗사람에게 말하여 알게 하다. ◆ 告状，告密，告发。¶형이 엄마에게 내가 벽에 낙서한 것을 일렀다. =哥哥向妈妈告状，说我在墙上乱写乱画。❺ 어떤 대상을 무엇이라고 이름 붙이거나 가리켜 말하다. ◆ 称为，称做，叫做，叫。¶이를 도루묵이라 이르다. =这叫反目鱼。

이르다[2] 【동사】 动 ❶ 어떤 장소나 시간에 닿다. ◆ 到达，抵达，等到，赶到。¶자정에 이르러서야 집에 돌아왔다. =到了午夜才回家。❷ 어떤 정도나 범위에 미치다. ◆ 到，达到。¶결론에 이르다. =得出结论。

이르다[3] 【형용사】 대중이나 기준을 잡은 때보다 앞서거나 빠르다. ◆ 形早，提前。¶아직 포기하기엔 이르다. =离放弃还早着呢。

이른바 【부사】 세상에서 말하는 바. ◆ 副所说的，所谓，名为。¶출산한 지 21일을 지나기 전에 산모가 외부에 나가는 것은 건강에 좋지 않다. =在产后21天内，产妇外出不利于健康。

이를테면 【부사】 가령 말하자면. ◆ 副可以说，就是说，换句话说，比如说。¶내 친구는 이를테면 걸어 다니는 백과사전이다. =我的朋友可以说是一本活的百科全书。

이름 【명사】 图 ❶ 다른 것과 구별하기 위하여 사물·단체·현상 따위에 붙여서 부르는 말. ◆ 名，名称，称呼。¶이름을 붙이다. =起名。❷ 사람의 성 아래에 붙여 다른 사람과 구별하여 부르는 말. ◆ 名字，名。¶이름을 부르다. =叫名字。❸ 성과 이름을 아울러 이르는 말. ◆ 姓名。¶이름 석 자. =三个字的姓名。❹ 어떤 일이나 행동의 주체로서 공식적으로 알리는 개인 또는 기관의 이름. ◆ 名义，名声。¶물론 제 이름으로 낼 수도 있죠. =当然，也可以用自己的名义出。

이름나다 【동사】 세상에 평판이나 명성이 널리 알려지다. ◆ 动著名，出名，知名，闻名，有名。¶그는 국제무대에서 음악성이 뛰어난 가수로 이름났다. =他是一位活跃在国际舞台上非常出色的知名歌手。

이름표(--標) 【명사】 성명을 적어서 가슴에 다는 표. ◆ 图胸卡。¶학생들은 모두 이름표를 달고 있었다. =学生们都戴着胸卡。

이리[1] 【명사】 갯과의 포유류. 개와 비슷한데 머리가 가늘고 길며 앞다리가 짧고 뒷다리가 길다. 육식성으로 10여 마리가 떼 지어 생활한다. ◆ 图狼，豺狼。

이리[2] 【부사】 상태·모양·성질 따위가 이러한 모양. ◆ 副这么，这样。¶이리 바쁘니 어떻게 하면 좋으냐? =这么忙怎么办才好呢?

이리[3] 【부사】 이곳으로. 또는 이쪽으로. ◆ 副到这边，到这儿，到这里。¶물건을 이리 가져오시오. =把东西拿到这儿来。

이리저리[1] 【부사】 일정한 방향이 없이 이쪽저쪽으로. ◆ 副这里那里，到处，这儿那儿。¶이리저리 돌아다니다. =到处转悠。

이리저리[2] 【부사】 말이나 행동을 뚜렷하게 정함이 없이 이러하고 저러하게 되는대로 하는 모양. ◆ 副这样那样，反复，辗转。¶이리저리 핑계를 대다. =找这样那样的借口。

이마 【명사】 图 ❶ 얼굴의 눈썹 위로부터 머리털이 난 아래까지의 부분. ◆ 额头，前额。❷ 어떤 물체 꼭대기의 앞쪽이 되는 부분. ◆ 额。¶앞산 이마. =前山的最高处。

이만[1] 【부사】 이 정도로 하고. ◆ 副到这里，到此，到此程度。¶이만 실례하겠습니다. =那就失礼了。

이만[2] 【관형사】 상태, 모양, 성질 따위의 정도가 이만한. ◆ 冠这点，这么一点。¶이만 일도 못 하나. =这点小事也做不了吗?

이만저만 【부사】 이만하고 저만한 정도로. ◆ 副与"아니다""않다"等否定词搭配使用。平常，普通，寻常，一般。¶이만저만 고생한 게 아니다. =不是一般的辛苦。● 이만저만하다 ●

이만큼 【부사】 이만한 정도로. ◆ 副这个程度，这么，(就)这些。¶이만큼 자라다. =长这么大了。

이만하다 【형용사】 상태, 모양, 성질 따위의 정도가 이러하다. ◆ 形这个程度，这么。¶이만하길 다행이다. =到这个程度就谢天谢地了。

이맘때 【명사】 이만큼 된 때. ◆ 图这(个)时候，这时。¶내일 이맘때 만나자. =明天这个时候再见。

이맛살 【명사】 이마에 잡힌 주름살. ◆ 图额头皱纹。¶어머니는고생으로 이맛살이 깊이 팬다. =母亲由于辛劳，额头出现深深的皱纹。

이메일(email) 【명사】 컴퓨터의 단말기 이용자끼리 통신 회선을 이용하여 주고받는 글. ◆ 图电子邮件。

이면[1] 【조사】 둘 이상의 사물을 같은 자격으로 이어 주는 접속 조사. ◆ 助用于末音节为闭音节的体词后，表示同等。¶그는 음식이면 음식, 청소면 청소 못하는 것이 없다. =他无所不能，不管是做饭，还是打扫卫生。

이면[2](裏面) 【명사】 图 ❶ 물체의 뒤쪽 면. ◆ 底，反面，背面。¶수표 이면에 전화번호와 이름을 적어 주세요. =请在支票背面写上电话号码和姓名。❷ 겉으로 나타나거나 눈에 보이지 않는 부분. ◆ 内心，心里，内情，内幕。¶감정의 이면. =感情的内涵。

이모(姨母) 【명사】 어머니의 여자 형제. ◆ 图姨妈，姨。

이모부(姨母夫) 【명사】 이모의 남편. ◆ 图姨父，姨夫。

이모작(二毛作) 【명사】 같은 땅에서 1년에 두 번 곡물을 재배하여 수확하는 토지 이용법. 논에서는 보통 여름에 벼, 가을에 보리나 밀을 심어 가꾼다. ◆图两种农作物轮作，比如麦稻轮作。

이모저모【명사】사물의 이런 면 저런 면. ◆图方方面面，各个方面。¶이모저모로 물건을 살펴보다. =从各个方面察看物品。

이목(耳目)【명사】图 ❶ 귀와 눈을 아울러 이르는 말. ◆ 耳目，耳朵和眼睛。¶이목이 밝다. =耳聪目明。❷ 주의나 관심. ◆ 眼光，注目，注意，瞩目。¶남의 이목에 구애되다. =在意别人的眼光。❸ 귀와 눈을 중심으로 한 얼굴의 생김새. ◆ 五官，长相。¶이목이 수려하다. =五官端正。

이목구비(耳目口鼻)【명사】귀·눈·입·코를 아울러 이르는 말. 또는 귀·눈·입·코를 중심으로 한 얼굴의 생김새. ◆图耳目口鼻，五官。¶이목구비가 뚜렷한 얼굴. =五官清秀的面容。

이무기【명사】전설상의 동물로 뿔이 없는 용. ◆图螭。

이문(利文)【명사】이익이 남는 돈. ◆图盈利，利润。¶이문이 남다. =盈利。

이물질(異物質)【명사】정상적이 아닌 다른 물질. ◆图杂质，不纯物质，异物。¶수돗물에서 물 이외의 이물질이 섞여 나와 시민들이 큰 불편을 겪었다. =自来水中混有杂质，给市民们造成了很大的不便。

이미【부사】다 끝나거나 지난 일을 이를 때 쓰는 말. '벌써', '앞서'의 뜻을 나타낸다. ◆副已经，业已。¶이미 지난 일. =已经过去的事。

이미지(image)【명사】图 ❶ 감각에 의하여 획득한 현상이 마음속에서 재생된 것. ◆ 意象，表象。¶청각적 이미지. =听觉意象。❷ 어떤 사람이나 사물로부터 받는 느낌. ◆ 印象，形象。¶좋은 이미지를 남기다. =留下好印象。

이민(移民)【명사】자기 나라를 떠나 다른 나라로 이주하는 일. 또는 그런 사람. 인구 과잉이나 사회의 불안 따위가 원인이 되는데, 계획 이민과 자유 이민이 있다. ◆图移民，移居。¶외국으로 이민을 가다. =移居国外。● 이민하다(移民--) ●

이바지【명사】힘들여 음식 등을 보내 줌. 또는 그 음식. ◆图供应，供应品。¶신부 어머니는 떡과 밥이 담긴 이바지를 시댁에 보냈다. =新娘的母亲将盛有年糕和米饭的礼品盒送到了婆家。● 이바지하다 ●

이발(理髮)【명사】머리털을 깎아 다듬음. ◆图理发。● 이발하다(理髮--) ●

이발사(理髮師)【명사】일정한 자격을 가지고 남의 머리털을 깎아 다듬는 일을 직업으로 하는 사람. ◆图理发师。

이방인(異邦人)【명사】다른 나라에서 온 사람. ◆图异邦人，异国人，外国人。

이번(-番)【명사】곧 돌아오거나 이제 막 지나간 차례. ◆图这次，这回，这个，此次。¶이번 주 토요일. =本周六。

이벤트(event)【명사】불특정의 사람들을 모아 놓고 개최하는 잔치. ◆图活动，事件，大事。¶겨울이벤트 사업. =冬季活动。

이변(異變)【명사】예상하지 못한 사태나 괴이한 변고. ◆图突变，意外变故。¶뜻밖의 이변이 일어나다. =发生意外变故。

이별(離別)【명사】서로 갈리어 떨어짐. ◆图离别，告别，分别。¶이별의 인사. =告别。● 이별하다(離別--) ●

이복(異腹)【명사】아버지는 같고 어머니가 다름. ◆图同父异母。¶이복 누이. =同父异母的姐姐。

이봐【감탄사】듣는 이를 부를 때 쓰는 말. ◆叹喂。¶이봐! 누굴 바보로 아는 거야? =喂，把谁当傻瓜呢?

이부자리【명사】이불과 요를 통틀어 이르는 말. ◆图被褥。¶이부자리를 펴다. =铺被褥。

이분【대명사】'이 사람'을 아주 높여 이르는 삼인칭 대명사. ◆代这位。¶이분은 내 생명의 은인이다. =这位是我生命中的恩人。

이불【명사】잘 때 몸을 덮기 위하여 피륙 같은 것으로 만든 침구의 하나. 솜을 넣기도 한다. 핫이불, 겹이불, 홑이불 따위가 있다. ◆图被子，被。¶이불을 개다. =叠被子。

이불보(--褓)【명사】이불을 덮거나 싸는 큰 보자기. ◆图 (盖或包被子用的)大包袱。

이비인후과(耳鼻咽喉科)【명사】귀, 코, 목구멍, 기관, 식도의 병을 전문적으로 치료하는 의학. 또는 병원 그 부서. ◆图耳鼻喉科。

이빨【명사】'이'를 낮잡아 이르는 말. 척추동물의 입 안에 있으며 무엇을 물거나 음식물을 씹는 역할을 하는 기관. ◆图 ("이"的贬称) 牙，牙齿。

이사[1](理事)【명사】법인(法人)의 사무를 처리하며 이를 대표하여 법률 행위를 행하는 집행 기관. 또는 그 직위에 있는 사람. ◆图理事，董事。

이사[2](移徙)【명사】사는 곳을 다른 데로 옮김. ◆图迁徙，搬迁，迁居。¶이사 가다. =搬迁。● 이사하다(移徙--) ●

이삭【명사】图 ❶ 벼, 보리 따위 곡식에서, 꽃이 피고 꽃대의 끝에 열매가 더부룩하게 많이 열리는 부분. ◆ 穗。¶벼 이삭을 거두다. =拾稻穗。❷ 곡식이나 과일, 나물 따위를 거둘 때 흘렸거나 빠뜨린 낟알이나 과일, 나물을 이르는 말. ◆ 散落的谷粒，落穗。¶논에서 이삭을 줍다. =在田里拾散落的穗子。

이산화탄소(二酸化炭素)【명사】사가(四價) 탄소의 산화물. 청량음료, 소화제, 냉동제 따위를 만드는 데 쓴다. 화학식은 CO_2. ◆图二氧化碳。

이삿짐(移徙-)【명사】이사할 때 이사 갈 집으로 옮기는 짐. ◆图搬家行李。¶이삿짐을 나르다. =运送搬家行李。

이상[1](以上)【명사】图 ❶ 수량이나 정도가 일정한 기준보다 더 많거나 나음. 기준이 수량으로 제시될 경우에는, 그 수량이 범위에 포함되면서 그 위인 경우를 가리킨다. ◆ 以上。❷ 순서나 위치가 일정한 기준보다 앞이나 위. ◆ 以上。¶이상이 내가 알고 있는 내용의 전부다. =以上就是我知道的全部内容。❸ 이미 그렇게 된 바에는. ◆ 既然。¶시작한 이상 끝까지 해야 한다. =既然开始，

就要坚持到底。❹ 서류나 강연 등의 마지막에 써서 '끝'의 뜻을 나타내는 말. ◆ 结束，到此为止。¶이것으로 훈시를 마친다. 이상. =训示到此为止。

이상²(理想)【명사】생각할 수 있는 범위 안에서 가장 완전하다고 여겨지는 상태. ◆ 名理想。¶이상을 향한 열정. =对理想的热情。

이상³(異狀)【명사】평소와는 다른 상태. ◆ 名异状，异常状态。¶이상을 발견하다. =发现异常。

이상⁴(異常)【명사】名 ❶ 정상적인 상태와 다름. ◆ 异常，不正常。¶이상 기류. =异常气流。❷ 지금까지의 경험이나 지식과는 달리 별나거나 색다름. ◆ 反常。❸ 의심스럽거나 알 수 없는 데가 있음. ◆ 可疑，异常。● 이상하다(異常--) ●

이상야릇하다(異常----)【형용사】정상적이지 않고 별나며 괴상하다. ◆ 形怪怪的，怪里怪气，稀奇古怪。¶모양이 이상야릇하다. =模样怪怪的。

이상향(理想鄕)【명사】인간이 생각할 수 있는 최선의 상태를 갖춘 완전한 사회. ◆ 名理想国，乌托邦，世外桃源。¶전설의 이상향 아틀란티스. =传说中的理想国——亚特兰蒂斯。

이색적(異色的)【명사】보통의 것과 색다른 성질을 지닌. 또는 그런 것. ◆ 名特别，特殊，奇特，不一般。¶이색적인 결혼식을 올리다. =举行特殊的结婚仪式。

이서(裏書)【명사】수표나 어음 등의 뒷면에 소유자의 이름과 전화번호 등의 필요한 사항을 적고 서명하거나 도장을 찍는 일. ◆ 名背面签名。¶수표에 이서를 받다. =在支票背面签名。● 이서하다(裏書--) ●

이성¹(異性)【명사】성(性)이 다른 것. 남성 쪽에선 여성을, 여성 쪽에선 남성을 가리킨다. ◆ 名异性。¶이성 교제. =异性交往。

이성²(理性)【명사】개념적으로 사유하는 능력을 감각적 능력에 상대하여 이르는 말. ◆ 名理性。¶대중의 이성에 호소하다. =呼唤大众的理性。

이세(二世)【명사】名 ❶ 다음 세대. ◆ 下一代，第二代。¶자연은 이세에게 빌려온 것이다. =自然是从下一代那里借来的。❷ '세대를 이을 아이'라는 뜻으로, '자녀'를 달리 이르는 말. ◆ 子女。¶이제는 이세를 가질 때도 되지 않았나? =现在不正是适合要孩子的时候了吗?

이송(移送)【명사】名 다른 데로 옮겨 보냄. ◆ 移送，转送。¶포로 이송. =移送俘虏。● 이송되다(移送--), 이송하다(移送--) ●

이스트(yeast)【명사】효모균. ◆ 名酵母菌。

이슥하다【형용사】밤이 꽤 깊다. ◆ 名深夜。¶아버지는 밤이 이슥해서야 집에 돌아오셨다. =爸爸直到深夜才回家。

이슬【명사】名 ❶ 공기 중의 수증기가 기온이 내려가거나 찬 물체에 부딪힐 때 엉겨서 생기는 물방울. ◆ 露，露珠，露水。❷ '눈물'을 비유적으로 이르는 말. ◆ 泪珠。¶여자의 눈에 금세 이슬이 고였다가 볼 위로 흐른다. =女人顿时热泪盈眶，继而泪流满面。

이슬비【명사】아주 가늘게 내리는 비. 는개보다 굵고 가랑비보다는 가늘다. ◆ 名毛毛雨，蒙蒙雨。¶이슬비를 맞다. =淋着毛毛雨。

이승【명사】지금 살고 있는 세상. ◆ 名这个世界，今生，今世，现世，此生。¶이승을 뜨다. =离开这个世界。

이식(移植)【명사】名 ❶ 옮겨심기. ◆ 移植，移种。¶묘목 이식. =移种苗木。❷ 살아 있는 조직이나 장기를 생체로부터 떼어 내어, 같은 개체의 다른 부분 또는 다른 개체에 옮겨 붙이는 일. ◆ 器官移植。¶심장 이식. =心脏移植。● 이식되다(移植--), 이식하다(移植--) ●

이실직고(以實直告)【명사】사실 그대로 고함. ◆ 名以实相告。¶저놈이 아직도 몽둥이 맛을 덜 본 거로구나. 이실직고를 않으니. =那家伙没有尝够棍棒的滋味，竟然还不肯以实相告。● 이실직고하다(以實直告--) ●

이심전심(以心傳心)【명사】마음과 마음으로 서로 뜻이 통함. ◆ 名心心相印，心领神会，意会。¶친구와 나는 말을 하지 않아도 이심전심으로 서로의 생각을 알 수 있을 정도로 친하다. =朋友和我心有灵犀，就算不说话，也能意会彼此的想法。

이십(二十)【수사】십의 두 배가 되는 수. ◆ 数二十。

이쑤시개【명사】잇새에 낀 것을 쑤셔 파내는 데에 쓰는 물건. 보통 나무의 끝을 뾰족하게 하여 만든다. ◆ 名牙签。

이앙기(移秧期)【명사】모를 내는 시기. ◆ 名插秧期，插秧时节。

이야기【명사】名 ❶ 어떤 사물이나 사실, 현상에 대하여 일정한 줄거리를 가지고 하는 말이나 글. ◆ 话，说话，谈话。¶혼사 이야기. =谈婚论嫁。❷ 자신이 경험한 지난 일이나 마음속에 있는 생각을 남에게 일러 주는 말. ◆ 往事。¶이야기를 털어놓다. =吐露往事。❸ 어떤 사실에 관하여, 또는 있지 않은 일을 사실처럼 꾸며 재미있게 하는 말. ◆ 故事，小说，传说。¶재미있는 이야기. =有趣的故事。❹ 소문이나 평판. ◆ 传闻。¶이상한 이야기가 나돌다. =流传着奇怪的传闻。

이야기꽃【명사】즐겁고 재미나는 이야기나 이야기판을 비유적으로 이르는 말. ◆ 名妙语生花，谈笑风生。¶식구들은 오순도순 모여 앉아 이야기꽃 속에서 저녁을 마쳤다. =家人们和和气气、有说有笑地一起吃了晚饭。

이야기책(---冊)【명사】옛날이야기를 적은 책. ◆ 名故事书。

이야깃거리【명사】이야기할 만한 재료나 소재. ◆ 名话题，谈资。¶그는 항상 이야깃거리가 많다. =他总是有说不完的话题。

이양(移讓)【명사】남에게 넘겨줌. ◆ 名移让，移交，转让，让与。¶권리 이양. =移交权力。● 이양하다(移讓--) ●

이어달리기【명사】계주(일정한 구간을 나누어 4명이 한 조가 되어 차례로 배턴을 주고받으면서 달리는 육상 경기. 400미터, 800미터, 1600미터와 메들리 릴레이가 있다). ◆图接力赛。

이어받다【동사】이미 이루어진 일의 결과나, 해 오던 일 또는 그 정신 따위를 전하여 받다. ◆动继承。¶가업을 이어받다. =继承家业。

이어서【부사】이어(앞의 말이나 행동 따위에 잇대어. 또는 계속하여). ◆副继而，接着，随即。¶옆집 벨 소리가 울리고 이어서 집 안에서 누군가 신발 끌고 나오는 소리가 들렸다. =邻居家的门铃响了，紧接着听到屋里有人穿着拖鞋出来的声音。

이어지다【동사】动 ❶ 끊어졌거나 본래 따로 있던 것이 서로 잇대어지다. ◆相连。¶이 길은 고속도로와 이어지다. =这条路与高速公路相连。❷ 끊어지지 않고 계속되다. ◆流传，接上，连上。¶고려청자의 비법이 후세에 이어지지 못하고 끊어졌다. =高丽青瓷的制作工艺失传了，没能流传到后世。

이어폰(earphone)【명사】귀에 끼우거나 밀착할 수 있게 된, 전기 신호를 음향 신호로 변환하는 소형 장치. ◆图耳机。

이에【부사】이러하여서 곧. ◆副因此，所以。¶우수한 성적을 올렸으므로 이에 상장을 수여함. =成绩优异，特发此状，以资鼓励。

이온(ion)【명사】전하를 띠는 원자 또는 원자단. 전기적으로 중성인 원자가 전자를 잃으면 양전하를, 전자를 얻게 되면 음전하를 가진 이온이 된다. ◆图离子。

이완(弛緩)【명사】图 ❶ 바짝 조였던 정신이 풀려 늦추어짐. ◆缓解，松弛。¶긴장의 이완. =缓解紧张。❷ 굳어서 뻣뻣하게 된 근육 따위가 원래의 상태로 풀어짐. ◆松弛，放松。¶근육의 긴장과 이완. =肌肉的紧张和松弛。● 이완되다(弛緩--), 이완하다(弛緩--) ●

이왕[1](已往)【명사】지금보다 이전. ◆图以往，过去。¶이왕의 일은 다 잊어버리자. =忘记了所有过去的事。

이왕[2](已往)【부사】이미 정하여진 사실로서 그렇게 된 바에. ◆副既然，既已，已经。¶이왕 시작한 것이라면 열심히 해. =既然已经开始，就要认真去做。

이왕에(已往-)【부사】이미 정하여진 사실로서 그렇게 된 바에. ◆副既然。¶이왕에 시작한 바엔 끝을 봐야겠다. =既然开始了，就应该坚持到底。

이왕이면(已往--)【부사】어차피 그렇게 할 바에는. ◆副既然如此。¶해야 할 일이라면 이왕이면 제대로 하자. =既然是该做之事，就好好做吧!

이왕지사(已往之事)【명사】이미 지나간 일. ◆图往事。¶이왕지사인데 이제 그 일을 다시 거론해서 무엇하겠나. =都已经是往事了，还提它做什么?

이외(以外)【명사】일정한 범위나 한도의 밖. ◆图以外。¶몇 끼를 굶었더니 먹을 것 이외에는 눈에 보이는 것이 없었다. =饿了几顿之后，现在满眼只看得到吃的了。

이용(利用)【명사】图 ❶ 대상을 필요에 따라 이롭게 씀. ◆利用。¶폐품 이용. =废物利用。❷ 다른 사람이나 대상을 자신의 이익을 채우기 위한 방편(方便)으로 씀. ◆利用。¶이용 가치가 높은 사람. =利用价值高的人。● 이용되다(利用--), 이용하다(利用--) ●

이웃【명사】图 ❶ 나란히 또는 가까이 있어서 경계가 서로 붙어 있음. ◆为邻，邻近，附近。¶이웃 동네. =邻村。❷ 가까이 사는 집. 또는 그런 사람. ◆邻居。¶이웃끼리 친하게 지내다. =邻里和睦相处。● 이웃하다 ●

이웃사촌【명사】친하게 지내는 이웃. ◆图近邻。

이웃집【명사】가까이 있거나 접하여 있는 집. ◆图邻居，邻家。¶이웃집 아주머니. =邻居大娘。

이월[1](二月)【명사】한 해 열두 달 가운데 둘째 달. ◆图二月。¶이월 꽃샘추위. =二月倒春寒。

이월[2](移越)【명사】图 ❶ 옮기어 넘김. ◆移入。❷ 부기에서, 한쪽의 합계를 그다음 쪽으로 넘기는 일. ◆金额结转。¶이월 금액. =结转金额。● 이월하다(移越--) ●

이유(理由)【명사】图 ❶ 어떠한 결론이나 결과에 이른 까닭이나 근거. ◆理由，原因，缘故。¶정당한 이유를 대다. =找出正当理由。❷ 구실이나 변명. ◆借口，托词。¶사사건건 이유를 달다. =事事找借口。

이윤(利潤)【명사】图 ❶ 장사 따위를 하여 남은 돈. ◆利润，盈利。¶이윤을 남기다. =有利润。❷ 기업의 총수입에서 임대·지대·이자·감가상각비 따위를 빼고 남는 순이익. ◆利润，收益。¶이윤을 주주들에게 배당하다. =把收益分配给股东。

이율(利率)【명사】원금에 대한 이자의 비율. ◆图利率。¶이율을 내리다. =降低利率。

이윽고【부사】얼마 있다가. 또는 얼마쯤 시간이 흐른 뒤에. ◆副过了一会儿，过了片刻。¶동녘 하늘이 뿌옇게 되더니 이윽고 해가 뜨기 시작했다. =东方天空变得灰白，过了片刻，太阳开始升起来。

이음매【명사】두 물체를 이은 자리. ◆图接口，接头，接缝。¶다리 상판의 철판 이음매. =桥梁栏板的铁板接缝。

이음줄【명사】图❶ 둘 사이를 잇는 줄. ◆连接线。❷ 악보에서, 둘 이상의 음을 끊지 않고 연주할 것을 지시하는 기호. ◆连音符。

이의(異議)【명사】다른 의견이나 논의. ◆图异议，不同意见。¶이의를 제기하다. =提出异议。

이익(利益)【명사】图 ❶ 물질적으로나 정신적으로 보탬이 되는 것. ◆利益，好处。¶이익을 보다. =获得利益。❷ 일정 기간의 총수입에서 그것을 위하여 들인 비용을 뺀 차액. ◆利润，盈利。¶경상 이익이 흑자로 돌아서다. =经商恢复盈利。

이임(離任)【명사】맡아보던 일을 내놓고 그 자리를 떠남. ◆图离任。¶이임 기자 회견. =离任作者招待会。● 이임하다(離任--) ●

이입(移入)【명사】图 ❶ 옮기어 들임. ◆移入，搬入，搬进，挪进。¶감정이입. =感情投入。❷ 한 나라 안에서, 어떤 지역의 생산품을 다른 지역에서 사들이거나 실어 들임. ◆引进。¶도시 인구의 급증으로 물품 이입이 늘었다. =由于城市人口的快速增长，商品流入增加了。● 이입되다(移入--), 이입하

다(移入--) ●

이자(利子)【명사】남에게 돈을 빌려 쓴 대가로 치르는 일정한 비율의 돈. ◆图利息。¶2부 이자. =二分利息。

이장(移葬)【명사】무덤을 옮겨 씀. ◆图移葬，迁葬。¶조고(祖考)의 묘 이장에 친척들이 모였다. =亲戚们聚在一起，将祖先墓地进行了迁移。● 이장하다(移葬--) ●

이재민(罹災民)【명사】재해를 입은 사람. ◆图难民，灾民。¶이재민 수용소. =难民收容所。

이전[1](以前)【명사】图 ❶ 이제보다 전. ◆以前，从前，以往。¶이전부터 그래 온 관습이었다. =从以前流传下来的风俗。❷ 기준이 되는 때를 포함하여 그 전. ◆前，之前。¶산업 혁명 이전. =产业革命前。

이전[2](移轉)【명사】图 ❶ 장소나 주소 따위를 다른 데로 옮김. ◆迁移，转移。¶주소 이전. =迁移住所。❷ 권리 따위를 남에게 넘겨주거나 또는 넘겨받음. ◆移交，转让。¶기술 이전. =技术转让。● 이전되다(移轉--), 이전하다(移轉--) ●

이점(利點)【명사】이로운 점. ◆图好处。¶이점을 갖다. =有好处。

이정표(里程標)【명사】图 ❶ 주로 도로상에서 어느 곳까지의 거리 및 방향을 알려 주는 표지. ◆路标，里程碑。¶이정표는 운전자에게 훌륭한 길 안내자의 역할을 한다. =路标对驾驶员而言具有重要的向导作用。❷ 어떤 일이나 목적의 기준. ◆标准。¶이정표로 삼다. =作为标准。

이제【명사】바로 이때. ◆图现在，如今，此刻，此时。¶이제부터 이야기를 시작하겠습니다. =现在开始讲故事。

이제껏【부사】여태껏(여태를 강조하여 이르는 말). ◆副从来，到现在，至今。¶이제껏 한 번도 본 적이 없는 물건입니다. =从来没见过这种东西。

이제야【부사】말하고 있는 이때에 이르러서야 비로소. ◆副现在才，这才。¶이제야 그것을 깨달았느냐. =现在才明白那些事。

이종(姨從)【명사】이모의 자녀를 이르는 말. ◆图姨表亲。¶우리는 이종 사이이다. =我们是姨表亲。

이종사촌(姨從四寸)【명사】이종(이모의 자녀를 이르는 말). ◆图姨表亲。¶우리는 이종사촌간이다. =我们是姨表亲。

이주(移住)【명사】图 본래 살던 집에서 다른 집으로 거처를 옮김. ◆移居，迁居。¶주거 이주의 자유. =迁居的自由。● 이주하다(移住--) ●

이주민(移住民)【명사】다른 곳으로 옮겨 가서 사는 사람. 또는 다른 지역에서 옮겨 와서 사는 사람. ◆图移民。¶이주민들이 원주민을 몰아내다. =移民者赶走了土著。

이죽거리다【동사】'이기죽거리다(자꾸 밉살스럽게 지껄이며 짓궂게 빈정거리다)'의 준말. ◆动挖苦，奚落，说闲话。¶그는 나를 비웃으며 이죽거렸다. =他嘲笑挖苦我。

이중(二重)【명사】두 겹. 또는 두 번 거듭되거나 겹침. ◆图重，双重，二重，双层。¶이중 결혼. =重婚。

이중고(二重苦)【명사】한꺼번에 겹치거나 거듭되는 고통. ◆图双重痛苦。¶그는 배고픔과 추위의 이중고에 시달렸다. =他被饥饿和寒冷的双重痛苦所折磨。

이중성(二重性)【명사】하나의 사물에 겹쳐 있는 서로 다른 두 가지의 성질. ◆图双重性。¶그의 속 다르고 겉 다른 이중성에 우리는 할 말을 잊었다. =对于他的表里不一，我们无话可说。

이중주(二重奏)【명사】두 개의 악기로 합주하는 연주. ◆图二重奏。¶바이올린과 첼로의 현악 이중주. =小提琴和大提琴的弦乐二重奏。

이중창(二重唱)【명사】두 사람이 한 성부씩 맡아서 같이 노래를 부르는 일. ◆图二重唱。¶친구와 나는 교내 장기자랑에서 이중창으로 상을 받았다. =朋友和我的二重唱在校园个人秀中获了奖。

이즈음【명사】얼마 전부터 이제까지의 무렵. ◆图此时，现在，近来，最近。¶어머니는 이즈음에 갑작스럽게 건강이 나빠지셨다. =现在妈妈的身体突然出现了问题。

이지러지다【동사】动 ❶ 한쪽 귀퉁이가 떨어져 없어지다. ◆残缺，掉碴。¶파편을 맞아 한쪽 귀와 그 언저리가 이지러지다. =被碎片击中，掉了一只耳朵。❷ 달 따위가 한쪽이 차지 않다. ◆残，缺。¶추석이 가까워 오는 하늘에는 좀 이지러지기는 했으나 달이 휘영청 떠 있었다. =临近中秋，天空中升起了不太圆满但皎洁的月亮。❸ 불쾌한 감정 따위로 얼굴이 일그러지다. ◆瘪，皱。¶표정이 이지러졌다. =皱眉头。❹ 성격·생각·행동 따위가 바르지 못하고 비뚤어지다. ◆粗劣，恶劣，坏。¶좋지 못한 환경은 자기도 모르게 마음을 이지러지게 한다. =恶劣的环境会在不知不觉间让心境变坏。

이지적(理智的)【명사】图 ❶ 이지로써 행동하거나 판단하는 것. ◆理智的。❷ 용모나 언행에서 이지가 풍기는 것. ◆知性。¶이지적인 여성. =知性女人。

이진법(二進法)【명사】숫자 0과 1만을 사용하여, 둘씩 묶어서 윗자리로 올려 가는 표기법. ◆图二进制。

이질(痢疾)【명사】변에 곱이 섞여 나오며 뒤가 잦은 증상을 보이는 법정 전염병. 세균성과 원충성으로 구별한다. ◆图痢疾。

이질적(異質的)【명사】성질이 다른 것. ◆图异质。¶둘 사이에는 이질적인 요소가 너무 많다. =两者之间存在太多的异质要素。

이쪽【대명사】代 ❶ 말하는 이에게 가까운 곳이나 방향을 가리키는 지시 대명사. ◆这边，这里，这头，这个方向。¶저쪽에 앉았던 사람이 이쪽을 보고 돌아앉았다. =坐在那边的人看了看这边，又坐了回去。❷ 말하는 이가 자기 또는 자기를 포함한 여러 사람을 가리키는 일인칭 대명사. ◆我方，我们这边。¶이쪽에서 먼저 양보를 하면 그편과 긍정적으로 대화를 할 수 있을까요? =如果我方先作出让步，能否与贵方进行有效的对话?

이쯤【명사】이만한 정도. ◆图这个程度。¶이쯤에서 마무리를 지읍시다. =就到这个程度为止吧。

이착륙(離着陸)【명사】이륙과 착륙을 통틀어 이르는 말. ◆ 图起降。¶폭설로 비행기 이착륙이 모두 취소되었다. =由于暴雪，所有的航班都被取消了。

이채롭다(異彩--)【형용사】보기에 색다른 데가 있다. ◆ 形有特色。¶여기에대부분 양옥인데 유독 이 집만 한옥인 것이 이채롭다. =这里大部分是洋房，唯独这家韩式房屋很有特色。

이층집(二層-)【명사】이 층으로 지은 집. ◆ 图两层楼房。¶이층집으로 이사했다. =搬到两层楼房里住。

이치(理致)【명사】사물의 정당한 조리(條理). 또는 도리에 맞는 취지. ◆ 图道理，情理，事理。¶자연의 이치. =大自然的道理。

이타주의(利他主義)【명사】사랑을 주의로 하고 질서를 기초로 하여 자기를 희생함으로써 타인의 행복과 복리의 증가를 행위의 목적으로 하는 생각. 또는 그 행위. ◆ 图利他主义。

이탈(離脫)【명사】어떤 범위나 대열 따위에서 떨어져 나오거나 떨어져 나감. ◆ 图脱离，离开。¶근무지 이탈. =离开工作地。● 이탈되다(離脫--), 이탈하다(離脫--) ●

이토록【부사】이러한 정도로까지. ◆ 副这么，如此。¶이토록 상처가 심할 줄은 몰랐다. =没想到伤势这么严重。

이튿날【명사】어떤 일이 있은 그 다음의 날. ◆ 图第二天，次日。¶밤새 아팠던 아이가 다행히 이튿날 아침 회복되었다. =庆幸的是，病了一夜的孩子在第二天早晨恢复健康了。

이틀【명사】图 ❶ 하루가 두 번 있는 시간의 길이. ◆ 两天。¶이틀을 꼬박 굶었다. =饿了两天。❷ 초이튿날(매달 초하룻날부터 헤아려 둘째 되는 날). ◆ 初二，2号。

이파리【명사】나무나 풀의 살아 있는 낱 잎. ◆ 图叶，叶子。¶나무에서 이파리가 떨어지다. =叶子从树上落下。

이판사판(理判事判)【명사】막다른 데 이르러 어찌할 수 없게 된 지경. ◆ 图困境，进退维谷。¶동생이 이판사판으로 대든다. =弟弟陷入困境。

이팔청춘(二八青春)【명사】16세 무렵의 꽃다운 청춘. 또는 혈기 왕성한 젊은 시절. ◆ 图二八青春，年轻。¶몸은 많이 늙었지만 마음만은 아직도 이팔청춘이라오. =身体老了许多，但是心态还年轻。

이편(-便)【대명사】代 ❶ 이쪽(말하는 이에게 가까운 곳이나 방향을 가리키는 지시 대명사). ◆ 这边。¶그는 쏜살같이 이편으로 달려왔다. =他箭一般地飞奔而来。❷ 이쪽(말하는 이가 자기 또는 자기를 포함한 여러 사람을 가리키는 일인칭 대명사). ◆ 我，我们，自己。

이하(以下)【명사】图 수량이나 정도가 일정한 기준보다 더 적거나 모자람. 기준이 수량으로 제시될 경우에는, 그 수량이 범위에 포함되면서 그 아래인 경우를 가리킨다. ◆ 以下。¶평균 60점 이하의 학생들은 낙제다. =平均分在60分以下的学生们就考不上了。

이해[1](理解)【명사】图 ❶ 사리를 분별하여 해석함. ◆ 理解，体会。¶이해가 깊다. =深有体会。❷ 깨달아 앎. 또는 잘 알아서 받아들임. ◆ 懂得。❸ 양해(諒解). ◆ 谅解，体谅，原谅。¶이해를 구하다. =寻求谅解。● 이해되다(理解--), 이해하다(理解--) ●

이해[2](利害)【명사】'이익(利益)'과 '손해(損害)'를 아울러 이르는 말. ◆ 图利害，得失。¶이해 관계. =利害关系。

이해관계(利害關係)【명사】서로 이해가 걸려 있는 관계. ◆ 图利害关系。¶국가 간의 이해관계가 얽혀 있다. =国家间的利害关系交织在一起。

이해심 (理解心)【명사】사정이나 형편을 잘 헤아려 주는 마음. ◆ 图理解之心。¶그는 이해심이 많고 너그러워서 믿고 따르는 사람들이 많다. =他很宽容，善于理解他人，追随他的人很多。

이해타산(利害打算)【명사】이해관계를 이모저모 모두 따져 봄. 또는 그런 일. ◆ 图计较利益误失。¶이해타산이 빠르다. =精于计算。

이행(履行)【명사】실제로 행함. ◆ 图履行，实践，践行。¶의무의 이행. =义务的履行。● 이행되다(履行--), 이행하다(履行--) ●

이혼(離婚)【명사】부부가 합의 또는 재판에 의하여 혼인 관계를 인위적으로 소멸시키는 일. ◆ 图离婚。¶이혼 사유. =离婚理由。● 이혼하다(離婚--) ●

이후(以後)【명사】图 ❶ 이제부터 뒤. ◆ 今后，日后，往后。¶나는 이후로 어떤 일에도 신경 쓰지 않겠다. =我以后对什么事都不关心。❷ 기준이 되는 때를 포함하여 그보다 뒤. ◆ 以后，之后。¶나는 너를 만난 이후로 가치관이 바뀌었다. =我碰到你以后，价值观发生了改变。

익다[1]【형용사】形 ❶ 자주 경험하여 조금도 서투르지 않다. ◆ 熟悉，熟练。¶일이 손에 익다. =干活顺手。❷ 여러 번 겪어 설지 않다. ◆ 习惯。¶타국의 생활이 익다. =习惯国外生活。● 익히다 ●

익다[2]【동사】动 ❶ 열매나 씨가 여물다. ◆ (果实、种子)熟，成熟，长熟。¶배가 익다. =梨熟了。❷ 고기나 채소, 곡식 따위의 날것이 뜨거운 열을 받아 그 성질과 맛이 달라지다. ◆ (肉、菜、饭等)熟，做熟，煮熟。¶고기가 푹 익다. =肉熟透了。❸ 김치, 술, 장 따위가 맛이 들다. ◆ (泡菜、酒、酱等)腌好，酿好，熟。¶간장이 익다. =酱油酿好了。● 익히다 ●

익명(匿名)【명사】이름을 숨김. 또는 숨긴 이름이나 그 대신 쓰는 이름. ◆ 图匿名。¶사건을 익명으로 제보하다. =匿名举报事件。

익사(溺死)【명사】물에 빠져 죽음. ◆ 图溺死，淹死。¶익사 사고. =溺亡事故。● 익사하다(溺死--) ●

익살【명사】남을 웃기려고 일부러 하는 말이나 몸짓. ◆ 图滑稽，诙谐，幽默。¶익살 섞인 웃음. =滑稽的笑声。

익살스럽다【형용사】남을 웃기려고 일부러 우스운 말이나 행동을 하는 데가 있다. ◆ 形滑稽，诙谐，幽默。¶익살스러운 표정을 짓다. =露出滑稽的表情。

익숙하다【형용사】形 ❶ 어떤 일을 여러 번 하여 서투르지 않은 상태에 있다. ◆ 熟练，娴熟，精通。¶익숙한 솜씨. =熟练的技术。❷ 어떤 대상을 자주 보거나 겪어서 처음 대하지 않는 느낌이 드는 상태에 있다. ◆ 熟悉，熟知，通晓。¶익숙한 얼굴들이 여럿 보인다. =看到了很多熟悉的面孔。

익히【부사】副 ❶ 어떤 일을 여러 번 해 보아서 서투르지 않게. ◆ 熟练地。❷ 어떤 대상을 자주 보거나 겪어서 처음 대하는 것 같지 않게. ◆ 熟悉地。¶우리는 익히 알고 지내는 사이이다. =我们关系很熟。

인¹【명사】여러 번 되풀이하여 몸에 깊이 밴 버릇. ◆ 名瘾，癖。¶담배에 인이 박이다. =吸烟成瘾。

인²(燐)【명사】주기율의 15족, 질소족 원소의 하나. ◆ 名 磷。

인가¹(人家)【명사】사람이 사는 집. ◆ 名人家，人烟。¶인가가 드물다. =人烟稀少。

인가²(認可)【명사】인허(인정하여 허가함). ◆ 名认可，批准，许可，同意。¶인가 신청. =申请许可。● 인가하다(認可--) ●

인간³(人間)【명사】名 ❶ 사람(생각을 하고 언어를 사용하며, 도구를 만들어 쓰고 사회를 이루어 사는 동물). ◆ 人，人类。¶인간의 본성에는 선과 악이 공존한다. =在人的本性中，善与恶共存。❷ 사람이 사는 세상. ◆ 人世，人间，世间。¶인간에는 다양한 인종이 있다. =世间有许多人种。❸ 사람(일정한 자격이나 품격 등을 갖춘 이). ◆ 人品，人性。¶그의 인간이 어째 그 모양이냐. =他的人品怎么那样?

인간관계(人間關係)【명사】인간과 인간, 또는 인간과 집단과의 관계를 통틀어 이르는 말. ◆ 名人际关系。¶인간관계가 원만하다. =人际关系处理得很圆融。

인간성(人間性)【명사】名 ❶ 인간의 본성. 인간을 인간답게 하는 것. ◆ 人性。¶인간성의 회복. =人性的回归。❷ 사람의 됨됨이. ◆ 人情，人品。¶인간성이 좋다. =人品好。

인간적(人間的)【명사】名 사람의 성격·인격·감정 따위에 관한 것. ◆ 人性的。

인감(印鑑)【명사】당사자의 동일성 여부를 확인하기 위하여 관공서 또는 거래처 등에 미리 제출해 두는 특정한 인영. ◆ 名印鉴，印章底样。¶인감 도장. =印章。

인건비(人件費)【명사】사람을 부리는 데에 드는 비용. ◆ 名人工费。¶인건비를 줄이다. =减少人工费。

인격(人格)【명사】名 ❶ 사람으로서의 품격. ◆ 人格，品格。¶인격 수양. =人格修养。❷ 권리 능력이 있고, 법률상 독자적 가치가 인정되는 자격. ◆ 资格。¶채무를 상환하지 못해 소유에 대한 인격을 상실하다. =因无力偿还债务，而丧失土地所有权。

인계(引繼)【명사】하던 일이나 물품을 넘겨주거나 넘겨받음. ◆ 名移交，交接。¶업무 인계. =业务交接。● 인계되다(引繼--), 인계하다(引繼--) ●

인고(忍苦)【명사】괴로움을 참음. ◆ 名忍受痛苦，受苦。¶인고의 세월을 보내다. =度过艰苦的岁月。● 인고하다(忍苦--) ●

인공(人工)【명사】사람의 힘으로 자연에 대하여 가공하거나 작용을 하는 일. ◆ 名人工，人造。¶인공 구조물. =人工构造物。

인공위성(人工衛星)【명사】지구 따위의 행성 둘레를 돌도록 로켓을 이용하여 쏘아 올린 인공의 장치. ◆ 名人造卫星。

인공호흡(人工呼吸)【명사】호흡이 정지된 사람이나 호흡 곤란을 겪는 사람에게 인위적으로 폐에 공기를 불어 넣어 호흡을 할 수 있도록 하는 응급 처치. ◆ 名人工呼吸。¶물에 빠진 이를 구한 뒤 인공호흡을 한다. =救出落水的人，并为其做人工呼吸。

인과(因果)【명사】원인과 결과를 아울러 이르는 말. ◆ 名因果。¶우리가 사는 세상에는 인과의 법칙이 존재한다. =我们生活的世界存在因果法则。

인구(人口)【명사】名 ❶ 일정한 지역에 사는 사람의 수. ◆ 人口。¶인구 집중. =人口集中。❷ 세상 사람들의 입. ◆ 人的嘴，口。¶인구에 회자되다. =脍炙人口。❸ 어떤 일에 종사하는 사람의 수. 또는 일정한 범주에 속하는 사람의 수. ◆ 人口，人数。¶축구 인구. =玩足球的人数。

인구 밀도(人口密度)【명사】일정한 지역의 단위 면적에 대한 인구수의 비율. 보통 1㎢ 안의 인구수로 나타낸다. ◆ 名人口密度。¶인구밀도가 낮다. =人口密度低。

인근 (隣近)【명사】이웃한 가까운 곳. ◆ 名邻近。¶인근 마을. =邻村。

인기(人氣)【명사】어떤 대상에 쏠리는 대중의 높은 관심이나 좋아하는 기운. ◆ 名人气，名气，声誉，人望。¶인기 가요. =人气歌谣。

인기척(人--)【명사】사람이 있음을 알 수 있게 하는 소리나 기색. ◆ 名 (人的)声息，(人的)动静。¶창 밖에서 이상한 인기척을 느끼다. =感觉窗外有奇怪的动静。

인내(忍耐)【명사】괴로움이나 어려움을 참고 견딤. ◆ 名忍耐。¶인내로 역경을 극복하다. =依靠忍耐，克服逆境。● 인내하다(忍耐--) ●

인내력(忍耐力)【명사】괴로움이나 어려움을 참고 견디는 힘. ◆ 名耐力，忍耐力。¶놀라운 인내력을 발휘하다. =展现出令人吃惊的忍耐力。

인내심(忍耐心)【명사】괴로움이나 어려움을 참고 견디는 마음. ◆ 名耐心，忍耐心。¶인내심이 강하다. =非常有耐心。

인대(靭帶)【명사】관절의 뼈 사이와 관절 주위에 있는, 노끈이나 띠 모양의 결합 조직. 관절을 보강하고 관절의 운동을 제한하는 작용을 한다. ◆ 名韧带。¶인대가 늘어나다. =韧带拉长。

인도¹(印度)【명사】남부아시아 인도 반도에 있는 나라. ◆ 名印度。

인도²(人道)【명사】사람으로서 마땅히 지켜야 할 도리. ◆ 名人道，人性。¶인도에 벗어나는 행동. =违背人道的行为。

인도³(人道)【명사】보도(보행자의 통행에 사용하도록 된 도로). ◆ 名人行道。¶버스가 인도로 뛰어들어 행인을 덮치는 사고가 발생했다. =发生了一起公交车闯入人行道并撞倒行人的事故。

인도⁴(引導) 【명사】 图 ❶ 이끌어 지도함. ◆ 引导，指引，引路。¶비행 청소년 인도. =引领不良青少年（走上正路）。❷ 길이나 장소를 안내함. ◆ 带路，引路，领路。● 인도되다(引導--), 인도하다(引導--) ●

인도⁵(引渡) 【명사】 사물이나 권리 따위를 넘겨줌. ◆ 图移交，转让，转手，交还。¶상품 인도를 위해 소비자의 집을 방문했다. =去消费者的家中交付商品。● 인도되다(引渡--), 인도하다(引渡--) ●

인도양(印度洋) 【명사】 아시아, 오스트레일리아, 아프리카 대륙과 남극 대륙에 둘러싸여 있는 대양. ◆ 图印度洋。

인두 【명사】 图 ❶ 바느질할 때 불에 달구어 천의 구김살을 눌러 펴거나 솔기를 꺾어 누르는 데 쓰는 기구. ◆ 熨斗。¶인두로 옷을 다리다. =用熨斗熨衣服。❷ 납땜할 때 쓰는, 구리로 만든 인두 모양의 도구. ◆ 烙铁。¶인두로 납을 녹여 전선이 끊긴 부분을 연결하다. =用烙铁熔化铅焊接断了的电线。

인들 【조사】 '-라고 할지라도'의 뜻을 나타내는 보조사. 어떤 조건을 양보하여 인정한다고 하여도 그 결과로서 기대되는 내용이 부정됨을 나타낸다. 뒤에 의문 형식이 올 때는 수사적 의문문이 된다. ◆ 助(用于闭音节体词或者副词之后，具有"-라고 할지라도"之意)表示让步，即使认可前者，其结果也是否定的。¶짐승인들 이보다 더 잔혹하랴. =就算是禽兽，还能比这更残忍吗?

인력¹(人力) 【명사】 图 ❶ 사람의 힘. ◆ 人力。¶죽고 사는 일은 인력으로는 안 되는 일이다. =生死是人力所不能为之事。❷ 사람의 노동력. ◆ 人力，劳动力。¶전문 인력. =专业劳动力。

인력²(引力) 【명사】 공간적으로 떨어져 있는 물체끼리 서로 끌어당기는 힘. ◆ 图 引力。¶만유 인력의 법칙. =万有引力法则。

인류(人類) 【명사】 图 ❶ 사람을 다른 동물과 구별하여 이르는 말. 생물학적으로는, 척추동물문, 포유류, 영장목, 사람과에 속한다. ◆ 人，人类。¶인류의 기원. =人类的起源。❷ 세계의 모든 사람. ◆ 全人类。¶세계 평화와 인류 공영에 이바지하다. =为世界和平与人类共同繁荣做出贡献。

인륜(人倫) 【명사】 군신·부자·형제·부부 따위 상하 존비의 인간관계나 질서. ◆ 图人伦。¶인륜에 어긋나다. =违背人伦。

인맥(人脈) 【명사】 정계·재계·학계 따위에서 형성된 사람들의 유대 관계. ◆ 图人际关系。¶인맥의 도움을 받아 일을 처리하다. =借助人脉办事。

인멸(湮滅/堙滅) 【명사】 자취도 없이 모두 없어짐. 또는 그렇게 없앰. ◆ 图湮没，毁灭，销毁。¶증거 인멸의 우려가 있다. =担心证据被销毁。● 인멸되다(湮滅/堙滅--), 인멸하다(湮滅/堙滅--) ●

인명(人名) 【명사】 사람의 이름. ◆ 图人名，人的姓名。

인물(人物) 【명사】 图 ❶ 생김새나 됨됨이로 본 사람. ◆ 人物。¶인물 묘사. =人物描写。❷ 일정한 상황에서 어떤 역할을 하는 사람. ◆ 人物，角色。¶주요 인물. =主要人物。❸ 뛰어난 사람. ◆ 人才，伟人，杰出的人。¶인물이 많이 난 고장. =人才辈出之地。

인물화(人物畫) 【명사】 사람을 주제로 하여 그린 그림. 초상화, 나체화 따위가 있다. ◆ 图人物画。

인부(人夫) 【명사】 품삯을 받고 육체노동을 하는 사람. ◆ 图苦力，劳工，工人。¶공사장 인부. =工地工人。

인사¹(人事) 【명사】 图 ❶ 마주 대하거나 헤어질 때에 예를 표함. 또는 그런 말이나 행동. ◆ 问候，请安，打招呼。¶공손하게 인사를 하다. =毕恭毕敬地问候。❷ 처음 만나는 사람끼리 서로 이름을 통하여 자기를 소개함. 또는 그런 말이나 행동. ◆ 互通姓名，互相认识，自我介绍。¶서로 인사를 나누다. =互通姓名。❸ 입은 은혜를 갚거나 치하할 일 따위에 대하여 예의를 차림. 또는 그런 말이나 행동. ◆ 礼节，礼貌，礼仪。¶그것은 인사가 아니다. =那是不礼貌的。● 인사하다(人事--) ●

인사²(人事) 【명사】 관리나 직원의 임용, 해임, 평가 따위와 관계되는 행정적인 일. ◆ 图人事。¶인사 적체(積滯). =人才上升通道受阻。

인사³(人士) 【명사】 사회적 지위가 높거나 사회적 활동이 많은 사람. ◆ 图人士。¶저명한 인사. =著名人士。

인사말(人事-) 【명사】 인사로 하는 말. 또는 인사를 차려 하는 말. ◆ 图问候语，客套话，招呼。¶인사말을 하다. =打招呼。

인사불성(人事不省) 【명사】 图 ❶ 제 몸에 벌어지는 일을 모를 만큼 정신을 잃은 상태. ◆ 不省人事，神智不清。¶인사불성이 되도록 술을 마시다. =喝酒喝得不省人事。❷ 사람으로서의 예절을 차릴 줄 모름. ◆ 不懂礼节，不近人情。¶인사불성의 꼴을 보아하니 그의가정교육이 엉망인 게로구나. =一副不近人情的样子，看来他的家庭教育很糟糕啊!

인사치레(人事--) 【명사】 성의 없이 겉으로만 하는 인사. 또는 인사를 치러 내는 일. ◆ 图虚礼，客套。¶인사치레로 하는 말이니 신경 쓰지 마시오. =只是些客套话，请不要放在心上。

인산(燐酸) 【명사】 오산화인에 물을 작용시켜 얻는 산을 통틀어 이르는 말. 수화되는 정도에 따라 오쏘인산, 메타인산, 파이로인산 따위가 있다. ◆ 图 磷酸。

인산인해(人山人海) 【명사】 사람이 산을 이루고 바다를 이루었다는 뜻으로, 사람이 수없이 많이 모인 상태를 이르는 말. ◆ 图人山人海。¶피서철만 되면 해수욕장들은 피서객들로 인산인해를 이룬다. =一到暑期，各个海水浴场都人山人海。

인삼(人蔘) 【명사】 두릅나뭇과의 여러해살이풀. 봄에 녹황색의 꽃이 피고 열매는 타원형으로 붉게 익는다. 뿌리는 희고 비대한 다육질인데 강장제로 귀중히 여겨진다. ◆ 图人参。

인상¹(人相) 【명사】 사람 얼굴의 생김새. 또는 그 얼굴의 근육이나 눈살 따위. ◆ 图长相，相貌，容貌。¶인상이 좋다. =容貌出众。

인상²(引上)【명사】물건값·봉급·요금 따위를 올림. ◆ 图上涨，涨价，提高，抬高。¶금리 인상. =利息上涨。● 인상되다(引上--), 인상하다(引上--) ●

인상³(印象)【명사】어떤 대상에 대하여 마음속에 새겨지는 느낌. ◆ 图印象。¶좋은 인상을 남기다. =留下好印象。

인상적(印象的)【명사】인상이 강하게 남는 것. ◆ 图印象很深的，印象深刻的。¶전시회에서 본 작품 중에 소 그림이 가장 인상적이다. =在展览会上看到的作品中，一幅牛的画作给我留下的印象最为深刻。

인색하다(吝嗇--)【형용사】形 ❶ 재물을 아끼는 태도가 몹시 지나치다. ◆ 吝啬，小气，抠门，一毛不拔。¶푼돈에도 인색하다. =一毛不拔。❷ 어떤 일을 하는 데 대하여 지나치게 박하다. ◆ 刻薄，冷酷，薄情。¶칭찬이나 박수에 인색하다. =吝于称赞或鼓掌。

인생(人生)【명사】图 ❶ 사람이 세상을 살아가는 일. ◆ 人生，一生。¶고달픈 인생. =疲惫的人生。❷ 어떤 사람과 그의 삶 모두를 낮잡아 이르는 말. ◆ 生命，活人。¶가엾은 인생. =可怜的生命。

인선(人選)【명사】여러 사람 가운데서 적당한 사람을 가려 뽑음. ◆ 图人选。¶총리 인선. =总理人选。● 인선되다(人選--), 인선하다(人選--) ●

인성(人性)【명사】图 ❶ 사람의 성품. ◆ 人性，品性，性情，禀性。¶인성 교육. =人性教育。❷ 각 개인이 가지는 사고와 태도 및 행동 특성. ◆ 人性。¶인성 개발. =人性开发。

인솔(引率)【명사】여러 사람을 이끌고 감. ◆ 图率领，带领，带队。¶인솔 교사. =带队老师。● 인솔하다(引率--) ●

인쇄(印刷)【명사】잉크를 사용하여 판면(版面)에 그려져 있는 글이나 그림 따위를 종이나 천 따위에 박아 냄. ◆ 图印刷。¶인쇄 기술의 발달. =印刷技术的发展。● 인쇄되다(印刷--), 인쇄하다(印刷--) ●

인수(引受)【명사】图 ❶ 물건이나 권리를 건네받음. ◆ 接收，接管，领取。¶물품 인수. =接货。❷ 환어음의 지급인이 어음 금액을 지급할 의무를 진다는 내용을 어음에 적고 서명함. ◆ 承兑。● 인수되다(引受--), 인수하다(引受--) ●

인습(因習)【명사】이전부터 전하여 내려오는 습관. ◆ 图旧习。¶낡은 인습에 얽매이다. =受陈规旧俗的束缚。

인식(認識)【명사】사물을 분별하고 판단하여 앎. ◆ 图认识。¶사람들의 환경 문제에 대한 인식이 부족하다. =人们对环境问题的认识不足。● 인식되다(認識--), 인식하다(認識--) ●

인신공격(人身攻擊)【명사】남의 신상에 관한 일을 들어 비난함. ◆ 图人身攻击。● 인신공격하다(人身攻擊--) ●

인신매매(人身賣買)【명사】사람을 물건처럼 사고팖. ◆ 图人身买卖，人口买卖。

인심(人心)【명사】图 ❶ 사람의 마음. ◆ 心地，心眼，人心。¶인심을 얻다. =得人心。❷ 남의 딱한 처지를 헤아려 알아주고 도와주는 마음. ◆ 人情，人情味。¶인심이 박해지다. =人情淡薄。❸ 백성의 마음. ◆ 民心，人心，民意。¶인심이 동요되다. =民心动摇。

인양(引揚)【명사】끌어서 높은 곳으로 옮김. ◆ 图起吊，打捞，往上拖。¶익사자 인양 작업. =打捞溺亡者的工作。● 인양되다(引揚--), 인양하다(引揚--) ●

인어(人魚)【명사】상반신은 사람과 같고 하반신은 물고기와 같다는 상상의 바다 동물. ◆ 图美人鱼。

인연(因緣)【명사】图 ❶ 사람들 사이에 맺어지는 관계. ◆ 缘分，关系。¶기이한 인연. =奇缘。❷ 어떤 사물과 관계되는 연줄. ◆关系，因缘。¶인연이 닿다. =结缘。

인용(引用)【명사】남의 말이나 글을 자신의 말이나 글 속에 넣어 씀. ◆ 图引用，摘引。¶외신 기사 인용 보도. =引用国外新闻的报道。● 인용되다(引用--), 인용하다(引用--) ●

인원(人員)【명사】단체를 이루고 있는 사람들. 또는 그 수효. ◆ 图成员，人员；人数。¶승차 인원. =乘车人数。

인위(人爲)【명사】자연의 힘이 아닌 사람의 힘으로 이루어지는 일. ◆ 图人为，人工。¶자연도 아름답지만 인위로 된 경치가 아름다운 경우도 있다. =大自然固然美丽，人造风景有时也很漂亮。

인위적(人爲的)【명사】자연의 힘이 아닌 사람의 힘으로 이루어지는 것. ◆ 图人为的，人工的。¶인위적으로 만든 호수. =人工湖泊。

인자하다(仁慈--)【형용사】마음이 어질고 자애롭다. ◆ 形仁慈，慈祥。¶아버지는 자식들에게 늘 인자하셨다. =父亲对待儿女总是很慈祥。

인재(人材)【명사】재주가 아주 뛰어난 사람. ◆ 图人才，人材。¶인재 양성. =培养人才。

인적(人跡/人迹)【명사】사람의 발자취. 또는 사람의 왕래. ◆ 图人迹，人声。¶인적이 뜸한 새벽. =人迹稀少的清晨。

인절미【명사】찹쌀을 쪄서 떡메로 친 다음 네모나게 썰어 고물을 묻힌 떡. ◆ 图 (切成小方块的)年糕，切糕，糯米糕。¶팥고물을 묻힌 인절미. =粘有红豆沙的切糕。

인접(隣接)【명사】이웃하여 있음. 또는 옆에 닿아 있음. ◆ 图邻接，邻近，相邻，接壤。¶인접 도시. =相邻城市。● 인접하다(隣接--) ●

인정¹(人情)【명사】图 ❶ 사람이 본래 가지고 있는 감정이나 심정. ◆ 人之常情。¶불쌍한 사람을 동정하는 것이 인정이다. =同情可怜的人是人之常情。❷ 남을 동정하는 따뜻한 마음. ◆ 同情，同情心。¶인정이 많은 사람. =富有同情心的人。❸ 세상 사람들의 마음. ◆ 人情，人心。¶인정이 각박하다. =人情淡薄。

인정²(認定)【명사】확실히 그렇다고 여김. ◆ 图认定，承认，肯定。¶나는 그의 성실성만은 인정을 해 주고 싶어. =仅就他的诚实，我还是想给予肯定的。

● 인정되다(認定--), 인정하다(認定--) ●
인정미(人情味)【명사】인정이 깃들어 있는 따뜻한 맛. ◆ 名人情味。¶마을에 인정미가 넘치다. =村子里充满了人情味。
인제【부사】이제에 이르러. ◆ 副现在，到现在。¶인제 오니? =到现在才来啊?
인제【명사】바로 이때. ◆ 名现在，此刻。¶인제부터 시작이다. =现在就开始。
인조(人造)【명사】사람이 만듦. 또는 그런 물건. ◆ 名人造，人工。¶인조 모피. =人造毛皮。
인종(人種)【명사】인류를 지역과 신체적 특성에 따라 구분한 종류. 백인종, 황인종, 흑인종이 대표적이다. ◆ 名人种，种族。
인종 차별(人種差別)【명사】인종적 편견 때문에 특정한 인종에게 사회적, 경제적, 법적 불평등을 강요하는 일. ◆ 名种族歧视。
인주(印朱)【명사】도장을 찍는 데 쓰는 붉은빛의 재료. 솜 같은 물건에 아주까리기름과 진사(辰沙)를 넣어 만든다. ◆ 名印泥。¶도장에 인주를 묻히다. =将印章蘸上印泥。
인중(人中)【명사】코와 윗입술 사이에 오목하게 골이 진 곳. ◆ 名人中。¶인중은 신체의 급소 중 하나이다. =人中是身体的要害之一。
인지(印紙)【명사】수수료나 세금 따위를 낸 것을 증명하기 위하여 서류에 붙이는 종이 표. ◆ 名印花，印花税票。
인지상정(人之常情)【명사】사람이면 누구나 가지는 보통의 마음. ◆ 名人之常情。¶불쌍한 사람을 동정하는 것은 인지상정 아니겠습니까? =同情可怜的人不是人之常情吗?
인질(人質)【명사】약속 이행의 담보로 잡아 두는 사람. ◆ 名人质。
인체(人體)【명사】사람의 몸. ◆ 名人体，人身。
인출(引出)【명사】名 ❶ 끌어서 빼냄. ◆ 抽出，取出，抽取。❷ 예금 따위를 찾음. ◆ 取出，提取，支取。¶현금 인출. =提取现金。● 인출하다(引出--) ●
인파(人波)【명사】사람의 물결이란 뜻으로, 수많은 사람을 이르는 말. ◆ 名人潮，人群。¶인파가 넘치는 거리. =人潮涌动的街道。
인편(人便)【명사】오거나 가는 사람의 편. ◆ 名托人；托人顺路。¶인편에 소식을 전하다. =托人捎信。
인품(人品)【명사】사람이 사람으로서 가지는 품격이나 됨됨이. ◆ 名人品，品格。¶인품이 훌륭하다. =人品出众。
인하(引下)【명사】가격 따위를 낮춤. ◆ 名降低，下降。¶공공요금의 인하. =公共事业费的下降。
● 인하되다(引下--), 인하하다(引下--) ●
인하다(因--)【동사】어떤 사실로 말미암다. ◆ 动(主要用于"인하여""인한"的形式)因，因为，由于。¶병으로 인하여 출입을 하지 못한 것이 서너 달 된다. =已有三四个月无法外出了。
인형(人形)【명사】사람이나 동물 모양으로 만든 장난감. ◆ 名木偶，娃娃(玩具)。
인형극(人形劇)【명사】배우 대신에 인형을 등장시켜 전개하는 연극. ◆ 名木偶剧，木偶戏，傀儡戏。¶어린이를 위한 인형극을 한다. =为孩子表演木偶剧。
인화(引火)【명사】불이 붙음. 또는 불을 붙임. ◆ 名点火，引燃，点燃。¶인화 물질. =引火物。● 인화되다(引火--) ●
일[1]【의존 명사】날을 세는 단위. ◆ 依名日；天。¶십 일. =十天。
일[2](一/壹)【관형사】冠 ❶ 그 수량이 하나임을 나타내는 말. ◆ (用于表示单位的词之前)一。¶일 년. =一年。❷ 그 순서가 첫 번째임을 나타내는 말.◆ 第一，头。¶삼국지 일 권. =《三国志》第一卷。
일[3](一/壹)【수사】자연수의 맨 처음 수. 아라비아 숫자로는 '1', 로마 숫자로는 'Ⅰ'로 쓴다. ◆ 数一。¶일부터 10까지 세다. =从1数到10。
일[4]【명사】名 ❶ 무엇을 이루거나 적절한 대가를 받기 위하여 어떤 장소에서 일정한 시간 동안 몸을 움직이거나 머리를 쓰는 활동. 또는 그 활동의 대상. ◆ 工作，劳动，事情。¶일을 마치다. =完成工作。❷ 어떤 계획과 의도에 따라 이루려고 하는 대상. ◆ 事情。¶일을 꾸미다. =找活儿干。❸ 어떤 내용을 가진 상황이나 장면. ◆ 事情，情况，情景，场面。¶지난 일을 돌이켜 보다. =回顾过去的事情。❹ 사람이 행한 어떤 행동. ◆ 事，事情。¶좋은 일을 하다. =做好事。❺ 해결하거나 처리해야 할 문제. 또는 처리하여야 할 행사. ◆ 事情。¶집안에 크고 작은 일이 잦다. =家里总出一些大大小小的事情。❻ 처한 형편이나 사정. ◆ 处境，情况。¶도움을 줄 친척이 하나도 없어 일이 딱하게 되었다. =连一个能帮忙的亲戚都没有，处境真是狼狈极了。❼ 과거의 경험. ◆ 经历。¶나는 해외여행을 가 본 일이 있다. =我去海外旅游过。
일[5](日)【명사】하루 동안. ◆ 名日，一日。¶약은 식사 후 일 3회 복용하십시오. =饭后服药，一日三次。
-일[6](日)【접사】'날'의 뜻을 더하는 접미사. ◆ 后缀(附于部分名词之后)日。¶경축일. =庆祝日。
일가(一家)【명사】名 ❶ 한집안(한집에서 사는 가족). ◆ 一家，一家子，一家人。¶화목한 일가. =和睦的一家人。❷ 성(姓)과 본이 같은 겨레붙이. ◆ 本家。¶고향에서 일가가 찾아왔다. =有本家从家乡找来。❸ 학문, 기술, 예술 등의 분야에서 독자적인 경지나 체계를 이룬 상태. ◆ 一家，一派，一体。¶서예의 일가를 이뤘다. =书法上自成一家。
일가친척(一家親戚)【명사】일가와 외척의 모든 겨레붙이. ◆ 名亲戚。¶일가친척이 한자리에 모두 모이다. =所有亲戚聚在一起。
일간(日刊)【명사】신문 따위를 날마다 발행함. 또는 그런 발행물. ◆ 名日刊，每日刊行。¶일간 신문(日刊新聞). =日报。
일감【명사】名 일거리(일을 하여 돈을 벌 거리). ◆ 活儿，工作。¶일감이 쌓이다. =工作堆积。
일개미【명사】집을 짓거나 먹이를 날라 모으는 일을 하는 개미. 날개와 생식 기능이 없다. ◆名工蚁。

일거리【명사】일을 하여 돈을 벌 거리. ◆名活儿，工作。¶공사판 일거리. =工地的活儿。

일거수일투족(一擧手一投足)【명사】손 한 번 들고 발 한 번 옮긴다는 뜻으로, 크고 작은 동작 하나하나를 이르는 말. ◆名举手投足，一举一动。¶일거수일투족을 주시(注視)한다. =注视着一举一动。

일거양득(一擧兩得)【명사】한 가지 일을 하여 두 가지 이익을 얻음. ◆名一举两得。〈喻〉一箭双雕，一石二鸟。¶담배를 끊는 것은 건강을 지키고 경제적 부담을 줄이는 일거양득이다. =戒烟既能保持健康，又能减轻经济负担，可谓一举两得。

일거일동(一擧一動)【명사】하나하나의 동작이나 움직임. ◆名一举一动。¶적의 일거일동을 주시하다. =注视着敌人的一举一动。

일격(一擊)【명사】한 번 침. 또는 그런 공격. ◆名一击。¶일격에 쓰러뜨리다. =一击倒地。

일곱【수사】여섯에 하나를 더한 수. ◆数七。¶사람이 이 방에는 모두 일곱이 있다. =这个房间里一共有七个人。

일곱째【수사】순서가 일곱 번째가 되는 차례. ◆数第七。¶일곱째로 들어오다. =第七个进来。

일과(日課)【명사】名 ❶ 날마다 규칙적으로 하는 일정한 일. ◆(一天的)工作，每天必做之事。¶운동을 일과로 삼다. =把运动当成每天必做之事。❷ 하루 동안에 배워야 하는 학과 과정. ◆(一天的)功课。¶학생들은 학교에서 종례를 끝으로 그 날의 일과를 마친다. =在学校里，学生们以课后礼结束当天的课程。

일과표(日課表)【명사】그날그날의 할 일을 적어 놓는 표. ◆名作息时间表。

일관(一貫)【명사】하나의 방법이나 태도로써 처음부터 끝까지 한결같음. ◆名一贯，始终。¶노동자들이 생산 시설에서 일관 작업을 반복한다. =工人们在生产设备上进行重复的工作。● 일관되다(一貫--), 일관하다(一貫--) ●

일괄(一括)【명사】개별적인 여러 가지 것을 한데 묶음. ◆名总括，汇总，一揽子，一起，一批，一次，一次性，一下子。¶일괄 사표를 제출하다. =同时递交辞呈。● 일괄하다(一括--) ●

일광욕(日光浴)【명사】치료나 건강을 위하여 온몸을 드러내고 햇빛을 쬠. 또는 그런 일. ◆名日光浴，晒太阳。¶일광욕을 즐기다. =享受日光浴。

일교차(日較差)【명사】기온, 습도, 기압 따위가 하루 동안에 변화하는 차이. 맑게 갠 날이 비 오는 날이나 흐린 날보다 크고, 또 내륙일수록 크다. ◆名日较差，昼夜温差。¶이곳은 일교차가 크다. =这个地方昼夜温差大。

일구다【동사】논밭을 만들기 위하여 땅을 파서 일으키다. ◆动开垦，开荒。¶농토를 일구다. =开垦农田。

일구이언(一口二言)【명사】한 입으로 두 말을 한다는 뜻으로, 한 가지 일에 대하여 말을 이랬다저랬다 함을 이르는 말. ◆名食言，出尔反尔。¶나는 약속한 것은 반드시 지키며 일구이언은 안 한다. =我从不出尔反尔，定会遵守诺言。

일그러지다【동사】물건이나 얼굴이 비뚤어지거나 우굴쭈굴하여지다. ◆动瘪，皱，歪斜。¶그의 왼쪽 눈언저리가 일그러졌다. =他左侧眼眶歪斜。

일기[1](一期)【명사】한평생 살아 있는 동안. ◆名一生，一辈子。¶그는 아깝게도 40세를 일기로 세상을 떠났다. =令人惋惜的是，他四十岁就去世了。

일기[2](日記)【명사】날마다 그날그날 겪은 일이나 생각, 느낌 따위를 적는 개인의 기록. ◆名日记。

일기[3](日氣)【명사】날씨(그날그날의 비, 구름, 바람, 기온 따위가 나타나는 기상 상태). ◆名天气。¶기상청에서 일기를 예보한다. =气象厅发布天气预报。

일기 예보(日氣豫報)【명사】일기의 변화를 예측하여 미리 알리는 일. ◆名天气预报。

일기장(日記帳)【명사】그날그날 겪은 일이나 생각, 느낌 따위를 적는 장부. ◆名日记本。

일깨우다【동사】일러주거나 가르쳐서 깨닫게 하다. ◆动提醒，唤醒，启发。

일껏【부사】모처럼 애써서. ◆副好不容易，尽全力，费劲，费力。¶그는 일껏 마련한 좋은 기회를 놓쳤다. =他错过了难得的好机会。

일꾼【명사】名 ❶ 삯을 받고 남의 일을 해 주는 사람. ◆工人，劳力，人手。¶일꾼을 고용하다. =雇用工人。❷ 어떤 일을 맡아서 하거나 맡아서 할 사람. ◆(担负某项事情的)人，人员，工作人员。¶이 나라를 짊어지고 나갈 일꾼. =将要担负这个国家发展重任的人。❸ 일의 계획이나 처리를 아주 잘하는 사람. ◆能人，人才，好手。¶그는 이 공장에서 최고의 일꾼이다. =他是这个工厂一流的好手。

일념(一念)【명사】한결같은 마음. 또는 오직 한 가지 생각. ◆名一心，唯一的心愿。¶이제까지 복수하고자 하는 일념으로 살아왔다. =靠复仇之心活到现在。

일다【동사】动 ❶ 없던 현상이 생기다. ◆起，发生，出现。¶바람이 일다. =起风。❷ 희미하거나 약하던 것이 왕성하여지다. ◆旺，兴旺，发达，壮大。¶아버지의 사업 성공으로 집안이 일다. =父亲事业成功使得家族兴旺。❸ 겉으로 부풀거나 위로 솟아오르다. ◆起，发，长。¶거품이 일다. =起泡。

일단[1](一端)【명사】名 ❶ 한 끝. ◆一端，一头，一边。¶북녘 하늘 일단에 먹구름이 일고 있었다. =北边涌起乌云。❷ 사물의 한 부분. ◆一部分，一方面。¶검찰은 혐의의 일단을 밝혀내는 것으로 사건을 마무리했다. =检察机关查清部分嫌疑之后，以此结案。

일단[2](一旦)【부사】副 ❶ 우선 먼저. ◆先，一旦。¶일단 그곳에 가 보자. =先去那个地方看看吧。❷ 우선 잠깐. ◆暂时，暂且，姑且。¶일단 자리를 잠시 피하시오. =请暂且回避一下。

일단락(一段落)【명사】일의 한 단계를 끝냄. ◆名告一段落。¶완공은 멀었지만 기초 공사는 오늘 일단락을 지었다. =完工尚早，今天基础工程告一段

落。● 일단락되다(一段落--) ●

일당[1](日當)【명사】하루에 일한 대가로 얼마씩 정하여 받는 수당이나 보수. ◆ 名日薪。¶일당 노무자. =日薪劳务人员。

일대[1](一代)【명사】한 시대나 한 세대 전체. ◆ 名一代。¶일대 영웅. =一代英雄。

일대[2](一帶)【명사】일정한 범위의 어느 지역 전부. ◆ 名一带。¶남부 지방 일대에 가뭄이 극심하다. =南部地区干旱严重。

일대[3](一大)【관형사】아주 굉장한. ◆ 冠一大。¶일대 변혁이 오다. =出现一大变革。

일동(一同)【명사】어떤 단체나 모임의 모든 사람. ◆ 名全体。¶회사원 일동. =全体职员。

일등(一等)【명사】으뜸가는 등급. ◆ 名一等，一流，一级，头等，第一。¶일등 국민. =一等公民。

일란성 쌍둥이(一卵性雙--)【명사】하나의 난자와 하나의 정자가 결합하여 생긴 쌍둥이. 이때 쌍둥이는 반드시 동성(同性)이고 생김새나 성격이 매우 비슷하다. ◆ 名 同卵双胞胎。

일러두기【명사】책의 첫머리에 그 책의 내용이나 쓰는 방법 따위에 관한 참고 사항을 설명한 글. ◆ 名 凡例。

일러바치다【동사】남의 잘못 따위를 윗사람에게 알리다. ◆ 动告密，揭发，告发，告状，打小报告。¶누나가 어머니에게 내 거짓말을 일러바쳤다. =姐姐向妈妈揭穿我的谎言。

일렁이다【동사】动 ❶ 크고 긴 물건 따위가 자꾸 이리저리 크게 흔들리다. ◆ 晃动，摇动，摆动。¶나뭇잎이 물결 따라 일렁이다. =树叶随波漂动。❷ 촛불 따위가 이리저리 자꾸 흔들리다. ◆ (烛光等)晃动，摇曳。¶바람이 불자 촛불이 일렁이다. =风儿一吹，烛光摇曳。

일련(一連)【명사】하나로 이어지는 것. ◆ 名 (主要用于"일련의"的形式)一连串，一系列。¶일련의 문제. =一系列的问题。

일렬(一列)【명사】하나로 벌인 줄. ◆ 名一列；首列，第一列。¶일렬로 늘어서다. =排成一列。

일례(一例)【명사】하나의 보기. 또는 한 가지 실례. ◆ 名一例，一个例子。¶일례를 들다. =举一个例子。

일루(一壘)【명사】❶ 야구에서, 본루와 이루 사이에 있는 첫째 베이스. ◆ 名 (棒球)一垒。¶사구(四球)로 타자가 일루로 진출했다. =击球手四球上一垒。❷ 일루수(야구에서, 일루를 지키는 선수). ◆ 名一垒手("일루수(一壘手)"的略语)。

일류(一流)【명사】어떤 방면에서 첫째가는 지위나 부류. ◆ 名一流。¶일류 기술자. =一流技术人员。

일리(一理)【명사】어떤 면에서 그런대로 타당하다고 생각되는 이치. ◆ 名一点道理，一定的道理。¶그 말은 일리 있는 말이다. =那话有一定的道理。

일망타진(一網打盡)【명사】한 번 그물을 쳐서 고기를 다 잡는다는 뜻으로, 어떤 무리를 한꺼번에 모조리 다 잡음을 이르는 말. ◆ 名一网打尽。¶그는 부하들에게 범죄자들의 일망타진을 명령했다. =他命令下属将犯罪分子一网打尽。● 일망타진되다(一網打盡--), 일망타진하다(一網打盡--) ●

일맥상통(一脈相通)【명사】사고방식, 상태, 성질 따위가 서로 통하거나 비슷해짐. ◆ 名一脉相通。● 일맥상통하다 ●

일면(一面)【명사】물체나 사람의 한 면. 또는 일의 한 방면. ◆ 名一个面，一个侧面。¶정육면체의 일면. =正六面体的一个面。

일목요연하다(一目瞭然--)【형용사】한 번 보고 대번에 알 수 있을 만큼 분명하고 뚜렷하다. ◆ 形一目了然。¶도표를 보면 일목요연하다. =看图表清清楚楚、一目了然。

일몰(日沒)【명사】해가 짐. ◆ 名日落。¶일몰 시간. =日落时间。

일미(一味)【명사】첫째가는 좋은 맛. ◆ 名美味，最美的味道。¶그 집의 음식 맛은 천하 일미이다. =那家饭馆的饭菜非常美味。

일반(一般)【명사】名 ❶ 한모양이나 마찬가지의 상태. ◆ (主要用于"일반이다"的形式)一样，相同，一模一样。¶사람 마음은 다 일반이다. =人心皆同。❷ 특별하지 아니하고 평범한 수준. 또는 그런 사람들. ◆ 大众，一般(人)，普通(群众)。¶일반 가정. =普通家庭。❸ 전체에 두루 해당되는 것. ◆ 一般，普通。¶일반 상식. =一般常识。

일방적(一方的)【명사】어느 한쪽으로 치우친 것. ◆ 名单方的，单方面的。¶조약을 일방적으로 파기하다. =单方面撕毁合约。

일방통행(一方通行)【명사】일정한 구간을 지정하여 한 방향으로만 가도록 하는 일. ◆ 名单向通行，单行。¶일방통행 도로. =单行道。

일벌【명사】집을 짓고 애벌레를 기르며 꿀을 치는 일을 맡아 하는 벌. 생식 기능이 없다. ◆ 名 工蜂。

일보(一步)【명사】한 걸음이라는 뜻으로, 아주 가까이 있음을 비유적으로 이르는 말. ◆ 名一步之遥，前夕。¶그는 죽기 일보 직전에 구출되었다. =他在距死亡一步之遥的时候，被救了出来。

일본어(日本語)【명사】일본 민족이 쓰는 일본의 공용어. 가나와 한자로 표기한다. ◆ 名日语。

일부(一部)【명사】일부분. ◆ 名一部分，部分，有些，某些。¶일부 지역. =部分地区。

일부러【부사】副 ❶ 어떤 목적이나 생각을 가지고. 또는 마음을 내어 굳이. ◆ 特意，特地，特别。¶일부러 찾아가다. =特地找过去。❷ 알면서도 마음을 숨기고. ◆ 故意，有意。¶일부러 눈감아 주다. =故意放过。

일부분(一部分)【명사】한 부분. 또는 전체를 여럿으로 나눈 얼마. ◆ 名一部分，部分。¶신체의 일부분. =身体的一部分。

일부일처(一夫一妻)【명사】한 남편에게 한 아내가 있음. ◆ 名一夫一妻。

일사병(日射病)【명사】강한 태양의 직사광선을 오래 받아 일어나는 병. ◆ 名 中暑。

일사천리(一瀉千里)【명사】강물이 빨리 흘러 천 리를 간다는 뜻으로, 어떤 일이 거침없이 빨리 진행됨을 이르는 말. ◆ 名一泻千里，一气呵成。¶안건에 대한 표결이 10분 동안 일사천리로 진행되다. =十分钟达成议案的表决。

일산화탄소(一酸化炭素)【명사】이가(二價) 탄소의 산화물. ◆名一氧化碳。

일삼다【동사】일로 생각하고 하다. ◆动当成职业。¶사냥을 일삼아 해 오다. =以打猎为业。

일상(日常)【명사】날마다 반복되는 생활. ◆名日常(生活)。¶일상으로 하고 있는 일. =日常做的事情。

일상생활(日常生活)【명사】평상시의 생활. ◆名日常生活。¶그는 매일 술 먹는 버릇이 그만 일상생활에 젖어 들어가는 것을 느끼곤 스스로 깜짝 놀랐다. =当他感觉到每天喝酒的习惯已经融入日常生活时，连他自己都吓了一跳。

일석이조(一石二鳥)【명사】돌 한 개를 던져 새 두 마리를 잡는다는 뜻으로, 동시에 두 가지 이득을 봄을 이르는 말. ◆名一石二鸟，一举两得，一箭双雕。¶일석이조의 효과를 얻다. =得到一箭双雕的效果。

일소(一掃)【명사】한꺼번에 싹 제거함. ◆名彻底清除。¶부정부패현상 일소. =彻底清除违法腐败现象。● 일소되다(一掃--), 일소하다(一掃--) ●

일손【명사】名 ❶ 일하는 손. 또는 손을 놀려 하는 일. ◆(干活的)手，人手；(手里的)活。¶일손을 멈추다. =停手。❷ 일하는 솜씨. ◆手艺。¶일손이 재빠르다. =手艺出众。❸ 일을 하는 사람. ◆人手，人力，劳力。¶일손이 부족하다. =人手不够。

일순간(一瞬間)【명사】아주 짧은 시간. ◆名一瞬间，一刹那。¶일순간에 일어난 일. =一瞬间发生的事情。

일시[1](一時)【명사】名 ❶ 잠깐 동안 ◆一时。¶어머니는 일시도 마음을 놓을 수 없었다. =母亲一刻也放不下心。❷ 같은 때. ◆同时。¶시선이 일시에 쏠리다. =目光同时聚集过来。

일시[2](日時)【명사】날짜와 시간을 아울러 이르는 말. ◆名时日，日期。¶회의 개최 일시를 알려주세요. =请告知会议召开的日期。

일식(日蝕/日食)【명사】달이 태양의 일부나 전부를 가림. 또는 그런 현상. ◆名日食。

일신(一身)【명사】名 ❶ 자기 한 몸. ◆自身，个人。¶일신을 보존하다. =保全自身。❷ 몸의 전체. ◆全身。¶그는 일신에 진흙을 뒤집어썼다. =他全身沾满了泥土。

일심(一心)【명사】名 ❶ 하나로 합쳐진 마음. ◆一心，同心。¶부부는 일심 동체라고 한다. =都说夫妻俩同心同德。❷ 한쪽에만 마음을 씀. ◆专心，一心一意。¶일심으로 기도하다. =专心祈祷。

일어나다【동사】动 ❶ 누웠다가 앉거나 앉았다가 서다. ◆起立，起身。¶자리에서 일어나다. =从座位上站起来。❷ 잠에서 깨어나다. ◆起床。¶아침 일찍 일어나다. =早上很早起床。❸ 어떤 일이 생기다. ◆发生，出现，爆发。¶싸움이 일어나다. =发生争吵。❹ 어떤 마음이 생기다. ◆产生，有了。¶욕심이 일어나다. =产生贪念。❺ 약하거나 희미하던 것이 성하여지다. ◆兴起，兴旺。¶꺼져 가던 불꽃이 다시 일어나다. =快要熄灭的火花重新燃烧起来。❻ 몸과 마음을 모아 나서다. ◆站起来(反对或者支持)。❼ 위로 솟거나 부풀어 오르다. ◆涌起，冒。¶파도가 일어나다. =波涛汹涌。❽ 자연이나 인간 따위에게 어떤 현상이 발생하다. ◆发生。¶산불이 일어나다. =发生山火。

일어서다【동사】动 ❶ 앉았다가 서다. ◆起立，起身。¶자리에서 일어서다. =从椅子上站起来。❷ 어떤 일이나 사건을 처리하기 위해서 나서다. ◆群起。¶학생들이 크게 일어서서 독재 정권을 규탄했다. =学生们群起谴责独裁政权。❸ 어려움 따위를 이겨내다. ◆站起来，克服困难。¶절망을 딛고 일어서다.=战胜绝望后站起来。

일언반구(一言半句)【명사】'한 마디 말과 반 구절'이라는 뜻으로, 아주 짧은 말을 이르는 말. ◆名只言片语，一言半语。¶일언반구도 없다. =连只言片语都没有。

일없다【형용사】形 ❶ 소용이나 필요가 없다. ◆没必要，没有用。¶그런 물건은 일없다. =那种东西没有用。❷ 걱정하거나 개의할 필요가 없다. ◆没关系，没事。¶사건이 마무리되어 이제는 일없다. =结案了，现在没事了。

일요일(日曜日)【명사】월요일을 기준으로 한 주의 마지막 날. ◆名星期天，星期日。¶일요일을 손꼽아 기다리다. =翘首期待星期天。

일용(日用)【명사】날마다 씀. ◆名日用。¶일용 잡화. =日用百货。● 일용하다(日用--) ●

일용품(日用品)【명사】날마다 쓰는 물건. ◆名日用品。¶일용품 가게. =日用品商店。

일원(一員)【명사】단체에 소속된 한 구성원. ◆名一员，成员。¶사회의 일원. =社会的一员。

일으키다【동사】动 ❶ 일어나게 하다. ◆扶起。¶몸을 일으키다. =起身。❷ 무엇을 시작하거나 흥성하게 만들다. ◆创建，搞活。¶경제를 일으키다. =搞活经济。❸ 생리적이거나 심리적인 현상을 생겨나게 하다. ◆引起，引发。¶빈혈을 일으키다. =引发贫血。

일인칭(一人稱)【명사】제일 인칭(말하는 사람이 자기 또는 자기의 동아리를 이르는 인칭). ◆名第一人称。

일일(日日)【명사】각각의 개별적인 나날. ◆名天天，每日，每天。¶일일 연속극. =每日连续剧。

일일생활권(一日生活圈)【명사】하루 동안 볼일을 끝내고 되돌아올 수 있는 거리 안에 있는 범위. ◆名一日生活范围。

일일이【부사】副 하나씩 하나씩. ◆一一，逐个，挨个。¶공책 한 장 한 장을 일일이 넘기다. =逐页翻看笔记本。

일임(一任)【명사】모두 다 맡김. ◆名完全委托。¶사건 일임을 위해 변호사를 선임하다. =聘请律师全权办理。● 일임하다(一任--) ●

일자리【명사】생계를 꾸려 나갈 수 있는 수단으로서의 직업. ◆名工作岗位，就业机会。¶일자리가 생기다. =产生就业机会。

일자무식(一字無識)【명사】名 ❶ 글자를 한 자도 모를 정도로 무식함. 또는 그런 사람. ◆ 目不识丁。¶일자무식인 백성들도 예절은 압니다. =连目不识丁的老百姓都知晓礼节。❷ 어떤 분야에 대하여 아는 바가 하나도 없음을 비유적으로 이르는 말. ◆ 一窍不通，门外汉。¶저는 기계에는 일자무식입니다. =我对机械类一窍不通。● 일자무식하다(一字無識--) ●

일전(日前)【명사】며칠 전. ◆ 图日前，几天前。¶일전에 제가 말씀드린 그 사람입니다. =这是几天前我向您谈到过的那个人。

일절(一切)【부사】'아주', '전혀', '절대로'의 뜻으로, 흔히 사물을 부인하거나 행위를 금지할 때에 쓰는 말. ◆ 副完全，绝对。¶출입을 일절 금하다. =严禁出入。

일정(日程)【명사】图 ❶ 일정한 기간 동안 해야 할 일의 계획을 날짜별로 짜 놓은 것. 또는 그 계획. ◆ 日程。¶사업 추진 일정. =项目推进日程。❷ 그날 해야 할 일. 또는 그것의 분량이나 순서. ◆ 日程。¶일정을 잡다. =定下日程。❸ 그날 하루에 가야 할 길. 또는 그 길의 분량이나 순서. ◆ 路程，行程。¶오늘 일정은 가파른 산을 넘는 것이다. =今天的行程是翻越险峻的山峦。

일정하다(一定--)【동사】动 ❶ 어떤 것의 크기, 모양, 범위, 시간 따위가 하나로 정하여져 있다. ◆ 一定的，不变的。¶수입이 일정하다. =收人是一定的。❷ 어떤 것의 양, 성질, 상태, 계획 따위가 달라지지 아니하고 한결같다. ◆ 某种程度的，固定的。¶온도를 일정하게 유지하다. =维持恒温。❸ 전체적으로 흐름이나 절차가 규칙적이다. ◆ 既定的。¶인공위성의 순환궤도는 일정하다. =人造卫星的运行轨道是既定的。

일제(日製)【명사】일본에서 만듦. 또는 그런 물건. ◆ 图日本制造。¶일제 전자 제품. =日本制造的电子产品。

일제히(一齊-)【부사】여럿이 한꺼번에. ◆ 副一齐，一起，一同，同时。¶수업이 끝나자 아이들이 일제히 교실에서 나온다. =一下课，孩子们便从教室里涌出来。

일조량(日照量)【명사】일정한 물체의 표면이나 지표면에 비치는 햇볕의 양. ◆ 图日照量。¶일조량이 풍부하다. =日照量充足。

일종(一種)【명사】图 ❶ 한 종류. 또는 한 가지. ◆ 一种。¶포유류의 일종. =哺乳类的一种。❷ 어떤 것을 명시적으로 밝히지 않고 '어떤', '어떤 종류의' 뜻을 나타내는 말. ◆ 某种。¶그는 무어라 말할 수는 없지만 일종의 확신에 가득 차 있었다. =他虽然不能说什么，但是充满了某种自信。

일주(一周)【명사】일정한 경로를 한 바퀴 돎. ◆ 图环绕一周，转一圈。● 일주하다(一周--) ●

일지(日誌)【명사】그날그날의 일을 적은 기록. 또는 그런 책. ◆ 图日志。¶업무 일지. =业务日志。

일직선(一直線)【명사】한 방향으로 쭉 곧은 줄. 또는 그런 형태. ◆ 图直线，笔直。¶일직선으로 뻗은 길. =呈直线状延伸的道路。

일찌감치【부사】副 ❶ 조금 이르다고 할 정도로 얼른. ◆ 提早，早早地。¶일찌감치 저녁을 먹고 잠자리에 들었다. =早早地吃完饭，躺下睡了。❷ 될 수 있는 한 얼른. ◆ 副尽早，及早，趁早。¶안 될 일은 일찌감치 걷어치워라. =行不通的事情，要尽早收手。

일찍【부사】일찍이. ◆ 提早，早，早早。¶일찍 귀가하다. =早早回家。

일찍이【부사】副 ❶ 일정한 시간보다 이르게. ◆ 早，提早，早早地。¶일찍이 직장에 출근하다. =很早去上班。❷ 예전에. 또는 전에 한 번. ◆ 以前，以往，过去。¶일찍이 없었던 일. =过去没有的事。

일차(一次)【명사】근본적이고 원초적인 것. ◆ 图根本的，初始的。¶일차 원인. =根本原因。

일체(一切)【명사】모든 것. ◆ 图一切，全部。¶업소에서는 도난에 대한 일체의 책임을 지지않습니다. =（请保管好自己的财物，）如遇财物失窃，店铺概不负责。

일출(日出)【명사】해가 뜸. ◆ 图日出。

일층(一層)【부사】일정한 정도에서 한 단계 더. ◆ 副进一步，更加。¶경비를 일층 더 강화하다. =进一步加强警卫。

일치(一致)【명사】비교되는 대상들이 서로 어긋나지 아니하고 같거나 들어맞음. ◆ 图一致，统一。¶언행의 일치. =言行一致。● 일치되다(一致--), 일치하다(一致--) ●

일컫다【동사】动 ❶ 이름지어 부르다. ◆ 称为，叫做，誉为。¶사자를 흔히 백수의 왕으로 일컫는다. =人们常称狮子为百兽之王。❷ 가리켜 말하다. ◆ 把……称为，将……称为。¶사람을 일컬어 흔히 이성적 동물이라고 한다. =人类常被称为理性动物。

일터【명사】图 ❶ 일을 하는 곳. ◆ 工作场所，工作地点，工作单位。¶일꾼들이 일터에 나갔다. =工人们去工作单位。❷ 사람들이 근무하며 맡은 일을 하는 일터. ◆ 工作场所，工作岗位。¶일터를 마련하다. =准备工作场所。

일편단심(一片丹心)【명사】'한 조각의 붉은 마음'이라는 뜻으로, 진심에서 우러나오는 변치 아니하는 마음을 이르는 말. ◆ 图一片丹心，忠心耿耿。¶신하는 임금을 일편단심으로 섭긴다. =臣子忠心耿耿地侍奉君王。

일평생(一平生)【명사】살아 있는 동안. ◆ 图平生，一辈子。¶예술 활동을 위해 일평생을 바쳤다. =为艺术活动奉献一辈子。

일하다【동사】무엇을 이루거나 적절한 대가를 받기 위하여 어떤 장소에서 일정한 시간 동안 몸을 움직이거나 머리를 쓰다. ◆ 动工作，做事，劳动。¶밤낮을 가리지 않고 열심히 일하다. =不分昼夜地辛勤劳作。

일행(一行)【명사】함께 길을 가는 사람들의 무리. ◆ 图一行。¶관광단 일행. =观光团一行。

일화(逸話)【명사】세상에 널리 알려지지 아니한 흥미 있는 이야기. ◆ 图逸事，逸闻，奇闻趣事。¶숨은 일화를 공개했다. =将隐秘的逸事公开。

일환(一環)【명사】서로 밀접한 관계로 연결되어 있는 여러 것 가운데 한 부분. ◆图一环，组成部分。

일회용품(一回用品)【명사】한 번만 쓰고 버리도록 되어 있는 물건. ◆图一次性用品。¶일회용품의 사용을 규제하다. =控制一次性用品的使用。

일흔【수사】열의 일곱 배가 되는 수. ◆数七十。¶일흔이 넘은 나이. =七十多岁的年纪。

읽다【동사】动❶ 글을 보고 그 음대로 소리 내어 말로써 나타내다. ◆念，看，读，阅读。¶책을 또박또박 읽다. =一丝不苟地读书。❷ 그림이나 소리 따위가 전하는 내용이나 뜻을 헤아려 알다. ◆看出，看明白，揣摩出，读懂。¶화가의 필법을 읽다. =看懂了画家的笔法。❸ 어떤 상황이나 사태가 갖는 특징을 이해하다. ◆看懂，看出。¶대세를 읽다. =看出大趋势。● 읽히다 ●

읽을거리【명사】읽을 것. 읽을 만한 것. 읽을 수 있는 것. ◆图读物。¶여기 올 때 읽을거리 좀 챙겨와라. =来这里的时候，带些书之类的。

잃다【동사】动❶ 가졌던 물건이 자신도 모르게 없어져 그것을 갖지 아니하게 되다. ◆丢失，遗失。¶내 친구가택시에서 지갑을 잃었다. =我的朋友在出租车上丢了钱包。❷ 가까운 사람이 죽어서 그와 이별하다. ◆失去(亲人)。¶전쟁으로 자식을 잃다. =由于战争而失去了孩子。❸ 어떤 사람과의 관계가 끊어지거나 헤어지게 되다. ◆失去(朋友)。¶벗을 잃다. =失去朋友。❹ 길을 못 찾거나 방향을 분간 못하게 되다. ◆迷失，迷(路)。¶산에서 등산로를 잃다. =在山中找不到登山路。● 잃어버리다 ●

임【명사】사모하는 사람. ◆图仰慕的人，心上人，郎君。¶임을 그리는 마음. =思念心上人。

임관(任官)【명사】图❶ 관직에 임명됨. ◆任命官职。¶검사 임관. =任命检察官。❷ 사관생도나 사관후보생 또는 장교 후보생이 장교로 임명됨. ◆授衔。● 임관되다(任官--), 임관하다(任官--) ●

임금【명사】군주 국가에서 나라를 다스리는 우두머리. ◆图国君，君主，国王。¶세종은 조선 4대 임금이다. =世宗是朝鲜王朝第四代国王。

임금(賃金)【명사】근로자가 노동의 대가로 사용자에게 받는 보수. 급료·봉급·수당·상여금 따위가 있으며 현물 급여도 포함된다. ◆图工资，工钱。¶임금 인상. =提高工资。

임기(任期)【명사】임무를 맡아보는 일정한 기간. ◆图任期。¶임기를 연장하다. =延长任期。

임기응변(臨機應變)【명사】그때그때 처한 형편에 맞추어 일을 알맞게 처리함 ◆图随机应变，见机行事。¶임기응변에 능하다. =善于随机应变。

임대(賃貸)【명사】돈을 받고 자기의 물건을 남에게 빌려 줌. ◆图出租。¶임대 아파트. =出租公寓。● 임대되다(賃貸--), 임대하다(賃貸--) ●

임명(任命)【명사】일정한 지위나 임무를 남에게 맡김. ◆图任命。¶임명이 취소되다. =任命被取消。● 임명되다(任命--), 임명하다(任命--) ●

임무(任務)【명사】맡은 일. 또는 맡겨진 일. ◆图任务。¶새로운 임무를 맡다. =承担新的任务。

임박하다(臨迫--)【동사】어떤 때가 가까이 닥쳐오다. ◆动临近，迫近。¶마감 시간이 임박하다. =临近截止日期。

임산부(妊産婦)【명사】'임부(姙婦)'와 '산부(産婦)'를 아울러 이르는 말. ◆图孕妇和产妇，孕产妇。

임시(臨時)【명사】图❶ 미리 정하지 아니하고 그때그때 필요에 따라 정한 것. ◆临时，暂时。❷ 미리 얼마 동안으로 정하지 아니한 잠시 동안. ◆临时，暂时。¶임시 반장. =临时班长。

임신(妊娠/姙娠)【명사】아이나 새끼를 뱀. ◆图妊娠，有身孕。¶임신과 출산. =妊娠和出生。● 임신하다(妊娠/姙娠--) ●

임야(林野)【명사】숲과 들을 아울러 이르는 말. ◆图林野，树林。

임업(林業)【명사】각종 임산물에서 얻는 경제적 이윤을 위하여 삼림을 경영하는 사업. ◆图林业。

임원(任員)【명사】어떤 단체에 소속하여 그 단체의 중요한 일을 맡아보는 사람. ◆图管理人员，负责人员。¶임원이 되다. =成为管理人员。

임의(任意)【명사】图❶ 일정한 기준이나 원칙 없이 하고 싶은 대로 함. ◆随意，随便。¶임의 결정. =随意决定。❷ 대상이나 장소 따위를 일정하게 정하지 아니함. ◆任意。¶임의의 장소. =任意场所。

임자[1]【명사】물건을 소유한 사람. ◆图主人，物主。¶이 물건의 임자는 누구니? =这东西的主人是谁?

임자[2]【대명사】代❶ 나이가 비슷하면서 잘 모르는 사람이나, 알고는 있지만 '자네'라고 부르기가 거북한 사람, 또는 아랫사람을 높여 이르는 이인칭 대명사. ◆你(较为亲近的人之间互称)。¶역시 임자가 최고야. =还是你最好啊! ❷ 나이가 지긋한 부부 사이에서, 상대편을 서로 이르는 이인칭 대명사. ◆(老两口互称)老婆子，老头子。¶임자, 어깨 좀 주물러 주겠소. =老婆子，你给我揉揉肩膀。

임종(臨終)【명사】图❶ 죽음을 맞이함. ◆临终，临死。¶할머니는 편안하게 임종을 하셨다. =奶奶安详地闭上了眼睛。❷ 부모가 돌아가실 때 그 곁에 지키고 있음. ◆送终。¶아들은 어머님의 임종을 지키지 못한 것이 못내 한이 되었다. =未能给母亲送终，儿子一直感到愧疚。● 임종하다(臨終--) ●

임직원(任職員)【명사】임원과 직원을 아울러 이르는 말. ◆图干部员工，负责人和职员。

임하다(臨--)【동사】动❶ 어떤 사태나 일에 직면하다. ◆面临，面对。¶경기에 임하다. =面临比赛。❷ 어떤 장소에 도달하다. ◆抵达，到达。❸ 어떤 장소의 가까이서 그곳을 마주 대하다. ◆面向，临近，靠近。

입【명사】图❶ 입술에서 후두(喉頭)까지의 부분. 음식이나 먹이를 섭취하며, 소리를 내는 기관이다. ◆口，嘴。¶큰 입. =大嘴。❷ 포유류의 입 가장자리 위아래에 도도록이 붙어 있는 얇고 부드러운 살. ◆嘴唇。¶입이 빨갛다. =红嘴唇。❸ 음식을 먹는 사람의 수효. ◆吃饭的人口。¶입이 하나 줄다. =减少一张嘴。❹ 한 번에 먹을 만한 음식물의 분량을 세는 단위. ◆ 口。¶한 입만 먹어 보자. =就吃一口试试。

입구(入口)【명사】들어가는 통로. ◆ 名入口。¶지하철 입구. =地铁入口。

입국(入國)【명사】어떤 나라 안으로 들어감. ◆ 名入境。¶입국 경로. =入境通道。● 입국하다(入國--) ●

입금(入金)【명사】돈을 들여놓거나 넣어줌. 또는 그 돈. ◆ 名收入。¶오늘 입금 매상이 얼마니? =今天的销售额是多少? ● 입금되다(入金--), 입금하다(入金--) ●

입김【명사】名 ❶ 입에서 나오는 더운 김. ◆ 气息，气。¶유리창에 입김을 불다. =往玻璃窗上哈气。❷ '타인에게 행사하는 영향력'을 비유적으로 이르는 말. ◆ 施加的影响，影响力。¶입김이 세다. =影响力很大。

입다【동사】动 ❶ 옷을 몸에 꿰거나 두르다. ◆ 穿。¶옷을 입다. =穿衣服。❷ 받거나 당하다. ◆ 遭受，受到，遭到。¶장사에서 손해를 입다. =生意遭受损失。❸ 도움을 받다. ◆ 得到(帮助)。¶혜택을 입다. =得到恩惠。● 입히다 ●

입단(入團)【명사】어떤 단체에 가입함. ◆ 名加入团体。¶입단 선서. =入团宣誓。● 입단하다(入團--) ●

입담【명사】말하는 솜씨나 힘. ◆ 名口才。¶입담이 좋다. =口才好。

입대(入隊)【명사】군대에 들어가 군인이 됨. ◆ 名入伍，参军。¶입대 장병. =入伍官兵。● 입대하다(入隊--) ●

입동(立冬)【명사】이십사절기의 하나. ◆ 名立冬。

입력(入力)【명사】문자나 숫자를 기억하게 하는 일. ◆ 名输入。● 입력되다(入力--), 입력하다(入力--) ●

입맛【명사】名 ❶ 음식을 먹을 때 입에서 느끼는 맛에 대한 감각. ◆ 口味，味道，食欲，胃口。¶입맛이 당기다. =引起食欲。❷ 어떤 일이나 물건에 흥미를 느껴 하거나 가지고 싶어 하는 마음을 비유적으로 이르는 말. ◆ 兴趣，爱好。¶제 입맛에 딱 맞는 일은 없다. =没有让我十分感兴趣的事。

입맞춤【명사】名 ❶ 키스(성애의 표현으로 상대의 입에 자기 입을 맞춤). ◆ 吻，亲吻，接吻。¶연인과의 달콤한 입맞춤. =恋人间的甜蜜的吻。❷ 서양 예절에서, 인사할 때나 우애·존경을 표시할 때에, 상대의 손등이나 뺨에 입을 맞추는 일. ◆ 贴面礼，吻手。

입문(入門)【명사】무엇을 배우는 길에 처음 들어섬. 또는 그 길. ◆ 名入门，初学。¶철학 입문. =哲学入门。● 입문하다(入門--) ●

입바르다【형용사】바른말을 하는 데 거침이 없다. ◆ 形坦率，直爽，直言不讳，心直口快。¶입바른 소리. =直言不讳。

입방아【명사】어떤 사실을 화제로 삼아 이러쿵저러쿵 쓸데없이 입을 놀리는 일. ◆ 名背后说人坏话，嚼舌头。¶동네 아낙들이 새로 이사 온 여자의 입방아를 찧다. =村里女人们对新搬来的女人指指点点，搬弄是非。

입버릇【명사】입에 배어 굳은 말버릇. ◆ 名口头禅，说话习惯。¶입버릇이 나쁘다. =说话习惯不好。

입사(入社)【명사】회사 따위에 취직하여 들어감. ◆ 名进公司。¶입사 시험. =入职考试。● 입사하다(入社--) ●

입상(入賞)【명사】상을 탈 수 있는 등수 안에 듦. ◆ 名得奖，获奖。¶입상 소감. =获奖感言。● 입상하다(入賞--) ●

입선(入選)【명사】출품한 작품이 심사에 합격하여 뽑힘. ◆ 名入选，当选，入围。¶심사위원들이 응모작 중에서 입선 작품을 가리다. =评审委员们从投稿作品中选出入围作品。● 입선되다(入選--), 입선하다(入選--) ●

입속말【명사】남이 잘 알아듣지 못하게 입속으로 중얼거리는 말. ◆ 名私语，悄悄话，小声说的话。¶입속말로 중얼거리다. =小声嘟哝。

입수(入手)【명사】손에 들어옴. 또는 손에 넣음. ◆ 名到手，得手，得到。¶정보 입수. =得到信息。● 입수되다(入手--), 입수하다(入手--) ●

입술【명사】포유동물의 입 가장자리 위아래에 도도록이 붙어 있는 얇고 부드러운 살. ◆ 名嘴唇，唇。

입시(入試)【명사】'입학시험(입학생을 선발하기 위하여 입학 지원자들에게 치르도록 하는 시험). ◆ 名入学考试。¶입시 제도. =入学考试制度。

입신양명(立身揚名)【명사】출세하여 이름을 세상에 떨침 ◆ 名立身扬名，扬名立万。¶친구가 가진 입신양명의 꿈은 좋은 직장에 다니는 것이 아니라 장사를 해서 돈을 버는 일이었다. =朋友的立身扬名之梦并非找个好工作，而是想从商赚钱。● 입신양명하다(立身揚名--) ●

입씨름【명사】名 ❶ 말로 애를 써서 하는 일. ◆ 浪费口舌，好说歹说。❷ 말다툼(말로 옳고 그름을 가리는 다툼). ◆ 吵嘴，吵架。¶사소한 일로 입씨름을 벌이다. =因小事而吵架。

입양(入養)【명사】양자로 들어감. 또는 양자를 들임. ◆ 名收养，领养，认养。¶입양 신청. =申请收养。● 입양되다(入養--), 입양하다(入養--) ●

입원(入院)【명사】환자가 병을 고치기 위하여 일정한 기간 동안 병원에 들어가 머무는 것. ◆ 名入院，住院。¶입원 수속. =住院手续。● 입원하다(入院--) ●

입원실(入院室)【명사】환자가 입원하여 치료를 받을 수 있도록 만들어 놓은 방. ◆ 名病房。

입장[1](入場)【명사】장내로 들어가는 것. ◆ 名入场，进场。¶입장 요금. =入场费。● 입장하다(入場--) ●

입장[2](立場)【명사】당면하고 있는 상황. ◆ 名立场，处境。¶입장이 난처하다. =处境困难。

입장객(入場客)【명사】장내로 들어간 손님. ◆ 名场内客人。¶전시회를 관람하러 온 입장객이 미술관을 가득 메우다. =前来观看展览会的观众挤满了美术馆。

입장권(入場券)【명사】장내(場內)로 들어가는 것을 허락하는 표. ◆ 名入场券，门票。¶입장권이 매진되다. =门票售罄。

입장료(入場料)【명사】장내(場內)로 들어가기 위하여 내는 요금. ◆ 名入场费，门票钱。¶입장료 수입. =门票收入。

입증(立證)【명사】어떤 증거 따위를 내세워 증명함. ◆ 名举证，证明。● 입증되다(立證--), 입증하다(立證--) ●

입지전(立志傳)【명사】어려운 환경을 이기고 뜻을 세워 노력하여 목적을 달성한 사람의 전기. ◆ 名奋斗史，拼搏史，创业史。¶입지전적 인물. =奋斗型人物。

입질【명사】낚시질할 때 물고기가 낚싯밥을 건드리는 일. ◆ 名上钩。¶이 곳은 입질이 좋다. =这里的鱼容易上钩。

입체(立體)【명사】삼차원의 공간에서 여러 개의 평면이나 곡면으로 둘러싸인 부분. ◆ 名立体。¶입체 모형. =立体模型。

입체 도형(立體圖形)【명사】삼차원 공간에서 부피를 가지는 도형. ◆ 名立体图形。

입체적(立體的)【명사】삼차원의 공간적 부피를 가진 물체를 보는 것과 같은 느낌을 주는 것. ◆ 名立体的。¶광고 벽보를 입체적으로 도안하다. =墙壁广告设计成了立体的。

입추(立秋)【명사】이십사절기의 하나. ◆ 名立秋。

입춘(立春)【명사】이십사절기의 하나. ◆ 名立春。

입하(立夏)【명사】이십사절기의 하나. 곡우와 소만 사이에 들며, 이때부터 여름이 시작된다고 한다. 양력으로는 5월 5일경이다. ◆ 名立夏。

입학(入學)【명사】학생이 되어 공부하기 위해 학교에 들어감. 또는 학교를 들어감. ◆ 名入学。¶입학 기념. =纪念入学。● 입학하다(入學--) ●

입학금(入學金)【명사】입학할 때에 학교에 내는 돈. ◆ 名学费。

입학식(入學式)【명사】입학할 때에 신입생을 모아 놓고 행하는 의식. ◆ 名入学典礼。¶초등학교 입학식. =小学入学典礼。

잇다【동사】动 ❶ 두 끝을 맞대어 붙이다. ◆ 连接，接上。¶다리로 섬과 육지를 잇다. =桥把岛屿和陆地连接起来。❷ 끊어지지 않게 계속하다. ◆ 继续，接着，继承。¶가업을 잇다. =继承家业。❸ 많은 사람이나 물체가 줄을 이루어 서다. ◆ 排队。¶사람들이 표를 사기 위하여 줄을 잇다. =排队买票的人。❹ 뒤를 잇따르다. ◆ 接着，随后。¶개회사에 이어 회장의 인사입니다. =开幕词之后，紧接着是会长致辞。

잇달다【동사】动 ❶ 잇따르다(움직이는 물체가 다른 물체의 뒤를 이어 따르다). ◆ 跟随，跟着。❷ 잇따르다(어떤 사건이나 행동 따위가 이어 발생하다). ◆ 接着，连着，接二连三。❸ 일정한 모양이 있는 사물을 다른 사물에 이어서 달다. ◆ 连接。¶화물칸을 객차 뒤에 잇달다. =货车厢连接在旅客车厢后面。

잇대다【동사】动 서로 이어져 맞닿게 하다. ◆ 连接。¶목수는 광을 안방과 잇대어 지었다. =木匠把库房建在和里屋相邻的地方。

잇따르다【동사】动 ❶ 움직이는 물체가 다른 물체의 뒤를 이어 따르다. ◆ 跟随，跟着。❷ 어떤 사건이나 행동 따위가 이어 발생하다. ◆ 接着，连着，接二连三。¶비난이 잇따르다. =批评接二连三。

잇몸【명사】이뿌리를 둘러싸고 있는 살. ◆ 名牙床，牙龈。¶잇몸이 근질근질하다. =牙根痒痒。

잇새【명사】이와 이의 사이. ◆ 名牙缝。¶잇새가 벌어지다. =牙缝裂开。

잇속(利-)【명사】이익이 되는 실속. ◆ 名实惠，实际利益。¶잇속에 밝다. =精于算计。

있다[1]【동사】动 ❶ 사람이나 동물이 어느 곳에서 떠나거나 벗어나지 아니하고 머물다. ◆ 在。¶내가 갈 테니 너는 학교에 있어라. =我要走了，你就在学校里待着吧。❷ 사람이 어떤 직장에 계속 다니다. ◆ 工作，上班。¶딴 데 한눈팔지 말고 그 직장에 그냥 있어라. =别三心二意的，就在那个单位好好工作吧。❸ 사람이나 동물이 어떤 상태를 계속 유지하다.◆ 待着。¶떠들지 말고 얌전하게 있어라. =别吵了，安静地待着吧。❹ 얼마의 시간이 경과하거나 끌다. ◆ 过一会儿。¶배가 아팠는데 조금 있으니 곧 괜찮아지더라. =肚子疼，过一会儿就会好的。

있다[2]【형용사】形 ❶ 사람·동물·물체 따위가 실제로 존재하는 상태이다. ◆ 有，存在。¶지구에는 많은 사람이 있다. =地球上有很多人。❷ 어떤 사실이나 현상이 현실로 존재하는 상태이다. ◆ 有，存在。¶기회가 있다. =有机会。❸ 어떤 일이 이루어지거나 벌어질 계획이다. ◆ 有，存在。¶그는 모임이 여러 개 있다. =他有好几个聚会。❹ 재물이 넉넉하거나 많아 경제적으로 부유하다. ◆ 富有，有钱。¶그는 아무것도 없으면서 있는 체한다. =尽管一无所有，他还是假装很富有。❺ 어떤 일을 이루거나 어떤 일이 발생하는 것이 가능함을 나타내는 말. ◆ 可能，可以。¶나는 무엇이든지 잘할 수 있다. =我什么事都能做好。❻ 어떤 대상이나 사실을 강조하거나 확인하는 뜻을 나타내는 말. ◆ 表示强调、确认。¶그 사람 있잖아 엄청난 부자래. =你知道那个人吧，他是个非常富有的人。

잉꼬(鸚哥)【명사】앵무과의 새. 몸의 길이는 21~26cm이다. 머리 위는 노란빛, 뺨에는 푸른빛의 굵고 짧은 점이 한 쌍 있으며, 그 사이에 둥근 점이 두 쌍 있다. ◆ 名鹦鹉。

잉어【명사】잉엇과의 민물고기. 큰 것은 몸의 길이가 1미터이고 약간 옆으로 납작하며, 대개 등은 검푸르고 배는 누르스름하다. 주둥이는 둔하고 입가에 두 쌍의 수염이 있다. ◆ 名鲤鱼。

잉여(剩餘)【명사】쓰고 난 후 남은 것. ◆ 名剩余，剩下。¶잉여 물자. =剩余物资。

잉잉【부사】어린아이가 입을 찡그리듯 벌리고 밉살스럽게 잇따라 우는 소리. 또는 그 모양. ◆ 副呜呜，哼哼(小孩的哭声或样子)。¶아이는 낯선 사람을 보자 잉잉 울기 시작했다. =孩子一看见陌生人，就开始呜呜地哭起来。 ●잉잉거리다 ●

잉태(孕胎)【명사】图 ❶ 임신(妊娠)(아이나 새끼를 뱀). ◆ 怀孕，妊娠。¶며느리의 잉태 소식에 가족 모두가 기뻐했다. =听到儿媳妇怀孕的消息，家人都很高兴。❷ 어떤 사실이나 현상이 내부에서 생겨 자라남. ◆ 孕育，造成。¶비극의 잉태. =造成悲剧。● 잉태되다(孕胎--), 잉태하다(孕胎--) ●

잊다【동사】动 ❶ 한번 알았던 것을 기억하지 못하거나 기억해 내지 못하다. ◆ 忘记，想不起来。¶수학 공식을 잊다. =忘记数学公式。❷ 일하거나 살아가는 데 장애가 되는 어려움이나 고통, 또는 좋지 않은 지난 일을 마음속에 두지 않거나 신경 쓰지 않다. ◆ 忘记，遗忘。¶나이를 잊다. =忘记年纪。❸ 본분이나 은혜 따위를 마음에 새겨 두지 않고 저버리다. ◆ 忘本，忘恩负义。¶본분을 잊다. =忘记本分。❹ 어떤 일에 열중한 나머지 잠이나 끼니 따위를 제대로 취하지 않다. ◆ 废寝忘食。¶그는 시험 준비를 하느라 잠자는 것도 잊었다. =因为忙于备考，他都忘记了睡觉。● 잊히다 ●

잊어버리다【동사】动 한번 알았던 것을 모두 기억하지 못하거나 전혀 기억하여 내지 못하다. ◆ 忘记，忘掉，想不起来。¶나는 졸업한 지 오래되어서 학교에서 배운 것을 다 잊어버렸다. =我毕业很久了，学校里学的东西都忘光了。

잎【명사】❶ 식물의 영양 기관의 하나. 줄기의 끝이나 둘레에 붙어 호흡 작용과 탄소 동화 작용을 한다. 대개 녹색으로 모양은 넓적하고 잎살, 잎자루, 턱잎 따위로 이루어진다. ◆ 图 叶，叶子。¶나무의 잎이 무성하다. =树叶繁茂。❷ 이파리를 세는 단위. ◆图 片，张。¶가을이 되니 나뭇잎이 한 잎 두 잎 떨어진다. =秋天到了，树叶一片片落下来。

잎사귀【명사】낱낱의 잎. 주로 넓적한 잎을 이른다. ◆ 图叶片（主要指阔叶植物的叶片）。¶감나무 잎사귀. =柿子树的叶子。

ㅈ【j】

자[1]【명사】눈금이 그려져 있는, 길이를 재는 데 쓰는 도구. ◆ 图尺，尺子。¶자로 잰 듯 정확하다. =正确得像用尺量过似的。

자[2](字)【명사】图 ❶ 말을 적는 기호. ◆ 字。〈记录语言的符号〉¶칠판에 적은 글자가 잘 안 보인다. =黑板上的字看不清楚。❷ 글자를 세는 단위. ◆ 字，字数。¶그는 이름 석자도 알지 못한다. =他连自己的名字都不认识。❸ 어느 해의 어느 달 며칠. ◆ 日子，日期。¶3월 3일 자 기사. =3月3日的报道。

자[3]【의존 명사】길이의 단위. ◆ 依名 尺。¶키가 여섯자나 된다. =身长六尺。

자[4]【감탄사】叹 ❶ 남에게 어떤 행동을 권유하거나 재촉할 때에 하는 말. ◆ 来，好，哎。（用于劝说或者督促别人做某件事）¶자, 출발합시다. =来，我们出发吧。❷ 말이나 행동을 할 때 남의 주의를 불러일으키기 위하여 하는 말. ◆ 喂。（用于引起别人的注意）¶자, 이제 떠나자꾸나. =喂，现在走吧。❸ 당황스럽거나 어떻게 할지 결정하지 못했을 때에 하는 혼자 하는 말. ◆ 啊哟，哎哟。（用于惊慌失措或者不知如何是好的情况）¶자, 이 일을 어떻게 한다? =哎哟，这件事怎么办才好呢?

자[5](者)【의존 명사】'놈' 또는 '사람'이라는 뜻을 나타내는 말. 사람을 좀 낮잡아 이르거나 일상적으로 이를 때 쓴다. ◆ 依名 者，人，家伙。¶낯선 자가 대문 앞에서 서성인다. =陌生人在大门前晃来晃去。

-자[6](者)【접사】'사람'의 뜻을 더하는 접미사. ◆ 后缀 者。¶노동자. =劳动者。

-자[7]【어미】해라할 자리에 쓰여, 어떤 행동을 함께 하자는 뜻을 나타내는 종결 어미. ◆ 词尾表示提议一起进行某种行为的终结词尾。¶철수야, 학교 가자. =哲洙啊，去上学吧。

-자[8]【어미】词尾 ❶ 한 동작이 막 끝남과 동시에 다른 동작이나 사실이 잇따라 일어남을 나타내는 연결 어미. ◆ 表示连续的动作或状态。¶까마귀 날자 배 떨어진다. =(喻无前因后果关系的偶发事件)乌飞梨落。❷ 어떤 것이 두 가지 특징을 동시에 가지고 있음을 나타내는 연결 어미.◆ 表示同时具备两种特征。¶사상가이자 정치가. =思想家兼政治家。

-자[9]【어미】어떤 행동을 할 의도나 욕망을 가지고 있음을 나타내는 연결 어미. 흔히 뒤에 '하다'가 온다. ◆ 词尾表示进行某种行为的意图的连接词尾。¶겨우 밥을 먹자 하니 곧 손님들이 들이닥쳤다. =好不容易要吃饭了，客人又涌了进来。

자가당착(自家撞着)【명사】같은 사람의 말이나 행동이 앞뒤가 서로 맞지 아니하고 모순됨. ◆ 图自相矛盾。¶자가당착에 빠지다. =陷入自相矛盾。

자가용(自家用)【명사】图 ❶ 영리를 목적으로 하지 않고 개인 또는 개인의 가정에서 쓰임. 또는 그런 대상. ◆ 自用。¶자가용 세탁기. =自用洗衣机。❷ 영리를 목적으로 하지 않고 개인 또는 개인의 가정에서 전용하는 자동차. ◆ 私家车。¶그는 자가용으로 여기까지 왔다. =他坐着私家车来到了这里。

자각(自覺)【명사】현실을 판단하여 자기의 입장이나 능력 따위를 스스로 깨달음. ◆ 图自觉，觉悟。● 자각되다(自覺--), 자각하다(自覺--) ●

자갈【명사】图 ❶ 강이나 바다의 바닥에서 오랫동안 갈리고 물에 씻겨 반질반질하게 된 잔돌. ◆ 砾石，石子，鹅卵石。¶강가에는 예쁜 자갈이 많았다. =河边有许多漂亮的鹅卵石。❷ 자질구레하고 아무렇게나 생긴 돌멩이. ◆ 碎石。¶자갈 같은 쓸모없는 인간이 바로 너다. =像碎石头一样一无是处的人就是你。

자개【명사】금조개 껍데기를 썰어 낸 조각. 빛깔이 아름다워 여러 가지 모양으로 잘게 썰어 가구를 장식하는 데 쓴다. ◆ 图螺钿，(加工过的)贝壳。¶자개농. =螺钿衣柜。

자객(刺客)【명사】사람을 몰래 죽이는 일을 전문으로 하는 사람. ◆ 图刺客。¶복면 자객. =蒙面刺客。

자격(資格)【명사】图 일정한 신분이나 지위. ◆ 资格。¶참관인 자격. =观察员资格。

자격증(資格證)【명사】일정한 자격을 인정하여 주는 증서. ◆ 图资格证，资格证书。¶의사 자격증. =医生资格证书。

자격지심(自激之心)【명사】(成) 자기가 한 일에 대하여 스스로 미흡하게 여기는 마음 ◆ 图（成）自卑感，自责之心。¶그는 자격지심으로 얼굴을 들지 못했다. =由于自卑，他抬不起头来。

자결(自決)【명사】图 ❶ 의분을 참지 못하거나 지조를 지키기 위해 스스로 목숨을 끊음. ◆ 自杀，自尽。¶그는 끝내 울분을 참지 못하고 자결하고 말았다. =他最终抑制不住悲愤而自杀了。❷ 다른 사람의 도움이나 간섭을 받지 않고 자기와 관련된 일을 스스로 결정하고 해결함. ◆ 自决，自主决定。¶민족자결주의. =民族自决主义。● 자결하다(自決--) ●

-자고【어미】词尾 ❶ 해할 자리에 쓰여, 자신의 생각이나 주장을 청자에게 강조하여 일러 주는 뜻을 나타내는 종결 어미. ◆ 表示强调自己的想法和意见的终结词尾。¶같이 하자고. =一起做。❷ '해'할 자리에 쓰여 '너의 말이나 생각이 이런 것이냐?' 하는 뜻으로 묻는 데 쓰는 종결 어미. 빈정거리거나 거부하는 뜻을 나타낼 때도 있다. ◆ 表示询问、拒绝的终结词尾。¶빨리 떠나자고? =想快点离开?

자고로(自古-)【부사】예로부터 내려오면서. ◆ 副自古以来。¶자고로 죄짓고는 못 사는 법이다. =自古以来，恶有恶报。

자구책(自救策)【명사】스스로를 구원하기 위한 방책. ◆ 图自救之策，自救措施。¶자구책 마련. =准备自救之策。

자국[1]【명사】图 ❶ 다른 물건이 닿거나 묻어서 생긴 자리. 또는 어떤 것에 의하여 원래의 상태가 달라진 흔적. ◆ 痕迹，踪迹。¶눈물 자국. =泪痕。❷ 부스럼이나 상처가 생겼다가 아문 자리. ◆ 疤

痕。¶수술 자국. =手术疤痕。❸ 발로 밟은 자리에 남은 모양. ◆ 足迹。¶모래사장에 커다란 자국이 찍혔다. =在沙滩上印下了巨大的足迹。❹ 무엇이 있었거나 지나가거나 작용하여 남은 결과를 비유적으로 이르는 말. ◆ 痕迹。¶그녀가 떠난 자리에는 아픈 자국만이 남아 있었다. =在她离去的地方，只留下悲痛的痕迹。

자국[2](自國)【명사】자기 나라. ◆ 图本国。

자궁(子宮)【명사】여성의 정관의 일부가 발달하여 된 것으로 태아가 착상하여 자라는 기관. ◆ 图子宫。¶자궁을 수술하다.=做子宫手术。

자그마치【부사】예상보다 훨씬 많이. 또는 적지 않게. ◆ 副出乎意料地多。¶그 집은 식구가 자그마치 열 둘이나 된데. =那家有十二口人，多得出人意料。

자그마하다【형용사】形 ❶ 조금 작다. ◆ 较小，稍小，略小。¶자그마한 집.=稍小的房子。❷ 그리 대단하지 않은 듯하다.◆ 小，小小的，不起眼的，微不足道的。¶그는 자그마하게 책을 하나 냈다. =他出了一本小小的书。● 자그마하게 ●

자극(刺戟)【명사】形 외부에서 작용을 주어 감각이나 마음에 반응이 일어나게 함. 또는 그런 작용을 하는 사물. ◆ 刺激。¶강렬한 자극 물질. =强刺激性物质。● 자극되다(刺戟--), 자극하다(刺戟--) ●

자근자근【부사】副 ❶ 조금 성가실 정도로 자꾸 은근히 귀찮게 구는 모양. ◆ 纠缠不休。¶그 사람이 자주 자근자근 너에 대해 묻는다. =他总是不停地问起你。❷ 자꾸 가볍게 누르거나 밟는 모양. ◆ 轻压，轻踩。¶어깨 좀 자근자근 주물러 다오. =请轻压按摩肩膀。❸ 자꾸 가볍게 씹는 모양. ◆ 轻咬。¶그녀는 말없이 자근자근 입술만 깨물고 있다. =她默默地轻咬嘴唇。

자금(資金)【명사】图 ❶ 사업을 경영하는 데에 쓰는 돈. ◆ 资金。¶사업 자금. =事业资金。❷ 특정한 목적에 쓰는 돈. ◆ 用于特定目的的资金。¶결혼 자금. =结婚预备金。

자급(自給)【명사】자기에게 필요한 물자를 스스로 마련하여 충당함. ◆ 图自给。¶식량 자급. =粮食自给。● 자급하다(自給--) ●

자급자족(自給自足)【명사】필요한 물자를 스스로 생산하여 충당함. ◆ 图自给自足。¶식량 자급자족. =粮食自给自足。● 자급자족하다(自給自足--) ●

자긍심(自矜心)【명사】스스로에게 긍지를 가지는 마음. ◆ 图自信心。¶자긍심 고취. =激励自信心。

자기[1](自己)【명사】그 사람 자신. ◆ 图自己，自身，自我。¶자기 스스로 운명을 개척해야 한다. =自己应该创造自己的命运。

자기[2](自己)【대명사】代 ❶ 앞에서 이미 말하였거나 나온 바 있는 사람을 도로 가리키는 삼인칭 대명사. ◆ 某人自己。¶그는 자기가 가겠다고 우겼다. =他坚持要自己去。❷ 젊은 부부나 친구 사이에서 상대방을 가리키는 말. ◆ 亲爱的。¶자기야, 너무 보고 싶어. =亲爱的，我想死你了。

자기[3](瓷器/磁器)【명사】고령토 따위를 원료로 빚어서 아주 높은 온도로 구운 그릇. ◆ 图瓷器。¶자기 그릇. =瓷器。

자기[4](磁氣)【명사】쇠붙이를 끌어당기거나 남북을 가리키는 등 자석이 갖는 작용이나 성질. ◆ 图磁性。

자기극(磁氣極)【명사】자석이 쇠붙이를 끌어당기는 힘이 가장 센 곳. 자석의 양쪽 끝에 있으며 북으로 끌리는 쪽을 엔(N) 극, 남으로 끌리는 쪽을 에스(S) 극이라고 한다. ◆ 图磁极。● 자극 ●

자기력(磁氣力)【명사】자석이나 전류끼리, 또는 자석과 전류가 서로 끌어당기거나 밀어냄으로써 서로에게 미치는 힘. ◆ 图磁力。

자기장(磁氣場)【명사】자석의 주위, 전류의 주위, 지구의 표면 따위와 같이 자기의 작용이 미치는 공간. ◆ 图磁场。

자꾸【부사】여러 번 반복하거나 끊임없이 계속하여. ◆ 副总是，老是，不断。¶자꾸 늘어나는 체중. =不断增加的体重。

자꾸만【부사】'자꾸'를 조금 강조하여 이르는 말. ◆ 副 "자꾸"的强调语，总是，老是，不断。¶그녀는 자꾸만 핑계를 댄다. =她总是找借口。

자꾸자꾸【부사】잇따라 여러 번 반복하거나 끊임없이 계속하여. ◆ 副总是，老是，不住地，不断地。¶세월만 자꾸자꾸 흐르니 답답할 노릇이다. =岁月不住地溜走，让人无可奈何。

자네【대명사】듣는 사람이 친구나 아랫사람일 때, 그 사람을 가리키는 말. ◆ 代你。¶자네는 직업이 뭔가? =你的职业是什么?

자녀(子女)【명사】아들과 딸을 아울러 이르는 말. ◆ 图子女。¶자녀 교육. =子女教育。

자다【동사】动 ❶ 생리적인 요구에 따라 눈이 감기면서 한동안 의식 활동이 쉬는 상태가 되다. ◆ 睡，睡觉。¶늦잠을 자다. =睡懒觉。❷ 바람이나 물결 따위가 잠잠해지다. ◆ 平静，停止，静下来。¶그 배는 폭풍우가 잔 뒤에야 출항했다. =那艘船在暴风雨平静下来后才出港。❸ 기계가 작동하지 아니하다. ◆ 停止。❹ 부풀었던 것이 무엇에 눌려서 납작한 상태가 되다. ◆ 压平，压实。¶트렁크에서 자는 이불솜을 꺼내 햇볕을 쬐었다. =把压在箱子里的被子拿出来晒晒阳光。❺ 물건이 용도대로 쓰이지 못하고 묻혀 있다. ◆ 闲置。¶주인을 못 만난 기구가 창고에서 자고 있다. =尚未被挑中的工具闲置在仓库里。

자당(慈堂)【명사】남의 어머니를 높여 이르는 말. ◆ 图令堂，令慈，高堂。¶자당께서는 건강하신가? =令堂是否健康?

자동(自動)【명사】图 ❶ 기계나 설비 따위가 자체 내에 있는 일정한 장치의 작용에 의하여 스스로 작동함. 또는 그런 기계. ◆ 自动。¶자동 응답기. =自动答录机。❷ 일이나 행동 등이 일정한 절차 없이 바로 이루어짐. ◆ 自动，自然而然。

자동차(自動車)【명사】원동기를 장치하여 그 동력으로 바퀴를 굴려서 철길이나 가설된 선에 의하지 아니하고 땅 위를 움직이도록 만든 차. ◆ 图汽车。¶자동차 생산공장. =汽车生产工厂。

자동판매기(自動販賣機)【명사】사람의 손을 빌리지 아니하고 상품을 자동적으로 파는 장치. ◆ 图自动

售货机。¶커피자동판매기. =自动咖啡贩卖机。

자동화(自動化)【명사】 다른 힘을 빌리지 아니하고 스스로 움직이거나 작용하게 됨. 또는 그렇게 되게 함. ◆ 图自动化。¶사무 자동화. =办公自动化。● 자동화되다(自動化--), 자동화하다(自動化--) ●

자두【명사】 자두나무의 열매. 살구보다 조금 크고 껍질 표면은 털이 없이 매끈하며 맛은 시큼하며 달콤하다. ◆ 图李子。¶자두맛. =李子味道。

자두나무【명사】 식물 장미과의 낙엽 활엽 교목. ◆ 图 李子树。¶식목일에 집 주위에 자두나무를 심었다. =植树节那天，在家旁边种了李子树。

자디잘다【형용사】 形 ❶ 아주 가늘고 작다. ◆ 极小，非常小。¶고구마가 자디잘다. =红薯非常小。❷ 글씨 따위가 작아서 읽기 어렵다. ◆ 微小，细微。¶글씨가 자디잘아서 읽기가 퍽 어렵다. =字很细小，相当难认。❸ 성질이 아주 좀스럽다. ◆ 心胸狭窄，小气，小心眼儿。¶성격이 그렇게 자디잘아서야 어떻게 큰 일을 하겠니? =那么小心眼儿，怎么做大事?

자라【명사】 푸르스름한 회색의 등딱지가 있고 꼬리가 짧고 주둥이는 뾰족한 동물. ◆ 图鳖。¶초파일에 자라를 방생하는 사람이 많다. =在四月初八那天放生鳖的人很多。

자라나다【동사】 动 ❶ 키나 몸집이 점점 커지다. ◆ 生长，长。¶빠르게 자라나다. =长得很快。❷ 어떤 환경이나 배경에서 자라다. ◆ 成长，长大。¶자라난 배경. =成长背景。❸ 수준이나 정도 등이 더 좋은 상태나 더 높은 단계로 나아가다. ◆ 发展，壮大。¶선전하는 선수들을 보면 애국심이 저절로 자라난다. =只要看到全力奋战的运动员，爱国之情不由得澎湃起来。

자라다【동사】 动 ❶ 생물체가 세포의 증식으로 부분적으로 또는 전체적으로 점점 커지다. ◆ 生长，长。¶머리카락이 자라다. =长头发。❷ 생물이 생장하거나 성숙하여지다. ◆ 成长，长大。¶벼가 무럭무럭 자란다. =水稻苗壮成长。❸ 세력이나 역량 따위가 커지거나 높아지다. ◆ 发展，壮大。❹ 상당한 수준이나 상태로 높아지거나 발전하다. ◆ 成长，发展。¶그가 경영을 맡은 뒤로 아주 큰 회사로 자랐다. =他接手经营后，公司发展成为非常大的企业。

자락【명사】 ❶ 옷이나 이불 따위의 아래로 드리운 넓은 조각. ◆ 下摆，边，角。¶소매자락. =袖边。❷ 논밭이나 산 따위의 넓은 부분. ◆ (田地或山的)边，脚，麓。¶구릉 자락. =丘陵脚下。❸ 넓게 퍼진 안개나 구름, 어둠 따위. ◆ (云、黑暗等)一片。¶구름만 몇 자락 보일 뿐 비가 올 것 같지는 않다. =只见到几片云，不像要下雨。❹ 한차례의 바람이나 빗줄기. ◆ (风或雨丝)丝，缕，阵。¶바람 한 자락 불지 않는다. =一丝风也没有。❺ 스치는 생각이나 말마디. ◆ (一闪而过的想法或话语)点，片。¶그는 조심스럽게 자신의 견해를 한 자락 꺼냈다. =他小心地发表了自己的一点见解。

자랑【명사】 자기 또는 자기와 관계있는 사람이나 물건이 남에게 칭찬을 받을 만한 것임을 드러내어 말하거나 뽐냄. ◆ 图骄傲，自豪。¶노래 자랑. =一展歌喉。● 자랑하다 ●

자랑거리【명사】 자기와 관계 있는 일이나 물건으로 남에게 드러내어 뽐낼 만한 거리. ◆ 图骄傲，值得自豪、值得骄傲的事。¶너는 우리 집 자랑거리야. =你是我们家的骄傲。

자랑삼다【동사】 남에게 드러내어 뽐낼 만한 거리로 하다. ◆ 动引以为荣。¶그는 자신이 했던 일을 자랑삼아 이야기하곤 했다. =他对自己做过的事感到光荣，常常谈起。

자랑스럽다【형용사】 남에게 드러내어 뽐낼 만한 데가 있다. ◆ 形值得骄傲，值得自豪，引以为荣。¶그녀는 군인인 오빠를 늘 자랑스럽게 여겼다. =她常常为当军人的哥哥感到骄傲。● 자랑스레, 자랑스럽게 ●

자력(自力)【명사】 자기 혼자의 힘. ◆ 图自力。

자료(資料)【명사】 연구나 조사 따위의 바탕이 되는 재료. ◆ 图资料，材料。¶자료 수집. =资料收集。

자루[1]【명사】 ❶ 속에 물건을 담을 수 있도록 헝겊 따위로 길고 크게 만든 주머니. ◆ 图 袋子。¶곡식 자루. =粮袋。❷ 물건을 '자루'에 담아 그 분량을 세는 단위. ◆ 量 袋。¶감자 세 자루. =三袋土豆。

자루[2]【명사】 图 ❶ 손으로 다루게 되어 있는 연장이나 기구 따위의 끝에 달린 손잡이. ◆ 柄，把。¶호미자루. =锄头把。❷ 기름하게 생긴 필기도구나 연장, 무기 따위를 세는 단위. ◆ 把，支。¶연필 두 자루. =两支铅笔。

자르다【동사】 动 ❶ 동강을 내거나 끊어 내다. ◆ 折，切，剪。¶머리를 짧게 자르다. =剪短头发。❷ 직장에서 해고하다. ◆ 撤职，解雇。¶회사 사정이 나빠지자 많은 사람들을 잘랐다. =公司状况变得糟糕，大幅裁员。❸ 남의 요구를 야무지게 거절하다. ◆ 断然拒绝。¶그는 나의 부탁을 딱 잘라 버렸다. =他断然拒绝了我的请求。❹ 말이나 일 따위를 길게 오래 끌지 아니하고 적당한 곳에서 끊다. ◆ 停止，中止。¶수익성이 떨어지자 그는 그 계획을 잘라 버렸다. =收益一降低，他就中止了那个计划。● 잘리다 ●

자르르하다【형용사】 물기나 기름기, 윤기 따위가 많이 흘러서 반지르르하다. ◆ 形滑溜溜的，油光光的。¶얼굴에 기름기가 자르르하다. =面部油光发亮。● 자르르 ●

자리[1]【명사】 图 ❶ 사람이나 물체가 차지하고 있는 공간. ◆ 位置，地方。¶학교가 있던 자리.=学校曾经所在的位置。❷ 사람의 몸이나 물건이 어떤 변화를 겪고 난 후 남은 흔적. ◆经过变化后留下的痕迹。¶회초리 맞은 자리에 멍이 들었다. =被小棍抽打过的地方青肿了。❸ 사람이 앉을 수 있도록 만들어 놓은 설비나 지정한 곳. ◆ 位置，座位。¶빈 자리. =空位置。❹ 일정한 조직체에서의 직위나 지위. ◆ 职位，位置，地位。¶높은 자리에 있을 때 좀 봐줘. =您身居高位时，请关照(我们)一下。❺ 일정한 조건의 사람을 필요로 하는 곳. 흔히 일자리나 혼처를 이른다. ◆ (需要某种条件的)位置，工作岗位。¶그는 적성에 맞는 자리를 구하고 있다.=他正在寻找适合自己个性的工作岗位。❻ 일정한 사람이 모인 곳. 또는 그런 기회. ◆ (一定人员集中的)场所，场合，机会。¶이 자리를 빌려 감사드립니다. =借此机会表示感谢。❼ 십진법(十進法)으로 나타낸 수에서, 먼저 오는 것의 10분의 1이 되고, 다음 오는 것의 10 배가 되는 수의 위치를 나타내는 데 쓰는 말. ◆ (十进制数字的) 位，位数。

자리²【명사】图❶ 앉거나 누울 수 있도록 바닥에 까는 물건. 주로 직사각형으로 되어 있으며, 왕골·부들·갈대 따위로 짜서 만든다. ◆ 座垫，席子。¶돗자리. =凉席。❷ 이부자리. ◆ 被褥。¶신랑신부의 자리. =新郎新娘的被褥。❸ 잠자리. ◆ 床铺，铺位。¶사람은 자리가 편안해야 잠을 잘 잘 수 있다. =只有床铺舒适，人才能睡好觉。

자리다툼【명사】좋은 지위나 자리를 차지하려고 다투는 일. ◆ 图抢位子，地位之争。¶경쟁 사회에서는 자리다툼이 심하다. =在竞争的社会中，地位之争很严重。● 자리다툼하다 ●

자린고비【명사】다라울 정도로 인색한 사람을 낮잡아 이르는 말. ◆ 图 俚吝啬鬼。¶자린고비처럼 인색하게 굴지 마라. =不要活得像个吝啬鬼的样子。

자립(自立)【명사】남에게 예속되거나 의지하지 아니하고 스스로 섬. ◆ 图自主，自立。¶자립 경영. =自主经营。● 자립하다(自立--) ●

자릿세(--貰)【명사】터나 자리를 빌려 쓰는 대가로 주는 돈이나 물품. ◆ 图摊位税，铺位租金。

자릿수(--數)【명사】수의 자리. 일, 십, 백, 천, 만 따위가 있다. ◆ 图位数，位。¶두 자릿수 임금 인상. =工资提高两位数。

자릿점(--點)【명사】수판에서, 수의 자리를 표시하려고 찍어 놓은 점. ◆ 图 (算盘)定位点。

자막(字幕)【명사】영화나 텔레비전 등에서, 관객이나 시청자가 읽을 수 있도록 제목, 대화, 설명 등을 화면에 나타내는 글자. ◆ 图字幕。¶자막 처리. =字幕处理。

자만(自慢)【명사】자신이나 자신과 관련 있는 것을 스스로 자랑하며 뽐냄. ◆ 图傲慢，自满。¶머리만 믿고 자만하지 마라. =不要盲目自满。● 자만하다(自慢--) ●

자만심(自慢心)【명사】자신이나 자신과 관련 있는 것을 스스로 자랑하며 뽐내는 마음. ◆ 图自负，傲气。¶그는 자만심에 빠져 있다. =他陷于自负之中。

자매(姊妹)【명사】图❶ 언니와 여동생 사이를 이른다. ◆ 姊妹。¶쌍둥이 자매. =孪生姊妹。❷ 같은 계통에 속하여 밀접한 관계에 있거나 서로 친선 관계에 있음을 이르는 말. ◆ 姊妹。¶자매 회사. =姊妹公司。

자매결연(姊妹結緣)【명사】图❶ 자매의 관계를 맺는 일. ◆ 结拜姊妹。❷ 지역이나 단체가 서로 돕거나 교류하기 위하여 친선 관계를 맺는 일. ◆ 地区或机构之间结对互助。

자맥질【명사】무자맥질. ◆ 图潜泳。¶그가거친 바다에서 거친 바다에나 자맥질을 해서 많은 돈을 벌었다. =他凭借在汹涌的大海里潜水捕捞，赚了好多钱。● 자맥질하다 ●

자멸(自滅)【명사】스스로 자신을 망치거나 멸망하게 함. ◆ 图自我毁灭，自毁，自取灭亡。¶노름은 자멸로 가는 지름길. =赌博是自取灭亡。● 자멸하다(自滅--) ●

자명하다(自明--)【형용사】설명하거나 증명하지 아니하여도 저절로 알 만큼 명백하다. ◆ 形不言自明。¶자명한 이치. =不言自明的道理。

자모(字母)【명사】한 개의 음절을 자음과 모음으로 갈라서 적을 수 있는 낱낱의 글자. 자음 자모와 모음 자모, 쌍자모와 복자모 따위가 있다. ◆ 图字母。¶한글 자모.=韩文字母。

자못【부사】생각보다 매우. ◆ 副很，极其，非常。¶여러분에 대한 기대가 자못 큽니다. =对诸位的期待非常大。

자문(諮問)【명사】어떤 일을 좀 더 효율적이고 바르게 처리하려고 그 방면의 전문가나, 전문가들로 이루어진 기구에 의견을 물음. ◆ 图咨询。¶자문 위원. =咨询委员。● 자문하다(諮問--) ●

자문자답(自問自答)【명사】(成) 스스로 묻고 스스로 대답함. ◆ 图自问自答。¶자문자답하는 꼴이 되고 말았다. =成了自问自答。● 자문자답하다(自問自答--) ●

자물쇠【명사】图❶ 여닫게 되어 있는 물건을 잠그는 장치. ◆ 锁。¶문에 자물쇠를 채웠다. =给门上锁。❷ 총 따위에서 방아쇠가 당겨지지 아니하도록 고정시키는 장치. ◆ 锁，保险。¶권총의 자물쇠를 풀다. =打开手枪保险。

자물통(--筒)【명사】자물쇠. ◆ 图锁。¶서랍에 자물통을 채워라. =给抽屉上锁。

자반【명사】图❶ 생선을 소금에 절여서 만든 반찬감. 또는 그것을 굽거나 쪄서 만든 반찬. ◆ 咸鱼，腌鱼。¶자반 고등어. =咸青花鱼。❷ 나물이나 해산물 따위에 간장이나 찹쌀 풀 따위의 양념을 발라 말린 것을 굽거나 기름에 튀겨서 만든 반찬. 한자를 빌려 '佐飯'으로 적기도 한다. ◆ 咸菜。¶깻잎자반. =苏子叶咸菜。❸ 조금 짭짤하게 졸이거나 무쳐서 만든 반찬. ◆ 咸的菜。¶나는 자반한 반찬을 좋아한다. =我喜欢咸的菜。

자발적(自發的)【명사】남이 시키거나 요청하지 아니하여도 자기 스스로 나아가 행하는 것. ◆ 图自发的，自觉的。¶자발적인 태도. =自觉的态度。

자배기【명사】둥글넓적하고 아가리가 넓게 벌어진 질그릇. ◆ 图瓦盆。¶그녀는 자배기에다 밥과 반찬을 넣고 비비기 시작했다. =她在瓦盆中放入米饭和菜，开始拌了起来。

자백(自白)【명사】자기가 저지른 죄나 자기의 허물을 남들 앞에서 스스로 고백함. 또는 그 고백. ◆ 图自首，供认，坦白，交代。¶자기의 범행을 자백하다. =交代自己的罪行。● 자백하다(自白--) ●

자벌레【명사】자벌레나방의 애벌레. 몸은 가늘고 긴 원통형이다. 가슴에 세 쌍의 발이 있고 배에 한 쌍의 발이 있다. ◆ 图 尺蠖蛾。

자본(資本)【명사】名 ❶ 장사나 사업 따위의 기본이 되는 돈. ◆ 资本，本钱。¶사업 자본. =生意本钱。❷ 상품을 만드는 데 필요한 생산 수단이나 노동력을 통틀어 이르는 말. ◆ 资本，资产。¶생산 자본. =生产资本。

자본주의(資本主義)【명사】생산 수단을 자본으로서 소유한 자본가가 이윤 획득을 위하여 생산 활동을 하도록 보장하는 사회 경제 체제. ◆名资本主义。¶독점 자본주의. =垄断资本主义。

자부(自負)【명사】자기 자신 또는 자기와 관련되어 있는 것에 대하여 스스로 그 가치나 능력을 믿고 마음을 당당히 가짐. ◆名自信，自豪。¶나는 이 직업에 나름대로 자부를 가지고 있다. =我为这个职业感到自豪。● 자부하다(自負--) ●

자부심(自負心)【명사】자기 자신 또는 자기와 관련되어 있는 것에 대하여 스스로 그 가치나 능력을 믿고 당당히 여기는 마음. ◆名自豪感，自信心。¶자부심 부각. =自豪感上升。

자비[1](自費)【명사】필요한 비용을 자기가 부담하는 것. 또는 그 비용. ◆名自费。¶자비 유학. =自费留学。

자비[2](慈悲)【명사】名 ❶ 남을 깊이 사랑하고 가엾게 여김. 또는 그렇게 여겨서 베푸는 혜택. ◆ 慈悲，慈善。¶자비의 손길. =慈善的关怀。❷ 중생에게 즐거움을 주고 괴로움을 없게 함. ◆ 慈悲，慈善。¶부처의 자비. =佛祖的慈悲。● 자비하다(慈悲--) ●

자비롭다(慈悲--)【형용사】남을 깊이 사랑하고 가엾게 여기는 마음이 있는 듯하다. ◆形慈祥，和善。¶선생님은 우리들을 늘 자비롭게 대해 주신다. =老师总是和善地对待我们。

자빠뜨리다【동사】자빠지게 하다. ◆动打翻，弄倒，碰倒。¶그는 조심성이 없어서 옆에 있던 옷걸이를 자빠뜨리고 말았다. =他不小心碰倒了旁边的衣架。

자빠지다【동사】动 ❶ 뒤로 또는 옆으로 넘어지다. ◆ 摔倒，栽倒，打倒。¶눈길에 자빠진 아이. =在雪路上摔倒的孩子。❷ '눕다'를 속되게 이르는 말. ◆ "눕다"的俗语，躺。¶괜히 참견말고 자빠져 잠이나 자라. =不要插话，躺下睡觉吧。❸ 서 있던 물체가 모로 기울어져 쓰러지다. ◆ 倒，倾倒，倾斜。¶갑자기 돌풍이 부는 바람에 아름드리나무가 뿌리채 뽑혀 자빠졌다. =突然袭来的暴风使一抱多粗的树连根拔起。

자산(資産)【명사】名 ❶ 개인이나 법인이 소유하고 있는 경제적 가치가 있는 유형·무형의 재산. 유동 자산과 고정 자산으로 대별된다. ◆ 资产，财产。¶공직자 자산 공개. =公职人员财产公开。❷ 소득을 축적한 것. ◆ 资产，财产。¶10년 새 그의 자산은 열 배로 늘었다. =十年间他的财产增加到原来的十倍。❸ 유형 또는 무형의 유가물(有價物)로서 부채의 담보가 될 수 있는 것. ◆ 资产，财产。¶그는 모든 자산을 담보로 은행에서 대출을 받았다. =他以所有财产做担保从银行贷款。

자살(自殺)【명사】스스로 자기의 목숨을 끊음. ◆名自杀。● 자살하다(自殺--) ●

자살골(自殺-)【명사】자책골. ◆名乌龙球。¶공을 막는다는 것이 도리어 자살골이 되고 말았다. =挡球变成了乌龙球。

자상[1](刺傷)【명사】칼 따위의 날카로운 것에 찔려서 입은 상처. ◆名刺伤。¶자상 흔적. =刺伤的痕迹。● 자상하다 ●

자상[2](仔詳--)【형용사】(태도 등이) 꼼꼼하고 찬찬하다. ◆形缜密，细致，严谨。¶그는 보기에 비해 자상하다. =他比看上去严谨。● 자상히(仔詳-) ●

자색[1](姿色)【명사】여자의 고운 얼굴이나 모습. ◆名姿色。¶뛰어난 자색. =姿色出众。

자색[2](紫色)【명사】자주색. ◆名紫色。

자생(自生)【명사】名 ❶ 자기 자신의 힘으로 살아감. ◆ 自生。¶자생 능력. =自生能力。❷ 저절로 나서 자람. ◆ 自生。● 자생하다(自生--) ●

자서전(自敍傳)【명사】작자 자신의 일생을 소재로 스스로 짓거나, 남에게 구술하여 쓰게 한 전기. ◆名自传。¶자서전 쓰는 요령. =写自传的要领。

자석(磁石)【명사】쇠를 끌어당기는 자기를 띤 물체. 천연적으로는 자철석이 있고, 강철을 인공적으로 자기화하여 만들기도 한다. ◆名磁石，磁铁。

자선(慈善)【명사】남을 불쌍히 여겨 도와줌. ◆名慈善。¶자선 단체. =慈善团体。

자선가(慈善家)【명사】남에게 은혜를 베풀어 도와주는 사람. ◆名慈善家。

자성[1](磁性)【명사】자기(磁氣)를 띤 물체가 나타내는 여러 가지 성질. ◆名磁性。¶자성이 있는 물체 가까이 가자 그의 시계가 갑자기 돌기 시작했다. =一走近有磁性的物体，他的表就突然开始转起来。

자성[2](自省)【명사】자기 자신의 태도나 행동을 스스로 반성함. ◆名自省，反省。¶자성 바람이 불었다. =刮起自省之风。● 자성하다(自省--) ●

자세(姿勢)【명사】名 ❶ 몸을 움직이거나 가누는 모양. ◆ 姿势，姿态。¶올바른 자세. =正确的姿势。❷ 사물을 대할 때 가지는 마음가짐. ◆ 态度，姿态。¶정신 자세. =精神姿态。

자세하다(仔細/子細--)【형용사】사소한 부분까지 아주 구체적이고 분명하다. ◆形详细，仔细。¶약도가 자세하다. =略图很详细。● 자세히(仔細-/子細-) ●

자손(子孫)【명사】名 ❶ 자식과 손자를 아울러 이르는 말. ◆ 子孙。¶자손 대대(子孫代代). =子孙后代。❷ 후손(後孫). ◆ 后代，后裔，后人。¶양반 집 자손. =两班家族后人。

자손만대(子孫萬代)【명사】오래도록 내려오는 여러 대 ◆名子孙万代，子子孙孙。¶우리의 전통문화는 자손만대에 물려줄 소중한 유산이다. =我们的传统文化是留给子孙万代的珍贵遗产。

자수[1](自首)【명사】범인이 스스로 수사 기관에 자기의 범죄 사실을 신고하고, 그 처분을 구하는 일. ◆名自首。● 자수하다(自首--) ●

자수[2](刺繡)【명사】옷감이나 헝겊 따위에 여러 가지의 색실로 그림, 글자, 무늬 따위를 수놓는 일. 또는 그 수(繡). ◆图刺绣。¶자수틀. =刺绣架。

자수성가(自手成家) 【명사】 물려받은 재산이 없이 자기 혼자의 힘으로 집안을 일으키고 재산을 모음. ◆图白手起家。¶자수성가한 사업가. =白手起家的企业家。● 자수성가하다(自手成家--) ●

자수정(紫水晶) 【명사】 자줏빛의 수정. ◆图紫水晶。

자술서(自述書) 【명사】 어떤 사건에 관하여 피의자나 참고인이 자신이 행하거나 겪은 것을 진술한 글. ◆图自述书。¶참고인 자술서. =见证人自述书。

자습(自習) 【명사】 图 ❶ 혼자의 힘으로 배워서 익힘. ◆ 自学。¶그는 누구의 도움도 없이 자습으로 시험에 합격했다. =没有人帮助，他以自学方式通过了考试。❷ 선생의 가르침이 없이 학생들이 자체로 학습하는 수업. ◆ 自习。¶야간 자습. =晚自习。● 자습하다(自習--) ●

자습서(自習書) 【명사】 스스로 배워 익힐 수 있게 만든 책. ◆图自习书，自修读本。¶수학 자습서. =数学自习书。

자승자박(自繩自縛) 【명사】 자기의 줄로 자기 몸을 옭아 묶는다는 뜻으로, 자기가 한 말과 행동에 자기 자신이 옭혀 곤란하게 됨을 비유적으로 이르는 말. ◆图作茧自缚。¶그런 공약을 남발하다가는 결국 자승자박을 당하는 꼴이 되고 말 것이다. =轻率地做出那样的承诺，结果是作茧自缚。

자시다 【동사】 动 ❶ '먹다'의 높임말. '들다'보다 존대의 정도가 높다. ◆ 进餐，用餐。¶요즘 진지는 잘 자시는가? =近来吃得好吗? ❷ 앞에 나온 말을 부정하는 뜻으로 이르는 말. ◆ 表示对前面内容的否定。¶그 경황에 누구를 알아보고 자시고 할 사이가 있었겠냐. =那种情况下，谁还顾得上别人呀!

자식(子息) 【명사】 图 ❶ 부모가 낳은 아이를, 그 부모에 상대하여 이르는 말. ◆ 子女，儿女。¶자식을 기르다. =养育子女。❷ 어린아이를 귀엽게 이르는 말. ◆ 家伙，小子。¶아이고 이 놈 자식 참 똑똑하기도 하다. =唉哟，这小子还真聪明。

자신[1](自身) 【명사】 图 ❶ 그 사람의 몸 또는 바로 그 사람을 이르는 말. ◆ 自身，本身，自己。¶자신만의 단점과 장점. =自身的缺点和优点。❷ 다름이 아니고 앞에서 가리킨 바로 그 사람임을 강조하여 이르는 말. ◆ 自己。¶너 자신을 알라. =了解你自己。

자신[2](自信) 【명사】 어떤 일을 해낼 수 있다거나 어떤 일이 꼭 그렇게 되리라는 데 대하여 스스로 굳게 믿음. 또는 그런 믿음. ◆图自信。¶자신만만. =充满自信。● 자신하다(自信--) ●

자신감(自信感) 【명사】 자신이 있다는 느낌. ◆图自信，信心。¶자신감이 넘친다. =充满自信。

자신만만하다(自信滿滿--) 【형용사】 매우 자신이 있다. ◆形满怀信心，信心十足。¶그는 자신만만한 표정을 지어 보였다. =他做出了信心十足的表情。

자아(自我) 【명사】 图 자기 자신에 대한 인식이나 생각. ◆ 自我。¶자아 실현(自我實現). =自我实现。

자아내다 【동사】 动 ❶ 물레 따위로 실을 뽑아내다. ◆ 纺出。¶솜에서 실을 자아내다. =用棉花纺出线。❷ 기계로 물 따위를 흘러나오게 하다. ◆ 抽出。¶그는 양수기로 저수지 물을 하루 종일 자아냈다. =他用抽水机抽了一整天的水。❸ 어떤 감정이나 생각, 웃음, 눈물 따위가 저절로 생기거나 나오도록 일으켜 내다. ◆ 勾起，引起。¶웃음을 자아내다. =引发笑声。

자애(慈愛) 【명사】 아랫사람에게 베푸는 도타운 사랑. ◆图慈爱。¶자애심(慈愛心). =慈爱心。

자애롭다(慈愛--) 【형용사】 자애를 베푸는 사랑과 정이 깊다. ◆形慈爱，仁慈。¶부모님의 자애로운 보살핌. =父母慈爱的照顾。

자양분(滋養分) 【명사】 图 ❶ 몸의 영양을 좋게 하는 성분. ◆ 养分，营养成分。¶자양분이 풍부한 음식. =营养成分丰富的食物。❷ 정신의 성장이나 발전에 도움을 주는 정보, 지식, 사상 따위를 비유적으로 이르는 말. ◆ 养分。¶양서는 정신적 자양분의 보고이다. =好书是精神养分的宝库。

자업자득(自業自得) 【명사】 (成) 자기가 저지른 일의 결과를 자기가 받음. ◆图(成)自作自受，自食其果。¶그런 결과는 너의 자업자득이지 누구를 원망하겠니. =那种结果是你自作自受，还能埋怨谁?

자연(自然) 【명사】 图 ❶ 사람의 힘이 더해지지 아니하고 세상에 스스로 존재하거나 우주에 저절로 이루어지는 모든 존재나 상태. ◆ 自然。¶자연 현상(自然現象). =自然现象。❷ 사람의 힘이 더해지지 아니하고 저절로 생겨난 산, 강, 바다, 식물, 동물 따위의 존재. 또는 그것들이 이루는 지리적·지질적 환경. ◆ 自然环境。¶자연의 혜택. =自然环境的恩典。❸ 사람의 힘이 더해지지 아니하고 스스로 존재하거나 저절로 이루어진다는 뜻을 나타내는 말. ◆ 自然，天然。¶자연 건조(自然乾燥). =自然干燥。

자연계(自然界) 【명사】 인간 세계를 둘러싸고 있는 천체·산천·식물·동물 따위의 모든 세계. ◆图自然界。¶자연계의 무분별한 개발을 더 이상 방치해서는 안 된다. =不能继续放任人类任意开发自然界了。

자연 과학(自然科學) 【명사】 자연에서 일어나는 현상을 연구하는 학문. ◆图自然科学。¶자연과학 탐구. =自然科学研究。

자연미(自然美) 【명사】 图 ❶ 사람의 손길이 가지 아니한 본래의 아름다움. ◆ 自然美。¶자연미를 살린 가구. =具有自然美的家具。❷ 자연 경치의 아름다움. ◆ 天然美。¶뛰어난 자연미 경관. =美到极致的自然景观。

자연 보호(自然保護) 【명사】 자연을 훼손하지 말고 원래의 상태로 보존 유지하는 일. ◆图自然保护。¶자연보호 운동. =自然保护运动。

자연사(自然史) 【명사】 인류가 나타나기 이전의 자연의 발전이나 인간 이외의 자연계의 발전의 역사. ◆图自然史。¶자연사 박물관. =自然史博物馆。

자연사(自然死) 【명사】 노쇠하여 자연히 죽음. 또는 그런 일. ◆图自然死亡，老死。¶그의 죽음은 여러 가지 정황으로 볼 때 자연사일 가능성이 높다.

=从各种情况来看，他是自然死亡的可能性较大。● 자연사하다(自然死--) ●

자연수(自然數)【명사】음수와 영을 제외하고 일부터 시작하여 하나씩 더하여 얻는 수. ◆ 图自然数。¶자연수의 성질. =自然数的性质。

자연스럽다(自然---)【형용사】形 ❶ 억지로 꾸미지 아니하여 이상함이 없다. ◆ 自然。¶자연스러운 분위기. =自然的氛围。❷ 순리에 맞고 당연하다. ◆ 自然，当然。¶이런 경제체제 하에서의 무역적자는 자연스런 현상이다. =在这种经济体制下，产生贸易赤字是自然现象。❸ 힘들이거나 애쓰지 아니하고 저절로 된 듯하다. ◆ 自然，自然而然。¶일찍 일어나는 습관이 자연스럽게 몸에 밴다. =早起的习惯是自然形成的。● 자연스레(自然--) ●

자연재해(自然災害)【명사】태풍, 가뭄, 홍수, 지진, 화산 폭발, 해일 따위의 피할 수 없는 자연현상으로 인하여 일어나는 재해. ◆图自然灾害。¶자연재해 극복. =克服自然灾害。

자연 현상(自然現象)【명사】인간의 의지와 관계없이 자연계에 나타나는 현상. ◆图自然现象。

자연히(自然-)【부사】사람의 의도적인 행위 없이 저절로. ◆ 副自然地。¶성은 성장하면 자연히 알게 되는 것이라는 것은 위험하다. =认为只要长大了就会自然而然地了解性的想法很危险。

자영업(自營業)【명사】자신이 직접 경영하는 사업. ◆ 图自营业。¶자영업 창업 지원. =支持自营企业创业。

자오선(子午線)【명사】천구(天球)의 두 극과 천정(天頂)을 지나 적도와 수직으로 만나는 큰 원. 시각의 기준이 된다. ◆ 图子午线。¶자오선 통과 시각. =通过子午线时刻。

자외선(紫外線)【명사】태양에서 나오는 눈에 보이지 않으며 파장이 짧은 빛. ◆ 图紫外线。¶자외선 살균기. =紫外线杀菌设备。

자욱하다【형용사】연기나 안개 따위가 잔뜩 끼어 흐릿하다. ◆ 形飞扬，弥漫，笼罩。¶방안에 먼지가 자욱하다. =房内尘土飞扬。● 자욱이 ●

자웅(雌雄)【명사】图 ❶ 암수. ◆ 雌雄。¶자웅 동체. =雌雄同体。❷ 승부, 우열, 강약 따위를 비유적으로 이르는 말. ◆ 一决雌雄，一决高下，胜负，优劣。¶자웅을 가리다. =一决高下。

자원[1](資源)【명사】图 ❶ 인간 생활 및 경제 생산에 이용되는 원료로서의 광물, 산림, 수산물 따위를 통틀어 이르는 말. ◆ 资源。¶기술 자원. =技术资源。❷ 인간 생활 및 경제 생산에 이용되는 노동력이나 기술 따위를 통틀어 이르는 말. ◆ 资源。¶인적 자원. =人力资源。

자원[2](自願)【명사】어떤 일을 자기 스스로 하고자 하여 나섬. ◆ 图自愿。¶그는 자원 입대했다. =他自愿入伍了。● 자원하다(自願--) ●

자원봉사(自願奉仕)【명사】대가를 바라지 아니하고 자기 스스로 나서서 국가나 사회 또는 남을 위하여 애쓰는 것. ◆ 图志愿服务。¶자원봉사 활동. =志愿服务活动。

자위[1]【명사】눈알이나 새 따위의 알에서 빛깔에 따라 구분된 부분. 눈알의 검은자위와 흰자위, 달걀의 노른자위와 흰자위 따위를 이른다. ◆ 图白眼珠或黑眼珠；蛋白或蛋黄。¶그는 근육 강화를 위해 날마다 달걀 흰자위를 세 개씩 먹는다. =为了锻炼肌肉，他每天吃三个鸡蛋的蛋白。

자위[2](自衛)【명사】몸이나 나라를 스스로 막아 지킴. ◆图自卫。● 자위권(自衛權) ●

자유(自由)【명사】외부적인 구속이나 무엇에 얽매이지 아니하고 자기 마음대로 할 수 있는 상태. ◆图自由。● 자유롭다 (自由--) ●

자유방임(自由放任)【명사】图 ❶ 각자의 자유에 맡겨 간섭하지 아니함. ◆ 自由放任，不干涉。¶자유방임 시장체제. =自由市场体制。❷ 경제적 자유방임주의자들이 사유 재산과 기업의 자유 활동을 옹호하는 주장. ◆ 自由放任主义，无干涉主义。¶자유방임 정책.=自由放任主义政策。

자유분방(自由奔放)【명사】격식이나 관습에 얽매이지 아니하고 행동이 자유로움. ◆ 图自由奔放。● 자유분방하다(自由奔放--) ●

자유시(自由詩)【명사】정하여진 형식이나 운율에 구애받지 아니하고 자유로운 형식으로 이루어진 시. ◆ 图自由诗。¶자유시 백일장 공모. =自由诗创作比赛征文。

자유인(自由人)【명사】정당한 행위에 대하여 자유권을 행사할 수 있는 국민. ◆图自由人，自由民。¶그는 자유인이 되고자 하였다. =他想成为自由人。

자유자재(自由自在)【명사】거침없이 자기 마음대로 할 수 있음. ◆ 图自由自在。¶자유자재로 묘기를 부린다. =自由自在地表演绝技。

자유형(自由型)【명사】图 ❶ 수영에서, 헤엄치는 방법에 제한이 없는 경기 종목. ◆ 自由式。¶자유형 수영선수. =自由泳选手。❷ 레슬링에서, 상대편의 전신(全身)을 공격 대상으로 삼는 경기 종목. ◆ 自由式。¶그는 이번 올림픽에 레슬링 자유형 선수로 참가한다. =他将作为自由式摔跤选手参加此次奥运会。

자유화(自由化)【명사】제약이나 제한 없이 자유롭게 됨. 또는 그렇게 함. ◆ 图自由化。¶금리의 자유화. =利率自由化。● 자유화되다(自由化--), 자유화하다(自由化--) ●

자율(自律)【명사】남의 지배나 구속을 받지 아니하고 자기 스스로의 원칙에 따라 어떤 일을 하는 일. 또는 자기 스스로 자신을 통제하여 절제하는 일. ◆图自律。¶자율 학습. =自习。

자음(子音)【명사】목, 입, 혀 따위의 발음 기관에 의하여 장애를 받으면서 나는 소리. ◆图辅音。

자의(自意)【명사】자기의 생각이나 의견. ◆图自己的意思。¶자의로 학교를 그만뒀다. =按自己的意愿辍学。

자의식(自意識)【명사】자기 자신이 처한 위치나 자신의 행동, 성격 따위에 대하여 깨닫는 일. ◆图自我意识。¶자의식이 강하다. =自我意识强。

자인(自認)【명사】스스로 인정함. ◆ 图自认，承

认。¶그는 공개적으로 자신의 실수를 자인했다. =他公开承认自己的错误。● 자인하다(自認--) ●

자일(德)【명사】등산용 밧줄. 대마, 나일론, 마닐라삼 따위로 꼬아서 만든다. ◆ 图登山主绳。¶자일 사용법. =登山主绳使用方法。

자자손손(子子孫孫)【명사】자손의 여러 대(代). ◆ 图子子孙孙。¶자자손손 물려줄 유산. =子子孙孙传承的遗产。

자자하다(藉藉--)【형용사】여러 사람의 입에 오르내려 떠들썩하다. ◆ 形纷纷。¶명성이 자자하다. =声名远扬。

자작(自作)【명사】图 ❶ 자기 스스로 만들거나 지음. 또는 그렇게 만든 것. ◆ 自制，自做，自编。¶자작극. =自编剧。❷ 자기 땅에 자기가 직접 농사를 지음. ◆ 自耕。¶자작 논. =自耕田。● 자작하다(自作--) ●

자작나무【명사】자작나뭇과의 낙엽 활엽 교목. ◆ 图 白桦，桦树。¶자작나무는 깊은 산 양지 쪽에서 자란다. =白桦生长在深山中的向阳处。

자작농(自作農)【명사】자기 땅에 자기가 직접 짓는 농사. 또는 그런 농민이나 농가. ◆ 图自耕农。

자잘하다【형용사】形 ❶ 여럿이 다 가늘거나 작다. ◆ 小。¶자잘한 글씨. =小小的字体。❷ 여러 가지 물건이나 일, 또는 여러 생각이나 행동 따위가 다 작고 소소하다. ◆ 细碎，琐碎，细小。¶자잘한 살림살이. =琐碎的生活。

자장가(--歌)【명사】어린아이를 재우기 위하여 부르는 노래. ◆ 图催眠曲。¶할머니의 자장가. =奶奶的催眠曲。

자장면(炸醬麵)【명사】고기와 채소를 넣어 볶은 된장에 국수를 비벼 먹는음식. ◆ 图 炸酱面。¶자장면 곱빼기. =双份炸酱面。

자장자장【감탄사】어린아이를 재울 때 조용히 노래 부르듯이 내는 소리. ◆ 叹睡吧，睡吧。¶자장자장, 우리 아기 자장자장, 잘도 잔다. =睡吧，睡吧，我亲爱的宝贝，睡吧，睡吧。

자재(資材)【명사】무엇을 만들기 위한 기본적인 재료. ◆ 图材料。¶건축 자재. =建筑材料。

자전[1](自轉)【명사】천체(天體)가 스스로 고정된 축을 중심으로 회전함. 또는 그런 운동. ◆ 图自转。¶지구의 자전 속도. =地球自转速度。● 자전하다(自轉--) ●

자전[2](自傳)【명사】자서전. ◆ 图自传。¶자전 소설. =自传小说。

자전거【명사】사람이 올라타고 두 발로 발판을 밟아 바퀴를 굴려서 나아가는 탈것. ◆ 图自行车。¶산악 자전거. =山地车。

자전축(自轉軸)【명사】천체(天體)가 자전할 때 중심이 되는 축. ◆ 图自转轴。¶지구의 자전축. =地球自转轴。

자정[1](自淨)【명사】图 ❶ 오염된 물이나 땅 따위가 물리학적·화학적·생물학적 작용으로 저절로 깨끗해짐. ◆ 自然净化。¶자정 작용. =自然净化作用。❷ 비리 따위로 부패된 조직이 어떤 조치를 함으로써 스스로를 정화(淨化)함을 비유적으로 이르는 말. ◆ 自我净化。

자정[2](子正)【명사】자시(子時)의 한가운데. 밤 열두 시를 이른다. ◆ 图子夜，午夜。¶자정 무렵. =子夜时分。

자제[1](子弟)【명사】남을 높여 그의 아들을 이르는 말. ◆ 图令郎，子弟。¶고위층 자제. =高官子弟。

자제[2](自制)【명사】자기의 감정이나 욕망을 스스로 억제함. ◆ 图自行克制，自我节制。● 자제하다(自制--) ●

자조(自助)【명사】자기의 발전을 위하여 스스로 애씀. ◆ 图自助，自强。¶자조 단체. =自助团体。● 자조하다(自助--) ●

자족(自足)【명사】图 ❶ 스스로 넉넉함을 느낌. ◆ 自满。¶자족감. =自我满足感。❷ 필요한 물건을 자기 스스로 충족시킴. ◆ 自给自足。¶자족 경제. =自给自足经济。● 자족하다(自足--) ●

자존심(自尊心)【명사】남에게 굽히지 아니하고 자신의 품위를 스스로 지키는 마음. ◆ 图自尊心。¶자존심이 강한 사람. =自尊心强的人。

자주【부사】같은 일을 잇따라 잦게. ◆ 副常常，频繁，经常。¶자주 일어나는 사건. =频繁发生的事件。

자주색(紫朱色)【명사】짙은 남빛을 띤 붉은색. 또는 그런 색의 물감. ◆ 图紫红色。¶자주색 가방. =紫红色包。

자주자주【부사】같은 일이 잇따라 매우 잦게. ◆ 副总是，老是，频频。¶자주자주 만나자. =多多见面。

자주적(自主的)【명사】남의 보호나 간섭을 받지 아니하고 자기 일을 스스로 처리하는 것. ◆ 图自主的。¶자주적인 결정. =自行决定。

자줏빛(紫朱-)【명사】짙은 남빛을 띤 붉은빛. ◆ 图紫色。¶자줏빛 고름. =紫色衣带。

자중하다(自重--)【동사】动 말이나 행동, 몸가짐 따위를 신중하게 하다. ◆ 慎重，自重，自爱。¶일을 도모함에 자중하다. =慎重谋事。

자지러지다【동사】动 ❶ 몹시 놀라 몸이 주춤하면서 움츠러들다. ◆ 瑟缩。¶그 사람을 보자 그녀는 그 자리에서 자지러졌다. =一看到那个人，她马上就瑟瑟发抖。❷ 장단이나 웃음소리, 울음소리가 온몸에 짜릿한 느낌이 들 정도로 빠르고 잦게 들리다. ◆ 节奏快而感人。¶산 속에서 자지러지는 비명 소리가 들렸다. =山里传来凄厉的惨叫声。❸ 어떠한 정도가 아주 심한 상태에 있음을 나타낸다. ◆ 表示程度的严重性。¶그녀를 자지러지게 껴안았다. =紧紧地抱住她。❹ 사람이 기운이 다하여 기절하듯이 쓰러지다. ◆ 瘫软。¶그는 백 미터를 전력 질주한 뒤 그 자리에서 자지러져 움직이지 않았다. =他全力奔跑了百米以后，当场就瘫软在那里动弹不了。❺ 사람이 혼절할 정도로 온몸에 짜릿한 느낌을 가지다. ◆ (兴奋得)浑身颤抖，浑身发抖。¶자지러지는 기쁨을 주체할 수 없었다. =兴奋得不禁浑身发抖。

자진(自進)【명사】남이 시키는 것을 기다리지 아니하고 스스로 나섬. ◆ 图自动，主动，自愿。¶자진 납

부. =主动缴纳。● 자진하다(自進--) ●

자진모리【명사】민속 음악에서, 판소리 및 산조(散調) 장단의 하나. 휘모리 보다 좀 느리고 중중모리보다 좀 빠른 속도로서, 섬세하면서 명랑하고, 차분하면서 상쾌하다. ◆ 名 快板(韩国清唱节奏之一)。¶학생들이 자진모리상단에 맞추어 장고를 쳤다. =学生们按照"快板"节奏打长鼓。

자질(資質)【명사】名 ❶ 타고난 성품이나 소질. ◆ 资质，素质。¶총명한 자질. =天资颖悟。❷ 어떤 분야의 일에 대한 능력이나 실력의 정도. ◆ 素质。¶심판으로서의 자질. =作为裁判的素质。❸ 타고난 체질. ◆ 资质，体质。¶병약한 자질. =虚弱的体质。

자질구레하다【형용사】모두가 잘고 시시하여 대수롭지 아니하다. ◆ 形琐碎，细小，零碎，细碎，区区，零零碎碎，鸡毛蒜皮，零七八碎。¶자질구레한 이야기. =琐碎的故事。

자찬(自讚)【명사】자기를 스스로 칭찬함. ◆ 名自夸，自吹。¶자화자찬(自畵自讚). =自吹自擂。● 자찬하다(自讚--) ●

자책(自責)【명사】자신의 결함이나 잘못에 대하여 스스로 깊이 뉘우치고 자신을 책망함. ◆ 名自责，自咎，内疚，负疚。¶자책골. =乌龙球。● 자책하다(自責--) ●

자처하다(自處--)【동사】자기를 어떤 사람으로 여겨 그렇게 처신하다. ◆ 动自封，自命，自居。¶세계 최강임을 자처하다. =自命世界第一。

자청(自請)【명사】어떤 일에 나서기를 스스로 청함. ◆ 名自愿，主动要求，自己要求。¶고생을 자청하다. =自愿受苦。● 자청하다(自請--) ●

자체(自體)【명사】名 ❶ 바로 그 본래의 바탕. ◆ (用于其他名词或者"그"之后)本身，自己，本体。¶개념 자체를 모르다. =不了解概念本身。❷ 다른 것을 제외한 사물 본래의 몸체. ◆ 自我，自身，自己。¶자체 감사. =自我监查。

자초지종(自初至終)【명사】처음부터 끝까지의 과정. ◆ 名〈喻〉原委，始末。¶자초지종을 듣다. =听原委。

자초하다(自招--)【동사】어떤 결과를 자기가 생기게 하다. 또는 제 스스로 끌어들이다. ◆ 动自惹，自讨，自找。¶화를 자초하다. =惹祸。

자축(自祝)【명사】자기에게 생긴 좋은 일을 스스로 축하함. ◆ 名自己庆祝。¶자축 모임. =自祝聚会。● 자축하다(自祝--) ●

자취[1]【명사】어떤 것이 남긴 표시나 자리. ◆ 名痕迹，踪影，踪迹。¶발전의 자취. =发展的轨迹。

자취[2](自炊)【명사】손수 밥을 지어 먹으면서 생활함. ◆ 名自炊，自己做饭。¶자취 생활. =自炊生活。● 자취하다(自炊--) ●

자칫【부사】副 ❶ 어쩌다가 조금 어긋남을 나타낼 때 쓰는 말. ◆ 稍有不慎，稍不留神。¶자칫 방심은 금물. =不得疏忽。❷ 비교적 조금. ◆ 稍，稍微。¶자칫 큰 듯하다. =好像稍微大了点。

자칫하다【동사】어쩌다가 조금 어긋나 잘못되다. ◆ 动 差一点，险些，一不小心就。¶자칫하다가는 도리어 손해 볼 수 있다. =一不小心就会受到损失。

자칭(自稱)【명사】名 ❶ 자기 자신이나 자기가 한 일을 스스로 칭찬함. ◆ 自夸，自吹。¶자칭 영웅. =自吹英雄。❷ 자기 자신을 스스로 일컬음. ◆ 自称。¶사칭 미남. =自称美男子。● 자칭하다(自稱--) ●

자타(自他)【명사】자기와 남을 아울러 이르는 말. ◆ 名自己与别人，本人与他人。¶자타 공인. =自己与别人都公认。

자탄(自歎/自嘆)【명사】자기의 일에 대하여 탄식함. ◆ 名自叹。¶자탄의 소리. =自叹之声。

자태(姿態)【명사】名 ❶ 어떤 모습이나 모양. 주로 여성의 고운 맵시나 태도에 대하여 이른다. ◆ 姿态，姿容，丰姿，体态，身段。¶아름다운 자태. =美丽的体态。❷ 식물, 건축물, 강, 산 따위를 사람에 비유하여 이른다. ◆ 神态，神韵。¶금강산의 웅장한 자태가 한 눈에 들어왔다. =金刚山的雄姿尽收眼底。

자택(自宅)【명사】자기 집. ◆ 名私宅，自己(的)家。¶자택 근무. =在自己的家里工作。

자퇴(自退)【명사】스스로 물러남. ◆ 名自退，自动退出。¶학교 자퇴. =自动退学。● 자퇴하다(自退--) ●

자투리【명사】名 ❶ 자로 재어 팔거나 재단하다가 남은 천의 조각. ◆ 布头。¶자투리 천. =布头。❷ 어떤 기준에 미치지 못할 정도로 작거나 적은 조각. ◆ 零碎，边角。¶자투리 땅. =边角土地。

자판(字板)【명사】키보드. ◆ 名键盘。¶한글 자판. =韩文键盘。

자판기(自販機)【명사】자동판매기. ◆ 名自动售货机。¶커피 자판기. =自动咖啡售卖机。

자폐(自閉)【명사】심리적으로 현실과 동떨어진 자기 내면세계에 틀어박히는 정신 분열증. 현실 세계는 꿈과 같이 보이며, 대인 교섭이 이루어지지 못한다. ◆ 名自闭。¶자폐 아동의 증상. =自闭儿童的症状。

자폐아(自閉兒)【명사】자폐증이 있는 아이. ◆ 名自闭症儿童。¶그녀는 13살짜리 자폐아를 기르고 있다. =她养着一名十三岁的自闭症儿童。

자포자기(自暴自棄)【명사】절망에 빠져 자신을 스스로 포기하고 돌아보지 아니함 ◆ 名自暴自弃，破罐破摔。¶자포자기한 상태. =自暴自弃的状态。● 자포자기하다(自暴自棄--) ●

자필(自筆)【명사】자기가 직접 글씨를 씀. 또는 그 글씨. ◆ 名亲笔，手书；手迹。¶자필 서명. =亲笔签名。

자학(自虐)【명사】자기를 스스로 학대함. ◆ 名自虐。¶자학에 빠지다. =沉迷于自虐。● 자학하다(自虐--) ●

자해(自害)【명사】❶ 자기 몸을 스스로 다치게 함. ◆ 名自残。¶자해 행위. =自残行为。❷ 스스로 자기의 목숨을 끊음. ◆ 名自杀，自尽。¶자해 행위.=自杀行为。● 자해하다(自害--) ●

자형(字形)【명사】글자꼴. ◆ 名字形，字样，字体。

자형(姊兄)【명사】매형(妹兄). ◆ 图姐夫。¶셋째 자형. =三姐夫。

자혜롭다(慈惠--)【형용사】인자하고 은혜로운 데가 있다. ◆ 形恩慈。¶어머니는 자혜롭다. =母亲恩慈。

자화상(自畫像)【명사】스스로 그린 자기의 초상화. ◆ 图自画像。¶우리 시대의 자화상. =我们时代的自画像。

자화자찬(自畫自讚)【명사】자기가 그린 그림을 스스로 칭찬한다는 뜻으로, 자기가 한 일을 스스로 자랑함을 이르는 말. ◆ 图〈喻〉自吹自擂，自我夸耀。¶자화자찬을 늘어놓다. =大肆自吹自擂。● 자화자찬하다(自畫自讚--) ●

자활(自活)【명사】자기 힘으로 살아감. ◆ 图自立，自给。¶자활 능력. =自立能力。● 자활하다(自活--) ●

자회사(子會社)【명사】다른 회사와 자본적 관계를 맺어 그 회사의 지배를 받는 회사. ◆ 图子公司。¶해외 자회사. =海外子公司。

작[1](作)【명사】'작품', '저작', '제작'의 뜻을 나타내는 말. ◆ 图作品，著作。¶김 감독의 2006년 작. =金导演2006年度的作品。

-작[2](作)【접사】后缀 ❶ '작품, 저작'의 뜻을 나타냄. ◆ 作，著。¶처녀작. =处女作。❷ '농사의 잘 되고 못 된 상황, 농사'의 뜻을 나타냄. ◆ 收成，茬，熟。¶이모작. =一年收成两茬。

작가(作家)【명사】문학 작품, 사진, 그림, 조각 따위의 예술품을 창작하는 사람. ◆ 图作家。¶종군 작가. =军旅作家。

작고하다(作故--)【동사】(높이는 뜻으로) 사람이 죽다. 고인이 되었다는 뜻에서 나온 말이다. ◆ 动（敬）身故，作古，去世。¶아버지는 내가 10살 때 작고하셨다. =父亲在我十岁的时候去世了。

작곡(作曲)【명사】음악 작품을 창작하는 일. 또는 시(詩)나 가사에 가락을 붙이는 일. ◆ 图作曲，谱曲。¶대중가요 작곡. =为通俗歌曲作曲。● 작곡하다(作曲--) ●

작곡가(作曲家)【명사】작곡에 정통하여 전문적인 기술을 가지고 음악 창작에 종사하는 사람. ◆ 图作曲家。¶역량 있는 작곡가. =重量级作曲家。

작년(昨年)【명사】지난해. ◆ 图去年。¶작년 이맘때. =去年这个时候。

작다【형용사】形 ❶ 길이, 넓이, 부피 따위가 비교 대상이나 보통보다 덜하다. ◆ (体积、长度、宽度等)小，细，矮，微。¶작은 그릇. =小碗。❷ 정하여진 크기에 모자라서 맞지 아니하다. ◆ (不够尺寸)小，瘦。¶치수가 작다. =尺寸小。❸ 일의 규모, 범위, 정도, 중요성 따위가 비교 대상이나 보통 수준에 미치지 못하다. ◆ (规模、范围、程度、重要性等)小，微不足道。¶작은 모임. =小聚会。❹ 사람됨이나 생각 따위가 좁고 보잘것없다. ◆ (心胸、胆量、度量等)小，狭窄，狭小。¶통이 작다. =心胸狭窄。❺ 소리가 낮거나 약하다. ◆ (声音、音量等)小，弱，低。¶작은 목소리. =低嗓音。❻ 돈의 액수가 적거나 단위가 낮다. ◆ 小面额的钱，小。¶작은 돈. =零钱。❼ '범위를 좁힌다면'의 뜻으로 이르는 말. ◆ 小而言之，从小处说。¶이 사건은 작게는 가정 문제이지만 사회 문제로 번질 소지가 크다. =这个案件从小处说是家庭问题，但是它很有可能发展成社会问题。

작달막하다【형용사】키가 몸피에 비하여 꽤 작다. ◆ 形矮小。¶작달막한 키. =矮小的个头。

작당(作黨)【명사】떼를 지음. 또는 무리를 이룸. ◆ 图结伙，聚众，成群结伙。¶작당모의(作黨謀議). =结伙谋划。● 작당하다(作黨--) ●

작대기【명사】图 ❶ 긴 막대기. ◆ 支棍，杆子，棍子。¶지게 작대기. =背架支棍。❷ 위에서 아래로 비스듬히 내리긋는 줄. 흔히 시험 답안지 따위에서 잘못된 답을 표시할 때 긋는다. ◆ (在文章、书页等上画的)杠，线。❸ 사병 또는 하사관의 계급장에서 '一'자 모양의 표지를 속되게 이르는 말. ◆ 杠，横杠。¶그는 계급이 이제 작대기 하나다. =他的军衔现在是一道杠。

작동(作動)【명사】기계 따위가 작용을 받아 움직임. 또는 기계 따위를 움직이게 함. ◆ 图运转，发动，开动，启动。¶작동 스위치. =启动开关。● 작동되다(作動--), 작동하다(作動--) ●

작두【명사】마소의 먹이를 써는 연장. ◆ 图铡刀。¶시퍼렇게 날이 선 작두. =极锋利的铡刀。

작디작다【형용사】사물의 크기나 범위, 정도 따위가 보통보다 매우 작다. ◆ 形很小，微小，细小。¶그는 그녀의 작디작은 손을 어루만지며 눈물을 흘렸다. =他抚摸着她小小的手，流下了眼泪。

작렬(炸裂)【명사】图 ❶ 포탄 따위가 터져서 쫙 퍼짐. ◆ 爆炸，炸裂，炸开，爆破。¶작렬하는 폭음소리. =炸裂的爆炸声。❷ 박수 소리나 운동 경기에서의 공격 따위가 포탄이 터지듯 극렬하게 터져 나오는 것을 비유적으로 이르는 말. ◆〈喻〉爆炸，爆发。¶작렬하는 함성. =爆炸般的喊声。● 작렬하다(炸裂--) ●

작명(作名)【명사】이름을 지음. ◆ 图起名，命名。¶작명소. =起名公司。

작문(作文)【명사】图 ❶ 글을 지음. 또는 지은 글. ◆ 写文章；作文。¶작문 실력 배양. =培养作文能力。❷ 학습자가 자기의 감상이나 생각을 글로써 표현하는 부문. ◆ 写作。¶작문 교육. =写作教育。● 작문하다(作文--) ●

작물(作物)【명사】농작물. ◆ 图作物，农作物。¶옥수수 작물. =玉米作物。

작별(作別)【명사】인사를 나누고 헤어짐. 또는 그 인사. ◆ 图离别，辞别，告别。¶작별 노래. =离别歌谣。● 작별하다(作別--) ●

작부(酌婦)【명사】술집에서 손님을 접대하고 술시중을 드는 여자. ◆ 图女招待，陪酒女。¶술집 작부. =酒馆陪酒女。

작사(作詞)【명사】노랫말을 지음. ◆ 图作词。● 작사하다(作詞--) ●

작사리【명사】한끝을 엇걸어서 동여맨 작대기. 무엇을 걸거나 받치는 데 쓴다. ◆ 图叉。

작살[1] 【명사】 图 물고기를 찔러 잡는 기구. 작대기 끝에 삼지창 비슷한 뾰족한 쇠를 박아 만드는데, 간혹 한두 개의 쇠꼬챙이를 박은 것도 있다. ◆ 鱼叉。¶물고기 작살. =鱼叉。

작살[2] 【명사】 图 ❶ 완전히 깨어지거나 부서짐.◆ 摔碎，打碎。¶작살난 도자기. =摔得粉碎的瓷器。❷ 아주 결딴이 남. ◆ 糟糕，破碎。¶작살난 우애. =破碎的友谊。

작살나다 【동사】 動 ❶ 완전히 깨어지거나 부서지다. ◆ 成了烂摊子。¶그대로 두었다간 집안이 아주 박살날 겁니다. =放任不管的话，家里会成为烂摊子的。❷ 아주 결딴이 나다. ◆ 挨骂，挨训。¶그 일을 부장이 아는 날이면 우리 모두 작살날 줄 알아요. =要是让部长知道了那件事，咱们全都要挨骂的。● 작살내다 ●

작성(作成) 【명사】 图 ❶ 서류, 원고 따위를 만듦. ◆ 写，拟订，制订，撰写。¶보고서 작성. =撰写报告。❷ 운동 경기 따위에서, 기록에 남길 만한 일을 이루어 냄. ◆ 创造。● 작성되다(作成--), 작성하다(作成--) ●

작성자(作成者) 【명사】 서류, 원고 따위를 만든 사람. ◆ 图制订者，撰写人。¶논문 작성자. =论文撰写人。

작시(作詩) 【명사】 시를 지음. 또는 그 시. ◆ 图作诗，写诗。¶그는 작시에만 전념했다. =他潜心写诗。

작심(作心) 【명사】 마음을 단단히 먹음. 또는 그 마음. ◆ 图决心，下决心。¶작심을 굳히다. =坚定决心。● 작심하다(作心--) ●

작심삼일(作心三日) 【명사】 단단히 먹은 마음이 사흘을 가지 못한다는 뜻으로, 결심이 굳지 못함을 이르는 말. ◆ 图三天打鱼，两天晒网。指做事情没有恒心。¶결국 금연 계획이 작심삼일로 끝나고 말았다. =戒烟计划最终因没有恒心而失败了。

작약(芍藥) 【명사】 작약과의 여러해살이풀을 통틀어 이르는 말. 꽃이 크고 아름다워 정원에 관상용으로 재배한다. ◆ 图 芍药。

작업(作業) 【명사】 图 ❶ 일을 함. 또는 그 일. ◆ 劳动，工作。¶작업 시간. =工作时间。❷ 일정한 목적과 계획 아래 하는 일. ◆ 作业，工作。¶도시 미화 작업. =城市美化工作。● 작업하다(作業--) ●

작업대(作業臺) 【명사】 일을 하기에 편리하도록 만들어 놓은 대. ◆ 图工作台，操作台。¶실습 작업대. =实习操作台。

작업복(作業服) 【명사】 작업을 할 때에 입는 옷. ◆ 图工作服，劳动服。¶기름때가 묻은 작업복. =沾有油污的工作服。

작업실(作業室) 【명사】 일을 하는 방. ◆ 图工作室。¶공동 작업실. =联合工作室。

작업장(作業場) 【명사】 일터. ◆ 图工地，车间，厂房。¶작업장 안전사고. =工地安全事故。

작열하다(灼熱--) 【동사】 불 따위가 이글이글 뜨겁게 타오르다. ◆ 動灼热，烧热。¶작열하는 태양. =灼热的太阳。

작용(作用) 【명사】 어떠한 현상을 일으키거나 영향을 미침. ◆ 图 (起)作用，影响。¶소화 작용. =消化作用。● 작용되다(作用--), 작용하다(作用--), 작용시키다(作用---) ●

작용점(作用點) 【명사】 물체에 힘이 작용할 때에 그 힘이 미치는 점. ◆ 图 作用点，着力点。¶힘의 효과는 힘의 작용점에 따라 달라진다. =着力点不同，力的效果也不同。

작위(作爲) 【명사】 사실은 그렇지 않은데도 그렇게 보이기 위하여 의식적으로 하는 행위. ◆ 图做作，虚假。¶그의 행동은 누군가에게 보이기 위한 작위처럼 보인다. =他的举动看上去有些做作，像是为了做给谁看。

작은개자리 【명사】 오리온자리와 쌍둥이자리 사이에 있는 별자리. 3월 초순에 자오선을 통과한다. ◆ 图 小犬座。¶작은개자리는 겨울철 밤하늘을 수놓는 은하수를 끼고 큰개자리와 마주하는 작은 별자리이다. =小犬座是位于点缀冬季夜空的银河边缘，与大犬座相对的小型星座。

작은골 【명사】 소뇌(小腦). ◆ 图小脑。¶작은골은 몸의 평형을 유지하는 중추이다. =小脑是维持身体平衡的中枢。

작은곰자리 【명사】 천구(天球)의 북극(北極)을 포함하는 별자리. 7월 중순에 자오선을 통과한다. ◆ 图 小熊星座。¶작은곰자리는 큰곰자리보다 북쪽에 작은 국자 모양을 하고 있다. =小熊星座位于大熊星座北方，呈小勺状。

작은누나 【명사】 둘 이상의 누나 가운데 맏이가 아닌 누나를 이르거나 부르는 말. ◆ 图 (弟弟称)最小的姐姐。¶나는 작은누나가 좋다.=我喜欢最小的姐姐。

작은따옴표(----標) 【명사】 따옴표의 하나. 가로쓰기에 쓰는 문장 부호 ' '의 이름이다. 따온 말 가운데 다시 따온 말이 들어 있을 때나 마음속으로 한 말을 적을 때에 쓴다. ◆ 图单引号。¶작은따옴표의 올바른 사용법. =单引号的正确用法。

작은딸 【명사】 둘 이상의 딸 가운데 맏딸이 아닌 딸을 이르는 말. ◆ 图小女儿。¶그는 큰딸하고 두 살 터울의 작은딸이 있다. =他有个跟大女儿相差两岁的小女儿。

작은방(--房) 【명사】 집 안의 큰방과 나란히 딸려 있는 안방. ◆ 图小里屋，小内间。¶그는 큰방을 아들 내외에게 주고 작은방으로 옮겼다. =他把大里屋让给儿子和儿媳，搬到了小里屋。

작은북 【명사】 图 ❶ 소형의 북. ◆ 小鼓。¶작은북 치는 소리. =敲小鼓的声音。❷ 서양 타악기의 하나. 앞에 걸어 메거나 대(臺) 위에 올려놓고 두 개의 가는 나무 막대기로 두드려 소리를 낸다. ◆ 边鼓。¶첫 골이 들어가자 응원단은 작은북을 치며 환호성을 질러댔다. =一攻入第一个球，拉拉队就敲着鼓，大声欢呼起来。

작은아들 【명사】 맏아들이 아닌 아들. ◆ 图小儿子。¶큰아들에 비해 작은아들은 얌전하다. =小儿子比大儿子斯文。

작은아버지 【명사】 아버지의 결혼한 남동생을 이르는 말. 여럿이 있을 때는 그 순서에 따라 첫째 작은아버지, 둘째 작은아버지, 셋째 작은아버지 등과 같이 이른다. ◆图叔叔，叔父。¶우리는 작은아버지 슬하에서 자랐다. =我们是在叔叔身边长大的。

작은어머니【명사】图❶ 아버지 동생의 아내를 이르는 말. 여럿이 있을 때는 그 순서에 따라 첫째 작은어머니, 둘째 작은어머니, 셋째 작은어머니 등과 같이 이른다. ◆婶婶，叔母。¶할아버지 제삿날이 돌아오자 어머니는 작은어머니와 음식 장만하느라 분주하셨다. =一到爷爷忌日，母亲和叔母就忙着准备食物。❷ 서모(庶母)를 자기 어머니와 구별하여 이르는 말. ◆庶母。¶작은어머니가 들어온 뒤로 집안 분위기가 서먹서먹해졌다. =自从小妈进门以后，家里的气氛就变得生疏起来。

작은언니【명사】둘 이상의 언니 가운데 맏언니가 아닌 언니를 이르거나 부르는 말. ◆图 (妹妹称)最小的姐姐。¶작은언니가 사는 동네. =小姐姐住的村庄。

작은오빠【명사】둘 이상의 오빠 가운데 맏이가 아닌 오빠를 이르거나 부르는 말. ◆图 (妹妹称)最小的哥哥。¶작은오빠네 식구들. =小哥哥的家人们。

작은창자【명사】위(胃)와 큰창자 사이에 있는, 대롱 모양의 위창자관. 샘창자, 빈창자, 돌창자로 나뉜다. 십이지장, 공장(空腸), 회장(回腸)으로 나눈다. ◆图小肠。¶사람마다 큰창자와 작은창자의 길이가 다르다. =每个人大肠和小肠的长度是不同的。

작은할머니【명사】아버지의 작은어머니를 이르는 말. ◆图叔祖母。¶작은할머니댁 가는 날. =去叔祖母家那天。

작은할아버지【명사】아버지의 작은아버지를 이르는 말. ◆图叔祖父。¶작은할아버지 산소.=叔祖父的坟墓。

작은형(--兄)【명사】둘 이상의 형 가운데 맏형이 아닌 형을 이르거나 부르는 말. ◆图 (弟弟称)最小的哥哥。¶나는 늘 작은형을 따라 다녔다. =我总是跟着小哥哥玩。

작자(作者)【명사】图❶ 지은이. ◆作者，著作者。¶작자 문제. =作者问题。❷ 물건을 살 사람. ◆买主，买家。¶저 작자는 무엇을 사려는 자냐. =那个买主想买什么? ❸ 나 아닌 다른 사람을 낮잡아 이르는 말. ◆〈贬〉家伙。¶도대체 어떤 작자가 나를 모함하고 다닌단 말이냐. =到底是什么人在到处陷害我?

작작【부사】너무 지나치지 아니하게 적당히. 남이 하는 짓을 말릴 때에 쓰는 말이다. ◆副少，少许，些许。¶거짓말 좀 작작 해라. =少撒谎。

작정(作定)【명사】일을 어떻게 하기로 결정함. 또는 그런 결정. ◆图打算，决定，准备。¶작정을 내리다. =作出决定。● 작정되다(作定--), 작정하다(作定--) ●

작중(作中)【명사】작품 속. ◆图作品中。¶작중의 주인공은 현실 인물과 다르다. =作品中的主人公与现实人物不同。

작중인물(作中人物)【명사】문학 작품에 나오는 인물. ◆图作品(中的)人物。¶작중인물의 성격을 묘사하다. =描写作品人物的性格。

작태(作態)【명사】图❶ 의도적으로 어떠한 태도나 표정을 지음. 또는 그 태도나 표정. ◆作态，故作姿态。¶아양스러운 작태. =娇媚作态。❷ 하는 짓거리. ◆丑态。¶비교육적 작태. =没有教养的丑态。

작품(作品)【명사】图❶ 만든 물품. ◆作品，制作。¶한국적인 느낌이 가득 나는 작품. =富有韩国味的作品。❷ 그림, 조각, 소설, 시 등 예술 창작 활동으로 만든 것. ◆(文艺)作品。¶예술작품. =艺术作品。❸ 꾸며서 만든 일을 비유적으로 이르는 말. ◆〈喻〉捏造的事实。¶이번 일은 처음부터 끝까지 그녀석이 꾸민 작품이다. =这件事从头到尾都是那家人捏造出来的。

작품성(作品性)【명사】작품이 가지는 그 자체의 예술적 가치. ◆图作品的艺术价值。¶작품성이 높은 영화. =具有很高艺术价值的影片。

작품집(作品集)【명사】여러 작품을 모아서 엮은 책. ◆图作品集。¶문학상 수상 작품집. =文学奖获奖作品集。

작황(作况)【명사】농작물이 잘되고 못된 상황. ◆图收成。¶장마가 계속되는 바람에 과일 작황이 좋지 않다. =受持续降雨的影响，水果收成不佳。

잔[1](盞)【명사】图❶ 차나 커피 따위의 음료를 따라 마시는 데 쓰는 작은 그릇. 손잡이와 받침이 있다. ◆杯，盏，盅。¶찻잔. =茶杯。❷ 술잔. 술을 따라 마시는 그릇. 유리・사기・쇠붙이 따위로 만들며, 크기와 모양은 여러 가지이다. ◆酒杯。¶소주 잔. =烧酒酒杯。❸ 음료나 술을 '잔'이나 '컵'에 담아 그 분량을 세는 단위. ◆量杯，盏，盅。¶음료수 한 잔. =一杯饮料。

잔[2]-【접사】'가늘고 작은' 또는 '자질구레한'의 뜻을 더하는 접두사. ◆前缀细，小。¶잔뿌리. =细根。

잔고(殘高)【명사】나머지 금액. ◆图余额，余数。¶현금 잔고. =现金余额。

잔금[1](殘金)【명사】图❶ 쓰고 남은 돈. ◆余额，余款。¶내 통장에는 잔금이 거의 없다. =我的存折上几乎没有余款。❷ 못다 갚고 남은 돈. ◆尾欠。¶잔금을 갚다. =清还尾款。❸ 집이나 토지 따위를 매각한 값을 여러 번 나누어 치르는 일에서 마지막으로 치르는 돈. ◆尾款。¶매각 잔금. =销售尾款。

잔금[2]【명사】가늘고 짧은 금. ◆图细纹。¶손바닥 잔금. =手掌细纹。

잔기침【명사】작은 소리로 잇따라 자주 하는 기침. ◆图连声轻咳。¶사랑방에서 아버지의 잔기침 소리가 들려왔다. =厢房里传出父亲连声轻咳的声音。

잔꾀【명사】약고도 얕은 꾀. ◆图小诡计，小聪明。¶숨은 잔꾀. =隐藏的小诡计。

잔나비【명사】'원숭이'를 이르는 말. ◆图猴子。¶상인들은 아침에 잔나비 이야기를 하면 재수가 없다해서 꺼리는 경향이 있다. =商人们认为，早晨谈猴子会破坏他们的运气，所以通常会避开这个话题。

잔돈【명사】图❶ 단위가 작은 돈. ◆零钱。¶잔돈으로 바꾸다. =换零钱。❷ 얼마 안 되는 돈. ◆小钱。

¶지금 가진 것은 잔돈밖에 없다. =现在有的只是些小钱了。

잔디【명사】볏과의 여러해살이풀. 높이는 5~10cm이며, 잎은 어긋나며 갸름하고 뾰족하다. ◆ 图结缕草。

잔디밭【명사】잔디가 많이 나 있는 곳. ◆ 图草坪，草地。¶잔디밭에 들어가지 마시오. =不要践踏草坪。

잔뜩【부사】副 ❶ 한도에 이를 때까지 가득. ◆ 很多，极多。¶음식을 잔뜩 먹다. =吃很多食物。❷ 힘이 닿는 데까지 한껏. ◆ 狠狠地。¶잔뜩 벼르다. =狠下决心。❸ 더할 수 없이 심하게. ◆ 非常，极度。¶화가 잔뜩나다. =非常生气。

잔류(殘留)【명사】뒤에 처져 남아 있음. ◆ 图残留，残余。¶잔류 농약 검사. =检查残留农药。● 잔류하다(殘留--) ●

잔말【명사】쓸데없이 자질구레하게 늘어놓는 말. ◆ 图废话，闲言碎语。¶잔말 말고 공부나 해라. =别闲聊了，快学习吧。● 잔말하다 ●

잔망스럽다(孱妄---)【형용사】形 ❶ 보기에 몹시 약하고 가날픈 데가 있다. ◆ (身体)羸弱，单薄。¶잔망스러워 보이는 것이 어디가 안 좋은 것 같다. =看上去很单薄的家伙，好像哪里不舒服。❷ 보기에 태도나 행동이 자질구레하고 가벼운 데가 있다. ◆ 轻薄，轻浮，轻狂。¶그는 보면 볼수록 잔망스럽다. =他越看越轻浮。❸ 얄밉도록 맹랑한 데가 있다. ◆ 讨厌，可憎，可恶。¶잔망스럽게 구는 것이 여간 귀엽지 않다. =令人讨厌，又显得十分可爱。

잔물결【명사】图 ❶ 자잘하게 이는 물결. ◆ (水面上的微波)涟漪，微波。¶바다는 쉴새없이 잔물결이 일렁였다. =海面上泛起层层波浪。❷ 근심이나 흥분 따위로 마음에 일어나는 가벼운 동요(動搖)를 비유적으로 이르는 말. ◆ (形容心理细微的活动，比喻心中的)涟漪，微颤。¶모자의 눈물겨운 상봉 소식을 듣다보니 가슴속에서 따스함의 잔물결이 인다. =听到母子相逢的感人消息，心里泛起一阵温暖的涟漪。❸ 자잘하게 이루어지는 움직임을 비유적으로 이르는 말. ◆〈喻〉波动，微晃，微颤。¶그녀의 어깨가 잔물결처럼 떨렸다. =她的肩膀微微颤抖。

잔병(-病)【명사】흔히 앓는 자질구레한 병. ◆ 图(常患的)小病。¶잔병 예방. =预防小病。

잔병치레(-病--)【명사】잔병을 자주 앓음. 또는 그런 일. ◆ 图常患小病，小病不断。¶잔병치레가 잦다. =常患小病。

잔뼈【명사】图 ❶ 아직 다 자라지 않은 작고 약한 뼈. ◆ 嫩骨，未成年人的骨头。¶어려서부터 담배를 피면 잔뼈가 삭는다. =小时候就开始吸烟，会把小身板搞垮的。❷ 가늘고 작은 약한 뼈. ◆ 细骨，小骨头。¶잔뼈를 제거한 삼계탕. =剔除细骨的参鸡汤。

잔뿌리【명사】图 ❶ 풀이나 나무 따위의 굵은 뿌리에서 돋아나는 작은 뿌리. 양분과 수분을 직접 흡수한다. ◆ 须根，支根。¶나무를 옮길 때 잔뿌리의 흙이 떨어지지 않게 하는 것이 좋다. =移植树木时，最好不要弄掉须根上的泥土。❷ 이러저러하게 숨어 박힌 밑의 갈래를 비유적으로 이르는 말. ◆〈喻〉基层分支，支根。

잔상(殘像)【명사】图 ❶ 외부 자극이 사라진 뒤에도 감각 경험이 지속되어 나타나는 상. 촛불을 한참 바라본 뒤에 눈을 감아도 그 촛불의 상이 나타나는 현상 따위이다. ◆ 残留影像，视觉残留。¶잔상 효과. =视觉残留效应。❷ 지워지지 아니하는 지난날의 모습. ◆ 印象，模样。¶아련한 잔상. =模糊的印象。

잔설(殘雪)【명사】녹다 남은 눈. ◆ 图残雪。¶희끗희끗한 잔설. =零零星星的残雪。

잔소리【명사】图 ❶ 쓸데없이 자질구레한 말을 늘어놓음. 또는 그 말. ◆ 废话，琐言。¶참기 힘든 잔소리. =难以忍受的废话。❷ 필요 이상으로 듣기 싫게 꾸짖거나 참견함. 또는 그런 말. ◆ 啰嗦，唠叨。¶잔소리 없는 날. =不用听唠叨的日子。● 잔소리하다 ●

잔솔【명사】어린 소나무. ◆ 图幼松，小松树。¶나는 잔솔이 무성한 산길을 올라가기 시작했다. =我开始攀登幼松茂盛的山路。

잔솔밭【명사】어린 소나무가 많이 난 곳. ◆ 图小松林。

잔심부름【명사】여러 가지 자질구레한 심부름. ◆ 图打杂，小差事。¶잔심부름 시키기. =使唤人打杂。

잔악하다(殘惡--)【형용사】잔인하고 악하다. ◆ 形残忍，残酷，残暴。

잔액(殘額)【명사】나머지 액수. ◆ 图余额，余款。¶잔액 조회. =查询余额。

잔업(殘業)【명사】정해진 노동 시간이 끝난 뒤에 하는 노동. ◆ 图加班。¶잔업수당. =加班费。

잔인무도하다(殘忍無道--)【형용사】더할 수 없이 잔인하다. ◆ 形惨无人道，伤天害理。잔인무도한 만행. =惨无人道的野蛮行径。

잔인하다(殘忍--)【형용사】인정이 없고 아주 모질다. ◆ 形残忍，残暴，无情。¶잔인한 인간. =残暴的人。

잔일【명사】잔손이 많이 드는 자질구레한 일. ◆ 图零活儿，琐事。¶잔일 처리. =处理琐事。

잔잔하다【형용사】形 ❶ 바람이나 물결 따위가 가라앉아 잠잠하다. ◆ 平静，静静。¶잔잔한 호수. =静静的湖水。❷ 분위기가 고요하고 평화롭다. ◆ 安静，宁静，寂静。¶잔잔한 감동을 느끼다. =感受宁静的感动。❸ 태도 따위가 차분하고 평온하다. ◆ 沉着，安静。¶잔잔한 눈빛. =沉着的目光。❹ 소리가 조용하고 나지막하다. ◆(声音)低，低沉。¶잔잔한 음악 소리. =低沉的音乐声。● 잔잔히 ●

잔재(殘滓)【명사】图 ❶ 쓰고 남은 찌꺼기. ◆ 残渣，渣滓。¶음식 잔재. =食物残渣。❷ 과거의 낡은 사고방식이나 생활 양식의 찌꺼기. ◆ 喻残余，残渣，余孽。

잔재미【명사】아기자기한 재미. ◆ 图小乐趣，乐子。¶인생의 잔재미. =人生的小乐趣。

잔재주【명사】图 ❶ 얕은 재주. ◆ 小把戏，小手段。¶잔재주를 부리다. =耍小把戏。❷ 자질구레한 일을 잘하는 재주. ◆ 小才能，小技巧。¶잔재주가 많다.

=有很多小才能。

잔존(殘存)【명사】없어지지 아니하고 남아 있음. ◆ 图残留，残存，残余。¶잔존 세력. =残余势力。
● 잔존하다(殘存--) ●

잔주름【명사】잘게 잡힌 주름. ◆ 图细皱纹。¶얼굴에 잔주름이 지다. =脸上生出细纹。

잔챙이【명사】图 ❶ 여럿 가운데 가장 작고 품이 낮은 것. ◆ 最小、最差的，不起眼的。¶과일 잔챙이. =最小、最差的水果。❷ 지지리 못난 사람을 낮잡아 이르는 말. ◆ 不入流的(人)，不起眼的。¶잔챙이 작가. =不入流的作家。

잔치【명사】기쁜 일이 있을 때에 음식을 차려 놓고 여러 사람이 모여 즐기는 일. ◆ 图宴会，庆宴。¶생일 잔치. =生日宴会。

잔칫날【명사】잔치를 벌이는 날. ◆ 图摆酒席的日子，办喜事的日子。

잔칫상(--床)【명사】잔치를 벌이기 위하여 음식을 차려 놓은 상. ◆ 图宴桌，酒桌，喜桌。¶돌 잔칫상. =周岁宴。

잔칫집【명사】잔치를 벌이는 집. ◆ 图办喜事的人家，摆喜宴的人家。¶잔칫집 분위기. =办喜事的人家的气氛。

잔털【명사】매우 가늘고 짧은 털. ◆ 图毫毛。¶잔털 제거하는 방법. =除毛法。

잔학하다(殘虐--)【형용사】잔인하고 포학하다. ◆ 形残虐，残暴。¶그의 성격은 몹시 잔학하다. =他的性格非常残暴。

잔혹하다(殘酷--)【형용사】잔인하고 혹독하다. ◆ 形残忍，残酷。¶잔혹한 공격. =残酷的攻击。

잘【부사】副 ❶ 익숙하고 능란하게. ◆ 好，熟练，擅长。¶그는 일을 잘 한다. =他工作干得很好。❷ 자세하고 정확하게. 또는 분명하고 또렷이. ◆ 清楚，仔细。¶잘 알다. =清楚地知道。❸ 아주 적절하게. 또는 아주 알맞게. ◆ 正好，正巧。¶잘 들리다. =听得清楚。❹ 아무 탈 없이 편하고 순조롭게. ◆ 好，顺利。¶잘 가라. =走好。❺ 아주 만족스럽게. ◆ 很好，满足，满意。¶잘 먹었습니다. =吃得很满足。❻ 친절하게 성의껏. ◆ 友善地，亲切地，真诚地。¶잘 대해 주다. =善待。❼ 옳고 바르게. ◆ 对，正确。¶행동을 잘 해야 욕을 먹지 않는다. =行得正，才能不挨骂。❽ 좋고 훌륭하게. ◆ 好，很好，了不起。¶그 분은 제자를 잘 두셨어요. =他有个了不起的弟子。❾ 버릇으로 자주. ◆ 经常，常常。¶잘 운다. =经常哭。❿ 아주 멋지게. 또는 아름답고 예쁘게. ◆ 好看，漂亮。¶이 옷 잘 빠졌다. =这件衣服的线条很好看。⓫ 기능 면에서 아주 만족스럽게. ◆ 好，利索，痛快。¶말을 잘 한다. =话说得很利索。⓬ 예사롭거나 쉽게. ◆ 好，容易。¶병이 잘 걸린다. =容易生病。

잘근잘근【부사】질깃한 물건을 가볍게 자꾸 씹는 모양. ◆ 副咯吱咯吱。¶소가 억센 풀을 잘근잘근 씹다. =牛咯吱咯吱嚼着硬硬的草。

잘나다【형용사】形 ❶ 얼굴이 잘생기거나 예쁘다. ◆ 好看，漂亮。❷ 똑똑하고 뛰어나다. ◆ 杰出，了不起，出类拔萃。¶사람은 잘나고 봐야 한다. =人需要出类拔萃。❸ 변변치 못하거나 대수롭지 아니하다. ◆ 不怎么样，平庸。¶그 잘난 성질머리 가지고 어디 잘 살아봐라. =带着这副平庸的脾气去好好过日子吧。

잘다【형용사】形 ❶ 알곡이나 과일, 모래 따위의 둥근 물건이나 글씨 따위의 크기가 작다. ◆ 小。¶감자 알이 잘다. =土豆小。❷ 길이가 있는 물건의 몸피가 가늘고 작다. ◆ 细。¶못이 잘다. =钉子细。❸ 세밀하고 자세하다. ◆ 仔细，详细。¶잔 주석. =详细的注释。❹ 생각이나 성질이 대담하지 못하고 좀스럽다. ◆ 小气，不大方。¶사람 됨됨이가 잘고 경망스러워서는 안 된다. =为人不可小气轻浮。

잘되다【동사】动 ❶ 일, 현상, 물건 따위가 썩 좋게 이루어지다. ◆ 好，行，成，妥。¶공부가 잘되다. =学习好。❷ 사람이 훌륭하게 되다. ◆ 上进。¶자식 잘되기를 바라지 않는 부모는 없다. =父母都希望子女上进。❸ 일정한 수준이나 정도에 이르다. ◆ (达到一定的程度) 顶多，足有。¶너희들 중에 회사에 들어갈 사람은 잘돼야 두세 명 정도다. =你们中间能进公司的顶多有两三个人。❹ (반어적으로) 결과가 좋지 아니하게 되다. ◆ 活该。¶그렇게 공부 안하고 놀더니만 대학입시에 떨어졌다며 잘됐구나 잘됐어. =不学习，光知道玩，考不上大学，活该呀，活该。

잘라먹다【동사】动 ❶ 남에게 갚거나 돌려주어야 할 것을 그렇게 하지 아니하고 자기 것으로 하다. ◆侵吞，私吞，据为己有。¶공장장은직원들의 수당을 아예 잘라먹기로 했는지 도통 주려고 하지 않는다. =不知道厂长是不是干脆想要私吞职工们的津贴，压根就不想发给大家。❷ 중간에서 어떤 재물이나 남에게 전해 주어야 할 것을 자기 것으로 하다. ◆ 克扣。¶거간꾼이 중간에서 마진을 잘라먹는 통에 농부들은 큰 이익을 보지 못한다. =有掮客在中间克扣差价，农民们得不到厚利。❸ 다른 사람의 의견을 무시하거나 중간에서 끊어서 전하지 아니하다. ◆ 不理睬，不回答。¶그는 내 말을 번번이 잘라먹는다. =他每次都不理睬我说的话。❹ 써서 없애거나 마구 허비하다. ◆ 用光，花光，荡尽。¶그는 노름에 미치더니 끝내 사업자금을 다 잘라먹었다. =他沉迷于赌博，最终把做生意的资金都花光了。

잘록하다【형용사】기다란 물건의 한 군데가 패어 들어가 오목하다. ◆ 形细，纤细。¶꼬리가 잘록한 개. =细尾巴的狗。

잘못【명사】잘하지 못하여 그릇되게 한 일. 또는 옳지 못하게 한 일. ◆ 图错，错误，失误。¶잘못을 고치다. =改正错误。

잘못【부사】副 ❶ 틀리거나 그릇되게. ◆ 错误地，不正确地。¶잘못 가르치다. =教错。❷ 적당하지 아니하게. ◆ 错，不合适地。¶차에 설탕을 잘못 넣었다. =错把糖放进了茶水里。❸ 깊이 생각하지 아니하고 사리에 어긋나게 함부로. ◆ 欠考虑，乱来。¶어른들께 잘못 행동하면 안 된다. =不能对长辈乱来。❹ 불행하게. 또는 재수 없게. ◆ 倒霉，不幸。

잘못되다【동사】动 ❶ 어떤 일이 그릇되거나 실패로 돌아가다. ◆ 犯错误，搞错，失败。¶잘못된 생활 습관. =错误的生活习惯。❷ 나쁜 길로 빠지다. ◆ 走错路，误入歧途。¶잘못된 인생. =错误的人生。❸ (완곡한 표현으로) 사람이 사고나 병 따위로 불행하게 죽다. ◆ 死，故去，去世。¶어머니가 병환으로 잘못되셨다는 소식은 들었습니다. =传来妈妈病故的消息。

잘못하다【동사】动 ❶ 틀리거나 그릇되거나 적당하지 아니하게 하다. ◆ 做错，(做得)不好，搞错，弄错。¶공부를 잘못하다. =学得不好。❷ 올바르게 행동하지 못하고 어물어물하다. ◆ 稍不注意，弄不好，搞不好。¶자칫 잘못하다가는 큰 사고를 당할지도 모릅니다. =稍不注意，就可能会酿成大事故。❸ 일이 어그러지다. ◆ 做错，做得不对。¶만에 하나 잘못하면 우리는 끝장이다. =万一做错了，咱们就完蛋了。

잘빠지다【형용사】미끈하게 잘생기어 빼어나다. ◆ 形 ㊀长得精神，长得漂亮，长得帅。¶저 여자애는 정말 잘 빠졌다. =那个女孩长得很精神。

잘살다【동사】부유하게 살다. ◆ 动过得好，生活富裕。¶그는 돈을 많이 벌어 잘살다가 사업이 망했다. =他曾经挣了大钱，过着富裕的生活，后来破产了。

잘생기다【형용사】形 ❶ 사람의 얼굴이나 풍채가 훤하여 훌륭하다. ◆ (长得)好看，俊秀，帅。¶잘생긴 남자. =俊秀的男人。❷ 물건의 모양이 미끈하여 보기에 좋다. ◆ 好看，漂亮。¶잘생긴 컵. =漂亮的杯子。

잘잘【부사】온도가 매우 높아 더운 모양. ◆ 副发烫，发热。¶잘잘 끓는 아랫목. =热得发烫的炕头。

잘잘못【명사】잘함과 잘못함. ◆ 名对错，正误。¶잘잘못을 따지다. =追究对错。

잘하다【동사】动 ❶ 옳고 바르게 하다. ◆ 使……端正，使……得当。¶행동거지를 잘하다. =举止得体。❷ 좋고 훌륭하게 하다. ◆ 做得好，干得好。¶공부를 잘하다. =学习好。❸ 익숙하고 능란하게 하다. ◆ 擅长，拿手，善于。¶잘하는 운동. =擅长的运动。❹ 버릇으로 자주 하다. ◆ 爱，惯于。¶거짓말을 잘하다. =爱撒谎。❺ 음식 따위를 즐겨 먹다. ◆ 爱吃，爱喝，喜欢吃。¶채식을 잘하는 사람. =爱吃素食的人。❻ 친절히 성의껏 대하다. ◆ 善待。¶부모에게 잘하다. =善待父母。

잘하면【부사】일이 순조롭게 되면. ◆ 副好的话，顺利的话。¶잘하면 이번에 성공할 거야. =顺利的话，这次能成功。

잘해야【부사】넉넉히 잡아야 고작. 또는 기껏해야. ◆ 副顶多，最多，充其量。¶지금까지 우리가 여행을 간 것은 잘해야 한두 번이다. =迄今为止，我们顶多出去旅游过一两回。

잠[1]【명사】名 ❶ 눈이 감긴 채 의식 활동이 쉬는 상태. ◆ 睡觉，睡眠。¶잠을 청하다. =努力入睡。❷ 아직 각성되지 못한 상태를 비유적으로 이르는 말. ◆ 沉睡，昏睡。¶그는 아직도 잠에서 깨어나지 못하고 있다. =他还没有从昏睡中清醒过来。

잠[2]【명사】누에가 허물을 벗기 전에 뽕잎을 먹지 않고 잠시 쉬는 상태. ◆ 名蚕眠。

잠결【명사】名 ❶ 의식이 흐릿할 정도로 잠이 어렴풋이 들거나 깬 상태. ◆ (主要用于"잠결에"的形式)似睡非睡，似醒非醒。¶그가 잠결에 무어라고 하는데 알아들을 수가 없더라고. =听不懂他似醒非醒地说了些什么。❷ 잠을 자는 겨를. ◆ 睡梦中。¶그는 잠결에 방안을 굴러다닌다. =他睡梦中在房间里滚来滚去。

잠귀【명사】잠결에 소리를 들을 수 있는 감각. ◆ 名睡觉时的听觉。¶잠귀가 밝다. =睡得浅。

잠그다[1]【동사】动 ❶ 물속에 물체를 넣거나 가라앉게 하다. ◆ 浸，泡，淹没。¶그는 물에 발을 잠근 채 책을 보고 있었다. =他边泡脚，边看书。❷ 앞날을 보고 어떤 일에 재물을 들이다. ◆ 投资，投进(钱财)。¶주식에 모든 재산을 잠가 두었다. =把所有的财产都投进了股市。

잠그다[2]【동사】动 ❶ 여닫는 물건을 열지 못하도록 자물쇠를 채우거나 빗장을 걸거나 하다. ◆ 锁，关。¶그는 항상 서랍을 잠근다. =他总是锁着抽屉。❷ 물, 가스 따위가 흘러나오지 않도록 차단하다. ◆ 关，关闭(水、气等)。¶그녀는 가스 잠그는 것을 깜빡 잊고 외출했다. =她一时迷糊，出门忘了关煤气。❸ 옷을 입고 단추를 끼우다. ◆ 扣，扣上。¶날씨가 몹시 추우니 외투 단추를 단단히 잠그고 다녀라. =天气很冷，出门要把外套扣紧。❹ 입을 다물고 아무 말도 하지 않다. ◆ 闭，紧闭(嘴)。¶그는 무엇이 불만인지 아까부터 입을 꼭 잠그고 있다. =不知道他是不是有什么不满，从刚才就一直紧闭着嘴不说话。

잠기(-氣)【명사】잠이 오거나 아직 잠에서 깨어나지 못한 기운이나 기색. ◆ 名睡意，困倦。¶눈에 잠기가 가득하다. =睡眼惺忪。

잠기다[1]【동사】动 ❶ '잠그다(여닫는 물건을 열지 못하도록 자물쇠를 채우거나 빗장을 걸거나 하다)'의 피동형. ◆ 锁，关。¶꼭 잠긴 문. =紧锁的门。❷ '잠그다(물, 가스 따위가 흘러나오지 않도록 차단하다)'의 피동형. ◆ (水、燃气等被)关上，关闭。¶가스 밸브가 잘 잠겼는지 다시 한 번 확인해봐라. =再检查一下煤气阀门是不是关好了。❸ '잠그다(옷을 입고 단추를 끼우다)'의 피동형. ◆ (扣子)扣上。¶잠긴 단추가 좀처럼 풀리지 않는다. =扣好的扣子不容易解开。❹ 목이 쉬거나 약간 막혀 소리가 제대로 나지 않다. ◆ (嗓子)嘶哑，干涩。¶잠긴 목소리. =嘶哑的嗓音。

잠기다[2]【동사】动 ❶ '잠그다(물속에 물체를 넣거나 가라앉게 하다)'의 피동형. ◆ 浸，泡，淹没。¶집이 물에 잠기다. =房子被水淹没。❷ 어떤 한 가지 일이나 생각에 열중하다. ◆ 沉浸，陷入，埋头，热衷(某种事情或想法)。¶그는 생각에 잠긴 채 먼 하늘만 응시했다. =他凝视着遥远的天空，陷入了沉思。❸ 어떤 현상에 휩싸이다. ◆ 笼罩，陷入(某种现象)。¶도시 전체가 비탄에 잠겨 있었다. =整座城市陷入悲叹之中。

잠깐【명사】얼마 되지 않는 매우 짧은 동안. ◆ 名暂时，片刻，一会儿。¶잠깐의 방심. =片刻的松懈。

잠꼬대【명사】名 ❶ 잠을 자면서 자기도 모르게 중얼거리는 헛소리. ◆ 梦话，梦呓，呓语。¶그의 심한 잠꼬대로 잠을 잘 수가 없었다. =被他严重的梦话习惯弄得睡不成觉。❷ 사리에 맞지 않는 말을 비유적으로 이르는 말. ◆〈喻〉胡话，没用的话。¶무슨 잠꼬대 같은 소리냐. =说的什么胡话呀。● 잠꼬대하다 ●

잠꾸러기【명사】잠이 아주 많은 사람을 낮잡아 이르는 말. ◆ 名〈贬〉瞌睡虫。¶너 같은 잠꾸러기가 그런 일을 어떻게 하겠니? =像你这样的瞌睡虫，怎么做得了那种工作啊?

잠들다【동사】动 ❶ 잠을 자는 상태가 되다. ◆ 入睡，睡着。¶모두 잠들었는지 방안이 조용했다. =不知是不是都睡着了，房里很安静。❷ (비유적으로) 사물이 움직이지 않게 되다. ◆ 入睡，睡着。¶온 대지가 잠든 것처럼 고요하다. =大地如沉睡般宁静。❸ '죽다'를 완곡하게 이르는 말. ◆ 婉长眠，安息。¶나의 아버지는 선산에 잠들어 계신다. =我父亲长眠于祖茔之中。

잠망경(潛望鏡)【명사】목표물을 직접 볼 수 없는 참호나 잠수함 따위에서 쓰는 반사식 망원경. ◆ 名潜望镜。

잠바【명사】품이 넉넉하고 활동성이 좋은 서양식 웃옷. ◆ 名夹克。¶겨울 잠바. =冬天的夹克。

잠버릇【명사】잠잘 때에 하는 버릇이나 짓. ◆ 名睡觉时的习惯。¶고약한 잠버릇. =睡觉时的恶习。

잠보【명사】잠이 아주 많은 사람을 낮잡아 이르는 말. ◆ 名瞌睡虫，嗜睡者。¶미인은 잠보라더니 잠을 많이 자서 예쁘구나. =都说美人嗜睡，睡觉多，所以漂亮。

잠복(潛伏)【명사】名 ❶ 드러나지 않게 숨음. ◆ 潜伏，埋伏，隐藏。¶잠복 형사. =卧底警察。❷ 병원체에 감염되어 있으면서도 병의 증상이 겉으로 드러나지 않음. 또는 그런 상태. ◆ 潜伏。¶잠복 감염. =潜伏感染。● 잠복하다(潛伏--) ●

잠복근무(潛伏勤務)【명사】범인이나 적군을 색출하거나 방어하기 위하여 예상 출현지에 몰래 숨어서 지킴. ◆ 名 (执行)潜伏任务，(执行)埋伏任务。¶잠복근무 교대. =轮班执行潜伏任务。

잠복기(潛伏期)【명사】병원체가 몸 안에 들어가서 증상을 나타내기까지의 기간. 질병에 따라 일정하지 않다. ◆ 名 潜伏期。¶폐결핵 잠복기. =肺结核潜伏期。

잠수(潛水)【명사】물속으로 잠겨 들어감. 또는 그런 일. 물속으로 잠겨 들어감. 또는 그런 일. ◆ 名潜水。¶잠수 활동. =潜水活动。● 잠수하다(潛水--) ●

잠수복(潛水服)【명사】잠수부가 물속에서 작업할 때 입는 옷. ◆ 名潜水衣，潜水服。

잠수부(潛水夫)【명사】잠수 작업을 전문으로 하는 사람. ◆ 名潜水员。¶심해 잠수부. =深海潜水员。

잠시[1](暫時)【부사】짧은 시간에. ◆ 副暂时。¶그는 잠시 걸음을 멈췄다. =他停了一会儿。

잠시[2](暫時)【명사】짧은 시간. ◆ 名一会儿工夫，片刻。¶잠시 짬이 나서 들렀습니다. =有了点时间，就来了。

잠식(蠶食)【명사】누에가 뽕잎을 먹듯이 점차 조금씩 침략하여 먹어 들어감. ◆ 名蚕食。● 잠식하다(蠶食--) ●

잠옷【명사】잠잘 때 입는 옷. ◆ 名睡衣。¶잠옷 차림. =身穿睡衣。

잠입(潛入)【명사】남몰래 숨어듦. ◆ 名潜入，混入，混进。¶잠입 사건. =潜入事件。● 잠입하다(潛入--) ●

잠자다【동사】动 ❶ 자는 상태에 있다. ◆ 睡觉，睡眠。¶그는 죽은 듯이 잠잔다. =他睡得像死人一样。❷ 기계 따위가 작동하거나 이용되지 아니하다. ◆ 停转，停止，闲置。¶회사 부도로 공장의 기계가 잠자고 있다. =公司出现退票，导致工厂机器停转。❸ 어떤 현상이 의식되지 않고 숨겨지거나 감추어지다. ◆ 潜藏。¶그는 자신의 내면에 잠자고 있는 본능을 살려 글 쓰는 데 몰입하고 있다. =他唤醒了潜藏在内心的本能，正在埋头写作。● 잠재우다 ●

잠자리[1]【명사】잠자리목의 곤충을 통틀어 이르는 말. 몸은 가늘고 길며 배에는 마디가 있고 앞머리에 한 쌍의 큰 겹눈이 있다. ◆ 名 蜻蜓。¶고추잠자리. =红蜻蜓。

잠자리[2]【명사】名 ❶ 잠을 자기 위해 사용하는 이부자리나 침대보 따위를 통틀어 이르는 말. ◆ 床铺。¶잠자리 정리. =整理床铺。❷ 누워서 잠을 자는 곳. ◆ 睡觉的地方，铺位。¶잠자리 버릇. =睡觉认床的习惯。❸ 남녀의 성적 관계를 완곡하게 이르는 말. ◆ (男女)同床，同寝。

잠자코【부사】아무 말 없이 가만히. ◆ 副不声不响地，老老实实地。¶너는 잠자코 있어라. =你给我老老实实待着。

잠잠하다(潛潛--)【형용사】形 ❶ 분위기나 활동 따위가 소란하지 않고 조용하다. ◆ 平静，安静，寂静。¶그의 집은 늘 잠잠하다. =他家总是很安静。❷ 말없이 가만히 있다. ◆ 静悄悄，悄无声息。¶아이들이 잠잠하니까 오히려 더 이상하다. =孩子们都静悄悄的，反而更加奇怪。❸ 파도나 바람 등이 움직이지 않고 조용하다. ◆ 平静，静静。● 잠잠히(潛潛-) ●

잠재(潛在)【명사】겉으로 드러나지 않고 속에 잠겨 있거나 숨어 있음. ◆ 名潜在。¶인간의 잠재 능력. =人类的潜能。● 잠재되다(潛在--), 잠재하다(潛在--) ●

잠재력(潛在力)【명사】겉으로 드러나지 않고 속에 숨어 있는 힘. ◆ 名潜力。¶잠재력의 소유자. =有潜力的人。

잠재의식(潛在意識)【명사】겉으로 드러나지 않아 의식하지 못하지만 행동에 영향을 미칠 수 있는 마음속 생각이나 의식. ◆ 名潜意识。¶잠재의식 광고 논란. =潜意识广告风波。

잠적(潛跡/潛迹)【명사】종적을 아주 숨김. ◆ 名消失，踪迹全无。¶병 보석으로 풀려났던 용의자가 잠

적해 버렸다. =因病保释出狱的疑犯销声匿迹了。 ● 잠적하다(潛跡--/潜迹--) ●

잠정(暫定)【명사】[일부 명사 앞에 쓰여] 임시로 정함. ◆图(用于部分名词之前)暂定，暂行，临时。¶잠정 조처. =暂行措施。

잠투정【명사】어린아이가 잠을 자려고 할 때나 잠이 깨었을 때 떼를 쓰며 우는 짓. ◆图(小孩睡前或醒后)闹觉，哭闹。¶잠투정이 심한 아이. =闹觉严重的孩子。● 잠투정하다 ●

잠행(潛行)【명사】图 ❶ 남몰래 숨어서 오고 감. ◆ 潜行，微服(私访)，悄悄走。¶잠행 생활. =潜行生活。❷ 물속에 잠기거나 땅속으로 들어가서 감. ◆ 潜入。¶잠행을 하다. =潜入。❸ 남모르게 비밀리에 행함. ◆ 偷偷做，暗中做，背地里做。¶잠행 취재. =暗中采访。●잠행하다(潛行--)●

잡-(雜)【접사】'여러 가지가 뒤섞인' 또는 '자질구레한'의 뜻을 더하는 접두사. ◆ [前缀]杂。¶잡놈. =杂种。

잡것(雜-)【명사】图 ❶ 순수하지 못하고 여러 가지가 섞여 있는 잡스러운 물건. ◆ 杂物。¶온갖 잡것들.=各种杂物。❷ 점잖지 못하고 잡스러운 사람을 속되게 이르는 말. ◆ 俚杂种。¶이 잡것들이 하는 짓 좀 봐라. =看看这些杂种们干的坏事。

잡곡(雜穀)【명사】쌀 이외의 모든 곡식. 보리, 밀, 콩, 팥, 옥수수, 기장, 조 따위를 통틀어 이른다. ◆图杂粮，粗粮。¶잡곡밥(雜穀-). =杂粮饭。

잡곡밥(雜穀-)【명사】입쌀에 잡곡을 섞어 지은 밥. ◆图杂粮饭。

잡귀(雜鬼)【명사】잡스러운 모든 귀신. ◆图牛鬼蛇神，妖魔鬼怪。¶잡귀 퇴치. =驱逐妖魔鬼怪。

잡기(雜技)【명사】图 ❶ 잡다한 놀이의 기술이나 재주. ◆ 杂耍，杂技。¶그는 잡기에 뛰어난 소질을 가지고 태어났다. =他有出色的杂技天赋。❷ 잡스러운 여러 가지 노름. ◆ 玩乐。¶주색잡기(酒色雜技). =酒色玩乐。

잡념(雜念)【명사】여러 가지 잡스러운 생각. ◆图杂念。¶잡념을 제거하는 법. =消除杂念的方法。

잡놈(雜-)【명사】图 ❶ 행실이 나쁜 남자를 욕하여 이르는 말. ◆ 俚坏蛋，流氓，杂种。¶건달 잡놈. =流氓坏蛋。❷ 잡스럽고 자질구레한 것을 이르는 말. ◆ 鸡毛蒜皮，一无是处。¶잡놈의 행실. =为人一无是处。

잡다【동사】动 ❶ 손으로 움키고 놓지 않다. ◆ 抓，握，接。¶그는 날아오는 야구공을 맨손으로 잡았다. =他徒手接住飞来的棒球。❷ 붙들어 손에 넣다. ◆ 逮住，抓住，捉住，捕获。¶꿩 잡는 매. =抓着山鸡的老鹰。❸ 짐승을 죽이다. ◆ 杀，宰杀，屠宰。¶닭을 잡다. =杀鸡。❹ 권한 따위를 차지하다. ◆ 执掌，掌握。¶정권을 잡다. =执政。❺ 돈이나 재물을 얻어 가지다. ◆ 挣，赚。¶그는 컴퓨터 판매 사업으로 한밑천 잡았다. =他靠销售电脑捞到第一桶金。❻ 실마리, 요점, 단점 따위를 찾아내거나 알아내다. ◆ 找出，抓住。¶사건의 단서를 잡다. =找出案件的线索。❼ 자동차 따위를 타기 위하여 세우다. ◆ 截(车)，叫(车)。¶출근 시간이라서 택시를 잡기가 쉽지 않다. =正值上班高峰时段，不容易拦到出租车。❽ 어떤 순간적인 장면이나 모습을 확인하거나 찍다. ◆ 捕捉，抓取，抓住。¶경찰은 소매치기를 현장에서 잡았다. =警方当场抓住了小偷。❾ 일, 기회 따위를 얻다. ◆ 得到，找到。¶그는 졸업하자마자 직장을 잡았다. =他一毕业，就找到了工作单位。❿ 말 따위를 문제로 삼다. ◆ 抓住，找出，揭发。¶그는 늘 사람들의 말꼬리를 잡는다. =他老是抓人话柄。⓫ 사람을 떠나지 못하게 말리다. ◆ 挽留，劝阻。¶그녀는 나를 잡아둘 생각으로 마음에도 없는 거짓말을 했다. =她为了挽留我，说了些虚假的谎言。⓬ 어떤 상태를 유지하다. ◆ 保持。¶몸의 균형을 잡다. =保持身体平衡。⓭ 노래 따위를 제 박자와 음정에 맞게 부르다. ◆ 合，跟拍；定调。¶음을 잡다. =定音乐调子。⓮ 계획, 의견 따위를 정하다. ◆ 制订，安排。¶이번 행사에 비용이 얼마나 들지 대강 계획을 잡아보게. =制订一下大概的计划，看看这次活动需要多少费用。⓯ 사람이 어떤 자세를 다른 사람 앞에서 취하다. ◆ 摆姿势。¶신혼부부들이 카메라 앞에서 예쁜 포즈를 잡는다. =新婚夫妇们在相机前摆出漂亮的造型。⓰ 기세를 누그러뜨리다. ◆ 稳定，抑制。¶경제를 안정시키려면 치솟는 물가를 잡아야 한다. =要想稳定经济，就必须抑制飙升的物价。⓱ 흥분되거나 들뜬 마음을 가라앉히다. ◆ 静(心)，收(心)，安定。¶그는 마음을 잡고 열심히 공부한다. =他静下心来努力学习。⓲ 어느 한쪽으로 기울거나 굽거나 잘못된 것을 바르게 만들다. ◆ 正，纠正。⓳ 남을 모해하여 곤경에 빠뜨리다. ◆ 陷害，诽谤，诋毁。¶사람 잡을 소리 좀 작작해라. =少说些诽谤别人的话。⓴주름 따위를 만들다. ◆ 起褶，发皱。¶양복바지에 주름을 잡다. =西服裤子起褶。

잡다하다(雜多--)【형용사】잡스러운 여러 가지가 뒤섞여 너저분하다. ◆形繁杂，琐碎，杂乱。¶잡다하게 늘어놓은 물건. =杂乱摆放的物品。

잡담(雜談)【명사】쓸데없이 지껄이는 말. ◆图闲聊，闲谈，瞎扯。¶잡담금지(雜談禁止). =禁止闲谈。● 잡담하다(雜談--) ●

잡도리【명사】图 ❶ 잘못되지 않도록 엄하게 단속하는 일. ◆ 管束，管教。❷ 단단히 준비하거나 대책을 세움. 또는 그 대책. ◆ 采取措施。

잡목(雜木)【명사】图 ❶ 다른 나무와 함께 섞여서 자라는 여러 가지 나무. ◆ 杂木，杂树。¶잡목 제거. =清除杂木。❷ 경제적으로 긴하게 쓰지 못하는 여러 가지 나무. ◆ 不成材的木头，不成材的木料。¶그것은 아무짝에도 쓸모 없는 잡목에 불과하다. =那不过是毫无用处、不成材的木头。

잡무(雜務)【명사】여러 가지 자질구레한 사무나 일. 여러 가지 자질구레한 사무나 일. ◆图杂务。¶잡무처리. =处理杂务。

잡비(雜費)【명사】잡다하게 쓰는 비용. ◆图杂费。¶생활비에 잡비가 너무 많다. =生活费里杂费太多。

잡상인(雜商人)【명사】일정한 가게 없이 옮겨 다니면서 자질구레한 물건을 파는 장사꾼. ◆ 图杂货商，小商贩，小贩。¶잡상인 출입 금지. =禁止小贩出入。

잡생각(雜--)【명사】쓸데없이 하는 여러 가지 생각. ◆ 图杂念，胡思乱想。¶이런 저런 잡생각. =这样那样的杂念。● 잡생각하다(雜----) ●

잡소리(雜--)【명사】图 ❶ 잡음(雜音). ◆ 杂音。¶잡소리 방지. =防止杂音。❷ '잡말'을 낮잡아 이르는 말. ◆ 闲话，废话。¶오랜만에 와서 웬 잡소리. =很久不来了，怎么尽说废话呢?

잡스럽다(雜---)【형용사】잡되고 상스럽다. ◆ 形卑贱，下流，庸俗，粗俗，粗鲁。¶잡스러운 말. =粗话。

잡식 동물(雜食動物)【명사】동물성 먹이나 식물성 먹이를 가리지 않고 다 먹는 동물. 원숭이, 쥐, 닭, 멧돼지, 참새 따위가 있다. ◆ 图杂食动物。¶사람은 잡식동물이다. =人是杂食动物。

잡아끌다【동사】손으로 잡고 끌다. ◆ 动拖，扯拽，拉扯。¶어머니는 아이의 손을 잡아끌다시피 하며 도로를 무단횡단 했다. =妈妈几乎是拽着孩子的手闯了红灯。

잡아내다【동사】动 ❶ 결점이나 틀린 곳을 찾아내다. ◆ 指出，找出，认出。¶그녀는 항상 내 꼬투리를 잡아내려고 애쓴다. =她经常费尽心思，试图找出我的把柄。❷ 숨겨져 있는 사람이나 물건 따위를 들추어서 찾아내다. ◆ 揪出来，拉出来。¶경찰들은 여러 명의 용의자 가운데서 범인을 잡아내었다. =警察从数名嫌疑人里把罪犯揪了出来。❸ 야구에서 투수가 타자를 아웃시키다. ◆ 使出局。¶4번 타자를 삼진으로 잡아내다. =使四号击球手三振出局。

잡아넣다【동사】动 ❶ 억지로 들어가게 하다. ◆ 抓进，装进，关起来，圈起来。¶소를 우리에 잡아넣다. =把牛关进圈里。❷ 붙잡아 가두다. ◆ 抓进，逮捕。

잡아당기다【동사】잡아서 자기 있는 쪽으로 끌어당기다. ◆ 动拉，扯，拽。¶줄을 잡아당기다. =拽绳子。

잡아들이다【동사】动 억지로 들어오게 하다. ◆ 抓进，装进，关起来，圈起来。¶그는 집 나간 아들을 잡아들였다. =他把离家出走的儿子关了起来。

잡아떼다【동사】动 ❶ 붙어 있는 것을 억지로 떨어지게 하다. ◆ 扯下，揪下，摘下。¶그녀는 게시판에 지저분하게 붙어 있는 광고물들을 잡아떼었다. =她把宣传栏上贴得乱七八糟的广告都扯了下来。❷ 아는 것을 모른다고 하거나 한 것을 아니하였다고 하다. ◆ 抵赖，装蒜，否认。¶사실을 잡아떼다. =否认事实。

잡아매다【동사】动 ❶ 흩어지지 않게 한데 매다. ◆ 结，系，扎。¶그는 떨어지지 않으려고 밧줄을 단단히 잡아맸다. =他把绳子系得结结实实的，以免掉下去。❷ 달아나지 못하도록 묶다. ◆ 绑住，捆住，拴住。

잡아먹다【동사】动 ❶ 동물을 죽여 그 고기를 먹다. ◆ 杀吃，宰食。¶닭을 잡아먹다. =杀鸡吃。❷ 남을 몹시 괴롭히거나 죽게 하다. ◆ 折磨，纠缠。¶아내는 나를 보기만 하면 잡아먹으려고 한다. =妻子只要一看到我，就想折磨我。❸ 경비, 시간, 자재, 노력 따위를 낭비하다. ◆ 浪费，耗费。¶젊은 시절의 아까운 시간을 쓸데없이 돌아다니느라고 다 잡아먹었구나.=宝贵的年少时光都在四处闲逛中虚度了。

잡아채다【동사】❶ 재빠르게 잡고서 당기거나 추켜올리다. ◆ 动揪，拽。¶머리채를 잡아채다. =揪辫子。❷ 남의 물건을 날쌔게 빼앗다. ◆ 动抢，夺，抢劫。

잡아타다【동사】자동차 따위를 세워서 타다. ◆ 动叫(车)，乘坐出租车。¶우리는 택시를 잡아타고 약속장소로 나갔다. =我们乘坐出租车前往约定地点。

잡음(雜音)【명사】图 ❶ 시끄러운 여러 가지 소리. ◆ 噪音。¶잡음 방지. =防止噪音。❷ 전신, 라디오 따위의 청취를 방해하는 소리. ◆ 杂音。¶난청지대라 라디오에서 잡음이 심하다. =信号弱，收音机里的杂音很大。❸ 어떤 일에 대하여 언짢은 말이나 소문을 비유적으로 이르는 말. ◆〈喻〉议论，传闻，闲话。

잡일(雜-)【명사】여러 가지 자질구레한 일. ◆ 图杂活，杂事。¶주방에서 잡일 하실 분을 구합니다. =招聘在厨房里做杂活的人。

잡지(雜誌)【명사】여러 가지 내용의 기사와 사진, 광고 등을 모아 정기적으로 발행하는 책. ◆ 图杂志。¶여성잡지. =女性杂志。

잡지사(雜誌社)【명사】영리를 목적으로 잡지를 편집하고 간행하는 회사. ◆ 图杂志社。¶연예잡지사(演藝雜誌社). =娱乐杂志社。

잡지책(雜誌冊)【명사】잡지. ◆ 图杂志。¶남성패션잡지책. =男性时装杂志。

잡채(雜菜)【명사】여러 가지 채소와 고기붙이를 잘게 썰어 볶은 것에 삶은 당면을 넣고 버무린 음식. ◆ 图 杂烩(菜)，杂拌菜。¶당면잡채. =粉条杂拌菜。

잡초(雜草)【명사】잡풀. ◆ 图杂草，野草。¶잡초 같은 인생. =野草般的人生。

잡치다【동사】动 ❶ 일 따위를 그르치다. ◆ 俚弄坏，搞砸。¶농사를 잡치다. =把庄稼活儿搞砸了。❷ 기분이나 분위기를 좋지 아니하게 하다. ◆ 败兴，扫兴。¶아침에 넘어지더니 하루 종일 기분을 잡쳤다. =早晨摔了一跤，弄得一整天都很扫兴。

잡탕(雜湯)【명사】图 ❶ 쇠고기, 해삼, 전복, 무 따위를 썰어 넣고 갖은 양념과 고명을 하여 끓인 국. ◆ 杂汤。¶해물 잡탕. =海鲜杂汤。❷ 여러 가지가 뒤섞여 엉망인 상태나 모양을 비유적으로 이르는 말. ◆ (人或物的)混杂，大杂烩。¶고유문화를 잃어버리면 잡탕 문화가 될 수밖에 없다. =如果丧失了固有文化，就只能沦为大杂烩文化。

잡풀(雜-)【명사】가꾸지 않아도 저절로 나서 자라는 여러 가지 풀. 농작물 따위의 다른 식물이 자라는 데 해가 되기도 한다. ◆ 图杂草，野草。¶몇 해 동안 농사를 지지 않아 밭에는 잡풀만 무성했다. =几年没种庄稼了，田地里杂草丛生。

잡혀가다【동사】动 ❶ 붙들리어 가다. ◆ 被抓住，被

逮住。¶수업시간에 공부는 안하고 떠들다 선생님께 잡혀가서 혼쭐났다. =上课时间不学习，只会大声喧哗，被老师逮住训了一顿。❷ 수사 기관에 연행되어 가다. ◆ 被抓走，被逮捕。¶경찰에게 잡혀가다. =被警察抓走。❸ 볼모나 포로가 되어 가다. ◆ 被俘虏，被抓住，被捉住。¶적군에게 잡혀가다. =被敌军俘虏。

잡화(雜貨)【명사】图 ❶ 일상생활에서 쓰는 잡다한 물품. ◆ (各种各样的生活日用品)杂货，百货。¶잡화 매장. =杂货店。❷ 배에 싣는 여러 가지의 짐. ◆ 杂货，杂件货。¶(일반)화물선은 주로 잡화를 실어 나른다. =杂货船以运载杂件货为主。

잡화상(雜貨商)【명사】여러 가지 잡다한 일용품을 파는 장사. 또는 그런 장수. ◆ 图杂货生意；杂货商。¶잡화상 주인. =杂货铺老板。

잣【명사】잣나무의 열매. 솔방울 같은 단단한 송이에 들어 있으며, 맛이 고소하고 기름기가 많아 기름을 내거나 고명으로 쓴다. ◆ 图松子，松果。¶잣의 효능. =松子的功效。

잣나무【명사】소나뭇과의 상록 교목. 높이는 10~30미터이고 나무껍질은 잿빛을 띤 갈색이며 얇은 조각이 떨어진다. ◆ 图 果松。¶잣나무 가지치기. =给果松剪枝。

잣다【동사】❶ 물레 따위로 섬유에서 실을 뽑다. ◆ 动 纺，缫。¶명주실을 잣다. =纺绸丝。❷ 양수기나 펌프 따위로 낮은 데 있는 물을 빨아 올리다. ◆ 动 抽水，汲水。¶하루 종일 양수기로 저수지 물을 자아냈다. =一整天都在用抽水机给水库抽水。

잣대【명사】어떤 현상이나 문제를 판단하는 데 의거하는 기준을 비유적으로 이르는 말. ◆ 图〈喻〉尺度，标准。¶불공정한 잣대. =不公正的尺度。

잣죽(-粥)【명사】잣과 쌀을 섞어 물에 불려 갈아서 쑨 죽. ◆ 图 松子粥，松仁粥。¶잣죽 만들기. =做松子粥。

장[1](章)【명사】❶ 글의 내용을 체계적으로 나누는 구분의 하나. ◆ 图 章，章节。¶장 구분을 확실하게 하시오. =请准确地划分章节。❷ 글의 내용을 구분한 것을 세는 단위. ◆ 图 章。¶이 책은 모두 일곱 장으로 구성되어 있다. =本书共分七章。

장[2](場)【명사】图 ❶ 많은 사람이 모여 여러 가지 물건을 사고 파는 곳. 지역에 따라 다르나 보통 한 달에 여섯 번 선다. ◆ 集市。¶장이 서다. =开集市。❷ 여러 가지 상품을 사고파는 일정한 장소. ◆ 市场。

장[3](腸)【명사】창자(큰창자와 작은창자를 통틀어 이르는 말). ◆ 图肠。¶장염. =肠炎。

장[4](欌)【명사】❶ 농장, 옷장, 찬장, 책장 따위의 물건을 넣어 두는 가구를 통틀어 이르는 말. ◆ 图 柜，架，橱。¶자개장. =螺钿柜。❷ 图 작은 짐승을 기르는 집. ◆ 笼。¶아버지께서 새장을 만들어 주셨다. =爸爸给（我）做了鸟笼子。

장[5](醬)【명사】❶ '간장'의 준말. ◆ 图 酱油。❷ 간장, 고추장, 된장 따위를 통틀어 이르는 말. ◆ 图 酱(酱油、辣椒酱、大酱、黄酱等的统称)。¶장 담그기. =做酱。

장[6](場)【의존 명사】연극의 단락을 세는 단위. 막(幕)의 하위 단위로 무대 장면이 변하지 않고 이루어지는 사건의 한 토막을 이른다. ◆ [依存名词] 场次。¶3막 5상. =第三幕第五场。

장[7](張)【의존 명사】종이·유지(油脂)·자리·기와 따위와 같이 넓은 조각의 수를 세는 데 쓰는 말. ◆ 依名 张，块。¶종이 한 장.=一张纸。

-장[8](場)【접사】'장소'의 뜻을 더하는 접미사. ◆ 后缀 场，厅。¶경기장. =赛场。

-장[9](帳)【접사】'공책'의 뜻을 더하는 접미사. ◆ 后缀 本。¶연습장. =练习本。

-장[10](丈)【접사】'어른'의 뜻을 더하는 접미사. ◆ 后缀 家，大人。¶노인장. =老人家。

-장[11](長)【접사】'책임자', '우두머리'의 뜻을 더하는 접미사. ◆ 后缀 长，负责人。¶단체장. =团体负责人。

-장[12](狀)【접사】'증서' 또는 '편지'의 뜻을 더하는 접미사. ◆ 后缀 书信，证书。¶감사장.=感谢信。

장[13](長)-【접사】'긴' 또는 '오랜'의 뜻을 더하는 접두사. ◆ [前缀]长。¶장거리. =长距离。

-장[14](葬)【접사】'장례'의 뜻을 더하는 접미사. ◆ 后缀 葬礼。¶가족장. =家族葬礼。

장가가다【동사】남자가 결혼하여 남의 남편이 되다. ◆ 动 (男)结婚，娶妻，娶媳妇。¶처녀 장가가다. =娶大姑娘。

장가들다【동사】장가가다. ◆ 动 (男)结婚，娶妻，娶媳妇。¶좋은 여자한테 장가들어서 기쁘겠다. =娶了个好媳妇，一定很高兴。

장가들이다【동사】'장가들다'의 사동사. ◆ 动 给……娶妻，给……娶媳妇。¶그는 일곱 명이나 되는 동생들을 장가들이느라고 가산을 다 써버렸다. =他给七个弟弟娶媳妇，耗尽了家产。

장가보내다【동사】신붓감을 구하여 결혼을 시키다. ◆ 动给……娶妻，给……娶媳妇。¶어머니는 외동아들을 장가보내고는 눈물을 흘렸다. =母亲给独生子娶了媳妇后，流下了眼泪。

장갑(掌匣/掌甲)【명사】손을 보호하거나 추위를 막거나 장식하기 위하여 손에 끼는 물건. 천, 가죽, 털실 따위로 만든다. ◆ 图手套。¶벙어리장갑. =连指手套。

장거리(長距離)【명사】图 ❶ 시간이 꽤 걸리는 먼 거리. ◆ 长途，远程。¶장거리미사일. =远程导弹。❷ 육상에서, 먼 거리를 달리는 경기. ◆ 长跑。

장고(長考)【명사】오랫동안 깊이 생각함. ◆ 图长时间思考，深思熟虑。¶장고 끝에 악수를 둔다. =长考出臭棋。● 장고하다(長考--) ●

장골(壯骨)【명사】기운이 세고 큼직하게 생긴 뼈대. 또는 그런 뼈대를 가진 사람. ◆ 图壮汉，强壮的人。¶아들이어리게만 보았더니 어느새 장골이 되었구나. =总觉得儿子还是小孩，一晃已经变成一个壮汉了。

장관(壯觀)【명사】图 ❶ 훌륭하고 장대한 광경. ◆ 壮观。¶바다와 섬이 조화를 이루어 장관을 이룬다. =大海与岛屿刚柔相济，蔚为壮观。❷ 크게 구경거리가 될 만하다거나 매우 꼴 보기 좋다는 뜻으로, 남의 행동이나 어떤 상태를 비웃는 말. ◆ 太可笑，难看。

장구【명사】가운데가 잘록한 나무통 모양으로, 양쪽 끝의 가죽을 손이나 채로 두드려 소리를 내는, 한국 전통 음악에서 쓰는 악기. ◆名 长鼓。¶장구잡이. =长鼓把手。

장구벌레【명사】모기의 애벌레. 몸의 길이는 4~7mm이고 머리・가슴・배의 세 부분으로 나뉘며, 갈색 또는 검은색이다. 물속에서 산다. ◆名孑孓(蚊子的幼虫)。¶장구벌레는 모기의 애벌레이다. =孑孓是蚊子的幼虫。

장구하다(長久--)【형용사】매우 길고 오래다. ◆形 长久，长时间。¶장구한 역사와 오랜 전통. =悠久的历史和传统。

장국(醬-)【명사】맑은 장국. ◆名清酱汤。¶멸치장국. =黑背鳁清酱汤。

장군(將軍)【명사】군의 우두머리로 군을 지휘하고 통솔하는 무관. ◆名将军。¶이순신 장군. =李舜臣将军。● 장군감 ●

장기[1](長技)【명사】가장 잘하는 재주. ◆名特长，一技之长。¶장기 자랑. =展示特长。

장기[2](長期)【명사】긴 기간. ◆名长期，长远。¶장기 대출. =长期贷款。

장기[3](將棋/將碁)【명사】붉은색과 푸른색 글자가 쓰인 두 종류의 말을 판 위에 놓고, 서로 번갈아 가며 공격과 수비를 하여 승부를 가리는 놀이. ◆名 象棋。¶서양장기. =国际象棋。

장기[4](臟器)【명사】내장의 여러 기관. ◆名 脏器，内脏。¶장기 기증. =捐赠内脏。

장기간(長期間)【명사】긴 기간. ◆名长期，长时间。¶장기간 여행. =长期旅行。

장기판(將棋板)【명사】장기를 두고 있는 판. ◆名象棋盘。¶나무장기판. =木制象棋盘。

장기화(長期化)【명사】일이 빨리 끝나지 아니하고 오래 끌어짐. 또는 그렇게 되게 함. ◆名长期化。¶공사의 장기화. =工程的长期化。● 장기화되다(長期化--), 장기화하다(長期化--) ●

장끼【명사】수꿩. ◆名野公鸡，公雉。¶장끼전. =《雄鸡传》。

장난【명사】名 ❶ 주로 어린아이들이 재미로 하는 짓. 또는 심심풀이 삼아 하는 짓. ◆ 玩耍，淘气。¶장난치지마! =别淘气！ ❷ 짓궂게 하는 못된 짓. ◆ 恶作剧，捣蛋。¶장난 편지. =恶作剧信件。❸ 실없이 재미로 하는 일이나 말. ◆ 戏弄，玩笑。¶말장난. =口头玩笑。● 장난하다 ●

장난감【명사】아이들이 가지고 노는 여러 가지 물건. ◆名玩具。¶장난감 자동차. =玩具汽车。

장난기(--氣)【명사】장난이 섞인 기운. ◆名淘气劲，顽皮劲。¶장난기가 서린 눈. =透着顽皮劲的眼睛。

장난꾸러기【명사】장난이 심한 아이. 또는 그런 사람. ◆名淘气包，调皮蛋，捣蛋鬼。¶너는 어려서 장난꾸러기였어. =你小时候就是个淘气包。

장난꾼【명사】장난이 심한 사람. ◆名淘气包，喜欢搞恶作剧的人。¶말 장난꾼. =爱开玩笑的人。

장난삼다【동사】목적이나 의도 따위를 가지지 아니하고 심심풀이로 실없게 행동하다. ◆ 动戏弄，玩笑。¶장남삼아 은행 강도 흉내를 내다니 제 정신이냐. =抢银行找乐子，是不是脑子有病啊?

장난질【명사】장난하는 짓. ◆名开玩笑。¶장난질이 심하다. =玩笑开得很过分。

장난치다【동사】动 ❶ 몹시 장난하다. ◆ 淘气，调皮。¶그 녀석은 어딜 가도 장난치는 것을 좋아한다. =那家伙不管去哪里，都很调皮。❷ 목적 없이 재미로 하는 일을 심하게 하다. ◆ 戏弄，玩笑。❸ 남을 놀리려고 하는 못된 짓을 심하게 하다. ◆ 恶作剧，捣蛋。

장날(場-)【명사】장이 서는 날. 보통 닷새 만에 서며 사흘 만에 서기도 한다. ◆名集日，赶集日。¶장날 풍경. =集日的场面。

장남(長男)【명사】맏아들. ◆名长子，大儿子。

장내(場內)【명사】일이 벌어지는 곳의 안. ◆名场内，内部。¶장내 아나운서. =场内广播员。

장녀(長女)【명사】맏딸. ◆名长女，大女儿。¶그녀는 장녀로 태어났다. =她是大女儿。

장년(壯年)【명사】사람의 일생 중에서, 한창 기운이 왕성하고 활동이 활발한 서른에서 마흔 안팎의 나이. 또는 그 나이의 사람. ◆名壮年。¶장년 시절. =正值壮年。

장님【명사】'시각 장애인'을 낮잡아 이르는 말. ◆名 盲人，瞎子。¶너는 어떻게 된 아이가 장님 같이 눈앞에 있는 것도 못 보고 다니니. =小孩就在眼前，你怎么却像瞎子一样看不见呢?

장단[1]【명사】춤이나 노래 곡조의 느리고 빠름. 또는 그 느리고 빠른 정도를 음률적으로 나타내는 박자. ◆名 节奏，节拍。¶굿거리 장단. =跳大神的鼓点。

장단[2](長短)【명사】名 ❶ 길고 짧음. ◆ 长短。❷ 장단점. ◆ 长处与短处，优缺点。

장단점(長短點)【명사】좋은 점과 나쁜 점. ◆名长处与短处，优缺点。¶이 제품의 장단점을 조사해서 보고하세요. =请调查这种产品的优缺点后，做个报告。

장닭【명사】'수탉'을 이르는 말. ◆名公鸡。¶장닭 우는 소리. =公鸡叫的声音。

장담(壯談)【명사】확신을 가지고 아주 자신 있게 말함. 또는 그런 말. ◆名打包票，大话，豪言壮语。¶그것은 그렇게 장담한다고 해서 되는 일이 아니다. =那件事不是靠说大话就能办成的。● 장담하다(壯談--) ●

장대(長-)【명사】대나무나 나무로 다듬어 만든 긴 막대기. ◆名长竿。¶그는 장대로 밤을 털었다. =他用长竿敲栗子。

장대높이뛰기(長-----)【명사】도움닫기를 해서 장대에 의지하여 뛰는 높이뛰기. ◆名 撑竿跳。¶그는 장대높이뛰기 세계 신기록 보유자다. =他是撑竿跳新世界纪录的保持者。

장대비(長--)【명사】장대처럼 굵고 거세게 좍좍 내리는 비. ◆图倾盆大雨，大雨如注。¶오후로 들어서면서 가는 빗줄기가 장대비로 변하기 시작했다. =从下午开始，蒙蒙细雨变成了倾盆大雨。

장대하다(壯大--)【형용사】形 ❶ 허우대가 크고 튼튼하다. ◆ 高大，魁梧。¶기골이 장대하다. =体格魁梧。❷ 기상이 씩씩하고 크다. ◆ 气宇轩昂。¶그의 장대한 모습을 보면 저절로 고개가 숙여진다. =看见他气宇轩昂的样子，不由自主地低下了头。

장도[1](壯途)【명사】중대한 사명이나 장한 뜻을 품고 떠나는 길. ◆图征途，征程。¶우리 팀은 우승이라는 목표를 정하고 장도에 올랐다. =我们队定下了取胜的目标，踏上征途。

장도[2](粧刀)【명사】주머니 속에 넣거나 옷고름에 늘 차고 다니는 칼집이 있는 작은 칼. 칼집과 자루는 금, 은, 밀화(蜜花), 대모(玳瑁), 뿔, 나무 따위로 장식을 한다. ◆图小佩刀。¶은장도. =银质小佩刀。

장도리【명사】한쪽은 뭉뚝하여 못을 박는 데 쓰고, 다른 한쪽은 넓적하고 둘로 갈라져 있어 못을 빼는 데 쓰는 연장. ◆图钉锤，羊角锤。¶그는 장도리로 못을 뽑았다. =他用羊角锤拔钉子。

장독(醬-)【명사】간장, 된장, 고추장 따위를 담아 두거나 담그는 독. ◆图酱缸。¶장독 덮개. =酱缸盖。

장독대(醬-臺)【명사】장독 따위를 놓아 두려고 뜰 안에 좀 높직하게 만들어 놓은 곳. ◆图酱缸台。¶그는 장독대 뒤에 숨어서 꼼짝 않고 있었다. =他藏在酱缸台后面，一动也不动。

장딴지【명사】종아리의 살이 불룩한 부분. ◆图腿肚子。¶장딴지에 쥐가 나다. =腿肚子抽筋。

장래(將來)【명사】图 ❶ 다가올 앞날. ◆ 将来，未来。¶장래 희망. =未来的希望。❷ 앞으로의 가능성이나 전망. ◆ 前途，前景，前程，将来，未来。¶장래가 촉망되는 젊은이. =大有前途的年轻人。

장려(奬勵)【명사】좋은 일에 힘쓰도록 북돋아 줌. ◆图奖励，鼓励。¶저축 장려. =鼓励储蓄。● 장려하다(奬勵--) ●

장려금(奬勵金)【명사】어떤 특정한 일을 장려하는 뜻으로 보조하여 주는 돈. ◆图奖金。¶그는 학업이 우수한 학생들에게 장려금을 지급했다. =他向学业优秀的学生提供奖金。

장려상(奬勵賞)【명사】본 상에는 들지 아니하지만 참가자들 가운데 가능성이 엿보이는 사람들에게 격려하는 뜻에서 주는 상. ◆图鼓励奖，安慰奖。¶그녀는 노래자랑에서 장려상을 탔다. =她在歌唱比赛中得了鼓励奖。

장렬하다(壯烈--)【형용사】의기(意氣)가 씩씩하고 열렬하다. ◆形壮烈。¶장렬하게 전사하다. =壮烈战死。● 장렬히(壯烈-) ●

장례(葬禮)【명사】장사를 지내는 일. 또는 그런 예식. ◆图葬礼。¶장례비용. =葬礼费用。

장례식(葬禮式)【명사】장사를 지내는 의식. ◆图葬礼仪式，葬礼。¶장례식은 고인의 유언에 따라 간소하게 치러질 예정이다. =按照死者的遗嘱，葬礼将从简举行。

장로(長老)【명사】图 나이가 많고 학문과 덕이 높은 사람. ◆ 长老。¶장로들이 모여 마을 회의를 하고 있다. =长老们聚在一起，召开村庄会议。

장롱(欌籠)【명사】옷 따위를 넣어 두는 장과 농을 아울러 이르는 말. ◆图箱子，柜子，箱柜。¶자개 장롱. =螺钿箱柜。

장르(genre)【명사】문예 양식의 갈래. 특히 문학에서는 서정, 서사, 극 또는 시, 소설, 희곡, 수필, 평론 따위로 나눈 기본형을 이른다. ◆图 体裁，类型，流派，形式。¶다양한 장르의 작품. =多种体裁的作品。

장마【명사】여름철에 여러 날을 계속해서 비가 내리는 현상이나 날씨. 또는 그 비. ◆图梅雨。¶가을장마. =秋梅雨。

장마철【명사】장마가 지는 철. 한국에서는 대체로 6월 말부터 8월 초이다. ◆图雨季。¶장마철 축대관리에 만전을 기하시오. =在雨季，要确保高台管理万无一失。

장막(帳幕)【명사】图 ❶ 한데에서 볕 또는 비바람을 피할 수 있도록 둘러치는 막. ◆ 帐子，帐幕。¶모기장막. =蚊帐。❷ 어떤 사실이나 현상을 보이지 아니하게 가리는 사물을 비유적으로 이르는 말. ◆ 幕，幕布。¶장막에 쌓여 있는 그 비밀의 정체를 밝혀라. =把掩藏在幕后的秘密真相弄明白!

장만【명사】필요한 것을 사거나 만들거나 하여 갖춤. ◆图准备，筹备，置办。¶혼수(婚需) 장만에 바쁘다. =忙着准备结婚用品。● 장만하다 ●

장맛(醬-)【명사】간장이나 된장 따위의 맛. ◆图酱的味道，酱味，黄酱味。¶뚝배기보다 장맛. =外表虽不华丽，但内容充实。

장면(場面)【명사】图 ❶ 어떤 장소에서 겉으로 드러난 면이나 벌어진 광경. ◆ 场面。¶경기의 한 장면. =比赛的一个场面。❷ 영화, 연극, 문학 작품 따위의 한 정경(情景). 같은 인물이 동일한 공간 안에서 벌이는 사건의 광경을 이른다. ◆ 场景。¶장면 묘사. =场景描写。

장모(丈母)【명사】아내의 어머니. ◆图丈母娘，岳母。¶장모의 사위 사랑이 대단하다. =丈母娘爱女婿。

장문(長文)【명사】긴 글. ◆图长文，长篇。¶장문 편지. =长信。

장물(贓物)【명사】절도, 강도, 사기, 횡령 따위의 재산 범죄에 의하여 불법으로 가진 타인 소유의 재물. ◆图赃物。¶장물 알선죄. =销赃罪。

장물아비(贓物--)【명사】장물을 전문적으로 매매·운반하거나 그런 행위를 알선하는 사람을 속되게 이르는 말. ◆图 俚销赃人。¶장물아비 입건. =对销赃人进行立案。

장미(薔薇)【명사】장미과 장미속의 관목을 통틀어 이르는 말. 높이는 2~3미터이며, 잎은 어긋나고 깃 모양이다. ◆图 蔷薇，玫瑰。¶덩굴 장미. =蔓蔷薇。

장밋빛(薔薇-)【명사】图 ❶ 장미 꽃잎의 빛깔과 같은 짙은 빨간빛. ◆ 蔷薇色，玫瑰色。¶장밋빛 스카프. =玫瑰色围巾。❷ 낙관적이거나 희망적인 상태를 비유적으로 이르는 말. ◆ 幸福的。¶장밋빛 미래. =幸福的未来。

장바구니(場---)【명사】시장바구니. ◆ 图赶集用的篮子。¶환경파괴의 주범인 비닐봉투 대신 장바구니를 사용하자는 목소리가 높다. =用篮子代替环境污染的罪魁祸首——塑料袋的呼声很高。

장발(長髮)【명사】길게 기른 머리털. ◆ 图长发。¶장발단속. =禁止留长发。

장발족(長髮族)【명사】머리털을 길게 기른 젊은 남자들을 속되게 이르는 말. ◆ 图长发族，留长发的人。

장방형(長方形)【명사】직사각형. ◆ 图 长方形，矩形。¶기존의 정사각형 홀 구조가 장방형으로 바뀌었다. =将原来的正方形大厅结构换为长方形。

장벽(障壁)【명사】图❶ 가리어 막은 벽. ◆ 隔离墙。¶철의 장벽. =铁质隔离墙。❷ 둘 사이의 관계를 순조롭지 못하게 가로막는 장애물. ◆ 隔阂。¶마음의 장벽. =心中的隔阂。❸ 장애가 되는 것이나 극복하기 어려운 것. ◆ 障碍，壁垒。¶관세의 장벽. =关税壁垒。

장병(將兵)【명사】군사를 거느려 통솔함. ◆ 图官兵，将士。

장보고(張保皐/張寶高)【명사】통일 신라 시대의 장군(?~846). ◆图张保皋。

장복(長服)【명사】같은 약이나 음식을 오랫동안 계속해서 먹음. ◆图长期服用。¶한약을 장복하다. =长期服用中药。● 장복하다(長服--) ●

장본인(張本人)【명사】어떤 일을 꾀하여 일으킨 바로 그 사람. ◆图当事人，主谋，罪魁祸首。

장부(丈夫)【명사】图❶ 다 자란 씩씩한 남자. ◆ 成年男子，男人，男子，丈夫。¶어느덧 장부가 다 되었구나. =不知不觉都长成大小伙子啦。❷ 대장부. ◆ 大丈夫。¶장부의 역할. =大丈夫的责任。

장비(裝備)【명사】갖추어 차림. 또는 그 장치와 설비. ◆图设备，装备。¶공사 장비. =工程设备。

장사[1]【명사】이익을 얻으려고 물건을 사서 팖. 또는 그런 일. ◆图经商，做买卖。¶장사 밑천. =经商的本钱。● 장사하다 ●

장사[2](壯士)【명사】몸이 우람하고 힘이 아주 센 사람. ◆图壮士，大力士。¶씨름 장사. =摔跤大力士。

장사[3](葬事)【명사】죽은 사람을 땅에 묻거나 화장하는 일. ◆ 图办丧事，治丧。¶장사를 지내다. =治丧。

장사꾼【명사】장사하는 사람을 낮잡아 이르는 말. ◆图俚商人，生意人。¶악덕 장사꾼. =奸商。

장사진(長蛇陣)【명사】많은 사람이 줄을 지어 길게 늘어선 모양을 이르는 말. ◆图长队，长列。¶인기 배우의 사인회는 장사진을 이루었다. =当红明星的签名会上排起了长队。

장사치【명사】장사하는 사람을 낮잡아 이르는 말. ◆图俚商人，生意人。¶싸구려 장사치. =便宜货商人。

장삿속【명사】이익을 꾀하는 장사치의 속마음. ◆图商人的心思，算计。¶상인들의 장삿속은 알 수가 없다. =看不明白商人的心思。

장서(藏書)【명사】책을 간직하여 둠. 또는 그 책. ◆图藏书。¶개인 장서. =个人藏书。

장석(長石)【명사】규산, 알루미늄, 나트륨, 칼슘, 칼륨, 알칼리 따위로 이루어진 규산염 광물. 화성암의 주성분으로 흰색, 갈색, 회색 따위의 색을 띠며 유리 광택이 난다. ◆图 长石。¶도자기의 원료가 되는 도토(陶土)는 장석이 풍화한 것이다. =陶瓷的原料——陶土是长石风化形成的。

장성하다(長成--)【동사】자라서 어른이 되다. ◆动长大成人。¶그는 장성한 뒤에야 아버지의 참뜻을 이해할 수 있었다. =他长大成人之后，才理解了父亲的本意。

장세(場勢)【명사】주식 시장의 형세. ◆图 市场行情。¶향후 장세. =以后的市场行情。

장소(場所)【명사】어떤 일이 이루어지거나 일어나는 곳. ◆图场所，地点。¶공공 장소. =公共场所。

장손(長孫)【명사】한집안에서 맏이가 되는 후손. ◆图长孙。¶나는 우리 집안의 13대 장손이다. =我是我们家族第十三代长孙。

장송곡(葬送曲)【명사】장례 때 연주하는 곡을 통틀어 이르는 말. ◆图送葬曲，哀乐。¶장송곡이 처량히 울리다. =哀乐凄凉。

장수[1]【명사】장사하는 사람. ◆图商家，生意人。¶과자 장수. =点心商人。

장수[2](長壽)【명사】오래도록 삶. ◆图长寿。¶장수 노인. =长寿老人。● 장수하다(長壽--) ●

장수[3](將帥)【명사】[군사] 군사를 거느리는 우두머리. ◆图 将帅，将军。¶그는 뛰어난 장수이다. =他是卓越的将军。

장수[4](張數)【명사】종이나 유리 따위의 수효. ◆图张数。

장수풍뎅이(將帥---)【명사】장수풍뎅잇과의 곤충. 몸은 3.5~5.5cm이고 타원형이며, 광택 있는 검은 갈색이다. ◆图 双叉犀金龟。

장수하늘소(將帥---)【명사】하늘솟과의 곤충. ◆图 巨天牛。

장시간(長時間)【명사】오랜 시간. ◆图长时间。¶장시간 여행. =长时间的旅行。

장식(裝飾)【명사】图❶ 옷이나 액세서리 따위로 치장함. 또는 그 꾸밈새. ◆ 装饰，打扮。¶머리 장식. =装饰头发。❷ 어떤 장면이나 부분 따위를 인상 깊고 의의 있게 만듦. ◆ 美化，掩饰，修饰。● 장식되다(裝飾--), 장식하다(裝飾--) ●

장식물(裝飾物)【명사】장식에 쓰는 물건. ◆图装饰物。¶실내 장식물. =室内装饰品。

장식장(裝飾欌)【명사】장식품을 올려놓거나 넣어 두는 장. ◆图橱柜。¶거실 장식장. =卧室橱柜。

장식품(裝飾品)【명사】장식에 쓰는 물품. ◆图装饰品。¶실내 장식품. =室内装饰品。

장신(長身)【명사】키가 큰 몸. ◆图大个子，高个子。¶장신 선수. =大个子选手。

장신구(裝身具)【명사】몸치장을 하는 데 쓰는 물건. 반지, 귀고리, 노리개, 목걸이, 팔찌, 비녀, 브로치, 넥타이핀 따위를 통틀어 이르는 말이다. ◆ 图身上的装饰品，饰品，饰物。¶한복 장신구. =韩服的饰品。

장아찌【명사】 오이, 무, 마늘 따위의 야채를 간장이나 소금물에 담가 놓거나 된장, 고추장에 박았다가 조금씩 꺼내 양념하여서 오래 두고 먹는 음식. ◆ 图酱菜。¶무 장아찌. =萝卜酱菜。

장악(掌握)【명사】 손안에 잡아 쥔다는 뜻으로, 무엇을 마음대로 할 수 있게 됨을 이르는 말. ◆ 图掌握。¶정권 장악. =掌握政权。● 장악되다(掌握--), 장악하다(掌握--) ●

장애(障礙)【명사】 图 ❶ 어떤 사물의 진행을 가로막아 거치적거리게 하거나 충분한 기능을 하지 못하게 함. 또는 그런 일. ◆ 障碍。¶의사소통의 장애. =沟通障碍。❷ 신체 기관이 본래의 제 기능을 하지 못하거나 정신 능력에 결함이 있는 상태. ◆ 障碍，残疾。¶시각 장애. =视觉障碍。❸ 유선 통신이나 무선 통신에서 유효 신호의 전송을 방해하는 잡음이나 혼신 따위의 물리적 현상. ◆ 通信障碍。¶통신 장애. =通信障碍。

장애물(障礙物)【명사】 가로막아서 거치적거리게 하는 사물. ◆ 图障碍物。¶장애물을 만나다. =遇见障碍物。

장애아(障礙兒)【명사】 병이나 사고, 선천적 기형으로 말미암아 신체를 제대로 움직일 수 없는 아이. ◆ 图残疾儿童。¶운동발달 장애아. =多动症儿童。

장애인(障礙人)【명사】 신체의 일부에 장애가 있거나 정신적으로 결함이 있어서 일상생활이나 사회생활에 제약을 받는 사람. ◆ 图残疾人。¶장애인 올림픽대회. =残疾人奥运会。

장어(長魚)【명사】 뱀장어. ◆ 图鳗鱼。¶장어스튜. =鳗鱼炖菜。

장엄하다(莊嚴--)【동사】 씩씩하고 웅장하며 위엄 있고 엄숙하다. ◆ 动庄严，庄重。¶해가 지면서 화려하고 장엄한 노을을 떠올렸다. =夕阳西下，华丽庄严的晚霞升起来了。● 장엄히(莊嚴-) ●

장염(腸炎)【명사】 창자의 점막이나 근질(筋質)에 생기는 염증. 세균 감염이나 폭음・폭식 따위로 인하여 복통, 설사, 구토, 발열 따위가 나타난다. 급성과 만성이 있는데, 대개 급성이다. ◆ 图 肠炎。¶장염 예방. =预防肠炎。

장옷【명사】 图 ❶ 예전에, 여자들이 나들이할 때에 얼굴을 가리느라고 머리에서부터 길게 내려 쓰던 옷. 초록색 바탕에 흰 끝동을 달았고, 맞깃으로 두루마기와 비슷하며, 젊으면 청・녹・황색을, 늙으면 흰색을 썼다. ◆ 蒙头长披风。¶장옷 사이로 백옥 같은 처녀의 얼굴이 살짝 비쳤다. =蒙头长披风的缝隙之间，微微露出少女白玉般的脸庞。❷ 무당이 굿을 할 때 입는 옷. ◆ 巫衣。¶신명나게 춤을 추는 무녀의 장옷이 눈에 생생이 들어왔다. =巫婆起劲地跳着舞，她的巫衣清晰地映入人们的眼帘。

장외(場外)【명사】 어떠한 곳의 바깥. ◆ 图场外。¶장외 발매소. =场外出售处。

장원(壯元/狀元)【명사】 图 ❶ 과거에서, 갑과에 첫째로 급제함. 또는 그런 사람. ◆ 状元。¶장원랑(壯元郞). =状元郎。❷ 글을 제일 잘 지어 성적이 첫째임. 또는 그런 사람. ◆ 状元。¶그는 백일장에 나가기만 하면 장원을 차지한다. =他只要参加比赛，就会夺魁。● 장원하다(壯元/狀元--) ●

장음(長音)【명사】 긴소리. ◆ 图长音。¶장음화. =长音化。

장음계(長音階)【명사】 온음계의 하나. 셋째와 넷째 사이의 음정과 일곱째와 여덟째 사이의 음정은 반음(半音)이고, 그 외 각 음의 사이는 온음정을 이루는 음계이다. ◆ 图 长音阶。¶다장조장음계. =大调音阶。

장의사(葬儀社)【명사】 장례에 필요한 여러 가지 일을 맡아 하는 영업소. ◆ 图殡仪馆。

장인[1](丈人)【명사】 아내의 아버지. ◆ 图丈人，岳父。¶장인 생신. =岳父生日。

장인[2](匠人)【명사】 图 ❶ 장색(匠色). ◆ 匠人，工匠。¶장인들에 의해 전통문화의 맥이 이어지고 있다. =传统文化之脉通过匠人传承。❷ 예술가의 창작 활동이 심혈을 기울여 물건을 만드는 것과 같다는 뜻으로, 예술가를 두루 이르는 말. ◆ 匠人，艺术家。¶장인 정신. =匠人精神。

장자(長子)【명사】 맏아들. ◆ 图长子，大儿子。¶장자 상속. =长子继承。

장작(長斫)【명사】 통나무를 길쭉하게 잘라서 쪼갠 땔나무. ◆ 图柴火，木柴。¶참나무 장작. =栎树柴火。

장작개비(長斫--)【명사】 图 ❶ 쪼갠 장작의 낱개. ◆ 劈柴。¶날씨는 추운데 겨우 두 개의 장작개비 밖에 남지 않았다. =天气很冷，但就剩两根劈柴了。❷ 俚은어로, '담배'를 이르는 말. ◆ 俚烟卷。¶야! 장작개비 있냐? =小子，有烟吗?

장작불(長斫-)【명사】 장작으로 피운 불. ◆ 图劈柴火。¶장작불을 지피다. =点燃劈柴。

장장(長長)【관형사】 분량이나 시간상의 길이 따위가 예상보다 상당히 많거나 깊을 나타내는 말. ◆ 冠漫长。¶장장춘일(長長春日). =漫长的春日。

장점(長點)【명사】 좋거나 잘하거나 긍정적인 점. ◆ 图长处，优点，优势。¶나의 장점. =我的优点。

장조(長調)【명사】 장음계로 된 곡조. ◆ 图 长调，大调。¶베토벤 피아노 트리오 5번 장조. =贝多芬第五大调钢琴小提琴协奏曲。

장조림(醬--)【명사】 간장에다 쇠고기를 넣고 조린 반찬. 요즘은 쇠고기뿐만 아니라 돼지고기, 달걀 등 다양한 재료를 간장에 넣어 조린 것을 통틀어 이르기도 한다. ◆ 图 酱牛肉，酱猪肉。¶쇠고기 장조림. =酱牛肉。

장족(長足)【명사】 사물의 발전이나 진행이 매우 빠름. ◆ 图发展快，长足（发展）。¶장족의 발전. =长足的发展。

장중하다(莊重--)【형용사】 장엄하고 무게가 있다. ◆ 形庄重，庄严。¶장중한 의식. =庄重的仪式。

장지(長指/將指)【명사】 가운뎃손가락. ◆ 图中指。

¶그는 장지를 오므렸다 폈다 하면서 생각에 잠겼다. =他伸缩着中指，陷入了沉思。

장지(葬地)【명사】장사하여 시체를 묻는 땅. ◆ 图 埋葬地，墓地。¶장지를 정하다. =定下埋葬地点。

장지문(--門)【명사】지게문에 장지 짝을 덧들인 문. ◆ 图 隔扇门。¶겨울 바람에 장지문이 덜거덩거렸다. =冬天的风吹得隔扇门咣当咣当响。

장차(將次)【부사】앞으로의 뜻으로, 미래의 어느 때를 나타내는 말. ◆ 副将要，将来。¶장차 어떻게 살아갈지 막막하기만 하다. =对将来要怎样活下去感到一片茫然。

장착(裝着)【명사】의복, 기구, 장비 따위에 장치를 부착함. ◆图装备有，装上，安装。¶안전띠 장착. =配有安全带。● 장착하다(裝着--) ●

장치(裝置)【명사】图 ❶ 어떤 목적에 따라 기능하도록 기계, 도구 따위를 그 장소에 장착함. 또는 그 기계, 도구, 설비. ◆ 装置，装备，设备。¶점화 장치. =点火装置。❷ 어떤 일을 원만하게 수행하기 위하여 설정한 조직 구조나 규칙 따위를 비유적으로 이르는 말. ◆ 措施，举措。¶원만한 기술 이전을 위한 제도적 장치 마련이 시급하다. =应该尽快为技术转移制订制度性措施。● 장치되다(裝置--), 장치하다(裝置--) ●

장쾌하다【형용사】가슴이 벅차도록 장하고 통쾌하다. ◆ 形畅快，痛快。¶장쾌한 홈런. =痛快的本垒打。

장터【명사】장이 서는 터. ◆ 图集市，市场。¶대목을 맞은 장터에는 발 디딜 틈도 없이 사람들로 시끌벅적했다. =年关前的集市上人山人海，纷乱嘈杂，连落脚的地方都没有。

장티푸스(腸)【명사】장티푸스균이 창자에 들어가 일으키는 급성 법정 전염병. ◆图 伤寒病，伤寒症。¶장티푸스 예방 접종하는 것을 잊지 마라. =别忘了打伤寒疫苗。

장판(壯版)【명사】图 ❶ 장판지를 깔거나 바른 방바닥. ◆ 铺了地板纸的地板。¶장판 시공. =进行铺地板纸工作。❷ '장판지'의 준말. ◆ 地板纸，地板革，炕油纸。¶전기 장판. =电热毯。

장편(長篇)【명사】내용이 길고 복잡한 소설이나 시가 따위를 통틀어 이르는 말. ◆图长篇。¶장편 서사시. =长篇叙事诗。

장편 소설(長篇小說)【명사】구성이 복잡하고 다루는 세계도 넓으며 등장인물도 다양한 긴 소설. ◆图长篇小说。

장하다(壯--)【형용사】기상이나 인품이 훌륭하다. ◆ 形伟大，了不起。¶장한 어머니상. =伟大的母亲形象。

장학(奬學)【명사】공부나 학문을 장려함. ◆ 图奖学。¶장학 사업. =奖学事业。

장학관(奬學官)【명사】교육 공무원의 하나. 문교 시책 및 지방 학무(學務)의 시책과 기획, 교육 법규의 심의, 교육 공무원의 신분·연수·학습 지도 따위의 영역에 관한 지도와 조언, 각급 학교 및 시·군 교육 기관의 장학 업무에 대한 지도·감독·평가 따위의 일을 맡아 한다. ◆ 图 学监，督学。¶인사담당 장학관. =负责人事的学监。

장학금(奬學金)【명사】图 ❶ 주로 성적은 우수하지만 경제적인 이유로 학업에 어려움을 겪는 학생에게 보조해 주는 돈. ◆ 奖学金，助学金。¶우수 장학금. =优秀奖学金。❷ 학문의 연구를 돕기 위하여 연구자에게 주는 장려금. ◆ (科研)奖金。¶학술 장려 장학금. =学术奖金。

장학생(奬學生)【명사】장학금을 받는 학생. ◆ 图取得奖学金的学生。¶국비 장학생. =取得公费奖学金的学生。

장해(障害)【명사】하고자 하는 일을 막아서 방해하는 일이나 물건. ◆ 图障碍物。¶장해물 제거 작업. =去除障碍物作业。

장화(長靴)【명사】목이 길게 올라오는 신. 가죽이나 고무로 만드는데 비가 올 때나 말을 탈 때에 신는다. ◆ 图长靴。¶가죽 장화. =长皮靴。

장화홍련전(薔花紅蓮傳)【명사】조선 시대의 소설. 세종 때에 부사(府使) 정동우(鄭東祐)가 계모의 학대로 억울하게 죽은 장화와 홍련의 원한을 풀어 주었다는 내용이다. 국문본과 한문본이 있는데, 작가와 연대는 알 수 없다. ◆ 图《蔷花红莲传》。

장황하다(張皇--)【형용사】매우 길고 번거롭다. ◆ 形冗长，繁冗。¶설명이 장황하다. =介绍过于冗长。

잦다[1]【동사】动 ❶ 액체가 속으로 스며들거나 점점 졸아들어 없어지다. ◆ 渗透，浸透。¶날이 오래도록 가물어 논에 대어 놓은 물들이 다 잦아들었다. =天气干旱久了，灌到水田里的水都渗光了。❷ 거친 기운이 잠잠해지거나 가라앉다. ◆ 平静下来。❸ 기운이 깊이 스며들거나 배어들다. ◆ 渗透，沁入。¶냉기와 습기가 온 방안으로 잦아들어 도저히 잠을 잘 수가 없었다. =整个房间充满了湿冷的空气，令人无法入眠。

잦다[2]【형용사】形 ❶ 여러 차례로 거듭되는 간격이 매우 짧다. ◆ 频繁。¶잦은 걸음. =频繁的脚步。❷ 잇따라 자주 있다. ◆ 频繁，经常。¶외출이 잦다. =频繁外出。

잦아들다【동사】动 ❶ 고여 있던 액체가 점점 말라 없어져 가다. ◆ 变干。❷ 거칠거나 들뜬 기운이 가라앉아 잠잠해져 가다. ◆ 沉静，平静。¶불길이 잦아들다. =火苗变弱。❸ 느낌이나 기운 따위가 속으로 깊이 스며들거나 배어들다. ◆ 渗透，沁入。¶아침의 냉기가 뼈 속까지 잦아들어 도저히 견딜 수가 없었다. =早上的寒气刺骨，实在令人无法忍受。

잦아지다[1]【동사】动 ❶ 고여 있던 액체가 점점 말라 없어지게 되다. ◆ 变干。¶물웅덩이에 고였던 물이 가물에 잦아지자 물고기들이 흰 비늘을 드러냈다. =水坑里的积水由于干旱逐渐变干，鱼儿们翻出了白肚皮。❷ 거칠거나 들뜬 기운이 가라앉아 잠잠하게 되다. ◆ 沉静，安静。¶밤새 계속되던 축제의 분위기는 새벽녘이 되어서야 잦아지기 시작했다. =持续了整夜的庆典气氛，直到凌晨才安静下来。❸ 느낌이나 기운 따위가 속으로 깊이 스며들거나 배어들게 되다. ◆ 渗透。¶뼈 속까지 잦아진 피로가 뜨거운 물에 목욕을 하고 나서야 좀 풀리는 듯했다. =疲劳渗进骨头里，洗过热水澡之后似乎才得到缓解。

잦아지다[2]【동사】어떤 일이나 행위 따위가 자주 있게 되다. ◆ 副经常，频繁。¶아내의 외출이 요즘 잦아지고 있다. =近来妻子的外出频繁起来。

잦혀지다【동사】动 ❶ 뒤로 기울어지다. ◆ 仰面翻倒，向后翻倒，翻过来，翻个。¶잦혀진 거북이가 바둥거리다. =翻过来的乌龟四脚乱动。❷ 물건의 안쪽이나 아래쪽이 겉으로 드러나게 되다. ◆ (里面或下面)翻出，翻开，翻过来。¶우산이 잦혀질 정도로 바람이 세게 불었다. =风很大，把雨伞都要吹翻了。

잦히다【동사】动 ❶ 뒤로 기울다. ◆ 翻转，翻个儿。¶고개를 뒤로 잦히다. =头向后仰。❷ 물건의 안쪽이나 아래쪽이 겉으로 드러나게 하다. ◆ 翻转，掀开，翻出，翻过来。¶비가 오자 어머니는 잦혔던 장독 뚜껑을 덮느라고 분주하셨다. =下雨了，母亲忙着去盖上掀开的酱缸盖子。

재[1]【명사】불에 타고 남는 가루 모양의 물질. ◆ 名灰，灰烬。¶화마(火魔)가 쓸고 간 곳에는 재만 수북이 쌓여 있었다. =大火肆虐过的地方，只剩下厚厚的灰烬。

재[2]【명사】名 ❶ 길이 나 있어서 넘어 다닐 수 있는, 높은 산의 고개. ◆ 山岭，山岗。¶재 너머에 있는 고향 마을. =山岭那边的故乡村庄。❷ 높은 산의 마루를 이룬 곳. ◆ 山顶，山脊。¶동쪽 재에는 아직도 눈이 남아 있다. =东面的山顶上仍然残留着雪。

재[3]**(再)-**【접사】'다시 하는' 또는 '두 번째'의 뜻을 더하는 접두사. ◆ 前缀再，又，重，重新，再次。¶재교육. =再教育。

-재[4]**(材)**【접사】'재료'의 뜻을 더하는 접미사. ◆ 后缀材料。¶건축자재. =建筑材料。

재[5]**(在)-**【접사】'그곳에 살고 있는'의 뜻을 더하는 접두사. ◆ 前缀在，住在。¶재경 동문회. =在京同窗会。

재가[1]**(裁可)**【명사】안건을 결재하여 허가함. ◆ 名认可，许可，批准。¶재가를 받다. =得到认可。● 재가하다(裁可--) ●

재가[2]**(再嫁)**【명사】결혼하였던 여자가 남편과 사별하거나 이혼하여 다른 남자와 결혼함. ◆ 名再嫁，改嫁。¶재가 금지. =禁止改嫁。● 재가하다(再嫁--) ●

재간(才幹)【명사】名 ❶ 어떤 일을 할 수 있는 재주와 솜씨. ◆ 才干，才能。¶재간동이. =神童。❷ 어떠한 수단이나 방도(方途). ◆ 手段，方法。¶내 능력으로는 그 일을 해결할 재간이 없다. =以我的能力无法解决那件事。

재간꾼(才幹-)【명사】여러 가지의 재간을 지닌 사람. ◆ 名有能力的人，有才干的人。¶타고난 재간꾼. =天生有才干的人。

재갈【명사】名 ❶ 말을 부리기 위하여 아가리에 가로 물리는 가느다란 막대. 보통 쇠로 만들었는데 굴레가 달려 있어 여기에 고삐를 맨다. ◆ 马嚼子。¶재갈을 먹이다. =套上马嚼子。❷ 소리를 내거나 말을 하지 못하도록 사람의 입에 물리는 물건. ◆ 堵住嘴的东西。¶재갈을 물리다. =用东西堵住嘴。

재개(再開)【명사】어떤 활동이나 회의 따위를 한동안 중단했다가 다시 시작함. ◆ 名重开，恢复。¶교역 재개. =恢复贸易。● 재개되다(再開--), 재개하다(再開--) ●

재개발(再開發)【명사】이미 있는 것을 더 낫게 하기 위하여 다시 개발함. ◆ 名再开发，进一步开发。¶재개발 계획. =再开发计划。

재건축(再建築)【명사】기존에 있던 건축물을 허물고 다시 세우거나 쌓아 만듦. ◆ 名再建，重建。¶주택 재건축 합의. =住宅重建协议。● 재건축하다(再建築--) ●

재검토(再檢討)【명사】한 번 검토한 것을 다시 검토함. ◆ 名再次研究，复审，复查。¶안건 재검토. =对议案再次评估。● 재검토되다(再檢討--), 재검토하다(再檢討--) ●

재결합(再結合)【명사】한 번 헤어지거나 떨어졌다가 다시 결합함. ◆ 名重组，重聚，再结合。¶이산가족의 재결합. =离散亲属的重聚。● 재결합하다(再結合--) ●

재계(財界)【명사】대자본을 지닌 실업가나 금융업자의 활동 분야. ◆ 名财界。¶재계 총수. =财界领袖。

재계약(再契約)【명사】계약을 다시 맺음. 또는 그 계약. ◆ 名重签合同，重新签约。¶재계약 선수. =重新签约选手。● 재계약하다(再契約--) ●

재고[1]**(再考)**【명사】어떤 일이나 문제 따위에 대하여 다시 생각함. ◆ 名再考虑，重新考虑。¶재고해야 할 문제들. =要重新考虑的问题。● 재고하다(再考--) ●

재고[2]**(在庫)**【명사】名 ❶ 창고 따위에 쌓여 있음. ◆ 库存。¶재고 물량. =库存数量。❷ 재고품. ◆ 库存商品。¶재고 정리. =整理库存商品。

재고품(在庫品)【명사】새로 만든 것이 아니고 전에 만들어 아직 상점에 내놓지 아니하였거나, 팔다가 남아서 창고에 쌓아 놓은 물건. ◆ 名库存商品。¶재고품 할인 판매. =库存商品打折出售。

재교육(再敎育)【명사】이미 어떤 지식이나 기능의 습득이 끝난 사람에게 다시 교육함. ◆ 名 再教育。¶재교육 기관. =再教育机关。● 재교육하다(再敎育--) ●

재구성(再構成)【명사】한 번 구성하였던 것을 다시 새롭게 구성함. ◆ 名重组，再现。¶역사의 재구성. =历史的重组。● 재구성되다(再構成--), 재구성하다(再構成--) ●

재기[1]**(再起)**【명사】역량이나 능력 따위를 모아서 다시 일어섬. ◆ 名东山再起，重振，复出。¶재기 불능. =无法东山再起。● 재기하다(再起--) ●

재기[2]**(才氣)**【명사】재주가 있어서 인재가 될 만한 인품. 또는 그런 사람. ◆ 名有才华的人，人才。¶이 나이 먹도록 그렇게 뛰어난 재기는 보지 못했소. =都这把年纪了，还没见到过那么优秀的人才。

재까닥【부사】어떤 일을 시원스럽게 빨리 해치우는 모양. ◆ 副痛快做事的样子，做事情麻利的样子。¶아들은 시킨 일을 째까닥 끝내고 놀러 나갔다. =儿子把我交代的事情痛痛快快地干完后，出去玩了。

재깍【부사】어떤 일을 시원스럽게 빨리 해치우는 모양. ◆ 副快速地，果断地，干脆地。¶시간이 없으니 어서 재깍 다녀오너라. =没有时间了，快去快回。

재깍재깍【부사】시계 따위의 톱니바퀴가 자꾸 돌아가는 소리. ◆ 副嘀嗒声。¶탁상시계가 재깍재깍거리다. =座钟嘀嗒嘀嗒地响。

재난(災難)【명사】뜻밖에 일어난 재앙과 고난. ◆ 名灾难。¶재난 방지. =防灾。

재능(才能)【명사】어떤 일을 하는 데 필요한 재주와 능력. 개인이 타고난 능력과 훈련에 의하여 획득된 능력을 아울러 이른다. ◆ 名才能。¶예술적 재능. =艺术才能。

재다[1]【동사】动 ❶ 자, 저울 따위의 계기를 이용하여 길이, 너비, 높이, 깊이, 무게, 온도, 속도 따위의 정도를 알아보다. ◆ 量，测量，丈量。¶길이를 재다. =测量长度。❷ 여러모로 따져 보고 헤아리다. ◆ 估量，揣摩，考虑。

재다[2]【동사】총, 포 따위에 화약이나 탄환을 넣어 끼우다. ◆ 动装弹药。¶총에 실탄을 재다. =在枪里装实弹。

재다[3]【동사】动 ❶ 물건을 차곡차곡 포개어 쌓아 두다. ◆ 堆积。¶아버지는 볏단을 논에 재고 있었다. =父亲把稻捆整整齐齐地堆在稻田里。❷ 고기 따위의 음식을 양념하여 그릇에 차곡차곡 담아 두다. ◆ 浸，腌。¶배추를 소금물에 재어 두었다. =用盐水腌白菜。

재다[4]【동사】잘난 척하며 으스대거나 뽐내다. ◆ 动炫耀，显摆，显示。¶그렇게 재지만 말고 공부 좀 해라. =别显摆了，还是学会儿习吧。

재다[5]【형용사】形 ❶ 동작이 재빠르다. ◆ 敏捷，迅速，快。¶몸놀림이 재다. =行动敏捷。❷ 참을성이 모자라 입놀림이 가볍다. ◆ 嘴快，嘴碎。¶입이 재다. =嘴快。❸ 온도에 대한 물건의 반응이 빠르다. ◆ (导热)快。¶스테인리스 용품은 다른 재질에 비해 열전도율이 무척 재다. =不锈钢用品比起其他材料来有很高的热传导率。

재단(裁斷)【명사】名 ❶ 재결(裁決). ◆ 裁决。❷ 마름질. ◆ 裁剪，剪裁。¶양복 재단. =西装裁剪。● 재단하다(裁斷--) ●

재담(才談)【명사】익살과 재치를 부리며 재미있게 이야기함. 또는 그런 말. ◆ 名笑话，相声。¶재담꾼. =说相声的。

재떨이【명사】담뱃재를 떨어 놓는 그릇. ◆ 名烟灰缸。

재래(在來)【명사】예전부터 있어 전하여 내려옴. ◆ 名老式，旧式，传统。

재래시장(在來市場)【명사】예전부터 있어 오던 시장을 백화점 따위의 물건 판매 장소에 상대하여 이르는 말. ◆ 名老式市场，传统市场。¶재래시장의 정겨운 풍경. =传统市场的温暖景象。

재래식(在來式)【명사】예전부터 전하여 내려오는 방식. ◆ 名旧式，老式，传统样式。¶재래식 가옥. =旧式房子。

재래종(在來種)【명사】다른 지역의 종자와 교배되지 않고 한 지역에서만 예전부터 전해 내려온 식물이나 동물의 종자. ◆ 名土种。¶재래종 고추. =本地辣椒。

재량(裁量)【명사】자기의 생각과 판단에 따라 일을 처리함. ◆ 名斟酌，酌量。¶시행자의 재량. =执行人的斟酌。

재량권(裁量權)【명사】자유재량으로 처분할 수 있는 권한. ◆ 名自由裁量权。¶재량권 남발. =滥用自由裁量权。

재력(財力)【명사】재물의 힘. 또는 재산상의 능력. ◆ 名财力。¶놀라운 재력의 힘. =惊人的财力。

재론(再論)【명사】이미 논의한 것을 다시 논의함. ◆ 名再论，再谈。● 재론하다(再論--) ●

재롱(才弄)【명사】名 ❶ 어린아이의 재미있는 말과 귀여운 행동. ◆ (小孩)撒欢。¶재롱을 피우다. =小孩撒欢。❷ 강아지나 고양이 따위의 애완동물이 귀엽고 재미있게 노는 짓. ◆ (小猫小狗)撒欢。¶고양이의 재롱. =小猫撒欢。

재료(材料)【명사】名 ❶ 물건을 만드는 데 들어가는 감. ◆ 材料，原料。¶건축 재료. =建筑材料。❷ 어떤 일을 하기 위한 거리. ◆ 材料，资料，素材。¶강의 재료. =讲义资料。

재목(材木)【명사】名 ❶ 목조의 건축물·기구 따위를 만드는 데 쓰는 나무. ◆ 木材，木料。¶재목 마련. =准备木材。❷ 어떤 일을 할 수 있는 능력을 가졌거나 어떤 직위에 합당한 인물. ◆ 人才，人物。¶장차 큰 재목이 될 아이. =这孩子日后会成为大人物。

재무(財務)【명사】돈이나 재산에 관한 일. ◆ 名财务。¶재무 담당(擔當). =财务负责人。

재물(財物)【명사】돈이나 그 밖의 값나가는 모든 물건. ◆ 名财物。¶재물 탐닉(耽溺). =贪图财物。

재미(在美)[1]【명사】미국에 살고 있음. ◆ 名旅美，侨居美国。¶재미 동포. =旅美同胞。

재미[2]【명사】名 ❶ 아기자기하게 즐거운 기분이나 느낌. ◆ 兴致，趣味。¶취미 생활의 재미. =趣味生活的乐趣。❷ 안부를 묻는 인사말에서, 어떤 일이나 생활의 형편을 이르는 말. ◆ 生活情况，滋味，情趣。¶자네 신수를 보니 재미가 좋은가 보군. =看你的气色，应该生活得不错。❸ 좋은 성과나 보람. ◆ 收获，好结果。¶톡톡한 재미. =丰厚的收获。

재미나다【동사】아기자기하게 즐겁고 유쾌한 기분이나 느낌이 나다. ◆ 动有趣，有意思，有兴致。¶재미난 사건. =有趣的事情。

재미없다【형용사】形 ❶ 아기자기하게 즐겁고 유쾌한 기분이나 느낌이 없다. ◆ 没意思，没趣味。¶재미없는 영화(映画). =没意思的电影。❷ (구어체로)신상에 좋지 아니하거나 해로운 일이 있게 되다. ◆ 惯没好结果。¶내 말을 듣지 않으면 재미없다. =不听我的话，就没有好结果。

재미있다【형용사】아기자기하게 즐겁고 유쾌한 기분이나 느낌이 있다. ◆ 形有趣，有意思。¶그 이야기는 정말 재미있다. =那故事实在没有意思。

재발(再發)【명사】名 ❶ 다시 발생함. 또는 다시 일어남. ◆ 再次发生，复发，再犯。¶사건 재발. =事件再次发生。❷ 한 번 보낸 것을 다시 보냄. ◆ 重发，重新发送，重新发出。¶재발 공문 수령. =领取重发的公文。● 재발되다(再發--), 재발하다(再發--) ●

재발견(再發見)【명사】어떤 사실이나 가치를 다시 새롭게 발견하여 인정함. ◆ 名再发现，重新发现。¶신대륙 재발견. =再次发现新大陆。● 재발견되다(再發見--), 재발견하다(再發見--) ●

재방송(再放送)【명사】라디오·텔레비전 따위에서, 이미 방송하였던 프로그램을 다시 방송함. ◆ 名重播。● 재방송되다(再放送--), 재방송하다(再放送--) ●

재배[1](栽培)【명사】식물을 심어 가꿈. ◆ 名栽培。¶화초 재배 기술. =花草栽培技术。● 재배되다(栽培--), 재배하다(栽培--) ●

재배[2](再拜)【명사】名 ❶ 두 번 절함. 또는 그 절. ◆ 再拜，再叩首。¶신부 재배, 신랑 일배. =新娘再拜，新郎一拜。❷ 웃어른에게 쓰는 편지에서, 사연을 끝낸 뒤 자기 이름 뒤에 쓰는 말. 두 번 절을 한다는 뜻으로, 상대편을 높이는 표현이다. ◆ (写在信的末尾署名之前，表示尊敬)再拜，再叩首。¶제자 ○○○ 재배. =弟子某某某再拜。● 재배하다(再拜--) ●

재배치(再配置)【명사】다시 배치함. ◆ 名再分配，再配置。¶경찰 재배치. =重新配置警察。● 재배치되다(再配置--), 재배치하다(再配置--) ●

재벌(財閥)【명사】재계(財界)에서, 여러 개의 기업을 거느리며 막강한 재력과 거대한 자본을 가지고 있는 자본가·기업가의 무리. ◆ 名财阀。¶재벌 총수. =财阀总裁。

재범(再犯)【명사】죄를 지은 뒤 다시 죄를 범함. 또는 그렇게 한 사람. ◆ 名再犯，重犯。¶재범 방지. =防止再犯。

재봉(裁縫)【명사】옷감 따위를 말라서 재봉틀로 하는 바느질. ◆ 名裁缝，缝纫。¶재봉 기술. =裁缝技术。

재봉사(裁縫師)【명사】양복 따위를 마르고 짓는 일을 직업으로 하는 사람. ◆ 名裁缝，裁缝师。¶재봉사 급구(急求). =急招裁缝。

재봉틀(裁縫-)【명사】바느질을 하는 기계. ◆ 名缝纫机。¶설날이 다가오자 어머니는 재봉틀로 옷을 만들어 주셨다. =春节将至，母亲用缝纫机做了衣服。

재분배(再分配)【명사】이미 분배하였던 것을 다시 분배함. ◆ 名再分配，重新分配。¶소득의 재분배. =收入再分配。● 재분배하다(再分配--) ●

재빠르다【형용사】동작 따위가 재고 빠르다. ◆ 形迅速，敏捷。¶동작이 재빠르다. =动作敏捷。● 재빨리 ●

재산(財産)【명사】名 ❶ 재화와 자산을 통틀어 이르는 말. 개인, 단체, 국가가 소유하는 토지, 가옥, 가구, 금전, 귀금속 따위의 금전적 가치가 있는 것을 이른다. ◆ 财产。¶재산 몰수. =没收财产。❷ 소중한 것을 비유적으로 이르는 말. ◆ 财产。¶전통문화는 한 나라의 소중한 재산이다. =传统文化是一个国家珍贵的财产。

재삼(再三)【부사】두세 번. 또는 몇 번씩. ◆ 副再三，多次。¶재삼재사(再三再四). =多次。

재색(才色)【명사】여자의 재주와 아름다운 용모. ◆ 名才貌。¶재색을 겸비한 규수. =才貌双全的闺秀。

재생(再生)【명사】名 ❶ 죽게 되었다가 다시 살아남. ◆ 死后复生。¶재생 설화(再生說話). =关于复活的传说。❷ 낡거나 못 쓰게 된 물건을 가공하여 다시 쓰게 함. ◆ 再加工，再生。¶그는 전과자에 대한 사회의 냉대 속에서도 묵묵히 재생의 길을 가고 있다. =尽管社会歧视有前科的人，他仍默默地走着改过自新之路。❸ 녹음·녹화한 테이프나 필름 따위로 본래의 소리나 모습을 다시 들려주거나 보여 줌. ◆ 播放。¶동영상 재생. =录像播放。❹ 상실되거나 손상된 생물체의 한 부분에 새로운 조직이 생겨 다시 자라남. 또는 그런 현상. ◆ 生物机体的再生。¶생리적 재생. =生理再生。● 재생되다(再生--), 재생하다(再生--) ●

재생산(再生産)【명사】생산 과정이 끊임없이 되풀이되는 일. 단순 재생산, 확대 재생산, 축소 재생산으로 나눈다. ◆ 名 再生产。¶카트리지 재생산. =色带盒再生产。● 재생산되다(再生産--), 재생산하다(再生産--) ●

재수[1](財數)【명사】재물이 생기거나 좋은 일이 있을 운수. ◆ 名财运，运气。¶재수 나쁜 날. =运气不好的日子。

재수[2](再修)【명사】한 번 배웠던 학과 과정을 다시 배움. 특히 입학시험에 낙방한 뒤에 다음 시험에 대비하여 공부하는 것을 이른다. ◆ 名再修，重修，复读。¶재수 학원. =复读补习班。● 재수하다(再修--) ●

재수생(再修生)【명사】한 번 배웠던 학과 과정을 다시 배우는 학생. 특히 입학시험에 낙방한 뒤에 다음 시험에 대비하여 공부하는 학생을 이른다. ◆ 名复读生。¶재수생 입시학원. =复读生入学考试补习班。

재시험(再試驗)【명사】名 ❶ 두 번 시험을 침. ◆ 复试。¶재시험 문제. =复试问题。❷ 첫 시험에서 일정한 수준에 이르지 못한 사람에게 다시 시험을 보게 하는 일. 또는 그 시험. ◆ 补考。¶재시험 도전. =补考挑战。

재심(再審)【명사】名 ❶ 재심사. ◆ 再次审查，重新审查。¶재심 위원회. =重新审查委员会。❷ 확정 판결로 사건이 종결되었으나 중대한 잘못이 발견되어 소송 당사자가 다시 청구하여 재판을 함. 또는 그 재판. 형사 소송법에서는 피고인의 이익을 위해서만 허용된다. ◆ 重审，复审，二审。¶재심 판결. =二审判决。

재앙(災殃)【명사】뜻하지 아니하게 생긴 불행한 변고. 또는 천재지변으로 인한 불행한 사고. ◆ 名灾

殃，灾祸。¶재앙 방지. =防灾。

재연(再演)【명사】图 ❶ 연극이나 영화 따위를 다시 상연함. ◆ 再次上演，重新上演。¶재연 열기 확산. =再次上演的热浪扩散。❷ 한 번 하였던 행위나 일을 다시 되풀이함. ◆ 重演，重现。¶범행 현장 재연. =犯罪现场重现。● 재연되다(再演--), 재연하다(再演--) ●

재외(在外)【명사】외국에 있음. ◆ 图在外国，驻外。¶재외 동포. =在外侨胞。

재우다[1]【동사】잠을 재우다. ◆ 动使睡觉，哄睡，弄睡。¶아기를 재우다. =哄小孩睡觉。

재우다[2]【동사】动 ❶ 푸슬푸슬하거나 더부룩한 것을 가다듬어 자리가 잡히게 하다. ◆ (把蓬松的东西)整理好，理顺，压平。¶방석 실오라기를 재우다. =把坐垫的线整理好。❷ '재다'의 본말. ◆ 腌，浸，泡。¶인삼을 꿀에 재우다. =把人参泡在蜂蜜里。❸ '재다'의 본말. ◆ 压，上(子弹)。¶전투를 앞두고 모든 병사들이 탄창에 실탄을 재웠는지 다시 한번 확인했다. =战斗之前，所有士兵再次检查了弹夹里是否上了子弹。

재원[1](才媛)【명사】재주가 뛰어난 젊은 여자. ◆ 图才媛，才女。¶그녀는 이 나라의 재원이 아닐 수 없다. =她不愧是这个国家的才女。

재원[2](財源)【명사】재화나 자금이 나올 원천. ◆ 图财源，资金来源。¶재원 마련 시급. =急需找到资金支持。

재위(在位)【명사】임금의 자리에 있음. 또는 그런 동안. ◆ 图在位。¶재위 기간. =在位期间。● 재위하다(在位--) ●

재인식(再認識)【명사】본디의 인식을 고쳐 새롭게 인식함. ◆ 图再认识，重新认识。¶역사에 대한 재인식. =对历史的重新认识。● 재인식하다(再認識--) ●

재임(在任)【명사】일정한 직무나 임무를 수행하고 있거나 임지(任地)에 있음. 또는 그런 동안. ◆ 图在任，在职。¶재임 기간 동안. =在职期间。

재작년(再昨年)【명사】지난해의 바로 전 해. ◆ 图前年。¶재작년의 태풍피해는 극심했다. =前年的台风灾害非常严重。

재잘거리다【동사】动 ❶ 낮고 빠른 목소리로 자꾸 재깔이다. ◆ 唧唧喳喳，叽叽咕咕。¶아이들이 재잘거리는 소리에 잠을 설쳤다. =被孩子们唧唧喳喳吵得没睡好。❷ 참새 따위의 작은 새들이 서로 어울려 자꾸 지저귀다. ◆ (鸟儿)唧唧喳喳。¶한 떼의 새 무리들이 저녁 들녘을 재잘거리며 날아갔다. =一群鸟儿唧唧喳喳地飞过傍晚的田野。● 재잘대다 ●

재잘재잘【부사】副 ❶ 낮고 빠른 목소리로 자꾸 재깔이는 소리. 또는 그 모양. ◆ 唧唧喳喳，叽叽咕咕，嘀嘀咕咕。¶재잘재잘 대는 모습. =嘀嘀咕咕的样子。❷ 참새 따위의 작은 새들이 서로 어울려 자꾸 지저귀는 소리. 또는 그 모양. ◆ (鸟儿)唧唧喳喳。¶꾀꼬리 한 쌍이 나무에 앉아 재잘재잘 사랑을 나눈다. =一对黄雀停在树上，唧唧喳喳地谈情说爱。

재적(在籍)【명사】학적, 병적 따위의 명부(名簿)에 이름이 올라 있음. ◆ 图在籍，在职。¶재적 인원. =在职人员。

재정(財政)【명사】국가 또는 지방 자치 단체가 행정 활동이나 공공 정책을 시행하기 위하여 자금을 만들어 관리하고 이용하는 경제 활동. ◆ 图 财政。¶공공근로사업 재정 확보. =确保公共劳动项目的财政预算。

재종(再從)【명사】육촌이 되는 관계. ◆ 图叔伯堂兄弟。¶그는 나와 재종 간이다. =他和我是同一个曾祖父的堂兄弟。

재주【명사】图 ❶ 무엇을 잘할 수 있는 타고난 능력과 슬기. ◆ 才艺，才干，手艺，本事，本领，身手，技艺，能耐，才能，功夫，灵巧。¶뛰어난 재주. =出众的技艺。❷ 어떤 일에 대처하는 방도나 꾀. ◆ 花招，伎俩，把戏。¶아무리 재주를 피워도 소용없다. =再怎么使花招，也没用。

재주껏【부사】있는 재주를 다하여. ◆ 副尽力，竭尽全力，尽可能。¶갈 테면 재주껏 가 봐라. =想去就尽可能去吧。

재주꾼【명사】재주가 많거나 뛰어난 사람. ◆ 图奇才，高人，高手。¶숨은 재주꾼. =隐世高人。

재즈(jazz)【명사】19세기 말에서 20세기 초에 걸쳐서 미국의 흑인 음악에 클래식, 행진곡 따위의 요소가 섞여서 발달한 대중음악. ◆ 图爵士乐，爵士。¶재즈댄스. =爵士舞蹈。

재직(在職)【명사】어떤 직장에 소속되어 근무하고 있음. ◆ 图在职，在任。¶재직 기간. =在职期间。● 재직하다(在職--) ●

재질(材質)【명사】图 ❶ 재료가 가지는 성질. ◆ 材质，质地，质。¶종이재질. =纸质。❷ 목재가 가지는 성질. ◆ 木质，材质，质地。¶이 나무는 재질이 부드럽고 질겨 가구나 악기 따위를 만드는 데에 주로 쓴다. =这种树木质柔韧，因此主要用于制造家具或乐器。

재차(再次)【명사】두 번째. ◆ 图第二次，再次，又。¶재차 독촉. =再次督促。

재채기【명사】코 안의 신경이 자극을 받아 갑자기 코로 숨을 내뿜는 일. ◆ 图喷嚏。¶재채기할 때는 입을 가리고 하는 것이 예의야. =打喷嚏时捂住嘴才合乎礼仪嘛!

재촉【명사】어떤 일을 빨리하도록 조름. ◆ 图催促，督促，催讨。¶빚 재촉. =催讨债务。● 재촉하다 ●

재충전(再充電)【명사】图 ❶ 축전기 따위에 다시 전기 에너지를 축적하는 일. ◆ 再次充电，再充电。¶배터리 재충전. =再给电池充电。❷ 휴식 따위를 통하여 힘이나 실력을 축적하고 새롭게 함을 비유적으로 이르는 말. ◆ 休息再充电，养精蓄锐。● 재충전하다(再充電--) ●

재치(才致)【명사】눈치 빠른 재주. 또는 능란한 솜씨나 말씨. ◆ 图机灵，善于察言观色，〈口〉有眼力见儿，心眼，才华，才气。¶재치 만발. =才华横溢。

재킷(jacket)【명사】图 ❶ 앞이 터지고 소매가 달린 짧은 상의. 보통 털실 따위의 모직물로 만든다. ◆ 夹克，夹克衫。¶가죽재킷. =皮夹克。❷ 음반의 커버. ◆ 封面, 封套。¶앨범 재킷 촬영 현장. =专辑封面拍摄现场。

재탕(再湯)【명사】图 ❶ 한 번 달여 먹은 한약재를 두 번째 달이는 일. 또는 그런 탕약. ◆ 再煎, 再熬。¶재탕을 할 때는 약 찌꺼기를 햇볕에 말렸다가 하는 것이 좋다. =熬第二遍的时候, 最好把药渣在太阳底下晒一晒。 ❷ 한 번 썼던 말이나 일 따위를 다시 되풀이함을 비유적으로 이르는 말. ◆ 俚炒冷饭, 重复, 重播, 翻版。¶그 이야긴 저 친구가 이미 재탕까지 다 했네. =那个故事他已经讲过两次了。

재택(在宅)【명사】집에 머물러 있음. ◆ 图在家, 居家。¶재택근무. =在家办公。

재판[1](再版)【명사】图 ❶ 이미 간행된 책을 다시 출판함. 또는 그런 출판물. ◆ 再版, 重印。¶7쇄 재판. =再版第七次印刷。 ❷ 지나간 일을 다시 되풀이함. 또는 그렇게 하는 일. ◆ 翻版。

재편(再編)【명사】재편성(다시 편성함. 또는 그런 편성). ◆ 图改编, 重组, 调整。¶금융산업 구조 재편. =金融产业结构调整。● 재편하다(再編--) ●

재편성(再編成)【명사】다시 편성함. 또는 그런 편성. ◆ 图改编, 重组, 调整。¶드라마를 재편성하다. =改编连续剧。● 재편성되다(再編成--), 재편성하다(再編成--) ●

재평가(再評價)【명사】다시 평가함. 또는 그런 평가. ◆ 图重新评价, 重新评估。¶자산을 재평가. =重新评估资产。● 재평가되다(再評價--), 재평가하다(再評價--) ●

재학생(在學生)【명사】학교에 적(籍)을 두고 공부하는 학생. ◆ 图在校生。¶재학생 신분. =在校生身份。

재해(災害)【명사】재앙으로 말미암아 받는 피해. 지진, 태풍, 홍수, 가뭄, 해일, 화재, 전염병 따위에 의하여 받게 되는 피해를 이른다. ◆ 图灾害, 灾难。¶산업 재해. =工业灾害。

재해석(再解釋)【명사】옛것을 새로운 관점에서 다시 해석함. ◆ 图新解, 新说。¶근대 역사 재해석. =近代史新说。● 재해석하다(再解釋--) ●

재현(再現)【명사】다시 나타남. 또는 다시 나타냄. ◆ 图再现, 重现。● 재현하다(再現--) ●

재혼(再婚)【명사】다시 결혼함. 또는 그런 결혼. ◆ 图再婚。¶재혼전문회사. =再婚婚介公司。● 재혼하다(再婚--) ●

재화(財貨)【명사】图 재(사람이 바라는 바를 충족시켜 주는 모든 물건). ◆ 财物, 钱财。¶재화를 분배하다.=分配财物。

재활(再活)【명사】图 ❶ 다시 활동함. ◆ 复活, 重生, 再生。¶재활 훈련(再活訓練). =恢复性训练。 ❷ 신체장애자가 장애를 극복하고 생활함. ◆ (残疾人)康复。¶직업 훈련원에서는 지금도 지체 부자유자들이 재활을 꿈꾸며 열심히 일을 배우고 있다. =在职业训练院中, 仍然还有肢体残疾者怀着康复的梦想积极地学习, 做事。● 재활하다(再活--) ●

재활용(再活用)【명사】폐품 따위를 용도를 바꾸거나 가공하여 다시 씀. ◆ 图再生利用, 回收利用。¶자원 재활용정책. =资源回收利用政策。● 재활용되다(再活用--), 재활용하다(再活用--) ●

재활용품(再活用品)【명사】용도를 바꾸거나 가공하여 다시 사용할 수 있는 폐품. 또는 그 폐품을 사용하여 만든 물품. ◆ 图回收物品, (可利用的)废品。¶이것은 재활용품으로 만든 작품입니다. =这是用废品创作的作品。

재회(再會)【명사】다시 만남. 또는 두 번째로 만남. ◆ 图再会, 再见, 重逢。¶재회의 기쁨. =重逢的喜悦。● 재회하다(再會--) ●

잰걸음【명사】보폭이 짧고 빠른 걸음. ◆ 图小碎步, 〈口〉一溜小跑。¶그녀는 무엇이 바쁜지 잰걸음으로 내 앞을 지나갔다. =她可能有什么急事, 一溜小跑就从我面前过去了。

잽싸다【형용사】동작이 매우 빠르고 날래다. ◆ 形迅速, 敏捷, 麻利, 利索。¶동작이 잽싸다. =动作敏捷。

잿더미【명사】图 ❶ 재가 쌓인 더미. ◆ 灰堆, 灰垛。¶잿더미 속에서 고구마를 꺼냈다. =从灰堆中取出土豆。 ❷ 불에 타서 폐허가 된 자리를 비유적으로 이르는 말. ◆〈喻〉废墟。¶화재로 마을 전체가 잿더미로 변했다. =一场火灾使全村变成了一片废墟。

잿물【명사】짚이나 나무를 태운 재를 우려낸 물. 예전에 주로 빨래할 때 썼다. ◆ 图 (洗衣服用的)草灰水, 木灰水。¶어머니는 잿물을 받아서 빨래를 하신다. =妈妈接草灰水洗衣服。

잿밥(齋-)【명사】불공할 때 부처 앞에 놓는 밥. ◆图供品, 祭品。¶염불에는 마음이 없고 잿밥에만 마음이 있다. =无心念佛, 心思都在供品上。

잿빛【명사】회색빛(재의 빛깔과 같이 흰빛을 띤 검은빛). ◆ 图黑灰色, 深灰色。¶잿빛 구름. =黑灰色的云。

쟁기【명사】논밭을 가는 농기구. ◆ 图犁。¶밭을 쟁기로 갈다. =用犁耕地。

쟁반(錚盤)【명사】운두가 얕고 동글납작하거나 네모난, 넓고 큰 그릇. 목재, 금속, 사기 따위로 만들며 보통 그릇을 받쳐 드는 데에 쓴다. ◆图盘子, 托盘。¶과일 쟁반. =果盘。

-쟁이【접사】[일부 명사 뒤에 붙어] '그것이 나타내는 속성을 많이 가진 사람'의 뜻을 더하는 접미사. ◆ 后缀 俚〈贬〉(用于部分名词后, 表示具有该性质的人)家伙。¶심술쟁이. =心眼多的人。

쟁이다【동사】动 ❶ '재다(물건을 차곡차곡 쌓아두다)'의 사동형. ◆ 叠, 垒, 堆, 码。¶곳간에 쌀가마를 쟁이다. =把米袋码在仓库里。 ❷ '재다(고기 따위의 음식을 양념하여 그릇에 차곡차곡 담아 두다)'의 사동형. ◆ 摆好, 放好。¶잔치에 쓸 돼지고기를 양념장에 버무려 쟁여 뒀다. =给宴席上要用的猪肉拌上调味酱摆好。

쟁쟁하다[1](錚錚--)【형용사】여러 사람 가운데서 매우 뛰어나다. ◆ 形响当当。¶쟁쟁한 인물. =响当当的人物。

쟁쟁하다[2](琤琤--)【형용사】形 ❶ 전에 들었던 말이나 소리가 귀에 울리는 듯하다. ◆ 回响, 回荡。

¶격려해주시던 선생님의 목소리가 아직도 귓가에 쟁쟁하다. =老师激励我的声音仍然在耳边回响。❷ 목소리가 매우 또렷하고 맑다. ◆清脆，嘹亮，响亮。¶그녀의 쟁쟁한 노랫소리를 들으면 마음이 맑아진다. =只要听到她清脆的歌声，心情就会好起来。

쟁점(爭點)【명사】서로 다투는 중심이 되는 점. ◆名争议焦点。¶인간복제에 대한 쟁점. =有关克隆人的争议焦点。

쟁취(爭取)【명사】겨루어 싸워서 얻음. ◆名争取，夺取，赢取。¶권력 쟁취. =夺取权力。● 쟁취하다(爭取--) ●

쟁탈(爭奪)【명사】서로 나투어 빼앗음. ◆名争夺，争，夺。¶왕위 쟁탈. =争夺王位。● 쟁탈하다(爭奪--) ●

쟁탈전(爭奪戰)【명사】사물이나 권리 따위를 서로 다투어 빼앗는 싸움. ◆名争夺战，争霸战。¶자원 쟁탈전. =资源争夺战。

저[1]【대명사】代 ❶ 말하는 이와 듣는 이로부터 멀리 있는 대상을 가리키는 지시 대명사. ◆(指示代词，指代距离话者和听者均较远的对象)那个。¶그도 저도 아닌 다른 무엇이 있는 게 틀림없다. =不是这个也不是那个，肯定还有其他什么东西。❷ '저 사람'을 가리키는 삼인칭 대명사. ◆(主要用于表示复数的后缀"들"之前)他们，她们。¶지금 저들에게는 노력만이 살길입니다. =现在他们只有努力才有活路。

저[2]【감탄사】叹 ❶ 어떤 생각이나 말이 얼른 잘 떠오르지 아니할 때 쓰는 말. ◆(表示说话过程中的思考)这个，那个。¶저, 글쎄요. 잘 모르겠는데요. =嗯，这个，我不太清楚。❷ 말을 꺼내기가 어색하거나 곤란하여 머뭇거릴 때 쓰는 말. ◆(表示说话过程中因不好意思而犹豫)这个，那个。¶저, 초면에 실례하겠습니다. =初次见面，多有打扰。

저[3]【대명사】말하는 이가 윗사람이나 그다지 가깝지 아니한 사람을 상대하여 자기를 낮추어 가리키는 일인칭 대명사. 주격 조사 '가'나 보격 조사 '가'가 붙으면 '제'가 된다. ◆代(说话人地位较低或表示对对方的尊敬时使用的第一人称代名词)〈谦〉鄙人，小人，在下，我。¶저 가 볼게요. =我要走了。

저[4]【대명사】앞에서 이미 말하였거나 나온 바 있는 사람을 도로 가리키는 삼인칭 대명사. 주격 조사 '가'나 보격 조사 '가'가 붙으면 '제'가 된다. ◆代(表示前面已经提及的人的第三俗称代名词，与主格助词或补格助词"가"连用时变成"제")自己，他。¶저라고 별수 있나? =换成他就能有办法吗?

저[5](低)-【접사】'낮은'의 뜻을 더하는 접두사. ◆前缀低。¶저소득. =低收入。

저[6](著)【명사】'저술'이나 '저작'의 뜻을 나타내는 말. ◆名著，著作，著述。¶허균 저. =许筠著。

저가(低價)【명사】싼값(시세에 비하여 헐한 값). ◆名低价，廉价，便宜。¶저가 상품. =廉价商品。

저거【대명사】代 ❶ 말하는 이나 듣는 이로부터 멀리 있는 사물을 가리키는 지시 대명사. ◆(指代距离话者和听者均较远的事物的指示代词)那个，那东西。¶내가 사고 싶었던 물건이 바로 저거다. =我过去想买的就是那个。❷ '저 사람'을 낮잡아 이르는 삼인칭 대명사. ◆〈贬〉那家伙，那小子。¶저거 저거, 하라는 공부는 안 하고 오늘도 놀기만 해. =那小子，让学习不学习，今天又只知道玩。❸ '저 아이'를 귀엽게 이르는 삼인칭 대명사. ◆那小家伙，那小孩。¶저거 웃는 것 좀 봐. 너무 귀엽지 않니? =看那个小孩笑的样子，不是非常可爱吗?

저것【대명사】代 ❶ 말하는 이나 듣는 이로부터 멀리 있는 사물을 가리키는 지시 대명사. ◆(指代距离话者和听者均较远的事物的指示代词)那个，那东西。¶저것은 무엇에 쓰는 물건인가요? =那东西是用在什么地方的啊? ❷ '저 사람'을 낮잡아 이르는 삼인칭 대명사. ◆〈贬〉那家伙，那小子。¶꼴에 저것도 사내라고 바람을 피워. =长成那副德行，那家伙还觉得自己是个人物，还搞外遇。❸ '저 아이'를 귀엽게 이르는 삼인칭 대명사. ◆那小家伙，那小孩。¶저것들 손자 손녀 재롱떠는 재미에 살지요. =我就看着那几个孙子孙女，享享天伦之乐了。

저격(狙擊)【명사】일정한 대상을 노려서 치거나 총을 쏨. ◆名狙击。¶저격수. =狙击手。● 저격하다(狙擊--) ●

저고리【명사】한복 윗옷의 하나. 길, 소매, 섶, 깃, 동정, 고름, 끝동, 회장 따위가 갖추어져 있다. 겹저고리와 핫저고리가 있다. ◆名 韩式短袄，小袄，上衣。¶노란 저고리에 녹색 치마. =黄色小袄配绿色裙子。

저곳【대명사】'저기(말하는 이나 듣는 이로부터 멀리 있는 곳을 가리키는 지시 대명사.)'를 문어적으로 이르는 말. ◆代那边，那里，那儿。¶저곳은 언제나 사람들이 많다. =那里总是人很多。

저공(低空)【명사】지면이나 수면에 가까운 낮은 하늘. ◆名低空。¶저공 비행. =低空飞行。

저금(貯金)【명사】돈을 모아 둠. 또는 그 돈. 금융기관에 돈을 맡김. 또는 그 돈. ◆名 存钱，积蓄，攒钱。¶그는 버는 족족 저금한다. =他挣多少存多少。● 저금하다(貯金--) ●

저금리(低金利)【명사】낮은 금리. ◆名低息，低利率，利息低。¶저금리 대출. =低利率贷款。

저금통(貯金筒)【명사】주로 동전을 모아 둘 수 있게 만든 통. ◆名储蓄罐，零钱罐，存钱罐。¶저금통을 깨다. =打碎储蓄罐。

저금통장(貯金通帳)【명사】'예금 통장(預金通帳)(금융 기관이 예금자에게 교부하여 두고 예금·지급 따위의 내용을 기재하는 장부)'을 일상적으로 이르는 말. ◆名存折。¶저금 통장의 잔액 좀 살펴봐라. =仔细看看存折的余额。

저기[1]【대명사】말하는 이나 듣는 이로부터 멀리 있는 곳을 가리키는 지시 대명사. ◆代那里，那边，那块，那儿。¶저기가 이 고장에서는 제일 경치가 좋은 곳입니다. =那儿是这个区域风景最好的地方。

저기[2]【감탄사】叹 ❶ 생각이 잘 나지 아니할 때에 쓰는 말. ◆ 这个，那个(表示说话过程中的思考的过渡语气词)。¶저기, 그 뭐냐, 뭐라고 했는데. =嗯，那个

什么，那个叫什么来着。❷ 말을 꺼내기 거북할 때에 쓰는 말. ◆ 劳驾，请问，对不起。¶저기, 대화 중에 죄송합니다만. =对不起，抱歉打断你们一下。

저기압(低氣壓)【명사】图 ❶ 대기 중에서 높이가 같은 주위보다 기압이 낮은 영역. 상승 기류가 생겨 비가 내리는 일이 많다. 발생지에 따라서 열대 저기압과 온대 저기압으로 나눈다. ◆ 低气压，低压。¶열대성 저기압. =热带低气压。❷ 사람의 기분이나 일의 형세가 좋지 아니한 상태. ◆ 俚 (情绪)低落，心情不好，(情况)不妙。¶오늘 저기압이니까 건드리지 마라. =今天他心情不好，别惹他。

저까짓【관형사】겨우 저만한 정도의. ◆ 冠那么点儿，那点儿。¶저까짓 일쯤이야 하루도 안 걸린다. =就那么点儿事，用不着一天就能干完。

저녁【명사】图 ❶ 해가 질 무렵부터 밤이 되기까지의 사이. ◆ 傍晚，黄昏，晚上。¶저녁식사. =晚饭。❷ 저녁밥. ◆ 晚饭，晚餐，晚膳。¶저녁을 먹다. =吃晚饭。

저녁나절【명사】저녁때를 전후한 어느 무렵이나 동안. ◆ 图傍晚，黄昏。¶저녁나절이 되어서야 일을 끝낼 수 있었다. =直到傍晚，才把事情做完。

저녁노을【명사】해가 질 때의 노을. ◆ 图晚霞。¶저녁노을 풍경. =晚霞风韵。

저녁때【명사】图 ❶ 저녁인 때. ◆ 日落时分，傍晚时分。¶저녁때부터 비가 오기 시작했다. =从傍晚时分开始下起了雨。❷ 저녁밥을 먹는 때. ◆ 晚饭时间。¶저녁때가 되니 배가 출출하다. =到了晚饭时间，肚子空空的。

저녁밥【명사】저녁에 끼니로 먹는 밥. ◆ 图晚饭，晚餐，晚膳。¶저녁밥 먹고 영화 구경이나 가자. =吃过晚饭，一起去看场电影吧。

저년【대명사】代 ❶ 말하는 이나 듣는 이로부터 멀리 있는 여자를 비속하게 이르는 삼인칭 대명사. ◆〈贬〉那个女的。¶저년이 보자보자 하니 못하는 말이 없어. =那个女的没有说不出口的话。❷ '저 여자아이'를 비속하게 이르는 삼인칭 대명사. ◆〈贬〉那小女孩，那小丫头。¶저년이 벌써 저렇게 컸나? =那小丫头都那么大了?

저놈【대명사】代 ❶ 말하는 이나 듣는 이로부터 멀리 있는 남자를 비속하게 이르는 삼인칭 대명사. ◆〈贬〉那个家伙，那个人，那人。¶저놈 잡아라. =抓住那个家伙! ❷ '저 아이'를 비속하게 이르는 삼인칭 대명사. ◆〈贬〉那孩子，那小家伙。¶저놈이 우리 집 기둥입니다. =那孩子是我们家的顶梁柱。❸ 말하는 이와 듣는 이로부터 멀리 있는 대상을 속되게 이를 때 쓰는 말. ◆ 那，那个。¶저놈의 오토바이 소음 때문에 잠을 잘 수가 있어야지. =因为那辆摩托车的噪音，怎么也睡不着。❹ '저것'을 속되게 이르는 말. ◆ 那东西("저것"的俗称)。¶저놈으로 주세요. =把那东西给我。

저능아(低能兒)【명사】지능이 떨어지는 아이를 낮잡아 이르는 말. ◆ 图低能儿，弱智儿童，弱智。¶어머니는 저능아인 형 때문에 늘 가슴 아파하셨다. =妈妈总是因为身为低能儿的哥哥而伤心。

저다지【부사】저러한 정도로. 또는 저렇게까지. ◆ 副那么，那样。¶사람이 어찌 저다지 못났다냐? =人怎么会那么没出息呢?

저대로【부사】副 ❶ 변함없이 저 모양으로. ◆ 原样，原封不动，就那样。¶저대로 두다. =就那样放着。❷ 저것과 똑같이. ◆ 照着那个，照那样。¶저대로 해주십시오. =请照着那个给我做。

저돌적(豬突的)【명사】앞뒤를 생각하지 않고 내닫거나 덤비는 것. ◆ 图鲁莽，草率，冒失。¶저돌적인 행동. =鲁莽的行动。

저따위【대명사】저러한 부류의 대상을 낮잡아 이르는 지시 대명사. ◆ 代〈贬〉那种，那些。¶저따위 인간들을 데려 오다니 제 정신이냐? =居然把那种人带了过来，你脑子是不是有问题?

저러하다【형용사】'저렇다(성질, 모양, 상태 따위가 저와 같다)'의 본말. ◆ 形那样。

저런[1]【감탄사】뜻밖에 놀라운 일 또는 딱한 일을 보거나 들었을 때 하는 말. ◆ 叹哎呀，哎哟，天哪(表示突然看到或听到惊奇或难堪的事情)。¶저런, 그게 참말이에요. =哎呀，那是真的吗?

저런[2]【품사 없음】'저리한'의 준말. ◆ "저리한"的略语。¶저런 것도 못하면서 장차 어떻게 살려고 그러냐? =你连那点事都办不好，打算将来怎么活呀?

저런[3]【관형사】상태, 모양, 성질 따위가 저러한. ◆ 冠那种，那样。¶저런 일에 신경질을 부리다니. =居然为那种事发脾气。

저렇다【형용사】성질, 모양, 상태 따위가 저와 같다. ◆ 形那样，那么。¶저렇다고 다 나쁜 것은 아니다. =并非那样一无是处。● 저렇게 ●

저력(底力)【명사】속에 간직하고 있는 든든한 힘. ◆ 图潜力，底气。¶놀라운 저력. =惊人的潜力。

저렴하다(低廉--)【형용사】물건 따위의 값이 싸다. ◆ 形低廉，廉价，便宜。¶저렴한 임금. =低廉的工资。

저리[1]【부사】저곳으로. 또는 저쪽으로. ◆ 副那边，那儿。¶저리 가 있어라. =一边儿去。

저리[2]【부사】상태, 모양, 성질 따위가 저러한 모양. ◆ 副那么，那样。¶세상에 저리 슬프게 하는 일이 또 있을까? =世上还有如此让人伤心落泪的事吗?

저리다【형용사】形 ❶ 뼈마디나 몸의 일부가 오래 눌려서 피가 잘 통하지 못하여 감각이 둔하고 아리다. ◆ 麻，麻木，发麻。¶다리가 저리다. =腿发麻。❷ 뼈마디나 몸의 일부가 쑥쑥 쑤시듯이 아프다. ◆ 刺痛，麻痛。¶지난 번 사고 후유증으로 온몸이 저리고 아프다. =由于上次事故留下的后遗症，全身麻痛。❸ 가슴이나 마음 따위가 못 견딜 정도로 아프다. ◆ 揪心，痛心，心痛。¶이별의 아픔으로 가슴이 저리다. =离别让人心痛。

저리로【부사】'저리(저곳으로 또는 저쪽으로)'를 강조하는 말. ◆ 副往那边，往那儿，到那边，到那儿，那儿。¶저리로 가 있어. =到那边去。

저마다【부사】각각의 사람이나 사물마다. ◆ 副每个人，每人，各自。¶저마다 다 개성은 있기 마련이다. =每个人都会有自己的性格。

저만치【명사】图❶ 저만큼(저만한 정도). ◆那么。¶조금만 더 쌓으면 저만치는 될 수 있겠다. =只要努力，肯定能积累那么多。❷ 저만큼(저쯤 떨어진 곳). ◆那里。¶저만치에서 아이가 오는 모습이 보인다. =看见孩子正从那里走来。

저만큼【부사】副❶ 저만한 정도로. ◆那么，那样。¶후보 선수가 저만큼 막아 주니 그나마 다행이다. =后备队员那么努力防守，真是万幸。❷ 저쯤 떨어진 곳으로. ◆就那么远(距离)。¶경찰들이 범인들을 쫓아갔을 때 그들은 저만큼 가고 있었다. =警察追捕犯人的时候，犯人就走在前面那么远的地方。

저만하다【형용사】상태, 모양, 성질 따위의 정도가 저러하다. ◆形那样，那种，那般。¶저만한 키. =那么高的个子。

저명(著名)【명사】세상에 이름이 널리 드러나 있음. ◆图著名，驰名，知名，有名。¶저명 소설가. =著名小说家。● 저명하다(著名--) ●

저물다【동사】动❶ 해가 져서 어두워지다. ◆日暮，傍晚，天黑。¶해가 저물자 집집마다 밥 짓는 연기들이 피어올랐다. =天刚刚黑，家家户户就飘起了炊烟。❷ 계절이나 한 해가 거의 다 지나게 되다. ◆(一年的)年底，岁末；(季节)过去；(年龄的某一时期)已过去了。¶벌써 한 해가 저물다니 참으로 세월이 빠르다. =一年又过去了，真是岁月如梭呀。

저미다【동사】动❶ 여러 개의 작은 조각으로 얇게 베어 내다. ◆削，切片。¶저민 야채. =切成片的蔬菜。❷ 칼로 도려내듯이 쓰리고 아프게 하다. ◆(刀)割，刺(骨)，剜(心)。¶뼈를 저미는 바람이 며칠 째 불고 있다. =像刀割一样的寒风，连刮了几天。❸ 마음을 몹시 아프게 하다. ◆(心如刀)割。¶가슴을 저미다. =心如刀割。

저버리다【동사】动❶ 마땅히 지켜야 할 도리나 의리를 잊거나 어기다. ◆忘，忘记，辜负，违背。¶은혜를 저버리다. =忘恩负义。❷ 남이 바라는 바를 거절하다. ◆拒绝。¶그녀의 호의를 저버릴 수 없어 며칠 더 머무르기로 했다. =无法拒绝她的好意，决定再逗留几天。❸ 등지거나 배반하다. ◆背叛，背弃。¶신뢰를 저버리다. =背信弃义。❹ 목숨을 끊다. ◆献身，献出(生命)。¶그는 조국을 지키기 위해 목숨마저 저버리고 말았다. =他为保卫祖国而献出了自己的生命。

저벅저벅【부사】발을 크고 묵직하게 내디디며 잇따라 걷는 소리. 또는 그 모양. ◆副咔嚓咔嚓，咯噔咯噔(大踏步走路的声音或样子)。¶우리는 눈 위를 저벅저벅 걸어갔다. =我们咔嚓咔嚓地走在雪上。

저번(這番)【명사】지난번(말하는 때 이전의 지나간 차례나 때). ◆图上次，那次，上回。¶저번 일은 잘 됐으니 걱정하지 마라. =上次的事都办好了，别担心了。

저변(底邊)【명사】图❶ 어떤 대상의 아래를 이루는 부분. ◆下面，里面。¶그 저변에 무엇인가가 숨겨져 있는 것이 틀림없다. =那里面肯定隐藏着什么。❷ 한 분야의 밑바탕을 이루는 부분. ◆基层，后备。¶태권도 저변 인구 확대. =扩大跆拳道后备力量。

저분【대명사】'저 사람'을 아주 높여 이르는 삼인칭 대명사. ◆代那位，那位先生。¶저분이 바로 네가 찾던 사람이다. =那位就是你要找的人。

저서(著書)【명사】책을 지음. 또는 그 책. ◆图著书，著作，作品。¶유명인의 저서. =名人的作品。

저소득(低所得)【명사】적은 벌이. 또는 벌이가 적음. ◆图低收入，低工资，低所得。¶저소득 농가. =低收入农民。

저소득층(低所得層)【명사】저소득 계층. ◆图低收入人群，低收入阶层。¶저소득층 자녀. =低收入人群的子女。

저속(低速)【명사】느린 속도. ◆图低速，慢速。¶저속 비행. =低速飞行。

저속하다(低俗--)【형용사】품위가 낮고 속되다. ◆形低俗，低级，庸俗。¶저속한 잡지. =庸俗杂志。

저수지(貯水池)【명사】물을 모아 두기 위하여 하천이나 골짜기를 막아 만든 큰 못. 관개(灌溉), 상수도, 수력 발전, 홍수 조절 따위에 쓴다. ◆图水库，蓄水池。¶농업용 저수지. =农用蓄水池。

저술(著述)【명사】글이나 책 따위를 씀. 또는 그 글이나 책. ◆图著书，写作；著作，作品。¶저술 활동(著述活動). =写作活动。● 저술되다(著述--), 저술하다(著述--) ●

저승【명사】사람이 죽은 뒤에 그 혼이 가서 산다고 하는 세상. ◆图阴间，阴曹地府，地狱。¶저승 돈. =冥钞。

저승사자(--使者)【명사】저승에서 염라대왕의 명을 받고 죽은 사람의 넋을 데리러 온다는 심부름꾼. ◆图（迷信）勾魂使者。¶저승사자가 꿈에 보이다. =梦见了勾魂使者。

저어하다【동사】염려하거나 두려워하다. ◆动担心，担忧；害怕，畏惧。¶싸우는 것을 저어하다. =害怕争吵。

저온(低溫)【명사】낮은 온도. ◆图低温。¶저온 저장. =低温贮藏。

저울【명사】물건의 무게를 다는 데 쓰는 기구를 통틀어 이르는 말. ◆图秤(各种衡器的总称)。¶저울눈금이 맞는지 살펴봐라. =看一下秤星是否准。

저울대【명사】대저울의 눈금이 새겨져 있는 몸 부분. 또는 저울추를 거는 막대기. ◆图秤杆。¶저울대가 기울어지다. =秤杆斜了。

저울질【명사】图❶ 저울로 물건의 무게를 달아 헤아리는 일. ◆称，过秤。¶저울질을 속이다. =缺斤少量。❷ 속내를 알아보거나 서로 비교하여 이리저리 헤아려 보는 일. ◆估量，掂量，衡量，权衡。¶저울질해 보다. =衡量一下。● 저울질하다 ●

저음(低音)【명사】낮은 소리. ◆图低音，低调；低声。¶저음 노래. =低音歌曲。

저의(底意)【명사】겉으로 드러나지 아니한, 속에 품은 생각. ◆图本意，真心，用心，居心。¶도대체 그 사람의 저의가 뭐냐? =他到底是何居心?

저이【대명사】代❶ '저 사람'을 조금 높여 이르는 삼인칭 대명사. ◆那位，那个人("저 사람"的敬称)。

¶나는 저이가 우리 아저씨인 줄 알고 깜짝 놀랐다. =我意识到那个人是我叔叔，大吃了一惊。❷ 여자가 다른 사람을 상대하여 멀리 있는 자기 남편이나 애인을 가리키는 삼인칭 대명사. ◆ 那位，我先生，我爱人。

저자[1]【명사】㊔ ❶ '시장(市場)'을 예스럽게 이르는 말. ◆ ("시장"的古语)市，市场，集市。¶저자 거리. =市井。❷ 시장에서 물건을 파는 가게. ◆ (市场中的)摊位，小铺子，商铺。¶우리 동네 가게는 저자에서 파는 것보다 훨씬 비싸다. =我们村铺子里卖的东西要比市场商铺里卖的贵很多。

저자[2](著者)【명사】글로 써서 책을 지어 낸 사람. ◆ ㊔作者。¶저자 팬 사인회. =作者的粉丝签售会。

저자[3](-者)【대명사】'저 사람'을 조금 낮잡아 이르는 삼인칭 대명사. ◆ ㊅ ㊖那个人，那家伙。¶저자를 데려 오너라. =把那家伙带过来。

저자세(低姿勢)【명사】상대편에게 눌려 굽실거리는 낮은 자세. ◆ ㊔低姿态，卑躬屈膝。¶저자세 외교. =低姿态外交。

저작(著作)【명사】예술이나 학문에 관한 책이나 작품 따위를 지음. 또는 그 책이나 작품. ◆ ㊔写作，撰述；著作，作品。¶공동 저작. =共同作品。

저작권(著作權)【명사】문학, 예술, 학술에 속하는 창작물에 대하여 저작자나 그 권리 승계인이 행사하는 배타적 독점적 권리. 저작자의 생존 기간 및 사후 50년 간 유지된다. ◆ ㊔ 著作权，版权。¶저작권 표시. =版权标识。

저작물(著作物)【명사】사상이나 기술, 연구 결과, 문예 작품 따위를 글로 써서 책으로 펴낸 것. ◆ ㊔ 作品，著作，出版物。¶저작물 사용료. =作品版权使用费。

저작자(著作者)【명사】예술이나 학문에 관한 책이나 작품 따위를 지은 사람. ◆ ㊔作者。¶이 책의 원저작자는 누구입니까? =这本书的原作者是谁?

저장(貯藏)【명사】물건이나 재화 따위를 모아서 간수함. ◆ ㊔储藏，贮藏，贮存。¶음식물은 저장을 잘 해야 상하지 않는다. =食物只有好好贮藏，才不会变质。● 저장되다(貯藏--), 저장하다(貯藏--) ●

저장뿌리(貯藏--)【명사】양분을 저장하기 위하여 비정상적으로 비대하여진 식물의 뿌리. ◆ ㊔ 贮藏根，肿状根。¶뿌리에는 숨뿌리, 저장뿌리, 공기뿌리 따위가 있다. =根的种类包括呼吸根、贮藏根、气生根等。

저절로【부사】다른 힘을 빌리지 아니하고 제 스스로. 또는 인공의 힘을 더하지 아니하고 자연적으로. ◆ ㊓自然地，自然而然地，不由自主地。¶저절로 나온 웃음. =自然流露出来的微笑。

저조하다(低調--)【형용사】㊕ ❶ 가락이 낮다. ◆ (歌曲等)低音调，低沉。¶저조한 음악이 계속되는 바람에 분위기가 더욱 침울해졌다. =听着不断传来的低沉的音乐，心情也变得更郁闷。❷ 활동이나 감정이 왕성하지 못하고 침체해 있다. ◆ (活动、感情等)低调，不积极，低落，消沉。¶기분이 저조하다. =情绪低落。❸ 능률이나 성적이 낮다. ◆ (效率、成绩等)低，落后。¶저조한 득표율. =低得票率。

저주(詛呪/咀呪)【명사】남에게 재앙이나 불행이 일어나도록 빌고 바람. 또는 그렇게 하여서 일어난 재앙이나 불행. ◆ ㊔诅咒，憎恨，仇恨。¶저주를 내리다. =下诅咒。● 저주하다(詛呪/咀呪--) ●

저주파(低周波)【명사】주파수가 낮은 파동이나 전자기파. 음성 진동수, 즉 가청(可聽) 진동수를 가리키며 무선 주파를 검사하여 알아낸 신호 진동수의 파동을 가리키기도 한다. ◆ ㊔ 低频，低频率。¶저주파 치료기. =低频治疗仪。

저지(沮止)【명사】막아서 못하게 함. ◆ ㊔阻止，阻挡，阻碍。● 저지되다(沮止--), 저지하다(沮止--) ●

저지대(低地帶)【명사】낮은 지대. ◆ ㊔低地，洼地，低洼地带。¶저지대가 침수되다. =低洼地带被淹没了。

저지르다【동사】죄를 짓거나 잘못이 생겨나게 행동하다. ◆ ㊍犯错，犯事，惹事。¶일을 저지르다. =惹事。

저지방(低脂肪)【명사】지방의 포함 비율이 매우 낮은 상태. ◆ ㊔低脂，低脂肪。¶저지방 우유. =低脂肪牛奶。

저지선(沮止線)【명사】그 이상으로 넘지 못하도록 막는 경계선. ◆ ㊔防线，警戒线。¶적들이 저지선을 뚫고 총공격을 감행해 왔다. =敌人突破防线，发起了总攻。

저질(低質)【명사】낮은 품질. ◆ ㊔低俗，低级，庸俗。¶저질 문화. =庸俗文化。

저쪽【대명사】㊅ ❶ 말하는 이와 듣는 이로부터 멀리 있는 곳이나 방향을 가리키는 지시 대명사. ◆ 那儿，那里。¶저쪽 길. =那条路。❷ 말하는 이와 듣는 이로부터 멀리 있는 사람 또는 사람들을 가리키는 삼인칭 대명사. ◆ 那人，那边，对方。¶저쪽 입장도 고려해야지. =也应考虑那人的立场。❸ 말하는 이와 듣는 이로부터 멀리 있는 사람과 그 사람을 포함한 집단을 가리키는 삼인칭 대명사. ◆ 那边，他们那边。¶저쪽 상황은 어떻습니까? =他们那边的情况怎么样? ❹ 어떤 것을 사이에 둔 반대편을 가리키는 지시 대명사. ◆ 对面，那边，¶유리창 저쪽. =玻璃窗外面。❺ 현재로부터 떨어진 과거의 어느 한 시점을 가리키는 지시 대명사. ◆ 那时候，当时。¶저쪽에서 살아온 세월. =那时候的时光。

저촉(抵觸)【명사】법률이나 규칙 따위에 위반되거나 거슬림. ◆ ㊔违反，违犯，违背，触犯(法律或规则)。¶법에 저촉되는 행위. =违法行为。● 저촉되다(抵觸--) ●

저축(貯蓄)【명사】㊔ ❶ 절약하여 모아 둠. ◆ 储蓄，存款，储备。¶저축 은행. =储蓄银行。❷ 소득 중에서 소비로 지출되지 않는 부분. ◆ 积蓄，存款。¶저축 이자.=储蓄利息。● 저축하다(貯蓄--) ●

저택(邸宅)【명사】규모가 아주 큰 집. ◆ ㊔宅院，府第，公馆。¶호화로운 저택. =豪华的公馆。

저토록【부사】저러한 정도로까지. ◆ ㊓那样，那么。¶사람이 저토록 달라질 수 있을까. =人会有那

么大的变化吗?

저편(-便) 【대명사】 代 ❶ 저쪽(말하는 이와 듣는 이로부터 멀리 있는 곳이나 방향을 가리키는 지시 대명사). ◆ 那边, 那里。¶저편 한길로 난 창. =对着那边马路开的窗户。❷ 저쪽(말하는 이와 듣는 이로부터 멀리 있는 사람 또는 사람들을 가리키는 삼인칭 대명사). ◆ 那边, 他们, 对方。¶저편에서 무슨 전갈이 올 것이다. =他们会传来某种信息的。❸ 저쪽(어떤 것을 사이에 둔 반대편을 가리키는 지시 대명사). ◆ (相反、对面)那个, 那边。¶그는 저편 길을 따라 가버렸다. =他顺着那条路走了。

저하(低下) 【명사】 정도, 수준, 능률 따위가 떨어져 낮아짐. ◆ 名 (程度、水平、效率等)下跌, 下降, 降低, 低落。¶사기 저하. =士气低落。● 저하되다(低下--), 저하하다(低下--), 저하시키다(底下---) ●

저학년(低學年) 【명사】 낮은 학년. 흔히 초등학교 1~2학년을 이른다. ◆ 名低年级。¶저학년 어린이. =低年级儿童。

저항(抵抗) 【명사】 名 ❶ 어떤 힘이나 조건에 굽히지 아니하고 거역하거나 버팀. ◆ 抵抗, 反抗, 对抗。¶저항 세력. =抵抗势力。❷ 물체의 운동 방향과 반대 방향으로 작용하는 힘. ◆ 阻力, 电阻。¶공기의 저항. =空气阻力。● 저항하다(抵抗--) ●

저항력(抵抗力) 【명사】 名 ❶ 질병이나 병원균 따위를 견뎌 내는 힘. ◆ (对疾病或病原体的)抵抗力。¶내적 저항력. =内部抵抗力。❷ 운동을 방해하는 힘. ◆ 阻力。¶공기 저항력. =空气阻力。

저해(沮害) 【명사】 막아서 못하도록 해침. ◆ 名阻碍, 妨碍, 妨害。¶저해 요인. =妨害因素。● 저해되다(沮害--), 저해하다(沮害--) ●

저혈압(低血壓) 【명사】 혈압이 정상보다 낮은 증세. ◆ 名 低血压。¶저혈압 증상. =低血压症状。

저희 【대명사】 代 ❶ '우리'의 낮춤말. ◆〈谦〉我们, 咱们, 我。¶저희를 한번만 용서하세요. =您就原谅我这一次吧。❷ '우리'의 낮춤말. ◆〈谦〉我们, 咱们, 我。¶저희 아버님을 아세요? =您认识我父亲吗? ❸ 앞에서 이미 말하였거나 나온 바 있는 사람들을 도로 가리키는 삼인칭 대명사. ◆ 他们。¶저희가 아무리 뭐라 해도 이번만은 용서할 수 없다. =无论他们怎么辩解, 这次都不会饶恕他们。

적[1] 【의존 명사】 그 동작이 진행되거나 그 상태가 나타나 있는 때, 또는 지나간 어떤 때. ◆ 依名 时候; 那时, 那时候, 当时。¶어렸을 적에 생긴 일. =小时候发生的事。

적[2](炙) 【명사】 名 ❶ 생선이나 고기 따위를 양념하여 대꼬챙이에 꿰어 불에 굽거나 지진 음식. ◆ 烤肉, 烤串。¶적 한 접시에 술을 세 병이나 마셨다. =吃了一盘烤肉, 喝了三瓶酒。❷ 통닭이나 통꿩, 족 따위를 양념하여 구워서 잔칫상이나 제사상에 올리는 음식. ◆ 烤肉, 整只烧烤。¶적을 올려라. =上烤肉。

적[3](敵) 【명사】 名 ❶ 서로 싸우거나 해치고자 하는 상대. ◆ 敌, 敌人, 仇人。¶공공의 적. =公敌。❷ 어떤 것에 해를 끼치는 요소를 비유적으로 이르는 말. ◆〈喻〉敌人, 大敌。¶인간의 적. =人类的敌人。❸ 경기나 시합 따위에서 서로 승부를 겨루는 상대편. ◆ (比赛中的)对手, 大敌。¶우승에 걸림돌이 되는 적. =阻碍夺冠的大敌。

-적[4](的) 【접사】 '그 성격을 띠는', '그에 관계된', '그 상태로 된'의 뜻을 더하는 접미사. ◆ 后缀 表示具有某种性质的, 与其相关的或保持某种状态的。¶기술적. =技术性的。

적갈색(赤褐色) 【명사】 붉은빛을 많이 띤 갈색. ◆ 名赤褐色, 古铜色。¶적갈색 피부. =古铜色皮肤。

적개심(敵愾心) 【명사】 적과 싸우고자 하는 마음. 또는 적에 대하여 느끼는 분노와 증오. ◆ 名怒火, 敌忾之心。¶불타는 적개심. =熊熊燃烧的怒火。

적격자(適格者) 【명사】 어떤 일에 알맞은 자격을 지닌 사람. ◆ 名合适人选, 合格者。¶초 패왕의 역할로 그 사람 만한 적격자도 드물다. =很少有像他那样适合扮演楚霸王的人选。

적군(敵軍) 【명사】 名 ❶ 적의 군대나 군사. ◆ 敌军。¶매복한 적군. =埋伏着的敌军。❷ 운동 경기나 시합 따위에서 상대편을 이르는 말. ◆ (比赛中的)对手。¶우리들은 아군과 적군으로 편을 나누어 축구 시합을 하였다. =我们分成敌我双方, 进行足球比赛。

적극(積極) 【명사】 대상에 대하여 긍정적이고 능동적으로 활동함. ◆ 名积极, 踊跃, 主动。

적극성(積極性) 【명사】 긍정적이고 능동적으로 활동하는 성질. ◆ 名积极性, 主动性, 能动性, 积极。¶협상에 적극성을 보이다. =对谈判持积极态度。

적극적(積極的) 【명사】 대상에 대한 태도가 긍정적이고 능동적인 것. ◆ 名积极的, 能动的。

적금(積金) 【명사】 名 돈을 모아 둠. 또는 그 돈. ◆ 存款, 积蓄。¶적금한 것이 없어서 더욱 어려움을 겪었다. =因为没有积蓄, 所以过得更加艰难。

적기[1](適期) 【명사】 알맞은 시기. ◆ 名适时, 适当时机, 最佳时机。¶적기 시비(適期施肥). =适时施肥。

적기[2](敵機) 【명사】 적군의 비행기. ◆ 名敌机。¶적기 내습. =敌机来袭。

적나라하다(赤裸裸--) 【형용사】 形 ❶ 몸에 아무 것도 입지 아니하고 발가벗다. ◆ 赤裸裸, 一丝不挂。¶그는 적나라한 상태로 물 속에 뛰어 들었다. =他一丝不挂地跳入水中。❷ 있는 그대로 다 드러내어 숨김이 없다. ◆ 赤裸裸, 直接, 直白。¶그 둘의 대화는 너무 적나라하다. =他俩的对话太直接了。

적다[1] 【형용사】 수효나 분량, 정도가 일정한 기준에 미치지 못하다. ◆ 形少, 不足, 轻微。¶경험이 적다. =经验不足。

적다[2] 【동사】 动 ❶ 어떤 내용을 글로 쓰다. ◆ 记, 记录, 抄。¶답을 적다. =记答案。❷ 장부나 일기 따위를 작성하다. ◆ 记, 抄, 写。¶그녀는 하루도 거르지 않고 가계부를 적는다. =她一天不落地记录家庭账目。● 적히다 ●

적당하다(適當--) 【형용사】 形 ❶ 정도에 알맞다. ◆ 恰当, 适宜, 适合, 适于。¶놀기에 적당하다.

=适于游玩。❷ 엇비슷하게 요령이 있다. ◆ 差不多，适当，合适。¶적당한 주차 공간 확보. =确保适当的停车空间。● 적당히(適當-) ●

적대(敵對)【명사】적으로 대함. 또는 적과 같이 대함. ◆ 图敌对，敌视，仇视，作对。¶적대 감정. =敌对情绪。● 적대하다(敵對--) ●

적대감(敵對感)【명사】적으로 여기는 감정. ◆ 图敌对情绪，对立情绪，反感。

적대시(敵對視)【명사】적으로 여겨 봄. ◆ 图敌视，仇视，视如寇仇。¶적대시 정책. =敌视政策。● 적대시되다(敵對視--), 적대시하다(敵對視--) ●

적대심(敵對心)【명사】적으로 여기는 마음. ◆ 图敌意，敌对情绪。¶아무한테나 적대심을 갖지 마라. =不要对任何人抱有敌意。

적대적(敵對的)【명사】적으로 대하거나 적과 같이 대하는 것. ◆ 图敌对的，敌视的，仇视的。¶적대적인 태도. =敌视的态度。

적도(赤道)【명사】지구의 중심을 지나는 자전축에 수직인 평면과 지표가 교차되는 선. ◆ 图 赤道。¶적도를 내려 쬐는 강렬한 햇빛 때문에 눈을 뜰 수가 없다. =直射赤道的强烈阳光让人睁不开眼。

적령(適齡)【명사】어떤 표준이나 규정에 알맞은 나이. ◆ 图适龄，最佳年龄。¶취학 적령. =上学年龄。

적령기(適齡期)【명사】어떤 일을 하기에 알맞은 나이가 된 때. ◆ 图适龄期，最佳年龄。¶결혼 적령기. =造婚年龄。

적립(積立)【명사】모아서 쌓아 둠. ◆ 图攒，积，存。¶수익금 적립. =存工资。● 적립하다(積立--) ●

적막감(寂寞感)【명사】图 ❶ 고요하고 쓸쓸한 느낌이나 마음. ◆ 寂寞感，寂寞。¶적막감이 쌓인 호수. =静寂的湖水。❷ 의지할 데 없이 외로운 느낌이나 마음. ◆ 孤独感，凄凉感，孤单。¶적막감이 드는 방. =孤单的房间。

적막하다(寂寞--)【형용사】形 ❶ 고요하고 쓸쓸하다. ◆ 寂寞，孤寂，凄凉。¶적막한 기운. =寂寞的味道。❷ 의지할 데 없이 외롭다. ◆ 孤单，孤独，孤苦。¶적막한 신세. =孤苦的身世。

적반하장(賊反荷杖)【명사】도둑이 도리어 매를 든다는 뜻으로, 잘못한 사람이 아무 잘못도 없는 사람을 나무람을 이르는 말. ◆ 图〈喻〉贼喊捉贼， 反咬一口， 耍赖。¶도둑은 적반하장 격으로 무죄를 주장하고 나섰다. =盗贼耍赖说自己无罪。

적발(摘發)【명사】숨겨진 일이나 물건을 들추어 냄. ◆ 图揭发，揭露，检举，揪出。¶배신자 적발. =揪出叛徒。● 적발되다(摘發--), 적발하다(摘發--) ●

적법(適法)【명사】법규에 맞음. 또는 알맞은 법. ◆ 图合法；合适的法律，适当的法规。¶적법한 절차. =合法程序。● 적법하다(適法--) ●

적병(敵兵)【명사】적의 병사. ◆ 图敌军，匪军。¶적병이 마지노선을 뚫고 총공격을 시도할 것이라는 첩보를 입수했다. =接到的情报显示，敌军将突破马其诺防线，发动总攻。

적삼【명사】윗도리에 입는 홑옷. 모양은 저고리와 같다. ◆ 图汗衫。¶모시 적삼. =麻布汗衫。

적선(積善)【명사】图 ❶ 착한 일을 많이 함. ◆ 积善，积德，行善。¶적선을 베풀다. =施舍。❷ 동냥질에 응하는 일을 좋게 이르는 말. ◆ 行行好，施舍，行善。¶한 푼만 적선하세요. =你就行行好，给一点钱吧！ ● 적선하다(積善--) ●

적설량(積雪量)【명사】땅 위에 쌓여 있는 눈의 양. 적설계로 깊이를 재거나 초음파 적설 심도계로 재어서 센티미터로 나타낸다. ◆ 图 积雪量。

적성(適性)【명사】어떤 일에 알맞은 성질이나 적응 능력. 또는 그와 같은 소질이나 성격. ◆ 图适应性，职业能力倾向。¶무료 적성 검사. =免费职业能力倾向检测。

적소(適所)【명사】꼭 알맞은 자리. ◆ 图合适的岗位，合适的场所。¶적재적소(適材適所). =知人善任。

적수(敵手)【명사】재주나 힘이 서로 비슷해서 상대가 되는 사람. ◆ 图对手，敌手，对头。¶그는 나의 유일한 적수였다. =他是我唯一的对手。

적시(適時)【명사】알맞은 때. ◆ 图及时，趁机。¶적시 파종. =适时播种。

적시다【동사】动 ❶ 물 따위의 액체를 묻혀 젖게 하다. ◆ 弄湿，浸湿，沾湿。¶눈물 적시는 영화. =令人落泪的电影。❷ 긴장하거나 딱딱하였던 감정, 정서, 지친 마음 따위를 부드러워지게 하다. ◆ 滋润，抚慰。¶훈훈하게 마음을 적시는 미담. =暖人心田的美谈。❸ (비유적으로) 어떤 색깔이나 느낌으로 물들게 하다. ◆ 染，染上(色彩)。¶붉은 노을이 온 들녘을 적시며 다가오고 있었다. =火红的朝霞升起，映红了整个原野。

적신호(赤信號)【명사】图 ❶ 교통 신호의 하나. 교차로나 횡단보도 따위에서 붉은 등을 켜거나 붉은 기를 달아 정지를 표시한다. ◆ 红灯，红色信号。¶적신호 보행금지. =红灯时，禁止步行通过马路。❷ 위험한 상태에 있음을 알려 주는 각종 조짐을 비유적으로 이르는 말. ◆ 危险信号，危急标识。¶만성피로는 건강의 적신호이다. =慢性疲劳是健康的危险信号。

적어도【부사】副 ❶ 아무리 적게 잡아도. ◆ 至少，起码。¶그의 재산은 적어도 수십 억에 달한다. =他的财产至少有数十亿。❷ 아무리 낮게 평가하여도. ◆ 至少，起码。¶그는 적어도 나쁜 사람은 아니다. =他至少不是个坏人。❸ 마음에 차지 아니하여도 그런대로. ◆ 至少，起码。¶자네가 사나이라면 적어도 그 일만은 잘 처리하게. =如果你还算个男人，至少应把那件事办好。

적어지다【동사】적게 되다. ◆ 动变少，减少，下降，降低。¶해마다 출산율이 적어지다. =出生率每年都在下降。

적외선(赤外線)【명사】눈에 보이지 않으며 열 작용이 강하고 투과력도 강하여 의료 기기 등에 이용하는 전자기파. ◆ 图 红外线。¶적외선 현미경. =红外显微镜。

적용(適用)【명사】알맞게 이용하거나 맞추어 씀.

◆图适用，应用。¶적용 대상. =适用对象。● 적용되다(適用--), 적용하다(適用--) ●

적응(適應)【명사】일정한 조건이나 환경 따위에 맞추어 응하거나 알맞게 됨. ◆图适应，习惯。¶시차 적응. =适应时差。● 적응되다(適應--), 적응하다(適應--) ●

적응력(適應力)【명사】일정한 조건이나 환경 따위에 맞추어 응하거나 알맞게 되는 능력. ◆图适应能力，应变能力。¶환경 변화에 대한 적응력. =对环境变化的适应能力。

적의(敵意)【명사】图 ❶ 적대하는 마음. ◆敌意。❷ 해치려는 마음. ◆敌意，恶意，害人之心。¶그 사람이 적의를 품고 있지 않다는 사실을 확인하고서야 안도감이 들었다. =直到确认那人并无恶意之后，才松了口气。

적이【부사】꽤 어지간한 정도로. ◆副相当，非常，很 。¶적이 놀라다. =很吃惊。

적임자(適任者)【명사】어떠한 임무나 일에 알맞은 사람. ◆图胜任的人，合适人选。¶적임자가 따로 없다. =没有其他合适人选。

적자(赤字)【명사】지출이 수입보다 많아서 생기는 결손액. 장부에 기록할 때 붉은 글자로 기입한 데서 유래한다. ◆图 赤字，透支，亏本，亏损。¶적자를 보다. =亏本。

적자생존(適者生存)【명사】환경에 적응하는 생물만이 살아남고, 그렇지 못한 것은 도태되어 멸망하는 현상. 영국의 철학자 스펜서가 제창하였다. ◆图适者生存，物竞天择，优胜劣汰。¶적자생존의 법칙. =适者生存的法则。

적잖다【형용사】形 ❶ 적은 수나 양이 아니다. ◆不少，很多，这么大。¶적잖은 나이에 성공하다니 놀랍구나. =这么大年纪还能取得成功，真让人吃惊。❷ 소홀히 여기거나 대수롭지 않게 여길 수 없다. ◆不少，很多。¶나는 많은 사람들에게 적잖은 신세를 졌다. =我给许多人添了不少麻烦。● 적잖이 ●

적장(敵將)【명사】적의 장수. ◆图敌将。¶적장의 목을 베다. =斩下敌将首级。

적재(積載)【명사】물건이나 짐을 선박, 차량 따위의 운송 수단에 실음. ◆图装载，载货。¶적재 능력. =载货能力。● 적재되다(積載--), 적재하다(積載--) ●

적재적소(適材適所)【명사】알맞은 인재를 알맞은 자리에 씀. 또는 그런 자리. ◆图〈喻〉人尽其才，各得其所。¶적재적소에 배치하다. =按照人尽其才的原则安排。

적재함(積載函)【명사】화물 자동차나 수레 따위에 짐을 실을 수 있도록 만들어 놓은 칸. ◆图货车厢，车厢。¶적재함에 실을 품목을 다시 한 번 조사해 보라. =把要装上车厢的货物品种再清点一次。

적적하다(寂寂--)【형용사】形조용하고 쓸쓸하다.하는 일없이 심심하다. ◆寂寞，孤单，凄凉，冷清，无聊。¶적적하게 계실 부모님을 생각하면 가슴이 미어진다. =一想到凄凉度日的父母，就心如刀绞。

적절하다(適切--)【형용사】꼭 알맞다. ◆形合适，适宜，妥当，恰当。¶적절하지 못한 행동. =不适当的行动。● 적절히(適切-) ●

적정(敵情)【명사】전투 상황이나 대치 상태에 있는 적의 특별한 동향이나 실태. ◆图 敌情。¶적정의 동태를 보고하시오. =请谈一下敌情动态。

적정선(適正線)【명사】알맞고 바른 정도를 나타내는 범위가 되는 선. ◆图合理水平。¶물가를 잡기 위해서는 적정선을 유지하는 것이 중요하다. =控制物价最重要的是将其保持在合理水平。

적정하다(適正--)【형용사】정도가 알맞고 바르다. ◆形合理，公道。¶우리 회사는 적정하고 효율적인 업무 추진을 위해 사원들의 의견을 적극 수용하고 있다. =为合理、有效地推进公司业务，我们公司正在积极听取员工意见。

적조(赤潮)【명사】편모충류 등의 이상 번식으로 바닷물이 붉게 물들어 보이는 현상. 바닷물이 부패하기 때문에 어패류가 크게 해를 입는다. ◆图 赤潮，红潮。¶적조 현상이 해마다 심해지고 있다. =赤潮现象每年都在加剧。

적중(的中)【명사】图 ❶ 화살 따위가 목표물에 맞음. ◆命中，射中，击中，中。¶그의 화살은 모두 과녁에 적중했다. =他的箭全部命中箭靶。❷ 예상이나 추측 또는 목표 따위에 꼭 들어맞음. ◆说中，应验，猜准。¶우리들의 예상은 그대로 적중했다. =我们的猜想应验了。● 적중되다(的中--), 적중하다(的中--) ●

적지[1](適地)【명사】무엇을 하기에 조건이 알맞은 땅. ◆图好地方，宝地。¶이곳은 학교가 들어서기에 적지이다. =这是个建学校的好地方。

적지[2](敵地)【명사】적이 점령하거나 차지하고 있는 땅. ◆图敌占区，敌区，敌后。¶적지에 침투한 아군. =深入敌后的我军部队。

적진(敵陣)【명사】적이 모여 있는 진지나 진영. ◆图敌阵，敌营。¶적진으로 침투하다. =向敌营渗透。

적합하다(適合--)【형용사】일이나 조건 따위에 꼭 알맞다. ◆形适合，宜于，适于。¶이모작에 적합한 기후. =适合两茬复种的气候。

적혈구(赤血球)【명사】혈액 속에 들어 있는 붉은색의 고형 성분. 주로 골수에서 만들어지며 속에 함유되어 있는 헤모글로빈은 산소를 몸의 각 부분에 나르는 구실을 한다. ◆图 红细胞，红血球。¶기형 적혈구. =畸形红细胞。

적확하다(的確--)【형용사】정확하게 맞아 조금도 틀리지 아니하다. ◆形确切，确实，确凿。¶적확한 근거. =确凿的证据。

전[1](前)【명사】图 ❶ 막연한 과거의 어느 때를 가리키는 말. ◆以前，之前，先前，此前，从前，过去，以往。¶그녀는 전과 같지 않았다. =她和以前不一样了。❷ '이전'의 뜻을 나타내는 말. ◆之前，刚才。¶일주일 전. =一周前。

전[2](煎)【명사】생선이나 고기, 채소 따위를 얇게 썰거나 다져 양념을 한 뒤, 밀가루를 묻혀 기름에 지진 음식을 통틀어 이르는 말. ◆图煎饼。¶전을 부치다.

=煎煎饼。

전³(全)【관형사】[한자어 명사 앞에 쓰여] '모든' 또는 '전체'의 뜻을 나타내는 말. ◆ 冠全体，全部，所有，整个。¶전 대원에게 알린다. =通知全体队员。

-전⁴(傳)【접사】'전기(傳記)'의 뜻을 더하는 접미사. ◆ 后缀传，传记。¶영웅전. =英雄传。

-전⁵(殿)【접사】'큰 집'의 뜻을 더하는 접미사. ◆ 后缀殿，大殿。¶대웅전. =大雄殿。

-전⁶(展)【접사】'전시회'의 뜻을 더하는 접미사. ◆ 后缀展。¶특별전. =特别展。

-전⁷(戰)【접사】后缀 ❶ '전투' 또는 '전쟁'의 뜻을 더하는 접미사. ◆ 战，战争。¶방어전. =防御战。❷ '시합'이나 '경기'의 뜻을 더하는 접미사. ◆ 赛，比赛，场。¶결승전. =决赛。

전가(轉嫁)【명사】名 ❶ 잘못이나 책임을 다른 사람에게 넘겨씌움. ◆ 转嫁，嫁祸。¶책임 전가. =转嫁责任。❷ 시집을 두 번째로 감. ◆ 改嫁。¶그녀는 전 남편에게 낳은 자식을 친정에 맡기고 전가했다. =她把和前夫所生的子女送到娘家后改嫁了。❸ 조세 부담이 사경제적(私經濟的)인 유통 과정을 통하여 납세자로부터 다른 곳으로 이전됨. ◆ 转嫁，转移(租税负担等)。¶수수료를 사용자에게 전가. =把手续费转移给用户。❹ [심리] 감정이 다른 대상에까지 미침. ◆ (感情)转移，扩大。¶아이들 싸움에서 비롯된 감정 대립이 온 동네에 전가되었다. =因小孩打架引起的情绪对立扩大到了整个村子。● 전가되다(轉嫁--), 전가하다(轉嫁--) ●

전각(殿閣)【명사】名 ❶ 궁궐(임금이 거처하는 집). ◆ 王宫，宫殿。¶전각을 짓다.=盖宫殿。❷ '전(殿)'이나 '각(閣)'자가 붙은 커다란 집을 이르는 말. ◆ 大殿，殿堂。¶사원의 전각. =寺院的大殿。

전갈¹(傳喝)【명사】사람을 시켜 말을 전하거나 안부를 물음. 또는 전하는 말이나 안부. ◆ 名传话，传令，带话，口信。¶그가 무사하다는 전갈을 받자 그의 아내는 눈물을 흘렸다. =收到口信得知他平安无事，他的妻子立刻流下了眼泪。

전갈²(全蠍)【명사】배 끝 부분에 긴 꼬리가 나와 있으며, 꼬리 끝에 독침이 있는 동물. ◆ 名蝎子。¶전갈자리. =天蝎座。

전갈자리(全蠍--)【명사】궁수자리의 서쪽에 있는 별자리. 황도 십이궁(黃道十二宮)의 여덟째 별자리로, 7월 하순에 자오선을 통과한다. ◆ 名 天蝎座。

전개(展開)【명사】名 ❶ 시작하여 벌임. ◆ 展开，开展。¶철새 보호 운동의 전개. =开展保护候鸟的运动。❷ 내용을 진전시켜 펴 나감. ◆ (内容的)展开，演进，(进一步)阐述。¶논리의 전개. =逻辑的展开。❸ 책이나 종이 따위를 열어서 펴거나 널찍하게 폄. ◆ 打开，出示(书、纸等)。¶변호사는 가족이 모두 모이자 그의 유서를 전개했다. =家属到齐后，律师马上打开了他的遗书。● 전개되다(展開--), 전개하다(展開--) ●

전개도(展開圖)【명사】입체의 표면을 한 평면 위에 펴 놓은 모양을 나타낸 그림. ◆ 名展开图，平面展开图。¶원뿔의 전개도. =圆锥的展开图。

전격(電擊)【명사】번개같이 급작스럽게 들이침. ◆ 名突击；闪电式，迅速。¶전격 수색 작전. =闪电式搜捕作战。

전격적(電擊的)【명사】번개같이 급작스럽게 들이치는 것. ◆ 名闪电式，迅速。¶감독은 투수를 전격적으로 교체했다. =教练迅速换掉了投手。

전경¹(全景)【명사】名 ❶ 한눈에 바라보이는 전체의 경치. ◆ 全景，全貌。¶도시의 전경. =都市全景。❷ 영화에서, 어떤 배경 전부를 화면 가득히 집어넣은 장면. ◆ 全景。¶감독은 롱숏을 이용하여 마을의 전경을 클로즈업시켰다. =导演让用远景拍摄技法给村子拍个全景特写。

전경²(前景)【명사】앞쪽에 보이는 경치. ◆ 名前面的景色。¶이 호텔은 전경이 매우 좋다. =这家宾馆前面的景色非常好。

전골【명사】잘게 썬 고기에 양념, 채소, 버섯, 해물 따위를 섞어 전골틀에 담고 국물을 조금 부어 끓인 음식. ◆ 名 砂锅。¶곱창 전골. =牛小肠砂锅。

전공¹(專攻)【명사】名 ❶ 어느 한 분야를 전문적으로 연구함. 또는 그 분야. ◆ 专攻，主修，攻读；专业，专长。¶전공 분야. =专攻领域。❷ 전문적으로 연구하는 과목. ◆ 专业。¶전공 선택. =选择专业。● 전공하다(專攻--) ●

전공²(戰功)【명사】전투에서 세운 공로. ◆ 名战功，军功。¶전공비(戰功碑). =军功碑。

전공과목(專攻科目)【명사】전문적으로 연구하는 과목. ◆ 名专业课。¶그는 전공과목 대신 교양과목을 많이 수강했다. =他通识课听得比专业课多。

전과¹(轉科)【명사】학과 따위를 옮김. ◆ 名 换专业，转系。¶최근 들어 전과하는 학생들의 수가 증가하고 있다. =近来换专业的学生数量在增加。● 전과하다(轉科--) ●

전과²(前科)【명사】이전에 죄를 범하여 재판에 의하여 확정된 형벌의 전력. 일정한 조건이 갖추어지면 말소될 수 있다. ◆ 名 前科，案底。¶사기 전과가 있다. =诈骗前科。

전과³(全科)【명사】名 학교에서 규정한 모든 교과. 또는 학과. ◆ 全部学科，所有学科。

전과⁴(戰果)【명사】전투나 경기 따위에서 올린 성과. ◆ 名战果，战功，军功。¶전과를 거두다. =取得战果。

전과자(前科者)【명사】전에 죄를 지어서 형벌을 받은 일이 있는 사람. ◆ 名 有前科的人。

전관(前官)【명사】전에 그 벼슬자리에 있던 벼슬아치. ◆ 名前任官员，前任。¶전관 법관 출신. =前任法官出身。

전광석화(電光石火)【명사】번갯불이나 부싯돌의 불이 번쩍거리는 것과 같이 매우 짧은 시간이나 매우 재빠른 움직임 따위를 비유적으로 이르는 말. ◆ 名成电光石火，〈喻〉刹那间，闪电般。

전광판(電光板)【명사】여러 개의 전구를 평면에 배열하고 전류를 통하여 그림이나 문자 따위가 나타나도록 만든 판. ◆ 名电子屏。

전교(全校)【명사】한 학교의 전체. ◆ 名全校。¶전교 광경. =全校景观。

전교생(全校生)【명사】한 학교의 전체 학생. ◆ 名全校学生。¶전교생 여론조사. =全校学生舆论调查。

전구(電球)【명사】전류를 통하여 빛을 내는 기구. 진공 또는 비활성 기체가 들어 있는 유리알로 되어 있으며, 백열전구, 네온전구, 수은 전구 따위가 있다. ◆ 名电灯泡，灯泡。¶백열 전구. =白炽灯泡。

전국(全國)【명사】온 나라. ◆ 名全国。¶전국 체육대회. =全国体育比赛，全运会。

전극(電極)【명사】전기가 들어가고 나오는 곳. ◆ 名 电极，极。¶전극 반응. =电极反应。

전근(轉勤)【명사】근무하는 곳을 옮김. ◆ 名调动工作。¶전근을 가다. =调走。● 전근하다(轉勤--) ●

전기[1](前期)【명사】일정 기간을 몇 개로 나눈 첫 시기. ◆ 名前期，前阶段。

전기[2](傳記)【명사】한 사람의 일생 동안의 행적을 적은 기록. ◆ 名传记。¶위인 전기. =伟人传记。

전기[3](轉機)【명사】전환점이 되는 기회나 시기. ◆ 名转机。¶새로운 바이러스를 만들어 냄으로써 암치료에 획기적인 전기를 마련하게 되었다. =制造出新病毒，这为治疗癌症提供了划时代的转机。

전기[4](電氣)【명사】名 ❶ 빛이나 열을 내거나 기계 등을 움직이는 데 쓰이는 에너지. ◆ 电气，电力。¶전기 난로. =电炉。❷ 저리거나 무엇에 부딪혔을 때 몸에 짜릿하게 오는 느낌을 비유적으로 이르는 말. ◆ 触电的感觉，〈喻〉麻，发麻，麻酥酥。¶팔에 전기가 오다. =胳膊麻酥酥的。

전기기구(電氣器具)【명사】전기를 열원(熱源)·광원(光源)·동력원으로 이용하는 기구. 전기다리미, 전등, 전기세탁기 따위가 이에 속한다. ◆ 名 电器。

전기료(電氣料)【명사】전기를 사용한 요금. ◆ 名电费。¶전기료를 내다. =付电费。

전기문(傳記文)【명사】역사상 위대한 업적을 남기거나 사회에 공헌한 인물의 생애와 주요 활동, 작품 세계 등을 사실적으로 기록한 글. ◆ 名传记，传记文。¶위인 전기문. =伟人传记。

전기밥솥(電氣--)【명사】전기 저항에 의하여 발생하는 열을 이용하여 밥을 짓도록 만든 솥. ◆ 名电锅，电饭锅，电饭煲。¶인공지능 전기밥솥. =人工智能电饭锅。

전기세(電氣稅)【명사】전기를 사용하고 내는 요금. ◆ 名电费。¶전기세 고지서. =电费通知单。

전기에너지(電氣)【명사】전하가 전기 마당 안에 존재함으로써 가지는 에너지. 또는 전류가 자기 마당 안에서 가지는 에너지. ◆ 名 电能。¶전기에너지를 운동에너지로 바꿔주는 장치. =将电能转换为动能的装置。

전기장(電氣場)【명사】전기를 띤 물체 주위에 전기 작용이 존재하는 공간. ◆ 名电场。¶전기장 발광. =电场发光。

전기회로 (電氣回路)【명사】여러 개의 회로 소자를 서로 접속하여 구성한 전류가 흐르는 통로. 저항, 콘덴서, 유도자 등의 수동 회로 소자와 전압원, 전류원의 전원으로 구성된다. ◆ 名 电路。

전깃불(電氣-)【명사】전등에 켜진 불. ◆ 名电灯，电灯光。¶전깃불을 켜다. =开电灯。

전깃줄(電氣-)【명사】전류가 흐르도록 하는 도체(導體)로서 쓰는 선. ◆ 名电线。¶전깃줄에 참새가 나란히 앉아 있다. =麻雀并排站在电线上。

전나무【명사】잎은 짧은 바늘 모양으로 사계절 내내 푸르며, 수십 미터까지 높이 곧게 자라는 나무. ◆ 名 枞树，冷杉。¶전나무를 심다. =种植冷杉。

전날(前-)【명사】名 ❶ 일정한 날을 기준으로 한 바로 앞날. ◆ 前日，前一天。¶우리 두 사람이 만난 것은 바로 크리스마스 전날이었다. =我们两个人就是在圣诞节前一天认识的。❷ 이전의 어느 날. 또는 얼마 전. ◆ 以前，从前，过去。¶전날 지은 죄. =过去犯下的罪过。

전념(專念)【명사】오직 한 가지 일에만 마음을 씀. ◆ 名专注，专心。¶국정운영에 전념하다. =专心管理国政。● 전념하다(專念--) ●

전단(傳單)【명사】선전이나 광고 또는 선동하는 글이 담긴 종이쪽. ◆ 名传单。¶수배 전단. =通缉传单。

전달(傳達)【명사】名 ❶ 물품 따위를 다른 사람이나 기관에 전하여 이르게 함. ◆ 传达，传递，转告，转交(物品等)。¶구호물품 전달. =转交救援物资。❷ 지시, 명령 따위를 다른 사람이나 기관에 전하여 이르게 함. ◆ 传达，转达，转告(指示、命令等)。¶의사 전달. =传达意思。❸ 자극, 신호, 동력 따위가 다른 기관에 전하여짐. ◆ (刺激、信号、动力等)传达，传递，传送。¶신호 전달 체계. =信号传导体系。● 전달되다(傳達--), 전달하다(傳達--) ●

전담[1](專擔)【명사】전문적으로 맡거나 혼자서 담당함. ◆ 名专职，专门负责。¶전담 교사. =专职教师。● 전담하다(專擔--) ●

전담[2](全擔)【명사】어떤 일이나 비용의 전부를 도맡아 하거나 부담함. ◆ 名全面负责，全部承担。¶사건 전담. =全面负责案件。● 전담하다(全擔--) ●

전답 (田畓)【명사】논과 밭을 아울러 이르는 말. ◆ 名水田和旱田。

전당(殿堂)【명사】학문, 예술, 과학, 기술, 교육 따위의 분야에서 가장 권위 있는 연구 기관을 비유적으로 이르는 말. ◆ 名〈喻〉殿堂，最高学府。¶명예의 전당. =名誉的殿堂。

전당포(典當舖)【명사】물건을 잡고 돈을 빌려 주어 이익을 취하는 곳. ◆ 名当铺。

전대미문(前代未聞)【명사】이제까지 들어본 적이 없는 일 ◆ 名〈喻〉空前，未曾有，前所未闻；闻所未闻。¶전대미문의 사건. =闻所未闻的事件。

전도[1](全圖)【명사】전체를 그린 그림이나 지도. ◆ 名全图。¶세계 전도. =世界地图。

전도[2](前途)【명사】名 ❶ 앞으로 나아갈 길. ◆ 前途，要走的路。¶하는 꼴을 보니 그가 이 분야에서 성공하기는 전도가 요원하다. =看那样子，他要想在这个领域获得成功，要走的路还很遥远。❷ 장래. 앞으로의 가능성이나 전망. ◆ 前途，前程，前景，将

来。¶전도가 밝다. =前途光明。

전도[3](傳道)【명사】기독교의 교리를 세상에 널리 전하여 믿지 아니하는 사람에게 신앙을 가지도록 인도함. 또는 그런 일. ◆图 传教，传道，布道。¶전도 활동. =传教活动。

전동(電動)【명사】전기로 움직임. 또는 전력을 동력으로 함. ◆图电动。¶전동 발전기. =电动发电机。

전동차(電動車)【명사】전동기의 힘으로 레일 위를 달리는 차. ◆图电车。

전등(電燈)【명사】전기의 힘으로 밝은 빛을 내는 등. 흔히 백열전기등을 이른다. ◆图电灯。¶전등을 켜다. =开电灯。

전라남도(全羅南道)【명사】한국 서남부에 있는 도. ◆图全罗南道。

전라북도(全羅北道)【명사】한국 서남부에 있는 도. ◆图全罗北道。

전락(轉落)【명사】나쁜 상태나 타락한 상태에 빠짐. ◆图堕落，沦落，败落。¶한국에서 전락 농가(轉落農家)가 늘고 있다. =在韩国，败落农户正在增多。● 전락되다(轉落--), 전락하다(轉落--) ●

전란(戰亂)【명사】전쟁으로 인한 난리. ◆图战乱，兵乱，战祸。¶전란을 겪다. =经历战乱。

전람회(展覽會)【명사】소개, 교육, 선전 따위를 목적으로 물건이나 예술 작품을 진열하여 놓고 여러 사람에게 보이는 모임. ◆图展览会，展会。¶자동차 전람회. =车展。

전래(傳來)【명사】图 ❶ 예로부터 전하여 내려옴. ◆ 流传下来，传统。¶전래 동요. =传统童谣。❷ 외국에서 전하여 들어옴. ◆ 传入。¶불교의 전래. =佛教的传入。● 전래되다(傳來--), 전래하다(傳來--) ●

전략(戰略)【명사】图 ❶ 전쟁을 전반적으로 이끌어 가는 방법이나 책략. 전술보다 상위의 개념이다. ◆ 战略。¶전술전략(戰術戰略)이 뛰어나다. =战略战术高超。❷ 정치, 경제 따위의 사회적 활동을 하는 데 있어서의 책략. ◆ 战略，策略。¶경영 전략. =经营策略。

전력[1](全力)【명사】모든 힘. ◆图全力，全部力量。¶전력을 기울이다. =全力以赴。

전력[2](前歷)【명사】과거의 경력. ◆图经历，履历。¶범죄 전력. =犯罪经历。

전력[3](電力)【명사】전류가 단위 시간에 하는 일. ◆图电力。

전력투구하다(全力投球--)【동사】动 ❶ 야구에서, 투수가 타자를 상대로 모든 힘을 기울여서 공을 던지다. ◆ 全力投球。¶구원투수가 전력투구하다. =救援投手全力投球。❷ 모든 힘을 다 기울이다. ◆ 全力以赴，竭尽全力，不遗余力。¶지금 우리는 경제 회복을 위해 전력투구해야 한다. =现在我们必须全力以赴恢复经济。

전령(傳令)【명사】图 ❶ 명령이나 훈령, 고시 따위를 전하여 보냄. 또는 그 명령이나 훈령, 고시. ◆ 传令；命令，指令。¶전령을 내리다. =下达指令。❷ 명령을 전하는 사람. ◆ 传令兵。¶전령을 보내다. =派传令兵。

전류(電流)【명사】전기가 흐르는 현상이나 그 정도. ◆图电流。¶직류 전류. =直流电。

전말(顚末)【명사】처음부터 끝까지 일이 진행되어 온 경과. ◆图始末，原委，来龙去脉。¶사건의 전말이 드러나다. =案件脉络显露出来。

전망(展望)【명사】图 ❶ 넓고 먼 곳을 멀리 바라봄. 또는 멀리 내다보이는 경치. ◆ 眺望；视野，风景。¶전망 좋은 방. =视野好的房间。❷ 앞날을 헤아려 내다봄. 또는 내다보이는 장래의 상황. ◆ 展望；前景，远景，前途。¶전망이 밝은 사업. =前途光明的事业。● 전망되다(展望--), 전망하다(展望--) ●

전망대(展望臺)【명사】멀리 내다볼 수 있도록 높이 만든 대. ◆图瞭望台，观景台。

전매[1](專賣)【명사】어떤 물건을 독점하여 팖. ◆图垄断，独占经营，独家经营，专卖，专销。¶분양권 전매. =垄断房地产销售权。● 전매되다(專賣--), 전매하다(專賣--) ●

전매[2](轉賣)【명사】샀던 물건을 도로 다른 사람에게 팔아넘김. ◆图 转卖，转售，倒卖。¶미등기 전매. =未经登记的转卖。

전면[1](前面)【명사】물체의 앞쪽 면. ◆图前面，正面。¶무한 경쟁의 전면에 나서다. =站在无限竞争的前面。

전면[2](全面)【명사】图 ❶ 모든 면. 또는 모든 부문. ◆ 全面。¶전면 공격. =全面攻击。❷ 하나의 면 전체. ◆ 整版。¶전면 광고. =整版广告。

전멸(全滅)【명사】모조리 죽거나 망하거나 하여 없어짐. ◆图全歼，全部歼灭。¶전멸을 당하다. =被全部歼灭。● 전멸되다(全滅--), 전멸하다(全滅--) ●

전모(全貌)【명사】전체의 모습. 또는 전체의 내용. ◆图全貌，全部内容，整个情况。¶전모를 드러내다. =现出全貌。

전무[1](專務)【명사】어떤 일을 전문적으로 맡아봄. 또는 그런 사람. ◆图专务，专任；专人，专员。¶그는 이번 인사에서 전무로 승진했다. =他在这次人事调整中升任专务理事。

전무[2](全無)【명사】전혀 없음. ◆图全无，毫无。¶학교 시설이 전무한 마을. =毫无学校设施的村子。● 전무하다(全無--) ●

전문[1](全文)【명사】어떤 글에서 한 부분도 빠지거나 빼지 아니한 전체. ◆图全文。¶선언문 전문. =宣言的全文。

전문[2](專門)【명사】어떤 분야에 상당한 지식과 경험을 가지고 오직 그 분야만 연구하거나 맡음. 또는 그 분야. ◆图专门，专业。¶전문 경영인. =职业经理人，管理专家。

전문가(專門家)【명사】어떤 분야를 연구하거나 그 일에 종사하여 그 분야에 상당한 지식과 경험을 가진 사람. ◆图专家，行家，内行。¶경영 전문가. =经营专家。

전문대학(專門大學)【명사】직업인을 양성하기 위해 전문적인 이론과 기술을 가르치고 연구하는 고등 교육 기관. ◆图专科学校，职业学校。

전문성(專門性)【명사】전문적인 성질. 또는 특성. ◆ 名专门性，专业性。¶교육의 전문성 회복. =恢复教育的专业性。

전문의(專門醫)【명사】의학의 일정한 분과를 전문으로 하는 의사. ◆名专科医生。¶외과 전문의. =外科医生。

전문점(專門店)【명사】일정한 종류의 상품만을 파는 소매점. ◆名专卖店。¶아이스크림 전문점. =冰淇淋专卖店。

전문화(專門化)【명사】전문적으로 됨. 또는 전문적이 되게 함. ◆名专门化，专业化。¶경영의 전문화. =经营的专业化。● 전문화되다(專門化--), 전문화하다(專門化--) ●

전반(全般)【명사】어떤 일이나 부문에 대하여 그것에 관계되는 전체. 또는 통틀어서 모두. ◆名全盘，全局，全面。

전반전(前半戰)【명사】축구, 핸드볼 따위의 운동 경기에서, 경기 시간을 반씩 둘로 나눈 것의 앞쪽 경기. ◆名 上半场。

전방(前方)【명사】名 ❶ 앞을 향한 쪽. ◆ 前方，前面。¶전방 10미터 지점에 우리가 찾는 호수가 있다. =在前方十米处，有我们寻找的湖泊。❷ 적을 바로 마주하고 있는 지역. ◆ 前方，前线。¶우리는 전방에 배속되었다. =我们被分配到前线。

전번(前番)【명사】말하는 때 이전의 지나간 차례나 때. ◆名上次，上回。¶전번에 갔던 커피전문점에서 만나자. =在上次的咖啡专卖店见吧。

전보(電報)【명사】전신을 이용한 통신이나 통보. ◆名电报。¶전보를 보내다. =发电报。

전복[1](全鰒)【명사】전복과의 하나. 껍데기의 길이는 10~20cm 정도이고 타원형이며 갈색 또는 푸른빛을 띤 갈색이다. 껍데기 입구는 넓고 겉에 구멍이 줄지어 나 있다. ◆名鲍鱼。

전복[2](顚覆)【명사】차나 배 따위가 뒤집힘 혹은 사회 체제가 무너지거나 정권 따위를 뒤집어엎음. ◆名打翻，颠覆，推翻。¶국가 전복 음모. =颠覆国家的阴谋。● 전복되다(顚覆--), 전복하다(顚覆--) ●

전봇대(電報-)【명사】전선이나 통신선을 늘여 매기 위하여 세운 기둥. ◆名电线杆。

전부(全部)【부사】어느 한 부분이 아니라 전체가 다. ◆副全，全部。¶이게 내가 그 사람에 대해 아는 전부이다. =这是我对那个人的全部了解。

전분(澱粉)【명사】감자, 고구마, 물에 불린 녹두 따위를 갈아서 가라앉힌 앙금을 말린 가루. ◆名淀粉。

전사(戰死)【명사】싸움터에서 싸우다가 죽음. ◆名战死，阵亡。¶전사 통지서. =阵亡通知书。● 전사하다(戰死--) ●

전산(電算)【명사】전자 회로를 이용하여 계산을 하는 데 사용하는 기계. ◆名电子计算机。¶전산의 도입은 주판이 사라지는 계기가 되었다. =电子计算机的使用成为珠算消失的契机。

전생(前生)【명사】삼생(三生)의 하나. 이 세상에 태어나기 이전의 생애를 이른다. ◆名前生，前世，上辈子。¶전생의 업보. =前世的业报。

전선[1](戰線)【명사】名 ❶ 전쟁에서 직접 전투가 벌어지는 지역이나 그런 지역을 가상적으로 연결한 선. ◆ 战事前线，战线。❷ 정치 운동이나 사회 운동 따위에서, 직접 투쟁하는 일. 또는 그런 투쟁 형태. ◆ 社会活动的前沿。¶그는 항상 정치 최 전선에서 활동하고 있다. =他经常活动在政治最前线。

전선[2](電線)【명사】전류가 흐르도록 하는 도체(導體)로서 쓰는 선. ◆名电线。

전선[3](前線)【명사】名 ❶ 직접 뛰어든 일정한 활동 분야. ◆ 第一线。¶산업 전선. =产业第一线。❷ 싸움터에서 적과 상대하는 맨 앞 지역을 가상적으로 연결한 선. ◆ 前线，前方。❸ 성질이 다른 두 기단의 경계면이 지표와 만나는 선. 일기(日氣) 변화의 중요한 요인이 된다. ◆ 锋面。¶오늘은 고기압 전선의 영향으로 날씨가 맑을 것이다. =受高气压锋面的影响，今天天气晴朗。

전설(傳說)【명사】옛날부터 민간에서 전하여 내려오는 이야기. 주로 구전되며 어떤 공동체의 내력이나 자연물의 유래, 이상한 체험 따위를 소재로 한다. ◆名传说。

전성기(全盛期)【명사】형세나 세력 따위가 가장 왕성한 시기. ◆名全盛期，全盛时期。¶제 2의 전성기를 맞이한 가수. =歌手迎来第二个全盛期。

전세[1](傳貰)【명사】부동산의 소유자에게 일정한 금액을 맡기고 그 부동산을 일정 기간 동안 빌려 쓰는 일. 그 부동산을 돌려줄 때는 맡긴 돈의 전액을 되돌려 받는다. ◆ 名(出典)租赁，租用(向业主缴纳一定金额〈一般为房价的30%~50%〉的押金，获得一定时间的房屋免费使用权，期满还房时全额返还押金的房地产租赁方式)。¶전세를 얻다. =租房子。● 전세금(傳貰金), 전세집(傳貰-), ●

전세[2](戰勢)【명사】전쟁, 경기 따위의 형세나 형편. ◆ 名战势，战局。¶전세가 역전되다. =战局发生逆转。

전셋집(傳貰--)【명사】전세로 빌려 주는 집. 또는 전세로 빌려 쓰는 집. ◆名(出典)出租房。

전속(專屬)【명사】권리나 의무가 오직 특정한 사람이나 기관에 딸림. ◆ 名专属，专有，专用。¶이 공연장은 우리 기획사의 전속 공연장이다. =这个演出场地是我们企划公司的专有场地。● 전속되다(專屬--) ●

전송[1](餞送)【명사】서운하여 잔치를 베풀고 보낸다는 뜻으로, 예를 갖추어 떠나보냄을 이르는 말. ◆名饯行，送行。¶전송을 나오다. =前来送行。● 전송하다(餞送--) ●

전송[2](電送)【명사】글이나 사진 따위를 전류나 전파를 이용하여 먼 곳에 보냄. ◆ 名传真。¶전송 사진. =传真照片。● 전송되다(電送--), 전송하다(電送--) ●

전수(傳授)【명사】기술이나 지식 따위를 전하여 줌. ◆ 名传授。¶전수된 기술. =传授的技术。● 전수하다(傳授--) ●

전술(戰術)【명사】名 ❶ 전쟁 또는 전투 상황에 대처하기 위한 기술과 방법. 장기적이고 광범위한 전망을 갖는 전략의 하위 개념이다. ◆ 战术，战法。¶전술 전략. =战略战术。❷ 일정한 목적을 달성하기 위한 수단이나 방법. ◆ 战术，策略，手段，方法。¶새로운 전술을 구사하다. =谋划新的策略。

전승[1](傳承)【명사】문화, 풍속, 제도 따위를 이어받아 계승함. 또는 그것을 물려주어 잇게 함. ◆ 名传承，继承。¶전승 민요. =传承民谣。● 전승되다(傳承--), 전승하다(傳承--) ●

전승[2](全勝)【명사】전쟁이나 경기 따위에서 한 번도 지지 아니하고 모두 이김. ◆ 名全胜，完全获胜。¶전승으로 우승하다. =取得全胜。● 전승하다(全勝--) ●

전시[1](展示)【명사】여러 가지 물품을 한곳에 벌여 놓고 보임. ◆ 名展示，展览，展出。¶이번 전시는 대성공이었다. =这次展出大获成功。● 전시되다(展示--), 전시하다(展示--) ●

전시[2](戰時)【명사】전쟁이 벌어진 때. ◆ 名战时。

전시관(展示館)【명사】어떤 물품을 전시할 목적으로 세운 건물. ◆ 名展览馆，陈列馆。¶전시관 견학. =参观展览馆。

전시실(展示室)【명사】물품을 차려 놓고 보이는 방. ◆ 名展室，展览室，陈列室。¶그의 작품은 2층 전시실에 있다. =他的作品陈列在二楼展室。

전시회(展示會)【명사】특정한 물건을 벌여 차려 놓고 일반에게 참고가 되게 하는 모임. ◆ 名展览会，展示会。

전신[1](前身)【명사】名 ❶ 신분, 단체, 회사 따위의 바뀌기 전의 본체. ◆ 前身。¶이 기업의 전신은 과자 공장이었다. =这家企业的前身是糖果工厂。❷ 바뀌기 전의 신분(身分). ◆ 以前的身份。¶그의 전신은 가수였다. =他以前的身份是歌手。

전신[2](全身)【명사】몸 전체. ◆ 名全身，浑身，满身。¶전신에 밴 땀. =浑身的汗水。

전신[3](電信)【명사】문자나 숫자를 전기 신호로 바꾸어 전파나 전류로 보내는 통신. ◆ 名电信，电讯。

전신주(電信柱)【명사】전선이나 통신선을 늘여 매기 위하여 세운 기둥. ◆ 名电线杆。

전심(全心)【명사】온 마음. ◆ 名全心，尽心，一心。¶그녀의 전심은 오로지 그를 만나는 것이었다. =她一心只为见到他。

전심전력(全心全力)【명사】온 마음과 온 힘. ◆ 名全心全力，尽心尽力。¶나는 아내를 전심전력으로 간호했다. =我全心全力看护妻子。

전압(電壓)【명사】전기장이나 도체 안에 있는 두 점 사이의 전기적인 위치 에너지 차. 단위는 볼트. ◆ 名电压。

전액(全額)【명사】액수의 전부. ◆ 名全额，全数。

전야(前夜)【명사】名 ❶ 어젯밤. ◆ 昨夜，昨晚。❷ 특정한 날을 기준으로 그 전날 밤. ◆ 前夜。¶성탄절 전야. =圣诞前夜。❸ 특정한 시기나 단계를 기준으로 하여 그 앞이 되는 시기나 단계. ◆ 前夕。¶폭풍 전야. =暴风前夕。

전연(全然)【부사】전혀('도무지', '아주', '완전히'의 뜻을 나타낸다). ◆ 副全然，完全，根本，丝毫。¶할머니는 그 사실을 전연 알지 못했다. =奶奶对那件事全然不知。

전열(電熱)【명사】전기 에너지를 열에너지로 변환시켰을 때 발생하는 열. ◆ 名电热。¶전열 기구. =电热器具。

전열기(電熱器)【명사】저항선에 전류를 통하여 발생하는 열을 이용하는 기구. 전기난로, 전기다리미, 전기밥솥 따위에 사용된다. ◆ 名电热器。

전염(傳染)【명사】名 ❶ 병이 남에게 옮음. ◆ 传染。¶전염 예방. =预防传染。❷ 다른 사람의 습관, 분위기, 기분 따위에 영향을 받아 물이 듦. ◆ 传染，沾染。¶웃음은 전염이 된다고 한다. =据说笑是会传染的。● 전염되다(傳染--), 전염하다(傳染--) ●

전염병(傳染病)【명사】다른 사람에게 옮아가기 쉬운 병. ◆ 名传染病。

전용(專用)【명사】名 ❶ 남과 공동으로 쓰지 아니하고 혼자서만 씀. ◆ 专用。¶버스 전용 차선. =公共汽车专用车道。❷ 오로지 한 가지만을 씀. ◆ 专用。¶한글 전용. =专用韩文。❸ 특정한 목적으로 일정한 부문에만 한하여 씀. ◆ 专用。¶축구 전용 구장. =足球专用球场。● 전용하다(專用--) ●

전원[1](全員)【명사】소속된 인원의 전체. ◆ 名全员，全体人员。¶회의에 전원이 참가하다. =全员参加会议。

전원[2](電源)【명사】名 ❶ 전기 코드의 콘센트 따위와 같이 기계 등에 전류가 오는 원천. ◆ 电源。¶전원을 끄다. =关闭电源。❷ 발전 시설 같은, 전기 에너지를 얻는 원천. ◆ 电力能源，电力资源。

전율(戰慄)【명사】몹시 무섭거나 두려워 몸이 벌벌 떨림. ◆ 名战栗。¶전율을 느끼다. =感到战栗。● 전율하다(戰慄--) ●

전이(轉移)【명사】名 ❶ 자리나 위치 따위를 다른 곳으로 옮김. ◆ 转移。¶암의 전이. =癌转移。❷ 사물이 시간이 지남에 따라 변하고 바뀜. ◆ 变化，变迁。¶전이의 결과. =变化的结果。● 전이되다(轉移--), 전이하다(轉移--) ●

전인 교육(全人教育)【명사】지식이나 기능 따위의 교육에 치우치지 아니하고 인간이 지닌 모든 자질을 조화롭게 발달시키는 것을 목적으로 하는 교육. ◆ 名全面素质教育。

전임(前任)【명사】이전에 그 임무를 맡음. 또는 그런 사람이나 그 임무. ◆ 名前任。¶전임 대통령. =前任总统。

전입(轉入)【명사】名 ❶ 이전 거주지에서 새 거주지로 옮겨 옴. ◆ (居住地)迁入，入户，转籍。¶전입 서류. =迁入文件。❷ 새 근무지나 학교 따위로 옮겨 옴. ◆ (单位或学校)转入，转来。● 전입되다(轉入--), 전입하다(轉入--) ●

전자[1](電子)【명사】음전하를 가지고 원자핵의 주위를 도는 소립자의 하나. 19세기 말, 진공 방전에 의한 음극선 입자로서 발견되었다.◆ 名电子。

전자[2](前者)【명사】名 ❶ 지난번. ◆ 上次。¶선생님과는 전자에 한 번 만나 본 일이 있습니다. =上次和老师见过一次面。❷ 두 가지의 사물이나 사람을 들어 말할 때, 먼저 든 사물이나 사람. ◆ 前者。¶전자의 의견대로 하겠소. =会遵照前者的意见去办。

전자레인지(電子range)【명사】마이크로파의 성질을 이용하여 식품을 가열하는 조리 기구. 고주파 전기장 안에서 분자가 심하게 진동하여 발열하는 현상을 이용한다. ◆ 名微波炉。

전자오락(電子娛樂)【명사】컴퓨터의 모니터나 전자오락실의 기계, 텔레비전 브라운관 따위를 이용하여 이들 본체에 입력된 프로그램의 규칙에 따라 하는 놀이. ◆ 名电子游戏。

전자 우편(電子郵便)【명사】인터넷이나 컴퓨터 통신을 이용하여 편지처럼 주고받는 메시지. ◆ 名电子邮件。¶이메일. =电子邮件。

전쟁터(戰爭-)【명사】싸움을 치르는 장소. ◆ 名战场，战地。

전적[1](戰績)【명사】상대와 싸워서 얻은 실적. ◆ 名战绩。

전적[2](全的)【명사】하나도 남김없이 모두 다인 것. ◆ 名完全，全部。¶그 의견에 전적으로 동의했다. =完全同意那个意见。

전적지(戰跡地)【명사】전쟁의 흔적이 남아 있는 곳. ◆ 名战迹地。

전전긍긍(戰戰兢兢)【명사】몹시 두려워서 벌벌 떨며 조심함. ≪시경≫의 <소민편(小旻篇)>에서 유래한다 ◆ 名战战兢兢。

전전하다(轉轉--)【동사】구르듯이 옮겨 다니다. ◆ 动辗转，跑来跑去，转来转去。¶내 집을 구입하기까지 얼마나 셋방에서 셋방으로 전전했던가. =买到自己的房子之前，我从这间出租屋到那间出租屋不知道辗转了多少次了!

전제(前提)【명사】어떠한 사물이나 현상을 이루기 위하여 먼저 내세우는 것. ◆ 名前提。¶전제 조건. =前提条件。● 전제되다(前提--), 전제하다(前提--) ●

전조등(前照燈)【명사】기차나 자동차 따위의 앞에 단 등. 앞을 비추는 데에 쓴다. ◆ 名 (火车、汽车等的)前灯，头灯。

전주곡(前奏曲)【명사】名 ❶ 15~16세기 대위법 양식의 성악곡에 상대하여 건반 악기용으로 만든, 자유로운 형식의 기악곡. ◆ (歌剧的)序曲，前奏曲。¶전주곡을 듣다.=听前奏曲。❷ 어떤 일이 본격화되기 전에 암시가 되는 일을 비유적으로 이르는 말. ◆〈喻〉序幕。¶불행의 전주곡. =不幸的序幕。

전지(電池)【명사】화학 반응, 방사선, 온도 차, 빛 따위로 전극 사이에 전기 에너지를 발생시키는 장치. ◆ 名电池。

전지전능하다(全知全能--)【형용사】무엇이나 다 알고 무엇이나 행하는 신불(神佛)의 능력이 있다. ◆ 形全知全能。¶전지전능의 능력.=全知全能的能力。

전지훈련(轉地訓鍊)【명사】신체의 적응력을 개발 향상하기 위하여 환경 조건이 다른 곳으로 옮겨가서 하는 훈련. ◆ 名易地训练。¶선수단은 동계 전지훈련을 거치면서 기량이 눈부시게 향상되었다. =经过冬季易地训练，选手队的技能得到显著提高。

전직(前職)【명사】전에 가졌던 직업이나 직위. ◆ 名原（某职务）。¶전직 교사. =原教师。

전진(前進)【명사】앞으로 나아감. ◆ 名前进，向前。¶중단 없는 전진 만이 우리의 살길이다. =只有不断前进，才是我们的生路。● 전진하다(前進--) ●

전집(全集)【명사】한 사람 또는 같은 시대나 같은 종류의 저작(著作)을 한데 모아 한 질로 출판한 책. ◆ 名全集。¶세계 문학 전집. =《世界文学全集》。

전차(電車)【명사】공중에 설치한 전선으로부터 전력을 공급받아 지상에 설치된 궤도 위를 다니는 차. ◆ 名电车。

전처(前妻)【명사】다시 혼인하였을 때, 그 전에 혼인했던 아내를 이르는 말. ◆ 名前妻。

전천후(全天候)【명사】어떠한 기상 조건에도 제 기능을 다할 수 있음. ◆ 名全天候，适应各种天气的。

전철(前轍)【명사】앞에 지나간 수레바퀴의 자국이라는 뜻으로, 이전 사람의 그릇된 일이나 행동의 자취를 이르는 말. ◆ 名覆辙，经验教训。¶전과자인 아버지는 아들이 자신과 같은 전철을 되풀이하지 않기를 바랐다. =有前科的父亲希望儿子不要重蹈自己的覆辙。

전철(電鐵)【명사】전기 철도 위를 달리는 전동차. ◆ 名电铁，电力列车。¶고속 전철. =高速电铁。

전체(全體)【명사】개개 또는 부분의 집합으로 구성된 것을 몰아서 하나의 대상으로 삼는 경우에 바로 그 대상. ◆ 名全体，总体；整体，整个。¶가뭄으로 마을 전체가 황폐해졌다. =因为干旱，整个村子都荒了。

전축(電蓄)【명사】레코드판의 홈을 따라 바늘이 돌면서 받는 진동을 전류로 바꾸고, 이것을 증폭하여 확성기로 확대하여 소리를 재생하는 장치. ◆ 名留声机。

전출(轉出)【명사】名 ❶ 이전 거주지에서 새 거주지로 옮겨 감. ◆ 迁出，搬走。¶전출 신고. =迁出登记。❷ 새 근무지나 학교 따위로 옮겨 감. ◆ 调离，转出，调走，调动工作。¶전출 명령만 기다리고 있습니다. =只等调令了。● 전출되다(轉出--), 전출하다(轉出--) ●

전통(傳統)【명사】어떤 집단이나 공동체에서, 지난 시대에 이미 이루어져 계통을 이루며 전하여 내려오는 사상, 관습, 행동, 따위의 양식. ◆ 名传统。¶전통 문화(傳統文化). =传统文化。

전투기(戰鬪機)【명사】공중전을 주 임무로 하는 작고 민첩한 군용기. ◆ 名战斗机。

전파[1](電波)【명사】도체 중의 전류가 진동함으로써 방사되는 전자기파. 특히 전기 통신에서 쓰는 것을 가리킨다. 주파수는 3Mhz부터 106Mhz까지 있다. ◆ 名电波。

전파[2](傳播)【명사】전하여 널리 퍼뜨림. ◆ 名传播，散布，普及。¶대중문화의 전파. =大众文化的传播。● 전파되다(傳播--), 전파하다(傳播--) ●

전편(前篇)【명사】두 편으로 나뉘어 있는 책이나

절정(絶頂)【명사】图 ❶ 산의 맨 꼭대기. ◆ 山顶，顶峰，最高峰。¶조금만 가면 절정이니까 좀 힘내자. =快到山顶了，加把劲哪！ ❷ 사물의 진행이나 발전이 최고의 경지에 달한 상태. ◆ 顶点，颠峰，最高峰。¶인기 절정에 오르다. =攀上人气颠峰。

절제(節制)【명사】정도에 넘지 아니하도록 알맞게 조절하여 제한함. ◆ 图节制，克制。¶감정의 절제. =感情的克制。● 절제되다(節制--), 절제하다(節制--) ●

절차(節次)【명사】일을 치르는 데 거쳐야 하는 순서나 방법. ◆图程序，手续，步骤。¶절차를 밟다. =履行程序。

절찬(絶讚)【명사】지극히 칭찬함. 또는 그런 칭찬. ◆ 图盛赞，赞不绝口。¶국제 콩쿠르에서 절찬을 받은 것은 예외적이라는 평이다. =有评价认为，其在国际大赛中得到盛赞是个例外。

절충(折衷)【명사】서로 다른 사물이나 의견, 관점 따위를 알맞게 조절하여 서로 잘 어울리게 함. ◆图折中。¶절충 방안. =折中方案。● 절충되다(折衷--), 절충하다(折衷--) ●

절친하다(切親--)【형용사】더할 나위 없이 아주 친하다. ◆ 形亲密，至亲，极为亲近。¶그는 나와 절친한 사이이다. =他与我关系亲密。

절판(絶版)【명사】图 ❶ 출판된 책이 떨어져서 없음. ◆ 断版，书卖断货。¶그 책은 베스트셀러로 이미 절판되었다. =那本书是畅销书，已经卖断货了。 ❷ 출판하였던 책을 계속 간행할 수 없게 됨. ◆ 绝版。¶절판본. =绝版本，绝版书。● 절판되다(絶版--), 절판하다(絶版--) ●

절하다【동사】공경하는 뜻으로 몸을 굽히다. ◆ 动鞠躬，作揖，磕头。

절호(絶好)【명사】무엇을 하기에 기회나 시기 따위가 더할 수 없이 좋음. ◆图绝好，极好。¶절호의 기회. =绝好的机会。

젊다【형용사】❶ 나이가 한창때에 있다. ◆ 形 年轻，青年。¶한 쌍의 젊은 남녀. =一对青年男女。❷ 혈기 따위가 왕성하다. ◆形 年轻气盛，血气方刚。¶젊은 기운. =血气方刚的劲头。❸ 보기에 나이가 제 나이보다 적은 듯하다. ◆ 形 年轻，年少。¶아버지는 환갑이 지났지만 40대처럼 젊어 보인다. =父亲虽然年过花甲，看上去却像四十多岁一样年轻。

젊은이【명사】나이가 젊은 사람. ◆ 图年轻人，青年人。

젊음【명사】젊은 상태. 또는 젊은 기력. ◆ 图年轻，青春。¶젊음을 불태우다. =燃烧青春。

점[1](點)【명사】图 ❶ 작고 둥글게 찍은 표. ◆ 点。¶종이에 작은 점을 찍다. =在纸上点小点。❷ 사람의 살갗이나 짐승의 털 따위에 나타난, 다른 색깔의 작은 얼룩. ◆ 点。¶그는 이마에 큰 점이 하나 있다. =他额头上有个大色素点。❸ 소수의 소수점을 이르는 말. ◆ 小数点。¶그는 오른쪽 시력이 0.1이다. =他右眼视力是0.1。❹ 여러 속성 가운데 어느 부분이나 요소. ◆ (表示某一方面或者某个属性的个别部分)(优缺)点，(好坏)处。¶좋은 점과 나쁜 점. =优点和缺点。

점[2](點)【의존 명사】❶ 성적을 나타내는 단위. ◆ 依名 分。¶백 점을 맞다. =得100分。❷ 그림, 옷 따위를 세는 단위. ◆ 依名 件，幅。¶그림 한 점. =一幅画。❸ 아주 적은 양을 나타내는 말. ◆ 依名 点，片，丝。¶바람 한 점 없는 날씨. =没有一丝风的天气。❹ 잘라 내거나 뜯어낸 고기 살점을 세는 단위. ◆ 依名 块。¶나는 고기 한 점 먹지 못했다. =我一块肉都没吃上。

점[3](占)【명사】팔괘·육효·오행 따위를 살펴 과거를 알아맞히거나, 앞날의 운수·길흉 따위를 미리 판단하는 일. ◆ 图占卜，算卦，算命。¶점을 보다. =占卜。

점거(占據)【명사】图 ❶ 어떤 장소를 차지하여 자리를 잡음. ◆ 占据，占有。● 점거되다(占據--), 점거하다(占據--) ●

점검(點檢)【명사】낱낱이 검사함. 또는 그런 검사. ◆图一一检查，清点。¶시설 점검. =清点设备。● 점검하다(點檢--) ●

점괘(占卦)【명사】점을 쳐서 나오는 괘. 이 괘를 풀이하여 길흉을 판단한다. ◆ 图占卦，卜卦。¶점괘가 좋다. =卜卦结果很好。

점등(點燈)【명사】등에 불을 켬. ◆ 图点灯。¶점등 시간. =点灯时间。● 점등하다 (點燈--) ●

점령(占領)【명사】图 ❶ 점거(어떤 장소를 차지하여 자리를 잡음). ◆ 占领，占据。¶점령된 지역. =被占领的地区。❷ 교전국의 군대가 적국의 영토에 들어가 그 지역을 군사적 지배하에 둠 ◆ 占领，攻占，攻克，攻下。¶적 진지를 점령하다. =攻占敌方阵地。● 점령되다(粘連--), 점령하다(占領--) ●

점막(粘膜)【명사】위창자관, 기도와 같은 대롱 모양 구조의 속 공간을 덮고 있는 부드럽고 끈끈한 막을 통틀어 이르는 말. ◆ 图黏膜。¶위의 점막. =胃黏膜。

점박이(點--)【명사】얼굴이나 몸에 큰 점이 있는 사람이나 짐승. ◆ 图 (脸上或者身上)有斑点的人或动物。

점선(點線)【명사】점 또는 짧은 선 토막으로 이루어진 선. ◆图点线，虚线。¶점선을 긋다. =画虚线。

점성술(占星術)【명사】별의 빛이나 위치, 운행 따위를 보고 개인과 국가의 길흉을 점치는 점술. ◆ 图占星术。

점수(點數)【명사】성적을 나타내는 숫자. ◆ 图分数，得分。¶점수를 매기다. =打分。

점심(點心)【명사】낮에 끼니로 먹는 음식. ◆ 图午饭，午餐。¶점심을 먹다. =吃午饭。

점심때(點心-)【명사】점심을 먹을 때. ◆ 图中午，午饭时间。

점심밥(點心-)【명사】점심으로 먹는 밥. ◆ 图午饭，午餐。

점액(粘液)【명사】생물체의 점액샘 따위에서 분비되는 끈끈한 액체. 단백질·당류 따위를 함유하며, 표면이 건조하는 것을 막는 구실을 한다. ◆ 图黏液。

점원(店員)【명사】상점에 고용되어 물건을 팔거나 그 밖의 일을 맡아 하는 사람. ◆ 图店员，服务员，营业员。

점유(占有)【명사】물건이나 영역, 지위 따위를 차지함. ◆ 图占有。¶점유 공간. =占有空间。● 점유되다(占有--), 점유하다(占有--) ●

점자(點字)【명사】손가락으로 더듬어 읽도록 만든 시각 장애인용 문자. 두꺼운 종이 위에 도드라진 점들을 일정한 방식으로 짜 모아 만든 것이다. ◆ 图盲字，盲文。¶점자를 읽다. =读盲文。

점잔【명사】점잖은 태도. ◆ 图端庄，持重，稳重。¶점잔을 피우다. =故作持重。

점잖다【형용사】形 ❶ 언행이나 태도가 의젓하고 신중하다. ◆ 稳重，文质彬彬。¶점잖은 노인. =稳重的老人。❷ 품격이 꽤 높고 고상하다. ◆ (品格)高尚，高雅，端庄，庄重。¶점잖은 자리. =庄重的场合。

점쟁이(占--)【명사】점치는 일을 직업으로 하는 사람. ◆ 图算命先生，占卦的人。

점점(漸漸)【부사】조금씩 더하거나 덜하여지는 모양. ◆ 副渐渐，逐渐。¶날씨가 점점 추워진다. =天气逐渐转冷。

점진적(漸進的)【명사】조금씩 앞으로 나아가는 것. ◆ 图渐进的。¶점진적인 개선이 이루어지다. =逐步实现改善。

점차(漸次)【부사】차례를 따라 조금씩. ◆ 副渐渐，逐渐，逐步，越来越。¶분위기가 점차 고조되다. =气氛逐渐高涨。

점치다(占--)【동사】动 ❶ 길흉과 화복을 판단하기 위하여 점괘를 내어 보다. ◆ 占卜，算卦，算命，打卦。¶올해 운수가 어떤지를 점쳤다. =算卦看今年运势如何。❷ 앞일을 내다보아 미리 판단하다. ◆ 预测，预料，预计。¶경제 전문가들은 올해에는 경기가 더 나빠질 것이라고 점치고 있다. =经济专家预测，今年的形势将进一步恶化。

점포(店鋪)【명사】물건을 늘어놓고 파는 곳. ◆ 图店铺，铺子。

점프(jump)【명사】❶ 몸을 날리어 높은 곳으로 오름. ◆ 图 跳，跳跃，弹跳。¶점프를 시도하다. =试图跳跃。❷ 육상 경기나 스키 따위에서 도약하는 종목. ◆ 图 跳跃运动，跳跃项目。¶점프를 하다. =做跳跃运动。

점호(點呼)【명사】한 사람씩 이름을 불러 인원이 맞는가를 알아봄. ◆ 图点名。¶점호 시간. =点名时间。

점화(點火)【명사】불을 붙이거나 켬. ◆ 图点燃，点火。¶촛불 점화. =点燃蜡烛。● 점화되다(點火--), 점화하다(點火--) ●

접견(接見)【명사】图 ❶ 공식적으로 손님을 맞아들여 만나 봄. ◆ 接见，会见。❷ 형사 절차에 의하여 신체의 구속을 받고 있는 피고인이나 피의자와 만남. 또는 그런 일. ◆ 探视，会见，会面。¶변호사 접견. =会见律师。● 접견하다(接見--) ●

접골(接骨)【명사】어긋나거나 부러진 뼈를 이어 맞춤. ◆ 图接骨。

접근(接近)【명사】图 ❶ 가까이 다가감. ◆ 接近，靠近，靠拢。¶접근 금지. =禁止靠近。❷ 친밀하고 밀접한 관계를 가짐. ◆ 接近，接触。¶나는 그에게 접근을 시도했다. =我试图接近他。● 접근되다(接近--), 접근하다(接近--) ●

접다【동사】动 ❶ 천이나 종이 따위를 꺾어서 겹치다. ◆ 折，折叠。¶신문을 접다. =叠报纸。❷ 일정한 방식으로 겹쳐지게 꺾어 무엇을 만들다. ◆ 做，折(手工)。¶봉투를 접다. =折信封。❸ 폈던 것을 본래의 모양으로 되게 하다. ◆ 合上，收拢，收起。¶우산을 접다. =合上雨伞。❹ 자기의 의견이나 주장 따위를 미루어 두다. ◆ 收起，收回，保留。¶그녀는 자신의 의견을 일단 접고 다른 의견을 들어 보기로 했다. =她决定暂时先保留自己的意见，听听其他人的看法。● 접히다 ●

접대(接待)【명사】손님을 맞아서 시중을 듦. ◆ 图接待，招待，应酬。¶접대를 받다. =受到招待。● 접대하다(接待--) ●

접때【부사】오래지 아니한 과거의 어느 때에. ◆ 副前不久，前段时间。¶그는 접때 만난 적이 있는 사람이다. =前不久曾经见过他。

접목(椄木)【명사】图 ❶ 나무를 접붙임. 또는 그 나무. ◆ 嫁接；嫁接的树木。¶접목 기술. =嫁接技术。❷ 둘 이상의 다른 현상 따위를 알맞게 조화하게 함을 비유적으로 이르는 말. ◆ 结合，融合。¶그는 국악과 대중가요의 접목을 시도하고 있다. =他正在试图将国乐和大众歌谣融合起来。● 접목되다(椄木--), 접목하다(椄木--) ●

접미사(接尾辭)【명사】파생어를 만드는 접사로, 어근이나 단어의 뒤에 붙어 새로운 단어가 되게 하는 말. '선생님'의 '-님', '먹보'의 '-보', '지우개'의 '-개', '먹히다'의 '-히' 따위가 있다. ◆ 图后缀，接尾词。

접붙이다(椄---)【동사】动 ❶ 나무에 접을 붙이다. ◆ 嫁接。¶접붙인 품종. =嫁接品种。❷ '교배하다'를 비유적으로 이르는 말. ◆ 交配。

접사(接辭)【명사】단독으로 쓰이지 아니하고 항상 다른 어근(語根)이나 단어에 붙어 새로운 단어를 구성하는 부분. 접두사(接頭辭)와 접미사(接尾辭)가 있다. ◆ 图词缀。

접속(接續)【명사】图 ❶ 서로 맞대어 이음. ◆ 连接，衔接。¶글을 쓸 때 문장끼리의 접속에는 무리가 없어야 한다. =写文章时要注意句子之间的衔接。❷ 서로 다른 업체에서 공급한 여러 장비를 물리적으로 또는 전자 회로적으로 연결하는 일. ◆ 连接，接上，接通(不同的设备)。¶전기 접속.=通电。❸ 컴퓨터에서, 여러 개의 프로세서와 기억 장치 모듈 사이를 물리적으로 또는 전자 회로적으로 연결하는 일. ◆ 连接。¶접속을 끊다. =断开连接。● 접속되다(接續--), 접속하다(接續--) ●

접수(接受)【명사】图 ❶ 신청이나 신고 따위를 구두(口头)나 문서로 받음. ◆ 接收，受理(申请、举报等)。¶접수 번호. =受理编号。❷ 돈이나 물건 따위를 받음. ◆ 接收，收取(钱物)。¶은행 접수 마감 시간이 다 됐다. =已经到了银行停止接收的时间了。

● 접수되다(接受--), 접수하다(接受--) ●

접시【명사】음식이나 요리를 '접시'에 담아 그 분량을 세는 단위. ◆图 盘，碟。¶과일 두 접시. =两盘水果。

접시꽃【명사】여름에 접시 모양의 크고 납작한 꽃이 피는 식물. ◆图 蜀葵。

접어들다【동사】动 ❶ 일정한 때나 기간에 이르다. ◆ (时间)临近，接近，迫近。¶가을에 접어들다. =临近秋天。❷ 사람이 일정한 나이나 시기에 이르다. ◆ (年龄、时期等)临近，接近，迫近。¶나이가 사십에 접어들다. =年近四十。❸ 일정한 지점이나 길로 들어서다. ◆ 走进，进入，走上，踏上(一定地点或路)。¶샛길에 접어들다. =踏上新的道路。

접전(接戰)【명사】图 ❶ 경기나 전투에서 서로 맞붙어 싸움. 또는 그런 경기나 전투. ◆ 交战。¶새벽까지 두 차례의 접전이 있었다. =到清晨为止，有过两次交战。❷ 서로 힘이 비슷하여 승부가 쉽게 나지 아니하는 경기나 전투. ◆ 对峙，拉锯战。¶팽팽한 접전. =紧张的对峙。

접종(接種)【명사】병의 예방, 치료, 진단, 실험 따위를 위하여 병원균이나 항독소, 항체 따위를 사람이나 동물의 몸에 주입함. 또는 그렇게 하는 일. ◆图接种。¶예방 접종. =预防接种。● 접종하다(接種--) ●

접착(接着)【명사】끈기 있게 붙음. 또는 끈기 있게 붙임. ◆ 图粘贴。접착 부위. =粘贴部位。● 접착되다(接着--), 접착하다(接着--) ●

접착제(接着劑)【명사】두 물체를 서로 붙이는 데 쓰는 물질. ◆图黏胶，黏合剂，胶黏剂。

접촉(接觸)【명사】图 ❶ 서로 맞닿음. ◆ 相碰，碰撞。¶접촉 사고. =碰撞事故。❷ 가까이 대하고 사귐. ◆ 接触，交往。¶그는 법조인들과 접촉이 잦다. =他与法务人员交往频繁。● 접촉되다(接觸--), 접촉하다(接觸--) ●

접하다(接--)【동사】动 ❶ 소식이나 명령 따위를 듣거나 받다. ◆ 接到，收到，听到。¶사고 보도를 접하다. =听到事故报道。❷ 이어서 닿다. ◆ 相连，邻接，接壤。¶한국은 삼면이 바다에 접해 있다. =韩国三面邻海。

접합(接合)【명사】한데 대어 붙임. 또는 한데 닿아 붙음. ◆图接合，接上。¶접합 수술. =接合手术。● 접합하다(接合--) ●

젓가락【명사】음식을 집어 먹거나, 물건을 집는 데 쓰는 기구. 한 쌍의 가늘고 짤막한 나무나 쇠붙이 따위로 만든다. ◆图筷子。● 젓갈 ●

젓갈【명사】젓으로 담근 음식. ◆ 图面虾酱，海鲜酱。¶아버지는 곰삭은 갖가지 젓갈을 좋아하셨다. =父亲喜欢吃腌熟的各种海鲜酱。

젓다【동사】动 ❶ 액체나 가루 따위가 고르게 섞이도록 손이나 기구 따위를 내용물에 넣고 이리저리 돌리다. ◆ 搅，搅拌。¶죽을 젓다. =搅粥。❷ 배나 맷돌 따위를 움직이기 위하여 노나 손잡이를 일정한 방향으로 계속 움직이다. ◆ 划(船)，摇(橹)。¶노를 젓다. =摇橹。❸ 거절하거나 싫다는 표시로 머리나 손을 흔들다. ◆ 指摇头或摆手否定、拒绝。¶고개를 젓다. =摇头。❹ 팔이나 어깨 따위 신체의 일부를 일정한 방향으로 계속해서 움직이다. ◆ 挥，挥动。¶그는 팔을 힘차게 저으며 걸었다. =他用力挥动着手臂走。

정[1]【명사】돌에 구멍을 뚫거나 돌을 쪼아서 다듬는, 쇠로 만든 연장. 원추형이나 사각형으로 끝이 뾰족하다. ◆图钎子，錾子。

정[2]【부사】굳이 그러고자 하는 마음이 일어나는 모양. ◆ 副真，实在。¶정 싫으면 하지 않아도 된다. =实在讨厌的话，不做也行。

정[3](錠)【의존 명사】알약을 세는 단위. ◆ 依名 片。¶아스피린은 한 박스에 몇정 입니까? =一盒阿司匹林有几片?

정[4](情)【명사】图 ❶ 느끼어 일어나는 마음. ◆ 情。¶신뢰의 정을 쌓다. =积累信赖之情。❷ 사랑이나 친근감을 느끼는 마음. ◆ 情，感情，情谊。¶정이 들다. =产生感情。

정가[1](政街)【명사】정치가들이 모여서 정치 활동을 하는 곳. 또는 그런 사회. ◆图政界，政坛。

정가[2](定價)【명사】상품에 일정한 값을 매김. 또는 그 값. ◆图定价。¶정가판매. =定价销售。

정각(正刻)【명사】조금도 틀림없는 바로 그 시각. ◆图整。¶지금 열 시 정각이다. =现在是10点整。

정갈하다【형용사】깨끗하고 깔끔하다. ◆ 形干净，整洁，洁净。¶정갈한 몸가짐. =整洁的仪表。

정감(情感)【명사】정조와 감흥을 불러일으키는 느낌. ◆ 图情感，感情。¶정감이 풍부하다. =情感丰富。

정강이【명사】무릎 아래에서 앞 뼈가 있는 부분. ◆图小腿。

정거장(停車場)【명사】버스나 열차가 일정하게 머무르도록 정하여진 장소. 승객이 타고 내리거나 화물을 싣거나 내리는 곳이다. ◆图车站，停车场。

정결하다(淨潔--)【형용사】매우 깨끗하고 깔끔하다. ◆ 形清洁，干净，洁净。¶정결하고 쾌적한 환경. =清洁舒适的环境。

정겹다(情--)【형용사】정이 넘칠 정도로 매우 다정하다. ◆ 形多情，深情。¶정겹게 이야기를 나누다. =深情地交谈。

정경(情景)【명사】정서를 자아내는 흥취와 경치. ◆ 图情景，场景，景色。¶고독한 정경. =孤独的情景。

정계(政界)【명사】정치에 관련된 일에 종사하는 조직체나 개인의 활동 분야. ◆图政界，政坛。¶정계에 입문하다. =步入政坛。

정곡(正鵠)【명사】图 ❶ 과녁의 한가운데가 되는 점. ◆ 靶心。¶정곡을 맞히다. =正中靶心。❷ 가장 중요한 요점 또는 핵심. ◆ 核心，要害。¶정곡을 찌르다. =正中要害。

정교하다(精巧--)【형용사】形 ❶ 솜씨나 기술 따위가 정밀하고 교묘하다. ◆ (手艺或者技术等)精巧，精致，精细，精美。❷ 내용이나 구성 따위가 정확하고 치밀하다. ◆ (内容或者结构等)精巧，精妙。¶문장을 정교하게 다듬다. =精妙地锤炼句子。

정국(政局)【명사】정치의 국면. 또는 정치계의 형편. ◆ 图政局。¶정국이 불안하다. =政局不稳。

정권(政權)【명사】정치상의 권력. 또는 정치를 담당하는 권력. ◆ 图政权，政柄。¶정권을 잡다. =掌握政权。

정규(正規)【명사】정식으로 된 규정이나 규범. ◆ 图正规。¶정규 방송을 시작합니다. =开始正规广播。

정규군(正規軍)【명사】한 나라 정부에 제도적으로 소속되어 체계적인 군사 교육 훈련을 받아 이루어진 군대. ◆ 图正规军。

정기[1](定期)【명사】기한이나 기간이 일정하게 정하여져 있는 것. 또는 그 기한이나 기간. ◆ 图定期。¶정기 여객선. =定期客船。

정기[2](精氣)【명사】图 ❶ 천지 만물을 생성하는 원천이 되는 기운. ◆ (天地间的)精气，灵气，元气。❷ 민족 따위의 정신과 기운. ◆ 精神。❸ 생기 있고 빛이 나는 기운. ◆ 精神。¶그의 두 눈에는 정기가 서려있다. =他的双眼炯炯有神。

정나미(情--)【명사】어떤 대상에 대하여 애착을 느끼는 마음. ◆ 图情意，感情，爱恋。¶얼굴만 봐도 정나미가 떨어지는데 어떻게 마주 앉아서 이야기를 나누겠소? =看一眼都倒胃口，怎么能面对面坐下来聊天呢?

정년(停年)【명사】관청이나 학교, 회사 따위에 근무하는 공무원이나 직원이 직장에서 물러나도록 정하여져 있는 나이. ◆ 图退休年龄。¶정년을 60세로 정하다. =将退休年龄定为六十岁。

정녕(丁寧/叮寧)【부사】조금도 틀림없이 꼭. 또는 더 이를 데 없이 정말로. ◆ 副真的，果真，的确，一定。¶정녕 가시겠다면 고이 보내 드리리다. =如果您一定要走的话，我就好好送送您。● 정녕코 ●

정담(情談)【명사】정답게 주고받는 이야기. ◆ 图热情的谈话，畅聊，恳谈。¶그들은 정담으로 밤을 새웠다. =他们畅聊了一整夜。

정답(正答)【명사】옳은 답. ◆ 图答案，正解。¶정답을 맞히다. =猜对答案。

정답다(情--)【형용사】따뜻한 정이 있다. ◆ 形多情，恩爱。¶부부의 모습이 정답다. =夫妻俩显得很恩爱。

정당(政黨)【명사】정치적인 주의나 주장이 같은 사람들이 정권을 잡고 정치적 이상을 실현하기 위하여 조직한 단체. ◆ 图 政党。

정당하다(正當--)【형용사】이치에 맞아 올바르고 마땅하다. ◆ 形正当，合理，合法。¶거래가 정당하다. =交易合法。● 정당히(正當-) ●

정도(程度)【명사】图 ❶ 사물의 성질이나 가치를 양부(良否), 우열 따위에서 본 분량이나 수준. ◆ 程度，水平。¶정도의 차이. =程度的差异。❷ 알맞은 한도. ◆ (恰当的)度，深浅，分寸。¶정도를 벗어나다. =过度。❸ 그만큼가량의 분량. ◆ 左右，上下，大约。¶한 시간 정도의 시간. =一个小时左右的时间。

정독(精讀)【명사】뜻을 새겨 가며 자세히 읽음. ◆ 图精读，细读，熟读。¶나는 책 속에 있는 선현의 말씀을 곱씹으면서 정독을 하였다. =我细读了该书，反复品味书中先贤的话。● 정독하다(精讀--) ●

정돈(整頓)【명사】어지럽게 흩어진 것을 규모 있게 고쳐 놓거나 가지런히 바로잡아 정리함. ◆ 图整顿，整理，收拾。¶책상 정돈. =整理书桌。● 정돈되다(整頓--), 정돈하다(整頓--) ●

정들다(情--)【동사】정이 생기어 깊어지다. ◆ 动产生感情，亲密起来。¶며칠 같이 지내는 동안 그 애와 많이 정들었다. =一起度过的几天里，和他亲密了很多。

정떨어지다(情----)【동사】애착심이 떨어져 싫은 생각이 생기다. ◆ 动伤了感情，寒了心。¶그녀는 욕을 일삼는 남편에게 그만 정떨어져 버렸다. =她对整天骂人的丈夫寒了心。

정력(精力)【명사】图 ❶ 심신의 활동력. ◆ 精力，活力，气。¶정력이 왕성하다. =精力旺盛。❷ 남자의 성적(性的) 능력. ◆ (男性)性能力。

정렬(整列)【명사】图 ❶ 가지런하게 줄지어 늘어섬. 또는 그렇게 늘어서게 함. ◆ 排列；排队，列队。¶정렬로 세우다. =排列整齐。❷ 소팅. ◆ (数据)排序。¶문자 정렬. =文字排序。● 정렬하다(整列--) ●

정류장(停留場)【명사】버스나 택시 따위가 사람을 태우거나 내려 주기 위하여 머무르는 일정한 장소. ◆ 图停车场，车站。¶버스 정류장. =公共汽车站。

정리(整理)【명사】图 ❶ 흐트러지거나 혼란스러운 상태에 있는 것을 한데 모으거나 치워서 질서 있는 상태가 되게 함. ◆ 整理，收拾，清理。¶책상 정리를 하다. =收拾书桌。❷ 체계적으로 분류하고 종합함. ◆ 归类，整理。¶서류 정리. =整理文件。❸ 문제가 되거나 불필요한 것을 줄이거나 없애서 말끔하게 바로잡음. ◆ 精减，裁减，清理，清除。¶채무 정리. =清理债务。● 정리되다(整理--), 정리하다(整理--) ●

정립(正立)【명사】바로 섬. 또는 바로 세움. ◆ 图纠正，修正，端正。¶왜곡된 역사관의 정립. =对错误历史观的纠正。● 정립되다(正立--), 정립하다(正立--) ●

정말[1](正-)【부사】정말로(거짓이 없이 말 그대로). ◆ 副真是，实在，确实。¶옆집 아이는 정말 불쌍하다. =邻家孩子真是可怜。

정말[2](正-)【명사】거짓이 없이 말 그대로임. 또는 그런 말. ◆ 图真话，实话，事实。¶지금까지 한 말은 정말이다. =我所说的都是真话。

정말[3](正-)【감탄사】叹 ❶ 어떤 일을 심각하게 여기거나 동의할 때 쓰는 말. ◆ (表示感到事情严重)果真，果然，真是。¶큰일 났네, 정말! =这可真是糟了! ❷ 어떤 일에 대하여 다짐할 때 쓰는 말. ◆ (表示决心)真的。¶꼭 약속을 지켜야 돼. 정말! =一定要遵守承诺，真的!

정맥(靜脈)【명사】정맥혈을 심장으로 보내는 순환 계통의 하나. 피의 역류를 막는 역할을 하며, 살갗

겉으로 퍼렇게 드러난다. ◆ 图 静脉。

정면(正面) 【명사】 图 ❶ 똑바로 마주 보이는 면. ◆ 正对面，对面，迎面。¶정면에 보이는 건물이 도서관이다. =对面那座建筑就是图书馆。❷ 사물에서, 앞쪽으로 향한 면. ◆ 正面，前面。¶건물 정면에 간판을 달다. =在大楼正面挂招牌。❸ 에두르지 아니하고 직접 마주 대함. ◆ 正面。¶정면 돌파. =正面突破。

정문(正門) 【명사】 건물의 정면에 있는 주가 되는 출입문. ◆ 图正门，前门，大门。

정물(靜物) 【명사】 정지하여 움직이지 아니하는 무정물(無情物). ◆ 图 静物，静止物。¶정물과 동물. =静物和动物。

정물화(靜物畵) 【명사】 과일·꽃·화병 따위의 스스로 움직이지 못하는 물체들을 놓고 그린 그림. 인상파 이후 서양화의 한 분야로 정착되었다. ◆ 图 [美术]静物画。

정미소(精米所) 【명사】 쌀 찧는 일을 전문적으로 하는 곳. ◆ 图碾米厂，米厂。

정밀(精密) 【명사】 아주 정교하고 치밀하여 빈틈이 없고 자세함. ◆ 图精密，精细，精致，周密，细密，仔细。¶정밀 조사. =周密调查。● 정밀하다(精密--) ●

정밀도(精密度) 【명사】 图 ❶ 측정의 정밀함을 나타내는 정도. ◆ 精密度，精度。¶정밀도를 높이다. =提高精密度。❷ 측정기 따위의 기계 장치의 정확도를 나타내는 정도. ◆ 精密度，精度，灵敏度。

정박(碇泊/渟泊) 【명사】 배가 닻을 내리고 머무름. ◆ 图停泊，抛锚，停靠。¶항구에 많은 배가 정박 중이다. =港口停泊着许多船。● 정박하다(碇泊/渟泊--) ●

정반대(正反對) 【명사】 완전히 반대되는 것. ◆ 图 正相反，完全相反，完全对立。¶정반대로 나가다. =走向完全相反的方向。

정보(情報) 【명사】 图 ❶ 관찰이나 측정을 통하여 수집한 자료를 실제 문제에 도움이 될 수 있도록 정리한 지식. 또는 그 자료. ◆ 信息，资讯，消息。¶관광 정보. =旅游信息。❷ 컴퓨터 등과 같은 전자 기술을 통해 얻는 지식. ◆ 数据，信息，资料。

정부[1](情婦) 【명사】 아내가 아니면서, 정을 두고 깊이 사귀는 여자. ◆ 图情妇，情人。¶아내 몰래 정부를 두다. =瞒着妻子养情妇。

정부[2](政府) 【명사】 입법·사법·행정의 삼권을 포함하는 통치 기구를 통틀어 이르는 말. ◆ 图政府。

정비(整備) 【명사】 图 ❶ 흐트러진 체계를 정리하여 제대로 갖춤. ◆ 整顿，整理，改革。¶교육 제도 정비. =整顿教育制度改革。❷ 기계나 설비가 제대로 작동하도록 보살피고 손질함. ◆ 维护，保养，修理(机械、设备等)。¶정비 공장. =修理厂。❸ 도로나 시설 따위가 제 기능을 하도록 정리함. ◆ 整修，治理，修理(道路、设施等)。¶뒷골목 정비 사업. =小巷整修项目。● 정비되다(整備--), 정비하다(整備--) ●

정비공(整備工) 【명사】 기계나 설비가 제대로 작동하도록 보살피고 손질하는 일을 맡아 하는 기술자. ◆ 图维修工，修理工。¶자동차 정비공. =汽车维修工。

정비례(正比例) 【명사】 두 양이 서로 같은 비율로 늘거나 주는 일. ◆ 图正比例，正比；成正比。¶권리와 의무의 정비례 관계. =权利和义务的正比关系。● 정비례하다(正比例--) ●

정사각형(正四角形) 【명사】 변의 길이와 내각의 크기가 모두 같은 사각형. ◆ 正方形。

정산(精算) 【명사】 정밀하게 계산함. 또는 그런 계산. ◆ 图 精确计算，核算。¶소득세의 연말 정산. =所得税的年底核算。● 정산하다(精算--) ●

정삼각형(正三角形) 【명사】 변의 길이와 내각의 크기가 모두 같은 삼각형. ◆ 图 正三角形，等边三角形。

정상[1](正常) 【명사】 특별한 변동이나 탈이 없이 제대로인 상태. ◆ 图正常。¶혈압이 정상이다. =血压正常。

정상[2](頂上) 【명사】 图 ❶ 산 따위의 맨 꼭대기. ◆ 山顶，顶峰，最高峰。¶지리산의 정상. =智异山顶峰。❷ 그 이상 더 없는 최고의 상태. ◆ 顶端，领先，一流。¶정상에 등극하다. =达到顶峰。❸ 한 나라의 최고 수뇌. ◆ 首脑，国家元首。¶정상들이 회담을 갖기로 하였다. =首脑们决定进行会谈。

정색(正色) 【명사】 얼굴에 엄정한 빛을 나타냄. 또는 그런 얼굴빛. ◆ 图正色，正颜厉色。¶그는 웃지도 않고 정색으로 대꾸를 하였다. =他没有一丝笑容，正色辩驳。● 정색하다(正色--) ●

정서(情緖) 【명사】 사람의 마음에 일어나는 여러 가지 감정. 또는 감정을 불러일으키는 기분이나 분위기. ◆ 图情绪，思绪，情感。¶정서 불안. =情绪不稳。

정석(定石) 【명사】 사물의 처리에 정하여져 있는 일정한 방식. ◆ 图固定模式，固定方式，惯例，老规矩。¶예술에도 정석이 있다. =艺术也有固定模式。

정성(精誠) 【명사】 온갖 힘을 다하려는 참되고 성실한 마음. ◆ 图真诚，精心，真心诚意。¶정성이 지극하다. =极为真诚。

정성껏(精誠-) 【부사】 있는 정성을 다하여. 또는 정성이 미치는 데까지. ◆ 副精诚，竭诚，诚心诚意。¶고객을 언제나 정성껏 모시겠습니다. =无论何时，都要竭诚为顾客服务。

정성스럽다(精誠---) 【형용사】 보기에 온갖 힘을 다하려는 참되고 성실한 마음이 있다. ◆ 形精诚，竭诚，精心，一心一意。¶부모를 정성스럽게 섬기다. =一心一意侍奉父母。● 정성스레(精誠--) ●

정세(情勢) 【명사】 일이 되어 가는 형편. ◆ 图情势，形势，局势，时势。¶주변의 정세를 파악하다. =了解周边形势。

정수(淨水) 【명사】 물을 깨끗하고 맑게 함. 또는 그 물. ◆ 图 (水)净化，纯净水，饮用水。¶정수 과정을 거친 물. =经过净化的水。● 정수하다(淨水--) ●

정수기(淨水器) 【명사】 물을 깨끗하게 하는 기구. ◆ 图净水器，净水机。

정수리(頂--)【명사】图❶ 머리 위의 숫구멍이 있는 자리. ◆ 头顶，囟门。❷ 사물의 제일 꼭대기 부분을 비유적으로 이르는 말. ◆〈喻〉事物的最顶端，顶，梢，尖。¶자작나무 정수리. =白桦树尖。

정숙하다¹(靜肅--)【형용사】조용하고 엄숙하다. ◆形肃静，肃穆。¶정숙한 분위기. =肃穆的氛围。

정숙하다²(貞淑--)【형용사】여자로서 행실이 곧고 마음씨가 맑고 곱다. ◆形(女子)贤惠，娴淑。¶그의 아내는 정숙하다. =他的妻子很贤惠。

정시(定時)【명사】일정한 시간 또는 시기. ◆图定期，准时。¶열차가 정시에 출발하다. =列车准时出发。

정식(正式)【명사】정당한 격식이나 의식. ◆图正式，正规。¶정식으로 계약을 체결하다. =正式签订合同。

정신(精神)【명사】图❶ 육체나 물질에 대립되는 영혼이나 마음. ◆ 精神，灵魂。¶육체와 정신. =肉体和精神。❷ 사물을 느끼고 생각하며 판단하는 능력. 또는 그런 작용. ◆(对事物进行感受、思考、判断的能力)精神，意识，知觉 。¶정신을 집중하다. =集中精神。❸ 마음의 자세나 태도. ◆ 精神。¶절약 정신을 키우다. =培养节约精神。❹ 사물의 근본적인 의의나 목적 또는 이념이나 사상. ◆ 精神，理念，思想。¶민주주의 정신. =民主主义精神。

정신노동(精神勞動)【명사】주로 두뇌를 써서 하는 노동. ◆图脑力劳动。

정신력(精神力)【명사】정신적 활동의 힘. ◆图精神力量，毅力，意志。

정신 박약아(精神薄弱兒)【명사】'지적 장애아'를 낮잡아 이르는 말. ◆图智障儿童，弱智儿童。

정신병(精神病)【명사】정신의 장애나 이상으로 말이나 행동이 병적인 상태. ◆图 精神病，神经病，疯病。

정액(定額)【명사】일정하게 정하여진 액수. ◆图定额，定量。

정액(精液)【명사】图❶ 순수한 진액으로 된 액체. ◆ 汁，液，精。¶인삼 정액. =人参汁。❷ 수컷의 생식관에서 방출되는 액체. 암컷의 난자를 수정시킬 수 있는 정자와 정자가 살아 있도록 하여 주는 정액질이라는 액체가 포함되어 있다. ◆ 精液。

정어리【명사】등은 어두운 푸른색이고 배는 은백색이며, 몸이 떨어지기 쉬운 둥근비늘로 덮인 바닷물고기. ◆图 沙丁鱼。

정연하다(井然--)【형용사】짜임새와 조리가 있다. ◆形井然有序，有条不紊。¶제사를 지내는 모습이 정연하다. =祭祀进行得有条不紊。● 정연히(井然-) ●

정열(情熱)【명사】가슴속에서 맹렬하게 일어나는 적극적인 감정. ◆图热情，激情。¶그는 평생 연극에 정열을 바쳤다. =他把一生的热情都献给了舞台剧。

정오(正午)【명사】낮 열두 시. 곧 태양이 표준 자오선을 지나는 순간을 이른다. ◆图正午。

정원¹(定員)【명사】일정한 규정에 의하여 정한 인원. ◆图在编人员，编制。¶정원을 줄이다. =缩减编制。

정원²(庭園)【명사】집 안에 있는 뜰이나 꽃밭. ◆图庭院，院子，园林。

정원수(庭園樹)【명사】정원에 심어 가꾸는 나무. ◆图庭院树木。

정월(正月)【명사】음력으로 한 해의 첫째 달. ◆图正月。¶정월 초하루. =正月初一。

정유(精油)【명사】图❶ 방향유(식물의 잎, 줄기, 열매, 꽃, 뿌리 따위에서 채취한 향기로운 휘발성의 기름. ◆ 精油，芳香油。¶동백의 정유. =山茶花精油。❷ 석유나 동물 지방 따위를 정제하는 일. 또는 정제한 석유나 정제한 동물 지방. ◆ 炼油，精炼油。¶정유 공업. =炼油工业。

정육면체(正六面體)【명사】여섯 개의 면이 모두 합동인 정사각형으로 이루어진 정다면체. ◆图 正方体，正六面体。

정육점(精肉店)【명사】쇠고기, 돼지고기 따위를 파는 가게. ◆图肉店。

정의¹(正義)【명사】진리에 맞는 올바른 도리. ◆图正义，公道。¶정의를 위하여 싸우다. =为正义而战。

정의²(定義)【명사】어떤 말이나 사물의 뜻을 명백히 밝혀 규정함. 또는 그 뜻. ◆图定义，界定。¶정의를 내리다. =下定义。● 정의되다(定義--), 정의하다(定義--) ●

정의감(正義感)【명사】정의를 지향하는 생각이나 마음. ◆图正义感，正气，血性。¶정의감에 불타는 청년. =充满正义感的青年。

정의롭다(正義--)【형용사】정의에 벗어남이 없이 올바르다. ◆形正直，公道，光明磊落。¶그는 매사에 정의롭다. =他每件事都做得很公道。

정자¹(亭子)【명사】경치가 좋은 곳에 놀거나 쉬기 위하여 지은 집. 벽이 없이 기둥과 지붕만 있다. ◆图亭子，亭。

정자²(精子)【명사】생물의 수컷의 생식 세포. 사람의 경우 길이는 0.05가량이고 머리, 목, 꼬리로 이루어져 있으며 운동성이 뛰어나다. ◆图 精子。

정작【명사】요긴하거나 진짜인 것. 또는 그런 점이나 부분. ◆图真正，真要，实际上。¶정작 할 말은 꺼내지도 못한 채 돌아왔다. =真正想说的话都没能说出来，就回来了。

정장(正裝)【명사】정식의 복장을 함. 또는 그 복장. ◆图正装，礼服，制服。¶그는 출근 첫날에 정장을 입고 갔다. =他第一天上班是穿着正装去的。● 정장하다(正裝--) ●

정적(靜寂)【명사】고요하여 괴괴함. ◆图寂静，沉寂。¶정적을 깨뜨리다. =打破了寂静。

정전(停電)【명사】오던 전기가 끊어짐. ◆图停电，断电。¶태풍의 영향으로 정전이 되었다. =受台风影响，停电了。● 정전되다(停電--) ●

정전기(靜電氣)【명사】분포가 시간적으로 변화하지 않는 전하 및 그 전하에 의한 전기 현상. 마찰 전기 따위에서 볼 수 있다. ◆图 静电。¶겨울에는 옷에서 정전기가 자주 일어난다. =冬天衣服会经常产生

静电。

정절(貞節)【명사】여자의 곧은 절개. ◆ 名贞节，贞操。¶정절을 지키다. =守贞节。

정정(訂正)【명사】글자나 글 따위의 잘못을 고쳐서 바로잡음. ◆ 名订正，修正，更正，修订。¶오보의 정정. =对误报的修正。● 정정하다(訂正--) ●

정정당당하다(正正堂堂--)【형용사】태도나 수단이 정당하고 떳떳하다. ◆ 形堂堂正正，光明磊落。¶정정당당한 태도. =光明磊落的态度。● 정정당당히(正正堂堂-) ●

정정하다(亭亭--)【형용사】形 ❶ 나무 따위가 높이 솟아 우뚝하다. ◆ (树林等)挺拔，苍劲。❷ 늙은 몸이 굳세고 건강하다. ◆ (老年人身体)硬朗，健壮，结实。¶정정한 노인. =身体硬朗的老人。

정제(精製)【명사】물질에 섞인 불순물을 없애 그 물질을 더 순수하게 함. ◆ 名精制，精炼。¶정제 설탕. =精制白糖。● 정제하다(精製--) ●

정조(貞操)【명사】名 정절(여자의 곧은 절개). ◆ (女子的)贞操，节操。

정족수(定足數)【명사】합의체가 의사(議事)를 진행하고 결정하는 데에 필요한 최소한의 출석 인원. ◆ 名 法定最低人数。

정좌(正坐)【명사】몸을 바르게 하고 앉음. ◆ 名端坐，正襟危坐。¶정좌로 의자에 앉다. =端坐在椅子上。● 정좌하다(正坐--) ●

정중하다(鄭重--)【형용사】태도나 분위기가 점잖고 엄숙하다. ◆ 形郑重，严肃认真。¶정중한 태도. =郑重的态度。● 정중히(鄭重-) ●

정지(停止)【명사】名 ❶ 움직이고 있던 것이 멎거나 그침. 또는 중도에서 멎거나 그치게 함. ◆ (移动中途)停止，站住。¶소대장이 대원들에게 정지 명령을 내리다. =排长向队员们下达了停止命令。❷ 하고 있던 일을 그만둠. ◆ (工作中途)终止，取消，取缔。● 정지되다(停止--), 정지하다(停止--) ●

정직(正直)【명사】마음에 거짓이나 꾸밈이 없이 바르고 곧음. ◆ 名正直，规矩。¶아버지는 늘 정직과 청렴결백을 생활신조로 삼았다. =父亲终生以正直和清廉为人生信条。

정차(停車)【명사】차가 멎음. 또는 차를 멈춤. ◆ 名停车。¶정차 시간이 오래다. =停车时间太长。● 정차하다(停車--) ●

정착(定着)【명사】名 ❶ 일정한 곳에 자리를 잡아 붙박이로 있거나 머물러 삶. ◆ 定居，安家落户。¶정착 생활. =定居生活。❷ 새로운 문화 현상, 학설 따위가 당연한 것으로 사회에 받아들여짐. ◆ (新的文化现象、学说等)扎根，形成。● 정착되다(定着--), 정착하다(定着--) ●

정책(政策)【명사】정치적 목적을 실현하기 위한 방책. ◆ 名政策。

정처(定處)【명사】정한 곳. 또는 일정한 장소. ◆ 名 固定住所，定所。¶정처 없이 떠돌다. =四处游荡，居无定所。

정체(正體)【명사】名 ❶ 참된 본디의 형체. ◆ 本来面目，真实身份，来历。¶정체가 불명한 괴한들. =来历不明的可疑人员。❷ 바른 모양의 글씨. ◆ 正体，正楷，楷体，工整字体。

정초(正初)【명사】정월의 초승. 또는 그 해의 맨 처음. ◆ 名正月初。

정취(情趣)【명사】깊은 정서를 자아내는 흥취. ◆ 名情趣，情调。¶정취가 가득하다. =充满情调。

정통(正統)【명사】名 ❶ 바른 계통. ◆ 正统，正宗，嫡统。¶정통을 잇다. =继承正统。❷ 적장(嫡長)의 혈통. ◆ 嫡子，嫡系，嫡传。¶여러 왕자 가운데 정통을 왕세자로 책봉하다. =从众多王子中册封嫡长子为王世子。❸ 사물의 중심이 되는 요긴한 부분. ◆ 要害部位，关键部位。¶정통을 대고 총을 한 방 쏘다. =瞄准要害部位，打了一枪。❹ 빗나가지 않고 정확함. ◆ 准确，精确，正中。¶날아온 공에 머리를 정통으로 맞았다. =准确地用头接到了飞过来的球。

정통하다(精通--)【동사】어떤 사물에 대하여 깊고 자세히 통하여 알다. ◆ 动精通，擅长。¶여성 문제에 정통하다. =精通女性问题。

정평(定評)【명사】모든 사람이 다 같이 인정하는 평판. ◆ 名定论；公论；公认；一致好评。¶강직한 인물로 학계에 정평이 나다. =为人正直，得到学术界认可。

정하다(定--)【동사】动 ❶ 여럿 가운데 선택하거나 판단하여 결정하다. ◆ 定，确定，定下来。¶친구의 딸을 며느릿감으로 정했다. =将朋友的女儿定为准儿媳。❷ 규칙이나 법 따위의 적용 범위를 결정하다. ◆ 定，制定，约(规则、法律等)。¶우리는 가족이 화목하게 지내기 위해 세 가지 규칙을 정했다. =为了家庭和睦，我们约法三章。❸ 뜻을 세워 굳히다. ◆ 下定(决心)，打定(主意)，决定，决心。¶담배를 피우지 않겠다고 마음을 정하다. =决心戒烟。

정형시(定型詩)【명사】일정한 형식과 규칙에 맞추어 지은 시. ◆ 名 定型诗，格律诗。

정혼(定婚)【명사】혼인을 정함. ◆ 名订婚，相许。¶그들은 정혼을 약속한 사이이다. =他们两个已经订婚了。● 정혼하다(定婚--) ●

정화(淨化)【명사】불순하거나 더러운 것을 깨끗하게 함. ◆ 名净化，肃清(违法、腐败现象等)。¶오수 정화 시설. =污水净化设备。● 정화되다(淨化--), 정화하다(淨化--) ●

정화수(井華水)【명사】이른 새벽에 길은 우물물. 조왕에게 가족들의 평안을 빌면서 정성을 들이거나 약을 달이는 데 쓴다. ◆ 名 井华水(清晨汲取的井水，用于供奉灶王爷以祈求家人平安，或熬制中药)。¶정화수를 떠놓고 가족의 안녕을 빌다. =供上井华水，祈求家人平安。

정확(正確)【명사】바르고 확실함. ◆ 名正确，准确，精确。¶매사에 정확을 기한다. =希望事事正确。● 정확하다(正確--), 정확히(正確-) ●

정확성(正確性)【명사】바르고 확실한 성질. 또는 그런 정도. ◆ 名正确，精确性，准确度。¶일에 정확성을 기하다. =希望做事正确。

젖【명사】名 ❶ 사람이나 포유동물의 유방. ◆ 乳房。¶아이가 젖을 빨다. =孩子吃奶。❷ 분만 후에 포유류의 유방에서 분비하는 유백색의 불투명한 액체. ◆奶水，乳汁。¶어미가 새끼에게 젖을 주다. =妈妈给孩子喂奶。

젖니【명사】유아기에 사용한 뒤 갈게 되어 있는 이. 보통출생약 후 6개월부터 시작하여 3세 전에 모두 나며, 다섯 종류로 상하·좌우 4개씩 모두 20개이다. ◆图乳牙。¶젖니가 빠지고 영구치가 나다. =乳牙脱落，长出了恒牙。

젖다【동사】动 ❶ 물이 배어 축축하게 되다. ◆渗透，浸湿，淋湿。¶옷이 땀에 젖다. =衣服被汗水浸透了。❷ 어떤 영향을 받아 몸에 배다. ◆染上，沾染(坏习惯)。¶낡은 관습에 젖어 있는 사람. =染上陋习的人。❸ 어떤 심정에 잠기다. ◆沉浸，沉湎。¶향수에 젖다. =沉浸在乡愁之中。

젖먹이【명사】젖을 먹는 어린아이. ◆图婴儿。

젖병(-瓶)【명사】젖먹이에게 먹일 우유나 미음 따위를 담아 두는, 젖꼭지가 달린 병. ◆图奶瓶。

젖소【명사】젖을 짜기 위하여 기르는 소. 홀스타인, 에어셔, 저지 따위의 품종이 있다. ◆图奶牛，乳牛。

젖줄【명사】어떤 필요한 것을 가져다주는 중요한 수단을 비유적으로 이르는 말. ◆图〈喻〉生命线，母亲河，供给源。¶한강은 서울의 젖줄이다. =汉江是首尔的母亲河。

젖히다【동사】动 ❶ '젖다(뒤로 기울다)'의 사동사. ◆使后仰，使后翻。¶고개를 뒤로 젖히다. =向后仰头。❷ 안쪽이 겉으로 나오게 하다. ◆翻开，掀开，揭开，拉开，打开。¶커튼을 걷어 젖히다. =拉开窗帘。

제[1]【대명사】'저'에 주격 조사 '가'나 보격 조사 '가'가 붙을 때의 형태. ◆代我("나"的谦称，"저"的特殊变体，只用于主格助词"가"前)。¶제가 그 일을 하겠습니다. =我来做那件事情。

제[2]**(諸)**【관형사】'여러'의 뜻을 나타내는 말. ◆冠诸项，各项，所有。¶제 문제. =诸问题。

제[3]**(第)-**【접사】'그 숫자에 해당되는 차례'의 뜻을 더하는 접두사. ◆前缀第。¶국보 제1호. =国宝第一号。

제각각(-各各)【부사】여럿이 모두 각각. ◆副各自，各个，各。¶우리 집 식구는 제각각 입맛이 다르다. =我家里人的口味各不相同。

제각기(-各其)【부사】저마다 각기. ◆副各自，各个，各。¶제각기 맡은 일을 정확하게 처리하시오. =请认真处理好各自负责的事情。

제강(製鋼)【명사】시우쇠를 불려 강철을 만듦. 또는 그 강철. ◆图炼钢，冶钢。¶제강 공업. =冶钢工业。

제거(除去)【명사】없애 버림. ◆图除去，除掉，去掉，去除。¶불순물 제거. =除去杂质。● 제거되다(除去--), 제거하다(除去--) ●

제격(-格)【명사】그 지닌 바의 정도나 신분에 알맞은 격식. ◆图合适，恰当，得当。¶이런 일에는 그 사람이 제격이다. =他做这种事合适。

제곱【명사】같은 수를 두 번 곱함. 또는 그렇게 하여 얻어진 수. ◆图平方，二次方。¶제곱 미터. =平方米。● 제곱하다 ●

제공(提供)【명사】무엇을 내주거나 갖다 바침. ◆图提供，供应。¶숙식 제공. =提供食宿。● 제공되다(提供--), 제공하다(提供--) ●

제과점(製菓店)【명사】과자나 빵을 만들어 파는 가게. ◆图糕饼店，饼屋。

제구실【명사】제가 마땅히 해야 할 일이나 책임. ◆图分内的事，本分，本职工作。¶제구실을 톡톡히 해내다. =扎扎实实做好分内的事。

제국(帝國)【명사】황제가 다스리는 나라. ◆图帝国。

제국주의(帝國主義)【명사】우월한 군사력과 경제력으로 다른 나라나 민족을 정벌하여 대국가를 건설하려는 침략주의적 경향. ◆图帝国主义。

제군(諸君)【대명사】통솔자나 지도자가 여러 명의 아랫사람을 문어적으로 조금 높여 이르는 이인칭 대명사. ◆图〈敬〉诸位，各位。¶학생 제군. =各位学生。

제기[1]【명사】아이들이 발로 차며 노는 한국의 전통적인 장난감. ◆图毽子。¶제기를 차다. =踢毽子。

제기[2]**(提起)**【명사】图 ❶ 의견이나 문제를 내어놓음. ◆提出，提及，提。¶반론 제기. =提出批驳。❷ 소송을 일으킴. 소(诉)의 제기는 소장을 법원에 제출함으로써 이루어진다. ◆提起(诉讼)，起(诉)。¶소송 제기. =提起诉讼。● 제기되다(提起--), 제기하다(提起--) ●

제까짓【관형사】(낮잡는 뜻으로) 겨우 저따위 정도의. ◆冠那样的，像那样的。¶제까짓 녀석이 뭘 안다고 나불거려? =那样的家伙懂什么? 还喋喋不休的。

제날짜【명사】미리 정해지거나, 어떤 일이 이루어져야 할 날짜. ◆图如期，按期，届时。¶이자를 낼 제날짜를 어기지 마라. =不要错过付利息的日期。

제단(祭壇)【명사】제사나 예배를 지내는 단. ◆图祭坛，祭台。

제대(除隊)【명사】규정된 기한이 차거나 질병 또는 집안 사정으로 현역에서 해제하는 일. ◆图退伍，退役，复员。¶제대 명령을 받다. =接到复员命令。● 제대하다(除隊--) ●

제대로【부사】副 ❶ 제 격식이나 규격대로. ◆合乎标准地，正常地。¶한눈팔지 말고 일이나 제대로 해라. =不要分心，好好干活。❷ 마음먹은 대로. ◆如愿地。¶술에 취해 몸을 제대로 가누지 못한다. =喝醉了，身体支撑不住。❸ 알맞은 정도로. ◆令人满意地，圆满地。¶그는 잠을 제대로 못 잤다. =他没能睡好。❹ 본래 상태 그대로. ◆原封不动地，照原样，照旧。¶네가 망가뜨린 시계를 제대로 고쳐 놓아라. =把你弄坏的手表修好。

제도[1]**(製圖)**【명사】기계, 건축물, 공작물 따위의 도면이나 도안을 그림. ◆图制图，绘图。● 제도하다(製圖--) ●

제도[2]**(制度)**【명사】관습이나 도덕, 법률 따위의 규범이나 사회 구조의 체계. ◆图制度。

제독(提督)【명사】해군 함대의 사령관. ◆图海军提督，海军司令官。

제동(制動)【명사】기계나 자동차 따위의 운동을 멈추게 함. ◆ 图制动，刹车。¶자동차의 제동 장치. =汽车的制动装置。

제때【명사】图 ❶ 일이 있는 그때. ◆ 及时。¶무슨 일이든 미루지 말고 제때에 해라. =什么事情都不要拖延，要及时做。❷ 정해 놓은 그 시각. ◆ 准时，按时。¶제때에 퇴근하다. =按时下班。❸ 알맞은 때. ◆ 适时。¶도자기를 구울 때제때 불을 지펴야 그릇이 터지지 않습니다. =烧制瓷器时，适时点火，瓷器才不会破碎。

제련(製鍊)【명사】광석을 용광로에 넣고 녹여서 함유한 금속을 분리·추출하여 정제하는 일. ◆ 图 熔炼，冶炼。● 제련하다(製鍊--) ●

제련소(製鍊所)【명사】제련을 하는 곳. ◆ 图冶炼厂。¶제련소에서 철광 원석을 정제하다. =冶炼厂提炼铁矿石。

제례(祭禮)【명사】제사를 지내는 의례(儀禮). ◆ 图祭礼。¶제례를 지내다. =举行祭礼。

제로(zero)【명사】图 ❶ 영(零)(값이 없는 수). ◆ 零。¶경제 성장률이 제로이다. =经济增长率为零。❷ 전혀 없음. ◆ 完全没有。¶그는 숫자 관념이 제로다. =他一点数字概念都没有。

제막식(除幕式)【명사】동상이나 기념비 따위를 다 만든 뒤에 완공을 공포하는 의식. ◆ 图揭幕式。¶축포와 함께 동상 제막식이 거행되었다. =在放礼炮的同时，举行了铜像揭幕仪式。

제멋【명사】제 스스로 느끼고 생각하는 멋. ◆ 图个人口味，个人风格。¶누구나 제멋에 산다. =人人都生活在个人风格中。

제멋대로【부사】아무렇게나 마구. 또는 제가 하고 싶은 대로. ◆ 副任意，恣意，随心所欲。¶그 아이는 제멋대로 버릇없이 행동한다. =那个孩子没有礼貌，恣意妄为。

제명(除名)【명사】구성원 명단에서 이름을 빼어 구성원 자격을 박탈함. 또는 그런 행위. ◆ 图除名，开除。¶제명 처분. =除名处分。● 제명되다(除名--), 제명하다(除名--) ●

제목(題目)【명사】작품이나 강연, 보고 따위에서, 그것을 대표하거나 내용을 보이기 위하여 붙이는 이름. ◆ 图题目，标题。¶학위 논문 제목. =学位论文题目。

제물(祭物)【명사】图 ❶ 제사에 쓰는 음식물. ◆ 祭品，供品。¶햇과일과 곡식으로 제물을 정성스럽게 마련했다. =用时令水果和粮食精心准备祭品。❷ 제사 지낼 때 바치는 물건이나 짐승 따위. ◆ 牺牲，祭物。❸ 희생된 물건이나 사람 따위를 비유적으로 이르는 말. ◆ 牺牲品。¶당파 싸움의 제물이 되다. =成为党派斗争的牺牲品。

제반(諸般)【명사】어떤 것과 관련된 모든 것. ◆ 图诸多，各种，所有。

제발【부사】간절히 바라건대. ◆ 副（表示恳切希望）千万，务必。¶제발 공부 좀 해라. =求你用点功吧。

제방(堤防)【명사】물가에 흙이나 돌, 콘크리트따위로 쌓은 둑. 홍수나 해일에 물이 넘어 들어오지 못하게 하거나 물을 막아 고이게 한다. ◆ 图堤防，堤坝。¶홍수로 제방이 무너졌다. =洪水把堤坝冲塌了。

제법【부사】수준이나 솜씨가 어느 정도에 이르렀음을 나타내는 말. ◆ 副非常，很，相当。¶날씨가 제법 춥다. =天气相当冷。

제보(提報)【명사】정보를 제공함. ◆ 图提供情报，提供信息，举报。¶목격자의 제보로 수사는 다시 활기를 찾았다. =目击者提供的信息，使调查工作重新活跃起来。● 제보하다(提報--) ●

제본(製本)【명사】여러 장의 종이를 한꺼번에 엮거나 붙여 책으로 만드는 일. ◆ 图装订。¶제본 상태가 좋지 않아 책장이 떨어진다. =装订得不好，书页脱落了。● 제본되다(製本--), 제본하다(製本--) ●

제분(製粉)【명사】곡식이나 약재 따위를 빻아서 가루로 만듦. 특히 밀을 밀가루로 만드는 일을 가리킨다. ◆ 图磨面。¶제분 공장. =面粉加工厂。● 제분하다(製粉--) ●

제비【명사】등은 검고 배는 희며 매우 빠르게 날고, 봄에 한국에 날아왔다가 가을에 남쪽으로 날아가는 작은 여름 철새. ◆ 图 燕子。

제비꽃【명사】봄에 들에서 피는, 한 뼘 정도 되는 꽃줄기에 다섯 장의 꽃잎이 달리는 보라색 꽃. ◆ 图堇菜。

제사(祭祀)【명사】신령이나 죽은 사람의 넋에게 음식을 바치어 정성을 나타냄. 또는 그런 의식. ◆ 图祭祀。¶제사를 드리다. =进行祭祀。● 제사하다(祭祀--) ●

제삼자 (第三者)【명사】일정한 일에 직접 관계가 없는 사람. ◆ 图第三者，外人，他人，局外人。¶제삼자가 개입할 일이 아니다. =这件事不用外人介入。

제삿날(祭祀—)【명사】图 ❶ 제사를 지내는 날. ◆ 祭日。¶오늘은 할머니 제삿날이라 일가친척이 다 모였다. =今天是奶奶的祭日，所有的亲戚都来了。❷ 죽을 정도로 혼쭐이 날 때를 비유적으로 이르는 말.◆〈喻〉千钧一发之际，命悬一线之际。

제상(祭床)【명사】제사상(제사를 지낼 때 제물을 벌여 놓는 상). ◆ 图供桌。

제설(除雪)【명사】쌓인 눈을 치움. 또는 그런 일. ◆ 图除雪，扫雪。¶제설이 늦어져 눈이 도로에 얼어붙었다. =因为扫雪不及时，雪冻在了路上。

제소(提訴)【명사】소송을 제기함. 또는 그런 일. ◆ 图提起公诉，起诉。¶쌍방의 원만한 합의로 서로 제소를 취하했다. =双方达成了圆满协议，均撤诉。● 제소하다(提訴--) ●

제수(祭需)【명사】제사에 드는 여러 가지 재료. ◆ 图祭祀用品，祭品。¶시장에서 제수를 장만하다. =在市场置办祭祀用品。

제스처(gesture)【명사】图 ❶ 말의 효과를 더하기 위하여 하는 몸짓이나 손짓. ◆ 手势，表情，姿势。¶특이한 제스처를 취하다. =做了个奇怪的手势。❷ 마음에 없이 남에게 보이기 위한, 형식뿐인 태도. ◆ 姿态，表态。¶그의 행동은 위기를 모면하기 위한 제스처에 불과하다. =他的行为不过是为逃避危机做

出的姿态。

제시(提示)【명사】图 ❶ 어떠한 의사를 말이나 글로 나타내어 보임. ◆ 提示，提出。¶근본적인 해결책 제시가 없어 정책이 겉돌고 있다. =由于没有提出根本性的解决措施，因此政策没有发挥实效。❷ 검사나 검열 따위를 위하여 물품을 내어 보임. ◆ 出示。¶증거물 제시. =出示证物。● 제시되다(提示--), 제시하다(提示--) ●

제시간(-時間)【명사】정한 시간. ◆ 图规定时间，按时，准时，正点。¶기차가 제시간에 도착하다. =火车正点到达。

제아무리【부사】제 딴에는 세상없이. 남을 낮잡아 보는 뜻으로 쓰는 말이다. ◆ 副无论自以为如何。¶제아무리 재주가 좋다 한들 사람인데 실수가 없겠느냐. =无论自以为多么有才，是人怎能没有失误?

제안(提案)【명사】의안으로 내놓음. 또는 그 의안. ◆ 图提案，提议。¶제안을 받아들이다. =接受提案。● 제안되다(提案--), 제안하다(提案--) ●

제압(制壓)【명사】위력이나 위엄으로 세력이나 기세 따위를 억눌러서 통제함. ◆ 图压制，遏制。¶기습 공격을 받아 적에게 제압을 당하다. =遭到突袭，被敌人压制。● 제압되다(制壓--), 제압하다(制壓--) ●

제야(除夜)【명사】제석(除夕)(섣달 그믐날 밤). ◆ 图除夕，年三十。

제약[1](制約)【명사】조건을 붙여 내용을 제한함. 또는 그 조건. ◆ 图制约，限制。¶단체 생활에는 여러 가지 제약이 있기 마련이다. =集体生活肯定有很多限制。● 제약되다(制約--), 제약하다(制約--) ●

제약[2](製藥)【명사】약재를 섞어서 약을 만듦. 또는 그 약. ◆ 图制药。¶제약 회사. =制药公司。

제어(制御/制馭)【명사】图 ❶ 상대편을 억눌러서 제 마음대로 다룸. ◆ 控制，驾驭，操纵。❷ 감정, 충동, 생각 따위를 막거나 누름. ◆ 抑制，控制。¶성공을 위해서는 자기 제어가 필요하다. =为了获得成功，有必要进行自我控制。❸ 기계나 설비 또는 화학 반응 따위가 목적에 알맞은 작용을 하도록 조절함. ◆ 控制，调控。¶자동 제어 장치. =自动控制装置。● 제어되다(制御/制馭--), 제어하다(制御/制馭--) ●

제왕(帝王)【명사】황제와 국왕을 아울러 이르는 말. ◆ 图帝王。

제외(除外)【명사】따로 떼어 내어 한데 헤아리지 않음. ◆ 图除外，例外。¶부상으로 선수 명단에서 제외가 되었다. =因负伤而从选手名单中被除名。● 제외되다(除外--), 제외하다(除外--) ●

제육볶음(-肉--)【명사】돼지고기에 갖은 양념을 넣어 볶다가 다시 부추와 함께 볶은 음식.◆ 图 炒猪肉。

제의(提議)【명사】의견이나 의논, 의안을 내어 놓음. 또는 그 의견이나 의논, 의안. ◆ 图提议。¶협상 제의. =协商提议。● 제의되다(提議--), 제의하다(提議--) ●

제이차 산업(第二次産業)【명사】원재료의 정제, 가공을 담당하는 산업. ◆ 图 第二产业。

제일[1](第一)【부사】여럿 가운데 가장. ◆ 副最。¶나는 과일 중에 사과를 제일 좋아한다. =在所有水果中，我最喜欢苹果。

제일[2](第一)【명사】여럿 가운데서 첫째가는 것. ◆ 图第一。¶공사에서는 안전이 제일의 조건이다. =施工中，安全是第一要务。

제일차 산업(第一次産業)【명사】원자재, 식량 따위의 가장 기초적인 생산물의 생산에 관련되는 산업. 농업, 임업, 수산업 따위를 이른다. ◆ 图 第一产业。

제자(弟子)【명사】스승으로부터 가르침을 받거나 받은 사람. ◆图弟子，学生，徒弟。

제자리【명사】图 ❶ 본래 있던 자리. ◆ 原处，原地。¶사용한 물건을 제자리에 갖다 놓아라. =把用过的物品放回原处。❷ 마땅히 있어야 할 자리. ◆ 合适位置。¶제자리를 찾다. =寻找合适的位置。

제자리걸음【명사】图 ❶ 상태가 나아가지 못하고 한 자리에 머무르는 일. 또는 그런 상태. ◆ 事情在原地踏步，停滞不前。¶논의가 진전이 없이 언제나 제자리걸음이다. =讨论没有进展，总是在原地踏步。❷ 다리 운동의 기본적인 동작의 하나. 앞으로 나가지 않고 제자리에 서 있으면서 걷는 것처럼 다리를 움직인다. ◆ 腿部运动的基本动作之一，原地踏步。¶병사들은 제자리걸음을 하며 전후좌우로 줄을 맞추었다. =士兵们原地踏步，前后左右对齐。

제작(製作)【명사】재료를 가지고 기능과 내용을 가진 새로운 물건이나 예술 작품을 만듦. ◆图制作，制造。¶그 기계는 설계가 끝나고 제작 단계에 들어섰다. =该机器结束了设计，进入了制作阶段。● 제작되다(製作--), 제작하다(製作--) ●

제재[1](制裁)【명사】图 ❶ 일정한 규칙이나 관습의 위반에 대하여 제한하거나 금지함. 또는 그런 조치. ◆ 制裁，惩罚，处罚，惩处。¶제재를 가하다. =进行制裁。❷ 법이나 규정을 어겼을 때 국가가 처벌이나 금지 따위를 행함. 또는 그런 일. ◆ 制裁，处罚。¶잘못이 있다면 법의 제재를 받아야 한다. =如果犯了过错，就要受到法律的制裁。● 제재하다(制裁--) ●

제재[2](題材)【명사】예술 작품이나 학술 연구의 바탕이 되는 재료. ◆ 图题材。¶그의 사회 현실을 제재로 소설을 집필했다. =他撰写社会现实题材的小说。

제재소(製材所)【명사】베어 낸 나무로 재목을 만드는 곳. ◆ 图木材加工厂。

제적(除籍)【명사】학적, 당적 따위에서 이름을 지워 버림. ◆ 图开除，除名，注销。¶그는 학생답지 못한 행동으로 제적 처리되었다. =他因为做了不符合学生身份的事而被开除。● 제적되다(除籍--), 제적하다(除籍--) ●

제전(祭典)【명사】图 ❶ 제사의 의식. ◆ 祭典，大型祭礼。¶고대 사회의 제전은 구성원들의 사회적 결속력을 높이는 역할을 한다. =古代社会的祭典，能够起到加强社会成员之间团结的作用。❷ 문화, 예술, 체육 따위와 관련하여 성대히 열리는 사회적인 행사. ◆ 典礼，庆典，大典。¶올림픽은 인류 화합의 제전이다. =奥运会是人类和平的大典。

제정(制定)【명사】제도나 법률 따위를 만들어서 정함. ◆ 名制定。¶법 제정. =制定法律。 ● 제정되다(制定--), 제정하다(制定--) ●

제정신(-精神)【명사】자기 본래의 바른 정신. ◆ 名 神志正常，头脑清醒。¶제정신이 돌아오다. =神志恢复正常。

제조(製造)【명사】원료에 인공을 가하여 정교한 제품을 만듦. ◆ 名 制造，出品。¶무덤에서 출토된 도자기의 제조 연대를 밝히다. =调查清楚从坟墓中发掘出的陶瓷器的制造年代。 ● 제조되다(製造--), 제조하다(製造--) ●

제조업(製造業)【명사】물품을 대량으로 만드는 사업. ◆ 名制造业。¶자동차 제조업. =汽车制造业。

제주도(濟州島)【명사】한국 서남해에 있는 화산섬. 한국에서 가장 큰 섬으로 화산 활동 지형의 특색이 잘 드러나 있어 관광 산업이 발달하였다. ◆ 名 济州岛。

제지[1](製紙)【명사】종이를 만듦. ◆ 名造纸。¶제지 산업. =造纸业。

제지[2](制止)【명사】말려서 못하게 함. ◆ 名制止，阻止。 ● 제지하다(制止--) ●

제창(齊唱)【명사】名 ❶ 여러 사람이 다 같이 큰 소리로 외침. ◆ 齐呼口号，齐喊口号。 ❷ 같은 가락을 두 사람 이상이 동시에 노래함. ◆ 齐唱，合唱。 ● 제창하다(齊唱--) ●

제철【명사】알맞은 시절. ◆ 名当季，时令。¶제철에 나는 과일이 신선하고 맛이 좋다. =时令水果又新鲜又好吃。

제철소(製鐵所)【명사】철광석을 용광로에 녹여 철을 뽑아내는 일을 하는 곳. ◆ 名钢铁厂，炼铁厂。

제초(除草)【명사】잡초를 뽑아 없앰. ◆ 名除草，拔草。¶약을 뿌려 제초를 하다. =喷除药剂除草。 ● 제초하다(除草--), 제초제 (除草-) ●

제출(提出)【명사】문안(文案)이나 의견, 법안(法案) 따위를 냄. ◆ 名提出，提交。¶보고서 제출. =提交报告书。 ● 제출되다(提出--), 제출하다(提出--) ●

제치다【동사】动 ❶ 거치적거리지 않게 처리하다. ◆ 突破。¶수비수를 제치다. =突破防守队员。 ❷ 일정한 대상이나 범위에서 빼다. ◆ 撇开，抛开。¶어떻게 나를 제쳐 두고 너희들끼리 놀러 갈 수 있니? =你们怎么能撇开我自己去玩? ❸ 경쟁 상대보다 우위에 서다. ◆ 超过，超越，战胜。¶우리 선수가 선두를 제치고 맨 앞으로 나섰다. =我方运动员超过前面的选手，排在了最前面。 ❹ 일을 미루다. ◆ 撇开，放下。¶그는 자기 일을 제쳐 두고 남의 일에 발 벗고 나선다. =他放下自己的事情，全力帮助别人做事情。

제트기(jet機)【명사】연소 가스를 세게 내뿜어서 그 반작용으로 추진력을 얻는 제트 기관을 사용하는 비행기. ◆ 名 喷气式飞机。

제패(制霸)【명사】❶ 패권을 잡음. ◆ 名 称霸。¶최고의 기술력으로 가전 업계에서 세계 제패를 이루다. =凭借一流的技术水平在家电行业称霸。 ❷ 경기 따위에서 우승함. ◆ 名 获胜，夺冠，夺魁。¶이 정도 성적이면 올림픽 제패도 가능할 것이다. =这样的成绩，在奥运会上夺冠都是可能的了。 ● 제패하다(制霸--) ●

제풀에【부사】내버려 두어도 저 혼자 저절로. ◆ 副 自发地，自动地，自觉地。¶제풀에 지쳤는지 아이가 더 이상 울지 않았다. =可能是哭累了，孩子不再哭了。

제품(製品)【명사】원료를 써서 물건을 만듦. 또는 그렇게 만들어 낸 물품. ◆ 名制品，产品。¶유리 제품. =玻璃制品。

제하다(除--)【동사】动 ❶ 덜어 내거나 빼다. ◆ 减去，扣除。¶월급에서 세금을 제하다. =从月薪中扣税。 ❷ 나누어 계산하다. ◆ 除。¶50을 6으로 제하면 그 몫은 8이고 나머지는 2이다. =50除以6得8余2。

제한(制限)【명사】일정한 한도를 정하거나 그 한도를 넘지 못하게 막음. 또는 그렇게 정한 한계. ◆ 名 限制，控制。¶속도 제한. =限速。 ● 제한되다(制限--), 제한하다(制限--) ●

제후(諸侯)【명사】봉건 시대에 일정한 영토를 가지고 그 영내의 백성을 지배하는 권력을 가지던 사람. ◆ 名诸侯。

제휴(提携)【명사】행동을 함께 하기 위하여 서로 붙들어 도와줌. ◆ 名携手，提携，联袂，合作。¶기술 제휴. =技术合作。 ● 제휴하다(提携--) ●

젤리(jelly)【명사】名 ❶ 어육류나 과실류의 교질분(膠質分)을 채취한 맑은 즙. 또는 이것에 젤라틴을 넣어 반고체 상태로 응고시킨 것. ◆ 果冻。¶요즘은 천연 과일을 넣은 젤리가 많이 팔린다. =近来，含有天然水果的果冻热销。 ❷ 콜로이드 용액이 그 분산매(分散媒)를 함유한 채 반고체상으로 굳어진 것. 도토리묵이나 과일 잼은 식물성 젤리의 예이다. ◆ 胶状物，凝胶。¶젤리 모양의 말랑말랑한 장난감. =胶状的软玩具。

젯밥【명사】名 ❶ 제사를 지내기 위하여 차려 놓은 밥. ◆ 祭祀用的饭菜。¶어머니는 젯밥을 정성스레 지으셨다. =妈妈精心地烹制了祭祀时用的饭菜。 ❷ 제사에 쓰고 물린 밥. ◆ 祭祀用过的饭。¶식구들끼리 젯밥을 나눠 먹었다. =家里人一起分享祭祀用过的饭。

조[1](組)【명사】名 일정한 목적을 위하여 조직된, 적은 사람들의 집단. ◆ 组。¶조를 짜다. =分组。

조[2](組)【의존 명사】두 개 이상의 물건이 갖추어 한 벌을 이룰 때, 그 한 벌의 물건을 세는 단위. ◆ 依名 组，套，份。¶이 공구는 다섯 개가 한 조로 되어 있다. =这些工具5个一组。

조[3](條)【의존 명사】依名 ❶ '조목'이나 '조항'의 뜻을 나타내는 말. ◆ 条，条目。¶헌법 제1조를 보시오. =请看《宪法》第1条。 ❷ 어떤 명목이나 조건. ◆ 条件，规定，惯例。¶사례금 조로 준 돈. =按酬金的惯例给的钱。

조[4](兆)【수사】억(億)의 만 배가 되는 수. ◆ 数万

亿。

조[5](調)【의존 명사】'말투'나 '태도' 따위의 뜻을 나타내는 말. ◆ 依名语调，口气，口吻，腔调。¶비꼬는 조로 이야기하다. =用挖苦的口气说话。

조가비【명사】조개의 껍데기. ◆ 名贝壳，蛤蜊壳。¶모래밭에 널려 있는 조가비들이 햇빛에 더 희게 보인다. =遍布在沙滩上的贝壳在阳光下显得更白了。

조각[1]【명사】名 ❶ 한 물건에서 따로 떼어 내거나 떨어져 나온 작은 부분. ◆ 碎片，碎块。¶얼음 조각. =碎冰块。❷ 종이 따위의 얇고 넓적한 물건의 낱개. ◆ 片，块，条。¶휴지 조각. =废纸片。❸ [수량] 떼어 내거나 떨어져 나온 부분을 세는 단위. ◆ 量 片，块，瓣。¶케이크 두 조각. =两块蛋糕。

조각[2](彫刻/雕刻)【명사】名 ❶ 재료를 새기거나 깎아서 입체 형상을 만듦. 또는 그런 미술 분야. 주로 나무, 돌, 금속 따위로 만든다. ◆ 雕刻，雕塑。¶그는 회화보다는 조각에 소질이 있다. =他在雕刻方面的天赋比在绘画方面高。❷ 조소(彫塑)(재료를 깎고 새기거나 빚어서 입체 형상을 만듦). ◆ 雕塑。¶불상 조각. =佛像雕塑。● 조각되다(彫刻/雕刻−−), 조각하다(彫刻/雕刻−−) ●

조각가(彫刻家)【명사】조각을 전문으로 하는 사람. ◆ 名雕刻家。

조각나다【동사】动 ❶ 깨어지거나 갈라져서 여러 조각이 되다. ◆ 碎，支离破碎，四分五裂。¶액자가 바닥에 떨어져 액자의 유리가 조각나다. =相框掉在地上，相框上的玻璃碎了。

조각배【명사】편주(작은 배). ◆ 名小船，〈书〉扁舟。

조각조각【부사】여러 조각으로 갈라지거나 깨어진 모양. ◆ 副 (碎成)一片一片地，一块一块地，支离破碎地，四分五裂地。¶무를 조각조각 썰다. =把萝卜切块。

조각칼(彫刻−)【명사】조각도(조각에 쓰는 작은 칼). ◆ 名雕刻刀。

조각품(彫刻品)【명사】조각한 물품. ◆ 名雕塑。

조간(朝刊)【명사】조간신문(날마다 아침에 발행하는 신문). ◆ 名晨报，早报。¶이 신문은 조간이다. =这份报纸是晨报。

조간신문(朝刊新聞)【명사】날마다 아침에 발행하는 신문. ◆ 名 晨报，早报。

조감도(鳥瞰圖)【명사】높은 곳에서 내려다본 상태의 그림이나 지도. ◆ 名鸟瞰图。¶건물 조감도. =建筑鸟瞰图。

조개【명사】바닷물이나 민물에서 사는, 단단하고 둥글고 납작한 두 쪽의 껍질 속에 사람이 먹을 수 있는 살이 들어 있는 동물. ◆ 名 贝类，蛤蜊。

조개껍질【명사】조개껍데기(조갯살을 겉에서 싸고 있는 단단한 물질). ◆ 名贝壳。

조건(條件)【명사】名 ❶ 어떤 일을 이루게 하거나 이루지 못하게 하기 위하여 갖추어야 할 상태나 요소. ◆ 条件。¶이 항구는 지리적으로 유리한 조건을 갖추었다. =这个港口具有地理上优势。❷ 일정한 일을 결정하기에 앞서 내놓는 요구나 견해. ◆ 条件。¶결혼 조건. =结婚条件。

조건 반사(條件反射)【명사】학습에 의해 후천적으로 나타나는 반응. ◆ 名 条件反射。

조경(造景)【명사】경치를 아름답게 꾸밈. ◆ 名园艺，园林造景。¶조경 사업. =造景事业。

조국(祖國)【명사】名 ❶ 조상 때부터 대대로 살던 나라. ◆ 祖国。¶조국으로 돌아오다. =回到祖国。❷ 자기의 국적이 속하여 있는 나라. ◆ 祖国。

조그마하다【형용사】形 ❶ 조금 작거나 적다. ◆ 很小，〈口〉(一)丁点儿。¶아이의 조그마한 손이 앙증맞다. =小孩的手小巧玲珑。❷ 그리 대단하지 아니하다. ◆ 一点儿，稍微。¶조그마한 사고에도 호들갑이다. =一点儿小事就咋咋呼呼。

조그맣다【형용사】'조그마하다(조금 작거나 적다)'의 준말. ◆ 形小，很小；很少("조그마하다"的略语)。¶글씨가 너무 조그매서 읽을 수가 없다. =字写得太小了，都认不出来是什么字了。

조금【부사】副 ❶ 정도나 분량이 적게. ◆ 略微，少量，一点儿。¶용돈이 조금남았다. =还剩一点儿零花钱。❷ 시간적으로 짧게. ◆ 稍微，略微(指短时间)。¶조금 기다려 주세요. =请稍等一下。

조금씩【부사】많지 않게 계속하여. ◆ 副逐渐，一点一点。¶건강이 조금씩 회복되고 있다. =正一点一点地恢复健康。

조급하다(躁急−−)【형용사】참을성이 없이 몹시 급하다. ◆ 形急，急躁，着急。¶아무리 조급하더라도 지나치게 성급해서는 안 된다. =再着急，也不能操之过急呀。● 조급히(躁急−) ●

조기[1]【명사】민어과의 보구치, 수조기, 참조기 따위를 통틀어 이르는 말. 황해에서 많이 나며 식용한다. ◆ 名 黄鱼。

조기[2]【대명사】말하는 이나 듣는 이로부터 멀리 있는 곳을 가리키는 지시 대명사. '저기'보다 가리키는 범위가 좁은 느낌을 준다. ◆ 代那里，那边，那儿。¶짐은 조기에 두세요. =把行李放在那儿吧。

조기[3](早期)【명사】名 ❶ 사건이나 질병이 발생 후 오래 지나지 않은 때. ◆ 早期，初期。¶사건을 조기에 수습하다. =在事件初期予以处理。❷ 어떤 일을 정상보다 미리 앞당겨 이른 시기에 처리하는 것. ◆ 提前。¶조기 퇴직. =提前退休。

조기[4](早起)【명사】아침 일찍 일어남. ◆ 名早起。¶조기 체조. =早操。

조기[5](弔旗)【명사】名 ❶ 조의를 표하기 위하여 깃봉에서 기의 한 폭만큼 내려서 다는 국기. ◆ 半旗。¶조기를 게양하다. =升半旗。❷ 남의 죽음을 슬퍼하는 뜻을 나타내기 위하여 검은 헝겊을 달거나 검은 선을 두른 기. ◆ 丧旗，悼旗(以黑布表示哀悼的旗子)。¶조기를 보고 상가를 쉽게 찾을 수 있었다. =看丧旗，很容易就能找到办丧事的人家。

조깅(jogging)【명사】건강을 유지하기 위하여 자기의 몸에 알맞은 속도로 천천히 달리는 운동. ◆ 名慢跑。

조끼【명사】배자(褙子)와 같이 생긴 것으로, 한복에는 저고리나 적삼 위에, 양복에는 셔츠 위에 덧입는,

소매가 없는 옷. ◆ 图坎肩，背心，马甲。¶방탄조끼. =防弹背心。

조난(遭難)【명사】항해나 등산 따위를 하는 도중에 재난을 만남. ◆ 图遇难，遇险，罹难。¶설악산에 때이른 폭설이 내려 수십 명의 등산객이 조난을 당했다. =由于雪岳山的暴雪来临，数十名登山者不幸罹难。● 조난하다(遭難--) ●

조놈【대명사】代 ❶ '저놈(말하는 이나 듣는 이로부터 멀리 있는 남자를 비속하게 이르는 삼인칭 대명사)'을 낮잡아 이르거나 귀엽게 이르는 말. ◆ "저놈"的贬称或爱称。¶내 조놈을 그냥 놔두나 봐라. =我不会放过那个家伙。❷ '저놈(말하는 이와 듣는 이로부터 멀리 있는 대상)'을 낮잡아 이르거나 귀엽게 이르는 말. ◆ "저놈"的贬称或爱称。¶조놈의 집 때문에 햇빛이 안 든다. =因为那户人家房子的遮挡，阳光都进不来了。

조달(調達)【명사】자금이나 물자 따위를 대어 줌. ◆ 图筹集，筹办，调配，采购。¶경비 조달. =筹集经费。● 조달되다(調達--), 조달하다(調達--) ●

조도(照度)【명사】조명도(단위 면적이 단위 시간에 받는 빛의 양). ◆ 图 照明度，光照度。¶조도를 돋이다. =提高照明度。

조랑말【명사】몸집이 작은 종자의 말. ◆ 图 短腿马，矮种马。

조렇다【형용사】상태, 모양, 성질 따위가 저와 같다. '저렇다'보다 익살스러운 느낌이나 낮잡는 느낌을 준다. ◆ 形那样，那么。¶조렇게 예쁜 것은 본 적이 없다. =从没见过那么美的东西。

조력[1](潮力)【명사】조수간만의 차이로 일어나는 힘. ◆ 图潮汐力。¶시화호 발전소는 세계에서 규영한 조력발전소이다. =始华湖发电站是全球著名的潮汐力发电站。

조력[2](助力)【명사】힘을 써 도와줌. 또는 그 힘. ◆ 图帮忙，帮助，协助。¶조력을 얻다. =获得帮助。● 조력하다(助力--) ●

조력발전(潮力發電)【명사】조수간만의 차이로 일어나는 힘을 이용하는 수력 발전. ◆ 图潮汐发电，潮力发电。¶조력발전은 조수 간만의 차가 큰 곳에 설치하는 것이 유리하다. =潮汐发电设在最低潮位和最高潮位落差大的地方最有利。

조련사(調鍊師)【명사】개, 돌고래, 코끼리 따위의 동물에게 재주를 가르치고 훈련시키는 사람. ◆ 图驯兽员，驯养员。

조례(朝禮)【명사】학교 따위에서 그 구성원들이 모여 일과를 시작하기 전에 행하는 아침 모임. 주의 사항이나 지시 사항 따위를 전한다. ◆ 图早会，晨会。¶조례 시간. =早会时间。

조롱(嘲弄)【명사】비웃거나 깔보면서 놀림. ◆ 图嘲弄，捉弄。¶조롱을 당하다. =受人嘲弄。● 조롱하다(嘲弄--) ●

조롱박【명사】图 ❶ 호리병박(박과의 한해살이 덩굴풀). ◆ 葫芦。❷ 호리병박으로 만든 바가지. ◆ 葫芦瓢。¶조롱박으로 물을 떠서 마시다. =用葫芦瓢舀水喝。

조롱조롱【부사】副 ❶ 조랑조랑(작은 열매 따위가 많이 매달려 있는 모양). ◆ 累累，一簇簇，一串串。¶호박이 조롱조롱 매달려 있다. =枝条上挂着一串串南瓜。❷ 조랑조랑(아이가 많이 딸려 있는 모양). ◆ 成群。¶아이들이 조롱조롱 딸렸으니 나들이도 어렵겠구나. =带着一群孩子，连出门都不方便。

조류[1](潮流)【명사】图 ❶ 밀물과 썰물 때문에 일어나는 바닷물의 흐름. ◆ 潮流，海潮运动。¶이 해안은 조류가 빠르고 암초가 많아 선박이 항해하기 어렵다. =这片海岸潮急、暗礁多，船舶很难航行。❷ 시대 흐름의 경향이나 동향. ◆ 潮流，趋势，浪潮。¶시대적 조류에 따르다. =跟随时代潮流。

조류[2](藻類)【명사】하등 은화식물의 한 무리. 물속에 살면서 엽록소로 동화 작용을 한다. 뿌리, 줄기, 잎이 구별되지 않고 포자에 의하여 번식하며 꽃이 피지 않는다. ◆ 图藻类。

조르다[1]【동사】동이거나 감은 것을 단단히 죄다. ◆ 动捆紧，扎紧，〈口〉勒紧。¶허리띠를 조르다. =勒紧裤腰带。

조르다[2]【동사】다른 사람에게 차지고 끈덕지게 무엇을 자꾸 요구하다. ◆ 动缠，纠缠，闹，磨，央求。¶동생은 엄마에게 과자를 사 달라고 졸랐다. =弟弟缠着妈妈要买点心吃。

조르르【부사】副 ❶ 가는 물줄기 따위가 빠르게 흘러내리는 소리. 또는 그 모양. ◆ 哗哗，潺潺，咕噜。¶잔에 술을 조르르 따르다. =往杯子里哗哗地倒酒。❷ 작은 물건 따위가 비탈진 곳에서 빠르게 미끄러져 내리는 모양. ◆ 骨碌碌，咕噜咕噜。¶공이 비탈길을 조르르 굴러가다. =球从坡上骨碌碌地滚了下去。❸ 작은 발걸음을 재게 움직여 걷거나 따라다니는 모양. ◆ 紧跟，紧紧(跟着)。¶아이가 조르르 어머니를 따라다닌다. =孩子紧跟在妈妈后面。

조리[1](調理)【명사】图 ❶ 요리를 만듦. 또는 그 방법이나 과정. ◆ 烹饪，做菜。¶위생적으로 조리를 하다. =菜做得很卫生。❷ 건강이 회복되도록 몸을 보살피고 병을 다스림. ◆ 调养，调理。¶산후 조리. =产后调养。● 조리하다(調理--) ●

조리[2](條理)【명사】말이나 글 또는 일이나 행동에서 앞뒤가 들어맞고 체계가 서는 갈피. ◆ 图条理，头绪。¶그의 의견은 조리가 있었다. =他的意见有条有理。

조리[3](笊籬)【명사】쌀을 이는 데에 쓰는 기구. 가는 대오리나 싸리 따위로 결어서 조그만 삼태기 모양으로 만든다. ◆ 图笊篱，淘箩。¶조리로 쌀을 일다. =用笊篱淘米。

조리[4]【부사】조 곳으로. 또는 조쪽으로. ◆ 副往那里，向那边，往那儿。¶조리 가면 우체통이 있습니다. =往那边走有邮筒。

조리개【명사】사진기에서, 렌즈를 통과하는 광선의 양을 조절하는 기계 장치. ◆ 图光圈，光门。

조리다【동사】고기나 생선, 채소 따위를 양념하여 국물이 거의 없게 바짝 끓이다. ◆ 动熬，炖。¶생선을 조리다. =炖鱼。

조리대(調理臺)【명사】음식 따위를 만드는 데에

쓰는 대. ◆图厨房操作台，案板。¶주방은 별로 크지는 않았지만 조리대와 각종 그릇들이 골고루 갖춰져 있었다. =厨房虽然不太大，但案板和各种器皿一样不少。

조림[1](造林)【명사】나무를 심거나 씨를 뿌리거나 하는 따위의 인위적인 방법으로 숲을 조성함. 또는 기존의 숲을 손질하거나 다시 살리거나 하는 따위의 관리를 함. ◆图造林。¶조림 사업. =植树造林工作。

조림[2]【명사】图 ❶ 고기나 생선, 채소 따위를 양념하여 국물이 거의 없게 바짝 끓여서 만든 음식. ◆炖菜。¶오늘 저녁에는 생선으로 조림을 만들었다. =今天晚上做了炖鲜鱼。❷ 조린 음식의 뜻을 나타내는 말. ◆炖好的菜，熬好的菜。¶고등어 조림. =炖青花鱼。

조립(組立)【명사】여러 부품을 하나의 구조물로 짜 맞춤. 또는 그런 것. ◆图装配，组装；组装品，组装的物品。¶자동차 조립 공장. =汽车组装厂。● 조립되다(組立--), 조립하다(組立--) ●

조립식(組立式)【명사】여러 부품을 하나의 구조물로 맞추어 짜는 방법으로 꾸미는 방식. ◆图组合式。¶조립식 가구. =组合家具。

조마조마하다【형용사】닥쳐올 일에 대하여 염려가 되어 마음이 초조하고 불안하다. ◆形提心吊胆，忐忑不安。¶마음이 조마조마하다. =提心吊胆。

조만간(早晚間)【부사】앞으로 곧. ◆副早晚，迟早，不久。¶조만간 찾아 뵙겠습니다. =早晚会去拜访。

조명(照明)【명사】图 ❶ 광선으로 밝게 비춤. 또는 그 광선. ◆照明，灯光。¶조명이 밝다. =灯光明亮。❷ 어떤 대상을 일정한 관점으로 바라봄. ◆审视。¶역사에 대한 새로운 조명을 하다. =重新审视历史。❸ 무대의 예술적인 효과 또는 촬영 효과를 높이기 위하여 빛을 비춤. 또는 그 빛. 무대의 예술적인 효과 또는 촬영 효과를 높이기 위하여 빛을 비춤. 또는 그 빛. ◆照明，灯光。¶이번 연극에서 나는 조명을 맡았다. =我在这个剧里负责舞台灯光。● 조명하다(照明--) ●

조모(祖母)【명사】할머니(아버지의 어머니를 이르는 말). ◆图祖母，奶奶。

조목(條目)【명사】图 ❶ 법률이나 규정 따위의 낱낱의 조나 항목. ◆项目，条款。¶이 규정은 다섯 가지 조목으로 되어 있다. =这项规定共有五项条款。❷ 하나의 일을 구성하고 있는 낱낱의 부분이나 갈래. ◆项目，条款。¶여러 조목을 나누다. =分几个项目。

조목조목(條目條目)【부사】조목조목이(한 조목 한 조목마다 다). ◆副逐条，一条一条地。¶쓰레기 소각장의 문제점들을 조목조목 따졌다. =一条一条地考虑垃圾焚烧处理场的问题。

조무래기【명사】图 자질구레한 물건. ◆小的，零碎，零头。¶알이 굵은 사과는 다 팔리고 조무래기들만 남았다. =大个的苹果都卖完了，只剩下小的了。

조문(弔問)【명사】남의 죽음에 대하여 슬퍼하는 뜻을 드러내어 상주(喪主)를 위문함. 또는 그 위문. ◆图吊唁，吊丧。¶조문을 가다. =去吊唁。● 조문하다(弔問--) ●

조물주(造物主)【명사】우주의 만물을 만들고 다스리는 신. ◆图造物主，上帝。

조미료(調味料)【명사】음식의 맛을 알맞게 맞추는 데에 쓰는 재료. ◆图调料，调味品 ¶조미료를 넣다. =放调料。

조밀하다(稠密--)【형용사】촘촘하고 빽빽하다. ◆形稠密，密集。¶이 건울은단위 면적에 비해 인구가 조밀하다. =与单位面积相比，人口非常稠密。

조바심【명사】조마조마하여 마음을 졸임. 또는 그렇게 졸이는 마음. ◆图着急，焦躁不安。¶조바심이 나다. =发急。● 조바심하다 ●

조바위【명사】추울 때에 여자가 머리에 쓰는 물건의 하나. 모양은 아얌과 비슷하나 볼끼가 커서 귀와 뺨을 덮게 되어 있다. ◆图 (女性冬季用)防寒帽。

조반(朝飯)【명사】아침 끼니를 먹기 전에 간단하게 먹는 음식. ◆图早饭，早餐，早点。¶조반을 먹다. =吃早餐。

조부(祖父)【명사】图 할아버지(아버지의 아버지를 이르는 말). ◆祖父，爷爷。

조부모(祖父母)【명사】할아버지와 할머니를 아울러 이르는 말. ◆图祖父母，爷爷奶奶。

조사[1](調査)【명사】사물의 내용을 명확히 알기 위하여 자세히 살펴보거나 찾아봄. ◆图调查，勘查，查访。¶인구 조사. =人口调查。● 조사되다(調査--), 조사하다(調査--) ●

조사[2](助詞)【명사】체언이나 부사, 어미 따위에 붙어 그 말과 다른 말과의 문법적 관계를 표시하거나 그 말의 뜻을 도와주는 품사. 크게 격 조사, 접속 조사, 보조사로 나눈다. ◆图助词。

조사[3](弔詞/弔辭)【명사】죽은 사람을 슬퍼하여 조상(弔喪)의 뜻을 표하는 글이나 말. ◆图悼词，祭文，挽词。¶추도식에서 조사를 읽다. =在追悼会上致悼词。

조사단(調査團)【명사】사건이나 사실을 명확하게 알아내기 위하여 만든 단체. ◆图调查团。¶조사단을 구성하다. =组织调查团。

조산(早産)【명사】해산달이 차기 전에 아이를 낳음. ◆图早产，早生。¶조산 기미가 보이다. =出现早产的征兆。● 조산하다(早産--) ●

조상(祖上)【명사】图 ❶ 돌아간 어버이 위로 대대의 어른. ◆祖先，先祖。❷ 자기세대 이전의 모든 세대. ◆祖先，先祖，上代。¶조상들의 지혜를 본받다. =学习祖先的智慧。

조석(朝夕)【명사】图 ❶ 아침과 저녁을 아울러 이르는 말. ◆早晚，朝夕，晨昏。¶그는 하루도 빠짐없이 부모님께 조석으로 문안을 드린다. =他一天不落地向父母早晚问安。❷ 썩 가까운 앞날. 또는 어떤 일이 곧 결판나거나 끝장날 상황. ◆早晚，朝夕。¶국가 흥망이 조석에 달린 이때 네 관할 내 관할이 따로 어디 있단 말인가? =在国家即将灭亡之际，还分什么你管我管?

조선소(造船所)【명사】배를 만들거나 고치는 곳. ◆图造船厂，船厂。

조성(造成)【명사】图 ❶ 무엇을 만들어서 이룸. ◆筹集，建成。¶기금 조성. =基金筹集。❷ 분위기나 정세 따위를 만듦. ◆营造，构建。¶밝고 명랑한 사회 분위기 조성에 다 함께 동참하자. =让我们大家一起参与到健康的社会氛围的构建中来吧。● 조성되다(造成--), 조성하다(造成--) ●

조소[1](嘲笑)【명사】비웃음(흉을 보듯이 빈정거리거나 업신여기는 일). ◆图嘲笑，嘲讽，讥笑。¶조소를 퍼붓다. =大肆嘲讽。● 조소하다(嘲笑--) ●

조소[2](彫塑)【명사】재료를 깎고 새기거나 빚어서 입체 형상을 만듦. 또는 그런 미술. 보통 조각과 소조를 아울러 이른다. ◆图 雕塑，塑像。

조속하다(早速--)【형용사】이르고도 빠르다. ◆形早日。¶조속한 쾌유를 빕니다. =愿您早日康复。● 조속히(早速-) ●

조수[1](助手)【명사】어떤 책임자 밑에서 지도를 받으면서 그 일을 도와주는 사람. ◆图助手，帮手，下手。¶공장에서 조수로 일하다. =在工厂做助手。

조수[2](潮水)【명사】달, 태양 따위의 인력에 의하여 주기적으로 높아졌다 낮아졌다 하는 바닷물. ◆图潮汐，潮水。

조숙하다(早熟--)【형용사】나이에 비해 심신의 발달이 빠르다. ◆形早熟。¶그 아이는 이제 여덟 살이지만 대단히 총명하고 조숙해서 마치 어른과 같다. =那孩子现在虽然才八岁，但非常聪明早惠，像个大人似的。

조실부모하다(早失父母--)【동사】어려서 부모를 여의다. ◆动父母早亡。¶나는 조실부모하고 삼촌 집에서 자랐다. =父母早亡，我是在叔叔家长大的。

조심(操心)【명사】잘못이나 실수가 없도록 말이나 행동에 마음을 씀. ◆图小心，当心，留心，注意。¶산불 조심. =小心山火。● 조심하다(操心--) ●

조심성(操心性)【명사】잘못이나 실수가 없도록 말이나 행동에 마음을 쓰는 성질이나 태도. ◆图小心，谨慎，小心谨慎。¶그는 조심성이 많다. =他非常谨慎。

조심스럽다(操心---)【형용사】잘못이나 실수가 없도록 말이나 행동에 마음을 쓰는 태도가 있다. ◆形小心，谨慎，仔细，小心谨慎。¶조심스러운 태도. =小心谨慎的态度。● 조심스레(操心--) ●

조심조심(操心操心)【부사】잘못이나 실수가 없도록 말이나 행동에 매우 마음을 쓰는 모양. ◆副小心谨慎，谨小慎微，小心翼翼。¶어두컴컴한 계단을 조심조심 더듬어 내려갔다. =小心翼翼地摸索着，从黑漆漆的楼梯上下去了。● 조심조심하다(操心操心--) ●

조아리다【동사】상대편에게 존경의 뜻을 보이거나 애원하느라고 이마가 바닥에 닿을 정도로 머리를 자꾸 숙이다. ◆动磕(头)，叩(头)。¶머리를 조아리다. =磕头。

조약(條約)【명사】图 ❶ 조목을 세워 맺은 언약. ◆约定，条款。¶구두로 한 조약이라도 법적 효력이 있다. =即使是口头约定，也有法律效力。❷ 국가 간의 권리와 의무를 국가 간의 합의에 따라 법적 구속을 받도록 규정하는 행위. 또는 그런 조문. 협약, 협정, 규약, 선언, 각서, 통첩, 의정서 따위가 있다. ◆条约，公约。¶조약을 맺다. =缔结条约。

조약돌【명사】작고 동글동글한 돌. ◆图砾石，卵石，(小)石子。

조언(助言)【명사】말로 거들거나 깨우쳐 주어서 도움. 또는 그 말. ◆图指教，指点，建议，忠言，参谋。¶조언과 격려를 아끼지 않다. =不吝指教与激励。● 조언하다(助言--) ●

조연(助演)【명사】한 작품에서 주역을 도와 극을 전개해 나가는 역할을 함. 또는 그 역할을 맡은 사람. ◆图协助演出，配角。¶조연 배우. =配角。

조예(造詣)【명사】학문이나 예술, 기술 따위의 분야에 대한 지식이나 경험이 깊은 경지에 이른 정도. ◆图造诣，成就，造就，功力，功夫。¶그는 문학에 조예가 깊다. =他在文学方面的造诣很深。

조용하다【형용사】形 ❶ 아무런 소리도 들리지 않고 고요하다. ◆安静，静悄悄，肃静。¶사방이 쥐 죽은 듯이 조용하다. =四处鸦雀无声。❷ 말이나 행동, 성격 따위가 수선스럽지 않고 매우 얌전하다. ◆斯文，文静。¶그녀는 말 한 마디 없이 조용하게 밥을 먹고 있었다. =她一句话也没说，文静地吃着饭。❸ 말썽이 없이 평온하다. ◆平静，悄悄。¶올해는 큰 사건 없이 조용하고 평화롭게 지나갔다. =今年一年没发生什么大事，平静安宁地过去了。● 조용히 ●

조율(調律)【명사】图 ❶ 악기의 음을 표준음에 맞추어 고름. ◆调律。¶조율이 잘 된 악기. =调律很准的乐器。❷ 문제를 어떤 대상에 알맞거나 마땅하도록 조절함을 비유적으로 이르는 말. ◆〈喻〉协调，调解。¶협상을 위한 사전 조율. =事先协调以便协商。● 조율하다(調律--) ●

조의(弔意)【명사】남의 죽음을 슬퍼하는 뜻. ◆图哀悼，吊唁。¶삼가 조의를 표합니다. =深表哀悼。

조이다【동사】动 ❶ '죄다(느슨하거나 헐거운 것이 단단하거나 팽팽하게 되다)'의 본말. ◆拧紧，扣紧，勒紧。¶고삐를 조이다. =勒紧缰绳。❷ '죄다(차지하고 있는 자리나 공간이 좁아지다)'의 본말. ◆挤靠，靠紧，卡。¶자리를 조이어 앉다. =挤靠在座位上坐着。

조인(調印)【명사】서로 약속하여 만든 문서에 도장을 찍음. ◆图盖章。¶양국 실무자는 반 년의 협상을 거친 후 오늘 드디어 조인을 이루었다. =两国的实务人员经过半年的协商，今天终于签字盖章了。● 조인되다(調印--), 조인하다(調印--) ●

조작[1](造作)【명사】어떤 일을 사실인 듯이 꾸며 만듦. ◆图捏造，伪造，编造。¶그의 주장은 조작이었음이 곧 밝혀졌다. =很快就查明了他的意见是捏造的。● 조작되다(造作--), 조작하다(造作--) ●

조작[2](操作)【명사】기계 따위를 일정한 방식에 따라 다루어 움직임. ◆图操作，操纵。¶이 기계는 조작이 간단하다. =这种机械的操作很简单。● 조작되

다(操作--), 조작하다(操作--) ●

조잘거리다 【동사】 动 ❶ 조금 낮은 목소리로 빠르게 말을 계속 하다. ◆ 叽叽咕咕，嘀咕。¶아이들이 모여 시험 문제가 어려웠다고 조잘거렸다. =孩子们聚在一起，叽叽咕咕地说试题出得太难了。❷ 참새 따위의 작은 새가 잇따라 지저귀다. ◆ 叽叽喳喳。¶병아리 떼가 어미 품에서 조잘거리고 있다. =小鸡们在母鸡的怀里不停地叽叽喳喳着。● 조잘대다 ●

조잡하다(粗雜--) 【형용사】 말이나 행동, 솜씨 따위가 거칠고 잡스러워 품위가 없다. ◆ 形粗劣，低劣，粗糙。¶조잡한 복제품. =粗劣的赝品。

조장(組長) 【명사】 어떤 조직체에서 조로 편성한 단위의 책임자나 우두머리. ◆ 名组长。

조절(調節) 【명사】 균형이 맞게 바로잡음. 또는 적당하게 맞추어 나감. ◆ 名调节，调整。¶체온 조절. =调节体温。● 조절되다(調節--), 조절하다(調節--) ●

조정[1](調停) 【명사】 분쟁을 중간에서 화해하게 하거나 서로 타협점을 찾아 합의하도록 함. ◆ 名调解，斡旋，圆场。● 조정되다(調停--), 조정하다(調停--) ●

조정[2](調整) 【명사】 어떤 기준이나 실정에 맞게 정돈함. ◆ 名调整，调节。¶회사의 구조 조정으로 부서가 재편되었다. =公司进行组织架构调整，对部门进行了重新布局。● 조정되다(調整--), 조정하다(調整--) ●

조제(調劑) 【명사】 여러 가지 약품을 적절히 조합하여 약을 지음. 또는 그런 일. ◆ 名调剂，配药。¶의약품 조제는 약국에서 할 수 있다. =药店可以配药。● 조제되다(調劑--), 조제하다(調劑--) ●

조종(操縱) 【명사】 名 ❶ 비행기나 선박, 자동차 따위의 기계를 다루어 부림. ◆ 操纵，驾驶。¶요트 조종 방법을 배우다. =学习驾驶帆船的方法。❷ 다른 사람을 자기 마음대로 다루어 부림. ◆ 操纵，控制，摆布。¶배후 조종. =幕后操纵。● 조종되다(操縱--), 조종하다(操縱--) ●

조종사(操縱士) 【명사】 항공기를 일정한 방향과 속도로 움직이도록 다루는 기능과 자격을 갖춘 사람. ◆ 名飞行员。

조종석(操縱席) 【명사】 항공기에서 조종사가 앉는 자리. ◆ 名操作台。

조준(照準) 【명사】 총이나 포 따위를 쏘거나 할 때 목표물을 향해 방향과 거리를 잡음. ◆ 名瞄准，对准。¶조준 사격. =瞄准射击。● 조준하다(照準--) ●

조직(組織) 【명사】 名 ❶ 특정한 목적을 달성하기 위하여 여러 개체나 요소를 모아서 체계 있는 집단을 이룸. 또는 그 집단. ◆ 组织，团体，机构。¶머지않아 회사 내 조직을 개편할 계획이다. =计划不久后改组公司内部的机构。❷ 날실과 씨실로 짠 천의 짜임새. ◆ 编织，编出的样子。¶삼베는 조직이 성기다. =麻布织得很稀疏。❸ 동일한 기능과 구조를 가진 세포의 집단. 동물에서는 상피 조직·결합 조직, 근육 조직, 신경 조직 따위가 있으며, 식물에서는 분열 조직·영구 조직 따위가 있다. ◆ 组织。● 조직되다(組織--), 조직하다(組織--) ●

조직체(組織體) 【명사】 체계 있게 짜여 있는 체제나 단체. ◆ 名组织，机构，组织系统，组织机构，团体。

조짐(兆朕) 【명사】 좋거나 나쁜 일이 생길 기미가 보이는 현상. ◆ 名预兆，征兆，前兆，先兆。¶조짐이 심상치 않다. =征兆异常。

조차 【조사】 이미 어떤 것이 포함되고 그 위에 더함의 뜻을 나타내는 보조사. 일반적으로 예상하기 어려운 극단의 경우까지 양보하여 포함함을 나타낸다. ◆ 助用于体词或谓词的体词形之后，表示极端严重的程度，主要用于否定句中。¶그는 편지는커녕 제 이름조차 못 쓴다. =别说信了，他连自己的名字都不会写。

조찬(朝餐) 【명사】 손님을 초대하여 함께 먹는 아침 식사. ◆ 名早餐，早饭。¶조찬 기도회. =早餐祈祷会。

조처(措處) 【명사】 제기된 문제나 일을 해결하기 위해 필요한 대책을 마련하는 것, 또는 그 대책이나 조치. ◆ 名措施，对策。¶다시는 이런 사고가 나지 않도록 철저한 조처가 필요하다. =要切实地采取措施，以确保不再发生这种事故。● 조처하다(措處--) ●

조청(造淸) 【명사】 엿 따위를 고는 과정에서 묽게 고아서 굳지 않은 엿. ◆ 名 糖稀。¶떡을 조청에 찍어 먹다. =蘸着糖稀吃年糕。

조촐하다 【형용사】 形 ❶ 아담하고 깨끗하다. ◆ 雅致，典雅，清雅。¶그의 방은 화려하지 않았지만 조촐하게 꾸며져 있었다. =他的房间虽不华丽，但装饰得很雅致。❷ 행동, 행실 따위가 깔끔하고 얌전하다. ◆ 质朴庄重，俭朴利落。¶조촐한 모임. =俭朴庄重的聚会。

조치(措置) 【명사】 벌어지는 사태를 잘 살펴서 필요한 대책을 세워 행함. 또는 그 대책. ◆ 名措施，办法。¶신속한 조치를 내리다. =处理措施很快下来了。● 조치하다(措置--) ●

조카 【명사】 형제자매의 자식을 이르는 말. 주로 친조카를 이른다. ◆ 名侄子，侄儿，侄女。

조퇴(早退) 【명사】 정하여진 시간 이전에 물러남. ◆ 名早退。¶오후에는 몸에 열이 오르기까지 해서 기어이 조퇴를 하고 말았다. =下午发烧很厉害，最终还是早退了。● 조퇴하다(早退--) ●

조판(組版) 【명사】 원고에 따라서 골라 뽑은 활자를 원고의 지시대로 순서, 행수, 자간, 행간, 위치 따위를 맞추어 짬. 또는 그런 일. ◆ 名 排版，组版。¶신문 조판 작업은 기사가 마감되는 저녁 9시부터 눈코 뜰 새 없이 바쁘다. =报纸排版工作从报道结束的晚9点开始，人忙得不可开交。● 조판하다(組版--) ●

조합(組合) 【명사】 名 ❶ 여럿을 한데 모아 한 덩어리로 짬. ◆ 组合，组装，组成。¶자동차는 많은 부품의 조합으로 이루어진다. =汽车由许多零件组装而成。❷ 목적과 이해를 같이하는 두 사람 이상이, 자기의 이익을 지키고 공동의 목적을 이룩하기 위하여, 공동으로 출자하여 사업을 경영하는 조직이나 단체. ◆ 组织，团体。¶협동조하(協同組合) =协办组织，合作组织。❸ 여러 개 가운데에서 몇 개를 순서에 관계없이 한 쌍으로 뽑아내어 모음. 또는 그 짝. ◆ 组合。● 조합하다(組合--) ●

조합원(組合員)【명사】조합에 가입한 사람. ◆ 名组合成员，社员。

조항(條項)【명사】법률이나 규정 따위의 조목이나 항목. ◆名项目，条款。¶법률 조항. =法律条款。

조형물(造形物)【명사】여러 가지 재료를 이용하여 구체적인 형태나 형상으로 만든 물체. ◆名造型。

조형미(造形美)【명사】어떤 모습을 입체감 있게 예술적으로 형상하여 표현하는 아름다움. ◆ 名造型美。

조혼(早婚)【명사】어린 나이에 일찍 결혼함. 또는 그렇게 한 혼인. ◆ 名早婚。¶조혼의 풍습이 사라지다. =早婚的习俗消失了。

조화[1](造化)【명사】名 ❶ 만물을 창조하고 기르는 대자연의 이치. 또는 그런 이치에 따라 만들어진 우주 만물. ◆ 造化。¶자연의 조화. =大自然的造化。❷ 어떻게 이루어진 것인지 알 수 없을 정도로 신통하게 된 일. 또는 일을 꾸미는 재간. ◆ 神通，本事，本领，才干。¶조화를 부리다. =大显神通。

조화[2](造花)【명사】종이, 천, 비닐 따위를 재료로 하여 인공적으로 만든 꽃. ◆ 名假花，纸花，绢花，塑料花。

조화[3](弔花)【명사】조의를 표하는 데 쓰는 꽃. ◆ 名吊唁用的花，花圈。¶조화는 주로 흰 국화를 사용한다. =吊唁主要用白色的菊花。

조화[4](調和)【명사】서로 잘 어울림. ◆ 名和谐，谐调，协调。¶조화를 이루다. =达到协调。● 조화되다(調和--), 조화하다(調和--) ●

조회[1](朝會)【명사】학교나 관청 따위에서 아침에 모든 구성원이 한자리에 모이는 일. 또는 그런 모임. 주로 아침 인사, 지시 사항 전달, 생활 반성, 체조 따위를 한다. ◆名早会，晨会。¶조회를 시작하다. =开始早会。

조회[2](照會)【명사】어떤 사람의 인적 사항을 관계되는 기관에 알아보는 일. ◆名书面询问，查询。¶은행에서 신용 정보 조회를 하다. =在银行查询信用信息。● 조회하다(照會--) ●

족(足)【명사】식용하는 소나 돼지 따위의 무릎 아랫부분. ◆ 名 (供食用的牛、羊、猪等的)蹄(子)。¶족탕(湯). =牛蹄汤。

족속(族屬)【명사】名 ❶ 같은 문중이나 계통에 속하는 겨레붙이. ◆ 同族，族人。¶같은 문화와 풍속에서 살아 온 족속은 공통의 정서를 지닌다. =生活在同样的文化和风俗中的族属，有着相通的情感。❷ 같은 패거리에 속하는 사람들을 낮잡아 이르는 말. ◆〈贬〉那伙人，一伙，一帮。¶염치라고는 조금도 없는 족속들 같으니. =一帮根本不知道廉耻的家伙。

족자(簇子)【명사】그림이나 글씨 따위를 벽에 걸거나 말아 둘 수 있도록 양 끝에 가름대를 대고 표구한 물건. ◆名画轴，字画。

족장(族長)【명사】종족이나 부족의 우두머리. ◆ 名族长，酋长。

족제비【명사】어른 팔만한 크기의 누런 갈색 몸에 짧은 네 다리와 굵고 긴 꼬리를 가졌으며, 위험을 느끼면 고약한 냄새를 풍기는 동물. ◆名黄鼬，〈俗〉黄鼠狼。

족족【의존 명사】[어미 '-는'이나 의존명사 '데' 뒤에 쓰여] 어떤 일을 하는 하나하나. ◆ 依名 一一地，逐一地。¶그는 원서를 넣는 족족 퇴짜를 맞았다. =他递交的申请被一一退回了。

족집게【명사】名 ❶ 주로 잔털이나 가시 따위를 뽑는 데 쓰는, 쇠로 만든 조그마한 기구. ◆ 镊子。¶어머니의 흰머리를 족집게로 뽑아 드렸다. =用镊子给妈妈拔白头发。❷ 어떤 사실을 정확하게 지적하여 내거나 잘 알아맞히는 능력을 가진 사람. ◆ 算命先生。¶입시철이면 족집게 도사를 자처하는 사람들이 많이 나타난다. =一到大学入学考试的季节，就会出现很多自封为算命先生的人。

족치다【동사】견디지 못하도록 매우 볶아치다. ◆ 动严刑拷打，折磨。¶죄상을 자백하도록 족치다. =严刑逼供。

족하다(足--)【형용사】수량이나 정도 따위가 넉넉하다. ◆ 形充足，足够，充分。¶고개를 넘기에는 이십 분이면 족했다. =20分钟足够翻过这个山坡了。● 족히(足-) ●

존경(尊敬)【명사】남의 인격, 사상, 행위 따위를 받들어 공경함. ◆名尊敬，敬重。¶존경을 받다. =受人尊敬。● 존경하다(尊敬--), 존경심 ●

존귀하다(尊貴--)【형용사】지위나 신분이 높고 귀하다. ◆ 形尊贵，高贵，宝贵。¶모든 생물은 존귀하다. =所有的生命都是宝贵的。

존대(尊待)【명사】名 ❶ 존경하여 받들어 대접하거나 대함. ◆ 尊敬，恭敬，款待。¶그는 여러 사람에게서 존대를 받고 있다. =他受到众人的尊敬。❷ 존경하는 말투로 대함. 또는 그러한 말투. ◆ 尊崇，敬重。¶나는 나이가 어리더라도 처음 보는 사람에게 존대를 한다. =我年纪虽小，但对初次见面的人做到恭敬得体。● 존대하다(尊待--) ●

존댓말(尊待-)【명사】높임말(사람이나 사물을 높여서 이르는 말). ◆ 名敬语。¶공식적인 자리에서는 친구 사이더라도 존댓말을 하는 것이 바람직하다. =在正式场合，即使是朋友之间，也要使用敬语。

존립(存立)【명사】名 ❶ 생존하여 자립함. ◆ 存活，生存。¶나의 존립을 위해서 남을 희생시켜서는 안 된다. =为了自己活着而牺牲他人，这绝对不行。❷ 국가, 제도, 단체, 학설 따위가 그 위치를 지키며 존재함. ◆ 存在，立足。¶사형 제도의 존립에 대한 논쟁. =对死刑制度存废的争论。● 존립하다(存立--) ●

존망(存亡)【명사】존속과 멸망 또는 생존과 사망을 아울러 이르는 말. ◆名存亡，兴亡。

존속[1](尊屬)【명사】부모 또는 그와 같은 항렬 이상에 속하는 친족. ◆名长辈，辈分高的亲属。¶직계(直

系) 존속에게 유산을 물려주다. =将遗产留给直系尊亲。

존속²(存續) 【명사】 어떤 대상이 그대로 있거나 어떤 현상이 계속됨. ◆ 名继续存在，存续，延续，持续，保持，存持。¶세습 제도의 존속. =世袭制度的延续。● 존속되다(存續--), 존속하다(存續--) ●

존엄(尊嚴) 【명사】 인물이나 지위 따위가 감히 범할 수 없을 정도로 높고 엄숙함. ◆ 名尊严，尊贵。¶환경 교육을 통해 생명의 존엄을 일깨우다. =通过环境教育，唤醒人们的生命尊严意识。● 존엄하다(尊嚴--) ●

존엄성(尊嚴性) 【명사】 감히 범할 수 없는 높고 엄숙한 성질. ◆ 名尊严。¶전쟁이 인간의 존엄성을 짓밟다. =战争践踏了人类的尊严。

존재(存在) 【명사】 名 ❶ 현실에 실제로 있음. 또는 그런 대상. ◆ 存在，存留，在。¶신의 존재를 부인하다. =否认神的存在。❷ 다른 사람의 주목을 끌 만한 두드러진 품위나 처지. 또는 그런 대상. ◆ 存在，人物。¶독보적인 존재. =独一无二的人物。

존중(尊重) 【명사】 높이어 귀중하게 대함. ◆ 名尊重，崇尚，推崇，重视。¶개성 존중의 시대. =崇尚个性的时代。● 존중되다(尊重--), 존중하다(尊重--) ●

존칭(尊稱) 【명사】 남을 공경하는 뜻으로 높여 부름. 또는 그 칭호. ◆ 名尊称，敬称。¶존칭을 붙이다. =加上敬称。● 존칭하다(尊稱--) ●

존함(尊銜) 【명사】 남의 이름을 높여 이르는 말. ◆ 名尊姓大名，〈旧〉名讳。¶춘부장의 존함은 어떻게 되십니까? =请问令尊名讳?

졸개(卒-) 【명사】 남의 부하 노릇을 하면서 잔심부름을 하는 사람을 낮잡아 이르는 말. ◆ 名〈贬〉喽啰，爪牙，狗腿子。¶두목은 도망가고 졸개만 남아 있었다. =头目逃走了，只剩下了小喽啰。

졸다¹ 【동사】 动 ❶ 찌개, 국, 한약 따위의 물이 증발하여 분량이 적어지다. ◆ 干涸，熬干，煮干。¶찌개가 바짝 졸았다. =炖菜熬干了。❷ 속되게 위협적이거나 압도하는 대상 앞에서 겁을 먹거나 기를 펴지 못하다. ◆〈俗〉(吓得)大气都不敢喘，提心吊胆。¶그의 위협에 모두가 다 졸았다. =大家在他的威胁下，都提心吊胆的。

졸다² 【동사】 잠을 자려고 하지 않으나 저절로 잠이 드는 상태로 자꾸 접어들다. ◆ 动打盹，瞌睡。¶학생이 수업 시간에 졸다. =学生课上打瞌睡。

졸도(卒倒) 【명사】 갑자기 정신을 잃고 쓰러짐. 또는 그런 일. 주로 뇌빈혈이 원인이며 충격, 과로, 일사병, 뇌진탕에 의하여도 일어난다. ◆ 名 突然晕倒，昏厥。● 졸도하다(卒倒--) ●

졸라매다 【동사】 느슨하지 않도록 단단히 동여매다. ◆ 动勒紧，捆紧，扎紧。¶허리띠를 졸라매다. =勒紧裤腰带。

졸랑졸랑 【부사】 副 ❶ 물 따위가 잔물결을 이루며 자꾸 흔들리는 소리. 또는 그 모양. ◆ 咣当咣当(响)。¶그는 컵에 냉수를 졸랑졸랑 가져왔다. =他拿着装着凉水，咣当咣当响的杯子过来了。❷ 자꾸 가볍고 경망스럽게 까부는 모양. ◆ 轻浮，轻率地，冒失地。¶아이들이 무슨 구경거리라도 생긴 듯 장터 마당까지 졸랑졸랑 따라왔다. =孩子们像是有什么热闹事似的，冒冒失失地一直跟到了集市上。

졸렬하다(拙劣--) 【형용사】 옹졸하고 천하여 서투르다. ◆ 形拙劣，庸劣，笨拙。¶졸렬한 수단. =拙劣的手段。

졸리다¹ 【동사】 '조르다(동이거나 감은 것을 단단히 죄다)'의 피동사. ◆ 动被缠，被勒，被捆紧。

졸리다² 【동사】 자고 싶은 느낌이 들다. ◆ 动困，困倦，瞌睡，犯困，想睡觉。¶식사 후라 졸리고 피곤하다. =吃完饭后，又困又乏。

졸병(卒兵) 【명사】 직위가 낮은 병사. ◆ 名小兵，小卒。

졸아들다 【동사】 动 ❶ 액체가 증발하여 그 분량이 적어지다. ◆ 缩小，减少，收缩。¶가뭄으로 강물이 졸아들었다. =由于干旱，河水减少了。❷ 부피나 분량이 작게 되거나 적어지다. ◆ 收缩， 变小。¶사람들의 추궁에 그의 목소리는 점점 졸아들었다. =在大家的追究声中，他的声音一点一点地小了。❸ 심리적으로 위축되다. ◆ 变小。¶시험에서 떨어질까 봐 가슴이 졸아드는 기분이다. =因为害怕考试不及格，提心吊胆的。

졸업(卒業) 【명사】 학생이 규정에 따라 소정의 교과 과정을 마침. ◆ 名毕业。¶졸업 시험. =毕业考。● 졸업하다(卒業--) ●

졸업생(卒業生) 【명사】 규정에 따라 소정의 교과 과정을 마친 사람. ◆ 名毕业生；结业生。¶그는 이 학교 졸업생입니다. =他是这所学校的毕业生。

졸업식(卒業式) 【명사】 졸업장을 수여하는 의식. ◆ 名毕业典礼。

졸업장(卒業狀) 【명사】 졸업한 사항을 적어 졸업생에게 주는 증서. ◆ 名毕业证。

졸음 【명사】 잠이 오는 느낌이나 상태. ◆ 名困，睡意。¶졸음이 쏟아지다. =困得不得了。

졸이다 【동사】 动 ❶ '졸다(찌개, 국, 한약 따위의 물이 증발하여 분량이 적어지다)'의 사동사. ◆ 炖，熬，煎。¶탕약을 졸이다. =煎药。❷ 속을 태우다시피 초조해하다. ◆ 费(心)，焦(心)，焦急。¶마음을 졸이다. =焦心。

졸작(拙作) 【명사】 名 ❶ 솜씨가 서투르고 보잘것없는 작품. ◆ 拙劣的作品。¶출품된 작품 중 몇몇 작품을 제외하면 모두 졸작이었다. =参展的作品中，除了几部外，其他的全都是垃圾。❷ 자기의 작품을 겸손하게 이르는 말. ◆〈谦〉拙作，拙著。¶저의 졸작을 수상작으로 뽑아주셔서 감사합니다. =对拙作能够获奖表示感谢。

졸장부(拙丈夫) 【명사】 도량이 좁고 졸렬한 사내. ◆ 名庸才，没出息的男子。¶그 정도에 겁을 먹다니. 졸장부같으니라고. =那样就害怕了? 真是个没出息的男人。

졸졸 【부사】 副 ❶ 가는 물줄기 따위가 잇따라 부드럽게 흐르는 소리. 또는 그 모양. ◆ 潺潺，涓涓，淙淙，汩汩。¶시냇물이 졸졸 흐르다. =溪水潺潺地流

着。❷ 작은 동물이나 사람이 자꾸 뒤를 따라다니는 모양. ◆ 紧紧(跟随)。¶강아지가 노인을 졸졸 따라다녔다. =小狗紧紧地跟着老人。

졸필(拙筆)【명사】图 ❶ 솜씨가 서투르고 보잘것없는 글씨나 글. ◆ 拙劣的字体。¶그의 글씨체는 졸필이었지만 정성을 다해서 편지를 썼다. =虽然他的字写得很差，但他怀着一片赤诚写了这封信。❷ 자기가 쓴 글씨를 겸손하게 이르는 말. ◆〈谦〉拙字，拙笔。¶저의 졸필에 대해 이렇게 칭찬을 하시니 몸 둘 바를 모르겠습니다. =您这样称赞我的拙字，真让我无地自容。

좀【부사】副 ❶ '조금(정도나 분량이 적게)'의 준말. ◆ 稍微，略微，有点儿。¶물건값이 좀 비싸다. =东西有点贵。❷ '조금(시간적으로 짧게)'의 준말. ◆ 稍，稍微，一点儿。¶좀 늦었습니다. =稍晚了一点儿。❸ 부탁이나 동의를 구할 때 말을 부드럽게 하기 위하여 삽입하는 말. ◆（表示婉转地请求或征得同意）插入语。¶무엇 좀 물어봅시다. =我想请问一下。❹ '얼마나'의 뜻을 나타내는 말. ◆ 多么。¶둘이 그렇게 사이좋게 지내니 좀 좋으냐? =你们俩之间关系一直那么好该多好呀?

좀도둑【명사】자질구레한 물건을 훔치는 도둑. ◆图小偷，小毛贼。

좀먹다【동사】动 ❶ 좀이 쏠다. ◆ 虫蛀，虫蠹。¶좀먹은 헌책. =被虫蛀了的旧书。❷ 어떤 사물에 드러나지 않게 조금씩 조금씩 자꾸 해를 입히다. ◆ 腐蚀，侵吞，侵害。¶부정부패는 나라를 좀먹는 일이다. =腐败害国。

좀스럽다【형용사】形 ❶ 사물의 규모가 보잘것없이 작다. ◆ 小，细小，琐碎。¶사장은 키가 작고 좀스럽게 생겼지만 대단한 의지를 가진 사람이다. =总经理个子虽然不高，但意志非常坚定。❷ 도량이 좁고 옹졸한 데가 있다. ◆ 区区，小，细小，琐碎。¶사람 됨됨이가 좀스럽다. =为人小肚鸡肠。

좀처럼【부사】여간하여서는. ◆ 副(常与否定词连用)(不)一般，(不)寻常。¶그의 분노는 좀처럼 가시지 않았다.=很难让他消气。

좁다【형용사】形 ❶ 면이나 바닥 따위의 면적이 작다. ◆ (面积)窄，狭窄，狭小。¶방이 너무 좁아서 침대를 놓을 데가 없다. =房间太狭小而没地方放一张床。❷ 너비가 작다. ◆ (宽度)窄，狭窄，狭小。¶좁은 골목길. =狭窄的胡同。❸ 마음 쓰는 것이 너그럽지 못하다. ◆ (心胸)狭隘，浅薄，短浅。¶좁은 소견. =浅见。❹ 내용이나 범위 따위가 널리 미치지 아니한 데가 있다. ◆ (内容或范围)窄，狭。¶좁은 의미. =狭义。

좁다랗다【형용사】너비나 공간이 매우 좁다. ◆形非常狭窄。¶좁다랗고 구불구불한 골목. =曲曲折折的羊肠小道。

좁쌀【명사】图 ❶ 조의 열매를 찧은 쌀. ◆ 小米，粟米。¶좁쌀로 떡을 하다. =做小米打糕。❷ 작고 좀스러운 사람이나 물건을 비유적으로 이르는 말. ◆〈喻〉小心眼，小里小气。¶그는 친구에게 밥을 한 번도 산 적이 없는 좁쌀영감이다. =他是个一次都没有请过朋友客的吝啬鬼。

좁히다【동사】动 ❶ '좁다(면이나 바닥 따위의 면적이 작다)'의 사동사. ◆ (面积)弄窄，使窄，缩小。¶일반 직원들은 회의실을 좁혀서 사장실을 넓히는 안에 반대하였다. =普通职员反对缩小会议室而扩大经理办公室的提议。❷ '좁다(너비가 작다)'의 사동사. ◆ (宽度)弄窄，使窄，拉近。¶거리를 좁히다. =缩窄距离。❸ '좁다(내용이나 범위 따위가 널리 미치지 아니한 데가 있다)'의 사동사. ◆ (内容或范围)缩小，拉近。¶견해차를 좁히다. =缩小意见上的分歧。

종[1]【명사】남의 집에서 대대로 천한 일을 하던 사람. ◆图仆人，奴仆，家奴。

종(種)[2]【명사】图 ❶ 종자(種子)(식물에서 나온 씨 또는 씨앗). ◆ 种子。¶종자를 뿌리다. =播种。❷ 종류(種類)(사물의 부문을 나누는 갈래). ◆ 种类。¶여러 종의 책. =好多种类的书。

종(鐘)[3]【명사】금속을 깊고 둥근 그릇처럼 만들어 거꾸로 매어 달고 안에는 추를 달아, 치거나 흔들어 소리를 내는 물건. ◆图钟，铃。¶교회에서 종을 치다. =教会敲钟。

종가(宗家)【명사】족보로 보아 한 문중에서 맏이로만 이어 온 큰집. ◆图长房，嫡长子家。¶종가와 종손. =长房和长孙。

종각(鐘閣)【명사】큰 종을 달아 두기 위하여 지은 누각. ◆图钟楼。

종강(終講)【명사】한 학기의 강의가 끝나거나 강의를 끝마침. 또는 한 학기의 마지막 강의. ◆图最后一课。¶이번 주 금요일이 종강이다. =这周五最后一堂课。● 종강하다(終講--) ●

종결(終結)【명사】일을 끝냄. ◆图终结，结束，收尾。¶사건의 수사가 종결 단계에 이르다. =案件的调查到了收尾阶段。● 종결되다(終結--), 종결하다(終結--) ●

종국(終局)【명사】일의 마지막. ◆图最终，结局。¶모든 생물은 종국에는 죽는다. =所有的生物最终都要死亡。

종군(從軍)【명사】图 ❶ 군대를 따라 전쟁터로 나감. ◆ 从军，参军。❷ 전투 목적 이외의 일로 군대를 따라 같이 다님. ◆ 随军。¶종군 작가. =随军作家。● 종군하다(從軍--) ●

종기(腫氣)【명사】피부의 털구멍 따위로 화농성 균이 들어가서 생기는 염증. ◆图脓疮，脓肿。

종내(終乃)【부사】副 ❶ 끝내. 끝까지 내내. ◆ 始终。¶아무리 그를 기다려도 종내 나타나지 않았다. =不管怎么等，他始终都没有出现。❷ 끝내. 끝에 가서 드디어. ◆ 终于，到底。¶종내 목적을 이루다. =终于达到目的。

종다리【명사】종다릿과의 새. 몸은 참새보다 조금 크며 붉은 갈색이고 검은색 가로무늬가 있다. 뒷머리의 깃은 길어서 뿔처럼 보인다. ◆图云雀。● 종달새 ●

종대(縱隊)【명사】세로로 줄을 지어 늘어선 대형(隊形). ◆图纵队。¶신병이 2열 종대로 줄을 서다. =新兵站成两列纵队。

종래(從來)【명사】일정한 시점을 기준으로 이전부터 지금까지에 이름. 또는 그런 동안. ◆ 图历来，一向，向来，一贯。¶종래의 방침대로 하다. =按一贯的方针办。

종량제(從量制)【명사】물품의 무게나 길이, 용량에 따라 세금이나 이용 요금을 매기는 제도. ◆ 图从量制。¶환경오염을 줄이기 위해 쓰레기 종량제를 실시하다. =为了减少环境污染，对垃圾排放实施了从量制。

종례(終禮)【명사】학교에서, 하루 일과를 마친 뒤에 담임 교사와 학생이 한자리에 모여 나누는 인사. 주의 사항이나 지시 사항 따위를 전달하기도 한다. ◆ 图课后礼，放学礼。¶종례가 끝나고 학생들은 교실을 청소했다. =课后礼结束后，学生们打扫了教室卫生。

종료(終了)【명사】어떤 행동이나 일 따위가 끝남. 또는 행동이나 일 따위를 끝마침. ◆ 图结束，完毕。¶경기 종료 1분 전에 우리 팀 선수가 역전 골을 넣었다. =比赛结束前1分钟，我队队员打进了扭转乾坤的一球。● 종료되다(終了--), 종료하다(終了--) ●

종류(種類)【명사】사물의 부문을 나누는 갈래. ◆ 图种，种类，类。¶여러 종류의 책. =很多种书。

종말(終末)【명사】계속된 일이나 현상의 맨 끝. ◆ 图下场，结局，结尾，终结，末了。

종목(種目)【명사】여러 가지 종류에 따라 나눈 항목. ◆ 图项目，品名。¶운동 경기 종목. =运动比赛项目。

종묘(宗廟)【명사】图 조선 시대에, 역대 임금과 왕비의 위패를 모시던 왕실의 사당. ◆（朝鲜王朝）王室宗庙。

종반(終盤)【명사】어떤 일이나 일정한 기간의 마지막 단계. ◆ 图结束，收尾。¶20 세기 90년대도 이제 종반에 이르렀다. =现在20世纪90年代也快结束了。

종발(鐘鉢)【명사】图 ❶ 중발보다 작고 종지보다 조금 넓은 평평한 그릇. ◆ 中碗。¶예전에는 종발의 쓰임이 많았다. =以前中碗有很多用处。❷ 음식을 종발에 담아 그 분량을 헤아리는 단위를 나타내는 말. ◆ 中碗。¶간장 한 종발. =一中碗酱油。

종별(種別)【명사】종류에 따라 구별함. 또는 그런 구별. ◆ 图类别，种类。¶들꽃을 종별로 수집하다. =按类采集野花。

종사(從事)【명사】어떤 일을 일삼아서 함. ◆ 图从事，务，操。¶그가 자영업에 종사를 한 지 10년이 넘었다. =他从事个体经营业务已经十多年了。● 종사하다(從事--) ●

종살이【명사】예전에, 남의 종노릇을 하던 일. ◆ 图当佣人，当仆人，帮佣。

종성(終聲)【명사】음절의 구성에서 마지막 소리인 자음. '감', '공'에서 'ㅁ', 'ㅇ' 따위이다. ◆ 图收音。

종소리(鐘--)【명사】종을 칠 때 울리는 소리. ◆ 图钟声。¶제야의 종소리. =除夕的钟声。

종속(從屬)【명사】자주성이 없이 주가 되는 것에 딸려 붙음. ◆ 图从属，附属，附庸。¶경제적 종속. =经济上的附庸。● 종속되다(從屬--), 종속하다(從屬--) ●

종손(宗孫)【명사】종가의 대를 이을 맏손자. ◆ 图嫡长孙。

종식(終熄)【명사】한때 매우 성하던 현상이나 일이 끝나거나 없어짐. ◆ 图告终，终止，平息，平复，完结，结束，告绝。● 종식되다(終熄--), 종식하다(終熄--) ●

종신(終身)【명사】목숨을 다하기까지의 동안. ◆ 图终身，终生，一生，一辈子。

종씨(宗氏)【명사】같은 성으로서 촌수를 따질 정도가 못 되는 사람들 사이에서 서로 부르는 말. ◆ 图同宗，本家。¶이런 자리에서 종씨를 만나니 참으로 기쁩니다. =在这种场合碰到本家，真是太高兴了。

종아리【명사】무릎과 발목 사이의 뒤쪽 근육 부분. ◆ 图小腿。

종알거리다【동사】주로 여자나 아이들이 남이 잘 알아듣지 못할 정도의 작은 목소리로 혼잣말을 자꾸 하다. ◆ 动嘀咕，喃喃，唠叨，嘟囔。● 종알대다 ●

종업원(從業員)【명사】어떤 업무에 종사하는 사람. ◆ 图职员，职工，员工。¶우리 회사의 종업원은 모두 백 명이 넘는다. =我们公司的员工总数超过百人。

종용(慫慂)【명사】잘 설득하고 달래어 권함. ◆ 图劝告，劝导，怂恿。¶내가 결사적으로 거절하자, 그는 종용을 포기하고 나에게 다른 일거리를 마련해 주었다. =由于我誓死不从，所以他放弃了劝告，给我找了其他活干。● 종용하다(慫慂--) ●

종이【명사】식물성 섬유를 원료로 하여 만든 얇은 물건. 주로 글을 쓰거나 그림을 그리거나 인쇄를 하는 데 쓴다. ◆ 图纸，纸张。

종일(終日)【명사】온종일(아침부터 저녁까지의 동안). ◆ 图一天到晚，从早到晚，一整天。

종일토록(終日--)【부사】아침부터 저녁까지 내내. ◆ 副，整天，成天。¶종일토록 기다리다. =终日等待。

종잇장(--張)【명사】종이의 낱장. ◆ 图纸张，一张一张的纸。¶종잇장같이 얇은 판자. =像纸一样薄的木板。

종자(種子)【명사】图 ❶ 식물에서 나온 씨 또는 씨앗. ◆ 种子。¶종자를 심다. =种下种子。❷ 동물의 혈통이나 품종. 또는 그로부터 번식된 새끼. ◆ 品种。¶종자가 좋은 개. =品种好的狗。

종잡다【동사】대중으로 헤아려 잡다. ◆ 动找头绪，找线索。¶종잡을 수 없는 말.=让人摸不着头脑的话。

종적(蹤跡/蹤迹)【명사】图 ❶ 없어지거나 떠난 뒤에 남는 자취나 형상. ◆ 踪迹，行踪，踪影。¶종적도 없이 사라지다. =消失得无影无踪。❷ 고인의 행적. ◆ 足迹，事迹。¶선현의 종적을 기려 기념비를 세우다. =为弘扬先贤的事迹，树立纪念碑。

종전(從前)【명사】지금보다 이전. ◆ 图从前，以前，过去。¶종전의 방식을 그대로 고수하다. =坚持以前的方式不变。

종점(終點)【명사】图 ❶ 기차, 버스, 전차 따위를 운행하는 일정한 구간의 맨 끝이 되는 지점. ◆ 终点站。¶우리 집은 이 버스의 종점 부근이다. =我家在这趟公共汽车的终点站附近。❷ 일정한 동안의 맨 끝이 되는 때. ◆ 终点。¶인생의 종점은 어디인가? =人生的终点在哪里?

종조모(從祖母)【명사】종조부의 아내. ◆ 图叔祖母，伯祖母。

종조부(從祖父)【명사】종조할아버지. 할아버지의 남자 형제. ◆图叔祖父，伯祖父。

종족(種族)【명사】图 ❶ 같은 종류의 생물 전체를 이르는 말. ◆ 物种，种属。¶종족의 분화. =物种的分化。❷ 조상이 같고, 같은 계통의 언어·문화 따위를 가지고 있는 사회 집단. ◆ 种族，人种。

종종(種種)【부사】가끔(시간적·공간적 간격이 얼마쯤씩 있게). ◆副时常，常常，经常，常。¶종종 일어나는 일. =经常发生的事。

종종걸음【명사】발을 가까이 자주 떼며 급히 걷는 걸음. ◆ 图碎步，小快步。¶바닥이 빙판이라 우리는 종종걸음으로 걸을 수밖에 없었다. =路面上都是冰，我们只能迈小碎步走。

종주국(宗主國)【명사】图 ❶ 자기 나라에 종속된 다른 나라의 대외 관계에 대한 일부를 처리하는 나라. ◆ 宗主国。❷ 문화적 현상과 같은 어떤 대상이 처음 시작한 나라. ◆ 起源国，发源国。

종지【명사】❶ 간장·고추장 따위를 담아서 상에 놓는, 종발보다 작은 그릇. ◆ 图 小碗。¶양념장 종지. =盛佐料酱油的小碗。❷ [수량을 나타내는 말 뒤에 쓰여] 간장이나 고추장 따위를 '간장·고추장 따위를 담아서 상에 놓는, 종발보다 작은 그릇.'에 담아 그 분량을 세는 단위. ◆ 量小碗。¶간장 세 종지. =三小碗酱油。

종지부(終止符)【명사】마침표(문장 부호의 하나. 주로 문장을 끝맺을 때 쓰는 것으로 온점(.), 고리점(｡), 물음표(?), 느낌표(!)가 있다). ◆ 图 语法 句号。¶문장의 끝에 종지부를 찍다. =在句子的最后写上句号。

종착역(終着驛)【명사】기차나 전차 따위가 마지막으로 도착하는 역. ◆图终点站，终点。¶종착역에 이르다. =终点站到了。

종친(宗親)【명사】图 ❶ 한 일가로서 유복친 안에는 들지 아니하는 일가붙이. ◆ 宗亲，本家。¶이왕에 고향에 왔으니 종친이나 만나고 갑시다. =既然已经回家乡了，就去见见本家亲戚吧。❷ 임금의 친족. ◆ 宗室，王族，皇族。

종합(綜合)【명사】여러 가지를 한데 모아서 합함. ◆ 图综合。¶대회에서 종합 1위를 차지하다. =在大会中取得了综合第一的成绩。● 종합되다(綜合--), 종합하다(綜合--) ●

종합 병원(綜合病院)【명사】의료법에 규정되어 있는 여러 진료 과목을 고루 갖춘 병원. ◆ 图综合医院。¶종합병원에서는 거의 모든 진료를 담당한다. =综合医院几乎可以做所有的诊疗工作。

종합 예술(綜合藝術)【명사】분야가 다른 여러 예술적 요소를 한데 모아 합하여 이루어지는 예술. ◆ 图综合艺术。¶영화는 현대 사회에서 가장 영향력을 지닌 종합예술의 하나이다. =电影是现代社会中最具影响力的综合艺术之一。

종형제(從兄弟)【명사】사촌 관계인 형과 아우. ◆ 图堂兄弟，表兄弟。

종횡무진(縱橫無盡)【명사】자유자재로 행동하여 거침이 없는 상태 ◆ 图自由自在，纵横驰骋。¶종횡무진으로 활약하다. =纵横驰骋。

좇다【동사】动 ❶ 목표, 이상, 행복 따위를 추구하다. ◆ 追求，追寻。¶이상을 좇다. =追求理想。❷ 남의 말이나 뜻을 따르다. ◆ 服从，顺从，听从。¶부모님의 의견을 좇기로 했다. =决定听从父母的意见。

좋다【형용사】形 ❶ 대상의 성질이나 내용 따위가 보통 이상의 수준이어서 만족할 만하다. ◆ 好，美，良，佳。¶품질이 좋다. =质量好。❷ 성품이나 인격 따위가 원만하거나 선하다. ◆ 好，美，善。¶마음씀씀이가 좋다. =心地好。❸ 신체적 조건이나 건강 상태가 보통 이상의 수준이다. ◆ 好，良好。¶혈색이 좋다. =气色好。❹ 사람이 체면을 가리지 않거나 염치가 없다. ◆ 真行(反语)。¶내 친구는 넉살이 좋아서 부끄러움을 잘 안 탄다. =我朋友是个厚脸皮，根本不知道害羞。❺ 날씨가 맑거나 고르다. ◆ 好，晴朗，明媚。¶날씨가 좋다. =天气好。

좋아하다【동사】动 ❶ 어떤 일이나 사물 따위에 대하여 좋은 느낌을 가지다. ◆ 喜欢，喜爱，爱。¶여자들은 대개 꽃을 좋아한다. =女人大都喜欢花。❷ 특정한 음식 따위를 특별히 잘 먹거나 마시다. ◆ 喜欢，爱，好。¶대부분의 남자는 술을 좋아한다. =大部分男人都喜欢喝酒。❸ 특정한 운동이나 놀이, 행동 따위를 즐겁게 하거나 하고 싶어 하다. ◆ 喜欢，喜爱。¶요즘 청소년들은 농구를 좋아한다. =最近，青少年喜欢玩篮球。❹ 다른 사람을 아끼어 친밀하게 여기거나 서로 마음에 들다. ◆ 喜欢，爱。¶그는 그녀와 서로 좋아한다. =他和她互相喜欢。

좌담(座談)【명사】여러 사람이 한자리에 모여 앉아서 어떤 문제에 대하여 의견이나 견문을 나누는 일. 또는 그런 이야기. ◆ 图座谈。¶오늘 좌담의 주제는 문학의 발전 방향에 관한 것입니다. =今天座谈的主题是文学的发展方向。● 좌담하다(座談--) ●

좌담회(座談會)【명사】좌담을 하는 모임. ◆ 图座谈会。

좌르르【부사】副 ❶ 물줄기 따위가 잇따라 세차게 쏟아지는 소리. 또는 그 모양. ◆ 哗哗，哗啦啦(流)。¶빗물이 좌르르 흐르다. =雨水哗哗地流。❷ 여러 개의 작은 물체가 잇따라 쏟아지는 소리. 또는 그 모양. ◆ 哗啦，哗啦啦。¶자루에 담겨 있던 구슬이 끈을 풀자 갑자기 좌르르 쏟아졌다. =刚解开绳子，袋子里装的珍珠突然哗啦一下掉了出来。

좌석(座席)【명사】앉을 수 있게 마련된 자리. ◆ 图座席，座位，席位，座。¶좌석에 앉다. =坐在座位上。

좌선(坐禪)【명사】고요히 앉아서 참선함. ◆ 图 坐

禅，打坐。● 좌선하다(坐禪--) ●

좌시(坐視)【명사】참견하지 아니하고 앉아서 보기만 함. ◆ 名旁观，坐视不管。¶부정을 보고서 좌시만 할 수는 없었다. =绝不能对不正当行为坐视不管。● 좌시하다(坐視--) ●

좌우(左右)【명사】名 ❶ 왼쪽과 오른쪽을 아울러 이르는 말. ◆ 左侧和右侧，左右。¶좌우 날개. =左右翼。❷ 옆이나 곁 또는 주변. ◆ 两旁，身边。¶두리번두리번 좌우를 살펴보다. =东张西望地仔细察看两旁。❸ 주위에 거느리고 있는 사람. ◆ 身边的人，跟前的人。¶좌우 측근. =心腹。❹ '좌익'과 '우익'을 아울러 이르는 말. ◆ 左翼和右翼。¶좌우 대립의 양상. =左翼、右翼对立的状态。❺ 어떤 일에 영향을 주어 지배함. ◆ 左右，操纵，支配，决定。¶사업성공의 여부는 노력에 의해 좌우가 된다. =事业能否取得成功决定于是否努力。● 좌우되다(左右--), 좌우하다(左右--) ●

좌우간(左右間)【명사】이렇든 저렇든 어떻든 간. ◆ 名反正，无论如何，不管怎样。¶좌우간에 앉아서 이야기 좀 합시다. =不管怎样，坐下来说说吧。

좌우명(座右銘)【명사】늘 자리 옆에 갖추어 두고 가르침으로 삼는 말이나 문구. ◆ 名座右铭。

좌익수(左翼手)【명사】야구에서, 외야의 왼쪽을 지키는 수비수. ◆ 名 (棒球)左场手。

좌절(挫折)【명사】名 ❶ 마음이나 기운이 꺾임. ◆ 挫折。¶좌절을 겪다. =遭遇挫折。❷ 어떠한 계획이나 일 따위가 도중에 실패로 돌아감. ◆ 失败，成为泡影。¶경기 침체로 인한 사업의 좌절로 큰 충격을 받았다. =经济不景气导致的生意失败，使之受到巨大冲击。● 좌절되다(挫折--), 좌절하다(挫折--) ●

좌지우지하다(左之右之--)【동사】이리저리 제 마음대로 휘두르거나 다루다. ◆ 动左右，任意摆布。¶결과를 좌지우지하다. =决定结果，掌控结果。

좌천(左遷)【명사】낮은 관직이나 지위로 떨어지거나 외직으로 전근됨. 예전에 중국에서 오른쪽을 숭상하고 왼쪽을 멸시하였던 데서 유래한다. ◆ 名左迁，降职，贬职。¶책임을 물어 시말서를 쓰게 하고 지방으로 좌천을 시켰다. =追究责任，让他们写出事件的详细经过，并把他们贬职到地方去。● 좌천되다(左遷--), 좌천하다(左遷--) ●

좌측(左側)【명사】왼쪽. ◆ 名左侧。¶좌측통행. =左侧通行。

좌표(座標)【명사】평면이나 공간 안의 임의의 점의 위치를 나타내는 수나 수의 짝. ◆ 名坐标。

좌회전(左回轉)【명사】차 따위가 왼쪽으로 돎. ◆ 名向左转，左转弯。¶좌회전 차량. =左转弯的车辆。● 좌회전하다(左回轉--) ●

좍【부사】副 ❶ 넓은 범위나 여러 갈래로 흩어져 퍼지는 모양. ◆ 广泛地。¶경찰이 좍 깔려 있다. =警察广泛地部署。❷ 비나 물 따위가 갑자기 쏟아지는 소리. 또는 그 모양. ◆ 哗哗。¶소나기가 좍 쏟아지다. =雷阵雨哗哗地落下。

좍좍【부사】副 ❶ 넓은 범위나 여러 갈래로 자꾸 흩어져 퍼지는 모양. ◆ 广泛地。¶소름이 좍좍 끼치는 비명소리. =让人浑身起鸡皮疙瘩的惨叫声。❷ 비나 물 따위가 자꾸 쏟아지는 소리. 또는 그 모양. ◆ 哗哗。¶비는 어느 결에 폭우로 변하여 좍좍 쏟아졌다. =不知什么时候，雨变成了暴雨，哗哗落下。

좔좔【부사】副 ❶ 많은 양의 액체가 세차게 흐르는 소리. 또는 그 모양. ◆ 哗哗。¶양동이의 물을 좔좔 쏟다. =把洋铁桶里的水哗哗地倒出来。❷ 거침없이 읽거나 외거나 말하는 모양. ◆ 流畅地，通顺地。¶그는 중학생인데도 원서를 사전 없이 좔좔 읽는다. =虽然他只是个中学生，却可以不用借助字典，流畅地阅读外文图书。

죄(罪)【명사】양심이나 도리에 벗어난 행위. ◆ 名罪恶，恶行。¶죄를 짓다. =作恶。

죄다[1]【동사】动 ❶ 느슨하거나 헐거운 것이 단단하거나 팽팽하게 되다. 또는 그렇게 되게 하다. ◆ 勒紧，扣紧，扎紧。¶신발이 작은지 발이 조금 죈다. =可能是鞋子小，有些挤脚。❷ 차지하고 있는 자리나 공간이 좁아지다. 또는 그렇게 되게 하다. ◆ 挤。¶자리가 너무 죄어서 도무지 움직일 수가 없다. =地方太挤了，根本就动不了。

죄다[2]【부사】남김없이 모조리. ◆ 副全部，都。¶날씨가 더워 아이스크림이 죄다 녹았다. =天气热，冰激凌都化了。

죄명(罪名)【명사】죄의 이름. ◆ 名罪名。

죄목(罪目)【명사】저지른 죄의 명목. ◆ 名罪状。¶내가 범했다는 죄목이 도대체 뭐냔 말입니다. =我到底犯了什么罪?

죄받다(罪--)【동사】죄에 대하여 벌을 받다. ◆ 动遭报应，受惩罚。¶그렇게 하면 죄받을 짓이다. =那样做会遭报应的。

죄상(罪狀)【명사】범죄의 구체적인 사실. ◆ 名罪状，罪行。¶죄상이 낱낱이 드러나다. =罪行一一暴露。

죄송스럽다(罪悚---)【형용사】죄스러울 정도로 황송한 데가 있다. ◆ 形惴惴不安，惶恐不安。¶제 잘못으로 여러분께 폐를 끼친 것이 죄송스러워 그냥 떠날 수가 없었습니다. =由于我的失误，给诸位添麻烦了，实在很抱歉，因此我不能一走了之。

죄송하다(罪悚--)【형용사】죄스러울 정도로 황송하다. ◆ 形惴惴不安，惶恐不安。¶그는 고시에 낙방한 것이 부모님께 죄송했다. =他因为考试落榜而感到愧对父母。

죄수(罪囚)【명사】죄를 지어 교도소에 수감된 사람. ◆ 名罪囚，囚犯。

죄악(罪惡)【명사】죄가 될 만한 나쁜 짓. ◆ 名罪恶。¶죄악을 범하다. =犯罪。

죄악시(罪惡視)【명사】죄악으로 보거나 여김. ◆ 名视为罪恶。¶과거 여자의 재가(再嫁)에 대한 죄악시는 봉건적 가치관에 의해 비롯된 것이다. =过去视女性再嫁为罪恶，是缘于封建价值观。● 죄악시되다(罪惡視--), 죄악시하다(罪惡視--) ●

죄어들다【동사】动 ❶ 안으로 바싹 죄어 오그라들다. ◆ 勒紧，捆紧，绑紧。¶버선목이 죄어들어 발목이 아프다. =布袜筒紧，勒得脚腕疼。❷ 불안, 초조 따위의 감정이 몸이나 마음에 스며들다. ◆ 笼罩，渗透。¶선생님 앞에 서자 부끄러움이 전신에 죄어들었다. =一站到老师面前，羞愧感就笼罩了全身。❸ 무엇을 오그라뜨리거나 조금씩 범위를 좁혀 가다. ◆ 收紧，缩紧。

죄인(罪人)【명사】 图 ❶ 죄를 지은 사람. ◆ 罪人。❷ 유죄의 확정 판결을 받은 사람. ◆ 罪犯。

죄짓다(罪--)【동사】 죄를 저지르다. ◆ 动犯罪，作恶。¶그녀는 죄지은 사람처럼 얼굴이 빨개졌다. =她像罪人一样红了脸。

죄책감(罪責感)【명사】 저지른 잘못에 대하여 책임을 느끼는 마음. ◆ 图罪恶感，负罪感。¶그는 평생을 죄책감 속에 보냈다. =他终生生活在负罪感中。

주[1](週)【명사】 주일(週日). 월요일부터 일요일까지의 이레 동안. ◆ 图周，星期。¶이번 주는 더 열심히 일을 해야 한다. =这周要更加努力地工作。

주[2](主)【관형사】 주요하거나 기본이 되는 것을 이르는 말. ◆ 冠主体，根本。¶농악은 꽹과리 리듬이 주가 되는 리듬 음악이다. =农乐是以小锣节奏为主体的节奏音乐。

주[3](株)【명사】 图 ❶ '주식(株式, 주식회사의 자본을 구성하는 단위)'을 줄여 이르는 말. ◆ 股份。¶우량주에 투자하다. =投资绩优股。❷ '주권(株券, 주주의 출자에 대하여 교부하는 유가 증권)'을 줄여 이르는 말. ◆ 股票。¶주를 발행하다. =发行股票。

-주[4](主)【접사】 '소유주'의 뜻을 더하는 접미사. ◆ 后缀主人。¶건물주. =建筑的主人。

주[5](駐)-【접사】 '그 나라에 머물러 있는'의 뜻을 더하는 접두사. ◆ 前缀 驻（某国或某地区）。¶주한 미국대사. =美国驻韩大使。

주간[1](晝間)【명사】 먼동이 터서 해가 지기 전까지의 동안. ◆ 图昼间，白天。¶주간 근무. =白天上班。

주간[2](週間)【명사】 월요일부터 일요일까지 한 주일 동안. ◆ 图一周时间，一星期时间。¶주간 계획. =一周计划。

주간[3](週刊)【명사】 한 주일에 한 번씩 정해 놓고 책 따위를 발행하는 일. ◆ 图每周刊行，周刊。¶이 잡지는 주간으로 3만 부씩 발행하고 있습니다. =这本杂志每周刊行3万册。

주간지(週刊紙)【명사】 한 주일에 한 번씩 발행하는 신문. ◆ 图周报。¶주간지를 발행하다. =发行周报。

주객(主客)【명사】 图 ❶ 주인과 손을 아울러 이르는 말. ◆ 主人和客人，宾主。¶주객이 둘러앉아 차를 마시고 있다. =主人和客人正围坐在一起喝茶。❷ 주되는 것과 부차적인 것을 아울러 이르는 말. ◆ 主体和客体。¶주객이 전도되다. =主客颠倒，本末倒置。

주거(住居)【명사】 일정한 곳에 머물러 삶. 또는 그런 집. ◆ 图居住，居所。¶주거 밀집 지역. =居住密集区。● 주거하다(住居--) ●

주거지(住居地)【명사】 사람이 살고 있거나 살았던 지역. ◆ 图居住地。¶직장 때문에 주거지를 옮기다. =为了方便上班而搬家。

주걱【명사】 밥을 푸는 도구. 나무, 놋쇠, 스테인리스강, 플라스틱 따위로 만들며 숟가락과 모양이 비슷하나 더 크다. ◆ 图饭铲。

주검【명사】 죽은 사람의 몸을 이르는 말. ◆ 图尸体，尸身。¶주검을 확인하다. =确认尸体。

주경야독(晝耕夜讀)【명사】 낮에는 농사짓고, 밤에는 글을 읽는다는 뜻으로, 어려운 여건 속에서도 꿋꿋이 공부함을 이르는 말. ◆ 图昼耕夜读，刻苦攻读。

주고받다【동사】 서로 주기도 하고 받기도 하다. ◆ 动交换，授受。¶친구와 선물을 주고받다. =和朋友交换礼物。

주관[1](主管)【명사】 어떤 일을 책임을 지고 맡아 관리함. ◆ 图主管，主办。¶정부 주관으로 의식을 거행하다. =仪式在政府主办下举行。● 주관하다(主管--) ●

주관[2](主觀)【명사】 자기만의 견해나 관점. ◆ 图主观，只是自己的见解与观点。¶주관이 뚜렷하다. =主观色彩浓厚。

주관식(主觀式)【명사】 필기시험 문제 형식의 하나. 주어진 물음이나 지시에 따라서 답안을 작성하게 하는 방식으로, 완결형(完結型)·단답형(單答型)·논문형(論文型)이 있다. ◆ 图主观式(题目)。¶주관식 문제는 너무 어려워서 거의 손도 대지 못하고 있다. =主观题太难了，几乎没做。

주권(主權)【명사】 국가의 의사를 최종적으로 결정하는 권력. 대내적으로는 최고의 절대적 힘을 가지고, 대외적으로는 자주적 독립성을 가진다. ◆ 图主权。

주근깨【명사】 얼굴의 군데군데에 생기는 잘고 검은 점. ◆ 图雀斑。¶햇볕에 장시간 노출되면 주근깨나 기미가 생길 수 있다. =长期暴露在日光下，会长雀斑或者黑斑。

주기(週期)【명사】 图 ❶ 같은 현상이나 특징이 한 번 나타나고부터 다음 번 되풀이되기까지의 기간. ◆ 周期。¶주기가 느리다. =周期缓慢。❷ 회전하는 물체가 한 번 돌아서 본래의 위치로 오기까지의 기간. ◆ 周期。

주기도문(主祈禱文)【명사】 예수가 그의 제자들에게 가르친 기도문. ◆ 图主祈祷文。

주년(周年/週年) 일 년을 단위로 돌아오는 돌을 세는 단위. ◆ 图 周年。¶결혼 이십 주년을 맞아 여행을 다녀오다. =结婚二十周年之际，出去旅行了一趟。

주눅【명사】 기운을 제대로 펴지 못하고 움츠러드는 태도나 성질. ◆ 图退缩，畏缩，怯懦。¶아이는 덩치가 큰 외국인에게 주눅이 들었다. =孩子看见大个子的外国人有点害怕。

주다[1]【보조 동사】 [동사 뒤에서 '-어 주다' 구성으로 쓰여] 다른 사람을 위하여 어떤 행동을 함을 나타내는 말. ◆ 助动 表示为别人做某事。¶추천서를 써주다. =给写推荐信。

주다[2]【동사】 动 ❶ 물건 따위를 남에게 건네어 가지거나 누리게 하다. ◆ 给。¶개에게 먹이를 주다. =喂狗。❷ 남에게 어떤 자격이나 권리, 점수 따위를 가지게 하다. ◆ 给予，给。¶외국인에게 투표권을 주다. =给予外国人投票权。❸ 좋지 아니한 영향을 미치게 하다. ◆ 使得到，使受到，带来。¶고통을 주다. =使痛苦。❹ 주사나 침 따위를 놓다. ◆ 打针。¶엉덩이에 주사를 주다. =在屁股上打针。

주도(主導)【명사】주동적인 처지가 되어 이끎. ◆ 图主导。¶주도 세력. =主导势力。● 주도하다(主導--) ●

주동(主動)【명사】어떤 일에 주장이 되어 움직임. ◆ 图主宰，主导。¶혁명의 주동 인물. =革命的主导人物。● 주동하다(主動--) ●

주동자(主動者)【명사】어떤 일에 주장이 되어 행동하는 사람. ◆图主宰者，主导者。

주되다(主--)【동사】주장이나 중심이 되다. ◆ 动视为根本，放在主要位置。¶그의 주된 수입원은 주택 임대업이다. =他主要的收入来源是房屋租赁业。

주둥아리【명사】图 ❶ '사람의 입'을 속되게 이르는 말. ◆ 嘴。¶함부로 주둥아리를 놀리다. =随便耍嘴皮子。❷ 짐승의 입이나 새의 '부리'를 속되게 이르는 말. ◆ 嘴，喙。¶새 주둥아리. =鸟喙。

주둥이【명사】图 ❶ 사람의 입을 속되게 이르는 말. ◆ (俗称人的)嘴。¶주둥이 닥치고 내 말 똑바로 들어. =给我闭嘴，听好了！ ❷ 일부 짐승이나 물고기 따위의 머리에서, 뾰족하게 나온 코나 입 주위의 부분. ◆ (动物的嘴)唇吻。¶생선 주둥이에 낚시바늘이 걸렸다. =鱼嘴钩上了鱼钩。❸ 병이나 일부 그릇 따위에서, 좁고 길쭉하게 나온, 담긴 물질을 밖으로 나오게 하는 부분. ◆ 瓶口，瓶嘴。¶물병의 주둥이가 좁아서 물 담기가 여간 어려운 것이 아니다. =水瓶的瓶口很窄，装水很困难。

주렁주렁【부사】副 ❶ 열매 따위가 많이 매달려 있는 모양. ◆ 成串地，累累，很多。¶열매가 주렁주렁 달리다. =果实累累。❷ 사람들이 많이 딸려 있는 모양. ◆ 人多。¶아이가 주렁주렁 딸린 과부. =带着很多孩子的寡妇。

주력(主力)【명사】중심이 되는 힘. 또는 그런 세력. ◆图主力，中坚。¶주력 기업. =中坚企业。● 주력하다(注力--) ●

주례(主禮)【명사】결혼식 따위의 예식을 맡아 주장하여 진행하는 일. 또는 그 사람. ◆图婚礼司仪，主婚人。¶그는 대학 은사님께 주례를 부탁드렸다. =他拜托大学的恩师做主婚人。● 주례하다(主禮--) ●

주로(主-)【부사】기본으로 삼거나 특별히 중심이 되게. ◆ 副主要。¶가벼운 등산을 하는 시간 말고는 주로 방안에 틀어박혀 지냈다. =除了轻松的登山活动时间以外，主要待在房间里。

주룩주룩【부사】굵은 물줄기나 빗물 따위가 빠르게 자꾸 흐르거나 내리는 소리. 또는 그 모양. ◆ 副哗啦哗啦地，哗哗地。¶잠에서 깨었을 때는 비가 주룩주룩 내리고 있었다. (윤흥길, 〈무지개는 언제 뜨는가〉). =从梦中醒来时，雨正哗啦哗啦地下着。

주류[1](酒類)【명사】술의 종류. ◆图酒类。¶이 술집에서는 거의 모든 주류를 다 취급한다. =这家酒馆几乎经营所有种类的酒。

주류[2](主流)【명사】图 ❶ 강물 따위의 원줄기가 되는 큰 흐름. ◆ (江河的)干流，主流。❷ 사상이나 학술 따위의 주된 경향이나 갈래. ◆ (思想或学术等的)主流。¶그것이 문학의 주류는 될 수 없었던 것이다. =那是不可能成为文学的主流的。❸ 조직이나 단체 따위의 내부에서 다수파를 이르는 말. ◆ 主流，多数派。¶주류와 비주류의 대립과 반목. =多数派和少数派的对立与反目。

주르르【부사】副 ❶ 굵은 물줄기 따위가 빠르게 흘러내리는 소리. 또는 그 모양. ◆ 哗啦哗啦地(往下流)。¶어머니는 마루 끝에 선 채 주르르 눈물을 흘리고 있었다. =母亲站在檐廊尽头，哗哗地流眼泪。❷ 물건 따위가 비탈진 곳에서 빠르게 미끄러져 내리는 모양. ◆ 迅速掉下的样子。¶허리끈이 풀어져 바지가 주르르 흘러내렸다. =腰带松了，裤子迅速掉了下来。❸ 발걸음을 재게 움직여 걷거나 따라다니는 모양. ◆ 快步。¶동네 아이들이 낯선 객을 구경하겠다고 주르르 달려 나왔다.=村里的孩子们飞快地跑出来，去看陌生的客人。● 주르륵 ●

주르륵【부사】副 ❶ 굵은 물줄기 따위가 빠르게 잠깐 흐르다가 그치는 소리. 또는 그 모양. ◆ 水流哗哗地，哗啦哗啦地。¶거울에 비친 눈에서 눈물이 한 줄기 주르륵 흘러내렸다. =镜子里的一双眼，哗哗地流下一行眼泪来。❷ 물건 따위가 비탈진 곳에서 빠르게 잠깐 미끄러져 내리다가 멎는 모양. ◆ 东西从斜坡上快速滑下的样子。¶높다란 야자나무로부터 새까만 물체가 주르륵 타고 내려오는 걸 하사는 보았다. =下士看到，高高的椰子树上有黑色的物体"哧溜——"滑落下来。

주름【명사】图 ❶ 피부가 쇠하여 생긴 잔줄. ◆ 皱纹。¶나이가 들수록 얼굴에 주름이 늘어간다. =年纪越大，脸上的皱纹越多。❷ 옷의 가닥을 접어서 줄이 지게 한 것. ◆ 褶，褶皱。¶그는 항상 바지에 주름을 빳빳하게 세워 입는다. =他经常把裤子穿得皱皱巴巴的。❸ 종이나 옷감 따위의 구김살. ◆ 褶，褶皱。¶주름이 가다. =皱了。

주름살【명사】얼굴 피부가 노화하여 생긴 잔줄. ◆图皱纹。¶주름살이 잡히다. =生皱纹。

주름잡다【동사】모든 일을 자기가 하고 싶은 대로 주동이 되어 처리하다. ◆动统管，控制。

주리다【동사】动 ❶ 제대로 먹지 못하여 배를 곯다. ◆ 饿肚子，挨饿。¶하루 종일 아무 것도 먹지 못하고 주렸다. =一整天没能吃东西，饿着肚子。❷ 원하는 것을 얻지 못하여 몹시 아쉬워하다. ◆ 渴求，渴望。¶어머니를 일찍 여윈 그는 어머니의 사랑에 주려 있었다. =早早失去母亲的他渴望母爱。

주막(酒幕)【명사】시골 길가에서 밥과 술을 팔고, 돈을 받고 나그네를 묵게 하는 집. ◆ 图小酒店，客栈。¶주막은 요즘으로 따지면 식당과 여관이 혼합된 모습을 하고 있다. =用现在的观点来看，客栈是饭店和旅馆的混合体。

주말(週末)【명사】한 주일의 끝 무렵. 주로 토요일부터 일요일까지를 이른다. ◆图周末。

주머니【명사】图 ❶ 자질구레한 물품 따위를 넣어 허리에 차거나 들고 다니도록 만든 물건. 천이나 가죽 따위로 만든다. ◆ 口袋，袋子。¶동전 주머니. =钱袋。❷ 옷의 일정한 곳에 헝겊을 달거나 옷의 한 부분에 헝겊을 덧대어 돈, 소지품 따위를 넣도록 만든 부분. ◆ 衣袋，衣兜。¶주머니를 뒤지다. =翻衣兜。

주먹【명사】图❶ 손가락을 모두 오므려 쥔 손. ◆ 拳头。¶주먹을 쥐다. =攥拳头。❷ 물리적인 힘이나 폭력, 폭력배를 비유적으로 이르는 말. ◆ 暴力，武力。¶주먹 세계. =暴力世界。❸ 한 손에 쥘 만한 분량을 세는 단위. ◆ 把。¶사탕을 한 주먹을 쥐다. =抓一把糖。

주먹구구(--九九)【명사】图❶ 손가락으로 꼽아서 하는 셈. ◆ 掰着手指头算。¶아이가 주먹구구를 거듭해서 답을 찾았다. =孩子反复掰着手指头算，终于得出了答案。❷ 어림짐작으로 대충 하는 계산을 이르는 말. ◆ 大致估算。¶주먹구구로 내린 결론. =大致估算出的结论。

주먹다짐【명사】주먹으로 때리는 짓. ◆图拳打，动武，使用暴力。¶시비 끝에 주먹다짐까지 벌어졌다. =纠纷最终演变为暴力。

주먹밥【명사】주먹처럼 둥글게 뭉친 밥덩이. ◆图饭团。¶우리는 주먹밥을 챙겨 길을 나섰다. =我们准备好饭团上路了。

주먹코【명사】뭉뚝하고 크게 생긴 코. 또는 그런 코를 가진 사람. ◆图大鼻子，蒜头鼻子；大鼻子的人。

주모(主謀)(名) 우두머리가 되어 어떤 일이나 음모 따위를 꾸미는 사람. 혹은 주장하여 일을 꾸밈. ◆图主谋。¶주모자. =主谋。● 주모하다(主謀--) ●

주목(注目)【명사】관심을 가지고 주의 깊게 살핌. 또는 그 시선. ◆图注目，瞩目，关注，注视。¶사람들의 주목을 끌다. =引人注目。● 주목되다(注目--), 주목하다(注目--) ●

주무르다【동사】动❶ 손으로 어떤 물건이나 몸뚱이 따위를 쥐었다 놓았다 하면서 자꾸 만지다. ◆ 揉，搓，按摩。❷ 다른 사람이나 일 따위를 제 마음대로 다루거나 놀리다. ◆ 摆布，操纵，控制。¶장인이 죽자 그는 처갓집의 재산을 마음대로 주물렀다. =岳父死后，他随心所欲地支配岳父家的财产。

주무시다【동사】'자다'의 높임말. 생리적인 요구에 따라 눈이 감기면서 한동안 의식 활동이 쉬는 상태가 되다. ◆动就寝。¶아버지께서는 주무시는 중이십니다. =父亲正在睡觉。

주문[1](呪文)【명사】음양가나 점술에 정통한 사람이 술법을 부리거나 귀신을 쫓을 때 외는 글귀. ◆图 咒文，咒语。¶주문을 걸다. =念咒语。

주문[2](注文)【명사】图❶ 어떤 상품을 만들거나 파는 사람에게 그 상품의 생산이나 수송, 또는 서비스의 제공을 요구하거나 청구함. 또는 그 요구나 청구. ◆ 订购，订货。❷ 다른 사람에게 어떤 일을 하도록 요구하거나 부탁함. 또는 그 요구나 부탁. ◆ 嘱托，请求，要求。¶그는 사장의 주문으로 기획안을 제시했다. =他根据社长的要求，交出了企划方案。● 주문하다(注文--) ●

주물럭거리다【동사】물건 따위를 자꾸 주무르다. ◆动揉搓。¶찰흙을 주물럭거리다. =揉搓黏土。● 주물럭대다 ●

주민(住民)【명사】일정한 지역에 살고 있는 사람. ◆图居民。¶아파트 주민. =公寓楼居民。

주민등록증(住民登錄證)【명사】주민 등록법에 따라, 일정한 거주지에 거주하는 주민임을 나타내는 증명서. ◆图身份证。¶신원 확인을 위해 주민등록증을 제시했다. =出示身份证以确认身份。

주방(廚房)【명사】음식을 만들거나 차리는 방. ◆图厨房。¶주방이 좁아 식탁을 들여놓을 수 없다. =厨房太窄，放不下饭桌。

주방장(廚房長)【명사】음식점이나 다방 따위에서 조리를 맡은 곳의 우두머리. ◆图厨师长，大厨。¶그는 호텔의 주방장이 되기까지 10년을 수련했다. =他锻炼了十年，才成为酒店的厨师长。

주번(週番)【명사】한 주일 동안씩 교대로 하는 근무. 또는 그 근무를 서는 사람. 군대나 학교 같은 곳에서 생활 지도나 규율 시행의 감시 따위를 담당한다. ◆图值周，值周者。¶주번을 서다. =值周。

주범(主犯)【명사】图❶ 형법에서, 자기의 의사에 따라 범죄를 실제로 저지른 사람. 단독 정범과 공동 정범으로 크게 나뉜다. ◆ 主犯。¶사건의 주범을 수배했다. =通缉该案的主犯。❷ 어떤 일에 대하여 좋지 아니한 결과를 만드는 주된 원인. ◆ 造成恶果的主要原因。¶화석 연료의 사용은 환경오염의 주범이다. =化石燃料的使用是环境污染的主要原因。

주변[1]【명사】일을 주선하거나 변통함. 또는 그런 재주. ◆图灵活性，变通性，随机周旋的能力。¶주변이 없는 사람. =没有变通性的人。

주변[2](周邊)【명사】어떤 대상의 둘레. ◆图周边，周围。¶주변 정세. =周边态势。

주변머리【명사】'주변'을 속되게 이르는 말. 일을 주선하거나 변통함. 또는 그런 재주 ◆图灵活性，变通性。¶그는 주변머리가 없어 사람들에게 고지식하다는 소리를 자주 듣는다. =他做事不懂得变通，经常有人说他固执。

주봉(主峯)【명사】어느 지방이나 산맥 가운데 가장 높은 봉우리. ◆图主峰。¶마을 뒤의 주봉을 오르다. =登上村后的主峰。

주부(主婦)【명사】한 가정의 살림살이를 맡아 꾸려 가는 안주인. ◆图主妇。¶주부를 대상으로 요리 강습을 하다. =举行以主妇为对象的厨艺讲座。

주사(注射)【명사】약액을 주사기에 넣어 생물체의 조직이나 혈관 속에 직접 주입하는 일. 또는 그 기구. ◆图 注射。¶주사를 놓다. =打针。● 주사하다(注射--) ●

주사기(注射器)【명사】약액을 생물체의 조직 속에 주사하는 기구. 체내에 꽂는 바늘과 약액을 밀어 넣는 피스톤으로 구성된다. ◆图 注射器。¶혈관에 주사기의 바늘을 찌르다. =注射器的针头扎进血管。

주사위【명사】놀이 도구의 하나. 뼈나 단단한 나무 따위로 만든 조그만 정육면체의 각 면에 하나에서 여섯까지의 점을 새긴 것으로, 바닥에 던져 위쪽에 나타난 점수로 승부를 결정한다. ◆ 图骰子。¶주사위를 던지다. =扔骰子。

주산(珠算/籌算)【명사】'수판셈(數板-)'의 이전 용어. 수판으로 하는 셈. ◆ 图珠算。

주산지(主産地)【명사】어떤 물건이 주로 생산되는 지역. ◆ 图主产地，主要产地。

주생활(住生活)【명사】사는 집이나 사는 곳에 관한 생활. ◆ 图居住生活。¶현대인들은 전통적인 것보다 서구적인 주생활에 익숙하다. =习惯于西式的居住生活方式。

주선(周旋)【명사】일이 잘되도록 여러 가지 방법으로 힘씀. ◆ 图周旋，打交道。¶주선을 부탁하다. =托人周旋。● 주선하다(周旋--) ●

주섬주섬【부사】副 ❶ 여기저기 널려 있는 물건을 하나하나 주워 거두는 모양. ◆ 一一收拾起来。¶책을 주섬주섬 가방에 챙겨 넣다. =把书一一收拾起来，放进包里。❷ 조리에 맞지 아니하게 이 말 저 말 하는 모양. ◆ 东一句西一句，东拉西扯地。¶주섬주섬 변명을 늘어놓다. =胡乱辩解。

주성분(主成分)【명사】图 ❶ 어떤 물질을 이루는 주된 성분. ◆ 主要成分。❷ 문장의 골격을 이루는 필수적인 성분. '주어', '서술어', '목적어', '보어'가 있다. ◆ 主成分。¶문장의 주성분인 주어는 일상 회화에서는 자주 생략된다. =作为句子主要成分的主语，在日常会话中常常被省略。

주소(住所)【명사】图 ❶ 사람이 살고 있는 곳이나 기관, 회사 따위가 자리 잡고 있는 곳을 행정 구역으로 나타낸 이름. ◆ 地址，住所。¶주소를 바꾸다. =更改地址。❷ 데이터가 저장되어 있는 기억 장소의 위치. 또는 그것을 나타내는 수. 바이트를 단위로 부여한다. ◆ (虚拟)地址。¶이메일 주소가 뭐죠? =电子邮箱地址是什么?

주술(呪術)【명사】불행이나 재해를 막으려고 주문을 외거나 술법을 부리는 일. 또는 그 술법. ◆ 图 咒术。¶주술을 걸다. =念咒。

주술사(呪術師)【명사】주술로써 재앙을 면하게 하는 신묘한 힘을 지닌 사람. 무당 따위를 이른다. ◆ 图巫师(迷信)。

주스(juice)【명사】과일이나 야채를 짜낸 즙. ◆ 图汁，液。¶사과 주스. =苹果汁。

주시(注視)【명사】图 ❶ 어떤 목표물에 주의를 집중하여 봄. ◆ 注视。¶사람들의 주시를 받다. =受到人们的注视。❷ 어떤 일에 온 정신을 모아 자세히 살핌. ◆ 注目，观察。¶앞으로 사태가 어떻게 전개될 것인지가 세인의 관심과 주시의 대상이 되고 있다. =之后事态如何发展引人注目。● 주시하다(注視--) ●

주식[1](主食)【명사】밥이나 빵과 같이 끼니에 주로 먹는 음식. ◆ 图主食。¶쌀을 주식으로 한다. =把大米当主食。

주식[2](株式)【명사】주식회사의 자본을 구성하는 단위·주권(株券). ◆ 图股份，股票。¶주식에 투자하다. =投资股票。

주식 시장(株式市場)【명사】주식을 사고 파는 시장. ◆ 图 股市，股票市场。

주식회사(株式會社)【명사】주식의 발행을 통하여 여러 사람으로부터 자본을 조달받는 회사. 7인 이상의 주주가 유한 책임 사원이 되어 설립되는 회사로, 자본과 경영이 분리되는 회사의 대표적인 형태. ◆ 图股份有限公司。

주심(主審)【명사】图 ❶ 심사원(審査員)의 우두머리. ◆ 主审。¶이번 재판의 주심은 대법원 김 판사이다. =本次审判的主审是大法院的金法官。❷ 운동 경기에서, 여러 심판 가운데 주장이 되어 경기를 진행하고 심판하는 사람. ◆ 主裁判。¶주심은 선수들의 항의에도 불구하고 경기를 진행시켰다. =主裁判不顾运动员的抗议示意继续比赛。

주안점(主眼點)【명사】특히 중점을 두어 살피는 점. 또는 중심이 되는 목표 점. ◆ 图着眼点，注重点，着重点，主要目标。¶그는 경쟁력을 높이는 데 주안점을 두고 기업을 경영하였다. =他经营企业着眼于提高企业的竞争力。

주야(晝夜)【명사】图 ❶ 밤낮. ◆ 昼夜。¶주야 교대로 일하다. =昼夜交替工作。❷ 쉬지 아니하고 계속함. ◆ 夜以继日。¶주야로 쉬지 않고 공부하다. =昼夜不停地学习。

주어(主語)【명사】주요 문장 성분의 하나로, 술어가 나타내는 동작이나 상태의 주체가 되는 말. '철수가 운동을 한다'에서 '철수' 따위이다. ◆ 图 主语。

주어지다【동사】일, 환경, 조건 따위가 갖추어지거나 제시되다. ◆ 动现有; 具备，具有。¶주어진 현실에 순응하다. =适应现有的情况。

주역(主役)【명사】图 ❶ 주된 역할. 또는 주된 역할을 하는 사람. ◆ 核心作用; 主力，核心人物。¶박 형사는 이번 사건 해결의 주역이다. =朴刑警是破这个案子的主力。❷ 연극이나 영화에서, 주연하는 배역. 또는 그 배우. ◆ 主角，主演。¶주역을 맡다. =担任主演。

주연[1](主演)【명사】연극이나 영화에서 주인공을 맡아 하는 일. 또는 그렇게 하는 사람. ◆ 图主演，主角。¶주연으로 발탁되다. =被选为主角。

주연[2](酒宴)【명사】술잔치. ◆ 图酒宴，宴席。¶왕이 신하들에게 주연을 베풀다. =国王设宴款待大臣。

주옥같다(珠玉--)【형용사】주옥처럼 매우 아름답거나 귀하다. ◆ 形如珠似玉，珠玉般，珍贵。¶주옥같은 시. =珠玉般的诗。

주요(主要)【명사】주되고 중요함. ◆ 图主要。¶올해의 주요 사건. =今年的主要事件。● 주요하다(主要--) ●

주워섬기다【동사】들은 대로 본 대로 이러저러한 말을 아무렇게나 늘어놓다. ◆ 动一一罗列所见所闻。¶그는 아는 산 이름을 모조리 주워섬기며 전문 산악인이나 되는 것처럼 행세했다. =他把所知道的山名一一罗列出来，摆出一副专业登山人士的样子。

주위(周圍)【명사】图 ❶ 어떤 곳의 바깥 둘레. ◆ 周围。¶말뚝 주위를 맴도는 잠자리. =围着木桩打转的蜻蜓。❷ 어떤 사물이나 사람을 둘러싸고 있는 것. 또는 그 환경. ◆ 四周，周边，周围环境。¶주위

환경. =周围环境。❸ 어떤 사람의 가까이에 있는 사람들. ◆ 周围的人。¶주위의 시선을 의식하다. =感知到周围人的目光。

주유소(注油所)【명사】 자동차 따위에 기름을 넣는 곳. ◆ 名加油站。¶우리 잠깐 주유소에 들러 기름을 넣고 갑시다. =我们去一下加油站，加上油再走吧。

주의(注意)【명사】 名 ❶ 마음에 새겨 두고 조심함. ◆ 注意，小心。¶주의 사항. =注意事项。❷ 어떤 한 곳이나 일에 관심을 집중하여 기울임. ◆ 留意，留心，注意力。¶주의가 산만하다. =注意力分散。❸ 경고나 훈계의 뜻으로 일깨움. ◆ 警告，提醒。¶주의를 받다. =被警告。● 주의하다(注意--) ●

주의력(注意力)【명사】 한 가지 일에 마음을 집중하여 나가는 힘. ◆ 名注意力。¶주의력을 기르다. =培养注意力。

주의보(注意報)【명사】 폭풍, 해일, 홍수 따위의 지표에 일어나는 현상으로 피해를 입을 염려가 있을 때 기상대에서 주의를 주는 예보. ◆ 名天气警报。¶해일주의보. =海啸警报。

주인(主人)【명사】 名 대상이나 물건 따위를 소유한 사람. ◆ 主人，所有者。¶책방 주인. =书店主人。

주인공(主人公)【명사】 名 ❶ 연극, 영화, 소설 따위에서 사건의 중심이 되는 인물. ◆ 主人公，主角。¶비운의 주인공. =不幸的主人公。❷ 어떤 일에서 중심이 되거나 주도적인 역할을 하는 사람. ◆ 主人公，核心人物。¶역사의 주인공. =历史的主人公。

주인집(主人-)【명사】 주인이 살고 있는 집. 비유적으로 집의 주인을 이르기도 한다. ◆ 名主人的家；主人，房东。¶이 연립 주택의 주인집은 4층에 산다. =这座联排住宅的主人住在四楼。

주일(週日)【명사】 월요일부터 일요일까지의 이레 동안. ◆ 名周，星期。¶다음 주일. =下周。

주입(注入)【명사】 名 ❶ 흘러 들어가도록 부어 넣음. ◆ 注入。¶냉각수 주입. =注入冷却水。❷ 기억과 암기를 주로 하여 지식을 넣어 줌. 학습자가 학습 내용을 받아들일 태세나 준비가 되어 있지 않더라도 그것을 기계적으로 받아들이도록 하는 교수 방법이다. ◆ 灌输。¶단순한 지식 주입으로 올바른 인간을 만들 수는 없다. =单纯依靠知识灌输，无法培养出合格的人才。● 주입되다(注入--), 주입하다(注入--) ●

주장(主張)【명사】 자기의 의견이나 주의, 학설 따위를 굳게 내세움. 또는 그런 의견이나 주의, 학설. ◆ 名主张。¶정당한 주장. =正当的主张。● 주장하다(主張--) ●

주재(駐在)【명사】 직무상으로 파견되어 한곳에 머물러 있음. ◆ 名驻。¶프랑스 주재 한국 대사관. =韩国驻法国大使馆。● 주재하다(駐在--) ●

주저앉다【동사】 动 ❶ 서 있던 자리에 그대로 힘없이 앉다. ◆ 瘫坐，无力地坐下。¶방바닥에 털썩 주저앉다. = “扑通”一声瘫坐在屋里地板上。❷ 일정한 곳에 그대로 자리 잡고 살다. ◆ 呆，停留。¶친구는 유학으로 미국에 갔지만 그곳에서 그대로 주저앉았다.=朋友本是去美国留学，后来却留在那里了。❸ 물건의 밑이 뭉그러지거나 무너져 내려앉다. ◆ 坍塌，塌下。¶폭격을 맞고 건물이 주저앉다. =建筑物被炮轰塌了。❹ 하던 일이 힘에 겨워 도중에 그만두다. ◆ 半途而废。¶그까짓 일로 여기서 주저앉으면 쓰나? =因为那点事，就半途而废怎么行?

주저주저하다(躊躇躊躇--)【동사】 매우 머뭇거리며 망설이다. ◆ 动踌躇，犹豫。¶말을 못하고 주저주저하다. =犹犹豫豫地说不出话来。

주저하다(躊躇--)【동사】 머뭇거리거나 망설이다. ◆ 动踌躇，犹豫。¶비가 너무 많이 와서 집에서 나서기를 주저하다. =雨下得很大，犹豫着要不要从家里出去。

주전(主戰)【명사】 주력이 되어 싸움. 또는 그런 사람. ◆ 名主力。¶주전 선수. =主力选手。

주전부리【명사】 때를 가리지 아니하고 군음식을 자꾸 먹음. 또는 그런 입버릇. ◆ 名不停吃零食，爱吃零食。¶주전부리를 많이 해 입맛이 없다. =零食吃多了，没有胃口。● 주전부리하다 ●

주전자(酒煎子)【명사】 물이나 술 따위를 데우거나 담아서 따르게 만든 그릇. 귀때와 손잡이가 달려 있으며, 쇠붙이나 사기로 만든다. ◆ 名酒壶，水壶。¶주전자에 물을 끓이다. =用水壶烧水。

주절거리다【동사】 낮은 목소리로 말을 계속하다. ◆ 动唠唠叨叨，嘟嘟囔囔。¶사내는 계속 자기 말만 주절거렸다. =男人一直喃喃自语。● 주절대다 ●

주절주절【부사】 낮은 목소리로 말을 계속하는 모양. ◆ 副唠唠叨叨，嘟嘟囔囔。¶주절주절 변명을 늘어놓다. =嘟嘟囔囔地辩解。● 주절주절하다 ●

주정(酒酊)【명사】 술에 취하여 정신없이 말하거나 행동함. 또는 그런 말이나 행동. ◆ 名酒疯。¶주정이 심하다. =酒疯发得很厉害。● 주정하다(酒酊--) ●

주정꾼(酒酊-)【명사】 술을 마시고 주정을 하는 사람. ◆ 名醉鬼，酒鬼，醉汉。¶주정꾼은 목청을 있는 대로 다 내어 주막의 주인을 불렀다. =酒鬼扯着嗓子喊酒馆老板。

주제(主題)【명사】 名 ❶ 대화나 연구 따위에서 중심이 되는 문제. ◆ 主题。¶논문의 주제. =论文的主题。❷ 예술 작품에서 지은이가 나타내고자 하는 기본적인 사상. ◆ 主题，中心思想。¶그 연극은 심각한 주제를 해학적으로 표현했다. =该戏剧把严肃的主题诙谐地表现了出来。

주제가(主題歌)【명사】 주제를 상징적으로 표현하기 위하여, 영화, 연극, 드라마 따위에 삽입한 노래. ◆ 名主题歌，主题曲。

주제넘다【형용사】 말이나 행동이 건방져 분수에 지나친 데가 있다. ◆ 形不自量力，过分。¶주제넘은 짓인 줄은 압니다. =知道是不自量力。

주조(鑄造)【명사】 녹인 쇠붙이를 거푸집에 부어 물건을 만듦. ◆ 名铸造。¶범종의 주조에는 많은 양의 구리가 필요하다. =铸造撞钟要用很多铜。● 주조하다(鑄造--) ●

주종[1](主從)【명사】 名 주인과 하인의 위계. ◆ 主仆关系。¶봉건 시대에는 양반과 상민의 주종관계가 명확했다. =封建时代，两班和百姓之间是明确的主

仆关系。

주종²(主宗)【명사】여러 가지 가운데 주가 되는 것. ◆ 图主要，主流。¶이곳의 수출품은 섬유 제품이 주종을 이룬다. =该地主要出口纤维制品。

주주(株主)【명사】주식을 가지고 직접 또는 간접으로 회사 경영에 참여하고 있는 개인이나 법인. ◆ 图股东。

주지(周知)【명사】여러 사람이 두루 앎. ◆ 图众所周知。¶주지의 사실. =众所周知的事实。● 주지하다(周知--) ●

주차(駐車)【명사】자동차를 일정한 곳에 세워 둠. ◆ 图停车。¶도심의 주차 문제가 심각하다. =市中心的停车问题很严重。● 주차하다(駐車--) ●

주차장(駐車場)【명사】차를 세워 두도록 마련한 곳. ◆ 图停车场。¶유료 주차장. =收费停车场。

주창(主唱)【명사】주의나 사상을 앞장서서 주장함. ◆ 图主张，倡导。¶개혁 주창에 대한 자세한 내용을 보도하다. =报道改革主张的详细内容。● 주창되다(主唱--), 주창하다(主唱--) ●

주책【명사】图 ❶ 일정하게 자리 잡힌 주장이나 판단력. ◆ 主见，主心骨。¶나이가 들면서 주책이 없어져 쉽게 다른 사람의 말에 귀를 기울이게 됐다. =随着年纪的增大，没有了主心骨，很容易就听别人的话。❷ 일정한 줏대가 없이 되는대로 하는 짓. ◆ 轻举妄动，乱来，没有分寸。¶주책을 떨다. =盲动。

주책없다【형용사】일정한 줏대가 없이 이랬다저랬다 하여 몹시 실없다. ◆ 形无主见，没分寸。¶누가 그런 주책없는 소리를 하더냐? =那样没分寸的话是谁说的? ● 주책없이 ●

주초(週初)【명사】한 주일의 처음. ◆ 图一周的开始。¶주초부터 일이 잘 풀리지 않는다. =事情从周初开始就不顺利。

주최(主催)【명사】행사나 모임을 주장하고 기획하여 엶. ◆ 图主办，主持。¶방송사 주최의 토론회. =电视台主办的讨论会。● 주최하다(主催--) ●

주축(主軸)【명사】전체 가운데서 중심이 되어 영향을 미치는 존재나 세력. ◆ 图主力。¶이번 모임은 청소년이 주축을 이루었다. =本次聚会以青少年为主。

주춤【부사】망설이거나 가볍게 놀라서 갑자기 멈칫하거나 몸을 움츠리는 모양. ◆ 副踌躇，犹豫。¶주춤 걸음을 멈추다. =犹豫地停下脚步。● 주춤하다 ●

주춤거리다【동사】어떤 행동이나 걸음 따위를 망설이며 자꾸 머뭇거리다. 또는 어떤 행동이나 걸음 따위를 망설이며 자꾸 머뭇거리다. ◆ 动踌躇，犹豫。¶발걸음이 주춤거리다. =脚步踌躇。● 주춤대다 ●

주춧돌【명사】기둥 밑에 기초로 받쳐 놓은 돌. ◆ 图柱基石。¶주춧돌을 놓다. =打柱基石。

주치의(主治醫)【명사】어떤 사람의 병을 맡아서 치료하는 의사. ◆ 图主治医生。¶주치의를 정하다. =确定主治医生。

주택(住宅)【명사】图 ❶ 사람이 들어가 살 수 있게 지은 건물. ◆ 住宅。❷ '단독 주택(單獨住宅)'을 줄여 이르는 말. 한 채씩 따로따로 지은 집. ◆ 独栋住宅。¶부모님은 아파트보다는 뜰이 있는 주택을 더 좋아하신다. =比起公寓来，父母更喜欢有院子的独栋住宅。

주택가(住宅街)【명사】도회지의 상업 지대나 공업 지대로부터 떨어져 주택이 많이 모여 있는 지대. ◆ 图住宅区。¶주택가가 들어서다. =住宅区建成。

주파(走破)【명사】도중에 쉬지 아니하고 끝까지 달림. ◆ 图跑完。¶서울에서 부산까지 규정 속도를 지키면서 자동차로 주행하면 5시간 안에 주파가 가능하다. =在规定速度下，从首尔到釜山开汽车五个小时可跑完全程。● 주파하다(走破--) ●

주파수(周波數)【명사】전파나 음파가 1초 동안에 진동하는 횟수. ◆ 图频率。¶주파수를 20헤르츠로 맞추다. =把频率调到20赫兹。

주판(籌板/珠板)【명사】셈을 놓는 데 쓰는 기구의 하나. ◆ 算盘。

주행(走行)【명사】주로 동력으로 움직이는 자동차나 열차 따위가 달림. ◆ 图行驶。¶주행 시험. =行驶试验。● 주행하다(走行--) ●

주홍(朱紅)【명사】붉은빛을 띤 주황색. ◆ 图朱红。

주홍색(朱紅色)【명사】붉은빛을 띤 주황색. ◆ 图朱红色。

주황(朱黃)【명사】빨강과 노랑의 중간 빛깔. 또는 그 물감. ◆ 图朱黄。

주황색(朱黃色)【명사】빨강과 노랑의 중간색. ◆ 图朱黄色。

주효하다(奏效--)【동사】효력이 나타나다. ◆ 动奏效，有效，起作用。¶작전이 주효했다. =措施奏效。

죽¹【부사】副 ❶ 줄이나 금 따위를 곧게 내긋는 모양. ◆ 一直，笔直。¶줄을 죽 내리긋다. =笔直地画线。❷ 여럿이 고르게 늘어서거나 가지런히 벌여 있는 모양. ◆ 成排状。¶옷장에 옷들이 죽 걸려 있다. =衣柜里衣服挂成一排。❸ 종이나 천 따위를 한 가닥으로 단번에 찢거나 훑는 모양. ◆ 笔直地撕或者捋。¶종이를 죽 찢다. =把纸一把撕开。❹ 넓은 범위로 눈길을 보내어 한눈에 훑어보는 모양. ◆ 环顾的样子。¶연사는 청중을 죽 훑어보다. =演讲人扫了一眼听众。

죽²(粥)【명사】곡식을 오래 끓여 알갱이가 흠씬 무르게 만든 음식. ◆ 图粥。¶묽은 죽. =稀粥。

죽³【명사】옷, 그릇 따위의 열 벌을 묶어 세는 단위. ◆ 图十件，十套。¶대접 한 죽을 새로 장만하다. =刚买了十个大碗。

죽다¹【동사】动 ❶ 생명이 없어지거나 끊어지다. ◆ 死，死亡。¶굶어 죽다. =饿死。❷ 불 따위가 타거나 비치지 아니한 상태에 있다. ◆ 熄灭。¶아궁이 불이 죽어 방안이 썰렁하다. =灶孔里的火熄灭了，房间里凉飕飕的。❸ 본래 가지고 있던 색깔이나 특징 따위가 변하여 드러나지 아니하다. ◆ 改变。¶옷에 풀기가 죽다. =衣服不笔挺了。❹ 성질이나 기운 따위가 꺾이다. ◆ 萎靡。¶기가 죽다. =萎靡不振。❺ 움직이던 물체가 멈추어 제 기능을 하지 못하다. ◆ 停止。¶시계가 죽는 바람에 늦잠을 잤다. =表停

了，睡过头了。❻ 글이나 말 또는 어떤 현상의 효력 따위가 현실과 동떨어져 생동감을 잃다. ◆ 过时。¶그 글은 이젠 죽은 글이 되었다. =那篇文章现在已经过时了。❼ 상대편에게 으름장을 놓거나 상대편을 위협하는 말. ◆ 表示对对方的威胁。¶너 늦으면 죽어. =迟到，你就死定了！

죽다²【동사】물체의 어느 부분이 꼿꼿하거나 날카롭지 못하고 가라앉거나 뭉툭한 상태가 되다. ◆ 动短粗，塌。¶콧날이 죽은 얼굴. =长着塌鼻梁的脸。

죽다³【보조 동사】앞말이 뜻하는 상태나 느낌의 정도가 매우 심함을 나타내는 말. ◆ 助动表示程度极甚。¶배고파 죽겠다. =肚子饿死了。

죽마고우(竹馬故友)【명사】'대로 만든 말을 타고 놀던 벗'이라는 뜻으로, 어릴 때부터 같이 놀며 자란 벗. ◆ 名儿时朋友。

죽부인(竹夫人)【명사】대오리로 길고 둥글게 얼기설기 엮어 만든 기구. 여름밤에 서늘한 기운이 돌게 하기 위하여 끼고 잔다. ◆ 名竹夫人，竹编凉抱枕。¶죽부인을 끼고 자다. =抱着竹夫人睡觉。

죽순(竹筍)【명사】대의 땅속줄기에서 돋아나는 어린 싹으로 식용한다. ◆ 名竹笋。

죽음【명사】죽는 일. 생물의 생명이 없어지는 현상을 이른다. ◆ 名死亡。¶삶과 죽음. =生与死。

죽이다¹【동사】动 ❶ '죽다'의 사동형. 생명을 없어지게 하거나 끊어지게 하다. ◆ 杀死，杀害。❷ '죽다'의 사동형. 불 따위를 타거나 비치지 않게 하다. ◆ 使熄灭，弄灭。¶불씨를 죽이다. =熄灭火苗。❸ '죽다'의 사동형. 본래 가지고 있던 색깔이나 특징 따위를 변화시켜 드러나지 않게 하다. ◆ 使变色，使改变。¶배추를 소금물에 담가 숨 좀 죽여 두어라. =把白菜在盐水里腌一下。❹ '죽다'의 사동형. 성질이나 기운 따위를 수그러지게 하다. ◆ 压制，削弱。¶너 그 성질 좀 죽여라. =你要克制一下情绪。❺ 발소리나 숨소리 따위를 낮추거나 멈추다. ◆ 使过时。¶숨을 죽이고 이야기를 듣다. =屏息倾听。

죽이다²【동사】'죽다'의 사동형. 불거진 모서리나 두드러진 데를 깎아 내거나 낮게 하다. ◆ 动削平。¶수술을 하여 콧날을 죽였다. =做手术整平鼻梁。

죽죽【부사】副 ❶ 줄이나 금 따위를 잇따라 곧게 긋는 모양. ◆ 笔直地画出貌。¶짝은 책상에 금을 죽죽 그어 경계선을 표시했다. =同桌在桌子上画了一条线作为界线。❷ 여럿이 잇따라 고르게 늘어서거나 가지런히 벌여 있는 모양. ◆ 成排地。¶은행나무가 죽죽 늘어선 길. =银杏树成排的道路。❸ 종이나 천 따위를 여러 가닥으로 잇따라 찢거나 훑는 모양. ◆ 笔直地捋或撕貌。¶종이를 죽죽 찢다. =把纸撕成条状。❹ 거침없이 잇따라 내리읽거나 외거나 말하는 모양. ◆ 一口气读下去的样子。¶책을 죽죽 읽어 내려가다. =把书一口气读下去。

죽지【명사】名 ❶ 팔과 어깨가 이어진 부분. ◆ 肩胛，膀子。¶무거운 물건을 들었더니 어깨 죽지가 쑤셨다. =提着重东西，肩膀疼得厉害。❷ 새의 날개가 몸에 붙은 부분. ◆ 翅膀。¶총에 맞아 새의 죽지가 부러진 채로 땅에 떨어졌다. =被枪击中后，鸟翅膀折断了，落到地上。

죽창(竹槍)【명사】대로 만든 창. ◆ 名竹制长矛。

죽치다【동사】움직이지 아니하고 오랫동안 한곳에만 붙박여 있다. ◆ 动蛰居，窝在。¶집에만 죽치고 있지 말고 바깥바람 좀 쏘여라. =别老是待在家里，要出去兜兜风。

준결승전(準決勝戰)【명사】운동 경기 따위에서, 결승전에 나갈 자격을 겨루는 경기. ◆ 名 半决赛。

준공(竣工)【명사】공사를 다 마침. ◆ 名竣工，完工。¶당국의 안전 검사를 마쳐야 준공을 할 수 있다. =必须通过相关部分的安全检查，才能竣工。● 준공되다(竣工--), 준공하다(竣工--) ●

준령(峻嶺)【명사】높고 가파른 고개. ◆ 名重山峻岭。¶구름이 준령을 타고 넘다. =云彩环绕着重山峻岭。

준마(駿馬)【명사】빠르게 잘 달리는 말. ◆ 名骏马。

준말【명사】단어의 일부분이 줄어든 것. '사이'가 '새'로, '잘가닥'이 '잘각'이 된 것 따위이다. ◆ 名 缩略语。

준법(遵法)【명사】법률이나 규칙을 좇아 지킴. ◆ 名守法。¶준법 정신. =守法精神。

준비(準備)【명사】미리 마련하여 갖춤. ◆ 名准备，预备。¶월동 준비를 서두르다. =忙着做过冬准备。● 준비되다(準備--), 준비하다(準備--) ●

준비물(準備物)【명사】미리 마련하여 갖추어 놓는 물건. ◆ 名要用的物品。¶내일 수업에 쓸 준비물을 챙기다. =准备明天上课用的物品。

준설(浚渫)【명사】名 ❶ 못이나 개울 따위의 밑바닥에 멘 것을 파냄. ◆ 疏通，疏浚。¶뱃길이 제구실을 못하게 되자 준설을 하기로 하였다. =水路无法正常使用，决定疏浚。❷ 물의 깊이를 깊게 하여 배가 잘 드나들 수 있도록 하천이나 항만 등의 바닥에 쌓인 모래나 암석을 파내는 일. ◆ 疏通，疏浚。¶준설 공사. =疏浚工程。● 준설하다(浚渫--) ●

준수(遵守)【명사】전례나 규칙, 명령 따위를 그대로 좇아서 지킴. ◆ 名遵守。¶안전 수칙 준수 사항. =安全守则注意事项。● 준수되다(遵守--), 준수하다(遵守--) ●

준수하다(俊秀--)【형용사】재지(才智) 나 풍채가 아주 빼어나다. ◆ 形俊秀，俊美，俊俏，英俊，帅。¶준수한 용모. =俊秀的容貌。

준엄하다(峻嚴--)【형용사】形 ❶ 조금도 타협함이 없이 매우 엄격하다. ◆ 严格，严厉。¶역사의 준엄한 심판을 받다. =接受历史的严厉审判。❷ 형편이 매우 어렵고 엄하다. ◆ 严峻。¶준엄한 시련. =严峻的考验。

준우승(準優勝)【명사】운동 경기 따위에서, 우승 다음가는 등위를 차지함. 또는 그 등위. ◆ 名半决赛获胜。¶아깝게 준우승에 머물다. =很可惜，只获得了半决赛胜利。

준준결승(準準決勝)【명사】준준결승전(準準決勝戰). ◆ 名四分之一决赛。

준치【명사】준칫과의 바닷물고기. 밴댕이와 비슷한

데 몸의 길이는 50cm 정도이고 옆으로 납작하며, 등은 어두운 청색, 배는 은백색이다. ◆ 名 鰤鱼。

준칙(準則) 【명사】 준거할 기준이 되는 규칙이나 법칙. ◆ 名准则，规矩，规定。

준하다(準--) 【동사】 어떤 기준이나 본보기에 비추어 그대로 좇다. ◆ 动按照，遵照。¶회칙에 준해서 회의를 실시하다. =遵照会规召开会议。

줄[1] 【의존 명사】 [일정한 수준이나 정도를 나타내는 명사 다음에 쓰여] 그것과 거의 비슷한 수준이나 정도를 나타내는 말. ◆ 依名表示相似的水平或程度。¶그만한 성적이면 우등생 줄에 들고도 남는다. =这样的成绩当个优等生都足够了。

줄[2] 【명사】 쇠붙이를 쓸거나 깎는 데에 쓰는, 강철로 만든 연장. ◆ 名锉，锉刀。

줄[3] 【명사】 名 ❶ 노, 새끼 따위와 같이 무엇을 묶거나 동이는 데에 쓸 수 있는 가늘고 긴 물건을 통틀어 이르는 말. ◆ 绳。¶줄로 묶다. =用绳子捆绑。❷ 길이로 죽 벌이거나 늘여 있는 것. ◆ 队，排，行，列。¶사람들이 줄을 지어 서 있다. =人们站成行。❸ 길게 쳐진 선이나 무늬. ◆ 线，线条。¶중요한 부분에 줄을 긋다. =在重要的部分画线。❹ 사회 생활에서의 관계나 인연. ◆ 社会关系，门路。¶줄을 대다. =找到门路。

줄[4] 【의존 명사】 어떤 방법이나 셈속 따위를 나타내는 말. ◆ 依名表示能力或方法。¶그가 나를 속일 줄 꿈에도 생각하지 못했다. =做梦也没想到他会骗我。

줄-[5] 【접사】 '계속 이어진'의 뜻을 더하는 접두사. ◆ 前缀连续，持续。¶줄담배를 피운다. =烟不离嘴。

줄거리 【명사】 名 ❶ 잎이 다 떨어진 나뭇가지. ◆ 秃枝，光枝，藤。¶고구마 줄거리. =红薯藤。❷ 사물의 군더더기를 다 떼어 낸 나머지의 골자. ◆ 框架，梗概。¶사건의 줄거리. =事件的梗概。

줄곧 【부사】 끊임없이 잇따라. ◆ 副一直，接连不断，不停地。¶여름 방학 동안 줄곧 집에만 있었니? =暑假期间一直只待在家里吗?

줄기 【명사】 名 ❶ 식물을 받치고 뿌리에서 빨아들인 수분이나 양분을 나르며, 잎이나 가지, 열매 등이 붙는 부분. ◆ 茎，干。❷ 잇대어 뻗어 나가는 물이나 산 따위의 갈래. ◆ 水流，山脉。¶강 줄기를 따라 배가 지나가다. =船顺着江流行进。❸ 잇대어 뻗어 나가는 산, 강, 물 따위의 갈래를 세는 단위. ◆ (山、河) 支，(眼泪) 行。¶두 줄기로 뻗은 산. =分成两支的山脉。❹ 불이나 물 따위가 길게 뻗어 나가는 형세. ◆ 火势，水势。¶수도관에서 뿜어져 나오는 물줄기가 세차다. =水管里喷出的水很强劲。❺ 불, 빛, 연기 따위가 길게 뻗어 나가는 것을 세는 단위. ◆ 量股(火、烟)，束、道、缕（光线）。¶한 줄기 광명의 빛. =一道曙光。❻ 사상이나 행동 따위가 계승되어 길게 이어진 것. ◆ (思想)流派，体系，脉络。¶두 줄기 사상이 서로 대립되다. =两个流派的思想互相对立。❼ 어떤 일이나 이야기 따위가 진행되어 가는 흐름. ◆ 主线。¶주인공의 가족사가 이 영화의 큰 줄기를 이룬다. =主人公的家族史构成了这部影片的主线。

줄기차다 【형용사】 억세고 세차게 끊임없이 계속되다. ◆ 形极有气势，顽强有力，坚持不懈。¶줄기찬 노력. =不懈的努力。

줄넘기 【명사】 두 사람이 기다란 줄의 양쪽 끝을 한 쪽씩 잡고 커다란 원을 그리면서 돌리고 나머지 사람들은 그 속으로 차례대로 들어가서 뛰어넘는 놀이. ◆ 名跳绳。

줄다 【동사】 动 ❶ 물체의 길이·넓이·부피 따위가 본디보다 작아지다. ◆ 减少，缩小。¶빨래를 했더니 옷이 줄었다. =衣服洗过后缩水了。❷ 수나 분량이 본디보다 적어지다. ◆ 减少，缩小。¶재고가 줄다. =库存商品减少。❸ 힘, 세력, 실력 따위가 본디보다 못하게 되다. ◆ 减少，缩小。¶속력이 줄다. =速度减慢。

줄다리기 【명사】 名 ❶ 여러 사람이 편을 갈라서, 굵은 밧줄을 마주 잡고 당겨서 승부를 겨루는 놀이. ◆ 拔河。❷ 서로 지지 아니하려고 맞서는 일을 비유적으로 이르는 말. ◆ 对峙，较劲。¶그 두 사람은 이번 계약과 관련하여 각자 자기에게 유리하게 줄다리기를 하고 있다. =那两个人为让本合同更有利于己方，互相较劲。● 줄다리기하다 ●

줄달음질 【명사】 단숨에 내처 달리는 달음박질. ◆ 名飞奔，飞跑。¶줄달음질을 놓다. =飞奔，拼命跑，奔跑。● 줄달음질하다 ●

줄무늬 【명사】 줄로 이루어진 무늬. ◆ 名条纹。¶줄무늬 호랑이. =条纹老虎。

줄어들다 【동사】 수나 부피, 분량, 정도 따위가 본디보다 작게 되거나 적어지다. ◆ 动变少，变小，减少，缩小。¶식사량이 줄어들다. =饭量变小。

줄이다 【동사】 动 ❶ '줄다'의 사동형. 물체의 길이, 넓이, 부피 따위를 작아지게 하다. ◆ 缩小，减少，缩减。¶어머니의 옷을 줄여 동생을 입혔다. =把妈妈的衣服改小给妹妹穿。❷ '줄다'의 사동형. 수효나 분량을 적어지게 하다. ◆ 缩小，减少，缩减。¶근무 시간을 줄이다. =缩短工作时间。❸ '줄다'의 사동형. 힘, 세력, 실력 따위를 본디보다 못하게 하다. ◆ 缩小，减少，减轻，缩减。¶자동차의 속도를 줄이다. =减缓车速。❹ 말이나 글의 끝에서, '할 말은 많으나 그만 하고 마친다'는 뜻으로 하는 말. ◆ 搁笔，就此搁笔。¶하고 싶은 말은 많지만 다음으로 미루고 오늘은 이만 줄인다. =虽然有许多话要说，今天就此搁笔，下次再说。

줄임표(--標) 【명사】 안드러냄표의 하나. 문장 부호 '…'의 이름이다. 할 말을 줄였을 때나 말이 없음을 나타낼 때에 쓴다. ◆ 名省略号。

줄자 【명사】 헝겊이나 강철로 띠처럼 만든 자. 둥근 갑 속에 말아 두었다가 필요한 때에 풀어서 쓴다. ◆ 名卷尺。

줄잡다 【동사】 대강 짐작으로 헤아려 보다. ◆ 动大概，估计。¶경기장에 관람객이 줄잡아 5만 명은 든 것 같다. =体育场里估计坐了五万名观众。

줄줄 【부사】 副 ❶ 굵은 물줄기 따위가 잇따라 부드럽게 흐르는 소리. 또는 그 모양. ◆ 哗哗，簌簌，涔涔，潸潸。¶눈물이 줄줄 흐르다. =眼泪哗哗流。

❷ 동물이나 사람이 자꾸 뒤를 따라다니는 모양. ◆ 紧紧尾随，紧跟。¶강아지처럼 나만 줄줄 따라다니지 말고 가서 네 할 일을 해라. =别像小狗似的总是跟着我，去做自己要做的事。❸ 물건을 여기저기 자꾸 흘리는 모양. ◆ 四处抛散的样子。¶그 아이는 칠칠치 못하게 제 물건을 줄줄 흘리고 다닌다. =那个孩子很邋遢，东西丢得到处都是。❹ 조금도 막힘이 없이 글을 읽거나 쓰거나 말하는 모양. ◆ 流畅地，毫无阻碍地。¶아이들은 시험공부를 열심히 했는지, 답안지를 받자마자 줄줄 잘도 써 내려간다. =可能是孩子们认真准备了考试，一拿到试卷，就奋笔疾书，毫无阻碍地答起题来。

줄짓다【동사】动 ❶ 줄을 이루다. ◆ 成行，成排。¶버스를 타려고 사람들이 줄지어 늘어서다. =等公共汽车的人站成排。❷ 어떤 일이 끊이지 아니하고 잇따라 계속되다. ◆ 连续，接连不断。¶눈물이 줄지어 흘러내리다. =眼泪不断落下。

줄타기【명사】줄광대나 줄꾼이 줄 위를 걸어 다니면서 여러 가지 재주를 보이는 놀이. 광댓줄과 어름이 있다. 중요 무형 문화재 제58호. ◆ 名 走钢丝。

줄행랑(-行廊)【명사】'도망(逃亡)'을 속되게 이르는 말. ◆ 名逃跑，逃亡。¶친구는 무슨 잘못을 했는지 선생님을 보고 줄행랑을 쳤다. =朋友不知道犯了什么错，一看见老师，就逃走了。● 줄행랑치다(行廊--) ●

줌【명사】❶ '주먹'의 준말. 다섯 손가락을 오므려 쥔 손. ◆ 名 拳头。¶줌을 쥐다. =握拳。❷ 주먹으로 쥘 만한 분량. 또는 그 양을 헤아리는 데 쓰는 말. ◆ 量把，捧。¶한 줌의 흙. =一捧土。

줍다【동사】动 ❶ 바닥에 떨어지거나 흩어져 있는 것을 집다. ◆ 捡，拾。¶쓰레기를 줍다. =捡垃圾。❷ 남이 분실한 물건을 집어 가지다. ◆ 捡到，拾到。¶지갑을 주워 경찰서에 맡겼다. =捡到钱包后，交给了警察。❸ 버려진 아이를 키우기 위하여 데려오다.◆ 捡弃婴。¶다리 밑에서 주워 온 아이. =从桥下捡来的孩子。

줏대【명사】자기의 처지나 생각을 꿋꿋이 지키고 내세우는 기질이나 기풍. ◆ 名主心骨，主见，主意。¶그는 줏대가 약해서 쉽게 입장을 바꾼다. =他没有主见，很容易改变立场。

중[1]【명사】절에서 살면서 불도를 닦고 실천하며 포교하는 사람. ◆ 名 和尚，僧人。

중[2]**(中)**【의존 명사】依名 ❶ 여럿의 가운데. ◆ 中间，之中。¶영웅 중의 영웅. =英雄中的英雄。❷ 등급·수준·차례 따위에서 가운데. ◆ 中等，中间，中游，适中。¶성적이 반에서 중은 된다. =成绩在班里是中等。❸ 무엇을 하는 동안. ◆ 在……期间，在……中，正在。¶수업 중. =正在上课。

중간(中間)【명사】名 ❶ 두 사물의 사이. ◆ 中间。¶학교와 집의 중간에 문구점이 있다. =学校和家之间有文具店。❷ 등급·크기·차례 따위의 가운데. ◆ 名中等，中级。¶중간 단계. =中间阶段。❸ 공간이나 시간 따위의 가운데. ◆ 中间。¶행렬의 중간을 기준으로 삼다. =以队伍的中间为基准。❹ 어떤 일이 진행되고 있는 사이. ◆ 期间，中途。¶이야기를 중간에서 가로채다. =中途打断说话。❺ 이쪽도 저쪽도 아닌 그 사이. ◆ 之间，中间。¶두 여자를 놓고 중간에서 갈등하다. =夹在两个女人中间，很矛盾。❻ 사람과 사람의 관계를 연결하는 사이. ◆ 之间，中间。¶중간에서 연락을 취하다. =在中间取得联系。

중간 상인(中間商人)【명사】생산자와 소비자 사이에서 상품을 대 주고 팔고 하는 상인. ◆ 名 中间商。

중개(仲介)【명사】제삼자로서 두 당사자 사이에 서서 일을 주선함. ◆ 名中介。¶부동산 중개. =房地产中介。● 중개하다(仲介--) ●

중거리(中距離)【명사】짧지도 길지도 아니한 중간 정도의 거리. ◆ 名中距离，中程。¶중거리 슛. =中距离射门。

중건(重建)【명사】절이나 왕궁 따위를 보수하거나 고쳐 지음. ◆ 名重建，改建。¶소실된 왕궁의 중건이 논의되고 있다. =正在讨论重建消失的王宫。● 중건되다(重建--), 중건하다(重建--) ●

중견(中堅)【명사】어떤 단체나 사회에서 중심이 되는 사람. 또는 지위와 규모는 그다지 높거나 크지 아니하나 중심적 역할을 하거나 확실한 업적을 올리고 있는 사람이나 단체. ◆ 名中坚，支柱，主力。¶중견 간부. =中坚干部。

중경상(重輕傷)【명사】중상(重傷)과 경상(輕傷)을 아울러 이르는 말. ◆ 名重伤和轻伤。¶낙마로 중경상을 당하다. =由于坠马而身受不同程度的伤。

중계(中繼)【명사】名 ❶ 중간에서 이어 줌. ◆ 中转，纽带。¶중계 역할을 하다. =发挥中转作用。❷ 중계방송. 극장, 경기장, 국회, 사건 현장 등 방송국 밖에서의 실황을 방송국이 중간에서 연결하여 방송하는 일. ◆ 转播。¶라디오에서 하루 종일 야구 중계를 한다. =收音机里整天转播棒球比赛。● 중계되다(中繼--), 중계하다(中繼--) ●

중계방송(中繼放送)【명사】名 ❶ 어느 방송국의 방송을 다른 방송국에서 연결하여 방송하는 일. ◆ 转播。¶야구 중계방송을 보다. =看棒球转播。❷ 극장, 경기장, 국회, 사건 현장 등 방송국 밖에서의 실황을 방송국이 중간에서 연결하여 방송하는 일. ◆ 实况转播。● 중계방송되다(中繼放送--), 중계방송하다(中繼放送--) ●

중고(中古)【명사】名 ❶ 이미 사용하였거나 오래됨. ◆ 旧。¶중고 자동차. =旧汽车。❷ 중고품. 좀 오래되거나 낡은 물건. ◆ 旧物，二手货。¶이 피아노는 중고지만 아직 쓸 만하다. =这架钢琴虽然是旧的，但是还可以用。

중공업(重工業)【명사】부피에 비하여 무게가 비교적 무거운 물건을 만드는 공업. 제철업, 조선업, 기계 제조업 따위가 있다. ◆ 名重工业。

중과부적(衆寡不敵)【명사】적은 수효로 많은 수효를 대적하지 못함 ◆ 名寡不敌众。¶밀려오는 적을 막기에는 중과부적이었다. =寡不敌众，无法抵挡蜂涌而来的敌人。

중괄호(中括弧)【명사】묶음표의 하나. 문장 부호

'{}'의 이름이다. 여러 단위를 동등하게 묶어서 보일 때에 쓴다. ◆图中括号。

중구난방(衆口難防)【명사】뭇사람의 말을 막기가 어렵다는 뜻으로, 막기 어려울 정도로 여럿이 마구 지껄임을 이르는 말. ◆图众说纷纭，七嘴八舌。¶모두가 중구난방으로 애문제를 토론하고있다. =大家七嘴八舌地讨论着这个问题。

중국(中國)【명사】아시아 동부에 있는 나라. 고대 문명의 발상지로, 국토가 넓고 세계에서 인구가 가장 많은 나라이다. 수도는 베이징. ◆图中国。

중국어(中國語)【명사】중국인이 쓰는 말. ◆图汉语。

중금속(重金屬)【명사】비중이 4 이상인 금속을 통틀어 이르는 말. 철, 금, 백금 따위가 있다. ◆图重金属。

중급(中級)【명사】중간치의 등급. ◆图中级。¶중급 한국어 회화. =中级韩国语会话。

중기(中期)【명사】처음과 끝의 가운데 시기. ◆图中期。¶고려 중기. =高丽中期。

중년(中年)【명사】마흔 살 안팎의 나이. 또는 그 나이의 사람. 청년과 노년의 중간을 이르며, 때로 50대까지 포함하는 경우도 있다. ◆图中年。¶중년 남자. =中年男子。

중노동(重勞動)【명사】육체적으로 힘이 많이 드는 노동. ◆图重体力劳动，重活。¶그는 돈을 벌기 위해 중노동을 마다하지 않았다. =他为了挣钱，不辞劳苦地干重体力活。

중단(中斷)【명사】중도에서 끊어지거나 끊음. ◆图中断。¶운행 중단. =运行中断。● 중단되다(中斷--), 중단하다(中斷--) ●

중대[1](中隊)【명사】군대 편성 단위의 하나. 소대의 위, 대대의 아래이다. 대개 4개 소대로 이루어진다. ◆图 中队，连。

중대[2](重大)【명사】가볍게 여길 수 없을 만큼 매우 중요하고 큼. ◆图重大，重要。¶중대 결단. =重要决断。● 중대하다(重大--) ●

중대장(中隊長)【명사】중대의 최고 지휘관. 보통 대위가 맡는다. ◆图 连长。

중도(中途)【명사】图 ❶ 일이 진행되어 가는 동안. ◆ 中途，中间。¶말을 중도에 끊다. =话说了一半，就不说了。❷ 오가는 길의 중간. ◆ 中途。¶차가 중도에서 고장이 나 결국 여행을 포기했다. =车中途抛锚，最终放弃了旅行。

중도금(中途金)【명사】계약금을 치르고 나서 마지막 잔금을 치르기 전에 지불하는 돈. ◆图中期付款。¶중도금을 치르다. =支付中期付款。

중독(中毒)【명사】图 ❶ 생체가 음식물이나 약물의 독성에 의하여 기능 장애를 일으키는 일. ◆ 中毒。¶수은 중독. =水银中毒。❷ 술이나 마약 따위를 지나치게 복용한 결과, 그것 없이는 견디지 못하는 병적 상태. ◆ 中毒。¶커피를 많이 마시면 카페인 중독을 일으킬 수 있다. =喝太多咖啡会引起咖啡因上瘾。❸ 어떤 사상이나 사물에 젖어 버려 정상적으로 사물을 판단할 수 없는 상태.◆ 中毒，上瘾。¶게임 중독. =游戏上瘾。● 중독되다(中毒--) ●

중등 교육(中等教育)【명사】초등 교육을 마친 사람에게 그다음 단계로 실시하는 교육. 중학교와 고등학교에서 실시하는 교육으로, 제2단계 교육이라고도 한다. ◆图 中等教育。

중략(中略)【명사】글이나 말의 중간 일부를 줄임. ◆图中间省略。¶책의 내용 중 반 정도가 중략이 되었다. =书中的一半内容被省略了。● 중략되다(中略--), 중략하다(中略--) ●

중량(重量)【명사】무게. 물건의 무거운 정도. ◆图重量。¶중량을 달다. =称重。

중량급(重量級)【명사】图 ❶ 체급 경기에서, 체급이 무거운 편에 드는 급. 일반적으로 미들급 이상을 이른다. ◆ 重量级。¶한국 유도 대표 선수 중에서 중량급 2명이 결승전에 올갔다. =韩国柔道选手中有两名重量级选手进入决赛。❷ 중요하고 비중이 높은 지위를 비유적으로 이르는 말. ◆ 重量级，重要。¶중량급 학자. =重量级学者。

중력(重力)【명사】지구 위의 물체가 지구로부터 받는 힘. ◆图 重力。¶1687년에 뉴턴은 중력의 원리를 이용해 만유인력을 발견하였다. =1687年，牛顿利用重力原理发现了万有引力。

중론(衆論)【명사】여러 사람의 의견. ◆图众议，群议。¶중론을 모으다. =汇集众议。

중류(中流)【명사】图 ❶ 강이나 내의 중간 부분. ◆ 中流，中游。¶낙동강 중류. =洛东江中游。❷ 수준 따위가 중간 정도인 부류. ◆ 中等。¶중류 가정. =中等家庭。

중립(中立)【명사】어느 편에도 치우치지 아니하고 공정하게 처신함. ◆图中立。¶중립 노선. =中立路线。

중립국(中立國)【명사】중립주의를 외교의 방침으로 하는 나라. ◆图中立国。

중매(仲媒)【명사】결혼이 이루어지도록 중간에서 소개하는 일. 또는 그런 사람. ◆图做媒，说媒。¶중매로 결혼하다. =通过说媒结婚。● 중매하다(仲媒--) ●

중매쟁이(仲媒--)【명사】'중매인(仲媒人)'을 낮잡아 이르는 말. 결혼이 이루어지도록 중간에서 소개하는 사람. ◆图媒人，月老，红娘。¶중매쟁이 잘못하다가는 뺨 맞기 십상이지. =媒人做错了，容易挨耳光。

중반(中盤)【명사】일정한 기간 가운데 중간쯤 되는 단계. ◆图中间阶段，中期。¶그는 서른 중반쯤 되어 보였다. =他看上去有三十五六岁。

중병(重病)【명사】목숨이 위태로울 정도로 몹시 앓는 병. ◆图重病。

중복[1](中伏)【명사】삼복(三伏) 가운데 중간에 드는 복날. 하지가 지난 뒤 네 번째 경일(庚日)에 든다. ◆图中伏。¶중복에 몸보신용으로 삼계탕을 먹는다. =中伏时，喝补身体的参鸡汤。

중복[2](重複)【명사】거듭하거나 겹침. ◆图重复。¶중복 사용. =重复使用。● 중복되다(重複--), 중복하다(重複--) ●

중부(中部)【명사】어떤 지역의 가운데 부분. ◆ 名中部。¶중부 전선. =中部战线。

중산층(中産層)【명사】중산 계급. 재산의 소유 정도가 유산 계급과 무산 계급의 중간에 놓인 계급. 중소 상공업자, 소지주, 봉급생활자 따위가 이에 속한다. ◆ 名中产阶级。

중상[1](中傷)【명사】근거 없는 말로 남을 헐뜯어 명예나 지위를 손상시킴. ◆ 名中伤。¶악의에 찬 중상. =恶意中伤。● 중상하다(中傷--) ●

중상[2](重傷)【명사】아주 심하게 다침. 또는 그런 부상. ◆ 名重伤, 重创。¶교통사고로 중상을 입다. =因为交通事故而受重伤。

중상모략(中傷謀略)【명사】'중상'과 '모략'을 아울러 이르는 말. ◆ 名中伤与阴谋。¶중상모략을 일삼다. =屡施中伤与阴谋之计。

중생대(中生代)【명사】지질 시대의 구분에서 고생대와 신생대 사이의 시기. 지금부터 약 2억 4500만 년 전부터 약 6,500만 년 전까지이다. ◆ 名 中生代(地质时代)。

중성[1](中聲)【명사】음절의 구성에서 중간 소리인 모음. '땅'에서 'ㅏ', '들'에서 'ㅡ' 따위이다. ◆ 名中声, 指在韩国语音节结构中充当中间音的元音。

중성[2](中性)【명사】서로 반대되는 두 성질의 어느 쪽도 아닌 중간적 성질. ◆ 名中性。¶중성 물질. =中性物质。

중세(中世)【명사】역사의 시대 구분의 하나로, 고대에 이어 근대에 선행하는 시기. ◆ 名 中世纪。

중소(中小)【명사】[일부 명사 앞에 쓰여] 규모나 수준 따위가 중간 정도인 것과 그 이하인 것. ◆ 名中小。¶중소 국가. =中小国家。

중소기업(中小企業)【명사】자본금, 종업원 수, 총자산, 자기 자본 및 매출액 따위의 규모가 대기업에 비하여 상대적으로 작은 기업. ◆ 名 中小企业。

중순(中旬)【명사】한 달 가운데 11일에서 20일까지의 동안. ◆ 名中旬。¶이달 중순쯤에 대학 축제가 시작된다. =大学的庆祝活动从本月中旬左右开始。

중시(重視)【명사】중대시(重大視). 가볍게 여길 수 없을 만큼 매우 크고 중요하게 여김. ◆ 名重视, 看重, 珍视。¶문화재는 사소한 것이라도 중시를 할 필요가 있다. =即使是微小的文化财产, 也有必要重视起来。● 중시되다(重視--), 중시하다(重視--) ●

중심[1](中心)【명사】名 ❶ 사물의 한가운데. ◆ 中心。¶과녁의 중심을 꿰뚫다. =穿透靶心。❷ 사물이나 행동에서 매우 중요하고 기본이 되는 부분. ◆ 中心, 核心。¶서울은 한국 정치, 경제, 문화의 중심이다. =首尔是韩国的政治、经济、文化中心。❸ 확고한 주관이나 줏대. ◆ 主见。¶중심이 흔들리다. =主见动摇。

중심[2](重心)【명사】무게 중심. 물체나 질점계에서 각 부분이나 각 질점에 작용하는 중력의 합력의 작용점. 질량의 중심과 일치한다. ◆ 名 重心。¶중심을 잃고 쓰러지다. =失去重心摔倒。

중심부(中心部)【명사】名 ❶ 사물의 한가운데나 복판이 되는 부분. ◆ 中心部分, 中心部位。¶시내 중심부. =市中心。❷ 매우 중요하고 기본이 되는 부분. ◆ 中心部分, 核心部分。¶권력의 중심부. =权力的核心部分。

중심지(中心地)【명사】어떤 일이나 활동의 중심이 되는 곳. ◆ 名中心地区, 中心。¶교통의 중심지. =交通的中心地区。

중압(重壓)【명사】名 ❶ 무겁게 내리누름. 또는 그런 압력. ◆ 重压。¶임시로 설치한 다리는 중압을 이기지 못해 무너지고야 말았다. =临时搭建的桥因为无法承受重压而倒塌。❷ 참기 어렵게 강제하거나 강요하는 힘. ◆ 重压, 压力。¶그는 시험을 잘 치러야 한다는 중압에 시달리고 있다. =他努力要考好, 压力很大。

중앙(中央)【명사】名 ❶ 사방의 중심이 되는 한가운데. ◆ 中央。¶사무실 중앙에 회의용 탁자를 놓았다. =办公室中央摆着会议桌。❷ 중심이 되는 중요한 곳. ◆ 中央, 中枢。¶중앙 도서관. =中央图书馆。

중앙선(中央線)【명사】名 ❶ 한가운데를 지나가는 선. ◆ 中线。¶교실 옆 복도에 중앙선이 그어져 있었다. =教室旁边的走廊上画了中线。❷ 하프 라인 ◆ (体育赛场)中线。¶공격수는 빠르게 중앙선을 넘어 상대편 문전으로 쇄도했다. =进攻选手飞快地越过中线, 向对方门前跑去。❸ 차도 중간에 그은 차선. ◆ 道路中心线。¶순경이 중앙선 위에 서서 교통정리를 하고 있다. =交警站在中线上指挥交通。

중언부언(重言復言)【명사】이미 한 말을 자꾸 되풀이함. 또는 그런 말. ◆ 名反复说。¶그는 한참을 이 말 저 말 중언부언 지껄였다. =他东一句西一句地反复嘟囔了老半天。● 중언부언하다(重言復言--) ●

중얼거리다【동사】남이 알아듣지 못할 정도의 작고 낮은 목소리로 혼잣말을 자꾸 하다. 남이 알아듣지 못할 정도의 작고 낮은 목소리로 혼잣말을 자꾸 하다. ◆ 动嘟囔, 喃喃地说。¶그녀는 입 속으로 혼자 무엇이라고 중얼거렸다. =她嘴里喃喃地说着什么。● 중얼대다 ●

중얼중얼【부사】남이 알아듣지 못할 정도의 작고 낮은 목소리로 혼잣말을 자꾸 하는 소리. 또는 그 모양. ◆ 副嘟嘟囔囔, 喃喃自语。¶그는 구구단을 중얼중얼 외웠다. =他嘟嘟囔囔地背诵九九乘法口诀。● 중얼중얼하다 ●

중역(重役)【명사】名 ❶ 책임이 무거운 역할. ◆ 重要作用, 重要职责, 重任。¶중역을 맡다. =担当重任。❷ 회사의 중요한 임무를 맡은 임원을 통틀어 이르는 말. 사장, 이사, 감사 따위를 이른다. ◆ 要员, 高管。¶중역 회의. =高管会议。

중엽(中葉)【명사】어떠한 시대를 처음·가운데·끝의 셋으로 나눌 때 그 가운데 부분을 이르는 말. ◆ 名中叶, 中期。¶20세기 중엽. =20世纪中叶。

중요(重要)【명사】귀중하고 요긴함. ◆ 名重要。¶중요 사항. =重要事项。● 중요하다(重要--) ●

중요시(重要視)【명사】중요하게 여김. ◆ 名重视, 看重。¶엄마는 가족 건강을 제일 중요시 생각하셔서 식사 준비에 좀 더 신경쓰셨다. =妈妈认为家人的健康是最重要的, 所以在饮食准备上花了更多的心

思。● 중요시되다(重要視--), 중요시하다(重要視--) ●

중용[1](中庸) 【명사】 지나치거나 모자라지 아니하고 한쪽으로 치우치지도 아니한, 떳떳하며 변함이 없는 상태나 정도. ◆图中庸，中立。¶중용을 지키다. =保持中立。

중용[2](重用) 【명사】 중요한 자리에 임용함. ◆图重用。¶회사 간부의 친인척 중용에 대한 비판의 목소리가 높다. =公司任用干部时，任人唯亲式人们对此批评声很高。● 중용되다(重用--), 중용하다(重用--) ●

중위(中尉) 【명사】 위관 계급의 하나. 대위의 아래, 소위의 위이다. ◆图中尉。

중유(重油) 【명사】 원유에서 휘발유, 등유, 경유 따위를 뽑아낸 검은 갈색의 걸쭉한 찌꺼기 기름. ◆图重油。

중의(衆意) 【명사】 뭇사람들의 의견. ◆图众议，群议。¶중의에 따르다. =听从众议。

중이염(中耳炎) 【명사】 가운데귀염(고름 병원균 때문에 일어나는 가운데귀의 염증). ◆图 中耳炎。

중인(中人) 【명사】 조선 시대에, 양반과 평민의 중간에 있던 신분 계급. 15세기부터 형성되어 조선 후기에는 하나의 독립된 신분층을 이루었다. ◆图 中人(介于两班贵族和平民之间的人)。

중임(重任) 【명사】 임기가 끝나거나 임기 중에 개편이 있을 때 거듭 그 자리에 임용함. ◆图再任，连任，再次担任。¶중임을 제한하다. =限制连任。● 중임되다(重任--), 중임하다(重任--) ●

중장비(重裝備) 【명사】 토목 공사에 쓰는 중량이 큰 기계를 통틀어 이르는 말. ◆图 重型装备，重型机械。¶댐공사에 굴착기, 덤프트럭 따위의 중장비가 동원됐다. =在堤坝工程中动用了挖掘机、翻斗机等重型机械。

중재(仲裁) 【명사】 분쟁에 끼어들어 쌍방을 화해시킴. ◆图调解，调停，调和。¶분쟁의 중재를 맡다. =负责调解纠纷。● 중재하다(仲裁--) ●

중전(中殿) 【명사】 图 ❶ 중궁전(中宮殿). 왕비가 거처하던 궁전. ◆正宫，中(宫)殿。❷ 중궁전. '왕비(王妃)'를 높여 이르던 말. 임금의 아내. ◆正宫，王后。

중절모자(中折帽子) 【명사】 꼭대기의 가운데를 눌러쓰는, 챙이 둥글게 달린 신사용의 모자. ◆图礼帽。¶중절모자를 쓴 노신사. =头戴礼帽的老绅士。

중점(重點) 【명사】 가장 중요하게 여겨야 할 점. ◆图重点。¶새로 부임한 감독은 수비보다 공격에 중점을 두었다. =新任教练把重点放到了进攻而不是防守上。

중점적(重點的) 【명사】 여럿 가운데 가장 중요하게 여기는 것. ◆图 (有)重点的。¶중화학 공업을 중점적으로 발전시키다. =重点发展重化学工业。

중졸(中卒) 【명사】 '중학교 졸업'이 줄어든 말. ◆图初中毕业。¶이 일은 중졸 정도의 학력이면 누구나 할 수 있다. =只要是初中毕业的人，都能做这项工作。

중주(重奏) 【명사】 둘 이상의 성부(聲部)를 한 사람이 하나씩 맡아 동시에 악기로 연주함. ◆图 重奏。¶피아노 삼중주. =钢琴三重奏。

중증(重症) 【명사】 아주 위중한 병의 증세. ◆图重症，重病。¶중증 환자. =重症病人。

중지[1](中止) 【명사】 하던 일을 중도에서 그만둠. ◆图中止，中辍，中断。¶핵실험 중지를 촉구하다. =敦促停止核试验。● 중지되다(中止--), 중지하다(中止--) ●

중지[2](中指) 【명사】 가운뎃손가락. 다섯 손가락 가운데 셋째 손가락. 한가운데에 있으며 가장 길다. ◆图中指。

중지[3](衆智) 【명사】 여러 사람의 지혜. ◆图众智。¶중지를 모아 문제를 해결하다. =集中众智解决问题。

중진국(中進國) 【명사】 국민 소득이나 사회 보장 제도, 경제 발전 따위의 면에서 선진국과 후진국의 중간에 속하는 나라. ◆图中等发达国家。

중창(重唱) 【명사】 몇 사람이 각각 자기의 성부(聲部)를 맡아 노래함. 또는 그런 노래. 이중창, 삼중창 따위가 있다. ◆图重唱。● 중창하다(重唱--) ●

중창하다(重唱--) 【동사】 몇 사람이 각각 자기의 성부(聲部)를 맡아 노래하다. ◆动重唱。¶노래를 중창하다.=重唱，分声部演唱。

중책(重責) 【명사】 중대한 책임. ◆图重担，重任。¶회사에서 중책을 맡다. =在公司担当重任。

중천(中天) 【명사】 하늘의 한가운데. ◆图中天，半空(中)。¶해가 중천에 떠 있다. =日悬中天。

중추(中樞) 【명사】 图 ❶ 사물의 중심이 되는 중요한 부분. ◆中枢，中心，枢纽，重要部位。¶사회의 중추를 이루다. =形成社会的中枢。❷ 신경 기관 가운데, 신경 세포가 모여 있는 부분. 신경 섬유를 통하여 들어오는 자극을 받고 통제하며 다시 근육, 분배선 따위에 자극을 전달한다. ◆神经中枢。¶사고로 중추의 기능이 손상되다. =神经中枢机能在事故中受到损伤。

중추 신경(中樞神經) 【명사】 중추. 신경 기관 가운데, 신경 세포가 모여 있는 부분. 신경 섬유를 통하여 들어오는 자극을 받고 통제하며 다시 근육, 분배선 따위에 자극을 전달한다. ◆图 中枢神经。

중태(重態) 【명사】 병이 심하여 위험한 상태. ◆图危重，病危。¶교통사고로 중태에 빠지다. =因交通事故而处于重伤状态。

중턱(中-) 【명사】 图 ❶ 산이나 고개, 바위 따위의 허리쯤 되는 곳. ◆山腰，半山腰。¶해가 산 중턱에 걸리다. =太阳挂在半山腰。❷ 시간이나 일의 중간쯤 되는 곳. ◆(时间或事情的)中间，中途。¶그의 나이는 마흔 고개 중턱에 있었다. =他的年纪在四十五岁左右。

중퇴(中退) 【명사】 '중도 퇴학(中途退學)'을 줄여 이르는 말. 학생이 과정을 다 마치지 못하고 중도에서 학교를 그만둠. ◆图中途退学，中途辍学。¶그의 학력은 중퇴이기는 하나 자수성가한 사람이다. =论学历，他虽然中途退学了，但却是个白手起家的人。● 중퇴하다(中退--) ●

중편(中篇)【명사】图 ❶ 상·중·하의 세 편으로 나누어진 책의 가운데 편. ◆ (上中下的)中篇，(三部曲中的)第二部。¶어제까지 상편을 다 읽고 오늘은 중편을 읽었다. =到昨天为止读完了上篇，今天读了中篇。❷ 중편 소설(장편 소설과 단편 소설의 중간쯤 되는 분량의 소설). ◆ 中篇小说。¶중편을 읽다. =读中篇小说。

중풍(中風)【명사】뇌혈관의 장애로 갑자기 정신을 잃고 넘어져서 구안괘사, 반신불수, 언어 장애 따위의 후유증을 남기는 병. ◆图 中风。

중하다(重--)【형용사】形 ❶ 매우 소중하다. ◆ 珍贵，宝贵，可贵。¶사나이는 모름지기 의리를 중하게 여겨야 한다. =男人应该重情义。❷ 병이나 죄 따위가 대단하거나 크다. ◆ 重，严重。¶병이 중하다. =病重。❸ 책임이나 임무 따위가 무겁다. ◆ 重要，重大。¶어린 나이에 가장으로서의 중한 책임을 지게 되었다. =小小年纪承担起了做家长的重任。

중학교(中學校)【명사】초등학교와 고등학교 사이에 중등 보통 교육을 실시하기 위한 학교. 수업 연한은 3년으로, 의무 교육으로 실시한다. ◆ 图初中。¶나는 중학교 3학년에 재학 중인 딸이 있다. =我有个读初中三年级的女儿。

중학생(中學生)【명사】중학교에 다니는 학생. ◆图初中生。

중형(重刑)【명사】아주 무거운 형벌. ◆图重刑，严刑，酷刑。¶중형에 처하다. =处以重刑。

중형(中型)【명사】같은 종류의 사물 가운데 중간쯤 되는 규격이나 규모. ◆图中型。¶중형 버스. =中巴。

중화(中和)【명사】图 ❶ 서로 다른 성질을 가진 것이 섞여 각각의 성질을 잃거나 그 중간의 성질을 띠게 함. 또는 그런 상태. ◆ 中和。¶이 지역에서는 서방 문화와 동방 문화의 중화가 이루어졌다. =这个地区实现了西方文化和东方文化的融和。❷ 산과 염기가 반응하여 서로의 성질을 잃음. 또는 그 반응. ◆ 中和。¶중화 반응. =中和反应。● 중화되다(中和--), 중화하다(中和--) ●

중화학 공업(重化學工業)【명사】중공업과 화학 공업을 아울러 이르는 말. 특히 화학 제품의 원료를 대량으로 제조하는 석유 화학 공업, 소다 공업, 황산 공업 따위를 이르는 경우도 있다. ◆图 重化工，重化学工业。¶중화학공업의 중심지가 다른 곳으로 이동하다. =重化工核心地区转移到其他地方。

중환자(重患者)【명사】병세나 상처 따위의 정도가 매우 심한 사람 ◆图重病号。¶중환자를 응급실로 이동시키다. =把重病号送到急诊室。

중후하다(重厚--)【형용사】形 ❶ 태도 따위가 정중하고 무게가 있다. ◆ 稳重，忠厚，宽厚。¶중후한 멋을 풍기는 중년 신사. =温柔敦厚的中年绅士。❷ 작품이나 분위기가 엄숙하고 무게가 있다. ◆ 雄浑，浑厚，厚重。¶연주가 중후하다. =演奏雄浑。❸ 학식이 깊고 덕망이 두텁다. ◆ 有学识，德高望重。¶그는 중후한 느낌을 주는 사람이다. =他给人学识渊博且可靠的感觉。

쥐[1]【명사】쥣과의 포유류를 통틀어 이르는 말. ◆图老鼠。¶덫을 놓아 쥐를 잡다. =放老鼠夹子捉老鼠。

쥐[2]【명사】몸의 어느 한 부분에 경련이 일어나 부분적으로 근육이 수축되어 그 기능을 일시적으로 잃는 현상. ◆ 图 抽筋，痉挛。¶다리에 쥐가 나다. =腿抽筋。

쥐구멍【명사】图 ❶ 쥐가 드나드는 구멍. ◆ 老鼠洞。¶다락의 천장에 쥐구멍이 뚫려 있다. =阁楼天花板上有个老鼠洞。❷ 몸을 숨길 만한 최소한의 장소를 비유적으로 이르는 말. ◆〈喻〉藏身处。¶그 상황에서 나는 쥐구멍에라도 들어가고 싶었다. =那种情况下我真想找个老鼠洞钻进去。

쥐꼬리【명사】매우 적은 것을 비유적으로 이르는 말. ◆图一丝。¶그런 나쁜 사람에게 미안한 마음은 쥐꼬리만큼도 안 든다. =对那样的坏人，没有一丝内疚之心。

쥐다【동사】动 ❶ 손가락을 다 오므려 엄지손가락과 다른 네 손가락을 겹쳐지게 하다. ◆ 抓，握，攥，拿。¶주먹을 불끈 쥐다. =握紧拳头。❷ 어떤 물건을 손바닥에 들게 하거나 손가락 사이에 낀 채로 손가락을 오므려 힘 있게 잡다. ◆ 抓，揪，拿，捏。¶말고삐를 쥔다. =抓着马缰绳。❸ 제 뜻대로 다루거나 움직일 수 있는 상태에 두다. ◆ 抓住，掌握，控制，摆布。¶최고 권력을 손에 쥐다. =将最高权力掌握在手中。❹ 증거 따위를 얻거나 가지다. ◆ 得到，掌握。¶그가 그 사건의 결정적인 단서를 쥐고 있다. =他掌握着那个案件的关键线索。

쥐덫【명사】쥐를 잡는 데 쓰는 덫. ◆图捕鼠器，老鼠夹子。¶쥐덫에 걸린 쥐. =被老鼠夹子夹住的老鼠。

쥐불놀이【명사】정월 대보름의 전날에 논둑이나 밭둑에 불을 붙이고 돌아다니며 노는 놀이. 특히, 밤에 아이들이 기다란 막대기나 줄에 불을 달고 빙빙 돌리며 노는 것을 이른다. ◆ 图 熏鼠火，放鼠火。¶옛날, 한국 농가에서는 정월 대보름에 쥐불놀이를 하곤 했다. =从前，韩国农户家里正月十五总是会放鼠火。

쥐뿔【명사】아주 보잘것없거나 규모가 작은 것을 속되게 이르는 말. '쥐불알'이 변하고 줄어든 말이다. ◆ 图极少，微不足道，不值一提。¶쥐뿔도 없는 게 왜 그렇게 잘난 체를 해! =不值一提的家伙，摆什么架子!

쥐어뜯다【동사】动 ❶ 단단히 쥐고 뜯어내다. ◆ 撕，扯，拔，拆。¶머리를 쥐어뜯다. =扯头发。❷ 마음이 답답하거나 괴로울 때에 자기의 가슴을 함부로 꼬집거나 잡아당기다. ◆ 拧，掐，揪(心)，绞痛。¶그녀는 가슴을 쥐어뜯고 싶도록 답답해 미칠 것만 같았다. =她憋闷得心烦，几乎要发疯。

쥐어박다【동사】주먹으로 함부로 내지르듯 때리다. ◆动揍，捶，打，殴打。¶형은 툭하면 말을 안 듣는다고 동생을 쥐어박기 일쑤다. =哥哥动不动就揍弟弟，说他不听话。

쥐어짜다【동사】动 ❶ 억지로 쥐어서 비틀거나 눌러 액체 따위를 꼭 짜내다. ◆ 拧。¶땀에 젖은 옷을 쥐어짰다. =拧干汗湿了的衣服。❷ 눈물을 찔금 찔금 흘리다. ◆ 挤(眼泪)。¶눈물을 쥐어짜다. =挤眼泪。

쥐포(-脯) 【명사】 말린 쥐치를 기계로 납작하게 눌러 만든 어포(魚脯). ◆ 名 鳞鲀鱼脯。¶쥐포를 불에 구워 먹다. =用火烤鳞鲀鱼脯吃。

즈음 【의존 명사】 일이 어찌 될 무렵. ◆ 依名时，时候。¶그가 도착하였을 때는 막 안개가 걷힐 즈음이었다. =他到的时候，雾快要散了。

즉(卽) 【부사】 다른 것이 아니라 바로. 또는 다시 말하여. ◆ 形即，就是，也就是。¶좀 더 자라면 어둠의 공포를 느끼게 된다. 즉, 빛과 공간을 인식하게 된 데서 오는 두려움이다. =再长大一些，就会感受到黑夜的恐怖，也就是因认识到光和空间而产生的恐惧。

즉각(卽刻) 【부사】 당장에 곧. ◆ 副即刻，立刻，立即，马上。¶내 말을 즉각 시행하라. =马上按我说的办。

즉결(卽決) 【명사】 名 그 자리에서 곧 결정함. 또는 그런 결정에 따라 마무리를 지음. ◆ 立刻决定，当即裁决，当场拿主意。¶즉결 심의. =当即裁决审议。

즉사(卽死) 【명사】 그 자리에서 바로 죽음. ◆ 名当场死亡，当场死掉。¶그는 안전띠를 매고 있었기 때문에 추돌 사고에도 즉사를 면할 수 있었다. =幸亏系着安全带，他免于在追尾事故中当场死亡的噩运。● 즉사하다(卽死--) ●

즉석(卽席) 【명사】 어떤 일이 진행되는 바로 그 자리. ◆ 名当场，就地。¶즉석에서 승낙하다. =当场答应。

즉시(卽時) 【명사】 어떤 일이 행하여지는 바로 그 때. ◆ 名即刻，立刻，立即，马上，立马。¶소문은 즉시에 온 동네로 퍼졌다. =消息立刻传遍了整个社区。

즉효(卽效) 【명사】 名 ❶ 곧 반응을 보이는, 약 따위의 효험. ◆ 立即见效，立竿见影。¶즉효를 보다. =立即见效。❷ 어떤 일에 바로 나타나는 좋은 반응. ◆ 立见成效，立竿见影。¶즉효를 나타내다. =立即生效。

즉흥(卽興) 【명사】 그 자리에서 바로 일어나는 감흥. 또는 그런 기분. ◆ 名即兴。¶즉흥으로 떠오르는 시상. =当场诗兴大发。● 즉흥적 ●

즐거움 【명사】 즐거운 느낌이나 마음. ◆ 名欢乐，愉快，快乐。¶즐거움은 나눌수록 커진다. =快乐越分享越多。

즐거워하다 【동사】 즐겁게 여기다. ◆ 动高兴，喜欢，欢喜。¶동생은 소풍을 간다고 마냥 즐거워했다. =要去郊游了，弟弟非常高兴。

즐겁다 【형용사】 마음에 거슬림이 없이 흐뭇하고 기쁘다. ◆ 形欢乐，愉快，快乐，欢喜，高兴，喜悦。¶나는 요즘 하루하루가 즐겁다. =我最近每天都很快乐。● 즐거이 ●

즐기다 【동사】 动 ❶ 즐겁게 누리거나 맛보다. ◆ 享受，欢度，愉快度过。¶청춘을 즐기다. =享受青春。❷ 무엇을 좋아하여 자주 하다. ◆ 喜欢，喜爱，爱(好)，乐于。¶여행을 즐기다. =喜欢旅行。

즐비하다(櫛比--) 【형용사】 빗살처럼 줄지어 빽빽하게 늘어서 있다. ◆ 形鳞次栉比，比比皆是。¶지금 그곳은 고층 아파트들이 즐비하게 들어섰다. =如今在那个地方，高层公寓比比皆是。

즙(汁) 【명사】 물기가 들어 있는 물체에서 짜낸 액체. ◆ 名汁。¶즙을 내다. =榨汁。

증가(增加) 【명사】 양이나 수치가 늚. ◆ 名增加，增多，增长。¶인구 증가. =人口增加。● 증가되다(增加--), 증가하다(增加--) ●

증감(增減) 【명사】 많아지거나 적어짐. 또는 늘리거나 줄임. ◆ 名增减，损益。¶세액의 증감. =税额增减。● 증감되다(增減--), 증감하다(增減--) ●

증강(增强) 【명사】 수나 양을 늘리어 더 강하게 함. ◆ 名增强，增加。¶경제력 증강. =增强经济力量。● 증강되다(增强--), 증강하다(增强--) ●

증거(證據) 【명사】 名 어떤 사실을 증명할 수 있는 근거. ◆ 证据，凭据，凭证。¶확실한 증거를 찾아내다. =找出确凿证据。

증권(證券) 【명사】 名 ❶ 증거가 되는 문서나 서류. ◆ 证件，证明材料。¶대리인이 대리권의 범위를 넘어 증권을 작성하는 것은 불법이다. =代理人逾越代理权限制做证件是非法的。❷ 재산상의 권리와 의무에 관한 사항을 기재한 서면. 유가 증권과 증거 증권이 있다. ◆ 证券。¶증권회사. =证券公司。

증기(蒸氣/烝氣) 【명사】 수증기(기체 상태로 되어 있는 물). ◆ 名水蒸汽，蒸汽。

증대(增大) 【명사】 양이 많아지거나 규모가 커짐. 또는 양을 늘리거나 규모를 크게 함. ◆ 名增大，增加，增多，增长。¶소득 증대. =收入增加。● 증대되다(增大--), 증대하다(增大--) ●

증류(蒸溜/烝溜) 【명사】 액체를 가열하여 생긴 기체를 냉각하여 다시 액체로 만드는 일. ◆ 名 蒸馏。¶휘발성의 차이를 이용해 액체를 분리하는 방법이 증류이다. =利用不同液体挥发性的差别对液体进行分离的方法就是蒸馏。● 증류하다(蒸溜/烝溜--) ●

증류수(蒸溜水) 【명사】 자연수를 증류하여 불순물을 제거한 물. 무색투명하고 무미·무취하며, 화학 실험, 의약품 따위에 쓰인다. ◆ 名蒸馏水。

증명(證明) 【명사】 名 ❶ 어떤 사항이나 판단 따위에 대하여 그것이 진실인지 아닌지 증거를 들어서 밝힘. ◆ 证明，证实。¶네 말이 사실인 지 증명을 할 수 있어? =你能证明自己说的是真的吗? ❷ '증명서(證明書)'를 줄여 이르는 말. ◆ 证书，证明，¶세무서에서 세금 납입 증명을 떼다. =在税务局开纳税证明。● 증명되다(證明--), 증명하다(證明--) ●

증명서(證明書) 【명사】 어떤 사실을 증명하는 문서. ◆ 名证书，证明，证明书。

증발(蒸發/烝發) 【명사】 名 ❶ 어떤 물질이 액체 상태에서 기체 상태로 변함. 또는 그런 현상. ◆ 蒸发。¶수분 증발. =水分蒸发。❷ 사람이나 물건이 갑자기 사라져 행방을 알지 못하게 됨을 속되게 이르는 말. ◆ 人间蒸发，失踪。¶아무 이유 없이 그가 증발을 했다는 사실은 믿기 어렵다. =他无缘无故地人间

蒸发了，真让人匪夷所思。● 증발되다(蒸發/烝發--), 증발하다(蒸發/烝發--) ●

증보(增補)【명사】출판된 책이나 글 따위에서 모자란 내용을 더 보태고 기움. ◆图增补。¶이 책은 개정판에서 미진한 자료를 보태어 증보를 했다. =这本书在修订版中增补了详尽的资料。● 증보하다(增補--) ●

증산(增産)【명사】생산이 늚. 또는 생산을 늘림. ◆图增产。¶식량 증산 계획. =粮食增产计划。● 증산되다(增産--), 증산하다(增産--) ●

증상(症狀)【명사】증세. 병을 앓을 때 나타나는 여러 가지 상태나 모양. ◆图症状，病情。¶그 병은 온몸에 빨간 반점이 생기는 증상을 보인다. =那种病会出现全身布满红斑的症状。

증서(證書)【명사】권리나 의무, 사실 따위를 증명하는 문서. ◆图证，证书，单据，凭据。¶채무 증서. =债务凭据。

증세(症勢)【명사】병을 앓을 때 나타나는 여러 가지 상태나 모양. ◆图症状，病情，病况。¶병의 증세가 악화되다. =病情恶化。

증손(曾孫)【명사】증손자. 손자의 아들. 또는 아들의 손자. ◆图曾孙，重孙。● 증손자 ●

증손녀(曾孫女)【명사】손자의 딸. 또는 아들의 손녀. ◆图曾孙女，重孙女。

증시(證市)【명사】'증권 시장(증권의 발행·매매·유통 따위가 이루어지는 시장)'을 줄여 이르는 말. ◆图 股票市场，股市。

증식(增殖)【명사】늘어서 많아짐. 또는 늘려서 많게 함. ◆图增加，增多。¶농가에서 가축의 개량과 증식에 힘쓰다. =农户致力于家畜的改良和增加。● 증식되다(增殖--), 증식하다(增殖--) ●

증액(增額)【명사】액수를 늘림. 또는 그 액수. ◆图增额；增加。¶전기차 보조금 증액을 요구하다. =要求增加电动汽车补贴。● 증액되다(增額--), 증액하다(增額--) ●

증언(證言)【명사】어떤 사실을 증명함. 또는 그런 말. ◆图证言，证词。¶증인의 생생한 증언을 듣다. =听取证人生动的证词。● 증언하다(證言--) ●

증오(憎惡)【명사】아주 사무치게 미워함. 또는 그런 마음. ◆图憎恶，憎恨。¶싸움이 있은 후 그는 나의 증오의 대상이 되었다. =打过架之后，他成了我憎恨的对象。● 증오하다(憎惡--) ●

증오심(憎惡心)【명사】사무치게 미워하는 마음. ◆ 图憎恶(之心)，憎恨(之心)。¶증오심이 불타다. =满怀憎恶之心。

증원(增員)【명사】사람 수를 늘림. 또는 그 사람 수. ◆图增员，增加(人员)。¶증원을 동결한다. =中断增员计划。● 증원되다(增員--), 증원하다(增員--) ●

증인(證人)【명사】어떤 사실을 증명하는 사람. ◆图证人，见证人。

증자(增資)【명사】자본 증가. 주식회사나 유한 회사가 사업 확장과 운전 자금의 보충을 위하여 자본금을 늘리는 일. ◆图增加资本，追加投资。¶시설 확장을 위해서는 2억 원의 자본 증자가 필요하다. =为了扩大设施建设，需要两亿韩元的追加投资。● 증자되다(增資--), 증자하다(增資--) ●

증정(贈呈)【명사】어떤 물건 따위를 성의 표시나 축하 인사로 줌. ◆图赠送，赠给。¶기념품 증정. =赠送纪念品。● 증정되다(贈呈--), 증정하다(贈呈--) ●

증조모(曾祖母)【명사】증조할머니(아버지의 할머니. 또는 할아버지의 어머니를 이르는 말). ◆图曾祖母，太祖母。● 증조할머니 ●

증조부(曾祖父)【명사】증조할아버지(아버지의 할아버지. 또는 할아버지의 아버지를 이르는 말). ◆图曾祖，曾祖父，太祖父。● 증조하라버지 ●

증진(增進)【명사】기운이나 세력 따위가 점점 더 늘어 가고 나아감. ◆图增进，提高。¶양국의 우호 증진과 상호 협력 방안을 논의하기 위한 회담이 개최되었다. =召开旨在讨论促进两国友好关系和相互合作方案的会谈。● 증진되다(增進--), 증진하다(增進--) ●

증축(增築)【명사】이미 지어져 있는 건축물에 덧붙여 더 늘리어 지음. ◆图增建，扩建。¶증축 공사. =扩建工程。● 증축되다(增築--), 증축하다(增築--) ●

증폭(增幅)【명사】图 ❶ 사물의 범위가 늘어나 커짐. 또는 사물의 범위를 넓혀 크게 함. ◆ 放大，扩大，增大(幅度)。¶갈등 증폭. =矛盾扩大。❷ 라디오 따위에서 전압, 전류의 진폭이 늘어 감도(感度)가 좋아지거나 진폭을 늘여 감도를 좋게 함. 또는 그 일. ◆ 电压、电流等的增幅。¶이 전류 증폭기는 1000볼트까지 증폭이 가능하다. =这部电流放大器能够将电流放大到1000伏。● 증폭되다(增幅--), 증폭하다(增幅--) ●

증표(證票)【명사】증명이나 증거가 될 만한 표. ◆图标记，证物，信物，象征。¶사랑의 증표. =爱的象征。

증후(證候)【명사】증거가 될 만한 기미. ◆图征候，迹象。¶수사를 진척시킬 증후가 나타나다. =出现调查有所进展的迹象。

증후군(症候群)【명사】몇 가지 증후가 늘 함께 나타나지만, 그 원인이 명확하지 아니하거나 단일하지 아니한 병적인 증상들을 통틀어 이르는 말. ◆图 症候群，综合症。¶만성 피로 증후군. =慢性疲劳症候群。

지[1]【의존 명사】어떤 일이 있었던 때로부터 지금까지의 동안을 나타내는 말. ◆依名 (用于"ㄴ지/은지"的形式)表示时间段，包含"以后、之后"的意思。¶그를 만난 지도 꽤 오래되었다. =认识他也已经很久了。

-지[2]【어미】词尾 ❶ 그 움직임이나 상태를 부정하거나 금지하려 할 때 쓰이는 연결 어미. '않다', '못하다', '말다' 따위가 뒤따른다. ◆ 后面与"못하다""않다""말다"等搭配，表示对动作或状态的否定或禁止的连接词尾。¶좋지 못하다. =不好。❷ 상반되는 사실을 서로 대조적으로 나타내는 연결 어미. ◆ 表示

反意的终结词尾。¶고래는 포유류지 어류가 아니다. =鲸鱼是哺乳类，不是鱼类。

지각[1](遲刻)【명사】정해진 시각보다 늦게 출근하거나 등교함. ◆名迟到，晚到。¶출근 시간에 지하철 고장으로 직장인들의 지각 사태가 벌어졌다. =地铁在上班时间出现故障，导致许多上班族迟到了。● 지각하다(遲刻--) ●

지각[2](知覺)【명사】名 ❶ 감각 기관을 통하여 대상을 인식함. 또는 그런 작용. 그 작용의 결과로 지각체가 형성된다. ◆ 感知，感觉，辨别。¶지각 능력. =感知能力。❷ 사물의 이치나 도리를 분별하는 능력. ◆ 明白(事理)，懂(事理)。¶조금이라도 지각이 있는 사람이라면 그런 못된 일을 하지 않았을 거야. =稍微明白点事理的人，都不会做那种坏事的。● 지각되다(知覺--), 지각하다(知覺--) ●

지갑(紙匣)【명사】돈, 증명서 따위를 넣을 수 있도록 가죽이나 헝겊 따위로 쌈지처럼 만든 자그마한 물건. ◆名钱包，钱袋。¶동전 지갑. =硬币钱包。

지게【명사】나무로 등에 짐을 질 수 있도록 만든 한국 고유의 운반 도구. ◆名背架。¶지게를 지다. =背背架。

지게차(--車)【명사】차의 앞부분에 두 개의 길쭉한 철판이 나와 있어 짐을 싣고 위아래로 움직여서 짐을 나르는 차. ◆名铲车。

지겹다【형용사】넌더리가 날 정도로 지루하고 싫다. ◆ 形 (令人)厌烦，(令人)厌倦。¶지겨운 겨울밤. =漫长而无聊的冬夜。

지경(地境)【의존 명사】'경우'나 '형편', '정도'의 뜻을 나타내는 말. ◆ 依名 (用于冠形词或者词尾"은""는""을"之后)境地，地步，状况。¶어쩌다 이 지경이 될 때까지 있었느냐? =为何听之任之，弄到了这个地步?

지고하다(至高--)【명사】생각이나 뜻이나 가치 등이 더할 수 없이 높고 훌륭하다. ◆名至高，至上，至高无上。¶지고한 가치. =至高无上的价值。

지구[1](地球)【명사】태양에서 셋째로 가까운 행성. 인류가 사는 천체로, 달을 위성으로 가진다. 자전 주기는 약 24시간, 공전 주기는 약 365일이다. ◆名 地球。

지구[2](地區)【명사】名 ❶ 일정한 기준에 따라 여럿으로 나눈 땅의 한 구획. ◆ 按一定标准划分的土地区域。¶북부 지구. =北部地区。❷ 일정한 목적 때문에 특별히 지정된 지역. ◆ 按一定目的特别指定的地区。¶농공 지구. =农业区与工业区。

지구력(持久力)【명사】어떤 일을 오래하거나 버티는 힘. ◆名耐力，持久力。¶지구력을 기르다. =培养耐力。

지구본(地球本)【명사】지구의 모양을 본떠 만든 모형. ◆名世界地图。

지구의(地球儀)【명사】지구를 본떠 만든 모형. ◆名地球仪。

지구촌(地球村)【명사】지구 전체를 한 마을처럼 여겨 이르는 말. ◆名地球村。¶빠른 통신 수단의 발달은 전 세계를 하나의 지구촌으로 연결해 놓았다. =高速通讯手段的发达把全世界连接成了一个地球村。

지그시【부사】副 ❶ 슬며시 힘을 주는 모양. ◆ 悄悄地，轻轻地，缓缓地。¶입술을 지그시 깨물다. =轻轻地咬住嘴唇。❷ 조용히 참고 견디는 모양. ◆ 强忍地，耐心地。¶아픔을 지그시 참다. =强忍疼痛。

지그재그(zigzag)【명사】줄이 곧바르지 않고 번갈아 좌우로 꺾인 모양. ◆ 名 "之" 字形，锯齿形。¶그는 술에 취해 지그재그로 걸었다. =他喝醉了，走路走成了之字形。

지극하다(至極--)【형용사】더할 수 없이 극진하다. ◆形极其，非常，极为。¶그는 부모님 모시는 일에 지극한 정성을 보였다. =他侍奉父母极为精心。● 지극히(至極-) ●

지근지근【부사】副 ❶ 성가실 정도로 은근히 자꾸 귀찮게 구는 모양. ◆ 纠缠的样子，纠缠不休的样子。¶아이가 장난감을 사 달라고 지근지근 엄마에게 보챈다. =孩子不停地纠缠妈妈，让她给买玩具。❷ 가볍게 자꾸 누르거나 밟는 모양. ◆ 轻轻摁碎的样子，轻轻压碎的样子。¶그는 진흙 발로 꽃밭을 지근지근 밟았다. =他的满是泥巴的脚轻轻踩过花丛。❸ 가볍게 자꾸 지그시 씹는 모양. ◆ 细嚼貌。¶그는 칡뿌리를 지근지근 씹어 보았다. =他细细嚼了嚼葛藤根。

지글거리다【동사】적은 양의 액체나 기름 따위가 걸쭉하게 잦아들면서 자꾸 세게 끓다. ◆ 动咕嘟咕嘟。¶김치찌개가 냄비에서 지글거리다. =泡菜汤在锅里咕嘟咕嘟响。● 지글대다 ●

지글지글【부사】적은 양의 액체나 기름 따위가 걸쭉하게 잦아들면서 자꾸 세게 끓는 소리. 또는 그 모양. ◆ 副噗噗地，咕嘟咕嘟地，噗嘟噗嘟地。¶찌개가 지글지글 끓는다. =汤咕嘟咕嘟地沸腾着。● 지글지글하다 ●

지금(只今)【명사】말하는 바로 이때. ◆名现在，目前，眼下。¶그런 중요한 일을 왜 지금에서야 말을 하느냐? =那么重要的事情怎么到现在才说?

지금껏(只今-)【부사】말하는 바로 이때에 이르기까지 내내. ◆ 副至今，直到现在，到现在为止。¶이런 일은 지금껏 듣지도 보지도 못했다. =直到现在，这样的事情还见所未见、闻所未闻。

지급(支給)【명사】名 ❶ 돈이나 물품 따위를 정하여진 몫만큼 내줌. ◆ 发，发给。¶위문품 지급. =发慰问品。❷ 채무를 변제하기 위하여 금전이나 어음 따위를 채권자에게 줌. ◆ 支付。¶이자 지급. =支付利息。● 지급되다(支給--), 지급하다(支給--) ●

지긋지긋하다【형용사】진저리가 나도록 몹시 싫고 괴롭다. ◆ 形厌烦，厌倦，厌恶。¶나는 가난이 지긋지긋하다. =我厌倦了贫穷。

지긋하다【형용사】形 ❶ 나이가 비교적 많아 듬직하다. ◆ 上了岁数，上了年纪。¶나이가 지긋하다. =上了年纪。❷ 참을성 있게 끈지다. ◆ 耐心。¶어린아이가 지긋하게 앉아 있다. =小孩耐心地坐着。● 지긋이 ●

지기(知己)【명사】지기지우. 자기의 속마음을 참되게 알아주는 친구. ◆ 名知己，知音。¶막역한 지기. =莫逆之交。

지껄이다【동사】动 ❶ 약간 큰 소리로 떠들썩하게 이야기하다. ◆ 喧哗，吵闹，吵吵嚷嚷。¶밖에서 웅성대며 지껄이는 소리가 들려왔다. =外面传来吵吵嚷嚷、闹闹哄哄的声音。❷ '말하다'를 낮잡아 이르는 말. ◆ 俚 "말하다(说话)"的贬称。¶욕설을 지껄이다. =骂人。

지끈거리다【동사】머리가 자꾸 쑤시듯 아프다. '지근거리다'보다 센 느낌을 준다. ◆ 动刺痛，钻心地疼 ¶허리가 지끈거려서 움직일 수가 없다. =腰钻心地疼，动弹不得。● 지끈대다 ●

지끈지끈【부사】머리가 자꾸 쑤시듯 아픈 모양. '지근지근'보다 센 느낌을 준다. ◆ 副刺痛的样子，钻心地(疼)。¶머리가 지끈지끈 아프다. =头钻心地疼。● 지끈지끈하다 ●

지나가다【동사】动 ❶ 시간이 흘러가서 그 시기에서 벗어나다. ◆ 过去。¶하루가 후딱 지나가 버렸다. =一天忽地一下就过去了。❷ 일, 위험, 행사 따위가 끝나다. ◆ 过去，度过，结束。¶무사히 지나가서 다행이다. =能安然度过真是万幸。❸ 말 따위를 별다른 의미 없이 하다. ◆ (主要用于"지나가는"的形式)随便，顺便，不经意。¶지나가는 말처럼 중얼거리다. =不经意地嘀咕。❹ 어디를 거치거나 통과하여 가다. ◆ 经过，通过，路过，走过。¶이 항공기는 태국 영공으로 지나간다. =这架飞机通过泰国领空。❺ 어떤 사람이나 사물과 같은 대상물의 주위를 지나쳐 가다. ◆ 经过，通过。¶소방차 한 대가 집 앞으로 지나갔다. =一辆消防车从房前经过。❻ 어떤 표정이나 예감, 생각 따위가 머리를 스쳐 가다. ◆ 掠过，闪过，闪现。¶불길한 예감이 갑자기 머리에 지나갔다. =脑中突然闪过不祥的预感。

지나다【동사】动 ❶ 시간이 흘러 그 시기에서 벗어나다. ◆ 过去。¶그가 떠난 지 일주일이 지났다. =他离开一个星期了。❷ 어떤 한도나 정도가 벗어나거나 넘다. ◆ 超过。¶기한이 지나다. =过期。❸ 어디를 거치어 가거나 오거나 하다. ◆ 经过，通过，路过，走过。¶전철은 막 한강 위를 지나고 있었다. =地铁正经过汉江上方。❹ 어떤 시기나 한도를 넘다. ◆ 过，超过。¶자동차가 제한 속도를 지나서 달리고 있다. =汽车正在超速行驶。❺ 어떤 일을 그냥 넘겨 버리다.◆ 放过，忽视。¶그는 그녀의 말을 무심결에 그냥 지나 버렸다. =他无意中忽视了她的话。❻ 어떠한 상태나 정도를 넘어서다. ◆ (主要用于"지나지 않다"的形式)不过，仅仅，只不过。¶무대를 매운 관객이 10명에 지나지 않았다. =舞台上仅有十名观众。

지나다니다【동사】어디를 거쳐서 가고 오고하다. ◆ 动穿行，来往。¶시장을 지나다니는 행인. =市场上来往的行人。

지나치다【형용사】일정한 한도를 넘어 정도가 심하다. ◆ 形过度，过分，过于。¶신중함이 지나치다. =过于慎重。

지나치다【동사】动 ❶ 어떤 곳을 머무르거나 들르지 않고 지나가거나 지나오다. ◆ 经过，通过，路过，走过。¶그는 매일 가던 단골집을 오늘은 그냥 지나쳤다. =他今天经过每天光顾的店铺，径直走开了。❷ 어떤 일이나 현상을 문제 삼거나 관심을 가지지 아니하고 그냥 넘기다. ◆ 放过，忽视，无视。¶오늘 일은 그냥 지나칠 수 없다. =今天的事情不能就这么算了。

지난날【명사】지나온 과거의 날. 또는 그런 날의 행적. ◆ 名过去，往日，以往，昔日。¶지난날의 추억. =昔日的回忆。

지난달【명사】이 달의 바로 앞의 달. ◆ 名上月，上个月，前一个月。

지난번(--番)【명사】말하는 때 이전의 지나간 차례나 때. ◆ 名上次，前次，上回。¶지난번 바둑은 내가 졌지만 이번엔 꼭 이기겠다. =上次下围棋是我输了，但这一次我一定会赢。

지난주(--週)【명사】이 주의 바로 앞의 주. ◆ 名上周，上星期，上礼拜。¶지난주 금요일에 우리 만났었죠. =上星期五我们见过面吧。

지난해【명사】이해의 바로 앞의 해. ◆ 名去年，上年。

지남철(指南鐵)【명사】자석. 쇠를 끌어당기는 자기를 띤 물체. ◆ 名磁铁；指南针。

지내다【동사】动 ❶ ['-게' 대신에 부사 또는 부사어가 쓰일 수 있다] 사람이 어떤 장소에서 생활을 하면서 시간이 지나가는 상태가 되게 하다. ◆ 度日，生活，过日子。¶그동안 어떻게 지내셨습니까? =这段时间过得怎么样? ❷ 서로 사귀어 오다. ◆ 相处，结交，交往。¶나는 그와 화목하게 지낸다. =我与他相处融洽。❸ 과거에 어떤 직책을 맡아 일하다. ◆ 做，任，当，干，从事。¶장관을 지낸 사람. =做过部长的人。❹ 혼인이나 제사 따위의 관혼상제 같은 어떤 의식을 치르다. ◆ 过，办，举行。¶제사를 지내다. =举行祭祀。❺ 계절, 절기, 방학, 휴가 따위의 일정한 시간을 보내다. ◆ 度过。¶아이들은 휴양지에서 여름 방학을 지내기를 소원하였다. =孩子们盼望能在休养地过暑假。

지네【명사】지네강의 절지동물을 통틀어 이르는 말. 몸은 가늘고 길며, 여러 마디로 이루어져 그 마디마다 한 쌍의 발이 있다. ◆ 名 蜈蚣。

지느러미【명사】물고기 또는 물에 사는 포유류가 몸의 균형을 유지하거나 헤엄치는 데 쓰는 기관. 등, 배, 가슴, 꼬리 따위에 붙어 있다. ◆ 名 鳍。

지능(知能)【명사】계산이나 문장 작성 따위의 지적 작업에서, 성취 정도에 따라 정하여지는 적응 능력. 지능 지수 따위로 수치화할 수 있다. ◆ 名智力，智能。¶지능이 높다. =智力高。

지능 지수(知能指數)【명사】지능 검사의 결과로 지능의 정도를 하나의 수치로 나타낸 것. ◆ 名智商。

지니다【동사】动 ❶ 몸에 간직하여 가지다. ◆ 带，戴，携带。¶그는 친구가 준 목걸이를 늘 몸에 지니고 다닌다. =他总是戴着朋友送的项链。❷ 기억하여 잊지 않고 새겨 두다. ◆ 铭记。¶그는 첫사랑의 추억을 평생 동안 가슴속에 지니고 살았다. =他在心

中将初恋的记忆珍藏了一辈子。❸ 바탕으로 갖추고 있다. ◆ 有，具有，拥有。¶착한 성품을 지닌 사람. =拥有善良秉性的人。

지다[1]【동사】내기나 시합, 싸움 따위에서 재주나 힘을 겨루어 상대에게 꺾이다. ◆ 动输，败，告负，打败。¶전쟁에 지다. =战败了。

지다[2]【동사】动 ❶ 해나 달이 서쪽으로 넘어가다. ◆ (日、月)落，落山。¶해가 지다. =日落。❷ 꽃이나 잎 따위가 시들어 떨어지다. ◆ 枯萎，凋谢。¶꽃이 지다. =花谢了。❸ 묻었거나 붙어 있던 것이 닦이거나 씻겨 없어지다. ◆ 消失，洗掉，擦掉，去掉。¶옷에 묻은 얼룩이 잘 안 진다. =衣服上沾的斑点不容易洗掉。

지다[3]【동사】动 ❶ 물건을 짊어서 등에 얹다. ◆ 背，负，驮，担。¶배낭을 등에 지다. =把背包背在背上。❷ 무엇을 뒤쪽에 두다. ◆ 背，背向，背靠。¶해를 지고 걷다. =驮着太阳走。❸ 신세나 은혜를 입다. ◆ 蒙受。¶선생님께 하해와 같은 은혜를 지었다. =蒙受似海师恩。❹ 책임이나 의무를 맡다. ◆ 负，担负。¶당신은 당신이 한 말에 책임을 져야 합니다. =你必须对你所说的话负责。

지다[4]【보조 동사】助动 ❶ 남의 힘에 의하여 앞말이 뜻하는 행동을 입음을 나타내는 말. ◆ (以"-어지다"的形式用在动词后) 表示被动。¶옷이 찢어지다. =衣服被撕破。❷ 앞말이 뜻하는 대로 하게 됨을 나타내는 말. ◆ (以"-어지다"的形式用在动词后) 表示照该动作去做。¶그 사람의 말이 사실인 것처럼 믿어진다. =觉得那个人的话像是真的。❸ 앞말이 뜻하는 상태로 됨을 나타내는 말. ◆ (以"-어지다"的形式用在形容词后) 表示呈现出前面提及的状态。¶술을 한 잔 마셨더니 얼굴이 붉어졌다. =一杯酒下肚，脸红了。

지다[5]【동사】动 ❶ 어떤 현상이 이루어지다.◆ 形成，产生，出现。¶나무 아래에 그늘이 지다. =绿树成荫。❷ 어떤 상태가 이루어지다. ◆ 起，形成，产生，出现。¶치마에 주름이 지다. =裙子起皱。❸ 어떤 좋지 아니한 관계가 되다. ◆ 表示结成不好的关系。¶나와 무슨 원수가 졌다고 이렇게 못살게 구는가? =跟我结了什么仇，要这么跟我过不去?

지당하다(至當--)【형용사】이치에 맞고 지극히 당연하다. ◆ 形十分妥当，十分得当，非常正确。¶지당한 처사. =处事十分得当。

지대(地帶)【명사】자연적, 또는 인위적으로 한정된 일정 구역. ◆ 名地带，地区，地势。¶이 마을은 지대가 낮아서 장마 때면 늘 침수가 된다. =这个村庄地势很低，一到雨季，就会被淹。

지대하다(至大--)【형용사】더할 수 없이 크다. ◆ 形极大，最大。¶지대한 공적. =最大的功绩。

지도[1]**(地圖)**【명사】지구 표면의 상태를 일정한 비율로 줄여, 이를 약속된 기호로 평면에 나타낸 그림. ◆ 名地图。

지도[2]**(指導)**【명사】어떤 목적이나 방향으로 남을 가르쳐 이끎. ◆ 名指导，辅导。¶학생의 지도를 맡다. =负责指导学生。● 지도하다(指導--) ●

지도력(指導力)【명사】어떤 목적이나 방향으로 남을 가르쳐 이끌 수 있는 능력. ◆ 名指导能力；领导能力。¶지도력을 상실하다. =丧失领导能力。

지도자(指導者)【명사】남을 가르쳐 이끄는 사람. ◆ 名领导，领导人。¶그는 실력과 덕망을 모두 갖추고 있어서 우리 조직의 지도자로 적합하다. =他既有实力又有威望，适合做我们组织的领导人。

지독하다(至毒--)【형용사】形 ❶ 마음이 매우 앙칼지고 모질다. ◆ 狠毒，恶毒，歹毒，毒辣。¶그는 지독한 구두쇠이다. =他是个狠毒的守财奴。❷ 맛이나 냄새 따위가 해롭거나 참기 어려울 정도로 심하다. ◆ (味道、气味等达到难以忍受的程度)极其，厉害。¶지독하게 맵다. =极辣。❸ 날씨나 기온 따위가 일정한 한계를 넘다. ◆ (天气、气温等超出一定的限度)极其，极度。¶지독하게 무더운 날씨. =极其炎热的天气。❹병 따위가 더할 수 없을 정도로 심하다.◆ 严重，厉害。¶지독한 몸살을 앓다. =严重的病痛。● 지독히(至毒-) ●

지동설(地動說)【명사】지구는 자전하면서 태양의 주위를 돈다는 설. ◆ 名地动说，日心说。

지라【명사】척추동물의 림프 계통 기관. 위(胃)의 왼쪽이나 뒤쪽에 있으며, 오래된 적혈구나 혈소판을 파괴하거나 림프구를 만들어 내는 작용을 한다. ◆ 名脾脏。

지랄【명사】名 ❶ 마구 법석을 떨며 분별없이 하는 행동을 속되게 이르는 말. ◆ 发疯，发狂，撒野，胡闹。¶지랄을 떨고 있네. =撒起野来了啊。❷ 지랄병('간질(癎疾)'을 속되게 이르는 말). ◆ 癫痫，羊癫风。¶지랄이 발작하다. =癫痫发作。● 지랄하다 ●

지략(智略)【명사】어떤 일이나 문제든지 명철하게 포착하고 분석, 평가하며 해결 대책을 능숙하게 세우는 뛰어난 슬기와 계략. ◆ 名智谋，谋略。¶그는 탁월한 지략을 가진 감독이다. =他是一位足智多谋的教练。

지렁이【명사】주로 축축한 흙 속에 사는 가늘고 긴 원통형의 동물. ◆ 名 蚯蚓。

지레【부사】어떤 일이 일어나기 전 또는 어떤 기회나 때가 무르익기 전에 미리. ◆ 副事先，提前，提早，预先。¶그는 경찰차를 보고 지레 놀라 달아났다. =看到警车，他提早惊惶地逃走了。

지레짐작(--斟酌)【명사】어떤 일이 일어나기 전 또는 어떤 기회나 때가 무르익기 전에 확실하지 않은 것을 성급하게 미리 하는 짐작. ◆ 名猜测，推测，揣度。¶사람의 속마음을 지레짐작으로 판단하지 마라. =不要根据推测判断人心。● 지레짐작하다(--斟酌--) ●

지렛대【명사】名 ❶ 무거운 물건을 움직이는 데에 쓰는 막대기. ◆ 杠杆，撬棍。¶바위를 지렛대로 옮기다. =使用撬棍挪动石头。❷ 어떤 목적을 실현할 수 있도록 하는 수단이나 힘을 비유적으로 이르는 말. ◆〈喻〉杠杆，实现某目标的手段。¶위기 극복의 지렛대로 삼다. =当作克服危机的手段。

지령(指令)【명사】단체 따위에서 상부로부터 하부 또는 소속원에게 그 활동 방침에 대하여 명령을 내림. 또는 그 명령. ◆ 名指令，命令。¶즉각 철수하라는 지령이 떨어졌다. =下达了立即撤退的指令。

지로(giro)【명사】은행 따위의 금융권에서, 돈을 보내는 사람의 부탁을 받아 돈을 받을 일정한 번호의 개인이나 단체의 예금 계좌에 돈을 넣어 주는 방식. ◆ 名直接转账。¶공과금을 지로로 납부하다. =通过直接转账缴纳税费。

지루하다【형용사】시간이 오래 걸리거나 같은 상태가 오래 계속되어 따분하고 싫증이 나다. ◆ 形厌烦，烦人。¶밤은 무덥고 지루했다. =夜晚闷热而漫长。

지류(支流)【명사】名 ❶ 강의 원줄기로 흘러들거나 원줄기에서 갈려 나온 물줄기. ◆ 支流。¶강의 지류. =江河的支流。❷ 분파(分派). 학설이나 정당 따위의 주류에서 갈라져 나와 한 파를 이룸. 또는 그렇게 이룬 파. ◆ 分派，分支，流派。¶유교 사상은 여러 지류로 나누어져 있다. =儒教思想分为多个宗派。

지르다¹【동사】动 ❶ 지름길로 가깝게 가다. ◆ 抄(近路)，走(捷径)。¶이 길로 들판을 질러 지름길로 가면 훨씬 빠를 것이다. =顺着这条路穿过田野，抄近路会快很多。❷ 식물의 곁순 따위를 자르다. ◆ 掰，掐，剪。¶곁가지를 지르다. =掰枝杈。

지르다²【동사】动 ❶ 팔다리나 막대기 따위를 내뻗치어 대상물을 힘껏 건드리다. ◆ 捶，踢；捅，刺，戳。¶한 아이가 골문을 향해 공을 힘차게 지른다. =一个孩子朝着球门使劲踢球。❷ 냄새가 갑자기 후각을 자극하다. ◆ 刺鼻，扑鼻。¶구린내가 코를 지른다. =臭味刺鼻。❸ 도박이나 내기에서, 돈이나 물건 따위를 걸다. ◆ 下(赌注)。¶판돈을 지르다. =下赌注。

지르다³【동사】목청을 높여 소리를 크게 내다. ◆ 动叫喊，喊叫。¶비명을 지르다. =惨叫。

지름【명사】원이나 구 따위에서, 중심을 지나는 직선으로 그 둘레 위의 두 점을 이은 선분. ◆ 名直径。

지름길【명사】名 ❶ 멀리 돌지 않고 가깝게 질러 통하는 길. ◆ 捷径，近道，近路，小路。¶지름길로 가다. =走小路。❷ 가장 쉽고 빠른 방법을 비유적으로 이르는 말. ◆〈喻〉捷径。¶출세의 지름길. =发迹的捷径。

지리(地理)【명사】名 ❶ 어떤 곳의 지형이나 길 따위의 형편. ◆ 地形，地势，地理。¶지리에 밝다. =熟悉地理。❷ 지구 상의 기후, 생물, 자연, 도시, 교통, 주민, 산업 따위의 상태. ◆ 地理。¶지리 조건. =地理条件。❸ '지리학(地理學)(지표상에서 일어나는 자연 및 인문 현상을 지역적 관점에서 연구하는 학문)'을 줄여 이르는 말. ◆ 地理学。¶그는 지리에 소질이 있다. =他在地理学方面很有天赋。

지리다¹【동사】똥이나 오줌을 참지 못하고 조금 싸다. ◆ 动遗尿，遗屎。¶아이가 바지에 오줌을 지렸다. =孩子尿裤子了。

지리다²【형용사】오줌 냄새와 같거나 그런 맛이 있다. ◆ 形臊，尿臊。¶고양이 오줌은 정말 지리다. =猫尿真臊。

지리산(智異山)【명사】한국 경상남도, 전라남도, 전라북도에 걸쳐 있는 산. 최고봉인 천왕봉(天王峯)의 높이는 1,915미터. ◆ 名 智异山(位于韩国)。

지린내【명사】오줌에서 나는 것과 같은 냄새. ◆ 名臊味，尿臊味。¶지린내가 나다. =有臊味。

지망(志望)【명사】뜻을 두어 바람. 또는 그 뜻. ◆ 名志愿。¶지망을 바꾸다. =换志愿。● 지망하다(志望--) ●

지면¹(紙面)【명사】名 ❶ 종이의 겉면. ◆ 纸面。¶지면이 매끄럽다. =纸面光滑。❷ 기사나 글이 실리는 인쇄물의 면. ◆ 版面，篇幅。¶기사를 지면에 싣다. =在版面上刊登消息。

지면²(地面)【명사】땅바닥. 땅의 거죽. ◆ 名地面。¶편평한 지면. =平坦的地面。

지명¹(地名)【명사】마을이나 지방, 산천, 지역 따위의 이름. ◆ 名地名。

지명²(指名)【명사】여러 사람 가운데 누구의 이름을 지정하여 가리킴. ◆ 名指名，点名，提名。¶지명을 받다. =得到提名。● 지명되다(指名--), 지명하다(指名--) ●

지명도(知名度)【명사】세상에 이름이 널리 알려진 정도. ◆ 名知名度。¶지명도가 있는 사람. =有知名度的人。

지명 수배(指名手配)【명사】피의자가 있는 곳을 몰라서 구속 영장을 집행할 수 없을 때에, 그 사람을 지명하여 전국 또는 일정 지역의 수사 기관에 의뢰하여 잡도록 하는 일. ◆ 名 通缉。¶그는 전국에 지명 수배가 되어 있는 인물이다. =他是被全国通缉的人物。

지모(智謀)【명사】슬기로운 꾀. ◆ 名智谋。지모가 뛰어나다. =智谋超群。

지목(指目)【명사】사람이나 사물이 어떠하다고 가리켜 정함. ◆ 名指名，指定。¶친구가 갑자기 나를 지목하였다. =朋友突然指定我。● 지목되다(指目--), 지목하다(指目--) ●

지문¹(指紋)【명사】손가락 끝의 안쪽에 있는 살갗의 무늬. 또는 사물에 묻은 그것의 흔적. ◆ 名指纹。

지문²(地文)【명사】名 ❶ 주어진 내용의 글. ◆ (考试题目中引用的)引文，小短文。¶문제에 제시된 지문의 의미를 파악하다. =掌握问题中给出的引文的含义。❷ 희곡에서, 해설과 대사를 뺀 나머지 부분의 글. 인물의 동작, 표정, 심리, 말투 따위를 지시하거나 서술한다. ◆ 剧本中正文以外的表演说明，表演提示。¶희곡의 3요소는 해설과 대사와 지문이다. =剧本的三要素是解说、台词和表演说明。

지물포(紙物鋪)【명사】온갖 종이를 파는 가게. ◆ 名墙纸店，壁纸店，纸店。¶지물포에서 벽지와 장판을 샀다. =在纸店买壁纸和糊炕油纸。

지반(地盤)【명사】名 ❶ 땅의 표면. ◆ 地表，地面。¶지반이 단단하다. =地面硬。❷ 일을 이루는 기초나 근거가 될 만한 바탕. ◆ 基础，根基，根据地。

지방¹(地方)【명사】名 ❶ 어느 방면의 땅. ◆ 地方，地区。¶중부 지방. =中部地区。❷ 서울 이외의 지역. ◆ (除首都以外的)地方，地区。¶그는 지방에서 고등학교를 나왔다. =他毕业于地方高中。

지방²(脂肪)【명사】생물체에 함유되어 에너지를 공급하고, 피부 밑이나 근육이나 간 등에 저장되며 비만의 원인이 되는 물질. ◆ 图脂肪。

지방색(地方色) 【명사】 图 ❶ 어떤 지방의 자연이나 풍속, 인정 따위가 갖는 고유한 특색. ◆ 地方特色，乡土特色。¶독특한 지방색을 띤 풍속. =具有独特地方特色的风俗。❷ 같은 지방 출신의 사람들끼리 동아리를 지어 다른 지방 사람들을 배척하거나 비난하는 파벌적인 색채. ◆ 地方小团体色彩。¶지방색을 드러내다. =表现出地方小团体色彩。

지방 자치(地方自治) 【명사】 지방의 행정을 지방 주민이 선출한 기관을 통하여 처리하는 제도. ◆ 图地方自治。

지방질(脂肪質) 【명사】 성분이 지방으로 된 물질. ◆ 图脂肪质。¶지방질이 많은 음식. =含有大量脂肪的食物。

지배(支配) 【명사】 图 ❶ 어떤 사람이나 집단·조직·사물 등을 자기의 의사대로 복종하게 하여 다스림. ◆ 支配，统治。¶사람은 환경의 지배를 받는다. =人类受到环境的制约。❷ 외부의 요인이 사람의 생각이나 행동에 적극적으로 영향을 미침. ◆ 支配，主宰，制约，统治。● 지배되다(支配--), 지배하다(支配--) ●

지배인(支配人) 【명사】 상업 사용인의 하나. 상인을 대신하여 영업에 관한 일체의 업무를 처리하는 권한을 가진 최고 책임자를 이른다. ◆ 图经理。¶식당 지배인. =饭店经理。

지배적(支配的) 【관형사】 冠 ❶ 어떤 사람이나 집단, 조직, 사물 등을 자기의 의사대로 복종하게 하여 다스리는. 또는 그런 것. ◆ 统治的，主宰的。¶지배적 위치에 있는 사람들. =处于主宰地位的人们。❷ 매우 우세하거나 주도적인. 또는 그런 것. ◆ 统治的，主宰的，主导的。¶모임의 지배적 성향은 구성원들에게서 나온다. =聚会的主导倾向取决于各个成员。

지병(持病) 【명사】 오랫동안 잘 낫지 아니하는 병. ◆ 图痼疾，顽疾。¶지병을 앓다. =得顽疾。

지분거리다 【동사】 짓궂은 말이나 행동 따위로 자꾸 남을 귀찮게 하다. ◆ 动纠缠，撩逗。¶아이가 지분거리는 친구 때문에 학교에 가기 싫다고 말한다. =孩子说因为纠缠不休的朋友都不想去学校了。● 지분대다 ●

지불(支拂) 【명사】 돈을 내어 줌. 또는 값을 치름. ◆ 图支付，付给。¶임지불 기한. =支付期限。● 지불되다(支拂--), 지불하다(支拂--) ●

지붕 【명사】 图 ❶ 집의 맨 꼭대기 부분을 덮어씌우는 덮개. ◆ 屋顶，房顶。¶기와 지붕. =瓦屋顶。❷ 어떤 물체의 위를 덮는 물건. ◆ 车顶。¶자동차 지붕에 눈이 잔뜩 쌓여 있다. =汽车车顶上积了厚厚的雪。

지사[1](支社) 【명사】 본사에서 갈려 나가, 본사의 관할 아래 일정한 지역에서 본사의 일을 대신 맡아 하는 곳. ◆ 图分公司，分店，分行。¶해외 지사. =海外分公司。

지사[2](志士) 【명사】 나라와 민족을 위하여 제 몸을 바쳐 일하려는 뜻을 가진 사람. ◆ 图志士。¶기개가 높은 지사. =气节高尚的志士。

지상[1](紙上) 【명사】 신문의 지면. 문의 지면. ◆ 图报刊上，杂志上。¶소설을 신문 지상에 발표하다. =在报纸上发表小说。

지상[2](至上) 【명사】 가장 높은 위. ◆ 图至上，至高无上。¶지상 과제. =至高无上的课题。

지상[3](地上) 【명사】 图 ❶ 땅의 위. ◆ 地上。¶그는 줄곧 공중에서 지상을 내려다보았다. =他一直从空中往地上俯视。❷ 이 세상. 현실 세계를 이른다. ◆ 世上，现世。¶내가 지상에 있는 한 꼭 꿈을 이루고 말겠어. =只要我活在世上，就一定要实现梦想。

지새우다 【동사】 (밤을)고스란히 새우다. ◆ 动熬夜，彻夜不眠。¶그는 긴 밤을 하얗게 지새우며 아들 소식을 기다렸다. =为了等待儿子的消息，他彻夜不眠，直到天亮。

지석(誌石) 【명사】 죽은 사람의 인적 사항이나 무덤의 소재를 기록하여 묻은 판석이나 도판. ◆ 图墓志石，墓志铭。

지성[1](至誠) 【명사】 지극한 정성. ◆ 图至诚，精诚。¶아내의 지성 어린 내조로 그는 재기했다. =在妻子的竭诚协助下，他东山再起。

지성[2](知性) 【명사】 지각된 것을 정리하고 통일하여, 이것을 바탕으로 새로운 인식을 낳게 하는 정신 작용. 넓은 뜻으로는 지각이나 직관(直觀), 오성(悟性) 따위의 지적 능력을 통틀어 이른다. ◆ 图知性，理性，理智。¶그는 사회의 양심과 지성을 대표하는 사람이다. =他是代表社会良心和理智的人。

지성껏(至誠-) 【부사】 온갖 정성을 다하여. ◆ 副诚心诚意，竭诚。¶부모를 지성껏 모시다. =诚心诚意地侍奉父母。

지세(地勢) 【명사】 땅의 생긴 모양이나 형세. ◆ 图地势。¶지세가 높다. =地势高。

지속(持續) 【명사】 어떤 상태가 오래 계속됨. 또는 어떤 상태를 오래 계속함. ◆ 图持续，继续。¶지속 가능성. =可持续性。● 지속되다(持續--), 지속하다(持續--) ●

지수(指數) 【명사】 图 ❶ 어떤 수나 문자의 오른쪽 위에 덧붙여 쓰여 그 거듭제곱을 한 횟수를 나타내는 문자나 숫자. ◆ 指数。¶지수 방정식.=指数方程。❷ 물가나 임금 따위와 같이, 해마다 변화하는 사항을 알기 쉽도록 보이기 위해 어느 해의 수량을 기준으로 잡아 100으로 하고, 그것에 대한 다른 해의 수량을 비율로 나타낸 수치. ◆ 经济指数。¶소비자 물가 지수가 오르다. =消费者物价指数上升。

지시(指示) 【명사】 图 ❶ 가리켜 보임. ◆ 指示。¶그가 지시를 하는 방향으로 고개를 돌렸다. =他向着指示的方向扭过头去。❷ 일러서 시킴. 또는 그 내용. ◆ 指示。¶지시 사항. =指示事项。● 지시되다(指示--), 지시하다(指示--) ●

지식(知識) 【명사】 어떤 대상에 대하여 배우거나 실천을 통하여 알게 된 명확한 인식이나 이해. ◆ 图知识。¶지식을 쌓다. =积累知识。

지식층(知識層) 【명사】 지적 노동에 종사하는 사회

계층, 또는 지식이나 학문, 교양을 갖춘 사람. ◆ 名知识阶层。

지아비【명사】'남편'을 예스럽게 이르는 말. ◆ 名俗丈夫。

지압(指壓)【명사】손끝으로 누르거나 두드림. ◆ 名指压。● 지압하다(指壓--) ●

지양(止揚)【명사】더 높은 단계로 오르기 위하여 어떠한 것을 하지 아니함. ◆ 名抑制，遏制。¶그들의 정치 이념은 사회 모순의 지양을 목적으로 한다. =他们的政治理念以遏制社会矛盾为目的。

지어미【명사】'아내'를 예스럽게 이르는 말. ◆ 名妻子。¶어려운 삶을 평생 살아온 지어미를 버려서는 안 된다. =不能抛弃平生吃苦受累的妻子。

지엄하다(至嚴--)【형용사】매우 엄하다. ◆ 形极其严格，非常严格。¶지엄하신 분부. =非常严格的吩咐。

지역(地域)【명사】일정하게 구획된 어느 범위의 토지. ◆ 名地域，地区，区域。¶재개발 지역. =再开发地区。

지연(地緣)【명사】출신 지역에 따라 연결된 인연. ◆ 名地缘。¶아직도 일부 회사는 혈연이나 지연을 따지는 경우가 있다. =仍有部分公司在意血缘或者地缘。

지연(遲延)【명사】무슨 일을 더디게 끌어 시간을 늦춤. 또는 시간이 늦추어짐. ◆ 名延迟，推迟，延期，拖延。¶기술 개발의 지연으로 산업 발전에 많은 차질을 빚고 있다. =技术开发延迟给产业发展带来许多负面影响。● 지연되다(遲延--), 지연하다(遲延--) ●

지열(地熱)【명사】名 ❶ 지구 안에 본디부터 있는 열. 밑으로 내려갈수록 점점 뜨거워진다. ◆ 地热。¶지열을 이용한 발전 시설. =地热发电设备。❷ 햇볕을 받아 땅 표면에서 나는 열. ◆ 地表热气。¶뜨거운 지열이 이글이글 끓어오르다. =地表热气蒸腾。

지우개【명사】名 ❶ 고무로 만든 지우개. 연필 따위로 쓴 것을 지우는 데에 쓴다. ◆ 橡皮。¶지우개가 달린 연필. =带橡皮的铅笔。❷ 주로 칠판이나 화이트보드 따위에 쓴 글씨나 그림을 문질러 지우도록 만든 도구. ◆ 擦子。¶칠판을 지우개로 깨끗이 지우다. =用黑板擦把黑板擦干净。

지우다[1]【동사】动 ❶ 쓴 글씨나 그린 그림, 흔적 따위를 지우개나 천 따위로 보이지 않게 없애다. ◆ 消除，抹除，抹去。¶마룻바닥에 묻은 얼룩을 걸레로 지웠다. =用抹布擦掉沾在地板上的污渍。❷ 생각이나 기억 따위를 의식적으로 없애거나 잊어버리다. ◆ 消除，抹除(记忆)。¶과거의 나쁜 기억을 지웠다. =抹除过去不好的记忆。

지우다[2]【동사】动 ❶ '지다'의 사동사. 물건을 등에 얹게 하다. ◆ 使背负(重物)。¶소의 등에 짐을 지우다. =用牛驮行李。❷ '지다'의 사동사. 책임이나 의무를 맡게 하다. ◆ 使背负(责任)。¶아랫사람에게 책임을 지우는 상관은 존경받지 못한다. =让手下人承担责任的上司不会受到尊敬。❸ '지다'의 사동사. 빌린 돈을 갚아야 할 의무를 갖게 하다. ◆ 使背负(债务)。¶그는 자식에게 빚만 지우고 세상을 떠났다. =他去世了，给孩子留下的只有一屁股债。

지원[1](支援)【명사】지지하여 도움. ◆ 名支援，援助。¶지원 대책. =援助措施。● 지원하다(支援--) ●

지원[2](志願)【명사】어떤 일이나 조직에 뜻을 두어 한 구성원이 되기를 바람. ◆ 名志愿。¶지원 입대. =志愿入伍。● 지원하다(志願--) ●

지위(地位)【명사】名 ❶ 개인의 사회적 신분에 따르는 위치나 자리. ◆ 地位。¶높은 지위에 오르다. =升上高位。❷ 어떤 사물이 차지하는 자리나 위치. ◆ 地势。¶집을 경관이 좋은 지위에 짓다. =在景观好的地方建房子。

지은이【명사】글을 쓰거나 문학 작품, 악곡 따위의 작품을 지은 사람. ◆ 名作者。¶이 책의 지은이가 누구지? =这本书的作者是谁?

지장[1](指章)【명사】도장을 대신하여 손가락에 인주 따위를 묻혀 그 지문(指紋)을 찍은 것. ◆ 名指印，手印。¶도장을 대신하여 지장을 찍다. =不盖图章，而是按手印。

지장[2](支障)【명사】일하는 데 거치적거리거나 방해가 되는 장애. ◆ 名障碍，阻碍。¶지장을 초래하다. =引发障碍。

지저귀다【동사】动 ❶ 새 따위가 계속하여 소리 내어 울다. ◆ 鸟类叽叽喳喳地叫。¶새들이 지저귀는 소리에 눈을 떴다. =听到鸟儿们叽叽喳喳的叫声后，睁开了眼睛。❷ 신통하지 않은 말이나 조리 없는 말을 지껄이다. ◆ 唠唠叨叨，叽叽喳喳。¶아이들은 수업 끝나는 종이 울리기만 하면 참새 떼처럼 지저귀기 시작한다. =下课钟声一响，孩子们就像一群麻雀似的开始叽叽喳喳。

지저분하다【형용사】形 ❶ 정돈이 되어 있지 아니하고 어수선하다. ◆ 杂乱无章，乱七八糟。¶방에 벗어 놓은 옷가지들이 지저분하게 널려 있다. =房里胡乱摆放着脱下来的衣服。❷ 보기 싫게 더럽다. ◆ 肮脏，龌龊。¶때가 껴 지저분한 옷. =落满灰尘的脏衣服。❸ 말이나 행동이 추잡하고 더럽다. ◆ 邋遢，不检点。¶그 남자는 사생활이 지저분하다. =该男子私生活不检点。

지적[1](指摘)【명사】꼭 집어서 가리킴. ◆ 名指明，指出，指点。¶선생님의 지적을 받은 학생이 의자에서 일어나 책을 읽었다. =被老师点名的学生从椅子上站起来读书。● 지적되다(指摘--), 지적하다(指摘--) ●

지적[2](知的)【명사】지식이나 지성에 관한. 또는 그런 것. ◆ 名知识的，知性。¶지적인 분위기. =知识氛围，知性气质。

지점[1](支店)【명사】본점에서 갈라져 나온 점포. 본점의 지휘와 명령에 따르면서도 부분적으로 독립한 기능을 가지고 있다. ◆ 名分店，分行。¶그 빵집 주인은 다른 동네에 지점을 하나 냈다. =那家面包店主人在其他小区里开了一个分店。

지점[2](地點)【명사】땅 위의 일정한 점. ◆ 名地点。¶사고 지점. =事故地点。

지점장(支店長)【명사】지점의 업무를 총괄하며 지점을 맡아 다스리는 직위. 또는 그 직위에 있는 사람. ◆ 名分店长，分行长。¶은행 지점장. =银行分行行长。

지정(指定)【명사】名 ❶ 가리키어 확실하게 정함. ◆ 指定。¶지정 좌석에 앉으시오. =请在指定座位就坐。❷ 관공서, 학교, 회사, 개인 등이 어떤 것에 특정한 자격을 줌. ◆ 指定。¶지정 병원. =指定医院。● 지정되다(指定--), 지정하다(指定--) ●

지조(志操)【명사】원칙과 신념을 굽히지 아니하고 끝까지 지켜 나가는 꿋꿋한 의지. 또는 그런 기개. ◆ 名节操，操守，气节。¶지조가 굳다. =节操坚定。

지주¹(支柱)【명사】名 ❶ 어떠한 물건이 쓰러지지 아니하도록 버티어 괴는 기둥. ◆ 支柱。¶뿌리가 약한 나무에 지주를 세우다. =立起柱子来支撑根系不发达的树。❷ 정신적 사상적으로 의지할 수 있는 근거나 힘을 비유적으로 이르는 말. ◆ 支柱。¶정신적 지주. =精神支柱。

지주²(地主)【명사】토지의 소유자. ◆ 名地主。

지중해(地中海)【명사】대륙과 대륙 사이에 낀 바다. 북극해, 홍해 따위를 이른다. ◆ 名 陆间海。

지지(支持)【명사】名 ❶ 어떤 사람이나 단체 따위의 주의 정책 의견 따위에 찬동하여 이를 위하여 힘을 쓰다. ◆ 支持，扶持，赞助。¶지지를 호소하다. =呼吁支持。❷ 붙들어서 버티게 함. ◆ 支撑。¶기와 지붕은 무게가 많이 나가기 때문에 튼튼한 지지 구조물이 필요하다. =瓦片和屋顶很重，需要坚实的支撑。● 지지하다(支持--) ●

지지다【동사】动 ❶ 국물을 조금 붓고 끓여서 익히다. ◆ 熬，炖。¶생선을 지지다. =炖鱼。❷ 불에 달군 판에 기름을 바르고 전 따위를 부쳐 익히다. ◆ 煎。¶명절이면 전을 지지고 떡을 쪄 음식을 장만했다. =每到过节，都要做饼和打糕，准备食物。❸ 불에 달군 물건을 다른 물체에 대어 약간 태우거나 눋게 하다. ◆ 烙，烫，熨。¶머리를 지지다. =烫发。❹ 열을 내는 것에 대어 찜질을 하다. ◆ 暖。¶온돌방에 몸을 지지다. =在地暖屋里暖身子。

지지리【부사】[주로 부정적인 뜻을 나타내는 말과 함께 쓰여] '아주 몹시' 또는 '지긋지긋하게'의 뜻을 나타내는 말. ◆ 副非常，太 (主要用于否定方面)。¶오늘은 지지리도 재수가 없는 날이다. =今天是非常倒霉的一天。

지지배배【부사】종다리나 제비 따위의 새가 지저귀는 소리. ◆ 副 (鸟鸣)啾啾，唧唧。¶봄이면 처마 밑에 제비가 지지배배 노래 부른다. =春天，燕子在屋檐下啾啾地唱歌。

지지부진하다(遲遲不進--)【명사】매우 더디어서 일 따위가 잘 진척되지 않고 매우 더디다. ◆ 名迟滞不前。

지진(地震)【명사】오랫동안 누적된 변형 에너지가 갑자기 방출되면서 지각이 흔들리는 일. 진도(震度)에 따라 미진, 경진, 약진, 중진, 강진, 열진, 격진으로 나눈다. ◆ 名 地震。¶큰 지진이 나서 도시가 폐허가 되다. =发生了大地震，城市成为废墟。

지진파(地震波)【명사】지진이나 인공적 폭발 때문에 생기는 탄성파. ◆ 名 地震波。

지질(地質)【명사】지각을 이루는 여러 가지 암석이나 지층의 성질 또는 상태. ◆ 名地质。¶백악기 말에 일어난 지질의 큰 변동. =白垩纪末期发生的地质大变动。

지참(持參)【명사】무엇을 가지고서 모임 따위에 참여함. ◆ 名带着……来，携带。¶필기도구 지참. =带书写用具参加。● 지참하다(持參--) ●

지척(咫尺)【명사】아주 가까운 거리. ◆ 名咫尺。¶오늘 아침에는 안개가 심해서 지척도 분간할 수 없었다. =今天早上雾很大，近在咫尺也看不清楚。

지천(至賤)【명사】名 ❶ 더할 나위 없이 천함. ◆ 极为卑贱。¶예전에는 백정을 지천의 존재로 여겼다. =过去屠夫被认为是极为卑贱的行当。❷ 매우 흔함. ◆ 多的是，很多，比比皆是。¶봄이 한창이라 들에는 꽃들이 지천으로 피어 있다. =春意正浓，田野里开满鲜花。

지체(遲滯)【명사】때를 늦추거나 질질 끎. ◆ 名迟滞，延缓，延迟，拖延。¶잠시도 지체 말고 바로 집으로 돌아가시오. =一刻也别拖延，请马上回家。● 지체되다(遲滯--), 지체하다(遲滯--) ●

지축(地軸)【명사】지구의 자전축. 북극과 남극을 연결하는 축으로, 공전 궤도면에 대하여 66.5도 가량 기울어져 있다. ◆ 名地轴。

지출(支出)【명사】어떤 목적을 위하여 돈을 지급하는 일. ◆ 名支出，支付。¶이 달에는 지출이 수입을 초과해 적자를 보았다. =本月的支出超过了收入，造成了赤字。● 지출되다(支出--), 지출하다(支出--) ●

지층(地層)【명사】알갱이의 크기, 색, 성분 따위가 서로 달라서 위아래의 퇴적암과 구분되는 퇴적암체. ◆ 名 地层。

지치다¹【동사】얼음 위를 미끄러져 달리다. ◆ 动溜(冰)，滑(冰)。¶얼음을 지치다. =滑冰。

지치다²【동사】动 ❶ 힘든 일을 하거나 어떤 일에 시달려서 기운이 빠지다. ◆ 疲倦，疲惫，困倦。¶종일 이삿짐을 나르느라 너무 지쳐서 입맛도 없다. =整天忙着搬家，太疲倦了，没有胃口。❷ 어떤 일이나 사람에 대하여서, 원하던 결과나 만족, 의의 따위를 얻지 못하여 더 이상 그 상태를 지속하고 싶지 아니한 상태가 되다. ◆ 厌倦。¶그는 반복되는 일상에 지친 나머지 휴직을 하고 외국으로 장기간 여행을 떠났다. =日复一日的工作让他疲惫，于是停职去国外长期旅行了。

지침(指針)【명사】名 ❶ 지시 장치에 붙어 있는 바늘. 시계의 바늘이나 나침반의 바늘, 계량기의 바늘 따위가 있다. ◆ 指针。¶나침반 지침. =指南针指针。❷ 생활이나 행동 따위의 지도적 방법이나 방향을 인도하여 주는 준칙. ◆ 方针，指南。¶행동 지침을 마련하다. =制定行动方针。

지침서(指針書)【명사】지침을 적어 놓거나 지침으로 사용할 만한 책. ◆ 名指南，参考书。

지켜보다【동사】주의를 기울여 살펴보다. ◆ 动看护，守护，看着，盯着。¶밥이 타지 않는지 잘 지켜보아라. =好好看着，别让饭糊了。

지키다【동사】动 ❶ 재산, 이익, 안전 따위를 잃거나 침해당하지 아니하도록 보호하거나 감시하여 막다. ◆ 看守，守护，捍卫。¶군인들은 목숨을 다해 조국을 지키다. =军人们用生命捍卫祖国。❷ 길목이나 통과 지점 따위를 주의를 기울여 살피다. ◆ 看守，守卫，把守。¶국경을 지키다. =守卫国境。❸ 규정, 약속, 법, 예의 따위를 어기지 아니하고 그대로 실행하다. ◆ 遵守，遵照。¶약속을 지키다. =遵守约定。❹ 어떠한 상태나 태도 따위를 그대로 계속 유지하다. ◆ 保持。❺ 지조, 절개, 정조 따위를 굽히지 아니하고 굳게 지니다. ◆ 保持，坚守。¶지조를 지키다. =保持节操。

지탄(指彈)【명사】잘못을 지적하여 비난함. ◆ 名指责，斥责，谴责。● 지탄하다(指彈--) ●

지탱(支撐)【명사】오래 버티거나 배겨 냄. ◆ 名支撑。¶그녀의 피나는 노력은 자식이 지탱이 되었기에 가능했다. =有孩子作支撑，她才可能付出艰苦的努力。● 지탱되다(支撐--), 지탱하다(支撐--) ●

지팡이【명사】걸을 때에 도움을 얻기 위하여 짚는 막대기. ◆ 名拐杖，拐棍。

지퍼(zipper)【명사】서로 이가 맞물리도록 금속이나 플라스틱의 조각을 헝겊 테이프에 나란히 박아서, 그 두 줄을 고리로 밀고 당겨 여닫을 수 있도록 만든 것. 바지, 치마, 점퍼, 주머니, 지갑, 가방 따위에 널리 쓴다. ◆ 名拉锁，拉链。¶지퍼가 달린 바지. =带拉链的裤子。

지평선(地平線)【명사】편평한 대지의 끝과 하늘이 맞닿아 경계를 이루는 선. ◆ 名地平线。¶언덕에 올라 지평선을 바라보았다. =爬上山坡望着地平线。

지폐(紙幣)【명사】종이에 인쇄를 하여 만든 화폐. 일반적으로 정부 지폐와 은행권을 이른다. ◆ 名纸币。

지표[1](地表)【명사】지구의 표면. 또는 땅의 겉면. ◆ 名地表，地面。

지표[2](指標)【명사】방향이나 목적, 기준 따위를 나타내는 표지. ◆ 名标杆，方向标，方针。¶그분은 평생 스승의 말씀을 지표로 삼고 사셨다. =他平生把老师的话当做标杆。

지표면(地表面)【명사】지표(지구의 표면. 또는 땅의 겉면). ◆ 名 地表，地面。

지푸라기【명사】낱낱의 짚. 또는 부서진 짚의 부스러기. ◆ 名草屑，碎草。¶타작을 하고 난 마당에는 지푸라기가 여기저기 널려 있다. =打场后，院子里到处散落着草屑。

지프(jeep)【명사】사륜구동의 소형 자동차. 미국에서 군용으로 개발한 것으로 마력이 강하여 험한 지형에서도 주행하기가 쉽다. 상품명에서 나온 말이다. ◆ 名吉普车。¶군용 지프. =军用吉普车。

지피다【동사】아궁이나 화덕 따위에 땔나무를 넣어 불을 붙이다. ◆ 动点燃。¶장작불을 지피다. =点燃柴火。

지하(地下)【명사】名 ❶ 땅속이나 땅속을 파고 만든 구조물의 공간. ◆ 地下。¶지하 2층. =地下二层。❷ '저승'을 비유적으로 이르는 말. ◆ 黄泉，九泉。¶네 아버지도 네가 돌아온 것을 지하에서도 좋아하실 것이다. =九泉之下的父亲肯定会因为你回来而高兴。❸ 사회 운동, 정치 운동, 저항 운동 따위를 비합법적으로 숨어서 하는 영역. ◆ 地下，非法。¶지하 단체. =地下团体。

지하도(地下道)【명사】땅속으로 만든 길. ◆ 名地道，地下通道。

지하수(地下水)【명사】땅속의 토사·암석 따위의 빈틈을 채우고 있는 물. ◆ 名地下水。

지하실(地下室)【명사】집채 아래에 땅을 파서 만든 방. ◆ 名地下室。

지하자원(地下資源)【명사】땅속에 묻혀 있는 자원. 철, 석탄, 석유와 같이 인간 생활에 도움을 주는 광산물을 이른다. ◆ 名地下资源。¶지하자원을 개발하다. =开发地下资源。

지하철(地下鐵)【명사】대도시에서 교통의 혼잡을 완화하고, 빠른 속도로 운행하기 위하여 땅속에 터널을 파고 부설한 철도. ◆ 名地铁。

지향(志向)【명사】어떤 목표로 뜻이 쏠리어 향함. 또는 그 방향이나 그쪽으로 쏠리는 의지. ◆ 名志向，志愿，向往。¶미래 지향의 생활 태도. =面向未来的生活态度。● 지향하다(志向--) ●

지혈(止血)【명사】나오던 피가 멈춤. 또는 나오던 피를 멈춤. ◆ 名止血。¶지혈을 위해 상처 부위를 붕대로 묶었다. =在受伤部位绑上绷带止血。● 지혈되다(止血--), 지혈하다(止血--) ●

지형(地形)【명사】땅의 생긴 모양이나 형세. ◆ 名地形。¶이곳은 지형이 험하다. =这个地方地形险要。

지혜(智慧/知慧)【명사】사물의 이치를 빨리 깨닫고 사물을 정확하게 처리하는 정신적 능력. ◆ 名智慧。

지혜롭다(智慧--)【형용사】사물의 이치를 빨리 깨닫고 사물을 정확하게 처리하는 정신적 능력이 있다. ◆ 形智慧，聪慧，聪颖。¶지혜로운 사람. =聪慧的人。

지화자【감탄사】흥을 돋우기 위하여 노래나 춤의 곡조에 맞추어 내는 소리. ◆ 叹(歌舞助兴唱词)哎嗨哟，呼儿嗨哟。¶얼씨구절씨구 지화자 좋네. =呼儿嗨哟!

지휘(指揮)【명사】名 ❶ 목적을 효과적으로 이루기 위하여 단체의 행동을 통솔함. ◆ 指挥。¶대장의 지휘에 따라 전투태세를 취하다. =在队长的指挥下，进入战斗状态。❷ 합창, 합주 따위에서, 많은 사람의 노래나 연주가 예술적으로 조화를 이루도록 앞에서 이끄는 일. 주로 손이나 몸동작으로 지시한다. ◆ 指挥。¶지휘자의 지휘 아래 연주가 시작되다. =在指挥者的指挥下，开始演奏。● 지휘하다(指揮--) ●

지휘봉(指揮棒)【명사】지휘관이 쓰는 막대기. ◆ 名指挥棒。

지휘자(指揮者)【명사】图 ❶ 목적을 효과적으로 이루기 위하여 단체의 행동을 통솔하는 사람. ◆ 指挥者。¶지휘자의 출발 신호가 떨어지자 대원들이 일제히 출발했다. =指挥者的出发命令一下达，队员们就一齐出发了。❷ 합창이나 합주 따위에서, 노래나 연주를 앞에서 조화롭게 이끄는 사람. ◆ 指挥。¶그는 국립 교향악단에서 가장 뛰어난 지휘자로 손꼽히고 있다. =他是国立交响乐团中屈指可数的优秀指挥。

직각(直角)【명사】수학에서 두 직선이 만나서 이루는 90도의 각. ◆图直角。

직각 삼각형(直角三角形)【명사】한 내각이 직각인 삼각형. ◆图 直角三角形。

직감(直感)【명사】사물이나 현상을 접하였을 때에 설명하거나 증명하지 아니하고 진상을 곧바로 느껴 앎. 또는 그런 감각. ◆图直觉。¶직감으로 알아차리다. =凭直觉猜到。● 직감되다(直感--), 직감하다(直感--) ●

직결(直結)【명사】사이에 다른 것이 개입되지 아니하고 직접 연결됨. 또는 사이에 다른 것을 개입하지 않고 직접 연결함. ◆图直接相关。● 직결되다(直結--), 직결하다(直結--) ●

직경(直徑)【명사】지름, 원이나 구 따위에서, 중심을 지나는 직선으로 그 둘레 위의 두 점을 이은 선분. ◆图 直径。

직계(直系)【명사】图 ❶ 혈연이 친자 관계에 의하여 직접적으로 이어져 있는 계통. ◆ 直系，嫡亲。¶직계 혈통. =直系血统。❷ 사제, 단체 따위의 관계에서 직접 계통을 이어받는 일. 또는 그런 사람. ◆ 嫡系。¶직계 제자. =嫡系弟子。

직공(職工)【명사】图 ❶ 자기 손 기술로 물건을 만드는 일을 업으로 하는 사람. ◆ 手工业者。¶조선 시대에는 직공을 천한 신분으로 여겼다. =朝鲜朝时代，手工业者被认为身份低贱。❷ 공장에서 일하는 사람. ◆ 工人。¶인쇄소 직공. =印刷厂工人。

직관(直觀)【명사】감각, 경험, 연상, 판단, 추리 따위의 사유 작용을 거치지 아니하고 대상을 직접적으로 파악하는 작용. ◆图直观，直觉。¶그는 직관이 뛰어나다. =他的直觉很强。● 직관하다(直觀--) ●

직구(直球)【명사】야구에서, 투수가 변화를 주지 아니하고 직선같이 곧게 던지는 공. ◆ 图 (棒球比赛中的)直球。

직권(職權)【명사】직무상의 권한. 공무원이나 법인 따위의 기관이 그 지위나 자격으로 행할 수 있는 사무나 그런 사무의 범위를 이른다. ◆ 图职权。¶직권을 남용하다. =滥用职权。

직녀성(織女星)【명사】거문고자리에서 가장 밝은 별. 약 26광년 떨어진 일등성으로, 칠월칠석날 밤에 견우성과 만난다는 전설이 있다. ◆图 织女星。

직렬(直列)【명사】직렬연결. 전기 회로에서 전지나 저항기 따위를 차례로 한 줄로 연결하는 것. ◆图 (电池或电阻) 串联。

직류(直流)【명사】图 ❶ 곧은 흐름. ◆ 直流。¶폭포가 높은 벼랑에서 직류로 떨어져 내리다. =瀑布从高高的峭壁上飞流直下。❷ 시간이 지나도 전류의 크기와 방향이 변하지 아니하는 전류. ◆ 直流电。¶건전지에서 나오는 전류는 직류이나, 전등에 사용되는 전류는 교류이다. =干电池产生的是直流电，而电灯使用的是交流电。

직립(直立)【명사】꼿꼿하게 바로 섬. ◆ 图直立，耸立。¶직립 자세. =直立姿势。● 직립하다(直立--) ●

직매장(直賣場)【명사】중간 상인을 거치지 아니하고 생산자가 소비자에게 제품을 직접 파는 장소. ◆ 图 直销市场。¶농수산물 직매장. =农产品直销市场。

직면(直面)【명사】어떠한 일이나 사물을 직접 당하거나 접함. ◆ 图直面，面对，面临。¶알고 있는 것도 긴장되는 상황에 직면을 하게 되면 잊기 일쑤다. =面对紧张的情况时，即使是知道的东西，也容易忘掉。● 직면하다(直面--) ●

직무(職務)【명사】직책이나 직업상에서 책임을 지고 담당하여 맡은 사무. ◆ 图职务。¶직무를 대행하다. =代行职务。

직물(織物)【명사】씨실과 날실을 직기에 걸어 짠 물건을 통틀어 이르는 말. 면직물, 모직물, 견직물 따위가 있다. ◆ 图 纺织物。

직분(職分)【명사】图 ❶ 직무상의 본분. ◆ 职务。¶직분을 다하다. =尽职尽责。❷ 마땅히 하여야 할 본분. ◆ 本分。¶사람마다 각자 지켜야 할 직분이 있는 법이다. =每个人都会有自己要遵守的本分。

직사각형(直四角形)【명사】내각(內角)이 모두 직각인 사각형. 주로 정사각형이 아닌 것을 이른다. ◆ 图 长方形。

직사광선(直射光線)【명사】정면으로 곧게 비치는 빛살. ◆ 图直射光，直射光线。¶직사광선이 내리쬐는 해변가. =太阳直射光线曝晒下的海边街道。

직삼각형(直三角形)【명사】직각 삼각형. 한 내각이 직각인 삼각형. ◆ 图 直角三角形。

직선(直線)【명사】꺾이거나 굽은 데가 없는 곧은 선. ◆ 图直线。¶직선 도로. =直线道路。

직선제(直選制)【명사】'직접 선거 제도'를 줄여 이르는 말. 국민이 직접 선거를 통하여 대표를 선출하는 제도. ◆ 图 直选制，直接选举制。

직업(職業)【명사】생계를 유지하기 위하여 자신의 적성과 능력에 따라 일정한 기간 동안 계속하여 종사하는 일. ◆ 图职业。

직업병(職業病)【명사】한 가지 직업에 오래 종사함으로써 그 직업의 특수한 조건에 의하여 생기는 병. 광부의 규소폐증, 유리 직공의 만성 기관지염 따위가 대표적이다. ◆ 图职业病。¶그는 진폐증으로 직업병 판정을 받았다. =他被诊断出患了职业性尘肺病。

직역(直譯)【명사】외국어로 된 말이나 글을 단어 하나하나의 의미에 충실하게 번역함. 또는 그런 번역. ◆ 图直译。¶이 책은 직역이라 딱딱한 느낌이 난다. =这本书是直译的，语言很生硬。● 직역하다(直譯--) ●

직영(直營)【명사】특정한 기관 따위에서 일정한 사업을 직접 관리하고 경영함. ◆ 名直营，直接经营。¶백화점 직영 농장. =百货公司直营农场。 ● 직영하다(直營--) ●

직원(職員)【명사】일정한 직장에 근무하는 사람을 통틀어 이르는 말. ◆ 名职员。¶동료 직원. =同事。

직위(職位)【명사】직무에 따라 규정되는 사회적, 행정적 위치. ◆ 名职位。¶직위가 높다. =职位高。

직육면체(直六面體)【명사】각 면이 모두 직사각형이고, 마주 보는 세 쌍의 면이 각각 평행한 육면체. ◆ 名 长方体。

직인(職印)【명사】직무상 쓰는 도장. 공무원이나 회사원들의 직위 명칭에 '인(印)' 자를 붙인다. ◆ 名领导印章，官印，公章。¶직인을 찍다. =盖官职印章。

직장(職場)【명사】사람들이 일정한 직업을 가지고 일하는 곳. ◆ 名工作单位，职场，单位。¶그는 아침 일찍 직장으로 출근했다. =他一大早就去单位上班了。

직전(直前)【명사】[주로 '직전에' 꼴로 쓰여] 어떤 일이 일어나기 바로 전. ◆ 名之前，前夕。¶잠들기 직전에는 음식을 먹지 않는 것이 좋다. =睡觉之前最好不要吃东西。

직접[1](直接)【부사】중간에 아무것도 개재시키지 아니하고 바로. ◆ 副直接。¶내가 그 사람을 직접 만나 보겠다. =我直接去见那个人。

직접[2](直接)【명사】중간에 제삼자나 매개물이 없이 바로 연결되는 관계. ◆ 名直接。¶직접 거래. =直接贸易。

직접 선거(直接選擧)【명사】선거인이 직접 피선거인을 뽑는 선거. ◆ 名 直接选举。¶주민들이 직접선거로 지방의회 의원을 뽑다. =居民们用直接选举的方法选出了地方议会的议员。

직접세(直接稅)【명사】국가가 납세 의무자에게 직접 징수하는 조세. 소득세, 법인세, 상속세, 부당 이득세, 재산세 따위가 있으며, 납세 의무자는 그 의무를 다른 사람에게 전가할 수 없다. ◆ 名 直接税。

직조(織造)【명사】기계나 베틀 따위로 피륙을 짜는 일. ◆ 名 织造，纺织。¶직조 공장. =纺织工厂。 ● 직조하다(織造--) ●

직종(職種)【명사】직업이나 직무의 종류. ◆ 名职种，工种。¶전문 직종. =专业工种。

직진(直進)【명사】곧게 나아감. ◆ 名直行，直线前进。¶직진으로 곧게 뻗어 있는 길. =笔直延伸的路。 ● 직진하다(直進--) ●

직책(職責)【명사】직무상의 책임. ◆ 名职责。¶중요한 직책을 맡다. =担任重要职责。

직통(直通)【명사】名 ❶ 전화 따위가 두 지점 사이에 장애나 중계 없이 바로 통함. ◆ 直通。¶국제 전화도 직통으로 쉽게 걸 수 있다. =国际电话也可以轻轻松松直接拨通。❷ 어떤 결과나 효과가 바로 나타남. ◆ 立刻见效，立竿见影。¶이 약은 모든 병에 직통으로 듣는다. =听说这种药对所有的病都能立刻见效。❸ 열차나 버스 따위가 중간에 다른 곳에 들르지 아니하고 곧장 감. ◆ 直达。¶서울에서 부산까지 직통으로 가는 고속버스(高速). =从首尔到釜山的直达快速客车。 ● 직통하다(直通--) ●

직하다【보조 형용사】앞말이 뜻하는 내용이 발생할 가능성이 많음을 나타내는 말. ◆ 补形表示前句内容发生的可能性很大。¶지금 시간이면 그들은 벌써 저녁을 먹었음 직하다. =现在，他们很可能已经吃过晚饭了。

직할(直轄)【명사】중간에 다른 기구나 조직을 통하지 아니하고 직접 관할함. ◆ 名直辖，直属。¶직할 부대. =直属部队。 ● 직할하다(直轄--) ●

직할시(直轄市)【명사】'광역시(廣域市)'의 전 이름. 상급 지방 자치 단체의 하나. ◆ 名直辖市。

직함(職銜)【명사】벼슬이나 직책, 직무 따위의 이름. ◆ 名职衔，官衔。¶공식 직함. =正式职务。

직행(直行)【명사】도중에 다른 곳에 머무르거나 들르지 아니하고 바로 감. ◆ 名直行，直达，直接进入。¶직행으로 가는 항공 편. =直达航班。 ● 직행하다(直行--) ●

직후(直後)【명사】어떤 일이 있고 난 바로 다음. ◆ 名之后不久。¶전쟁 직후. =战后不久。

진[1](陣)【명사】名 ❶ 군사들의 대오(隊伍)를 배치한 것. 또는 그 대오가 있는 곳. ◆ 军阵，阵。¶군사적 요충지에 진을 설치하다. =在军事要地上摆阵。❷ 진영(陣營). 군대가 진을 치고 있는 곳. ◆ 军营，营帐，阵地。

진[2](津)【명사】名 ❶ 풀이나 나무의 껍질 따위에서 분비되는 끈끈한 물질. ◆ 黏液。¶고무나무의 진으로 고무를 만든다. =用橡胶树的黏液制成橡胶。❷ 김이나 연기 또는 눅눅한 기운이 서려서 생기는 끈끈한 물질. ◆ 烟油。¶담뱃대에 진이 가득 찼다. =烟杆上满是烟油。

진[3](眞)-【접사】'참된' 또는 '진짜'의 뜻을 더하는 접두사. ◆前缀真。¶진면목. =真面目。

진가(眞價)【명사】참된 값어치. ◆ 名真正价值。¶세계가 이 자동차의 진가를 인정한다. =世界认可这款汽车的真正价值。

진갑(進甲)【명사】환갑의 이듬해. 또는 그해의 생일. ◆ 名六十周岁寿辰。¶진갑을 맞는다. =迎接六十周岁寿辰。

진격(進擊)【명사】적을 치기 위하여 앞으로 나아감. ◆ 名进攻，进击。¶진격의 북소리. =进攻的鼓声。 ● 진격하다(進擊--) ●

진공(眞空)【명사】물질이 전혀 존재하지 아니하는 공간. 인위적으로 만들어 낼 수는 없고, 실제로는 극히 저압의 상태를 이른다. ◆ 名真空。

진공관(眞空管)【명사】유리나 금속 따위의 용기에 몇 개의 전극을 봉입하고 내부를 높은 진공 상태로 만든 전자관. ◆ 名 真空管。

진공청소기(眞空淸掃器)【명사】전동기를 이용한 흡인력으로 티끌과 먼지를 빨아들여 청소하는 기구. ◆ 名 真空吸尘器。

진국[1](津-)【명사】오랫동안 푹 고아서 걸쭉하게 된 국물. ◆ 名原汤。¶이 식당의 해장국은 사골을 장작불로 고아낸 진국으로 만들었다. =这家餐馆的解酒汤是用炭火炖牛腿骨得到的原汤做成的。

진국[2](眞-)【명사】거짓이 없이 참된 것. 또는 그런 사람. ◆ 名老实人，本分人。¶이 사람은 진국이야. =这人是老实人。

진군(進軍)【명사】적을 치러 군대가 나아감. 또는 군대를 나아가게 함. ◆ 名进军，出兵。● 진군하다(進軍--) ●

진귀하다(珍貴--)【형용사】보배롭고 보기 드물게 귀하다. ◆ 形珍贵的，难得的。¶창고에는 진귀한 물건들로 가득 차 있었다. =仓库里装满了珍贵物品。

진급(進級)【명사】계급, 등급, 학년 따위가 올라감. ◆ 名晋级，升级，晋升。¶그는 이번 진급 대상에서 누락되었다. =他被从这次的晋级对象中排除了。● 진급되다(進級--), 진급하다(進級--) ●

진기하다(珍奇--)【형용사】진귀하고 기이하다. ◆ 形珍奇。¶진기한 풍물. =珍奇风景。

진노(瞋怒/嗔怒)【명사】존엄한 존재가 크게 노함. ◆ 名震怒。¶왕의 진노를 샀다. =惹得国王大怒。● 진노하다(瞋怒--/嗔怒--) ●

진눈깨비【명사】비가 섞여 내리는 눈. ◆ 名 雨夹雪。¶눈보라가 잦아들더니 진눈깨비가 추적거린다. =暴风雪平静下来，雨夹雪淅沥不停。

진단(診斷)【명사】名 의사가 환자의 병 상태를 판단하는 일. ◆ 诊断。¶의사의 진단을 받다. =接受医生诊断。● 진단하다(診斷--) ●

진단서(診斷書)【명사】의사가 병의 진단 결과를 적은 증명서. ◆ 名 诊断书。¶전치 3주의 진단서를 떼다. =开了三周的诊断书。

진달래【명사】이른 봄에 분홍색 꽃이 잎보다 먼저 피는, 산에서 자라는 나무. ◆ 名 杜鹃花。

진담(眞談)【명사】진심에서 우러나온, 거짓이 없는 참된 말. ◆ 名真话，实话。¶그는 진담 반 농담 반으로 이야기했다. =他半认真半开玩笑地说。

진도[1](進度)【명사】名 ❶ 일이 진행되는 속도나 정도. ◆ 进度，进展。¶악천후로 공사 진도가 늦다. =恶劣天气使施工进度迟缓。❷ 학과의 진행 속도나 정도. ◆ 进度。¶방학이 되기 전까지 정해진 진도를 마쳐야 한다. =在放假前必须完成预定的进度。

진도[2](震度)【명사】어떤 지역에서 나타나는 지진의 진동 크기나 피해 정도. ◆ 名地震强度，震级。

진돗개(珍島-)【명사】개의 한 품종. 몸은 누런 갈색 또는 흰색이며, 귀는 뾰족하게 서고 꼬리는 왼쪽으로 말린다. 전남 진도에서 나는 한국 특산종이다. 천연기념물 제53호. ◆ 名 珍岛犬。

진동[1](振動)【명사】名 ❶ 흔들려 움직임. ◆ 振动，震动。¶이 차는 진동이 너무 심하다. =这车抖动得太厉害。❷ 냄새 따위가 아주 심하게 나는 상태. ◆ 气味浓，刺鼻。¶악취가 진동을 한다. =恶臭冲天。● 진동하다(振動--) ●

진동[2](震動)【명사】물체가 몹시 울리어 흔들림. ◆ 名 震动。¶지하철 공사로 인한 진동 때문에 건물 벽이 금이 갔다. =地铁施工引起的震动使建筑墙壁出现了裂痕。● 진동하다(震動--) ●

진드기【명사】진드깃과의 절지동물을 통틀어 이르는 말. ◆ 名 牛虱，狗虱。

진득하다【형용사】形 ❶ 잘 끊어지지 아니할 정도로 눅진하고 차지다. ◆ 黏黏的，黏糊糊的。¶물을 많이 부어서 그런지 밥이 진득하다. =大概水放多了，米饭黏黏的。❷ 성질이나 행동이 검질기게 끈기가 있다. ◆ 坚韧，耐心，有韧性。¶그렇게 조바심 내지 말고 진득하게 앉아서 기다려라. =别那么着急，耐心等待吧。

진딧물【명사】진딧물과의 곤충을 통틀어 이르는 말. 풀이나 나무의 잎 또는 가지에 붙어서 진을 빨아 먹는다. ◆ 名 蚜虫。¶개미는 진딧물을 옮겨주고 진딧물이 분비하는 물질을 먹는다. =蚂蚁挪开蚜虫，吃蚜虫的分泌物。

진땀(津-)【명사】몹시 애쓰거나 힘들 때 흐르는 끈끈한 땀. ◆ 名大汗。¶그는 날카로운 질문에 진땀을 흘렸다. =面对尖锐的质问，他大汗不止。

진력(盡力)【명사】있는 힘을 다함. 또는 낼 수 있는 모든 힘. ◆ 名尽力，极力，全力。¶진력을 다한다. =尽全力。● 진력하다(盡力--) ●

진로(進路)【명사】名 ❶ 앞으로 나아갈 길. ◆ 进路。¶여객기가 돌풍을 피하기 위해 진로를 변경하다. =为躲避暴风，客机变更航线。❷ 장래의 삶의 방식이나 방향. ◆ 前途，出路。¶진로 문제로 고민하다. =为前途问题而苦恼。

진료(診療)【명사】의사가 환자를 진찰하고 치료하는 일. ◆ 名诊疗，诊治。¶의료보험으로 전 국민이 진료 혜택을 받다. =通过医疗保险，全体国民享受到了医疗福利。● 진료하다(診療--) ●

진료소(診療所)【명사】의사가 공중(公衆), 또는 특정 다수인을 위하여 개설한 병원보다 작은 규모로 진찰하고 치료하는 설비를 갖춘 곳. ◆ 名诊所。¶농촌에 진료소를 설치하다. =在农村开设诊所。

진리(眞理)【명사】참된 이치. 또는 참된 도리. ◆ 名真理。¶만고불변의 진리. =亘古不变的真理。

진맥(診脈)【명사】병을 진찰하기 위하여 손목의 맥을 짚어 보는 일 ◆ 名 诊脉，号脉，把脉。¶의원이 환자의 상태를 알아보기 위해 진맥을 짚는다. =医生给病人号脉以了解病情。● 진맥하다(診脈--) ●

진면목(眞面目)【명사】본디부터 지니고 있는 그대로의 상태. ◆ 名真面目，本来面目，原形，原貌。¶진면목을 드러내다. =暴露出本来面目。

진물(津-)【명사】부스럼이나 상처 따위에서 흐르는 물. ◆ 名疮水。¶상처에서 진물이 나다. =伤口中流出疮水。

진미(珍味)【명사】음식의 아주 좋은 맛. 또는 그런 맛이 나는 음식물. ◆ 名美味，珍馐。¶진미를 맛보다. =品尝美味。

진배없다【형용사】그보다 못하거나 다를 것이 없다. ◆ 形不亚于，不次于，不逊于。¶실물과 진배없는 모조품. =不逊于实物的仿制品。

진범(眞犯)【명사】어떤 범죄를 저지른 바로 그 사람. ◆ 名真凶，真犯。¶진범을 체포하다. =逮捕真凶。

진보(進步)【명사】图❶ 정도나 수준이 나아지거나 높아짐. ◆ 进步，发展。¶과학 기술의 진보. =科学技术的进步。❷ 역사 발전의 합법칙성에 따라 사회의 변화나 발전을 추구함. ◆ 进步。¶소장 학자가 주축이 된 진보 학회. =以年轻学者为主的进步学会。● 진보되다(進步--), 진보하다(進步--) ●

진분수(眞分數)【명사】분자가 분모보다 작은 분수. ◆图 真分数。

진분홍(津粉紅)【명사】진분홍빛. 짙은 분홍빛. ◆图深粉色。

진상[1](眞相)【명사】사물이나 현상의 거짓 없는 모습이나 내용. ◆图真相。¶진상을 밝히다. =揭露真相。

진상[2](進上)【명사】진귀한 물품이나 지방의 토산물 따위를 임금이나 고관 따위에게 바침. ◆图进贡。¶신하들이지역 특산물을 임금에게 진상을 하다. =大臣们把地区特产进贡给国王。● 진상하다(進上--) ●

진선미(眞善美)【명사】참됨, 착함, 아름다움을 아울러 이르는 말. ◆图真善美。

진솔하다(眞率--)【형용사】진실하고 솔직하다. ◆形真诚，直率。¶사실을 진솔하게 털어놓다. =坦率地说出事实。

진수[1](眞髓)【명사】사물이나 현상의 가장 중요하고 본질적인 부분. ◆图精髓，核心。¶사상의 진수. =思想精髓。

진수[2](進水)【명사】새로 만든 배를 조선대에서 처음으로 물에 띄움. ◆图下水。¶30만톤짜리 대형 유조선 진수를 위한 행사장에 많은 인사들이 모였다. =30万吨级大型油轮下水仪式现场聚集了许多人。● 진수되다(進水--), 진수하다(進水--) ●

진수성찬(珍羞盛饌)【명사】푸짐하게 잘 차린 맛있는 음식. ◆图珍馐盛馔。¶진수성찬을 차리다. =摆上珍馐盛馔。

진술(陳述)【명사】图❶ 일이나 상황에 대하여 자세하게 이야기함. 또는 그런 이야기. ◆ 陈述。¶진술을 듣다. =听取陈述。❷ 형사 소송에서, 당사자・증인・감정인이 관계 사항을 구술 또는 서면으로 알리는 일. ◆ 陈述，口供，供词。¶증인이 법정에서 진술을 번복했다. =证人在法庭上反复翻供。● 진술되다(陳述--), 진술하다(陳述--) ●

진실(眞實)【명사】거짓이 없는 사실. ◆图真实，真情，事实。¶진실을 밝히다. =揭露事实。● 진실하다(眞實--) ●

진실로(眞實-)【부사】거짓 없이 참되게. ◆副真的，的确，确实。¶진실로 그녀를 사랑한다. =真心爱她。

진실성(眞實性)【명사】참되고 바른 성질이나 품성. ◆图真实性。¶진실성이 부족하다. =真实性不足。

진심(眞心)【명사】거짓이 없는 참된 마음. ◆图真心，诚心。¶진심으로 환영하다. =真心欢迎。

진압(鎭壓)【명사】강압적인 힘으로 억눌러 진정시킴. ◆图镇压。¶군대를 시위 진압에 동원하다. =动员军队镇压示威。● 진압되다(鎭壓--), 진압하다(鎭壓--) ●

진열(陳列)【명사】여러 사람에게 보이기 위하여 물건을 죽 벌여 놓음. ◆图陈列。¶상품 진열. =商品陈列。● 진열되다(陳列--), 진열하다(陳列--) ●

진열대(陳列臺)【명사】물건이나 상품을 진열해 놓을 수 있도록 만든 대. ◆图陈列台，展台。¶매장에는 많은 물건들이 진열되어 있었다. =卖场陈列着许多物品。

진열장(陳列欌)【명사】물건이나 상품을 진열해 놓는 장. 흔히 유리를 끼운다. ◆图陈列柜，展柜。¶진열장 안의 화려한 보석. =展柜内华丽的宝石。

진원지(震源地)【명사】图❶ 진원. 최초로 지진파가 발생한 지역. 지진의 원인인 암석 파괴가 시작된 곳으로, 위도와 경도 지표에서부터의 깊이로 표시한다. ◆ 震源，震中。¶진원지와 가까운 곳은 피해가 심각하다. =距离震中近的地方损失严重。❷ 사건을일으킨 근원이 되는 곳을 비유적으로 이르는 말. ◆ 事件的发源地。¶혁명의 진원지. =革命的发源地。

진의(眞意)【명사】속에 품고 있는 참뜻. 또는 진짜 의도. ◆图真意，本意，用意。¶진의가 왜곡되다. =本意被曲解。

진입(進入)【명사】향하여 내처 들어감. ◆图进入。● 진입하다(進入--) ●

진자(振子)【명사】줄 끝에 추를 매달아 좌우로 왔다 갔다 하게 만든 물체. ◆图 振子，摆。¶진자 운동. =振子运动。

진작【부사】좀 더 일찍이. 주로 기대나 생각대로 잘 되지 않은 지나간 사실에 대하여 뉘우침이나 원망의 뜻을 나타내는 문장에 쓴다. ◆副趁早，及早，及时。¶진작 말할 것이지. =早就该说的。

진저리【명사】图❶ 차가운 것이 몸에 닿거나 무서움을 느낄 때에, 또는 오줌을 눈 뒤에 으스스 떠는 몸짓. ◆ 寒噤，寒战，鸡皮疙瘩。¶아이가 오줌을 누면서 진저리를 쳤다. =孩子边撒尿，边打了个寒战。❷ 몹시 싫증이 나거나 귀찮아 떨쳐지는 몸짓. ◆ 厌烦，发怵。¶이제는 그 사람 얘기만 들어도 진저리가 난다. =现在一谈起他，就感到厌烦。

진전(進展)【명사】일이 진행되어 발전함. ◆图进展，发展。¶노사 협상이 빠른 진전을 보이고 있다. =劳资谈判取得快速进展。● 진전되다(進展--), 진전하다(進展--) ●

진정[1](鎭靜)【명사】图❶ 몹시 소란스럽고 어지러운 일을 가라앉힘. ◆ 镇静，镇定。❷ 격앙된 감정이나 아픔 따위를 가라앉힘. ◆ 镇静，安静。¶너무 화가 나서 도저히 진정을 할 수 없다. =非常生气，无法平静下来。● 진정되다(鎭靜--), 진정하다(鎭靜--) ●

진정[2](陳情)【명사】실정이나 사정을 진술함. ◆图陈情，反映。¶공사 소음 문제로 해당 관청에 진정을 내다. =向有关政府部门反映工程噪音问题。● 진정하다(陳情--) ●

진정[3](眞情)【명사】图❶ 참되고 애틋한 정이나 마음. ◆ 真情，实意，真心。¶진정을 알아주다. =了解

真情。❷ 참된 사정. ◆ 实情，事实真相。¶그는 일부러 진정을 숨기고 그녀에게 말하지 않았다. =他故意隐瞒，没有对她说实情。

진정서(陳情書)【명사】실정이나 사정을 진술하여 적은 글. 주로 문제 해결을 위하여 관공서나 공공 기관 등에 낸다. ◆名陈情书，上访信。

진정제(鎭靜劑)【명사】대뇌 겉질의 기능이 이상 항진되었을 때에 이를 완화할 목적으로 쓰는 약물. 불안, 고민, 동통(疼痛) 따위의 흥분 상태를 없앤다. ◆名 镇静剂。¶진정제를 복용하다. =服用镇静剂。

진정하다(眞正--)【형용사】참되고 올바르다. ◆形 真正的。¶진정한 친구. =真正的朋友。

진종일(盡終日)【부사】온종일. 아침부터 저녁까지 내내. ◆副整天，一天到晚。¶어제는 진종일 비가 내렸다. =昨天雨下了一整天。

진주(眞珠/珍珠)【명사】진주조개의 조가비나 살 속에 생기는, 아름다운 광택이 나는 보석. ◆名 珍珠。¶진주 목걸이. =珍珠项链。

진지[1]【명사】'밥(끼니로 먹는 음식)'의 높임말. ◆名膳，餐。¶아버님, 진지 드세요. =父亲，请用餐。

진지[2](陣地)【명사】언제든지 적과 싸울 수 있도록 설비 또는 장비를 갖추고 부대를 배치하여 둔 곳. ◆名阵地。¶진지를 구축하다. =建造阵地。

진지하다(眞摯--)【형용사】마음 쓰는 태도나 행동 따위가 참되고 착실하다. ◆形真诚，真挚。¶진지한 태도. =真挚的态度。

진짜(眞--)【명사】본뜨거나 거짓으로 만들어 낸 것이 아닌 참된 것. ◆名真的。¶아저씨는 장난감 권총을 진짜처럼 만들었다. =叔叔把玩具手枪做得像真的一样。

진찰(診察)【명사】의사가 여러 가지 방법으로 환자의 병이나 증상을 살핌. ◆名诊察，诊断。¶진찰을 받다. =接受诊断。● 진찰하다(診察--) ●

진찰실(診察室)【명사】의사가 환자를 진찰하는 방. ◆名诊室。

진척(進陟)【명사】일이 목적한 방향대로 진행되어 감. ◆名进展，进行。¶작업의 진척이 더디다. =工程进展缓慢。● 진척되다(進陟--), 진척하다(進陟--) ●

진출(進出)【명사】❶ 어떤 방면으로 활동 범위나 세력을 넓혀 나아감. ◆名进入，步入，走上。¶여성의 사회 진출이 점점 늘어나고 있다. =女性参与社会工作的情况正逐渐增多。❷ 앞으로 나아감. ◆名前进，挺进。● 진출하다(進出--) ●

진취적(進取的)【명사】적극적으로 나아가 일을 이룩하는 것. ◆名进取的，进取精神。¶진취적인 사고방식. =具有进取精神的思考方式。

진탕(-宕)【부사】싫증이 날 만큼 아주 많이. ◆副尽情地，足足地。¶술을 진탕 마시다. =尽情地喝酒。

진통(陣痛)【명사】名 ❶ 해산할 때에, 짧은 간격을 두고 주기적으로 반복되는 배의 통증. 분만을 위하여 자궁이 불수의적(不隨意的)으로 수축함으로써 일어난다. ◆阵痛。¶진통이 오다. =感到疼痛。❷ 일이 다 되어 가는 무렵에 겪는 어려움을 비유적으로 이르는 말. ◆〈喻〉某事物产生过程中的艰难。● 진통하다(陣痛--) ●

진통제(鎭痛劑)【명사】중추 신경에 작용하여 환부의 통증을 느끼지 못하게 하는 약. ◆名 镇痛剂，止痛药。

진퇴양난(進退兩難)【명사】이러지도 저러지도 못하는 어려운 처지 ◆名进退两难，进退维谷。¶진퇴양난에 처한다. =处于进退两难的境地。

진폭(振幅)【명사】진동하고 있는 물체가 정지 또는 평형 위치에서 최대 변위까지 이동하는 거리. 진동하는 폭의 절반이다. ◆名振幅。¶진폭이 크다. =振幅大。

진품(眞品)【명사】진귀한 물품. ◆名珍品。

진하다(津--)【형용사】形 ❶ 액체의 농도가 짙다. ◆ 浓。¶커피가 진하다. =咖啡很浓。❷ 기체의 밀도가 높다. ◆ 浓。¶안개가 진하게 끼었다. =雾很浓。❸ 빛깔이 짙다. ◆ (色彩)深，浓，浓重。¶진한 빨강. =深红色。❹ 맛이나 냄새가 강하다. ◆ (味道、香味)浓，浓郁。¶꽃향기가 진하다. =花香浓郁。❺ 감정의 정도가 보통보다 더 깊다. ◆ (感情)深厚，浓厚。¶진한 감동을 느끼다. =深受感动。

진학(進學)【명사】상급 학교에 감. ◆名升学。¶진학 상담. =升学咨询。● 진학하다(進學--) ●

진행(進行)【명사】名 ❶ 앞으로 향하여 나아감. ◆ 行进，前进。¶길의 진행 방향이 완만하다. =道路前进方向缓慢。❷ 일 따위를 처리하여 나감. ◆ 进行，展开。¶그 일은 진행에 어려움이 따른다. =那件事的开展困难重重。● 진행되다(進行--), 진행하다(進行--) ●

진화[1](進化)【명사】名 ❶ 일이나 사물 따위가 점점 발달하여 감. ◆ 进化。¶오늘날 우리가 쓰는 달력은 오랜 진화를 거친 것이다. =现在我们使用的日历经历了长时间的进化。❷ 생물이 생명의 기원 이후부터 점진적으로 변해 가는 현상. ◆ 进化。¶생물학자가 생물체의 진화 과정을 규명하다. =生物学家探求生物体的进化。● 진화되다(進化--), 진화하다(進化---) ●

진화[2](鎭火)【명사】名 ❶ 불이 난 것을 끔. ◆ 救火，灭火。¶화재 신고를 받고 출동한 소방관들이 진화 작업에 나섰다. =接到火警后，消防员们展开了救火作业。❷ 말썽, 소동, 소문 따위를 해결함. ◆ 平息事态。● 진화되다(鎭火--), 진화하다(鎭火--) ●

진흙【명사】名 ❶ 빛깔이 붉고 차진 흙. ◆ 黏土。¶신발에 묻은 진흙을 털다. =抖掉沾在鞋上的黏土。❷ 질척질척하게 짓이겨진 흙. ◆ 泥。¶벽에 진흙을 바르다. =往墙上抹泥。

진흙탕【명사】흙이 질척질척하게 된 땅. 흙이 질척질척하게 된 땅. ◆名泥潭 。¶이 길은 비가 오면 진흙탕이 된다. =这条路一下雨就成了泥潭。

진흥(振興)【명사】떨치어 일어남. 또는 떨치어 일으킴. ◆名振兴。¶문예 진흥 사업. =文艺振兴事业。● 진흥하다(振興--) ●

질[1](質)【명사】㊔❶ 사물의 속성, 가치, 유용성, 등급 따위의 총체. ◆ 质量，质。¶제품의 질이 나쁘다. =产品质量不好。❷ 사람의 됨됨이를 이루는 근본 바탕. ◆ 本质。¶그는 보기와는 달리 질이 나쁜 사람이다. =与外表相反，他本质很坏。

질[2](膣)【명사】질 구멍과 자궁목 사이에 있는 여성의 생식 통로. 성교 때 음경을 받아들이고 출산 때 아기가 나오는 길이 된다. ◆㊔ 阴道。

-질[3]【접사】后缀❶ '그 도구를 가지고 하는 일'의 뜻을 더하는 접미사. ◆ 做，干，用。¶마루를 걸레질을 하다. =用抹布擦地板。❷ 직업이나 직책에 비하하는 뜻을 더하는 접미사. ◆ 当。¶선생질을 아무나 합니까? =老师是谁想当就能当的吗?

질감(質感)【명사】㊔❶ 재질(材質)의 차이에서 받는 느낌. ◆ 质感。¶나무의 질감이 좋다. =木质好。❷ 물감, 캔버스, 필촉(筆觸), 화구(畫具) 따위가 만들어 내는 화면 대상의 느낌. ◆ 质感。¶명암을 통해 꽃의 질감을 나타낸 그림. =通过明暗体现花的质感的图画。

질겁(窒怯)【명사】뜻밖의 일에 자지러질 정도로 깜짝 놀람. ◆ ㊔吃惊，大吃一惊，惊恐，惊骇。¶도둑이 큰 개를 보고 질겁을 하고 도망쳤다. =看到大狗，小偷大吃一惊逃走了。● 질겁하다(窒怯--) ●

질겅질겅【부사】질긴 물건을 거칠게 자꾸 씹는 모양. ◆ 副反复嚼。¶껌을 질겅질겅 씹다. =不停地嚼口香糖。

질그릇【명사】잿물을 덮지 아니한, 진흙만으로 구워 만든 그릇. 겉면에 윤기가 없다. ◆ ㊔瓦质器皿。¶질그릇을 굽다. =烧制瓦质器皿。

질근질근【부사】질깃한 물건을 자꾸 씹는 모양. ◆ 副嚼来嚼去。¶그는 소나무 껍질을 질근질근 씹으며 중얼거렸다. =他一边不住地嚼松树皮，一边自言自语。

질기다【형용사】形❶ 물건이 쉽게 해지거나 끊어지지 아니하고 견디는 힘이 세다. ◆ 柔韧，有韧性。¶합성 섬유는 천연 섬유보다 질기다. =合成纤维比天然纤维有韧性。❷ 목숨이 끊어지지 아니하고 끈덕지게 붙어 있다. ◆ 长，长寿。¶명이 질기다. =命长。

질끈【부사】副❶ 단단히 졸라매거나 동이는 모양. '질근'보다 센 느낌을 준다. ◆ 紧紧地。¶허리띠를 질끈 매다. =系紧腰带。❷ 바짝 힘을 주어 사이를 눌러 붙이는 모양. ◆ 紧紧地。¶눈을 질끈 감다. =紧闭眼睛。

질다【형용사】形❶ 밥이나 반죽 따위가 되지 아니하고 물기가 많다. ◆ 软，稀。¶밥이 질다. =饭很稀。❷ 땅이 질척질척하다. ◆ 泥泞。¶비가 온 후라 땅이 질다. =雨后，地面泥泞。

질량(質量)【명사】물체의 고유한 역학적 기본량. 관성 질량과 중력 질량이 있다. 국제단위는 그램(g). ◆㊔ 质量。

질러가다【동사】지름길로 가다. ◆ 动走捷径去，抄近道去。¶골목길로 질러가다. =从胡同抄近道去。

질리다【동사】动❶ 놀라거나 두려워서 기가 막히거나 풀이 꺾이거나 하다. ◆ 惊恐，害怕。¶겁에 질리다. =惊吓。❷ 어떤 일이나 음식 따위에 싫증이 나다. ◆ 腻烦，厌倦。¶오랫동안 국수만 먹었더니 밀가루 음식에 질렸다. =吃了很长时间面条，对面食感到腻烦。❸ 몹시 놀라거나 무서워 얼굴빛이 변하다. ◆ 失色。¶누이동생은 공포 영화를 보자 얼굴이 창백하게 질렸다. =妹妹一看到恐怖电影，脸就吓得苍白失色。

질문(質問)【명사】모르거나 의심나는 점을 물음. ◆ ㊔提问，质疑，疑问。¶질문을 받다. =接受提问。● 질문하다(質問--) ●

질병(疾病)【명사】몸의 온갖 병. ◆ ㊔疾病，疾患。¶질병에 걸리다. =患病。

질색(窒塞)【명사】몹시 싫어하거나 꺼림. ◆ ㊔讨厌，厌恶，厌烦。¶나는 더운 날씨는 딱 질색이다. =我对闷热的天气感到厌烦。● 질색하다(窒塞--) ●

질서(秩序)【명사】혼란 없이 순조롭게 이루어지게 하는 사물의 순서나 차례. ◆ ㊔秩序，顺序，条理，次序。¶질서 의식. =秩序意识。

질소(窒素)【명사】공기의 약 5분의 4를 차지하는 무색, 무미, 무취의 기체 질소 분자를 이루는 원소. 기호는 N. ◆㊔ 氮。

질식(窒息)【명사】숨통이 막히거나 산소가 부족하여 숨을 쉴 수 없게 됨. ◆㊔窒息。¶연탄가스 질식으로 사망하다. =死于一氧化碳中毒。● 질식되다(窒息--), 질식하다(窒息--) ●

질의(質疑)【명사】의심나거나 모르는 점을 물음. ◆ ㊔质疑。¶질의를 받다. =受到质疑。● 질의하다(質疑--) ●

질적(質的)【명사】사물의 속성, 가치, 유용성, 등급 따위의 총체와 관련됨. ◆ ㊔质的，质量方面的。¶질적 변화. =质的变化。

질주(疾走)【명사】빨리 달림. ◆ ㊔疾走，快跑，飞奔。¶경찰이 과속 질주를 단속하다. =警察管制超速行驶。● 질주하다(疾走--) ●

질질【부사】副❶ 바닥에 늘어지거나 닿아서 느리게 끌리는 소리. 또는 그 모양. ◆ 拖拖拉拉地，拖泥带水地。¶병사가 부상당한 다리를 질질 끌며 가다. =士兵拖着受伤的腿行走。❷ 이끄는 대로 힘없이 끌려가는 모양. ◆ 顺从地，服服贴贴地。¶그는 멱살을 잡힌 채 밖으로 질질 끌려나갔다. =他的领子被揪住，服服贴贴地被拉到了外面。❸ 정한 날짜나 기한 따위를 자꾸 뒤로 미루는 모양. ◆ 拖欠，一再拖延。¶사장은 임금 지급을 몇 달 동안 질질 끌었다. =社长拖欠工资已经几个月了。

질책(叱責)【명사】꾸짖어 나무람. ◆ ㊔叱责，斥责，批评，指责。¶호된 질책을 받다. =受到重责。● 질책하다(叱責--) ●

질척하다【형용사】진흙이나 반죽 따위가 물기가 매우 많아 차지고 질다. ◆ 形泥泞，稀软。¶눈이 녹은 땅이 질척하다. =化雪的地面很泥泞。

질투 (嫉妬/嫉妒)【명사】㊔❶ 다른 사람이 잘되거나 좋은 처지에 있는 것 따위를 공연히 미워하고 깎아내리려 함. ◆ 嫉妒，忌妒(别人的长处)。¶공부를 잘하는 친구에게 질투를 느끼다. =嫉妒学习好的同学。❷ 부부 사이나 사랑하는 이성(異性) 사이에서 상대되는 이성이 다른 이성을 좋아할 경우에 지나치게 시기함. ◆ (指恋人或夫妻等之间)嫉妒，忌妒，吃醋。¶그는 자신의 여자 친구가 다른 남자와 얘기하는 것만 봐도 심한 질투를 느꼈다. =他只要看到自己的女朋友与别的男人说话，就特别嫉妒。● 질투하다(嫉妬/嫉妒--) ●

질퍽하다【형용사】'질퍼덕하다(진흙이나 반죽 따위가 물기가 많아 부드럽게 질다)'의 준말. ◆ 形泥泞，稀软。¶바닷가 주민들이 질퍽한 개펄에서 조개를 캔다. =海边的居民们在泥泞的沙滩上挖蛤蜊。

질펀하다【형용사】形 ❶ 땅이 넓고 평평하게 펼쳐져 있다. ◆ 宽阔，开阔，坦荡。¶질펀한 벼가 무르익다. =广阔田野里的水稻成熟了。❷ 주저앉아 하는 일 없이 늘어져 있다. ◆ 懒洋洋，懒惰，散漫。¶하는 일없이 집에서 종일 질펀하게 놀다. =整天在家里无所事事地玩。❸ 물건 따위가 즐비하게 널려 있다. ◆ 散布，连绵，遍布。¶넓은 공터에 기왓장들이 질펀하게 널려 있다. =宽阔的空地上散落着瓦片。● 질펀히 ●

질풍(疾風)【명사】몹시 빠르고 거세게 부는 바람. ◆ 名疾风。¶질풍이 불어 모자가 날아가다. =疾风刮来，帽子被刮飞。

질화로(-火爐)【명사】질흙으로 구워 만든 화로. ◆ 名泥火盆，陶火炉。¶질화로에 고구마를 구워 먹었다. =用泥火盆烤地瓜吃。

질환(疾患)【명사】질병. 몸의 온갖 병. ◆ 名疾病，疾患。¶호흡기 질환. =呼吸器官疾病。

짊어지다【동사】动 ❶ 짐 따위를 뭉뚱그려서 지다. ◆ 背，负。¶배낭을 등에 짊어지다. =背背包。❷ 빚을 지다. ◆ 负，背，欠。¶그는 빚을 잔뜩 짊어졌다. =他背上了沉重的债务。❸ 책임이나 의무를 맡다. ◆ 负，背，欠。¶중책을 짊어지다. =担负重要责任。

짐【명사】名 ❶ 다른 곳으로 옮기기 위하여 챙기거나 꾸려 놓은 물건. ◆ 行李，货物。¶짐을 꾸리다. =打包行李。❷ 맡겨진 임무나 책임. ◆ 责任，负担，任务。¶마음의 짐을 덜다. =减轻心理负担。❸ 수고로운 일이나 귀찮은 물건. ◆ 责任，负担，任务。¶나는 가족에게 짐이 되고 싶지 않다. =我不想成为家人的负担。❹ 한 사람이 한 번 지어 나를 만한 분량의 꾸러미를 세는 단위. ◆ 量份，一次背负的量。¶나무 두 짐을 지어 날랐다. =背走了两份木头。

짐꾼【명사】짐을 지어 나르는 사람. ◆ 名脚夫，搬运工。¶무거운 짐을 짐꾼에게 지게 했다. =让脚夫背重行李。

짐스럽다【형용사】짐을 간수하는 것처럼 귀찮고 부담이 되는 데가 있다. ◆ 形负担。¶과분한 칭찬이 오히려 짐스럽다. =过分的称赞反倒成为负担。

짐승【명사】名 ❶ 포유류를 통틀어 이르는 말. 몸에 털이 나고 네발을 가졌으며 정온 동물이다. ◆ 动物。¶동물원에는 온갖 새와 짐승이 있다. =动物园有各种鸟类和动物。❷ 매우 잔인하거나 야만적인 사람을 비유적으로 이르는 말. ◆ 畜生，禽兽。¶돈을 벌기 위해 자식을 팔아넘기다니 세상에, 그런 짐승이 어디 있나. =为赚钱把孩子卖了，世上怎么会有那样的禽兽！

짐작(斟酌)【명사】사정이나 형편 따위를 어림잡아 헤아림. ◆ 名斟酌，估量，预料。¶그가 나를 속이고 도망갈 줄은 짐작조차 못했다. =没有料到他在骗了我之后逃走。● 짐작되다(斟酌--), 짐작하다(斟酌--) ●

짐짓【부사】마음으로는 그렇지 않으나 일부러 그렇게. ◆ 副故意，假意，假装。¶짐짓 모른 체하다. =假装不知道。

짐짝【명사】묶어 놓은 짐의 한 덩이. ◆ 名行李捆，货包，货箱。¶화물차에 짐짝을 싣다. =货车载着货箱。

집【명사】名 ❶ 사람이나 동물이 추위, 더위, 비바람 따위를 막고 그 속에 들어 살기 위하여 지은 건물. ◆ 房屋，窝，巢。¶집을 짓다. =建房屋。제비가 처마 끝에 집을 지었다. =燕子在房檐下筑巢。❷ 사람이나 동물이 살기 위하여 지은 건물의 수효를 세는 단위. ◆ 量家。¶세 집 건너 가게가 있다. =隔三家有个铺子。❸ 가정을 이루고 생활하는 집안. ◆ 家。¶객지 생활을 오래 하다 보니 집이 그리워진다. =在异地生活久了，想家了。❹ 칼, 벼루, 총 따위를 끼거나 담아 둘 수 있게 만든 것. ◆ 鞘，匣，盒。¶칼을 잘 닦은 후 집에 넣어 보관해라. =擦好刀后，收回鞘里保管。

집게【명사】물건을 집는 데 쓰는, 끝이 두 가닥으로 갈라진 도구. ◆ 名钳子，夹子，镊子，卡子。¶집게로 물건을 집다. =用钳子夹东西。

집게손가락【명사】엄지손가락과 가운뎃손가락의 사이에 있는 둘째손가락. ◆ 名食指。¶집게손가락으로 초인종을 눌렀다. =用食指按门铃。

집결(集結)【명사】한군데로 모이거나 모여 뭉침. 또는 한군데로 모으거나 모아 뭉치게 함. 한군데로 모이거나 모여 뭉침. 또는 한군데로 모으거나 모아 뭉치게 함. ◆ 名集结。¶집결 장소. =集结地点。● 집결되다(集結--), 집결하다(集結--) ●

집계(集計)【명사】이미 된 계산들을 한데 모아서 계산함. 또는 그런 계산. ◆ 名合计，总计，共计。¶집계 결과를 발표하다. =公布统计结果。● 집계되다(集計--), 집계하다(集計--) ●

집구석【명사】'집안(가족을 구성원으로 하여 살림을 꾸려 나가는 공동체. 또는 가까운 일가.)'을 낮잡아 이르는 말. ◆ 名家，家庭。¶할아버지께서는 근본도 알 수 없는 집구석과는 사돈을 맺을 수 없다고 말씀하셨다. =爷爷说，不能和底细不明的家庭结成亲家。

집권(執權)【명사】권세나 정권을 잡음. ◆ 名执权，掌权，执政。● 집권하다(執權--) ●

집기(什器)【명사】집물(什物). 집 안이나 사무실에서 쓰는 온갖 기구. ◆ 名物品，器物。¶사무실 집기를 새것으로 들여놓다. =办公室换进了新物品。

집념(執念)【명사】한 가지 일에 매달려 마음을 쏟음. 또는 그 마음이나 생각. ◆ 名信念，执意，固执，

执着。¶꼭 이기고야 말겠다는 집념에 불타오르다. =充满必胜的信念。

집다【동사】动❶ 손가락이나 발가락으로 물건을 잡아서 들다. ◆捏，夹，捡。❷ 기구로 물건을 끼워서 들다. ◆夹。¶젓가락으로 반찬을 집다. =用筷子夹菜。❸ 지적하여 가리키다. ◆指认。¶그는 여러 용의자 가운데 한 사람을 범인으로 집었다. =他从许多疑犯中指认出罪犯。

집단(集團)【명사】여럿이 모여 이룬 모임. ◆名集团，团体，集体，团伙。¶예술가 집단. =艺术家团体。

집대성(集大成)【명사】여러 가지를 모아 하나의 체계를 이루어 완성함. ◆名集大成。¶이 서사시는 중세 문화의 집대성이다. =这首叙事诗是中世纪文化的集大成之作。● 집대성되다(集大成--), 집대성하다(集大成--) ●

집들이【명사】이사한 후에 이웃과 친지를 불러 집을 구경시키고 음식을 대접하는 일. ◆名乔迁请客，设乔迁宴。¶새로 이사한 집에 가족을 초대해 집들이를 한다. =在新搬入的房子里设乔迁宴招待家人。

집무(執務)【명사】사무를 행함. ◆名工作，办公。¶집무를 보다. =办公。● 집무하다(執務--) ●

집문서(-文書)【명사】집의 소유권을 증명하는 서류. ◆名房契，房产证。¶집문서를 자식에게 물려주다. =将房产证留给子女。

집배원(集配員)【명사】정보 통신부에 소속되어, 우편물을 우체통으로부터 모으고 받을 사람에게 배달하는 직원. ◆名邮递员，集中配送员。

집사람【명사】남에 대하여 자기 아내를 겸손하게 이르는 말. ◆名内人，贱内。¶집사람과 의논한 후 연락하겠습니다. =我和老婆商量后再联系您。

집산지(集散地)【명사】名❶ 생산물이 여러 곳에서 모여들었다가 다시 다른 곳으로 흩어져 나가는 곳. ◆集散地。¶농산물의 집산지. =农产品集散地。❷ 사람이 모여들기도 하고 흩어져 나가기도 하는 곳. ◆聚集地。¶수도는 인구의 집산지이다. =首都是人口聚集地。

집세(-貰)【명사】남의 집을 빌려 사는 대가로 내는 돈. ◆名房租。¶집세를 내다. =交房租。

집시(Gypsy)【명사】헝가리를 중심으로 유럽, 서아시아, 아프리카, 미국에 퍼져 사는 유랑 민족. ◆名吉卜赛人。¶집시의 역사.=吉卜赛人的历史。

집안【명사】가족을 구성원으로 하여 살림을 꾸려 나가는 공동체. 또는 가까운 일가. ◆名家，家庭。¶집안에 경사가 있다. =家有喜事。

집안일【명사】名❶ 살림을 꾸려 나가면서 하여야 하는 여러 가지 일. 빨래, 밥하기, 청소 따위를 이른다. ◆家务。¶집안일을 돌보다. =照料家务。❷ 자기 집이나 가까운 친척 집에 생기는 일이나 행사. ◆家事。¶집안일을 바깥에서 떠들고 다니지 마라. =在外面不要议论家事。

집약(集約)【명사】한데 모아서 요약함. ◆名集中，概括。¶그의 작품은 작가의 삶에 대한 온갖 상념들의 집약이다. =他的作品集中展现了作家对生活的诸多感悟。● 집약되다(集約--), 집약하다(集約--) ●

집어던지다【동사】일이나 행동을 그만두다. ◆动放弃，丢弃，摒弃，抛弃，抛开。¶그는 부장직을 집어던지고 고향으로 내려갔다. =他放弃了部门主管的职位，回到了故乡。

집어치우다【동사】하던 일이나 하고자 한 일을 그만두다. ◆动中途放弃，作罢。¶학업을 집어치우다. =中途放弃学业。

집요하다(執拗--)【형용사】몹시 고집스럽고 끈질기다. ◆形执拗，执意，固执。¶말꼬리를 집요하게 물고 늘어진다. =固执地接过话头继续讲。

집주인(-主人)【명사】한 집안의 으뜸이 되는 사람. 한 집안의 주인. ◆名户主，当家人。

집중(集中)【명사】名❶ 한곳을 중심으로 하여 모임. 또는 그렇게 모음. ◆集中。¶대도시로 인구 집중 현상이 일어나다. =出现人口向大城市集中的现象。❷ 한 가지 일에 모든 힘을 쏟아 부음. ◆集中。¶분위기가 산만해서 집중이 되지 않는다. =气氛散漫，无法集中。● 집중되다(集中--), 집중하다(集中--) ●

집중력(集中力)【명사】마음이나 주의를 집중할 수 있는 힘. ◆名集中力。¶집중력을 기르다. =培养集中力。

집짐승【명사】가축. 집에서 기르는 짐승. 소, 말, 돼지, 닭, 개 따위를 통틀어 이른다. ◆名家畜。¶집짐승으로부터 전염병이 나돌다. =传染病是由家畜引起的。

집착(執着)【명사】어떤 것에 늘 마음이 쏠려 잊지 못하고 매달림. ◆名执着，执迷。¶그는 권력에 대한 집착을 떨쳐 버릴 수가 없었다. =他无法摆脱对权力的痴迷。● 집착하다(執着--) ●

집채【명사】집의 한 덩이. ◆名整幢房屋。¶집채같이 큰 바위. =像整幢房屋那么大的巨石。

집터【명사】집이 있거나 있었거나, 집을 지을 자리. ◆名宅地，宅基。¶집터가 넓다. =宅基地宽敞。

집필(執筆)【명사】붓을 잡는다는 뜻으로, 직접 글을 쓰는 것을 이르는 말. ◆名执笔，动笔，提笔。¶집필을 시작하다. =开始动笔。● 집필하다(執筆--) ●

집합(集合)【명사】名❶ 사람들을 한곳으로 모으거나 모임. ◆集合，集聚，会合。¶집합 장소. =会合地点。❷ 특정 조건에 맞는 원소들의 모임. ◆集合。● 집합되다(集合--), 집합하다(集合--) ●

집행(執行)【명사】실제로 시행함. ◆名执行，实施。¶경기 침체로 신규 사업 집행이 미루어지다. =经济停滞导致新项目的实施被推迟。● 집행되다(執行--), 집행하다(執行--) ●

집현전(集賢殿)【명사】조선 전기에 둔, 경적(經籍)·전고(典故)·진강(進講) 따위를 맡아보던 관아. ◆名 集贤殿。

집회(集會)【명사】여러 사람이 어떤 목적을 위하여 일시적으로 모임. 또는 그런 모임. ◆名集会。

짓【명사】몸을 놀려 움직이는 동작. 주로 좋지 않은 행위나 행동을 이른다. ◆名（不好的）举止，举

动，行为。¶나쁜 짓. =不好的行为。

짓거리【명사】'짓(몸을 놀려 움직이는 동작. 주로 좋지 않은 행위나 행동을 이른다.)'을 낮잡아 이르는 말. ◆图俚举动，行动。¶그따위 짓거리 당장 그만두어라. =马上停止那样的行动。

짓누르다【동사】动❶ 함부로 마구 누르다. ◆猛压，乱压，狠压。¶사내는 두 손으로 상대의 목을 사정없이 짓누르기 시작했다. =男子开始冷酷无情地用双手狠压对方的脖子。❷ 심리적으로 심하게 억압하다. ◆压抑。¶마음을 짓누르는 걱정. =压在心口的担心。

짓눌리다【동사】动❶ '짓누르다'의 피동사. 함부로 마구 누름을 당하다. ◆被猛压，被乱压，被狠压。¶무거운 짐에 어깨가 짓눌려 아프다. =肩膀被沉重的行李压得疼。❷ '짓누르다'의 피동사. 심리적으로 심하게 억압을 당하다. ◆受压抑。¶공포에 짓눌려 말이 제대로 나오지 않는다. =吓得说不出话来。

짓다【동사】动❶ 재료를 들여 밥, 옷, 집 따위를 만들다. ◆做，制造。¶밥을 짓다. =做饭。❷ 여러 가지 재료를 섞어 약을 만들다. ◆配药，抓，配制。¶몸이 허한 것 같아서 보약을 지어 먹었다. =身子好像发虚，抓了补药吃。❸ 시, 소설, 편지, 노래 가사 따위와 같은 글을 쓰다. ◆写，作。¶시를 짓다. =作诗。❹ 한데 모여 줄이나 대열 따위를 이루다. ◆排，列，集结。¶무리를 짓다. =扎堆。❺ 논밭을 다루어 농사를 하다. ◆耕种。¶농사를 짓다. =务农。❻ 어떤 표정이나 태도 따위를 얼굴이나 몸에 나타내다. ◆(表情、姿态等)露，显露，做出，表现。❼ 죄를 저지르다. ◆犯罪。¶그는 중죄를 짓고 숨어 산다. =他犯了重罪，躲了起来。❽ 이어져 온 일이나 말 따위의 결말이나 결정을 내다. ◆结尾，做决定，下结论。¶여기서 이야기를 일단락 짓고 마무리하자. =就说到这里吧。

짓무르다【동사】动❶ 살갗이 헐어서 문드러지다. ◆腐烂，溃烂。¶피부가 짓무르다. =皮肤溃烂。❷ 채소나 과일 따위가 너무 썩거나 무르거나 하여 푹 물크러지다. ◆腐烂。¶채소가 더운 날씨에 짓물렀다. =因为天热，蔬菜都腐烂了。

짓밟다【동사】❶ 함부로 마구 밟다. ◆践踏，乱踩。¶담배꽁초를 구둣발로 짓밟다. =用皮鞋把烟头踩灭。❷ 남의 인격이나 권리 따위를 침해하다. ◆践踏，侵犯，破坏，¶순결을 짓밟다. =破坏纯洁。● 짓밟히다 ●

짓이기다【동사】함부로 마구 이기다. ◆动使劲和，乱和。¶흙을 짓이기다. =胡乱和泥。

징[1]【명사】신의 가죽 창이나 말굽, 쇠굽 따위에 박으여, 대가리가 크고 넓으며 길이가 짧은 쇠못. ◆图鞋钉，马掌钉。¶말발굽에 징을 박다. =给马挂马掌。

징[2]【명사】놋쇠로 둥근 그릇 모양으로 만들어 끈을 꿰고 채로 두드려 소리를 내는, 한국 전통 음악에서 쓰는 악기. ◆图锣。¶징을 치다. =敲锣。

징검다리【명사】图❶ 개울이나 물이 괸 곳에 돌이나 흙더미를 드문드문 놓아 만든 다리. ◆过河石垫脚桥。¶징검다리를 건너다. =过河石垫脚桥。❷ 중간에서 양쪽의 관계를 연결하는 매개체를 비유적으로 이르는 말. ◆媒介，纽带，桥梁。¶나는 그 두 사람 사이의 징검다리 역할을 하고 있다. =我在他们两个人之间起到纽带作用。

징계(懲戒)【명사】图❶ 허물이나 잘못을 뉘우치도록 나무라며 경계함. ◆惩戒，惩罚。¶적당한 징계는 아이 교육에 필요하다. =适当的惩戒在孩子的教育中是必要的。❷ 부정이나 부당한 행위에 대하여 제재를 가함. ◆惩戒。¶경기장 폭행으로 선수가 징계를 받다. =选手因为在赛场上斗殴而受到处罚。● 징계하다(懲戒--) ●

징그럽다【형용사】形❶ 보거나 만지기에 소름이 끼칠 정도로 흉하거나 끔찍하다. ◆令人恶心，令人厌恶。¶다리 많은 벌레가 특히 징그럽다. =腿多的虫子格外令人厌恶。❷ 하는 행동이 유들유들하여 역겹다. ◆令人恶心，令人厌恶。¶그의 속셈을 알자 그녀는 그의 웃음조차 징그러웠다. =知道他的内心之后，他的笑容都让她恶心。

징발(徵發)【명사】图❶ 남에게 물품을 강제적으로 모아 거둠. ◆强征，强收。¶반군은 점령지 주민들로부터 각종 물자의 징발을 시작했다. =叛军开始向占领地居民强征各种物资。❷ 국가에서 특별한 일에 필요한 사람이나 물자를 강제로 모으거나 거둠. ◆征用，征调。● 징발되다(徵發--), 징발하다(徵發--) ●

징벌(懲罰)【명사】옳지 아니한 일을 하거나 죄를 지은 데 대하여 벌을 줌. 또는 그 벌. ◆图惩罚，惩戒。¶가혹한 징벌을 내리다. =处以严酷的惩罚。● 징벌하다(懲罰--) ●

징병(徵兵)【명사】국가가 법령으로 병역 의무자를 강제적으로 징집하여 일정 기간 병역에 복무시키는 일. ◆图 征兵。¶한국 성인 남성이라면 징병의 의무를 다해야 한다. =韩国的成年男子都要服兵役。● 징병하다(徵兵--) ●

징수(徵收)【명사】图❶ 나라, 공공 단체, 지주 등이 돈, 곡식, 물품 따위를 거두어들임. ◆征收。¶혹독한 소작료 징수에 시달린 소작인들. =深受高额田租之苦的佃农。❷ 행정 기관이 법에 따라서 조세, 수수료, 벌금 따위를 국민에게서 거두어들이는 일. ◆征收。¶세금 징수가 원활하게 이루어지다. =税金征收顺利。● 징수되다(徵收--), 징수하다(徵收--) ●

징역(懲役)【명사】죄인을 교도소에 가두어 노동을 시키는 형벌. 자유형 가운데 가장 무거운 형벌이다. ◆图徒刑。¶법원이 징역 10년을 구형하다. =法院判处10年有期徒刑。

징조(徵兆)【명사】어떤 일이 생길 기미. ◆图征兆。¶좋은 징조가 나타나다. =出现好征兆。

징집(徵集)【명사】图❶ 물건을 거두어 모음. ◆征用，征集。¶가혹한 징집으로 백성들이 어려움을 겪다. =残酷的征用让百姓苦不堪言。❷ 병역 의무자를 현역에 복무할 의무를 부과하여 불러 모음. ◆征兵。¶징집을 기피하다. =逃避征兵。● 징집되다(徵集--), 징집하다(徵集--) ●

징징거리다【동사】언짢거나 못마땅하여 계속하여 서 자꾸 보채거나 짜증을 내다. ◆ 动嘟嘟囔囔，哼哼唧唧。¶아이가 배가 고파 징징거리다. =孩子肚子疼，直哼哼。● 징징대다 ●

징크스(jinx)【명사】名 ❶ 재수 없는 일. 또는 불길한 징조의 사람이나 물건. ◆ 倒霉事，不祥之物，不祥之人。¶징크스를 깨다. =打破(不祥的)魔咒。❷ 으레 그렇게 될 수밖에 없는 악운으로 여겨지는 것. ◆ 宿命，魔咒。¶그에게는 경기 전날 수염을 깎으면 경기에 진다는 징크스가 있다. =对他来说，只要比赛前一天刮胡子就会输，这是个魔咒。

징표(徵標)【명사】표징(標徵). 어떤 것과 다른 것을 드러내 보이는 뚜렷한 점. ◆ 名征兆，特征。¶시대가 달라지고 있다는 징표를 도처에서 잘 볼 수 있다. =到处都可以看到时代变化的征兆。

징후(徵候)【명사】겉으로 나타나는 낌새. ◆ 名征候，征兆，迹象。

짖다【동사】动 ❶ 개가 목청으로 소리를 내다. ◆ 吠，叫。¶개 짖는 소리. =狗叫声。❷ 까마귀나 까치가 시끄럽게 울어서 지저귀다. ◆ 乌鸦或喜鹊叽叽喳喳叫个不停。¶까치가 깍깍 짖다. =喜鹊叽叽喳喳地叫。❸ 떠들썩하게 지껄이다. ◆ 唧唧喳喳，吵吵嚷嚷。¶그 녀석이 도대체 뭐라고 짖고 다녔기에 그런 소문이 다 났나? =那小子到底嚷嚷了些什么，怎么会出现这样的传闻?

짙다【형용사】形 ❶ 빛깔을 나타내는 물질이 많이 들어 있어 보통 정도보다 빛깔이 강하다. ◆ 浓，深。¶립스틱을 짙게 바르다. =口红涂得很浓。❷ 털 따위가 일정한 공간이나 범위에 많이 들어 있어 보통 정도보다 빛깔이 강하다. ◆ 浓，密。¶눈썹이 짙다. =眉毛浓密。❸ 그림자나 어둠 같은 것이 아주 뚜렷하거나 빛깔에 아주 검은색이 있다. ◆ 浓，深。¶해가 지자 어둠이 짙게 깔린다. =太阳下山后，黑暗笼罩。❹ 안개나 연기 따위가 자욱하다. ◆ 浓。¶짙은 담배 연기. =浓浓的香烟烟雾。❺ 액체 속에 어떤 물질이 많이 들어 있어 진하다. ◆ 浓。¶농도가 짙다. =浓度大。❻ 일정한 공간에 냄새가 가득 차 보통 정도보다 강하다. ◆ 浓，浓重，浓烈。¶그녀에게서 향수 냄새가 짙게 풍긴다. =她身上散发出浓烈的香水味。❼ 드러나는 기미, 경향, 느낌 따위가 보통 정도보다 뚜렷하다. ◆ 浓，深。¶의혹이 짙다. =疑惑很重。

짙푸르다【형용사】짙게 푸르다. ◆ 形深蓝色，深绿色。¶짙푸른 가을 하늘. =深蓝色的秋日天空。

짚【명사】볏짚. 벼의 낟알을 떨어낸 줄기. ◆ 名稻草，麦秸。¶짚 한 단. =一捆稻草。

짚다【동사】动 ❶ 바닥이나 벽, 지팡이 따위에 몸을 의지하다. ◆ 拄。¶땅을 짚고 일어나다. =扶着地站起来。❷ 손으로 이마나 머리 따위를 가볍게 눌러 대다. ◆ 号脉。¶맥을 짚다. =号脉。❸ 여럿 중에 하나를 꼭 집어 가리키다. ◆ 指出。¶손가락으로 글자를 짚어 가며 가르치다. =边用手指指着字，边教。❹ 상황을 헤아려 어떠할 것으로 짐작하다. ◆ 估计，估算，估量，揣摩。¶적의 허점을 짚다. =揣摩敌人的弱点。

짚단【명사】볏짚을 묶은 단. ◆ 名稻草捆。

짚신【명사】볏짚으로 삼아 만든 신. 가는 새끼를 꼬아 날을 삼고 총과 돌기총으로 울을 삼아 만든다. ◆ 名草鞋。

짚이다【동사】헤아려 본 결과 어떠할 것으로 짐작이 가다. ◆ 动估计到，料到，想到。¶아무리 생각해 보아도 짚이는 바가 없다. =怎么想都想不出来。

짜개다【동사】나무 따위의 단단한 물건을 연장으로 베거나 찍어서 갈라지게 하다. ◆ 动劈开，掰开，切开，破开。¶수박을 짜개다. =切开西瓜。

짜깁기【명사】名 ❶ 직물의 찢어진 곳을 그 감의 올을 살려 본디대로 흠집 없이 짜서 깁는 일. ◆ 织补。¶바지의 해어진 부분에 짜깁기를 하다. =织补裤子的破洞。❷ 기존의 글이나 영화 따위를 편집하여 하나의 완성품으로 만드는 일. ◆ 修改，拼凑。¶이 논문은 독창성이 전혀 없는 짜깁기에 불과하다. =这篇论文毫无独创性，只不过是拼凑的东西。● 짜깁기하다 ●

짜다[1]【형용사】形 ❶ 소금과 같은 맛이 있다. ◆ 咸。¶짜고 매운 음식을 피해라. =饮食戒咸戒辣。❷ 인색하다. ◆ 吝啬，刻薄。¶월급이 짜다. =月薪很少。

짜다[2]【동사】动 ❶ 누르거나 비틀어서 물기나 기름 따위를 빼내다. ◆ 挤，榨取。¶여드름을 짜다. =挤粉刺。❷ 어떤 새로운 것을 생각해 내기 위하여 온 힘을 기울이거나, 온 정신을 기울이다. ◆ 绞尽脑汁，冥思苦想。¶머리를 아무리 짜 보아도 대책이 없다. =绞尽脑汁也没有想出对策。

짜다[3]【동사】动 ❶ 사개를 맞추어 가구나 상자 따위를 만들다. ◆ 做，打造。¶장롱을 짜다. =做柜子。❷ 실이나 끈 따위를 씨와 날로 결어서 천 따위를 만들다. ◆ 编织。¶돗자리를 짜다. =编席子。❸ 사람을 모아 무리를 만들다. ◆ 组织，集结。¶편을 짜다. =组队。❹ 계획이나 일정 따위를 세우다. ◆ 制订。¶여행 일정을 짜다. =制订旅行日程。❺ 어떤 부정적인 일을 하려고 몇 사람끼리만 비밀리에 의논하여 약속하다. ◆ 串联，串通。

-짜리【접사】'그만한 수나 양을 가진 것' 또는 '그만한 가치를 가진 것'의 뜻을 더하는 접미사. ◆ 后缀表示大小或者面值(含强调之意)。¶백 원짜리.=百元面值。

짜릿짜릿하다【형용사】매우 또는 자꾸 자린 듯하다. '자릿자릿하다'보다 센 느낌을 준다. ◆ 形 (触电般)麻酥酥的。¶짜릿짜릿한 쾌감을 느끼다. =有种触电般的快感。

짜릿하다【형용사】形 ❶ 조금 자린 듯하다. '자릿하다'보다 센 느낌을 준다. ◆ 麻。¶손발의 끝이 짜릿할 정도로 물이 차갑다. =水很凉，手脚尖都快麻了。❷ 심리적 자극을 받아 마음이 순간적으로 조금 흥분되고 떨리는 듯하다. '자릿하다'보다 센 느낌을 준다. ◆ (情绪)瞬间波动，兴奋，心动。¶기분이 짜릿함을 느끼다. =感觉到心情的瞬间波动。

짜이다【동사】动 ❶ '짜다 '의 피동사. 사개를 맞추어 가구나 상자 따위가 만들어지다. ◆ 被做，被

打造。¶문짝이 짜이다. =做门。❷ '짜다'의 피동사. 실이나 끈 따위를 씨와 날로 결어서 천 따위가 만들어지다. ◆ 被编织。¶베가 짜이다. =织布。❸ '짜다'의 피동사. 머리를 틀어 상투가 만들어지다. ◆ 被组织，被集结。¶편이 짜이다. =分组。❹ '짜다'의 피동사. 계획이나 일정 따위가 세워지다. ◆ 被制订，制订出，编制出。¶계획이 충실히 잘 짜여 있다. =计划定得很充实。❺ 틀이나 구성 따위가 조화롭다. ◆ (框架或结构)搭配合理。¶잘 짜인 구성. =搭配合理的结构。

짜임【명사】조직이나 구성. ◆ 图组织，结构，构造。¶글의 짜임이 치밀하다. =文章的结构缜密。

짜임새【명사】图 ❶ 짜인 모양새. ◆ 结构，构造，质地。¶이 스웨터는 짜임새가 거칠다. =这件羊毛衫质地粗糙。❷ 글, 이론 따위의 내용이 앞뒤의 연관과 체계를 제대로 갖춘 상태. ◆ (文章)层次，结构，框架。¶짜임새가 엉성하다. =结构混乱。

짜장면(炸醬麵)【명사】중화요리의 하나. 고기와 채소를 넣어 볶은 중국 된장에 국수를 비벼 먹는다. ◆ 图 (中式)炸酱面。

짜증【명사】마음에 꼭 맞지 아니하여 발칵 역정을 내는 짓. 또는 그런 성미. ◆ 图不耐烦，厌烦，反感，生气。¶짜증 섞인 말. =带着不耐烦的话。

짝¹【명사】图 ❶ 둘 또는 그 이상이 서로 어울려 한 벌이나 한 쌍을 이루는 것. 또는 그중의 하나. ◆ 一组，一套，一副，一双。¶짝을 이루다. =配对。❷ '배필(配匹)'을 속되게 이르는 말. ◆ 配偶，对象。¶짝을 찾다. =找对象。❹ 비할 데 없이 대단하거나 매우 심함을 나타내는 말. ◆ 非常。¶반갑기 짝이 없다. =非常高兴。

짝²【부사】물체가 바싹 달라붙는 모양. ◆ 副紧贴的样子。¶몸에 짝 달라붙는 옷. =紧贴在身上的衣服。

짝³【의존 명사】依名 ❶ '곳'의 뜻을 나타내는 말. ◆ 处所。¶아무 짝에도 쓸모없다. =什么地方都用不上。❷ '꼴'의 뜻을 나타내는 말. ◆ 样子。¶쇠뿔도 단숨에 빼라더니 꼭 그 짝이네. =俗话说趁热打铁，做事情就要那样。

짝⁴【부사】副 ❶ 혀를 차면서 입맛을 한 번 다시는 소리. 또는 그 모양. ◆ 啧(咂嘴声)。¶입맛을 짝 다시다. =啧啧咂嘴。❷ 대번에 세게 쪼개지거나 벌어지는 소리. 또는 그 모양. ◆ 咔嚓，哧啦，刷地(分开、裂开的声音或样子)。¶사과가 두 쪽으로 짝 갈라지다. =苹果"咔嚓"一声裂成了两半。

짝꿍【명사】图 ❶ 교실에서 옆자리에 앉거나 늘 붙어 다니는 친구. ◆ 同桌。¶어제 길에서 우연히 만났던 그는 초등학교 1학년 때 짝궁이었다. =昨天在路上偶遇的那个人是小学一年级的同桌。❷ 뜻이 맞거나 매우 친한 사람을 이르는 말. ◆ 非常要好的一伙，好朋友。

짝사랑【명사】한쪽만 상대편을 사랑하는 일. ◆ 图单相思，单恋。¶그녀에 대한 그의 사랑은 결국 짝사랑으로 끝나고 말았다. =他对那个女孩的爱恋后来以单相思告终。● 짝사랑하다 ●

짝수(-數)【명사】2로 나누어서 나머지가 0이 되는 수. 2, 4, 6, 8, 10 따위의 수를 이른다. ◆ 图双数，偶数。¶이 승강기는 짝수 층만 운행한다. =这部电梯只在偶数层停。

짝짓기【명사】동물 따위의 암수가 짝을 이루거나, 짝이 이루어지게 하는 일. 또는 교미하는 행위. ◆ 图配对；交配，交尾。● 짝짓기하다 ●

짝짜꿍【명사】图 ❶ 젖먹이가 손뼉을 치는 재롱. ◆ 婴儿拍手玩。¶엄마 앞에서 짝짜꿍, 아빠 앞에서 짝짜꿍. =婴儿在父母面前拍手玩。❷ 말이나 행동에서 서로 짝이 잘 맞는 일. ◆ 想法一致。¶두 사람은 짝짜꿍이 잘 맞는다. =二人想法很一致。

짝짝【부사】副 ❶ 혀를 차면서 자꾸 입맛을 다시는 소리. 또는 그 모양. ◆ 啧啧咂嘴。¶고기 굽는 냄새를 맡고 입맛을 짝짝 다시다. =闻到了炖肉的香味，一个劲地啧啧咂嘴。❷ 자꾸 세게 쪼개지거나 벌어지는 소리. 또는 그 모양. ◆ 咔嚓裂开。¶가뭄이 들어 논바닥이 짝짝 갈라졌다. =天旱，水田都咔嚓咔嚓地裂缝了。❸ 입이나 팔, 다리 따위를 자꾸 크게 벌리는 모양. ◆ 宽宽地，平展地。¶막내가 입을 짝짝 벌리며 노래를 부르는 모습에 온 식구가 배꼽을 잡았다. =老幺张大嘴唱歌的样子让全家人捧腹大笑。

짝짝이【명사】서로 짝이 아닌 것끼리 합하여 이루어진 한 벌. ◆ 图不是一双的，不是一套的。¶양말을 짝짝이로 신다. =穿的袜子不是一双。

짠맛【명사】소금과 같은 맛. ◆ 图咸味。¶소금의 짠맛을 느끼다. =感觉到盐的咸味。

짠물【명사】짠맛이 나는 물. ◆ 图咸水。

짠지【명사】무를 통째로 소금에 짜게 절여서 묵혀 두고 먹는 김치. 김장 때 담가서 이듬해 봄부터 여름까지 먹는다. ◆ 图咸菜。

짤따랗다【형용사】매우 짧거나 생각보다 짧다. ◆ 形颇短，相当短。¶키가 짤따랗다. =个子相当矮。

짤랑짤랑【부사】얇은 쇠붙이나 작은 방울 따위가 자꾸 흔들리거나 부딪쳐 울리는 소리. '잘랑잘랑'보다 센 느낌을 준다. ◆ 副当啷当啷。¶움직일 때마다 옷에 매달린 장신구가 짤랑짤랑 흔들렸다. =一动，挂在衣服上的饰品就叮当作响。● 짤랑짤랑하다 ●

짤막하다【형용사】조금 짧은 듯하다. ◆ 形稍短，简短。¶짤막하게 대답하다. =简短地回答。

짧다【형용사】形 ❶ 잇닿아 있는 공간이나 물체의 두 끝의 사이가 가깝다. ◆ 短。¶토끼는 뒷발이 길고 앞발이 짧다. =兔子后腿长前腿短。❷ 이어지는 시간상의 한 때에서 다른 때까지의 동안이 오래지 않다. ◆ 短。¶아주 짧은 순간에 일어난 일. =在瞬间发生的事。❸ 글이나 말 따위의 길이가 얼마 안 되다. 또는 행동을 빠르게 하다. ◆ 短。¶시는 보통 산문보다 길이가 짧다. =诗一般比散文短。❹ 자본이나 생각, 실력 따위가 어느 정도나 수준에 미치지 못한 상태이다. ◆ 短缺，短浅，不足。¶지식이 짧다. =知识不足。

짬【명사】어떤 일에서 손을 떼거나 다른 일에 손을 댈 수 있는 겨를. ◆ 图空闲，闲暇。¶밥 먹을 짬도 없다. =连吃饭的空都没有。

짭짤하다【형용사】形 ❶ 감칠맛이 있게 조금 짜

다. ◆ 稍咸。¶짭짤하게 끓인 된장국은 입맛을 돋운다. =熬得微咸的大酱汤勾起了食欲。❷ 일이 잘되어 실속이 있다. ◆ 有成效，顺利。¶수입이 짭짤하다. =收入不菲。

-째¹【접사】'그대로', 또는 '전부'의 뜻을 더하는 접미사. ◆ 后缀整。¶생선을 통째로 씹어 먹다. =吞吃了整条鱼。

-째²【접사】'차례', '등급', '그 수효만큼'의 뜻을 나타냄. ◆ 后缀表示顺序、数量和等级等。¶첫째. =首先。

째다【동사】动 ❶ 물건을 찢거나 베어 가르다. ◆ 撕，裁，割，剖。¶상처를 째고 고름을 짜내다. =划开伤口挤出脓来。❷ 세찬 움직임이나 날카로운 소리가 어떤 대상을 가르다. ◆ 震动。¶고막을 째는 듯한 폭발음. =震耳欲聋的爆炸声。

째지다【동사】动 ❶ '째어지다'의 준말. 터져서 갈라지거나 베어져서 벌어지다. ◆ 绽开，破裂。¶교통사고로 얼굴이 째지다. =遭遇交通事故，破相了。❷ 기분이 매우 좋다. ◆ 心情好。¶한바탕 춤을 추고 나니 기분 째지는데. =跳了一场舞，心情很好。

짹짹【부사】자꾸 참새 따위가 우는 소리. ◆ 副叽叽喳喳，啾啁。¶전깃줄에 앉은 참새가 짹짹 지저귀다. =停在电线上的麻雀叽叽喳喳地叫着。

쨍¹【부사】햇볕 따위가 강하게 내리쬐는 모양. ◆ 副阳光火辣辣地。¶구름이 걷히고 볕이 쨍 났다. =云散开了，阳光火辣辣地射出来。

쨍²【부사】副 ❶ 쇠붙이 따위가 세게 부딪쳐서 날카롭고 높게 울리는 소리. ◆ 铮铮(金属碰撞声)。❷ 유리나 단단한 얼음장이 부딪치거나 갈라질 때 울리는 소리. ◆ 啪嗒，咔嚓。¶컵이 쨍 소리를 내며 바닥에 떨어졌다. =杯子"啪嗒"一声掉到了地上。

쨍그랑【부사】얇은 쇠붙이나 유리 따위가 떨어지거나 부딪쳐 맑게 울리는 소리. '쟁그랑'보다 센 느낌을 준다. ◆ 副当啷啷，啪嗒。¶잔이 쨍그랑 소리를 내며 바닥에 떨어졌다. =杯子"啪嗒"一声掉到了地上。

쨍쨍【부사】햇볕 따위가 몹시 내리쬐는 모양. ◆ 副阳光火辣辣地。¶햇볕이 쨍쨍 내리쬐는 여름 바닷가. =阳光火辣辣地照射着夏日海边。

쩌렁쩌렁【부사】副 ❶ 얇은 쇠붙이 따위가 자꾸 서로 부딪쳐 짧게 울리는 소리. '저렁저렁'보다 센 느낌을 준다. ◆ 丁零零。¶숲 사이에서 쩌렁쩌렁 요령을 울리며 자전거가 나타났다. =树林里传来丁零零的铃声，自行车出现了。❷ 목소리가 자꾸 크고 높게 울리는 소리. 또는 그 모양. '저렁저렁'보다 센 느낌을 준다. ◆ 响亮地。¶그들의 만세 소리는 쩌렁쩌렁 울리며 온 세상에 퍼져 나갔다. =他们喊的"万岁"声震耳欲聋，传到了四面八方。

쩍【부사】副 ❶ 혀를 차면서 입맛을 크게 한 번 다시는 소리. 또는 그 모양. ◆ 啧啧(咂嘴)。¶돈이 없어서 맛있는 과일을 보고도 입만 쩍 다시고 돌아서야 했다. =没有钱，看到好吃的水果也只能"啧啧"咂嘴，然后转过身去。❷ 대번에 크게 쪼개지거나 벌어지는 소리. 또는 그 모양. ◆ 咔嚓(裂开声或者张开貌)。¶쩍 벌어진 어깨. =宽阔的肩膀。❸ 입이나 팔, 다리 따위를 아주 크게 벌리는 모양. ◆ 大大张开貌。¶두 팔을 쩍 벌리고 서 있는 허수아비. =双臂大大地张开、站立着的稻草人。

쩍쩍【부사】副 ❶ 물체가 자꾸 바싹 다가붙거나 끈기 있게 들러붙는 모양. ◆ 黏糊糊地。¶엿이 입천장에 쩍쩍 붙는다. =麦芽糖紧紧地粘在上腭上。❷ 입맛에 아주 떡 맞는 모양. ◆ 啧啧(咂嘴)。¶반찬이 입에 쩍쩍 달라붙는다. =菜非常合胃口。

쩔쩔매다【동사】动 ❶ 어찌할 줄 몰라서 정신을 못 차리고 헤매다. '절절매다'보다 센 느낌을 준다. ◆ 手足无措，团团转。¶나는 요즈음 교통비도 없어서 쩔쩔매고 살아간다. =最近我连交通费都没有，急得团团转。❷ 어떤 사람이나 일 따위에 눌리어 기를 펴지 못하다. '절절매다'보다 센 느낌을 준다. ◆ 诚惶诚恐。¶처녀 적에 당당하던 그녀가 시어머니에게 저 정도로 쩔쩔맬 줄은 상상하지도 못했다. =她出嫁前风风火火的，没想到结婚后在婆婆面前那么诚惶诚恐。

쩝쩝거리다【동사】动 ❶ 어떤 대상이나 일이 못마땅할 때 몹시 씁쓰레하게 입맛을 다시는 소리를 자꾸 내다. ◆ 表示不满或不同意某事时啧啧咂嘴。¶그는 마음에 들지 않아 입을 쩝쩝거렸다. =他觉得不称心而啧啧咂嘴。❷ 어떤 음식의 맛을 보거나 감칠맛이 있어서 크게 입맛을 다시는 소리를 자꾸 내다. ◆ 因食物看起来或尝起来好吃而啧啧咂嘴。¶먹고 싶어 입맛을 쩝쩝거리다. =馋得直咂嘴。

쩨쩨하다【형용사】形 ❶ 너무 적거나 하찮아서 시시하고 신통치 않다. ◆ 区区，不起眼。¶그는 겨우 쩨쩨한 멸치 한 포를 선물로 가져왔다. =他只拿来区区一包鳀鱼作礼物。❷ 사람이 잘고 인색하다. ◆ 吝啬，小气。¶쩨쩨한 남자. =小气的男人。

쪼가리【명사】작은 조각. ◆ 名片，块。¶종이 쪼가리. =纸片。

쪼개다【동사】动 ❶ 둘 이상으로 나누다. ◆ 分开，劈开，切开。¶사과를 반으로 쪼개다. =把苹果切成两半。❷ 시간이나 돈 따위를 아끼다. ◆ 省出，挤出，抽出。¶그는 잠자는 시간을 쪼개서 공부를 했다. =他省出睡觉的时间用来学习。❸ (속되게) 소리 없이 입을 벌리고 웃다. ◆ 无声地咧嘴笑。¶그녀는 아무 말도 않고 해죽해죽 쪼개기만 하였다. =她什么也不说，只是无声地盈盈微笑。

쪼그리다【동사】动 ❶ 누르거나 옥여서 부피를 작게 만들다. ◆ 弄瘪，弄皱。¶보따리를 더 쪼그려서 싸도록 해라. =把包袱再压小些捆起来。❷ 팔다리를 오그려 몸을 작게 옴츠리다. ◆ 弄瘪，弄皱。¶무릎을 꿇고 쪼그려 앉다. =蜷着膝盖跪坐着。

쪼글쪼글【부사】쪼그라지거나 구겨져서 고르지 아니하게 주름이 많이 잡힌 모양. ◆ 副皱皱巴巴。¶바지가 쪼글쪼글 구겨지다. =裤子皱皱巴巴的。
● 쪼글쪼글하다 ●

쪼끄맣다【형용사】'쪼끄마하다'의 준말. 조금 작거나 적다. '조그마하다'보다 아주 센 느낌을 준다. ◆ 形小小的。¶기차가 어느 쪼그만 역에 도착하였다.

=火车到了一个小站。

쪼다【동사】뾰족한 끝으로 쳐서 찍다. ◆动凿，啄。¶닭이 모이를 쪼다. =鸡啄饲料。

쪼들리다【동사】어떤 일이나 사람에 시달리거나 부대끼어 괴롭게 지내다. ◆动受苦，受煎熬，受折磨，受逼迫。¶가난에 쪼들린 삶. =受贫困煎熬的生活。

쪼르르【부사】副❶ 가는 물줄기 따위가 빠르게 흘러내리는 소리. 또는 그 모양. '조르르'보다 센 느낌을 준다. ◆ 水哗啦啦流下的样子。¶빗물이 홈통을 타고 쪼르르 흘러내렸다. =雨水顺着檐槽哗啦啦地流下。❷ 작은 물건 따위가 비탈진 곳에서 빠르게 미끄러져 내리는 모양. '조르르'보다 센 느낌을 준다. ◆吱溜(滑下貌)。¶미끄럼틀을 타고 아이들이 쪼르르 내려온다. =孩子们坐着滑梯"吱溜"一下滑下来。

쪽[1]【명사】图❶ 책이나 장부 따위의 한 면. ◆页，面。¶이 쪽에는 교정을 보아야 할 것이 많다. =该页中许多地方要校正。❷ 책이나 장부 따위의 면을 세는 단위. ◆量页，面。¶이 책은 250쪽이다. =这本书250页。

쪽[2]【명사】쪼개진 물건의 한 부분. ◆图碎片，碎块，瓣。¶깨진 접시 쪽은 쓰레기통에 담아라. =把盘子碎片放到垃圾桶里。

쪽[3]【명사】시집간 여자가 뒤통수에 땋아서 틀어 올려 비녀를 꽂은 머리털. 또는 그렇게 틀어 올린 머리털. ◆图发髻。¶단정하게 쪽을 진 머리. =梳着端庄的发髻。

쪽[4]【의존 명사】쪼개진 물건의 부분을 세는 단위. ◆依名 量片，块，瓣。¶마늘 한 톨은 대개 여섯 쪽이다. =一头蒜大约有五六瓣。

쪽[5]【의존 명사】依名❶ 방향·행동의 목표가 있는 곳. ◆边。¶홍수에 돼지가 강 하류쪽으로 떠내려갔다. =猪被洪水冲到河下游。❷ 서로 갈라지거나 맞서는 것 하나를 가리키는 말. ◆方，边。¶손실을 막으려면 우리 쪽에서 선수를 쳐야 한다. =要想避免损失，我方要先发制人。

쪽문(-門)【명사】대문짝의 가운데나 한편에 사람이 드나들도록 만든 작은 문. ◆图便门，小门。¶쪽문으로 드나들다. =走便门。

쪽박【명사】작은 바가지. ◆图小瓢。

쪽배【명사】통나무를 쪼개어 속을 파서 만든 배. ◆图独木舟。

쪽빛【명사】남빛. 짙은 푸른빛. ◆图蓝色。¶저 멀리 남쪽으로는 쪽빛 바다가 말갛게 뻗어 있었다. =蔚蓝色的大海向南延伸，一望无际。

쪽지(-紙)【명사】图❶ 작은 종잇조각. ◆ 纸条。¶나는 그의 대답을 조목조목 쪽지에 적었다. =我把他的回答逐条记在纸片上。❷ 글쪽지. 어떤 내용의 글을 적은 종이쪽. ◆字条，便条，条子。¶그는 쪽지도 남기지 않고 사흘째 집에 들어오지 않고 있다. =他连张纸条都没留下，连续四天没回家。

쪽팔리다【동사】부끄러워 체면이 깎이다. ◆动丢脸，没面子。¶아이, 쪽팔려. 오는 길에 돌에 걸려 넘어졌어. =哎，真丢脸，来的路上被石头绊倒了。

쫄깃쫄깃【부사】씹히는 맛이 매우 차지고 질긴 듯한 느낌. '졸깃졸깃'보다 센 느낌을 준다. ◆副韧韧地，筋道地。¶쫄깃쫄깃 씹히는 맛이 좋다. =嚼起来筋道，味道很不错。● 쫄깃쫄깃하다 ●

쫄딱【부사】더할 나위 없이 아주. ◆副全都，完全。¶쫄딱 반하다. =完全迷住了。

쫑그리다【동사】动❶ 귀를 빳빳하게 세우거나 입술을 뾰족이 내밀다. ◆竖起(耳朵)，撅起(嘴巴)。¶그 여자는 말은 하지 않고 입술만 쫑그리고 있다. =她不说话，只是撅着嘴。❷ 긴장하여 몸을 잔뜩 조그리다. ◆蜷缩。¶마당에서 무슨 기척이 느껴지자 언니가 잔뜩 쫑그리며 몸을 일으켰다. =听到院子里有动静，姐姐紧紧地蜷缩了一下身子然后站起身来。

쫑긋【부사】입술이나 귀 따위를 빳빳하게 세우거나 뾰족이 내미는 모양. ◆副翘起(耳朵)，噘起嘴巴。¶토끼가 귀를 쫑긋 세운다. =兔子竖起耳朵。● 쫑긋하다 ●

쫑알거리다【동사】주로 여자나 아이들이 남이 잘 알아듣지 못할 정도의 작은 목소리로 혼잣말을 자꾸 하다. '종알거리다'보다 센 느낌을 준다. ◆动直嘟囔。¶그는 쉬지 않고 연방 입을 쫑알거렸다. =他不停地嘟囔。● 쫑알대다 ●

쫓겨나다【동사】어떤 장소나 직위에서 내쫓김을 당하다. ◆动被撵出，被赶走。¶그는 회사에서 쫓겨났다. =他被公司开除了。

쫓기다【동사】动❶ '쫓다'의 피동사. 잡거나 만나려는 어떤 대상으로부터 추격을 당하다. ◆被追赶，被撵。¶그는 경찰에게 쫓기는 신세가 되었다. =他被警方追捕。❷ 일에 몹시 몰려 지내다. ◆被事情拖累，忙于。¶농사에 쫓겨 애들을 돌보지 못했다. =忙于农活，没能照看孩子。❸ 어떤 두려움으로 마음이 불안한 상태에 놓이다. ◆ 因恐惧而不安，被压抑。¶그는 강박 관념에 쫓겨 불안한 시간을 보냈다. =他被传统观念所压抑，感到不安。

쫓다【동사】动❶ 어떤 대상을 잡거나 만나기 위하여 뒤를 급히 따르다. ◆ 追赶。¶쫓고 쫓기는 숨 막히는 추격전을 벌이다. =上演了你追我赶、扣人心弦的追击战。❷ 어떤 자리에서 떠나도록 몰다. ◆撵，赶，驱赶，驱散。¶황소가 꼬리를 흔들어 등의 파리를 쫓았다. =黄牛摆尾巴，驱散背上的苍蝇。❸ 밀려드는 졸음이나 잡념 따위를 물리치다. ◆赶走，驱赶。¶잠을 쫓다. =赶走睡意。

쫓아가다【동사】动❶ 어떤 대상을 만나기 위하여 급히 가다. ◆ 追赶。¶막내 동생은 부엌으로 쫓아가 방금 있었던 일을 엄마에게 일렀다. =小弟跑到厨房，把刚才发生的事情告诉了妈妈。❷ 어떤 사람이나 물체 따위의 뒤를 급히 따라가다. ◆ 跟随，紧跟。¶선두에 선 흰말의 뒤를 검정말이 기를 쓰고 쫓아가고 있었다. =黑马紧跟在前面的白马后面。

쫓아오다【동사】动❶ 어떤 대상을 만나기 위하여 급히 오다. ◆ 追来。¶그는 나에게 조석으로 쫓아와서 돈을 내놓으라고 행패를 부렸다. =他早晨晚上都过来，厚颜无耻地找我要钱。❷ 어떤 사람이나 물체 따위의 뒤를 급히 따라오다. ◆紧跟来。¶그 남자는 그녀의 뒤를 몰래 쫓아왔다. =那个男人偷偷跟在她

后面。

쬐다【동사】动❶ 볕이 들어 비치다. ◆照射。¶내 방에는 햇볕이 잘 쬐지 않는다. =我的屋子采光不好。❷ 볕이나 불기운 따위를 몸에 받다. ◆暴晒，烤。¶모닥불을 쬐다. =烤篝火。

쭈그리다【동사】动❶ 누르거나 욱여서 부피를 작게 만들다. ◆弄瘪，压缩。¶깡통을 쭈그려서 쓰레기통에 넣었다. =把罐头盒捏瘪了，扔到垃圾箱里。❷ 팔다리를 우그려 몸을 작게 움츠리다. ◆蜷缩。¶몸을 쭈그리고 자다. =蜷缩着身子睡觉。

쭈글쭈글【부사】쭈그러지거나 구겨져서 고르지 않게 주름이 많이 잡힌 모양. ◆副皱巴巴。¶쭈글쭈글 구겨진 바지. =皱巴巴的裤子。● 쭈글쭈글하다 ●

쭈뼛쭈뼛【부사】副❶ 물건의 끝이 다 차차 가늘어지면서 삐쭉삐쭉하게 솟은 모양. '주뼛주뼛'보다 센 느낌을 준다. ◆耸立，高耸。¶공사장에 깔린 널빤지에 못이 쭈뼛쭈뼛 튀어나와 있다. =钉子从工地铺的板子上冒出来。❷ 무섭거나 놀라서 머리카락이 자꾸 꼿꼿하게 일어서는 듯한 느낌. '주뼛주뼛'보다 센 느낌을 준다. ◆毛骨悚然地。¶으슥한 산기슭을 돌 때 머리끝이 쭈뼛쭈뼛 솟는 것 같았다. =转过僻静的山麓时，发梢似乎都竖起来了。❸ 어줍거나 부끄러워서 자꾸 주저주저하거나 머뭇거리는 모양. '주뼛주뼛'보다 센 느낌을 준다. ◆羞羞答答地，扭扭捏捏地。¶서로들 눈치만 살피던 아이들 중에서 한 아이가 겁먹은 얼굴로 쭈뼛쭈뼛 나서더구먼. =孩子们互相看对方的眼色，其中一个孩子怯生生地站出来。● 쭈뼛쭈뼛하다 ●

쭈뼛하다【형용사】물건의 끝이 차차 가늘어지면서 삐쭉하게 솟다. 또는 그렇게 되게 하다. '주뼛하다'보다 센 느낌을 준다. ◆形耸立，高耸。¶첨탑의 끝이 쭈뼛하다. =尖塔的顶部高耸着。

쭉【부사】副❶ 줄이나 금 따위를 곧게 내긋는 모양. '죽'보다 센 느낌을 준다. ◆哧地(笔直画线貌)。¶붓으로 쭉 긋다. =用毛笔笔直地画线。❷ 여럿이 고르게 늘어서거나 가지런히 벌여 있는 모양. '죽'보다 센 느낌을 준다. ◆一溜(成排，成行)。¶동그라미 모양으로 쭉 둘러앉다. =围坐成一圈。❸ 종이나 천 따위를 한 가닥으로 단번에 찢거나 훑는 모양. '죽'보다 센 느낌을 준다. ◆哧啦(撕裂的样子)。¶종이를 쭉 찢다. =把纸"哧啦"撕碎。❹ 물 따위를 단숨에 들이마시는 모양. '죽'보다 센 느낌을 준다. ◆一气喝下的样子。¶물을 쭉 마시다. =把水一饮而尽。❺ 곧게 펴거나 벌리는 모양. '죽'보다 센 느낌을 준다. ◆展开的样子。¶허리를 쭉 펴다. =尽量舒展腰。❻ 넓은 범위로 눈길을 보내어 한눈에 훑어보는 모양. '죽'보다 센 느낌을 준다. ◆环顾的样子。¶주변을 쭉 둘러보다. =环顾四周。

쭉정이【명사】껍질만 있고 속에 알맹이가 들지 아니한 곡식이나 과일 따위의 열매. ◆名瘪谷，秕粒。¶보리 쭉정이. =大麦秕粒。

-쯤【접사】'정도'의 뜻을 더하는 접미사. ◆后缀(用于一些名词及名词词组之后) 表示程度。¶우리 중간쯤에서 만나자. =我们在大约中间的地方见。

쯧쯧【감탄사】연민을 느끼거나 마음에 못마땅할 때에 혀를 자꾸 차 내는 소리. ◆叹啧啧(咂嘴)。¶쯧쯧! 철없는 놈. =啧啧，不懂事的家伙。

찌【명사】낚시찌. 물고기가 미끼를 물어 낚시에 걸리면 빨리 알 수 있도록 낚싯줄에 매어서 물 위에 뜨게 만든 물건. ◆名浮标，浮子。

찌개【명사】뚝배기나 작은 냄비에 국물을 바특하게 잡아 고기·채소·두부 따위를 넣고, 간장·된장·고추장·젓국 따위를 쳐서 갖은 양념을 하여 끓인 반찬. ◆名 炖肉，炖菜。¶찌개를 끓이다. =做炖菜。

찌그러지다【동사】짓눌려서 여기저기 고르지 아니하게 우그러지다. ◆动压瘪，压缩。¶주전자가 찌그러지다. =壶压瘪了。

찌꺼기【명사】名❶ 액체가 다 빠진 뒤에 바닥에 남은 물건. ◆沉淀物，渣子。¶중약을 짜고 난 찌꺼기를 거름으로 쓰면 식물이 잘 자란다. =将中药熬制后剩下的渣子用作肥料，植物长得很好。名❷ 쓸 만하거나 값어치가 있는 것을 골라낸 나머지. ◆渣滓，残渣，废渣。¶음식물 찌꺼기를 분리하여 버리다. =把饭渣分离出来扔掉。

찌다[1]【동사】살이 올라서 뚱뚱해지다. ◆动发胖，长肉，长胖。¶살이 피둥피둥 찌다. =长肉了，胖乎乎的。

찌다[2]【동사】动❶ 뜨거운 김을 쐬는 것같이 더워지다. ◆闷热。¶한여름이 되니 날씨가 푹푹 찐다. =到了盛夏，天热得像蒸笼一样。❷ 뜨거운 김으로 익히거나 데우다. ◆蒸。¶오늘 점심에는 감자를 쪄서 먹자. =今天中午蒸土豆吃吧。

찌들다【동사】动❶ 물건이나 공기 따위에 때나 기름이 들러붙어 몹시 더러워지다. ◆满是污垢，满是污渍。¶먼지와 땀에 찌든 옷. =满是灰尘和汗渍的衣服。❷ 좋지 못한 상황에 오랫동안 처하여 그 상황에 몹시 익숙해지다. ◆饱经风霜，饱受苦难。¶가난에 찌들다. =历经苦难。

찌르다【동사】动❶ 끝이 뾰족하거나 날카로운 것으로 물체의 겉면이 뚫어지거나 쑥 들어가도록 세차게 들이밀다. ◆刺，扎。¶주사기를 엉덩이에 찌르다. =用针头扎屁股。❷ 틈이나 사이에 무엇을 꽂아 넣다. ◆插，别。¶비녀를 머리에 찌르다. =把簪子别在头上。❸ 남의 잘못을 다른 사람에게 일러바치다. ◆告密，告发，举报。❹ 후각을 세게 자극하다. ◆刺激。¶고약한 냄새가 코를 찔러서 숨쉬기도 힘들다. =怪味刺鼻，呼吸困难。

찌르르하다【형용사】形❶ 뼈마디나 몸의 일부가 조금 저린 데가 있다. '지르르하다'보다 센 느낌을 준다. ◆麻酥酥地，又酸又痛地。¶온몸이 찌르르하다. =全身有种酥麻的感觉。❷ 움직임이나 열, 전기 따위가 한 지점에서 주위로 빠르게 퍼져 나가는 데가 있다. '지르르하다'보다 센 느낌을 준다. ◆火辣辣地，针刺般地。¶차 문을 열 때 자꾸 정전기로 인해 찌르르하다. =打开车门时，经常被静电电得针刺般疼。

찌푸리다【동사】날씨가 매우 음산하게 흐려지다. ◆动阴沉沉。¶잔뜩 찌푸린 날씨. =阴沉沉的天。

찍[1]【부사】副 ❶ 줄이나 획을 세게 한 번 긋는 소리. 또는 그 모양. '직'보다 센 느낌을 준다. ◆"刷刷"写字的声音或样子。¶동생은 도화지에 선 하나를 찍 그어 놓고는 그것을 미술 작품이라고 한다. =弟弟在图画纸上"刷"地画了一条线，然后说那是美术作品。❷ 종이나 천 따위를 세게 찢는 소리. 또는 그 모양. '직'보다 센 느낌을 준다. ◆"哧哧"撕扯纸或布的声音或样子。¶바지가 책상 모서리에 걸려 찍 찢어졌다. =裤子被桌角挂住了，"哧"地一声撕裂了。

찍[2]【부사】액체가 가는 줄기로 세게 뻗치는 소리. 또는 그 모양. '직'보다 센 느낌을 준다. ◆副咕唧(解出一些稀便的声音)；哗(解小便声)。¶새가 찍 똥을 싸다. =鸟儿"咕唧"一声排出了粪便。

찍다【동사】动 ❶ 날이 있는 연장으로 내리치다. ◆砍，劈。¶도끼로 나무를 찍다. =用斧头砍树。❷ 표 따위에 구멍을 뚫다. ◆检票。¶기차표를 찍다. =检火车票。

찍소리【명사】'없다', '못하다', '말다' 따위의 부정어와 함께 쓰여, 아주 조금이라도 반대하거나 항의하려는 말이나 태도. ◆图吭声，吭气(与否定谓词连用)。¶내가 돌아올 때까지 찍소리 말고 잠자코 있어라.=别吭声，等我回来。

찍찍【부사】副 ❶ 줄이나 획을 함부로 세게 긋는 소리. 또는 그 모양. '직직'보다 센 느낌을 준다. ◆刷刷(写字声)。¶글씨를 찍찍 갈겨 쓰다. =刷刷地乱写。❷ 종이나 천 따위를 세게 마구 찢는 소리. 또는 그 모양. '직직'보다 센 느낌을 준다. ◆嘶啦(撕裂貌)。¶종이를 찍찍 찢다. =把纸嘶啦撕碎。❸ 신 따위를 끌며 걷는 소리. 또는 그 모양. '직직'보다 센 느낌을 준다. ◆嚓嚓(鞋拖地声)。¶사무실 안에서는 슬리퍼를 찍찍 끌고 다니지 마라. =不要在办公室里"嚓嚓"地穿着拖鞋走。

찍히다[1]【동사】动 ❶ '찍다 '의 피동사. 바닥에 대고 눌러서 자국이 나다. ◆被盖上。¶그 계약서에 찍힌 도장은 내 것이다. =合同上盖的章是我的。❷ '찍다'의 피동사. 인쇄기를 써서 글이나 그림 따위가 박혀 나오게 하다. ◆被印上。¶이 책은 지금까지 20쇄까지 찍혀 나왔다. =这本书到现在已经印了20次。❸ '찍다'의 피동사. 어떤 대상이 촬영기에 비추어져 그 모양이 옮겨지다. ◆被拍摄。¶그는 범행 현장에서 기자에게 얼굴이 찍히는 바람에 현행범으로 체포되었다. =他在犯罪现场被记者拍到了脸，被作为现行犯逮捕了。❹ '찍다(어떤 사물이나 대상을 분명히 가리키다)'의 피동사. ◆被认为，被打上烙印。¶그는 우리 회사에서 위험인물로 찍혀 있었다. =他被认为是我们公司的危险人物。

찍히다[2]【동사】动 ❶ '찍다'의 피동사. 날이 있는 연장 따위로 내리침을 당하다. ◆被砍，被劈，被戳。¶도끼에 발등을 찍히다. =脚背被斧子砍了。❷ '찍다'의 피동사. 끝이 뾰족한 것으로 찌름을 당하다. ◆被凿，被刨。¶뾰족한 돌부리에 머리를 찍히다. =头碰在了尖利的石尖上。

찐득거리다【동사】눅진하고 차져 끈적끈적하게 자꾸 달라붙다. '진득거리다 '보다 센 느낌을 준다. ◆动黏糊糊。¶엿이 이에 달라붙어 찐득거리다. =麦芽糖粘在了牙上，黏糊糊的。● 찐득대다 ●

찐득찐득【부사】눅진하고 차져 자꾸 끈적끈적하게 달라붙는 모양. '진득진득'보다 센 느낌을 준다. ◆副黏糊糊。¶습기 찬 여름에는 옷이 찐득찐득 달라붙는다. =在湿气重的夏天，衣服贴在身上，黏糊糊的。● 찐득찐득하다 ●

찐빵【명사】김에 쪄서 익힌 빵. 속에 팥 따위를 넣기도 한다. ◆图馒头。

찔끔【부사】副 ❶ 겁이 나거나 놀라서 몸을 갑자기 뒤로 물리듯 움츠리는 모양. ◆(因害怕、受惊而)瑟缩。¶밤늦게 귀가하는 나를 보며 아버지께서 호통을 치시자 찔끔 겁이 났다. =父亲对晚归的我大发雷霆，吓得我瑟瑟发抖。❷ 액체 따위가 조금 새어 흐르거나 나왔다 그치는 모양. '질금'보다 센 느낌을 준다. ◆一点一点地流、洒貌。¶눈물을 찔끔 흘리다. =不停地流眼泪。● 찔끔찔끔 ●

찔끔하다【동사】겁이 나거나 놀라서 몸을 갑자기 뒤로 물리듯 움츠리다. ◆动(因害怕、受惊而)瑟缩。¶아버지가 묻는 말에 찔끔했다. =听到父亲的问话，吓得瑟缩成一团。

찔레나무【명사】찔레나무. 장미과의 낙엽 활엽 관목. 5월에 흰 꽃이 원추(圓錐) 화서로 피고 열매는 장과(漿果)로 10월에 빨갛게 익는다. 열매는 약용하고, 관상용·산울타리용으로 재배한다. 산기슭의 양지와 개울가에서 자라는데 한국, 일본 등지에 분포한다. ◆图野玫瑰，野蔷薇。

찔리다【동사】动 ❶ '찌르다'의 피동사. 끝이 뾰족하거나 날카로운 것으로 물체의 겉면이 뚫어지거나 쏙 들어가도록 세차게 들이밀리다. ◆被刺，被扎，被插。¶바늘에 손가락이 찔리다. =手指被针扎了。❷ '찌르다'의 피동사. 감정 따위가 세게 자극 받다. ◆内疚，愧疚。¶식구들을 두고 나 혼자 여행을 떠나는 것이 마음에 찔린다. = 我抛开家人，一个人出来旅游，心里感觉很内疚。

찜【명사】图 ❶ 고기나 채소에 여러 가지 양념을 하여 찌거나 국물이 바특하게 삶은 음식. ◆炖肉，炖菜。¶명태로 찜을 해먹다. =用明太鱼做炖菜吃。❷ 찐 음식의 뜻을 나타내는 말. ◆炖肉，炖菜。¶갈비찜. =炖排骨。❸ '찜질'을 줄여 이르는 말. 약물이나 더운물에 적신 헝겊, 또는 얼음덩이를 아픈 곳에 대어 병을 고치는 일. ◆热敷，冷敷。¶머리에 열이 많으니 우선 얼음으로 찜을 하는 것이 좋겠다. =头很热，先用冰冷敷一下。

찜질【명사】图 ❶ 약물이나 더운물에 적신 헝겊, 또는 얼음덩이를 아픈 곳에 대어 병을 고치는 일. ◆冷敷，热敷。¶뭉친 근육이 풀어지게 뜨거운 물수건으로 찜질을 하였다. =用湿的热毛巾热敷，让紧张的肌肉放松。❷ 온천이나 뜨거운 물에 몸을 담그거나 더운 모래밭에 몸을 묻어서 땀을 흘려 병을 고치는 일. ◆韩式汗蒸。¶한증탕에 들어가 찜질을 하고 나니 훨씬 몸이 가벼워졌다. =进了桑拿浴室蒸过之

后，身体轻松了许多。❸ 몹시 매를 때리는 일을 속되게 이르는 말. ◆ ㊊狠揍。¶몽둥이로 찜질을 당하고 싶지 않으면 입 다물고 있어라. =闭嘴！小心用棍子揍扁你。● 찜질하다 ●

찜찜하다【형용사】마음에 꺼림칙한 느낌이 있다. ◆ 形不放心，有顾虑。¶우리는 그를 혼자 두고 떠나기가 못내 찜찜하였다. =我们把他单独丢下走了，总觉得不放心。

찜통【명사】뜨거운 김으로 음식을 찌는 조리 기구의 하나. ◆ 图蒸笼。¶만두를 찜통에 쪄 먹다. =用蒸笼蒸馒头吃。

찝찔하다【형용사】맛이 없이 조금 짜다. ◆ 形稍咸。¶찝찔한 땀방울이 입술을 타고 들어왔다. =微咸的汗滴从嘴角进入口中。

찡그리다【동사】얼굴의 근육이나 눈살을 몹시 찌그리다. ◆ 动皱眉，蹙眉。¶그녀는 내리쬐는 햇볕에 얼굴을 찡그리고 손수건으로 이마의 땀을 닦았다. =阳光晒在脸上，她皱起眉头，用手巾擦掉额头上的汗珠。

찡긋【부사】눈이나 코를 약간 찡그리는 모양. ◆ 副挤眉弄眼地。¶한 번 찡긋 윙크를 하다. =眨一下眼。● 찡긋하다 ●

찡하다【동사】动 ❶ 얼음장이나 굳은 물질 따위가 좀 급자기 갈라지는 소리가 나다. ◆ (冰面、玻璃)咔嚓(一声裂开)。¶뜨거운 물을 부으니 유리컵(琉璃)이 찡하고 금이 갔다. =刚倒上热水，玻璃杯"咔嚓"一声裂出了缝。❷ 감동을 받아 가슴 따위가 뻐근해지는 느낌이 들다. ◆ (心里、鼻子)酸溜溜的。¶코끝이 찡해 오는 느낌이 들었다. =感动得鼻子酸溜溜的。

찢다【동사】动 ❶ 물체를 잡아당기어 가르다. ◆ 撕，扯。¶나는 예전에 그에게 받았던 편지를 모두 찢어 버렸다. =我把以前收到的他的信都撕碎了。❷ (비유적으로) 날카로운 소리가 귀를 심하게 자극하다. ◆ 刺耳。¶창 밖에서 귀를 찢는 비명 소리가 들렸다. =窗外传来了刺耳的惨叫声。● 찢기다 ●

찢어발기다【동사】갈기갈기 찢어 늘어놓다. ◆ 动撕碎。

찢어지다【동사】찢기어 갈라지다. ◆ 动被撕开，被撕破，破裂。¶찢어진 우산. =破雨伞。

찧다【동사】动 ❶ 곡식 따위를 쓿거나 빻으려고 절구에 담고 공이로 내리치다. ◆ 捣，舂。¶방아를 찧다. =舂米。❷ 무거운 물건을 들어서 아래 있는 물체를 내리치다. ◆ 夯，砸。¶떨어지는 통나무에 발등을 찧었다. =被倒下的木柱砸伤了脚背。❸ 마주 부딪다. ◆ 撞。¶전신주에 이마를 찧다. =额头重重地撞在了电线杆上。

ㅊ【ch】

차[1](車)【명사】图 ❶ 바퀴가 굴러서 나아가게 되어 있는, 사람이나 짐을 실어 옮기는 기관. 자동차, 기차, 전차, 우차, 마차 따위. ◆ 车，车辆。¶차가 다니다. =车来车往。❷ 화물을 '차'에 실어 그 분량을 세는 단위. ◆量车。¶모래 세 차. =三车沙。

차[2](車) '車'자를 새긴 장기짝. 한편에 둘씩 모두 넷이 있고 일직선으로 가로나 세로로 몇 칸이든지 다닐 수 있다. ◆图 (象棋)车。

차[3](茶)【명사】식물의 잎이나 뿌리, 과실 따위를 달이거나 우리거나 하여 만든 마실 것을 통틀어 이르는 말. ◆图茶。¶차를 마시다. =喝茶。

차[4](差)【명사】图 ❶ 둘 이상의 사물을 견주었을 때에, 서로 다르게 나타나는 수준이나 정도. ◆ 差别，差异。¶실력 차가 많이 나다. =实力差别很大。❷ 어떤 수나 식에서 다른 수나 식을 뺀 나머지. ◆ 两数之差。¶10과 4의 차는 6이다. =10减4得6。

차[5](次)【의존 명사】依名 ❶ '번', '차례'의 뜻을 나타내는 말. ◆ 次。¶제일차 세계 대전. =第一次世界大战。❷ 어떠한 일을 하던 기회나 순간. ◆ 机会，时机，时候。¶잠이 막 들려던 차에 그가 방문했다. =刚要睡着的时候，他来了。

-차[5](次)【접사】'목적'의 뜻을 더하는 접미사. ◆ 后缀表示"目的"的后缀。¶인사차 들렀습니다. =专程前来问候。

차[6]-【접사】'끈기가 있어 차진'의 뜻을 더하는 접두사. ◆ 前缀表示"有黏性"的前缀。¶차조. =黍子，大黄米。

차갑다【형용사】形 ❶ 촉감이 서늘하고 찬 느낌이 있다. ◆ 凉，冰凉。¶차갑게 식은 커피. =凉了的咖啡。❷ 인정이 없이 매정하거나 쌀쌀하다. ◆ 冷淡，冷漠，冰冷。¶차가운 눈초리. =冷漠的眼神。

차고(車庫)【명사】자동차, 기차, 전차 따위를 넣어 두는 곳. ◆图车库。¶차고 앞 주차 금지. =车库前禁止停车。

차곡차곡【부사】副 ❶ 물건을 가지런히 겹쳐 쌓거나 포개는 모양. ◆ 整整齐齐地(堆叠)。¶속옷을 차곡차곡 개키다. =将内衣整整齐齐叠好。❷ 말이나 행동 등을 천천히 순서에 따라 조리 있게 하는 모양. ◆ 有条不紊地，仔细清楚地。¶생각을 차곡차곡 정리하다. =有条不紊地整理思路。

차관(借款)【명사】한 나라의 정부나 기업, 은행 따위가 외국 정부나 공적 기관으로부터 자금을 빌려옴. 또는 그 자금. ◆图借款，贷款。¶차관 협정. =贷款协定。

차광(遮光)【명사】햇빛이나 불빛이 밖으로 새거나 들어오지 않도록 막아서 가림. ◆图遮光。¶차광 유리. =遮光装置。

차근차근하다【형용사】말이나 성격, 행동 따위가 아주 찬찬하고 조리 있다. ◆ 形有条不紊，仔细清楚。● 차근차근, 차근차근히 ●

차근하다【형용사】말이나 성격, 행동 따위가 찬찬하고 조리 있다. ◆形慢条斯理的，有条不紊的，仔细清楚的。¶차근한 목소리가 감미롭다. =沉稳的声音很甜美。● 차근히 ●

차기(次期)【명사】다음 시기. ◆ 图下期，下届，下任。¶차기 정권. =下届政权。

차남(次男)【명사】둘째 아들. ◆ 图二儿子，次子。¶그는 차남이지만 부모님을 모시고 산다. =他虽然是二儿子，却和父母一起生活。

차내(車內)【명사】열차, 자동차, 전차 따위의 안. ◆图车内，车厢内。¶차내에서는 금연입니다. =车内禁烟。

차녀(次女)【명사】둘째 딸. ◆ 图二女儿，次女。¶대개 차녀는 생활력이 강하다. =一般来说，二女儿的生活适应能力强。

차다[1]【동사】动 ❶ 일정한 공간에 사람, 사물, 냄새 따위가 더 들어갈 수 없이 가득하게 되다. ◆ 满，盈。¶독에 물이 가득 차다. =缸里盛满水。❷ 감정이나 기운 따위가 가득하게 되다. ◆ 充满，饱含。¶적의에 차다. =充满敌意。❸ 어떤 대상이 흡족하게 마음에 들다. ◆ 满足，满意。¶맞선 본 사람이 마음에 차지 않다. =对相亲对象不满意。❹ 어떤 높이나 한도에 이르는 상태가 되다. ◆ 达到。¶쌓인 눈이 가랑이까지 찼다. =积雪到达大腿。❺ 정한 수량, 나이, 기간 따위가 다 되다. ◆ 达到，充足。¶나이가 꽉 찬 신부. =年纪不小的新娘。❻ 이지러진 데가 없이 아주 온전하다. ◆ 圆满。¶달이 꽉 찼다. =月圆。

차다[2]【동사】动 ❶ 발로 내어 지르거나 받아 올리다. ◆ 踢。¶공을 차다. =踢球。❷ 발을 힘껏 뻗어 사람을 치다. ◆ 踢，踹。¶그는 상대편 선수를 발로 찼다. =他用脚踢对方选手。❸ 혀끝을 입천장 앞쪽에 붙였다가 떼어 소리를 내다. ◆ 咂(舌)。¶혀를 끌끌 차다. =啧啧咂舌。❹ 발로 힘있게 밀어젖히다. ◆ 蹬开。¶선수들은 출발선을 차며 힘차게 내달렸다. =运动员冲出起跑线后，用力往前跑。❺ 주로 남녀 관계에서 일방적으로 관계를 끊다. ◆ 俚抛弃，甩掉。¶그는 5년을 사귄 여인을 차 버렸다. =他甩掉了交往5年的女人。❻ 자기에게 베풀어지거나 차례가 오는 것을 받아들이지 않다. ◆ 踢开，放弃，扔掉。¶들어오는 복을 차다. =踢开天上掉下来的馅饼。● 채우다 ●

차다[3]【동사】动 ❶ 물건을 몸의 한 부분에 달아매거나 끼워서 지니다. ◆ 佩戴，挎，挂。¶기저귀를 찬 아이. =穿着纸尿裤的孩子。❷ 애인으로 삼아 데리고 다니다. ◆ 领，带。¶집 나간 그 녀석은 계집 하나를 차고 돌아왔다. =离家出走的那个小子带回来个女人。● 채우다 ●

차다[4]【형용사】形 ❶ 몸에 닿은 물체나 대기의 온도가 낮다. ◆ 凉，冷。¶찬 음식. =凉食品。❷ 인정이 없고 쌀쌀하다. ◆ 冷淡，冷漠，冷酷。¶성격이 차고 매섭다. =性格冷酷凶狠。

차단(遮斷)【명사】图❶ 액체나 기체 따위의 흐름 또는 통로를 막거나 끊어서 통하지 못하게 함. ◆隔断，切断液体或气体。¶유해 전자파 차단. =阻断有害电波。❷ 다른 것과의 관계나 접촉을 막거나 끊음. ◆隔绝，遮挡（与他物的关系或接触）。¶외부와의 차단. =与外界隔绝。● 차단되다(遮斷--), 차단하다(遮斷--) ●

차단기(遮斷機)【명사】图❶ 기차, 전차 따위가 지나갈 때에 자동차나 사람이 건너다니지 못하도록 철도 건널목을 막는 장치. ◆(铁道)拦道器，拦道木。❷ 초소나 정문 따위에서 자동차나 사람을 점검하기 위하여 정지하도록 막는 장치. ◆拦道器，拦道木。

차도[1](車道)【명사】찻길. ◆图车道，机动车道。¶강아지가 차도로 뛰어들었다. =小狗跑进了机动车道。

차도[2](差度/瘥度)【명사】병이 조금씩 나아가는 정도. ◆图起色，好转。¶그의 병세에 차도가 보이기 시작했다. =他的病情开始好转。

차돌【명사】图❶ 석영(石英). ◆石英，白石。❷ 야무진 사람을 비유적으로 이르는 말. ◆精明强干的人。¶그는 겉은 그렇게 물러 보여도 알고 보면 속은 차돌이다. =虽然他表面看起来很软弱，实际上却非常精明强干。

차돌박이【명사】소의 양지머리뼈의 한가운데에 붙은, 빛이 희고 단단하며 기름진 고기. ◆图牛胸脯肥肉，牛胸叉肉。

차등(差等)【명사】고르거나 가지런하지 않고 차별이 있음. 또는 그렇게 대함. ◆图差别。¶직업에 따라 차등 대우를 하지 마시오. =不要根据职业不同采取差别待遇。

차디차다【형용사】매우 차다. ◆形冰冷，冰凉。¶뼛속까지 스미는 차디찬 우물물. =冰凉彻骨的井水。

차라리【부사】대비되는 여러 가지 사실이 모두 마음에 들지 않지만, 그래도 이리하는 것이 나음을 나타내는 말. ◆副不如，干脆。¶여기서 시간을 보내느니 차라리 집에 가겠다. =与其在这里浪费时间，还不如干脆回家。

차량(車輛)【명사】图❶ 도로나 선로 위를 달리는 모든 차를 통틀어 이르는 말. ◆车，车辆。¶차량 번호. =车牌号。❷ 열차의 한 칸. ◆(火车)车厢。¶차량 두 개가 탈선했다. =两节火车车厢脱轨了。

차려【명사】제식 훈련에서, 몸과 정신을 바로 차리어 부동자세를 취하라는 구령. 또는 그 구령에 따라 행하는 동작. ◆图 立正。

차려입다【동사】잘 갖추어 입다. ◆动盛装打扮。

차례[1](次例)【명사】图❶ 순서 있게 구분하여 벌여 나가는 관계. 또는 그 구분에 따라 각각에게 돌아오는 기회. ◆顺序，次序。¶차례가 되다. =轮到。❷ 책이나 글 따위에서 벌여 적어 놓은 항목. ◆目录，目次。¶책의 차례를 보면 그 책의 전체 내용을 알 수 있다. 看看书的目录，就知道书的整体内容了。❸ 일이 일어나는 횟수를 세는 단위. ◆量次，回，遍，阵。¶그는 같은 말을 여러 차례 반복했다. =同样的话他反复说了很多遍。

차례[2](茶禮)【명사】음력 매달 초하룻날과 보름날, 명절날, 조상의 생일 등에 간단하게 지내는 제사. ◆图祭祀。¶차례를 지내다. =进行祭祀。

차례차례(次例次例)【부사】차례를 따라서 순서 있게. ◆副依次。¶차례차례 버스에 타다. =依次登上公共汽车。

차로(車路)【명사】찻길. ◆图车道。¶차로에 주차하지 마십시오. =请不要在车道上停车。

차리다【동사】动❶ 음식 따위를 장만하여 먹을 수 있게 상 위에 벌이다. ◆准备(饭菜)，置办(宴席)。¶저녁을 차리다. =准备晚饭。❷ 기운이나 정신 따위를 가다듬어 되찾다. ◆振作，抖擞。¶기운을 차렸다. =抖擞精神。❸ 마땅히 해야 할 도리, 법식 따위를 갖추다. ◆具备，讲究。¶예의를 차리다. =讲究礼节。❹ 어떤 조짐을 보고 짐작하여 알다. ◆觉察。¶낌새를 차리다. =觉察到苗头。❺ 해야 할 일에 준비를 갖추거나 방법을 찾다. ◆准备，筹备。¶이제 그만 떠날 준비를 차려라. =准备一下，现在就走吧。❻ 살림, 가게 따위를 벌이다. ◆办，建立。¶신방을 차리다. =准备新房。❼ 자기의 이익을 따져 챙기다. ◆追求，满足。¶제 욕심만 차리다. =只满足自己的欲望。

차림【명사】옷이나 물건 따위를 입거나 꾸려서 갖춘 상태. ◆图打扮，穿着，装束。¶양복 차림이 어울린다. =西服穿着很得体。

차림새【명사】차린 그 모양. ◆图打扮，装束。¶검소한 차림새. =简朴的打扮。

차림표(--表)【명사】식당이나 음식점 따위에서 파는 음식의 종류와 가격을 적은 표. ◆图菜单。¶차림표를 보고 음식을 주문하다. =看看菜单再点菜。

차마【부사】[뒤에 오는 동사를 부정하는 문맥에 쓰여] 부끄럽거나 안타까워서 감히. ◆副忍心，堪(与否定或者反问谓词搭配)。¶차마 거절할 수 없다. =不忍心拒绝。

차명(借名)【명사】남의 이름을 빌려 씀. 또는 그 이름. ◆图借名，借名义。¶차명 계좌. =借名账户。

차멀미【명사】차를 탔을 때 메스껍고 어지러워 구역질이 나는 일. 또는 그런 증세. ◆图晕车。¶차멀미가 났다. =晕车。

차별(差別)【명사】둘 이상의 대상을 각각 등급이나 수준 따위의 차이를 두어서 구별함. ◆图差别，区别对待，不平等对待。¶남녀 차별. =男女不平等。● 차별하다(差別--) ●

차분하다【형용사】마음이 가라앉아 조용하다. ◆形冷静，沉稳。¶그의 차분한 성격이 마음에 들었다. =很喜欢他沉稳的性格。● 차분히 ●

차비[1](車費)【명사】차를 타는 데에 드는 비용. ◆图车费。¶차비를 내다. =交车费。

차비[2](差備)【명사】图❶ '채비(어떤 일이 되기 위하여 필요한 물건, 자세 따위가 미리 갖추어져 차려지거나 그렇게 되게 함. 또는 그 물건이나 자세)'의 원말. ◆准备，筹备。¶어르신네 떠날 차비는 다 되었습니다. =老爷，做好出发的准备了。❷ 특별한 사무를 맡기려고 임시로 벼슬을 임명하던 일. ◆ 差备(古时指临时任命为官员以交付特殊任务)。

차석(次席)【명사】수석에 다음가는 자리. 또는 그런 사람. ◆ 图副手，第二名。¶그가 이번에 차석을 하였다면서? =听说他这次得了第二名?

차선[1](次善)【명사】최선의 다음. ◆ 图第二名。¶최선이 안 된다면 차선이라도 택하는 수밖에 없다. =如果最好的不行，就只能选第二名的。

차선[2](車線)【명사】图 ❶ 자동차 도로에 주행 방향을 따라 일정한 간격으로 그어 놓은 선. ◆ 车线，车道。¶차선을 지키다. =遵守行车路线。❷ 도로에 그어 놓은 선을 세는 단위. ◆ 车线，车道，车路。¶왕복 사 차선 도로. =双向四车道。

차선책(次善策)【명사】최선책에 다음가는 방책. ◆ 图第二等的方法。¶차선책을 쓰다. =使用第二等的方法。

차세대(次世代)【명사】지금 세대가 지난 다음 세대. ◆ 图新一代，新生代。¶차세대 전투기. =新一代战斗机。

차액(差額)【명사】어떤 액수에서 다른 어떤 액수를 제하고 남은 나머지 액수. ◆ 图差额。¶이 달은 봉급에서 가불한 돈을 빼고 나머지 차액만 지급했다. =从本月工资中扣除预付款，只支付了差额。

차양(遮陽)【명사】图 ❶ 햇볕을 가리거나 비가 들이치는 것을 막기 위하여 처마 끝에 덧붙이는 좁은 지붕. ◆ 遮阳板，遮阳篷。¶차양을 치다. =搭遮阳篷。❷ 챙(모자 끝에 대서 햇볕을 가리는 부분). ◆ 遮阳帽沿。¶차양 넓은 밀짚모자. =遮阳帽沿很宽的草帽。

차용(借用)【명사】图 ❶ 돈이나 물건 따위를 빌려서 씀. ◆ 借用。¶차용증서. =借条。❷ 다른 나라 언어에서 단어, 형태소, 문자나 개별적 표현 따위를 빌려다 씀. 또는 그런 일. ◆ 借用。¶단어 차용. = 词汇借用。● 차용되다(借用--), 차용하다(借用--) ●

차용증(借用證)【명사】차용 증서. ◆ 图 借条，借据，欠条。¶돈을 빌려 주고 차용증을 받았다. =借钱给别人后收到借据。

차원(次元)【명사】图 ❶ 사물을 보거나 생각하는 처지. 또는 어떤 생각이나 의견 따위를 이루는 사상이나 학식의 수준. ◆ 层面，层次。¶국가 차원에서 조사할 문제. =要从国家层面进行调查的问题。❷ 수학에서 공간적인 넓이를 나타내는 수. ◆ 维度，维数度。

차이(差異)【명사】서로 같지 아니하고 다름. 또는 그런 정도나 상태. ◆ 图差异，差别。¶성격 차이. =性格差异。

차이다【동사】动 ❶ '차다(발로 내어 지르거나 받아 올리다)'의 피동사. ◆ 被踢。¶돌이 발부리에 차이다. =用脚尖踢石头。❷ '차다(발을 힘껏 뻗어 사람을 치다)'의 피동사. ◆ 被踢，被踹。¶그는 상대편 선수에게 정강이를 차여 부상당했다. =他被对方运动员踢到了小腿，受伤了。❸ '차다((속되게) 주로 남녀 관계에서 일방적으로 관계를 끊다)'의 피동형. ◆ 被甩。¶작년에 그녀는 애인에게 차였다. =去年她被恋人甩了。

차이점(差異點)【명사】서로 같지 아니하고 다른 점. ◆ 图区别，不同之处。¶설득과 설명의 차이점을 말해 보시오. =请说出"说服"和"说明"的区别。

차익(差益)【명사】매매의 결과나 가격, 환시세의 개정이나 변동 따위로 생기는 이익. 또는 그 이익의 액수. ◆ 图差价。¶차익을 남기다. =得到差价。

차일(遮日)【명사】햇볕을 가리기 위하여 치는 포장. ◆ 图遮阳凉棚，凉棚。¶차일을 치다. =搭凉棚。

차일피일(此日彼日)【부사】 이 날 저 날 하고 자꾸 기한을 미루는 모양. ◆ 副 今天推明天，明天推后天。¶일을 차일피일 미루다. =事情一个劲儿往后推。

차임벨(chime bell)【명사】시각을 알리거나 호출용으로 쓰는 종. ◆ 图报时钟，报时器。

차입(借入)【명사】돈이나 물건을 꾸어 들임. ◆ 图借。¶회사는 차입을 해 와야 할 상황이 되었다. =公司最近到了借债度日的地步。● 차입하다(借入--) ●

차장[1](車掌)【명사】기차, 버스, 전차 따위에서 찻삯을 받거나 차의 원활한 운행과 승객의 편의를 도모하는 사람. ◆ 图乘务员，列车员。¶버스 차장. =公交车乘务员。

차장[2](次長)【명사】관공서나 회사 따위에서, 장(長)에 다음가는 직위. 또는 그런 자리나 지위에 있는 사람. ◆ 图次长。

차전놀이(車戰--)【명사】차전(車戰)(음력 정월 대보름날에 하는 민속놀이의 하나). ◆ 图 车战游戏。

차점(次點)【명사】최고점이나 기준점에 다음가는 점수. ◆ 图第二名。

차종(車種)【명사】철도 차량, 자동차 따위의 종류. ◆ 图车种，车型。¶차종 개발. =车型开发。

차지【명사】사물이나 공간, 지위 따위를 자기 몫으로 가짐. 또는 그 사물이나 공간. ◆ 图占有，占据。¶어른들이 나가면 안방은 아이들 차지이다. =大人离开后，家里就被孩子们占了。● 차지하다 ●

차지다【형용사】形 ❶ 반죽이나 밥, 떡 따위가 끈기가 많다. ◆ 筋道，柔韧。¶차진 반죽. =柔韧的面团。❷ 성질이 야무지고 까다로우며 빈틈이 없다. ◆ 精明，精细。¶그 여자는 너무 차져서 가까이 가기가 힘들다. =那个女人太精明，很难接近。

차질(蹉跌)【명사】하던 일이 계획이나 의도에서 벗어나 틀어지는 일. ◆ 图差错。¶차질이 생기다. =出现差错。

차차(次次)【부사】副 ❶ 어떤 사물의 상태가 시간의 흐름에 따라 일정한 방향으로 조금씩 진행하는 모양. ◆ 逐渐，渐渐。¶날씨가 차차 좋아지다. =天气渐渐变好。❷ 서두르지 않고 뒤에 천천히. ◆ 慢慢地。¶그 문제는 차차 의논하기로 합시다. =这件事慢慢讨论吧。

차창(車窓)【명사】기차나 자동차 따위에 달려 있는 창문. ◆ 图车窗。¶바깥의 찬 기운 때문에 차창이 뿌옇게 흐렸다. =外面的冷气使车窗变得灰蒙蒙的。

차체(車體)【명사】기차나 자동차 따위의 몸체. ◆ 图

车体。¶충돌로 인하여 차체가 많이 부서졌다. =碰撞造成车体严重受损。

차출(差出)【명사】어떤 일을 시키기 위하여 인원을 선발하여 냄. ◆ 图调配，选拔，挑选。¶인원 차출. =选拔人员。● 차출되다(差出--), 차출하다(差出--) ●

차츰【부사】차차(어떤 사물의 상태가 시간의 흐름에 따라 일정한 방향으로 조금씩 진행하는 모양). ◆ 副逐渐，渐渐，慢慢。¶분노가 차츰 가라앉다. =愤怒慢慢平息。●차츰차츰 ●

차트(chart)【명사】图 ❶ 지도, 해도(海圖) 따위의 도면. ◆ 航海图。¶여기가 어디인지 차트를 보고 확인해 보자. =看看航海图确认一下这是哪儿。❷ 각종 자료를 알기 쉽게 정리한 일람표. ◆ 图表，一览表。¶간호사는 환자의 상태를 차트에 기록했다. =护士把患者的情况记到图表上。

차편(車便)【명사】차가 사람이나 물건을 싣고 오고 가는 편. ◆ 图用车辆运输。¶차편으로 보내다. =通过顺风车送。

차표(車票)【명사】차를 타기 위하여 찻삯을 주고 사는 표. ◆ 图车票。¶차표 검사원. =检票员。

차후(此後)【명사】지금부터 이후. ◆ 图此后，以后，今后。¶차후 계획. =以后的计划。

착[1]【부사】副 ❶ 물건이 잘 달라붙거나 붙어 있는 모양. ◆ 紧紧地，紧贴着。¶착 달라붙는 청바지. =紧身牛仔裤。❷ 입맛에 딱 맞는 모양. ◆ 合口味。

착[2]【부사】❶ 몸가짐이나 태도가 점잖고 태연한 모양. ◆ 副安稳地，泰然自若地。¶의자에 착 버티고 앉다. =泰然自若地坐在椅子上。❷ 나슨하게 휘어지거나 늘어진 모양. ◆ 低低地。¶나뭇가지들이 눈을 이고 착 늘어져 있다. =树枝覆盖着雪，低垂着。❸ 몸에 힘이 빠져 축 늘어진 모양. ◆ 副 (身子)瘫软的样子。¶몸이 착 까부라지다. =身子一下子瘫软了。❹ 분위기나 감정 따위가 가라앉는 모양. ◆ 副平静地，低沉地。¶착 가라앉은 음성. =低沉的声音。

착[3]【부사】서슴지 않고 선뜻 행동하는 모양. ◆ 副果断地。¶그는 한 번 착 보고는 그냥 가 버렸다. =他果断地看了一眼就离开了。

착각(錯覺)【명사】어떤 사물이나 사실을 실제와 다르게 지각하거나 생각함. ◆ 图错觉。¶착각이 들다. =产生错觉。● 착각되다(錯覺--), 착각하다(錯覺--) ●

착공(着工)【명사】공사를 시작함. ◆ 图动工，开工。¶개발 사업 착공. =开发项目开工。● 착공되다(着工--), 착공하다(着工--) ●

착륙(着陸)【명사】비행기 따위가 공중에서 활주로나 판판한 곳에 내림. ◆ 图登陆，着陆，降落。¶인류의 달 착륙은 우주여행의 가능성을 열어놓았다. =人类登上月球为宇宙旅行提供了可能性。● 착륙하다(着陸--) ●

착복(着服)【명사】남의 금품을 부당하게 자기 것으로 함. ◆ 图侵占，私吞。¶공금 착복. =侵吞公款。● 착복하다(着服--) ●

착상[1]**(着想)**【명사】어떤 일이나 창작의 실마리가 되는 생각이나 구상 따위를 잡음. 또는 그 생각이나 구상. ◆ 图构思，构想。¶착상을 얻다. =产生构想。● 착상되다(着想--), 착상하다(着想--) ●

착상[2]**(着床)**【명사】포유류의 수정란이 자궁벽에 접착하여 모체의 영양을 흡수할 수 있는 상태가 됨. 또는 그런 현상. ◆ 图 (受精卵)着床。● 착상하다(着床--) ●

착색(着色)【명사】그림이나 물건에 물을 들이거나 색을 칠하여 빛깔이 나게 함. ◆ 图着色，上色，染色。¶섬유의 착색. =纤维的着色。● 착색되다(着色--), 착색하다(着色--) ●

착석(着席)【명사】자리에 앉음. ◆ 图就座，入座。¶방청인이 착석을 마치자 판사는 재판을 시작하였다. =旁听者就座完毕，法官就开始审判了。● 착석하다(着席--) ●

착수(着手)【명사】어떤 일에 손을 댐. 또는 어떤 일을 시작함. ◆ 图着手。¶작업 착수. =着手工作。● 착수되다(着手--), 착수하다(着手--) ●

착수금(着手金)【명사】어떤 일을 시작할 때 먼저 내는 돈. ◆ 图定金，预付金，预付款。¶그 목공은 착수금으로 오십만 원을 요구한다. =那个木工要50万韩元预付款。

착시(錯視)【명사】시각적인 착각 현상. ◆ 图 错觉，视觉幻象。¶착시를 일으키는 문양은 벽지로 좋지 않다. =引起错觉的花纹不适合用来当壁纸。

착실하다(着實--)【형용사】副 ❶ 사람이 허튼 데가 없이 찬찬하며 실하다. ◆ 实在，踏实，扎实。¶착실한 사람. =踏实的人。❷ 일정한 기준이나 정도에 모자람이 없이 넉넉하다. ◆ 充足，充分。¶이 짐은 착실하게 20kg은 넘는 것 같다. =这件行李应该实实在在地超过了20千克。● 착실히(着實-) ●

착안(着眼)【명사】어떤 일을 주의하여 봄. 또는 어떤 문제를 해결하기 위한 실마리를 잡음. ◆ 图着眼，考虑。¶착안 사항. =考虑事项。● 착안되다(着眼--), 착안하다(着眼--) ●

착오(錯誤)【명사】착각을 하여 잘못함. 또는 그런 잘못. ◆ 图错误。¶착오를 범하다. =犯错误。● 착오하다(錯誤--) ●

착용(着用)【명사】의복, 모자, 신발 따위를 입거나, 쓰거나, 신거나 함. ◆ 图穿戴，系。¶안전띠 착용. =系安全带。● 착용되다(着用--), 착용하다(着用--) ●

착잡하다(錯雜--)【형용사】갈피를 잡을 수 없게 뒤섞여 복잡하다. ◆ 形错综复杂。¶착잡한 심정. =错综复杂的心情。

착지(着地)【명사】图 ❶ 공중에서 땅으로 내림. 또는 그런 곳. ◆ 着陆点，降落点。¶낙하산 부대 장병들은 알맞은 착지 장소를 찾고 있다. =伞兵部队官兵正在寻找合适的着陆点。❷ 기계 체조 따위에서, 연기를 마치고 땅바닥에 내려섬. 또는 그런 동작. ◆ 落地 (动作) 。¶착지가 좋다. =落地很好。● 착지하다(着地--) ●

착착[1]【부사】副 ❶ 물체가 자꾸 바싹 다가붙거나 끈기 있게 달라붙는 모양. '짝짝'보다 거센 느낌을 준다. ◆ 紧紧地，黏黏糊糊地。¶비가 오니 옷이 몸에 착착 감기어 빨리 뛸 수가 없다. =下雨了，衣服紧紧地贴在身上，跑不快。❷ 입맛에 아주 딱 맞는 모양. '짝짝'보다 거센 느낌을 준다. ◆ 合口味。¶장모님이 담근 동동주는 입에 착착 달라붙는다. =岳母酿的米酒正合我的口味。❸ 매우 친근하게 대하거나 고분고분하게 구는 모양. ◆ 亲密的样子。¶정이 착착 붙는다. =难舍难分。

착착²(着着)【부사】副 ❶ 여럿이 다 몸가짐이나 태도가 얌전하고 태연한 모양. ◆ 泰然自若的样子，安详的样子。❷ 여럿이 다 나슨하게 휘어지거나 늘어진 모양. ◆ 弯曲的样子，垂下的样子。¶고개를 착착 숙인 벼이삭. =纷纷弯下头的谷穗。❸ 몸에 힘이 빠져 자꾸 축축 늘어지는 모양. ◆ (身子)瘫软的样子。

착취(搾取)【명사】계급 사회에서 생산 수단을 소유한 사람이 생산 수단을 갖지 않은 직접 생산자로부터 그 노동의 성과를 무상으로 취득함. 또는 그런 일. ◆ 图榨取，压榨，剥削。¶경제적 착취. =经济剥削。● 착취되다(搾取--), 착취하다(搾取--) ●

착하다【형용사】언행이나 마음씨가 곱고 바르며 상냥하다. ◆ 形善良。

찬(饌)【명사】반찬(飯饌)(밥에 곁들여 먹는 음식을 통틀어 이르는 말). ◆ 图菜。¶찬은 없지만 많이 드세요. =没什么菜，请多吃点。

찬가(讚歌)【명사】찬양, 찬미의 뜻을 나타내는 노래나 글. ◆ 图赞歌，颂歌。¶승리의 찬가. =胜利的颂歌。

찬동(贊同)【명사】어떤 행동이나 견해 따위가 옳거나 좋다고 판단하여 그에 뜻을 같이함. ◆ 图赞同，同意。¶찬동을 얻다. =得到赞同。● 찬동하다(贊同--) ●

찬란하다(燦爛/粲爛--)【형용사】形 ❶ 빛이 번쩍거리거나 수많은 불빛이 빛나는 상태이다. 또는 그 빛이 매우 밝고 강렬하다. ◆ 灿烂，绚烂。¶찬란한 광채. =灿烂的光彩。❷ 빛깔이나 모양 따위가 매우 화려하고 아름답다. ◆ 绚烂，华丽，漂亮。¶오색 깃발이 찬란하게 휘날린다. =彩旗绚烂，随风飘扬。❸ 일이나 이상(理想) 따위가 매우 훌륭하다. ◆ 优秀，出色。¶찬란한 신라 시대의 불교 미술. =新罗时代优秀的佛教美术。● 찬란히(燦爛/粲爛-) ●

찬물【명사】차가운 물. ◆ 图冷水，冰水。¶찬물을 마시다. =喝冰水。

찬미(讚美)【명사】아름답고 훌륭한 것이나 위대한 것 따위를 기리어 칭송함. ◆ 图赞美。¶관객들은 훌륭한 연기를 한 배우에게 환호와 찬미를 아끼지 않았다. =观众对演技出色的演员报以欢呼和赞美。● 찬미하다(讚美--) ●

찬바람【명사】냉랭하고 싸늘한 기운이나 느낌을 비유적으로 이르는 말. ◆ 图寒风。¶찬바람이 나다. =刮寒风。

찬반(贊反)【명사】찬성과 반대를 아울러 이르는 말. ◆ 图赞成和反对，赞成与否。¶찬반 토론. =赞成与否的讨论。

찬밥【명사】图 ❶ 지은 지 오래되어 식은 밥. ◆ 冷饭。¶찬밥이나마 먹고 떠납시다. =哪怕是冷饭，还是吃点再走吧。❷ 지어서 먹고 남은 밥. ◆ 剩饭。¶우리 집 찬밥은 개가 처리한다. =我家的剩饭用来喂狗。❸ 중요하지 아니한 하찮은 인물이나 사물을 비유적으로 이르는 말. ◆ 俚比喻不重要的人或物。¶찬밥 신세를 언제나 면하나. =什么时候能摆脱冷遇?

찬사(讚辭)【명사】칭찬하거나 찬양하는 말이나 글. ◆ 图赞词，赞语。¶찬사를 보내다. =称赞。

찬성(贊成)【명사】어떤 행동이나 견해, 제안 따위가 옳거나 좋다고 판단하여 수긍함. ◆ 图赞成，赞同。¶그의 제안은 회의 참석자 과반수의 찬성을 얻었다. =他的提案得到了半数以上与会人员的赞成。● 찬성하다(贊成--) ●

찬성표(贊成票)【명사】찬성의 뜻을 나타내는 표나 표지. ◆ 图赞成票。

찬송(讚頌)【명사】图 ❶ 미덕을 기리고 칭찬함. ◆ 赞扬，赞颂，赞美。¶호국선열을 기리기 위해 찬송음악회를 열다. =举办赞颂音乐会纪念卫国先烈。❷ 찬송가. ◆ 赞歌。¶모두들 입을 모아 찬송을 높게 불렀다. =所有人齐声高唱赞歌。

찬양(讚揚)【명사】아름답고 훌륭함을 크게 기리고 드러냄. ◆ 图赞美，赞扬，赞颂。¶삶에 대한 찬양. =对生活的赞美。● 찬양되다(讚揚--), 찬양하다(讚揚--) ●

찬연하다(燦然--)【형용사】形 ❶ 빛 따위가 눈부시게 밝다. ◆ 灿烂，绚烂。¶찬연한 빛을 발하다. =发出灿烂的光芒。❷ 어떤 일이나 사물이 영광스럽고 훌륭하다. ◆ 灿烂。¶찬연한 우리 전통문화. =我国灿烂的传统文化。● 찬연히(燦然-) ●

찬장(饌欌)【명사】음식이나 그릇 따위를 넣어 두는 장. ◆ 图碗柜，碗橱。¶그는 찬장을 뒤져 먹을 것을 찾아냈다. =他在碗柜里翻找吃的。

찬조(贊助)【명사】어떤 일의 뜻에 찬동하여 도와줌. ◆ 图赞助，支持。¶찬조 연설. =支持演说。● 찬조하다(贊助--) ●

찬조금(贊助金)【명사】어떤 일의 뜻에 찬동하여 도와주기 위하여 내는 돈. ◆ 图赞助金。¶찬조금을 받다. =接受赞助金。

찬찬하다【형용사】성질이나 솜씨, 행동 따위가 꼼꼼하고 자상하다. ◆ 形沉稳，稳重，沉着，仔细，细心。¶찬찬하게 관찰하다. =仔细地观察。● 찬찬히 ●

찬탄(讚歎/贊嘆)【명사】칭찬하며 감탄함. ◆ 图赞叹。¶찬탄을 보내다. =发出赞叹。● 찬탄하다(讚歎/贊嘆--) ●

찬합(饌盒)【명사】층층이 포갤 수 있는 서너 개의 그릇을 한 벌로 하여 만든 음식 그릇. 흔히 나들이할 때나 음식을 따로 나를 때 쓴다. ◆ 图餐盒。¶어머니는 김밥을 찬합에 차곡차곡 담아 주셨다. =母亲把紫菜包饭整齐地装在餐盒里。

찰-【접사】前缀 ❶ '끈기가 있고 차진'의 뜻을 더하는 접두사. ◆ 黏，糯。¶찰떡. =糯米糕。❷ '매우 심한' 또는 '지독한'의 뜻을 더하는 접두사. ◆ 十分，非

常，最。¶찰가난. =赤贫。❸ '제대로 된' 또는 '충실한'의 뜻을 더하는 접두사. ◆真正的，十足的，充分的。¶찰개화. =真正的开化。❹ '품질이 좋은'의 뜻을 더하는 접두사. ◆好的。

찰거머리【명사】图 ❶ 몸이 작고 빨판이 발달되어 잘 들러붙고 떨어지지 않는 거머리. ◆蚂蟥，水蛭。¶장딴지에 연신 달라붙는 찰거머리를 떼는 것도 일이었다. =把不断往腿肚子上爬的蚂蟥弄下来也是件工作。❷ 끈질기게 달라붙어서 남을 괴롭히는 사람을 비유적으로 이르는 말. ◆〈喻〉纠缠不清的人。¶찰거머리한테 잡혀서 몇 시간을 고생했다. =被纠缠不清的人烦了好几个小时。

찰과상(擦過傷)【명사】무엇에 스치거나 문질러서 살갗이 벗겨진 상처. ◆图擦伤。¶딸아이가 넘어져서 가벼운 찰과상을 입었다. =小女孩摔倒受了点轻微的擦伤。

찰나(刹那)【명사】어떤 일이나 사물 현상이 일어나는 바로 그때. ◆图刹那。¶그녀가 물속으로 뛰어들려던 찰나에 그가 나타나 그녀를 말렸다. =就在她要跳入水中的一刹那，他出现并劝住了她。

찰떡【명사】찹쌀 따위의 차진 곡식으로 만든 떡. ◆图年糕，糯米糕。

찰떡궁합(--宮合)【명사】아주 잘 맞는 궁합을 비유적으로 이르는 말. 또는 서로 마음이 맞아 아주 친하게 지내는 관계를 속되게 이르는 말. ◆图天作之合，天生一对。¶두 사람은 찰떡궁합이라는 점쟁이의 말에 기분이 좋았다. =两个人听算命先生说，他俩是天作之合，非常高兴。

찰랑거리다【동사】작은 방울이나 얇은 쇠붙이 따위가 흔들리거나 부딪쳐 울리는 소리가 자꾸 나다. 또는 그런 소리를 자꾸 내다. '잘랑거리다'보다 거센 느낌을 준다. ◆励咣啷咣啷响，当啷当啷响。¶머리에 인 항아리의 물이 찰랑거려 넘쳤다. =头上顶着的水罐里的水咣啷咣啷地流了出来。● 찰랑대다 ●

찰랑찰랑【부사】副 가득 찬 물 따위가 잔물결을 이루며 넘칠 듯 자꾸 흔들리는 소리. 또는 그 모양. ◆波光荡漾。¶물대기를 한 논은 마치 호수처럼 찰랑찰랑 하다. =浇水后的水田像湖面一样波光荡漾。

찰밥【명사】찹쌀과 팥, 밤, 대추, 검은콩 따위를 섞어서 지은 밥. ◆图糯米饭，八宝饭。¶속이 불편하신 아버지는 주로 찰밥을 해 드셨다. =父亲肠胃不舒服，给父亲主要做糯米饭吃。

찰벼【명사】벼의 하나. 낟알에 찰기가 있으며, 열매에서 찹쌀을 얻는다. ◆图糯稻。¶올해는 찰벼를 심어 재미를 보았다. =今年种糯稻，收成不错。

찰싹【부사】副 ❶ '찰싸닥(액체가 단단한 물체에 마구 부딪치는 소리. 또는 그 모양)'의 준말. ◆哗啦(液体拍打坚硬物体声)。¶바닷물이 찰싹 바위를 때리더니 물보라가 일었다. =海水"哗啦哗啦"地拍打岩石，溅起了水花。❷ '찰싸닥(작은 물체가 매우 끈지게 부딪치거나 달라붙는 소리. 또는 그 모양)'의 준말. ◆不停撞击的声音，粘住不掉的样子。¶빰을 찰싹 갈기다. ="啪啪"地扇耳光。❸ 사람 사이의 관계가 뗄 수 없을 정도로 긴밀하게 맺어진 모양. ◆(关系亲密)形影不离的样子。¶그들 둘은 언제나 찰싹 붙어 다닌다. =他们二人总是形影不离。● 찰싹찰싹 ●

찰찰【부사】副 ❶ 적은 액체가 조금씩 넘쳐흐르는 모양. ◆不停往外滴的样子。¶피를 찰찰 흘리다. =不停地流血。❷ 생생한 기운이 가득 찬 모양. ◆充满。¶인정이 찰찰 넘치다. =充满人情味。

찰카닥【부사】副 ❶ 작고 단단한 물체가 조금 가볍게 맞부딪치는 소리. 또는 그 모양. ◆小而硬的物体互相撞击而产生的声音。¶노리쇠가 잠기다. =枪栓"咔嚓"一声锁上了。❷ 작은 자물쇠 따위가 잠기거나 열리는 소리. 또는 그 모양. ◆开或关小型锁具的声音。● 찰칵 ●

찰흙【명사】끈기가 있어 차진 흙. ◆图黏土。¶찰흙으로 만든 인형. =黏土做的娃娃。

참[1]【명사】사실이나 이치에 조금도 어긋남이 없는 것. ◆图真。¶이 시점에 참이냐 거짓이냐의 논의는 무의미합니다. =这时候进行"是真还是假"的讨论是没有意义的。

참[2]【감탄사】잊고 있었거나 별생각 없이 지내던 것이 문득 생각날 때 내는 소리. ◆叹哎呀。¶참, 깜빡 잊었었네. =哎呀，全忘了。

참[3]【명사】图 ❶ 일을 하다가 일정하게 잠시 쉬는 동안. 한자를 빌려 '站'으로 적기도 한다. ◆中间休息时间。¶저녁 참. =晚饭休息时间。❷ 일을 하다가 잠시 쉬는 동안이나 끼니때가 되었을 때에 먹는 음식. ◆点心，下午茶。¶참을 먹다. =吃点心。

참[4]【부사】참으로(사실이나 이치에 조금도 어긋남이 없이 과연). ◆副真，实在。¶참 경치가 좋소. =风景真好。

참[5]【의존 명사】依名 ❶ 무엇을 하는 경우나 때. ◆时间，时候。¶시장하던 참이라 많이 먹힌다. =刚好肚子饿了，能吃下好多东西。❷ 무엇을 할 생각이나 의향. ◆打算，计划，准备。¶월급을 타면 이사를 할 참이다. =领了薪水后打算搬家。

참-[6]【접사】前缀 ❶ '진짜' 또는 '진실하고 올바른'의 뜻을 더하는 접두사. ◆真。¶참사랑. =真爱。❷ '품질이 우수한'의 뜻을 더하는 접두사. ◆好，上等的。¶참먹. =好墨。

참가(參加)【명사】모임이나 단체 또는 일에 관계하여 들어감. ◆图参加。¶참가 대상. =参加对象。● 참가하다(參加--) ●

참가국(參加國)【명사】국제적 행사, 모임, 기구, 협약 따위에 참가한 나라. ◆图参与国，参加国。¶국제 축구 대회는 참가국이 20개국이나 되었다. =国际足球大赛的参与国达到了20个。

참견(參見)【명사】자기와 별로 관계없는 일이나 말 따위에 끼어들어 쓸데없이 아는 체하거나 간섭함. ◆图参与，干预，过问，管(闲事)。¶쓸데없는 참견은 하지 마시오. =不要多管闲事。● 참견하다(參見--) ●

참고(參考)【명사】图 ❶ 살펴서 생각함. ◆观察思考。❷ 살펴서 도움이 될 만한 재료로 삼음. ◆参考，参照。● 참고되다(參考--), 참고하다(參考--) ●

참고서(參考書)【명사】图❶ 참고가 되는 책. ◆参考书。¶가술 과학의 참고서. =科技参考书。❷ 학습 참고서. ◆(学习类)参考书。¶국어참고서. =国语参考书。

참고인(參考人)【명사】图❶ 의회의 위원회 따위에서 도움이 될 만한 의견을 진술하는 사람. ◆(提供参考意见的人)参考人。❷ 범죄 수사를 위하여 수사 기관에서 조사를 받는 사람 가운데 피의자 이외의 사람. 증인과는 달리 출석이나 진술이 강제되지 않는다. ◆知情人。¶그는 참고인 자격으로 조사를 받았다. =他以知情人的身份接受了调查。

참관(參觀)【명사】어떤 자리에 직접 나아가서 봄. ◆图参观，观摩。¶수업 참관. =观摩教学。● 참관하다(參觀--) ●

참관인(參觀人)【명사】어떤 자리에 직접 나아가서 보는 사람. ◆图参观者，观摩者。¶회의 참관인. =会议观摩者。

참극(慘劇)【명사】슬프고 끔찍한 사건을 비유적으로 이르는 말. ◆图惨剧，惨案，悲惨事件。

참기름【명사】참깨로 짠 기름. ◆图香油，芝麻油。¶고소한 참기름 냄새. =香喷喷的香油味。

참깨【명사】'참깨'의 씨. ◆图芝麻。

참나무【명사】상수리나무. ◆图 栎树，柞树，橡树。

참다【동사】动❶ 웃음, 울음, 아픔 따위를 억누르고 견디다. ◆忍住，忍受。¶울음을 참다. =忍住哭。❷ 충동, 감정 따위를 억누르고 다스리다. ◆忍耐，忍受，容忍。¶내가 이번만은 참지만 한 번 더 그런 일이 있으면 가만히 있지 않겠다. =这次我忍了，如若再犯，绝不轻饶。❸ 어떤 기회나 때를 견디어 기다리다. ◆忍耐，等待。¶글쎄 며칠만 더 참아 달라니까요. =所以让再等待几天嘛!

참담하다(慘澹/慘憺--)【형용사】形❶ 끔찍하고 절망적이다. ◆惨淡。¶수용소 생활이 참담하다. =收容所的生活很惨淡。❷ 몹시 슬프고 괴롭다. ◆惨淡，凄惨，悲惨，凄凉。¶패배로 선수 모두 참담해했다. =受到失败的影响，选手们全都心情惨淡。

참답다【형용사】거짓이나 꾸밈이 없이 진실하고 올바른 데가 있다. ◆形 (主要用于"참다운""참답게"的形式)真正，真实，真诚。¶참답게 사는 비결. =真诚生活的秘诀。

참대【명사】왕대. ◆图 苦竹，篁竹。

참되다【형용사】진실하고 올바르다. ◆形真正，真实，实在。¶인간은 잘살기보다 참되게 살기가 더 어렵다. =活得实在比活得富裕更难。

참뜻【명사】거짓이 없고 진실한 뜻. ◆图真意，本意。¶선생님의 참뜻을 이제야 알겠습니다. =现在才明白老师的本意。

참례(參禮)【명사】예식, 제사, 전쟁 따위에 참여함. ◆图参加仪式，参加典礼。¶제사 참례. =参加祭祀典礼。● 참례하다(參禮--) ●

참말[1]【부사】참말로. ◆副真，真的，的确。¶그가 선뜻 돈을 내놓다니 참말 뜻밖의 일이었다. =他居然痛快地付钱，真是出乎意料。

참말[2]【명사】사실과 조금도 틀림이 없는 말. ◆图真话，实话。¶참말인지 거짓말인지 모르겠다. =不知是真话，还是假话。

참매미【명사】매밋과의 곤충. 몸의 길이는 3.6cm 정도이며, 몸의 아랫면은 연한 녹색이고 머리와 가슴의 양쪽은 검은색이다. ◆图 蝉，知了。

참모(參謀)【명사】图❶ 윗사람을 도와 어떤 일을 꾀하고 꾸미는 데에 참여함. 또는 그런 사람. ◆参与策划；策划参与者。¶선거 참모. =选举策划参与者。❷ 지휘관을 도와서 인사, 정보, 작전, 군수 따위의 업무를 맡아보는 장교. ◆参谋。¶참모장교. =参谋军官。

참모습【명사】거짓이나 꾸밈이 없는 모습. ◆图真容，真面目，真实面貌。¶그의 참모습은 어떠할까? =他的真面目怎么样?

참변(慘變)【명사】뜻밖에 당하는 끔찍하고 비참한 재앙이나 사고. ◆图惨事，惨剧。¶비행기가 추락하는 참변을 당하였다. =遭遇了飞机坠毁的惨剧。

참빗【명사】빗살이 아주 가늘고 촘촘한 대빗. ◆图篦子。¶할머니는 참빗으로 손녀의 머리를 곱게 빗어 주셨다. =奶奶用篦子仔细地为孙女梳头。

참사(慘事)【명사】비참하고 끔찍한 일. ◆图惨事，惨剧，惨祸，惨案。¶불의의 참사를 당하다. =遭遇意外惨祸。

참사랑【명사】순수하고 진실한 사랑. ◆图真爱。¶스승의 참사랑은 한 사람의 인생을 바꾸어 놓을 만큼 강한 힘을 지니고 있다. =老师的真爱拥有能够改变一个人一生的强大力量。

참상(慘狀)【명사】비참하고 끔찍한 상태나 상황. ◆图惨状，悲惨状况。¶전쟁의 참상. =战争的悲惨状况。

참새【명사】참샛과의 새. 몸은 다갈색이고 부리는 검으며 배는 잿빛을 띤 백색이다. ◆图 麻雀。

참석(參席)【명사】모임이나 회의 따위의 자리에 참여함. ◆图参加，出席。¶참석 인원을 파악해 주십시오. =请清点一下出席人员。● 참석하다(參席--) ●

참석시키다(參席---)【동사】모임이나 회의 따위의 자리에 참여케 하다. ◆动让……参加，让……出席。¶회의에 부장 대신 과장을 참석시키다. =让科长代替部长出席会议。

참선(參禪)【명사】선사(禪師)에게 나아가 선도를 배워 닦거나, 스스로 선법을 닦아 구함. ◆图 参禅。● 참선하다(參禪--) ●

참신하다(斬新--/嶄新--)【형용사】새롭고 산뜻하다. ◆形崭新，新颖。¶참신한 디자인. =新颖的设计。

참수(斬首)【명사】목을 벰. ◆图斩首，处斩，砍头。¶그들은 반역죄로 참수당했다. =他们因犯了叛国罪而被斩首。● 참수하다(斬首--) ●

참여(參與)【명사】어떤 일에 끼어들어 관계함. ◆图参与。¶현실 참여. =现实参与。● 참여하다(參與--) ●

참여시키다(參與---)【동사】어떤 일에 끼어 들게 하다. ◆ 动让……参与。¶일의 적격자로 그를 우리 팀에 참여시키다. =让能够胜任工作的他加入我们小组。

참외【명사】'참외'의 열매. ◆ 名香瓜，甜瓜。¶참외가 잘 익었다. =香瓜熟透了。

참으로【부사】사실이나 이치에 조금도 어긋남이 없이 과연. ◆ 副真，真的，的确。¶그해 여름은 참으로 무덥고 길었다. =那年的夏天真是炎热而漫长。

참을성(--性)【명사】참고 견디는 성질. ◆ 名耐心，耐性，忍耐性。¶그는 참을성이 부족하다. =他缺乏耐心。

참작(參酌)【명사】이리저리 비추어 보아서 알맞게 고려함. ◆ 名参考，斟酌。¶참작의 여지도 없다. =没有斟酌的余地。● 참작되다(參酌--), 참작하다(參酌--) ●

참전(參戰)【명사】전쟁에 참가함. ◆ 名参战。● 참전하다(參戰--) ●

참조(參照)【명사】참고로 비교하고 대조하여 봄. ◆ 名参照，参考。● 참조하다(參照--) ●

참치【명사】참다랑어(고등엇과의 바닷물고기). ◆ 名 金枪鱼。

참패(慘敗)【명사】싸움이나 경기 따위에서 참혹할 만큼 크게 패배하거나 실패함. 또는 그런 패배나 실패. ◆ 名惨败。● 참패하다(慘敗--) ●

참하다【형용사】形 ❶ 생김새 따위가 나무랄 데 없이 말쑥하다. ◆ 漂亮，清秀。¶참하게 생기다. =长相清秀。❷ 성질이 찬찬하고 얌전하다. ◆ 文静，秀气。¶참한 색싯감 좀 구해주게나. =帮我找个文静的媳妇吧?

참형(斬刑)【명사】목을 베어 죽임. 또는 그런 형벌. ◆ 名斩首。¶참형에 처하다. =处以斩首的刑罚。

참호(塹壕/塹濠)【명사】야전에서 몸을 숨기면서 적과 싸우기 위하여 방어선을 따라 판 구덩이. ◆ 名堑壕，战壕。¶7부 능선을 따라 참호를 파고 방벽을 세웠다. =沿着七部山脊挖掘堑壕，建起防护墙。

참혹하다(慘酷--)【형용사】비참하고 끔찍하다. ◆ 形残酷，残忍，悲惨。¶명분 없는 전쟁으로 백성들의 생활은 참혹하기만 하다. =百姓们的生活因为无端的战争而变得悲惨。

참회(懺悔)【명사】부끄러워하여 뉘우침. ◆ 名惭愧。● 참회하다(懺悔--) ●

참회록(懺悔錄)【명사】지나간 잘못을 참회하는 내용을 적은 기록. ◆ 名忏悔录。¶그 소설은 일종의 참회록으로 저자의 과거를 비교적 상세하게 그려내고 있다. =那部小说是一部忏悔录，比较详细地描述了作者的过去。

찹쌀【명사】찰벼를 찧은 쌀. ◆ 名糯米，江米。¶찹쌀로 지은 밥은 윤기가 잘잘 흐른다. =用糯米做出的米饭光泽油亮。

찹쌀떡【명사】찹쌀로 만든 떡. 고물을 묻혀 시루에 찐 것과 둥글게 만들어 속에 단팥으로 소를 넣은 것 따위가 있다. ◆ 名 年糕，糯米糕。¶찹쌀떡이나 메밀묵 사세요! =买点年糕或荞麦凉粉吧!

찻간(車間)【명사】기차나 버스 따위에서 사람이 타는 칸. ◆ 名车厢。¶찻간에는 주말을 맞아 서울을 빠져나가는 등산복 차림의 시민들로 가득하였다. =到了周末，车厢里坐满了身穿登山装暂离首尔的市民。

찻값(茶-)【명사】찻집에서 마신 음료의 대금으로 내는 돈. ◆ 名茶钱。¶찻값을 내다. =支付茶钱。

찻길(車-)【명사】名 ❶ 기차나 전철 따위가 다니는 길. ◆ 铁轨。¶수업을 마친 아이들이 찻길을 따라 걷고 있는 모습이 눈에 들어왔다. =看到放学的孩子们正沿着铁轨走。❷ 사람이 다니는 길 따위와 구분하여 자동차만 다니게 한 길. ◆ 车道，行车道。¶찻길 보행은 위험합니다. =在机动车道步行危险。

찻삯(車-)【명사】차비(車費). ◆ 名车费。¶할머니는 꼬깃꼬깃해진 지폐를 꺼내 찻삯을 치르셨다. =奶奶掏出揉得皱皱巴巴的纸币交了车费。

찻잔(茶盞)【명사】차를 따라 마시는 잔. 찻종보다 높이가 낮고 아가리가 더 벌어졌다. ◆ 名茶杯。¶홍차 찻잔. =红茶茶杯。

찻집(茶-)【명사】사람들이 이야기를 나누거나 쉴 수 있도록 꾸며 놓고 차나 음료 따위를 파는 곳. ◆ 名茶馆，茶楼，茶社。¶찻집 안은 담배 연기와 왁자지껄한 잡담과 웃음이 넘치고 있었다. =茶馆里充斥着香烟的气味和叽叽喳喳的谈笑声。

창[1]【명사】名 ❶ 신의 바닥부분. ◆ 鞋底。¶신의 창이 다 닳아 이제는 못 신겠다. =鞋底全磨破了，已不能穿了。❷ 발이 닿는, 신의 바닥에 까는 물건. ◆ 鞋垫。

창[2](窓)【명사】名 ❶ 창문. ◆ 窗户。¶먼지가 나가게 창을 좀 열어 놓지 그래요? =开一下窗户，让灰尘飞出去吧? ❷ 모니터 화면에서 독립적인 환경을 나타내는 사각형 모양의 영역. ◆ 视窗。

창[3](唱)【명사】판소리나 잡가 등을 가락에 맞추어 부름. 또는 그런 노래. ◆ 名 唱。

창(槍)[4]【명사】名 ❶ 예전에 긴 나무 자루 끝에 날이 선 뾰족한 쇠촉을 박아서 던지고 찌르는 데에 쓰던 무기. ◆ 戈，长矛，长枪。¶창과 방패. =矛和盾。❷ 창던지기에서 쓰는 기구. ◆ 标枪。

창가[1](唱歌)【명사】갑오개혁 이후에 발생한 근대 음악 형식의 하나. 서양 악곡의 형식을 빌려 지은 간단한 노래이다. ◆ 名 唱歌。¶막 뒤에서 반주하는 손풍금 소리를 따라, 공작새처럼 색색의 복색을 한 계집애들이 나와서 창가를 한다. =伴着手风琴配乐，穿得像花一样的女孩子们出场开始唱歌。

창가[2](窓-)【명사】창문의 가장자리. 또는 창문과 가까운 곳. ◆ 名窗边。¶창가에 기대어 밖을 바라보다. =倚在窗边向外眺望。

창간(創刊)【명사】신문, 잡지 따위의 정기 간행물의 첫 번째 호(号)를 펴냄. ◆ 名创刊。¶창간호. =创刊号。● 창간되다(創刊--), 창간하다(創刊--) ●

창간호(創刊號)【명사】신문, 잡지 따위의 정기 간행물의 맨 첫 번째 호. ◆ 名创刊号。¶창간호를 내다. =推出创刊号。

창건(創建)【명사】건물이나 조직체 따위를 처음으로 세우거나 이룩함. ◆ 名创建, 创立, 建立。¶선운사 창건 설화. =禅云寺创建传说。● 창건되다(創建--), 창건하다(創建--) ●

창경궁(昌慶宮)【명사】서울시 종로구 와룡동에 있는 궁. ◆ 名 昌庆宫。

창고(倉庫)【명사】물건이나 자재를 저장하거나 보관하는 건물. ◆ 名仓库, 库房。¶창고에 곡식이 산더미처럼 쌓여 있었다. =库房里的粮食堆积如山。

창고업(倉庫業)【명사】창고 영업. ◆ 名 仓储业。¶창고업에 종사하다. =从事仓储行业。

창공(蒼空)【명사】푸른 하늘. ◆ 名天空, 蓝天。¶창공에 빛난 별. =天空中闪耀的星星。

창구(窓口)【명사】名 ❶ 창을 내거나 뚫어 놓은 곳. ◆ 窗口。¶그 방은 조그마한 창구가 하나 뚫려 있었다. =那个房间开有一个小小的窗口。❷ 사무실이나 영업소 따위에서, 손님과 문서·돈·물건 따위를 주고받을 수 있게 조그마하게 창을 내거나 대(臺)를 마련하여 놓은 곳. ◆ 窗口。¶은행 창구. =银行窗口。❸ 단체나 기관 따위에서 서로 협조하거나 외부 사람과 직접 접촉하기 위하여 마련하여 놓은 연락 부서를 비유적으로 이르는 말. ◆ 窗口(单位)。¶대민(對民) 창구. =对民窗口。

창궐(猖獗)【명사】못된 세력이나 전염병 따위가 세차게 일어나 걷잡을 수 없이 퍼짐. ◆ 名猖獗。¶전염병이 창궐하다. =传染病猖獗。● 창궐하다(猖獗--) ●

창극(唱劇)【명사】판소리의 형식으로 만들어 여러 사람이 배역을 맡고 노래를 중심으로 이야기를 진행하는 연극. ◆ 名唱剧。

창녀(娼女)【명사】돈을 받고 몸을 파는 일을 직업으로 하는 여자. ◆ 名娼妓, 妓女。

창단(創團)【명사】단체를 처음으로 만듦. ◆ 名创建(团体), 组建(团体)。¶그는 우리 동아리의 창단에 주역이다. =他是我们社团创建的主力。● 창단되다(創團--), 창단하다(創團--) ●

창달(暢達)【명사】名 ❶ 의견, 주장, 견해 따위를 거리낌이나 막힘이 없이 자유롭게 표현하고 전달함. ◆ 畅通, 顺畅。¶언론 창달. =言论畅通。❷ 거침없이 쑥쑥 뻗어 나감. 또는 그렇게 되게 함. ◆ 发展。¶민족 문화의 창달. =民族文化的发展。● 창달하다(暢達--), 창달되다(暢達--) ●

창당(創黨)【명사】정당이 새로 만들어짐. 또는 정당을 새로 만듦. ◆ 名建党, 创建政党。¶창당 대회. =建党大会。● 창당하다(創黨--) ●

창덕궁(昌德宮)【명사】서울시 종로구 와룡동에 있는 궁. ◆ 名昌德宫。

창던지기(槍---)【명사】육상 경기의 하나. 창을 여섯 번 던져 그 가운데 가장 멀리 던진 거리로 승부를 겨룬다. ◆ 名 掷标枪。

창립(創立)【명사】기관이나 단체 따위를 새로 만들어 세움. ◆ 名创立, 创建, 建立, 成立。¶학교 창립 30주년 기념식. =建校三十周年纪念仪式。● 창립되다(創立--), 창립하다(創立--) ●

창문(窓門)【명사】공기나 햇빛을 받을 수 있고, 밖을 내다볼 수 있도록 벽이나 지붕에 낸 작은 문. ◆ 名窗, 窗户。¶창문을 활짝 열다. =敞开窗户。

창밖(窓-)【명사】창문의 밖. ◆ 名窗外。¶낙엽이 지는 창밖 풍경이 멋있다. =窗外落叶纷飞的景色非常漂亮。

창백하다(蒼白--)【형용사】形 ❶ 얼굴빛이나 살빛이 핏기가 없고 푸른 기가 돌 만큼 해쓱하다. ◆ 苍白, 煞白, 惨白。¶창백하리만큼 하얀 얼굴. =煞白的面孔。❷ 달빛이 맑고 깨끗하다. ◆ (月光)皎洁。

창살(窓-)【명사】창짝, 미닫이 따위에 가로 세로로 지른 가는 나뭇조각. ◆ 名窗棂, 窗格子。¶이 절의 창은 모두 연화 무늬의 창살로 되어 있다. =这座寺庙窗户的窗棂全部是用莲花纹装饰的。

창설(創設)【명사】기관이나 단체 따위를 처음으로 베풂. ◆ 名创办, 创立。¶민병대 창설. =民兵队创立。● 창설되다(創設--), 창설하다(創設--) ●

창시(創始)【명사】어떤 사상이나 학설 따위를 처음으로 시작하거나 내세움. ◆ 名创始。● 창시되다(創始--), 창시하다(創始--) ●

창안(創案)【명사】어떤 방안, 물건 따위를 처음으로 생각하여 냄. 또는 그런 생각이나 방안. ◆ 名首创, 独创, 创造发明。¶창안에 몰두하다. =热衷于创造发明。● 창안되다(創案--), 창안하다(創案--) ●

창업(創業)【명사】名 ❶ 나라나 왕조 따위를 처음으로 세움. ◆ 建国, 开国。¶창업 공신. =开国功臣。❷ 사업 따위를 처음으로 이루어 시작함. ◆ 创业。¶창업도 어렵지만 경영은 더 어렵다. =创业难, 守业更难。● 창업하다(創業--) ●

창유리(窓琉璃)【명사】창문에 끼운 유리. ◆ 名窗玻璃。¶창유리를 닦다. =擦窗玻璃。

창의력(創意力)【명사】새로운 것을 생각해 내는 능력. ◆ 名创新力, 创造力。¶창의력개발 프로그램을 선보이다. =展示创意力开发程序。

창의성(創意性)【명사】새로운 것을 생각해 내는 특성. ◆ 名创意性, 创造力。¶그는 창의성이 없다. =他没有创造力。

창의적(創意的)【명사】창의성을 띠거나 가진. 또는 그런 것. ◆ 名创意的, 创造性的。¶창의적인 사고방식. =创造性的思考方式。

창자【명사】큰창자와 작은창자를 통틀어 이르는 말. ◆ 名肠子。

창작(創作)【명사】名 ❶ 방안이나 물건 따위를 처음으로 만들어 냄. 또는 그렇게 만들어 낸 방안이나 물건. ◆ 首创, 创造, 创制。¶이 논문은 모작이나 번안이지 창작이라 할 수 없다. =这篇论文是模仿或者改写的, 不能算作首创。❷ 예술 작품을 독창적으로 지어냄. 또는 그 예술 작품. ◆ 创作, 原创作品。¶창작 가요제. =创作歌唱大赛。❸ 거짓으로 지어낸 말이나 일을 비꼬는 말. ◆ 编造。¶그 소문은 창작이었다면서. =听说那个传闻是编造的? ● 창작하다(創作--), 창작되다(創作--) ●

창작물(創作物)【명사】독창적으로 지어낸 예술 작품. ◆ 名文艺作品。

창작품(創作品)【명사】창작한 예술 작품. ◆ 图艺术作品。¶전시되어 있는 창작품을 훼손하는 행위는 문화시민이라 할 수 없다. =有破坏展品行为的人，不能被称为“文化市民”。

창제(創製/創制)【명사】전에 없던 것을 처음으로 만들거나 제정함. ◆ 图创制，创造。¶훈민정음 창제. =创制“训民正音”。● 창제되다(創製/創制--), 창제하다(創製/創制--) ●

창조(創造)【명사】图 전에 없던 것을 처음으로 만듦. ◆ 创作。¶그는 새로운 시형의 창조에 몰두하였다. =他埋头进行新诗体的创作。● 창조되다(創造--), 창조하다(創造--) ●

창조물(創造物)【명사】창조된 사물. ◆ 图创造物。¶지능적 창조물. =智能性创造物。

창조성(創造性)【명사】창조하는 성질. 또는 창조적인 특성. ◆ 图创造性。¶인간의 언어는 창조성을 지니고 있다. =人类的语言具有创造性。

창조적(創造的)【명사】새로운 것을 만들어내는 일과 관련되는, 또는 그런것. ◆ 图创造的，创造性的。¶창조적인 행위. =创造性的行为。

창창하다(蒼蒼--)【형용사】形 ❶ 바다, 하늘, 호수 따위가 매우 푸르다. ◆ 蔚蓝，碧蓝，苍翠。❷ 앞길이 멀어서 아득하다. ◆ 苍茫，（前途）远大。¶앞길이 창창한 젊은이. =前途远大的年轻人。❸ 나무나 숲이 짙푸르게 무성하다. ◆ 苍苍，郁郁苍苍。¶창창한 자연림(自然林). =郁郁苍苍的自然林。❹ 빛이 어둑하다. ◆ 灰暗，朦胧，昏暗。¶창창한 달밤. =朦胧的月夜。

창출(創出)【명사】전에 없던 것을 처음으로 생각하여 지어내거나 만들어 냄. ◆ 图创造。¶창출 과정. =创造过程。● 창출되다(創出--), 창출하다(創出--) ●

창칼(槍-)【명사】창과 칼을 아울러 이르는 말. ◆ 图刀枪。¶창칼을 휘두르다. =挥动刀枪。

창턱(窓-)【명사】창문의 문지방에 있는 턱. ◆ 图窗台。¶창턱에 기대다. =倚靠窗台。

창틀(窓-)【명사】창문을 달기 위한 틀. ◆ 图 窗框。¶창틀이 어긋났는지 맞지를 않는다. =不知是不是窗框错位了，合不上。

창포(菖蒲)【명사】천남성과의 여러해살이풀. 높이는 70~100cm이며, 온몸에 향기가 있다. ◆ 图 菖蒲。¶단옷날에 여자들은 창포를 삶은 물에 머리를 감았다. =端午节那天，女人们用菖蒲汤洗头。

창피(猖披)【명사】체면이 깎이는 일이나 아니꼬운 일을 당함. 또는 그에 대한 부끄러움. ◆ 图丢脸，丢人，难为情。¶시험에 또 떨어지다니 창피가 막심이다. =居然又没考上，真是丢死人了。● 창피하다(猖披--) ●

창피스럽다(猖披---)【형용사】체면이 깎이는 일이나 아니꼬운 일을 당한 데 대한 부끄러운 느낌이 있다. ◆ 形丢脸，丢人，羞愧，难为情，不好意思。¶나보다 작은 아이에게 씨름에 진 것이 몹시 창피스러웠다. =摔跤输给比我小的孩子，觉得很丢人。

창호지(窓戶紙)【명사】주로 문을 바르는 데 쓰는 얇은 종이. ◆ 图窗户纸。¶창호지 한 축. =十张窗户纸。

찾다【동사】动 ❶ 현재 주변에 없는 것을 얻거나 사람을 만나려고 여기저기를 뒤지거나 살피다. 또는 그것을 얻거나 그 사람을 만나다. ◆ 找，寻找，查。¶길을 잃은 아이가 지금 가족을 찾고 있습니다. =迷路的孩子现在正在寻找家人。❷ 모르는 것을 알아내고 밝혀내려고 애쓰다. 또는 그것을 알아내고 밝혀내다. ◆ 查明，探明，追查，探索。¶시민 단체들은 민족의 뿌리를 찾는 운동을 전개하고 있다. =各市民团体正在开展探寻民族之根的运动。❸ 잃거나 빼앗기거나 맡기거나 빌려 주었던 것을 돌려받아 가지게 되다. ◆ 取，领取，提取。¶저금했던 돈을 찾다. =取存款。❹ 어떤 사람을 만나거나 어떤 곳을 보러 그와 관련된 장소로 옮겨가다. ◆ 拜访，寻访，探访。¶추석에 고향을 찾다. =中秋节回乡。❺ 어떤 것을 구하다. ◆ 找，寻求，追求。¶어떤 손님들은 일부러 국산품을 찾는다. =有些客人特意找国产货。❻ 어떤 사람이나 기관 따위에 도움을 요청하다. ◆ 去求助，请求。¶감기로 병원을 찾는 환자가 부쩍 늘었다. =到医院就医的感冒患者剧增。❼ 원상태를 회복하다. ◆ 找回，恢复。¶제정신을 찾다. =恢复常态。❽ 자신감, 명예, 긍지 따위를 회복하다. ◆ 找回，恢复。¶잃어버린 명예를 다시 찾기란 쉽지 않다. =要恢复失去的名誉不是件容易的事。

찾아가다【동사】动 ❶ 볼일을 보거나 특정한 사람을 만나기 위하여 그와 관련된 곳으로 가다. ◆ 拜访。¶직접 집으로 찾아가다. =直接去家里拜访。❷ 잃거나 맡기거나 빌려 주었던 것을 돌려받아 가지고 가다. ◆ 取回，领取，提取。¶물품 보관소에서 가방을 찾아가다. =在物品保管处领取提包。

찾아내다【동사】动 ❶ 찾기 어려운 사람이나 사물을 찾아서 드러내다. ◆ 找到，找出，查到。¶감춰둔 보물을 찾아내다. =找到隐藏的宝物。❷ 모르는 것을 알아서 드러내다. ◆ 找到，找出，发现。¶그의 비밀을 찾아냈다. =找出他的秘密。

찾아다니다【동사】动 ❶ 어떤 사람을 만나거나 어떤 곳을 보러 여기저기로 옮겨 움직이다. ◆ 到处寻找。¶그는 동네 집집마다 찾아다니며 주민들을 설득했다. =他挨家挨户地去说服居民们。❷ 무엇을 얻기 위하여 여기저기로 옮겨 움직이다. ◆ 到处寻找。¶그는 좋은 약이 있다면 어디든지 찾아다녔다. =听说有良药，他便到处寻找。

찾아들다【동사】쉬거나 볼일을 보러 어떠한 곳으로 가다. ◆ 动找来，到访。¶찾아든 손님을 박절히 내몰아서는 안 된다. =不能刻薄地赶走到访的客人。

찾아보기【명사】색인(索引). ◆ 图索引。

찾아보다【동사】动 ❶ 어떤 사람과 관련된 곳으로 가서 그 사람을 만나다. ◆ 去找，拜访，走访。¶관계자를 찾아보고 해결하도록 하자. =我们去找相关人员来解决吧。❷ 원하는 정보를 구하거나 알기 위하여 대상물을 검토하거나 조사하다. ◆ 查，查找，翻找。¶이 단어의 뜻을 알고 싶으면 사전을 찾아보아라. =想知道这个单词的意思，就去查字典吧。

찾아뵈다【동사】웃어른을 만나러 가서 보다. ◆ 动 拜访，看望。¶이렇게 늦게 찾아뵈어서 죄송합니다. =很抱歉这么晚才来拜访。

찾아뵙다【동사】웃어른을 만나러 가서 보다. '찾아뵈다'보다 더 겸양의 뜻을 나타낸다. ◆ 动拜访，看望。¶어른을 찾아뵙고 인사를 드리다. =拜访长辈，问安。

찾아오다【동사】动 ❶ 어떤 사람을 만나거나 다른 볼일을 보러 그와 관련된 곳에 오다. ◆ 来找，来访。¶친구는 나에게 찾아와서 책을 빌려 갔다. =朋友来找我借书了。❷ 잃거나 맡기거나 빌려 주었던 것을 돌려받아 가지고 오다. ◆ 取回，提取。¶경찰서에서 잃어버린 지갑을 찾아오다. =从警察局取回丢失的钱包。❸ 순환하는 계절 따위가 다시 돌아오다. ◆ 降临，到来。¶새벽이 찾아오다. =凌晨到来了。

채[1]【명사】名 ❶ 팽이, 공 따위의 대상을 치는 데에 쓰는 기구. ◆ 拍(子)，球拍。¶너무 강하게 치면 테니스채가 부러집니다. =如果击球的力量太大，会弄断网球拍。❷ 가느다란 막대기의 끝에 노끈이나 가죽끈을 달아 말이나 소를 때려 모는 데 쓰는 물건. ◆ 鞭子。❸ 북, 장구, 꽹과리, 징 따위의 타악기를 치거나 현악기를 타서 소리를 내게 하는 도구. ◆ 槌。¶장구채를 너무 세게 잡지 마세요. =长鼓槌不要握得太紧。

채[2]【명사】야채나 과일 따위를 가늘고 길쭉하게 잘게 써는 일. 또는 그 야채나 과일. ◆ 名丝。¶채를 썰다. =切丝。

채[3]【의존 명사】依名 ❶ 집을 세는 단위. ◆ 栋，幢。❷ 큰 기구, 기물, 가구 따위를 세는 단위. ◆ 辆，台，架。❸ 이불을 세는 단위. ◆ 床，条。

채[4]【의존 명사】이미 있는 상태 그대로 있다는 뜻을 나타내는 말. ◆ 依名(表示保持某种状态)着。¶그는 그녀에게 아무 말도 못한채 먼 산만 바라보고 있었다. =他对她无话可说，只是遥望远山。

채[5]【부사】副 ❶ 어떤 상태나 동작이 다 되거나 이루어졌다고 할 만한 정도에 아직 이르지 못한 상태를 이르는 말. ◆ 都，完全，还。¶문이 채 닫히지도 않았는데 출발하면 어떻게 하니? =门都没关好就走怎么行呢? ❷ 아직. ◆ 还(未)，尚(未)。¶점심 먹은 지 채 한 시간도 안 되었는데 또 무엇을 그렇게 먹니. =吃完午饭还不到一个小时，又在吃什么呢?

채광(採光)【명사】창문 따위를 내어 햇빛을 비롯한 광선을 받아들임. ◆ 名采光。¶채광 시설. =采光设施。

채굴(採掘)【명사】땅을 파고 땅속에 묻혀 있는 광물 따위를 캐냄. ◆ 名开采，采掘。¶금광 채굴. =金矿开采。● 채굴되다(採掘--), 채굴하다(採掘--) ●

채권[1](債券)【명사】국가, 지방 자치 단체, 은행, 회사 따위가 사업에 필요한 자금을 차입하기 위하여 발행하는 유가 증권. 공채, 국채, 사채, 지방채 따위가 있다. ◆ 名 债券。

채권[2](債權)【명사】재산권의 하나. 특정인이 다른 특정인에게 어떤 행위를 청구할 수 있는 권리이다. ◆ 名 债权。

채널(channel)【명사】名 ❶ 어떠한 일을 이루는 방법이나 정보가 전달되는 경로. ◆ 渠道。¶외교 채널. =外交渠道。❷ 텔레비전, 라디오, 무선 통신 따위에서, 주파수대에 따라 각 방송국에 배정된, 전파의 전송(傳送) 통로. ◆ 台，频道，波段。¶스포츠 채널. =体育频道。

채다[1]【동사】动 ❶ 갑자기 세게 잡아당기다. ◆ (迅速有力地)拉，猛拽。¶낚싯대를 힘껏 채다. =用力拉钓鱼竿。❷ 재빠르게 센 힘으로 빼앗거나 훔치다. ◆ 抓，抢，夺。¶독수리가 토끼를 채다. =秃鹫抓兔子。

채다[2]【동사】어떤 사정이나 형편을 재빨리 미루어 헤아리거나 깨닫다. ◆ 动看出，猜到，察觉。¶눈치를 채다. =看眼色。

채다【동사】'차이다'의 준말. ◆ 动 "차이다(甩)"的略语。

채도(彩度)【명사】색의 선명한 정도. 색의 삼 요소의 하나로, 유채색에만 있으며, 회색을 섞을수록 낮아진다. ◆ 名 色度，色彩饱和度。

채록(採錄)【명사】필요한 자료를 찾아 모아서 적거나 녹음함. 또는 그런 기록이나 녹음. ◆ 名采录。¶방언 채록. =采录方言。● 채록하다(採錄--) ●

채마밭(菜麻-)【명사】채마를 심어 가꾸는 밭. ◆ 名菜园，菜地。¶채마밭을 일구다. =开垦菜地。

채무(債務)【명사】재산권의 하나. 특정인이 다른 특정인에게 어떤 행위를 하여야 할 의무를 이른다. ◆ 名 债务。

채반(-盤)【명사】껍질을 벗긴 싸릿개비나 버들가지 따위의 오리를 울과 춤이 거의 없고 둥글넓적하게 결어 만든 채그릇. ◆ 名筐箩。¶채반에 무말랭이를 널어 말렸다. =把萝卜干放到筐箩里晒干了。

채비【명사】어떤 일이 되기 위하여 필요한 물건, 자세 따위가 미리 갖추어져 차려지거나 그렇게 되게 함. 또는 그 물건이나 자세. ◆ 名准备，筹备。¶겨우살이 채비. =过冬准备。● 채비하다 ●

채색(彩色)【명사】名 ❶ 여러 가지의 고운 빛깔. ◆ 彩色。¶채색 구름. =彩云。❷ 그림 따위에 색을 칠함. ◆ 上色，着色。¶독특한 채색 기법. =独特的着色技巧。❸ 채색감. ◆ 颜料。¶채색만 묻힌다고 다 그림이 되는 것은 아니다. =并不是说只要涂上颜料就是画了。● 채색되다(彩色--), 채색하다(彩色--) ●

채석(採石)【명사】돌산이나 바위에서 석재(石材)로 쓸 돌을 캐거나 떠 냄. ◆ 名采石。

채석장(採石場)【명사】석재(石材)로 쓸 돌을 캐거나 떠 내는 곳. ◆ 名采石场。¶채석장의 발파음으로 송아지가 유산되고 있다는 민원이 끊임없이 제기되었다. =不断有群众抱怨采石场的爆破声导致怀孕的母牛流产。

채소(菜蔬)【명사】밭에서 기르는 농작물. 주로 그 잎이나 줄기, 열매 따위는 식용한다. ◆ 名菜，蔬菜。¶무공해 채소. =绿色蔬菜。

채소밭(菜蔬-)【명사】채소를 심어 가꾸는 밭. ◆ 名

菜园，菜地。¶채소밭을 가꾸다. =打理菜园。

채송화(菜松花)【명사】쇠비름과의 한해살이 풀. 줄기는 높이가 20cm 정도이며, 분홍색이다. ◆图 草杜鹃，半支莲。

채식(菜食)【명사】고기류를 피하고 주로 채소, 과일, 해초 따위의 식물성 음식만 먹음. ◆图素食。¶채식 습관. =素食习惯。● 채식하다(菜食--) ●

채신【명사】'처신(세상을 살아가는 데 가져야 할 몸가짐이나 행동)'을 얕잡아 이르는 말. ◆图 "처신(为人处事)"的贬称。● 채신머리 ●

채신없다【형용사】말이나 행동이 경솔하여 위엄이나 신망이 없다. ◆形轻浮，不检点，有失检点，举止不端。¶어른들 앞에서 채신없게 굴지 않도록 조심하여라. =小心不要在长辈们面前有失检点。

채용(採用)【명사】图 ❶ 사람을 골라서 씀. ◆ 录用，录取，雇用。¶채용 규모. =录用规模。❷ 어떤 의견, 방안 등을 고르거나 받아들여서 씀. ◆采用，采纳，采取。¶이 작품에서는 우화의 채용이 효과적이다. =这部作品对寓言的运用颇有成效。● 채용되다(採用--), 채용하다(採用--) ●

채점(採點)【명사】시험 답안의 맞고 틀림을 살피어 점수를 매김. ◆ 图评分，评卷，改卷。¶학기말 시험 채점을 마쳤다. =评完了期末考试的试卷。● 채점되다(採點--), 채점하다(採點--) ●

채집(採集)【명사】널리 찾아서 얻거나 캐거나 잡아 모으는 일. ◆图采集，收集，搜集。¶수석 채집. =收集奇石。● 채집되다(採集--), 채집하다(採集--) ●

채찍【명사】말이나 소 따위를 때려 모는 데에 쓰기 위하여, 가는 나무 막대나 댓가지 끝에 노끈이나 가죽 오리 따위를 달아 만든 물건. ◆图鞭子。¶휙 하는 채찍 소리. ="嗖"地一声鞭子响。

채찍질【명사】图 ❶ 채찍으로 치는 일. ◆ 鞭打，鞭挞。¶채찍질을 가하다. =鞭打。❷ 몹시 재촉하면서 다그치거나 일깨워 힘차게 북돋아 주는 일을 비유적으로 이르는 말. ◆ 鞭策。¶앞으로도 방황하는 이들에게 도움이 되고 채찍질이 되는 글 많이 부탁드립니다. =请您今后也多写一些能够帮助和鞭策迷茫的人们的文章。● 채찍질하다 ●

채취(採取)【명사】图❶ 풀, 나무, 광석 따위를 찾아 베거나 캐거나 하여 얻어 냄. ◆ 采，采掘，采集。¶약초 채취. =采药。❷ 연구나 조사에 필요한 것을 찾거나 받아서 얻음. ◆ 提取，采集。¶지문 채취. =提取指纹。● 채취되다(採取--), 채취하다(採取--) ●

채택(採擇)【명사】작품, 의견, 제도 따위를 골라서 다루거나 뽑아 씀. ◆图采用，采纳，通过。¶결의안 채택. =通过决议案。● 채택되다(採擇--), 채택하다(採擇--) ●

채팅(chatting)【명사】전자 게시판이나 통신망에서, 여러 사용자가 다양한 주제를 가지고 실시간으로 모니터 화면을 통하여 대화를 나누는 일. ◆图网上聊天。● 채팅하다(--) ●

책[1](冊)【명사】图 ❶ 종이를 여러 장 묶어 맨 물건. ◆ 册，册子。¶백지로 책을 매어 낙서를 하거나 삽화를 그리거나 화보를 붙여 놓았다. =把白纸订成册子，在上面涂涂写写，绘制插图，或是贴上画报。❷ 옛 서적이나 여러 장의 종이를 하나로 묶은 것을 세는 단위. ◆ 量册，本，卷。¶〈목민심서〉는 48권 16책으로 되어 있다. =《牧民心书》共有48卷16本。❸ 일정한 목적, 내용, 체재에 맞추어 사상, 감정, 지식 따위를 글이나 그림으로 표현하여 적거나 인쇄하여 묶어 놓은 것. ◆ 书，书籍。¶책 한 권. =一本书。

-책[2](策)【접사】'방책', '대책'의 뜻. ◆ 后缀方法，对策，策略。¶해결책. =解决方法。

-책[3](責)【접사】'책임자'의 뜻. ◆ 后缀 (负责)人，(负责)者。¶조직책. =组织者。

책가방(冊--)【명사】주로 학생들이 책이나 학용품 따위를 넣어서 들거나 메고 다니는 가방. ◆图书包。¶책가방을 어깨에 메다. =把书包背在肩上。

책갈피(冊--)【명사】图 ❶ 책장과 책장의 사이. ◆ 书页。¶은행잎과 단풍잎을 책갈피에 끼워 놓았다. =把银杏叶和枫叶夹进书页里。❷ 읽던 곳이나 필요한 곳을 찾기 쉽도록 책장과 책장의 사이에 끼워 두는 물건. ◆ 书签。

책거리(冊--)【명사】글방 따위에서 학생이 책 한 권을 다 읽어 떼거나 다 베껴 쓰고 난 뒤에 선생과 동료들에게 한턱내는 일. ◆图读书庆祝宴 (古时私塾学生每学完或抄完一卷书后请客)。

책걸상(冊-床)【명사】책상과 걸상을 아울러 이르는 말. ◆图桌椅。¶아이들은 교실 청소를 하기 위해 걸상을 책상 위에 올린 다음 책걸상을 뒤쪽 벽으로 몰아붙였다. =为了打扫教室，孩子们先把椅子放到桌子上，然后把桌椅集中靠到教室后墙边。

책꽂이(冊--)【명사】책을 세워서 꽂아 두는 물건이나 장치. ◆ 图书架。¶책꽂이에 꽂힌 책. =放在书架上的书。

책략(策略)【명사】어떤 일을 꾸미고 이루어 나가는 교묘한 방법. ◆ 图策略，计策，计谋。¶권모술수와 책략. =计谋、权术与策略。

책망(責望)【명사】잘못을 꾸짖거나 나무라며 못마땅하게 여김. ◆ 图责备，指责，训斥，数落。¶나는 선생님의 책망이 떨어지지 않을까 불안하였다. =我担心会被老师训斥。● 책망하다(責望--) ●

책무(責務)【명사】직무에 따른 책임이나 임무. ◆图职责，职务，责任。¶진실을 증언하는 것이 시민으로서의 책무이다. =作证说出真相是市民的责任。

책받침(冊--)【명사】글씨를 쓸 때에 아래 장에 자국이 나지 않고 잘 써지도록 종이 밑에 받치는 단단하고 판판한 물건. ◆ 图 (写字时纸下垫的)垫板。¶책받침을 받치다. =垫垫板。

책방(冊房)【명사】서점(書店). ◆ 图书店。¶한 달에 몇 번이나 책방에 가십니까? =一个月去几次书店?

책벌레(冊--)【명사】지나치게 책을 읽거나 공부하는 데만 열중하는 사람을 놀림조로 이르는 말. ◆图书呆子。¶형은 언제나 책만 보는 책벌레였다. =哥哥是一个只知道看书的书呆子。

책보(冊褓)【명사】책을 싸는 보자기. ◆ 图 装书用

的包袱皮，装着书的包袱。¶책가방이 없어 책보를 사용했다. =因为没有书包，所以用了包袱皮。

책상(冊床)【명사】앉아서 책을 읽거나 글을 쓰거나 사무를 보거나 할 때에 앞에 놓고 쓰는 상. ◆图桌子，书桌。¶책상을 정리하고 퇴근하다. =整理桌子后下班。

책상다리(冊床--)【명사】한쪽 다리를 다른 쪽 다리 위에 포개고 앉는 자세. ◆图盘腿坐。

책상머리(冊床--)【명사】책상의 한쪽 자리. ◆图书桌边。¶책상머리에 정강이를 부딪쳤다. =小腿前侧撞到了书桌边。

책임(責任)【명사】图❶ 맡아서 해야 할 임무나 의무. ◆责任，任务，担子。¶버거운 책임. =重担。❷ 어떤 일의 결과에 대하여 지는 의무나 부담. 또는 그 결과로 받는 제재(制裁). ◆责任。¶연대책임을 지다. =负有连带责任。❸ 위법한 행동을 한 사람에게 법률적 불이익이나 제재를 가하는 일. 민사 책임과 형사 책임이 있다. ◆法律责任。

책임감(責任感)【명사】맡아서 해야 할 임무나 의무를 중히 여기는 마음. ◆图责任感，责任心。¶조장으로서 책임감을 느끼다. =感觉到作为组长的责任心。

책임자(責任者)【명사】어떤 일에 대하여 책임을 지고 있거나 책임을 져야 할 위치에 있는 사람. ◆图负责人，责任人。¶최고 책임자. =最高负责人。

책임지다(責任--)【동사】어떤 일에 대한 책임을 맡아 안다. ◆动负责，负责任，承担责任。¶모든 것은 제가 책임지겠습니다. =一切由我负责。

책자(冊子)【명사】책(冊). ◆图书，册子。¶회의에 앞서 책자를 돌리다. =会议开始之前分发册子。

책장[1](冊張)【명사】책을 이루고 있는 낱낱의 장. ◆图书页。¶아이가 책장을 찢다. =孩子撕书页。

책장[2](冊欌)【명사】책을 넣어 두는 장. ◆图书柜，书橱。¶거실에 책장을 마련하다. =在客厅里摆书柜。

책정(策定)【명사】계획이나 방책을 세워 결정함. ◆图定，策划确定。¶내년 예산을 책정하다. =制定明年的预算。● 책정되다(策定--), 책정하다(策定--) ●

챔피언(champion)【명사】图❶ 운동 종목 따위에서, 선수권을 보유하고 있는 사람. ◆冠军，优胜者。❷ 기술 따위에서, 실력이 가장 뛰어난 사람. ◆好手，出类拔萃的人。

챙【명사】모자 끝에 대서 햇볕을 가리는 부분. ◆图帽舌。¶햇빛이 강해 챙이 달린 모자를 썼다. =阳光强烈，所以戴上了鸭舌帽。

챙기다【동사】动❶ 필요한 물건을 찾아서 갖추어 놓거나 무엇을 빠뜨리지 않았는지 살피다. ◆收拾，整理，准备，备齐。¶연장을 챙기다. =备齐工具。❷ 거르지 않고 잘 거두다. ◆摆(饭桌)，准备(饭菜)。¶굶지 말고 반드시 밥을 챙겨 먹어라. =一定要好好吃饭，不要饿肚子。❸ 자기 것으로 취하다. ◆占有。¶이참에 한몫 챙기다. =趁机占上一份儿。

처[1](妻)【명사】아내. ◆图妻子。¶처는 아이 낳으러 친정에 갔습니다. =妻子为生宝宝回娘家去了。

-처[2](處)【접사】后缀❶ '곳' 또는 '장소'의 뜻을 더하는 접미사. ◆处，场所，地点。¶접수처에 문의 바람. =请咨询受理处。❷ '사무를 맡아보는 부서'의 뜻을 더하는 접미사. ◆处。¶총무처. =总务处。

처[3]-【접사】[일부 동사 앞에 붙어] '마구', '많이'의 뜻을 더하는 접두사. ◆前缀(用于部分动词词根之前)乱，胡乱。¶처먹다. =乱吃。

처가(妻家)【명사】아내의 본가. ◆图岳父母家。

처갓집(妻家-)【명사】처가(妻家). ◆图岳父母家。¶한동안 처갓집에서 살았다. =在岳父母家生活过一段时间。

처남(妻男)【명사】图❶ 아내의 손위 남자 형제를 이르는 말. ◆大舅子。❷ 아내의 손아래 남자 형제를 이르거나 부르는 말. ◆小舅子。

처녀(處女)【명사】图❶ 결혼하지 아니한 성년 여자. ◆少女，姑娘，闺女。❷ 남자와의 성적 경험이 없는 여자. ◆处女。❸ 일이나 행동을 처음으로 함. ◆〈喻〉首次的，初次的，第一次的。¶처녀 연설. =首次演讲。

처녀작(處女作)【명사】처음으로 지었거나 발표한 작품. ◆图处女作。¶처녀작을 내놓다. =推出处女作。

처단(處斷)【명사】결단하여 처치하거나 처분함. ◆图惩处。¶불법 투기자를 법에 따라 엄중히 처단하다. =依法严惩不法投机分子。● 처단되다(處斷--), 처단하다(處斷--) ●

처량하다(凄凉--)【형용사】形❶ 마음이 구슬퍼질 정도로 외롭거나 쓸쓸하다. ◆凄凉，悲凉。¶처량한 벌판. =荒凉的田野。❷ 초라하고 가엾다. ◆凄惨，凄苦。¶처량한 신세. =凄惨的身世。

처럼【조사】모양이 서로 비슷하거나 같음을 나타내는 격 조사. ◆助 表示比较或比喻的对象，如像，像……一样。¶피부가 눈처럼 희다. =肤白如雪。

처리(處理)【명사】图❶ 사무나 사건 따위를 절차에 따라 정리하여 치르거나 마무리를 지음. ◆处理，办理，受理。¶사무 처리. =办理事务。❷ 일정한 결과를 얻기 위하여 화학적 또는 물리적 작용을 일으킴. ◆处理。¶화학적 처리. =化学处理。● 처리되다(處理--), 처리하다(處理--) ●

처마【명사】지붕의 도리 밖으로 내민 부분. ◆图屋檐，房檐。¶처마 밑에서 소나기를 피하다. =在屋檐下躲避骤雨。

처먹다【동사】动❶ 음식을 요량 없이 마구 먹다. ◆狼吞虎咽，胡吃海塞。¶의리 없게 너희들만 처먹냐? =就你们自己胡吃海塞的? 真没义气。❷ 먹다. ◆俚吃。¶밥을 처먹든지 술을 처마시든지 나는 관심 없다. =吃饭或者喝酒，我都没兴趣。

처박다【동사】动❶ 매우 세게 박다. ◆使劲钉。¶말뚝을 땅에 처박다. =往地里使劲钉桩子。❷ 함부로 막 박다. ◆乱撞。¶소나무에 머리를 처박고 또 처박으며 울부짖었다. =一边把头往松树上乱撞，一边悲号着。❸ 마구 쑤셔 넣거나 푹 밀어 넣다.◆乱放，

乱塞。¶옷장 속에 옷을 처박아 두지 좀 마라. =别往衣柜里乱塞衣服。❹ 일정한 곳에만 있게 하고 다른 곳에 나가지 못하게 하다. ◆关，拴。¶아이들은 집에 처박아 두고 혼자 밖을 돌아다니다.=把孩子们关在家里，自己在外面逛。● 처박히다 ●

처방(處方)【명사】名 ❶ 병을 치료하기 위하여 증상에 따라 약을 짓는 방법. ◆处方，方子。¶의사의 처방에 따라 조제하다. =按照医生的处方配药。❷ 일정한 문제를 처리하는 방법. ◆方案，处理方法。¶가장 좋은 처방을 마련해 보시오. =请拿出最好的方案。

처방전(處方箋)【명사】처방의 내용을 적은 종이. ◆名处方笺。¶처방전을 내다. =开处方笺。

처방하다(處方--)【동사】动 ❶ 질병 치료를 위해 수단과 방법을 정하다. ◆开处方。❷ 문제 해결의 방법을 정하다. ◆制订解决问题的方案。

처벌(處罰)【명사】형벌에 처함. 또는 그 벌. ◆名处罚，惩处，发落。¶교통 법규 위반으로 처벌을 받다. =因违反交通法规受到处罚。● 처벌되다(處罰--), 처벌하다(處罰--) ●

처분(處分)【명사】名 ❶ 처리하여 치움. ◆处理，卖掉，处置。¶부동산 처분. =处置房产。❷ 일정한 대상을 어떻게 처리할 것인가에 대하여 지시하거나 결정함. 또는 그런 지시나 결정. ◆指示，命令，决定。❸ 행정, 사법 관청이 특정한 사건에 대해 법규를 적용하는 행위. ◆处分。¶행정 처분. =行政处分。● 처분하다(處分--) ●

처사(處事)【명사】일을 처리함. 또는 그런 처리. ◆名办事，处事。¶부당한 처사를 참을 수가 없다. =无法忍受不当的处事方式。

처서(處暑)【명사】이십사절기의 하나. 입추와 백로 사이에 들며, 태양이 황경 150도에 달한 시각으로 양력 8월 23일경이다. ◆名处暑。

처세(處世)【명사】사람들과 사귀며 살아감. 또는 그런 일. ◆名处世，处世哲学，处世之道。¶그의 약삭빠른 처세가 눈꼴시다. =看不惯他那乖滑的处世哲学。● 처세하다(處世--) ●

처세술(處世術)【명사】사람들과 사귀며 세상을 살아가는 방법이나 수단. ◆名处世哲学，处世之道。¶능수능란한 처세술. =成熟的处世之道。

처소(處所)【명사】사람이 기거하거나 임시로 머무는 곳. ◆名住所，住处。¶처소를 정하다. =定下住所。

처신(處身)【명사】세상을 살아가는 데 가져야 할 몸가짐이나 행동. ◆名为人，为人处世。¶그는 처신이 바르다. =他为人正直。● 처신하다(處身--) ●

처음【명사】시간적으로나 순서상으로 맨 앞. ◆名首次，开头，开始，第一次。¶난생 처음 겪은 고생. =生平第一次受的苦。

처자[1](妻子)【명사】아내와 자식을 아울러 이르는 말. ◆名妻儿，妻子儿女。¶처자를 거느린 가장(家長). =拖妻带子的家长。

처자[2](處子)【명사】처녀(處女). 결혼하지 아니한 성년 여자. ◆名少女，姑娘，处女。¶저 처자는 누구입니까? =那个姑娘是谁?

처자식(妻子息)【명사】아내와 자식을 아울러 이르는 말. ◆名妻儿，妻子儿女。¶처자식 굶기지 않으려면 열심히 일해야 합니다. =如果不想让妻子儿女挨饿，就得努力工作。

처장(處長)【명사】행정 관서나 사무 부서의 하나인 처(處)의 책임자. ◆名处长。¶사무처장. =事务处长。

처절하다(悽絶--)【형용사】몹시 처량하다. ◆形凄切，凄凉。¶그들은 처절하고 절망적인 상황에서 벗어나고자 발버둥쳤다. =他们为摆脱令人凄凉绝望的处境而拼命挣扎。

처제(妻妹)【명사】아내의 여자 동생을 이르거나 부르는 말. ◆名妻妹，小姨子。¶처제가 다음주에 결혼한다. =妻妹下个星期结婚。

처지(處地)【명사】처하여 있는 사정이나 형편. ◆名处境，地步，境地。¶처지가 매우 딱하군요. =处境很狼狈呀!

처지다【동사】动 ❶ 위에서 아래로 축 늘어지다. ◆低垂，下垂，下沉。¶빨랫줄이 처져 있다. =晾衣绳低垂下来。❷ 감정 혹은 기분 따위가 바닥으로 잠겨 가라앉다. ◆耷拉，乏力，蔫巴。¶축 처져 있던 그가 내 말을 듣자 생기를 되찾는 것 같았다. =蔫蔫的他一听到我的话，就好像恢复了活力。❸ 뒤에 남게 되거나 뒤로 떨어지다. ◆落下。¶모두 가고 나만 처지다. =大家都去了，只有我被落下了。❹ 다른 것보다 못하다.◆差，不好，落后。¶그쪽보다 이 쪽이 처진다. =这边比那边差。

처참하다(悽慘--)【형용사】몸서리칠 정도로 슬프고 끔찍하다. ◆形凄惨，凄苦。¶처참한 전쟁터. =凄惨的战场。● 처참히(悽慘-) ●

처치(處置)【명사】名 ❶ 일을 감당하여 처리함. ◆处置，处理。공정하게 처치를 하다. =公正地处理。❷ 처리하여 없애거나 죽여 버림. ◆消除，除掉，解决，收拾。¶쓰레기가 집 앞에 잔뜩 쌓여 있는데 처치 곤란이다. =家门前的垃圾堆得满满的，很难收拾。❸ 상처나 헌데 따위를 치료함. ◆处理，治疗，处置。¶상처를 빨리 처치해야만 합니다. =必须迅速处置伤口。● 처치되다(處置--), 처치하다(處置--) ●

처하다(處--)【동사】动 ❶ 어떤 형편이나 처지에 놓이다. ◆处于，处在，面临。¶곤경(困境)에 처하다. =面临困境。❷ 어떤 책벌이나 형벌에 놓이게 하다. ◆处以，判处。¶살인범을 사형에 처했다. =判处杀人犯死刑。

처형(處刑)【명사】형벌에 처함. ◆名判刑。¶처형을 당하다. =被判刑。● 처형되다(處刑--), 처형하다(處刑--) ●

처형(妻兄)【명사】아내의 언니를 이르거나 부르는 말. ◆名大姨子。

처형당하다(處刑當--)【동사】형벌이나 사형에 처하여지다. ◆动被判刑，被处以死刑。

척[1]【의존 명사】그럴듯하게 꾸미는 거짓 태도나 모양. ◆依名装，装作，假装，佯装。¶그는 너무 잘난

척을 한다. =他太自以为是了。

척[2](隻) 【의존 명사】 배를 세는 단위. ◆ 依名 量艘, 只(船只等)。

척[3] 【부사】 副 ❶ 전혀 서슴지 않고 선뜻 행동하는 모양. ◆ 马上, 立刻, 立马。¶돈을 척 내주다. =立刻付钱。❷ 한눈에 얼른 보는 모양. ◆ 一眼, 乍一看。¶시험지를 한번 척 보고 문제를 곧 풀어나갔다. =扫了一眼试卷, 马上开始答题。

척[4] 【부사】 副 ❶ 몸가짐이나 태도가 천연덕스럽고 태연한 모양. ◆ 泰然地, 从容地, 泰然自若地。¶그는 팔걸이의자에 척 걸터앉아 담배를 피우고 있다. =他泰然自若地垂着腿, 坐在扶手椅上, 抽着烟。❷ 느슨하게 휘어지거나 늘어진 모양. ◆ 低垂地, 下垂地, 耷拉地。¶척 늘어진 소나무가 지나가는 차에 걸려 부러졌다. =垂得低低的松树枝挂在过往车辆上, 被拽断了。

척[5](尺) 【의존 명사】 자. ◆ 依名尺。¶8척 장신. =八尺长身。

척[6] 【부사】 副 ❶ 물체가 바싹 다가붙거나 끈기 있게 들러붙는 모양. '쩍'보다 거센 느낌을 준다. ◆ 紧, 紧紧, 牢牢。¶선전 전단을 벽에 척 붙이다. =把宣传单牢牢贴在墙上。❷ 입맛에 떡 맞는 모양. '쩍'보다 거센 느낌을 준다. ◆ 正(合口味)。¶혀끝에 척 달라붙는 것이 일품이다. =正合口味的是上品。❸ 시험 따위에 어김없이 붙거나 예상이 그대로 맞아떨어진 모양. ◆ (考试等)顺利地, 如愿以偿, 完全(符合预期)。¶사법고시에 척 붙다. =要顺利通过司法考试。

척결(剔抉) 【명사】 나쁜 부분이나 요소들을 깨끗이 없애 버림. ◆ 图铲除, 清除。¶비리 척결. =铲除不正之风。● 척결하다(剔抉--) ●

척도(尺度) 【명사】 图 ❶ 자로 재는 길이의 표준. ◆ 尺度(用尺子量的长度标准)。❷ 평가하거나 측정할 때 의거할 기준. ◆ 尺度, 标准, 准绳。¶미의 척도. =美的标准。

척박하다(瘠薄--) 【형용사】 땅이 기름지지 못하고 몹시 메마르다. ◆ 形贫瘠。¶토양이 척박하여 농사를 지을 수 없다. =土壤贫瘠, 无法耕种。

척수(脊髓) 【명사】 척주관 속에 있는 중추 신경 계통의 부분. ◆ 图 脊髓。

척척[1] 【부사】 副 ❶ 물체가 자꾸 바싹 다가붙거나 끈기 있게 들러붙는 모양. '쩍쩍'보다 거센 느낌을 준다. ◆ 紧贴, 紧靠。❷ 입맛에 아주 떡 맞는 모양. '쩍쩍'보다 거센 느낌을 준다. ◆ 正(合口味)。❸ 시험 따위에 잇따라 어김없이 붙거나 예상이 그대로 맞아떨어진 모양. ◆ 顺利地, 顺畅地, 如愿以偿, 完全(符合预期)。¶그는 아무리 어려운 시험이라도 척척 붙는다. =无论多么困难的考试, 他都能顺利通过。

척척[2] 【부사】 副 ❶ 여럿이 다 몸가짐이나 태도가 천연덕스럽고 태연한 모양. ◆ 泰然地, 从容地, 泰然自若地。❷ 여럿이 다 느슨하게 휘어지거나 늘어진 모양. ◆ 低垂地, 下垂地, 耷拉地。¶옆집 담장에는 노란 개나리가 척척 늘어져 있다. =邻居墙上垂着黄色的连翘。

척척박사(--博士) 【명사】 무엇이든지 묻는 대로 척척 대답해 내는 사람. ◆ 图百事通, 万事通。¶그는 시사문제에 관한 한 척척박사다. =他是时事问题的百事通。

척추(脊椎) 【명사】 척추뼈로 이루어진 등마루. ◆ 图 脊椎。¶척추를 다치다. =弄伤脊椎骨。

척추동물(脊椎動物) 【명사】 척추동물문의 동물을 통틀어 이르는 말. ◆ 图 脊椎动物。

척하다 【보조 동사】 앞말이 뜻하는 행동이나 상태를 거짓으로 그럴듯하게 꾸밈을 나타내는 말. ◆ 助动 装, 装作, 假装, 佯装。¶잘 모르면서 아는 척하다. =不懂装懂。

천[1](千) 【수사】 백의 열 배가 되는 수. 또는 그 수의. ◆ 数千, 一千。¶아이는 속으로 백부터 천까지 헤아렸다. =孩子从百数到千。

천[2] 【명사】 실로 짠, 옷이나 이부자리 따위의 감이 되는 물건. ◆ 图布。¶천 한 폭. =一块布。

-천[3](川) 【접사】 [주로 지명을 나타내는 명사에 붙어] '내'의 이름을 나타내는 접미사. ◆ 后缀 (主要用于地名后)川, 溪。¶청계천. =(首尔地标名)清溪川。

천거(薦擧) 【명사】 어떤 일을 맡아 할 수 있는 사람을 그 자리에 쓰도록 소개하거나 추천함. ◆ 图举荐, 推荐。¶천거를 받다. =受到推荐。● 천거되다(薦擧--), 천거하다(薦擧--) ●

천고(千古) 【명사】 图 ❶ 아주 먼 옛적. ◆ (用于"천고에"的形式)千古, 古老。¶천고의 전설. =古老的传说。❷ 아주 오랜 세월 동안. ◆ (用于"천고에"的形式)千古, 千年。¶천고에 씻지 못할 한. =千古难消之恨。❸ 오랜 세월을 통하여 그 종류가 드문 일. ◆ (用于"천고의…"的形式)绝代。¶천고의 미색. =绝代美色。

천고마비(天高馬肥) 【명사】 하늘이 높고 말이 살찐다는 뜻으로, 하늘이 맑아 높푸르게 보이고 온갖 곡식이 익는 가을철을 이르는 말. ◆ 秋高气爽。¶천고마비의 계절. =秋高气爽的季节。

천금(千金) 【명사】 图 ❶ 많은 돈이나 비싼 값을 비유적으로 이르는 말. ◆ 千金, 重金, 很多的钱。¶천금을 주고도 못 살 목숨. =千金难买的生命。❷ 아주 귀중한 것을 비유적으로 이르는 말. ◆ 〈喻〉非常珍贵的事物。¶천금 같은 자식을 며느리에게 빼앗겼다고 생각하지 마세요. =不要觉得自己的宝贝儿子是被儿媳夺走了。

천기[1](天機) 【명사】 图 ❶ 하늘의 기밀 또는 조화(造化)의 신비. ◆ 天机。¶미스테리 써클이 천기가 아니냐는 견해도 있다. =也有观点认为神秘圆圈是天机。❷ 중대한 기밀. ◆ 机密。¶천기를 누설했다가는 목숨을 보전하지 못한다. =如果泄漏机密, 就性命难保了。

천기[2](天氣) 【명사】 图 ❶ 하늘에 나타난 조짐. ◆ 天气征兆, 天气征候。¶천기를 살피다. =观察天气征兆。❷ 그날그날의 비, 구름, 바람, 기온 따위가 나타나는 기상 상태. ◆ 天气。¶태풍에 장마에 무더위까지 올해는 천기마저 자못 심상치 않다. =台风、阴雨, 再加上炎热, 今年连天气都很不寻常。

천년(千年) 【명사】 오랜 세월. ◆ 图千年, 猴年马

月。¶이렇게 벌어서 어느 천년에 빚을 갚을까? =这么挣钱，猴年马月能还上账呀?

천당(天堂)【명사】천국(天國). ◆名 天国，天堂。

천대(賤待)【명사】업신여기어 천하게 대우하거나 푸대접함. ◆名蔑视，轻视，歧视，看不起。¶천대를 받다. =受到轻视。● 천대하다(賤待--) ●

천덕꾸러기(賤----)【명사】남에게 천대를 받는 사람이나 물건 ◆名俚受气包，受歧视的人，不被重视的物品。¶그는 어려서부터 동네에서 천덕꾸러기로 소문이 났었다. =他从小就是村里出了名的受气包。

천도(遷都)【명사】도읍을 옮김. ◆名迁都。● 천도하다(遷都--) ●

천동설(天動說)【명사】우주의 중심은 지구이고, 모든 천체는 지구의 둘레를 돈다는 학설. ◆名 地心说。

천둥【명사】뇌성과 번개를 동반하는 대기 중의 방전 현상. ◆名雷。¶천둥이 치다. =打雷。

천둥소리【명사】천둥이 칠 때 나는 소리. ◆名雷声。¶그는 천둥소리에 놀라 잠을 깼다. =他被雷声惊醒了。

천렵(川獵)【명사】냇물에서 고기잡이하는 일. ◆名在小河里捕鱼。¶복날에 동네 청년들이 동네 어른들을 모시고 천렵을 하기로 하였다. =伏天里，村中青年决定陪着长辈们去小河里捕鱼。

천륜(天倫)【명사】名 ❶ 부모 형제 사이에서 마땅히 지켜야 할 도리. ◆ 伦理道德。¶천륜을 모르는 자식. =不懂伦理道德的家伙。❷ 부모와 자식 간에 하늘의 인연으로 정하여져 있는 사회적 관계나 혈연적 관계. ◆ 血缘关系。¶천륜을 끊다. =断绝血缘关系。

천리(天理)【명사】천지 자연의 이치. 또는 하늘의 바른 도리. ◆ 名天理。¶천리를 거역하다. =悖逆天理。

천리마(千里馬)【명사】하루에 천 리를 달릴 수 있을 정도로 좋은 말. ◆名千里马。

천리안(千里眼)【명사】천 리 밖의 것을 볼 수 있는 안력(眼力)이라는 뜻으로, 사물을 꿰뚫어 볼 수 있는 뛰어난 관찰력을 비유적으로 이르는 말. ◆名 成千里眼。¶천리안을 가지다. =有千里眼。

천막(天幕)【명사】비바람이나 이슬, 볕 따위를 가리기 위하여 말뚝을 박고 기둥을 세우고 천을 씌워 막처럼 지어 놓은 것. 또는 그 천. ◆名帐篷，帐幕。¶천막 극장. =帐篷剧场。

천만[1](千萬)【명사】이를 데 없음, 또는 짝이 없음의 뜻을 나타내는 말. ◆名很，非常，万分。¶위험 천만이다. =非常危险。

천만[2](千萬)【부사】'아주', '전혀'의 뜻을 나타내는 말. ◆副很，极，非常，万分。¶천만 다행이다. =非常幸运。

천만[3](千萬)【수사】만의 천배. ◆数 千万，一千万。¶청년 실업인이 천만이 넘는다고! =青年失业者逾千万人!

천만다행(千萬多幸)【명사】아주 다행함. ◆ 名万幸。¶더 크게 다치지 않은 게 천만다행이다. =没受大伤，实属万幸。

천만에(千萬-)【감탄사】전혀 그렇지 아니하다. 또는 절대 그럴 수 없다는 뜻으로, 상대편의 말을 부정하거나 남이 한 말에 대하여 겸양의 뜻을 나타낼 때 하는 말. ◆ 叹哪里哪里，哪儿的话。¶그가 나를 비방했다고? 천만에, 그는 절대로 그럴 사람이 아니야. =你说他诋毁我了? 哪儿的话，他绝对不是那样的人。

천명[1](闡明)【명사】진리나 사실, 입장 따위를 드러내어 밝힘. ◆ 名阐明。● 천명되다(闡明--), 천명하다(闡明--) ●

천명[2](天命)【명사】名 ❶ 타고난 수명. ◆ 寿命，寿。¶천명을 다하다. =寿终正寝。❷ 타고난 운명. ◆ 命，命运。¶천명대로 사는 거죠 뭐. =只能按照命运的安排过日子了。❸ 하늘의 명령. ◆ 天命，天意。¶천명을 따르다. =听天命。

천문대(天文臺)【명사】천문 현상을 관측하고 연구하기 위하여 설치한 시설. 또는 그런 기관. ◆名 天文台。

천문학(天文學)【명사】우주의 구조, 천체의 생성과 진화, 천체의 역학적 운동, 거리, 광도, 표면 온도, 질량, 나이 등 천체의 기본 물리량 따위를 전문적으로 연구하는 학문. ◆名 天文学。

천민(賤民)【명사】지체가 낮고 천한 백성. ◆ 名贱民。¶부자와 가난뱅이, 양반과 천민이 따로 없는 세상, 그런 세상을 그들은 꿈꾸었다. =他们梦想世界能成为一个没有贫富差异、贵贱之分的世界。

천박하다(淺薄--)【형용사】학문이나 생각 따위가 얕거나, 말이나 행동 따위가 상스럽다. ◆形浅薄，肤浅，短浅。¶인격이 천박하다. =人格浅薄。

천방지축(天方地軸)【명사】名 ❶ 못난 사람이 종작없이 덤벙이는 일. ◆ 惊惶失措，冒冒失失。❷ 너무 급하여 허둥지둥 함부로 날뜀. ◆ 慌里慌张，慌慌忙忙。

천벌(天罰)【명사】하늘이 내리는 큰 벌. ◆ 名天罚，天诛。¶천벌이 내리다. =上天降罪。

천부(天賦)【명사】하늘이 주었다는 뜻으로, 타고날 때부터 지님. ◆名天赋，天生，先天。¶천부의 자원. =天赋的资源。

천부당만부당(千不當萬不當)【명사】어림없이 사리에 맞지 아니함. ◆名千不该万不该，很不恰当。¶천부당만부당한 말씀. =万万不该说的话。● 천부당만부당하다(千不當萬不當--) ●

천부적(天賦的)【명사】태어날 때부터 지닌 것. ◆名 天赋的，天生的。

천사(天使)【명사】名 ❶ 종교적 신화에서, 천국에서 인간 세계에 파견되어 신과 인간의 중간에서 신의 뜻을 인간에게 전하고, 인간의 기원을 신에게 전하는 사자(使者). ◆ 天使(宗教)。❷ 순결하고 선량한 사람을 비유적으로 이르는 말. ◆ 纯洁善良的人。¶천사와 같은 아름다운 마음씨. =如天使般美好的心灵。

천상(天上)【명사】하늘 위. ◆名天上。¶천상천하 유아독존. =天上地下，惟我独尊。

천생¹【부사】副 ❶ 타고난 것처럼 아주. ◆ 天生，生来。¶천생 그는 농군(農軍)이다. =他天生就是个庄稼人。❷ 이미 정하여진 것처럼 어쩔 수 없이. ◆ 只得，只好，不得不。¶차가 없으니 천생 걸어갈 수밖에 없다. =没有车，只好走着去。

천생²(天生)【명사】하늘로부터 타고남. 또는 그런 바탕. ◆ 名天生，天赋，生来，先天。¶그의 우유부단한 성격은 천생으로 밖에 설명할 수 없다. =他那优柔寡断的性格只能用"与生俱来"来解释。

천생연분(天生緣分)【명사】하늘이 정하여 준 연분. ◆ 名 天作之合，天生一对。

천석꾼(千石-)【명사】곡식 천 석을 거두어들일 만큼 땅과 재산을 많이 가진 부자를 비유적으로 이르는 말. ◆ 名千石粮户，大户。¶그 집은 조상 대대로 천석꾼이었다. =那家祖先代代是大户。

천성(天性)【명사】본래 타고난 성격이나 성품. ◆ 名天性，生性，秉性。¶그는 천성이 착하다. =他生性善良。

천수답(天水畓)【명사】빗물에 의하여서만 벼를 심어 재배할 수 있는 논. ◆ 名 天水田，雨水田。¶천수답은 애벌갈기까지 해 놓았으나 비가 오지 않아 모내기를 하지 못했다. =虽然已经初耕了雨水田，可是不下雨，无法播种。

천시(賤視)【명사】업신여겨 낮게 보거나 천하게 여김. ◆ 名轻视，瞧不起，看不起，蔑视，小看。¶판소리 광대는 천시되었던 계층이었다. =盘瑟里演员曾经是被瞧不起的阶层。● 천시되다(賤視--), 천시하다(賤視--) ●

천식(喘息)【명사】기관지에 경련이 일어나는 병. 숨이 가쁘고 기침이 나며 가래가 심하다. 기관지성, 심장성, 신경성, 요독성(尿毒性) 따위로 나눈다. ◆ 名哮喘病。

천신만고(千辛萬苦)【명사】천 가지 매운 것과 만 가지 쓴 것이라는 뜻으로, 온갖 어려운 고비를 다 겪으며 심하게 고생함을 이르는 말. ◆ 名 千辛万苦。¶천신만고 끝에 살아서 돌아오다. =历经千辛万苦活着回来。

천양지차(天壤之差)【명사】하늘과 땅 사이와 같이 엄청난 차이 ◆ 名 天壤之别。¶이번에 출간된 두 작품은 자서전적 성격을 띠고 있지만 그 내용은 천양지차이다. =此次出版的两部作品虽然都具有自传体的特性，但是内容却有着天壤之别。

천연(天然)【명사】사람의 힘을 가하지 아니한 상태. ◆ 名天然。¶천연자원. =天然资源。

천연가스(天然--)【명사】유전 지역이나 탄광 지역 등에서 지하에서 천연으로 나오는 가연성 가스. ◆ 名天然气。

천연기념물(天然紀念物)【명사】자연 가운데 학술적·자연사적·지리학적으로 중요하거나 그것이 가진 희귀성·고유성·심미성 때문에 특별한 보호가 필요하여 법률로 규정한 개체 창조물이나 특이 현상 또는 그것을 보호하기 위하여 필요한 일정한 구역. ◆ 名天然纪念物。¶황새는 천연기념물로 지정된 보호조류입니다. =鹳是被列为天然纪念物的鸟类保护对象。

천연덕스럽다(天然----)【형용사】形 ❶ 생긴 그대로 조금도 거짓이나 꾸밈이 없고 자연스러운 느낌이 있다. ◆ 天然的，自然的。❷ 시치미를 뚝 떼어 겉으로는 아무렇지 않은 체하는 태도가 있다. ◆ 若无其事的，不动声色的。¶그는 우리에게 천연덕스럽게 거짓말을 하고 있다. =他若无其事地对我们说假话。● 천연스럽다 ●

천연두(天然痘)【명사】천연두 바이러스가 일으키는 급성의 법정 전염병. ◆ 名 天花，痘疮。

천연색(天然色)【명사】자연 그대로 갖추고 있는 빛깔. ◆ 名天然色，自然色。¶천연색 화면. =自然色画面。

천우신조(天佑神助)【명사】하늘이 돕고 신령이 도움. 또는 그런 일 ◆ 名 天佑神助，天助，神助。¶아무 사고 없이 돌아오다니 이것이 천우신조가 아니냐! =安然无恙地回来了，这难道不是天佑神助?

천운(天運)【명사】名 ❶ 하늘이 정한 운명. ◆ 天命，气数。¶천운이 다하다. =气数已尽。❷ 매우 다행스러운 운수. ◆ 运气，幸运。¶천운으로 살아나다. =靠运气生存。❸ 천체(天體)의 운행. ◆ 天体运行。

천인(賤人)【명사】예전에, 사회의 가장 낮은 신분에 속하던 사람. 대개 대대로 당시 천역이던 일정한 직업에 종사하면서 착취와 천대를 받던 노비, 백정, 장인바치 등을 이른다. ◆ 名(旧时指社会底层的人)贱人。

천인공노(天人共怒)【명사】하늘과 사람이 함께 노한다는 뜻으로, 누구나 분노할 만큼 증오스럽거나 도저히 용납할 수 없음을 이르는 말. ◆ 名天人共怒。¶힘없는 아녀자를 납치 감금하다니 이는 천인공노할 일이 아닙니까? =绑架、囚禁柔弱无力的女人和孩子，这不是天人共怒的事吗? ● 천인공노하다(天人共怒--) ●

천일야화(千一夜話)【명사】아라비안나이트(아랍 어로 쓰인 설화집(說話集)). ◆ 名《天方夜谭》《一千零一夜》。

천일염(天日鹽)【명사】바닷물을 햇볕과 바람에 증발시켜 만든 소금. ◆ 名海水自然蒸发后得到的盐，海盐。

천장(天障)【명사】지붕의 안쪽. 지붕 안쪽의 구조물을 가리키기도 하고 지붕 밑과 반자 사이의 빈 공간에서 바라본 반자를 가리키기도 한다. ◆ 名天花板。¶천장에서 쥐가 난리를 치고 있다. =天花板上老鼠正在闹腾。

천재¹(天才)【명사】선천적으로 타고난, 남보다 훨씬 뛰어난 재주. 또는 그런 재능을 가진 사람. ◆ 名天才。¶천재 과학자. =天才科学家。

천재²(天災)【명사】풍수해, 지진, 가뭄 따위와 같이 자연의 변화로 일어나는 재앙. ◆ 名天灾。¶천재를 입다. =遭受天灾。

천재성(天才性)【명사】천재적인 특성. ◆ 名天赋。¶그는 음악에서 천재성을 인정받았다. =他在音乐方面的天赋得到了认可。

천재일우(千載一遇)【명사】천 년 동안 단 한 번 만난다는 뜻으로, 좀처럼 만나기 어려운 좋은 기회를 이르는 말. ◆图 千载难逢。¶너에게는 그 일이 천재일우의 기회일지 몰라. =不知道对你来说那件事是不是千载难逢的机会。

천재지변(天災地變)【명사】지진, 홍수, 태풍 따위의 자연현상으로 인한 재앙. ◆图自然灾害。¶천재지변으로 인한 피해가 막심하다. =自然灾害带来的损失极其严重。

천적(天敵)【명사】잡아먹는 동물을 잡아먹히는 동물에 상대하여 이르는 말. ◆图 天敌。¶미꾸라지의 천적은 메기이다. =泥鳅的天敌是鲇鱼。

천정부지(天井不知)【명사】천장을 알지 못한다는 뜻으로, 물가 따위가 한없이 오르기만 함을 비유적으로 이르는 말. ◆图扶摇直上。¶명절을 앞두고 각종 공산품 가격이 천정부지로 뛰다. =佳节将至，各种工业产品的价格扶摇直上。

천정천(天井川)【명사】하천의 바닥이 주위의 평지보다 높은 하천. ◆图 悬河，地上河。

천제(天祭)【명사】图 하느님에게 지내는 제사. ◆祭天。

천주교(天主教)【명사】가톨릭교. ◆图 天主教。

천지[1](天地)【명사】图 ❶ 하늘과 땅을 아울러 이르는 말. ◆ 天地。¶눈이 온 천지를 뒤덮었다. =大雪铺天盖地。❷ '세상', '우주', '세계'의 뜻으로 이르는 말. ◆ 世界，人间，世上。¶이렇게 고마운 일이 천지에 어디 또 있겠는가. =世界上哪里还会有这样令人感激的事情? ❸ 대단히 많음. ◆ 很多，无数，满是，到处是。¶그의 방은 쓰레기 천지이다. =他的房间满是垃圾。

천지개벽(天地開闢)【명사】图 ❶ 원래 하나의 혼돈체였던 하늘과 땅이 서로 나뉘면서 이 세상이 시작되었다는 중국 고대의 사상에서 나온 말로, 천지가 처음으로 열림을 이르는 말. ◆ 开天辟地。❷ 자연계에서나 사회에서 큰 변혁이 일어남을 비유적으로 이르는 말. ◆ 重大变革，破天荒。

천지신명(天地神明)【명사】천지의 조화를 주재하는 온갖 신령. ◆图 天地神明。

천직(天職)【명사】타고난 직업이나 직분. ◆ 图天职。¶선생님께서는 교직을 천직으로 여기시고 후진 양성에 힘쓰고 계신다. =老师以教书为天职，努力培养后学。

천진난만하다(天眞爛漫--)【형용사】말이나 행동에 아무런 꾸밈이 없이 그대로 나타날 만큼 순진하고 천진하다. ◆ 形天真烂漫。¶그녀는 나이에 비해 천진난만하다. =与年龄相比，她非常天真烂漫。

천진무구하다(天眞無垢--)【형용사】조금도 때묻음이 없이 아주 순진하다. ◆ 形天真无邪。¶그는 천치가 아니라 천진무구한 것이다. =他不是傻，而是天真无邪。

천진스럽다(天眞---)【형용사】꾸밈이나 거짓이 없이 자연 그대로 깨끗하고 순진한 데가 있다. ◆ 形天真，纯真。¶나를 보자 그녀는 눈을 깜박이며 천진스럽게 웃는다. =一看到我，她就眨着眼睛天真地笑。

천진하다(天眞--)【형용사】꾸밈이나 거짓이 없이 자연 그대로 깨끗하고 순진하다. ◆ 形天真，纯真。¶천진하고 귀여운 아이. =天真可爱的孩子。

천차만별(千差萬別)【명사】여러 가지 사물이 모두 차이가 있고 구별이 있음 ◆图千差万别。¶가전제품이 색상부터 모양과 기능까지 천차만별이어서 어느 것을 사야 좋을지 모를 정도이다. =家电产品从颜色、造型到功能都千差万别，真不知道买什么好。

천천히【부사】동작이나 태도가 급하지 아니하고 느리게. ◆ 副慢慢地。¶천천히 걸어 보세요. =请慢慢走。

천체(天體)【명사】우주에 존재하는 모든 물체. 항성, 행성, 위성, 혜성, 성단, 성운, 성간 물질, 인공위성 따위를 통틀어 이르는 말이다. ◆图 天体。

천추(千秋)【명사】오래고 긴 세월. 또는 먼 미래. ◆ 图千秋，千载。¶천추의 한을 이제야 풀게 되었군요. =千载遗恨到现在才消解。

천치(天癡/天痴)【명사】선천적으로 정신 작용이 완전하지 못하여 어리석고 못난 사람. ◆图白痴，傻子。¶그런 일을 하다니 그는 천치가 아니면 그 무엇이란 말인가. =做那种事，他不是白痴又是什么?

천칭(天秤)【명사】저울의 하나. 가운데에 줏대를 세우고 가로장을 걸치는데, 양쪽 끝에 똑같은 저울판을 달고, 한쪽에 달 물건을, 다른 쪽에 추를 놓아 평평하게 하여 물건의 무게를 단다. ◆图天平。

천태만상(千態萬象)【명사】천 가지 모습과 만 가지 형상이라는 뜻으로, 세상 사물이 한결같지 아니하고 각각 모습, 모양이 다름을 이르는 말. ◆图千姿百态，气象万千。¶찬바람이 불자 단풍은 제 각각 천태만상으로 옷을 갈아입었다. =凉风一起，红叶换上了千姿百态的外装。

천편일률(千篇一律)【명사】여럿이 개별적 특성이 없이 모두 엇비슷한 현상을 비유적으로 이르는 말. ◆图 千篇一律。¶과제물이 독창성이 없이 천편일률로 작성되었다. =作业毫无独创性，做得千篇一律。

천하다(賤--)【형용사】形 ❶ 지체, 지위 따위가 낮다. ◆ 卑贱，卑微。¶천한 가문에 태어나다. =出身卑微。❷ 너무 흔하여 귀하지 아니하다. ◆ 平常。❸ 하는 짓이나 생긴 꼴이 고상한 맛이 없이 상되다. ◆ 庸俗，俗气。¶언행이 천하다. =言行庸俗。

천하대장군(天下大將軍)【명사】마을 어귀나 길가에 세우던 목상(木像)이나 석상(石像) 으로 남녀 한 쌍을 세우는데, 남자에 해당하는 장승. 위쪽에 사람의 얼굴 형상을 그리거나 조각하고 아래쪽에는 천하대장군(天下大將軍)이라 글씨를 쓰거나 새김. ◆图 天下大将军。

천하무적(天下無敵)【명사】세상에 겨룰 만한 적수가 없음. ◆图天下无敌。

천하장사(天下壯士)【명사】세상에 비길 데 없는 힘센 장사. ◆图天下壮士，大力士。

천하태평(天下泰平)【명사】图 ❶ 정치가 잘되어 온 세상이 평화로움. ◆ 天下太平，太平盛世。❷ 어떤 일에 무관심한 상태로 걱정 없이 편안하게 있는 태도를 가벼운 놀림조로 이르는 말. ◆ 高枕无忧。

¶너는 어떻게 이 상황에서 천하태평이니? =这种情况下，你怎么能高枕无忧?

천행(天幸)【명사】하늘이 준 큰 행운. ◆ 图万幸，上天保佑。¶전쟁터에서 천행으로 살아나다. =在战场上万幸活了下来。

철[1](鐵)【명사】주기율표의 8족 금속 원소의 하나. 은백색의 고체로, 적철광·자철석·황철광 따위에서 얻는다. ◆ 图 铁。

철[2]【명사】图 ❶ 계절(季節)(규칙적으로 되풀이되는 자연 현상에 따라서 일 년을 구분한 것). ◆ 季节。¶철에 따라 피는 꽃. =随季节盛开的花。❷ 한 해 가운데서 어떤 일을 하기에 좋은 시기나 때. ◆ 时节，季节。¶모심기 철. =插秧季节。❸ 제철(알맞은 시절). ◆ 时令，当季。¶철 지난 옷을 정리하다. =整理过季的衣服。

철[3]【명사】사리를 분별할 수 있는 힘. ◆ 图明理，懂事。¶철이 나다. =懂事。

-철[4](綴)【접사】'그것을 한데 꿰매어 놓은 물건'의 뜻을 더하는 접미사. ◆ 后缀簿，合订本。¶서류철. =文件簿。

철갑(鐵甲)【명사】图 ❶ 쇠로 둘러씌운 것. ◆ 包裹铁皮。¶철갑을 입힌 성문. =包裹铁皮的城门。❷ 쇠붙이를 겉에 붙여 지은 갑옷. ◆ 铁甲，铠甲。¶철갑을 두르다. =围上铠甲。

철갑선(鐵甲船)【명사】철판으로 거죽을 싸서 만든 병선(兵船). ◆ 图铁甲船。¶한국의 거북선은 세계 최초의 철갑선이다. =韩国的龟船是世界上最早的铁甲船。

철강(鐵鋼)【명사】강철(鋼鐵). ◆ 图 钢铁。

철거(撤去)【명사】건물, 시설 따위를 무너뜨려 없애거나 걷어치움. ◆ 图拆除，拆迁。¶무허가 건물 철거를 놓고 주민과 대치하고 있다. =就拆除违规建筑问题与居民对峙。● 철거되다(撤去--), 철거하다(撤去--) ●

철공소(鐵工所)【명사】쇠로 된 재료로 온갖 기구를 만드는 소규모 공장. ◆ 图铁加工厂，铁器厂。¶철공소에 철문을 주문하다. =向铁加工厂订制铁门。

철광(鐵鑛)【명사】图 ❶ 철광석(철을 함유하고 있어서 제철의 원료로 쓰이는 광석). ◆ 铁矿石。❷ 철광석이 나는 광산. ◆ 铁矿。

철광석(鐵鑛石)【명사】철을 함유하고 있어서 제철의 원료로 쓰이는 광석. 자철석, 적철석, 갈철석 따위가 있다. ◆ 图 铁矿石，铁矿。¶우리의 경우 철광석은 수입에 의존하고 있다. =我们的情况是铁矿依靠进口。

철교(鐵橋)【명사】图 ❶ 철을 주재료로 하여 놓은 다리. ◆ 铁桥。❷ 철도교. ◆ 铁路桥。¶한강 철교. =汉江铁路桥。

철군(撤軍)【명사】주둔하였던 군대를 철수함. ◆ 图撤军，撤兵。● 철군하다(撤軍--) ●

철권(鐵拳)【명사】图 ❶ 쇠뭉치같이 굳센 주먹. ◆ 铁拳。¶철권을 휘두르다. =挥舞铁拳。❷ 타격이나 제재를 가하기 위하여 쓰는 폭력을 비유적으로 이르는 말. ◆ 铁拳。¶쿠데타로 정권을 잡은 독재자가 철권으로 민중을 압제하고 있다. =通过军事政变掌握政权的独裁者，正在用铁拳镇压民众。

철근(鐵筋)【명사】콘크리트를 보강하기 위하여 쓰는 막대 모양의 철재. ◆ 图 钢筋。¶무너져 내린 다리에는 규정수의 철근이 사용되지 않았습니다. =坍塌的桥梁没有使用规定数量的钢筋。

철금(鐵琴)【명사】관현악에 쓰는 타악기의 하나. 작은 강철 쇳조각을 반음계순으로 늘어놓고 채로 쳐서 소리를 낸다. ◆ 图 钢琴。

철기(鐵器)【명사】쇠로 만든 그릇이나 기구. ◆ 图铁器。¶철기 문화. =铁器文化。

철기시대(鐵器時代)【명사】연모를 철기로 만들어 쓰던 시대. 석기 시대·청동기 시대를 뒤이은, 인류 문화 발전의 제3단계이다. ◆ 图铁器时代。

철길(鐵-)【명사】철도(鐵道)(침목 위에 철제의 궤도를 설치하고, 그 위로 차량을 운전하여 여객과 화물을 운송하는 시설). ◆ 图铁道，铁路。¶철길 건널목. =铁路交叉路口。

철나다【동사】사리를 분별하여 판단할 줄 아는 힘이 생기다. ◆ 动懂事。¶그 자식은 철나려면 아직 멀었어. =那个家伙懂事还早着呢。

철도(鐵道)【명사】침목 위에 철제의 궤도를 설치하고, 그 위로 차량을 운전하여 여객과 화물을 운송하는 시설. ◆ 图铁道，铁路。¶철도를 놓다. =铺设铁路。

철도역(鐵道驛)【명사】열차가 발착하는 곳. ◆ 图火车站。

철두철미(徹頭徹尾)【명사】머리에서 꼬리까지 투철함. 图◆ 有始有终，从头到尾。¶그는 매사를 철두철미하게 처리한다. =他凡事都处理得有始有终。● 철두철미하다(徹頭徹尾--) ●

철둑(鐵-)【명사】철롯둑(철도가 놓여 있는 둑). ◆ 图铁路台基。¶그 마을까지 지름길로 가는 길은 철둑밖에 없습니다. =通向那个村庄的捷径只有铁路台基。

철들다【동사】사리를 분별하여 판단하는 힘이 생기다. ◆ 动懂事，明理。¶이제 철들 나이 지났잖아. =现在不是已经过了不懂事的年纪了吗?

철딱서니【명사】'철(사리를 분별할 수 있는 힘)'을 속되게 이르는 말. ◆ 图懂事，明事理。¶에이 저런 철딱서니 좀 보게. =哎哟，看看那不明事理的。

철렁【부사】副 ❶ 그득 찬 물 따위가 큰 물결을 이루며 넘칠 듯 흔들리는 소리. 또는 그 모양. ◆ 哗啦。¶욕조의 물을 손으로 휘저으니 철렁 넘친다. =用手划浴盆的水，水哗哗地溢出。❷ 어떤 일에 놀라서 가슴이 설레는 모양. ◆ 扑腾。¶가슴이 철렁 내려앉다. =扑腾的心安静了下来。● 철렁철렁 ●

철렁거리다【동사】动 ❶ 그득 찬 물 따위가 큰 물결을 이루며 넘칠 듯 자꾸 흔들리다. ◆ 咣啷咣啷，荡漾。❷ 어떤 일에 놀라서 가슴이 자꾸 설레다. ◆ 扑腾。● 철렁대다 ●

철렁하다【동사】动 ❶ 그득 찬 물 따위가 큰 물결을 이루며 넘칠 듯 흔들리는 소리가 나다. ◆ 咣啷咣啷，荡漾。❷ 어떤 일에 놀라서 가슴이 설레다. ◆ 扑

腾。¶어둠 속에서 물체가 쑥 나와 가슴이 철렁했다. =黑暗中突然出现不明物，心扑腾一下紧张起来。

철로(鐵路)【명사】 철도(鐵道). ◆ 图铁路，铁道。

철마(鐵馬)【명사】 '쇠로 만든 말'이라는 뜻으로, '기차'를 비유함. ◆ 图〈喻〉火车。

철망(鐵網)【명사】 图 ❶ 철사로 그물처럼 얽어 만든 물건. ◆ 铁丝网。¶철망 속에 갇힌 원숭이. =关在铁丝网内的猴子。❷ 철조망(철조선을 그물 모양으로 얼기설기 엮어 놓은 물건). ◆ 铁丝网。¶도둑은 급하게 철망을 넘다 옷이 걸려 넘어졌다. =小偷急于翻越铁丝网，衣服被挂住，摔倒了。

철면피(鐵面皮)【명사】 '쇠로 만든 낯가죽'이라는 뜻으로, 염치가 없고 뻔뻔스러운 사람을 낮잡아 이르는 말. ◆ 图 厚脸皮，厚颜无耻，恬不知耻。¶위아래를 모르는 그런 철면피를 누가 좋아하겠소? =上下不分的那种厚脸皮，谁会喜欢?

철모(鐵帽)【명사】 전투할 때 탄알이나 포탄의 파편으로부터 머리를 보호하기 위하여 쇠나 파이버 섬유로 만든 모자. ◆ 图 钢盔。¶철모를 쓰고 총을 멘 군인이 행진을 하고 있다. =头戴钢盔扛着枪的军人正在前进。

철모르다【동사】 사리를 분간할 줄 모르다. ◆ 勔不懂事，不明事理。¶철모르고 날뛰다가는 큰코다친다. =不懂事乱闯，吃大亏。

철문(鐵門)【명사】 쇠문(쇠로 만든 문). ◆ 图铁门。¶방범문은 강철로 제작된 철문에 경보 장치를 부착해서 도둑을 예방하도록 설계되었다. =防盗门被设计成在铁门上安装报警装置，用来防小偷。

철물(鐵物)【명사】 쇠로 만든 여러 가지 물건. ◆ 图铁器，五金。¶철물 도매상. =五金批发商。

철물점(鐵物店)【명사】 철물을 파는 가게. ◆ 图五金店，五金商店。¶그는 철물점에서 톱을 하나 샀다. =他从五金店买了一把锯子。

철버덕【부사】 옅은 물이나 진창을 거칠게 밟거나 치는 소리. 또는 그 모양. '절버덕'보다 거센 느낌을 준다. ◆ 副啪啦。● 철버덕철버덕, 철버덕거리다 ●

철버덕철버덕하다【동사】 옅은 물이나 진창을 자꾸 거칠게 밟거나 치는 소리가 나다. 또는 그런 소리를 내다. '절버덕절버덕하다'보다 거센 느낌을 준다. ◆ 勔啪啦啪啦响。¶비가 개자 아이들은 철버덕철버덕하는 진흙을 가지고 놀았다. =雨一停，孩子们啪啦啪啦地玩起泥来。● 철버덕하다 ●

철벅【부사】 '철버덕(옅은 물이나 진창을 거칠게 밟거나 치는 소리)'의 준말. ◆ 副啪啦。¶진창에 철벅 빠졌다. =啪啦一声掉进了泥坑。

철벽(鐵壁)【명사】 图 ❶ 쇠로 된 벽이라는 뜻으로, 잘 무너지거나 깨뜨려지지 않는 대상을 비유적으로 이르는 말. ◆ 铁壁。¶금성(金城) 철벽. =铜墙铁壁。❷ 방비가 매우 튼튼함을 비유적으로 이르는 말. ◆ 牢不可破。¶철벽 수비. =牢不可破的防守。

철봉(鐵棒)【명사】 图 ❶ 두 개의 기둥 사이에 쇠막대를 가로로 놓은, 기계 체조에 쓰는 기구. ◆ 单杠。❷ 철봉 운동. ◆ 单杠。

철부지(-不知)【명사】 图 ❶ 철없는 어린아이. ◆ 不懂事的儿童。¶철부지 때에는 나밖에 몰랐다. =不懂事的时候，只考虑我自己。❷ 철없어 보이는 어리석은 사람. ◆ 不明事理的人。¶그는 집안을 일으켜 세우기에는 너무 무력하고 어린애 같은 철부지였다. =他还弱小，像个不懂事的孩子，不能支撑起家庭。

철분(鐵分)【명사】 물질에 포함된 철의 성분. ◆ 图铁分，铁质。¶그녀는 뼈를 튼튼하게 하기 위해 철분을 많이 섭취하였다. =为了强健骨骼，她摄入了很多铁元素制剂。

철사(鐵絲)【명사】 쇠로 만든 가는 줄. ◆ 图铁丝。¶펜치로 철사를 구부리다. =用铁钳扭弯铁丝。

철새【명사】 图 ❶ 철을 따라 이리저리 옮겨 다니며 사는 새. ◆ 候鸟。❷ 철새처럼 주변 여건 따위에 따라 이리저리 옮겨 다니는 사람을 낮잡아 이르는 말. ◆ 候鸟。¶철새정치인. =候鸟政治家。

철석같다(鐵石--)【형용사】 마음이나 의지, 약속 따위가 매우 굳고 단단하다. ◆ 形坚如铁石。¶철석같은 맹세. =坚如铁石的盟誓。● 철석같이(鐵石--) ●

철수(撤收)【명사】 거두어들이거나 걷어치움. ◆ 图撤回，收起。● 철수되다(撤收--), 철수하다(撤收--) ●

철수시키다(撤收---)【동사】 진출하였던 곳에서 시설이나 장비 따위를 거두어 가지고 물러나게 하다. ◆ 勔使撤回，使收起。

철썩【부사】 副 ❶ 아주 많은 양의 액체가 단단한 물체에 마구 부딪치는 소리. ◆ 啪哒，拍水声。¶파도가 바위를 철썩 친다. =波涛啪哒啪哒地击打岩石。❷ 큰 물체가 매우 끈지게 부딪치거나 달라붙는 소리. ◆ 啪哒，啪。¶멀리서도 들릴 정도로 빰을 철썩 때렸다. =离得很远都能听到啪啪的打耳光声。● 철썩철썩 ●

철야(徹夜)【명사】 밤샘(잠을 자지 않고 밤을 보냄). ◆ 图彻夜，通宵。¶철야 기도. =彻夜祈祷。● 철야하다(徹夜--) ●

철없다【형용사】 사리를 분별할 만한 지각이 없다. ◆ 形不懂事，不明事理。¶철없는 아이들. =不懂事的孩子们。● 철없이 ●

철옹성(鐵甕城)【명사】 쇠로 만든 독처럼 튼튼하게 둘러쌓은 산성이라는 뜻으로, 방비나 단결 따위가 견고한 사물이나 상태를 이르는 말. ◆ 图铜墙铁壁。

철인[1](鐵人)【명사】 몸이나 힘이 무쇠처럼 강한 사람. ◆ 图铁人，坚强的人，强悍的人。¶일주일 동안이나 그런 중노동을 견디어 내는 것을 보면 그는 과연 철인이다. =他挺过了一周那种繁重的劳动，果然是个铁人。

철인[2](哲人)【명사】 图 ❶ 어질고 사리에 밝은 사람. ◆ 哲人，贤哲。❷ 철학가(철학에 조예가 깊은 사람). ◆ 哲学家。¶아리스토텔레스는 고대 그리스의 철인이었다. =亚里士多德是古希腊的哲学家。

철자(綴字)【명사】 자음과 모음을 맞추어 음절 단위의 글자를 만드는 일. 'ㄱ'과 'ㅏ'를 맞추어 '가'를 만드는 것 따위이다. ◆ 图 拼音组字。

철자법(綴字法)【명사】 맞춤법(어떤 문자로써 한 언어를 표기하는 규칙). ◆ 图 拼写法，正字法。¶철자법은 사회적 약속이다. =拼写法是社会约定的。

철재(鐵材)【명사】철로 된 재료. ◆ 图钢材。¶철재와 목재. =钢材和木材。

철저하다(徹底--)【형용사】속속들이 꿰뚫어 미치어 밑바닥까지 빈틈이나 부족함이 없다. ◆ 形彻底，完全，全面。¶그는 자기 관리가 철저하다. =他自我管理做得彻底。● 철저히 ●

철제(鐵製)【명사】쇠로 만듦. 또는 그런 물건. ◆ 图铁制。¶철제 책상. =铁制书桌。

철조망(鐵條網)【명사】철조선을 그물 모양으로 얼기설기 엮어 놓은 물건. 또는 그것을 둘러친 울타리. ◆ 图铁丝网。¶건물 주위에는 철조망이 둘러쳐져 있었다. =建筑周围设有铁丝网。

철쭉【명사】진달랫과의 낙엽 활엽 관목. 높이는 2~5미터이며 잎은 어긋나고 거꾸로 된 달걀 모양이다. ◆ 图 山踯躅。

철창(鐵窓)【명사】图 ❶ 쇠로 창살을 만든 창문. ◆ 铁窗。¶지난밤 도둑이 들었던 가게는 창문을 모두 철창으로 바꾸었다. =昨夜遭小偷入室偷窃的店铺的窗户已经全都换成了铁窗。❷ '감옥'을 비유적으로 이르는 말. ◆ 监狱。¶사소한 시비가 싸움으로 번져 철창에 갇히고 말았다. =小纠纷发展成争斗，结果，被关进了监狱。

철책(鐵柵)【명사】쇠로 만든 울타리. ◆ 图铁栅栏。¶철책을 둘러치다. =围上铁栅栏。

철천지원수(徹天之怨讐)【명사】하늘에 사무치도록 한이 맺히게 한 원수. ◆ 图不共戴天之仇。¶두 집안은 대대로 철천지원수였다. =两家世代有着不共戴天之仇。

철철【부사】副 ❶ 많은 액체가 넘치는 모양. ◆ 流出，溢出。¶칼로 베인 상처에서 피가 철철 흐른다. =被刀砍破的伤口冒着血。❷ 생생한 기운이 그득 찬 모양. ◆ 充满。¶우리는 인정이 철철 넘치는 사회를 만들어야 한다. =我们应当建设充满人情味的社会。

철칙(鐵則)【명사】바꾸거나 어길 수 없는 중요한 법칙. ◆ 图铁的纪律。

철커덕【부사】副 ❶ 크고 단단한 물체가 맞부딪치는 소리. 또는 그 모양. '절거덕'보다 아주 거센 느낌을 준다. ◆ 大而结实的物体相撞的声音或样子。❷ 끈기 있는 물건이 세차게 들러붙는 소리. 또는 그 모양. '절거덕'보다 아주 거센 느낌을 준다. ◆ 有韧性的物体猛贴在一起的声音或样子。❸ 큰 자물쇠 따위가 잠기거나 열리는 소리. 또는 그 모양. '절거덕'보다 아주 거센 느낌을 준다. ◆ 大锁锁上或打开的声音或样子。● 철컥 ●

철탑(鐵塔)【명사】철재로 조립하여 높이 세운 구조물. ◆ 图铁塔。¶언덕 위에 늘어서 있는 철탑에는 굵은 고압선이 연결되어 있다. =山坡上的铁塔连着粗高压线。

철통같다(鐵桶--)【형용사】준비나 대책이 튼튼하고 치밀하여 조금도 허점이 없다. ◆ 形铜墙铁壁般的，固若金汤。¶철통같은 방위 태세. =固若金汤的防卫态势。

철퇴(鐵槌)【명사】图 ❶ 쇠몽둥이(쇠로 만든 몽둥이). ◆ 铁棒，铁棍。❷ 병장기의 하나. 끝이 둥그렇고 울퉁불퉁한 여섯 자 정도 길이의 쇠몽둥이로 적을 쳐죽이는 데 썼다. ◆ 铁锥。

철판(鐵板)【명사】쇠로 된 넓은 조각. ◆ 图铁板，钢板。¶철판에 고기를 굽다. =在铁板上烤肉。

철폐(撤廢)【명사】전에 있던 제도나 규칙 따위를 걷어치워서 없앰. ◆ 图撤除，废除，废止，取消。¶관세 장벽 철폐. =打破关税壁垒。● 철폐되다(撤廢--), 철폐하다(撤廢--) ●

철학(哲學)【명사】图 ❶ 인간과 세계에 대한 근본 원리와 삶의 본질 따위를 연구하는 학문. 흔히 인식, 존재, 가치의 세 기준에 따라 하위 분야를 나눌 수 있다. ◆ 哲学。❷ 자신의 경험에서 얻은 인생관, 세계관, 신조 따위를 이르는 말. ◆ 哲学，理念。¶그는 언제나 최선을 다해야 한다는 생활 철학을 가지고 살아간다. =他把"任何时候都要竭尽全力"奉为生活哲学。

철학자(哲學者)【명사】철학을 전문적으로 연구하는 사람. ◆ 图哲学家。¶철학은 예술을 절대자의 표현으로 파악하기 때문에 철학자는 예술의 본질을 예술가 자신보다도 더 깊이 통찰하려 한다. =因为哲学力图用绝对者的表现来把握艺术，所以哲学家比艺术家更想深刻地洞察艺术的本质。

철회(撤回)【명사】이미 제출하였던 것이나 주장하였던 것을 다시 회수하거나 번복함. ◆ 图撤回，收回，中止。¶한나절만에 파업을 철회하다. =半天后中止罢工。● 철회되다(撤回--), 철회하다(撤回--) ●

첨가(添加)【명사】이미 있는 것에 덧붙이거나 보탬. ◆ 图添加，补充。¶그 사람의 말에는 더 이상 어떠한 첨가도 필요하지 않았다. =他的话不需要更多的补充。● 첨가되다(添加--), 첨가하다(添加--) ●

첨가물(添加物)【명사】식품 따위를 만들 때 보태어 넣는 것. ◆ 图添加剂。¶식품에 인공 첨가물을 넣다. =在食品中加入人工添加剂。

첨단(尖端)【명사】시대 사조, 학문, 유행 따위의 맨 앞장. ◆ 图尖端，先锋，前沿。¶첨단 과학. =尖端科学。

첨벙【부사】큰 물체가 물에 부딪치거나 잠기는 소리. 또는 그 모양. '점벙'보다 거센 느낌을 준다. ◆ 副扑通扑通，哗啦哗啦。● 첨벙거리다, 첨벙첨벙 ●

첨부(添附)【명사】안건이나 문서 따위를 덧붙임. ◆ 图附加，附上。¶첨부 서류는 다 준비했습니까? =附件都准备好了？ ● 첨부되다(添附--), 첨부하다(添附--) ●

첨삭【명사】시문(詩文)이나 답안 따위의 내용 일부를 보태거나 삭제하여 고침. ◆ 图增删。¶첨삭 지도. =增删指导。● 첨삭되다(添削--), 첨삭하다(添削--) ●

첨성대(瞻星臺)【명사】한국의 경주시에 있으며 동양에서 지금까지보존된 가장 오래된 천문 관측대이다. ◆ 图 瞻星台。

첨예하다(尖銳--)【형용사】상황이나 사태 따위가 날카롭고 격하다. ◆ 形尖锐，激进，过激。¶양측의 의견이 첨예하게 대립하다. =双方意见尖锐对立。

첨잔(添盞)【명사】술이 들어 있는 잔에 술을 더 따름. ◆ 名添杯。往酒杯中添酒。● 첨잔하다(添盞--) ●

첨지(僉知)【명사】名 ❶ 첨지중추부사(조선 시대에, 중추원에 속한 정삼품 무관의 벼슬). ◆ (朝鲜朝官职名称)佥知。❷ 나이 많은 남자를 낮잡아 이르는 말. ◆ 老者，老头。¶이 첨지. =李老头。

첨탑(尖塔)【명사】뾰족한 탑. ◆ 名尖塔。

첩[1](貼)【의존 명사】약봉지에 싼 약의 뭉치를 세는 단위. ◆ 依名 量剂，副，贴。¶약 한 첩 다려 먹자. =熬一剂药喝吧。

-첩[2](帖)【접사】'묶어 놓은 책'의 뜻을 더하는 접미사. ◆ 后缀册，集。¶사진첩. =相册。

첩경(捷徑)【명사】名 ❶ 지름길(멀리 돌지 않고 가깝게 질러 통하는 길). ◆ 捷径，近路，便道。❷ 가장 쉽고 빠른 방법을 비유적으로 이르는 말. ◆ 捷径。¶성공에 이르는 첩경. =通向成功的捷径。

첩보(諜報)【명사】적의 정세 등을 탐지하여 보고함. 또는 그 보고. ◆ 名谍报。¶첩보 기관. =谍报机构。

첩자(諜者)【명사】간첩(한 국가나 단체의 비밀이나 상황을 몰래 알아내어 경쟁 또는 대립 관계에 있는 국가나 단체에 제공하는 사람). ◆ 名间谍，探子，情报员，谍报人员。¶보안상의 문제라면서 첩자를 경계하라고 지시하다. =指示说这属于安保上的问题，要求防范间谍。

첩첩산중(疊疊山中)【명사】여러 산이 겹치고 겹친 산속. ◆ 名层峦叠嶂之中。¶첩첩산중에서 길을 잃다. =在层峦叠嶂之中迷路。

첩첩이(疊疊-)【부사】여러 겹으로 겹쳐 있는 모양. ◆ 副重重叠叠。¶우리 앞에는 타개해야 할 난관들이 첩첩이 쌓여 있습니다. =我们面前困难重重。

첫【명사】시간적으로 맨 처음. ◆ 名首次，初次，第一次。¶첫 경험. =初体验。

첫걸음【명사】名 ❶ 목적지를 향하여 처음 내디디는 걸음. ◆ 起步，第一步。¶성공의 첫걸음. =成功的第一步。❷ 어떤 일의 시작. ◆ 开始，第一步。¶성공의 첫걸음. =成功的第一步。❸ 어떤 곳에 처음 감. ◆ 初行，第一次来。¶이 도시는 이번이 첫걸음이어서 방향을 종잡을 수가 없다. =初次来到这个城市，找不到方向。

첫날【명사】어떤 일이 처음으로 시작되는 날. ◆ 名第一天，头一天。¶개업 첫날. =开业第一天。

첫날밤【명사】결혼해서 신랑 신부가 처음으로 함께 자는 밤. ◆ 名新婚之夜，初夜。¶첫날밤을 치르다. =度过新婚之夜。

첫눈[1]【명사】처음 보아서 눈에 뜨이는 느낌이나 인상. ◆ 名第一眼。¶첫눈에 반하다. =一见钟情。

첫눈[2]【명사】그해 겨울에 처음으로 내리는 눈. ◆ 名初雪，第一场雪。¶첫눈 오는 날 만납시다. =在初雪的那天见面吧。

첫딸【명사】첫아이로 낳은 딸. ◆ 名头胎女，头生女儿。¶그는 결혼한 지 3년 만에 첫딸을 보았다. =他结婚三年后，才有了头胎女儿。

첫마디【명사】맨 처음으로 내는 말의 한 마디. ◆ 名第一句话，首句。¶첫마디를 건네다. =说出第一句话。

첫머리【명사】어떤 일이나 사물 따위가 시작되는 부분. ◆ 名首，前头，开头。¶글의 첫머리. =文章开头。

첫발【명사】처음 내딛는 발. ◆ 名第一步，起步。¶무슨 일이든지 첫발이 중요합니다. =不管什么事，第一步很重要。

첫사랑【명사】처음으로 느끼거나 맺은 사랑. ◆ 名初恋。¶지금의 남편은 대학 시절 나의 첫사랑이었다. =现在的丈夫是我大学时期的初恋男友。

첫새벽【명사】날이 새기 시작하는 새벽. ◆ 名黎明。¶첫새벽부터 왜 그렇게 소란스러우냐? =为什么大清早就这么嘈杂?

첫소리【명사】초성(初聲), 음절의 구성에서 처음 소리인 자음. ◆ 名初声，第一个音。

첫술【명사】음식을 먹을 때에, 처음으로 드는 숟갈. ◆ 名第一匙，头一口。¶맛있게 밥을 비벼 놓고 막 첫술을 뜨려던 차에 전화가 왔다. =把饭拌得美味可口，正要吃第一口时，电话响了。

첫인상(-印象)【명사】첫눈에 느껴지는 인상. ◆ 名初次印象，第一印象。¶첫인상이 좋다. =第一印象不错。

첫째【명사】名 ❶ 무엇보다도 앞서는 것. ◆ 首先，优先，最先，第一。¶신발은 첫째로 발이 편안해야 한다. =鞋最重要的是脚感到舒服。❷ 맏이(여러 형제자매 가운데서 제일 손위인 사람). ◆ 第一个，老大。¶피붙이라곤 자식 둘 있는데 그나마 첫째는 객지에 가 소식이 없고 지금은 둘째만 곁에 있다. =说起血脉，只有两个孩子，而且老大去了异地，杳无音信，现在身边只留下老二。

첫째【수사】순서가 가장 먼저인 차례. 또는 그런 차례의. ◆ 数第一，第一个，首。¶시리즈물의 첫째 권. =系列作品的首卷。

첫째가다【동사】무엇보다 우선적으로 꼽히거나 으뜸이 되다. ◆ 动数第一，首屈一指。¶그는 우리 마을에서 첫째가는 부자다. =他是我们村的首富。

첫차(-車)【명사】그날의 맨 처음 떠나는 차. ◆ 名头班车，首班车。

첫판【명사】어떤 일의 첫머리가 되는 판. ◆ 名第一局，第一场，首场，第一回合。¶첫판을 이기다. =第一局获胜。

첫해【명사】어떤 일을 시작한 맨 처음의 해. ◆ 名头一年，第一年。¶창업 첫해부터 영업성적이 좋았다. =从创业第一年开始，营业成绩就很好。

청[1](請)【명사】어떤 일을 이루기 위하여 남에게 부탁을 함. 또는 그 부탁. ◆ 名请求，请托。¶간곡한 청이 있어 왔습니다. =来此是有所拜托。

-청[2](廳)【접사】'행정 기관'의 뜻을 더하는 접미사. ◆ 后缀厅。¶시청. =市政厅，市政府。

청각(聽覺)【명사】소리를 느끼는 감각. ◆ 名 听

觉。

청개구리(青---) 【명사】 图 ❶ 청개구릿과의 하나. ◆ 青蛙。 ❷ 모든 일에 엇나가고 엇먹는 짓을 하는 사람을 비유적으로 이르는 말. ◆ 别别扭扭的人，较劲，抬杠。¶그 앤, 다시는 안 싸운다고 엄마하고 약속해 놓고 틈만 나면 동생을 때리는 청개구리였다. =那孩子是个较劲的孩子，和妈妈说好了不打架，可只要有机会，就会打弟弟。

청결하다(清潔--) 【형용사】 맑고 깨끗하다. ◆ 形清洁，洁净。● 청결히(清潔-) ●

청과물(青果物) 【명사】 신선한 과일과 채소를 통틀어 이르는 말. ◆ 图蔬菜水果。¶청과물시장. =蔬菜水果市场。

청구(請求) 【명사】 남에게 돈이나 물건 따위를 요구함. ◆ 图请求，申请。¶세입자는 집주인에게 계약이 만료되면 전세금을 청구할 수 있다. =合同期满，租借者可以向房主索要押金。● 청구하다(請求--) ●

청구서(請求書) 【명사】 청구하는 내용의 문서. ◆ 图申请书。¶예금 인출 청구서. =取款单。

청국장(清麴醬) 【명사】 장의 한 가지. 삶은 콩을 더운 방에 띄워 반쯤 찧다가 소금과 고춧가루를 넣어 만드는데, 주로 찌개를 끓여 먹는다. ◆ 图 豆酱。

청군(青軍) 【명사】 운동 경기 따위에서, 빛깔에 따라 편을 여럿으로 갈랐을 때, 푸른 쪽의 편. ◆ 图青队，蓝队。¶청군 이겨라. 백군 이겨라. =蓝队加油，白队加油。

청년(青年) 【명사】 신체적 정신적으로 한창 성장하거나 무르익은 시기에 있는 사람. ◆ 图青年。¶청년 시절. =青年时代。

청년기(青年期) 【명사】 대개 20대 전후의 시기. 이때부터 신체와 정신이 가장 왕성하게 발달한다. ◆ 图青年时期。¶무엇보다도 청년기에는 원대한 이상이 필요하다. =青年时期最重要的是要有远大的理想。

청동(青銅) 【명사】 구리와 주석의 합금. ◆ 图 青铜。

청동기(青銅器) 【명사】 청동으로 만든 그릇이나 기구. ◆ 图青铜器。¶청동기 문화. =青铜器文化。

청동기시대(青銅器時代) 【명사】 무기, 생산 도구와 같은 주요 기구를 청동으로 만들어 사용하던 시대. ◆ 图青铜器时代。

청둥오리 【명사】 오릿과의 새. 수컷은 머리와 목이 광택이 있는 녹색이고 흰 띠가 둘려 있으며 부리는 갈색, 꽁지는 흰색이나 암컷은 전체적으로 갈색을 띠며 어두운 갈색의 무늬가 있다. ◆ 图 野鸭。

청량음료(清涼飲料) 【명사】 이산화탄소가 들어 있어 맛이 산뜻하고 시원한 음료를 통틀어 이르는 말. 사이다, 콜라 따위가 있다. ◆ 图清凉饮料。¶여름에는 청량음료가 많이 팔린다. =夏天，清凉饮料很畅销。

청량하다(清涼--) 【형용사】 맑고 서늘하다. ◆ 形清凉，凉爽。¶이곳 기후는 매우 청량하다. =这个地方的气候很凉爽。

청력(聽力) 【명사】 귀로 소리를 듣는 힘. ◆ 图听力。¶청력을 잃다. =丧失听力。

청렴결백하다(清廉潔白--) 【형용사】 마음이 맑고 깨끗하며 탐욕이 없다. ◆ 形品性高洁。

청렴하다(清廉--) 【형용사】 성품과 행실이 높고 맑으며, 탐욕이 없다. ◆ 形品性高洁。

청록색(青綠色) 【명사】 푸른빛을 띤 초록색. 또는 그런 색의 물감. ◆ 图青绿色。¶온 산이 청록색으로 변해 한 여름임을 알겠다. =所有的山都变成青绿色，表明已经是盛夏了。

청룡(青龍) 【명사】 사신(四神)의 하나. 동쪽 방위를 지키는 신령을 상징하는 짐승이다. 용 모양으로 무덤 속과 관의 왼쪽에 그렸다. ◆ 图青龙。

청명(清明) 【명사】 이십사절기의 하나. 춘분(春分)과 곡우(穀雨)의 사이에 들며, 4월 5일 무렵이다. ◆ 图 清明。

청명하다(清明--) 【형용사】 形 ❶ 날씨가 맑고 밝다. ◆ (天气)晴朗。¶청명한 날씨가 계속되어 곡식이 무르익는 구나. =天气持续晴朗，粮食都成熟了。❷ 소리가 맑고 밝다. ◆ (声音)清楚明亮，清晰明亮。❸ 형상이 깨끗하고 선명하다. ◆ (形象)清晰鲜明。

청문회(聽聞會) 【명사】 주로 국가 기관에서, 어떤 문제에 대하여 내용을 듣고 그에 대하여 물어보는 모임. ◆ 图 听证会，咨询会。

청바지(青--) 【명사】 능직으로 짠 질긴 무명으로 만든, 푸른색 바지. ◆ 图牛仔裤。¶간편한 청바지 차림. =简单的牛仔裤打扮。

청백리(清白吏) 【명사】 재물에 대한 욕심이 없이 곧고 깨끗한 관리. ◆ 图清官。¶황희정승은 청백리로 유명한 관리였다. =黄喜丞相是有名的清官。

청빈하다(清貧--) 【형용사】 청백하여 재물에 대한 욕심이 없어 가난하다. ◆ 形清贫。¶청빈한 관리. =清贫的官吏。

청사[1](青史) 【명사】 역사상의 기록. 예전에 종이가 없을 때 푸른 대의 껍질을 불에 구워 푸른빛과 기름을 없애고 사실(史實)을 기록하던 데서 유래한다. ◆ 图青史，史册。¶청사에 길이 남을 업적. =永留史册的业绩。

청사[2](廳舍) 【명사】 관청의 사무실로 쓰는 건물. ◆ 图办公楼。¶정부 종합 청사. =政府综合办公楼。

청사진(青寫眞) 【명사】 미래에 대한 희망적인 계획이나 구상. ◆ 图蓝图，规划。¶기업의 미래에 관한 청사진. =企业未来的蓝图。

청사초롱(青紗--) 【명사】 청사등롱(조선 시대에, 정삼품부터 정이품의 벼슬아치가 밤에 다닐 때 쓰던 품등(品燈). ◆ 图青纱灯笼。¶청사초롱 불 밝혀라. =点亮青纱灯笼。

청산(青山) 【명사】 풀과 나무가 무성한 푸른 산. ◆ 图青山。¶청산을 벗삼아 살다. =生活中以青山为伴。

청산(清算) 【명사】 图 ❶ 서로 간에 채무, 채권 관계를 셈하여 깨끗이 해결함. ◆ 清算，清账，结账。¶빚 청산. =清算债务。❷ 과거의 부정적 요소를 깨끗이 씻어 버림. ◆ 图清算，结束。¶봉건 잔재의 청산. =对封建残余的清算。● 청산되다(清算--), 청산하다(清算--) ●

청산가리(青酸加里) 【명사】 '사이안화칼륨(석탄 가스를 정제할 때에, 산화철에 흡수되어 생긴 사이안화물로 만든 물질)'을 일상적으로 이르는 말. '청산칼리(青酸)'의 음역어이다. ◆图氰化钾。

청산유수(青山流水)【명사】푸른 산에 맑은 물이라는 뜻으로, 막힘없이 썩 잘하는 말을 비유함 ◆图滔滔不绝，口若悬河。¶그녀의 청산유수 같은 말솜씨에 속지 않을 사람은 없다. =没有人不被她滔滔不绝的口才所欺骗。

청상과부(青孀寡婦)【명사】젊어서 남편을 잃고 홀로된 여자. ◆图年轻寡妇。

청색(青色)【명사】파란색(맑은 가을 하늘과 같이 밝고 선명한 푸른색). ◆图青色。¶청색 치마. =青色裙子。

청소(清掃)【명사】더럽거나 어지러운 것을 쓸고 닦아서 깨끗하게 함. ◆图清扫，打扫，扫除。¶화장실 청소. =打扫厕所。● 청소되다(清掃--), 청소하다(清掃--) ●

청소기(清掃機)【명사】청소를 할 때 쓰는 기계. ◆图吸尘器。

청소년(青少年)【명사】청년과 소년을 아울러 이르는 말. ◆图青少年。¶청소년 문제. =青少年问题。

청소부(清掃夫)【명사】청소하는 일을 직업으로 하는 남자. ◆图清扫工，清洁工。¶거리 청소부. =街道清洁工。

청소차(清掃車)【명사】图 ❶ 쓰레기나 분뇨(糞尿) 따위를 치워 가는 자동차. ◆清洁车，垃圾车。❷ 도로 위의 먼지나 낙엽 따위 쓰레기를 자동으로 흡입하여 청소할 수 있게 만든 차량. ◆清扫车，扫路车。

청순하다(清純--)【형용사】깨끗하고 순수하다. ◆ 形清纯。¶청순한 이미지의 처녀. =清纯少女形象。

청승【명사】궁상스럽고 처량하여 보기에 언짢은 태도나 행동. ◆图穷酸，凄惨，凄凉。¶청승을 떨다. =哭穷。

청승맞다【형용사】궁상스럽고 처량하여 보기에 몹시 언짢다. ◆形清苦，凄惨，凄凉，凄婉。¶청승맞은 울음소리. =凄婉的哭声。

청승스럽다【형용사】궁상스럽고 처량하여 보기에 언짢은 데가 있다. ◆形清苦，凄惨，凄凉，凄婉。¶혼자서 술을 마시고 앉아 있자니 청승스럽기 짝이 없다. =独自喝酒呆坐，真是无比凄惨。

청신호(青信號)【명사】图 ❶ 교통 신호의 하나. 교차로나 횡단보도 따위에서 푸른 등을 켜거나 푸른 기를 달아 통행하여도 좋음을 표시한다. ◆ 绿灯。¶청신호가 켜지면서 멈춰 섰던 차들이 일제히 움직이기 시작했다. =绿灯一亮，停着的车辆都同时发动了起来。❷ 어떤 일이 앞으로 잘되어 나갈 것을 보여 주는 징조를 비유적으로 이르는 말. ◆ 喻信号，绿灯。¶문제 해결의 청신호. =解决问题的信号。

청심환(清心丸)【명사】우황청심환(우황, 인삼, 산약 따위를 비롯한 30여 가지의 약재로 만든 알약). ◆图牛黄清心丸。¶노인이 계신 집은 청심환을 상비약으로 준비하고 있다. =有老人的家庭常备牛黄清心丸。

청아하다(清雅--)【형용사】속된 티가 없이 맑고 아름답다. ◆形清雅，优雅。¶언제나 들어도 그녀의 청아한 노랫소리가 좋다. =不管什么时候，她优雅的歌声都好听。

청약(請約)【명사】일정한 내용의 계약을 체결할 것을 목적으로 하는 일방적, 확정적 의사 표시. ◆图合同申请。● 청약하다(請約--) ●

청어(青魚)【명사】청어과의 바닷물고기. 몸의 길이는 35cm 정도이고 늘씬하고 옆으로 납작하며, 등은 짙은 청색이고 옆구리와 배는 은빛을 띤 백색이다. ◆图 青鱼，鲱鱼。

청원(請願)【명사】일이 이루어지도록 청하고 원함. ◆图请愿，请求，申请。¶청원을 받아들이다. =接受申请。● 청원하다(請願--) ●

청유문(請誘文)【명사】화자가 청자에게 같이 행동할 것을 요청하는 문장. 청유형 어미로 문장을 끝맺는데 '귀중한 문화재 빠짐없이 등록하자.' 따위이다. ◆图 共动句。

청자(青瓷/青磁)【명사】푸른 빛깔의 자기. 자기의 몸을 이루는 흙과 잿물에 포함된 철염의 성분이 환원염(還元焰)이기 때문에 푸른빛을 띤다. ◆图青瓷。¶청자 화병. =青瓷花瓶。

청자(聽者)【명사】이야기를 듣는 사람. ◆图听者，听众。¶이야기를 할 때에는 청자의 나이나 직업 따위를 고려해야 한다. =谈话时应当考虑听众的年龄和职业等。

청정하다(清淨--)【형용사】맑고 깨끗하다. ◆形清净，干净，洁净。¶이곳은 다른 유원지보다 청정하다. =这个地方比其他景点清净。

청주(清酒)【명사】다 익은 술에 용수를 박고 떠낸 술. ◆图清酒。

청중(聽衆)【명사】강연이나 설교, 음악 따위를 듣기 위하여 모인 사람들. ◆图听众。¶청중의 환성. =听众的欢呼声。

청진기(聽診器)【명사】환자의 몸 안에서 나는 소리를 듣는 데 쓰는 의료 기구. ◆图 听诊器。¶청진기로 환자의 심장 소리를 듣다. =用听诊器听病人的心跳声。

청천벽력(青天霹靂)【명사】'맑게 갠 하늘에서 치는 날벼락'이라는 뜻으로, 뜻밖에 일어난 큰 변고나 사건을 비유적으로 이르는 말. ◆图 晴天霹雳。¶비행기 추락이라는 청천벽력의 소식을 접한 가족은 아무 말이 없었다. =飞机坠毁犹如晴天霹雳，得知这个消息的家属沉默了。

청첩장(請牒狀)【명사】결혼 따위의 좋은 일에 남을 초청하는 글. ◆图请柬，请帖。¶청첩장을 띄우다. =寄请柬。

청초하다(清楚--)【형용사】화려하지 않으면서 맑고 깨끗한 아름다움을 지니고 있다. ◆形清秀，清丽。¶소복을 입은 청초한 여인의 모습. =身着素服的女子清秀的容貌。

청춘(青春)【명사】새싹이 파랗게 돋아나는 봄철이라는 뜻으로, 십 대 후반에서 이십 대에 걸치는 인생의 젊은 나이 또는 그런 시절을 이르는 말. ◆ 图青春。¶청춘 남녀. =青春男女。

청취(聽取)【명사】의견, 보고, 방송 따위를 들음. ◆ 图听取。¶민의 청취. =听取民意。● 청취하다(聽取--) ●

청취자(聽取者)【명사】라디오 방송을 듣는 사람. ◆ 图收听者，听众。¶이 프로그램은 청취자로부터 큰 호응을 받고 있다. =这个节目得到听众极大的拥护。

청탁(請託)【명사】청하여 남에게 부탁함. ◆ 图请托，委托。¶원고 청탁. =约稿。● 청탁하다(請託--) ●

청포도(青葡萄)【명사】图 ❶ 아직 다 익지 아니한 푸른 포도. ◆ 未熟的葡萄，青葡萄。❷ 포도의 한 종류. 열매가 푸르스름하며, 껍질이 얇고 맛이 달다. ◆ 绿葡萄。¶청포도 익는 마을. =绿葡萄正在成熟的村庄。

청하다(請--)【동사】动 ❶ 어떤 일을 이루기 위하여 남에게 부탁을 하다. ◆ 请求，要求，要。¶면회를 청하다. =要求见面。❷ 사람을 따로 부르거나 잔치 따위에 초대하다. ◆ 招待，款待。¶손님을 청하다. =招待客人。❸ 잠이 들기를 바라다. 또는 잠이 들도록 노력하다. ◆ 努力入睡。¶잠을 청하다. =努力入睡。

청혼(請婚)【명사】결혼하기를 청함. ◆ 图求婚。¶청혼을 받다. =接受求婚。● 청혼하다(請婚--) ●

청화 백자(青華白瓷)【명사】청화 자기(흰 바탕에 푸른 물감으로 그림을 그린 자기). ◆ 图青花白瓷。

체[1]【의존 명사】척(그럴듯하게 꾸미는 거짓 태도나 모양). ◆ 依名表示虚假或故作姿态。¶아는 체를 한다. =装作认识。

체[2](體)【명사】글, 글씨, 그림 따위에서 나타나는 일정한 방식이나 격식. ◆ 图字体。¶체가 서로 다르다. =字体不相同。

체[3]【명사】가루를 곱게 치거나 액체를 밭거나 거르는 데 쓰는 기구. 얇은 나무로 쳇바퀴를 만들고 말총, 헝겊, 철사 따위로 쳇불을 씌워 만든다. ◆ 图箩，筛子。¶체로 콩가루를 치다. =用筛子筛豆粉。

-체[4](體)【접사】后缀 ❶ '몸'의 뜻을 더하는 접미사. ◆ 身体、体质。¶건강체. =健康的体魄。❷ '일정한 상태나 형체를 가진 물질'의 뜻을 더하는 접미사. ◆ 指具有一定状态或形态的物质。¶육면체. =六面体。❸ '일정한 체계를 가진 조직'의 뜻을 더하는 접미사. ◆ 指具有一定体系的组织。¶기업체. =企业。❹ '글씨 따위에 나타나는 일정한 방식이나 격식'의 뜻을 더하는 접미사. ◆ 字体。¶고딕체. =哥特体。❺ '글을 서술·표현하는 방식이나 체재'의 뜻을 더하는 접미사. ◆ 文体。¶서간체. =书信体。

체감(體感)【명사】몸으로 어떤 감각을 느낌. ◆ 图体感。¶체감 습도. =体感湿度。● 체감하다(體感--) ●

체격(體格)【명사】근육, 골격, 영양 상태 따위로 나타나는 몸 전체의 외관적 형상. ◆ 图体格。¶건장한 체격. =健壮的体格。

체결(締結)【명사】계약이나 조약 따위를 공식적으로 맺음. ◆ 图缔结，签订。¶조약 체결. =签约。● 체결되다(締結--), 체결하다(締結--) ●

체계(體系)【명사】일정한 원리에 따라서 낱낱의 부분이 짜임새 있게 조직되어 통일된 전체. ◆ 图体系，系统。¶명령 체계. =指令系统。

체계화(體系化)【명사】일정한 원리에 따라서 낱낱의 부분이 짜임새 있게 조직되어 통일된 전체로 됨. 또는 그렇게 되게 함. ◆ 图系统化。¶자료의 체계화. =资料系统化。● 체계화되다(體系化--), 체계화하다(體系化--) ●

체구(體軀)【명사】몸집(몸의 부피). ◆ 图身躯，身材。¶듬직한 체구. =健壮的身躯。

체급(體級)【명사】권투·레슬링, 유도, 역도 따위에서, 경기자의 체중에 따라서 매겨진 등급. ◆ 图 体重级别。¶그 선수는 이번 시합에서 59kg에서 64kg급으로 체급을 올려 출전해 새로운 도전을 시도했다. =那个运动员在此次比赛中，将参赛级别由59公斤级升为64公斤级，尝试进行新的挑战。

체납(滯納)【명사】세금 따위를 기한까지 내지 못하여 밀림. ◆ 图滞纳，滞付，拖欠。¶세금 체납. =滞纳税款。● 체납하다(滯納--) ●

체내(體內)【명사】몸의 내부. ◆ 图体内。¶체내 조절 작용. =体内调节作用。

체념(諦念)【명사】희망을 버리고 아주 단념함. ◆ 图断念，死心。¶체념 상태. =断了念想的状态。● 체념하다(諦念--) ●

체득(體得)【명사】몸소 체험하여 알게 됨. ◆ 图体会。¶머리로만 아는 것보다 실제 경험을 통한 체득이 더 중요하다. =比起只用头脑记忆的东西来，实际经历的体会更加重要。● 체득되다(體得--), 체득하다(體得--) ●

체력(體力)【명사】육체적 활동을 할 수 있는 몸의 힘. 또는 질병이나 추위 따위에 대한 몸의 저항 능력. ◆ 图体力，体能。¶체력 관리. =体力管理。

체류(滯留)【명사】객지에 가서 머물러 있음. ◆ 图滞留，逗留，停留。¶체류 일정. =逗留日程。● 체류하다(滯留--) ●

체면(體面)【명사】남을 대하기에 떳떳한 도리나 얼굴. ◆ 图体面，面子。¶체면이 서다. =有面子。

체면치레(體面--)【명사】면치레(체면이 서도록 일부러 어떤 행동을 함). ◆ 图维护体面，保全面子。¶체면치레에 불과한 일. =不过是粉饰门面的事。

체모(體毛)【명사】몸에 난 털. ◆ 图体毛。

체벌(體罰)【명사】몸에 직접 고통을 주어 벌함. 또는 그런 벌. ◆ 图体罚。¶체벌 금지. =禁止体罚。● 체벌하다(體罰--) ●

체불(滯拂)【명사】마땅히 지급하여야 할 것을 지급하지 못하고 미룸. ◆ 图拖欠，滞纳。¶노임체불. =拖欠工钱。● 체불되다(滯拂--), 체불하다(滯拂--) ●

체스(chess)【명사】장기와 유사한 서양 놀이. ◆ 图 国际象棋。

체액(體液)【명사】동물의 몸속에 있는 혈관이나 조직의 사이를 채우고 있는 혈액, 림프, 뇌척수액 따위를 통틀어 이르는 말. ◆图 体液。

체언(體言)【명사】 문장에서 주어의 기능을 하는 문장 성분. 명사, 대명사, 수사가 있다. ◆图 体词(句子主语，包括名词、代词、数词等)。

체온(體溫)【명사】 동물체가 가지고 있는 온도. ◆图体温。¶체온 유지. =保持体温。

체온계(體溫計)【명사】 체온을 재는 데 쓰는 온도계. ◆图体温计，体温表。¶그는 체온계의 눈금을 읽으며 환자들의 체온을 기록했다. =他看着体温计的刻度记下了病人的体温。

체온기(體溫器)【명사】 체온계(체온을 재는 데 쓰는 온도계). ◆图体温计，体温表。

체위(體位)【명사】 어떤 일을 할 때 서거나 앉거나 하는, 몸의 일정한 자세. ◆图体态。¶체위를 바로잡다. =纠正体态。

체육(體育)【명사】 图 일정한 운동 따위를 통하여 신체를 튼튼하게 단련시키는 일. 또는 그런 목적으로 하는 운동. ◆ 体育。¶체육 단체. =体育团体。

체육관(體育館)【명사】 실내에서 여러 가지 운동 경기를 할 수 있도록 시설을 갖추어 놓은 건물. ◆图 体育馆。¶오늘 수업은 체육관에서 하기로 했습니다. =决定今天的课在体育馆上。

체육 대회(體育大會)【명사】 대규모의 운동회. ◆图 大型运动会。

체육복(體育服)【명사】 체육을 할 때 입는 옷. ◆图 运动服。

체인점(chain店)【명사】 동일한 메이커 제품을 취급하는 소매상점을 여러 곳에 두고 중앙에서 통제·경영하는 점포 조직. ◆图连锁店。¶체인점을 개설하다. =开设连锁店。

체재(滯在)【명사】 체류. ◆ 图滞留，逗留，停留。¶체재 기간. =停留时间。● 체재하다(滯在--) ●

체적(體積)【명사】 图 부피. ◆ 体积，容积。

체전(體典)【명사】 전국 체육 대회(매년 가을에 전국적인 규모로 개최되는 종합 경기 대회). ◆图 全国运动会。

체조(體操)【명사】 신체 각 부분의 고른 발육과 건강의 증진을 위하여 일정한 형식으로 몸을 움직임. 또는 그런 운동. ◆图体操。¶아버지와 함께 구령에 맞추어 체조를 했다. =和爸爸一起跟着口令做体操。● 체조하다(體操--) ●

체중(體重)【명사】 몸무게(몸의 무게). ◆图体重。¶체중 조절. =体重调节。

체중계(體重計)【명사】 몸무게를 재는 데에 쓰는 저울. ◆图体重计。

체증(滯症)【명사】 图 ❶ 먹은 음식이 잘 소화되지 아니하는 증상. ◆ 积食症。¶소화제를 먹었더니 체증이 가신 듯이 속이 후련하다. =吃过了消化药，积食症消失了，肚子舒服了。❷ 교통의 흐름이 순조롭지 아니하여 길이 막히는 상태.◆ 拥挤。¶체증이 심하다. =拥挤不堪。

체질(體重)【명사】 날 때부터 지니고 있는 몸의 생리적 성질이나 건강상의 특질. ◆图体质。¶특수 체질. =特殊体质。

체취(體臭)【명사】 图 ❶ 몸에서 나는 냄새. ◆ 身体气味。¶땀을 많이 흘려 몸에서는 짐승의 체취 같은 악취가 풍겼다. =流了很多汗，身体散发出像动物身体气息般的气味。❷ 어떤 개인이나 작품에서 풍겨 나오는 특유의 느낌. ◆气质，个性。¶그에게서 귀족적인 체취가 난다. =他具有独特的贵族气质。

체코(Czech)【명사】 유럽의 중앙 내륙에 있는 공화국. ◆图捷克。

체크(check)【명사】 사물의 상태를 검사하거나 대조함. 또는 그런 표적으로 찍는 'v'자 모양의 표. ◆ 图查对，检查，核查。¶건강 체크. =健康检查。● 체크되다(check--), 체크하다(check--) ●

체크무늬(check--)【명사】 바둑판 모양의 무늬. ◆图方格图案。

체통(體統)【명사】 지체나 신분에 알맞은 체면. ◆图体面，体统。¶체통 없이 굴다. =有失体面。

체포(逮捕)【명사】 형법에서, 사람의 신체에 대하여 직접적이고 현실적인 구속을 가하여 행동의 자유를 빼앗는 일. ◆ 图逮捕，捉拿。● 체포되다(逮捕--), 체포하다(逮捕--) ●

체포당하다(逮捕當--)【동사】 죄인이나 혐의가 있는 사람이 붙잡히다. ◆ 动被捕，被捉。¶포위망을 벗어나지 못하고 탈주범이 체포당하다. =逃犯没有逃脱包围圈，被捉住了。

체하다[1]【보조 동사】 척하다(앞말이 뜻하는 행동이나 상태를 거짓으로 그럴듯하게 꾸밈을 나타내는 말). ◆ 助动装，装作，假装。¶그는 나를 못 본 체하였다. =他装作没看见我。

체하다[2](滯--)【동사】 먹은 것이 잘 삭지 아니하고 위 속에 답답하게 처져 있다. ◆ 动积食。¶체했는지 명치끝이 답답하다. =大概是积食了，心窝感觉难受。

체험(體驗)【명사】 자기가 몸소 겪음. 또는 그런 경험. ◆图体验。● 체험하다(體驗--) ●

체험담(體驗談)【명사】 자기가 몸소 겪은 것에 대한 이야기. ◆图经验之谈。¶체험담을 듣다. =听经验之谈。

체형(體型)【명사】 체격에 나타나는 특징으로 분류되는 일정한 부류. 비만형, 척신형(瘠身型) 따위가 있다. ◆ 图体型。¶체형에 맞는 옷을 입다. =穿着合身的衣服。

첼로(cello)【명사】 바이올린 계통의 대형 저음 현악기. ◆图 大提琴。

쳇【감탄사】 치(못마땅하거나 아니꼽거나 화가 날 때 내는 소리). ◆ 叹啧，嗬，咄。¶쳇! 그까짓 게 뭐 그리 대단한 거라고. =嗬! 就那个东西有什么了不起的。

쳇바퀴【명사】 체의 몸이 되는 부분. 얇은 나무나 널빤지를 둥글게 휘어 만든 테로, 이 테에 쳇불을 메워 체를 만든다. ◆ 图圆圈。¶다람쥐가 쳇바퀴를 돌리다. =松鼠转圆圈。

쳐내다【동사】 깨끗하지 못한 것을 쓸어 모아서 일정한 곳으로 가져가다. ◆ 动清除，清扫。¶외양간의 거름을 말끔히 쳐내다. =把牲口棚的粪便清扫干净。

쳐다보다【동사】动 ❶ 아래에서 위를 올려 보다. ◆仰望，仰视。❷ 얼굴을 들어 높지도 낮지도 않은 시선으로 바로 보다. ◆看着，望着。¶어머니는딸의 얼굴을 쳐다보다. =母亲望着女儿的脸庞。❸ 전적으로 기대고 의지하며 바라보다. ◆指望，期望，期待，盼望。

쳐들다【동사】위로 들어 올리다. ◆动举起，抬起，撑起。¶양팔을 번쩍 쳐들다. =高举双手。

쳐들어가다【동사】적을 무찔러 들어가다. ◆动打进去，攻入。¶적진에 쳐들어가다. =攻入敌阵。

쳐들어오다【동사】적이 무력으로 침입하여 들어오다. ◆动打进来，攻入，进犯。

쳐부수다【동사】공격하여 무찌르다. ◆动摧毁，粉碎，打垮，击败。¶그들은 위험을 무릅쓰고 적을 쳐부수었다. =他们冒着危险打垮了敌人。

초[1](超)-【접사】'어떤 범위를 넘어선' 또는 '정도가 심한'의 뜻을 더하는 접두사. ◆前缀超。¶초강대국. =超级大国。

초[2](秒)【의존 명사】한 시간의 3,600분의 1이 되는 동안을 세는 단위. ◆依名秒。¶일 분 일 초를 다투는 급박한 상황. =争分夺秒的紧急状况。

초[3](初)【의존 명사】어떤 기간의 처음이나 초기. ◆依名初，初期。¶올 초. =今年年初。

초[4]【명사】불빛을 내는 데 쓰는 물건의 하나. 밀, 백랍(白蠟), 쇠기름 따위의 기름을 끓인 뒤 원기둥 따위 같은 일정한 모양으로 굳히고 그 가운데에 실 따위로 심지를 만들어 박는다. ◆名蜡烛，蜡。¶초를 켜다. =点蜡烛。

초[5](醋)【명사】식초(액체 조미료의 하나). ◆名醋，食醋。¶냉면에 초를 친다. =在冷面里加醋。

초[6](初)-【접사】'처음' 또는 '초기'의 뜻을 더하는 접두사. ◆前缀初。¶초여름. =初夏。

초가(草家)【명사】짚이나 갈대 따위로 지붕을 인 집. ◆名草房，茅屋。¶초가 한 칸. =一间茅屋。

초가을(初--)【명사】이른 가을. 주로 음력 7월을 이른다. ◆名初秋。¶초가을이라지만 한낮에는 아직 덥다. =虽然是初秋，白天还是很热。

초가집(草家-)【명사】초가(草家)(짚이나 갈대 따위로 지붕을 인 집). ◆名草房，茅屋。¶바람이 센 제주도의 초가집에는 지붕 위에 돌이 얹혀 있다. =在风大的济州岛，茅屋顶上压着石头。

초간장(醋-醬)【명사】간장에 식초를 넣고 깨소금 등을 뿌려 만든 양념장. ◆名加醋酱油。

초겨울(初--)【명사】이른 겨울. 주로 음력 10월을 이른다. ◆名初冬。¶초겨울인데도 한겨울같이 바람이 매섭다. =虽然是初冬，风却像严冬那样寒冷。

초고(草稿)【명사】초벌로 쓴 원고. ◆名草稿，初稿。¶초고를 작성하다. =写初稿。

초고속(超高速)【명사】극도로 빠른 속도. ◆名超高速。¶초고속 성장. =超高速增长。

초고추장(醋--醬)【명사】초를 쳐서 갠 고추장. ◆名 加醋辣椒酱。

초과(超過)【명사】일정한 수나 한도 따위를 넘음. 기준이 수량으로 제시될 경우에는, 그 수량이 범위에 포함되지 않으면서 그 위인 경우를 가리킨다. ◆名超过，超额。¶초과 금액. =超额。● 초과되다(超過--), 초과하다(超過--) ●

초급(初級)【명사】맨 처음 또는 최저의 등급이나 단계. ◆名初级。¶초급 교재. =初级教材。

초기(初期)【명사】정해진 기간이나 일의 처음이 되는 때나 시기. ◆名初期，早期。¶초기 단계. =早期阶段。

초년(初年)【명사】名 ❶ 사람의 일생에서 초기, 곧 젊은 시절을 이르는 말. ◆早年，年轻时。¶할아버지는 초년에 그 고생을 하셨으니 이제 말년에라도 호강을 좀 하셔야지요. =爷爷年轻时受了很多苦，现在应该安度晚年了。❷ 여러 해 걸리는 어떤 과정의 첫해 또는 처음 시기. ◆第一年，起初，初期。¶대학 초년에 비로소 자아에 눈을 떴다. =大学第一年才认识自我。

초능력(超能力)【명사】초자연적인 능력. ◆名 超能力。

초단(初段)【명사】名 ❶ 계단의 첫 번째 단. ◆(楼梯的)第一阶。❷ 태권도·유도·바둑 따위에서, 수나 기술에 대한 등급의 하나. '단'의 등급에서 맨 아래에 해당한다. ◆初段。¶태권도 초단. =跆拳道初段。

초대[1](初代)【명사】차례로 이어 나가는 자리나 지위에서 그 첫 번째에 해당하는 차례. 또는 그런 사람. ◆名首任，第一任。¶초대 대통령. =首任总统。

초대[2](招待)【명사】어떤 모임에 참가해 줄 것을 청함. ◆名邀请。¶초대를 받다. =接到邀请，受邀。● 초대되다(招待--), 초대하다(招待--) ●

초대권(招待券)【명사】어떤 자리나 모임에 초대하는 뜻을 적어 보내는 표. ◆名请柬。¶음악회 초대권. =音乐会请柬。

초대장(招待狀)【명사】어떤 자리나 모임에 초대하는 뜻을 적어서 보내는 편지. ◆名请帖，请柬，邀请信，邀请函。¶초대장을 띄우다. =寄请柬。

초등 교육(初等敎育)【명사】가장 초보적이며 기본적인 교육. 초등학교 교육 따위이다. ◆名 小学教育，基础教育。

초등학교(初等學校)【명사】아동들에게 기본적인 교육을 실시하기 위한 학교. ◆名 小学。¶옆집에는 초등학교에 다니는 아이가 셋이나 있다. =邻居有三个上小学的孩子。

초등학생(初等學生)【명사】초등학교에 다니는 학생. ◆名小学生。

초라하다【형용사】形 ❶ 겉모양이나 옷차림이 호졸근하고 궁상스럽다. ◆寒酸，简陋。¶초라한 옷차림이 거지같다. =寒酸的打扮像个乞丐。❷ 보잘것없고 변변하지 못하다. ◆憔悴，没精神，蔫。

초래(招來)【명사】어떤 결과를 가져오게 함. ◆名招致，导致，带来。● 초래되다(招來--), 초래하다(招來--) ●

초록(草綠)【명사】초록색(파랑과 노랑의 중간색). ◆名草绿色。¶초록 물감. =草绿色颜料。

초록색(草綠色)【명사】풀의 빛깔과 같이 푸른색을 약간 띤 녹색. ◆ 图草绿色。

초롱【명사】'등롱'을 달리 이르는 말. 등롱 안에 주로 촛불을 켜기 때문에 붙여진 이름이다. ◆ 图灯笼。¶대문에 초롱을 달다. =大门上挂着灯笼。

초롱불【명사】초롱에 켠 불. ◆ 图灯笼。¶초롱불을 켜다. =点灯笼。

초롱초롱【부사】副 ❶ 눈이 정기가 있고 맑은 모양. ◆ 炯炯有神。¶눈망울이 초롱초롱 빛나고 있었으며 입술은 붉게 빛났다. =炯炯有神的眼睛和红红的嘴唇。❷ 별빛이나 불빛 따위가 밝고 또렷한 모양. ◆ 明亮，亮晶晶。¶별빛이 초롱초롱 빛나는 밤이었지. =星光灿烂的夜晚。❸ 정신이 맑고 또렷한 모양. ◆ 清醒，清楚。¶잠을 자려고 해도 머릿속은 더더욱 초롱초롱 맑아 왔다. =尽管想睡觉，但脑子里却格外清醒。❹ 목소리가 맑고 또렷한 모양. ◆ 清亮，响亮。¶초롱초롱한 목소리가 호감이 간다. =响亮的嗓音让人产生好感。

초롱초롱하다【형용사】맑고 영롱하게 빛나다. ◆ 形炯炯有神，熠熠生辉，亮晶晶。¶눈이 초롱초롱하다. =眼睛炯炯有神。

초만원(超滿員)【명사】사람이 정원을 넘어 더할 수 없이 꽉 찬 상태. ◆ 图超满员，爆满。¶월드컵 경기장은 관중들로 초만원을 이루었다. =世界杯赛场里观众爆满。

초면(初面)【명사】처음으로 대하는 얼굴. 또는 처음 만나는 처지. ◆ 图初次见面，初识。¶초면에 여러 가지로 실례가 많습니다. =初次见面多有失礼。

초목(草木)【명사】풀과 나무를 통틀어 이르는 말. ◆ 图草木。¶초목이 무성한 산야. =草木茂盛的山野。

초밥(醋-)【명사】일본 음식의 하나. 초와 소금을 친 흰밥을 갸름하게 뭉친 뒤에 겨자와 생선 쪽 따위를 얹어 만든다. ◆ 图 寿司。

초벌(初-)【명사】애벌(같은 일을 여러 차례 거듭하여야 할 때에 맨 처음 대강 하여 낸 차례). ◆ 图初，第一次。¶초벌갈이. =初耕。

초범(初犯)【명사】처음으로 저지른 범죄. 또는 그 범인. ◆ 图初犯。¶초범임을 감안해 훈계 방면했다. =考虑到是初犯，训诫后就释放了。

초보(初步)【명사】학문이나 기술 따위를 익힐 때의 그 처음 단계나 수준. ◆ 图初步，初级。¶초보 단계. =初级阶段。

초복(初伏)【명사】삼복(三伏)에서 첫 번째 복(伏). 하지가 지난 뒤 셋째 경일(庚日)에 든다. ◆ 图初伏，头伏。¶지난 초복에는 삼계탕 대신에 보신탕으로 몸보신하였다. =上次初伏时，拿狗肉汤代替参鸡汤补身体了。

초본(抄本)【명사】원본에서 필요한 부분만 뽑아서 베낀 책이나 문서. ◆ 图抄本，复印件。¶호적 초본을 첨부하십시오. =请附上户口本复印件。

초봄(初-)【명사】이른 봄. 주로 음력 정월을 이른다. ◆ 图初春，早春。¶초봄이 오다. =初春来了。

초빙(招聘)【명사】예를 갖추어 불러 맞아들임. ◆ 图招聘，聘请。¶외부 인사 초빙. =聘请外部人士。● 초빙되다(招聘--), 초빙하다(招聘--) ●

초상[1](肖像)【명사】사진, 그림 따위에 나타낸 사람의 얼굴이나 모습. ◆ 图肖像。¶할머니의 초상. =奶奶的肖像。

초상[2](初喪)【명사】사람이 죽어서 장사 지낼 때까지의 일. ◆ 图初丧，丧事。¶줄초상. =连续发丧。

초상권(肖像權)【명사】자기의 초상에 대한 독점권. 인격권의 하나로, 자기의 초상이 승낙 없이 전시 또는 게재되었을 경우에는 손해 배상을 청구할 수 있다. ◆ 图 肖像权。

초상집(初喪-)【명사】초상난 집. ◆ 图丧家，治丧人家。¶초상집에서 밤을 새다. =治丧人家整夜未眠。

초상화(肖像畵)【명사】사람의 얼굴을 중심으로 그린 그림. ◆ 图 肖像画。

초서(草書)【명사】십체(十體)의 하나. 필획을 가장 흘려 쓴 서체로서 획의 생략과 연결이 심하다. ◆ 图草书。

초석[1](礎石)【명사】❶ 주춧돌(기둥 밑에 기초로 받쳐 놓은 돌). ◆ 图 基石。❷ 어떤 사물의 기초를 비유적으로 이르는 말. ◆ 图 基础。¶초석이 되다. =成为基石。

초석[2](硝石)【명사】질산칼륨(칼륨의 질산염). ◆ 图硝石。

초소(哨所)【명사】보초를 서는 장소. ◆ 图哨所，岗哨。¶방범 초소. =预防犯罪哨所。

초소형(超小型)【명사】보통의 소형보다 훨씬 더 작은 소형. ◆ 图超小型。¶초소형 사진기. =超小型照相机。

초속(秒速)【명사】1초를 단위로 하여 잰 속도. 1초 동안의 진행 거리로 나타낸다. ◆ 图秒速。¶초속 8m의 북서풍. =秒速为8米的西北风。

초순(初旬)【명사】상순(上旬)(한 달 가운데 1일에서 10일까지의 동안). ◆ 图初旬，上旬。

초승달(初生-)【명사】초승에 뜨는 달. ◆ 图初月，新月，月牙。¶초승달 같은 눈썹. =新月眉。

초시(初試)【명사】과거의 첫 시험. 또는 그 시험에 급제한 사람. 서울과 지방에서 식년(式年)의 전해 가을에 보였다. ◆ 图 (科举)初试，初试合格者。

초식(草食)【명사】주로 풀이나 푸성귀만 먹고 삶. 또는 그 풀이나 푸성귀. ◆ 草食。

초식 동물(草食動物)【명사】식물을 주로 먹고 사는 동물. ◆ 图 食草动物。

초심(初心)【명사】처음에 먹은 마음. ◆ 图初心。¶초심을 잃지 않다. =不忘初心。

초안(草案)【명사】图 ❶ 초를 잡아 적음. 또는 그런 글발. ◆ 草稿，初稿。¶연설문의 초안을 작성하다. =写演讲草稿。❷ 애벌로 안(案)을 잡음. 또는 그 안. ◆ 草案。¶초안을 잡다. =拟订草案。

초야[1](草野)【명사】풀이 난 들이라는 뜻으로, 궁벽한 시골을 이르는 말. ◆ 图草野，乡村，村野。¶벼슬길을 버리고 초야에 묻혀 사는 선비. =抛却仕途，归隐草野的秀才。

초야[2](初夜)【명사】첫날밤. ◆ 图新婚初夜。¶신혼

초야. =新婚初夜。

초여름(初--) 【명사】 이른 여름. 주로 음력 4월을 이른다. ◆ 图初夏。¶지리한 장마와 태풍이 몇 차례 오고 초여름이 어느덧 지났다. =经过几番令人厌烦的梅雨和台风之后，初夏不知何时已过去。

초연하다(超然--) 【형용사】 어떤 현실 속에서 벗어나 그 현실에 아랑곳하지 않고 의젓하다. ◆ 形超然，超脱。¶명리에 초연하다.=超脱名利。● 초연히(超然-) ●

초엽(初葉) 【명사】 어떠한 시대를 처음, 가운데, 끝의 셋으로 나눌 때에 그 초기를 이르는 말. ◆ 图初叶，初期。¶20세기 초엽. =20世纪初期。

초원(草原) 【명사】 풀이 나 있는 들판. ◆ 图草原。¶끝없이 펼쳐진 초원. =无边无际的草原。

초월(超越) 【명사】 어떠한 한계나 표준을 뛰어넘음. ◆ 图超越，超出。¶생사 초월. =超越生死。● 초월하다(超越--) ●

초유[1](初乳) 【명사】 분만 후 며칠 간 분비되는 노르스름하고 묽은 젖. 단백질, 무기질, 비타민류, 면역 물질 따위를 함유하고 있다. ◆ 图 初乳。¶아이에게 초유를 먹이다. =给孩子喂初乳。

초유[2](初有) 【명사】 처음으로 있음. ◆ 图空前，史无前例。¶사상(史上) 초유의 기록. =史无前例的记录。

초음속(超音速) 【명사】 소리의 속도보다 빠른 속도. ◆ 图 超音速。¶초음속 제트기. =超音速喷气式飞机。

초음파(超音波) 【명사】 사람의 귀에 소리로 들리는 한계 주파수 이상이어서 들을 수 없는 음파. ◆ 图 超声波。¶초음파 영상 진단기. =超声波影像诊断仪。

초인(超人) 【명사】 보통 사람으로는 생각할 수 없을 만큼 뛰어난 능력을 가진 사람. ◆ 图超人。

초인종(招人鐘) 【명사】 사람을 부르는 신호로 울리는 종. ◆ 图门铃。¶초인종 소리. =门铃声。

초읽기(秒--) 【명사】 图 ❶ 바둑에서, 기록을 맡아보는 사람이 둘 차례가 된 기사의 제한 시간이 5분이나 10분밖에 남지 않았을 때부터 시간이 흐르는 것을 초 단위로 알려 주는 일. ◆ 围棋读秒。¶초읽기를 시작하다. =开始读秒。❷ 어떤 일이 시간상 급박한 상태를 비유적으로 이르는 말. ◆〈喻〉迫在眉睫。¶오랫동안 추진되어 온 두 기업 간의 합병이 초읽기에 들어갔습니다. =长时间推进的两家企业的合并事宜进入了倒计时阶段。

초장(醋醬) 【명사】 图 ❶ 초간장(양념장의 하나). ◆ 醋酱。¶만두를 초장에 찍어서 먹다. =蘸着醋酱吃包子。❷ 초고추장(초를 쳐서 갠 고추장). ◆ 糖醋辣椒酱。

초저녁(初--) 【명사】 날이 어두워진 지 얼마 되지 않은 때. ◆ 图傍晚，黄昏。¶아직 초저녁인데도 거리는 쥐 죽은 듯 고요하였다. =虽然刚到傍晚，但是街上悄无声息。

초점(焦點) 【명사】 图 ❶ 사람들의 관심이나 주의가 집중되는 사물의 중심 부분. ◆ 关注的焦点。¶화제의 초점. =话题的焦点。❷ 렌즈나 구면 거울 따위에서 입사 평행 광선이 한곳으로 모이는 점. 또는 어떤 점을 통과하여 모두 평행 광선으로 될 때의 점. ◆ 光学的焦点。❸ 타원, 쌍곡선, 포물선의 위치 및 모양을 정하는 요소(要素)가 되는 점. ◆ 数学的焦点。

초조하다(焦燥--) 【형용사】 애가 타서 마음이 조마조마하다. ◆ 形焦灼，焦躁。● 초조히(焦燥-) ●

초주검(初--) 【명사】 두들겨 맞거나 병이 깊어서 거의 다 죽게 된 상태. 또는 피곤에 지쳐서 꼼짝을 할 수 없게 된 상태. ◆ 图半死，要死。¶초주검이 되다. =半死不活。

초지일관(初志一貫) 【명사】 처음에 세운 뜻을 끝까지 밀고 나감 ◆ 图矢志不渝，不改初衷。● 초지일관하다(初志一貫--) ●

초창기(草創期) 【명사】 어떤 사업을 일으켜 처음으로 시작하는 시기. ◆ 图初创期，初期。¶건국 초창기. =建国初期。

초청(招請) 【명사】 사람을 청하여 부름. ◆ 图邀请。¶초청 강연. =邀请演讲。● 초청되다(招請--), 초청하다(招請--) ●

초청장(招請狀) 【명사】 초청하는 내용을 적은 글월. ◆ 图请帖。¶초청장을 받다. =收到请帖。

초췌하다(憔悴/顦顇--) 【형용사】 병, 근심, 고생 따위로 얼굴이나 몸이 여위고 파리하다. ◆ 形憔悴。¶초췌한 몰골. =憔悴的样子。

초침(秒針) 【명사】 시계에서 초(秒)를 가리키는 바늘. ◆ 图秒针。

초콜릿(chocolate) 【명사】 코코아씨를 볶아 만든 가루에 우유, 설탕, 향료 따위를 섞어 만든 것. ◆ 图 巧克力。¶달콤한 초콜릿. =香甜的巧克力。

초크(choke) 【명사】 图 ❶ 양재(洋裁)에서, 옷감의 재단선을 표시하는 데에 쓰는 분필. ◆ 裁剪用粉笔。❷ 당구에서, 미끄럼을 막는 분말. 큐(cue)의 끝에 문질러서 쓴다. ◆ 壳粉，防滑粉。

초탈(超脫) 【명사】 세속적인 것이나 일반적인 한계를 벗어남. ◆ 图超脱，超然。¶체념과 초탈의 경지에 이르다. =达到了悟和超脱的境界。● 초탈하다(超脱--) ●

초토(焦土) 【명사】 ❶ 불에 타서 검게 그을린 땅. ◆ 图焦土。¶마을의 들과 산은 산불로 순식간에 초토가 되었다. =村子的田地和山岭瞬间被山火烧成焦土。❷ 불에 탄 것처럼 황폐해지고 못 쓰게 된 상태를 비유적으로 이르는 말. ◆ 图荒漠。¶그는 인정이 메말라 버린 초토에서 돌보는 이 없이 쓸쓸히 생을 마감했다. =在人情干涸的荒漠，他孤独地去世了，最后时刻连个照顾他的人都没有。

초토화(焦土化) 【명사】 초토가 됨. 또는 초토로 만듦. ◆ 图焦土化。¶농축산물의 개방으로 농촌이 초토화 위기에 처해 있다. =放开农牧产品使得农村陷入焦土化危机。● 초토화되다(焦土化--), 초토화하다(焦土化--) ●

초파리(醋--) 【명사】 초파릿과의 곤충을 통틀어 이르는 말. 몸이 작고 겹눈은 크고 붉으며, 몸빛은 누런색인 것이 많다. ◆ 图 黄猩猩果蝇。

초판(初版) 【명사】 서적의 첫 출판. 또는 그 출판물. ◆ 图 初版，第一版。¶초판 발행. =发行初版。

초하루(初--)【명사】초하룻날(매달 첫째 날). ◆ 图初一。

초하룻날(初---)【명사】매달 첫째 날. ◆图初一。¶음력 정월 초하룻날. =阴历正月初一。

초행(初行)【명사】图 ❶ 어떤 곳에 처음으로 감. ◆ 初行，初次去，初来。¶차 뒷유리에는 '초행'이라는 커다란 글씨가 선명하게 보이는 것으로 미루어 외지차가 분명했다. =可以清楚地看到车后玻璃上写着"初行"两个大字，由此可知，肯定是外地车。❷ 처음으로 가는 길. ◆ 第一次走的路，生路。¶서울가는 길은 초행이라 좀 걱정스럽군요. =初次踏上去首尔的路，有点担心。

초행길(初行-)【명사】초행(初行)(처음으로 가는 길). ◆ 图初次走的路，头回走的路，生路。¶초행길이지만 지도를 잘 보면서 가면 쉽게 갈 수 있을 거야. =虽然是头回走的路，但是好好看着地图就很容易走。

촉¹(燭)【의존 명사】촉광(예전에, 빛의 세기를 나타내던 단위). ◆ 依名瓦(光度或照度单位)。¶100촉짜리 전구. =100瓦的灯泡。

촉²【명사】图 ❶ 난초의 포기. ◆ (兰花)株。¶촉을 가르다. =兰花分株。❷ 난초의 포기를 세는 단위. ◆ 量(兰花)株。¶동양란 한 촉을 얻어와 화분에 심었다. =弄来一株东洋兰，栽到花盆里。

촉³(鏃)【명사】긴 물건의 끝에 박힌 뾰족한 것. ◆图尖，头。¶화살촉. =箭头。

촉각¹(觸覺)【명사】물건이 피부에 닿아서 느껴지는 감각. 압각(壓覺), 통각(痛覺) 따위이다. ◆图 触觉。¶유아의 촉각을 강화하다.=幼儿触觉强化训练。

촉각²(觸角)【명사】图 ❶ 더듬이(절지동물의 머리 부분에 있는 감각 기관). ◆ 触角。¶먹이를 발견한 개미는 촉각을 내저으며 먹이의 연하고 딱딱함을 판별하고 있었다. =发现食物的蚂蚁伸出触角以判断食物的软硬。❷ 주위에서 일어나는 각종 변화를 감지하는 능력을 비유적으로 이르는 말. ◆ 对各种变化的感知能力。

촉감(觸感)【명사】감촉(感觸)(외부의 자극이 피부 감각을 통하여 전해지는 느낌). ◆ 图触感。¶이 천은 부드러운 촉감이 탁월합니다. =这种布料柔软的触感非常好。

촉매(觸媒)【명사】자신은 변하지 않으면서 다른 물질의 반응 속도를 빠르게 하거나 늦추는 일. 또는 그런 물질. ◆图 触媒，催化剂。

촉박하다(促迫--)【형용사】기한이 바싹 닥쳐와서 가깝다. ◆ 形紧迫，急迫，急促。¶시간이 촉박하다. =时间紧迫。

촉수(觸手)【명사】하등 무척추동물의 몸 앞부분이나 입 주위에 있는 돌기 모양의 기관. 촉각, 미각 따위의 감각 기관으로 포식 기능을 가진 것도 있다. ◆图触手。

촉진(促進)【명사】다그쳐 빨리 나아가게 함. ◆ 图 促进，推动。¶수출 산업화의 촉진. =推动出口产业化。● 촉진되다(促進--), 촉진하다(促進--) ●

촉촉하다【형용사】물기가 있어 조금 젖은 듯하다. ◆ 形潮湿，湿漉漉。¶보슬비가 내려 땅이 촉촉하다. =下了毛毛雨，地面湿漉漉的。● 촉촉이 ●

촉탁(囑託)【명사】일을 부탁하여 맡김. ◆ 图嘱托，托付，委托。¶촉탁이 들어오다. =受嘱托。● 촉탁되다(囑託--), 촉탁하다(囑託--) ●

촌¹(村)【명사】图 ❶ 시골(도시에서 떨어져 있는 지역). ◆ 村子，乡村，乡下。¶촌에 살다보니 문화생활에는 전혀 신경을 쓰지 못하고 있다. =在乡村里生活，发现根本无从关心文化生活。❷ 시골. ◆ 家乡，故乡。¶내가 태어난 촌에 전기가 들어온 것은 얼마 전이다. =我出生的故乡通电是不久前的事。

촌²(寸)【의존 명사】依名 ❶ 친족 관계의 멀고 가까움을 나타내는 단위. ◆ 量辈分，辈分排行。¶그 사람과는 몇 촌 간이냐? =那个人是你的什么亲戚? ❷ 치(길이의 단위. 한 치는 한 자의 10분의 1 또는 약 3.03cm에 해당한다). ◆ 量寸。¶한 촌도 안 되는 칼을 가지고 무엇하겠다는 거냐? =拿着不到一寸长的刀要干什么?

촌락(村落)【명사】图 ❶ 마을(주로 시골에서, 여러 집이 모여 사는 곳). ◆ 村落。¶강의 주변에는 아주 작은 촌락이 형성되어 있다. =江边形成了很小的村落。❷ 시골의 작은 마을. ◆ 山村。¶그가 자란 곳은 농가가 몇 안 되는 전형적인 가난한 촌락이었다. =他生长的地方是没有几户人家的典型的贫困山村。

촌로(村老)【명사】촌옹(村翁)(시골에 사는 늙은이). ◆ 图村翁，村中老人。¶마을 입구에 있는 정자나무 밑에서는 몇몇 촌로들이 장기를 두고 있었다. =村口的大树下，几位老人在下象棋。

촌수(寸數)【명사】친족 사이의 멀고 가까운 정도를 나타내는 수. 또는 그런 관계. ◆ 图辈分，按辈分排行。¶촌수를 따지다. =论辈分。

촌스럽다(村---)【형용사】어울린 맛과 세련됨이 없이 어수룩한 데가 있다. ◆ 形土气，俗气。¶복장이 촌스럽다. =穿着很俗气。

촌음(寸陰)【명사】매우 짧은 동안의 시간. ◆ 图寸阴，寸光阴。¶촌음을 아껴서 열심히 공부해라. =要好好学习，珍惜每寸光阴。

촌장(村長)【명사】한 마을의 우두머리. ◆图村长。

촌충(寸蟲)【명사】'조충(絛蟲)'의 전 용어. ◆ 图绦虫。

촌티(村-)【명사】시골 사람의 세련되지 못하고 어수룩한 모양이나 태도. ◆图土里土气，土气。¶촌티가 나다. =显得土里土气。

촐랑거리다【동사】动 ❶ 물 따위가 잔물결을 이루며 자꾸 흔들리다. '졸랑거리다'보다 거센 느낌을 준다. ◆ 哗啦哗啦地响，直晃荡。❷ 가볍고 경망스럽게 자꾸 까불다. '졸랑거리다'보다 거센 느낌을 준다. ◆ 轻浮，调皮，淘气。¶점잖지 못하게 촐랑거리다. =很调皮，不文静。● 촐랑대다 ●

촐랑촐랑【부사】副 ❶ 물 따위가 자꾸 잔물결을 이루며 흔들리는 소리. 또는 그 모양. '졸랑졸랑'보다 거센 느낌을 준다. ◆ 晃晃荡荡地，哗啦哗啦。¶강물 소리가 촐랑촐랑 들려와 잠을 청하기가 어려웠다. =哗啦哗啦的江水声传来，让人难以入眠。❷ 자꾸 가볍고 경망스럽게 까부는 모양. '졸랑졸랑'보다 거센 느낌을 준다. ◆ 轻浮地，调皮地，淘气地。¶너무 촐랑촐랑 돌아다니지 마라. =别调皮地四处招摇了。

촘촘하다【형용사】틈이나 간격이 매우 좁거나 작다. ◆ 形细密，细致。¶이 천은 올이 촘촘하다. =这种布的纹路细密。

촘촘히【부사】틈이나 간격이 매우 좁거나 작게. ◆ 副细密，密密，细致。¶촘촘히 박음질하다. =用缝纫机密密地缝补。

촛농(-膿)【명사】초가 탈 때에 녹아서 흐르는 기름. ◆ 名烛泪。¶초에서 뜨거운 촛농이 한쪽으로 흘러내린다. =滚烫的烛泪从蜡烛上滴下，流到一边。

촛대(-臺)【명사】초를 꽂아 놓는 기구. ◆ 名烛台。¶촛대에는 굵은 초가 환하게 빛을 내고 있었다. =烛台上的粗蜡烛闪着明亮的光。

촛불【명사】초에 켠 불. ◆ 名烛火，烛光。¶촛불로 분위기를 만들다.= 用烛光营造氛围。

총[1](銃)【명사】화약의 힘으로 그 속에 든 탄환을 나가게 하는 무기. 권총, 기관총, 소총, 엽총 따위가 있다. ◆ 名枪，火枪。¶총 한 자루. =一把枪。

총[2](總)【관형사】모두 합하여 몇임을 나타내는 말. ◆ 冠总共，一共，共。¶오늘까지 총 200명이 등록했다. =到今天为止，共有200人报名。

총[3](總)-【접사】'전체를 아우르는' 또는 '전체를 합한'의 뜻을 나타내는 접두사. ◆ 前缀总。¶총감독. =总导演。

총각(總角)【명사】名 ❶ 결혼하지 않은 성년 남자. ◆ 小伙子，未婚男青年。¶더벅머리 총각. =蓬头小伙。❷ 숫총각(여자와 성적 관계가 한 번도 없는 총각). ◆ 处男。

총각김치(總角--)【명사】굵기가 손가락만 한 또는 그보다 조금 큰 어린 무를 무청째로 여러 가지 양념을 하여 버무려 담근 김치. ◆ 名 小萝卜泡菜。¶총각김치 한 보시기. =一小碗小萝卜泡菜。

총각무(總角-)【명사】무청째로 총각김치를 담그는 뿌리가 작은 무의 한 가지. ◆ 名小萝卜。

총격(銃擊)【명사】총을 쏘아 공격함. ◆ 名枪击。¶총격을 가하다. =进行枪击。● 총격하다(銃擊--) ●

총격전(銃擊戰)【명사】서로 총을 쏘면서 하는 싸움. ◆ 名枪战。

총계(總計)【명사】전체를 한데 모아서 헤아림. 또는 그 계산. ◆ 名总计，合计。¶총계를 내다. =总计。

총공격(總攻擊)【명사】모든 병력과 장비를 동원하여 전면(全面)에 걸쳐서 공격함. ◆ 名总攻击，总攻。¶대규모의 총공격을 감행하다. =发动大规模总攻。● 총공격하다(總攻擊--) ●

총괄(總括)【명사】개별적인 여러 가지를 한데 모아서 묶음. ◆ 名综合，汇总。¶총괄 평가. =综合评价。● 총괄하다(總括--) ●

총구(銃口)【명사】총구멍(총알이 나가는 총의 앞쪽 끝 부분). ◆ 名枪口。¶총구가 목표물에 겨냥되었다. =枪口瞄准目标。

총궐기하다(總蹶起--)【동사】모두가 참여하여 힘차게 일어나다. ◆ 动总动员，一致奋起。

총기(聰氣)【명사】名 ❶ 총명한 기운. ◆ 聪颖，灵气。¶총기가 날카롭다. =灵气逼人。❷ 좋은 기억력. ◆ 好记性。¶연세가 많으시지만, 아직 총기가 남아있으셔서 사람은 잘 알아보시는 편이야. =虽然年事已高，您的记性依然很好，记人记得很准。

총동원(總動員)【명사】사람, 물자 따위의 모든 역량을 집중시킴. ◆ 名总动员。¶수해지역에 모든 인적 물적 자원을 총동원하다. =号召为洪灾区进行人力和物力的支援。● 총동원되다(總動員--), 총동원하다(總動員--) ●

총력전(總力戰)【명사】전체의 모든 힘을 기울여서 하는 전쟁. 또는 그런 경쟁. ◆ 名全力投入战争，全力以赴，全力奋战。¶끝까지 총력전을 펼치면 이길 수 있다. =全力奋战到底就会取得胜利。

총리(總理)【명사】국무총리(대통령을 보좌하고 대통령의 명을 받아 행정 각부를 거느리고 관할하는 기관). ◆ 名 总理。¶총리 사임안이 부결되다. =总理辞呈被否决。

총명하다(聰明--)【형용사】보거나 들은 것을 오래 기억하는 힘이 있다. ◆ 形聪明，聪慧。¶그는 어릴 적부터 총명했지만 무엇보다도 노력을 많이 하는 편이다. =他从小就很聪明，并且非常努力。

총무(總務)【명사】어떤 기관이나 단체의 전체적이며 일반적인 사무. 또는 그 일을 맡아보는 사람. ◆ 名总务。¶작년에 총무였던 그가 동창회의 새 회장이 되었다. =去年他是总务，今年被选为校友会新会长。

총부리(銃--)【명사】총에서 총구멍이 있는 부분. ◆ 名枪口。¶총부리를 들이대다. =用枪口指着。

총사령관(總司令官)【명사】전군(全軍) 또는 일정하게 큰 단위의 군대를 모두 지휘하는 사령관. ◆ 名总司令，总司令官。

총살(銃殺)【명사】총으로 쏘아 죽이는 일. ◆ 名枪杀，枪决，射杀。¶총살에 처하다. =枪决。● 총살되다(銃殺--), 총살하다(銃殺--) ●

총상[1](銃傷)【명사】총에 맞아 생긴 상처. ◆ 名枪伤。¶총상을 입다. =受枪伤。

총상[2](總狀)【명사】이삭 모양의 꽃이 긴 자루처럼 어긋나게 붙어서 밑에서부터 피는 꽃차례. ◆ 名总状。¶총상 꽃차례. =总状花序。

총서(叢書)【명사】일정한 형식과 체재로, 계속해서 출판되어 한 질을 이루는 책들. ◆ 名丛书。¶문학 총서. =文学丛书。

총성(銃聲)【명사】총소리(총을 쏠 때에 나는 소리). ◆ 名枪声。¶총성이 울리다. =响起枪声。

총소리(銃--)【명사】총을 쏠 때에 나는 소리. ◆ 名枪声，枪响。¶한 방의 총소리가 새벽의 적막을 깼다. =一声枪响打破了凌晨的寂静。

총아(寵兒)【명사】❶ 특별한 사랑을 받는 사람. ◆ 名宠儿。¶시대의 총아. =时代宠儿。❷ 시운(時運)을 타고 입신하여 출세한 사람. ◆ 名幸运儿。

총알(銃-)【명사】총을 쏘았을 때에 총구멍에서 나와 목표물을 맞추는 물건. ◆ 名子弹。¶총알을 장전하다. =装子弹。

총애(寵愛)【명사】남달리 귀여워하고 사랑함. ◆ 图宠爱，宠幸。¶그녀는 임금의 총애 받는 궁녀였다. =她是受到国王宠幸的宫女。● 총애하다(寵愛--) ●

총액(總額)【명사】전체의 액수. ◆ 图总额。¶여행 경비의 총액을 회원에게 보고했다. =向会员报告旅游费用总额。

총영사(總領事)【명사】주재국에서 자국민의 보호와 관리를 도맡고, 영사 및 관리를 감독하는 최상급의 영사. ◆图 总领事。

총원(總員)【명사】단체를 이루고 있는 전체 사람의 수. ◆ 图总人数，全体人员。¶총원 20명, 열외 1명, 열외 내용 외출, 현재원 19명, 좌로 번호. =应到20名，实到19名，缺席1名，缺席原因：外出。从左边起报数!

총인원(總人員)【명사】전체의 인원. ◆ 图总人数。¶이 공사는 총인원 년간 3만 명이 동원되었다. =该工程一年动用的总人数为3万人。

총재(總裁)【명사】어떤 기관이나 단체에서 모든 사무를 관리·감독하며 결재함. 또는 그렇게 하는 사람. ◆图总裁。¶은행 총재. =银行总裁。

총점(總點)【명사】얻은 점수 전체를 합한 것. ◆图总分。¶총점은 올랐는데 과목마다 점수가 들쭉날쭉 하는구나. =虽然总分提高了，但是各科成绩不均衡。

총채【명사】말총이나 헝겊 따위로 만든 먼지떨이. ◆图拂尘，拂子，掸子。

총총[1]【부사】촘촘하고 많은 별빛이 또렷또렷한 모양. ◆ 副 (星星)明亮，闪耀，灿烂。¶하늘엔 무수히 많은 별이 총총 빛을 발하고 있다. =天空中无数星星发出灿烂的光芒。

총총[2]【부사】발걸음을 매우 재게 떼며 바삐 걷는 모양. '종종'보다 거센 느낌을 준다. ◆副匆匆，匆匆忙忙。¶그녀는 아무 말 없이 총총히 떠났다. =她什么都没说，就匆匆离开了。

총총[3](悤悤)【부사】몹시 몰리어 급한 모양. ◆ 副急匆匆。¶총총 걸어 갔다. =急匆匆地走过去。● 총총하다 ●

총총[4](悤悤)【부사】편지글에서, 끝맺음의 뜻을 나타내는 말. ◆副 (书信结束语)匆匆。¶이만 총총 붓을 놓겠습니다. =就此搁笔。

총총걸음【명사】'종종걸음'의 거센말. ◆ 图快步，疾步。¶총총걸음을 치다. =快步走。

총총하다[1]【형용사】나무가 배게 들어서서 무성하다. ◆ 形郁郁葱葱，茂密，密集。¶모를 총총하게 심으면 발육이 좋지 않습니다. =苗如果种密了，就长不好。

총총하다[2]【형용사】촘촘하게 떠 있는 별들이 맑고 또렷하다. ◆形 (星星)明亮，闪耀，灿烂。

총칙(總則)【명사】전체를 포괄하는 규칙이나 법칙. ◆图总则。¶한글 맞춤법 총칙. =韩文拼写法规则。

총칭(總稱)【명사】전부를 한데 모아 두루 일컬음. 또는 그런 이름. ◆ 图总称，统称，泛称。¶도서(圖書)라는 말은 글씨, 그림, 서적 따위에 대한 총칭으로 사용된다. =图书是有关文字、图片和书籍的总称。● 총칭하다(總稱--) ●

총칼(銃-)【명사】총검(銃劍)(총과 칼을 아울러 이르는 말). ◆ 图刀枪。¶총칼을 휘두르다. =挥舞刀枪。

총탄(銃彈)【명사】총알(총을 쏘았을 때에 총구멍에서 나와 목표물을 맞추는 물건). ◆图枪弹，子弹。¶총탄을 장착하다.=子弹上膛。

총통[1](總統)【명사】일부 국가에서 정무를 총괄하여 집행하는 최고 책임 직위. 또는 그 직위에 있는 사람. ◆图总统。¶총통에 취임하다. =就任总统。

총통[2](銃筒)【명사】화전(火箭), 화통(火筒), 화포 따위의 화기를 통틀어 이르던 말.◆图 火器。

총포(銃砲)【명사】图 ❶ 총(화약의 힘으로 그 속에 든 탄환을 나가게 하는 무기). ◆ 枪。¶일부 국가에서 개인이 총포를 소지하려면 반드시 허가가 있어야 한다. =个人要想持枪必须有许可。❷ 총과 대포를 아울러 이르는 말. ◆ 枪炮。¶총포가 전쟁의 승패를 좌우하는 것이 아니다. =战争胜败不是枪炮所左右的。

총학생회(總學生會)【명사】한 학교 안의 학생 단체들을 통틀어서 지휘하는 학생들의 자체 단체. ◆图学生会。

총화(總和)【명사】전체의 화합. ◆ 图整体和谐。¶총화 단결. =整体团结。

촬영(撮影)【명사】사람, 사물, 풍경 따위를 사진이나 영화로 찍음. ◆ 图摄影，拍摄，摄制。¶기념 촬영. =纪念摄影。● 촬영하다(撮影--) ●

최(最)-【접사】'가장, 제일'의 뜻을 더하는 접두사. ◆ 前缀最。¶최연소. =最年轻。

최강(最强)【명사】가장 강함. 또는 그런 것. ◆ 图最强。¶국내 최강팀. =国内最强队。

최고(最高)【명사】图 ❶ 가장 높음. ◆ 最高。¶최고 높이. =最高高度。❷ 으뜸인 것. 또는 으뜸이 될 만한 것. ◆ 最好，最高，第一。¶최고 미덕. =最高美德。

최고도(最高度)【명사】가장 높은 등위나 정도. 또는 가장 높은 단계. ◆ 图最高，最好。¶기술이 최고도에 이르다. =技术达到最高水平。

최고령(最高齡)【명사】어떤 집단 가운데에서 가장 많은 나이. ◆ 图最高龄。¶현재 세계에서 가장 최고령인 사람은 몇 살입니까?=现在世界上最高龄的人多大年纪?

최고봉(最高峯)【명사】图 ❶ 어느 지방이나 산맥 가운데 가장 높은 봉우리. ◆ 主峰，最高峰。¶히말라야의 최고봉은 몇 미터 입니까? =喜马拉雅山的最高峰有多少米? ❷ 어떤 분야에서 가장 높은 수준. ◆ 大家，巨擘，第一人。¶그는 한식 요리사로 최고봉이라고 자부한다. =他以韩国料理第一大厨自居。

최근(最近)【명사】얼마 되지 않은 지나간 날부터 현재 또는 바로 직전까지의 기간. ◆图最近，近来，近期。¶최근 경제 동향. =近期的经济动向。

최다(最多)【명사】수나 양 따위가 가장 많음. ◆ 图最多。¶최다 득점. =最高分。

최단(最短)【명사】가장 짧음. ◆ 图最短。¶최단 거리. =最短距离。

최대(最大)【명사】수나 양, 정도 따위가 가장 큼. ◆图最大，最高。¶최대 속도. =最大速度。

최대 공약수(最大公約數)【명사】둘 이상의 수의 공통되는 약수 중에서 가장 큰 수. ◆图最大公约数。

최대한(最大限)【명사】최대한도(일정한 조건에서 정해진 가장 큰 정도). ◆图最大限度。¶주어진 기회를 최대한으로 이용하다. =最大限度地利用现有机会。

최루탄(催淚彈)【명사】눈물샘을 자극하여 눈물을 흘리게 하는 약이나 물질을 넣은 탄환. ◆图催泪弹。¶최루탄을 터뜨리다. =发射催泪弹。

최면(催眠)【명사】암시에 의하여 인위적으로 이끌어 낸, 잠에 가까운 상태. ◆图催眠。¶최면에 빠지다. =陷入催眠。

최면술(催眠術)【명사】암시에 의하여 인위적으로 잠에 가까운 상태로 이끌어 내는 술법. ◆图催眠术。¶최면술을 쓰다. =使用催眠术。

최상(最上)【명사】图❶ 수준이나 등급 따위의 맨 위. ◆(水平、等级等)最高。¶그는 각고의 노력 끝에 드디어 최상의 극지(極地)인 북극점에 도달했다. =经过艰苦的努力，他终于到达了纬度最高的极地——北极点。❷ 가장 높은 정도나 등급. ◆最好，最高。¶최상의 선택. =最好的选择。

최선(最善)【명사】图❶ 가장 좋고 훌륭함. 또는 그런 일. ◆最好，最高。¶최선의 방법. =最好的方法。❷ 온 정성과 힘. ◆全心全力，全力。¶최선을 기울이다. =倾尽全力。

최소[1](最小)【명사】수나 정도 따위가 가장 작음. ◆图最小。¶최소 범위. =最小范围。

최소[2](最少)【명사】양 따위가 가장 적음. ◆图最少。¶최소 득표. =最少得票数。

최소공배수(最小公倍數)【명사】둘 이상의 정수의 공배수 가운데에서 0을 제외한 가장 작은 수. 정식(整式)에서는 공배수 가운데에서 차수(次數)가 가장 낮은 것을 이른다. ◆图最小公倍数。

최소한(最小限)【명사】최소한도(일정한 조건에서 더 이상 줄이기 어려운 가장 작은 한도). ◆图最小限度，最低限度。¶비용을 최소한으로 줄이다. =将费用减到最小限度。

최신(最新)【명사】가장 새로움. ◆图最新。¶최신 정보. =最新信息。

최신식(最新式)【명사】가장 새로운 방법이나 격식. ◆图最新式。¶최신식 건물. =最新式建筑物。

최악(最惡)【명사】가장 나쁨. ◆图最恶劣，最坏。¶최악의 유혈 충돌. =最恶劣的流血冲突。

최연소(最年少)【명사】어떤 집단 가운데에서 가장 적은 나이. ◆图最年轻，最年少。¶최연소 합격자. =最年轻的合格者。

최우선(最優先)【명사】어떤 일이나 대상을 특별히 다른 것에 비하여 가장 앞서서 문제로 삼거나 다룸. ◆图最优先，第一位。¶최우선 과제가 무엇입니까? =最优先课题是什么?

최우수(最優秀)【명사】여럿 가운데 가장 뛰어남. ◆图最优秀。¶최우수 작품상. =最优秀作品奖。

최장(最長)【명사】가장 긺. ◆图最长。¶최장 시간. =最长时间。

최저(最低)【명사】가장 낮음. ◆图最低。¶최저 낙찰가. =最低中标价。

최적(最適)【명사】가장 알맞음. ◆最合适，最适当，最适合。¶최적의 조건. =最合适的条件。

최적지(最適地)【명사】무엇을 하기에 가장 조건이 알맞은 곳. ◆图最合适地点，最佳地点。¶공장부지로는 이곳이 최적지이다. =这里是工厂选址的最佳地点。

최전방(最前方)【명사】최전선. ◆图 最前方。¶최전방 공격수. =最前方攻击手。

최전선(最前線)【명사】图❶ 맨 앞의 선. ◆最前方，最前线。¶그는 학생 시절에 학생운동의 최전선에서 뛰었다. =学生时代，他活跃在学生运动最前线。❷ 최전선(적과 맞서는 맨 앞의 전선(戰線). ◆最前线。¶부상이 회복되자마자 병사들은 다시 전쟁의 최전선으로 투입되었다. =养好伤后，士兵们重新投入战争最前线。

최종(最終)【명사】맨 나중. ◆图最终。¶최종 단계. =最终阶段。

최첨단(最尖端)【명사】시대나 유행의 맨 앞. ◆图最尖端，最前列。¶최첨단 시설. =最尖端设施。

최초(最初)【명사】맨 처음. ◆图最初，最早。¶세계 최초. =世界最早。

최하(最下)【명사】수준이나 등급 따위의 맨 아래. ◆图最下，最低。¶최하 가격. =最低价格。

최후(最後)【명사】图❶ 맨 마지막. ◆最后。¶최후의 수단. =最后的手段。❷ 삶의 마지막 순간. ◆弥留之际。¶최후를 마치다. =结束生命。

최후진술(最後陳述)【명사】최종 진술(형사 공판 절차에서, 증거 조사와 검사의 의견 진술이 끝나고 피고인과 변호인이 마지막으로 진술하는 일). ◆图最后陈述。

추[1](錘)【명사】图❶ 저울추(저울대 한쪽에 걸거나 저울판에 올려놓는, 일정한 무게의 쇠). ◆秤砣。❷ 끈에 매달려 늘어진 물건을 통틀어 이르는 말. ◆钟摆。¶벽시계의 추. =挂钟的钟摆。

추가(追加)【명사】나중에 더 보탬. ◆图追加。¶추가 비용. =追加费用。● 추가되다(追加--), 추가하다(追加--) ●

추격(追擊)【명사】뒤쫓아 가며 공격함. ◆图追击。¶추격에 나서다. =进行追击。● 추격하다(追擊--) ●

추격전(追擊戰)【명사】도망가는 적을 뒤쫓으며 하는 싸움. ◆图 追击战。¶끝까지 추격전을 펼치다. =把追击战进行到底。

추곡(秋穀)【명사】가을에 수확하는 곡식. ◆图秋谷，秋粮。¶올해 정부의 추곡 수매량은 예년과 같은 수준이다. =今年政府的秋粮收购量与历年持平。

추구(追求)【명사】목적을 이룰 때까지 뒤쫓아 구함. ◆图追求。¶이윤 추구. =追求利润。● 추구하다(追求--) ●

추궁(追窮)【명사】잘못한 일에 대하여 엄하게 따져서 밝힘. ◆ 图追究，追查。¶책임 추궁. =追究责任。● 추궁하다(追窮--) ●

추다【동사】춤 동작을 보이다. ◆ 动跳(舞)。¶춤을 추다. =跳舞。

추대(推戴)【명사】윗사람으로 떠받듦. ◆ 图拥戴，推举。¶추대를 받다. =受到拥戴。● 추대되다(推戴--), 추대하다(推戴--) ●

추도(追悼)【명사】죽은 사람을 생각하여 슬퍼함. ◆ 图追悼。¶추도 모임. =追悼会。● 추도하다(追悼--) ●

추돌(追突)【명사】자동차나 기차 따위가 뒤에서 들이받음. ◆ 图追尾。¶추돌 사고. =追尾事故。● 추돌하다(追突--) ●

추락(墜落)【명사】图 ❶ 높은 곳에서 떨어짐. ◆ 坠落，跌落。¶추락 사고. =坠落事故。❷ 위신이나 가치 따위가 떨어짐. ◆ 下跌，下降。¶공무원 생활 30년의 공적이 뇌물 사건으로 추락했다. =30年公务员生涯的功绩因受贿事件而功亏一篑。● 추락하다(墜落--) ●

추렴【명사】모임이나 놀이의 비용 등으로 각자가 금품을 얼마씩 내어 거둠. ◆ 图均摊，凑份子。● 추렴하다 ●

추리(推理)【명사】알고 있는 것을 바탕으로 알지 못하는 것을 미루어서 생각함. ◆ 图推理。¶추리 문학. =推理文学。● 추리하다(推理--) ●

추리다【동사】섞여 있는 것에서 여럿을 뽑아내거나 골라내다. ◆ 动挑出，选出。¶버려진 것 중에서 쓸 만한 것을 추렸다. =在扔掉的东西中挑出可以用的。

추리 소설(推理小說)【명사】범죄 사건에 대한 수사를 주된 내용으로 하며 그 사건을 추리하여 해결하는 과정을 다룬 소설. ◆ 图 推理小说，侦探小说。

추모(追慕)【명사】죽은 사람을 그리며 생각함. ◆ 图纪念，悼念。¶추모 행렬. =悼念行列。●추모하다(追慕--) ●

추방(追放)【명사】일정한 지역이나 조직 밖으로 쫓아냄. ◆ 图驱逐，开除。¶추방을 당하다. =被驱逐。● 추방되다(追放--), 추방하다(追放--) ●

추분(秋分)【명사】이십사절기의 하나. 백로(白露)와 한로(寒露) 사이에 들며, 해가 추분점에 이르러 밤과 낮의 길이가 같아진다. 9월 23일경. ◆ 图秋分。

추산(推算)【명사】짐작으로 미루어 셈함. 또는 그런 셈. ◆ 图推算，估算，推测。¶이번 물난리의 피해액이 백억이 넘을 것이라는 추산이 나왔다. =据推算，这次水灾的损失超过百亿韩元。● 추산되다(推算--), 추산하다(推算--) ●

추상(抽象)【명사】여러 가지 사물이나 개념에서 공통되는 특성이나 속성 따위를 추출하여 파악하는 작용. ◆ 图 抽象。

추상적(抽象的)【관형사】어떤 사물이 직접 경험하거나 지각할 수 있는 일정한 형태와 성질을 갖추고 있지 않은. 또는 그런 것. 또는 구체성이 없이 사실이나 현실에서 멀어져 막연하고 일반적인. 또는 그런 것. ◆ 冠抽象的。¶추상적 그림. =抽象的画。

추상화[1](抽象畫)【명사】사물의 사실적 재현이 아니고 순수한 점, 선, 면, 색채에 의한 표현을 목표로 한 그림. 일반적으로는 대상의 형태를 해체한 입체파 등의 회화도 포함한다. ◆ 图 抽象画。

추상화[2](抽象化)【명사】추상적인 것으로 만들거나 되거나 함. ◆ 图抽象化。

추석(秋夕)【명사】우리나라 명절의 하나. 음력 팔월 보름날이다. ◆ 图中秋节。● 추석날(秋夕-) ●

추세(趨勢)【명사】어떤 현상이 일정한 방향으로 나아가는 경향. ◆ 图趋势。¶세계적 추세. =世界性趋势。

추수(秋收)【명사】가을에 익은 곡식을 거두어들임. ◆ 图 秋收。¶추수가 한창인 들녘. =正值秋收的田野。

추수기(秋收期)【명사】추수하는 시기. ◆ 图秋收期。¶추수기가 끝나다. =秋收期结束。● 추수하다(秋收--) ●

추스르다【동사】动 ❶ 치켜 올려 다루다. ◆ 提，托。¶바지춤을 추스르다. =提裤腰。❷ 몸을 가누어 움직이다. ◆ 支撑，控制。¶어머니는 며칠째 몸도 못 추스르고 누워만 계신다. =母亲有几天连身体都支撑不住，只能躺着。❸ 일 따위를 수습하여 처리하다. ◆ 拾掇，收拾，处理。¶이번 사태를 잘 추스르지 못하면 더 큰 문제가 생길 것이다. =如果处理不好这次事态，将会产生更大的问题。

추신(追伸/追申)【명사】뒤에 덧붙여 말한다는 뜻으로, 편지의 끝에 더 쓰고 싶은 것이 있을 때에 그 앞에 쓰는 말. ◆ 图附启，又及。¶편지 말미에 추신을 덧붙이다. =在信的末尾添加附启。

추악하다(醜惡--)【형용사】더럽고 흉악하다. ◆ 形丑恶。¶추악한 행위. =丑恶行为。

추앙(推仰)【명사】높이 받들어 우러러봄. ◆ 图敬仰，推崇。¶만인의 추앙을 받다. =受到万人推崇。● 추앙하다(推仰--) ●

추어올리다【동사】动 ❶ 위로 끌어 올리다. ◆ 提起，拔起，举起。¶바지를 추어올리다. =提裤子。❷ 실제보다 높여 칭찬하다. ◆ 奉承，吹捧，逢迎。¶그 애는 조금만 추어올리면 기고만장해진다. =稍微被吹捧一下，他便洋洋得意起来。

추어탕(鰍魚湯)【명사】된장을 푼 물에 미꾸라지를 갈아 넣고 우거지 따위와 함께 끓인 국. ◆ 图 泥鳅汤。

추억(追憶)【명사】지나간 일을 돌이켜 생각함. 또는 그런 생각. ◆ 图追忆，回忆，记忆。¶좋지 않은 추억도 있습니다. =也有不好的回忆。● 추억하다(追憶--) ●

추월(追越)【명사】뒤에서 따라잡아서 앞의 것보다 먼저 나아감. ◆ 图超过，赶超。¶터널이나 다리에서는 추월이 금지되어 있다. =在隧道或桥上禁止超车。● 추월하다(追越--) ●

추위【명사】추운 정도. ◆ 图寒冷，冷。¶혹독한 추위. =酷寒，严寒。

추이(推移)【명사】일이나 형편이 시간의 경과에 따라 변하여 나감. 또는 그런 경향. ◆ 图变迁，演变，

发展，进展，变化。¶사건의 추이를 살피다. =观察事件的发展。

추잡하다(醜雜--)【형용사】말이나 행동이 지저분하고 잡스럽다. ◆ 形肮脏，邋遢，龌龊，丑恶。¶그런 추잡한 행위를 하고도 부끄럽지 않습니까? =做这样肮脏的事，难道不觉得羞耻吗?

추장(酋長)【명사】원시 사회에서 생활 공동체를 통솔하고 대표하던 우두머리. ◆ 名酋长。

추적(追跡)【명사】名 ❶ 도망하는 사람의 뒤를 밟아서 쫓음. ◆ 追踪，跟踪。¶추적을 당하다. =被跟踪。❷ 사물의 자취를 더듬어 감. ◆ 追踪。¶전화 발신지 추적. =追踪电话来源。● 추적하다(追跡--) ●

추정(推定)【명사】미루어 생각하여 판정함. ◆ 名推断，断定。¶결국 그 사건보도는 추정 보도였음이 백일하에 드러났다. =结果显示，那则报道完全是推断性报道。● 추정되다(推定--), 추정하다(推定--) ●

추진(推進)【명사】名 ❶ 물체를 밀어 앞으로 내보냄. ◆ 推动，向前推。❷ 목표를 향하여 밀고 나아감. ◆ 推进，促进，推动。¶추진 방향. =推进方向。● 추진되다(推進--), 추진하다(推進--) ●

추천(推薦)【명사】어떤 조건에 적합한 대상을 책임지고 소개함. ◆ 名推荐，举荐。¶추천 도서. =推荐图书。● 추천되다(推薦--), 추천하다(推薦--) ●

추천서(推薦書)【명사】추천의 내용을 담은 글. ◆ 名推荐信，举荐信。¶학교장 추천서를 받다. =接到校长的推荐信。

추첨(抽籤)【명사】제비를 뽑음. ◆ 名抽签，抓阄。¶추첨을 실시하다. =进行抽签。● 추첨하다(抽籤--) ●

추측(推測)【명사】미루어 생각하여 헤아림. ◆ 名推测。¶추측 보도. =推测报道。● 추측되다(推測--), 추측하다(推測--) ●

추켜들다【동사】치올리어 들다. ◆ 动高举，抬起。¶횃불을 추켜들다. =高举火把。

추켜세우다【동사】위로 치올리어 세우다. ◆ 动竖立，竖起。¶눈썹을 추켜세우다. =眉毛竖起。

추켜올리다【동사】위로 솟구어 올리다. ◆ 动提起，拔起，举高，抬高。¶그녀는 자꾸 흘러내리는 치맛자락을 추켜올리며 걸었다. =她边走，边提起不断滑落的裙角。

추태(醜態)【명사】더럽고 지저분한 태도나 짓. ◆ 名丑态，丑相。¶추태를 부리다. =丑态百出。

추풍낙엽(秋風落葉)【명사】名 ❶ 가을바람에 떨어지는 나뭇잎. ◆ 秋风刮下的落叶。❷ 어떤 형세나 세력이 갑자기 기울어지거나 헤어져 흩어지는 모양을 비유적으로 이르는 말. ◆ 势力衰退。

추하다(醜--)【형용사】形 ❶ 옷차림이나 언행 따위가 지저분하고 더럽다. ◆ 肮脏，龌龊，丑恶。¶행색이 추하다. =形色龌龊。❷ 외모 따위가 못생겨서 흉하게 보인다. ◆ 丑，丑陋。¶얼굴은 추하지만 마음은 더없이 곱다. =虽然长得丑，内心却无比善良。

추후(追後)【명사】일이 지나간 얼마 뒤. ◆ 名事后，随后，过后。¶이 문제는 추후에 다시 논의하기로 합시다. =这个问题事后再讨论吧。

축[1](軸)【명사】둘둘 말게 된 물건의 중심이 되는 막대. ◆ 名轴，中心。

축[2]【부사】물건이 아래로 늘어지거나 처진 모양. ◆ 副下垂，低垂，耷拉。¶열매가 가지 끝에 달려 축 늘어져 있다. =果实挂在枝头，低低地垂着。

축가(祝歌)【명사】축하의 뜻을 담은 노래. ◆ 名祝贺歌，庆祝歌。¶축가를 부르다. =唱庆祝歌。

축구(蹴球)【명사】11명이 한 팀이 되어 주로 발이나 머리를 사용해 상대편의 골에 공을 많이 넣으면 이기는 경기. ◆ 名 足球。

축구장(蹴球場)【명사】축구 경기를 하는 곳. ◆ 名足球场。¶전용축구장. =专用足球场。

축나다(縮--)【동사】动 ❶ 일정한 수나 양에서 모자람이 생기다. ◆ 减少，缺少。¶재물이 축나다. =财物减少。❷ 몸이나 얼굴 따위에서 살이 빠지다. ◆ 瘦，消瘦。¶그는 며칠 사이에 얼굴이 많이 축났다. =几天时间，他的脸瘦了很多。

축내다(縮--)【동사】动 ❶ 일정한 수나 양에서 모자람이 생기게 하다. ◆ 减少，消耗，损耗。¶하는 일 없이 밥을 축내다. =没有工作光吃白饭。❷ 몸이나 얼굴 따위에서 살이 빠지게 하다. ◆ 消瘦。¶그는 공부하느라고 몸을 축내었다. =他忙于学习，逐渐消瘦。

축농증(蓄膿症)【명사】코곁굴염(몸속의 공간에 고름이 괴는 병). ◆ 名 鼻窦炎。

축대(築臺)【명사】높이 쌓아 올린 대나 터. ◆ 名高台。¶축대가 무너지다. =高台倒塌。

축도(縮圖)【명사】名 ❶ 대상이나 그림을 일정한 비율로 줄여서 원형보다 작게 그림. 또는 그런 그림. ◆ 缩图，缩略图。¶십분의 일 축도. =十分之一的缩图。❷ 어떤 것의 내용이나 속성을 작은 규모로 유사하게 지니고 있는 것을 비유적으로 이르는 말. ◆ 缩影。

축문(祝文)【명사】제사 때에 읽어 신명께 고하는 글. ◆ 名祝文，祭文。¶축문을 쓰다. =写祭文。

축배(祝杯)【명사】축하하는 뜻으로 마시는 술. 또는 그런 술잔. ◆ 名 祝酒，酒杯。¶축배를 들다. =举起酒杯。

축복(祝福)【명사】名 ❶ 행복을 빎. 또는 그 행복. ◆ 祝福。¶축복을 받다. =接受祝福。❷ 하나님이 복을 내림. ◆ 祝福。¶축복을 빌다. =祈祷祝福。● 축복하다(祝福--) ●

축사(畜舍)【명사】가축을 기르는 건물. ◆ 名牲口棚，厩。¶형은 마당 한편에 축사를 지어 소를 키웠다. =哥哥在院子一角盖了牲口棚养牛。

축사(祝辭)【명사】축하의 뜻을 나타내는 글을 쓰거나 말을 함. 또는 그 글이나 말. ◆ 名祝词，贺词。

축산물(畜産物)【명사】축산업의 생산물. 가축의 가공품 및 공업의 원료까지도 포함한다. ◆ 名畜产品。

축산업(畜産業)【명사】가축을 기르고 그 생산물을 가공하는 산업. ◆ 名畜牧业。

축소(縮小)【명사】모양이나 규모 따위를 줄여서 작게 함. ◆ 名缩小，缩减。¶축소 복사. =缩印。

● 축소되다(縮小--), 축소하다(縮小--) ●

축원(祝願)【명사】图 ❶ 희망하는 대로 이루어지기를 마음속으로 원함. ◆ 祝愿, 祈祷。¶어머니는 축원대로 아들이 잘되기를 바랐다. =母亲祝愿儿子事事顺利。❷ 신적 존재에게 자기의 뜻을 아뢰고 그것이 이루어지기를 비는 일. ◆ 祷告。¶축원을 드리다. =做祷告。● 축원하다(祝願--) ●

축음기(蓄音機)【명사】레코드에서 녹음한 음을 재생하는 장치. 1877년에 미국의 에디슨이 발명하였다. ◆图留声机, 唱机。

축의금(祝儀金)【명사】축하하는 뜻을 나타내기 위하여 내는 돈. ◆图礼金, 贺礼金。

축이다【동사】물 따위에 적시어 축축하게 하다. ◆ 动弄湿, 沾湿。¶바짝 탄 입술을 혀로 축인다. =用舌头舔干裂的嘴唇。

축재(蓄財)【명사】재물이 모여 쌓임. 또는 재물을 모아 쌓음. ◆ 图蓄财, 蓄积财物, 积累财产, 敛财。¶부정 축재. =非法敛财。● 축재하다(蓄財--) ●

축적(蓄積)【명사】지식, 경험, 자금 따위를 모아서 쌓음. 또는 모아서 쌓은 것. ◆ 图积蓄, 积累。¶경험 축적. =积累经验。● 축적되다(蓄積--), 축적하다(蓄積--) ●

축전[1](祝典)【명사】축하하는 뜻으로 행하는 의식이나 행사. ◆图庆典, 庆祝活动。¶개막 축전. =开幕庆典。

축전[2](祝電)【명사】축하하는 뜻을 나타내기 위하여 보내는 전보. ◆图贺电。¶축전을 치다. =发贺电。

축제(祝祭)【명사】图 ❶ 축하하여 벌이는 큰 규모의 행사. ◆ 庆典, 庆祝活动。¶문화 축제. =文化庆典。❷ 축하와 제사를 통틀어 이르는 말. ◆ 祝贺和祭祀。

축조(築造)【명사】쌓아서 만듦. ◆ 图筑造, 修筑, 建造。¶성곽의 축조. =修筑城郭。● 축조하다(築造--) ●

축척(縮尺)【명사】지도에서의 거리와 지표에서의 실제 거리와의 비율. 몇 천분의 일, 몇 만분의 일 따위로 표시한다. ◆图缩尺, 比例尺。¶축척 오만분의 일 지도. =比例尺为50000：1的地图。

축축하다【형용사】물기가 있어서 젖은 듯하다. ◆ 形湿漉漉, 潮湿。¶땀에 젖어 축축하다. =被汗水打湿了。

축출(逐出)【명사】쫓아내거나 몰아냄. ◆ 图逐出, 驱逐, 赶走。¶강제 축출. =强制驱逐。● 축출되다(逐出--), 축출하다(逐出--) ●

축하(祝賀)【명사】남의 좋은 일을 기뻐하고 즐거워한다는 뜻으로 인사함. 또는 그런 인사. ◆图祝贺, 庆贺, 道贺。¶축하 잔치. =祝贺筵席。● 축하하다(祝賀--) ●

춘곤증(春困症)【명사】봄철에 나른하고 피로를 쉽게 느끼는 증상. 환경 변화에 몸이 적응하지 못하여 생긴다. ◆图春困症, 春困。

춘궁기(春窮期)【명사】묵은 곡식은 다 떨어지고 햇곡식은 아직 익지 아니하여 식량이 궁핍한 봄철의 때. ◆图春荒期, 青黄不接期。

춘부장(椿府丈)【명사】남의 아버지를 높여 이르는 말. ◆图令尊。

춘분(春分)【명사】이십사절기의 하나. 경칩(驚蟄)과 청명(淸明)의 사이에 들며 양력 3월 21일 무렵이다. ◆图春分。

춘추(春秋)【명사】图 ❶ 봄가을(봄과 가을을 아울러 이르는 말). ◆ 春秋, 春天和秋天。¶춘추 외투. =春秋大衣。❷ '해'를 문어적으로 이르는 말. ◆ 年。¶그는 여러 춘추를 낯선 땅에서 보냈다. =他在陌生的土地上度过了几年。❸ 어른의 나이를 높여 이르는 말. ◆ 年纪, 年龄。¶나는 먼저 그녀의 아버님께 춘추가 어떻게 되시는지 여쭈어 보았다. =我首先问她父亲多大年纪了。

춘풍(春風)【명사】봄바람(봄철에 불어오는 바람). ◆图春风。¶삼월 호시절을 맞아 초목은 자라나고 춘풍은 불어 온갖 꽃이 만발했다. =在阳春三月, 草木生长, 春风吹拂, 鲜花盛开。

춘하추동(春夏秋冬)【명사】봄, 여름, 가을, 겨울의 네 계절. ◆图春夏秋冬。

출가(出嫁)【명사】처녀가 시집을 감. ◆ 图出嫁。¶없는 집에서 태어나 고생하다가 누이는 그렇게 출가를 했다. =出生在穷人家, 姐姐受了几年苦, 就那样出嫁了。● 출가하다(出嫁--) ●

출격(出擊)【명사】자기 진지(陣地)나 기지(基地)에서 적을 공격하러 나감. ◆图出击。¶출격 명령. =出击命令。● 출격하다(出擊--) ●

출구(出口)【명사】图 ❶ 밖으로 나갈 수 있는 통로. ◆ 出口。¶비상 출구. =紧急出口。❷ 출로(出路)(빠져나갈 길). ◆ 出路。¶복잡하게 꼬인 문제의 출구를 찾기 위해 밤늦게까지 궁리했다. =为了找到解决复杂问题的出路, 一直到深夜还在思考。❸ 상품을 항구 밖으로 수출함. ◆ 出口。

출국(出國)【명사】나라의 국경 밖으로 나감. ◆图出国。¶출국 금지. =禁止出国。● 출국하다(出國--) ●

출근(出勤)【명사】일터로 근무하러 나가거나 나옴. ◆图出勤, 上班。¶출근 버스. =通勤班车。● 출근하다(出勤--) ●

출금(出金)【명사】돈을 내서 쓰거나 내어 줌. 또는 그 돈. ◆图取款, 支出, 支出的钱。¶출금 전표. =支出凭证。● 출금하다(出金--) ●

출납(出納)【명사】图 ❶ 돈이나 물품을 내어 주거나 받아들임. ◆ 出纳。¶출납 장부. =出纳账簿。❷ 물건을 내었다 들여보냈다 함. ◆ 出纳。❸ 출납원(돈이나 물건의 출납을 맡아보는 사람). ◆ 出纳员。● 출납하다(出納--) ●

출동(出動)【명사】부대 따위가 일정한 목적을 실행하기 위하여 떠남. ◆ 图出动, 奔赴。¶출동 준비. =出征准备。● 출동하다(出動--) ●

출두(出頭)【명사】어떤 곳에 몸소 나감. ◆ 图出席, 出面, 到场。¶출두 명령. =传唤出席的命令。● 출두하다(出頭--) ●

출렁거리다【동사】물 따위가 큰 물결을 이루며 자꾸 흔들리다. '줄렁거리다'보다 거센 느낌을 준다.

◆ 副荡漾，滚滚，咕噜。¶빈속에 물만 먹었더니 배가 출렁거린다. =空着肚子只喝了水，肚子里咕噜乱响。● 출렁대다 ●

출력(出力)【명사】图❶ 엔진, 전동기, 발전기 따위가 외부에 공급하는 기계적 · 전기적 힘. ◆ 输出，输出量。❷ 컴퓨터 따위의 기기(機器)나 장치가 입력을 받아 일을 하고 외부로 결과를 내는 일. 또는 그 결과. ◆ 电脑内容输出。● 출력하다(出力--) ●

출마(出馬)【명사】선거에 입후보함. ◆ 图参选。¶대통령 출마를 선언하다. =宣布参加总统选举。● 출마하다(出馬--) ●

출발(出發)【명사】图❶ 목적지를 향하여 나아감. ◆ 出发。¶출발 준비. =准备出发。❷ 어떤 일을 시작함. 또는 그 시작. ◆ 开始，起步。¶인생의 새로운 출발. =人生新的开始。● 출발하다(出發--) ●

출발선 (出發線)【명사】경주할 때 출발점으로 그어 놓은 선. ◆ 图 起跑线。

출발점(出發點)【명사】图❶ 길을 가는 데 처음 떠나는 지점. ◆ 出发点，起点。¶여행엔 반드시 일정한 출발점과 도착점이 있다. =旅行时，必须有一定的出发点和终点。❷ 일을 시작하거나 일이 비롯되는 지점. ◆ 起点，开端。

출범(出帆)【명사】图❶ 배가 항구를 떠남. ◆ 出港，起航，开船。¶3년 간에 걸쳐 제작된 배가 이제 출범을 앞두고 있다. =历时三年制造的船只即将起航。❷ 단체가 새로 조직되어 일을 시작함을 비유적으로 이르는 말. ◆ 启动，成立，上台。¶새로운 야당의 출범. =新的在野党的成立。● 출범하다(出帆--) ●

출산(出産)【명사】아이를 낳음. ◆ 图生育。¶출산 예정일. =预产期。● 출산하다(出産--) ●

출생(出生)【명사】세상에 나옴. ◆ 图出生，出世。¶서울 출생. =首尔出生。● 출생하다(出生--) ●

출생률(出生率)【명사】일정한 기간에 태어난 사람의 수가 전체 인구에 대하여 차지하는 비율. ◆ 图出生率。

출석(出席)【명사】어떤 자리에 나아가 참석함. ◆ 图出席，到位。¶출석 인원. =出席人员。● 출석하다(出席--) ●

출세(出世)【명사】사회적으로 높은 지위에 오르거나 유명하게 됨. ◆ 图成名，出人头地。¶출세가 늦다. =成名晚。● 출세하다(出世--) ●

출신(出身)【명사】图 출생 당시 가정이 속하여 있던 사회적 신분. ◆ 出身。¶부농 출신. =富农出身。

출연(出演)【명사】연기, 공연, 연설 따위를 하기 위하여 무대나 연단에 나감. ◆ 图出演。¶출연교섭. =出演交涉。● 출연하다(出演--) ●

출입(出入)【명사】어느 곳을 드나듦. ◆ 图进出，出入。¶출입 금지. =禁止出入。● 출입하다(出入--) ●

출입구(出入口)【명사】나갔다가 들어왔다가 하는 어귀나 문. ◆ 图出入口。

출입문(出入門)【명사】드나드는 문. ◆ 图出入口。¶출입문을 나서다. =走出出口。

출장(出張)【명사】용무를 위하여 임시로 다른 곳으로 나감. ◆ 图出差。¶출장 일정이 빡빡하다. =出差日程很紧张。

출전(出戰)【명사】图❶ 싸우러 나감. 또는 나가서 싸움. ◆ 出战，出征，参战。¶출전 태세를 갖추다. =保持参战态势。❷ 시합이나 경기 따위에 나감. ◆ 参赛。¶올림픽 출전. =参加奥运会。● 출전하다(出戰--) ●

출제(出題)【명사】문제나 제목을 냄. ◆ 图出题。¶출제 방식. =出题方式。● 출제하다(出題--) ●

출중하다(出衆--)【형용사】남달리 뛰어나고 유별나다. ◆ 形出众，超群，杰出。

출처(出處)【명사】图❶ 사물이나 말 따위가 생기거나 나온 근거. ◆ 出处，来源。¶출처를 밝히다. =弄清来源。❷ 사람이 다니거나 가는 곳. ◆ 去处。¶근무 시간에 외출할 때는 꼭 출처를 밝히도록 하시오. =上班时间外出时，请务必说明去处。

출출하다【형용사】배가 고픈 느낌이 있다. ◆ 形有点饿。¶출출한 김에 맛있게 먹었다. =有点饿，所以吃得很香。

출토(出土)【명사】땅속에 묻혀 있던 물건이 밖으로 나옴. 또는 그것을 파냄. ◆ 图出土。¶출토 시기. =出土时期。● 출토되다(出土--) ●

출퇴근(出退勤)【명사】출근과 퇴근을 아울러 이르는 말. ◆ 图上下班。¶출퇴근 버스. =班车，通勤车。● 출퇴근하다(出退勤--) ●

출판(出版)【명사】서적이나 회화 따위를 인쇄하여 세상에 내놓음. ◆ 图出版。¶도서 출판. =图书出版。● 출판되다(出版--), 출판하다(出版--) ●

출판사(出版社)【명사】서적이나 회화 따위를 인쇄하여 세상에 내놓는 사업을 하는 회사. ◆ 图出版社。

출품(出品)【명사】전람회, 전시회, 품평회 따위에 작품이나 물품을 내어 놓음. ◆ 图参展。¶그는 학국 국전 출품 15년 만에 대통령상을 받았다. =他参加韩国美术展览会15年后，才获得了总统奖。● 출품하다(出品--) ●

출하(出荷)【명사】图❶ 짐이나 상품 따위를 내어 보냄. ◆ 出货，发货。¶출하를 미루다. =推迟发货。❷ 생산자가 생산품을 시장으로 내어 보냄. ◆ 出厂，投放市场。¶출하 가격. =出厂价格。● 출하하다(出荷--) ●

출항(出航)【명사】선박이나 항공기가 출발함. ◆ 图出航，起航。¶●출항 채비를 서두르다. =忙着做出航准备。● 출항하다(出航--) ●

출현(出現)【명사】나타나거나 또는 나타나서 보임. ◆ 图出现。● 출현하다(出現--) ●

출혈(出血)【명사】图❶ 피가 혈관 밖으로 나옴. ◆ 出血，流血，失血。¶출혈이 심한 환자. =失血过多的患者。❷ 희생이나 손실을 비유적으로 이르는 말. ◆ 出血，赔本，损失，牺牲。¶출혈 판매. =赔本甩卖。● 출혈하다(出血--) ●

춤【명사】장단에 맞추거나 흥에 겨워 팔다리와 몸을 율동적으로 움직여 뛰노는 동작. ◆ 图舞，舞蹈。

춤곡(-曲)【명사】춤을 출 때에 맞추어 추도록 연주하는 악곡을 통틀어 이르는 말. ◆ 图 舞曲。

춤사위【명사】민속무에서, 춤의 기본이 되는 낱낱의 일정한 동작. ◆ 图 舞姿。¶한국 고전무용의 춤사위는 우아하다는 평을 받고 있다. =韩国古典舞蹈被评价为舞姿优雅的舞蹈。

춤추다【동사】动 ❶ 장단에 맞추거나 흥에 겨워 팔다리와 몸을 율동적으로 움직여 뛰놀다. ◆ 跳舞。¶우리는 모닥불을 피워 놓고 밤새도록 노래하며 춤추고 놀았다. =我们点燃篝火，彻夜唱歌跳舞。❷ (비유적으로) 몹시 기뻐 날뛰다. ◆ 手舞足蹈。¶아들이 대학에 합격하였다는 소식에 아버지는 덩실덩실 춤추었다. =听到儿子考上大学的消息，父亲手舞足蹈起来。

춥다【형용사】기온이 낮거나 기타의 이유로 몸에 느끼는 기운이 차다. ◆ 形冷，寒冷。¶추운 겨울밤. =寒冷的冬夜。

충격(衝擊)【명사】图 ❶ 물체에 급격히 가하여지는 힘. ◆ 冲击。¶충격이 크다. =冲击很大。❷ 슬픈 일이나 뜻밖의 사건 따위로 마음에 받은 심한 자극이나 영향. ◆ 刺激，打击。¶우리 가족은 할아버지가 돌아가신 충격에서 벗어나지 못했다. =我的家人们无法从祖父去世的打击中走出来。

충고(忠告)【명사】남의 결함이나 잘못을 진심으로 타이름. 또는 그런 말. ◆ 图忠告。¶충고를 듣다. =听从忠告。● 충고하다(忠告--) ●

충당(充當)【명사】모자라는 것을 채워 메움. ◆ 图补足，充当。¶자원 충당. =充当资源。● 충당되다(充當--), 충당하다(充當--) ●

충돌(衝突)【명사】서로 맞부딪치거나 맞섬. ◆ 图冲突，碰撞，冲撞。¶의견 충돌. =意见冲突。● 충돌되다(衝突--), 충돌하다(衝突--) ●

충동(衝動)【명사】图 ❶ 순간적으로 어떤 행동을 하고 싶은 욕구를 느끼게 하는 마음속의 자극. ◆ 冲动。¶충동에 이끌리다. =被冲动牵着走。❷ 어떤 일을 하도록 남을 부추기거나 심하게 마음을 흔들어 놓음. ◆ 怂恿，唆使。¶그의 충동으로 나는 내키지 않는 일을 억지로 하고 말았다. =在他的教唆下，我最终硬着头皮，做了不想做的事。

충만하다(充滿--)【형용사】한껏 차서 가득하다. ◆ 形充满，充溢。¶선생님의 가정에 건강과 행복이 충만하기를 빕니다. =祝老师及家人身体健康、家庭幸福、欢乐满满。

충분하다(充分--)【형용사】모자람이 없이 넉넉하다. ◆ 形充分，充足，够。¶충분한 증거를 확보하다. =拿到充分的证据。● 충분히(充分-) ●

충성(忠誠)【명사】진정에서 우러나오는 정성. 특히, 임금이나 국가에 대한 것을 이른다. ◆ 图忠诚。¶충성을 다하다. =尽忠。● 충성하다(忠誠--) ●

충성스럽다(忠誠---)【형용사】임금이나 국가에 대하여 진정에서 우러나오는 정성이 있다. ◆ 形忠诚。¶충성스러운 군인. =忠诚的军人。

충성심(忠誠心)【명사】임금이나 국가에 대하여 진정으로 우러나오는 정성스러운 마음. ◆ 图忠心，忠诚。

충실(充實)【명사】图 ❶ 내용이 알차고 단단함. ◆ 充实，丰富。¶그는 자신의 삶에 충실을 다하였다. =他活得很充实。❷ 주로 아이들의 몸이 건강하여 튼튼함. ◆ (小孩身体)结实。● 충실하다(充實--), 충실히(充實-) ●

충실하다(忠實--)【형용사】충직하고 성실하다. ◆ 形忠实，忠诚。¶업무에 충실하다. =尽职。● 충실히(忠實-) ●

충심(衷心)【명사】마음속에서 우러나는 참된 마음. ◆ 图衷心。¶충심으로 감사하다. =衷心感谢。

충원(充員)【명사】인원수를 채움. ◆ 图补充人员。¶교수 충원. =补充教授。● 충원하다(充員--) ●

충전[1](充電)【명사】图 ❶ 축전지나 축전기에 전기 에너지를 축적하는 일. ◆ 充电。❷ 휴식을 하면서 활력을 되찾거나 실력을 기르는 일을 비유적으로 이르는 말. ◆〈喻〉再学习，提高实力。¶이번 연휴는 정말로 충전의 시간이었습니다. =这次长假的确是充电的时间。● 충전되다(充電--), 충전하다(充電--) ●

충전[2](充塡)【명사】图 ❶ 메워서 채움. ◆ 填充。❷ 교통 카드 따위의 결제 수단을 사용할 수 있게 돈이나 그것에 해당하는 것을 채움. ◆ 充值。❸ 채굴이 끝난 뒤에 갱의 윗부분을 받치기 위하여, 캐낸 곳을 모래나 바위로 메우는 일. ◆ 矿坑回填。● 충전하다(充塡--) ●

충전기(充電器)【명사】축전지의 충전에 쓰는 장치. ◆ 图充电器。

충족(充足)【명사】图 ❶ 넉넉하여 모자람이 없음. ◆ 富裕，富足，满足。¶충족을 느끼다. =感到满足。❷ 일정한 분량을 채워 모자람이 없게 함. ◆ 充足，满足。¶호기심 충족. =满足好奇心。● 충족되다(充足--), 충족하다(充足--) ●

충직하다(忠直--)【형용사】충성스럽고 정직하다. ◆ 形忠诚正直，忠诚耿直。¶그는 묵묵히 자기 일을 해나가는 충직한 신하였다. =他是个忠诚正直的大臣，默默做自己的事。

충천하다(衝天--)【동사】动 ❶ 하늘을 찌를 듯이 공중으로 높이 솟아오르다. ◆ 冲天。¶산불 현장은 화염과 연기가 충천하다. =山火现场火焰和浓烟冲天。❷ 분하거나 의로운 기개, 기세 따위가 북받쳐 오르다. ◆ (气势等) 冲天。¶승전보가 전해지자 사기가 충천하다. =捷报传来，士气冲天。

충청남도(忠淸南道)【명사】한국의 중부, 남서쪽에 있는 도. ◆ 图 忠清南道。

충청도(忠淸道)【명사】충청남도와 충청북도를 통틀어 이르는 말. 충주와 청주에서 따온 말이다. ◆ 图忠清道 (包括忠清南道和忠清北道) 。

충청북도(忠淸北道)【명사】한국의 가운데에 있는 도. 도청 소재지는 청주, 면적은 7,436.9㎢. ◆ 图 忠清北道。

충치(蟲齒)【명사】세균 따위의 영향으로 벌레가 파먹은 것처럼 이가 침식되는 질환. 또는 그 이. 흔히 염증이 생기고 통증을 일으킨다. ◆ 图虫牙，蛀牙。¶충치가 생기다. =出现虫牙。

충혈(充血)【명사】몸의 일정한 부분에 동맥혈이 비정상적으로 많이 모임. 또는 그런 증상. 염증이나 외부 자극으로 일어난다. ◆ 图 充血。● 충혈되다(充血--) ●

충효(忠孝)【명사】충성과 효도를 아울러 이르는 말. ◆图忠孝。

췌장(膵臟)【명사】이자(배안의 뒤쪽에 가로로 길쭉하게 자리한 기관). ◆图 胰脏，胰腺。

취급(取扱)【명사】图❶ 물건을 사용하거나 소재나 대상으로 삼음. ◆ 处理，办理，使用。¶취급 방법. =使用方法。❷ 사람이나 사건을 어떤 태도로 대하거나 처리함. ◆ 视为，看作，当成。¶바보 취급을 당하다. =被当成傻瓜。● 취급되다(取扱--), 취급하다(取扱--) ●

취나물【명사】어린 참취 또는 그 잎을 삶아 쇠고기, 파, 기름, 깨소금 따위의 양념을 쳐서 볶은 나물. ◆图 马蹄菜。

취득(取得)【명사】자기 것으로 만들어 가짐. ◆ 图 取得，获得。¶면허 취득. =取得执照。● 취득하다(取得--) ●

취락(聚落)【명사】인간의 생활 근거지인 가옥의 집합체. 넓은 의미로는 가옥을 중심으로 한 인간의 거주 형태 전반을 이르기도 한다. ◆图 部落，聚居地。

취미(趣味)【명사】图❶ 전문적으로 하는 것이 아니라 즐기기 위하여 하는 일. ◆ 爱好，习好，兴趣。¶취미 생활. =兴趣生活。❷ 아름다운 대상을 감상하고 이해하는 힘. ◆ 品位，志趣。¶취미를 기르다. =培养志趣。❸ 감흥을 느끼어 마음이 당기는 멋. ◆ 兴趣。¶그는 수학에 취미가 있다. =他对数学感兴趣。

취사(炊事)【명사】끼니로 먹을 음식 따위를 만드는 일. ◆图炊事，做饭。

취사선택(取捨選擇)【명사】여럿 가운데서 쓸 것은 쓰고 버릴 것은 버림. ◆图取舍，选择。● 취사선택하다(取捨選擇--) ●

취소(取消)【명사】발표한 의사를 거두어들이거나 예정된 일을 없애 버림. ◆图取消，解除。¶강연 취소. =取消演讲。● 취소되다(取消--), 취소하다(取消--) ●

취약(脆弱)【명사】무르고 약함. ◆图脆弱，薄弱。¶안보 취약 지대. =安保薄弱地带。● 취약하다(脆弱--) ●

취업(就業)【명사】취직(일정한 직업을 잡아 직장에 나감). ◆图就业。¶취업 경쟁. =就业竞争。● 취업하다(就業--) ●

취임(就任)【명사】새로운 직무를 수행하기 위하여 맡은 자리에 처음으로 나아감. ◆图就任，就职，上任。¶대통령 취임. =总统就职。● 취임하다(就任--) ●

취재(取材)【명사】작품이나 기사에 필요한 재료나 제재(題材)를 조사하여 얻음. ◆图采访。¶취재 활동. =采访活动。● 취재하다(取材--) ●

취재진(取材陣)【명사】신문사나 잡지사 따위의 취재부에 속하여 기사의 재료를 얻기 위하여 활약하는 기자 무리. ◆图采访组。¶올림픽에 대규모 취재진을 보내다. =向奥运会派出大规模采访组。

취조(取調)【명사】범죄 사실을 밝히기 위하여 혐의자나 죄인을 조사함. ◆图审问，审讯。¶취조를 받다. =接受审问。● 취조하다(取調--) ●

취주악(吹奏樂)【명사】목관 악기, 금관 악기 따위의 취주(吹奏)악기를 주체로 하고 타악기를 곁들인 합주 음악. 군악(軍樂)이 대표적이다. ◆图 吹奏乐，管乐。

취중(醉中)【명사】술에 취한 동안. ◆图醉时。¶취중에 일어났던 일이 생각나지 않는다. =不记得醉时发生的事。

취지(趣旨)【명사】어떤 일의 근본이 되는 목적이나 긴요한 뜻. ◆图宗旨，主旨。¶설립 취지. =成立的宗旨。

취직(就職)【명사】일정한 직업을 잡아 직장에 나감. ◆图就职，就业。¶취직 시험. =就职考试。● 취직되다(就職--), 취직하다(就職--) ●

취침(就寢)【명사】잠자리에 들어 잠을 잠. ◆图就寝，睡觉。¶취침 시간. =就寝时间。● 취침하다(就寢--) ●

취하다1(醉--)【동사】动❶ 어떤 기운으로 정신이 흐려지고 몸을 제대로 가눌 수 없게 되다. ◆ 醉。¶거나하게 취하다. =半醉，微醺。❷ 무엇에 마음이 쏠리어 넋을 빼앗기다. ◆ 陶醉，醉心，着迷。¶음악에 취하다. =醉心于音乐。

취하다2(取--)【동사】动❶ 자기 것으로 만들어 가지다. ◆ 获得，获取，摄取。¶이득을 취하다. =取得利益。❷ 어떤 일에 대한 방책으로 어떤 행동을 하거나 일정한 태도를 가지다. ◆ 采取，采用。¶분명한 태도를 취하다. =采取明确的态度。❸ 어떤 특정한 자세를 하다. ◆ 摆。¶포즈를 취하다. =摆姿势。

취학(就學)【명사】교육을 받기 위하여 학교에 들어감. ◆ 图上学，入学。¶취학 적령기. =入学适龄期。● 취학하다(就學--) ●

취향(趣向)【명사】하고 싶은 마음이 생기는 방향. 또는 그런 경향. ◆图志趣，品位，口味，爱好。¶취향이 독특하다. =爱好独特。

측근(側近)【명사】图❶ 곁의 가까운 곳. ◆ 旁边，邻近，附近。¶측근에 있는 사람. =旁边的人。❷ 측근자(곁에서 가까이 모시는 사람). ◆ 亲信，心腹。¶왕의 측근. =君王的亲信。

측량(測量)【명사】图❶ 기기를 써서 물건의 높이, 깊이, 넓이, 방향 따위를 잼. ◆ 测量，测定。❷ 지표의 각 지점의 위치와 그 지점들 간의 거리를 구하고 지형의 높낮이, 면적 따위를 재다. 지도 제작·경계선 구분·공사 따위를 할 때 한다. ◆ 测量。● 측량하다(測量--) ●

측면(側面)【명사】图❶ 옆면(앞뒤에 대하여 왼쪽이나 오른쪽의 면). ◆ 侧面。¶측면 돌파. =侧面突破。❷ 사물이나 현상의 한 부분. 또는 한쪽 면. ◆ 层面，方面，部分。¶긍정적 측면. =肯定的方面。

측은하다(惻隱--)【형용사】가엾고 불쌍하다. ◆形 恻隐，可怜。¶부모 잃은 애를 보니 측은한 생각이 들다. =看到失去父母的孩子，产生恻隐之心。● 측은히(惻隱-) ●

측정(測定)【명사】일정한 양을 기준으로 하여 같은 종류의 다른 양의 크기를 잼. 기계나 장치를 사용하여 재기도 한다. ◆ 图测定，检测，测量。¶무게 측정. =测重量。● 측정되다(測定--), 측정하다(測定--) ●

층1(層)【명사】图 ❶ 위로 높이 포개어 짓는 건물에서, 같은 높이를 이루는 부분. ◆ 层。¶꼭대기층. =顶层。❷ 나이나, 재산이나 사물 따위가 서로 같지 아니하거나 수평을 이루지 못하여 나는 차이. ◆ 层次，差别，差异。¶두 사람의 실력은 너무 층이 진다. =两个人的实力差别很大。❸ 여러 겹으로 지은 건물의 같은 높이의 켜를 세는 말. ◆ 层。¶지상 20층인 빌딩. =地上20层的建筑。

-층2(層)【접사】后缀 ❶ '어떤 능력이나 수준이 비슷한 무리'의 뜻을 더하는 접미사. ◆ 层，阶层。¶지식층. =知识阶层。❷ '지층'의 뜻을 더하는 접미사. ◆ 地层。¶석탄층. =煤层。❸ '켜켜이 쌓인 상태 또는 그중 한 겹'의 뜻을 더하는 접미사. ◆ 层。¶구름층. =云层。

층계(層階)【명사】걸어서 층 사이를 오르내릴 수 있도록 턱이 지게 만들어 놓은 설비. ◆ 图楼梯，阶梯。¶층계로 내려가다. =从楼梯下去。

층층이(層層-)【부사】副 ❶ 여러 층으로 겹겹이 쌓인 모양. ◆ 层层地。¶창고에는 물건이 층층이 가득하다. =仓库里层层放满东西。❷ 낱낱의 층이 거듭된 모양. ◆ 每层。¶그 건물에는 층층이 예쁜 화분이 놓여 있었다. =那座建筑，每层都摆放了漂亮的花盆。

치1【감탄사】못마땅하거나 아니꼽거나 화가 날 때 내는 소리. ◆ 叹啐，唉。¶치, 어림도 없는 소리. =啐，没门儿。

치2(齒)【명사】'이'를 나타내는 말. ◆ 图齿，牙。¶치를 떨다. =咬牙切齿。

치3【의존 명사】길이의 단위. 한 자의 십분의 일로 약 3.33cm. ◆ 依名 寸。¶두 치 닷 푼. =两寸五分。

치-4【접사】'위로 향하게' 또는 '위로 올려'의 뜻을 더하는 접두사. ◆ 前缀往上，向上。¶눈을 치뜨다. =翻眼。

-치5(値)【접사】'값'의 뜻을 더하는 접미사. ◆ 后缀值。¶기대치. =期望值。

-치6-【접사】'강조'의 뜻을 더하는 접미사. ◆ 后缀 接在动词后构成强势词。¶받치다. =支撑。

치고【조사】助 ❶ '그 전체가 예외 없이'의 뜻을 나타내는 보조사. 흔히 부정을 뜻하는 말이 뒤따른다. ◆ 表示无例外。¶그가 주고 간 물건치고 쓸 만한 것 없더라. =他没有留下一件好东西。❷ '그중에서는 예외적으로'의 뜻을 나타내는 보조사. ◆ 表示例外。¶겨울 날씨치고 따뜻하다. =就冬天的天气来说，还算暖和。

치과(齒科)【명사】이와 그 지지 조직 및 입안의 생리, 병리, 치료 기술 따위를 연구하는 의학. 또는 병원의 그 부서. ◆ 图 牙科。

치다1【동사】动 ❶ 불필요하게 쌓인 물건을 파내거나 옮기어 깨끗이 하다. ◆ 清扫，收拾。¶눈을 치다. =扫雪。❷ 논이나 물길 따위를 만들기 위하여 땅을 파내거나 고르다. ◆ 清挖。¶도랑을 치다. =清挖沟渠。

치다2【동사】动 ❶ 어떠한 상태라고 인정하거나 사실인 듯 받아들이다. ◆ 算，认为。¶그는 내 작품을 최고로 쳤다. =他认为我的作品最好。❷ 계산에 넣다. ◆ 包括。¶이것까지 전부 쳐서 얼마죠? =包括这个，一共多少钱? ❸ 어떤 것을 기준으로 삼다. ◆ 计算，估算。¶요즘 값으로 치면 다섯 배는 될 것이다. =以现在的价钱来算，可能有五倍。

치다3【동사】动 ❶ 가축이나 가금 따위를 기르다. ◆ 饲养，喂。¶돼지를 치다. =饲养猪。❷ 식물이 가지나 뿌리를 밖으로 돋아 나오게 하다. ◆ 抽枝，育枝。❸ 동물이 새끼를 낳거나 까다. ◆ 下(崽)。¶새끼를 치다. =下崽。❹ 주로 영업을 목적으로 남을 머물러 묵게 하다. ◆ 接待，留宿。¶하숙생을 치다. =接待寄宿生。

치다4【동사】动 ❶ 막이나 그물, 발 따위를 펴서 벌이거나 늘어뜨리다. ◆ 搭，拉。¶장막을 치다. =搭帐篷。❷ 벽 따위를 둘러서 세우거나 쌓다. ◆ 垒，砌，竖起。¶병풍을 치다. =竖起屏风。❸ 붕대나 대님 따위를 감아 매거나 두르다. ◆ 收边，缠边，锁边。¶휘갑을 치다. =锁边。

치다5【동사】动 ❶ 바람이 세차게 불거나 비, 눈 따위가 세차게 뿌리다. ◆ 风刮得强劲，或雨雪下得大。¶세찬 눈보라가 치다. =风雪交加。❷ 천둥이나 번개 따위가 큰 소리나 빛을 내면서 일어나다. ◆ 雷电等大作。¶벼락이 치다. =电闪雷鸣。❸ 서리가 몹시 차갑게 내리다. ◆ 下霜。❹ 물결이나 파도 따위가 일어 움직이다. ◆ 波涛汹涌。¶파도가 세차게 치다. =波涛汹涌。

치다6【동사】차나 수레 따위가 사람을 강한 힘으로 부딪고 지나가다. ◆ 动撞，轧。¶사람을 치고 도망친 자동차. =撞人后逃逸的汽车。

치다7【동사】动 ❶ 손이나 손에 든 물건이 세게 닿거나 부딪게 하다. ◆ 打，敲，击。¶뺨을 치다. =打耳光。❷ 손이나 물건 따위를 부딪쳐 소리 나게 하다. ◆ 打击，弹奏。¶북을 치다. =敲鼓。❸ 손이나 손에 든 물건으로 물체를 부딪게 하는 놀이나 운동을 하다. ◆ 打球，玩球。¶당구를 치다. =打台球。❹ 카드나 화투 따위의 패를 고루 섞다. 또는 카드나 화투를 즐기다. ◆ 打牌，玩牌。¶트럼프를 치다. =打扑克。❺ 떡을 차지게 하기 위하여 떡메로 반죽을 두들기다. ◆ 打。¶떡을 치다. =打制年糕。❻ 날개나 꼬리 따위를 세차게 흔들다. ◆ 摆，摇，挥，扇。¶몸부림을 치다. =挣扎。❼ 날이 있는 물체를 이용하여 물체를 자르다. ◆ 砍。¶목을 치다. =砍头。❽ 시험을 보다. ◆ 考。¶입학시험을 치다. =参加入学考试。❾ 점괘로 길흉을 알아보다. ◆ 占，占卦。¶점을 치다. =占卜。

치다8【동사】붓이나 연필 따위로 점을 찍거나 선이나 그림을 그리다. ◆ 动画。¶밑줄을 치다. =画下划线。

치다9【동사】动 ❶ 적은 분량의 액체를 따르거나 가루 등을 뿌려 넣다. ◆ 放，洒，加。¶초를 치다. =淋醋。❷ 기계나 식물이 더 좋은 상태가 되도록 기름이나 약을 바르거나 뿌리다. ◆ 上(油)，喷(药)。¶기계에 기름을 치다. =给机器上油。❸ 음식을 만들기 위하여 기름을 두르다. ◆ 做食物时放油。¶전을 부칠 때 눋지 않게 하기 위해서는 기름을 많이 쳐야 한다. =煎饼时，为了防止食物糊掉，需要多放点油。

치다[10] 【동사】 체질을 하여 고운 가루를 뽑아내다. ◆ 动筛。¶쌀가루를 체에 치다. =用筛子筛米粉。

치다꺼리 【명사】 名 ❶ 일을 치러 내는 일. ◆ 办理，处理。¶송장 치다꺼리. =处理尸体。❷ 남의 자잘한 일을 보살펴서 도와줌. 또는 그런 일. ◆ 帮助，协助，照顾。¶자식 치다꺼리. =照顾子女。

치닫다 【동사】 动 ❶ 위쪽으로 달리다. 또는 위쪽으로 달려 올라가다. ◆ 向上跑，跑上去。¶우리는 정상을 향해 치닫다가 잠시 휴식을 취했다. =跑向山顶的过程中，我们暂停休息了一会儿。❷ 힘차고 빠르게 나아가다. ◆ 快跑，猛跑。¶결승점을 향해 치닫다. =向终点迅速跑去。❸ 생각, 감정 따위가 치밀어 오르다. ◆ 冲上，涌上。¶나는 머리끝까지 치닫는 분노를 참았다. =我忍住冲冠的愤怒。

치뜨다 【동사】 눈을 위쪽으로 뜨다. ◆ 动翻眼，扬眉。¶무엇이 못 마땅한지 그는 눈을 치뜨고 노려보고 있었다. =似乎有什么不满意的，他向上翻着眼睛瞪着。

치렁치렁 【부사】 길게 드리운 물건이 자꾸 이리저리 부드럽게 흔들리는 모양. ◆ 副 (下垂物体)轻轻摇摆。● 치렁치렁하다 ●

치료(治療) 【명사】 병이나 상처 따위를 잘 다스려 낫게 함. ◆ 名治疗。¶종기 치료. =治疗脓肿。● 치료되다(治療--), 치료하다(治療--) ●

치료비(治療費) 【명사】 병이나 상처 따위를 잘 다스려 낫게 하는 데에 드는 비용. ◆ 名治疗费。

치르다 【동사】 动 ❶ 주어야 할 돈을 내주다. ◆ 支付，付，付出。¶주인에게 내일까지 아파트 잔금을 치러야 한다. =最晚明天得给房主付房屋押金的余款。❷ 무슨 일을 겪어 내다. ◆ 经受，操办。¶시험을 치르다. =考试。

치마 【명사】 여자의 아랫도리 겉옷. ◆ 名裙子。¶치마를 입다. =穿裙子。

치마폭(--幅) 【명사】 피륙을 잇대어 만든 치마의 너비. ◆ 名裙子的下摆。

치맛자락 【명사】 치마폭의 늘어지거나 드리워진 부분. ◆ 名裙边，裙角。¶어머니는 부엌문 앞에 서서 치맛자락으로 눈물을 닦고 있었다. =妈妈站在厨房门前，用裙角擦着眼泪。

치명상(致命傷) 【명사】 名 ❶ 목숨이 위험할 정도의 큰 상처. ◆ 致命伤。¶그는 포탄에 맞아 치명상을 입었다. =他被炮弹击中，受了致命伤。❷ 회복할 수 없을 정도의 큰 피해. ◆〈喻〉致命的打击。¶여론의 집중포화로 그 연예인은 연예 생명에 치명상을 입었다. =舆论的大肆攻击使那个演员的演艺生涯受到了致命的打击。

치명적(致命的) 【명사】 名 ❶ 생명을 위협하는 것. ◆ 致命的，严重的。¶치명적 타격. =致命的打击。❷ 일의 흥망, 성패에 결정적으로 영향을 주는 것. ◆ 致命的，严重的。

치밀다 【동사】 动 ❶ 아래에서 위로 힘차게 솟아오르다. ◆ 往上冒，向上拱，上涨。¶뜨거운 열기가 위로 치밀다. =滚烫的热气直往上冒。❷ 욕심, 분노, 슬픔, 연기 따위가 세차게 복받쳐 오르다. ◆ 涌起，向上窜，往上冲，向上冒。¶화가 치밀다. =火往上冲。❸ 오래된 체증 때문에 생긴 덩어리 따위가 솟아오르다. ◆ (胃里积食)往上冲。¶구역질이 치밀다. =恶心想吐。❹ 아래에서 위로 힘차게 밀어 올리다. ◆ 往上推，往上举，往上挺。¶내리막길로 굴러 내려가려는 차를 힘껏 치밀어 보았지만 혼자서는 감당할 수가 없었다. =虽然用力地抵住了从斜坡上往下滑的车，但一个人的力量根本不够。

치밀하다(緻密--) 【형용사】 形 ❶ 자세하고 꼼꼼하다. ◆ 细致，周密，缜密。¶치밀한 계획. =周密的计划。❷ 아주 곱고 촘촘하다. ◆ 细致，精细。¶무늬가 치밀하다. =花纹细致。

치받치다 【동사】 动 ❶ 연기나 불길 따위가 세차게 위로 솟아오르다. ◆ 往上冒，往上冲。¶화염이 하늘로 치받치다. =火焰直冲上天。❷ 감정 따위가 세차게 복받쳐 오르다. ◆ 涌出，涌上，上升。¶그때를 생각하면 치받치는 울분을 참을 수 없다. =只要一想起那时候，就压不住涌上来的郁愤。

치부[1](恥部) 【명사】 名 ❶ 남에게 드러내고 싶지 아니한 부끄러운 부분. ◆ 羞于见人的地方，不光彩的部分。¶치부를 드러내다. =暴露出阴暗面。❷ '음부(陰部)'를 달리 이르는 말. ◆ 阴部("음부(陰部)"的别称)。

치부[2](致富) 【명사】 재물을 모아 부자가 됨. ◆ 名致富，发财。¶그의 취미는 치부라 해도 과언이 아니다. =说他的兴趣在发财致富上也不为过。● 치부하다(置簿--) ●

치사(致詞/致辭) 【명사】 고맙고 감사하다는 뜻을 표시함. ◆ 名致谢，道谢。

치사량(致死量) 【명사】 생체를 죽음에 이르게 할 정도로 많은 약물의 양. ◆ 名 (药物)致死量，致死剂量。¶치사량의 수면제를 복용한 환자가 끝내 목숨을 잃었다. =服用了致死剂量的安眠药的患者最终失去了生命。

치석(齒石) 【명사】 이의 표면에 엉겨 붙어서 굳은 물질. 침으로부터 분비된 석회분이 주성분이며, 특히 치경(齒頸)에 많이 생긴다. ◆ 名牙结石。

치사하다(恥事--) 【형용사】 행동이나 말 따위가 쩨쩨하고 남부끄럽다. ◆ 形无耻，卑鄙，下流。¶더럽게 치사한 놈. =无耻龌龊的家伙。

치솟다 【동사】 动 ❶ 위쪽으로 힘차게 솟다. ◆ 往上冒，往上冲，往上涌，涌上来。¶검은 연기가 하늘로 치솟다. =黑烟直冲上天。❷ 감정, 생각, 힘 따위가 세차게 복받쳐 오르다. ◆ 奔涌，涌上，奔腾。¶치솟는 감정을 억누를 방법이 없다. =没法压制住奔涌的感情。

치수(-數) 【명사】 길이에 대한 몇 자 몇 치의 셈.

◆图尺寸，尺码。¶발 치수. =脚的尺寸。

치아(齒牙)【명사】'이'를 점잖게 이르는 말. ◆图牙齿("이"的雅称)。

치안(治安)【명사】국가 사회의 안녕과 질서를 유지·보전함. ◆图治安，保安。¶치안 유지에 만전을 기하다. =希望能保证治安万无一失。

치약(齒藥)【명사】이를 닦는 데 쓰는 약. ◆图牙膏，牙粉。

치열하다(熾烈--)【형용사】기세나 세력 따위가 불길같이 맹렬하다. ◆形激烈，剧烈，火热。¶생존 경쟁이 치열하다. =生存竞争激烈。

치욕(恥辱)【명사】수치와 모욕을 아울러 이르는 말. ◆图耻辱，屈辱，羞辱。

치우다【동사】动 ❶ 물건을 다른 데로 옮기다. ◆搬走，拿开，移开，挪开。¶위험한 물건들은 아이들의 손이 닿지 않는 곳으로 치워라. =把危险物品放到孩子们够不着的地方。❷ 청소하거나 정리하다. ◆清扫，打扫，〈口〉拾掇。¶방을 치우다. =打扫房间。❸ 방 따위를 정리하여 비우다. ◆清理，收拾，〈口〉拾掇。¶헛간을 치우고 창고로 썼다. =把没门板的房间拾掇好了做仓库。

치우치다【동사】균형을 잃고 한쪽으로 쏠리다. ◆动侧重，倾向于。¶감정에 치우치다. =重感情。

치유(治癒)【명사】치료하여 병을 낫게 함. ◆图治愈，治好，痊愈。¶나는 치유를 위해 병가를 냈다. =为了治好病，我休了病假。● 치유되다(治癒--), 치유하다(治癒--) ●

치이다【동사】动 ❶ 무거운 물건에 부딪히거나 깔리다. ◆被压住。¶차가 낙석(落石)에 치였다. =车被落下来的石头压住了。❷ 덫 따위에 걸리다. ◆被夹住，陷入，落(网)。¶토끼가 덫에 치이다. =兔子被夹子夹住了。❸ 어떤 힘에 구속을 받거나 방해를 당하다. ◆缠住，拌住，缠身。¶잡무에 치여서 운동할 시간이 없다. =杂务缠身，连运动的时间都没有。

치장(治粧)【명사】잘 매만져 곱게 꾸밈. ◆图化妆，打扮，修饰，装饰，装扮。¶치장한다고 근본이 바뀌나? =化了妆就能改变本质吗? ● 치장되다(治粧--), 치장하다(治粧--) ●

치중(置重)【명사】어떠한 것에 특히 중점을 둠. ◆图偏重，侧重，以……为主。¶그 학생은 영어에 대한 지나친 치중으로 과학 성적이 좋지 않았다. =那个学生过于偏重英语，科学的成绩不好。● 치중되다(置重--), 치중하다(置重--) ●

치즈(cheese)【명사】우유 속에 있는 카세인을 뽑아 응고 발효 시킨 식품. 단백질, 지방, 비타민이 많이 들어 있으며 요리, 제과 따위에 쓴다. ◆图乳酪，奶酪，芝士。

치질(痔疾)【명사】항문 안팎에 생기는 외과적 질병을 통틀어 이르는 말. 항문 샛길, 치핵, 항문 열창 따위가 있다. ◆图 痔疮。

치켜뜨다【동사】눈을 아래에서 위로 올려 뜨다. ◆动瞪眼，翻白眼。¶그는 갑자기 눈을 치켜뜨며 상대방을 노려보다가 한바탕 웃고 돌아섰다. =他突然瞪眼看了对方一会儿，笑了一通后转过身去。

치켜세우다【동사】❶ 옷깃이나 눈썹 따위를 위쪽으로 올리다. ◆动竖起来。¶바람이 차가워지자 사람들은 모두 옷깃을 치켜세우고 있었다. =风变凉了，人们都把衣领竖了起来。❷ 정도 이상으로 크게 칭찬하다. ◆动吹捧，高抬，恭维，捧。¶한때는 사람들이 그를 영웅으로 치켜세운 적도 있었다. =有一个时期，人们把他捧成了英雄。

치키다【동사】위로 향하여 끌어 올리다. ◆动提，挑，拉，扬。¶사납게 눈초리를 치키다. =狠狠地向上挑了一眼。

치킨(chicken)【명사】닭튀김(닭을 토막 치고 밀가루 따위를 묻혀 끓는 기름에 튀긴 음식). ◆图炸鸡。¶양념 치킨. =加料炸鸡。

치타(cheetah)【명사】고양잇과의 포유류. 포유류 가운데 가장 걸음이 빨라서 달리는 속도가 시속 112km정도가 되나 긴 거리를 계속 뛰지는 못한다. 인도, 시리아, 페르시아, 아프리카 등지에 분포한다. ◆图 猎豹。

치통(齒痛)【명사】이가 쑤시거나 몹시 아픈 증상. 충치, 풍치 따위가 원인이다. ◆图 牙痛，牙疼。

치하(治下)【명사】통치 아래. ◆图统治下，管辖下。¶적군 치하가 되다. =成为敌军管辖区。

치하(致賀)【명사】남이 한 일에 대하여 고마움이나 칭찬의 뜻을 표시함. 주로 윗사람이 아랫사람에게 한다. ◆图祝贺，表彰，称赞，赞扬。¶교장 선생님께서 치하의 말씀을 하십니다. =校长对其予以赞扬。● 치하하다(致賀--) ●

칙칙폭폭【부사】증기 기관차가 연기를 뿜으면서 달리는 소리. ◆副呼呼，哧哧，隆隆(蒸汽机车喷着汽前进时的声音)。¶아이가 칙칙폭폭 소리를 내면서 기차놀이를 하고 있었다. =孩子边发出哧哧的声音，边玩着火车游戏。

칙칙하다【형용사】形 ❶ 빛깔이나 분위기 따위가 산뜻하거나 맑지 아니하고 컴컴하고 어둡다. ◆暗，灰暗，黑暗，发暗。¶칙칙한 빛깔. =发暗的颜色。❷ 숲이나 머리털 따위가 배어서 짙다. ◆(头发或树木等)浓密，密密麻麻。

친-(親)【접사】前缀 ❶ '혈연관계로 맺어진'의 뜻을 더하는 접두사. ◆亲。¶친할아버지. =亲爷爷。❷ '그것에 찬성하는' 또는 '그것을 돕는'의 뜻을 더하는 접두사. ◆亲。¶친환경 도료. =环保涂料。

친교(親交)【명사】친밀하게 사귐. 또는 그런 교분. ◆图深交，挚交。¶친교를 나누다. =深交。

친구(親舊)【명사】图 ❶ 가깝게 오래 사귄 사람. ◆朋友，友人。¶친구를 사귀다. =交朋友。❷ 나이가 비슷하거나 아래인 사람을 낮추거나 친근하게 이르는 말. ◆家伙，小子(亲昵或不客气地称呼平辈或晚辈)。¶이 친구 많이 취했군. =这家伙醉得厉害。

친근하다(親近--)【형용사】사귀어 지내는 사이가 매우 가깝다. ◆形亲近，亲密。¶이웃과 친근하게 지내다. =和邻居的关系很亲密。

친목(親睦)【명사】서로 친하여 화목함. ◆图亲睦，亲密和睦。

친밀하다(親密--)【형용사】지내는 사이가 아주

가깝고 친하다. ◆ 形亲密，亲近，要好，亲密无间。

친분(親分) 【명사】 아주 가깝고 두터운 정분. ◆ 名情分，情谊，交情。¶친분이 두텁다. =情深义重。

친선(親善) 【명사】 서로 간에 친밀하여 사이가 좋음. ◆ 名友好，友谊。¶국제 친선 축구 대회. =国际友好足球赛。

친숙하다(親熟--) 【형용사】 친하여 익숙하고 허물이 없다. ◆ 形熟悉，熟识，亲密，亲密无间。

친애하다(親愛--) 【동사】 친밀히 사랑하다. ◆ 动亲爱。¶친애하는 국민 여러분께 고합니다. =告亲爱的国民。

친절(親切) 【명사】 대하는 태도가 매우 정겹고 고분고분함. 또는 그런 태도. ◆ 名亲切，和蔼，热心，热情。¶친절을 베풀다. =亲切关怀。● 친절하다(親切--), 친절히(親切-) ●

친정(親庭) 【명사】 결혼한 여자의 부모 가살고 있는 집. ◆ 名娘家，已婚女性的父母家。

친족(親族) 【명사】 名 ❶ 촌수가 가까운 일가. ◆ 亲属，亲族，亲人，同宗。❷ 생물의 종류나 언어 따위에서, 같은 것에서 기원하여 나누어진 개체나 부류를 이르는 말. ◆ 亲族。

친지(親知) 【명사】 서로 잘 알고 가깝게 지내는 사람. ◆ 名知己，好友。¶일가 친지를 모시고 두 사람의 성스러운 결혼식을 거행하게 되었습니다. =在好友的祝福中，两人举行了神圣的结婚仪式。

친척(親戚) 【명사】 名 ❶ 친족과 외척을 아울러 이르는 말. ◆ 亲戚，亲眷。

친필(親筆) 【명사】 손수 쓴 글씨. ◆ 名亲笔，真迹，手笔，手迹。¶친필 편지. =亲笔信。

친하다(親--) 【형용사】 가까이 사귀어 정이 두텁다. ◆ 形亲近，要好，亲密。¶친한 친구 한 명이 없다. =一个要好的朋友都没有。

친형제(親兄弟) 【명사】 같은 부모에게서 난 형제. ◆ 名亲兄弟，同胞兄弟。

친히(親-) 【부사】 몸소(직접 제 몸으로). ◆ 副亲自，亲身，切身。¶친히 납시어 찾아 주시니 영광입니다. =您亲自来访，倍感荣幸。

칠[1](七) 【수사】 육에 일을 더한 수. 아라비아 숫자로는 '7', 로마 숫자로는 'Ⅶ'로 쓴다. ◆ 数七，7。

칠[2](漆) 【명사】 名 ❶ 옻칠(가구나 나무 그릇 따위에 윤을 내기 위하여 옻을 바르는 일). ◆ 漆。❷ 면이 있는 사물에 기름이나 액체, 물감 따위를 바름. 또는 그런 물질. ◆ 涂，抹，漆，擦，粉刷。¶칠이 벗겨지다. =漆掉了。

칠기(漆器) 【명사】 칠목기(옻칠을 한 나무 그릇). ◆ 名漆器。¶나전칠기. =螺钿漆器。

칠면조(七面鳥) 【명사】 깃털은 청동색이고 머리와 목은 털이 없고 살이 늘어졌으며 이 부분의 빛이 여러 가지로 변하는 새. ◆ 名 火鸡。

칠석(七夕) 【명사】 음력으로 칠월 초이렛날의 밤. 이때에 은하의 서쪽에 있는 직녀와 동쪽에 있는 견우가 오작교에서 일 년에 한 번 만난다는 전설이 있다. ◆ 名七夕。

칠순(七旬) 【명사】 일흔 날. ◆ 名七十天。¶보리가 날 때까지는 아직 칠순이나 남았다. =距离大麦上市还得要七十天。

칠십(七十) 【수사】 십의 일곱 배가 되는 수. ◆ 数七十。

칠월(七月) 【명사】 한 해의 열두 달 가운데 일곱째 달. ◆ 名七月。

칠전팔기(七顚八起) 【명사】 일곱 번 넘어지고 여덟 번 일어난다는 뜻으로, 여러 번 실패하여도 굴하지 아니하고 꾸준히 노력함을 이르는 말. ◆ 名百折不挠，百折不回。¶칠전팔기의 끈질긴 정신력을 발휘하다. =发挥百折不挠、坚韧不拔的精神。

칠칠하다 【형용사】 形 ❶ 나무, 풀, 머리털 따위가 잘 자라서 알차고 길다. ◆ 茁壮，茂密。❷ 주접이 들지 아니하고 깨끗하고 단정하다. ◆ 端正，端庄，干净，衣冠齐整。❸ 성질이나 일 처리가 반듯하고 야무지다. ◆ 干净利落，利索。¶보기보다 사람이 칠칠하다. =那人比看起来更利索。● 속칠칠맞다 ●

칠판(漆板) 【명사】 검정이나 초록색 따위의 칠을 하여 그 위에 분필로 글씨를 쓰거나 그림을 그리게 만든 널조각. ◆ 名黑板。

칠하다(漆--) 【동사】 动 ❶ 옻칠하다(가구나 나무 그릇 따위에 윤을 내기 위하여 옻을 바르다). ◆ 漆。❷ 면이 있는 사물에 기름이나 액체, 물감 따위를 바르다. ◆ 漆，上，刷，涂，抹，擦。¶벽에 페인트를 칠하다. =往墙上刷涂料。

칠흑(漆黑) 【명사】 옻칠처럼 검고 광택이 있음. 또는 그런 빛깔. ◆ 名漆黑，乌黑。¶칠흑 같은 머리. =乌黑的头发。

칡 【명사】 콩과의 낙엽 활엽 덩굴성 식물. 뿌리의 녹말은 식용하고 뿌리는 약용한다. 산기슭 양지에서 자라는데 한국, 일본, 대만, 중국 등지에 분포한다. ◆ 名 葛藤。

칡넝쿨 【명사】 칡덩굴(칡의 벋은 덩굴). ◆ 名葛藤。

칡덩굴 【명사】 칡의 벋은 덩굴. ◆ 名葛藤。¶칡덩굴로 나뭇단을 묶다. =用葛藤把柴火捆起来。

침[1] 【명사】 입속의 침샘에서 분비되는 무색의 끈기 있는 소화액. 녹말을 맥아당으로, 맥아당을 포도당으로 만드는 작용을 한다. ◆ 名唾液，口水，唾沫。¶침이 나오다. =口水出来了。

침[2](針) 【명사】 名 ❶ 바늘(시계나 저울 따위에서 눈금을 가리키는 뾰족한 물건). ◆ 针，表针。¶시계 침이 한 시를 가리킨다. =表针指着1点整。❷ 가시(식물의 줄기나 잎 또는 열매를 싸고 있는 것의 겉면에 바늘처럼 뾰족하게 돋아난 것). ◆ 植物的刺。

침[3](鍼) 【명사】 사람의 몸에 있는 혈(穴)을 찔러서 병을 다스리는 데에 쓰는 의료 기구. ◆ 名 针。¶한의사에게 침을 맞다. =让中医进行针灸。

침강(沈降) 【명사】 名 ❶ 밑으로 가라앉음. ◆ 沉淀，沉降。❷ 지각의 일부가 아래쪽으로 움직이거나 꺼짐. ◆ 沉降，下沉。● 침강하다(沈降--) ●

침공(侵攻) 【명사】 다른 나라를 침범하여 공격함. ◆ 名侵略，袭击。¶무력 침공. =武装侵略。● 침공하다(侵攻--) ●

침구(寢具) 【명사】 잠을 자는 데 쓰는 이부자리, 베개 따위를 통틀어 이르는 말. ◆ 图床上用品，被褥。¶침구를 정돈하다. =整理被褥，寝具。

침낭(寢囊)【명사】겹으로 된 천 사이에 솜, 깃털 따위를 넣고 자루 모양으로 만든 침구. 주로 야영할 때에 쓴다. ◆ 图睡袋。¶침낭을 펴다. =打开睡袋。

침대(寢臺)【명사】사람이 누워 잘 수 있도록 만든 가구. 길쭉한 평상에 다리가 달려 있다. ◆ 图床铺，卧榻。¶침대 위에 눕다. =躺在床上。

침략(侵略)【명사】정당한 이유 없이 남의 나라에 쳐들어감. ◆ 图侵略，侵吞。¶침략 전쟁. =侵略战争。● 침략하다(侵略--) ●

침몰(沈沒)【명사】图 ❶ 물속에 가라앉음. ◆ 沉没，淹没，沉。¶폭풍우에 배가 침몰 위기에 처하다. =船在暴风雨中面临沉没的危机。❷ 세력이나 기운 따위가 쇠함을 비유적으로 이르는 말.◆〈喻〉消沉，衰退。● 침몰되다(沈沒--), 침몰하다(沈沒--) ●

침묵(沈默)【명사】아무 말도 없이 잠잠히 있음. 또는 그런 상태. ◆ 图沉默，不说话，不做声。¶침묵이 흐르다. =沉默。● 침묵하다(沈默--) ●

침범(侵犯)【명사】남의 영토나 권리, 재산, 신분 따위를 침노하여 범하거나 해를 끼침. ◆ 图侵犯，进犯，侵略。¶영공 침범. =侵犯领空。● 침범하다(侵犯--) ●

침봉(針峰)【명사】굵은 침이 꽂혀 있어 나뭇가지나 꽃의 줄기를 꽂아 고정하는 꽃꽂이 도구. ◆ 图 (插花用的)剑山。

침상(寢牀)【명사】누워서 잘 수 있도록 만든 가구. 위가 넓고 평평하고 다리가 달렸다. ◆ 图床，床铺。

침샘【명사】침을 내보내는 샘. 귀밑샘, 턱밑샘, 혀밑샘 따위가 있다. ◆ 图 唾液腺，唾腺，涎腺。

침수(沈水)【명사】물에 젖거나 잠김. ◆ 图水涝。¶농작물 침수. =农作物遭遇水涝。● 침수되다(沈水--) ●

침술(鍼術)【명사】자침법(몸을 바늘로 찔러서 통증이나 병 따위를 고치는 동양 의술). ◆ 图 针灸术，针灸疗法。

침식(浸蝕)【명사】비, 하천, 빙하, 바람 따위의 자연 현상이 지표를 깎는 일. ◆ 图 侵蚀，渗漏。● 침식되다(浸蝕--), 침식하다(浸蝕--) ●

침식(寢食)【명사】잠자는 일과 먹는 일. ◆ 图食宿，吃住。¶침식을 해결하다. =安排食宿。

침실(寢室)【명사】잠을 자는 방. ◆ 图卧室，卧房。

침엽수(針葉樹)【명사】잎이 침엽으로 된 겉씨식물. 온대 북부를 중심으로 전 세계에 약 500종이 분포하는데 한국에는 소나무, 잣나무, 향나무 따위가 있다. ◆ 图 针叶树。

침울하다(沈鬱--)【형용사】形 ❶ 걱정이나 근심에 잠겨서 마음이 우울하다. ◆ 沉闷，抑郁，忧郁，郁闷，死气沉沉。¶침울한 분위기. =死气沉沉的氛围。❷ 날씨나 분위기가 음씨년스럽고 음산하다. ◆ 形阴沉，阴沉沉。¶침울한 날씨. =阴沉沉的天色。

침입(侵入)【명사】침범하여 들어가거나 들어옴. ◆ 图侵入，侵犯，入侵。¶적의 침입을 격퇴하다. =击退敌人的入侵。● 침입하다(侵入--) ●

침전(沈澱)【명사】图 ❶ 액체 속에 있는 물질이 밑바닥에 가라앉음. 또는 그 물질. ◆ 沉淀，沉积；沉淀物，沉积物。❷ 기분 따위가 가라앉음. ◆ 镇静，镇定，平息。● 침전되다(沈澱--), 침전하다(沈澱--) ●

침전물(沈澱物)【명사】침전(액체 속에 있는 물질이 밑바닥에 가라앉음. 또는 그 물질). ◆ 图沉淀物，沉积物。

침착하다(沈着--)【형용사】행동이 들뜨지 아니하고 차분하다. ◆ 形沉着，沉稳，镇静，镇定，从容，稳重。¶일을 침착하게 처리하다. =镇定地处理事情。

침체(沈滯)【명사】어떤 현상이나 사물이 진전하지 못하고 제자리에 머무름. ◆ 图停滞，迟滞，萧条。¶침체 국면. =停滞局面。● 침체되다(沈滯--), 침체하다(沈滯--) ●

침침하다(沈沈--)【형용사】形 ❶ 빛이 약하여 어두컴컴하다. ◆ 暗，昏暗，阴暗，阴沉沉。¶날씨가 침침하다. =天色阴沉沉的。❷ 눈이 어두워 물건이 똑똑히 보이지 아니하고 흐릿하다. ◆ (视力)模糊。¶책을 오랫동안 보았더니 눈이 침침하다. =看书看得时间太长了，眼睛都花了。

침통하다(沈痛--)【형용사】슬픔이나 걱정 따위로 몹시 마음이 괴롭거나 슬프다. ◆ 形沉痛，悲痛。¶조난 소식에 모두 침통하다. =大家对遇难的消息都感到很悲痛。

침투(浸透)【명사】图 ❶ 액체 따위가 스며들어 뱀. ◆ (液体)渗透，渗入。¶신발에 물의 침투를 막기 위하여 비닐을 덧대었다. =给鞋贴了一层塑料来防水。❷ 세균이나 병균 따위가 몸속에 들어옴. ◆ (细菌、病菌等)侵蚀，感染。¶화농성 세균의 침투로 손톱 주위가 빨갛게 부어오르며 고름이 나왔다. =由于化脓性细菌的感染，指甲周围红肿化脓了。❸ 어떤 사상이나 현상, 정책 따위가 깊이 스며들어 퍼짐. ◆ (思想、现象、政策等)渗透。❹ 어떤 곳에 몰래 숨어 들어감. ◆ 渗透，打入（某地）。¶간첩 침투. =间谍渗透。● 침투되다(浸透--), 침투하다(浸透--) ●

침팬지(chimpanzee)【명사】포유강 유인원과의 하나. 귀가 크고 코가 작으며 꼬리는 없다. 주로 나뭇잎이나 과일 따위를 먹는다. 지능이 발달하였고 무리를 지어 살며 아프리카 대륙에 분포한다. ◆ 图黑猩猩。

침해(侵害)【명사】침범하여 해를 끼침. ◆ 图侵害，侵犯，损害。¶사생활의 침해. =侵犯私生活。● 침해되다(侵害--), 침해하다(侵害--) ●

칫솔(齒-)【명사】이를 닦는 데 쓰는 솔. ◆ 图牙刷。

칭송(稱頌)【명사】칭찬하여 일컬음. 또는 그런 말. ◆ 图称赞，赞扬，表扬。¶칭송이 자자하다. =交口称赞。● 칭송되다(稱頌--), 칭송하다(稱頌--) ●

칭얼거리다【동사】몸이 불편하거나 마음에 못마땅하여 짜증을 내며 자꾸 중얼거리거나 보채다. '징얼거리다'보다 거센 느낌을 준다. ◆ 动 (小孩)闹腾, 哭闹。¶젖도 마다하며 칭얼거린다. =也不喝奶, 光闹腾。● 칭얼대다 ●

칭얼칭얼 【부사】 몸이 불편하거나 마음에 못마땅하여 자꾸 짜증을 내며 중얼거리거나 보채는 소리. 또는 그런 모양. '징얼징얼'보다 거센 느낌을 준다. ◆ 副 (小孩)哼哼唧唧(闹人), 闹腾, 哭闹。¶동생이 엄마를 찾으며 칭얼칭얼 운다. =弟弟哭闹着要找妈妈。● 칭얼칭얼하다 ●

칭찬(稱讚) 【명사】 좋은 점이나 착하고 훌륭한 일을 높이 평가함. 또는 그런 말. ◆名称赞, 表扬, 夸奖。¶칭찬을 듣다. =听到表扬。● 칭찬하다(稱讚--) ●

칭칭 【부사】 친친(든든하게 자꾸 감거나 동여매는 모양). ◆ 副缠绕的样子。¶밧줄로 칭칭 묶다. =用粗绳捆上。

칭하다(稱--) 【동사】 무어라고 일컫다. ◆ 动称, 称为, 叫做。¶우리는 그를 '거물'이라고 칭했다. =我们称他为"巨头"。

칭호(稱號) 【명사】 어떠한 뜻으로 일컫는 이름. ◆ 名称号, 称谓。¶천하장사라는 칭호를 얻다. =得到"天下第一壮士"的称号。

ㅋ【k】

카나리아(canaria)【명사】색이 다양하고 우는 소리가 아름다워 애완용으로 많이 기르는, 어른 손바닥만한 크기의 새. ◆名 金丝雀。

카네이션(carnation)【명사】붉은색이나 흰색의 꽃잎이 주름 모양으로 겹겹이 피며, 특히 어버이날 부모님의 가슴에 다는 꽃. ◆名 康乃馨。

카누(canoe)【명사】노로 젓는 작은 배. 나무껍질이나 동물의 가죽, 갈대 또는 통나무 따위로 만든다. ◆名独木舟，皮筏，皮划艇 。

카드(card)【명사】名 ❶ 그림이나 장식이 인쇄된 우편물의 일종. 간단한 내용을 적어 인사나 연락의 목적으로 쓴다. ◆ 卡片，卡。¶크리스마스 카드. =圣诞卡片。❷ 내용을 기록하여 자료의 정리, 집계 따위에 사용하는 종이. ◆ 卡。¶병적 카드. =兵籍卡。❸ 카드놀이에 쓰는 제구. 보통 하트, 다이아몬드, 클로버, 스페이드 각 13매씩 네 벌과 조커를 포함하여 53매로 이루어진다. ◆ 纸牌，扑克(牌)。¶카드로 블랙잭 놀이를 하다. =用纸牌玩黑杰克。❹ 방법이나 수단. ◆ 手段，方法。¶비장의 카드를 내놓다. =拿出杀手锏。❺ 특정한 기능을 갖추어 컴퓨터의 확장 슬롯에 꽂도록 설계된 전자 회로 기판(基板). ◆ 卡。¶사운드 카드. =声卡。

카랑카랑하다【형용사】목소리가 쇳소리처럼 맑고 높다. ◆形清脆，清亮。

카레(curry)【명사】名 ❶ 강황(薑黃), 생강, 후추, 마늘 따위를 섞어 만든 맵고 향기로운 노란 향신료. 카레라이스 따위의 요리를 만들 때에 쓴다. ◆ 咖喱。❷ 카레라이스. 인도 요리의 하나. 고기와 감자, 양파 따위의 채소를 넣어 익힌 국물에 카레 가루와 밀가루를 섞어 되직하게 끓인 것을 쌀밥에 얹는다. ◆咖喱饭。

카레라이스(curried rice)【명사】인도 요리의 하나. 고기와 감자, 양파 따위의 채소를 넣어 익힌 국물에 카레 가루와 밀가루를 섞어 되직하게 끓인 것을 쌀밥에 얹는다. ◆名 咖喱饭。

카메라(camera)【명사】名 ❶ 사진기(寫眞機)(사진을 찍는 기계). ◆ 照相机，相机。❷ 촬영기(영화나 영상 따위를 찍는 기계). ◆ 摄像机，摄影机。

카메라맨(cameraman)【명사】名 ❶ 영화나 방송국 프로그램의 촬영 기사. ◆ 摄影师。❷ 신문사나 잡지사의 사진 기자. ◆ 摄影记者。

카멜레온(chameleon)【명사】도마뱀과 비슷하나 머리는 투구 모양에 꼬리가 길고, 주위의 환경이나 온도 등에 따라 몸 색깔이 변하는 파충류. ◆名 变色龙。

카바레(cabaret)<프>【명사】무대, 무도장 따위의 설비를 갖춘 서양식의 고급 술집. ◆名 (有音乐和歌舞表演的)高级酒吧，夜总会。

카세트(cassette)【명사】名 ❶ 카세트테이프를 사용하여 소리를 녹음하거나 재생할 수 있도록 만든 장치. ◆ 盒式磁带录音机。❷ 카세트테이프. ◆ 磁带。

카세트테이프(cassette tape)【명사】소리를 기록할 수 있는 자기 테이프를 장치한 작은 플라스틱 갑. ◆名磁带。

카센터(car center)【명사】자동차를 수리하거나 정비하는 업소. ◆名汽车修理厂。

카스텔라(castella)<프>【명사】밀가루에 설탕, 달걀, 물엿 따위를 넣고 반죽하여 오븐에 구운 빵. ◆名 鸡蛋糕。

카오스(chaos)<그>【명사】그리스의 우주 개벽설에서, 우주가 발생하기 이전의 원시적인 상태. 혼돈이나 무질서 상태를 이른다. ◆名 混乱，无秩序。

카우보이(cowboy)【명사】미국 서부 지방이나 멕시코 등지의 목장에서 말을 타고 일하는 남자.◆名牛仔，牧童。

카운슬러(counselor)【명사】상담원(어떤 문제에 대하여 듣고 도움말을 해 주는 것이 직업인 사람). ◆名 (学生)辅导员，心理咨询师。

카운터(counter)【명사】식당이나 상점에서 값을 계산하는 곳. ◆名收银台，柜台。¶계산은 카운터에서 하시기 바랍니다. =请您到收银台结算。

카지노(casino)<이>【명사】춤, 음악 따위의 오락 시설을 갖춘 공인 도박장. 룰렛이나 카드놀이 따위를 한다. ◆名 (具有表演、舞池等的)赌场。

카키색(khaki色)【명사】탁한 황갈색. 주로 군복에 많이 쓴다. ◆名卡其色。

카탈로그(catalog)【명사】광고를 하기 위해 그림과 설명을 덧붙여 작은 책 모양으로 꾸민 상품의 안내서. ◆名样本，目录。¶상품 카탈로그를 찍다. =印刷商品目录。

카페(cafe)<프>【명사】커피나 음료, 술 또는 가벼운 서양 음식을 파는 집. ◆名咖啡厅。

카페인(caffeine)【명사】커피의 열매나 잎, 카카오와 차 따위의 잎에 들어 있으며, 흥분제 · 이뇨제 · 강심제 따위에 쓰나 많이 사용하면 중독 증세를 일으킨다. ◆名 咖啡碱，咖啡因。

카펫(carpet)【명사】양털 따위의 털을 표면에 보풀이 일게 짠 두꺼운 모직물. ◆名地毯，地毡。

카폰(car phone)【명사】'자동차 전화'를 일상적으로 이르는 말. ◆名车载电话。

칵【부사】목구멍에 걸린 것을 힘 있게 내뱉는 소리. ◆ 副喀(用力咯出喉间梗塞物的声音)。¶ 그는 연거푸 칵, 칵 소리를 내며 고통스러워 했다. =他不停地发出喀喀的声音，难受死了。

칵테일(cocktail)【명사】독한 양주에 과즙이나 설탕 등을 넣고 얼음과 함께 섞은 술. ◆名鸡尾酒。

칸【명사】❶ 건물, 기차 안, 책장 등을 용도에 따라 일정한 크기나 모양으로 나누어 둘러막은 공간. ◆名空着。¶책장 맨 아래 칸에만 책이 꽂혀 있고 나머지 칸은 텅 비어 있다. =只有书柜最下方的空当处插着图书，其余的地方都空着。❷ 사방을 둘러막은 그 선의 안. ◆名格。¶시험지 칸을 채우느라고 진땀 뺐다. =填试卷空格填得直冒大汗。

칸막이【명사】둘러싸인 공간의 사이를 막음. 또는 그렇게 막은 물건. ◆名屏障，隔板，隔间。● 칸막이하다 ●

칼【명사】물건을 베거나 썰거나 깎는 데 쓰는 도구. ◆名刀。

칼국수【명사】밀가루 반죽을 방망이로 얇게 밀어서 칼로 가늘게 썰어 만든 국수. 또는 그것을 넣어 끓인 음식. ◆名刀切面，刀削面。

칼끝【명사】칼날의 맨 끝. ◆名刀尖，锋芒。

칼날【명사】물건을 베는, 칼의 얇고 날카로운 부분. ◆名刀刃，刀尖，刀锋。

칼라(collar)【명사】양복이나 와이셔츠 따위의 목둘레에 길게 덧붙여진 천(부분). ◆名衣领，领子。

칼럼(column)【명사】신문, 잡지 따위의 특별 기고. 또는 그 기고란. 주로 시사, 사회, 풍속 따위에 관하여 짧게 평을 한다. ◆名 专栏，短评栏。¶권두 칼럼. =卷首短评。

칼럼니스트(columnist)【명사】신문이나 잡지에 칼럼을 쓰는 사람. ◆名 专栏作家，短评栏作家。

칼로리(calorie)【의존 명사】열량의 단위. 기호는 cal. ◆依名卡路里，卡。

칼륨(kalium)<독>【명사】알칼리 금속 원소의 하나. 원자 기호는 K, 원자 번호는 19, 원자량은 39.0983. ◆名 钾。

칼바람【명사】❶ 몹시 매섭고 독한 바람. ◆名刺骨寒风。❷ 아주 혹독한 박해를 비유적으로 이르는 말. ◆名〈喻〉残酷的迫害。

칼부림【명사】남을 해치려고 칼을 함부로 내저음. 또는 그런 일. ◆名挥刀，动刀(子)，耍刀子。¶말싸움이 확대되어 결국 칼부림이 났다. =嘴仗打着打着升级了，结果动上了刀子。

칼슘(calcium)【명사】주기율표의 2족 원소인 알칼리 토류 금속의 하나. 원자 기호는 Ca. ◆名 钙。

칼싸움【명사】진짜 칼이나 목검 따위를 써서 하는 싸움. ◆名持械斗殴。

칼자루【명사】칼을 안전하게 쥐게 만든 부분. ◆名刀把(儿)，剑柄。

칼잡이【명사】❶ 칼을 잘 쓰는 사람을 낮잡아 이르는 말. ◆名〈贬〉刀手，刀客。¶뛰어난 칼잡이. =顶尖的刀客。❷ 백정. 소나 개, 돼지 따위를 잡는 일을 직업으로 하는 사람. ◆名〈贬〉屠夫，屠户。

칼질【명사】❶ 칼로 물건을 베거나 깎거나 써는 따위의 짓. ◆名刀法，刀功，使刀，操刀。¶칼질이 서투르다. =刀法不熟。❷ 글이나 영화 따위를 편집하거나 다듬을 때 일부 내용을 삭제하는 것을 비유적으로 이르는 말. ◆名〈喻〉剪辑，剪掉，删掉。¶칼질이 심해서 어디 신문을 볼 수 있겠어? =剪得太多了，哪里还能看到报纸? ● 칼질하다 ●

칼집[1]【명사】요리를 만들 때 재료를 칼로 가볍게 에어서 낸 진집. ◆名 (用刀拉的)口子。¶오징어에 칼집을 내다. =用刀在鱿鱼上拉些口子。

칼집[2]【명사】칼날을 보호하기 위하여 칼의 몸을 꽂아 넣어 두도록 만든 물건. ◆名鞘，刀鞘。

칼춤【명사】칼을 들고 추는 춤. ◆名剑舞。¶칼춤을 추다. =跳剑舞。

칼칼하다【형용사】❶ 목이 말라서 물이나 술 따위를 마시고 싶은 느낌이 있다. ◆形渴，(嗓子)冒烟。¶소리를 질렀더니 목이 칼칼하다. =喊得嗓子都冒烟了。❷ 목소리가 조금 쉰 듯하고 거친 느낌이 있다. ◆形急躁。¶목소리가 칼칼하다. =声音急躁。❸ 맵거나 텁텁하거나 해서 목을 자극하는 맛이 조금 있다. ◆形辣，呛(嗓子)。¶이 집 요리 정말로 칼칼하다. =这家的菜真辣。

캄보디아(Cambodia)【명사】동남아시아에 있는 나라. ◆名柬埔寨。

캄캄하다【형용사】❶ 아주 까맣게 어둡다. ◆形漆黑，黑暗。¶캄캄한 밤길을 혼자 걷다. =一个人走在漆黑的夜路上。❷ 희망이 없는 상태에 있다. ◆形渺茫，暗淡。¶졸업을 했는데, 눈앞이 캄캄하다. =毕业了，眼前一片迷茫。❸ 어떤 사실을 전혀 모르거나 잊은 상태이다. '깜깜하다'보다 거센 느낌을 준다. ◆形一无所知，全然不知。¶경제에 캄캄하다. =对经济一无所知。

캐나다(Canada)【명사】북아메리카의 북부에 있는 나라. ◆名加拿大。

캐다【동사】❶ 땅속에 묻힌 사물을 파서 꺼내다. ◆动开采，挖掘，挖。¶산에서 나물을 캐다. =在山上挖野菜。❷ 드러나지 아니한 사실을 밝혀내다. ◆动追查，揭穿，挖。¶뒤를 캐다. =追查背景。

캐러멜(caramel)【명사】물엿, 설탕, 우유, 초콜릿 따위에 바닐라 따위의 향료를 넣고 졸인 뒤 굳힌 사탕의 하나. ◆名卡拉梅尔糖，饴糖。

캐럿(carat)【의존 명사】보석의 무게를 재는 단위. ◆依名克拉。

캐묻다【동사】자세히 파고들어 묻다. ◆动追问，逼问，查问。¶피의자에게 공범이 있는지를 캐묻다. =盘问嫌疑人是否还有共犯。

캐비닛(cabinet)【명사】서랍이나 칸이 있는 사무용 서류나 물품 따위를 넣어 보관하는 장. ◆名橱柜，文件柜。

캐어묻다【동사】'캐묻다'의 본말. ◆动 "캐묻다"的本г。¶경찰은 용의자에게 그 날의 행적에 대해서 꼬치꼬치 캐어물었다. =警察仔细地查问嫌疑犯当天的行踪。

캔(can)【명사】양철 따위로 만든 통. ◆名铁罐，听。¶캔 커피. =罐装咖啡。

캔디(candy)【명사】설탕이나 엿 따위를 끓였다가 식혀서 여러 가지 모양으로 굳힌 것. 알사탕, 드롭스 따위가 있다. ◆名糖果，糖。

캔버스(canvas)【명사】유화를 그릴 때 쓰는 천. 삼베 같은 천에 아교나 카세인을 바르고 그 위에 다시 아마인유, 산화아연, 밀타승 따위를 섞어서 바른다. ◆名 画布，油画布。

캠퍼스(campus)【명사】대학이나 그 밖의 학교의 교정 또는 구내. ◆名校园，校区。¶대학 캠퍼스. =大学校园。

캠페인(campaign)【명사】 사회 · 정치적 목적 따위를 위하여 조직적이고도 지속적으로 행하는 운동. ◆ 图 活动，运动。¶자연보호 캠페인. =保护大自然的活动。

캠프(camp)【명사】 휴양이나 훈련 따위를 위하여 야외에서 천막을 치고 일시적으로 하는 생활. 또는 그런 생활을 하는 곳. ◆ 图野营，露营；露营地，营地。¶캠프를 설치하다. =设置营地。

캠핑(camping)【명사】 산이나 들 또는 바닷가 따위에서 텐트를 치고 야영함. 또는 그런 생활. ◆ 图露营，野营；露营生活，野营生活。¶친구들과 캠핑을 가다. =和朋友们一起去野营。

캥거루(kangaroo)【명사】 포유류 캥거루과 동물을 통틀어 이르는 말. ◆ 图袋鼠。

커녕【조사】 어떤 사실을 부정하는 것은 물론 그보다 덜하거나 못한 것까지 부정하는 뜻을 나타내는 조사. ◆ 助别说……，就连……也不……¶밥커녕 죽도 못 먹는다. =别说饭了，连粥也喝不上。

커닝(cunning)【명사】 시험을 볼 때, 미리 준비해 온 답이나 남의 답안지를 몰래 보고 답을 쓰는 일. ◆ 图作弊，小抄。¶커닝 페이퍼 만들기. =制作作弊用的小纸条。● 커닝하다 ●

커다랗다【형용사】 아주 크다. 또는 매우 큼직하다. ◆ 形巨大，很大。¶커다란 눈. =大大的眼睛。

커리큘럼(curriculum)【명사】 교육 목표에 따라 교육 내용을 전반적으로 계획한 것. ◆ 图 课程，教学课程。¶커리큘럼을 짜다. =编课程。

커미션(commission)【명사】 국가나 공공 단체 또는 그 기관이 특정한 사람을 위하여 공적인 일을 하였을 때, 그 보상으로 받는 요금. ◆ 图佣金，酬金，手续费。¶커미션을 받고 직업을 알선해 주다. =拿佣金替人介绍工作。

커브(curve)【명사】 ❶ 길이나 선 따위의 굽은 부분. ◆ 图弯，曲线，弯曲。¶그 집은 이 길 끝에서 커브를 돌면 보인다. =那所房子在这条路的尽头拐个弯就看见了。❷ 야구에서, 투수가 던진 공이 타자 가까이에 와서 변화하면서 갑자기 꺾이는 것. 또는 그런 공. ◆ 图 (棒球)曲线球，钩球。¶커브를 던지다. =投曲线球。

커서(cursor)【명사】 디스플레이 장치의 화면에서 입력 위치를 나타내는 표지. ◆ 图 光标。

커지다【동사】 크게 되다. ◆ 动变大，增大，扩大。¶규모가 커지다. =规模扩大了。

커튼(curtain)【명사】 图 ❶ 창이나 문에 치는 휘장. ◆ 图窗帘，门帘，帘。¶커튼을 열다. =打开帘子。❷ 극장이나 강당의 막(幕). ◆ 幕，帷幕。¶공연이 시작되기 전의 무대에는 커튼이 드리워져 있다. =演出开始前，舞台上的幕关着。

커플(couple)【명사】 짝이 되는 남녀 한 쌍. ◆ 图一对，一双，夫妻，情侣。¶환상의 복식 커플. =梦幻般的混双组合。

커피(coffee)【명사】 图 커피 가루를 끓인 물에 타서 마시는 차. 그냥 마시기도 하지만 설탕이나 우유 따위를 첨가하여 마시기도 한다. ◆ 咖啡。¶커피를 한 잔 마셨다. =喝了一杯咖啡。

컥컥[1]【부사】 자꾸 숨이 답답하게 막히는 모양. ◆ 副憋气的样子。¶목욕탕에 들어서니 숨이 컥컥 막혔다. =一进澡堂就喘不上气来。

컥컥[2]【부사】 목구멍에 깊이 걸린 것을 힘 있게 자꾸 내뱉는 소리. ◆ 副咳咳。¶컥컥 소리를 내다. =发出咳咳的声音。

컨디션(condition)【명사】 图 ❶ 몸의 건강이나 기분 따위의 상태. ◆ 健康状况。¶컨디션이 좋다. =健康状况良好。❷ 주위의 상황이나 형편 또는 조건. ◆ 条件，环境，情况，形势。¶그라운드 컨디션이 좋지 않다. =赛场的条件不好。

컨테이너(container)【명사】 화물 수송에 주로 쓰는, 쇠로 만들어진 큰 상자. 짐 꾸리기가 편하고 운반이 쉬우며, 안에 들어 있는 화물을 보호할 수 있는 장점이 있다. ◆ 图货柜，集装箱。

컬러(color)【명사】 图 ❶ 빛깔이 있는 것. ◆ 颜色，彩色。❷ 개성이나 분위기. 또는 그 작품만의 느낌이나 맛. ◆ 风格，个性，特色。¶컬러가 분명한 작품. =个性鲜明的作品。

컬컬하다【형용사】 形 ❶ 목이 몹시 말라서 물이나 술 따위를 마시고 싶은 느낌이 있다. ◆ 干渴，口干舌燥。¶컬컬한 목을 축이다. =润润干渴的喉咙。❷ 목소리가 쉰 듯하고 거친 느낌이 있다. ◆ 沙哑，粗声粗气。¶컬컬한 목소리.=沙哑的嗓音。

컴컴하다【형용사】 形 ❶ 아주 어둡다. ◆ 漆黑，黑漆漆，黑乎乎。¶컴컴한 지하실. =黑漆漆的地下室。❷ 마음이 엉큼하고 음흉하다. ◆ 阴险贪婪，心黑。¶그는 속이 컴컴한 사람이다. =他是个内心阴险贪婪的人。

컴퍼스(compass)【명사】 자유롭게 폈다 오므렸다 할 수 있는 두 다리를 가진 제도용 기구. 원이나 호를 그리는 데 주로 사용한다. ◆ 图圆规。

컴퓨터(computer)【명사】 전자 회로를 이용한 고속의 자동 계산기. ◆ 图 计算机，电脑。

컵(cup)【명사】 图 ❶ 물이나 음료 따위를 따라 마시려고 만든 그릇. ◆ 杯，杯子。❷ 운동 경기에서 상으로 주는 큰 잔. ◆ 奖杯，优胜杯。¶드디어 우승컵을 차지했군요. =终于获得了优胜杯。

컵라면(cup—)【명사】 컵 모양의 일회용 용기에 담아 뜨거운 물을 부어 간편하게 먹을 수 있게 만든 라면. ◆ 图杯装泡面。

컹컹【부사】 개가 크게 짖는 소리. ◆ 副汪汪，〈书〉狺狺。¶개가 컹컹 짖다. =狗汪汪大叫。

케냐(Kenya)【명사】 아프리카의 동부에 있는 나라. ◆ 图肯尼亚。

케이블카(cable car)【명사】 경사가 급한 사면을 따라서 부설된 레일 위에 강철로 꼬아 만든 케이블을 감아올리는 기계로 차량을 운전하여 승객이나 화물을 운반하는 철도. 또는 그 차량. 등산이나 광차 운반용으로 쓴다. ◆ 图 缆车。

케이스(case)【명사】 물건을 넣는 상자나 갑. ◆ 图 盒(子)，箱(子)，匣(子)。¶화장품 케이스. =化妆品盒子。

케이크(cake)【명사】밀가루, 달걀, 버터, 우유, 설탕 따위를 주원료로 하여 오븐 따위에 구운 서양 음식. ◆ 图 蛋糕。¶생일 축하 케이크. =生日蛋糕。

케첩(ketchup)【명사】토마토, 양파, 피망, 과일 따위를 끓여서 걸러 낸 것에 설탕, 소금, 향신료, 식초 따위를 섞어서 조린 소스. ◆ 图番茄酱。

케케묵다【형용사】形 ❶ 물건 따위가 아주 오래되어 낡다. ◆ 旧，陈，老。¶케케묵은 장롱. =旧箱子。❷ 일, 지식 따위가 아주 오래되어 시대에 뒤떨어진 데가 있다. ◆ 陈腐，腐朽，旧，老。¶그는 케케묵은 이야기를 꺼냈다. =他老调重弹。

켄트지(kent-)【명사】그림이나 제도 따위에 쓰는 빳빳한 흰 종이. 영국의 켄트 주에서 처음으로 생산된 데서 그 이름이 유래하였다. ◆ 图肯特纸，原产于英国肯特郡的一种制图纸。

켕기다【동사】动 ❶ 단단하고 팽팽하게 되다. ◆ 绷紧，紧绷绷。¶그는 켕긴 연줄을 힘껏 당겼다가 다시 놓아주었다. =他用力一拉绷得紧紧的风筝线，然后放开。❷ 마음속으로 겁이 나고 탈이 날까 불안해하다. ◆ 紧张，害怕，不安，心虚。¶녀석이 자꾸 나를 피하는 것이 뭔가 켕기는 것이 있는 것 같았다. =小兔崽子总是避开我，好像有什么心虚的事。

켜【명사】图 ❶ 포개어진 물건의 하나하나의 층. ◆ 叠，层。¶켜를 지은 시루떡. =一层一层的蒸糕。❷ 포개어진 물건 하나하나의 층을 세는 단위. ◆ 层。¶창고에는 옷감들이 여러 켜로 쌓여 있었다. =衣服料子在仓库里堆了好几层。

켜다[1]【동사】팔다리나 네 다리를 쭉 뻗으며 몸을 펴다. ◆ 动伸。¶기지개를 한 번 크게 켜다. =伸了一个大懒腰。

켜다[2]【동사】动 ❶ 나무를 세로로 톱질하여 쪼개다. ◆ 锯，锯开。¶재목을 얇게 켜다. =把木料锯得很薄。❷ 현악기의 줄을 활 따위로 문질러 소리를 내다. ◆ 拉，弹，拨弄(琴弦等)。¶바이올린을 켜다. =拉小提琴。❸ 누에고치에서 실을 뽑다. ◆ 缫(丝)。¶고치를 켜다. =缫丝。

켜다[3]【동사】등잔이나 양초 따위에 불을 붙이거나 성냥이나 라이터 따위에 불을 일으키다. ◆ 动点，开，打开(灯)。¶불을 켜다. =点火。

켤레【의존 명사】신, 양말, 버선, 방망이 따위의 짝이 되는 두 개를 한 벌로 세는 단위. ◆ 依名 量双，对。¶구두 한 켤레. =一双皮鞋。

코[1]【명사】图 ❶ 포유류의 얼굴 중앙에 튀어나온 부분. 호흡을 하며 냄새를 맡는 구실을 하고, 발성(發聲)을 돕는다. ◆ 鼻，鼻子。❷ 콧물. 콧구멍에서 흘러나오는 액체. ◆ 鼻涕。¶코를 힁 풀다. =哼地擤鼻涕。❸ 버선이나 신 따위의 앞 끝이 오뚝하게 내민 부분. ◆ 尖头，尖。¶고무신 코. =胶鞋尖。

-코[2]【접사】일부 한자 어근이나 명사 뒤에 붙어 부사를 만드는 접미사. ◆ 后缀用于部分汉字词根之后，使之成为副词，表示程度。¶결단코. =绝对。

코끝【명사】콧등의 끝. ◆ 图鼻尖，鼻头。

코끼리【명사】포유류인 아시아코끼리, 아프리카코끼리를 통틀어 이르는 말. ◆ 图 大象，象。

코너(corner)【명사】图 ❶ 일정한 공간의 구석이나 길의 모퉁이. ◆ 角落，拐角。¶네거리 코너. =十字路口拐角处。❷ 백화점 따위의 큰 상가에서 특정한 상품을 진열하고 팔기 위한 곳. ◆ (商场里的特设)柜台，角。¶아동복 코너. =童装柜台。❸ 어떤 일이나 상황이 헤쳐 나가기 어렵고 곤란하게 된 상태를 비유적으로 이르는 말. ◆ 〈喻〉困境，绝路，死角。¶코너에 몰리다. =陷入困境。

코드(code)【명사】图 ❶ 어떤 사회나 계급, 직업 따위에서의 규약이나 관례. ◆ 法规，规则，惯例。❷ 상사(商社)가 국제 전보에서 정하여 두고 쓰는 약호나 기호. ◆ 代号，密码。❸ 정보를 나타내기 위한 기호 체계. 데이터 코드, 기능 코드, 오류를 검사하기 위한 검사 코드 따위가 있다. ◆ 电脑编码，代码。¶한글 코드. =韩文编码。

코란(Koran)【명사】이슬람교의 경전. ◆ 图《古兰经》。

코르크(cork)【명사】图 ❶ 코르크나무의 겉껍질과 속껍질 사이의 두껍고 탄력 있는 부분. 또는 그것을 잘게 잘라 가공한 것. 보온재, 방음재, 구명 도구의 재료 등 여러 곳에 쓴다. ◆ 栓皮，软木。❷ '코르크'로 만든 마개. ◆ 软木塞，木栓。

코미디(comedy)【명사】희극(喜劇). 웃음을 주조로 하여 인간과 사회의 문제점을 경쾌하고 흥미 있게 다룬 연극이나 극 형식. ◆ 图 喜剧。¶코미디 영화.=喜剧电影。

코미디언(comedian)【명사】희극 배우. 희극을 전문적으로 연기하는 사람. ◆ 图喜剧演员，滑稽演员。

코브라(cobra)【명사】코브라과의 뱀. 몸의 길이는 1.5~2미터이며 회색 또는 갈색으로 변화가 많다. ◆ 图 眼镜蛇。

코빼기【명사】俚 '코'를 속되게 이르는 말. 포유류의 얼굴 중앙에 튀어나온 부분. 호흡을 하며 냄새를 맡는 구실을 하고, 발성(發聲)을 돕는다. ◆ 图 俚"코"的贬称。¶코빼기도 내밀지 않다. =连鼻子都不出现。〈喻〉连人影都见不着。

코뿔소【명사】포유류의 코뿔솟과에 속하는 수마트라코뿔소, 인도코뿔소, 흰코뿔소, 검은코뿔소 따위를 통틀어 이르는 말. ◆ 图 犀牛。

코스(course)【명사】图 ❶ 어떤 목적에 따라 정하여진 길. ◆ 路线，道路。¶산책 코스. =散步路线。❷ 정식 만찬이나 오찬 등에서 차례차례 나오는 한 접시 한 접시의 요리. ◆ 一道菜。¶정식 중화요리 코스. =一份中式套餐。❸ 거쳐 가야 할 교과 과정이나 절차. ◆ 课程，讲座。¶석사 코스. =硕士课程。❹ 육상, 수영, 경마, 골프 따위에서, 달리거나 나아가는 길. ◆ 跑道，泳道，滑道。¶제일 코스의 선수. =第一道上的选手。

코스모스(cosmos)【명사】국화과의 한해살이풀. ◆ 图 大波斯菊。

코알라(koala)【명사】머리는 곰과 비슷하고 배에 있는 주머니에 새끼를 넣어 기르며, 주로 나무 위에서 사는 네발짐승. 오스트레일리아에서만 산다.

◆图考拉。

코웃음【명사】콧소리를 내거나 코끝으로 가볍게 웃는 비난조의 웃음. ◆图冷笑，嗤笑。¶그는 코웃음을 쳤다.=他冷笑了一声。

코치(coach)【명사】图 ❶ 지도하여 가르침. ◆训练，指导，指点。¶이래라 저래라 코치를 하다. =这样那样地指导着。❷ 운동 경기의 정신·기술·전술 따위를 선수들에게 지도하고 훈련시키는 일. 또는 그 일을 하는 사람. ◆训练，指导，教练，教练员。¶코치 겸 선수. =教练兼运动员。● 코치하다(coach--) ●

코카인(cocaine)【명사】코카의 잎에 들어 있는 알칼로이드. 무색의 고체로 국소 마취에 쓴다. 거래나 사용이 법률로 규제되어 있는 마약이다. ◆图可卡因。

코코넛(coconut)【명사】코코야자의 열매. 배젖에서 야자유를 짜며 이것을 말려 코프라를 만든다. 열매 속에는 달콤한 코코넛 밀크액이 있다. ◆图椰子。

코코아(cocoa)【명사】图 ❶ 카카오나무의 열매를 빻아 만든 가루. 탁한 갈색으로 음료나 과자, 약의 재료로 쓴다. ◆可可粉。❷ 코코아차. 카카오나무의 열매를 빻은 가루를 끓인 물에 타서 마시는 차. ◆可可茶。

코털【명사】콧구멍 속에 난 털. ◆图鼻毛。

코트[1](court)【명사】테니스, 농구, 배구 따위의 경기를 하는 곳. ◆图球场，场地。¶선수들이 코트에 나오자 관중들은 환호하였다. =选手们一上场，观众就开始欢呼。

코트[2](coat)【명사】추위를 막기 위해 겉옷 위에 입는 옷. ◆图大衣，外套。

코팅(coating)【명사】물체의 겉면을 수지 따위의 엷은 막으로 입히는 일. 렌즈 겉면에 반사 방지막을 만들거나, 피륙에 방수 또는 내열 가공을 할 때 이용한다. ◆图涂层，压膜，贴膜。● 코팅하다(coating--) ●

코피【명사】코에서 흘러나오는 피. ◆图鼻血。

코허리【명사】콧등의 잘록한 부분. 또는 콧방울 위의 잘록하게 들어간 곳. ◆图鼻洼，鼻凹。¶그 영감은 코허리에 안경을 올려놓고 시계를 고치고 있었다. =那位老人家把眼镜架在鼻子上修表。

코흘리개【명사】图 ❶ 늘 콧물을 흘리는 아이를 놀림조로 이르는 말. ◆俚鼻涕虫。❷ 철없는 어린아이를 비유적으로 이르는 말. ◆〈喻〉小毛孩子，不懂事的孩子。¶아니 코흘리개가 이렇게 컸단 말인가? =啊，不懂事的小毛孩也长这么大了啊?

콕【부사】작게 또는 야무지게 찌르거나 박거나 찍는 모양. ◆副用小而尖的东西猛刺的样子。¶바늘로 콕 찌르다. =用针哧啦地刺了一下。● 콕콕 ●

콘덴서(condenser)【명사】图 ❶ 응축기. 수증기를 식혀서 물이 되게 하는 증기 기관의 장치. 기관 내부의 압력을 일정하게 하여 기관의 효율을 높이는 데 쓴다. ◆冷凝器，凝结器。❷ 집광기. 반사경을 이용하여 빛을 한곳에 모으는 장치. 집광 렌즈 따위가 있다. ◆聚光器，聚光镜。❸ 축전기. 많은 양의 전기를 모으는 장치. 레이던병, 가변 축전기 따위가 있다. ◆蓄电池，电瓶。

콘도미니엄(condominium)【명사】객실에 취사 도구를 비롯한 기본적인 살림살이를 갖추고 있으며, 객실 단위로 분양하여 운영하는 형태의 호텔. ◆图产权宾馆，共管公寓，酒店式公寓。¶콘도미니엄을 건설하다.=建产权宾馆。● 略콘도 ●

콘돔(condom)【명사】성교할 때에 피임, 성병 예방 따위의 목적으로 남자의 성기에 씌우는 얇은 고무 주머니. ◆图避孕套。

콘서트(concert)【명사】음악을 연주하여 청중이 음악을 감상하게 하는 모임. ◆图音乐会。

콘센트(←concentric plug)【명사】전기가 흐르는 선과 코드를 이어주며, 플러그를 끼워 전기를 통하게 하는 기구. ◆图电源插座。

콘크리트(concrete)【명사】토목 공사나 건축의 재료로 쓰는, 시멘트에 모래와 자갈을 섞어 물에 반죽한 물질. ◆图混凝土。¶콘크리트 건물. =混凝土建筑。

콘택트렌즈(contact lens)【명사】안경 대신에 눈의 각막에 직접 붙여서 사용하는 렌즈. ◆图隐形眼镜。

콘테스트(contest)【명사】용모, 기능, 실력 따위를 겨루기 위하여 열리는 대회. ◆图竞赛，大赛，选拔赛。¶미인 콘테스트. =选美大赛。

콘트라베이스(contrabass)【명사】바이올린과 비슷하게 생겼으나 매우 크며, 현악기 가운데 음역이 가장 낮은 악기. ◆图低音提琴。

콜드크림(cold cream)【명사】얼굴을 마사지할 때에 사용하는, 기름기가 많은 크림. ◆图润肤霜。

콜라(cola)【명사】콜라나무의 종자와 코카의 잎을 주원료로 사용하여 만드는 청량음료. 카페인 성분을 많이 지니고 있으며 독특한 맛을 낸다. ◆图可乐。

콜레라(cholera)【명사】콜레라균에 의하여 일어나는 소화 계통의 전염병. 급성 법정 전염병으로 심한 구토와 설사에 따른 탈수 증상, 근육의 경련 따위를 일으키며 사망률이 높다. ◆图霍乱。

콜레스테롤(cholesterol)【명사】고등 척추동물의 뇌, 신경 조직, 부신(副腎), 혈액 따위에 많이 들어 있는 대표적인 스테로이드. ◆图胆固醇。

콜록거리다【동사】감기나 천식 따위로 가슴 속에서 울려 나오는 기침 소리를 잇따라 내다. ◆动持续咳嗽。¶콜록거리는 것이 감기인가 봅니다. =一直咳嗽，可能是感冒了。● 콜록대다 ●

콜록콜록【부사】감기나 천식 따위로 가슴 속에서 잇따라 울려 나오는 기침 소리. ◆副持续咳嗽的声音。

콜롬비아(Colombia)【명사】남아메리카의 북서부에 있는 나라. 세계 제2의 커피 산지이며, 수도는 보고타. ◆图哥伦比亚。

콜택시(call taxi)【명사】전화로 호출하여 이용하는 택시. ◆图呼叫出租汽车。

콤비(←combination)【명사】어떤 일을 하기 위

하여 두 사람이 짝을 이루는 일. 또는 그 두 사람. ◆ 图搭伙，搭档。¶황금 콤비.=最佳搭档。

콤팩트디스크(compact disk) 【명사】 광신호로 기록된 음악이나 영상 따위의 정보를 재생하는 새로운 방식의 재생 기기. ◆ 图 光盘。¶카세트테이프보다 콤팩트디스크가 음질이 깨끗하다. =光盘的音质比磁带清晰。

콤플렉스(complex) 【명사】 현실적인 행동이나 지각에 영향을 미치는 무의식의 감정적 관념. ◆ 图 下意识，情结；自卑感，自卑心理。

콧구멍 【명사】 图 ❶ 코에 뚫린 두 구멍. ◆ 鼻孔。❷ 공간 따위가 아주 좁은 것을 비유적으로 이르는 말. ◆〈喻〉窄如鼻孔，非常狭窄。¶콧구멍만 한 방의 작은 침대.=狭窄房间里的小床。

콧김 【명사】 图 ❶ 콧구멍으로 나오는 더운 김. ◆ 鼻息。¶짐을 가득 실은 수레를 끄는 소의 콧김. =牛拉着装满行李的大车喘着气。❷ 누군가에게 끼치는 영향력을 비유적으로 이르는 말. ◆〈喻〉影响，影响力。¶그 사람의 콧김이 미치지 않는 곳이 없다. =没有不受他影响的地方。

콧날 【명사】 콧마루의 날을 이룬 부분. ◆ 图鼻梁。¶콧날이 오뚝하다. =鼻梁高。

콧노래 【명사】 입을 다문 채 코로 소리를 내어 부르는 노래. ◆ 图 (用鼻子)哼歌，哼唱。¶ 콧노래를 흥얼거리다. =用鼻子哼着歌。

콧대 【명사】 图 ❶ 콧등의 우뚝한 줄기. ◆ 鼻梁。¶콧대가 오뚝하다. =鼻梁高。❷ 우쭐하고 거만한 태도를 비유적으로 이르는 말. ◆〈喻〉趾高气扬，高傲。¶더 이상 콧대를 세워 봤자 너만 손해다.=再这么高傲下去，受损失的只能是你自己。

콧등 【명사】 코의 등성이. ◆ 图鼻梁。¶친구의 애처로운 사연을 듣고 그녀는 콧등이 찡하였다. =听了朋友那凄惨的遭遇，她鼻子酸了。

콧물 【명사】 콧구멍에서 흘러나오는 액체. ◆ 图鼻涕。

콧방울 【명사】 코끝 양쪽으로 둥글게 방울처럼 내민 부분. ◆ 图鼻翼。

콧소리 【명사】 图 ❶ 비음(鼻音). 코가 막힌 듯이 내는 소리. ◆ 瓮声瓮气，哼声。❷ 비음(鼻音). 입안의 통로를 막고 코로 공기를 내보내면서 내는 소리. 'ㄴ', 'ㅁ', 'ㅇ' 따위가 있다. ◆ (语言学中的)鼻音。

콧속 【명사】 코안. 콧구멍에서 목젖 윗부분에 이르는 빈 곳. ◆ 图鼻腔。

콧수염(-鬚髯) 【명사】 코 아래에 난 수염. ◆ 图小胡子。¶콧수염을 기르다. =留小胡子。

콧잔등 【명사】 콧잔등이. '코허리'를 낮잡아 이르는 말. ◆ 图鼻梁。

콩 【명사】 콩과의 한해살이풀. 씨는 식용하거나 기름을 짜서 쓴다. 중국이 원산지로 한국, 아메리카, 아프리카 등지에 분포한다. ◆ 图 大豆，黄豆。

콩가루 【명사】 图 ❶ 콩을 빻아서 만든 가루. ◆ 豆粉。❷ 한 집단 구성원 간의 상하 질서가 흐트러지거나 유대 관계가 깨어져 버린 상태를 비유적으로 이르는 말. ◆〈喻〉四分五裂，一盘散沙。¶콩가루 가 난 집안. =四分五裂的家庭。

콩고물 【명사】 콩가루로 만든 고물. ◆ 图豆蓉，豆粉。

콩기름 【명사】 콩에서 짜낸 기름. 리놀산이 많이 들어 있어서 정제하여 식용한다. ◆ 图豆油，大豆油。

콩깍지 【명사】 콩을 털어 내고 남은 껍질. ◆ 图豆荚皮。

콩나물 【명사】 콩을 물이 잘 빠지는 그릇 따위에 담아 그늘에 두고 물을 주어 자라게 한 것. 또는 그것으로 만든 나물. ◆ 图豆芽，黄豆芽。

콩밥 【명사】 图 ❶ 쌀에 콩을 섞어서 지은 밥. ◆ 豆饭，大豆饭。❷ 俚 죄수의 밥을 속되게 이르는 말. ◆ 俚监狱的饭。¶콩밥을 먹다. =吃监狱的饭，喻指蹲监狱。

콩알 【명사】 图 ❶ 콩의 낱알. ◆ 豆粒，豆子。❷ 매우 작은 물건을 비유적으로 이르는 말. ◆〈喻〉极小的东西。

콩자반 【명사】 볶거나 삶아서 익힌 콩을 기름, 깨, 물엿 따위와 함께 간장에 넣고 조린 반찬. ◆ 图 一种豆制的食品。

콩쿠르(concours)<프> 【명사】 음악, 미술, 영화 따위를 장려할 목적으로 그 기능의 우열을 가리기 위하여 여는 경연회. ◆ 图汇演，比赛。¶콩쿠르에서 입상하다. =在比赛中获奖。

콩트(conte)<프> 【명사】 단편 소설보다도 더 짧고 유머, 풍자, 기지를 담아서 재치 있게 쓴 소설. ◆ 图微型小说。

콩팥 【명사】 몸 안에서 불필요한 물질을 몸 밖으로 내보내고 체액을 만들거나 그 양을 유지시키는 작용을 하는 장기. ◆ 图 肾，肾脏。

콱 【부사】 副 ❶ 세게 박거나 찌르거나 부딪치는 모양. ◆ 猛刺，猛撞，使劲地，猛地。❷ 단단히 막거나 막히는 모양. ◆ 完全塞住，堵住。¶숨이 콱 막히다. =喘不过气来，窒息。❸ 마구 쏟거나 엎지르는 모양. ◆ 啪地(猛地翻过来或倒掉的样子)。

콱콱 【부사】 副 ❶ 세게 잇따라 박거나 찌르거나 부딪치는 모양. ◆ 连续猛刺、猛撞的样子。¶이마를 콱콱 쥐어박다. =朝额头上连击几拳。❷ 매우 단단히 막히거나 막는 모양. ◆ 堵住，完全塞住。

콸콸 【부사】 많은 양의 액체가 급히 쏟아져 흐르는 소리. ◆ 副汩汩，哗哗。¶둑이 무너지자 물이 콸콸 쏟아졌다. =大堤塌了，水哗哗地流了出去。

쾅 【부사】 副 ❶ 무겁고 단단한 물체가 바닥에 떨어지거나 다른 물체와 부딪쳐 울리는 소리. '꽝'보다 거센 느낌을 준다. ◆ 砰，哐，哐啷，咕咚。¶몸이 벽에 쾅 부딪쳤다. =身体哐地一声撞在了墙上。❷ 총이나 대포를 쏘거나 폭발물이 터져서 울리는 소리. '꽝'보다 거센 느낌을 준다. ◆ 砰，轰，轰隆，咣。¶총을 쾅 쏘다. =砰地开了一枪。

쾅쾅 【부사】 副 ❶ 무겁고 단단한 물체가 잇따라 바닥에 떨어지거나 다른 물체와 부딪쳐 울리는 소리. '꽝꽝'보다 거센 느낌을 준다. ◆ 砰砰，哐啷哐啷，咣当咣当，哐哐(撞击震动声)。¶발을 쾅쾅 구르다. =哐哐地跺脚。❷ 잇따라 총이나 대포를 쏘거나 폭발물이 터져서 울리는 소리. '꽝꽝'보다 거센 느낌을 준다. ◆ 砰砰, 轰轰, 轰隆隆, 隆隆, 咣咣(爆破声)。 ● 쾅쾅거리다, 쾅쾅대다 ●

쾌감(快感)【명사】상쾌하고 즐거운 느낌. ◆ 图快感, 痛快。¶공포 영화를 보면 스릴과 쾌감을 맛볼 수 있다. =看恐怖电影能体会到刺激和快感。

쾌거(快擧)【명사】통쾌하고 장한 행위. ◆ 图壮举, 痛快的行为。¶쾌거를 이루다. =大快人心的事。

쾌락(快樂)【명사】图 ❶ 유쾌하고 즐거움. 또는 그런 느낌. ◆ 快乐, 愉快, 愉悦。¶즐거운 가족.=快乐家族。❷ 감성의 만족, 욕망의 충족에서 오는 유쾌하고 즐거운 감정. ◆ 快乐, 享乐, 愉悦, 愉快。¶정신적 쾌락을 추구하다. =追求精神上的愉悦。

쾌속(快速)【명사】속도가 매우 빠름. 또는 그 속도. ◆ 图快速, 高速(度)。¶쾌속 질주. =飞奔。

쾌속정(快速艇)【명사】속도가 매우 빠른 작은 배. ◆ 图快艇, 汽艇。¶미사일 쾌속정. =火箭快艇。

쾌유(快癒)【명사】병이나 상처가 깨끗이 나음. ◆ 图痊愈, 康复。¶환자의 쾌유를 빌다. =祝患者康复。 ● 쾌유하다(快癒--) ●

쾌재(快哉)【명사】일 따위가 마음먹은 대로 잘되어 만족스럽게 여김. 또는 그럴 때 나는 소리. ◆ 图快哉。¶쾌재를 부르다. =大呼快哉。

쾌적하다(快適--)【형용사】기분이 상쾌하고 즐겁다. ◆ 形令人愉快, 惬意, 宜人。¶쾌적한 공기. =清新宜人的空气。

쾌차(快差)【명사】병이 깨끗이 나음. ◆ 图痊愈, 康复。● 쾌차하다(快差--) ●

쾌청하다(快晴--)【형용사】구름 한 점 없이 상쾌하도록 날씨가 맑다. ◆ 形晴朗, 万里无云, 晴空万里。¶쾌청한 가을 하늘. =万里无云的秋季长空。

쾌활하다(快活--)【형용사】명랑하고 활발하다. ◆ 形快活, 开朗, 明朗。¶그의 성격은 매우 쾌활하다. =他的性格非常开朗。

쾌히(快-)【부사】하는 짓이 시원스럽게. ◆ 副痛快地, 爽快地, 欣然。¶쾌히 승낙했다. =欣然同意了。

쾨쾨하다【형용사】상하고 찌들어 비위에 거슬릴 정도로 냄새가 고리다. ◆ 形臭, 腐臭, 有馊味, 难闻。¶지하실은 곰팡이 냄새로 쾨쾨했다. =地下室一股霉味, 难闻死了。

쿠데타(coup)<프>【명사】무력으로 정권을 빼앗는 일. ◆ 图政变。¶쿠데타를 일으켰다. =发动政变。

쿠바(Cuba)【명사】중앙아메리카의 서인도제도에 있는 섬나라. ◆ 图古巴。

쿠션(cushion)【명사】图 ❶ 좌석 따위에 편히 앉도록 솜, 스펀지, 용수철 따위를 넣어 탄력이 생기게 한 부분. ◆ 垫子。❷ 솜이나 스펀지 따위를 넣어 푹신푹신하게 만든 등 받침. ◆ 靠垫, (软)靠背。¶쿠션에 기대어 한가롭게 텔레비전을 보고 있다. =靠着靠垫悠闲地看着电视。

쿠웨이트(Kuwait)【명사】아시아의 남서부에 있는 나라. 국토의 대부분이 사막이며, 세계적인 석유 생산국이다. 수도는 쿠웨이트. ◆ 图科威特。

쿠키(cookie)【명사】밀가루를 주원료로 하여 구운 서양식 과자. ◆ 图小甜饼, 甜饼干。

쿠폰(coupon)【명사】图 ❶ 한 장씩 떼어서 쓰게 되어 있는 표. ◆ 票, 小票。¶쿠폰을 지불하고 음식 나오기만 기다렸다. =交了小票, 只等食物上来了。❷ 상품에 첨부된 우대권이나 경품 인환권. ◆ (附在商品上的)优惠券, 礼券。¶사은 쿠폰. =谢恩礼券。

쿡【부사】副 ❶ 크게 또는 깊이 찌르거나 박거나 찍는 모양. ◆ 使劲地, 用力地。¶칼로 쿡 찌르다. =用力猛刺。❷ 웃음이나 기침 따위가 갑자기 나는 소리. 또는 그 모양. ◆ 哧地, 扑哧, 喀, 咳。❸ 감정이나 감각을 세게 자극하는 모양. ◆ 感情或感觉受到猛烈刺激的样子。¶식초 냄새가 코를 쿡 쏘았다. =醋味很刺鼻。

쿡쿡【부사】크게 또는 깊이 자꾸 찌르거나 박거나 찍는 모양. ◆ 副一下一下地(狠捅、狠刺、狠插、狠扎、猛啄等)。¶머리를 쿡쿡 쥐어박다. =一下一下地捶着脑袋。

쿨룩거리다【동사】감기나 천식 따위로 가슴 속에서 깊이 울려 나오는 기침 소리를 자꾸 내다. ◆ 动喀喀, 咳咳。● 쿨룩대다 ●

쿨쿨【부사】곤하게 깊이 자면서 숨을 크게 쉬는 소리. 또는 그 모양. ◆ 副呼呼, 呼噜呼噜, 齁齁。¶쿨쿨 코를 골며 자다. =打着呼噜睡得呼呼的。

쿵【부사】副 ❶ 크고 무거운 물건이 바닥이나 물체 위에 떨어지거나 부딪쳐 나는 소리. ◆ 咕咚, 扑通, 咚。¶바닥에 쿵 넘어졌다. =咕咚一声摔倒在地上。❷ 멀리서 포탄 따위가 터지는 소리. ◆ 嘭, 轰, 轰隆。❸ 큰 북이나 장구 따위가 울리는 매우 깊은 소리. '꿍'보다 거센 느낌을 준다. ◆ 咚。❹ 심리적으로 충격을 받아서 갑자기 가슴이 세게 뛰는 모양. ◆ 扑通。¶그는 가슴이 쿵 내려앉아 아무 말도 못하고 있었다. =他的心扑通一下沉了下去, 什么话也说不出来了。

쿵쾅거리다【동사】动 ❶ 폭발물이나 북소리 따위가 크고 작게 엇바뀌어 요란하게 울리는 소리가 잇따라 나다. 또는 그런 소리를 잇따라 내다. ◆ 怦怦, 轰隆隆。¶심장이 쿵쾅거리다. =心怦怦跳。❷ 단단하고 큰 물건이 서로 잇따라 부딪치는 소리가 나다. 또는 그런 소리를 잇따라 내다. '꿍꽝거리다'보다 거센 느낌을 준다. ◆ 咕咚咕咚地响, 哐哐地响。¶쿵쾅거리는 소리. =咕咚咕咚响的声音。❸ 발로 마룻바닥을 구르는 소리가 잇따라 나다. 또는 그런 소리를 잇따라 내다. '꿍꽝거리다'보다 거센 느낌을 준다. ◆ 噔噔地响, 咚咚地响, 嗵嗵地响。¶아이들이 쿵쾅거리며 뛰어다닌다. =孩子们嗵嗵地跑来跑去。 ● 쿵쾅대다 ●

쿵쾅쿵쾅【부사】副 ❶ 폭발물이나 북소리 따위가 크고 작게 엇바뀌어 잇따라 요란하게 울리어 나는 소리. ◆ 轰隆隆, 轰隆轰隆, 隆隆, 咚咚。❷ 단단하고 큰 물건이 잇따라 서로 부딪쳐 나는 소리. '꿍꽝꿍꽝'보다 거센 느낌을 준다. ◆ 咕咚咕咚, 咕噔咕噔。❸ 발로 마룻바닥을 잇따라 굴러 나는 소리. '꿍꽝꿍꽝'보다 거센 느낌을 준다. ◆ 噔噔，咚咚，嗵嗵。

쿵쿵 【부사】 副 ❶ 크고 무거운 물건이 잇따라 바닥이나 물체 위에 떨어지거나 부딪쳐 나는 소리. ◆ 咕咚咕咚，咚咚。❷ 멀리서 포탄 따위가 터져 잇따라 나는 소리. '꿍꿍'보다 거센 느낌을 준다. ◆ 隆隆，轰隆轰隆，轰隆隆。❸ 큰북이나 장구 따위가 잇따라 울리는 매우 깊은 소리. '꿍꿍'보다 거센 느낌을 준다. ◆ 咚咚咚。¶소년은 북을 쿵쿵 쳤다. =少年咚咚咚地敲着鼓。❹ 심리적으로 충격을 받아서 가슴이 자꾸 세차게 뛰는 모양. ◆ 怦怦，嗵嗵，突突，扑腾扑腾。¶쿵쿵 울리는 심장소리를 느낄 수 있었다. =能够感到心脏怦怦的跳动声。● 쿵쿵거리다 ●

퀭하다 【형용사】 눈이 쑥 들어가 크고 기운 없어 보이다. ◆ 形 (眼窝)眍，凹陷，深陷。¶그는 고생이 심했는지 눈이 퀭하다. =他可能是备受煎熬，眼睛都眍进去了。

퀴즈(quiz) 【명사】 어떤 질문에 대한 답을 알아맞히는 놀이 또는 그 질문을 통틀어 이르는 말. ◆ 名猜谜(语)，智力竞赛。¶퀴즈를 풀다. =猜谜。

퀴퀴하다 【형용사】 상하고 찌들어 비위에 거슬릴 정도로 냄새가 구리다. ◆ 形臭，有馊味，霉味，腐臭。¶퀴퀴한 곰팡내가 코를 찔렀다. =霉味刺鼻。

크기 【명사】 사물의 넓이, 부피, 양 따위의 큰 정도. ◆ 名大小，高矮。¶어린아이 크기만 한 인형. =和小孩一样高的娃娃。

크나크다 【형용사】 매우 크다. ◆ 形很大，相当大，非常大。¶크나큰 충격. =非常大的打击。

크낙새 【명사】 숲 속 나무 구멍에 살고 부리로 나무를 찍는 소리가 아주 요란한 새. ◆ 名 白腹啄木鸟。

크다[1] 【동사】 动 ❶ 사람이 자라서 어른이 되다. ◆ 长大。¶너 커서 무엇이 되고 싶니? =你长大后想当什么? ❷ 수준이나 지위 따위가 높은 상태가 되다. ◆ 成长，发展。¶한창 크는 분야라서 지원자가 많다. =因为是正在发展的领域，所以吸引了很多志愿者。

크다[2] 【형용사】 形 ❶ 사람이나 사물의 외형적 길이, 넓이, 높이, 부피 따위가 보통 정도를 넘다. ◆ 大，高，长。¶키가 크다. =个高。❷ 신, 옷 따위가 맞아야 할 치수 이상으로 되어 있다. ◆ 肥，大。¶허리 치수가 커서 바지가 내려갈 것 같다. =裤子腰肥，好像要掉了。❸ 일의 규모, 범위, 정도, 힘 따위가 대단하거나 강하다. ◆ 重大，严重，大。¶가치가 큰 일. =价值重大的事。❹ 사람의 됨됨이가 뛰어나고 훌륭하다. ◆ 杰出，优秀。¶큰 인물을 배출하다. =杰出人物辈出。❺ 돈의 액수나 단위가 높다. ◆ 巨大。¶돈의 액수가 크다. =金额巨大。❻ 소리가 귀에 거슬릴 정도로 강하다. ◆ 大，洪亮，粗壮。¶크게 떠들다. =大肆宣传。❼ 몸이나 마음으로 느끼는 어떤 일의 영향, 충격 따위가 보통 정도를 넘다. ◆ 深，大，重。¶실망이 크다. =深深失望。❽ 생각의 범위나 도량이 넓다. ◆ 大，宽，广。¶통이 크다. =度量大。● 키우다 ●

크래커(cracker) 【명사】 밀가루를 이스트로 발효하여 딱딱하게 구운, 단맛이 없는 서양 과자. ◆ 名(咸的)薄脆饼干，苏打饼。

크레디트 카드(credit card) 【명사】 신용카드(상품이나 서비스의 대금 지급을 은행이 보증하여 일정 기간 뒤에 지급할 수 있도록 하는, 신용 판매 제도에 이용되는 카드). ◆ 名信用卡。

크레용(crayon)〈프〉 【명사】 서양화의 데생에 쓰이는 콩테나 파스텔 같은 막대기 모양의 화구. ◆ 名蜡笔。

크레인(crane) 【명사】 기중기. 무거운 물건을 들어 올려 아래위나 수평으로 이동시키는 기계. ◆ 名 起重机，吊车，吊机。

크레파스(crayons pastel) 【명사】 안료를 연질유로 굳힌 막대기 모양의 물감. 크레용과 파스텔의 특색을 따서 만든 것으로, 색깔을 덧칠하거나 섞어 칠할 수 있다. ◆ 名 粉蜡笔。

크리스마스(Christmas) 【명사】 성탄절. 12월 24일부터 1월 6일까지 예수의 성탄을 축하하는 명절. ◆ 名 圣诞节。

크리스마스이브(Christmas Eve) 【명사】 크리스마스의 전날 저녁. 12월 24일 저녁. ◆ 名平安夜，圣诞(节)前夜。

크리스마스트리(Christmas tree) 【명사】 크리스마스 때에 여러 가지 장식으로 꾸미는 나무. ◆ 名圣诞树。

크리스천(Christian) 【명사】 기독교인. 기독교를 믿는 사람. ◆ 名基督徒，基督教徒。

크림(cream) 【명사】 ❶ 우유에서 얻는 지방질. ◆ 奶油。❷ 달걀, 우유, 설탕 따위로 만든, 옅은 노란색의 끈적끈적한 식품. ◆ 奶油蛋糕。❸ 피부나 머리 손질에 쓰는 기초화장품. ◆ 面霜。

큰개자리 【명사】 고물자리와 토끼자리 사이에 있는 별자리. ◆ 名 巨犬座，大犬座。

큰곰자리 【명사】 북두칠성을 중심으로 북극에 가까이 있는 별자리. ◆ 名 大熊(星)座。

큰기침 【명사】 남에게 위엄을 보이거나, 제정신을 가다듬느라고 소리를 크게 내어 기침함. 또는 그런 기침. ◆ 名大声咳嗽。¶문밖에서 큰기침으로 기척을 해도 아무도 나오지 않았다. =虽然在门外大声咳嗽弄出了动静，但是没有人出来。● 큰기침하다 ●

큰길 【명사】 名 ❶ 크고 넓은 길. ◆ 大道，大路。❷ 사람들과 자동차의 통행량이 많은 큰 도로. ◆ 公路，马路，街道。

큰달 【명사】 한 달이 양력으로는 31일, 음력으로는 30일까지 있는 달. ◆ 名大月。

큰댁(-宅) 【명사】 名 ❶ '큰집'을 높여 이르는 말. ◆ "큰집"的敬称，长房，老大家。¶명절이면 고향에 있는 큰댁으로 일가친척이 모두 모인다. =一到节日，一家亲戚都会聚到老家的长房家。❷ 남의 본처를 높여 이르는 말. ◆〈敬〉正妻，正室。¶그 집 큰댁은 고생을 많이 하고 호강도 못하고 죽었지 아마? =那家的正妻好像吃了很多苦，却没享着福?

큰딸 【명사】 맏딸. 둘 이상의 딸 가운데 맏이가 되는 딸을 이르는 말. ◆ 名长女，大女儿。

큰물【명사】비가 많이 와서 강이나 개천에 갑자기 크게 불은 물. ◆图大水，洪水。

큰북【명사】서양 타악기의 하나. ◆图 大鼓。

큰비【명사】상당한 기간에 걸쳐 많이 쏟아지는 비. ◆图大雨。

큰소리【명사】图 ❶ 목청을 돋워 가며 야단치는 소리. ◆大声，放声，大声嚷嚷，大声骂。¶꼭 큰소리가 나야 말을 들을 거니? =一定得大声骂你才会听话是吧? ❷ 남 앞에서 잘난 체하며 뱃심 좋게 장담하거나 사실 이상으로 과장하여 하는 말. ◆ 夸海口。 ● 큰소리하다 ●

큰스님【명사】덕이 썩 높은 생불을 높여 이르는 말. ◆图〈敬〉大师。

큰아기【명사】맏딸이나 맏며느리를 정답게 부르는 말. ◆图〈昵〉大女儿，大(儿)媳妇。

큰아들【명사】맏아들. 둘 이상의 아들 가운데 맏이가 되는 아들. ◆图长子，大儿子，老大。

큰아버지【명사】图 ❶ 둘 이상의 아버지의 형 가운데 맏이가 되는 형. ◆ 大伯，大伯父。❷ 아버지의 형을 이르는 말. ◆伯父，伯伯。

큰어머니【명사】图 ❶ 아버지 맏형의 아내를 이르는 말. ◆ 大娘，大伯母。❷ 아버지 형의 아내를 이르는 말. ◆伯母。

큰일¹【명사】다루는 데 힘이 많이 들고 범위가 넓은 일. 또는 중대한 일. ◆图大事。

큰일²【명사】결혼, 회갑, 초상 따위의 큰 잔치나 예식을 치르는 일. ◆ 图婚礼，花甲宴，葬礼(婚丧寿辰等大事)。

큰절【명사】图 ❶ 서서 하지 않고 앉으면서 허리를 굽혀 머리를 조아리는 절. ◆ 磕头，大礼。¶부모님께 무릎을 꿇고 큰절을 하다. =跪下给父母磕头。❷ 혼례나 제례 따위의 의식이나 웃어른에게 예의를 갖추어야 할 때에 하는 절. ◆ 磕头，屈膝躬身大礼。

큰집【명사】图 ❶ 맏집. 집안의 맏이가 사는 집. ◆ 长房，老大家。❷ 죄수들의 은어로, '교도소'를 이르는 말. ◆ "监狱" 的隐语。

큰창자【명사】작은창자의 끝에서부터 항문에 이르는 소화 기관. ◆图 大肠。

큰형(-兄)【명사】맏형(둘 이상의 형 가운데 맏이인 형을 부르는 말). ◆图大哥，长兄。

큰형수(-兄嫂)【명사】맏형수(맏형의 아내). ◆图大嫂，长嫂。

클라리넷(clarinet)【명사】원통형으로 생긴 폐관식(閉管式) 목관 악기. ◆图 单簧管，竖管，竖笛。

클라이맥스(climax)【명사】图 ❶ 흥분, 긴장 따위가 가장 높은 정도에 이른 상태. ◆ 高潮，顶点，最高点。¶클라이맥스에 이르다. =达到顶点。❷ 절정(絶頂). 극(劇)이나 소설의 전개 과정에서 갈등이 최고조에 이르는 단계. ◆ 高潮。¶이 소설의 클라이맥스는 주인공이 결투를 벌이는 부분이다. =这篇小说的高潮是主角决斗的部分。

클래식(classic)【명사】서양의 고전 음악. 서양의 전통적 작곡 기법이나 연주법에 의한 음악. 흔히 대중음악에 상대되는 말로 쓴다. ◆图 古典音乐。

클랙슨(klaxon)【명사】자동차의 경적. 제조 회사의 이름에서 온 말. ◆图汽车喇叭。

클러치(clutch)【명사】한 축에서 다른 축으로 동력을 끊었다 이었다 하는 장치. ◆图 离合器。

클럽(club)【명사】취미나 친목 따위의 공통된 목적을 가진 사람들이 조직한 단체. ◆图俱乐部，夜总会。

클로버(clover)【명사】图 ❶ 토끼풀. ◆ 三叶草，苜蓿。¶네 잎 클로버는 행운을 의미한다. =四叶的苜蓿意味着幸运。❷ 트럼프 패의 하나. 검은색으로 클로버 모양이 그려져 있다. ◆ (扑克牌)梅花。¶클로버 카드. =梅花(扑克牌)。

클로즈업(close-up)【명사】图 ❶ 영화나 텔레비전에서, 등장하는 배경이나 인물의 일부를 화면에 크게 나타내는 일. ◆ 特写，特写镜头，近景。❷ 어떤 문제가 크게 사회의 관심거리로 나타남. 또는 그런 것. ◆ 大写特写，热点。¶공해 문제의 중요성이 클로즈업되다. =大写特写公害问题的重要性。

클릭(click)【명사】마우스의 버튼을 손으로 딸깍 눌렀다 뗌. ◆图点击。● 클릭하다(click--) ●

클립(clip)【명사】탄력이나 나선(螺旋)을 이용하여 종이나 서장(書狀) 같은 것을 끼워 두는 기구. ◆图回形针。

큼직큼직하다【형용사】여럿이 다 또는 매우 큼직하다. ◆形大块大块。

큼직하다【형용사】꽤 크다. ◆形大，巨，巨大，相当大。¶신문에 큼직한 광고를 내다. =在报纸上刊登巨幅广告。

킁킁【부사】콧구멍으로 숨을 세차게 띄엄띄엄 내쉬는 소리. ◆ 副吭吭，呼哧呼哧，吭哧吭哧。¶강아지가 무슨 냄새를 맡았는지 연실 킁킁 거린다. =小狗好像嗅到了什么味道，不停地吭哧着。

킁킁거리다【동사】콧구멍으로 숨을 세차게 띄엄띄엄 내쉬는 소리를 자꾸 내다. ◆ 动打响鼻，呼哧呼哧，吭哧吭哧。¶개가 코를 킁킁거리며 냄새를 맡다. =狗打着响鼻闻味。● 킁킁대다 ●

키¹【명사】곡식 따위를 까불러 쭉정이나 티끌을 골라내는 도구. 키버들이나 대를 납작하게 쪼개어 앞은 넓고 평평하게, 뒤는 좁고 우긋하게 엮어 만든다. ◆图簸箕。

키²【명사】图 ❶ 사람이나 동물이 똑바로 섰을 때에 발바닥에서 머리끝에 이르는 몸의 길이. ◆ 身高，身长，个子，个头。❷ 식물이나 물건의 높이. ◆高，高度。

키³【명사】배의 방향을 조종하는 장치. ◆ 图舵，艄。¶키를 잡다. =掌舵。

키⁴(key)【명사】图 ❶ 열쇠. 자물쇠를 잠그거나 여는 데 사용하는 물건. ◆ 钥匙。❷ 어떤 문제를 해결할 수 있는 실마리. ◆ 关键，线索，头绪。❸ 타자기나 컴퓨터의 자판 따위에서, 손가락으로 치는 글자판. ◆ 键盘。¶키를 누르다. =按键盘。❹ 피아노, 풍금 따위의 건(鍵). ◆ 键，琴键。

키다리【명사】키가 큰 사람을 놀림조로 이르는 말. ◆图俚高个子。

키득거리다 【동사】 '키드득거리다(참지 못해 입 속에서 자꾸 새어 나오는 소리로 웃다)'의 준말. ◆ 动哧哧地笑。¶만화책을 몰래 보며 키득거리다. =边偷看漫画边哧哧地笑。● 키득대다 ●

키보드(keyboard) 【명사】 名 ❶ 건반(鍵盤). 피아노, 오르간 따위에서 손가락으로 치도록 된 부분을 늘어놓은 면. ◆ 键盘。❷ 키가 일정한 규격에 따라 배열되어 있는 입력 장치. ◆ 电脑键盘。

키스(kiss) 【명사】 성애의 표현으로 상대의 입에 자기 입을 맞춤. ◆ 名吻，亲，亲吻，亲嘴。● 키스하다(kiss--) ●

키위(kiwi) 【명사】 양다래의 열매를 이르는 말. ◆ 名猕猴桃。

킥 【부사】 나오려는 웃음을 참을 수 없어 터뜨리는 웃음소리. ◆ 副哧地，扑哧。¶그는 킥 솟구치는 웃음을 참지 못하는 것 같았다. =他好像忍不住了，哧地笑了出来。

킥킥 【부사】 나오려는 웃음을 참을 수 없어 잇따라 터뜨리는 웃음소리. ◆ 副哧哧地，嘻嘻。¶그녀는 우리를 보자 천진스럽게 킥킥 웃었다. =她一看见我们就天真地嘻嘻笑。

킥킥거리다 【동사】 나오려는 웃음을 참을 수 없어 터뜨리는 웃음소리를 잇따라 내다. ◆ 动哧哧笑，嘻嘻地笑，嘻笑。¶뒤에서 킥킥거리며 웃어대는 소리가 들렸다. =后面传来了哧哧的笑声。● 킥킥대다 ●

킬로그램(kilogram) 【의존 명사】 국제단위계에서 질량의 단위. 기호는 kg. ◆ 依名 量千克，公斤。

킬로미터(kilometer) 【의존 명사】 미터법에 의한 길이의 단위. 기호는 km. ◆ 依名 量千米，公里。

킬로바이트(kilobyte) 【의존 명사】 데이터의 양을 나타내는 단위. 기호는 KB. ◆ 依名 (电脑)千字节。

킬로와트(kilowatt) 【의존 명사】 일 또는 전력량의 단위. 기호는 KW. ◆ 依名 千瓦(特)。

킬킬 【부사】 웃음을 억지로 참으면서 입 속으로 웃는 소리. 또는 그 모양. ◆ 副哧哧地(笑)。¶킬킬 웃다. =哧哧地笑。

킬킬거리다 【동사】 웃음을 억지로 참으면서 입속으로 웃는 소리를 자꾸 내다. ◆ 动哧哧地笑，嘻笑，嘻嘻地笑。¶자기들끼리 이상한 눈짓을 하며 킬킬거리고 있었다. =他们互相递了个奇怪的眼色，哧哧地笑了。● 킬킬대다 ●

ㅌ【t】

타[1](他)【명사】다른 사람. ◆图他人，其他人。¶항공학 분야에서 그는 타의 추종을 불허한다. =他在航空科学领域无人能及。

타[2](他)【관형사】'다른'의 뜻을 나타내는 말. ◆冠别的，其他。¶본 업소는 타 업소와는 달리 엄선한 고기를 사용합니다. =与其他店不同，本店使用精选肉。

타[3](打)【의존 명사】물건 12개를 한 단위로 세는 데 쓰는 말. ◆依名打。¶양말 한 타. =一打袜子。

타개(打開)【명사】매우 어렵거나 막힌 일을 잘 처리하여 해결의 길을 엶. ◆图克服，解决，扭转。¶타개 방안. =解决方案。● 타개되다(打開--), 타개하다(打開--) ●

타개책(打開策)【명사】어렵거나 막힌 일을 잘 처리하여 해결할 방책. ◆图解决方案，解决对策。

타격(打擊)【명사】图 ❶ 때려 침. ◆ 打击，击打。¶타격을 가하다. =加以打击。❷ 어떤 일에서 크게 기가 꺾이거나 손해, 손실을 봄. ◆打击。¶타격을 주다. =施以打击。❸ 야구에서, 투수가 던진 공을 배트로 치는 일. ◆ 击球。¶오늘 경기 타격 감각이 좋군요. =今天比赛击球的感觉不错。● 타격하다(打擊--) ●

타결(妥結)【명사】의견이 대립된 양편에서 서로 양보하여 일을 마무름. ◆ 图达成共识，取得共识。¶장기간의 공방이 드디어 타결을 보다. =经过长期较量，终于达成了共识。● 타결되다(妥結--), 타결하다(妥結--) ●

타계하다(他界--)【동사】사람이 죽다. 특히 귀인(貴人)이 죽는 일을 이른다. 인간계를 떠나서 다른 세계로 간다는 뜻에서 나온 말이다. ◆ 动去世，逝世。¶교육계의 지주였던 그가 숙환으로 타계했다. =曾是教育界支柱的他因宿疾而去世。

타고나다【동사】어떤 성품이나 능력, 운명 따위를 선천적으로 가지고 태어나다. ◆动天生，与生俱来。¶타고난 재능을 살리시오. =请发挥与生俱来的才能。

타교(他校)【명사】자기 학교가 아닌 남의 학교. ◆图他校，外校。¶타교로 전학하다. =转学到外校。

타국(他國)【명사】자기 나라가 아닌 남의 나라. ◆图异国，外国。¶타국 생활도 이골이 나도록 했는데 아직도 낯설다. =虽然习惯了异国生活，但还是有陌生的感觉。

타다[1]【동사】动 ❶ 불씨나 높은 열로 불이 붙어 번지거나 불꽃이 일어나다. ◆ 燃烧，着火。¶건물이 타다. =建筑物着火。❷ 피부가 햇볕을 오래 쬐어 검은색으로 변하다. ◆ 晒黑。¶뙤약볕에 얼굴이 까맣게 타다. =脸被烈日晒黑。❸ 뜨거운 열을 받아 검은색으로 변할 정도로 지나치게 익다. ◆ 焦，糊。¶밥이 타다. =饭焦了。❹ 마음이 몹시 달다. ◆ 心急火燎，心焦。¶애가 타다. =心焦。❺ 물기가 없어 바싹 마르다. ◆ 干。¶논바닥이 타다. =水田干了。● 태우다 ●

타다[2]【동사】动 ❶ 탈것이나 탈것으로 이용하는 짐승의 몸 위에 오르다. ◆ 坐，乘，乘坐。¶미국행 비행기를 타다. =乘坐前往美国的飞机。❷ 도로, 줄, 산, 나무, 바위 따위를 밟고 오르거나 그것을 따라 지나가다. ◆ 爬，攀，攀登。¶원숭이는 나무를 잘 탄다. =猴子很会爬树。❸ 어떤 조건이나 시간, 기회 등을 이용하다. ◆ 乘，趁。¶혼란한 틈을 타다. =趁乱。❹ 바람이나 물결, 전파 따위에 실려 퍼지다. ◆ 顺着，随着。¶순풍(順風)을 타다. =乘着风势。❺ 바닥이 미끄러운 곳에서 어떤 기구를 이용하여 달리다. ◆ 溜(冰)，滑(冰)。¶썰매를 타다. =滑雪橇。❻ 그네, 시소 따위에 몸을 싣고 앞뒤나 위아래 또는 원을 그리며 움직이다. ◆ 打(秋千)。¶그네를 타다. =打秋千。❼ 의거하는 계통, 질서나 선을 밟다. ◆ 靠，托。¶연줄을 타다. =托关系。

타다[3]【동사】动 ❶ 몫으로 주는 돈이나 물건 따위를 받다. ◆ 领，领取。¶회사에서 월급을 타다. =从公司领薪水。❷ 복이나 재주, 운명 따위를 선천적으로 지니다. ◆ 天生，先天。¶기구한 운명을 타고 태어났다. =天生命运坎坷。

타다[4]【동사】다량의 액체에 소량의 액체나 가루 따위를 넣어 섞다. ◆ 动加，对，冲，泡，沏。¶막걸리에 설탕을 타다. =在马格利酒里加白糖。

타다[5]【동사】动 ❶ 때나 먼지가 쉽게 달라붙다. ◆动沾灰。¶옷에 때가 타다. =衣服上沾了灰。❷ 몸에 독한 기운 따위의 자극을 쉽게 받다. ◆ 不耐，易受到（不好的刺激)。¶옻을 타다. =不耐漆毒。❸ 부끄럼이나 노여움 따위의 감정이나 간지럼 따위의 육체적 느낌을 쉽게 느끼다. ◆ 容易感到害羞、愤怒等情绪，或容易感到身体发痒。¶부끄럼을 잘 타는 소녀. =易害羞的少女。

타다[6]【동사】악기의 줄을 퉁기거나 건반을 눌러 소리를 내다. ◆ 动弹，弹奏，演奏。

타다[7]【동사】动 ❶ 사람이나 물건이 많은 사람의 손길이 미쳐 약하여지거나 나빠지다. ◆ 多人摸过，多人碰过。¶많은 사람의 손을 타서 손잡이가 망가졌다. =很多人摸过的关系，把手坏了。❷ 물건 따위가 가져가는 사람이 있어 자주 없어지다. ◆ 被拿走。

타당하다(妥當--)【형용사】일의 이치로 보아 옳다. ◆ 形妥当，合适，合理。¶지극히 타당하다. =非常合适。

타도(打倒)【명사】어떤 대상이나 세력을 쳐서 거꾸러뜨림. ◆ 图打倒。¶타도 대상이 누구입니까? =打倒的对象是谁？● 타도하다(打倒--) ●

타동사(他動詞)【명사】동작의 대상인 목적어를 필요로 하는 동사. '밥을 먹다'의 '먹다', '노래를 부르다'의 '부르다' 따위이다. ◆图 他动词。

타락(墮落)【명사】올바른 길에서 벗어나 잘못된 길로 빠지는 일. ◆图堕落。¶타락의 길을 걷다.. =走向堕

落选举。● 타락되다(堕落--), 타락하다(堕落--) ●

타락시키다(堕落---)【동사】올바른 길에서 벗어나 잘못된 길로 빠지거나 떨어지게 만들다. ◆ 动使堕落。¶그를 악의 구렁텅이로 타락시킨 것이 무엇입니까? =是什么使他坠入了罪恶的深渊?

타래【명사】图 ❶ 사리어 뭉쳐 놓은 실이나 노끈 따위의 뭉치. ◆ 绺，绞。¶무명실 타래를 실꾸리에 옮겨 감다. =把棉线绺缠到线团上。❷ 사리어 뭉쳐 놓은 실이나 노끈 따위의 뭉치를 세는 단위. ◆ 量绺，桄。¶올가을에 쓸 가마니를 짜려면 새끼 몇 타래로는 어림없다. =要编今年用的草袋子，几绺草绳是不可能够用的。

타력(打力)【명사】타격력. ◆ 图打击力，打击力量。¶타력을 보강하다. =加强打击力。

타령【명사】图 ❶ 어떤 사물에 대한 생각을 말이나 소리로 나타내 자꾸 되풀이하는 일. ◆ 总唠叨，总念叨，总提起。¶그의 돈타령에 신물이 났다. =听烦了他总念叨着钱。❷ 음악 곡조의 한 가지. ◆ 打令(韩国传统民乐之一)。❸ 광대의 판소리나 잡가(雜歌)의 총칭. ◆ 打令，说唱，杂歌 (艺人表演的说唱和杂歌的总称)。

타령하다【동사】어떤 사물에 대한 생각을 말이나 소리로 나타내 자꾸 되풀이하다. ◆ 动总唠叨，总提起。

타민족(他民族)【명사】자기 민족 이외의 다른 민족. ◆ 图其他民族，外民族，异族。¶그민족의 우수성을 지나치게 강조하다 보면 타민족을 무시하기 쉽다. =如果过分强调本民族的优秀性，就很容易轻视其他民族。

타박【명사】허물이나 결함을 나무라거나 핀잔함. ◆ 图责怪，指责。¶타박을 받다. =受到指责。● 타박하다 ●

타박상(打撲傷)【명사】맞거나 부딪쳐 생긴 상처. ◆ 图跌打伤。¶타박상을 입다. =受跌打伤。

타박타박【부사】힘없는 걸음으로 조금 느릿느릿 걸어가는 모양. ◆ 副走路有气无力的样子。¶타박타박 걷는 모습이 오늘도 굶은 모양이군. =从走路有气无力的样子可以看出他今天又挨饿了。

타블로이드(tabloid)【명사】가로 254mm 세로 374mm인 인쇄물의 규격. 신문지의 절반 크기. ◆ 图 小报版(报纸版面的一半，长25.4毫米，宽37.4毫米)。¶타블로이드판 지방 신문. =地方小报。

타산(打算)【명사】자신에게 도움이 되는지를 따져 헤아림. ◆ 图盘算，算计，权衡。¶타산에 밝다. =精于算计。

타산지석(他山之石)【명사】다른 사람의 좋지 않은 태도나 행동도 자신의 몸과 마음을 바로잡는 데에 도움이 될 수 있음. ◆ 图他山之石。

타살(他殺)【명사】图 ❶ 남을 죽임. ◆ 杀死，杀害。¶그는 부인을 타살한 의혹을 받고 있다. =他被怀疑杀害了妻子。❷ 남에게 죽임을 당함. ◆ 被杀，他杀。¶숲에서 타살체가 발견되었습니다. =在树林中发现被人杀死了。● 타살되다(他殺--), 타살하다(他殺--) ●

타석(打席)【명사】图 ❶ 야구에서, 타자가 공을 치도록 정해 놓은 구역. ◆ 击球区。❷ 타석수. ◆ 击球次数。¶타석은 많지만 안타가 없군요. =虽然击球次数多，但是没有安打。

타선(打線)【명사】야구에서, 타자의 진용을 이르는 말. ◆ 图 击球手，击球阵容。¶타선이 약하다. =击球手阵容弱。

타성(惰性)【명사】图 ❶ 오래되어 굳어진 좋지 않은 버릇. 또는 오랫동안 변화나 새로움을 꾀하지 않아 나태하게 굳어진 습성. ◆ 惰性，积习。¶타성에 빠지다. =陷入惰性。❷ 관성. ◆ 惯性。

타악기(打樂器)【명사】두드려서 소리를 내는 악기를 통틀어 이르는 말. ◆ 图 打击乐器。

타액(唾液)【명사】침. ◆ 图 唾液。¶이 질병은 타액으로는 전염되지 않습니다. =该疾病不会通过唾液传染。

타오르다【동사】动 ❶ 불이 붙어 거세게 타기 시작하다. ◆ 燃烧。¶어둠 속에서 불길이 타오르기 시작했다. =火焰在黑暗中开始燃烧。❷ 마음이 불같이 후끈 달아오르다. ◆ 焦急，焦灼。¶질투의 불길이 타올랐다. =燃起嫉妒之火。

타원(楕圓)【명사】평면 위의 두 정점(定點)에서의 거리의 합이 언제나 일정한 점의 자취. ◆ 图 椭圆。

타원형(楕圓形)【명사】길쭉하게 둥근 타원으로 된 평면 도형. 또는 그런 모양. ◆ 图 椭圆形。

타월(towel)【명사】무명실이 보풀보풀하게 나오도록 짠 천. 또는 그것으로 만든 수건. ◆ 图毛巾。¶물기를 타월로 닦다. =用毛巾擦掉水汽。

타율(他律)【명사】자신의 의지와 관계없이 정해진 원칙이나 규율에 따라 움직이는 일. ◆ 图他律。¶우리는 타율이 아니라 자율을 원합니다. =我们希望的是自律而不是他律。

타율(打率)【명사】야구 경기에서 안타수(安打數)와 타격수(打擊數)와의 비에 100을 곱한 비율. ◆ 图 击球率。¶타율이 낮다. =击球率低。

타의(他意)【명사】图 ❶ 다른 생각. 또는 다른 마음. ◆ 别的意思，他意。¶아무리 타의 없는 농말이지만 듣는 사람은 기분이 좋을수는 없다. =虽然是毫无他意的玩笑话，但是听的人却不会高兴。❷ 다른 사람의 생각이나 의견. ◆ 别人的意思，别人的想法。¶자의 반 타의 반. =一半自己的意思，一半别人的意思。

타이[1](The Kingdom of Thailand)【명사】동남아시아에 있는 나라. ◆ 图泰国。

타이[2](tie)【명사】图 ❶ 넥타이. ◆ 领带，领结。¶넥타이를 단정히 매다. =端正地系领带。❷ 타이스코어. ◆ 平局，平分。¶타이를 이루다. =打成平局。❸ 타이기록. ◆ 平纪录。

타이르다【동사】잘 깨닫도록 일의 이치를 밝혀 말해 주다. ◆ 动劝导，开导，告诫。¶떼를 쓰는 아이를 아무리 타이르고 가르쳐도 말짱 헛수고다. =不管怎么开导、教育任性的孩子，全都是白费劲。

타이어(tire)【명사】자동차, 자전거 따위의 바퀴

굴통에 끼우는 테. ◆ 图轮胎，车胎。¶동절기 타이어 점검은 필수입니다. =冬季对车胎进行检查是必须的。

타이틀(title)【명사】图 ❶ 영화에서, 각종 정보를, 문자로 표시한 자막(字幕). ◆ (电影)字幕。❷ 선수권. ◆ 冠军。¶타이틀을 차지하다. =获得冠军。❸ 제목. ◆ 题目，标题。

타이틀매치(title match)【명사】권투 · 레슬링 따위에서, 선수권을 걸고 하는 시합. ◆ 图 锦标赛。

타이프(type)【명사】타자기. '타이프라이터(typewriter)'의 준말. ◆ 图打字机。

타인(他人)【명사】다른 사람. ◆ 图他人，别人。¶너는 타인의 생활에 왜 그리 관심이 많으냐? =你为什么这么关心别人的生活?

타일(tile)【명사】점토를 구워서 만든, 겉이 반들반들한 얇고 작은 도자기 판. 벽, 바닥 따위에 붙여 장식하는 데 쓴다. ◆ 图 瓷砖。¶타일을 깔다. =铺瓷砖。

타임(time)【명사】图 ❶ 육상 · 수영 따위에서, 정한 거리를 가는 데에 소요된 시간. ◆ (比赛)所需时间，时限。❷ '타임아웃(time-out)'의 준말. ◆ 暂停。

타임머신(time machine)【명사】과거나 미래로 시간 여행을 가능하게 한다는 공상의 기계. ◆ 图时间机器。

타임아웃(time-out)【명사】농구 · 배구 경기 따위에서, 선수의 교체, 휴식, 작전의 지시 따위를 위하여 심판의 허락을 얻어 경기 진행을 잠시 멈추는 일. ◆ 图 (篮球、排球)暂停时间。

타입(type)【명사】어떤 부류의 형식이나 형태. ◆ 图类型，样式；典范。¶그는 말수는 적지만 성실한 타입의 사람이다. =他虽然话不多，但是个诚实的人。

타자[1](打字)【명사】타자기나 문서 작성 도구의 글쇠를 눌러 글자를 찍음. ◆ 图打字。

타자[2](打者)【명사】야구에서, 배트를 가지고 타석에서 공을 치는, 공격하는 편의 선수. ◆ 图 击球手。¶4번 타자. =4号击球手。

타자기(打字機)【명사】손가락으로 글자판의 키를 눌러 종이에 글자를 찍는 기계. ◆ 图打字机。¶한글 타자기. =韩文打字机。

타작(打作)【명사】곡식의 이삭을 떨어서 낟알을 거두는 일. ◆ 图打场，脱粒。¶벼타작. =稻谷脱粒。● 타작하다(打作--) ●

타잔(tarzan)【명사】미국의 대중 소설가 버로스가 쓴 소설. 본디 영국 귀족의 아들이었으나, 비행기 사고로 아프리카 밀림에서 동물들에게 길러진 타잔이 밀림을 해치는 문명인들을 응징하며, 밀림의 평화를 지킨다는 내용이다. ◆ 图 《人猿泰山》。

타점(打點)【명사】야구에서, 타자가 안타·희생번트·희생플라이·야수선택, 내야땅볼아웃 따위로 주자가 득점을 올렸을 경우 모두 타점으로 기록한다. ◆ 图 得分打，得分打数(棒球比赛中，击球员由于击出安打、牺牲触击球、牺牲高飞球、守场员选杀等而使跑垒员得分时都记击球员得分打)。¶타자가 홈런을 쳤을 때는 그 타자의 타점으로 기록한다. 만약 누상에 주자가 있다면 주자의 수에 따라 타점을 가산한다. =击球员击出本垒打时，记该击球员得分打。如果垒上有跑垒员，按跑垒员数加记其得分打。

타조(駝鳥)【명사】타조과의 새. 키는 2~2.5미터 정도이며, 수컷은 검은색, 암컷은 갈색이다. ◆ 图 鸵鸟。

타종(打鐘)【명사】종을 치거나 때림. ◆ 图打钟，敲钟，鸣钟。¶새해를 알리는 타종 소리가 울려 퍼졌다. =宣告新年到来的钟声响起。● 타종하다(打鐘--) ●

타지(他地)【명사】다른 지방이나 지역. ◆ 图外地，异地，他乡。¶그는 학업 때문에 부모와 떨어져 타지에서 살고 있다. =为了学业，他和父母分开了，在外地生活。

타진하다(打診--)【동사】动 ❶ 환자의 신체를 두드려서 진찰하다. 타진기나 손가락 끝으로 가슴, 등, 관절 따위를 두드릴 때에 나는 소리나 보이는 반응으로 병의 증세를 살핀다. ◆ 叩诊。¶의사가 환자를 타진해보고 문진한 후에 보호자를 불렀다. =医生为病人进行叩诊和问诊之后，叫来了监护人。❷ 남의 마음이나 사정을 미리 살펴보다. ◆ 试探，打探。¶상대방의 의향을 타진하다. =打探对方的意向。

타파(打破)【명사】부정적인 규정, 관습, 제도 따위를 깨뜨려 버림. ◆ 图打破，破除。¶미신 타파. =破除迷信。● 타파되다(打破--), 타파하다(打破--) ●

타향(他鄕)【명사】자기 고향이 아닌 고장. ◆ 图他乡，异乡。¶타향도 정이 들면 고향이나 마찬가지이다. =如果产生了感情，他乡就变得与故乡一样了。

타향살이(他鄕--)【명사】자기 고향이 아닌 고장에서 사는 일. ◆ 图异乡生活，他乡生活。¶타향살이에 심신이 지쳤다. =异乡生活使人身心疲惫。

타협(妥協)【명사】어떤 일을 서로 양보하여 협의함. ◆ 图妥协，让步。¶타협을 보다. =妥协。● 타협하다(妥協--) ●

타협안(妥協案)【명사】어떤 일을 서로 양보하는 마음으로 협의하여 내놓는 의안. ◆ 图妥协方案，折衷方案。¶타협안을 마련하다. =制定妥协方案。

타협점(妥協點)【명사】어떤 일을 서로 양보하는 마음으로 협의할 수 있는 점. 어떤 일을 서로 양보하는 마음으로 협의할 수 있는 점. ◆ 图妥协点。¶타협점을 모색하다. =寻找妥协点。

탁【부사】副 ❶ 갑자기 세게 치거나 부딪거나 차는 소리. 또는 그 모양. ◆ 忽然重重撞击的声音或状态。¶좋은 생각이 난 듯 무릎을 탁 쳤다. =好像想到好主意似的啪的一声打了一下膝盖。❷ 조여 있던 것이나 긴장한 마음이 갑자기 풀리거나 끊어지는 소리. 또는 그 모양. ◆ (紧张)状态一下子(放松)。¶맥이 탁 풀리다. =一下子发蔫。❸ 막힌 것이 없이 시원스러운 모양. ◆ 豁然开朗。¶탁 트인 시야가 정말 장관이다.

=视野豁然开朗。❹ 갑자기 몹시 막히는 모양. ◆ 一下子堵住的样子。¶숨이 탁 막히다. =一下子喘不上气来。

탁견(卓見)【명사】두드러진 의견이나 견해. ◆图卓见，远见卓识。¶그는 환경 문제에 대해 탁견을 가지고 있다. =他对环境问题很有远见卓识。

탁구(卓球)【명사】나무로 만든 대(臺)의 가운데에 네트를 치고 라켓으로 공을 쳐 넘겨 승부를 겨루는 구기 경기. ◆图乒乓球。

탁류(濁流)【명사】흘러가는 흐린 물. 또는 그런 흐름. ◆图浊流。¶비 온 후 강물은 부연 탁류로 변했다. =雨后的江水变得混浊。

탁발승(托鉢僧)【명사】탁발하는 승려. ◆图 托钵僧，化缘和尚。

탁발하다(托鉢--)【동사】도를 닦는 승려가 경문(經文)을 외면서 집집마다 다니며 동냥하다. ◆励 化缘。

탁본(拓本)【명사】비석, 기와, 기물 따위에 새겨진 글씨나 무늬를 종이에 그대로 떠냄. 또는 그렇게 떠낸 종이. ◆图拓本。¶탁본을 뜨다. =制作拓本。

탁상(卓上)【명사】책상, 식탁, 탁자 따위의 위. ◆图桌上。¶탁상 행정. =纸上行政，搞形式主义。

탁상공론(卓上空論)【명사】國 현실성이 없는 허황한 이론이나 논의. ◆图 纸上谈兵。¶탁상공론으로 끝난 회의. =会议以纸上谈兵结束。

탁상시계(卓上時計)【명사】책상, 선반 따위에 놓고 보는 시계. 세울 수 있도록 밑이 넓거나 발이 달려 있다. ◆图台钟，座钟。

탁아소(託兒所)【명사】부모가 나가서 일을 하는 동안 그 어린아이를 맡아서 보살피고 가르치는 사회 시설. ◆图托儿所。¶탁아소에 아이를 맡기다. =把孩子送到托儿所。

탁월하다(卓越--)【형용사】남보다 두드러지게 뛰어나다. ◆形卓越，杰出。¶탁월한 재능. =杰出的才能。

탁자(卓子)【명사】물건을 올려놓기 위하여 책상 모양으로 만든 가구를 통틀어 이르는 말. ◆图桌子。¶찻잔을 탁자 위에 내려놓았다. =把茶杯放在桌子上。

탁주(濁酒)【명사】막걸리. ◆图米酒。

탁탁【부사】副 ❶ 일을 의젓하거나 태연스럽게 처리하는 모양. ◆ 麻利地，干脆地。¶그는 시키는 일을 탁탁 잘 해낸다. =让他做的事他会麻利地做好。❷ 사람이나 물건이 잇따라 쓰러지는 모양. ◆ 相继倒下的样子。¶애써 세워 놓은 볏단들은 동생이 건드리자 탁탁 쓰러지기 시작했다. =弟弟一碰，我们费力码好的稻捆开始噼里啪啦地倒下去。❸ 숨 따위가 잇따라 막히는 모양. ◆ 死死地憋气。¶숨이 탁탁 막히다. =死死地憋着气。❹ 침을 잇따라 뱉는 소리. 또는 그 모양. ◆ 吐痰的样子或者吐痰声。¶가래침을 탁탁 내뱉다. =呸呸吐痰。❺ 단단한 물건을 자꾸 두드리거나 먼지 따위를 떠는 소리. 또는 그 모양. ◆ 拍打的样子或者声音。¶그녀는 머릿수건을 벗어 탁탁 먼지를 털었다. =她把头巾摘下来，啪啪掸灰。❻ 단단한 물건이 갑자기 터져 잇따라 나는 소리. 또는 그 모양. ◆ 噼里啪啦地响。¶난로 안에서 마른 장작이 탁탁 튀기 시작한다. =火炉中的干柴开始噼里啪啦地响。❼ 갑자기 아주 힘없이 잘리거나 끊어져 잇따라 나는 소리. 또는 그 모양. ◆ 断开声或者断开的样子。¶절단기로 철판을 탁탁 끊다. =切割机咔嚓咔嚓地切断铁板。

탁하다(濁--)【형용사】形 ❶ 액체나 공기 따위에 다른 물질이 섞여 흐리다. ◆ 污浊，浑浊。¶탁한 공기는 기관지를 상하게 한다. =污浊的空气损害支气管。❷ 얼굴이 훤히 트이지 못하고 어둡다. ◆ (表情)阴沉。❸ 성질이 흐리터분하고 바르지 못하다. ◆ 不正派。❹ 소리가 거칠고 굵다. ◆ 嘶哑，低沉。¶탁한 음색. =低沉的音色。

탄[1](炭)【명사】图 ❶ 석탄. ◆ 煤炭。¶탄을 캐다. =开采煤炭。❷ 연탄(煉炭). ◆ 蜂窝煤。¶탄을 피우다. =烧蜂窝煤。

탄[2](彈)【명사】탄알, 포탄, 폭탄 따위를 통틀어 이르는 말. ◆图弹药，子弹，炮弹。¶아군의 지원이 용이치 않으니 탄을 아껴야 한다. =我军难获支援，所以要节省弹药。

탄광(炭鑛)【명사】주로 석탄을 캐내는 광산. ◆图煤矿。

탄광촌(炭鑛村)【명사】탄광에서 일하는 노동자들이 모여 사는 마을. ◆图 矿工村。

탄도(彈道)【명사】발사된 탄알이나 미사일이 목표에 이르기까지 그리는 선. ◆图 弹道。

탄력(彈力)【명사】图 용수철처럼 튀거나 팽팽하게 버티는 힘. ◆ 弹力。¶탄력 있는 피부를 간직하고자 무던히 노력한다. =非常努力地保持有弹力的皮肤。

탄로(綻露)【명사】숨긴 일을 드러냄. ◆图暴露，泄露，曝光。¶본색이 탄로 나다. =暴露本色。● 탄로되다(綻露--) ●

탄복(歎服/嘆服)【명사】매우 감탄하여 마음으로 따름. ◆图叹服，惊叹。¶나라에 대한 저들의 충성심에 우리는 탄복을 금치 못했다. =我们惊叹于他们对国家的忠诚。● 탄복하다(歎服--/嘆服--) ●

탄산(炭酸)【명사】이산화탄소가 물에 녹아서 생기는 약한 산(酸). 수용액에서만 존재한다. 화학식은 H_2CO_3. ◆图 碳酸。

탄산가스(炭酸)【명사】이산화탄소. ◆图 二氧化碳。

탄산수(炭酸水)【명사】이산화탄소의 포화 수용액. 청량음료수나 의약품, 실험 따위에 쓴다. ◆图 碳酸水，苏打水。

탄산수소나트륨(炭酸水素)【명사】탄산이 포함된 두 개의 수소 원자 가운데 하나가 나트륨과 바뀐 무색 결정 물질. ◆图 碳酸氢钠。

탄산음료(炭酸飮料)【명사】이산화탄소를 물에 녹여 만든, 맛이 산뜻하고 시원한 음료. ◆图碳酸饮料。¶아이들은 탄산음료를 매우 좋아한다. =孩子们很喜欢喝碳酸饮料。

탄산칼슘(炭酸)【명사】칼슘의 탄산염. 석회석. 대리석. 방해석 따위에서 나며, 칼슘염의 수용액에 탄산 알칼리를 작용하여 만든다. ◆图 碳酸钙。

탄생(誕生) 【명사】 图 ❶ 사람이 태어남. 예전에는 성인(聖人) 또는 귀인이 태어남을 높여 이르는 말이었으나, 현재는 주로 이와 같이 쓰고 있다. ◆诞生。¶공자의 탄생. =孔子诞生。❷ 조직, 제도, 사업체 따위가 새로 생김. ◆诞生。¶문명의 탄생. =文明的诞生。● 탄생되다(誕生--), 탄생하다(誕生--) ●

탄생일(誕生日) 【명사】 '생일(生日, 세상에 태어난 날. 또는 태어난 날을 기념하는 해마다의 그날)'을 높여 이르는 말. ◆图诞生日，诞辰。

탄성(彈性) 【명사】 물체에 외부에서 힘을 가하면 부피와 모양이 바뀌었다가, 그 힘을 없애면 본디의 모양으로 되돌아가려 하는 성질. ◆图 弹性。

탄성(歎聲/嘆聲) 【명사】 图 ❶ 몹시 한탄하거나 탄식하는 소리. ◆叹气声，叹息声。¶가혹한 정치에 백성들의 탄성이 자자하다. =残酷的政治令百姓们怨声载道。❷ 몹시 감탄하는 소리. ◆赞叹声，赞许声，惊叹声。¶우리 팀이 첫 골을 뽑아내자 곳곳에서 탄성이 터졌다. =我们队打进第一个球后，四处发出了惊叹声。

탄소(炭素) 【명사】 주기율표 제4족에 속하는 비금속 원소의 하나. ◆图 碳。

탄소동화작용(炭素同化作用) 【명사】 식물이 공기 중의 이산화탄소와 뿌리에서 흡수한 물로 잎의 엽록체 안에서 빛 에너지를 이용하여 탄수화물을 만드는 작용. ◆图 光合作用。

탄수화물(炭水化物) 【명사】 수소, 산소, 탄소로 이루어진 유기 화합물. ◆图 碳水化合物。

탄식(歎息/嘆息) 【명사】 한탄하여 한숨을 쉼. 또는 그 한숨. ◆图叹息，叹气。¶탄식의 소리. =叹息声。● 탄식하다(歎息/嘆息--) ●

탄신일(誕辰日) 【명사】 임금이나 성인이 태어난 날. ◆图诞辰。

탄알(彈-) 【명사】 총이나 포에 재어서 목표물을 향하여 쏘아 보내는 물건. ◆图 弹头，子弹。¶탄알을 아껴 쓰시오. =省着点用子弹。

탄압(彈壓) 【명사】 권력이나 무력 따위로 억지로 눌러 꼼짝 못하게 함. ◆图镇压，压制，打压。¶언론 탄압. =压制舆论。● 탄압하다(彈壓--) ●

탄약(彈藥) 【명사】 탄알과 화약을 아울러 이르는 말. ◆图弹药。¶탄약이 얼마 남지 않았습니다. =没剩多少弹药。

탄원(歎願/嘆願) 【명사】 사정을 하소연하여 도와주기를 간절히 바람. ◆图恳求，请求，请愿。¶백성들이 관아에 탄원을 올렸다. =百姓向官府请愿。● 탄원하다(歎願/嘆願--) ●

탄원서(歎願書) 【명사】 탄원을 하는 글이나 문서. ◆图请愿书。¶탄원서를 내다. =递交请愿书。

탄자니아(Tanzania) 【명사】 아프리카 대륙 동부, 인도양에 면하여 있는 연합 공화국. ◆图坦桑尼亚。

탄탄대로(坦坦大路) 【명사】 图 ❶ 험하거나 가파른 곳이 없이 평평하고 넓은 큰길. ◆平坦大道。¶이 산만 넘으면 그 다음은 탄탄대로이니 힘을 내자! =翻过这座山就是平坦大道了，加油吧！❷ 아무런 어려움이 없이 순탄한 장래를 이르는 말. ◆坦途，通途。¶탄탄대로의 출셋길을 달리다. =在成功的大路上飞奔。

탄탄하다[1] 【형용사】 形 ❶ 무르거나 느슨하지 않고 아주 야무지고 굳세다. ◆健壮。¶탄탄한 체격. =健壮的体格。❷ 조직이나 기구 따위가 쉽게 무너지거나 흔들리지 않는 상태에 있다. ◆结实；牢固，坚固。¶탄탄한 기초. =牢固的基础。● 탄탄히 ●

탄탄하다[2](坦坦--) 【형용사】 길이 험하거나 가파른 곳이 없이 평평하고 넓다. ◆形平坦。

탄피(彈皮) 【명사】 탄환이나 포탄의 껍데기. ◆图 弹壳。¶사격 후에 탄피를 수거하다. =射击后收走弹壳。

탄핵(彈劾) 【명사】 图 ❶ 죄상을 들어서 책망함. ◆弹劾。❷ 대통령, 국무위원, 법관 등을 국회에서 소추하여 해임하거나 처벌하는 일. ◆弹劾。¶탄핵을 당하다. =遭到弹劾。● 탄핵하다(彈劾--) ●

탄환(彈丸) 【명사】 탄알(彈-, 총이나 포에 재어서 목표물을 향하여 쏘아 보내는 물건). ◆图 子弹，炮弹。

탈[1] 【명사】 图 ❶ 얼굴을 감추거나 달리 꾸미기 위하여 나무, 종이, 흙 따위로 만들어 얼굴에 쓰는 물건. ◆面具，假面具。¶온갖 동물 모양의 탈을 뒤집어쓰고 가장행렬을 벌였다. =戴着各种动物形象的面具，举行化装游行。❷ 속뜻을 감추고 겉으로 거짓을 꾸미는 의뭉스러운 얼굴. 또는 그런 태도나 모습. ◆面具，虚伪的面孔，虚假，虚情假意。

탈[2](頉) 【명사】 图 ❶ 뜻밖에 일어난 걱정할 만한 사고. ◆意外，变故，事故。¶별 탈 없이 여행을 마치게 되어 다행이다. =幸运的是旅行顺利结束了。❷ 몸에 생긴 병. ◆疾病，不适。¶몸에 탈이 생기다. =身体不适。❸ 핑계나 트집. ◆茬，把柄，借口，口实。¶한번 밉게 본 다음부터는 탈을 잡으려고 안달이다. =一次看不顺眼后，就总想找茬。❹ 결함이나 허물. ◆缺点，毛病。¶너무 잘하는 것도 탈이다. =做得太好也是缺点。

탈것 【명사】 자전거, 자동차 따위의 사람이 타고 다니는 물건을 통틀어 이르는 말. ◆图交通工具。¶오토바이는 개인용 탈것으로 사용된다. =摩托车被用作个人交通工具。

탈고(脫稿) 【명사】 원고 쓰기를 마침. ◆图脱稿，完稿。¶작가는 탈고 후에 해외여행을 떠났다. =脱稿后，作家去海外旅行了。● 탈고되다(脫稿--), 탈고하다(脫稿--) ●

탈곡(脫穀) 【명사】 图 ❶ 벼, 보리 따위의 이삭에서 낟알을 떨어내는 일. ◆脱粒，打谷。¶들판에는 탈곡을 마친 볏짚 더미가 군데군데 쌓여 있었다. =脱过粒的稻草被捆起来堆在田野里。❷ 벼, 보리 따위의 낟알에서 겉겨를 벗겨 내는 일. ◆脱壳。● 탈곡하다(脫穀--) ●

탈곡기(脫穀機) 【명사】 벼, 보리 따위의 이삭에서 낟알을 떨어내는 농기계. ◆图脱粒机，脱壳机。¶탈곡기로 벼를 탈곡하다. =用脱粒机给稻谷脱粒。

탈골(脫骨) 【명사】 탈구(脫臼, 관절을 구성하는 뼈마디, 연골, 인대 따위의 조직이 정상적인 운동 범위를 벗어나 위치가 바뀌는 것). ◆ 图 脱臼。¶그는 발목의 탈골로 장기간 경기에 출전할 수 없게 되었다. =他脚腕脱臼了，很长时间不能参加比赛。

탈놀이【명사】탈놀음(탈을 쓰고 하는 놀음놀이. 꼭두각시놀음, 산대놀음 따위가 있다). ◆ 图 假面剧演出。

탈락(脫落)【명사】图 ❶ 범위에 들지 못하고 떨어지거나 빠짐. ◆ 落选。¶예선 탈락. =在预选中落选。❷ 둘 이상의 음절이나 형태소가 서로 만날 때에 음절이나 음운이 없어지는 현상. '가+아서'가 '가서'로, '울+는'이 '우는'이 되는 것 따위이다. ◆ 脱落。● 탈락되다(脫落--), 탈락하다(脫落--) ●

탈루(脫漏)【명사】밖으로 빼내 새게 함. ◆ 图脱漏，遗漏。¶세금 탈루. =漏税。● 탈루하다(脫漏--) ●

탈모(脫毛)【명사】털이 빠짐. 또는 그 털. ◆ 图脱发，掉毛；掉的毛。¶젊은 나이에 탈모로 고민하다. =年纪轻轻因为脱发而苦恼。

탈모증(脫毛症)【명사】머리카락이 빠지는 증상. ◆ 图 脱发症，秃头病。

탈바가지【명사】图 ❶ 바가지로 만든 탈. ◆ 葫芦假面。❷ '탈(얼굴을 감추거나 달리 꾸미기 위하여 나무, 종이, 흙 따위로 만들어 얼굴에 쓰는 물건)'을 속되게 이르는 말. ◆面具，面罩。¶탈바가지를 뒤집어 쓰다. =戴上面罩。❸ 철모(鐵帽, 전투할 때 탄알이나 포탄의 파편으로부터 머리를 보호하기 위하여 쇠나 파이버 섬유로 만든 모자)'를 속되게 이르는 말. ◆ 钢盔。

탈바꿈【명사】图 ❶ 원래의 모양이나 형태를 바꿈. ◆ 改头换面，脱胎换骨。❷ 변태(본래의 형태가 변하여 달라짐. 또는 그런 상태). ◆ 蜕变。● 탈바꿈하다 ●

탈상(脫喪)【명사】어버이의 삼년상을 마침. ◆ 图服丧期满。¶올해가 부친의 탈상이다. =今年为父亲的服丧期满。● 탈상하다(脫喪--) ●

탈색(脫色)【명사】图 ❶ 섬유 제품 따위에 들어 있는 색깔을 뺌. ◆ 脱色。❷ 빛이 바램. ◆ 褪色，失色，暗然失色。¶한 번의 뇌물 사건으로 그동안의 청렴이 탈색되고 말았다. =一次受贿事件使此前的清廉形象轰然倒塌。● 탈색되다(脫色--), 탈색하다(脫色--) ●

탈선(脫線)【명사】图 ❶ 기차나 전차 따위의 바퀴가 선로를 벗어남. ◆ 脱轨。¶지하철 탈선 사고. =地铁脱轨事故。❷ 말이나 행동 따위가 나쁜 방향으로 빗나감. ◆ 越轨，出格。¶탈선을 막다. =防止出格。● 탈선되다(脫線--), 탈선하다(脫線--) ●

탈세(脫稅)【명사】납세자가 납세액의 전부 또는 일부를 내지 않는 일. ◆ 图逃税，漏税，偷税。¶탈세에 대한 수사를 벌이다. =对偷税展开调查。● 탈세하다(脫稅--) ●

탈수(脫水)【명사】图 ❶ 어떤 물체 안에 들어 있는 물기를 뺌. 또는 물기가 빠짐. ◆ 脱水。¶환자가 땀을 지나치게 흘리면 탈수를 생각해야 합니다. =如果患者出汗过多，应该考虑到脱水问题。❷ 결정수를 지니는 결정에서 결정수를 제거하는 일. 또는 유기 화합물의 분자 안이나 분자 사이의 수소와 산소를 물의 형태로 제거하는 일. ◆ 脱水。● 탈수되다(脫水--), 탈수하다(脫水--) ●

탈영병(脫營兵)【명사】자기가 속한 병영에서 무단으로 빠져나와 도망하거나 복귀하지 않는 병사. ◆ 图逃兵。¶탈영병이 생겼다. =出现逃兵。

탈옥(脫獄)【명사】죄수가 감옥에서 빠져나와 달아남. ◆ 图 越狱。¶탈옥을 결심하다. =决心越狱。● 탈옥하다(脫獄--) ●

탈의실(脫衣室)【명사】옷을 벗거나 갈아입는 방. ◆ 图更衣室，更衣间。¶그는 운동복으로 갈아입기 위하여 탈의실에 들어갔다. =他进更衣室换运动服。

탈지면(脫脂綿)【명사】불순물이나 지방 따위를 제거하고 소독한 솜. 외과 치료에 쓰인다. ◆ 图 脱脂棉，药用棉。¶그는 탈지면에 소독약을 듬뿍 적셔 상처 부위를 닦았다. =他用脱脂棉蘸满消毒药，擦拭伤口。

탈지분유(脫脂粉乳)【명사】지방분을 제거한 우유를 건조시켜 만든 분유. ◆ 图 脱脂奶粉。

탈진(脫盡)【명사】기운이 다 빠져 없어짐. ◆ 图精疲力竭，虚脱。¶탈진 상태. =虚脱状态。● 탈진하다(脫盡--) ●

탈출(脫出)【명사】어떤 상황이나 구속 따위에서 빠져나옴. ◆ 图逃脱，逃跑，逃走。¶탈출을 시도하다. =试图逃走。● 탈출하다(脫出--) ●

탈출구(脫出口)【명사】위험하거나 힘든 상황에서 벗어날 수 있는 길. ◆ 图 出路。

탈춤【명사】탈을 쓰고 추는 춤. ◆ 图 假面舞。¶탈춤 사위. =假面舞动作。

탈취[1](脫臭)【명사】냄새를 빼어 없앰. ◆ 图除臭。● 탈취하다(脫臭--) ●

탈취[2](奪取)【명사】빼앗아 가짐. ◆ 图夺取，抢夺，抢劫。¶총기 탈취 사고가 발생하다. =发生了夺枪事件。● 탈취하다(奪取--) ●

탈취당하다(奪取當--)【동사】부당하게 빼앗기다. ◆ 动 被抢，被劫。¶마적에게 재물을 탈취당하다. =被马贼抢走财物。

탈취제(脫臭劑)【명사】냄새를 없애는 데에 쓰는 약제. 숯, 활성탄 따위가 있다. 주로, 냉장고나 화장실의 악취를 없애는 데에 쓴다. ◆ 图 除臭剂。

탈탈【부사】副 ❶ 먼지 따위를 털기 위하여 잇따라 가볍게 두드리는 소리. 또는 그 모양. ◆ 掸灰声。¶먼지를 탈탈 털어 내다. =啪嗒啪嗒地掸灰尘。❷ 아무것도 남지 않게 죄다 털어 내는 모양. ◆ 彻底地，翻箱倒柜地。¶주머니를 탈탈 털어 봐야 동전 한 푼 나오지 않았다. =把口袋翻了个底朝天，也没有找到一分钱。❸ 깨어지거나 금이 간 얄팍한 질그릇 따위가 부딪칠 때 나는 소리. ◆ 敲打器皿的声音。❹ 나른한 걸음걸이로 걷는 모양. ◆ 拖拉着鞋走路的样子或者声音。❺ 낡은 자동차 따위가 흔들리면서 느리게 달리는 소리. 또는 그 모양.

◆ 旧汽车摇晃着缓慢前进的声音或者模样。¶트럭 한 대가 고갯길을 탈탈 기어 오르고 있다. =一辆卡车正在咔啦咔啦地爬坡。● 탈탈하다 ●

탈퇴(脫退)【명사】관계하고 있던 조직이나 단체 따위에서 관계를 끊고 물러나다. ◆ 图退出，脱离。● 탈퇴하다(脫退--) ●

탈피(脫皮)【명사】图 ❶ 일정한 상태나 처지에서 완전히 벗어남. ◆ 解脱，摆脱。❷ 파충류, 곤충류 따위가 자라면서 허물이나 껍질을 벗음. ◆ 蜕皮。● 탈피되다(脫皮--), 탈피하다(脫皮--) ●

탈환(奪還)【명사】빼앗겼던 것을 도로 찾음. ◆ 图夺回。¶서울 탈환. =夺回首都。● 탈환되다(奪還--), 탈환하다(奪還--) ●

탐(貪)【명사】가지거나 차지하고 싶은 마음. ◆ 图贪，贪婪。¶그녀는 탐이 많다. =她很贪婪。

탐관오리(貪官汚吏)【명사】백성의 재물을 탐내어 빼앗는 관리. ◆ 图贪官。¶탐관오리를 파직하다. =将贪官污吏革职。

탐구(探究)【명사】진리, 학문 따위를 파고들어 깊이 연구함. ◆ 图探索，探求。¶탐구학습. =探索学习。● 탐구되다(探究--), 탐구하다(探究--) ●

탐구심(探究心)【명사】진리, 학문 따위를 깊이 파고들어 연구하려는 마음. ◆ 图 探索欲，求知欲。¶그는 어려서부터 탐구심이 강했다. =他从小就有很强的求知欲。

탐나다(貪--)【동사】가지거나 차지하고 싶은 마음이 생기다. ◆ 动 眼馋，垂涎，起贪心。¶도자기가 탐나다. =陶瓷器让人眼馋。● 탐내다 (貪--) ●

탐닉(耽溺)【명사】어떤 일을 몹시 즐겨서 거기에 빠짐. ◆ 图 沉溺。¶그는 명품에 대한 수집과 애착에 있어 탐닉 수준이 아니다. =她对名牌的喜爱和收集还没到沉溺的程度。● 탐닉하다(耽溺--) ●

탐독(耽讀)【명사】어떤 글이나 책 따위를 열중하여 읽음. ◆ 图喜欢读书，热爱读书。¶철학서적을 탐독하다. =喜欢读哲学书籍。● 탐독하다(耽讀--) ●

탐문(探問)【명사】알려지지 않은 사실이나 소식 따위를 알아내기 위하여 더듬어 찾아 물음. ◆ 图探问，寻访，打探。¶탐문 수사. =寻访调查。● 탐문하다(探問--) ●

탐미(耽美)【명사】아름다움을 추구하여 거기에 빠지거나 깊이 즐김. ◆ 图唯美，爱美。● 탐미하다(耽美--) ●

탐미주의(耽美主義)【명사】아름다움을 최고의 가치로 여겨 이를 추구하는 문예 사조. ◆ 图 唯美主义。

탐방(探訪)【명사】图 ❶ 어떤 사실이나 소식 따위를 알아내기 위하여 사람이나 장소를 찾아감. ◆ 探访。¶탐방 기사. =探访报道。❷ 명승고적 따위를 구경하기 위하여 찾아감. ◆ 寻访。¶불국사 탐방. =寻访佛国寺。● 탐방하다(探訪--) ●

탐사(探査)【명사】알려지지 않은 사물이나 사실 따위를 샅샅이 더듬어 조사함. ◆ 图探查，勘探。¶석유탐사사업이 활기를 띠다. =石油勘探工作充满活力。● 탐사하다(探査--) ●

탐사선(探査船)【명사】우주 공간에서 지구나 다른 행성들을 탐사하기 위해 쏘아 올린 비행 물체. ◆ 图勘探船。

탐색(探索)【명사】드러나지 않은 사물이나 현상 따위를 찾아내거나 밝히기 위하여 살피어 찾음. ◆ 图探索，探寻，搜索，探查。¶탐색 작전. =探索行动。● 탐색하다(探索--) ●

탐스럽다(貪---)【형용사】마음이 몹시 끌리도록 보기에 소담스러운 데가 있다. ◆ 形令人喜爱，讨人喜欢，喜人。¶탐스럽게 핀 장미. =开得喜人的玫瑰。

탐욕(貪慾)【명사】지나치게 탐하는 욕심. ◆ 图贪心，贪欲。¶탐욕이 생기다. =产生贪欲。

탐욕스럽다(貪慾---)【형용사】사물을 지나치게 탐하는 욕심이 있다. ◆ 形贪婪，贪心。¶탐욕스러운 생각을 버리지 못하다. =无法摆脱贪婪的想法。

탐정(探偵)【명사】드러나지 않은 사정을 몰래 살펴 알아냄. 또는 그런 일을 하는 사람. ◆ 图侦探。¶그는 이번 사건을 탐정에게 의뢰했다. =他委托侦探调查这次事件。

탐조등(探照燈)【명사】어떠한 것을 밝히거나 찾아내기 위하여 빛을 멀리 비추는 조명 기구. 탐해등과 조공등이 있다. ◆ 图探照灯。

탐지(探知)【명사】드러나지 않은 사실이나 물건 따위를 더듬어 찾아 알아냄. ◆ 图探知，探测。¶비밀 탐지. =探知秘密。● 탐지되다(探知--), 탐지하다(探知--) ●

탐탁하다【형용사】모양이나 태도가 마음에 들어 흡족하다. ◆ 形令人喜爱，令人满意(主要用在否定句中)。¶나는 그 친구가 별로 탐탁하지 않다. =我不太喜欢那个人。

탐하다(貪--)【동사】어떤 것을 가지거나 차지하고 싶어 지나치게 욕심을 내다. ◆ 动贪图。¶폭리를 탐하다. =贪图暴利。

탐험(探險)【명사】위험을 무릅쓰고 어떤 곳을 찾아가서 살펴보고 조사함. ◆ 图探险。¶밀림 탐험. =密林探险。● 탐험하다(探險--) ●

탐험가(探險家)【명사】위험을 무릅쓰고 어떤 곳을 찾아가서 살펴보고 조사하는 일을 전문으로 하는 사람. ◆ 图探险家。¶그는 오지 탐험가로 유명하다. =他是有名的偏僻地区探险家。

탐험대(探險隊)【명사】위험을 무릅쓰고 어떤 곳을 찾아가 살피고 조사할 목적으로 조직된 무리. ◆ 图探险队。¶극지탐험대가 조직되었다. =组织极地探险队。

탑(塔)【명사】图 여러 층으로 또는 높고 뾰족하게 세운 건축물을 통틀어 이르는 말. ◆ 塔。¶탑을 쌓다. =筑塔。

탑승(搭乘)【명사】배나 비행기, 차 따위에 올라탐. ◆ 图搭乘，乘坐。¶탑승 대기실. =候机室。● 탑승하다(搭乘--), 탑승객 ●

탑재(搭載)【명사】배, 비행기, 차 따위에 물건을 실음. ◆ 图搭载，装载。¶화물 탑재가 끝난 차는 출발하시기 바랍니다. =请装货完毕的车辆出发。

● 탑재하다(搭載--) ●

탓【명사】图❶ 주로 부정적인 현상이 생겨난 까닭이나 원인. ◆过错，过失，错误。¶남의 탓으로 돌리지 마시오. =不要把过错归咎于别人。❷ 구실이나 핑계로 삼아 원망하거나 나무라는 일. ◆怪罪，归咎。¶안되면 조상 탓만 한다. =怨天尤人。

탓하다【동사】핑계나 구실로 삼아 나무라거나 원망하다. ◆动怪罪，归咎。¶내 잘못이 크니 그를 탓하지 마시오. =我的过错大，不要怪罪他。

탕¹【부사】副❶ 작은 쇠붙이나 단단한 물건이 세게 부딪쳐 울리는 소리. '땅'보다 거센 느낌을 준다. ◆较小的铁器或硬物猛烈撞击的声音。¶철문을 탕 닫다. =咣当一声关上铁门。❷ 총을 쏘는 소리. '땅'보다 거센 느낌을 준다. ◆枪响声。

탕²(湯)【명사】图❶ '국'의 높임말. ◆汤。¶탕의 종류로는 소탕, 어탕, 육탕 따위가 있다. =汤的种类有牛肉汤、鱼汤、猪肉汤等等。❷ 제사에 쓰는, 건더기가 많고 국물이 적은 국. ◆祭祀用汤。

탕³(湯)【명사】图❶ 온천이나 목욕탕 따위를 두루 이르는 말. ◆澡堂，浴池，温泉。¶탕에 들어가기 전에 온도를 확인하시오. =入池前请先确认温度。❷ 목욕탕 안에 물을 채워 놓은 곳. ◆浴池，澡盆。¶탕에 몸을 담그다. =把身体泡进浴池。

탕⁴【의존 명사】依名 量 무엇을 실어 나르거나 일정한 곳까지 다녀오는 횟수를 세는 단위. ◆运输往返次数。¶오늘 두 탕 뛰었다. =今天跑了两趟。

탕감(蕩減)【명사】빚이나 요금, 세금 따위의 물어야 할 것을 삭쳐 줌. ◆图豁免，免除。¶조세 탕감. =免税。● 탕감되다(蕩減--), 탕감하다(蕩減--) ●

탕수육(糖水肉)【명사】중화요리의 하나. 쇠고기나 돼지고기에 녹말을 묻혀 튀긴 것에 초, 간장, 설탕, 야채 따위를 넣고 끓인 녹말 물을 부어 만든다. ◆图糖醋肉片。

탕아(蕩兒)【명사】방탕한 사나이. ◆图浪荡公子，浪子。

탕진(蕩盡)【명사】图❶ 재물 따위를 다 써서 없앰. ◆用尽，耗光，挥霍掉。¶가산 탕진. =挥霍光家产。❷ 시간, 힘, 정열 따위를 헛되이 다 써 버림. ◆白费，徒劳。¶기력 탕진. =白费力气。● 탕진되다(蕩盡--), 탕진하다(蕩盡--) ●

탕탕【부사】副❶ 작은 쇠붙이나 단단한 물건이 잇따라 세게 부딪쳐 울리는 소리. ◆当当，哐哐。¶문을 탕탕 치다. =哐哐敲门。❷ 총을 잇따라 쏘는 소리. ◆砰砰，轰轰。¶총을 탕탕 쏘다. =砰砰开枪。

탕평책(蕩平策)【명사】조선 영조 때에, 당쟁의 폐단을 없애기 위하여 각 당파에서 고르게 인재를 등용하던 정책. ◆图 荡平策，这是朝鲜英祖时期为铲除党争、加强王权而采取的政策。

태¹(態)【명사】图❶ 맵시. ◆风姿，姿态。¶태가 나다. =有姿色。❷ 겉에 나타나는 모양새. ◆样子，模样。¶귀부인 태가 나는 여자가 찾아왔습니다. =来了个贵妇人模样的女子。❸ 일부러 꾸며 드러내려는 태도. ◆装模作样，做作。¶그는 동기들보다 한 살 더 많다고 나이 태를 낸다. =他因为比同级同学大一岁而装模作样。

태²(態)【명사】동사에 관여하는 동작의 방향성에 관한 문법 형태. 근본적으로 동사에 관련되고 그 문장의 의미를 변화시키지 않으면서 어떤 동사의 주어와 목적어 사이의 관계를 나타내는데, 능동태, 피동태, 사동태 따위가 있다. ◆图 语法态，语态。

태³(胎)【명사】图 태반이나 탯줄과 같이 태아를 둘러싸고 있는 여러 조직을 일상적으로 이르는 말. ◆胎。

태고(太古)【명사】아득한 옛날. ◆图太古，远古。¶태고의 신비. =太古的神秘。

태교(胎敎)【명사】아이를 밴 여자가 태아에게 좋은 영향을 주기 위하여 마음을 바르게 하고 언행을 삼가는 일. ◆图胎教。¶태교음악. =胎教音乐。● 태교하다(胎敎--) ●

태국(泰國)【명사】동남아시아의 인도차이나 반도에 있는 나라. ◆图泰国。

태권도(跆拳道)【명사】한국 고유의 전통 무예를 바탕으로 한 운동. ◆图 跆拳道。

태극(太極)【명사】图❶ 중국 철학에서, 우주 만물의 근원이 되는 실체. ◆太极。❷ 하늘과 땅이 분리되기 이전의 세상 만물의 원시 상태. ◆太极。¶우리는 언제나 세계를 놀라게 한 태극전사들과 함께 할 것입니다. =我们将永远与让世界惊叹的太极战士在一起。

태극기(太極旗)【명사】한국의 국기. ◆图太极旗(韩国国旗)。

태기(胎氣)【명사】아이를 밴 기미. ◆图胎气。¶태기를 느끼다. =感觉到胎气。

태깔(態-)【명사】图❶ 모양과 빛깔. ◆式样与颜色。¶태깔이 곱다. =式样和颜色很漂亮。❷ 교만한 태도. ◆傲慢，放肆。¶감히 어른 앞에서 태깔을 부리다니! =竟敢在长辈面前如此傲慢!

태껸【명사】한국 고유의 전통 무예의 하나. 유연한 동작으로 움직이다가 순간적으로 손질과 발질로 상대방을 제압하는 호신술. ◆图手搏。

태도(態度)【명사】图❶ 몸의 동작이나 몸을 거두는 모양새. ◆姿态。¶거만한 태도. =高傲的姿态。❷ 어떤 일이나 상황 따위를 대하는 마음가짐. 또는 그 마음가짐이 드러난 자세. ◆态度。¶강압적인 태도. =强制性态度。

태동(胎動)【명사】图❶ 모태 안에서의 태아의 움직임. ◆胎动。¶아기의 태동을 느끼다. =感觉到胎儿的胎动。❷ 어떤 일이 생기려는 기운이 싹틈. ◆萌芽。¶근대 사회의 태동. =近代社会的萌芽。● 태동하다(胎動--) ●

태두(泰斗)【명사】'태산북두(泰山北斗)'의 준말. 많은 삶의 존경과 숭배를 받는 인물. ◆图 泰斗。

태만(怠慢)【명사】열심히 하려는 마음이 없고 게으름. ◆图懒惰，懈怠。¶직무 태만. =玩忽职守。● 태만하다(怠慢--), 태만히(怠慢--) ●

태몽(胎夢)【명사】아이를 밸 것이라고 알려 주는 꿈. ◆图胎梦。

태반¹(太半)【명사】반수 이상. ◆图大半。¶동네 사람들 태반이 소문을 모르고 있었다. =村里大半的人不知道这个传闻。

태반[2](胎盤)【명사】임신 중 태아와 모체의 자궁을 연결시키는 기관. 태아에게 영양분을 공급하고 배설물을 내보내는 기능을 한다. ◆名 胎盘。

태부족(太不足)【명사】모자람이 상당함. ◆名很不足，非常不足。¶이 학교는 학생 수에 비해 교실이 태부족이다. =相对于学生数目来说，这所学校的教室非常不足。● 태부족하다(太不足--) ●

태생(胎生)【명사】名 ❶ 어떠한 곳에 태어남. ◆ 出生地，籍贯。¶농촌 태생. =农村出生。❷ 모체 안에서 어느 정도의 발육을 한 후에 태어나는 것. ◆ 胎生。

태세(態勢)【명사】어떤 일이나 상황을 앞둔 태도나 자세. ◆名态势，形势，架势。¶싸울 태세. =战斗态势。

태아(胎兒)【명사】포유류의 모체 안에서 자라고 있는 유체(幼體). 사람의 경우는 수태하여 2개월이 지난 뒤 인체의 모양이 분명히 된 것을 이름. ◆名 胎儿。

태양(太陽)【명사】名 ❶ 태양계의 중심이 되는 항성. ◆ 太阳。¶태양 광선. =太阳光。❷ 매우 소중하거나 희망을 주는 존재를 비유적으로 이르는 말. ◆ 希望。¶민족의 태양. =民族的希望。

태양계(太陽系)【명사】태양과 그것을 중심으로 공전하는 천체의 집합. ◆名 太阳系。

태양력(太陽曆)【명사】지구가 태양의 둘레를 한 바퀴 도는 데 걸리는 시간을 1년으로 정한 역법. ◆名 阳历。

태양 에너지(太陽---)【명사】태양이 방출하는 에너지. ◆名 太阳能。

태양열(太陽熱)【명사】태양에서 나와 지구에 도달하는 열. ◆名 太阳能。

태양열 발전(太陽熱發電)【명사】태양 에너지를 모아서 열로 변환하고, 열기관에 의하여 전력으로 변환하는 발전 방식. ◆名 太阳能发电。

태어나다【동사】사람이나 동물이 형태를 갖추어 어미의 태(胎)로부터 세상에 나오다. ◆动诞生，出生，降生。¶좋은 가문에서 태어나다. =出生在好家庭。

태업(怠業)【명사】名 ❶ 일이나 공부 따위를 게을리 함. ◆ 怠工。¶우리는 그 동안의 태업을 반성하고 일에 박차를 가했다. =我们对那段时间的怠工进行反省，加紧时间干活。❷ 노동 쟁의 행위의 하나. 겉으로는 일을 하지만 의도적으로 일을 게을리 함으로써 사용자에게 손해를 주는 방법이다. ◆ 消极怠工。¶태업에 들어가다. =消极怠工。● 태업하다(怠業--) ●

태연하다(泰然--)【형용사】마땅히 머뭇거리거나 두려워할 상황에서 태도나 기색이 아무렇지도 않은 듯이 예사롭다. ◆ 形泰然。¶그는 위기에 처해서도 태연하고 침착하다. =即使处于危机之中，他仍然泰然自若。● 태연하다(泰然--), 태연히(泰然-) ●

태연스럽다(泰然---)【형용사】마땅히 머뭇거리거나 두려워할 상황에서 태도나 기색이 아무렇지도 않은 듯이 예사롭다. ◆形泰然。¶침착하고 태연스러운 태도. =泰然自若的态度。● 태연스레(泰然--) ●

태연자약(泰然自若)【명사】成 마음에 어떠한 충동을 받아도 움직임이 없이 천연스러움. ◆名 泰然自若。¶그녀는 태연자약을 가장하긴 했어도 마음은 떨리고 있었다. =她虽然假装泰然自若，但是心却跳个不停。● 태연자약하다(泰然自若--) ●

태엽(胎葉)【명사】얇고 긴 강철 띠를 돌돌 말아 그 풀리는 힘으로 시계 따위를 움직이게 하는 장치. ◆名发条。¶태엽을 감다. =上发条。

태음력(太陰曆)【명사】달이 지구를 한 바퀴 도는 시간을 기준으로 만든 역법. ◆名 阴历，农历。

태자(太子)【명사】황태자(자주국에서, 임금의 자리를 이을 임금의 아들). ◆名太子，皇太子。¶태자 자리에 오르다. =登上皇太子之位。

태초(太初)【명사】하늘과 땅이 생겨난 맨 처음. ◆名太初，太始。

태클(tackle)【명사】 名 ❶ 축구에서, 상대편이 가지고 있는 공을 기습적으로 빼앗음. 또는 그런 기술. ◆ (足球) 铲球。❷ 럭비풋볼과 미식축구에서, 공을 가진 공격수를 저지하기 위하여 수비수가 공격수의 아랫도리를 잡아 쓰러뜨리거나 공을 뺏음. 또는 그런 기술. ◆ 抱人截球。¶태클을 걸다. =抱人截球。❸ 레슬링에서, 상대편의 아랫도리를 잡아 쓰러뜨림. 또는 그런 기술. ◆ (摔跤)抱腿摔。❹ (속된 말로) 시비를 겖. ◆ 找茬儿。

태평(太平/泰平)【명사】名 ❶ 나라가 안정되어 아무 걱정 없고 평안함. ◆ 太平，国泰民安。¶태평을 누리다. =享受太平。❷ 마음에 아무 근심 걱정이 없음. ◆ 从容，安心。¶그는 언제나 태평이다. =他任何时候都很从容。● 태평하다(太平--/泰平--) ●

태평성대(太平聖代)【명사】어진 임금이 잘 다스리어 태평한 세상이나 시대. ◆名太平盛世。¶태평성대를 이루다. =打造太平盛世。

태평소(太平簫)【명사】나팔 모양으로 된 우리나라 고유의 관악기. ◆名 唢呐。

태평스럽다(太平---)【형용사】아무 근심 걱정이 없고 평안한 데가 있다. ◆形从容，安心。¶태평스러운 성미. =从容的性格。

태평양(太平洋)【명사】오대양의 하나. 유라시아, 남북아메리카, 오스트레일리아 따위의 대륙에 둘러싸인 바다. ◆名 太平洋。¶요트로 태평양을 횡단하다. =乘坐帆船横越太平洋。

태풍(颱風)【명사】북태평양 남서부에서 발생하여 아시아 대륙 동부로 불어오는, 폭풍우를 수반한 맹렬한 열대 저기압. ◆名 台风。¶태풍이 지나간 자리는 엉망이 되어 있었다. =台风经过的地方一片狼藉。

택견【명사】한국 고유의 전통 무예의 하나. 유연한 동작으로 움직이다가 순간적으로 손질과 발질로 상대방을 제압하는 호신술. ◆名手搏。

택배(宅配)【명사】우편물이나 짐, 상품 따위를 요구하는 장소까지 직접 배달해 주는 일. ◆名快递，送

货上门。¶택배 상품. =送货上门商品。

택시(taxi)【명사】요금을 받고 손님이 원하는 곳까지 태워다 주는 영업용 승용차. 요금을 받고 손님이 원하는 곳까지 태워다 주는 영업용 승용차. ◆图出租汽车。¶개인택시. =个人出租车。

택일[1](擇一)【명사】여럿 가운데에서 하나를 고름. ◆图选一。¶파견지는 미국, 영국, 프랑스 가운데 택일을 해야 합니다. =派遣地要在美国、英国、法国中选择其一。● 택일하다(擇一---) ●

택일[2](擇日)【명사】어떤 일을 치르거나 길을 떠나거나 할 때 운수가 좋은 날을 가려서 고름. 또는 그날. ◆图 择日，择吉日。¶그들은 단시일 내에 혼약을 맺고 택일까지 했다. =他们在短时间内定下了婚约，连吉日都择定了。● 택일하다(擇日--) ●

택지(宅地)【명사】집을 지을 땅. ◆图宅基地。¶택지 개발. =宅基地开发。

택하다(擇--)【동사】여럿 가운데서 고르다. ◆图选择。¶실리보다 명예를 택하다. =在实利面前，选择了名誉。

탤런트(talent)【명사】방송에 출연하는 연예인. 흔히 텔레비전 드라마에 출연하는 연기자를 이른다. ◆图演员。¶이번 연기상은 어느 탤런트가 받을까? =哪个演员将获得本次表演奖?

탬버린(tambourine)【명사】금속이나 나무로 된 테의 한쪽 면에 가죽을 대고 둘레에 작은 방울을 달아 만든 타악기. ◆图 铃鼓。

탯줄(胎-)【명사】태아와 태반을 연결하는 관. 이를 통하여 산소와 영양분을 공급하며, 물질대사를 한다. ◆图 脐带。¶탯줄을 자르다. =剪断脐带。

탱고(tango)【명사】4분의 2박자 또는 8분의 4박자의 경쾌한 춤곡. 또는 그 음악에 맞추어 남녀가 짝을 이루어 추는 춤. ◆图 探戈。

탱자【명사】탱자나무의 열매. 향기가 좋으며 약용하기도 한다. ◆图枳，枸橘。

탱크(tank)【명사】图 ❶ 물, 가스, 기름 따위를 넣어 두는 큰 통. ◆ (装水、天然气、汽油等使用的)容器。❷ 전차(戰車, 무한궤도를 갖추고, 두꺼운 철판으로 장갑(裝甲)하고, 포와 기관총 따위로 무장한 차량). ◆ 坦克。¶적군이 탱크를 앞세우고 밀고 내려오다. =敌军以坦克开路向前推进。

탱탱하다【형용사】形 ❶ 살이 몹시 찌거나 붓거나 하여 팽팽하다. ◆ 紧绷绷的，胀鼓鼓的。❷ 누를 수 없을 정도로 굳고 단단하다. ◆ 鼓，鼓胀的，充实。

탱화(幀-)【명사】부처, 보살, 성현들을 그려서 벽에 거는 그림. ◆图 壁挂佛像。¶도난당했던 탱화가 경매에 나왔다. =被盗的壁挂佛像在拍卖中出现了。

터[1]【의존 명사】依名 ❶ '예정'이나 '추측', '의지'의 뜻을 나타냄. ◆ 表示推测和计划。¶내일 갈 터이니 그리 알아라. =我明天去，就这么定了。❷ '처지'나 '형편'의 뜻을 나타내는 말. ◆ 表示处境、情况。¶사날을 굶은 터에 찬밥 더운밥 가리겠느냐? =饿了三四天，还会挑剔是冷饭还是热饭吗?

터[2]【명사】图❶ 집이나 건물을 지었거나 지을 자리. ◆ (土木建筑的)基，址。¶터를 닦다. =打地基。❷ 공지(空地). ◆ 空地，空间。¶터가 넓다. =空地宽阔。❸ 활동의 토대나 일이 이루어지는 밑바탕. ◆ 基础，前提。¶한국어 연구의 터를 닦다. =打下了韩国语研究的基础。❹ '자리'나 '장소'의 뜻을 나타내는 말. ◆ 地点，场所。¶낚시터. =垂钓场。

터널(tunnel)【명사】산, 바다, 강 따위의 밑을 뚫어 만든 철도나 도로 따위의 통로. ◆图地道，隧道。¶터널을 뚫다. =挖隧道。

터놓다【동사】动 ❶ 막힌 통로나 닫힌 문 따위를 통하게 하다. ◆ 打开，敞开，放开。¶물이 흐르도록 둑을 터놓다. =打开堤坝放水。❷ 마음에 숨기는 것이 없이 드러내다. ◆ 开诚布公，坦诚以对。¶마음을 터놓다. =敞开心扉。

터덜거리다【동사】动 ❶ 지치거나 느른하여 무거운 발걸음으로 힘없이 계속 걷다. ◆ 脚步沉重地走。❷ 빈 수레 따위가 험한 길 위를 요란하게 자꾸 지나가는 소리가 잇따라 나다. ◆ 吱扭吱扭地响。¶터덜거리며 가는 시골길이 향수를 불러 일으킨다. =手推车吱扭吱扭响的乡村小路勾起了乡愁。● 터덜대다 ●

터덜터덜【부사】副 ❶ 지치거나 느른하여 무거운 발걸음으로 힘없이 계속 걷는 소리. 또는 그 모양. ◆ 脚步沉重地。¶터덜터덜 걸어가는 그의 뒷모습이 몹시 측은해 보였다. =他脚步沉重的背影让人同情。❷ 빈 수레 따위가 험한 길 위를 요란하게 지나가는 소리. ◆ 吱扭吱扭地。¶달구지 하나가 터덜터덜 신작로를 가고 있다. =一辆牛车吱扭吱扭地走在公路上。● 터덜터덜하다 ●

터득(攄得)【명사】깊이 생각하여 이치를 깨달아 알아냄. ◆图领会，悟出。¶진리를 터득하다. =悟出真理。● 터득하다(攄得--) ●

터뜨리다【동사】动 ❶ 터지게 하다. ◆ 使爆发，引爆。¶폭탄을 터뜨리다. =引爆炸弹。❷ 식물이 꽃망울을 벌려 꽃을 피우다. ◆ 绽放，盛开。❸ 웃음, 울음, 비명 소리 같은 것을 갑자기 세게 내다. ◆ 爆发。¶울음을 터뜨리다. =放声大哭。❹ 마음속에 있던 좋지 않은 감정을 갑자기 밖으로 드러내다. ◆ 发泄，倾吐。

터럭【명사】图 ❶ 사람이나 길짐승의 몸에 난 길고 굵은 털. ◆ 体毛，毛发。¶실내에서 개를 키우면 터럭이 날려 건강에 좋지 않다. =在室内养狗会造成狗毛乱飞，这对健康很不利。❷ 아주 작거나 사소한 것을 비유적으로 이르는 말. ◆ 小的，细微的。¶그 여자에게는 터럭만 한 애정도 느낄 수 없었다. =感觉不到对她有丝毫爱意。

터무니【명사】정당한 근거나 이유. ◆图根据。¶말을 지어내도 터무니가 있어야 유분수지. =即使是编造谎话，也要有据可循。

터무니없다【형용사】허황하여 전혀 근거가 없다. ◆ 形荒谬，荒诞，荒唐无稽。¶터무니없는 거짓말. =荒诞的谎话。● 터무니없이 ●

터미널(terminal)【명사】항공, 열차, 선박, 버스 노선 따위의 맨 끝 지점. 또는 많은 교통 노선이 모여 있는 역. ◆图 (航空、列车、船运、汽运等线路的)终点站，总站。¶고속버스 터미널. =高速公共汽

车总站。

터벅터벅 【부사】 느릿느릿 힘없는 걸음으로 걸어가는 모양. ◆ 副一拖一拖地。¶바쁘니 터벅터벅 걷지 말고 빨리빨리 걷자. =很忙，不要拖拖拉拉地，快点走吧。

터부(taboo) 【명사】 특정 집단에서 어떤 말이나 행동을 금하거나 꺼리는 것. ◆ 名禁忌，忌讳。¶우리 집에서는 돌아가신 어머니에 대한 언급이 터부로 되어 있다. =在我家，谈及过世的妈妈被列为禁忌。

터부룩하다 【형용사】 수염이나 머리털 따위가 좀 길고 촘촘하게 많이 나서 어지럽다. ◆ 形乱蓬蓬，毛茸茸。¶며칠 째 면도를 못했더니 수염이 터부룩하다. =几天没刮胡子，胡子乱蓬蓬的。

터울 【명사】 한 어머니의 먼저 낳은 아이와 다음에 낳은 아이와의 나이 차이. ◆ 名 (兄弟姐妹间)岁数差。¶터울이 지다. =(相)差岁数。

터전 【명사】 名 ❶ 집터가 되는 땅. ◆ 宅基地。¶부자 동네여서인지 집집마다 터전을 널찍널찍하게 잡고 있다. =大概因为是富人村，家家户户的宅基地都很宽敞。❷ 자리를 잡은 곳. ◆ 基地。¶경주는 신라의 옛 터전이었다. =庆州是新罗的旧址。❸ 살림의 근거지가 되는 곳. ◆ 基地。¶터전을 잡다. =作为基地。❹ 일의 토대. ◆ 基础。¶국가의 터전을 닦다. =奠定国家的基础。

터줏대감(-主大監) 【명사】 집단의 구성원 가운데 가장 오래된 사람을 이르는 말. ◆ 名俚资格最老的人。¶내가 이 회사의 터줏대감이다. =我是这家公司资格最老的人。

터지다¹ 【동사】 动 ❶ 둘러싸여 막혔던 것이 무너지거나 뚫리다. ◆ 破，裂，破裂，裂开，爆。¶둑이 터지다. =缸破了。❷ 겉이 벌어져 갈라지다. ◆ 绽开，裂开。¶추위에 손발이 터지다. =手被冻裂。❸ 꿰맨 자리가 뜯어져 갈라지다. ◆ 开线，绷断。¶그물이 터지다. =网开线。❹ 막히거나 가려진 것이 없이 탁 트이다. ◆ 敞开，敞亮。¶전망이 시원하게 툭 터져서 좋다. =视野一下变得敞亮，感觉很好。❺ 코피나 고인 물이 갑자기 쏟아지다. ◆ 流，出。¶갑자기 코피가 터지다. =突然流鼻血。❻ 불이 붙어 세차게 튀다. ◆ 流，出。¶지뢰가 터지다. =地雷爆炸。❼ 꽃망울이 벌어지기 시작하다. ◆ 绽开，开放，绽放。¶남녘엔 매화의 꽃망울이 한창 터져 봄소식을 전하고 있다. =南方的梅花朵朵绽放，传递着春天的消息。❽ 속으로 참았거나 쌓였던 감정이 북받쳐 나오다. ◆ 爆发，涌出。¶분노가 터지다. =愤怒爆发。❾ 박수, 웃음, 울음, 소리 등이 갑자기 한꺼번에 나다. ◆ 放声，响起。¶터져 나오는 웃음. =放声大笑。❿ 싸움이나 사건이 갑자기 벌어지거나 일어나다. ◆ 爆发，发生，突发。¶난리가 터지다. =发生混乱。⓫ 축구 경기 따위에서, 득점을 기다리고 있을 때 골이 들어가다. ◆ 进球。¶골이 후반 종료 전에 터지다. =在下半场结束前进球。⓬ 일이 뜻대로 되지 아니하거나 근심, 걱정 따위로 속이나 가슴이 괴롭거나 아파 오다. ◆ 炸裂，裂开。¶나는 지금 속이 터져서 더 이상 그 꼴을 보지 못하겠다. =我现在肺都气炸了，再也不想看到那个人。⓭ 운수 따위가 한꺼번에 닥치다. ◆ 福从天降，发横财。¶운수가 터지다. =福从天降。⓮ 얻어맞거나 매를 맞다. ◆ 挨打，挨揍。¶막내가 형한테 한 대 터지고 징징 운다. =老幺挨了哥哥的揍，哼哼唧唧地哭。

터지다² 【보조 형용사】 빠지다. ◆ 补形表示程度达到极点。¶그는 게을러 터진 사람이다. =他是个懒到家的人。

터치(touch) 【명사】 名 ❶ 손을 대거나 건드림. ◆ 触摸，接触。❷ 피아노, 타자기 따위의 건반이나 글쇠를 누르거나 두드림. ◆ 弹奏。❸ 어떤 일에 대하여 관여하거나 언급함. ◆ 涉及，提及，触及。❹ 사진이나 그림 따위를 고치는 일. ◆ 装点，润色。● 터치하다(touch--) ●

터치아웃(touch out) 【명사】 名 ❶ 야구에서, 수비수가 주자의 몸에 공을 대어 아웃시키는 일. ◆ 触杀。❷ 배구에서, 공이 수비수에 맞고 경기장 밖으로 나가는 일. ◆ 打手出界。

터키(Turkey) 【명사】 아시아의 서쪽 끝, 유럽의 동남쪽에 있는 공화국. ◆ 名 土耳其。

터트리다 【동사】 动 ❶ 어떤 내용물이 나오도록 터뜨리다. ◆ 弄破，裂开。❷ 폭발물 등을 폭파시키다. ◆ 炸，爆炸，爆裂，爆发。❸ 꽃망울을 피게하다. ◆ 绽放，盛开。❹ 감정을 갑작스럽게 나타내다. ◆ 倾泻，爆发。❺ 감정을 밖으로 나타내다. ◆ 发泄，倾吐。❻ 밖으로 표현하다. ◆ 表现。❼ 사건 등을 일으키다. ◆ 激怒，激起，引发。

턱¹ 【명사】 名 ❶ 사람의 입 아래에 있는 뾰족하게 나온 부분. ◆ 下巴，下颌。¶턱을 괴다. =支着下巴。❷ 입의 위와 아래에 있는, 발음하거나 씹는 일을 하는 기관. 위턱뼈와 아래턱뼈로 이루어져 있다. ◆ 腭。¶크게 웃다가 턱이 빠지다. =笑得太厉害，下腭掉了。

턱² 【의존 명사】 ❶ 마땅히 그리하여야 할 까닭이나 이치. ◆ 理由，原因。¶그럴 턱이 있나. =有那样的理由吗? ❷ 그만한 정도나 처지. ◆ 表示程度。¶아직 그 턱인가. =还是那个程度吗?

턱³ 【명사】 평평한 곳에 갑자기 조금 높이 된 자리. ◆ 名突起，坎。¶턱이 지다. =突起。

턱⁴ 【부사】 副 ❶ 무슨 행동을 아주 의젓하거나 태연스럽게 하는 모양. ◆ 泰然自若地。¶턱 앉아서 한 마디 일장 연설을 하다. =泰然自若地坐着演讲。❷ 긴장 따위가 갑자기 풀리는 모양. ◆ 放心。¶마음을 턱 놓다. =放心。❸ 어깨나 손 따위를 갑자기 세게 짚거나 붙잡는 모양. ◆ 一下子，猛地。¶덜미를 턱 잡다. =一下子揪住后脖颈。❹ 갑자기 힘없이 쓰러지는 모양. ◆ 一下子，猛地。¶방바닥에 턱 쓰러지다. =一下子倒在地上。❺ 갑자기 몹시 막히는 모양. ◆ 一下子。¶숨이 턱 막히다. =一下子气短。❻ 갑자기 멎어 버리거나 무엇에 걸리는 모양. ◆ 一下子。¶엔진 소리가 턱 멎다. =发动机的声音一下子停止。❼ 조금 둔하고 세게 부딪치거나 다치는 소리. 또는 그 모양. ◆ 轰然。

턱⁵ 【명사】 좋은 일이 있을 때 남에게 베푸는 음식

대접. ◆ 名请客。¶생남 턱. =生儿子请客。

턱걸이【명사】名 ❶ 철봉을 손으로 잡고 몸을 올려 턱이 철봉 위까지 올라가게 하는 운동. ◆ 引体向上。¶철봉에 매달려 턱걸이를 하다. =吊在铁杠上做引体向上。❷ 어떤 기준에 겨우 미침을 비유적으로 이르는 말. ◆ 勉强达到。¶그는 매학 입학 시험에서 턱걸이로 통과했다. =他勉强通过了高考。● 턱걸이하다 ●

턱밑【명사】아주 가까운 곳을 비유적으로 이르는 말. ◆ 名眼前，眼下，跟前。¶적군이 턱밑에까지 들어왔는데도 막을 방법이 없다. =敌军来到了眼前，却没有抵挡的方法。

턱뼈【명사】턱을 이루는 뼈. ◆ 名 颚骨。

턱수염(-鬚髥)【명사】아래턱에 난 수염. ◆ 名下颏胡须，山羊胡子。¶나는 할아버지의 길고 흰 턱수염을 잡아당겨서 호되게 야단을 맞았다. =我因为拽了爷爷下颏的长白胡子而遭到狠狠的责骂。

턱시도(tuxedo)【명사】남자가 입는 야간용 약식 예복. 모양은 양복과 비슷하며 위 깃은 견직으로 덮고 바지 솔기에 장식이 달린 것으로, 연미복의 대용으로 입는다. ◆ 名 (男子)晚礼服，晚宴服。

턱없다【형용사】形 ❶ 이치에 닿지 아니하거나, 그럴 만한 근거가 전혀 없다. ◆ 荒唐，荒谬，荒诞。¶턱없는 거짓말. =荒谬的谎言。❷ 수준이나 분수에 맞지 아니하다. ◆ 不适当的，过分的。¶우승에는 턱없는 실력. =对其实力而言，获胜实为奢望。● 턱없이 ●

턱짓【명사】턱을 움직이어 자기의 뜻을 나타내는 동작. ◆ 名以下巴示意。¶목사님이 기도하는 도중 그녀는 가벼운 턱짓으로 나에게 옆에 앉으라는 시늉을 했다. =牧师祈祷时，她轻轻地用下巴示意，让我坐在旁边。

턱턱【부사】副 ❶ 일을 매우 의젓하거나 태연스럽게 처리하는 모양. ◆ 利索地，麻利地，三下五除二。¶그녀는 일을 턱턱 해냈다. =她利索地办完了事情。❷ 숨 따위가 잇따라 몹시 막히는 모양. ◆ 憋。¶숨이 턱턱 막힌다. =憋气。❸ 침을 잇따라 세게 뱉는 소리. 또는 그 모양. ◆ 呸呸(吐唾沫、吐痰的样子)。¶녀석은 거만을 떨면서 아무 데나 침을 턱턱 뱉었다. =这家伙很傲慢，到处呸呸地吐唾沫。❹ 잇따라 세게 쓰러지거나 거꾸러지는 모양. ◆ 一个接一个地，纷纷。❺ 갑자기 잇따라 멎어 버리거나 무엇에 걸리는 모양. 또는 그 소리. ◆ 突然停止或被绊住的声音或样子。¶잘 돌아가던 기계가 턱턱 소리를 내며 멈추었다. =运转正常的机器发出啪的声音后停了下来。❻ 든든한 물건이 자꾸 세게 두드리거나 먼지 따위를 터는 소리. 또는 그 모양. ◆ 啪啪。¶일꾼들이 손바닥을 턱턱 털고 일어났다. =干活的人们啪啪地拍拍手站了起来。❼ 든든한 물건이 갑자기 세게 터져 잇따라 나는 소리. 또는 그 모양. ◆ 啪。¶가뭄으로 논바닥이 턱턱 갈라진다. =由于干旱，水田啪地裂开。❽ 갑자기 아주 힘없이 잘리거나 끊어져 잇따라 나는 소리. 또는 그 모양. ◆ 突然无力地断开的样子或声音。¶썩은 동아줄이 턱턱 끊어진다. =烂绳子咯噔断开。

털【명사】名 ❶ 사람이나 동물의 피부에 나는 가느다란 실 모양의 것. ◆ 毛，毛发。¶털을 갈다. =换毛。❷ 물건의 거죽에 부풀어 일어난 가는 실 모양의 것. ◆ 绒毛。❸ 융모. ◆ 绒毛。

털가죽【명사】털이 그대로 붙어 있는 짐승의 가죽. ◆ 名毛皮。¶털가죽으로 만든 외투. =毛皮外套。

털갈이【명사】 짐승이나 새의 묵은 털이 빠지고 새 털이 남. 또는 그런 일. ◆ 名换毛。

털끝【명사】名 ❶ 털의 끝. ◆ 毛尖，毫毛。¶그는 털끝이 오싹 일어나는 것 같은 공포감을 느꼈다. =他感到恐怖，汗毛都竖了起来。❷ 아주 적거나 사소한 것을 비유적으로 이르는 말. ◆ 鸡毛蒜皮，丝毫，一丁点儿。¶그에게 의리라고는 털끝만치도 없다. =他一点义气也没有。

털다【동사】动 ❶ 달려 있는 것, 붙어 있는 것 따위가 떨어지게 흔들거나 치거나 하다. ◆ 掸，抖，拂。¶먼지 묻은 옷을 털다. =掸一掸沾了灰尘的衣服。❷ 자기가 가지고 있는 것을 남김없이 내다. ◆ 用尽，花光，耗尽。¶사재를 털다. =散尽私人财产。❸ 남이 가진 재물을 몽땅 빼앗거나 그것이 보관된 장소를 모조리 뒤지어 훔치다. ◆ 洗劫一空。¶금품을 털다. =将财物洗劫一空。❹ 일, 감정, 병 따위를 완전히 극복하거나 말끔히 정리하다. ◆ 处理好，治好。● 털리다 ●

털보【명사】수염이 많거나 몸에 털이 많은 사람을 낮잡아 이르는 말. ◆ 名 大胡子，多毛的人。¶수염 많이 난 내 친구 털보는 솔로로 살겠다고 한다. =我的朋友人称大胡子的，说要过单身生活。

털실【명사】짐승의 털이나 인조털로 만든 실. ◆ 名毛线。

털썩【부사】副 ❶ 갑자기 힘없이 주저앉거나 쓰러지는 소리. 또는 그 모양. ◆ 噗通（突然跪下的样子）。¶털썩 무릎을 꿇다. =噗通一声跪下。❷ 크고 두툼한 물건이 갑자기 바닥에 떨어지는 소리. 또는 그 모양. ◆ 噗通（重物倒地的样子）。¶담장이 털썩 무너지다. =墙噗通一声倒塌。❸ 갑자기 심리적인 충격을 받아 놀라는 모양. ◆ 噗通（内心受到惊吓的样子）。¶그는 그녀를 보는 순간 간이 털썩 내려앉는 것 같았다. =看到她的瞬间，他好像噗通一声吓破了胆。

털어놓다【동사】动 ❶ 속에 든 물건을 모두 내놓다. ◆ 倾倒，倒。¶그 애는 주머니 속에 든 잡다한 물건을 책상에 털어놓았다. =他把包里装的许多东西都倒到了桌子上。❷ 마음속에 품고 있는 사실을 숨김없이 말하다. ◆ 开诚布公，和盘托出，倾吐。¶그녀는 친구에게 그 동안의 일을 모두 털어놓았다. =她向朋友倾吐过去所有的事情。

털어먹다【동사】재산이나 돈을 함부로 써서 몽땅 없애다. ◆ 动荡尽，用尽，挥霍光。¶재산을 다 털어먹다. =挥霍光财产。

털옷【명사】털이나 털가죽으로 지은 옷. ◆ 名皮衣。¶이번 겨울이 오기 전에 네 털옷 한 벌 장만해야겠다. =在今年冬天到来之前，要为你准备一件皮衣。

텁텁【부사】副 ❶ 먼지 따위를 털기 위하여 잇따라 거볍게 두드리는 소리. 또는 그 모양. ◆ 轻轻拍打、弹灰的声音或样子。¶그녀는 옥상에서 담요를 털털 털고 있다. =她正在屋顶上轻轻地拍打毯子。❷ 아무것도 남지 아니하게 죄다 털어 내는 모양. ◆ 拍打干净的样子。❸ 깨어지거나 금이 간 두툼한 질그릇 따위가 부딪칠 때 나는 소리. ◆ 啪唧啪唧地(敲打器皿声)。❹ 느른한 걸음걸이로 겨우 걷는 모양. ◆ 拖着沉重的脚步，慢悠悠走路的样子。¶그 노인은 털털 공원에서 산보하고 있다. =那个老人在公园里慢悠悠的散步。❺ 속이 텅 비어 있는 모양. ◆ 空虚的样子。❻ 낡은 자동차 따위가 흔들리면서 느리게 겨우 달리는 소리. 또는 그 모양. ◆ 咣啷咣啷地。

털털거리다【동사】动 ❶ 느른한 걸음걸이로 자꾸 걷다. ◆ 颤颤巍巍地，拖着沉重的脚步走。❷ 낡은 자동차 따위가 흔들리며 느리게 겨우 가다. ◆ 咣啷咣啷。❸ 깨어지거나 금이 간 두툼한 질그릇 따위를 두드리는 소리가 나다. 또는 그런 소리를 내다. ◆ 啪唧啪唧地(敲打器皿)。● 털털대다 ●

털털하다【형용사】形 ❶ 사람의 성격이나 하는 짓 따위가 까다롭지 아니하고 소탈하다. ◆ 随和，洒脱。¶그의 털털한 성미가 마음에 든다. =喜欢他洒脱的性格。❷ 품질 따위가 그리 좋지도 아니하고 나쁘지도 아니하다. ◆ 普通，一般。

텀벙【부사】크고 무거운 물건이 물에 떨어져 잠기는 소리. ◆ 副噗通。

텀벙거리다【동사】크고 무거운 물건이 물에 떨어져 잠기는 소리가 잇따라 나다. 또는 그런 소리를 잇따라 내다. ◆ 动噗通噗通响。● 텀벙대다 ●

텀벙하다【동사】크고 무거운 물건이 물에 떨어져 잠기는 소리가 나다. 또는 그런 소리를 내다. '덤벙하다'보다 거센 느낌을 준다. ◆ 动扑通，噗通(重物落水声)。

텀블링(tumbling)【명사】名 ❶ 공중제비(두 손을 땅에 짚고 두 다리를 공중으로 쳐들어서 반대 방향으로 넘는 재주). ◆ 翻跟头，空翻。❷ 여러 사람이 손을 맞잡거나 어깨에 올라앉는 것과 같은 동작으로 여러 가지 모양을 만듦. 또는 그런 체조. ◆ 叠罗汉。

텁석부리【명사】名 ❶ 텁석나룻이 난 사람을 놀림조로 이르는 말. ◆ 大胡子。¶텁석부리 사나이. =大胡子男人。❷ 심마니의 은어로, 잘고 긴 뿌리가 많이 난 삼을 이르는 말. ◆ 俚多须人参。

텁수룩하다【형용사】수염이나 머리털이 배게 나 어수선하거나 더부룩하다. ◆ 形乱蓬蓬。¶텁수룩한 머리털. =乱蓬蓬的头发。

텁텁하다【형용사】形 ❶ 입안이 시원하거나 깨끗하지 못하다. ◆ 涩。¶입안이 텁텁하다. =嘴里发涩。❷ 눈이 흐릿하고 깨끗하지 못하다. ◆ 呆滞。❸ 까다롭지 아니하여 무던하고 소탈하다. ◆ 随和。¶사람이 텁텁하고 수더분하다. =为人稳重随和。

텃밭【명사】집터에 딸리거나 집 가까이 있는 밭. ◆ 名宅旁园地。¶텃밭을 가꾸다. =修整宅旁园地。

텃새【명사】철을 따라 자리를 옮기지 아니하고 거의 한 지방에서만 사는 새. 참새, 까마귀, 꿩, 물총새 따위가 있다. ◆ 名留鸟。

텃세(-勢)【명사】먼저 자리를 잡은 사람이 뒤에 들어오는 사람에 대하여 가지는 특권 의식. 또는 뒷사람을 업신여기는 행동. ◆ 名欺生。¶텃세가 심하다. =特别欺生。

텅【부사】큰 것이 속이 비어 아무것도 없는 모양. ◆ 副空荡荡，空落落。¶그 마을은 텅 비어 있었다. =那个村子空荡荡的。● 텅텅 ●

테【명사】名 ❶ 어그러지거나 깨지지 아니하도록 그릇 따위의 몸을 둘러맨 줄. ◆ 箍。¶테를 두르다. =围箍。❷ 둘레를 두른 물건. ◆ 边，沿。¶테가 둥근 모자. =圆沿帽子。❸ '테두리(죽 둘러서 친 줄이나 금 또는 장식)'의 준말. ◆ "테두리"的略语。¶중요한 부분에 테를 쳐 강조해 두었다. =在重要部分打上框加以强调。

테너(tenor)【명사】名 ❶ 남성의 가장 높은 음역. 또는 그 음역의 가수. ◆ 男高音，男高音歌手。❷ 남성의 가장 높은 음역에 해당하는 관악기. ◆ 次中音乐器。

테니스(tennis)【명사】중앙에 네트를 치고, 양쪽에서 라켓으로 공을 주고받아 승부를 겨루는 구기 경기. 남. 녀 단식과 복식, 혼합 복식 따위의 경기 방식이 있다. ◆ 名 网球。

테두리【명사】名 ❶ 죽 둘러서 친 줄이나 금 또는 장식. ◆ 框，缘，幅。¶테두리를 치다. =画框。❷ 둘레의 가장자리. ◆ 四周，边缘。¶잔디밭 테두리에는 잡초가 우거졌다. =草地四周杂草茂盛。❸ 일정한 범위나 한계. ◆ 范围，界限。¶법의 테두리. =法律范围。

테러(terror)【명사】폭력을 써서 적이나 상대편을 위협하거나 공포에 빠뜨리게 하는 행위. ◆ 名恐怖，恐怖行动。¶테러를 당하다. =遭遇恐怖袭击。

테러리즘(terrorism)【명사】정치적인 목적을 위하여 조직적, 집단적으로 행하는 폭력 행위. 또는 그것을 이용하여 정치적인 목적을 이루려는 사상이나 주의. ◆ 名 恐怖主义。¶전쟁이야말로 가장 잔인한 테러리즘이다. =战争确实是最残忍的恐怖主义。

테마(Thema)<독>【명사】창작이나 논의의 중심 과제나 주된 내용. ◆ 名 主题，主旋律。¶테마로 삼다. =作为主题。

테스트(test)【명사】사람의 학력, 지능, 능력이나 제품의 성능 따위를 알아보기 위하여 검사하거나 시험함. 또는 그런 검사나 시험. ◆ 名测验，试验，检查，测试。¶테스트를 받다. =接受测试。● 테스트하다(test--) ●

테이프(tape)【명사】名 ❶ 종이나 헝겊 따위로 만든 얇고 긴 띠 모양의 오라기. ◆ 带子，线带，带。¶준공식 시작을 알리는 사회자의 신호에 따라 테이프가 커팅되었다. =随着司仪宣布竣工仪式开始，彩带被剪断了。❷ 전선에 감아 절연하는 데 쓰는, 비닐이나 헝겊 따위로 만든 긴 띠 모양의 오라기. ◆ 绝缘胶带。❸ 소리나 영상 따위를 기록하는 데 쓰는 가늘고 긴 필름. ◆ 录音带，录像带，磁带。¶테이프에 녹음하다. =用磁带录音。

테크닉(technic)【명사】악기 연주, 노래, 운동 따위를 훌륭하게 해내는 기술이나 능력. ◆ 名技法，技巧。¶고도의 테크닉을 필요로 하는 연주. =需要高超技巧的演奏。

텐트(tent)【명사】산. 들. 물가 따위에서 야영을 할 때, 눈. 비. 바람 따위를 막거나 볕을 가리기 위하여 기둥을 세우거나 말뚝을 박고 포장 천으로 막처럼 지어 놓은 것. 또는 그런 데에 쓰는 포장 천. ◆ 名帐篷。¶야영지에 텐트를 치다. =在野营地点搭帐篷。

텔레뱅킹(telebanking)【명사】전화로 은행 거래를 하는 일. ◆ 名电子银行业务，电子银行交易。¶텔레뱅킹 서비스를 이용하면 은행에 가는 일 없이 편리하게 거래를 할 수 있다. =利用电子银行业务服务，不用去银行就可以方便地进行交易。

텔레비전(television)【명사】사물의 광학적인 상을 전파에 실어 보내어 수신 장치에 재현하는 전기 통신 방식. ◆ 名电视。¶현대인에게 있어 텔레비전 시청은 이제 생활의 일부가 아니라 전부가 되어버린 느낌이다. =感觉到对于现代人来说，看电视已经不是生活的一部分，而是成为了全部。

텔레파시(telepathy)【명사】말이나 감각적 수단에 의하지 않고 어떤 사람의 생각. 말. 감각 따위가 다른 사람에게 전달되는 일. ◆ 名心灵感应，感应。¶텔레파시가 통하다. =心灵感应。

템포(tempo)<이>【명사】名 ❶ 일이 진행되는 빠르기. ◆ 速度，节奏。¶이야기의 템포를 빨리 하다. =加快说话的速度。❷ 악곡을 연주하는 속도나 박자. ◆ 节奏，节拍。

토굴(土窟)【명사】땅굴(땅속으로 뚫린 굴). ◆ 名土坑，土洞。¶토굴을 파고 그 곳에 생강(生薑)을 보관한다. =挖土洞保存生姜。

토기(土器)【명사】名 ❶ 원시 시대에 쓰던, 흙으로 만든 그릇. 모양, 무늬 따위로 민족과 시대의 특색을 나타낸다. ◆ 陶器。❷ 진흙으로 만들어 유약을 바르지 아니하고 구운 그릇. ◆ 瓦器，陶器。¶많은 토기 파편이 발견되어 도요지였음을 확인할 수 있었다. =发现了许多陶器碎片，可以确认是陶窑。

토끼【명사】토낏과의 포유동물을 통틀어 이르는 말. 귀가 길고 뒷다리가 앞다리보다 발달하였으며 꼬리는 짧다. ◆ 名 兔子。¶긴장하는 모습이 놀란 토끼와 같다. =紧张的表情就像受惊吓的兔子。

토끼띠【명사】토끼해에 태어난 사람의 띠. ◆ 名 属兔。

토너먼트(tournament)【명사】경기 대전 방식의 하나. 경기를 거듭할 때마다 진 편은 제외시키면서 이긴 편끼리 겨루어 최후에 남은 두 편으로 우승을 가린다. ◆ 名 淘汰赛，擂台赛。

토닥거리다【동사】잘 울리지 아니하는 물체를 가볍게 두드리는 소리를 잇따라 내다. ◆ 动梆梆响。● 토닥대다 ●

토닥토닥하다【동사】잘 울리지 않는 물체를 잇따라 가볍게 두드리는 소리를 내다. ◆ 动轻轻拍的声音。¶아이를 안고 토닥토닥하다. =抱着孩子轻轻地拍。● 토닥토닥 ●

토담(土-)【명사】흙으로 쌓아 만든 담. ◆ 名土墙，泥墙。¶연이어 있는 토담이 고향에 온 듯 정겹다. =出现的土墙让人感到亲近，就好像回到故乡似的。

토대(土臺)【명사】名 ❶ 모든 건조물 따위의 가장 아랫도리가 되는 밑바탕. ◆ 地基。❷ 어떤 사물이나 사업의 밑바탕이 되는 기초와 밑천을 비유적으로 이르는 말. ◆ 基础。¶발전의 토대를 마련하다. =奠定发展的基础。

토라지다【동사】마음에 들지 아니하고 뒤틀리어서 싹 돌아서다. ◆ 动别别扭扭，不高兴。¶토라진 표정. =不高兴的表情。

토란(土卵)【명사】천남성과의 여러해살이풀. 높이는 80~120cm이며, 잎은 두껍고 넓은 방패 모양이다. ◆ 名 青芋，芋头。

토로(吐露)【명사】마음에 있는 것을 죄다 드러내어서 말함. ◆ 名吐露，倾吐。¶그는 작심이라도 한 듯이 차근차근 자기의 생각을 토로 했다. =他好像下定了决心，要详细地吐露自己的想法。● 토로하다(吐露--) ●

토록【조사】앞말이 나타내는 정도나 수량에 다 차기까지라는 뜻을 나타내는 보조사. ◆ 助表示程度的辅助词。¶그는 평생토록 군인정신으로 살았다. =他一辈子靠着军人精神生活。

토론(討論)【명사】어떤 문제에 대하여 여러 사람이 각각 의견을 말하며 논의함. ◆ 名讨论。¶우리는 사형 제도 존속 여부에 대하여 열띤 토론을 벌였다. =我们针对死刑制度应否存续展开了激烈的讨论。● 토론되다(討論--), 토론하다(討論--) ●

토론회(討論會)【명사】어떤 문제에 대하여 여러 사람이 각각 의견을 말하며 논의하는 모임. ◆ 名讨论会。¶독서 토론회. =读书讨论会。

토마토(tomato)【명사】가짓과의 한해살이풀. 높이는 1~1.5미터 정도이며, 잎은 어긋나고 깃모양 겹잎이다. ◆ 名 番茄，西红柿。¶토마토를 썰어서 설탕을 뿌려 먹는 방법은 잘못된 식용방법이다. =切好西红柿撒上白糖的吃法是错误的。

토막【명사】名 ❶ 크고 덩어리가 진 도막. ◆ 块，节，段。¶생선 토막. =鲜鱼块。❷ 다른 것에 비하여 아주 짤막한 내용이나 물건. ◆ 短，简短。¶토막 소식. =短消息。❸ 말, 글, 생각, 기간 따위에서 잘려지거나 떼어 낸 한 부분. ◆ 片断。¶조각조각 떠오르는 기억의 토막. =一段一段浮现的记忆片断。❹ 덩어리가 진 도막 또는 말, 글, 생각, 기간 따위에서 잘려지거나 떼어 낸 한 부분을 세는 단위. ◆ 量块，段，节。¶갈치 세 토막. =三块带鱼。

토막토막【명사】토막마다 모두. 또는 여러 개의 토막. ◆ 名每一块，每一段，每一节。¶토막토막의 시간을 잘 활용하다. =利用好每一段时间。

토목 공사(土木工事)【명사】땅과 하천 따위를 고쳐 만드는 공사. 강과 내를 고쳐 닦고, 항구를 쌓고, 길을 닦고, 굴을 파고, 철도를 놓는 일 따위이다. ◆ 名 土木建筑工程。

토박이(土--)【명사】본토박이(대대로 그 땅에서 나서 오래도록 살아 내려오는 사람). ◆ 图本地，土著。¶서울 토박이. =首尔本地人。

토박이말(土---)【명사】고유어(해당 언어에 본디부터 있던 말이나 그것에 기초하여 새로 만들어진 말). ◆ 图 民族语言。

토벌(討伐)【명사】무력으로 쳐 없앰. ◆ 图讨伐，征讨，征伐。¶병력을 비적 토벌에 투입하다. =投入兵力讨伐盗匪。

토사곽란(吐瀉癨亂)【명사】위로는 토하고 아래로는 설사하면서 배가 질리고 아픈 병. ◆ 图 吐泻霍乱。

토사구팽(兎死狗烹)【명사】토끼를 잡으면 사냥개도 필요 없게 되어 주인에게 삶아 먹힌다는 뜻으로, 필요할 때는 쓰고 필요 없을 때는 인정 없이 버림. ◆ 图 兔死狗烹。

토산품(土産品)【명사】그 지방에서 특유하게 나는 물품. ◆ 图土产品，土特产。¶지자체마다 토산품 광고에 열을 올리고 있다. =地方自治团体正在掀起土特产广告热。

토성[1](土星)【명사】태양에서 여섯째로 가까운 행성. 태양계의 행성 가운데 둘째로 큰 행성으로, 둘레에 아름다운 큰 고리 같은 테가 있다. ◆ 图 土星。

토성[2](土城)【명사】흙으로 쌓아 올린 성루. ◆ 图土城。¶토성을 쌓다. =堆土城。

토속(土俗)【명사】그 지방의 특유한 풍속. ◆ 图地方风俗。¶토속 음식. =民俗食物。

토스(toss)【명사】图 ❶ 가볍게 던져 올림. ◆ 扔，掷，抛，投。❷ 야구, 농구 등에서, 바로 옆의 자기편에게 공을 밑으로부터 가볍게 던져 보냄. ◆ 抛球。● 토스하다(toss--) ●

토스트(toast)【명사】식빵을 얇게 썰어 양쪽을 살짝 구운 것. ◆ 图烤面包片，烤吐司。¶오늘 아침은 토스트 한 조각뿐이다. =今天早晨只有一片烤面包片。

토시【명사】图 ❶ 추위를 막기 위하여 팔뚝에 끼는 것. 저고리 소매처럼 생겨 한쪽은 좁고 다른 쪽은 넓다. ◆ 套袖，罩袖。❷ 일할 때 소매를 가든하게 하고 그것이 해지거나 더러워지지 아니하도록 하기 위해서 소매 위에 덧끼는 물건. ◆ 套袖。❸ 사냥꾼들이 매를 팔에 앉혀 가지고 다니기 위하여 팔뚝에 끼는 물건. ◆ 套袖。

토실토실【부사】보기 좋을 정도로 살이 통통하게 찐 모양. ◆ 副胖乎乎。¶모유를 먹였더니 아이가 토실토실 살이 오른다. =吃了母乳，孩子长得胖乎乎的。● 토실토실하다 ●

토양(土壤)【명사】图 ❶ 흙. ◆ 泥土，土壤。❷ 식물에 영양을 공급하여 자라게 할 수 있는 흙. ◆ 土壤。¶토양이 걸지 않아 곡식이 튼실치 못하다. =土壤不肥沃，稻谷不够饱满。❸ 어떤 활동이 이루어질 수 있는 밑받침을 비유적으로 이르는 말. ◆〈喻〉土壤。¶풍부한 독서와 경험이 그가 훌륭한 작가가 될 수 있었던 토양이었다. =大量的阅读和丰富的经验是他得以成为优秀作家的"土壤"。

토요일(土曜日)【명사】월요일을 기준으로 한 주의 여섯째 날. ◆ 图星期六。¶오늘은 토요일이라서 오전 수업밖에 없다. =今天是星期六，只有上午有课。

토의(討議)【명사】어떤 문제에 대하여 검토하고 협의함. ◆ 图讨论，商讨。¶오랜 토의 끝에 결론에 도달하다. =经过长时间讨论，得出结论。● 토의되다(討議--), 토의하다(討議--) ●

토종(土種)【명사】图 ❶ 본토종(본디부터 그곳에서 나는 종자). ◆ 土种。¶토종농산물. =土种农产品。❷ 본토박이(대대로 그 땅에서 나서 오래도록 살아 내려오는 사람). ◆ 当地人，本地人，土著人。¶그것은 이 지역 토종들이나 먹었던 음식이여. =那是这个地方的当地人曾经吃过的食物。

토지(土地)【명사】경지나 주거지 따위의 사람의 생활과 활동에 이용하는 땅. ◆ 图土地，田地。¶토지가 비옥하다. =土地肥沃。

토질(土質)【명사】图 ❶ 흙의 성질. ◆ 土质。¶토질이 비옥하다. =土质肥沃。❷ 흙을 구성하는 물질. ◆ 土质。

토착(土着)【명사】대대로 그 땅에서 살고 있음. 또는 그곳에 들어와 정주함. ◆ 图土著。¶토착 문화. =土著文化。

토착화(土着化)【명사】어떤 제도나 풍습, 사상 따위가 그 지방의 성질에 맞게 동화되어 뿌리를 내리게 됨. 또는 그렇게 함. ◆ 图本地化。● 토착화되다(土着化--), 토착화하다(土着化--) ●

토템(totem)【명사】원시 사회에서 부족 또는 씨족 집단과 특별한 관계가 있다고 믿어 신성하게 여기는 동식물이나 자연물. ◆ 图 图腾。

토픽(topic)【명사】图 ❶ 제목(題目). 논제(論題). ◆ 题目，论题。❷ 이야깃거리. ◆ 话题，主题。¶해외 토픽. =海外话题。

토하다(吐--)【동사】动 ❶ 먹은 것을 도로 입 밖으로 쏟아 내다. ◆ 呕吐，吐。❷ 뱉다. ◆ 吐。❸ 털어놓다. ◆ 吐露。¶실정을 토하다. =吐露实情。

토호(土豪)【명사】어느 한 지방에서 오랫동안 살면서 양반을 떠세할 만큼 세력이 있는 사람. ◆ 图土豪。¶그는 그 지방의 힘있는 토호 중 하나였다. =他是当地有势力的土豪之一。

톡【부사】副 ❶ 작은 것이 갑자기 튀거나 터지는 소리. 또는 그 모양. ◆ 裂开的样子或裂开的声音。¶톡 터질 듯 익은 포도 알. =熟透得快裂开的葡萄粒。❷ 작은 것이 갑자기 떨어지는 소리. 또는 그 모양. ◆ 小东西突然掉落的声音或样子。¶잎새에 맺혀있던 이슬이 또르르 톡 떨어졌다. =叶子上凝结的露珠嘀答嘀答地掉了下来。❸ 말을 사납게 쏘아붙이는 모양. ◆ 冷淡，冷淡无情的样子。¶시누이는 톡 쏘아붙이고 달아났다. =小姑子冷淡地离去了。❹ 작은 것이 갑자기 발에 걸리거나 차이는 소리. 또는 그 모양. ◆ 轻轻踢开的声音或样子。¶돌부리에 톡 차이다. =一下子碰到石头。❺ 가볍게 살짝 치거나 건드리는 소리. 또는 그 모양. ◆ 轻拍的样子。¶어깨를 톡 치다. =轻拍肩膀。❻ 가볍게 살짝 털거나 튀기는 소리. 또는 그 모양. ◆ 轻轻

拍打的样子，轻轻掸掉的样子。❼ 새가 부리로 가볍게 쪼는 소리. 또는 그 모양. ◆ 轻啄的样子。❽ 갑자기 가볍게 부러지는 소리. 또는 그 모양. ◆ 折断的声音或样子。¶연줄이 톡 소리를 내며 끊어졌다. =风筝线发出啪的声音断了。❾ 어느 한 부분이 튀어나온 모양. ◆ 鼓出的样子，突出的样子。¶아이는 아비를 닮아서인지 이마만 톡 튀어나왔다. =孩子长得像父亲，额头突出。● 톡톡 ●

톡톡하다【형용사】形 ❶ 국물이 바특하여 묽지 아니하다. ◆ 稠。❷ 피륙이 고르고 단단한 올로 배게 짜이어 도톰하다. ◆ 厚实密致。❸ 살림 따위가 실속 있고 푸짐하다. ◆ 殷实。❹ 꾸중, 망신 등의 정도가 심하다. ◆ 重，严重。¶톡톡하게 망신을 당하다. =严重失态。❺ 구실이나 역할 따위가 제대로 되어 충분하다. ◆ 充分。¶그 애는 자기 역할을 톡톡하게 해내는 아이야. =那个孩子能充分发挥自己的作用。● 톡톡히 ●

톤[1](ton)【의존 명사】依名 ❶ 무게의 단위. 1톤은 영국에서는 2,240파운드로 약 1,016kg에 해당하고, 미국에서는 2,000파운드로 약 907kg에 해당한다. ◆ 量吨。❷ 트럭, 배 따위의 용적을 나타내는 단위. ◆ 容积 吨位。¶낚시꾼들이 빌리는 배들은 대개 오 톤 미만의 작은 발동선이었다. =钓鱼者们借的船是大概不到五吨的小型动力船。

톤[2](tone)【명사】名 ❶ 전체적으로 느껴지는 분위기나 어조 따위. ◆ 语调，语气，声调，音调。¶강한 톤으로 주장하다. =高调主张。❷ 색깔이 강하거나 약한 정도나 상태. 또는 짙거나 옅은 정도나 상태. ◆ 色调。❸ 일정한 높이의 악음. ◆ 音调。

톨【의존 명사】밤(栗)이나 곡식의 낱알을 세는 단위. ◆ 依名 量颗，个，粒。¶밤 한 톨. =一颗栗子。

톨게이트(tollgate)【명사】고속도로나 유료 도로에서 통행료를 받는 곳. ◆ 名收费站。¶고속버스가 톨게이트를 통과했다. =高速大巴通过了收费站。

톱[1](top)【명사】名 ❶ 순서의 맨 처음. 또는 정상이나 선두. 수위(首位). 수석(首席). ◆ 最高，首席。❷ 신문·잡지 따위에서, 첫머리에 싣는 중요한 기사. ◆ 报纸头条。

톱[2]【명사】나무, 쇠붙이 따위를 자르거나 켜는 데 쓰는 연장. ◆ 名锯子。¶톱은 위험하니 잘 다루어야 한다. =锯子很危险，应该小心使用。

톱날【명사】톱니의 날이 선 부분. ◆ 名锯齿，锯刃。¶톱날이 무디다. =锯齿钝。

톱니【명사】名 ❶ 톱 따위의 가장자리에 있는 뾰족뾰족한 이. ◆ 锯齿。❷ 잎의 가장자리가 톱날과 같이 된 부분. ◆ (叶子)锯齿边。

톱니바퀴【명사】둘레에 일정한 간격으로 톱니를 내어 만든 바퀴. 이가 서로 맞물려 돌아감으로써 동력을 전달한다. ◆ 名齿轮。¶톱니바퀴가 다 닳아서 겉돈다. =齿轮都磨光了，在那里空转。

톱밥【명사】톱으로 켜거나 자를 때에 나무 따위에서 쓸려 나오는 가루. ◆ 名锯末。¶톱밥으로 퇴비를 만든다. =用锯末做堆肥。

톱질【명사】톱으로 나무나 쇠 따위를 자르거나 켜는 일. ◆ 名拉锯，锯。¶톱질을 그렇게 못하냐? =连拉锯都不会? ● 톱질하다 ●

통[1](桶)【명사】무엇을 담기 위하여 나무나 쇠, 플라스틱 따위로 깊게 만든 그릇. ◆ 名桶。¶통에 물을 받다. =用桶接水。

통[2](通)【의존 명사】편지나 서류, 전화 따위를 세는 단위. ◆ 依名 量 封，份，通，个，回，次。¶편지 세 통. =三封信。

통[3](統)【명사】시(市) 행정 조직 가운데 동(洞)의 아래, 반(班)의 위인 단위. ◆ 名统。¶통장. =统长。

통[4]【의존 명사】 어떤 일이 벌어진 환경이나 판국. ◆ 依名 表示环境或局面。¶장마 통에 물난리를 겪다. =由于霪雨连绵而遭受水灾。

통[5]【명사】속이 차게 자란 배추나 박 따위의 몸피. ◆ 名心。¶통이 실한 배추. =实心白菜。

통[6]【명사】名 ❶ 바짓가랑이나 소매 따위의 속의 넓이. ◆ 粗细，肥瘦，胖瘦。¶통이 넓은 바지. =肥筒裤。❷ 허리·다리 등의 굵기나 둘레. ◆ 围。¶통이 굵은 허리. =腰围粗。❸ 사람의 도량이나 씀씀이. ◆ 度量，心胸。¶통이 큰 사람. =豁达大度的人。

통[7]【부사】副 ❶ '전혀', '도무지'의 뜻을 나타내는 말. ◆ 完全，根本。¶술은 통 못 한다. =根本不能喝酒。❷ '온통'의 준말. ◆ "온통"的略语，全部。¶나는 그 소식을 통 모르고 있었어. =那个消息我全然不知。

통[8]-【접사】前缀 ❶ '통째'를 뜻하는 말. ◆ 整个，整块，完整的。¶통김치. =用整棵白菜做的泡菜。❷ '온통', '평균'을 뜻하는 말. ◆ 全部。¶통거리. =全部。

-통[9](通)【접사】'정통한 사람'의 뜻을 더하는 접미사. ◆ 后缀 通，专家。¶소식통. =消息通。

통가죽【명사】통째로 벗겨 낸 짐승의 가죽. ◆ 名整张皮。¶이 가방은 통가죽으로 만들었다. =这个包是用整张皮做成的。

통감하다(痛感--)【동사】마음에 사무치게 느끼다. ◆ 动痛切体会。¶실수를 통감하는 것도 성숙이다. =痛切地体会失败也是成熟。

통계(統計)【명사】名 ❶ 한데 몰아서 어림잡아 계산함. ◆ 统计。¶올 한 해의 수확을 통계를 내 봅시다. =统计一下今年一年的收获。❷ 어떤 현상을 종합적으로 한눈에 알아보기 쉽게 일정한 체계에 따라 숫자로 나타냄. 또는 그런 것. ◆ 统计。¶통계 자료를 믿지 못하다. =无法相信统计资料。● 통계하다(統計--) ●

통계표(統計表)【명사】통계 결과를 나타낸 표. ◆ 名统计表。¶세계 인구 조사국의 통계표를 살펴보다. =浏览世界人口调查局统计表。

통고(通告)【명사】서면(書面)이나 말로 소식을 전하여 알림. ◆ 名通告，通知。¶통고문. =通告。● 통고하다(通告--), 통고되다(通告--) ●

통곡(痛哭/慟哭)【명사】소리를 높여 슬피 욺. ◆ 名痛哭，放声大哭。¶통곡 소리. =痛哭声。● 통곡하다(痛哭--/慟哭--) ●

통과(通過)【명사】名 ❶ 어떤 곳이나 때를 거

쳐서 지나감. ◆ 通过。❷ 멈추었다가 가도록 예정된 곳을 그냥 지나침. ◆ 通过，穿过。❸ 검사, 시험, 심의 따위에서 해당 기준이나 조건에 맞아 인정되거나 합격함. ◆ 通过，合格。¶논문 통과가 안 되어 한 학기 연기했다. =由于论文没通过，将学业延期了一个学期。❹ 제출된 의안이나 청원 따위가 담당 기관이나 회의에서 승인되거나 가결됨. ◆ 通过，批准。❺ 장애물이나 난관 따위를 뚫고 지나감. ◆ 通过。¶훈련소에서 철조망 통과를 훈련하다. =在训练所训练通过铁丝网。● 통과되다(通過--), 통과하다(通過--) ●

통근(通勤)【명사】집에서 직장에 근무하러 다님. ◆ 图上下班。¶통근 버스로 출퇴근한다. =乘坐班车上下班。● 통근하다(通勤--) ●

통나무【명사】켜거나 짜개지 아니한 통째로의 나무. ◆图原木。¶톱으로 통나무를 켜다. =用锯锯断原木。

통념(通念)【명사】일반적으로 널리 통하는 개념. ◆ 图普遍观念，传统观念。¶사회적 통념을 깨다. =打破社会传统观念。

통달(通達)【명사】图 ❶ 막힘없이 환히 통함. ◆ 通达。❷ 말이나 문서로써 기별하여 알림. ◆ 通知，通报。❸ 사물의 이치나 지식, 기술 따위를 훤히 알거나 아주 능란하게 함. ◆ 精通。● 통달하다(通達--) ●

통닭【명사】털을 뜯고 내장만 뺀 채 토막을 내지 아니하고 통째로 익힌 닭고기. ◆图 全鸡，整鸡。

통독(通讀)【명사】처음부터 끝까지 훑어 읽음. ◆ 图通读。¶이 책을 통독하면 역사의 단면을 알 수 있을 것이다. =如果通读这本书，就可以了解历史的一个侧面。● 통독하다(通讀--) ●

통렬하다(痛烈--)【형용사】몹시 날카롭고 매섭다. ◆ 形猛烈，激烈，严厉。¶패배에 대한 책임 추궁이 몹시 통렬하다. =对失败责任的追究非常严厉。● 통렬히(痛烈-) ●

통로(通路)【명사】图 ❶ 통하여 다니는 길. ◆ 通路，通道。¶비상 통로가 막혀 피해가 컸습니다. =由于应急通道被阻，损失很大。❷ 의사소통이나 거래 따위가 이루어지는 길. ◆ 通道。¶진실한 대화는 마음을 이어주는 통로가 된다. =真诚对话是连接心与心的通道。

통보(通報)【명사】통지하여 보고함. 또는 그 보고. ◆ 图通报，通告。¶나는합격 통보를 받다. =接到通知，我合格了。● 통보되다(通報--), 통보하다(通報--) ●

통분(通分)【명사】분모가 다른 둘 이상의 분수나 분수식에서, 분모를 같게 만듦. 보통 각 분모의 최소공배수를 공통분모로 삼는다. ◆ 图 通分。● 통분하다(通分--) ●

통사정(通事情)【명사】图 ❶ 딱하고 안타까운 형편을 털어놓고 말함. ◆ 诉说苦衷，诉苦请求。¶집주인에게 집세를 올리지 말라고 함께 통사정을 해 보자. =一起去向房东诉苦，请求不要提高租金吧。❷ 남에게 자기의 의사를 표현함. ◆ 诉说。¶그 사랑에내통사정 해 보았자 거들떠보지도 않았다. =虽然跟他说过，但一点也不理睬。● 통사정하다(通事情--) ●

통상(通商)【명사】나라들 사이에 서로 물품을 사고 팖. 또는 그런 관계. ◆ 图通商。¶이웃 나라와 통상을 시작하다. =开始与邻国通商。● 통상하다(通商--) ●

통상적(通常的)【명사】특별하지도 아니하고 예사로운. 또는 그런 것. ◆ 图一般的，通常的，平常的。¶새 제품은 숙면 유도 기능 외에도 디자인 품질 등에서 기존 침대의 통상적인 개념을 파괴한 제품입니다. =新产品除有助于睡眠的功能外，在设计、品质等方面也打破了现有床的一般概念。

통설(通說)【명사】세상에 널리 알려지거나 일반적으로 인정되고 있는 설. ◆ 图一般说法。¶이 사건이 농민 운동의 발발을 제공했다는 것이 지금까지의 통설이다. =至今为止，一般说法是这个事件导致了农民运动的暴发。

통성명(通姓名)【명사】처음으로 인사할 때 서로 성과 이름을 알려 줌. ◆ 图互通姓名，交换名片。¶통성명이나 하고 지냅시다. =交换名片认识一下。● 통성명하다(通姓名--) ●

통솔(統率)【명사】무리를 거느려 다스림. ◆ 图统率。● 통솔하다(統率--) ●

통솔력(統率力)【명사】무리를 거느려 다스리는 능력. ◆ 图统率能力，领导力。¶그는 통솔력이 뛰어나다. =他的统率能力出众。

통수권(統帥權)【명사】한 나라 전체의 병력을 지휘하고 통솔하는 권력. 일반적으로 국가 원수가 관장한다. ◆ 图 统率权。¶통수권을 행사하다. =行使统率权。

통신(通信)【명사】图 ❶ 우편이나 전신, 전화 따위로 정보나 의사를 전달함. ◆ 通信。¶이 지역은 통신 장애 지역이다. =这个地区是通信受限区。❷ 신문이나 잡지에 실을 기사의 자료를 보냄. 또는 그 자료. ◆ 通讯。¶신문사에서는 주재 기자의 통신을 받아 신문에 그대로 실었다. =报社接到派驻记者的通讯，直接刊载到报纸上。● 통신하다(通信--) ●

통신망(通信網)【명사】图 ❶ 통신사나 신문사 따위에서, 여러 곳에 통신원을 파견하여 본사와 연락하도록 짜 놓은 연락 체계. ◆ 通讯网。¶통신망을 넓히다. =扩大通讯网。❷ 전화선이나 송신탑, 수신탑과 같은 통신 설비를 여러 곳에 설치해 두고 유·무선 전화를 이용하여 정보나 의사를 주고받을 수 있는 연락 체계. ◆ 通信网。❸ 랜(LAN)이나 모뎀 따위의 통신 설비를 갖춘 컴퓨터를 이용하여 정보를 주고받을 수 있는 조직이나 체계. ◆ 图 通信网。¶통신망에 접속하여 전자 우편을 보내다. =连接通信网发送电子邮件。

통신 판매(通信販賣)【명사】먼 곳에 있는 소비자를 대상으로 우편 따위의 통신 수단을 이용하여 주문을 받고 상품을 파는 일. ◆ 图 邮购。¶통신판매를 통하여 상품을 구입하다. =邮购商品。

통신사(通信使)【명사】조선 시대에, 일본으로 보내던 사신. 고종 13년(1876)에 수신사(修信使)로 고쳐음. ◆ 图 通信使。

통신사(通信社) 【명사】 신문사나 잡지사, 방송 사업체 따위에 뉴스를 제공하는 기관. ◆ 图通讯社。¶세계의 유명 통신사로는 영국의 로이터, 프랑스의 에이에프피, 미국의 에이피 및 유피아이 따위가 있다. =世界知名的通讯社有英国路透社、法国法新社、美国的美联社和合众国际社。

통역(通譯) 【명사】 말이 통하지 아니하는 사람 사이에서 뜻이 통하도록 말을 옮겨 줌. 또는 그런 일을 하는 사람. ◆ 图翻译。¶중국어 통역. =汉语翻译。 ● 통역하다(通譯--) ●

통역관(通譯官) 【명사】 통역하는 일을 맡은 관리. ◆ 图翻译官。¶외국관리는 통역관을 통하지 않고는 협상을 하지 않겠다고 주장했다. =外国官员主张没有翻译官就不进行谈判。

통용(通用) 【명사】 图 ❶ 일반적으로 두루 쓰임. ◆ 通用，流通。¶화폐의 통용은 언제쯤이었을까? =货币通用是什么时候呢? ❷ 서로 넘나들어 두루 쓰임. ◆ 通用。¶문화 상품권은 현금처럼 통용된다. =文化商品券像现金一样流通。 ● 통용되다(通用--), 통용하다(通用--) ●

통일(統一) 【명사】 图 ❶ 나누어진 것들을 합쳐서 하나의 조직. 체계 아래로 모이게 함. ◆ 统一 ¶통일 전쟁. =统一战争。 ❷ 여러 요소를 서로 같거나 일치되게 맞춤. ◆ 统一，一致。¶의견의 통일. =意见统一。 ❸ 여러 가지 잡념을 버리고 마음을 한곳으로 모음. ◆ 统一，集中（精神、意念)。¶정신의 통일. =精神集中。 ● 통일되다(統一--), 통일하다(統一--) ●

통장[1](通帳) 【명사】 금융 기관에서, 예금한 사람에게 출납의 상태를 적어 주는 장부. ◆ 图存折。¶그는 도장과 통장을 가지고 은행으로 갔다. =他带着印章和存折去了银行。

통장[2](統長) 【명사】 행정 구역의 단위인 통(統)을 대표하여 일을 맡아보는 사람. ◆ 图统长。¶그는 동네 통장 일을 맡았다. =他在街道担任统长。

통절하다(痛切--) 【형용사】 形 ❶ 뼈에 사무치게 절실하다. ◆ 痛切。 ❷ 매우 적절하게. ◆ 深切。 ● 통절히(痛切--) ●

통제(統制) 【명사】 图 ❶ 일정한 방침이나 목적에 따라 행위를 제한하거나 제약함. ◆ 控制，管制。¶교통 통제. =交通管制。 ❷ 권력으로 언론, 경제 활동 따위에 제한을 가하는 일. ◆ 控制。¶언론 통제. =言论控制。 ● 통제되다(統制--), 통제하다(統制--) ●

통조림(桶--) 【명사】 고기나 과일 따위의 식료품을 양철통에 넣고 가열. 살균한 뒤 밀봉하여 오래 보존할 수 있도록 한 식품. ◆ 图罐头。¶복숭아 통조림. =桃子罐头。

통증(痛症) 【명사】 아픈 증세. ◆ 图痛症，病痛，疼痛。¶통증이 심하다. =疼痛得很厉害。

통지(通知) 【명사】 기별을 보내어 알게 함. ◆ 图通知。¶징집 통지가 오다. =来了征集通知。 ● 통지하다(通知--) ●

통지서(通知書) 【명사】 어떤 사실을 기별하여 알리는 문서. ◆ 图通知书。¶입영 통지서. =入伍通知书。

통지표(通知表) 【명사】 생활 통지표. ◆ 图学生手册，学生情况表。

통째 【명사】 나누지 아니한 덩어리 전부. ◆ 图整个，全部。¶칠면조를 통째로 굽다. =烤整只火鸡。

통찰(洞察) 【명사】 예리한 관찰력으로 사물을 꿰뚫어 봄. ◆ 图洞察。¶현실을 직시하고 통찰해야 합니다. =应该直视并洞察现实。 ● 통찰하다(洞察--) ●

통찰력(洞察力) 【명사】 사물이나 현상을 통찰하는 능력. ◆ 图洞察力。¶통찰력이 뛰어나다. =洞察力出众。

통첩(通牒) 【명사】 문서로 알림. 또는 그 문서. ◆ 图书面通知。¶최후 통첩. =最后通牒。

통치(統治) 【명사】 엄중히 다스림. ◆ 图统治。¶통치 제도. =统治制度。 ● 통치되다(統治--), 통치하다(統治--) ●

통칭(通稱) 【명사】 图 ❶ 일반적으로 널리 이름. 또는 그런 이름이나 언설. ◆ 通称。 ❷ 공통으로 이름. 또는 그런 이름. ◆ 通称。¶통칭 수도라고는 했지만 초라한 소도시에 불과했다. =虽然通称为首都，但不过是个简陋的小城市。 ● 통칭하다(通稱--) ●

통쾌하다(痛快--) 【형용사】 아주 즐겁고 시원하여 유쾌하다. ◆ 形痛快，畅快。¶라이벌인 그 녀석을 성적으로 눌러 통쾌하다. =成绩超过对手，很痛快。

통탄(痛歎/痛嘆) 【명사】 몹시 탄식함. 또는 그런 탄식. ◆ 图痛叹，痛惜。¶그 사건은 참으로 통탄할 일이다. =那个事件真的令人痛惜。 ● 통탄하다(痛歎/痛嘆--) ●

통통[1] 【부사】 副 ❶ 작은 북이나 속이 빈 작은 나무통 따위를 잇따라 두드려 울리는 소리. ◆ 敲击声。¶물통을 통통 두드리다. =嗵嗵地敲水桶。 ❷ 발로 탄탄한 곳을 자꾸 굴러 울리는 소리. ◆ 脚踏声。 ❸작은 물방울이나 덩이 따위가 잇따라 떨어지는 소리. ◆ 滴答滴答。 ❹ 작은 발동기 따위가 울리는 소리. ◆ 小发动机的突突声。¶휴가객을 가득 태운 배는 통통 소리를 내며 선착장을 떠났다. =船满载着休假的旅客，发出突突的声音，驶离了岸边。

통통[2] 【부사】 副 ❶ 키가 작고 살이 쪄 몸이 옆으로 퍼진 모양. ◆ 胖乎乎。 ❷ 물체의 한 부분이 붓거나 부풀어서 도드라져 있는 모양. ◆ 鼓鼓的。¶매를 맞아서 종아리가 통통 부었다. =挨了打，小腿肿得鼓鼓的。

통통배 【명사】 발동기를 장치하여 통통 소리가 나는 작은 배. ◆ 图机动船。

통통하다 【형용사】 키가 작고 살이 쪄 몸이 옆으로 퍼진 듯하다. ◆ 形胖乎乎。¶그녀는 작은 키에 좀 통통하다. =她个子矮，有点胖。

통틀다 【동사】 있는 대로 모두 한데 묶다. ◆ 动合起来，加起来。¶있는 돈을 통틀면 천만 원쯤 된다. =所有的钱加起来有一千万韩元。 ● 통틀어 ●

통폐합(統廢合) 【명사】 같거나 비슷한 여러 조직이나 기업, 기구 따위를 없애거나 합쳐서 하나로 만듦. ◆ 图合并，兼并，整合。¶대학의 통폐합은 이름뿐이었다. =大学合并只是徒有虚名罢了。 ● 통폐합되다

(統廢合--), 통폐합하다(統廢合--) ●

통풍(通風)【명사】바람이 통함. 또는 그렇게 함. ◆ 名通风。¶통풍 장치. =通风装置。● 통풍하다(通風--) ●

통하다(通--)【동사】动 ❶ 막힘이 없이 들고 나다. ◆ 通，畅通，通畅，顺畅。¶피가 통하다. =血脉畅通。❷ 말이나 문장 따위의 논리가 이상하지 아니하고 의미의 흐름이 적절하게 이어져 나가다. ◆ (讲话或语句)通，通顺。¶문맥이 통하다. =文章语句通顺。❸ ('-에' 과 함께 쓰여) 어떤 곳에 무엇이 지나가다. ◆ (与"-에"合用)通，通过，经过。¶전깃줄에 전류가 통한다. =电线通着电。❹ 어떤 행위가 받아들여지다. ◆ (与 "-에게, -에서" 合用)行得通，有用。¶그 사람에게 그런 식은 안 통한다. =在他那里那种方式行不通。❺ 어떤 곳으로 이어지다. ◆ (常与"-으로"合用)相通，通向，通往。¶이 길은 바다로 가는 길과 통해 있다. =这条路与去海边的路相通。❻ 마음 또는 의사나 말 따위가 다른 사람과 소통되다. ◆〈喻〉(心灵、语言等)通，相通，沟通。¶요즘 청소년들은 기성세대와 말이 통하지 않는다고 말하곤 한다. =人们常说现在的青少年跟上一代之间无法沟通。❼ 어떤 길이나 공간 따위를 거쳐서 지나가다. ◆ 由，从(某条路或空间)。¶비상구를 통해 빠져나가다. =从紧急出口溜出去。❽ 어떤 사람이나 물체를 매개로 하거나 중개하게 하다. ◆ 通过，凭借，借(某个媒介)。¶망원경을 통해 밖을 내다보다. =通过望远镜看外面。❾ 일정한 공간이나 기간에 걸치다. ◆ 在……期间，在……之内。¶일제 식민지 기간을 통해 숱한 동포가 고난을 겪었다. =在日本殖民统治期间，无数同胞历经苦难。❿ 어떤 과정이나 경험을 거치다. ◆ 通过(某个过程或经历)。¶실습을 통해 이론을 익힌다. =通过实习熟悉了理论。⓫ 어떤 관계를 맺다. ◆ 建立(某种关系、联系)。¶애인과 소식을 통하다. =与恋人互通消息。⓬ 어떤 일을 하는 데 무엇을 이용하다. ◆ 通过。⓭ 인사나 말을 건네다. ◆ 交流(礼节或话语)。¶옆집 사람과 인사를 통하고 지내다. =与邻居有交流。

통학(通學)【명사】자기 집이나, 유숙하는 집에서 학교까지 다님. ◆ 名走读。¶기차 통학. =坐火车走读。● 통학하다(通學--) ●

통합(統合)【명사】둘 이상의 조직이나 기구 따위를 하나로 합침. ◆ 名合并。● 통합되다(統合--), 통합하다(統合--) ●

통행(通行)【명사】일정한 장소를 지나다님. ◆ 名通行。¶이곳은 차량 통행이 많은 곳이다. =这是车辆通行较多的地方。● 통행하다(通行--) ●

통행금지(通行禁止)【명사】名 ❶ 일정한 장소를 지나다니지 못하게 함. ◆ 禁止通行。¶통행금지 지역. =禁止通行地区。❷ 일정한 시간 동안 일반인이 거리를 지나다니거나 집 밖으로 활동하는 것을 못하게 하던 일. ◆ 禁止通行。¶통행금지가 해제되었다. =通行禁令被解除了。

통행로(通行路)【명사】통로(通路). ◆ 名通道。¶통행로에 주차를 하지 마십시오. =请不要在通道停车。

통화[1](通話)【명사】名 ❶ 전화로 말을 주고받음. ◆ 通话。¶통화 중. =通话中。❷ 통화한 횟수를 세는 말. ◆ 通，次，回。¶전화 한 통화만 쓸 수 있을까요? =可以打一次电话吗? ● 통화되다(通話--), 통화하다(通話--) ●

통화[2](通貨)【명사】유통 수단이나 지불 수단으로서 기능하는 화폐. 본위 화폐, 은행권, 보조 화폐, 정부 지폐, 예금 통화 따위가 있다. ◆ 名通货，货币。

퇴각(退却)【명사】뒤로 물러감. ◆ 名退却。● 퇴각하다(退却--) ●

퇴거(退去)【명사】名 ❶ 있던 자리에서 옮겨 가거나 떠남. ◆ 退下，撤走。¶퇴거 조치. =撤走措施。❷ 살고 있는 곳에서 다른 곳으로 거주를 옮겨 감. ◆ 迁居。❸ 은거(隱居). ◆ 名隐居。● 퇴거하다(退去--) ●

퇴고(推敲)【명사】글을 쓸 때 여러 번 고치고 다듬음. 또는 그런 일. ◆ 名推敲。● 퇴고하다(推敲--) ●

퇴근(退勤)【명사】일터에서 근무를 마치고 돌아가거나 돌아옴. ◆ 名下班。¶퇴근 시간. =下班时间。● 퇴근하다(退勤--) ●

퇴근길(退勤-)【명사】일터에서 근무를 마치고 돌아가거나 돌아오는 길. 또는 그런 도중. ◆ 名下班路上，下班途中。¶그녀는 퇴근길에 가게에 들러 저녁 찬거리를 샀다. =在下班路上，她走进店铺买了做晚餐的材料。

퇴로(退路)【명사】뒤로 물러날 길. ◆ 名退路，后路。¶퇴로가 막히다. =后路被阻。

퇴물(退物)【명사】名 ❶ 윗사람이 쓰다가 물려준 물건. ◆ 上司或长辈用过的东西。❷ 퇴박맞은 물건. ◆ 退回来的东西。❸ 어떤 직업에서 물러난 사람을 낮잡아 이르는 말. ◆ 退职者，退役者。¶퇴물 기생. =退籍妓女。

퇴보(退步)【명사】名 ❶ 뒤로 물러감. ◆ 退步，后退。❷ 정도나 수준이 이제까지의 상태보다 뒤떨어지거나 못하게 됨. ◆ 退步。¶정치적 혼란이 경제에 퇴보를 가져올 수도 있다. =政治混乱可能导致经济后退。● 퇴보하다(退步--) ●

퇴비(堆肥)【명사】두엄. ◆ 名 堆肥，积肥。

퇴사(退社)【명사】名 ❶ 회사에서 퇴근함. ◆ 下班。¶아버지는 퇴사시간이 지났는데도 안 오시네. =下班时间已经过了，可爸爸还没回来。❷ 회사를 그만두고 물러남. ◆ 辞职。● 퇴사하다(退社--) ●

퇴색(退色/褪色)【명사】名 ❶ 빛이나 색이 바램. ◆ 褪色。¶그 사진은 퇴색의 정도가 심하다. =那照片褪色很严重。❷ 무엇이 낡거나 몰락하면서 그 존재가 희미해지거나 볼품없이 됨을 비유적으로 이르는 말. ◆ 褪色。● 퇴색되다(退色--/褪色--), 퇴색하다(退色--/褪色--) ●

퇴실(退室)【명사】방이나 교실, 병실 따위에서 물러 나감. ◆ 名离开房屋。¶퇴실 시에는 반드시 전등을 꺼 주십시오. =离开房屋时请务必关灯。● 퇴실하다(退室--) ●

퇴원(退院)【명사】일정 기간 병원에 머물던 환자가 병원에서 나옴. ◆ 图出院。¶병원에 6개월 입원했다가 어제 퇴원했습니다. =在医院住了6个月，昨天出院了。● 퇴원하다(退院--) ●

퇴임(退任)【명사】비교적 높은 직책이나 임무에서 물러남. ◆ 图卸任。¶퇴임 기념 논총. =卸任纪念论丛。● 퇴임하다(退任--) ●

퇴장(退場)【명사】图 ❶ 어떤 장소에서 물러남. ◆ 退场。¶소란을 피우면 퇴장 명령을 내립니다. =如果捣乱，就下达退场命令。❷ 연극 무대에서 등장인물이 무대 밖으로 나감. ◆ 退场。¶출연자들이 모두 퇴장할 때까지 눈시울을 붉히며 바라보고 있었다. =红着眼睛望着所有的演员们退场。❸ 경기 중에 선수가 반칙이나 부상 따위로 물러남. ◆ 退场。¶비신사적 행동을 하여 퇴장을 당하다. =做出不礼貌的行为，被勒令退场。● 퇴장하다(退場--) ●

퇴적(堆積)【명사】图 ❶ 많이 겹쳐 쌓이게 되다. ◆ 堆积。❷ 퇴적 작용. ◆ 沉积作用。● 퇴적되다(堆積--), 퇴적하다(堆積--) ●

퇴적암(堆積巖)【명사】퇴적 작용으로 생긴 암석. ◆ 图 沉积岩。

퇴직(退職)【명사】현직에서 물러남. ◆ 图离职，卸任。¶퇴직 공무원. =离职公务员。● 퇴직하다(退職--) ●

퇴직금(退職金)【명사】퇴직하는 사람에게 근무처에서 지급하는 돈. ◆ 图离职金。¶퇴직금을 수령하다. =领取离职金。

퇴진하다(退陣--)【동사】动 ❶ 군대의 진지를 뒤로 물리다. ◆ 退阵，撤退。❷ 진용을 갖춘 구성원 전체나 그 책임자가 물러나다. ◆ 退位，卸任。¶임원진이 퇴진하다. =管理员退位。

퇴짜(退字)【명사】바치는 물건을 물리치는 일. 또는 그 물건. ◆ 图退回的东西，拒收的东西。¶여러 번 퇴짜를 맞다보니 무감각해졌다. =多次被拒绝，变得麻木了。

퇴출(退出)【명사】물러나서 나감. ◆ 图退出。● 퇴출되다(退出--), 퇴출하다(退出--) ●

퇴치(退治)【명사】图 ❶ 물리쳐서 아주 없애 버림. ◆ 消除，扫除，消灭。¶병충해 퇴치. =消灭病虫害。❷ 불도 수행에 전념하기 위하여 번뇌의 악마를 없애고 여러 장애를 끊음. 또는 그런 수행 과정. ◆ 驱除。● 퇴치되다(退治--), 퇴치하다(退治--) ●

퇴폐(頹廢)【명사】도덕이나 풍속, 문화 따위가 어지러워짐. ◆ 图颓靡。¶퇴폐 영업소를 단속하다. =整顿颓靡的营业场所。● 퇴폐하다(頹廢--) ●

퇴학(退學)【명사】图 ❶ 다니던 학교를 그만둠. ◆ 退学。¶퇴학하고 고등학교검정고시를 보고자 합니다. =想退学后参加高中学业水平认证考试。❷ 학교에서 학생에게 내리는 징계 처분의 하나. 가장 높은 단계의 징계로, 학생을 학적에서 지움으로써 학생이 더 이상 학교에 다닐 수 없다. ◆ 开除学籍。¶퇴학 처분. =处以开除学籍处分。● 퇴학하다(退學--) ●

퇴행(退行)【명사】图 ❶ 공간적으로 현재의 위치에서 뒤로 물러가거나 시간적으로 현재보다 앞선 시기의 과거로 감. ◆ 后退，倒退。❷ 발달이나 진화의 단계에서 어떤 장애를 만나 현재 이전의 상태나 시기로 되돌아감. 또는 그런 일. ◆ 退化。● 퇴행하다(退行--) ●

퇴화(退化)【명사】图 ❶ 진보 이전의 상태로 되돌아감. ◆ 倒退，后退。❷ 생물체의 기관이나 조직이 진화나 계통 발생 및 개체 발생 과정에서 퇴행적으로 변화함. 또는 그런 변화. ◆ 退化。● 퇴화되다(退化--), 퇴화하다(退化--) ●

툇마루(退--)【명사】툇간에 놓은 마루. ◆ 图 檐廊，木廊台。¶안채와 바깥채에 있는 마루에는 이미 손님들로 꽉 차 있어 우리는 툇마루에서 술상을 받았다. =里屋和外屋的檐廊上已经让客人挤得满满的了，所以我们把酒桌摆在了木廊台上。

투(套)【의존 명사】말이나 글, 행동 따위에서 버릇처럼 일정하게 굳어진 본새나 방식. ◆ 依名 做法，方式，格式，样式，体。¶한문투. =汉文体。

투고(投稿)【명사】의뢰를 받지 아니한 사람이 신문이나 잡지 따위에 실어 달라고 원고를 써서 보냄. 또는 그 원고. ◆ 图投稿，来稿。¶학교 신문사에 투고했다. =向校报投稿。● 투고하다(投稿--), 투고되다(投稿--) ●

투과(透過)【명사】장애물에 빛이 비치거나 액체가 스미면서 통과함. ◆ 图透过，穿透，穿过。● 투과되다(透過--), 투과하다(透過--) ●

투구[1](投球)【명사】야구나 볼링 따위에서, 공을 던짐. 또는 그 공. ◆ 图 (棒球、保龄球等)投球。

투구[2]【명사】예전에, 군인이 전투할 때에 적의 화살이나 칼날로부터 머리를 보호하기 위하여 쓰던 쇠로 만든 모자. ◆ 图头盔，钢盔，盔。¶투구와 갑옷. =盔甲。

투기(妬忌)【명사】부부 사이나 사랑하는 이성(異性) 사이에서 상대되는 이성이 다른 이성을 좋아할 경우에 지나치게 시기함. ◆ 图嫉妒，妒忌，吃醋。¶투기를 부리다. =嫉妒。● 투기하다(妬忌--) ●

투기(投機)【명사】기회를 틈타 큰 이익을 보려고 함. 또는 그 일. ◆ 图投机，投机取巧。¶투기 성향. =投机心。● 투기하다(投機--) ●

투기꾼(投機-)【명사】시세 변동에 따른 큰 차익을 노리고 매매하는 일을 직업으로 하는 사람. ◆ 图投机分子，倒爷，投机倒把分子。

투덜거리다【동사】남이 알아듣기 어려울 정도의 낮은 목소리로 자꾸 불평을 하다. ◆ 动嘟囔，嘀咕，念叨。¶월급이 적다고 투덜거리다. =嘟囔着嫌月薪少。● 투덜대다 ●

투덜투덜【부사】알아듣기 어려운 정도의 낮은 목소리로 자꾸 불평을 하는 모양. ◆ 副嘟嘟囔囔，嘀嘀咕咕。● 투덜투덜하다 ●

투망(投網)【명사】图 ❶ 물고기를 잡으려고 그물을 물속에 넣어 침. ◆ 撒网。¶배에서는 한창 투망 준비에 바빴다. =船上正忙着准备撒网。❷ 그물의 하나. 원뿔형 모양으로 윗부분에 몇 발의 벼리가 있고 아래에는 추가 달려 있어, 물에 던지면 좍 퍼지면서 가라앉아 바닥에 닿은 후 그것을 당겨 올려 고기를 잡는다. ◆掩网(鱼网的一种)。

투명(透明)【명사】图❶ 물 따위가 속까지 환히 비치도록 맑음. ◆清澈，透底。❷ 사람의 말이나 태도, 펼쳐진 상황 따위가 분명함. ◆透明，分明。●투명하다(透明--) ●

투박스럽다【형용사】形❶ 생김새가 볼품없이 둔하고 튼튼하기만 한 데가 있다. ◆粗糙，粗笨，粗重，粗劣。¶투박스러운 외투. =粗劣的外套。❷ 말이나 행동 따위가 거칠고 세련되지 못한 데가 있다. ◆粗鲁，粗声粗气。¶그녀는 말씨가 무뚝뚝하고 투박스럽다. =她的语气既生硬又粗鲁。

투박하다【형용사】形❶ 생김새가 볼품없이 둔하고 튼튼하기만 하다. ◆粗制滥造，粗糙，粗笨，粗重，粗劣。¶투박한 외투. =粗劣的外套。❷ 말이나 행동 따위가 거칠고 세련되지 못하다. ◆粗声粗气，粗鲁，粗。¶투박한 말씨. =粗话。

투병(鬪病)【명사】병을 고치려고 병과 싸움. ◆图与疾病作斗争，与疾病抗争。¶오랜 투병 생활. =与疾病长期斗争的生活。●투병하다(鬪病--) ●

투사[1](透射)【명사】빛이 물건을 꿰뚫고 들어감. ◆图射入。●투사하다(透射--) ●

투사[2](投射)【명사】图❶ 창이나 포탄 따위를 내던지거나 쏨. ◆投掷，射击。❷ 입사(入射). ◆(物理)投射。❸ 자신의 성격, 감정, 행동 따위를 스스로 납득할 수 없거나 만족할 수 없는 욕구를 가지고 있을 경우에 그것을 다른 것의 탓으로 돌림으로써 자신은 그렇지 아니하다고 생각하는 일. 또는 그런 방어 기제. 자신을 정당화하는 무의식적인 마음의 작용을 이른다. ◆心理投射。●투사하다(投射--), 투사되다(投射--) ●

투사[3](鬪士)【명사】图❶ 싸움터나 경기장에서 싸우거나 싸우려고 나선 사람. ◆拳(击)手，(格斗)运动员，选手。¶그가 기대했던 투사가 싸움에서 졌다. =他看好的拳击手在比赛中输了。❷ 사회 운동 따위에서 앞장서서 투쟁하는 사람. ◆图斗士，勇士，战士。¶애국 투사. =爱国斗士。

투서(投書)【명사】드러나지 않은 사실의 내막이나 남의 잘못을 적어서 어떤 기관이나 대상에게 몰래 보내는 일. 또는 그런 글. ◆图举报，检举；举报信，检举信。¶뇌물수수를 알리는 투서가 접수되어 수사에 착수하다. =接到收受贿赂的举报信后，开始着手侦查。●투서하다(投書--) ●

투석(投石)【명사】돌을 던짐. 또는 그 돌. ◆图投石，扔石头。¶시위대의 투석으로 상가의 유리창이 깨어졌다. =示威队伍扔的石头打碎了商家的玻璃窗。

-투성이【접사】'그것이 너무 많은 상태' 또는 '그런 상태의 사물, 사람'의 뜻을 더하는 접미사. ◆后缀全是，满是。¶흙투성이. =全是泥。

투수(投手)【명사】야구에서, 내야의 중앙에 위치한 마운드에서 상대편의 타자가 칠 공을 포수를 향하여 던지는 선수. ◆图(棒球)投手，投球手。

투숙(投宿)【명사】여관, 호텔 따위의 숙박 시설에 들어서 묵음. ◆图投宿，住宿。¶일행의 호텔 투숙 시간은 자정이 넘어서였다. =一行人到宾馆住宿的时候已经过了午夜。●투숙하다(投宿--) ●

투시(透視)【명사】图❶ 막힌 물체를 환히 꿰뚫어 봄. 또는 대상의 내포된 의미까지 봄. ◆透视，看透。❷ 정상적인 감각으로는 알 수 없는 것을 인지하는 일. 먼 곳에서 일어난 일, 봉투 속에 들어 있는 내용물 따위를 알아맞히는 일 따위이다. ◆洞察力。●투시되다(透視--), 투시하다(透視--) ●

투신(投身)【명사】图❶ 어떤 직업이나 분야 따위에 몸을 던져 일을 함. ◆投身，献身，致力。¶그는 경찰에 투신해서 30년을 근무했다. =他投身警察事业，干了30年。❷ 목숨을 끊기 위하여 몸을 던짐. ◆跳下，跳进。¶그는 경찰이 강제 연행에 나설 경우 투신도 불사하겠다고 말했다. =他说，如果警察要强行把他带走，他宁愿跳下去。●투신하다(投身--) ●

투약(投藥)【명사】약을 지어 주거나 씀. ◆图下药，用药。●투약되다(投藥--), 투약하다(投藥--) ●

투여(投與)【명사】약 따위를 남에게 줌. ◆图用(药)，给(药)，开(药)。¶약물 투여로 질병을 치료하다. =用药物治疗疾病。●투여하다(投與--) ●

투영(投影)【명사】图❶ 물체의 그림자를 어떤 물체 위에 비추는 일. 또는 그 비친 그림자. ◆投影。❷ 어떤 일을 다른 일에 반영하여 나타냄을 비유적으로 이르는 말. ◆〈喻〉映射，反映。●투영하다(投影--) ●

투옥(投獄)【명사】옥에 가둠. ◆图入狱，监禁。¶그 정치인은 투옥, 납치 등 갖은 박해를 받았다. =那位政治人士遭到了入狱、绑架等各种迫害。●투옥되다(投獄--), 투옥하다(投獄--) ●

투우(鬪牛)【명사】소와 소를 싸움 붙이는 경기. 또는 그 소. ◆图斗牛。¶투우 경기. =斗牛比赛。

투우사(鬪牛士)【명사】투우 경기에서 소와 싸우는 사람. 붉은 천으로 소를 유인하고 교묘하게 몸을 비키면서 최후에 검으로 숨통을 찌른다. ◆图斗牛士。¶투우사는 붉은 천을 흔들며 유연하게 몸을 움직여 소를 피했다. =斗牛士晃动着红布，从容地移动，避开了牛的攻击。

투입(投入)【명사】图❶ 던져 넣음. ◆投入，投进，扔进。❷ 사람이나 물자, 자본 따위를 필요한 곳에 넣음. ◆投入，投放，花费。¶시위장에 병력 투입을 고려하다. =考虑向示威游行的场所投入兵力。●투입되다(投入--), 투입하다(投入--) ●

투자(投資)【명사】이익을 얻기 위하여 어떤 일이나 사업에 자본을 대거나 시간이나 정성을 쏟음. ◆图投资。¶부동산 투자. =投资房地产。●투자되다(投資--), 투자하다(投資--) ●

투자자(投資者)【명사】투자가. 이익을 얻기 위해 어떤 일이나 사업에 돈을 대거나 시간이나 정성을 쏟는 사람. ◆图投资者。

투쟁(鬪爭)【명사】图❶ 어떤 대상을 이기거나 극복하기 위한 싸움. ◆ 斗争，斗，交锋，抗争。¶선과 악의 투쟁. =善恶交锋。❷ 사회 운동, 노동 운동 따위에서 무엇인가를 쟁취하고자 견해가 다른 사람이나 집단 간에 싸우는 일. ◆ 斗争，战斗。¶독립 투쟁. =独立斗争。● 투쟁하다(鬪爭--) ●

투정【명사】무엇이 모자라거나 못마땅하여 떼를 쓰며 조르는 일. ◆ 图 (因东西不够或不满意而)发牢骚，挑剔，挑刺。¶반찬 투정. =挑食。● 투정하다 ●

투지(鬪志)【명사】싸우고자 하는 굳센 마음. ◆ 图斗志，斗争意志。¶불굴의 투지. =不屈的斗志。

투척(投擲)【명사】图 ❶ 물건 따위를 던짐. ◆ 投掷，掷，投，扔。¶수류탄 투척 훈련. =投掷手榴弹的训练。❷ 던지기. ◆ 图 投掷，掷，投。● 투척하다(投擲--) ●

투철하다【형용사】形 ❶ 사리가 밝고 정확하다. ◆ 透彻，明晰，鲜明。¶비판 정신이 그는 투철하다. =他有着鲜明的批判精神。❷ 속속들이 뚜렷하고 철저하다. ◆ 透彻，鲜明，清晰。¶그는 신념이 투철하다. =他的分析十分透彻。

투표(投票)【명사】선거를 하거나 가부를 결정할 때에 투표용지에 의사를 표시하여 일정한 곳에 내는 일. 또는 그런 표. ◆ 图投票; 选票。¶찬반 투표. =投票赞成或反对。● 투표하다(投票--) ●

투표권(投票權)【명사】투표할 수 있는 권리. ◆ 图投票权。¶투표권을 가지다. =有投票权。

투표소(投票所)【명사】투표하는 곳. ◆ 图投票处，投票站。¶투표소는 이른 아침부터 투표인들로 붐볐다. =投票站一大早就挤满了来投票的人。

투표율(投票率)【명사】유권자 전체에 대한 투표자 수의 비율. ◆ 图投票率。¶이번 선거는 비가 와서 투표율이 낮았다. =由于这次选举的时候下雨了，所以投票率很低。

투표함(投票函)【명사】투표자가 기입한 투표용지를 넣는 상자. ◆ 图 投票箱。

투피스(two-piece)【명사】여성복에서, 주로 같은 천으로 하여 윗옷와 아래옷이 따로 되어 한 벌을 이룬 옷. ◆ 图套裙，两件套。

투하(投下)【명사】图 ❶ 던져 아래로 떨어뜨림. ◆ 投下，扔下。¶폭탄 투하. =空投炸弹。❷ 어떤 일에 물자, 자금, 노력 따위를 들임. ◆ 投入，投进，耗费。¶수출 성장을 꾀하려면 매년 신규 자본 투하에 집중해야 한다. =要想增加出口，每年都要集中向新型资本投资。● 투하되다(投下--), 투하하다(投下--) ●

투항(投降)【명사】적에게 항복함. ◆ 图投降，降。¶투항 권고문. =劝降书● 투항하다(投降--) ●

투혼(鬪魂)【명사】끝까지 투쟁하려는 기백. ◆ 图斗志，斗争精神。¶불굴의 투혼을 발휘하다. =发扬不屈的斗志。

툭【부사】副 ❶ 갑자기 튀거나 터지는 소리. 또는 그 모양. ◆ 砰，啪。¶손을 넣자 주머니가 툭 터졌다. =手刚往里一伸，袋子就哗啦一声破了。❷ 갑자기 떨어지는 소리. 또는 그 모양. ◆ （东西落地声）吧嗒，咚。¶장대를 갖다대자마자 감이 툭 떨어졌다. =拿长竿一碰，柿子就吧嗒一声掉了下来。❸ 말을 퉁명스럽게 쏘아붙이는 모양. ◆ 气鼓鼓地。¶툭 쏘아 대다. =气鼓鼓地使劲批评。❹ 갑자기 발에 걸리거나 차이는 소리. 또는 그 모양. ◆ 一下子，啪。¶돌부리에 툭 걸려 넘어지다. =一下子被露在地面上的石头尖给绊倒了。❺ 가볍게 슬쩍 치거나 건드리는 소리. 또는 그 모양. ◆ 轻轻拍打，啪。¶그가 내 어깨를 툭 치다. =他轻轻地拍了拍我的肩膀。❻ 가볍게 털거나 튀기는 소리. 또는 그 모양. ◆ 轻轻抖落或拨弄的声音或样子。¶아이는 길바닥에 넘어졌지만 금방 툭 털고 일어났다. =孩子在路中间摔倒后，马上站起来轻轻掸了掸灰。❼ 갑자기 부러지거나 끊어지는 소리. 또는 그 모양. ◆ 啪。¶막대기가 툭 부러지다. =支架啪地一声断了。❽ 어느 한 부분이 쑥 불거져 나온 모양. ◆ 突出，鼓起，凸。¶이마가 툭 불거지다. =额头突出。❾ 환하게 트이거나 숨김없이 터놓는 모양. ◆ 敞开，开阔。¶툭 트인 공간. =开阔的空间。● 툭툭 ●

툭툭하다【형용사】形 ❶ 옷에 솜을 많이 넣어 꽤 두껍다. ◆ 又厚又密，厚实，致密。❷ 목소리가 투박하고 거세다. ◆ 粗声大气，粗重。

툭하면【부사】조금이라도 일이 있기만 하면 버릇처럼 곧. ◆ 副动不动就。¶그는 툭하면 화를 낸다. =他动不动就发火。

툴툴거리다【동사】마음에 차지 아니하여서 잇따라 몹시 투덜거리다. ◆ 动嘟嘟囔囔，嘟嘟哝哝。● 툴툴대다 ●

퉁【부사】副 ❶ 큰북이나 속이 빈 나무통 따위를 두드려 울리는 소리. ◆ 嗵(敲空桶声)。❷ 북을 치는 소리. ◆ 咚(打鼓声)。❸ 대포 따위를 쏘아 울리는 소리. ◆ （炮声等）轰隆，隆隆。

퉁겨지다【동사】动 ❶ 버티어 놓은 물건이나 잘 짜인 물건이 크게 어긋나서 틀어지거나 빠져나오다. ◆ 脱节，散架，塌。¶작대기가 움직이면서 지게에 쌓아 둔 벽돌이 퉁겨졌다. =支棍一动，背架上的砖就散了架。❷ 숨겨졌던 일이나 물건이 뜻하지 아니하게 쑥 나타나다. ◆ 冒出，暴露。¶가슴속에 숨겨 두었던 말이 갑자기 퉁겨져 나왔다. =埋藏在心底的话突然冒了出来。❸ 노리던 기회가 뜻밖에 어그러지다. ◆ 错过机会，失掉机会。¶사건의 불똥이 엉뚱하게 다른 곳으로 퉁겨졌다. =事情的发展出乎意料地转向了别的地方。❹ 뼈의 관절이 어긋나다. ◆ 脱臼，错位。¶뼈마디가 퉁겨져 퉁퉁 부었다. =关节错位了，肿得很高。

퉁기다【동사】动 ❶ 다른 사람의 요구나 의견을 거절하다. ◆ 拒绝。¶퉁기지만 말고 내 말 좀 들어봐. =不要一味地拒绝，听我说说吧。❷ 기타, 하프 따위의 현을 당겼다 놓아 소리가 나게 하다. ◆ 弹。¶그는 애인을 위해 기타 줄을 퉁기며 노래를 불렀다. =他给恋人边弹吉他边唱歌。

퉁명스럽다【형용사】못마땅하거나 시답지 아니하여 불쑥 하는 말이나 태도에 무뚝뚝한 기색이 있다. ◆ 形气鼓鼓，气呼呼，没好气。¶퉁명스러운 어조. =没好气。● 퉁명하다 ●

퉁소【명사】가는 대로 만든 목관 악기. ◆ 名 洞箫，箫。¶퉁소를 불다. =吹洞箫。

-퉁이【접사】❶ '비하'의 뜻을 더하는 접미사. ◆ 后缀 贬称身体部位。¶젖퉁이. =乳房。❷ '그런 태도나 성질을 가진 사람'의 뜻을 더하는 접미사. ◆ 后缀 贬称人。¶미련퉁이. =蠢家伙。

퉁퉁【부사】물체의 한 부분이 붓거나 부풀어서 두드러져 있는 모양. '뚱뚱'보다 거센 느낌을 준다. ◆ 副胖乎乎，胖嘟嘟。¶퉁퉁 부은 얼굴. =肿得胖乎乎的脸。

퉁퉁하다【형용사】살이 쪄서 몸이 옆으로 퍼진 듯하다. '뚱뚱하다'보다 거센 느낌을 준다. ◆ 形肥胖，肥，胖乎乎，胖嘟嘟。¶엉덩이가 퉁퉁하다. =肥胖的屁股。

퉤퉤【부사】침이나 입 안에 든 것을 잇따라 뱉는 소리. 또는 그 모양. ◆ 形呸呸(接连吐唾沫或吐嘴里东西的声音)。¶침을 퉤퉤 뱉다. =呸呸地吐口水。

튀각【명사】다시마나 죽순 따위를 잘라 기름에 튀긴 반찬. ◆ 名 油炸的菜。¶다시마로 튀각을 튀겼다. =做炸海带。

튀기다【동사】动 ❶ 끓는 기름에 넣어서 부풀어 나게 하다. ◆ 炸，煎。¶만두를 기름에 튀기다. =煎饺子。❷ 마른 낟알 따위에 열을 가하여서 부풀어 나게 하다. ◆ 爆，膨化。¶옥수수를 튀기다. =爆米花。

튀김【명사】名 ❶ 생선이나 고기, 야채 따위를 밀가루에 묻혀서 기름에 튀긴 음식. ◆ 油炸食物。¶튀김 3인분. =3人份的油炸食品。❷ 튀긴 음식의 뜻을 나타내는 말. ◆ 油炸食品。¶새우튀김. =炸虾。

튀니지(Tunisie)【명사】북아프리카 중앙부, 지중해에 면한 공화국. ◆ 名突尼斯。

튀다【동사】动 ❶ 탄력 있는 물체가 솟아오르다. ◆ 弹，跳，弹起来，蹦起来。¶공이 골대에 맞고 옆으로 튀다. =球打到球门柱上后，弹到了一边。❷ 어떤 힘을 받아 작은 물체나 액체 방울이 위나 옆으로 세게 흩어지다. ◆ 迸，溅，飞迸，迸溅。¶불똥이 사방으로 튀다. =火花四射。❸ '달아나다'를 속되게 이르는 말. ◆ 动 俚逃，跑。¶회장은 부도가 나자 미국으로 튀어 버렸다. =一破产，董事长就逃到了美国。❹ 어떤 행동이나 말 따위가 다른 사람의 시선을 끌다. ◆ 耀眼，刺眼，扎眼。¶빨간 색깔의 옷은 너무 튄다. =红色的衣服太扎眼了。● 튀기다 ●

튀밥【명사】名 ❶ 찰벼를 볶아 튀긴 것. 유밀과(油蜜菓)에 붙이기도 한다. ◆ 炒米。❷ 튀긴 쌀. ◆ 大米花。¶시장에 가서 튀밥을 사왔다. =去市场买大米花。❸ 튀긴 옥수수. ◆ 爆米花。¶강냉이 튀밥. =爆米花。

튀어나오다【동사】动 ❶ 겉으로 툭 비어져 나오다. ◆ 凸出，凸起，隆起。¶이마가 툭 튀어나오다. =额头凸出。❷ 말이 불쑥 나오다. ◆ 冒出。¶여기저기서 질문이 튀어나왔다. =问题从四面八方冒出来。❸ 갑자기 불쑥 나타나다. ◆ 突然跳出，迸出，溅起。¶어떤 남자가 그 집에서 튀어나와 골목길로 달아났다. =有个男人突然从那家跳了出来，跑到胡同里去了。

튕기다【동사】动 ❶ 다른 물체에 부딪치거나 힘을 받아서 튀어 나오다. ◆ 弹回，弹起，弹，跳。¶콘크리트 벽에 박으려던 못이 튕겨 나왔다. =想往水泥墙里钉的钉子弹出来了。❷ 엄지손가락 끝으로 다른 손가락 끝을 안쪽으로 힘주어 눌렀다가 놓음으로써 다른 손가락이 힘 있게 앞으로 나가게 하다. ◆ 弹。¶손가락으로 구슬을 튕기다. =用手指头弹珠子。❸ 수판알을 올리거나 내림으로써 수판알을 움직이게 하다. ◆ 拨，拨动，拨弄。¶수판알을 튕겨 계산을 한다. =拨着算盘珠子算数。❹ 퉁기다. ◆ 弹。¶기타 줄을 튕기다. =弹吉他。❺ 외부의 힘에 의하여 변형되었던 탄력이 있는 물체가 본래의 상태로 돌아가려고 힘 있게 움직이다. 또는 그렇게 움직이게 하다. ◆ 弹回，跳回。¶용수철이 튕겨 나가다. =弹簧弹出去了。❻ 액체에 강한 힘을 가하여 순간적으로 공중에 튀는 상태가 되게 하다. ◆ 迸出，溅起。¶아이들이 친구들에게 물을 튕기며 장난을 친다. =孩子们在和朋友们一起玩打水仗。❼ 강한 물체가 서로 부딪쳐 불꽃과 같은 것이 생겨 사방으로 튀게 하다. ◆ 迸，飞迸。¶칼이 부딪치면서 불꽃을 튕겼다. =刀一碰，就迸起了火花。

튜바(tuba)【명사】3~5개의 밸브를 갖는 큰 나팔 모양으로, 장중한 저음을 내는 금관 악기. ◆ 名大号，大喇叭，铜喇叭。

튜브(tube)【명사】名 ❶ 이긴 약제나 치약, 채료(彩料) 따위를 넣고 짜내어 쓰는 용기. ◆ 管(子)，筒。¶튜브를 짜다. =做管子。❷ 자동차나 자전거 따위의 고무 타이어에 바람을 채우는 고무관. ◆ 车轮里带，内胎。¶오빠는 튜브에다 바람을 넣었다. =哥哥给车胎打气。❸ 수영할 때 사용하는 것으로, 타이어처럼 생겼는데 가운데 구멍이 뚫려 있고 공기를 넣게 되어 있는 물건. ◆ 游泳圈。

튤립(tulip)【명사】백합과 튤립속의 여러해살이풀을 이르는 말. 높이는 20~60cm이며 잎은 어긋나고 넓은 피침 모양이다. ◆ 名 郁金香。

트다[1]【동사】动 ❶ 막혀 있던 것을 치우고 통하게 하다. ◆ 打通，开通，开。¶길을 트다. =开路。❷ 서로 스스럼없이 사귀는 관계가 되다. ◆ 开诚布公，以诚相待，肝胆相照。¶친구와 마음을 트고 지내다. =我和朋友以诚相待。❸ 서로 거래하는 관계를 맺다. ◆ 打开，打，建立。¶은행과 거래를 트다. =到银行开户。❹ 어떤 사람과 해라체나 반말을 하는 상태가 되다. ◆ 不见外，亲近。¶나이도 동갑이니 우리 말을 트고 지내자. =咱们年龄一样大，就别互相见外了。

트다[2]【동사】动 ❶ 너무 마르거나 춥거나 하여 틈이 생겨서 갈라지다. ◆ 龟裂，皴裂，裂开。¶논바닥이 쩍쩍 트다. =水田龟裂得厉害。❷ 식물의 싹, 움, 순 따위가 벌어지다. ◆ 发(芽)，萌(芽)，拱。¶봄이 되어 움이 트다. =春天来了，幼芽拱出来了。❸ 날이 새면서 동쪽 하늘이 훤해지다. ◆ 天亮，破晓。¶어느덧 날이 환하게 동이 트기 시작했다. =转眼天就亮了，东方露出了鱼肚白。❹ 더 기대할 것이 없는 상태가 되다. ◆ 动无望，没希望，〈口〉没戏。¶차가 끊겨서 오늘 가기는 텄다. =没车了，今天是没希望去了。

트라이앵글(triangle)【명사】강철봉을 정삼각형으로 구부려 한쪽 끝을 실로 매달고 같은 재료의 막대로 두드리는 타악기. 소리가 매우 맑고 높다. ◆图三角铁（一种打击乐器）。

트랙(track)【명사】图❶ 육상 경기장이나 경마장의 경주로. ◆跑道。¶트랙을 달리다. =在跑道上跑。❷ 트랙 경기. ◆田径比赛。

트랩(trap)【명사】배나 비행기를 타고 내릴 때 사용하는 사다리. ◆图舷梯，扶梯。¶비행기의 트랩을 오르다. =上飞机舷梯。

트럭(truck)【명사】화물 자동차. ◆图 卡车，货车。¶트럭 운전수. =卡车司机。

트럼펫(trumpet)【명사】직경이 작은 원통형의 관으로 된 금관 악기. 원래 신호용의 나팔이 발달한 것으로 밸브나 피스톤을 세 개 장비하여 발음 능력을 더한 것이다. ◆图 小号。¶트럼펫을 불다. =吹小号。

트럼프(trump)【명사】다이아몬드, 클로버, 하트, 스페이드 무늬가 그려진 카드로 하는 서양식 카드놀이. 또는 그 카드. ◆图 扑克(牌)，纸牌。¶트럼프 카드 한 장. =一张扑克牌。

트렁크(trunk)【명사】图❶ 여행할 때 쓰는 큰 가방. ◆皮箱，箱子，旅行箱。❷ 자동차 뒤쪽의 짐 놓는 곳 ◆汽车后备箱。

트레이닝(training)【명사】주로 체력 향상을 위하여 하는 운동. ◆图体能训练，锻炼，培训。¶시즌이 끝난 겨울에는 개개인이 트레이닝으로 일정을 잡았다. =赛季结束后的冬天，每个人都制订了体能训练的日程。

트레이드(trade)【명사】프로 팀 사이에서 전력을 향상시킬 목적으로 소속 선수를 이적시키거나 교환하는 일. ◆图 (职业运动队之间的)交换运动员，(运动员)转会，转籍。¶트레이드 조건을 내걸다. =提出转会的条件。

트레일러(trailer)【명사】동력 없이 견인차에 연결하여 짐이나 사람을 실어 나르는 차량. ◆图拖车，挂斗车。

트로트(trot)【명사】한국 대중가요의 하나. 정형화된 리듬에 일본 엔카(演歌)에서 들어온 음계를 사용하여 구성지고 애상적인 느낌을 준다. ◆图 韩国民歌，韩国大众歌谣之一。¶요즈음은 트로트 가수의 전성시대다. =最近是韩国民歌歌手的鼎盛时代。

트로피(trophy)【명사】입상을 기념하기 위하여 수여하는 컵, 기(旗), 방패, 따위의 기념품. ◆图奖杯，奖旗，奖牌。¶우승 트로피. =优胜奖杯。

트롬본(trombone)【명사】두 개의 'U'자 모양 관을 맞추어 만든 금관 악기. 관을 뽑거나 당기는 슬라이드 장치로 음의 높이를 변화시킨다. 알토, 테너, 베이스 세 가지가 있는데 강음(强音)은 모든 악기 가운데 가장 크다. ◆图 长号，〈俗〉拉管。

트리오(trio)【명사】图❶ 삼중창 또는 삼중주를 이르는 말. ◆三重奏，三重唱。❷ 삼중창자 또는 삼중주단을 이르는 말. ◆图三重唱者，三人一组。

트림【명사】먹은 음식이 위에서 잘 소화되지 아니하여서 생긴 가스가 입으로 복받쳐 나옴. 또는 그 가스. ◆图嗝，饱嗝。¶트림을 올리다. =打嗝。● 트림하다 ●

트이다【동사】动❶ 막혀 있던 것이 치워지고 통하게 되다. ◆开阔，打通，开通，开。¶시야가 확 트인 집. =视野开阔的房子。❷ 서로 거래하는 관계가 맺어지다. ◆建立。¶거래가 트이다. =建立贸易关系。❸ 막혀 있던 운 등이 열려 좋은 상태가 되다. ◆顺畅。¶나는 말년이나 되어야 운이 트인다고 한다. =说我到老了才能转运。❹마음이나 가슴이 답답한 상태에서 벗어나게 되다. ◆亮，开朗，透亮。¶한바탕 웃고 나니 속이 다 트이는 것 같다. =哭了一通后，心里好像一下子透亮了。❺ 생각이나 지적 능력이 낮은 수준에서 꽤 높은 수준에 이르게 되다. ◆开阔，开窍。¶문리가 트이다. =思路开阔。❻ 막혀서 잘 나오지 않던 목소리가 나오다. ◆放(声)，说(话)。¶목이 트이다. =说出话来。

트집【명사】공연히 조그만 흠을 들추어내어 불평을 하거나 말썽을 부림. 또는 그 불평이나 말썽. ◆图茬。¶트집을 부리다. =找茬。

특강(特講)【명사】특별히 하는 강의. ◆图专题讲座，专题报告。¶학교에서는 여름 방학 동안 글짓기 특강을 개설한다. =学校在暑假期间开设了有关写作的专题讲座。● 특강하다(特講--) ●

특공대(特攻隊)【명사】적을 기습 공격하기 위하여 특별히 편성하여 훈련한 부대. ◆图 突击队，敢死队，特攻队。¶인질 구출을 위해 특공대를 파견했다. =派遣突击队拯救人质。

특권(特權)【명사】특별한 권리. ◆图特权。¶특권 의식. =特权意识。

특급[1](特級)【명사】특별한 계급이나 등급. ◆图特级，特等。¶특급 호텔. =特级酒店。

특급[2](特急)【명사】'특별 급행(特別急行)'을 줄여 이르는 말. ◆图 "특별 급행 (特別急行)"的略语。

특기(特技)【명사】남이 가지지 못한 특별한 기술이나 기능. ◆图专长，特长，绝技。¶특기를 발휘하다. =发挥特长。

특명(特命)【명사】图❶ 특별한 명령. ◆特别命令。¶황제의 특명을 받은 이들은 즉시 각지로 출발했다. =接到皇帝特别命令的这些人立即动身前往各地。❷ 특별히 임명함. ◆特命。

특별(特別)【명사】보통과 구별되게 다름. ◆图特别，特殊。¶특별 기획. =特殊企划，特别策划。● 특별하다(特別--), 특별히(特別--) ●

특별나다(特別--)【형용사】유별나다. ◆形特别。¶특별나게 행동하다. =特别行动。

특별시(特別市)【명사】정부가 직접 관리하고 감독하는, 등급이 가장 높은 행정 단위. ◆图特别市。

특별 활동(特別活動)【명사】학교 교과 과정에서 정해진 과목의 학습 외에 하는 교육 활동. ◆图 课外活动。

특보(特報)【명사】특별히 보도함. 또는 그런 보도.

◆ 图特别报道。¶뉴스 특보. =特别新闻报道。

특사(特赦)【명사】'특별 사면(特別赦免)'을 줄여 이르는 말. ◆ 图 特赦。

특사(特使)【명사】특별한 임무를 띠고 파견하는 사절(使節). ◆ 图特使。¶대통령 특사. =总统特使。

특산(特産)【명사】어떤 지역에서 특별히 남. 또는 그 산물. ◆ 图特产。¶특산 작물. =特产农作物。

특산물(特産物)【명사】어떤 지역의 특별한 산물. ◆ 图特产(品)。¶이 지방 특산물은 무엇입니까? =这个地方的特产是什么?

특산품(特産品)【명사】어떤 지역에서 특별히 생산되는 물품. ◆ 图特产(品), 名产。¶이 매장은 특산품만 전시하고 있습니다. =这个柜台正在展示特产。

특색(特色)【명사】보통의 것과 다른 점. ◆ 图特色, 特点, 个性。¶특색이 있다. =有个性。

특선(特選)【명사】图 ❶ 특별히 골라 뽑음. 또는 그런 것. ◆ 精选, 特别选出。¶계절 상품 특선. =季节商品精选。❷ 미술 전람회 따위에서, 특히 우수하다고 인정하여 뽑음. 또는 그런 작품. ◆ 美术展览等活动中被选为优秀的作品。

특성(特性)【명사】일정한 사물에만 있는 특수한 성질. ◆ 图特性, 特点, 特征。¶특성을 살리다. =保持特性。

특수(特殊)【명사】특별히 다름. ◆ 图特殊, 特别, 特异, 特种。¶특수 기능. =特异功能。● 특수하다(特殊--) ●

특약(特約)【명사】图 ❶ 특별한 조건을 붙인 약속. ◆ 特别约定, 特别协议。¶보험계약서의 특약 사항을 잘 읽어보십시오. =请好好阅读保险合同中的特别约定事项。❷ 특별한 편의나 이익이 있는 계약. ◆ 特约。¶특약 판매. =特约销售。

특유(特有)【명사】일정한 사물만이 특별히 갖추고 있음. ◆ 图特有, 独特。¶바이올린 특유의 가냘픈 음색. =小提琴特有的纤细音色。● 특유하다(特有--) ●

특이(特異)【명사】보통 것이나 보통 상태에 비하여 두드러지게 다름. ◆ 图特异, 特别, 独特, 别致。¶특이 행동을 보이다. =举止异常。● 특이하다(特異--) ●

특정(特定)【명사】특별히 지정함. ◆ 图特定, 一定。¶특정 계층. =特定阶层。● 특정되다(特定--), 특정하다(特定--) ●

특종(特種)【명사】图 ❶ 특별한 종류. ◆ 特种。❷ 특종 기사. ◆ 特别报道, 特讯, 独家新闻。¶특종을 잡다. =写特别报道。

특진[1](特診)【명사】종합 병원에서 환자의 요청에 따라 특정한 의사가 진료함. ◆ 图 (根据患者的要求由特定医生来诊疗的)特诊。¶내과 특진. =内科特诊。● 특진하다(特診--) ●

특진[2](特進)【명사】뛰어난 공로를 세워 특별히 진급함. ◆ 图破格晋升, 破格提拔。¶특진 대상자. =破格提拔的对象。● 특진하다(特進--) ●

특질(特質)【명사】특별한 기질이나 성질. ◆ 图特征, 特性。¶한국 문학의 특질은 무엇입니까? =韩国文学的特征是什么?

특집(特輯)【명사】신문, 잡지, 방송 따위에서 특정한 내용이나 대상에 중점을 두고 하는 편집. 또는 그런 편집물. ◆ 图特辑, 专辑, 特刊, 专刊。¶특집 방송. =播放专辑。

특집호(特輯號)【명사】정기 간행물의 특집으로 발행하는 호(號). ◆ 图专号, 特刊, 专刊。¶창간 10주년 특집호. =创刊10周年专号。

특징(特徵)【명사】다른 것에 비하여 특별히 눈에 뜨이는 점. ◆ 图特征, 特点, 特色。¶특징을 보이다. =显出特色。

특채(特採)【명사】특별히 채용함. ◆ 图特别采用, 特别录用。¶특채 임용. =特别录用。● 특채되다(特採--), 특채하다(特採--) ●

특출하다(特出--)【형용사】특별히 뛰어나다. ◆ 形出众, 杰出, 卓越。¶여러 사람 중에서 특출하다. =众人中的佼佼者。

특파(特派)【명사】특별히 파견함. ◆ 图特派, 特设。¶미국에 특파된 기자. =特派至美国的记者。● 특파되다(特派--), 특파하다(特派--) ●

특파원(特派員)【명사】图 ❶ 특별한 임무를 위하여 파견된 사람. ◆ 特派员, 专员, 专人。❷ 뉴스의 취재와 보도를 위하여 외국에 파견되어 있는 언론사 기자. ◆ 特派记者。¶파리 주재 특파원. =驻巴黎特派记者。

특허(特許)【명사】图 ❶ 행정 행위의 하나. 특정인에 대하여 새로운 일정한 권리, 능력을 주거나 포괄적인 법령 관계를 설정하는 행정 행위임. ◆ 授予专利权。❷ 특허권. ◆ 专利权, 专利。¶특허를 획득하다. =取得专利权。

특허권(特許權)【명사】발명 또는 새로운 기술적 고안을 한 사람이나 단체가 그 발명이나 기술에 관해 독점적으로 가지는 권리. ◆ 图 专利权。

특허청(特許廳)【명사】중앙 행정 기관의 하나. 지식 경제부 소속으로 특허, 실용신안, 의장(意匠) 및 상표에 관한 사무와 이에 대한 심사, 심판 사무를 맡아본다. ◆ 图 特许厅, 专利厅(韩国中央行政机关之一)。

특혜(特惠)【명사】특별한 은혜나 혜택. ◆ 图特别的恩惠; 特惠。¶특혜를 베풀다. =给予特别的恩惠。

특활(特活)【명사】'특별 활동(特別活動)'을 줄여 이르는 말. ◆ 图 特别活动。

특효(特效)【명사】특별한 효험. ◆ 图特效, 神效。¶이 약은 위장병에 특효가 있다. =这药对肠胃病有特效。

특효약(特效藥)【명사】어떤 병에 대하여 특별한 효험이 있는 약. ◆ 图特效药, 灵丹妙药。¶위장병 특효약. =肠胃病的特效药。

특히(特-)【부사】보통과 다르게. ◆ 副特别, 尤其, 尤为。¶특히 퇴근 시간에는 다른 때보다 차가 많이 밀린다. =特别是下班高峰时段, 车比其他时候都多。

튼튼하다【형용사】形 ❶ 무르거나 느슨하지 아니하고 몹시 야무지고 굳세다. ◆ 结实, 坚固, 牢固,

牢靠。¶튼튼한 밧줄. =结实的绳子。❷ 사람의 몸이나 뼈, 이 따위가 단단하고 굳세거나, 병에 잘 걸리지 아니하는 힘을 가지고 있다. ◆ (身体或骨头、牙齿等)结实，坚固，健壮，强壮，壮实。¶튼튼한 이. =坚固的牙齿。❸ 조직이나 기구 따위가 무너지거나 흔들리지 아니하는 상태에 있다. ◆ (组织或机构)稳定，坚固，扎实，巩固。¶국가 경제가 튼튼해야 가정 경제도 튼튼하다. =只有国家经济稳定了，家庭经济才能稳定。❹ 사상이나 정신이 흔들리지 아니할 정도로 확실하고 굳은 상태에 있다. ◆ (思想或精神)坚强，坚定，坚定不移。¶그는 사상적으로 튼튼하게 무장되었다. =他用坚定的思想武装自己。● 튼튼히 ●

틀【명사】图 ❶ 골이나 판처럼 물건을 만드는 데 본이 되는 물건. ◆ 模子，模具。¶틀로 찍다. =按模子刨。❷ 어떤 물건의 테두리나 얼개가 되는 물건. ◆ 框子，框架，架子。¶틀을 짜다. =做框子。❸ 일정한 격식이나 형식. ◆ 框框，套路。¶틀에 박힌 생활. =老套的生活。❹ 사람 몸이 외적으로 갖추고 있는 생김새나 균형. ◆ 模样，架子，派头。¶틀이 좋다. =模样好。

틀니【명사】인공적으로 만들어 잇몸에 끼웠다 뺐다 하는 이. ◆ 图假牙，义齿。¶틀니를 해 박다. =镶假牙。

틀다【동사】动 ❶ 방향이 꼬이게 돌리다. ◆ 扭，拧。¶몸을 틀다. =扭身子。❷ 나사나 열쇠 따위를 돌리다. ◆ 拧，转。¶수도꼭지를 틀다. =拧水龙头。❸ 음향기기 따위를 작동하게 하다. ◆ 开，打开(收音机等)，上(表的发条等)。¶라디오를 틀다. =开收音机。❹ 상투나 쪽 따위로 머리털을 올려붙이다. ◆ 绾(发髻等)。❺ 짚이나 대 따위로 엮어서 보금자리, 둥지, 멍석 따위를 만들다. ◆ 妨碍，捣乱，作梗，反对。¶여자 쪽 부모가 일을 틀어서 결혼이 이루어지지 않았다. =由于女方父母反对，婚事没成。❻ 솜틀로 솜을 타다. ◆ 盘，结，绾。¶상투를 틀다. =绾发髻。❼ 뱀 따위가 몸을 둥글게 말아 똬리처럼 만들다. ◆ 盘。¶뱀이 똬리를 틀다. =蛇盘成一圈。❽ 몸을 움직여 어떤 모양이나 자세를 만들다. ◆ 扭转，转。¶가부좌를 틀다. =盘腿坐。❾ 일정한 방향으로 나가는 물체를 돌려 다른 방향이 되게 하다. ◆ 转向，拐。¶차를 오른쪽으로 틀다. =车子向右转。● 틀리다 ●

틀리다【동사】动 ❶ 셈이나 사실 따위가 그르게 되거나 어긋나다. ◆ 不对，不正确，错，错误。¶답이 틀리다. =回答错误。❷ 바라거나 하려는 일이 순조롭게 되지 못하다. ◆ 不可能，失败，完蛋，泡汤。¶오늘 이 일을 마치기는 틀리다. =今天这件事不可能完成了。

틀림없다【형용사】조금도 어긋나는 일이 없다. ◆ 形必定，一定，肯定，的确，确实。¶목소리로 보아 밖에 있는 사람은 여자가 틀림없다. =听声音，外面的人准是个女的。● 틀림없이 ●

틀어막다【동사】动 ❶ 억지로 들이밀어 통하지 못하게 하다. ◆ 堵，堵塞，捂。¶귀를 솜으로 틀어막다. =用棉花把耳朵塞住。❷ 잘못된 일이 드러나지 아니하도록 억지로 막다. ◆ 阻拦，制止。

틀어박다【동사】动 ❶ 비좁은 자리에 억지로 쑤시고 들이밀다. ◆ 塞，塞进，扎进，埋进。¶아이가 머리를 구석에 틀어박고는 말을 듣지 않는다. =孩子把脑袋埋进角落里，不听人说话。❷ 무엇을 어떤 곳에 아무렇게나 오래 넣어 두다. ◆ 长期放置。¶다락방에 틀어박아 놓고 안 덮는 솜이불을 정리했다. =整理了放在阁楼里的棉被。● 틀어박히다 ●

틀어쥐다【동사】动 ❶ 단단히 꽉 쥐다. ◆ 紧握，紧紧抓住。¶멱살을 틀어쥐다. =紧紧抓住领口。❷ 무엇을 완전히 자기 마음대로 하다. ◆ 掌握，掌管，控制。¶집안 살림을 틀어쥐다. =操持着全家的生计。

틀어지다【동사】动 ❶ 어떤 물체가 반듯하고 곧바르지 아니하고 옆으로 굽거나 꼬이다. ◆ 歪，扭曲。¶줄이 틀어지다. =队列歪了。❷ 꾀하는 일이 어그러지다. ◆ 告吹，失败。¶계획이 틀어지다. =计划失败了。❸ 본래의 방향에서 벗어나 다른 쪽으로 나가다. ◆ 歪斜，错位，偏离。¶날아가던 공의 방향이 오른쪽으로 틀어지다. =飞过去的球偏向右边。❹ 마음이 언짢아 토라지다. ◆ 别扭，不高兴。¶비위가 틀어지다. =不高兴。❺ 사귀는 사이가 서로 벌어지다. ◆ 闹别扭，闹僵。¶고등학교 때부터 사귀던 애인과 틀어졌다. =和从高中就开始交往的恋人闹僵了。

틈[1]【명사】图 ❶ 벌어져 사이가 난 자리. ◆ 缝隙，夹缝，间隙，空隙，裂缝，缺口。¶갈라진 틈으로 물이 샌다. =水从裂缝中漏出来。❷ 모여 있는 사람의 속. ◆ 中间，中，里。¶학생들 틈에 끼다. =插进学生中。❸ 어떤 행동을 할 만한 기회. ◆ 机会，空子。¶틈을 보이다. =露出破绽。❹ 사람들 사이에 생기는 거리. ◆ 隔阂，嫌隙，间隙。¶친구들 사이에 틈이 생기다. =朋友间产生了嫌隙。

틈[2]【의존 명사】어떤 일을 할 만한 잠시 동안의 시간. ◆ 依名 空工夫，时间。

틈나다【동사】겨를이 생기다. ◆ 动得空，有空，有空闲。¶틈나는 대로 찾아가마. =有空就去吧。

틈바구니【명사】'틈'을 낮잡아 이르는 말. ◆ 图 空闲，闲工夫。● 틈바귀 ●

틈새【명사】图 ❶ 벌어져 난 틈의 사이. ◆ 裂缝，夹缝，漏洞，缝。¶틈새를 내다. =凿缝。❷ 모여 있는 사람들의 속. ◆ 中间，中，里。❸ 어떤 행동을 할 만한 기회. ◆ 机会，空子。❹ 사람들 사이에 생기는 거리. ◆ 隔阂，嫌隙，间隙。

틈새시장(--市場)【명사】유사한 기존 상품이 많지만 수요자가 요구하는 바로 그 상품이 없어서 공급이 틈새처럼 비어 있는 시장. ◆ 图 夹缝市场。

틈타다【동사】때나 기회를 얻다. ◆ 动趁机，乘机，钻空子，趁，趁着。¶야음을 틈탄 기습. =趁着黑夜展开的奇袭。

틈틈이【부사】副 ❶ 틈이 난 곳마다. ◆ 每个缝隙。¶문풍지를 틈틈이 붙이다. =给每个门缝都糊上纸。❷ 겨를이 있을 때마다. ◆ 一有空，得空。¶틈틈이 공부하다. =一有空就学习。

틔우다[1] 【동사】 싹이나 움 따위를 트게 하다. ◆ 动使发(芽)。¶봄바람이 가로수의 움을 틔우다. =春风吹得行道树发出了嫩芽。

틔우다[2] 【동사】 动 ❶ 막혔던 것을 뚫거나 통하게 하다. ◆ "트이다"的略语。通畅, 顺畅。❷ 마음이나 가슴을 답답한 상태에서 벗어나게 하다. ◆ "트이다"的略语。亮, 开朗, 透亮。❸ 생각이나 지적 능력을 상당한 수준에 이르게 하다. ◆ "트이다"的略语。开窍。❹ 막혀서 제대로 나오지 않던 목소리를 다시 나오게 하다. ◆ "트이다"的略语。放(声), 说(话)。❺ 서로 거래하는 관계를 맺게 하다. ◆ "트이다"的略语。建立贸易关系。

티[1] 【명사】 图 ❶ 먼지처럼 아주 잔 부스러기. ◆ 尘土, 灰尘, 细屑。¶눈에 티가 들어가다. =眼睛里进了灰尘。❷ 조그마한 흠. ◆ 缺点, 〈书〉瑕疵。¶옥에 티. =白玉微瑕。

티[2] 【명사】 어떤 태도나 기색. ◆ 图样子, 神色, 神态。¶촌티. =土气。

티격태격 【부사】 서로 뜻이 맞지 아니하여 이러니저러니 시비를 따지며 가리는 모양. ◆ 副吵吵闹闹地, 争吵。¶그들은 만나기만 하면 티격태격 싸운다. =他们一见面就争吵。● 티격태격하다 ●

티끌 【명사】 图 ❶ 티와 먼지를 통틀어 이르는 말. ◆ 尘埃, 灰尘, 尘土, 粉尘。¶티끌이 눈에 들어가 눈에서 눈물이 난다. =眼睛里进了灰尘, 流泪了。❷ 몹시 작거나 적음을 이르는 말. ◆ 一丁点, 微乎其微。¶티끌만큼도 없다. =一丁点都没有。

티눈 【명사】 손이나 발에 생기는 사마귀 비슷한 굳은살. 누르면 속의 신경이 자극되어 아프다. ◆ 图鸡眼, 肉刺。¶티눈이 박였다. =长出鸡眼。

티베트(Tibet) 【명사】 중국 서남부에 있는 고원 지대. 히말라야 산맥과 쿤룬 산맥(崑崙山脈)에 둘러싸여 있으며 황허(黃河) 강, 양쯔 강(揚子江), 인더스 강 따위의 발원지이다. ◆ 图西藏。

티브이(TV) 【명사】 텔레비전. ◆ 图电视, 电视机。

티셔츠(T-shirts) 【명사】 'T'자 모양으로 생긴 반소매 셔츠. ◆ 图T恤(衫)。¶그는 청바지에 티셔츠의 편한 차림을 즐겨 입는다. =他喜欢穿牛仔裤搭配T恤衫的简便穿着。

티스푼(teaspoon) 【명사】 찻숟가락. ◆ 图茶匙。

티없다 【형용사】 形 ❶ 매우 깨끗하다. ◆ 清朗。❷ 매우 순수하다. ◆ 天真无邪, 纯洁无瑕。● 티없이 ●

티켓(ticket) 【명사】 图 ❶ 입장권, 승차권, 구매권 따위의 표. ◆ 票, 券。¶왕복 티켓. =往返票。❷ 특정한 것을 할 수 있는 자격. 또는 그런 증명서. ◆ 许可证, 证明书, 入场券。¶두 팀은 본선에 진출할 티켓을 놓고 한판 승부를 벌였다. =两队获得了决赛的入场券, 展开了一场胜负之争。

팀(team) 【명사】 图 ❶ 같은 일에 종사하는 한동아리의 사람. ◆ 团体, 小组。❷ 운동 경기의 단체. 곧, 두 패로 나누어서 행하는 경기의 한 조를 이른다. ◆ 运动团体, 代表团。¶팀 플레이. =团体赛。

팀워크(teamwork) 【명사】 팀이 협동하여 행하는 동작. 또는 그들 상호 간의 연대. ◆ 图配合, 合作。¶팀워크가 잘 짜여 있다. =配合得非常好。

팀장(team長) 【명사】 같은 일에 종사하는 한 팀의 책임자. ◆ 图队长, 组长。

팀파니(timpani)<이> 【명사】 구리로 만든 반구형의 몸체 위에 쇠가죽을 댄 북. ◆ 图 定音鼓。

팁(tip) 【명사】 시중을 드는 사람에게 고맙다는 뜻으로 일정한 대금 이외에 더 주는 돈. ◆ 图小费。¶팁을 내다. =掏小费。

ㅍ【p】

파[1]【명사】백합과의 여러해살이풀. 꽃줄기의 높이는 70cm 정도이며, 잎은 둥근기둥 모양으로 속이 비고 끝이 뾰족하다. ◆图 葱，大葱。¶올해는 파농사를 해 볼까 합니다. =今年想种大葱。

파[2]**(fa)**【명사】서양 음악의 7음 체계에서, 네 번째 계이름. ◆图 音乐简谱中的第四个音“发”。

파[3]**(派)**【명사, 언어】❶ 주의, 사상, 또는 행동 따위의 차이에 따라 갈라진 사람의 집단. ◆ 派，派别，派系，流派。¶결국은 파가 나뉘다. =结果分成了派系。❷ 파계(派系). ◆ 派，派系。¶이 할아버지께서 바로 우리 파의 시조가 되는 분이시다. =这位老爷爷正是我派始祖。

-파[4]**(波)**【접사】'파동' 또는 '물결'의 뜻을 더하는 접미사. ◆后缀波。¶지진파. =地震波。

-파[5]**(派)**【접사】어떤 생각이나 행동의 특성을 가진 사람의 뜻. ◆后缀派。¶신중파. =慎重派。

파격적(破格的)【명사】일정한 격식을 깨뜨리는. 또는 그런 것. ◆图破格的，超出常规的。¶파격적인 대우. =破格的待遇。

파견(派遣)【명사】일정한 임무를 주어 사람을 보냄. ◆图派遣。¶파견 근무. =派遣工作。● 파견되다(派遣--), 파견하다(派遣--) ●

파경(破鏡)【명사】사이가 나빠서 부부가 헤어지는 것을 비유적으로 이르는 말. ◆图离婚。¶파경을 맞다. =离婚。

파계(破戒)【명사】계(戒)를 받은 사람이 그 계율을 어기고 지키지 아니함. ◆图 破戒。¶파계할 경우 승적에서 삭제한다. =如果破戒，要被开除僧籍。● 파계하다(破戒--) ●

파계승(破戒僧)【명사】계율을 깨뜨린 중. ◆图 破戒僧。

파고(波高)【명사】图 ❶ 물결의 높이. ◆ 浪高。¶오늘 동해안은 파고 5미터 이상이 될 것으로 예측됩니다. =预计今天东海岸的浪高会达到5米以上。❷ 어떤 관계에서의 긴장의 정도를 비유적으로 이르는 말. ◆ (紧张)程度。¶수입 개방 파고가 점차 거세졌다. =进口开放的程度逐渐加大。

파고들다【동사】动 ❶ 깊숙이 안으로 들어가다. ◆ 深入，钻进。¶손을 뻗으면 뻗을수록 게는 모래속으로 파고들어 갔다. =螃蟹努力挥舞着钳子钻进沙子里去了。❷ 깊이 스며들다. ◆ 渗入，渗透。¶한기가 몸속으로 파고든다. =寒气渗入体内。❸ 비집고 들어가 발을 붙이다. ◆ 挤进人群，勉强立住脚。¶겨우 사람들 사이를 파고들어 전철에 올랐다. =勉强挤进人群，上了电车。❹ 깊이 공부하고 노력하다. ◆ 钻研。¶한 분야에 파고들어야 성공한다. =只有在一个领域中深入钻研，才能成功。❺ 깊이 캐어 알아내다. ◆ 深入，深究，钻研。¶기자들이 사건의 내막을 파고들다. =记者深入探究事件的真相。❻ 그 안에 안기다. ◆ 投入怀抱，钻进怀里。¶아이가 엄마 품에 파고들었다. =孩子钻进母亲怀里。

파괴(破壞)【명사】❶ 图 때려 부수거나 깨뜨려 헐어 버림. ◆ 损坏，毁坏。¶파괴 본능. =破坏事物的本能。❷ 조직, 질서, 관계 따위를 와해시키거나 무너뜨림.◆ 破坏。¶환경 파괴. =破坏环境。● 파괴되다(破壞--), 파괴하다(破壞--) ●

파국(破局)【명사】일이나 사태가 잘못되어 결판이 남. 또는 그 판국. ◆图破产，失败，败局。¶파국을 맞다. =遭遇败局。

파급(波及)【명사】어떤 일의 여파나 영향이 차차 다른 데로 미침. ◆图波及，影响。¶문화의 개방으로 청소년에게 미칠 파급이 우려된다. =文化开放带给青少年的影响令人忧虑。● 파급되다(波及--), 파급하다(波及--) ●

파급효과(波及效果)【명사】영향이나 여파가 차차 전하여 다른 데로 미치는 효과. ◆图影响。¶건설업의 호황은 사회 전반의 경제 소생으로 이어지는 파급효과가 크다. =建筑业的景气带来了全社会的经济复苏，这个影响面很广。

파기(破棄)【명사】图 ❶ 깨뜨리거나 찢어서 내버림. ◆ 废除，废弃。¶문서를 파기할 때는 반드시 문서 파기 규정에 따라야 한다. =丢弃文件时必须要遵守文件废弃规定。❷ 계약, 조약, 약속 따위를 깨뜨려 버림. ◆ 废除，撕毁，放弃。¶계약 파기로 계약금을 잃다. =撕毁了合同，所以失去了合同押金。❸ 소송법에서, 상소 법원에서 상소 이유가 있다고 인정하여 원심 판결을 취소하는 일. 그 취소한 뒤의 처리에 따라 환송(還送), 이송(移送), 자판(自判)으로 구분된다. ◆ 撤销(原判)。● 파기되다(破棄--), 파기하다(破棄--) ●

파김치【명사】파로 담근 김치. ◆图 葱泡菜。

파나마(Panama)【명사】중앙아메리카의 파나마 지협(地峽)에 있는 공화국. ◆图 巴拿马。

파나마운하(Panama運河)【명사】중앙아메리카 동남쪽에서 태평양과 대서양을 잇는 운하. ◆图巴拿马运河。

파내다【동사】묻히거나 박힌 것을 파서 꺼내다. ◆ 动挖出，刨出，开采，发掘。¶땅에 박힌 돌을 파내다. =挖出嵌在地里的石头。

파노라마(panorama)【명사】图 ❶ 야외 높은 곳에서 실지로 사방을 전망하는 것과 같은 느낌을 주는 사생적 그림을 건물 안에 장치한 것. ◆ 全景图。❷ 영화나 소설 따위에서, 변화와 굴곡이 많고 규모가 큰 이야기를 비유적으로 이르는 말. ◆ 全景小说。¶감동의 파노라마. =令人感动的全景小说。

파다【동사】动 ❶ 구멍이나 구덩이를 만들다. ◆ 挖(洞)。¶장독을 묻기 위해 땅을 파다. =要挖地埋酱缸。❷ 그림이나 글씨를 새기다. ◆ 刻。¶그는 도장을 파는 것이 직업이다. =他的职业是刻图章。❸ 천이나 종이 따위의 한 부분을 도려내다. ◆ 剪掉

布或纸的一部分。¶목둘레선을 깊이 파서 목 부분이 허전하다. =领口部分裁剪得太多了，脖子位置空落落的。❹ 어떤 것을 알아내거나 밝히기 위하여 몹시 노력하다. ◆ 钻研，弄清。¶사건의 진상을 파다. =弄清事件的真相。❺ 전력을 기울이다. ◆ 全力以赴。¶그는 지금까지 자기 전공 분야만을 파서 다른 분야에 대해선 거의 아는 것이 없다. =迄今为止他全力以赴地研究自己的专业领域，对其他领域几乎一无所知。❻ 문서나 서류 따위에서 어떤 부분을 삭제하다. ◆ 删除，注销。¶호적을 파다. =注销户籍。● 패다 ●

파다하다(播多--)【형용사】소문 따위가 널리 퍼져 있다. ◆ 形到处传播，四起。¶연애한다는 소문이 파다하다. =恋爱传闻四起。

파닥거리다【동사】动 ❶ 작은 새가 계속해서 가볍고 빠르게 날개를 치다. ◆ 扑噜扑噜(振翅)。❷ 물고기가 잇따라 가볍고 빠르게 꼬리를 치다. ◆ 直扑腾。¶낚시에 걸린 붕어가 파닥거리다. =钓上来的鲫鱼直扑腾。● 파닥대다, 파닥이다, 파닥하다 ●

파닥파닥하다【동사】动 ❶ 작은 새가 가볍고 빠르게 계속해서 날개를 치다. ◆ 扑腾扑腾扇动翅膀。❷ 작은 물고기가 가볍고 빠르게 계속해서 꼬리를 치다. ◆ 扑腾扑腾地游动。● 파닥파닥 ●

파도(波濤)【명사】名 ❶ 바다에 이는 물결. ◆ 波涛，浪涛，波浪。¶높은 파도. =高高的波涛。❷ 맹렬한 기세로 일어나는 어떤 사회적 운동이나 현상을 비유적으로 이르는 말. ◆ 风波，风潮，浪潮。¶혁명의 파도. =革命风潮。❸ 강렬한 심리적 충동이나 움직임을 비유적으로 이르는 말. ◆ 浪潮，波涛。¶기쁨의 파도. =喜悦的浪潮。

파도치다(波濤--)【동사】动 ❶ 바다에 물결이 일어나다. ◆ 起浪，波涛起伏。❷ (비유적으로) 사회적 운동이나 현상이 일어나다. ◆ 兴起。❸ (비유적으로) 심리적 충동이나 움직임이 일어나다. ◆ 产生，有了。

파도타기(波濤--)【명사】파도를 이용하여 타원형의 널빤지를 타고 파도 속을 교묘히 빠져나가며 즐기는 놀이. ◆ 名 冲浪运动，冲浪。¶이 해안은 파도타기를 즐기는 사람들로 늘 활기가 있다. =这里的海岸因为享受冲浪运动的人们的到来而总是充满了活力。

파동(波動)【명사】名 ❶ 물결의 움직임. ◆ 波动。¶수면에 파동이 일어나다. =水面起波涛。❷ 사회적으로 어떤 현상이 퍼져 커다란 영향을 미침. ◆ 浪潮，风波，震荡。¶석유 파동. =石油震荡。❸ 심리적 충동이나 움직임. ◆ 内心波动。❹ 공간의 한 점에 생긴 물리적인 상태의 변화가 차츰 둘레에 퍼져가는 현상. 수면(水面)에 생기는 파문이나 음파, 빛 따위를 이른다. ◆ 波动。

파들파들【부사】몸을 자꾸 작게 파르르 떠는 모양. '바들바들'보다 거센 느낌을 준다. ◆ 副 哆哆嗦嗦(颤抖的样子)。¶공포로 온몸을 파들파들 떨다. =因为恐惧而全身颤抖。

파라과이(Paraguay)【명사】남아메리카 중남부에 있는 나라. ◆ 名巴拉圭。

파라다이스(paradise)【명사】걱정이나 근심 없이 행복을 누릴 수 있는 곳. ◆ 名乐园，乐土，天堂。

파라솔(parasol)【명사】비치파라솔(주로 해수욕장 따위에서 햇볕을 가리기 위하여 쳐 놓는 큰 양산). ◆ 名遮阳伞。¶강가에 파라솔이 즐비하게 늘어서 있다. =江边的遮阳伞鳞次栉比。

파라핀(paraffin)【명사】名 ❶ 원유를 정제할 때 생기는, 희고 냄새가 없는 반투명한 고체. 양초, 연고, 화장품 따위를 만드는 데 쓴다. ◆ 石蜡。❷ 파라핀족 포화 탄화수소를 통틀어 이르는 말. ◆ 链烷烃，石蜡烃。❸ 파라핀지. ◆ 石蜡纸。

파란(波瀾)【명사】名 ❶ 파랑(波浪)(잔물결과 큰 물결). ◆ 波浪，波涛，波澜。❷ 순탄하지 아니하고 어수선하게 계속되는 여러 가지 어려움이나 시련. ◆ 波折，曲折变化，艰难险阻。¶파란 많은 삶. =波折颇多的人生。

파란만장(波瀾萬丈)【명사】사람의 생활이나 일의 진행이 여러 가지 곡절과 시련이 많고 변화가 심함. ◆ 名 波澜起伏，波涛汹涌。¶파란만장의 일생. =波澜起伏的人生。● 파란만장하다(波瀾萬丈--) ●

파란불【명사】'청신호'를 일상적으로 이르는 말. ◆ 名 顺利通过。

파란색(--色)【명사】파란 색깔. ◆ 名蓝色。¶바다는 그 자체가 파랑색 융단이었다. =大海宛如蓝色的地毯。

파랑【명사】파란 빛깔이나 물감. ◆ 名蓝色。¶파랑 대문. =蓝色大门。

파랑새【명사】名 털빛이 파란 빛깔을 띤 새. 영조(靈鳥)로서 길조(吉兆)를 상징한다. ◆ 青鸟，青色的鸟。

파랗다【형용사】形 ❶ 맑은 가을 하늘이나 깊은 바다, 새싹과 같이 밝고 선명하게 푸르다. ◆ 湛蓝，嫩绿。¶파랗게 돋아나는 새싹. =发出鲜绿色的新芽。❷ 춥거나 겁에 질려 얼굴이나 입술 따위가 푸르께하다. ◆ 青紫。¶그녀는 두려움에 휩싸여 얼굴이 파랗게 질렸다. =她陷入恐惧，脸色变得青紫。

파래【명사】식용할 수 있는 참홑파래 따위를 일상적으로 이르는 말. ◆ 名 莼菜，海青菜。

파래지다【동사】파랗게 되다. ◆ 动变绿，变蓝。¶봄이 되자 들판이 파래졌다. =春天到来后，田野变绿了。

파렴치(破廉恥)【명사】염치를 모르고 뻔뻔스러움. ◆ 名无耻，恬不知耻，寡廉鲜耻。¶파렴치 범죄. =无耻的犯罪行为。● 파렴치하다(破廉恥--) ●

파르르【부사】副 ❶ 적은 양의 액체가 가볍게 끓어오를 때 나는 소리. 또는 그 모양. ◆ 少量水刚烧开的声音或样子。¶냄비에서 물이 파르르 끓는다. =汤锅里的水咕嘟咕嘟开了。❷ 대수롭지 아니한 일에 발칵 성을 내는 모양. ◆ 勃然大怒的样子。¶그는 파르르 성을 내고 밖으로 나갔다. =他大发脾气后出去了。❸ 가볍게 조금 떠는 모양. ◆ 轻轻颤动、颤抖。¶문풍지가 바람에 파르르 떨린다. =糊门缝纸被风吹得微微颤动。

파르스름하다【형용사】조금 파랗다. ◆ 形淡绿，淡蓝。¶파르스름하게 돋아난 새싹. =露出淡绿色的新芽。● 파르스레하다 ●

파릇파릇하다【형용사】군데군데 파르스름하다. ◆ 形一点点变绿。¶봄이 되어 대지가 파릇파릇하다. =春天到了，大地到处都变绿了。● 파릇파릇 ●

파릇하다【형용사】파르스름하다. ◆ 形淡绿，淡蓝。

파리[1](Paris)【명사】프랑스 센 강 중류에 있는 도시. 기계, 자동차, 항공기 따위의 공업이 활발하다. ◆ 图巴黎。

파리[2]【명사】파리목 털파리하목의 곤충을 통틀어 이르는 말. ◆ 图 苍蝇。¶소는 꼬리를 치며 엉덩이의 파리를 쫓는다. =牛挥着尾巴赶走了屁股上的苍蝇。

파리채【명사】파리를 때려잡는 데 쓰는 채. ◆ 图苍蝇拍。¶파리채로 파리를 잡다. =用苍蝇拍打苍蝇。

파리하다【형용사】몸이 마르고 낯빛이나 살색이 핏기가 없다. ◆ 形消瘦，憔悴。¶앓고 나더니 얼굴이 많이 파리해졌다. =生病后，脸瘦了很多。

파마(permanent wave)【명사】머리를 전열기나 화학 약품을 이용하여 구불구불하게 하거나 곧게 펴 그런 모양으로 오랫동안 지속되도록 만드는 일. 또는 그렇게 한 머리. ◆ 图烫发。● 파마하다 ●

파먹다【동사】动 ❶ 흙이나 땅 따위를 파서 얻는 것으로 먹고살다. ◆ 种田。¶땅 파먹는 재주밖에 못 타고났다. =除了种田，别的什么也不会。❷ 겉에서부터 안쪽으로 움푹하게 먹어 들어가다. ◆ 从外到里吃进去。¶벌레가 파먹은 과일. =被虫子咬过的水果。❸ 벌지 아니하고 있는 것만 가지고 살다. ◆ 不劳而获。¶그 부부는 물려받은 유산만으로도 평생을 파먹을 수 있었다. =那对夫妇光靠继承的遗产就可以一辈子不愁吃穿。

파면(罷免)【명사】잘못을 저지른 사람에게 직무나 직업을 그만두게 함. ◆ 图罢免。¶시민 단체들은 뇌물을 받은 감독관의 파면을 요구했다. =市民团体要求罢免受贿的监察官。● 파면되다(罷免--), 파면하다(罷免--) ●

파멸(破滅)【명사】파괴되어 없어짐. ◆ 图破灭，衰败，灭亡。● 파멸되다(破滅--), 파멸시키다(破滅---), 파멸하다(破滅--) ●

파문(波紋)【명사】图 ❶ 수면에 이는 물결. ◆ 波纹，波浪，涟漪。¶낚시를 드리우자 그 주변으로 조용한 파문이 일었다. =钓钩垂下去后，周围泛起轻微的波纹。❷ 물결 모양의 무늬. ◆ 波状花纹。❸ 어떤 일이 다른 데에 미치는 영향. ◆ 风波。

파묻다【동사】动 ❶ 파서 그 속에 묻다. ◆ 掩埋，埋。¶땅에 김장독을 파묻다. =把泡菜瓮埋到地里。❷ 남이 모르게 숨기어 감추다. ◆ 隐藏，埋藏。¶비밀을 마음속 깊이 파묻다. =将秘密深深隐藏在心中。❸ 깊숙이 대거나 기대다. ◆ 掩藏。¶나는 소파에 몸을 파묻은 채 잠이 들었다. =我陷到沙发里睡着了。

파묻히다【동사】动 ❶ '파묻다'의 피동형. 파여서 그 속에 묻히다. ◆ 掩埋，埋。¶발이 눈 속에 파묻혀 걸을 수가 없다. =脚埋在雪里，无法走动。❷ '파묻다'의 피동형. 남이 모르게 깊이 감추어지다. ◆ 隐藏。¶검찰은 흑막 속에 파묻힌 사건의 전모를 밝혔다. =检察官揭露出隐藏在幕后的事件真相。❸ '파묻다'의 피동형. 몸이 깊숙이 넣어지거나 기대어지다. ◆ 依偎，靠。¶그는 스탠드 밑 소파에 파묻혀 담배를 피우고 있다. =他靠在台灯下面的沙发里抽烟。❹ 어떤 사물이나 일에 빠져 그것에만 정신을 쏟다. ◆ 埋头，沉溺。❺ 주변에 있는 것들이 더 크거나 많아서 드러나지 않다. ◆ 淹没。

파미르고원(Pamir高原)【명사】중앙아시아 동남쪽에 있는 고원. ◆ 图帕米尔高原。

파발(擺撥)【명사】图 ❶ 조선 후기에, 공문을 급히 보내기 위하여 설치한 역참. ◆ 速递驿站，加急驿站。❷ 파발꾼. ◆ 驿站信使，驿差。¶장군은 급히 파발을 띄웠다. =将军急忙派驿差送信。❸ 파발마. ◆ 驿马。

파벌(派閥)【명사】개별적인 이해관계에 따라 따로 갈라진 사람의 집단. ◆ 图派系，派别。¶파벌 싸움. =派系斗争。

파병(派兵)【명사】군대를 파견함. ◆ 图派兵。¶파병 요청. =派兵请求。● 파병하다(派兵--) ●

파삭파삭【부사】副 ❶ 가랑잎이나 마른 검불 따위의 잘 마른 물건을 잇따라 가볍게 밟는 소리. 또는 그 모양. ◆ 沙沙作响的声音或样子。¶가랑잎이 파삭파삭 잘 말라 화재의 위험이 크다. =叶子干透了。发生火灾的危险很大。❷ 보송보송한 물건이 잇따라 가볍게 바스러지거나 깨지는 소리. 또는 그 모양. ◆ 酥软的东西碎裂的声音或样子。❸ 단단하고 부스러지기 쉬운 물건을 잇따라 깨무는 소리. 또는 그 모양. ◆ 嘎崩脆(脆硬的东西碎裂声或样子)。¶비스킷이 파삭파삭 하니 맛이 있다. =饼干嘎崩嘎崩酥脆，味道不错。● 파삭파삭하다 ●

파산(破産)【명사】图 ❶ 재산을 모두 잃고 망함. ◆ 破产。¶파산 위기. =破产危机。❷ 빚을 진 사람이 돈을 완전히 갚을 수 없는 경우, 재산을 나누어 돈을 받아야 할 사람들에게 공평히 갚도록 하는 재판 절차. ◆ 破产。● 파산되다(破産--), 파산하다(破産--) ●

파상풍(破傷風)【명사】파상풍균이 일으키는 급성 전염병. ◆ 图 破伤风。

파생(派生)【명사】사물이 어떤 근원으로부터 갈려 나와 생김. ◆ 图派生，衍生。¶파생 상품. =衍生商品。● 파생되다(派生--), 파생하다(派生--) ●

파생어(派生語)【명사】실질 형태소에 접사가 결합하여 하나의 단어가 된 말. ◆ 图 派生词。

파선[1](破船)【명사】풍파를 만나거나 암초 따위의 장애물에 부딪쳐 배가 파괴됨. 또는 그 배. ◆ 图破损船只；船只破损。¶파선된 배에 타고 있던 선원들은 모두 구조되었습니다. =遇险船只上的船员都获救了。● 파선되다(破船--), 파선하다(破船--) ●

파선[2](破線)【명사】짧은 선을 일정한 간격을 두고 벌려 놓은 선. 제도(製圖)에서 보이지 않는 부분의 형태를 나타내는 데 쓴다. ◆ 图破断线。

파손(破損)【명사】깨어져 못 쓰게 됨. 또는 깨뜨려 못 쓰게 함. ◆ 图破损，损坏。¶파손을 입은 물건들이 여기저기 어지럽게 흩어져 있다. =被损坏的物品到处散落着。● 파손되다(破損--), 파손하다(破損--) ●

파송(派送)【명사】파견(派遣). ◆ 图派往，派遣，派出。¶무의촌으로 공중 보건의를 파송하기로 했다. =向没有医生的村子派遣公众保健医生。● 파송되다(派送--), 파송하다(派送--) ●

파쇼(fascio)【명사】图 파시스트당. ◆ 法西斯。

파수꾼(把守-)【명사】图 ❶ 경계하여 지키는 일을 하는 사람. ◆ 看守，警卫。¶장군은 파수꾼을 곳곳에 세웠다. =将军在各处设置了警卫。❷ 어떤 일을 한눈팔지 아니하고 성실하게 하는 사람을 비유적으로 이르는 말. ◆ 守护者，卫士。¶그는 인권의 파수꾼이다. =他是人权的守护者。

파스텔(pastel)【명사】빛깔이 있는 가루 원료를 길쭉하게 굳힌 크레용. ◆ 图 彩色蜡笔。¶올 여름에는 은은한 파스텔 계통의 원피스가 유행할 것으로 예상된다. =今夏将流行柔和色调的彩色蜡笔系列连衣裙。

파슬리(parsley)【명사】산형과의 두해살이풀. 높이는 30~60cm 정도이며, 잎은 세쪽 겹잎이고 광택이 난다. ◆ 图 皱叶欧芹，荷兰芹。

파시(波市)【명사】고기가 한창 잡힐 때에 바다 위에서 열리는 생선 시장. ◆ 图海上鲜鱼集市。

파시스트(fascist)【명사】파시즘을 신봉하거나 주장하는 사람. ◆ 图法西斯主义者。

파시즘(fascism)【명사】제1차 세계 대전 후에 나타난 극단적인 전체주의적·배외적 정치 이념. ◆ 图法西斯主义。

파악(把握)【명사】图 ❶ 손으로 잡아 쥠. ◆ 手握。❷ 어떤 대상의 내용이나 본질을 확실하게 이해하여 앎. ◆ 把握，掌握，调查。¶분대장은 집결 후 인원 파악을 했다. =集合后，班长查人数。● 파악되다(把握--), 파악하다(把握--) ●

파안대소(破顔大笑)【명사】매우 즐거운 표정으로 활짝 웃음. ◆ 图 开怀大笑。● 파안대소하다(破顔大笑--) ●

파업(罷業)【명사】하던 일을 중지함. ◆ 图罢工。● 파업하다(罷業--) ●

파열(破裂)【명사】깨어지거나 갈라져 터짐. ◆ 图 破裂。¶수도관 파열. =水管破裂。● 파열되다(破裂--), 파열하다(破裂--) ●

파열음(破裂音)【명사】폐에서 나오는 공기를 일단 막았다가 그 막은 자리를 터뜨리면서 내는 소리. ◆ 图 破裂音，爆破音。

파운데이션(foundation)【명사】화장품의 하나. 가루분을 기름에 섞어 액체 또는 고체 형태로 만든 것이다. ◆ 图粉底霜。¶파운데이션을 얼굴에 바르다. =在脸上涂抹粉底霜。

파운드(pound)【형용사【명사】形 ❶ 야드파운드법에 의한 무게의 단위. ◆ 磅。¶그 곰은 체중이 이백 파운드나 나간다. =那只熊的体重超过了200磅。❷ 영국의 화폐 단위. 1파운드는 1페니의 100배이다. ◆ 磅。

파울(foul)【명사】图 ❶ 규칙을 위반하는 일. ◆ 犯规，违例。❷ 파울 볼. ◆ 界外球，线外球。

파이(pie)【명사】밀가루와 버터를 개어 과일, 고기 따위를 넣고 구워서 만드는 서양 과자. ◆ 图 派。

파이팅(fighting)【감탄사】운동 경기에서, 선수들끼리 잘 싸우자는 뜻으로 외치는 소리. 또는 응원하는 사람이 선수에게 잘 싸우라는 뜻으로 외치는 소리. ◆ 叹加油。¶경기에 앞서 파이팅을 외치다. =在比赛前高呼加油。

파이프(pipe)【명사】图 ❶ 물이나 공기, 가스 따위를 수송하는 데 쓰는 관(管). ◆ 管，导管，输送管。¶상수도가 동파되어 도로가 온통 빙판이 되어 버렸다. =自来水管冻裂了，路面全都成了冰面。❷ 살담배를 담아 피우는 서양식 곰방대. ◆ 烟斗。¶파이프를 빨다. =抽烟斗。❸ 궐련을 끼워 무는 물부리. ◆ 烟嘴。¶그는 다시 담배 한 대를 파이프에 끼워 물었다. =他又往烟嘴里装了一袋烟，然后叼在嘴里。

파이프 오르간(pipe organ)【명사】크고 작으며 길고 짧은 여러 개의 관을 음계적으로 배열하고, 이에 바람을 보내어 소리를 내는 건반 악기. ◆ 图 管风琴。

파인애플(pineapple)【명사】图 ❶ 파인애플과의 상록 여러해살이풀. 높이는 1미터 정도이며 잎은 어긋나고 칼 모양이다. ◆ 菠萝的植株，是多年生草本植物。❷ '파인애플'의 열매. ◆ 菠萝。

파일(file)【명사】图 ❶ 서류철(여러 가지 서류를 한데 모아 매어 두게 만든 도구). ◆ 文件夹。❷ 하나의 단위로서 처리되는 서로 관련 있는 레코드의 집합. ◆ 文件夹。

파일럿(pilot)【명사】图 ❶ 조종사. ◆ 驾驶员，飞行员。¶전투 훈련 중 추락한 전투기의 파일럿은 탈출에 성공하여 안전하다고 합니다. =据说，战斗训练中坠落战斗机的飞行员跳伞成功，没有危险。❷ 항만이나 강의 물길을 안내하는 사람. ◆ 引航员，领航员。

파자마(pajamas)【명사】헐렁한 윗옷과 바지로 된 잠옷. 보통 땀을 잘 흡수하고 바람이 잘 통하는 천을 이용하여 만든다. ◆ 图睡衣。¶미국에는 파자마를 입고 등교하는 파자마데이가 있는데 학생들이 파자마를 입고 등교하는 모습은 외국인들에게는 매우 이색적이다. =美国有穿睡衣上学的睡衣日，学生们穿着睡衣上学的样子在外国人看来非常奇怪。

파장[1](波長)【명사】图 ❶ 파동에서, 같은 위상을 가진 서로 이웃한 두 점 사이의 거리. ◆ 波长。¶신문 기사의 파장은 매우 컸다. =新闻报道的影响很大。❷ 충격적인 일이 끼치는 영향 또는 그 영향이 미치는 정도나 동안을 비유적으로 이르는 말. ◆ 波及面，影响面。

파장[2](罷場)【명사】图 ❶ 과장(科場), 백일장, 시장(市場) 따위가 끝남. 또는 그런 때. ◆ 收盘，收市，结束。¶백일장은 바야흐로 파장에 이르고 있었다. =诗文赛会正好到结束的时候。❷ 여러 사람이 모여 벌이던 판이 거의 끝남. 또는 그 무렵. ◆散场。¶그가 도착했을 때 잔치는 이미 파장 이었다. =他到达时，宴会已经快散场了。

파전(-煎)【명사】반죽한 밀가루에 길쭉길쭉하게 썬 파를 넣어 지진 전. 파 이외에도 고기, 조갯살, 굴 따위를 얹기도 한다. ◆名 葱饼。

파종(播種)【명사】곡식이나 채소 따위를 키우기 위하여 논밭에 씨를 뿌림. '씨뿌리기', '씨 뿌림'으로 순화. ◆名 播种。¶너무 일찍 파종해도 발아에 좋지 않습니다. =播种过早也不利于发芽。● 파종하다(播種--) ●

파죽음【명사】심하게 맞거나 지쳐서 녹초가 된 상태. ◆名半死不活。

파죽지세(破竹之勢)【명사】대를 쪼개는 기세라는 뜻으로, 적을 거침없이 물리치고 쳐들어가는 기세를 이르는 말. ◆名破竹之势，势如破竹。¶아군은 파죽지세로 적군을 이 땅에서 몰아냈다. =我军以破竹之势将敌军从这块土地上赶了出去。

파지(破紙)【명사】名 ❶ 찢어진 종이. ◆破纸。❷ 일정한 규격에 어긋나 못 쓰게 된 종이. ◆废纸。¶종이를 오리는 과정에서 파지가 많이 생겼다. =在剪纸过程中，产生了大量废纸。❸ 글을 잘못 써서 못 쓰게 된 종이. ◆废纸。¶그의 주변에는 꾸겨져 아무렇게나 버려진 파지들이 널려 있었다. =他周围散落着揉皱后乱扔的纸。

파직(罷職)【명사】관직을 물러나게 함. ◆名免职。¶그의 파직은 의문점만 남겼다. =他的免职只留下了疑点。● 파직되다(罷職--), 파직하다(罷職--) ●

파초(芭蕉)【명사】파초과의 여러해살이풀. 높이는 2미터 정도이며, 잎은 모여나고 긴 타원형이다. ◆名 芭蕉。

파출부(派出婦)【명사】보수를 받고 출퇴근을 하며 집안일을 하여 주는 여자. ◆名保姆，家政妇。¶맞벌이로 바쁜 부부는 파출부를 고용했다. =夫妻是双职工，很忙碌，所以请了保姆。

파출소(派出所)【명사】경찰서의 관할 지역 안에 있는 동(洞)마다 경찰관을 파견하여 경찰 업무를 일차적으로 처리하도록 만든 곳. ◆名 派出所。¶수상한 사람을 파출소에 신고하다. =向派出所报告举止异常的人。

파충류(爬蟲類)【명사】파충강의 동물을 일상적으로 통틀어 이르는 말. ◆名爬虫类。

파카(parka)【명사】후드가 달린 짧은 외투. 겨울옷으로 솜이나 털을 넣어 두껍게 만든다. ◆名连帽毛皮风雪大衣，派克大衣。¶눈보라가 치는 날씨에는 파카를 입는 것이 편하다. =在暴风雪天气，穿连帽毛皮风雪大衣很暖和。

파키스탄(Pakistan)【명사】인도 반도 서북부에 있는 나라. ◆名巴基斯坦。

파킨슨병(Parkinson病)【명사】사지와 몸이 떨리고 경직되는 중추 신경계의 퇴행성 질환. ◆名 帕金森氏病。

파탄(破綻)【명사】名 ❶ 일이나 계획 따위가 원만하게 진행되지 못하고 중도에서 잘못됨. ◆失败，垮台，破裂。¶파탄 위기. =垮台危机。❷ 상점, 회사 따위의 재정이 지급 정지의 상태가 됨. ◆破产。¶회사 재정 파탄. =公司财政破产。● 파탄되다(破綻--), 파탄하다(破綻--) ●

파트(part)【명사】名 ❶ 전체를 구성하는 일부. ◆部分，要素。¶우리는 참석자를 두 파트로 나눠 게임을 시작했다. =我们把参加者分为两部分，然后开始游戏。❷ 일을 맡는 역할이나 부서. ◆职责，作用，部门。¶구매 파트. =采购部门。❸ 성부(聲部)(다성 음악을 구성하는 각 부분). ◆声部，分谱。¶관악 파트. =管乐部。❹ 악장(樂章)(소나타·교향곡·협주곡 따위에서, 여러 개의 독립된 소곡(小曲)들이 모여서 큰 악곡이 되는 경우 그 하나하나의 소곡). ◆乐章。

파트너(partner)【명사】名 ❶ 상거래나 춤, 경기, 놀이 따위에서 둘이 짝이 되는 경우의 상대편. ◆伙伴，同伴。¶축제에 함께 갈 파트너를 구하다. =寻找一起去参加庆典的伙伴。❷ 부부의 한쪽에서 본 다른 쪽. 배우자를 이르는 말. ◆配偶。

파티(party)【명사】친목을 도모하거나 무엇을 기념하기 위한 잔치나 모임. ◆名宴会，晚会，茶话会。¶생일 파티. =生日宴会。

파편(破片)【명사】名 ❶ 깨어지거나 부서진 조각. ◆碎片。¶유리 파편. =玻璃碎片。❷ (비유적으로) 전체적으로 연결되지 않고 끊어진 짧은 부분. ◆〈喻〉(信息等的)碎片。

파푸아 뉴기니(Papua New Guinea)【명사】오스트레일리아 북쪽 뉴기니 섬 동반부와 부건빌 섬 따위로 이루어진 국가. ◆名巴布亚新几内亚。

파피루스(papyrus)【명사】名 ❶ 예전에, 이집트에서 파피루스 풀줄기의 섬유로 만든 종이. ◆莎草纸。❷ 사초과의 여러해살이풀. 높이는 2미터 정도이며, 잎은 퇴화하여 비늘처럼 되고 줄기 끝의 홀씨잎 사이에 작은 꽃이삭이 달린다. ◆纸莎草，大伞莎草。❸ 파피루스 문서. ◆(写在莎草纸上的)古代文献。

파하다(罷--)【동사】어떤 일을 마치거나 그만두다. ◆动散伙，解散。¶학교가 파하다. =学校停办。

파행(跛行)【명사】일이나 계획 따위가 순조롭지 못하고 이상하게 진행됨을 비유적으로 이르는 말. ◆名〈喻〉事情发展不顺利。

파헤치다【동사】动 ❶ 속에 있는 것이 드러나도록 파서 젖히다. ◆扒开，挖开。¶땅을 파헤치다. =挖开地。❷ 겉으로 드러나지 아니하게 감추어진 사실이나 실체 따위를 드러내어 밝히다. ◆揭开，揭露。¶탐관오리의 횡포를 낱낱이 파헤치다. =一一揭露贪官污吏的横行霸道。

파혼(破婚)【명사】약혼을 깨뜨림. ◆名解除婚约。¶파혼 통고. =解除婚约的通告。● 파혼하다(破婚--) ●

팍【부사】副 ❶ 갑자기 힘차게 내지르는 소리. 또는 그 모양. ◆用力地。¶물건을 팍 집어던지다. =把东西用力地抓起来扔出去。❷ 갑자기 힘없이 거꾸러지는 소리. 또는 그 모양. ◆无力地(倒下)。¶기가 팍 질리다. =突然畏缩。❸ 진흙 따위를 밟을 때 빠지는 소리. 또는 그 모양. ◆ 噗哧(踩在泥水上的声音)。

팍팍【부사】副 ❶ 잇따라 힘있게 내지르는 소리. 또는 그 모양. ◆ 用力地。¶한숨 좀 팍팍 쉬지 마라. =别唉声叹气。❷ 잇따라 힘없이 거꾸러지는 소리. 또는 그 모양. ◆ 无力地(倒下)。¶어둠 속에서 쏘는 화살에 오랑캐들은 맥없이 팍팍 쓰러졌다. =蛮人被黑暗中射来的箭射中后，无力地倒下了。❸ 진흙 따위를 밟을 때 몹시 또는 자꾸 발이 빠지는 모양. ◆ 深深地(陷进去)。¶아낙들이 팍팍 빠지는 갯벌을 요령 있게 걸어 다니며 낙지를 잡고 있다. =女人们很有经验地一边走在容易陷进去的海滩上，一边抓章鱼。❹ 숟가락이나 삽 따위로 물건을 잇따라 많이 퍼내는 모양. ◆ (用勺子或锹)使劲挖。¶밥 좀 팍팍 떠먹어라. =多盛点饭吃。❺ 어떤 물건이나 현상 따위가 잇따라 많이 생기거나 없어지는 모양. ◆ 大量地(出现或消失)。¶이익이 팍팍 나다. =获得大量利润。❻ 가루나 연기 따위가 잇따라 쏟아져 나오는 모양. ◆ (粉或烟)连续地(喷出)。¶담배를 팍팍 피우다. =不断抽烟。

팍팍하다【형용사】形 ❶ 음식이 물기나 끈기가 적어 목이 멜 정도로 메마르고 부드럽지 못하다. ◆ (食品)干。¶밥이 너무 팍팍하다. =饭太干。❷ 몹시 지쳐서 걸음을 내디디기 어렵도록 무겁고 힘이 없다. ◆ (脚步)沉重。

판[1]【명사】일이 벌어진 자리. 또는 그 장면. ◆ 图场合，场所，局面。¶판을 깨다. =打破局面。

판[2]【명사】图 ❶ '처지', '판국', '형편'의 뜻을 나타내는 말. ◆ 局面，场面。¶사람이 죽고 사는 판에 너는 편하게 앉아 있니? =都到生死存亡的局面了，你还舒服地坐着? ❷ 승부를 겨루는 일을 세는 단위. ◆ 量局，盘。¶씨름 한 판. =一局摔跤。

판[3](版)【명사】图 ❶ 그림이나 글씨 따위를 새겨 찍는 데 쓰는 나무나 쇠붙이의 조각. ◆ 版。❷ 활판(活版). ◆ 活版。❸ 인쇄한 면(面)의 크기. ◆ 版面。❹ 책을 개정하거나 증보하여 출간한 횟수를 세는 단위. 1판은 초판, 2판은 중판 또는 재판이라고도 한다. ◆ 量版次。¶삼 판. =三版。

판[4](板)【명사】图 ❶ 널빤지(판판하고 넓게 켠 나뭇조각). ◆ 木板。❷ 반반한 표면을 사용하는 기구. 바둑판, 장기판 따위가 있다. ◆ 板，盘。¶장기판. =象棋棋盘。❸ 음반(전축에 걸어 소리를 들을 수 있게 만든 동그란 판). ◆ 唱片。❹ 달걀 30개를 오목오목하게 반(半) 달걀꼴로 파인, 종이 또는 플라스틱 판에 세워 담은 것을 하나치로 세는 데 쓰는 말. ◆ 三十个鸡蛋为一盘。❺ 목판(木版)의 수를 세는 데 쓰는 말. 목판은 나무에 글·그림 등을 세긴 인쇄용의 판이다. ◆ 版。

-판[5](版)【접사】책, 신문 따위를 인쇄하여 펴낸 것이라는 뜻을 더하는 접미사. ◆ 后缀 版。¶개정판. =修订版。

-판[6](判/版)【접사】책이나 상품에 쓰이는 종이의 일정한 길이와 규격이라는 뜻을 더하는 접미사. ◆ 后缀 版面，开。¶국(菊)판. =八开本。

판가름【명사】사실의 옳고 그름이나 어떤 대상의 나음과 못함, 가능성 따위를 판단하여 가름. ◆ 图判断，了断。¶판가름이 나다. =判定。● 판가름하다 ●

판검사(判檢事)【명사】판사와 검사를 아울러 이르는 말. ◆ 图法官和检察官。¶그는 장차 판검사가 될 사람이다. =他是将来会成为法官或检察官的人。

판결(判決)【명사】图 ❶ 시비나 선악을 판단하여 결정함. ◆ 判定，裁判。¶공평한 판결. =公平的裁判。❷ 법원이 변론을 거쳐 소송 사건에 대하여 판단하고 결정하는 재판. ◆ 判决。¶유죄 판결. =有罪判决。● 판결되다(判決--), 판결하다(判決--) ●

판국(-局)【명사】일이 벌어진 사태의 형편이나 국면. ◆ 图局面。¶이 어려운 판국에 무슨 해외여행이냐? =在这么困难的局面下，还说什么到海外旅行?

판권(版權)【명사】저작권법에 의하여 인정된 재산권의 하나. 도서 출판에 관한 이익을 독점하는 권리로 저작권자가 출판물을 맡은 사람에게 설정한다. ◆ 图 版权。

판다(panda)【명사】아메리카너구릿과의 레서판다와 곰과의 대왕판다를 통틀어 이르는 말. 빽빽하고 부드러운 털과 넓적한 이빨이 있으며, 나무를 재빨리 기어오른다. ◆ 图熊猫。

판단(判斷)【명사】사물을 인식하여 논리나 기준 등에 따라 판정을 내림. ◆ 图判断。¶상황 판단. =形势判断。● 판단되다(判斷--), 판단하다(判斷--) ●

판단력(判斷力)【명사】사물을 인식하여 논리나 기준 등에 따라 판정할 수 있는 능력. ◆ 图判断力。¶정확한 판단력을 키우다. =培养准确的判断力。

판도(版圖)【명사】图 ❶ 한 나라의 영토. ◆ 版图。¶판도를 넓히다. =扩张版图。❷ 어떤 세력이 미치는 영역 또는 범위. ◆ 势力范围。¶판도가 달라지다. =改变势力范围。

판독(判讀)【명사】어려운 문장이나 암호, 고문서 따위를 뜻을 헤아리며 읽음. ◆ 图解读，破译。¶암호 판독. =破译密码。● 판독되다(判讀--), 판독하다(判讀--) ●

판돈【명사】노름판에서, 그 판에 건 돈. 또는 그 판에 나온 돈의 총액. ◆ 图赌注，赌资。¶판돈을 걸다. =押赌注。

판례(判例)【명사】법원에서 동일하거나 비슷한 소송 사건에 대하여 행한 재판의 선례(先例). ◆ 图 判例，案例。¶판례를 남기다. =留下案例。

판로(販路)【명사】상품이 팔리는 방면이나 길. ◆ 图销路。¶판로가 열리다. =打开销路。

판매(販賣)【명사】상품 따위를 팖. ◆ 图贩卖，销售。¶염가 판매. =廉价销售。● 판매되다(販賣--), 판매하다(販賣--) ●

판매량(販賣量)【명사】일정한 기간에 상품 따위를 파는 양. ◆ 图销售额，销售量。¶판매량을 조절하다. =调整销售量。

판매망(販賣網)【명사】상품 따위를 팔기 위한 조직이나 체계. ◆ 图销售网，销售网络。¶판매망을 확장하다. =扩大销售网。

판명(判明)【명사】어떤 사실을 판단하여 명백하게 밝힘. ◆ 图辨明，证明。¶진실로 판명이 나다. =被证明是真实的。● 판명되다(判明--), 판명하다(判明--) ●

판별(判別)【명사】옳고 그름이나 좋고 나쁨을 판단하여 구별함. 또는 그런 구별. ◆ 图辨别，甄别，鉴别。¶정확한 판별. =正确的辨别。● 판별되다(判別--), 판별하다(判別--) ●

판본(版本/板本)【명사】판각본(목판으로 인쇄한 책). ◆ 图 雕版本，刻版本，刻本。¶「춘향전」은 여러 판본으로 존재한다. =《春香传》有多个版本。

판사(判事)【명사】대법원을 제외한 각급 법원의 법관. 대법관 회의의 동의를 얻어 대법원장이 임명한다. 임기는 10년이며 연임할 수 있다. ◆ 图 审判官，法官。

판서(板書)【명사】칠판에 분필로 글을 씀. 또는 그 글. ◆ 图板书。¶과거의 강의는 주로 선생님의 판서와 설명으로 진행되었다. =过去的授课主要通过老师的板书和讲解进行。● 판서하다(板書--) ●

판소리【명사】광대 한 사람이 고수(鼓手)의 북장단에 맞추어 서사적(敍事的)인 이야기를 소리와 아니리로 엮어 발림을 곁들이며 구연(口演)하는 한국 고유의 민속악. ◆ 图 盘索里(朝鲜王朝后期民间流行的一种演唱形式)。

판이하다(判異--)【형용사】비교 대상의 성질이나 모양, 상태 따위가 아주 다르다. ◆ 形迥异，截然不同。¶그 형제는 성질이 판이하다. =他们两兄弟的性格截然不同。

판자(板子)【명사】널빤지. ◆ 图木板，板子。¶판자로 엉성하게 막아놓은 벽에서 황소바람이 들어온다. =大风透过松散的木板墙吹进来。

판자촌(板子村)【명사】판잣집이 모여 있는 매우 가난한 동네. ◆ 图棚户区。¶판자촌 철거를 반대하는 주민이 시위를 하고 있습니다. =居民们举行示威活动，反对拆除棚户区。

판잣집(板子-)【명사】판자로 사방을 이어 둘러서 벽을 만들고 허술하게 지은 집. ◆ 图棚户房。¶무허가 판잣집. =非法棚户房。

판정(判定)【명사】판별하여 결정함. ◆ 图判定，裁定。¶판정 기준. =判定标准。● 판정하다(判定--), 판정되다(判定--) ●

판정승(判定勝)【명사】권투, 레슬링 따위에서, 심판의 판정으로 이김. ◆ 图判定胜利。¶그는 고전 끝에 판정승을 거두었다. =经过苦战后，他最终被判定胜利了。● 판정승하다(判定勝--) ●

판지(板紙)【명사】두껍고 단단하게 널빤지 모양으로 만든 종이. ◆ 图 纸板，硬纸板。

판촉(販促)【명사】여러 가지 방법을 써서 수요를 불러일으키고 자극하여 판매가 늘도록 유도하는 일. ◆ 图促销。¶판촉 광고. =促销广告。

판치다【동사】动 ❶ 여러 사람이 어울린 판에서 제일 잘하다. ◆ 起主导作用，控制。¶이번 판에서는 그가 판치고 있다. =这一局他起主导作用。❷ 자기 마음대로 세력을 부리다. ◆ 称霸，当道。

판판하다【형용사】물건의 표면에 높낮이가 없이 평평하고 너르다. ◆ 形平坦。¶판판한 바위 위에 앉다. =坐在平坦的岩石上。

판화(版畫)【명사】나무, 수지, 금속, 돌 따위로 이루어진 판에 그림을 새기고 색을 칠한 뒤에, 종이나 천을 대고 찍어서 만든 그림. ◆ 图 版画。¶이번 주부터 시립미술관에서 유명작가의 판화를 전시하고 있다. =本周开始，市美术馆将展出有名画家的版画。

팔[1]【명사】图 ❶ 어깨와 손목 사이의 부분. ◆ 手臂，胳膊。¶팔을 벌리다. =张开手臂。❷ 기중기, 굴착기, 로봇 따위에서 본체에서 길게 뻗어 나가 상하나 좌우로 움직이는 부분. ◆ 臂。¶기중기 팔. =起重机臂。

팔[2](八)【수사】칠에 일을 더한 수. 아라비아 숫자로는 '8', 로마 숫자로는 'Ⅷ'로 쓴다. ◆ 数八。

팔각(八角)【명사】图 ❶ 팔모(八-). ◆ 八角形。¶푸른 강이 내려다보이는 언덕에 팔각으로 지은 정자가 서 있다. =可以俯瞰碧绿江水的山坡上立着座八角亭。❷ 붓순나무. ◆ (调料)八角，大料。

팔각형【명사】여덟 개의 선분으로 둘러싸인 평면도형. ◆ 图 八角形。

팔걸이【명사】의자 따위에서 팔을 걸치는 부분. ◆ 图 (椅子)扶手。¶그는 팔걸이가 있고 등받이가 허리 위에까지 올라오는 의자에 앉아 있었다. =他坐在一把靠背有腰那么高的有扶手的椅子上。

팔경(八景)【명사】어떤 지역에서 뛰어나게 아름다운 여덟 군데의 경치. ◆ 图八景。

팔굽혀펴기【명사】엎드려뻗친 자세에서 짚은 팔을 굽혔다 폈다 하는 운동. ◆ 图 俯卧撑。

팔꿈치【명사】팔의 위아래 마디가 붙은 관절의 바깥쪽. ◆ 图胳膊肘。¶팔꿈치를 괴다. =支起胳膊肘。

팔다【동사】动 ❶ 값을 받고 물건이나 권리 따위를 남에게 넘기거나 노력 따위를 제공하다. ◆ 卖，出售，销售。¶목돈이 필요해 그 사람에게 땅을 팔다. =因为需要一大笔钱，所以把地卖给了那个人。❷ 여자가 돈을 받고 육체관계를 맺다. ◆ 出卖(肉体)。¶몸을 팔다. =卖身。❸ 주로 여성을 대상으로 하여 돈을 받고 윤락가나 윤락업을 하는 사람에게 넘기다. 또는 사람을 돈을 받고 물건처럼 거래하다. ◆ 贩卖(人口)。¶미성년자를 판 파렴치한이 체포되었다. =逮捕了拐卖未成年少女的无耻之徒。❹ 주의를 집중하여야 할 곳에 두지 아니하고 다른 데로 돌리다. ◆ 走神，分散(注意力)。¶너는 도대체 어디에 정신을 팔고 있었니? =你到底走神想什么呢? ❺ 자기의 이익을 위하여 무엇을 끌어다가 핑계를 대다. ◆ 借助，凭借。¶아무리 급하다고 해도 아버지의 이름을 팔아서 해결할 생각은 전혀 없다. =不管多急，也没想过借助父亲的名义来解决。❻ 옳지 아니한 이득을 얻으려고 양심이나 지조 따위를 저버리다. ◆ 出卖。¶나라를 팔아먹은 매국노. =出卖国家的卖国贼。❼ 돈을 주고 곡식을 사다. ◆ 买(粮)。¶아버지는 늘 다니는 가게에서 쌀을 팔아 오셨다. =父亲在常去的店铺买了米。● 팔리다, 팔아먹다 ●

팔다리【명사】팔과 다리를 아울러 이르는 말. ◆图胳膊腿，四肢。¶팔다리가 쑤시다. =四肢酸痛。

팔등신(八等身)【명사】미술 해부학에서, 신장을 얼굴의 길이로 나눈 몫인 두신지수(頭身指數) ◆图标准身材，八头身。¶팔등신 미인. =八头身美女。

팔딱거리다【동사】动❶ 작고 탄력 있게 자꾸 뛰다. ◆直跳，直蹦。❷ 성이 나서 참지 못하고 자꾸 팔팔 뛰다. ◆勃然(大怒)。❸ 맥이 자꾸 뛰다. 또는 그렇게 되게 하다. ◆怦怦(直跳)。¶가슴을 팔딱거리며 뛰어오다. =心里怦怦跳着跑过来。● 팔딱팔딱, 팔딱대다, 팔딱하다, 팔딱팔딱하다 ●

팔뚝【명사】'아래팔'을 일상적으로 이르는 말. ◆图小臂，前臂。¶팔뚝이 굵다. =小臂粗。

팔랑개비【명사】어린이 장난감의 하나. 빳빳한 종이 또는 색종이를 여러 갈래로 자르고 그 귀를 구부려 한데 모은 곳에 철사 따위를 꿰어 가늘고 길쭉한 막대에 붙여서 바람이 불면 빙빙 돌게 만든다. ◆图风车。

팔랑거리다【동사】바람에 가볍고 힘차게 계속 나부끼다. 또는 그렇게 되게 하다. ◆动哗啦啦地飘。¶빨래줄에 널려있는 빨래가 바람에 팔랑거리다. =挂在晾衣绳上的衣服被风吹得哗啦啦地飘。● 팔랑대다, 팔랑이다, 팔랑팔랑, 팔랑하다 ●

팔레트(palette)【명사】수채화나 유화를 그릴 때에, 그림물감을 짜내어 섞기 위한 판. ◆图调色板。

팔만대장경(八萬大藏經)【명사】경상남도 합천군 해인사에 있는 고려 시대의 대장경판. ◆图《八万大藏经》(韩国的海印寺所藏的一本经书)。

팔매질【명사】작고 단단한 돌 따위를 손에 쥐고, 팔을 힘껏 흔들어서 멀리 내던지는 짓. ◆图投掷。¶팔매질의 명수. =有名的投手。● 팔매질하다 ●

팔목【명사】팔과 손이 잇닿는 팔의 끝 부분. ◆图手腕。¶팔목을 잡다. =抓住手腕。

팔방미인(八方美人)【명사】图❶ 어느 모로 보나 아름다운 사람. ◆绝色美人。¶그녀는 늘씬한 몸에 빼어난 용모를 타고나서 누구에게나 팔방미인이라는 소리를 듣는다. =她天生一副苗条的身材和出色的容貌，谁都说她是绝色美人。❷ 여러 방면에 능통한 사람을 비유적으로 이르는 말. ◆全才。¶공부면 공부, 노래면 노래, 운동이면 운동, 그는 정말 못하는 게 없는 팔방미인이었다. =他学习好、唱歌棒、运动好，是个无所不能的全才。

팔베개【명사】팔을 베개 삼아 벰. 또는 베개 삼아 벤 팔. ◆图枕胳膊。¶이 아이는 팔베개를 해줘야 잠을 잡니다. =这孩子要枕着别人的胳膊才能入睡。● 팔베개하다 ●

팔불출(八不出)【명사】몹시 어리석은 사람을 이르는 말. ◆图愚人，非常愚蠢的人。

팔뼈【명사】팔과 손을 이루는 뼈를 통틀어 이르는 말. ◆图臂骨，上肢骨。¶팔뼈가 부러지다. =臂骨折断。

팔삭둥이(八朔--)【명사】제달을 다 채우지 못하고 여덟 달 만에 태어난 아이. ◆图不足月生下的孩子，早产儿。¶그는 팔삭둥이였지만 건강하게 성장했다. =虽然他是不足月生下的孩子，但是成长得很健康。

팔소매【명사】소매. ◆图袖子，衣袖。¶그녀는 그의 팔소매를 붙들고 놓아주지 않았다. =她抓住他的衣袖不松手。

팔순(八旬)【명사】여든 살. ◆图八旬。¶팔순 노모. =八旬老母。

팔십(八十)【수사】십의 여덟 배가 되는 수. ◆八十。¶그의 눈은 팔십 고령답지 않게 빛을 내고 있었다. =他眼睛炯炯有神，丝毫不像八十岁的老人。

팔씨름【명사】팔심을 겨루는 내기. 두 사람이 각기 팔꿈치를 바닥에 대고 손을 마주잡아 힘껏 버티어 상대편 손등이 먼저 바닥에 닿도록 하면 이긴다. ◆图掰手腕。¶장정 두 사람이 팔씨름을 벌이다. =两个壮汉掰手腕。● 팔씨름하다 ●

팔월(八月)【명사】한 해 열두 달 가운데 여덟째 달. ◆图八月。¶해마다 음력 팔월이면 추석이 있어 멀리 떨어져 있던 가족들이 한자리에 모일 수 있다. =每年阴历八月有中秋节，远在他乡的亲人可以聚到一起。

팔자(八字)【명사】사람의 한 평생의 운수. ◆图八字，命运。¶팔자가 기구하다. =命运坎坷。

팔짝【부사】副❶ 갑자기 가볍고 힘 있게 뛰어오르거나 날아오르는 모양. ◆一下子。¶무엇에 놀랐는지 숲 속에서 꿩 한 마리가 팔짝 난다. =不知道受了什么惊吓，一只野鸡一下子从树丛中飞了出来。❷ 문이나 뚜껑 따위를 갑작스럽게 여는 모양. ◆一下子。¶그는 음식 냄새가 난다며 부엌문을 팔짝 열었다. =他一闻到食物的味道，一下子就打开了厨房门。

팔짝팔짝【부사】副❶ 갑자기 가볍고 힘 있게 자꾸 날아오르거나 뛰어오르는 모양. ◆蹦蹦跳跳地。¶아이가 선물을 받자 가슴에 안고 팔짝팔짝 뛰면서 좋아한다. =孩子得到礼物后抱在胸前，高兴得蹦蹦跳跳的。❷ 문이나 뚜껑 따위를 자꾸 갑작스럽게 여는 모양. ◆忽然打开。¶사내애들은 남의 집 대문을 팔짝팔짝 열고는 달음박질한다. =男孩们忽然推开别人家的大门，然后逃跑了。

팔짱【명사】图❶ 두 손을 각각 다른 쪽 소매 속에 마주 넣거나, 두 팔을 마주 끼어 손을 두 겨드랑이 밑으로 각각 두는 일. ◆两手交叉放在胸前。¶팔짱을 끼다. =两手交叉放在胸前。❷ 나란히 있는 두 사람 중 한 사람이 옆 사람의 팔에 자신의 팔을 끼는 일. ◆挽着胳膊。¶애인과 팔짱을 끼고 걷다. =和恋人挽着胳膊走路。

팔찌【명사】팔목에 끼는, 금. 은. 옥. 금. 구리 따위로 만든 고리 모양의 장식품. ◆图手镯。¶팔찌를 끼다. =戴手镯。

팔팔【부사】副❶ 적은 양의 물이나 기름 따위가 용솟음치며 몹시 끓는 모양. ◆沸腾，咕嘟咕嘟地。¶팔팔 끓는 기름에 튀기면 됩니다. =用咕嘟咕嘟沸腾的油炸就可以。❷ 몸이나 온돌방이 높은 열로 매우 뜨거운 모양. ◆滚烫滚烫的。¶얼마나 불을 지폈던지 방바닥이 팔팔 끓는다. =火烧得足足的，地

暖热热的。❸ 작은 것이 힘차게 날거나 뛰는 모양. ◆扑腾（飞舞的样子）。¶팔팔 나는 나비. =翩翩起舞的蝴蝶。❹ 먼지나 눈, 가루 따위가 바람에 힘있게 날리는 모양. ◆扑簌簌地。¶팔팔 날리는 눈을 맞으며 걷다. =冒着漫天飞雪赶路。

팔팔하다【형용사】形 ❶ 날듯이 활발하고 생기가 있다. ◆朝气勃勃，活泼，生龙活虎。¶패기에 넘치는 팔팔한 젊은이. =意气风发、生龙活虎的年轻人。❷ 성질이 거세고 급하다. ◆急躁，火爆。¶팔팔한 성깔. =急脾气。

팔푼이(八--)【명사】생각이 어리석고 하는 짓이 야무지지 못한 사람을 낮잡아 이르는 말. ◆名蠢货，傻瓜。¶다시 또 팔푼이처럼 굴면 혼난다. =再干蠢事，小心挨骂。

팝송(pop song)【명사】구미에서 유행하는 대중가요. ◆名 流行歌曲。

팝콘(popcorn)【명사】옥수수에 간을 하여 튀긴 식품. ◆名爆米花 。¶고소한 팝콘 냄새가 좋다. =喜欢香喷喷的爆米花味道。

팡파르(fanfare)【명사】축하 의식이나 축제 때에 쓰는 트럼펫의 신호. 삼화음(三和音)만을 쓰고, 5도로 끝나는 것이 원칙이다. ◆名 (仪式开始时的)明快的喇叭声，号音。¶축제의 시작을 알리는 팡파르가 울려 퍼졌다. =响起了宣布庆典开始的号音。

팥【명사】콩과의 한해살이풀. 높이는 30~60cm이며, 잎은 어긋나고 세쪽 겹잎인데 잔잎은 달걀 모양으로 뾰족하다. ◆名 赤豆，红豆。

팥빙수(-氷水)【명사】얼음을 갈아 삶은 팥을 넣어 만든 빙과류. ◆名 赤豆冰沙。

팥죽(-粥)【명사】팥을 푹 삶아서 체에 으깨어 밭인 물에 쌀을 넣고 쑨 죽. ◆名 赤豆粥。¶팥죽을 쑤다. =熬赤豆粥。

패[1](牌)【명사】名 ❶ 어떤 사물의 이름, 성분, 특징 따위를 알리기 위하여 그림을 그리거나 글씨를 쓰거나 새긴 종이나 나무, 쇠붙이 따위의 조그마한 조각. ◆牌子，标签。¶대문에 '개조심'이라는 패를 붙였다. =门上贴着"小心猛犬"的牌子。❷ 화투나 투전에서, 각 장. 또는 그것이 나타내는 끗수 따위의 내용. ◆纸牌(点数)。¶패가 나쁘다. =牌不好。

패[2](牌)【명사】名 ❶ 같이 어울려 다니는 사람의 무리. ◆团伙，群体，帮派。❷ 무리를 세는 단위. ◆量伙，群，派。¶그들은 두 패로 나누어 길을 떠났다. =他们分两伙上路了。

패[3](霸)【명사】남을 교묘히 속이는 꾀. ◆名诡计，骗术。¶그러면 상대에 대항할 수 있는 패를 내놓아라. =那么，就想出与对方对抗的谋略来。

패[4](敗)【명사】어떤 일을 실패함. 또는 싸움이나 승부를 가리는 경기 등에서 짐. ◆名败，失败。¶이번 싸움은 그의 일방적인 패였다. =这次战斗是他单方面的失败。

패가망신(敗家亡身)【명사】집안의 재산을 다 써 없애고 몸을 망침. ◆名家破人亡。¶하루아침에 패가망신을 하고 돌아온 아들 때문에 어머니는 몸져눕고 말았다. =儿子一夜之间家破人亡回到家中，母亲因而病倒。

패거리(牌--)【명사】俚 같이 어울려 다니는 사람의 무리를 낮잡아 이르는 말. ◆名俚一伙。¶두 번 다시 그 패거리와 어울리면 가만두지 않겠다. =再和那伙人凑到一块绝不放过你。

패권(霸權)【명사】어떤 분야에서 우두머리나 으뜸의 자리를 차지하여 누리는 공인된 권리와 힘. ◆名霸权。¶패권을 차지하다. =占据霸权。

패기(霸氣)【명사】어떤 어려운 일이라도 해내려는 굳센 기상이나 정신. ◆名霸气，野心。¶패기에 찬 얼굴. =充满霸气的脸。

패기만만하다(霸氣滿滿--)【형용사】패기가 넘칠 정도로 가득하다. ◆形意气风发，气派。¶나도 패기 만만했던 이십대가 있었다. =我也曾经有过意气风发的二十多岁。

패다[1]【동사】사정없이 마구 때리다. ◆动猛打，殴打。¶멍이 시퍼렇게 들도록 패다. =打得发青。

패다[2]【동사】곡식의 이삭 따위가 나오다. ◆动抽穗，秀穗。¶보리가 패다. =大麦抽穗。

패다[3]【동사】도끼로 장작 등을 쪼개다. ◆动劈，砍。¶장작을 패다. =劈柴。

패랭이【명사】名 ❶ 패랭이꽃. ◆石竹，天菊。❷ 댓개비로 엮어 만든 갓. 조선 시대에는 역졸, 보부상 같은 신분이 낮은 사람이나 상제(喪制)가 썼다. ◆竹编斗笠。

패랭이꽃【명사】名 ❶ 석죽과의 여러해살이풀. 높이는 30cm 정도이며, 잎은 마주나고 선 모양이다. ◆石竹，天菊。❷ 석죽과의 각시패랭이꽃, 구름패랭이꽃, 난장이패랭이꽃, 술패랭이꽃, 장백패랭이꽃 따위를 통틀어 이르는 말. ◆石竹花。

패러다임(paradigm)【명사】어떤 한 시대 사람들의 견해나 사고를 근본적으로 규정하고 있는 테두리로서의 인식의 체계. 또는 사물에 대한 이론적인 틀이나 체계. ◆名模式，框架。¶어떤 인물에 대한 이해는 그가 살았던 시대의 패러다임 안에서 이루어져야 한다. =要理解一个人物，应当联系其所生活的时代背景进行思考。

패러독스(paradox)【명사】역설(逆說)(일반적으로는 모순을 야기하지 아니하나 특정한 경우에 논리적 모순을 일으키는 논증). ◆名 逆说，悖论。

패륜(悖倫)【명사】인간으로서 마땅히 하여야 할 도리에 어그러짐. 또는 그런 현상. ◆名悖伦，违背伦理。¶최근에 패륜 사건이 급증하는 등 사회 윤리가 땅에 떨어졌다고 유림들이 개탄하고 있다. =近来违背伦理事件激增，儒学者们慨叹社会伦理已降到了最低点。

패륜아(悖倫兒)【명사】인간으로서 마땅히 하여야 할 도리에 어그러지는 행동을 하는 사람. ◆名悖伦者。

패물(佩物)【명사】사람의 몸치장으로 차는, 귀금속 따위로 만든 장식물. 가락지, 팔찌, 귀고리, 목걸이 따위가 있다. ◆名饰物，饰品，佩饰。¶돈이 부족하여 결혼할 때 받은 패물을 모두 팔았다. =因为钱不够，卖掉了结婚时收到的所有首饰。

패배(敗北)【명사】겨루어서 짐. ◆ 名败北，失败。¶찬란한 승리와 참담한 패배. =灿烂的胜利和惨淡的败北。● 패배하다(敗北--) ●

패배감(敗北感)【명사】싸움이나 경쟁 따위에서 자신이 없어 무력해지는 느낌. 또는 싸움이나 경쟁 따위에서 진 뒤에 느끼는 절망감이나 치욕스러운 감정. ◆ 名失败感。¶뼈아픈 패배감을 느끼다. =感到刻骨铭心的失败感。

패션(fashion)【명사】특정한 시기에 유행하는 복식이나 두발의 일정한 형식. ◆ 名流行，时尚，风尚。¶패션 감각이 뛰어나다. =时尚感很强。

패션모델(fashion model)【명사】새로운 양식의 옷이나 최신 유행의 옷을 발표할 때에, 그것을 입고 관객들에게 그 옷의 맵시를 보이는 것을 직업으로 하는 사람. ◆ 名时装模特。¶저 체중의 마른 패션모델을 무대에 세우지 않겠다는 것이 패션계의 한 흐름이다. =不让体重过低的干瘦模特上舞台已是时装界的一个潮流。

패션쇼(fashion show)【명사】모델들이 새로운 양식이나 최신 유행의 여러 가지 옷을 입고 나와 관객에게 선보이는 일. ◆ 名时装表演，时装秀。¶여름 신상품 패션쇼. =夏季新款时装表演。

패소(敗訴)【명사】소송에서 짐. ◆ 名 败诉。¶패소 판결. =败诉判决。● 패소하다(敗訴--) ●

패스(pass)【명사】名 ❶ 시험이나 검사 따위에 합격함. 또는 그런 증서. ◆ 通过，合格，及格，合格证。¶공무원고시 패스. =通过公务员考试。❷ 통행권. ◆ 通行证。¶이 지역은 패스가 있어야 통과할 수 있습니다. =该地区要有通行证才能通过。❸ 탈것에 오를 수 있는 증표. ◆ 月票。¶전철 패스. =地铁月票。❹ 여권. ◆ 护照。❺ 구기 종목에서, 같은 편끼리 서로 공을 주거나 받음. ◆ 传球。¶패스가 좋다. =传球很好。● 패스하다(pass--) ●

패싸움(牌--)【명사】패를 지어 싸우는 일. ◆ 名群架，群殴，派别斗争。¶패싸움을 벌이다. =打群架。

패인(敗因)【명사】싸움에서 지거나 일에 실패한 원인. ◆ 名失败原因，失利原因。¶패인을 분석하다. =分析失败原因。

패자[1](敗者)【명사】싸움이나 경기에 진 사람. 또는 그런 단체. ◆ 名败者，失败者。¶어느 경기에서나 승자와 패자는 있기 마련이다. =任何比赛都会有胜者和败者。

패자[2](霸者)【명사】名 ❶ 예전에, 황제로부터 일정한 지역을 다스릴 권한을 부여받은 제후의 우두머리. ◆ 诸侯霸主。¶춘추 전국 시대의 패자. =春秋战国时代的诸侯霸主。❷ 무력이나 권력, 권모술수로써 천하를 다스리는 사람. ◆ 霸王，王者，称霸者。❸ 운동 경기나 어느 분야에서 으뜸이 되는 사람. 또는 그런 단체. ◆ (体育比赛或某领域)霸主。¶해상의 패자 장보고. =海上霸主张宝皋。

패잔병(敗殘兵)【명사】싸움에 진 군대의 병사 가운데 살아남은 병사. ◆ 名残兵败将。¶패잔병을 소탕하다. =扫荡残兵败将。

패전(敗戰)【명사】싸움에 짐. ◆ 名战败，打败仗。¶병사들은 거듭된 패전에 사기가 크게 떨어져 있었다. =士兵们因屡吃败仗而士气大跌。● 패전하다(敗戰--) ●

패주(敗走)【명사】싸움에 져서 달아남. ◆ 名败北，溃逃。● 패주하다(敗走--) ●

패킹(packing)【명사】관(管) 따위의 이음매 또는 틈새 따위에 물이나 공기가 새지 아니하도록 끼워 넣음. 또는 그런 물건. ◆ 名 密封; 密封圈。¶수도꼭지의 패킹을 갈다. =更换水龙头的密封圈。

패턴(pattern)【명사】일정한 형태나 양식 또는 유형. ◆ 名形式，样式，型，模型。¶소비 패턴. =消费模式。

패하다(敗--)【동사】어떤 일을 실패하다. 또는 싸움이나 승부를 가리는 경기 등에서 지다. ◆ 动失败。¶전쟁에 패하다. =战败。

패혈증(敗血症)【명사】곪아서 고름이 생긴 상처나 종기 따위에서 병원균이나 독소가 계속 혈관으로 들어가 순환하여 심한 중독 증상이나 급성 염증을 일으키는 병. ◆ 名 败血症。

팩[1]【부사】副 ❶ 지쳐서 맥없이 쓰러질 때 나는 소리. 또는 그 모양. ◆ 瘫软地(倒下)。¶운동장을 열 바퀴쯤 돌자 한 아이가 팩 쓰러졌다. =在运动场上跑了十圈后，有个孩子无力地倒下了。❷ 실, 새끼 따위가 힘없이 끊어질 때 나는 소리. 또는 그 모양. ◆ 一下子(断了)。¶솜이불을 널자 무게를 견디지 못하고 빨랫줄이 팩 끊어졌다. =挂上棉被之后，晾衣绳承受不了重量，一下子断了。

팩[2]【부사】副 ❶ 갑자기 성을 내는 모양. ◆ 突然，一下子(发火的样子)。¶고함을 팩 치다. =突然大喊。❷ 갑자기 방향을 돌리는 모양. ◆ 突然，一下子(转向的样子)。¶팩 돌아눕다. =突然翻身。❸ 순간적으로 머리를 기지 있게 쓰거나 생각이 잘 떠오르는 모양. ◆ 灵机一动，突然(产生灵感)。¶머리를 팩 돌려 묘안을 떠올렸다. =灵机一动，想出个好主意。

팩[3](pack)【명사】名 ❶ 밀가루, 달걀, 백도토(白陶土) 따위에 각종 약제나 영양제, 과일 따위를 반죽하여서 얼굴에 바르거나 붙이는 미용법. ◆ 面膜。❷ 비닐 또는 종이로 만든 작은 용기. ◆ 包，袋。¶우유 팩. =牛奶袋。

팩스(fax)【명사】팩시밀리(문자, 도표, 사진 따위의 정지 화면을 화소(畫素)로 분해하여 전기 신호로 바꾸어 전송하고, 수신 지점에서 원화(原畫)와 같은 수신 기록을 얻는 통신 방법). ◆ 名 传真，传真机。¶팩스 번호를 일러주다. =告知传真号码。

팩시밀리(facsimile)【명사】문자, 도표, 사진 따위의 정지 화면을 화소(畫素)로 분해하여 전기 신호로 바꾸어 전송하고, 수신 지점에서 원화(原畫)와 같은 수신 기록을 얻는 통신 방법. 또는 그런 기계 장치. ◆ 名 传真，传真机。

팬(fan)【명사】운동 경기나 선수 또는 연극, 영화, 음악 따위나 배우, 가수 등을 열광적으로 좋아하는 사람. ◆ 名崇拜者，(体育、文艺)迷。¶팬 사인회가 열리다. =举办粉丝签名会。

팬레터(fanis letter)【명사】팬이 운동선수 또는 연예인 등의 인기인에게 보내는 편지. ◆ 图崇拜者写给明星的信。¶그는 한때 하루에 수십 통의 팬레터를 받던 인기 배우였다. =他曾经是当红明星，一天收到数十封崇拜者的来信。

팬지(pansy)【명사】삼색제비꽃(제비꽃과의 한해살이풀 또는 두해살이풀). ◆ 图 三色紫罗兰。

팬클럽(fan club)【명사】어떤 연예인이나 운동선수, 작가 등을 좋아하는 사람들이 만든 모임. ◆ 图粉丝俱乐部。¶인터넷에 좋아하는 인기인의 팬클럽 뿐만 아니라 안티팬클럽이 생기다. =网络上不但有粉丝俱乐部，还出现了黑粉俱乐部(指那些反对特定明星并进行攻击的观众团体)。

팬츠(pants)【명사】图 ❶ 팬티(다리 부분이 아주 짧은 속바지). ◆ 内裤，短裤。❷ 운동 경기를 할 때에 입는 짧은 바지. ◆ 运动短裤。

팬터마임(pantomime)【명사】무언극(無言劇). ◆ 图 哑剧，舞剧。

팬티(panties)【명사】다리 부분은 거의 없고 허리에 꼭 붙는 속옷. ◆ 图内裤，裤头。

팬티스타킹(panty stocking)【명사】발끝에서 허리까지 오는 스타킹. ◆ 图连裤袜。

팸플릿(pamphlet)【명사】설명이나 광고, 선전 따위를 위하여 얄팍하게 맨 작은 책자. ◆ 图小册子。¶이번 출판 기념회를 위하여 신문이나 잡지에 광고를 내고 포스터와 팸플릿도 준비하기로 했다. =为了配合这次出版纪念会，计划在报纸或杂志上刊登广告，还将准备海报和小册子。

팻말(牌-)【명사】패(牌)로 쓰는 말뚝. 무엇을 표시하거나 알리기 위하여 말뚝에 패를 붙이기도 하고 말뚝 자체에 직접 패를 새기기도 한다. ◆ 图木牌，标志牌，告示牌。¶정류장 팻말. =车站告示牌。

팽【부사】副 ❶ 일정한 좁은 범위를 한 바퀴 도는 모양. ◆ 滴溜溜(转)。¶갑자기 팽 돌아서다. =滴溜溜地转身。❷ 갑자기 자기 정신이 아찔하여지는 모양. ◆ 眩晕，晕乎。¶현기증이 일면서 머리가 팽 돈다. =头晕，脑袋晕乎乎的。❸ 갑자기 자기 눈에 눈물이 크게 글썽해지는 모양. ◆ (泪水)盈眶，盈盈。¶눈가에 눈물이 팽 돌았다. =泪水盈眶。

팽개치다【동사】动 ❶ 짜증이 나거나 못마땅하여 물건 따위를 내던지거나 내버리다. ◆ 扔，掷，甩，抛。¶모자를 바닥에 팽개치다. =把帽子甩到地上。❷ 하던 일 따위를 중도에서 그만두거나 무엇에 대한 책임을 다하지 아니하다. ◆ 置之不理，抛弃，扔下。¶그는 처자식을 팽개치고 홀로 달아났다. =他抛妻弃子，独自逃跑了。

팽그르르【부사】副 ❶ 몸이나 물건 따위가 좁게 도는 모양. '뱅그르르'보다 거센 느낌을 준다. ◆ 滴溜(转)。❷ 갑자기 눈가에 눈물이 맺히는 모양. '뱅그르르'보다 거센 느낌을 준다. ◆ 盈眶，盈盈。❸ 갑자기 정신이 아찔해지는 모양. ◆ 眩晕，晕乎。● 팽그르르하다 ●

팽나무【명사】느릅나뭇과의 낙엽 활엽 교목. 높이는 20미터 정도이며, 잎은 어긋나고 달걀 모양인데 톱니가 있다. ◆ 图 朴树。

팽배(澎湃/彭湃)【명사】어떤 기세나 사조 따위가 매우 거세게 일어남. ◆ 图蓬勃，高涨，强烈。¶기대 심리의 팽배. =期待气氛的高涨。● 팽배하다(澎湃--/彭湃--) ●

팽이【명사】둥글고 짧은 나무의 한쪽 끝을 뾰족하게 깎아서 쇠구슬 따위의 심을 박아 만든 아이들의 장난감. ◆ 图陀螺。¶팽이가 돌다. =陀螺转动。

팽이치기【명사】팽이를 채로 쳐서 돌리는 놀이. ◆ 图打陀螺，玩陀螺，抽陀螺。¶양지쪽 공터에 여남은 살 안팎의 사내아이들이 팽이치기를 하고 있는 것이 보였다. =在向阳的空地上，有几个十多岁的男孩正在玩陀螺。● 팽이치기하다 ●

팽창(膨脹)【명사】图 ❶ 부풀어서 부피가 커짐. ◆ 膨胀。¶팽창하는 경제. =不断增大的经济体量。❷ 수량이 본디의 상태보다 늘어나거나 범위, 세력 따위가 본디의 상태보다 커지거나 크게 발전함. ◆ 膨胀。¶인구 팽창. =人口膨胀。● 팽창되다(膨脹--), 팽창하다(膨脹--) ●

팽팽【부사】副 ❶ 일정한 좁은 범위를 자꾸 도는 모양. '뱅뱅'보다 거센 느낌을 준다. ◆ 滴溜溜(转)。¶얼음판 위에서 팽이가 팽팽 돈다. =陀螺在冰面上滴溜溜地转。❷ 정신이 자꾸 아찔해지는 모양. ◆ 眩晕，晕乎。¶다리가 휘청거리고 눈앞이 팽팽 돈다. =两腿发颤，双眼发晕。❸ 총알 따위가 공기를 가르며 잇따라 지나가는 소리. 또는 그 모양. ◆ 嗖嗖(子弹划过空气时发出的声音)。

팽팽하다【형용사】形 ❶ 줄 따위가 늘어지지 않고 힘 있게 곧게 펴져서 튀기는 힘이 있다. ◆ 绷直，紧绷绷。¶바람으로 연줄이 팽팽해졌다. =风筝线被风吹得紧绷绷的。❷ 둘의 힘이 서로 엇비슷하다. ◆ 不相上下，旗鼓相当。¶팽팽한 대립. =双方旗鼓相当。❸ 성질이 너그럽지 못하고 까다롭다. ◆ 怪僻，乖戾。❹ 정세, 정황, 분위기 따위가 매우 경직되어 있다. ◆ 紧张。¶분위기가 팽팽하다. =气氛很紧张。● 팽팽히 ●

팽팽하다(膨膨--)【형용사】피부 따위가 한껏 부풀어서 탱탱하다. ◆ 形丰满，有弹性。¶그녀의 팽팽하던 얼굴에 잔주름이 잡히기 시작했다. =她那充满弹性的脸上开始生出细纹。

퍼내다【동사】动 ❶ 담겨 있거나 고여 있는 것을 길어 내거나 떠내다. ◆ 舀出，弄出，掏出。¶웅덩이에서 물을 퍼내다. =从水坑里舀出水。❷ 말 따위를 자꾸 꺼내 늘어놓거나 마구 하다. ◆ 啰嗦，唠叨。¶욕설을 퍼내다. =唠唠叨叨骂个不停。

퍼덕거리다【동사】动 ❶ 큰 새가 잇따라 가볍고 크게 날개를 치다. ◆ 扑腾扑腾扇动翅膀。¶한 마리가 날개 짓을 하자 옆에 있던 닭이 퍼덕거렸다. =一只鸡扇了扇翅膀，旁边的鸡也跟着直扑棱。❷ 큰 물고기가 계속해서 가볍고 크게 꼬리를 치다. ◆ 扑腾扑腾游动。● 퍼덕대다 ●

퍼뜨리다【동사】널리 퍼지게 하다. ◆ 动传播，传开，散布，宣扬，扩散。¶그녀에 대한 추문을 동네에 퍼뜨리다. =在村子里散布她的丑闻。● 퍼트리

다●

퍼뜩【부사】副 ❶ 어떤 생각이 갑자기 아주 순간적으로 떠오르는 모양. ◆(某种想法瞬间出现)忽然，突然，一下子。¶오랜만에 만난 친구 이름이 퍼뜩 떠오르지 않았다. =一下子没有想起来很久不见的朋友的名字。❷ 어떤 물체나 빛 따위가 갑자기 아주 순간적으로 나타나는 모양. ◆(物体、光线等)忽然，突然，一下子。¶개 한 마리가 퍼뜩 지나갔다. =一只狗突然跑过去。❸ 갑자기 정신이 드는 모양. ◆一下子。¶찬물로 세수를 하고 나니 정신이 퍼뜩 들었다. =用凉水洗了脸，一下子清醒了。

퍼렇다【형용사】形 ❶ 다소 탁하고 어둡게 푸르다. ◆深蓝，深绿，发青。¶멍이 들어 눈 주위가 퍼렇다. =淤血造成眼圈发青。❷ 춥거나 겁에 질려 얼굴이나 입술 따위가 아주 푸르께하다. ◆发青。¶입술이 퍼렇다. =嘴唇发青。❸ 날 따위가 아주 날카롭다. ◆(刀刃)锋利，锐利。¶그는 바지춤에서 날이 퍼런 단도를 썩 내놓았다. =他拔出了腰间悬挂的锋利的短刀。❹ 기세가 등등하고 무서운 기운이 서려 있다. ◆(威风、气势、权势等)凛凛。¶서슬이 퍼렇다. =威风凛凛。❺ 싱싱하거나 생생하다. ◆(活得)好好的。¶죽었다던 사람이 퍼렇게 살아 돌아왔다. =说是死了的人活着回来了。

퍼레이드(parade)【명사】축제나 축하 또는 시위 행사 따위로 많은 사람이 시가를 화려하게 행진하는 일. 또는 그런 행렬. ◆名游行；(庆祝、示威等的)游行队列、队伍。¶세계 육상 대회에서 우승한 선수단의 환영 퍼레이드가 오늘 있었다. =今天举行了世界田径比赛获胜运动员的欢迎游行。

퍼마시다【동사】욕심 사납게 마구 마시다. ◆动灌，畅饮，大口喝。¶밤새도록 술을 퍼마시다. =通宵畅饮。

퍼먹다【동사】욕심 사납게 마구 먹다. ◆动大吃，吞食，狼吞虎咽。¶술을 잔뜩 퍼먹다. =大口喝酒。

퍼붓다【동사】动 ❶ 비, 눈 따위가 억세게 마구 쏟아지다. ◆(大雪)纷纷，(大雨)滂沱，倾盆。¶소나기가 퍼붓다. =骤雨滂沱。❷ 달빛이나 별빛 따위가 쏟아지듯 비치다. ◆(月光、星光等)倾泻。¶별빛이 퍼붓는 여름 밤하늘. =星光闪烁的夏日夜空。❸ 잠이나 졸음 따위가 심하게 밀려오다. ◆(睡意、困意等)袭来，涌来。¶잠이 퍼붓다. =困意袭来。❹ 물이나 국물 등의 액체를 마구 퍼서 붓다. ◆倾倒，倾泻。❺ 저주, 욕설, 비난 따위를 마구 하다. ◆痛骂，破口大骂。¶그는 나에게 욕을 퍼부었다. =他对我破口大骂。❻ 찬사, 애정, 열의나 열정 따위를 아낌없이 보내거나 바치다. ◆倾注，倾泻。¶자식에게 애정을 퍼붓다. =对儿女倾注爱心。❼ 총이나 포 따위를 한 곳에 집중적으로 맹렬하게 쏘다. ◆倾倒，猛烈射击。¶적진에 포탄을 퍼붓다. =向敌阵猛烈射击。❽ 술 따위를 매우 많이 마시다. ◆灌，大喝，狂饮。¶아침부터 술을 퍼붓더니만 꼴 좋다. =从早上就开始狂喝酒，看你这个样。

퍼센트(percent)【의존 명사】백분율을 나타내는 단위. 기호는 % ◆依名 百分比，百分数，百分之(几)。¶백 퍼센트 순금입니다. =百分之百纯金。

퍼즐(puzzle)【명사】풀면서 지적 만족을 얻도록 만든 알아맞히기 놀이. 이에는 낱말이나 숫자, 도형 맞추기 따위가 있다. ◆名(游戏的)猜谜，拼图。

퍼지다【동사】动 ❶ 끝 쪽으로 가면서 점점 굵거나 넓적하게 벌어지다. ◆伸展，扩展，铺展。¶아래가 퍼진 스커트. =下摆宽大的裙子。❷ 몸이나 몸의 어떤 부분이 살이 쪄서 가로 벌어지다. ◆宽大，宽阔。¶엉덩이가 퍼지다. =屁股宽大。❸ 끓이거나 삶은 것이 불어서 커지거나 잘 익다. ◆(泡得)发胀，(煮得)烂透。¶국수가 퍼지다. =面条发胀。❹ 지치거나 힘이 없어 몸이 늘어지다. ◆瘫，散架。¶사람들은 목적지에 도착하자 푹 퍼졌다. =一到目的地，人们就四散而去。❺ 어떤 물질이나 현상 따위가 넓은 범위에 미치다. ◆散开，传开，传播，蔓延，扩散。¶먹물이 종이에 퍼졌다. =墨汁在纸上散开。❻ 수효가 많이 불거나 늘다. ◆繁盛，茂盛。¶김씨 가문의 자손들은 전국에 널리 퍼지게 되었다. =金姓家门子孙繁盛，遍及全国。

퍽[1]【부사】보통 정도를 훨씬 넘게. ◆副很，非常，相当，颇为。¶그와 나는 퍽 가깝다. =我和他非常亲密。

퍽[2]【부사】副 ❶ 갑자기 매우 힘차게 내지르는 소리. 또는 그 모양. ◆嗤地，啪地(用力捅、刺、踢、踩貌)。¶옆구리를 퍽 내지르다. =嗤地捅了一下肋骨。❷ 갑자기 아주 힘없이 거꾸러지는 소리. 또는 그 모양. ◆瘫软的样子，扑通倒下的样子，无力倒下的样子。¶퍽 거꾸러지다. =无力地倒下去。❸ 진흙 따위를 밟을 때 깊숙이 빠지는 소리. 또는 그 모양. ◆扑哧，吧唧，咕唧。¶진흙밭에 발이 퍽 빠져서 뺄 수가 없었다. =脚吧唧一下陷到了泥坑里，拔不出来。

퍽퍽【부사】副 ❶ 잇따라 매우 힘차게 내지르는 소리. 또는 그 모양. ◆扑哧扑哧(连续用力捅、刺、踢、踩的样子)。¶퍽퍽 걷어차다. =扑哧扑哧地捅。❷ 잇따라 아주 힘없이 거꾸러지는 소리. 또는 그 모양. ◆无力倒下的样子。¶행군대열의 병사들이 짚단처럼 퍽퍽 쓰러졌다. =行军队伍的士兵们像稻草捆一样扑通扑通地倒了下去。❸ 진흙 따위를 밟을 때 몹시 또는 자꾸 깊숙이 빠지는 소리. 또는 그 모양. ◆脚踩泥水声或貌。¶비를 맞으며 논두렁 길을 퍽퍽 소리를 내며 걸었다. =冒着雨在垄道上走，发出吧唧吧唧的声音。❹ 숟가락이나 삽 따위로 물건을 잇따라 아주 많이 퍼내는 모양. ◆大口大口(吃)，一下接一下。¶밥을 숟가락으로 퍽퍽 떠먹다. =用勺子大口大口地吃饭。❺ 어떤 물건이나 현상 따위가 잇따라 아주 많이 생기거나 없어지는 모양. ◆接二连三，接连不断。¶이익이 퍽퍽 나는 사업. =利润不断增加的事业。❻ 가루나 연기 따위가 잇따라 세차게 쏟아져 나오는 모양. ◆突突，噗噗(粉末，烟气等有力地冒出)。¶담배를 퍽퍽 피우다. =噗噗地抽烟。❼ 굵은 빗줄기나 함박눈 따위가 몹시 퍼붓는 모양. ◆(大雨)哗哗，(大雪)纷纷。¶밤새 장대비가 퍽퍽 쏟아졌다. =大雨哗哗地下了一夜。

펀치(punch)【명사】名 ❶ 권투에서 상대방을 주먹으로 가격하는 것. 또는 그 주먹. ◆(拳击)猛击，攻击，重拳。¶야! 야! 펀치를 날리란 말야. =呀! 呀! 是让你出重拳。❷ 종이나 기차표, 공작물 따위에 구멍을 뚫어 표를 내는 공구. ◆打孔器，钻孔机。

편편하다【형용사】形 ❶ 물건의 표면이 높낮이가 없이 매우 평평하고 너르다. ◆平，平整，平坦。❷ 얼굴이나 몸이 살이 올라 부하다. ◆(长得)结实。

펄떡거리다【동사】动 ❶ 크고 탄력 있게 자꾸 뛰다. ◆蹦跳，直蹦，直扑棱。❷ 매우 성이 나서 참지 못하고 자꾸 펄펄 뛰다. ◆(气得)团团转。❸ 심장이나 맥이 크게 자꾸 뛰다. 또는 그렇게 되게 하다. ◆怦怦地跳。● 펄떡대다, 펄떡하다, 펄떡 ●

펄떡펄떡하다【동사】动 ❶ 자꾸 크고 탄력 있게 뛰다. ◆活蹦乱跳。❷ 매우 성이 나서 참지 못하고 펄펄 자꾸 뛰다. ◆气鼓鼓。❸ 심장이나 맥이 자꾸 크게 뛰다. 또는 그렇게 되게 하다. ◆怦怦地跳。● 펄떡펄떡 ●

펄럭【부사】바람에 빠르고 힘차게 나부끼는 소리. 또는 그 모양. ◆副哗啦啦(飘动)。¶휘장이 바람에 펄럭 흔들리다. =帷帐哗啦啦地随风飘动。

펄럭거리다【동사】바람에 빠르고 힘차게 잇따라 나부끼다. 또는 그렇게 되게 하다. ◆动飘扬，飘荡，飘动，飞舞。¶빨래가 바람에 펄럭거리다. =洗好的衣服随风飘动。● 펄럭대다 ●

펄럭이다【동사】바람에 빠르고 힘차게 나부끼다. 또는 그렇게 되게 하다. ◆动飘扬，飘舞，招展。¶바람에 펄럭이는 깃발. =迎风飘扬的旗帜。● 펄럭하다 ●

펄럭펄럭하다【동사】바람에 잇따라 빠르고 힘차게 나부끼다. 또는 그렇게 되게 하다. ◆动哗啦啦(飘动)。● 펄럭펄럭 ●

펄쩍【부사】副 ❶ 갑자기 거볍고 힘 있게 뛰어오르거나 날아오르는 모양. ◆飕地，猛地，腾地。¶뒤로 펄쩍 물러서다. =猛地向后退。❷ 갑자기 정신이 들거나 놀라는 모양. ◆忽然，突然，一下子。¶나는 겁이 펄쩍 났다. =我突然胆怯了。

펄쩍펄쩍【부사】급자기 거볍고 힘 있게 자꾸 날아오르거나 뛰어오르는 모양. ◆副蹦蹦跳跳，活蹦乱跳，一窜一窜地跳。¶숭어가 펄쩍펄쩍 뛰어올랐다. =梭鱼一窜一窜地乱跳。

펄펄【부사】副 ❶ 많은 양의 물이나 기름 따위가 계속해서 몹시 끓는 모양. ◆(水)咕嘟咕嘟，滚滚沸腾貌。¶물이 펄펄 끓다. =水咕嘟咕嘟开了。❷ 몸이나 온돌방이 높은 열로 몹시 뜨거운 모양. ◆发烫地，滚烫地，热乎乎地。¶몸이 펄펄 끓고 헛소리까지 한다. =身上滚烫，还说胡话。❸ 크고 힘차게 날거나 뛰는 모양. ◆活蹦乱跳的样子，扑啦啦(飞)。¶나비들이 펄펄 날아든다. =蝴蝶扑啦啦地飞。❹ 먼지나 눈, 가루 따위가 바람에 세차게 날리는 모양. ◆纷飞的样子，飞扬的样子，哗啦啦(飘动)。¶흰 눈이 펄펄 내리다. =大雪纷飞，白茫茫一片。❺ 불길이 세게 일어나는 모양. ◆熊熊。¶불이 펄펄 붙어 오르다. =大火熊熊燃烧的样子。

펄펄하다【형용사】形 ❶ 성질이 몹시 거세고 급하다. ◆急躁，暴躁。¶그는 성질이 펄펄하다. =他性子急躁。❷ 날 듯이 활발하고 매우 생기가 있다. ◆朝气蓬勃，生气勃勃。¶기운이 펄펄한 청년. =朝气蓬勃的青年。

펄프(pulp)【명사】기계적, 화학적 처리에 의하여 식물체의 섬유를 추출한 것. 섬유나 종이 따위의 원료로 쓴다. ◆图纸浆。

펌프(pump)【명사】압력을 통하여 액체, 기체를 빨아올리거나 이동시키는 기계. ◆图 泵。

펑【부사】副 ❶ 풍선이나 폭탄 따위가 갑자기 세게 터지거나 튀는 소리. ◆砰，嘣。¶폭죽이 펑 하고 터지다. =爆竹砰地炸开了。❷ 큰 구멍이 뚫리는 소리. 또는 그 모양. ◆凿出大孔的声音或样子。¶포격으로 구멍이 펑 뚫린 담벼락. =被炮炸出个大窟窿的墙壁。

펑크(puncture)【명사】图 ❶ 고무 튜브 따위에 구멍이 나서 터지는 일. 또는 그 구멍. ◆(橡胶管、轮胎等)爆裂。¶펑크를 때우다. =修补爆胎。❷ 의복이나 양말 따위가 해져서 구멍이 뚫리는 일. 또는 그 구멍. ◆(袜子、西服等)破洞。¶양말에 펑크가 나다. =袜子破了个洞。❸ 일이 중도에 틀어지거나 잘못되는 일. ◆半途而废。¶일이 엉뚱한 데서 펑크가 났다. =事情在意想不到的环节半途而废了。❹ 낙제에 해당하는 학점을 받음을 이르는 말. ◆挂科，没通过，不及格。¶그 과목은 저번 학기에도 펑크를 냈던 과목이다. =那是上学期挂过科的课程。

펑퍼짐하다【형용사】둥그스름하고 펀펀하게 옆으로 퍼져 있다. ◆形宽阔，又圆又宽。

펑펑¹【부사】副 ❶ 풍선이나 폭탄 따위가 갑자기 잇따라 요란스럽게 터지는 소리. ◆砰砰(气球、炮弹等突然爆裂的声音)。¶고무풍선이 펑펑 터지다. =气球砰砰地破了。❷ 큰 구멍이 잇따라 뚫리는 소리. 또는 그 모양. ◆凿出大孔的声音或样子。¶구멍을 펑펑 뚫다. =破了个窟窿。❸ 크고 탄력 있는 물건을 잇따라 두드리는 소리. 또는 그 모양. ◆嘭嘭(锤打有弹性物体的声音)。❹ 물건이 갑자기 잇따라 크게 튀는 소리. 또는 그 모양. ◆砰砰。¶아이들은 조그만 쌀 알갱이들이 그 기계에만 들어갔다 나오면 펑펑 커져 나오는 것이 신기한 모양이었다. =孩子们看到，小小的米粒只要放进机器里就能砰砰地变大，觉得非常神奇。

펑펑²【부사】副 ❶ 액체 따위가 약간 넓은 구멍으로 세차게 쏟아져 나오는 소리. 또는 그 모양. ◆哗哗。¶눈물을 펑펑 쏟다. =眼泪哗哗地流。❷ 눈이나 물 따위가 세차게 많이 쏟아져 내리거나 솟는 모양. ◆纷纷，哗哗。¶눈이 펑펑 내리다. =大雪纷飞。❸ 돈이나 물 따위를 헤프게 마구 쓰는 모양. ◆(时间、钱财等)挥霍的样子。¶돈을 물 쓰듯 펑펑 쓰다. =花钱如流水。❹ 거짓말이나 흰소리를 함부로 하는 모양. ◆谎话、空话等连篇。¶흰소리만 펑펑 늘어놓다. =大话连篇。

페널티킥(penalty kick)【명사】图 ❶ 축구에서, 페널티 에어리어 안에서 수비수가 직접 프리 킥에 해당하는 반칙을 하였을 때에, 공격 측이 얻는 킥.

◆ (足球)点球。❷ 럭비풋볼에서, 경기자가 반칙을 하였을 때에 상대편이 그 자리에 공을 놓고 자유로이 차게 하는 일. ◆ (橄榄球)罚球。

페놀프탈레인(phenolphthalein)【명사】 페놀과 무수 프탈산을 축합시켜 만든 흰 고체. 산성과 중성에는 무색, 염기성에는 붉은색을 나타내며, 지시약·염색·의약 따위에 쓴다. ◆ 图 酚酞(一种化学试剂)。

페니실린(penicillin)【명사】 푸른곰팡이를 배양하여 얻은 항생 물질. ◆图 青霉素, 盘尼西林。

페달(pedal)【명사】 발로 밟거나 눌러서 기계류를 작동시키는 부품. 자전거의 발걸이나 재봉틀의 발판 따위를 이른다. ◆ 图踏板, 脚踏板。¶자전거 페달을 밟다. =踩自行车踏板。

페루(Peru)【명사】 남아메리카 서북부 태평양 연안에 있는 공화국. ◆图秘鲁。

페르시아제국(Persia帝國)【명사】 기원전 559년에 키루스 2세가 현재의 이란 땅에 세운 나라. 다리우스 1세 때 전성기를 이루었으나, 마케도니아에게 멸망하였다. ◆图 波斯帝国。

페스트(pest)【명사】 페스트균이 일으키는 급성 전염병. 오한, 고열, 두통에 이어 권태, 현기증이 일어나며 의식이 흐려지게 되어 죽는다. ◆图 鼠疫, 黑死病。

페스티벌(festival)【명사】 축하하여 벌이는 큰 규모의 행사. ◆图庆典, 节日, 庆祝活动。¶국제 무용 페스티벌. =国际舞蹈节。

페어플레이(fair play)【명사】 图 ❶ 정정당당한 승부. ◆ 公平的比赛, 光明正大的比赛。¶선수들은 승리에 집착한 나머지 페어플레이 정신을 저버린 반칙 행위를 일삼았다. =运动员们求胜心切, 做出了违反公平比赛精神的犯规行为。❷ 운동 경기에서, 멋진 묘기를 이르는 말. ◆漂亮的动作, 漂亮的表演。

페이지(page)【명사】 图 쪽. 책이나 장부 따위의 한쪽 면(面). ◆ 页, 面。¶페이지를 넘기다. =翻页。

페인트(paint)【명사】 안료를 전색제(展色劑)와 섞어서 만든 도료를 통틀어 이르는 말. ◆图 油漆, 涂料。¶페인트를 칠하다. =刷油漆。

페인트모션(feint motion)【명사】 운동경기에서 상대 경기자의 판단을 흐리게 하기 위한 속임수 동작. ◆图 假动作。

페인트칠(paint漆)【명사】 페인트를 바르는 일. 또는 그런 칠. ◆图刷油漆, 上涂料。¶벽이 온통 흰색으로 페인트칠이 되어 있다. =墙壁全都刷成了白色。

페트병(PET甁)【명사】 음료를 담는 일회용 병. 폴리에틸렌을 원료로 하여 만든 것으로, 가볍고 깨지지 않는 특성이 있다. ◆图聚酯瓶。¶콜라 페트병. =可乐瓶。

펜(pen)【명사】 图 ❶ 펜촉에 펜대를 끼워서 글씨를 쓰는 기구의 하나. ◆ 笔, 钢笔。¶펜을 놓다. =放下笔。❷ 펜촉. ◆笔尖。❸ 문필 활동을 비유적으로 이르는 말. ◆〈喻〉文笔, 写作。

펜션(pension)【명사】 민박의 가정적 분위기와 호텔의 편의성을 갖춘 소규모의 고급 숙박 시설. ◆图膳宿公寓, 家庭旅馆(提供住宿和膳食的旅馆或公寓)。¶우리는 바닷가 펜션에서 휴가를 즐겼다. =我们在海边的家庭旅馆里愉快地度过了假期。

펜싱(fencing)【명사】 철망으로 된 마스크를 쓰고 가늘고 긴 검으로 상대방을 찌르거나 베는 방법으로 점수를 얻어 승부를 겨루는 경기. ◆图 击剑。

펜치(pincers)【명사】 손에 쥐고 철사를 끊거나 구부리거나 하는 데에 쓰는 공작 도구. ◆图 钳子, 老虎钳。

펜팔(pen pal)【명사】 편지를 주고받으며 사귀는 벗. ◆图笔友。¶그와 나는 펜팔 친구이다. =我和他是笔友。● 펜팔하다(pen pal--) ●

펭귄(penguin)【명사】 펭귄과의 황제펭귄, 아델리펭귄, 수염펭귄, 로열펭귄, 갈라파고스펭귄 따위를 통틀어 이르는 말. ◆图 企鹅。

펴내다【동사】 개킨 것을 넓게 하여 내놓다. ◆ 动铺展, 展开。

펴낸이【명사】 발행인.출판물을 발행하는 사람. ◆图发行人。

펴다【동사】 动 ❶ 접히거나 개킨 것을 젖히어 벌리다. ◆ 铺开, 展开, 撑开。¶날개를 펴다. =展开翅膀。❷ 구김이나 주름 따위를 없애어 반반하게 하다. ◆ 弄平, 熨平, 舒展, 伸直。¶얼굴의 주름살을 펴다. =舒展脸上的皱纹。❸ 굽은 것을 곧게 하다. 또는 움츠리거나 구부리거나 오므라든 것을 벌리다. ◆ 伸开, 伸直, 伸展, 舒展。¶주먹을 펴다. =松开拳头。❹ 생각, 감정, 기세 따위를 얽매임 없이 자유롭게 표현하거나 주장하다. ◆ 放开, 展开, 抒发。¶꿈을 펴다. =放飞梦想。❺ 넓게 늘어놓거나 골고루 헤쳐 놓다. ◆ 铺, 摊, 铺开。¶마당에 돗자리를 펴다. =在院子里铺凉席。❻ 세력이나 작전, 정책 따위를 벌이거나 그 범위를 넓히다. ◆ 扩展, 扩大, 扩充。¶세력을 펴다. =扩充势力。

펴지다【동사】 动 ❶ 접히거나 개킨 것이 젖혀져 벌어지게 되다. ◆ 打开, 展开。¶우산이 펴지다. =雨伞打开。❷ 구김이나 주름 등이 없어져 반듯하게 되다. ◆ 弄平, 舒展。❸ 굽은 것이 곧게 되다. 또는 움츠리거나 오므라든 것이 벌어지게 되다. ◆ 伸开, 伸直, 伸展。❹ 순조롭지 못한 일이 나아지다. ◆ 好转。¶형편이 다시 펴질 날을 기다린다. =等着生活好转的一天。

편[1](便)【의존 명사】 依名 ❶ 쪽. 방향을 가리키는 말. ◆ 方, 面, 边, 方向。¶바람이 부는 편으로 돌아서다. =转向风吹的方向。❷ 사물을 몇 개로 나누어 생각했을 때의 한쪽. ◆ 某种做法, 某种行为。¶어차피 갈 바에야 일찍 가는 편이 낫다. =反正是要去, 还是早点去好。❸ 대체로 어떤 부류에 속함을 나타내는 말. ◆ 属于, 算是。¶사고가 뜸한 편이다. =事故算少的。

편[2](篇)【의존 명사】 依名 ❶ 형식이나 내용, 성질 따위가 다른 글을 구별하여 나타내는 말. ◆ 篇。¶기초 편. =基础篇。❷ 책이나 영화, 시 따위를 세는 단위. ◆ 量篇，首。¶시 한 편. =一首诗。❸ 책의 내용을 일정한 단락으로 크게 나눈 한 부분을 나타내는 말.◆ 篇。¶제5편. =第五篇。

편[3](便) 【명사】 여러 패로 나누었을 때 그 하나 하나의 쪽. ◆ 名边，派，方，帮，伙。¶편을 가르다. =分派。

편[4](便) 【의존 명사】 사람이 오고 가거나 물건을 부쳐 보내는 데 이용하는 기회나 수단. ◆ 依名搭乘，顺便。¶자동차 편. =搭乘汽车。

편견(偏見) 【명사】 공정하지 못하고 한쪽으로 치우친 생각. ◆ 名偏见。¶편견을 가지다. =怀有偏见。

편경(編磬) 【명사】 아악기의 하나로, 두 층의 걸이가 있는 틀에 한 층마다 두께에 따라 서로 다른 여덟 개씩의 경쇠를 매어 달고 치는 타악기. ◆ 名 编磬。

편곡(編曲) 【명사】 지어 놓은 곡을 다른 형식으로 바꾸어 꾸미거나 다른 악기를 쓰도록 하여 연주 효과를 달리하는 일. 또는 그렇게 만든 곡. ◆ 名 编曲，改编乐曲。¶서양음악을 민족음악으로 편곡하다. =把西方音乐改编为民族音乐。● 편곡되다(編曲--), 편곡하다(編曲--) ●

편달(鞭撻) 【명사】 名 ❶ 채찍으로 때림. ◆ 鞭打。❷ 종아리나 볼기를 침. ◆ 鞭笞，鞭挞。❸ 경계하고 격려함. ◆ 鞭策。¶애정 어린 지도와 편달을 간곡히 부탁드립니다. =恳请您给予热心的指导和鞭策。

편대(編隊) 【명사】 名 ❶ 비행기 부대 구성 단위의 하나. 2~4대의 비행기로 이루어진다. ◆ 空军飞行编队。❷ 비행기 따위가 짝을 지어 대형을 갖추는 일. 또는 그 대형. ◆ 编队。¶편대비행. =编队飞行。

편도(片道) 【명사】 名 ❶ 가고 오는 길 가운데 어느 한쪽. 또는 그 길. ◆ 单程。¶편도 승차권. =单程车票。❷ 일방적으로만 함. ◆ 单方面。

편도선(扁桃腺) 【명사】 '편도샘'의 전 용어. ◆ 名 扁桃腺。¶감기다 싶으면 먼저 편도선이 부어 무척이나 고통스럽다. =要感冒的时候，先是扁桃体肿大，非常疼痛。

편도선염(扁桃腺炎) 【명사】 '편도염(편도에 생기는 염증)'의 전 용어. ◆ 名 扁桃腺炎。

편두통(偏頭痛) 【명사】 갑자기 일어나는 발작성의 두통. ◆ 名 偏头痛。

편들다(便--) 【동사】 어떤 편을 돕거나 두둔하다. ◆ 动偏向，偏袒，袒护。¶할머니는 항상 손자만 편드신다. =奶奶经常偏袒孙子。

편력(遍歷) 【명사】 名 이곳저곳을 널리 돌아다님. ◆ 踏遍，遍游。¶그는 벼슬을 버리고 전국을 편력하면서 여생을 보냈다. =他辞去官职遍游全国，度过了余生。● 편력하다(遍歷--) ●

편리(便利) 【명사】 편하고 이로우며 이용하기 쉬움. ◆ 名便利，方便。¶다양한 가전제품으로 생활이 편리하게 되었다. =各种各样的家电产品方便了生活。● 편리하다(便利--) ●

편리성(便利性) 【명사】 편리하고 이용하기 좋은 특성. ◆ 名便利性。¶수송의 편리성 때문에 철로를 건설한다. =为了运输方便而建设铁路。

편마암(片麻巖) 【명사】 반드시 장석을 포함하고, 석영·운모·각섬석 따위로 이루어진 변성암. ◆ 名 片麻岩。

편물(編物) 【명사】 名 ❶ '뜨개질'을 전문적으로 이르는 말. ◆ "뜨개질(编织)" 的专业用语。❷ 뜨개질하여 만든 옷이나 소품. ◆ 编织物，编织品。

편법(便法) 【명사】 정상적인 절차를 따르지 않은 간편하고 손쉬운 방법. ◆ 名捷径，简便方法。¶편법 운영으로 임시 영업정지를 당하다. =由于没按规章经营，被暂停营业。

편벽되다(偏僻--) 【형용사】 한쪽으로 치우쳐 공평하지 못하다. ◆ 形偏向，偏颇，不公正。¶심판의 편벽된 판정으로 금메달을 놓쳤다. =由于裁判的不公正判决，错失了金牌。

편벽하다(偏僻-) 【형용사】 생각 따위가 한쪽으로 치우쳐 있다. 또는 정상에서 벗어날 정도로 지나치다. ◆ 形偏向，偏颇，不公正。

편서풍(偏西風) 【명사】 위도 30~65도 사이의 중위도 지방에서 일 년 내내 서쪽으로 치우쳐 부는 바람. ◆ 名 偏西风。

편성(編成) 【명사】 名 ❶ 엮어 모아서 책. 신문. 영화 따위를 만듦. ◆ 编，编辑，编排。¶프로그램의 편성. =编程。❷ 예산. 조직. 대오 따위를 짜서 이룸. ◆ 编成，组建。¶예비군 편성. =组建预备军。● 편성되다(編成--), 편성하다(編成--) ●

편승(便乘) 【명사】 名 ❶ 남이 타고 가는 차편을 얻어 탐. ◆ 搭乘。❷ 세태나 남의 세력을 이용하여 자신의 이익을 거둠을 비유적으로 이르는 말. ◆ 趁，乘机，借机，借助于。● 편승하다(便乘--) ●

편식(偏食) 【명사】 어떤 특정한 음식만을 가려서 즐겨 먹음. ◆ 名偏食，挑食。¶편식이 허약체질을 만든다. =偏食会造成体质虚弱。● 편식하다(偏食--) ●

편싸움(便--) 【명사】 편을 갈라서 하는 싸움. ◆ 名打群架。¶편싸움을 벌이다. =打群架。

편안(便安) 【명사】 편하고 걱정 없이 좋음. ◆ 名舒服，舒适，平安。¶그는 일신의 편안만을 생각한다. =他想要的只是一己之安。● 편안하다(便安--), 편안히(便安-) ●

편애(偏愛) 【명사】 어느 한 사람이나 한쪽만을 치우치게 사랑함. ◆ 名偏爱，偏心。¶편애가 심하다. =非常偏心。● 편애하다(偏愛--) ●

편의(便宜) 【명사】 형편이나 조건 따위가 편하고 좋음. ◆ 名方便，便利。¶편의를 도모하다. =图个方便。

편의점(便宜店) 【명사】 고객의 편의를 위하여 24시간 문을 여는 잡화점. 주로 일용 잡화, 식료품 따위를 취급한다. ◆ 名便利店。

편익(便益) 【명사】 편리하고 유익함. ◆ 名便利，方便。¶편익을 제공하다. =提供便利。

편입(編入) 【명사】 名 ❶ 이미 짜인 한 동아리나 대열 따위에 끼어 들어감. ◆ 插班。¶고등학교 편입 시험. =高中插班考试。❷ 엮거나 짜 넣음. ◆ 编入。● 편입되다(編入--), 편입시키다(編入---), 편입하다(編入--) ●

편자 【명사】 名 ❶ 말굽에 대어 붙이는 'U' 자 모양의 쇳조각. ◆ 马掌，马蹄铁。¶말굽에 편자를 대어 붙이다. =钉马掌。❷ 망건편자. ◆ 网巾带子。

편저(編著)【명사】편집하여 저술함. ◆名编著。

편종(編鐘)【명사】아악기의 하나로, 두 층의 걸이가 있는 틀에 12율의 순서로 조율된 종을 한 단에 여덟 개씩 달아 망치로 치는 타악기. ◆名 编钟。

편중(偏重)【명사】한쪽으로 치우침. ◆ 名偏重，侧重，不均。¶부의 편중이 심각하다는 지적이다. =指出贫富不均现象严重。● 편중되다(偏重--), 편중하다(偏重--) ●

편지(便紙/片紙)【명사】안부, 소식, 용무 따위를 적어 보내는 글. ◆名信，书信，信函。¶어머니께 편지를 올리다. =给母亲写信。

편지봉투(便紙封套)【명사】편지지를 넣어 봉하여 보내는데 쓰는 종이 주머니. ◆名信封。

편지지(便紙紙)【명사】편지를 쓰는 종이. ◆ 名信纸，信笺。

편지하다(便紙--/片紙--)【동사】(…에/에게,…으로) 편지를 보내다. ◆动写信。¶시골에 계신 부모님께 매달 편지하는 것 잊지 마라. =不要忘记每个月给乡下的父母写信。

편지함(便紙函)【명사】편지를 넣어 두는 함. ◆ 名信箱，邮箱。¶기다리는 편지가 있어 나는 편지함을 자꾸 확인해 보았다. =由于在等信，我不时地查看信箱。

편집(編輯)【명사】일정한 방침 아래 여러 가지 재료를 모아 신문, 잡지, 책 따위를 만드는 일. 또는 영화 필름이나 녹음 테이프, 문서 따위를 하나의 작품으로 완성하는 일. ◆ 名编辑。¶잡지 편집. =编辑杂志。● 편집되다(編輯--), 편집하다(編輯--) ●

편집부【명사】편집에 관한 모든 일을 맡아보는 부서. ◆名编辑部。

편찬(編纂)【명사】여러 가지 자료를 모아 체계적으로 정리하여 책을 만듦. ◆名编，编纂，编修。¶사전 편찬. =词典编纂。● 편찬되다(編纂--), 편찬하다(編纂--) ●

편찮다【형용사】몸이나 마음이 거북하거나 괴롭다. ◆形不舒服，不舒适。¶잠자리가 편찮다. =床铺不舒适。

편파(偏頗)【명사】공정하지 못하고 어느 한쪽으로 치우쳐 있음. ◆ 名偏颇，不公正。¶편파 보도. =偏颇的报道。● 편파적 ●

편평하다(扁平--)【형용사】넓고 평평하다. ◆形扁平，平坦。

편하다(便--)【형용사】形 ❶ 몸이나 마음이 거북하거나 괴롭지 아니하여 좋다. ◆ 舒服，舒适。¶편하게 앉아라. =坐得舒服点。❷ 근심 걱정이 없다. ◆舒心，舒畅，舒坦。¶마음이 편하다. =舒心。

편협(偏狹/褊狹)【명사】한쪽으로 치우쳐 도량이 좁고 너그럽지 못함. ◆名狭隘，度量小。¶편협에 빠지다. =陷入偏狭。● 편협하다(偏狹/褊狹--) ●

편히(便-)【부사】몸이나 마음이 거북하거나 괴롭지 아니하여 좋게. ◆ 副舒服地，舒适地，随便地。¶편히 쉬십시오. =好好休息吧。

펼쳐지다【동사】动 ❶ 펴져서 드러나다. ◆ 展开，翻开，打开，铺开。¶좌우에 펼쳐진 논과 밭. =向两侧延展的水田和旱田。❷ 접히거나 개킨 것이 널찍하게 펴지다. ◆ 展开，打开，张开，伸展。¶우산이 펼쳐지다. =打开雨伞。❸ 보고 듣거나 감상할 수 있도록 사람들 앞에 주의를 끌 만한 상태로 나타내어지다. ◆ 展开，展示，展现。¶매스 게임이 화려하게 펼쳐졌다. =展示华丽的团体操。

펼치다【동사】动 ❶ 펴서 드러내다. ◆ 展开，翻开，打开，铺开。¶책을 펼치다. =翻开书。❷ 접히거나 개킨 것을 널찍하게 펴다. ◆ 展开，打开，张开，伸展。¶부채를 펼치다. =打开扇子。❸ 보고 듣거나 감상할 수 있도록 사람들 앞에 주의를 끌 만한 상태로 나타내다 ◆ 展开，展示，展现。¶아이스 발레단이 펼치는 환상적인 무대. =冰上芭蕾舞团展现的梦幻般的舞台。❹ 생각, 꿈, 계획 따위를 실현하다. ◆ 实现。¶꿈을 펼치다. =实现梦想。

폄하하다(貶下--)【동사】가치를 깎아내리다. ◆动贬，贬低。

평[1](坪)【의존 명사】땅 넓이의 단위. 한 평은 3.3058㎡에 해당함. ◆ 依名坪(土地面积单位，一坪相当于3.3058平方米)。¶땅 한 평도 없는 그는 자수성가해서 큰 부자가 되었지. =脚无寸土的他白手起家成了大富豪。

평[2](評)【명사】좋고 나쁨, 잘하고 못함, 옳고 그름 따위를 평가함. 또는 그런 말. ◆名评价；评语。¶그는 평이 좋다. =他受到好评。

평가(評價)【명사】물건값을 헤아려 매김. 또는 그 값. ◆ 名评价，估价。¶평가절하. =贬值。● 평가되다(評價--), 평가하다(評價--) ●

평결(評決)【명사】평론하거나 평가하여 결정함. 또는 그런 내용.◆ 名评定。● 평결되다(評決--), 평결하다(評決--) ●

평균(平均)【명사】여러 사물의 질이나 양 따위를 통일적으로 고르게 한 것. ◆名平均，均等。¶월 평균 강수량. =月平均降水量。● 평균하다(平均--) ●

평균대(平均臺)【명사】❶ 기계 체조에 쓰는 기구. 높이 1.2미터, 길이 5미터, 폭 10cm의 나무로 만든 대(臺)이다. ◆ 名平衡木。❷ 평균대를 이용한 여자 체조 경기. 평균대 위에서 회전, 점프, 전향(轉向), 걷기 따위의 연기를 한다. ◆名平衡木项目。

평균치(平均値)【명사】평균(平均)(여러 수나 같은 종류의 양의 중간값을 갖는 수). ◆名平均值。

평년(平年)【명사】❶ 풍년도 흉년도 아닌 보통 수확을 올린 해. ◆ 名一般年景。¶올해는 평년작도 못 미치겠어. =今年的收成，不如常年。❷ 윤년이 아닌 해. 1년이 365일인 해. ◆名 平年。

평년작(平年作)【명사】풍작도 흉작도 아닌 보통 정도로 된 농사. 지난 5년 가운데 수확량이 가장 높았던 해와 가장 낮았던 해를 뺀, 나머지 3년간의 평균 수확량. ◆ 名 一般年景收成。¶올해는 평년작을 훨씬 넘는 풍작이다. =今年的收成远远超过一般年景。

평등(平等)【명사】권리, 의무, 자격 등이 차별 없이

고르고 한결같음. ◆图平等，同等。¶교육 기회의 평등. =教育机会的平等。● 평등하다(平等--) ●

평등권(平等權)【명사】图 ❶ 국제법에서, 각 국가가 차별 없이 평등한 권리와 의무를 가질 권리. ◆ (国际法中的)平等权。❷ 헌법에서, 각 국민이 법 앞에 평등하여 정치적. 경제적. 사회적 생활의 모든 면에서 차별을 받지 않는 기본권. ◆平等权。

평등주의(平等主義)【명사】모든 것에 차별을 두지 아니하는 태도. ◆图平等主义。¶그는 권위주의보다는 평등주의를 따르는 편이다. =他比较遵从平等主义，而不是权威主义。

평론(評論)【명사】사물의 가치, 우열, 선악 따위를 평가하여 논함. 또는 그런 글. ◆图评论。● 평론하다(評論--) ●

평면(平面)【명사】평평한 표면. ◆图平面。¶이 건물은 배수 시설을 하면서 바닥을 평면으로 처리해 물이 괸다. =这座建筑，在做排水设施时将底面处理成平面，造成了积水。

평면도(平面圖)【명사】图 ❶ 건물 따위의 평면 상태를 나타낸 도면. ◆平面图。❷ 물체를 바로 위에서 내려다본 그림. 투영 화법에서 평화면에 투영하여 얻은 그림이다.◆平面图。

평민(平民)【명사】图 ❶ 벼슬이 없는 일반인. ◆平民，百姓。❷ 특권 계급이 아닌 일반 시민. ◆平民，庶民。¶평민 출신. =平民出身。

평발(平-)【명사】발바닥에 오목 들어간 데가 없이 평평하게 된 발. ◆图平足，平底足。¶박지성은 평발을 극복하고 세계적인 선수가 되었다. =朴智星克服平足缺陷成为国际球星。

평방미터(平方)【의존 명사】'제곱미터'의 예전 용어. ◆依名 平方米("제곱미터"的旧称)。

평범하다(平凡--)【형용사】뛰어나거나 색다른 점이 없이 보통이다. ◆形平凡，平常，普通。● 평범히(平凡-) ●

평복(平服)【명사】图 ❶ 평상복. ◆便服，常服。¶왕은 평복을 하고 궐문을 나섰다. =国王身穿便服走出宫门。❷ 제복이나 관복이 아닌 보통의 옷. ◆便服，便装。¶당신은 평복보다 제복이 더 잘 어울려. =你穿制服比穿便服更合适。

평사원(平社員)【명사】지위가 높지 않고 특수한 직무나 직책을 맡고 있지 않은 보통의 사원. ◆图普通职员。¶회사는 불성실한 간부에 대해 보직을 박탈하고 평사원으로 발령을 내었다. =公司罢免了不诚实干部的职务，将其降为普通职员。

평상[1](平常)【명사】평상시특별한 일이 없는 보통 때. ◆图平常，平时，日常。¶평상의 기분을 회복하다. =恢复平时的心情。

평상[2](平牀/平床)【명사】나무로 만든 침상의 하나. 밖에다 내어 앉거나 드러누워 쉴 수 있도록 만든 것으로, 살평상과 널평상의 두 가지가 있다. ◆图 (木制)平板床。

평상복(平常服)【명사】평상시에 입는 옷. ◆图便服，便装。¶모임에 평상복 차림으로 오시면 됩니다. =可穿便装参加聚会。

평상시(平常時)【명사】특별한 일이 없는 보통 때. ◆图平常，平时，平日，日常。¶그는 일요일에도 평상시와 같이 일찍 일어난다. =他周日也像平时一样早起。

평생(平生)【명사】일생(一生)(세상에 태어나서 죽을 때까지의 동안). ◆图一生，终生，终身，一辈子。¶평생을 두고 잊지 못할 일. =终生难忘的事情。

평생토록(平生--)【부사】살아서 목숨이 다할 때까지. ◆副一生，终生，终身，一辈子。¶선생님의 은혜는 평생토록 잊을 수가 없을 것이다. =老师的恩惠终生难忘。

평서문(平敍文)【명사】화자가 사건의 내용을 객관적으로 진술하는 문장. 평서형 어미로 문장을 끝맺는데 '하얀 눈이 왔다.' 따위이다. ◆图 陈述句。

평소(平素)【명사】평상시. ◆图平常，平时，平日，往常。¶그는 평소보다 옷차림에 꽤 신경을 쓴 듯했다. =他在着装上好像比平时多下了一番功夫。

평시(平時)【명사】평상시(平常時)(특별한 일이 없는 보통 때). ◆图平时。¶그는 평시보다 일찍 학교에 도착하였다. =他比平时早到学校。

평시조(平時調)【명사】삼장 형식으로 이루어진 가장 기본적이고 대표적인 시조. ◆图平时调。

평신도(平信徒)【명사】교직(敎職)을 가지지 않은 일반 신자. ◆图 普通信徒。

평안[1](平安)【명사】걱정이나 탈이 없음. 또는 무사히 잘 있음. ◆图平安，安宁，平安无事。¶그 사건으로 인하여 나는 마음의 평안을 잃게 되었다. =那件事使我的内心不再安宁。● 평안하다(平安--), 평안히(平安-) ●

평안[2](平安)【명사】평안도(平安道). 평안남도와 평안북도를 통틀어 이르는 말. ◆图 平安道。

평야(平野)【명사】기복이 매우 작고, 지표면이 평평하고 너른 들. ◆图平原，原野。¶평야 지대. =平原地带。

평영(平泳)【명사】개구리처럼 물과 수평을 이루며, 두 발과 양팔을 오므렸다가 펴는 수영법. ◆图 蛙泳。

평온(平穩)【명사】조용하고 평안함. ◆图平稳，平静，安稳。¶평온을 유지하다. =保持平稳。● 평온하다(平穩--), 평온히(平穩-) ●

평원(平原)【명사】평평한 들판. ◆ 平原。¶고개를 넘자 그의 눈앞에는 드넓은 평원이 펼쳐졌다. =翻过山坡，他的眼前出现了一片宽阔的平原。

평의회(評議會)【명사】어떤 일을 평의하기 위한 모임. ◆图评议会。¶평의회를 조직하다. =组织评议会。

평이하다(平易--)【형용사】까다롭지 않고 쉽다. ◆形通俗，浅显易懂，通俗易懂。¶평이한 말로 하십시오. =请通俗地讲一下。

평일(平日)【명사】图 ❶ 평상시. 특별한 일이 없는 보통 때. ◆平常，平时，平日，往常。¶그들은 평일에는 채식위주의 식단을 마련했다. =他们平时准备了以素食为主的食谱。❷ 토요일, 일요일, 공휴일이 아닌 보통 날. ◆平日。¶이 가게는 평일보다 주말에 손님이 많다. =周末这家店的客人比平日多。

평작(平作)【명사】图❶ 평년작. 풍작도 흉작도 아닌 보통 정도로 된 농사. 지난 5년 가운데 수확량이 가장 높았던 해와 가장 낮았던 해를 뺀, 나머지 3년간의 평균 수확량이다. ◆常年收成。❷ 이랑을 평평하게 하여 이랑과 고랑의 높이를 같게 한 상태에서 씨를 뿌려 재배하는 방법. ◆无垄耕作。

평전(評傳)【명사】개인의 일생에 대하여 평론을 곁들여 적은 전기. ◆图评传。

평점(評點)【명사】图❶ 학력을 평가하여 매긴 점수. ◆评分。¶평점을 매기다. =打分。❷ 가치를 평하여 매긴 점수. ◆评分，分数，得分。¶이번 맞선에서 신랑측 평점이 조금 더 후했다. =这次相亲，男方的得分看起来更高一点。

평정[1](平定)【명사】图❶ 반란이나 소요를 누르고 평온하게 진정함. ◆平定，平息。¶반란 평정. =平定叛乱。❷ 적을 쳐서 자기에게 예속되게 함. ◆平定，平息，平叛。¶반란 평정에 공을 세운 신하에게 상을 내렸다. =奖赏平叛有功的大臣。● 평정되다(平定--), 평정하다(平定--) ●

평정[2](平靜)【명사】평안하고 고요함. 또는 그런 상태. ◆图平静，安静。¶마음의 평정을 얻다. =获得内心的平静。● 평정하다(平靜--) ●

평준화(平準化)【명사】수준이 서로 차이 나지 않게 됨. 또는 그렇게 함. ◆图平均化。¶고교 평준화. =高中教学水平平均化。● 평준화되다(平準化--), 평준화하다(平準化--) ●

평지(平地)【명사】바닥이 편편한 땅. ◆图平地。¶넓은 평지가 끝없이 펼쳐져 있다. =广阔的平原一望无际。

평지풍파(平地風波)【명사】國 평온한 자리에서 일어나는 풍파라는 뜻으로, 뜻밖에 분쟁이 일어남을 비유적으로 이르는 말. 당나라의 시인 유우석(劉禹錫)의 「죽지사」(竹枝詞)에 나오는 말이다. ◆图平地风波。¶평지풍파를 일으키다. =平地起风波。

평탄(平坦)【명사】图❶ 바닥이 평평함. ◆平，平坦。¶인생을 살다보면 평탄한 길만 있는 것이 아니다. =人生不只有坦途。❷ 마음이 편하고 고요함. ◆坦然，平静。❸ 일이 순조롭게 되어 나감. ◆顺利，一帆风顺。¶공사가 평탄하게 진행되었다. =工程顺利进行。● 평탄하다(平坦--) ●

평판(評判)【명사】图❶ 세상 사람들의 비평. ◆图评判，名声，口碑。¶그는 평판이 나쁘다. =他名声很差。❷ 비평하여 시비를 판정함. ◆评论，评价。¶이 작품은 평판이 좋다. =这部作品评价很高。

평평하다(平平--)【형용사】形❶ 바닥이 고르고 판판하다. ◆平，平坦，平整。¶평평한 땅바닥에 돗자리를 깔고 앉다. =把凉席铺在平整的地上坐上去。❷ 예사롭고 평범하다. ◆平凡，平平常常。

평하다(評--)【동사】좋고 나쁨, 잘하고 못함, 옳고 그름 따위를 평가하다. ◆动评论，评价。

평행(平行)【명사】图❶ 나란히 감. ◆并行，齐头并进。¶철로와 도로가 평행으로 달리고 있었다. =铁路与公路并行。❷ 두 개의 직선이나 두 개의 평면 또는 직선과 평면이 나란히 있어 아무리 연장하여도 서로 만나지 않음. 또는 그런 상태. ◆平行。● 평행하다(平行--) ●

평행봉(平行棒)【명사】图❶ 기계 체조에 쓰는 기구. 기둥 위에 두 개의 횡목을 42cm 간격을 두고 평행하게 부착하여 높이 1.6미터, 길이 3.5미터로 만든다. ◆双杠。❷ 평행봉을 이용한 남자 체조 경기 종목. ◆双杠项目。

평행사변형(平行四邊形)【명사】서로 마주 대하는 두 쌍의 변이 각각 평행인 사각형. ◆图 平行四边形。

평행선(平行線)【명사】图❶ 같은 평면 위에 있는 둘 이상의 평행한 직선. ◆平行线。❷ 대립하는 양자의 주장 따위가 서로 합의 없이 그 상태를 유지하는 것을 비유적으로 이르는 말. ◆〈喻〉平行线(比喻双方的主张等保持完全对立的状态)。¶여야의 주장이 평행선을 달린다. =执政党和在野党的主张就像两条永不相交的平行线。

평형(平衡)【명사】图 ❶ 사물이 한쪽으로 기울지 않고 안정해 있음. ◆平衡，均衡。¶힘의 평형이 깨지다. =力量均衡被打破。❷ 물체 사이에 서로 작용하는 힘과 회전력의 크기가 전혀 없음. 또는 그런 상태. ◆(力的)平衡，静止。

평화(平和)【명사】图❶ 평온하고 화목함. ◆和睦，安宁。¶가정의 평화를 깨뜨리다. =破坏家庭和睦。❷ 전쟁, 분쟁 또는 일체의 갈등이 없이 평온함. 또는 그런 상태. ◆和平。¶인류의 평화를 갈망하다. =渴望人类和平。

평화롭다(平和--)【형용사】평온하고 화목한 듯하다. ◆形和睦，安宁，平和。¶평화로운 전원의 풍경. =安宁的田园风光。

폐[1](弊)【명사】图❶ 남에게 끼치는 신세나 괴로움. ◆麻烦，打扰，打搅。¶폐를 끼치다. =添麻烦。❷ 폐단(弊端)(어떤 일이나 행동에서 나타나는 옳지 못한 경향이나 해로운 현상). ◆弊端，弊病。¶그는 종파의 폐를 냉혹히 지적하고 이를 비난하였다. =他无情地指出了宗派的弊病，并对其进行谴责。

폐[2](肺)【명사】허파(가슴안의 양쪽에 있는, 원뿔을 반 자른 것과 비슷한 모양의 호흡을 하는 기관). ◆图 肺，肺脏。

폐[3]-(廢)【접사】'못 쓰게 된', '이미 써 버린'의 뜻을 더하는 접두사. ◆前缀（用于自谦）敝。¶폐사. =敝社。

폐가(廢家)【명사】图 버려두어 낡아 빠진 집. ◆废屋，废宅。¶수몰지역에 남겨진 폐가가 괴괴한 분위기를 자아냈다. =遗留在被淹地区的废屋造成了一种寂静的氛围。

폐간(廢刊)【명사】신문, 잡지 따위의 간행을 폐지함. ◆图停刊。¶재정난으로 우리 잡지의 폐간을 결정할 수밖에 없습니다. =因为财政困难，所以只得决定停办我们的杂志。● 폐간되다(廢刊--), 폐간하다(廢刊--) ●

폐간시키다(廢刊---)【동사】신문이나 잡지 등의 간행을 하지 못하게 하다. ◆ 动使停刊。

폐건전지(廢乾電池) 【명사】 못 쓰게 되어서 버리는 건전지. ◆ 图废电池。¶환경 보호를 위해 폐건전지를 수거해야 한다. =为了保护环境，应当收回废电池。

폐결핵(肺結核) 【명사】 폐에 결핵균이 침입하여 생기는 만성 전염병. ◆ 图 肺结核，〈又称〉痨病，肺痨。

폐경(閉經) 【명사】 여성의 월경이 없어짐. 또는 그런 상태. ◆ 图闭经。¶폐경 이후 여성 골밀도는 급격히 감소해 골다공증에 걸릴 위험이 높아진다. =绝经之后，女性的骨密度迅速下降，患上骨质疏松症的危险有所增加。

폐관(閉館) 【명사】 일정 시간에 도서관, 박물관, 영화관 따위의 문을 닫음. ◆ 图闭馆。¶폐관 이후에 찾아오신 분은 이 시설에 입장하실 수 없습니다. =闭馆后来的客人不能进入本设施。

폐광(廢鑛) 【명사】 광산에서 광물을 캐내는 일을 중지함. 또는 그 광산. ◆ 图废矿。¶폐광에서 나오는 침출수가 수질을 오염시키고 있다. =废矿里渗出的水正在污染水质。

폐교(廢校) 【명사】 학교의 운영을 폐지함. 또는 그렇게 된 학교. ◆ 图停办学校，关闭学校。¶이 마을에 있던 소규모 학교는 도교육청에 의해서 폐교가 결정되었다. =这个村里的小规模学校被教育厅下令关闭了。● 폐교하다(廢校--) ●

폐기(廢棄) 【명사】 图 ❶ 못 쓰게 된 것을 버림. ◆ 废弃，报废。¶폐기 잠수함. =废潜水艇。❷ 조약, 법령, 약속 따위를 무효로 함. ◆ 废除。¶계약의 폐기. =合同的废除。● 폐기되다(廢棄--), 폐기하다(廢棄--) ●

폐기물(廢棄物) 【명사】 못 쓰게 되어 버리는 물건. ◆ 图垃圾，废弃物。¶음식 폐기물은 지정된 용기에 담아 처리해야 한다. =餐饮垃圾应该放至指定容器内进行处理。

폐단(弊端) 【명사】 어떤 일이나 행동에서 나타나는 옳지 못한 경향이나 해로운 현상. ◆ 图弊端，弊病。¶폐단이 생기다. =产生弊端。

폐디스토마(肺) 【명사】 폐흡충. 폐흡충과의 편형동물. ◆ 图 肺吸虫，卫氏并殖吸虫。

폐렴(肺炎) 【명사】 폐에 생기는 염증. 폐렴 쌍구균, 바이러스, 미코플라스마 따위가 감염되어 일어나며 화학 물질이나 알레르기로 말미암아 일어나기도 한다. ◆ 肺炎。

폐막(閉幕) 【명사】 막을 내린다는 뜻으로, 연극. 음악회나 행사 따위가 끝남. 또는 그것을 끝냄. ◆ 图闭幕。¶영화제 폐막. =电影节闭幕。● 폐막되다(閉幕--), 폐막하다(閉幕--) ●

폐막식(閉幕式) 【명사】 일정 기간 동안 행사를 치르고 난 뒤 그것을 끝맺기 위하여 맨 마지막으로 하는 행사. ◆ 图闭幕式。¶올림픽 폐막식. =奥运会闭幕式。

폐물(廢物) 【명사】 图 ❶ 못 쓰게 된 물건. ◆ 废物，废品。¶폐물 처리. =废品处理。❷ 아무 쓸모 없이 되어 버린 사람을 비유적으로 이르는 말. ◆ 〈喻〉废物，无用之人。¶인간 폐물. =无用之人。

폐백(幣帛) 【명사】 图 ❶ 신부가 처음으로 시부모를 뵐 때 큰절을 하고 올리는 물건. 주로 대추나 포 따위를 이른다. ◆ 新娘初次见公婆时呈送的礼品。¶폐백을 드리다. =新娘奉上给公婆的见面礼。❷ 혼인 전에 신랑이 신부 집에 보내는 예물. ◆ 聘礼，彩礼。❸ 윗사람이나 점잖은 사람을 만나러 갈 때 가지고 가는 선물. ◆ 图礼物，礼品，见面礼。

폐병(肺病) 【명사】 图 ❶ '폐결핵(肺結核)'을 일상적으로 이르는 말. ◆ 肺结核，痨病，肺痨。¶폐병 환자. =肺结核患者。❷ 폐에 관한 질병을 통틀어 이르는 말. ◆ 图 肺病。

폐쇄(閉鎖) 【명사】 图 ❶ 문 따위를 닫아걸거나 막아 버림. ◆ 关闭，封闭，堵塞，封锁。¶출입구 폐쇄. =出入口关闭。❷ 기관이나 시설을 없애거나 기능을 정지함. ◆ 关闭。¶재정난으로 럭비부를 폐쇄하다. =因财政困难而关闭橄榄球部。❸ 외부와의 문화적, 정신적인 교류를 끊거나 막음. ◆ 封闭，闭关自守。● 폐쇄되다(閉鎖--), 폐쇄하다(閉鎖--) ●

폐쇄시키다(閉鎖---) 【동사】 动 ❶ 닫거나 막아 버리다. ◆ 关闭，封闭，堵塞。¶문호를 폐쇄시키다. =闭关。❷ 외부와의 교류를 끊게 하다. ◆ 封闭。

폐수(廢水) 【명사】 공장이나 광산 등지에서 쓰고 난 뒤에 버리는 물. ◆ 图废水，污水。¶폐광에서 흘러내린 폐수로 수질이 크게 오염되고 있다. =水质因废矿里流出的污水受到严重污染。

폐습(弊習) 【명사】 나쁜 버릇. ◆ 图恶习，坏习惯。¶폐습을 고치다. =改正恶习。

폐암(肺癌) 【명사】 폐에 생기는 암. ◆ 图 肺癌。

폐업(廢業) 【명사】 직업이나 영업을 그만둠. ◆ 图停业。¶폐업 신고. =停业申请。● 폐업하다(廢業--) ●

폐인(廢人) 【명사】 图 ❶ 병 따위로 몸을 망친 사람. ◆ 废人，残废，残疾人。¶얼마나 많은 사람이 이 독한 약으로 말미암아 스스로 목숨을 끊고 혹은 폐인이 되었을 것인가. =有多少人因为这种毒药而毁掉了生命或是成为废人！❷ 쓸모없이 된 사람. ◆ 废物，无用之人。¶그는 폐인이 되어 고향으로 돌아왔다. =他成了无用之人，回了老家。

폐자원(廢資源) 【명사】 쓰고 난 자원. ◆ 图废旧资源。¶폐자원 수집. =废旧资源回收。

폐장(閉場) 【명사】 극장이나 시장, 해수욕장 따위의 영업이 끝남. 또는 영업을 끝냄. ◆ 图 (剧场、会场、市场等)关门，关闭，清场。¶폐장 시간. =关门时间。● 폐장되다(閉場--), 폐장하다(閉場--) ●

폐점(閉店) 【명사】 图 ❶ 폐업이나 도산 따위로 가게가 더 이상 운영되지 않음. ◆ 停业，关门。¶폐점되었던 호텔이 다시 문을 열었다. =曾经停业的宾馆又开门了。❷ 가게의 하루 영업이 끝남. ◆ 关门，打烊。¶이 서점의 폐점 시간은 23시이다. =这个书店打烊的时间是23点。● 폐점되다(閉店--), 폐점하다(閉店--) ●

폐지[1](廢止) 【명사】 실시하여 오던 제도나 법규, 일 따위를 그만두거나 없앰. ◆ 图废除，撤销，取消。

¶통금 폐지. =取消禁行。● 폐지되다(廢止--), 폐지하다(廢止--) ●

폐지²(廢紙)【명사】쓰고 버린 종이. ◆ 图废纸。¶폐지를 재활용하다. =废纸再利用。

폐차(廢車)【명사】낡거나 못 쓰게 된 차를 없앰. 또는 그 차. ◆ 图废车，报废车。● 폐차되다(廢車--), 폐차하다(廢車--) ●

폐품(廢品)【명사】못 쓰게 되어 버린 물품. ◆ 图废品，破烂儿。¶폐품 수집. =收废品。

폐하(陛下)【명사】황제나 황후에 대한 경칭. ◆ 图陛下。¶폐하 성은이 망극하옵니다. =陛下圣恩浩荡。

폐하다(廢--)【동사】动 ❶ 있던 제도·법규·기관 등을 치워 없애다. ◆ 废除。¶의례상(儀禮上)의 허례허식을 폐하다. =废除礼仪上的繁文缛节。❷ 사람을 어떤 지위에서 몰아내다. ◆ 废黜。¶왕을 폐하다. =废黜国王。❸ 해 오던 일을 중도에 그만두다. ◆ 动停止，半途而废。¶학업을 폐하다. =辍学。

폐해(弊害)【명사】폐단으로 생기는 해. ◆ 图弊病，弊端。¶반상의 폐해가 쉽게 없어질 리 만무하다. =区分两班和平民阶层的弊病不会轻易消失。

폐허(廢墟)【명사】건물이나 성 따위가 파괴되어 황폐하게 된 터. ◆ 图废墟，废址。¶화마가 쓸고 간 지역은 폐허만이 있을 뿐이다. =火灾经过之处只留下一片废墟。

폐활량(肺活量)【명사】허파 속에 최대한도로 공기를 빨아들여 다시 배출하는 공기의 양. 신체의 건강 여부를 검사하는 기준이다. ◆ 图 肺活量。¶폐활량이 보통 사람에 비해 크다. =肺活量比普通人大。

폐회(閉會)【명사】집회나 회의가 끝남. 또는 의회, 전람회, 박람회 따위를 마침. ◆ 图闭会，闭幕。¶임시 국회 폐회. =临时国会闭会。● 폐회되다(閉會--), 폐회하다(閉會--) ●

폐회사(閉會辭)【명사】집회나 회합 따위를 마칠 때 인사로 하는 말. ◆ 图闭幕词。¶위원장의 폐회사를 마지막으로 집회는 끝이 났다. =委员长致闭幕词，宣告集会结束。

폐휴지(廢休紙)【명사】못 쓰게 되어 버리는 휴지. ◆ 图废纸。¶교내에서 발생하는 폐휴지와 빈 병 등 재활용이 가능한 물건은 하나도 빠짐없이 모으고 있다. =正在收集校内出现的能够再利用的废纸、空瓶等物品。

포¹(包)【명사】图 ❶ 일정한 양으로 싼 인삼을 세는 단위. ◆ 包(指包装好一定量人参的数量单位)。¶인삼 두 포. =人参两包。❷ 부대(負袋). ◆ 包，袋。¶밀가루 다섯 포. =五袋面粉。

포²(砲)【명사】图 대포(大砲). ◆ 炮，大炮。¶포 사격이 한차례 지나간 후 보병이 적진으로 투입되었다. =一轮炮击过后，步兵深入敌阵。

포³(脯)【명사】포육(脯肉). ◆ 图脯，肉脯。¶그는 조개탕과 포를 안주감으로 내놓았다. =他拿出蛤蜊汤和肉脯作下酒菜。

포개다【동사】动 ❶ 놓인 것 위에 또 놓다. ◆ 摞。¶그는 어제 산 책을 그 동안 죽 보아온 책과 포개어 정성껏 싸서 동생에게 건네주었다. =他把昨天买来的书和此前一直在看的书摞在一起精心包好交给了弟弟。❷ 여러 겹으로 접다. ◆ 叠，折叠。¶이불을 포개다. =叠被子。

포격(砲擊)【명사】대포를 쏨. ◆ 图炮击，炮轰。¶정지 명령에도 불구하고 도주하던 괴선박을 향해 포격을 가했다. =不顾停止射击的命令，炮击逃跑的不明船只。● 포격하다(砲擊--) ●

포경¹(包莖)【명사】음경의 끝이 껍질에 싸여 있는 것. 또는 그런 성기. ◆ 图 包茎。¶포경수술. =包茎手术。

포경²(捕鯨)【명사】고래잡이(고래를 잡는 일). ◆ 图捕鲸。

포경선(捕鯨船)【명사】고래를 잡기 위하여 특별한 설비를 갖춘 배. ◆ 图捕鲸船。

포고(布告/佈告)【명사】图 ❶ 일반에게 널리 알림. ◆ 布告，公告，告示。❷ 국가의 결정 의사를 공식적으로 널리 알림. ◆ 发布，公布，宣布，颁布。¶계엄령포고. =发布戒严令。● 포고되다(布告/佈告--), 포고하다(布告/佈告--) ●

포괄(包括)【명사】일정한 대상이나 현상 따위를 어떤 범위나 한계 안에 모두 끌어 넣음. ◆ 图包括，总括。● 포괄되다(包括--), 포괄하다(包括--) ●

포교(布敎)【명사】종교를 널리 폄. ◆ 图传教，传道。¶포교 사업. =传教事业。● 포교하다(布敎--) ●

포구(浦口)【명사】배가 드나드는 개의 어귀. ◆ 图小港口。¶그의 고향은 남해안 어느 조그만 포구 근처이다. =他的家乡在南海岸的一个小港口附近。

포근하다【형용사】形 ❶ 도톰한 물건이나 자리 따위가 보드랍고 따뜻하다. ◆ 柔软，柔和。¶포근한 이불. =柔软的被子。❷ 감정이나 분위기 따위가 보드랍고 따뜻하여 편안한 느낌이 있다. ◆ 温暖，温馨。❸ 겨울 날씨가 바람이 없고 따뜻하다. ◆ 暖和，温暖。¶봄날과 같이 포근한 날씨. =温暖如春的天气。● 포근히 ●

포기¹【명사】图 ❶ 뿌리를 단위로 한 초목의 낱개. ◆ 棵，根，株。¶벼 포기. =水稻株。❷ 뿌리를 단위로 한 초목의 낱개를 세는 단위. ◆ 依名 量 棵，根，株。¶풀 한 포기. =一株草。

포기²(抛棄)【명사】图 ❶ 하려던 일을 도중에 그만두어 버림. ◆ 抛弃，放弃。¶중도 포기를 선언하다. =中途宣布放弃。❷ 자기의 권리나 자격, 물건 따위를 내던져 버림. ◆ 放弃(权利、资格等)。¶상속권의 포기. =放弃继承权。● 포기되다(抛棄--), 포기하다(抛棄--) ●

포대¹(包袋)【명사】부대(負袋)(종이, 피륙, 가죽 따위로 만든 큰 자루). ◆ 图袋，袋子，口袋。¶시멘트 열 포대. =十袋水泥。

포대²(砲臺)【명사】포를 설치하여 쏠 수 있도록 견고하게 만든 시설물. ◆ 图 炮台。

포대기【명사】어린아이의 작은 이불. 덮고 깔거나 어린아이를 업을 때 쓴다. ◆ 图襁褓，小被子。¶포대기를 두르다. =围襁褓。

포도(葡萄) 【명사】 '포도'의 열매. ◆ 图葡萄。

포도당(葡萄糖) 【명사】 단당류의 하나. 흰 결정으로, 단맛이 있고 물에 잘 녹으며 환원성이 있다. ◆ 图葡萄糖。

포도주(葡萄酒) 【명사】 포도를 원료로 하여 담근 술. ◆ 图葡萄酒。¶포도주 한 잔. =一杯葡萄酒。

포도청(捕盜廳) 【명사】 조선 시대에, 범죄자를 잡거나 다스리는 일을 맡아보던 관아. ◆ 图 捕盗厅(朝鲜王朝时期为逮捕盗贼和犯人而设置的官府)。

포동포동 【부사】 통통하게 살이 찌고 보드라운 모양. '보동보동'보다 거센 느낌을 준다. ◆ 副胖乎乎的，肉嘟嘟的。¶포동포동한 볼. =胖嘟嘟的脸蛋。● 포동포동하다 ●

포로(捕虜) 【명사】 图 ❶ 사로잡은 적. ◆ 俘虏，战俘。¶포로로 잡혀가다. =被作为俘虏抓走。❷ 어떤 사람이나 일에 마음이 쏠리거나 매이어 꼼짝 못하는 상태를 비유적으로 이르는 말. ◆ 〈喻〉俘虏。¶사랑의 포로. =爱情的俘虏。

포르르 【부사】 副 ❶ 작고 가볍게 떠는 모양. ◆ 沙沙，瑟瑟。¶추운지 포르르 떤다. =不知是不是因为觉得冷，一直瑟瑟发抖。❷ 얇은 종이나 털 따위에 불이 붙어 가볍게 타오르는 모양. ◆ 冉冉地。¶파란 연기가 포르르 향을 뿜으며 일어난다. =蓝色的烟冉冉地散发出香气。❸ 적은 양의 액체가 가볍게 끓을 때 나는 소리. 또는 그 모양. ◆ 噗噜噗噜地。¶불 위에 올려 놓은 주전자의 물이 포르르 끓기 시작한다. =壶里的水噗噜噗噜地开了。❹ 갑자기 가볍게 성을 내는 모양. ◆ 拂然。¶그녀는 포르르 성이 나서 눈을 흘겼다. =她怫然不悦，斜眼相看。❺ 작은 새 따위가 갑자기 날아갈 때 나는 소리. 또는 그 모양. ◆ 扑啦啦，扑棱棱。¶몇 마리의 꿩이 포르르 날아올랐다. =几只山鸡扑棱棱地飞了起来。

포르말린(formalin)<독> 【명사】 포름알데히드를 35~38%로 물에 녹인 액체. ◆ 图甲醛溶液，福尔马林。

포르투갈(Portugal) 【명사】 유럽 남부 이베리아 반도 서쪽 끝에 있는 공화국. ◆ 图葡萄牙。

포만감(飽滿感) 【명사】 넘치도록 가득 차 있는 느낌. ◆ 图饱满感，胀满感。¶포만감에 빠지다. =陷入饱胀感之中。

포목(布木) 【명사】 베와 무명을 아울러 이르는 말. ◆ 图棉麻布，布匹。¶옛날에는 국세를 포목으로 바쳤다. =过去是用布匹交国税的。

포목상(布木商) 【명사】 베나 무명 따위의 옷감을 파는 장사. 또는 그런 장수. ◆ 图布匹商，卖布的。¶어머니는 포목상을 오랫동안 하셨다. =母亲做了很长时间布匹商。

포목점(布木店) 【명사】 베나 무명 따위의 옷감을 파는 가게. ◆ 图布店，布匹店。¶포목점은 동네 아낙들의 사랑방이나 다름없었다. =布匹店就如同村里女人们的厢房。

포문(砲門) 【명사】 대포의 탄알이 나가는 구멍. ◆ 图炮口。

포물선(抛物線) 【명사】 图 ❶ 물체가 반원 모양을 그리며 날아가는 선. ◆ 抛物线。¶포탄이 포물선을 그리며 날아간다. =炮弹飞出去，形成一条抛物线。❷ 이차 곡선의 하나. 한 정점과 한 정직선에 이르는 거리가 같은 점의 자취를 이른다. 정점을 초점, 직선을 준선이라고 한다. ◆ 图 抛物线。

포박(捕縛) 【명사】 잡아서 묶음. 또는 그런 줄. ◆ 图绑缚，拿获；缚绳，绑绳。¶포박을 풀다. =松绑。●포박되다(捕縛--), 포박하다(捕縛--) ●

포병(砲兵) 【명사】 육군에서, 포 사격을 맡아 하는 군대나 군인. ◆ 图 炮兵。

포복(匍匐) 【명사】 배를 땅에 대고 김. ◆ 图匍匐。¶질퍽한 황토 능선을 포복으로 기어가다. =沿着泥泞的黄土山脊匍匐爬行。● 포복하다(匍匐--) ●

포복절도하다(抱腹絶倒--) 【동사】 배를 그러안고 넘어질 정도로 몹시 웃다. ◆ 动捧腹大笑，前仰后合。

포볼(four ball) 【명사】 야구에서, 투수가 타자에게 스트라이크가 아닌 볼을 네 번 던지는 일. ◆ 图(棒球)四坏球。

포부(抱負) 【명사】 마음속에 지니고 있는, 미래에 대한 계획이나 희망. ◆ 图抱负，志向，理想。¶포부가 크다. =志向远大。

포상(褒賞) 【명사】 칭찬하고 장려하여 상을 줌. ◆ 图褒奖，表彰。¶포상 휴가. =奖励休假。

포상금(褒賞金) 【명사】 칭찬하고 장려하여 상으로 주는 돈. ◆ 图奖金。¶포상금을 받으시면 어디에 쓰시겠습니까? =如果获得奖金，您会用它来做什么？

포석(布石) 【명사】 图 ❶ 바둑에서, 중반전의 싸움이나 집 차지에 유리하도록 초반에 돌을 벌여 놓는 일. ◆ (围棋)布局。¶포석을 마치다. =完成布局。❷ 앞날을 위하여 미리 손을 써 준비함. ◆ 为未来的事物部署，布置。

포섭(包攝) 【명사】 图 ❶ 상대편을 자기편으로 감싸 끌어들임. ◆ 收买，笼络，拉拢，招揽。¶포섭 공작. =收买活动。❷ 어떤 개념이 보다 일반적인 개념에 포괄되는 종속 관계. 포유동물과 척추동물의 관계 따위이다. ◆ 图 (概念上的)包含。● 포섭되다(包攝--), 포섭하다(包攝--) ●

포성(砲聲) 【명사】 대포를 쏠 때에 나는 소리. ◆ 图炮声。¶한 밤의 적막을 깨는 포성이 울리다. =炮声响起，打破深夜的寂静。

포수[1](砲手) 【명사】 图 ❶ 총으로 짐승을 잡는 사냥꾼. ◆ 猎手，猎人。¶포수들이 엽총을 가지고 사냥을 나갔다. =猎人们带着猎枪去打猎。❷ 총포를 가진 군사. ◆ 炮手，枪手。¶연병장에는 포수들을 지휘하여 즉시 포탄을 장전 발사하는 훈련이 한창이다. =练兵场上正在进行指挥炮手们即时填弹发射的训练。

포수[2](捕手) 【명사】 야구에서, 본루를 지키며 투수가 던지는 공을 받는 선수. ◆ 图 接球手。¶9회 말에 포수가 공을 놓치는 바람에 결승점을 내줘 끝내 패하고 말았다. =第九局下半场，因接球手失球而让对方得到决胜分，最终输掉了比赛。

포스터(poster)【명사】 광고나 선전을 위한 매체의 하나. 일정한 내용을 상징적인 그림과 간단한 글귀로 나타내어, 길거리나 사람의 눈에 많이 띄는 곳에 붙인다. ◆ 名海报，宣传画。¶관광 포스터. =广告宣传画。

포승(捕繩)【명사】 죄인을 잡아 묶는 노끈. ◆ 名绑绳，警绳。¶포승을 풀다. =解开绑绳。

포승줄(捕繩-)【명사】 포승(捕繩). ◆ 名绑绳，警绳。¶포승줄을 풀다. =解开绑绳。

포식(飽食)【명사】 배부르게 먹음. ◆ 名饱食，饱餐。¶오랫만에 돼지고기로 포식 했다. =难得饱餐了一顿猪肉。● 포식하다(飽食--) ●

포악(暴惡)【명사】 사납고 악함. ◆ 名残忍，残暴，暴戾，暴力。¶포악을 부리다. =实施暴力。● 포악하다(暴惡--) ●

포옹(抱擁)【명사】 名 ❶ 사람을 또는 사람끼리 품에 껴안음. ◆ 搂，抱，拥抱，搂抱。¶감격의 포옹을 나누다. =互相拥抱，表达感激。❷ 남을 아량으로 너그럽게 품어 줌. ◆ 包容，宽容，团结。¶나를 무한한 포옹으로 이해해 주는 친구의 존재가 한층 절실한 터이었다.=更迫切地需要能无限包容我、理解我的朋友。● 포옹하다(抱擁--) ●

포용(包容)【명사】 남을 너그럽게 감싸 주거나 받아들임. ◆ 名包容，宽容。¶포용의 폭이 넓다. =有宽容他人的雅量。● 포용하다(包容--) ●

포용력(包容力)【명사】 남을 너그럽게 감싸 주거나 받아들이는 힘. ◆ 名胸怀，度量，肚量，雅量。¶포용력이 크다. =肚量大。

포위(包圍)【명사】 주위를 에워쌈. ◆ 名包围，围困，困住，围堵。¶적에게 포위를 당하다. =被敌人包围了。● 포위되다(包圍--), 포위하다(包圍--) ●

포위망(包圍網)【명사】 빈틈없이 둘레를 에워싼 체계. ◆ 名包围圈。¶포위망을 벗어나다. =脱离包围圈。

포유류(哺乳類)【명사】 포유강의 동물을 일상적으로 통틀어 이르는 말. ◆ 名哺乳类。

포인트(point)【명사】 名 ❶ 중요한 사항이나 핵심. ◆ 要点，关键，核心。¶이 요리의 포인트는 신선한 재료다. =这道菜的要点是新鲜的食材。❷ 농구, 탁구 따위에서의 득점. ◆ 得分，分。

포자(胞子)【명사】 홀씨(식물이 무성 생식을 하기 위하여 형성하는 생식 세포). ◆ 名 孢子。

포장(包裝)【명사】 名 ❶ 물건을 싸거나 꾸림. 또는 싸거나 꾸리는 데 쓰는 천이나 종이. ◆ 包装，打包。¶상품 포장. =商品包装。❷ 겉으로만 그럴듯하게 꾸밈. ◆ 包装。● 포장되다(包裝--)】포장하다(包裝--) ●

포장(鋪裝)【명사】 길바닥에 돌과 모래 따위를 깔고 그 위에 시멘트나 아스팔트 따위로 덮어 길을 단단하게 다져 꾸미는 일. ◆ 名铺路，铺装。¶오히려 포장된 도로에서 타이어 마모가 더 심하다. =柏油路反而更损轮胎。● 포장되다(鋪裝--), 포장하다(鋪裝--) ●

포장도로(鋪裝道路)【명사】 길바닥에 돌과 모래 따위를 깔고 그 위에 시멘트나 아스팔트 따위로 덮어 단단하게 다져 사람이나 자동차가 다닐 수 있도록 만든 비교적 넓은 길. ◆ 名柏油路，沥青马路。¶4차선 포장도로가 건설중이다. =正在修建四车道的柏油路。

포장마차(布帳馬車)【명사】 비바람, 먼지, 햇볕 따위를 막기 위하여 포장을 둘러친 마차. ◆ 名有篷马车，有篷车。¶포장마차를 타다. =乘坐有篷马车。

포장지(包裝紙)【명사】 물건을 싸거나 꾸리는 데 쓰는 종이. ◆ 名包装纸，包皮。¶포장지를 풀다. =打开包装纸。

포즈(pose)【명사】 몸가짐이나 일정한 태도를 취하고 있는 모습. ◆ 名姿势，〈喻〉架势。¶포즈를 취하다. =摆好姿势。

포진(布陣)【명사】 전쟁이나 경기 따위를 하기 위하여 진을 침. ◆ 名布阵，列阵。¶병사들로 하여금 적군의 진영 가까이에 포진을 하도록 명했다. =命令士兵在敌营近处布阵。● 포진하다(布陣--) ●

포착(捕捉)【명사】 名 ❶ 꼭 붙잡음. ◆ 捕捉。❷ 요점이나 요령을 얻음. ◆ 掌握，领会。¶요점 포착이 날카롭고 빠르다. =要点领会得准确、迅速。❸ 어떤 기회나 정세를 알아차림. ◆ 抓住，捕捉。¶이 레이더의 성능으로는 적기의 포착이 불가능하다. =以这部雷达的性能，不可能捕捉到敌机。● 포착되다(捕捉--), 포착하다(捕捉--) ●

포커(poker)【명사】 트럼프 놀이의 하나. 각자 나누어 받은 다섯 장의 패를 가지고 득점이 되는 일정한 패를 짝 맞추어 승부를 겨루는 놀이이다. ◆ 名 扑克(牌)，扑克游戏。¶그는 포커를 해서 많은 돈을 땄다. =他打扑克赢了很多钱。

포크(fork)【명사】 양식에서, 고기, 생선, 과일 따위를 찍어 먹거나 얹어 먹는 식탁 용구. ◆ 名叉(子)。¶동생은 과일 접시에서 배 한 조각을 포크로 찍어 입에 넣었다. =弟弟用叉子从水果碟里叉了一块梨放进嘴里。

포크댄스(folk dance)【명사】 名 ❶ 각 민족, 각 지방에 예로부터 전하여 오는 민속춤. ◆ 民俗舞，传统舞，民族舞。❷ 레크리에이션의 하나. 학교나 직장 따위에서 운동이나 오락으로 즐기는 경쾌한 춤이다. ◆ 有氧舞蹈。

포크송(folk song)【명사】 미국에서 발생한 민요풍의 노래. ◆ 名 民歌，民谣。

포클레인(Poclain)【명사】 삽차(유압을 이용하여 기계 삽으로 땅을 파내는 차). ◆ 名 挖掘机。¶포클레인 작업할 때는 위험하니 작업반경 내 출입을 막아 주십시오. =挖掘机工作的时候非常危险，禁止人员在作业半径内出入。

포탄(砲彈)【명사】 대포알. ◆ 名炮弹。¶총탄과 포탄. =子弹和炮弹。

포탈(逋脫)【명사】 과세를 피하여 면함. ◆ 名漏税，逃税。¶세금 포탈. =偷税漏税。● 포탈하다(逋脫--) ●

포플러(poplar)【명사】 名 ❶ 미루나무. ◆ 白杨。❷ 은백양. ◆ 银白杨。

포학(暴虐)【명사】몹시 잔인하고 난폭함. ◆ 图残暴，暴戾。¶포학한 관리로 백성이 죽어난다. =百姓们在暴政下死去。● 포학하다(暴虐--) ●

포함(包含)【명사】어떤 사물이나 현상 가운데 함께 들어 있거나 함께 넣음. ◆ 图包含，包括，含有，涵盖。● 포함되다(包含--), 포함하다(包含--) ●

포화¹(砲火)【명사】图 ❶ 총포를 쏠 때에 일어나는 불. ◆ 炮火。¶포화에 휩싸인 도시. =被炮火包围的城市。❷ 총포를 쏨. ◆ 炮火。¶포화가 멎다. =停火了。❸ 포 따위의 화력 기재. ◆ 火力。¶동족을 향해 포화를 겨누다. =把枪口对准同族。

포화²(飽和)【명사】더 이상의 양을 수용할 수 없이 가득 참. ◆ 图饱和。¶그 창고는 수용 능력이 포화 상태에 이르렀다. =那座仓库的容纳能力已经达到了饱和状态。

포획(捕獲)【명사】图 ❶ 짐승이나 물고기를 잡음. ◆ 捕获，捉获。¶아프리카, 아시아, 아메리카 일대를 뒤져 모조리 포획하는 바람에 멸종의 위기에 있는 동물이 많다. =因人们在非洲、亚洲和美洲一带恣意捕捉珍稀生物，很多动物面临灭种危机。❷ 적병을 사로잡음. ◆ 俘虏，俘获，擒获，抓获。● 포획되다(捕獲--), 포획하다(捕獲--) ●

포효(咆哮)【명사】图 ❶ 사나운 짐승이 울부짖음. 또는 그 울부짖는 소리. ◆ 咆哮。¶맹수의 포효. =猛兽的咆哮。❷ 사람, 기계, 자연물 따위가 세고 거칠게 내는 소리를 비유적으로 이르는 말. ◆〈喻〉咆哮，怒吼，吼。¶바다의 포효에 뱃사람들은 불안한 빛을 띠기 시작했다. =大海的咆哮使船员们开始出现了不安的神色。● 포효하다(咆哮--) ●

폭¹【부사】副 ❶ 잠이 포근하게 깊이 들거나 곤한 몸을 흡족하게 쉬는 모양. ◆ (睡得)熟，好好(睡)。¶어찌나 피곤했던지 잠에 폭 빠지다. =肯定是累坏了，才睡得这么熟。❷ 힘 있게 찌르거나 쑤시는 모양. ◆ 用力(扎、刺)。¶젓가락으로 삶은 고구마를 폭 찔러보다. =用筷子捅捅正在煮的地瓜。❸ 안의 것이 드러나지 않도록 빈틈없이 잘 덮거나 싸는 모양. ◆ (包盖)严实，严严实实。¶아이를 포대기로 폭 싸다. =用襁褓把孩子包得严严实实。❹ 깊고 또렷이 팬 모양. ◆ 深深地，有力地，明显地(凹进去)。¶보조개가 폭 패인 모습이 앙증맞다. =酒窝深陷的样子像个小机灵鬼。❺ 작은 물체가 물 등에 가라앉는 모양. ◆ 深深地。¶종이배가 물 속으로 폭 빠지다. =纸船深深地沉到了水中。❻ 작은 것이 힘없이 단번에 쓰러지는 모양. ◆ 无力地，一下子。¶서너 발짝 걷더니만 앞으로 폭 쓰러졌다. =只走了三四步，就一头向前无力地倒下了。❼ 삽이나 숟가락 따위로 물건을 많이 떠내는 모양. ◆ 满满地。¶티스푼으로 설탕을 폭 푸다. =用汤勺舀了满满一匙白糖。❽ 고개를 숙이는 모양. ◆ (头)低低地。¶모자를 눌러쓰고 고개를 폭 숙이고 있다. =把帽子往下压了压，脑袋也垂得低低的。❾ 잘 익도록 삶거나 고거나 끓이는 모양. ◆ (炖煮得)烂烂地，。¶소뼈를 폭 고다. =把牛骨头炖得烂烂的。❿ 아주 심하게 썩거나 쉬거나 삭거나 젖은 모양. ◆ 形容腐烂程度深。¶호박이 폭 썩었다. =南瓜烂透了。⓫ 마음이 몹시 상한 모양. ◆ (心伤)透。¶한숨을 폭 쉬다. =伤心地叹了一口气。

폭²(幅)【명사】图 ❶ 너비(평면이나 넓은 물체의 가로로 건너지른 거리). ◆ 宽度，幅度。¶폭이 좁다. =宽度窄。❷ 자체 안에 포괄하는 범위. ◆ 度量，气度。¶그 사람은 행동의 폭이 넓다. =那人的气度大。❸ 하나로 연결하려고 같은 길이로 나누어 놓은 종이, 널, 천 따위의 조각. ◆ (相同长度的纸、木板、布等的)片，块，条。¶치마의 폭을 마르다. =把裙子的布料裁成片。

폭거(暴擧)【명사】난폭한 행동. ◆ 图暴行。¶폭거를 자행하다. =肆意暴行。

폭격(爆擊)【명사】비행기에서 폭탄을 떨어뜨려 적의 군대나 시설물 따위 또는 국토를 파괴하는 일. ◆ 图 轰炸，炸。¶융단폭격. =地毯式轰炸。● 폭격하다(爆擊--) ●

폭격기(爆擊機)【명사】폭격하는 데 쓰는 군용 비행기. 전술 폭격기와 전략 폭격기가 있다. ◆ 图 轰炸机。¶어디선가 폭격기 한 대가 나타나 다리를 폭격했다. =不知从哪儿来了一架轰炸机，轰炸了大桥。

폭군(暴君)【명사】图 ❶ 사납고 악한 임금. ◆ 暴君。¶폭군을 폐위시키다. =废黜暴君。❷ 다른 사람을 힘이나 권력으로 억누르며 사납고 악한 짓을 하는 사람을 비유적으로 이르는 말. ◆ 残暴的人。¶우리 아버지는 폭군으로 군림하고 있다. =我爸爸像个暴君一样控制着我们。

폭넓다(幅--)【형용사】形 ❶ 어떤 일의 범위나 영역이 크고 넓다. ◆ 广泛，全面，宽泛。¶폭넓은 활동. =广泛的活动。❷ 어떤 문제를 고찰하는 것이 다각적이고 다면적이다. ◆ 看法全面。¶문제를 폭넓게 다루다. =全面地处理问题。❸ 사람들을 대할 때 아량을 베푸는 마음이 크다. ◆ (待人)宽容厚道。¶폭넓은 마음으로 용서하다. =用宽广的胸怀来宽恕他人的过错。

폭도(暴徒)【명사】폭동을 일으키거나 폭동에 가담한 사람의 무리. ◆ 图暴徒，暴民，暴动团伙。¶폭도를 소탕하다. =扫荡暴动团伙。

폭동(暴動)【명사】내란에까지 이르지 아니하였으나 집단적 폭력 행위를 일으켜 사회의 안녕과 질서를 어지럽게 하는 일. ◆ 图 暴动，暴乱。¶폭동을 일으키다. =举行暴动。

폭등(暴騰)【명사】물건의 값이나 주가 따위가 갑자기 큰 폭으로 오름. ◆ 图 (物价、股价等)暴涨，飞涨，剧增。¶유가 폭등. =油价暴涨。● 폭등하다(暴騰--) ●

폭락(暴落)【명사】图 ❶ 물건의 값이나 주가 따위가 갑자기 큰 폭으로 떨어짐. ◆ (物价、股价等)暴跌，大跌。¶주가 폭락. =股价暴跌。❷ 인기나 위신 따위가 갑자기 여지없이 떨어짐. ◆ 暴跌，大跌。¶인기 폭락은 연예인뿐만 아니라 정치인들도 두려워한다. =不只演艺界人士，政界人士也害怕人气大跌。● 폭락하다(暴落--) ●

폭력(暴力)【명사】남을 거칠고 사납게 제압할 때에 쓰는, 주먹이나 발 또는 몽둥이 따위의 수단이나 힘. 넓은 뜻으로는 무기로 억누르는 힘을 이르기도 한다. ◆图暴力。¶가정폭력. =家庭暴力。

폭력배(暴力輩)【명사】걸핏하면 폭력을 행사하는 무리. ◆图暴徒。¶폭력배를 소탕하다. =扫荡暴徒。

폭로(暴露)【명사】알려지지 않았거나 감춰져 있던 사실을 드러냄. 흔히 나쁜 일이나 음모 따위를 사람들에게 알리는 일을 이른다. ◆图暴露，揭发，揭露。¶폭로 기사. =曝光某事的报道。● 폭로되다(暴露--), 폭로하다(暴露--) ●

폭리(暴利)【명사】지나치게 많이 남기는 부당한 이익. ◆图暴利。¶폭리를 얻다. =获取暴利。

폭발[1](暴發)【명사】图 ❶ 속에 쌓여 있던 감정 따위가 일시에 세찬 기세로 나옴. ◆ 爆发，炸。¶분노의 폭발. =气炸了。❷ 힘이나 열기 따위가 갑작스럽게 퍼지거나 일어남. ◆ 扩散，喷发。¶교육열의 폭발. =教育热的扩散。❸ 어떤 사건이 갑자기 벌어짐. ◆ 爆发。¶내란의 폭발. =爆发内乱。● 폭발되다(暴發--), 폭발하다(暴發--) ●

폭발[2](爆發)【명사】불이 일어나며 갑작스럽게 터짐. ◆ 图爆发，爆炸。¶화산의 폭발. =火山爆发。● 폭발되다(爆發--), 폭발하다(爆發--) ●

폭발력(爆發力)【명사】화약 따위의 폭발물이 갑작스럽게 터질 때에 생기는 힘이나 효과. ◆图爆炸力。¶원자탄의 폭발력은 상상을 초월한다. =原子弹的爆炸力超乎想象。

폭발물(爆發物)【명사】불이 일어나며 갑작스럽게 터지는 성질이 있는 물질을 통틀어 이르는 말. 화약 따위가 있다. ◆图爆炸物。¶폭발물을 운반하다. =运输爆炸物。

폭발적(暴發的)【명사】무엇이 갑작스레 퍼지거나 일어나는 것. ◆图火爆的，爆发性，爆炸性。¶폭발적 인기. =火爆的人气。

폭삭【부사】副 ❶ 부피만 있고 매우 엉성한 물건이 보드랍게 가라앉거나 쉽게 부서지는 모양. ◆ 软酥酥。¶쌓인 낙엽이 폭삭 가라앉다. =堆起来的落叶软酥酥地塌了下去。❷ 맥없이 주저앉는 모양. ◆ 无力地，软绵绵地，瘫软地。¶그는 힘이 다 빠져 그만 폭삭 주저앉고 말았다. =他用光了所有力气，一下子瘫坐在了地上。❸ 쌓였던 먼지 따위가 갑자기 가볍게 일어나는 모양. ◆ (灰尘)一下子扬起，呼地扬起。❹ 심하게 삭거나 썩은 모양. ◆ 烂透。¶폭삭 곯은 달걀. =臭鸡蛋。❺ 기력이 쇠하고 늙어 버린 모양. ◆ 苍老。¶얼굴이 폭삭 늙었다. =脸很苍老。❻ 기운이 아주 꺼져 들어가는 모양. ◆ 一下子。¶불이 폭삭 사그라지다. =火势一下子减弱了。❼ 담겼던 물건이 한꺼번에 쏟아지는 모양. ◆ 完全，一下子全都。¶떡을 시루에 폭삭 엎어 놓다. =把糕一下子全都扣到了蒸笼里。

폭설(暴雪)【명사】갑자기 많이 내리는 눈. ◆ 图大雪，暴雪。¶지난밤에 폭설이 내렸다. =昨天晚上下了暴雪。

폭소(爆笑)【명사】웃음이 갑자기 세차게 터져 나옴. 또는 그 웃음. ◆ 图放声大笑，捧腹大笑。¶폭소가 쏟아지다. =哄堂大笑。

폭식(暴食)【명사】图 ❶ 음식을 한꺼번에 지나치게 많이 먹음. ◆ 暴食。❷ 가리지 않고 아무것이나 마구 먹음. ◆ 贪吃。● 폭식하다(暴食--) ●

폭신하다【형용사】조금 포근하게 보드랍고 탄력이 있다. ◆ 形松软，柔软，软绵绵。¶폭신한 방석. =松软的坐垫。● 폭신폭신, 폭신폭신하다 ●

폭약(爆藥)【명사】센 압력이나 열을 받으면 폭발하는 물질. 티엔티 따위가 있다. ◆图 炸药，火药。¶폭약을 터뜨리다. =引爆炸药。

폭언(暴言)【명사】난폭하게 말함. 또는 그런 말. ◆ 图粗暴的话，恶言恶语。¶폭언을 퍼붓다. =出言不逊。● 폭언하다(暴言--) ●

폭염(暴炎)【명사】폭서(暴暑)(매우 심한 더위). ◆ 图酷暑，酷热。¶물놀이로 폭염을 식히다. =玩水消暑。

폭우(暴雨)【명사】갑자기 세차게 쏟아지는 비. ◆ 图暴雨。¶폭우로 한 치 앞이 안 보인다. =暴雨让人连眼前一寸的地方都看不清。

폭음[1](暴飮)【명사】술을 한꺼번에 많이 마심. ◆ 图酗酒，暴饮。¶폭음을 일삼다. =整天酗酒。● 폭음하다(暴飮--) ●

폭음[2](爆音)【명사】图 ❶ 폭발할 때 나는 큰 소리. ◆ 爆炸声，爆裂声。¶폭음이 진동하다. =爆炸声引起了震动。❷ 비행기, 오토바이 따위의 엔진 소리. ◆ (飞机、摩托车等引擎的)轰鸣声。¶폭음을 내며 질주하는 오토바이. =边发出轰鸣声边飞驰着的摩托车。

폭정(暴政)【명사】포악한 정치. ◆ 图暴政。¶폭정 아래서 신음하고 있는 백성들. =在暴政下呻吟的百姓。

폭주[1](暴走)【명사】매우 빠른 속도로 난폭하게 달림. ◆ 图狂奔，乱跑，乱窜。¶오토바이의 폭주. =摩托车乱窜。● 폭주하다(暴走--) ●

폭주[2](暴注)【명사】图 ❶ 비가 별안간 몹시 많아 쏟아짐. ◆ 倾盆大雨，暴雨。¶폭주로 인해 야유회를 망쳤다. =因为下了暴雨，所以野游去不成了。❷ 폭주병진(수레의 바퀴통에 바퀴살이 모이듯 한다는 뜻으로, 한곳으로 많이 몰려듦을 이르는 말). ◆ 集中，聚集。¶주문 폭주, 마감임박. =集中一下订单，马上就要结束了。● 폭주하다(暴注--) ●

폭죽(爆竹)【명사】가는 대통이나 종이로 만든 통에 불을 지르거나 화약을 재어 터뜨려서 소리가 나게 하는 물건. ◆图爆竹，鞭炮，烟花。¶폭죽 터지는 소리가 요란하다. =鞭炮声乱糟糟地响成一片。

폭탄(爆彈)【명사】인명 살상이나 구조물 파괴를 위하여 금속 용기에 폭약을 채워서 던지거나 쏘거나 떨어뜨려서 터뜨리는 폭발물. ◆图 炸弹。¶테러범이 폭탄을 터뜨리다. =恐怖分子引爆炸弹。

폭탄주(爆彈酒)【명사】맥주가 담긴 잔에 양주를 따른 잔을 넣어서 마시는 술. ◆图炸弹酒。

폭파(爆破)【명사】폭발시켜 부숨. 图◆ 爆破，炸，轰，引爆。¶폭파 장치. =爆破装置。● 폭파되다(爆

破--), 폭파하다(爆破--) ●

폭포(瀑布) 【명사】 폭포수(절벽에서 곧장 쏟아져 내리는 물줄기). ◆ 图瀑布，水帘。¶산의 한쪽 골짜기에서는 거대한 소리를 내며 폭포가 쏟아지고 있었다. =瀑布从山一边的峡谷里直泻下来，发出了巨大的响声。

폭폭 【부사】 副 ❶ 함씬 익을 정도로 몹시 끓이거나 삶는 모양. ◆ 煮烂。¶빨래를 폭폭 삶다. =把要洗的衣服煮了很长时间。❷ 심하게 자꾸 썩거나 삭는 모양. ◆ (烂)透，烂熟。¶속을 폭폭 썩이다. =里头都烂透了。❸ 작은 물건으로 자꾸 세게 찌르거나 쑤시는 모양. ◆ 一下一下地扎。¶꼬챙이로 구멍을 폭폭 쑤시다. =用木签一下一下地捅出洞来。❹ 작은 것이 힘없이 자꾸 쓰러지는 모양. ◆ 无力地。¶폭풍으로 나무들이 폭폭 쓰러지다. =因为暴风，树无力地倒下了。❺ 작은 것이 조금 깊이 자꾸 빠지거나 들어가는 모양. ◆ 一陷一陷地，深深地。¶눈구덩이에 발이 폭폭 빠지다. =脚深深地陷到了雪坑里。❻ 작은 숟가락이나 삽 따위로 물건을 자꾸 퍼내는 모양. ◆ 满满地。¶숟가락으로 밥을 폭폭 떠먹다. =用勺子舀了满满一勺饭吃。❼ 눈 따위가 많이 내려 소복소복 쌓이는 모양. ◆ 纷纷下，纷飞。¶함박눈이 폭폭 쏟아지다. =大雪纷飞。❽ 작은 구멍 따위로 가루나 연기 따위가 세게 자꾸 쏟아져 나오는 모양. ◆ 团团，缕缕(上升)，簌簌(坠下)。¶밀가루가 자루에서 폭폭 쏟아져 나오다. =面粉从面袋里倒了出来。❾ 숨을 크게 내쉬는 모양. ◆ 深深地呼气的样子。¶한숨을 폭폭 쉬다. =深深地叹了一口气。

폭풍(暴風) 【명사】 매우 세차게 부는 바람. ◆ 图暴风，飓风，飙风，狂风。¶세찬 폭풍이 불어닥치다. =暴风劲吹。

폭풍우(暴風雨) 【명사】 图 ❶ 몹시 세찬 바람이 불면서 쏟아지는 큰비. ◆ 暴风雨，狂风暴雨。¶폭풍우가 휘몰아치다. =狂风暴雨大作。❷ 생활이나 사업 따위에서의 몹시 어려운 고통이나 난관을 비유적으로 이르는 말. ◆ 〈喻〉风波，风浪。¶사업을 하다 보면 일이 순조롭게 잘 풀릴 때도 있고, 뜻하지 않게 폭풍우를 만날 수도 있다. =干事业既有事情顺利解决的时候，也有不如意、遇到风浪的时候。

폭행(暴行) 【명사】 图 ❶ 난폭한 행동. ◆ 暴行。¶폭행을 저지르다. =犯下暴行。❷ '강간(强姦)'을 완곡하게 이르는 말. ◆ 强奸。¶부녀자들에게 폭행까지 가했던 연쇄범이 검거되었다. =强奸妇女的惯犯被拘捕了。● 폭행하다(暴行--) ●

폰뱅킹(phone banking) 【명사】 전화를 걸어서 각종 조회, 예금 및 대출에 대한 상담, 자금 이체 따위의 은행 업무를 처리하는 서비스. ◆ 图电话银行。

폴더(folder) 【명사】 펴고 접을 수 있는 물건이나 제품. ◆ 图可折叠物品。¶폴더 방식의 휴대폰. =翻盖手机。

폴란드(Poland) 【명사】 동유럽 북부에 있는 공화국. 10세기에 통일 왕국을 이루었으며, 18세기 말에 프로이센·제정 러시아·오스트리아에 의해 분할되었고, 1918년에 공화국으로 독립하였다. ◆ 图波兰。

폴리에스테르(polyester) 【명사】 다가(多價) 카르복시산과 다가 알코올의 축합 중합으로 얻는 고분자 화합물을 통틀어 이르는 말. ◆ 图 聚酯，聚醚，聚酯纤维。

폴짝 【부사】 작은 것이 세차고 가볍게 한 번 뛰어오르는 모양. ◆ 副一蹦一跳，扑棱。¶어린아이가 폴짝 폴짝 징검다리를 건너는 모습이 귀엽다. =小孩儿一蹦一跳地过垫脚石桥的样子非常可爱。● 폴짝폴짝 ●

폴폴 【부사】 副 ❶ 눈이나 먼지, 연기 따위가 흩날리는 모양. ◆ 飞扬，纷纷扬扬地。¶먼지가 폴폴 날리는 길을 걷다. =走在尘土飞扬的路上。❷ 날쌔고 기운차게 자꾸 뛰거나 나는 모양. ◆ 蹦蹦(跳)，扑啦扑啦(飞)。¶산새들이 이 나무 저 나무에서 폴폴 날아다니며 먹이를 찾고 있다. =山上的鸟儿们扑啦扑啦地从这棵树上飞到那棵树上找吃的。❸ 적은 물이 자꾸 끓어오르는 모양. ◆ (水)咕嘟咕嘟，滚滚(开)。¶폴폴 끓는 물에 채소를 넣다. =往咕嘟咕嘟开着的水里放蔬菜。❹ 냄새 따위가 자꾸 나는 모양. ◆ 飘。¶밥 냄새가 폴폴나다. =饭香飘了出来。

폼(form) 【명사】 图 ❶ 사람이 어떤 동작을 할 때에 취하는 몸의 형태. ◆ 姿势，姿态，样子。¶그 투수는 공을 던지는 폼이 안정되어 있다. =那名投手投球的姿势很稳。❷ 겉으로 드러내는 멋이나 형태. ◆ 形态，外形，架子。¶그는 폼 나게 옷을 차려 입고 대문을 나섰다. =他很帅地穿上衣服出门了。❸ 서식(증서, 원서, 신고서 따위와 같은 서류를 꾸미는 일정한 방식). ◆ 格式，式样。

퐁당 【부사】 작고 단단한 물건이 물에 떨어지거나 빠질 때 가볍게 한 번 나는 소리. ◆ 副扑通，咕咚。¶돌멩이가 퐁당 물에 빠지다. =小石块扑通一声掉进了水里。● 퐁당퐁당 ●

표[1](票) 【명사】 图 ❶ 증거가 될 만한 쪽지. 차표, 배표, 비행기 표, 입장권 따위가 있다. ◆ 票，券。¶암표. =黄牛票。❷ 선거를 할 때에, 유권자가 자기의 의사를 기록하는 쪽지. ◆ 票，选票。¶표를 얻기 위해서 공약을 남발해서야 되겠는가. =为了得到选票就得滥对公众许诺吗? ❸ 선거를 할 때에, 유권자가 투표한 쪽지를 세는 단위. ◆ 票。¶그는 백만 표의 압도적 차이로 승리하였다. =他以一百万票的优势取得了压倒性的胜利。

표[2](表) 【명사】 图 ❶ 어떤 내용을 일정한 형식과 순서에 따라 보기 쉽게 나타낸 것. ◆ 表，表格，单，单子。¶성적표. =成绩单。❷ 표적(表迹). ◆ 标记，记号，痕迹，形迹。¶표를 남기다. =留下记号。

표[3](標) 【명사】 图 ❶ 증거가 될 만한 필적. ◆ (可作证据的)笔迹。❷ 준거가 될 만한 형적. 안표(眼標) 따위를 이른다. ◆ 标记，记号，标志。¶소년은 표를 하기 위해 공책에 선을 그었다. =少年在笔记本上画线做记号。❸ 같은 종류의 다른 사물과 분간할 수 있도록 하는 그 사물만의 두드러진 특징. ◆ 特点，特征。¶아무리 행색이 초라하더라도 귀인은 귀인의 표가 나타나기 마련이다. =衣着打扮再怎么寒酸，贵人还是能显出贵人的特点。❹ 특징이 되게 하는 어떤 지점. ◆ 标志性地点。

표결(票決)【명사】투표를 하여 결정함. ◆ 图投票表决，投票决定。¶찬반 표결에 부치다. =提交投票表决。● 표결하다(票決--), 표결되다(票決--) ●

표고버섯【명사】표고. ◆ 图 香菇。

표구(表具)【명사】그림의 뒷면이나 테두리에 종이 또는 천을 발라서 꾸미는 일. ◆ 图装裱，装潢。● 표구하다(表具--) ●

표기(表記)【명사】图 ❶ 적어서 나타냄. 또는 그런 기록. ◆ 记录，说明。¶다음 표기대로 서류를 갖춰 주십시오. =请你按下面的说明准备文件。❷ 문자 또는 음성 기호로 언어를 표시함. ◆ 标记，注音，标音。¶한글 표기법. =韩语标记法。● 표기되다(表記--), 표기하다(表記--) ●

표기법(表記法)【명사】부호나 문자로써 한 언어를 표기하는 규칙. ◆ 图 标记法，拼写法。

표독하다(慓毒--)【형용사】사납고 독살스럽다. ◆ 形狠毒，恶毒，歹毒，凶狠，恶狠狠。¶표독하면서도 소름끼치는 눈매. =既恶毒又阴森森的眼神。●표독스럽다(慓毒---)●

표류(漂流)【명사】图 ❶ 물 위에 떠서 정처 없이 흘러감. ◆ 漂流，漂移。¶기관고장으로 표류하다. =由于发动机出了故障而漂流。❷ 정처 없이 돌아다님. ◆ 漂泊，流浪，浪迹。¶표류의 길. =漂泊之路。❸ 어떤 목적이나 방향을 잃고 헤맴. 또는 일정한 원칙이나 주관이 없이 이리저리 흔들림. ◆ 游荡，徘徊，摇摆，动摇。¶정신의 표류. =精神的动摇。● 표류하다(漂流--) ●

표리(表裏)【명사】图 ❶ 물체의 겉과 속 또는 안과 밖을 통틀어 이르는 말. ◆ (物体的)表里，里外，内外。¶표리 관계. =内外关系。❷ 겉으로 드러나는 언행과 속으로 가지는 생각을 통틀어 이르는 말. ◆ 言行与思想。¶표리가 일치하지 않다. =言行与思想不一。

표면(表面)【명사】图 ❶ 사물의 가장 바깥쪽. 또는 윗부분. ◆ 表面，外表，外部。¶지구의 표면. =地球表面。❷ 겉으로 나타나거나 눈에 띄는 부분. ◆ 表面。¶그는 항상 표면에 드러나는 일만 한다. =他常常只做表面功夫。

표면적(表面積)【명사】겉넓이. 물체의 겉면의 넓이. ◆ 图 表面积。

표면화(表面化)【명사】겉으로 나타나거나 눈에 띔. 또는 그렇게 함. ◆ 图表面化。● 표면화되다(表面化--), 표면화하다(表面化--) ●

표명(表明)【명사】의사나 태도를 분명하게 드러냄. ◆ 图表明，表白，申明。¶사의 표명을 거듭하다. =再三表明感谢之意。● 표명되다(表明--), 표명하다(表明--) ●

표백(漂白)【명사】종이나 피륙 따위를 바래거나 화학 약품으로 탈색하여 희게 함. ◆ 图漂白，脱色，去色，漂。● 표백되다(漂白--), 표백하다(漂白-) ●

표백제(漂白劑)【명사】여러 가지 섬유나 염색 재료 속에 들어 있는 색소를 없애는 약제. ◆ 图 漂白剂。

표범(豹-)【명사】고양잇과의 하나. 몸의 길이는 1.2~1.5미터로 호랑이와 비슷하나 몸집이 조금 작고 온몸에 검고 둥근 무늬가 있는데, 민첩하고 사납다. ◆ 图 豹子，金钱豹。

표변하다(豹變--)【동사】动 ❶ 허물을 고쳐 말과 행동이 뚜렷이 달라지다. 또는 그렇게 되게 하다. ◆ 悔过自新，改正。¶형기를 마치고 출소한 그는 모든 것에 표변하였다. =服刑期满出狱的他，已经悔过自新了。❷ 마음, 행동 따위가 갑작스럽게 달라지다. 또는 마음, 행동 따위를 갑작스럽게 바꾸다. ◆ 突变。¶그녀는 부모와 함께 살아야 한다는 말에 표변하였다. =她一听到要跟父母一起住的话，脸色一下子就变了。

표본(標本)【명사】图 ❶ 본보기로 삼을 만한 것. ◆ 样品，样本，榜样。¶그를 성공의 표본으로 삼다. =把他作为成功的榜样。❷ 생물의 몸 전체나 그 일부에 적당한 처리를 가하여 보존할 수 있게 한 것. ◆ 标本。¶이 농원에는 화초 표본이 진열되어 있다. =这个园艺农场陈列着花草标本。❸ 여러 통계 자료를 포함하는 집단 속에서 그 일부를 뽑아내어 조사한 결과로써 본디의 집단의 성질을 추측할 수 있는 통계 자료. ◆ 抽样资料，样本。¶표본을 추출하다. =抽样。

표상(表象)【명사】图 ❶ 본보기. 본을 받을 만한 대상. ◆ 榜样，模范，楷模。¶신체의 장애에 굴하지 않고 성공한 그는 모든 장애인들의 표상이 되었다. =他没有被身体上的残疾打倒，反而取得了成功，成为了所有残疾人的榜样。❷ 대표로 삼을 만큼 상징적인 것. ◆ 象征。¶태극기는 한민족의 표상이다. =太极旗是韩国的象征。

표시[1](標示)【명사】표를 하여 외부에 드러내 보임. ◆ 图标记，记号。¶경계 표시. =警戒标志。● 표시되다(標示--), 표시하다(標示--) ●

표시[2](表示)【명사】겉으로 드러내 보임. ◆ 图表示，表达，表明，表现。¶작은 성의 표시입니다. =表达小小的诚意。● 표시되다(表示--), 표시하다(表示--) ●

표식【명사】무엇을 나타내 보이는 일정한 방식. ◆ 图标记，记号，符号。

표어(標語)【명사】주의, 주장, 강령 따위를 간결하게 나타낸 짧은 어구. ◆ 图标语。¶표어가 붙다. =张贴标语。

표음 문자(表音文字)【명사】말소리를 그대로 기호로 나타낸 문자. 한글, 로마자, 아라비아 문자 따위가 있다. ◆ 图 表音文字。

표의문자(表意文字)【명사】하나하나의 글자가 언어의 음과 상관없이 일정한 뜻을 나타내는 문자. ◆ 图 [语音]表意文字。

표적(標的)【명사】图 ❶ 목표로 삼는 물건. ◆ 目标，靶(子)。¶표적으로 삼다. =当靶子。❷ 표지로 삼는 표. ◆ 记号，标记，符号。¶동그라미를 쳐서 표적을 해 두다. =画个圈作记号。

표절(剽竊)【명사】시나 글, 노래 따위를 지을 때에 남의 작품의 일부를 몰래 따다 씀. ◆ 图剽窃，抄袭。¶표절 작품. =抄袭作品。● 표절하다(剽竊--) ●

표정(表情)【명사】마음속에 품은 감정이나 정서 따위의 심리 상태가 겉으로 드러남. 또는 그런 모습. ◆ 名表情，神情，神色，脸色。¶밝은 표정. =明朗的表情。

표제(標題)【명사】名 ❶ 서책의 겉에 쓰는 그 책의 이름. ◆ 书名。¶상징적인 어휘를 표제로 삼다. =用象征性的词语作书名。❷ 연설이나 담화 따위의 제목. ◆ (演说、讲话等的)标题，题目。¶내일 할 연설에 표제를 붙였다. =给明天的演讲加上标题。❸ 연극 따위의 제목. ◆ (戏剧等的)剧目。❹ 신문이나 잡지 기사의 제목. ◆ (报，杂志等的)标题，题目。¶커다란 표제 아래 그에 대한 기사가 실렸다. =巨大的标题下刊登着关于他的报道。❺ 서적이나 장부 가운데 어떤 항목을 찾기 편리하도록 베푼 제목. ◆ (书、账册等的)标题，题目。¶표제를 체계적으로 분류하다. =把标题系统分类。

표제어(標題語)【명사】名 ❶ 표제가 되는 말. ◆ 标题。❷ 올림말(사전 따위의 표제 항목에 넣어 알기 쉽게 풀이해 놓은 말). ◆ 词条。

표주박(瓢--)【명사】조롱박이나 둥근 박을 반으로 쪼개어 만든 작은 바가지. ◆ 名小瓢。¶표주박을 허리춤에 차다. =腰上挂着小瓢。

표준(標準)【명사】名 ❶ 사물의 정도나 성격 따위를 알기 위한 근거나 기준. ◆ 标准，规格，规范。¶표준 시간. =标准时间。❷ 일반적인 것. 또는 평균적인 것. ◆ 一般水平，平均水平。¶그 사람 정도의 키면 한국 남자의 표준은 된다. =他的事高是韩国男子的平均水平。

표준말(標準-)【명사】표준어. ◆ 名 标准语，规范语。

표준시(標準時)【명사】각 나라나 각 지방에서 쓰는 표준 시각. ◆ 名标准时。

표준어(標準語)【명사】한 나라에서 공용어로 쓰는 규범으로서의 언어. ◆ 名 标准语，规范语。¶공적인 자리에서는 사투리보다는 표준어를 사용해야 한다. =在公共场合不要使用方言，应该使用标准语。

표준화(標準化)【명사】名 ❶ 사물의 정도, 성격 따위를 알기 위한 근거나 기준을 마련함. ◆ 标准化。¶행동 양식의 표준화. =行为方式标准化。❷ 자재나 제품의 종류, 품질, 모양, 크기 따위를 일정한 기준에 따라 통일함. ◆ 标准化。¶공산품의 표준화. =工业产品的标准化。● 표준화되다(標準化--), 표준화하다(標準化--) ●

표지[1](標識)【명사】표시나 특징으로 어떤 사물을 다른 것과 구별하게 함. 또는 그 표시나 특징. ◆ 名标志，标识，标记。¶통행금지 표지. =禁止通告的标志。

표지[2](表紙)【명사】책의 맨 앞뒤의 겉장. ◆ 名封面，书皮。¶표지가 바래고 낡은 책이지만 나에게는 소중하다. =虽然是一本封面都褪了色的旧书，但对我来说却很珍贵。

표지판(標識板)【명사】어떠한 사실을 알리기 위하여 일정한 표시를 해 놓은 판. ◆ 名路标，里程碑，标识牌。¶안내 표지판. =指示路标。

표착(漂着)【명사】名 ❶ 물에 떠서 돌아다니다가 어떤 곳에 닿음. ◆ 停泊，漂流到。❷ '정처없이 떠돌다 어느 곳에 정착함'을 비유함. ◆ 名〈喻〉定居。● 표착하다(漂着--) ●

표창(表彰)【명사】어떤 일에 좋은 성과를 내었거나 훌륭한 행실을 한 데 대하여 세상에 널리 알려 칭찬함. 또는 그것에 대하여 명예로운 증서나 메달 따위를 줌. ◆ 名表彰，表扬，奖励。¶표창을 받다. =受到表彰。● 표창하다(表彰--) ●

표창장(表彰狀)【명사】표창을 하는 내용을 적은 종이. ◆ 名奖状。¶표창장을 받다. =领奖状。

표출(表出)【명사】겉으로 나타냄. ◆ 名表现，表露，流露。¶감정의 표출. =感情的流露。● 표출되다(表出--), 표출하다(表出--) ●

표출시키다(表出---)【동사】밖으로 드러나게 하다. ◆ 动表示，表现，表露，流露。¶잠재능력을 표출시키다. =表现出潜能。

표피(表皮)【명사】名 ❶ 동물체의 표면을 덮고 있는 피부의 상피 조직. ◆ 上皮组织，表皮，皮层。¶생선 표피에 상처가 나면 상품성이 떨어진다. =如果鲜鱼的表皮上有伤，那它的商品性就会大打折扣。❷ 고등 식물체의 표면을 덮고 있는 조직. 한 층에서 몇 층의 세포가 빽빽하게 늘어선 평면적인 조직으로, 식물체 내부를 보호하며 수분의 증발을 방지한다. ◆ 表皮，皮，壳。

표하다[1](表--)【동사】태도나 의견 따위를 나타내다. ◆ 动表示，表达。¶사의(辭意)를 표하다. =表达去意。

표하다[2](標--)【동사】표지로 삼기 위하여 표를 남기다. ◆ 动做标记，做记号。¶읽다가 만 곳을 표해 두다. =在读过的地方做个标记。

표현(表現)【명사】생각이나 느낌 따위가 언어나 몸짓 따위의 형상으로 드러나 나타내어지다. ◆ 名表现，表示，表达。● 표현되다(表現--), 표현하다(表現--) ●

푯말(標-)【명사】어떤 것을 표지하기 위하여 세우는 말뚝. ◆ 名标桩，华表。¶푯말을 세우다. =设置标桩。

푸【부사】副 ❶ 다물었던 입술을 내밀고 조금 벌리며 입김을 내뿜는 소리. 또는 그 모양. ◆ 噗(呼气的声音或样子)。¶한숨을 푸 내쉬다. =噗地呼出一口气。❷ 방귀를 힘없이 뀌는 소리. ◆ 噗(放屁的声音)。

푸근하다【형용사】形 ❶ 두툼한 물건이나 자리 따위가 부드럽고 따뜻하다. ◆ 松软，舒服，柔软。¶푸근한 이불. =柔软的被子。❷ 감정이나 분위기 따위가 부드럽고 따뜻하여 편안한 느낌이 있다. ◆ 温暖，暖乎乎，温馨。¶푸근한 인정미. =让人心里暖乎乎的人情味。❸ 겨울 날씨가 바람이 없고 꽤 따뜻하다. ◆ 温暖，暖和，暖洋洋，暖融融。¶봄날처럼 푸근한 겨울 날씨. =像春天一样暖和的冬日天气。● 푸근히 ●

푸념【명사】마음속에 품은 불평을 늘어놓음. 또는 그런 말. ◆ 名牢骚，抱怨，埋怨。¶푸념 소리. =抱怨声。● 푸념하다 ●

푸다【동사】속에 들어 있는 액체, 가루, 낟알 따위를 떠내다. ◆ 动打，舀，汲，盛。¶우물에서 물을 푸다. =从水井里汲水。

푸대접(-待接)【명사】정성을 들이지 않고 아무렇게나 하는 대접. ◆ 名冷落，亏待，怠慢，冷板凳。¶푸대접을 받다. =受到冷落。● 푸대접하다(-待接--) ●

푸드덕하다【동사】动 ❶ 큰 새가 힘 있게 날개를 치다. ◆ 扑棱，扑棱棱，扑腾。❷ 큰 물고기가 힘 있게 꼬리를 치다. ◆ 扑腾。● 푸드덕, 푸드덕푸드덕, 푸드덕거리다, 푸드덕하다, 푸드덕대다, 푸드덕푸드덕하다 ●

푸들푸들하다【동사】몸이 자꾸 크게 부르르 떨리다. 또는 몸을 자꾸 크게 부르르 떨다. '부들부들하다'보다 거센 느낌을 준다. ◆ 动发抖，战栗，抖动，哆嗦。● 푸들푸들 ●

푸르다【형용사】形 ❶ 맑은 가을 하늘이나 깊은 바다, 풀의 빛깔과 같이 밝고 선명하다. ◆ 青，绿，蓝，碧绿。¶푸른 물결. =碧波。❷ 곡식이나 열매 따위가 아직 덜 익은 상태에 있다. ◆ 青，生，没熟，未熟。¶푸른 과일. =没熟的水果。❸ 세력이 당당하다. ◆ (气势)汹汹。¶푸른 양반. =气势汹汹的两班贵族。❹ 젊음과 생기가 왕성하다. ◆ 有锐气，年富力强。¶한창 푸른 시절을 덧없이 보내다. =虚度风华正茂的青春岁月。❺ 희망이나 포부 따위가 크고 아름답다. ◆ 又大又美。¶푸른 희망. =又大又美的希望。❻ 공기 따위가 맑고 신선하다. ◆ 清新，新鲜。¶푸른 공기를 들이마시다. =呼吸新鲜空气。❼ 서늘한 느낌이 있다. ◆ 冷冰冰，寒意，凉意。¶푸른 목소리. =冷冰冰的声音。

푸르뎅뎅하다【형용사】고르지 않게 푸르스름하다. ◆ 形灰绿，灰蓝，青灰。¶주독(酒毒)과 화장품의 납독으로 낯빛이 푸르뎅뎅하다. =因为吸收了酒和化妆品中的毒素，所以脸色青灰。

푸르르【부사】副 ❶ 크고 거볍게 떠는 모양. ◆ 哆哆嗦嗦，哗啦啦，沙沙。¶눈을 푸르르 떨다. =哗啦啦地抖落雪花。❷ 많은 양의 액체가 거볍게 끓을 때 나는 소리. 또는 그 모양. ◆ 咕嘟，咕嘟咕嘟。¶끓는 물에 재료를 넣고 뚜껑을 덮어서 푸르르 끓이기 시작했다. =往滚水里放好料，盖上盖，开始咕嘟咕嘟地煮。❸ 갑자기 거볍게 성을 내는 모양. ◆ 冲冲，勃然。¶갑자기 푸르르 성을 내다. =突然就怒气冲冲的了。❹ 약간 큰 새 따위가 갑자기 날아갈 때 나는 소리. 또는 그 모양. ◆ 扑棱，扑棱棱。¶새가 푸르르 날아가다. =鸟扑棱棱地飞走了。

푸르스름하다【형용사】조금 푸르다. ◆ 形淡绿，浅绿。¶들녘이 푸르스름하다. =平原上一片淡绿色。● 푸르스레하다 ●

푸르죽죽하다【형용사】칙칙하고 고르지 않게 푸르스름하다. ◆ 形暗绿，青灰，发青。¶추위로 푸르죽죽한 입술이 되다. =冻得嘴唇发青。

푸른곰팡이【명사】자낭균류 진정자낭균목 페니실륨속 곰팡이를 통틀어 이르는 말. ◆ 名 青霉菌。

푸른빛【명사】맑은 가을 하늘이나 깊은 바다, 풀의 빛깔과 같이 맑고 선명한 빛. ◆ 名青，绿，蓝。¶가을이 되니 산들의 푸른빛이 단풍으로 붉게 물들어 간다. =一到秋天，青山就被红叶染成了红色。

푸른색(--色)【명사】맑은 가을 하늘이나 깊은 바다, 풀의 빛깔과 같이 맑고 선명한 색. ◆ 名青色，绿色，蓝色。¶푸른색 청바지. =蓝色牛仔裤。

푸릇푸릇하다【형용사】군데군데 푸르스름하다. ◆ 形淡绿，淡蓝，淡青。¶보리밭이 푸릇푸릇하다. =青青的大麦地。● 푸릇푸릇 ●

푸석하다【형용사】핏기가 없이 약간 부은 듯하고 거칠다. ◆ 形浮肿， 发虚。¶얼굴이 좀 푸석해 보인다. =脸显得有些浮肿。● 푸석푸석, 푸석푸석하다 ●

푸성귀【명사】사람이 가꾼 채소나 저절로 난 나물 따위를 통틀어 이르는 말. ◆ 名蔬菜和野菜，菜。¶푸성귀를 다듬다. =择菜。

푸시시【부사】副 ❶ 몸이 힘없이 천천히 움직이는 모양을 나타냄. ◆ 没精打采，懒洋洋。¶무엇에 홀린 듯 그는 푸시시 일어났다. =他好像被什么迷住了似的，懒洋洋地站了起来。❷ 슬그머니 웃는 모양. ◆ 悄悄地微笑。¶그녀는 나를 보자 푸시시 미소를 지었다. =她一看见我，就悄悄微笑了一下。

푸싱(pushing)【명사】축구, 농구 따위에서, 상대편을 밀어 넘어뜨리는 반칙. ◆ 名 (足球、篮球等)推人犯规。

푸에르토리코(Puerto Rico)【명사】서인도 제도의 대앤틸리스 제도 동쪽 끝에 있는 섬나라. ◆ 名波多黎各。

푸줏간(--間)【명사】예전에, 쇠고기나 돼지고기 따위의 고기를 끊어 팔던 가게. ◆ 名肉店，肉铺。¶푸줏간에 고기가 걸려 있다. =肉店里挂着肉。

푸지다【형용사】매우 많아서 넉넉하다. ◆ 形丰富，丰盛，丰足，多。¶푸지게 먹다. =吃饱喝足。

푸짐하다【형용사】마음이 흐뭇하도록 넉넉하다. ◆ 形丰厚，丰盛，足够。¶푸짐한 상품을 제공하다. =供应丰富的商品。● 푸짐히 ●

푹【부사】副 ❶ 잠이 푸근하게 깊이 들거나 곤한 몸을 매우 흡족하게 쉬는 모양. ◆ 酣，沉，熟。¶잠이 푹 들다. =酣睡。❷ 힘 있게 깊이 찌르거나 쑤시는 모양. ◆ 用力，使劲地，猛。¶칼로 푹 찌르다. =拿刀猛扎。❸ 안의 것이 드러나지 아니하도록 빈틈없이 아주 잘 덮거나 싸는 모양. ◆ 严实。¶아기를 이불로 푹 싸다. =用被子把孩子包得严严实实。❹ 흠씬 익도록 삶거나 고거나 끓이는 모양. ◆ 烂，透。¶푹 삶은 고기. =煮得烂烂的肉。❺ 아주 심하게 썩거나 삭거나 젖은 모양. ◆ (烂)透。¶과일이 푹 썩다. =水果烂透了。❻ 깊고 뚜렷이 팬 모양. ◆ 深深地，深。¶몸살을 앓고 눈이 푹 꺼졌다. =累病了，眼睛都眍进去了。❼ 아주 깊이 빠지거나 잠기는 모양. ◆ 深深，深陷。¶수박을 우물에 푹 담그다. =把西瓜泡在井水里。❽ 힘없이 단번에 쓰러지는 모양. ◆ 无力地，瘫软地，没有劲。¶장난으로 배를 한 번 친 것이 잘못 맞았는지, 친구는 푹 쓰러지고 말았다. =在玩耍过程中打了一下朋友的肚子，不知道是不是失手了，朋友突然晕倒在地了。❾ 삽이나 숟가락 따위로 물건을 아주 많이 떠내는 모양. ◆ 满满，多多。¶숟가락으로 몇 번 푹 떠서 먹으니, 아이스크림 통이 금방 바닥을 보였다. =用勺子舀了满满几勺之后，冰淇淋桶很快就见底了。⑩ 고개를 아주 깊이 숙이는 모양. ◆ 低，低低，低垂。¶고개를 푹 숙이고 걷다. =低着头走路。⑪ 연기나 가루 따위가 세게 쏟아져 나오는 소리. 또는 그 모양. ◆ 飞起，噗，飞扬。¶담배 연기를 푹 내뿜다. =噗地吐出烟圈。⑫ 힘, 능력, 분량 따위가 별안간 많이 줄어든 모양. ◆ 一下子，忽地，突然。¶사기가 푹 떨어지다. =士气突然大减。⑬ 가루나 먼지 따위가 꽤 많이 덮인 모양. ◆ 厚厚。¶얼마나 청소를 안 했는지, 방에 먼지가 푹 쌓여서 발자국이 날 정도이다. =好长时间没打扫了，房里落了厚厚的一层灰，都能留脚印了。● 푹푹 ●

푹신하다【형용사】조금 푸근하게 부드럽고 탄력이 있다. ◆ 副柔软，软绵绵，松软。¶푹신한 양탄자. =松软的地毯。● 푹신푹신, 푹신푹신하다 ●

푹하다【형용사】겨울 날씨가 춥지 않고 퍽 따뜻하다. ◆ 形温暖，暖和。¶겨울답지 않게 날씨가 푹하다. =天暖暖的，一点儿都不像冬天。

푼【의존 명사】依名 ❶ 예전에, 엽전을 세던 단위. 한 푼은 돈 한 닢을 이른다. ◆ 量铜板，大钱。¶그는 몇 년간 이 집에서 머슴을 살고 있지만 새경은커녕 엽전 한 푼 받아 본 적이 없었다. =他虽然在这个家里当了几年的长工，但别说工钱了，连一枚铜板都没见着。❷ 돈을 세는 단위. 스스로 적은 액수라고 여길 때 쓴다. ◆ 量分。¶나는 돈 한 푼 없는 알거지가 되었다. =我成了一分钱也没有的穷光蛋。

푼돈【명사】많지 아니한 몇 푼의 돈. ◆ 名少量的钱，几分钱。¶그런 푼돈으로 무얼 사겠니? =那么几分钱要买什么?

푼수【명사】名 ❶ 상태나 형편. ◆ 状态，处境。¶그녀의 세간 푼수를 보니 그렇게 못사는 것 같지도 않다. =看她家里的境况，也不太像活不下去的样子。❷ 생각이 모자라고 어리석은 사람을 놀림조로 이르는 말. ◆ 笨蛋，傻瓜。¶야, 이 푼수야. 그렇게 아무 말이나 하고 다니면 어떡해. =呀，你这个笨蛋，像你这样什么话都说怎么行。

푼푼이【부사】한 푼씩 한 푼씩. ◆ 副一分一分地。¶푼푼이 번 돈을 노름 한판에 다 날리다. =一分一分赚的钱在一场赌博上都输光了。

풀[1](pool)【명사】수영장. ◆ 名游泳场，游泳池。

풀[2]【명사】세찬 기세나 활발한 기운. ◆ 名气势，气魄，锐气。¶어떠한 일이 있더라도 풀 죽지 마. =就算真有什么事，也不要气馁。

풀[3]【명사】쌀이나 밀가루 따위의 전분질에서 빼낸 끈끈한 물질. 무엇을 붙이거나 피륙 따위를 빳빳하게 만드는 데 쓴다. ◆ 名糨糊。¶풀을 쑤다. =打糨糊。

풀[4]【명사】초본 식물을 통틀어 이르는 말. 목질(木质)이 아니어 줄기가 연하고, 대개 한 해를 지내고 죽는다. ◆ 名草。¶밭에 풀이 나다. =地上长草了。

풀기(-氣)【명사】名 ❶ 옷이나 피륙 따위에 밴 풀의 빳빳한 기운. ◆ (衣服、布匹等因上过浆)平展，硬邦邦。¶풀기가 깔깔한 홑이불을 덮고 자다. =盖着浆得平展粗糙的被单睡。❷ 잘 붙는 끈끈한 성질이나 차진 기운. ◆ 黏性，黏度。¶풀기가 없는 밥. =没有黏性的米饭。

풀꽃【명사】풀에 피는 꽃. ◆ 名野草的花。¶이름 모를 풀꽃이 아름답게 피어있다. =不知名的野花美丽地绽放着。

풀다【동사】动 ❶ 묶이거나 감기거나 얽히거나 합쳐진 것 따위를 그렇지 아니한 상태로 되게 하다. ◆ 解，解开，打开。¶보따리를 풀다. =打开包袱。❷ 어떤 감정이나 분노 따위를 누그러뜨리다. ◆ 解，消，化解，消除。¶분을 풀다. =消气。❸ 마음에 맺혀 있거나 품고 있는 것을 이루다. ◆ 成就，了却。¶소원을 풀다. =了却心愿。❹ 모르거나 복잡한 문제 따위를 알아내거나 해결하다. ◆ 解开，解决，化解，解。¶궁금증을 풀다. =化解忧虑。❺ 금지되거나 제한된 것을 할 수 있도록 터놓다. ◆ 开，解除。¶구금을 풀다. =解除拘禁。❻ 피로나 독기 따위를 없어지게 하다. ◆ 解，消除。¶노독을 풀다. =消除旅途疲劳。❼ 사람을 동원하다. ◆ 派，派出，出动，动员。¶수색을 하기 위하여 병졸을 풀다. =派战士前去搜索。❽ 콧물을 밖으로 나오게 하다. ◆ 擤。¶코를 풀다. =擤鼻涕。❾ 어려운 것을 알기 쉽게 바꾸다. ◆ 解释。¶어려운 말은 알아들을 수 있게 풀어서 이야기하겠습니다. =我会把难理解的地方用您能听懂的话解释给您听。⑩ 긴장된 상태 분위기 표정 따위를 부드럽게 하다. ◆ 松，放松，松弛，舒活。¶막내도 자기가 잘못했다고 하니 이제 그만 얼굴 푸세요, 아버지. =老小也说自己错了，您就别再这样了，给个笑脸吧，爸爸。⑪ 액체에 다른 액체나 가루 따위를 섞다. ◆ 溶化，溶解，冲，化，泡。¶팔팔 끓는 물에 된장을 풀다. =大酱溶在了咕嘟咕嘟的沸水中。

풀려나다【동사】억압받던 상태에서 벗어나 자유로운 상태가 되다. ◆ 动 (被)……放开。¶납치범에게 인질로 잡혔던 승객 대부분이 무사히 풀려났다. =被劫机犯抓作人质的大部分乘客都被平安地解救出来。

풀리다【동사】动 ❶ 묶이거나 감기거나 얽히거나 합쳐진 것 따위를 그렇지 아니한 상태로 되게 하다. ◆ 解，解开，打开。¶매듭이 풀리다. =结解开了。❷ 어떤 감정이나 분노 따위를 누그러뜨리다. ◆ 解，消，化解，消除。¶분이 풀리다. =解恨。❸ 마음에 맺혀 있거나 품고 있는 것을 이루다. ◆ 动成就，了却。¶소원이 풀리다. =了却心愿。❹ 모르거나 복잡한 문제 따위를 알아내거나 해결하다. ◆ 解开，解决，化解，解。¶문제가 잘 풀리다. =题解得很漂亮。❺ 금지되거나 제한된 것을 할 수 있도록 터놓다. ◆ 开，解除。¶통행금지가 풀리자 서울 밤은 불야성을 이루게 되었다. =通禁一解除，首尔就变成了一座不夜城。❻ 피로나 독기 따위를 없어지게 하다. ◆ 解，消除。¶따끈한 욕탕에 들어앉으니 쌓인 피로가 일시에 풀리는 것 같았다. =坐到暖暖的浴池里，积累的疲劳好像一下子全没了。

❼ 긴장된 상태 분위기, 표정 따위를 부드럽게 하다. ◆ 松，放松，松弛。¶환한 방에 들어서자 마음이 좀 놓이는지 굳었던 얼굴이 풀리기 시작하였다. =进入到明亮的房间里，心就好像放下了，绷得紧紧的脸也开始缓和了下来。❽ 액체에 다른 액체나 가루 따위를 섞다. ◆ 溶化，溶解，冲，化，泡。¶이번에 새로 산 물감은 물에 잘 풀린다. =这次新买的颜料很容易用水化开。❾ 얼었던 것이 녹다. ◆ 融化，消融，化冻，解冻。¶한강의 얼음이 풀렸다. =汉江的冰融化了。

풀무【명사】불을 피울 때에 바람을 일으키는 기구. 골풀무와 손풀무 두 가지가 있다. ◆ 名风箱。¶풀무로 불을 피우다. =拉风箱吹火。

풀무치【명사】메뚜깃과의 곤충. 몸의 길이는 4.8~6.5cm 정도이며, 누런 갈색 또는 초록색이고 앞날개에 불규칙한 검은 갈색 무늬가 있다. ◆ 名 蝈蝈。

풀밭【명사】잡풀이 많이 난 땅. ◆ 名草地，草坪。¶풀밭에서 뛰놀다. =在草地上蹦蹦跳跳地玩耍。

풀벌레【명사】풀숲에서 사는 벌레를 통틀어 이르는 말. ◆ 名草虫。¶여름밤의 풀벌레 우는 소리. =夏夜草虫鸣叫的声音。

풀빛【명사】풀의 빛깔과 같은 진한 연둣빛. ◆ 名草色，绿色，草绿色。¶봄이 되자 누렇던 잔디가 어느새 풀빛으로 변해 갔다. =一到春天，枯黄的草坪不知不觉地换上了绿装。

풀뿌리【명사】풀의 뿌리. ◆ 名草根。

풀숲【명사】풀이 무성한 수풀. ◆ 名草丛，草堆。¶풀숲에 숨다. =躲在草丛里。

풀썩【부사】副 ❶ 연기나 먼지 따위가 조금씩 뭉키어 한 번 일어나는 모양. ◆ 噗，团团地，飞飞扬扬地。¶모닥불에 물을 끼얹자 검은 연기가 풀썩 솟아올랐다. =把水往篝火上一泼，黑烟就团团地升了起来。❷ 맥없이 마구 주저앉거나 내려앉는 모양. ◆ 无力地，瘫软地。¶딸의 사고 소식을 들은 어머니는 맨땅에 그대로 풀썩 주저앉고 말았다. =听到女儿出事的消息，妈妈一下子瘫坐在了地上。

풀어내다【동사】动 ❶ 얽힌 것이나 얼크러진 것을 끌러 내다. ◆ 解开，拆开，理出。¶엉킨 실몽당이를 풀어내다. =解开乱成一团的线团。❷ 복잡하거나 어려운 문제나 일 따위를 깊이 파고들어 밝혀내다. ◆ 解决，解开。¶아무도 못 푼 문제를 내가 풀어냈다. =没人能解决的问题让我给解决了。❸ 오해를 없애다. ◆ 化解，消释。¶두 사람 사이에 있었던 오해를 말끔히 풀어냈다. =彻底化解了两人之间的误会。

풀어놓다【동사】어떤 목적을 위하여 사람을 널리 동원하다. ◆ 动派遣，派出，派。¶그들은 산업 스파이를 잡기 위하여 사람들을 풀어놓고 뒷조사를 시작하였다. =为了抓住商业间谍，他们开始派人进行秘密调查。

풀어지다【동사】动 ❶ 묶이거나 얽힌 것이 그렇지 아니한 상태로 되다. ◆ 散开，被解开，解。¶옷고름이 풀어지다. =衣带散开了。❷ 뭉친 것이나 단단한 것 따위가 엉길 힘이 없이 느슨하게 되다. ◆ 松弛，懈怠。¶안마를 받으니까 긴장된 근육이 풀어졌다. =按摩完后，紧张的肌肉松弛了下来。❸ 마음에 맺혀 있는 것이 해결되어 없어지다. ◆ 解开，消除，解除。¶긴장이 풀어지다. =消除紧张。❹ 복잡하거나 어려운 문제나 일이 밝혀지거나 해결되다. ◆ 解决，解开。❺ 눈동자가 초점이 없이 흐리멍덩해지다. ◆ (视力)模糊。¶아이가 졸린지 벌써 눈이 풀어졌다. =孩子可能是困了，眼睛老早就睁不开了。❻ 추위가 누그러지다. ◆ 暖和，变暖。¶날씨가 풀어지다. =天气暖和起来。❼ 금지되거나 제한된 것 따위가 터놓아지다. ◆ 开，解除。¶규제가 풀어지다. =规定解除了。❽ 어떤 물질이 액체에 잘 섞이다. ◆ 泡开，溶解，溶化，化开。¶물감이 물에 잘 풀어지다. =颜料很容易用水泡开。

풀이【명사】名 ❶ 모르거나 어려운 것을 알기 쉽게 밝히어 말하는 일. ◆ 解释，分析。¶그의 강의는 글귀마다 풀이가 철저해서 학생들이 쉽게 이해할 수 있었다. =他讲课的时候每一句都讲解得很透彻，所以学生们很容易理解。❷ 어떤 문제가 요구하는 결과를 얻어 내는 일. 또는 그 결과. ◆ 名 解答，解。● 풀이되다, 풀이하다 ●

풀이말【명사】서술어로 한 문장에서 주어의 움직임, 상태, 성질 따위를 서술하는 말. "철수가 웃는다."에서 '웃는다', "철수는 점잖다."에서 '점잖다', "철수는 학생이다."에서 '학생이다'와 같이 주로 동사, 형용사, 서술격 조사의 종결형으로 나타난다. ◆ 名 谓语。

풀잎【명사】풀의 잎. ◆ 名草叶。¶풀잎에 맺힌 이슬이 영롱하다. =草叶上凝结着的露珠玲珑剔透。

풀장(pool場)【명사】수영장. ◆ 名游泳场，游泳池，泳池。¶집 뒤편에 근사한 풀장이 있다. =家后面有个不错的游泳池。

풀쩍풀쩍【부사】副 ❶ 문 따위를 급작스레 한 번 열거나 닫는 모양. ◆ 哗啦。❷ 약간 크고 무거운 것이 세차고 둔하게 한 번 뛰어 오르는 모양. ◆ 蹦蹦跳跳的样子。

풀칠(-漆)【명사】名 ❶ 종이 따위를 붙이려고 무엇에 풀을 바르는 일. ◆ 刷糨糊，抹糨糊，上胶。¶풀칠이 잘 안되어서 도배지가 떨어진다. =糨糊刷得不好，壁纸都脱落了。❷ 겨우 끼니를 이어 가는 일. ◆ 俚糊口。¶먼저 살던 동네에서는 뼈 빠지게 일해야 세끼 풀칠이 고작이었습니다. =在原先住的村子里，即使再怎么拼命干活，也只能是混口饭吃的程度。● 풀칠하다(-漆--) ●

풀풀【부사】副 ❶ 눈이나 먼지, 연기 따위가 흩날리는 모양. ◆ 纷纷，扑啦。¶눈이 풀풀 날린다. =雪花飞舞。❷ 몹시 날쌔고 기운차게 자꾸 뛰거나 나는 모양. ◆ 噗噜噜，扑棱棱，扑拉扑拉。¶몸이 가벼워서 풀풀 나는 것 같다. =身体轻飘飘的，好像要飞起来。❸ 물이 심하게 끓어오르는 모양. ◆ 咕嘟咕嘟。¶물이 풀풀 끓다. =水咕嘟咕嘟地开了。❹ 냄새 따위가 자꾸 나는 모양. ◆ (气味等)散发的样子。¶불길은 잡았지만 매캐한 연기 냄새는 풀풀 났다. =虽然扑灭了火苗，但火场仍不时地散发出呛人的烟味。

풀피리【명사】풀잎피리. ◆ 图草笛，草叶哨。¶풀피리를 불다. =吹草笛。

품[1]【명사】어떤 일에 드는 힘이나 수고. ◆ 图工，劲，力气。¶이 일은 품이 많이 듭니다. =这个活很费劲。

-품[2]**(品)**【접사】'물품', 또는 '작품'의 뜻을 더하는 접미사. ◆ 后缀 品。¶가공품. =加工品。

품[3]【명사】图 ❶ 윗옷의 겨드랑이 밑의 가슴과 등을 두르는 부분의 넓이. ◆ 胸围。¶겨울옷은 품이 넉넉해야 다른 옷을 껴입을 수 있다. =冬天的衣服肥点才能套在其他衣服外面穿。❷ 윗옷을 입었을 때 가슴과 옷 사이의 틈. ◆ 怀里，胸前。¶칼을 품에 품다. =把刀揣在怀里。❸ 두 팔을 벌려서 안을 때의 가슴. ◆ 怀，怀抱。¶아기가 엄마의 품에서 잔다. =孩子在妈妈的怀里睡着了。❹ 따뜻한 보호를 받는 환경을 비유적으로 이르는 말. ◆〈喻〉怀抱。¶조국의 품에 안기다. =投进祖国的怀抱。

품[4]【의존 명사】행동이나 말씨에서 드러나는 태도나 됨됨이. ◆ 依名样子，情况。¶말하는 품이 어른 같다. =说话的样子像个大人。

품격(品格)【명사】图 ❶ 사람 된 바탕과 타고난 성품. ◆ 品格，品性，品行，人格，品德。¶품격 이 높다 정치. =品格高尚。❷ 사물 따위에서 느껴지는 품위. ◆ 风格，格调，品位。¶품격 높은 상품. =高品位的商品。

품귀(品貴)【명사】물건을 구하기 어려움. ◆ 图缺货，物品紧缺。¶더위가 심해서 선풍기가 품귀 현상을 빚고 있다. =由于天气炎热，风扇出现了缺货现象。

품다【동사】动 ❶ 품속에 넣거나 가슴에 대어 안다. ◆ 怀，抱，怀抱，怀揣。¶비수를 품다. =怀揣匕首。❷ 남에게 보이지 않도록 품속에 넣어 지니다. ◆ 藏。❸ 기운 따위를 지니다. ◆ 带着，具有。¶물기를 품고 있는 바닥은 미끄러지기 쉽다. =潮湿的地面容易打滑。❹ 원한, 슬픔, 기쁨, 생각 등을 마음속에 가지다. ◆ 怀，含，记，抱。¶의심을 품다. =怀疑。

품명(品名)【명사】물품의 이름. ◆ 图物品的名称。

품목(品目)【명사】图 ❶ 물품의 이름을 쓴 목록. ◆ 货单，清单。¶수출 품목. =出口货单。❷ 물품 종류의 이름. ◆ 种类，品种。¶품목이 다양하다. =品种多样。

품사(品詞)【명사】단어를 기능, 형태, 의미에 따라 나눈 갈래. 현재 한국의 학교 문법에서는 명사, 대명사, 수사, 조사, 동사, 형용사, 관형사, 부사, 감탄사의 아홉 가지로 분류한다. ◆ 图 词类，词性。

품삯【명사】품을 판 대가로 받거나, 품을 산 대가로 주는 돈이나 물건. ◆ 图工钱，报酬，工资，佣金。¶품삯을 받다. =领工钱。

품새【의존명사】품(행동이나 말씨에서 드러나는 태도나 됨됨이). ◆ 依名样子，情况。¶그녀가 화장을 하고 옷을 차려 입은 품새를 보니 또 어디를 가는 모양이다. =看她化完妆穿好衣服的样子，好像又是要去哪儿。

품성[1]**(品性)**【명사】품격과 성질을 아울러 이르는 말. ◆ 图品质，品性，品格。¶고결한 품성. =高洁的品格。

품성[2]**(稟性)**【명사】타고난 성질. ◆ 图秉性，本性。¶김 씨는 품성이 온화하고 겸손해서 젊은 사람들이 모두 좋아한다. =小金秉性温和、谦虚，年轻人都喜欢他。

품세【명사】태권도에서, 공격과 방어의 기본 기술을 연결한 연속 동작. ◆ 图 套路，路数。

품앗이【명사】힘든 일을 서로 거들어 주면서 품을 지고 갚고 하는 일. ◆ 图互助，换工。¶우리 마을은 품앗이로 일을 한다. =我们村互助劳动。● 품앗이하다 ●

품위(品位)【명사】图 ❶ 사람이 갖추어야 할 위엄이나 기품. ◆ 品德，品格，修养。¶품위가 있다. =有修养。❷ 사물이 지닌 고상하고 격이 높은 인상. ◆ 格调，品位。¶세련되고 품위 있는 가구. =既简洁又有格调的家具。

품절(品切)【명사】물건이 다 팔리고 없음. ◆ 图售完，缺货，脱销，断货。¶밀가루는 품절입니다. =面粉缺货了。● 품절되다(品切--) ●

품종(品種)【명사】图 ❶ 물품의 종류. ◆ 品种，种，品类。¶우리 가게에서 취급하는 물건의 품종이 많이 늘어났다. =我们店销售的商品种类增加了很多。❷ 생물 분류학상, 종(種)의 하위 단위. 아종, 변종 또는 식물에서 유전적 개량을 통하여 생긴 새로운 개체군을 이른다. ◆ 图 品种。

품질(品質)【명사】물건의 성질과 바탕. ◆ 图质地，品质，质量。¶품질이 뛰어나다. =品质卓越。

품팔이【명사】图 ❶ 품삯을 받고 남의 일을 해 주는 일. ◆ 打短工，打零工。¶품팔이를 나가다. =去打零工。❷ 품삯을 받고 남의 일을 해 주는 사람. ◆ 零工，临时工。

품팔이꾼【명사】품팔이로 살아가는 사람. ◆ 图临时工，零工。¶직장을 잃어 품팔이꾼 생활을 시작한 지 석 달이 되었다. =丢了工作以后，开始干临时工，已经干了三个月了。

품평(品評)【명사】물건이나 작품의 좋고 나쁨을 평함. ◆ 图鉴定，品评。¶이 작품에 대한 품평은 그다지 좋지 않다. =对这篇作品的评价不太好。● 품평하다(品評--) ●

품평회(品評會)【명사】물건이나 작품의 좋고 나쁨을 평하는 모임. ◆ 图评选会，鉴定会。¶품평회를 열다. =开品评会。

품행(品行)【명사】품성과 행실을 아울러 이르는 말. ◆ 图品行，行为。¶품행이 방정하다. =品行端正。

풋[1]**-**【접사】前缀 ❶ '처음 나온', 또는 '덜 익은'의 뜻을 더하는 접두사. ◆ 青，生，嫩。¶풋감. =青柿子。❷ '미숙한', '깊지 않은'의 뜻을 더하는 접두사. ◆ 未熟的，不深，不透。¶풋사랑. =初恋。

풋[2]【부사】갑자기 짧은 웃음을 터뜨리는 소리. ◆ 副哧，扑哧。

풋고추【명사】아직 익지 아니한 푸른 고추. ◆ 图青

辣椒，青椒。¶풋고추를 듬성듬성 썰어 넣은 된장찌개. =放了很多青辣椒的大酱汤。

풋과일【명사】아직 덜 익은 과실. ◆ 图未熟透的水果，伏果。¶설익은 풋과일을 잘못 먹으면 배앓이를 한다. =吃没熟的水果会肚子疼。

풋내【명사】图❶ 새로 나온 푸성귀나 풋나물 따위로 만든 음식에서 나는 풀 냄새. ◆ 清香味。¶향긋한 풋내. =淡淡的清香味。❷ 경험이 적거나 다 자라지 못한 어린 티를 비유적으로 이르는 말. ◆〈喻〉稚气，幼稚。¶그는 덩치는 크지만 아직 풋내가 난다. =他虽然是个大块头，但人却还很幼稚。

풋내기【명사】图❶ 경험이 없어서 일에 서투른 사람. ◆ 新手，生手，初出茅庐的人。¶이번에 풋내기 몇이 새로 들어왔다. =这次新来了几个新手。❷ 차분하지 못하여 객기를 잘 부리는 사람. ◆ 不老练，生疏，不熟练。❸ 새로 들어온 사람. ◆ 新人。

풋사랑【명사】图❶ 어려서 깊이를 모르는 사랑. ◆ 初恋。¶학창 시절 풋사랑의 대상이었던 선생님. =上学时开始初恋的那位老师。❷ 정이 덜 들고 안정성이 없는 들뜬 사랑. ◆ 情窦初开。

풋풋하다【형용사】풋내와 같이 싱그럽다. ◆ 形新鲜，清爽。¶풋풋한 봄나물. =新鲜的春菜。

풍[1](風)【명사】허풍. ◆图吹牛，夸口，夸张。¶풍을 치다. =吹牛。

풍[2](風)【명사】图❶ 발병 요인으로서 풍사(風邪)를 이르는 말. ◆ 风。❷ 풍사로 인하여 생긴 풍증. 중풍, 구안괘사, 전신 마비, 언어 곤란 따위의 증상을 이른다. ◆ 风，风病。¶풍이 들다. =患风病。

-풍[3](風)【접사】'그러한 풍속이나 양식, 풍채' 따위를 나타냄. ◆ 后缀 风气，样式，样子。¶학자풍. =学者风范。

풍경[1](風景)【명사】图❶ 경치(景致). ◆ 风景，风光，景色，景致，景物。¶풍경이 아름답다. =风景优美。❷ 어떤 정경이나 상황. ◆ 情景，景象。¶밤기차 속의 풍경. =夜行火车里的情景。

풍경[2](風磬)【명사】처마 끝에 다는 작은 종. 속에는 붕어 모양의 쇳조각을 달아 바람이 부는 대로 흔들리면서 소리가 난다. ◆ 图风铃。¶바람에 우는 풍경 소리가 은은하게 들린다. =隐隐听到风铃随风飘动。

풍경화(風景畫)【명사】자연의 경치를 그린 그림. ◆ 图 风景画。¶한 폭의 풍경화. =一幅风景画。

풍광(風光)【명사】图❶ 경치(景致). ◆ 风光，风景，景色，景致。¶자연의 풍광을 담은 사진. =自然风光的照片。❷ 사람의 용모와 품격. ◆ 容貌和品格。

풍구(風-)【명사】图❶ 풀무. ◆ 风箱。¶왕겨를 아궁이에 가득 넣고 풍구로 불을 붙였다. =往灶眼里放满粗糠后，用风箱吹火。❷ 곡물에 섞인 쭉정이, 겨, 먼지 따위를 날려서 제거하는 농기구. ◆ 图 风选机。

풍금(風琴)【명사】페달을 밟아서 바람을 넣어 소리를 내는 건반 악기. ◆ 图 风琴。¶풍금을 치다. =弹风琴。

풍기(風紀)【명사】풍속이나 풍습에 대한 기율. 특히 남녀가 교제할 때의 절도를 이른다. ◆ 图风纪，风气。¶풍기를 바로잡다. =纠正风纪。

풍기다【동사】动❶ 냄새가 나다. 또는 냄새를 퍼뜨리다. ◆ 散发，发出，发。¶악취가 풍기다. =散发着臭气。❷ 어떤 분위기가 나다. 또는 그런 것을 자아내다. ◆ 散发。¶야성미가 풍기는 몸짓. =散发出野性美的身体动作。❸ 겨, 검불, 먼지 따위가 날리다. 또는 그런 것을 날리다. ◆ 扬起。¶비포장길로 버스가 지나가자 먼지가 풍겼다. =公共汽车一过土路，就扬起一片灰尘。

풍년(豐年)【명사】图❶ 곡식이 잘 자라고 잘 여물어 평년보다 수확이 많은 해. ◆ 丰年，丰收年，好年景。¶금수강산에 풍년이 들다. =锦秀河山迎来了丰年。❷ 어떤 선물이 매우 많거나 사물의 소득이 매우 많은 경우를 비유적으로 이르는 말. ◆〈喻〉丰收年，大丰收。¶돼지고기 풍년을 만나다. =遇上了猪肉大丰收。

풍덩【부사】크고 무거운 물건이 깊은 물에 떨어지거나 빠질 때 무겁게 한 번 나는 소리. ◆ 副扑通。¶동네 아이들은 점심을 먹자마자 동네 앞 개울물로 풍덩 들어가 자맥질을 하곤 했다. =村里的孩子们经常一吃完午饭，就扑通扑通地跳进村前的小溪里扎猛子。● 풍덩풍덩 ●

풍뎅이【명사】머리에 쓰는 방한구의 하나. 모양이 남바위와 비슷하나 가를 좁은 모피로 꾸민 점이 다르다. ◆ 图风帽，风雪帽。

풍랑(風浪)【명사】图❶ 바람과 물결을 아울러 이르는 말. ◆ 风和浪。❷ 해상에서 바람이 강하게 불어 일어나는 물결. 바람으로 해수면이 거칠어지고 높아져 뾰족한 삼각형을 이룬다. ◆ 图 波涛，风浪。¶풍랑이 일다. =海上起风浪了。

풍력(風力)【명사】图❶ 바람의 세기. ◆ 风势，风力。❷ 동력으로서의 바람의 힘. ◆ 风力，风能。

풍력발전(風力發電)【명사】바람으로 풍차를 회전하여 전기를 일으키는 방법. ◆ 图 风力发电。

풍로(風爐)【명사】图❶ 화로의 하나. 흙이나 쇠붙이로 만드는데, 아래에 바람구멍을 내어 불이 잘 붙게 하였다. ◆ 炉子，风炉，火炉。¶어머니는 풍로에 불을 붙이려고 부채질을 한다. =妈妈扇扇子给炉子点火。❷ 석유나 전기 따위를 이용하는 취사용 도구. ◆ 炉子，炉。

풍류(風流)【명사】멋스럽고 풍치가 있는 일. 또는 그렇게 노는 일. ◆ 图风流，潇洒。¶멋과 풍류의 고장. =充满情趣和风流的地方。

풍류객(風流客)【명사】풍류를 즐기는 사람. ◆ 图文人雅士，风流人物。¶이곳은 경치가 좋아서 풍류객들이 자주 찾는다. =此地风景优美，文人雅士常常到访。

풍만하다(豐滿--)【형용사】形❶ 풍족하여 그득하다. ◆ 丰富，丰盛，充足。❷ 몸에 살이 탐스럽게 많다. ◆ 丰满，丰腴，丰盈。¶풍만한 가슴. =丰满的胸部。

풍문(風聞)【명사】바람처럼 떠도는 소문. ◆ 图谣言，谣传，传言，传闻。¶풍문이 나돌다. =谣言传开。

풍물(風物)【명사】图 ❶ 경치(景致). ◆ 景物，风景。¶그들은 산천 풍물을 구경했다. =他们浏览山川风景。❷ 어떤 지방이나 계절 특유의 구경거리나 산물. ◆ 风物。¶풍물 기행. =风物纪行。❸ 풍물놀이에 쓰는 악기를 통틀어 이르는 말. 꽹과리, 태평소, 소고, 북, 장구, 징 따위이다. ◆ 农乐器(打韩国农乐时使用的乐器)。¶풍물 소리가 요란하다. =农乐声杂乱无章。

풍미(風味)【명사】图 ❶ 음식의 고상한 맛. ◆ 风味。¶조미료를 많이 쓰면 음식의 풍미가 없어진다. =调味料放太多的话，就没有食物自身的风味了。❷ 멋지고 아름다운 사람 됨됨이. ◆ 丰姿，风采。¶풍미가 넘치는 사람. =丰姿绰约的人。● 풍미하다(風靡--) ●

풍부하다(豐富--)【형용사】넉넉하고 많다. ◆ 形 丰富，富饶，丰盛。¶풍부한 자원. =丰富的资源。● 풍부히(豐富-) ●

풍비박산(風飛雹散)【명사】사방으로 날아 흩어짐. ◆ 图支离破碎，烟消云散。¶사업의 실패로 풍비박산이 된 집안을 수습하다. =让因事业失败而支离破碎的家庭重新振作起来。● 풍비박산하다(風飛雹散--) ●

풍상(風霜)【명사】图 ❶ 바람과 서리를 아울러 이르는 말. ◆ 风霜。¶풍상에도 끄떡없는 대를 보라. =看看这在风霜中毫不动摇的翠竹吧。❷ 많이 겪은 세상의 어려움과 고생을 비유적으로 이르는 말. ◆〈喻〉风霜，折磨，艰难困苦。¶모진 풍상을 겪다. =历经风霜。

풍선(風船)【명사】图 ❶ 기구(氣球). ◆ 气球。❷ 고무풍선. ◆ 橡皮气球。¶풍선을 불다. =吹气球。

풍설(風說)【명사】풍문. 바람처럼 떠도는 소문. ◆ 图 传闻，谣言，谣传，传言。¶공연한 풍설로 마음고생이 심하다. =因无凭无据的谣言而内心痛苦。

풍성(豐盛)【명사】넉넉하고 많음. 또는 그런 느낌. ◆ 图丰盛，丰富，富裕，充足。● 풍성하다(豐盛--), 풍성히(豐盛-) ●

풍속[1](風速)【명사】바람의 속도. 지상 10미터에서 어떤 시각의 10분 전에 측정한 것을 이른다. ◆ 图风速，风力。¶오늘 순간 최대 풍속이 7미터나 되었다. =今天瞬间最大风速达到7米。

풍속[2](風俗)【명사】图 ❶ 옛날부터 그 사회에 전해 오는 생활 전반에 걸친 습관 따위를 이르는 말. ◆ 风俗，习俗。¶풍속이 다르다. =风俗不同。❷ 그 시대의 유행과 습관 따위를 이르는 말. ◆ 风尚。¶혼수를 심하게 따지는 결혼 풍속은 사라져야 한다. =过分计较嫁妆的风俗应该消亡。

풍속계(風速計)【명사】풍력계(바람의 세기를 측정하는 기계). ◆ 图风速表。

풍속도(風俗圖)【명사】그 시대의 세정과 풍습을 그린 그림. ◆ 图 风俗画。

풍속화(風俗畫)【명사】풍속도. ◆ 图 风俗画。

풍수(風水)【명사】图 ❶ 바람과 물. ◆ 风和水。❷ 사람의 행복과 불행이 달려 있다고 하는 집터, 묏자리 따위를 판단하여 정하는 기술. ◆ 风水。

풍수지리(風水地理)【명사】지형이나 방위를 인간의 길흉화복과 연결시켜, 죽은 사람을 묻거나 집을 짓는 데 알맞은 장소를 구하는 이론. ◆ 图 风水观念。

풍습(風習)【명사】풍속과 습관을 아울러 이르는 말. ◆ 图风俗，习俗，风俗习惯。¶우리 민족 고유의 전통과 풍습. =我们民族固有的传统和习俗。

풍악(風樂)【명사】예로부터 전해 오는 한국 고유의 음악. 주로 기악을 이른다. ◆ 图 风乐，民乐(韩国传统音乐)。¶풍악을 울리다. =演奏民乐。

풍요(豐饒)【명사】흠뻑 많아서 넉넉함. ◆ 图丰饶，富饶，富足。¶정신적 풍요. =精神上的富足。● 풍요롭다(豐饒--), 풍요하다(豐饒--) ●

풍운(風雲)【명사】图 ❶ 바람과 구름을 아울러 이르는 말. ◆ 风云。¶풍운의 조화를 부릴 줄 아는 신선의 경지에 이르다. =到了能呼风唤雨的神仙地步。❷ 용이 바람과 구름을 타고 하늘로 오르는 것처럼 영웅호걸들이 세상에 두각을 나타내는 좋은 기운. ◆ 风潮。¶풍운을 타다. =弄潮。❸ 사회적, 정치적으로 세상이 크게 변하려는 기운을 비유적으로 이르는 말. ◆〈喻〉形势，趋势，时势。¶나라 안팎에 감도는 풍운이 심상치 않다. =国内外形势不同寻常。

풍운아(風雲兒)【명사】좋은 때를 타고 활동하여 세상에 두각을 나타내는 사람. ◆ 图风云人物。¶3, 1 운동은 그를 풍운아로 만들었다. =3·1运动使他成为风云人物。

풍자(諷刺)【명사】图 ❶ 남의 결점을 다른 것에 빗대어 비웃으면서 폭로하고 공격함. ◆ 讽刺，讥讽，挖苦。¶그들의 이야기는 나에 대한 풍자로 가득 차 있다. =他们的话里充满了对我的讽刺。❷ 문학 작품 따위에서, 현실의 부정적 현상이나 모순 따위를 빗대어 비웃으면서 씀. ◆ 讽刺。¶그의 소설은 풍자와 해학으로 우리 사회의 병폐를 표출했다. =他的小说用讽刺和戏谑手法描写了社会中的弊病。● 풍자하다(諷刺--) ●

풍작(豐作)【명사】농작물의 수확이 평년작을 훨씬 웃도는 일. 또는 그렇게 지은 농사. ◆ 图丰收。¶올해는 비가 적당히 와서 풍작이 예상된다. =今年雨量适当，预计农作物会丰收。

풍전등화(風前燈火)【명사】바람 앞의 등불이라는 뜻으로, 사물이 매우 위태로운 처지에 놓여 있음을 비유적으로 이르는 말. ◆ 图 风中之烛。〈喻〉十分危急的处境。

풍조(風潮)【명사】图 ❶ 바람과 조수(潮水)를 아울러 이르는 말. 또는 바람에 따라 흐르는 조수. ◆ 风潮，浪潮。❷ 시대에 따라 변하는 세태. ◆ 图潮流，风气。¶과소비 풍조. =过度消费的风气。

풍족하다(豐足--)【형용사】매우 넉넉하여 부족함이 없다. ◆ 形丰饶，富足，殷实。● 풍족히(豐足-) ●

풍진(風疹)【명사】홍역과 비슷한 발진성 급성 피부 전염병의 하나. ◆ 图 风疹，风痧。

풍차(風車)【명사】图❶ 바람의 힘을 기계적인 힘으로 바꾸는 장치. ◆ 风车。❷ 팔랑개비. ◆ 风车，风轮(一种玩具)。❸ '풍구'의 잘못. ◆ "풍구" 之误。

풍채(風采)【명사】드러나 보이는 사람의 겉모양. ◆图风采，风姿，神采。¶풍채가 좋다. =风采动人。

풍치(風致)【명사】图 ❶ 훌륭하고 멋진 경치. ◆ 风景，景致，美景。¶이렇게 풍치 좋은 곳이 또 어디에 있겠는가? =风景如此优美的地方哪儿还有? ❷ 격에 맞는 멋. ◆ 风情，韵致。¶자연스럽게 자란 소나무가 고택의 풍치를 더해주었다. =自然生长的松树更增添了古宅的韵致。

풍토(風土)【명사】图 ❶ 어떤 지역의 기후와 토지의 상태. ◆ 水土，气候和土质。¶이 지역의 풍토에 맞게 농사를 지어야 한다. =要种植符合此地水土的农作物。❷ 어떤 일의 바탕이 되는 제도나 조건을 비유적으로 이르는 말. ◆〈喻〉成为根基的制度条件。¶정치 풍토. =政治生态。

풍토병(風土病)【명사】어떤 지역의 특수한 기후나 토질로 인하여 발생하는 병. ◆图地方病，风土病。¶그들이 여행 중에 힘들었던 것은 이름도 모르는 풍토병에 걸렸을 때였다. =他们在旅行中最困难的时候就是得了不知名的地方病的时候。

풍파(風波)【명사】图 ❶ 세찬 바람과 험한 물결을 아울러 이르는 말. ◆ 风浪，波澜。¶풍파가 일다. =起了风浪。❷ 심한 분쟁이나 분란. ◆ 风波。¶집안에 풍파를 일으키다. =在家里引起风波。❸ 세상살이의 어려움이나 고통. ◆ 风浪，风险。¶풍파를 겪다. =历经风险。

풍해(風害)【명사】바람으로 인한 재해. ◆图风灾，风害。¶올해는 바람이 많이 불어 농작물의 풍해가 심각하다. =因为风大今年农作物受到了很大的影响。

풍향(風向)【명사】바람이 불어오는 방향. ◆图 风向，风头。

풍향계(風向計)【명사】바람이 부는 방향을 관측하는 계기. ◆图 风标。

풍화(風化)【명사】풍화 작용. ◆图 风化作用。● 풍화되다(風化--), 풍화하다(風化--) ●

퓨마(puma)【명사】고양잇과의 하나. 몸의 길이는 1.2~1.8미터이며, 등은 붉은 갈색 또는 잿빛을 띤 갈색이고 배는 누런색이다. ◆图 美洲狮。

퓨즈(fuse)【명사】납과 주석의 합금으로 만든 철사. 전류가 강하면 녹아서 전로(電路)를 단절시킴으로써 위험을 방지할 수 있다. ◆图 保险丝。¶퓨즈가 끊어지다. =保险丝烧断了。

프라이(fry)【명사】음식을 기름에 지지거나 튀기는 일. 또는 그렇게 만든 음식. ◆图油炸，油煎；油炸食物。¶계란 프라이. =煎荷包蛋。● 프라이하다(fry--) ●

프라이드(pride)【명사】자신의 존재 가치, 소유물, 행위에 대한 만족에서 오는 자존심. ◆图自尊(心)，自豪，骄傲。¶프라이드가 강하다. =自尊心强。

프라이드치킨(fried chicken)【명사】개인의 사생활이나 집안의 사적인 일. 또는 그것을 남에게 간섭받지 않을 권리. ◆图炸鸡。

프라이버시(privacy)【명사】사생활을 침해당하거나 간섭받지 않을 권리. ◆图隐私权。¶프라이버시권은 "개인이 공권력에 대해 사생활의 자주성을 주장할 수 있고 공권력의 간섭을 거부할 수 있는 권리"를 말한다. =隐私权是指"个人可向公共权力主张私生活的自主性，拒绝公共权力干涉的权利"。

프라이팬(frypan)【명사】프라이를 하는 데 쓰는, 자루가 달리고 운두가 얕으며 넓적한 냄비. ◆图煎锅，长柄平底锅。¶오래 쓴 프라이팬과 같은 취사도구는 보상판매로 구입하면 경제적이다. =用了很久的煎锅之类的炊具，如果以旧换新的话会很实惠。

프랑(franc<프>)【명사】프랑스, 스위스, 벨기에의 화폐 단위. 1프랑은 1상팀의 100배이다. ◆图法郎。

프랑스(France)【명사】유럽 서부에 있는 공화국. ◆图法国，法兰西。

프러포즈(propose)【명사】图 ❶ 어떤 일을 제의하는 것. ◆ 提议，建议，提出。❷ 상대방에게 자기와 결혼할 것을 청하는 것. ◆ 求婚。¶그녀는 사귀던 남자에게서 프러포즈를 받았다. =那女孩接受了正在交往的男孩的求婚。● 프러포즈하다(propose--) ●

프레온(freon)【명사】탄화수소의 플루오르화 유도체. 화학적(化學的)으로 안정한 액체 또는 기체로서 냉장고의 냉매, 에어로졸 분무제, 소화제(消火劑) 따위에 쓰이며, 오존층을 파괴하는 원인이 되는 물질이다. ◆图 氟利昂，氟氯烷。

프로[1](professional)【명사】어떤 일을 전문으로 하거나 그런 지식이나 기술을 가진 사람. 또는 직업 선수. ◆图专业人员，专家，职业，专业。¶프로 기사. =职业技师。

프로[2](procent)<홀>【의존명사】퍼센트.(백분율을 나타내는 단위. 기호는 %). ◆依名百分比，百分率，百分数，百分点。¶내년 봉급이 몇 프로 인상될지 궁금하다. =想知道明年的工资能涨几个百分点。

프로그램(program)【명사】图 ❶ 진행 계획이나 순서. ◆ 目录，计划，方案。❷ 연극이나 방송 따위의 진행 차례나 진행 목록. ◆ 节目，节目单。❸ 어떤 문제를 해결하기 위하여 그 처리 방법과 순서를 기술하여 컴퓨터에 주어지는 일련의 명령문 집합체. ◆图 程序。● 프로 ●

프로듀서(producer)【명사】연극, 영화, 방송 따위에서 제작의 모든 관리를 책임지는 사람. ◆图制片人，监制人，制作人，出品人。

프로젝트(project)【명사】연구나 사업. 또는 그 계획. ◆图方案，计划，规划，项目。¶작년부터 추진되어 왔던 자원 개발 프로젝트가 예산상의 문제로 중단되었다. =去年开始推动的资源开发项目因为预算问题而中断了。

프로판가스(propane gas)【명사】프로판을 주성분으로 하는 메탄계의 액화 수소 가스. ◆图 丙烷煤气，丙烷瓦斯。

프로펠러(propeller)【명사】비행기나 선박에서, 엔진의 회전력을 추진력으로 변환하는 장치. 보통 두 개 이상의 회전 날개로 되어 있다. ◆图螺旋桨，推进器。¶요란한 프로펠러 돌아가는 소리. =推进器运转的刺耳声。

프로필(profile) 【명사】 图 ❶ 인물의 약력. ◆ 简介，简历。¶작가의 프로필을 보내 주십시오. =请将作者的简介寄给我。❷ 측면에서 본 얼굴 모습. ◆ 侧脸，侧影，侧面。¶인물 사진에서는 프로필의 윤곽이 뚜렷한 사람을 촬영하는 것이 효과적이다. =在人物摄影中，拍摄侧脸轮廓清晰的人效果会更好。

프리랜서(free-lancer) 【명사】 일정한 소속이 없이 자유 계약으로 일하는 사람. ◆ 图自由职业者，自由工作者。¶프리랜서 사진 기자. =自由摄影记者。

프리미엄(premium) 【명사】 图 ❶ 할증금(일정한 가격, 급료 따위에 여분을 더하여 주는 금액). ◆ 附加费，加价。❷ 규정 이상의 시간이나 생산에 대하여 지불하는 금액. ◆ 补贴，津贴。¶그는 특혜로 분양받은 아파트를 프리미엄을 받고 되팔았다. =他在收取额外费用后将优惠购买的公寓又给卖了。

프리즘(prism) 【명사】 광선을 굴절, 분산할 때 쓰는, 유리나 수정 따위로 된 다면체의 광학 부품. 용도에 따라 분산 프리즘, 편각 프리즘, 편광 프리즘 따위가 있다. ◆ 图 棱镜，棱柱，三棱镜。¶구멍을 통해 들어오는 햇살도 천막 안에서는 프리즘을 통해 보여지는 무지개 빛깔처럼 환상적이었다. =从小孔透进帐篷里的阳光，透过棱镜显现出像彩虹一样的梦幻色彩。

프린트(print) 【명사】 图 ❶ 인쇄하거나 등사하는 일. 또는 그런 인쇄물이나 등사물. ◆ 印刷; 印刷品。❷ 날염기나 지형(紙型)으로 천에 무늬를 찍는 일. 또는 그렇게 찍은 것. ◆ 印染。● 프린트되다, 프린트하다 ●

플라스틱(plastic) 【명사】 열이나 압력으로 소성 변형을 시켜 성형할 수 있는 고분자 화합물을 통틀어 이르는 말. 천연수지와 합성수지가 있는데, 보통 합성수지를 이른다. ◆ 图 塑料，塑胶。¶플라스틱 장난감. =塑胶玩具。

플라타너스(platanus) 【명사】 버즘나뭇과 플라타너스 속의 식물을 통틀어 이르는 말. ◆ 图 悬铃木。

플랑크톤(plankton) 【명사】 물속에 살면서 물결에 따라 떠다니는 작은 생물. ◆ 图 浮游生物。

플래시(flash) 【명사】 图 ❶ 손전등. ◆ 手电筒，手电。¶플래시를 비추다. =打手电。❷ 플래시램프. 사진용 섬광 전구. ◆ 闪光灯，镁光灯。¶플래시를 터뜨리다. =闪光。❸ 사람들의 주목을 비유적으로 이르는 말. ◆ 注目，关注，瞩目。¶플래시를 받다. =受到关注。

플래카드(placard) 【명사】 긴 천에 표어 따위를 적어 양쪽을 장대에 매어 높이 들거나 길 위에 달아 놓은 표지물. ◆ 图标语，横幅。¶여름 강좌를 알리는 플래카드가 나무와 나무 사이에 걸려 있다. =树和树之间挂着夏季讲座的横幅广告。

플랫폼(platform) 【명사】 역이나 정거장에서 기차를 타고 내리는 곳. ¶표를 사 가지고 플랫폼으로 가다. =买完票后去站台。

플러그(plug) 【명사】 图 ❶ 전기 회로를 쉽게 접속하거나 절단하는 데 사용하기 위하여 코드 끝에 부착하는 접속 기구. ◆ 插头，插座。❷ 점화 플러그. ◆ 图 点火栓，火花塞。

플러스(plus) 【명사】 图 ❶ 반응 검사 따위에서 양성임을 이르는 말. ◆ 阳性，阳性反应。❷ 이익이나 도움이 됨. ◆ 好处，利益。¶이 일이 너에게 얼마나 플러스가 되려는지는 모르겠다. =不知道这件事能给你带来多大的利益。❸ 더하기(덧셈을 함). ◆ 加，加上。❹ 덧셈표(덧셈 부호). ◆ 加号。❺ 양(陽). ◆ 正，正数。❻ 양호(陽號)(양수임을 나타내는 부호 '+'를 이르는 말). ◆ 正号，正数符号。● 플러스되다(plus--), 플러스하다(plus--) ●

플레이(play) 【명사】 图 ❶ 운동 경기에서, 선수들이 펼치는 내용이나 기량. ◆ (体育比赛中的)表现。❷ 플레이 볼. ◆ 开始比赛。

플로피 디스크(floppy disk) 【명사】 원판 모양의 자성(磁性) 매체 위에 데이터를 기록하는 컴퓨터 외부 기억 장치의 하나. ◆ 图 软盘，软磁盘。

플루트(flute) 【명사】 옆으로 쥐고 불며 구멍에 입김을 불어넣어 소리를 내는 관악기. ◆ 图 长笛，横笛。

피[1] 【명사】 사람이나 동물의 몸 안의 혈관을 돌며 산소와 영양분을 공급하고, 노폐물을 운반하는 붉은색의 액체. ◆ 图 血，鲜血，血液。¶칼에 손을 베어 피가 뚝뚝 떨어진다. =手被刀割着了，血呼呼地往外流。

피[2] 【명사】 볏과의 한해살이풀. 높이는 1미터 정도이며, 잎은 가늘고 긴데 잎 면이 칼집 모양으로 줄기를 싸고 있다. ◆ 图 稗子。

피[3] 【부사】 副 ❶ 비웃는 태도로 입술을 비죽이 벌리며 입김을 내뿜을 때 나는 소리. 또는 그 모양. ◆ 呸。¶피, 하기 싫으면 그만둬. =呸，不想做就别做。❷ 속에 차 있던 기체나 가스가 힘없이 새어 나오는 소리. 또는 그 모양. ◆ 嘶，扑哧。¶피 하면서 풍선에 바람이 새는 소리가 났다. =气球扑哧一声漏气了。

피겨 스케이팅(figure skating) 【명사】 스케이트를 타고 얼음판에서 여러 가지 동작을 하여 기술의 정확성과 예술성을 겨루는 스케이트 종목. ◆ 图 花样滑冰。

피격(被擊) 【명사】 습격이나 사격을 받음. ◆ 图受攻击，遭袭击，被袭。¶민간 항공기 피격 사건. =民航飞机遇袭事件。● 피격되다(被擊--), 피격하다(被擊--) ●

피고(被告) 【명사】 민사 소송에서, 소송을 당한 측의 당사자. ◆ 图被告。¶원고가 손해액을 피고에게 배상했다. =原告赔偿了被告损失费。

피고름 【명사】 피가 섞인 고름. ◆ 图 脓血。

피고인(被告人) 【명사】 형사 소송에서, 검사에 의하여 형사 책임을 져야 할 자로 공소 제기를 받은 사람. ◆ 图 被告人，被告。

피곤(疲困) 【명사】 몸이나 마음이 지치어 고달픔. ◆ 图疲惫，疲劳，疲倦。¶피곤을 느끼다. =感到疲惫。● 피곤하다(疲困--) ●

피골(皮骨) 【명사】 살가죽과 뼈를 통틀어 이르는 말. ◆ 图皮和骨头。¶그는 피골만 남은 사람으로 돌아왔다. =他瘦成皮包骨回来了。

피구(避球)【명사】일정한 구역 안에서 두 편으로 갈라서 한 개의 공으로 상대편을 맞히는 공놀이. ◆图 躲球游戏，躲避球。

피나다【동사】'몹시 고생하거나 힘들여 함'을 비유하여 이르는 말. ◆动〈喻〉呕心沥血，刻苦。¶피나게 번 돈. =累死累活挣的钱。

피난(避難)【명사】재난을 피하여 멀리 옮겨 감. ◆图避难，逃难，避乱。¶피난을 가다. =逃难去了。● 피난하다(避難--) ●

피난민(避難民)【명사】재난을 피하여 가는 백성. ◆图难民，逃难百姓。¶내전을 피해 국경을 넘은 피난민으로 인산인해를 이루었다. =为躲避内战越过国境的难民人山人海。

피난처(避難處)【명사】图 ❶ 재난을 피하여 거처하는 곳. ◆ 避难处，避难场所。¶편안한 피난처가 어디 있겠습니까? =哪有安全的避难处? ❷ 근심, 고통, 위험 따위로부터 피할 수 있는 장소나 대상. ◆ 避难所，避风港。¶피난처에서는 임시 막사도 있었고 매일 배급되는 식량으로 그럭저럭 생활은 할 수 있었습니다. =在避难所有临时搭建的窝棚，每天还配给粮食，所以还能生活。

피날레(finale)【명사】몇 개의 부분으로 구성된 연극, 음악, 경기 등에서 마지막 부분. ◆图大结局，结尾，最后乐章。¶교향곡의 피날레. =交响曲的最后乐章。

피눈물【명사】몹시 슬프고 분하여 나는 눈물. ◆图血泪，红泪。¶피눈물 나는 고생. =血泪斑斑的苦难。

피다【동사】动 ❶ 꽃봉오리 따위가 벌어지다. ◆ 开，开放，绽放。¶봄이 되었는지 개나리가 활짝 피었다. =春天来了，迎春花盛开了。❷ 연탄이나 숯 따위에 불이 일어나 스스로 타다. ◆ 着，燃烧。¶숯이 피다. =木炭着了。❸ 사람이 살이 오르고 혈색이 좋아지다. ◆ 发胖。¶아이가 잘 먹어서 그런지 얼굴이 피고 살이 통통하게 올랐다. =孩子可能是吃得好，脸也胖了，身上也胖乎乎的了。❹ 구름이나 연기 따위가 커지다. ◆ 涌起。¶소나기가 오려는지 먹구름이 검게 피었다. =可能要下雷阵雨，天边涌起乌云。❺ 가정이 수입이 늘어 형편이 나아지다. ◆ 好转，好起来。¶사업이 잘되어 형편이 피다. =生意顺利了，生活也好起来了。❻ 냄새나 먼지 따위가 퍼지거나 일어나다. ◆ 散发，扬起，熏(香味、灰尘)。❼ 천에 보풀이 일어나다. ◆ 起毛。¶스웨터에 보푸라기가 피다. =毛衣起毛了。❽ 웃음이나 미소 따위가 겉으로 나타나다. ◆ 显出，浮出，露出。¶선물을 받은 아이들의 얼굴에 즐거운 미소가 폈다. =收到礼物的孩子，脸上露出了愉快的微笑。❾ 곰팡이, 버짐, 검버섯 따위가 생겨서 나타나다. ◆ 长。¶식빵에 곰팡이가 피다. =主食面包长霉了。❿ 액체가 종이나 천에 묻어 퍼지다. ◆ 洇，浸，浸润。¶한지에 먹이 피다. =墨汁在高丽纸上浸了。● 피우다 ●

피동(被動)【명사】图 ❶ 남의 힘에 의하여 움직이는 일. ◆ 被动。❷ 주체가 다른 힘에 의하여 움직이는 동사의 성질. ◆图 被动。

피둥피둥하다【형용사】볼썽사나울 만큼 퉁퉁하게 기름지고 탄력이 있다. ◆形胖，肥胖，胖乎乎。¶다이어트는 하지만 아직도 살이 피둥피둥하다. =虽然减肥了，但还是很胖。● 피둥피둥 ●

피디(PD)【명사】프로듀서(연극, 영화, 방송 따위에서 제작의 모든 관리를 책임지는 사람). ◆图监制人，制片人。

피땀【명사】图 ❶ 피와 땀을 아울러 이르는 말. ◆ 血汗。¶피땀이 범벅되어 있었다. =血和汗混在了一起。❷ 무엇을 이루기 위하여 애쓰는 노력과 정성을 비유적으로 이르는 말. ◆〈喻〉血汗，心血。¶피땀으로 일궈 놓은 땅을 다 빼앗기다. =耗费心血开垦出来的土地都被抢走了。

피라미【명사】图 ❶ 잉엇과의 민물고기. 몸의 길이는 10~16cm이고 길고 납작하며 등 쪽은 푸른 갈색, 배 쪽은 은빛 흰색이고 옆구리에는 어두운 파란색의 가로띠가 있다. ◆ 宽鳍，鲦鱼，桃花鱼。❷ 하찮은 존재를 비유적으로 이르는 말. ◆〈喻〉无关紧要的人，无足轻重的人，微不足道的人。¶그때만 해도 그는 미미한 피라미에 불과했다. =即使那时候，他也不过是个无足轻重的小人物。

피라미드(pyramid)【명사】돌이나 벽돌을 쌓아 만든 사각뿔 모양의 거대한 건조물. ◆图 金字塔。

피란(避亂)【명사】난리를 피하여 옮겨 감. ◆图避难，逃难。¶거대한 도시는 다 피란을 가 버리고 텅 빈 유령이 나올 것 같은 폐허만이 있었다. =人们全都去避难了，巨大的城市空荡荡的，只剩下如幽灵出没般的废墟。● 피란하다(避亂--) ●

피랍(被拉)【명사】납치를 당함. ◆图被劫持，被绑架。¶피랍 당시 상황은 전쟁이 발발한 줄 알았습니다. =被劫持时，还以为是爆发了战争。● 피랍되다(被拉--) ●

피력(披瀝)【명사】생각하는 것을 털어놓고 말함. ◆图发表，公开。¶현 상황에 대한 수습책을 피력하다. =公开收拾当前局面的办法。● 피력되다(披瀝--), 피력하다(披瀝--) ●

피로(疲勞)【명사】과로로 정신이나 몸이 지쳐 힘듦. 또는 그런 상태. ◆图累，乏，疲劳，疲倦，疲惫。¶피로를 느끼다. =觉得累。● 피로하다(疲勞--) ●

피로연(披露宴)【명사】결혼이나 출생 따위의 기쁜 일을 널리 알리기 위하여 베푸는 연회. ◆图喜宴，庆宴。¶결혼식 피로연. =婚宴。

피뢰침(避雷針)【명사】벼락의 피해를 막기 위하여 건물의 가장 높은 곳에 세우는, 끝이 뾰족한 금속제의 막대기. ◆图 避雷针。

피륙【명사】아직 끊지 아니한 베, 무명, 비단 따위의 천을 통틀어 이르는 말. ◆图布匹。¶피륙 열 필이 필요하다. =需要十匹布。

피리【명사】구멍이 여덟 개 있고 피리서를 꽂아서 부는 목관 악기. 향피리, 당피리, 세피리가 있다. ◆图笛子。¶피리 부는 소년. =吹笛子的少年。

피마자(蓖麻子) 【명사】 대극과의 한해살이풀. 높이는 2미터 정도이며 잎은 어긋나고 손바닥 모양으로 갈라진다. ◆名 蓖麻。

피망(piment) 【명사】 가짓과의 한해살이풀. 높이는 60cm 정도이며 가지는 적고 잎은 크다. ◆名 青椒，西班牙辣椒。

피맺히다 【동사】 가슴에 피가 맺힐 정도로 한이 사무치다. ◆动血海，充满血泪。¶피맺힌 원한. =血海深仇。

피멍 【명사】 名 ❶ 피가 진 멍울. ◆ 淤血。¶매를 심하게 맞아 종아리에 피멍이 생겼다. =挨了一顿狠狠的板子，小腿淤血了。❷ 씻기지 아니할 만큼 억울하거나 원통한 일을 비유적으로 이르는 말. ◆〈喻〉无法洗刷的冤屈，冤枉。¶피멍 든 옛날을 생각해야 무엇합니까? =想过去那些冤屈的事干什么?

피보험자(被保險者) 【명사】 손해 보험에서, 계약에 따라 손해의 보상을 받을 수 있는 사람. ◆名保险受益人。

피복(被服) 【명사】 '옷'을 문어적으로 이르는 말. ◆名 衣物，服装。¶이 세제는 피복에는 손상을 입히지 않고 얼룩만 제거해 준다. =这种洗涤剂只会去除衣物上的污渍，不会对衣物造成损伤。

피부(皮膚) 【명사】 척추동물의 몸을 싸고 있는 조직. ◆名皮肤，肌肤。¶건성 피부. =干性皮肤。

피부병(皮膚病) 【명사】 피부나 피부 부속기에 생기는 병을 통틀어 이르는 말. ◆名 皮肤病。

피부색(皮膚色) 【명사】 사람의 살갗의 색. ◆ 名肤色。¶그녀는 피부색이 유난히 하얗다. =她的肤色特别白。

피붙이 【명사】 살붙이. 혈육으로 볼 때 가까운 사람. 보통 부모와 자식의 관계에서 쓴다. ◆名血肉之亲，骨肉亲情。¶전쟁 중에 유일한 피붙이인 형과 헤어졌다. =在战争中与唯一的亲哥哥失散了。

피비린내 【명사】 名 ❶ 선지피에서 나는 비린 냄새. ◆ 血腥味。¶창자가 뒤집힐 것처럼 역한 피비린내가 코를 찔렀다. =就像肠子被翻过来似的，发出一股令人作呕的、刺鼻的血腥味。❷ 전쟁이나 살상(殺傷) 따위로 생기는 매우 살벌한 기운. ◆ 血腥，腥风血雨。¶피비린내 나는 살육. =血腥杀戮。

피살(被殺) 【명사】 죽임을 당함. ◆ 名被杀，被害，遇害。¶피살 사건. =遇害事件。● 피살되다(被殺--) ●

피서(避暑) 【명사】 더위를 피하여 시원한 곳으로 옮김. ◆名避暑，消夏。¶피서 인파. =避暑人潮。

피선거권(被選擧權) 【명사】 선거에 입후보하여 당선인이 될 수 있는 권리. ◆名 被选举权。

피선되다(被選--) 【동사】 선거에서 뽑히다. ◆动被选(上)，当选。¶그는 자신의 출신지에서 힘겹게 피선되었다. =他好容易才在自己的出生地当选了。

피스톤(piston) 【명사】 실린더 안에서 왕복 운동을 하는, 원통이나 원판 모양으로 된 부품. ◆名 活塞。

피습(被襲) 【명사】 습격을 당함. ◆名被袭。¶피습을 당하다. =被袭。● 피습되다(被襲--), 피습하다(被襲--) ●

피시(PC Personal computer) 【명사】 개인 컴퓨터. ◆名 个人电脑，个人计算机。

피시방(PC房) 【명사】 손님이 인터넷 따위를 이용할 수 있도록 개인용 컴퓨터를 갖추어 놓고 영업을 하는 곳. ◆名网吧。

피식 【부사】 입술을 힘없이 터뜨리며 싱겁게 한 번 웃을 때 나는 소리. 또는 그 모양. ◆ 副嗤，嗤嗤。¶그는 피식 싱겁게 웃어 버린다. =他淡淡地嗤笑了一声。● 피식피식 ●

피신(避身) 【명사】 위험을 피하여 몸을 숨김. ◆名 躲藏，躲避，藏，躲。¶전쟁이 나자 가족들을 안전한 곳으로 피신보냈다. =战争刚一爆发，就把家人藏在了安全的地方。● 피신하다(避身--) ●

피아노(piano) 【명사】 큰 공명 상자 속에 85개 이상의 금속 현을 치고, 이와 연결된 건반을 눌러서 현을 때리게 하는 장치로 소리를 내는 건반 악기. ◆名 钢琴。¶피아노 독주회. =钢琴独奏会。

피아니스트(pianist) 【명사】 피아노를 직업적으로 연주하는 사람. ◆名 钢琴家，钢琴师，钢琴演奏者。

피어나다 【동사】 动 ❶ 꽃 따위가 피게 되다. ◆ 开放，绽放。¶개나리가 한창 피어나는 봄이 되었다. =到了连翘花盛开的春季了。❷ 꺼져 가던 불이나 연기 따위가 일어나다. ◆ 复燃，升腾，升起。¶탄불이 피어나다. =煤火复燃。❸ 거의 죽게 된 사람이 다시 깨어나다. ◆ 苏醒，复苏。❹ 곤란한 형편이 차츰 풀리게 되다. ◆ 好转，好起来，兴旺。¶살림이 피어나다. =生活好起来。❺ 성하여지거나 좋아지다. ◆ 好，昌盛。¶나도 한창 피어나던 옛날에는 한 미모했다. =过去年轻的时候，我也是个美女。❻ 웃음이나 미소 따위가 얼굴이나 입가에 드러나다. ◆ 喜笑颜开。

피어오르다 【동사】 动 ❶ 꽃봉오리 따위가 맺혀 막 벌어지려고 하다. ◆ 长出，开出。¶한창 피어오르는 보리 이삭에서는 향긋한 보리 냄새까지 풍겼다. =长势正好的大麦穗散发出清香的大麦味。❷ 불길 따위가 밑에서부터 솟아오르다. ◆ (火焰等)升腾，上升。¶칠흑 같은 어둠 속에서 장작불만이 피어오르고 있었다. =伸手不见五指的黑暗中，只有柴火在燃烧着。❸ 김이나 연기, 구름 따위가 계속 위로 올라가다. ◆ 上升，升腾，缭绕。¶김이 모락모락 피어오르는 찻잔을 마주하고 앉았다. =对着热气袅袅的茶杯坐了下来。❹ 마음속에서 감정이나 염원, 욕망 따위가 일어나다. ◆ 涌出，浮出，起。¶막걸리 한잔하고 싶은 생각이 피어올랐다. =起了喝杯米酒的念头。

피의자(被疑者) 【명사】 범죄의 혐의가 있어서 수사기관의 수사 대상이 되었으나, 아직 공소 제기가 되지 아니한 사람. ◆名 嫌疑人，疑犯，嫌疑犯。

피임(避妊) 【명사】 인위적으로 임신을 피함. ◆ 名 避孕。● 피임하다(避妊--) ●

피자(pizza) 【명사】 밀가루 반죽 위에 토마토, 치즈, 피망, 고기, 향료 따위를 얹어 둥글고 납작하게 구운 파이. 이탈리아 남부 나폴리 지방에서 유래한 음식이다. ◆名 比萨(饼)。

피장파장【명사】서로 낫고 못함이 없음. 상대편과 같은 행동을 하여 서로 같은 처지나 경우가 됨을 이른다. ◆名不相上下，势均力敌，半斤八两。¶이제 우리도 손해를 보았으니 피장파장 아니겠습니까? =现在我们也受了损失，咱们平了吧?

피제수(被除數)【명사】어떤 수나 식을 다른 수나 식으로 나눌 때, 그 처음의 수나 식. 6÷3=2에서 6을 이른다. ◆名 被除数。

피조물(被造物)【명사】조물주에 의하여 만들어진 모든 것. 삼라만상을 이른다. ◆名造化之物，创造物，宇宙万物。

피지(Fiji)【명사】태평양 남부, 320여 개의 섬으로 이루어진 나라. ◆名斐济。

피차(彼此)【명사】이쪽과 저쪽의 양쪽. ◆名彼此，互相。¶피차의 이해가 갈리다. =互相理解。

피카소(Picasso, Pablo)【명사】에스파냐의 화가(1881~1973). 브라크와 함께 입체주의를 창시하고 현대 미술의 영역과 양식을 개척하였으며, 평화 옹호 운동에도 적극적으로 참가하였다. ◆名毕加索。

피켓(picket)【명사】어떤 주장을 알리기 위하여 그 내용을 적어서 들고 다니는 자루 달린 널빤지. ◆名标语牌。

피크(peak)【명사】名 ❶ 어떤 상태가 가장 고조될 때. ◆ 顶点，顶峰，高潮。¶피크를 이루다. =达到顶点。❷ 어떤 양이 가장 많아지는 순간의 값. ◆ 峰值。

피클(pickle)【명사】오이, 양배추 따위의 채소나 과일 따위를 식초, 설탕, 소금, 향신료를 섞어 만든 액체에 담아 절여서 만든 음식. ◆名 腌菜，腌渍食品。

피투성이【명사】피가 온 군데에 낭자하게 묻은 모양. ◆名血肉模糊，浑身是血，满身血污。¶피투성이가 된 얼굴을 하고 들어온 아들을 보고 놀랐다. =看到满脸是血的儿子走进来，吓坏了。

피트(feet)【의존 명사】야드파운드법에 의한 길이의 단위. 1피트는 1야드의 3분의 1, 1인치의 열두 배로 약 30.48cm에 해당한다. ◆依名 量英尺。

피폐(疲弊)【명사】지치고 쇠약하여짐. ◆名衰退，衰竭，疲惫，疲乏无力。¶산업화와 도시화의 그늘에서 피폐와 몰락을 거듭하고 있는 농촌을 살려야 한다. =必须挽救在产业化和城市化的阴影下一再衰退和没落的农村。● 피폐하다(疲弊--) ●

피하다(避--)【동사】动 ❶ 원치 않은 일을 당하거나 어려운 처지에 놓이지 않도록 하다. ◆ 回避，避免，避开。¶시선을 피하다. =避开视线。❷ 행사에 불길한 날을 택하지 않다. ◆ 忌讳，忌。¶손 있는 날을 피하다. =忌凶神之日。❸ 비나 눈 따위를 맞지 않을 곳으로 몸을 옮기다. ◆ 避，躲。¶처마 밑에서 비를 피하다. =在房檐下躲雨。❹ 몸을 숨기거나 다른 곳으로 옮기어 드러나지 않도록 하다. ◆ 避开，躲开。¶탄환을 피하다. =躲开子弹。

피하지방(皮下脂肪)【명사】포유류의 피하 조직에 많이 들어 있는 지방 조직. 영양분을 저장하고 체온을 보존하는 작용을 한다. ◆名 皮下脂肪。

피해(被害)【명사】생명이나 신체, 재산, 명예 따위에 손해를 입음. ◆名被害，遇害，受灾。¶피해를 당하다. =受到损失。

피해자(被害者)【명사】자신의 생명이나 신체, 재산, 명예 따위에 침해 또는 위협을 받은 사람. ◆名受害人，被害人。

피혁(皮革)【명사】날가죽과 무두질한 가죽을 아울러 이르는 말. ◆名皮革。¶피혁공장. =皮革工厂。

픽【부사】副 ❶ 지쳐서 맥없이 가볍게 쓰러질 때 나는 소리. 또는 그 모양. ◆ 无力地(倒下的样子或声音)。¶옆에서 동료가 픽픽 쓰러져 가는 것을 보면 당신은 어떤 생각이 들겠습니까? =如果看到旁边的同事无力地倒了下去，您会怎么想? ❷ 다물었던 입술을 터뜨리면서 싱겁게 웃을 때 나는 소리. 또는 그 모양. ◆ 扑哧扑哧(笑声)。¶그는 묻는 말에 대답은 하지 않고 픽픽 웃기만 했다. =他不回答问话，只是扑哧扑哧地笑。❸ 막혔던 공기가 힘없이 터져 나올 때 나는 소리. 또는 그 모양. ◆ 扑哧扑哧，噗噗(漏气声)。¶공에서 픽픽 바람 빠지는 소리가 들렸다. =传来球噗噗的漏气声音。❹ 실, 새끼 따위가 힘없이 쉽게 끊어질 때 나는 소리. 또는 그 모양. ◆ 啪啪(断线声)。¶밧줄이 썩어 여기저기서 픽픽 끊어졌다. =绳索烂得到处都啪啪地断开。❺ 물건을 갑자기 획 던질 때 나는 소리. 또는 그 모양. ◆ 猛然(急转的样子)。¶그는 옷가지를 방바닥에 아무렇게나 픽픽 던져 놓았다. =他猛然把几件衣服乱扔在地上。● 픽픽 ●

핀(pin)【명사】名 ❶ 쇠붙이 따위로 바늘처럼 가늘고 뾰족하게 만든 물건을 통틀어 이르는 말. 안전핀, 옷핀, 머리핀, 넥타이핀 따위가 있다. ◆ 别针，大头针，发卡。¶핀으로 고정시키다. =用别针固定住。❷ 볼링에서, 공으로 쓰러뜨리는 병 모양의 물체. ◆ (保龄球)球柱，球瓶。❸ 골프에서, 홀에 세우는 표지 막대. ◆ (高尔夫)标号旗杆。

핀란드(Finland)【명사】유럽 북부 스칸디나비아 반도에 있는 공화국. 12세기 이래 스웨덴 통치 아래 있다가 1809년에 러시아의 대후국(大侯國)이 되었고, 1920년에 독립하였다. ◆名芬兰。

핀셋(pincette)【명사】손으로 집기 어려운 작은 물건을 집는 데에 쓰는, 족집게와 비슷한 기구. 쇠붙이를 'v'자 모양으로 만들었으며, 의료 및 각종 소세공(小細工)에 쓴다. ◆名小镊子，小钳子，铗子。

핀잔【명사】맞대어 놓고 언짢게 꾸짖거나 비꼬아 꾸짖는 일. ◆名当面斥责，谴责。¶도와준다고 하다가 그릇만 깨서 핀잔만 들었다. =说是要帮忙，结果除了打碎碗，什么也没干，挨了一顿斥责。● 핀잔하다 ●

핀트(pinto)【명사】名 ❶ 사진기, 안경 등 렌즈의 초점. ◆ 焦点。¶핀트를 맞추다. =对准焦点。❷ 말의 요점. ◆ 要点，中心，重点。¶핀트가 어긋나다. =错过重点。

필[1](疋)【의존 명사】일정한 길이로 말아 놓은 피륙을 세는 단위. ◆依名 量匹(布匹)。

필²(匹)【의존 명사】말(馬)의 수를 세는 데 쓰는 말. 말의 길이가 보통 1필(匹)정도이고, 말의 시력(視力)이 밤에 4장(丈) 앞을 볼 수 있다 하여 붙여진 말이다. ◆依名 量匹(马匹)。¶말 두 필을 사왔다. =买回来两匹马。

필경(畢竟)【부사】끝장에 가서는. ◆副毕竟, 到底, 终归, 终究。¶그도 필경 구속되었으리라. =他终究还是被捕了。

필기(筆記)【명사】图 ❶ 글씨를 씀. ◆ 写字。❷ 강의, 강연, 연설 따위의 내용을 받아 적음. ◆ 记笔记, 记录。¶수업 시간에 노트 필기를 잘해야 시험 볼 때에 고생하지 않는다. =上课的时候好好记笔记, 考试的时候才能不遭罪。● 필기하다(筆記--) ●

필기구(筆記具)【명사】필기하는 데에 쓰는 여러 종류의 물건. 종이, 먹, 붓, 볼펜이나 연필 따위를 이른다. ◆ 图纸笔, 书写用具。¶필기구가 필요하다. =需要纸笔。

필기시험(筆記試驗)【명사】시험 답안을 글로 써서 치르는 시험. ◆图笔试。

필담(筆談)【명사】말이 통하지 아니하거나 말을 할 수 없을 때에, 글로 써서 서로 묻고 대답함. ◆图笔谈。¶내가 수화를 몰라서 그 청각 장애자와 필담을 나눌 수밖에 없었다. =我不懂手语, 所以只能用笔谈的方式和那名听觉障碍者交流。● 필담하다(筆談--) ●

필독(必讀)【명사】반드시 읽어야 함. 또는 반드시 읽음. ◆图必读。● 필독하다(必讀--) ●

필드(field)【명사】图 ❶ 전기 마당이나 자기 마당을 이르는 말. ◆ 场, 电场, 磁场。❷ 육상 경기장의 트랙 안쪽에 만들어진 넓은 경기장. 던지기, 멀리뛰기, 높이뛰기 따위의 경기를 한다. ◆ 运动场。❸ 야구에서, 내야와 외야를 통틀어 이르는 말. ◆棒球场。❹ 레코드 안에서, 특정한 종류의 데이터를 위하여 사용되는 지정된 영역. 데이터 처리의 최소 단위이다. ◆图 字段。

필드하키(field hockey)【명사】잔디로 만든 그라운드에서 11명으로 구성된 두 팀이 스틱을 가지고 공을 상대편의 골에 넣어 승부를 겨루는 구기 경기. ◆图 陆上曲棍球。

필로폰(Philopon)【명사】마약의 하나. 무색 결정 또는 흰 가루로, 냄새가 없으며 남용하면 불면·환각 따위의 중독 증상이 나타난다. 메스암페타민의 상품명이다. ◆图 冰毒。¶필로폰을 맞다. =注射冰毒。

필름(film)【명사】图 ❶ 셀로판과 같은 엷은 막. ◆ 胶卷。❷ 투명 물질인 셀룰로이드나 폴리에스테르 따위에 감광제를 칠한 물건. 또는 이것을 노출, 현상한 음화(陰畫). 길이의 단위는 릴(reel), 권(卷)이다. ◆ 底片。❸ 영화용 음화와 양화를 통틀어 이르는 말. ◆图 电影胶片。¶16밀리짜리 필름. =16毫米宽的电影胶片。

필리핀(Philippines)【명사】서태평양 가운데 있는 나라 ◆图菲律宾。

필부(匹夫)【명사】图 한 사람의 남자. ◆ 匹夫。

필사¹(必死)【명사】죽을 힘을 다함. ◆ 图拼命, 誓死。¶필사의 각오. =准备拼命。

필사²(筆寫)【명사】베끼어 씀. ◆图抄写, 手抄, 誊写, 录写。● 필사되다(筆寫--), 필사하다(筆寫--) ●

필사본(筆寫本)【명사】손으로 써서 만든 책. ◆图手抄本, 〈古〉写本。¶판소리계 소설인 「춘향전」은 필사본이나 판본으로 된 이본들이 120여 종이 보고되었다. =报告显示, 盘瑟俚小说《春香传》的手抄本及刻本有120多种。

필사적(必死的)【명사】죽을힘을 다하는 것. ◆图拼命, 拼死, 誓死。¶필사적으로 항거하다. =拼命抵抗。

필생(畢生)【명사】图 ❶ 살아 있는 동안. ◆ 毕生, 一生, 一辈子。¶필생의 숙원을 이루다. =实现毕生的夙愿。❷ 생명의 마지막까지 다함. ◆ 毕生, 终生, 终身。¶필생의 작업. =毕生的工作。

필수¹(必需)【명사】반드시 있어야 함. 또는 반드시 쓰임. ◆图必不可少, 必需。¶필수 물품을 놓고 오면 어떻게 하니. =如果没带必需品来怎么办?

필수²(必修)【명사】반드시 학습하거나 이수하여야 함. ◆ 图必修。¶필수 학점을 이수하다. =修必修学分。

필수³(必須)【명사】꼭 있어야 하거나 하여야 함. ◆图必须, 必要, 必备。¶필수 요소. =必备要素。

필수품(必需品)【명사】일상생활에 없어서는 안 되는 반드시 필요한 물건. ◆ 图必需品。¶텔레비전은 이제 가정에 정보와 오락을 제공하는 도구로서 없어서는 안 될 필수품이다. =电视作为提供信息和娱乐的工具, 现在已是一个家庭中的必需品了。

필순(筆順)【명사】글씨를 쓸 때의 획(劃)의 순서. ◆图笔顺。¶필순에 맞게 써야 글씨가 예쁘게 써진다. =按照笔顺写字, 才能写得漂亮。

필승(必勝)【명사】반드시 이김. ◆ 图必胜, 一定胜利。¶필승을 기원하다. =祈祷必胜。

필시(必是)【부사】아마도 틀림없이. ◆ 图必定, 一定, 肯定。¶그에게 필시 무슨 일이 생긴 것 같아. =他一定是出了什么事。

필연(必然)【명사】사물의 관련이나 일의 결과가 반드시 그렇게 될 수밖에 없음. ◆ 图必然。¶우연보다는 필연이 더 짜릿할 것 같아. =必然似乎比偶然更让人刺痛。

필요(必要)【명사】꼭 요구되는 바가 있음. ◆ 图必要, 必备, 必需。¶필요 물품. =必需物品。● 필요하다(必要--) ●

필요성(必要性)【명사】반드시 요구되는 성질. ◆图必要性, 必要。¶논의의 필요성을 느끼다. =感到有讨论的必要。

필자(筆者)【명사】글을 쓴 사람. 또는 쓰고 있거나 쓸 사람. ◆图笔者, 撰稿人, 作者。¶필자 소개. =作者介绍。

필적¹(筆跡)【명사】글씨의 모양이나 솜씨. ◆图笔迹, 手迹, 字迹。¶필적을 보니 그 사람이 쓴 것이 분명하다. =看笔迹，明显是他写的。

필적[2](匹敵)【명사】능력이나 세력이 엇비슷하여 서로 맞섬. ◆ 图匹敌，媲美，比得上，抵得上。¶그에 필적할 만한 사람이 없다. =没有人能与他匹敌。● 필적하다(匹敵--) ●

필체(筆體)【명사】서체(書體). 글씨를 써 놓은 모양. ◆ 图字体，笔法。¶필체가 뛰어나다. =字体出众。

필치(筆致)【명사】图 ❶ 필세에서 풍기는 운치. ◆ 笔势韵致，运笔风格。¶호쾌한 필치. =豪爽的笔势韵致。❷ 글에 나타나는 맛이나 개성. ◆ 笔触，笔锋，笔调。¶이 작품은 두 남녀의 순수한 사랑을 섬세한 필치로 그렸다. =这部作品用细腻的笔触描绘了男女两人之间纯洁的爱情。

필터(filter)【명사】图 ❶ 액체나 기체 속의 이물질을 걸러 내는 장치. ◆ 过滤器，滤器。¶청소기 필터. =吸尘器过滤器。❷ 빛을 선택적으로 투과, 제한, 차단하는 작용을 하는 색유리. 사진 촬영이나 광학 실험, 인쇄 제판 따위에 사용한다. ◆ 滤光器，滤光镜，滤光片。❸ 담배의 진을 거르기 위하여 담배의 끝 부분에 붙이어 입에 물게 된 부분. 솜이나 종이로 만든다. ◆ (香烟的)过滤嘴。¶그는 깊은 상념에 잠겨 담배 필터가 타들어 가는 것도 모르고 있었다. =他沉浸在深深的思绪中，连烟烧到过滤嘴都不知道。

필통(筆筒)【명사】图 ❶ 붓이나 필기구 따위를 꽂아 두는 통. ◆ 笔筒。❷ 연필이나 볼펜, 지우개 따위를 넣어 가지고 다니는 작은 상자 모양의 물건. ◆ 文具盒，铅笔盒。¶필통 속에는 연필 몇 자루와 지우개가 들어 있었다. =铅笔盒里放着几支铅笔和一块橡皮。

필히(必-)【부사】무슨 일이 있어도 꼭. 반드시. ◆ 副必须，一定(要)，必定，务必。¶필기구를 필히 지참할 것. =一定会带着书写用具。

핍박(逼迫)【명사】바싹 죄어서 몹시 괴롭게 굶. ◆ 图逼迫，逼。¶핍박을 당하다. =被逼。● 핍박하다(逼迫--) ●

핏기(-氣)【명사】사람의 피부에 감도는 불그스레한 피의 기운. ◆ 图血色。¶핏기를 잃다. =脸色苍白。

핏대【명사】图 ❶ 큰 혈관. ◆ 青筋，血管。¶그는 핏대를 세우며 대들었지만 아무도 관심을 두지 않았다. =虽然他脸红脖子粗地在那儿争执，却没有人理他。❷ '성'을 낮잡아 이르는 말. ◆ "发脾气"的贬称。¶핏대 부리지 말고 잠자코 있어. =不要发脾气，安静点。

핏덩어리【명사】图 ❶ 피가 엉겨 이루어진 덩어리. ◆ 血块。¶환자의 목구멍에서 핏덩어리가 계속 나왔다. =患者的喉咙中不断地涌出血块。❷ '갓난아이' 나 갓 낳은 짐승의 새끼 따위를 비유적으로 이르는 말. ◆ 俚〈喻〉新生儿，婴儿。¶이런 핏덩어리를 버리고 가다니 그게 사람이냐. =把这么小的婴儿给扔了，还是人吗? ● 핏덩이 ●

핏발【명사】생리적인 이상 현상으로 몸의 한 부분에 피가 몰려 붉게 된 결. ◆ 图充血，血丝。¶핏발이 삭다. =血丝消去。

핏빛【명사】피의 빛깔과 같이 새빨간 빛. ◆ 图血色，血红色。¶낙조는 이미 핏빛으로 물들어 있었다. =落日余晖一片血红。

핏자국【명사】물건이나 장소에 피가 묻어서 난 흔적. ◆ 图血迹，血渍。¶경찰은 핏자국이 남은 와이셔츠를 찾아냈다. =警察找到了带有血迹的衬衫。

핏줄【명사】图 ❶ 혈관(血管). ◆ 青筋，血管。¶하얀 피부에 핏줄이 푸르스름하게 비쳤다. =白色的皮肤上青筋暴露。❷ 혈통. 같은 핏줄의 계통. ◆ 血统，血缘。¶핏줄에 이끌리다. =被血缘牵绊着。

핏줄기【명사】图 ❶ 피가 흐를 때 힘차게 내뻗치는 줄기. ◆ 血管，青筋。¶굵은 핏줄기가 두 줄기 흘러내리고 있었다. =粗血管接着分成两条血管，血液向前流去。❷ 혈통(血統). 같은 핏줄의 계통. ◆ 血统，血缘。¶한 겨레의 핏줄기. =同一民族的血统。

핑【부사】副 ❶ 일정한 둘레를 넓게 둘러싸는 모양. ◆ 围绕的样子。¶서로 손을 잡고 핑 둘러 원을 그려서 보세요. =请互相拉着手转一圈画个圆。❷ 갑자기 정신이 어찔해지는 모양. ◆ 昏昏沉沉，眩晕。¶순간 머리가 핑 돌았다. =突然感到一阵眩晕。❸ 갑자기 눈물이 글썽해지는 모양. ◆ (泪水)滴溜溜地转，打转。¶그녀는 갑자기 눈물이 핑 돌아서 고개를 돌렸다. =她突然眼含热泪，把头转了过去。

핑계【명사】图 ❶ 내키지 아니하는 사태를 피하거나 사실을 감추려고 방패막이가 되는 다른 일을 내세움. ◆ 借口，托辞。¶핑계를 삼다. =找借口。❷ 잘못한 일에 대하여 이리저리 돌려 말하는 구차한 변명. ◆ 借口，理由。¶자꾸 핑계만 대지 말고 묻는 말에나 대답해. =不要总找借口，回答问话。

핑그르르【부사】副 ❶ 몸이나 물건 따위가 넓게 한 바퀴 도는 모양. ◆ 飞快地转。¶그녀는 한 바퀴 핑그르르 돌더니 갑자기 쓰러졌다. =她飞快地转了一圈，突然倒下了。❷ 갑자기 눈가에 약간의 눈물이 맺히는 모양. ◆ 滴溜溜地转。¶나는 갑자기 눈물이 핑그르르 돌고 코끝이 시큰해졌다. =突然泪水在我的眼眶里打转，鼻子也酸了。❸ 갑자기 정신이 어찔해지는 모양. ◆ 眩晕，晕乎乎。¶일어서는 순간 머리가 핑그르르 돌았다. =站起来的瞬间突然感到一阵眩晕。

핑글핑글【부사】큰 것이 잇따라 미끄럽게 도는 모양. ◆ 副一圈又一圈。¶팽이가 핑글핑글 돌다가 팩 쓰러진다. =陀螺转了一圈又一圈，最后倒了。

핑크(pink)【명사】图 ❶ 분홍색. 하얀빛을 띤 엷은 붉은색. ◆ 粉红(色)，桃红色。¶바람이 불자 핑크의 이름 모를 꽃들이 날렸다. =风一吹，不知名的粉红色花朵都飞了起来。❷ 분홍빛. 하얀빛을 띤 엷은 붉은빛. ◆ 粉红(色)，桃红色。

핑핑【부사】副 ❶ 일정한 약간 넓은 범위를 자꾸 도는 모양. ◆ 滴溜滴溜(转动的样子)。¶팽이가 핑핑 잘도 돌아간다. =陀螺滴溜溜地转个不停。❷ 갑자기 정신이 자꾸 어찔해지는 모양. ◆副昏昏沉沉，晕乎乎。¶술이 취하자 그는 눈앞이 핑핑 돌았다. =他醉得晕乎乎的，眼前的东西转来转去。

ㅎ【h】

하[1]【부사】입을 크게 벌리고 입김을 내어 부는 소리. 또는 그 모양. ◆ 副哈。¶하 하며 연실 입김을 언 손에 불어보지만 잠시뿐이었다. =不停地往冻僵的手上哈气，但也只是暖和一会儿。

하[2]【감탄사】기쁘거나 슬플 때, 화가 나거나 걱정스럽거나 한탄스러울 때 가볍게 내는 소리. ◆ 叹嗬，咳。¶하, 참 정말 잘 그렸다. =嗬，画得真不错。

하[3](下)【명사】名 ❶ 아래 또는 아래쪽이나 밑. ◆ 下，下面。¶하부. =下部。❷ 품질(品質)이나 등급(等級)을 나눌 때 아래 또는 맨 끝. ◆ 下游。¶성적이 늘 하에서 맴돌고 있다. =成绩总在下游徘徊。

하강(下降)【명사】높은 곳에서 아래로 향하여 내려옴. ◆ 名下降，下跌。¶주가가 연일 하강 곡선을 긋고 있다. =股价连日下跌。● 하강하다(下降--) ●

하객(賀客)【명사】축하하는 손님. ◆ 名客人，祝贺的宾客。¶결혼식장이 하객들로 만원이다. =婚礼现场挤满了客人。

하계(夏季)【명사】여름의 시기. ◆ 名夏季。¶하계 수련회. =夏季研修会。

하고【조사】助 ❶ 다른 것과 비교하거나 기준으로 삼는 대상임을 나타내는 격 조사. ◆ 口语体格助词，表示比较或作为基准的对象。¶철수는 너하고 닮았다. =哲洙很像你。❷ 상대로 하는 대상임을 나타내는 격 조사. ◆ 口语体格助词，表示对象。¶사소한 오해로 그는 애인하고 헤어졌다. =他因为一点小误会跟恋人分手了。❸ 일 따위를 함께 함을 나타내는 격 조사. ◆ 口语体格助词，表示一起、共同。¶나하고 놀자. =跟我一起玩吧。❹ 둘 이상의 사물을 같은 자격으로 이어 주는 접속 조사. ◆ 口语体连接助词，用于体词后，连接地位相同的两个以上的对象。¶배하고 사과하고 감을 가져오너라. =拿些梨、苹果和柿子来。

하고많다【형용사】많고 많다. ◆ 形非常多。¶하고많은 것 중에서 왜 하필이면 썩은 것을 골랐느냐? =这么多的东西，为什么非要腐烂的呢?

하교(下校)【명사】공부를 끝내고 학교에서 집으로 돌아옴. ◆ 名放学。¶어머니는 하교 시간에 맞추어 교문 앞에서 기다리고 계셨다. =放学时，母亲在校门口等我。● 하교하다(下校--) ●

하구(河口)【명사】강물이 바다로 흘러 들어가는 어귀. ◆ 名河口。¶낙동강 하구. =洛东江河口。

하권(下卷)【명사】두 권이나 세 권으로 된 책의 맨 마지막 권. ◆ 名下卷。¶상권보다 하권이 더 재미있다. =下卷比上卷更有意思。

하급(下級)【명사】보다 낮은 등급이나 계급. ◆ 名下级。¶하급 관리. =下级官吏。

하급생(下級生)【명사】학년이 낮은 학생. ◆ 名低年级学生。¶하급생들은 상급생에게 깍듯이 인사를 한다. =低年级学生向高年级学生毕恭毕敬地打招呼。

하기는【부사】'실상 말하자면'의 뜻으로, 이미 된 일을 긍정할 때에 쓰는 접속 부사. ◆ 副是的，没错。¶하기는 그래, 네 말이 맞아. =是的，你说的对。

하기야【부사】'실상 적당히 말하자면'의 뜻으로, 이미 있었던 일을 긍정하며 아래에 어떤 조건을 붙일 때 쓰는 접속 부사. ◆ 副是的，当然。¶하기야 열심히 일하면 부자가 될 수 있지. =当然，努力工作就会成为有钱人。

하나[1]【수사】수효를 세는 맨 처음 수. ◆ 数一。¶필통에서 연필 하나를 꺼냈다. =从笔筒中抽出一支铅笔。

하나[2]【명사】名 ❶ 뜻, 마음, 생각 따위가 한결같거나 일치한 상태. ◆ 一致，一体。¶뜻을 하나로 모으다. =统一意见。❷ 여러 가지로 구분한 것들 가운데 어떤 것을 가리키는 말. ◆ 一类，一种，一个。¶칸트는 자유를 두 종류로 나누었다. 하나는 소극적 자유요, 하나는 적극적 자유다. =康德把自由分为两类：一类是消极的自由，一类是积极的自由。❸ '오직 그것뿐'의 뜻을 나타내는 말. ◆ 唯一。¶나에게는 하나뿐인 그대. =你是我的唯一。❹ '전혀', '조금도'의 뜻을 나타내는 말. ◆ 丝毫，一点。¶하나도 즐겁지 않다. =一点也不高兴。❺ '일종의'의 뜻을 나타내는 말. ◆ 一种。¶조깅이 하나의 일과가 되었다. =慢跑成为一种日常必修课。

하나같다【형용사】예외 없이 여럿이 모두 꼭 같다. ◆ 形清一色，一样。¶자식을 생각하는 부모 마음은 모두 하나같다. =父母思念孩子的心是一样的。● 하나같이 ●

하나님【명사】가톨릭에서, 신봉하는 유일신. ◆ 名上帝。

하나하나【명사】어떠한 것을 이루는 낱낱의 대상. ◆ 名一个一个。¶그는 전시장에 걸린 그림 하나하나를 유심히 보았다. =他一张一张仔细地看展览会上挂出的画。

하녀(下女)【명사】사삿집이나 여관 따위에 고용되어 부엌일이나 허드렛일을 맡아서 하는 여자 하인. ◆ 名婢女，女佣，侍女。¶주인집 딸은 제 또래의 어린 하녀를 데리고 시집을 갔다. =主人家的女儿带着与自己年纪相仿的小侍女出嫁了。

하늘【명사】名 ❶ 지평선이나 수평선 위로 보이는 무한대의 넓은 공간. ◆ 天，天空，苍穹。¶높고 푸른 가을 하늘. =又高又蓝的秋日天空。❷ '하느님'을 달리 이르는 말. ◆ 上帝。¶하늘도 참 무심하시지. =上帝也太无情了。❸ 신이나 죽은 사람의 영혼이 살고 있다고 생각되는 곳. ◆ 天堂。¶하늘에서 내려온 선녀 같다. =像是从天而降。

하늘가【명사】하늘의 끝. ◆ 名天边，天涯。¶하늘가로 붉은 노을이 번지고 있다. =天边布满红霞。

하늘거리다【동사】动 ❶ 조금 힘없이 늘어져 가볍게 자꾸 흔들리다. 또는 그렇게 되게 하다. ◆ (不停地轻轻)摇曳，飘摇。❷ 어디에 매인 데 없이 멋대로 한가하게 놀고 지내다. ◆ (随心所欲地)到处闲逛，游

手好闲。● 하늘대다 ●

하늘과 땅【관용어】둘 사이에 큰 차이나 거리가 있음을 비유적으로 이르는 말. ◆ 惯天壤之别。¶너하고 나는 하늘과 땅이여! =我和你有天壤之别。

하늘 높은 줄 모르다【관용어】惯 ❶ 자기의 분수를 모르다. ◆ 不知天高地厚，没有分寸。¶하늘 높은 줄 모르고 날뛰다. =嚣张得不知天高地厚了。❷ 출세 가도를 치달리다. ◆ 青云直上。❸ 물가가 매우 높게 뛰다. ◆ 物价暴涨。¶물가가 하루가 다르게 하늘 높은 줄 모르고 치솟아 서민들의 생활이 점점 어려워지고 있다. =物价天天暴涨，普通市民的生活日渐艰难。

하늘빛【명사】图 ❶ 하늘의 빛깔. ◆ 天空的颜色。¶오늘은 유난히도 하늘빛이 맑다. =今天天空格外蓝。❷ 맑은 하늘의 빛깔과 같은 연한 파란빛. ◆ 图天蓝色。¶파란 하늘빛 물감. =天蓝色颜料。

하늘색(--色)【명사】맑은 하늘의 빛깔과 같은 연한 파랑. ◆ 图天蓝色。¶하늘색 원피스가 참 시원하게 보인다. =天蓝色连衣裙看起来很清爽。

하늘소【명사】하늘솟과의 곤충을 통틀어 이르는 말. ◆ 图天牛。

하늘은 스스로 돕는 자를 돕는다【속어】하늘은 스스로 노력하는 사람을 성공하게 만든다는 뜻으로, 어떤 일을 이루기 위해서는 자신의 노력이 중요함을 교훈적으로 이르는 말. ◆ 俗自助者，天必助之。

하늘을 보아야 별을 따지【속어】❶ 어떤 성과를 거두려면 그에 상당하는 노력과 준비가 있어야 한다는 말. ◆ 付出才有回报，付出努力才会有成果。❷ 무슨 일이 이루어질 기회나 조건이 전혀 없음을 이르는 말. ◆ 根本就不具备条件，条件很不充分。

하늘을 찌르다【관용어】惯 ❶ 매우 높이 솟다. ◆ 高耸入云。¶교회 첨탑은 하늘을 찌를 듯 높이 솟아 있다. =教会的尖塔高耸入云。❷ 기세가 몹시 세차다. ◆ 气势逼人。¶기세가 하늘을 찌르다. =气势逼人。

하늘이 무너져도 솟아날 구멍이 있다【속어】아무리 어려운 난관에 처하더라도 살아 나갈 방도가 생긴다는 말. ◆ 俗天无绝人之路；车到山前必有路。

하늘의 별 따기【속어】무엇을 얻거나 성취하기가 매우 어려운 경우를 비유적으로 이르는 말. ◆ 俗比登天还难。

하늘이 노랗다【관용어】惯 ❶ 지나친 과로나 상심으로 기력이 몹시 쇠하다. ◆ 头晕眼花。¶이틀을 굶었더니 하늘이 노랗고 현기증이 난다. =饿了两天后觉得天昏地暗、头晕眼花。❷ 큰 충격을 받아 정신이 아찔하다. ◆ 天昏地暗。¶합격자 명단에 내 이름이 없는 것을 확인한 순간 하늘이 노랗게 보였다. =知道合格者名单上没有我的名字的瞬间，感觉天昏地暗。

하늘하늘【부사】副 ❶ 조금 힘없이 늘어져 가볍게 자꾸 흔들리는 모양. ◆ 轻轻地，微微地(摆动)。¶흰 장다리꽃이 바람에 하늘하늘 흔들린다. =白色的菜苔花被风吹得轻轻摆动。❷ 물체가 꽤 무르거나 단단하지 못하여 자꾸 뭉크러지거나 흔들리는 모양. ◆ (熟透了或者过分柔软而)摇晃的样子，似乎要散架了。❸ 어디에 매인 데 없이 멋대로 한가하게 놀고 지내는 모양. ◆ 四处闲逛。● 하늘하늘하다 ●

하늬바람【명사】서쪽에서 부는 바람. 주로 농촌이나 어촌에서 이르는 말이다. ◆ 图西风。

하다[1]【보조 동사】❶ 앞말의 행동을 시키거나 앞말이 뜻하는 상태가 되도록 함을 나타내는 말. ◆ 表示使动。¶그에게 노래를 부르게 하다. =让他唱一首歌。❷ 앞말의 행동을 하거나 앞말의 상태가 되기를 바람을 나타내는 말. ◆ 表示愿望。¶그녀를 한 번 만 더 만났으면 한다. =希望再一次见到她。❸ 앞말이 뜻하는 행동을 하거나 앞말이 뜻하는 상태가 되는 것이 필요함을 나타내는 말. ◆ 表示必要性。¶너만큼은 가야 하다. =你必须去。❹ 꼭 그러하여야 함을 나타내는 말. ◆ 表示必要性。¶당당해야 한다. =要昂首挺胸。❺ 앞말이 뜻하는 행동을 일단 긍정하거나 강조함을 나타내는 말. ◆ 强调。¶욕심이 많기도 하다. =太贪心。❻ 앞말의 사실이 뒷말의 이유가 됨을 나타내는 말. ◆ 前句的事实成为后句的原因。

-하다[2]【접사】后缀 ❶ 동사를 만드는 접미사. ◆ 用在部分名词后，组成动词。¶공부하다. =学习。❷ 형용사를 만드는 접미사. ◆ 用在部分名词后，组成形容词。¶건강하다. =健康。❸ [의성 · 의태어 뒤에 붙어] 동사나 형용사를 만드는 접미사. ◆ 附加在拟声、拟态词的词根后，组成动词或形容词。¶반짝반짝하다. =亮晶晶。

하다[3]【동사】动 ❶ 사람이나 동물, 물체 따위가 행동이나 작용을 이루다. ◆ (用于动作性名词之后，表示动作)做，干。¶운동을 하다. =做运动。❷ 먹을 것, 입을 것, 땔감 따위를 만들거나 장만하다. ◆ 做，作，置办(吃的或者柴火)。¶나무를 하다. =砍柴。❸ 표정이나 태도 따위를 지어 나타내다. ◆ 作出，做出(表情)。¶어두운 얼굴을 하다. =表情阴郁。❹ 음식물 따위를 먹거나 마시거나 담배 따위를 피우다. ◆ 吃，喝。¶커피 한 잔 하시죠. =喝杯咖啡吧。❺ 장신구나 옷 따위를 갖추거나 차려입다. ◆ 戴，佩戴(饰品)。¶목걸이를 하다. =戴项链。❻ 어떤 직업이나 전문분야에 종사하거나 사업체 따위를 경영하다. ◆ 从事，经营(职业)。¶문학을 하다. =从事文学。❼ 어떤 상태, 지위나 역할을 맡거나 책임지다. ◆ 作为，当作。¶양자로 하다. =收作养子。❽ 어떠한 결과를 이루어 내거나 결정일 짓다. ◆ 获得，决定。¶반에서 일등을 하다. =取得班级第一。❾ 무엇을 사거나 얻거나 하여 가지다. ◆ 想要，想买。¶이 반지를 내가 하고 싶은데 나에게 줄 수 없니? =我想要这个戒指，可以送给我吗? ❿ 값이 어느 정도에 이르다. ◆ 表示价钱。¶값은 얼마를 합니까? =价钱是多少? ⓫ 기대에 걸맞은 일을 행동으로 나타내다. ◆ 做(分内之事)。¶밥값을 하다. =挣饭钱。⓬ 분별하여 말하다. ◆ 区分。¶이렇게 어려운 시절에는 남녀노소를 할 것 없이 모두 절약해서 생활해야 한다. =在这样艰难的时期，不管男女老少都要节俭地生活。⓭ 사건이나 문제 따위를 처리하다. ◆ 处理。¶남은 돈은 어떻게 할까? =怎么处理剩下的钱? ⑭ 이름 지어 부르다. ◆ 称为，叫作。¶그와 같은 사람을 천재라 한다. =像他这样的人被叫作天才。

하다⁴【보조 형용사】补形 ❶ 앞말이 뜻하는 상태를 일단 긍정하거나 강조함을 나타내는 말. ◆ 非常，很，多么(表示强调)。¶생선이 참 싱싱하기도 하다! =鱼多么新鲜啊! ❷ 앞말의 사실이 뒷말의 이유가 됨을 나타내는 말. ◆ 前句的事实成为后句的原因。¶길도 멀고 하니 일찍 출발해라. =因为路程较远，早一点儿起程吧。

하다못해【부사】제일 나쁜 경우라고 하더라도. ◆ 副实在不行，实在没办法。¶올 수 없으면 하다못해 전화라도 한 통 해야 할 게 아니냐. =如果实在来不了，是不是应该打个电话啊。

하단(下段)【명사】名 ❶ 여러 단으로 된 것의 아래의 단. ◆ 下层，下端。¶책장 하단의 책들을 새로 정리하였다. =重新整理书柜下层的书籍。❷ 글의 아래쪽 부분. ◆ (文章)下端，底部。¶신문의 하단에 광고를 실었다. =报纸下端刊登了广告。

하달(下達)【명사】상부나 윗사람의 명령, 지시, 결정 및 의사 따위를 하부나 아랫사람에게 내리거나 전달함. ◆名下达。¶명령 하달이 제대로 이루어지지 않았다. =命令没有顺利下达。● 하달되다(下達--), 하달하다(下達--) ●

하도【부사】'아주 심한 정도로'의 뜻. ◆ 副很，太，非常，极了。¶하도 기가 막혀서 말문이 막혔다. =太生气了以致说不出话来。

하드 디스크(hard disk)【명사】자성 물질을 입힌 알루미늄 등의 딱딱한 원판으로, 기록 매체로 사용하는 자기 디스크 장치. ◆名 硬盘。

하드웨어(hardware)【명사】컴퓨터를 구성하는 기계 장치의 몸체를 통틀어 이르는 말. ◆名 硬件。

하등¹(下等)【명사】名 ❶ 등급을 상·하 또는 상, 중, 하로 나눈 것의 가장 아래 등급. ◆ 下等。❷ 정도나 수준이 낮거나 뒤떨어지는 것. ◆ 次等，低等。

하등²(何等)【명사】'아무런', '아무' 또는 '얼마만큼'의 뜻을 나타내는 말. ◆名任何，一点点(多用于否定句)。¶용서를 빌어야 할 하등의 이유가 없다. =没有任何理由请求原谅。

하등 동물(下等動物)【명사】진화 정도가 낮아 몸의 구조가 단순한 원시적인 동물. ◆名低等动物。

하락(下落)【명사】값이나 등급 따위가 떨어짐. ◆ 名降等；价格下跌。¶물가 하락. =物价下跌。● 하락하다(下落--) ●

하루【명사】名 ❶ 한 낮과 한 밤이 지나는 동안. 대개 자정(子正)에서 다음 날 자정까지를 이른다. ◆ 一天，一日。¶하루는 24시간이다. =一天有24小时。❷ 아침부터 저녁까지. ◆ 一整天。¶어느새 오늘 하루도 다 갔다. =不知不觉，今天一整天就过去了。❸ 막연히 지칭할 때 어떤 날. ◆ 某天，有天。¶언제 하루 날 잡아서 고향에 다녀와야겠다. =哪天得回趟故乡。

하루바삐【부사】하루라도 빨리. ◆ 副尽快，早日，尽早。¶하루바삐 서둘러서 수술하지 않으면 더 위험합니다. =不尽快做手术会更加危险。

하루빨리【부사】하루라도 빠르게. ◆ 副尽快。¶하루빨리 집에 돌아가고 싶다. =希望尽快回家。

하루살이【명사】名 ❶ 하루살이목의 곤충 하루살이, 무늬하루살이, 밀알락하루살이, 별꼬리하루살이, 병꼬리하루살이 따위를 통틀어 이르는 말. ◆ 蜉蝣。❷ 하루하루 겨우 살아가는 사람. 또는 그런 생활. ◆ 得过且过。¶하루살이 신세. =过一天算一天。❸ 아주 짧은 기간 동안 지속된 생활이나 목숨, 정권 따위를 비유적으로 이르는 말. ◆ 短命。

하루속히(--速-)【부사】하루빨리. ◆ 副尽快。¶하루속히 이곳을 떠나자. =尽快离开这里吧。

하루아침【명사】갑작스러울 정도의 짧은 시간. ◆名突然。¶하루아침에 유명해지다. =突然变得有名起来。

하루하루【명사】그날그날의 날. ◆ 名天天，每天。¶하루하루가 즐겁다. =每天都很愉快。

하룻밤【명사】名 ❶ 해가 지고 나서 다음 날 해가 뜰 때까지의 동안. ◆ 一晚，一夜。¶하룻밤이라도 묵을 곳을 찾자. =找个哪怕能住一夜的地方也行。❷ 어떤 날 밤. ◆ 某晚，某夜。¶하룻밤은 그가 집에 들어오지 않는 거야. =某晚他没回家。

하류(下流)【명사】名 ❶ 강이나 내의 아래쪽 부분. ◆ 下游。¶하류 지역. =下游区域。❷ 사회적 신분(身分)이나 물질적 생활 수준이 상대적으로 낮은 계층. ◆ 下层社会。¶하류생활. =下层社会生活。

하릴없이【부사】副 ❶ 달리 어떻게 할 도리가 없이. ◆ 束手无策地。¶이렇게 하릴없이 기다릴 수만은 없지 않습니까? =难道只能坐以待毙吗? ❷ 조금도 틀림이 없이. ◆ 肯定。¶그는 하릴없는 거지이다. =他肯定是个乞丐。

하마(河馬)【명사】하마과의 하나. 몸의 길이는 4미터, 어깨의 높이는 1.5미터 정도이며, 몸무게는 2~3톤으로 뚱뚱하다. ◆名河马。

하마터면【부사】조금만 잘못하였더라면. 위험한 상황을 겨우 벗어났을 때에 쓰는 말이다. ◆副差点，险些。¶하마터면 큰일 날 뻔했다. =差点出大事。

하명(下命)【명사】名 ❶ '명령'을 높여 이르는 말. ◆ 命令。¶함구하라는 어르신의 하명에 따른 것뿐입니다. =只是服从长辈要求缄口的命令。❷ 명령을 내림. ◆ 下令。¶하명을 내리다. =下令。● 하명하다(下命--) ●

하모니(harmony)【명사】名 ❶ 미적 대상의 부분 상호 간에 성질 및 수량성 모순이 없는 통일 관계가 있어 쾌감을 낳는 경우를 이른다. ◆ 和谐。❷ 화성(和聲). ◆ 和声。

하모니카(harmonica)【명사】직사각형의 틀에 조그마한 칸을 여러 개 만들고, 칸마다 쇠붙이 서를 끼워 만든 작은 관악기. ◆名口琴。

하물며【부사】'더군다나'의 뜻을 가진 접속 부사. 앞의 사실과 비교하여 뒤의 사실에 더 강한 긍정을 나타냄. ◆ 副何况，况且。¶짐승도 제 새끼는 귀한 줄 아는데, 하물며 사람이야. =动物都知道疼自己的孩子，何况是人呢?

하반기(下半期)【명사】한 해나 어떤 일정한 기간을 둘로 나누었을 때 나중 되는 기간. ◆ 名下半期，下半年。¶하반기 결산 보고. =下半年结算报告。

하반신(下半身)【명사】몸의 아래쪽 절반이 되는 부분. 허리 아래의 부분을 이른다. ◆ 名下半身。¶하반신 마비. =下半身麻痹。

하복(夏服)【명사】여름철에 입는 옷. ◆ 名夏装。

하복부(下腹部)【명사】배꼽 아래쪽의 배 부분. 척추동물에서, 복부의 가장 밑 부분. 대퇴부와 닿는 곳이다. ◆ 名下腹部。

하부(下部)【명사】名 ❶ 아래쪽 부분. ◆ 下游，下部。¶낙동강 하부에는 삼각주가 형성되어 있다. =洛东江下游形成了三角洲。❷ 하급 기관이나 부서. 또는 그곳의 사람. ◆ 下属，下级。¶하부 조직. =下级组织。

하사[1](下士)【명사】부사관 계급의 하나. 중사의 아래, 병장의 위로 부사관 계급에서 가장 낮은 계급이다. ◆ 名下士。

하사[2](下賜)【명사】임금이 신하에게, 또는 윗사람이 아랫사람에게 물건을 줌. ◆ 名赐予。¶왕이 수랏상을 하사하다. =国王赐宴。● 하사하다(下賜--) ●

하사관(下士官)【명사】예전에, 특정 부대나 병과에 있는 부사관 가운데 가장 높은 계급의 부사관을 이르던 말. ◆ 名士官。

하산(下山)【명사】名 ❶ 산에서 내려오거나 내려감. ◆ 下山。¶하산을 너무 늦게 하는 바람에 어두워져서 길을 잃고 말았다. =下山太晚，天黑后就迷路了。❷ 깨달음을 얻거나 생활할 수 없어 산에서의 생활을 그만둠. ◆ 下山。● 하산하다(下山--) ●

하선(下船)【명사】名 ❶ 배에서 내림. ◆ 下船。❷ 짐을 배에서 부림. ◆ 卸船。● 하선하다(下船--) ●

하소연【명사】억울한 일이나 잘못된 일, 딱한 사정 따위를 간곡히 호소함. ◆ 名诉苦，叫苦。¶그녀는 나를 붙잡고 하소연을 늘어놓았다. =她抓住我大吐苦水。● 하소연하다 ●

하수(下水)【명사】名 ❶ 빗물이나 집, 공장, 병원 따위에서 쓰고 버리는 더러운 물. ◆ 污水，脏水。¶하수 처리 문제가 심각한 수준이다. =污水处理问题到了严重的程度。❷ 하수도. ◆ 下水道。¶하수 시설. =下水道设施。

하수구(下水溝)【명사】빗물이나 집, 공장, 병원 따위에서 쓰고 버리는 더러운 물이 흘러내려 가도록 만든 도랑. ◆ 名下水道，阴沟。¶하수구가 막히다. =下水道堵了。

하수도(下水道)【명사】빗물이나 집, 공장, 병원 따위에서 쓰고 버리는 더러운 물이 흘러가도록 만든 설비. ◆ 名下水道。¶하수도 공사. =下水道工程。

하숙(下宿)【명사】일정한 방세와 식비를 내고 남의 집에 머물면서 숙식함. 또는 그런 집. ◆ 名寄宿，寄宿处。¶하숙을 구하다. =找寄宿处。● 하숙하다(下宿--) ●

하숙집(下宿-)【명사】일정한 방세와 식비를 내고 머물면서 숙식하는 집. ◆ 名寄宿处。¶우리 하숙집 아주머니는 음식 솜씨가 좋다. =我们寄宿房东家的大婶做饭手艺不错。

하순(下旬)【명사】한 달 가운데 21일에서 말일까지의 동안. ◆ 名下旬。¶장마가 다음 달 하순까지 계속될 것 같다. =梅雨将要持续到下个月下旬。

하얀색(--色)【명사】깨끗한 눈이나 밀가루와 같이 밝고 선명하게 흰 색. ◆ 名白色，雪白。

하양【명사】하얀 빛깔이나 물감. ◆ 名白色。¶하양에다 빨강을 섞으면 분홍이 된다. =白色掺上红色变成粉红色。

하얗다【형용사】形 ❶ 깨끗한 눈이나 밀가루와 같이 밝고 선명하게 희다. ◆ 白，雪白。¶눈이 부시게 하얗다. =白得耀眼。❷ 춥거나 겁에 질리거나 하여 얼굴이 핏기가 없이 희다. ◆ 苍白，惨白。¶그 아이는 얼굴이 병자처럼 너무 하얗다. =那孩子的脸像病人的脸那样苍白。❸ 굉장히 많다. ◆ 黑压压。¶광장으로 사람들이 하얗게 몰려들었다. =广场上黑压压地挤满了人。❹ 사뭇 뜬눈으로 지내다. ◆ 不合眼(熬夜)。¶우리는 그간의 밀린 이야기를 하느라고 하룻밤을 하얗게 밝혔다. =我们说着那期间没说的话，一夜没合眼。

하얘지다【동사】하얗게 되다. ◆ 动变白。¶노여움으로 낯빛이 하얘지다. =因为生气而脸色变白。

하여간(何如間)【부사】어찌하든지 간에. ◆ 副无论如何，反正。¶하여간 이번 일은 네가 알아서 처리해라. =反正这次的事你看着办吧。

하여금【부사】누구를 시키어. ◆ 副表示使动对象。¶나로 하여금 무엇을 하라 하십니까? =让我做什么事?

하여튼(何如-)【부사】아무튼(의견이나 일의 성질, 형편, 상태 따위가 어떻게 되어 있든). ◆ 副无论如何，反正。¶성격이 어떤지는 모르겠지만 하여튼 인물 하나는 좋다. =不知道性格怎样，反正人品不错。

하역(荷役)【명사】짐을 싣고 내리는 일. ◆ 名装卸货物。¶하역 작업. =装卸货物作业。

하염없다【형용사】形 ❶ 시름에 싸여 멍하니 이렇다 할 만한 아무 생각이 없다. ◆ 茫然，空虚。¶그는 하염없이 창밖을 내다보고만 있다. =他只是茫然地望着窗外。❷ 어떤 행동이나 심리 상태 따위가 자신의 의지와는 상관없이 계속되는 상태이다. ◆ 无止境，不停。¶하염없는 눈물만 흐른다. =只是不停地流泪。● 하염없이 ●

하오(下午)【명사】오후(午後) (정오(正午)부터 밤 열두 시까지의 시간). ◆ 名下午。¶그는 26일 하오 4시 비행기로 출국한다. =他于26日下午4时乘飞机出国。

하위(下位)【명사】낮은 지위나 등급이나 위치. ◆ 名下等，下级。¶하위 공무원. =下级公务员。

하의(下衣)【명사】아래옷(아래에 입는 옷). ◆ 名下装。¶그는 몹시 더운지 하의만 입은 채 목물을 하고 있다. =他大概太热了，只穿着下装在冲凉。

하이에나(hyena)【명사】하이에나과의 포유류를 통틀어 이르는 말. ◆图土狼，鬣狗。

하이킹(hiking)【명사】심신의 단련이나 관광 따위를 목적으로 걸어서 여행하는 일. ◆图徒步旅行。¶강변도로는 하이킹 코스로는 제격이다. =江边道路很合适作徒步旅行的路线。

하이테크(hightech)【명사】고도의 과학을 첨단 제품의 생산에 적용하는 기술 형태를 통틀어 이르는 말. ◆图高科技。¶위성 통신, 광 통신, 컴퓨터 따위의 하이테크의 총아는 통신 체계의 혁신을 가져오고 있다. =卫星通信、光通信、计算机等高科技的宠儿带来了通信系统的革新。

하이픈(hyphen)【명사】붙임표. ◆图连字号。

하이힐(high heeled shoes)【명사】굽이 높은 여자용 구두. ◆图高跟鞋。¶안 신던 하이힐을 신었더니 걷기가 몹시 힘들다. =以前没有穿过高跟鞋，穿上后走路非常困难。

하인(下人)【명사】남의 집에 매여 일을 하는 사람. ◆图下人，佣人。

하자(瑕疵)【명사】옥의 얼룩진 흔적이라는 뜻으로, '흠'을 이르는 말. ◆图瑕疵。¶하자 없는 물건이 어디 있습니까? =哪里有没有瑕疵的东西?

하잘것없다【형용사】시시하여 해 볼 만한 것이 없다. 또는 대수롭지 아니하다. ◆形微不足道，不足挂齿。¶길거리에 구르는 하잘것없어 보이는 돌멩이도 다 쓸모가 있는 법이다. =路边滚动的、看起来不起眼的小石头也是有用的。

하중(荷重)【명사】어떤 물체 따위의 무게. ◆图货物的重量。¶트럭의 하중에 짓눌린 바퀴. =被货物重量狠压的卡车轮胎。

하지(夏至)【명사】이십사절기의 하나. 망종과 소서 사이에 들며, 양력 6월 21일경으로, 북반구에서는 낮이 가장 길고 밤이 가장 짧다. ◆图夏至。

하지만【부사】서로 일치하지 아니하거나 상반되는 사실을 나타내는 두 문장을 이어 줄 때 쓰는 접속 부사. ◆副但是，可是，然而。¶그의 행동에는 잘못된 점이 많다. 하지만 그럴 수밖에 없는 이유가 있다는 것도 인정해야 한다. =他的做法有很多不对的地方，但还是要承认除此之外没有别的办法。

하직(下直)【명사】图❶ 먼 길을 떠날 때 웃어른께 작별을 고하는 것. ◆ 辞别，拜别。¶그는 아버지께 하직을 고하고 물러 나왔다. =他向父亲拜别后退了出来。❷ 무슨 일이 마지막이거나 무슨 일을 그만둠을 이르는 말. ◆终止，结束。¶병이 심해져 이젠 담배와 술도 오늘로 하직이야. =病越来越严重，现在必须戒烟戒酒。❸ '죽음'을 비유적으로 이르는 말. ◆辞世，去世。● 하직하다(下直--) ●

하차(下車)【명사】타고 있던 차에서 내림. ◆图下车。¶하차 승객. =下车乘客。● 하차하다(下車--) ●

하찮다【형용사】形❶ 그다지 훌륭하지 아니하다. ◆ 不怎么好，不怎么样，一般。¶하찮은 솜씨. =不怎么样的手艺。❷ 대수롭지 아니하다. ◆无关紧要，鸡毛蒜皮，没什么大不了。¶하찮은 일에 마음을 쓰지 마시오. =不用在意那些无关紧要的事情。

하천(河川)【명사】강과 시내를 아울러 이르는 말. ◆图河川，河流。¶하천이 범람하다. =河川泛滥。

하체(下體)【명사】图❶ 물체나 신체의 아랫부분. ◆ 下半身。¶하체가 약하다. =下半身弱。❷ 사람의 음부(陰部)를 달리 이르는 말. ◆ 阴部。¶하체를 함부로 내둘러서는 안 된다. =不能随意露出阴部。

하층(下層)【명사】图❶ 아래층. ◆ 下层。❷ 계급이나 신분, 지위 따위가 낮은 계층. ◆ 下层，底层。¶하층 신분에서 현달한 사람도 있다. =也有从底层飞黄腾达的人。

하키(hockey)【명사】图❶ 필드하키. 잔디로 만든 그라운드에서 11명으로 구성된 두 팀이 스틱을 가지고 공을 상대편의 골에 넣어 승부를 겨루는 구기 경기. ◆曲棍球。❷ 아이스하키. ◆冰球。

하품【명사】졸리거나 고단하거나 배부르거나 할 때, 절로 입이 벌어지면서 하는 깊은 호흡. ◆ 图哈欠。¶하품을 참다. =忍着哈欠。● 하품하다 ●

하프(harp)【명사】세모꼴의 틀에 47개의 현을 세로로 평행하게 걸고, 두 손으로 줄을 튕겨 연주하는 현악기. 음색의 우아함과 부드러운 느낌의 여운이 특색이다. ◆图竖琴。

하필(何必)【부사】다른 방도를 취하지 아니하고 어찌하여 꼭. ◆副何必，为何偏偏。¶하필 오늘같이 더운 날 대청소를 할 게 뭐야. =为何偏偏要在今天这么热的天气进行大清扫呢?

하하[1]【감탄사】叹❶ 좀 놀라거나 한탄하거나 감탄할 때 내는 소리. ◆ 嗬，噢。¶하하, 이 그림에 그런 깊은 뜻이 있었군요. =噢，这幅画有这样深刻的含义啊。❷ 못마땅한 일을 당하였을 때 근심하거나 나무라는 뜻으로 가볍게 내는 소리. ◆ 咳。¶하하, 그 사람 참. 그렇게 말하지 말랬는데도 그새 소문을 내 버렸군. =咳，那个人真是的。都让他别往外说了，他还是传出去了。

하하[2]【부사】입을 벌리고 거리낌 없이 크게 웃는 소리. 또는 그 모양. ◆副呵呵，哈哈。¶그의 재치 있는 농담에 모두 하하 웃었다. =大家被他讲的有趣的笑话逗得哈哈大笑。

하향(下向)【명사】图❶ 아래로 향함. 또는 그 쪽. ◆ 向下；下方。¶하향 조정. =向下调整。❷ 쇠퇴하여 감. ◆ 衰退。❸ 물가 따위가 떨어짐. ◆ 物价下跌。

하현달(下弦-)【명사】음력 매달 22~23일에 나타나는 반원 모양의 달. 활 모양의 현을 엎어 놓은 것 같은 모양이다. ◆图下弦月。

학(鶴)【명사】두루밋과의 새를 통틀어 이르는 말. ◆图鹤。

학교(學校)【명사】일정한 목적, 교육 과정, 설비, 제도 및 법규에 의하여 교사가 계속적으로 학생에게 교육을 실시하는 기관. ◆图学校。¶학교에 다니다. =上学。

학구적(學究的)【명사】학문 연구에 몰두하는 것. ◆图做学问的，埋头研究的。¶학구적인 사람. =做学问的人。

학군(學群)【명사】 입시 제도의 개편에 따라 지역별로 나누어 설정한 몇 개의 중학교 또는 고등학교의 무리. ◆ 名学校群。

학급(學級)【명사】 한 교실에서 공부하는 학생의 단위 집단. ◆ 名班级。¶이 학교는 한 학년에 다섯 학급씩 있다. =这所学校每个年级有五个班。

학급 문고(學級文庫)【명사】 각 학급에 비치하여 둔 도서. 또는 그 도서를 모아 둔 곳. ◆ 名班级图书，班级书库。

학기(學期)【명사】 한 학년 동안을 학업의 필요에 의하여 구분한 기간. 보통 3~8월과 9~2월의 두 학기로 나눈다. ◆ 名学期。

학년【명사】 名 ❶ 일 년간의 학습 과정의 단위. ◆ 学年。❷ 수업하는 과목의 정도에 따라 일 년을 단위로 구분한 학교 교육의 단계. ◆ 年级。¶이제 육 학년이 되다. =现在是6年级了。

학대(虐待)【명사】 몹시 괴롭히거나 가혹하게 대우함. ◆ 名虐待。¶학대를 당하다. =遭受虐待。● 학대하다(虐待--) ●

학도(學徒)【명사】 학생(학교에 다니면서 공부하는 사람). ◆ 名学生，学子。¶청년 학도. =青年学生。

학력[1](學力)【명사】 교육을 통하여 얻은 지식이나 기술 따위의 능력. 교과 내용을 이해하고 그것을 응용하여 새로운 것을 창조하는 능력을 이른다. ◆ 名学术造诣，学问水平。¶학력 향상. =提高学术造诣。

학력[2](學歷)【명사】 학교를 다닌 경력. ◆ 名学历。¶최종 학력. =最终学历。

학문(學問)【명사】 어떤 분야를 체계적으로 배워서 익힘. 또는 그런 지식. ◆ 名做学问；学问，学识。¶학문이 깊다. =学问深。● 학문하다(學問--) ●

학번(學番)【명사】 名 ❶ 주로 대학교나 대학원에서, 학교 행정상의 필요에 의하여 입학 연도와 학과에 따라 학생에게 부여한 고유 번호. ◆ 学号。¶답안지에 학번을 적다. =在试卷上写学号。❷ 같은 해에 입학한 학생들에게 입학 연도를 고유 번호 삼아서 붙인 번호. ◆ 级。¶그는 86 학번이다. =他是86级的学生。

학벌(學閥)【명사】 名 ❶ 학문을 닦아서 얻게 된 사회적 지위나 신분. 또는 출신 학교의 사회적 지위나 등급. ◆ 学术地位；母校的社会地位。¶학벌이 좋다. =毕业于名校。❷ 출신 학교나 학파에 따라 이루어지는 파벌. ◆ 学派。¶이번 승진 인사는 인맥과 학벌에 따라 이루어졌다. =本次人事选拔是按照人脉和学派进行的。

학부(學部)【명사】 名 ❶ 대학을 대학원에 상대하여 이르는 말. ◆ 学院。¶이공 학부. =理工学院。❷ 대학에서 전공 학과에 따라 나눈 부(部). ◆ 系。¶학부별로 신입생을 모집하다. =分系招收新生。

학부모(學父母)【명사】 학생의 아버지나 어머니라는 뜻으로, 학생의 보호자를 이르는 말. ◆ 名学生父母，学生家长。¶내일은 학부모를 모시고 학예회를 하는 날이다. =明天是举行学艺表演会来招待学生家长的日子。

학부형(學父兄)【명사】 학생의 아버지나 형이라는 뜻으로, 학생의 보호자를 이르는 말. ◆ 名学生监护人，学生家长。¶올해 아이가 학교에 들어가기 때문에 나도 학부형이 된다. =今年孩子要上学，我也是学生家长了。

학비(學費)【명사】 공부하며 학문을 닦는 데에 드는 비용. ◆ 名学费。¶학비에 쪼들리는 학생을 위해 장학금을 확충했다. =为交不起学费的学生扩充奖学金。

학사(學士)【명사】 名 ❶ 학술 연구에 전념하는 사람. ◆ 学者。❷ 대학의 학부 과정을 마치고 규정된 절차를 밟은 사람에게 수여하는 학위를 이르는 말. ◆ 学士(学位)。¶학사 학위를 받다. =获得学士学位。

학살(虐殺)【명사】 가혹하게 마구 죽임. ◆ 名虐杀，屠杀，残杀。¶민간인 대량 학살. =大量屠杀平民。● 학살되다(虐殺--), 학살하다(虐殺--) ●

학생(學生)【명사】 학교에 다니면서 공부하는 사람. ◆ 名学生。

학생증(學生證)【명사】 학생의 신분임을 밝힌 증명서. ◆ 名学生证。

학설(學說)【명사】 학술적 문제에 대하여 주장하는 이론 체계. ◆ 名学说。¶새 학설을 정립하다. =创立新学说。

학수고대하다(鶴首苦待--)【동사】 몹시 애타게 기다리다. ◆ 动翘首以待，望眼欲穿。¶군에 간 아들에게서 편지 오기를 학수고대한다. =望眼欲穿地盼着参军的儿子写信来。

학술(學術)【명사】 학문과 기술을 아울러 이르는 말. ◆ 名学术。¶학술 강연회. =学术演讲会。

학습(學習)【명사】 배워서 익힘. ◆ 名学习。¶교과 학습. =课程学习。● 학습되다(學習--), 학습하다(學習--) ●

학습장(學習帳)【명사】 학습에 필요한 사항을 적는 공책. ◆ 名作业本，练习本。¶내일 가지고 갈 준비물은 학습장을 봐야 알지. =要看看作业本才知道明天要准备的东西。

학식(學識)【명사】 名 ❶ 배워서 얻은 지식. ◆ 知识。¶미술에 대한 학식을 갖추다. =具有美术方面的知识。❷ 학문과 식견을 통틀어 이르는 말. ◆ 学问和见识，学识。¶폭넓은 학식. =广博的学识。

학업(學業)【명사】 주로 학교에서 일반 지식과 전문 지식을 배우기 위하여 공부하는 일. ◆ 名学业。¶그는 대학원에 진학하여 학업을 계속하였다. =他进入研究生院继续学业。

학예회(學藝會)【명사】 학습 발표회. ◆ 名学艺展示会，学习发表会。

학용품(學用品)【명사】 학습에 필요한 물품(物品). 필기도구, 공책 따위를 통틀어 이른다. ◆ 名学习用品，文具。¶새 학년이 시작되기 전에 책가방과 학용품을 새로 장만했다. =新学期开始之前重新置备书包和文具。

학우(學友)【명사】 같이 공부하는 벗. ◆ 名同学。¶우리 학과 학우들끼리 학회를 조직하였다. =我们专业的校友们组织了学会。

학원(學院)【명사】 名 ❶ 학교. ◆ 学校。¶학원 자율

화. =学校自律化。❷ 학교 설치 기준의 여러 조건을 갖추지 아니한 사립 교육 기관. 교과 과정에 따라 지식, 기술, 예체능 교육을 행한다. ◆ 私立培训学校，补习班。¶대입 학원. =高考私立培训学校。

학위(學位)【명사】어떤 부문의 학문을 전문적으로 익히고 공부하여 일정한 수준에 오른 사람에게 대학에서 주는 자격. 학사, 석사, 박사 따위가 있다. ◆ 名学位。¶학위를 따다. =取得学位。

학자(學者)【명사】학문에 능통한 사람. 또는 학문을 연구하는 사람. ◆ 名学者。¶그는 그 분야의 저명한 학자이다. =他是该领域的著名学者。

학점(學點)【명사】名 ❶ 대학 또는 대학원에서 학생의 학과 이수를 계산하는 단위. ◆ 学分。¶학점을 따다. =获得学分。❷ 대학 또는 대학원에서 한 학과에 대한 성적을 표시하는 단위. 보통 A에서 F까지 있으며, D이상을 받아야 인정을 받는다. ◆ 学分。¶이번에 A 학점을 받아야만 한다. =这次的成绩一定要得A。

학정(虐政)【명사】포학하고 가혹한 정치. ◆ 名虐政，暴政。¶학정에 시달리다. =受暴政折磨。

학질(瘧疾)【명사】말라리아. 말라리아 병원충을 가진 학질모기에게 물려서 감염되는 법정 전염병. ◆ 名疟疾。¶학질을 앓다. =患疟疾。

학창(學窓)【명사】배움의 창가라는 뜻으로, 공부하는 교실이나 학교를 이르는 말. ◆ 名学校，校园。¶학창 시절. =学校时节。

학풍(學風)【명사】名 ❶ 학문에서의 태도나 경향. ◆ 学风。¶실용주의적 학풍을 조성하다. =形成实用主义学风。❷ 교풍(校風). 학교 특유의 기풍. ◆ 校风。¶전통적인 학풍을 이어가다. =继承传统校风。

학회(學會)【명사】학문을 깊이 있게 연구하고 더욱 발전시키기 위하여 공부하는 사람들이 만든 모임. ◆ 名学会。¶학회에 가입하다. =加入学会。

한[1]【관형사】冠 ❶ 그 수량이 하나임을 나타내는 말. ◆ 一。¶한 사람. =一人。❷ '어떤'의 뜻을 나타내는 말. ◆ 有个，某个。¶옛날 강원도의 한 마을에 효자가 살고 있었다. =以前在江原道的一个村子里住着一个孝子。❸ '대략'의 뜻을 나타내는 말. ◆ 大约。¶한 20분쯤 걸었다. =用了大约20分钟。

한(恨)[2]【명사】몹시 원망스럽고 억울하거나 안타깝고 슬퍼 응어리진 마음. ◆ 名怨恨，怨愤，遗憾。¶한이 맺히다. =怨恨郁结。

한-[3]【접사】前缀 ❶ '바깥'의 뜻을 더하는 접두사. ◆ 外边。¶한데. =露天。❷ '끼니때 밖'의 뜻을 더하는 접두사. ◆ 吃饭时间以外。¶한동자. =用餐后又做好的饭。

-한[4](漢)【접사】그와 관련된 사람의 뜻을 더하는 접미사. ◆ 后缀汉。¶치한. =色狼。

한-[5]【접사】前缀 ❶ '큰'의 뜻을 더하는 접두사. ◆ 大。¶한길. =大路。❷ '정확한' 또는 '한창인'의 뜻을 더하는 접두사. ◆ 盛，正。¶한가운데. =正中。❸ '같은'의 뜻을 더하는 접두사. ◆ 同，一。¶한집안. =一家。

한[6](限)【명사】名 ❶ 시간, 공간, 수량, 정도 따위의 끝을 나타내는 말. ◆ 限度。¶사람의 욕망은 한이 없다. =人的欲望没有限度。❷ 앞에 쓰인 형용사의 정도가 매우 심함을 나타내는 말. ◆ 界限。¶적막하기가 한이 없는 숲 속. =无比静谧的树林深处。❸ 어떤 일을 위하여 희생하거나 무릅써야 할 극단적 상황을 나타내는 말. ◆ 程度，限度，范围。¶비록 사표를 쓰는 한이 있더라도 이 명령만은 따를 수 없다. =即使辞职，也不能服从这条命令。❹ 조건의 뜻을 나타내는 말. ◆ 范围。¶특별한 변수가 없는 한 회담은 예정대로 진행될 것이다. =如果没有特别的变数，会谈将按计划进行。

한가롭다(閑暇--)【형용사】한가한 느낌이 있다. ◆ 形闲暇，空闲。¶한가로운 오후 시간. =悠闲的下午时间。● 한가로이(閑暇--) ●

한가운데【명사】공간이나 시간, 상황 따위의 바로 가운데. ◆ 名当中，正中间。¶방 한가운데에 놓인 화로. =放在屋子正中间的火炉。

한가위【명사】추석(秋夕). ◆ 名中秋，中秋节。

한가하다(閑暇--)【형용사】겨를이 생겨 여유가 있다. ◆ 形闲暇，空闲。¶한가한 시간을 틈타 고향에 다녀왔다. =趁着空闲去了一躺老家。

한갓【부사】고작하여야 다른 것 없이 겨우. ◆ 副只是，仅仅是，不过是。¶한갓 공상에 지나지 않는 생각도 중요한 발명의 단서가 되기도 한다. =即使是空想，也会成为重要发明的思路。

한갓지다【형용사】한가하고 조용하다. ◆ 形清闲，闲适。¶이 마을은 도시에서 멀리 떨어진 한갓진 곳이다. =这个村子是远离城市的闲适之地。

한강(漢江)【명사】한국 중부를 흐르는 강. 태백산맥에서 시작하여 황해로 흘러든다. 길이는 494.44km. ◆ 名汉江。

한겨울【명사】名 ❶ 한창 추위가 심한 겨울. ◆ 严冬。¶때가 한겨울이라 바다를 찾는 관광객이 많지 않다. =现在是严冬，来海边的游客不多。❷ 겨울 내내. ◆ 整个冬季。¶우리는 이곳에서 한겨울을 지내야 한다. =我们要在这里度过整个冬季。

한결【부사】전에 비하여서 한층 더. ◆ 副更，更加。¶산에 오니 몸이 한결 가뿐해진다. =来到山中后，身体轻快多了。

한결같다【형용사】形 ❶ 처음부터 끝까지 변함없이 꼭 같다. ◆ 始终不渝，始终如一。¶한결같은 태도. =始终如一的态度。❷ 여럿이 모두 꼭 같이 하나와 같다. ◆ 一致。¶독자들의 한결같은 반응을 보였다. =读者的反应一致。● 한결같이 ●

한계(限界)【명사】사물이나 능력, 책임 따위가 실제 작용할 수 있는 범위. 또는 그런 범위를 나타내는 선. ◆ 名边界，界限。¶한계를 정하다. =定边界。

한국(韓國)【명사】대한민국. ◆ 名韩国。

한국말(韓國-)【명사】한국인이 사용하는 언어. ◆ 名韩国语。

한국어(韓國語)【명사】한국인이 사용하는 언어. ◆ 名韩国语，韩语。

한국인(韓國人)【명사】한국 국적을 가졌거나 한민족의 혈통과 정신을 가진 사람. ◆ 名韩国人。

한군데【명사】어떤 일정한 곳. ◆ 名一处，一个地方。¶한군데 붙박여 살다. =在一个地方定居。

한글【명사】한국 고유 글자의 이름. 세종 대왕이 한국말을 표기하기 위하여 창제한 훈민정음을 20세기 이후 달리 이르는 것으로, 1446년 반포될 당시에는 28 자모(字母)였지만, 현재는 24 자모만 쓴다. ◆ 名韩国文字，韩文。¶한글 강습. =韩国文字教学。

한글날【명사】세종 대왕이 창제한 훈민정음의 반포를 기념하기 위하여 제정한 국경일. 한글을 보급·연구하는 일을 장려하기 위하여 정한 날로 10월 9일이다. ◆ 名韩国文字节(十月九日)。

한기(寒氣)【명사】名 ❶ 추운 기운. ◆ 寒气，寒冷。¶오랫동안 불을 안 넣은 방이라 방안에 들어서자 한기가 느껴졌다. =房间里很久没生火了，一进来就觉得寒气逼人。❷ 병적으로 느끼는 추운 기운. ◆ 寒症，发冷。¶한기를 느끼다. =觉得冷。

한길【명사】사람이나 차가 많이 다니는 넓은 길. ◆ 名大路，大道，公路。¶한길로 나가다. =沿着大路走。

한꺼번에【부사】몰아서 한 차례에. 또는 죄다 동시에. ◆ 副一下子，一次。¶피로가 한꺼번에 몰려들다. =疲劳一下子袭来。

한껏(限-)【부사】할 수 있는 데까지. 또는 한도에 이르는 데까지. ◆ 副最大限度地，尽可能地，尽量地，尽情地。¶한껏 즐기다. =尽情享受。

한나절【명사】하루 낮의 반(半). ◆ 名半天。¶거기에까지 가는 데만 한나절은 걸린다. =去那里也要花半天的时间。

한낮【명사】낮의 한가운데. 곧, 낮 열두 시를 전후한 때를 이른다. ◆ 名中午，正午。¶햇볕이 쨍쨍 내리쬐는 한낮은 외출을 피하십시오. =避免在阳光强烈的正午外出。

한낱【부사】기껏해야 대단한 것 없이 다만. ◆ 副只是，只不过是，仅仅是。¶부도가 난 어음은 한낱 휴지 조각에 불과했다. =拒绝支付的支票只不过是废纸片。

한눈【명사】名 ❶ 한 번 봄. 또는 잠깐 봄. ◆ 一见，一眼。¶한눈에 반하다. =一见钟情。❷ 한꺼번에, 또는 일시에 보는 시야. ◆ 一览无余，尽收眼底。¶시가지가 한눈에 들어오다. =市区一览无余。

한눈팔다【동사】마땅히 볼 데를 안 보고 딴 데를 보다. ◆ 动眼睛走神，精神溜号。¶한눈팔다가 전봇대에 부딪치다. =因为走神而撞到了电线杆上。

한대(寒帶)【명사】기온에 의하여 분류한 기후대의 하나. 지구의 남북 위도가 각각 66도 33분인 곳에서 남북 양극에 이르는 지대. ◆ 名 寒带。

한대기후(寒帶氣候)【명사】툰드라 지역과 영구 동토 지역에 나타나는 기후. 가장 따뜻한 달의 평균 기온이 10℃ 이하이며, 수목은 자라지 않는다. 툰드라 기후와 빙설 기후로 나눈다. ◆ 名 寒带气候。

한더위【명사】한창 심한 더위. ◆ 名酷暑，炎热，盛夏。¶여름 한더위에 접어들었다. =进入盛夏。

한데[1]【명사】사방, 상하를 덮거나 가리지 아니한 곳. 곧 집채의 바깥을 이른다. ◆ 名露天，屋外。¶몸도 안 좋은데 한데 너무 오래 있지 마라. =身体不好，不要长时间呆在屋外。

한데[2]【부사】'그러한데'의 뜻을 나타내는 말. ◆ 副可是，但是。¶한데 무슨 볼일이 있어서 오셨습니까? =敢问您来这儿有何贵干?

한도(限度)【명사】일정한 정도. 또는 한정된 정도. ◆ 名限度。¶해외 투자 한도를 늘리다. =提高海外投资限度。

한동안【명사】꽤 오랫동안. ◆ 名一度，长时间。¶한동안의 논란 끝에 그들은 두 패로 갈라섰다. =经过长时间争议，他们分成了两派。

한들거리다【동사】가볍게 이리저리 자꾸 흔들리다. 또는 그렇게 되게 하다. ◆ 动摇摇晃晃。¶길가의 코스모스가 바람에 한들거리다. =路边的波斯菊被风吹得摇摇晃晃。

한들한들【부사】가볍게 자꾸 이리저리 흔들리거나 흔들리게 하는 모양. ◆ 副摇摇晃晃。¶간간이 부는 가는 바람에도 나무 끝은 한들한들 흔들린다. =间或吹过的风也把树枝吹得摇摇晃晃的。● 한들한들하다 ●

한때【명사】名 ❶ 어느 한 시기. ◆ 一个时期，一段时间。¶즐거운 휴일 한때를 보내다. =度过一段愉快的时光。❷ 같은 때. ◆ 同时。¶두 사람이 한때에 들이닥쳤다. =两个人突然同时到来。

한라산(漢拏山)【명사】한국의 제주특별자치도 중앙에 있는 산. 명승지로 삼성혈, 백록담 따위가 있다. 높이는 1,950미터. ◆ 名汉拿山。

한랭 전선(寒冷前線)【명사】차가운 기단이 따뜻한 기단을 밀어 올리고 이동하여 가는 곳에 나타나는 전선. ◆ 名寒潮锋面。

한량(閑良)【명사】돈 잘 쓰고 잘 노는 사람을 비유적으로 이르는 말. ◆ 名花花大少，花天酒地的人。¶그는 놀기 좋아하는 한량이다. =他是个喜欢玩乐的花花大少。

한량없다(限量--)【형용사】끝이나 한이 없다. ◆ 形无限，无比。¶한량없는 세월. =无限的岁月。● 한량없이(限量--) ●

한로(寒露)【명사】이십사절기의 하나. 추분과 상강 사이에 들며, 태양의 황경(黃經)이 195도인 때이다. 10월 8일경이다. ◆ 名寒露。

한류(寒流)【명사】온도가 비교적 낮은 해류. 보통 극에 가까운 지역에서 위도가 낮은 지역으로 흐른다. ◆ 名寒流。

한마디【명사】짧은 말. 또는 간단한 말. ◆ 名一句话。¶한마디 말도 없이 떠나다. =一句话也没说，就走了。

한마음【명사】名 ❶ 하나로 합친 마음. ◆ 同心。¶한마음으로 뭉치다. =团结一心。❷ 변함없는 마음. ◆ 名一心。¶당신을 향해 늘 한마음으로 살고 있습니다. =对你总是一片痴心。

한몫【명사】名 ❶ 한 사람 앞에 돌아가는 배분. ◆ 一份，一把。¶한몫씩 챙기다. =每人准备一份。❷ 한 사람이 맡은 역할. ◆ (一份)作用，(发)一份光，(发)一份热。¶사회에서 한몫을 담당하다. =在社会中发

一份光。● 한몫 잡다 ●

한문(漢文) 【명사】 图 ❶ 중국 고전(古典)의 문장. ◆ 古代汉语。¶서당에서 한문을 배우다. =在私塾里学习古代汉语。❷ 한자(漢字)만으로 쓰여진 문장이나 문학. ◆ 汉文。¶「금오신화」는 한문으로 된 소설이다. =《金鳌新话》是一本汉文小说。

한물 【명사】 채소, 과일, 어물 따위가 한창 수확되거나 쏟아져 나올 때. ◆ 图旺季，全盛期。¶이제 곧 봄이니 귤도 한물이 지났다. =现在马上要到春天了，橘子也过了旺季了。

한물가다 【동사】 动 ❶ 채소, 과일, 어물 따위의 한창 나오는 때가 지나다. ◆ 过了旺季。¶딸기가 한물가서 좋은 물건이 없다. =草莓已经过了旺季，没有好的了。❷ 어물 따위가 싱싱한 정도가 떨어지다. ◆ 不新鲜。¶한물간 생선. =不新鲜的鱼。❸ 한창때가 지나 기세가 꺾이다. ◆ 过时，过气。¶한물간 운동선수. =过气运动员。

한바탕 【명사】 크게 벌어진 한판. ◆ 图一场，一顿，一通，一番。¶한바탕 큰 싸움이 있은 후에 그 부부는 정신을 차릴 수 있었다. =吵了一场大架后，那对夫妇清醒过来了。

한밤 【명사】 한밤중. ◆ 图深夜，午夜，半夜。¶외마디 비명이 한밤의 깊은 정적을 깨다. =一声惨叫打破了午夜的宁静。

한밤중(--中) 【명사】 图 ❶ 깊은 밤. ◆ 深夜，午夜，半夜。¶한밤중에 누가 오셨나? =深更半夜的，谁来了? ❷ 어떤 일에 대하여 전혀 모르고 있는 상태를 비유적으로 이르는 말. ◆ 惯〈喻〉一无所知。¶너는 어찌 그리 한밤중이냐? =你怎么那么无知?

한방(韓方) 【명사】 图 ❶ 중국에서 발달하여 한국에 전래된 의술. ◆ 中医，韩医。¶한방 의원. =韩医院。❷ 한의(韓醫)의 처방. ◆ 韩药配方，中药处方，中医处方。

한번(-番)[1] 【부사】 어떤 행동이나 상태를 강조하는 뜻을 나타내는 말. ◆ 副强调某种行为或状态。¶밥 한번 잘 먹었다. =好好吃了一顿饭。

한번(-番)[2] 【명사】 图 ❶ 어떤 일을 시험 삼아 시도함을 나타내는 말. ◆ 一下。¶한번 해 보다. =试一下。❷ 기회 있는 어떤 때. ◆ 有机会，有时间。¶우리 집에 한번 놀러오세요. =有机会来我们家玩。❸ 지난 어느 때나 기회. ◆ 曾经，曾。¶한번은 이런 일도 있었지. =曾经发生过这种事。

한복(韓服) 【명사】 한국의 고유한 옷. ◆ 图韩服。

한복판 【명사】 '복판'을 강조하여 이르는 말. ◆ 图 "복판"的强调说法。正中间，中心。¶길 한복판. =路正中间。

한사코(限死-) 【부사】 죽기로 기를 쓰고. ◆ 副拼命，执意，硬(要)，死活。¶한사코 우기다. =非常固执。

한산하다(閑散--) 【형용사】 形 ❶ 일이 없어 한가하다. ◆ 萧条，冷清。¶거래가 한산하다. =生意萧条。❷ 인적이 드물어 한적하고 쓸쓸하다. ◆ 冷清，僻静，幽静。¶한산한 겨울 바다. =冷清的冬季海边。

한세상(-世上) 【명사】 图 ❶ 한평생 사는 동안. ◆ 一辈子，一生，一世。¶한세상을 살다. =活一辈子。❷ 한창 잘사는 한때. ◆ 好时光，好时候，好日子。¶우리도 한세상 누려 보자고. =我们也享受好日子吧。

한솥밥을 먹다 【관용어】 함께 생활하며 지내다. ◆ 惯同吃一锅饭，共同生活。

한순간(-瞬間) 【명사】 매우 짧은 동안. ◆ 图转眼，刹那。¶한순간에 물거품이 되다. =转眼就变成泡沫。

한술 【명사】 숟가락으로 한 번 뜬 음식이라는 뜻으로, 적은 음식을 이르는 말. ◆ 图一口，一两口，一点点。¶차린 것은 없지만 같이 한술 뜨시지요. =虽然没什么好吃的，还是一起吃一口吧。

한숨[1] 【명사】 근심이나 설움이 있을 때, 또는 긴장하였다가 안도할 때 길게 몰아서 내쉬는 숨. ◆ 叹息，叹气，长吁短叹。¶한숨 소리. =叹气声。

한숨[2] 【명사】 잠깐 동안의 휴식이나 잠. ◆ 图一会儿。¶잠 한숨 못 잤다. =一点儿也没睡。

한스럽다(恨---) 【형용사】 한이 되는 느낌이 있다. ◆ 图埋怨，抱怨。¶나는 그저 배우지 못한 것이 한스러울 뿐이다. =我只是抱怨不能学习。

한시(-時)[1] 【명사】 图 ❶ 같은 시간. 비슷한 시간. ◆ 同一时刻，同时。❷ 짧은 시간. ◆ 一会儿，片刻。

한시(漢詩)[2] 【명사】 한문으로 이루어진 정형시. ◆ 图古汉文诗。

한시름 【명사】 큰 시름. ◆ 图一桩心事，一块心病。¶한시름을 놓다. =了了一桩心事。

한시바삐(-時--) 【부사】 조금이라도 빨리. ◆ 副尽快，尽早。¶한시바삐 고향으로 돌아가고 싶다. =想尽快回到家乡。

한식(韓食)[1] 【명사】 한국 고유의 음식이나 식사. ◆ 图韩国饮食，韩国菜。¶한식 식당. =韩食饭店。

한식(韓式)[2] 【명사】 한국 고유의 양식(樣式). ◆ 图韩国式，韩式。¶한식 기와집. =韩国式瓦房。

한식(寒食)[3] 【명사】 한국 명절의 하나. 동지에서 105일째 되는 날로서 4월 5일이나 6일쯤이 되며, 민간에서는 조상의 산소를 찾아 제사를 지내고 사초(莎草)하는 등 묘를 돌아본다. ◆ 图寒食(节)。

한심하다(寒心--) 【형용사】 정도에 너무 지나치거나 모자라서 가엾고 딱하거나 기막히다. ◆ 形令人可怜；令人寒心。¶중학생이 작문을 한자로 쓰지 못하니 참으로 한심하다. =中学生连作文都不会写，真令人寒心。

한약(韓藥) 【명사】 한방에서 쓰는 약. 풀뿌리, 열매, 나무껍질 따위가 주요 약재이다. ◆ 图中药。¶한약을 달이다. =煎中药。

한약방(韓藥房) 【명사】 한약업사가 경영하는 가게. 전통 의서(醫書) 11권에 나오는 2만~6만여 개의 약재를 취급할 수 있다. ◆ 图韩药店，韩药铺。

한약재(韓藥材) 【명사】 한약을 지을 때 쓰는 약재. ◆ 图中药材。

한양(漢陽) 【명사】 '서울'의 옛 이름. ◆ 图 "서울"的古语。

한없다(限--)【형용사】끝이 없다. ◆ 形无限，无止境，无尽。¶부모님의 한없는 사랑을 어찌 갚으리. =如何能够报答父母给予的无尽的爱? ● 한없이(限--) ●

한여름【명사】더위가 한창인 여름. ◆ 名仲夏，盛夏。¶한여름의 무더위. =盛夏酷暑。

한옥(韓屋)【명사】한국 고유의 형식으로 지은 집을 양식 건물에 상대하여 이르는 말. ◆ 名韩式房屋，韩屋。¶우리가 세들어 살던 집은 'ㄱ' 자 모양의 한옥이었다. =我们以前租住的房屋是"ㄱ"形的韩式房屋。

한우(韓牛)【명사】소의 한 품종. 체질이 강하고 성질이 온순하며, 고기 맛이 좋다. 한국 재래종으로 농경, 운반 따위의 일에도 이용한다. ◆ 名韩牛，韩国国产牛。

한의사(韓醫師)【명사】한의학을 전공한 의사. ◆ 名韩医师，中医师。

한의원(韓醫院)【명사】한의로 치료하는 의원. ◆ 名韩医院，中医院。

한의학(韓醫學)【명사】중국에서 전래되어 한국에서 독자적으로 발달한 전통 의학. ◆ 名韩医学。

한인(韓人)【명사】한국인으로서 특히 외국에 나가 살고 있는 사람을 이르는 말. ◆ 名韩国人。¶미국의 한인 사회. =美国的韩国人社会。

한일합방(韓日合邦)【명사】'한일병합(韓日併合)'의 이전 용어. ◆ 名 "한일병합(韓日併合)"的旧称，日韩合并。

한자(漢字)【명사】중국에서 만들어 오늘날에도 쓰고 있는 문자. ◆ 名汉字。

한자리【명사】名 ❶ 같은 자리. ◆ 同桌，同席。¶온 가족이 한자리에 모이다. =全家人聚在一起。❷ 중요한 직위나 어느 한 직위. ◆ 一官半职，官位。¶선비는 벼슬 한자리 얻어 볼까 하는 마음에서 정승 댁을 찾았다. =书生去丞相府想求得一官半职。● 한자리하다 ●

한자어(漢字語)【명사】한자에 기초하여 만들어진 말. ◆ 名汉字词。

한자음(漢字音)【명사】한자의 음. ◆ 名汉字音。¶한국 한자음. =韩国汉字音。

한잠[1]【명사】잠시 자는 잠. ◆ 名小憩。¶소음 때문에 밤새 한잠도 못 잤다. =噪音吵得一宿都没睡着。

한잠[2]【명사】깊이 든 잠. ◆ 名酣睡，熟睡，沉睡。¶한잠을 푹 자다. =睡得很熟。

한적하다(閑寂--)【형용사】한가하고 고요하다. ◆ 形寂静，幽静，恬静。¶한적한 산골이 참 좋다. =寂静的山谷非常好。

한정(限定)【명사】수량이나 범위 따위를 제한하여 정함. 또는 그런 한도. ◆ 名限制。¶한정 판매. =限售。● 한정되다(限定--), 한정하다(限定--) ●

한족(漢族)【명사】중국 본토에서 예로부터 살아온, 중국의 중심이 되는 종족. ◆ 名汉族。

한증막(汗蒸幕)【명사】한증을 하기 위하여 갖춘 시설. 담을 둘러막아 굴처럼 만들어 밑에서 불을 땐다. ◆ 名桑拿房，蒸汽浴室。¶한증막에 가서 땀을 빼다. =去桑拿房里出出汗。

한지(韓紙)【명사】한국 고유의 제조법으로 만든 종이. 닥나무 껍질 따위의 섬유를 원료로 한다. ◆ 名高丽纸，韩纸。

한집안【명사】名 ❶ 한집에서 사는 가족. ◆ 一家人，一家子。¶한집안 식구. =一家人。❷ 혈연관계가 있는 같은 집안. ◆ 本家亲戚，家族。¶한집안 사람도 멀리 살면 서먹서먹해진다. =本家亲戚住得远了，也生分了。

한쪽【명사】어느 하나의 편이나 방향. ◆ 名一面，一方，一边。¶방의 한쪽 구석. =房间的一角。

한차례(-次例)【명사】어떤 일이 한바탕 일어남을 나타내는 말. ◆ 名一次，一回，一场。¶한차례의 태풍이 농사를 다 망쳐 놓았다. =一场台风把农田全毁了。

한참【명사】시간이 상당히 지나는 동안. ◆ 名好一阵子，好半天。¶한참 뒤에 그가 돌아왔다. =过了好半天他才回来。

한창[1]【부사】어떤 일이 가장 활기 있고 왕성하게 일어나는 모양. 또는 어떤 상태가 가장 무르익은 모양. ◆ 副正是时候，正盛，正旺，正好。¶벼가 한창 무성하게 자란다. =稻子长势正旺。

한창[2]【명사】어떤 일이 가장 활기 있고 왕성하게 일어나는 때. 또는 어떤 상태가 가장 무르익은 때. ◆ 名正是时候，正盛，正旺，正好。¶공사가 한창이다. =工程正进行得热火朝天。

한창때【명사】기운이나 의욕 따위가 가장 왕성한 때. ◆ 名风华正茂，方兴未艾；盛期，旺季。¶한창때에는 나도 힘깨나 썼지. =风华正茂时的我也多少出过力。

한철【명사】한창 성한 때. ◆ 名旺季，盛期，当令。¶패기만만한 젊은 한철. =野心勃勃的年轻人。

한층(-層)【부사】일정한 정도에서 한 단계 더. ◆ 副进一步，更加。¶한층 높아진 질서 의식. =进一步提高的秩序意识。

한탄(恨歎/恨嘆)【명사】원통하거나 뉘우치는 일이 있을 때 한숨을 쉬며 탄식함. 또는 그 한숨. ◆ 名长吁短叹，叹息，唉声叹气。¶한탄을 금치 못하다. =忍不住唉声叹气。● 한탄하다(恨歎--/恨嘆--) ●

한턱【명사】한바탕 남에게 음식을 대접하는 일. ◆ 名请客，做东。¶그는 득남을 축하해주는 직원들에게 저녁 한턱을 단단히 냈다. =他晚上请庆贺他得了儿子的员工们大吃了一顿。

한테【조사】助 ❶ 일정하게 제한된 범위를 나타내는 격 조사. ◆ 表示限定的范围。¶너한테 색연필 있니? =你有彩色铅笔吗? ❷ 어떤 행동이 미치는 대상임을 나타내는 격 조사. 어떤 물건의 소속이나 위치를 나타낸다. ◆ 表示受动的间接对象。¶언니한테 보낼 물건. =要给姐姐的东西。❸ 어떤 행동을 일으키는 대상임을 나타내는 격 조사. ◆ 表示施事主体。¶선생님한테 칭찬을 들어 기분이 좋았다. =听到老师的称赞，美滋滋的。

한통속【명사】서로 마음이 통하여 같이 모인 동아리. ◆ 名同伙，一伙，一帮。¶한통속이 되다. =成为

同伙。

한파 (寒波)【명사】겨울철에 기온이 갑자기 내려가는 현상. 한랭 기단이 위도가 낮은 지방으로 이동하면서 생긴다. ◆名寒流，寒潮，冷空气。

한판【명사】한 번 벌이는 판. ◆名一场，一局，一盘。¶한판 승부를 겨루다. =一局决胜负。

한편[1] (-便)【명사】名 ❶ 같은 편. ◆一伙，一派，同伙。¶한편이 되다. =成为同伙。❷ 한쪽. ◆一边，一头。¶방 한편에 앉다. =坐在房间的一边。❸ 어떤 일의 한 측면. ◆一方面，另一方面。¶그의 친절은 한편으로 고맙기도 하고 한편으로 부담스럽기도 했다. =一方面很感谢他的亲切，另一方面又觉得是负担。❹ 두 가지 상황을 말할 때, 한 상황을 말한 다음, 다른 상황을 말할 때 쓰는 말. ◆同时，一面。¶장군은 부하들을 독려하는 한편 구원병을 요청했다. =将军一面策励部下，一面请求援兵。

한편[2] (-便)【부사】어떤 일에 대하여, 앞에서 말한 측면과 다른 측면을 말할 때 쓰는 말. ◆副一边……一边，一面……一面，一方面……(另)一方面。

한평생 (-平生)【명사】살아 있는 동안. ◆名一生，一世，一辈子，终身。¶한평생의 동지가 될 만한 사람을 만났다. =遇到了能够交往一生的志同道合的人。

한풀【부사】기운, 끈기, 의기, 투지 따위가 눈에 띄게 줄어드는 것을 이르는 말. ◆副 (减退、低落的)势头，气势，斗志。¶기세가 한풀 수그러지다. =气势低落。

한하다 (限--)【동사】어떤 조건이나 범위로 제한되거나 국한되다. ◆动限制，限于，限。¶성인에 한하여 관람이 허용된 영화. =只限成人观看的电影。

한해살이풀【명사】일 년 이내에 씨를 뿌려서 싹이 나서 자라 꽃이 피고 열매를 맺으며 시들어 죽는 풀. 나팔꽃, 벼, 호박 따위가 있다. ◆名 一年生草，一年生草本植物。

한화 (韓貨)【명사】한국 돈. ◆名韩元，韩币。¶달러를 한화로 환산하다. =把美元换算成韩元。

할 (割)【의존 명사】비율을 나타내는 단위. 1할은 전체 수량의 10분의 1로 1푼의 열 배이다. ◆依名成。¶4할의 타율. =(棒球用语)4成打率。

할당 (割當)【명사】몫을 갈라 나눔. 또는 그 몫. ◆名分，分得的一份。¶주택용지를 할당 받다. =得到一份宅基地。● 할당되다(割當--), 할당하다(割當--) ●

할딱거리다【동사】动 ❶ 숨을 가쁘고 급하게 쉬는 소리를 자꾸 내다. ◆气喘吁吁，上气不接下气。❷ 신 따위가 할가워서 자꾸 벗겨지다. ◆(鞋大不跟脚)直趿拉。¶슬리퍼가 자꾸 할딱거리다. =拖鞋总趿拉趿拉的。

할딱이다【동사】动 ❶ 숨을 가쁘고 급하게 몰아쉬는 소리를 내다. ◆气喘吁吁。¶언덕을 달려 올라온 아이가 심하게 할딱이다. =跑上坡的孩子使劲地喘着气。❷ 신 따위가 할가워서 벗겨지다. ◆(鞋大)不跟脚，趿拉。¶형 신을 신고 나왔더니 좀 할딱인다. =穿着哥哥的鞋出来，有点不跟脚。

할딱할딱【부사】副 ❶ 숨을 자꾸 가쁘고 급하게 쉬는 소리. 또는 그 모양. ◆气喘吁吁，上气不接下气。¶할딱할딱 숨을 몰아쉬다. =一个劲呼哧呼哧地猛喘气。❷ 신 따위가 할가워서 자꾸 벗겨지는 모양. ◆(鞋大不跟脚)直趿拉。● 할딱할딱하다 ●

할머니【명사】名 ❶ 아버지의 어머니. ◆祖母，奶奶。¶할머니는 혼자서 우리 아버지를 키우셨다. =我奶奶一个人把我爸爸养大。❷ 친척이 아닌 늙은 여자를 친근하게 이르는 말. ◆老奶奶，老太太。¶백발이 성성한 할머니. =白发苍苍的老奶奶。

할머님【명사】'할머니'의 높임말. ◆名 "할머니(奶奶)"的敬语。¶자네 할머님께서는 아직도 정정하시지? =你奶奶身体还硬朗吧？

할멈【명사】名 ❶ 지체가 낮은 늙은 여자를 대접하여 이르는 말. ◆老妇。❷ 늙은 부부 사이에서 남편이 아내를 이르는 말. ◆老婆子，老太婆。

할미【명사】'할멈'의 낮춤말. ◆名 "할멈(奶奶)"的贬称或昵称。

할미꽃【명사】미나리아재빗과의 여러해살이풀. ◆名白头翁，〈又称〉老姑草。

할부 (割賦)【명사】돈을 여러 번에 나누어 냄. ◆名分期支付，分期付款。¶할부 기간. =分期付款的期限。

할아버님【명사】'할아버지'의 높임말. ◆名 "할아버지(爷爷)"的敬体。¶그는 할아버님께 꾸중을 들었다. =他被爷爷训了。

할아버지【명사】名 ❶ 아버지의 아버지를 이르는 말. ◆祖父，爷爷。¶아이는 할아버지께서 직접 만들어 주신 연을 신나게 날렸다. =孩子兴高采烈地放着爷爷亲自给做的风筝。❷ 부모의 아버지와 한 항렬에 있는 남자를 통틀어 이르는 말. ◆爷爷。❸ 친척이 아닌 늙은 남자를 친근하게 이르는 말. ◆老爷爷，老大爷。¶복덕방 할아버지. =房地产中介所的老大爷。

할애 (割愛)【명사】소중한 시간, 돈, 공간 따위를 아깝게 여기지 아니하고 선뜻 내어 줌. ◆名割舍。● 할애하다(割愛--) ●

할인 (割引)【명사】일정한 값에서 얼마를 뺌. ◆名折扣，打折。¶할인 판매. =打折出售。● 할인하다(割引--) ●

할증 (割增)【명사】일정한 값에 얼마를 더함. ◆名加价，提价。● 할증하다 ●

할퀴다【동사】动 ❶ 손톱이나 날카로운 물건으로 긁어 상처를 내다. ◆抓破，挠破，划破。¶손톱으로 얼굴을 할퀴다. =用手指甲抓破脸。❷ 휩쓸거나 스쳐 지나다. ◆横扫，席卷。¶수마가 할퀴고 간 지역이 폐허로 변했다. =水灾肆虐过的地方都变成了一片废墟。

핥다【동사】动 ❶ 혀가 물체의 겉면에 살짝 닿으면서 지나가게 하다. ◆舔。¶개가 빈 그릇을 핥고 있다. =狗舔着空碗。❷ 물, 불, 빛, 시선 따위가 물체의 표면을 부드럽게 스치거나 비추거나 머무르다. ◆触及，掠过。¶바닷물이 모래사장을 핥는다. =海水掠过沙滩。

함(函)【명사】图❶ 옷이나 물건 따위를 넣을 수 있도록 네모지게 만든 통. ◆ 盒子，匣子。¶어머니는 패물이 들어 있는 함을 내 앞에 내놓으셨다. =妈妈拿出装有饰品的盒子放到了我面前。❷ 혼인 때 신랑 쪽에서 채단(采緞)과 혼서지(婚書紙)를 넣어서 신부 쪽에 보내는 나무 상자. ◆ 彩礼箱。¶함을 받다. =收到彩礼箱。

함구(緘口)【명사】입을 다문다는 뜻으로, 말하지 아니함을 이르는 말. ◆ 图缄口不言，闭口不言，缄默，默不作声。¶모두 함구하고 있어 단서를 찾기가 어렵다. =大家全都闭口不言，所以很难找到线索。● 함구하다(緘口--) ●

함께【부사】한꺼번에 같이. 또는 서로 더불어. ◆ 副一起，一同。¶온 가족이 함께 여행을 간다. =全家人一起去旅行。

함대(艦隊)【명사】바다나 대양에서 전략 및 작전 임무를 수행하는 해군의 연합 부대. 군함들과 항공기, 해군으로 짜인다. ◆ 图舰队。

함락(陷落)【명사】적의 성, 요새, 진지 따위를 공격하여 무너뜨림. ◆ 图攻克，攻陷，攻下。¶그 성은 쉽게 함락할 수 없었다. =那座城池不易被攻克。● 함락되다(陷落--), 함락하다(陷落--) ●

함량(含量)【명사】함유량(含有量)(물질이 어떤 성분을 포함하고 있는 분량). ◆ 图含量。¶함량 분석. =含量分析。

함몰(陷沒)【명사】图❶ 물속이나 땅속에 빠짐. ◆ 塌陷，沉没。❷ 결딴이 나서 없어짐. ◆ 完了，没了。● 함몰되다(陷沒--), 함몰하다(陷沒--) ●

함박꽃【명사】함박꽃나무의 꽃. ◆ 图芍药花。

함박눈【명사】굵고 탐스럽게 내리는 눈. ◆ 图鹅毛大雪。¶함박눈이 펑펑 내린다. =下起了鹅毛大雪。

함박웃음【명사】크고 환하게 웃는 웃음. ◆ 图开怀大笑，放声大笑。¶오랜만에 만난 가족은 그 동안의 일을 이야기하면서 함박웃음을 짓고 있다. =好久不见的家人聊着这期间发生的事，放声大笑。

함부로【부사】조심하거나 깊이 생각하지 아니하고 마음 내키는 대로 마구. ◆ 副随便，恣意，贸然。¶함부로로 행동하다. =贸然行动。

함빡【부사】副❶ 분량이 차고도 남도록 넉넉하게. ◆ 满，满满地。¶함빡 웃다. =满脸带笑。❷ 물이 쪽 내배도록 젖은 모양. ◆ 湿透。¶비를 함빡 맞다. =被雨淋透了。

함석【명사】표면에 아연을 도금한 얇은 철판. 지붕을 이거나 양동이, 대야를 만드는 데 쓴다. ◆ 图镀锌板，白铁皮。

함선(艦船)【명사】군함, 선박 따위를 통틀어 이르는 말. ◆ 图军舰，战舰，船舶，舰艇。¶상륙 작전을 위해 동원된 7개국 함선의 수는 261척이었다. =经过7个国家动员，参加登陆作战的舰艇达到261艘。

함성(喊聲)【명사】여러 사람이 함께 외치거나 지르는 소리. ◆ 图呼喊声，叫喊声。¶함성을 지르다. =喊叫。

함양(涵養)【명사】능력이나 품성을 기르고 닦음. ◆ 图培养，培育。¶인격 함양. =人格培养。● 함양하다(涵養--) ●

함유(含有)【명사】물질이 어떤 성분을 포함하고 있음. ◆ 图含有。● 함유되다(含有--), 함유하다(含有--) ●

함자(銜字)【명사】남의 이름자를 높여 이르는 말. ◆ 图尊姓大名，台甫，芳名。¶부친의 함자는 어떻게 되십니까? =请问您父亲尊姓大名?

함정(陷穽/檻穽)【명사】图❶ 짐승 따위를 잡기 위하여 땅바닥에 구덩이를 파고 그 위에 약한 너스레를 쳐서 위장한 구덩이. ◆ 陷阱，坑。¶함정에 빠지다. =掉进陷阱里。❷ 빠져 나올 수 없는 상황이나 남을 해치기 위한 계략을 비유적으로 이르는 말. ◆〈喻〉陷阱，圈套，诡计。¶적의 함정에 빠지다. =落入敌人的陷阱。

함지박【명사】통나무의 속을 파서 큰 바가지같이 만든 그릇. ◆ 图大木碗。¶함지박 가득 밥을 담다. =大木碗里装满了饭。

함축(含蓄)【명사】图❶ 겉으로 드러내지 아니하고 속에 간직함. ◆ 蕴含，包含，含有。❷ 말이나 글이 많은 뜻을 담고 있음. ◆ 含蓄，暗示。¶그는 그 문제에 대해서 묘한 함축을 남긴 채 결코 단언하지 않았다. =他绝不会对那个问题下断言，只作了些微妙而又含蓄的暗示。● 함축되다(含蓄--), 함축하다(含蓄--) ●

함흥차사(咸興差使)【명사】심부름을 가서 오지 아니하거나 늦게 온 사람을 이르는 말. 조선 태조 이성계가 왕위를 물려주고 함흥에 있을 때에, 태종이 보낸 차사를 혹은 죽이고 혹은 잡아 가두어 돌려보내지 아니하였던 데서 유래한다. ◆ 图杳无音信，石沉大海。¶그가 올 때가 지났는데 아직도 함흥차사이다. =该来的时间都过了，他还是杳无音信。

합(合)【명사】图❶ 여럿이 한데 모임. 또는 여럿을 한데 모음. ◆ 合起来，一共，总共。❷ 둘 이상의 수나 식을 더함. 또는 그렇게 얻은 값. ◆ 和。¶3에 5를 더하면 합이 8이다. =3与5的和是8。

합격(合格)【명사】图❶ 시험, 검사, 심사 따위에서 일정한 조건을 갖추어 어떠한 자격이나 지위 따위를 얻음. ◆ 考取，合格，及格，通过。¶사법고시 합격을 축하합니다. =祝贺司法考试合格。❷ 어떤 조건이나 격식에 맞음. ◆ 合适，适合。¶그녀는 그만하면 신붓감으로서 합격이다. =她能达到那个程度，做新娘是合适的。● 합격되다(合格--), 합격하다(合格--) ●

합계(合計)【명사】한데 합하여 계산함. 또는 그런 수효. ◆ 图合计，共计，总共。¶합계를 내다. =合计。● 합계하다(合計--) ●

합금(合金)【명사】하나의 금속에 성질이 다른 둘 이상의 금속이나 비금속을 섞어서 녹여 새로운 성질의 금속을 만듦. 또는 그렇게 만든 금속. ◆ 图合金。¶구리와 주석의 합금으로 청동을 만들어 냈다. =用铜锡合金制造出青铜。

합당하다(合黨--)【형용사】어떤 기준, 조건, 용도, 도리 따위에 꼭 알맞다. ◆ 形适当，恰当。¶질문에 합당한 답변. =对提问适当的回答。

합동(合同)【명사】图 ❶ 둘 이상의 조직이나 개인이 모여 행동이나 일을 함께함. ◆ 共同，联合。¶합동 연설회. =联合演说会。❷ 두 개의 도형이 크기와 모양이 같아 서로 포개었을 때에 꼭 맞는 것. ◆ 全等。● 합동하다(合同--) ●

합류(合流)【명사】图 ❶ 둘 이상의 흐름이 한데 합하여 흐름. 또는 그 물줄기. ◆ 合流，汇聚，汇合。¶두 강의 합류지점은 벌써 범람했습니다. =两条河的汇合地点早已经泛滥了。❷ 일정한 목적을 위하여 다른 사람, 단체, 당파 따위와 하나로 합쳐 행동을 같이함. ◆ 加入，加盟。● 합류하다(合流--) ●

합리(合理)【명사】이론이나 이치에 합당함. ◆ 图合理。

합리주의(合理主義)【명사】이성이나 논리적 타당성에 근거하여 사물을 인식하거나 판단하는 태도나 사고방식. ◆ 图理性主义。

합법(合法)【명사】법령이나 규범에 적합함. ◆ 图合法。

합병(合併)【명사】둘 이상의 기구나 단체, 나라 따위가 하나로 합쳐짐. 또는 그렇게 만듦. ◆ 图合并。¶계열사를 하나로 합병한 후 고질적인 자금난을 해소하다. =将子公司合并，解决顽固性的资金困难问题。● 합병되다(合併--), 합병하다(合併--) ●

합병증(合併症)【명사】어떤 질병에 곁들여 일어나는 다른 질병. ◆ 图并发症。¶합병증을 조심해야 합니다. =应小心并发症。

합산(合算)【명사】합하여 계산함. ◆ 图合计。● 합산하다(合算--) ●

합선(合線)【명사】전기 회로의 두 점 사이의 절연이 잘 안되어서 두 점 사이가 접속되는 일. ◆ 图短路。¶침수시에는 특히 전기 합선을 조심하십시오. =渗水时要格外小心短路。● 합선되다(合線--) ●

합성(合成)【명사】둘 이상의 것을 합쳐서 하나를 이룸. ◆ 图合成。¶합성사진. =合成照片。● 합성하다(合成--) ●

합성 섬유(合成纖維)【명사】석유, 석탄, 천연가스 따위를 원료로 하여 화학적으로 합성한 섬유. 나일론, 비닐론, 폴리에스테르, 따위가 있다. ◆ 图合成纤维，人造纤维。

합성 세제(合成洗劑)【명사】석유 화학적으로 합성된 세제. 주로 고급 알코올을 원료로 한 황산 에스테르를 많이 쓴다. ◆ 图合成洗涤剂。

합세(合勢)【명사】흩어져 있는 세력을 한곳에 모음. ◆ 图合力。● 합세하다(合勢--) ●

합숙(合宿)【명사】여러 사람이 한곳에서 집단적으로 묵음. ◆ 图集体住宿，同吃同住。¶합숙 훈련. =同吃同住进行训练。● 합숙하다(合宿--) ●

합승(合乘)【명사】图 ❶ 자동차 따위에 여럿이 함께 탐. ◆ 合乘，同乘。❷ 다른 승객이 있는 택시를 함께 탐. ◆ 合乘，同乘。● 합승하다(合乘--) ●

합심(合心)【명사】여러 사람이 마음을 한데 합함. ◆ 图齐心协力，同心。¶기업가와 근로자가 합심으로 일한 덕분에 수출이 늘어났다. =得益于企业家与工人的齐心协力，出口增加了。● 합심하다(合心--) ●

합의(合意)【명사】서로 의견이 일치함. 또는 그 의견. ◆ 图协议。¶합의 사항. =协议事项。● 합의되다(合意--), 합의하다(合意--) ●

합의되다(合議--)【동사】두 사람 이상이 한자리에 모인 자리에서 의견 따위가 논해지다. ◆ 勋达成一致。● 합의하다(合議--) ●

합작(合作)【명사】图 ❶ 어떠한 것을 만들기 위하여 힘을 합함. ◆ 合作。¶한국과 미국 합작으로 영화를 만들었다. =韩国与美国合作拍摄电影。❷ 일정한 목표를 달성하기 위하여 함께 협력함. ◆ 合作。¶ 합작으로 개발하다. =合作开发金刚山。❸ 둘 이상의 기업이 공동으로 출자하여 기업을 경영함. 또는 그런 기업 형태. ◆ 合作，合资，合资企业。¶합작 법인. =合资法人。● 합작하다(合作--) ●

합장(合掌)【명사】두 손바닥을 합하여 마음이 한결같음을 나타냄. 또는 그런 예법. ◆ 图合掌，合十。¶합장을 올리다. =合掌。● 합장하다(合掌--) ●

합주(合奏)【명사】두 가지 이상의 악기로 동시에 연주함. 또는 그런 연주. ◆ 图合奏。¶관현악 합주. =管弦乐合奏。● 합주하다(合奏--) ●

합집합(合集合)【명사】두 집합 A와 B가 있을 때, 집합 A의 원소와 집합 B의 원소 전체로 이루어진 집합. 'U'로 나타낸다. ◆ 图合集。

합창(合唱)【명사】图 ❶ 여러 사람이 목소리를 맞추어서 노래를 부름. 또는 그 노래. ◆ 合唱。❷ 여러 사람이 여러 성부로 나뉘어 서로 화성을 이루면서 다른 선율로 노래를 부름. 또는 그 노래. ◆ 合唱。● 합창하다(合唱--) ●

합창단(合唱團)【명사】합창을 주로 하는 음악 단체. ◆ 图合唱团。¶방송국 어린이 합창단. =电台儿童合唱团。

합치(合致)【명사】의견이나 주장 따위가 서로 맞아 일치함. ◆ 图一致，统一。¶의견 합치. =意见一致。● 합치되다(合致--), 합치하다(合致--) ●

합치다(合--)【동사】'합하다'를 강조하여 이르는 말. ◆ 勋合，合并，归并。¶결혼한 남동생은 부모님과 합쳐서 살기로 결정했다. =结了婚的弟弟决定和父母住在一起。

합판(合板)【명사】베니어합판. 얇게 켠 나무 널빤지를 나뭇결이 서로 엇갈리게 여러 겹 붙여 만든 널빤지. ◆ 图胶合板。¶합판으로 만든 가구. =用胶合板制作的家具。

합하다(合--)【동사】勋 ❶ 여럿이 한데 모이다. 또는 여럿을 한데 모으다. ◆ 合并；重新和好，破镜重圆 。¶그는 별거 중이던 아내와 다시 합했다. =他和分居的老婆和好了。❷ 자격, 조건, 뜻 따위에 일치하다. ◆ 符合（资格、条件、意义等）。¶시대의 조류에 합하는 정치사상이 필요하다. =符合时代潮流的政治思想是必需的。❸ 둘 이상의 수나 식을 더하다. ◆ 加，加上。¶2에 3을 합하면 5가 된다. =2加3等于5。

핫도그(hot dog)【명사】图 ❶ 길쭉한 빵을 세로로 갈라 뜨거운 소시지 따위를 끼우고 버터와 겨자 소스 따위를 바른 서양 음식. ◆ 热狗。 ❷ 기다란 소시지에 막대기를 꽂고 밀가루를 둘러서 기름에 튀긴 음식. ◆ 热狗。

핫바지【명사】图 ❶ 솜을 두어 지은 바지. ◆ 棉裤。 ❷ 시골 사람 또는 무식하고 어리석은 사람을 낮잡아 이르는 말. ◆ ㊙乡巴佬, 老土。¶그는 나를 핫바지로 여기며 무시한다. =他当我是乡巴佬, 瞧不起我。

항[1](項)【명사】내용을 체계적으로 나누어 서술하는 단위의 하나. 법률이나 문장 따위의 각개의 항목을 구분할 때 쓴다. ◆ 图项。¶법률 제5항. =法律第5项。

항[2](抗)-【접사】'그것에 저항하는'의 뜻을 더하는 접두사. ◆ 前缀抗。¶항암제. =抗癌剂。

-항[3](港)【접사】'항구'의 뜻을 더하는 접미사. ◆ 后缀港, 港口。¶무역항. =贸易港。

항간(巷間)【명사】图 ❶ 촌간(村間). ◆ 乡间。 ❷ 일반 사람들 사이. ◆ 民间, 市井。¶항간에 떠도는 소문. =流传在市井间的传闻。

항거(抗拒)【명사】순종하지 아니하고 맞서서 반항함. ◆ 图抗拒, 反抗, 对抗。● 항거하다(抗拒--) ●

항고(抗告)【명사】법원의 결정, 명령에 대하여 당사자 또는 제삼자가 위법임을 주장하고 상급 법원에 그 취소나 변경을 구하여 불복 상소를 함. 또는 그런 절차. ◆ 图上诉。● 항고하다(抗告--) ●

항공(航空)【명사】비행기로 공중을 날아다님. ◆ 图航空。¶항공 산업. =航空产业。

항공권(航空券)【명사】항공기에 탑승할 수 있는 증표. 운임 이외에 이름, 나이, 연락처 따위가 기재되어 있다. ◆ 图机票, 飞机票。

항공기(航空機)【명사】사람이나 물건을 싣고 공중을 비행할 수 있는 탈것을 통틀어 이르는 말. 미사일이나 우주 로켓 따위는 포함하지 않는다. ◆ 图飞机。¶항공기 운항재개. =重新开始航班运行。

항공모함(航空母艦)【명사】항공기를 싣고 다니면서 뜨고 내리게 할 수 있는 설비를 갖춘 큰 군함. ◆ 图航空母舰, 航母。

항공사(航空社)【명사】항공 운송 사업을 하는 회사. ◆ 图航空公司。

항구(港口)【명사】배가 안전하게 드나들도록 바닷가에 부두 따위를 설비한 곳. ◆ 图港口。¶항구에 정박하다. =停泊在港口。

항구 도시(港口都市)【명사】항구가 있는 바닷가 도시. ◆ 图港口城市。¶부산은 한국 최대의 항구 도시이다. =釜山是韩国最大的港口城市。

항구적(恒久的)【명사】변하지 아니하고 오래가는 것. ◆ 图持久的, 长久的, 永久的。

항균(抗菌)【명사】균에 저항함. ◆ 图抗菌。¶항균 작용. =抗菌作用。

항렬(行列)【명사】같은 혈족의 직계에서 갈라져 나간 계통 사이의 대수 관계를 나타내는 말. 형제자매 관계는 같은 항렬로 같은 돌림자를 써서 나타낸다. ◆ 图辈分, 排行。¶항렬이 낮다. =辈分低。

항로(航路)【명사】图 ❶ 선박이 지나다니는 해로(海路). ◆ 航路, 航道。¶태풍으로 항로가 끊겼다. =台风造成航道中断。 ❷ 항공기가 통행하는 공로(空路). ◆ 航线。¶항로 개설. =开通航线。

항만(港灣)【명사】바닷가가 굽어 들어가서 선박이 안전하게 머물 수 있고, 화물 및 사람이 배로부터 육지에 오르내리기에 편리한 곳. 또는 그렇게 만든 해역(海域). ◆ 图港湾, 港口。¶항만 시설. =港湾设施。

항목(項目)【명사】조목(條目). 법률이나 규정 따위의 낱낱의 조나 항목. ◆ 图条目。¶이 법안은 10개의 항목으로 이루어져 있다. =该法案由10个条目组成。

항문(肛門)【명사】위창자관의 가장 아래쪽에 있는 구멍. ◆ 图肛门。

항변(抗辯)【명사】항의(抗議). ◆ 图抗议, 申辩。¶그는 회사의 부당 해고에 한마디 항변도 못하고 회사를 그만두었다. =遭到公司非法解雇, 他一句都没能申辩就被辞退了。● 항변하다(抗辯--) ●

항복(降伏/降服)【명사】적이나 상대편의 힘에 눌리어 굴복함. ◆ 图降服, 投降。¶적에게 항복을 받아내다. =让敌人投降。● 항복하다(降伏/降服--) ●

항상(恒常)【명사】언제나 변함없이. ◆ 图总是, 经常。¶그녀는 항상 웃는다. =她经常微笑。

항생제(抗生劑)【명사】미생물이 만들어내는 항생물질로 된 약제. 다른 미생물이나 생물 세포를 선택적으로 억제하거나 죽인다. ◆ 图抗生素。

항성(恒星)【명사】천구 위에서 서로의 상대 위치를 바꾸지 아니하고 별자리를 구성하는 별. ◆ 图恒星。

항소(抗訴)【명사】图 ❶ 민사 소송에서, 제일심의 종국 판결에 대하여 불복하여 상소함. 또는 그 상소. ◆ 上诉。¶항소를 기각하다. =驳回上诉。 ❷ 형사 소송에서, 제일심 판결에 대하여 불복하여 제이심 법원에 상소함. 또는 그 상소. ◆ 上诉。● 항소하다(抗訴--) ●

항아리(缸--)【명사】아래위가 좁고 배가 부른 질그릇. ◆ 图罐, 缸, 坛子。¶물 항아리. =水罐。

항암(抗癌)【명사】암세포의 증식을 억제하거나 암세포를 죽임. ◆ 图抗癌。¶항암 물질. =抗癌物质。

항온동물(恒溫動物)【명사】조류나 포유류처럼 바깥 온도에 관계없이 체온을 항상 일정하고 따뜻하게 유지하는 동물. ◆ 图恒温动物。

항원(抗原)【명사】생체 속에 침입하여 항체를 형성하게 하는 물질. 세균이나 독소 따위가 있다. ◆ 图抗原。

항의(抗議)【명사】图 ❶ 못마땅한 생각이나 반대의 뜻을 주장함. ◆ 抗议。¶부당해고 항의 시위. =抗议非法解雇的示威。 ❷ 어떤 나라가 다른 나라의 처사에 반대하는 뜻을 정식으로 통고함. 또는 그런 일. ◆ 抗议。¶항의 각서. =抗议书。● 항의하다(抗議--) ●

항일(抗日)【명사】일본 제국주의에 맞서 싸움. ◆ 图抗日。¶항일 의식. =抗日意识。

항쟁(抗爭)【명사】맞서 싸움. ◆ 图抗争, 反抗。¶시민의 항쟁. =市民的反抗。● 항쟁하다(抗爭--) ●

항전(抗戰)【명사】적에 대항하여 싸움. ◆图抗战，抵抗。¶독립군의 항전. =独立军的抗战。● 항전하다(抗戰--) ●

항체(抗體)【명사】항원의 자극에 의해 몸속에서 만들어지는 물질. ◆图抗体。

항해(航海)【명사】图 ❶ 배를 타고 바다 위를 다님. ◆ 航海，航行。¶항해를 떠나다. =出海。❷ 어떤 목표를 향하여 나아감. 또는 그런 과정을 비유적으로 이르는 말. ◆ 历程，旅程。● 항해하다(航海--) ●

항해사(航海士)【명사】선박 직원의 하나. 해기사 면허를 취득한 사람으로 선장을 도와서 선박 운항의 일반 업무를 담당한다. 면허의 종류는 1급에서 6급까지이다. ◆图航海技师。

항해술(航海術)【명사】항해하는 기술. ◆ 航海术。

해[1]【명사】图 ❶ 태양을 일상적으로 이르는 말. ◆ 太阳，日头。❷ 지구가 태양을 한 바퀴 도는 동안. 한 해는 열두 달로, 양력으로는 365.25일이고 음력으로는 354일이다. ◆ 年。¶해가 바뀌다. =过了一年。❸ 날이 밝아서 어두워질 때까지의 동안. ◆ 白昼，白天。¶오뉴월 긴긴해. =五六月长长的白天。

해[2]【의존 명사】지구가 태양을 한 바퀴 도는 동안을 세는 단위. ◆依名年。¶두 해. =两年。

해[3](害)【명사】이롭지 아니하거나 손상을 입힘. 또는 그런 것. ◆图害，害处。¶해를 끼치다. =加害。

해갈(解渴)【명사】图 ❶ 목마름을 해소함. ◆ 解渴。¶길가의 샘물로 나그네는 해갈을 했다. =旅人喝路边的泉水解渴。❷ 비가 내려 가뭄을 겨우 벗어남. ◆ 缓解旱情。¶비가 내렸지만 아직도 해갈은 멀었다. =虽然下雨了，但远远不能缓解旱情。❸ 없던 돈이 조금 생김을 비유적으로 이르는 말. ◆ (手头)宽绰。● 해갈되다(解渴--), 해갈하다(解渴--) ●

해거름【명사】해가 서쪽으로 넘어가는 일. 또는 그런 때. ◆ 图日落时分，日暮时分，傍晚。¶해거름에 가겠다. =傍晚去。

해결(解決)【명사】제기된 문제를 해명하거나 얽힌 일을 잘 처리함. ◆图解决。¶문제의 해결은 당사자가 직접 해야 한다. =问题应由当事人直接解决。● 해결되다(解決--), 해결하다(解決--) ●

해결책(解決策)【명사】어떠한 일이나 문제 따위를 해결하기 위한 방책. ◆ 图解决方案，解决策略。¶해결책을 마련하다. =制定解决方案。

해고(解雇)【명사】고용주가 고용 계약을 해제하여 피고용자를 내보냄. ◆图解雇。¶회사에서 해고를 당하다. =被公司解雇了。● 해고되다(解雇--), 해고하다(解雇--) ●

해골(骸骨)【명사】图 ❶ 죽은 사람의 살이 썩고 남은 앙상한 뼈. ◆ 骸骨，遗骸。¶참전했던 군인들의 해골이 발굴되었다. =参战军人的遗骸被发掘出来了。❷ 살이 전부 썩은 죽은 사람의 머리뼈. ◆ 骸骨，骷髅。¶동굴 속에선 해골이 여기저기 뒹굴고 있었다. =洞窟里到处散落着骷髅。❸ 몹시 여위어 살이 빠진 사람을 비유적으로 이르는 말. ◆ 比喻干瘦的人。¶구조된 소녀는 거의 해골이 다 되어 있었다. =获救少女几乎瘦成了骷髅。

해괴망측하다(駭怪罔測--)【형용사】말할 수 없이 괴상하고 야릇하다. ◆ 形离奇，荒诞不经，荒唐离奇。¶해괴망측한 일이 수도 없이 벌어지는 것이 이 지구다. =地球上时刻都在发生怪诞不经的事情。

해괴하다(駭怪--)【형용사】크게 놀랄 정도로 매우 괴이하고 야릇하다. ◆ 形怪异，惊悚，离奇。¶해괴한 소문이 나돌다. =有怪异的传闻在流传。

해군(海軍)【명사】주로 바다에서 공격과 방어의 임무를 수행하는 군대. ◆图海军。

해금(解禁)【명사】금지하던 것을 풂. ◆ 图解禁。¶해금 가요. =解禁歌谣。● 해금되다(解禁--), 해금하다(解禁--) ●

해내다【동사】动 ❶ 상대편을 여지없이 이겨내다. ◆ 战胜，胜过，胜出。¶괴롭히는 놈을 보기 좋게 해내다. =干净利落地战胜了烦人的家伙。❷ 맡은 일이나 닥친 일을 능히 처리하다. ◆ 完成，解决。¶힘든 일을 해내다. =完成困难的工作。

해녀(海女)【명사】바다 속에 들어가 해삼, 전복, 미역 따위를 따는 것을 직업으로 하는 여자. ◆ 图海女。

해님【명사】'해'를 인격화하여 높이거나 다정하게 이르는 말. ◆ 图太阳公公。¶해님이 방긋 웃다. =太阳公公微笑。

해답(解答)【명사】질문이나 의문을 풀이함. 또는 그런 것. ◆ 图解答，回答；答案。¶해답을 구하다. =求解。

해당(該當)【명사】图 ❶ 무엇에 관계되는 바로 그것. ◆ 该，相关。¶해당 부서. =相关部门。❷ 어떤 범위나 조건 따위에 바로 들어맞음. ◆ 符合，相关。¶법률이 정한 조건에 해당 사항 없음. =没有符合法定条例的事项。● 해당되다(該當--), 해당하다(該當--) ●

해당화(海棠花)【명사】장미과의 낙엽 활엽 관목. 높이는 1~1.5미터이며, 잎은 어긋나고 우상 복엽인데 잔잎은 긴 타원형이고 잎 뒤에 선점과 잔털이 있다. 5~8월에 붉은 자주색 꽃이 가지 끝에 피고 열매는 가장과로 8월에 붉게 익는다. ◆图海棠花。

해독[1](害毒)【명사】좋고 바른 것을 망치거나 손해를 끼침. 또는 그 손해. ◆ 图害，毒害。¶도와준다고 한 것이 오히려 해독을 끼쳤다. =帮了倒忙。

해독[2](解毒)【명사】몸 안에 들어간 독성 물질의 작용을 없앰. ◆ 图解毒。¶해독 작용. =解毒作用。● 해독하다(解毒--) ●

해독[3](解讀)【명사】图 ❶ 어려운 문구 따위를 읽어 이해하거나 해석함. ◆ 解读，释读。¶상형 문자 해독. =解读象形文字。❷ 잘 알 수 없는 암호나 기호 따위를 읽어서 풂. ◆ 破译。¶암호 해독. =破译密码。● 해독하다(解讀--) ●

해독제(解毒劑)【명사】몸 안에 들어간 독성 물질의 작용을 없애는 약. 기계적으로 독물을 제거·희석하거나, 화학적으로 독물을 중화·분해하는 작용을 한다. ◆图解毒剂。

해돋이【명사】해가 막 솟아오르는 때. 또는 그런 현상. ◆图日出。¶해돋이를 기다리다. =等待日出。

해동(解凍)【명사】얼었던 것이 녹아서 풀림. ◆ 图解冻，化冻。¶해동과 함께 봄이 찾아왔다. =化冻后，春天来了。● 해동하다(解凍--) ●

해로(海路)【명사】바다 위의 배가 다니는 길. ◆ 图海路。

해롭다(害--)【형용사】해가 되는 점이 있다. ◆ 形有害，危害。¶술과 담배는 건강에 해롭다. =酒和烟危害健康。

해류(海流)【명사】일정한 방향과 속도로 이동하는 바닷물의 흐름. ◆ 图海流，洋流。

해리(海里)【의존 명사】거리의 단위. ◆ 依名海里。

해맑다【형용사】하얗고 맑다. ◆ 形白净，白皙。¶해맑은 얼굴. =白净的脸。

해머(hammer)【명사】图 ❶ 물건을 두드리기 위한, 쇠로 된 대형 망치. ◆ 锤子，铁锤。❷ 해머던지기 경기에서 사용하는 기구. 무게는 7.25kg 이상이며, 금속제의 구(球)에 강철선을 붙여 말단에 손잡이를 붙였다. ◆ 链球。

해명(解明)【명사】까닭이나 내용을 풀어서 밝힘. ◆ 图解释清楚，阐明。¶학교는 성추행 해명에 나섰다. =学校出面解释性丑闻。● 해명되다(解明--), 해명하다(解明--) ●

해몽(解夢)【명사】꿈에 나타난 일을 풀어서 좋고 나쁨을 판단함. ◆ 图解梦。● 해몽하다(解夢--) ●

해묵다【동사】动 ❶ 어떤 물건이 해를 넘겨 오랫동안 남아 있다. ◆ 旧的，时间久的。¶해묵은 고구마. =陈地瓜。❷ 어떤 일이나 감정이 해결되지 못한 상태에서 여러 해를 넘기거나 많은 시간이 지나다. ◆ 长期搁置。¶해묵은 과제. =长期搁置的课题。

해바라기【명사】높이는 2미터 정도이고, 늦여름에 피는 노랗고 둥글넓적한 큰 꽃. ◆ 图向日葵。

해박하다(該博--)【형용사】여러 방면으로 학식이 넓다. ◆ 形渊博，广博。¶해박한 지식을 자랑하다. =为知识渊博而自豪。

해발(海拔)【명사】해수면으로부터 계산하여 잰 육지나 산의 높이. ◆ 图海拔。¶해발 1,950미터의 한라산. =海拔1950米的汉拿山。

해변(海邊)【명사】바닷가(바닷물과 땅이 서로 닿은 곳이나 그 근처). ◆ 图海边，海滨。¶해변 마을. =海边村落。

해병(海兵)【명사】❶ 해병대의 병사. ◆ 图海军陆战队士兵。❷ 수병(水兵). ◆ 图海军士兵，水兵。

해병대(海兵隊)【명사】육지나 바다 어디에서도 싸울 수 있도록 조직, 훈련된 부대. 특히 상륙 작전에 큰 역할을 수행한다. ◆ 图海军陆战队。¶귀신 잡는 해병대. =降魔擒妖的海军陆战队。

해부(解剖)【명사】图 ❶ 생물체의 일부나 전부를 갈라 헤쳐 그 내부 구조와 각 부분 사이의 관련 및 병인(病因), 사인(死因) 따위를 조사하는 일. ◆ 解剖。❷ 사물의 조리를 자세히 분석하여 연구함. ◆ 剖析，分析。¶우리가 실패한 원인을 해부해 봅시다. =让我们来分析一下失败的原因吧。● 해부하다(解剖--) ●

해빙(解氷)【명사】图 ❶ 얼음이 녹아 풀림. ◆ 解冻，融化。❷ 서로 대립 중이던 세력 사이의 긴장이 완화됨을 비유적으로 이르는 말. ◆ 〈喻〉缓解，缓和。● 해빙되다(解氷--) ●

해산[1](解散)【명사】图 ❶ 모였던 사람이 흩어짐. 또는 흩어지게 함. ◆ 解散。¶회의가 끝나자 회원들이 해산하지 않고 웅성거리기 시작하였다. =会议结束后，会员们没有解散，而是开始闹闹哄哄。❷ 집단, 조직, 단체 따위가 해체하여 없어짐. 또는 없어지게 함. ◆ 解散，解体。● 해산하다(解散--) ●

해산[2](解産)【명사】아이를 낳음. ◆ 分娩，产子，生孩子。¶해산이 임박하다. =临近分娩。● 해산하다(解産--) ●

해산물 (海産物)【명사】바다에서 나는 동식물을 통틀어 이르는 말. ◆ 图海产品。

해삼(海蔘)【명사】해삼강의 동물을 일상적으로 통틀어 이르는 말. ◆ 图海参。

해상(海上)【명사】바다의 위. ◆ 图海上。¶해상 교통. =海上交通。

해석(解釋)【명사】图 ❶ 문장이나 사물 따위로 표현된 내용을 이해하고 설명함. 또는 그 내용. ◆ 解释。¶영어 원문 해석. =英语原文解释。❷ 사물이나 행위 따위의 내용을 판단하고 이해하는 일. 또는 그 내용. ◆ 解释。● 해석되다(解釋--), 해석하다(解釋--) ●

해설(解說)【명사】문제나 사건의 내용 따위를 알기 쉽게 풀어 설명함. 또는 그런 글이나 책. ◆ 图解说，讲解。¶뉴스 해설. =新闻解说。● 해설하다(解說--) ●

해소(解消)【명사】图 ❶ 어려운 일이나 문제가 되는 상태를 해결하여 없애 버림. ◆ 解决。¶교통난 해소. =解决交通难题。❷ 어떤 단체나 조직 따위를 없애 버림. ◆ 取消，解散。¶학생회의 해소. =解散学生会。● 해소되다(解消--), 해소하다(解消--) ●

해수면(海水面)【명사】바닷물의 표면. ◆ 图海面，海平面。¶해수면의 상승으로 많은 농경지가 침수되었다. =海平面的上升导致很多耕地被淹。

해수욕(海水浴)【명사】바닷물에서 헤엄을 치거나 즐기며 놂. ◆ 图海水浴。¶바닷가에 해수욕을 즐기려는 인파로 가득 찼다. =海边挤满了来享受海水浴的人。● 해수욕하다(海水浴--) ●

해수욕장(海水浴場)【명사】해수욕을 할 수 있는 환경과 시설이 갖추어진 바닷가. ◆ 图海水浴场。

해쓱하다【형용사】얼굴에 핏기나 생기가 없어 파리하다. ◆ 形苍白，煞白。¶해쓱한 얼굴. =苍白的面孔。

해악(害惡)【명사】해가 되는 나쁜 일. ◆ 图灾难。¶해악을 끼치다. =造成灾难。

해안(海岸)【명사】바다와 육지가 맞닿은 부분. ◆ 图海岸，海边。¶해안 경비. =海岸警备。

해안선(海岸線)【명사】바다와 육지가 맞닿은 선. ◆ 图海岸线。¶단조로운 해안선. =单调的海岸线。

해양(海洋)【명사】넓고 큰 바다. 지구 표면의 약 70%를 차지하는 수권(水圈)으로, 태평양, 대서양, 인도양 따위를 통틀어 이르는 말이다. ◆ 图海洋。

해어지다【동사】닳아서 떨어지다. ◆ 动磨破，穿破。¶해어진 옷. =穿破的衣服。

해역(海域)【명사】바다 위의 일정한 구역. ◆ 名海域。¶이 해역은 해적이 자주 출몰한다. =这片海域经常出现海盗。

해열제(解熱劑)【명사】체온 조절 중추(中樞)에 작용하여 병적으로 높아진 체온을 정상으로 내리게 하는 약. ◆ 名清热剂，祛热剂。

해왕성(海王星)【명사】태양에서 여덟째로 가까운 행성. ◆ 名海王星。

해외(海外)【명사】바다 밖의 다른 나라. ◆ 名海外。¶해외 동포. =海外同胞。

해운업(海運業)【명사】선박으로 사람이나 화물을 운송하는 사업. ◆ 名 海运业。

해이하다(解弛--)【형용사】긴장이나 규율 따위가 풀려 마음이 느슨하다. ◆ 放松懈，涣散。

해일(海溢)【명사】해저의 지각 변동이나 해상의 기상 변화에 의하여 갑자기 바닷물이 크게 일어서 육지로 넘쳐 들어오는 것. 또는 그런 현상. ◆ 名海啸。¶해일이 해안에 밀어닥치다. =发生海啸，巨浪涌上海岸。

해임(解任)【명사】어떤 지위나 맡은 임무를 그만두게 함. ◆ 名卸任，免职，罢官。¶해임 건의안. =免职建议案。● 해임되다(解任--), 해임하다(解任--) ●

해장(解酲)【명사】전날의 술기운을 풂. 또는 그렇게 하기 위하여 해장국 따위와 함께 술을 조금 마심. ◆ 名解酒，醒酒。¶해장에는 뭐니 뭐니 해도 콩나물국이 최고야. =豆芽汤醒酒效果很好。● 해장하다(解酲--) ●

해장국(解酲-)【명사】전날의 술기운으로 거북한 속을 풀기 위하여 먹는 국. ◆ 名解酒汤，醒酒汤。¶해장국을 끓이다. =煮醒酒汤。

해저(海底)【명사】바다의 밑바닥. ◆ 名海底。¶해저 동굴. =海底洞穴。

해적(海賊)【명사】배를 타고 다니면서, 다른 배나 해안 지방을 습격하여 재물을 빼앗는 강도. ◆ 名海贼，海盗。

해적선(海賊船)【명사】배를 타고 다니면서, 다른 배나 해안 지방을 습격하여 재물을 빼앗는 해적의 배. ◆ 名海盗船。

해전(海戰)【명사】바다에서 벌이는 싸움. ◆ 名海战。

해제(解除)【명사】名 ❶ 설치하였거나 장비한 것 따위를 풀어 없앰. ◆ 解除。¶패전한 나라의 군인들은 모두 총기 해제를 당하였다. =战败国的军人都被解除武装了。❷ 묶인 것이나 행동에 제약을 가하는 법령 따위를 풀어 자유롭게 함. ◆ 解除。¶계엄 해제. =戒严解除。❸ 책임을 벗어서 면하게 함. ◆ 解除。¶직위 해제. =免职。● 해제되다(解除--), 해제하다(解除--) ●

해조(海藻)【명사】바다에서 나는 조류를 통틀어 이르는 말. ◆ 名海藻，海草。¶해조를 뜯다. =采海藻。

해지다【동사】'해어지다'의 준말. ◆ 动磨破，穿破。¶해진 구두. =磨破的皮鞋。

해초(海草)【명사】바다에 나는 종자식물을 통틀어 이르는 말. 해조(海藻)와 구분하기 위해 초(草) 자를 붙이며, 거머리말 따위가 있다. ◆ 名海藻，海草。

해충(害蟲)【명사】인간의 생활에 해를 끼치는 벌레를 통틀어 이르는 말. ◆ 名害虫。¶해충을 박멸하다. =消灭害虫。

해치다(害--)【동사】动 ❶ 어떤 상태에 손상을 입혀 망가지게 하다. ◆ 危害，损害，破坏。¶공익을 해치다. =危害公益。❷ 사람의 마음이나 몸에 해를 입히다. ◆ 危害，伤害。¶끽연으로 건강을 해치다. =吸烟危害健康。❸ 다치게 하거나 죽이다. ◆ 伤害，杀害。¶사람을 해치다. =杀人。

해치우다【동사】动 ❶ 어떤 일을 빠르고 시원스럽게 끝내다. ◆ 干完，做完。¶나는 동료의 일까지 모두 해치웠다. =我连同事的活都干完了。❷ 일의 방해가 되는 대상을 없애 버리다. ◆ 干掉，除掉。

해커(hacker)【명사】통신망 따위를 통해서 다른 사람의 컴퓨터에 무단 침입하여 데이터와 프로그램을 없애거나 망치는 사람. ◆ 名黑客。

해코지(害--)【명사】남을 해치고자 하는 짓. ◆ 名害人之举。¶불량 청년들의 해코지는 어른도 겁낸다. =不良青年的害人之举让成年人也害怕。

해킹(hacking)【명사】다른 사람의 컴퓨터 시스템에 무단으로 침입하여 데이터와 프로그램을 없애거나 망치는 일. ◆ 名（被）黑，非法侵入电脑通信网。¶대학전산망이 해킹 당하여 입시관리에 차질을 가져왔다. =大学电子计算机网络被黑了，高考管理出现了差错。

해파리【명사】자포동물문 해파리강, 히드라충강의 부유 세대를 통틀어 이르는 말. ◆ 名水母。

해풍(海風)【명사】바다에서 육지로 불어오는 바람. ◆ 名海风。¶해풍이 세차게 몰아치다. =海风猛烈地吹来。

해프닝(happening)【명사】우연히 일어난 일. 또는 우발적인 사건. ◆ 名偶发事件，意外事件。¶해프닝이 일어나다. =发生意外事件。

해학(諧謔)【명사】익살스럽고도 품위가 있는 말이나 행동. ◆ 名诙谐，谐谑，幽默。¶해학이 넘치는 재담. =幽默满满的相声。

해협(海峽)【명사】육지 사이에 끼어 있는 좁고 긴 바다. 양쪽이 넓은 바다로 통한다. ◆ 名海峡。¶해협을 봉쇄하다. =封锁海峡。

핵(核)【명사】名 ❶ 사물이나 현상의 중심. ◆ 中心。¶그를 모임의 핵으로 삼다. =把他当作聚会的中心。❷ 핵무기. ◆ 核武器。¶핵 개발. =开发核武器。❸ 원자핵(原子核). ◆ 原子核。❹ 생물 세포의 중심에 있는 공 모양의 소체(小體). ◆ 细胞核。❺ 과실의 종자를 보호하고 있는 단단한 부분. ◆ 果核。❻ 지구의 중심핵. ◆ 地核。

핵가족(核家族)【명사】한 쌍의 부부와 미혼의 자녀만으로 구성된 가족. ◆ 名核心家庭，小家庭(由夫妇及未成年子女构成的家庭)。¶핵가족 시대. =小家庭时代。

핵무기(核武器)【명사】원자 폭탄이나 수소 폭탄

따위의 핵반응으로 생기는 힘을 이용한 무기. ◆ 图核武器。

핵심(核心)【명사】사물의 가장 중심이 되는 부분. ◆ 图核心，要害。¶핵심 세력. =核心势力。

핵폐기물(核廢棄物)【명사】원자력을 생성하고 난 후에 버리는 찌꺼기 물질. 방사능이 남아 있어서 특별한 관리가 필요하다. ◆ 图核废料。

핸드백(handbag)【명사】여성들이 손에 들거나 어깨에 메고 다니는 작은 가방. ◆ 图手提包。¶핸드백을 소매치기 당하다. =手提包被人抢了。

핸드볼(handball)【명사】손만 사용하여 공을 상대편 골에 많이 던져 넣는 것으로 승부를 겨루는 경기. 7인제와 11인제가 있다. ◆ 图手球。

핸드폰(cellular phone)【명사】손에 들거나 몸에 지니고 다니면서 걸고 받을 수 있는 소형 무선 전화기. ◆ 图手机，移动电话。

핸들(handle)【명사】图 ❶ 손으로 열거나 들거나 붙잡을 수 있도록 덧붙여 놓은 부분. ◆ 把手，柄，拉手。¶캐비닛의 핸들을 돌리다. =转动橱柜把手。❷ 기계나 기구, 자동차, 선박 따위를 운전하거나 작동하는 손잡이. ◆ 方向盘。¶핸들을 잡다. =握方向盘。

핸디캡(handicap)【명사】图 ❶ 자신에게 특별히 불리하게 작용하는 여건. ◆ 缺陷，不利条件。¶핸디캡을 극복하다. =克服不利条件。❷ 운동 경기 따위에서, 기량의 차이가 나는 경기자에게 이길 기회를 공평하게 주기 위하여 우월한 경기자에게 지우는 불리한 조건. ◆ (让补赛中对优势者施加的)差点。

핼쑥하다【형용사】얼굴에 핏기가 없고 파리하다. ◆ 形苍白，无血色。¶얼굴이 중병을 앓은 사람처럼 핼쑥하다. =脸色苍白，像得了重病的人似的。

햄(ham)【명사】돼지고기를 소금에 절여 훈제한 가공 식품. 본디는 돼지의 넓적다리 살로 만들었지만 지금은 그 외의 부분으로도 만들고 있다. ◆ 图火腿，熏肉。¶햄 한 조각. =一片火腿。

햄버거(hamburger)【명사】햄버그스테이크를 둥근 빵에 끼운 음식. ◆ 图汉堡包。

햅쌀【명사】그 해에 새로 난 쌀. ◆ 图新米。¶추석에는 햅쌀로 밥을 지어 차례를 지낸다. =中秋节时用新米做饭举行祭祀。

햇-【접사】'그해에 난'의 뜻을 더하는 접두사. ◆ 前缀今年的。¶햇과일. =今年的水果。

햇곡식(-穀食)【명사】그해에 새로 난 곡식. ◆ 图新谷。

햇무리【명사】햇빛이 대기 속의 수증기에 비치어 해의 둘레에 둥글게 나타나는 빛깔이 있는 테두리. ◆ 图日晕。

햇발【명사】사방으로 뻗친 햇살. ◆ 图阳光。¶눈부신 아침 햇발. =耀眼的清晨阳光。

햇병아리【명사】图 ❶ 새로 부화된 병아리. ◆ 新孵化的小鸡。❷ '풋내기'를 비유적으로 이르는 말. ◆ 新手，生手。¶갓 입사한 햇병아리 사원. =刚进公司的新职员。

햇볕【명사】해가 내리쬐는 뜨거운 기운. ◆ 图阳光。¶따사로운 햇볕. =温暖的阳光。

햇빛【명사】图 ❶ 해의 빛. ◆ 图日光，阳光。¶햇빛이 비치다. =阳光照射。❷ 세상에 알려져 칭송받는 것을 비유적으로 이르는 말. ◆ 面世，问世。¶살아 생전에 그의 소설은 햇빛을 보지 못했다. =他在世的时候，他的小说没有能够出版。

햇살【명사】해가 내쏘는 광선. ◆ 图阳光。¶눈부신 여름 햇살. =耀眼的夏日阳光。

햇수(-數)【명사】해의 수. ◆ 图年数，年头。¶햇수가 차다. =到年头了。

행[1](行)【명사】글을 가로나 세로로 벌인 것. ◆ 图字行。¶행을 바꾸다. =换行。

-행[2](行)【접사】'그곳으로 향함'의 뜻을 더하는 접미사. ◆ 后缀到，至，开往。¶부산행. =开往釜山。

행군(行軍)【명사】图 ❶ 여러 사람이 줄을 지어 먼 거리를 이동하는 일. ◆ 列队远行。❷ 군대가 대열을 지어 먼 거리를 이동하는 일. ◆ 行军。¶행군을 시작하다. =开始行军。● 행군하다(行軍--) ●

행글라이더(hang-glider)【명사】알루미늄이나 두랄루민으로 된 틀에 합성 섬유의 천을 입혀서 날 수 있게 만든 스포츠 기구. 사람이 매달려 기류(氣流)를 이용하여 활공한다. ◆ 图滑翔翼，三角翼。

행동(行動)【명사】몸을 움직여 동작을 하거나 어떤 일을 함. ◆ 图行动，行为，举动。¶행동 양식. =行动样式。● 행동하다(行動--) ●

행랑(行廊)【명사】图 ❶ 대문간에 붙어 있는 방. ◆ 门房。❷ 예전에, 대문 안에 죽 벌여서 지어 주로 하인이 거처하던 방. ◆ 下屋。

행랑채(行廊-)【명사】문간채. ◆ 图下屋。¶행랑채에는 초저녁인데 동네 머슴들이 다 모여들었다. =村里的长工傍晚时都聚集到下屋。

행렬(行列)【명사】여럿이 줄지어 감. 또는 그런 줄. ◆ 图列队；行列，队伍。¶행렬을 짓다. =排队。

행로(行路)【명사】图 ❶ 한길. ◆ 大路，道路。¶행로에 버려진 아이. =被扔在路上的孩子。❷ 길을 감. 또는 그 길. ◆ 旅程，旅途。¶행로가 길다. =旅程漫长。❸ 세로(世路). ◆ 世途，人生方向。¶그녀는 운동선수로서의 삶의 행로를 바꾸고 지도자가 되었다. =他改变了人生方向，不做运动员，改当教练了。

행방(行方)【명사】간 곳이나 방향. ◆ 图去向，下落，踪迹。¶행방이 묘연하다. =踪迹渺茫。

행방불명(行方不明)【명사】간 곳이나 방향을 모름. ◆ 图下落不明，失踪。¶그는 행방불명된 아내를 찾아 사방을 헤맸다. =他四处寻找下落不明的妻子。

행복(幸福)【명사】图 ❶ 복된 좋은 운수. ◆ 幸运，福气。¶행복이 가득하다. =福气满满。❷ 생활에서 충분한 만족과 기쁨을 느끼는 흐뭇함. 또는 그러한 상태. ◆ 幸福。¶행복에 젖다. =沉浸在幸福中。● 행복하다(幸福--) ●

행사[1](行使)【명사】图 ❶ 부려서 씀. ◆ 行使，使用。¶권력 행사. =行使权力。❷ 권리의 내용을 실현함. ◆ 行使。¶이럴 때 실력행사 한 번 해봐. =这时候要行使一下权力。● 행사하다 (行使--) ●

행사[2](行事)【명사】어떤 일을 시행함. 또는 그 일.

◆图活动，典礼，庆典。¶경축 행사. =庆祝活动。

행상(行商)【명사】图❶ 도붓장사. 이리저리 돌아다니며 물건을 파는 일. ◆流动贩卖。¶행상을 다니다. =流动贩卖。❷ 도붓장수. 이리저리 돌아다니며 물건을 파는 사람. ◆流动商贩。¶이곳이 행상들이 쉬었다 가는 주막이었다. =这里是流动商贩们暂时歇脚的小酒店。

행색(行色)【명사】겉으로 드러나는 차림이나 태도. ◆图穿戴；举止、行为。¶초라한 행색. =衣着寒酸。

행선지(行先地)【명사】떠나가는 목적지. ◆图目的地。¶행선지를 알리다. =告知目的地。

행성(行星)【명사】중심 별의 강한 인력의 영향으로 타원 궤도를 그리며 중심 별의 주위를 도는 천체. ◆图行星。

행세(行世)【명사】图❶ 세상에서 사람의 도리를 행함. 또는 그런 태도. ◆做人，为人。¶그 사람은 가정교육을 제대로 받지 못해서 행세는 형편없다. =他没能接受好的家庭教育，人品不好。❷ 해당되지 아니하는 사람이 어떤 당사자인 것처럼 처신하여 행동함. 또는 그런 짓. ◆以某种身份行事。¶주인 행세. =像主人似的。❸ 처세하여 행동함. 또는 그런 태도. ◆处世。¶행세가 얌전하다. =处世有品位。● 행세하다(行世--) ●

행실(行實)【명사】실지로 드러나는 행동. ◆图品行，为人。¶행실이 바르다. =品行端正。

행여(幸-)【부사】어쩌다가 혹시. ◆副也许，兴许，或许。¶치료에 행여 도움이 될까 하여 이 약을 보냅니다. =觉得这种药或许对治疗有帮助，所以送给你。

행여나(幸--)【부사】'행여'를 강조하여 이르는 말. ◆副或许，也许。¶그는 행여나 하고 요행을 바랐다. =他心存侥幸。

행운(幸運)【명사】좋은 운수. 또는 행복한 운수. ◆图幸运，福气。¶행운의 여신. =幸运女神。

행운아(幸運兒)【명사】좋은 운수를 만나 일이 뜻대로 잘되어 가는 사람. ◆图幸运儿。

행위(行爲)【명사】사람이 의지를 가지고 하는 짓. ◆图行为，行动。¶범죄 행위. =犯罪行为。

행인(行人)【명사】길을 가는 사람. ◆图行人。

행장(行裝)【명사】여행할 때 쓰는 물건과 차림. ◆图行装，行李。¶행장을 꾸리다. =捆行李。

행적(行跡/行績/行蹟)【명사】图❶ 행위의 실적(實績)이나 자취. ◆形迹，踪迹，痕迹。¶행적을 감추다. =隐藏形迹。❷ 평생 동안 한 일이나 업적. ◆事迹，业绩。¶그는 음악계에 커다란 행적을 남겼다. =他在音乐界留下了光辉的业绩。❸ 나쁜 행실로 남긴 흔적. ◆罪证。¶행적을 지우다. =消灭罪证。

행정(行政)【명사】정치나 사무를 행함. ◆图行政。

행정 구역(行政區域)【명사】행정 기관의 권한이 미치는 범위의 일정한 구역. 특별시, 광역시, 도, 군, 읍, 면 따위이다. ◆图行政区，行政区域。

행정권(行政權)【명사】삼권(三權)의 하나. 국가가 통치권을 바탕으로 일반 행정을 펴는 권능(權能)이다. ◆图行政权，行政权力。

행정 기관(行政機關)【명사】국가 또는 지방 자치 단체의 행정 사무를 맡아보는 기관. ◆图行政机关，行政部门。

행정부(行政府)【명사】삼권 분립에 의하여, 행정을 맡아보는 국가 기관. ◆图行政院。

행주【명사】그릇이나 밥상 따위를 닦거나 씻는 데 쓰는 헝겊. ◆图洗碗布，抹布。¶어머니께서는 행주로 그릇을 닦으셨다. =妈妈用洗碗布擦碗。

행주치마【명사】부엌일을 할 때 옷을 더럽히지 아니하려고 덧입는 작은 치마. ◆图围裙。¶행주치마를 두르다. =系上围裙。

행진(行進)【명사】图❶ 줄을 지어 앞으로 나아감. ◆行进，前进，游行。¶가두 행진. =街头游行。❷ 어떤 사건이 계속하여 일어남을 비유적으로 이르는 말. ◆〈喻〉连续进行。¶10연승 행진. =10连胜。● 행진하다(行進--) ●

행진곡(行進曲)【명사】행진할 때에 쓰는 반주용 음악. ◆图进行曲。

행차 (行次)【명사】웃어른이 차리고 나서서 길을 감. 또는 그때 이루는 대열. ◆图光临，驾临。¶어인 행차신지요? =何以驾临寒舍? ● 행차하다(行次--) ●

행태(行態)【명사】행동하는 양상. 주로 부정적인 의미로 쓴다. ◆图行为。¶음주 행태. =饮酒行为。

행패 (行悖)【명사】체면에 어그러지는 난폭한 짓을 버릇없이 함. 또는 그런 언행. ◆图撒野，耍赖，撒泼，胡作非为，耍流氓。¶행패가 심하다. =撒泼耍赖。

행하다(行--)【동사】어떤 일을 실제로 해 나가다. ◆动做，搞，办，施行，进行。

향(香)【명사】불에 태워서 냄새를 내는 물건. 주로 제사 때 쓴다. ◆图香。

향가(鄕歌)【명사】향찰(鄕札)로 기록한 신라 때의 노래. ◆图乡歌。

향긋하다【형용사】은근히 향기로운 느낌이 있다. ◆形清香，馨香，幽香。¶향긋한 냄새. =馨香的气息。

향기(香氣)【명사】꽃, 향, 향수 따위에서 나는 좋은 냄새. ◆图香味，香气，香。

향기롭다(香氣--)【형용사】향기가 있다. ◆形芬芳，芳香，馨香，香。¶향기로운 냄새. =香味。

향내(香-)【명사】图❶ 향기로운 냄새. ◆香气，香味，香。¶향내가 나다. =有香味。❷ 향의 냄새. ◆馨香。¶향불이 꺼지자 방 안에는 향내만 남았다. =香一燃尽，就只剩下满室的馨香了。

향락(享樂)【명사】쾌락을 누림. ◆图享乐，享受，作乐。¶향락 산업. =娱乐产业。

향로(香爐)【명사】향을 피우는 자그마한 화로. 만드는 재료와 모양이 여러 가지이며, 규방에 쓰는 것과 제사에 쓰는 것으로 구분한다. ◆图香炉。

향료(香料)【명사】향기를 내는 데 쓰는 물질. 흔히 식품이나 화장품 따위에 넣어 향기를 내게 한다. ◆图香料。

향상(向上)【명사】실력, 수준, 기술 따위가 나아짐.

또는 나아지게 함. ◆ 图提高，提升，搞上去。¶기술 향상. =提高技术。● 향상되다(向上--), 향상하다(向上--) ●
향수(香水)【명사】액체 화장품의 하나. 향료를 알코올 따위에 풀어 만든다. ◆ 图香水。¶향수를 뿌리다. =洒香水。
향수병(鄕愁病)【명사】고향을 그리워하는 마음이나 시름을 병에 비유하여 이르는 말. ◆ 图〈喻〉思乡病，乡愁，乡思。¶향수병에 걸리다. =得了思乡病。
향신료(香辛料)【명사】음식에 맵거나 향기로운 맛을 더하는 조미료. 고추, 후추, 파, 마늘, 생강, 겨자, 깨 따위가 있다. ◆ 图香辛料，香辣作料。
향연(饗宴)【명사】특별히 융숭하게 손님을 대접하는 잔치. ◆ 图宴会，筵席。¶향연을 베풀다. =大摆筵宴。
향유(享有)【명사】누리어 가짐. ◆ 图享有，拥有。¶향유 계층. =享有阶层。● 향유하다(享有--) ●
향토(鄕土)【명사】图 ❶ 자기가 태어나서 자란 땅. ◆ 家乡，故乡。¶향토를 지키다. =保卫家乡。❷ 시골이나 고장. ◆ 乡土，乡村。¶향토 문화. =乡土文化。
향토색(鄕土色)【명사】어떤 지방의 특유한 자연, 풍속 따위의 정취나 특색. ◆ 图地方特色，地方色彩，乡土气息。¶향토색 짙은 서정시. =具有浓郁地方色彩的抒情诗。
향하다(向--)【동사】动 ❶ 어느 한쪽을 정면이 되게 대하다. ◆ 面向，朝，向。¶위를 향하다. =向上。❷ 어느 한쪽을 목표로 하여 나아가다. ◆ 前往，朝着。¶젊은이들이 전선으로 향하다. =年轻人上前线。❸ 마음을 기울이다. ◆ 倾向，偏向，向着，对。¶님 향한 일편단심. =对心上人的一片痴情。❹ 무엇이 어느 한 방향을 취하게 하다. ◆ 面向，面对，对。¶서로 마주 향하다. =面对面。
향학열(向學熱)【명사】배움에 뜻을 두어 그 길로 나아가려는 열의. ◆ 图求知欲，求学热情。¶향학열에 불타는 젊은이들. =求知欲强烈的年轻人。
허(虛)【명사】허점. 불충분하거나 허술한 점. 또는 주의가 미치지 못하거나 틈이 생긴 구석. ◆ 图弱点，要害。¶허를 찌르다. =击中要害。
허가(許可)【명사】图 ❶ 행동이나 일을 하도록 허용함. ◆ 批准，准许，允许，应允。¶허가가 나다. =允许。❷ 법령에 의하여 일반적으로 금지되어 있는 행위를 행정 기관이 특정한 경우에 해제하고 적법하게 이를 행할 수 있게 하는 일. 권리를 설정하는 특허나 법률의 효력을 보완하는 인가와 구별된다. ◆ 许可。¶건축 허가. =建筑许可。● 허가하다(許可--) ●
허가증(許可證)【명사】허가하는 사실을 기재하거나 표시한 증서. ◆ 图许可证，执照。
허겁지겁【부사】조급한 마음으로 몹시 허둥거리는 모양. ◆ 副慌慌张张地，惊慌失措地。¶허겁지겁 달려오다. =慌慌张张地跑来。
허공(虛空)【명사】텅 빈 공중. ◆ 图空中，半空。¶허공 속으로 사라지다. =消失在空中。
허구(虛構)【명사】사실에 없는 일을 사실처럼 꾸며 만듦. ◆ 图虚构，虚拟，编造。¶허구로 밝혀진 증언. =被指为是编造的证言。
허기(虛飢)【명사】몹시 굶어서 배고픈 느낌. ◆ 图饿，饥饿。¶허기를 느끼다. =觉得饿。
허기지다(虛飢--)【동사】动 ❶ 몹시 굶어 기운이 빠지다. ◆ 非常饥饿，饥肠辘辘。¶허기진 배를 채우다. =填饱饥肠辘辘的肚子。❷ 간절히 바라거나 탐내는 마음이 생기다. ◆ 如饥似渴，渴望。¶공부에 허기진 사람. =渴望学习的人。
허깨비【명사】图 ❶ 기(氣)가 허하여 착각이 일어나, 없는데 있는 것처럼, 또는 다른 것처럼 보이는 물체. ◆ 错觉，幻觉。¶허깨비가 보이다. =出现幻觉。❷ 생각한 것보다 무게가 아주 가벼운 물건. ◆ (意外地)轻的东西。¶묵직한 줄 알았더니 허깨비로구먼. =本以为挺沉的，没想到很轻。❸ 겉보기와는 달리 신체적으로나 정신적으로 몹시 허약한 사람을 비유적으로 이르는 말. ◆〈喻〉虚弱的人，孱弱的人，懦弱的人。¶그는 옷만 입혀 놓았을 뿐이지 허깨비나 다름없었다. =他只是穿戴得像模像样了，人还是那个懦弱的人。
허다하다(許多--)【형용사】수효가 매우 많다. ◆ 形许多，很多，许许多多。¶허다한 전례가 있다. =有很多先例。● 허다히(許多-) ●
허덕거리다【동사】힘에 부쳐 자꾸 쩔쩔매거나 괴로워하며 애쓰다. ◆ 动挣扎，跌跌撞撞。¶일자리가 없어 허덕거리는 생활. =没有工作而挣扎地生活。
허덕이다【동사】힘에 부쳐 자꾸 쩔쩔매거나 괴로워하며 애쓰다. ◆ 动挣扎，跌跌撞撞。¶가난에 허덕이다. =在贫困中挣扎。
허덕허덕【부사】힘에 부쳐 계속 쩔쩔매거나 괴로워하며 애쓰는 모양. ◆ 副拼命地，竭尽全力地，使劲地。¶허덕허덕 모은 재산을 하루아침에 날리다. =拼命积攒的财产一下子全没了。● 허덕허덕하다 ●
허둥거리다【동사】어찌할 줄을 몰라 갈팡질팡하며 다급하게 서두르다. ◆ 动慌慌张张，慌忙，慌里慌张。¶조급한 마음에 허둥거리다. =急得慌里慌张。● 허둥대다 ●
허둥지둥【부사】정신을 차릴 수 없을 만큼 갈팡질팡하며 다급하게 서두르는 모양. ◆ 副手忙脚乱，慌慌张张，慌里慌张。¶허둥지둥 달아나다. =慌慌张张逃离。● 허둥지둥하다 ●
허드레【명사】그다지 중요하지 아니하고 허름하여 함부로 쓸 수 있는 물건. ◆ 图破烂，一文不值的杂物。¶허드레로 입는 옷. =穿着破烂的衣服。
허드렛일【명사】중요하지 아니하고 허름한 일. ◆ 图杂活，杂事，乱七八糟的事。¶허드렛일로 시간을 보내다. =干杂活来打发时间。
허락(許諾)【명사】청하는 일을 하도록 들어줌. ◆ 图允许，准许，答应。¶허락이 내리다. =答应了。● 허락되다(許諾--), 허락하다(許諾--) ●
허례허식(虛禮虛飾)【명사】형편에 맞지 않게 겉만 번드르르하게 꾸밈. 또는 그런 예절이나 법식.

◆ 图繁文缛节。

허름하다【형용사】 形 ❶ 좀 헌 듯하다. ◆ 破旧，破破烂烂。¶허름한 옷. =破旧的衣服。❷ 값이 좀 싼 듯하다. ◆ 便宜，不值钱，一文不值。¶허름한 물건. =便宜的东西。❸ 사람이나 물건이 표준에 약간 미치지 못한 듯하다. ◆ 不够格。

허리【명사】 사람이나 동물의 갈빗대 아래에서부터 엉덩이까지의 잘록한 부분. ◆ 图腰。¶날씬한 허리. =细腰。

허리띠【명사】 바지 따위가 흘러내리지 아니하게 옷의 허리 부분에 둘러매는 띠. ◆ 图腰带，裤带。¶허리띠를 띠다. =系腰带。

허리춤【명사】 바지나 치마처럼 허리가 있는 옷의 허리 안쪽. 곧 그 옷과 속옷 또는 그 옷과 살의 사이. ◆ 图腰间。¶허리춤을 추키다. =提到腰间。

허망하다(虛妄--)【동사】 动 ❶ 거짓되고 망령되다. ◆ 虚幻，虚无，空虚。¶그토록 믿었던 친구에게 배신을 당하니 허망하기만 하다. =被曾经那么信任的朋友背叛，只感到空虚。❷ 어이없고 허무하다. ◆ 荒诞无稽，无根无据，荒唐。¶그의 말은 모두 다 허망한 말로 판명되었다. =他的话已被查明全部是荒唐之词。

허무(虛無)【명사】 무가치하고 무의미하게 느껴져 매우 허전하고 쓸쓸함. ◆ 图虚无。¶인생의 허무. =人生的虚无。

허무맹랑하다(虛無孟浪--)【형용사】 터무니없이 거짓되고 실속이 없다 ◆ 形荒谬绝伦，荒诞无稽。¶허무맹랑한 소문이 퍼졌다. =荒谬绝伦的传闻传播开来。

허물¹【명사】 图 ❶ 잘못 저지른 실수. ◆ 过失，失误，过错。¶허물을 들추어내다. =揭人过失。❷ 흉(남에게 비웃음을 살 만한 거리). ◆ 毛病，缺点，短处。¶아이들이 할아버지께 버릇없이 굴어도 큰 허물이 되지 않아요. =孩子们跟爷爷没规没矩也不是什么大毛病。

허물²【명사】 图 ❶ 살갗에서 저절로 일어나는 꺼풀. ◆（皮肤）表皮。¶허물이 벗겨지다. =脱皮。❷ 파충류, 곤충류 따위가 자라면서 벗는 껍질. ◆ 蜕。¶뱀의 허물. =蛇蜕。

허물다【동사】 动 ❶ 쌓이거나 짜이거나 지어져 있는 것을 헐어서 무너지게 하다. ◆ 拆毁，拆除，拆，扒。¶벽을 허물다. =拆墙。❷ 꼿꼿하고 방정한 표정, 자세, 태도 따위를 그대로 유지하지 아니하고 구부리거나 느른하게 하다. ◆ 弄弯，使瘫软。¶앉은 자세를 허물지 않고 미소만 짓고 있다. =保持坐着的姿势，露出微笑。❸ 사회적으로 이미 주어져 있는 규율, 관습 따위를 없어지게 하다. ◆ 摧毁，瓦解。¶남존여비의 관습을 허물다. =摧毁男尊女卑的习俗。❹ 심리적으로 이미 주어져 있는 생각이나 믿음 따위를 없애다. ◆ 消除。¶고정관념을 허물다. =消除成见。

허물어지다【동사】 动 ❶ 쌓이거나 짜이거나 지어져 있는 것이 헐려서 무너지다. ◆ 倾塌，塌，坍，倒塌。¶반쯤 허물어진 건물. =坍了快一半的建筑。❷ 꼿꼿하고 방정한 표정, 자세, 태도 따위가 그대로 유지되지 아니하고 구부러지거나 느른하여지다. ◆ 弯曲，瘫软。¶그의 냉철한 이성이 서서히 허물어지기 시작했다. =他开始慢慢地无法保持冷静透彻的理性了。❸ 사회적으로 이미 주어져 있는 규율, 관습 따위가 없어지다. ◆ 瓦解，消失。❹ 심리적으로 이미 주어져 있는 생각이나 믿음 따위가 없어지다. ◆ 消失了，没有了。¶기대가 허물어지다. =期待没了。

허물없다【형용사】 서로 매우 친하여, 체면을 돌보거나 조심할 필요가 없다. ◆ 形亲密无间，心无芥蒂，不分彼此。¶허물없는 친구. =亲密无间的朋友。● 허물없이 ●

허벅다리【명사】 넓적다리의 위쪽 부분. ◆ 图大腿根部。¶허벅다리에 관통상을 입다. =大腿根部受了贯通伤。

허벅지【명사】 허벅다리 안쪽의 살이 깊은 곳. ◆ 图大腿根，大腿内侧。¶허벅지를 드러내다. =露出大腿内侧。

허비(虛費)【명사】 헛되이 씀. 또는 그렇게 쓰는 비용. ◆ 图浪费，虚耗；冤枉钱。¶설계 잘못으로 시간의 돈의 허비가 막대하다. =设计失误造成了时间和金钱的巨大浪费。● 허비되다(虛費--), 허비하다(虛費--) ●

허사(虛事)【명사】 헛일. ◆ 图落空，告吹，〈口〉泡汤，黄。¶모든 일이 허사가 되었다. =所有的事都落空了。

허상(虛像)【명사】 图 ❶ 실제 없는 것이 있는 것처럼 나타나 보이거나 실제와는 다른 것으로 드러나 보이는 모습. ◆ 假象，幻象。¶이제 우주여행은 허상에 불과한 일이 아니다. =现在，太空旅行已经不再是虚幻的事了。❷ 빛이 거울이나 렌즈로 인해 반사될 때, 반사되는 방향과 반대 방향으로 생기는 상. ◆ 虚像。

허세(虛勢)【명사】 실속이 없이 겉으로만 드러나 보이는 기세. ◆ 图虚架子，虚张声势。¶허세를 부리다. =虚张声势。

허송세월(虛送歲月)【명사】 하는 일없이 세월만 헛되이 보냄. ◆ 图虚度光阴，蹉跎岁月，混日子。¶허송세월을 보내다. =虚度光阴。

허수아비【명사】 图 ❶ 곡식을 해치는 새나 짐승 따위를 막기 위하여 막 대기와 짚 따위로 만들어 논밭에 세우는 사람 모양의 물건. ◆ 稻草人。❷ 실제로는 권한이 없으면서 자리만 잡고 있는 사람. ◆〈喻〉傀儡，空架子。¶내가 뭐 힘이 있나 허수아비 사장에 불과한 걸. =我能有什么能力，不过是个傀儡总经理罢了。

허술하다【형용사】 形 ❶ 낡고 헐어서 보잘것없다. ◆ 破旧，寒碜。¶허술한 술집. =简陋破旧的酒屋。❷ 치밀하지 못하고 엉성하여 빈틈이 있다. ◆ 毛糙，马虎，马马虎虎。¶허술한 일처리. =事情做得马虎。● 허술히 ●

허실(虛實)【명사】 图 ❶ 허함과 실함. ◆ 虚实。¶경기에서는 상대 선수의 허실을 먼저 판단하는 쪽이 승산이 있다. =在比赛中，哪方先判断出对方选手的虚实，哪方有胜算。❷ 참과 거짓을 아울러 이르는 말. ◆ 真伪，真假。¶허실이 드러나다. =露出真伪。

허심탄회하다(虛心坦懷--)【형용사】품은 생각을 터놓고 말할 만큼 아무 거리낌이 없고 솔직하다. ◆ 形开诚布公，胸怀坦荡，坦率。¶허심탄회하게 이야기 해봅시다. =咱们开诚布公地聊一聊吧。

허약하다(虛弱--)【형용사】힘이나 기운이 없고 약하다. ◆ 形虚弱，孱弱。¶허약한 체질. =虚弱的体质。

허영(虛榮)【명사】자기 분수에 넘치고 실속이 없이 겉모습뿐인 영화(榮華). 또는 필요 이상의 겉치레. ◆ 名虚荣，浮华。¶그녀는 몇년 하영에 빠져 살더니 격국 파산하고안았다. =她过了几年浮华的日子，最终破产了。

허영심(虛榮心)【명사】허영에 들뜬 마음. ◆ 名虚荣心。¶허영심을 부추기다. =鼓动虚荣心。

허옇다【형용사】다소 탁하고 흐릿하게 희다. ◆ 形乳白，白。¶눈이 허옇게 쌓인 들판. =白雪覆盖的田野。

허욕(虛慾)【명사】헛된 욕심. ◆ 名妄想，非分之想。¶허욕을 부리다. =癞蛤蟆想吃天鹅肉。

허용(許容)【명사】名 ❶ 허락하여 너그럽게 받아들임. ◆ 容许，允许，许可。¶허용 기준. =许可标准。❷ 주로 각종 경기에서, 막아야 할 것을 막지 못하여 당함. 또는 그런 일. ◆ (未拦住该拦住的而)失分。¶안타 하나로 두 점을 허용 하네요. =一个安打失了两分。● 허용되다(許容--), 허용하다(許容--) ●

허우대【명사】겉으로 드러난 체격. 주로 크거나 보기 좋은 체격을 이른다. ◆ 名 身材(魁梧)。¶허우대가 크다. =身材高大。

허우적거리다【동사】动 ❶ 손발 따위를 자꾸 이리저리 마구 내두르다. ◆ 乱舞，乱挣扎，乱扑腾。¶물에 빠져 손발을 허우적거리다. =掉进水里，手脚乱扑腾。❷ 어려운 지경에서 벗어나려고 자꾸 몹시 애쓰다. ◆ 挣扎。¶그는 무력감에 빠져 허우적거렸다. =他陷入无力感之中，拼命挣扎。● 허우적대다 ●

허우적허우적【부사】副 ❶ 손발 따위를 자꾸 이리저리 마구 내두르는 모양. ◆ 挣扎来挣扎去地，扑腾来扑腾去。❷ 어려운 지경에서 벗어나려고 자꾸 몹시 애쓰는 모양. ◆ 挣扎，费力。¶그는 군중을 헤치며 허우적허우적 나아갔다. =他拨开群众，费力地向前走。● 허우적허우적하다 ●

허울【명사】실속이 없는 겉모양. ◆ 名外表，表面，外在。¶허울뿐인 약속. =虚有其表的约定。

허위(虛僞)【명사】진실이 아닌 것을 진실인 것처럼 꾸민 것. ◆ 名虚伪，虚假，作弊。¶허위보도. =虚假报道。

허전하다【형용사】形 ❶ 주위에 아무것도 없어서 공허한 느낌이 있다. ◆ 空虚，空荡荡，空落落。¶허전한 마음. =心里空落落的。❷ 느즈러져 안정감이 없다. ◆ 发软。¶다리가 허전하다. =腿发软。

허점(虛點)【명사】불충분하거나 허술한 점. 또는 주의가 미치지 못하거나 틈이 생긴 구석. ◆ 名空子，漏洞，可乘之隙。¶허점을 노리다. =窥伺可乘之隙。

허탈(虛脫)【명사】몸에 기운이 빠지고 정신이 멍함. 또는 그런 상태. ◆ 名空虚，虚脱。¶그는 직장을 잃고 허탈과 실의에 빠졌다. =他丢了工作，陷入了空虚和失意。● 허탈하다(虛脫--) ●

허탕【명사】어떤 일을 시도하였다가 아무 소득이 없이 일을 끝냄. 또는 그렇게 끝낸 일. ◆ 名白费劲，白干，白辛苦，徒劳无功。¶형사들은 범인을 잡기 위해 일주일간 잠복근무를 했으나 허탕이었다. =虽然刑警们为了抓住罪犯连续埋伏了一周，但还是白辛苦了。

허투루【부사】아무렇게나 되는대로. ◆ 副随便地，随随便便地，马马虎虎地。¶허투루 말하다. =随便说。

허튼소리【명사】함부로 지껄이는 말. ◆ 名胡说，鬼话，废话，胡说八道。¶허튼소리 그만하고 밥이나 먹읍시다. =别说废话了，吃饭吧。

허튼수작(--酬酌)【명사】쓸데없이 함부로 하는 행동. ◆ 名胡来，轻举妄动。¶다 보고 있으니까 허튼수작 하지마. =大家都看着呢，别胡来。

허파【명사】가슴안의 양쪽에 있는, 원뿔을 반 자른 것과 비슷한 모양의 호흡을 하는 기관. ◆ 名肺，肺脏。

허풍(虛風)【명사】실제보다 지나치게 과장하여 믿음성이 없는 말이나 행동. ◆ 名吹嘘，吹牛皮〈口〉吹牛。¶허풍을 떨다. =夸下海口。

허풍선이(虛風扇-)【명사】허풍을 잘 떠는 사람. ◆ 名牛皮大王，牛皮先生。

허하다(虛--)【형용사】形 ❶ 튼튼하지 못하고 빈틈이 있다. ◆ 空子，漏洞，破绽。¶적의 허한 틈을 타서 공격하다. =抓住敌人的破绽进行攻击。❷ 옹골차지 못하고 약하다. ◆ 虚弱，孱弱。¶몸이 허하여 보약을 먹었다. =因为身体虚弱，所以吃了些补药。❸ 속이 빈 상태에 있다. ◆ 空。¶밥을 굶어 속이 허하다. =没吃饭，肚子里空空的。❹ 원기가 부실하다. ◆ 虚。¶기가 허하다. =气虚。

허허【부사】입을 동글게 벌리고 거리낌 없이 크게 웃는 소리. 또는 그 모양. ◆ 副哈哈，呵呵。¶허허, 내가 우리 딸에게 졌는 걸. =哈哈，我输给我女儿了。

허허벌판【명사】끝없이 넓고 큰 벌판. ◆ 名广阔的田野，茫茫原野。¶허허벌판에 건물 하나가 덩그렇게 서 있다. =在茫茫的原野上，孤零零地立着一幢房子。

허황되다【형용사】헛되고 황당하며 미덥지 못하다. ◆ 形荒唐，不切实际。¶투자자를 불러모아 허황된 이야기를 하던 사람이 결국에는 사기꾼으로 밝혀졌다. =把投资者聚到一起说些不切实际的话的人，最终被揭穿是个骗子。● 허황하다 ●

헉【부사】몹시 놀라거나 숨이 차서 숨을 순간적으로 멈추거나 들이마시는 소리. 또는 그 모양. ◆ 副嗬，哎呀，咳。¶헉 소리를 지르며 몸을 가누지 못하고 모로 푹 쓰러졌다. = “哎呀!” 喊了一声，无法支撑住身体，倒在了地上。

헉헉【부사】몹시 놀라거나 숨이 차서 숨을 자꾸 몰아쉬는 소리. 또는 그 모양. ◆副嗬嗬，咳咳。¶헉헉 숨을 몰아쉬다. =嗬嗬地猛喘。

헉헉거리다【동사】몹시 놀라거나 숨이 차서 숨을 몰아쉬는 소리를 자꾸 내다. ◆动喘不过气来。¶숨을 헉헉거리다. =喘不过气来。● 헉헉대다 ●

헌【관형사】오래되어 성하지 아니하고 낡은. ◆冠旧，老，陈旧，破旧。¶헌 구두. =旧皮鞋。

헌금(獻金)【명사】图 돈을 바침. 또는 그 돈. ◆捐钱，捐款。¶헌금을 내다. =捐款。

헌납(獻納)【명사】돈이나 물건을 바침. ◆图捐献，捐赠。¶생산물의 헌납. =捐赠产品。● 헌납하다(獻納--) ●

헌법(憲法)【명사】국가 통치 체제의 기초에 관한 각종 근본 법규의 총체. ◆图宪法。

헌병(憲兵)【명사】군사 경찰의 구실을 하는 병과. 또는 그런 군인. ◆图宪兵。¶헌병 초소. =宪兵哨所。

헌신(獻身)【명사】몸과 마음을 바쳐 있는 힘을 다함. ◆图献身，忘我，舍身，舍身忘死。¶헌신의 노력. =忘我的努力。● 헌신하다(獻身--) ●

헌신짝【명사】값어치가 없어 버려도 아깝지 아니한 것을 비유적으로 이르는 말. ◆图旧鞋，破鞋。〈喻〉无用的废物。¶약속을 헌신짝같이 여기다. =把承诺当成无用的废话。

헌장(憲章)【명사】어떠한 사실에 대하여 약속을 이행하기 위하여 정한 규범. ◆图宪章。

헌칠하다【형용사】키나 몸집 따위가 보기 좋게 어울리도록 크다. ◆形魁梧。¶허우대가 헌칠하다. =身材魁梧。

헌혈(獻血)【명사】수혈이 필요한 환자를 위하여 피를 뽑아 줌. ◆图献血，捐血。¶헌혈을 받다. =接受献血。● 헌혈하다(獻血--) ●

헌화(獻花)【명사】주로 신전이나 영전에 꽃을 바침. 또는 그 꽃. ◆图献花。● 헌화하다(獻花--) ●

헐값(歇-)【명사】그 물건의 원래 가격보다 훨씬 싼 값. ◆图低价，廉价。¶헐값에 내놓다. =低价展示。

헐겁다【형용사】形 ❶ 낄 물건보다 낄 자리가 꼭 맞지 아니하고 크다. ◆松，不紧，肥大，大。¶신발이 헐겁다. =鞋子肥大。❷ 가벼운 느낌이 들다. ◆轻松，轻快，轻盈。¶주머니가 헐겁다. =口袋轻了。

헐다[1]【동사】动 ❶ 몸에 부스럼이나 상처 따위가 나서 짓무르다. ◆溃烂，烂，溃疡。¶입 안이 헐다. =口腔溃疡。❷ 물건 따위가 오래되거나 많이 써서 낡아지다. ◆破烂，破旧，旧。¶집이 헐다. =房子旧了。

헐다[2]【동사】动 ❶ 집 따위의 축조물이나 쌓아 놓은 물건을 무너뜨리다. ◆拆，拆掉。¶담을 헐다. =拆墙。❷ 일정한 액수의 돈을 쓰게 되어 그 액수의 상태를 유지하지 못하게 되다. ◆动用，开始使用。¶백만원짜리 수표를 헐다. =动用百万韩元的支票。

헐떡거리다【동사】动 ❶ 숨을 가쁘고 거칠게 쉬는 소리를 내다. ◆气喘吁吁，哼哧哼哧，吭哧吭哧。¶그의 뒤를 헐떡거리며 뒤좇아가다. =气喘吁吁地在他后面追着。❷ 신 따위가 헐거워서 벗겨지다. ◆ (鞋)不跟脚，松。● 헐떡이다 ●

헐떡헐떡【부사】숨을 자꾸 가쁘고 거칠게 쉬는 소리. 또는 그 모양. ◆副气喘吁吁地，哼哧哼哧；(鞋)不跟脚，松。¶헐떡헐떡하며 코스를 완주하다. =气喘吁吁地跑完全程。● 헐떡헐떡하다 ●

헐뜯다【동사】남을 해치려고 헐거나 해쳐서 말하다. ◆动中伤，毁谤，诽谤，诋毁，污蔑。¶남을 헐뜯다. =中伤别人。

헐렁하다【형용사】헐거운 듯한 느낌이 있다. ◆形宽松，肥大，肥。¶옷이 헐렁하다. =衣服肥大。

헐렁헐렁하다【형용사】形 ❶ 매우 헐거운 듯한 느낌이 있다. ◆宽松，肥大，肥。¶헐렁헐렁한 옷을 걸치다. =披件宽松的衣服。❷ 행동이 조심스럽지 아니하고 매우 미덥지 못하다. ◆轻浮，轻佻，不检点。¶그는 매사가 헐렁헐렁하다. =他干什么都很轻浮。

헐레벌떡【부사】숨을 가쁘고 거칠게 몰아쉬는 모양. ◆副气喘吁吁地，上气不接下气地。¶동생은 집으로 헐레벌떡 뛰어갔다. =弟弟气喘吁吁地跑回了家。

헐리다【동사】'헐다(집 따위의 축조물이나 쌓아 놓은 물건을 무너뜨리다)'의 피동사. ◆动"헐다"的被动形态。

헐벗다【동사】动 ❶ 가난하여 옷이 헐어 벗다시피 하다. ◆衣不蔽体，衣衫褴褛。¶옛날에 헐벗고 굶주리는 백성들이 많다. =从前，有很多衣衫褴褛、忍饥挨饿的百姓。❷ 나무가 없어 산의 맨바닥이 드러나다. ◆光秃秃。¶산과 들이 헐벗다. =山上和田野里都光秃秃的。

헐하다(歇--)【형용사】값이 싸다. ◆形便宜，廉价。¶헐한 맛에 무리하여 샀다. =价格便宜就勉强买了。

험난하다(險難--)【형용사】形 ❶ 지세가 다니기에 위험하고 어렵다. ◆艰险，艰难，险峻，陡峭。¶험난한 산길. =险峻的山路。❷ 험하여 고생스럽다. ◆艰辛，艰险。¶세상살이가 험난하다. =生存艰辛。

험담(險談)【명사】남의 흠을 들추어 헐뜯음. 또는 그런 말. ◆图诽谤，毁谤。¶험담을 늘어놓다. =出言诋毁。● 험담하다(險談--) ●

험상궂다(險狀--)【형용사】모양이나 상태가 매우 거칠고 험하다. ◆形狰狞，凶恶，丑陋。¶험상궂은 인상. =凶恶的长相。

험악하다(險惡--)【형용사】形 ❶ 지세, 기후, 도로 따위가 험하고 나쁘다. ◆险恶，凶险，恶劣，险峻。¶날씨가 험악하다. =天气恶劣。❷ 인심, 성질, 태도, 생김새 따위가 흉악하다. ◆险恶，阴险，凶恶，凶狠。¶인심 한번 험악하다. =人心险恶。

험준하다(險峻--)【형용사】지세가 험하며 높고 가파르다. ◆形险峻，陡峭，险。¶이 지역 산세는 다른 고장보다 험준하다. =这个地方的山势比其他地方险峻。

험하다(險--)【형용사】形 ❶ 땅의 형세가 발을 디디기 어려울 만큼 사납고 가파르다. ◆陡峭，险峻，险要，险。¶높고 험한 산. =又高又险的山。❷ 생김새나 나타난 모양이 보기 싫게 험상스럽다. ◆凶恶，可怕，凶。¶사나이의 인상이 험하다. =男子长得很凶。

헛-【접사】前缀 ❶ '이유 없는', '보람 없는'의 뜻을 더하는 접두사. ◆白，无用，白白。¶헛걸음. =白跑。❷ '보람 없이', '잘못'의 뜻을 더하는 접두사. ◆白。¶헛살다. =白活。

헛간(-間)【명사】막 쓰는 물건을 쌓아 두는 광. 흔히 문짝이 없이 한 면이 터져 있다. ◆名库房，仓库，杂物间。¶곡식을 헛간에 쟁여 두다. =把粮食堆放在仓库里。

헛갈리다【동사】动 ❶ 정신이 혼란스럽게 되다. ◆混淆，迷失。¶아이들이 밖에서 시끄럽게 떠드는 바람에 외운 내용이 헛갈렸다. =孩子们在外面烦人地吵闹着，背诵的内容都让他们给搞混了。❷ 여러 가지가 뒤섞여 갈피를 잡지 못하다. ◆搞乱，打乱，混乱。¶공연 순서가 헛갈리다. =演出顺序打乱了。

헛걸음【명사】목적을 이루지 못하고 헛수고만 하고 가거나 옴. 또는 그런 걸음. ◆名白跑，白走，冤枉路。¶공연히 헛걸음 말고 돌아가세요. =别白跑了，回去吧。● 헛걸음하다 ●

헛것【명사】名 ❶ 헛일. 보람을 얻지 못하고 쓸데없이 한 노력. ◆白费，一场空。¶계획이 변경되면서 이제까지 한 일은 말짱 헛것이 되어 버렸다. =由于计划变更，至今为止的努力全都白费了。❷ 허깨비. 기(氣)가 허하여 착각이 일어나, 없는데 있는 것처럼, 또는 다른 것처럼 보이는 물체. ◆幻影，虚幻。¶기력이 쇠하면서 헛것이 자꾸 눈앞에 나타난다. =随着精力衰退，眼前不时出现幻影。

헛고생(-苦生)【명사】아무런 보람도 없이 고생함. 또는 그런 고생. ◆名白受累，白辛苦，白费劲。

헛구역질(-嘔逆-)【명사】게우는 것이 없이 욕지기를 하는 일. ◆名干呕，干吐。¶입덧을 하는 아내는 먹은 것도 없이 헛구역질만 한다. =害喜的妻子什么都吃不下，光干呕。● 헛구역질하다(-嘔逆---) ●

헛기침【명사】인기척을 내거나 목청을 가다듬거나 하기 위하여 일부러 기침함. 또는 그렇게 하는 기침. ◆名干咳。¶헛기침 소리. =干咳声。● 헛기침하다 ●

헛돌다【동사】효과나 보람이 없이 돌다. 또는 제구실을 못하고 제자리에서 헛되이 돌다. ◆动空转，白跑。

헛되다【형용사】形 ❶ 아무 보람이나 실속이 없다. ◆白费，白干，落空。¶모든 노력이 헛되게 돌아갔다. =所有的努力全白费了。❷ 허황하여 믿을 수가 없다. ◆虚妄，荒诞。¶헛된 이야기. =荒诞的故事。● 헛되이 ●

헛디디다【동사】발을 잘못 디디다. ◆动踏空，失足，踩空。¶그는 마루에서 발을 헛디뎌 댓돌 아래로 떨어졌다. =他在檐廊上一脚踏空，从台阶上掉了下来。

헛물켜다【명사】애쓴 보람 없이 헛일로 되다. ◆名白费力气，徒劳无功，白费劲，白忙活。¶구전이나 좀 받을까 했더니만 거래가 안 되어 헛물켰다. =本想着能得点佣金，谁想买卖未成，白费力气了。

헛발질【명사】겨냥이 맞지 않아 빗나간 발길질. ◆名踢歪，没踢着。¶결정적인 찬스에서 헛발질을 하는 바람에 점수를 내지 못했다. =因为没能把握住决定性的机会，所以没能加分。● 헛발질하다 ●

헛소리【명사】名 ❶ 실속이 없고 미덥지 아니한 말. ◆空谈，扯淡， 空话，无稽之谈。¶헛소리를 늘어놓다. =无稽之谈。❷ 앓는 사람이 정신을 잃고 중얼거리는 말. ◆(无意识状态下的)胡话，呓语。¶아이는 열에 들떠 헛소리를 마구 해댔다. =孩子烧得直说胡话。● 헛소리하다 ●

헛소문(-所聞)【명사】근거 없이 떠도는 소문. ◆名谣言，谣传。¶헛소문이 돌다. =谣言四起。

헛수고【명사】아무 보람도 없이 애를 씀. 또는 그런 수고. ◆名白忙活，白辛苦，白受累，白费劲，徒劳无功。¶환자를 살리려던 의사들의 노력은 헛수고로 끝났다. =医生努力抢救患者，但最终还是白忙活了。● 헛수고하다 ●

헛일【명사】보람을 얻지 못하고 쓸데없이 한 노력. ◆名白干，白做，劳而无功，白费。¶그 동안 쏟았던 모든 노력이 다 헛일로 돌아갔다. =那段时间倾注的所有努力全都白费了。● 헛일하다 ●

헝가리(Hungary)【명사】동유럽 중부에 있는 공화국. ◆名匈牙利。

헝겊【명사】피륙의 조각. ◆名碎布，布片。¶헝겊 조각. =零碎布头。

헝클다【동사】일을 몹시 뒤섞어 놓아서 갈피를 잡을 수 없게 하다. ◆动弄乱，搅乱。

헝클어지다【동사】动 ❶ 실이나 줄 따위의 가늘고 긴 물건이 풀기 힘들 정도로 몹시 얽히다. ◆蓬乱，被弄乱。¶우리가 안으로 들어가자 거미줄이 헝클어졌다. =我们刚进到里面，蜘蛛网就被弄乱了。❷ 어떤 물건이 한데 뒤섞여 몹시 어지럽게 되다. ◆混合，混杂，掺和。❸ 일이 몹시 뒤섞여 갈피를 잡을 수 없게 되다. ◆弄乱，搞乱。❹ 감정이나 생각 따위가 몹시 착잡하게 되다. ◆杂乱，纠结，交缠。

헤【부사】副 ❶ 입을 조금 벌리고 속없이 빙그레 웃는 소리. 또는 그 모양. ◆嘻，嘿嘿 ¶그는 나이가 스무 살이 넘었는데도 항상 침을 흘리고 헤 웃고만 다니는 반편이다. =他都二十多岁了还总流口水，是个只会嘿嘿傻笑的“傻子”。❷ 입을 조금 벌리고 힘없이 내는 소리. 또는 그 모양. ◆咧嘴。¶낡은 모자를 삐딱하게 쓴 시골 사람이 입을 헤 벌리고 두리번거리며 걸어왔다. =歪戴着一顶旧帽子的乡下人咧着嘴四处张望着走了过来。

헤게모니(hegemony)【명사】우두머리의 자리에서 전체를 이끌거나 주동할 수 있는 권력. ◆名霸权。¶헤게모니 싸움. =霸权之争。

헤드라이트(headlight)【명사】名 ❶ 전조등. 기차나 자동차 따위의 앞에 단 등. 앞을 비추는 데에 쓴다. ◆前灯。¶날이 어두워져 헤드라이트를 켜고 차를 몰았다. =天黑了，开着车灯向前行驶。❷ 기선의 돛대 끝에 단 흰빛의 등. ◆前桅灯。

헤드폰(headphone)【명사】라디오 따위를 듣거나 방송┌녹음할 때 쓰는 소형 스피커. 밴드로 머리에 걸 수 있으며, 스피커 부분은 두 귀를 덮게 되어 있다. ◆图耳机。¶헤드폰을 끼다. =戴耳机。

헤딩(heading)【명사】축구에서, 공중으로 떠오른 공을 머리로 받아 넣어 득점하는 일. 또는 그런 득점. ◆图 (足球)头球破门，头球得分。

헤르츠(Hertz)【명사】진동수의 국제단위. 1초 동안의 진동 횟수이다. 독일의 물리학자 헤르츠(Hertz, H. R.)의 이름에서 유래되었다. 기호는 Hz. ◆图赫兹，〈简称〉赫。

헤매다【동사】动❶ 갈 바를 몰라 이리저리 돌아다니다. ◆瞎转悠。¶우리는 친구의 집을 못 찾아 골목에서 헤매고 다녔다. =我们没找到朋友家，只好在胡同里瞎转悠。❷ 갈피를 잡지 못하다. ◆犹豫，彷徨，徘徊，迟疑不定。¶그는 문제의 핵심을 파악하지 못해 회의 중에 계속 헤매었다. =他没能把握问题的核心，会议中一直迟疑不定。❸ 어떤 환경에서 헤어나지 못하고 허덕이다. ◆挣扎，折腾。¶그의 회사는 부도 위기의 적자에서 헤매고 있다. =他的公司在拒付危机的赤字里挣扎。

헤모글로빈(haemoglobin)【명사】철을 함유하는 빨간 색소인 헴과 단백질인 글로빈의 화합물. 적혈구 속에 있으며, 산소와 쉽게 결합하여, 주로 척추동물의 호흡에서 산소 운반에 중요한 역할을 한다. ◆图 血色素，血红蛋白。

헤벌리다【동사】어울리지 아니하게 넓게 벌리다. ◆动张开，张，咧。¶입을 헤벌리다. =张嘴。

헤벌어지다【동사】어울리지 아니하게 넓게 벌어지다. ◆动咧开，张开。¶아이는 커다란 곰 인형을 사 주자 좋아서 입이 헤벌어졌다. =给孩子买了个巨大的熊娃娃，孩子高兴得合不上嘴。

헤아리다【동사】动❶ 수량을 세다. ◆数，点。¶동전을 헤아리다. =数硬币。❷ 그 수 정도에 이르다. 비교적 많은 수에 이르는 경우를 말한다. ◆达，达到。¶천만을 헤아리는 병력이 집결했다. =集结了达千万的兵力。❸ 짐작하여 가늠하거나 미루어 생각하다. ◆斟酌，掂量。¶이 일의 고충을 헤아려 주십시오. =请斟酌一下这件事的苦衷吧。

헤어나다【동사】힘든 상태를 헤치고 벗어나다. ◆动挣脱，摆脱，脱离。¶끝없는 번민에서 헤어나다. =从无尽的烦恼中摆脱出来。

헤어지다【동사】动❶ 모여 있던 사람들이 따로따로 흩어지다. ◆分开，分手。¶나는 저녁을 먹고 일행과 헤어져 집으로 왔다. =吃过晚饭后，我和一行人分手，回家了。❷ 사귐이나 맺은 정을 끊고 갈라서다. ◆离别，离开，分别。¶이제 우리 헤어질 시간입니다. =现在到了我们分别的时候了。

헤엄【명사】사람이나 물고기 따위가 물속에서 나아가기 위하여 팔다리나 지느러미를 움직이는 일. ◆图游泳，凫水。¶헤엄을 잘 치다. =泳游得好。
● 헤엄치다 ●

헤집다【동사】긁어 파서 뒤집어 흩다. ◆动扒，扒拉，拨弄。¶닭이 채소밭을 온통 헤집어 놓았다. =鸡把菜地整个给扒拉了一遍。

헤치다【동사】动❶ 속에 든 물건을 드러나게 하려고 덮인 것을 파거나 젖히다. ◆扒开，拨开，扒。¶그는 상의 단추를 끄르고 가슴을 풀어 헤쳤다. =他解开上衣扣子，往两边一扒，露出了胸膛。❷ 모인 것을 제각기 흩어지게 하다. ◆解开，撩开，拆开。❸ 앞에 걸리는 것을 좌우로 물리치다. ◆拨开，破，劈。¶배가 물살을 헤쳐 나가다. =船破浪前行。❹ 방해되는 것을 이겨 나가다. ◆克服，排除，战胜。¶사내대장부가 그렇게 나약해서 어떻게 세파를 헤쳐 나가겠느냐? =男子汉大丈夫那么懦弱，怎么能战胜人世的磨难?

헤프다【형용사】形❶ 쓰는 물건이 쉽게 닳거나 빨리 없어지는 듯하다. ◆不耐用，不禁用，费。¶무른 비누는 헤프다. =软肥皂不耐用。❷ 물건이나 돈 따위를 아끼지 아니하고 함부로 쓰는 버릇이 있다. ◆大手大脚。¶그녀는 돈을 헤프게 쓴다. =她花钱大手大脚的。❸ 말이나 행동을 삼가거나 아끼는 데가 없이 마구 하는 듯하다. ◆(嘴)不严，快言快语，话多。

헤헤【부사】❶ 입을 조금 벌리고 속없이 빙그레 자꾸 웃는 소리. 또는 그 모양. ◆嘻嘻。❷ 입을 조금 벌리고 자꾸 주책없이 웃는 소리. 또는 그 모양. ◆嘿嘿(笑)。¶일이 잘되고 있다는 소리에 그는 계속 헤헤 웃었다. =听到事情顺利，他一直嘿嘿地笑。

헬리콥터(helicopter)【명사】회전 날개를 기관으로 돌려서 생기는 양력과 추진력으로 나는 항공기. ◆图直升机。

헬멧(helmet)【명사】머리를 충격으로부터 보호하기 위하여 쓰는 모자. 쇠나 플라스틱으로 되어 있으며 주로 군인, 광부, 공사장 인부, 야구 선수 등이 쓴다. ◆图钢盔，头盔，安全帽。

헷갈리다【동사】动❶ 정신이 혼란스럽게 되다. ◆(精神)不集中，错乱。¶정신이 헷갈리게 왜 이렇게 떠드냐? =怎么这么吵? 让人都没法集中精神。❷ 여러 가지가 뒤섞여 갈피를 잡지 못하다. ◆混淆，弄混。¶본 지가 너무 오래되어서 책 내용이 자꾸 헷갈린다. =看完太长时间了，所以总把书里的内容弄混。

헹가래【명사】여러 사람이 한 사람의 몸을 번쩍 들어 위로 던져 올렸다 받았다 하는 일. ◆图 (祝贺时)几个人合力把一个人抬起来向上抛接。

헹구다【동사】물에 넣어 흔들어 씻다. 또는 물을 넣어 젓거나 흔들어 씻다. 흔히 세제 따위를 이용하여 한 번 씻은 것을 다시 씻는 것을 이른다. ◆动漂洗，冲洗。¶빨래를 헹구다. =漂洗衣服。

혀【명사】동물의 입 안 아래쪽에 있는 길고 둥근 살덩어리. 맛을 느끼며 소리를 내는 구실을 한다. ◆图舌，舌头。

혀끝【명사】혀의 끝 부분. ◆图舌尖。

혁대(革帶)【명사】가죽으로 만든 띠. ◆图皮带，皮腰带。¶혁대를 끄르다. =解开皮带。

혁명(革命)【명사】图❶ 헌법의 범위를 벗어나 국가 기초, 사회 제도, 경제 제도, 조직 따위를 근본적으로 고치는 일. ◆ 革命，变革。¶혁명 세력. =革命力量。❷ 이전의 왕통을 뒤집고 다른 왕통이 대신하여 통치하는 일. ◆ 革命。❸ 이전의 관습이나 제도, 방식 따위를 단번에 깨뜨리고 질적으로 새로운 것을 급격하게 세우는 일. ◆ 革命。¶근대의 과학적, 기술적 혁명이 인간을 더욱 오만하게 만들었다. =近代的科技革命使人类变得更加傲慢。

혁명가(革命家)【명사】혁명을 위하여 활동하는 사람. ◆ 名革命家，革命者。

혁신(革新)【명사】묵은 풍속, 관습, 조직, 방법 따위를 완전히 바꾸어서 새롭게 함. ◆ 名革新，改革。¶혁신 세력. =改革派。● 혁신되다(革新--), 혁신하다(革新--) ●

혁파(革罷)【명사】묵은 기구, 제도, 법령 따위를 없앰. ◆ 名革除。¶조직 내부의 사조직 혁파. =革除组织内部的小团伙。● 혁파되다(革罷--), 혁파하다(革罷--) ●

혁혁하다(赫赫--)【형용사】공로나 업적 따위가 뚜렷하다. ◆ 形赫赫，显赫，辉煌。¶혁혁한 전과를 올리다. =取得辉煌战果。

현(現)【관형사】현재의. 또는 지금의. ◆ 冠现，现任。¶현 대통령. =现任总统。

현격하다(懸隔--)【형용사】사이가 많이 벌어져 있는 상태이다. 또는 차이가 매우 심하다. ◆ 形悬殊，离得远。¶성능 차이가 현격하다. =性能上差异悬殊。● 현격히(懸隔-) ●

현관(玄關)【명사】건물의 출입문이나 건물에 붙이어 따로 달아낸 문간. ◆ 名玄关，门口。¶현관에 들어서다. =走进门口。

현금(現金)【명사】名 ❶ 정부나 중앙은행에서 발행하는 지폐나 주화를 유가 증권과 구별하여 이르는 말. ◆ 现金。¶현금으로 지불하다. =现金支付。❷ 현재 가진 돈. ◆ 现金，现款，现钞。¶현금이 많이 있으면 자연히 씀씀이가 커진다. =身上带的现金多，花的自然也就多了。❸ 물건을 사고팔 때, 그 자리에서 즉시 치르는 물건값. ◆ 现金，现款，现钞。

현금 인출기(現金引出機)【명사】예금을 현금으로 자동 인출 하는 기계. 예금주는 전용(專用)의 현금 인출 카드를 사용하여 자기의 계좌에서 현금을 자동으로 인출할 수 있다. ◆ 名自动取款机。

현기증(眩氣症)【명사】어지러운 기운이 나는 증세. ◆ 名晕眩症，眩晕，头晕眼花。¶현기증이 나다. =眩晕。

현대(現代)【명사】名 ❶ 지금의 시대. ◆ 现代。¶현대 문명. =现代文明。❷ 역사학의 시대 구분 가운데 사상(思想)이나 그 밖의 것이 현재와 같다고 생각되는 때부터 지금까지의 시기. ◆ 现代。¶근대에서 현대로 넘어오는 과도기. =从近代向现代迈进的过渡期。

현대식(現代式)【명사】현대에 알맞은 형식이나 방식. ◆ 名现代化。¶현대식 건물. =现代化建筑。

현대화(現代化)【명사】현대에 적합하게 되거나 되게 함. ◆ 名现代化。¶무기의 현대화. =武器现代化。● 현대화되다(現代化--), 현대화하다(現代化--) ●

현란하다(絢爛--)【형용사】形 ❶ 눈이 부시도록 찬란하다. ◆ 绚烂，绚烂多彩，绚丽，绚丽多彩。¶현란한 무대 의상. =绚丽的舞台服装。❷ 시나 글 따위에 아름다운 수식이 많아서 문체가 화려하다. ◆ 华丽，华美。¶현란한 문장. =华丽的句子。

현명하다(賢明--)【형용사】어질고 슬기로워 사리에 밝다. ◆ 形英明，明智。

현모양처(賢母良妻)【명사】어진 어머니이면서 착한 아내. ◆ 名贤妻良母。¶아내는 모든 사람들로부터 현모양처란 소리를 듣는다. =所有人都夸我妻子是贤妻良母。

현몽(現夢)【명사】죽은 사람이나 신령이 꿈에 나타남. 또는 그 꿈. ◆ 名托梦。● 현몽하다(現夢--) ●

현무암(玄武巖)【명사】염기성 사장석과 휘석, 감람석을 주성분으로 하는 화산암의 하나. ◆ 名玄武岩。

현미(玄米)【명사】벼의 겉껍질만 벗겨 낸 쌀. 쓿지 않았기 때문에 깨끗하지 않고 누르스름하다. ◆ 名糙米，粗米。¶현미로 밥을 짓다. =用糙米做饭。

현미경(顯微鏡)【명사】눈으로는 볼 수 없을 만큼 작은 물체나 물질을 확대해서 보는 기구. ◆ 名显微镜。

현상[1](現狀)【명사】나타나 보이는 현재의 상태. ◆ 名现状，现况。¶현상을 극복하려는 의지. =试图克服现状的意志。

현상[2](現象)【명사】인간이 지각할 수 있는, 사물의 모양과 상태. ◆ 名现象，景象。¶열대야 현상. =热带夜现象。

현상[3](現像)【명사】노출된 필름이나 인화지를 약품으로 처리하여 상이 나타나도록 함. ◆ 名冲洗，冲印。● 현상되다(現像--), 현상하다(現像--) ●

현상[4](懸賞)【명사】무엇을 모집하거나 구하거나 사람을 찾는 일 따위에 현금이나 물품 따위를 내걺. 또는 그 현금이나 물품. ◆ 名悬赏，有奖。¶현상 공모. =有奖招募。

현상금(懸賞金)【명사】무엇을 모집하거나 구하거나 사람을 찾는 일 따위에 내건 돈. ◆ 名悬赏，赏金。¶범인 검거에 현상금 500만 원을 내걸다. =悬赏五百万韩元追查罪犯。

현세(現世)【명사】名 ❶ 지금 이 세상. ◆ 现世，当代。¶현세의 당면 과제. =当代面临的课题。❷ 삼세(三世)의 하나. 지금 살아 있는 이 세상을 이른다. ◆ 名 今世，今生，此生。

현수막(懸垂幕)【명사】名 ❶ 극장 따위에 드리운 막. ◆ 垂幕。❷ 선전문, 구호문 따위를 적어 드리운 막. ◆ 横幅，宣传条幅。¶거리의 현수막. =街上的横幅。

현숙하다(賢淑--)【형용사】여자의 마음이 어질고 정숙하다. ◆ 形贤淑，贤惠。¶현숙한 아내. =贤惠的妻子。

현실(現實)【명사】현재 실제로 존재하는 사실이나 상태. ◆ 名现实。

현실성(現實性)【명사】현재 실제로 존재하거나 실현될 수 있는 성질. 名¶그것은 애초부터 현실성 없는 계획이었다. =那是压根儿不现实的计划。

현악(絃樂)【명사】바이올린, 첼로, 비올라 따위의 현악기로 연주하는 음악. ◆ 名弦乐。¶현악사중주. =弦乐四重奏。

현악기(絃樂器)【명사】현을 켜거나 타서 소리를 내는 악기. 가야금, 거문고, 바이올린, 첼로, 비올라 따위이다. ◆ 名弦乐器。

현역(現役)【명사】名 ❶ 현재 어떠한 직무에 종사하고 있는 사람. 또는 현재 종사하고 있는 일. ◆ 在职，现役。¶그는 현역 선수들 가운데 최고 연봉을 받는다. =他拿着所有现役球员里最高的年薪。❷ 현재 각 부대에 딸려 복무하고 있는 병역. 또는 그런 군인. ◆ 现役军人。

현인(賢人)【명사】어질고 총명하여 성인에 다음가는 사람. ◆ 名贤人，贤者，贤才。

현장(現場)【명사】名 ❶ 사물이 현재 있는 곳. ◆ 现场，实地。¶탑이 있는 현장에는 녹이 슬어 우중충한 안내판만 하나 있을 뿐이다. =立塔的地方只有一个锈迹斑斑的指示牌。❷ 일이 생긴 그 자리. ◆ 现场。¶사건 현장. =案发现场。❸ 일을 실제 진행하거나 작업하는 그곳. ◆ 现场，工地，车间。¶건설 현장. =建设工地。

현장 학습(現場學習)【명사】학습에 필요한 자료가 있는 현장에 직접 찾아가서 하는 학습. ◆ 名现场学习。

현재(現在)【부사】副 ❶ 지금 이 시점에. ◆ 现在，目前，此时。❷ 기준으로 삼은 그 시점에. ◆ 截至。¶그 회사는 지난해 말 현재 총자산액이 2억 달러에 이르렀다. =截至去年年末那家公司总资产额达到两亿美元。

현저하다(顯著--)【형용사】뚜렷이 드러나 있다. ◆ 显著，明显。¶변화가 현저하다. =变化显著。● 현저히(顯著-) ●

현존(現存)【명사】名 ❶ 현재 살아 있음. ◆ 活着，在世。¶현존 인물. =在世人物。❷ 현재에 있음. ◆ 现存，现有。¶현존 작품. =现有作品。● 현존하다(現存--) ●

현주소(現住所)【명사】名 ❶ 현재 살고 있는 곳의 주소. ◆ 现住址，现住所。❷ 현재의 상황, 처지, 실태 따위를 비유적으로 이르는 말. ◆ 现状。

현지(現地)【명사】名 ❶ 사물이 현재 있는 곳. ◆ 现场，实地。¶현지를 답사하다. =实地考察。❷ 일이 생긴 그 자리. ◆ 现场。¶사고 현지. =事故现场。❸ 일을 실제 진행하거나 작업하는 그곳. ◆ 现场，工地，车间。¶소매치기를 현지에서 검거하다. =现场逮捕小偷。

현직(現職)【명사】현재의 직업. 또는 그 직무. ◆ 名现任。¶현직 장관. =现任长官。

현찰(現札)【명사】名 ❶ 현금으로 통용되는 화폐. ◆ 现金，现钞。¶현찰로 계산하다. =现金结算。❷ 현재 가지고 있는 돈. ◆ 现钱。¶현찰이 얼마 없어서 친구에게 돈을 빌렸다. =因为没有多少现钱，所以向朋友借了些。❸ 물건을 사고 팔 때, 그 자리에서 즉시 치르는 물건 값. ◆ 现金。¶현찰로 하면 깎아 드릴 수 있습니다. =如果付现金，可以给您优惠。

현판(懸板)【명사】글자나 그림을 새겨 문 위나 벽에 다는 널조각. 흔히 절이나 누각, 사당, 정자 따위의 들어가는 문 위, 처마 아래에 걸어 놓는다. ◆ 名牌，匾额。¶사당에 현판을 달다. =给祠堂挂匾额。

현행(現行)【명사】현재 행하여지고 있음. 또는 행하고 있음. ◆ 名现行。¶현행 법률. =现行法律。

현행범(現行犯)【명사】범죄를 실행하는 중이거나 실행한 직후에 잡힌 범인. ◆ 名现行犯。¶현행범을 체포하다. =逮捕现行犯。

현혹(眩惑)【명사】정신을 빼앗겨 하여야 할 바를 잊어버림. 또는 그렇게 되게 함. ◆ 名迷惑。¶고가의 상품이 눈을 현혹시키다. =高价商品迷惑人眼。● 현혹되다(眩惑--), 현혹하다(眩惑--) ●

현황(現況)【명사】현재의 상황. ◆ 名现况，现状。¶수해 복구 현황을 파악하다. =掌握灾后重建的现况。

혈관(血管)【명사】혈액이 흐르는 관(管). 동맥, 정맥, 모세 혈관으로 나눈다. ◆ 名血管。

혈기(血氣)【명사】名 ❶ 피의 기운이라는 뜻으로, 힘을 쓰고 활동하게 하는 원기를 이르는 말. ◆ 血气。¶혈기 없는 창백한 얼굴. =没有血气的苍白面孔。❷ 격동하기 쉬운 의기. ◆ 血气，血性，精力。¶혈기가 왕성하다. =血气方刚。❸ 혈액과 기식을 아울러 이르는 말. 또는 그것을 가진 살아 있는 것. ◆ 活力；活着的东西。¶혈기 있는 것을 함부로 죽여서는 안 된다. =不能随便杀生。

혈색(血色)【명사】名 ❶ 살갗에 보이는 핏기. ◆ 血色，气色。¶그녀는 혈색이 좋다. =她气色很好。❷ 핏빛(피의 빛깔과 같이 새빨간 빛). ◆ 血色，血红色。¶스케치북 위에 혈색으로 번지는 빨간 물감. =把绘图本渲染成血红色的红色颜料。

혈서(血書)【명사】제 몸의 피를 내어 자기의 결심, 청원, 맹세 따위를 쓴 글. ◆ 名血书。¶손가락을 깨물어 혈서를 쓰다. =咬破手指写血书。

혈압(血壓)【명사】심장에서 혈액을 밀어낼 때, 혈관 내에 생기는 압력. 일반적으로는 동맥 혈압을 가리킨다. ◆ 名血压。¶혈압이 낮은 사람. =血压低的人。

혈액(血液)【명사】사람이나 동물의 몸 안의 혈관을 돌며 산소와 영양분을 공급하고, 노폐물을 운반하는 붉은색의 액체. ◆ 名血，血液。

혈액형(血液型)【명사】혈액의 유형. 적혈구와 혈청의 응집 반응을 기초로 분류하는데, 에이비오식 혈액형과 알에이치식 혈액형 따위가 있다. ◆ 名血型。

혈연(血緣)【명사】같은 핏줄에 의하여 연결된 인연. ◆ 名血缘。¶혈연 공동체. =血缘共同体。

혈육(血肉)【명사】名 ❶ 피와 살을 아울러 이르는 말. ◆ 血肉，血和肉（代指身躯、生命）。¶이 혈육이 다하도록 충성하겠습니다. =拼尽血肉之躯效忠。❷ 부모, 자식, 형제 따위 한 혈통으로 맺어진 육친. ◆ 血肉，骨肉。¶혈육 관계. =血缘关系。

혈전(血戰)【명사】생사를 가리지 아니하고 맹렬하게 싸움. 또는 그런 전투. ◆ 名血战，浴血奋战。

¶한 차례 혈전을 치르다. =展开一场血战。

혈통(血統)【명사】같은 핏줄의 계통. ◆图血统。

혈혈단신(孑孑單身)【명사】의지할 곳이 없는 외로운 홀몸. ◆图孑然一身，茕茕孑立。

혐오(嫌惡)【명사】싫어하고 미워함. ◆图厌恶，讨厌，憎恶。¶추악한 세상에 대한 혐오로 가득 차다. =充满了对丑恶世界的憎恶。● 혐오하다(嫌惡--) ●

혐의(嫌疑)【명사】범죄를 저질렀을 가능성이 있다고 봄. 또는 그 가능성. 수사를 개시하게 되는 동기가 된다. ◆图嫌疑。¶범죄 혐의. =犯罪嫌疑。

협곡(峽谷)【명사】험하고 좁은 골짜기. ◆图峡谷。

협공(挾攻)【명사】양쪽에서 끼고 공격함. ◆图夹攻，夹击。¶협공을 당하다. =遭到夹击。● 협공하다(挾攻--) ●

협동(協同)【명사】서로 마음과 힘을 하나로 합함. ◆图协同，协作，合作。¶협동 작업. =协同作业。● 협동하다(協同--) ●

협동심(協同心)【명사】서로 마음과 힘을 하나로 합하는 성질. ◆图协同性，合作性。¶협동성을 높이다. =提高协同性。

협동조합(協同組合)【명사】경제적으로 약소한 처지에 있는 소비자, 농, 어민, 중소기업가 등이 각자의 생활이나 사업의 개선을 위하여 만든 협력 조직. ◆图协作组织，合作组织。

협력(協力)【명사】힘을 합하여 서로 도움. ◆图协作，合作。¶협력 관계. =合作关系。● 협력하다(協力--) ●

협박(脅迫)【명사】겁을 주며 압력을 가하여 남에게 억지로 어떤 일을 하도록 함. ◆图胁迫，威胁，恐吓。¶협박 편지. =恐吓信。● 협박하다(脅迫--) ●

협상(協商)【명사】어떤 목적에 부합되는 결정을 하기 위하여 여럿이 서로 의논함. ◆图协商，磋商。¶임금협상을 벌이다. =协商工资。● 협상하다(協商--) ●

협소하다(狹小--)【형용사】공간이 좁고 작다. ◆形狭小，狭窄，窄小。¶협소한 장소. =狭小的场所。

협약(協約)【명사】협상에 의하여 조약을 맺음. ◆图协约，协定。¶협약을 맺다. =签约。● 협약하다(協約--) ●

협업(協業)【명사】많은 노동자들이 협력하여 계획적으로 노동하는 일. ◆图协作；分工。

협연(協演)【명사】한 독주자가 다른 독주자나 악단 따위와 함께 한 악곡을 연주함. 또는 그런 연주. ◆图协奏。¶그는 이번 국제무대에서 외국의 유명한 바이올리니스트와 두 차례의 협연을 가질 예정이다. =他将在这次国际舞台上与外国著名小提琴家进行两次协奏。● 협연하다(協演--) ●

협의(協議)【명사】여러 사람이 모여 서로 의논함. ◆图协议，协商，商议。● 협의하다(協議--) ●

협잡(挾雜)【명사】옳지 아니한 방법으로 남을 속임. ◆图欺骗，骗人，诈骗，欺诈。¶그는 결코 중간에서 농간이나 협잡을 부릴 사람이 아니다. =他绝对不是会在中间捣鬼骗人的人。

협정(協定)【명사】图 ❶ 서로 의논하여 결정함. ◆协商决定。❷ 행정부가 그 행정권에 속하는 사항에 관하여 다른 나라의 정부와 약정을 맺음. 또는 그 약정. 국제법상의 효력은 조약과 같으나 엄격한 형식을 취하지 않으며, 비교적 중요하지 않은 합의에 쓴다. ◆ 协定。¶한일 어업 협정. =韩日渔业协定。● 협정되다(協定--), 협정하다(協定--) ●

협조(協助)【명사】힘을 보태어 도움. ◆图协助，帮助。¶협조를 요청하다. =要求协助。● 협조하다(協助--) ●

협주곡(協奏曲)【명사】독주 악기와 관현악이 합주하면서 독주 악기의 기교를 충분히 발휘하도록 작곡한 소나타 형식의 악곡. ◆图协奏曲。

협찬(協贊)【명사】어떤 일 따위에 재정적으로 도움을 줌. ◆图赞助。¶이번 공연은 세 개 방송사의 협찬으로 진행되었다. =这次演出得到了三家广播公司的赞助。● 협찬하다(協贊--) ●

협회(協會)【명사】같은 목적을 가진 사람들이 설립하여 유지해 나아가는 모임. ◆图协会。

혓바늘【명사】혓바닥에 좁쌀알같이 돋아 오르는 붉은 살. 주로 열이 심할 때에 생긴다. ◆图舌乳头炎。

혓바닥【명사】图 ❶ 혀의 윗면. ◆ 舌面。❷ 俚 '혀'를 속되게 이르는 말. ◆俚舌头("혀"的俗称)。¶어른 앞에서 혓바닥을 함부로 놀리면 안 된다. =不能在长辈面前乱说话。

형1(兄)【명사】图 ❶ 같은 부모에게서 태어난 사이이거나 일가친척 가운데 항렬이 같은 사람들 사이에서 손윗사람을 이르거나 부르는 말. 주로 남자 형제 사이에 많이 쓴다. ◆兄，哥，兄长，哥哥。❷ 남남끼리의 사이에서 나이가 적은 남자가 나이가 많은 남자를 이르거나 부르는 말. ◆对、男性朋友的尊称，兄，兄长。¶그는 김 선생 큰아들하고 형 아우 하면서 지내는 사이이다. =他跟金先生的大儿子称兄道弟。

형2(型)【명사】다른 것들과 구별되는 특징을 이루는 유형이나 형태. ◆图型，式。¶새로운 형의 자동차 개발에 박차를 가하다. =加紧开发新式汽车。

-형3(形)【접사】'그런 모양'의 뜻을 더하는 접미사. ◆后缀形，形状。¶나선형. =螺旋形。

-형4(型)【접사】'그러한 유형' 또는 '그러한 형식'의 뜻을 더하는 접미사. ◆ 后缀型，式。¶순종형. =顺从型。

형광(螢光)【명사】어떤 종류의 물체가 엑스선이나 전자 빔 따위를 받았을 때에 내는 고유한 빛. ◆图荧光。

형광등(螢光燈)【명사】图 ❶ 진공 유리관 속에 수은과 아르곤을 넣고 안쪽 벽에 형광 물질을 바른 방전등. ◆ 荧光灯，日光灯。❷ 둔하고 반응이 느린 사람을 속되게 이르는 말. ◆ 俚迟钝的人。¶그것도 못 알아 듣냐? 그러니까 형광등이라 놀리지. =连那都听不懂? 怪不得被人嘲笑迟钝。

형국(形局)【명사】어떤 일이 벌어진 형편이나 국면. ◆图局势，局面，形势。¶불리한 형국. =不利局势。

형님(兄-) 【명사】 '형'의 높임말. ◆图 "형(兄, 哥, 兄长, 哥哥)"的敬称。

형량(刑量) 【명사】 죄인에게 내리는 형벌의 정도. 보통 죄인이 복역해야 할 기간을 이른다. ◆图刑量。

형벌(刑罰) 【명사】 범죄에 대한 법률에 있어서의 효과로서 국가 따위가 범죄자에게 제재를 가함. 또는 그 제재. ◆图刑罚。¶형벌에 처하다. =处以刑罚。

형법(刑法) 【명사】 범죄와 형벌에 관한 법률 체계. 어떤 행위가 처벌되고 그 처벌은 어느 정도이며 어떤 종류의 것인가를 규정한다. ◆图刑法。

형부(兄夫) 【명사】 언니의 남편. ◆图 (女称)姐夫。¶형부, 언니랑 언제 한번 놀러 오세요. =姐夫, 什么时候跟姐姐一起来玩吧。

형사(刑事) 【명사】 图 ❶ 형법의 적용을 받는 사건. ◆ 刑事。 ❷ 범죄의 수사 및 범인의 체포를 직무로 하는 사복(私服) 경찰관을 통틀어 이르는 말. ◆ 刑警, 便衣警察。

형사 재판(刑事裁判) 【명사】 형사 사건에 관한 재판. 범죄자에게 형벌을 과하기 위하여 형사 소송법이 정하는 절차에 따라 행한다. ◆图刑事审判, 刑事裁判。

형상(形象/形像) 【명사】 사물의 생긴 모양이나 상태. ◆图 (事物的) 形象, 形状, 形态。

형성(形成) 【명사】 어떤 형상을 이룸. ◆ 图形成。¶고대 국가의 형성. =古代国家的形成。● 형성되다(形成--), 형성하다(形成--) ●

형세(形勢) 【명사】 图 ❶ 살림살이의 형편. ◆ (生活)情况, (生活)状况。¶형세가 곤궁하다. =生活穷困。 ❷ 정세(情勢)(일이 되어 가는 형편). ◆ 形势, 情势。¶형세가 불리하다. =形势不利。 ❸ 기세(氣勢)(기운차게 뻗치는 형세). ◆ 气势。¶무서운 형세로 연장을 들고 서 있다. =气势汹汹地手握工具站着。 ❹ 풍수지리에서, 산의 모양과 지세를 이르는 말. ◆ 山形地势(风水地理)。

형식(形式) 【명사】 图 ❶ 사물이 외부로 나타나 보이는 모양. ◆ (事物的) 形式。¶형식을 갖추다. =具备形式。 ❷ 일을 할 때의 일정한 절차나 양식 또는 한 무리의 사물을 특징짓는 데에 공통적으로 갖춘 모양. ◆ 形式, 样式, 格式。¶자유로운 형식으로 표현된 글. =采用自由表达形式的文章。

형식적(形式的) 【명사】 사물이 외부로 나타나 보이는 모양을 위주로 하는 것. ◆图形式上的, 表面上的。

형언(形言) 【명사】 형용하여 말함. ◆ 图形容, 言状。¶형언할 수 없는 공포. =不可言状的恐怖。 ● 형언하다(形言--) ●

형용(形容) 【명사】 图 ❶ 사물의 생긴 모양. ◆ 形状。¶마을 뒷산이 멀리서 보면 닭이 병아리를 품는 형용이라고 한다. =从远处看村子后山是大鸡抱着小鸡的形状。 ❷ 사람의 생김새나 모습. ◆ 相貌, 容貌, 外貌。¶지나가는 사람이 네 아버지 형용을 많이 닮아 놀랐다. =看到有个路人长得很像你父亲, 吃了一惊。 ❸ 말이나 글, 몸짓 따위로 사물이나 사람의 모양을 나타냄. ◆ 形容。¶물건을 집는 형용을 하다. =捡东西的动作。● 형용하다(形容--) ●

형제(兄弟) 【명사】 图 ❶ 형과 아우를 아울러 이르는 말. ◆ 兄弟。 ❷ 형제와 자매, 남매를 통틀어 이르는 말. ◆ 兄弟姐妹。¶부모 형제. =父母兄弟。 ❸ 하나님을 믿는 신자끼리 스스로를 이르는 말. ◆ 兄弟(基督教中的信徒们互称)。

형체(形體) 【명사】 물건의 생김새나 그 바탕이 되는 몸체. ◆图形体, 外形。¶형체가 없다. =无形。

형태(形態) 【명사】 图 ❶ 사물의 생김새나 모양. ◆ 形状, 样子。¶산의 형태가 완만한 곡선을 이루고 있다. =山形似柔缓的曲线。 ❷ 어떠한 구조나 전체를 이루고 있는 구성체가 일정하게 갖추고 있는 모양. ◆ 形态。¶이 나라 가족의 형태는 대부분이 대가족 형태이다. =这个国家的家庭大多是大家庭的形态。

형통(亨通) 【명사】 모든 일이 뜻과 같이 잘되어 감. ◆ 图如意, 顺利。¶만사가 형통하기를 바란다. =祝万事如意。● 형통하다(亨通--) ●

형편(形便) 【명사】 图 ❶ 일이 되어 가는 상태나 경로 또는 결과. ◆ 形势, 情形, 情况。¶그는 세상 돌아가는 형편을 잘 모른다. =他不太懂人情世故。 ❷ 살림살이의 형세. ◆ 境况, 生活状况。¶형편이 어렵다. =生活困难。

형편없다(形便--) 【형용사】 形 ❶ 결과나 상태, 내용이나 질 따위가 매우 좋지 못하다. ◆ 很差, 很糟, 不像样。¶이번 달 판매 실적이 형편없다. =这个月的销售业绩很差。 ❷ 실망스러우리만큼 정도가 대단하다. ◆ 一塌糊涂, 坏到极点。¶피압박민족은 경제적으로 형편없는 착취를 당하였다. =被压迫民族遭到经济上的极度的压榨。● 형편없이(形便--) ●

형평(衡平) 【명사】 균형이 맞음. 또는 그런 상태. ◆ 图平衡, 均衡, 公平, 平等。¶형평에 어긋나다. =有违公平。

형형색색(形形色色) 【명사】 형상과 빛깔 따위가 서로 다른 여러 가지. ◆图形形色色, 各种各样, 五花八门。¶형형색색의 물놀이 기구가 아이들을 현혹시키기에 충분했다. =五花八门的戏水玩具足以眩惑孩子们。

혜성(彗星) 【명사】 图 ❶ 가스 상태의 빛나는 긴 꼬리를 끌고 태양을 초점으로 긴 타원이나 포물선에 가까운 궤도를 그리며 운행하는 천체. ◆ 彗星。 ❷ 어떤 분야에서 갑자기 뛰어나게 드러나는 존재를 비유적으로 이르는 말. ◆ 黑马, 〈喻〉某领域乍然出现的出色事物。¶혜성같이 나타나다. =如黑马般出现。

혜택(惠澤) 【명사】 은혜와 덕택을 아울러 이르는 말. ◆ 图恩泽, 恩惠, 优惠。¶세금 혜택. =税费优惠。

호[1](戶) 【의존 명사】 집을 세는 단위. ◆ 依名户。¶동네가 한 삼십 호 되는 것 같다. =村庄大约有三十户人家。

호[2](號) 【의존 명사】 依名 ❶ 어떤 순서나 차례를 나타내는 말. ◆ 号。¶일 호실. =一号房间。 ❷ 신문이나 잡지 따위의 정기 간행물이 간행된 차례나 그 성격을 나타내는 말. ◆ 号，期。¶1월 호. =一月号。❸ 활자의 크기를 나타내는 단위. ◆ 号。¶5호 활자. =5号铅字。

호[3](號)【명사】본명이나 자 이외에 쓰는 이름. 허물없이 쓰기 위하여 지은 이름이다. ◆ 名号，别号，名号。¶호를 짓다. =取别号。

호[4](好)-【접사】'좋은'의 뜻을 더하는 접두사. ◆ 前缀好。¶호적수. =好对手。

호각(號角)【명사】불어서 소리를 내는 신호용 도구. ◆ 名哨子。¶골목 저편에서 대원의 급하게 불어 대는 호각 소리가 들렸다. =胡同那头传来队员急促的哨声。

호감(好感)【명사】좋게 여기는 감정. ◆ 名好感。¶호감이 가다. =有好感。

호강【명사】호화롭고 편안한 삶을 누림. 또는 그런 생활. ◆ 名享福，养尊处优，娇生惯养。¶호강을 누리다. =享福。● 호강하다 ●

호걸(豪傑)【명사】지혜와 용기가 뛰어나고 기개와 풍모가 있는 사람. ◆ 名豪杰，英雄，好汉。¶영웅 호걸. =英雄豪杰。

호구(戶口)【명사】호적상 집의 수효와 식구 수. ◆ 名户口。¶호구가 증가하다. =户籍人只增加。

호구지책(糊口之策)【명사】가난한 살림에서 그저 겨우 먹고살아 가는 방책 ◆ 名糊口之策，糊口之计。¶무엇보다도 우리는 호구지책을 마련하는 것이 가장 문제다. =最迫切的问题是我们要制定糊口之计。

호국(護國)【명사】나라를 보호하고 지킴. ◆ 名护国，卫国。¶호국 불교. =护国佛教。

호기(好機)【명사】좋은 기회. ◆ 名良机，好机会。¶호기를 잡다. =抓住良机。

호기심(好奇心)【명사】새롭고 신기한 것을 좋아하거나 모르는 것을 알고 싶어 하는 마음. ◆ 名好奇心。¶호기심에 가득 찬 눈빛. =充满好奇心的眼神。

호되다【형용사】매우 심하다. ◆ 形严厉，厉害，严酷。¶호된 시련을 극복하다. =战胜严酷的考验。

호두【명사】호두나무 열매. 속살은 지방이 많고 맛이 고소하여 식용하며, 한방에서 변비나 기침의 치료, 동독(銅毒)의 해독 따위의 약재로 쓴다. ◆ 名胡桃，核桃。

호들갑【명사】경망스럽고 야단스러운 말이나 행동. ◆ 名咋呼，大大咧咧。¶호들갑을 떨다. =咋咋呼呼。

호들갑스럽다【형용사】말이나 하는 짓이 야단스럽고 방정맞다. ◆ 形咋呼，大大咧咧。¶그녀는 아이들을 호들갑스럽게 반겼다. =她大大咧咧地迎接着孩子们。

호떡(胡-)【명사】중국식 떡의 하나. 밀가루나 찹쌀가루를 반죽하여 설탕으로 소를 넣고 번철 따위에 둥글넓적하게 구워 낸다. ◆ 名糖烧饼。

호락호락【부사】일이나 사람이 만만하여 다루기 쉬운 모양. ◆ 副轻易；好欺负，懦弱无能。¶그가결혼해 달라고 애걸복걸했지만 그녀는 호락호락 넘어가지 않는다. =他苦苦哀求她嫁给自己，可是她始终不答应。● 호락호락하다 ●

호랑나비(虎狼--)【명사】호랑나빗과의 곤충. 편 날개의 길이는 8~12cm이며, 누런 녹색 또는 어두운 갈색이고 검은 띠와 얼룩얼룩한 점이 있으며 뒷날개에는 가는 돌기가 있다. ◆ 名金凤蝶。

호랑이(虎狼-)【명사】고양잇과의 포유동물. 몸의 길이는 2미터 정도이며, 등은 누런 갈색이고 검은 가로무늬가 있으며 배는 흰색이다. 꼬리는 길고 검은 줄무늬가 있다. ◆ 名 虎，老虎。

호령(號令)【명사】名 ❶ 부하나 동물 따위를 지휘하여 명령함. 또는 그 명령. ◆ 号令，命令，发号施令。❷ 큰 소리로 꾸짖음. ◆ 呵斥，大声斥责。¶안방에서 시어머니의 꾸짖는 호령 소리가 들려왔다. =里屋传出婆婆的呵斥声。● 호령하다(號令--) ●

호롱불【명사】호롱에 켠 불. ◆ 名煤油灯。

호루라기【명사】호각이나 우레 따위를 통틀어 이르는 말. ◆ 名哨子。

호르몬(hormone)【명사】동물의 내분비샘에서 분비되는 체액과 함께 체내를 순환하여, 다른 기관이나 조직의 작용을 촉진, 억제하는 물질을 통틀어 이르는 말. ◆ 名激素，荷尔蒙。

호른(horn, French horn<독>)【명사】금관 악기의 하나. 활짝 핀 나팔꽃 모양이며, 음색은 부드럽고 애조(哀調)를 띤다. ◆ 名圆号，法国号。

호리병(--瓶)【명사】호리병박 모양으로 생긴 병. 술이나 약 따위를 담아 가지고 다니는 데 쓴다. ◆ 名葫芦瓶。

호리호리하다【형용사】몸이 가늘어 날씬하다. ◆ 形细长，苗条。¶그녀는 자신의 호리호리한 몸매를 자랑스러워한다. =她为自己苗条的身材感到自豪。

호명(呼名)【명사】이름을 부름. ◆ 名点名，叫名字。¶호명을 하면 크게 대답하세요. =被叫到名字时请大声回答。● 호명되다(呼名--), 호명하다(呼名--) ●

호미【명사】김을 매거나 감자나 고구마 따위를 캘 때 쓰는 쇠로 만든 농기구. ◆ 名锄，锄头。

호박【명사】名 ❶ 박과의 한해살이 덩굴풀. 덩굴은 단면이 오각형이며 덩굴손으로 감으면서 자란다. 잎과 순, 열매는 식용하며 아메리카 대륙이 원산지로 세계 각지에 분포한다. ◆ 南瓜。❷ '호박'의 열매. ◆ 南瓜(指果实)。¶호박을 썰어 부쳐 먹다. =南瓜切丝做煎饼吃。

호반(湖畔)【명사】호숫가(호수의 언저리). ◆ 名湖畔，湖滨。¶호반의 도시. =湖滨城市。

호사(豪奢)【명사】호화롭게 사치함. 또는 그런 사치. ◆ 名奢侈，养尊处优。¶호사를 누리다. =奢侈。● 호사하다(豪奢--) ●

호사다마(好事多魔)【명사】좋은 일에는 흔히 방해되는 일이 많음. 또는 그런 일이 많이 생김 ◆ 名好事多磨。

호사스럽다(豪奢---)【형용사】호화롭게 사치하는 태도가 있다. ◆ 形奢侈，养尊处优。¶호사스러운 생활. =养尊处优的生活。

호상(好喪)【명사】복을 누리고 오래 산 사람의 상사(喪事). ◆ 名喜丧，寿终正寝。¶호상을 당하다.

=遇到喜丧。

호소(呼訴)【명사】억울하거나 딱한 사정을 남에게 하소연함. ◆图诉苦，申诉，控诉。¶그의 애절한 호소에 귀를 기울이는 사람은 아무도 없었다. =没有任何人听他哀切地诉苦。● 호소하다(呼訴--) ●

호소력(呼訴力)【명사】강한 인상을 주어 마음을 사로잡을 수 있는 힘. ◆图 号召力。¶연설이 대중에게 호소력을 갖추려면 논리적이어야 한다. =演讲要想对大众产生号召力，就要有逻辑。

호송(護送)【명사】图 ❶ 목적지까지 보호하여 운반함. ◆ 押运。¶금융 기관은 현금 수송 때 경찰에게 호송 요청을 한다. =金融机构在运现金时请求警方护送。❷ 죄수나 형사 피고인을 어떤 곳에서 목적지로 감시하면서 데려가는 일. ◆ 押送，押解。¶피의자들이 간수들의 호송을 받으며 법정으로 들어오기 시작했다. =疑犯们开始在教管人员的押解下进入法庭。● 호송되다 (護送--), 호송하다(護送--) ●

호수(湖水)【명사】땅이 우묵하게 들어가 물이 괴어 있는 곳. 못이나 늪보다 훨씬 넓고 깊다. ◆图湖，湖水。

호숫가(湖水-)【명사】호수의 언저리. ◆ 图湖畔，湖边。

호스(hose)【명사】자유롭게 휘어지도록 고무, 비닐, 헝겊 따위로 만든 관(管). 물이나 가스 따위를 보내는 데 쓴다. ◆图软管，胶皮管。¶호스로 물을 뿌리다. =用胶皮管洒水。

호시절(好時節)【명사】좋은 때. ◆ 图好时节。¶춘삼월 호시절도 다 지났군요. =阳春三月的好时节也都过去了呀!

호시탐탐(虎視眈眈)【명사】범이 눈을 부릅뜨고 먹이를 노려본다는 뜻으로, 남의 것을 빼앗기 위하여 형세를 살피며 가만히 기회를 엿봄. 또는 그런 모양. 「주역」이 괘편(頤卦篇)에 나오는 말이다 ◆图虎视眈眈。¶호시탐탐 기회를 노리다. =虎视眈眈地盯着机会。

호신술(護身術)【명사】몸을 보호하기 위한 무술. 태권도, 유도 따위가 있다. ◆图护身术，防身术。

호언(豪言)【명사】의기양양하여 호기롭게 말함. 또는 그런 말. ◆ 图豪言。¶자기가 앞장을 서겠다고 호언하더니만 이 사람 어디 갔나. =豪言壮语地说要带头干，这人现在跑哪里去了？ ● 호언하다(豪言--) ●

호언장담(豪言壯談)【명사】호기롭고 자신 있게 말함. 또는 그 말. ◆图豪言壮语。¶호언장담의 허세를 부리다. =豪言壮语虚张声势。● 호언장담하다(豪言壯談--) ●

호연지기(浩然之氣)【명사】거침없이 넓고 큰 기개. ◆ 图浩然之气。¶호연지기를 키우다. =培养浩然之气。

호외(號外)【명사】특별한 일이 있을 때에 임시로 발행하는 신문이나 잡지. ◆图号外。

호우(豪雨)【명사】줄기차게 내리는 많은 비. ◆图大雨，暴雨。

호위(護衛)【명사】따라다니며 곁에서 보호하고 지킴. ◆ 图护卫，警卫。¶호위 병사. =警卫战士。● 호위하다(護衛--) ●

호응(呼應)【명사】부름에 응답한다는 뜻으로, 부름이나 호소 따위에 대답하거나 응함. ◆ 图呼应，响应。¶호응을 받다. =得到响应。● 호응하다(呼應--) ●

호의(好意)【명사】친절한 마음씨. 또는 좋게 생각하여 주는 마음. ◆图好意，好心，善意。¶호의를 가지다. =带有善意。

호의호식(好衣好食)【명사】좋은 옷을 입고 좋은 음식을 먹음 ◆ 图锦衣玉食。● 호의호식하다(好衣好食--) ●

호인(好人)【명사】성품이 좋은 사람. ◆图好人。

호적(戶籍)【명사】호주(戶主)를 중심으로 하여 그 집에 속하는 사람의 본적지, 성명, 생년월일 따위의 신분에 관한 사항을 기록한 공문서. ◆ 图户籍，户口。¶호적을 옮기다. =迁移户口。

호전(好轉)【명사】图 ❶ 일의 형세가 좋은 쪽으로 바뀜. ◆ 好转。¶경기 호전. =经济形势好转。❷ 병의 증세가 나아짐. ◆ (病情)好转，见好。¶오랜 병세가 호전되고 있다. =多年痼疾正在好转。● 호전되다(好轉--) ●

호젓하다【형용사】후미져서 무서움을 느낄 만큼 고요하다. ◆ 形寂静；孤寂，孤单。¶호젓한 산길이 좀 무섭다. =寂静的山路有点吓人。● 호젓이 ●

호주[1](濠洲)【명사】'오스트레일리아'의 한자식 표기. 오스트레일리아 대륙의 대부분을 차지하는, 영연방의 자치국. ◆图 "오스트레일리아"的汉字标记。

호주[2](戶主)【명사】호적법에서, 한 집안의 주인으로서 가족을 거느리며 부양하는 일에 대한 권리와 의무가 있는 사람. ◆图户主。

호주머니(胡---)【명사】옷의 일정한 곳에 헝겊을 달거나 옷의 한 부분에 헝겊을 덧대어 돈, 소지품 따위를 넣도록 만든 부분. ◆ 图口袋。¶호주머니를 뒤지다. =翻衣袋。

호출(呼出)【명사】전화나 전신 따위의 신호로 상대편을 부르는 일. ◆图呼出，叫出。¶급하다는 호출이 오다. =有急呼。● 호출하다(呼出--) ●

호칭(呼稱)【명사】이름 지어 부름. 또는 그 이름. ◆ 图称呼。¶호칭을 쓰다. =使用称呼。● 호칭하다(呼稱--) ●

호탕하다(豪宕--)【형용사】호기롭고 걸걸하다. ◆ 形豪爽，豪迈。¶그의 성격은 호탕하다. =他性格豪爽。

호텔(hotel)【명사】비교적 규모가 큰 서양식 고급 여관. ◆图宾馆，饭店，酒店。

호통【명사】몹시 화가 나서 크게 소리 지르거나 꾸짖음. 또는 그 소리. ◆ 图呵斥，大声斥责。¶그 일을 아버지가 알면 호통이 떨어질 것이다. =那件事如果让爸爸知道了，他会大声斥责的。

호통치다【동사】크게 꾸짖거나 주의를 주다. ◆ 动呵斥，训斥。¶감독은 개인플레이를 하지 말라고 호통을 쳤다. =教练呵斥队员，让他们不要单打独斗。

호평(好評)【명사】좋게 평함. 또는 그런 평판.

◆ 名好评。¶호평을 받다. =受到好评。

호프집(Hof-<독>)【명사】생맥주를 주로 파는 술집. ◆ 名啤酒屋。

호호¹【부사】입을 동그랗고 작게 오므리고 간드러지게 웃는 소리. 또는 그 모양. 주로 여자의 웃음소리를 나타낸다. ◆ 副呵呵(笑)。

호호²【부사】입을 오므려 내밀고 입김을 잇따라 내뿜는 소리. 또는 그 모양. ◆ 副呼呼(哈气)。¶추워서 손을 호호 불었다. =冷得呼呼地往手上哈气。

호호백발(皜皜白髮)【명사】온통 하얗게 센 머리, 또는 그러한 사람. ◆ 名白发苍苍。¶그가 고향으로 돌아왔을 때는 호호백발 노인이 되어서 였다. =他回到家乡时已是白发苍苍。

호화롭다(豪華--)【형용사】사치스럽고 화려한 느낌이 있다. ◆ 形豪华。¶호화로운 생활. =豪华的生活。

호환(互換)【명사】서로 교환함. ◆ 名互换。¶호환 기능. =互换功能。● 호환되다(互換--), 호환하다(互換--) ●

호황(好況)【명사】경기(景氣)가 좋음. 또는 그런 상황. ◆ 名旺市，景气。¶호황을 타다. =趁着旺市。

호흡(呼吸)【명사】名 ❶ 숨을 쉼. 또는 그 숨. ◆ 呼吸。¶호흡 조절. =调节呼吸。❷ 함께 일을 하는 사람들과 조화를 이룸. 또는 그 조화. ◆ 合拍，合得来。● 호흡하다(呼吸--) ●

호흡기(呼吸器)【명사】호흡 작용을 맡은 기관. ◆ 名呼吸器官。¶환절기에는 호흡기 질환에 주의해야한다. =换季时要当心呼吸器官疾病。

혹【명사】名 ❶ 병적으로 불거져 나온 살덩어리. ◆ 瘤子，赘瘤。❷ 타박상으로 근육의 한 부분이 불룩하게 부어오른 것. ◆ 肿块，包。¶문짝에 이마를 부딪쳐 혹이 생겼다. =额头撞在门上起了个包。❸ 식물의 줄기, 뿌리 따위에 툭 불거져 나온 것. ◆ 植物根、茎上的瘤状凸起。

혹독하다(酷毒--)【형용사】形 ❶ 몹시 심하다. ◆ 严重。¶혹독한 비평을 받다. =受到严厉批评。❷ 성질이나 하는 짓이 몹시 모질고 악하다. ◆ 狠毒，恶毒。¶혹독하게 야단을 치다. =狠狠斥责。

혹부리【명사】얼굴이나 목에 혹이 달린 사람을 놀림조로 이르는 말. ◆ 名脸上长瘤子的人。¶혹부리 영감. =脸上长瘤子的老头。

혹사(酷使)【명사】혹독하게 일을 시킴. ◆ 名残酷驱使，残酷役使。¶공사장에서 혹사를 당했다. =在工地上被残酷役使。● 혹사하다(酷使--) ●

혹시(或是)【부사】副 ❶ 그러할 리는 없지만 만일에. ◆ 假设。¶혹시 내일 죽게 된다면 무엇을 하고 싶니? =假设明天就要死了，你想做什么事呢? ❷ 어쩌다가 우연히. ◆ 如果。¶혹시 그 사람을 만나거든, 내 말을 꼭 전해 주게. =如果见到他，请务必转达我的话。❸ 짐작대로 어쩌면. ◆ 或许。¶혹시 편찮으신 것은 아닐까. =或许哪里不舒服吧? ❹ 그러리라 생각하지만 다소 미심쩍은 데가 있어 말하기를 주저할 때 쓰는 말. ◆ 或许，也许，说不定。¶혹시 절 모르시겠습니까? =或许不认识我吧?

혹평(酷評)【명사】가혹하게 비평함. ◆ 名苛刻的评价。¶혹평을 받다. =受到苛刻的评价。● 혹평하다(酷評--) ●

혹하다(惑--)【동사】홀딱 반하거나 빠져서 정신을 못 차리다. ◆ 动被迷住，被迷惑。¶소개받을 여자의 미모에 혹한다. =被别人介绍的女孩的美貌迷住了。

혹한(酷寒)【명사】몹시 심한 추위. ◆ 名酷寒，严寒。

혼(魂)【명사】사람의 몸 안에서 몸과 정신을 다스린다는 비물질적인 것. ◆ 名灵魂，魂魄，精神。

혼기(婚期)【명사】혼인하기에 알맞은 나이. ◆ 名婚龄，适婚年龄。¶혼기가 차다. =到了适婚年龄。

혼나다(魂--)【동사】动 ❶ 매우 놀라거나 힘들거나 시련을 당하거나 하여서 정신이 빠질 지경에 이르다. ◆ 要命，够呛。¶밤길을 혼자 걷자니 무서워서 혼났다. =一个人走夜路，吓得要命。❷ 호되게 꾸지람을 듣거나 벌을 받다. ◆ 挨骂，受罚。¶오늘 또 숙제를 안 해서 선생님께 혼났다. =今天又没做作业，挨老师骂了。

혼내다(魂--)【동사】호되게 꾸지람을 하거나 벌을 주다. ◆ 动教训，惩罚。¶선생님은 소란 피우는 아이를 혼냈다. =老师教训了惹是生非的孩子。

혼담(婚談)【명사】혼인에 대하여 오가는 말. ◆ 名议论婚事，谈婚论嫁。¶혼수 문제로 혼담이 깨어졌다. =因为嫁妆问题，婚事吹了。

혼돈(混沌/渾沌)【명사】名 ❶ 마구 뒤섞여 있어 갈피를 잡을 수 없음. 또는 그런 상태. ◆ 混乱，无秩序。❷ 하늘과 땅이 아직 나누어지기 전의 상태. ◆ 混沌。

혼동(混同)【명사】名 ❶ 구별하지 못하고 뒤섞어서 생각함. ◆ 混同，混淆。¶잠이 다 깨지 않았는지 그는 현실과 꿈 사이에서 혼동을 일으켰다. =可能是没有完全睡醒，他产生了幻觉，混淆了现实和梦境。❷ 서로 뒤섞이어 하나가 됨. ◆ 混合。● 혼동되다(混同--), 혼동하다(混同--) ●

혼란(混亂)【명사】뒤죽박죽이 되어 어지럽고 질서가 없음. ◆ 名混乱，杂乱。¶사회 혼란. =社会混乱。● 혼란하다(混亂--) ●

혼란스럽다(混亂---)【형용사】보기에 뒤죽박죽이 되어 어지럽고 질서가 없는 데가 있다. ◆ 形混乱，杂乱。¶혼란스러운 거리의 간판들을 정비하다. =整治混乱的街头广告牌。

혼령(魂靈)【명사】영혼(靈魂). 육체에 깃들어 마음의 작용을 맡고 생명을 부여한다고 여겨지는 비물질적 실체. ◆ 名灵魂。

혼례(婚禮)【명사】名 결혼식. ◆ 婚礼，结婚典礼。¶혼례를 올리다. =举行结婚典礼。

혼례식(婚禮式)【명사】결혼식. ◆ 名婚礼，结婚典礼。¶전통 혼례식. =传统婚礼。

혼미하다(昏迷--)【형용사】形 ❶ 의식이 흐리다. ◆ 昏迷，精神恍惚。❷ 하는 짓이나 됨됨이가 어리석고 미련하며 사리에 어둡다. ◆ 昏头昏脑，昏聩。❸ 정세 따위가 분명하지 아니하고 불안정하다. ◆ 混乱。¶혼미한 정국. =混乱的政局。

혼방(混紡)【명사】성질이 다른 섬유를 섞어서 짬. ◆图混纺。¶혼방직물. =混纺织物。

혼비백산(魂飛魄散)【명사】혼백이 어지러이 흩어진다는 뜻뜻으로, 몹시 놀라넋을 잃음을 이르는 말. ◆图魂飞魄散。

혼사(婚事)【명사】혼인에 관한 일. ◆图婚事。

혼선(混線)【명사】图 ❶ 전화, 무선 통신 따위에서, 선이 서로 닿거나 전파가 뒤섞여 통신이 엉클어지는 일. ◆ 混线，串线。¶전화에 갑자기 혼선이 생겨 통화를 중단했다. =因为电话突然串线而中断通话。❷ 말이나 일 따위를 서로 다르게 파악하여 혼란이 생김. ◆ 混乱。¶혼선을 빚다. =造成混乱。

혼수(婚需)【명사】图 ❶ 혼인에 드는 물품. ◆ 结婚物品，嫁妆。❷ 혼비(婚費). ◆ 结婚费用。

혼식(混食)【명사】图 ❶ 쌀에 잡곡을 섞어서 먹음. ◆ 吃五谷杂粮。¶혼식을 장려하다.=鼓励吃杂粮米饭。❷ 음식을 여러 가지 섞어서 먹음. ◆ 各种食物搭配着吃。¶혼식을 해야 건강해 집니다. =只有吃各种食物搭配着吃，才能健康。

혼신(渾身)【명사】온몸. ◆图浑身，全身。¶혼신의 힘을 쏟다. =使出浑身的劲。

혼용(混用)【명사】图 ❶ 한데 섞어 쓰거나 어울러 씀. ◆ 混用，搭配使用。¶외래어와 외국어의 혼용이 심각하다. =外来词和外语的混用很严重。❷ 잘못 혼동하여 씀. ◆ 用错。¶글자 하나의 혼용으로도 뜻은 왜곡되게 전달될 수 있다. =即便只有一个字用错，也可能传达出歪曲的意思。● 혼용되다(混用--), 혼용하다(混用--) ●

혼인(婚姻)【명사】남자와 여자가 부부가 되는 일. ◆图婚姻，结婚。● 혼인하다(婚姻--) ●

혼자【명사】다른 사람과 어울리거나 함께 있지 아니하고 그 사람 한 명만 있는 상태. ◆图单独，独自。

혼잡(混雜)【명사】여럿이 한데 뒤섞이어 어수선함. ◆图混杂，纷杂，混乱。¶교통 혼잡. =交通混乱。● 혼잡하다(混雜--) ●

혼잣말【명사】말을 하는 상대가 없이 혼자서 하는 말. ◆图自言自语，独白。

혼절하다(昏絶--)【동사】정신이 아찔하여 까무러치다. ◆动昏厥，晕厥。¶그는 모진 고문으로 혼절하였다. =残酷的审讯使他昏厥了过去。

혼탁(混濁/渾濁/溷濁)【명사】图 불순물이 섞이어 깨끗하지 못하고 흐림. ◆ 污浊，浑浊。¶매연으로 공기의 혼탁이 심하다. =煤烟使得空气非常污浊。● 혼탁하다(混濁/渾濁/溷濁--) ●

혼합(混合)【명사】뒤섞어서 한데 합함. ◆图混合。¶혼합 장르. =混合体裁。● 혼합되다(混合--), 혼합하다(混合--) ●

혼혈아(混血兒)【명사】혈통이 다른 종족 사이에서 태어난 아이. ◆图混血儿。

홀[1](hall)【명사】건물 안에 집회장, 오락장 따위로 쓰는 넓은 공간. ◆图大厅，会堂。¶연회장 홀 한쪽에는 손님들을 위한 음식이 준비되어 있었다. =在宴会场大厅的一角，客人们的食物准备好了。

홀[2]-【접사】'짝이 없이 혼자뿐인'의 뜻을 더하는 접두사. ◆前缀孤，寡，独。¶홀몸. =孤身。

홀가분하다【형용사】거추장스럽지 아니하고 가볍고 편안하다. ◆形轻便，轻松，轻快。¶짐을 벗으니 홀가분해졌다. =卸下担子后，轻松多了。● 홀가분히 ●

홀대(忽待)【명사】소홀히 대접함. ◆图怠慢，冷待。¶그는 우리를 불러놓고 일부러 홀대했다. =他叫我们过来，却故意怠慢我们。● 홀대하다(忽待--) ●

홀딱【부사】副 ❶ 남김없이 벗거나 벗어진 모양. ◆ 脱光的样子。¶아이들이 옷을 홀딱 벗고 강에서 물장구를 치고 있다. =小孩子们把衣服脱得精光，在河里戏水。❷ 조금 빠르게 뒤집거나 뒤집히는 모양. ◆ 迅速翻过来的样子。¶배가 기우뚱하더니만 홀딱 뒤집혔다. =船摇晃了几下后一下子翻了。❸ 조금 힘차게 뛰거나 뛰어넘는 모양. ◆ 嗖地越过的样子。¶망아지가 울타리를 홀딱 뛰어넘다. =小马驹嗖地越过栅栏。❹ 적은 양을 남김없이 날쌔게 먹어 치우는 모양. ◆ 吃光的样子。¶강아지가 눈 깜짝할 사이에 고깃덩이를 홀딱 삼켜 버렸다. =一眨眼的功夫，小狗把肉块都吃光了。❺ 몹시 반하거나 여지없이 속아 넘어가는 모양. ◆ 被迷住的样子。¶그는 맞선 본 여자에게 첫 눈에 홀딱 반했다. =他第一眼就被相亲见到的女孩迷住了。❻ 가지고 있던 것이 모두 다 없어지는 모양. ◆ (输)光，(用)尽。¶그는 노름으로 가진 돈을 홀딱 날렸다. =他赌博把钱都输光了。❼ 남김없이 모두 젖은 모양. ◆ 湿透的样子。¶갑자기 비가 퍼붓는 바람에 속옷까지 홀딱 젖었다. =突然大雨倾盆，连内衣都湿透了。

홀랑【부사】副 ❶ 속의 것이 한꺼번에 드러나도록 완전히 벗어지거나 뒤집히는 모양. ◆ 一把（掀开或扯开，使里面的东西完全露出）。¶늦잠 자는 아이를 깨우려고 이불을 홀랑 걷어 버렸다. =一把掀开被子，想叫醒睡懒觉的孩子。❷ 조금 가지고 있던 돈이나 재산 따위가 완전히 다 없어지는 모양. ◆ 全部。¶그 절은 전쟁 때 홀랑 타 버렸다. =那座寺庙在战争时全部被焚毁了。

홀로【부사】자기 혼자서만. ◆ 副单独，独自，孑然。¶그는 사고로 가족을 잃고 홀로 살고 있다. =他在事故中失去亲人后独自生活。

홀리다【동사】动 ❶ 무엇의 유혹에 빠져 정신을 차리지 못하다. ◆ 着迷，入迷，被迷住。¶여우에게 홀리다. =被狐狸精迷住。❷ 유혹하여 정신을 차리지 못하게 하다. ◆ 吸引，诱惑。¶그녀는 조건이 좋은 남자에게 접근하여 그 남자를 홀렸다. =她接近条件好的男子并诱惑他。

홀몸【명사】배우자나 형제가 없는 사람. ◆ 图独身，单身，孤身。¶그는 홀몸으로 고향을 떠났다. =他孤身离开故乡。

홀소리【명사】모음(母音). ◆图元音。

홀수(-數)【명사】2로 나누어서 나머지 1이 남는 수. 1, 3, 5, 7, 9 따위의 수. ◆图单数，奇数。

홀씨【명사】식물이 무성 생식을 하기 위하여 형성하는 생식 세포. ◆ 名孢子。

홀아비【명사】아내를 잃고 혼자 지내는 사내. ◆ 名鳏夫。¶홀아비 냄새가 풀풀 난다. =一身鳏夫气质。

홀어머니【명사】'홀어미'를 높여 이르는 말. ◆ 名寡母。¶그는 일찍 아버지를 여의고 홀어머니 슬하에서 어렵게 자랐다. =他很早就没了父亲，由寡母艰难地拉扯大。

홀어미【명사】남편을 잃고 혼자 자식을 키우며 사는 여자. ◆ 名寡妇。

홀연(忽然)【부사】뜻하지 아니하게 갑자기. ◆ 副忽然，突然。¶그는 곗돈을 가지고 홀연 종적을 감추었다. =他拿了帮会的资金，突然消失了。● 홀연히(忽然-) ●

홀쭉이【명사】몸이 가냘프거나 볼에 살이 없이 여윈 사람. ◆ 名瘦子，瘦猴。

홀쭉하다【형용사】形 ❶ 길이에 비하여 몸통이 가늘고 길다. ◆ 瘦高。¶너무 홀쭉한 몸매가 안타깝다. =过于干瘦的身材让人看了心疼。❷ 속이 비어서 안으로 오므라져 있다. ◆ 瘪。¶한 끼 굶었더니 배가 홀쭉해졌네. =饿了一顿，肚子瘪了。❸ 앓거나 지쳐서 몸이 야위다. ◆ 瘦削。¶설사를 하더니 얼굴이 홀쭉해진 것 같구나. =拉肚子了，脸好像瘦了些。❹ 끝이 뾰족하고 길다. ◆ 尖长。

홈[1]【명사】물체에 오목하고 길게 팬 줄. ◆ 名沟，槽。¶함석지붕의 홈으로 빗물이 흘러 내렸다. =雨水顺着白铁屋顶的槽流下来。

홈[2](home)【명사】홈 베이스(야구에서, 포수가 있는 자리). ◆ 名本垒。

홈런(home run)【명사】야구에서, 타자가 친 공이 외야의 펜스를 넘어가거나 타자가 홈 베이스를 밟을 수 있는 안타. ◆ 名 (棒球)本垒打。

홈뱅킹(home banking)【명사】집에서 은행 일을 처리할 수 있는 컴퓨터 통신 서비스. ◆ 名家庭金融服务。

홈 쇼핑(home shopping)【명사】구매자가 집에서 텔레비전, 상품 안내서, 인터넷 따위를 보고 상품을 골라 전화나 인터넷을 통하여 사는 통신 판매 방식. ◆ 名在家购物，居家购物。

홈통(-桶)【명사】名 ❶ 물이 흐르거나 타고 내리도록 만든 물건. 나무, 대, 쇠붙이 따위를 오목하게 골을 내거나 대롱을 만들어 쓴다. ◆ 引水槽。¶배수 홈통. =排水槽。❷ 창틀, 장지 따위의 위아래를 '凹' 자 모양으로 파낸 줄. 창짝이 움직이는 길이 된다. ◆ (窗的)凹槽。¶홈통의 먼지를 제거하니 창문이 잘 여닫혔다. =把窗槽里的灰尘清除掉后，窗户开关变得好用了。

홈페이지(homepage)【명사】개인이나 단체가 월드 와이드 웹에서 볼 수 있게 만든 하이퍼텍스트. ◆ 名网页，主页。

홍길동전(洪吉童傳)【명사】조선 광해군 때에 허균이 지은 한국 최초의 한글 소설. ◆ 名《洪吉童传》。

홍당무(紅唐-)【명사】名 ❶ 무의 하나. 뿌리의 겉질은 붉으나 속은 희다. ◆ 红萝卜。❷ 당근. ◆ 胡萝卜。❸ 수줍거나 무안하여 붉어진 얼굴을 비유적으로 이르는 말. ◆ 大红脸。¶나는 여러 사람 앞에 서면 홍당무가 되어 버렸다. =一站到众人面前，我就成了大红脸。

홍두깨【명사】다듬잇감을 감아서 다듬이질할 때에 쓰는, 단단한 나무로 만든 도구. ◆ 名棒槌。

홍보(弘報)【명사】널리 알림. 또는 그 소식이나 보도. ◆ 名宣传，报道。¶신제품을 대대적으로 홍보하다. =大力宣传新产品。● 홍보하다(弘報--) ●

홍삼(紅蔘)【명사】수삼을 쪄서 말린 붉은 빛깔의 인삼. ◆ 名红参。

홍색(紅色)【명사】붉은색(사람의 입술이나 피의 빛깔과 같이 짙고 선명한 색). ◆ 名红色。

홍수【명사】名 ❶ 큰물(비가 많이 와서 강이나 개천에 갑자기 크게 불은 물). ◆ 洪水。¶홍수가 지다. =发洪水。❷ 사람이나 사물이 많이 쏟아져 나옴을 비유적으로 이르는 말. ◆ 洪水，洪流(形容巨大的人流或物流)。¶정보의 홍수. =信息洪流。

홍시(紅柹)【명사】물렁하게 잘 익은 감. ◆ 名红柿，熟透的柿子。

홍안(紅顔)【명사】붉은 얼굴이라는 뜻으로, 젊어서 혈색이 좋은 얼굴을 이르는 말. ◆ 名红颜，年轻的容颜。

홍어(洪魚)【명사】가오릿과의 바닷물고기. 몸의 길이는 1.5미터 정도이고 마름모 모양으로 가오리와 비슷하나 더 둥글고 가로 퍼졌다. ◆ 名孔鳐，鳐。

홍역(紅疫)【명사】홍역 바이러스가 비말(飛沫) 감염에 의하여 일으키는 급성 전염병. 1~6세의 어린이에게 많고 봄철에 많다. ◆ 名麻疹。

홍익인간(弘益人間)【명사】널리 인간을 이롭게 함. ◆ 名造福人类。

홍일점(紅一點)【명사】名 ❶ 여럿 속에서 오직 하나 이채(異彩)를 띠는 것을 비유적으로 이르는 말. ◆ 万绿丛中一点红；鹤立鸡群。❷ 많은 남자 사이에 끼어 있는 한 사람의 여자를 비유적으로 이르는 말. ◆ 众多男性中唯一的女性。¶그녀는 우리 과의 홍일점이다. =她是我们系唯一的女生。

홍차(紅茶)【명사】차의 하나. 차나무의 어린잎을 발효시켜서 녹색을 빼내고 말린 것으로, 끓는 물에 넣으면 맑은 홍색을 띠고 향기가 난다. ◆ 名红茶。

홍합(紅蛤)【명사】홍합과의 조개. 껍데기의 길이는 13cm, 높이는 6cm 정도이고 쐐기 모양이며, 겉은 검은 갈색, 안쪽은 진주색이고 살은 붉은빛을 띤다. ◆ 名红蛤。

홑-【접사】'한 겹으로 된 것'의 뜻. ◆ 前缀单。¶홑눈. =单眼。

홑이불【명사】안을 두지 아니한, 홑겹으로 된 이불. 주로 여름에 덮는다. ◆ 名单被，夏被。¶날이 더워 홑이불만 덮었다. =天热，只盖了单被。

화[1](火)【명사】몹시 못마땅하거나 언짢아서 나는 성. ◆ 名火气，怒气。¶화가 치밀다. =火气涌上。

-화[2](化)【접사】앞의 명사가 나타내는 상태로 되거나 만드는 것을 나타냄. ◆ 后缀化。¶기계화. =机械

化。

화가(畫家)【명사】그림 그리는 것을 직업으로 하는 사람. ◆ 图画家。

화강암(花崗巖)【명사】석영, 운모, 정장석, 사장석 따위를 주성분으로 하는 심성암(深成巖). ◆ 图花岗岩。

화교(華僑)【명사】외국에서 사는 중국사람. ◆ 图华侨，华人。¶전세계 화교들의 모임인 화상(華商)대회가 어제 성대하게 열렸다. =作为全球性的华人组织——华商大会于昨日盛大举行。

화근(禍根)【명사】재앙의 근원. ◆ 图祸根。¶화근이 되다. =成为祸根。

화급(火急)【명사】걷잡을 수 없이 타는 불과 같이 매우 급함. ◆ 图火急，紧急。¶이것은 화급을 요하는 일입니다. =这件事十万火急。● 화급하다(火急--), 화급히(火急-) ●

화기(火氣)【명사】图 ❶ 불기운(불에서 나오는 뜨거운 기운). ◆ 热气。¶훈훈한 화기가 감돌다. =弥漫着暖烘烘的热气。❷ 가슴이 번거롭고 답답하여지는 기운. ◆ 怒火。¶좀처럼 가슴에 남아 있는 화기가 가시지 않는다. =心中的怒火消不掉。❸ 화증(火症)(걸핏하면 화를 왈칵 내는 증세). ◆ 火气，怒气。

화기애애하다(和氣靄靄--)【형용사】온화하고 화목한 분위기가 넘쳐흐르다. ◆ 形温馨。¶화기애애한 분위기. =温馨的气氛。

화끈【부사】副 ❶ 몸이나 쇠 따위가 뜨거운 기운을 받아 갑자기 달아오르는 모양. ◆ 热烘烘，火辣辣。¶불꽃이 화끈 오르다. =火苗热烘烘地往上窜。❷ 흥분이나 긴장 따위가 고조되는 모양. ◆ 激动人心，热烈。¶대화 분위기가 화끈 달아오르다. =谈话气氛逐渐热烈起来。● 화끈하다 ●

화끈거리다【동사】몸이나 쇠 따위가 뜨거운 기운을 받아 잇따라 달아오르다. ◆ 动热烘烘，热乎乎，火辣辣。¶술을 마셨더니 얼굴이 화끈거리다. =喝了酒，脸上火辣辣的。● 화끈대다 ●

화끈하다【형용사】形 ❶ 남부끄러운 일로 달아오르다. ◆ (因为羞愧而脸)发烫，发烧。❷ 일을 아주 시원스럽게 하는 맛이 있다. ◆ 爽快，爽朗。¶화끈한 성질. =爽快的个性。

화끈화끈하다【동사】몸이나 쇠 따위가 뜨거운 기운을 받아 잇따라 갑자기 달아오르다. ◆ 动热烘烘，火辣辣。¶열이 있어 아이 몸이 화끈화끈하다. =孩子发烧了，身体热烘烘的。

화나다(火--)【동사】성이 나서 화기(火氣)가 생기다. ◆ 动生气，发火。¶화난 얼굴은 싫습니다. =讨厌生气的脸。

화내다(火--)【동사】몹시 노하여 화증(火症)을 내다. ◆ 动生气，发火。¶툭하면 소리 지르고 화내는 그 사람이 싫다. =那个人动不动就吵闹发火，很讨厌。

화단(花壇)【명사】꽃을 심기 위하여 흙을 한층 높게 하여 꾸며 놓은 꽃밭. ◆ 图花坛。¶화단을 가꾸다. =侍花弄草。打理花坛。

화답(和答)【명사】시(詩)나 노래에 응하여 대답함. ◆ 图和诗，对歌。¶다음 시는 방금 소개한 시에 대한 화답이라고 볼 수 있다. =下面这首诗可以说是刚才介绍的诗的应答诗。● 화답하다(和答--) ●

화두(話頭)【명사】图 ❶ 이야기의 첫머리. ◆ 话头。¶화두를 바꾸다. =改变话头。❷ 선원에서, 참선 수행을 위한 실마리를 이르는 말. 조사(祖師)들의 말에서 이루어진 공안(公案)의 1절이나 고칙(古則)의 1칙이다. ◆ 话头。

화들짝【부사】별안간 호들갑스럽게 펄쩍 뛸 듯이 놀라는 모양. ◆ 副一惊一乍吓一跳。

화랑(畫廊)【명사】그림 따위의 미술품을 진열하여 전람하도록 만든 방. 대체로 화상(畫商)이 가게를 겸한다. ◆ 图画廊，画店。

화려하다(華麗--)【형용사】形 ❶ 환하게 빛나며 곱고 아름답다. ◆ 华丽。¶화려한 옷차림. =华丽的装束。❷ 어떤 일이나 생활 따위가 보통 사람들이 누리기 어려울 만큼 대단하거나 사치스럽다. ◆ 丰富，丰富多彩，多姿多彩。¶화려한 경력의 소유자. =拥有丰富经历的人。

화력(火力)【명사】图 ❶ 불이 탈 때에 내는 열의 힘. ◆ 火势。¶화력이 세다. =火势强。❷ 총포 따위의 무기의 위력. ◆ 火力。¶그 부대는 화력과 기동력이 뛰어나다. =那支部队的火力和机动能力很出色。

화력 발전(火力發電)【명사】석탄, 석유, 천연가스 따위의 연소로 얻은 열에너지를 원동기를 써서 기계 에너지로 변환하고, 발전기를 돌려 전기 에너지를 일으키는 방식. ◆ 图火力发电。

화로(火爐)【명사】숯불을 담아 놓는 그릇. 주로 불씨를 보존하거나 난방을 위하여 쓴다. ◆ 图火盆。

화롯불(火爐-)【명사】화로에 담아 놓은 불. ◆ 图火炉里的火。¶화롯불에 손을 녹이다. =用火炉里的火暖手。

화면(畫面)【명사】图 ❶ 그림 따위를 그린 면. ◆画面。¶이 작품의 화면은 색상이 좀 어두운 편이다. =这件作品的画面有点灰暗。❷ 텔레비전이나 컴퓨터 따위에서 그림이나 영상이 나타나는 면. ◆ (电脑、电视)画面。¶새로 산 텔레비전은 화면 색상이 매우 뚜렷하다. =新买的电视机画质非常清晰。

화목하다(和睦--)【형용사】서로 뜻이 맞고 정답다. ◆ 形和睦。¶결혼하기 전에 상대 집안이 화목한지 살펴보시오. =在结婚前要观察对方家庭是否和睦。

화문석(花紋席)【명사】꽃돗자리(꽃의 모양을 놓아 짠 돗자리. 한국의 강화도에서 만든 것이 유명하다). ◆ 图花纹席子。

화물(貨物)【명사】운반할 수 있는 유형(有形)의 재화나 물품을 통틀어 이르는 말. ◆ 图货，货物。

화물선(貨物船)【명사】화물을 실어 나르는 배. ◆ 图货轮，货船。

화물차【명사】화물을 실어 나르는 자동차, 기차 따위를 통틀어 이르는 말. ◆ 图货车。

화백(畫伯)【명사】'화가(畫家)(그림 그리는 것을 직업으로 하는 사람)'를 높여 이르는 말. ◆ 图画家。

화병[1](花瓶)【명사】꽃병(꽃을 꽂는 병). ◆ 图花瓶。

화병²(火病)【명사】울화병(억울한 마음을 삭이지 못하여 간의 생리 기능에 장애가 와서 머리와 옆구리가 아프고 가슴이 답답하면서 잠을 잘 자지 못하는 병). ◆图抑郁症。¶화병이 들다. =患抑郁症。

화보(畫報)【명사】여러 가지 일을 그림으로 그리거나 사진을 찍어 발행한 책자. 또는 그런 인쇄물. ◆图画报。

화분(花盆)【명사】꽃을 심어 가꾸는 그릇. ◆图花盆。

화사하다(華奢--)【형용사】밝고 환하다. ◆形明媚，灿烂。¶화사한 봄날에 아무 할 일이 없다니 비참하다. =明媚的春日里却无事可做，真是悲惨。

화산(火山)【명사】땅속에 있는 가스, 마그마 따위가 지각의 터진 틈을 통하여 지표로 분출하는 지점. 또는 그 결과로 생기는 구조. ◆图火山。

화산재(火山-)【명사】화산에서 분출된 용암의 부스러기 가운데 크기가 4보다 작은 알갱이. ◆图火山灰。

화살【명사】활시위에 메워서 당겼다가 놓으면 그 반동으로 멀리 날아가도록 만든 물건. ◆图箭，矢。

화살표(--標)【명사】图 ❶ 문장에 쓰는 부호의 하나. '→', '←'의 인쇄상의 이름. ◆ 箭头符号。❷ 방향을 나타내는 데 쓰는 화살 모양의 표지. ◆ 箭头符号。¶화살표 방향으로 가시오. =请跟着箭头指示的方向走。

화상¹(火傷)【명사】높은 온도의 기체, 액체, 고체, 화염 따위에 데었을 때에 일어나는 피부의 손상. ◆图烧伤。¶화상을 입다. =被烧伤。

화상²(畫像)【명사】图 ❶ 사람의 얼굴을 그림으로 그린 형상. ◆ 画像，肖像画。¶화상을 벽에 걸다. =墙上挂着画像。❷ '얼굴'을 속되게 이르는 말. ◆ 脸。¶저 녀석은 화상이 꼭 말처럼 생겼구먼. =那家伙长了一张马脸。❸ 어떤 사람을 마땅치 아니하게 여기어 낮잡아 이르는 말. ◆ 家伙。¶이 화상아! 맨날 술만 처먹고 다니냐? =你这个家伙，每天光喝酒吗? ❹ 텔레비전 수상기의 화면에 나타나는 상. ◆ 画面图像。¶우리 집의 텔레비전은 화상이 선명하지 못하다. =我家电视机的图像不够清晰。

화상 전화(畫像電話)【명사】상대방의 얼굴을 보며 통화할 수 있는 전화. ◆图可视电话。

화색(和色)【명사】얼굴에 드러나는 온화하고 환한 빛. ◆ 图和颜悦色。¶환자의 얼굴에는 차츰 화색이 돌기 시작하였다. =患者开始变得和颜悦色了。

화석(化石)【명사】图 ❶ 지질 시대에 생존한 동식물의 유해와 활동 흔적 따위가 퇴적물 중에 매몰된 채로 또는 지상에 그대로 보존되어 남아 있는 것을 통틀어 이르는 말. ◆化石。❷ 변화하거나 발전하지 아니하고 어떤 상태에서 돌처럼 굳어 버린 것을 비유적으로 이르는 말. ◆顽固不化。

화선지(畫宣紙)【명사】선지의 하나. 옥판선지보다 약간 크고 질이 낮다. ◆图作画的宣纸。

화성(火星)【명사】태양에서 넷째로 가까운 행성. ◆图火星。

화성암(火成巖)【명사】마그마가 냉각, 응고되어 이루어진 암석을 통틀어 이르는 말. ◆图 火成岩。

화수분【명사】재물이 계속 나오는 보물단지. 그 안에 온갖 물건을 담아 두면 끝없이 새끼를 쳐 그 내용물이 줄어들지 않는다는 설화상의 단지를 이른다. ◆图聚宝盆。

화술(話術)【명사】말재주(말을 잘하는 슬기와 능력). ◆ 图口才。¶그는 화술이 능란하다. =他能言善辩。

화실(畫室)【명사】화가나 조각가가 그림을 그리거나 조각하는 따위의 일을 하는 방. ◆图画室。

화씨온도(華氏溫度)【명사】온도 단위의 하나. 얼음이 녹는점을 32도, 물이 끓는점을 212도로 하여 그 사이를 등분한 온도 단위이다. 단위는 ℉. ◆图华氏温度。

화약(火藥)【명사】열이나 충격을 받으면 높은 열과 가스를 내면서 폭발하는 물질. ◆图火药。

화염(火焰)【명사】타는 불에서 일어나는 붉은 빛의 기운. ◆图火焰。¶화염에 휩싸이다. =被火焰笼罩。

화요일(火曜日)【명사】월요일을 기준으로 한 주의 둘째 날. ◆图星期二，周二。

화원(花園)【명사】图 ❶ 꽃을 심은 동산. ◆ 花园。❷ 꽃을 파는 가게. ◆ 花店。

화음(和音)【명사】높이가 다른 둘 이상의 음이 함께 울릴 때 어울리는 소리. 어울림음, 안어울림음 따위이다. ◆图和音，和弦。

화의(和議)【명사】图 ❶ 화해(和解)하는 의론. ◆ 议和。¶화의를 청하다. =请求议和。❷ 조용히 의론함. ◆ 轻声议论。❸ 파산을 예방할 목적으로 채무정리에 관하여 채권자와 채무자 사이에 맺는 강제 계약. ◆ 图 和解。¶화의신청. =和解申请。● 화의하다(和議--) ●

화이트보드(white board)【명사】펠트펜(felt pen) 따위로 글자나 그림을 그리게 되어 있는 널빤지. 칠판에 상대하여 이르는 말이다. ◆图白色写字板，白板。

화이트칼라(white-collar)【명사】사무직에 종사하는 노동자. 푸른 작업복을 입는 육체노동자와 달리 흰 와이셔츠를 입기 때문에 생긴 말이다. ◆图白领，白领阶层。

화장¹(火葬)【명사】시체를 불에 살라 장사 지냄. ◆ 图火葬。¶이제는 화장이 매장보다 선호하는 추세로 바뀌었다. =现在的趋势是更愿意火葬而不是土葬。● 화장하다(火葬--) ●

화장²(化粧)【명사】화장품을 바르거나 문질러 얼굴을 곱게 꾸밈. ◆ 图化妆。¶화장을 고치다. =补妆。| ● 화장하다(化粧--) ●

화장대(化粧臺)【명사】화장할 때에 쓰는 기구. 보통 서랍과 거울이 달려 있으며 온갖 화장품을 올려놓거나 넣어 둔다. ◆图化妆台，梳妆台。

화장실(化粧室)【명사】'변소'를 달리 이르는 말. ◆图洗手间。¶화장실 청소. =清洁洗手间。

화장지(化粧紙)【명사】图 ❶ 화장할 때 쓰는 부드러운 종이. ◆ 化妆纸。❷ '휴지(休紙)(밑을 닦거나 코를 푸는 데 허드레로 쓰는 얇은 종이)'를 달리 이르는 말. ◆ 手纸。¶화장지로 코를 풀다. =用手纸擤鼻涕。

화장품(化粧品)【명사】화장하는 데 쓰는 크림, 분, 향수 따위를 통틀어 이르는 말. ◆ 图化妆品。¶그녀는 고가 화장품을 선호한다. =她喜欢价格昂贵化妆品。

화재(火災)【명사】불이 나는 재앙. 또는 불로 인한 재난. ◆ 图火灾。¶화재가 발생하다. =发生火灾。

화제(話題)【명사】이야기할 만한 재료나 소재. ◆ 图话题。¶화제의 인물. =话题人物。

화집(畫集)【명사】그림을 모아 엮은 책. ◆ 图画集，画册。¶그는 미술 잡지에서 그림을 뽑아 자기가 원하는 화집을 만들었다. =他选出美术杂志上的画，做成自己喜欢的画册。

화차(火車)【명사】전쟁 때에, 불로 적을 공격하는 데 쓰던 수레. ◆ 图火攻的战车。

화창하다(和暢--)【형용사】날씨나 바람이 온화하고 맑다. ◆ 形和煦。

화채(花菜)【명사】꿀이나 설탕을 탄 물이나 오미잣국에 과일을 썰어 넣거나 먹을 수 있는 꽃을 뜯어 넣고 잣을 띄운 음료. ◆ 图五味子松仁果汁。

화초(花草)【명사】꽃이 피는 풀과 나무 또는 꽃이 없더라도 관상용이 되는 모든 식물을 통틀어 이르는 말. ◆ 图花草，花木，花卉。

화촉(華燭)【명사】빛깔을 들인 밀초. 흔히 혼례 의식에 쓴다. ◆ 图花烛。

화촉동방(華燭洞房)【명사】첫날밤에 신랑신부가 함께 자는 방. ◆ 图洞房花烛，洞房。

화친(和親)【명사】나라와 나라 사이에 다툼 없이 가까이 지냄. ◆ 图 (国家间)亲睦，友好。¶이웃 나라와의 화친을 도모하다. =寻求睦邻友好。● 화친하다(和親--) ●

화톳불【명사】한데다가 장작 따위를 모으고 질러 놓은 불. ◆ 图篝火。¶화톳불을 놓다. =点篝火。

화통하다(化通--)【형용사】성격이나 목소리 따위가 시원시원하고 활달하다. ◆ 形豁达开朗。

화평하다(和平--)【형용사】形 ❶ 화목하고 평온하다. ◆ 平静，和平。¶성군의 자애로움으로 온 천지가 화평하다. =圣君的仁爱使得天地间平静祥和。❷ 나라 사이가 화목하고 평화스럽다. ◆ (国与国之间)和平。

화폐(貨幣)【명사】상품 교환 가치의 척도가 되며 그것의 교환을 매개하는 일반화된 수단. 주화, 지폐, 은행권 따위가 있다. ◆ 图货币。

화포(火砲)【명사】대포 따위처럼 화약의 힘으로 탄환을 내쏘는 대형 무기. ◆ 图火炮。

화폭(畫幅)【명사】그림을 그려 놓은 천이나 종이의 조각. ◆ 图画幅。

화풀이(火--)【명사】图 ❶ 화를 풀려고 하는 일. ◆ 清气，解气。¶화풀이로 술을 마시다. =喝酒出气。❷ 화난 감정을 푼다는 뜻으로, 오히려 다른 사람에게 화를 냄을 이르는 말. ◆ 迁怒，出气。¶그는 밖에서 당한 일로 애꿎은 식구들에게 화풀이를 해 댔다. =他因在外面遭遇的事情而迁怒于无辜的家人。● 화풀이하다(火----) ●

화풍(畫風)【명사】그림을 그리는 방식이나 양식. ◆ 图画风。¶스승의 화풍을 이어받다. =继承老师的画风。

화하다【형용사】입안이 얼얼한 듯하면서 시원하다. ◆ 形清爽可口，辣而爽口。

화학(化學)【명사】물질의 조성과 구조, 성질 및 변화, 제법, 응용 따위를 연구하는 학문. ◆ 图化学。

화학 반응(化學反應)【명사】두 가지 이상의 물질 사이에 화학 변화가 일어나서 다른 물질로 변화하는 과정. ◆ 图化学反应。

화학 섬유(化學纖維)【명사】석유, 석탄, 천연가스 따위를 원료로 하여 화학적으로 합성한 섬유. ◆ 图化学纤维，化纤。

화합[1](化合)【명사】둘 또는 그 이상의 화학종이 결합하여 본래의 성질을 잃어버리고 새로운 성질을 가진 화학종이 됨. ◆ 图化合。● 화합하다(化合--) ●

화합[2](和合)【명사】화목하게 어울림. ◆ 图和谐，和睦。¶그 집은 형제간에 화합이 잘된다. =那家兄弟很和睦。● 화합하다(和合--) ●

화합물(化合物)【명사】둘 이상의 원소의 원자를 가진 동일한 분자로 이루어진 물질. ◆ 图化合物。

화해(和解)【명사】싸움하던 것을 멈추고 서로 가지고 있던 안 좋은 감정을 풀어 없앰. ◆ 图和解，和好。¶화해를 청하다. =请求和解。● 화해하다(和解--) ●

화형(火刑)【명사】사람을 불살라 죽이는 형벌. ◆ 图火刑，焚刑。¶화형을 당하다. =被处以火刑。

화환(花環)【명사】생화나 조화를 모아 고리같이 둥글게 만든 물건. 축하나 애도 따위를 표하는 데에 쓴다. ◆ 图花环。

화훼(花卉)【명사】꽃이 피는 풀과 나무 또는 꽃이 없더라도 관상용이 되는 모든 식물을 통틀어 이르는 말. ◆ 图花卉，花草。

확【부사】副 ❶ 바람, 냄새 또는 어떤 기운 따위가 갑자기 세게 끼치는 모양. ◆ 忽地，猛地，一下子。¶소름이 확 끼치다. =猛地起了一身鸡皮疙瘩。❷ 불길이 갑자기 세게 일어나는 모양. ◆ 呼呼地，熊熊地。¶불길이 확 타오르다. =火焰熊熊燃烧。❸ 갑자기 달아오르는 모양. ◆ 一阵阵，呼呼地。¶부끄러움에 귀밑이 확 달아오르다. =羞得耳根阵阵发热。❹ 일이 빠르고 힘차게 진행되는 모양. ◆ 迅速地，用力地。¶박쥐 떼가 확 달려들다. =蝙蝠群迅速地扑过来。❺ 매어 있거나 막혔던 것이 갑자기 풀리거나 시원스럽게 열리는 모양. ◆ 顺畅地，豁然。¶시야가 확 트이다. =视野豁然开朗。

확고부동하다(確固不動--)【형용사】튼튼하고 굳어 흔들림이 없다. ◆ 形坚定不移，稳固不动。

확고하다(確固--)【형용사】태도나 상황 따위가 튼튼하고 굳다. ◆ 形坚固，坚定，坚强。¶의지가 확고하다. =意志坚定。● 확고히(確固-) ●

확답(確答--)【명사】확실하게 대답함. 또는 그런 대답. ◆ 图确切的回答，明确回答，明确答复。

¶확답을 받다. =得到确切的回答。● 확답하다(確答--) ●

확대(擴大)【명사】모양이나 규모 따위를 더 크게 함. ◆ 名扩大，拓宽，扩充。¶사건의 확대를 원하지 않습니다. =不希望事件扩大。● 확대되다(擴大--), 확대하다(擴大--) ●

확대경(擴大鏡)【명사】名 ❶ '돋보기'를 달리 이르는 말. ◆ 远视镜，老花镜。❷ 물체의 확대된 정립상(定立像)을 보기 위한 도구. 흔히 한 개의 볼록 렌즈를 쓴다. ◆ 放大镜。

확률(確率)【명사】일정한 조건 아래에서 어떤 사건이나 사상(事象)이 일어날 가능성의 정도. 또는 그런 수치. ◆ 名概率，几率。¶확률을 따지다. =计算概率。

확립(確立)【명사】체계나 견해, 조직 따위가 굳게 섬. 또는 그렇게 함. ◆ 名确立。¶기강 확립을 강조하다. =强调确立纲纪。● 확립되다(確立--), 확립하다(確立--) ●

확보(確保)【명사】확실히 보증하거나 가지고 있음. ◆ 名确保。¶경쟁력 확보. =确保竞争力。● 확보되다(確保--), 확보하다(確保--) ●

확산(擴散)【명사】名 ❶ 흩어져 널리 퍼짐. ◆ 扩散。¶전염병의 확산을 막다. =防止传染病扩散。❷ 서로 농도가 다른 물질이 혼합될 때 시간이 지나면서 차츰 같은 농도가 되는 현상. ◆ 名 扩散。● 확산되다(擴散--), 확산하다(擴散--) ●

확성기(擴聲器)【명사】소리를 크게 하여 멀리까지 들리게 하는 기구. ◆ 名扩音器，扬声器。¶확성기로 안내 방송을 하다. =用扬声器进行介绍广播。

확신(確信)【명사】굳게 믿음. 또는 그런 마음. ◆ 名确信，坚信，信心。¶확신이 서다. =确信。● 확신하다(確信--) ●

확실하다(確實--)【형용사】틀림없이 그러하다. ◆ 形确实，准确。¶확실한 정보. =准确的信息。● 확실히(確實-) ●

확약(確約)【명사】확실하게 약속함. 또는 그런 약속. ◆ 名明确约定。¶다음 달까지 갚겠다는 확약이 없이는 돈을 빌려 줄 수 없다. =如果不明确约定好下月之前还的话，就不借钱。● 확약하다(確約--) ●

확언(確言)【명사】확실하게 말함. 또는 그런 말. ◆ 名确切地说，肯定地说，断言。¶그는 자신의 승리를 확언했다. =他肯定地说自己一定会获胜。● 확언하다(確言--) ●

확인(確認)【명사】틀림없이 그러한가를 알아보거나 인정함. 또는 그런 인정. ◆ 名确认。¶그가 뇌물을 받았는지 아직 구체적으로 확인이 안 되었다. =还没有确认他是否收受了贿赂。● 확인되다(確認--), 확인하다(確認--) ●

확장(擴張)【명사】범위, 규모, 세력 따위를 늘려서 넓힘. ◆ 名扩张，扩充，扩大。¶군비 확장 계획. =军费扩充计划。● 확장하다(擴張--) ●

확정(確定)【명사】일을 확실하게 정함. ◆ 名确定。¶확정을 내리다. =确定。● 확정되다(確定--), 확정하다(確定--) ●

확증(確證)【명사】확실히 증명함. 또는 그런 증거. ◆ 名确证，确凿证据。¶확증을 잡다. =掌握确证。● 확증하다(確證--) ●

확충(擴充)【명사】늘리고 넓혀 충실하게 함. ◆ 名扩充。¶도로 확충. =道路拓宽。● 확충되다(擴充--), 확충하다(擴充--) ●

확확【부사】副 ❶ 바람, 냄새 또는 어떤 기운 따위가 갑자기 세게 잇따라 끼치는 모양. ◆ 一阵阵，一股股。¶거센 바람이 확확 불어 댄다. =大风一阵阵地吹来。❷ 불길이 갑자기 세게 잇따라 일어나는 모양. ◆ 呼呼地，熊熊地。¶확확 타오르는 불길. =熊熊燃烧的火焰。❸ 갑자기 잇따라 달아오르는 모양. ◆ 一阵阵，呼呼地。¶당황한 그는 얼굴이 확확 달아올랐다. =他因慌张脸上一阵阵发烫。❹ 일이 잇따라 빠르고 힘차게 진행되는 모양. ◆ 迅速地，用力地，起劲地。¶그녀는 마당에 물을 확확 끼얹었다. =她起劲地在院子里洒水。❺ 매어 있거나 막혔던 것이 갑자기 잇따라 풀리거나 시원스럽게 열리는 모양. ◆ 顺畅地。¶호경기를 맞아 사업이 확확 풀려 나간다. =经济景气，生意一下子摆脱了困境。

환각(幻覺)【명사】감각 기관을 자극하는 외부 자극이 없는데도 마치 어떤 사물이 있는 것처럼 지각함. 또는 그런 지각. ◆ 名幻觉。¶환각에 빠지다. =产生幻觉。

환각제(幻覺劑)【명사】환각 작용을 일으키는 약. 엘에스디(LSD), 대마초 따위가 있다. ◆ 名迷幻药，致幻剂。

환갑(還甲)【명사】육십갑자의 '갑(甲)'으로 되돌아온다는 뜻으로, 예순 한 살을 이르는 말. ◆ 名花甲。

환경(環境)【명사】名 ❶ 생물에게 직접, 간접으로 영향을 주는 자연적 조건이나 사회적 상황. ◆ 环境。¶환경을 보호하다. =保护环境。❷ 생활하는 주위의 상태. ◆ 环境。¶환경을 가꾸다. =治理环境。

환경미화원(環境美化員)【명사】청소하는 일을 직업으로 하는 사람. ◆ 名清洁工。

환금(換金)【명사】名 ❶ 물건을 팔아서 돈으로 바꿈. ◆ 换钱，卖钱，变卖。❷ 한 나라의 돈을 다른 나라의 돈으로 바꿈. ◆ 兑换，汇兑，换钱。● 환금하다(換金--) ●

환급(還給)【명사】도로 돌려줌. ◆ 名退还，返还。¶세금 초과 징수분 환급. =返还超额征收的税款。● 환급하다(還給--) ●

환기[1](換氣)【명사】탁한 공기를 맑은 공기로 바꿈. ◆ 名换气，通风。¶실내 환기. =室内通风。

환기[2](喚起)【명사】주의나 여론, 생각 따위를 불러일으킴. ◆ 名唤起，提醒，唤醒。¶의식의 환기. =唤醒神志。

환난(患難)【명사】근심과 재난을 통틀어 이르는 말. ◆ 名患难，忧患。¶환난을 겪다. =患难。

환담(歡談)【명사】정답고 즐겁게 서로 이야기함. 또는 그런 이야기. ◆ 名畅谈，交谈。¶환담을 나누다. =与人畅谈。● 환담하다(歡談--) ●

환대(歡待)【명사】반갑게 맞아 정성껏 후하게 대접함. ◆ 名热情接待，款待，招待。¶환대를 받다.

=受到热情款待。● 환대하다(歡待--) ●

환등기(幻燈機)【명사】환등 장치를 이용하여 그림, 필름 따위를 확대하여 스크린에 비추는 기계. ◆图幻灯机。

환락(歡樂)【명사】아주 즐거워함. 또는 아주 즐거운 것. ◆图欢乐，欢天喜地；纸醉金迷，灯红酒绿。¶환락에 취하다. =陶醉在灯红酒绿之中。

환멸(幻滅)【명사】꿈이나 기대나 환상이 깨어짐. 또는 그때 느끼는 괴롭고도 속절없는 마음. ◆图幻灭，破灭，丧失信心。

환부(患部)【명사】병이나 상처가 난 자리. ◆图患处，伤处。¶환부를 도려내다. =挖出伤处。

환불(還拂)【명사】이미 지불한 돈을 되돌려 줌. ◆图退还，返还，退钱，退款。¶요금 환불. =退还酬金。● 환불하다(還拂--) ●

환산(換算)【명사】어떤 단위나 척도로 된 것을 다른 단위나 척도로 고쳐서 헤아림. ◆图换算，折算。¶미터법으로 환산하시오. =请换算成米制。● 환산하다(換算--) ●

환상(幻想)【명사】현실적인 기초나 가능성이 없는 헛된 생각이나 공상. ◆图幻想，空幻。¶환상이 깨지다. =幻想被打破了。

환상곡(幻想曲)【명사】형식의 제약을 받지 아니하고 악상의 자유로운 전개에 의하여 작곡한 낭만적인 악곡. ◆图幻想曲。

환상적(幻想的)【명사】생각 따위가 현실적인 기초나 가능성이 없고 헛된 것. ◆图幻想，空幻。¶환상적인 분위기에 휩싸인다. =被空幻的气氛笼罩着。

환생(還生)【명사】图 ❶ 다시 살아남. ◆复活，死而复生。❷ 죽은 사람이 다시 태어남. ◆转世，托生，投胎。● 환생하다(幻生--) ●

환성(歡聲)【명사】기쁘고 반가워서 지르는 소리. ◆图欢声，欢呼声。¶경기에 이긴 선수들은 기쁨의 환성을 질렀다. =比赛中获胜的选手发出了兴奋的欢呼声。

환송(歡送)【명사】떠나는 사람을 기쁜 마음으로 보냄. ◆图欢送。● 환송하다(歡送--) ●

환승(換乘)【명사】다른 노선이나 교통수단으로 갈아탐. ◆图换乘。¶지하철 환승 지역에는 택시들이 늘어서 있었다. =地铁换乘区有许多出租车在排队。● 환승하다(換乘--) ●

환승역(換乘驛)【명사】다른 노선으로 바꾸어 탈 수 있도록 마련된 역. ◆图换乘站。

환심(歡心)【명사】기뻐하고 즐거워하는 마음. ◆图欢心，讨好，拉拢。¶동네 사람들의 환심을 잃다. =努力地讨村里人的欢心。

환영[1](幻影)【명사】눈앞에 없는 것이 있는 것처럼 보이는 것. ◆图幻影，幻像，幻觉。¶환영에 시달리다. =被幻像折磨。

환영[2](歡迎)【명사】오는 사람을 기쁜 마음으로 반갑게 맞음. ◆图欢迎。¶환영 대회. =欢迎大会。● 환영하다(歡迎--) ●

환원(還元)【명사】图 ❶ 본디의 상태로 다시 돌아감. 또는 그렇게 되게 함. ◆还原，回归原位，复位。❷ 잡다한 사물이나 현상을 어떤 근본적인 것으로 바꿈. 또는 그런 일. ◆归一。❸ 산화물에서 산소가 빠지거나 어떤 물질이 수소와 결합하는 것, 원자·분자·이온 따위가 전자를 얻는 것, 물질 중에 있는 어떤 원자의 산화수가 감소하는 것을 이르는 말. ◆还原。● 환원되다(還元--), 환원하다(還元--) ●

환율(換率)【명사】자기 나라 돈과 다른 나라 돈의 교환 비율. ◆图汇率，外汇牌价，外汇行情。

환자(患者)【명사】병들거나 다쳐서 치료를 받아야 할 사람. ◆图病人，病号。¶환자를 보살피다. =照料病人。

환전(換錢)【명사】서로 종류가 다른 화폐와 화폐를 교환함. 또는 그런 일. ◆图兑换，货币兑换。¶외국 관광객을 상대로 하는 환전 업무를 담당하고 있습니다.=负责针对外国游客的货币兑换业务。● 환전하다(換錢--) ●

환절기(換節期)【명사】철이 바뀌는 시기. ◆图换季期，变换季节的时期。¶환절기에는 감기에 걸리기 쉽다. =换季期容易得感冒。

환풍기(換風機)【명사】실내의 더러워진 공기를 바깥의 맑은 공기와 바꾸는 기구. 대개 프로펠러 모양의 팬이 달려 있다. ◆图换风扇，排风机，抽油烟机。

환하다【형용사】形 ❶ 빛이 비치어 맑고 밝다. ◆亮，明亮，亮堂。¶남향이라 방이 환하다. =房间朝南，很亮堂。❷ 앞이 탁 트여 넓고 시원스럽다. ◆开阔，豁亮。¶길이 환하게 뚫려 있다. =道路畅通无阻。❸ 무슨 일의 조리나 속내가 또렷하다. ◆明显，清楚，一清二楚。¶환한 사실. =一清二楚的事实。❹ 표정이나 성격이 구김살 없이 밝다. ◆开朗，明朗，容光焕发。¶성격이 환하다. =性格很开朗。❺ 빛깔이 밝고 맑다. 환한 색깔. ◆鲜艳。❻ 어떤 일이나 대상에 대하여 잘 알고 있다. ◆了如指掌。

환호(歡呼)【명사】기뻐서 큰 소리로 부르짖음. ◆图欢呼。¶환호가 터지다. =爆发出欢呼声。● 환호하다(歡呼--) ●

환호성(歡呼聲)【명사】기뻐서 크게 부르짖는 소리. ◆图欢呼，欢呼声。¶환호성이 일다. =响起了欢呼声。

환희(歡喜)【명사】매우 기뻐함. 또는 큰 기쁨. ◆图欢喜，喜悦，欣喜，高兴。¶환희의 함성. =喜悦的喊声。

활【명사】图 ❶ 화살을 메워서 쏘는 기구. 또는 그 몸체. ◆弓，弓箭，弓弩。❷ 찰현악기(擦絃樂器)의 현을 켜는 데에 쓰는 도구. 활 모양의 나무 부분과 현을 켜는 털 부분으로 되어 있는데 악기에 따라 모양과 크기가 다르다. ◆(乐器)弓，弓子。

활강(滑降)【명사】비탈진 곳을 미끄러져 내려오거나 내려감. ◆图滑降，滑下，下滑。● 활강하다(滑降--) ●

활개【명사】图 ❶ 새의 활짝 편 두 날개. ◆展翅，展开的翅膀。¶한 마리의 학이 양쪽으로 활개를 쭉 펴고 있다. =一只鹤刷地一声展开了双翅。❷ 사람의 어깨에서 팔까지 또는 궁둥이에서 다리까지의 양쪽 부분. ◆ 甩开膀子，甩开两腿。¶그는 신이 난 듯 두 활개를 휘저으며 걷기 시작했다. =他像来劲了似的，甩开两腿走了起来。

활기(活氣)【명사】활동력이 있거나 활발한 기운. ◆ 名朝气，生气，活力，生机。¶활기에 넘치다. =朝气蓬勃。

활동(活動)【명사】名 ❶ 몸을 움직여 행동함. ◆ 活动，行动，动。¶다리를 다쳐서 활동이 어렵다. =伤了腿，动不了了。❷ 어떤 일의 성과를 거두기 위하여 힘씀. ◆ 活动，活跃。¶봉사 활동. =志愿活动。● 활동하다(活動--) ●

활력(活力)【명사】살아 움직이는 힘. ◆ 名活力，精力，精神。¶활력이 넘치다. =精神焕发。

활력소(活力素)【명사】활동하는 힘이 되는 본바탕. ◆ 名原动力。¶그는 성실성과 승부욕이 남달라, 이 팀의 활력소가 되고 있다. =他有着与众不同的诚实品德和上进心，因而成为了这个队的原动力。

활발하다(活潑--)【형용사】形 ❶ 생기 있고 힘차며 시원스럽다. ◆ 活泼。¶활발한 걸음걸이. =活泼的步伐。❷ 무엇이 많이 이루어지거나 벌어지다. ◆ 活跃，兴旺，兴隆。¶활발한 연주 활동을 벌이다. =进行活跃的演奏活动。● 활발히(活潑-) ●

활보(闊步)【명사】名 ❶ 큰 걸음으로 힘차고 당당하게 걸음. 또는 그런 걸음. ◆ 阔步，大步。❷ 힘차고 당당하게 행동하거나 제멋대로 마구 행동함. 또는 그런 행동. ◆ 旁若无人，趾高气扬。● 활보하다(闊步--) ●

활시위【명사】활대에 걸어서 켕기는 줄. 화살을 여기에 걸어서 잡아당기었다가 놓으면 화살이 날아간다. ◆ 名弓弦。

활쏘기【명사】활을 쏘는 일. 또는 그런 기술. ◆ 名射箭。¶지금 사정에서 활쏘기 대회가 열리고 있다. =现在，习射亭正在进行射箭比赛。

활약(活躍)【명사】활발히 활동함. ◆ 名驰骋，活跃。¶눈부신 활약. =令人瞩目的活动。● 활약하다(活躍--) ●

활엽수(闊葉樹)【명사】잎이 넓은 나무의 종류. 떡갈나무, 뽕나무, 상수리나무, 오동나무 따위가 있다. ◆ 名阔叶树。

활용(活用)【명사】名 ❶ 충분히 잘 이용함. ◆ 充分利用，活用。❷ 용언의 어간이나 서술격 조사에 변하는 말이 붙어 문장의 성격을 바꿈. ◆ 活用，词尾变化。● 활용되다(活用--), 활용하다(活用--) ●

활자(活字)【명사】네모 기둥 모양의 금속 윗면에 문자나 기호를 볼록 튀어나오게 새긴 것. ◆ 名活字，铅字。¶금속활자 =金属活字。

활주로(滑走路)【명사】비행장에서 비행기가 뜨거나 내릴 때에 달리는 길. ◆ 名 (机场)跑道。¶비행기가 활주로를 따라 질주한다. =飞机沿着跑道飞速地滑行着。

활짝【부사】副 ❶ 문 따위가 한껏 시원스럽게 열린 모양. ◆ 大开，大敞大开地。¶그녀는 창을 활짝 열어 놓았다. =她把窗户开得大大的。❷ 날개 따위를 시원스럽게 펼치는 모양. ◆ 舒展，展开。¶독수리가 날개를 활짝 펼쳤다. =秃鹫展开了翅膀。❸ 넓고 멀리 시원스럽게 트인 모양. ◆ 豁然开阔。¶오곡이 넘실거리는 넓은 들이 눈앞에 활짝 펼쳐진 모습을 상상해 보십시오. =请想象一下到处是庄稼的广阔田地展现在眼前的景象吧。❹ 꽃잎 따위가 한껏 핀 모양. ◆ 怒放，盛开。¶활짝 핀 진달래꽃. =盛开的映山红。❺ 날이 맑게 개거나 환히 밝은 모양. ◆ 明朗，(云雾等)全散，(天)大亮。¶활짝 갠 하늘. =天大亮。❻ 얼굴이 밝거나 가득히 웃음을 띤 모양. ◆ 笑逐颜开的样子。¶활짝 웃는 소녀의 해맑은 얼굴. =笑容可掬的少女的清纯容颜。

활활【부사】副 ❶ 날짐승 따위가 높이 떠서 느릿느릿 날개를 치며 시원스럽게 나는 모양. ◆ 翩翩。¶솔개가 활활 날다. =白喉鸢翩翩飞舞。❷ 불길이 세고 시원스럽게 타오르는 모양. ◆ 呼呼，熊熊，烘烘。¶난로 속의 불꽃이 활활 타오르다. =火炉里的火苗呼呼地燃烧。

홧김(火-)【명사】화가 나는 기회나 계기. ◆ 名气头上，一气之下，一怒之下。¶홧김에 함부로 말하다. =在气头上乱说。

황공하다(惶恐--)【형용사】위엄이나 지위에 눌려 두렵다. ◆ 形惶恐，诚惶诚恐。¶황공하여 몸 둘 바를 모르겠습니다. =不胜惶恐，不知何处可以容身。

황금(黃金)【명사】名 ❶ 누런빛의 금이라는 뜻으로, 금을 다른 금속과 구별하여 이르는 말. ◆ 黄金，金子，金。¶황금 덩어리. =金块。❷ 돈이나 재물을 비유적으로 이르는 말. ◆ 〈喻〉钱财，金钱，财物，黄金。¶황금 방석에 앉다. =坐在黄金垫子上。❸ 귀중하고 가치가 있는 것을 비유적으로 이르는 말. ◆ 〈喻〉价值连城，很珍贵。¶황금 같은 세월. =黄金般的岁月。

황금빛(黃金-)【명사】황금의 빛깔과 같은 누런빛. ◆ 名金色，金黄色，黄金色。¶황금빛 노을. =金色晚霞。

황금색(黃金色)【명사】황금의 빛깔과 같은 누런색. ◆ 名金色，金黄色，黄金色。¶황금색 왕관. =金色王冠。

황급하다(遑急--)【형용사】몹시 어수선하고 급박하다. ◆ 形慌张，慌忙，仓促，仓皇。¶황급한 목소리로 도움을 청하다. =语气慌张地请求帮助。● 황급히(遑急-) ●

황당무계하다(荒唐無稽--)【형용사】말이나 행동 따위가 참되지 않고 터무니없다. ◆ 形荒诞无稽，怪诞不经，荒谬，怪诞。¶황당무계한 소문이 떠돈다. =荒诞无稽的传闻流传开来。

황당하다(荒唐--)【형용사】말이나 행동 따위가 참되지 않고 터무니없다. ◆ 形荒唐。¶소문이 너무 황당하여 어이가 없다. =传闻过于荒唐，令人哭笑不得。

황량하다(荒凉--)【형용사】황폐하여 거칠고 쓸쓸하다. ◆ 形荒凉，空荡荡。¶황량하고 을씨년스러운 풍경. =荒凉而寂寥的风景。

황무지(荒蕪地) 【명사】 손을 대어 거두지 않고 내버려 두어 거친 땅. ◆ 图荒地, 荒土。

황산(黃酸) 【명사】 무색무취의 끈끈한 불휘발성 액체. 강한 산성으로, 금과 백금을 제외한 대부분의 금속을 녹인다. ◆ 图硫酸。

황새 【명사】 황샛과의 하나. 보호조로 높은 나무 위에 둥지를 트는데 한국, 동부 시베리아, 일본 등지에 분포한다. 천연기념물 제199호. ◆ 图鹳, 白鹳。

황색(黃色) 【명사】 익은 벼의 빛깔과 같이 다소 어둡고 탁한 색. ◆ 图黄色, 黄。

황소 【명사】 图큰 수소. ◆ 黄牛, 大公牛。

황송하다(惶悚--) 【형용사】 분에 넘쳐 고맙고도 송구하다. ◆ 形惶恐, 不安, 诚惶诚恐。¶그는 황송하여 무슨 말을 해야 좋을지 몰랐다. =他诚惶诚恐地不知道说什么好。

황실(皇室) 【명사】 황제의 집안. ◆ 图皇室, 皇家。

황야(荒野) 【명사】 버려 두어 거친 들판. ◆ 图荒野, 荒原, 荒郊野外。

황인종(黃人種) 【명사】 피부색에 따라 구분한 인종의 하나. ◆ 图黄种人。

황토(黃土) 【명사】 누렇고 거무스름한 흙. ◆ 图黄土。

황폐(荒廢) 【명사】 图 ❶ 집, 토지, 삼림 따위가 거칠어져 못 쓰게 됨. ◆ 荒废, 荒弃。❷ 정신이나 생활 따위가 거칠어지고 메말라 감. ◆ 贫乏, 荒芜。¶언어의 황폐. =语言贫乏。● 황폐하다(荒廢--) ●

황폐화(荒廢化) 【명사】 图 집, 토지, 삼림 따위를 거두지 않고 그냥 두어 거칠고 못 쓰게 됨. 또는 그렇게 만듦. ◆ 荒废, 荒弃。¶국토의 황폐화. =国土的荒废。● 황폐화되다(荒廢化--), 황폐화하다(荒廢化--) ●

황해(黃海) 【명사】 조선반도와 중국에 둘러싸인 바다. ◆ 图黄海。

황혼(黃昏) 【명사】 图 ❶ 해가 지고 어스름해질 때. 또는 그때의 어스름한 빛. ◆ 黄昏, 傍晚。¶황혼에 물들어 가고 있는 하늘. =染上了暮色的天空。❷ 사람의 생애나 나라의 운명 따위가 한창인 고비를 지나 쇠퇴하여 종말에 이른 상태를 비유적으로 이르는 말. ◆ 〈喻〉暮年, 衰退期。¶옛날에는 60이면 황혼이라고 했지만 지금은 60청년이라고 하는 사람들이 많다. =过去, 人一到六十岁就算是到了暮年, 但现在很多人都说六十岁还是青年。

황홀하다(恍惚--/慌惚--) 【형용사】 形 ❶ 눈이 부시어 어릿어릿할 정도로 찬란하거나 화려하다. ◆ 晃眼, 耀眼。¶푸른 바다에 드리운 석양이 황홀하다. =照在蓝色大海上的夕阳很耀眼。❷ 어떤 사물에 마음이나 시선이 혹하여 달뜬 상태이다. ◆ 入迷, 着迷, 神情恍惚。¶그녀의 목소리는 사탕처럼 달콤하고 황홀하다. =她的声音像糖一样又甜又让人着迷。● 황홀히(恍惚-/慌惚-) ●

홱 【부사】 ❶ 副 어떤 행동을 망설이지 아니하고 빠르고 시원스럽게 해내는 모양. ◆ 呼啦, 一下子。¶몸을 홱 돌리다. =呼啦转过身去。❷ 갑자기 날쌔게 던지거나 뿌리는 모양. ◆ 唰, 嗖, 迅速地。¶보따리를 홱 팽개치다. =唰地把包袱扔了。❸ 힘을 주어 날쌔게 뿌리치는 모양. ◆ 噌(一下子用力甩的样子)。¶팔을 홱 뿌리치다. =噌地甩开胳膊。❹ 바람이나 입김 따위가 갑자기 세게 불어 닥치는 모양. ◆ 嗖, 呼。¶바람이 홱 불어 촛불을 꺼트렸다. =嗖地吹来一阵风, 把蜡烛吹灭了。

횃불 【명사】 홰에 켠 불. ◆ 图火炬, 火把。

회[1](膾) 【명사】 고기나 생선 따위를 날로 잘게 썰어서 먹는 음식. 초고추장이나 된장, 간장, 겨자, 소금 따위에 찍어 먹는다. ◆ 图脍, 生鱼片, 生肉片。¶회를 뜨다. =做生鱼片。

회[2](回) 【의존 명사】 횟수를 나타내는 말. ◆ 依名次, 场, 回, 届, 期。¶제2회 정기 총회. =第二届定期大会。

-회[3](會) 【접사】 后缀 ❶ '단체'의 뜻을 더하는 접미사. ◆ 会, 团体。¶부인회. =妇女会。❷ '모임'의 뜻을 더하는 접미사. ◆ 会, 聚会。¶송별회. =送别会。

회갑(回甲) 【명사】 육십갑자의 '갑(甲)'으로 되돌아온다는 뜻으로, 예순 한 살을 이르는 말. ◆ 图花甲, 六十岁, 六十年。¶회갑 잔치. =花甲宴。

회갑연(回甲宴) 【명사】 환갑날에 베푸는 잔치. ◆ 图花甲宴, 六十寿宴。¶제자들이 성대하게 회갑연을 마련하다. =弟子们准备了盛大的花甲宴。

회개(悔改) 【명사】 잘못을 뉘우치고 고침. ◆ 图悔改, 改悔, 悔恨。¶회개의 눈물. =悔恨的泪水。● 회개하다(悔改--) ●

회견(會見) 【명사】 일정한 절차를 거쳐서 서로 만나 의견이나 견해 따위를 밝힘. 또는 그런 모임. ◆ 图会见, 会晤, 会面。¶회견을 가지다. =举行会晤。

회계(會計) 【명사】 图 ❶ 나가고 들어오는 돈을 따져서 셈을 함. ◆ 算账, 计算, 核算, 统计。¶회계 절차. =核算步骤。❷ 금전의 출납에 관한 사무를 보는 사람. ◆ 会计。

회고(回顧) 【명사】 지나간 일을 돌이켜 생각함. ◆ 图回顾, 回想, 回忆。¶그의 과거 행적은 아내의 회고를 통하여 밝혀졌다. =通过妻子的回忆, 弄清了他过去的轨迹。● 회고하다(回顧--) ●

회고록(回顧錄) 【명사】 지나간 일을 돌이켜 생각하며 적은 기록. ◆ 图回忆录。

회관(會館) 【명사】 집회나 회의 따위를 목적으로 지은 건물. ◆ 图会馆, 礼堂。¶체육 회관. =体育会馆。

회귀(回歸) 【명사】 한 바퀴 돌아 제자리로 돌아오거나 돌아감. ◆ 图回归, 返回。¶과거로의 회귀. =回到过去。● 회귀하다(回歸--) ●

회기(會期) 【명사】 개회로부터 폐회까지의 기간. ◆ 图会期, 会议期间。¶회기를 3일 연장하다. =会期延长三天。

회담(會談) 【명사】 어떤 문제를 가지고 거기에 관련된 사람들이 한자리에 모여서 토의함. 또는 그 토의. ◆ 图会谈, 会晤, 谈判。¶회담을 개최하다. =举行会晤。

회답(回答) 【명사】 물음이나 편지 따위에 반응함. 또는 그런 반응. ◆ 图回答, 回信, 答复, 回复。¶회

답을 보내다. =寄回信。● 회답하다(回答--) ●

회동(會同)【명사】일정한 목적으로 여러 사람이 한데 모임. ◆ 图聚会, (开)碰头会。¶회동을 가지다. =开碰头会。● 회동하다(會同--) ●

회보(會報)【명사】회에 관한 일을 그 회원에게 알리는 보고. 또는 그런 간행물. ◆图会刊, 会报, 会务报告。¶회보를 발행하다. =发行会刊。

회복(回復/恢復)【명사】일이나 건강 등을 나빠진 상태에서 좋은 상태로 되돌리는 것. ◆ 图恢复, 康复。● 회복되다(回復/恢復--), 회복하다(回復/恢復--) ●

회복기(回復期)【명사】图 ❶ 건강 따위가 원래의 상태로 차차 나아져 가는 시기. ◆ 恢复期。❷ 경제 활동의 상태가 차차 나아져 가는 시기. ◆ 复苏期。¶불황이었던 경제가 투자 심리 확대로 회복기에 접어들고 있다. =投资意愿的增强使低迷的经济进入了复苏期。

회부(回附)【명사】물건이나 사건 따위를 어떤 대상이나 과정으로 돌려보내거나 넘김. ◆ 图交付, 递交, 交给。● 회부되다(回附--), 회부하다(回附--) ●

회비(會費)【명사】모임을 만들거나 유지하기 위하여 그 모임의 구성원에게 걷는 돈. ◆图会费。

회사(會社)【명사】상행위 또는 그 밖의 영리 행위를 목적으로 하는 사단 법인. 주식회사, 유한 회사, 합자 회사, 합명 회사의 네 가지가 있다. ◆ 图公司, 企业, 商号。

회사원(會社員)【명사】회사에서 근무하는 사람. ◆图公司职员, 公司员工。

회상(回想)【명사】지난 일을 돌이켜 생각함. 또는 그런 생각. ◆ 图回想, 回忆, 回顾, 追忆, 缅怀。¶회상에 잠기다. =沉浸在回忆中。● 회상하다(回想--) ●

회색(灰色)【명사】图 ❶ 재의 빛깔과 같이 흰빛을 띤 검정. ◆ 灰色。¶회색 구름. =乌云。❷ 정치적, 사상적 경향이 뚜렷하지 아니한 상태를 비유적으로 이르는 말. ◆〈喻〉观点暧昧, 态度不明朗。¶그는 회색정치인이라는 낙인이 찍혔다. =他被打上了观点暧昧的政界人士的烙印。

회생(回生)【명사】거의 죽어 가다가 다시 살아남. ◆ 图复活, 复苏, 苏醒。¶기사회생. =起死回生。● 회생하다(回生--) ●

회수(回收)【명사】도로 거두어들임. ◆ 图收回, 回收, 回笼, 收复。¶대금 회수. =收回贷款。● 회수되다(回收--), 회수하다(回收--) ●

회식(會食)【명사】여러 사람이 모여 함께 음식을 먹음. 또는 그런 모임. ◆ 图会餐, 聚餐, 饭局。¶부서회식. =科室聚餐。● 회식하다(會食--) ●

회신(回信)【명사】편지, 전신, 전화 따위로 회답을 함. ◆ 图回信, 回函, 回电, 回电话。¶지난번에 보낸 편지를 잘 받았다는 회신이 이제야 왔다. =现在回信, 说已收到上次的信。

회심(會心)【명사】마음에 흐뭇하게 들어맞음. 또는 그런 상태의 마음. ◆ 图会心, 满意, 合乎心意。¶회심의 역작. =满意的力作。

회오리바람【명사】갑자기 생긴 저기압 주변으로 한꺼번에 모여든 공기가 나선 모양으로 일으키는 선회(旋回) 운동. ◆ 图旋风。

회원(會員)【명사】어떤 회를 구성하는 사람들. ◆ 图会员。¶명예 회원. =名誉会员。

회원국(會員國)【명사】국제적인 조직체의 구성원으로 되어 있는 나라. ◆ 图会员国, 成员国。

회유(懷柔)【명사】어루만지고 잘 달래어 시키는 말을 듣도록 함. ◆ 图怀柔, 劝诱。¶설득과 회유도 해 보았으나 실패했다. =虽然试图说服和劝诱, 但还是失败了。● 회유하다(懷柔--) ●

회의[1](會議)【명사】여럿이 모여 의논함. 또는 그런 모임. ◆ 图会议。¶회의를 소집하다. =召集会议。● 회의하다(會議--) ●

회의[2](懷疑)【명사】의심을 품음. 또는 마음속에 품고 있는 의심. ◆ 图怀疑, 疑心。¶회의를 품다. =心存怀疑。

회의록(會議錄)【명사】회의의 진행 과정이나 내용, 결과 따위를 적은 기록. ◆图会议记录。

회자(膾炙)【명사】회와 구운 고기라는 뜻으로, 칭찬을 받으며 사람의 입에 자주 오르내림을 이르는 말. ◆ 图脍炙人口。● 회자되다(膾炙--), 회자하다(膾炙--) ●

회장[1](會長)【명사】图 ❶ 모임을 대표하고 모임의 일을 총괄하는 사람. ◆ 会长。¶동창회 회장. =同学会会长。❷ 회사에서 사장 위의 직책. 흔히 주식회사 따위에서 이사회의 우두머리를 이른다. ◆ 董事长。¶재벌 그룹의 회장. =财阀集团的董事长。

회장[2](會場)【명사】图 ❶ 모임을 가지는 곳. ◆ 会场。¶기념회 회장에는 많은 축하객이 모였다. =许多访客聚集在纪念会场。❷ 여럿이 모여 의논하는 곳. ◆ 会场, 会议场所。¶회장에는 각국의 수반이 다 모여 있었다. =各国首脑齐聚会场。

회전(回轉/廻轉)【명사】图 ❶ 어떤 것을 축으로 물체 자체가 빙빙 돎. ◆ 旋转, 转, 转动。¶공중 3회전 돌기에 성공하다. =成功地在空中转了3圈。❷ 방향을 바꾸어 움직임. ◆ 转, 转向, 转弯。¶자동차는 사거리를 지나 오른쪽으로 회전을 했다. =汽车经过十字路口时右转了。❸ 투자한 자금이 모두 걷히는 기간. 또는 구입한 상품이 모두 팔릴 때까지의 기간. ◆ 资金周转。¶경기가 침체되어 자금 회전이 원활하지 못하다. =由于经济停滞, 资金周转不灵。● 회전하다(回轉--/廻轉--) ●

회전목마(回轉木馬)【명사】기둥 둘레의 원판 위에 설치한 목마에 사람을 태워 빙글빙글 돌리는 놀이기구. ◆ 图旋转木马。¶놀이공원에 가서 회전목마를 타고 놀았다. =去游乐园坐旋转木马玩了。

회전체(回轉體)【명사】图 ❶ 축을 중심으로 그 둘레를 도는 물체. ◆ 旋转体。❷ 평면 도형이 같은 평면 도형 안에 있는 직선을 축으로 하여 회전할 때 생기는 입체. 원이 지름을 축으로 하여 회전하면 구(球)가 된다. ◆ 旋转体。

회전축(回轉軸)【명사】图 ❶ 공작 기계에서, 공작물 또는 연장을 회전시키기 위한 축. ◆ 轴，转轴。❷ 회전 운동의 중심이 되는 직선. ◆ 转轴。❸ 어떤 도형이 회전하여 회전체가 될 때, 그 회전의 중심이 되는 직선. ◆ 转轴。

회진(回診)【명사】의사가 환자의 병실로 돌아다니며 진찰함. ◆ 图查病房，病房巡诊。¶회진 시간. =病房巡诊时间。● 회진하다(回診--) ●

회충(蛔蟲)【명사】회충과의 기생충. 몸의 길이는 15~30cm인데, 암컷이 수컷보다 조금 길다. 세 개의 구순(口脣)을 가지며 소화관은 몸의 중앙을 지나 항문에 이른다. 사람 몸의 작은창자에 기생한다. ◆ 图蛔虫。

회칙(會則)【명사】모임의 규칙. ◆图会规，会章。

회칠(灰漆)【명사】석회를 바르는 일. ◆ 图粉刷，涂饰。● 회칠하다(灰漆--) ●

회포(懷抱)【명사】마음속에 품은 생각이나 정(情). ◆ 图心里话，心意。¶회포를 풀다. =谈心里话。

회피(回避)【명사】图 ❶ 몸을 숨기고 만나지 아니함. ◆ 回避，逃避，躲避。¶면담 회피. =回避面谈。❷ 꾀를 부려 마땅히 져야 할 책임을 지지 아니함. ◆ 回避，推卸，推诿，推脱。¶책임 회피. =推卸责任。❸ 일하기를 꺼리어 선뜻 나서지 않음. ◆ 回避，逃避，躲避。● 회피하다(回避--) ●

회합(會合)【명사】토론이나 상담을 위하여 여럿이 모이는 일. 또는 그런 모임. ◆ 图集会，聚会。¶회합을 가지다. =举行集会。● 회합하다(會合--) ●

회화(會話)【명사】图 ❶ 서로 만나서 이야기를 나눔. 또는 만나서 하는 이야기. ◆ 对话。❷ 외국어로 이야기를 나눔. 또는 그런 이야기. ◆ 会话。¶영어 회화. =英语会话。● 회화하다(會話--) ●

획【부사】副 ❶ 갑자기 빨리 움직이거나 스치는 모양. ◆ 猛地，嗖地。¶그는 인사도 없이 획 돌아섰다. =他连招呼都没打，猛地转过身去。❷ 바람이 갑자기 세게 부는 소리. 또는 그 모양. ◆ 呼呼。¶종이가 바람에 획 날리다. =纸张在风中飞舞。

획(劃)【명사】图 ❶ 글씨나 그림에서, 붓 따위로 한 번 그은 줄이나 점. ◆ 笔画，画。¶획이 굵다. =笔画很粗。❷ 글씨나 그림에서, 붓 따위를 한 번 그은 줄이나 점을 세는 단위. ◆ 量画。¶한 획. =一画。

획득(獲得)【명사】얻어 내거나 얻어 가짐. ◆ 图获得，取得，获取。¶메달 획득에 나서다. =争取获得奖牌。● 획득되다(獲得--), 획득하다(獲得--) ●

획수(劃數)【명사】글씨에서 획의 수효. ◆ 图笔画数。

획일적(劃一的)【명사】모두가 한결같아서 다름이 없는 것. ◆ 图划一，一致，清一色。¶획일적 교육. =整齐划一的教育。

획책(劃策)【명사】어떤 일을 꾸미거나 꾀함. 또는 그런 꾀. ◆ 图策划，谋划，图谋。● 획책하다(劃策--) ●

횟수(回數)【명사】돌아오는 차례의 수효. ◆ 图回数，次数。¶횟수를 거듭하다. =重复。

횡단(橫斷)【명사】图 ❶ 도로나 강 따위를 가로지름. ◆ 横穿道路，渡江。¶도로를 무단 횡단하면 위험합니다. =乱穿马路很危险。❷ 대륙이나 대양 따위를 동서의 방향으로 가로 건넘. ◆ 横贯，横跨(大洲、大洋)。¶대륙 횡단 여행. =横跨大陆的旅行。● 횡단하다(橫斷--) ●

횡단보도(橫斷步道)【명사】사람이 가로로 건너다닐 수 있도록 안전표지나 도로 표지를 설치하여 차도 위에 마련한 길. ◆ 图人行横道，斑马线。¶횡단보도에서 신호를 기다리며 서 있었다. =站在人行横道上等信号灯。

횡대(橫隊)【명사】가로로 줄을 지어 늘어선 대형(隊形). ◆ 图横队，横列。¶횡대 비행. =横列式飞行。

횡령(橫領)【명사】공금이나 남의 재물을 불법으로 차지하여 가짐. ◆ 图贪污，侵占，侵吞。¶그는 횡령 혐의로 구속되었다. =他因涉嫌贪污被逮捕了。● 횡령하다(橫領--) ●

횡사(橫死)【명사】뜻밖의 재앙으로 죽음. ◆ 图横死，死于非命。¶비명에 횡사를 당하다. =死于非命。● 횡사하다(橫死--) ●

횡설수설(橫說竪說)【명사】조리가 없이 말을 이러쿵저러쿵 지껄임 ◆ 图语无伦次，东一榔头西一棒子。¶체포된 청년 세 명은 제각기 다른 횡설수설로 수사에 혼란을 주었다. =被逮捕的3名青年供词混乱，各说一套，让侦查陷入了混乱。● 횡설수설하다(橫說竪說--) ●

횡재(橫財)【명사】뜻밖에 재물을 얻음. 또는 그 재물. ◆ 图横财，不义之财。● 횡재하다(橫財--) ●

횡포(橫暴)【명사】제멋대로 굴며 몹시 난폭함. ◆ 图横行霸道，蛮横，强横，欺行霸市。¶주인의 횡포가 심하다. =主人横行霸道。● 횡포하다(橫暴--) ●

횡행하다(橫行--)【형용사】아무 거리낌 없이 제멋대로 행동하다. ◆ 形横行霸道，泛滥。¶무질서가 횡행하다. =无秩序现象泛滥。

효(孝)【명사】어버이를 잘 섬기는 일. ◆图孝道，孝顺。

효과(效果)【명사】图 ❶ 어떤 목적을 지닌 행위에 의하여 드러나는 보람이나 좋은 결과. ◆ 效果，功效，作用，成效。¶일석이조의 효과를 거두다. =取得一石二鸟的效果。❷ 소리나 영상 따위로 그 장면에 알맞은 분위기를 인위적으로 만들어 실감을 자아내는 일. ◆ 效果。¶이 영화에서는 빛의 효과로 주제를 부각시켰다. =这部电影利用光影的效果表达出了主题。

효녀(孝女)【명사】부모를 잘 섬기는 딸. ◆ 图孝女。

효능(效能)【명사】효험을 나타내는 능력. ◆ 图效果，功效，成效，疗效。¶이 약은 효능이 있다. =这药有疗效。

효도(孝道)【명사】부모를 정성껏 잘 섬기는 일. ◆图孝敬，孝顺，尽孝。● 효도하다(孝道--) ●

효력(效力)【명사】图 ❶ 약 따위를 사용한 후에 얻는 보람. ◆ 效果，功效。¶약의 효력이 탁월하다. =药效卓越。❷ 법률이나 규칙 따위의 작용. ◆图 效

力，效。¶효력을 상실하다. =丧失效力。

효성(孝誠)【명사】마음을 다하여 부모를 섬기는 정성. ◆ 名孝顺，孝心，孝行。¶효성이 지극하다. =孝行至诚。

효성스럽다(孝誠---)【형용사】마음을 다하여 부모를 섬기는 태도가 있다. ◆ 形孝顺，孝敬。

효시(嚆矢)【명사】어떤 사물이나 현상이 시작되어 나온 맨 처음을 비유적으로 이르는 말. ◆ 名〈喻〉先河，开端。¶홍길동전은 국문 소설의 효시이다. =《洪吉童传》开了韩文小说的先河。

효심(孝心)【명사】효성스러운 마음. ◆ 名孝心。¶효심이 지극하다. =孝心至诚。

효용(效用)【명사】보람 있게 쓰거나 쓰임. 또는 그런 보람이나 쓸모. ◆ 名实效，功用，效。¶건강 보조 식품은 효용이 있다. =保健食品有效。

효율(效率)【명사】들인 노력과 얻은 결과의 비율. ◆ 名效率。¶효율을 떨어뜨리다. =降低效率。

효자(孝子)【명사】부모를 잘 섬기는 아들. ◆ 名孝子。

효행(孝行)【명사】부모를 잘 섬기는 행실. ◆ 名孝行，孝顺，尽孝。

효험(效驗)【명사】일의 좋은 보람. 또는 어떤 작용의 결과. ◆ 名效果，效力。¶효험을 보다. =见效。

후[1]【부사】입을 동글게 오므려 내밀고 입김을 많이 내뿜는 소리. 또는 그 모양. ◆ 副噗。

후[2]【명사】名 ❶ 뒤나 다음. ◆ 之后，后来。¶며칠 후에 다시 만납시다. =几天后再见吧。❷ 일이 지나간 얼마 뒤. ◆ 名以后，之后。¶후에 연락하마. =以后再联系。

후기[1](後記)【명사】본문 끝에 덧붙여 기록함. 또는 그런 글. ◆ 名后记，跋。¶책 끝에 후기를 붙이다. =在书后加上了后记。

후기[2](後期)【명사】名 ❶ 일정 기간을 둘이나 셋으로 나누었을 때의 맨 뒤 기간. ◆ 后期，后半期。¶조선 후기에 이르러서는 실학 사상이 한층 더 고조되었다. =到了朝鲜王朝后期，实学思想进一步发展到了高潮。❷ 뒷날의 기약. ◆ 日后的约定。¶후기를 믿다. =相信日后的约定。

후끈【부사】副 ❶ 몸이나 쇠 따위가 뜨거운 기운을 받아서 갑자기 몹시 달아오르는 모양. ◆ 热辣辣，火辣辣，灼热，火烧火燎。¶얼굴이 후끈 달아오르다. =脸上热辣辣的。❷ 흥분이나 긴장 따위가 갑자기 아주 고조되는 모양. ◆ 热烘烘，热乎乎。¶토론장은 그가 한 말로 갑자기 후끈 달아올랐다. =他的一句话让讨论现场突然热闹起来了。● 후끈하다 ●

후끈거리다【동사】몸이나 쇠 따위가 뜨거운 기운을 받아 잇따라 몹시 달아오르다. ◆ 动热辣辣，火辣辣，火烧火燎。¶가슴이 뛰고 얼굴이 후끈거리다. =脸红心跳。● 후끈대다 ●

후년(後年)【명사】올해의 다음다음 해. ◆ 名后年。

후다닥【부사】副 ❶ 갑자기 빠른 동작으로 뛰거나 몸을 움직이는 모양. ◆ 一骨碌，撒腿，一下子。¶한 무리의 새 떼가 놀라서 후다닥 날아올랐다. =鸟群受了惊，一下子飞了起来。❷ 일을 서둘러 빨리 해치우는 모양. ◆ 很快，匆匆，赶紧。¶작업은 한 시간이면 후다닥 끝낼 수 있습니다. =工作一个小时很快就能结束。● 후닥닥 ●

후대[1](後代)【명사】뒤에 오는 세대나 시대. ◆ 名后代，后世，后人。¶그는 당대에는 물론 후대에도 존경받는 학자로 기억될 것이다. =他是个受人尊敬的学者，不仅在当代，在后代也会被人记住。

후대[2](厚待)【명사】아주 잘 대접함. 또는 그런 대접. ◆ 名厚待，优待，款待。¶후대를 받다. =受到优待。● 후대하다(厚待--) ●

후덕하다(厚德--)【형용사】덕이 후하다. ◆ 形厚道，忠厚。¶아내의 성품이 후덕하다. =妻子秉性忠厚。

후두(喉頭)【명사】인두(咽頭)와 기관(氣管) 사이의 부분. 소리를 내고 이물질이 기도로 들어가는 것을 막는다. ◆ 名喉头，咽喉。¶적의 후두를 노려라. =扼住敌人的咽喉。

후드득【부사】副 ❶ 나뭇가지나 검불 따위가 타들어 가는 소리. ◆ 噼噼啪啪。¶장작불에서 후드득 불꽃이 튀어 올랐다. =柴火噼噼啪啪地燃起了火花。❷ 굵은 빗방울 따위가 성기게 떨어지는 소리. ◆ 滴滴答答，沥沥拉拉。¶차창으로 후드득 소리와 함께 빗방울이 부딪기 시작했다. =车窗外传来滴滴答答的声音，雨滴开始落了下来。

후들거리다【동사】팔다리나 몸이 자꾸 떨리다. 또는 팔다리나 몸을 자꾸 떨다. ◆ 动直发抖，直颤抖。¶다리가 후들거려 걸을 수가 없다. =腿一个劲发抖，走不了了。

후들후들【부사】팔다리나 몸이 잇달아 크게 떨리는 모양. ◆ 副哆嗦，哆哆嗦嗦，瑟瑟(发抖的样子)。¶추운 날씨가 아님에도 후들후들 다리가 떨렸다. =尽管天不冷，但腿还是哆嗦个不停。

후딱【부사】副 ❶ 매우 날쌔게 행동하는 모양. ◆ 突然，一下子，急忙，赶紧。¶후딱 일어서다. =赶紧站起来。❷ 시간이 매우 빠르게 지나가는 모양. ◆ 一下子，匆匆，很快地，飞快地。¶어느새 눈 깜짝할 동안에 2주일이 혹은 3주일이 후딱 지나 있곤 하였다. =一眨眼的工夫两三个星期过去了。

후레자식(--子息)【명사】배운 데 없이 제풀로 막되게 자라 교양이나 버릇이 없는 사람을 낮잡아 이르는 말. ◆ 名没教养的家伙。¶이런 후레자식 같으니라고. =没见过这种没教养的家伙!

후려갈기다【동사】채찍이나 주먹을 휘둘러 힘껏 치거나 때리다. ◆ 动鞭打，抽打。¶기수는 속도를 내기 위하여 말 궁둥이를 채찍으로 후려갈기며 달린다. =骑手边跑边用鞭子抽打马屁股加速。

후려치다【동사】주먹이나 채찍 따위를 휘둘러 힘껏 갈기다. ◆ 动鞭打，抽打。¶따귀를 후려치다. =抽打耳光。

후련하다【형용사】形 ❶ 좋지 아니하던 속이 풀리거나 내려서 시원하다. ◆ 畅快，舒服。¶냉수를 마시고 나니 속이 후련하다. =喝了凉水之后胃里舒服多了。❷ 답답하거나 갑갑하여 언짢던 것이 풀려 마음이 시원하다. ◆ 舒心，舒畅。¶자식의 합격 통지를 받으니 속이 후련하다. =接到孩子的录取通知书后心情很舒畅。

후렴(後斂)【명사】图 ❶ 시(詩)의 각 절 끝에 되풀이되는 시구. ◆ 每节诗的结尾重复的部分。❷ 노래 곡조 끝에 붙여 같은 가락으로 되풀이하여 부르는 짧은 몇 마디의 가사. ◆ (歌曲)副歌，尾声。

후루룩【부사】副 ❶ 적은 양의 액체나 국수 따위를 야단스럽게 빨리 들이마시는 소리. 또는 그 모양. ◆ 咕噜噜(喝水状)。¶뜨거운 국물을 후루룩 잘도 마신다. =咕噜噜地喝热汤。❷ 새 따위가 날개를 가볍게 치며 갑자기 날아가는 소리. 또는 그 모양. ◆ 扑棱棱(鸟飞状)。¶숲에서 산새가 한 마리 후루룩 날아올랐다. =树丛中扑棱棱飞出一只山鸟。

후리다【동사】动 ❶ 휘몰아 채거나 쫓다. ◆ 追赶，追逐，追捕。¶독수리가 병아리를 후리려 한다. =老鹰要追赶小鸡。❷ 휘둘러서 깎거나 베다. ◆ 劃，削，刨。¶대 마디를 후리어 다듬다. =刨平竹节。❸ 휘둘러서 때리거나 치다. ◆ 打。¶따귀를 세차게 후리다. =用力打耳光。❹ 남의 것을 갑자기 빼앗거나 슬쩍 가지다. ◆ 抢夺，掠夺，窃取。¶그 지주는 남의 재물을 후려 먹었다. =那个地主掠夺别人的财物。❺ 매력으로 남을 유혹하여 정신을 매우 흐리게 하다. ◆ 迷惑，诱惑。¶여자를 후리다. =诱惑女子。❻ 그럴듯한 말로 속여 넘기다. ◆ 诱骗。¶그는 어리숙한 사람을 후리고 다닌다. =他诱骗单纯的人。

후리후리하다【형용사】키가 크고 늘씬하다. ◆ 形细高，瘦高，高挑。¶애비 닮아서 키가 후리후리하다. =像父亲一样瘦高。

후면(後面)【명사】향하고 있는 방향의 반대되는 쪽의 면. ◆ 图后面，背面。

후문(後門)【명사】뒷문. ◆ 图后门。

후미(後尾)【명사】图 ❶ 뒤쪽의 끝. ◆ 末尾。❷ 대열(隊列)의 맨 뒤 또는 거기에 있는 군인, 부대, 차량 따위를 이르는 말. ◆ 图 后卫。

후미지다【형용사】形 ❶ 물가나 산길이 휘어서 굽어 들어간 곳이 매우 깊다. ◆ (山路或水边)弯曲。¶심마니는 오른쪽 후미진 바위 벼랑에서 산삼을 발견했다. =采参人在右边弯曲的岩石峭壁上发现了山参。❷ 아주 구석지고 으슥하다. ◆ 幽深，深邃，僻静。¶후미진 골목. =幽深的小巷。

후반(後半)【명사】전체를 반씩 둘로 나눈 것의 뒤쪽 반. ◆ 图后半期，后半部，后半场，下半场。

후반부(後半部)【명사】전체를 둘로 나눈 것의 뒤쪽 부분. ◆ 图后半部。

후발(後發)【명사】남보다 뒤늦게 어떤 일을 시작하거나 길을 떠남. ◆ 图后出发，后发。¶그 기업은 다른 해외 기업에 밀려 후발 주자로 시작했지만 지금은 정상의 위치에 있다. =该企业因为被其他海外企业排挤而发展受限，但现在已经处于领军地拉。

후방(後方)【명사】图 ❶ 향하고 있는 방향과 반대되는 방향. ◆ 后面，后方。❷ 전선에서 비교적 뒤에 떨어져 있는 지역. 전방 부대에 대한 물자, 병력 따위의 보급이나 보충을 담당한다. ◆ 后方。¶적은 좀 방비가 허술한 후방으로 침투하였다. =向敌人警戒松懈的后方渗透。

후배(後輩)【명사】图 ❶ 같은 분야에서 자기보다 늦게 종사하게 된 사람. ◆ 后辈，新人。❷ 같은 학교를 나중에 나온 사람. ◆ 学弟，学妹。¶대학 후배. =大学学弟妹。

후보자(候補者)【명사】선거에서, 어떤 직위나 신분을 얻으려고 일정한 자격을 갖추어 나선 사람. ◆ 图候选人。

후불(後拂)【명사】물건을 먼저 받거나 일을 모두 마친 뒤에 돈을 치름. ◆ 图后付。

후비다【동사】动 ❶ 틈이나 구멍 속을 긁거나 돌려 파내다. ◆ 抠，挖，掏。¶귓속을 후비다. =掏耳朵。❷ 물체의 표면을 날이 있는 도구로 구멍을 내거나 패게 하다. ◆ 挖，凿。¶칼로 책상 바닥을 후비다. =用刀子在桌面上凿洞。

후사[1](後事)【명사】图 ❶ 뒷일. ◆ 以后的事。¶앞으로 일어나는 모든 후사는 내가 책임지겠다. =以后发生的所有事都由我负责。❷ 죽은 뒤의 일. ◆ 后事，身后事。¶후사를 부탁하네. =托付后事。

후사[2](後嗣)【명사】대를 잇는 자식. ◆ 图后嗣，后裔。¶그 부부는 결혼한 지 10년이 넘도록 후사를 보지 못하였다. =那对夫妇结婚十多年也没能生下孩子。

후사하다(厚謝--)【동사】후하게 사례하다. ◆ 动厚谢，重谢。¶사고를 목격한 사람은 연락주세요. 후사하겠음. =请事故目击者联系，必有重谢。

후생(厚生)【명사】사람들의 생활을 넉넉하고 윤택하게 하는 일. ◆ 图福利。¶후생 복지. =福利。

후세(後世)【명사】图 ❶ 다음에 오는 세상. 또는 다음 세대의 사람들. ◆ 后世，后代。¶이름을 후세에 남기다. =声名传于后世。❷ 내세. 죽은 뒤에 다시 태어나 산다는 미래의 세상을 이른다. ◆ 来世。

후손(後孫)【명사】자신의 세대에서 여러 세대가 지난 뒤의 자녀를 통틀어 이르는 말. ◆ 图后裔，后嗣，后代，子孙。

후송(後送)【명사】적군과 맞대고 있는 지역에서 부상자, 전리품, 포로 따위를 후방으로 보냄. ◆ 图护送，送往后方。¶후송 열차. =护送列车。● 후송되다(後送--), 후송하다(後送--) ●

후식【명사】식사 뒤에 먹는, 과일이나 아이스크림 따위의 간단한 음식. ◆ 图餐后甜点，饭后甜点。¶저녁 후식은 수박이다. =晚餐的餐后甜点是西瓜。

후실(後室)【명사】남의 '후처(後妻)'를 높여 부르는 말. ◆ 图后室，后妻。

후예(後裔)【명사】자신의 세대에서 여러 세대가 지난 뒤의 자녀를 통틀어 이르는 말. ◆ 图后裔，后嗣。¶그는 양반의 후예라 자랑한다. =他为自己是贵族的后裔而自豪。

후원[1](後援)【명사】뒤에서 도와줌. ◆ 图后援，支援。¶후원 단체. =后援团体。● 후원하다(後援--) ●

후원[2](後園)【명사】집 뒤에 있는 정원이나 작은 동산. ◆ 图后园。

후원회(後援會)【명사】어떤 개인이나 단체의 활동, 사업 따위를 뒤에서 도와주기 위하여 조직한 회. ◆名后援会，支援会。

후유증(後遺症)【명사】名 ❶ 어떤 병을 앓고 난 뒤에도 남아 있는 병적인 증상. 뇌중풍에서의 손발 마비, 뇌염에서의 정신적·신체적 장애 따위이다. ◆ 后遗症。❷ 어떤 일을 치르고 난 뒤에 생긴 부작용. ◆ 后遗症，副作用。¶그는 과로의 후유증으로 감기 몸살을 앓고 있다. =他因为过度劳累引起的后遗症而得了感冒。

후일(後日)【명사】뒷날. ◆名日后，以后，今后。

후임(後任)【명사】앞서 맡아보던 사람에 뒤이어 직무를 맡음. 또는 그런 사람이나 그 임무. ◆名后任，继任；继任者。

후자(後者)【명사】두 가지 사물이나 사람을 들어서 말할 때, 뒤에 든 사물이나 사람. ◆名后者。

후줄근하다【형용사】옷이나 종이 따위가 약간 젖거나 풀기가 빠져 아주 보기 흉하게 축 늘어져 있다. ◆ 形软塌塌，寒酸。¶후줄근한 옷차림. =寒酸的打扮。

후지다【형용사】품질이나 성능이 다른 것에 비해 뒤떨어지다. ◆形落后，过时。¶이 넥타이가 후지다. =这领带过时了。

후진(後進)【명사】名 ❶ 어떤 발전 수준에 뒤지거나 뒤떨어짐. 또는 그런 사람. ◆ 后进，落后，不发达；落后者。❷ 뒤쪽으로 나아감. ◆ 后退。¶후진으로 차를 몰다. =向后倒车。❸ 후배(後輩). ◆ 后辈，晚辈。¶후진을 키우다. =培养后辈。● 후진하다(後進--) ●

후진국(後進國)【명사】산업, 경제, 문화 따위의 발전 수준이 기준보다 뒤떨어진 나라. ◆ 名欠发达国家，落后国家。

후처(後妻)【명사】다시 혼인하여 맞은 아내를 이르는 말. ◆名后妻，继室。

후천성 면역 결핍증(後天性免疫缺乏症)【명사】인간 면역 결핍 바이러스에 의하여 면역 세포가 파괴됨으로써 인체의 면역 능력이 극도로 저하되어 병원체에 대하여 무방비 상태에 이르는 병. ◆名获得性免疫缺陷综合征，艾滋病。

후천적(後天的)【명사】태어난 후에 얻든가 생기는 성질을 가진 것. ◆ 名后天的。¶키는 타고난 인자와 후천적인 영향에 따라 다소 차이가 나고 있다. =受先天因素和后天的影响，身高稍有些不同。

후추【명사】후추나무의 열매. 음식의 양념으로 쓴다. ◆名胡椒。

후춧가루【명사】후추를 갈아서 만든 가루. 양념으로 쓴다. ◆名胡椒面，胡椒粉。

후텁지근하다【형용사】조금 불쾌할 정도로 끈끈하고 무더운 기운이 있다. ◆形非常闷热。

후퇴(後退)【명사】名 ❶ 뒤로 물러남. ◆ 后退，撤退。¶작전상 후퇴. =作战上的撤退。❷ 발전하지 못하고 기운이 약해짐. ◆ 后退，衰退。¶경제 후퇴. =经济倒退。● 후퇴하다(後退--) ●

후편(後篇)【명사】두 편으로 나누어진 책이나 영화 따위의 뒤쪽 편. ◆名后篇，下篇。¶이 소설은 전편보다 후편이 다이나믹하다. =这部小说的后篇比前篇更有活力。

후하다(厚--)【형용사】마음 씀씀이나 태도가 너그럽다. ◆形宽厚，敦厚，厚道。¶후한 인심. =宽厚的人心。

후학(後學)【명사】학문에서의 후배. ◆名后辈，后学。¶후학을 양성하다. =培养后辈。

후환(後患)【명사】어떤 일로 말미암아 뒷날 생기는 걱정과 근심. ◆名后患。¶후환을 없애다. =除掉后患。

후회(後悔)【명사】이전의 잘못을 깨치고 뉘우침. ◆名后悔。¶후회 없는 삶을 살아야 합니다. =要无悔地生活。● 후회되다(後悔--), 후회하다(後悔--) ●

후후【부사】입을 동글게 오므려 내밀고 입김을 자꾸 많이 내뿜는 소리. 또는 그 모양. ◆ 副呼呼(吹气)。¶아이의 상처 자리에 후후 입김을 불어 주었다. =呼呼地对着孩子的伤口吹气。

훅【부사】副 ❶ 액체를 단숨에 들이마시는 소리. 또는 그 모양. ◆ 咕嘟，呼噜(喝汤声或者喝汤貌)。¶국물을 훅 들이키다. =咕嘟咕嘟喝汤。❷ 입을 오므리고 입김을 갑자기 세게 부는 소리. 또는 그 모양. ◆ 呼，噗(吹气声或者吹气状)。¶담배 연기를 훅 내뿜다. ="噗"地吐出一口烟。❸ 냄새나 바람, 열기 따위의 기운이 갑자기 밀려드는 모양. ◆ (风、气味、热气等)呼地，嗖地(吹过来)。¶방문을 열자 찬 바람이 훅 불어왔다. =一打开门，冷风"呼"地吹了过来。

훈(訓)【명사】새김. 낱낱의 한자를 읽을 때, 한자의 음(音) 앞에 풀이하여 놓은 뜻. ◆ 名训(汉字字义解释)。

훈계(訓戒)【명사】타일러서 잘못이 없도록 주의를 줌. 또는 그런 말. ◆名训诫。¶교장 선생님께서 훈계를 늘어놓으셨다. =校长进行训诫。● 훈계하다(訓戒--) ●

훈기(薰氣)【명사】名 ❶ 훈훈한 기운. ◆ 热气。¶훈기가 돌다. =热气升腾。❷ 훈김(인정으로 생기는 훈훈한 분위기를 비유적으로 이르는 말). ◆ 暖暖的人情味。

훈련(訓鍊/訓練)【명사】名 ❶ 기본자세나 동작 따위를 되풀이하여 익힘. ◆ 训练。¶총검술 훈련. =训练拼刺技术。❷ 가르쳐서 익히게 함. ◆ 训练。¶신병 훈련. =新兵训练。● 훈련되다(訓鍊--/訓練--), 훈련하다(訓鍊/訓練--) ●

훈련병(訓鍊兵)【명사】각 부대에 배치되기 전에 훈련 기관에서 훈련을 받고 있는 병사. ◆名受训士兵。

훈련소(訓鍊所)【명사】훈련을 하기 위하여 마련한 곳. 또는 그런 기관. ◆名训练基地。

훈민정음(訓民正音)【명사】名 ❶ 백성을 가르치는 바른 소리라는 뜻으로, 1443년에 세종이 창제한 글자를 이르는 말. ◆ 训民正音(韩文名称)。❷ (책명) 조선 세종 28년 에 훈민정음 28자를 세상에 반포할 때에 찍어 낸 판각 원본. 1997년에 유네스코 세계 기록

유산으로 지정되었다. ◆《训民正音》。

훈수(訓手)【명사】图 ❶ 바둑이나 장기 따위를 둘 때에 구경하던 사람이 끼어들어 수를 가르쳐 줌. ◆(棋类旁观者)支着儿，出主意。¶내기 장기니까 훈수 두지 마라. =下象棋打赌，别支着儿。❷ 남의 일에 끼어들어 이래라저래라 하는 말. ◆说三道四，说长道短，品头论足。● 훈수하다(訓手--) ●

훈시(訓示)【명사】图 ❶ 상관이 하관에게 집무상의 주의 사항을 일러 보임. ◆训示，训导，训话。¶훈련관의 훈시가 끝나자 각 분대별로 대오를 갖추었다. =训练官的训话结束以后，各分队整队集合。❷ 가르쳐 보이거나 타이름. ◆训示，教导，训导。● 훈시하다(訓示--) ●

훈육(訓育)【명사】품성이나 도덕 따위를 가르쳐 기름. ◆图训育。

훈장(勳章)【명사】대한민국 국민이나 우방 국민으로서 대한민국을 위하여 뚜렷한 공적을 세운 사람에게 그 공로를 기리고자 나라에서 주는 휘장. ◆图勋章。

훈제(燻製)【명사】소금에 절인 고기를 연기에 그슬려 말리면서 그 연기의 성분이 흡수되게 함. 또는 그런 식품. 독특한 풍미가 있으며 방부성이 있어 오래 저장할 수 있다. ◆图熏制。¶훈제 연어. =熏制鲑鱼。● 훈제하다(燻製--) ●

훈화(訓話)【명사】교훈이나 훈시를 함. 또는 그런 말. ◆图训话，训词。¶훈화 방송. =训话广播。● 훈화하다(訓話--) ●

훈훈하다(薰薰--)【형용사】形 ❶ 날씨나 온도가 견디기 좋을 만큼 덥다. ◆温暖，和煦，煦暖。¶실내가 훈훈하다. =室内很温暖。❷ 마음을 부드럽게 녹여 주는 따뜻한 감정이 있다. ◆欣慰，舒心，温暖。¶훈훈한 인정미. =温暖的人情味。

훌떡【부사】副 ❶ 아주 남김없이 벗거나 벗어진 모양. ◆光秃秃的。¶이마가 훌떡 벗어진 것이 나이 들어 보인다. =额头光秃秃的，看起来年纪不小了。❷ 힘차게 뛰거나 뛰어넘는 모양. ◆一下子(越过的样子)。¶도랑을 훌떡 건넜다. =一下子越过水沟。

훌라후프(Hula-Hoop)【명사】플라스틱으로 만든 둥근 테를 허리나 목으로 빙빙 돌리는 놀이. 또는 그 테. ◆图呼啦圈。

훌렁【부사】副 ❶ 속의 것이 시원스럽게 드러나도록 완전히 벗어지거나 뒤집히는 모양. ◆整个地(翻过来)。¶바람에 우산이 훌렁 뒤집혔다. =风把雨伞吹翻了过来。❷ 가지고 있던 돈이나 재산 따위를 다 날려 버리는 모양. ◆光光地。¶그는 노름으로 집 한 채를 훌렁 날렸다. =他赌博输掉了一栋房子。❸ 구멍이 넓어서 아주 헐겁게 빠지거나 들어가는 모양. ◆松松地(佩戴或穿过某种孔洞)。¶살이 빠져 반지가 손가락에 훌렁 들어간다. =瘦了，戒指松松地戴在手上。

훌륭하다【형용사】썩 좋아서 나무랄 곳이 없다. ◆形优秀，出色，不凡，优越。¶훌륭한 작품. =优秀作品。● 훌륭히 ●

훌쩍【부사】副 ❶ 액체 따위를 단숨에 남김없이 들이마시는 소리. 또는 그 모양. ◆一下子(喝光的样子)。¶술을 훌쩍 들이키고 잔을 돌렸다. =杯中酒一饮而尽后，把杯子交给别人。❷ 콧물을 단숨에 들이마시는 소리. 또는 그 모양. ◆呼噜(抽鼻涕的声音或样子)。¶콧물을 훌쩍 들이마시다. =呼噜呼噜地抽鼻涕。❸ 단숨에 거볍게 뛰거나 날아오르는 모양. ◆一下子(跃起的样子)。¶차에서 훌쩍 뛰어내렸다. =一下子从车上跳下来。❹ 거침없이 가볍게 길을 떠나는 모양. ◆马上(启程)。¶어디론가 훌쩍 떠나고 싶다. =想马上去什么地方。❺ 보통의 경우보다 훨씬 더 크거나 커진 모양. ◆飞快地，忽然(变大的样子)。¶못 보는 사이에 훌쩍 자랐구나. =一段时间没见，忽然就长这么大了。

훌쩍거리다【동사】动 ❶ 액체 따위를 단숨에 남김없이 들이마시다. ◆不断抽吸。¶술만 훌쩍거릴 뿐 아무 말도 하지 않았다. =只喝酒不说话。❷ 콧물을 들이마시며 자꾸 흐느껴 울다. ◆不断抽泣。¶누가 죽기라도 했냐 훌쩍거리게. =有人死了吗，为什么不停地抽泣? ● 훌쩍대다 ●

훌쩍이다【동사】动 ❶ 액체 따위를 단숨에 남김없이 들이마시다. ◆啜吸，吸溜。❷ 콧물을 들이마시며 자꾸 흐느껴 울다. ◆抽噎，抽泣。¶그녀는 아무나 붙잡고 훌쩍이며 신세타령을 한다. =她见人就抓住不放，哭诉自己的命不好。

훌쩍훌쩍【부사】副 ❶ 액체 따위를 남김없이 잇따라 들이마시는 소리. 또는 그 모양. ◆一下子(喝光状)。¶그는 식은 홍차를 훌쩍훌쩍 마셨다. =他一下子喝光了凉了的红茶。❷ 콧물을 잇따라 들이마시는 소리. 또는 그 모양. ◆呼噜呼噜(抽鼻涕的样子)。¶아이가 훌쩍훌쩍 콧물을 들이마신다. =孩子呼噜呼噜地擤鼻涕。❸ 콧물을 들이마시며 잇따라 흐느껴 우는 소리. 또는 그 모양. ◆不断抽泣的样子。¶엄마와 떨어진 아이가 훌쩍훌쩍 울기 시작한다. =和母亲分离的孩子开始不断地抽泣。

훨훨【부사】副 ❶ 날짐승 따위가 잇따라 날개를 치며 가볍게 나는 모양. ◆鸟儿翩翩飞翔貌。¶새가 하늘을 훨훨 날아가다. =鸟儿在天空中轻盈地飞翔。❷ 눈, 종이, 꽃잎 따위가 가볍게 날리는 모양. ◆雪、纸片、花瓣等飞舞的样子。¶꽃잎이 훨훨 날리다. =花瓣轻舞。❸ 가볍게 날듯이 뛰거나 움직이는 모양. ◆轻轻跨越的样子。¶그는 장애물을 훨훨 뛰어넘었다. =他轻盈地跳过障碍物。❹ 가벼운 물건을 자꾸 멀리 던지거나 뿌리는 모양. ◆撒物的样子。¶그는 고등어에 소금을 훨훨 뿌려 재웠다. =他刷刷地往青鱼上撒盐将其腌起来。❺ 먼지나 부스러기 따위를 잇따라 가볍게 떠는 모양. ◆掸灰尘的样子。¶먼지를 훨훨 털다. =轻轻掸掉灰尘。❻ 옷 따위를 시원스럽게 벗어 버리거나 벗기는 모양. ◆利索地，麻利地。¶옷을 훨훨 벗고 물로 뛰어들었다. =麻利地脱掉衣服跳进水里。

훑다【동사】动 ❶ 붙어 있는 것을 떼기 위하여 다른 물건의 틈에 끼워 죽 잡아당기다. ◆脱粒，捋。¶벼를 훑다. =将稻谷脱粒。❷ 붙은 것을 깨끗이 다 씻어 내다. ◆ 擦。¶구석구석 먼지를 훑다. =擦掉角落里的灰尘。❸ 일정한 범위를 한쪽에서 시작하여 죽 더듬거나 살피다. ◆ 打量。¶경찰은 범인을 찾기 위해 주변 지역을 경찰이 샅샅이 훑었다. =警察为了寻找犯人而仔细打量周边地区。

훑어보다【동사】위아래로 또는 처음부터 끝까지 빈틈없이 죽 눈여겨보다. ◆ 动细看，端详，打量。¶나는 책을 대강 훑어보고는 줄거리를 파악하였다. =我大致看了一遍书，掌握了梗概。

훔쳐보다【동사】남이 모르게 가만히 보다. ◆ 动偷看，窥视，偷瞟。¶신혼 방을 훔쳐보다. =偷看洞房。

훔치다[1]【동사】动 ❶ 물기나 때 따위가 묻은 것을 닦아 말끔하게 하다. ◆ 擦，拭。¶손수건으로 눈물을 훔치다. =用手巾擦掉眼泪。❷ 보이지 아니하는 곳에 있는 것을 찾으려고 손으로 더듬어 만지다. ◆ 摸索。

훔치다[2]【동사】남의 물건을 남몰래 슬쩍 가져다가 자기 것으로 하다. ◆ 动窃取，偷盗。¶남의 돈을 훔치다. =窃取他人钱财。

훗날(後-)【명사】뒷날. ◆ 名日后，以后。¶훗날을 기약하다. =定好日后之约，寄希望于未来。

훤칠하다【형용사】形 ❶ 길고 미끈하다. ◆ 高大而美丽。¶그의 훤칠한 키가 마음에 든다. =很喜欢他颀长的身材。❷ 막힘없이 깨끗하고도 시원스럽다. ◆ 光洁，流畅。

훤하다【형용사】形 ❶ 조금 흐릿하게 밝다. ◆ 发亮。¶새벽 5시면 동쪽 하늘이 훤하다. =清晨5点，东方天空亮起来。❷ 앞이 탁 트여 넓고 멀다. ◆ 广阔，开阔。¶훤하게 트인 들판. =广阔的原野。❸ 무슨 일의 조리나 속내가 뚜렷하다. ◆ 清楚，明白，明显。¶그녀는 그의 집 내부 사정에 훤하다. =她对他家内部的事情很清楚。● 훤히 ●

훨씬【부사】정도 이상으로 차이가 나게. ◆ 副更加，非常，很。¶생각보다 오자가 훨씬 많다. =错别字比预想的要多得多。

훨훨【부사】副 ❶ 날짐승 따위가 높이 떠서 느릿느릿 날개를 치며 매우 시원스럽게 나는 모양. ◆ 翩翩地，轻盈地。¶나비가 훨훨 날아가다. =蝴蝶轻盈地飞舞。❷ 불길이 세차고 매우 시원스럽게 타오르는 모양. ◆ 呼呼地，熊熊地。¶마른 나뭇가지에 불이 훨훨 붙는다. =干树枝在火里熊熊燃烧。❸ 큰 부채 따위로 느릿느릿 매우 시원스럽게 부치는 모양. ◆ 呼呼地(扇风)。¶부채로 연기를 훨훨 쫓다. =用扇子呼呼地扇风。❹ 옷 따위를 매우 시원스럽게 벗어 버리거나 벗기는 모양. ◆ 利索地，麻利地。¶옷을 훨훨 벗다. =利索地脱下衣服。

훼방(毁謗)【명사】名 ❶ 남을 헐뜯어 비방함. 또는 그런 비방. ◆ 毁谤，诽谤。¶동료직원을 훼방해 보았자 아무 소용이 없지 않습니까? =诽谤同事有什么用? ❷ 남의 일을 방해함. ◆ 阻挠，妨害。¶경쟁 회사의 훼방으로 이번 행사는 취소되었다. =因为对手公司的阻挠而取消了这次活动。● 훼방하다(毁謗--) ●

훼손(毁損)【명사】名 ❶ 체면이나 명예를 손상함. ◆ 玷污，污损。¶명예에 훼손을 입다. =名誉受损。❷ 헐거나 깨뜨려 못 쓰게 만듦. ◆ 损害，损坏，损伤。¶문화재 훼손이 심각하다. =文物遗产受损严重。● 훼손되다(毁損--), 훼손하다(毁損--) ●

휑하다【형용사】形 ❶ 무슨 일에나 막힘이 없이 다 잘 알아 매우 환하다. ◆ 精通，通晓，谙熟。❷ 구멍 따위가 막힌 데 없이 매우 시원스럽게 뚫려 있다. ◆ 畅通无阻。❸ 눈이 쑥 들어가 보이고 정기가 없다. ◆ (眼睛)深陷、无神。¶휑하게 뚫린 눈에 우수가 잠겨 있다. =深陷的眼睛带着忧愁。

휘감다【동사】动 ❶ 어떤 물체를 다른 물체에 휘둘러 감거나 친친 둘러 감다. ◆ 绕，缠。¶간호사는 붕대를 환자의 팔뚝에 휘감았다. =护士将绷带缠在患者前臂上。❷ 덩굴, 뱀 따위가 그 자체로 다른 물체를 마구 빙빙 두르다. ◆ 缠，绕。¶담쟁이가 집의 벽을 휘감고 있다. =爬山虎盘绕在家里的墙上。

휘날리다【동사】动 ❶ 거세게 펄펄 나부끼다. 또는 그렇게 나부끼게 하다. ◆ 飘动，飘扬，招展。¶깃발이 휘날리다. =旗帜招展。❷ 거세게 펄펄 흩어져 날거나 날게 하다. ◆ 扬，撒，飞舞。¶먼지바람이 휘날려 한 치 앞도 볼 수가 없다. =灰尘飞扬，连前面一尺远的地方都看不清。❸ 명성이나 이름 따위를 널리 떨치다. ◆ 扬名，出名。¶전국에 명성을 휘날리다. =名扬全国。

휘다【동사】动 ❶ 꼿꼿하던 물체가 구부러지다. 또는 그 물체를 구부리다. ◆ 使弯曲，弄弯。¶상다리가 휘도록 음식을 많이 차렸다. =准备了很多饭菜，都快把桌腿压弯了。❷ 남의 의지를 꺾어 뜻을 굽히게 하다. ◆ 使屈服。

휘돌다【동사】动 ❶ 어떤 물체가 어떤 공간에서 빙글빙글 마구 돌다. ◆ 转，绕。❷ 어떤 방향으로 돌려 가다. ◆ 转，绕。¶강물은 계곡을 향해 휘돌아 흘러간다. =江水向着溪谷蜿蜒流去。❸ 어떤 기운이나 공기가 어떤 공간에서 거칠게 떠돌다. ◆ 萦绕。❹ 여러 곳을 순서대로 돌다. ◆ 巡回。

휘돌리다【동사】어떤 물체가 어떤 공간에서 빙글빙글 마구 돌리다. ◆ 动让转，让绕。¶학생들을 지각한 벌로 운동장 한 바퀴를 휘돌렸다. =作为对迟到学生的惩罚，让他们围着操场转一圈。

휘두르다【동사】动 ❶ 이리저리 마구 내두르다. ◆ 挥动，挥舞，抡。¶칼을 휘두르다. =挥刀。❷ 남을 정신 차릴 수 없도록 얼떨떨하게 만들다. ◆ 使晕头转向。❸ 사람이나 일을 제 마음대로 마구 다루다. ◆ 控制，操纵。¶권력을 이용해 사람들을 휘두르다. =用权力来操纵人。

휘둘리다【동사】动 ❶ 이리저리 마구 내둘리다. ◆ 挥动，挥舞，抡。¶적의 칼에 휘둘려 공격 한 번 못해 보고 도망 왔다. =被敌人挥舞着刀的样子吓坏了，连次进攻都没有就逃走了。❷ 사람이나 일이 제 마음대로 마구 다루어지다. ◆ 控制，操纵。¶서민들은 정치권력에 휘둘려 기를 못 펴고 살았었다. =平民百姓在政治权力的强压下忍气吞声地生活。

휘둥그렇다【형용사】놀라거나 두려워서 크게 뜬 눈이 둥그렇다. ◆ 形 (眼睛瞪得)溜圆。¶그녀는 갑작스러운 굉음에 놀라 눈이 휘둥그렇게 되었다. =他被突如其来的巨响吓得瞪圆了眼睛。

휘둥그레지다【동사】놀라거나 두려워서 눈이 크고 둥그렇게 되다. ◆ 动 (眼睛)溜圆。¶여객기 사고가 났다는 말에 사람들은 휘둥그레져 서로 얼굴을 바라보았다. =听到客机发生事故的消息后，人们瞪大眼睛面面相觑。

휘말리다【동사】动 ❶ 함부로 휘휘 감아서 말리다. ◆ 卷起，席卷。¶달력이 자꾸 휘말릴 때는 한 번 다려 쓰는 것이 좋다. =日历总被卷起来，这时候最好熨一下再用。❷ 물살 따위에 휩쓸리다. ◆ 被卷走。¶배가 소용돌이에 휘말려 가라앉았다. =船被卷入漩涡沉没了。❸ 어떤 사건이나 감정에 완전히 휩쓸려 들어가다. ◆ 卷入，陷入，被笼罩。¶염문에 휘말리다. =卷入了绯闻。

휘몰다【동사】动 ❶ 매우 세차게 한 방향으로 몰다. ◆ 驱赶。¶그 가수는 청중을 휘몰고 다닌다. =那名歌手所到之处引来无数歌迷。❷ 비바람 따위가 어느 지역을 마구 몰아치다. ◆ (风雨，风雪)猛刮，吹打。¶거센 눈보라가 계곡을 휘몰던 때는 아무도 산에 오르지 않았다. =大风雪席卷溪谷时没有人上山。

휘몰아치다【동사】비바람 따위가 휘몰아 한곳으로 세차게 불다. ◆ 动(风雨，风雪)猛刮，吹打。¶눈보라가 숨이 막힐 만큼 무섭게 휘몰아치다. =风雪刮得很厉害，让人无法呼吸。

휘발유(揮發油)【명사】가솔린. ◆ 名汽油。

휘어잡다【동사】动 ❶ 무엇을 구부리어 거머잡다. ◆ 握住，抓住，攥住。¶멱살을 휘어잡다. =揪住领口。❷ 손아귀에 넣고 부리다. ◆ 控制，操纵。¶그의 연설은 청중을 휘어잡는 강렬함이 있다. =他的演说有种能控制听众的力量。

휘어지다【동사】곧은 물체가 어떤 힘을 받아서 구부러지다. ◆ 动弯曲，打弯。¶철근이 더위에 휘어져 쓸 수가 없었다. =钢筋受热变弯了，用不了了。

휘영청 【부사】달빛 따위가 몹시 밝은 모양. ◆ 副明亮地，皎洁地。¶달이 휘영청 밝다. =月亮明亮皎洁。

휘장(揮帳)【명사】피륙을 여러 폭으로 이어서 빙 둘러치는 장막. ◆ 名帷帐，帐幔。¶앞마당에 휘장을 치다. =在前院挂帷帐。

휘적휘적【부사】걸을 때에 두 팔을 자꾸 몹시 휘젓는 모양. ◆ 副 (双臂)一甩一甩地。¶그는 고의춤을 여미며 일어서더니 다른 데로 휘적휘적 가 버렸다. =他整理好裤腰后站起来，胳膊一甩一甩地去别的地方了。

휘젓다【동사】动 ❶ 골고루 섞이도록 마구 젓다. ◆ 搅动，搅合，搅拌。¶밀가루로 풀을 쑬 때에는 잘 휘저어 주어야 눋지 않는다. =用面粉打糨糊时要好好搅拌才不会烧焦。❷ 마구 뒤흔들어 어지럽게 만들다. ◆ 弄乱，打乱。¶싸움 소리가 새벽의 적막을 휘저어 놓았다. =吵架声打破了清晨的寂静。❸ 이리저리 심하게 흔들어 젓다. ◆ 挥舞，挥动。¶그는 절대 아니라고 고개를 크게 휘저었다. =他使劲地摇着头否认。

휘청거리다【동사】动 ❶ 가늘고 긴 물건이 잇따라 휘어지며 느리게 흔들리다. ◆ 直颤悠，直颤动，直摇晃。¶갈대가 바람에 휘청거리다. =芦苇在风中直摇晃。❷ 걸을 때 다리에 힘이 없어 똑바로 걷지 못하고 휘우듬하게 자꾸 흔들리다. 또는 그렇게 하다. ◆ 直趔趄。¶다리가 휘청거리다. =腿直趔趄。● 휘청대다 ●

휘청휘청【부사】副 ❶ 가늘고 긴 것이 탄력 있게 휘어지며 느리게 자꾸 흔들리는 모양. ◆ 颤颤悠悠地，摇摇晃晃地。¶열매가 가지 끝에 휘청휘청 매달렸다. =果实颤颤悠悠地挂在枝头。❷ 걸을 때 다리에 힘이 없어 똑바로 걷지 못하고 휘우듬하게 흔들리는 모양. ◆ 趔趔趄趄地。¶그래도 넘어지지 않고 휘청휘청 잘 걸어간다. =没有跌倒，趔趔趄趄地向前走得很好。● 휘청휘청하다 ●

휘파람【명사】입술을 좁게 오므리고 혀끝으로 입김을 불어서 맑게 내는 소리. 또는 그런 일. ◆ 名口哨。¶휘파람을 불다. =吹口哨。

휘황찬란하다(輝煌燦爛--)【형용사】形 ❶ 광채가 나서 눈부시게 번쩍이다. ◆ 光彩夺目，辉煌灿烂。¶휘황찬란한 샹들리에. =光彩夺目的枝形吊灯。❷ 행동이 온당하지 못하고 못된 꾀가 많아서 야단스럽기만 하고 믿을 수 없다. ◆ 矫揉造作。

휙【부사】副 ❶ 갑자기 재빨리 움직이거나 스치는 모양. ◆ 嗖地，飞快地。¶앞서 걷던 동생은 자신을 부르는 소리에 휙 고개를 돌렸다. =走在前面的弟弟听到叫自己的声音飞快地回过头来。❷ 바람이 갑자기 아주 세게 부는 소리. 또는 그 모양. ◆ 呼地，嗖地。¶찬바람이 휙 불다. =冷风呼呼地吹。❸ 갑자기 아주 세게 던지거나 뿌리치는 모양. ◆ 呼地，嗖地。¶키 큰 사내는 길바닥에 담배꽁초를 휙 던진다. =大个子男人嗖地把烟头扔在路上。❹ 일을 빨리 해치우는 모양. ◆ 飞快地，麻利地，迅速地。¶청소를 휙 해치우다. =飞快地打扫完房间。❺ 조금 길고 힘 있게 휘파람 따위를 부는 소리. 또는 그 모양. ◆ 打呼哨的声音或样子。¶입술에 손가락을 넣고 휙 휘파람을 불었다. =把手指放进口中，打了声呼哨。

휙휙【부사】副 ❶ 잇따라 재빨리 움직이거나 스치는 모양. ◆ 飞快地移动貌。¶방학을 맞은 아이는 신이 나는지 책가방을 휙휙 돌리며 뛰어온다. =放假的孩子们兴致勃勃地嗖嗖晃动着书包跑过来。❷ 바람이 잇따라 아주 세게 부는 소리. 또는 그 모양. ◆ 风呼呼刮的样子。¶허술하게 만들어진 유리창 밖으로 엄동설한의 찬바람이 휙휙 스쳐 지나갔다. =严冬的冷风呼呼地从简陋的玻璃窗外吹过。❸ 잇따라 몹시 세게 던지거나 뿌리치는 모양. ◆ 噌地(用大力气扔的样子)。¶그는 출입문을 들어서자마자 옷을 벗어서 화장실문께로 휙휙 던졌다. =他一进门，就把衣服脱下来扔到洗手间门口。❹ 일을 잇따라 빠르게 해치우는 모양. ◆ 飞快地。¶그는 미루어 놓았던 빨래며 청소를 휙휙 해 부쳤다. =他迅速洗完积攒下的衣服后又飞快地打扫完卫生。

휠체어(wheelchair)【명사】다리를 마음대로 움직일 수 없는 사람이 앉은 채로 이동할 수 있도록 바퀴를 단 의자. ◆名轮椅。

휩싸다【동사】动 ❶ 휘휘 둘러 감아서 싸다. ◆包住，裹住，围住。¶치렁치렁한 치맛자락을 휩싸 쥐다. =握住轻轻摆动的裙角。❷ 무엇이 온통 뒤덮다. ◆包围，笼罩。¶불길이 건물을 휩싸다. =火焰笼罩着建筑。❸ 어떠한 감정이 가득하여 마음을 뒤덮다. ◆笼罩，萦绕，充满。¶불안한 생각이 마음을 휩싸다. =心中充满了不安的想法。

휩싸이다【동사】动 ❶ 휘휘 둘러 감아서 싸이다. ◆被包住，被裹住，被围住。¶인파에 휩싸여 밀려가고 있었다. =被人群包围住往前挤。❷ 무엇이 온통 뒤덮이다. ◆被包围，被笼罩。¶안개에 휩싸인 마을. =被雾笼罩的村子。❸ 어떠한 감정이 가득하여 마음이 뒤덮히다. ◆被笼罩，被萦绕。¶불길한 예감에 휩싸이다. =被不祥的预感笼罩着。

휩쓸다【동사】动 ❶ 물, 불, 바람 따위가 모조리 휘몰아 쓸다. ◆横扫，席卷。¶태풍이 온 마을을 휩쓸고 지나간다. =台风横扫整个村子。❷ 질병, 전쟁, 풍조 따위가 전체에 퍼지다. ◆横扫，席卷。¶전염병이 도시를 휩쓸다. =传染病席卷了城市。❸ 거침없이 행동을 함부로 하다. ◆恣意妄为。¶밤만 되면 건달들이 동네를 휩쓸기 때문에 밖에 나가기가 두렵다. =一到晚上，小混混们就在村子里恣意妄为，所以不敢到外面去。❹ 경기 따위에서, 상┌메달 따위를 모두 차지하다. ◆囊括，包揽。¶아카데미상을 휩쓴 영화. =囊括多项奥斯卡奖的电影。

휩쓸리다【동사】动 ❶ 몰리어 휩쓸어지다. ◆被横扫，被席卷。¶세속에 휩쓸리다. =被世俗左右。❷ 무슨 현상이나 일로 덮이다. ◆(某件事情或者现象)所占据。❸ 무리에 섞여들다. ◆融入，融进。❹ 동화되거나 영향을 받다. ◆被同化，受影响。

휴【감탄사】叹 ❶ 일이 고되어서 힘에 부치거나 시름이 있을 때 크고 길게 내쉬는 소리 ◆嗨哟。¶휴! 빨래를 하던 어머니는 가쁜 숨을 내쉬셨다. =嗨哟！洗衣服的母亲喘了口粗气。❷ 어려운 일을 끝내거나 고비를 넘겼을 때 안심하여 크고 길게 내쉬는 소리. ◆嘘(长出气)。¶산 정상에 도착한 등산대원들은 휴하고 크게 숨을 내뿜었다. =登上山顶后，登山队员们嘘地深呼了口气。

휴가(休暇)【명사】직장, 학교, 군대 따위의 단체에서, 일정한 기간 동안 쉬는 일. 또는 그런 겨를. ◆名放假，休假；假期。

휴가철(休暇-)【명사】많은 사람이 휴가를 즐기는 기간. ◆名休假期，休假季节。

휴게소(休憩所)【명사】길을 가는 사람들이 잠깐 동안 머물러 쉴 수 있도록 마련하여 놓은 장소. ◆名休息处，休息站。¶간이 휴게소. =简易休息处。

휴게실(休憩室)【명사】잠깐 동안 머물러 쉴 수 있도록 마련해 놓은 방. ◆名休息室。

휴교(休校)【명사】名 ❶ 학교가 학생을 가르치는 업무를 한동안 쉼. ◆暂停授课。휴교 조치를 취하다. =采取暂停授课的措施。❷ 학생이 학교에서 수업을 받는 일을 한동안 쉼. ◆停课，罢课。¶학생들은 학교의 부당한 교수 임용에 반대하여 휴교를 결의했다. =学生们反对学校违规聘用教师，决定罢课。● 휴교하다(休校--) ●

휴대(携帶)【명사】손에 들거나 몸에 지니고 다님. ◆名携带。¶이 우산은 접을 수 있어 휴대가 간편하다. =这种伞可以折叠，携带方便。● 휴대하다(携帶--) ●

휴대용(携帶用)【명사】손에 들거나 몸에 지니고 다닐 수 있게 만든 물건. ◆名携带用，可携带的，便携式。¶휴대용 녹음기. =便携式录音机。

휴대폰 (携帶)【명사】지니고 다니면서 걸고 받을 수 있는 소형 전화기. ◆名手机，手提电话，移动电话。

휴대품(携帶品)【명사】손에 들거나 몸에 지니고 다니는 물건. ◆名携带品，随身物品。

휴무(休務)【명사】직무를 보지 아니하고 하루 또는 한동안 쉼. ◆名暂停办公，休息。¶토요일 휴무가 실시되면서 소비가 살아날 것으로 전망했다. =可以预见的是，随着周六休息制度的实施，消费将会逐渐复苏。

휴식(休息)【명사】하던 일을 멈추고 잠깐 쉼. ◆名休息，休憩；停止，中止。¶휴식 시간. =休息时间。● 휴식하다(休息--) ●

휴양(休養)【명사】편안히 쉬면서 몸과 마음을 보양함. ◆名休养，疗养。¶휴양 시설. =修养设施。● 휴양하다(休養--) ●

휴양지(休養地)【명사】편안히 쉬면서 몸과 마음을 보양하기에 알맞은 곳. ◆名休养地，疗养地。

휴업(休業)【명사】사업이나 영업, 작업 따위를 일시적으로 중단하고 하루 또는 한동안 쉼. ◆名休业，歇业，暂时停业。¶금일 휴업. =今日休业。● 휴업하다(休業--) ●

휴일(休日)【명사】일요일이나 공휴일 따위의 일을 하지 아니하고 쉬는 날. ◆名休息日，公休日。

휴전(休戰)【명사】교전국이 서로 합의하여, 전쟁을 얼마 동안 멈추는 일. ◆名休战；停战。¶휴전 체제. =休战体制。● 휴전하다(休戰--) ●

휴정(休廷)【명사】법정에서 재판 도중에 잠시 그 재판을 쉬는 것. ◆名休庭。● 휴정하다(休廷--) ●

휴지(休紙)【명사】名 ❶ 쓸모없는 종이. ◆废纸。¶휴지 조각이 널려 있다. =废纸片撒得到处都是。❷ 밑을 닦거나 코를 푸는 데 허드레로 쓰는 얇은 종이. ◆手纸，纸巾，卫生纸。¶갑자기 코피가 흘러 휴지로 코를 막았다. =突然流鼻血了，用手纸塞住鼻子。

휴지통(休紙桶)【명사】못 쓰게 된 종이나 쓰레기 따위를 버리는 통. ◆名废纸篓。

휴직(休職)【명사】일정한 기간 동안 직무를 쉼. 병이나 사고 따위로 인하여 공무원이나 일반 회사원 등이 그 신분과 자격을 유지하면서 쉬는 것을 이른다. ◆名暂时停职。¶그는 건강이 나빠져 휴직을 신청하였다. =他因健康状况恶化而申请暂时停职。● 휴직하다(休職--) ●

휴학(休學)【명사】질병이나 기타 사정으로, 학교에 적을 둔 채 일정 기간 동안 학교를 쉬는 일.◆图休学。¶그는 가정 형편이 어려워 휴학 중이다. =他因家庭困难而休学了。● 휴학하다(休學--) ●

휴화산(休火山)【명사】옛날에는 분화하였으나 지금은 분화를 멈춘 화산.◆图休眠火山。

흉【명사】图❶ 흉터.◆伤痕，疤痕，疤。¶상처에 자꾸 손을 대면 흉이 지기 쉽다. =老是用手触碰伤口很容易留下疤痕。❷ 남에게 비웃음을 살 만한 거리.◆缺点，不足，短处。¶양반이라 자랑하지만 그것이 흉이 되는 줄도 모르고 있었다. =原本为自己是贵族而感到自豪，没想到这也会成为短处。

흉가(凶家)【명사】사는 사람마다 흉한 일을 당하는 불길한 집.◆图凶宅。¶마을 어귀에 흉가라는 폐가가 흉물스럽게 서 있다. =村口矗立着一座被称为凶宅的阴森森的废弃的屋。

흉금(胸襟)【명사】마음속 깊이 품은 생각.◆图胸襟，心胸。¶흉금을 터놓고 이야기 해봅시다. =让我们坦诚相对吧。

흉기(凶器/兇器)【명사】사람을 죽이거나 해치는 데 쓰는 도구.◆图凶器。

흉내【명사】남이 하는 말이나 행동을 그대로 옮기는 짓.◆图模仿，仿效，效法。¶목소리 흉내. =模仿声音。

흉년(凶年)【명사】图❶ 농작물이 예년에 비하여 잘되지 아니하여 굶주리게 된 해. 수해(水害), 한해(旱害), 한해(寒害), 풍해(風害), 충해(蟲害) 따위가 그 원인이다.◆(农业的)凶年，荒年，灾年。¶흉년이 들다.=遇到荒年。❷ 어떤 산물이 매우 적게 나거나 사물의 소득이 매우 보잘것없는 상태나 처지를 비유적으로 이르는 말.◆〈喻〉某种事物获利少的年份。¶보리 흉년이 들다.=大麦歉收。

흉몽(凶夢)【명사】불길한 꿈.◆图噩梦，恶梦。¶흉몽을 꾸다. =做恶梦。

흉보다【동사】남의 결점을 들어 말하다.◆动说坏话，揭短。¶그 사람 흉보기도 이제는 지쳤다. =现在连揭他的短都厌倦了。

흉부(胸部)【명사】가슴을 전문적으로 이르는 말.◆图胸部。

흉상(胸像)【명사】사람의 모습을 가슴까지만 표현한 그림이나 조각.◆图胸像。

흉악하다(凶惡--/兇惡--)【형용사】성질이 악하고 모질다.◆形凶恶，歹毒。

흉작(凶作)【명사】농작물의 수확이 평년작을 훨씬 밑도는 일. 또는 그런 농사.◆图歉收，减产。¶흉작으로 농작물 가격이 많이 올랐다. =歉收造成农作物价格大涨。

흉조(凶兆)【명사】불길한 징조.◆图凶兆，不祥之兆，不吉之兆。¶이곳저곳에서 이상한 일이 보고 되자 그것이 흉조가 아니냐는 소문이 돌았다. =很多地方有怪事出现，人们纷纷传说这是凶兆。

흉측하다(凶測--/兇測--)【형용사】흉악망측하다.◆形歹毒，穷凶极恶。

흉탄(凶彈/兇彈)【명사】흉한(兇漢)이 쏜 탄알.◆图行凶的子弹。¶흉탄에 쓰러지다. =中弹倒下。

흉터【명사】상처가 아물고 남은 자국.◆图伤痕，伤疤。

흉포(凶暴/兇暴)【명사】질이 흉악하고 포악함.◆图凶暴，残暴。

흉하다(凶--)【형용사】形❶ 운이 사납거나 불길하다.◆凶，不吉利。¶흉한 꿈을 꾸다. =做噩梦。❷ 생김새나 태도가 보기에 언짢거나 징그럽다.◆丑，不好。¶몰골이 아주 흉하다. =长相丑。❸ 일이 나쁘거나 궂다.◆不好，不顺。¶듣기에 흉한 말만 한다. =净说难听的话。❹ 성질이 내숭스럽고 거칠다.◆凶恶，凶暴。¶흉한 심보. =凶狠的内心。

흉허물【명사】흉이나 허물이 될 만한 일.◆图过失，缺点，毛病。¶흉허물을 터놓다. =暴露缺点。

흉흉하다(洶洶--)【형용사】形❶ 물결이 세차고 물소리가 매우 시끄럽다.◆汹涌。❷ 분위기가 술렁술렁하여 매우 어수선하다.◆人心惶惶。

흐느끼다【동사】몹시 서럽거나 감격에 겨워 흑흑 소리를 내며 울다.◆动抽泣，抽噎。¶두 손으로 얼굴을 감싸며 흐느끼는 그녀의 모습을 보자 안됐다는 생각이 들었다. =看着她用双手捂着脸抽泣的样子，我觉得不是滋味。

흐느적거리다【동사】나뭇가지나 천 따위의 가늘고 긴 물체가 자꾸 느리게 흔들리다.◆动摇摆，摇曳。¶버들이 바람에 흐느적거리다. =柳树随风摇摆。● 흐느적대다 ●

흐느적흐느적【부사】副❶ 나뭇가지나 천 따위의 가늘고 긴 물체가 느리게 자꾸 흔들리는 모양.◆(树枝、布料等)摇摇摆摆地，晃晃荡荡地。❷ 팔다리 따위가 힘없이 자꾸 느리게 움직이는 모양.◆摇摇晃晃地，踉踉跄跄地。● 흐느적흐느적하다 ●

흐드러지다【형용사】形❶ 매우 탐스럽거나 한창 성하다.◆令人喜爱，讨人喜欢，令人眼馋。¶철쭉꽃이 흐드러지게 피어있다. =杜鹃花开得令人喜爱。❷ 매우 흐뭇하거나 푸지다.◆满意，满足；丰盛。¶흐드러진 웃음소리. =满足的笑声。

흐르다【동사】动❶ 액체 따위가 낮은 곳으로 내려가거나 넘쳐서 떨어지다.◆流，流淌。¶물은 높은 데서 낮은 데로 흐른다. =水从高处向低处流。❷ 시간이나 세월이 지나가다.◆流，流逝。¶시간이 유수와 같이 흐르다. =时间如流水般流走。❸ 공중이나 물 위에 떠서 미끄러지듯이 움직이다.◆漂，飘。¶하늘에 흐르는 구름. =天空中飘着的云彩。❹ 전기나 가스 따위가 선이나 관을 통하여 지나가다.◆流过，流经。¶이 전신주에는 고압 전류가 흘러 매우 위험하다. =电线杆有高压电流过，非常危险。❺ 피, 땀, 눈물 따위가 몸 밖으로 넘쳐서 떨어지다.◆流，流出。¶온몸에 땀이 흐르다. =全身流汗。❻ 새어서 빠지거나 떨어지다.◆漏，泄漏。¶간장 독에서 간장이 흐르다. =酱油缸漏了。❼ 빛, 소리, 향기 따위가 점차 부드럽게 퍼지다.◆飘散，流淌。¶밤하늘에 흐르는 달빛. =夜空中流淌的月光。❽ 어떤 한 방향으로 치우쳐 쏠리다.◆倾向，偏重。¶외곬으로만 흐르는 성격. =一条路走到底的性格。

흐름【명사】图❶ 흐르는 것.◆流，流淌。¶강물의

흐름을 막을 수 있겠소? =怎能阻挡江水的流淌呢? ❷ 한 줄기로 잇따라 진행되는 현상을 비유적으로 이르는 말. ◆〈喻〉(思绪或感情的)潮水、长河。¶감정의 흐름. =感情的潮水。

흐리다【형용사】形 ❶ 기억력이나 판단력 따위가 분명하지 아니하다. ◆ 模糊，含糊。¶기억이 흐리다. =记忆模糊。❷ 잡것이 섞여 깨끗하지 못하다. ◆ 浑浊。¶물이 흐리다. =水浑浊。❸ 분명하지 아니하고 어렴풋하다. ◆ 模糊不清，含糊不清。¶글씨를 흐리게 쓰다. =字写得模糊不清。❹ 셈 따위를 확실히 하지 못하다. ◆ 借钱不还；帐目不清。¶셈이 흐리다. =欠账不还。❺ 하늘에 구름이나 안개 따위가 끼어 햇빛이 밝지 못하다. ◆ 阴沉，阴暗。¶날씨가 흐리다. =天气阴沉。❻ 얼굴에 걱정스러운 빛이 있다. ◆ 阴沉，阴郁。¶얼굴빛이 흐리다. =脸色阴沉。❼ 불빛이 밝게 비치지 못하다. ◆ 昏暗。¶불빛이 흐리다. =灯光昏暗。

흐리멍덩하다【형용사】形 ❶ 정신이 맑지 못하고 흐리다. ◆ 神志不清。❷ 옳고 그름의 구별이나 하는 일 따위가 아주 흐릿하여 분명하지 아니하다. ◆ 糊涂。¶셈이 흐리멍덩하다. =算得糊涂。❸ 기억이 또렷하지 아니하고 흐릿하다. ◆ 恍恍惚惚，迷迷糊糊。¶잠에 취해서 머리가 흐리멍덩하다. =睡得迷迷糊糊的。

흐리터분하다【형용사】形 ❶ 사물이나 현상 따위가 똑똑하지 못하고 흐리다. ◆ 昏暗，沉闷，模糊。¶흐리터분한 날씨. =沉闷的天气。❷ 성질이나 행동 따위가 답답할 정도로 흐리고 분명하지 못하다. ◆ 糊涂。¶흐리터분한 사람. =糊涂的人。

흐릿하다【형용사】조금 흐린 듯하다. ◆形昏暗，模糊。¶흐릿한 불빛 아래에서 편지를 쓰다. =在昏暗的灯光下写信。

흐물흐물【부사】힘이 없어 뭉그러지거나 늘어지는 모양. ◆ 副软软地。¶장마가 지자 물을 먹은 흙담이 흐물흐물 무너져 내렸다. =梅雨季节，浸了水的土墙坍塌了。● 흐물흐물하다 ●

흐뭇하다【형용사】마음에 흡족하여 매우 만족스럽다. ◆ 形满足，满意，心满意足。¶흐뭇한 이야기. =满足的话。

흐지부지【부사】확실하게 하지 못하고 흐리멍덩하게 넘어가거나 넘기는 모양. ◆副不了了之。¶사건조사는 시간만 끌더니만 흐지부지 끝났다. =事件调查工作只是在拖延时间，最后还是不了了之了。● 흐지부지되다, 흐지부지하다 ●

흐트러뜨리다【동사】动 ❶ 여러 가닥으로 흩어져 이리저리 얽히게 하다. ◆ 弄散，弄乱。¶바람이 빗은 머리를 흐트러뜨리다. =风吹乱了梳好的头发。❷ 옷차림이나 자세 따위를 단정하지 아니하게 하다. ◆ 弄乱，不端正。¶자세를 흐트러뜨리지 않고 꼿꼿이 앉다. =端端正正地坐着。❸ 정신을 산만하게 하여 집중하지 못하게 하다. ◆ 散漫，涣散。● 흐트러트리다 ●

흐트러지다【동사】动 ❶ 여러 가닥으로 흩어져 이리저리 얽히다. ◆ 披散，散乱。¶흐트러진 머리칼을 가다듬다. =整理散乱的头发。❷ 옷차림이나 자세 따위가 단정하지 못한 상태가 되다. ◆ 凌乱，不端正。¶자세가 흐트러지다. =姿势不端正。❸ 정신이 산만하여 집중하지 못하다. ◆ 散漫，涣散。¶정신이 흐트러지면 사고가 납니다. =精神不集中就会发生事故。

흑[1]【부사】副 ❶ 설움이 북받쳐 갑자기 숨을 거칠게 쉬며 우는 소리. ◆ 哼哼，呜呜(哭)。¶그녀는 갑자기 얼굴을 감싸며 흑흑 울기 시작했다. =她突然捂住脸呜呜地哭起来。❷ 큰 충격이나 몹시 찬 기운 따위를 받아 갑자기 숨을 거칠게 쉬는 소리. ◆ 打冷战声。

흑[2]**(黑)**【명사】名 ❶ 검은색(숯이나 먹의 빛깔과 같이 어둡고 짙은 색). ◆ 黑色。❷ 바둑돌의 검은 알. ◆ (围棋)黑子。¶흑을 잡다. =执黑子。

흑막(黑幕)【명사】名 ❶ 검은 장막(帳幕). ◆ 黑色帐幕。❷ 겉으로 드러나지 아니한 음흉한 내막을 비유적으로 이르는 말. ◆ 黑幕，内幕。¶흑막을 밝히다. =弄清内幕，揭穿黑幕。

흑백(黑白)【명사】名 ❶ 검은색과 흰색을 아울러 이르는 말. ◆ 黑色和白色。❷ 색조가 검은색의 짙고 옅음으로 이루어진 것. ◆ 黑白。¶흑백 영상. =黑白电影。❸ 옳고 그름. ◆ 是非，对错。¶흑백이 분명하다. =是非分明。

흑색(黑色)【명사】검은색. ◆名黑色。

흑색선전(黑色宣傳)【명사】사실무근의 이야기를 만들어 내어 상대편을 모략하고 혼란과 무질서를 조장하는 정치적 술책. ◆ 名黑色宣传，阴谋宣传。¶선거에서 흑색선전이 난무하다. =选举时充斥着各种阴谋宣传。

흑설탕(黑雪糖)【명사】정제(精製)하지 아니한 검은 빛깔의 사탕가루. ◆名红糖。

흑심(黑心)【명사】음흉하고 부정한 욕심이 많은 마음. ◆名黑心。¶흑심을 먹다. =黑了心。

흑인(黑人)【명사】名 ❶ 털과 피부의 빛깔이 검은 사람. ◆ 皮肤黑的人。❷ 흑색 인종에 속하는 사람. ◆ 黑人。¶흑인 민권 운동가. =黑人民权运动家。

흑인종(黑人種)【명사】흑색 인종. ◆名黑色人种。

흑자(黑字)【명사】수입이 지출보다 많아 잉여 이익이 생기는 일. 수입 초과액을 표시할 때 주로 흑색 잉크를 쓰는 데서 유래했음. ◆名顺差，盈余。¶경상수지가 흑자로 돌아서다. =经常收支转为顺差。

흑흑【부사】설움이 북받쳐 자꾸 숨을 거칠게 쉬며 우는 소리. ◆ 副哼哼，呜呜(哭)。¶흑흑 흐느끼다. =呜呜地抽泣。

흔들거리다【동사】이리저리 자꾸 흔들리다. 또는 그렇게 되게 하다. ◆ 动直摇晃，直摇摆，直晃动。¶물결에 흔들거리는 단풍잎. =随波荡漾的红叶。

흔들다【동사】动 ❶ 사람이나 동물 등이 몸의 일부나 전체, 또는 손에 잡은 물체 따위를 좌우 또는 앞뒤로 자꾸 움직이게 하다. ◆ 摇动，挥动。¶손을 흔들다. =挥手。❷ 큰 소리나 충격이 물체를 울리게 하다. ◆ 震撼。¶뇌성벽력이 천지를 흔들다. =雷电震撼天地。❸ 조용하던 곳이나 물체에 커다란 움직임이나 큰 충격이 일게 하다. ◆ 冲击，震动。¶학계를 흔들어 놓은 논문. =震动学术界的论文。❹ 어떤 일이나 말이 사람의 마음을 동요하게 하거나 약한 상태가 되게 하다. ◆动摇，打动。¶사람의 마음을 흔드는 노랫소리. =打动人心的歌声。❺ 사람이 권력 따위로 어떤 대상을 자기 마음대로 움직이게 하다. ◆操纵，掌握，掌控，控制。¶정계를 마음대로 흔드는 권력자가 필요합니다. =需要能够随心所欲控制政界的掌权者。

흔들리다【동사】动 ❶ 상하나 좌우 또는 앞뒤로 자꾸 움직이다. ◆摇动，晃动。¶등잔불이 바람에 흔들리다. =灯火被风吹得直晃动。❷ 큰 소리나 충격이 물체를 울리게 하다 ◆被震撼。¶우렛소리에 천지가 흔들리다. =雷声震动天地。❸ 조용하던 곳이나 물체에 커다란 움직임이나 큰 충격이 일게 하다. ◆被冲击，被震动。¶석유 파동 사건으로 세계 경제가 송두리째 흔들렸다. =石油风波使整个世界经济受到冲击。❹ 어떤 일이나 말이 사람의 마음을 동요하게 하거나 약한 상태가 되게 하다. ◆被动摇，被打动。¶그의 굳은 지조는 어떤 유혹에도 흔들리지 않았다. =他的节操高尚坚定，不会为任何诱惑所动摇。

흔들의자(--椅子)【명사】앉아서 앞뒤로 흔들 수 있게 만든 의자. ◆图摇椅。¶할머니는 흔들의자에 앉아 몸을 흔드시며 뜨개질을 하고 계셨다. =奶奶坐在摇椅上边晃悠边打毛衣。

흔들흔들【부사】자꾸 이리저리 흔들리거나 흔들리게 하는 모양. ◆副摇摇摆摆地，晃晃悠悠地。● 흔들흔들하다 ●

흔적(痕跡/痕迹)【명사】어떤 현상이나 실체가 없어졌거나 지나간 뒤에 남은 자국이나 자취. ◆图痕迹，形迹。¶흔적을 남기다. =留下痕迹。

흔쾌히(欣快-)【부사】기쁘고도 통쾌하게. ◆副欣喜地，快乐地。¶흔쾌히 동의하다. =欣喜地同意。

흔하다【형용사】보통보다 더 자주 있거나 일어나서 쉽게 접할 수 있다. ◆形多得很，很平常。¶젖먹이에게 흔한 병이 무엇입니까? =吃奶婴儿的常见病是什么?

흔히【부사】보통보다 더 자주 있거나 일어나서 쉽게 접할 수 있게. ◆副常常，经常。¶강아지가 고양이 젖을 먹는 일은 흔히 볼 수 있는 일이 아니다. =小狗吃猫奶可不是经常能见到的事情。

흘겨보다【동사】흘기는 눈으로 보다. ◆动瞟，瞥，斜眼看。¶어머니는 음식에 먼저 손을 대는 나를 흘겨보시며 작은 소리로 꾸짖으셨다. =母亲瞥了一眼先动筷子的我之后，小声斥责了我。

흘깃【부사】가볍게 한 번 흘겨보는 모양. ◆副瞟了一眼。¶그는 나를 흘깃 쳐다보고는 고개를 돌렸다. =他抬眼瞟了我一眼后，回过头来。

흘깃흘깃【부사】자꾸 가볍게 흘겨보는 모양. ◆副一瞟一瞟地。¶흘깃흘깃 쳐다보다. =向上瞟。

흘끗【부사】곁눈으로 슬쩍 한 번 흘겨보는 모양. ◆副瞟一眼。¶그는 어머니의 얼굴을 흘끗 쳐다보았다. =他抬眼瞟了母亲一眼。

흘낏흘낏【부사】자꾸 가볍게 흘겨보는 모양. ◆副一瞟一瞟地。

흘러가다【동사】动 ❶ 액체 따위가 높은 곳에서 낮은 곳으로 흐르면서 나아가다. ◆流淌，流走。¶동쪽으로 흘러가는 강물. =往东流的江水。❷ 이야기나 글 따위의 흐름이 다른 방향으로 바뀌다. ◆转变。¶그와 어떤 문제를 두고 토론하다 보면 얘기가 엉뚱한 방향으로 흘러갔다. =无论和他讨论什么问题，都会转移到不着边际的话题上去。❸ 정보나 돈 따위가 다른 편으로 전해지다. ◆传到，泄漏，外泄。¶우리의 산업 기밀이 다른 회사로 흘러간다면 우리는 망하게 될 것이다. =如果我们的技术机密泄露到别的公司，我们就会破产。

흘러나오다【동사】动 ❶ 액체 따위가 높은 곳에서 낮은 곳으로 흐르면서 나오다. ¶바위틈에서 샘물이 흘러나오다. =岩缝里流出泉水。❷ 물, 빛 따위가 새거나 빠져서 밖으로 나오다. ◆流出，流淌出，透出。¶방에서 불빛이 흘러나오다. =房里透出灯光。❸ 소문이나 예측 따위가 전하여 들리다. ◆传出。¶기름 값이 오를 것이라는 소문이 어디에선가 흘러나오자 주유소로 사람들이 몰려들었다. =不知从哪里传出油价要上涨的传闻，人们纷纷涌向加油站。

흘러내리다【동사】动 ❶ 물 따위가 높은 곳에서 낮은 곳으로 흐르거나 떨어지다. ◆流，淌。¶온몸에서 땀이 비 오듯 흘러내리다. =全身汗如雨下。❷ 맨 것이 풀리거나 느슨하여져서 아래로 미끄러지듯 떨어지다. ◆滑落，往下掉。¶눈 앞으로 흘러내린 머리칼. =滑落到眼前的头发。

흘리다【동사】动 ❶ 물이나 작은 알갱이 따위를 밖으로 새게 하거나 떨어뜨리다. ◆流，淌。¶바닥에 물을 흘리다. =水在地板上流淌。❷ 부주의로 물건 따위를 엉뚱한 곳에 떨어뜨리다. ◆遗失，丢失。¶길바닥에 지갑을 흘리다. =在路上丢了钱包。❸ 비밀이나 정보 따위를 넌지시 남이 알도록 하다. ◆泄露。¶언론에 정보를 흘리다. =向媒体泄露情报。❹ 어떤 감정을 표정 따위로 잠깐 드러내다. ◆流露。¶입가에 조소를 흘리다. =嘴角流露出嘲笑。❺ 몸에서 땀, 눈물, 콧물, 피, 침 따위의 액체를 밖으로 내다. ◆流。¶콧물을 흘리는 아이. =流着鼻涕的孩子。❻ 다른 사람의 말을 주의 깊게 듣지 아니하고 지나치다. ◆不认真听，当耳旁风。¶선생님 말씀 한마디라도 흘리지 말고 집중해서 들어라. =要集中精神听讲，不要漏掉一句话。❼ 글씨를 또박또박 쓰지 아니하고 마구 잇대어 쓰다. ◆潦草地写，涂鸦，涂写。¶흘려 쓴 글씨. =胡乱涂写的字。

흙【명사】지구의 표면을 덮고 있는 바위가 부스러져 생긴 가루인 무기물과 동식물에서 생긴 유기물이 섞여 이루어진 물질. ◆图土。¶흙 한 줌. =一把土。

흙덩이【명사】흙이 엉기어 뭉쳐진 덩어리. ◆图土块。

흙먼지【명사】흙이 일어나서 생긴 먼지. ◆图灰尘，沙尘，尘土。¶흙먼지를 일으키다. =扬起沙尘。

흙장난【명사】흙을 가지고 노는 장난. ◆图玩泥巴。¶흙장난을 치다. =玩泥巴。

흙탕물(-湯-)【명사】흙이 풀리어 몹시 흐려진 물. ◆ 名泥水，泥浆。¶흙탕물을 뒤집어 쓰다. =弄了一身泥水。

흙투성이【명사】흙이 잔뜩 묻은 것. ◆ 名浑身是泥。¶옷이 온통 흙투성이이다. =衣服上全是泥。

흠(欠)【명사】名 ❶ 어떤 물건의 이지러지거나 깨어지거나 상한 자국. ◆ 掉渣，缺损。¶아이들이 가구에 흠을 내었다. =孩子把家具弄掉了碴。❷ 어떤 사물의 모자라거나 잘못된 부분. ◆ 缺点，缺陷，瑕疵，不足之处。¶이 물건은 품질은 좋은데 비싼 게 흠이다. =这东西质量很好，不足之处就是价格高。❸ 사람의 성격이나 언행에 나타나는 부족한 점. ◆ 缺点，缺陷，瑕疵，不足。¶흠이 없는 사람은 없다. =人无完人。

흠모(欽慕)【명사】기쁜 마음으로 공경하며 사모함. ◆ 名钦慕，仰慕，景仰。¶흠모의 대상. =仰慕的对象。● 흠모하다(欽慕--) ●

흠뻑【부사】副 ❶ 분량이 차고도 남도록 아주 넉넉하게. ◆ 充分地，充足地，尽情地。¶정이 흠뻑 들다. =产生了深厚的感情。❷ 물이 쭉 내배도록 몹시 젖은 모양. ◆ 湿透的样子。¶비를 흠뻑 맞다. =被雨淋湿。

흠씬【부사】副 ❶ 아주 꽉 차고도 남을 만큼 넉넉한 상태. ◆ 充分地，充足地，尽情地。¶맑은 공기를 흠씬 들이마셨다. =尽情地呼吸新鲜空气。❷ 물에 푹 젖은 모양. ◆ 透。¶옷이 물에 흠씬 젖다. =衣服湿透。❸ 매 따위를 심하게 맞는 모양. ◆ 狠狠地。¶흠씬 두들겨 맞다. =遭毒打。

흠잡다(欠--)【동사】사람의 언행이나 사물에서 흠이 되는 점을 집어내다. ◆ 名挑毛病，挑刺，吹毛求疵。¶시어머니는 며느리를 흠잡다. =婆婆对儿媳妇横加挑剔。

흠집(欠-)【명사】흠이 생긴 자리나 흔적. ◆ 名伤痕，疤痕。¶얼굴의 흠집은 어디서 났니? =脸上的疤痕是怎么弄的?

흠칫【부사】몸을 움츠리며 갑작스럽게 놀라는 모양. ◆ 副一抖，一激灵。¶흠칫 놀라다. =吓得一激灵。● 흠칫하다 ●

흡사(恰似)【부사】거의 같을 정도로 비슷한 모양. ◆ 副恰似，好像，酷似。¶그의 낯빛은 흡사 가면을 쓴 것같이 하얗게 변했다. =他的脸色变得惨白，好像戴了假面具。

흡사하다(恰似--)【형용사】거의 같을 정도로 비슷하다. ◆ 形恰似，恰如。● 흡사히(恰似-) ●

흡수(吸收)【명사】名 ❶ 빨아서 거두어들임. ◆ 吸收，吸取。❷ 외부에 있는 사람이나 사물 따위를 내부로 모아들임. ◆ 吸收，吸取。● 흡수되다(吸收--), 흡수하다(吸收--) ●

흡연(吸煙)【명사】담배를 피움. ◆ 名吸烟，抽烟。¶지나친 흡연은 건강에 좋지 않다. =过度吸烟有害健康。

흡입(吸入)【명사】기체나 액체 따위를 빨아들임. ◆ 名吸进，吸入。¶산소 흡입. =吸入氧气。● 흡입하다(吸入--) ●

흡족하다(洽足--)【형용사】조금도 모자람이 없을 정도로 넉넉하여 만족하다. ◆ 形充足；满足。¶이 만하면 보수도 흡족하다. =这样的话，报酬已经可以了。

흡혈귀(吸血鬼)【명사】名 ❶ 밤중에 무덤에서 나와 사람의 피를 빨아 먹는다는 전설상의 귀신. ◆ 吸血鬼。❷ 다른 사람을 착취하거나 몹시 괴롭히는 사람을 비유적으로 이르는 말. ◆ 吸血鬼。¶그 악덕 사장은 흡혈귀처럼 사람들의 노동력을 착취했다. =那个黑心老板像吸血鬼一样榨取人们的血汗。

흥[1]【감탄사】비웃거나 아니꼬울 때 내는 콧소리. ◆ 叹哼。

흥[2]【부사】코를 세게 풀거나 콧김을 부는 소리. ◆ 副哼。

흥[3](興)【명사】재미나 즐거움을 일어나게 하는 감정. ◆ 名兴，兴致，兴头。¶흥이 깨지다. =扫兴，没了兴致。

흥건하다【형용사】물 따위가 푹 잠기거나 고일 정도로 많다. ◆ 形水多，水满。¶논에 물이 흥건하다. =水田里的水满了。● 흥건히 ●

흥겹다(興--)【형용사】매우 흥이 나서 즐겁다. ◆ 形兴致勃勃，饶有兴味，欢快的。¶흥겨운 잔치. =欢快的宴会。

흥망(興亡)【명사】잘되어 일어남과 못되어 없어짐. ◆ 名兴亡，兴衰。¶국가의 흥망 원인은 무엇입니까? =国家兴衰的原因是什么?

흥망성쇠(興亡盛衰)【명사】흥하고 망함과 성하고 쇠함. ◆ 名兴盛衰亡。

흥미(興味)【명사】흥을 느끼는 재미. ◆ 名兴趣，兴致，趣味。¶흥미 위주의 오락물. =以兴趣为主的娱乐物品。

흥미롭다(興味--)【형용사】흥을 느끼는 재미가 있다. ◆ 形有趣，饶有兴趣，津津有味。¶흥미로운 이야기. =有趣的故事。

흥미진진하다(興味津津--)【형용사】넘쳐흐를 정도로 흥미가 매우 많다. ◆ 形津津有味，趣味盎然，充满趣味。¶흥미진진한 게임. =趣味盎然的游戏。

흥부전(興夫傳)【명사】조선 후기의 판소리계 소설. ◆ 名《兴夫传》(朝鲜朝末期的小说)。

흥분(興奮)【명사】어떤 자극을 받아 감정이 북받쳐 일어남. 또는 그 감정. ◆ 名兴奋，激动，冲动。¶흥분을 가라앉히다. =抑制住兴奋。● 흥분되다(興奮--), 흥분하다(興奮--) ●

흥성하다(興盛--)【동사】기운차게 일어나거나 대단히 번성하다. ◆ 动兴盛，昌盛，兴隆，繁盛。¶이 항구도 한 때는 흥성했다. =这座港口曾一度繁盛。

흥얼거리다【동사】动 ❶ 흥에 겨워 입속으로 노래 부르다. ◆ 哼歌。¶노래를 흥얼거리며 일하다. =一边哼着歌一边干活。❷ 남이 알아듣지 못할 말을 자꾸 입속으로 지껄이다. ◆ 自言自语，嘟哝。● 흥얼대다 ●

흥얼흥얼【부사】副 ❶ 흥에 겨워 계속 입속으로 노래를 부르는 소리. 또는 그 모양. ◆ 哼歌貌。¶유행가를 흥얼흥얼 따라 부르다. =跟着哼唱流行歌曲。

❷ 남이 알아듣지 못할 말을 자꾸 입속으로 지껄이는 소리. 또는 그 모양. ◆ 自言自语。¶시를 흥얼흥얼 읊다. =自己轻声吟诗。● 흥얼흥얼하다 ●

흥정【명사】图 ❶ 물건을 사고 팖. ◆ 买卖。¶흥정을 붙이다. =介绍买卖。❷ 물건을 사거나 팔기 위하여 품질이나 가격 따위를 의논함. ◆ 砍价，讲价，讨价还价。❸ 어떤 문제를 자기에게 조금이라도 더 유리하도록 상대편에게 수작을 겲. ◆ 讨价还价。●흥정하다 ●

흥청거리다【동사】动 ❶ 흥에 겨워서 마음껏 거드럭거리다. ◆ 得意忘形，尽情享乐，放纵。¶밤새도록 먹고 마시며 흥청거리다. =彻夜吃喝，尽情享乐。❷ 재산이 넉넉하여 돈이나 물건 따위를 아끼지 아니하고 함부로 쓰다. ◆ 挥霍，大手大脚。¶그는 흥청거리며 살아서 재산을 모두 날렸다. =他花钱大手大脚，把财产都挥霍光了。● 흥청대다 ●

흥청망청【부사】副 ❶ 흥에 겨워 마음대로 즐기는 모양. ◆ 尽情玩乐。¶흥청망청 먹고 마시며 놀다. =尽情地吃喝玩乐。❷ 돈이나 물건 따위를 마구 쓰는 모양. ◆ 挥霍。¶돈을 흥청망청 쓰다. =花钱如流水。● 흥청망청하다 ●

흥취(興趣)【명사】흥과 취미를 아울러 이르는 말. ◆图兴趣，兴致，趣味。¶흥취를 돋우다. =助兴。

흥하다(興--)【동사】번성하여 잘되어 가다. ◆ 动兴盛，兴旺。¶집안이 흥하다. =家庭兴旺。

흥행(興行)【명사】영리를 목적으로 연극, 영화, 서커스 따위를 요금을 받고 대중에게 보여 줌. ◆ 图上映，上演，播出，播放。¶흥행에 성공하다. =成功上映。

흩날리다【동사】흩어져 날리다. 또는 그렇게 하다. ◆ 动飞舞，飘飞，飘扬。¶낙엽이 흩날리다. =落叶飘飞。

흩다【동사】한데 모였던 것을 따로따로 떨어지게 하다. ◆动分散，弄散，散开。

흩뜨리다【동사】动 ❶ 흩어지게 하다. ◆ 分散，弄散，散开。❷ 태도, 마음, 옷차림 따위를 바르게 하지 못하다. ◆ 搅乱，扰乱。¶자세를 흩뜨리다. =使态度不端正。● 흩트리다 ●

흩뿌리다【동사】动 ❶ 비나 눈 따위가 흩어져 뿌려지다. 또는 그렇게 되게 하다. ◆ 飘洒，纷纷落下。¶아직 본격적인 겨울이 오지도 않았는데 밖에는 벌써 눈이 조금씩 흩뿌리기 시작했다. =虽然冬天还没有正式到来，外面早已飘起了雪花。❷ 마구 흩어지게 뿌리다. ◆ 撒播，播撒。¶씨앗을 밭에 흩뿌리다. =在田里撒种。

흩어지다【동사】한데 모였던 것이 따로따로 떨어지거나 사방으로 퍼지다. ◆ 动分散，散开，四散。¶ 뿔뿔이 흩어지다. =四散。

희곡(戲曲)【명사】图 ❶ 공연을 목적으로 하는 연극의 대본. ◆ 剧本，脚本。❷ 등장인물들의 행동이나 대화를 기본 수단으로 하여 표현하는 예술 작품. ◆ 戏曲。

희귀종(稀貴種)【명사】드물어서 매우 진귀한 물건이나 품종. ◆图珍稀品种，稀有品种。¶멸종 위기에 놓인 희귀종을 보호하자는 운동이 점차 전국적으로 확대되고 있다. =提倡保护处于灭种危机的珍稀物种的运动向全国扩散。

희귀하다(稀貴--)【형용사】드물어서 매우 진귀하다. ◆形珍稀，珍贵。

희극(喜劇)【명사】웃음을 주조로 하여 인간과 사회의 문제점을 경쾌하고 흥미 있게 다룬 연극이나 극 형식. ◆图喜剧。

희끄무레하다【형용사】形 ❶ 생김새가 번듯하고 빛깔이 조금 희다. ◆ 微白，发白，泛白，白净。¶희끄무레한 얼굴. =白净的脸。❷ 어떤 사물의 모습이나 불빛 따위가 선명하지 않고 흐릿하다. ◆ 朦胧，依稀。¶멀리 한라산의 모습이 희끄무레하게 보였다. =远处依稀可以看到汉拿山。

희끗희끗하다[1]【형용사】군데군데 희다. ◆形斑白，花白。

희끗희끗하다[2]【동사】어떤 것이 자꾸 빠르게 잠깐잠깐 보이다. ◆图 (雨雪)飘飞。

희다【형용사】눈이나 우유의 빛깔과 같이 밝고 선명하다. ◆形白，白色。¶흰 봉투. =白色信封。

희대(稀代)【명사】세상에 드묾. ◆图稀世，旷世，绝代。¶희대의 영웅. =旷世英雄。

희로애락(喜怒哀樂)【명사】기쁨과 노여움과 슬픔과 즐거움을 아울러 이르는 말. ◆ 图喜怒哀乐。¶그는 좀처럼 희로애락을 낯빛에 나타내지 않았다. =他不轻易在脸上表现出喜怒哀乐。

희롱(戲弄)【명사】图 ❶ 말이나 행동으로 실없이 놀림. ◆ 戏弄，调戏，捉弄，玩弄。¶동네 불량배들이 길을 가는 여자에게 희롱을 걸고 있다. =村子的不法之徒正在调戏过路女子。❷ 손아귀에 넣고 제 멋대로 가지고 놂. ◆ 玩弄，摆弄，愚弄。¶사기꾼에게 희롱을 당하다. =被骗子愚弄。● 희롱하다(戲弄--) ●

희망(希望)【명사】图 ❶ 앞일에 대하여 어떤 기대를 가지고 바람. ◆ 希望，期待，期盼。¶희망에 부풀다. =充满希望。❷ 앞으로 잘될 수 있는 가능성. ◆ 希望，光明。¶희망이 보이다. =看见希望。● 희망하다(希望--) ●

희미하다(稀微--)【형용사】분명하지 못하고 어렴풋하다. ◆ 形模糊，朦胧。¶희미한 기억. =模糊的记忆。

희박하다(稀薄--)【형용사】形 ❶ 기체나 액체 따위의 밀도나 농도가 짙지 못하고 낮거나 엷다. ◆ 稀薄。¶고산지대라 공기가 희박하다. =地处高山地带，所以空气稀薄。❷ 감정이나 정신 상태 따위가 부족하거나 약하다. ◆ 淡薄，薄弱，缺乏。¶군인 정신이 희박하다. =军人意识淡薄。❸ 어떤 일이 이루어질 가능성이 적다. ◆ 渺茫。¶성공할 가망이 희박하다. =成功的可能性很渺茫。

희번덕거리다【동사】动 ❶ 눈을 크게 뜨고 흰자위를 자꾸 번득이며 움직이다. 또는 그렇게 되게 하다. ◆ 瞪眼，瞪大眼睛。¶눈을 희번덕거리며 노려보다. =瞪大双眼瞅着。❷ 물고기 따위가 몸을 젖히며 자꾸 번득이다. ◆ (鱼等)闪光，闪着鳞光。

희부옇다【형용사】희끄무레하게 부옇다. ◆ 形灰白。¶희부연 연기. =灰白色的烟雾。

희비(喜悲)【명사】기쁨과 슬픔을 아울러 이르는 말. ◆ 名悲喜, 喜悲。¶희비가 교차하다. =悲喜交加。

희비극(喜悲劇)【명사】名 ❶ 희극과 비극을 아울러 이르는 말. ◆ 喜剧和悲剧。❷ 비극적이면서도 희극적인 연극. 비극의 절정에서 행복한 장면으로 비약적으로 전환하여 막을 내리는 특징이 있다. ◆ 悲喜剧。

희뿌옇다【형용사】희끄무레하게 뿌옇다. ◆ 形灰白, 灰蒙蒙。¶희뿌연 먼지. =灰白色的烟尘。

희사(喜捨)【명사】名 ❶ 어떤 목적을 위하여 기꺼이 돈이나 물건을 내놓음. ◆ 捐赠, 捐助。¶한 독지가의 희사로 고아원이 운영되어 왔다. =孤儿院的运转一直依靠一位慈善家的捐助。❷ 신불(神佛)의 일로 돈이나 물건을 기부함. ◆ 施舍。● 희사하다(喜捨--) ●

희색(喜色)【명사】기뻐하는 얼굴빛. ◆ 名喜色。¶희색이 돌다. =面露喜色。

희생(犧牲)【명사】다른 사람이나 어떤 목적을 위하여 자신의 목숨, 재산, 명예, 이익 따위를 바치거나 버림. 또는 그것을 빼앗김. ◆ 名牺牲, 献身。¶희생을 무릅쓰다. =不畏牺牲。● 희생되다(犧牲--) ●

희소(稀少)【명사】매우 드물고 적음. ◆ 名稀少, 稀缺, 少有。¶이 도자기는 희소하기 때문에 고가 감정이 나왔습니다. =该瓷器是稀有之物, 鉴定价很高。● 희소하다(稀少--) ●

희소성(稀少性)【명사】인간의 물질적 욕구에 비하여 그 충족 수단이 질적, 양적으로 제한되어 있거나 부족한 상태. ◆ 名稀少性, 稀缺性。

희소식(喜消息)【명사】기쁜 소식. ◆ 名好消息, 喜报。¶희소식을 전하다. =传来好消息。

희열(喜悅)【명사】기쁨과 즐거움. 또는 기뻐하고 즐거워함. ◆ 名喜悦, 欣喜, 欢喜, 快乐。¶희열을 느끼다. =感到快乐。

희한하다(稀罕--)【형용사】매우 드물거나 신기하다. ◆ 形稀罕, 稀奇, 罕见, 罕有。¶이걸 어떻게 만들었을는지 참으로 희한하다. =这件物品是如何制作出来的? 实属罕见啊。

희희낙락하다(喜喜樂樂--)【동사】매우 기뻐하고 즐거워하다. ◆ 动欢欢喜喜, 高高兴兴, 快快乐乐。

흰둥이【명사】名 ❶ 살빛이 흰 사람. ◆ 皮肤白的人。❷ '백인(白人)'을 낮잡아 이르는 말. ◆ 白人, 白种人。❸ 털빛이 흰 동물을 이르는 말. ◆ 毛色发白的动物。

흰색(-色)【명사】눈이나 우유의 빛깔과 같이 밝고 선명한 색. ◆ 名白色。¶흰색 와이셔츠. =白色体恤衫。

흰자위【명사】名 ❶ 새알이나 달걀 따위의 속에 노른자위를 둘러싼 빛이 흰 부분. ◆ 蛋白, 蛋清。❷ 눈알의 흰 부분. ◆ 白眼珠, 白眼球。¶흰자위가 드러나게 치뜨다. =眼睛向上瞪, 露出了白眼珠。

흰죽(-粥)【명사】쌀죽(입쌀로 쑨 죽). ◆ 名大米粥。¶흰죽을 쑤어 먹이다. =熬大米粥喝。

히【부사】副 ❶ 마음에 흐뭇하여 멋없이 싱겁게 웃는 소리. 또는 그 모양. ◆ 嘻嘻(心满意足地笑)。❷ 비웃는 태도로 은근히 웃는 소리. 또는 그 모양. ◆ 嘿嘿(冷笑声)。

히스테리(hysteria<독>)【명사】名 ❶ 정신 신경증의 한 유형. 정신적 원인으로 운동 마비, 실성(失性), 경련 따위의 신체 증상이나 건망 따위의 정신 증상이 나타난다. ◆ 癔病, 歇斯底里。❷ 정신적 원인에 의하여 일시적으로 일어나는 비정상적인 흥분 상태를 통틀어 이르는 말. ◆ 歇斯底里, 发疯, 发狂。¶히스테리를 부리다. =抓狂。

히죽【부사】만족스러운 듯이 슬쩍 한 번 웃는 모양. ◆ 副咧嘴笑的样子。¶그는 성적표를 받아 보고는 히죽 웃었다. =拿到成绩单后, 他咧开嘴笑了。

히죽거리다【동사】만족스러운 듯이 슬쩍 자꾸 웃다. ◆ 动咧嘴笑。¶아이들이 연실 히죽거린다. =孩子们不停地咧嘴笑。

히죽히죽【부사】만족스러운 듯이 자꾸 슬쩍 웃는 모양. ◆ 副直咧嘴笑。

히터(heater)【명사】난방 장치의 하나. 주로 가스나 전기를 이용하여 공기를 덥혀 실내 온도를 높이는 장치. ◆ 名暖风机, 暖气。¶히터를 켜다. =打开暖气。

히트(hit)【명사】名 ❶ 세상에 내놓거나 발표한 것이 크게 인기를 얻음. ◆ 受欢迎, 受到好评。¶올해의 최고 히트 상품은 무엇인가요? =今年的最高人气商品是什么? ❷ 야구에서, 수비수의 실책이 없이 타자가 한 베이스 이상을 갈 수 있게 공을 치는 일. ◆ 安打。¶히트를 치다. =打出一个安打。● 히트하다 ●

히히【부사】副 ❶ 마음에 흐뭇하여 멋없이 싱겁게 자꾸 웃는 소리. 또는 그 모양. ◆ 嘻嘻, 嘿嘿。❷ 마음에 흐뭇하거나 멋쩍어 장난스럽게 자꾸 웃는 소리. 또는 그 모양. ◆ 嘻嘻, 嘿嘿。

힌트(hint)【명사】어떠한 일을 해결하는 데 실마리가 되는 것. ◆ 名暗示, 提示, 示意。¶힌트를 얻다. =得到提示。

힐끔【부사】거볍게 곁눈질하여 자꾸 슬쩍슬쩍 쳐다보다. ◆ 副瞟了一眼。¶힐끔 곁눈질하다. =斜眼瞟了一眼。● 힐끔거리다, 힐끔대다 ●

힐끗【부사】副 ❶ 거볍게 슬쩍 한 번 흘겨보는 모양. ◆ 瞟了一眼。¶힐끗 돌아보다. =回头瞟了一眼。❷ 눈에 언뜻 띄는 모양. ◆ 一闪, 一现。¶잔설이 남은 산정이 힐끗 눈에 띄었다. =残雪犹存的山顶忽然映入眼帘。

힐끗거리다【동사】거볍게 자꾸 슬쩍슬쩍 흘겨보다. ◆ 动直瞟。● 힐끗대다 ●

힐끗힐끗【부사】副 ❶ 거볍게 자꾸 슬쩍슬쩍 흘겨보는 모양. ◆ 直瞟的样子。¶힐끗힐끗 훔쳐보다. =不停地偷眼瞅。❷ 눈에 언뜻언뜻 자꾸 띄는 모양. ◆ 一闪一闪地。¶창밖으로 그의 모습이 힐끗힐끗 보인다. =他的身影在窗外晃动。

힐난(詰難)【명사】트집을 잡아 거북할 만큼 따지고 듦. ◆ 名责难，诘责。● 힐난하다(詰難--) ●

힐책(詰責)【명사】잘못된 점을 따져 나무람. ◆ 名诘责，责问。¶힐책을 받다. =被责问。● 힐책하다(詰責--) ●

힘【명사】名 ❶ 사람이나 동물이 몸에 갖추고 있으면서 스스로 움직이거나 다른 물건을 움직이게 하는 근육 작용. ◆ 力气，力量。¶힘이 세다. =力量大。❷ 일이나 활동에 도움이나 의지가 되는 것. ◆ 力量，帮助，支持。¶힘을 빌리다. =借助。❸ 어떤 일을 할 수 있는 능력이나 역량. ◆ 力量，能量。¶경제 발전에 혼신의 힘을 기울이다. =全力谋求经济发展。❹ 개인이나 단체를 통제하고 강제적으로 따르게 할 수 있는 세력이나 권력. ◆ 权力。¶정치적인 힘. =政治权力。❺ 사물의 이치 따위를 알거나 깨달을 수 있는 능력. ◆ 能力。¶생각하는 힘. =思考能力。

힘겹다【형용사】힘이 부쳐 능히 당하여 내기 어렵다. ◆ 形费力，吃力，费劲，艰难。¶살기가 힘겹다. =生活艰难。

힘껏【부사】있는 힘을 다하여. 또는 힘이 닿는 데까지. ◆ 副用力，用劲，使劲。¶힘껏 때리다. =使劲打。

힘내다【동사】꾸준히 힘을 써서 어떤 일을 해내다. ◆ 动加油，加把劲。¶이제 얼마 남지 않았으니 우리 모두 힘냅시다. =没剩下多少了，我们都加把劲儿。

힘들다【형용사】形 ❶ 힘이 쓰이는 면이 있다. ◆ 吃力，辛苦，累。❷ 어렵거나 곤란하다. ◆ 困难。

힘들이다【동사】动 ❶ 기운을 발휘하다. ◆ 费劲，费力。¶그는 별로 힘들이지 않고 짐을 옮겼다. =他毫不费力地搬走了行李。❷ 어떤 일에 마음이나 힘을 기울이다. ◆ 用力，用劲，费劲。¶헛된 일에 너무 힘들이지 마라. =不要在无用的事情上费力气。

힘세다【형용사】힘이 많아서 억세다. ◆ 形力量大，大力。¶힘센 천하장사. =力大无比的天下第一壮士。

힘쓰다【동사】动 ❶ 힘을 들여 일을 하다. ◆ 用功，努力。¶학업에 힘쓰다. =用功学习。❷ 남을 도와주다. ◆ 帮助，帮忙。¶선생님은 무엇이든지 저를 위해서는 힘써 주시겠다고 하셨지요? =不论什么事，老师说过都会替我操劳吧?

힘없다【형용사】形 ❶ 기운이나 의욕 따위가 없다. ◆ 无力。¶그는 힘없는 목소리로 대답했다. =他有气无力地回答。❷ 힘이나 권세, 위력 따위가 없다. ◆ 软弱，弱势。¶힘없고 가난한 자. =弱势群体。

힘입다【동사】动 ❶ 어떤 힘의 도움을 받다. ◆ 得到帮助。¶수해 복구 작업은 각계의 지원과 성금에 힘입어 수월하게 진척될 수 있었다. =得到各界的支援和捐助，水灾救助工作得以顺利进行。❷ 어떤 행동이나 말 따위에 용기를 얻다. ◆ 被……所鼓舞。¶어렸을 때 선생님께서 칭찬해 주신 것에 힘입어 열심히 공부했다. =小时候被老师的表扬所鼓舞而努力学习。❸ 어떤 것의 영향을 받다. ◆ 动受……影响。¶장애인 선수들의 피나는 훈련 모습에 힘입어 더 열심히 훈련했다. =被残疾人运动员全力训练的场面所鼓舞，我们更加努力训练。

힘주다【동사】动 ❶ 힘을 한곳으로 몰다. ◆ 用力，用劲，使劲。¶눈을 힘주어 감다. =用力闭上眼。❷ 말에 강조하는 뜻을 갖게 하다. ◆ 强调，着重。

힘줄【명사】근육의 기초가 되는 희고 질긴 살의 줄. ◆ 名筋，腱。

힘차다【형용사】힘이 있고 씩씩하다. ◆ 形矫健，充满力量，朝气蓬勃。¶힘찬 발걸음. =矫健的步伐。

힝【부사】코를 아주 세게 풀거나 콧김을 부는 소리. ◆ 副擤鼻涕声。

附录一 韩文字母表

자모	한글명칭	로마자	동의어	비주
ㄱ	기역	g, k		
ㄲ	쌍기역	kk	된기역	
ㄴ	니은	n		
ㄷ	디귿	d, t		
ㄸ	쌍디귿	tt	된디귿	
ㄹ	리을	r		
ㅁ	미음	m		
ㅂ	비읍	b, p		
ㅃ	쌍비읍	pp	된비읍	
ㅅ	시옷	s		
ㅆ	쌍시옷	ss	된시옷	
ㅇ	이응	ng		중세어【ɦ】, 현대어에서는 소리가 없음을 나타내는 표지 .
ㅈ	지읒	j		
ㅉ	쌍지읒	jj	된지읒	
ㅊ	치읓	ch		
ㅋ	키읔	k		
ㅌ	티읕	t		
ㅍ	피읖	p		
ㅎ	히읗	h		
ㅏ	아	a		
ㅐ	애	ay		중세어【aj】, 현대어【ɛ】
ㅑ	야	ya		
ㅒ	얘	yay		중세어 【jaj】, 현대어 【jɛ】

附录一　续表

자모	한글명칭	로마자	동의어	비주
ㅓ	어	e		
ㅔ	에	ey		중세어 【ɜj】, 현대어 【e】
ㅕ	여	ye		
ㅖ	예	yey		중세어 【jɜj】, 현대어 【je】
ㅗ	오	wo		
ㅘ	와	wa		
ㅙ	왜	way		중세어 【waj】, 현대어 【wɛ】
ㅚ	외	oy		중세어 【oj】, 현대어 【we】
ㅛ	요	yo		
ㅜ	우	wu		
ㅝ	워	we		
ㅞ	웨	wey		중세어 【wɜj】, 현대어 【we】
ㅟ	위	wi		중세어 【uj】, 현대어 【wi】
ㅠ	유	yu		
ㅡ	으	u		
ㅢ	의	uy		
ㅣ	이	i		
ㅱ	순경음미음		가벼운미음	
ㅸ	순경음비읍		가벼운비읍	
ㅹ	순경음쌍비읍		가벼운쌍비읍	
ㅿ	반시옷	z	가벼운시옷, 반잇소리, 반치음	
ㆁ	옛이응	ng		
ㆍ	아래아	o		
ㆄ	순경음피읖		가벼운피읖	
ㆆ	여린히읗		된이응	

附录二 韩语语素系统

1. 复元音系统〈包括古韩语〉

		양순음	치경음	경구개음	연구개음	후음
파열음	평음	ㅂ【p, b】	ㄷ【t, d】		ㄱ【k, g】	ㆆ【ʔ】
	경음	ㅃ【p'】	ㄸ【t'】		ㄲ【k'】	
	격음	ㅍ【pʰ】	ㅌ【tʰ】		ㅋ【kʰ】	
파찰음	평음			ㅈ【ʧ, ʤ】		
	경음			ㅉ【ʧ', ʤ'】		
	격음			ㅊ【ʧʰ, ʤʰ】		
마찰음	평음	ㅸ【ß(v)】	ㅅ【s】, ㅿ【z】			ㅇ【ɦ】, ㅎ【h】
	경음		ㅆ【s'】			ㆅ【 】
비음		ㅁ【m】	ㄴ【n】		ㅇ(ㆁ)【ŋ】	
유음			ㄹ【ɾ, l】			

2. 单元音系统

		혀의 앞뒤			
		전설		후설	
		평순	원순	평순	원순
혀의 높이	고	ㅣ【i】	ㅟ【y】	ㅡ【ɨ】	ㅜ【u】
	중	ㅔ【e】	ㅚ【ø】	ㅓ【ə】	ㅗ【o】
	저	ㅐ【ɛ】		ㅏ【a】	

* 古韩语的‘·’构拟发音接近【ə】。
* 古韩语的‘ㅔ, ㅐ, ㅟ, ㅚ’等发音与现代音不同，为双元音。

3. 双元音系统

* 双元音的发音，文字形态一致，但古韩语和现代韩语发音有所差异。

〈古〉

ㅑ【ja】, ㅕ【jə】, ㅛ【jo】, ㅠ【ju】, ㅒ【jaj】, ㅖ【jəj】, ㅢ【ɨj】, ㅔ【əj】, ㅐ【aj】, ㅚ【oj】, ㅟ【uj】, ㅘ【wa】, ㅙ【waj】, ㅝ【wə】, ㅞ【wəj】

〈现代〉

ㅑ【ja】, ㅕ【jə】, ㅛ【jo】, ㅠ【ju】, ㅒ【jɛ】, ㅖ【je】, ㅢ【ɨj】, ㅘ【wa】, ㅙ【wɛ】, ㅝ【wə】, ㅞ【we】

자모	한글명칭	로마자	동의어	비주
ㄱ	기역	???		
ㄲ	쌍기역	???		
....				
ㅿ	반시옷	bansiot	반잇소리, 반치음	
ㆁ	옛이응	yennieung		
·	아래아	araea		
....				
ㅏ				
ㅑ				
ㅓ				

附录三 中韩亲属称呼对比

中文	韩语	中文尊称	中文谦称
父亲 / 爸爸 / 爹	아버지	令尊、尊公	家父、家严
母亲 / 妈妈 / 娘	어머니	令堂、尊堂	家母、家慈
丈夫 / 爱人 / 老公	남편	先生	
妻子 / 爱人 / 老婆 / 媳妇	아내	太太 / 夫人	内人 / 内子
兄 / 哥哥 /* 哥	형 / 오빠	令兄	家兄
弟 / 弟弟 /* 弟	동생	令弟	舍弟
姐 / 姐姐 /* 姐	누나 / 언니	令姐	家姐
妹 / 妹妹 /* 妹	여동생	令妹	家妹
儿子 / 儿子	아들	令郎	小儿 / 犬子
儿媳	며느리	令媳	儿媳
女儿 / 闺女	딸	令爱 / 令嫒	小女
女婿 / 姑爷	사위	令婿	小婿
孙子	손자	令孙	
孙女	손녀	令孙女	
外孙	외손자	令外孙	
外孙女	외손녀	令外孙女	
祖父 / 爷爷	할아버지	令祖父	家祖父
祖母 / 奶奶	할머니	令祖母	家祖母
外祖父 / 姥爷	외할아버지	令外祖父	家外祖父
外祖母 / 姥姥	외할머니	令外祖母	家外祖母
嫂子 / 嫂嫂 /* 嫂	형수 / 올케	令嫂	家嫂
弟妇 / 弟妹 / 弟媳妇	제부, 제수	令弟妇 / 令弟妹	舍弟妇 / 舍弟妹
姐夫	매형 / 형부	令姐夫	家姐夫
妹夫	매제	令妹夫	家妹夫
伯父 / 伯伯 /* 伯 / 大爷	백부	令伯父	家伯父

中韩亲属称呼对比　续表

中文	韩语	中文尊称	中文谦称
叔父 / 叔叔 /* 叔	숙부	令叔父	家叔父
连襟 / 襟兄 / 襟弟	동서（남자）	令襟兄 / 令襟弟	敝连襟
姑夫 / 姑丈 / 姑父 /* 姑父	고모부	姑丈 / 令姑父	家姑丈 / 家姑父
舅父 / 舅舅 /* 舅	외삼촌	令舅父	家舅父
姨夫 / 姨丈 / 姨父 /* 姨父	이모부	令姨丈 / 令姨父	家姨丈 / 家姨父
伯母 / 大娘	백모	令伯母	家伯母
婶母 / 叔母 / 婶婶 / 婶子	숙모	令叔母	家婶 / 家叔母
姨母 / 姨妈 /* 姨	이모	令姨母	家姨母
姑母 / 姑妈 /* 姑妈 /* 姑 姑姑 /* 姑	고모	令姑母 令姑	家姑母 家姑
舅母 / 舅妈 /* 舅妈	외숙모	令舅母	家舅母
侄子	조카	令侄	舍侄
外甥	생질	令外甥	舍外甥
侄女	질녀	令侄女	舍侄女
外甥女	생질녀	令外甥女	舍外甥女
堂兄弟 / 堂哥 堂弟	종형제	令堂兄 令堂弟	家堂兄 舍堂弟
堂姐妹 / 堂姐 堂妹	종자매	令堂姐 令堂妹	家堂姐 家堂妹
姑表姐妹 / 表姐 表妹	고종자매	令姑表姐 令姑表妹	家姑表姐 家姑表妹
舅表兄弟 / 表哥 表弟	외종형제	令舅表兄 令舅表弟	家舅表兄 家舅表弟
舅表姐妹 / 表姐 表妹	외종자매	令舅表姐 令舅表妹	家舅表姐 家舅表妹
姨表兄弟 / 表哥 表弟	이종형제	令姨表兄 令姨表弟	家姨表兄 家姨表弟
表姐 表妹	이종자매	令姨表姐 令姨表妹	家姨表姐 家姨表妹
内兄 内弟	처남	令内兄 令内弟	家内兄 家内弟
大姨子 小姨子	처제 . 처형	令姨姐 令姨妹	家姨姐 家姨妹
爸爸 / 公爹 / 爹 / 公公	시아버지	令公	家公
岳父 / 岳丈 / 丈人	장인	令岳父 / 令岳丈 / 令岳翁	家岳父 / 家岳丈 / 家妻父
婆婆	시어머니	令婆	家婆
岳母 / 丈母	장모	令岳母	家岳母

中韩亲属称呼对比　续表

中文	韩语	中文尊称	中文谦称
大伯子	손위 시숙	令大伯子	家大伯子
小叔子	손아래 시숙	令小叔子	家小叔子
大姑子 姑奶奶(已婚)	손위 시누이	令大姑子	家大姑子
小姑子 姑奶奶(已婚)	손아래 시누이	令小姑子	家小姑子

* 앞에 “大, 二, 三 ……” 등을 붙여 항렬을 나타낼 수 있다.（예：大哥、二哥、三哥）